Código de Processo Civil

Código de Processo Civil

COMENTADO

2016

Coordenador
Helder Moroni Câmara

ALMEDINA

CÓDIGO DE PROCESSO CIVIL
COMENTADO
© Almedina, 2016

Coordenador: Helder Moroni Câmara
Diagramação: Almedina
Revisão: Ivo Yonamine
Design de Capa: FBA.

ISBN: 978-858-49-3098-2

Dados Internacionais de Catalogação na Publicação (CIP)
(Câmara Brasileira do Livro, SP, Brasil)

Câmara, Helder Moroni
    Código de processo civil : comentando /
Helder Moroni Câmara. -- São Paulo : Almedina,
    2016.
    Bibliografia

    ISBN 978-85-8493-098-2

    1. Processo civil - Leis e legislação - Brasil
    I. Título.

16-01777   CDU-347.9(81)(094.46)

Índices para catálogo sistemático:

1. Brasil : Código de processo civil comentado
    347.9(81)(094.46)

2. Código de processo civil : Comentários :
    Brasil 347.9(81)(094.46)

Este livro segue as regras do novo Acordo Ortográfico da Língua Portuguesa (1990).

Março, 2016

Editora: Almedina Brasil
Rua José Maria Lisboa, 860, Conj.131 e 132, Jardim Paulista | 01423-001 São Paulo | Brasil
editora@almedina.com.br
www.almedina.com.br

NOTA DO COORDENADOR

Por meio da presente obra logramos unir, sob um mesmo manto, um selecionado grupo de juristas com profundo conhecimento não apenas técnico, mas também prático: são eles mestres, doutores e pós-doutores em direito que efetivamente atuam na área processual civil na qualidade de advogados, procuradores, juízes e árbitros. Ademais, os co-Autores são todos palestrantes e professores de direito que atuam nas mais diversas regiões do Brasil.

Nossa intenção com o presente trabalho é termos uma obra de alta qualidade que comungue diferentes pontos de vista, a fim de propiciar ao leitor uma visão mais ampla e abrangente do direito e das inovações trazidas pelo CPC/2015.

O ponto de partida da presente obra, contudo, é comum a todos os co-Autores: as aulas do professor Donaldo Armelin no curso de mestrado da PUC/SP.

Foi a partir dessas aulas que a grande maioria dos co-Autores se conheceu e iniciou ou sedimentou a formação de seus arcabouços jurídicos, de modo que a presente obra deve muito ao magistério do professor Donaldo Armelin, que além de um grande e generoso amigo e professor, é profundo conhecedor do direito e sabe estimular como ninguém o pensar.

Dito isto, ressaltamos que buscamos com a presente obra sermos sempre objetivos, mas nunca abrindo mão da necessária profundidade que demanda a análise de cada um dos temas aqui enfrentados.

Nossa intenção com a presente obra é municiar o operador do direito e os estudantes em geral com comentários de fácil acesso, mas sempre pautados pelo rigor técnico. Em tempos de mensagens com apenas 140 caracteres, nada mais precioso que facilitar a leitura e compreensão, de modo a adaptar uma obra eminentemente técnica aos tempos atuais.

O COORDENADOR

APRESENTAÇÃO

Recentemente ingressou no ordenamento jurídico brasileiro o Novo Código de Processo Civil, atendendo aos reclames manifestados pelos operadores do Direito Processual Civil. Esse Novo Código corresponde a uma reforma significativa da legislação então vigente e originou-se das insistentes críticas direcionadas ao sistema implantado em 1973, pelo Código ora revogado. Da mesma forma esse Código de 1973 por sua vez já havia anteriormente revogado o Código de 1939. Sequência de câmbios de Código de Processo Civil em exíguos prazos demonstra a necessidade de incessantes modificações dos textos codificados para a sua harmonização com textos fixados do âmbito da normatividade, decorrência das necessidades impostas pelo incessante câmbio de normas jurídicas em razão do envelhecimento dos comandos legais relativos à matéria processual civil.

Acresce ainda que o Direito Processual Civil exerce manifesta atração para os cultores desse ramo do Direito. Demonstra-nos o número de trabalhos editados versando o direito processual civil e sua problemática retratados nas obras jurídicas e relativos ao Processo Civil Brasileiro, espelhados em dezenas de obras relativas a esse tema ou a ele relativos.

Mais uma circunstância explica essa inclinação dos juristas nacionais para o estudo do Direito Processual Civil Brasileiro. Fenômeno relativamente recente, os editores dos trabalhos direcionados passaram a divulgar obras jurídicas mais pontuais e sem exigências de natureza extraprocessuais, o que permitiu a todos cultores da ciência processual o acesso aos meios de publicidade e consequente divulgação de suas ideias mesmo que passíveis de críticas. Deveras essa nova forma de ensejar acesso à publicidade de ideias e de sua difusão já se fazem presentes, notadamente em obras coletivas, vale dizer aquelas que reúnem no seu bojo uma visão geral e multifária do fenômeno processual objeto de seus estudos.

Tais considerações ora veiculadas em mero reparo e por nímia deferência dos autores desta obra coletiva, dizem respeito ao Novo Código de Processo Civil, tal como resulta da ótica de seus autores que obviamente cuidaram de examiná-la sob o crivo inafastável de sua autenticidade e adequação das matérias.

Meus 35 anos de magistério em que cuidamos especificamente do Processo Civil na Pontifícia Universidade Católica de São Paulo, permitem, à luz da matéria examinada no livro a ser lançado, prever um sucesso no plano científico.

PROF. DR. DONALDO ARMELIN
Professor dos Cursos de pós-graduação (mestrado e doutorado)
da Faculdade de Direito da PUC/SP. Desembargador aposentado do TJSP.

LISTA DE ABREVIATURAS

ADC – Ação Declaratória de Constitucionalidade
ADCT – Atos das Disposições Constitucionais Transitórias
ADI – Ação Direta de Inconstitucionalidade
ADPF – Arguição de Descumprimento de Preceito Fundamental
AEDAG – Agravo Regimental nos Embargos de Divergência em Agravo
Ag – Agravo
AGRAR – Agravo Regimental na Ação Rescisória
AGRG – Agravo Regimental (STF)
AgRg – Agravo Regimental (STJ)
AI – Agravo de Instrumento
AJUFE – Associação dos Juízes Federais
AMB – Associação dos Magistrados Brasileiros
Anamatra – Associação Nacional dos Magistrados da Justiça do Trabalho
Ap. – Apelação
AR – Ação Rescisória
AREsp (STJ) – Agravo em Recurso Especial
Art. – artigo
Arts. – artigos
c/c – combinado(s) com
CADE – Conselho Administrativo de Defesa Econômica
CC – Conflito de Competência (STJ)
CC/1916 – Código Civil de 1916
CC/2002 – Código Civil de 2002
CDC – Código de Defesa ao Consumidor
CF/1988 – Constituição da República Federativa do Brasil de 1988

CJF – Conselho da Justiça Federal
CLT – Consolidação das Leis Trabalhistas
FGTS – Fundo de Garantia por Tempo de Serviço
CNJ – Conselho Nacional de Justiça
COFINS – Contribuição para Financiamento da Seguridade Social
Coord. – coordenador(es)
CP – Código Penal
CPC/1939 – Código de Processo Civil (1939)
EC – Emenda Constitucional
CPC/1939 – Código de Processo Civil de 1939
CPC/1973 – Código de Processo Civil de 1973
CPC/2015 – Código de Processo Civil de 2015
CPP – Código de Processo Penal
CR – Carta Rogatória (STF)
CTN – Código Tributário Nacional
DPE/SP – Defensoria Pública do Estado de São Paulo
e.g. – *exempli gratia* (latim): "por exemplo"
ECA – Estatuto da Criança e do Adolescente
ed. – edição
EDCl – Embargos de Declaração (STJ)
EREsp – Embargos de Divergência em Recurso Especial
et al. – entre outros
ExSusp – Execução de Suspensão
FPPC – Fórum Permanente de Processualistas Civis
HC – *habeas corpus*
i.e. – *id est* (latim): "isto é"; "ou seja"
IAC – Incidente de Assunção de Competência
INSS – Instituto Nacional da Seguridade Social
IRDR – Incidente de Resolução de Demandas Repetitivas
LACP – Lei da Ação Civil Pública
LACP – Lei da Ação Civil Pública
Libras – Língua Brasileira de Sinais
LINDB – Lei de Introdução às Normas do Direito Brasileiro
Loman – Lei Orgânica da Magistratura
MC – Medida Cautelar (STF)
MC – Medida Cautelar
MP – Ministério Público
MPF – Ministério Público Federal
MS – Mandado de Segurança
OAB – Ordem dos Advogados do Brasil

Org. – organizador(es)

p. – página(s)

Pet. – petição

PIS-PASEP – Programa de Integração Social – Programa de Formação do Patrimônio do Servidor Público

RE – Recurso Extraordinário

REsp – Recurso Especial

RISTF – Regimento Interno do Supremo Tribunal Federal (STF)

RMS – Recurso em Mandado de Segurança

RPV – Requisição de Pequeno Valor

SE – Sentença Estrangeira

SEC – Sentença Estrangeira Contestada (STJ)

SLS – Suspensão de Liminar e de Sentença

SS – Suspensão de Segurança

STF – Supremo Tribunal Federal

STJ – Supremo Tribunal de Justiça

STM – Superior Tribunal Militar

t. – tomo

TFR – Tribunal Federal de Recursos

TJ – Tribunal de Justiça (seguido pela respectiva sigla de cada Estado da República Federativa do Brasil)

TRF – Tribunal Regional Federal

TSE – Tribunal Superior Eleitoral

TST – Tribunal Superior do Trabalho

v. – volume

v.g. – *verbi gratia* (latim); por exemplo

AgIn – Agravo de Instrumento (TRF)

Ag – Agravo

RG – Repercussão Geral (STF)

QO – Questão de Ordem (STF)

EDCl – Embargos Declaratórios (STJ)

Ap. – Apelação

EAREsp – Embargos de Divergência em Agravo em Recurso Especial

ED-ED-E-ED-RR (TST) – Embargos de Declaração em Embargos de Declaração, em Embargos em Embargos de Declaração, em Recurso de Revista

SUMÁRIO

Código de Processo Civil

Lei nº 13.105, de 16 de março de 2015

PARTE GERAL

LIVRO I
DAS NORMAS PROCESSUAIS CIVIS

TÍTULO ÚNICO – Das Normas Fundamentais e da Aplicação das Normas Processuais

CAPÍTULO I – Das Normas Fundamentais do Processo Civil

ARTIGO 1º

O processo civil será ordenado, disciplinado e interpretado conforme os valores e as normas fundamentais estabelecidos na Constituição da República Federativa do Brasil, observando-se as disposições deste Código.

CORRESPONDÊNCIA NO CPC/1973: *NÃO HÁ.*

1. **Relação constitucional.** O primeiro artigo do CPC/2015 externa a preocupação do legislador no sentido de que suas disposições sejam concebidas à luz da CF/1988. O dispositivo tem função didática e relembra o intérprete de que uma lei não pode ser concebida de forma independente, desgarrada das demais normas que compõem o sistema jurídico e dos valores tutelados pela CF/1988. Nesse passo, o processo civil será regido pelo CPC/2015 e pela legislação extravagante com a qual não conflitar (como, por

exemplo, aquela relativa a processo de recuperação judicial, falência, locação de imóveis urbanos, etc.). A interpretação e a aplicação de suas disposições deverá ocorrer em conformidade com a CF/1988. Embora tecnicamente não houvesse necessidade de positivar a exigência de concepção das normas infraconstitucionais em conformidade com a Lei Maior, entende-se a preocupação do legislador, que se vale do artigo inaugural para externá-la e para convidar o intérprete a lembrar-se constantemente de que o exercício da hermenêutica deve levar em consideração os pilares centrais do sistema em que a norma jurídica está inserida. Fenômeno similar foi verificado no direito civil brasileiro, com uma série de obras científicas que propagaram o "direito civil constitucional", no início dos anos 2000. O legislador processual civil de 2015 – provavelmente em razão de estar editando um Código que substituiria o diploma cuja vigência se iniciou no auge da ditadura militar, sob a égide da CF/1969, e que precisou, ao longo dos anos, ser concebido à luz de novos valores sociais – não perdeu a oportunidade de inserir o aludido norte interpretativo, para não pecar pelo silêncio.

Artigo 2º

O processo começa por iniciativa da parte e se desenvolve por impulso oficial, salvo as exceções previstas em lei.
CORRESPONDÊNCIA NO CPC/1973: *ART. 262.*

1. Princípio dispositivo. O princípio dispositivo, ou da inércia da jurisdição, é pilar central de um sistema jurídico no qual cabe às partes exclusivamente iniciar o processo. Não cabe ao juiz, portanto, provocar a si próprio para processar e julgar determinada questão de direito material, ainda que tenha ciência absoluta de lesão ao direito de dada pessoa natural ou jurídica.

A vedação à atuação de ofício do Estado-juiz não se restringe somente ao início do processo, mas também a todo e qualquer ato que implique a concessão de uma tutela jurisdicional sem que haja pedido expresso antecedente. Nesse passo, vale o exemplo: ainda que o juiz verifique a presença dos requisitos para conceder tutela de urgência de natureza cautelar, passível de ser efetivada mediante arresto, não poderá concedê-la, a menos que haja um requerimento expresso do interessado. Da mesma forma, ainda que o Estado tenha sido provocado pela parte, está o juiz adstrito aos limites traçados pelas causas de pedir deduzidas e pelos pedidos formulados pelas partes, sendo-lhe vedado conhecer de questões não suscitadas, cujo conhecimento dependa de iniciativa da parte, ou proferir decisão diversa da pedida. (arts. 141 e 492).

2. Impulso oficial. Nada obstante isso, o processo desenvolve-se por impulso oficial. Com a adoção do sistema de preclusões e com a determinação legal contida no art. 140 do CPC/2015, que proíbe o juiz de se abster de julgar a lide sob a alegação de lacuna ou obscuridade do ordenamento jurídico (vedação do *non liquet)*, o processo deve sempre caminhar rumo à própria conclusão, à entrega da tutela jurisdicional, em especial diante da garantia constitucional de razoável duração do processo.

Artigo 3º

Não se excluirá da apreciação jurisdicional ameaça ou lesão a direito.
§ 1ª É permitida a arbitragem, na forma da lei.
§ 2º O Estado promoverá, sempre que possível, a solução consensual dos conflitos.
§ 3º A conciliação, a mediação e outros métodos de solução consensual de conflitos deverão ser estimulados por juízes, advogados, defensores públicos e membros do Ministério Público, inclusive no curso do processo judicial.
CORRESPONDÊNCIA NO CPC/1973: *ART. 125.*

1. **Acesso à justiça.** O *caput* do artigo em comento positiva, no plano infraconstitucional, o direito fundamental de acesso à justiça, previsto no art. 5º, XXXV, da CF/1988. Nesse particular, garante-se às pessoas naturais e jurídicas o direito de submeter à apreciação do Poder Judiciário as situações que violem ou possam vir a violar determinado direito. Inclui-se, portanto, o acesso à Justiça em caráter preventivo, com vistas a evitar um potencial dano futuro. Inclui-se, ainda, possibilidade de buscar que se cesse uma dada violação ou que se repare o direito violado.

2. **Arbitragem.** A arbitragem é regulada pela Lei 9.307/96, cuja constitucionalidade foi declarada pelo STF em 2001 (STF, AGRG na SE 5206/2001).

Em regra, Poder Judiciário é o órgão dotado de imparcialidade, isenção e autoridade para processar e julgar as pretensões deduzidas pelas partes que estão diante de um conflito de interesses. A Constituição Federal, em seu art. 5º, XXXV, ao tratar dos direitos e garantias fundamentais, dispõe que a lei não "excluirá da apreciação do Poder Judiciário lesão ou ameaça a direito", trazendo, de forma expressa, o princípio da inafastabilidade da jurisdição, assim como o fez o artigo em comento.

Trata-se de corolário da adoção de um sistema baseado no Estado Democrático de Direito, que garante aos cidadãos o amplo acesso ao Poder Judiciário, com vistas a dirimir conflitos, bem como a evitar ou a remediar lesão a direitos garantidos pela própria ordem constitucional e pela legislação infraconstitucional.

Entretanto, o número de ações judiciais ao longo dos últimos vinte anos cresceu exponencialmente. Cresceu também o tempo médio de duração dos processos, que, em alguns casos, pode chegar a mais de uma década. Os motivos que levaram ao elevado número de ações judiciais e à demora na prestação jurisdicional efetiva são vários e ganham maior ou menor enfoque de tempos em tempos. Há quem aponte para o crescimento da população brasileira ao longo do mencionado período, assim como para uma litigiosidade crescente. Há também quem destaque a consolidação de uma sociedade de consumo em massa, na qual não haveria um mecanismo adequado para promoção de ações coletivas eficazes, cuja ausência – ou utilização pouco satisfatória – acabou por desencadear uma enxurrada de ações individuais.

Não faltam vozes a bradar que haveria uma parcela de culpa imputável às condições do Poder Judiciário, em especial em alguns estados da federação, em que se verificam tardia informatização, falta de funcionários, precariedade de treinamento aos auxiliares e, até mesmo, falta de juízes. Há concursos que não conseguem preencher todas as vagas, a despeito do grande número de inscritos. Não menos frequente é a crítica à lei processual, notadamente ao número de recursos nela previstos, nada obstante CPC/2015 tenha adotado medidas que visam a acelerar o julgamento de demandas. Nesse sentido, corroboram os exemplos do incidente de resolução de demandas repetitivas (arts. 976 e seguintes); da atribuição de força vinculante dos precedentes (art. 927); e da improcedência liminar (art. 332).

Diante do número elevado de ações judiciais e da espera às vezes pelo pronunciamento final, a sociedade e o meio empresarial passaram a procurar mecanismos alternativos para resolver seus conflitos de interesse, principalmente quando o ponto principal desses ditos meios alternativos é a celeridade na resolução da controvérsia. Ganharam força, ao longo dos últimos anos, os meios privados de solução de conflitos, cuja premissa básica reside na declaração de vontade das partes nesse sentido, implicando renúncia ao direito de recorrer à jurisdição estatal para resolver o mérito – e frise-se "o mérito" – de futuras e potenciais controvérsias.

Assim, em matéria civil e empresarial, os direitos que comportam renúncia por parte de seu titular comportam também a renúncia desse titular à jurisdição estatal para resolver controvérsias atinentes aos direitos referidos. Se a uma pessoa natural ou jurídica é possível renunciar a um direito, exercê-lo ou deixar de exercê-lo, é possível também que possa renunciar somente ao direito de buscar na jurisdição estatal o reconhecimento daquele direito.

Nesse ponto, a arbitragem passou a se apresentar como um eficaz meio alternativo de resolução de conflitos, sem a intervenção do Poder Judiciário; ou seja, como resultado da renúncia ao direito de recorrer à jurisdição do Estado para resolver o mérito de controvérsias. Essa função reserva-se à arbitragem, de cunho privado e resultante de estipulação decorrente de negócio jurídico.

A arbitragem pode ser definida como um meio essencialmente privado e efetivo, escolhido pelas partes com o objetivo de obter um provimento resolutivo final e vinculante para uma disputa, proferido por um ou mais árbitros indicados pelas partes, sem a necessidade de se recorrer ao Poder Judiciário. Carlos Alberto Carmona define a arbitragem como «mecanismo privado de solução de litígios, por meio do qual um terceiro, escolhido pelos litigantes, impõe sua decisão, que deverá ser cumprida pelas partes.». (CARMONA, Carlos Alberto, *Arbitragem e processo*, 3. ed., São Paulo, Atlas, 2009, p. 31)

A arbitragem propicia uma resolução neutra, rápida e especializada de disputas, sujeita a amplo controle das partes, em uma única e centralizada instância, inclusive com exequibilidade internacional das convenções de arbitragem e laudos arbitrais. Destacam-se, em regra, a celeridade; a especialização dos árbitros na matéria em disputa; a confidencialidade decorrente da mera vontade das partes; a flexibilidade para eleição do procedimento, da lei material aplicável, do idioma e do local onde será constituído o tribunal; e a eficácia no cumprimento das decisões, não sujeitas a recurso, a menos que as partes decidam constituir uma segunda instância arbitral, o que rarissimamente acontece.

Uma vez eleita pelas partes como forma de resolução de disputas, a arbitragem atrai para si a competência para análise do mérito da controvérsia instaurada. Disso decorre que o papel dos tribunais estatais passa a ser auxiliar e residual, de modo a garantir que o método de resolução de disputa escolhido pelas partes seja respeitado, na medida em que é vinculante. Ademais, passa a caber às cortes estatais o preenchimento de lacunas, para evitar um comportamento contraditório das partes, que, em momento pretérito, optaram por submeter suas controvérsias futuras à arbitragem. O preenchimento de lacunas ocorre quando, por exemplo, uma das partes se recusa à lavratura do compromisso, ocasião em que o Judiciário poderá ser chamado a intervir, com vistas a fazer valer a pretérita escolha das partes de ver o conflito resolvido no âmbito arbitral, nos termos do artigo 7º da Lei 9.307/1996. A ministra Ellen Gracie, à época no STF, ao avaliar o ponto de contato entre as atividades do Poder Judiciário e dos tribunais arbitrais, destacou algumas situações em que a cooperação entre ambos é mais facilmente notada: "(...) muito tem prosperado a prática da arbitragem no Brasil. A sua adoção não prescinde, porém, da atuação da justiça estatal. Há momento em que essa intersecção se faz sentir com maior relevo. No campo das medidas cautelares prévias à instalação do juízo arbitral, no curso da produção da prova no próprio desenvolvimento da arbitragem, quando se verifique resistência e na execução do laudo, quando o adimplemento não seja voluntário" (Disponível em http://www.editorajc.com.br/2006/11/pronunciamento-da-ministra-ellen-gracie-presidente-do-stf/, consultado em 05/04/2015).

A efetividade da arbitragem depende do respaldo do Poder Judiciário. Isso porque, embora haja a dita renúncia à jurisdição estatal pelas partes signatárias da convenção de arbitragem, esta somente ocorre em relação ao mérito da controvérsia, que passa, então, a ser submetido a um meio privado e de origem contratual de resolução de controvérsias, com o fito de se decidir, de forma final e vinculante, a qual das partes pertence o direito sob disputa. Fica evidente que a jurisdição do Estado, embora inoperante quanto ao mérito, permanece à disposição das partes e da própria efetividade da arbitragem, seja para fazer valer a convenção de arbitragem pactuada em momento pretérito pelas partes, seja para preservar um direito sob risco de perecimento por meio de medida cautelar antecedente, ou mesmo para reconhecer, em momento apropriado, que a alegada renúncia à jurisdição estatal, em verdade, nunca houve. Na medida em que a sentença arbitral constitui título executivo judicial (art. 515, VII, CPC/2015), a jurisdição estatal também se conserva para a promoção do cumprimento de sentença, na forma do art. 523 do CPC/2015, incluindo-se os atos de império, cujo exercício consiste em monopólio do Estado, tais como arresto, penhora e atos de expropriação patrimonial. Ainda, a jurisdição estatal é imprescindível para o controle de legalidade e validade das sentenças arbitrais, em razão de possíveis vícios de forma previstos no art. 32 da Lei 9.307/96, por meio de ação anulatória ou de impugnação ao cumprimento de sentença baseado na sentença arbitral eivado de nulidade. É justamente o Estado quem controla a legalidade da arbitragem, sem, todavia, poder adentrar ao mérito da controvérsia, isto é, sem revisitar a solução jurídico-material a que chegou o tribunal arbitral. A justiça da decisão, nesse particular, é imutável. A sujeição ao controle estatal restringe-se à roupagem formal que reveste a sentença e que revestiu o procedimento arbitral desde sua instauração.

3. Solução consensual de conflitos. A conciliação, a mediação e outros métodos de solução consensual de conflitos deverão ser estimulados por juízes, advogados, defensores públicos e membros do Ministério Público, inclusive ao longo do processo judicial. O art. 165 do CPC/2015 traz provisões que fomentam a conciliação entre as partes, especialmente ao determinar que os tribunais criem centros judiciários de solução consensual de conflitos, responsáveis por realizar sessões e audiências de conciliação e mediação e pelo desenvolvimento de programas destinados a auxiliar, orientar e estimular a autocomposição. Além disso, pode o juiz intimar o réu para que, antes da apresentação de sua contestação, compareça à audiência de conciliação ou mediação, como medida para se buscar a resolução da controvérsia. Todavia, a efetividade do fomento legal à solução consensual de litígios somente será verificada com uma drástica mudança de cultura. Esta abrange uma análise profunda pelas partes e pelos advogados sobre os riscos envolvidos na continuidade da demanda, bem como uma preparação prévia dos conciliadores, mediadores e juízes quanto aos fatos e consequências jurídicas do litígio em que se pretende promover o acordo. Se as partes continuarem a comparecer a audiências apenas para dizerem que não há proposta de acordo; se parte dos advogados continuar a se abster de apontar riscos e fragilidades aos clientes; se parte dos membros do Poder Judiciário deixarem de estudar previamente o arcabouço fático e jurídico da demanda; em todos esses casos, não haverá progresso na desejada solução consensual de litígios. A conciliação e a mediação não se podem restringir à célebre frase, repetida milhares de vezes, todos os dias, nas comarcas do Brasil: "Doutor, tem acordo?".

ARTIGO 4º

As partes têm o direito de obter em prazo razoável a solução integral do mérito, incluída a atividade satisfativa.

CORRESPONDÊNCIA NO CPC/1973: *NÃO HÁ.*

1. Considerações gerais. Na esteira da garantia constitucional prevista no artigo 5º, LXXVIII, da CF/1988, o CPC/2015 prevê expressamente o direito das partes de obterem a solução integral do mérito de sua controvérsia em prazo razoável. Não basta que o Estado garanta o acesso à justiça, assegurando o direito a pleitear a tutela jurisdicional sempre que houver lesão ou ameaça a direitos. É preciso que isso se dê dentro de um espaço de tempo hábil a manter a utilidade do provimento. A justiça prestada de forma tardia não pode ser considerada como efetivamente prestada.

O artigo em comento preocupa-se em frisar que a justiça deve abranger a atividade satisfativa: a entrega do bem da vida buscado pela parte, não se limitando o Judiciário a apenas reconhecer, em um documento oficial, a existência daquele direito.

Podem ser citadas como exemplos da adoção do princípio da razoável duração do processo no CPC/2015 as seguintes provisões: estímulo à autocomposição (art. 3º, §2º); ordem cronológica de julgamento (art. 12); alteração no sistema das preclusões (art. 1.009, §1º); objetivação dos requisitos para a concessão da tutela antecipatória de evidência (art. 311); improcedência liminar (art. 332); fortalecimento dos precedentes (arts. 926 e 927) e incidente de resolução de demandas repetitivas (art. 976); obrigatoriedade de indicação do valor incontroverso no caso de impugnação ao cumprimento de sentença que verse sobre excesso de execução (art. 525, §4º) e de depósito do valor incontroverso na fase de apuração de haveres na dissolução parcial de sociedade (art. 604, §1º).

Demais disso, o CPC/2015 mantém os pilares do sistema de nulidades processuais relacionados à desnecessidade de repetição de atos que não prejudicam a parte (art. 282, §1º) ou de ato que somente atingiria a esfera jurídica daquele que teve o mérito da causa decidido a seu favor (art. 282, §2º). Os erros de forma, no mesmo passo, somente geram a anulação dos atos cujo aproveitamento não se mostra possível, aproveitando-se os atos praticados ao máximo, desde que disso não resulte um prejuízo à defesa (art. 283).

Naturalmente, o princípio da razoável duração do processo terá maior ou menor efeito prático na vida do jurisdicionado se houver um trabalho efetivo de adaptação cultural, no sentido de que não sejam encorajados os pleitos aventureiros; sejam objetivadas as pretensões, sem lançar mão de expedientes infundados e protelatórios; e, em especial, seja fomentada a análise de risco no curso do processo, avaliando-se constantemente as vantagens de uma composição que encerre o litígio.

ARTIGO 5º
Aquele que de qualquer forma participa do processo deve comportar-se de acordo com a boa-fé.
CORRESPONDÊNCIA NO CPC/1973: *ART. 14.*

1. Boa-fé. A boa-fé que se impõe àqueles que, de alguma forma, participam do processo é a boa-fé objetiva, devendo ser ela o parâmetro para aferição valorativa da licitude das condutas adotadas e dos atos praticados.

A boa-fé comporta concepção em dois aspectos distintos: o subjetivo e o objetivo. Em seu viés subjetivo, a boa-fé é intrinsecamente ligada ao estado de consciência do agente e a seu convencimento acerca da licitude ou ilicitude do ato praticado. A boa-fé subjetiva traduz a convicção de foro íntimo do agente quanto à ausência de qualquer ilicitude ou óbice à adoção de uma determinada conduta, ignorando a ocorrência de violação a direito de terceiro ou inobservância de deveres legais. É a suposição ou crença íntima do sujeito acerca da correção da conduta adotada.

Sob o viés objetivo, que realmente importa para o processo civil, a boa-fé traduz verdadeiro estandarte de conduta, consistente na adoção de posturas norteadas pela lealdade, transparência, probidade, moralidade e legalidade. Abstrai-se, portanto, da intenção, focando-se na conduta em si e no resultado por esta gerado. Trata-se de disposição de conteúdo diretivo, que impõe aos sujeitos do processo o dever de exercer seus direitos sem deles abusar, da mesma forma que proíbe a adoção de condutas incompatíveis com a finalidade última do processo, que é promover a tutela jurisdicional de forma efetiva, completa e ágil, resolvendo o mérito da controvérsia submetida ao Poder Judiciário.

O dever de participar do processo pautando-se na boa-fé objetiva abrange a todos os sujeitos do processo: partes, advogados, magistrados, membros do Ministério Público, auxiliares da Justiça, serventuários etc. Consiste em norma fundamental de comportamento à qual estão vinculados aqueles que, de alguma forma, participam do processo.

O CPC/2015 impõe a cada um dos sujeitos do processo os padrões de comportamento esperados, assim como veda determinadas condutas, cuja prática é contrária ao objetivo de obter a resolução do mérito da disputa em tempo razoável e com a qualidade e efetividade esperadas. Às partes e seus procuradores e, de uma forma geral, a todos que participam do processo, estabelecem-se os deveres seguintes: exposição dos fatos conforme a verdade; abstenção de formulação de pretensão ou dedução de defesa desprovida de fundamento; abstenção de produção de provas ou prática de quaisquer atos processuais desnecessários ao deslinde da controvérsia; cumprimento dos provimentos jurisdicionais; atualização constante das informações relativas ao endereço para onde deverão ser direcionadas as intimações; abstenção de inovação ilegal no estado de fato de bem ou direito litigioso; abstenção do emprego de expressões ofensivas (art. 77). Como consequência lógica da inobservância desses deveres, o art. 80 do CPC/2015 enumera as condutas cuja prática faz que se considere o litigante como de má-fé: dedução de pretensão ou defesa contrária a texto expresso de lei ou fato incontroverso; alteração da verdade dos fatos; uso do processo para obtenção de objetivo ilegal; oposição de resistência injustificada ao andamento do feito; atuação de forma temerária em qualquer ato processual; provocação de incidente manifestamente infundado; interposição de recurso manifestamente protelatório.

Na mesma esteira, o CPC/2015 considera como atos de má-fé e, ademais, atentatórios à dignidade da Justiça: o não comparecimento injustificado do autor ou do réu à audiência de conciliação (art. 334, §8º); a suscitação infundada de vício na arrematação com o objetivo de ensejar a desistência do arrematante (art. 903, §6º); o oferecimento de embargos à execução manifestamente protelatórios (art. 918, parágrafo único); a alienação ou oneração de bens em fraude à execução (art. 774, I); a oposição maliciosa à execução (art. 774, II); o embaraço à realização do arresto ou penhora (art. 774, III); a não indicação de quais são e onde estão os bens sujeitos à constrição (art. 774, V). Ainda, ao depositário infiel, impõe-se a sanção por ato atentatório (art. 161, parágrafo único).

Ao juiz, como corolário do dever de boa-fé, impõe-se que na direção do processo: assegure às partes igualdade de tratamento (art. 140); atenha-se aos limites da lide delimitados pelas partes (art. 141); abstenha-se de agir com dolo ou praticar fraude (art. 143, I); não recurse, omita ou retarde providência que deva ordenar de ofício ou a requerimento da parte, causando-lhe prejuízos (art. 143, II). Demais disso, é dever do juiz, tão logo tenha conhecimento de circunstância capaz de ensejar seu impedimento ou suspeição, afastar-se da presidência da causa, sob pena de violar o dever anexo de probidade e transparência, decorrentes da boa-fé objetiva. Os mesmos motivos de impedimento e suspeição, evidentemente, aplicam-se aos membros do Ministério Público, aos auxiliares da justiça e aos demais sujeitos do processo cuja atuação deva ser imparcial (art. 148).

Aos magistrados, além das situações exemplificadas acima, há uma série de outras, previstas na legislação extravagante, cujo valor tutelado é a boa-fé processual. É o caso do relevantíssimo dever de tratamento com urbanidade que o juiz deve dispensar a advogados, partes, membros do Ministério Público, testemunhas, serventuários e auxiliares da Justiça, nos termos do art. 35, IV, da Lei Orgânica da Magistratura Nacional (Lei Complementar 35/1979).

Do mesmo dispositivo depreende-se o vital dever que recai sobre os juízes de atenderem aos que os procurarem, a qualquer momento, em especial quando se estiver diante de providência que demande solução urgente. Esse dever de disponibilidade deriva da observância da boa-fé, pois o julgador que busca exercer seu ofício com vocação e proporcionar a tutela jurisdicional de forma efetiva às partes deve sempre dar a oportunidade para a explanação do caso, ainda que breve, na forma oral e visual (por exemplo, com apresentação de fotografias em tamanho ampliado, no caso de violação de marca; com a apresentação de mapas, no caso de ações possessórias). Na era dos processos digitais, o que resta da oralidade ainda deve ser preservado e fomentado, pois há detalhes dos fatos e das provas cujo destaque muitas vezes a manifestação escrita e digital não é capaz de absorver.

Assim como os magistrados, os membros do Ministério Público estão sujeitos também à respectiva Lei Orgânica (Lei 8625/1993), que prevê, entre os outros deveres derivados da boa-fé, o tratamento dos sujeitos do processo com urbanidade (art. 43, IX); o atendimento aos interessados, a qualquer momento, nos casos urgentes (art. 43, XIII); e a indicação dos fundamentos jurídicos de seus pronunciamentos (art. 43, inciso III). A aplicação dessa norma especial, no que toca aos deveres, é complementar ao CPC/2015.

No âmbito da advocacia, além das imposições do CPC/2015, aplicam-se de forma complementar os deveres constantes do Estatuto da Advocacia (Lei 8.906/1994) e do Código de Ética e Disciplina.

Artigo 6º

Todos os sujeitos do processo devem cooperar entre si para que se obtenha, em tempo razoável, decisão de mérito justa e efetiva.
CORRESPONDÊNCIA NO CPC/1973: *NÃO HÁ.*

O primeiro ponto a se destacar é no sentido de que a cooperação deve atingir a todos os sujeitos do processo, não apenas as partes. Advogados, magistrados, membros do Ministério Público, Auxiliares da Justiça e serventuários também devem cooperar para que se obtenha um provimento jurisdicional final justo, efetivo e em tempo razoável.

O grande desafio de interpretação e aplicação deste artigo é não restringi-lo a uma repetição do dever de boa-fé (art. 5º, CPC/2015) e da garantia de razoável duração do processo (art. 5º, LXXVIII, CF/1988; art. 4º, CPC/2015). Igualmente torna mais delicada a missão de compreender o alcance do dispositivo a necessidade de descartar a utopia de que as partes, a despeito de seus interesses antagônicos no processo quanto à tutela de mérito pretendida, cooperem umas com as outras para a obtenção do provimento jurisdicional que lhe seria desfavorável. A lealdade, a probidade e a transparência na prática dos atos pelos sujeitos do processo são esperadas, mas estão inscritas no âmbito da boa-fé e, por isso, careceriam de uma nova regra para dizer novamente o que já foi dito.

A cooperação é diferente da boa-fé. Nesta, a inobservância provoca a imposição de sanções pelo magistrado ou mesmo de procedimentos administrativos próprios a este, caso cometa prática condenável. A cooperação entre os sujeitos do processo consiste em norte legal de postura e conduta que se busca incutir naqueles que de alguma forma participam do caminho que separa a dedução da pretensão e a entrega da tutela jurisdicional. Busca-se mudar a concepção que muito se vê arraigada em parte da comunidade jurídica, de que basta apenas cumprir o *script* automaticamente, apresentando-se longas petições; proferindo-se brevíssimas e telegráficas sentenças; abstendo-se de apontar os riscos processuais e financeiros aos clientes; propondo-se ações civis públicas sem a certeza de seu cabimento e contra todos que um dia se aproximaram de uma sociedade em um raio menor do que um quilômetro. É abandonar a ideia de que a decisão que antecipa a tutela pode até sair no dia, mas o mandado deve aguardar o fim das férias do serventuário para ser expedido.

A cooperação, no âmbito das partes, impõe que elas não se limitem unicamente a participar dos atos obrigatórios do processo e compareçam às audiências de conciliação apenas para bradar um sonoro NÃO à possibilidade de um acordo. No mesmo passo, convida as partes a refletirem sobre as perdas e ganhos que podem advir do curso de uma demanda judicial, não apenas no âmbito financeiro, mas também no âmbito familiar, profissional e pessoal.

Isso, naturalmente, deve contar com o apoio dos advogados. É bem verdade que a cooperação dos advogados em buscar uma solução razoável, justa e breve para o mérito do caso não precisaria nem defluir do Código de Processo Civil, pois o Código de Ética e Disciplina, em seu art. 2º, incisos VI e VII, já prevê ser dever do advogado estimular a conciliação entre os litigantes, prevenindo, sempre que possível, a instauração de litígios; bem como aconselhar o cliente a não ingressar em aventura judicial. Todavia, é importante que se esse estandarte de conduta seja cada vez mais difundido e aplicado, de modo que se verifique um empenho constante dos advogados em buscar a conciliação, ponderando os riscos da ação em conjunto com o cliente. Não se está a dizer que o advogado deve desencorajar o cliente de buscar a tutela de seus direitos, tampouco deixar de desempenhar sua função com destemor e independência. O que se defende é a abertura e boa vontade dos causídicos para ponderar riscos e buscar soluções que se aproximem do cenário ideal para as partes e encerrem o litígio.

A cooperação pode ser vista também como o outro lado da moeda da boa-fé, sem que com esta se confunda. Isso porque, da mesma forma que se espera que as partes não alterem a verdade dos fatos (art. 80, II, CPC/2015), espera-se que os membros do Poder Judiciário conheçam os fatos da demanda antes das audiências de conciliação e de instrução; recebam, com cordialidade e ouvidos atentos, os advogados que os procuram para falar sobre a verdade dos fatos e suas repercussões jurídicas; ouçam e intervenham com perguntas objetivas sobre pontos de dúvida fática na sustentação oral, privilegiando o pouco que resta da oralidade no processo e colhendo os frutos de uma dialética efetiva.

A cooperação também atinge os peritos judiciais, que devem apresentar laudos em bom vernáculo, abstraindo-se de tecnicismos e linguagem cuja compreensão para o leigo se torne muito difícil. Igualmente os peritos devem apresentar seus laudos após debates com os assistentes técnicos e dentro de um prazo razoável, respondendo efetivamente aos quesitos. O mesmo princípio se aplica aos serventuários da justiça, que devem cooperar para que as decisões judiciais sejam cumpridas adequadamente e as informações processuais sejam disponibilizadas aos advogados de forma efetiva e célere.

A cooperação no processo não pode ser confundida com a cooperação do processo obrigacional, ínsita ao direito civil, que decorre de uma relação não adversarial das partes, com a finalidade de buscar o cumprimento do contrato e o adimplemento das obrigações pelas partes. Contudo, no processo civil, a relação é adversarial. Dessa forma, não se pode admitir que a cooperação tangencie um possível auxílio mútuo entre as partes relacionado com o objeto central da demanda. As partes ocupam posições opostas, exatamente porque se está em meio à submissão ao Poder Judiciário de uma pretensão deduzida por uma parte e resistida pela outra, em razão de antecedente conflito de interesses. Se a pretensão é deduzida e não é resistida, não há que se falar em litigiosidade. Se a pretensão, todavia, é resistida, aí se estará diante de verdadeira lide, não se podendo puerilmente prever que as partes, ao envidarem esforços para vencer essa lide, cooperem com seu adversário de modo a auxiliá-lo a vencer. Não há vitória mútua. Somente sucumbência recíproca. Não podem as duas partes ganhar integralmente o objeto da lide. Exatamente por isso que uma parte não irá cooperar com a outra para que tenha sucesso no reconhecimento judicial do mérito de sua pretensão. O que se pode esperar das partes é que elas ajam de forma leal e transparente, mas esse dever já está inserido no contexto da boa-fé. Pode-se dizer que não há palavras inúteis no texto da lei, de modo que não se pode crer que este art. 6º, previsto de forma autônoma, seria um desdobramento do art. 5º, que versa sobre boa-fé. Tutela-se aqui outro valor, que parece estar intrinsecamente ligado à relação plurilateral dos sujeitos do processo, no sentido de que tenham sempre disponibilidade para dialogar, refletir sobre os riscos decorrentes da continuidade do processo judicial, e não apenas no contexto financeiro de condenação e de ônus da sucumbência. A disposição para ouvir é o que mais se sente falta nos dias atuais. Muito se quer falar, pouco se quer ouvir. Há mais professores do que alunos, há mais escritores do que leitores. Na contramão dessa tendência, o que se busca é que as partes, juntamente com seus advogados e com a sensatez do juiz, reflitam sobre a pertinência da continuidade do processo e sobre as formas de resolver o conflito desde logo. Quando a composição não for possível, o automatismo deve dar lugar à dialética.

Deve-se evitar confundir a cooperação com o cumprimento da lei. Há quem defenda que a cooperação pelo juiz, por exemplo, estaria ligada à permissão de intervenção do *amicus curiae* ou à realização de audiências públicas, nos termos do art. 983, §1º, do CPC/2015. Isso, todavia, está na lei, à qual o juiz está vinculado. Não há qualquer correlação entre cooperação processual e cumprimento da lei.

A cooperação na fase probatória no direito norte-americano e inglês não pode ser confundida com aquela esperada na fase probatória do direito brasileiro, pois, naqueles sistemas, adota-se o *disclosure*, de forma antecedente à decisão conjunta de levar a causa a julgamento, requerendo-se que as partes cooperem, fornecendo reciprocamente todos os documentos que possam ter relação direta com o julgamento do mérito. Daí porque a necessidade de as partes atuarem conjuntamente para reunir um conjunto probatório robusto e, a partir dele, poderem calcular os riscos processuais e determinar o caminho a seguir, seja para entabularem um acordo, seja para prosseguirem na disputa até o julgamento.

Artigo 7º

É assegurada às partes paridade de tratamento em relação ao exercício de direitos e faculdades processuais, aos meios de defesa, aos ônus, aos deveres e à aplicação de sanções processuais, competindo ao juiz zelar pelo efetivo contraditório.

CORRESPONDÊNCIA NO CPC/1973: *ART. 125.*

O artigo em comento tutela a isonomia, ao dispor sobre a paridade de tratamento que deve ser dispensada às partes no que toca o exercício de direito e faculdades processuais; aos meios de defesa dos interesses dentro do processo; aos ônus que lhes recaem; aos deveres e às sanções decorrentes do descumprimento destes. Tutela-se, no mesmo passo, o efetivo contraditório.

A paridade de tratamento das partes demanda que se parta da premissa de que as partes têm os mesmos direitos, deveres e ônus dentro do processo, sendo possível o tratamento desigual, na medida da desigualdade, apenas e tão somente quando a lei assim dispuser expressamente. Não é lícito ao juiz, por exemplo, fazer assunções derivadas da imagem que tem da parte ou de eventual sentimento de compaixão, de modo a tratá-la de forma diferenciada, sem que a lei expressamente autorize. Da mesma forma, se o juiz verificar que a parte autora, pelas alegações trazidas na petição inicial, parece titular do direito que alega ter, mas nada obstante isso seu advogado não apresenta tempestivamente suas manifestações e não faz adequadamente os requerimentos de produção de provas, não poderá beneficiá-la, conferindo-lhe tratamento diferenciado, com o objetivo de suprir a suposta representação insatisfatória que lhe é prestada pelo advogado. O fator de discriminação, hábil a sustentar tratamento diferenciado, não pode ser gratuito ou fortuito, como ensina Celso Antônio Bandeira de Mello, pois "impende que exista uma adequação racional entre o tratamento diferenciado construído e a razão diferencial que lhe serviu de supedâneo. Segue-se que, se o fato diferencial não guardar conexão lógica com a disparidade de tratamentos jurídicos dispensados, a distinção estabelecida afronta o princípio da igualdade.". (MELLO, Celso Antônio Bandeira de, *Conteúdo jurídico do princípio da igualdade*, 3. ed., São Paulo, Malheiros, 2000, p. 39).

A competência do juiz de zelar pelo contraditório, por sua vez, demanda que este seja exercido de forma efetiva. Deve-se amplamente fraquear às partes o acesso a alegações, documentos e informações veiculadas no processo, conferindo-lhes a oportunidade adequada para se manifestarem, dentro de um prazo compatível, sempre de forma prévia aos pronunciamentos judiciais, exceto nos casos em que a lei autoriza o contraditório postergado, como nas hipóteses do art. 9º do CPC/2015. O debate e a dialética são ínsitos ao exercício do contraditório e essenciais à formação da convicção do magistrado, sem o que a tutela jurisdicional não poderá ser prestada a contento.

Artigo 8º

Ao aplicar o ordenamento jurídico, o juiz atenderá aos fins sociais e às exigências do bem comum, resguardando e promovendo a dignidade da pessoa humana e observando a proporcionalidade, a razoabilidade, a legalidade, a publicidade e a eficiência.

CORRESPONDÊNCIA NO CPC/1973: *NÃO HÁ.*

1. Fins sociais e exigências do bem comum. A primeira parte do artigo em comento estabelece para o juiz o norte para aplicação da norma jurídica, que deverá atender aos fins sociais e às exigências do bem comum. Trata-se de uma reprodução do artigo 5º da LINDB, em vigor desde 1942 (Decreto-Lei 4.657/1942). O juiz, portanto, deve valer-se da técnica teleológica, extraindo da norma jurídica a sua finalidade, o seu propósito, a sua razão de existir. Quanto às exigências do bem comum, muito embora se trate de um conceito vago e de difícil preenchimento, inclinamo-nos a adotar a posição de Maria Helena Diniz, no sentido de que "o bem comum consiste na preservação dos valores positivos vigentes na sociedade, que dão sustento a determinada ordem jurídica.". (DINIZ, Maria Helena, *Lei de Introdução ao Código Civil Brasileiro interpretada*, 13. ed., São Paulo, Saraiva, 2007, p. 176).

2. Dignidade da pessoa humana. A dignidade da pessoa humana é fundamento da República Federativa do Brasil, previsto no art. 1º, III, da CF/1988. Sua aplicação no âmbito do processo, como baliza de intepretação e aplicação das normas, pode ser verificada na previsão legal de razoável duração do processo (art. 4º); nas impenhorabilidades, em especial quanto aos vestuários, ferramentas de trabalho, seguro de vida e pequenas propriedades rurais trabalhadas pela família (art. 833); a inviolabilidade do domicílio; a restrição à prática de atos processuais antes das 6 (seis) horas e após as 20 (vinte) horas; a proibição de realização de citação de quem estiver participando de culto religioso, de parente do morto nos 7 (sete) dias seguintes ao falecimento, de noivos nos 3 (três) dias seguintes ao casamento e de doente em estado grave. Da mesma forma, as exceções à publicidade, que ensejam a tramitação do processo em segredo de justiça, são corolário da aplicação da dignidade da pessoa humana. O processo não existe para degradar as pessoas, humilhá-las ou expô-las ao escrutínio público. O processo se presta tão somente à resolução da controvérsia instaurada entre em partes, cujo mérito é preenchido pelo direito material. Além de não ser um fim em si mesmo, o processo deve ser norteado pelo objetivo primordial de proporcionar a tutela jurídica de direitos, sem que isso represente a violação de outros direitos fundamentais, como o da inviolabilidade da intimidade, da vida privada, da honra e da imagem das pessoas. Se houver mais de um caminho que conduza à entrega da tutela jurisdicional satisfativa, o juiz deve optar por aquele que melhor preserva a dignidade das partes.

3. Legalidade, proporcionalidade, razoabilidade, publicidade e eficiência. Impõem-se às atividades dos magistrados a observância aos princípios constitucionais que regem a administração pública direta e indireta de qualquer dos poderes da União, dos Estados, do Distrito Federal e dos Municípios. Consequentemente, o juiz somente poderá agir em conformidade com a lei, não podendo dela desviar. O reconhecimento de um direito, a imposição de um dever ou de um ônus e a imposição de uma sanção dependem de previsão legal, sem o que a ilicitude será flagrante. Como decorrência da legalidade, deve o juiz igualmente ater-se à razoabilidade e à proporcionalidade, sem que isso, desde logo, represente que ao juiz seria lícito agir discricionariamente. De fato, a razoabilidade e a proporcionalidade deverão orientar a decisão do magistrado especialmente quando a lei lhe conferir certo intervalo para alocação da melhor decisão para o caso, como nas hipóteses de fixação do valor da sanção por litigância de má-fé ou da indenização por danos estéticos; na fixação do prazo do edital de citação; na caracterização da vileza do preço de arrematação. Nesse passo, ainda que o preenchimento do conteúdo de algumas normas deva ser feito pelo juiz, não é lícito a este preenchê-las segundo seu alvedrio. Ao sancionar a parte que adota conduta de litigância de má-fé, o juiz deve fixar a penalidade de forma razoável, de modo a verificar que seu pronunciamento judicial atende ao interesse público contido na norma jurídica e é compatível com a violação verificada. Ao fixar a indenização por danos morais, nos termos do art. 944 do CC/2002, o juiz deverá verificar a extensão dos danos e condenar o réu ao pagamento de quantia que seja proporcional ao dano causado. A proporcionalidade, na concepção de Celso Antônio Bandeira de Mello leva em consideração a extensão e a intensidade necessárias à consecução da finalidade de um determinado ato. (MELLO, Celso Antônio Bandeira de, *Curso de direito administrativo*, 29. ed., São Paulo, Malheiros, 2012, p. 113). No exemplo acima, a indenização a ser fixada pelo juiz deve levar em consideração a extensão e a intensidade do dano, de modo que o valor atenda à finalidade da norma, que é ressarcir o prejuízo experimentado pelo autor.

A publicidade, por seu turno, advém da necessidade de se dar transparência aos atos praticados pelo Poder Judiciário. É medida que permite o controle de sua atuação, bem como o conhecimento da jurisprudência pela sociedade, fortalecendo a previsibilidade sobre a interpretação que os tribunais dão às normas do sistema e colaborando com a segurança jurídica.

A eficiência, por seu turno, caracteriza-se por demandar que a atuação do Poder Judiciário seja pautada pela busca do resultado prático das demandas, oferecendo aos jurisdicionados a tutela efetiva de seus direitos, dentro de um prazo razoável e que mantenha a utilidade do provimento.

ARTIGO 9º

Não se proferirá decisão contra uma das partes sem que ela seja previamente ouvida.

Parágrafo único. O disposto no *caput* não se aplica:

I – à tutela provisória de urgência;

II – às hipóteses de tutela da evidência previstas no art. 311, incisos II e III;

III – à decisão prevista no art. 701.

CORRESPONDÊNCIA NO CPC/1973: *NÃO HÁ.*

1. Considerações gerais. O contraditório é pilar central do Estado Democrático de Direito, de modo que a tutela jurisdicional somente poderá ser prestada, em regra, após a ciência das partes sobre as manifestações, os documentos e as informações presentes nos autos, bem como após a concessão de meios e prazo razoável para que as se partes se contraponham a fatos e fundamentos jurídicos contrários a seus interesses jurídicos. O debate e a dialética são essenciais ao pronunciamento jurídico que as seguirá. Contudo, o CPC/2015 expressamente prevê situações extremas, nas quais o contraditório poderá ser postergado pelo juiz.

A primeira delas é tutela provisória de urgência, passível de concessão quando houver elementos que evidenciem a probabilidade do direito e o perigo de dano ou risco ao resultado útil do processo.

A segunda diz respeito às hipóteses de concessão de tutela da evidência, previstas no art. 311, II e III, consistentes (i) na comprovação exclusivamente documental dos fatos alegados na inicial, quando houver tese firmada em julgamento de casos repetitivos ou em súmula vinculante; e (ii) no pedido de natureza reipersecutória, fundado em prova documental do contrato de depósito. Nesses casos, a prova da urgência é dispensada, pois é inerente à própria existência de um processo de duração ordinária, prevalecendo a robustez da prova no convencimento do juiz.

A terceira consiste na expedição de mandado de pagamento, de entrega de coisa ou para execução de obrigação de fazer ou de não fazer, no bojo de ação monitória, desde que evidente o direito do autor.

O contraditório posterior à decisão contrária à parte, nas hipóteses do artigo em comento, não impede a reconsideração da decisão pelo juízo, tampouco exime aquele que se beneficiou da tutela posteriormente cassada de reparar o dano processual, nos termos do artigo 302.

ARTIGO 10.
O juiz não pode decidir, em grau algum de jurisdição, com base em fundamento a respeito do qual não se tenha dado às partes oportunidade de se manifestar, ainda que se trate de matéria sobre a qual deva decidir de ofício.
CORRESPONDÊNCIA NO CPC/1973: *NÃO HÁ.*

1. Considerações gerais. O CPC/2015 externa intensa preocupação com o exercício efetivo do contraditório, impondo que se dê ciência às partes de todas as manifestações, provas e informações que, de alguma forma, possam impactar seus direitos. Demais disso, o artigo em comento veda que o juiz profira qualquer decisão com base em fundamento a respeito do qual não se tenha dado às partes a real oportunidade de se manifestar. Tome-se como exemplo uma discussão sobre a forma de cálculo da correção monetária dos precatórios, na qual o juiz, sem que se tenha discutido a questão anteriormente, entende que a lei na qual o autor pauta o seu pedido de revisão dos cálculos foi derrogada por outra lei, antes da propositura da ação. Nesse caso, o juiz deve abrir a oportunidade para que as partes se manifestem sobre a possível derrogação, podendo decidir somente após o efetivo debate.

A vedação às decisões que causam surpresa às partes abrange também as matérias sobre as quais é permitido ao juiz decidir de ofício. Veja-se, por exemplo, a possibilidade de o juiz decidir, de ofício, sobre a ocorrência da prescrição (art. 487, II). Admitir que o juiz resolva o mérito da controvérsia, tomando como premissa o decurso do prazo para exercício da pretensão condenatória – sem permitir que o autor eventualmente apresente alguma das matérias que suspendem o curso da prescrição (arts. 197 a 199, CC/2002) ou prove sua interrupção (art. 202,CC/2002) – seria submeter o jurisdicionado a uma loteria sem vencedores e gravemente permitir que todos os atos praticados e o tempo despendido pelos sujeitos do processo fossem subitamente descartados, exatamente por não se propiciar um contraditório prévio e efetivo. Por isso, é nula a decisão abrupta, carecedora de contraditório prévio e que surpreende as partes.

Artigo 11.

Todos os julgamentos dos órgãos do Poder Judiciário serão públicos, e fundamentadas todas as decisões, sob pena de nulidade.

Parágrafo único. Nos casos de segredo de justiça, pode ser autorizada a presença somente das partes, de seus advogados, de defensores públicos ou do Ministério Público.

CORRESPONDÊNCIA NO CPC/1973: *ARTS. 131 E 165.*

1. Publicidade. A publicidade dos julgamentos deriva da necessidade de dar transparência aos atos praticados pelo Poder Judiciário. Permite-se, assim, o amplo controle e fiscalização de sua atuação. No mesmo passo, possibilita que sociedade acesse e conheça a jurisprudência, fortalecendo a previsibilidade quanto à interpretação que os tribunais dão às normas do sistema e colaborando com a segurança jurídica. Mesmo nos casos que correm em segredo de justiça, desde que se preserve a identidade das partes e se omitam fatos capazes de permitir sua identificação, o Poder Judiciário deve dar publicidade às razões de decidir adotadas no julgamento da causa, com o objetivo de fomentar a uniformização das posições jurisprudenciais, permitir o debate pela sociedade e nortear as condutas dos cidadãos. O acesso às informações inerentes aos pronunciamentos judiciais é de interesse público, o qual deve ser sempre observado, preservado o direito das partes à intimidade, honra e imagem, nos casos em que a lei assim dispuser.

2. Fundamentação. O dever de fundamentação das decisões tem previsão constitucional, no art. 93, IX, da CF/1988. O dispositivo prevê que, além de públicas, as decisões proferidas nos julgamentos dos órgãos do Poder Judiciário deverão ser fundamentadas. A decisão judicial deve ser baseada no ordenamento jurídico. Todavia, isso não se resume a apontar a disposição legal que serve de sustentáculo jurídico à decisão. Ao magistrado incumbe enfrentar todos os argumentos deduzidos no processo relacionados à conclusão a que chegou (art. 489, §1º, IV). Nessa esteira, considera-se como não fundamentada a decisão que (i) se limitar à indicação, à reprodução ou à paráfrase de ato normativo, sem explicar sua relação com a causa ou a questão decidida; (ii) empregar conceitos jurídicos indeterminados, sem explicar o motivo concreto de sua incidência no caso; (iii) invocar motivos que se prestariam a justificar qualquer outra decisão; (iv) se limitar a invocar precedente ou enunciado de súmula, sem identificar seus fundamentos determinantes nem demonstrar que o caso sob julgamento se ajusta àqueles fundamentos; e (v) deixar de seguir enunciado de súmula, jurisprudência ou precedente invocado pela parte, sem demonstrar a existência de distinção no caso em julgamento ou a superação do entendimento.

O fortalecimento dos precedentes não implica permitir aos juízes que reproduzam decisões anteriores sem demonstrar o ponto de conexão da causa precedente com a causa que está a julgar, devendo demonstrar a razão pela qual sua conclusão foi a mesma. Exemplo deste dever está no art. 1.043, §5º, que dispõe ser vedado ao tribunal inadmitir os embargos de divergência com base em fundamento genérico de que as circunstâncias fáticas são diferentes, sem demonstrar a existência da distinção.

Por fim, o CPC/2015 dispõe que, no caso de colisão entre normas, o juiz deve justificar o objeto e os critérios gerais da ponderação efetuada, enunciando as razões que autorizam a interferência na norma afastada e as premissas fáticas que fundamentam a conclusão, nos termos do art. 489, §2º. Isso demonstra notória preocupação do legislador em espraiar, ao longo da lei, os efeitos do dever de fundamentação, para que este não seja apenas um norte genérico e abstrato, do qual se possa desviar sob o argumento do acúmulo de trabalho e da necessidade de produtividade. Se a decisão não for devidamente fundamentada, esta será nula.

ARTIGO 12.

Os juízes e os tribunais atenderão, preferencialmente, à ordem cronológica de conclusão para proferir sentença ou acórdão (Redação dada pela Lei nº 13.256, de 4 de fevereiro de 2016).

§ 1º A lista de processos aptos a julgamento deverá estar permanentemente à disposição para consulta pública em cartório e na rede mundial de computadores.

§ 2º Estão excluídos da regra do *caput*:

I – as sentenças proferidas em audiência, homologatórias de acordo ou de improcedência liminar do pedido;

II – o julgamento de processos em bloco para aplicação de tese jurídica firmada em julgamento de casos repetitivos;

III – o julgamento de recursos repetitivos ou de incidente de resolução de demandas repetitivas;

IV – as decisões proferidas com base nos arts. 485 e 932;

V – o julgamento de embargos de declaração;

VI – o julgamento de agravo interno;

VII – as preferências legais e as metas estabelecidas pelo Conselho Nacional de Justiça;

VIII – os processos criminais, nos órgãos jurisdicionais que tenham competência penal;

IX – a causa que exija urgência no julgamento, assim reconhecida por decisão fundamentada.

§ 3º Após elaboração de lista própria, respeitar-se-á a ordem cronológica das conclusões entre as preferências legais.

§ 4º Após a inclusão do processo na lista de que trata o § 1º, o requerimento formulado pela parte não altera a ordem cronológica para a decisão, exceto quando implicar a reabertura da instrução ou a conversão do julgamento em diligência.

§ 5º Decidido o requerimento previsto no § 4º, o processo retornará à mesma posição em que anteriormente se encontrava na lista.

§ 6º Ocupará o primeiro lugar na lista prevista no § 1º ou, conforme o caso, no § 3º, o processo que:

I – tiver sua sentença ou acórdão anulado, salvo quando houver necessidade de realização de diligência ou de complementação da instrução;

II – se enquadrar na hipótese do art. 1.040, inciso II.

CORRESPONDÊNCIA NO CPC/1973: *NÃO HÁ.*

1. Considerações gerais. Buscando tutelar a razoável duração do processo e a transparência na tramitação de feitos perante o Poder Judiciário, o CPC/2015 estabelece que os magistrados observarão, preferencialmente, a ordem cronológica de conclusão para proferir sentença ou acórdão. Quando sancionado, o CPC/2015 impunha aos juízes o dever de observar a ordem cronológica. Em razão de alteração legislativa ocorrida antes mesmo do início da vigência deste CPC/2015, por força da Lei nº 13.256, de 4 de fevereiro de 2016, impôs-se o dever de preferencialmente se observar a ordem cronológica, muito embora a lei já trouxesse diversas hipóteses de exceção à regra geral em sua redação original.

Para que se possa exercer um efetivo controle do respeito à ordem cronológica, estabelece-se que a relação de processos aptos a julgamento deverá estar permanentemente à disposição para consulta pública em cartório e na *internet*. Excluem-se da ordem cronológica prevista no *caput* do artigo as seguintes hipóteses: as sentenças proferidas em audiência, homologatórias de acordo ou de improcedência liminar do pedido; o julgamento de processos em bloco para aplicação de tese jurídica firmada em julgamento de casos repetitivos; o julgamento de recursos repetitivos ou de incidente de resolução de demandas repetitivas; as sentenças que não resolvem o mérito da controvérsia e nos casos das decisões monocráticas do relator previstas no art. 932; o julgamento de embargos de declaração; o julgamento de agravo interno; as preferências legais e as metas estabelecidas pelo CNJ; os processos criminais, nos órgãos jurisdicionais que tenham competência penal; a causa que exija urgência no julgamento, assim reconhecida por decisão fundamentada.

Uma vez na lista dos processos aptos a julgamento, caso seja feito algum requerimento pela parte, o processo não perderá a sua posição na ordem cronológica, a menos que haja reabertura da instrução ou conversão do julgamento em diligência.

Os primeiros lugares da lista de processos já prontos para julgamento serão ocupados por aqueles que tiveram sua sentença ou acórdão anulado, salvo quando houver necessidade de realização de diligência ou de complementação da instrução; e pelos que se enquadram na hipótese do art. 1.040, II, que regulamenta o julgamento dos recursos extraordinário e especial repetitivos.

CAPÍTULO II – Da Aplicação das Normas Processuais

Artigo 13.
A jurisdição civil será regida pelas normas processuais brasileiras, ressalvadas as disposições específicas previstas em tratados, convenções ou acordos internacionais de que o Brasil seja parte.
CORRESPONDÊNCIA NO CPC/1973: *NÃO HÁ.*

1. Considerações gerais. O CPC/2015 deixa claro que a jurisdição civil será regida pelas normas processuais brasileiras, entre as quais, claro, devem ser incluídos os tratados, convenções e acordos internacionais dos quais o Brasil seja parte. Em regra, os tratados, convenções e acordos internacionais são recebidos pelo ordenamento em paridade com as leis ordinárias. Havendo conflito normativo, devem ser aplicados os critérios clássicos de solução de antinomias, como o da especialidade e o da antiguidade. Há, todavia, algumas exceções à hierarquia, a depender da matéria objeto de regulamentação internacional. Caso os tratados e as convenções internacionais versem sobre direitos humanos, serão recebidos pelo ordenamento jurídico brasileiro em regime de equivalência com as emendas constitucionais, desde que aprovados, em cada Casa do Congresso Nacional, em dois turnos, por três quintos dos votos dos respectivos membros, nos termos do art. 5º, §§2º e 3º, da CF/1988. O mesmo se pode dizer acerca do art. 98 do CTN, segundo o qual os tratados e as convenções internacionais revogam ou modificam a legislação tributária interna e serão observados pela que lhes sobrevenha.

ARTIGO 14.

A norma processual não retroagirá e será aplicável imediatamente aos processos em curso, respeitados os atos processuais praticados e as situações jurídicas consolidadas sob a vigência da norma revogada.
CORRESPONDÊNCIA NO CPC/1973: *ART. 1.211.*

1. Vigência das leis no tempo. A CF/1988, no que tange à vigência das leis no tempo, busca assegurar a estabilidade e solidez das relações jurídicas, vedando que a lei superveniente tenha efeitos retroativos que prejudiquem o direito adquirido, o ato jurídico perfeito e a coisa julgada.

A LINDB, por seu turno, estabelece ter a lei efeito imediato e geral, respeitados o ato jurídico perfeito, o direito adquirido e a coisa julgada. Assim, a nova lei, em princípio, atinge as partes posteriores dos *facta pendentia*, com a condição de não ferir o trinômio constitucional e infraconstitucionalmente tutelado.

Nota-se que o legislador pátrio, sem perder de vista a necessidade de constante alteração legislativa para atender aos anseios sociais, isolou determinadas situações jurídicas, a fim de que não possam ser abarcadas por mutações futuras, ameaçadoras da segurança jurídica e da integridade das relações.

Mostra-se relevante assinalar que a CF/1988 não consagra um princípio de vedação absoluta da retroatividade. Isso porque, desde que respeitados o ato jurídico perfeito, o direito adquirido e a coisa julgada, pode a lei produzir efeitos retrooperantes, os quais, todavia, devem vir expressamente declarados.

Com efeito, o STF já se pronunciou no sentido de que o princípio insculpido no art. 5.º, XXXVI, da CF/1988 não impede a edição, por parte do Estado, de norma retroativa em benefício do particular, porquanto referida garantia constitucional foi erigida em favor do indivíduo perante o Estado, e não em sentido inverso. (STF, RE 184.099/1996)

Entende-se como norma retroativa aquela que valorativamente abrange fatos ocorridos em período anterior ao do início de sua vigência e possui o condão de modificá-los. Nesse diapasão, a lei retroativa que ignore os preceitos constitucionais relativos à eficácia das normas no tempo consiste em ameaça à solidez dos vínculos jurídicos, colocando em risco a paz social, na medida em que suprime a expectativa de segurança que outrora falsamente criou.

Paul Roubier extrai da filosofia social um dos fundamentos da irretroatividade da lei, ao asseverar que esta consiste em «salvaguarda necessária aos interesses particulares.». (ROUBIER, Paul, *Le droit transitoire (Conflicts des lois dans le temps)*, Paris, Dalloz, 1960, p. 223).

No que diz respeito à aplicação das normas no tempo, pode-se concluir que a lei superveniente não poderá alcançar fatos pretéritos consumados sob a égide da lei anterior, tampouco tolher seus efeitos futuros, quando ameaçar o ato jurídico perfeito, o direito adquirido e a coisa julgada. É evidente o escopo de promover a estabilidade das relações sociais e jurídicas já consolidadas, bem como impedir que se abale a certeza de imutabilidade outrora despertada nos indivíduos. Entretanto, se não houver ameaça aos aludidos institutos e desde que a lei preveja expressamente, será lícito que produza efeitos retroativos.

2. A aplicação do CPC/2015 aos processos em curso. O CPC/2015 dispõe que a norma processual será aplicada aos processos em curso imediatamente após sua vigência, respeitando-se os atos processuais praticados sob a égide do CPC/1973, o direito adquirido e a coisa julgada.

Adota-se o sistema do isolamento dos atos processuais, de acordo com o qual a lei nova, encontrando feitos pendentes, deve respeitar os atos processuais já praticados e seus respectivos efeitos futuros, aplicando-se apenas aos subsequentes.

O CPC/2015, ao incidir nos processos pendentes, deve preservar os atos consumados na vigência da lei revogada e, principalmente, não tolher seus efeitos futuros, o que se denomina como "ultratividade da lei" (CARDOZO, José Eduardo Martins, *Da retroatividade da lei*, São Paulo, RT, 1995, p. 296-297), na medida em que, a despeito de estar revogada, continua surtindo efeitos que advêm de atos praticados ainda sob seu império. A tutela da integridade dos atos praticados sob a égide da lei velha e dos efeitos por eles gerados, mesmo que somente ocorram na vigência da lei nova, denota o que pode ser definido como direito processual adquirido.

3. A aplicação da lei nova no âmbito dos recursos. Para a análise da incidência de leis novas no âmbito dos recursos, é necessário registrar o entendimento, em tradução livre, de que "a lei do recurso é a lei que está em vigor no momento em que a decisão é proferida.". (ROUBIER, Paul, *Le droit transitoire (Conflicts des lois dans le temps)*, Paris, Dalloz, 1960, p. 563).

Mostra-se de fundamental relevância, no ensejo, a alusão aos critérios de definição do exato momento em que o pronunciamento judicial é proferido. Isso porque o momento coincidirá com o início da recorribilidade e dará o norte suficiente à apreciação da tangibilidade de leis supervenientes, pautada no sistema do isolamento dos atos processuais.

Considerável parte da doutrina entende por bem denominar o momento em que Estado-Juiz emana um pronunciamento no bojo de determinado processo como sendo o "dia da sentença". Como o conceito de sentença é muito específico, podendo ocasionar dúvidas quanto à recorribilidade de decisão interlocutória, preferimos a denominação "dia do pronunciamento judicial", abarcando, desta feita, tanto esta como aquela.

Os acórdãos serão analisados oportuna e isoladamente, visto que demandam abordagem diferenciada, ante sua natureza.

Tratando-se de sentença ou decisão interlocutória, entende-se como sendo o "dia do pronunciamento judicial" o momento em que ganha publicidade, não necessariamente coincidindo com a intimação das partes, através de seus advogados, pela Imprensa Oficial.

Com efeito, uma vez proferida e assinada a sentença ou a decisão interlocutória pelo juiz, entregue ao escrivão e colocada à disposição das partes em cartório, aqueles atos se tornam imutáveis e públicos, podendo, a partir de então, ser objeto de recurso pela parte que sucumbiu. Em caso de sentença ou decisão interlocutória proferida em audiência, a leitura delas pelo juiz na presença dos advogados determina sua publicidade e, por conseguinte, sua recorribilidade.

Em ambos os casos, devolução em cartório e leitura em audiência, tem-se o início da recorribilidade do pronunciamento, uma vez que coincide com o aperfeiçoamento do ato processual e com o nascimento do direito adquirido da parte de manejar o recurso que, naquele exato momento, era previsto pela legislação como sendo o cabível para se insurgir contra o pronunciamento específico.

Importante salientar que o conceito de publicidade é diferente daquele de intimação. A sentença ou a decisão interlocutória torna-se pública ao ser lida em audiência ou ao ser entregue assinada em cartório e colocada à disposição das partes, sendo, desde esse momento, passível de recurso. A intimação das partes pela Imprensa Oficial, por exemplo, representa, tão somente, a condição ou o termo inicial de exercício do direito de impugnar, que já nasceu no dia em que se proferiu o julgamento.

Após a publicação do pronunciamento judicial, passa a existir para a parte o direito de recorrer, sem que isso, todavia, consista em ônus. Após a intimação, de outro lado, persiste o direito ao recurso, sendo que ora passa a existir também o ônus de recorrer. Ou seja, após a publicação e antes da intimação, apenas se tem a faculdade de recorrer. Posteriormente, o ônus. Nessa linha de raciocínio, havendo alteração legislativa entre a publicação e a intimação, a lei aplicável é a da publicação, seja em audiência ou em cartório, porquanto naquela ocasião o pronunciamento judicial já era recorrível.

Em se tratando de acórdão, tem-se que o dia de sua prolação coincide com dia em que o resultado do julgamento é proclamado, pois o acórdão redigido pelo relator é mera e estrita documentação e está vinculado ao que foi acordado na sessão que o antecedeu.

Assim, proferido pelo presidente da turma julgadora o resultado do julgamento colegiado, ter-se-á como recorrível o pronunciamento judicial, sendo essa data o marco temporal para incidência da norma recursal.

A lei do recurso é a que está em vigor no momento em que a decisão é proferida, sendo certo que o dia do pronunciamento judicial difere de acordo com a modalidade que se está tratando. Se for decisão interlocutória ou sentença, o dia coincidirá com sua leitura em audiência, ou entrega em cartório assinada pelo juiz e colocada à disposição das partes. Se for acórdão, será o dia em que o presidente da turma ou câmara lê, publicamente, o resultado do julgamento.

4. Supressão de recursos do sistema e restrições quanto às hipóteses de cabimento. Considerando-se que a lei posterior não pode ameaçar direito adquirido da parte e que o direito subjetivo ao manejo do recurso nasce no dia em que o pronunciamento judicial é proferido, pode-se afirmar que, suprimido do sistema dado recurso, interposto sob a égide da lei antiga, deverá este ser julgado, admitindo-se a ultratividade da lei revogada.

Da mesma maneira, a decisão proferida sob a égide da lei antiga é passível de ser atacada pelo recurso nela previsto, ainda que seu cabimento seja suprimido do sistema antes da intimação das partes acerca da referida decisão, pois o marco inicial do direito ao recurso é a publicação do pronunciamento contra o qual a parte pretende se insurgir.

Toda e qualquer alteração legislativa que suprima ou diminua a abrangência de determinado recurso não poderá incidir sobre aqueles interpostos antes de sua vigência. Mais do que isso, será ilegítima qualquer vedação à interposição do recurso, já sob a égide da lei nova, contra decisão publicada sob o império da lei revogada, uma vez que o direito subjetivo ao recurso existia quando da alteração legislativa e por esta não poderá ser ameaçado, sob pena de violação à CF/1988.

5. Alteração do prazo recursal. É plenamente aplicável a lei nova aos prazos em curso quando esta os aumentar, na medida em a aplicação imediata não atentaria contra qualquer direito adquirido. Relativamente à previsão de diminuição do prazo para interposição de um dado recurso, ela somente se aplicará aos recursos interpostos contra decisões publicadas já na vigência da lei nova, sob risco de flagrante retroatividade, que fatalmente feriria direito adquirido da parte.

6. Supressão de hipótese de remessa necessária. O art. 496 do CPC/2015 dispõe que somente surtirá efeito depois de confirmada pelo tribunal de segundo grau a sentença proferida contra os interesses da União, dos Estados, do Distrito Federal e dos Municípios; das respectivas autarquias e fundações de direito público. O mesmo princípio se aplica à sentença que julgar como procedentes, no todo ou em parte, os embargos à execução fiscal,.

O art. 496, §3º, aumentou o valor mínimo da condenação ou do proveito econômico para sujeição de uma sentença à remessa necessária. O CPC/1973 dispunha que o valor mínimo seria de 60 (sessenta) salários-mínimos, ao passo que o CPC/2015 estabelece 1000 (mil) salários-mínimos para a União e as respectivas autarquias e fundações de direito público; 500 (quinhentos) salários-mínimos para os Estados, o Distrito Federal, as respectivas autarquias e fundações de direito público e os Municípios que constituam capitais dos Estados; 100 (cem) salários-mínimos para todos os demais Municípios e respectivas autarquias e fundações de direito público. Demais disso, o art. 496, §4º, dispõe que a remessa necessária não será aplicável quando a sentença estiver fundada em súmula de tribunal superior; acórdão proferido pelo STF ou pelo STJ nestas hipóteses: julgamento de recursos repetitivos; entendimento firmado em incidente de resolução de demandas repetitivas ou de assunção de competência; entendimento coincidente com orientação vinculante firmada no âmbito administrativo do próprio ente público, consolidada em manifestação, parecer ou súmula administrativa.

Portanto, as hipóteses legais em que incide a aludida condição suspensiva de eficácia da sentença foram reduzidas. Nesse particular, cabe perguntar se a supressão de hipótese de remessa necessária exclui a sujeição ao duplo grau de jurisdição de sentenças proferidas antes da vigência da lei nova, não desafiadas por recurso voluntário e que, até aquele momento, aguardavam o reexame.

Sobrevindo lei que exclua determinada hipótese de reexame, ainda que já estejam os autos no tribunal para que este assim proceda, temos que a condição suspensiva para a eficácia da sentença não mais persiste, operando-se, automaticamente, o trânsito em julgado da decisão e sua consequente imutabilidade.

Isso porque não se trata de supressão de recurso, uma vez que a remessa necessária não se confunde com este, não lhe sendo aplicável a regra segundo a qual a lei nova não pode suprimir direito adquirido a recorrer, sob pena de retroatividade. Nesta esteira, por carecer o reexame necessário de voluntariedade, tipicidade, dialeticidade, interesse, legitimidade, tempestividade e preparo – características inerentes unicamente aos recursos – não poderá ser tratado dessa forma.

Estão sujeitas à remessa necessária as decisões judiciais que rezam sobre matérias tidas como de alta relevância pelo legislador e que, por envolverem interesses de ordem pública, devem ser confirmadas pelo tribunal, para que surtam efeitos na esfera jurídica e ainda que não desafiadas por recurso voluntário das partes. Dessa forma, se o legislador entende que determinada matéria não mais guarda relevância bastante para ensejar o reexame necessário, tem-se que a regra se aplica imediatamente aos feitos pendentes, desobrigando a confirmação do tribunal, mesmo que a sentença seja anterior à norma. Registre-se que a atribuição do tribunal de segundo grau para o reexame necessário decorre de uma jurisdição compulsória, que, se suprimida, não mais permite ao colegiado proferir decisões sob seu manto. Nesses casos, aplicam-se analogamente as regras de direito intertemporal relativas à competência absoluta, cuja aplicação é imediata, indisponível e abarca todos os feitos pendentes. Não há que se falar em direito adquirido da Fazenda ou de qualquer outro ente quando da supressão de hipótese de reexame necessário. A assertiva se justifica porque o direito adquirido da Fazenda se refere tão somente ao manejo do recurso voluntário, que, se eliminado do sistema, ainda assim deveria ser julgado.

Artigo 15.
Na ausência de normas que regulem processos eleitorais, trabalhistas ou administrativos, as disposições deste Código lhes serão aplicadas supletiva e subsidiariamente.
CORRESPONDÊNCIA NO CPC/1973: *NÃO HÁ.*

1. **Considerações gerais.** O CPC/2015 prevê o espraiamento de suas normas aos processos eleitorais, trabalhistas e administrativos, quando inexistir disposição específica. Prevê também a aplicação como baliza interpretativa das normas já regentes desses

outros processos. Deve-se partir da premissa de que, independentemente da natureza da matéria de mérito (civil, empresarial, trabalhista, eleitoral, etc.), o processo abarca uma relação adversarial e tem como objetivo a resolução da controvérsia instaurada pelas partes, cuja composição ainda não foi possível. Nesse passo, as disposições que corroborem para essa dita resolução da controvérsia, de forma mais efetiva, em tempo razoável e em maior sintonia com a ampla defesa e o contraditório deverão ser aplicadas, desde que não haja regras especiais específicas e em sentido diametralmente oposto.

Significativa atenção deve ser dada ao processo do trabalho. Dispõe o art. 769 da CLT que, "nos casos omissos, o direito processual comum será fonte subsidiária do direito processual do trabalho, exceto naquilo em que for incompatível com as suas normas.". Em complemento a esta disposição, deve-se dizer que o CPC/2015 será aplicável não apenas nos casos omissos, mas também nos casos em que uma nova leitura em conformidade com a CF/1988 se mostrar adequada, pois a CLT é de 1943 e positivou o retrato de um direito pressuposto que mudou significativamente com o passar dos anos e com as mudanças sociais.

A título exemplificativo, devem ser amplamente aplicados aos processos trabalhistas: o incidente de desconsideração da personalidade jurídica (art. 133); a tutela da evidência (art. 311); a contagem dos prazos em dias úteis (art. 219); a obrigatoriedade de uniformização e estabilidade da jurisprudência (art. 926), bem de adoção dos precedentes judiciais (art. 927); regime da penhora, em especial a ordem de preferência (art. 835) e as impenhorabilidades (art. 833).

LIVRO II
DA FUNÇÃO JURISDICIONAL

TÍTULO I - Da Jurisdição e da Ação

Artigo 16.
A jurisdição civil é exercida pelos juízes e pelos tribunais em todo o território nacional, conforme as disposições deste Código.
CORRESPONDÊNCIA NO CPC/1973: *ART. 1º.*

1. Considerações gerais. A jurisdição é o poder que o Estado tem de aplicar o direito ao caso concreto e resolver de forma final e vinculante a controvérsia, incluindo-se a adoção de medidas coercitivas e de império hábeis à satisfação do direito reconhecido. É, ademais, um dever do Estado, que deve promover os meios necessários ao acesso à justiça.

O CPC/2015 deixa de mencionar o exercício da jurisdição civil na forma "contenciosa e voluntária", o que nada muda em realidade, pois os procedimentos de jurisdição voluntária continuam presentes nos arts. 719 e seguintes.

Se de um lado o Estado tem o poder de prestar a atividade jurisdicional, de outro as partes têm o direito de submeter suas controvérsias ao Poder Judiciário e também de renunciar a este direito, submetendo a apreciação do mérito de sua disputa à arbitragem, desde que verse sobre direitos patrimoniais disponíveis, conforme desenvolvido nos comentários ao art. 3º, acima.

Artigo 17.
Para postular em juízo é necessário ter interesse e legitimidade.
CORRESPONDÊNCIA NO CPC/1973: *ART. 3º.*

1. Condições para o exercício do direito de ação. O direito constitucional de ação não poder ser exercido sem que haja lesão ou ameaça de lesão a direitos. Isso porque o Poder Judiciário não consiste em mero órgão de consulta, mas, sim, em poder da República cuja função é a promoção e a garantia da segurança jurídica, mediante a resolução e a pacificação de conflitos. Disso decorre que, para o exercício do direito de requerer ao Estado determinada tutela de interesses jurídicos, é essencial que estejam reunidas duas condições: o interesse da parte em obter um provimento jurisdicional e a legitimidade daquele que se proclama titular de um direito material para postular em juízo.

2. Interesse. A tutela jurisdicional pretendida pela parte deve ser imprescindível para reparar o direito material lesado ou evitar que seja violado. A litigiosidade deve estar presente, ainda que em potencial ou em grau mínimo. O devedor que tem em mãos um recibo de quitação assinado pelo credor não necessita da chancela do Judiciário, a menos que esteja diante de uma possível ameaça aos seus direitos. No mesmo passo, a tutela jurisdicional deve também guardar utilidade, isto é, a consecução de seu objetivo final deve ser relevante para a esfera jurídica daquele que a pleiteia. Imagine-se, por exemplo, a hipótese do credor de importância entregue ao devedor, em moeda corrente nacional, decorrente de adiantamento a contrato de câmbio para exportação (ACC), que, diante do inadimplemento, requer a falência do referido devedor. Nesse caso, muito embora possam estar presentes os requisitos para a decretação da falência, com base no art. 94 da Lei 11.101/2005, o crédito a cuja cobrança se procede não está sujeito à ordem de classificação e de preferência dos créditos concursais (art. 83), tampouco dos extraconcursais (art. 84), mas, sim, ao pedido de restituição em dinheiro, na forma do art. 86, II, da mesma lei. Consequentemente, o pedido de decretação de falência é inútil, pois o credor do ACC tem o direito de receber antes das preferências creditórias e em dinheiro, sem necessidade de esperar a realização do ativo e a longa e turbulenta definição do quadro geral de credores. Basta ao credor executar o título que tem em mãos, pois o manejo da ação de falência não lhe traria qualquer utilidade e, de outro lado, arrasaria a atividade empresarial e seria contrário à função social da empresa. Nesse ponto, tem-se que a utilidade também deve ser concebida à luz do exercício regular do direito e da proibição ao abuso de direito, de modo que, ainda que haja utilidade similar em dois meios possíveis, o meio eleito deverá ser aquele que é suficiente e eficaz ao desiderato final e, ao mesmo tempo, não causa mais impacto ao devedor do que o necessário à satisfação do direito do credor. Ainda, sob o ponto de vista do interesse, a via eleita pela parte deve ser adequada ao alcance do resultado útil (utilidade) do processo cuja instauração é imprescindível (necessidade) à tutela do interesse jurídico violado ou em vias de ser violado. Trata-se da adequação. A esse respeito, tomando-se como base o último exemplo dado acima, se um contrato de ACC puder ser executado judicialmente, concedendo-se ao devedor o prazo de 3 (três) dias para pagamento (art. 829), sob pena de penhora de dinheiro ou outros bens, não se mostrará adequada à instauração de um processo concursal como o de falência, mais complexo do que uma execução de título extrajudicial, que poderá levar o devedor à quebra, coagindo-o a pagar uma dívida com a qual pode não concordar, apenas para evitar o fim da atividade empresarial. O pedido de falência, nesse caso, somente se mostraria adequado após a frustração da tentativa de cobrança na forma individual, via execução, ou no mínimo a demonstração da dificuldade de acesso ao patrimônio, seja pela sua escassez, seja pelo seu comprometimento com outras cobranças. Isso porque a instauração de um processo concursal somente se mostraria adequada se caracterizada a necessidade do credor de fazer valer sua preferência creditória, utilizando-se da falência para ultrapassar barreiras criadas pelo próprio devedor ou pelos outros credores que, no concurso, estariam em posição menos preferencial para recebimento.

3. Legitimidade. Para o exercício do direito de ação, é necessário que as partes sejam titulares dos direitos, deveres e obrigações ínsitas à relação jurídico-material objeto da controvérsia, exceto nos casos em que a lei confere legitimação extraordinária. Quando o juiz verificar que autor ou réu não são titulares da relação jurídica de direito material inscrita no objeto da demanda, deixará de resolver o mérito, nos termos do art. 485, VI. Todavia, essa disposição dificilmente será aplicada isoladamente sob a égide do CPC/2015, a menos que a ilegitimidade das partes seja verificada de plano, antes da abertura do contraditório e da subsequente instrução. Isso porque, de acordo com o art. 488, o juiz resolverá o mérito sempre que a decisão for favorável à parte a quem aproveitaria eventual pronunciamento que não resolve o mérito da demanda (art. 485). Disso decorre que, ainda que se verifique a ausência de legitimidade de uma das partes, o juiz deverá ingressar no mérito e resolvê-lo, desde que isso não represente a inversão do resultado da demanda que seria obtido por meio do pronunciamento que não resolve o mérito.

ARTIGO 18.
Ninguém poderá pleitear direito alheio em nome próprio, salvo quando autorizado pelo ordenamento jurídico.
Parágrafo único. Havendo substituição processual, o substituído poderá intervir como assistente litisconsorcial.
CORRESPONDÊNCIA NO CPC/1973: *ART. 6º.*

1. Titularidade da relação jurídico-material. A regra geral estampada no CPC/2015 é a de que somente o titular do direito material discutido em juízo poderá pleitear a tutela jurisdicional em seu proveito. Não é lícito a terceiros alheios à relação jurídico-material pleitearem substituição aos seus titulares. Exceção é feita às hipóteses em que a própria lei prevê a legitimação extraordinária, como a do Ministério Público na defesa dos direitos individuais homogêneos, a dos sindicatos e a da Defensoria Pública, por exemplo.

2. A intervenção do substituído como assistente litisconsorcial. Depreende-se do art. 119 que a assistência consiste na intervenção de terceiro juridicamente interessado em que a sentença seja favorável alguma das partes litigantes. De outro lado, o parágrafo único do artigo ora em comento prevê que, no caso de substituição processual, o substituído poderá intervir como assistente litisconsorcial. Isto é, o titular da relação jurídico-material, substituído no processo em razão da legitimação extraordinária, também poderá dele participar, em assistência àquele que representa seus direitos em juízo. Imagine-se, portanto, uma demanda em que a hipotética associação dos proprietários de telefones vermelhos busque a proibição da cobrança de determinada tarifa, praticada pela operadora. Neste caso, poderia cada um dos milhares de associados habilitar-se como assistente litisconsorcial e apresentar manifestações, fazer-se presente em audiências, sustentações orais e outros tantos atos processuais? A resposta a esta pergunta deve dar-se à luz do art. 113, §1º, que determina ao juiz que limite "o litisconsórcio facultativo quanto ao número de litigantes na fase de conhecimento, na liquidação de sentença ou na execução, quando este comprometer a rápida solução do litígio ou dificultar a defesa ou o cumprimento da sentença.". Assim, se a limitação do litisconsórcio deve ser adotada em contribuição à efetividade da tutela jurisdicional e à razoável duração do processo, com maior razão deve o juiz limitar o ingresso de assistentes litisconsorciais, cujo direito já está inscrito no mérito da pretensão deduzida pelo substituto processual.

Artigo 19.

O interesse do autor pode limitar-se à declaração:
I – da existência, da inexistência ou do modo de ser de uma relação jurídica;
II – da autenticidade ou da falsidade de documento.
CORRESPONDÊNCIA NO CPC/1973: *ART. 4º.*

1. Considerações gerais. O interesse na obtenção da tutela jurisdicional pode restringir-se à declaração quanto à existência, inexistência ou efeitos de determinada relação material. Pode-se, nesse particular, requerer ao Judiciário que declare que a interpretação de dada cláusula contratual deve ser desta ou daquela forma, assim como as consequências jurídicas devem ser estas ou aqueloutras. Ainda, a pretensão do autor pode estar inscrita na declaração de autenticidade ou falsidade de um documento. Nada obstante isso, os tribunais não podem servir como meros órgãos de chancela, para satisfazerem um desejo de mera confirmação das partes, sem que haja, no mínimo, fundado receio de lesão a direitos. Esta é a prova do interesse processual na ação declaratória: a necessidade real de se obter determinada certeza, em razão de qualquer fato que, de alguma forma, crie insegurança no autor e o faça acreditar que um direito do qual é titular poderá ser objeto de violação futura. São as típicas "dúvidas objetivas" que geram "crises de certeza", conforme expõe Cândido Rangel Dinamarco. (DINAMARCO, Cândido Rangel, *Instituições de direito processual civil*, v. III, 2. ed., São Paulo, Malheiros, 2002, p. 224)

ARTIGO 20.
É admissível a ação meramente declaratória, ainda que tenha ocorrido a violação do direito.
CORRESPONDÊNCIA NO CPC/1973: *ART. 4º.*

1. Tutela meramente declaratória. O interesse processual da parte para requerer ao Estado uma declaração quanto à existência, inexistência ou modo de ser de determinada relação jurídica reside na incerteza gerada ao titular do direito por um fator externo, que o conduz ao sentimento de insegurança e de dúvida objetiva e presente. Contudo, o artigo em comento prevê que, mesmo que o direito material já tenha sido objeto de violação, ainda assim poderá o autor ajuizar ação meramente declaratória, sem um pedido de condenação à reparação de dano, à obrigação de desfazimento de um ato ou a uma obrigação de abstenção. As pretensões constitutiva ou condenatória, que por hipótese poderiam ser deduzidas em conjunto com a tutela declaratória, poderão ser objeto de uma nova demanda futura ou jamais serem propostas, sendo suficiente para o autor a mera declaração judicial.

2. Prescrição e declaração. Giuseppe Chiovenda, ao afirmar que a prescrição tem como objetivo encerrar a incerteza nas relações jurídicas, ressalva que algumas ações são imprescritíveis. Entre elas, destaca "as ações de mera declaração", justamente porque não se destinam a fazer cessar um estado de fato contrário ao direito da parte, mas sim a declarar "qual é o estado de fato conforme ao direito", colocando termo ao estado de incerteza. (CHIOVENDA, Giuseppe, *Instituições de direito processual civil*, v. I, São Paulo, Saraiva, 1969, p. 30-31). No mesmo sentido, afirma Alfredo Buzaid que há ações que, por sua natureza, são imprescritíveis, como é o caso das ações meramente declaratórias. (BUZAID, Alfredo, *Ação declaratória no direito brasileiro*, São Paulo, Saraiva, 1943, p. 161). Exatamente por isso, com muita frequência se defende que a ação declaratória seria possível de ser manejada pelo titular de direito violado, mesmo que pretensão condenatória de reparação já estivesse prescrita. Foi assim que se leu o art. 4º, parágrafo único, do CPC/1973 por décadas. Contudo, um novo CPC convida a sociedade a uma nova reflexão, à revisão de alguns conceitos muitas vezes arraigados no automatismo das salas de aula. Um desses conceitos tange justamente a possibilidade de exercício do direito de pleitear em juízo mera declaração, ainda que tenha havido violação de direito e a pretensão de reparação deste direito violado já tenha sido fulminada pela prescrição. A esse respeito, parece-nos que a interpretação sistemática e teleológica do artigo em comento conduz à conclusão de que o exercício isolado do pedido de mera declaração, ainda que possível de ser cumulado com pretensão condenatória, somente denota interesse processual do autor quando a reparação não tiver sido obstada pela prescrição. Caso contrário, o encerramento das incertezas nas relações jurídicas proporcionado pela prescrição, como defendido por Chiovenda, jamais ocorreria. A segurança jurídica que a prescrição provoca em favor do devedor não é apenas quanto à impossibilidade deste ser cobrado no futuro, pois vai além: é a certeza de que jamais aquela relação jurídica material da qual se originou a dívida poderá ser discutida em juízo. De que valeria a prescrição para o exercício da pretensão condenatória dos hospedeiros contra seus hóspedes (art. 206, §1º, I), por exemplo, se a qualquer momento, passado o período de um ano previsto na lei civil, o hospedeiro pudesse pedir ao Judiciário que declarasse que aquele hóspede tinha o dever de pagar o pernoite e, nada obstante isso, jamais pagou? Se para postular em juízo é necessário interesse processual, qual seria o interesse do autor em pedir uma declaração acerca da existência, inexistência ou modo de ser de uma relação jurídica, se ao final o direito violado não poderá ser reparado? Nem se alegue que o STJ já decidiu pela possibilidade de ajuizamento de ação declaratória, a despeito da prescrição da pretensão condenatória que poderia advir da declaração perseguida. É que, no REsp 1.434.498/SP, de relatoria da Min. Nancy Andrighi, publicado em 05/02/2015, está-se a discutir a prescrição "de pretensão meramente declaratória da existência de atos ilícitos e de relação jurídica de responsabilidade do réu por danos morais decorrentes da prática de tortura". O mérito da causa versa sobre pretensão reparatória por violação a direitos humanos, em razão de tortura ocorrida durante a ditadura militar, tutelando direitos fundamentais previstos na CF/1988, como o direito à vida, à integridade e à dignidade. Essa causa é extraordinária, pois desborda os limites de uma discussão contratual ou empresarial, justificando, nesse caso, o exercício de uma pretensão declaratória que tutela o direito dos sucessores do falecido de obterem uma declaração do Estado acerca das circunstâncias da morte de seu familiar, muito embora se possa discutir eventual prescrição da pretensão condenatória à reparação de danos materiais e morais. Portanto, parece-nos que a regra geral, aplicável às relações civis e empresariais ordinárias, é a de que careceria de ação, em razão da falta de interesse processual, o autor de ação meramente declaratória que a ajuíza após o decurso do prazo prescricional para o exercício da pretensão condenatória, muito embora não fosse obrigado a deduzir um pedido de condenação e pudesse restringi-lo à declaração.

TÍTULO II – Dos Limites da Jurisdição Nacional e da Cooperação Internacional

CAPÍTULO I – Dos Limites da Jurisdição Nacional

Artigo 21.
Compete à autoridade judiciária brasileira processar e julgar as ações em que:
I – o réu, qualquer que seja a sua nacionalidade, estiver domiciliado no Brasil;
II – no Brasil tiver de ser cumprida a obrigação;
III – o fundamento seja fato ocorrido ou ato praticado no Brasil.
Parágrafo único. Para o fim do disposto no inciso I, considera-se domiciliada no Brasil a pessoa jurídica estrangeira que nele tiver agência, filial ou sucursal.
CORRESPONDÊNCIA NO CPC/1973: *ART. 88.*

1. **Autolimitação da abrangência da jurisdição nacional.** Seria possível, em tese, que o Brasil tivesse a pretensão de submeter à sua jurisdição quaisquer demandas que fossem propostas perante seus juízes. Todavia, dificilmente muitas dessas decisões teriam a devida efetividade, pois, em muitos casos, o cumprimento da decisão deveria ocorrer em território estrangeiro, esbarrando nos limites da soberania de outro Estado, o qual poderia não colaborar com as autoridades nacionais. Assim, é mais conveniente que nosso próprio Estado limite a abrangência de sua jurisdição. Além de considerações dessa ordem, outras também são relevantes para a elaboração do regramento da autolimitação da abrangência da jurisdição nacional. Eis as principais ideias relativas à autolimitação: (i) efetividade: a jurisdição nacional não deve abranger hipóteses de impossibilidade ou improbabilidade de se obter o cumprimento de determinada decisão de juiz nacional em território estrangeiro; (ii) relevância: a jurisdição nacional não deve abranger casos em que os interesses envolvidos no conflito sejam irrelevantes para o Estado brasileiro; (iii) imunidade jurisdicional relativa de Estados estrangeiros: em razão da igualdade entre os Estados (*par in par non habet judicium*), um Estado não deve julgar por seus tribunais atos de soberania (*ius imperii*) de outro Estado, mas pode julgar atos de gestão (*ius gestionis*), ou seja, atos em que o Estado estrangeiro se equipara a particular, como atos de natureza laboral ou comercial; (iv) unilateralidade: é impossível conceder jurisdição a outro Estado ou limitar a jurisdição de outro Estado fora do território nacional; (v) proibição de denegação de justiça: se a demanda não puder ser proposta perante qualquer outra jurisdição estrangeira, ela deverá, em princípio, ser aceita pelo Estado em cujo território devem ser produzidos os efeitos da decisão; e (vi) autonomia da vontade: quando houver concorrência de jurisdições (dois ou mais Estados se dispõem, unilateralmente, a submeter certa demanda às suas jurisdições),

será possível a escolha da jurisdição pelas partes envolvidas, inclusive com cláusula de eleição de jurisdição.

2. Impropriedade do termo "compete". O título do capítulo no CPC/1973 era "da competência internacional" e, no CPC/2015, foi devidamente alterado para "dos limites da jurisdição nacional". Isso se deve ao fato de essas normas não regularem a divisão da função jurisdicional nacional entre os órgãos judiciários nacionais, mas sim a autolimitação da jurisdição nacional em relação a jurisdições estrangeiras. Infelizmente, todavia, embora o texto aprovado pelo Senado na primeira fase do processo legislativo empregasse acertadamente o verbo "caber" ("cabe à autoridade judiciária brasileira..."), o texto aprovado ao final voltou a incorrer na impropriedade do emprego do verbo competir ("compete à autoridade judiciária brasileira..."). Não se trata, contudo, de competência, mas de definição dos limites da jurisdição nacional.

3. Concorrência da jurisdição nacional com jurisdição estrangeira. Nas hipóteses do art. 21, admite-se a apreciação pelos órgãos jurisdicionais nacionais das causas ali previstas, sem se excluir a possibilidade de essas causas serem submetidas à jurisdição de Estado estrangeiro caso suas normas assim disponham. Admite-se, portanto, que decisões estrangeiras de causas dessa ordem possam ser homologadas pelo STJ, produzindo efeitos no território nacional (art. 105, I, "i", CF/1988; arts. 960 e seguintes, CPC/2015). Sendo concorrentes as jurisdições, caberá à parte autora definir perante qual Estado será proposta a demanda. Em princípio, do ponto de vista da legislação brasileira (art. 24, CPC/2015) poderá haver propositura de demanda relativa à mesma pretensão perante outro Estado de jurisdição concorrente. A litispendência não será causa de extinção do processo que tramita no Brasil. Contudo, se a sentença estrangeira for homologada pelo STJ, o processo brasileiro será extinto sem resolução do mérito em razão da coisa julgada.

Artigo 22.
Compete, ainda, à autoridade judiciária brasileira processar e julgar as ações:
I – de alimentos, quando:
a) **o credor tiver domicílio ou residência no Brasil;**
b) **o réu mantiver vínculos no Brasil, tais como posse ou propriedade de bens, recebimento de renda ou obtenção de benefícios econômicos;**
II – decorrentes de relações de consumo, quando o consumidor tiver domicílio ou residência no Brasil;
III – em que as partes, expressa ou tacitamente, se submeterem à jurisdição nacional.
CORRESPONDÊNCIA NO CPC/1973: *NÃO HÁ.*

1. Concorrência da jurisdição nacional com jurisdição estrangeira. As hipóteses do art. 22 também admitem a apreciação pelos órgãos jurisdicionais nacionais das causas ali previstas, sem que se exclua a possibilidade de essas causas serem submetidas à jurisdição de Estado estrangeiro caso suas normas assim disponham, hipótese em que a homologação da decisão estrangeira pelo STJ será permitida.

2. Ações fundadas em relação de consumo. Embora a legislação nacional preveja a competência do foro do domicílio do autor para essas ações (art. 101, I, CDC), isso não bastaria para justificar a submissão da causa à jurisdição nacional fora dos casos do art. 21, já que competência e limites da jurisdição nacional não se confundem. Assim, é importante a existência da referida norma.

3. Submissão à jurisdição nacional por ato das partes. As partes podem escolher submeter a causa à jurisdição brasileira em casos de concorrência de jurisdições, ou seja, em casos em que, segundo a legislação brasileira, a causa possa ser submetida a autoridade judiciária nacional ou internacional (com possibilidade de homologação no Brasil – arts. 21 e 22) e em que, segundo legislação estrangeira, possa também ser submetida à jurisdição daquele país. Isso seria possível ainda que não houvesse o inciso III do art. 22, pois decorreria diretamente do caráter concorrente das jurisdições envolvidas nesses casos. O que a referida norma acrescenta, portanto, é a possibilidade de, por cláusula de eleição de jurisdição, as partes limitarem à jurisdição brasileira caso que seria de jurisdição concorrente. A menção à forma tácita, por sua vez, significa que, caso tenha sido eleita com exclusividade outra jurisdição em hipótese de concorrência (art. 25) e caso o réu não apresente qualquer impugnação, terá sido aceita a jurisdição nacional. O inciso em estudo não significa, portanto, que possam as partes convencionar submeter à jurisdição nacional causa em que os interesses envolvidos no conflito sejam absolutamente irrelevantes para nosso Estado.

ARTIGO 23.
Compete à autoridade judiciária brasileira, com exclusão de qualquer outra:
I – conhecer de ações relativas a imóveis situados no Brasil;
II – em matéria de sucessão hereditária, proceder à confirmação de testamento particular e ao inventário e à partilha de bens situados no Brasil, ainda que o autor da herança seja de nacionalidade estrangeira ou tenha domicílio fora do território nacional;
III – em divórcio, separação judicial ou dissolução de união estável, proceder à partilha de bens situados no Brasil, ainda que o titular seja de nacionalidade estrangeira ou tenha domicílio fora do território nacional.
CORRESPONDÊNCIA NO CPC/1973: *ART. 89.*

1. Jurisdição nacional exclusiva. Nesses casos, segundo a legislação brasileira, a demanda não pode ser submetida a jurisdição estrangeira. Diante da ideia de unilateralidade das normas de limitação da jurisdição e da soberania dos Estados estrangeiros, é evidente que a legislação brasileira não pode impedir que a legislação estrangeira atribua essas causas à jurisdição dos respectivos Estados: isso pode, no máximo, desestimular esses Estados de fazê-lo, com receio da falta de efetividade de suas decisões. A proibição, na verdade, é da homologação de decisão estrangeira pelo STJ nessas hipóteses.

2. Imóveis situados no Brasil. A norma refere-se apenas à localização do bem, abrangendo não apenas as ações reais, mas também qualquer outra espécie de ação relativa a tais bens, como ações possessórias, ações relativas à alienação fiduciária de imóveis *etc.*

3. Partilha de bens situados no Brasil. A razão de ser da norma do inciso III do art. 23 do CPC é proteger a soberania nacional, o que se faz, no caso, proibindo a eficácia de decisão de juiz estrangeiro sobre bens situados no Brasil. Não existe, todavia, proibição de celebração de negócio jurídico relativo a esses bens. Assim, quando o casal realiza partilha consensual de bens e o juiz estrangeiro se limita a homologar esse negócio, não existe qualquer ameaça à soberania nacional. É por essa razão que o STJ tinha, sob a vigência do CPC/1973, entendimento pacífico no sentido de ser possível a homologação da sentença estrangeira de divórcio com partilha consensual de bens: "2. 'Tanto a Corte Suprema quanto este Superior Tribunal de Justiça já se manifestaram pela ausência de ofensa à soberania nacional e à ordem pública a sentença estrangeira que dispõe acerca de bem localizado no território brasileiro, sobre o qual tenha havido acordo entre as partes, e que tão somente ratifica o que restou pactuado' (SEC 1.304/US, CORTE ESPECIAL, Rel. Ministro GILSON DIPP, DJe de 03/03/2008). (...) 4. Pedido de homologação deferido. Custas *ex lege*. Condenação da Requerida ao pagamento dos honorários advocatícios" (STJ, SEC 4.223/CH). "4. É válida a disposição quanto a partilha de bens imóveis situados no Brasil na sentença estrangeira de divórcio, quando as partes dispõem sobre a divisão. Sem o acordo prévio considera a jurisprudência desta Corte inviável a homologação. 5. Homologação deferida em parte.". (STJ, SEC 5.822/EX). Ocorre que, segundo novidade trazida pelo CPC/2015, a sentença estrangeira de divórcio consensual tem eficácia no Brasil, independentemente de homologação pelo STJ, competindo a qualquer juiz examinar a validade da decisão, em caráter incidental, quando essa questão for suscitada em processo de sua competência (art. 961, §§ 5º e 6º). Sendo assim, a sentença estrangeira de divórcio consensual com partilha consensual de bens situados no Brasil produzirá efeitos no Brasil independentemente de homologação pelo STJ. A exclusividade da jurisdição brasileira é relativa à partilha não consensual.

Artigo 24.

A ação proposta perante tribunal estrangeiro não induz litispendência e não obsta a que a autoridade judiciária brasileira conheça da mesma causa e das que lhe são conexas, ressalvadas as disposições em contrário de tratados internacionais e acordos bilaterais em vigor no Brasil.

Parágrafo único. A pendência de causa perante a jurisdição brasileira não impede a homologação de sentença judicial estrangeira quando exigida para produzir efeitos no Brasil.

CORRESPONDÊNCIA NO CPC/1973: *ART. 90.*

1. Irrelevância da existência de pretensão idêntica pendente de julgamento no exterior em caso de jurisdição concorrente. Tratando-se de hipótese de jurisdição exclusiva, é evidente que a existência de processo com pretensão idêntica à de processo pendente no Brasil é irrelevante, pois eventual decisão estrangeira jamais poderia ser homologada para produção de efeitos no Brasil (art. 23).

2. Relatividade da preferência pela jurisdição nacional. A irrelevância da pendência de ação idêntica no exterior parece indicar uma preferência pela jurisdição nacional. Todavia, no parágrafo único do art. 24, fica claro que a decisão estrangeira pode ser homologada pelo STJ mesmo que exista ação idêntica em curso no Brasil, o que demonstra que aquela preferência é meramente relativa, ou seja, a sentença nacional produzirá efeitos se transitada em julgado antes da homologação da sentença estrangeira sobre a mesma pretensão processual. Caso a homologação ocorra primeiro, o processo brasileiro será extinto sem resolução do mérito por coisa julgada. Não se importou o legislador com o momento em que as demandas foram propostas. Importante é o momento em que a primeira delas obtiver *status* de coisa julgada e eficácia no Brasil. Nesse sentido é o art. 963: "Constituem requisitos indispensáveis à homologação da decisão: (...) IV – não ofender a coisa julgada brasileira". Não foi colocada como requisito a ausência de litispendência.

Artigo 25.

Não compete à autoridade judiciária brasileira o processamento e o julgamento da ação quando houver cláusula de eleição de foro exclusivo estrangeiro em contrato internacional, arguida pelo réu na contestação.

§ 1º Não se aplica o disposto no *caput* às hipóteses de competência internacional exclusiva previstas neste Capítulo.

§ 2º Aplica-se à hipótese do *caput* o art. 63, §§ 1º a 4º.

CORRESPONDÊNCIA NO CPC/1973: *NÃO HÁ.*

1. Permissão de opção exclusiva pela jurisdição estrangeira. Em casos de jurisdição concorrente (arts. 21 e 22), permite a legislação nacional que as partes elejam a jurisdição estrangeira com exclusividade. Todavia, se o réu não alegar a carência de jurisdição baseada na cláusula em questão, a jurisdição brasileira é considerada como aceita.

2. Contrato internacional. Considera-se como internacional o contrato que apresenta ao menos um elemento de estraneidade, ou seja, elemento que o ligue à legislação estrangeira (local de celebração, local de cumprimento da obrigação, domicílio de uma das partes etc.).

CAPÍTULO II – Da Cooperação Internacional

SEÇÃO I – Disposições Gerais

ARTIGO 26.

A cooperação jurídica internacional será regida por tratado de que o Brasil faz parte e observará:

I – o respeito às garantias do devido processo legal no Estado requerente;

II – a igualdade de tratamento entre nacionais e estrangeiros, residentes ou não no Brasil, em relação ao acesso à justiça e à tramitação dos processos, assegurando-se assistência judiciária aos necessitados;

III – a publicidade processual, exceto nas hipóteses de sigilo previstas na legislação brasileira ou na do Estado requerente;

IV – a existência de autoridade central para recepção e transmissão dos pedidos de cooperação;

V – a espontaneidade na transmissão de informações a autoridades estrangeiras.

§ 1º Na ausência de tratado, a cooperação jurídica internacional poderá realizar-se com base em reciprocidade, manifestada por via diplomática.

§ 2º Não se exigirá a reciprocidade referida no § 1º para homologação de sentença estrangeira.

§ 3º Na cooperação jurídica internacional não será admitida a prática de atos que contrariem ou que produzam resultados incompatíveis com as normas fundamentais que regem o Estado brasileiro.

§ 4º O Ministério da Justiça exercerá as funções de autoridade central na ausência de designação específica.

CORRESPONDÊNCIA NO CPC/1973: *NÃO HÁ.*

1. **Denominação de "cooperação jurídica internacional".** Antes da edição do CPC/2015, a doutrina utilizava expressões como "cooperação interjurisdicional", "coo-

peração jurisdicional internacional", "cooperação internacional das jurisdições". O CPC/2015, contudo, empregou termo mais amplo ("jurídica"), em razão da participação de órgãos não jurisdicionais.

2. Iniciativa e modalidades. A cooperação jurídica internacional pode ser ativa (hipóteses em que o Brasil formula pedido de cooperação a Estado estrangeiro) ou passiva (hipóteses em que o Estado estrangeiro formula pedido de cooperação ao Brasil). Em sua forma ativa, ela poderá variar conforme disposto em tratado ou, na falta deste, no direito do Estado requerido. Em sua forma passiva, ela poderá ocorrer por homologação de sentença estrangeira, concessão de *exequatur* a carta rogatória e prestação de auxílio direto.

3. Tratado internacional e compromisso de reciprocidade. Conforme o art. 26 do CPC/2015, a cooperação jurídica internacional será, em regra, regida por tratado (*caput*). Subsidiariamente, ou seja, na ausência de tratado, ela poderá ser realizada com base em reciprocidade, manifestada por via diplomática (§ 1º), por meio do Ministério das Relações Exteriores. Para a homologação de sentença estrangeira, dispensa-se a reciprocidade (§ 2º).

4. Inspiração no Projeto de Código Modelo de Cooperação Interjurisdicional para a Ibero-América. O art. 26 do CPC/2015 praticamente reproduz o art. 2º do Projeto de Código Modelo de Cooperação Interjurisdicional para a Ibero-américa (proposta de norma nacional a ser adotada por cada Estado), aprovado em 2008 pelo Instituto Ibero-americano de Direito Processual (GRINOVER, Ada Pellegrini *et al.*, "Código Modelo de Cooperação Interjurisdicional para a Ibero-América", in BRANT, Leonardo Nemer Caldeira; LAGE, Délbert Andrade; CREMASCO, Suzana Santi (Coord.), *Direito internacional contemporâneo*, Curitiba, Juruá, 2011, p. 303 e seguintes).

5. Existência de Projeto de Lei de Cooperação Jurídica Internacional. O Projeto de Lei 326/2007, de iniciativa do Senado Federal,, ainda em trâmite no Congresso, também trata da matéria e disporá, se for aprovado, de forma algumas vezes diversa do CPC/2015, como no caso do compromisso de reciprocidade, que, segundo o projeto, será dispensado para todas as modalidades de cooperação jurídica internacional (art. 5º, § 1º).

6. Devido processo legal no Estado requerente. O atendimento pelo Brasil do pedido formulado pelo Estado estrangeiro está condicionado ao efetivo respeito, no Estado requerente, da garantia do devido processo legal, exigência que já é comum para o atendimento do pedido de extradição (modalidade da cooperação jurídica internacional na esfera penal). É possível pensar, em um primeiro momento, que a regra do inciso I é equivocada, porque caberia ao Brasil verificar, antes de assinar o tratado, se o ordenamento estrangeiro respeita o devido processo legal; ou, então, denunciar o tratado, caso o ordenamento estrangeiro viesse a ser alterado posteriormente, adotando práticas que desrespeitam aquela garantia. Todavia, a regra é plenamente justificável, pois pode ocorrer que o direito objetivo do Estado estrangeiro respeite a garantia do devido processo legal, mas que esta, no caso concreto, seja desrespeitada pela prática.

7. Publicidade. A publicidade já era assegurada pela CF/1988 (art. 5º, LX), com exceções. O inciso III do artigo do CPC/2015 em comento inclui, além das exceções ao sigilo constantes da legislação nacional, as exceções da legislação do Estado requerente, o que se justifica, pois, caso contrário, seria frustrada a restrição à publicidade concedida naquele Estado.

8. Espontaneidade na transmissão de informações. A espontaneidade não pode ser interpretada como dispensa de pedido inicial elaborado na forma prevista em tratado ou por meio de compromisso de reciprocidade. Ela significa que o Brasil, em modalidade passiva de cooperação jurídica já solicitada por Estado estrangeiro, deve, de ofício, informar o Estado requerente sobre novos andamentos e providências.

9. Autoridade central. Na ausência de designação específica, é o Ministério da Justiça que funcionará como autoridade central (segundo o Decreto 6.061/2007, por meio de seu Departamento de Recuperação de Ativos e Cooperação Jurídica Internacional – DRCI/SNJ, subordinado à Secretaria Nacional de Justiça, subordinada, por sua vez, àquele Ministério). Outros órgãos, contudo, podem exercer essa função. O próprio CPC/2015 prevê que o Ministério Público pode funcionar como autoridade central (art. 33, parágrafo único) e a Procuradoria-Geral da República é, de fato, designada como autoridade central na Convenção sobre prestação de alimentos no estrangeiro, da ONU, de 1956. Outro exemplo é a Secretaria de Direitos Humanos da Presidência da República, designada como autoridade central na Convenção de Haia sobre os aspectos civis do sequestro internacional de crianças, de 1980; na Convenção interamericana de restituição internacional de menores, de 1989; e na Convenção de Haia relativa à proteção das crianças e à cooperação em matéria de adoção internacional, de 1993.

10. Normas fundamentais, ordem pública, soberania nacional e bons costumes. O § 3º do artigo em comento coloca como limite da cooperação a violação às "normas fundamentais que regem o Estado brasileiro". A LINDB, por sua vez, em seu art. 17, traz como limites a "ordem pública, a soberania nacional e os bons costumes". O novo regimento do STJ (conforme alterações da ER 18/2014, que revogou a Res. STJ 9/2005), em seus artigos 216-F e 216-P, traz a soberania nacional e a dignidade da pessoa humana como limites à homologação de sentenças estrangeiras e ao cumprimento de cartas rogatórias a ordem pública. Tudo indica, portanto, que a expressão utilizada pelo CPC/2015 é gênero que abrange os mesmos conteúdos tradicionalmente dados àquelas outras expressões, pois ele próprio, em outra passagem (art. 39), traz a ordem pública como limite à cooperação jurídica internacional.

Artigo 27.

A cooperação jurídica internacional terá por objeto:

I – citação, intimação e notificação judicial e extrajudicial;

II – colheita de provas e obtenção de informações;

III – homologação e cumprimento de decisão;
IV – concessão de medida judicial de urgência;
V – assistência jurídica internacional;
VI – qualquer outra medida judicial ou extrajudicial não proibida pela lei brasileira.
CORRESPONDÊNCIA NO CPC/1973: *NÃO HÁ.*

1. **Rol de objetos da cooperação jurídica internacional.** Além dos objetos de cooperação jurídica internacional mencionados no rol exemplificativo (inciso VI) do art. 27, existe também a extradição, que aí não consta por caracterizar cooperação na esfera penal, além de outras, distribuídas em outros artigos. Ver comentários ao art. 28.

SEÇÃO II – Do Auxílio Direto

ARTIGO 28.
Cabe auxílio direto quando a medida não decorrer diretamente de decisão de autoridade jurisdicional estrangeira a ser submetida a juízo de delibação no Brasil.
CORRESPONDÊNCIA NO CPC/1973: *NÃO HÁ.*

1. **Origem do auxílio direto.** Desde a Convenção sobre prestação de alimentos no estrangeiro (ONU, 1956 – Dec. 56.826/1965) essa medida é prevista, às vezes sob a denominação de "pedido de assistência" ou de "pedido de auxílio jurídico". Ele está previsto também no Regimento Interno do STJ, no § 2º do art. 216-O (que substituiu o art. 7º da Res. STJ 9/2005, revogada).
2. **Caráter "direto" como dispensa de juízo de delibação perante o Poder Judiciário do Estado requerido.** O caráter direto dessa modalidade de cooperação não significa comunicação direta entre o juiz estrangeiro e o nacional, mas, sim, a dispensa do juízo de delibação do Poder Judiciário (STJ, no caso brasileiro). Mesmo no auxílio direto será exigida a intermediação das autoridades centrais dos países envolvidos (arts. 29 e 31).
3. **Diferenças de procedimento entre auxílio direto e carta rogatória.** Na carta rogatória, o *exequatur* é concedido, em juízo de delibação do STJ, para que se cumpra a decisão estrangeira, proferida conforme o Direito daquele país. No auxílio direto, existe uma decisão estrangeira que gera o pedido, mas, sobre ela, será proferida uma decisão de autoridade brasileira relativa à viabilidade da diligência, a qual será tomada conforme o Direito pátrio. Por isso, no auxílio direto, não se fala em juízo de delibação pelo STJ. Há apenas a necessidade de convencimento de juízo comum nacional. Recebido o pedido de auxílio direto passivo, a autoridade central tomará a providência (ela própria ou por

encaminhamento a outro órgão competente – art. 32) ou o encaminhará à Advocacia--Geral da União, para que a medida seja solicitada perante o juízo federal do lugar em que ela deva ser executada (arts. 33 e 34).

4. Hipóteses de cabimento de auxílio direto e de carta rogatória. Cabe auxílio direto quando não for necessário juízo de delibação, ou seja, quando não forem necessários a homologação ou o *exequatur* pelo STJ. Considerando que são três as modalidades de cooperação jurídica internacional passiva (solicitada por Estado estrangeiro ao Brasil) – homologação de sentença estrangeira, concessão de *exequatur* a carta rogatória e prestação de auxílio direto – e que as duas primeiras modalidades têm suas hipóteses de cabimento expressas (ver art. 40), o auxílio direto assume caráter residual, sendo a forma adequada para as demais providências de cooperação, ainda que a decisão estrangeira emane de autoridade jurisdicional (desde que seja do tipo que dispense juízo de delibação, ou, em outras palavras, não seja caso de homologação ou *exequatur*). O art. 35 do CPC/2015 – aprovado pelo Congresso Nacional, mas objeto de veto presidencial – continha rol de hipóteses de cabimento de carta rogatória. Eram elas: a citação, a intimação, a notificação judicial, a colheita de provas, a obtenção de informações e o cumprimento de decisão interlocutória. As razões de veto foram as seguintes: "Consultados o Ministério Público Federal e o Superior Tribunal de Justiça, entendeu-se que o dispositivo impõe que determinados atos sejam praticados exclusivamente por meio de carta rogatória, o que afetaria a celeridade e efetividade da cooperação jurídica internacional que, nesses casos, poderia ser processada pela via do auxílio direto.". Desta forma, não sendo caso de homologação de sentença estrangeira, será exigível rogatória apenas se outro dispositivo legal assim determinar. Daquele rol que havia no art. 35, apenas a execução de decisão interlocutória (de urgência ou não) ainda exige o emprego da modalidade de carta rogatória (arts. 960, § 1º e 962, § 1º). Os demais atos – citação, intimação, notificação judicial, colheita de provas e obtenção de informações – serão, portanto, objeto de auxílio direto. Quanto à colheita de provas, cumpre observar o disposto no art. 30, II: "Art. 30. Além dos casos previstos em tratados de que o Brasil faz parte, o auxílio direto terá os seguintes objetos: (...) II – colheita de provas, salvo se a medida for adotada em processo, em curso no estrangeiro, de competência exclusiva de autoridade judiciária brasileira". O art. 30 traz, ainda, como casos de auxílio direto, a "obtenção e prestação de informações sobre o ordenamento jurídico e sobre processos administrativos ou jurisdicionais findos ou em curso" (inciso I) e uma cláusula aberta de encerramento: "qualquer outra medida judicial ou extrajudicial não proibida pela lei brasileira" (o que evidencia seu caráter residual). Há, ainda, outro rol de atos de cooperação jurídica internacional: o art. 27. O referido artigo contém os casos de homologação de sentença estrangeira, de *exequatur* de carta rogatória, alguns casos já vistos de auxílio direto e ainda menciona outros três, que, pelo caráter residual anteriormente mencionado, também são hipóteses de uso da modalidade auxílio direto: notificação extrajudicial (inciso I), assistência jurídica internacional (inciso V) e concessão de medida judicial de urgência (inciso III), sobre a qual é necessário observar que não se trata de execução de decisão interlocutória *estrangeira* de urgência, a qual é hipótese de carta rogatória (art. 962, § 1º), mas sim de realização de pedido de medida de urgência perante o juiz brasileiro.

5. Constitucionalidade do auxílio direto. O fato de haver previsão de hipóteses de carta rogatória e de auxílio direto pela legislação infraconstitucional não fere a CF. Embora seja de competência do STJ a homologação de sentenças estrangeiras e a concessão de *exequatur* às cartas rogatórias (art. 105, I, i, da CF/1988), o texto constitucional não trata das *hipóteses* em que a carta rogatória é exigível, devendo a matéria ser objeto de lei. Assim, ao atuarem em auxílio direto, o juízo federal de primeiro grau (art. 34) e a autoridade central (art. 32) não usurpam competência do STJ. O auxílio direto tampouco fere o art. 181 da CF/1988, o qual determina que "o atendimento de requisição de documento ou informação de natureza comercial, feita por autoridade administrativa ou judiciária estrangeira, a pessoa física ou jurídica residente ou domiciliada no País dependerá de autorização do Poder competente", já que a CF/1988 não especifica quais devem ser esse Poder e esse órgão, cabendo isso à legislação ordinária.

6. Inexistência de juízo de delibação. A atividade da autoridade central ou do juízo federal de primeiro grau não é tecnicamente um juízo de delibação, o qual tem por finalidade permitir ou não que a decisão estrangeira produza efeitos no Brasil. No auxílio direto, a autoridade brasileira profere nova decisão, de acordo com o direito pátrio, que, apenas indiretamente, permitirá que a finalidade da decisão estrangeira seja alcançada.

7. Auxílio direto para atos de mera comunicação. Tratando-se de citações, intimações e notificações, tem prevalecido o entendimento de que não há ofensa à ordem pública na mera circunstância de se levar algo ao conhecimento da parte, independentemente do assunto de fundo do processo estrangeiro: "CARTA ROGATÓRIA – CITAÇÃO – AÇÃO DE COBRANÇA DE DÍVIDA DE JOGO CONTRAÍDA NO EXTERIOR – EXEQUATUR – POSSIBILIDADE. – Não ofende a soberania do Brasil ou a ordem pública conceder *exequatur* para citar alguém a se defender contra cobrança de dívida de jogo contraída e exigida em Estado estrangeiro, onde tais pretensões são lícitas.". (STJ, AgRg na CR 3.198/US).

Artigo 29.
A solicitação de auxílio direto será encaminhada pelo órgão estrangeiro interessado à autoridade central, cabendo ao Estado requerente assegurar a autenticidade e a clareza do pedido.
CORRESPONDÊNCIA NO CPC/1973: *NÃO HÁ.*

1. **"Clareza do pedido".** Cabe à autoridade central do Estado requerente fundamentar devidamente o pedido (conforme o Direito brasileiro). A autoridade central brasileira, por sua vez, deve fazer o controle formal do pedido, solicitando retificação ou

complementação de documentos. O mérito do pedido de auxílio direto, por outro lado, poderá competir à autoridade central (art. 32) ou ao juízo federal de primeiro grau (arts. 33 e 34).

2. Conflito entre o CPC/2015 e tratado quanto ao procedimento do auxílio direto passivo. Se o tratado dispuser de forma diferente daquela do CPC/2015, o tratado deverá sempre prevalecer. Em matéria de tratado de diretos humanos aprovado na forma do § 3º do art. 5º da CF, ele terá *status* constitucional e prevalecerá pelo critério hierárquico de solução de antinomias aparentes. Se o caso for de tratado de direitos humanos não submetido ao procedimento do § 3º do art. 5º da CF, ele terá *status* supralegal, também prevalecendo pelo critério hierárquico, segundo o entendimento que prevalece no STF (STF, RE 349.703/2008; STF, HC 95.967/2008). Por fim, caso seja outra espécie de tratado, haverá antinomia de segundo grau, pois, sendo ambas as normas de mesma hierarquia, os critérios de cronologia e de especialidade estarão em conflito. Nesses casos, prevalece, em regra, o critério da especialidade, devendo o procedimento do tratado ser observado em detrimento do procedimento previsto no CPC/2015. A disciplina do CPC/2015, portanto, tem aplicação supletiva em relação aos tratados que preveem o auxílio direto. Para os casos de cooperação jurídica internacional com base em compromisso de reciprocidade por outro lado, a disciplina do procedimento é a do CPC/2015.

3. Procedimento do auxílio direto ativo. O procedimento do auxílio direto ativo (requerido pelo Brasil a Estado estrangeiro) dependerá, pelas mesmas razões expostas anteriormente, das relações entre o eventual tratado e o ordenamento interno do Estado requerido.

ARTIGO 30.

Além dos casos previstos em tratados de que o Brasil faz parte, o auxílio direto terá os seguintes objetos:

I – obtenção e prestação de informações sobre o ordenamento jurídico e sobre processos administrativos ou jurisdicionais findos ou em curso;

II – colheita de provas, salvo se a medida for adotada em processo, em curso no estrangeiro, de competência exclusiva de autoridade judiciária brasileira;

III – qualquer outra medida judicial ou extrajudicial não proibida pela lei brasileira.

CORRESPONDÊNCIA NO CPC/1973: *NÃO HÁ.*

1. Rol de casos de auxílio direto no CPC/2015. Para uma análise de todas as hipóteses expressas de auxílio direto no CPC/2015, ver comentários ao art. 28.

2. Excepcionalidade da exclusividade da jurisdição brasileira como limite ao auxílio direto. Prevê o art. 964 do CPC/2015 que "não será homologada a decisão estrangeira na hipótese de competência exclusiva da autoridade judiciária brasileira" e seu parágrafo único dispõe que "o dispositivo também se aplica à concessão do *exequatur* à carta rogatória". Com relação ao auxílio direto, todavia, a única hipótese que apresenta tal restrição é a do inciso II do art. 30. Para as demais, não se aplica a restrição, até porque, no auxílio direto, há ato administrativo ou decisão nacional, que, apenas indiretamente, dá eficácia à decisão estrangeira.

Artigo 31.
A autoridade central brasileira comunicar-se-á diretamente com suas congêneres e, se necessário, com outros órgãos estrangeiros responsáveis pela tramitação e pela execução de pedidos de cooperação enviados e recebidos pelo Estado brasileiro, respeitadas disposições específicas constantes de tratado.
CORRESPONDÊNCIA NO CPC/1973: *NÃO HÁ.*

1. **Comunicação direta entre autoridades centrais no auxílio direto.** No auxílio direto, seja ativo ou passivo ("enviados e recebidos"), O CPC/2015 estabelece regra geral de que as autoridades centrais se comunicarão diretamente, em vez de fazê-lo por intermediários da estrutura burocrática de cada Estado, que, no caso brasileiro, seria o Ministério das Relações Exteriores, pela chamada via diplomática. Outra será a forma de comunicação, se houver disposição expressa em tratado ou se, no caso de auxílio direto ativo sem tratado, o ordenamento do Estado requerido dispuser de forma diferente.

Artigo 32.
No caso de auxílio direto para a prática de atos que, segundo a lei brasileira, não necessitem de prestação jurisdicional, a autoridade central adotará as providências necessárias para seu cumprimento.
CORRESPONDÊNCIA NO CPC/1973: *NÃO HÁ.*

1. **Atuação direta da autoridade central ou encaminhamento a autoridade competente não judiciária.** Se, para ser adotada, a providência requerida em auxílio direto passivo, não necessitar de prestação jurisdicional (pelo critério da legislação brasileira), a autoridade central brasileira poderá realizá-la por si própria ou mediante encaminhamento à autoridade competente (que responderá à autoridade central brasileira, e não diretamente ao órgão estrangeiro – art. 31). É o caso, por exemplo, do pedido de auxílio direto para notificação extrajudicial (art. 27, I). Como o ato a ser praticado no Brasil não é jurisdicional, pode-se chamar essa modalidade de cooperação de "auxílio direto admi-

nistrativo". Se houver necessidade de prestação jurisdicional, proceder-se-á de acordo com o art. 33.

Artigo 33.
Recebido o pedido de auxílio direto passivo, a autoridade central o encaminhará à Advocacia-Geral da União, que requererá em juízo a medida solicitada.

Parágrafo único. O Ministério Público requererá em juízo a medida solicitada quando for autoridade central.

CORRESPONDÊNCIA NO CPC/1973: *NÃO HÁ.*

1. Pedido em juízo. Nesta hipótese, como o ato a ser praticado no Brasil é uma prestação jurisdicional, a modalidade de cooperação pode ser chamada de "auxílio direto judicial". Apenas será encaminhado à AGU o pedido de auxílio direto se o ato necessitar de prestação jurisdicional (art. 32), segundo os critérios da legislação brasileira, como a produção de uma prova que exija quebra de sigilo fiscal, por exemplo. Da mesma forma, o MP apenas requererá a providência em juízo se não puder, ele próprio, realizá-la.

2. Legitimação extraordinária. Em caso de auxílio direto judicial, a União, representada pela AGU, atua como legitimada extraordinária, defendendo, em nome próprio, interesse alheio.

Artigo 34.
Compete ao juízo federal do lugar em que deva ser executada a medida apreciar pedido de auxílio direto passivo que demande prestação de atividade jurisdicional.

CORRESPONDÊNCIA NO CPC/1973: *NÃO HÁ.*

1. Constitucionalidade da regra de competência. Em um primeiro momento, pode parecer que o art. 34 do CPC/2015 está atribuindo aos juízes federais de primeiro grau competência que extrapola os limites da definição constitucional de seu âmbito de competência. De fato, o inciso X do art. 109 coloca como competência dos juízes federais, no que se refere à cooperação, apenas a execução de carta rogatória, após o *exequatur*, e a execução de sentença estrangeira, após a homologação. Todavia, analisando-se com mais profundidade a questão, percebe-se que a parte autora no auxílio direto judicial é a União (legitimada extraordinária) ou órgão seu, o que se enquadra na competência prevista no inciso I do art. 109 da CF/1988. Ademais, nos casos em que haja tratado internacional, a competência também seria dos juízes federais de primeira instância (art. 109, III, da CF/1988). Não há que se falar, portanto, em inconstitucionalidade do art. 34.

SEÇÃO III – Da Carta Rogatória

ARTIGO 35.
(*VETADO*).
CORRESPONDÊNCIA NO CPC/1973: *NÃO HÁ.*

1. Redação do artigo vetado. A redação era: "Art. 35. Dar-se-á por meio de carta rogatória o pedido de cooperação entre órgão jurisdicional brasileiro e órgão jurisdicional estrangeiro para prática de ato de citação, intimação, notificação judicial, colheita de provas, obtenção de informações e cumprimento de decisão interlocutória, sempre que o ato estrangeiro constituir decisão a ser executada no Brasil".

2. Análise das consequências do veto. Para uma análise da repercussão do veto sobre a distinção dos casos de cabimento de auxílio direto ou de carta rogatória, ver comentários ao art. 28.

ARTIGO 36.
O procedimento da carta rogatória perante o Superior Tribunal de Justiça é de jurisdição contenciosa e deve assegurar às partes as garantias do devido processo legal.

§ 1º A defesa restringir-se-á à discussão quanto ao atendimento dos requisitos para que o pronunciamento judicial estrangeiro produza efeitos no Brasil.

§ 2º Em qualquer hipótese, é vedada a revisão do mérito do pronunciamento judicial estrangeiro pela autoridade judiciária brasileira.
CORRESPONDÊNCIA NO CPC/1973: *NÃO HÁ.*

1. "Procedimento" de concessão de *exequatur* a carta rogatória perante o STJ. Enquanto a homologação de sentença estrangeira, requerida pela parte interessada em face da outra parte do processo originário, é considerada como "ação", a concessão de *exequatur* a carta rogatória – em que figuram como jusrogante o órgão judiciário estrangeiro, como interessadas as partes originárias e como autoridade central, em regra, o Ministério da Justiça – é considerada como mero "procedimento". O art. 960 dispõe que "a homologação de decisão estrangeira será requerida por ação de homologação de decisão estrangeira, salvo disposição especial em sentido contrário prevista em tratado", e o Regimento Interno do STJ, ao tratar dessa modalidade de cooperação, dispõe que "a parte interessada será citada para, no prazo de quinze dias, contestar o pedido" (art. 216-H). A concessão de *exequatur*, por sua vez, é chamada de "procedimento" no art. 36 do CPC, prevendo o Regimento Interno do STJ (art. 216-Q) que "a parte requerida será intimada para, no prazo de quinze dias, impugnar o pedido de concessão do *exequatur*".

2. Requisitos. Os requisitos para a concessão do *exequatur* às cartas rogatórias estão esparsos na legislação. O art. 963, parágrafo único, dispõe que "para a concessão do *exequatur* às cartas rogatórias, observar-se-ão os pressupostos previstos no *caput* deste artigo e no art. 962, § 2º". Esses artigos têm as seguintes redações: "Art. 963. Constituem requisitos indispensáveis à homologação da decisão: I – ser proferida por autoridade competente; II – ser precedida de citação regular, ainda que verificada a revelia; III – ser eficaz no país em que foi proferida; IV – não ofender a coisa julgada brasileira; V – estar acompanhada de tradução oficial, salvo disposição que a dispense prevista em tratado; VI – não conter manifesta ofensa à ordem pública". "Art. 962. § 2º A medida de urgência concedida sem audiência do réu poderá ser executada, desde que garantido o contraditório em momento posterior". Encontram-se, no CPC/2015, ainda outros requisitos: "Art. 39. O pedido passivo de cooperação jurídica internacional será recusado se configurar manifesta ofensa à ordem pública". "Art. 964. Não será homologada a decisão estrangeira na hipótese de competência exclusiva da autoridade judiciária brasileira. Parágrafo único. O dispositivo também se aplica à concessão do *exequatur* à carta rogatória". "Art. 26. A cooperação jurídica internacional será regida por tratado de que o Brasil faz parte e observará: I – o respeito às garantias do devido processo legal no Estado requerente". "Art. 26. § 3º Na cooperação jurídica internacional não será admitida a prática de atos que contrariem ou que produzam resultados incompatíveis com as normas fundamentais que regem o Estado brasileiro". Sobre o conceito de "normas fundamentais que regem o Estado brasileiro", ver comentários ao art. 26.

3. Recusa de cumprimento. Caso estejam ausentes os requisitos, haverá a simples recusa de cumprimento, sem possibilidade de revisão do mérito pela autoridade brasileira (ver comentário adiante), nem de adaptação da decisão ao direito brasileiro.

4. Defesa além da falta dos requisitos. Será possível discutir em defesa, ainda, qual a modalidade correta para cooperação jurídica internacional: a carta rogatória, a homologação de sentença estrangeira (art. 961, § 1º), ou o auxílio direto (art. 28).

5. Vedação da revisão do mérito. Ao contrário do que acontece no auxílio direto, em que é proferida nova decisão pela autoridade brasileira, no juízo de delibação para a concessão de *exequatur* a carta rogatória, é a decisão estrangeira que, após manifestação positiva do STJ, produzirá efeitos, não podendo, portanto, ser alterada. Tanto é assim que a sentença homologada e a decisão cuja respectiva carta rogatória recebe o *exequatur* são títulos executivos judiciais (art. 515, VIII e IX).

SEÇÃO IV – Disposições Comuns às Seções Anteriores

ARTIGO 37.
O pedido de cooperação jurídica internacional oriundo de autoridade brasileira competente será encaminhado à autoridade central para posterior envio ao Estado requerido para lhe dar andamento.
CORRESPONDÊNCIA NO CPC/1973: *NÃO HÁ.*

1. **Semelhança com o art. 38.** Por ter redação quase idêntica ao artigo seguinte, convém apreciá-los conjuntamente. Ver comentário ao art. 38.

ARTIGO 38.
O pedido de cooperação oriundo de autoridade brasileira competente e os documentos anexos que o instruem serão encaminhados à autoridade central, acompanhados de tradução para a língua oficial do Estado requerido.
CORRESPONDÊNCIA NO CPC/1973: *NÃO HÁ.*

1. **Cooperação jurídica internacional ativa.** Por falhas no processo legislativo, os arts. 37 e 38 têm redação praticamente idêntica. Um complementa o outro em pequenos detalhes. Uma fusão de suas redações demonstra o procedimento inicial da cooperação ativa (solicitada pelo Brasil): o pedido de cooperação jurídica internacional, oriundo de autoridade brasileira competente, e os documentos anexos que o instruem serão encaminhados à autoridade central, acompanhados de tradução para a língua oficial do Estado requerido, para posterior envio a esse Estado para dar andamento ao procedimento.

2. **Intermediação do Ministério das Relações Exteriores como exceção.** A cooperação jurídica internacional pode ser ativa (nas hipóteses em que o Brasil formula pedido de cooperação a Estado estrangeiro) ou passiva (nas hipóteses em que o Estado estrangeiro formula pedido de cooperação ao Brasil). Na forma ativa, ela poderá variar conforme disposto em tratado ou, em sua falta, no ordenamento do Estado requerido. Na forma passiva, ela poderá ocorrer por homologação de sentença estrangeira, concessão de *exequatur* a carta rogatória e prestação de auxílio direto. Na forma passiva, prevê-se que, quando não houver tratado, a cooperação jurídica internacional poderá realizar-se com base em reciprocidade, manifestada por via diplomática (art. 26, §1º), com intermediação do Ministério das relações Exteriores, sendo que a referida reciprocidade é dispensada para casos de homologação de decisão estrangeira (art. 26, §1º). Quando houver tratado, o encaminhamento ao Estado brasileiro do pedido de cooperação poderá ser enviado por via diplomática, ou também por meio de autoridade central (art. 41).

Em relação à cooperação ativa, do ponto de vista brasileiro, a autoridade central brasileira está autorizada, em regra, a se comunicar diretamente com suas congêneres e, se necessário, com outros órgãos estrangeiros responsáveis pela tramitação e pela execução de pedidos de cooperação enviados e recebidos pelo Estado brasileiro, com exceção de disposição diversa em tratado ou no ordenamento estrangeiro (para casos de cooperação ativa sem tratado). Essa comunicação direta entre autoridades centrais na cooperação ativa está prevista de forma implícita no art. 37 e de forma explícita, para o caso do auxílio direto, no art. 31.

Artigo 39.
O pedido passivo de cooperação jurídica internacional será recusado se configurar manifesta ofensa à ordem pública.
CORRESPONDÊNCIA NO CPC/1973: *NÃO HÁ.*

1. **Recusa de pedido de cooperação passiva.** Ver comentários ao art. 26 (relativos ao parágrafo 3º).

Artigo 40.
A cooperação jurídica internacional para execução de decisão estrangeira dar-se-á por meio de carta rogatória ou de ação de homologação de sentença estrangeira, de acordo com o art. 960.
CORRESPONDÊNCIA NO CPC/1973: *NÃO HÁ.*

1. **Diferença entre as hipóteses de cabimento de homologação de sentença e de concessão de *exequatur* a carta rogatória.** É passível de homologação a decisão judicial definitiva, bem como a decisão não judicial que, pela lei brasileira, teria natureza jurisdicional (art. 961, §1º). É passível de concessão de *exequatur* a carta rogatória destinada à *execução* de decisão interlocutória, de urgência ou não (art. 960, §1º). Para providências diversas das mencionadas, cabe o auxílio direto.

2. **Tutela de urgência na ação de homologação.** Quando a homologação de sentença estrangeira ainda cabia ao STF (antes da EC 45/2004), nosso direito positivo não tinha regra expressa quanto à possibilidade de concessão de tutela de urgência em processo de homologação de sentença estrangeira. Passada a tarefa ao STJ, editou-se a Res. 9/2005 (hoje revogada), que, pela primeira vez, trouxe essa possibilidade (art. 4º, § 3º). Atualmente, o Regimento Interno do STJ traz, em seu art. 216-G, essa possibilidade. Por sua vez, o CPC/2015 a prevê no art. 961, §3º: "a autoridade judiciária brasileira poderá deferir pedidos de urgência e realizar atos de execução provisória no processo de homologação de decisão estrangeira.".

Artigo 41.
   Considera-se autêntico o documento que instruir pedido de cooperação jurídica internacional, inclusive tradução para a língua portuguesa, quando encaminhado ao Estado brasileiro por meio de autoridade central ou por via diplomática, dispensando-se ajuramentação, autenticação ou qualquer procedimento de legalização.
   Parágrafo único. O disposto no *caput* não impede, quando necessária, a aplicação pelo Estado brasileiro do princípio da reciprocidade de tratamento.
   CORRESPONDÊNCIA NO CPC/1973: *NÃO HÁ.*

   1. Controle de documentos na cooperação passiva. Ao presumir a veracidade dos documentos e da tradução independentemente de ajuramentação, o CPC/2015 promove considerável mudança em relação ao regramento anterior. A LINDB (Decreto-lei n. 4.657/1942), prevê, em seu art. 15, "d", que é requisito da sentença estrangeira submetida a homologação "estar traduzida por intérprete autorizado". O Regimento Interno do STJ (art. 216-C), por sua vez, prevê que o pedido de homologação da sentença estrangeira deve ser instruído com o original ou cópia autenticada da decisão homologanda e de outros documentos indispensáveis, devidamente traduzidos por tradutor oficial ou juramentado no Brasil e chancelados pela autoridade consular brasileira competente, quando for o caso. O CPC/2015, por seu art. 41, revoga essas normas. Em relação ao caso específico do RI do STJ, há respeitável entendimento doutrinário no sentido de que regimento interno de tribunal é norma que está hierarquicamente abaixo da lei: "O regimento é lei em sentido material, embora não o seja em sentido formal. Na hierarquia das fontes normativas do Direito, ele se situa abaixo da lei, porquanto deve dar-lhe execução (...). Sempre que a norma jurídica, contida em lei formal, apresente regras vagas, imprecisas, estabelecendo apenas princípios gerais, omitindo detalhes necessários à efetiva observância, cumpre à lei material, contida em preceito regulamentar (como o regimento), desenvolvê-la com novas normas, dela extraindo-se, assim, sentidos e consequências nela implícitos, ou os detalhes para sua fiel execução. Em tal caso, o conteúdo exato da norma superior (lei) determina-se através da norma inferior (regulamento).". (MARQUES, Jose Frederico, *Instituições de direito processual civil*, v. I., 2. ed., Rio de Janeiro, Forense, 1962, p. 186). Assim, o CPC/2015 revogaria tacitamente parte do art. 216-C do RI do STJ pelo critério hierárquico. O entendimento do STF, por outro lado, é o de que o Regimento Interno dos tribunais é lei em sentido material e que, também hierarquicamente, se equipara à lei: "Aos tribunais compete elaborar seus regimentos internos, e neles dispor acerca de seu funcionamento e da ordem de seus serviços. Esta atribuição constitucional decorre de sua independência em relação aos Poderes Legislativo e Executivo. (...) Em relação à economia interna dos tribunais a lei é o seu regimento. O regimento interno dos tribunais é lei material. Na taxinomia das normas jurídicas o regimento interno dos tribunais se equipara à lei. A prevalência de uma ou de outro depende de matéria regulada, pois são normas de igual categoria. Em matéria processual. prevalece a lei, no que tange ao funcionamento dos tribunais o regimento interno prepondera" (STF, ADI 1.105 MC/1994). Mesmo assim, a conclusão é a mesma: o CPC/2015 revoga tacitamente parte do art. 216-C do RI do STJ. O fundamento, contudo, é o critério da especialidade.

2. Reciprocidade. Em princípio, ainda que Estado estrangeiro não conceda ao Brasil o mesmo tratamento, a presunção continuará a ser aplicada. A reciprocidade não é requisito de aplicação da norma, nem ocorre automaticamente em caso de mudança de postura por parte de Estado estrangeiro. Apenas se for considerado como necessário reproduzir o tratamento mais restritivo é que será tomada medida neste sentido. Trata-se de providência comum no direito internacional, já que, diante da soberania dos Estados, o rol de sanções aplicáveis nesse âmbito é restrito.

TÍTULO III – Da Competência Interna

CAPÍTULO I – Da Competência

SEÇÃO I – Disposições Gerais

Artigo 42.
As causas cíveis serão processadas e decididas pelo juiz nos limites de sua competência, ressalvado às partes o direito de instituir juízo arbitral, na forma da lei.
CORRESPONDÊNCIA NO CPC/1973: *ART. 86.*

1. Competência na teoria geral do direito. Para a compreensão do conceito de competência, é preciso compreender, primeiro, uma série de conceitos da teoria geral do direito, como função, poder funcional, etc. (i) Função. No âmbito das relações privadas, o direito preserva, para o indivíduo, um espaço de livre atuação jurídica, limitado apenas pelos direitos de terceiros e pela indisponibilidade de alguns direitos próprios. Dentro desses limites, no âmbito da autonomia da vontade, cabe ao sujeito determinar seus próprios objetivos, escolhendo se e como irá buscar a realização de seus interesses. O sujeito tem a faculdade (situação jurídica subjetiva) de proceder de uma forma ou de outra. Fora dessa esfera de livre disposição, contudo, há casos em que é estabelecido, para determinado sujeito, o objetivo de proteger determinado interesse alheio. A esse objetivo dá-se o nome de "função". (ii) Poder-dever ou poder funcional. Quando o direito atribui a alguém uma função, ele determina o objetivo a ser buscado pelo sujeito (proteção do interesse alheio) e, ao mesmo tempo, atribui o poder-dever de realizá-la. O poder-dever, ou poder funcional, é a situação jurídica do sujeito ao qual se atribuiu uma função. Trata-se de uma situação jurídica subjetiva complexa, composta de várias outras (direitos potestativos, deveres, etc.), todas associadas pelo seu caráter instrumental em relação a uma mesma função. O poder funcional pode ser atribuído no campo do direito privado como, por exemplo, no caso do poder familiar dos pais em relação aos filhos. No campo do direito público, contudo, é que ele ganha destaque. Quando se atribui a determinado ente a função de proteger certo tipo de interesse público, atribui-se a ela, ao mesmo tempo, o respectivo poder funcional, o qual é exercido com a prática de diversos atos, todos ligados pelo traço comum de serem destinados à realização da função. Esse complexo de atos é chamado de "atividade". (iii) Unidade organizacional. A função é, muitas vezes, atribuída a um ente complexo, como um sistema multipessoal, composto de diversas pessoas, as quais, por sua vez, podem se organizar em sistemas intrapessoais, compostos de diversos órgãos. Cada nível desses, ao qual se atribui uma função, pode ser chamado de "unidade organizacional", na acepção de Canotilho. (CANOTILHO, José Joaquim Gomes, *Direito constitucional e teoria da Constituição*, 3. ed., Coimbra, Almedina, 1999, p. 503). (iv) Competência. Se uma função for atribuída a um ente complexo, composto de mais de uma unidade organizacional, torna-se relevante a determinação da competência de cada uma, para que se estabeleça a divisão do exercício legítimo do correspondente poder funcional, esclarecendo-se os casos em que cada unidade organizacional deve atuar (por exemplo: competência da Justiça Comum ou da Justiça do Trabalho); ou, ainda, esclarecendo qual parcela do poder funcional cabe a cada unidade em um mesmo caso (por exemplo: competência do órgão especial para a declaração de inconstitucionalidade e competência do órgão colegiado julgador do caso concreto). As normas de competência atribuem função, concedendo o respectivo poder-dever, e, ao mesmo tempo, estabelecem os limites do exercício legítimo desse poder-dever. (v) *Âmbito de competência*. O âmbito de competência de determinada unidade organizacional é, portanto, o complexo de situações jurídicas subjetivas que compõem a parcela do poder funcional atribuída a ela em um mesmo caso ou o conjunto de casos em que ela pode exercer todo o poder-dever a ela concedido. (vi) Competência pública e privada. A função e a divisão de competência não são institutos exclusivos do direito público. Em uma sociedade empresarial privada, por exemplo, pode haver a atribuição de função a determinada unidade organizacional e a sua distribuição entre diversos órgãos, cada um com seu âmbito de competência.

   2. Função judicial e competência. A função judicial abrange o processamento, a decisão e, quando for o caso, a prestação de tutela às pretensões processuais trazidas pelo demandante ao Poder Judiciário. Sendo este um sistema multipessoal extremamente complexo, essa função é dividida entre diversas unidades organizacionais, cabendo a cada uma um âmbito de competência, um espaço de exercício legítimo de poder em relação a cada aspecto daquela função. Os arts. 42 e seguintes tratam do processamento e decisão das causas, e o art. 516 estabelece a competência para o cumprimento das sentenças.

3. Competência relativa e competência absoluta. A doutrina costuma classificar a competência em absoluta ou relativa. O critério que de forma mais confiável se presta à definição da natureza absoluta ou relativa da competência é o do titular direto do interesse protegido pela norma de competência. Se o titular direto do interesse protegido for uma das partes (seja ela de direito público ou privado), a competência será relativa. Se o titular direto do interesse protegido for o Estado-juiz, o Poder Judiciário, a competência será absoluta. Sendo relativa a competência, a respectiva norma terá caráter dispositivo, ou seja, poderá ter sua aplicação afastada em decorrência de ato de vontade das partes (por exemplo. a regra geral de competência territorial – domicílio do réu –, estabelecida para facilitar a defesa). Por outro lado, sendo absoluta a competência, a respectiva norma será cogente, ou seja, deverá ser aplicada independentemente de manifestação de vontade das partes em sentido diverso (por exemplo, regra de competência da Justiça do Trabalho pelo critério da matéria, estabelecida para maior eficiência do serviço jurisdicional em razão da especialização). Vista a forma segura de se verificar se a competência é absoluta ou relativa, torna-se possível passar para a apreciação do regime jurídico que vige para cada uma delas. A competência absoluta é assim definida por ser estabelecida em norma que protege interesse cujo titular direto é o Estado-juiz (todos os casos de competência definida em razão da matéria, da pessoa ou da função e alguns casos de definição pelo território ou valor). Seu regime é o seguinte: (i) a norma de competência absoluta é cogente, não tendo sua aplicação afastada por manifestações de vontade das partes; (ii) a incompetência absoluta deve ser declarada de ofício (art. 64, § 1º); (iii) a incompetência absoluta pode ser alegada por qualquer uma das partes; (iv) a incompetência absoluta pode ser alegada em qualquer tempo e grau de jurisdição, não sendo sanada pela preclusão e não sofrendo prorrogação (art. 64, § 1º, e 342, III); (v) a incompetência absoluta é vício que torna admissível a propositura de ação rescisória (art. 966, II); (vi) a competência absoluta não pode ser modificada em razão de conexão ou continência (art. 54); (vii) alterações de competência absoluta impõem o deslocamento do processo para outro juízo, excepcionando a regra da *perpetuatio jurisdictionis* (art. 43). A competência relativa é assim definida por ser estabelecida em norma que protege interesse cujo titular direto é uma das partes (a maioria dos casos de competência definida em razão do território ou do valor). Seu regime é o seguinte: (i) a norma de competência relativa é dispositiva, admitindo que as partes, por manifestação de vontade, afastem a sua aplicação (art. 63 – eleição de foro; art. 65 – prorrogação por omissão da parte em alegar o vício); (ii) a incompetência relativa não pode, em regra, ser declarada de ofício (art. 64, § 1º, e 65), embora, excepcionalmente, isso possa ocorrer (art. 63, §§ 3º e 4º); (iii) a incompetência relativa somente pode ser alegada pelo réu ou pelo MP (art. 65); (iv) a incompetência relativa sofrerá prorrogação se não alegada em preliminar de contestação (será sanada pela preclusão da alegação do vício) (art. 65); e) a incompetência relativa é sanada pela preclusão, prorrogando-se (art. 65), não tornando admissível a propositura de ação rescisória (art. 966, II); (vi) a competência relativa pode ser alterada em razão do reconhecimento da existência de conexão e do caráter vantajoso da reunião dos processos perante o juízo prevento, bem como em razão da continência em caso de pretensão contida manifestada antes da continente (art. 54); (vii) modificações de fato ou de direito posteriores ao momento da propositura da ação ou da distribuição são, em regra, irrelevantes caso digam respeito a regras de competência relativa, ocorrendo a *perpetuatio jurisdictionis* (exceto a hipótese de supressão do órgão judiciário – art. 43).

4. Arbitragem. Tratando-se de litígios relativos a direitos patrimoniais disponíveis, podem as partes optar por obter sua solução, quanto ao processamento e à decisão, por arbitragem (Lei 9.307/1996).

ARTIGO 43.
Determina-se a competência no momento do registro ou da distribuição da petição inicial, sendo irrelevantes as modificações do estado de fato ou de direito ocorridas posteriormente, salvo quando suprimirem órgão judiciário ou alterarem a compctência absoluta.
CORRESPONDÊNCIA NO CPC/1973: *ART. 87.*

1. Alteração inconstitucional da redação do artigo. A redação aprovada na Câmara dos Deputados para o art. 43 era a mesma do art. 87 do CPC/1973 ("determina-se a competência no momento em que a ação é proposta"). Ela foi modificada no Senado como suposta emenda de redação, sem devolução à Câmara, o que acarretou sua inconstitucionalidade formal.

2. Registro e distribuição. Proposta a ação (protocolada da petição inicial – art. 312), o processo será registrado, ou seja, será documentado o fato da propositura da ação (lançando-se no sistema eletrônico ou em livro próprio) com seus detalhes (nomes das partes, tipo de procedimento, data do ato, natureza e valor da causa, etc.), para publicidade e perpetuação da informação (art. 284). Em foro em que existam juízos de competências concorrentes, além do registro, será obrigatória a distribuição (art. 284), ou seja, a repartição alternada e aleatória (por sorteio, eletrônico ou não) dos processos entre os vários juízos de mesma competência (arts. 285, 929 e 930).

3. Momento de determinação da competência. Como visto, o momento de propositura da ação é o momento do protocolo da petição inicial (art. 312). A partir desse instante, existe processo e existe litispendência. No caso da existência de apenas um juízo competente, a determinação da competência também ocorre nesse momento, pois, desde a propositura, o processo já está submetido à competência daquele juízo, tendo o registro caráter declaratório, não constitutivo. Falar em determinação da competência somente no momento do registro, como faz a inconstitucional redação, não faz sentido, portanto. Nesse caso, a competência é determinada no momento da propositura da ação.

Por outro lado, em caso de multiplicidade de juízos igualmente competentes, a competência somente pode ser determinada no momento da distribuição, pois, até então, não foi atribuído o processo a nenhum juízo.

4. Irrelevância das modificações posteriores e fixação da competência. Determinada, em concreto, a competência nos momentos referidos supra, ela será, em regra, fixada, ou seja, não sofrerá, em princípio, alteração com o processo em curso.

5. *Perpetuatio iurisdictionis*. O artigo em estudo traz a regra conhecida como *perpetuatio iurisdictionis*. Esta é a nomenclatura tradicional. Há quem entenda que essa denominação não é a mais conveniente, por remeter à ideia de perpetuação da jurisdição, quando, na verdade, o caso é de perpetuação (fixação, inalterabilidade) da competência. Todavia, dada a ampla utilização da expressão *perpetuatio iurisdictionis*, parece ser conveniente a manutenção, desde que se compreenda que a regra em questão diz respeito à inalterabilidade da competência.

6. Finalidade da regra. A regra reforça a garantia constitucional do juiz natural, impedindo, em princípio, a modificação da competência, o que também é uma medida de segurança jurídica. Além disso, a regra está ligada às ideias de economia processual e razoável duração do processo, já que impede, por exemplo, que. no caso de determinação da competência pelo critério do território em sua regra geral, o processo tramite em tantos lugares quantos sejam os domicílios do réu ao longo do tempo de sua tramitação.

7. Irrelevância de modificações do estado de fato. São irrelevantes e, portanto, não geram modificação da competência, alterações do estado de fato previstas em normas de competência relativa, como o mencionado caso da alteração de domicílio do réu quando a competência foi com base nele determinada.

8. Irrelevância de modificações de direito. São irrelevantes, também, as modificações de direito sobre competência relativa posteriores ao momento da fixação, o que significa que norma posterior de competência relativa não tem o efeito de alterar a competência já determinada em processo pendente ao tempo da sua entrada em vigor (por exemplo, alteração da regra geral de competência de domicílio do réu para domicílio do autor).

9. Natureza da regra. Trata-se de verdadeira regra de direito intertemporal: as normas de competência incidem sobre os fatos do tempo da propositura, se houver um só juízo, ou da distribuição, se houver juízos de competência concorrente. Alterações de fato posteriores são irrelevantes. Alterações posteriores do direito quanto à extinção do órgão ou quanto às regras de competência absoluta são relevantes, porque se estabelece expressamente que, nesses casos, regras de determinação de competência (não de modificação) incidam duas vezes sobre o mesmo processo. Normas de modificação da competência, contudo, podem incidir sobre processo de competência já fixada, pois seu suporte fático é justamente esse. A regra de modificação de competência é para casos de processos com competência já determinada e fixada anteriormente.

10. Supressão do órgão judiciário. Em caso de modificação de direito consistente em supressão do órgão judiciário, seja qual for a natureza da norma de competência que tenha gerado a sua determinação (absoluta ou relativa), haverá modificação posterior da competência de processo em curso, o qual será remetido a outro juízo, com ou sem distribuição, dependendo da existência ou não de juízos concorrentes ou de norma expressa a esse respeito.

11. Alteração de norma de competência absoluta e possibilidade de modificação. Em caso de alteração de normas sobre competência absoluta, pode haver a alteração da competência no curso do processo, dado o interesse público envolvido. É digno de nota que a modificação, nesses casos, é a regra, podendo, todavia, haver norma expressa no sentido de não aplicação da nova norma aos processos pendentes. Para a distinção dos casos de competência absoluta e competência relativa, ver comentários ao art. 42.

12. Alteração de norma de competência absoluta e limites à modificação. Embora a nova norma sobre competência absoluta, em princípio, altere a competência dos processos em curso, há que se ter como limite a garantia do juiz natural, ou seja, a alteração deve ser plenamente justificada, não podendo caracterizar modificação casuística, destinada a burlar a garantia.

Artigo 44.
Obedecidos os limites estabelecidos pela Constituição Federal, a competência é determinada pelas normas previstas neste Código ou em legislação especial, pelas normas de organização judiciária e, ainda, no que couber, pelas constituições dos Estados.
CORRESPONDÊNCIA NO CPC/1973: *ART. 91.*

1. Fontes de normas sobre competência. As normas de competência têm suas linhas básicas estabelecidas, em primeiro lugar pela CF/1988. Com relação aos temas não tratados diretamente pela CF/1988, cada uma daquelas outras normas mencionadas terá o seu papel específico, regulando certos aspectos da competência. Em geral, a competência de justiça é delineada na CF/1988, a competência de foro é delineada no CPC/2015, e a competência de juízo é delineada nas normas de organização judiciária.

2. Roteiro para determinação da competência. Ao refletir sobre perante qual juízo propor determinada demanda, deve o advogado, em primeiro lugar, verificar se ela pode ser proposta perante a jurisdição nacional (de forma concorrente ou exclusiva) e, em segundo lugar, se ela deve ser proposta perante o Poder Judiciário ou perante órgão arbitral, ou, ainda, perante órgão estatal que atipicamente exerça a função judicial (como, por exemplo, o Senado Federal – art. 52, I e II, CF/1988; a Câmara dos Deputados – art. 51, I, CF/1988; a Assembleia Legislativa estadual em casos análogos aos já mencionados, porém relativos a governador de Estado). Definido o cabimento da propositura perante o Poder Judiciário, caberá, em seguida, para determinar o juízo competente, seguir o seguinte roteiro: (i) a competência é originária do STF?; (i) se não, a competência é de algum dos ramos da Justiça Especial?; i.a) se sim, qual ramo da Justiça Especial?; i.2) se não, a competência é da Justiça Comum Federal ou de alguma Justiça Estadual?; (iii) a competência é originária de algum tribunal superior?; (iv) se não, a competência é de qual região (Justiça Comum Federal), circunscrição judiciária militar (Justiça Militar da União) ou Estado (Justiça Comum Estadual)?; (v) a competência é originária de tribunal local?; (vi) se não, a competência é de qual foro (comarca, seção ou subseção judiciária ou auditoria militar) segundo o critério legal ou a cláusula de eleição de foro?; vi.a) se há foros concorrentes, qual é a escolha do autor?; (vii) a competência é de qual juízo ou grupo de juízos (vara, Conselho de Justiça Militar)?. Havendo juízos de competência concorrente, ocorrerá distribuição aleatória entre eles. Para o caso de atos posteriores à propositura da demanda, será necessário indagar qual o órgão competente para apreciar o ato em questão, de acordo com a divisão de trabalho estabelecida em lei (competência funcional): para um recurso, pode ser competente o mesmo órgão ou um superior; para o incidente de declaração de inconstitucionalidade ou incidente de demandas repetitivas, é competente o órgão especial do tribunal; para suspensão de segurança, é competente o Presidente do tribunal; para outros atos, serão competentes o relator, a câmara, a turma, o grupo, etc. Caso haja regra de competência funcional sobre a relação entre a demanda a ser proposta e demanda anterior, é dispensável a utilização do roteiro, devendo a demanda ser proposta perante o juízo predeterminado.

Artigo 45.

Tramitando o processo perante outro juízo, os autos serão remetidos ao juízo federal competente se nele intervier a União, suas empresas públicas, entidades autárquicas e fundações, ou conselho de fiscalização de atividade profissional, na qualidade de parte ou de terceiro interveniente, exceto as ações:

I – de recuperação judicial, falência, insolvência civil e acidente de trabalho;

II – sujeitas à justiça eleitoral e à justiça do trabalho.

§ 1º Os autos não serão remetidos se houver pedido cuja apreciação seja de competência do juízo perante o qual foi proposta a ação.

§ 2º Na hipótese do § 1º, o juiz, ao não admitir a cumulação de pedidos em razão da incompetência para apreciar qualquer deles, não examinará o mérito daquele em que exista interesse da União, de suas entidades autárquicas ou de suas empresas públicas.

§ 3º O juízo federal restituirá os autos ao juízo estadual sem suscitar conflito se o ente federal cuja presença ensejou a remessa for excluído do processo.

CORRESPONDÊNCIA NO CPC/1973: *ART. 99.*

1. Competência da Justiça Federal pela pessoa, com exclusão de algumas matérias. A principal regra de competência de Justiça relativa à Justiça Federal considera o critério da pessoa e exclui algumas causas em razão da matéria. Assim dispõe o art. 109 da CF/1988: "Aos juízes federais compete processar e julgar: I – as causas em que a União, entidade autárquica ou empresa pública federal forem interessadas na condição de autoras, rés, assistentes ou oponentes, exceto as de falência, as de acidentes de trabalho e as sujeitas à Justiça Eleitoral e à Justiça do Trabalho.".

2. Causas excluídas da competência da Justiça Federal pelo critério da matéria. O inciso I do art. 109 da CF/1988 exclui da competência da Justiça Federal as causas "de falência, as de acidentes de trabalho e as sujeitas à Justiça Eleitoral e à Justiça do Trabalho". A exclusão das causas sujeitas à Justiça Eleitoral e à Justiça do Trabalho, ainda que envolvam entes federais, é natural, já que a Justiça Federal, como Justiça Comum, tem competência subsidiária em relação às Justiças Especiais. A regra constitucional exclui, também, da competência da Justiça Federal as causas de acidentes de trabalho, que, se voltadas contra o Instituto Nacional do Seguro Social – INSS (autarquia federal), serão de competência da Justiça Estadual e, se voltadas contra o empregador, serão de competência da Justiça do Trabalho, como se verá adiante. O dispositivo constitucional exclui, por fim, as causas de falência. Os incisos I e II do art. 45 do CPC/2015, por sua vez, repetem essas exceções e acrescentam a esse rol a recuperação judicial e a insolvência civil.

3. Causas de acidente de trabalho. A Lei 8.213/1991 define o acidente de trabalho em seus artigos 19, 20 e 21. Em razão de acidente de trabalho, o trabalhador pode ter duas pretensões. A primeira é contra o INSS (autarquia federal), consistente na concessão (ou revisão) de benefício decorrente de acidente de trabalho, de competência da Justiça Estadual, justamente em razão da exceção prevista no art. 109, I, da CF/1988 (já que a competência dessa Justiça é residual). Nesse caso, a competência é originariamente da Justiça Estadual, o que significa (i) que é irrelevante se no local existem ou não varas federais, bem como (ii) que eventuais recursos deverão ser julgados pelo respectivo tribunal estadual. A segunda pretensão é de natureza reparatória, voltada contra o empregador, a qual é de competência da Justiça do Trabalho. Conforme disposto na CF/1988: "Art. 114. Compete à Justiça do Trabalho processar e julgar: (...) VI – as ações de indenização por dano moral ou patrimonial, decorrentes da relação de trabalho.". Caso ocorra acidente que não tenha a natureza de acidente de trabalho, é possível que, mesmo assim, surja para a vítima pretensão de concessão de benefício direcionada contra o INSS. Assim prevê a Lei 8.213/1991: "Art. 26. Independe de carência a concessão das seguintes prestações: (...) II – auxílio-doença e aposentadoria por invalidez nos casos de acidente de qualquer natureza ou causa e de doença profissional ou do trabalho, bem como nos casos de segurado que, após filiar-se ao RGPS, for acometido de alguma das doenças e afecções especificadas em lista elaborada pelos Ministérios da Saúde e da Previdência Social, atualizada a cada 3 (três) anos, de acordo com os critérios de estigma, deformação, mutilação, deficiência ou outro fator que lhe confira especificidade e gravidade que mereçam tratamento particularizado.". Esse caso se enquadra na regra geral da primeira parte do inciso I do art. 109 da CF/1988, sendo, em princípio, de competência da Justiça Federal em razão da presença de autarquia federal (INSS) como ré. Serão aplicáveis, contudo, a essa hipótese (assim como a qualquer causa contra o INSS, com exceção da fundada em acidente de trabalho) os parágrafos 3º e 4º do art. 109 da CF/1988: "§ 3º Serão processadas e julgadas na justiça estadual, no foro do domicílio dos segurados ou beneficiários, as causas em que forem parte instituição de previdência social e segurado, sempre que a comarca não seja sede de vara do juízo federal, e, se verificada essa condição, a lei poderá permitir que outras causas sejam também processadas e julgadas pela justiça estadual. § 4º Na hipótese do parágrafo anterior, o recurso cabível será sempre para o Tribunal Regional Federal na área de jurisdição do juiz de primeiro grau." (sobre o assunto, ver comentários ao art. 51). Por fim, a pretensão reparatória contra o causador do dano em acidente de outra natureza, por sua vez, não compete à Justiça do Trabalho, justamente por não ser decorrente da relação de trabalho (art. 114, VI, CF/1988). Assim, essa causa compete à Justiça Comum, podendo ser de competência da Justiça Federal se o causador do dano for alguma das pessoas cuja presença determina a sua competência. Caso contrário, a competência será da Justiça Estadual.

4. Causas sujeitas à Justiça do Trabalho. Causas relativas a relações de emprego de servidores públicos (empregados públicos) estão excluídas da competência da Justiça Federal, ainda que envolvam entes federais Assim dispõe a CF/1988: "Art. 114. Compete à Justiça do Trabalho processar e julgar: I as ações oriundas da relação de trabalho, abrangidos os entes de direito público externo e da administração pública direta e indireta da União, dos Estados, do Distrito Federal e dos Municípios"). Causas de servidores públicos estatutários são de competência da Justiça Comum, estadual ou federal. Nesse sentido, cabe o entendimento jurisprudencial: "INCONSTITUCIONALIDADE. Ação direta. Competência. Justiça do Trabalho. Incompetência reconhecida. Causas entre o Poder Público e seus servidores estatutários. Ações que não se reputam oriundas de relação de trabalho. Conceito estrito desta relação. Feitos da competência da Justiça Comum. Interpretação do art. 114, inc. I, da CF, introduzido pela EC 45/2004. Precedentes. Liminar deferida para excluir outra interpretação. O disposto no art. 114, I, da Constituição da República, não abrange as causas instauradas entre o Poder Público e servidor que lhe seja vinculado por relação jurídico-estatutária.". (STF, ADI 3395 MC; pendente de julgamento definitivo).

5. Causas de falência. A falência é processo de execução coletiva, caracterizado pela universalidade, em que os credores do falido concorrem em igualdade (respeitada a natureza de cada crédito). Assim, a Lei 11.101/2005 estabelece essa competência: "Art. 76. O juízo da falência é indivisível e competente para; conhecer todas as ações sobre bens, interesses e negócios do falido, ressalvadas as causas trabalhistas, fiscais e aquelas não reguladas nesta Lei em que o falido figurar como autor ou litisconsorte ativo. Parágrafo único. Todas as ações, inclusive as excetuadas no *caput* deste artigo, terão prosseguimento com o administrador judicial, que deverá ser intimado para representar a massa falida, sob pena de nulidade do processo"; "Art. 78. Os pedidos de falência estão sujeitos a distribuição obrigatória, respeitada a ordem de apresentação. Parágrafo único. As ações que devam ser propostas no juízo da falência estão sujeitas a distribuição por dependência.". Os arts. 109, I, da CF1988 e 45, I, do CPC/2015, no mesmo sentido, esclarecem que a intervenção da União, ou das demais pessoas mencionadas naqueles dispositivos, na falência, não desloca a competência para a Justiça Federal. Por apresentarem a mesma *ratio* da hipótese expressamente prevista no texto constitucional, também os processos de recuperação judicial e de insolvência civil (art. 45, I, CPC/2015) e os processos concursais administrativos de intervenção e liquidação extrajudiciais são excluídos da competência da Justiça Federal. Assim, conforme a jurisprudência: "PROCESSO CIVIL E RESPONSABILIDADE CIVIL. RECURSO ESPECIAL. (...) COMPETÊNCIA DA JUSTIÇA ESTADUAL. (...) 4. Inexiste previsão no art. 109 da Constituição da República que atribua a competência para processar e julgar demanda envolvendo sociedade de economia mista à Justiça Federal, ainda que a instituição financeira esteja sob a intervenção do Banco Central. Ao revés, o referido dispositivo constitucional é explícito ao excluir da competência da Justiça Federal as causas relativas à falência – cujo raciocínio é extensível aos procedimentos concursais administrativos, como soem ser a intervenção e a liquidação extrajudicial –, o que aponta inequivocamente para a competência da Justiça comum, a qual ostenta caráter residual. Precedentes. (...) 8. Recurso especial parcialmente conhecido e, nesta parte, não provido." (STJ, REsp 1.093.819/TO).

6. Pessoas cujas presenças determinam a competência da Justiça Federal. O inciso I do art. 109 da CF/1988 contém a regra de que, com exceção de determinadas causas, aquelas "em que a União, entidade autárquica ou empresa pública federal forem interessadas" serão de competência da Justiça Federal. O art. 45 do CPC/2015, por sua vez, inclui expressamente nesse rol fundações federais e conselhos de fiscalização de atividade profissional. Esses entes, todavia, já se consideravam como inclusos por interpretação do texto constitucional. A menção à União inclui, naturalmente, seus órgãos (ministérios, departamentos etc.), sendo aquela, e não estes, que deve figurar como parte. O texto constitucional, ao mencionar "entidade autárquica", deve ser interpretado como abrangente de autarquias federais, agências reguladoras, fundações autárquicas. Assim a Súmula 324 do STJ: "Compete à Justiça Federal processar e julgar ações de que participa a Fundação Habitacional do Exército, equiparada à entidade autárquica federal, supervisionada pelo Ministério do Exército.". Sobre a fiscalização de atividade profissional, Súmula 66 do STJ: "Compete a Justiça Federal processar e julgar execução fiscal promovida por conselho de fiscalização profissional". Empresas públicas, como a Caixa Econômica Federal – CEF – e a Empresa de Correios e Telégrafos – ECT – também atraem, com sua presença, a competência da Justiça Federal. Isso não significa que sociedades de economia mista com participação federal estejam aí inclusas. Súmula 508 do STF: "Compete à Justiça Estadual, em ambas as instâncias, processar e julgar as causas em que for parte o Banco do Brasil S.A."; n. 517 da Súmula do STF: "As sociedades de economia mista só tem foro na justiça federal, quando a união intervém como assistente ou opoente"; n. 556 da Súmula do STF: "É competente a Justiça Comum para julgar as causas em que é parte sociedade de economia mista"; n. 42 da Súmula do STJ: "Compete a Justiça Comum Estadual processar e julgar as causas cíveis em que é parte sociedade de economia mista e os crimes praticados em seu detrimento.".

7. Ministério Público Federal. A presença do Ministério Público Federal, órgão da União, determina a competência da Justiça Federal. Há entendimento jurisprudencial nesse sentido: "PROCESSUAL CIVIL. AÇÃO CIVIL PÚBLICA. TUTELA DE DIREITOS TRANSINDIVIDUAIS. MEIO AMBIENTE. COMPETÊNCIA. REPARTIÇÃO DE ATRIBUIÇÕES ENTRE O MINISTÉRIO PÚBLICO FEDERAL E ESTADUAL. DISTINÇÃO ENTRE COMPETÊNCIA E LEGITIMAÇÃO ATIVA. CRITÉRIOS. 1. A ação civil pública, como as demais, submete-se, quanto à competência, à regra estabelecida no art. 109, I, da Constituição, segundo a qual cabe aos juízes federais processar e julgar 'as causas em que a União, entidade autárquica ou empresa pública federal forem interessadas na condição de autoras, rés, assistentes ou oponentes, exceto as de falência, as de acidente de trabalho e as sujeitas à Justiça Eleitoral e a Justiça do Trabalho'. Assim, figurando como autor da ação o Ministério Público Federal, que é órgão da União, a competência para a causa é da Justiça Federal. 3. Não se confunde competência com legitimidade das partes. A questão competencial é logicamente antecedente e, eventualmente, prejudicial à da legitimidade. Fixada a competência, cumpre ao juiz apreciar a legitimação ativa do Ministério Público Federal para promover a demanda, consideradas as suas características, as suas finalidades e os bens jurídicos envolvidos. 4. À luz do sistema e dos princípios constitucionais, nomeadamente o princípio federativo, é atribuição do Ministério Público da União promover as ações civis públicas de interesse federal e ao Ministério Público Estadual as demais. Considera-se que há interesse federal nas ações civis públicas que (a) envolvam matéria de competência da Justiça Especializada da União (Justiça do Trabalho e Eleitoral); (b) devam ser legitimamente promovidas perante os órgãos Judiciários da União (Tribunais Superiores) e da Justiça Federal (Tribunais Regionais Federais e Juízes Federais); (c) sejam da competência federal em razão da matéria — as fundadas em tratado ou contrato da União com Estado estrangeiro ou organismo internacional (CF, art. 109, III) e as que envolvam disputa sobre direitos indígenas (CF, art. 109, XI); (d) sejam da competência federal em razão da pessoa — as que devam ser propostas contra a União, suas entidades autárquicas e empresas públicas federais, ou em que uma dessas entidades figure entre os substituídos processuais no polo ativo (CF, art. 109, I); e (e) as demais causas que envolvam interesses federais em razão da natureza dos bens e dos valores jurídicos que se visa tutelar. 6. No caso dos autos, a causa é da competência da Justiça Federal, porque nela figura como autor o Ministério Público Federal, órgão da União, que está legitimado a promovê-la, porque visa a tutelar bens e interesses nitidamente federais, e não estaduais, a saber: o meio ambiente em área de manguezal, situada em terrenos de marinha e seus acrescidos, que são bens da União (CF, art. 20, VII), sujeitos ao poder de polícia de autarquia federal, o IBAMA (Leis 6.938/81, art. 18, e 7.735/89, art. 4º). 7. Recurso especial provido.". (STJ, REsp 440.002/SE). Isso não significa que não possa haver litisconsórcio entre Ministérios Públicos para a propositura da ação civil pública. "ADMINISTRATIVO E PROCESSUAL CIVIL. RECURSO ESPECIAL. AÇÃO CIVIL PÚBLICA. LITISCONSÓRCIO ATIVO FACULTATIVO ENTRE MINISTÉRIO PÚBLICO FEDERAL, ESTADUAL E DO TRABALHO. ARTIGO 5º, § 5º, DA LEI N. 7.347/1985. COMUNHÃO DE DIREITOS FEDERAIS, ESTADUAIS E TRABALHISTAS. 1. Nos termos do artigo 5º, § 5º, da Lei n. 7.347/1985: 'admitir-se-á o litisconsórcio facultativo entre os Ministérios Públicos da União, do Distrito Federal e dos Estados na defesa dos interesses e direitos de que cuida esta lei'. 2. À luz do art. 128 da CF/88, o Ministério Público abrange: o Ministério Público da União, composto pelo Ministério Público Federal, o Ministério Público do Trabalho, o Ministério Público Militar e o Ministério Público do Distrito Federal e Territórios; e os Ministérios Públicos dos Estados. 3. Assim, o litisconsórcio ativo facultativo entre os ramos do MPU e os MPs dos Estados, em tese, é possível, sempre que as circunstâncias do caso recomendem, para a propositura de ações civis públicas que visem à responsabilidade por danos morais e patrimoniais causados ao meio ambiente, ao consumidor, a bens e direitos de valor artístico, estético, histórico e paisagístico, à ordem econômica e urbanística, bem como a qualquer outro interesse difuso ou coletivo, inclusive de natureza trabalhista. 4. No caso, além de visar o preenchimento de cargos de anestesiologistas, em caráter definitivo, junto ao Complexo Hospitalar Universitário, mediante a disponibilização de vagas pela Administração Federal, e a possível intervenção do CADE, a presente demanda objetiva, também, o restabelecimento da normalidade na prestação de tais serviços no Estado do Rio Grande do Norte, em virtude da prática de graves infrações à ordem econômica, com prejuízo ao consumidor, à livre concorrência, domínio de mercado relevante, aumento arbitrário de preços, exercício abusivo de posição dominante, cartelização e terceirização ilícita de serviço público essencial. 5. A tutela dos direitos transindividuais de índole trabalhista encontra-se consubstanciada, no caso em apreço, pelo combate de irregularidades trabalhistas no âmbito da Administração Pública (terceirização ilícita de serviço público), nos termos da Súmula n. 331 do TST, em razão da lesão a direitos difusos, que atingem o interesse de trabalhadores e envolve relação fraudulenta entre cooperativa de mão de obra e o Poder Público, além de interesses metaindividuais relativos ao acesso, por concurso público, aos empregos estatais. 6. Dessa forma, diante da pluralidade de direitos que a presente demanda visa proteger, quais sejam: direitos à ordem econômica, ao trabalho, à saúde e ao consumidor, é viável o litisconsórcio ativo entre o MPF, MPE e MPT. 7. Recurso especial provido.". (STJ, REsp 1.444.484/RN). Nesses casos, o litisconsórcio é possível, mas a competência será da Justiça Federal, se não for de Justiça Especial. Observe-se, por fim, que o MPF pode atuar em outras Justiças além da Federal, como se extrai do art. 37, II, da Lei Complementar 75/1993: "Art. 37. O Ministério Público Federal exercerá as suas funções: I – nas causas de competência do Supremo Tribunal Federal, do Superior Tribunal de Justiça, dos Tribunais Regionais Federais e dos Juízes Federais, e dos Tribunais e Juízes Eleitorais; II – nas causas de competência de quaisquer juízes e tribunais, para defesa de direitos e interesses dos índios e das populações indígenas, do meio ambiente, de bens e direitos de valor artístico, estético, histórico, turístico e paisagístico, integrantes do patrimônio nacional.". O mesmo deve ser aplicado à Defensoria Pública da União.

8. Posição das entidades federais. A regra do art. 109, I, da CF/1988 exige que as entidades ali previstas estejam "na condição de autoras, rés, assistentes ou oponentes", para que se caracterize hipótese de competência da Justiça Federal. O CPC/2015, por sua vez, contém regra no sentido de que essa posição deve ser "de parte ou de terceiro interveniente". Naturalmente, o dispositivo infraconstitucional deve ser interpretado conforme a CF/1988. Observe-se que o CPC/2015 não extrapola os limites da norma constitucional ao empregar o termo "terceiro interveniente", pois o chamado, o denunciado e o sócio trazido ao processo em razão de desconsideração da personalidade jurídica tornam-se réus, caindo na regra geral. Quanto à oposição (art. 682 e seguintes), é irrelevante a circunstância de não ser mais considerada como intervenção de terceiros, pois a presença de entidade federal nessa posição está prevista diretamente na CF/1988 como hipótese caracterizadora de competência da Justiça Federal. A intervenção de entidade federal como *amicus curiae*, por sua vez, não altera a competência, por expressa disposição do próprio CPC/2015: "Art. 138. O juiz ou o relator, considerando a relevância da matéria, a especificidade do tema objeto da demanda ou a repercussão social da controvérsia, poderá, por decisão irrecorrível, de ofício ou a requerimento das partes ou de quem pretenda manifestar-se, solicitar ou admitir a participação de pessoa natural ou jurídica, órgão ou entidade especializada, com representatividade adequada, no prazo de 15 (quinze) dias de sua intimação. § 1º A intervenção de que trata o *caput* não implica alteração de competência nem autoriza a interposição de recursos, ressalvadas a oposição de embargos de declaração e a hipótese do § 3º". Por fim, a intervenção anômala da União, prevista no art. 5º da Lei 9.469/1997, apenas acarreta deslocamento da competência para a Justiça Federal se a entidade federal intervier tempestivamente e recorrer: "Art. 5º A União poderá intervir nas causas em que figurarem, como autoras ou rés, autarquias, fundações públicas, sociedades de economia mista e empresas públicas federais. Parágrafo único. As pessoas jurídicas de direito público poderão, nas causas cuja decisão possa ter reflexos, ainda que indiretos, de natureza econômica, intervir, independentemente da demonstração de interesse jurídico, para esclarecer questões de fato e de direito, podendo juntar documentos e memoriais reputados úteis ao exame da matéria e, se for o caso, recorrer, hipótese em que, para fins de deslocamento de competência, serão consideradas partes". Essa é a interpretação do STJ: "1. Conquanto seja tolerável a intervenção anódina da União plasmada no art. 5º da Lei nº 9.469/97, tal circunstância não tem o condão de deslocar a competência para a Justiça Federal, o que só ocorre no caso de demonstração de legítimo interesse jurídico na causa, nos termos dos arts. 50 e 54 do CPC/73. 2. A interpretação é consentânea com toda a sistemática processual, uma vez que, além de não haver previsão legislativa de deslocamento de competência mediante a simples intervenção ‹anômala› da União, tal providência privilegia a fixação do processo no seu foro natural, preservando-se a especial motivação da intervenção, qual seja, ‹esclarecer questões de fato e de direito, podendo juntar documentos e memoriais reputados úteis ao exame da matéria›. 3. A melhor exegese do art. 5º da Lei nº 9.469/97 deve ser aquela conferida pelo Supremo Tribunal Federal ao art. 70 da Lei 5.010/66 e art. 7º da Lei nº 6.825/80, porquanto aquele dispositivo disciplina a matéria, em essência, do mesmo modo que os diplomas que o antecederam. 4. No caso em exame, o acórdão recorrido firmou premissa, à luz dos fatos observados nas instâncias ordinárias, que os requisitos da intervenção anódina da União não foram revelados, circunstância que faz incidir o Verbete Sumular nº 07/STJ. 5. Recurso especial não conhecido.". (STJ, REsp 1.097.759/BA). Ainda: "I – Não justificado o interesse jurídico da União no feito, é de se reconhecer a incompetência da Justiça Federal para seu processamento e julgamento. A Lei n.º 9469/97, que alberga hipóteses de intervenção da União independentemente de interesse jurídico, impõe o deslocamento da competência apenas no caso de interposição de recurso, fato não ocorrente no caso, no qual sequer houve manifestação do ente público nem de suas autarquias. Precedentes: REsp. n.º 633028/PR, Rel. Min. JOSÉ DELGADO, DJ de 29/11/2004, p. 251; CC n.º 1755/BA, Rel. Min. EDUARDO RIBEIRO, DJ de 17/6/1991, p. 8183. II – Recurso especial provido.". (STJ, REsp 574.697/RS).

9. Outras hipóteses de competência da Justiça Federal fixada pela pessoa. Ainda com utilização do critério da pessoa, algumas outras hipóteses de competência da Justiça Federal são estabelecidas no art. 109 da CF/1988: "II – as causas entre Estado estrangeiro ou organismo internacional e Município ou pessoa domiciliada ou residente no País"; "VIII – os mandados de segurança e os *habeas data* contra ato de autoridade federal, excetuados os casos de competência dos tribunais federais".

10. Competência da Justiça Federal fixada pela matéria. Embora o critério principal de definição da competência da Justiça seja o da pessoa com exclusão de causas pela matéria (art. 109, I, CF/1988). O critério da matéria também é levado em consideração para essa finalidade, como se vê nos seguintes incisos e parágrafo do art. 109 da CF: "III – as causas fundadas em tratado ou contrato da União com Estado estrangeiro ou organismo internacional"; "V-A as causas relativas a direitos humanos a que se refere o § 5º deste artigo"; "§ 5º Nas hipóteses de grave violação de direitos humanos, o Procurador-Geral da República, com a finalidade de assegurar o cumprimento de obrigações decorrentes de tratados internacionais de direitos humanos dos quais o Brasil seja parte, poderá suscitar, perante o Superior Tribunal de Justiça, em qualquer fase do inquérito ou processo, incidente de deslocamento de competência para a Justiça Federal"; "XI – a disputa sobre direitos indígenas"; "X – (...) as causas referentes à nacionalidade, inclusive a respectiva opção, e à naturalização".

11. Competência da Justiça Federal fixada pelo critério funcional. Até mesmo o critério funcional é utilizado para a definição da competência da Justiça Federal. Assim, o art. 109, X, segunda parte, da CF/1988: "X – (...) a execução de carta rogatória, após o 'exequatur', e de sentença estrangeira, após a homologação (...)".

12. Indevida cumulação de pretensões por diferença de competência. Os parágrafos 1º e 2º do art. 45 têm aplicação, em primeiro lugar, ao caso de cumulação de pretensões sem que o juízo seja competente para conhecer de todas (art. 327, §1º, II). Nesse caso, segundo os referidos dispositivos, deve o juiz admitir o processamento da pretensão para a qual tem competência e negar-se a resolver o mérito daquela para a qual é incompetente (art. 485, IV). Este é o sentido do Enunciado 170 da Súmula do STJ: "Compete ao juízo onde for intentada a ação de acumulação de pedidos, trabalhistas e estatutários, decidi-la nos limites da sua jurisdição, sem prejuízo do ajuizamento de nova causa, com pedido remanescente, no juízo próprio.". A solução é exceção à regra geral para casos de reconhecimento de incompetência, que é a *translatio judicii*. "Art. 64. A incompetência, absoluta ou relativa, será alegada como questão preliminar de contestação. (...) § 3º Caso a alegação de incompetência seja acolhida, os autos serão remetidos ao juízo competente. § 4º Salvo decisão judicial em sentido contrário, conservar-se-ão os efeitos de decisão proferida pelo juízo incompetente até que outra seja proferida, se for o caso, pelo juízo competente,". Essa solução parece decorrer de preocupação com o fato de que, remetidos os autos, o juízo federal estaria diante de situação análoga à do juízo que os remeteu, sendo competente para parte das pretensões e incompetente para a outra parte. Para esse momento processual (análise da petição inicial), pode até ser aceitável a consequência prevista nos parágrafos 1º e 2º do art. 45 para o caso, embora não aproveite os atos já praticados, pois o desperdício de atividade processual, se houver, será mínimo.

13. Cumulação adequada de pretensões e intervenção posterior de entidade federal não relativa a todas. Não parece razoável, porém, aplicar os parágrafos 1º e 2º do art. 45 ao caso de cumulação feita devidamente, ou seja, cumulação de pretensões para as quais o mesmo juízo (não integrante da Justiça Federal) seja competente e, posteriormente, uma entidade federal venha a intervir (com todos os requisitos de incidência da norma do inciso I do art. 109 da CF/1988) em relação a uma ou mais pretensões, sem abranger todas. Em primeiro lugar, o próprio parágrafo 2º contém menção expressa à não admissão da cumulação, o que indica que, em sua hipótese de incidência, o problema da diferença de competências já estava presente desde o início. Ademais, em estágio mais avançado do processo, a simples redução de seu objeto, com recusa de apreciação do mérito de parte das pretensões cumuladas, consistiria em um desperdício. Muito mais condizente com o direito fundamental à razoável duração do processo é a aplicação da regra geral da *translatio judicii* (art. 64, §§ 3º e 4º), com o envio de cópia (física ou virtual) dos autos, para prosseguimento do processo com aproveitamento dos atos já praticados perante o juízo competente, com relação às pretensões de competência da Justiça Federal. Com relação às pretensões de sua competência, prosseguirá o processo perante o juízo originário. Se a resolução de uma pretensão se antepuser logicamente à solução da outra, o processo deverá ficar suspenso perante o juízo competente para esta: "Art. 313. Suspende-se o processo: (...) V – quando a sentença de mérito: a) depender do julgamento de outra causa ou da declaração de existência ou de inexistência de relação jurídica que constitua o objeto principal de outro processo pendente; (...) § 4º O prazo de suspensão do processo nunca poderá exceder 1 (um) ano nas hipóteses do inciso V e 6 (seis) meses naquela prevista no inciso II. § 5º O juiz determinará o prosseguimento do processo assim que esgotados os prazos previstos no § 4º". Por fim, cumpre observar que a conexão não impedirá a providência, por se tratar de regra de competência absoluta.

14. Limitação à regra da *Kompetenzkompetenz*. Segundo a regra da *Kompetenzkompetenz* todo juízo tem competência para decidir sobre a própria competência. Todavia, quando houver pretensão de intervenção de ente federal, caberá à Justiça Federal decidir sobre o ingresso desse ente, o que significa que, no caso, a competência sobre a competência é apenas do juízo federal, excluindo a do juízo comum. De fato, faz sentido que assim seja: a última palavra sobre a competência deve ser do juízo com regras de competência prevalentes (por serem mais específicas), sob pena de que se abram brechas para a violação da garantia do juiz natural. Nesse sentido, são os enunciados 150, 224 e 254 da Súmula do STJ: "Compete à Justiça Federal decidir sobre a existência de interesse jurídico que justifique a presença, no processo, da União, suas autarquias ou empresas públicas"; "Excluído do feito o ente federal, cuja presença levara o Juiz Estadual a declinar da competência, deve o Juiz Federal restituir os autos e não suscitar conflito"; "A decisão do Juízo Federal que exclui da relação processual ente federal não pode ser reexaminada no Juízo Estadual".

Artigo 46.

A ação fundada em direito pessoal ou em direito real sobre bens móveis será proposta, em regra, no foro de domicílio do réu.

§ 1º Tendo mais de um domicílio, o réu será demandado no foro de qualquer deles.

§ 2º Sendo incerto ou desconhecido o domicílio do réu, ele poderá ser demandado onde for encontrado ou no foro de domicílio do autor.

§ 3º Quando o réu não tiver domicílio ou residência no Brasil, a ação será proposta no foro de domicílio do autor, e, se este também residir fora do Brasil, a ação será proposta em qualquer foro.

§ 4º Havendo 2 (dois) ou mais réus com diferentes domicílios, serão demandados no foro de qualquer deles, à escolha do autor.

§ 5º A execução fiscal será proposta no foro de domicílio do réu, no de sua residência ou no do lugar onde for encontrado.
CORRESPONDÊNCIA NO CPC/1973: *ARTS. 94 E 578.*

1. **Regra geral de competência de foro.** Não incidindo nenhuma das inúmeras normas especiais sobre competência de foro, será aplicada a regra geral da competência territorial do domicílio do réu.

2. **Multiplicidade de domicílios.** Segundo o parágrafo 1º, "tendo mais de um domicílio, o réu será demandado no foro de qualquer deles.". Esses casos são os dos arts. 70 a 72 do CC/2002: "Art. 70. O domicílio da pessoa natural é o lugar onde ela estabelece a sua residência com ânimo definitivo. Art. 71. Se, porém, a pessoa natural tiver diversas residências, onde, alternadamente, viva, considerar-se-á domicílio seu qualquer delas. Art. 72. É também domicílio da pessoa natural, quanto às relações concernentes à profissão, o lugar onde esta é exercida. Parágrafo único. Se a pessoa exercitar profissão em lugares diversos, cada um deles constituirá domicílio para as relações que lhe corresponderem".

3. **Foros concorrentes e abuso de direito.** Há casos em que a legislação deixa a critério do autor a escolha entre diversos foros igualmente competentes (art. 46. §§ 1º a 5º), os chamados "foros concorrentes". Nesses casos, o autor tem o direito potestativo de escolher perante qual deles proporá a demanda (fenômeno chamado de "*forum shopping*"). O exercício desse direito, contudo, não está imune à exigência de boa-fé objetiva e à vedação do abuso do direito, constante do art. 187 do CC/2002: "Art. 187. Também comete ato ilícito o titular de um direito que, ao exercê-lo, excede manifestamente os limites impostos pelo seu fim econômico ou social, pela boa-fé ou pelos bons costumes". Assim, em casos como o da escolha de foro que não traga benefício ao autor, mas gere considerável prejuízo ao réu, deverá o juiz realizar o controle da adequação da escolha (teoria do *forum non conveniens*).

4. **Domicílio incerto ou desconhecido.** Dispõe o parágrafo 2º que "sendo incerto ou desconhecido o domicílio do réu, ele poderá ser demandado onde for encontrado ou no foro de domicílio do autor.". Aplica-se, portanto, o art. 73 do CC/2002, segundo o qual "ter-se-á por domicílio da pessoa natural, que não tenha residência habitual, o lugar onde for encontrada.". Em caráter concorrente, considera-se igualmente como competente o foro do domicílio do autor, cabendo a ele o direito potestativo de escolher o foro entre as opções legais.

Artigo 47.

Para as ações fundadas em direito real sobre imóveis é competente o foro de situação da coisa.

§ 1º O autor pode optar pelo foro de domicílio do réu ou pelo foro de eleição se o litígio não recair sobre direito de propriedade, vizinhança, servidão, divisão e demarcação de terras e de nunciação de obra nova.

§ 2º A ação possessória imobiliária será proposta no foro de situação da coisa, cujo juízo tem competência absoluta.
CORRESPONDÊNCIA NO CPC/1973: *ART. 95.*

1. **Competência territorial absoluta em caso de direito real sobre imóveis.** O foro da situação da coisa (*forum rei sitae*) tem competência absoluta para as ações fundadas em direito real sobre imóveis quando o litígio recair sobre direito de propriedade, vizinhança, servidão, divisão e demarcação de terras e de nunciação de obra nova.

2. **Competência territorial relativa em caso de direito real sobre imóveis.** O foro da situação da coisa tem competência relativa para as ações fundadas em direito real sobre imóveis quando o litígio não recair sobre direito de propriedade, vizinhança, servidão, divisão e demarcação de terras e de nunciação de obra nova, admitindo-se eleição de foro e havendo concorrência de foros (da situação da coisa, do domicílio do réu e de eleição), com escolha a critério do autor.

3. **Imóvel em mais de uma comarca e aquisição de competência.** Caso se trate de competência relativa do foro de situação da coisa situada em mais de uma comarca, a hipótese é de concorrência de foros, cabendo a escolha ao autor e fixando-se a competência por prevenção. Caso se trate de competência absoluta do foro de situação da coisa situada em mais de uma comarca, seria possível pensar, em princípio, em duas hipóteses: ou se estaria diante de caso de concorrência de foros igualmente competentes para a totalidade da pretensão, embora determinada por norma de competência absoluta; ou se estaria diante da situação na qual cada comarca seria competente apenas para a parcela da pretensão relativa à fração do imóvel situada em seu território, o que poderia ensejar necessidade de fracionar as ações, pois cada foro seria incompetente para as demais parcelas. O art. 60 parece indicar que se estaria diante da segunda hipótese e soluciona o respectivo inconveniente: "Art. 60. Se o imóvel se achar situado em mais de um Estado, comarca, seção ou subseção judiciária, a competência territorial do juízo prevento estender-se-á sobre a totalidade do imóvel.".

4. **Competência territorial absoluta em caso de ação possessória imobiliária.** O foro competente será o da situação da coisa (*forum rei sitae*), de forma absoluta, para ação possessória imobiliária. A hipótese foi destacada do *caput* porque a posse não é direito real. Comprova esta ideia o tratamento diferenciado dado pelo próprio CPC/2015 às ações que versem sobre direito real imobiliário e as ações possessórias: "Art. 73. O cônjuge necessitará do consentimento do outro para propor ação que verse sobre direito real imobiliário, salvo quando casados sob o regime de separação absoluta de bens. § 1º Ambos os cônjuges serão necessariamente citados para a ação: I – que verse sobre direito real imobiliário, salvo quando casados sob o regime de separação absoluta de bens; (...). § 2º Nas ações possessórias, a participação do cônjuge do autor ou do réu somente é indispensável nas hipóteses de composse ou de ato por ambos praticado.".

ARTIGO 48.

O foro de domicílio do autor da herança, no Brasil, é o competente para o inventário, a partilha, a arrecadação, o cumprimento de disposições de última vontade, a impugnação ou anulação de partilha extrajudicial e para todas as ações em que o espólio for réu, ainda que o óbito tenha ocorrido no estrangeiro.

Parágrafo único. Se o autor da herança não possuía domicílio certo, é competente:

I – o foro de situação dos bens imóveis;

II – havendo bens imóveis em foros diferentes, qualquer destes;

III – não havendo bens imóveis, o foro do local de qualquer dos bens do espólio.

CORRESPONDÊNCIA NO CPC/1973: *ART. 96.*

1. Natureza relativa. Prevalece na jurisprudência o entendimento segundo o qual tal norma estabelece competência relativa: "Processual Civil. Recurso Especial. Execução. Entrega de coisa incerta. Foro de eleição. Polo passivo: espólio. Arts. 96 e 111, § 2., do CPC. Prevalência do foro de eleição sobre o do autor da herança. Dissídio jurisprudencial. Configuração. – Se o título executivo extrajudicial que subjaz a ação de execução para entrega de coisa incerta elegeu foro para dirimir litígios deve ele prevalecer sobre a competência especial, mas relativa do foro do inventário, prevista no art. 96 do CPC. – Não se conhece do recurso especial pela divergência se desatendidas as exigências positivadas nos artigos 541, parágrafo único, do CPC, e 255, §2º, do RISTJ. – Recurso especial não conhecido.". (STJ, REsp 420.394/GO).

ARTIGO 49.

A ação em que o ausente for réu será proposta no foro de seu último domicílio, também competente para a arrecadação, o inventário, a partilha e o cumprimento de disposições testamentárias.

CORRESPONDÊNCIA NO CPC/1973: *ART. 97.*

1. Adaptação da regra do foro comum. A regra do art. 49 não traz hipótese de foro especial, mas apenas aplica a regra geral de competência do foro do domicílio do réu (foro comum – art. 46) ao caso específico do ausente, adaptando-a por ser o ausente alguém que desapareceu de seu domicílio, como disposto no CC/2002: "Art. 22. Desaparecendo uma pessoa do seu domicílio sem dela haver notícia, se não houver deixado representante ou procurador a quem caiba administrar-lhe os bens, o juiz, a requerimento de qualquer interessado ou do Ministério Público, declarará a ausência, e nomear--lhe-á curador.".

Artigo 50.
A ação em que o incapaz for réu será proposta no foro de domicílio de seu representante ou assistente.
CORRESPONDÊNCIA NO CPC/1973: *ART. 98.*

1. **Foro comum.** A regra do art. 50 não traz hipótese de foro especial, mas apenas aplica a ideia de competência do foro do domicílio do réu (foro comum – art. 46) ao caso do incapaz, conforme disposto no CC/2002: "Art. 76. Têm domicílio necessário o incapaz, o servidor público, o militar, o marítimo e o preso. Parágrafo único. O domicílio do incapaz é o do seu representante ou assistente.".

2. **Rol de incapazes.** Determina o art. 71 do CPC/2015 que "o incapaz será representado ou assistido por seus pais, por tutor ou por curador, na forma da lei.". O absolutamente incapaz será representado, ou seja, seu representante manifestará vontade em seu nome. O relativamente capaz, por sua vez, será assistido, ou seja, o assistido manifestará sua vontade, mas esta deverá ser acompanhada da manifestação de vontade do assistente. Atualmente existem diversas hipóteses de absolutamente incapazes, previstas no art. 3º do CC/2002: "Art. 3º São absolutamente incapazes de exercer pessoalmente os atos da vida civil: I – os menores de dezesseis anos; II – os que, por enfermidade ou deficiência mental, não tiverem o necessário discernimento para a prática desses atos; III – os que, mesmo por causa transitória, não puderem exprimir sua vontade.". Já está em *vacatio legis*, contudo, lei que limitará a incapacidade absoluta apenas aos menores de dezesseis anos, dando a seguinte nova redação ao referido artigo: "Art. 3º São absolutamente incapazes de exercer pessoalmente os atos da vida civil os menores de 16 (dezesseis) anos.". Trata-se da Lei 13.146/2015 (Estatuto da Pessoa com Deficiência), publicada em 06/07/2015 e com *vacatio legis* de 180 dias. Com relação aos relativamente incapazes, atualmente o rol do art. 4º do CC/2002 é o seguinte: "Art. 4º São incapazes, relativamente a certos atos, ou à maneira de os exercer: I – os maiores de dezesseis e menores de dezoito anos; II – os ébrios habituais, os viciados em tóxicos, e os que, por deficiência mental, tenham o discernimento reduzido; III – os excepcionais, sem desenvolvimento mental completo; IV – os pródigos. Parágrafo único. A capacidade dos índios será regulada por legislação especial". A nova redação, também determinada pelo estatuto da pessoa com deficiência será a seguinte: "Art. 4º São incapazes, relativamente a certos atos, ou à maneira de os exercer: I – os maiores de dezesseis e menores de dezoito anos; II – os ébrios habituais e os viciados em tóxico; III – aqueles que, por causa transitória ou permanente, não puderem exprimir sua vontade; IV – os pródigos. Parágrafo único. A capacidade dos indígenas será regulada por legislação especial.".

Artigo 51.
É competente o foro de domicílio do réu para as causas em que seja autora a União.

Parágrafo único. Se a União for a demandada, a ação poderá ser proposta no foro de domicílio do autor, no de ocorrência do ato ou fato que originou a demanda, no de situação da coisa ou no Distrito Federal.
CORRESPONDÊNCIA NO CPC/1973: *ART. 99.*

1. Competência de foro na Justiça Federal em causas em que a União seja autora. No plano da competência de foro no âmbito da Justiça Federal, é empregado na CF/1988 o critério territorial: "Art. 109. (...) § 1º As causas em que a União for autora serão aforadas na seção judiciária onde tiver domicílio a outra parte.". O problema é que a norma constitucional se limita a chegar apenas até a seção judiciária, a qual corresponde a um Estado (ou ao DF) e tem sede na respectiva capital: "Art. 110. Cada Estado, bem como o Distrito Federal, constituirá uma seção judiciária que terá por sede a respectiva Capital, e varas localizadas segundo o estabelecido em lei.". É possível, portanto, haver caso em que haja vara federal apenas na capital do Estado, com competência para todo o território do Estado (seção judiciária). Na maioria dos casos, contudo, existirão também varas federais no interior do Estado, organizadas em subseções. Assim, fere a razoabilidade a ideia de que possa a União propor demanda na capital do Estado contra réu residente em cidade do interior em que haja juízo federal. Desta forma, o art. 51 do CPC, interpretado/2015 em conformidade com a CF/1988, significa que o foro de domicílio do réu é a subseção correspondente ao seu domicílio, não a respectiva seção judiciária. Tem prevalecido o entendimento de que tal competência é territorial relativa. Veja-se a Súmula 23 do TRF da 3ª Região: "É territorial e não funcional a divisão da Seção Judiciária de São Paulo em Subseções. Sendo territorial, a competência é relativa, não podendo ser declinada de ofício, conforme dispõe o artigo 112 do CPC e Súmula 33 do STJ.". A conclusão está, de fato, correta. Todavia, não é porque o critério é territorial que a competência será relativa. O próprio CPC/2015 traz casos de competência territorial absoluta (art. 47, § 2º, por exemplo). Assim, o que cabe perquirir é qual o interesse tutelado pela norma. Como visto, no âmbito do CPC, o termo foro significa "comarca" na Justiça Estadual e "subseção" na Justiça Federal. Considerando-se que a *ratio* da regra geral de competência territorial (domicílio do réu – art. 63) e a da regra do art. 51 é a mesma – tutelar interesse do réu –, ambas as normas devem de fato ser consideradas como hipóteses de competência relativa. Tratando-se de regra geral, sobre ela prevalece, pela especialidade, a regra da competência absoluta do foro da situação da coisa em caso de ação fundada em direito real sobre imóveis (art. 47).

2. Causas em que seja autor outro ente federal. A regra do art. 51, *caput*, deve ser estendida aos demais entes federais, já que estão presentes nesses casos as mesmas razões que determinaram a edição da referida norma. O STF, inclusive, já decidiu pela extensão da norma do art. 109, §2º, da CF/1988 (equivalente à do art. 51, parágrafo único, CPC/2015) aos demais entes federais exatamente por este motivo, como será visto adiante.

3. Competência de foro na Justiça Federal em causas em que a União seja ré.
A regra do parágrafo único do art. 51 é repetição do que já consta na CF: "Art. 109. (...)
§ 2º As causas intentadas contra a União poderão ser aforadas na seção judiciária em que
for domiciliado o autor, naquela onde houver ocorrido o ato ou fato que deu origem à
demanda ou onde esteja situada a coisa, ou, ainda, no Distrito Federal.". Há, nesse caso,
foros concorrentes, cabendo ao autor escolher, entre as opções oferecidas, o foro em que
irá propor a demanda. Dada a especialidade, prevalece sobre essa regra a da competência absoluta do foro da situação da coisa em caso de ação fundada em direito real sobre
imóveis (art. 47).

4. Causas em que seja réu outro ente federal. A norma se aplica a outros entes
federais, como já decidiu o STF: "I – A faculdade atribuída ao autor quanto à escolha do
foro competente entre os indicados no art. 109, § 2º, da Constituição Federal para julgar
as ações propostas contra a União tem por escopo facilitar o acesso ao Poder Judiciário
àqueles que se encontram afastados das sedes das autarquias. II – Em situação semelhante
à da União, as autarquias federais possuem representação em todo o território nacional.
III – As autarquias federais gozam, de maneira geral, dos mesmos privilégios e vantagens
processuais concedidos ao ente político a que pertencem. IV – A pretendida fixação do
foro competente com base no art. 100, IV, a, do CPC nas ações propostas contra as autarquias federais resultaria na concessão de vantagem processual não estabelecida para a
União, ente maior, que possui foro privilegiado limitado pelo referido dispositivo constitucional. V – A jurisprudência do Supremo Tribunal Federal tem decidido pela incidência
do disposto no art. 109, § 2º, da Constituição Federal às autarquias federais. Precedentes.
VI – Recurso extraordinário conhecido e improvido.". (STF, RE 627.709/2014).

5. Causas entre instituição de previdência social e segurado. As causas de acidente de trabalho em face do INSS são de competência da justiça comum estadual (art.
109, I, CF/1988). Às demais ações envolvendo INSS e segurado aplicam-se os parágrafos 3º e 4º do art. 109 da CF/1988: "Art. 109. (...) § 3º Serão processadas e julgadas na
justiça estadual, no foro do domicílio dos segurados ou beneficiários, as causas em que
forem parte instituição de previdência social e segurado, sempre que a comarca não
seja sede de vara do juízo federal, e, se verificada essa condição, a lei poderá permitir
que outras causas sejam também processadas e julgadas pela justiça estadual. § 4º Na
hipótese do parágrafo anterior, o recurso cabível será sempre para o Tribunal Regional Federal na área de jurisdição do juiz de primeiro grau.". É certo que o parágrafo 3º,
em termos peremptórios, determina que a competência será da Justiça Estadual local
"sempre que a comarca não seja sede de vara do juízo federal". Todavia, a regra em questão vale tanto para os casos em que o segurado ou beneficiário é autor como para os
que ele é réu, sendo que, em ambos, é em seu interesse que ela é estabelecida. Assim,
não havendo vara federal (subseção) em seu domicílio, a instituição de previdência
social deve, necessariamente, promover a demanda perante a Justiça Estadual daquela
comarca. Caso não o faça, viola regra de competência relativa, e cabe ao réu alegá-la

em contestação. Ao propor a demanda, por outro lado, o segurado ou beneficiário pode escolher entre a Justiça Estadual de sua comarca e a Justiça Federal da Capital do Estado (foros concorrentes). O mesmo vale caso haja subseção federal em seu domicílio. A autarquia não pode optar, mas o segurado ou beneficiário pode. Nesse sentido é o Enunciado 689 da Súmula do STF: "O segurado pode ajuizar ação contra a instituição previdenciária perante o juízo federal do seu domicílio ou nas varas federais da Capital do Estado-Membro.".

Artigo 52.

É competente o foro de domicílio do réu para as causas em que seja autor Estado ou o Distrito Federal.

Parágrafo único. Se Estado ou o Distrito Federal for o demandado, a ação poderá ser proposta no foro de domicílio do autor, no de ocorrência do ato ou fato que originou a demanda, no de situação da coisa ou na capital do respectivo ente federado.

CORRESPONDÊNCIA NO CPC/1973: *NÃO HÁ.*

1. Competência de foro na justiça comum dos Estados ou DF em causas em que eles sejam autores. A norma do art. 52, *caput*, tutela interesse do réu. Assim, trata-se de competência relativa. Tratando-se de regra geral, sobre ela prevalece, pela especialidade, a regra da competência absoluta do foro da situação da coisa em caso de ação fundada em direito real sobre imóveis (art. 47).

2. Competência de foro na justiça comum dos Estados ou DF em causas em que eles sejam réus. Há, nesse tal caso, foros concorrentes, cabendo ao autor escolher, entre as opções oferecidas, o foro em que irá propor a demanda. Dada a especialidade, prevalece sobre essa regra a da competência absoluta do foro da situação da coisa em caso de ação fundada em direito real sobre imóveis (art. 47).

3. Domicílio do autor e ausência de vara especializada. Em geral, a competência de justiça é delineada na CF/1988, a competência de foro é delineada no CPC/2015, e a competência de juízo é delineada nas normas de organização judiciária. Essa sequência justiça-foro-juízo, embora possa parecer relacionada às fontes normativas, é, na verdade, uma exigência de lógica. Somente após a definição do foro competente é que se deve indagar a respeito do juízo competente. Nesse sentido é o Enunciado 206 da Súmula do STJ: "A existência de vara privativa, instituída por lei estadual, não altera a competência territorial resultante das leis de processo.". Assim, a inexistência de vara privativa da Fazenda Pública no foro de domicílio do autor não significa que a demanda deva ser proposta em comarca em que ela exista, sendo irrelevante a diferença de critérios de determinação da competência (território para o foro e pessoa para o juízo).

Artigo 53.
É competente o foro:
I – para a ação de divórcio, separação, anulação de casamento e reconhecimento ou dissolução de união estável:
a) de domicílio do guardião de filho incapaz;
b) do último domicílio do casal, caso não haja filho incapaz;
c) de domicílio do réu, se nenhuma das partes residir no antigo domicílio do casal;
II – de domicílio ou residência do alimentando, para a ação em que se pedem alimentos;
III – do lugar:
a) onde está a sede, para a ação em que for ré pessoa jurídica;
b) onde se acha agência ou sucursal, quanto às obrigações que a pessoa jurídica contraiu;
c) onde exerce suas atividades, para a ação em que for ré sociedade ou associação sem personalidade jurídica;
d) onde a obrigação deve ser satisfeita, para a ação em que se lhe exigir o cumprimento;
e) de residência do idoso, para a causa que verse sobre direito previsto no respectivo estatuto;
f) da sede da serventia notarial ou de registro, para a ação de reparação de dano por ato praticado em razão do ofício;
IV – do lugar do ato ou fato para a ação:
a) de reparação de dano;
b) em que for réu administrador ou gestor de negócios alheios;
V – de domicílio do autor ou do local do fato, para a ação de reparação de dano sofrido em razão de delito ou acidente de veículos, inclusive aeronaves.
CORRESPONDÊNCIA NO CPC/1973: *ART. 100.*

1. **Foro competente para a ação de divórcio, separação, anulação de casamento e reconhecimento ou dissolução de união estável.** As alíneas do inciso I do art. 53 estabelecem uma ordem e preferência em razão de especificidades do caso. Assim, não se pode considerar que nelas há estabelecimento de foros concorrentes. Todavia, todas as hipóteses são estabelecidas para tutelar interesse das partes, o que significa que a competência em questão é relativa.
2. **Domicílio do guardião de filho incapaz.** O guardião mencionado no texto é aquele que tem a guarda unilateral. Em caso de guarda compartilhada, ambos os pais serão considerados como "guardiães", o que tornaria inócua a norma de competência. Todavia, existe na guarda compartilhada o conceito de cidade-base (art. 1.583, §3º,

CC/2002), o qual se parece adequar ao caso, por ser destinado a resolver justamente esse tipo de impasse. Ao que tudo indica, portanto, o foro competente para as ações do inciso I do art. 53, em caso de guarda compartilhada de filho incapaz, é o da cidade-base. Em caso de guarda exercida por terceiro (art. 1.584, §5º, CC/2002), nenhuma das partes envolvidas nas ações em questão será guardiã, sendo inaplicável a norma especial de competência.

3. Foro competente para a ação de alimentos. A regra visa a tutelar interesse das partes evidenciando a natureza relativa da competência.

4. Foro competente para a ação em que for ré pessoa jurídica. Assim dispõe o CC/2002 sobre o domicílio da pessoa jurídica: "Art. 75. Quanto às pessoas jurídicas, o domicílio é: (...) IV – das demais pessoas jurídicas, o lugar onde funcionarem as respectivas diretorias e administrações, ou onde elegerem domicílio especial no seu estatuto ou atos constitutivos.". A regra de competência para as ações em que for ré pessoa jurídica não é, todavia, relativa ao foro do seu domicílio (o que se enquadraria na regra geral da competência territorial), mas ao foro da sua sede. A regra é em favor do interesse de parte, indicando competência relativa.

5. Foro do lugar onde se acha agência ou sucursal, quanto às obrigações que a pessoa jurídica contraiu. Em primeiro lugar, cumpre esclarecer que o dispositivo em questão se refere aos casos em que a pessoa jurídica for ré. Isso decorre da razão de ser da norma, ou seja, facilitar o acesso à justiça daquele que negocia com pessoa jurídica por meio de agência ou sucursal. Não faria sentido estabelecer, para a pessoa jurídica, o privilégio de propor a demanda no domicílio de sua agência ou sucursal em detrimento do interesse do réu. O CC/2002 determina o seguinte acerca do domicílio das pessoas jurídicas em caso de agências ou sucursais: "Art. 75. (...) § 1º Tendo a pessoa jurídica diversos estabelecimentos em lugares diferentes, cada um deles será considerado domicílio para os atos nele praticados. § 2º Se a administração, ou diretoria, tiver a sede no estrangeiro, haver-se-á por domicílio da pessoa jurídica, no tocante às obrigações contraídas por cada uma das suas agências, o lugar do estabelecimento, sito no Brasil, a que ela corresponder.". Todavia, se fosse a competência a do foro do domicílio da pessoa jurídica, não seria necessária a regra especial. Observe-se que houve tentativa mal sucedida de melhorar a redação do dispositivo. Enquanto a redação anterior tinha a impropriedade de falar em obrigação contraída pela agência ou sucursal, a nova redação fala em obrigação contraída pela pessoa jurídica, sem evidenciar a participação da agência ou sucursal. O fato é que, por uma questão de bom senso, a regra especial somente se justifica para os casos em que a agência ou sucursal tenha participado do negócio. A regra ora estudada significa, portanto, que, em ações movidas em face da pessoa jurídica, fundadas em obrigação contraída pela pessoa jurídica por meio de agência ou sucursal, o foro competente será o do lugar destas, independentemente do lugar onde se contraiu a obrigação. A regra é em favor do interesse de parte, indicando competência relativa.

6. Foro competente para a ação em que for ré sociedade ou associação sem personalidade jurídica. O art. 75 do CPC/2015 determina que "serão representados em juízo, ativa e passivamente: (...) IX – a sociedade e a associação irregulares e outros entes organizados sem personalidade jurídica, pela pessoa a quem couber a administração de seus bens.". Assim, podem ser rés a sociedade ou associação de fato (sem qualquer documento de constituição), a sociedade ou associação não personificada (com documento de constituição que pode ser registrado, mas ainda não foi) e, ainda, a sociedade ou associação irregular (com documento de constituição que não pode ser registrado, por possuir vício insanável). Nesses casos, será competente o foro do local onde são exercidas as atividades. A regra é em favor do interesse de parte, indicando competência relativa.

7. **Competência do foro onde a obrigação deve ser satisfeita, para a ação em que se lhe exigir o cumprimento.** Em primeiro lugar, deve ficar claro que a hipótese não é a de obrigação decorrente de ato ilícito, para a qual existem as regras dos incisos IV e V. Trata-se de obrigação oriunda das demais fontes. A regra especial é somente para as ações em que se exige o cumprimento da obrigação, não para outras ações a ela relativas, como a de declaração de sua existência ou inexistência. Todavia, prevalecia na jurisprudência, sob a vigência do CPC/1973, a tese de que ela se estendia às pretensões declaratórias e constitutivas relativas à obrigação. O local do pagamento é definido pelos arts. 327 a 330 do CC/2002. Havendo mais de um, o caso será de foros concorrentes. Pela especialidade, deve prevalecer essa regra sobre aquelas relativas à pessoa ré, como a do foro da sede da pessoa jurídica: "Por ser regra especial, o critério da alínea 'd', IV, art. 100, CPC, prevalece sobre as alíneas 'a' e 'b', do mesmo dispositivo legal.". (STJ, AgRg nos EDcl no CC 102.966/GO). Assim, para ações relativas a obrigações não decorrentes de ato ilícito, o foro competente é o do local de satisfação, ainda que seja ré pessoa jurídica. Para ações com outros objetos é que aquela regra se aplica. A regra é em favor do interesse de parte, indicando competência relativa.

8. **Foro do domicílio do idoso.** A competência do foro do domicílio do idoso é relativa, para ações individuais (art. 53, III, "e"); e absoluta, para ações coletivas (art. 80 da Lei 10.741/2003 – Estatuto do Idoso).

9. **Competência do foro do lugar do ato ou fato para a ação de reparação de danos.** A regra especial é estabelecida com base na premissa de que a produção da prova pode ter menos custos caso o processo ali se desenvolva, o que é de interesse da parte e, portanto, indica competência relativa.

SEÇÃO II – Da Modificação da Competência

Artigo 54.

A competência relativa poderá modificar-se pela conexão ou pela continência, observado o disposto nesta Seção.

CORRESPONDÊNCIA NO CPC/1973: *ART. 102.*

1. Modificação da competência por conexão ou continência e natureza absoluta ou relativa das normas de determinação da competência. A redação do art. 54 é clara quanto à possibilidade de modificação da competência relativa em razão da conexão ou da continência. Uma leitura *a contrario sensu*, por sua vez, permite concluir que a competência absoluta não se modifica por tais razões. Sobre a classificação da competência em absoluta e relativa ver comentários ao art. 42.

2. Modificação das regras de competência. É possível falar em modificação da competência sob duas perspectivas: a modificação das regras de competência e a modificação de uma competência já determinada em um processo concreto. A modificação das regras de competência relativa pode ocorrer com a eleição de foro (art. 63). Nesse caso, no lugar do foro determinado por normas dispositivas (competência relativa), será competente o foro eleito. Ao contrário do que talvez possa parecer, em caso de competência funcional, como no da competência do juízo da ação principal para as ações acessórias (art. 61), não há modificação das regras de competência. Há apenas uma regra especial de determinação da competência que prevalece sobre as demais.

3. Modificação de competência já determinada. A modificação de uma competência já determinada em um processo concreto, por sua vez, significa que o roteiro de determinação da competência (ver comentários ao art. 44) já foi seguido (bem ou mal) até o final e a demanda já foi proposta. Se a demanda for proposta perante juízo incompetente, ele poderá vir a adquirir a competência nos seguintes casos: (i) a incompetência é relativa, e a parte contrária não a alega em preliminar de contestação, sanando-se o vício pela preclusão, caso em que o juízo perante o qual se processa a causa adquire a competência (prorrogação); (ii) o autor abre mão de foro estabelecido em seu benefício na cláusula de eleição e promove a demanda no domicílio do réu e, como este carece de interesse para alegar a incompetência relativa, desde a propositura já se considera que o juízo perante o qual a causa se processa adquire a competência; (iii) no caso de foro da situação da coisa com competência absoluta, quando o imóvel é situado em mais de uma comarca, o juízo competente para apenas parte do imóvel perante o qual se propõe a demanda relativa ao todo adquire competência para tanto (art. 60). Se a demanda for proposta perante juízo competente, ele poderá vir a perder essa competência em favor de outro juízo: (i) no caso de pretensão contida proposta anteriormente à continente, em que o segundo processo passa a ser da competência do juízo prevento e, no primeiro, deve ser proferida decisão negando a resolução do mérito por carência de interesse processual (arts. 17 e 485, I), sendo que o juízo prevento adquire a competência para a demanda posterior apenas quando se determina a reunião (ao se verificar que não é caso de pretensão continente anterior), pois não há competência funcional do juízo prevento em caso de continência; (ii) no caso de se considerar como conveniente a reunião de demandas conexas, em que, sendo inicialmente competentes ambos os juízos, o juízo prevento adquire e o juízo não prevento perde competência para a ação conexa proposta ou distribuída posteriormente.

Artigo 55.
Reputam-se conexas 2 (duas) ou mais ações quando lhes for comum o pedido ou a causa de pedir.

§ 1º Os processos de ações conexas serão reunidos para decisão conjunta, salvo se um deles já houver sido sentenciado.

§ 2º Aplica-se o disposto no *caput*:
I – à execução de título extrajudicial e à ação de conhecimento relativa ao mesmo ato jurídico;
II – às execuções fundadas no mesmo título executivo.

§ 3º Serão reunidos para julgamento conjunto os processos que possam gerar risco de prolação de decisões conflitantes ou contraditórias caso decididos separadamente, mesmo sem conexão entre eles.

CORRESPONDÊNCIA NO CPC/1973: *ART. 103.*

1. **Modalidades de conexão e afinidade.** O art. 55 traz duas modalidades de conexão e uma de fenômeno diverso, porém análogo: (i) conexão em sentido estrito (art. 55, *caput*), consistente na identidade de causa de pedir ou pedido; (ii) conexão por equiparação (art. 55, §2º), consistente na prejudicialidade entre ação de conhecimento e execução (art. 55, I – há muito tempo admitida pela doutrina e pela jurisprudência; também aplicável à execução de título judicial autônoma de sentença arbitral, estrangeira homologada ou penal condenatória, bem como ao cumprimento de sentença) ou na identidade de título em execuções diversas (art. 55, II); c) afinidade (não "conexão por afinidade" – art. 55, §3º), consistente na potencial contradição de decisões, caracterizada por identidade de ponto de fato, relativo à mesma relação jurídica, ainda que em sentido de oposição (por exemplo, despejo por falta de pagamento e consignação em pagamento de tais alugueres; cobrança com base em contrato e anulação do mesmo contrato) ou a relações jurídicas diversas com vínculo de prejudicialidade ou preliminaridade (por exemplo, investigação de paternidade e alimentos).

2. **Um dos processos já sentenciado.** A previsão do parágrafo 1º é positivação do Enunciado 235 da Súmula do STJ: "A conexão não determina a reunião dos processos se um deles já foi julgado.". Ver, sobre o assunto, comentários ao art. 58.

Artigo 56.
Dá-se a continência entre 2 (duas) ou mais ações quando houver identidade quanto às partes e à causa de pedir, mas o pedido de uma, por ser mais amplo, abrange o das demais.

CORRESPONDÊNCIA NO CPC/1973: *ART. 104.*

1. **Defeito de redação.** O dispositivo do CPC/1973 falava corretamente "há identidade (...) mas o objeto (...) abrange (...)". A redação do novo dispositivo, contudo, foi

alterada apenas na primeira parte: "Quando houver identidade (...) mas o pedido (...) abrange (...)". O correto seria a forma "abranger".

2. Continência entre "ações". O termo ação está aí empregado no sentido de um pedido, baseado em determinada causa de pedir, feito por certa parte em face de outra. Assim ela é definida no parágrafo 2º do art. 337: "Uma ação é idêntica a outra quando possui as mesmas partes, a mesma causa de pedir e o mesmo pedido.". É o que se pode chamar de "pretensão processual". Nos casos em que ambas as partes forem as mesmas, a causa de pedir for idêntica e um dos pedidos for mais amplo que o outro, abrangendo--o, haverá o fenômeno da continência entre as referidas pretensões processuais. A pretensão de pedido mais amplo é a continente, e a de pedido menos amplo é a contida. É o que ocorreria, por exemplo, entre uma pretensão processual manifestada por "A" em face de "B" de anulação, pelo motivo "y", do contrato "x" (pretensão continente) e uma pretensão processual cuja única diferença fosse o pedido de anulação da cláusula "10" do contrato "x" (pretensão contida). Esse conceito era considerado como desnecessário por muitos no sistema anterior, quando sua consequência era a mesma da conexão, pois ações contidas são também conexas (pela identidade de pedido ou causa de pedir).

A continência é um caso especial de conexão. Atualmente, contudo, existem diferenças de efeitos produzidos por cada uma dessas situações, o que justifica a existência independente da continência.

3. Continência e litispendência. Assim dispõem os parágrafos do art. 337: "§ 1º Verifica-se a litispendência ou a coisa julgada quando se reproduz ação anteriormente ajuizada. § 2º Uma ação é idêntica a outra quando possui as mesmas partes, a mesma causa de pedir e o mesmo pedido. § 3º Há litispendência quando se repete ação que está em curso.". A litispendência é, portanto, a identidade completa entre duas pretensões manifestadas em processos diversos e concomitantes. Não se deve confundir continência com litispendência, pois esta é identidade completa de pretensões e aquela é identidade parcial de elementos de pretensões. Não é tecnicamente correto falar que em casos de continência há "litispendência parcial", pois a litispendência é identidade total dos elementos de duas pretensões. Nem mesmo em caso de cumulação de pretensões (art. 327) há "litispendência parcial", pois, como já visto, a litispendência se dá entre duas pretensões (manifestadas em processos diversos), e não entre processos. Não se comparam as somas das pretensões de cada processo, mas uma das pretensões de um e uma das pretensões do outro. Se forem idênticas, haverá litispendência. Se tiverem partes e causa de pedir idênticas e o pedido de uma for mais abrangente que o da outra, haverá continência. A existência de outras pretensões em cada um desses processos é irrelevante no momento da comparação.

Artigo 57.
Quando houver continência e a ação continente tiver sido proposta anteriormente, no processo relativo à ação contida será proferida sentença sem resolução de mérito, caso contrário, as ações serão necessariamente reunidas.
CORRESPONDÊNCIA NO CPC/1973: *ART. 105.*

1. **Pretensão continente anterior e ausência de interesse processual.** Nos casos em que a pretensão continente (a mais ampla) houver sido manifestada antes da pretensão contida, no processo relativo à pretensão contida será proferida: (i) sentença extinguindo a fase cognitiva do processo (arts. 203, § 1º), se ela for a única pretensão; ou (ii) decisão interlocutória denegatória da resolução do mérito, em caso de cumulação com outras pretensões. Em ambos os casos, a hipótese é de ausência de interesse processual (arts. 17 e 485, VI), e não de "litispendência parcial" (supostamente apoiada nos arts. 337, §§ 1º a 3º e 485, V), fenômeno inexistente (ver comentários ao art. 56). Isso porque não há necessidade de se postular a decisão de uma pretensão se outra com as mesmas partes e causa de pedir, além de pedido mais abrangente, já está aguardando julgamento em processo anterior. Cumpre observar que, nessa hipótese, a norma tem como premissa o fato de as demandas não estarem perante o mesmo juízo (embora fosse caso de distribuição por dependência – art. 286, I), pois somente se determina a reunião se não for caso de negativa de resolução do mérito. Ao se autorizar que se profira decisão recusando a resolução do mérito, demonstra-se que o juízo perante o qual se processa a segunda demanda é competente, pois a providência desborda dos limites da *Kompetenzkompetenz*. Não há, portanto, competência funcional do juízo prevento em caso de continência.

2. **Pretensão contida anterior.** Nos casos em que a pretensão contida houver sido manifestada antes da pretensão continente, a consequência prevista expressamente pela lei é a determinação da reunião dos processos (art. 57, parte final), a qual se dará "no juízo prevento, onde serão decididas simultaneamente" (art. 58). No caso, o legislador determinou a mesma consequência para as hipóteses fundadas em conexão ou em continência, o que gera alguma estranheza. Ora, é evidente que, no caso de reunião por conexão, é possível, em regra, o julgamento de ambas as pretensões. Todavia, no caso de continência com pretensão contida anterior, não se decidirão simultaneamente ambas as pretensões. Isso não faria sentido. Será julgada apenas a pretensão continente, da mesma forma que ocorre no caso de pretensão continente anterior. Na verdade, no caso de pretensão contida anterior, o segundo processo passa a ser da competência do juízo prevento; e, no primeiro, deve ser proferida decisão negando a resolução do mérito por carência de interesse processual (arts. 17 e 485, VI). O juízo prevento adquire a competência para a demanda posterior apenas quando se determina a reunião (ao se verificar que não é caso de pretensão continente anterior), pois, como demonstrado no comentário antecedente, não há competência funcional do juízo prevento em caso de continência.

Artigo 58.

A reunião das ações propostas em separado far-se-á no juízo prevento, onde serão decididas simultaneamente.

CORRESPONDÊNCIA NO CPC/1973: *ART. 106.*

1. Reunião de ações conexas e suposta questão de competência funcional. Há quem afirme que a reunião das ações conexas é uma questão de competência absoluta funcional do juízo prevento. Um dos indícios seria o fato de se prever a distribuição por dependência da ação conexa com outra já pendente: "Art. 286. Serão distribuídas por dependência as causas de qualquer natureza: I – quando se relacionarem, por conexão ou continência, com outra já ajuizada; (...) III – quando houver ajuizamento de ações nos termos do art. 55, § 3º, ao juízo prevento". Outros sinais da relação entre reunião por conexão e competência absoluta seriam sua cognoscibilidade de ofício (art. 337, VIII e §5º) e a ausência de preclusão se não alegada na contestação (art. 342, II). Por fim, afirma-se que a reunião por conexão excepciona a *perpetuatio jurisdictionis*, o que somente ocorre em caso de supressão do órgão judiciário ou alteração de competência absoluta (art. 43). Não existem, contudo, os supostos vínculos. Em primeiro lugar, a distribuição por dependência somente se aplica a ações conexas propostas no mesmo foro. É uma providência pautada pela potencial economia processual, apenas isso. Afinal, podem existir ações conexas em foros diferentes, caso em que seria inviável a distribuição por dependência. No caso, não existe norma determinando que a ação conexa com outra existente em outro fora deva ser proposta naquele. Não se trata de questão de competência funcional. Ademais, em casos de foros diversos, norma nesse sentido poderia ser inconstitucional em muitos casos. A reunião de ações conexas poderia significar até mesmo violação do acesso à justiça. Imagine-se um acidente envolvendo um ônibus de excursão com 50 vítimas. Cada uma delas sobrevive e, após tratamento, retorna para seu domicílio. As vítimas estão distribuídas em 30 municípios, de 19 estados diferentes. Todas elas propõem demandas nos próprios domicílios (art. 53, V). Seria constitucional reunir todas essas demandas em um único juízo? O que seria dos autores que tivessem os processos em que são partes enviados para outro município ou até outro estado? Não existiria aí violação do acesso à justiça? É evidente que sim. Além das evidentes dificuldades trazidas pela conexão de ações que tramitam perante foros diferentes, outros indícios apontam para a facultatividade da reunião e, portanto, para a ausência de competência funcional no caso. Em primeiro lugar, um sinal mais singelo é o fato de existir um inciso para a incompetência e um para a conexão no art. 337, demonstrando a diferença dos conceitos. Outro sinal dessa natureza é o fato de o artigo relativo à continência utilizar a expressão "serão necessariamente reunidas", enquanto o artigo seguinte utiliza a expressão "a reunião (...) far-se-á no juízo prevento", indicando que a reunião lá ocorrerá se ela existir. O sinal realmente contundente, todavia, é que, se o vício fosse de incompetência absoluta, ele não restaria sanado com o julgamento de uma das ações (art. 55, §1º). O vício de incompetência absoluta não preclui, nem é sanável por omissão das partes em alegá-lo. A ausência de reunião por conexão somente é cognoscível de ofício até o julgamento de uma das ações, caso em que ocorre a preclusão e o vício é sanado. Por fim, no que se refere à regra da *perpetuatio jurisdictionis*, trata-se de verdadeira regra de direito intertemporal: as normas de competência incidem sobre os fatos do tempo da propositura, se houver um só juízo, ou da distribuição, se houver juízos de competência concorrente (ver comentários ao art. 43). Alterações de fato posteriores são irrelevantes. Alterações posteriores do direito quanto à extinção do órgão ou quanto às regras de competência absoluta são relevantes, porque se estabelece expressamente que, nesses casos, regras de determinação de competência (não de modificação) incidam duas vezes sobre o mesmo processo. Quando existe a reunião por conexão, existe a incidência de regra de modificação de competência, a qual, naturalmente, é para caso de processos com competência já determinada e fixada anteriormente. A reunião por conexão, portanto, não se enquadra na hipótese do art. 43, parte final. Trata-se apenas de norma de modificação. O que ocorre no caso de reunião é que existem dois juízos competentes para as respectivas causas, cuja competência relativa já foi determinada. Incide, então, norma de modificação, pela qual, caso se decida pela reunião, o juízo não prevento perde, e o juízo prevento adquire competência para a ação proposta ou distribuída posteriormente.

2. **Verificação da conveniência de reunião de ações conexas.** O que deve ser conhecido de ofício, embora apenas até o julgamento de uma das causas, é a existência de conexão. O efeito de reunião perante o juízo prevento, contudo, vai depender de uma análise feita, em princípio, pelo juízo da ação proposta ou distribuída posteriormente. Essa análise deverá considerar, de um lado, a segurança jurídica (evitar decisões logicamente contraditórias) e a economia processual (aproveitar atos processuais comuns, como provas) e, de outro, outros princípios relevantes como até mesmo o acesso à justiça (lembre-se do caso do acidente com o ônibus de excursão, mencionado no item anterior).

3. **Decisão simultânea.** Havendo reunião, a decisão, em princípio, deve ser simultânea. Todavia o CPC/2015 regulamenta expressamente o julgamento antecipado parcial do mérito (art. 356). Não há razão para deixar de se prestar tutela assim que possível a uma pretensão. Nem mesmo a preocupação com a inexistência de decisões conflitantes, que fundamenta a reunião, pode ser oposta ao julgamento parcial, pois a contradição lógica (não prática) entre decisões é fenômeno tolerado pelo sistema, como ocorre no caso de trânsito em julgado de capítulos da decisão por impugnação parcial ou mesmo de recusa ou não avaliação da conveniência de reunião por conexão. Assim o art. 55, §1º: "Os processos de ações conexas serão reunidos para decisão conjunta, salvo se um deles já houver sido sentenciado."

ARTIGO 59.

O registro ou a distribuição da petição inicial torna prevento o juízo.

CORRESPONDÊNCIA NO CPC/1973: *ARTS. 106 E 219.*

1. Finalidade da prevenção. A finalidade da prevenção é identificar o juízo correto para a reunião de processos (art. 58) com pretensões vinculadas por conexão, afinidade (art. 55, §3º) ou continência ou, ainda, para distribuição por dependência de processo com pretensão conexa à de outro existente ou idêntica à de outro já extinto (art. 286, II).

2. Momento da prevenção. Para que seja possível a produção desse efeito é necessário que já exista juízo específico com competência já determinada processo concreto, ou seja, o momento de ocorrência da prevenção é a propositura em caso de apenas um juízo competente (não o registro, que nada modifica, apenas declara) ou a distribuição em caso de competência concorrente, pois somente a partir daí haverá juízo competente. Os critérios são, sem dúvida, muito melhores do que os da legislação anterior (anterioridade de despacho no mesmo foro e de citação em foros diversos – arts. 106 e 219, CPC/1973).

ARTIGO 60.

Se o imóvel se achar situado em mais de um Estado, comarca, seção ou subseção judiciária, a competência territorial do juízo prevento estender-se-á sobre a totalidade do imóvel.

CORRESPONDÊNCIA NO CPC/1973: *ART. 107.*

1. Competência territorial absoluta ou relativa em caso de direito real sobre imóveis. Como visto nos comentários ao art. 47, o foro da situação da coisa (*forum rei sitae*) tem competência absoluta, dado o interesse de organização da Justiça, para as ações fundadas em direito real sobre imóveis quando o litígio recair sobre direito de propriedade, vizinhança, servidão, divisão e demarcação de terras e de nunciação de obra nova. Quando o litígio não recair sobre esses direitos, a competência será relativa, admitindo-se eleição de foro e havendo concorrência de foros (da situação da coisa, do domicílio do réu e de eleição) com escolha a critério do autor.

2. Imóvel em mais de uma comarca e aquisição de competência. Caso se trate de competência relativa do foro de situação da coisa situada em mais de uma comarca, a hipótese é de concorrência de foros, cabendo a escolha ao autor e fixando-se a competência por prevenção. Caso se trate de competência absoluta do foro de situação da coisa situada em mais de uma comarca, seria possível pensar, em princípio, em duas hipóteses: ou se estaria diante de caso de concorrência de foros igualmente competentes para a totalidade da pretensão, embora determinada por norma de competência absoluta; ou se estaria diante da situação na qual cada comarca seria competente apenas para a parcela da pretensão relativa à fração do imóvel situada em seu território, o que poderia ensejar necessidade de fracionar as ações, pois cada foro seria incompetente para as demais parcelas. A redação do art. 60, o qual soluciona o inconveniente, parece indicar que se estaria diante da segunda hipótese, já que menciona que, apenas com a prevenção, esse juízo irá estender sua competência à totalidade do imóvel. É verdadeira hipótese de aquisição (prorrogação) de competência, portanto.

Artigo 61.
A ação acessória será proposta no juízo competente para a ação principal.
CORRESPONDÊNCIA NO CPC/1973: *ART. 108.*

1. Conceito de ação acessória. O conceito de acessório em direito é aquele aplicado aos bens no CC/2002: aquilo cuja existência supõe a do principal (art. 92). Assim, uma ação acessória é aquela que cuja existência pressupõe a da ação principal. O CPC/1939, inclusive, esclarecia que as ações acessórias eram oriundas de outras já julgadas ou em curso. Algumas ações estão claramente dentro desse conceito de ações acessórias a uma principal em curso, como a ação de habilitação (arts. 313, §2º, e 687 a 692), a ação de exibição de documento ou coisa em poder de terceiro (art. 401), os embargos de terceiro (art. 676), etc. Com relação às acessórias a uma principal já julgada, tem-se o exemplo da ação anulatória de atos de disposição homologados pelo juízo (art. 966, §4º, CPC/2015, que substituiu o art. 486, CPC/1973).
2. Natureza da norma e da competência por ela estabelecida. A norma do art. 61 é de determinação da competência, não de modificação da competência. O critério nela empregado para a determinação é o funcional; e, por tutelar do interesse do Poder Judiciário na melhor organização da Justiça, a competência por ela determinada é de caráter absoluto.

Artigo 62.
A competência determinada em razão da matéria, da pessoa ou da função é inderrogável por convenção das partes.
CORRESPONDÊNCIA NO CPC/1973: *ART. 111.*

1. Matéria, pessoa e função como critérios de determinação da competência. Sobre o conceito e o emprego dos critérios é valiosa a lição de José Roberto dos Santos Bedaque: "O critério material é adotado para determinar a competência de Justiça (à Justiça do Trabalho compete processar e julgar demandas versando relação de emprego) e de juízo (família, acidente do trabalho, registros públicos). O funcional é sempre utilizado para explicar as variações de competência no mesmo processo ou a vinculação entre duas demandas (recursos, execução e condenatória, cautelar e principal). Embora não o mencione, a competência também pode ser informada pela qualidade das pessoas envolvidas no litígio (Justiça Federal, para os processos de que participem entes federais; Tribunal Regional Federal, para os mandados de segurança contra ato de juiz).". (BEDAQUE, José Roberto dos Santos, "Prorrogação legal da competência: aspectos teóricos e práticos", in *Revista do Advogado*, n. 88, São Paulo, 2005, p. 128-144).

2. Relação entre a natureza da competência e os critérios de sua determinação. A doutrina costuma classificar a competência em absoluta ou relativa, atribuindo a cada uma dessas categorias uma série de características supostamente apresentadas em caráter exclusivo. Uma classificação, todavia, não pode seguir mais de um critério para um mesmo nível, sob pena de gerar contradição, frustrando, assim, a sua finalidade didática. É preciso estabelecer, portanto, apenas um critério para a classificação da competência em absoluta e relativa e, então, verificar se os outros critérios geralmente empregados para este fim devem servir para outros níveis de classificação do mesmo objeto ou para classificação de objetos diversos. O critério que de forma mais confiável se presta à definição da natureza absoluta ou relativa da competência é o do titular direto do interesse protegido pela norma de competência. Se o titular direto do interesse protegido for uma das partes (seja ela de direito público ou privado), a competência será relativa. Se o titular direto do interesse protegido for o Estado-juiz, o Poder Judiciário, a competência será absoluta. Sendo relativa a competência, a respectiva norma terá caráter dispositivo, ou seja, poderá ter sua aplicação afastada em decorrência de ato de vontade das partes (por exemplo, regra geral de competência territorial – domicílio do réu –, estabelecida para facilitar a defesa). Por outro lado, sendo absoluta a competência, a respectiva norma será cogente, ou seja, não admitirá derrogação em virtude de ato de vontade das partes em sentido diverso (por exemplo, regra de competência da Justiça do Trabalho pelo critério da matéria, estabelecida para maior eficiência do serviço jurisdicional em razão da especialização). O critério de distribuição de competência é ordinariamente tratado como diretamente relacionado ao caráter absoluto ou relativo da competência, mas não pode ser assim considerado. No caso de competência absoluta, os critérios de distribuição a ela associados no art. 62 são, de fato, correspondentes a casos de normas cujo titular direto do interesse protegido é o Poder Judiciário. Todavia, em relação aos casos de competência relativa, nem sempre há essa correspondência, como se verá nos comentários ao artigo seguinte.

Artigo 63.
As partes podem modificar a competência em razão do valor e do território, elegendo foro onde será proposta ação oriunda de direitos e obrigações.

§ 1º A eleição de foro só produz efeito quando constar de instrumento escrito e aludir expressamente a determinado negócio jurídico.

§ 2º O foro contratual obriga os herdeiros e sucessores das partes.

§ 3º Antes da citação, a cláusula de eleição de foro, se abusiva, pode ser reputada ineficaz de ofício pelo juiz, que determinará a remessa dos autos ao juízo do foro de domicílio do réu.

§ 4º Citado, incumbe ao réu alegar a abusividade da cláusula de eleição de foro na contestação, sob pena de preclusão.

CORRESPONDÊNCIA NO CPC/1973: *ART. 111.*

1. **Inexistência de vínculo seguro entre o critério de determinação da competência relativa e a sua natureza.** Conforme visto nos comentários ao art. 62, ao contrário do que consta do art. 63, *caput*, não existe relação necessária entre os critérios de determinação baseados no valor e no território e o caráter relativo da competência. Nos casos desses critérios, considera-se, de fato, em princípio, que o interesse protegido é de titularidade direta de alguma das partes. Contudo, em outros dispositivos legais, evidencia-se, implícita ou expressamente, o interesse do Poder Judiciário na distribuição da competência por tais critérios, como no caso dos parágrafos 1º e 2º do art. 47: "Art. 47. Para as ações fundadas em direito real sobre imóveis é competente o foro de situação da coisa. § 1º O autor pode optar pelo foro de domicílio do réu ou pelo foro de eleição se o litígio não recair sobre direito de propriedade, vizinhança, servidão, divisão e demarcação de terras e de nunciação de obra nova. § 2º A ação possessória imobiliária será proposta no foro de situação da coisa, cujo juízo tem competência absoluta". O mesmo ocorre no caso dos impropriamente chamados "foros regionais" da Capital do Estado de São Paulo. Trata-se, na verdade, de conjuntos de juízos divididos principalmente pelo critério territorial (em combinação com o critério do valor, além de outros) em um mesmo foro (mesma comarca), para organizar a prestação do serviço jurisdicional, evitando a sobrecarga dos juízos do "foro" central. Diante da presença do interesse da Justiça, a competência é considerada como absoluta, embora territorial. Com relação ao critério do valor, o mesmo ocorre. Há casos em que o legislador evidencia o interesse do Poder Judiciário na competência estabelecida por tal critério, como no caso dos arts. 3º, §3º, da Lei nº 10.259/2001 (Juizados Especiais Cíveis e Criminais no âmbito da Justiça Federal) e art. 4º, §2º, da Lei 12.153/2009 (Juizados Especiais da Fazenda Pública no âmbito dos Estados, do Distrito Federal, dos Territórios e dos Municípios): "Art. 3º Compete ao Juizado Especial Federal Cível processar, conciliar e julgar causas de competência da Justiça Federal até o valor de sessenta salários mínimos, bem como executar as suas sentenças. (...) § 3º No foro onde estiver instalada Vara do Juizado Especial, a sua competência é absoluta"; "Art. 2º É de competência dos Juizados Especiais da Fazenda Pública processar, conciliar e julgar causas cíveis de interesse dos Estados, do Distrito Federal, dos Territórios e dos Municípios, até o valor de 60 (sessenta) salários mínimos.

(...) § 4º No foro onde estiver instalado Juizado Especial da Fazenda Pública, a sua competência é absoluta".

2. Cláusula de eleição de foro. A possibilidade de eleição de foro é para casos de direito obrigacional. Ela não se estende a ações que versem sobre direitos reais ou direitos indisponíveis. A eleição pode ser feita até mesmo em contrato de adesão, desde que não se mostre abusiva. Nada impede que o autor renuncie a eleição de foro feita em seu favor e proponha a demanda no domicílio do réu. No caso, faltará ao réu o interesse para arguir a incompetência relativa na contestação. Isso não significa que haveria aí um caso de foro concorrente. O foro correto é o eleito. A renúncia pelo autor é que é uma causa de aquisição da competência pelo juízo do domicílio do réu. Mesmo tendo sido determinada pela eleição, a competência do foro eleito pode ser modificada caso se julgue conveniente a reunião de causas pela conexão. Não é possível eleger "foro regional" da Comarca da Capital de São Paulo, pois, além de não se tratar propriamente de foro (pois são meros conjuntos de juízos), eles têm sua competência estabelecida por normas que, mesmo levando em conta o critério territorial, têm natureza absoluta, diante do interesse na organização da Justiça. Por fim, a sucessão referida no §2º abrange a *mortis causa* e a *inter vivos*.

3. Possibilidade excepcional de conhecimento de incompetência relativa de ofício. Em regra, o vício de incompetência relativa não pode ser conhecido de ofício (art. 337, §5º). O parágrafo 3º do art. 63 traz, contudo, hipótese em que isso pode ocorrer. Ao contrário do que ordinariamente se diz, o critério da cognoscibilidade de ofício do vício de incompetência não é diretamente relacionado ao caráter absoluto ou relativo da competência, mas, sim, à ordem do interesse protegido pela norma, ou seja, do grau de importância por ele apresentado. Uma das formas de se diferenciar interesse público e interesse privado é pelo critério do seu titular direto. Um interesse é considerado como privado se seu titular direto é sujeito de direito de natureza privada. Ele será público se seu titular direto for sujeito de direito de natureza pública. Todavia, pode existir também um titular indireto do interesse. No caso da classificação em questão, é relevante a existência ou não de um titular indireto público em casos de interesse privado. Se não existir esse titular indireto do interesse privado, ou seja, se esse interesse for irrelevante do ponto de vista público, o interesse será considerado como "privado de ordem privada". Se o interesse privado também for de relevância pública, ele será um "interesse privado de ordem pública". De fato, alguns interesses privados são considerados como relevantes demais para serem deixados sob a regência da autonomia da vontade. O Estado, então, determina sua indisponibilidade (como no caso dos aspectos não patrimoniais dos direitos da personalidade) e/ou permite a atuação estatal de ofício em sua tutela (como no caso das nulidades dos atos jurídicos na esfera civil). Assim, segundo esse critério, se o interesse for privado de ordem privada, o vício de incompetência pelo desrespeito da norma não poderá ser conhecido de ofício. Se o interesse protegido pela norma for privado de ordem pública ou diretamente público, o vício de incompetência poderá ser conhecido de ofício. Tratando-se de incompetência absoluta, de fato ela sempre pode ser declarada de ofício (art. 64, §1º), já que o interesse em jogo é do Poder Judiciário. Com relação à incompetência relativa, contudo, a diferença dos critérios se torna evidente. A regra geral da incompetência relativa quanto à cognoscibilidade de ofício, segundo a qual o vício não pode ser conhecido de ofício (art. 337, § 5º) trata dos casos de "interesse privado de ordem privada". Todavia, a ela é aberta exceção em caso de "interesse privado de ordem pública", pois "antes da citação, a cláusula de eleição de foro, se abusiva, pode ser reputada ineficaz de ofício pelo juiz, que determinará a remessa dos autos ao juízo do foro de domicílio do réu" (art. 63, §3º). O juiz está autorizado, no primeiro momento, a reputar ineficaz a cláusula de eleição de foro e, no segundo momento, a conhecer de ofício da incompetência territorial nesse caso. Se não houvesse a autorização da parte final do referido dispositivo, mesmo que o juiz reputasse ineficaz a cláusula, deveria ele aguardar a manifestação do réu quanto à incompetência relativa. A determinação da remessa ao juízo de domicílio do réu, contudo, evidencia a importância dada a esse interesse privado, revelando seu caráter de ordem pública.

4. Reconhecimento incidental da ineficácia da cláusula. Independentemente da norma do parágrafo 3º, a nulidade da cláusula por abuso poderia ser reconhecida de ofício, mas apenas se o juiz fosse competente para declará-la. A norma em questão, contudo, autoriza o juiz incompetente a reputá-la ineficaz. Isso decorre da ideia de competência sobre a competência. Para que o juiz possa decidir sobre a própria competência, ele decide incidentalmente sobre a eficácia da cláusula. Tudo isso só é autorizado por tratar-se de interesse privado de ordem pública, o que torna sua incompetência cognoscível de ofício.

5. Perda da possibilidade de conhecimento de ofício da incompetência e possibilidade de aquisição da competência. Segundo o parágrafo 4º, após a citação, a incompetência deixa de ser cognoscível de ofício, e o juízo pode adquirir a competência em razão da preclusão da sua alegação, prevalecendo, portanto, o caráter privado do interesse (desconsiderando-se seu caráter de ordem pública).

SEÇÃO III – Da Incompetência

Artigo 64.
A incompetência, absoluta ou relativa, será alegada como questão preliminar de contestação.

§ 1º A incompetência absoluta pode ser alegada em qualquer tempo e grau de jurisdição e deve ser declarada de ofício.

§ 2º Após manifestação da parte contrária, o juiz decidirá imediatamente a alegação de incompetência.

§ 3º Caso a alegação de incompetência seja acolhida, os autos serão remetidos ao juízo competente.

§ 4º Salvo decisão judicial em sentido contrário, conservar-se-ão os efeitos de decisão proferida pelo juízo incompetente até que outra seja proferida, se for o caso, pelo juízo competente.

CORRESPONDÊNCIA NO CPC/1973: *ARTS. 112 E 113.*

1. **Competência absoluta e relativa.** Sobre a distinção, ver comentários ao art. 42.

2. **Alegação de incompetência absoluta em preliminar de contestação.** Não houve inovação quanto à forma de alegação do vício de incompetência absoluta em relação ao sistema anterior. Se não for feita a alegação nesse momento, a questão não preclui, e o vício não é sanado (§1º).

3. **Alegação de incompetência relativa em preliminar de contestação.** O sistema anterior exigia a elaboração de peça processual própria para a alegação da incompetência relativa: a exceção de incompetência. No novo sistema, a alegação se dá em preliminar de contestação, como confirmado adiante nos arts. 65 e 337, II. Em regra, o vício de incompetência relativa não pode ser conhecido de ofício (art. 337, §5º, com exceção no art. 63, §3º). Há o ônus de alegá-lo em preliminar de contestação; e, caso isso não ocorra, o juízo, até então incompetente, se tornará competente (art. 65).

4. **Alegação de eleição de jurisdição exclusiva estrangeira em preliminar de contestação.** Também em preliminar de contestação, deve o réu alegar a existência de cláusula de eleição de jurisdição exclusiva estrangeira em caso de jurisdições concorrentes (art. 25).

5. **Possibilidade de protocolar no domicílio do réu contestação com alegação de incompetência.** Caso a demanda seja efetivamente proposta perante juízo incompetente, isso poderia gerar consideráveis prejuízos à defesa do réu. Imagine-se o caso de demanda proposta em Natal que deveria ter sido proposta em Porto Alegre. Não seria razoável permitir que o réu arcasse com o custo de deslocamento até o juízo incompetente para participar da audiência obrigatória de conciliação e, somente então, alegar o vício. A primeira providência para se evitar isso é a possibilidade de protocolo da contestação no domicílio do réu. Essa parte do problema poderia ser minimizada em caso de processo integralmente digital ou, no caso de processo tradicional, pela utilização de protocolização de peças por fax (Lei 9.800/1999, não revogada pelo CPC/2015) ou correios (método expressamente previsto para os recursos – art. 1.003, §4º –, mas aplicável a outras petições por analogia). Todavia, ainda assim, não estaria solucionado o problema do deslocamento para a realização da audiência (ou da imposição de multa pelo não comparecimento). Dessa forma, é permitido ao réu se antecipar em relação ao prazo para defesa e protocolizar contestação com alegação de incompetência em seu domicílio, obtendo suspensão da realização da audiência: "Art. 340. Havendo alegação de incompetência relativa ou absoluta, a contestação poderá ser protocolada no foro de

domicílio do réu, fato que será imediatamente comunicado ao juiz da causa, preferencialmente por meio eletrônico. § 1º A contestação será submetida a livre distribuição ou, se o réu houver sido citado por meio de carta precatória, juntada aos autos dessa carta, seguindo-se a sua imediata remessa para o juízo da causa. § 2º Reconhecida a competência do foro indicado pelo réu, o juízo para o qual for distribuída a contestação ou a carta precatória será considerado prevento. § 3º Alegada a incompetência nos termos do *caput*, será suspensa a realização da audiência de conciliação ou de mediação, se tiver sido designada. § 4º Definida a competência, o juízo competente designará nova data para a audiência de conciliação ou de mediação". Lembre-se que o parágrafo 3º pode causar alguma estranheza, no primeiro momento, por tratar de contestação antes da audiência de conciliação (já que é a partir dela que, em regra, se conta o prazo para defesa – arts. 334 e 335). Todavia, como é obrigatório o comparecimento à referida audiência, inclusive, sob pena de multa, caso seja citado para comparecer perante juízo incompetente, o réu certamente se adiantará e oferecerá, desde logo, a contestação em seu domicílio.

6. Acolhimento da alegação de incompetência. Verificada a incompetência, relativa ou absoluta, a providência a ser tomada, em regra, não é a extinção do processo, mas a *translatio iudicii*, ou seja, a remessa dos autos ao juízo competente (art. 64, §3º), o qual assumirá o processo a partir desse momento.

7. Aproveitamento dos atos processuais já praticados e manutenção de seus efeitos. Aproveitam-se, em tal caso, os atos processuais já praticados, mantendo-se seus efeitos como, por exemplo, os do art. 240: "Art. 240. A citação válida, ainda quando ordenada por juízo incompetente, induz litispendência, torna litigiosa a coisa e constitui em mora o devedor, ressalvado o disposto nos arts. 397 e 398 da Lei nº 10.406, de 10 de janeiro de 2002 (Código Civil). § 1ºA interrupção da prescrição, operada pelo despacho que ordena a citação, ainda que proferido por juízo incompetente, retroagirá à data de propositura da ação.". Aproveitam-se, inclusive, as decisões já proferidas pelo juízo incompetente, podendo o juízo competente proferir novas decisões em substituição daquelas (art. 64, §4º). Esse aproveitamento das decisões do juízo incompetente não é propriamente um efeito da regra da competência sobre a competência (*Kompetenzkompetenz*), como pode parecer. Ela se limita à análise da própria competência. O referido aproveitamento é decorrência do fato de ser cada juiz dotado de jurisdição, ainda quando incompetente. Assim, em atenção aos princípios da economia processual, da efetividade e da duração razoável, a regra legal determina que se desconsidere o vício de incompetência.

8. A *translatio iudicii* na ação rescisória. Assim dispõem os parágrafos 5º e 6º do art. 968: "§ 5º Reconhecida a incompetência do tribunal para julgar a ação rescisória, o autor será intimado para emendar a petição inicial, a fim de adequar o objeto da ação rescisória, quando a decisão apontada como rescindenda: I – não tiver apreciado o mérito e não se enquadrar na situação prevista no § 2º do art. 966; II – tiver sido substituída por decisão posterior"; "§ 6º Na hipótese do § 5º, após a emenda da petição inicial, será permitido ao réu complementar os fundamentos de defesa, e, em seguida, os autos serão remetidos ao tribunal competente.". Os dispositivos não são tecnicamente corretos. Caso se proponha perante um tribunal ação rescisória claramente voltada contra decisão rescindível de outro tribunal (este inferior e aquele superior ou vice-versa), o vício será de incompetência absoluta. Reconhecendo de ofício a ocorrência do vício, deverá o tribunal incompetente remeter os autos ao competente sem determinar a emenda da petição inicial, incidindo aí a regra geral da *translatio iudicii* (art. 64, §3º). Se, por outro lado, a ação rescisória for voltada contra decisão não rescindível do próprio tribunal à qual foi endereçada, o problema, inicialmente, não será de competência (a regra geral é de que cada tribunal é competente para rescindir as próprias decisões). Diante do vício (relativo à rescindibilidade da decisão e não à competência, ao contrário do que diz o parágrafo 5º do art. 968), deve o tribunal possibilitar ao autor a oportunidade de emendar a petição inicial (arts. 321 e 968, §5º). Uma vez emendada para indicar como decisão rescindenda uma decisão de outro tribunal, deve o tribunal constatar de ofício a sua incompetência absoluta (surgida apenas com a emenda) e remeter os autos àquele tribunal, facultando antes ao réu a complementação dos fundamentos de defesa se esta já tiver sido apresentada. Por fim, é possível, ainda, que a ação rescisória corretamente endereçada, seja fundada na violação de regra de competência absoluta (art. 966, II) e que, em caso de procedência da pretensão rescindente, o juízo rescisório não possa ser feito pelo mesmo tribunal que realizou o primeiro juízo, caso em que, após o juízo rescindente, deverá ocorrer a *translatio iudicii*.

9. Excepcional recusa de resolução do mérito por incompetência. Em casos excepcionais, atribui-se ao vício da incompetência o efeito de impossibilitar a resolução do mérito, extinguindo-se o processo ou indeferindo-se petição inicial ulterior em *simultaneus processus* (demandas incidentes). Exemplo da primeira hipótese é o do art. 51 da Lei 9.099/1995: "Art. 51. Extingue-se o processo, além dos casos previstos em lei: (...) III – quando for reconhecida a incompetência territorial". Exemplo da segunda hipótese é o da reconvenção para a qual o juízo em questão não seja competente por força de regra de competência absoluta. A reconvenção é pretensão conexa com a ação principal ou com o fundamento da defesa (art. 343), e a competência absoluta não pode ser modificada por conexão (art. 54, *a contrario sensu*). Nesse caso, não é possível a remessa dos autos ao juízo competente, pois a demanda foi apresentada apenas como resposta. Aplica-se, então, por analogia, pensando-se na cumulação do pedido de improcedência e da pretensão da reconvenção, o art. 327, §1º: "São requisitos de admissibilidade da cumulação que: (...) II – seja competente para conhecer deles o mesmo juízo". Assim, à reconvenção, mesmo constando da própria contestação (art. 343), deverão ser aplicados os arts. 330, I e §1º, IV, e 485, I, proferindo-se decisão interlocutória de recusa de resolução do mérito.

ARTIGO 65.
Prorrogar-se-á a competência relativa se o réu não alegar a incompetência em preliminar de contestação.
Parágrafo único. A incompetência relativa pode ser alegada pelo Ministério Público nas causas em que atuar.
CORRESPONDÊNCIA NO CPC/1973: *ART. 114.*

1. **Prorrogação da competência relativa.** Em caso de vício de incompetência relativa, cabe ao réu fazer a alegação em preliminar de contestação. Preclusa a alegação, o vício é sanado, e o juízo, até então incompetente, adquire a competência. Isso ocorre até mesmo nos casos em que a incompetência relativa poderia ter sido conhecida de ofício, e não o foi (art. 63, §§ 3º e 4º).

2. **Alegação de incompetência relativa pelo Ministério Público.** Em uma primeira impressão, seria possível pensar que, como o interesse protegido pela norma de competência relativa é da parte, não caberia ao MP alegar a incompetência relativa quando atuasse como fiscal da ordem jurídica (expressão utilizada no CPC/2015, arts. 178 e 179), devendo fazê-lo apenas como parte. Todavia, se assim fosse, seria despicienda a norma do parágrafo único do art. 65. Ademais, em uma análise mais aprofundada, vê-se que a norma é mesmo relativa ao caso de atuação como fiscal da ordem jurídica também por outros motivos. Quando atua como parte, o MP atua, em regra, como legitimado extraordinário, vinculado aos interesses dos sujeitos substituídos. Quando atua como fiscal da ordem jurídica, por outro lado, sua atuação é voltada à defesa imparcial do cumprimento da lei. Algumas vezes, contudo, sua intervenção na última qualidade é determinada em razão da presença de certa parte presumidamente mais frágil, como é o caso do incapaz (art. 178, II), o que indica que *é* dada ao MP alguma legitimação para atuar em prol do interesse dessa parte, em caso de omissão ou deficiência. Pode o MP, portanto, alegar a incompetência relativa favorável ao interesse do incapaz, embora possa ele, também, verificando que certa pretensão do incapaz seja infundada, manifestar-se contrariamente a seu acolhimento.

ARTIGO 66.
Há conflito de competência quando:
I – 2 (dois) ou mais juízes se declaram competentes;
II – 2 (dois) ou mais juízes se consideram incompetentes, atribuindo um ao outro a competência;
III – entre 2 (dois) ou mais juízes surge controvérsia acerca da reunião ou separação de processos.
Parágrafo único. O juiz que não acolher a competência declinada deverá suscitar o conflito, salvo se a atribuir a outro juízo.
CORRESPONDÊNCIA NO CPC/1973: *ART. 115.*

1. Conflito positivo ou negativo. O conflito em que dois ou mais juízes se declaram competentes é chamado de positivo. Aquele em que dois ou mais juízes se declaram incompetentes é chamado de conflito negativo. O último somente surge quando um juiz que nega sua competência a atribui a outro que já a negou anteriormente. Enquanto se enviar o processo a outro juízo, não terá nascido o conflito.

2. Procedimento. O procedimento do conflito de competência está regulado nos arts. 951 a 959.

3. Limite temporal. Assim determina o Enunciado 59 da Súmula do STJ: "Não há conflito de competência se já existe sentença com trânsito em julgado, proferida por um dos Juízos conflitantes.".

CAPÍTULO II – Da Cooperação Nacional

ARTIGO 67.

Aos órgãos do Poder Judiciário, estadual ou federal, especializado ou comum, em todas as instâncias e graus de jurisdição, inclusive aos tribunais superiores, incumbe o dever de recíproca cooperação, por meio de seus magistrados e servidores.

CORRESPONDÊNCIA NO CPC/1973: *NÃO HÁ.*

1. Fundamentos do dever de cooperação jurisdicional. O dever de recíproca cooperação entre órgãos do Poder Judiciário decorre da unidade desse Poder como macrossistema orgânico e, ainda, do dever estatal de assegurar a razoável duração do processo e dos meios que garantam a celeridade de sua tramitação (art. 5º, LXXVIII, CF/1988).

2. Dever de cooperação dos sujeitos do processo e dever de cooperação jurisdicional. Enquanto o art. 6º trata do dever de cooperação das partes com os órgãos jurisdicionais diretamente ligados ao processo, dos órgãos com as partes e entre as próprias partes (sem deixar de considerar, evidentemente, o conflito de interesses existente na jurisdição contenciosa), o art. 67 trata do dever de cooperação entre os órgãos originalmente ligados a um processo e todos os demais órgãos componentes do macrossistema judiciário. Embora esses deveres guardem alguma semelhança em termos ideológicos, o último tem natureza mais ligada à estrutura administrativa do Estado e existiria ainda que não houvesse a previsão do dever de cooperação entre os sujeitos processuais.

ARTIGO 68.

Os juízos poderão formular entre si pedido de cooperação para prática de qualquer ato processual.

CORRESPONDÊNCIA NO CPC/1973: *NÃO HÁ.*

DA COMPETÊNCIA INTERNA   ART. 69

1. **Amplitude de abrangência da cooperação jurisdicional e devido processo legal.** Os órgãos judiciários estão, em princípio, autorizados a cooperar entre si para a prática de qualquer ato processual. Isso não pode significar, contudo, a violação de garantias processuais das partes, como, por exemplo, a violação da garantia do juiz natural que ocorreria ao se acatar pedido de juízo comum federal para que juízo militar com ele "cooperasse" julgando processo de competência do primeiro.

ARTIGO 69.
O pedido de cooperação jurisdicional deve ser prontamente atendido, prescinde de forma específica e pode ser executado como:
I – auxílio direto;
II – reunião ou apensamento de processos;
III – prestação de informações;
IV – atos concertados entre os juízes cooperantes.
§ 1º As cartas de ordem, precatória e arbitral seguirão o regime previsto neste Código.
§ 2º Os atos concertados entre os juízes cooperantes poderão consistir, além de outros, no estabelecimento de procedimento para:
I – a prática de citação, intimação ou notificação de ato;
II – a obtenção e apresentação de provas e a coleta de depoimentos;
III – a efetivação de tutela provisória;
IV – a efetivação de medidas e providências para recuperação e preservação de empresas;
V – a facilitação de habilitação de créditos na falência e na recuperação judicial;
VI – a centralização de processos repetitivos;
VII – a execução de decisão jurisdicional.
§ 3º O pedido de cooperação judiciária pode ser realizado entre órgãos jurisdicionais de diferentes ramos do Poder Judiciário.
CORRESPONDÊNCIA NO CPC/1973: *NÃO HÁ.*

1. **Limites da dispensa de forma específica.** A previsibilidade exigida pela proteção da segurança jurídica e pela garantia do devido processo legal não pode ser desconsiderada ao se realizar a cooperação jurisdicional. Assim, quando houver uma forma legal para a prática do ato objeto da cooperação, ela deve ser respeitada, como no caso de uma carta precatória (arts. 236, §1º, 237, III, e 260 a 268), o que, inclusive, consta expressamente no parágrafo 1º do art. 69. Assim, para os atos cujas formas são exigidas por lei, elas devem ser respeitadas, aplicando-se a liberdade de forma a atos acessórios em relação àqueles e a outros atos para os quais não haja forma prevista.

2. Cooperação entre árbitro e órgão do Poder Judiciário. A permissão da cooperação entre órgãos de diferentes ramos do Poder Judiciário, constante do parágrafo 3º do art. 69, não pode ser interpretada como limitação da cooperação à esfera interna desse Poder. Existe, ainda, a possibilidade de cooperação solicitada pelo árbitro a órgão do Poder Judiciário, prevista expressamente no art. 237, IV: "Será expedida carta: (...) arbitral, para que órgão do Poder Judiciário pratique ou determine o cumprimento, na área de sua competência territorial, de ato objeto de pedido de cooperação judiciária formulado por juízo arbitral, inclusive os que importem efetivação de tutela provisória".

LIVRO III
DOS SUJEITOS DO PROCESSO

TÍTULO I - Das Partes e dos Procuradores

CAPÍTULO I - Da Capacidade Processual

ARTIGO 70.
Toda pessoa que se encontre no exercício de seus direitos tem capacidade para estar em juízo.
CORRESPONDÊNCIA NO CPC/1973: *ART. 7º.*

1. Partes e terceiros. Consideram-se como parte no processo a pessoa que pede e aquela em face de quem é pedida a tutela jurisdicional. Por consequência, terceiro é a pessoa que nada pede ou em face de quem nada se pede. (CHIOVENDA, Giuseppe, *Principii di diritto processuale civile*, Napoli, Eugenio Jovene, 1965, p. 579).

2. Personalidade civil. A personalidade jurídica é a aptidão genérica que as pessoas, naturais ou jurídicas, possuem para serem titulares de direitos e contraírem deveres na ordem civil. É o atributo para serem sujeitos de direito. Toda pessoa tem a capacidade de ter direitos e deveres na esfera civil. A personalidade jurídica da pessoa natural inicia-se com o nascimento com vida; no entanto, os direitos do nascituro são resguardados desde o momento da concepção (art. 2º, CC/2002). Por sua vez, o início da personalidade da pessoa jurídica, em geral, depende do registro de seu ato constitutivo, observada a legislação em vigor. A personalidade jurídica distingue-se da capacidade jurídica. A capacidade jurídica é a medida da personalidade jurídica. Em outras palavras, é sua extensão, em maior ou menor grau.

3. Pessoa natural. Capacidade de direito ou de gozo, capacidade de fato ou de exercício e legitimidade. Adquirida a personalidade jurídica, toda pessoa passa a ser capaz de ter direitos e de contrair deveres na esfera civil (art. 1º, CC/2002). Por consequência, toda pessoa possui capacidade de direito ou de gozo. No entanto, ter direito não significa poder exercê-lo. Para que a pessoa possa exercer pessoal e validamente seus direitos e contrair deveres jurídicos, é necessário que ela tenha também capacidade de exercício ou de fato. No direito brasileiro, em regra, a pessoa natural adquire essa capacidade e fica habilitada a praticar todos os atos da vida civil ao completar 18 (dezoito) anos, quando cessa sua menoridade (art. 5º, CC/2002). Entretanto, os menores podem adquirir a capacidade antes, em algumas situações excepcionais: (i) por emancipação, se o menor tiver 16 (dezesseis) anos completos, por vontade dos pais ou de um deles na falta de outro, mediante escritura pública, independente da vontade do Estado-juiz, ou, havendo justificativa, por decisão judicial que supre a vontade dos pais, ouvidos seus responsáveis; (ii) pelo casamento; (iii) pela entrada em exercício em serviço público efetivo; (iv) pela colação de grau em curso de ensino superior (bacharelado, licenciatura ou tecnólogo); (v) pela economia própria conquistada por menor maior de 16 (dezesseis) anos em decorrência de estabelecimento civil ou comercial, ou pela existência de relação de emprego (art. 5º, parágrafo único, CC/2002). Também não se pode confundir a capacidade de exercício ou de fato com a legitimidade. A legitimidade traduz-se em uma capacidade específica para a prática de determinado ato. Eis as premissas necessárias para a compreensão das capacidades no âmbito processual.

4. Pessoa natural. Capacidade de ser parte e capacidade de estar em juízo. São três os pressupostos processuais referentes às partes: capacidade de ser parte, capacidade de estar em juízo e capacidade postulatória. A capacidade de ser parte corresponde à capacidade de direito ou de gozo na ordem civil, ou seja, todas as pessoas, naturais ou jurídicas, têm aptidão para ser parte em um processo judicial. Já a capacidade de estar em juízo corresponde, no âmbito processual, à capacidade de exercício ou de fato. Por essa razão, para estar em juízo, a pessoa deve possuir capacidade de exercício ou de fato, que, por sua vez, pressupõe a existência de capacidade de direito ou de gozo. A capacidade de estar em juízo é chamada também de "capacidade processual". Da mesma forma que as partes, o terceiro também deve possuir capacidade para estar em juízo para intervir em um processo judicial. Sobre a capacidade postulatória, vide os comentários ao art. 103.

ARTIGO 71.
O incapaz será representado ou assistido por seus pais, por tutor ou por curador, na forma da lei.
CORRESPONDÊNCIA NO CPC/1973: *ART. 8º.*

Incapacidade. O incapaz é a pessoa que não possui plena capacidade de exercício ou de fato, ou seja, que não tem aptidão para exercer pessoal e validamente os seus direitos e para contrair deveres jurídicos. A incapacidade pode ser absoluta ou relativa.

5. Incapacidade absoluta. Na absoluta, a lei ignora totalmente a vontade da pessoa natural, proibindo-a de praticar atos da vida civil por conta própria, necessitando de um representante legal para exercer sua capacidade de direito ou de gozo. Os absolutamente incapazes são os menores de 16 (dezesseis) anos (art. 3º, CC, com a redação dada pela Lei 13.146/2015 – Estatuto da Pessoa com Deficiência). As demais hipóteses que, na redação originária do CC/2002, eram de incompetência absoluta foram transformadas em casos de incompetência relativa pelo estado da pessoa com deficiência (Lei 13.146/2015 – Estatuto da Pessoa com Deficiência).

1. Incapacidade relativa. Na incapacidade relativa, a pessoa natural pode exercer os seus direitos, mas de forma limitada, uma vez que necessita, em regra, de estar assistida por uma pessoa capaz. Possuem limitação no exercício de seus direitos, seja para a prática de determinados atos, seja para a maneira de exercê-los: (i) os maiores de 16 (dezesseis) e menores de 18 (dezoito) anos; (ii) os ébrios habituais e os viciados em tóxico; (iii) aqueles que, por causa transitória ou permanente, não puderem exprimir sua vontade; e (iv) os pródigos (art. 4º, CC/2002, com redação dada pela Lei 13.146/2015 – Estatuto da Pessoa com Deficiência). No processo, o incapaz também deve ser representado ou assistido por seus representantes ou assistentes, que podem ser seus pais, seu tutor ou seu curador, uma vez que possuem capacidade de ser parte, mas não têm capacidade de estar em juízo, por si só.

2. Poder familiar. Os menores, em regra, serão representados ou assistidos por seus pais, que exercem poder familiar sobre eles. O poder familiar é inerente à condição paterna/materna, independentemente da situação conjugal, e constitui o conjunto de direitos e deveres indelegáveis, imprescritíveis e irrenunciáveis dos pais em relação aos filhos menores (art. 1.630, CC/2002; art. 21, Lei 8.069/1990, Estatuto da Criança e Adolescente). Especificamente em processos judiciais, compete aos pais representar o filhos menores até os 16 (dezesseis) anos e assisti-los enquanto maiores de 16 (dezesseis) e menores de 18 (dezoito) anos, suprindo a incapacidade dos menores que são partes (art. 1.634, VII, CC, com a redação dada pela Lei 13.058/2014, Lei da Guarda Compartilhada).

3. Tutela. Em situações excepcionais, os filhos menores são postos em tutela. A tutela é o conjunto de direitos e deveres conferidos a um terceiro, para zelar pela pessoa do menor que se encontra fora do poder familiar de seus pais e para administrar seus bens. A tutela substitui o poder familiar. O art. 1.728, CC, apresenta 03 (três) situações nas quais os menores são postos em tutela, quando ambos os pais: (i) falecerem; (ii) estiverem ausentes, ou seja, desaparecerem de seu domicílio sem deles se ter notícia (arts. 22 e seguintes, CC/2002); (iii) forem destituídos, por perda ou suspensão, do poder familiar (art. 1.728, CC/2002). Em caso de tutela, mediante autorização judicial, compete ao tutor representar judicialmente os menores até os 16 (dezesseis) anos e assisti-los enquanto maiores de 16 (dezesseis) e menores de 18 (dezoito) anos, suprindo a incapacidade do menor que é parte (art. 1.748, V, CC/2002).

4. Curatela. Nas hipóteses de incapacidade por motivos diversos à menoridade, seja por ausência ou redução de discernimento para levar uma vida normal, seja em razão de enfermidade ou de outra doença duradoura que impeça a pessoa de exprimir sua vontade, o complemento da capacidade do incapaz se dará por curador (art. 1.767, CC/2002). A curatela é o conjunto de direitos e deveres conferidos a um terceiro, para reger a pessoa que não pode cuidar sozinha dos próprios interesses (proteção, sustento, etc.), nem para administrar seus bens. O art. 1.767 do CC/2002 apresenta 7 (sete) casos de sujeição à curatela: (i) as pessoas que não têm o necessário discernimento para os atos da vida civil, por enfermidade ou deficiência mental; (ii) as pessoas que não puderem exprimir sua vontade, por motivo duradouro; (iii) os deficientes mentais; (iv) os ébrios habituais, (v) os viciados em tóxicos; (vi) os excepcionais sem completo desenvolvimento mental; e (vii) os pródigos. É possível a curatela para menor, quando este tiver mais de 16 (dezesseis) anos e menos de 18 (dezoito) anos. *É possível também a curatela de nascituro, em* caso de falecimento do pai, estado a mulher grávida e sem o poder familiar, que ocorre quando a mãe foi destituída do encargo em relação aos filhos já nascidos. Entende-se que a perda com relação a um filho estende-se aos demais (art. 1.779, CC/2002). Em caso de curatela, mediante autorização judicial, compete ao curador, em regra, representar judicialmente o incapaz, suprindo sua incapacidade de estar em juízo como parte (arts. 1.781 e 1.748, V, CC).

Artigo 72.

O juiz nomeará curador especial ao:

I – incapaz, se não tiver representante legal ou se os interesses deste colidirem com os daquele, enquanto durar a incapacidade;

II – réu preso revel, bem como ao réu revel citado por edital ou com hora certa, enquanto não for constituído advogado.

Parágrafo único. A curatela especial será exercida pela Defensoria Pública, nos termos da lei.

CORRESPONDÊNCIA NO CPC/1973: *ART. 9º*

1. Curador especial. O curador especial exerce uma forma específica de curatela, com poderes para representar a parte em juízo, suprindo, assim, sua incapacidade ou sua ausência, na proteção de seus interesses. Não se confunde com o curador que exerce a curatela prevista nos arts. 1.767 e seguintes do CC/2002 (sobre a curatela, vide item 5 dos comentários ao art. 71).

2. Incapaz sem representante legal ou em colisão de interesses e curador especial. Será nomeado um curador especial para a prática de atos da vida civil ao incapaz (arts. 3º e 4º, CC/2002) que não possuir representante legal no exercício do poder familiar, da tutela ou da curatela ou que estiver em colisão de interesses com seu representante legal (pais, tutor ou curador), como ocorre, por exemplo, em ação de destituição do poder familiar. (STJ, AgRg no AgRg no AREsp 298.526/RJ). Como o incapaz não possui capacidade para outorgar poderes a um advogado, o art. 72, I, estabelece o dever de o juiz nomear um curador especial para a defesa, inclusive técnica, de seus interesses em juízo.

3. Cessação da incapacidade e curador especial. Cessada a incapacidade, cessa também o conjunto de direitos e deveres do curador especial, devendo a parte contratar um advogado ou buscar a assistência jurídica gratuita na Defensoria Pública, nos Núcleos de Prática Jurídica ou em entidades que prestam assistência jurídica gratuita em razão de convênios firmados com a Defensoria Pública.

4. Réu preso, revelia e curador especial. Será nomeado curador especial ao réu preso, independentemente da forma que tenha sido citado, de que não apresente defesa na demanda e, por consequência, de que se torne revel. Caso o réu preso compareça no processo e alegue dificuldades para se defender, por força dos direitos fundamentais ao contraditório e à ampla defesa, será nomeado um curador especial para a defesa de seus interesses.

5. Citação ficta, revelia e curador especial. Será nomeado curador especial ao réu revel que, citado de forma ficta, seja por edital, seja com hora certa, não apresente defesa. Haverá citação por edital quando o réu for desconhecido ou estiver em local incerto e não sabido e em outras situações previstas em lei (art. 256). Por sua vez, a citação com hora certa ocorrerá quando o Poder Judiciário tiver esgotado todos os meios previstos no art. 242 para a citação pessoal do réu (art. 252). Na fase de cumprimento da sentença ou em execução de títulos extrajudiciais, o mesmo vale para o caso em que o executado citado fictamente não apresente impugnação ao cumprimento de sentença ou embargos à execução de título extrajudicial. Nesse sentido, a **Súmula** 196 do STJ: "Ao executado que, citado por edital ou por hora certa, permanecer revel, será nomeado curador especial, com legitimidade para apresentação de embargos.".

6. Defensoria Pública e curatela especial. A Defensoria Pública, instituição essencial à justiça, exercerá, em regra, a função de curador especial, tendo em vista trata-se de uma de suas funções institucionais (art. 4º, XVI, Lei Complementar 80/1994, Lei Orgânica da Defensoria Pública da União), observadas as regras e as prerrogativas previstas nos arts. 185 a 187.

7. Núcleos de Prática Jurídica, entidades que prestam assistência jurídica gratuita, defensores dativos ou *ad hoc* e curatela especial. Excepcionalmente, poderão ser nomeados como curadores especiais os Núcleos (ou escritórios) de Prática Jurídica das Faculdades de Direito reconhecidas na forma da lei, outras entidades que prestam assistência jurídica gratuita em razão de convênios firmados com a Defensoria Pública e defensores dativos ou *ad hoc* pelo juiz, principalmente nas causas em que a parte adversa se encontra assistida pela Defensoria Pública.

8. Poderes do curador especial. O curador especial possui poderes restritos à defesa do representado em juízo, não podendo praticar ou não tendo validade atos de disposição de direito material, tais como a confissão, o reconhecimento da procedência do pedido e a transação, que exigem poderes especiais (art. 105).

9. Cessação dos poderes do curador especial. Cessam os poderes do curador especial a partir do momento em que a parte representada judicialmente pelo curador especial constitui advogado nos autos para a defesa de seus interesses em juízo.

Artigo 73.

O cônjuge necessitará do consentimento do outro para propor ação que verse sobre direito real imobiliário, salvo quando casados sob o regime de separação absoluta de bens.

§ 1º Ambos os cônjuges serão necessariamente citados para a ação:

I – que verse sobre direito real imobiliário, salvo quando casados sob o regime de separação absoluta de bens;

II – resultante de fato que diga respeito a ambos os cônjuges ou de ato praticado por eles;

III – fundada em dívida contraída por um dos cônjuges a bem da família;

IV – que tenha por objeto o reconhecimento, a constituição ou a extinção de ônus sobre imóvel de um ou de ambos os cônjuges.

§ 2º Nas ações possessórias, a participação do cônjuge do autor ou do réu somente é indispensável nas hipóteses de composse ou de ato por ambos praticado.

§ 3º Aplica-se o disposto neste artigo à união estável comprovada nos autos.

CORRESPONDÊNCIA NO CPC/1973: *ART. 10.*

1. Ação que verse sobre direito real imobiliário. Os direitos subjetivos reais são aqueles decorrentes das relações jurídicas entre as pessoas e as coisas suscetíveis de apropriação por elas, tendo como características a eficácia *erga omnes*, o absolutismo, a sequela, a preferência e a taxatividade. Os direitos reais estão elencados no art. 1.225 do CC/2002 e podem recair sobre coisas móveis ou imóveis, sendo os direitos reais imobiliários aqueles que recaem sobre coisas imóveis. São exemplos de demandas que versam sobre eles: ação reivindicatória, usucapião, ação de imissão na posse, ação *ex empto*, ação de desapropriação direta, ação de nunciação de obra nova, etc.

2. Outorga uxória, outorga marital e litisconsórcio ativo. As pessoas casadas, salvo sob o regime de separação absoluta de bens, dependerão da anuência de seu cônjuge para proporem individualmente demanda que verse sobre direito real imobiliário. Trata-se de uma capacidade específica para estar em juízo. A outorga uxória é a consentimento dado pela esposa ao marido para a prática de determinado ato da vida civil, enquanto a outorga marital é o consentimento dado pelo marido à esposa para a prática de determinado ato da vida civil. Especificamente em processos judiciais, trata-se de autorizações dadas por um cônjuge ao outro para ingressar em juízo, quando a demanda versar sobre direito real imobiliário (art. 1.647, II, CC/2002). Não há forma previamente prevista na lei para o consentimento, razão pela qual nos parece que pode ser por instrumento público ou particular, por subscrição da petição inicial ou por procurador com poderes específicos outorgados por procuração. Dispensa-se o consentimento, por razões óbvias, quando ambos os cônjuges forem litisconsortes ativos na demanda.

3. Ausência de consentimento do cônjuge. Consequência jurídica. Caso o autor proponha individualmente demanda que verse sobre direito real imobiliário sem a outorga uxória ou marital, o juiz deve suspender o processo, fixar um prazo razoável e intimá-lo para apresentar o documento comprobatório do consentimento de seu cônjuge (art. 76), sob pena de o processo ser extinto sem a análise do mérito, por ausência de capacidade de estar em juízo – pressuposto de validade do processo. (arts. 74, parágrafo único; 76, § 1º, I; e 485, IV).

4. Litisconsórcio passivo necessário. O litisconsórcio é a reunião de mais de uma pessoa em um dos polos da relação jurídica processual ou em ambos (art. 113). Será necessário em decorrência de previsão legal ou em decorrência da natureza da relação jurídica controvertida. (art. 114). O parágrafo 1º do art. 73 estabelece o litisconsórcio passivo necessário entre as pessoas casadas ou em união estável, com a devida comprovação nos autos, quando: (i) a demanda versar sobre direito real imobiliário e o regime de casamento não for o da separação absoluta de bens; (ii) o fato que é objeto da demanda dizer respeito aos dois cônjuge ou conviventes, ou quando resultar de ato praticado por ambos; (iii) disser respeito à dívida contraída por um cônjuge em benefício da família; (iv) tiver por objeto a declaração, a constituição ou a desconstituição de ônus sobre imóvel em nome de um ou de ambos os cônjuges.

5. Demanda contra apenas um cônjuge. Consequência jurídica. Caso o autor proponha demanda sem a formação do litisconsórcio passivo necessário entre os cônjuges, o juiz deve fixar um prazo e determinar ao autor que requeira a citação de ambos os cônjuges, sob pena de extinção do processo por ausência de pressuposto de validade (arts. 115, parágrafo único; e 485, IV). Caso o processo tramite sem a formação do litisconsórcio passivo necessário, a sentença de mérito, se prejudicial aos litisconsortes, será nula, tendo em vista que o resultado deve ser uniforme em relação ambos os cônjuges que deveriam ter participado o processo (art. 115).

6. Ações possessórias. Composse ou ato por ambos praticados. No âmbito do direito material, muito se discute se a posse é direito real ou pessoal. Entre outros fundamentos, afirma-se ser direito real por conter características como a oponibilidade *erga omnes*, o sujeito passivo indeterminado e uma coisa como objeto determinado. (IHERING, Rudolf Von, *Teoria simplificada da posse*, Salvador, Progresso, 1957, p. 57 e seguintes). Por outro lado, entre outros fundamentos, sustenta-se que a posse é direito pessoal por *não ser registrável, não ter caráter absoluto e não constar no rol taxativo dos direitos* *reais (art. 1.225, CC/2002)*. (BESSONE, Darcy, *Da posse*, São Paulo, Saraiva, 1996, p. 17 e seguintes). Independente da discussão, na linha da reforma de 1994 ao CPC/1973, o parágrafo 2º do art. 73 prevê expressamente a necessidade de litisconsórcio passivo necessário entre os cônjuges nas ações possessórias apenas em caso de composse, quando os cônjuges exercerem a posse conjunta de coisa indivisível (art. 1.199, CC/2002) ou de prática conjunta de atos de esbulho, de turbação ou de ameaça.

7. União estável comprovada nos autos. As previsões normativas previstas no artigo em comento são aplicáveis apenas *às* uniões estáveis comprovadas nos autos. Por consequência, não haverá nulidade se a parte alegar união estável que não tenha sido comprovada nos autos.

Artigo 74.

O consentimento previsto no art. 73 pode ser suprido judicialmente quando for negado por um dos cônjuges sem justo motivo, ou quando lhe seja impossível concedê-lo.

Parágrafo único. A falta de consentimento, quando necessário e não suprido pelo juiz, invalida o processo.

CORRESPONDÊNCIA NO CPC/1973: *ART. 11.*

1. Suprimento judicial da ausência de outorga. Negativa ou impossibilidade de outorgar. É possível o suprimento judicial do consentimento quando o cônjuge negá-lo ou quando se encontrar em situação de impossibilidade de emissão de vontade, por estar ausente (art. 22, CC/2002), em viagem, em lugar desconhecido, em lugar inacessível, etc. Em situações excepcionais em que a falta de consentimento possa gerar prejuízo ao cônjuge ou à família e o outro cônjuge não esteja em condições de imediata emissão de vontade, pode o juiz suprir judicialmente à ausência de outorga uxória ou marital, como em situações de prescrição da pretensão ou de decadência do direito.

2. Nulidade do processo. A ausência de outorga uxória, outorga marital ou de suprimento judicial da outorga para a propositura de demanda que verse sobre direito real imobiliário acarreta nulidade do processo, por incapacidade de estar em juízo, ou seja, por ausência de pressuposto processual. O juiz, nesse caso, deverá assinalar um prazo razoável para o suprimento do vício (art. 76), sob pena de o juiz extinguir o processo sem resolução do mérito (art. 485, IV).

Artigo 75.

Serão representados em juízo, ativa e passivamente:

I – a União, pela Advocacia-Geral da União, diretamente ou mediante órgão vinculado;

II – o Estado e o Distrito Federal, por seus procuradores;

III – o Município, por seu prefeito ou procurador;

IV – a autarquia e a fundação de direito público, por quem a lei do ente federado designar;

V – a massa falida, pelo administrador judicial;

VI – a herança jacente ou vacante, por seu curador;

VII – o espólio, pelo inventariante;

VIII – a pessoa jurídica, por quem os respectivos atos constitutivos designarem ou, não havendo essa designação, por seus diretores;

IX – a sociedade e a associação irregulares e outros entes organizados sem personalidade jurídica, pela pessoa a quem couber a administração de seus bens;

X – a pessoa jurídica estrangeira, pelo gerente, representante ou administrador de sua filial, agência ou sucursal aberta ou instalada no Brasil;

XI – o condomínio, pelo administrador ou síndico.

§ 1º Quando o inventariante for dativo, os sucessores do falecido serão intimados no processo no qual o espólio seja parte.

§ 2º A sociedade ou associação sem personalidade jurídica não poderá opor a irregularidade de sua constituição quando demandada.

§ 3º O gerente de filial ou agência presume-se autorizado pela pessoa jurídica estrangeira a receber citação para qualquer processo.

§ 4º Os Estados e o Distrito Federal poderão ajustar compromisso recíproco para prática de ato processual por seus procuradores em favor de outro ente federado, mediante convênio firmado pelas respectivas procuradorias.

CORRESPONDÊNCIA NO CPC/1973: *ART. 12.*

1. **Personalidade da pessoa jurídica.** A personalidade jurídica, seja da pessoa jurídica de direito público ou de direito privado, é a aptidão genérica que ela possui para ser titular de direitos e para contrair deveres na ordem civil. É o atributo para ser sujeito de direito.

2. **Pessoa jurídica. Capacidade de direito ou de gozo e capacidade de fato ou de exercício.** As pessoas jurídicas de direito privado ou de direito público, interno ou externo, uma vez legalmente constituídas e registradas, passam a ser dotadas de capacidade de direito ou de gozo. No entanto, ter direito não significa poder exercê-lo. Para a pessoa jurídica poder exercer validamente seus direitos e poder contrair deveres jurídicos, é necessário que ela tenha também capacidade de exercício ou de fato, observadas a legislação em vigor e a previsão expressa no contrato social ou no estatuto social.

3. **Pessoa jurídica. Capacidade de ser parte e capacidade de estar em juízo.** São três os pressupostos processuais referentes às partes: capacidade de ser parte, capacidade

de estar em juízo e capacidade postulatória. A capacidade de ser parte corresponde à capacidade de direito ou de gozo na ordem civil, ou seja, todas as pessoas, naturais ou jurídicas, têm aptidão para ser parte em um processo judicial. Já a capacidade de estar em juízo corresponde, no âmbito processual, à capacidade de exercício ou de fato. Por esta razão, para estar em juízo a pessoa deve possuir capacidade de exercício ou de fato, que, por sua vez, pressupõe a existência de capacidade de direito ou de gozo. A capacidade de estar em juízo é chamada também de *capacidade processual*. Quanto à capacidade postulatória, vide abaixo o item 5 e os comentários ao art. 103.

4. Pessoa jurídica. Presentação e representação. O art. 75 regulamenta as formas de presentação e de representação das pessoas jurídicas em juízo, seja como autora, ré ou terceiro. Francisco Cavalcanti Pontes de Miranda leciona que, quando a pessoa jurídica se faz presente por algum de seus órgãos, não é caso de representação, mas de presentação. O órgão presenta a pessoa jurídica. "O órgão é parte do ser, como acontece às entidades jurídicas, ao próprio homem e aos animais. Coração é órgão, fígado é órgão, olhos são órgãos; o Presidente da República é órgão; o Governador de Estado-membro e o Prefeito são órgãos. Quando uma entidade social, que se constitui, diz qual a pessoa que por ela figura nos negócios jurídicos e nas atividades com a Justiça, aponta-a como o seu órgão, que pode presentá-la (isto é, estar presente para dar presença à entidade de que é órgão) e, conforme a lei ou os estatutos, outorgar poderes a outrem, que então representa a entidade". (MIRANDA, Francisco Cavalcanti Pontes de, *Comentários ao Código de Processo Civil*, t. I, 4. ed., Rio de Janeiro, Forense, 1996, p. 288 e seguintes). Desse modo, onde o art. 75 refere-se a órgão, tecnicamente a pessoa jurídica é presentada em juízo, e não representada, como consta no *caput*. Por outro, lado, onde não se trata de órgão, cabe falar em representação.

5. Advocacia pública, capacidade postulatória e procuração. Em regra, os advogados públicos, aprovados em concurso público e nomeados para atuarem na defesa técnica de seus respectivos entes públicos não necessitam de procuração para presentá-los em juízo e para exercerem o *ius postulandi* (capacidade postulatória), pois já ficam investidos desses poderes pela posse no respectivo cargo de advogado público, nos termos dos arts. 131 e 132 da CF/1988. A exceção ocorre nos municípios, em que o procurador necessitará de procuração para exercer a capacidade postulatória em nome do município, se não tiver sido investido no cargo de advogado público municipal. Essa regra aplica-se também aos procuradores autárquicos ou fundacionais. Neste sentido, a Súmula 644 do STF: "Ao procurador autárquico não é exigível a apresentação de instrumento de mandato para representá-la em juízo.".

6. União. A União se faz presente em juízo pela Advocacia-Geral da União (art. 131, CF; art. 1º, Lei Complementar 73/1993), composta pelos seguintes órgãos com poderes de presentação e de atuação jurisdicional: (i) o Advogado-Geral da União, em qualquer juízo ou Tribunal, precipuamente em demandas junto ao STF, em ações de controle concentrado de constitucionalidade; em ações constitucionais, para apresentar informações a serem prestadas pelo Presidente da República e para transacionar nas demandas de interesse da União (art. 4º, Lei Complementar 73/1993); (ii) a Procuradoria-Geral da União, junto aos tribunais superiores; (iii) as Procuradorias Regionais da União, perante os demais tribunais, precipuamente os Tribunais Regionais; (iv) as Procuradorias da União, junto à primeira instância da Justiça Federal, comum e especializada, e da Justiça do Trabalho (art. 9º, LC 73/1993); (v) Procuradoria-Geral da Fazenda Nacional, nas demandas de natureza fiscal, inclusive nas execuções (arts. 29, § 5º e 131, § 3º, ADCT; art. 12, Lei Complementar 73/1993; Decreto-Lei 147/1967). O órgão da Advocacia-Geral da União que tenha competência precípua para atuar em órgãos jurisdicionais hierarquicamente superiores pode atuar, também, em órgãos jurisdicionais hierarquicamente inferiores (art. 9º, § 4º, Lei Complementar 73/1993).

7. Estados e Distrito Federal. Os Estados e o Distrito Federal se fazem presentes em juízo pelos seus respectivos Procuradores, que possuem poderes de presentação e de atuação jurisdicional aos seus respectivos entes federados (art. 132, CF/1988), não sendo possível, via de regra, à um órgão integrante do Estado ou do Distrito Federal estar em juízo pelos seus próprios servidores técnico-jurídicos, apenas pelos Procuradores estatais ou distritais, ressalvadas as autarquias as fundações de direito público, tratadas no item 10.

8. Convenção entre Procuradorias para atuação em defesa de outra unidade federada. Inconstitucionalidade. O parágrafo 4º do art. 75 inovou o sistema jurídico processual ao prever a possibilidade de os Estados e o Distrito Federal celebrarem convenção ("compromisso recíproco") para a Procuradoria de um ente federado atuar na defesa de outro. Busca o dispositivo possibilitar que, na hipótese de um Estado federativo ser demandado perante o Poder Judiciário de outro, a Procuradoria deste outro Estado atue na defesa daquele. Por exemplo, caso o Estado de MT seja demandado perante o Poder Judiciário do Estado de MS e haja convênio entre as Procuradorias de ambos os Estados, a Procuradoria do Estado de MS poderia representar em juízo o Estado de MT – e vice-versa. Em que pese a boa intenção do legislador de reduzir as despesas públicas de um ente federado, o aludido parágrafo 4º do art. 75 colide com o art. 132 da CF/1988. Com efeito, o art. 132 da CF/1988 prevê que compete aos Procuradores dos Estados e do Distrito Federal presentar em juízo e atuar na defesa de seu respectivo ente federado. Não há espaço constitucional para os Procuradores de uma unidade federada representar em juízo outra. A ideia *é boa, mas não compete ao legislador ordinário deliberar sobre a matéria, a não ser após a deliberação favorável pelo constituinte derivado. Para tanto, faz-se necessário a aprovação de uma Emenda Constitucional para alterar o art. 132, caput, da CF/1988 e permitir aos Procuradores de um Estado que representem outro em* juízo. O parágrafo 4º do art. 75 é, portanto, inconstitucional. Se constitucional, o dispositivo nos parece aplicável por analogia aos Municípios, para permitir a um determinado Município celebrar compromisso recíproco com outro para representação em juízo pela sua respectiva Procuradoria. Em todo caso, far-se-á necessária a apresentação em juízo da convenção como forma de demonstrar a outorga de poderes de um ente federado à Procuradoria de outro.

9. Municípios. Os Municípios se fazem presentes em juízo por seus prefeitos ou por seus procuradores. Quando o Município for presentado por seu Prefeito, há necessidade de constituir advogado para exercer sua capacidade postulatória e atuar em juízo. Isso ocorre normalmente nos Municípios que não possuem procuradoria própria como órgão de presentação judicial e de consultoria jurídica. Por sua vez, os procuradores integrantes das procuradorias municipais possuem poderes de presentação e de atuação jurisdicional na defesa de seu respectivo município.

10. Autarquias e fundações de direito público federais. As autarquias e as fundações de direito público da União serão presentadas em juízo pela Procuradoria Geral Federal e pelas Procuradorias Federais, especializadas ou não especializadas (art. 10, Lei 10.480/2002). Por sua vez, o Banco Central do Brasil, autarquia federal integrante do Sistema Financeiro Nacional (art. 8º, Lei 4.595/1964), será presentado em juízo pela Procuradoria Geral do Banco Central e pelas Procuradorias do Banco Central (art. 17, Lei Complementar 73/1993).

11. Autarquias e fundações de direito público distritais, estaduais e municipais. As autarquias e as fundações de direito público dos Estados, do Distrito Federal e dos Municípios serão presentadas em juízo por seus procuradores autárquicos ou fundacionais, quando existentes procuradorias próprias (art. 29, ADCT). Inexistindo, serão presentadas em juízo pela respectiva Procuradoria do Estado, do Distrito Federal e do Município.

12. Congresso Nacional, Senado Federal, Câmara dos Deputados, Assembleias Legislativas, Câmaras Municipais, Tribunais de Contas, Tribunais de Justiça, Tribunais Regionais, Ministério Público e Defensoria Pública. O Congresso Nacional, o Senado Federal, a Câmara dos Deputados, as Assembleias Legislativas, as Câmaras Municipais, os Tribunais de Contas, os Tribunais de Justiça, os Tribunais Regionais, o Ministério Público e a Defensoria Pública não possuem personalidade jurídica, por serem órgãos da pessoa jurídica da União, dos Estados, do Distrito Federal ou dos Municípios e, por consequência, não possuem capacidades de direito ou de gozo e de exercício ou de fato próprias. Por consequência, não possuem capacidades de serem partes, e nem de estarem em juízo em nome próprio. No entanto, excepcionalmente, possuem capacidade para estarem em juízo (personalidade judiciária), por suas respectivas procuradorias especiais, quando existentes, na defesa de suas prerrogativas institucionais e de sua autonomia e independência em face dos demais poderes. (STF, ADI 94/2011; STF, ADI 1557/2004; STF, ADI 175/1992; STJ, AgRg no AResp 44.971/GO; STJ, REsp 1.429.322/AL). Neste sentido, a Súmula 525 do STJ: "A Câmara de Vereadores não possui personalidade jurídica, apenas personalidade judiciária, somente podendo demandar em juízo para defender os seus direitos institucionais;.".

13. Massa falida. Decretada a falência, o juiz designará um administrador judicial com idoneidade profissional, preferencialmente advogado, economista, administrador de empresas ou contador, ou pessoa jurídica especializada, com o dever, entre outros, de representar a massa falida em juízo (arts. 21 e 22, III, "c", Lei 11.101/2005 – Lei de Falência e Recuperação de Empresas).

14. Herança jacente ou vacante. A herança, jacente ou vacante, é ente despersonalizado (sem personalidade jurídica), portanto, sem capacidade de direito ou de gozo e de exercício ou de fato. Entretanto, possui capacidade de ser parte e capacidade de estar em juízo, representado pelo curador nomeado pelo juiz.

15. Espólio. Nomeado pelo juiz, o inventariante representa o espólio em juízo, ativa e passivamente, até a prolação da sentença homologatória de partilha (art. 618, I). Quando o inventariante for dativo, a representação do espólio não competirá plenamente a ele, por ser estranho à herança, não ser interessado direto da massa e ter a função apenas de administrá-la. Nesse caso, há a necessidade de os sucessores do falecido serem intimados para formarem o litisconsórcio necessário juntamente com o espólio, nos processos nos quais este seja parte (art. 75, §1º), sob pena de ineficácia da sentença (art. 114).

16. Pessoas jurídicas de direito privado. As pessoas jurídicas de direito privado (art. 44, CC/2002) são representadas em juízo por quem seus atos constitutivos (estatuto ou contrato social) designarem; ou presentadas em juízo pelos seus diretores ou sócios administradores, observados a legislação em vigor e o estabelecido no estatuto ou no contrato social, que pode prever a necessidade de atuação conjunta por uma ou mais pessoas para a validade de certos atos da vida civil.

17. Sociedade ou associação irregulares. São irregulares a sociedade e a associação que não possuem personalidade jurídica, pois tampouco possuem estatuto ou contrato social ou estes não são registrados no órgão competente (Junta Comercial ou no Registro Civil das Pessoas Jurídicas). Embora não possuam personalidade jurídica, possuem, excepcionalmente, capacidade de ser parte e de estar em juízo, sendo representadas processualmente pela pessoa que administra seus bens. Tendo em vista que a ninguém é dado beneficiar-se da própria torpeza (*"turpitudinem suam allegans non auditur"*), o parágrafo 2º do art. 75, decorrente da boa-fé processual objetiva (art. 5º), veda a oposição da irregularidade da constituição da sociedade ou da associação em juízo, por exemplo, em preliminar de contestação.

18. Pessoas jurídicas estrangeiras. As pessoas jurídicas estrangeiras são representadas em juízo pelo gerente, pelo representante ou pelo administrador de sua filial, agência ou sucursal aberta ou instalada no Brasil, sendo estes, inclusive, autorizados por lei a receberem citação para qualquer processo (art. 75, §3º).

19. Estados estrangeiros. O Estados estrangeiros são pessoas jurídicas de direito público externo (art. 42, CC/2002), possuem capacidade de ser parte e de estar em juízo e são (re)presentados processualmente de acordo com as disposições normativas internacionais, em especial as Convenções de Viena sobre Relações Diplomáticas de 1961 e sobre Relações Consulares de 1963. Em que pese a capacidade de estar em juízo, os Estados estrangeiros estão imunes à jurisdição civil de outro Estado estrangeiro quanto aos atos de império (*acta jure imperii*), aqueles praticados no exercício de seu poder soberano. São submissíveis à jurisdição estrangeira apenas quanto aos atos de gestão (*acta jure gestionis*), ou seja, atos de direito privado. Admite-se também a renúncia à imunidade jurisdicional. (MAZZUOLI, Valério de Oliveira, *Curso de direito internacional público*, 7. ed., São Paulo, RT, 2014, p. 570-585 e p. 615-627; STF, AgRg na ACO 740/2014).

20. Condomínio. O condomínio é um ente despersonalizado, em razão de a lei material não atribuir personalidade jurídica a ele, muito embora, na prática, seja inscrito no Cadastro Nacional da Pessoa Jurídica – CNPJ – da Receita Federal do Brasil, para fins tributários. Apesar de não possuir personalidade jurídica, o condomínio possui capacidade de ser parte e capacidade de estar em juízo, desde que devidamente (re)presentado pelo seu síndico ou seu administrador, nos termos do regimento interno ou do que for estabelecido pelos condôminos. A prova da representação regular do condomínio em juízo é feita pela ata da assembleia geral de condôminos que elegeu o síndico ou que designou o administrador.

ARTIGO 76.
Verificada a incapacidade processual ou a irregularidade da representação da parte, o juiz suspenderá o processo e designará prazo razoável para que seja sanado o vício.

§ 1º Descumprida a determinação, caso o processo esteja na instância originária:

I – o processo será extinto, se a providência couber ao autor;

II – o réu será considerado revel, se a providência lhe couber;

III – o terceiro será considerado revel ou excluído do processo, dependendo do polo em que se encontre.

§ 2º Descumprida a determinação em fase recursal perante tribunal de justiça, tribunal regional federal ou tribunal superior, o relator:

I – não conhecerá do recurso, se a providência couber ao recorrente;

II – determinará o desentranhamento das contrarrazões, se a providência couber ao recorrido.

CORRESPONDÊNCIA NO CPC/1973: *ART. 13.*

1. Ausência de capacidade de estar em juízo ou de capacidade postulatória e primazia do julgamento de mérito. A capacidade de estar em juízo, a capacidade postulatória e a regularidade da representação em juízo da parte ou do terceiro constituem pressupostos de validade do processo. Havendo incapacidade de estar em juízo, incapacidade postulatória ou irregularidade na representação da parte, o juiz deve suspender o processo e designar um prazo razoável para que o vício seja sanado. Se o vício disser respeito ao terceiro, também deverá ser estabelecido um prazo razoável para seu saneamento, mas sem a suspensão do processo. Trata-se de regra em sintonia com o princípio da primazia do julgamento de mérito adotado pelo CPC/2015.

2. Vício não sanado pelo autor em instância originária. Em instância originária, oportunizado ao autor e não realizado o saneamento do vício processual referente à sua incapacidade de estar em juízo, à sua incapacidade postulatória ou à sua irregularidade de representação, o processo será extinto sem resolução de mérito por ausência de pressuposto processual de validade (art. 485, IV).

3. Vício não sanado pelo réu em instância originária. Em instância originária, oportunizado ao réu e não realizado o saneamento do vício processual referente à sua incapacidade de estar em juízo, à sua incapacidade postulatória ou à sua irregularidade de representação, o réu será considerado como revel, incidindo, na espécie, a presunção de veracidade das alegações de fatos apresentadas pelo autor (art. 344) e iniciando a contagem dos prazos com a publicação do pronunciamento judicial no Diário da Justiça, salvo se tiver patrono nos autos regularmente constituído (art. 346).

4. Vício não sanado pelo terceiro em instância originária. Em instância originária, oportunizado ao terceiro e não realizado o saneamento do vício processual referente à sua incapacidade de estar em juízo, à sua incapacidade postulatória ou à sua irregularidade de representação, o terceiro será excluído do processo, com o desentranhamento de suas petições, nos casos de assistência e de *amicus curiae*; ou, ainda, será considerado como revel, nos casos de denunciação da lide, de chamamento ao processo e de desconsideração da personalidade jurídica.

5. Vício não sanado pelo recorrente em grau recursal. Nos Tribunais, antes de considerar inadmissível o recurso, o relator concederá prazo de 5 (cinco) dias ao recorrente para sanar o vício referente à sua incapacidade de estar em juízo, à sua incapacidade postulatória ou à sua irregularidade de representação (art. 932, parágrafo único). Não sanado, o relator monocraticamente não conhecerá do recurso por inadmissibilidade (art. 932, III). Diante da possibilidade expressa de saneamento de vício nos tribunais superiores, o recurso especial interposto por advogado sem procuração nos autos não pode ser considerado processualmente inexistente, superando a Súmula 115 do STJ. Nesse sentido, o Enunciado 83 do FPPC: "Fica superado o enunciado 115 da súmula do STJ após a entrada em vigor do novo CPC ('Na instância especial é inexistente recurso interposto por advogado sem procuração nos autos')".

6. Vício não sanado pelo recorrido em grau recursal. Nos Tribunais, oportunizado ao recorrido e não realizado o saneamento do vício processual referente à sua incapacidade de estar em juízo, à sua incapacidade postulatória ou à sua irregularidade de representação no prazo estipulado, o relator deve determinar o desentranhamento das contrarrazões por ele ofertadas.

CAPÍTULO II - Dos Deveres das Partes e de seus Procuradores

SEÇÃO I - Dos Deveres

ARTIGO 77.

Além de outros previstos neste Código, são deveres das partes, de seus procuradores e de todos aqueles que de qualquer forma participem do processo:

I – expor os fatos em juízo conforme a verdade;

II – não formular pretensão ou de apresentar defesa quando cientes de que são destituídas de fundamento;

III – não produzir provas e não praticar atos inúteis ou desnecessários à declaração ou à defesa do direito;

IV – cumprir com exatidão as decisões jurisdicionais, de natureza provisória ou final, e não criar embaraços à sua efetivação;

V – declinar, no primeiro momento que lhes couber falar nos autos, o endereço residencial ou profissional onde receberão intimações, atualizando essa informação sempre que ocorrer qualquer modificação temporária ou definitiva;

VI – não praticar inovação ilegal no estado de fato de bem ou direito litigioso.

§ 1º Nas hipóteses dos incisos IV e VI, o juiz advertirá qualquer das pessoas mencionadas no *caput* de que sua conduta poderá ser punida como ato atentatório à dignidade da justiça.

§ 2º A violação ao disposto nos incisos IV e VI constitui ato atentatório à dignidade da justiça, devendo o juiz, sem prejuízo das sanções criminais, civis e processuais cabíveis, aplicar ao responsável multa de até vinte por cento do valor da causa, de acordo com a gravidade da conduta.

§ 3º Não sendo paga no prazo a ser fixado pelo juiz, a multa prevista no § 2º será inscrita como dívida ativa da União ou do Estado após o trânsito em julgado da decisão que a fixou, e sua execução observará o procedimento da execução fiscal, revertendo-se aos fundos previstos no art. 97.

§ 4º A multa estabelecida no § 2º poderá ser fixada independentemente da incidência das previstas nos arts. 523, § 1º, e 536, § 1º.

§ 5º Quando o valor da causa for irrisório ou inestimável, a multa prevista no § 2º poderá ser fixada em até 10 (dez) vezes o valor do salário-mínimo.

§ 6º Aos advogados públicos ou privados e aos membros da Defensoria Pública e do Ministério Público não se aplica o disposto nos §§ 2º a 5º, devendo eventual responsabilidade disciplinar ser apurada pelo respectivo órgão de classe ou corregedoria, ao qual o juiz oficiará.

§ 7º Reconhecida violação ao disposto no inciso VI, o juiz determinará o restabelecimento do estado anterior, podendo, ainda, proibir a parte de falar nos autos até a purgação do atentado, sem prejuízo da aplicação do § 2º.

§ 8º O representante judicial da parte não pode ser compelido a cumprir decisão em seu lugar.

CORRESPONDÊNCIA NO CPC/1973: *ARTS. 14, 39, 879 E 881*

1. Deveres processuais. Os deveres processuais consistem em determinadas vinculações ou limitações à vontade dos sujeitos do processo (partes, advogados, membros de Ministério Público, terceiros e de todos aqueles que de qualquer forma participem do processo, como os auxiliares da justiça, os que auxiliam na descoberta da verdade – testemunhas, peritos etc.) que por eles são alcançados, devendo ser cumpridos, sob pena de o sujeito praticar um ilícito processual e submeter-se a sanção jurídica estipulada. Todos os sujeitos do processo são destinatários dos deveres processuais.

2. Boa-fé, cooperação e deveres processuais. O CPC/2015 positivou a boa-fé objetiva e a cooperação como normas fundamentais do processo civil (arts. 5º e 6º). A conduta dos sujeitos durante todo o processo deve ser pautada na boa-fé e na cooperação, para que as partes obtenham a solução integral do mérito em um tempo razoável (art. 4º). Presume-se a boa-fé dos sujeitos do processo, devendo a má-fé ser provada. (MILHOMENS, Jonatas, *Da presunção de boa-fé no processo civil*, Rio de Janeiro, Forense, 1961, p. 62). Por sua vez, o art. 77 estabelece diversos deveres que devem ser observados pelos sujeitos processuais, sob pena de serem sancionados e responsabilizados civilmente (arts. 79 a 81, CPC).

3. Dever de veracidade. Os sujeitos processuais têm como dever expor suas alegações sobre os fatos de acordo com a verdade. Independentemente das discussões científicas a respeito da existência de verdade, o art. 77, I, do CPC/2015 estabelece o dever de veracidade, ou seja, de os sujeitos do processo não alterarem os fatos, com afirmações dolosas de fatos inexistentes ou com a omissão intencional de fatos relevantes, de modo a fazer com que o juiz compreenda-os de forma deturbada.

4. Dever de não formular pedidos e de não apresentar defesa sem fundamento. Os sujeitos do processo não devem formular pretensão ou apresentar defesa que sejam destituídas de fundamento. "Fundamento", aqui, é utilizado como fundamento de direito, ou seja, a ninguém é dado ir a juízo para sustentar o antijurídico.

5. Dever de não produção de provas inúteis ou desnecessárias. Todo aquele que busca a tutela jurisdicional em favor próprio ou de terceiro deve apresentar ao Poder Judiciário, em regra, a prova das alegações sobre fatos, sob pena de o juiz julgar com base no ônus da prova (art. 373). O art. 77, III, institui dever de não produção de provas inúteis ou desnecessárias à solução da causa, devendo o juiz indeferir o requerimento de realização destas provas (art. 370, parágrafo único) diante do quadro probatório existente nos autos.

6. Dever de não praticar atos inúteis ou desnecessários. Recai sobre todos os sujeitos do processo o dever de não praticar atos inúteis ou desnecessários à solução da causa. São exemplos desses atos: (i) a apresentação de impugnação ao cumprimento de sentença ou de embargos à execução versando sobre matéria já decidida no curso da demanda cognitiva; (ii) o arrolamento doloso de pessoas inexistentes como terceiros intervenientes no processo ou como testemunhas; e (iii) a indicação dolosa de endereço errado, entre outras hipóteses.

7. Deveres de cumprimento das decisões judiciais e de não embaraçamento à efetivação da tutela jurisdicional. Todos os sujeitos do processo têm o dever de cumprir as decisões judiciais, sejam elas provisórias (antecipada, cautelar ou de evidência) ou definitivas. Possuem também o dever de não criar embaraços à efetivação da tutela jurisdicional. (art. 77, § 1º).

8. Dever de comunicar endereço residencial ou profissional. Os sujeitos processuais possuem o dever de indicar o endereço, pessoal e eletrônico, onde receberão as intimações para a ciência dos atos do processo, bem como o dever de mantê-los atualizados, sob pena de serem considerados como intimados quando não encontrados no endereço constante dos autos.

9. Dever de não inovar ilegalmente. Atentado. Os sujeitos processuais possuem o dever negativo de não inovarem ilegalmente no estado de fato de bem ou de direito litigioso. Essa inovação ilegal é conhecida como atentado. Ao reconhecer sua ocorrência, o juiz deve determinar o retorno do processo ao estado anterior e proibir o sujeito processual que o praticou de manifestar até a sua purgação, podendo ainda condená-lo à sanção pela prática de ato atentatório à dignidade da justiça.

10. Contraditório, cooperação e boa-fé processual: Dever de prevenção. O dever de prevenção é inerente ao princípio da cooperação (art. 6º) e justifica a atuação do juiz de sugerir aos sujeitos processuais determinada forma de atuação. (SOUSA, Miguel Teixeira de, *Estudos sobre o novo processo civil*, 2. ed., Lisboa, Lex, 1997, p. 66). Por decorrência do dever de prevenção, o juiz deve advertir os sujeitos do processo de que eles poderão ser punidos pela prática de atos considerados como atentatórios à dignidade da justiça, quando os referidos sujeitos violarem os deveres de cumprimento das decisões judiciais, de não embaraçar a efetivação da tutela jurisdicional e de não inovar ilegalmente.

11. Atos atentatórios à dignidade da justiça. O parágrafo 2º do art. 77 do CPC/2015 tipifica como ato atentatório à dignidade da justiça a prática de ato processual que consista em violação aos deveres de cumprimento das decisões judiciais, de não embaraçamento à efetivação da tutela jurisdicional (art. 77, IV) e o dever de não inovar ilegalmente (art. 77, VI). Em respeito ao princípio do contraditório (art. 5º, XIV, CF/1988; arts. 9º e 10, CPC/2015), depois de oportunizar que o sujeito processual se manifeste a respeito, o juiz deverá condená-lo ao pagamento de multa de até 20% (vinte por cento) sobre o valor da causa, em decisão fundamentada, de acordo com a gravidade da conduta que violar os deveres de cumprimento das decisões judiciais, de não embaraçamento à efetivação da tutela jurisdicional (art. 77, IV) e ou de não cometer atentado (art. 77, VI). Se o valor da causa for irrisório ou inestimável, a multa por ato atentatório à dignidade da justiça será fixada em até 10 (dez) vezes o valor do salário-mínimo vigente no país.

12. Titularidade da multa por ato atentatório à dignidade da justiça. A multa por ato atentatório à dignidade da justiça (arts. 77, § 2º; 334, § 8º) é de titularidade da União, dos Estados ou do Distrito Federal, de acordo com órgão que aplicá-la, diferentemente das multas por litigância de má-fé (art. 81) e a multa periódica pelo descumprimento de ordem judicial que determinar o cumprimento de obrigação de fazer, de não fazer ou de entregar coisa (art. 537), que são de titularidade da parte contrária.

13. Dívida ativa, execução fiscal e fundo de apoio à modernização do Poder Judiciário. Sendo a multa pela prática de ato atentatório à dignidade da justiça de titularidade da União, dos Estados ou do Distrito Federal, em caso de não pagamento no prazo fixado pelo juiz, após o trânsito em julgado da decisão que a fixou, a multa será inscrita como dívida ativa, e sua execução seguirá o procedimento da execução fiscal, atualmente previsto na Lei 6.830/1980. O valor arrecadado será revertido ao fundo de apoio à modernização do Poder Judiciário, destinado a financiar projetos que visem a aprimorar a prestação da tutela jurisdicional (art. 97).

14. Cumulação de multas processuais. A multa pela prática de ato atentatório à dignidade da justiça é cumulável com a multa pelo não pagamento voluntário do débito reconhecido por decisão judicial (arts. 523, § 1º) e com a multa periódica pelo descumprimento de ordem judicial que determinar o cumprimento de obrigação de fazer, de não fazer ou de entregar coisa (art. 536, § 1º).

15. Inaplicabilidade da multa por ato atentatório à dignidade da justiça aos advogados, aos defensores públicos e aos membros do Ministério Público. Os advogados, os defensores públicos e os membros do Ministério Público não serão condenados pela prática de atos violadores aos deveres de cumprimento das decisões judiciais, de não embaraçamento à efetivação da tutela jurisdicional (art. 77, IV) e/ou de não cometer atentado (art. 77, VI), por presentarem ou representarem a parte ou o terceiro em juízo. Entretanto, o juiz deverá encaminhar ofício à OAB ou às Corregedorias da Defensoria Pública e do Ministério Público, com cópia dos documentos necessários para apuração de eventual responsabilidade disciplinar.

16. Dever das partes de cumprir as decisões judiciais. O dever de cumprir as decisões judiciais recai apenas sobre as partes ou terceiros, não podendo os advogados, os defensores públicos, os membros do Ministério Público serem compelidos a cumprir a decisão judicial em seu lugar. Compete à parte ou ao terceiro cumprir os mandamentos judiciais (art. 77, § 8º).

ARTIGO 78.

É vedado às partes, a seus procuradores, aos juízes, aos membros do Ministério Público e da Defensoria Pública e a qualquer pessoa que participe do processo empregar expressões ofensivas nos escritos apresentados.

§ 1º Quando expressões ou condutas ofensivas forem manifestadas oral ou presencialmente, o juiz advertirá o ofensor de que não as deve usar ou repetir, sob pena de lhe ser cassada a palavra.

§ 2º De ofício ou a requerimento do ofendido, o juiz determinará que as expressões ofensivas sejam riscadas e, a requerimento do ofendido, determinará a expedição de certidão com inteiro teor das expressões ofensivas e a colocará à disposição da parte interessada.

CORRESPONDÊNCIA NO CPC/1973: *ART. 15.*

1. **Dever de urbanidade.** Em decorrência do dever de urbanidade, é vedado aos sujeitos do processo empregar expressões ofensivas em suas manifestações processuais. Embora o dispositivo vede expressamente apenas "nos escritos apresentados", é certo que essa proibição é extensível às demais formas de prática de atos processuais, tanto oral quanto audiovisual.

2. **Violação ao dever de urbanidade.** A violação ao dever de não empregar expressões ofensivas pelos sujeitos processuais pode ocorrer de duas formas, por escrito, nos arrazoados, ou oralmente. Quando a violação ocorrer de forma oral, presencialmente ou não, o juiz deverá advertir o sujeito para não empregar mais expressões ofensivas, sob pena de ter seu direito ao uso da palavra limitado e cassado. Esse dever de prevenção, inerente ao princípio da cooperação (art. 6º), justifica a sugestão pelo juiz de determinada forma de atuação. (SOUSA, Miguel Teixeira de, *Estudos sobre o novo processo civil*, 2. ed., Lisboa, Lex, 1997, p. 66). Por outro lado, se as expressões ofensivas forem utilizadas nos escritos apresentados em juízo, o juiz, *ex officio* ou a requerimento do ofendido, deverá determinar que elas sejam riscadas.

3. **Certidão de interior.** O ofendido poderá requerer a expedição de certidão com o inteiro teor das expressões ofensivas apresentadas em juízo. Nada impede, em nosso sentir, que o juiz determine *ex officio* a extração de cópia do peça processual e encaminhe à OAB para apuração de eventual falta ética profissional do advogado. Com efeito, o art. 45 do Código de Ética e Disciplina da OAB impõe "ao advogado o emprego de linguagem escorreita e polida.".

SEÇÃO II – Da Responsabilidade das Partes por Dano Processual

Artigo 79.
Responde por perdas e danos aquele que litigar de má-fé como autor, réu ou interveniente.
CORRESPONDÊNCIA NO CPC/1973: *ART. 16.*

1. **Responsabilidade civil processual.** Além da multa processual, o litigante de má-fé que pratica algum dos atos elencados no art. 80 ou outros violadores da cláusula geral de boa-fé processual (art. 5º) responde civilmente por perdas e danos causados, devendo comprová-los em juízo. Por perdas e danos, entendem-se tanto os danos emergentes quanto os lucros cessantes decorrentes de forma direta da conduta do agente (arts. 402 e 403, CC/2002). O art. 79 é dispensável, já que a responsabilidade civil pelos danos decorrentes de atos processuais é prevista no art. 81.

Artigo 80.
Considera-se litigante de má-fé aquele que:
I – deduzir pretensão ou defesa contra texto expresso de lei ou fato incontroverso;
II – alterar a verdade dos fatos;
III – usar do processo para conseguir objetivo ilegal;
IV – opuser resistência injustificada ao andamento do processo;
V – proceder de modo temerário em qualquer incidente ou ato do processo;
VI – provocar incidente manifestamente infundado;
VII – interpuser recurso com intuito manifestamente protelatório.
CORRESPONDÊNCIA NO CPC/1973: *ART. 17.*

1. **Litigância de má-fé.** A litigância de má-fé é uma modalidade de abuso de processo, caracterizado pelo uso anormal ou incorreto dos ônus, dos poderes, das faculdades e dos deveres (situações subjetivas) conferidos aos sujeitos processuais, que praticam atos processuais com desvio de finalidade. (ABDO, Helena Najjar, *O abuso do processo*, São Paulo, RT, 2007, p. 88-98).
2. **Formulação de pedidos e apresentação de defesa sem fundamento.** Os sujeitos do processo não devem formular pretensão ou apresentar defesa que sejam destituídas de fundamento (art. 77, II). Como a ninguém é dado ir a juízo para sustentar o antijurídico os sujeitos processuais – ao formularem pedido ou defenderem-se com fundamento contrário a texto expresso de lei ou a fatos incontroversos na demanda com a intenção de ganhar tempo ou de desviar a atenção do juízo –praticam atos de litigância

de má-fé, caracterizando-os como abuso do direito de demandar ou de defender (art. 80, I). Nos Estados Unidos, no âmbito do direito econômico e concorrencial, o ato de ajuizar demandas sem qualquer perspectiva de sucesso e com a finalidade oculta de prejudicar seu concorrente direto é denominado de "*sham litigation*". (BOVINO, Marcio Lamonica, *Abuso do direito de ação*, Curitiba, Juruá, 2012).

3. Alterar a verdade dos fatos. Os sujeitos processuais têm como dever expor suas alegações sobre os fatos de acordo com a verdade (dever de veracidade). Independentemente das discussões científicas a respeito da existência de verdade, os sujeitos do processo praticarão ato de litigância de má-fé, quando alterarem os fatos, com afirmações dolosas de fatos inexistentes ou com a omissão intencional de fatos relevantes, de modo a fazer que o juiz os compreenda de forma deturpada (art. 80, II).

4. Obter objetivo ilegal. Ao usar do processo para conseguir objetivo ilegal, a parte pratica ato com desvio de sua finalidade, em litigância de má-fé (art. 80, III).

5. Resistência injustificada. A oposição injustificada ao curso do processo constitui ato de litigância de má-fé caracterizado por atitudes com a intenção de dificultar ou de procrastinar o andamento do processo. (ALVIM, José Manoel Arruda, "Resistência injustificada ao andamento do processo", in *Revista de Processo*, São Paulo, v. 69, 1980, p. 7-24).

6. Temeridade. O sujeito processual age de forma temerária ao praticar ato com dolo ou com culpa grave, independentemente da consequência jurídica de sua prática, como ocorre, entre outros exemplos, no arrolamento doloso de pessoas inexistentes como terceiros intervenientes no processo ou como testemunhas e na indicação dolosa de endereço errado.

7. Incidente manifestamente infundado. Ao provocar incidente manifestamente infundado, com a intenção de ganhar tempo ou de desviar a atenção do juízo, a parte age com litigância de má-fé.

8. Recurso protelatório. O abuso do direito de recorrer, com intenção manifestamente protelatória, constitui ato de litigância de má-fé repelido pelo art. 80, VII (STF, AgRg em Ag 251.361-4/MG). O propósito protelatório da interposição infundada de recurso decorre em regra, do intuito de vedar a eficácia da decisão recorrida (LUCON, Paulo Henrique dos Santos, "Abuso do exercício do direito de recorrer", in WAMBIER, Teresa Arruda Alvim (Coord.), *Aspectos polêmicos e atuais dos recursos cíveis*, São Paulo, RT, 2001, p. 884). Há indício de abuso do direito de recorrer, a ser analisado de acordo com as circunstâncias do caso concreto, quando o recurso é interposto contra matéria transitada em jugado ou preclusa, bem como contra matéria fixada em súmula vinculante ou em tese jurídica firmada em controle concentrado de constitucionalidade, incidente de resolução de demandas repetitivas, incidente de assunção de competência e julgamento de recursos extraordinário e especial repetitivos, sem demonstrar a existência de distinção no caso em julgamento ou a superação do entendimento.

ARTIGO 81.
De ofício ou a requerimento, o juiz condenará o litigante de má-fé a pagar multa, que deverá ser superior a um por cento e inferior a dez por cento do valor corrigido da causa, a indenizar a parte contrária pelos prejuízos que esta sofreu e a arcar com os honorários advocatícios e com todas as despesas que efetuou.

§ 1º Quando forem 2 (dois) ou mais os litigantes de má-fé, o juiz condenará cada um na proporção de seu respectivo interesse na causa ou solidariamente aqueles que se coligaram para lesar a parte contrária.

§ 2º Quando o valor da causa for irrisório ou inestimável, a multa poderá ser fixada em até 10 (dez) vezes o valor do salário-mínimo.

§ 3º O valor da indenização será fixado pelo juiz ou, caso não seja possível mensurá-lo, liquidado por arbitramento ou pelo procedimento comum, nos próprios autos.

CORRESPONDÊNCIA NO CPC/1973: *ART. 18.*

1. **Tripla condenação pela litigância de má-fé.** O litigante de má-fé pode ser triplamente condenado, pelo juiz, de ofício ou a requerimento, por conta de seus atos de litigância de má-fé. A primeira condenação é ao pagamento de multa; a segunda, a indenizar os dados sofridos pela parte contrária; e a terceira, a arcar com pagamento dos honorários do advogado e das despesas processuais.

2. **Condenação de ofício e vedação a prolação de decisão surpresa.** A tríplice condenação do litigante de má-fé deve ser precedida pela possibilidade de manifestação das partes a respeito, em observância ao direito fundamental ao contraditório e à regra dele decorrente da proibição de prolação de *decisão surpresa* (art. 10). (SANTOS, Welder Queiroz dos, *Vedação à decisão surpresa no processo civil*, Dissertação de Mestrado (Direito), Pontifícia Universidade Católica de São Paulo, São Paulo, Brasil, 2012, p. 194--8). O reconhecimento de ofício da má-fé processual e a condenação da parte em litigância de má-fé, sem assegurar a ela o direito de manifestar, constitui grave vício, de modo a ofender o devido processo legal e afrontar o contraditório e a ampla defesa. (STOCO, Rui, *Abuso do direito e má-fé processual*, São Paulo, RT, 2002, p. 101; SHIMURA, Sérgio Seiji, *Tutela coletiva e sua efetividade*, São Paulo, Método, 2006, p. 116-7; SOUZA, Gelson Amaro de, "Litigância de má-fé e o direito de defesa", in *Revista Bonijuris*, n. 550, Curitiba, 2009, p. 5-11).

3. **Titularidade da multa por litigância de má-fé.** A multa pela prática de atos de litigância de má-fé é de titularidade da parte contrária, diferentemente da multa por ato atentatório à dignidade da Justiça (arts. 77, §2º; 334, §8º), que é de titularidade da União, dos Estados ou do Distrito Federal, de acordo com órgão jurisdicional que aplicá-la.

4. **Colitigância de má-fé.** Se dois ou mais sujeitos processuais praticarem atos de litigância de má-fé, a condenação no pagamento da multa, da indenização e das despesas

processuais será proporcional a seu interesse na demanda. No entanto, se os atos processuais forem praticados em coligação, a responsabilidade será solidária.

5. Causa de valor irrisório ou inestimável. O art. 81, §2º, estabelece que a multa por ato de litigância de má-fé poderá ser fixada em até 10 (dez) vezes o valor do salário-mínimo nas causas de valor irrisório ou inestimável.

6. *Quantum* indenizatório. Após a apuração da extensão dos danos, o juiz fixará o valor da indenização ou, caso não seja possível quantificá-lo no momento da prolação da decisão, o valor da multa será apurado em liquidação de sentença (arts. 509 a 521).

SEÇÃO III – Das Despesas, dos Honorários Advocatícios e das Multas

Artigo 82.
Salvo as disposições concernentes à gratuidade da Justiça, incumbe às partes prover as despesas dos atos que realizarem ou requererem no processo, antecipando-lhes o pagamento, desde o início até a sentença final ou, na execução, até a plena satisfação do direito reconhecido no título.

§ 1º Incumbe ao autor adiantar as despesas relativas a ato cuja realização o juiz determinar de ofício ou a requerimento do Ministério Público, quando sua intervenção ocorrer como fiscal da ordem jurídica.

§ 2º A sentença condenará o vencido a pagar ao vencedor as despesas que antecipou.

CORRESPONDÊNCIA NO CPC/1973: *ART. 19.*

1. Despesas processuais. O Estado necessita de captação de recursos materiais para prestar seus serviços públicos e para manter sua estrutura. Especificamente para o funcionamento do Poder Judiciário, em fatos geradores diversos, incide a taxa, uma espécie de tributo que deve ser paga pelo jurisdicionado como contraprestação direta da atividade jurisdicional do Estado (art. 145, II, CF/1988). Além das taxas que devem ser recolhidas para que o Estado preste sua tutela jurisdicional, há outras despesas no curso no processo que devem ser pagas pelas partes referentes aos atos que realizarem ou requererem. Assim, por "despesas processuais" compreendem-se os gastos que o jurisdicionado deve arcar em juízo, de natureza tributária e não tributária, para que o Poder Judiciário preste sua função de dizer e satisfazer o direito daquele que tem razão. As despesas processuais mais comuns são as taxas e custas para ingresso em juízo; para envio, por via postal, das citações e das intimações; para realização de diligências por oficial de justiça, para porte de remessa e de retorno dos autos; para publicações de editais; para expedição de cartas (de sentença, de arrematação, de adjudicação etc.); para pagamento de honorários de peritos e de indenização às testemunhas, etc. Na Justiça Federal, boa parte do tratamento das despesas processuais é regulada pela Lei 9.289/1996. Já na Justiça Estadual, cada

Estado Federativo possui sua previsão legislativa própria. A taxa judiciária normalmente é cobrada em cima do valor da causa, mas a lei deve estabelecer um limite, sob pena de comprometer o direito fundamental de acesso à justiça (Súmula 667, STF).

2. Ônus de antecipação das despesas processuais. As despesas devem ser pagas para que os atos processuais sejam realizados. Trata-se de um ônus da parte, pois estabelece um vínculo necessário para a realização de um interesse próprio, qual seja, a realização do ato processual. (CARNELUTTI, Francesco, *Sistema di diritto processuale civile*, v. I, Padova, CEDAM, 1936, p. 55). Há, portanto, um ônus de pagamento das despesas de forma prévia à realização do ato processual. Assim, se não houver o recolhimento das despesas para ingresso em juízo, a demanda pode ser extinta sem análise do mérito, salvo se a parte tiver direito ao benefício da gratuidade da justiça. Da mesma forma, se não for recolhido o valor destinado à diligência do oficial de justiça para a prática de determinado ato processual, esse ato não se concretizará.

3. Responsável pelo pagamento das despesas processuais. Por tratar-se de um ônus, o pagamento das despesas processuais incumbe à parte que realizar ato processual ou que requerer a sua prática. Assim, compete ao autor realizar o pagamento das despesas para a admissão da demanda em juízo e de outros atos que praticar ou que requerer a sua realização e ao réu o pagamento das despesas dos atos que realizar ou que requerer a sua prática. No entanto, no âmbito processual, a realização de um ato pode decorrer de determinação judicial *ex officio* ou decorrente de requerimento feito pelo Ministério Público como fiscal da ordem jurídica. Nessas hipóteses, compete ao autor o adiantamento das despesas processuais (art. 82, § 1º).

4. Dever de reembolsar as despesas processuais. O processo não pode resultar em prejuízo para o vencedor. É célebre a afirmação de Giuseppe Chiovenda de que "o processo deve dar, quando for possível praticamente, a quem tenha um direito, tudo aquilo e exatamente aquilo que ele tenha direito de conseguir". (CHIOVENDA, Giuseppe, *Instituições de direito processual civil*,v.1, São Paulo, Saraiva, 1942, p. 64). Por essa razão, o juiz deve condenar, na sentença, a parte vencida a pagar todas as despesas que o vencedor antecipou (art. 82, § 2º). Trata-se de "dever de reembolsar as despesas processuais", pois estabelece uma vinculação do vencido que é alcançado pelo dever de efetuar o pagamento das despesas, sob pena de praticar um ilícito e submeter-se a execução forçada, até a plena satisfação do direito do vencedor. Eros Grau fornece distinção doutrinária entre obrigação, dever e ônus. (GRAU, Eros Roberto, "Notas sobre a distinção entre obrigação, dever e ônus", in *Revista da Faculdade de Direito*, v.77, São Paulo, Universidade de São Paulo, 1982, p. 177-183).

Artigo 83.

O autor, brasileiro ou estrangeiro, que residir fora do Brasil ou deixar de residir no país ao longo da tramitação de processo prestará caução sufi-

ciente ao pagamento das custas e dos honorários de advogado da parte contrária nas ações que propuser, se não tiver no Brasil bens imóveis que lhes assegurem o pagamento.

§ 1º Não se exigirá a caução de que trata o *caput*:

I – quando houver dispensa prevista em acordo ou tratado internacional de que o Brasil faz parte;

II – na execução fundada em título extrajudicial e no cumprimento de sentença;

III – na reconvenção.

§ 2º Verificando-se no trâmite do processo que se desfalcou a garantia, poderá o interessado exigir reforço da caução, justificando seu pedido com a indicação da depreciação do bem dado em garantia e a importância do reforço que pretende obter.

CORRESPONDÊNCIA NO CPC/1973: *ARTS. 835, 836 E 837.*

1. Ônus de prestar caução. O art. 83 estabelece o ônus de prestar caução ao autor residente ou que vier a residir fora do Brasil, para a realização dos atos processuais. No CPC/1973, esse ônus constava nas disposições cautelares relativas à caução. A caução deve ser em valor suficiente para garantir o pagamento das custas e dos honorários do advogado do réu, desde que o autor não tenha no Brasil bens imóveis em valor equivalente para assegurar o pagamento.

2. Caução real e caução fidejussória. A caução a ser prestada pode ser real ou fidejussória. Será real a caução prestada em forma de garantia real, como a hipoteca (bens imóveis), o penhor (bens móveis) e a anticrese (frutos e rendimentos de bem imóvel). A caução real por garantia hipotecária somente ocorrerá, nessa hipótese, se dada por terceiro, uma vez que a existência de bens imóveis em nome do autor residente fora do Brasil, por si só, dispensa a caução. Nos casos de garantia real, os bens dados em caução ou seus frutos e rendimentos passam a ser a garantia de pagamento das despesas processuais e dos honorários advocatícios. De modo diverso, a caução pode ser fidejussória, quando um terceiro assumir a responsabilidade pelo pagamento das custas e dos honorários do advogado do réu, caso o autor seja vencido.

3. Consequência jurídica do não cumprimento do ônus de prestar caução. Por tratar-se de pressuposto processual negativo, a falta de caução estabelecida pelo art. 83 como ônus ao autor residente ou que vier a residir fora do Brasil tem como consequência jurídica a extinção do processo sem resolução do mérito. Com efeito, incumbe ao réu alegar, em preliminar de contestação, a falta de caução ou de outra prestação exigida por lei (art. 337, XII), devendo o magistrado, quando o réu não alegar, conhecer da matéria de ofício (art. 337, §5º).

4. Primazia do julgamento de mérito, cooperação e dever de auxílio. Antes de proferir a sentença terminativa, o magistrado deverá dar oportunidade ao autor de corrigir o vício, de desincumbir-se de seu ônus e de prestar a caução suficiente paga pagar eventual sucumbência na causa (arts. 139, IX, 317, 352, 485, §1º), sob pena de proferir "decisão surpresa" (art. 10). A regra está em sintonia com o espírito do CPC/2015, que estabelece que as partes têm o direito de obter "a solução integral do mérito" (art. 4º). Ademais, a decisão judicial deve decorrer de uma comunidade de trabalho (*"arbeits-gemeinschaft"*) entre o juiz e as partes, em cooperação (art. 6º). Em relação ao juiz, da cooperação processual decorrem, entre outros, o dever de auxílio, devendo ajudar as partes a superar as possíveis dificuldades de exercer direitos ou faculdades ou, ainda, de cumprir seus ônus ou seus deveres processuais. (SOUSA, Miguel Teixeira de, *Estudos sobre o novo processo civil*, 2. ed., Lisboa, Lex, 1997, p. 67). Assim, o juiz deve oportunizar a prestação de caução suficiente ao pagamento das despesas processuais e dos honorários do advogado da parte contrária ao autor que residir ou que vier a residir fora do Brasil ao longo da tramitação processual, caso não comprove possuir bens imóveis suficientes para garantir o seu pagamento.

5. Dispensa de caução por tratado internacional. O ônus de prestar caução ao autor que reside ou que vier a residir fora do Brasil, para a realização dos atos proces-suais, não existirá quando o Brasil tiver celebrado, ratificado, depositado e promulgado acordo ou tratado internacional com previsão de dispensa de caução. Por exemplo, a Argentina, o Brasil, o Paraguai, o Uruguai, países integrantes do Mercosul na época, juntamente com a Bolívia e o Chile, assinaram, em Buenos Aires, no dia 05/07/2002, o Protocolo de Las Leñas de cooperação e de assistência jurisdicional em matéria civil, comercial, trabalhista e administrativa. O referido diploma prevê, em seu art. 4º, que não poderão ser impostos caução ou depósito em razão da qualidade de cidadão ou residente nos Estados-Parte, sendo essa previsão extensível às pessoas jurídicas. O tratado interna-cional foi promulgado pelo Decreto Presidencial 6.891/2009.

6. Dispensa de caução na execução forçada. Na fase de cumprimento da sentença ou na execução de título extrajudicial, não será exigida a caução ao exequente que reside ou que vier a residir fora do Brasil. Como na execução forçada, enquanto não impugnada ou embargada, não há dúvida quanto à condição de credor, não há necessidade de o exe-quente garantir o juízo com caução.

7. Dispensa de caução na reconvenção. A reconvenção é a ação pelo réu em face do autor na mesma relação jurídica processual. O art. 83, § 1º, III, dispensa caução quando o réu apresentar reconvenção.

8. Reforço de caução. O réu poderá requerer, em juízo, que o autor que mora fora ou que vier a morar fora do Brasil reforce a garantia, caucionando outros bens ou apre-sentando outro garantidor, toda vez que houver um desequilíbrio superveniente entre o valor do bem dado em garantia e o montante a ser garantido, indicando o valor neces-sário do reforço.

Artigo 84.

As despesas abrangem as custas dos atos do processo, a indenização de viagem, a remuneração do assistente técnico e a diária de testemunha.
CORRESPONDÊNCIA NO CPC/1973: *ART. 20.*

1. Despesas processuais. Por despesas processuais, compreendem-se todos os gastos que as partes dispendem para a realização dos atos processuais e para o consequente desenvolvimento do processo até a concessão da tutela jurisdicional. Por consequência, as custas dos atos processuais, a indenização de viagem, a remuneração do assistente técnico e a diária de testemunha são apenas alguns exemplos que o art. 84 elencou como despesas processuais.

Artigo 85.

A sentença condenará o vencido a pagar honorários ao advogado do vencedor.

§ 1º São devidos honorários advocatícios na reconvenção, no cumprimento de sentença, provisório ou definitivo, na execução, resistida ou não, e nos recursos interpostos, cumulativamente.

§ 2º Os honorários serão fixados entre o mínimo de dez e o máximo de vinte por cento sobre o valor da condenação, do proveito econômico obtido ou, não sendo possível mensurá-lo, sobre o valor atualizado da causa, atendidos:

I – o grau de zelo do profissional;

II – o lugar de prestação do serviço;

III – a natureza e a importância da causa;

IV – o trabalho realizado pelo advogado e o tempo exigido para o seu serviço.

§ 3º Nas causas em que a Fazenda Pública for parte, a fixação dos honorários observará os critérios estabelecidos nos incisos I a IV do § 2º e os seguintes percentuais:

I – mínimo de dez e máximo de vinte por cento sobre o valor da condenação ou do proveito econômico obtido até 200 (duzentos) salários-mínimos;

II – mínimo de oito e máximo de dez por cento sobre o valor da condenação ou do proveito econômico obtido acima de 200 (duzentos) salários-mínimos até 2.000 (dois mil) salários-mínimos;

III – mínimo de cinco e máximo de oito por cento sobre o valor da condenação ou do proveito econômico obtido acima de 2.000 (dois mil) salários-mínimos até 20.000 (vinte mil) salários-mínimos;

IV – mínimo de três e máximo de cinco por cento sobre o valor da condenação ou do proveito econômico obtido acima de 20.000 (vinte mil) salários-mínimos até 100.000 (cem mil) salários-mínimos;

V – mínimo de um e máximo de três por cento sobre o valor da condenação ou do proveito econômico obtido acima de 100.000 (cem mil) salários--mínimos.

§ 4º Em qualquer das hipóteses do § 3º:

I – os percentuais previstos nos incisos I a V devem ser aplicados desde logo, quando for líquida a sentença;

II – não sendo líquida a sentença, a definição do percentual, nos termos previstos nos incisos I a V, somente ocorrerá quando liquidado o julgado;

III – não havendo condenação principal ou não sendo possível mensurar o proveito econômico obtido, a condenação em honorários dar-se-á sobre o valor atualizado da causa;

IV – será considerado o salário-mínimo vigente quando prolatada sentença líquida ou o que estiver em vigor na data da decisão de liquidação.

§ 5º Quando, conforme o caso, a condenação contra a Fazenda Pública ou o benefício econômico obtido pelo vencedor ou o valor da causa for superior ao valor previsto no inciso I do § 3º, a fixação do percentual de honorários deve observar a faixa inicial e, naquilo que a exceder, a faixa subsequente, e assim sucessivamente.

§ 6º Os limites e critérios previstos nos §§ 2º e 3º aplicam-se independentemente de qual seja o conteúdo da decisão, inclusive aos casos de improcedência ou de sentença sem resolução de mérito.

§ 7º Não serão devidos honorários no cumprimento de sentença contra a Fazenda Pública que enseje expedição de precatório, desde que não tenha sido impugnada.

§ 8º Nas causas em que for inestimável ou irrisório o proveito econômico ou, ainda, quando o valor da causa for muito baixo, o juiz fixará o valor dos honorários por apreciação equitativa, observando o disposto nos incisos do § 2º.

§ 9º Na ação de indenização por ato ilícito contra pessoa, o percentual de honorários incidirá sobre a soma das prestações vencidas acrescida de 12 (doze) prestações vincendas.

§ 10. Nos casos de perda do objeto, os honorários serão devidos por quem deu causa ao processo.

§ 11. O tribunal, ao julgar recurso, majorará os honorários fixados anteriormente levando em conta o trabalho adicional realizado em grau recursal, observando, conforme o caso, o disposto nos §§ 2º a 6º, sendo vedado ao tribunal, no cômputo geral da fixação de honorários devidos ao advogado do vencedor, ultrapassar os respectivos limites estabelecidos nos §§ 2º e 3º para a fase de conhecimento.

§ 12. Os honorários referidos no § 11 são cumuláveis com multas e outras sanções processuais, inclusive as previstas no art. 77.

§ 13. As verbas de sucumbência arbitradas em embargos à execução rejeitados ou julgados improcedentes e em fase de cumprimento de sentença serão acrescidas no valor do débito principal, para todos os efeitos legais.

§ 14. Os honorários constituem direito do advogado e têm natureza alimentar, com os mesmos privilégios dos créditos oriundos da legislação do trabalho, sendo vedada a compensação em caso de sucumbência parcial.

§ 15. O advogado pode requerer que o pagamento dos honorários que lhe caibam seja efetuado em favor da sociedade de advogados que integra na qualidade de sócio, aplicando-se à hipótese o disposto no § 14.

§ 16. Quando os honorários forem fixados em quantia certa, os juros moratórios incidirão a partir da data do trânsito em julgado da decisão.

§ 17. Os honorários serão devidos quando o advogado atuar em causa própria.

§ 18. Caso a decisão transitada em julgado seja omissa quanto ao direito aos honorários ou ao seu valor, é cabível ação autônoma para sua definição e cobrança.

§ 19. Os advogados públicos perceberão honorários de sucumbência, nos termos da lei.

CORRESPONDÊNCIA NO CPC/1973: *ART. 20.*

1. Advocacia e honorários advocatícios. O advogado é a antena supersensível da Justiça, na feliz expressão de Piero Calamandrei. (CALAMANDREI, Piero, *Eles, os juízes, vistos por nós, advogados*, 7. ed. Lisboa, Livraria Clássica, 1985), e, por isso, foi posto pela CF/1988 como indispensável à sua administração (art. 133, CF/1988).

Mesmo no exercício de sua atividade privada, o advogado exerce um *munus publico*, e suas atividades são revestidas de função social (art. 2º, Lei 8.906/1994), já que o exercício da advocacia é um instrumento garantidor da efetivação da cidadania.

Como profissional que é, autorizado a representar e defender as pessoas, tanto judicialmente, quanto extrajudicialmente, o advogado faz jus ao pagamento, como em toda profissão, de remuneração, denominados de honorários advocatícios (art. 23, Lei 8.906/1994). Os honorários advocatícios são a remuneração devida ao advogado em contrapartida à prestação de serviços jurídicos.

2. Espécies de honorários advocatícios. Os honorários advocatícios podem ser de três tipos: (i) contratuais ou convencionais; (ii) fixados por arbitramento judicial; e (iii) de sucumbência (art. 22, L8906/1994).

Os "honorários contratuais" são aqueles pactuados entre o advogado e o cliente por meio de um contrato, escrito ou verbal e são protegidos pelas Tabelas de Honorários de cada Seccional da OAB, que fixam os valores mínimos que podem ser pactuados em cada caso. Essa tabela visa à preservação da dignidade do advogado, estabelece sua justa remuneração e obsta o aviltamento dos honorários contratuais, já que esse desrespeito pode configurar, dependendo do caso, infração ético-disciplinar (art. 36, II e II, Lei 8.906/1994).

Já os "honorários arbitrados judicialmente" são aqueles fixados por sentença judicial, tendo em vista a inexistência de convenção entre advogado e cliente, ou de ter havido pacto verbal sob o qual há controvérsia. Sua defesa se efetiva por meio de "ação de arbitramento de honorários advocatícios", que é uma "ação de conhecimento," na qual o magistrado deve arbitrar, por sentença, os honorários em favor do advogado, em razão dos serviços prestados e em observância à Tabela da OAB (art. 22, §2º, Lei 8.906/1994).

Por fim, os "honorários de sucumbência" são aqueles que são fixados na sentença em favor do advogado do vencedor da demanda. Em regra, são as leis processuais, como faz o art. 85 do CPC/2015, que estabelecem os parâmetros para sua fixação.

3. Dia Nacional de Defesa dos Honorários Advocatícios. O Conselho Federal da Ordem dos Advogados do Brasil estabeleceu o dia 10 de agosto como o "Dia Nacional de Defesa dos Honorários Advocatícios". A fixação desta data é medida que merece aplausos da comunidade jurídica, em razão da importância da advocacia para a sociedade.

4. Breve histórico da titularidade dos honorários de sucumbência no Brasil. Até 1939, no Brasil, cada parte pagava integralmente os honorários de seus advogados, quer vencedor, quer vencido.

O CPC/1939 avançou timidamente na matéria, ao disciplinar no art. 64 que, quando a ação resultasse de dolo ou de culpa, contratual ou extracontratual, o juiz deveria condenar o réu vencido ao pagamento dos honorários do advogado do autor (art. 64, CPC/1939). O mesmo diploma, em seu art. 76, regulamentava que, caso o autor fosse beneficiário da justiça gratuita e saísse vitorioso na demanda, os honorários de seu advogado deveriam ser pagos pelo réu vencido (art. 76, CPC/1939).

Com essas regras em vigor, o entendimento era de que os honorários pertenciam à parte vencedora, como forma de ser indenizada pelo dinheiro que havia gasto com a contratação do advogado.

Foi com o antigo Estatuto da Advocacia que os honorários passaram a ser direito do advogado (art. 99, Lei 4.215/1963).

Pouco tempo depois, a Lei 4.632/1965 modificou a redação do art. 64 do CPC/1939 para suprimir a exigência de dolo ou culpa e para acabar com a desigualdade, determinando que a sentença condenaria o vencido a pagar os honorários ao advogado do vencedor (art. 64, CPC/1939, em redação dada pela Lei 4.632/1965).

Com a entrada em vigor do CPC/1973, a discussão a respeito da titularidade dos honorários foi reavivada pela redação de art. 20, e prevaleceu o entendimento de que os honorários pertenceriam à parte, em razão de a redação se referir a vencido e a vencedor.

Esse entendimento foi alterado com a entrada em vigor do atual Estatuto da Advocacia e da OAB, que prevê expressamente, em seu art. 23, que todas as espécies de honorários, inclusive os sucumbenciais, pertencem ao advogado (art. 23, Lei 8.906/1994).

Por sua vez, o art. 85 do CPC/2015, sem desconsiderar as transformações legislativas ocorridas ao longo do tempo, apresenta um novo regime jurídico aos honorários advocatícios sucumbenciais, mantendo a titularidade inequívoca dos honorários aos advogados.

5. Titularidade dos honorários de sucumbência. Os honorários de sucumbência são de titularidade do advogado, e não da parte: não só porque o art. 85, *caput*, prevê que o vencido será condenado na sentença ao pagamento de honorários ao advogado do vencedor, mas também porque o parágrafo 14 estabelece que os honorários são direito do advogado, na mesma linha do previsto no Estatuto da Advocacia e da OAB (art. 23, Lei 8.906/1994).

6. Regras da sucumbência e da causalidade. O regime jurídico dos honorários advocatícios sucumbenciais estabelecido pelo/2015 CPC observa duas regras, a da sucumbência e da causalidade. A regra da sucumbência estabelece que a parte que perder a demanda deve pagar os honorários ao advogado da parte vencedora, como consta expressamente no *caput* do art. 85. Por sua vez, a regra da causalidade prevê que a parte que der causa à propositura da demanda, ainda que seja a parte vitoriosa, responde pelo pagamento dos honorários advocatícios. Esta regra é adotada expressamente pelo parágrafo 10 do art. 85 para os casos de extinção do processo sem análise do mérito por perda do objeto da demanda. (CAHALI, Yussef Said, *Honorários advocatícios*, 4. ed., São Paulo, RT, 2012, p. 28-38)

7. Momento de fixação dos honorários de sucumbência. O juiz deve fixar os honorários advocatícios sucumbenciais na sentença ou no acórdão que julgar o recurso (art. 85, § 11). Excepcionalmente, os honorários poderão ser fixados em decisão parcial, como a que homologa pedido parcial de desistência, de renúncia ou de reconhecimento (art. 90, § 1º), a que exclui um litisconsorte, etc.

8. Independe de pedido. A fixação dos honorários advocatícios de sucumbência independe de pedido da parte, seja do autor em sua petição inicial, seja do réu, na contestação (Súmula 256, STF).

9. Honorários de sucumbência e gratuidade da justiça. O vencido será condenado, na sentença, ao pagamento dos honorários advocatícios ao advogado do vencedor (art. 85, *caput*), inclusive se for beneficiário da gratuidade da justiça. Essa condenação é inerente à sucumbência da parte na causa (art. 98, § 2º). No entanto, a exigibilidade da condenação dependerá da demonstração de que a situação de incapacidade econômica que justificou a concessão da gratuidade da justiça deixou de existir (art. 98, § 3º).

10. Fases processuais de incidência dos honorários de sucumbência. O parágrafo 1º do art. 85 é expresso no sentido de cabimento da fixação cumulativa de honorários advocatícios na reconvenção, no cumprimento de sentença, provisório ou definitivo, na execução, resistida ou não, e nos recursos interpostos. Na reconvenção (art. 343), o réu deduz pretensão própria em face do autor, sendo devidos os honorários nessa nova demanda na mesma relação jurídica processual. Por sua vez, o CPC/2015 deixa expresso o cabimento de honorários no cumprimento da sentença, tema que foi objeto de divergência jurisprudencial quando da instituição, no processo civil brasileiro, da fase de cumprimento da sentença em 2005. O STJ já havia pacificado o entendimento do cabimento de honorários no cumprimento da sentença, conforme a Súmula 517: "São devidos honorários advocatícios no cumprimento da sentença, haja ou não impugnação, depois de escoado o prazo para pagamento voluntário, que se inicia após a intimação do advogado da parte contrária.". Este entendimento foi encampado pelo art. 523 do CPC/2015. Também na execução de título extrajudicial é cabível a fixação de honorários advocatícios de sucumbência, inclusive contra a Fazenda Pública, conforme Enunciado 240 do FPPC: "São devidos honorários nas execuções fundadas em título executivo extrajudicial contra a Fazenda Pública, a serem arbitrados na forma do § 3o do art. 85.". Por sua vez, os honorários recursais serão objetos de comentário específico.

11. Parâmetros para fixação dos honorários de sucumbência. Foi com o CPC/1973, com a redação dada pela Lei 53925/1973 (antes de sua entrada em vigor), que a legislação processual estabeleceu parâmetros objetivos para a fixação dos honorários advocatícios de sucumbência (art. 20, § 3º, CPC/1973). O art. 85, § 2º, repete esses parâmetros, ao estabelecer que os honorários devam ser fixados quando atendidos: (i) o grau de zelo do profissional; (ii) o lugar de prestação do serviço; (iii) a natureza e a importância da causa; e (iv) o trabalho realizado pelo advogado e o tempo exigido para o seu serviço.

12. Percentual para fixação dos honorários de sucumbência. O art. 85, § 2º, estabelece que os honorários serão fixados entre o 10 % (dez por cento) e 20 % (vinte por cento) sobre o valor da condenação, do proveito econômico obtido ou sobre o valor atualizado da causa, quando não possível as duas hipóteses anteriores. Esse percentual e os parâmetros eram, no CPC/1973, restritos às causas condenatórias, não se aplicando às causas de pequeno valor, de valor inestimável, no cumprimento da sentença, na execução de título extrajudicial e nas causas em face da Fazenda Pública, onde os honorários eram fixados por apreciação equitativa do juiz, observados os três critérios mencionados no parágrafo anterior. Eram exatamente nessas causas que os honorários advocatícios sucumbenciais eram fixados com valores irrisórios, ínfimos ou aviltantes. O CPC/2015 elimina a possibilidade de o juiz fixar equitativamente os honorários de sucumbência. Em qualquer tipo de tutela jurisdicional – seja condenatória, declaratória, constitutiva, mandamental ou executiva *lato sensu* –, o juiz deve fixar um percentual como honorários, sobre o valor da condenação ou do proveito econômico obtido ou, quando não possível, sobre o valor atualizado da causa. O CPC/2015 veda, assim, que os honorários sejam fixados em valor certo por apreciação equitativa, exceto quando o valor causa for inestimável, de proveito econômico irrisório ou muito baixo. Ao prever que os honorários devem ser fixados sobre o valor atualizado da causa, o dispositivo adota o entendimento contido na Súmula 14 do STJ: "Arbitrados os honorários advocatícios em percentual sobre o valor da causa, a correção monetária incide a partir do respectivo ajuizamento.".

13. Fazenda Pública e honorários de sucumbência. O art. 85, § 3º, apresenta duas interessantes novidades nas causas em que a Fazenda Pública for parte. A primeira é o tratamento isonômico do regime dos honorários advocatícios, independentemente do fato de que a Fazenda Pública for vencedora ou vencida na demanda. A segunda é que a fixação dos honorários não mais será feita por apreciação equitativa do juiz, mas, sim, agora, por observância aos percentuais mínimos e máximos previstos no art. 85, § 3º, de forma escalonada, de acordo com a importância econômica do processo. Assim, (i) se a condenação ou o proveito econômico obtido pela parte vencedora for de até 200 (duzentos) salários-mínimos, os honorários devem ser fixados entre 10% (dez por cento) e 20% (vinte por cento); (ii) se o valor da condenação ou do proveito econômico obtido for acima de 200 (duzentos) salários-mínimos e abaixo de 2.000 (dois mil) salários-mínimos, os honorários devem ser fixados entre 8% (oito por cento) e 10% (dez por cento); (iii) se o valor da condenação ou do proveito econômico obtido for acima de 2.000 (dois mil) salários-mínimos e até 20.000 (vinte mil) salários-mínimos, os honorários devem ser fixados entre 5% (cinco por cento) e 8% (oito por cento); (iv) se o valor da condenação ou do proveito econômico obtido for acima de 20.000 (vinte mil) salários-mínimos e até 100.000 (cem mil) salários-mínimos, os honorários devem ser fixados entre 3% (três por cento) e 5% (cinco por cento); (iv) se o valor da condenação ou do proveito econômico obtido for acima de 100.000 (cem mil) salários-mínimos, os honorários devem ser fixados entre 1% (um por cento) e máximo de 3% (três por cento).

14. Fazenda Pública e honorários de sucumbência: regras complementares. O art. 85, § 4º, estabelece que os percentuais previstos no inciso I do parágrafo 3º devem ser aplicados desde logo, quando a sentença for líquida. Se não for, a definição do percentual de honorários ocorrerá em liquidação de sentença. Ademais, seguindo a regra geral, prevê que os honorários serão fixados sobre o valor atualizado da causa quando, não houver condenação principal ou não for possível mensurar o proveito econômico. Por fim, estabelece que deve ser considerado o salário-mínimo vigente na época em que foi prolatada sentença líquida ou o que estiver em vigor na data da decisão de liquidação.

15. Cálculo. O art. 85, § 5º, estabelece que, dependendo do valor da condenação na demanda em que a Fazenda Pública for parte, o juiz deverá observar as faixas de percentual de honorários ao fixá-los, podendo o cálculo de honorários, dependendo do valor da condenação ou do proveito econômico, passar pelas 5 (cinco).

16. Sentença de improcedência e sentença terminativa. Os limites e critérios estabelecidos nos parágrafos 2º e 3º aplicam-se em toda e qualquer causa, ainda que os pedidos sejam julgados como improcedentes ou que o processo seja extinto sem resolução de mérito, independentemente de qualquer que seja o conteúdo da decisão.

17. Fazenda Pública e honorários de sucumbência. Em razão do procedimento especial para o pagamento das condenações judiciais pela Fazenda Pública previsto no art. 100 da CF/1988, não são devidos honorários de sucumbência em caso de cumprimento de sentença contra a Fazenda Pública que não tiver sido impugnada.

18. Valor causa inestimável, de proveito econômico irrisório ou muito baixo. A regra estabelecida pelo art. 85, § 2º, é que o juiz deve fixar os honorários sobre o valor da condenação ou do proveito econômico obtido, devendo, residualmente, fixar sobre o valor da causa. Entretanto, para evitar que os honorários sejam ínfimos ou aviltantes, o art. 85, § 8º, estabelece que, nas causas em que o proveito econômico for inestimável ou irrisório ou, ainda, quando o valor da causa for muito baixo, o juiz pode fixar o valor dos honorários por apreciação equitativa, observados os critérios objetivos estabelecidos pelo art. 85, § 2º.

19. Demanda indenizatórias por ato ilícito contra pessoa. Nas demandas indenizatórias por ato ilícito contra pessoa, o percentual de honorários de sucumbência será fixado sobre a soma das prestações vencidas acrescida de 12 (doze) prestações vincendas.

20. Honorários de sucumbência recursais. O CPC/2015 inova ao prever a possibilidade de os tribunais majorarem os honorários advocatícios ao julgar os recursos. Essa inovação não constava no anteprojeto, mas foi incluída no Projeto de Lei do Senado 166/2010, na primeira fase de tramitação legislativa no Senado Federal, pelo Relator Geral, Senador Valter Pereira. Aliás, o próprio Senador Valter Pereira já havia proposto em 2007, pelo Projeto de Lei do Senado 478, a alteração do CPC/1973 para prever expressamente a possibilidade de "honorários complementares" em caso de não conhecimento ou não provimento de recurso.

A redação aprovada em 2010 no Senado previa a possibilidade de os honorários serem majorados em até 25% (vinte e cinco por cento) na instância recursal, independentemente de requerimento da parte recorrida, nos seguintes termos: "A instância recursal, de ofício ou a requerimento da parte, fixará nova verba honorária advocatícia, observando-se o disposto nos §§ 2º e 3º e o limite total de vinte e cinco por cento para a fase de conhecimento" (art. 87, §7º, Projeto de Lei do Senado 166/2010).

O dispositivo foi alterado na Câmara dos Deputados, que manteve os honorários recursais, mas os reduziu para o limite máximo de 20% (vinte por cento). A versão final aprovada pelo Senado Federal e publicada como CPC/2015 mantém essa limitação (art. 85, § 11).

A previsão de "honorários advocatícios sucumbenciais recursais" tem duplo intuito: remunerar o advogado pelo trabalho adicional em instância recursal e evitar o abuso do direito de recorrer. (CAMARGO, Luiz Henrique VOLPE, "Os honorários de sucumbência recursal no novo CPC", in FUX, Luiz *et al.* (Org.), *Novas tendências do processo civil*, Salvador, JusPodivm, 2013, p. 367).

Ao rejeitar a Emenda 209, que pretendia suprimir a incidência dos honorários de advogado na fase recursal, o Senador Valter Pereira, Relator Geral da Comissão Especial destinada à análise do Projeto de novo CPC, em seu parecer final, sustentou que "a criação da 'sucumbência recursal' é uma das medidas que pretende, a um só tempo, remunerar o advogado pelo trabalho adicional e, como consequência, também coibir o abuso do direito de recorrer e que não deve ser tratada como mera forma de litigância de má-fé. Frise-se, não há como desconsiderar a necessidade de remuneração do trabalho dos advogados na fase recursal que, não raras vezes, mostra-se mais complexa e mais demorada que perante a primeira instância". (parecer disponível em http:// http://www.senado.gov.br/atividade/materia/getPDF.asp?t=84992&tp=1, acesso em 03/04/2015).

No entanto, a redução do teto de 25% (vinte e cinco por cento) para 20% (vinte por cento) para que os tribunais majorem os honorários em grau recursal pode ter o efeito inverso – qual seja, estimular a interposição de recursos – quando o juiz em primeiro grau já fixar o percentual máximo.

Uma vez fixados no âmbito recursal, os honorários de sucumbência recursal devem ser somados aos honorários fixados em primeiro grau. Neste sentido, o Enunciado 241 do FPPC: "Os honorários de sucumbência recursal serão somados aos honorários pela sucumbência em primeiro grau, observados os limites legais".

Eles – os honorários – são devidos tanto em caso de decisão monocrática quando de decisão colegiada. Nestes termos, o Enunciado 242 do FPPC: "Os honorários de sucumbência recursal são devidos em decisão unipessoal ou colegiada.".

21. Cumulação de honorários de sucumbência com multas e outras sanções processuais. As multas e outras sanções processuais são cumuláveis com os honorários de sucumbência, inclusive com os recursais.

22. Defesas do executado, honorários de sucumbência e valor do débito principal. Na hipótese de rejeição ou de improcedência da impugnação ao cumprimento de sentença ou dos embargos à execução, as verbas de sucumbência, inclusive os novos honorários fixados, serão acrescidos no valor do débito principal, para todos os efeitos legais. Fica superada a Súmula 519 do STJ: "Na hipótese de rejeição da impugnação ao cumprimento de sentença, não são cabíveis honorários advocatícios.".

23. Natureza alimentar dos honorários advocatícios. Os honorários advocatícios possuem natureza alimentar e são equiparados aos créditos trabalhistas para todos os fins, inclusive para a classificação dos créditos na falência. (BUENO, Cassio Scarpinella, "A natureza alimentar dos honorários advocatícios sucumbenciais", in ARMELIN, Donaldo (Org.), *Tutelas de urgência e cautelares*, São Paulo, Saraiva, 2010, p. 213-234; STJ, REsp 1.152.218/RS).

24. Vedação à compensação de honorários de sucumbência. O art. 85, § 14, veda expressamente a compensação de honorários advocatícios de sucumbência em caso de sucumbência parcial. Com acerto, sendo o advogado o titular dos honorários sucumbenciais devidos pela parte contrária de seu representado, não há como serem juridicamente compensados, uma vez que a compensação, como forma de extinção de obrigações, exige que duas pessoas sejam ao mesmo tempo credora e devedora uma da outra. Em boa hora, fica superada a Súmula 306 do STJ ("Os honorários advocatícios devem ser compensados quando houver sucumbência recíproca, assegurado o direito autônomo do advogado à execução do saldo sem excluir a legitimidade da própria parte".), nos termos do Enunciado 244 do FPPC ("Ficam superados o enunciado 306 da súmula do STJ e a tese firmada no REsp Repetitivo n. 963.528/PR, após a entrada em vigor do CPC, pela expressa impossibilidade de compensação.").

25. Pagamento dos honorários de sucumbência em favor da sociedade de advogados. O art. 85, § 15, inova ao prever que o pagamento dos honorários de sucumbência pode ser feito diretamente em favor da sociedade de advogados que integra na qualidade de sócio. A previsão é importante, em razão de a pessoa jurídica ter um regime jurídico tributário diferente do da pessoa natural.

26. Honorários de sucumbência e incidência de juros moratórios. Os juros moratórios incidirão a partir da data do trânsito em julgado da decisão, quando os honorários forem fixados em quantia certa, como nos casos em que devem ser fixados sobre o valor da causa, mas este é inestimável, de proveito econômico irrisório ou muito baixo.

27. Advocacia em causa própria e honorários de sucumbência. Mesmo quando advoga em causa própria, o vencedor possui o direito de perceber seus honorários advocatícios.

28. Ação autônoma para cobrança e fixação do valor dos honorários de sucumbência. O art. 85, §18, deixa expresso que os honorários de sucumbência, quando omitidos em decisão transitada em julgado, podem ser cobrados em demanda de cobrança autônoma e própria para sua definição. Isso porque, como não é objeto de da decisão, não há como conceber que incide os efeitos da coisa julgada por uma simples razão: a coisa não foi julgada. Como estabelece o art. 503: "A decisão que julgar total ou parcialmente o mérito tem força de lei nos limites da questão principal expressamente decidida.". A sobrecarga do Poder Judiciário não pode ser utilizada como fundamento para vedar a propositura de demanda para exigir o direito subjetivo do advogado aos seus honorários de sucumbência. Fica superada a Súmula 453 do STJ ("Os honorários sucumbenciais, quando omitidos em decisão transitada em julgado, não podem ser cobrados em execução ou em ação própria"). Nesse sentido é o Enunciado 8 do FPPC: "Fica superado o enunciado 453 da súmula do STJ após a entrada em vigor do CPC.".

29. Honorários de sucumbência, Fazenda Pública e Advocacia pública. O art. 85, § 19, prevê o direito de os advogados públicos perceberem honorários advocatícios sucumbenciais, dependendo de lei para regulamentar a forma de sua percepção. Trata-se de norma de eficácia limitada, que depende de lei que regule a matéria referente ao ente ao qual os advogados públicos façam parte.

Artigo 86.

Se cada litigante for, em parte, vencedor e vencido, serão proporcionalmente distribuídas entre eles as despesas.

Parágrafo único. Se um litigante sucumbir em parte mínima do pedido, o outro responderá, por inteiro, pelas despesas e pelos honorários.

CORRESPONDÊNCIA NO CPC/1973: *ART. 21.*

1. **Sucumbência parcial e distribuição equitativa das despesas processuais.** Em caso de sucumbência recíproca, que ocorre quando cada parte restar vencedora e vencida na demanda, o juiz deve distribuir as despesas processuais na proporção *que* a cada uma delas restar vencida, podendo ocorrer a compensação entre as despesas (e não entre honorários) que cada uma das partes antecipou no curso do processo.

2. **Sucumbência recíproca e dano moral.** Na vigência do CPC/1973, o STJ firmou o entendimento de que, nas demandas indenizatórias por dano moral, a fixação pelo juiz em valor inferior ao pleiteado na inicial não caracteriza sucumbência recíproca (Súmula 326, STJ).

3. **Sucumbência mínima.** Quando o autor decair em parte mínima do(s) pedido(s) formulado(s), o réu será condenado ao pagamento de todas as despesas processuais e dos honorários do advogado do autor. Por outro lado, se o autor decair em parte majoritária do(s) pedido(s), ele será condenado a pagar integralmente as despesas processuais e os honorários do advogado do réu. A questão, muitas vezes, encontra-se no preenchimento deste conceito vago de "parte mínima do pedido", podendo ser considerada o equivalente ao percentual inferior a 10% (dez por cento) da pretensão do autor na demanda.

Artigo 87.

Concorrendo diversos autores ou diversos réus, os vencidos respondem proporcionalmente pelas despesas e pelos honorários.

§ 1º A sentença deverá distribuir entre os litisconsortes, de forma expressa, a responsabilidade proporcional pelo pagamento das verbas previstas no *caput.*

§ 2º Se a distribuição de que trata o § 1º não for feita, os vencidos responderão solidariamente pelas despesas e pelos honorários.

CORRESPONDÊNCIA NO CPC/1973: *ART. 23.*

1. **Litisconsórcio e responsabilidade pelas verbas sucumbenciais.** O art. 87 estabelece a responsabilidade proporcional entre os litisconsortes, ativo ou passivo, sucumbente(s) na demanda. A proporcionalidade deve ser apurada de acordo com a sucumbência de cada parte vencida em relação aos pedidos formulados. Dessa forma, ainda que todos os réus restem vencidos na demanda, o juiz – ao distribuir, na sentença,

responsabilidade entre eles quanto às despesas processuais e aos honorários advocatícios da parte contrária – deve levar em conta a diferença de interesses eventualmente existente, no cotejo da sucumbência de cada um dos vencidos em relação aos pedidos de tutela jurisdicional formulados. O dispositivo aprimora a regra prevista na vigência do CPC/1973.

2. Momento de distribuição. É na sentença que o juiz deve distribuir as verbas sucumbenciais de forma proporcional entre os litisconsortes vencidos, ainda que tenha proferido decisões parciais de mérito no curso da demanda (art. 356). Isso porque a sucumbência deve ser apurada com relação a todos os pedidos formulados pelo autor, o que só se consegue analisar em sua totalidade na sentença.

3. Ausência de distribuição e responsabilidade solidária. Caso a sentença seja omissa quanto à distribuição das despesas processuais e dos honorários advocatícios da parte contrária entre os litisconsortes sucumbentes, pode cada um deles opor embargos de declaração com a finalidade de sanar a omissão. Isso porque, se o juiz não distribuir na sentença as verbas sucumbenciais, os litisconsortes sucumbentes responderão solidariamente por elas, podendo o vencedor exigir e receber a dívida toda de um dos vencidos (art. 264, CC/2002).

Artigo 88.
Nos procedimentos de jurisdição voluntária, as despesas serão adiantadas pelo requerente e rateadas entre os interessados.
CORRESPONDÊNCIA NO CPC/1973: *ART. 24.*

1. Procedimentos de jurisdição voluntária. São procedimentos de jurisdição voluntária: (i) a notificação e a interpelação (arts. 726-729); (ii) a alienação judicial (art. 730); (iii) o divórcio e a separação consensuais, a extinção consensual de união estável e a alteração do regime de bens do matrimônio (arts. 731-734); (iv) os testamentos e codicilos (arts. 735-737); (v) a herança jacente (arts. 738-743); (vi) os bens dos ausentes (arts. 744-745); (vii) as coisas vagas (art. 746); (viii) a interdição (arts. 747-758); (ix) as disposições comuns à tutela e à curatela (arts. 759-763); (x) a organização e a fiscalização das fundações (art. 764-765); (xi) a ratificação dos protestos marítimos e os processos testemunháveis formados a bordo (arts. 766-770).

2. Ônus de antecipação das despesas processuais nos procedimentos especiais de jurisdição voluntária: Nos procedimentos de jurisdição voluntária (arts. 719 a 770), recai sobre o interessado-proponente o ônus de pagamento antecipado das despesas para a realização dos atos processuais. Se não houver o recolhimento das despesas para o ingresso em juízo, o procedimento especial de jurisdição voluntária poderá ser extinto sem apreciação jurisdicional. Da mesma forma, se não forem recolhidos os valores destinados às diligências do oficial de justiça para a prática dos atos processuais, estes não se concretizarão. Salvo, em ambas as hipóteses, se os interessados tiverem direito ao bene-fício da gratuidade da justiça.

3. Dever de rateio das despesas processuais nos procedimentos especiais de jurisdição voluntária. Em que pese recair sobre o interessado-requerente o ônus de antecipação das despesas processuais nos procedimentos especiais de jurisdição voluntá-ria, elas deverão ser rateadas, ao final, entre os interessados, por tratar-se de interesse de todos, ainda que surja divergência de opiniões entre eles. Por consequência, não haverá condenação em honorários advocatícios.

Artigo 89.

Nos juízos divisórios, não havendo litígio, os interessados pagarão as despesas proporcionalmente a seus quinhões.

CORRESPONDÊNCIA NO CPC/1973: *ART. 25.*

1. Juízo divisório. Denomina-se de "juízo divisório" o exercício da jurisdição nas demandas de demarcação de terras particulares (arts. 569-587); de divisão de ter-ras particulares (arts. 569-573 e 588-609); de discriminação de terras públicas (Lei 6.383/1976); e de partilha de bem em condomínio decorrente da herança (arts. 610 a 614 e 647 a 667).

2. Despesas processuais nos juízos divisórios. Nas demandas de demarcação, de divisão, de discriminação e de partilha, não havendo litígio, os interessados paga-rão as despesas processuais proporcionalmente a suas partes no condomínio, em caso de demanda de divisão ou de partilha, e a extensão do imóvel de cada confinante nas demandas de demarcação e de discriminação. Por outro lado, havendo litígio, as despesas processuais e os honorários advocatícios serão devidos pelo vencido, observadas as regras comuns previstas neste título.

Artigo 90.

Proferida sentença com fundamento em desistência, em renúncia ou em reconhecimento do pedido, as despesas e os honorários serão pagos pela parte que desistiu, renunciou ou reconheceu.

§ 1º Sendo parcial a desistência, a renúncia ou o reconhecimento, a res-ponsabilidade pelas despesas e pelos honorários será proporcional à parcela reconhecida, à qual se renunciou ou da qual se desistiu.

§ 2º Havendo transação e nada tendo as partes disposto quanto às des-pesas, estas serão divididas igualmente.

§ 3º Se a transação ocorrer antes da sentença, as partes ficam dispensa-das do pagamento das custas processuais remanescentes, se houver.

§ 4º Se o réu reconhecer a procedência do pedido e, simultaneamente, cumprir integralmente a prestação reconhecida, os honorários serão reduzidos pela metade.

CORRESPONDÊNCIA NO CPC/1973: *ART. 26.*

1. Despesas processuais e honorários advocatícios na desistência da demanda. A desistência da demanda é o ato praticado pelo autor que tem como consequência a prolação de sentença terminativa que extingue o processo sem a resolução do mérito (art. 485, VIII). Se a desistência ocorrer antes da citação do réu ou se o pedido de desistência for realizado após a citação do réu, mas antes do ingresso de seu advogado no processo, o autor será condenado ao pagamento apenas das despesas processuais que normalmente já foram antecipadas por ele, não sendo cabível sua condenação no pagamento de honorários advocatícios. De modo diverso, se o réu constituiu advogado para defendê-lo e este ingressou no processo, o autor que desiste da demanda será condenado ao pagamento das despesas processuais e dos honorários advocatícios. Se já oferecida a contestação, a desistência dependerá, ainda, do consentimento do réu (art. 485, § 4º). De todo o modo, após a prolação da sentença, não pode o autor desistir da demanda (art. 485, § 5º).

2. Despesas processuais e honorários advocatícios na renúncia à pretensão formulada na **demanda.** Uma das formas de solução de conflito ocorre quando o titular de um direito material renuncia a ele após a propositura da demanda. Trata-se de uma espécie de desistência do direito material. Nessa hipótese, o juiz proferirá sentença homologatória da renúncia à pretensão, condenará o autor ao pagamento das despesas processuais e dos honorários do advogado do réu e extinguirá o processo com resolução do mérito (art. 487, II, "c"). A previsão é inócua, porque prevê a aplicação da regra geral de condenação da parte sucumbente.

3. Despesas processuais e honorários advocatícios no reconhecimento do pedido. Uma das formas de solução de conflito ocorre quando o réu se submete à pretensão do autor e reconhece a procedência do pedido formulado na demanda. Nesse caso, o juiz proferirá sentença homologatória do reconhecimento do pedido, condenará o réu ao pagamento das despesas processuais e dos honorários do advogado do autor e extinguirá o processo com resolução do mérito (art. 487, II, "a"). A previsão é inócua porque prevê a aplicação da regra geral de condenação da parte sucumbente.

4. Sucumbência na desistência parcial, na renúncia parcial à pretensão e no reconhecimento parcial do pedido. Havendo desistência parcial, renúncia parcial à pretensão e reconhecimento parcial do pedido, a responsabilidade pelo pagamento das despesas processuais e dos honorários advocatícios será fixada pelo juiz na sentença de forma proporcional, levando em conta eventual cumulação de pedidos e a extensão de cada um deles.

5. Transação e despesas processuais. Ocorre solução de conflito quando as partes realizam concessões recíprocas (art. 840, CC/2002) e resolvem o litígio em autocomposição. Aliás, este é um dos objetivos do CPC/2015, ao estimular a utilização da mediação e da conciliação como meios alternativos de solução de conflitos. Caso as partes cheguem a um consenso sobre o direito material em litígio, transacionem sua resolução, mas fiquem omissas quanto à responsabilidade pelo pagamento das despesas processuais, estas serão rateadas igualmente entre elas (art. 90, § 1º), ficando dispensadas do pagamento de eventuais despesas processuais remanescentes (art. 90, § 2º). O juiz proferirá sentença homologatória da transação e extinguirá o processo com resolução do mérito (art. 487, II, "b").

6. Imediata satisfação da prestação e redução dos honorários. O art. 90, § 4º, estabelece uma interessante regra para estimular o réu a reconhecer a procedência do pedido formulado pelo autor, ao prever a redução pela metade dos honorários advocatícios devidos ao advogado do autor, quando o réu reconhecer e, *in continenti*, cumprir integralmente a prestação reconhecida.

Artigo 91.

As despesas dos atos processuais praticados a requerimento da Fazenda Pública, do Ministério Público ou da Defensoria Pública serão pagas ao final pelo vencido.

§ 1º As perícias requeridas pela Fazenda Pública, pelo Ministério Público ou pela Defensoria Pública poderão ser realizadas por entidade pública ou, havendo previsão orçamentária, ter os valores adiantados por aquele que requerer a prova.

§ 2º Não havendo previsão orçamentária no exercício financeiro para adiantamento dos honorários periciais, eles serão pagos no exercício seguinte ou ao final, pelo vencido, caso o processo se encerre antes do adiantamento a ser feito pelo ente público.

CORRESPONDÊNCIA NO CPC/1973: *ART. 27.*

1. Fazenda Pública, Ministério Público, Defensoria Pública e inexistência de ônus de antecipação das despesas processuais. Quando a Fazenda Pública, o Ministério Público ou a Defensoria Pública forem partes na demanda, inexiste o ônus de antecipação das despesas dos atos processuais praticados por elas ou a requerimento delas, devendo o vencido ser condenado na sentença ao pagamento das despesas processuais. Excepciona-se, assim, a regra geral prevista no art. 82, *caput.*

2. Honorários do perito nas perícias requeridas pela Fazenda Pública, pelo Ministério Público ou Defensoria pública. Quando a Fazenda Pública, o Ministério Público ou a Defensoria Pública forem partes na demanda, as perícias requeridas poderão ser realizadas por entidade pública – como a perícia médica oficial, as universidades federais, a Embrapa – Empresa Brasileira de Pesquisa Agropecuária – ou por órgãos públicos conveniados (art. 95, §3º). Não sendo possível, a Fazenda Pública, o Ministério Público ou a Defensoria Pública deverão adiantar a remuneração inicial do perito fixada pelo juiz, desde que haja previsão orçamentária para adiantamento de honorários periciais. Inexistindo previsão orçamentária no exercício financeiro, os honorários periciais serão pagos no exercício seguinte ou, caso o processo seja julgado antes do adiantamento a ser feito, pelo vencido condenado na sentença ao pagamento das despesas processuais, entre elas, a remuneração do perito. Nesse sentido é a orientação contida na Súmula 232 do STJ: "A Fazenda Pública, quando parte no processo, fica sujeita à exigência do depósito prévio dos honorários do perito.".

Artigo 92.
Quando, a requerimento do réu, o juiz proferir sentença sem resolver o mérito, o autor não poderá propor novamente a ação sem pagar ou depositar em cartório as despesas e os honorários a que foi condenado.
CORRESPONDÊNCIA NO CPC/1973: *ART. 28.*

1. Repropositura condicionada da demanda. Quando, a requerimento do réu, o juiz proferir sentença terminativa e extinguir o processo sem a resolução do mérito (art. 485), sua repropositura será condicionada ao pagamento das despesas processuais e dos honorários advocatícios a que o autor foi condenado no processo extinto, exceto se o juiz tiver reconhecido a existência de perempção, de litispendência ou de coisa julgada (art. 485, V), hipóteses em que a nova demanda não deve ser readmitida.

Artigo 93.
As despesas de atos adiados ou cuja repetição for necessária ficarão a cargo da parte, do auxiliar da justiça, do órgão do Ministério Público ou da Defensoria Pública ou do juiz que, sem justo motivo, houver dado causa ao adiamento ou à repetição.
CORRESPONDÊNCIA NO CPC/1973: *ART. 29.*

1. Despesas de atos adiados ou de repetição necessária. O art. 82 estabelece a regra geral de responsabilidade pelo pagamento antecipado das despesas para a prática de ato processual. Caso haja a necessidade de adiamento ou de repetição de ato processual sem justo motivo, o pagamento das despesas processuais caberá a quem deu causa a seu adiamento ou à necessidade de repeti-lo, seja ele parte, auxiliar da justiça, membro do Ministério Público ou o próprio juiz.

Artigo 94.
Se o assistido for vencido, o assistente será condenado ao pagamento das custas em proporção à atividade que houver exercido no processo.

CORRESPONDÊNCIA NO CPC/1973: *ART. 32.*

1. **Assistência.** A assistência é uma forma de intervenção de terceiros na qual um terceiro juridicamente interessado ingressa voluntariamente em processo judicial pendente, para atuar em prol da parte da qual deseja que se obtenha decisão favorável (art. 119).

2. **Assistência simples e despesas processuais.** Na assistência simples, o assistente atua como auxiliar da parte e em defesa de interesse jurídico próprio, uma vez que a prolação de decisão judicial favorável ao assistido também te beneficiará (arts. 121 a 123). O assistente simples arcará com as despesas processuais juntamente com o assistido vencido, na proporção de sua atuação no processo. Para distribuir as despesas processuais entre assistente e assistido, o juiz deve levar em conta o momento em que o assistente foi inserido no processo. Como o assistente simples não é parte, ele não deve ser condenado ao pagamento dos honorários devidos ao advogado do vencedor pelo assistido vencido.

3. **Assistência litisconsorcial e verbas sucumbenciais.** O regime jurídico da intervenção do assistente litisconsorcial é bastante diverso do regime do assistente simples. O terceiro, ao ingressar no processo, assume uma função equivalente à de parte no processo em que atuará como assistente (art. 124), pelo fato de integrar a mesma relação jurídica material em debate na demanda e, por consequência, submeter-se à eficácia da coisa julgada decorrente da decisão judicial. O assistente litisconsorcial arcará não só com as despesas processuais juntamente com o assistido vencido, mas também com os honorários do advogado do vencedor. Em caso de assistência litisconsorcial, a regra aplicável é aquela prevista no art. 87, que estabelece a responsabilidade proporcional entre os litisconsortes sucumbentes na demanda.

Artigo 95.
Cada parte adiantará a remuneração do assistente técnico que houver indicado, sendo a do perito adiantada pela parte que houver requerido a perícia ou rateada quando a perícia for determinada de ofício ou requerida por ambas as partes.

§ 1º O juiz poderá determinar que a parte responsável pelo pagamento dos honorários do perito deposite em juízo o valor correspondente.

§ 2º A quantia recolhida em depósito bancário à ordem do juízo será corrigida monetariamente e paga de acordo com o art. 465, § 4º.

§ 3º Quando o pagamento da perícia for de responsabilidade de beneficiário de gratuidade da justiça, ela poderá ser:

I – custeada com recursos alocados no orçamento do ente público e realizada por servidor do Poder Judiciário ou por órgão público conveniado;

II – paga com recursos alocados no orçamento da União, do Estado ou do Distrito Federal, no caso de ser realizada por particular, hipótese em que o valor será fixado conforme tabela do tribunal respectivo ou, em caso de sua omissão, do Conselho Nacional de Justiça.

§ 4º Na hipótese do § 3º, o juiz, após o trânsito em julgado da decisão final, oficiará a Fazenda Pública para que promova, contra quem tiver sido condenado ao pagamento das despesas processuais, a execução dos valores gastos com a perícia particular ou com a utilização de servidor público ou da estrutura de órgão público, observando-se, caso o responsável pelo pagamento das despesas seja beneficiário de gratuidade da justiça, o disposto no art. 98, § 2º.

§ 5º Para fins de aplicação do § 3º, é vedada a utilização de recursos do fundo de custeio da Defensoria Pública.

CORRESPONDÊNCIA NO CPC/1973: *ART. 33.*

1. **Prova pericial.** A perícia, que consiste em exame, vistoria ou avaliação de pessoa ou coisa (art. 464), é o meio de prova que recebeu inovações interessantes pelo CPC/2015 em relação ao CPC/1973, entre elas a remuneração do perito. A nomeação do perito pode ser feita tanto pelo juiz (art. 465) quanto pelas partes, em negócio processual típico (art. 471). Depois de ser nomeado, o perito deve apresentar sua proposta de honorários para a realização da perícia, currículo que comprove a especialidade na área e contatos pessoais (art. 465, § 2º). Após isso, as partes serão intimadas para manifestarem a respeito da proposta; o juiz fixará o valor dos honorários periciais e sua forma de pagamento; e a parte responsável pelo adiantamento dessa despesa processual será intimada para efetuar o pagamento (art. 465, § 3º), na forma estabelecida pelo juiz, que poderá autorizar que até 50% (cinquenta por cento) sejam efetuados para o início dos trabalhos; e o restante, após a apresentação do laudo pericial e dos esclarecimentos devidos (art. 465, § 4º). Poderão, ainda, em nosso sentir, as partes e o perito celebrarem negócio processual atípico quanto à forma de pagamento de sua remuneração (art. 190). Por fim, o art. 91, §§ 1º e 2º, trata dos honorários do perito quando as perícia for requerida pela Fazenda Pública, Ministério Público ou Defensoria Pública, na condição de partes.

2. **Remuneração do perito.** O pagamento da remuneração do perito será efetuado pela parte que requereu a prova pericial para provar a ocorrência de determinado(s) fato(s) jurídico(s). No entanto, se a perícia é solicitada por ambas as partes ou determinada de ofício pelo juiz, os honorários periciais são divididos entre elas, as partes. Trata-se de interessante novidade introduzida pelo CPC/2015, devido às constantes divergências a respeito do assunto, principalmente ocasionadas pelo custo elevado de determinadas perícias, divergindo da regra geral de pagamento das despesas proces-

suais, conforme a qual a antecipação deve ser feita apenas pelo autor, em caso de ato processual determinado pelo juiz. (art. 82, § 1º). Nessas hipóteses, o juiz poderá determinar à parte responsável que efetue o pagamento dos honorários conforme estabelecido, caso não tenha efetuado voluntariamente (art. 95, § 1º). O valor dos honorários periciais depositado em juízo será corrigido monetariamente (art. 95, § 2º).

3. Remuneração do assistente técnico. Cada parte poderá escolher um assistente técnico de sua confiança para acompanhar a perícia, devendo arcar com o adiantamento de sua remuneração. Como a remuneração do assistente técnico é uma espécie de despesa processual, o vencido, ao final, será responsável pelo pagamento dessa remuneração (art. 95).

4. Não pagamento da remuneração do perito. O não adiantamento da remuneração do perito pode inviabilizar a produção da prova pericial, as partes assumem o ônus de sua não produção, e o direito à prova torna-se precluso, podendo a causa ser julgada de acordo com a regra do ônus da prova, estabelecida no art. 373. De modo diverso, apresentado laudo pericial e prestados os esclarecimentos, caso a parte responsável não efetue o pagamento da remuneração, poderá o perito solicitar certidão da qual conste a decisão judicial que fixou os honorários periciais e o *quantum* devido e iniciar sua execução forçada que, em sendo título executivo judicial, seguirá o rito do cumprimento da sentença (art. 515, V). Andou bem o CPC/2015, ao incluir os créditos dos auxiliares da justiça no rol dos títulos judiciais e submetê-lo ao procedimento de cumprimento, por ser um crédito decorrente de uma decisão judicial que o homologou, já que, no CPC/1973, ele constava no rol dos títulos executivos extrajudiciais.

5. Despesas periciais e parte beneficiária de gratuidade da justiça. Quando requerida por parte beneficiária de gratuidade da justiça, por ambas as partes ou quando determinada *ex officio* pelo juiz, a perícia poderá ser realizada por órgão público especializado (como perícia médica oficial, contadores públicos, etc.), por servidor do Poder Judiciário com função compatível com a perícia determinada ou por órgão público conveniado. Não sendo realizada por agente público, a perícia poderá ser custeada com recursos públicos do Estado Federativo, quando o processo tramitar na Justiça Estadual, ou da União, quando o processo tramitar na Justiça Federal. Por fim, ausentes as hipóteses anteriores, a perícia será realizada por particular e custeada pelo Poder Público, de acordo com o valor fixado pelo juiz, que deve levar em conta tabela elaborada pelo respectivo tribunal ou pelo CNJ.

6. Direito de reaver. O Estado terá o direito de reaver da parte vencida o valor que foi antecipado a título de remuneração do perito por ser a parte responsável beneficiária da gratuidade da justiça No entanto, caso a parte vencida seja beneficiária da gratuidade da justiça, sua exigibilidade ficará sob condição suspensiva (arts. 95, § 4º e 98, § 3º).

7. Crédito do perito em face do Poder Público. Apresentado laudo pericial, prestados os esclarecimentos e não efetuado o pagamento da remuneração pelo Poder Público, o perito poderá solicitar certidão em que conste a decisão judicial que fixou os honorários periciais e o *quantum* devido; poderá, ademais, por ser título executivo judicial, iniciar sua execução forçada, que seguirá o rito do cumprimento da sentença que reconheça a exigibilidade de obrigação de pagar quantia certa pela fazenda pública (art. 534 e 535), com o consequente pagamento via precatório ou requisição de pequeno valor (art. 100, CF/1988).

8. Autonomia administrativa da Defensoria Pública. Como forma de assegurar a autonomia administrativa da Defensoria Pública, o art. 95, § 5º, veda que os seus recursos sejam utilizados para custear as perícias das partes beneficiárias da gratuidade da justiça.

ARTIGO 96.
O valor das sanções impostas ao litigante de má-fé reverterá em benefício da parte contrária, e o valor das sanções impostas aos serventuários pertencerá ao Estado ou à União.
CORRESPONDÊNCIA NO CPC/1973: *ART. 35.*

1. Titulares das multas. As multas impostas a partes que praticam atos de litigância de má-fé (art. 81) são de titularidade da parte contrária, enquanto as multas aplicadas aos serventuários do Poder Judiciário são de titularidade do Estado ou da União, conforme o órgão a que o serventuário esteja vinculado.

2. Serventuários do Poder Judiciário. São serventuários do Poder Judiciário todas as pessoas que prestam serviços públicos aos órgãos deste Poder, como os magistrados, os escrivães, os chefes de secretaria, os oficiais de justiça, os peritos, os depositários judiciais, os administradores judiciais, os intérpretes, os tradutores, os mediadores, os conciliadores judiciais, os juízes leigos, os partidores, os distribuidores, os contabilistas, etc.

ARTIGO 97.
A União e os Estados podem criar fundos de modernização do Poder Judiciário, aos quais serão revertidos os valores das sanções pecuniárias processuais destinadas à União e aos Estados, e outras verbas previstas em lei.
CORRESPONDÊNCIA NO CPC/1973: *NÃO HÁ.*

1. Fundo de apoio à modernização do Poder Judiciário. Muitos Estados da Federação já possuem, **há muito tempo**, um Fundo Especial de Apoio Judiciário ou de Aprimoramento e/ou de Modernização do Judiciário, com a finalidade de financiar projetos que visem a aperfeiçoar a prestação da tutela jurisdicional. O art. 97 nada mais faz do que prever a possibilidade de existência desses fundos, bem como que as multas processuais de titularidade da União ou dos Estados sejam destinadas a ele. O CNJ, *órgão de* controle da atuação administrativa e financeira do Poder Judiciário, poderá, após deliberação entre seus conselheiros, baixar resolução dispondo sobre medidas administrativas para a criação e o funcionamento do Fundo de Modernização do Poder Judiciário, como fez, pela Resolução 104, de 17/11/2010, com o Fundo Nacional de Segurança do Judiciário e os Fundos Estaduais de Segurança dos Magistrados.

SEÇÃO IV – Da Gratuidade da Justiça

ARTIGO 98.

A pessoa natural ou jurídica, brasileira ou estrangeira, com insuficiência de recursos para pagar as custas, as despesas processuais e os honorários advocatícios tem direito à gratuidade da justiça, na forma da lei.

§ 1º A gratuidade da justiça compreende:

I – as taxas ou as custas judiciais;

II – os selos postais;

III – as despesas com publicação na imprensa oficial, dispensando-se a publicação em outros meios;

IV – a indenização devida à testemunha que, quando empregada, receberá do empregador salário integral, como se em serviço estivesse;

V – as despesas com a realização de exame de código genético – DNA e de outros exames considerados essenciais;

VI – os honorários do advogado e do perito e a remuneração do intérprete ou do tradutor nomeado para apresentação de versão em português de documento redigido em língua estrangeira;

VII – o custo com a elaboração de memória de cálculo, quando exigida para instauração da execução;

VIII – os depósitos previstos em lei para interposição de recurso, para propositura de ação e para a prática de outros atos processuais inerentes ao exercício da ampla defesa e do contraditório;

IX – os emolumentos devidos a notários ou registradores em decorrência da prática de registro, averbação ou qualquer outro ato notarial necessário à efetivação de decisão judicial ou à continuidade de processo judicial no qual o benefício tenha sido concedido.

§ 2º A concessão de gratuidade não afasta a responsabilidade do beneficiário pelas despesas processuais e pelos honorários advocatícios decorrentes de sua sucumbência.

§ 3º Vencido o beneficiário, as obrigações decorrentes de sua sucumbência ficarão sob condição suspensiva de exigibilidade e somente poderão ser executadas se, nos 5 (cinco) anos subsequentes ao trânsito em julgado da decisão que as certificou, o credor demonstrar que deixou de existir a situação de insuficiência de recursos que justificou a concessão de gratuidade, extinguindo-se, passado esse prazo, tais obrigações do beneficiário.

§ 4º A concessão de gratuidade não afasta o dever de o beneficiário pagar, ao final, as multas processuais que lhe sejam impostas.

§ 5º A gratuidade poderá ser concedida em relação a algum ou a todos os atos processuais, ou consistir na redução percentual de despesas processuais que o beneficiário tiver de adiantar no curso do procedimento.

§ 6º Conforme o caso, o juiz poderá conceder direito ao parcelamento de despesas processuais que o beneficiário tiver de adiantar no curso do procedimento.

§ 7º Aplica-se o disposto no art. 95, §§ 3º a 5º, ao custeio dos emolumentos previstos no § 1º, inciso IX, do presente artigo, observada a tabela e as condições da lei estadual ou distrital respectiva.

§ 8º Na hipótese do § 1º, inciso IX, havendo dúvida fundada quanto ao preenchimento atual dos pressupostos para a concessão de gratuidade, o notário ou registrador, após praticar o ato, pode requerer, ao juízo competente para decidir questões notariais ou registrais, a revogação total ou parcial do benefício ou a sua substituição pelo parcelamento de que trata o § 6º deste artigo, caso em que o beneficiário será citado para, em 15 (quinze) dias, manifestar-se sobre esse requerimento.

CORRESPONDÊNCIA NO CPC/1973: *NÃO HÁ.*

1. **Despesas processuais e honorários advocatícios.** O Estado necessita de captação de recursos materiais para prestar seus serviços públicos e para manter sua estrutura. Especificamente para o funcionamento do Poder Judiciário, sobre fatos geradores diversos incide a taxa, espécie de tributo que deve ser paga pelo jurisdicionado como contraprestação direta da atividade jurisdicional do Estado (art. 145, II, CF/1988). Além das taxas que devem ser recolhidas para que o Estado preste sua tutela jurisdicional, há outras despesas no curso no processo que devem ser pagas pelas partes referentes aos atos que realizarem ou requererem. Ademais, outro custo do processo refere-se aos honorários advocatícios que o vencido será condenado a pagar ao advogado do vencedor.

2. **Primeira onda renovatória de acesso à justiça.** Mauro Cappelletti, em seu projeto de pesquisa sobre o acesso à justiça desenvolvido na década de 1970 e intitulado "Projeto de Florença", verificou a necessidade mundial de se criar condições para propiciar o acesso à justiça aos menos favorecidos economicamente (pobres no sentido legal), para que todos os cidadãos, independente de sua condição social, econômica ou cultural tivessem a possibilidade concreta de requerer a proteção judicial. (CAPPELLETTI, Mauro; GARTH, Brian, *Acesso à Justiça*, Porto Alegre, Fabris, 1988, p. 31-47 e 67-141).

3. Disciplina jurídica. A CF/1988 prevê o direito fundamental à "assistência jurídica integral e gratuita aos que comprovarem insuficiência de recursos". (art. 5º, LXXIV), que é regulado, no Brasil, pelas regras contidas na Lei 1.060/1950. Com a entrada em vigor do CPC/2015, os arts. 2º, 3º, 4º, 6º, 7º, 11, 12 e 17 da Lei são expressamente revogados pelo art. 1.072, III, do CPC/2015, em razão do regramento próprio contido nessa seção. Os demais dispositivos devem ser aplicados naquilo que for compatível com o CPC/2015.

4. Gratuidade da justiça, assistência judiciária e assistência jurídica. O direito à gratuidade da justiça consiste na dispensa do adiantamento das custas e das despesas processuais e extraprocessuais para que os atos sejam realizados (art. 82). Difere da assistência judiciária gratuita, que consiste na atuação em juízo de forma integral e gratuita. Por fim, a assistência jurídica gratuita é mais abrangente pois compreende, além da assistência judiciária gratuita, a consultoria jurídica e a prestação de serviços jurídicos extrajudiciais. Em regra, assistência jurídica é prestada pela Defensoria Pública (art. 185 e art. 134, CF/1955), pelos núcleos de prática jurídica das faculdades de direito e pelas entidades que prestam esses serviços em razão de convênios firmados com a Defensoria Pública, como é o caso do convênio firmado entre a OAB/SP e a DPE/SP.

5. Beneficiárias da gratuidade da justiça. São beneficiárias da gratuidade da justiça as pessoas desprovidas de capacidade econômica para arcarem, como parte ou como terceiro, com os custos de uma demanda judicial. Consideram-se como parte no processo a pessoa que pede e aquela em face de quem é pedida a tutela jurisdicional. Por consequência, terceiro é a pessoa que nada pede ou em face de quem nada se pede. (CHIOVENDA, Giuseppe, *Principii di diritto processuale civile*, Napoli, Eugenio Jovene, 1965, p. 579).

6. Pessoas naturais. As pessoas naturais indubitavelmente podem ser beneficiárias da gratuidade da justiça, desde que não tenham condições econômicas. O art. 98 do CPC/2015 não mais prevê a necessidade de "prejuízo do sustento próprio ou da família" como condição para ser beneficiário da gratuidade da justiça. Exige apenas a "insuficiência de recursos" para efetuar o pagamento das custas, das despesas processuais e dos honorários advocatícios.

7. Pessoas jurídicas. O art. 98, *caput*, deixa claro que as pessoas jurídicas, quaisquer que sejam elas, também podem ser beneficiárias da gratuidade da justiça, desde que não possuam capacidade econômica para arcar com o pagamento das custas, das despesas processuais e dos honorários advocatícios. Com efeito, a negativa do direito à gratuidade da justiça às pessoas jurídicas com insuficiência de recursos para efetuarem o pagamento dos custos do processo resulta em violação ao direito fundamental ao acesso à justiça (art. 5º, XXXV, CF/1988). A concessão da gratuidade da justiça independe do tipo da pessoa jurídica, independe de saber se é uma sociedade simples ou empresária, independe de apurar se a pessoa jurídica possui ou não finalidade lucrativa. O dispositivo consagra o entendimento contido na Súmula 481 do STJ: "Faz jus ao benefício da justiça gratuita a pessoa jurídica com ou sem fins lucrativos que demonstrar sua impossibilidade de arcar com os encargos processuais.".

8. Entes juridicamente despersonalizados com personalidade judiciária. Podem ser beneficiários da gratuidade da justiça os entes que, muito embora não possuam personalidade jurídica, tenham tanto capacidade de ser parte como capacidade de estar em juízo (personalidade judiciária) – como é o caso da massa falida, da herança jacente, da herança vacante, do espólio, das sociedades irregulares, das associações irregulares e do condomínio. Isso desde que esses entes não possuam capacidade econômica para arcar com os custos do processo.

9. Pessoas brasileiras ou estrangeiras. *Não só as pessoas naturais brasileiras natas ou naturalizadas ou as pessoas jurídicas nacionais podem fazer jus à gratuidade da justiça,* como também podem usufruir dos benefícios da justiça gratuita as pessoas naturais estrangeiras, residentes ou não no Brasil, e as pessoas jurídicas estrangeiras, com filial, agência ou sucursal aberta ou instalada no Brasil. O art. 98, *caput,* não restringe a possibilidade de concessão do benefício a estrangeiros residentes no Brasil, como fazia o art. 2º da Lei 1.060/1950, em descompasso com a interpretação dos direitos fundamentais.

10. Requisito para a concessão: a insuficiência de recursos. O art. 98, *caput,* estabelece a incapacidade econômica para efetuar o pagamento das custas, das despesas e dos honorários advocatícios como requisito para a pessoa ser beneficiária da gratuidade da justiça, diferentemente do regime anterior que previa que a pessoa fosse "necessitada", entendida como aquela em que o pagamento dos custos do processo não prejudicasse o seu sustento ou de sua família (art. 2º, Lei 1.060/1950). O dispositivo não estabelece uma renda familiar ou um faturamento máximo para a caracterização da insuficiência de dinheiro, tampouco prevê que a pessoa deve estar em estado de miserabilidade ou de penúria. A insuficiência de recursos deve ser analisada de acordo com o caso concreto, e a (des)necessidade e a forma de sua comprovação é regulada pelo art. 99, *caput* e parágrafos.

11. Patrimônio imobilizado, mas sem disponibilidade imediata de recursos. No regime jurídico anterior, era comum a afirmação de que o fato de a pessoa possuir patrimônio imobilizado, mas sem disponibilidade imediata de recursos, não impediria, por si só, que ela fosse beneficiária da gratuidade da justiça e, por consequência, fosse dispensada do adiantamento das despesas processuais. (MOREIRA, José Carlos Barbosa, *Temas de direito processual – 5ª série,* São Paulo, Saraiva, 1994, p. 55). No entanto, esse entendimento não nos parece de acordo com o CPC/2015. O novo regime jurídico da gratuidade da justiça permite que o adiantamento das despesas processuais seja feito de forma parcelada, permitindo, assim, que a pessoa que possuir patrimônio imobilizado, mas sem disponibilidade imediata de recursos, seja beneficiária do parcelamento das taxas e das despesas processuais, sem a necessidade de o pagamento ser efetuado em parcela única. O Poder Judiciário, integrante da União ou dos Estados Federativos, necessita de captação de recursos materiais para prestar seus serviços públicos e para manter sua estrutura. O funcionamento do Poder Judiciário depende do pagamento de taxas, como contraprestação direta da atividade jurisdicional do Estado (art. 145, II, CF/1988), bem como de outras despesas processuais. A gratuidade da justiça, com a dispensa do adiantamento integral das despesas processuais, deve ser vista como exceção, devendo o Poder Público receber, como regra, antecipadamente o pagamento das taxas e das despesas processuais, ainda que de forma parcelada. De todo o modo, a insuficiência de recursos da pessoa que possua patrimônio imobilizado, mas sem disponibilidade imediata de recursos, deve ser analisada caso a caso. Isso porque podem ocorrer situações em que a pessoa esteja impossibilitada de liquidar seus bens, como na hipótese de decretação judicial de indisponibilidade de bens prevista no art. 7º da Lei 8.429/1992, Lei de Improbidade Administrativa.

12. Objeto da gratuidade da justiça. A concessão do benefício da gratuidade da justiça afasta a necessidade de adiantamento das taxas judiciárias e das despesas processuais no curso do processo, assim compreendidas: (i) as taxas ou as custas judiciais, expressões tidas como sinônimas; (ii) os selos postais; (iii) as despesas com publicação na imprensa oficial, com a consequente dispensa de publicação em outros meios; (iv) a indenização devida à testemunha que, quando empregada, receberá do empregador salário integral, como se em serviço estivesse; (v) as despesas com a realização de exame de DNA e de outros exames considerados como essenciais; (vi) os honorários do advogado e do perito e a remuneração do intérprete ou do tradutor; (vii) o custo com a elaboração de memória de cálculo, quando exigida para instauração da execução; (viii) os depósitos previstos em lei para interposição de recurso, para propositura de ação e para a prática de outros atos processuais inerentes ao exercício da ampla defesa e do contraditório; e (ix) os emolumentos devidos a notários ou registradores, em decorrência da prática de registro, averbação ou qualquer outro ato notarial necessário à efetivação de decisão judicial ou à continuidade de processo judicial no qual o benefício tenha sido concedido.

13. Responsabilidade pelas verbas sucumbenciais. O vencido será condenado na sentença ao pagamento das despesas processuais que o vencedor antecipou (art. 82, § 2º) e dos honorários advocatícios ao advogado do vencedor (art. 85, *caput*), inclusive se for beneficiário da gratuidade da justiça. Essas condenações são inerentes a sua sucumbência na causa (art. 98, § 2º).

14. Condição suspensiva da exigibilidade. A exigibilidade da condenação no pagamento das verbas sucumbenciais dependerá da demonstração pelo credor de que a situação de incapacidade econômica que justificou a gratuidade da justiça deixou de existir. Trata-se de condição, uma espécie de fator de eficácia que subordina os efeitos de parte da sentença a ocorrência de um evento futuro e incerto (art. 121, CC/2002). A condição é suspensiva (art. 125, CC/2002), pois impede o início da produção de efeitos da condenação do beneficiário da gratuidade da justiça no que diz respeito às despesas processuais e aos honorários advocatícios, até a prova da existência de recursos suficientes por parte do beneficiário sucumbente. O art. 98, § 3º, manteve a regra do sistema anterior.

15. Prescrição. Prescreve em 5 (cinco) anos, contados do trânsito em julgado da decisão, a pretensão de exigibilidade da condenação do beneficiário da gratuidade da justiça ao pagamento das despesas processuais e dos honorários advocatícios em decorrência de sua sucumbência, mediante a comprovação da ocorrência da condição suspensiva consistente no fato de deixar de existir a situação de incapacidade econômica que justificou a concessão do benefício. (art. 98, § 3º).

16. Responsabilidade pelas multas processuais. O benefício da gratuidade da justiça não suspende a exigibilidade das multas processuais a que o beneficiário foi condenado no curso do processo, seja ela por atos de litigância de má-fé (arts. 81; 100, parágrafo único; e 702, § 10), seja por atos atentatórios a dignidade da justiça (arts. 77, § 1º; 202; 234, §§2º e 4º; 334, § 8º; 774, parágrafo único), seja por descumprimento de dever (arts. 331, III; 380, parágrafo único; 403, parágrafo único; 523, § 1º; 536, § 1º; 806, § 1º; 814; 895, § 4º; e 916, § 5º, II).

17. Abrangência da gratuidade da justiça. O benefício da gratuidade da justiça poderá ser concedido para um ato específico ou para todos os atos do processo que necessitarem de adiantamento de despesas processuais para sua realização. Uma vez concedido, o benefício estende-se para todos os atos processuais, independentemente de renovação, em todos os graus de jurisdição, inclusive perante os Tribunais Superiores. A perda do benefício somente pode ocorrer por revogação expressa pelo Poder Judiciário. (STJ, AgRg nos EAREsp 86.915/SP).

18. Direito à redução percentual das despesas processuais. O 98, §5º, permite a redução percentual das despesas processuais, devendo o juiz analisar a necessidade de acordo com as peculiaridades do caso concreto.

19. Direito ao parcelamento das despesas processuais. O art. 98, § 6º, permite que o adiantamento das taxas judiciárias e das demais despesas processuais seja feito de forma parcelada, devendo o juiz analisar a necessidade da parte ou do terceiro de acordo com as peculiaridades do caso concreto. Caberá ao juiz estabelecer a quantidade de parcelas para o pagamento das despesas processuais.

20. Emolumentos e beneficiário da gratuidade da justiça. O art. 98, § 1º, IX, estende o benefício da gratuidade da justiça para o adiantamento do custeio dos emolumentos devidos a notários ou registradores em decorrência da prática de ato necessário à efetivação de decisão judicial ou à continuidade de processo judicial. Como os notários e os registradores são particulares que exercem um serviço público delegado (art. 236, CF/1988), eles possuem "direito à percepção dos emolumentos integrais pelos atos praticados na serventia" (art. 28, Lei 8.935/1994). Nesse caso, o pagamento dos emolumentos poderá ser custeado com recursos alocados no orçamento da União, do Estado ou do Distrito Federal, sendo vedada a utilização de recursos da Defensoria Pública. O Poder Público terá o direito de reaver da parte vencida o valor que foi antecipado a título de pagamento de emolumentos em razão de a parte responsável ser beneficiária da gratuidade da justiça (art. 98, §7º).

21. Incidente de impugnação da extensão do benefício aos emolumentos. Os notários e os registradores – depois de praticarem o ato necessário à efetivação de decisão judicial ou à continuidade de processo judicial – poderão instaurar um incidente de impugnação da extensão do benefício da gratuidade da justiça aos emolumentos, em caso de dúvida fundada quanto à insuficiência de recursos. O incidente não será instaurado perante o juiz da causa, mas, sim, perante o juízo competente para decidir questões notariais ou registrais, devendo o beneficiário ser citado de sua instauração para, querendo, manifestar-se sobre o requerimento de revogação total ou parcial do benefício ou de sua substituição pelo parcelamento. Eventual decisão contrária ao beneficiário da gratuidade da justiça produzirá efeitos apenas quanto às despesas extrajudiciais relativas aos atos notariais ou registrais praticados.

Artigo 99.

O pedido de gratuidade da justiça pode ser formulado na petição inicial, na contestação, na petição para ingresso de terceiro no processo ou em recurso.

§ 1º Se superveniente à primeira manifestação da parte na instância, o pedido poderá ser formulado por petição simples, nos autos do próprio processo, e não suspenderá seu curso.

§ 2º O juiz somente poderá indeferir o pedido se houver nos autos elementos que evidenciem a falta dos pressupostos legais para a concessão de gratuidade, devendo, antes de indeferir o pedido, determinar à parte a comprovação do preenchimento dos referidos pressupostos.

§ 3º Presume-se verdadeira a alegação de insuficiência deduzida exclusivamente por pessoa natural.

§ 4º A assistência do requerente por advogado particular não impede a concessão de gratuidade da justiça.

§ 5º Na hipótese do § 4º, o recurso que verse exclusivamente sobre valor de honorários de sucumbência fixados em favor do advogado de beneficiário estará sujeito a preparo, salvo se o próprio advogado demonstrar que tem direito à gratuidade.

§ 6º O direito à gratuidade da justiça é pessoal, não se estendendo a litisconsorte ou a sucessor do beneficiário, salvo requerimento e deferimento expressos.

§ 7º Requerida a concessão de gratuidade da justiça em recurso, o recorrente estará dispensado de comprovar o recolhimento do preparo, incumbindo ao relator, neste caso, apreciar o requerimento e, se indeferi-lo, fixar prazo para realização do recolhimento.

CORRESPONDÊNCIA NO CPC/1973: *NÃO HÁ.*

1. Momento e forma do pedido de gratuidade da justiça. O pedido de gratuidade da justiça deve ser formulado no momento em que a parte ou o terceiro não tiverem capacidade econômica para efetuar o pagamento do adiantamento das despesas processuais; se for o caso, em sua primeira manifestação. Assim, pode o autor efetuar o pedido na própria petição inicial; o réu, na contestação; e o terceiro, na petição que solicita sua intervenção. O pedido pode ser formulado também no recurso interposto, como comumente ocorre nos Juizados Especiais, onde as partes são dispensadas do adiamento de despesas processuais em primeira instância (arts. 54 e 55, Lei 9.099/1995), ou em qualquer fase do processo, mediante simples petição, que não suspenderá o curso do processo (art. 99, § 1º).

2. Indeferimento do pedido de gratuidade da justiça. Antes da impugnação da parte contrária, o juiz somente poderá indeferir o pedido se houver elementos nos autos que evidenciem a capacidade econômica do requerente e apenas depois de oportunizar que este faça parte de sua incapacidade econômica. Essa situação pode ocorrer, por exemplo, com a pessoa que, embora possua patrimônio imobilizado, não possui disponibilidade imediata de recursos (vide comentário 11 ao art. 98).

3. Presunção de veracidade da alegação deduzida por pessoa natural. Há presunção de veracidade da alegação de insuficiência deduzida por pessoa natural (art. 99, § 3º), sendo suficiente a mera afirmação de sua incapacidade econômica. Embora o art. 5º, LXXIV da CF/1988 assegure "a assistência jurídica integral e gratuita aos que comprovarem insuficiência de recursos", a simples afirmação basta para a concessão do benefício da gratuidade da justiça à pessoa natural. (MOREIRA, José Carlos BARBOSA, *Temas de direito processual – 5ª série*, São Paulo, Saraiva, 1994, p. 59-60). A disposição infraconstitucional é compatível com a CF/1988, pois tutela de melhor forma um direito fundamental.

4. Alegação deduzida por pessoa jurídica ou por ente despersonalizado. Não há presunção de veracidade da alegação de insuficiência deduzida por pessoa jurídica, com ou sem fins lucrativos, ou por ente despersonalizado. Todos deverão comprovar em juízo a ausência de meios de prover às despesas do processo sem sacrificar a própria manutenção. Neste sentido, a Súmula 481 do STJ: "Faz jus ao benefício da justiça gratuita a pessoa jurídica com ou sem fins lucrativos que demonstrar sua impossibilidade de arcar com os encargos processuais.".

5. Possibilidade de o beneficiário da gratuidade da justiça ser assistido por advogado particular. A assistência jurídica gratuita é dever institucional da Defensoria Pública (art. 134, CF/1988) e é fornecida também pelos Núcleos de Prática Jurídica das Faculdades de Direito ou pelas entidades que prestam assistência jurídica gratuita em razão de convênios firmados com a Defensoria Pública. O fato de a parte ou o terceiro serem assistidos por advogado particular não é incompatível com o fato de não possuírem capacidade econômica para custear o adiantamento das despesas processuais. O advogado particular pode exercer advocacia *pro bono* (gratuita, eventual e voluntária) ou *ad exitum* (honorários vinculado ao êxito da parte na demanda); e, ainda que sejam os honorários decorrentes do *pro labore, não deve o Poder Judiciário imiscuir na forma de contratação do advogado* particular. Não há presunção de capacidade econômica pelo simples fato de a parte ou de o terceiro serem assistidos por advogado particular (art. 99, § 4º).

6. Recurso apenas sobre honorários do advogado do beneficiário. Como os honorários são de titularidade do advogado (art. 85, *caput* e § 14), e não da parte ou do terceiro, o recurso interposto apenas para questionar o *quantum* fixado ou a ausência de honorários de sucumbência do advogado do beneficiário estará sujeito ao pagamento das despesas relacionadas à interposição do recurso (preparo), como as taxas judiciárias, o porte de remessa e de retorno dos autos e as despesas postais, exceto se o próprio advogado for insuficiente de recursos para pagá-las, hipótese em que poderá requerer a concessão do benefício da gratuidade da justiça em causa própria.

7. Direito personalíssimo. A concessão do benefício da gratuidade da justiça depende da incapacidade econômica da parte ou do terceiro, sendo, portanto, um direito personalíssimo. Por consequência, não se estende ao sucessor do beneficiário ou a seu eventual litisconsorte. Caso eles tampouco possuam recursos suficientes para pagar o adiantamento das despesas processuais, deverão formular requerimento em nome próprio.

8. Pedido em sede recursal. O pedido de gratuidade da justiça pode ser formulado no ato de interposição do recurso para abranger a dispensa de adiantamento das despesas processuais apenas desse ato ou para abranger todos os atos processuais subsequentes. Nesse caso, o recorrente não necessitará comprovar o preparo, devendo o pedido ser apreciado monocraticamente pelo relator. Indeferido o pedido, o relator fixará prazo para que o recorrente efetue os recolhimentos da taxa judiciária e das despesas processuais inerentes à interposição do recurso.

ARTIGO 100.
Deferido o pedido, a parte contrária poderá oferecer impugnação na contestação, na réplica, nas contrarrazões de recurso ou, nos casos de pedido superveniente ou formulado por terceiro, por meio de petição simples, a ser apresentada no prazo de 15 (quinze) dias, nos autos do próprio processo, sem suspensão de seu curso.

Parágrafo único. Revogado o benefício, a parte arcará com as despesas processuais que tiver deixado de adiantar e pagará, em caso de má-fé, até o décuplo de seu valor a título de multa, que será revertida em benefício da Fazenda Pública estadual ou federal e poderá ser inscrita em dívida ativa.
CORRESPONDÊNCIA NO CPC/1973: *NÃO HÁ.*

1. Contraditório no procedimento da gratuidade de justiça. Em decorrência da direito fundamental ao contraditório (art. 5º, LIV, CF/1988), ainda que postecipado, na hipótese de deferimento do pedido, a parte contrária será intimada para apresentar, em

15 (quinze) dias, impugnação ao benefício da gratuidade da justiça. Isso poderá ser feito como preliminar na contestação (art. 337, XIII), na réplica à contestação (art. 351), nas contrarrazões recursais ou por meio de petição simples, em todos os casos, nos autos do próprio processo.

2. Revogação do benefício. A revogação do benefício da gratuidade da justiça em decorrência da impugnação apresentada tem, como consequência, o restabelecimento do ônus da parte ou do terceiro de pagar as despesas processuais que tiver deixado de adiantar para que os atos processuais sejam realizados. Trata-se de um ônus da parte, pois estabelece um vínculo necessário para a realização de um interesse próprio: a realização do ato processual. (CARNELUTTI, Francesco, *Sistema di diritto processuale civile*, v. I, Padova, CEDAM, 1936, p. 55).

3. Beneficiário de má-fé. A parte ou o terceiro que, conscientes de sua capacidade econômica, valerem-se do benefício da gratuidade da justiça para livrar-se do ônus de pagamento das despesas previamente à realização do ato processual devem ser condenados, na mesma decisão que revoga o benefício, ao pagamento de multa de até 10 (dez) vezes o valor das despesas processuais que deixaram de adiantar. O titular dessa multa é a Fazenda Pública estadual ou federal, conforme o órgão em que tramita a causa. Transitado em julgado, esse crédito pode ser inscrito em dívida ativa, e sua execução seguir o procedimento especial prcvisto para a execução fiscal (Lei 6.830/1980).

Artigo 101.
Contra a decisão que indeferir a gratuidade ou a que acolher pedido de sua revogação caberá agravo de instrumento, exceto quando a questão for resolvida na sentença, contra a qual caberá apelação.

§ 1º O recorrente estará dispensado do recolhimento de custas até decisão do relator sobre a questão, preliminarmente ao julgamento do recurso.

§ 2º Confirmada a denegação ou a revogação da gratuidade, o relator ou o órgão colegiado determinará ao recorrente o recolhimento das custas pro-cessuais, no prazo de 5 (cinco) dias, sob pena de não conhecimento do recurso.

CORRESPONDÊNCIA NO CPC/1973: *NÃO HÁ.*

1. Recursos cabíveis. Em regra, a decisão que indefere o pedido de gratuidade da justiça e a que acolhe o pedido de sua revogação são decisões interlocutórias (art. 203, § 2º). O CPC/2015 prevê o cabimento de agravo de instrumento contra algumas decisões interlocutórias (art. 1.015) e a necessidade de serem suscitadas em preliminar de apelação para aquelas que não comportam agravo de instrumento , (art. 1.009, § 1º). Pela sua importância, a decisão que indefere o pedido de gratuidade da justiça e a que acolhe o pedido de sua revogação são impugnáveis imediatamente por agravo de instrumento (art. 100; e art. 1.015, V). Excepcionalmente, quando o pronunciamento judicial a respeito do pedido de gratuidade da justiça ou do pedido de sua revogação ocorrer na sentença, esse capítulo da sentença será impugnável via apelação, assim como os demais capítulos (art. 1.009).

2. Dispensa de recolhimento de despesas processuais. No ato de interposição do recurso contra a decisão que indefere o pedido de gratuidade da justiça ou contra a que acolhe o pedido de sua revogação, o recorrente não necessita comprovar o pagamento do preparo recursal. Caso o recurso tenho por objeto outros capítulos da decisão recorrida, o relator deverá resolver, primeiramente, a questão referente à gratuidade da justiça (art. 101, § 1º). Se confirmar a decisão que a denegou ou mantiver a decisão que a revogou, o relator ou o órgão colegiado determinarão ao recorrente que este efetue o pagamento do preparo no prazo de 5 (cinco) dias, sob pena de deserção (art. 1009).

Artigo 102.
Sobrevindo o trânsito em julgado de decisão que revoga a gratuidade, a parte deverá efetuar o recolhimento de todas as despesas de cujo adiantamento foi dispensada, inclusive as relativas ao recurso interposto, se houver, no prazo fixado pelo juiz, sem prejuízo de aplicação das sanções previstas em lei.
Parágrafo único. Não efetuado o recolhimento, o processo será extinto sem resolução de mérito, tratando-se do autor, e, nos demais casos, não poderá ser deferida a realização de nenhum ato ou diligência requerida pela parte enquanto não efetuado o depósito.
CORRESPONDÊNCIA NO CPC/1973: *NÃO HÁ.*

1. Considerações gerais. Após o trânsito em julgado da decisão que revoga o benefício da gratuidade da justiça anteriormente concedido, a parte terá o dever e o ônus de recolher todas as despesas que foram dispensadas de adiantamento no curso do processo, sob pena de sua extinção sem resolução de mérito se o ônus recair sob o autor, ou de não ser deferida a realização do ato pleiteado, enquanto não efetuado o pagamento.

CAPÍTULO III – Dos Procuradores

Artigo 103.
A parte será representada em juízo por advogado regularmente inscrito na Ordem dos Advogados do Brasil.
Parágrafo único. É lícito à parte postular em causa própria quando tiver habilitação legal.
CORRESPONDÊNCIA NO CPC/1973: *ART. 36.*

A parte será representada em juízo por advogado legalmente habilitado. Ser-lhe-á lícito, no entanto, postular em causa própria, quando tiver habilitação legal ou, não a tendo, no caso de falta de advogado no lugar ou recusa ou impedimento dos que houver.

1. Advocacia, atividade indispensável à administração da justiça. "A Advocacia, pública ou privada, é uma das funções essenciais à justiça, ao lado da Magistratura, do Ministério Público e da Defensoria Pública, sendo o advogado indispensável à sua administração" (art. 133, CF/1988; art. 2º, *caput*, Lei 8.906/1994). Na feliz expressão de Piero Calamandrei, os advogados são "as supersensíveis antenas da justiça". (CALAMANDREI, Piero, *Eles, os juízes, vistos por nós, os advogados*, São Paulo, Martins Fontes, 2006, p. 38). Isso deixa claro que a participação do advogado nos processos judiciais, por conta da tecnicidade das questões jurídicas, contribui com a formação do convencimento do juiz, na postulação de uma decisão favorável ao seu constituinte-outorgante (art. 2º, § 2º, Lei 8.906/1994). É o direito da pessoa de ser defendida de forma técnica e adequada em todo e qualquer processo judicial, independentemente de valor da causa e da matéria nele deduzida, exceto nas excepcionais hipóteses previstas em lei.

2. Capacidade postulatória. Ao lado da capacidade de ser parte e da capacidade de estar em juízo (ver os comentários ao art. 70), a capacidade postulatória integra os pressupostos processuais de validade referentes às partes. A capacidade postulatória é uma capacidade específica para a prática de atos processuais em juízo, legitimando-os. Em regra, aqueles que exercem as funções essenciais à justiça – os advogados, públicos e privados, os defensores públicos e os membros do Ministério Público – possuem essa autorização legal para atuar em juízo, diante da necessidade de conhecimento técnico-jurídico, desde que devidamente inscritos na Ordem dos Advogados do Brasil. A inscrição é condição *sine qua non* para o exercício da profissão, sendo "nulos os atos privativos de advogado, praticados por pessoa não inscrita na OAB" ou "por advogado impedido – no âmbito do impedimento – suspenso, licenciado ou que passar a exercer atividade incompatível com a advocacia" (art. 4º, *caput* e parágrafo único, Lei 8.906/1994). Os advogados privados necessitam de outorga de poderes concedidos por contrato de mandato, via procuração, para atuar profissionalmente em nome da parte ou de terceiro. Os membros da Advocacia Pública, da Defensoria Pública e do Ministério Público, por sua vez, possuem capacidade postulatória decorrente do vínculo que mantêm com o Estado. O poder de representação decorre da própria função exercida por eles. Excepcionalmente, a lei concede às próprias partes a capacidade postulatória, como ocorre na Justiça do Trabalho (arts. 791 e 839, CLT) e nos Juizados Especiais, nas causas até 20 (vinte) salários mínimos (art. 9º, Lei 9.099/1995).

3. Advocacia em causa própria. O advogado regularmente inscrito na OAB tem capacidade postulatória para atuar em juízo, inclusive em causa própria. É desnecessária, por razões óbvias, a juntada de procuração. Sendo a procuração um instrumento de mandato (art. 653, CC), a parte não necessita outorgar poderes para ela mesma atuar como advogado em causa própria.

Artigo 104.

O advogado não será admitido a postular em juízo sem procuração, salvo para evitar preclusão, decadência ou prescrição, ou para praticar ato considerado urgente.

§ 1º Nas hipóteses previstas no *caput*, o advogado deverá, independentemente de caução, exibir a procuração no prazo de 15 (quinze) dias, prorrogável por igual período por despacho do juiz.

§ 2º O ato não ratificado será considerado ineficaz relativamente àquele em cujo nome foi praticado, respondendo o advogado pelas despesas e por perdas e danos.

CORRESPONDÊNCIA NO CPC/1973: *ART. 37.*

1. **Mandato judicial e procura***ção*. As partes e os terceiros atuam em juízo representados por seus advogados. Para tanto, faz-se necessário a outorga poderes à ele para atuar em juízo em seu nome. O mandato é o negócio jurídico pelo qual alguém outorga poderes para outrem praticar atos em seu nome, o que é efetivado pela procuração, seu instrumento (art. 653, CC/2002). Sem a procuração, o advogado privado não possui poderes para agir em juízo em nome de outrem.

2. **Excepcional possibilidade de atuação em juízo sem mandato.** Excepcionalmente, o advogado pode atuar em juízo para evitar a preclusão de direito processual, a decadência de um direito material, a prescrição de uma pretensão ou, ainda, para praticar atos urgentes, devendo apresentar a procuração com os poderes outorgados pela parte ou pelo terceiro, no prazo de 15 (quinze) dias, prorrogáveis por igual período pelo juiz, para a validação do(s) ato(s) praticado(s), independentemente de caução.

3. **Mandato verbal.** Em regra, é obrigatório que a outorga de poderes ocorra por procuração, sendo vedado o mandato verbal. Isso porque a lei material proíbe este tipo de mandato quando o ato deva ser celebrado por escrito (art. 657, CC/2002). Nos Juizados Especiais, admite-se o mandato verbal para os poderes em geral (art. 9º, § 3º, Lei 9.099/1995), sendo necessária a procuração para a outorga de poderes especiais. No processo civil comum, *não se admite o mandato verbal, exceto para evitar a preclusão, como ocorre quando a parte comparece à audiência juntamente com seu advogado, devendo ser a procuração apresentada posteriormente, no prazo de 15 (quinze) dias, prorrogáveis por mais 15 (quinze).* (STJ, REsp 556.185/RS).

4. **Ineficácia do ato processual praticado sem procuração e responsabilidade civil do advogado.** O ato processual praticado sem o instrumento de mandato e não ratificado em juízo com a juntada posterior não produz efeitos em relação à parte ou ao terceiro em nome de quem o advogado praticou o ato. Nesse caso, o advogado responde civilmente pelas despesas processuais decorrentes do(s) ato(s) praticado(s) e por eventuais perdas e danos sofridos pela parte ou pelo terceiro que teve sua esfera jurídica afetada.

ARTIGO 105.
A procuração geral para o foro, outorgada por instrumento público ou particular assinado pela parte, habilita o advogado a praticar todos os atos do processo, exceto receber citação, confessar, reconhecer a procedência do pedido, transigir, desistir, renunciar ao direito sobre o qual se funda a ação, receber, dar quitação, firmar compromisso e assinar declaração de hipossuficiência econômica, que devem constar de cláusula específica.

§ 1º A procuração pode ser assinada digitalmente, na forma da lei.

§ 2º A procuração deverá conter o nome do advogado, seu número de inscrição na Ordem dos Advogados do Brasil e endereço completo.

§ 3º Se o outorgado integrar sociedade de advogados, a procuração também deverá conter o nome dessa, seu número de registro na Ordem dos Advogados do Brasil e endereço completo.

§ 4º Salvo disposição expressa em sentido contrário constante do próprio instrumento, a procuração outorgada na fase de conhecimento é eficaz para todas as fases do processo, inclusive para o cumprimento de sentença.

CORRESPONDÊNCIA NO CPC/1973: *ART. 38.*

1. **Poderes outorgados pela procuração *ad judicia*.** A outorga de poderes gerais para atuar em juízo em nome da parte ou de terceiro habilita o advogado a praticar todos os atos processuais que não sejam de disposição ou de liberalidade de direitos. A procuração poderá ser celebrada por instrumento público ou por instrumento particular, sendo desnecessário o reconhecimento de firma do outorgante, como ocorreu no processo civil brasileiro até a entrada em vigor das alterações ao CPC/1973 promovidas pela Lei 8.952/1994.

2. **Poderes especiais.** É necessário constar expressamente na procuração, em cláusula específica, a outorga de poderes para: (i) receber citação; (ii) confessar; (iii) reconhecer a procedência do pedido; (iv) transigir; (v) desistir; (vi) renunciar ao direito sobre o qual se funda a ação; (vii) receber; (vii) dar quitação; (viii) firmar compromisso e (ix) assinar declaração de hipossuficiência econômica.

3. **Procuração assinada digitalmente.** A procuração pode ser assinada de forma manuscrita ou digital, baseada em certificado digital emitido por Autoridade Certificadora credenciada.

4. **Requisitos específicos para procuração *ad judicia*.** Além dos requisitos genéricos da procuração (a assinatura do outorgante, a indicação do lugar onde foi outorgado, a qualificação do outorgante e do outorgado, a data e o objetivo da outorga com a designação e a extensão dos poderes conferidos – art. 654, *caput* e § 1º , CC), os parágrafos 2º e 3º do art. 105 preveem como requisitos específicos para a procuração *ad judicia* a indicação do nome do advogado, de seu número de inscrição na OAB, de seu endereço completo

e, ainda, caso integre uma sociedade de advogados, a indicação do nome da sociedade, de seu número de registro na OAB e de seu endereço completo.

5. Extensão dos efeitos da procuração. Como a procuração *ad judicia* confere poderes gerais para o advogado praticar os atos processuais, o art. 105, § 4º, deixa claro que esses poderes são válidos para todas as fases do processo, inclusive para o cumprimento da sentença, exceto em caso de disposição expressa em sentido contrário prevista na procuração, sendo vedado ao magistrado exigir que a procuração seja renovada no curso do processo.

Artigo 106.

Quando postular em causa própria, incumbe ao advogado:

I – declarar, na petição inicial ou na contestação, o endereço, seu número de inscrição na Ordem dos Advogados do Brasil e o nome da sociedade de advogados da qual participa, para o recebimento de intimações;

II – comunicar ao juízo qualquer mudança de endereço.

§ 1º Se o advogado descumprir o disposto no inciso I, o juiz ordenará que se supra a omissão, no prazo de 5 (cinco) dias, antes de determinar a citação do réu, sob pena de indeferimento da petição.

§ 2º Se o advogado infringir o previsto no inciso II, serão consideradas válidas as intimações enviadas por carta registrada ou meio eletrônico ao endereço constante dos autos.

CORRESPONDÊNCIA NO CPC/1973: *ART. 39.*

1. Dever de qualificação do advogado. O advogado, quando postula em causa própria, tem o dever de declarar, na petição inicial ou na contestação, seu nome completo, seu endereço, seu número de inscrição na OAB e o nome da sociedade de advogados da qual participa. Não o fazendo, o juiz deve ordenar que assim o faça no prazo de 5 (cinco) dias, antes da citação do réu, sob pena de indeferimento da petição inicial ou de retirada da contestação dos autos (art. 106, § 1º).

2. Dever de comunicar a mudança de endereço e presunção de intimação. Em decorrência cláusula geral da boa-fé processual objetiva, o advogado tem o dever de comunicar qualquer mudança de endereço ao juízo quando advogar em causa própria, sob pena de serem consideradas como válidas a intimações enviadas para o endereço constante dos autos, inclusive o endereço virtual (*e-mail*) (art. 105, § 2º).

Artigo 107.

O advogado tem direito a:

I – examinar, em cartório de fórum e secretaria de tribunal, mesmo sem procuração, autos de qualquer processo, independentemente da fase de tra-

mitação, assegurados a obtenção de cópias e o registro de anotações, salvo na hipótese de segredo de justiça, nas quais apenas o advogado constituído terá acesso aos autos;

II – requerer, como procurador, vista dos autos de qualquer processo, pelo prazo de 5 (cinco) dias;

III – retirar os autos do cartório ou da secretaria, pelo prazo legal, sempre que neles lhe couber falar por determinação do juiz, nos casos previstos em lei.

§ 1º Ao receber os autos, o advogado assinará carga em livro ou documento próprio.

§ 2º Sendo o prazo comum às partes, os procuradores poderão retirar os autos somente em conjunto ou mediante prévio ajuste, por petição nos autos.

§ 3º Na hipótese do § 2º, é lícito ao procurador retirar os autos para obtenção de cópias, pelo prazo de 2 (duas) a 6 (seis) horas, independentemente de ajuste e sem prejuízo da continuidade do prazo.

§ 4º O procurador perderá no mesmo processo o direito a que se refere o § 3º se não devolver os autos tempestivamente, salvo se o prazo for prorrogado pelo juiz.

CORRESPONDÊNCIA NO CPC/1973: *ART. 40.*

1. **Direito a examinar os autos do processo, a obter cópias e a anotar informações.** O advogado, tem direito (i) a examinar os autos de qualquer processo que esteja em cartório de fórum e em secretaria de tribunal, independentemente de procuração e da fase de tramitação processual; (ii) a obter cópias; e (iii) a anotar informações, exceto nos casos que tramitam em segredo de justiça, nos quais há a necessidade de procuração outorgada pelas partes ou por terceiros para acessá-los (art. 107, I).

2. **Direito a vista dos autos.** O advogado tem direito a pedir vista dos autos de qualquer processo, pelo prazo de 5 (cinco) dias, mediante procuração (art. 107, II).

3. **Direito a carga dos autos.** O advogado tem direito a carga dos autos, sempre que neles lhe couber manifestar por determinação judicial, retirando-os do cartório ou da secretaria pelo prazo legal para a prática do ato processual (art. 107, III).

4. **Registro da carga.** Para o controle da posse dos processos físicos e de sua localidade, o advogado deve assinar a carga dos autos recebidos em livro ou em documento próprio (art. 107, § 1º).

5. **Prazo comum, impossibilidade de retirada dos autos do juízo.** O direito a retirada dos autos do cartório ou da secretaria quando o prazo é comum às partes depende de negócio processual típico, a ser celebrado por petição nos autos ou a ser exercido conjuntamente pelos advogados (art. 107, § 2º).

6. **Prazo comum e direito** *à* **carga rápida dos autos.** De todo modo, mesmo nos casos de impossibilidade de retirada dos autos do juízo, o advogado com procuração nos

CÓDIGO DE PROCESSO CIVIL

autos poderá retirá-los do cartório ou da secretaria por até 6 (seis) horas para a obtenção de cópias, independentemente de negócio processual e sem interrupção do prazo (art. 107, § 3º).

7. Perda do direito *à* **carga rápida dos autos.** O direito à carga rápida será extinto quando o advogado com procuração nos autos não devolvê-los no prazo de 6 (seis) horas, salvo se esse prazo for prorrogado pelo juiz.

CAPÍTULO IV – Da Sucessão das Partes e dos Procuradores

Artigo 108.

No curso do processo, somente é lícita a sucessão voluntária das partes nos casos expressos em lei.

CORRESPONDÊNCIA NO CPC/1973: *ART. 41.*

4. Sucessão voluntária. Após a citação válida (art. 240), a coisa ou o direito se tornam litigiosos, sendo vedada a sucessão voluntária das partes e de terceiros no curso do processo (*perpetuatio legitimationis*), salvo nas hipóteses expressamente previstas em lei. Desse modo, após a formação da relação jurídica processual, as partes legítimas devem manter-se no processo até seu final. (FAZIO, Cesar Cipriano de, *Sucessão processual*, Dissertação de Mestrado, São Paulo, PUCSP, 2011). Excepcionalmente, o CPC/2015 permite a modificação da parte no curso do processo, como ocorre quando o réu alega sua ilegitimidade passiva; nessa hipótese, o autor poderá acolher a alegação e proceder à substituição do réu, ou, ainda, incluir a pessoa indicada como litisconsorte passivo (art. 339, § 1º e 2º).

Artigo 109.

A alienação da coisa ou do direito litigioso por ato entre vivos, a título particular, não altera a legitimidade das partes.

§ 1º O adquirente ou cessionário não poderá ingressar em juízo, sucedendo o alienante ou cedente, sem que o consinta a parte contrária.

§ 2º O adquirente ou cessionário poderá intervir no processo como assistente litisconsorcial do alienante ou cedente.

§ 3º Estendem-se os efeitos da sentença proferida entre as partes originárias ao adquirente ou cessionário.

CORRESPONDÊNCIA NO CPC/1973: *ART. 42.*

1. Alienação de coisa litigiosa ou de direito litigioso. A coisa ou o direito são litigiosos entre a citação válida (art. 240) e o trânsito em julgado da decisão judicial de mérito. Não há, em regra, vedação à alienação da coisa ou à cessão de direito litigioso por atos intervivos. Entretanto, se isso ocorrer, não haverá alteração na legitimidade das partes, devendo o alienante continuar na condução do processo em nome próprio, para resguardar a parte contrária, que não deu lugar à alienação ou à transmissão, da impossibilidade de ressarcimento em caso de alienação à pessoa insolvente ou com baixa capacidade econômica. (OLIVEIRA, Carlos Alberto Alvaro de, *Alienação da coisa litigiosa*, Rio de Janeiro: Forense, 1986, p. 242).

2. Necessidade de consentimento da parte contrária. A partir da citação válida há estabilidade subjetiva da relação jurídica processual (art. 240), sendo permitida a alteração das partes, do alienante pelo adquirente ou do cedente pelo cessionário, tão somente se a parte contrária concordar com a sucessão processual em decorrência da alienação da coisa ou do direito litigioso. Inexistindo concordância, a demanda prosseguirá entre as partes originárias, permanecendo inalterada a relação subjetiva no processo. (STJ, REsp 253.635/RJ).

3. Assistência litisconsorcial. É facultado expressamente ao adquirente ou ao cessionário intervir no processo como assistente litisconsorcial, caso seja negada a sucessão processual, já que se submete aos efeitos da decisão de mérito.

4. Extensão dos efeitos da decisão de mérito ao adquirente ou cessionário. O adquirente ou o cessionário tornam-se titulares da coisa ou do direito litigiosos, razão pela qual são considerados como parte em sentido material; estando substituídos, no processo, pelo alienante ou pelo cedente, em legitimação extraordinária, razão pela qual se submetem à eficácia da decisão de mérito (arts. 109, § 3º e 506), com todas as consequências jurídicas decorrentes.

Artigo 110.

Ocorrendo a morte de qualquer das partes, dar-se-á a sucessão pelo seu espólio ou pelos seus sucessores, observado o disposto no art. 313, §§ 1º e 2º.
CORRESPONDÊNCIA NO CPC/1973: *ART. 43.*

1. Sucessão processual *causa mortis*. A morte da parte gera obrigatoriamente o dever de realizar a sucessão processual pela procedimento especial de habilitação (arts. 687 a 692), exceto quando a demanda for considerada por lei como intransmissível em decorrência do direito material, quando será extinta sem resolução do mérito (art. 485, IX). O sucessor processual submete-se ao negócio processual celebrado. Nesse sentido, é a orientação contida no Enunciado 115 do FPPC: "O negócio jurídico celebrado nos termos do art. 190 obriga herdeiros e sucessores".

2. Suspensão do processo. O processo ficará suspenso até a efetiva habilitação do sucessor processual da parte falecida (arts. 313, I, e 689).

Artigo 111.

A parte que revogar o mandato outorgado a seu advogado constituirá, no mesmo ato, outro que assuma o patrocínio da causa.

Parágrafo único. Não sendo constituído novo procurador no prazo de 15 (quinze) dias, observar-se-á o disposto no art. 76.

CORRESPONDÊNCIA NO CPC/1973: *ART. 44.*

1. Revogação expressa do mandato e dever de constituir novo advogado. Ao revogar o mandato outorgado a seu advogado, a parte tem o dever de constituir um novo advogado para atuar na causa em seu nome, preferencialmente no mesmo ato processual. Incumbe ao mandante informar ao mandatário que revogou os poderes anteriormente outorgados (arts. 686 e 687, CC/2002).

2. Revogação tácita do mandato. A outorga de poderes a novo advogado nos autos, sem a ressalva referente aos poderes outorgados na procuração anterior, caracteriza-se como revogação tácita do mandato anterior (STJ AgRg no AgRg no Ag 737.338/RS).

3. Violação ao dever de constituir novo advogado. Não constituído advogado no mesmo ato em que revogou os poderes outorgados, a parte tem o prazo de 15 (quinze) dias para constituí-lo. Violado pela parte o dever de constituir novo advogado, o juiz deve suspender o processo, designar um prazo razoável para que o vício seja sanado. A consequência jurídica do não saneamento do vício é estabelecida no art. 76.

Artigo 112.

O advogado poderá renunciar ao mandato a qualquer tempo, provando, na forma prevista neste Código, que comunicou a renúncia ao mandante, a fim de que este nomeie sucessor.

§ 1º Durante os 10 (dez) dias seguintes, o advogado continuará a representar o mandante, desde que necessário para lhe evitar prejuízo.

§ 2º Dispensa-se a comunicação referida no *caput* quando a procuração tiver sido outorgada a vários advogados e a parte continuar representada por outro, apesar da renúncia.

CORRESPONDÊNCIA NO CPC/1973: *ART. 45.*

1. Renúncia ao mandato. O advogado tem o direito de renunciar aos poderes que lhe foram outorgados e, por consequência, de extinguir o mandato (art. 682, I, CC/2002), desde que comprove que comunicou a renúncia ao mandante, cientificando-o da necessidade de constituir um novo advogado. A comunicação poderá ser por telefone, por fax (fac-símile), por carta, por telegrama, por *e-mail*, por redes sociais ou por qualquer outro canal de comunicação.

2. Atuação nos 10 (dez) dias subsequentes. O art. 112, § 1º – à semelhança do art. 5º, § 3º, Lei 8906/1994 – estabelece que, ao renunciar aos poderes que lhes foram outorgados, o advogado continua autorizado por lei a atuar na defesa de seu antigo mandante, para lhe evitar prejuízo, nos 10 (dez) dias seguintes, se necessário.

3. Renúncia ao mandato por apenas um dos mandatários. Havendo mais de um advogado constituído nos autos com poderes de representação da mesma parte ou terceiro, a renúncia feita por apenas um deles dispensa a necessidade de comunicação da renúncia ao mandante.

TÍTULO II – Do Litisconsórcio

Artigo 113.

Duas ou mais pessoas podem litigar, no mesmo processo, em conjunto, ativa ou passivamente, quando:

I – entre elas houver comunhão de direitos ou de obrigações relativamente à lide;

II – entre as causas houver conexão pelo pedido ou pela causa de pedir;

III – ocorrer afinidade de questões por ponto comum de fato ou de direito.

§ 1º O juiz poderá limitar o litisconsórcio facultativo quanto ao número de litigantes na fase de conhecimento, na liquidação de sentença ou na execução, quando este comprometer a rápida solução do litígio ou dificultar a defesa ou o cumprimento da sentença.

§ 2º O requerimento de limitação interrompe o prazo para manifestação ou resposta, que recomeçará da intimação da decisão que o solucionar.

CORRESPONDÊNCIA NO CPC/1973: *ART. 46.*

1. Litisconsórcio (pluralidade de partes). Consideram-se como partes no processo aquelas pessoas que pedem e aquelas em face de quem é pedida a tutela jurisdicional. Por consequência, terceiro é aquele que nada pede ou em face de quem nada se pede. (CHIOVENDA, Giuseppe, *Principii di diritto processuale civile*, Napoli, Eugenio Jovene, 1965, p. 579). Por sua vez, litisconsórcio é a reunião de mais de uma pessoa em um dos polos de uma relação jurídica processual ou em ambos (art. 113). Será ativo, quando houver mais de um autor; passivo, quando houver mais de um réu; e misto, quando a pluralidade for em ambos os polos de uma relação jurídica processual. Denomina-se de litisconsortes as partes que integram o mesmo polo de uma relação jurídica processual. Quanto à obrigatoriedade, o litisconsórcio pode ser facultativo ou necessário. Quanto ao resultado da demanda, pode ser simples, quando o juiz puder decidir de modo diferente para cada um do litisconsórcio, ou unitário, quando a decisão tiver de ser a mesma. Quanto ao momento de sua formação, pode ser inicial ou ulterior. Há, ainda, as modalidades especiais de litisconsórcio, decorrentes da possibilidade de cumulação de pedidos, como são os casos de litisconsórcio sucessivo, eventual e alternativo (vide arts. 322 a 329).

2. Litisconsórcio facultativo. A formação do litisconsórcio facultativo depende de autorização legal e decorre da vontade do autor. É ele quem decide se atuará em juízo em conjunto com outrem ou se pedirá a citação de mais de um réu, sendo irrelevante a vontade deste. O momento de sua formação é a petição inicial. Sua formação ulterior pode afrontar o direito fundamental ao juiz natural. Ademais, é necessário que a competência seja relativa, tendo em vista que a competência absoluta é imutável pela vontade das partes.

3. Comunhão de direitos e de deveres. Havendo comunhão de direitos ou de deveres entre duas ou mais pessoas, é possível a formação do litisconsórcio. Apesar de referir-se a "obrigações", o art. 113, I, trata, na verdade, de deveres. Obrigação difere de dever. Obrigação é uma modalidade específica de dever. O dever jurídico consiste em uma vinculação ou limitação à vontade da pessoa que por ele é alcançado, tendo de ser cumprido sob pena de a pessoa praticar um ilícito e se submeter à sanção jurídica estipulada. Já a obrigação é a relação jurídica estabelecida entre credor e devedor na qual este deve àquele o cumprimento de certa prestação. (GRAU, Eros Roberto, "Notas sobre a distinção entre obrigação, dever e ônus", in *Revista da Faculdade de Direito*, v. 77, São Paulo, Universidade de São Paulo, 1982, p. 177-183). Percebe-se, portanto, que o conceito de dever transcende o âmbito das relações jurídicas obrigacionais, havendo deveres jurídicos que não constituem obrigação de nenhuma espécie, como os deveres de não praticar um ato tipificado como crime, de assistir, criar e educar os filhos, de não violar direitos fundamentais, como os inerentes à personalidade: a liberdade (em todas as suas facetas), a honra, a imagem, a intimidade, a integridade física e psíquica etc. (TALAMINI, Eduardo, *Tutela relativa aos deveres de fazer e de não fazer e sua extensão aos deveres de entrega de coisa*, 2. ed., São Paulo, RT, 2003, p. 128). A comunhão de direitos ou de deveres surge no direito material, como nos casos de desconsideração da personalidade jurídica, de solidariedade passiva, de responsabilidade civil do incapaz, de responsabilidade civil dos pais pelos filhos, de responsabilidade subsidiária do Estado, de assunção de dívida, de consignação em pagamento com fundamento na dúvida quanto à pessoa do credor, de alimentos, de composse, etc. (SANTOS, Silas Silva, *Litisconsórcio eventual, alternativo e sucessivo*, São Paulo, Atlas, 2013).

4. Identidade de causa de pedir ou de pedido. É possível serem propostas duas ou mais demandas com partes diversas, mas com identidade de causa de pedir ou de pedido, hipótese em que poderão ser reunidas para julgamento pelo mesmo juízo, desde que a competência seja relativa. Trata-se de típico caso de conexão (art. 55). Ademais, é possível que as duas demandas com base no mesmo fundamento (identidade de pedido ou de causa de pedir) sejam propostas conjuntamente em litisconsórcio. A identidade da causa de pedir pode ser de fato, como no caso de vários envolvidos em um acidente de trânsito que se juntam em litisconsórcio, para propor demanda indenizatória em face do causador do dano. A identidade pode ser também de direito, como quando, por exemplo, mais de uma pessoa exige obrigação pactuada em um mesmo contrato. (BARBI, Celso Agrícola, *Comentários ao Código de Processo Civil*, v. 1, 9. ed., Rio de Janeiro, Forense, 1994, p. 160).

5. Litisconsórcio impróprio (por afinidade de questões). Denomina-se de impróprio o litisconsórcio por afinidade de questões. A palavra "questão" comporta, pelo menos, dois sentidos na linguagem legal. No primeiro, serve para designar um ponto controvertido, de fato ou de direito, de que dependa de decisão judicial para resolvê-lo e também como o próprio *thema decidendum*, total ou parcialmente. (MOREIRA, José Carlos Barbosa, *Temas de direito processual civil – 2a série*, São Paulo, Saraiva, 1980, p. 243). No litisconsórcio impróprio, cada um dos litisconsortes deduz pretensão própria em juízo, mas com pontos em comum, seja em razão dos acontecimentos, seja por razões jurídicas, que fazem que a decisão das causas dependa, total ou parcialmente, da resolução dessas questões afins. Sua legitimação concretiza a economia processual, decorrente do direito fundamental à razoável duração do processo. (DINAMARCO, Cândido Rangel, *Litisconsórcio*, 5. ed., São Paulo, Malheiros, 1998, p. 91.)

6. Limitação do litisconsórcio facultativo. O juiz pode, de ofício ou a requerimento, depois de oportunizar que as partes se manifestem a respeito (art. 10), limitar o litisconsórcio facultativo, seja ativo, passivo ou misto, quando este comprometer a razoável duração do processo, seja por dificultar a análise da causa e comprometer a rápida solução do litígio, seja por dificultar a apresentação de defesa em qualquer das fases do processo. Se o motivo da limitação for exclusivamente a dificuldade de defesa, o juiz poderá, em vez de liminar o litisconsórcio, ampliar o prazo para adequá-lo às necessidades do conflito (art. 139, VI), conforme Enunciado 116 do FPPC: "Quando a formação do litisconsórcio multitudinário for prejudicial à defesa, o juiz poderá substituir a sua limitação pela ampliação de prazos, sem prejuízo da possibilidade de desmembramento na fase de cumprimento da sentença.". A limitação pode ocorrer na fase de conhecimento, na fase de liquidação, na fase de cumprimento de sentença ou na execução de títulos extrajudiciais.

7. Efeitos da limitação do litisconsórcio facultativo. Mesmo havendo limitação de litisconsórcio multitudinário, inclusive se for anterior *à* citação, a propositura da demanda interrompe a prescrição, desde que seguida por citação válida (art. 240, § 1º). Neste sentido, o Enunciado 10 do FPPC: "Em caso de desmembramento do litisconsórcio multitudinário, a interrupção da prescrição retroagirá à data de propositura da demanda original". Também o Enunciado 117 do FPPC: "Em caso de desmembramento do litisconsórcio multitudinário ativo, os efeitos mencionado no art. 240 são considerados protocolo originário da petição inicial.". Ademais, a limitação do litisconsórcio deve ensejar a formação de novos autos, com nova redistribuição para o mesmo juízo e com o prosseguimento das demandas individualizadas, não podendo o juiz determinar que sejam propostas novas demandas, nem extinguir o processo sem resolução do mérito por este fundamento. Nesse sentido, os Enunciados 386 e 387 do FPPC: "A limitação do litisconsórcio facultativo multitudinário acarreta o desmembramento do processo" e "A limitação do litisconsórcio multitudinário não é causa de extinção do processo".

8. Incidente de limitação de litisconsórcio facultativo. Qualquer um dos litis-consortes passivos pode limitar-se a requerer a limitação do litisconsórcio facultativo, instaurando um incidente processual, no prazo para apresentar sua resposta, seja para contestar, para manifestar-se sobre a liquidação, para impugnar o cumprimento de sen-tença ou para embargar a execução de título extrajudicial. O incidente interrompe o prazo para o ato processual a ser praticado pelo litisconsorte, que voltará a correr, desde o início, a partir da intimação da decisão que julgá-lo.

Artigo 114.

O litisconsórcio será necessário por disposição de lei ou quando, pela natureza da relação jurídica controvertida, a eficácia da sentença depender da citação de todos que devam ser litisconsortes.
CORRESPONDÊNCIA NO CPC/1973: *ART. 47.*

1. Litisconsórcio necessário. *Há litisconsórcio necessário quando for indispensável a par-ticipação de mais de uma pessoa em um dos polos da relação jurídica processual ou em ambos, seja por imposição legal, seja por exigência da natureza da relação jurídica controvertida, casos em que a decisão judicial será nula*, quando, além de necessário, o litisconsórcio for unitário, ou ineficaz, quando for simples (art. 115).

Artigo 115.

A sentença de mérito, quando proferida sem a integração do contradi-tório, será:
I – nula, se a decisão deveria ser uniforme em relação a todos que deve-riam ter integrado o processo;
II – ineficaz, nos outros casos, apenas para os que não foram citados.
Parágrafo único. Nos casos de litisconsórcio passivo necessário, o juiz determinará ao autor que requeira a citação de todos que devam ser litis-consortes, dentro do prazo que assinar, sob pena de extinção do processo.
CORRESPONDÊNCIA NO CPC/1973: *ART. 47.*

1. Considerações iniciais. O art. 115 trata da consequência jurídica decorrente da ausência de citação de litisconsorte necessário, distinguindo o tratamento se o litiscon-sórcio for unitário ou simples.

2. **Litisconsório necessário e unitário:** Em caso de litisconsório necessário e unitário, a ausência da pessoa que deveria figurar como litisconsorte, mas não figurou, é causa de nulidade da decisão de mérito. Ademais, se prejudicial, a sentença não produz efeitos em relação a ela (art. 506).

3. **Litisconsório necessário e simples.** Por sua vez, sendo caso de litisconsório necessário e simples, a ausência da pessoa que deveria figurar como litisconsorte, mas não figurou, é causa de ineficácia da decisão de mérito em relação a ela, se prejudicial. Percebe-se, assim, que a decisão será válida e produzirá efeitos em relação às pessoas que integraram a relação jurídica processual. No entanto, em que pese o art. 115, II, dispor que ela é ineficaz, ela é também é nula e, por esse fundamento, poderá a parte interessada requerer que seja desfeita.

4. **Citação dos litisconsortes passivos necessários.** Em caso de ausência de litisconsórcio passivo necessário, simples ou unitário, por padecer o processo de vício grave, o juiz deve fixar um prazo e determinar ao autor que requeira a citação de todas as pessoas que devam ser litisconsortes, sob pena de extinguir o processo sem resolução do mérito, por ausência de pressuposto processual (art. 485, IV). Nesse sentido, especificamente para o mandado de segurança, é a redação da Súmula 631 do STF: "Extingue-se o processo de mandado de segurança se o impetrante não promove, no prazo assinado, a citação do litisconsorte passivo necessário.". Desse modo, não é possível ao juiz determinar, por iniciativa própria, a integração de pessoa que não figura no processo (intervenção *iussu iudicis*), como ocorre no direito italiano (art. 107, Código de Processo Civil da Itália).

5. **Legitimidade para requerer a decretação da nulidade ou o reconhecimento da ineficácia.** A legitimidade ativa para requerer a decretação da nulidade ou o reconhecimento da ineficácia é somente da pessoa que deveria ter sido citada como litisconsorte, mas não o foi.

ARTIGO 116.
O litisconsórcio será unitário quando, pela natureza da relação jurídica, o juiz tiver de decidir o mérito de modo uniforme para todos os litisconsortes.
CORRESPONDÊNCIA NO CPC/1973: *ART. 47.*

1. **Litisconsório unitário.** É caso de litisconsório unitário quando a decisão judicial tiver de ser a mesma para todos os litisconsortes em razão de a situação jurídica não admitir julgamentos diversos em decorrência da indivisibilidade da relação jurídica material.

Artigo 117.

Os litisconsortes serão considerados, em suas relações com a parte adversa, como litigantes distintos, exceto no litisconsórcio unitário, caso em que os atos e as omissões de um não prejudicarão os outros, mas os poderão beneficiar.

CORRESPONDÊNCIA NO CPC/1973: *ART. 48.*

1. **Regime jurídico dos litisconsortes em juízo.** Havendo litisconsórcio simples, os litisconsortes serão considerados como litigantes distintos e independentes um dos outros em suas relações com a parte contrária. Por consequência, seus atos processuais, em regra, não aproveitam e nem beneficiam os demais, inclusive os·atos de disposição de direitos (confissão, reconhecimento de procedência do pedido, transação, desistência, renúncia ao direito sobre o qual se funda a demanda, etc.). De modo diverso, em caso de litisconsórcio unitário, como a decisão judicial terá de ser uniforme em relação à todos litisconsortes, os atos processuais praticados ou deixados de praticar não prejudicam os demais, mas poderão beneficiá-los, inclusive na esfera recursal, se os interesses forem em comum (art. 1.005). Por consequência, os atos de disposição são ineficazes, salvo se praticados por um e confirmados por todos os demais litisconsortes.

Artigo 118.

Cada litisconsorte tem o direito de promover o andamento do processo, e todos devem ser intimados dos respectivos atos.

CORRESPONDÊNCIA NO CPC/1973: *ART. 49.*

1. **Direito de promover o andamento do processo.** Cada litisconsorte tem o direito de promover individualmente o andamento do processo, independentemente da manifestação dos demais.

2. **Contraditório, direito de comunicação dos atos processuais e litisconsórcio.** O art. 118 prevê o direito de cada litisconsorte ser comunicado dos atos processuais praticados no curso do processo. Trata-se de exigência constitucional inerente ao direito fundamental ao contraditório (art. 5º, XIV, CF/1988). (SANTOS, Welder Queiroz dos, "Direito de comunicação dos atos processuais e suas formas no sistema processual civil brasileiro: o primeiro conteúdo do princípio do contraditório", in *Revista Dialética de Direito Processual*, n. 115, , *São Paulo*, Dialética, 2012, p. 124-130). A ausência de intimação gera nulidade no processo, se causar prejuízo ao litisconsorte não intimado.

TÍTULO III – Da Intervenção de Terceiros

CAPÍTULO I – Da Assistência

SEÇÃO I – Disposições Comuns

Artigo 119.

Pendendo causa entre 2 (duas) ou mais pessoas, o terceiro juridicamente interessado em que a sentença seja favorável a uma delas poderá intervir no processo para assisti-la.

Parágrafo único. A assistência será admitida em qualquer procedimento e em todos os graus de jurisdição, recebendo o assistente o processo no estado em que se encontre.

CORRESPONDÊNCIA NO CPC/1973: *ART. 50*.

1. **Intervenção de terceiros.** Terceiros são aqueles que não participam da relação jurídica processual. Ao ingressarem no processo, deixam de ser terceiros e assumem a posição de parte. As hipóteses de intervenção de terceiros, enumeradas nos dispositivos que seguem, são: (i) assistência simples; (ii) assistência litisconsorcial; (iii) denunciação da lide; e (iv) chamamento ao processo. A oposição, que no CPC/1973 também estava disciplinada como uma hipótese de intervenção de terceiros, neste diploma está inserida entre os procedimentos especiais (arts. 682 a 686).

2. **Conceito.** Assistência é uma forma de intervenção de terceiro pela qual este ingressa no processo para auxiliar uma das partes, para que a sentença seja a esta favorável. Existem duas espécies de assistência: (i) a simples (art. 121, CPC/2015); e (ii) a litisconsorcial (art. 124, CPC/2015).

3. **Interesse jurídico.** O interesse jurídico, que autoriza o ingresso do terceiro, na qualidade de assistente, em processo pendente, decorre da possibilidade da sentença que for proferida influir na relação jurídica que o terceiro mantém com o assistido (no caso da assistência simples) ou com o assistido e a parte contrária (no caso da assistência litisconsorcial).

4. **Assistência e procedimento.** A assistência é permitida em qualquer procedimento e em todos os graus de jurisdição. Entretanto, o assistente receberá o processo no estado em que se encontra. Por esse motivo, deverá analisar a conveniência de sua intervenção e a possibilidade de sua atuação verdadeiramente influir no resultado do processo, especialmente porque ficará sujeito à "justiça da decisão" (art. 123, CPC/2015).

Artigo 120.

Não havendo impugnação no prazo de 15 (quinze) dias, o pedido do assistente será deferido, salvo se for caso de rejeição liminar.

Parágrafo único. Se qualquer parte alegar que falta ao requerente interesse jurídico para intervir, o juiz decidirá o incidente, sem suspensão do processo.
CORRESPONDÊNCIA NO CPC/1973: *ART. 51.*

1. Deferimento da assistência. O terceiro deverá requerer seu ingresso no processo, por petição escrita, na qual demonstre a presença do interesse jurídico em que a sentença seja favorável ao assistido. Em regra, o magistrado deve conferir às partes o prazo de 15 (quinze) dias para se manifestarem sobre o pedido. Se não houver impugnação, o ingresso do terceiro poderá ser deferido e este passará a assistir a uma das partes.

SEÇÃO II – Da Assistência Simples

ARTIGO 121.
O assistente simples atuará como auxiliar da parte principal, exercerá os mesmos poderes e sujeitar-se-á aos mesmos ônus processuais que o assistido.
Parágrafo único. Sendo revel ou, de qualquer outro modo, omisso o assistido, o assistente será considerado seu substituto processual.
CORRESPONDÊNCIA NO CPC/1973: *ART. 52.*

1. Assistência simples. A assistência simples é uma forma de intervenção de terceiros pela qual um sujeito, que não integra a relação jurídica processual, nela ingressa com o objetivo de auxiliar o assistido, para que a sentença seja a este favorável. A principal característica dessa modalidade de assistência está no fato de o assistente não participar da relação jurídica de direito material deduzida em juízo. Na verdade, o terceiro, que pretende ingressar no feito, participa de uma relação jurídica conexa àquela que é o objeto do processo, pois mantém um **vínculo** jurídico de direito material com o assistido. É essa relação que possibilita à sentença influir na relação jurídica que o assistido mantém com o assistente, conferindo-lhe interesse jurídico e legitimidade para ingressar no feito.

2. Poderes do assistente na assistência simples. Na assistência simples, o assistente auxiliará o assistido. A lei diz que sua atuação é de mero auxílio, porque ele não defenderá direito próprio, mas o direito do assistido. Entretanto, terá os mesmos poderes e estará sujeito aos mesmos ônus do assistido. Atuará, na verdade, como parte auxiliar.

3. Revelia do assistido. Caso o assistido seja revel, o assistente assumirá a posição de substituto processual, ou seja, atuará em nome próprio, na defesa de direito alheio (art. 18. CPC/2015).

ARTIGO 122.
A assistência simples não obsta a que a parte principal reconheça a procedência do pedido, desista da ação, renuncie ao direito sobre o que se funda a ação ou transija sobre direitos controvertidos.
CORRESPONDÊNCIA NO CPC/1973: *ART. 53.*

1. **Assistência e disposição do direito material.** A presença do assistente não retira das partes a titularidade do direito material discutido em juízo. Assim, as partes principais poderão, sem a anuência do assistente: (i) reconhecer a procedência do pedido (art. 487, inciso III, "a", CPC/2015); (ii) renunciar ao direito sobre o qual se funda a ação (art. 487, III, "c", CPC/2015); e (iii) transigir (art. 487, III, "b", CPC/2015).

2. **Assistência e disposição sobre o direito de ação.** A formação da assistência não impede que o assistido desista da ação (art. 485, VIII, CPC/2015) sem o consentimento do assistido.

ARTIGO 123.
Transitada em julgado a sentença no processo em que interveio o assistente, este não poderá, em processo posterior, discutir a justiça da decisão, salvo se alegar e provar que:
I – pelo estado em que recebeu o processo ou pelas declarações e pelos atos do assistido, foi impedido de produzir provas suscetíveis de influir na sentença;
II – desconhecia a existência de alegações ou de provas das quais o assistido, por dolo ou culpa, não se valeu.
CORRESPONDÊNCIA NO CPC/1973: *ART. 55.*

1. **Assistência simples e justiça da decisão.** Transitada em julgada a decisão, forma-se a coisa julgada para as partes principais, que não poderão rediscuti-la em processos futuros (art. 337, §§ 1º e 4º; art. 502, CPC/2015). O assistente simples, por não integrar a relação jurídica de direito material deduzida em juízo, ou seja, o mérito, não será atingido pela coisa julgada. Entretanto, em processos futuros, no qual demandar contra o assistido a relação jurídica de direito material que com este mantém e que justificou seu ingresso como assistente no processo anterior, estará impedido de rediscutir a "justiça da decisão", ou seja, seus fundamentos. A expressão "justiça da decisão" deve ser entendida, portanto, como as questões que foram decididas nos fundamentos da decisão judicial proferida no processo em que o assistente atuou.

2. **Exceções aos efeitos da justiça da decisão.** Há duas hipóteses em que o assistente simples não sofrerá os efeitos da justiça da decisão proferida no processo em que atuou como assistente: (i) quando for impedido de produzir provas suscetíveis de influir

na sentença; e (ii) quando desconhecer alegações ou provas de que o assistido, por dolo ou culpa, não se valeu.

3. Do impedimento de produção de provas aptas a influir na sentença. O impedimento de produzir provas aptas a elidir o óbice de rediscussão da justiça da decisão pode ocorrer por duas razões: (i) porque o estado em que o assistente recebeu o processo não lhe permitia mais produzir provas aptas a influir na decisão; e (ii) porque as declarações e os atos do assistido impediram a produção de provas. Nessas hipóteses, deverá o assistente, no novo processo, demonstrar a ocorrência dos referidos fatos processuais.

SEÇÃO III – Da Assistência Litisconsorcial

Artigo 124.
Considera-se litisconsorte da parte principal o assistente sempre que a sentença influir na relação jurídica entre ele e o adversário do assistido.
CORRESPONDÊNCIA NO CPC/1973: *ART. 54 E ARTS. 62 A 68.*

1. Assistência litisconsorcial. A assistência litisconsorcial é **uma forma de intervenção de terceiro**s pela qual um sujeito, que não integra a relação jurídica processual, nela ingressa para a defesa de direito subjetivo próprio. O art. 124 do CPC/2015 deixa claro que o assistente litisconsorcial participa de uma relação jurídica material com o adversário do assistido. Assim, ao ingressar no processo, assumirá a posição de litisconsorte. A assistência litisconsorcial é uma forma típica de litisconsórcio ulterior.

2. Distinção entre assistência simples e litisconsorcial. A principal diferença entre as duas espécies de assistência está na posição do assistente na relação jurídica de direito material que será deduzida no processo. Na assistência simples, o assistente mantém relação jurídica apenas com o assistido. Entretanto, em razão do grau de conexão dessa relação jurídica (entre o assistente e o assistido) com aquela que será deduzida no processo (entre o assistido e seu adversário), os efeitos da sentença poderão atingir o assistente. Desse fato decorre o interesse jurídico do terceiro para ingressar no processo, como assistente, para auxiliar o assistido. Na assistência litisconsorcial, o assistente participa da relação de direito material deduzida em juízo (art. 124, CPC/2015). Como a sentença proferida irá influir diretamente nesta relação jurídica, o assistente terá interesse para ingressar no processo como verdadeiro litisconsorte ulterior.

3. Coisa julgada e assistência litisconsorcial. Nos casos de assistência litisconsorcial, o assistente será atingido pela coisa julgada, pois participa da relação jurídica de direito material deduzida em juízo. Como dito acima, a assistência litisconsorcial nada mais é do que um litisconsórcio ulterior.

CAPÍTULO II – Da Denunciação da Lide

ARTIGO 125.
É admissível a denunciação da lide, promovida por qualquer das partes:
I – ao alienante imediato, no processo relativo à coisa cujo domínio foi transferido ao denunciante, a fim de que possa exercer os direitos que da evicção lhe resultam;
II – àquele que estiver obrigado, por lei ou pelo contrato, a indenizar, em ação regressiva, o prejuízo de quem for vencido no processo.
§ 1º O direito regressivo será exercido por ação autônoma quando a denunciação da lide for indeferida, deixar de ser promovida ou não for permitida.
§ 2º Admite-se uma única denunciação sucessiva, promovida pelo denunciado, contra seu antecessor imediato na cadeia dominial ou quem seja responsável por indenizá-lo, não podendo o denunciado sucessivo promover nova denunciação, hipótese em que eventual direito de regresso será exercido por ação autônoma.
CORRESPONDÊNCIA NO CPC/1973: *ART. 70.*

1. **Conceito.** A denunciação da lide é uma modalidade de intervenção de terceiros que se caracteriza pela possibilidade de uma das partes do processo (autor ou réu) propor uma nova ação, no processo já existente, em face de um terceiro. O processo, assim, veiculará duas ações distintas: (i) a principal; e (ii) a denunciação da lide.

2. **Hipóteses de denunciação da lide e evicção.** A ação de denunciação da lide pode ser proposta com dois fundamentos distintos: (i) direito de evicção ou (ii) direito de regresso.

3. **Denunciação da lide e evicção.** Evicção é a perda de um bem, em favor de terceiro, em razão de uma decisão judicial ou ato administrativo que reconheça direito anterior, oriundo de contrato. O alienante é o que responde pelos riscos da evicção. Evicto é o adquirente do bem que irá perdê-lo, em razão de decisão judicial ou ato administrativo. Evictor, ou evencente, é o que reivindica o bem, com base em direito anterior, oriundo de contrato. A evicção é tratada nos arts 447 a 457 do CC/2002. Assim, na pendência de uma causa entre o evictor e o evicto, na qual aquele pleiteia a titularidade do bem, o evicto, a fim de se ressarcir de eventuais prejuízos, pela possibilidade de procedência da ação, poderá denunciar à lide o terceiro que alienou o bem. No mesmo processo serão decididas as duas pretensões: (i) a do evictor em face do evicto; e (ii) a do evicto em face do terceiro (denunciado), alienante do bem.

4. **Denunciação da lide e direito de regresso.** Direito de regresso é o direito de ser ressarcido por terceiro em razão da perda de uma ação judicial. Portanto, se A e B estiverem litigando por um direito e C estiver obrigado, por lei ou pelo contrato, a indenizar B

caso perca a ação, este poderá denunciar C para que, no mesmo processo, sejam julgadas a pretensão principal, de A em relação a B, e a pretensão secundária, de B em relação a C.

5. Direito de regresso e ação autônoma. Nos casos em que houver indeferimento da denunciação da lide, ou em que esta não for exercida ou permitida, poderá a parte prejudicada exercer o direito de regresso por meio de ação autônoma.

6. Denunciação sucessiva. A lei admite apenas uma denunciação sucessiva. Eventual direito de regresso contra os demais responsáveis, na cadeia sucessiva, deverá ser exercido por ação autônoma.

Artigo 126.

A citação do denunciado será requerida na petição inicial, se o denunciante for autor, ou na contestação, se o denunciante for réu, devendo ser realizada na forma e nos prazos previstos no art. 131.

CORRESPONDÊNCIA NO CPC/1973: *ARTS. 71 A 73.*

1. Denunciação da lide e citação. Se a denunciação da lide for feita pelo autor, este deverá, na petição inicial, justificar sua pertinência e pedir a citação do denunciado. Se a denunciação for feita pelo réu, este deverá, na contestação, justificá-la e pedir a citação do denunciado. O procedimento citatório deve obedecer às regras do art. 131 do CPC/2015.

Artigo 127.

Feita a denunciação pelo autor, o denunciado poderá assumir a posição de litisconsorte do denunciante e acrescentar novos argumentos à petição inicial, procedendo-se em seguida à citação do réu.

CORRESPONDÊNCIA NO CPC/1973: *ART. 74.*

1. Procedimento da denunciação da lide feito pelo autor. Se a denunciação da lide for feita pelo autor, o denunciado, que assumirá a posição de litisconsorte ativo, poderá acrescentar novos argumentos à petição inicial. Pensamos que ele poderá, em determinadas hipóteses, até mesmo alterar o pedido ou a causa de pedir, pois atuará como litisconsorte. A citação do réu, contudo, deverá ser feita depois destas alterações, para que ele tenha conhecimento completo da ação que lhe está sendo proposta pelo denunciante e pelo denunciado.

Artigo 128.

Feita a denunciação pelo réu:

I – se o denunciado contestar o pedido formulado pelo autor, o processo prosseguirá tendo, na ação principal, em litisconsórcio, denunciante e denunciado;

II – se o denunciado for revel, o denunciante pode deixar de prosseguir com sua defesa, eventualmente oferecida, e abster-se de recorrer, restringindo sua atuação à ação regressiva;

III – se o denunciado confessar os fatos alegados pelo autor na ação principal, o denunciante poderá prosseguir com sua defesa ou, aderindo a tal reconhecimento, pedir apenas a procedência da ação de regresso.

Parágrafo único. Procedente o pedido da ação principal, pode o autor, se for o caso, requerer o cumprimento da sentença também contra o denunciado, nos limites da condenação deste na ação regressiva.

CORRESPONDÊNCIA NO CPC/1973: *ART. 75.*

1. **Da conduta do denunciado na denunciação feita pelo réu.** Feita a denunciação da lide pelo réu, o denunciado pode assumir diferentes posturas, que interferirão na configuração do procedimento: (i) se o denunciado contestar a denunciação, assumirá a posição de litisconsorte do denunciante, e o processo prosseguirá para o julgamento da ação principal e da denunciação; (ii) se o denunciado for revel, o denunciante pode desistir de sua defesa e abster-se de recorrer, na ação principal, restringindo sua atuação na denunciação da lide; e (iii) se o denunciado confessar os fatos alegados pelo autor na ação principal, o denunciante poderá escolher entre continuar sua defesa, nesta ação, ou aderir à confissão do denunciado e prosseguir apenas na denunciação da lide.

2. **Procedência da ação principal e possibilidade de início da execução contra o denunciado.** Se a ação principal for julgada procedente, o autor poderá executar, sob a forma de Cumprimento de Sentença, tanto o denunciante quanto o denunciado. Nesta hipótese segunda hipótese, contudo, a execução será limitada à responsabilidade do denunciado, fixada na decisão que se executa.

ARTIGO 129.
Se o denunciante for vencido na ação principal, o juiz passará ao julgamento da denunciação da lide.

Parágrafo único. Se o denunciante for vencedor, a ação de denunciação não terá o seu pedido examinado, sem prejuízo da condenação do denunciante ao pagamento das verbas de sucumbência em favor do denunciado.

CORRESPONDÊNCIA NO CPC/1973: *ART. 76.*

1. **Relação entre o julgamento da ação principal e o da denunciação da lide.** Há uma relação de prejudicialidade entre o julgamento da ação principal e o da denuncia-

ção de lide. Duas são as hipóteses: (i) se a ação principal for julgada procedente, sendo o denunciante vencido, o magistrado passará ao julgamento da denunciação de lide; e (ii) se a ação principal for julgada improcedente, a denunciação de lide perderá seu objeto, pois não haverá evicção, nem direito de regresso.

2. Verbas de sucumbência no caso de improcedência da ação principal. Se a ação principal for julgada improcedente, haverá a perda de objeto da denunciação. Entretanto, o magistrado condenará o denunciante ao pagamento de verbas de sucumbência ao denunciado, em decorrência da denunciação da lide.

CAPÍTULO III – Do Chamamento ao Processo

ARTIGO 130.
É admissível o chamamento ao processo, requerido pelo réu:
I – do afiançado, na ação em que o fiador for réu;
II – dos demais fiadores, na ação proposta contra um ou alguns deles;
III – dos demais devedores solidários, quando o credor exigir de um ou de alguns o pagamento da dívida comum.
CORRESPONDÊNCIA NO CPC/1973: *ART. 77.*

1. Chamamento ao processo. Essa forma de intervenção de terceiro só pode ser exercida pelo réu e pode ser feita: (i) pelo fiador, para chamar o afiançado; (ii) por apenas um ou alguns dos fiadores, para chamar os demais fiadores; e (iii) por apenas um devedor, para chamar os demais devedores solidários.

ARTIGO 131.
A citação daqueles que devam figurar em litisconsórcio passivo será requerida pelo réu na contestação e deve ser promovida no prazo de 30 (trinta) dias, sob pena de ficar sem efeito o chamamento.
Parágrafo único. Se o chamado residir em outra comarca, seção ou subseção judiciárias, ou em lugar incerto, o prazo será de 2 (dois) meses.
CORRESPONDÊNCIA NO CPC/1973: *ARTS. 78 E 79.*

1. Prazo para citação. A lei determina ser da responsabilidade do chamante promover a citação do chamado, no prazo de 30 (trinta) dias, sob pena de indeferimento. Contudo, o chamante não pode ser responsabilizado em decorrência de morosidade de responsabilidade do Poder Judiciário, nem de dificuldade de se encontrar o chamado.

Artigo 132.
A sentença de procedência valerá como título executivo em favor do réu que satisfizer a dívida, a fim de que possa exigi-la, por inteiro, do devedor principal, ou, de cada um dos codevedores, a sua quota, na proporção que lhes tocar.
CORRESPONDÊNCIA NO CPC/1973: *ART. 80.*

1. **Finalidade do chamamento.** A finalidade do chamamento ao processo é a formação de um título executivo em favor do réu que satisfizer a dívida, a fim de que este possa exigi-la dos demais coobrigados.

CAPÍTULO IV – Do Incidente de Desconsideração da Personalidade Jurídica

Artigo 133.
O incidente de desconsideração da personalidade jurídica será instaurado a pedido da parte ou do Ministério Público, quando lhe couber intervir no processo.
§ 1º O pedido de desconsideração da personalidade jurídica observará os pressupostos previstos em lei.
§ 2º Aplica-se o disposto neste Capítulo à hipótese de desconsideração inversa da personalidade jurídica.
CORRESPONDÊNCIA NO CPC/1973: *NÃO HÁ.*

1. **Conceito.** O incidente de desconsideração da personalidade jurídica é o veículo pelo qual aquele que deduz uma pretensão condenatória, promove o cumprimento de sentença ou executa um título extrajudicial busca trazer ao processo um terceiro, pessoa natural ou jurídica, que não integrou a relação processual desde o início, considerado pela lei material como responsável patrimonial pelo cumprimento de determinada obrigação, em razão do abuso da personalidade jurídica.
2. **Finalidade.** O objetivo do incidente é que se possa definir, após a dialética ínsita ao devido processo legal, se um terceiro que, valendo-se da proteção outorgada às pessoas jurídicas e dos respectivos limites de sua responsabilidade civil, deverá ou não ser considerado como responsável pelo adimplemento da obrigação. Este terceiro pode ser tanto uma pessoa natural que se vale de sua condição de sócio de uma pessoa jurídica para se furtar ao cumprimento das suas obrigações como uma pessoa jurídica que serve de escudo a um sócio, pessoa natural ou mesmo pessoa jurídica, que dela se vale para blindar seu patrimônio e se furtar ao pagamento.
3. **Ausência de previsão procedimental no CPC/1973.** Não havia previsão similar no CPC/1973, nada obstante a desconsideração da personalidade jurídica para atingir

o responsável patrimonial estivesse presente em diplomas como o CC/2002 (art. 50) e o CDC (art. 28). Havia previsão no direito material, mas a ausência de previsão procedimental própria trazia significativa insegurança jurídica, incompatível com o Estado Democrático de Direito. O contraditório e a ampla defesa nem sempre eram aplicados de forma plena. Muitas vezes, incluindo-se o terceiro como responsável patrimonial, e consequentemente, impondo-lhe constrições sobre seus bens. As medidas eram aplicadas antes de cientificar o terceiro sobre a pretensão de desconsideração da personalidade jurídica e, por conseguinte, antes que ele pudesse apresentar sua defesa e os argumentos pelos quais, sob sua ótica, o manto da personalidade jurídica não deveria ser levantado.

4. Pressupostos de direito material. A desconsideração da personalidade jurídica funda-se no direito material. O CPC/2015, em disposições muito bem arquitetadas pelo legislador e que refletem de forma fiel o direito pressuposto que antecedeu sua positivação, disciplina o procedimento a ser seguido. Todavia, o mérito do incidente de desconsideração da personalidade jurídica deverá ser regido pelo direito material aplicável à relação jurídica das partes. A depender da natureza do vínculo jurídico-material das partes, aplicar-se-ão os critérios para definir se pretensão deduzida pelo autor poderá ou não ser exigida do terceiro cuja responsabilidade patrimonial se argui.

5. Código Civil. A personalidade autônoma das pessoas jurídicas não se limita à mera subjetividade, ou seja, à capacidade de ser titular de direitos e obrigações. A personalidade dos entes abstratos ultrapassa a subjetividade, consubstanciando-se em garantia derivada da tutela constitucional dos legítimos interesses privados, no âmbito da qual se apresenta o princípio da autonomia patrimonial das pessoas jurídicas.

Pelo princípio da autonomia patrimonial, os direitos e as obrigações da pessoa jurídica não se confundem com os dos seus sócios; por consequência lógica, o patrimônio destes não se vincula ao passivo contraído pela empresa em suas atividades empresariais ordinárias.

Neste contexto da privilegiada tutela da personalidade jurídica e da autonomia patrimonial das pessoas jurídicas, a desconsideração da personalidade jurídica decorre, como expediente excepcional

Em razão da excepcionalidade, o CC/2002, com o intuito de evitar que a desconsideração se tornasse regra geral, indicou requisitos precisos para a sua autorização, nos termos do seu art.50, que dispõe: "em caso de abuso da personalidade jurídica, caracterizado pelo desvio de finalidade, ou pela confusão patrimonial, pode o juiz decidir, a requerimento da parte, ou do Ministério Público quando lhe couber intervir no processo, que os efeitos de certas e determinadas relações de obrigações sejam estendidos aos bens particulares dos administradores ou sócios da pessoa jurídica.".

Assim, para que haja a desconsideração da personalidade jurídica em processos cujo mérito traduza uma relação jurídica de natureza civil, há necessidade de que se comprove o abuso da personalidade jurídica, caracterizado pelo desvio de finalidade na condução da atividade empresarial ou pela confusão patrimonial.

Quanto à última, a confusão patrimonial poderá decorrer (i) da conduta do sócio que esvazia o patrimônio da pessoa jurídica, enriquecendo-se à mesma medida que se aproveita da limitação de responsabilidade da sociedade em detrimento dos credores; ou (ii) da conduta da pessoa natural ou jurídica que esvazia o seu patrimônio para frustrar o adimplemento de obrigações, desviando seus bens para uma pessoa jurídica da qual é sócia, como se esta fosse a legítima titular, sem, todavia, deixar de usufruir dos bens protegidos sob o manto da personalidade jurídica.

A confusão patrimonial adota como premissa o desrespeito à linha divisória entre o conjunto de bens da pessoa jurídica e o dos seus sócios, de modo que o enfraquecimento ou o desaparecimento dos últimos conduzem à extensão da responsabilidade patrimonial.

O desvio de finalidade, por sua vez, caracteriza-se pela utilização da sociedade pelos sócios com o intuito de obter vantagem pessoal ou um injustificado benefício incompatível com o objetivo primário da atividade empresarial, consequentemente frustrando o direito de terceiros.

6. Código de Defesa do Consumidor. O art. 28 do CDC autoriza a desconsideração da personalidade jurídica da sociedade quando, em detrimento do consumidor, verificarem-se: (i) abuso de direito, (ii) excesso de poder, (iii) infração da lei, ou (iv) fato ou ato ilícito ou violação dos estatutos ou contrato social. Igualmente, prevê-se a desconsideração em caso de falência, estado de insolvência, encerramento ou inatividade da pessoa jurídica provocados por má administração.

Não fossem essas situações o bastante para que a responsabilidade patrimonial pudesse ir além da pessoa jurídica, o CDC ainda prevê amplamente a desconsideração para toda e qualquer hipótese em que a personalidade jurídica consistir em obstáculo ao ressarcimento de prejuízos causados aos consumidores.

Ademais, as sociedades integrantes dos grupos societários e as sociedades controladas são consideradas pela lei como subsidiariamente responsáveis pelas obrigações decorrentes deste CPC/2015. As sociedades consorciadas, por seu turno, são solidariamente responsáveis pelas obrigações decorrentes deste CPC/2015.

7. Meio ambiente. Nos termos do art. 4º da Lei 9.605/1998, poderá ser desconsiderada a personalidade jurídica sempre que esta for obstáculo ao ressarcimento de prejuízos causados à qualidade do meio ambiente.

8. Necessidade de pedido da parte. Em lógica decorrência da aplicação do princípio dispositivo, a instauração do incidente de desconsideração da personalidade jurídica depende de pedido expresso e fundamentado pelo interessado, sendo inadmissível que o juiz aja de ofício e dispense a manifestação de vontade da parte, ainda que estejam presentes os requisitos de direito material..

9. Desconsideração inversa. A desconsideração inversa da personalidade jurídica caracteriza-se pelo afastamento da autonomia patrimonial da sociedade, para, de modo oposto ao que ocorre na desconsideração da personalidade jurídica em seu formato original, atingir a pessoa jurídica e seu patrimônio, responsabilizando-a por obrigações assumidas por seus sócios. Nessa esteira, levando-se em conta que o objetivo da desconsideração é enfrentar o desvio de finalidade da sociedade por seus sócios, a extensão da responsabilidade patrimonial deverá também ocorrer quando o sócio esvazia seu patrimônio pessoal e o integraliza à pessoa jurídica. Trata-se de resultado da interpretação teleológica do art. 50 do CC/2002, que está amplamente reconhecida na jurisprudência (STJ, REsp 948.117/MS).

Artigo 134.

O incidente de desconsideração é cabível em todas as fases do processo de conhecimento, no cumprimento de sentença e na execução fundada em título executivo extrajudicial.

§ 1º A instauração do incidente será imediatamente comunicada ao distribuidor para as anotações devidas.

§ 2º Dispensa-se a instauração do incidente se a desconsideração da personalidade jurídica for requerida na petição inicial, hipótese em que será citado o sócio ou a pessoa jurídica.

§ 3º A instauração do incidente suspenderá o processo, salvo na hipótese do § 2º.

§ 4º O requerimento deve demonstrar o preenchimento dos pressupostos legais específicos para desconsideração da personalidade jurídica.

CORRESPONDÊNCIA NO CPC/1973: *NÃO HÁ.*

1. **Cabimento.** O incidente de desconsideração da personalidade jurídica poderá ser instaurado pela parte durante todo o processo de conhecimento, assim como no cumprimento de sentença e na execução fundada em título extrajudicial. A previsão ampla e expressa quanto ao momento do processo em que pode requerer a extensão da responsabilidade patrimonial a terceiro foi uma excelente inovação. Isso porque, até o momento, a jurisprudência e a doutrina admitiam com muito mais naturalidade a desconsideração da personalidade jurídica no bojo do cumprimento de sentença e da execução, pois pressupunham que o espraiamento da responsabilidade a terceiro somente se justificaria após frustradas tentativas de constrição e excussão patrimonial contra o obrigado originário. É como se a inclusão do terceiro no polo passivo somente se justificasse quando o devedor primário comprovadamente já não tivesse cumprido sua obrigação. Contudo, parece-nos muito mais adequado que se permita a instauração do incidente para incluir o terceiro responsável sempre que se estiver diante da presença dos requisitos autorizadores de direito material. Não é preciso que tenha havido antecedente execução frustrada. Sequer o risco de frustração futura seria necessário. Basta que, no momento da instauração, os requisitos para desconsideração da personalidade jurídica do réu estejam presentes, de acordo com a lei que rege a relação jurídico-material das partes.

2. Desnecessidade do incidente quando a inclusão do responsável se dá na petição inicial. O autor da demanda, verificando, até sua propositura, que os requisitos materiais para extensão da responsabilidade patrimonial a um terceiro estão presentes, poderá desde logo incluí-lo como réu na petição inicial. Por exemplo, se os sócios de uma empresa comprovadamente a constituíram com o objetivo de cometer uma fraude contratual e se valerem da proteção patrimonial dada às sociedades limitadas para futuramente se furtarem ao cumprimento de uma sentença condenatória, poderá o autor incluir os sócios desde logo no polo passivo da demanda, haja vista o desvio de finalidade constatado. Logicamente, nos casos de inclusão do responsável entre os réus originários da demanda, não há necessidade de instauração de um incidente, seja porque a incidentalidade pressupõe a existência de um processo, seja porque o incidente de desconsideração da personalidade jurídica é espécie de intervenção de terceiros e o réu, desde logo assim considerado, não é terceiro, mas parte.

3. Suspensão do processo. Instaurado o incidente de desconsideração da personalidade jurídica, o processo deverá ser suspenso até a decisão de primeiro grau que o resolver. Naturalmente, se, ao longo da instrução do incidente, sobrevier, por exemplo, a necessidade de constrição judicial sobre um bem do devedor que acaba de incorporar-se ao seu patrimônio recomendável que a suspensão não impeça a análise do cabimento do ato processual pelo juízo, sob pena de se permitir que o devedor contra o qual já se argui a prática de desvio patrimonial ainda se valha do incidente para procrastinar a conclusão do processo.

4. Causa de pedir e pressupostos de direito material. O art. 134, §4º, dispõe sobre a necessidade de o pedido de instauração do incidente ser fundado nos pressupostos legais específicos para a desconsideração da personalidade jurídica; ou seja, nos pressupostos autorizadores da extensão da responsabilidade patrimonial à luz das normas materiais que regem a relação jurídica das partes.

Artigo 135.

Instaurado o incidente, o sócio ou a pessoa jurídica será citado para manifestar-se e requerer as provas cabíveis no prazo de 15 (quinze) dias.
CORRESPONDÊNCIA NO CPC/1973: *NÃO HÁ.*

1. Necessidade de citação. Como decorrência lógica do contraditório e da ampla defesa, o terceiro cuja incorporação ao processo como responsável patrimonial é pretendida deverá ser citado, para se manifestar sobre a pretensão de desconsideração da personalidade jurídica e para, no mesmo ato, requerer as provas que pretende produzir, dentro do prazo de 15 (quinze) dias.

Afasta-se, com isso, o entendimento jurisprudencial vigente até o momento, no sentido de que a mera intimação seria suficiente para garantir o contraditório e a ampla defesa (STJ, REsp 1.193.789/SP). Não era incomum, ademais, que a intimação do terceiro ocorresse logo em seguida à constrição patrimonial determinada pelo juízo, em acolhimento ao pedido de desconsideração formulado pela parte, sem que se permitisse qualquer defesa prévia. O terceiro passava a saber de sua inclusão no processo como responsável patrimonial quando se deparava com bloqueio de suas contas bancárias ou penhora sobre seus bens, o que era incompatível com a Constituição Federal, pois violava o devido processo legal.

O CPC/2015 privilegia a dialética ínsita ao devido processo legal, determinando que a pessoa natural ou jurídica seja citada e que, após a devida instrução processual, se decida quanto à sua inclusão ou não no processo. Isso não obsta, evidentemente, provimentos judiciais de urgência, como o arresto, com o objetivo de evitar a dilapidação patrimonial, desde que estejam preenchidos os requisitos para tanto. O que não se podia mais admitir é que toda desconsideração da personalidade jurídica tivesse feições de arresto cautelar, decida *in limine* pelo juízo. O bloqueio de bens do terceiro, de forma cautelar, continua a ser permitido, mas não pode ser tratado como regra geral, de modo que sua concessão exige que, além dos requisitos materiais autorizadores da desconsideração, estejam também presentes os requisitos da tutela provisória de natureza cautelar.

2. Revelia. Caso o terceiro, citado para manifestar-se, não apresente defesa, haverá revelia. Consequentemente, serão presumidos como verdadeiros os fatos alegados pelo requerente. Trata-se de presunção relativa, que recai sobre os fatos, mas que não necessariamente conduz ao acolhimento do pedido de desconsideração.

Artigo 136.

Concluída a instrução, se necessária, o incidente será resolvido por decisão interlocutória.

Parágrafo único. Se a decisão for proferida pelo relator, cabe agravo interno.

CORRESPONDÊNCIA NO CPC/1973: *NÃO HÁ.*

1. Decisão interlocutória. O pronunciamento judicial que resolve o incidente de desconsideração da personalidade jurídica, rejeitando-o ou acolhendo-o, tem natureza de decisão interlocutória, desafiável por meio de agravo de instrumento, nos termos do art. 1.015, IV, do CPC/2015.

Caso a decisão seja proferida por um tribunal – em razão de o processo de conhecimento estar em fase recursal ou de o incidente ser instaurado em ações de competência originária dos tribunais –, caberá agravo interno da decisão proferida monocraticamente pelo relator.

ARTIGO 137.
Acolhido o pedido de desconsideração, a alienação ou a oneração de bens, havida em fraude de execução, será ineficaz em relação ao requerente.
CORRESPONDÊNCIA NO CPC/1973: *NÃO HÁ.*

1. Desconsideração da personalidade jurídica e fraude à execução. Acolhido o pedido de desconsideração, o primeiro efeito que se verifica é a inclusão no processo do terceiro tido como responsável patrimonial, que originariamente não se afigurava como devedor. O segundo efeito é a ineficácia em relação ao credor de eventual alienação ou oneração de bens, havida em fraude à execução, pelo responsável patrimonial, que passou a ser sujeito passivo no processo.

A questão de notória importância que surge diz respeito ao momento a partir do qual a alienação ou oneração será reputada fraudulenta. Nesse particular, o art. 137 do CPC/2015 deve ser interpretado em conjunto com o art. 792, §3º. Este dispositivo delimita o marco temporal inicial da ocorrência de fraude à execução. Deve-se dizer que, se apenas após sua efetiva inclusão no processo o responsável patrimonial estivesse sujeito às consequências jurídicas da fraude à execução, isso permitiria que, ao longo da instrução do incidente de desconsideração, o terceiro contra o qual recaem as alegações de confusão patrimonial pudesse dar continuidade a suas práticas ilícitas, alienando ou onerando seu patrimônio, de modo a tornar inócuo o provimento futuro. Exatamente para evitar essa situação é que o art. 792, §3º, é claro ao dispor que, nos casos de desconsideração da personalidade jurídica, a fraude à execução é verificada a partir da citação da parte cuja personalidade se pretende desconsiderar. Ou seja, a partir do momento em que o devedor originário for citado no processo, as alienações ou onerações de bens praticadas pelo terceiro posteriormente reconhecido como responsável patrimonial serão reputadas ineficazes em relação ao credor. Por exemplo, se, na fase de cumprimento de sentença, a personalidade jurídica de uma sociedade limitada for desconsiderada, os bens particulares dos sócios alienados após a citação da aludida sociedade no processo de conhecimento serão havidos em fraude à execução e poderão ser objeto de constrição e execução para adimplemento da obrigação, desde que presente alguma das hipóteses do art.792, *caput* e incisos, e respeitados os direitos de terceiros, nos termos do art. 792, §2º.

CAPÍTULO V – Do *Amicus Curiae*

ARTIGO 138.
O juiz ou o relator, considerando a relevância da matéria, a especificidade do tema objeto da demanda ou a repercussão social da controvérsia, poderá, por decisão irrecorrível, de ofício ou a requerimento das partes ou

de quem pretenda manifestar-se, solicitar ou admitir a participação de pessoa natural ou jurídica, órgão ou entidade especializada, com representatividade adequada, no prazo de 15 (quinze) dias de sua intimação.

§ 1º A intervenção de que trata o *caput* não implica alteração de competência nem autoriza a interposição de recursos, ressalvadas a oposição de embargos de declaração e a hipótese do § 3º.

§ 2º Caberá ao juiz ou ao relator, na decisão que solicitar ou admitir a intervenção, definir os poderes do *amicus curiae*.

§ 3º O *amicus curiae* pode recorrer da decisão que julgar o incidente de resolução de demandas repetitivas.

CORRESPONDÊNCIA NO CPC/1973: *NÃO HÁ.*

1. *Amicus curiae*. A expressão significa "amigo da Corte". A finalidade da manifestação do *amicus curiae* é municiar o magistrado de elementos para o julgamento da lide. Os fundamentos para sua intervenção podem ser: (i) a relevância da matéria; (ii)) o apurado grau de especificidade da questão; e (iii) a repercussão social da controvérsia. A questão, objeto da manifestação do *amicus curiae*, deve ser apta a influir no julgamento do mérito, sob pena de falta de interesse na intervenção. O *amicus curiae* pode ser pessoa natural ou jurídica, órgão ou entidade especializada. Entretanto, sempre deverá ter representatividade adequada. Sua intervenção se dá por requerimento das partes, de ofício ou por iniciativa de quem pretenda se manifestar. A decisão que deferir a intervenção do *amicus curiae* é irrecorrível, e nela devem ser definidos os respectivos poderes. O prazo para manifestação do *amicus curiae* é de 15 (quinze) dias, contados da sua intimação. Sua presença no processo não altera a competência do juízo, e sua intervenção não autoriza a interposição de recurso, salvo embargos de declaração. O *amicus curiae* poderá, ainda, recorrer da decisão que julgar o incidente de resolução de demandas repetitivas.

TÍTULO IV – Do Juiz e dos Auxiliares da Justiça

CAPÍTULO I – Dos Poderes, dos Deveres e da Responsabilidade do Juiz

ARTIGO 139.

O juiz dirigirá o processo conforme as disposições deste Código, incumbindo-lhe:

I – assegurar às partes igualdade de tratamento;

II – velar pela duração razoável do processo;

III – prevenir ou reprimir qualquer ato contrário à dignidade da justiça e indeferir postulações meramente protelatórias;

IV – determinar todas as medidas indutivas, coercitivas, mandamentais ou sub-rogatórias necessárias para assegurar o cumprimento de ordem judicial, inclusive nas ações que tenham por objeto prestação pecuniária;

V – promover, a qualquer tempo, a autocomposição, preferencialmente com auxílio de conciliadores e mediadores judiciais;

VI – dilatar os prazos processuais e alterar a ordem de produção dos meios de prova, adequando-os às necessidades do conflito de modo a conferir maior efetividade à tutela do direito;

VII – exercer o poder de polícia, requisitando, quando necessário, força policial, além da segurança interna dos fóruns e tribunais;

VIII – determinar, a qualquer tempo, o comparecimento pessoal das partes, para inquiri-las sobre os fatos da causa, hipótese em que não incidirá a pena de confesso;

IX – determinar o suprimento de pressupostos processuais e o saneamento de outros vícios processuais;

X – quando se deparar com diversas demandas individuais repetitivas, oficiar o Ministério Público, a Defensoria Pública e, na medida do possível, outros legitimados a que se referem o art. 5º da Lei nº 7.347, de 24 de julho de 1985, e o art. 82 da Lei nº 8.078, de 11 de setembro de 1990, para, se for o caso, promover a propositura da ação coletiva respectiva.

Parágrafo único. A dilação de prazos prevista no inciso VI somente pode ser determinada antes de encerrado o prazo regular.

CORRESPONDÊNCIA NO CPC/1973: *ART. 125.*

1. Poder-dever do magistrado. Toda outorga de poder carrega consigo deveres e responsabilidades, todos entrelaçados à realização de determinado propósito. Não há como ser investido do primeiro, eximindo-se dos últimos. Todo exercício democrático de poder é limitado. Seus limites ou balizas são estabelecidos e extraíveis com base em regras instituidoras de deveres ou de princípios, estando-se ciente de que a transgressão de qualquer um deles produz consequências relevantes e enseja, conforme o caso, a responsabilidade pessoal de seu detentor. De um ponto de vista democrático, a tríade não pode ser desfeita. Com a jurisdição, manifestação típica de poder do Estado, não é diferente.

Os magistrados representam o Estado na relação jurídica processual. A jurisdição é monopólio estatal, cuja contrapartida é o direito público subjetivo de ação. O serviço jurisdicional tem natureza pública e caráter essencial. Antes de ser um poder, a jurisdição é um serviço público disponibilizado aos cidadãos, os quais, inclusive, recolhem a taxa judiciária por sua utilização – o Estado existe em função do Direito, e não o contrário. Antes de se refletir os poderes do juiz ao – estrito – desempenho de sua função, necessário ter em mente que o magistrado tem o dever de prestar o serviço público prometido pelo Estado (art. 5º, XXXV, CF/1988). É nessa dimensão que devem ser compreendidos os poderes atribuídos pelo art. 139 e em outras passagens do CPC/2015. Todo poder é limitado, insista-se. É o cidadão quem movimenta a máquina judiciária por meio da demanda (instrumentalizada na petição inicial); não se tolera exercício espontâneo da atividade jurisdicional contenciosa. (SILVA, Ovídio A. Baptista da, *Teoria geral do processo civil*, 5. ed., São Paulo, RT, 2009, p. 217; DINAMARCO, Cândido Rangel, *Instituições de direito processual civil*, v.1, 5. ed., São Paulo, Malheiros, 2005, p. 129). A jurisdição, anteriormente inerte, entra em atividade. A primeira e mais importante raia do poder jurisdicional é estabelecida pela própria parte nos lindes de sua postulação. Mas ela não é a única.

O rol do art. 139 tampouco exaure os deveres dos magistrados. Mesmo porque as principais limitações ao poder estão na CF/1988, ao estabelecer seus contornos – os contornos avivam seus limites; premissa de que não se furtou legislador do código, esclarecendo já em seu pórtico (art. 1º). Entre elas, destaquemos o contraditório (art. 5º, LV, CF/1988), com leitura reforçada no art. 10 do CPC/2015; e a fundamentação (art. 93, IX, CF/1988), densificada por diferentes regras espalhadas pela nova codificação, com destaque o art. 489, §1º, e entendida como o direito de obter "respostas" (SILVA, Ovídio A. Baptista da, *Jurisdição, direito material e processo*, Rio de Janeiro, Forense, 2008, p. 152). Tudo apontando à "compartipação", isto é, ao reconhecimento da importância das partes à formação dos atos decisórios. (NUNES, Dierle José Coelho, *Processo jurisdicional democrático*, Curitiba, Juruá, 2008). Como sói, todas as disposições do art. 139 devem ser compreendidas no mesmo horizonte.

Ademais, não é ocioso registrar que o art. 35 da Lei Complementar 35/79, Lei de Organização da Magistratura Nacional (Loman), também cuidou do tema.

2. Igualdade perante a jurisdição e igualdade diante das decisões judiciais. A igualdade não se encerra com a proclamação de leis. Em pleno séc. XXI, a assertiva até poderia soar como platitude, trivialidade. Sem embargo, sua ideia oposta – a igualdade como submissão de todos ao império das mesmas leis – foi uma bandeira na "Era das Codificações", inaugurada pelo Código Civil francês de 1804. Na época, a noção de igualdade se esgotava na expressão "um Estado, um Código", em virtude da fragmentação do território francês e do pluralismo jurídico existente no *Ancien Régime*. Antes da Revolução Francesa, havia um direito próprio ao clero, outro à nobreza e outro destinado ao povo; e, em simultâneo, cada região era dotada de um sistema particular de regras, usos e costumes, alterando-se a lei de regência de determinadas relações entre o direito canônico e o direito estatal. (REALE, Miguel, *Filosofia do direito*, 20. ed., São Paulo, Saraiva, 2002, p. 412).

Com a clareza permitida pelo distanciamento histórico – e sem projetar a sombra de nossos óculos sobre paisagens antigas –, afere-se que o conteúdo ideológico liberal prevalecente àquela época alimentava a crença de que a igualdade se exauria na própria lei; os códigos sublimariam as diferenças entre os cidadãos mediante a supressão dos privilégios anteriores.

Inspirados em diferentes doutrinas e seus apegos ideológicos, como a de Montes-quieu (juiz como a boca que pronuncia as palavras da lei) e de Rousseau (a lei como produto da "vontade geral"), os ventos iluministas que levaram à Revolução Francesa também se preocupavam em garantir a cientificidade do Direito, o que pressupunha a sistematicidade do saber jurídico. Os métodos clássicos de interpretação legados por escolas jurídico-filosóficas que surgiram no séc. XIX e XX, lustram a perspectiva (por exemplo, Escola da Exegese, Escola Histórica, Jurisprudência dos Interesses); embora, ao longo da historicidade, flexibilizem a onipotência do legislador, seguem o mesmo apelo.

O desenrolar da história, sempre marcado por reclamos e conquistas sociais, redi-mensionou a igualdade para um plano substancial; assim, a visualização do Estado com outros conteúdos éticos e ideológicos (Estado Social, Estado Democrático). Não sendo o caso de analisar cada uma dessas "etapas" históricas, o que desborda de nossos propó-sitos, vamos mostrar que a perspectiva liberal de igualdade ainda se manifesta na com-preensão do princípio na seara do direito processual civil.

De um ponto de vista abstrato, o conteúdo da igualdade se manifesta desde a escolha racional de procedimentos que atendam às peculiaridades das situações jurídicas mate-riais, o que também tem relação com o direito de ação ou acesso à justiça (art. 5º, XXXV, CF/1988). Também na perspectiva do acesso, a prioridade de tramitação para algumas causas é motivada em uma discriminação em sentido positivo. Entre outros alicerces, a própria instituição de uma ordem cronológica (arts. 12 e 153) pode ser entendida como uma inquietação do legislador com a isonomia. (DIDIER JR., Fredie, *Curso de direito pro-cessual civil*, v.1, 17. ed., Salvador, JusPodivm, p. 16).

Já sob o prisma do exercício de situações jurídicas ao longo do procedimento, a even-tual dilação de prazos, consoante art. 139, VI – o que se entende por adaptabilidade, analisada posteriormente –, é amparada pelo princípio da igualdade.

Afirma-se que as prerrogativas de determinados sujeitos processuais em juízo tam-bém resultam da discriminação positiva. Figure-se a existência de prazos duplicados ao Ministério Público, à Fazenda Pública e à Defensoria Pública (arts. 180, 183 e 186 do CPC/2015). No mesmo orbe, a remessa necessária (art. 496 e seguintes) e, não sem algum exagero na pena, a suspensão de segurança (art. 15, Lei 12.016/2009).

Outrossim, o movimento dialético do contraditório, com a exigência das mesmas oportunidades às partes, malgrado o princípio não se esgote nesta dimensão (CABRAL, Antonio do Passo, "Contraditório", in GALDINO, Flávio; TORRES, Silvia Faber; TOR-RES, Ricardo Lobo Torres; KATAOKA, Eduardo Takemi, *Dicionário de princípios jurídicos*, São Paulo, Elsevier, 2011, p. 194).

Com temperamentos, a isonomia também pode manifestar-se no direito probató-rio quanto à distribuição dinâmica dos ônus, disciplinada no art. 373 do CPC/2015. É a isonomia que inspira o dispositivo; é nesse princípio que a redistribuição precisa estar calcada, jamais sob qualquer bandeira ativista ou inquisitorial, sem olvidar as acerbas críticas ao instituto (COSTA, Eduardo José da Fonseca, "Algumas considerações sobre as iniciativas judiciais probatórias", in *Revista Brasileira de Direito Processual*, n. 90, Belo Horizonte, RBDPro, 2015, p. 153-173).

Mas a igualdade não para por aí. É possível visualizar outros de seus entrelaces; suficiente pensar na garantia do juiz natural (e do promotor natural), vedando-se o tratamento discriminatório por meio de juízos de exceção/ promotores de encomenda.

Tudo o que afirmamos constitui uma síntese da compreensão de nossa doutrina e jurisprudência acerca da igualdade na seara processual. A significação da igualdade não costuma ir além da "paridade de armas", preocupando-se com o contraditório; da igualdade de acesso à justiça; e, por último, da igualdade ao procedimento e à técnica processual – temas que podem ser agrupados sob o rótulo de "igualdade perante a jurisdição". A postura é limitada, pois é negligente quanto à "igualdade diante das decisões judiciais" – o alerta é de Luiz Guilherme Marinoni –, como se a isonomia fosse impensável no momento decisório. (MARINONI, Luiz Guilherme, *Precedentes obrigatórios*, São Paulo, RT, 2010, p. 142-163).

Em resumo, pensa-se no direito de ação/defesa; no princípio da adaptação e no contraditório; e, e, alguns casos, acrescenta-se o primado do juiz natural. Contudo, a igualdade não é perspectivada no horizonte hermenêutico, interpretação/aplicação do direito. Em larga medida, o CPC/2015 também sinalizou para essa outra dimensão da igualdade.

A igualdade diante das decisões judiciais está subjacente aos arts. 926 e 927 do CPC/2015. A preocupação com a estabilidade, integridade e coerência da jurisprudência, entre outros e complexos fatores, também está enfeixada pela ideia de isonomia. O tratamento uniforme de situações aproximáveis pelas características relevantes é uma expressão da isonomia, constituindo-se no principal alicerce dos precedentes obrigatórios no *common law* (*treat like, cases alike*). Por todos, permita-se o escólio de Lucas Buril de Macêdo: "Muito embora a igualdade atingida não seja absoluta, o que é apenas um sonho, os precedentes obrigatórios contribuem com critérios fortes para determinar a igualdade juridicamente albergada, evitando tratamentos distintos dos mesmos fatos substanciais relativos a diferentes indivíduos, garantindo ônus argumentativos para a diferenciação de casos, que deverão se pautar em excepcionalidades. Realmente, o *stare decisis* possibilita um tratamento mais igualitário, já que os fatos tidos por substanciais ou não substanciais em determinado caso deverão ser tratados da mesma forma nos casos subsequentes, evitando (ou, no mínimo, aclarando) arbitrariedades e injustiças. Então, firmados os critérios jurídicos de distinção ou de equivalência por um precedente obrigatório, qualquer desvio de sentido deverá ser realizado conforme o devido processo legal, que veda decisões *ex novo* e só permite distinções ou superações em casos excepcionais e mediante fundamentação específica.". (MACÊDO, Lucas Buril de, *Precedentes judiciais e o direito processual civil*, Salvador, JusPodivm, 2014, p. 157).

Há algum tempo, doutrina e jurisprudência brasileiras vêm dando passos significativos à construção de um sistema de valorização e respeito aos precedentes; vale dizer, vêm preparando o terreno para sua construção em nível legislativo (na autoconsciência de nosso legalismo). A despeito de nossa tradição civilística – com o cuidado para não nutrir a falsa crença na existência de sistemas puros ou mesmo negar a existência de um complexo sistema de intercâmbios com o *common law* –, resta assumir que a valorização de precedentes judiciais concorre à isonomia, ofertando dose adicional de racionalidade à aplicação do direito. (TARUFFO, Michele, *Processo civil comparado: ensaios*, São Paulo, Marcial Pons, 2013, p. 11-34; DINAMARCO, Cândido Rangel, *Instituições de direito processual civil*, v. 1, 5. ed., São Paulo, Malheiros, 2005, p. 190-206).

Não é o momento de aprofundar a relação (e o intercâmbio) entre o *civil law* e o *common law*. Todavia, a inquietação com a isonomia, leia-se, sua aproximação, deveria ser perspectivada em nível hermenêutico, assim como todo e qualquer objeto cultural reclama a hermenêutica. (SALDANHA, Nelson Nogueira, *Ordem e hermenêutica*. 2. ed., Rio de Janeiro, Renovar, 2003, p. 227 e seguintes). Nesse contexto, a igualdade jamais poderia se encerrar na lei, porque o texto normativo pressupõe a atividade do hermeneuta. A igualdade perpassa o texto normativo e, como sói, também enfeixa a construção da norma.

Em esforço de síntese, socorre-nos a lembrança de François Rigaux, o qual, no tocante à força dos precedentes judiciais, aduzia que a situação dos países caudatários do *civil law* se afastava menos do que parecia da tradição do *common law*; conquanto a doutrina dos precedentes não fosse ensinada na tradição do direito legislado (romanística), também nela haveria um – velado – respeito aos precedentes, dado que as jurisdições inferiores teriam de se alinhar ao entendimento da corte suprema (contextualizando, do Supremo Tribunal Federal e dos Tribunais Superiores). Do contrário, iludir-se-iam numa falsa sensação de liberdade que durava até o momento da reforma ou cassação da decisão. E o mesmo jurista arrematava: "as jurisdições inferiores devem respeitar a lei, a qual é um texto interpretado pela corte suprema em cuja instância estão sediadas. Elas são, por conseguinte, censuradas por ter transgredido a lei, isto é, a interpretação que esta recebeu da jurisprudência anterior.". (RIGAUX, François, *A lei dos juízes*, São Paulo, Martins Fontes, 2003, p. 155). Sem qualquer endosso à simplicidade ou a uma busca de uniformização da jurisprudência a qualquer custo, a passagem do autor desafia nossos preconceitos, convidando à reflexão: até que ponto ainda estamos presos à concepção de igualdade que se esgota(va) nas leis?

Com o cuidado para não sufragar uma "vinculação normativa" ou qualquer outra postura que, por meio de ciladas argumentativas, pretenda asfixiar a hermenêutica. (STRECK, Lênio Luiz; ABBOUD, Georges, *O que é isto – o precedente judicial e as súmulas vinculantes?*, Porto Alegre, Livraria do Advogado, 2013). Para informações suplementares, conferir nossos comentários ao art. 140.

3. Da discriminação negativa. O art. 39 do Código de Ética da Magistratura considera como "atentatório à dignidade do cargo qualquer ato ou comportamento do magistrado, no exercício profissional, que implique discriminação injusta ou arbitrária de qualquer pessoa ou instituição"; a conduta enseja a responsabilização disciplinar. No ponto, impende destacar que nem toda discriminação exige intenção (dolo) da parte. A título de ilustração, o artigo 2º da Convenção sobre os Direitos das Pessoas com Deficiência (Decreto Presidencial 6.949/2009), estabelece que: "'Discriminação por motivo de deficiência' significa qualquer diferenciação, exclusão ou restrição baseada em deficiência, com o propósito ou efeito de impedir ou impossibilitar o reconhecimento, o desfrute ou o exercício, em igualdade de oportunidades com as demais pessoas, de todos os direitos humanos e liberdades fundamentais nos âmbitos político, econômico, social, cultural, civil ou qualquer outro. Abrange todas as formas de discriminação, inclusive a recusa de adaptação razoável." Dispensando-se o propósito, suficiente a ocorrência do efeito. Cuida-se de um importante vetor hermenêutico, suficientemente abrangente para abarcar a atividade jurisdicional.

4. Razoável duração do processo. A garantia de razoável duração do processo foi explicitada pela Emenda Constitucional 45/2004, também conhecida por "Reforma do Poder Judiciário", a qual encartou o inciso LXXVIII no rol do art. 5º da CF/1988, ratificando que todos, em âmbito judicial ou administrativo, têm direito à duração razoável do processo. Referimo-nos à explicitação, pois a garantia em tela é um consectário do princípio do devido processo legal ou do direito a um processo justo – decerto que ninguém acredita em justiça a destempo. Isso nos remete à conhecida lição de Rui Barbosa proferida no início do séc. XX: "justiça atrasada não é justiça, senão injustiça qualificada e manifesta.". (BARBOSA, Rui, *Oração aos Moços,* São Paulo, Martin Claret, 2003, p. 33-4). Há quem prefira extrair seu conteúdo do princípio da "proteção judicial efetiva" (art. 5º XXXV, CF/1988), cujo desrespeito comprometeria a proteção da dignidade da pessoa humana. (MENDES, Gilmar Ferreira; COELHO, Inocêncio Mártires; BRANCO, Paulo Gustavo Gonet, *Curso de direito constitucional,* 2. ed., São Paulo, Saraiva, 2008, p. 500).

A rigor, portanto, não haveria a necessidade de um dispositivo para proclamar uma obviedade; mormente quando essa obviedade já havia sido pronunciada no – excessivamente analítico – texto constitucional. Subsiste o simbolismo da previsão e o esforço para lhes dar concretude. Na preleção de Marinoni: "(...) Acontece que não se pode dizer que a doutrina e os tribunais brasileiros tenham retirado do direito de ação os direitos à tutela efetiva e à duração razoável." E continua: "Daí a importância de se fixar um postulado constitucional autônomo para garantir o direito fundamental à duração razoável. O inciso LXXVIII do art. 5º, ao constituir fundamento autônomo ao direito fundamental à duração razoável, não deixa qualquer margem de dúvida sobre a sua projeção sobre o Executivo, o Legislativo e o Judiciário, o que obriga a doutrina a considerá-lo de forma necessariamente detida e responsável.". (MARINONI, Luiz Guilherme, *Abuso de defesa e parte incontroversa da demanda,* 2. ed., São Paulo, RT, 2011, p 27).

No compasso do art. 5º, LXXVIII, CF/1988, o art. 4º do CPC/2015 também alude ao direito à tutela tempestiva, esclarecendo ao eventual leitor acrítico que o direito à duração razoável não se exaure com a simples prolação da sentença, mas abrange a integral satisfação do direito. Não se ignore que a satisfatividade pode ser uma consequência imediata da decisão, tal como ocorre com as sentenças declaratórias e (des)constitutivas, por hipótese de não haver cúmulo de pretensões ou mesmo inexistir efeito anexo carente de execução. Nessas hipóteses, a satisfação do direito independe de qualquer alteração no plano da vida (realidade) – diferente ocorre com os direitos prestacionais (fazer, não fazer, dar coisa), os quais dependem de um resultado naturalístico.

5. Razoável duração e direito ao processo sem dilações indevidas. O direito fundamental à razoável duração não se reduz ao direito a um processo sem dilações indevidas. Conquanto também seja um direito do jurisdicionado, a marcha regular do procedimento não esgota a ideia contida no art. 5º, LXXVIII da CF/1988. E não esgota porque a preocupação com os efeitos deletérios do tempo não pode pressupor uma situação de neutralidade ou equilíbrio entre as partes antes da propositura (início do processo), o que seria artificioso. Nessa senda, o direito à razoável duração incita uma investigação da situação vivenciada pelo jurisdicionado antes mesmo de acorrer ao judiciário. No ponto, o pensamento de Italo Andolina pode oferecer algumas luzes.

Andolina foi o grande responsável em cunhar a expressão "dano marginal", entendido como o dano suportado pelas partes, em virtude da simples duração do processo. Para chegar ao conceito de "dano marginal", o pensador itálico refletiu conceito de partes em sentido processual [aquele que pede (autor), em nome de quem se pede (réu)], censurando o que, para ele, seria uma pura abstração. Ato seguinte, sugeriu a compreensão do "autor" como sendo aquele busca a alteração do *status quo*, ao passo que o "réu" seria alguém que, normalmente, busca a manutenção. A partir daí o jurista peninsular demonstrou que, enquanto a situação de fato narrada na lide perseverar, o ônus do tempo é suportado exclusivamente pelo autor. (ANDOLINA, Italo, *"Cognición" y "ejecución forzada" en el sistema de la tutela jurisdiccional,* Lima, Communitas, 2008, p 26 e seguintes).

A lição do jurista italiano é salutar, mas não extenua o problema. Em verdade, aponta para a uma situação ainda mais delicada, mas que persiste em zona de penumbra. Referimo-nos à preocupação com a "urgência de tutela". (SILVA, Ovídio A. Baptista da, *Da sentença liminar à nulidade da sentença,* Rio de Janeiro, Forense, 2001, p. 224 e seguintes), o que deveria levar a uma nova compreensão de alguns institutos processuais, como é o caso da "tutela provisória". A "urgência de tutela" é inerente ao homem moderno, escanteada da reflexão jurídica centrada na forma.

Tanto a noção de "dano marginal" quanto a de "urgência de tutela" do homem moderno devem nortear a atuação do magistrado no processo, sensibilizando-o às técnicas processuais idôneas a mitigar alguns de seus efeitos (próximo item). Ambas denotam que a "razoável duração do processo" sobrepuja o "direito a um processo sem dilações indevidas", de modo que, no mais das vezes, o emprego de técnicas processuais à interferência na realidade (modificação do cenário em vigor) pode ser o único caminho seguro à concretização do princípio albergado no art. 5º, LXXXVII da CF/1988 e reproduzido no art. 4º do CPC/2015. (MARINONI, Luiz Guilherme, *Abuso de defesa e parte incontroversa da demanda*, 2. ed., São Paulo, RT, 2011, p. 13-50).

6. Meios de assegurar a razoável duração do processo. Considerando que o CPC/2015 insta o magistrado a velar pela tempestividade da prestação jurisdicional, resta indicar os instrumentos que podem/devem ser empregados para esse desiderato. Antes de avançar, permita-nos esclarecer que a contagem de prazos em dias úteis não será um empeço à razoável duração (art. 219), pois que será inteiramente absorvida pelo tempo ocioso do processo em juízo. Pois bem.

Já no art. 139, o indeferimento de diligências meramente protelatórias (III), é providência salutar e que concorre para isso. Aliás, o próprio Código de Ética da Magistratura contém preceito no mesmo sentido ("Art. 20. Cumpre ao magistrado velar para que os atos processuais se celebrem com a máxima pontualidade e para que os processos a seu cargo sejam solucionados em um prazo razoável, reprimindo toda e qualquer iniciativa dilatória ou atentatória à boa-fé processual.").

A "tutela provisória", seja de urgência, seja de evidência, é a principal técnica idealizada para coibir a ação do tempo no processo, redistribuindo-o entre as partes. (MARINONI, Luiz Guilherme; ARENHART, Sergio Cruz; MITIDIERO, Daniel Francisco, *Novo curso de processo civil: tutela dos direitos mediante procedimento comum*, v. II, São Paulo, RT, 2015, p. 198 e seguintes). Seja porque existe o "perigo da demora" ou o "perigo de dano", seja porque o autor fez prova do fato constitutivo do seu direito, mas o réu depende de dilação probatória à comprovação de sua defesa indireta (fatos impeditivos, modificativos ou extintivos), autorizando-se da tutela de evidência. No mesmo contexto, o julgamento antecipado fracionado do mérito, técnica que visa a racionalizar a atividade jurisdicional, também contribui para um processo sem dilações indevidas. (MARINONI, Luiz Guilherme, *Abuso de defesa e parte incontroversa da demanda*, 2. ed., São Paulo, RT, 2011, p. 36-39; MARINONI, Luiz Guilherme, *Tutela antecipatória e julgamento antecipado: parte incontroversa da demanda*, 5. ed., São Paulo, RT, 2002).

Sob outro prisma, a realidade forense denuncia que, em boa parte dos casos, um dos litigantes não tem a mínima preocupação com a duração do processo, senão desejoso que se prolongue por tempo indeterminado, utilizando-se dos meios lícitos e ilícitos para tanto. (MOREIRA, José Carlos Barbosa, *Temas de direito processual – 8ª série*, São Paulo, Saraiva, 2004, p. 3). Nesse orbe, o respeito à probidade processual, cuja correção de condutas reclama o devido sancionamento (art. 80 e seguintes, CPC/2015), impõe-se, em nome do direito, a um processo sem dilações indevidas.

Como se pode inferir, a inatividade do magistrado também coloca em risco o próprio direito a um processo sem dilações indevidas. No ensejo, um posicionamento que não é invulgar – a despeito de representar um acinte ao art. 5º, LXXVIII da CF/1988 – consiste na postergação da análise de pedido de liminar, sob o famigerado argumento – que nunca vem fundamentado, colidindo com o art. 93, IX da CF/1988 – de ausência de urgência ou de prejuízo. Esse "decido não decidir" é rotulado de simples despacho para evitar a recorribilidade e, pois, o controle do interessado. O mimetismo processual não passou despercebido do alvitre e da reprimenda doutrinária. (SALDANHA, Alexandre Henrique Tavares, "Da recorribilidade das decisões denegatórias de liminares *inaudita altera pars* no Novo Código de Processo Civil", in *O projeto do novo Código de Processo Civil: estudos em homenagem ao Prof. José Joaquim Calmon de Passos*, Salvador, JusPodivm, 2012, p. 37-48).

O respeito aos precedentes judiciais não constitui fundamento, mas também pode produzir resultados palatáveis em prol da razoável duração – ver item 2 dos comentários ao art. 139.

Por último, toda e qualquer preocupação com a efetividade das decisões judiciais, o que passa pela escolha apropriada de meios executivos ou sub-rogatórios, também revela uma preocupação com o tempo. A título de ilustração, a fixação de multa em valor irrisório, isto é, em montante que não tenha o condão de afastar a capacidade de resistência do réu, pode ser entendida como um desprezo com o tempo.

7. Consequências da morosidade na prestação jurisdicional. O art. 235 substituiu o preceito anteriormente contido no art. 198, CPC/1973. Diante do descumprimento injustificado de prazos legais, regulamentares ou regimentais, será cabível representação endereçada ao corregedor do tribunal ou ao Conselho Nacional de Justiça para a adoção das providências cabíveis. Sem demasia, recorde-se que o art. 93, II, "e" da CF/1988 impede a promoção de magistrado que retiver autos em seu poder além dos prazos legais, coarctando-o a devolvê-los com o pronunciamento cabível.

A demora na prestação jurisdicional é um ato ilícito, violando o art. 5º, LXXVIII da CF1988 e o art. 4º deste CPC/2015. Na perspectiva da parte, a excessiva duração do processo que não atribuível ao jurisdicionado prejudicado, tampouco tributável à complexidade da causa, poderá levar à responsabilização do Estado pela falha na atividade judiciária – responsabilidade objetiva a teor do art. 37, §6º, CF/1988. Argumentos como o excesso de serviço e a ausência de quadro ou de instrumentos tecnológicos – sobre escusarem os magistrados e, eventualmente, o Judiciário – não isentam o Estado do dever de prestar a tutela jurisdicional de forma tempestiva. (MARINONI, Luiz Guilherme, *Abuso de defesa e parte incontroversa da demanda*, 2. ed., São Paulo, RT, 2011, p. 31). Tampouco há isenção de indenizar pelo seu descumprimento. Inclusive, sob fundamento similar, o Brasil já foi condenado na Corte Interamericana de Direitos Humanos, conforme apontado na doutrina (KOEHLER, Frederico Augusto Leopoldino, *A razoável duração do processo*, Salvador, JusPodivm, 2009, p. 97 e seguintes). Sobre o tema em comento, as lições dos autores merecem transcrição integral. Todavia, não sendo possível, contentemo-nos com um excerto do último: "Não é correto o entendimento de que o direito à indenização surge apenas em virtude de atitude dolosa ou culposa por parte do magistrado ou das demais autoridades e servidores envolvidos no processo. O julgador e os funcionários públicos envolvidos podem estar imbuídos das melhores intenções e darem o máximo de si na resolução da lide, podendo o atraso advir de fatores materiais fora de sua alçada, como falta de estrutura, de servidores etc.". (KOEHLER, Frederico A. L., *A razoável duração do processo*, Salvador, JusPodivm, 2009, p. 114).

Em suma, a tardança na prestação jurisdicional tem diferentes desdobramentos. Um deles é a responsabilidade do Estado com fundamento no art. 37, §6º da CF/1988, haja vista a falha na atividade judiciária.

Ao finalizar as meditações acerca da razoável duração do processo, aproveitamos para destacar duas observações de Barbosa Moreira em rápida passagem sobre o tema: em primeiro lugar, a morosidade da justiça não é um problema peculiar ao Brasil, constituindo um desafio a variados países, inclusive àqueles que alguns doutrinadores costumam mirar com admiração que beira o êxtase; em segundo, a demora resulta de diferentes fatores, dos quais, possivelmente, a lei não ocupa o lugar de relevo. (MOREIRA, José Carlos Barbosa, *Temas de direito processual* – 8ª série, São Paulo, Saraiva, 2004, p. 204 e p. 220-221).

8. Da prevenção ou repressão do ato atentatório à dignidade da justiça. Considera-se como atentatório à dignidade da justiça todo comportamento que deixa de atender aos provimentos mandamentais ou executivos emanados do Judiciário, desmerecendo sua autoridade. Não interessa qual a espécie de pronunciamento judicial (decisão interlocutória, sentença etc.), tampouco a natureza do procedimento de que emanado. Outrossim, também não importa se o provimento já foi efetivado e, dessa feita, o obrigado se esmera em desfazê-lo ou prejudicar sua finalidade; neste caso, seu comportamento também configura um desprezo à dignidade da jurisdição. (SILVA, Ovídio A. Baptista da, *Comentários ao Código de Processo Civil*, v.1, 2. ed., São Paulo, RT, 2005, v. 1, p. 110; MITIDIERO, Daniel Francisco, *Comentários ao Código de Processo Civil*, t. I, São Paulo, Memória Jurídica, 2004, p. 178).

O CPC/2015 trouxe um rol mais amplo de situações consideradas atentatórias à dignidade da jurisdição, abarcando o comportamento das partes, terceiros ou de qualquer auxiliar. Assim, por exemplo, o art. 77, IV e VI, não prescindindo da advertência do §1º e com as penalidades delineadas §2º. Já o art. 161, parágrafo único, refere-se ao desprezo à corte do depositário infiel. O art. 334, §8º, alude ao não comparecimento injustificado de qualquer das partes à audiência de conciliação – a despeito de o *caput* do mesmo artigo também aludir à mediação –, o que conduz ao sancionamento. Nas disposições gerais da execução, o art. 772, II, alberga a possibilidade de o magistrado advertir a parte a qualquer momento de comportamentos que configuram desprezo à jurisdição. Já o art. 777 fala que a multa pelo ato atentatório será cobrada nos autos do próprio processo que a ensejou. O art. 903, §6º, anuncia a prática de ato atentatório por parte daquele que, no curso de qualquer modalidade de leilão, já na fase de arrematação, suscitar vício infundado, tencionando demover o arrematante. Todas essas são hipóteses que o CPC20/15, expressamente, classificou como atos atentatórios à dignidade da justiça; nem por isso o rol deve ser considerado taxativo.

Como sói acontecer, o legislador sinalizou não apenas à repressão, mas também à prevenção do desprezo à corte. No particular, a profilaxia não ocorre apenas na admoestação quanto à possível prática de ato atentatório à dignidade da justiça, mas também pela adoção de medidas executivas ou sub-rogatórias à garantia de efetividade da decisão. Da impossibilidade de prevenção, reprimirá o comportamento afrontoso com estentor, respeitando os limites impostos pela lei.

Não apenas as partes são possíveis atores de atos atentatórios, senão e, igualmente, os auxiliares da justiça. (BARBI, Celso Agrícola, *Comentários ao Código de Processo Civil*, t. II, Rio de Janeiro, Forense, 1975, p. 518). Quanto aos advogados (públicos ou privados) e membros da Defensoria Pública e do Ministério Público, continuam ressalvados pela legislação (art. 77, §6º), cuja responsabilidade disciplinar será apurada pelo respectivo órgão de classe ou defensoria. No tocante ao juiz, quanto a si mesmo, o dever já está implícito).

9. Promoção da autocomposição. Os magistrados têm o dever de julgar; debelar o caso que lhes foi submetido, lembrando-se da promessa constitucional da qual são investidos (art. 5º, XXXV, CF/1988). Não são incumbidos da tarefa de conciliação ou de mediação, haja vista carecerem de capacitação para esse desiderato e, sobretudo, haver um nítido conflito quando as funções são cumuladas na mesma pessoa/processo – ver nossos comentários ao art. 165. Com a entrada em vigor do CPC/2015, a conciliação e a mediação – técnicas que propiciam a autocomposição – serão da incumbência de profissionais com formação e dedicação próprias, como sói acontecer. De logo, esclarecemos que a discussão prescinde de potenciais estatísticas reveladoras de "êxito" em conciliações perante togados, até porque, acaso existam, suspeita-se que não perquiram o ânimo das partes em presença do juiz. A preocupação é de índole técnica (ausência de formação/capacitação, a despeito de existir preocupação do CNJ neste sentido – art. 6º, II, da Resolução 125/2010), mas, também e principalmente, é sobre o conflito de atribuições e sobre as propensões cognitivas suscitadas no magistrado. Sobre o assunto, ver nossos comentários ao art. 14, item 2, pautados em ensaio/estudos de Eduardo José da Fonseca Costa.

Doutrinariamente, há quem entenda não ser recomendável a atuação do magistrado como conciliador ou mediador (DIDIER JR., Fredie, *Curso de direito processual civil*,v.1, 17. ed., Salvador, JusPodivm, p. 280). Para nós, entretanto, a complexidade e as implicações do tema não autorizam simples exortações. Como o leitor pode observar dos comentários ao art. 166, na mediação/conciliação há espaço/estímulo ao compartilhamento voluntário de informações profissionais e/ou pessoais, intimidades, emoções etc., os quais não seriam extravasados sem violação à intimidade e/ou privacidade na presença do juiz. Uma mediação familiar, por exemplo, envolve um processo catártico para o qual o ambiente tipicamente jurisdicional (burocrático) não está preparado. No mesmo passo, todos os dados e/ou informações colhidos por força das técnicas alternativas de resolução de disputas são alcançados pela confidencialidade (art. 166), inibindo-se a utilização futura por qualquer das partes e resguardando-se seu uso pelos mediadores/conciliadores por meio do sigilo profissional (art. 166, §2º) – os últimos também ficam impedidos ao exercício de qualquer outra função àquelas partes pelo período de um ano (art. 167, §5º c/c art. 172). Em nome da confidencialidade, Fernando da Fonseca Gajardoni também é contrário à sua realização pelo magistrado; o togado não deverá estar presente. (GAJARDONI, Fernando da Fonseca, "Novo CPC: vale apostar na conciliação/mediação?", *Jota*, disponível em http://jota.info/novo-cpc-vale-apostar-na-conciliacao-mediacao ,consultado em 05/04/2015). Ainda antes, Leonardo Cunha alertava para a impossibilidade de um diálogo franco dentre os envolvidos em presença do magistrado, escorando-o na mesma garantia de confidencialidade. (CUNHA, Leonardo J. Carneiro da, "Opinião 26: notas sobre ADR, confidencialidade em face do julgador e prova inadmissível", disponível em http://www.leonardocarneirodacunha.com.br/opiniao/opiniao-26-notas-sobre-adrconfidencialidade-em-face-do-julgador-eprova-inadmissivel/, consultado em: 10/04/2015).

Em par das colocações anteriores, ao nos referirmos à promoção da autocomposição como um dever do magistrado, não devemos ignorar a obrigatoriedade da audiência do art. 334 ("pré-processual"), realizada perante os "centros judiciários de solução consensual de conflitos" por meio de um conciliador/mediador (art. 165, §§2º e 3º), mas sem a presença do togado. A promoção da autocomposição, portanto, deve ser compreendida como o encaminhamento das partes à conciliação ou à mediação perante o "centro judiciário" ou câmara privada de conciliação/mediação (fase processual). Mas o magistrado somente recomenda os jurisdicionados a proceder dessa forma quando houver indícios que apontem à possibilidade de autocomposição – uma vez que, fora do art. 334, este caminho não poderá ser imposto às partes –e quando ambas as partes anuírem com a medida. É por esse motivo que é importante sua capacitação técnica no tema. Não é o caso, portanto, de ordenar às partes que se submetam a um mediador/conciliador sob pena de prática de ato atentatório à dignidade da justiça. Ao magistrado, nesse caso, caberá anunciar às partes a possibilidade de suspensão do procedimento jurisdicional e, sendo o caso, prolatar a decisão homologatória respectiva (art. 313, II); salientando que não há um teto prefixado (art. 16, Lei 13.140/2015), sendo que a instituição da mediação é causa suspensiva da prescrição (art. 17, *caput* e parágrafo único, Lei 13.140/1205). Em suma, semelhante ao que se passa na Inglaterra, entendemos que o magistrado deve sugestionar o trabalho de facilitadores (mediadores/conciliadores); contudo sem "estimular" seu emprego por meio de "custas indenizatórias", o que é vedado pelo nosso processo civil. (ANDREWS, Neil, *O moderno processo civil: formas judiciais alternativas de resolução de conflitos na Inglaterra*, São Paulo, RT, 2009, p. 251-252 e 274-275). Ao fim e ao cabo, ainda que o acordo não seja feito em juízo, quando a mediação/conciliação é provocada pelo magistrado, do ponto de vista estatístico, a realização de acordo reverterá em benefício do juízo (art. 8º, §8º, Resolução 125/2010 do CNJ).

Alinhando-se à moderna construção doutrinária, nosso legislador rompeu, felizmente, com a tradição de crer na possibilidade conciliação pelo magistrado, o que tem possível influência – direta – do direito canônico, tendo sido incorporado pelas Ordenações Afonsinas e mantido em importantes diplomas legislativos ao longo de nossa história. (TUCCI, José Rogério Cruz; AZEVEDO, Luiz Carlos, *Lições de história do processo civil lusitano*, São Paulo, RT, 2009, p. 75).

10. Adequação do procedimento. O CPC/2015 contém autorização expressa à adaptabilidade do procedimento, uma manifestação do princípio da instrumentalidade que, rigorosamente, não estava subordinada à autorização expressa, uma vez que retira fundamento do art. 5º, XXXV da CF/1988.

O princípio da adaptabilidade do procedimento tem íntima relação com o princípio da adequação. Na preleção de Marinoni, o direito de ação garante a pré-ordenação das técnicas processuais necessárias à tutela das diferentes situações jurídicas, seja ao exercício da ação, seja ao exercício da defesa (MARINONI, Luiz Guilherme, *Teoria geral do processo*, São Paulo, RT, 2007, p. 312). Garante, ainda, a idealização de procedimentos com cognição diferenciada e, igualmente, técnicas que prestigiem o contraditório (prévio, eventual ou postergado). Nessa primeira dimensão, fala-se em princípio da adequação, sendo voltado ao trabalho do legislador quando da construção dos procedimentos. De toda sorte, em uma segunda dimensão, a adequação se complementa com a adaptabilidade. (OLIVEIRA, Carlos Alberto Álvaro de, *Do formalismo no processo civil*, 2. ed., São Paulo, Saraiva, 2003, p. 116). É esta uma autorização para que o próprio magistrado, diante de peculiaridades do caso concreto, altere o procedimento em nome da isonomia e do acesso à justiça. Em outros dizeres, o *principio di elasticità* (adaptabilidade) confere poderes ao magistrado para proceder às alterações de ordem procedimental no caso concreto – das diferentes lides –, desde que fundadas na orientação de conferir efetividade à tutela do direito material, consoante já apregoava Carnelutti (CARNELUTTI, Francesco, *Diritto e processo*, Napoli, Morano, 1958, p. 157-8).

Decerto que toda e qualquer alteração do procedimento deve ser motivada, assim como, em última instância, todo ato decisório deve respeito à obrigatoriedade de motivação (art. 93, IX, CF/1988). No ponto, impõe-se um ônus argumentativo mais denso: não vale alterar o procedimento *sic et simpliciter*, senão demonstrar que, por exemplo, a ampliação do prazo recursal se justifica pelo volume de documentos e nuances do caso. Havendo ampliação do prazo à apelação, por exemplo, de 15 (quinze) para 30 (trinta) dias, a isonomia determina o mesmo prazo às contrarrazões. Por fim, é no mínimo prudente que a alteração do procedimento seja provocada pela parte.

11. Exercício do poder de polícia. Os poderes de polícia devem ser refletidos sob a mesma ótica descrita no item 1 dos comentários ao art. 139, o que, aliás, é reforçado pelos incisos IV e V do art. 360. Na lição de Moacyr Amaral Santos, o juiz os exerce na qualidade de autoridade judiciária, velando pela manutenção da ordem dos trabalhos forenses sempre que ameaçada ou perturbada (SANTOS, Moacyr Amaral, *Primeiras linhas de direito processual civil* v.1, São Paulo, Max Limonad, 1962, p. 366). Coube ao art. 360 especificá-los.

12. Interrogatório das partes. Ao lado do depoimento pessoal, também é conhecida a figura do interrogatório da parte, com regra correspondente no CPC/1973. O depoimento está subordinado ao requerimento; só poderia ser realizado na audiência de instrução e julgamento; e visa à obtenção da confissão, segundo a doutrina majoritária. De modo diverso, o interrogatório poderia ser determinado de ofício pelo magistrado; acontecer a qualquer tempo e em mais de uma oportunidade; e teria por finalidade esclarecer circunstâncias da causa (*interrogatio ad clarificandum*). No ponto, a doutrina majoritária afirma que a partir dele não seria possível obter a confissão – o que é ratificado pelo texto normativo –, mas que o magistrado poderia extrair elementos de convicção do interrogatório. Em sentido contrário, colhe-se o magistério de Marinoni e Arenhart, os quais, sob a égide do CPC/1973, sustentavam que também seria possível ao magistrado firmar sua convicção tomando por base o interrogatório livre. Isso seria feito com fundamento no art. 131 do CPC/1973, desde que, na própria decisão, fossem indicadas quais evidências extraiu da contumácia da parte. (MARINONI, Luiz Guilherme; ARENHART, Sérgio Cruz, *Prova*, São Paulo, RT, 2009, p. 374).

Ninguém duvida de que o magistrado vá extrair elementos de convicção do interrogatório, pois é algo que se opera no plano psicológico (inconsciente), não havendo qualquer controle humano – do magistrado – no particular. Dito isso, resta saber se é uma situação permitida pelo ordenamento jurídico ou não.

Na perspectiva da racionalidade das decisões – ao menos, de uma racionalidade buscada pelo ordenamento jurídico –, a imperscrutabilidade de uma decisão é uma situação adversa e que merece ser repudiada: não há possibilidade de controle pelas partes de decisões pautadas na (in)consciência.

Inicialmente, se o interrogatório fosse um instrumento idealizado à obtenção da confissão, dúvidas palpitariam sobre a própria atuação oficiosa do magistrado para obtê-la. Sob outro prisma, se o interrogatório não mirasse a obtenção da confissão, sequer seria um meio de prova. (MARINONI, Luiz Guilherme; ARENHART, Sérgio Cruz, *Prova*, São Paulo, RT, 2009, p. 372). Com isso, (re)caímos no problema apontado acerca da imperscrutabilidade.

Talvez seja desejável ir além, tal como defendido por Eduardo José da Fonseca Costa, instituindo-se uma regra proibitiva de julgamento ao magistrado que conduziu a instrução probatória. Enquanto ela não existe, melhor evitar a iniciativa probatória do magistrado, mormente no tocante ao interrogatório.

13. Saneamento do processo. A preocupação com o saneamento do processo norteia a atividade jurisdicional desde o limiar do procedimento, quando o magistrado, ao realizar o juízo de admissibilidade da petição inicial, franqueia ao autor a possibilidade de emenda (art. 321). Isso se estende ao julgamento, pois não deve haver proclamação de nulidade quando o mérito puder ser julgado a favor de quem a pronúncia beneficiaria; mas também alcança a atividade recursal (por exemplo, art. 938, §1º).

A proclamação de nulidades, excepcional ao tempo do CPC/1973, foi reforçada no CPC/2015, determinando-se que os pressupostos processuais e quaisquer vícios sejam supridos pelo magistrado. Ao tempo do CPC/1973, Pontes de Miranda advertia: "O que logo surpreende o leitor do Código de Processo Civil é que, no Título V, onde se trata das nulidades, a lei mais se preocupasse com as regras contrárias à nulidade, ou à sua decretação. O legislador traduziu bem o seu propósito político de salvar o processo.". (MIRANDA, Francisco Cavalcanti Pontes de, *Comentários ao Código de Processo Civil*, t. III, 2. ed., Rio de Janeiro, Forense, 1958, p. 449). Sob a égide do CPC/2015, a doutrina menciona o princípio da *primazia de julgamento do mérito* (CUNHA, Leonardo J. Carneiro da, "Opinião 49 – Princípio da primazia do julgamento de mérito", disponível em http://www.leonardocarneirodacunha.com.br/opiniao/opiniao-49-principio-da-primazia-do--julgamento-do-merito/ , consultado em 01/07/2015]. Há várias regras do CPC/2015 em que sobressai a função contrafática para coibir a extinção prematura ou sem resolução do mérito. Ainda com base no texto de Leonardo Cunha, façamos a indicação delas: art. 282, §2º; art. 352; art. 485, §1º; art. 488; art. 938, §1º; art. 968, §5º, II; art. 1.007, §§2º e 4º; art. 1.013, §3º, II e IV; art. 1.029, §3º; art. 1.032; e art. 1.033.

Em suma, o propósito, valendo-nos da lição do jurista alagoano, foi ainda melhor traduzido com a nova codificação; houve uma significativa preocupação com a melhoria na qualidade da atividade jurisdição, reforçando-se a estrutura dialógica.

14. Demandas individuais repetitivas e provocação dos legitimados à propositura de ações coletivas. O dispositivo em alusão repete, em parte, o preceito contido no art. 7º da Lei 7.347/1985 (LACP), o qual determina a extração e remessa de cópias ao Ministério Público, reconhecidamente em patamar de destaque com a LACP, o que remete o leitor à gestação do diploma (vide nossos comentários ao art. 176). Inicialmente, é importante perceber que não se trata de uma faculdade do magistrado; o conhecimento de circunstâncias aptas a ensejar a propositura de ações coletivas impõe a cópia e remessa de peças ao Ministério Público, Defensoria Pública e/ou qualquer outro legitimado – a alusão a outros legitimados, que não somente ao *parquet*, é fruto da alteração implementada pelo CPC/2015.

Sensível à importância da atuação da Defensoria Pública, não apenas na tutela individual, mas igualmente em matéria de direito e processo coletivo, e preocupado em fomentar a propositura de ações coletivas por outros legitimados – reconhecidamente, o Ministério Público concentra uma larga fração de ações coletivas em curso no Brasil –, o novo dispositivo amplia os destinatários da remessa de cópias, tal e qual o *parquet* não é o único legitimado às ações civis públicas.

No ponto, importante esclarecer que à multiplicidade de situações jurídicas homogêneas carreadas ao judiciário por meio de demandas singulares – as quais, em virtude da mencionada homogeneidade, são consideradas como "repetitivas" –, concorrem diferentes fatores: alguns afetos à modernidade (industrialização, urbanização, massificação das relações e serviços e aumento da complexidade); outros, à ideologia (assim, os diferentes ataques legislativos à tutela coletiva, de que o art. 1º, parágrafo único, LACP, é um bom exemplo); à tecnologia (abertura da cláusula do art. 5º, XXXV, CF/1988); e, ainda, à cultura (ausência de associativismo em nosso país). Todos esses fatores estão imbricados, de modo que a indicação de cada um em separado tem forte apelo didático. Não sendo possível aprofundá-los nesta oportunidade, é importante registrar que, diante do microssistema processual coletivo brasileiro, a despeito da obrigatoriedade/indisponibilidade da ação civil pública – poder-dever do Ministério Público, mas também da Defensoria Pública –, o legitimado deverá avaliar a viabilidade da demanda coletiva, uma vez que nosso legislador pretendeu dificultar seu exercício à tutela de situações jurídicas em direito tributário, previdenciário, FGTS ou qualquer outro fundo cujos titulares possam ser identificados.

No mesmo passo, a par dos diferentes fatores encimados, é importante refletir sobre a multiplicação de demandas individuais – explosão do contencioso civil – não seria uma decorrência, principalmente, do fator ideológico a que nos referimos. (MENDES, Aluisio Gonçalves de Castro, *Ações coletivas no direito comparado e nacional*, 2. ed., São Paulo, RT, 2010, p. 32).. Mesmo porque a primazia da tutela coletiva parece inquestionável, na medida em que, a um só tempo, vela pelo acesso à justiça, economia processual e assegura a aplicação autoritativa do direito material, combatendo os danos de bagatela, a reiteração de práticas ilícitas, a falta de informação e o desequilíbrio entre os envolvidos. (GIDI, Antonio, *A class action como instrumento de tutela coletiva dos direitos: as ações coletivas em uma perspectiva comparada*, São Paulo, RT, 2007, p. 25 e seguintes. FISS, Owen; BRONSTEEN, John, "The class action rule", *Yale Law School Legal Scholarship Repository*, disponível em http://digitalcommons.law.yale.edu/fss_papers/1314/, consultado em 01-09-2011). E tudo isso, sem afogar o judiciário em milhões de ações singulares de fundamentação padronizada. Para esse cenário, o CPC/2015 destinou um renovado "microssistema de demandas repetitivas".

Em arremate, a ampliação dos destinatários pode ser interessante para que o Ministério Público não seja sobrecarregado e, eventualmente, para que os legitimados se possam organizar em litisconsórcio, cooperando em prol da efetividade da tutela coletiva. Voltaremos a esses pontos quando dos comentários ao Ministério Público. Todavia, decerto que o art. 139 não se propõe a resolver os fatores de multiplicação dos litígios individuais.

ARTIGO 140.
O juiz não se exime de decidir sob a alegação de lacuna ou obscuridade do ordenamento jurídico.
Parágrafo único. O juiz só decidirá por equidade nos casos previstos em lei.
CORRESPONDÊNCIA NO CPC/1973: *ART. 126.*

1. Ordem e hermenêutica. O ordenamento jurídico não é um todo completo e acabado, visualizável abstratamente como uma espécie de sistema conceitual, de onde seriam dedutíveis infinitas soluções jurídicas – sonho nutrido pelos partidários da "juris-prudência dos conceitos", mas que está pressuposto em outras correntes do pensamento jurídico. Qualquer visão nesse sentido, sobre ser excessivamente romântica ou ingê-nua – inadmissível em pleno séc. XXI –é empobrecedora do fenômeno jurídico, confi-nando-o à dimensão normativa. Conquanto nossas colocações aparentem redundar em obviedades, subsistem laços ideológicos unindo-as a alguns doutrinadores de maneira umbilical. Nesse sentido, figure-se o exemplo da (im)possibilidade jurídica do pedido, a qual guarda(va) flagrantes compromissos com o dogma da completude do ordenamento jurídico, como observara José de Albuquerque Rocha, denotando-se a atualidade das colocações preambulares (ROCHA, José de Albuquerque, *Teoria geral do processo*, 9. ed., São Paulo, Atlas, 2007, p. 161). Inclusive, todas as críticas imanentes destinadas à (im)possibilidade jurídica e às condições da ação redundam no mesmo manancial ideoló-gico. (LOSANO, Mario, *Sistema e estrutura do direito*: o século XX, v. 2, São Paulo, Martins Fontes, 2010, p. 129). Em suma, a supressão da "(im)possibilidade" do texto do CPC/15 tem fundamentos hermenêuticos, como logramos demonstrar em outra oportunidade. (PEREIRA, Mateus Costa; GOUVEIA; Lúcio Grassi de; OTÁVIO NETO, Deocleciano, "Do dogma da completude à (im)possibilidade jurídica do pedido: aportes filosóficos à reflexão do tema", *Coleção Doutrina Selecionada*, v. 1, Salvador, Juspodivm, 2015, no prelo).

A história já demonstrou a inviabilidade das correntes de pensamento que hipertro-fiaram a dimensão normativa, sobrevalorizando aspectos formais e/ou analíticos – por todos, ver as críticas de Kaufmann. (KAUFMANN, Arthur, "A problemática da filoso-fia do direito ao longo da história", in KAUFFMANN, Arthur; HASSEMER, Winfried, *Introdução à filosofia do direito e à teoria do direito contemporâneas*, Lisboa, Fundação Calouste Gulbenkian, 2002, p. 182.). Desta feita, resta-nos pensar a ordem jurídica com todos os seus elementos empíricos, axiológicos etc., superando-se o neokantismo da Escola de Marburgo, tão caro aos que ainda hoje assumem que a entrada de elementos hauridos da experiência pode comprometer a cientificidade do Direito – o que não consta das linhas, mas se faz presente nas entrelinhas.

A ordem jurídica não se reduz a lei e não pode ser tratada como uma entidade abs-trata, tampouco como uma construção racional, que não considere os fatores histórico e temporal. Urge, pois, que superemos a "teimosia" positivista e/ou cientificista.

Em pleno séc. XXI – depois de a humanidade ter enfrentado duas grandes guerras, o advento de regimes fascistas, o holocausto; e já há algum tempo, sob a contínua ameaça do fundamentalismo religioso e terrorismo; e ainda, contextualizando à realidade brasi-leira, os sucessivos escândalos de corrupção, tráfico de influência, desmandos do poder etc. – não parece razoável insistir em visões que não tratam "do ser do direito, nem da vida do direito como realidade histórica, nem da hermenêutica como parte permanente dessa realidade.". (SALDANHA, Nelson Nogueira, "Do direito natural à teoria da argu-mentação", in *História do direito e do pensamento jurídico em perspectiva*, São Paulo, Atlas, 2012, p. 235). Visões que distancia(ra)m a ordem de seus fundamentos transcendentes;

teorias que se supõem culturalmente "assépticas", apriorísticas, não dialogando com o real e, pois, imprestáveis para sua compreensão. No escólio de Nelson Saldanha: "Do ponto de vista democrático, o Estado será ‹de Direito› pelo fato de confirmar a origem popular do poder e do direito; e ele a confirmará colocando-se, enquanto dependente da Constituição, sob o controle das representações populares. O jurídico, como atributo do Estado na expressão ‹Estado de Direito›, não pode ser então apenas o jurídico em sentido formal: trata-se do direito como um todo, como ordem e como plexo de valores, que se sobrepõe ao Estado, de modo a fazer do Estado um instrumento, um meio (como se tem dito) em face de fins e interesses concretos. O Estado, neste caso, subordina-se metodicamente a fins, que se ligam aos fins do direito; e os fins são sempre concretamente humanos, são valores – daí o seu lado metafísico, tão detestado pelos juspositivistas, tão necessário à compreensão concreta das coisas." (SALDANHA, Nelson Nogueira, *Estado moderno e a separação dos poderes*, São Paulo, Saraiva, 1987, p. 46-47).

Reiteramos: diante do legado histórico é pouco crível a insistência em epistemologias que não dialoguem com a complexidade, e que, em seus apelos cientificistas, sejam desinteressadas do verdadeiro papel da ciência, isto é, a construção de um conhecimento prudente para uma vida decente (SANTOS, Boaventura de Souza, *Um discurso sobre as ciências*. 5. ed., São Paulo, Cortez, 2008, p. 59-60). Por oportuno, foi por ser um emblema do cientificismo que, ao entrar em vigor, o CPC/1973 foi alvo de acerbas críticas. (SILVA, Ovídio A. Baptista da, *Jurisdição, direito material e processo*, Rio de Janeiro, Forense, 2008, p. 138). A complexidade do fenômeno jurídico reclama uma epistemologia que não a repudie.

Pelas razões encimadas, é preciso assumir, de uma vez por todas: que o direito não se interpreta em tiras; que interpretação e aplicação não podem ser cindidas – toda aplicação pressupõe interpretação, não havendo texto sem contexto (GRAU, Eros, *Ensaio e discurso sobre a interpretação/aplicação do direito*, 3. ed., São Paulo, Malheiros, 2005, p. 40); que a ordem jurídica não se esgota na dimensão legal, tampouco na analítica, não se podendo divorciar da história e da axiologia, isto é, de uma perspectiva historicista e hermenêutica; que o próprio ordenamento jurídico é uma construção histórico-hermenêutica, não preexiste ao magistrado como se fosse um todo completo, coerente e acabado – não é estático, portanto, o que repercute na compreensão e importância da atividade do magistrado. Como resultado do processo interpretativo – que se opera dentro da ordem –, a ordem sai enriquecida rumo a seu autoconhecimento; a interpretação implica a ordem ao mesmo tempo em que se refere a ela. Não existe ordem sem interpretação, o que corresponderia a uma ausência de "mudanças"; não existe ordem (formas organizacionais) sem hermenêutica (pensamento interpretativo que dá sentido a essas formas). É necessário superar a "época do fácil", alento da modernidade; precisamos vencer o paradigma da simplificação ou racionalista. (SALDANHA, Nelson Nogueira, *Ordem e hermenêutica*. 2. ed., Rio de Janeiro, Renovar, 2003, p. 247-248; SALDANHA, Nelson Nogueira, *Ética e história*, 2. ed., Rio de Janeiro, Renovar, 2007, p. 75). Sobre ser árdua, a tarefa perpassa o diálogo com os autores que construíram suas doutrinas imbuídos da mesma preocupação. (SILVA, Ovídio A. Baptista da, *Processo e ideologia: o paradigma racionalista*, 2. ed., Rio de Janeiro, Forense, 2006). Em outras palavras: dialogar com o material que nos foi legado e, dialeticamente, criticá-lo.

Todas as colocações anteriores apontam à importância da fundamentação das decisões.

2. Justiçamento de mão própria e a vedação ao *non liquet*. A vedação à justiça de mão própria é o exercício da ação material no sentido de Pontes de Miranda (MIRANDA, Francisco Cavalcanti Pontes de, *Tratado das ações*, t. I, Campinas, Bookseller, 1999, p. 123 e seguintes). É indispensável à garantia da ordem e tipificada como crime entre nós (exercício arbitrário das próprias razões, consoante art. 345, CP) e resulta do monopólio da atividade jurisdicional. Ao assumir a responsabilidade pela tutela dos direitos, proibindo qualquer atuação particular imbuída desse propósito, ressalvadas as situações permitidas em lei (desforço imediato, penhor legal, etc.), a contraprestação estatal foi o direito público subjetivo de ação (art. 5º, XXXV, CF/1988). Em outras palavras, o exercício legítimo da ação material foi atravessado pela "ação" processual, também conhecida como "pretensão à tutela jurídica", sendo um direito de qualquer pessoa (*rectius*: sujeito de direito) que se afirme como titular de alguma situação jurídica. (SILVA, Ovídio A. Baptista da, *Comentários ao Código de Processo Civil*, v. 1, 2. ed., São Paulo, RT, p. 20).

Correlatamente ao direito, situação jurídica ativa, existe um dever, situação jurídica passiva. Ao direito de "ação" (pretensão à tutela jurídica) corresponde o dever do Estado à entrega da resposta jurisdicional. Este dever não se encerra com a prolação de uma decisão, como visto, nem sua desincumbência é escusada sob a alegação de lacuna ou obscuridade na lei.

A vedação ao *non liquet*, vale dizer, a obrigatoriedade de decidir, é um corolário do dever de prestar a jurisdição. A expressão não é nova, volvendo aos romanos. Contudo, somente fora alçada à categoria de um verdadeiro postulado com o positivismo jurídico. Os adeptos do juspositivismo concebiam o ordenamento como um todo completo e coerente, não se admitindo duas normas antinômicas (contraditórias ou contrárias), o que afetaria, inexoravelmente, a validade de uma delas (metaforicamente, o ordenamento poderia ser enxergado como uma pirâmide escalonada de regras). Tampouco se admitira a existência de lacunas, já que, para todo caso concreto, o ordenamento ofereceria uma solução, isto é, a partir da extração da *regula decidendi*, explícita ou implicitamente das regras que o integram; em suma, as teorias da coerência e completitude. (BOBBIO, Norberto, *O positivismo jurídico: lições de filosofia do direito*, São Paulo, Ícone, 1995, p. 132-3). Foi nessa ambiência que se erigiram em postulados dois conhecidos preceitos: o desconhecimento da lei não se presta como escusa; o juiz não pode se eximir de julgar a pretexto de lacuna ou obscuridade legal. (REALE, Miguel, *Filosofia do direito*, 20. ed., São Paulo, Saraiva, 2002, p. 415). De bandeira positivista passou à legislação.

3. Dever de fundamentar. O dever de adequada fundamentação é um desdobramento da proibição ao *non liquet*: claramente, a obrigatoriedade de decidir conduz ao dever de fundamentar. Logo, deixar de enfrentar os argumentos veiculados pelas partes também representa uma denegação de justiça. Todavia, se a ordem é inconfundível a um sistema conceitual de onde seriam dedutíveis soluções para todos os casos (silogismo), uma argumentação qualquer não satisfaz a exigência de fundamentação.

Sob a ótica da proibição ao *non liquet*, a crença formada sob a égide do CPC/1973 quanto à desnecessidade de análise de todos os argumentos aptos a infirmar a tese adotada pelo julgador já era insustentável. Sobre ser risível, a tese da suficiência da exposição clara e concisa do raciocínio do julgador é inaceitável em qualquer país democrático minimamente preocupado com o aperfeiçoamento da prestação jurisdicional. Nada obstante, era aceita e se espraiou despudoradamente pela jurisprudência. Basta uma rápida consulta ao entendimento firmado pelo STF. Para fins de ilustração, seguem algumas referências. "A falta de fundamentação não se confunde com fundamentação sucinta. Interpretação que se extrai do inciso IX do art. 93 da CF/1988.". (STF, HC 105.349/2011). No mesmo sentido: "O art. 93, IX, da CF exige que o acórdão ou decisão sejam fundamentados, ainda que sucintamente, sem determinar, contudo, o exame pormenorizado de cada uma das alegações ou provas, nem que sejam corretos os fundamentos da decisão." (STF, AI 791.292/2010; AI 737.693/2010; AI 749.496/2009; AI 697.623/2009).

No ensejo, o CPC/2015 deu um grande salto qualitativo com o art. 489, §1º, instituindo uma verdadeira garantia aos jurisdicionados. O novo comando desautoriza toda a jurisprudência anterior, restaurando a dignidade do próprio art. 93, IX da CF/1988. Aprovado democraticamente, corre-se o sério risco de uma corrupção interpretativa dos preceitos ali existentes, com o fito de abrandá-los ou mesmo restringir seu campo de incidência. Sem embargo, sua sobrevida garantiria a mínima racionalidade ao funcionamento do direito, tornando-o operacional e combatendo subjetivismos interpretativos.

Não sem alguma dose de perplexidade, revive-se o apelo subjetivista presente no embate dentre os adeptos da *mens legis* (subjetivismo do aplicador) e os caudatários *da mens legislatoris* (ficção de subjetivismo do legislador), desta feita, sob a roupagem do livre convencimento motivado, corrompendo-se a intersubjetividade da interpretação e a dimensão linguística em que é desenvolvida a pretexto do *sentire* do juiz. Não é ocioso recordar que nós não temos a linguagem, é ela que nos tem; a condição de existência está na própria linguagem. O que estamos chamando de "subjetivismo" é uma corrupção da linguagem pelo sujeito, como se fosse seu dono. Por outro lado, não podemos ignorar que pretensa busca de uma razão universal apreensível pelo sujeito olhando apenas para dentro de si (solipsista. Disso decorre a pretensa objetividade, a qual, em verdade, revela o solipsismo. Já a subjetividade ou intersubjetividade é a assunção pelo sujeito de que a linguagem é condição de existência; de que todos os objetos e coisas estão na linguagem;

e de que tudo é atravessado por ela, inclusive, o sujeito. Na qualidade de manifestação cultural, o direito é construído e reconstruído pelo homem. A relação de conhecimento não se restringe ao sujeito-objeto; há sujeito nas duas extremidades (sujeito-objeto-sujeito).

Diante do novo texto normativo, espera-se que o sufrágio solipsista construído pela jurisprudência sob a vigência do CPC/1973 esteja com seus dias contados. (STRECK, Lenio, *O que é isto – decido conforme minha consciência?*, Porto Alegre, Livraria do Advogado, 2010).

O dever de fundamentar é um consectário da superação da ideia de que o ordenamento jurídico seria um todo completo, harmônico e acabado, preexistente ao magistrado, que se limitaria a aplicar o direito (a lei); a jurisdição teria natureza declaratória. Caso se reduza a atividade do juiz à mera aplicação do direito objetivo, insinuando-se que o magistrado não criaria o direito, de fato, bastaria a ele, "atento" às circunstâncias do caso concreto, identificar qual preceito incidiu ou proceder com a subsunção normativa. Sobre ser ingênua ou ideologicamente enviesada, essa visão ignora que o magistrado interpreta não apenas a lei, mas o próprio fato, carreado ao juízo em forma de enunciados (enunciados de fato), mirando sua reconstrução no horizonte hermenêutico. Catalisando o autoconhecimento da ordem – a ordem e seu plexo de valores –, a exigência constitucional de fundamentação promove a diuturna (re)construção do ordenamento, pois o significado do texto é desvelado pela concreção normativa.

Por último, não esqueçamos que o número de recursos cresce em proporção ao número de decisões mal fundamentadas, mas a relação inversa também é verdadeira. (SILVA, Ovídio A. Baptista da, *Jurisdição, direito material e processo*, Rio de Janeiro, Forense, 2008, p. 156)

4. Da ausência de menção à "analogia, costumes e princípios gerais do direito".
A nova redação não menciona os métodos clássicos de integração do sistema (analogia e princípios gerais do direito), tampouco os costumes (fonte do direito) – para fins de registro, discute-se se os princípios gerais do direito seriam autointegração ou heterointegração. (BOBBIO, Norberto, *Teoria geral do direito*, São Paulo, Martins Fontes, 2007, p. 296-9). Em vez disso, coube ao art. 8º do CPC/2015 estatuir que: "Ao aplicar o ordenamento jurídico, o juiz atenderá aos fins sociais e às exigências do bem comum, resguardando e promovendo a dignidade da pessoa humana e observando a proporcionalidade, a razoabilidade, a legalidade, a publicidade e a eficiência.". Insistimos na ideia: o direito não se interpreta/aplica em tiras. À solução de um caso concreto o ordenamento concorre como um todo. Não por outro motivo, o art. 1º do CPC/2015 assevera que a interpretação/aplicação do texto codificado deverá observar aos valores e às normas estabelecidos na CF/1988. Tecnicamente, seria mais apropriada a menção ao "bloco de constitucionalidade", lembrando que os tratados de direitos humanos têm status de emenda constitucional, quando aprovados pelo Congresso Nacional sob as especiais condições descritas no art. 5º, §3º da CF/1988. O bloco, atualmente, é formado pela CF/1988 e pela

Convenção sobre os Direitos das Pessoas com Deficiência (Decreto Legislativo 186/2008 e Dec. Presidencial 6.949/09).

Os métodos clássicos de integração [analogia (analogia *legis*, figura próxima da interpretação extensiva) e princípios gerais do direito (similar à analogia *iuris*)] foram desenvolvidos sob uma "renovada" compreensão do dogma da completude. O direito até poderia ter lacunas, mas ele contemplava mecanismos à sua própria integração (colmatação de lacunas). É nessa ambiência que deve ser compreendida a afirmação de Theodoro Jr. no sentido de que "a ordem legal positiva aspira ser exaustiva, mas não consegue exaurir toda necessidade normativa da sociedade". (THEODORO JR., Humberto, *Curso de direito processual civil*, v. 1, 51. ed., Rio de Janeiro, Forense, 2010, , p. 214). Já Eduardo Couture entendia que o problema repousava na própria expressão "lacunas", as quais, em verdade, consistiriam em "omissões de previsão expressa.". (COUTURE, Eduardo, *Interpretação das leis processuais*, 4. ed., Rio de Janeiro, Forense, 2001, p. 33). Idealizados na esteira do juspositivismo e sob a crença do ordenamento jurídico como uma pirâmide escalonada de regras, em certa medida, os métodos de integração suavizavam a contradição positivista das lacunas (dogma da completude), pois o sistema fornecia meios para sua colmatação; o sistema continuaria a ser um todo completo, harmônico e coerente. Nessa perspectiva, infere-se que os métodos representam um sustentáculo do mesmo ponto de vista da "era das codificações".

Fixar a ideia de que o ordenamento é chamado à interpretação/aplicação ao desenlace de um conflito não expressa o ideário positivista. Mesmo porque, como visto, nossa assertiva é lançada sobre bases hermenêuticas, o que era repudiado pelos juspositivistas. A discussão sobre lacunas/métodos de integração perdeu sua importância quando se reconheceu que o sistema não poderia ser formado apenas por regras; que o ordenamento não preexistia à atividade jurisdicional; que a jurisdição, portanto, não teria natureza declaratória.

Não é o caso de ignorá-los, senão de retomar algumas conquistas dos sécs. XIX e XX: a inserção do direito na dimensão da linguagem e, pois, hermenêutica; o constitucionalismo contemporâneo; a superação do dogmatismo; a normatividade dos princípios; os direitos fundamentais; a pré-compreensão e o círculo hermenêutico; a diferença entre texto e norma, umbilicalmente ligados pela interpretação (lei-jurisprudência); a (re)concialiação entre ciência e filosofia.

Nem por isso, deixa de existir a analogia *legis*, criação de uma nova regra, ou mesmo de uma interpretação extensiva, ampliação da regra existente para casos não regulados por ela. (BOBBIO, Norberto, *Teoria geral do direito*, São Paulo, Martins Fontes, 2007, p. 294). São casos indicados expressamente no 4º da LINDB.

5. Dos julgamentos por equidade. O CPC/2015 manteve a regra constante de seu antecessor (art. 127), reproduzindo, em verdade, o preceito existente ao tempo do CPC/1939 (art. 114). À margem do entendimento doutrinário, o art. 114 do CPC/1939 pregava que, quando autorizado a decidir por equidade, o magistrado deveria se converter em legislador e estabelecer a mesma norma que o último faria diante do caso concreto. O preceito nos remete à "ficção de intencionalidade", criada ao tempo da Escola da Exegese para suprimir lacunas. (REALE, Miguel, *Filosofia do direito*, 20. ed., São Paulo, Saraiva, 2002, p. 417; GOUVEIA, Lúcio Grassi de, *Interpretação criativa e realização do direito*, Recife, Bagaço, 2000, p. 30). Já o art. 127 do CPC/1973 – preocupado com a formulação de decisão que, por suposto, não seria pautada no direito estrito – referendava sua aplicação tão somente em circunstâncias excepcionais (previstas em lei). O parágrafo único do art. 140 do CPC/2015 seguiu a mesma linha.

O CPC/2015 emprega a equidade como suposta válvula de escape que libertaria o magistrado das amarras do direito objetivo, ocasião em que o juiz construiria a decisão conforme seu senso de justiça. Por trás dessa visão, vicejam as mesmas crenças repreendidas nos itens anteriores dos comentários ao art. 140: dogma da completude do ordenamento jurídico; jurisdição como atividade declaratória (o ordenamento jurídico seria preexistente); impossibilidade de o juiz não interpretar, limitando-se a aplicar a lei (subsunção normativa), exceto quando arrimado na equidade. Nessa linha, a equidade continua a ser compreendida como o mais expressivo processo extrassistemático de integração de lacunas.

Renovando o tom da crítica, a excepcional alusão ao julgamento por equidade representa uma negação da axiologia nos demais casos, vale dizer, como se a ordem jurídica se limitasse a regras, estando purificada de valores. Do ponto de vista epistemológico – no teimoso pretérito que insiste em se vestir de presente –, a negação de valores atendia ao primado da objetividade, sem o qual o direito não poderia ser considerado como ciência. (JAPIASSU, Hilton, *O mito da neutralidade científica*, Rio de Janeiro, Imago Editora, 1975, p. 10 e seguintes). De acordo com o paradigma da ciência moderna ou racionalista, toda atividade científica haveria de ser descritiva (avalorativa); em maior ou menor medida, a busca da objetividade foi decisiva ao surgimento do Positivismo Jurídico e da Teoria Pura do Direito. (BOBBIO, Norberto, *O positivismo jurídico: lições de filosofia do direito*, São Paulo, Ícone, 1995, p. 135; PERELMAN, Chaïn, *Lógica jurídica, nova retórica*, São Paulo, Martins Fontes, 2004, p. 91; GARDIOL, Áriel Alvarez, *El pensamiento jurídico contemporáneo*, Rosario, Fundación para el desarrollo de las Ciencias Jurídicas, 2009, p. 22; BOBBIO, Norberto, *Direito e poder*, São Paulo, Editora UNESP, 2008, p. 23).

A ciência jurídica se legitimou no encalço dos pressupostos epistemológicos que informaram o desenvolvimento das ciências naturais (objetividade, estabilidade e simplicidade), o que foi coroado pela importação do mesmo método – não sem a resistência de Vico, Dilthey e tantos outros. A bem da verdade, o monismo científico de outrora, erigido sobre os pressupostos epistemológicos encimados, universalizou o método (a unidade do conhecimento, universal, ditaria um único método).

No afã de não alongarmos nossas palavras, acreditava-se, sobretudo na segunda metade do século XIX e início do século XX, que o emprego e a correção do método assegurariam a cientificidade no direito. Para tanto, pretendeu-se mutilar a axiologia, o que sufocou a hermenêutica. (SALDANHA, Nelson Nogueira, *Filosofia do direito*, 2. ed., Rio de Janeiro, Renovar, 2005, p. 149). Sem a axiologia, não haveria espaço à metafísica, tampouco à hermenêutica. A mesma ideologia inspirou o art. 127 do CPC/73, mantido, acriticamente, no parágrafo único do art. 140 deste CPC/2015. Por isso, a menção à equidade vem acompanhada de uma advertência: "nos casos previstos em lei". O mesmo legislador que preconizou a interpretação/aplicação do código de acordo com as normas e valores da CF/1988 (art. 1º) e enalteceu o princípio da dignidade da pessoa humana no art. 8º, esqueceu-se de alterar o art. 140, parágrafo único, para reconhecer que a equidade é inerente ao "processo" hermenêutico. Ao fim e ao cabo, melhor seria que o preceito não tivesse sido reproduzido no texto codificado.

Artigo 141.

O juiz decidirá o mérito nos limites propostos pelas partes, sendo-lhe vedado conhecer de questões não suscitadas a cujo respeito a lei exige iniciativa da parte.

CORRESPONDÊNCIA NO CPC/1973: *ART. 128.*

1. **Fundamentos da regra da congruência.** A primeira parte do art. 141 alberga a regra da congruência (correlação ou adstringência), um consectário do princípio de demanda. Tendo em mente que a atividade jurisdicional não enceta, de ofício, qualquer permissão ao julgamento, fora das raias da postulação, implicaria a quebra da inércia (passividade jurisdicional) e, em última instância, o esvaziamento da imparcialidade; confundir-se-ia a figura do julgador (sujeito de quem se exige imparcialidade) com a do autor (sujeito parcial); o direito seria transfigurado de faculdade para função do direito objetivo, como ensinava Ovídio Baptista da Silva: "Trata-se de princípio fundamental que domina não apenas o Direito Processual Civil mas ultrapassa suas fronteiras, para constituir um dos pressupostos elementares de todo o sistema jurídico moderno. Com efeito, a própria idéia de direito subjetivo seria impensável se não o concebêssemos como uma faculdade capaz de ser exercida livremente pelo sujeito a quem a ordem jurídica atribui essa prerrogativa. Direito capaz de ser imposto a seu titular perderá essa natureza para tornar-se simples função do direito objetivo, como o conceituam, aliás, certas correntes do positivismo moderno. A idéia de direito traz imanente o pressuposto de que o titular possa livremente exercê-lo, quando lhe parecer conveniente, abstendo-se de usá-lo segundo a sua vontade, pois a imposição compulsória do seu exercício transformaria o direito em dever.". (SILVA, Ovídio Baptista da, *Comentários ao Código de Processo Civil*, v. 1, 2. ed., São Paulo, RT, p. 32-3). Não por outro motivo, o art. 293 do CPC/1973 falava que o pedido deveria ser interpretado restritivamente – preceito que, malgrado a nova redação do art. 322, §2º, não deve ser ignorado.

Mas o art. 141 não trata apenas do princípio de demanda, uma vez que sua segunda parte revela o conteúdo do princípio dispositivo. Em nome da técnica, impende que seja traçada a distinção. O princípio de demanda está relacionado à própria disponibilidade do direito subjetivo, "segundo a regra básica de que ao titular do direito caberá decidir livremente se o exercerá ou deixará de exercê-lo", refletindo, como visto, o próprio alcance da atividade jurisdicional (balizas ou limites) e a necessidade de um estímulo inicial. Já o princípio dispositivo dita como o juiz se comportará dentro das raias fixadas pelas partes, isto é, qual será o seu grau de envolvimento com a busca e/ou investigação dos enunciados de fato. (SILVA, Ovídio A. Baptista, *Curso de processo civil*, 6. ed., São Paulo, RT, 2003, p. 61-5). Insistimos: a primeira parte do art. 141 reflete o princípio de demanda, ao passo que a segunda expressa o conteúdo do princípio dispositivo, muito embora ambos estejam relacionados à imparcialidade. Com o cuidado em perceber que, nos ordenamentos jurídicos em geral, o princípio dispositivo se expressa com os temperamentos do princípio inquisitivo. Daí, no último caso, a existência de matérias que podem ser conhecidas oficiosamente.

Considera-se como legítima a atuação oficiosa do magistrado em alguns casos, subsistindo um rol de matérias que, independentemente de provocação, poderão ser conhecidas de ofício. São as chamadas matérias de ordem pública, em cujo rol estão subsumidas as questões sobre a admissibilidade e regularidade da demanda/processo. Assim, por exemplo, o controle sobre os pressupostos processuais; sobre o valor da causa (art. 292, §2º); as matérias do elenco do art. 337, tirante a convenção de arbitragem e incompetência relativa. No ensejo, importante recordar que, muito embora o CPC/2015 mencione a legitimidade das partes e o interesse de agir, não remanesce menção à (im)possibilidade jurídica do pedido, tampouco referência expressa à categoria das "condições da ação". No ponto, na esteira de boa parte de nossa doutrina, acreditamos que isso tenha sido um avanço, devendo nortear a interpretação/aplicação do processo civil – conferir nossos comentários ao art. 140 (DIDIER JR., Fredie, *Pressupostos processuais e condições da ação*: o juízo de admissibilidade do processo, São Paulo, Saraiva, 2005).

2. Regra da congruência e julgamentos *infra, ultra* ou *extra petita*. O balizamento da atividade jurisdicional pelo pedido impossibilita o julgamento aquém (*infra* ou *citra*), verdadeira denegação de justiça; além (*ultra*) ou fora (*extra*) – as duas últimas, hipóteses de rompimento do princípio da demanda, pois que o magistrado passa a coadjuvar com a parte. Há falta de julgamento sempre que um dos pedidos ou fundamentos deixa de ser apreciado pela jurisdição, o que, decerto, não se confunde com seu acolhimento parcial. O julgamento vai além da postulação quando a tutela jurisdicional dá mais que o pretendido. Por último, há julgamento fora do pedido quando se é atribuído bem da vida diverso daquele que estava sendo perseguido. Tudo isso está implícito na regra do art. 490, o qual reforça o comando da primeira parte do art. 141.

3. Mitigação da congruência. Em hipóteses excepcionais, autoriza-se a flexibilização da congruência, desde que respeitados os limites do bem da vida pretendido, vale dizer, a mitigação da regra pressupõe o respeito ao pedido mediato – Marinoni e Mitidiero também admitem a quebra da vinculação ao pedido mediato (Comentários ao código de processo civil, 2ª ed., São Paulo, RT, 2010, p. 176).

É o que acontece quando se busca a tutela específica e o resultado perseguido (tutela do direito) pode ser prestado por caminho diverso do indicado pela parte. Seguem dois exemplos para facilitar a compreensão.

Primeiro exemplo: Uma pessoa com deficiência visual (pessoa cega) pretende que uma instituição bancária da qual é correntista seja obrigada a lhe fornecer todas as informações contratuais, movimentações financeiras, extratos, etc., em braile. Diante desta postulação, o magistrado verifica que a conversão ao braile não é a única forma de garantir a acessibilidade informacional à pessoa com deficiência, havendo outros meios igualmente idôneos para garantir o acesso integral às informações pela pessoa com deficiência sensorial, com autonomia e independência (*v.g.*, a disponibilização daquelas informações por meio eletrônico), e que, inclusive, seja menos gravoso ao demandado. À luz do caso concreto, sendo viável e seguro ao postulante, a disponibilização de informações por meio eletrônico facilitará o cumprimento do dever de acessibilidade, garantindo a efetiva acessibilidade às informações.

Segundo exemplo: o Ministério Público ingressa com Ação Civil Pública postulando o encerramento das atividades de determinada fábrica, em virtude da emissão de gases poluentes, o que coloca a higidez do meio ambiente em xeque. Sucede que, ao analisar o pedido, o magistrado verifica que a instalação de filtros seria igualmente viável à tutela do meio ambiente, e uma medida menos onerosa ao demandado. No ponto, em vez de obrigar a fábrica a cessar suas atividades – o que seria uma medida extrema e que, inclusive, poderia afetar a arrecadação tributária, afetar o sustento dos trabalhadores e suas famílias etc. –, o magistrado ordena a instalação do filtro, condicionando a continuidade das atividades da fábrica à sua instalação.

Artigo 142.

Convencendo-se, pelas circunstâncias, de que autor e réu se serviram do processo para praticar ato simulado ou conseguir fim vedado por lei, o juiz proferirá decisão que impeça os objetivos das partes, aplicando, de ofício, as penalidades da litigância de má-fé.

CORRESPONDÊNCIA NO CPC/1973: *ART. 129.*

1. Colusão. O art. 142 impele o juiz a coarctar a atividade daninha de qualquer dos litigantes, como professava Pontes de Miranda comentando seu correspondente no CPC/1973. (MIRANDA, Francisco Cavalcanti Pontes de, *Comentários ao código de processo civil*, t. II, 2. ed., Rio de Janeiro, Forense, 1979, p. 510-1). Nessa hipótese, excepcionando a regra da congruência, o magistrado está autorizado a não apreciar o que fora pretendido no afã de frustrar os propósitos ilícitos. (MITIDIERO, Daniel Francisco, *Comentários ao Código de Processo Civil*, t. I, São Paulo, Memória Jurídica, 2004, p. 547), aplicando as penalidades da litigância de má-fé (adendo do CPC/2015).

Sob a égide do art. 129 do CPC/1973 (art. 142, CPC/2015), o STJ manteve decisão que se recusou a homologar acordo ao pagamento parcelado de crédito de titularidade de particular em face da Administração Pública – o particular ainda teria renunciado a uma fração considerada ínfima –, frustrando a sistemática dos precatórios e a regra de capital importância da ordem cronológica. Atendidas às peculiaridades do caso, também se entendeu que o acordo seria acintoso à isonomia e à impessoalidade. Registre-se, contudo, que a argumentação alinhavada pelo relator, Ministro Herman Benjamin, foi adicional ao reconhecimento da perda do objeto do recurso especial em decisão monocrática. (STJ, AgRg no REsp 1.090.695/MS).

O art. 142 tem ligação umbilical com o art. 966, III, o qual aloca a "simulação ou colusão entre as partes" como causa de rescindibilidade do julgado. O CPC/2015 alinhou os dispositivos, o que não acontecia com o CPC/1973.

Artigo 143.

O juiz responderá, civil e regressivamente, por perdas e danos quando:

I – no exercício de suas funções, proceder com dolo ou fraude;

II – recusar, omitir ou retardar, sem justo motivo, providência que deva ordenar de ofício ou a requerimento da parte.

Parágrafo único. As hipóteses previstas no inciso II somente serão verificadas depois que a parte requerer ao juiz que determine a providência e o requerimento não for apreciado no prazo de 10 (dez) dias.

CORRESPONDÊNCIA NO CPC/1973: *ART. 133.*

1. Atividade judiciária x atividade jurisdicional; e a responsabilidade do Estado. O art. 143 trata da responsabilidade pela quebra do dever funcional do magistrado, também disciplinada no art. 49 da Lei Complementar 35/1979, Lei de Organização da Magistratura Nacional (Loman). A redação do art. 49 é uma cópia fiel do art. 133, aperfeiçoada pelo CPC/2015; ao lado do art. 155 do CPC/2015, disciplina a responsabilidade pela atividade judiciária.

Com fundamento no art. 37, §6º, e na segunda parte do inciso LXXV do art. 5º, ambos da CF/1988, presentes os elementos que configuram a responsabilidade civil – ação ou omissão, nexo de causalidade e prejuízo –, a falha na atividade judiciária acarreta o dever de indenizar por parte do Estado. Trata-se de responsabilidade objetiva, fundada na teoria do risco (art. 37, §6º), aplicável aos serviços públicos em geral, do qual a prestação jurisdicional se destaca como atividade essencial. Na lição de Cavalieri Filho: "A primeira [atividade jurisdicional] é realizada exclusivamente pelos juízes, através de atos judiciais típicos, como decisões, sentenças, liminares, acórdão, específicos da função de julgar. Mas no judiciário não atuam apenas os juízes; labuta também uma multidão de servidores praticando uma infinidade de atos judiciários, no preparo e andamento dos processos, no cumprimento das determinações do juiz etc. O próprio juiz pratica diariamente inúmeros atos, na administração do seu cartório e no ordenamento dos processos, que não são jurisdicionais. Essa é a atividade judiciária.". (CAVALIERI FILHO, Sérgio, *Programa de responsabilidade civil*, 10. ed., São Paulo, Atlas, 2012, p. 292).

Explicitando o que já era assente entre nós, o *caput* do art. 143 denota que a responsabilidade pessoal dos magistrados é apurada em ação de regresso movida pela Fazenda, estando subordinada à demonstração de dolo, sem prejuízo da responsabilidade disciplinar, a qual poderá culminar em pena de demissão (art. 42, VI, Loman), sem afastar a eventual responsabilização criminal. A exigência do dolo no art. 143, evitando seja responsabilizado quando proceder com culpa, também está atrelada à de independência – Canotilho fala em um "princípio da irresponsabilidade" (CANOTILHO, José Joaquim Gomes, *Direito constitucional e teoria da constituição*, 7. ed., Coimbra, Almedina, 2003, p. 665-6). A temática escapa ao direito processual, como vimos ao tratar do juiz natural; o art. 143 é um consectário da diretiva constitucional.

Já o sujeito prejudicado pela falha na atividade judiciária demandará o Estado diretamente. Para ilustrar nossas palavras, a 9ª Câmara Cível do Tribunal de Justiça do Rio Grande do Sul manteve sentença que acolheu o pedido de indenização por danos morais em virtude de erro na indicação do endereço à realização de busca e apreensão domiciliar (falha na atividade judiciária ou mau funcionamento da justiça), o que fez com pessoa estranha a qualquer investigação ou processo tivesse sua intimidade devassada e suportasse constrangimentos..

Nenhuma das situações descritas no art. 143 depende do resultado da causa, malgrado o desfecho do processo, excepcionalmente, possa ser utilizado como prova à demonstração do dolo ou fraude. Uma decisão injusta, por si só, não configura quebra do dever funcional, haja vista a independência que rege a atividade dos juízes, conforme art. 41 da Loman ("Salvo os casos de impropriedade ou excesso de linguagem o magistrado não pode ser punido ou prejudicado pelas opiniões que manifestar ou pelo teor das decisões que proferir.") A responsabilidade motivada pela falha na atividade judiciária não se confunde à responsabilização do Estado pelo erro judiciário (art. 5º, LXXV, CF/1988), isto é, pela atividade jurisdicional; qualquer ação motivada na afirmação de "erro judiciário" terá alicerce na primeira parte do art. 5º, LXXV, da CF/1988, de incidência restrita.

2. Cabimento de ação rescisória. Ao se referir ao comportamento doloso ou fraudulento, o art. 143 não especificou a conduta, vale dizer, um ou mais verbos no infinitivo. Para os fins da lei processual, pois, é suficiente a existência do dolo ou fraude, não importando o tipo do comportamento. De toda sorte, adiante no art. 966, I, foi mantida a "prevaricação, concussão ou corrupção do juiz" como causas de rescindibilidade do julgado, sendo hipóteses típicas do direito penal (arts. 319, 316 e 317, respectivamente).

Nesses casos, o julgamento da rescisória será iluminado pela possível configuração dos tipos indicados no âmbito civil, independentemente de apuração da responsabilidade naquela outra seara.

Aprioristicamente, não é possível reduzir o art. 143 às hipóteses do art. 966, I. A responsabilidade civil é mais ampla que a penal, na medida em que a última é regida pela legalidade estrita (art. 1º, CP). Sendo necessário, também se afigura possível consorciá-lo ao art. 966, V.

CAPÍTULO II – Dos Impedimentos e da Suspeição

ARTIGO 144.

Há impedimento do juiz, sendo-lhe vedado exercer suas funções no processo:

I – em que interveio como mandatário da parte, oficiou como perito, funcionou como membro do Ministério Público ou prestou depoimento como testemunha;

II – de que conheceu em outro grau de jurisdição, tendo proferido decisão;

III – quando nele estiver postulando, como defensor público, advogado ou membro do Ministério Público, seu cônjuge ou companheiro, ou qualquer parente, consanguíneo ou afim, em linha reta ou colateral, até o terceiro grau, inclusive;

IV – quando for parte no processo ele próprio, seu cônjuge ou companheiro, ou parente, consanguíneo ou afim, em linha reta ou colateral, até o terceiro grau, inclusive;

V – quando for sócio ou membro de direção ou de administração de pessoa jurídica parte no processo;

VI – quando for herdeiro presuntivo, donatário ou empregador de qualquer das partes;

VII – em que figure como parte instituição de ensino com a qual tenha relação de emprego ou decorrente de contrato de prestação de serviços;

VIII – em que figure como parte cliente do escritório de advocacia de seu cônjuge, companheiro ou parente, consanguíneo ou afim, em linha reta ou colateral, até o terceiro grau, inclusive, mesmo que patrocinado por advogado de outro escritório;

IX – quando promover ação contra a parte ou seu advogado.

§ 1º Na hipótese do inciso III, o impedimento só se verifica quando o defensor público, o advogado ou o membro do Ministério Público já integrava o processo antes do início da atividade judicante do juiz.

§ 2º É vedada a criação de fato superveniente a fim de caracterizar impedimento do juiz.

§ 3º O impedimento previsto no inciso III também se verifica no caso de mandato conferido a membro de escritório de advocacia que tenha em seus quadros advogado que individualmente ostente a condição nele prevista, mesmo que não intervenha diretamente no processo.

CORRESPONDÊNCIA NO CPC/1973: *ART. 134.*

1. **Juiz natural e imparcialidade.** A garantia de imparcialidade é o principal alicerce do princípio constitucional do juiz natural; conforme entendimento doutrinário, sua própria razão de ser. Além de um órgão jurisdicional pré-constituído, vedando-se os juízos de exceção (*ex post facto*); o devido respeito às regras de competência; e a impossibilidade de evocação de causas. Impõe-se que a pessoa do juiz não seja, de algum modo, comprometido ou interessado no resultado da causa (parcial). (CUNHA, Leonardo José Carneiro da, *Jurisdição e competência,* São Paulo, RT, 2008, p. 73-6). Em recuo, a estraneidade do magistrado relativamente aos interesses tutelados no processo é inerente à própria compreensão moderna de jurisdição, numa releitura da substitutividade encampada por Chiovenda. (SILVA, Ovídio A. Baptista da, *Teoria geral do processo civil,* 5. ed., São Paulo, RT, 2009, p. 68-9).

A imparcialidade reclama a coexistência de três condições: independência, autoridade e responsabilidade. No contexto da independência, estão inseridas as garantias funcionais dos magistrados (art. 95, I a III, CF/1988), o chamado "tríplice predicado" que se desdobra em: vitaliciedade, inamovibilidade e irredutibilidade de proventos. As garantias funcionais são consideradas instrumentais, pois visam à imparcialidade, resguardando a independência do juiz; são elas que garantem a atuação imune de pressões internas (dos tribunais), ou externas (do Poder Executivo, grupos econômicos, etc.). A autoridade das decisões também concorre à imparcialidade, pois assegura que os atos jurisdicionais produzam efeitos regulares, salvante a fiscalização viabilizada por meios reconhecidos (por exemplo, recursos). Por último, um poder ilimitado descambaria na parcialidade. Daí a importância de regras prevendo a responsabilidade dos juízes. (CUNHA, Leonardo José Carneiro da, *Jurisdição e competência,* São Paulo, RT, 2008, p. 73-6). Todas as regras deste Capítulo (arts. 139/143, CPC/2015) buscam alinhamento com essas premissas doutrinárias.

Sob a óptica processual, a imparcialidade é um pressuposto subjetivo de validade do processo. Nas hipóteses de impedimento ou suspeição, de acordo com os critérios eleitos pelo legislador, presume-se que o magistrado não terá a isenção necessária para julgar o feito; há uma presunção legal – em caráter absoluto (impedimento) ou relativo (suspeição) –, da falta de retidão do juiz ao julgamento da causa. É por isso que, a nosso ver, não se deve exigir qualquer demonstração de prejuízo – ver temperamentos adiante.

O impedimento e a suspeição serão analisados adiante. Por ora, é importante registrar que suas causas são taxativas, visto que se admita interpretação extensiva. (THEODORO JR., Humberto, *Curso de direito processual civil*, v. 1, 51. ed., Rio de Janeiro, Forense, 2010, p. 216). Para Barbosa Moreira, contudo, não haveria óbice à disciplina adicional de causas de suspeição/impedimento em leis de organização judiciária ou regimentos internos dos tribunais, o que, para nós, não poderia acontecer sem violação ao art. 22, I, da CF/1988. (MOREIRA, José Carlos Barbosa, *Comentários ao Código de Processo Civil*, v. 5, 14. ed., Rio de Janeiro, Forense, 2008p. 123). O STJ também sufraga a tese da taxatividade. (STJ, AgRg no AREsp 636.334/RJ,; AgRg no Ag 142.408/AM AgRg na ExSusp 93/RJ).

2. Imparcialidade x impartialidade. Além da exigência de imparcialidade do magistrado (imparcialidade psicológica, imparcialidade subjetiva, imparcialidade propriamente dita), também se reclama sua impartialidade (imparcialidade funcional, imparcialidade objetiva, "terceiridade"). O tema ainda é pouquíssimo estudado no país, muito embora já contemos com importantes contribuições, com destaque aos estudos de Eduardo José da Fonseca Costa pautados, sobretudo, no garantismo empírico-cientificista anglo-israelense. A impartialidade ou atuação funcionalmente neutra exige que o juiz seja juiz, o que, com o perdão da redundância, significa a impossibilidade de o togado fazer as vezes de qualquer das partes. Para Eduardo Costa, o sistema constitucional-processual não outorga poderes de iniciativa probatória aos magistrados, pois eles geram propensões cognitivas conducentes a decisões enviesadas. (COSTA, Eduardo, "Algumas considerações sobre as iniciativas judiciais probatórias" in *Revista Brasileira de Direito Processual*, n. 90, Belo Horizonte, RBDPro, 2015, p. 153-173). Conquanto suas meditações enfatizem as propensões cognitivas sob a égide da iniciativa probatória do magistrado, o autor estuda outras situações de propensões cognitivas que surgem da prática – inconsciente – de atos de privilegiamento. A nota não pode passar despercebida: não é uma questão de intenção do magistrado em prejudicar ou favorecer, senão uma condição psíquica infensa ao controle das partes – e do próprio juiz –, provocada por determinados comportamentos funcionais, armadilhas cognitivas.

Com base em seus estudos, hauridos da experiência de outros países (com destaque a Estados Unidos, Israel e Canadá), à vista da taxatividade do rol normativo das causas de suspeição/impedimento, Eduardo José da Fonseca Costa sustenta que a determinação de prova *ex officio* se enquadraria no art. 145, IV, do CPC/2015, pois o interesse do magistrado da causa não se restringiria à inclinação que mira alguma utilidade ou proveito (egoísmo), senão e, igualmente, quando imbuído do sentimento de cuidado a uma das partes, empenhando-se funcionalmente para favorecê-la (altruísmo). Logo, conquanto não seja para si (ego), o resultado do processo é desejado da mesma forma, mas por fatores humanitários ou ideológicos para o outro (*alter*). Ao fim e ao cabo, além da suspeição do magistrado, preconiza o desprezo à prova obtida por intermédio da iniciativa do magistrado – não confundindo com seus poderes instrutórios quando provocado por qualquer das partes (*v.g*, exibição de documento).

O autor é adepto do garantismo – corrente que se contrapõe ao ativismo –, propondo-se a resgatar a autoridade princípio dispositivo. Porém, longe de ser uma questão processual de antagonismo entre dois princípios (dispositivo x inquisitivo), as reflexões são desenvolvidas com base em estudos de psicologia cognitiva. Doutro giro, é importante registrar que a posição do autor não é desinteressada da paridade de armas, a qual é tratada, por ele, com a mesma – ou superior – dignidade que qualquer outro doutrinador. Porém, concebe meios de obrar isso sem que, na sua visão, haja vulneração da imparcialidade. Coerente com seu pensamento, entende que o art. 130 do CPC/1973 não fora recepcionado pela CF/1988, pois a iniciativa probatória contaminaria o resultado ("prova ilícita"), desrespeitando a garantia da imparcialidade e, pois, o devido processo legal procedimental (art. 5º, LVI e LIV, respectivamente); aplicando sua tese ao CPC/2015, os argumentos aponta(ria)m à inconstitucionalidade do art. 370. E arremata: "Alguns processualistas civis, levando a necessidade de ‹verdade real› às últimas consequências, entendem que os poderes instrutórios do juiz são um ‹poder-dever›. No entanto, quando se entende que o exercício desses poderes é obrigatório, criam-se duas situações indesejadas: i) faz-se tábua rasa do sistema de autorresponsabilidade probatória das partes (o que fere o art. 333 do CPC); ii) faz-se da regra da parcialidade judicial (o que fere o art. 5º, LIV, CF). É importante registrar que um dos sonhos da Processualística ‹vanguardista› tem sido exatamente casar esse hiperativismo de juízes com um cooperativismo de partes. Somente a chamada ‹pós-modernidade› é capaz de engendrar uma excentricidade como esta: um processo de ‹juiz parcial› e ‹partes imparciais›. Uma verdadeira triade de fous.".

Em conclusão, não haveria imparcialidade sem imparcialidade. Sendo o caso, após um exercício mental sobre qual(is) enunciado(s) de fato seria(m), potencialmente, objeto de confirmação por meio de prova determinada oficiosamente, em atenção à responsabilidade e ônus probatórios dos litigantes, o juiz rejeitaria o pedido do autor por insuficiência ou inexistência de provas. (COSTA, Eduardo, "Algumas considerações sobre as iniciativas judiciais probatórias" in *Revista Brasileira de Direito Processual*, n. 90, Belo Horizonte, RBDPro, 2015,).

É com base nessas premissas que deve ser compreendido o art. 8º do Código de Ética da Magistratura ao definir o juiz imparcial: aquele que busca nas provas a verdade dos fatos, com objetividade e fundamento, mantendo ao longo de todo o processo uma distância equivalente das partes, e evita todo o tipo de comportamento que possa refletir favoritismo, predisposição ou preconceito.

3. Lineamentos do impedimento. Com causas objetivas à sua configuração, o impedimento recebe um tratamento mais rigoroso que a suspeição, constituindo causa de rescindibilidade do julgado (art. 966, II) – para parte da doutrina, a rescisória seria cabível mesmo após a arguição e rejeição do impedimento no processo de origem. (SOUZA, Bernardo Pimentel, *Introdução aos recursos cíveis e à ação rescisória*, 6. ed., São Paulo, Saraiva, 2009, p. 210). De toda sorte, tanto no impedimento quanto na suspeição, são suficientes a alegação e a prova de qualquer das causas descritas no arts. 144/145 ou 147, havendo automática quebra de imparcialidade.

A atuação de magistrado impedido é causa suficiente à decretação de nulidade dos atos processuais desde o momento em que deveria ter se averbado impedido. No ponto, não entendemos que seja possível isolar a nulidade aos atos decisórios, conquanto o Superior Tribunal de Justiça possua julgado restringindo a decretação ao voto do impedido ou suspeito, mas preservando a votação dos demais pares. (STJ, REsp 1.052.180/ MS). Sobre o processamento do incidente de suspeição/impedimento, ver comentários ao art. 146.

Artigo 145.

Há suspeição do juiz:

I – amigo íntimo ou inimigo de qualquer das partes ou de seus advogados;

II – que receber presentes de pessoas que tiverem interesse na causa antes ou depois de iniciado o processo, que aconselhar alguma das partes acerca do objeto da causa ou que subministrar meios para atender às despesas do litígio;

III – quando qualquer das partes for sua credora ou devedora, de seu cônjuge ou companheiro ou de parentes destes, em linha reta até o terceiro grau, inclusive;

IV – interessado no julgamento do processo em favor de qualquer das partes.

§ 1º Poderá o juiz declarar-se suspeito por motivo de foro íntimo, sem necessidade de declarar suas razões.

§ 2º Será ilegítima a alegação de suspeição quando:

I – houver sido provocada por quem a alega;

II – a parte que a alega houver praticado ato que signifique manifesta aceitação do arguido.

CORRESPONDÊNCIA NO CPC/1973: *ART. 135.*

1. **Lineamentos da suspeição.** A suspeição também infirma a idoneidade moral do julgador para julgar uma determinada causa. Para contrapô-la ao impedimento, a doutrina afirma que, nas hipóteses de suspeição, existiria uma presunção relativa de parcialidade do magistrado; ao passo que no impedimento, como vimos alhures, a presunção seria absoluta – em sentido contrário, sustentando a presunção absoluta nos dois, colhe--se a doutrina de Celso Agrícola Barbi. (BARBI, Celso Agrícola, *Comentários ao Código de Processo Civil*, t. II, Rio de Janeiro, Forense, 1975 p. 559). Ambas as presunções são estipuladas em abstrato pelo legislador (presunções legais); em todas as situações de

quebra da imparcialidade, impedimento ou suspeição, o magistrado deverá se abster de julgar a causa. Há uma verdadeira proibição do magistrado nesse sentido, mas que não foge ao controle das partes.

Sucede que as causas de suspeição colocam a imparcialidade (subjetiva) em dúvida, estado de discutibilidade. Ao passo que, no impedimento, não há margem de dúvida. Na esclarecedora passagem de Pontes de Miranda: "(...) Quem está sob suspeição está em situação de dúvida de outrem quanto ao seu bom procedimento. Quem está impedido está fora de dúvida, pela enorme probabilidade de ter influência maléfica para a sua função.". (MIRANDA, Francisco Cavalcanti Pontes de, *Comentários ao Código de Processo Civil*, t. II, 2. ed., Rio de Janeiro, Forense, 1979, p. 541).

2. Suspeição por amizade/inimizade do advogado de qualquer das partes. A novidade. do ponto de vista legislativo, não ostenta o mesmo caráter do ponto de vista jurídico; o STJ tem precedente estendendo a suspeição ao advogado da parte. (STJ: REsp 582.692/SP).

3. Motivo de foro íntimo. O art. 119, §1º, do CPC/1939 instava o magistrado que se averbasse suspeito por motivo de foro íntimo, a se justificar perante o órgão disciplinar competente; já o parágrafo 2º do mesmo artigo instituía a sanção de advertência pelo descumprimento do mencionado dever. Em nossa ótica, o dispositivo era salutar. Nada obstante, o legislador do CPC/1973 não comungou da mesma opinião, tampouco o do CPC/2015, o qual, inclusive, fez o acréscimo redacional que agora consta da última parte do parágrafo 1º ("sem necessidade de declarar suas razões").

Sensível à importância da matéria, no intervalo entre as últimas codificações processuais, o CNJ editou a Resolução 82/2009, repristinando comando similar ao do CPC/1939, no afã de garantir algum controle sobre o ato do magistrado.

Ocorre que, a AMB se consorciou à Anamatra e Ajufe para, juntas, impetrarem mandado de segurança contra o ato normativo do CNJ. O *writ* recebeu o número 28.215, com liminar deferida pelo então Ministro Carlos Ayres Britto, salvaguardando os magistrados de justificar o motivo de foro íntimo – a decisão foi concedida aos 25/02/10, e o feito está pendente de julgamento conforme pode ser verificado em consulta ao sítio daquele sodalício; o Ministro Teori Albino Zavascki é o atual relator.

A nova redação não suscita dúvidas: o magistrado fica dispensado de esclarecer os motivos perante o órgão de corregedoria do tribunal a que estiver vinculado. A despeito de sua aparência de garantia funcional, o dispositivo é inconstitucional, dado que permite o exercício de um poder (escolha) sem *accountability*, vale dizer, sem controle/fiscalização, afrontando o art. 93, IX e X, da CF/1988 e espezinhando a garantia do juiz natural (autoriza uma troca não sindicável julgadores no processo). Não é o caso de refletir a possível transformação do parágrafo 1º em válvula de escape ao magistrado que não queira oficiar em determinado processo. Os argumentos são aduzidos sob o pálio da irrenunciabilidade de limites em todo exercício democrático de poder. No particular, inexiste limitação (apriorística) ou possibilidade de controle (posteriorística); tudo esbarra na desnecessidade da "prestação de contas".

Por fim, não vemos como as explicações perante a corregedoria, em procedimento sigiloso, possam violar a intimidade e a vida privada do magistrado (art. 5º, X, CF/1988).

4. Arguição de suspeição e boa-fé objetiva. O art. 5º do CPC/2015 determina que todo aquele que participa do processo deverá agir conforme a boa-fé. No ponto, não nos interessa a análise da boa-fé subjetiva (plano psíquico, intenção), senão a reflexão quanto à obrigatoriedade de determinados comportamentos, independentemente das intenções que lhe subjazem. Da boa-fé objetiva é possível extrair algumas regras de conduta; não iremos analisá-las em miúdos, senão focar na proibição ao *venire contra factum proprium*, objeto de nosso interesse no momento.

O *nemo potest venire contra factum proprium* significa a impossibilidade de comportamento contraditório; também pode ser interpretado como um dever de coerência caracterizado pela impossibilidade de alguém antagonizar seu comportamento anterior. O principal efeito dessa proibição é a inadmissibilidade da conduta posterior. (SCHREIBER, Anderson, *A proibição de comportamento contraditório: tutela da confiança e venire contra factum proprium*, 2. ed., Rio de Janeiro, Renovar, 2007, p. 162 e seguintes). As duas hipóteses descritas nos incisos do parágrafo 2º retiram seu fundamento da boa-fé objetiva, notadamente, da vedação à contradição de comportamentos – o Regimento Interno do STJ contempla dispositivo no mesmo sentido (art. 281).

Como visto, a primeira consequência do *nemo potest venire contra factum proprim* é a inibição do próprio comportamento ulterior, revelando um viés preventivo; contudo, é possível que a conduta não possa ser impedida (paralisada); e, aquilo que era um dano potencial, torna-se um dano efetivo. Nesse caso, não há como deixar de reconhecer um efeito secundário da proibição ao *venire*, consistente no dever de reparação pelo prejuízo causado. Nenhuma dessas colocações está distante do texto normativo do art.140, parágrafo 2º.

O parágrafo 2º se preocupou em inibir a prática do comportamento contraditório, asserindo a ilegitimidade da exceção de suspeição/impedimento nas condições que especifica, comportamento acintoso à boa-fé objetiva.

Entretanto, a análise do artigo seguinte (146) revela que a mera apresentação da exceção suspende o procedimento principal; outrossim, que o magistrado dito suspeito ou impedido não tem competência para realizar o juízo de admissibilidade do requerimento, o que somente acontecerá se, não reconhecendo a veracidade das afirmações que lhe são imputadas, encaminhar os autos do incidente ao tribunal, com ou sem sua defesa escrita – remetemos o leitor aos comentários do próximo artigo para facilitar a compreensão do tema.

Desta feita, além de a exceção não poder ser obstada no juízo de origem, seu oferecimento tem efeito suspensivo por força de lei, o que poderá causar prejuízo à contraparte na relação principal, sem negligenciar o dano marginal pela simples procrastinação do feito.

ARTIGO 146.

No prazo de 15 (quinze) dias, a contar do conhecimento do fato, a parte alegará o impedimento ou a suspeição, em petição específica dirigida ao juiz do processo, na qual indicará o fundamento da recusa, podendo instruí-la com documentos em que se fundar a alegação e com rol de testemunhas.

§ 1º Se reconhecer o impedimento ou a suspeição ao receber a petição, o juiz ordenará imediatamente a remessa dos autos a seu substituto legal, caso contrário, determinará a autuação em apartado da petição e, no prazo de 15 (quinze) dias, apresentará suas razões, acompanhadas de documentos e de rol de testemunhas, se houver, ordenando a remessa do incidente ao tribunal.

§ 2º Distribuído o incidente, o relator deverá declarar os seus efeitos, sendo que, se o incidente for recebido:

I – sem efeito suspensivo, o processo voltará a correr;

II – com efeito suspensivo, o processo permanecerá suspenso até o julgamento do incidente.

§ 3º Enquanto não for declarado o efeito em que é recebido o incidente ou quando este for recebido com efeito suspensivo, a tutela de urgência será requerida ao substituto legal.

§ 4º Verificando que a alegação de impedimento ou de suspeição é improcedente, o tribunal rejeitá-la-á.

§ 5º Acolhida a alegação, tratando-se de impedimento ou de manifesta suspeição, o tribunal condenará o juiz nas custas e remeterá os autos ao seu substituto legal, podendo o juiz recorrer da decisão.

§ 6º Reconhecido o impedimento ou a suspeição, o tribunal fixará o momento a partir do qual o juiz não poderia ter atuado.

§ 7º O tribunal decretará a nulidade dos atos do juiz, se praticados quando já presente o motivo de impedimento ou de suspeição.

CORRESPONDÊNCIA NO CPC/1973: *ART. 312.*

1. **Forma e processamento da exceção de suspeição/impedimento.** O CPC/2015 manteve a uniformidade procedimental para a alegação de suspeição e/ou impedimento. Nesse passo, manteve a exigência de petição autônoma com o devido articulado – assertiva que coteja a concentração das matérias de defesa (em sentido amplo) no bojo da contestação (arts. 337 e 343). Portanto, continua havendo a necessidade de instrumento específico para suscitar qualquer vício de parcialidade do magistrado ou de outros atores do processo (art. 148, §1º); endereçado ao juízo da causa; fundamentada e instruída com documentos e/ou indicação do rol de testemunhas.

A petição de exceção não poderá ser indeferida liminarmente. Todavia, o magistrado poderá reconhecer a procedência das afirmações, hipótese em que encaminhará os autos a seu substituto legal (§1º). Do contrário, o magistrado terá o prazo de 15 (quinze) dias para apresentar suas razões, instruídas de documentos e/ou rol de testemunhas – o juiz, suscitado é parte no incidente, possuindo capacidade postulatória para apresentar a própria defesa. Ato seguinte, o incidente será encaminhado ao tribunal à colheita dos depoimentos ou, não sendo o caso, ao imediato julgamento. Insistimos: o magistrado não tem competência ao juízo de admissibilidade do incidente, tampouco para enfrentar o seu mérito. A discordância aos argumentos da contraparte imputa-lhe o ônus de se defender e, ato contínuo, encaminhar os autos do incidente ao tribunal respectivo – quanto ao processamento perante o tribunal, ver item 3.

2. Prazo. O vício de parcialidade será suscitado em petição autônoma na primeira oportunidade em que o interessado puder-se manifestar nos autos – com a observância das condições descritas no item anterior. O legislador do CPC/2015 repetiu o prazo de 15 (quinze) dias, o qual coincide com o prazo à apresentação de defesa (art. 335) – supõe-se que essa também seja a primeira oportunidade que o réu terá para se manifestar e, ademais, que a causa de suspeição/impedimento seja preexistente. Todavia, é possível que motivo superveniente ocasione a suspeição ou impedimento, situação em que o mesmo lapso de 15 (quinze) dias será contado da ciência do fato que originou o vício – não é ocioso recordar a nova regra de contagem dos prazos (art. 219). Para todos os casos, o prazo não é preclusivo à alegação do impedimento, o qual, cediço, enseja o ajuizamento de ação rescisória (art. 966, II).

3. Poderes do relator e efeito suspensivo. O simples oferecimento do incidente susta o procedimento, obstando a prática de qualquer outro ato pelo magistrado cuja isenção tenha sido questionada (art. 313, III). O parágrafo 2º do art. 146 reforça essa interpretação, registrando que, ao receber o incidente (= juízo de admissibilidade), o relator tem o poder de confirmar o efeito suspensivo, situação em que o procedimento "permanecerá suspenso até o julgamento do incidente" (art. 146, §2º, II), ou, infirmá-lo (suprimir o efeito), quando o procedimento "voltará a correr" (art. 146, §2º, I). Adicionalmente, o texto do parágrafo 3º assevera que, enquanto o incidente não for encaminhado e distribuído ao relator, eventual pedido de tutela provisória será dirigido o substituto legal. O referido parágrafo subordina a competência do relator ao recebimento do incidente. Sucede que, por recebimento, no particular, deve-se entender o encaminhamento do incidente ao tribunal, sequer aguardando sua distribuição. Destarte, acreditamos que qualquer pedido de "tutela provisória" deva ser encaminhado ao tribunal e, se possível, ao relator sorteado ao incidente.

Ao colegiado compete o julgamento do incidente; se julgá-lo procedente, confirmando a presunção de parcialidade do magistrado, o suscitado será condenado nas custas (§5º) e, acaso não logre êxito em reverter o veredicto por meio de recurso, os autos serão remetidos ao seu substituto legal.

Os parágrafos 6º e 7º foram introduzidos pelo CPC/2015, reiterando a necessidade de fundamentação da decisão ao exigir seja fixado um momento em que o magistrado não deveria mais ter atuado no feito (§6º), e determinar quais atos serão alcançados pela pronúncia de nulidade (§7º) – ver o item 5 (adiante).

4. Arguição de suspeição/impedimento perante o tribunal. Nos tribunais, o STJ admite: (i) quanto ao relator, oferecimento da exceção de suspeição/impedimento por escrito, cujo prazo enceta da distribuição (motivo preexistente); (ii) no tocante ao revisor, o prazo tem início após a conclusão (motivo preexistente); (iii) quanto ao(s) vogal(is), a arguição será realizada oralmente pelo advogado, o que seria levantado por meio de questão de ordem, oportunidade que se abriria quando o julgador que se considera como suspeito/impedido inicie a prolação de seu voto – a nosso ver, seria suficiente ele começar a participar dos debates (STJ, REsp 1.052.180/MS); (iv) a arguição não poderá ocorrer após a proclamação do resultado, hipótese em que o direito a excepcionar já estaria precluído (STJ, AgRg no REsp 1.106.451/SC; AgRg no Ag n. 1.086.247/RJ; EDcl no REsp 1.315.464/MA). O entendimento da corte está consubstanciado no art. 274 do RISTJ, havendo preceito semelhante no RISTF (art. 277); os prazos podem variar conforme o regimento interno. Contudo, o raciocínio não se alteraria mesmo à arguição de impedimento, como também já decidiu a Segunda Turma do STJ (STJ, AgRg no REsp 1.106.451/SC).

Ultimando, registremos que não são necessários poderes especiais à objurgação da parcialidade (STJ, AgRg no Ag 851.750/PB; REsp 1.233.727/SP).

5. Sobre a (des)necessidade de prejuízo. No julgamento do REsp 1.052.180/MS, à unanimidade, a 3ª Turma do STJ reconheceu a demonstração de prejuízo pela participação de julgador suspeito, o que compôs a maioria apertada (10 x 9), dando provimento ao recurso para, nos termos do voto do Ministro João Otávio de Noronha, decretar a nulidade de seu voto e determinar que outro membro, observadas as disposições regimentais, proferisse voto em substituição. Com alusão abstrata (genérica) a precedentes do mesmo sodalício, o colegiado entendeu que a demonstração de prejuízo seria indispensável. Com temperamentos, mas o entendimento merece ser repudiado. O voto prolatado pelo magistrado suspeito/impedido não faz a diferença apenas por um critério matemático. Ora, não há como perquirir a influência que as convicções manifestadas pelo suspeito/impedido infundiram nos demais pares que lhe seguiram no voto. A melhor solução, portanto, seria a de invalidar o julgamento como um todo, e não apenas o voto, tal como entendeu o STJ.

Artigo 147.

Quando 2 (dois) ou mais juízes forem parentes, consanguíneos ou afins, em linha reta ou colateral, até o terceiro grau, inclusive, o primeiro que conhecer do processo impede que o outro nele atue, caso em que o segundo se escusará, remetendo os autos ao seu substituto legal.

CORRESPONDÊNCIA NO CPC/1973: *ART. 136.*

1. Hipótese específica de impedimento. Complementando o rol do art. 144, o art. 147 traz hipótese adicional de impedimento. Em seu antecessor (art. 136, CPC/1973), a incidência do comando limitava-se aos tribunais, negligenciando o não incomum vínculo de parentesco, consanguinidade ou afinidade, entre o juiz que conheceu do processo em primeiro grau e o desembargador ou ministro que o receba para julgamento de recurso. O alvitre também passou despercebido do art. 128 da Loman ("Nos Tribunais, não poderão ter assento na mesma Turma, Câmara ou Seção, cônjuges e parentes consanguíneos ou afins em linha reta, bem como em linha colateral até o terceiro grau. Parágrafo único. Nas sessões do Tribunal Pleno ou órgão que o substituir, onde houver, o primeiro dos membros mutuamente impedidos, que votar, excluirá a participação do outro no julgamento").

A nova regra tem duplo alcance: primeiro, impede que dois ou mais julgadores (parentes, consanguíneos ou afins, em linha reta ou colateral, até o terceiro grau), tomem assento no mesmo colegiado, haja vista estarem proibidos de atuar na mesma causa – o que não obsta que sejam integrantes do mesmo tribunal; em segundo, também é dotada da abrangência necessária para evitar que os magistrados com vínculo entre si, atuem sucessivamente, vale dizer, na condição de juiz e desembargador ou de desembargador e ministro etc. Na clareza da redação: "o primeiro que conhecer do processo impede que o outro nele atue", não importando a instância.

O STJ enfrentou tese similar em sede de recurso especial na seara penal, quando se discutiu o acerto da nulidade decretada na instância ordinária, então motivada pela atuação sucessiva de promotores de justiça cônjuges. Naquela ocasião, aplicando o preceito similar ao CPC/1973, mas do CPP, a Corte afastou a decretação de nulidade. (STJ, REsp 1413946/SC). Diante do novo preceito, entendemos que o entendimento fica superado.

ARTIGO 148.
Aplicam-se os motivos de impedimento e de suspeição:
I – ao membro do Ministério Público;
II – aos auxiliares da justiça;
III – aos demais sujeitos imparciais do processo.
§ 1º A parte interessada deverá arguir o impedimento ou a suspeição, em petição fundamentada e devidamente instruída, na primeira oportunidade em que lhe couber falar nos autos.
§ 2º O juiz mandará processar o incidente em separado e sem suspensão do processo, ouvindo o arguido no prazo de 15 (quinze) dias e facultando a produção de prova, quando necessária.
§ 3º Nos tribunais, a arguição a que se refere o § 1º será disciplinada pelo regimento interno.
§ 4º O disposto nos §§ 1º e 2º não se aplica à arguição de impedimento ou de suspeição de testemunha.
CORRESPONDÊNCIA NO CPC/1973: *ART. 138.*

1. Exigência de imparcialidade. o sistema processual exige a imparcialidade dos magistrados (juiz natural), dos membros do Ministério Público (promotor natural), mas também dos auxiliares da justiça e demais "sujeitos imparciais do processo". A eles também se aplicam os motivos de suspeição/impedimento.

No tocante ao Ministério Público, afere-se que o CPC/2015 acentuou o rigor sobre tema. Sob a égide do art. 138, I, CPC/1973, Celso Agrícola Barbi dizia: "Mas, quando ele agir como parte [MP], o aludido item I só o sujeita a suspeição e, ainda assim, nas hipóteses dos itens I a IV do art. 135, excluída a do item V." (BARBI, Celso Agrícola, *Comentários ao Código de Processo Civil*, t. II, Rio de Janeiro, Forense, 1975, p. 594). O item V mencionado pelo autor corresponde ao art. 145, IV. Sem levantar óbices, a doutrina recepcionava o dispositivo do CPC/1973 que somente estendia a exigência máxima de imparcialidade à atividade de *custos legis*. Obviamente, o regramento do CPC/1973 não pressupôs a virtualidade de o Ministério Público poder ser parte ou mesmo fiscal da lei em algumas causas (ex. Ação civil pública); outrossim, negligenciou os ditames do promotor natural. De resto, entendemos que mudança foi oportuna, dado que a atuação do MP deve ser consentânea à sua missão constitucional, o que não evoca qualquer outro interesse no resultado da causa.

A exigência de imparcialidade também abarca os auxiliares não contemplados na lei (por exemplo, profissional de audiodescrição). Problema que persiste, e que o legislador ignorou propositalmente, diz respeito aos assessores – ver nossos comentários ao art. 149.

As disposições não são aplicáveis aos assistentes técnicos. A doutrina não tergiversa sobre o tema (MARINONI, Luiz Guilherme; ARENHART, Sérgio Cruz, *Prova*, São Paulo, RT, 2009, p. 772), algo que, não raro, leva a um certo preconceito com os pareceres técnicos.

2. Forma e processamento do incidente de suspeição/impedimento. O CPC/2015 manteve a exigência de petição específica ao impedimento/suspeição; assertiva que tem em mira a concentração das matérias de defesa (em sentido amplo) no bojo da contestação (art. 337), o que abrange a incompetência relativa, a incorreção do valor da causa, a impugnação ao benefício da assistência judiciária gratuita e a reconvenção (art. 343). Continua havendo necessidade de instrumento específico para suscitar qualquer vício de parcialidade do magistrado ou de outros atores do processo (art. 148, §1º); a petição deverá ser fundamentada, instruída com documentos e indicação do rol de testemunhas. Não poderá ser indeferida liminarmente. Acaso não seja reconhecida a causa de suspeição/impedimento, o arguido terá o prazo de 15 (quinze) dias para se pronunciar, findo o qual o incidente será instruído e encaminhado para julgamento. O incidente não suspende o procedimento (art. 148, §2º). Não confundir este procedimento com a exceção de suspeição/impedimento do magistrado, cujos contornos são fixados pelo art. 146.

3. Prazo à exceção de suspeição/impedimento. Em regra, o vício de parcialidade deverá ser suscitado em petição específica – nas condições descritas no item anterior –, no prazo de 15 (quinze) dias, e na primeira oportunidade em que a pessoa tiver para falar nos autos. Neste caso, presumindo-se que a causa do vício seja preexistente. De toda sorte, o motivo da suspeição/impedimento poderá ser superveniente, hipótese em que o prazo será deflagrado da ciência da parte – valem as considerações realizadas anteriormente.

4. Contradita da testemunha: Quanto às testemunhas, não se fala em petição de exceção de suspeição/impedimento, senão em contradita. A contradita é oferecida pelo advogado, oralmente, na oportunidade da audiência à oitiva da testemunha, tão logo seja feita sua qualificação (art. 457, §1º) – lembrando que a própria testemunha será indagada quanto a possíveis causas de impedimento/suspeição. Para tanto, imediatamente após a qualificação da testemunha, bastará que o advogado peça a palavra – "pela ordem" (art. 7º, X, Lei 8.906/1994) –, apontando as devidas razões.

Caso a testemunha recuse a causa que lhe é imputada, formar-se-á um incidente. No incidente poderá haver uma fase à instrução probatória – inclusive, por meio de testemunhas –, sendo julgado por decisão interlocutória. Anote-se que a contradita é mais ampla que a exceção de suspeição/impedimento, pois também alcança as chamadas incapacidades (art. 447, §1º).

CAPÍTULO III – Dos Auxiliares da Justiça

Artigo 149.
São auxiliares da Justiça, além de outros cujas atribuições sejam determinadas pelas normas de organização judiciária, o escrivão, o chefe de secretaria, o oficial de justiça, o perito, o depositário, o administrador, o intérprete, o tradutor, o mediador, o conciliador judicial, o partidor, o distribuidor, o contabilista e o regulador de avarias.
CORRESPONDÊNCIA NO CPC/1973: *ART. 139.*

1. Auxiliares da justiça. O art. 149 ampliou o rol normativo de auxiliares da justiça existente ao tempo do CPC/1973, incluindo outros profissionais que não figuravam no rol anterior, mas que nem por isso perdiam a qualidade de "auxiliar". Nada obstante, o texto normativo continua sendo exemplificativo, na medida em que outros profissionais também poderão figurar no rol; figure-se o profissional de estenotipia e o de audiodescrição, sem esquecer a conhecida figura do assessor judicial, tratado adiante. A todos eles, no que couber, deverá ser aplicado o regramento constante deste capítulo.

2. Assessor judicial. Enquanto o CPC/2015 ainda estava em fase de gestação no Congresso, refletindo a disciplina dos auxiliares, Eduardo José da Fonseca Costa e Lúcio Delfino lamentavam o silêncio com no tocante aos assessores judiciais; para eles, a "figura mais representativa da justiça quantitativa hodierna". Conclamando o legislador à apreensão da realidade, Eduardo e Lúcio verberavam: "Geralmente, esses servidores coadjuvam os juízes na elaboração de minutas de decisões, na pesquisa de legislação, doutrina e jurisprudência e na preparação das agendas de julgamento. Todavia, não raro é possível deparar-se com eles em Juizados Especiais Cíveis praticando diretamente atos cuja execução é tradicionalmente esperada de magistrados (p. ex., presidência de audiências de conciliação). Isso tudo faz do assessor uma figura *polêmica*. Afinal de contas, a ele é dado redigir decisões sob a supervisão judicial, mas a ele não é dado ver a sua identidade, a sua imparcialidade e o seu nível de formação jurídica controlados pelos advogados e pelas partes. Aparece no processo quase que como um 'juiz sem rosto'". E continuavam, destacando a irredutibilidade do sistema diante daquilo que, a nosso ver, de ser compreendido como uma emergência científica: "De toda maneira, a assessoria judicial é uma realidade antiga e praticamente inapagável. Sem ela, hoje, o Poder Judiciário brasileiro fecharia as suas portas. Daí a necessidade *pragmática* de enfrentar-se essa realidade e de normatizá-la a fim de que excessos e abusos sejam evitados". (COSTA, Eduardo José da Fonseca; Delfino, Lúcio, "O assessor judicial", in FREIRE, Alexandre *et al.* (Org.). *Novas tendências do processo civil – estudos sobre o projeto de novo CPC*, Salvador, Jus-Podivm, 2013, p. 550). No ensejo, não nos esqueçamos do atendimento aos advogados, não raro efetuado por assessores sob a delegação do magistrado!

Sem quedar na crítica, os mencionados doutrinadores encaminharam proposta à sua disciplina, prontamente acatada pela Câmara dos Deputados. Instituindo uma seção específica – "Do Assessoramento Judicial" –, o projeto, na versão da Câmara, passou a apresentar os seguintes lineamentos no assunto: critérios mínimos de nomeação, as funções, os deveres e as incompatibilidades dos assessores. Infelizmente, a disciplina não subsistiu às deliberações perante o Senado.

De fato, não há *accountability* da parte dos assessores: as causas de impedimento e/ou suspeição dos magistrados não são aplicáveis a eles; não se sabe ao certo quais são seus deveres, malgrado o palco da vida denuncie suas variadas funções; inexistem critérios mínimos à sua escolha; em certa medida, são pessoas irresponsáveis.

Inexistem regras, pois o CPC/2015 sequer reconhece sua existência. Daí o silêncio eloquente do art. 159, persistindo o cenário do CPC/1973: assessores judiciais são figuras de duvidosa existência do ponto de vista normativo, a despeito da inquestionável presença na dimensão empírica. Inclusive, se considerarmos a realidade dos tribunais superiores e o crescente volume de decisões proferidas, teremos dois caminhos a seguir: (i) passaremos a crer em superpoderes dos ministros; (ii) haveremos de assumir que considerável fração das decisões é elaborada por assessores, os quais não emitem simples opiniões acatáveis ou não, sem que haja um efetivo controle/fiscalização dos togados.

SEÇÃO I – Do Escrivão, do Chefe de Secretaria e do Oficial de Justiça

Artigo 150.
Em cada juízo haverá um ou mais ofícios de justiça, cujas atribuições serão determinadas pelas normas de organização judiciária.
CORRESPONDÊNCIA NO CPC/1973: *ART. 140.*

1. Dos serventuários. Em sua redação antiga, o título da seção correspondente à presente estava intitulado em: "Dos serventuários e do oficial de justiça". Por "serventuários", entendiam-se o escrivão, o chefe de secretaria e o oficial de justiça. A nova redação não trouxe a expressão designativa de gênero, que nem por isso deixou de existir. Quem explica a origem do termo é Pontes de Miranda: "Serventuário era o que servia em lugar de outrem, que pode ser proprietário, ou, mesmo entidade estatal, a que de certo modo substituía, conforme alvarás e decretos de quatro séculos passados. De começo, só se pensava em substituição provisória; depois, foi que se chegou no século passado, a pensar-se em serventuário de justiça, até que se fez elemento essencial a ocupação do *cargo* administrativo do Poder Judiciário. Não se trata de ofício do juiz, de órgão judicial, posto que se empregue (por exemplo, no art. 140) a expressão 'ofícios de justiça'. Não julga, serve aos juízes, inclusive, por vezes, a dois ou mais (art. 251). À legislação de organização judiciária é que fica a discriminação. Também pode aumentar ou diminuir o âmbito das atribuições". (MIRANDA, Francisco Cavalcanti Pontes de, *Comentários ao Código de Processo Civil*, t. II, 2. ed., Rio de Janeiro, Forense, 1979, p. 565). Os serventuários integram a engrenagem do Judiciário; são indispensáveis ao bom funcionamento da justiça. Ladeando o magistrado no funcionamento regular do cartório, atividade judiciária e de gestão, quando possível, concorrem na elaboração e na efetivação dos atos jurisdicionais, até mesmo como extensão do braço estatal para fora do juízo (oficial de justiça).

2. Ofícios de justiça. O oficial de justiça não precisa ser vinculado a determinado juízo. O art. 150 repete a mesma orientação do dispositivo anterior. Cabe às leis de organização judiciária, atendida a proporcionalidade exigida no art. 151 e observadas as melhores práticas, determinar se haverá um ou mais ofícios e como serão realizadas a distribuição e a fiscalização da atividade dos oficiais. A previsão do art. 154, II, aludindo à execução das ordens emanadas do juiz ao qual estiver subordinado, não aponta para conclusão diversa.

Artigo 151.
Em cada comarca, seção ou subseção judiciária haverá, no mínimo, tantos oficiais de justiça quantos sejam os juízes.
CORRESPONDÊNCIA NO CPC/1973: *NÃO HÁ.*

1. Número proporcional de oficiais de justiça. A preocupação com um número proporcional de funcionários não é recente. Com a Reforma do Poder Judiciário, por exemplo, foi encartado o inciso XII ao art. 93 da CF/1988, impondo a observância de um número proporcional de juízes em cada unidade jurisdicional, isto é, compatível à demanda judicial e respectiva população; já a Emenda Constitucional 80/2014 introduziu preceito semelhante à Defensoria Pública, fixando o prazo de 8 (oito) anos para que o comando seja concretizado (art. 98, *caput* e §2º, ADCT).

Muito além de reformas na legislação, o Congresso acenou à necessidade de infraestrutura no Poder Judiciário, o que, indiscutivelmente, passa pelo número de auxiliares. O que mudou com o novo texto é a estipulação de um número mínimo de oficiais de justiça – um por juízo –, o que, nem por isso, significa vinculação a ele.

O legislador não se preocupou apenas com a extensão, mas também com a eficiência do braço jurisdicional para fora da sede do juízo, o que passa por um número proporcional de oficiais de justiça.

Note-se que o art. 151 é uma norma destituída de sanção; o legislador não instituiu o consequente jurídico (efeito) de sua inobservância. De nossa parte, entendemos que, futuramente, a ausência do número indicado poderá ser utilizado como argumento adicional à demonstração dos pressupostos à responsabilização do Estado por falha na atividade judiciária, consubstanciada na violação à razoável duração do processo.

Artigo 152.
Incumbe ao escrivão ou ao chefe de secretaria:
I – redigir, na forma legal, os ofícios, os mandados, as cartas precatórias e os demais atos que pertençam ao seu ofício;
II – efetivar as ordens judiciais, realizar citações e intimações, bem como praticar todos os demais atos que lhe forem atribuídos pelas normas de organização judiciária;
III – comparecer às audiências ou, não podendo fazê-lo, designar servidor para substituí-lo;
IV – manter sob sua guarda e responsabilidade os autos, não permitindo que saiam do cartório, exceto:
a) **quando tenham de seguir à conclusão do juiz;**
b) **com vista a procurador, à Defensoria Pública, ao Ministério Público ou à Fazenda Pública;**
c) **quando devam ser remetidos ao contabilista ou ao partidor;**
d) **quando forem remetidos a outro juízo em razão da modificação da competência;**
V – fornecer certidão de qualquer ato ou termo do processo, independentemente de despacho, observadas as disposições referentes ao segredo de justiça;

VI – praticar, de ofício, os atos meramente ordinatórios.

§ 1º O juiz titular editará ato a fim de regulamentar a atribuição prevista no inciso VI.

§ 2º No impedimento do escrivão ou chefe de secretaria, o juiz convocará substituto e, não o havendo, nomeará pessoa idônea para o ato.

CORRESPONDÊNCIA NO CPC/1973: *ART. 141.*

2. **Escrivão e Chefe de Secretaria.** De acordo com Pontes de Miranda, o escrivão seria o "elemento" mais importante para servir ao juízo, pois é o funcionário público imediato ao juiz; suas funções vão da dação de certidões, movimentação normal dos autos, os registros, às lavraturas de termos para conclusão dos autos e vistas, promoção das citações e intimações, elaborando os respectivos mandados, acompanhamento da audiência, preparando o termo respectivo, além de outras funções que o juiz determinar. Nada impede que a lei de organização judiciária atribua outras funções além daquelas descritas no CPC/2015, com a ressalva de que o escrivão não se pode imiscuir nas atribuições do oficial de justiça. Assim, no exemplo cogitado por Pontes, mesmo que compareça em cartório alguém que deva ser citado, ao escrivão não compete promover o ato citatório. (MIRANDA, Francisco Cavalcanti Pontes de, *Comentários ao Código de Processo Civil*, t. II, 2. ed., Rio de Janeiro, Forense, 1979, p. 565). Contudo, nada impede que seja certificado o comparecimento nos autos e consignado o endereço – ou local – que a pessoa porventura tenha informado e onde possa ser encontrada.

Artigo 153.

O escrivão ou o chefe de secretaria atenderá, preferencialmente, à ordem cronológica de recebimento para publicação e efetivação dos pronunciamentos judiciais (Redação dada pela Lei nº 13.256, de 4 de fevereiro de 2016).

§ 1º A lista de processos recebidos deverá ser disponibilizada, de forma permanente, para consulta pública.

§ 2º Estão excluídos da regra do *caput*:

I – os atos urgentes, assim reconhecidos pelo juiz no pronunciamento judicial a ser efetivado;

II – as preferências legais.

§ 3º Após elaboração de lista própria, respeitar-se-ão a ordem cronológica de recebimento entre os atos urgentes e as preferências legais.

§ 4º A parte que se considerar preterida na ordem cronológica poderá reclamar, nos próprios autos, ao juiz do processo, que requisitará informações ao servidor, a serem prestadas no prazo de 2 (dois) dias.

§ 5º Constatada a preterição, o juiz determinará o imediato cumprimento do ato e a instauração de processo administrativo disciplinar contra o servidor.

CORRESPONDÊNCIA NO CPC/1973: *NÃO HÁ.*

1. Ordem cronológica. O art. 153 complementa a regra consubstanciada no art. 12, desta feita, disciplinando a "ordem cronológica de conclusão" para julgamento dos processos. O art. 12, por si só, seria inócuo, na medida em que a ordem de conclusão poderia ser manipulada em secretaria, repercutindo na cronologia do julgamento. Daí a razão de ser do art. 153. Ambos estão comprometidos com o "impulso oficial", tratado no art. 2º do CPC/2015 (art. 262, CPC/1973).

A despeito das críticas, a instituição da ordem cronológica tem sobranceira importância. Além de prestigiar a lisura do serviço judiciário, conferindo transparência e impessoalidade à atividade do juízo, vela pela isonomia entre os jurisdicionados e poderá restaurar o impulso oficial do limbo em que se encontra. Inclusive, no futuro, sob o prisma da razoável duração, viabilizará a aferição do tempo médio de duração dos processos em cada instância e nas diferentes justiças – o que, por óbvio, não autoriza uma conclusão precipitada sobre estar demonstrado um possível respeito à razoável duração sempre que houver correspondência ao tempo médio em processos similares. (MARINONI, Luiz Guilherme, Abuso de defesa e parte incontroversa da demanda, 2. ed., São Paulo, RT, 2011, p. 31). Ainda quanto ao último aspecto, a ordem cronológica poderá transformar-se em instrumento à identificação de gargalos na atividade jurisdicional, propiciando o monitoramento da produtividade – que não em um apego fordista – em escala estadual, regional e nacional. Em consequência, instituindo um ambiente favorável à criação e desenvolvimento de soluções em nível gerencial.

2. Atos urgentes e preferências legais. Ao mesmo tempo em que instituiu a ordem cronológica de julgamento, o art. 12, §2º, contemplou um rol de exceções. Já quanto ao art. 153, apenas duas situações foram ressalvadas: (i) os atos urgentes, reconhecidos por decisão motivada; e (ii) as preferências legais. Por oportuno, impende salientar que as decisões interlocutórias e os acórdãos interlocutórios não ficam submetidos à regra constante do art. 12, de modo que também afastam a regra consubstanciada no art. 153. Em arremate, um ponto que desafia a ordem cronológica é a possibilidade de as partes e de o magistrado acordarem um "calendário processual", o qual retira fundamento do art. 191 do CPC/2015. Para Fredie Didier Jr., diante do acordo de procedimento haveria dois possíveis caminhos para evitar o antagonismo dentre as regras: primeiro, marcar audiência à prolação da sentença, o que se amolda à exceção do art. 12, §2º, I; ou, entender que a prolação de sentença não seria ato inserível no calendário processual, de modo que, a partir da conclusão ao julgamento, o procedimento até então calendarizado também teria de obedecer a fila. (DIDIER JR., Fredie, Curso de direito processual civil, v. 1, 17. ed., Salvador, JusPodivm, p. 151). Como se pode perceber, os caminhos se excluem mutuamente. No futuro, restará pensar uma maneira de se respeitar a isonomia, sem prejuízo de outros preceitos que enfeixam a prestação jurisdicional.

3. Preferencialmente. Da redação originária não constava o "preferencialmente" do *caput* do art. 153, tampouco do *caput* do art. 12. E nos referimos à redação originária, pois o CPC/15 foi alterado durante a *vacatio legis*.

Como fruto da grita de alguns operadores do direito, mormente da magistratura, foi sancionada a Lei nº 13.256, de 4 de fevereiro de 2016 que, dentre outras mudanças operadas no texto codificado, incluiu o advérbio na redação dos dois dispositivos que disciplinam a ordem cronológica. Em seu amparo, ergueram-se vozes no sentido de censurar a redação originária, pois representaria uma ingerência do legislativo no judiciário, já que o primeiro não poderia determinar como o segundo deve julgar. Sobre ser risível, a tese ignora tudo que foi exposto no item 1 dos comentários a este artigo e, ademais, o art. 37 da CF/1988.

Sem embargo, entendemos que o "preferencialmente" não altera o cenário originário. Não sendo possível (re)cair no vezo interpretativo da *mens legislatoris,* a referida alteração deve ser considerada inócua ou meramente redacional. Ao menos duas razões sustentam essa visão.

A primeira e mais elementar delas é a de que a ordem cronológica de julgamento não é absoluta, trazendo exceções no seu próprio corpo (art. 12, §2º; art. 153, §2º). Cabe ao magistrado, pois, em situação de urgência ou outra exceção estabelecida por lei, fundamentar o julgamento à margem da regra. Desde que a decisão seja fundamentada (art. 93, IX, CF/1988), estruturando-se em critérios objetivos e sindicáveis, cuida-se de situação acobertada pela lei.

Por outro lado, subjacente aos arts. 12 e 153 está a preocupação com a lisura, transparência e a impessoalidade na atividade do juízo; na isonomia dentre os jurisdicionados; na restauração do impulso oficial; e, ademais, na eficiência do serviço público em geral (art. 37 da CF/88). Não é possível compreender os arts. 12 e 153 fora dessas premissas, o que também desautoriza interpretação diversa.

Por todo o exposto, até que se prove o contrário, isto é, que a ordem cronológica contrasta com os preceitos constitucionais citados, deve-se entender que o advérbio "preferencialmente" apenas enaltece as exceções do elenco normativo. Ainda que não fosse assim, jamais seria possível avançar sem que outros critérios objetivos e sindicáveis sejam estabelecidos para guiar a atividade do juízo.

ARTIGO 154.
Incumbe ao oficial de justiça:
I – fazer pessoalmente citações, prisões, penhoras, arrestos e demais diligências próprias do seu ofício, sempre que possível na presença de 2 (duas) testemunhas, certificando no mandado o ocorrido, com menção ao lugar, ao dia e à hora;

II – executar as ordens do juiz a que estiver subordinado;

III – entregar o mandado em cartório após seu cumprimento;

IV – auxiliar o juiz na manutenção da ordem;

V – efetuar avaliações, quando for o caso;

VI – certificar, em mandado, proposta de autocomposição apresentada por qualquer das partes, na ocasião de realização de ato de comunicação que lhe couber.

Parágrafo único. Certificada a proposta de autocomposição prevista no inciso VI, o juiz ordenará a intimação da parte contrária para manifestar-se, no prazo de 5 (cinco) dias, sem prejuízo do andamento regular do processo, entendendo-se o silêncio como recusa.

CORRESPONDÊNCIA NO CPC/1973: *ART. 143.*

1. **Oficial de justiça.** De seu tempo, Celso Agrícola Barbi entendia que, depois do escrivão, o oficial de justiça era o auxiliar mais necessário ao juiz (BARBI, Celso Agrícola, *Comentários ao Código de Processo Civil*, t. II, Rio de Janeiro, Forense, 1975, p. 594). De nossa parte, não vemos como seja possível instituir graus de importância na figura dos auxiliares, o que passaria, inegavelmente, com o legislador assumindo sua parcela de responsabilidade para fixar os contornos jurídicos da figura dos assessores. Também chamado de meirinho, cabe ao oficial o exercício de funções que, preponderantemente, são externas ao juízo, operando como uma espécie de braço jurisdicional. Foi isso que o jurista mineiro pretendeu realçar.

2. **Atribuições do oficial de justiça.** As principais atribuições do oficial de justiça estão descritas no art. 154, consistindo na comunicação (intimação, citação) e constrição (arresto, sequestro, etc.), malgrado também detenha funções de certificação e de polícia. (MITIDIERO, Daniel Francisco, *Comentários ao Código de Processo Civil*, t. I, São Paulo, Memória Jurídica, 2004, p. 589), as quais a reforma da legislação em 2006 acrescentou a função de avaliação, exceto quando conhecimentos especializados forem imprescindíveis (art. 870, parágrafo único).

O rol do art. 154 é exemplificativo, como aliás, anuncia a expressão "demais diligências próprias de seu ofício" constante do inciso I, não trazendo menção expressa a outras atribuições típicas, como é o caso do sequestro, a busca e apreensão (de pessoas ou coisas), proceder ao arrolamento e arrecadação de bens e o arrombamento (art. 846).

Em matéria de inovação, foi suprimida a presença do oficial em audiência, alinhando a legislação com a realidade, tirante a obrigatoriedade de sua participação no procedimento do júri. Sem embargo, nada impede que o magistrado requisite sua presença com fulcro no inciso IV. Já o inciso VI alargou a função certificadora, fazendo que o oficial de justiça seja um partícipe do dever do Estado de encontrar a melhor solução ao conflito (art. 3º, §3º) – analisaremos o dispositivo em tópico específico.

No mais, o oficial tem o dever de cumprir todas as ordens com exatidão, quer sejam dadas direta ou indiretamente (por meio do escrivão), bem como respeitar os prazos fixados pelas Leis de Organização Judiciária.

É importante registrar a mitigação da territorialidade já existente ao tempo do CPC/1973, após o primeiro ciclo de reformas do Código Buzaid (art. 230), e que ora é reforçada e estendida pelo art. 255. O CPC/2015 ampliou o leque de atos praticáveis por oficiais de justiça em comarcas contíguas ou na mesma região metropolitana aos atos executivos, conforme se pode verificar, igualmente, do art. 782, §1º. Conquanto seja incomum do ponto de vista prático, o texto flexibiliza a exigência de carta precatória.

3. Oficial de justiça e fé pública. Dentro das raias de suas atribuições, o oficial de justiça goza de fé pública, o que é inerente à presunção de legalidade dos atos administrativos. Logo, quando o oficial consigna o comparecimento ao endereço indicado no mandado aos tantos dias e horas do mês tal, deixando de citar o réu (cumprimento negativo), uma vez que não pode ser encontrado no endereço constante do mandado, essas informações estão acobertadas por uma presunção relativa de veracidade. Conseguintemente, acaso a certidão seja questionada no futuro, caberá ao interessado provar que seu conteúdo não é fidedigno – as presunções relativas invertem a carga probatória quanto aos enunciados presumidos; o ônus da prova será de quem alega/questiona a veracidade das informações acobertadas pela presunção.

O CPC/2015 manteve a recomendação da realização das diligências em presença de 2 (duas) testemunhas, colhendo-se a assinatura de ambas no próprio mandado. Semelhante preceito existiu ao tempo do CPC/1973 (art. 143, I,) e do CPC/1939 (art. 126, parágrafo único). No alerta de Pontes de Miranda, trata-se de garantia das partes e, igualmente, do próprio oficial de justiça. (MIRANDA, Francisco Cavalcanti Pontes de, *Comentários ao Código de Processo Civil*, t. II, Rio de Janeiro, Forense, 1958, p. 260). Consequentemente, caso o ato não seja praticado sob a circunstância recomendada, o oficial de justiça deverá justificar a impossibilidade de fazê-lo.

Todavia, a ausência de testemunhas ou a recusa da parte em assinar a segunda via do mandado não compromete a existência, validade, tampouco a eficácia do ato. Nesse sentido, confira-se o seguinte julgado, da lavra do então Min. Sálvio de Figueiredo Teixeira, cuja ementa ora é reproduzida: "PROCESSO CIVIL. CITAÇÃO. CERTIDÃO DO OFICIAL DE JUSTIÇA. RECUSA DO RÉU EM APOR NOTA DE CIÊNCIA. FÉ PÚBLICA. AUSÊNCIA DE INDICAÇÃO DE TESTEMUNHAS. ARTS. 143, I, 226, II, CPC. NULIDADE INEXISTENTE. PRECEDENTES. DOUTRINA. RECURSO PROVIDO. I – A recusa do réu em apor o ciente no mandado de citação não exige necessariamente a indicação de testemunhas presentes ao ato, devendo o juiz, para seu convencimento, orientar-se também por outras circunstâncias para, se for o caso, decretar a nulidade do ato. II – A só ausência das testemunhas presentes ao ato, sem a indicação de outras circunstâncias que afastem a veracidade da certidão do oficial de justiça, não inquina de nulidade a citação nem desconstitui a presunção *juris tantum* que reveste a fé pública desses serventuários.". (STJ, REsp 345.658/AM,)

À vista do art. 846, §2º, as testemunhas presenciais são imprescindíveis ao arrombamento – o art. 536, §2º, repete a exigência no tocante ao cumprimento de obrigação de fazer/não, especificamente, quando houver a necessidade de busca e apreensão de pessoas e coisas.

4. Certificação da proposta de autocomposição. A função certificadora do oficial foi ampliada pelo art. 154, IV. Nesse passo, o oficial também ficaria responsável em, no próprio mandado (verso), certificar a eventual proposta de autocomposição.

Supõe-se, na espécie, que o réu será citado por oficial de justiça quando o autor declinar seu interesse na realização da audiência do art. 334 em sua petição inicial (art. 319, VII); supõe-se, assim parece, pois a regra é que a citação seja feita pela via postal (arts. 246/247) ou por meio eletrônico. Mas o legislador não restringiu à citação.

Com o cuidado para não se imiscuir nas atribuições de um conciliador/mediador – outrossim, com a cautela para não desrespeitar os preceitos estabelecidos no art. 166, *caput*, do CPC –, compete ao oficial de justiça tão somente certificar o interesse de qualquer das partes na autocomposição

Artigo 155.
O escrivão, o chefe de secretaria e o oficial de justiça são responsáveis, civil e regressivamente, quando:
I – sem justo motivo, se recusarem a cumprir no prazo os atos impostos pela lei ou pelo juiz a que estão subordinados;
II – praticarem ato nulo com dolo ou culpa.
CORRESPONDÊNCIA NO CPC/1973: *ART. 144.*

1. Responsabilidade disciplinar. A responsabilidade pessoal dos serventuários passa pela instauração de processo administrativo conforme determinação do art. 233, §1º, oportunidade em que o serventuário poderá exercitar o contraditório e a ampla defesa.

O art. 155 manteve as causas de responsabilidade descritas no CPC/1973 (art. 144). A responsabilidade pessoal terá ensejo pelo atraso ou descumprimento injustificado de atos impostos por lei ou pelo magistrado. O descumprimento deve ser injustificado; o serventuário não será responsabilizado se, por exemplo, a ordem era manifestamente ilegal.

Para efeito de ato nulo, considerar-se-á aquele "praticado em desacordo com a lei, ficou sem valor, como, *v. g.*, uma penhora realizada com arrombamento de casa e de móveis sem ordem do juiz por um só oficial de Justiça, sem a presença de testemunhas, como exigem os arts. 660 e 661" (BARBI, Celso Agrícola, *Comentários ao Código de Pro-*

cesso Civil, t. II, Rio de Janeiro, Forense, 1975, p. 598). Também se consideram como "ato nulo" a certificação inverídica mediante recebimento de vantagem ilícita (por exemplo, o réu não foi localizado no endereço indicado no mandado); e a não realização de penhora desamparada de uma relação pormenorizada dos bens móveis existentes no local. Em todos os casos, dispensa-se o dolo para fins de responsabilização pessoal.

Já a demonstração do prejuízo (dano), é necessária àquele que promover a demanda indenizatória em desfavor do Estado.

As situações descritas no art. 155 também são ilustrativas da responsabilidade por falha na atividade judiciária, da qual tratamos nos comentários ao art. 143 e para o qual remetemos o leitor. Por ora, registremos apenas que o sujeito prejudicado demandará contra o Estado (art. 37, §6º, CF/1988), ao qual se reconhece o direito de regresso a ser exercitado em demanda específica.

SEÇÃO II – Do Perito

ARTIGO 156.

O juiz será assistido por perito quando a prova do fato depender de conhecimento técnico ou científico.

§ 1º Os peritos serão nomeados entre os profissionais legalmente habilitados e os órgãos técnicos ou científicos devidamente inscritos em cadastro mantido pelo tribunal ao qual o juiz está vinculado.

§ 2º Para formação do cadastro, os tribunais devem realizar consulta pública, por meio de divulgação na rede mundial de computadores ou em jornais de grande circulação, além de consulta direta a universidades, a conselhos de classe, ao Ministério Público, à Defensoria Pública e à Ordem dos Advogados do Brasil, para a indicação de profissionais ou de órgãos técnicos interessados.

§ 3º Os tribunais realizarão avaliações e reavaliações periódicas para manutenção do cadastro, considerando a formação profissional, a atualização do conhecimento e a experiência dos peritos interessados.

§ 4º Para verificação de eventual impedimento ou motivo de suspeição, nos termos dos arts. 148 e 467, o órgão técnico ou científico nomeado para realização da perícia informará ao juiz os nomes e os dados de qualificação dos profissionais que participarão da atividade.

§ 5º Na localidade onde não houver inscrito no cadastro disponibilizado pelo tribunal, a nomeação do perito é de livre escolha pelo juiz e deverá recair sobre profissional ou órgão técnico ou científico comprovadamente detentor do conhecimento necessário à realização da perícia.

CORRESPONDÊNCIA NO CPC/1973: *ART. 145.*

1. O perito. O perito é o profissional com formação técnica e/ou científica em área do saber diversa do homem médio ou comum, cujos conhecimentos são indispensáveis à apreensão e/ou compreensão de enunciados de fato do processo, malgrado a ausência de formação específica possa ser compensada pela experiência. Conforme as lições de Moacyr Amaral Santos, o vocábulo perito advém de *peritus*, designativo latino formado do verbo *perior*, significando "experimentar ou saber por experiência", com função de *perito percipiente* ou *perito deducente*. No primeiro caso, percebendo os fatos para levá-los ao conhecimento do juízo, e no segundo, a fim de apurar causas ou consequências, relatando os fatos e oferecendo suas conclusões, parecer, conselho ou advertência. (SANTOS, Moacyr Amaral, *Prova judiciária no cível e comercial*, v. 5, 3. ed., São Paulo, Max Limonad, 1968, p. 43).

O experto – expressão de origem francesa, *expert* – subsidia o juízo com informações de índole profissional, que não estritamente jurídicas, sendo irrelevante que o magistrado possua formação complementar ou experiência naquela mesma área de conhecimento da perícia – é irrelevante, pois o magistrado ostenta a condição de julgador, e não de experto.

Usualmente, o labor do perito fica consubstanciado em um laudo pericial; nele o experto formulará suas impressões profissionais, responderá às indagações formuladas pelas partes e, eventualmente, pelo magistrado. Mas isso não encerra sua contribuição no processo. Após o depósito do laudo, o experto poderá ser intimado para esclarecer dúvidas e/ou divergências no prazo de 15 (quinze) dias (art. 477, §2º). Por último, nada impede que seja instado a comparecer em juízo e responder a quesitos suplementares (art. 477, §3º).

2. Quem pode ser perito. Ao lado das considerações acima, exige-se que o perito seja nomeado entre os profissionais "legalmente habilitados e os órgãos técnicos ou científicos devidamente inscritos em cadastro mantido pelo tribunal ao qual o juiz esteja vinculado" (§1º); salvo quando não houver, na localidade, profissional inscrito no cadastro mantido pelo tribunal, hipótese em que o perito será de livre escolha do juiz. No último caso, a escolha recairá sobre profissional ou órgão oficial especializado que ostente o conhecimento necessário ao mister (a exemplo do Instituto de Criminalística e do Instituto Médico Legal). De logo se percebe que a escolha não é tão "livre" quanto pareça, pois o universo de pessoas qualificadas pode ser bastante reduzido; é possível, por exemplo, que a perícia deva ser realizada por alguém do meio acadêmico, quando deverá ser indicado profissional com formação específica.

Não se olvide a possibilidade de as partes elegerem o perito por meio da celebração de negócio processual – vide comentários adiante.

Tirante a qualificação técnica, é salutar que o profissional possua idoneidade moral. Não pode funcionar como perito quem for suspeito ou impedido; as partes têm direito a um perito imparcial (MARINONI, Luiz Guilherme; ARENHART, Sérgio Cruz, *Prova*, São Paulo, RT, 2009, p. 772).

3. Cadastro de peritos. Sobre ser habilitado legalmente, o perito também precisará figurar no rol de profissionais mantido em cadastro pelo respectivo tribunal. A manutenção de um cadastro atualizado é uma inovação do CPC/2015; à sua formação, haverá a ampla participação da sociedade por meio dos órgãos relacionados no parágrafo 2º; o cadastro que será constantemente atualizado. A medida é oportuna, na medida em que dá confiabilidade e segurança à escolha do perito. Primeiro, por considerar a experiência acumulada, bem assim a reciclagem profissional. Em segundo, porque somente constarão do cadastro, profissionais compromissados com seu mister (art. 158).

4. Imparcialidade do perito. As mesmas causas de impedimento e/ou suspeição do magistrado são utilizadas como critério à determinação de parcialidade de outros profissionais, tal como o perito. À aferição de possíveis causas de impedimento ou suspeição, haverá diferentes caminhos: (i) consulta do cadastro pelas partes e magistrado; (ii) por hipótese de não haver perito cadastrado na respectiva localidade, prestação das informações pelo órgão técnico ou científico que for nomeado, o qual deverá ser instado a tanto no próprio ofício; (iii) por último, uma vez nomeado, nenhuma das situações acima exime o próprio perito do dever de informar o juízo sobre a ocorrência de suspeição ou impedimento; neste caso, o experto apresentará sua escusa com base no art. 157, §1º, no prazo de 15 (quinze) dias. Lembrando que o STJ tem entendimento firme quanto à taxatividade do rol de causas de impedimento/suspeição. Assim, a Corte já decidiu que a existência de manifestações formais do perito favoráveis a uma das partes, em feitos judiciais assemelhados, não ensejaria vício de parcialidade. (STJ, AgRg no REsp 583.081/PR).

Artigo 157.

O perito tem o dever de cumprir o ofício no prazo que lhe designar o juiz, empregando toda sua diligência, podendo escusar-se do encargo alegando motivo legítimo.

§ 1º A escusa será apresentada no prazo de 15 (quinze) dias, contado da intimação, da suspeição ou do impedimento supervenientes, sob pena de renúncia ao direito a alegá-la.

§ 2º Será organizada lista de peritos na vara ou na secretaria, com disponibilização dos documentos exigidos para habilitação à consulta de interessados, para que a nomeação seja distribuída de modo equitativo, observadas a capacidade técnica e a área de conhecimento.

CORRESPONDÊNCIA NO CPC/1973: *ART. 146.*

1. Prazo à realização da perícia. Como sói, o legislador não fixou prazo à elaboração do laudo pericial, o que depende das circunstâncias do caso concreto; o art. 477 apenas estabelece que o laudo deverá ser depositado com antecedência mínima de 20 (vinte) dias da audiência de instrução e julgamento. Cabe ao magistrado, pois, estipular o prazo em atenção às peculiaridades do caso, a amplitude e complexidade da perícia, necessidade de diligências *in loco*, etc. Inclusive, nada impede que, uma vez nomeado, o perito justifique a necessidade de majoração do prazo, o que assume o caráter de simples sugestão. Tudo isso sem ignorar a possibilidade de prorrogação do prazo à entrega do laudo nos termos do art. 476.

2. Causas de escusa do perito: O CPC/2015 menciona as principais hipóteses de escusa no art. 467, malgrado as incompatibilidades por impedimento e/ou suspeição não esgotem o tema. A legislação fala em "motivo legítimo", no que se compreendem o excesso de serviço (acúmulo de perícias); qualquer motivo de saúde; e a própria inabilitação do perito sobre o assunto (falta de conhecimento) – hipótese de escusa também aventada pela doutrina. (SANTOS, Moacyr Amaral, *Prova judiciária no cível e comercial*, v. 5, 3. ed., São Paulo, Max Limonad, 1968, p. 43); bem assim, qualquer outra causa agrupável sob o rótulo de "motivo legítimo".

Os motivos à escusa serão submetidos à apreciação do juízo – art. 467, parágrafo único –, mediante requerimento escrito voltado à dispensa do serviço. É direito do experto ver seu requerimento apreciado de forma motivada; a nosso ver, inclusive, a decisão poderá ser impugnada por ele. Por oportuno, Marinoni e Arenhart apresentam dois bons argumentos em prol do acolhimento da escusa: primeiro, à vista da disponibilidade de outros especialistas; segundo, porque compelir o perito a realizar a perícia redundaria em um laudo mal feito e, talvez, indigno de confiança. Entretanto, os doutrinadores não deixam de consignar a possibilidade de o magistrado ordenar a realização da perícia, valendo-se, inclusive, da advertência quanto à prática de ato atentatório à dignidade da justiça. (MARINONI, Luiz Guilherme; ARENHART, Sérgio Cruz, *Prova*, São Paulo, RT, 2009, p. 374).

3. Prazo à apresentação da escusa. O prazo foi ampliado de 5 (cinco) para 15 (quinze) dias – repisando que o prazo é contado em dias úteis. O prazo será deflagrado pela ciência da nomeação ou pelo conhecimento da causa superveniente. Quanto à última situação, não devemos restringir o direito de escusa ao impedimento ou suspeição que sobrevieram; forçoso reconhecê-lo para qualquer outra hipótese enquadrável no "motivo legítimo".

A não apresentação de escusa implica renúncia ao direito de alegá-la, o que gera uma situação um tanto quanto esdrúxula, mas "tolerada", no tocante à possibilidade de a perícia ser realizada por experto impedido ou suspeito. Conquanto exista um direito do perito em se escusar, as causas de parcialidade o obrigam a fazê-lo. Diante do texto legal, como proceder se o perito silenciar e o magistrado não tomar conhecimento pela provocação de qualquer das partes? Admitiremos a regularidade de perícia realizada por quem carecia de idoneidade moral?

De seu tempo, Celso Agrícola Barbi criticava o parágrafo único do art. 146, ao instituir um prazo à escusa do perito. E dizia: "O parágrafo é criticável, também, por considerar o prazo de cinco dias como de renúncia presumida ao direito de escusa. Se realmente ocorrer caso de impedimento previsto nos artigos 134 e 138, item III, é excessivo constranger o perito a funcionar na causa, sujeitando-o às acusações de parcialidade, injúrias etc., apenas porque deixou se escoar o prazo de cinco dias". E continuava advertindo que a severidade da norma deveria ser amenizada pelo prudente critério do juiz. (BARBI, Celso Agrícola, *Comentários ao Código de Processo Civil*, t. II, Rio de Janeiro, Forense, 1975, p. 603).

No ponto, referendamos a solução alvitrada por Fredie Didier Jr., Paula Sarno Braga e Rafael Oliveira, os quais sugerem dois caminhos: (i) que se admita a escusa tardia, não se admitindo que o perito impedido atue nos autos (lembrando que o impedimento é hipótese de presunção absoluta da parcialidade); ou (ii) tomando conhecimento da causa de parcialidade, determina a realização de uma segunda perícia, considerando a primeira com parcimônia (DIDIER JR., Fredie; BRAGA, Paula Sarna; Oliveira, Rafael, *Curso de direito processual civil*, v. 2, 10. ed., Salvador, JusPodivm, p. 272).

4. Recusa do perito. A recusa do perito não se confunde com escusa apresentada pelo experto; são as partes que manifestam a recusa, por meio de petição fundamentada (art. 148, §1º), dentro do prazo de 15 (quinze) dias contados da ciência do fato que originou a incompatibilidade. É possível que o requerimento apresentado por qualquer das partes forme um incidente, o que acontecerá quando o experto não reconhecer a condição que lhe foi imputada. Instaurando-se o incidente, deve-se respeitar o contraditório do perito, oportunizar a instrução probatória e, ao fim, julgar-se por meio de decisão interlocutória. Tudo isso sem que haja a suspensão do procedimento principal, muito embora a essencialidade da prova pericial postergue o julgamento de mérito.

5. Negócio processual à escolha de perito. O art. 190 do CPC/2015 traz cláusula geral à celebração de negócios processuais. De início, é importante registrar que os negócios processuais não constituem uma novidade encartada pelo CPC/2015; é preciso desmistificar a matéria antes de avançar. Figuremos alguns exemplos de negócios previstos pelo CPC/1973: cláusula de eleição de foro; suspensão do procedimento; convenção sobre o ônus da prova; renúncia ao prazo recursal, etc. O que muda com a entrada em vigor do CPC/2015 é a permissão à celebração de negócios processuais atípicos; o legislador facultou às partes celebrar negócios além daqueles já especificados em seu texto. Sem embargo, também é preciso anotar que o legislador do CPC/2015 ampliou o rol dos negócios típicos, de que são exemplos, entre outros: eleição de conciliador ou mediador (art. 168); calendarização processual (art. 191); fixação consensual dos pontos controvertidos (art. 357, §2º); eleição do perito (art. 471). É o último que nos interessa.

O art. 471 estabelece que as partes, desde que plenamente capazes e que a matéria seja apta à resolução por autocomposição, consensualmente, elejam um perito; para todos os efeitos, o negócio à escolha do perito substitui a indicação pelo magistrado (art. 471, §3º).

A opção legislativa pode causar estranheza: por que as partes escolheriam o perito? Há alguma vantagem nisso? Haveria um cerceamento indevido da atividade jurisdicional? A escolha deverá recair sobre perito cadastrado pelo tribunal? Não vamos perguntar sobre os limites, pois eles já estão preestabelecidos nos incisos do art. 471. Conquanto aparentem pertinência, as duas primeiras indagações são inquietações do espírito, e nada mais; reflexões que conduziriam a debates que redundam em política legislativa – discussão que não pode ser travada neste momento. As duas últimas, todavia, reclamam a nossa rápida atenção.

A primeira resposta passa pela distinção entre imparcialidade e impartialidade. Pelos motivos que expusemos em outra oportunidade, entendemos que inexiste cerceamento da atividade jurisdicional (ver item 2 dos comentários ao art. 144).

Por último, em um rápido paralelo, ao referir-se à escolha do facilitador (mediador/conciliador), o art. 168, §1º é claro ao permitir que a seleção recaia sobre profissional não cadastrado. Duas interpretações se afiguram possíveis: (i) entender que o mesmo raciocínio é aplicável, por analogia, aos peritos; (ii) defender que não há regra autorizando a escolha fora do cadastro para os expertos. De nossa parte, ficamos com a primeira, pois não vislumbramos critério legítimo de discriminação.

Artigo 158.

O perito que, por dolo ou culpa, prestar informações inverídicas responderá pelos prejuízos que causar à parte e ficará inabilitado para atuar em outras perícias no prazo de 2 (dois) a 5 (cinco) anos, independentemente das demais sanções previstas em lei, devendo o juiz comunicar o fato ao respectivo órgão de classe para adoção das medidas que entender cabíveis.

CORRESPONDÊNCIA NO CPC/1973: *ART. 147.*

O perito que, por dolo ou culpa, prestar informações inverídicas, responderá pelos prejuízos que causar à parte, ficará inabilitado, por 2 (dois) anos, a funcionar em outras perícias e incorrerá na sanção que a lei penal estabelecer.

1. Inabilitação do perito. Como vimos nos comentários ao art. 156, a perícia será determinada quando houver a necessidade de informações que transcendem o conhecimento comum. Essas informações serão prestadas em termos "objetivos, independentes e imparciais" (TARUFFO, Michele, *A prova*, São Paulo, Marcial Pons, 2014, p. 91), como sói ocorrer nos sistemas de *civil law*. Sendo certo que o magistrado não assume uma condição passiva diante da prova pericial – afirma-se que o juiz é o "perito da própria perícia" (*iudex peritus peritorum*), art. 479, CPC/2015 –, tampouco é equivocado falar que a superação das conclusões periciais exige um ônus argumentativo mais intenso, pois o magistrado não transita pela área do conhecimento dominada pelo experto. Eventualmente, somente será possível superar uma perícia por um parecer técnico ou uma segunda perícia.

Pelas razões encimadas, a prestação de informações inverídicas configura desvio ético grave, ensejando a inabilitação do profissional pelo prazo de 2 (dois) a 5 (cinco) anos – o que poderá ser levado a cabo por sua exclusão do cadastro ou por sua inclusão em alguma lista reservada de restrição (acaso seja criada) –, sem prejuízo de outras sanções cabíveis perante o órgão de classe e de sua responsabilidade criminal (art. 342, CP). A inabilitação será decretada na própria sentença, da qual o perito tem legitimidade para recorrer na condição de terceiro prejudicado. (MARINONI, Luiz Guilherme; MITIDIERO, Daniel Francisco, *Comentários ao Código de Processo Civil*, 2; ed., São Paulo, RT, 2010, p. 188). É importante registrar que o desvio ético ocorre pela prestação de informações falsas, independentemente do laudo ser acolhido ou rejeitado em juízo; o desfecho do processo é irrelevante à responsabilização do profissional.

SEÇÃO III – Do Depositário e do Administrador

ARTIGO 159.

A guarda e a conservação de bens penhorados, arrestados, sequestrados ou arrecadados serão confiadas a depositário ou a administrador, não dispondo a lei de outro modo.

CORRESPONDÊNCIA NO CPC/1973: *ART. 148.*

1. Depositário, administrador e prepostos. O depositário é o responsável pela guarda e conservação de bens, sempre que houver a prática de atos constritivos. O depositário poderá ser um terceiro, quando houver a retirada da posse de quem os exercia (hipótese em que a posse será fracionada), ou mesmo a própria parte, malgrado o encargo também possa ser atribuído a um administrador. Quando não houver risco à conservação ou alienação dos bens, confiar-se-á a guarda ao próprio possuidor, o que normalmente sucede quanto aos imóveis.

Não é o ocioso recordar que o encargo poderá ser recusado (Enunciado 319/STJ); outrossim, que o depositário/administrador são legitimados a requerer a alienação dos bens (art. 730), nas situações indicadas em lei.

Por fim, a depender da complexidade da função, é lícita a indicação de prepostos em auxílio ao depositário ou ao administrador – mencionados no art. 160, parágrafo único.

ARTIGO 160.

Por seu trabalho o depositário ou o administrador perceberá remuneração que o juiz fixará levando em conta a situação dos bens, ao tempo do serviço e às dificuldades de sua execução.

Parágrafo único. O juiz poderá nomear um ou mais prepostos por indicação do depositário ou do administrador.
CORRESPONDÊNCIA NO CPC/1973: *ART. 149.*

1. Remuneração do depositário. Quando o encargo de depositário recai sobre a própria parte, não haverá a necessidade de remuneração; não lhe sendo atribuído encargo adicional, não faz jus à contraprestação financeira. O mesmo raciocínio é aplicável quando, excepcionalmente, o depósito é assumido pelo próprio credor. A relação de trabalho somente se configura quando o depositário for pessoa estranha à lide, devendo ser remunerado por seu ofício. Mas não só. Também deverá ser indenizado pelos valores que porventura tenha despendido à garantia de incolumidade da coisa, conforme sinalizado na parte final do *caput* do art. 161. Do direito à remuneração e ao ressarcimento pelas despesas originadas do depósito, inadimplidos, surge o direito à retenção (art. 643/644, CC/2002), sem negligenciar o disposto no art. 538, §§1º e 2º, os quais limitam o exercício desse direito.

No mais, o art. 160, praticamente, reproduz a redação de seu antecessor.

Artigo 161.
O depositário ou o administrador responde pelos prejuízos que, por dolo ou culpa, causar à parte, perdendo a remuneração que lhe foi arbitrada, mas tem o direito a haver o que legitimamente despendeu no exercício do encargo.
Parágrafo único. O depositário infiel responde civilmente pelos prejuízos causados, sem prejuízo de sua responsabilidade penal e da imposição de sanção por ato atentatório à dignidade da justiça.
CORRESPONDÊNCIA NO CPC/1973: *ART. 150.*

1. Responsabilidade. O comportamento culposo ou doloso do depositário/administrador conduz à perda de seu direito à remuneração, sem prejuízo de sua responsabilidade civil pelos prejuízos causados, a qual deverá ser buscada em ação autônoma. Todavia, remanesce o direito a ser indenizado pelas despesas com o encargo.

Do ponto de vista civil, em virtude do entendimento consolidado do STF, consubstanciado em enunciado de súmula vinculante (nº 25), não se cogita da prisão civil do depositário infiel. Mas a impossibilidade de prisão por dívida, como visto, não afasta sua responsabilidade civil, tampouco seu sancionamento pelo ato atentatório à dignidade da justiça. Outrossim, também não inibe a responsabilização penal e a prisão por fundamento diverso da dívida.

SEÇÃO IV – Do Intérprete e do Tradutor

Artigo 162.
O juiz nomeará intérprete ou tradutor quando necessário para:
I – traduzir documento redigido em língua estrangeira;
II – verter para o português as declarações das partes e das testemunhas que não conhecerem o idioma nacional;
III – realizar a interpretação simultânea dos depoimentos das partes e testemunhas com deficiência auditiva que se comuniquem por meio da Língua Brasileira de Sinais, ou equivalente, quando assim for solicitado.
CORRESPONDÊNCIA NO CPC/1973: *ART. 151.*

1. **Tradução de documento redigido em língua estrangeira.** Em regra, os documentos em língua estrangeira precisam ser vertidos ao nosso vernáculo (art. 192), para que sejam admitidos no processo. De toda sorte, se a ausência de tradução não comprometer a compreensão do documento, fica dispensada sua ocorrência. É o entendimento da jurisprudência. (STJ, REsp 924.992/PR).

2. **Igualdade de condições à pessoa com deficiência.** O art. 5º, *caput*, da CF/188 garante que nenhuma pessoa será discriminada, exceto quando a própria diferenciação atender a um imperativo da isonomia. Desse princípio constitucional já seria possível extrair diferentes regras à isonomia no contexto dos direitos das pessoas com deficiência, o que envolve ações afirmativas, orientadas pelo paradigma da integração (por exemplo, reserva de vagas em concursos), mas e, sobretudo, deve abranger ações inclusivas, alinhadas ao paradigma da inclusão social – o conteúdo do princípio da isonomia é diretamente afetado por esses paradigmas.

Conquanto o art. 5º, *caput* da CF/1988 já se prestasse como alicerce à construção de regras à concretização da igualdade de condições e da equiparação de oportunidades às pessoas com deficiência, somente com o advento da Convenção sobre os Direitos das Pessoas com Deficiência ("Convenção de Nova Iorque"), houve uma ruptura paradigmática, desvelando-se o princípio da igualdade no horizonte do direito fundamental à acessibilidade da pessoa com deficiência. Somente a partir da Convenção (Decreto. Legislativo 186/2008 e Decreto Presidencial 6.949/2009) é que se consolidou o mote de empoderamento da pessoa com deficiência, instituindo-se uma série de medidas para lhe garantir a autonomia e independência, o que pressupõe a mencionada igualdade de condições e a equiparação de oportunidades – todos os conceitos estão imbricados.

Nesse contexto, falar em isonomia é refletir os meios de concretização do direito fundamental à acessibilidade, vale dizer, as mudanças do ambiente ("adaptação razoável"); as tecnologias assistivas e ajudas técnicas etc. Esta foi a preocupação do legislador ao mencionar o intérprete da Libras (art. 162, III, CPC/2015), algo que, como veremos aos comentários do art. 163, quer referir-se às tecnologias assistivas ou auxílio técnico em geral, e que não pode ser restringido à pessoa surda.

Em uma última observação, é importante destacar que a Convenção sobre os Direitos da Pessoa com Deficiência é o único tratado de direitos humanos que, até o momento, foi internalizado em nossa ordem jurídica sob as especiais condições do art. 5º, §3º, da CF/1988. Desta feita, ostentando envergadura constitucional.

4. Direito fundamental à acessibilidade e tecnologias assistivas. Antes de se pensar o acesso à justiça da pessoa com deficiência (art. 5º, XXXV, CF/1988 c/c art. 13, item 1, Convenção sobre os Direitos das Pessoas com Deficiência e arts. 79-83, Lei 13.146/2015) é imperioso refletir o direito à acessibilidade em um contexto mais amplo.

O advento da Convenção (Decreto Presidencial nº 6.949/09) rompeu com o paradigma da integração, migrando-se à inclusão social. Desde seu advento, o ônus da deficiência foi deslocado da pessoa aos ambientes; assim, fala-se em pessoa com deficiência – e não portador, expressão de cunho discriminatório em sentido negativo –, assumindo-se que a deficiência não seja anterior (carregada pelo indivíduo), senão resultante da interação da pessoa com ambientes ainda não adaptados à diversidade humana. Por ambientes, devemos entender não apenas os físicos, mas também os virtuais, profissionais, sociais, culturais, etc., sejam públicos ou privados. Pois bem.

Por tecnologia assistiva ou ajuda técnica, a legislação entende os "produtos, equipamentos, dispositivos, recursos, metodologias, estratégias, práticas e serviços" (art. 3º, III, Lei 13.146/2015) indispensáveis para que a pessoa com deficiência possa desempenhar qualquer atividade com autonomia e independência; o dispositivo da Lei Brasileira de Inclusão é o mais amplo, mas não é o primeiro texto sobre o tema (art. 2º, IV, Lei 10.098/2000; art. 8º, V, Decreto 5.296/2004).

As tecnologias assistivas são indispensáveis para a concretização do *direito fundamental* à acessibilidade da pessoa com deficiência, cabendo ao judiciário provê-la com os devidos recursos. O direito às tecnologias assistivas é consectário da acessibilidade que não se restringe às partes e/ou testemunhas com deficiência – ver item 6 (adiante).

5. Intérprete da Libras. O intérprete da Libras é o profissional com habilitação na Língua Brasileira de Sinais; sua atuação em juízo deve respeitar a mesma qualificação exigida ao desempenho do mister em cursos de graduação e pós-graduação, isto é, deverá possuir nível superior e, principalmente, habilitação em Tradução e Interpretação de Libras (art. 28, §2º, II, Lei Brasileira de Inclusão da Pessoa com Deficiência). O intérprete não é um tradutor; as Libras integram nosso idioma oficial. Todavia, enquanto a linguagem gestual não é de conhecimento de todos, a figura do intérprete é necessária para torná-la uma "linguagem falada".

O intérprete é fundamental à acessibilidade da pessoa surda; com o cuidado em perceber que a presença do intérprete não significa que a pessoa com deficiência será tolhida do direito de fala ou do direito de ser ouvida. No ensejo, não devemos confundir a pessoa surda com o eventual surdo-mudo, de ocorrência raríssima; considerando-se que a audição é um dos principais estímulos ao desenvolvimento da fala, a pessoa com deficiência auditiva ou baixa audição terá mais dificuldade ao desenvolvimento da comunicação verbalizada, o que não quer dizer que, com o acompanhamento fonoaudiólogo adequado, não possa vir a desenvolvê-la.

6. Profissionais com deficiência sensorial. O texto normativo se refere apenas ao depoimento pessoal ou testemunho de pessoas com deficiência auditiva. Além da restrição indevida à pessoa surda, o art. 162, III, negligenciou outras funções ou modos de cooperação da pessoa com deficiência sensorial com a justiça (por exemplo, advogado, magistrado, perito, escrivão, oficial de justiça, etc.). Para fins ilustrativos, supondo-se que o advogado seja surdo, nem por isso deixa de ter o direito de estar em audiência, sessão ou qualquer outro ato, assistido por intérprete da Libras ou com outra tecnologia assistiva ou ajuda técnica necessária ao exercício profissional em igualdade de condições com os demais. O art. 162, III, pois, não pode ser restrito à atividade das partes e testemunhas. O mesmo problema não se observa no art. 80 da Lei Brasileira de Inclusão da Pessoa com Deficiência ("Art. 80. Devem ser oferecidos todos os recursos de tecnologia assistiva disponíveis para que a pessoa com deficiência tenha garantido o acesso à justiça, sempre que figure em um dos polos da ação ou atue como testemunha, partícipe da lide posta em juízo, advogado, defensor público, magistrado ou membro do Ministério Público. Parágrafo único. A pessoa com deficiência tem garantido o acesso ao conteúdo de todos os atos processuais de seu interesse, inclusive no exercício da advocacia.").

O acesso à justiça da pessoa com deficiência é mais complexo do que faz parecer o art. 162, III; essa circunstância "singela" não pode ser olvidada quando da adoção das medidas indispensáveis à realização da acessibilidade. Para todos os casos, não devemos esquecer que o ônus é do ambiente, jamais da pessoa; em ambientes plenamente adaptados, a deficiência é sublimada.

7. Da audiodescrição à pessoa cega. O CPC/2015 cuidou da pessoa com deficiência auditiva, mas descurou da pessoa cega ou com baixa visão; ora, também ela necessita de tecnologias assistivas ou ajuda técnica para lhe garantir a atuação em juízo com independência e autonomia, vale dizer, em igualdade de condições. Nessa senda, da mesma forma que a pessoa surda precisará de um intérprete da Libras, é possível que a pessoa cega ou com baixa visão precise de um ledor, de um audiodescritor, ou de ambos. Assim, não apenas pelo uso eventual de material gráfico em audiência ou sessão, senão para garantir que o próprio comportamento das partes, testemunhas, peritos, etc., também lhe possa ser transmitido a fim de que, por exemplo, possa insistir em determinado questionamento ou avaliar sua estratégia.

ARTIGO 163.
Não pode ser intérprete ou tradutor quem:
I – não tiver a livre administração de seus bens;

II – for arrolado como testemunha ou atuar como perito no processo;
III – estiver inabilitado para o exercício da profissão por sentença penal condenatória, enquanto durarem seus efeitos.
CORRESPONDÊNCIA NO CPC/1973: *ART. 152.*

1. Impossibilidade de acúmulo de funções. O desempenho de uma função ao longo do processo (testemunha, perito, magistrado, promotor, advogado, etc.), inviabiliza o desempenho de qualquer outra (intérprete, tradutor, etc.). Nesse sentido, o art. 163 não apresenta novidades.

2. Efeitos da condenação criminal. Apenas a condenação criminal que tenha, como um de seus efeitos, a inabilitação ao exercício profissional, impede a atuação do intérprete ou tradutor. Assim, não é porque o auxiliar da justiça sofreu uma condenação por injúria que deverá ser tolhido, temporariamente, do exercício de seu mister profissional. O tipo penal em que foi enquadrado e condenado deve atrelar-se ao exercício anterior de sua profissão.

Artigo 164.
O intérprete ou tradutor, oficial ou não, é obrigado a desempenhar seu ofício, aplicando-se-lhe o disposto nos arts. 157 e 158.
CORRESPONDÊNCIA NO CPC/1973: *ART. 153.*

1. Dispensa do serviço. As mesmas causas de escusa aplicáveis aos peritos são aplicáveis aos intérpretes e tradutores. Desta feita, não vislumbrando peculiaridades dignas de nota, remetemos o leitor ao que foi dito na oportunidade dos comentários ao art. 157.

2. Inabilitação do perito ou intérprete. Embora não fale em um cadastro de intérpretes ou tradutores em moldes semelhantes aos peritos, o legislador fez menção à inabilitação do tradutor ou do intérprete pela ausência de fidelidade na tradução ou na interpretação.

A ausência de um cadastro dificulta o controle, mas não inibe a suspensão da habilitação pelo prazo de 2 (dois) a 5 (cinco) anos. Posteriormente, caso um desses profissionais penalizados à vista do art. 158 seja nomeado, deverá informar essa condição como hipótese de escusa.

SEÇÃO V – Dos Conciliadores e Mediadores Judiciais

Artigo 165.
Os tribunais criarão centros judiciários de solução consensual de conflitos, responsáveis pela realização de sessões e audiências de conciliação

e mediação e pelo desenvolvimento de programas destinados a auxiliar, orientar e estimular a autocomposição.

§ 1º A composição e a organização dos centros serão definidas pelo respectivo tribunal, observadas as normas do Conselho Nacional de Justiça.

§ 2º O conciliador, que atuará preferencialmente nos casos em que não houver vínculo anterior entre as partes, poderá sugerir soluções para o litígio, sendo vedada a utilização de qualquer tipo de constrangimento ou intimidação para que as partes conciliem.

§ 3º O mediador, que atuará preferencialmente nos casos em que houver vínculo anterior entre as partes, auxiliará aos interessados a compreender as questões e os interesses em conflito, de modo que eles possam, pelo restabelecimento da comunicação, identificar, por si próprios, soluções consensuais que gerem benefícios mútuos.

CORRESPONDÊNCIA NO CPC/1973: *NÃO HÁ.*

1. **Linhas introdutórias à autocomposição.** Há autocomposição quando os próprios envolvidos, consensualmente, resolvem o conflito; sem prejuízo do auto, esse lado compositivo de solução de disputa também pode ser estimulado pela participação de um terceiro. Nesse orbe, a mediação e a arbitragem são técnicas que instituem um ambiente favorável ao diálogo e, já por este motivo, conducentes ao empoderamento das partes, devolvendo-lhe a voz e o poder da fala, suprimidos pela burocratização da justiça e o emprego da palavra escrita, de regra, grafada por terceiro. Em ambas, mediação e conciliação, há a participação de um terceiro imparcial, cuja função não consiste na prolação de uma decisão, ou, adicionalmente, do exercício de poder imperial (togado). A autocomposição é compreendida como um instrumento de desenvolvimento da cidadania. (DIDIER JR., Fredie, *Curso de direito processual civil*, 17. ed., v. 1, Salvador, Jus-Podivm, 2015, p. 273). Isso em um processo de amadurecimento em que os próprios envolvidos são orientados a resolver o problema, o que, conforme o caso, protege eventuais laços pretéritos (mediação) ou permite a continuidade de convivência harmônica (conciliação). Em linhas gerais, representam um desestímulo à beligerância da cultura da sentença (adjudicação) e dos traumas que acarreta, rumo ao diálogo e empoderamento das partes, isto é, migrando-se à cultura de pacificação. (WATANABE, Kazuo, "Política Pública do Poder Judiciário Nacional para tratamento adequado dos conflitos de interesses", in *Tribunal de Justiça de São Paulo*, disponível em http://www.tjsp.jus. br/Download/Conciliacao/Nucleo/ParecerDesKazuoWatanabe.pdf (consultado em: 02/07/2013)).

A mediação e a conciliação foram idealizadas como meios alternativos de resolução de disputa (ADR: *alternative dispute resolution*), sigla que também alcança a arbitragem. Sua adoção, na qualidade de técnica, é inspirada na necessidade de adequação da justiça à diversidade dos litígios e de seus variados graus de complexidade. Em outras palavras, adota-se um modelo "multiportas" de justiça em que, ao lado do processo jurisdicional e a solução adjudicada, coexista o caminho endoprocessual de conciliação e mediação profissionais. (THEODORO JR., Humberto *et al.*, *Novo CPC: fundamentos e sistematização*, 2. ed., Rio de Janeiro, Forense, 2015, p. 241-257). Não por outro motivo, a doutrina tem preferido a expressão "meios integrados de resolução de disputa", que estaria afinada com as diferentes "portas" existentes na justiça. (CUNHA, Leonardo J. Caneiro da, "Opinião 26: notas sobre ADR, confidencialidade em face do julgador e prova inadmissível", disponível em http://www.leonardocarneirodacunha.com.br/opiniao/opiniao-26-notas--sobre-adrconfidencialidade-em-face-do-julgador-eprova-inadmissivel/ ,consultado em 10/04/2015).

2. Política judiciária nacional de solução consensual de conflitos. Os arts. 165/175 do CPC/2015 complementam a estrutura normativa estabelecida pela Resolução 125, de 29 de novembro de 2010, editada pelo CNJ; em linhas gerais, a resolução instituiu uma política pública de permanente incentivo e aperfeiçoamento dos mecanismos consensuais de solução de conflitos; uniformizando, minimamente, a disciplina do tema; e preparando o terreno à criação de órgãos judiciários não ortodoxos (modelo "multiportas"). Em suma, sensível às práticas de mediação e de conciliação que, à época, já eram existentes em diferentes cantos de nosso país, com destaque à atuação de voluntários, a Resolução 125/2010 do CNJ buscou dar organicidade ao tema, qualificá-lo e fixar parâmetros a seu controle, o que atendeu aos reclamos doutrinários. Por todos, o já citado trabalho de Kazuo Watanabe. (WATANABE, Kazuo, "Política Pública do Poder Judiciário Nacional para tratamento adequado dos conflitos de interesses", in *Tribunal de Justiça de São Paulo*, disponível em http://www.tjsp.jus.br/Download/Conciliacao/Nucleo/ ParecerDesKazuoWatanabe.pdf (consultado em: 02/07/2013)). Aliás, a manifestação de Watanabe pareceu decisiva à instituição desta política, sendo suficiente a consulta do discurso de posse do então Ministro Cezar Peluso na Presidência do STF, cuja resolução fora editada ao tempo de seu mandato perante o CNJ.

Para mensurar a importância reservada ao tema pelo CPC/2015, devemos começar com a leitura dos parágrafos 2º e 3º do art. 3º, encartado no rol de normas fundamentais do CPC/2015. O *caput* do art. 3º ressoa o mandamento contido no art. 5º, XXXV, da CF/1988 no tocante à inafastabilidade da jurisdição. Sucede que, o CPC/2015 reconhece a mediação/conciliação extrajudicial e a judicial, determinando a implantação de órgãos destinados, exclusivamente, à autocomposição (art. 165, *caput*). Em outras palavras, ao lado da disciplina normativa, o Estado assumiu a responsabilidade de aparelhar o judiciário com profissionais capacitados nos meios integrados de resolução de disputa. Decerto que a opção não é infensa a críticas, sobretudo se considerarmos a burocracia que marca o aparato estatal. Sem embargo, considerando que os "centros judiciários de solução consensual de conflitos" serão dotados de corpo profissional próprio (art. 165 c/c 167), devidamente capacitados e com formação continuada, confia-se que não terão os mesmos vícios.

Portanto, ao mesmo tempo em que assumiu a responsabilidade em promover a auto-composição (§2º), instando todos os atores processuais (§3º) – inclusive, alcançando a atividade do oficial de justiça (art. 154, IV, parágrafo único) –, o Estado assumiu o encargo de criar órgãos especializados, não jurisdicionais em sentido estrito.

Visto que o CNJ tem poderes normativos à densificação dos princípios estampados no art. 37 da CF/1988 – poder normativo primário, consolidado pela ADC 12, relatada pelo então Ministro Carlos Ayres Britto –, a importância do tema é redimensionada com o advento do CPC/2015. Outrossim, importante destacar, foi fortalecida com a Lei 13.140, de 26 de julho de 2015, dispondo, inclusive, sobre a autocomposição de conflitos no âmbito da administração pública.

3. Vantagens e desvantagens das técnicas alternativas de resolução de conflitos (ADR). Insistimos que os meios alternativos (ou integrados) de resolução de disputas não se prestam a desafogar a justiça; essa possível consequência, malgrado seja desejável, não integra seu propósito.

De toda sorte, a doutrina arrola algumas de suas principais vantagens, e que ora sintetizamos em: economia de tempo à resolução da disputa; custo inferior ao do processo; flexibilidade das partes à escolha do procedimento; profissional com formação técnica na área de disputa e confidencialidade. Tudo isso sem diminuir a importância da construção da decisão por meio do diálogo, em que a vinculação resulta da autonomia das partes (não há submissão à decisão de um terceiro estranho ao conflito). Ainda sobre o último aspecto, Neil Andrews acresce que as partes deixariam o procedimento sem animosidade. (ANDREWS, Neil, *O moderno processo civil: formas judiciais alternativas de resolução de conflitos na Inglaterra*, São Paulo, RT, 2009, p. 261).

Contudo, não cabe enaltecer os pontos fortes da mediação/conciliação e omitir suas fragilidades. Em conhecido trabalho sobre o tema, manifestando suas inquietações pela possível falta de equilíbrio dentre os envolvidos na ADR, Owen Fiss sugeriu que a imperfeição poderia repercutir no sujeito em posição de fragilidade de diferentes modos: não ter condições de prever os resultados de um processo judicial a fim de utilizá-los como barganha; estar necessitado do valor pretendido, precipitando-se à celebração de um acordo em valor substancialmente inferior ao que teria direito; ou, ainda, ser forçado ao acordo por não ter condições de patrocinar a causa na justiça. (FISS, Owen, "Against Settlement", *The Yale Law Journal*, v. 93, n. 6, disponível em http://www.law.yale.edu/documents/pdf/againstsettlement.pdf, consultado em: 05/01/2012). Na perspectiva inglesa, Neil Andrews ainda acresce os seguintes: a circunstância de mediadores/conciliadores não serem funcionários públicos, de modo que reféns da demanda de mercado; e o eventual conhecimento imperfeito dos termos do acordo não permitir o controle das partes, tal como se daria pela interposição de recurso diante de uma decisão judicial. (ANDREWS, Neil, *O moderno processo civil: formas judiciais alternativas de resolução de conflitos na Inglaterra*, São Paulo, RT, 2009, p. 266-7).

Decerto que todos esses pontos devem ser obtemperados no Brasil e, se possível, nortear a atividade do profissional. Nossa curta experiência ainda não permite dizer que outras vantagens/desvantagens foram/serão detectadas. Cabe continuar olhando à experiência alienígena e refletir as medidas de compensação adotadas. De toda sorte, alguns dos problemas serão contornados pelo respeito ao art. 166, como veremos adiante; ademais, entre nós, existe a previsão de realização de concurso público de provas e títulos aos profissionais da área (art. 167, §6º); e a assistência obrigatória de advogados (art. 26, Lei 13.140/2015).

Sem embargo, da pouca experiência já acumulada, a obrigatoriedade da audiência do art. 334, mesmo que uma das partes não tenha interesse em conciliar e sua aplicação indistinta a todos os casos em que se admita autocomposição, já é alvo da censura doutrinária. (GAJARDONI, Fernando da Fonseca, "Novo CPC: vale apostar na conciliação/mediação?", *Jota*, http://jota.info/novo-cpc-vale-apostar-na-conciliacaomediacao, consultado em 05/04/2015). O art. 27 da Lei nº 13.140/15 ratifica a obrigatoriedade da audiência.

4. Conciliadores e mediadores judiciais. Como visto, a mediação e a conciliação são espécies de autocomposição, no que se apartam da arbitragem e da atividade do Estado-juiz. Integrando a autocomposição, já do ponto de vista conceitual, a participação do terceiro é limitada, visto que não é investido do poder de decisão. Em maior ou menor medida, a depender da técnica autocompositiva, cabe ao terceiro exercer a função de "catalisador da solução negocial do conflito". (DIDIER JR., Fredie, *Curso de direito processual civil*, 17. ed., v. 1, Salvador, JusPodivm, 2015, p. 275). Nessa esteira, compete ao conciliador assumir um protagonismo em prol da solução consensual, fazendo sugestões às partes e emitindo juízos de valores, mas com o cuidado para não gerar constrangimento ou intimidação (§2º). Já o mediador é treinado para não dar conselhos, tampouco manifestar sua opinião (TOWNSEND, Elisa Corrêa dos Santos, "Mediação no novo CPC: estudos de caso e direito comparado", in *Revista de Processo*, v. 242, São Paulo, 2015, versão eletrônica). Nesse caso, o protagonismo é exclusivo das partes, as quais já possuíam algum elo entre si (vínculos societários ou familiares, por exemplo); e, por esse motivo, assume-se que a solução deva partir dos envolvidos, incumbindo ao mediador auxiliar os interessados na compreensão do conflito. Para tanto, o mediador participará de sessões com ambas as partes, mas também de sessões individualizadas (o procedimento é adaptado às necessidades das partes/conflito, como veremos adiante). O mediador também pode realizar conciliações; mas o conciliador só poderá fazer mediações se tiver formação específica. (TOWNSEND, Elisa Corrêa dos Santos, "Mediação no novo CPC: estudos de caso e direito comparado", in *Revista de Processo*, v. 242, São Paulo, 2015, versão eletrônica).

O desempenho de qualquer das funções pressupõe a capacitação profissional nos moldes especificados pelo CNJ, o que é reforçado pelo art. 167, §1º, do CPC/2015. Tirante a realização de cursos de capacitação, o art. 11 da Lei 11.340/2015 também exige a consumação do lapso temporal de 2 (dois) anos da formatura em curso de ensino superior (instituição reconhecida pelo Ministério da Educação), para que a "pessoa capaz" possa atuar como mediadora judicial. Curiosamente, não exige qualquer experiência profissional na área de formação.

Em um mesmo processo, poderá haver a atuação conjunta de mediadores ou de conciliadores (art. 168, §3º). A depender da complexidade do caso, da formação profissional e da experimentação em áreas diversas, poderá reclamar a presença de dois ou mais mediadores ou de conciliadores.

A mediação/conciliação pode ser judicial ou extrajudicial. No primeiro caso, mediador e conciliador são considerados como auxiliares da justiça, sendo-lhes aplicáveis as mesmas causas de suspeição e de impedimento (art. 5º, Lei 13.140/2015), equiparando-se a servidores públicos para efeitos penais.

5. Centros judiciários de solução de conflitos. A criação de centros judiciários não é uma novidade trazida pelo CPC/2015. A Resolução 125/2010 do CNJ determinava a criação de "núcleos permanentes de métodos consensuais de solução de conflitos" (art. 7º) e de "Centros Judiciários de Solução de Conflitos e Cidadania" (Cejusc) – os últimos com a atuação de conciliadores e mediadores. A criação é obrigatória. A leitura da resolução denota que aos Núcleos compete uma atuação estratégica, em nível de planejamento e disseminação da política nacional, sem prejuízo de uma política local. Já os "Centros" são divididos em três setores (solução pré-processual de conflitos, processual, e de cidadania), constituindo os órgãos judiciários em que as técnicas de mediação/conciliação são levadas a efeito por profissionais capacitados (art. 12). É importante frisar que o magistrado não realiza conciliações/mediações; ao magistrado compete, desde que transite sobre o assunto e tenha experiência em gestão, a coordenação do centro, garantindo o seu adequado funcionamento (art. 6º, II, Resolução nº 125/2010, CNJ) – ver nossos comentários ao art. 139 (item 9) e ao art. 144 (item 2). A criação dos "Centros" também está disciplinada no art. 24 da Lei 13.140/2015.

Artigo 166.
A conciliação e a mediação são informadas pelos princípios da independência, da imparcialidade, da autonomia da vontade, da confidencialidade, da oralidade, da informalidade e da decisão informada.

§ 1º A confidencialidade estende-se a todas as informações produzidas no curso do procedimento, cujo teor não poderá ser utilizado para fim diverso daquele previsto por expressa deliberação das partes.

§ 2º Em razão do dever de sigilo, inerente às suas funções, o conciliador e o mediador, assim como os membros de suas equipes, não poderão divulgar ou depor acerca de fatos ou elementos oriundos da conciliação ou da mediação.

§ 3º Admite-se a aplicação de técnicas negociais, com o objetivo de proporcionar ambiente favorável à autocomposição.

§4º A mediação e a conciliação serão regidas conforme a livre autonomia dos interessados, inclusive no que diz respeito à definição das regras procedimentais.

CORRESPONDÊNCIA NO CPC/1973: *NÃO HÁ.*

1. **Normas que regem a mediação/conciliação.** O art. 166 traz o elenco de normas que regem a mediação/conciliação, reproduzindo o disposto no art. 1º do Código de Ética (anexo à Resolução 125/2010 do CNJ), malgrado não haja exata correspondência entre os "princípios" discriminados em cada um desses dispositivos. Por ora, não discutiremos se são princípios ou regras, a despeito de o legislador ter adotado a primeira expressão.

Sem independência, não é possível ao profissional desempenhar sua atividade. Em um rápido paralelo, lembremos a preocupação com a independência do juiz e todas as garantias funcionais concorrentes à sua preservação. A independência do mediador/conciliador não é cercada dos mesmos predicados de um magistrado, mas lhe garante autonomia na condução dos trabalhos, vale dizer, atuação liberta de pressões internas ou externas. No ensejo, o CPC/2015 "sugere" a criação de um quadro de profissionais concursados, o que também garantiria mais independência (art. 167, §6º).

A imparcialidade, como visto, é aplicável a todos os auxiliares da justiça. No ponto, é inconcebível o exercício de uma forma alternativa de resolução de conflitos sem que o profissional seja imparcial, não podendo proceder com favoritismo, preferência ou preconceito.

Já a autonomia ou autorregramento da vontade permite que a solução seja encaminhada à mediação/conciliação pelas próprias partes, bem como assegura a prevalência de sua vontade; basta figurar a hipótese do encerramento do procedimento a qualquer tempo. Pelo mesmo motivo, os profissionais envolvidos não podem constranger as partes (art. 2º, II e III, Resolução 125/2010, CNJ; art. 165, §2, CPC/2015); as partes são as senhoras das formas alternativas de resolução de conflitos. Ainda que se invoque o art. 334 em sentido contrário, não devemos esquecer que a eventual convergência de interesses afasta a imposição da audiência inicial (art. 334, §5º) – nem por isso, como visto noutra oportunidade, a audiência deixou de ser criticada. (GAJARDONI, Fernando da Fonseca, "Novo CPC: vale apostar na conciliação/mediação?", *Jota*, disponível em http://jota.info/novo-cpc-vale-apostar-na-conciliacaomediacao, consultado em 05/04/2015]).

Como o próprio nome sugere, a confidencialidade assegura e impõe o sigilo a tudo o que ocorrer no curso do procedimento negocial. Da confidencialidade são irradiados direitos e deveres. Nessa linha, ela institui direitos e deveres mútuos entre as partes, as quais se comprometem a não utilizar os dados/informações obtidos a partir do procedimento negocial. É um direito das partes e um dever de todos os profissionais envolvidos no procedimento (art. 30, §1º, Lei 13.140/2015). Todas as informações prestadas ou obtidas por força da mediação e/ou conciliação estão salvaguardadas pelo sigilo ético--profissional; tudo que se passar durante o procedimento ficará mantido sob sigilo, salvo autorização expressa das partes ou violação à ordem pública e às leis vigentes (art. 1º, I, Código de Ética). O parágrafo 2º do art. 166 não é uma "regra de privilégio", isto é, regra que isenta do dever de colaboração; antes, em verdade, é regra que expressa o compromisso funcional e protege a intimidade das partes. Ao lado das disposições codificadas, os arts. 30 e 31 da Lei 13.140/2015 apresentam disciplina pormenorizada sobre o assunto. Nessa linha, o parágrafo 2º do art. 30 prevê a inadmissibilidade de qualquer prova obtida sem a observância das proibições ali estabelecidas.

A exigência de confidencialidade é ampla, abarcando a possível troca de correspondências sugestionando a submissão da disputa à autocomposição; eventual comportamento em sentido contrário configuraria um atentado à boa-fé objetiva, vulnerando a confiança legítima. (CUNHA, Leonardo J. Caneiro da, "Opinião 26: notas sobre ADR, confidencialidade em face do julgador e prova inadmissível", disponível em http://www.leonardocarneirodacunha.com.br/opiniao/opiniao-26-notas-sobre-adrconfidencialidade-em-face-do-julgador-eprova-inadmissivel/ ,consultado em 10/04/2015).

O *caput* do art. 166 ainda menciona a oralidade, informalidade e a decisão informada. Os dois primeiros itens visam a aproximar as partes do procedimento negocial, isto é, sem a complexidade e a solenidade dos ritos que marcam a justiça burocratizada e que distanciam o jurisdicionado. Por esse motivo, prima-se por uma linguagem acessível. Mas não só. Repila-se o formalismo que desloque o foco da mediação/conciliação para questões periféricas. Decerto que não se propugna o abandono da forma, como, de resto, deixam claro tanto o art. 165, quanto o art. 166; senão a sobrevalorização do conteúdo. Assim, por exemplo, à vista da informalidade (art. 166, §4º), as partes podem estabelecer a periodicidade e duração das sessões, isto é, fixar um intervalo mínimo entre elas; podem escolher o mediador ou conciliador e, inclusive, se haverá mais de um facilitador (comediador, por exemplo); selecionar as técnicas que serão apresentadas (sessões privadas ou individuais de mediação – art. 19 da Lei 13.140/2015); e assim por diante.

Ainda em nome da informalidade, inexiste um escalonamento rígido em fases, pautado em sistema de preclusão; tampouco há prazos fixos. Em síntese, não há um modelo definitivo, nem é recomendável que exista; há uma natural permeabilidade do procedimento à matéria, conduzido de acordo com as habilidades do facilitador, as técnicas que serão empregadas, o estado de espírito das partes etc. Destarte, os modelos porventura existentes se prestam como parâmetros ou recomendações, isto é, sem caráter vinculativo. (MORAIS, Jose Luis Bolzan de, SPENGLER, Fabiana Marion, *Mediação e arbitragem*, 3. ed., Porto Alegre, Livraria do Advogado, 2012, pp. 138-145).

Mas todas as garantias serão subtraídas se não houver a compreensão integral das fases do procedimento negocial, com destaque aos exatos termos do acordo (decisão informada). Aliás, trata-se de exigência que poderia impor o conhecimento do assunto jurídico de fundo pelo profissional, dado que os termos do acordo precisam ser consentâneos à ordem jurídica. Nesse sentido, Elisa Townsend compartilha sua experiência em caso de insolvência, em que o desconhecimento dos meandros jurídicos por outro profissional teria produzido consequências graves. (TOWNSEND, Elisa Corrêa dos Santos, "Mediação no novo CPC: estudos de caso e direito comparado", in *Revista de Processo*, v. 242, São Paulo, 2015, versão eletrônica). A cautela é redobrada se considerarmos que o instrumento de transação referendado por conciliador/mediador, credenciado pelo tribunal, tem *status* de título executivo extrajudicial (art. 784, IV; art. 20, parágrafo único, Lei 13.140/2015). Nada obstante, A Lei 13.140/2015 determina o acompanhamento da mediação por advogados (art. 26), facultando sua presença na mediação extrajudicial (art. 10).

Como sói acontecer, há um entrelaçamento dos princípios. Afora os destacados no CPC/2015, a Resolução 125/2010 do CNJ fala em competência do profissional por meio da capacitação e reciclagem periódicas; empoderamento das partes para que se sintam estimuladas a resolver eventuais conflitos futuros por meio das técnicas de solução consensual; respeito à ordem pública e *às leis vigentes*, uma vez que o acordo não poderá contrariar o direito; e a validação, "dever de estimular os interessados a perceberem-se reciprocamente como seres humanos merecedores de atenção e respeito" (art. 1º, VIII). Todos constituem as linhas mestras dos meios alternativos à resolução de disputas. O art. 2º da Lei 13.140/2015 contém elenco semelhante.

Artigo 167.

Os conciliadores, os mediadores e as câmaras privadas de conciliação e mediação serão inscritos em cadastro nacional e em cadastro de tribunal de justiça ou de tribunal regional federal, que manterá registro de profissionais habilitados, com indicação de sua área profissional.

§ 1º Preenchendo o requisito da capacitação mínima, por meio de curso realizado por entidade credenciada, conforme parâmetro curricular definido pelo Conselho Nacional de Justiça em conjunto com o Ministério da Justiça, o conciliador ou o mediador, com o respectivo certificado, poderá requerer sua inscrição no cadastro nacional e no cadastro de tribunal de justiça ou de tribunal regional federal.

§ 2º Efetivado o registro, que poderá ser precedido de concurso público, o tribunal remeterá ao diretor do foro da comarca, seção ou subseção judiciária onde atuará o conciliador ou o mediador os dados necessários para que seu nome passe a constar da respectiva lista, a ser observada na distribuição alternada e aleatória, respeitado o princípio da igualdade dentro da mesma área de atuação profissional.

§ 3º Do credenciamento das câmaras e do cadastro de conciliadores e mediadores constarão todos os dados relevantes para a sua atuação, tais como o número de processos de que participou, o sucesso ou insucesso da atividade, a matéria sobre a qual versou a controvérsia, bem como outros dados que o tribunal julgar relevantes.

§ 4º Os dados colhidos na forma do § 3º serão classificados sistematicamente pelo tribunal, que os publicará, ao menos anualmente, para conhecimento da população e para fins estatísticos e de avaliação da conciliação, da mediação, das câmaras privadas de conciliação e de mediação, dos conciliadores e dos mediadores.

§ 5º Os conciliadores e mediadores judiciais cadastrados na forma do *caput*, se advogados, estarão impedidos de exercer a advocacia nos juízos em que desempenhem suas funções.

§ 6º O tribunal poderá optar pela criação de quadro próprio de conciliadores e mediadores, a ser preenchido por concurso público de provas e títulos, observadas as disposições deste Capítulo.

CORRESPONDÊNCIA NO CPC/1973: *NÃO HÁ.*

1. **Impedimento ao exercício da advocacia.** O advogado que, simultaneamente, também exercita a função de conciliador/mediador, por força do art. 167, §5º, ficaria impedido de advogar perante o mesmo juízo. O dispositivo gerará polêmicas. Em paralelo com a figura do perito, a quem não se impõe a mesma restrição, Fernanda Tartuce critica a legitimidade do critério de discriminação adotado pelo legislador. Elevando o tom da crítica, entende que a matéria não poderia estar regulamentada no CPC/2015, visto que concernente à liberdade profissional (art. 5º, XIII, CF/1988), havendo reserva legal qualificada; seu *topoi* adequado, portanto, seria o Estatuto da Ordem dos Advogados do Brasil, art. 54, V, Lei nº 8.906/94 (TARTUCE, Fernanda, "9. Questionamento quanto à reserva de lei sobre a matéria", in WAMBIER, Teresa Arruda Alvim *et al.* (Org.), *Breves comentários ao novo Código de Processo Civil*, São Paulo, RT, 2015, p. 532-3).

Sob outro prisma, e por ora deixando de lado os eventuais vícios de que padece, o parágrafo 5º não esclarece, tampouco oferece indicativos, sobre o alcance da expressão "juízo"; em verdade, aparenta pressupor a vinculação de mediadores/conciliadores ao órgão jurisdicional, ideia que se contrapõe à instituição dos "Centros", órgãos judiciários autônomos. Não havendo a mencionada vinculação, como seria possível aplicar o dispositivo?

Pelas razões já encimadas, entendemos que não é possível aplicar o referido preceito; para evitar favoritismos, suficiente aplicar o art. 172. A restrição à atuação no órgão jurisdicional ("juízo") não prospera, mesmo porque a distribuição de processos aos facilitadores será realizada por sorteio (art. 167, §2º).

Artigo 168.

As partes podem escolher, de comum acordo, o conciliador, o mediador ou a câmara privada de conciliação e de mediação.

§ 1º O conciliador ou mediador escolhido pelas partes poderá ou não estar cadastrado no tribunal.

§ 2º Inexistindo acordo quanto à escolha do mediador ou conciliador, haverá distribuição entre aqueles cadastrados no registro do tribunal, observada a respectiva formação.

§ 3º Sempre que recomendável, haverá a designação de mais de um mediador ou conciliador.

CORRESPONDÊNCIA NO CPC/1973: *NÃO HÁ.*

1. **Negócio processual à escolha do conciliador/mediador ou câmara privada de mediação/conciliação.** Como visto no item 4 dos comentários ao art. 157 (art. 157 c/c 471), o CPC/2015 instituiu uma cláusula geral de negócios processuais (art. 190); em simultâneo, ampliou o rol de negócios processuais típicos. O art. 168 é mais um exemplo dentro desse universo; tudo o que fora afirmado naquela oportunidade (nossos comentários), tem pertinência neste momento. O art. 4º da Lei 13.140/2015 ratifica o direito à escolha.

A compatibilidade do art. 168 com os escopos dos meios integrados de resolução de disputa é questão infensa de dúvida. A realização de negócios processuais em geral pressupõe a capacidade das partes e a disponibilidade dos interesses em disputa (art. 190, *caput*). Ora, os mesmos requisitos são exigidos ao procedimento negocial ora em estudo; em ambos o legislador conferiu o devido respeito à autonomia privada.

Nesse contexto, nada impede, por exemplo, que duas empresas escolham o mesmo mediador de outras contendas, em virtude do êxito da tratativa anterior e, pois, da confiança em sua capacidade técnica.

A escolha do facilitador não depende de sua inscrição/registro no cadastro nacional ou naquele mantido pelo tribunal (art. 167). A dispensa deverá valer para qualquer cadastro (art. 168, §1º); caso contrário, não haveria uma escolha propriamente dita.

Do insucesso das tratativas ao negócio, o poder de indicação é retomado pelo magistrado, abrindo-se duas possibilidades de interpretação: (i) o magistrado recomendaria um profissional às partes, as quais podem acatar ou rejeitar seu nome, sem necessidade de declinar argumentos (autonomia da vontade); (ii) frustrando-se o negócio processo, o processo será remetido à distribuição à escolha aleatória de um mediador/conciliador (§2º).

A escolha também poderá recair em câmaras privadas de mediação/conciliação.

Artigo 169.
Ressalvada a hipótese do art. 167, § 6º, o conciliador e o mediador receberão pelo seu trabalho remuneração prevista em tabela fixada pelo tribunal, conforme parâmetros estabelecidos pelo Conselho Nacional de Justiça.

§ 1º A mediação e a conciliação podem ser realizadas como trabalho voluntário, observada a legislação pertinente e a regulamentação do tribunal.

§ 2º Os tribunais determinarão o percentual de audiências não remuneradas que deverão ser suportadas pelas câmaras privadas de conciliação e mediação, com o fim de atender aos processos em que deferida gratuidade da justiça, como contrapartida de seu credenciamento.

CORRESPONDÊNCIA NO CPC/1973: *NÃO HÁ.*

1. **Assistência jurídica gratuita.** A gratuidade da justiça é garantida a todos aqueles "com insuficiência de recursos para pagar as custas" (art. 98), isentando o beneficiário das despesas processuais; neste sentido, o parágrafo 1º do art. 98 contém rol amplo, mas que não perde seu caráter exemplificativo, como demonstrado pelo art. 169. O beneficiário da justiça gratuita é isento de qualquer despesa oriunda do processo; tirante as eventuais multas processuais que lhe sejam aplicadas, fica eximido de custear qualquer ato necessário à prestação jurisdicional integral. Conseguintemente, também os meios integrados de resolução de disputas são alcançados pela mesma orientação (art. 4º, §2º, Lei 13.140/2015).

A grande inovação sobre o tema foi instituir uma "contrapartida" às câmaras privadas: para que as câmaras se credenciem perante os Tribunais, deverão suportar um número de audiências de mediação/conciliação não remuneradas, o qual será estabelecido pelo Tribunal.

Artigo 170.
No caso de impedimento, o conciliador ou mediador o comunicará imediatamente, de preferência por meio eletrônico, e devolverá os autos ao juiz do processo ou ao coordenador do centro judiciário de solução de conflitos, devendo este realizar nova distribuição.

Parágrafo único. Se a causa de impedimento for apurada quando já iniciado o procedimento, a atividade será interrompida, lavrando-se ata com relatório do ocorrido e solicitação de distribuição para novo conciliador ou mediador.

CORRESPONDÊNCIA NO CPC/1973: *NÃO HÁ.*

1. **Causas de impedimento/suspeição.** São as mesmas aplicáveis aos magistrados indicadas nos arts. 144, 145 e 147, o que tira fundamento do art. 5º do Código de

Ética (Anexo da Resolução 125/2010 do CNJ) e do art. 5º da Lei 13.140/2015. O facilitador tem o dever de informar acerca de sua parcialidade (art. 5º, parágrafo único, Lei nº 13.140/2015); caso contrário, responderá a processo administrativo nos termos do art. 173.

2. Escusa do conciliador/mediador. Sob circunstâncias excepcionais, o conciliador/mediador também poderá se escusar do serviço conforme art. 6º do Código de Ética; o dispositivo se refere à "impossibilidade temporária do exercício da função", tratada no art. 171 do referido Código, a qual deverá ser informada ao coordenador dos "Centros" a fim de que se proceda à sua substituição. De toda sorte, entendemos que a inabilitação para a atuação em determinadas áreas ou assuntos, vale dizer, o desconhecimento da matéria de fundo e sua evidente complexidade, também justifica a escusa do mediador/conciliador e a redistribuição para outro.

ARTIGO 171.
No caso de impossibilidade temporária do exercício da função, o conciliador ou mediador informará o fato ao centro, preferencialmente por meio eletrônico, para que, durante o período em que perdurar a impossibilidade, não haja novas distribuições
CORRESPONDÊNCIA NO CPC/1973: *NÃO HÁ.*

1. Impossibilidade temporária. Também é tratada pelo art. 6º da Resolução nº 125/2010/CNJ. Ver nossos comentários ao art. 170 (item 2).

ARTIGO 172.
O conciliador e o mediador ficam impedidos, pelo prazo de 1 (um) ano, contado do término da última audiência em que atuaram, de assessorar, representar ou patrocinar qualquer das partes.
CORRESPONDÊNCIA NO CPC/1973: *NÃO HÁ.*

1. Causa específica de impedimento. O art. 172 estabelece uma espécie de quarentena (TARTUCE, Fernanda, "art. 172", in WAMBIER, Teresa Arruda Alvim *et al.* (Org.), *Breves comentários ao novo Código de Processo Civil*, São Paulo, RT, 2015, p. 539); a Lei 13.140/2015 contempla preceito idêntico (art. 6º). Em atenção à ética, a regra protege a confidencialidade de dados/informações das partes, reforçando o dever de sigilo. Mas não só. O dispositivo também mira a imparcialidade no desempenho profissional, evitando-se que o mediador/conciliador possa vir a favorecer qualquer das partes em troca de benefício/negócios futuros; é por este motivo que a restrição não se circunscreve aos litígios, cujo objeto se confunda ao das sessões de mediação/conciliação, senão às partes envolvidas anteriormente com a atividade do profissional (auxiliar da justiça).

Artigo 173.
Será excluído do cadastro de conciliadores e mediadores aquele que:
I – agir com dolo ou culpa na condução da conciliação ou da mediação sob sua responsabilidade ou violar qualquer dos deveres decorrentes do art. 166, §§ 1º e 2º;
II – atuar em procedimento de mediação ou conciliação, apesar de impedido ou suspeito.
§ 1º Os casos previstos neste artigo serão apurados em processo administrativo.
§ 2º O juiz do processo ou o juiz coordenador do centro de conciliação e mediação, se houver, verificando atuação inadequada do mediador ou conciliador, poderá afastá-lo de suas atividades por até 180 (cento e oitenta) dias, por decisão fundamentada, informando o fato imediatamente ao tribunal para instauração do respectivo processo administrativo.
CORRESPONDÊNCIA NO CPC/1973: *NÃO HÁ.*

1. **Responsabilidade dos mediadores/conciliadores.** Os facilitadores têm o dever de cumprir os deveres estabelecidos no CPC/2015, bem como de observar o Código de Ética da profissão (Anexo da Resolução 125/2010 do CNJ). Além da responsabilidade administrativa, também podem ser responsabilizados criminalmente. Não apenas o mediador, mas todos aqueles que o assessoram ao longo do procedimento, no exercício da função ou em virtude dela, são equiparados a servidor público, para os efeitos da legislação penal (art. 8º, Lei 13.140/2015) – por analogia, também os conciliadores são equiparados. O processo administrativo será instaurado de ofício ou por meio de representação endereçada ao Juiz Coordenador do "Centro". Desde já, registre-se que a decisão de suspensão das atividades do profissional pressupõe a instauração de processo administrativo à apuração de suas faltas (a decisão suspensiva poderá ser concomitante à comunicação para a instauração do processo administrativo); não é necessário aguardar o seu encerramento.

2. **Suspensão das atividades do conciliador/mediador.** O parágrafo 2º possibilita a suspensão das atividades do profissional que incorrer em conduta culposa ou dolosa. O prazo de suspensão é de 180 (cento e oitenta) dias, prestando-se como marco temporal ao encerramento do processo.

3. **Exclusão do cadastro e impedimento ao exercício da atividade profissional.** O art. 173 ratifica o comando do art. 8º do Código de Ética. A não observância dos princípios e regras previstos na Resolução 125/2010 do CNJ e daqueles outros previstos neste CPC/2015 ou na Lei 13.140/06 enseja a responsabilidade a ser apurada mediante processo administrativo, do qual poderá culminar a exclusão do profissional de qualquer cadastro – os efeitos da decisão não se restringem ao cadastro mantido pelo tribunal, possuindo abrangência nacional.

Artigo 174.

A União, os Estados, o Distrito Federal e os Municípios criarão câmaras de mediação e conciliação, com atribuições relacionadas à solução consensual de conflitos no âmbito administrativo, tais como:

I – dirimir conflitos envolvendo órgãos e entidades da administração pública;

II – avaliar a admissibilidade dos pedidos de resolução de conflitos, por meio de conciliação, no âmbito da administração pública;

III – promover, quando couber, a celebração de termo de ajustamento de conduta.

CORRESPONDÊNCIA NO CPC/1973: *NÃO HÁ.*

1. **Câmaras extrajudiciais de solução consensual de conflitos.** O CPC/2015 seguiu a tendência de outros diplomas ao prever a criação de câmaras de mediação/conciliação em âmbito administrativo (Decreto 7.392/2010). Rigorosamente, a matéria não precisaria estar disciplinada no CPC/2015; a Lei 13.140/2015, por exemplo, estipula a mediação como técnica a ser utilizada também pela Fazenda Pública, prevendo a criação dessas câmaras em seu art. 32. O art. 174 somente se justifica no CPC/2015 em virtude do tratamento orgânico que o Código dispensou ao tema dos meios integrados de solução de conflito.

O estímulo à composição dos conflitos pela Fazenda Pública é salutar, na medida em que se trata do maior litigante no país; por outro lado, sepulta a ideia de que a Administração Pública não poderia fazer acordos, posicionamento que baralhava a eventual indisponibilidade do interesse com a impossibilidade de transação. O art. 3º da Lei 13.140/2015 ratifica essa orientação.

As disposições do art. 174 são reforçadas pela Lei 13.140/2015, a qual, inclusive, autoriza a realização de conciliação em ações de improbidade administrativa (art. 36, §4º). (GODOY, Luciano de Souza, "Acordo e mediação na ação de improbidade administrativa", in *Jota*, disponível em http://jota.info/acordo-e-mediacao-na-acao-de-improbidade-administrativa , consultado em 05/08/2015).

Artigo 175.

As disposições desta Seção não excluem outras formas de conciliação e mediação extrajudiciais vinculadas a órgãos institucionais ou realizadas por intermédio de profissionais independentes, que poderão ser regulamentadas por lei específica.

Parágrafo único. Os dispositivos desta Seção aplicam-se, no que couber, às câmaras privadas de conciliação e mediação.

CORRESPONDÊNCIA NO CPC/1973: *NÃO HÁ.*

1. Aplicação supletiva e subsidiária do CPC/2015. As disposições do CPC/2015 não esgotam a disciplina dos meios integrados de resolução de disputas; a própria Lei 13.140/2015 é um bom exemplo disso. Diferentes diplomas normativos concorrem para dar organicidade ao tema. Em nossos comentários, simultaneamente à análise dos artigos do CPC/2015, destacamos a Resolução 125/2010 do CNJ e a Lei 13.140/2015; todas, no entanto, com ênfase na disciplina judicial do tema.

TÍTULO V – Do Ministério Público

Artigo 176.
O Ministério Público atuará na defesa da ordem jurídica, do regime democrático e dos interesses e direitos sociais e individuais indisponíveis.
CORRESPONDÊNCIA NO CPC/1973: *NÃO HÁ.*

1. Do Ministério Público: o art. 176 repete a parte final do preceito estampado no art. 127 da CF/1988, em que são desenhados os contornos gerais da atuação do Ministério Público como órgão responsável em desempenhar uma das funções essenciais à justiça; contornos que foram redimensionados com o advento da CF/1988.

2. Promotor natural. Semelhante ao juiz natural, fala-se em princípio do promotor natural, cuja estatura é reconhecida pelo STF (STF, HC 102.147/2014). Na lição de Nelson Nery Jr., o princípio surgiu das "posições doutrinárias pela mitigação do poder de designação do procurador-geral de justiça, evoluindo para significar a necessidade de haver cargos específicos com atribuição própria a ser exercida pelo Promotor de Justiça, vedada a designação pura e simples, arbitrária, pelo Procurador Geral de Justiça." (NERY JR., *Princípios do processo civil na Constituição Federal*, 8. ed., São Paulo, RT, 2004, p. 123).

Por força do princípio do juiz natural, as atribuições do Ministério Público devem ser descritas previamente em lei, não sendo possível a designação de promotores *ad hoc*, tampouco a atuação de um órgão na esfera de atribuições de outro. Para que o primado seja concretizado, o tríplice predicado (inamovibilidade, irredutibilidade de proventos e a vitaliciedade) também é assegurado ao Ministério Público (art. 128, §5º, I, CF). Como afirmado em outra oportunidade, as garantias funcionais concorrem à da imparcialidade, velando pela independência.

De ordinário, invoca-se o princípio do promotor natural na seara penal. Todavia, o princípio rege a atividade do Ministério Público como um todo (instituição una e indivisível), também sendo aplicável em âmbito civil (por exemplo, impossibilidade de designação *ad hoc* de um promotor ou procurador ao oferecimento de ação de improbidade administrativa).

Um ponto polêmico, também esposado sob a égide do promotor natural, consiste da vedação à atuação de alguns órgãos do Ministério Público perante os Tribunais Superiores, conforme sua divisão estrutural e atribuições específicas. O pleno do STF enfrentou o tema em julgado da lavra do Min. Dias Toffoli. Na ocasião, em votação por maioria, o STF assentou que o recurso aviado pelo Ministério Público do Trabalho perante o STF não deveria ser conhecido, na meeida em que a atuação perante aquela corte seria privativa do Procurador-Geral da República *ex vi* do art. 46 da Lei Complementar 75/1993. As razões levantadas pelo então Min. Carlos Ayres Britto, propugnando que a atuação originária não se confundiria (reclamação constitucional), não foram acolhidas pelos demais pares. (STF, Rcl 7318 AgR/2012).

Por último, assim como o juiz tem o dever de averbar a própria suspeição e/ou o próprio impedimento, o membro do Ministério Público deverá proceder do mesmo modo, o (art. 43, VI, Lei 8.625/1993, Lei Orgânica do Ministério Público), não importando a que título esteja atuando (fiscal ou parte).

Artigo 177.
O Ministério Público exercerá o direito de ação em conformidade com suas atribuições constitucionais.
CORRESPONDÊNCIA NO CPC/1973: *ART. 81.*

1. Unificação dos prazos. O CPC/2015 unificou o tratamento do Ministério Público (art. 180), Advocacia Pública (art. 183) e da Defensoria Pública (art. 186) no tocante aos prazos e sua contagem. Assim, reiteramos que todos os prazos serão dobrados, salvante quanto houver prazo específico (por exemplo, prazo de trinta dias à impugnação ao cumprimento de sentença *ex vi* do art. 535, *caput*), não relevando sua condição de parte; que os prazos serão contados apenas em dias úteis; que todas as intimações são pessoais, por carga, remessa ou meio eletrônico. Vale salientar que a nova regra não contém a mesma ressalva da antecessora (art. 188, CPC/1973), aplicando-se a todos os prazos, e não apenas para contestar ou recorrer.

A prerrogativa do art. 183 se restringe à Fazenda Pública, composta pela União, pelos Estados, pelo DF, pelos Municípios, pelas respectivas autarquias e fundações; as autarquias especiais, sejam executivas ou reguladoras; e as associações públicas. Conseguintemente, restam excluídas as empresas públicas e as sociedades de economia mista, as quais se revestem de personalidade jurídica de direito privado, possuindo regime jurídico híbrido. O entendimento é pacífico na jurisprudência. (STJ, AgRg no AgRg na SLS 1.955/DF).

O benefício em questão é de titularidade da Fazenda, e não do corpo de advogados que a representa.

Malgrado não nos seja dado comentar o art. 246, §§1º e 2º, fazemos o registro apenas para chamar a atenção do leitor ao dever da Fazenda Pública – e não apenas dela – em manter cadastro no sistema a fim de viabilizar a comunicação eletrônica dos atos processuais. O art. 270, §1º, reforça a diretiva (Advocacia Pública), estendendo-a ao Ministério Público e à Defensoria Pública.

2. Uma reflexão necessária acerca de sua legitimidade às ações coletivas. De início, registre-se que não concebemos qualquer distinção relevante dentre as expressões "ação civil pública" e "ação coletiva"; não há problema em utilizá-las em sinonímia, muito embora a última seja mais técnica e contraponha-se às demandas individuais. (GIDI, Antonio, *Rumo a um Código de Processo Civil coletivo: a codificação das ações coletivas no Brasil*, Rio de Janeiro, Forense, 2008, p. 382-390). Dito isso, com o perfil atribuído ao *parquet* pela Lei de Ação Civil Pública, constitucionalizado pelo art. 129, III, o Ministério Púbico assumiu atuação destacada por meio da promoção de ações coletivas; não só porque essa foi a intenção dos responsáveis pelo projeto que originou a LACP, senão porque o intento foi elevado à categoria de dever quando o outrora projeto adquiriu vida normativa (ex. art. 5º, §3º; arts. 7º ao 9º) – em sentido contrário, sustentando um "princípio da não obrigatoriedade da ação coletiva", a partir da crítica da transposição de uma categoria penal ao processo coletivo, colhe-se a posição de Eurico Ferraresi, o qual ressalva a compulsoriedade da ação de improbidade administrativa. O autor entende que, na condição de agente político, e não se simples burocrata, o membro do MP deveria ter condições de avaliar a oportunidade e conveniência de promover uma ACP ou de realizar um termo de ajustamento de conduta; para ele a obrigatoriedade contrasta com a natureza política da ação coletiva (FERRARESI, Enrico, "O Ministério Público e o princípio da não-obrigatoriedade da ação coletiva", in *Temas atuais do Ministério Público*, 5. ed., Salvador, JusPodivm, 2014, p. 335-342).

À vista de sua missão, desde o advento da LACP, da CF/88 e do CDC – os dois últimos formando o microssistema processual coletivo –, que o Ministério Público assumiu a dianteira na tutela coletiva; em larga medida, ao MP devemos tributar muitas das conquistas em matéria de ações coletivas. Sem embargo, cabe uma importante reflexão, e que pode representar uma mudança de rumos. É o momento de ceder a palavra a Antonio Gidi: "Não nos incluímos entre os críticos da atividade do MP, nem temos uma visão demasiadamente restritiva da sua legitimidade coletiva. Todavia, é inquietante que a instituição crie leis à sua imagem e semelhança, seja encarregada de aplicá-las na prática e de as interpretar, ensinar e perpetuar da forma que mais lhe convenha. Para o bem e para o mal, o MP é uma força intelectual avassaladora da tutela processual coletiva. A quantidade sufocante de livros, artigos, dissertações e teses escritos exclusivamente sobre o papel do MP na tutela coletiva dos direitos supera todos os outros temas. Muitos desses trabalhos são escritos pelos próprios membros do MP...". E continua em outro momento: "O objetivo aqui não é criticar ou minimizar a importância da atividade do MP na tutela jurisdicional dos direitos de grupo, mas também não é o caso de colocá-lo num pedestal. A verdade é que o debate acadêmico sobre o papel do MP nas demandas coletivas foi sequestrado por posições extremistas e apaixonadas, ora propugnando a beatificação da instituição, ora a sua excomunhão.". (GIDI, Antonio, *Rumo a um Código de*

Processo Civil coletivo: a codificação das ações coletivas no Brasil, Rio de Janeiro, Forense, 2008, p. 401-2).

Nesse passo, a despeito da inegável a contribuição do MP, no campo prático e mesmo na doutrina, a compreensão atual de sua missão institucional não pode sobrepairar a missão dos demais legitimados, como se o *parquet* fosse um "supralegitimado". As recentes reformas legislativas redimensionando o perfil da Defensoria Pública propiciarão seu amadurecimento institucional mais rápido, sobretudo em nível estadual, e colocarão a dianteira isolada do órgão ministerial em xeque. Ainda assim, estar-se-á distante do ideal, visto que persistirá um cenário favorável à presença do Estado em mais de um dos polos da relação processual – lembrando o expressivo número de Ações Civis Públicas ajuizadas em desfavor do Estado –, ao passo que a coletividade continuará incapacitada à defesa seus interesses, o que deveria acontecer pelo estímulo e criação de um ambiente favorável ao desenvolvimento das associações. O amadurecimento institucional da Defensoria Pública é importante, mas não resolve o problema.

3. Ação coletiva à defesa de direitos individuais homogêneos. A categoria dos direitos individuais homogêneos foi criada com o advento do CDC. Rigorosamente, sempre existiram ações individuais marcadas pela homogeneidade da causa de pedir e do pedido, às quais, ao tempo do CPC/1973 já era permitida a formação de litisconsórcio facultativo por afinidade de questões (art. 46, IV), o que se manteve com o CPC/2015 (art. 113, III).

A novidade encartada pelo CDC se cinge à possibilidade de seu tratamento coletivo, na medida em que a massificação de situações jurídicas individuais alcança dimensões coletivas, viabilizando o trato molecular.

De nossa parte, entendemos que a classificação tricotômica dos direitos coletivos é fruto do conceitualismo que grassa no direito processual e, se algum dia foi importante à compreensão das ações coletivas, há algum tempo vem inviabilizando o contínuo aperfeiçoamento da técnica processual coletiva.

A limitação no ajuizamento de ações coletivas em determinadas matérias; a existência de nuances procedimentais; a suposta variação de regime à formação da coisa julgada; a indevida restrição dos efeitos da decisão à competência territorial do órgão prolator; as dificuldades na determinação da competência; a indevida aplicação do prazo prescricional da ação popular à ação civil pública à defesa de direitos individuais homogêneos; tudo é efeito colateral da classificação tricotômica. GIDI, Antonio, *Rumo a um Código de Processo Civil coletivo: a codificação das ações coletivas no Brasil*, Rio de Janeiro, Forense, 2008, p. 201 e seguintes). A mesma ideologia que enfeixa a classificação tricotômica conduziu à sustentação normativa dessas situações. É neste contexto que se insere o art. 1º, parágrafo único, da LACP, e demais tentativas do poder político – não raro com o beneplácito dos tribunais –, de apequenar a tutela coletiva. É nessa ambiência que, por primeiro, esteve arrimado o entendimento restritivo acerca da atuação do MP.

Do ponto de vista doutrina, colhe-se entendimento favorável à sua atuação em todos os casos de direitos coletivos e, mesmo no caso de individuais homogêneos disponíveis, quando marcados pela abrangência ou repercussão social (MAZZILLI, Hugo Nigro, *A defesa dos interesses difusos em juízo*. 15. ed., São Paulo, Saraiva, 2002, p. 70-71). A jurisprudência restringe essa interpretação: "O Ministério Público tem legitimidade ativa para a defesa, em juízo, dos direitos e interesses individuais homogêneos, quando impregnados de relevante natureza social, como sucede com o direito de petição e o direito de obtenção de certidão em repartições públicas." (STF, RE 472.489/2008, Segunda Turma, DJE de 29-8-2008.; AI 516.419/2010).

4. Legitimidade à propositura de ações individuais. Paralelamente à missão constitucional da qual foi incumbido na tutela coletiva, há quem sustente sua legitimidade à propositura de ações individuais. É a posição de Cristiano Chaves de Farias, o qual sustenta a legitimidade concorrente do Ministério Público e Defensoria Pública ao ajuizamento da ação de alimentos à defesa da criança e adolescente. (FARIAS, Cristiano Chaves de, "A legitimidade do Ministério Público para a ação de alimentos: uma conclusão constitucional", in *Temas atuais do Ministério Público*, 5. ed., Salvador, JusPodivm, 2014, p. 624-632). A posição do autor é defendida à luz do art. 227 da CF/1988 e do art. 201, III, do ECA e afirma que cabe ao MP "promover e acompanhar as ações de alimentos...", e tem ressonância da jurisprudência do STJ. O STJ pacificou o tema em sede de julgamento de recursos repetitivos, enfrentando dois especiais representativos do tema. Segue a transcrição de ementas: "DIREITO DA CRIANÇA E DO ADOLESCENTE. AÇÃO DE ALIMENTOS. LEGITIMIDADE ATIVA DO MINISTÉRIO PÚBLICO. DIREITO INDIVIDUAL INDISPONÍVEL. RECURSO ESPECIAL REPRESENTATIVO DE CONTROVÉRSIA. ART. 543-C DO CPC. 1. Para efeitos do art. 543-C do CPC, aprovam-se as seguintes teses: 1.1. O Ministério Público tem legitimidade ativa para ajuizar ação de alimentos em proveito de criança ou adolescente. 1.2. A legitimidade do Ministério Público independe do exercício do poder familiar dos pais, ou de o menor se encontrar nas situações de risco descritas no art. 98 do Estatuto da Criança e do Adolescente, ou de quaisquer outros questionamentos acerca da existência ou eficiência d Defensoria Pública na comarca. 2. Recurso especial não provido.". (STJ, REsp 1327471/ MT). A mesma tese jurídica foi aplicada ao julgamento do REsp 1265821/BA, julgado e publicado simultaneamente.

Todavia, não nos esqueçamos que o ECA incumbe a Defensoria Pública de prestar a assistência judiciária gratuita aos que dela necessitarem (art. 141, §1º, ECA); a assistência será prestada por defensor público ou por advogado nomeado, não havendo alusão ao Ministério Público. A assistência jurídica integral e gratuita, um dever do Estado, é prestada pela Defensoria Pública, como veremos noutro momento.

À vista do texto normativo, não cabe ao intérprete, sem apontar razões sólidas à sua superação (*v.g.*, inconstitucionalidade), ignorar o preceito nele contido. Com isso em mente, entendemos que a melhor interpretação é aquela que, na tutela individual, restringe a atuação do MP à defesa de direitos indisponíveis e apenas quando houver previsão expressa para tanto. Em hipóteses assim, haverá uma intersecção entre os campos de atuação do MP e da Defensoria, cuja legitimação será concorrente, mas disjuntiva (independente). É o que ocorre, como visto, com a ação de alimentos em benefício da criança e do adolescente, mas também por hipótese de ação de destituição do poder familiar (art. 101, §2º). Qualquer atuação do *parquet* fora de determinação específica deverá estar justificada pela ausência ou precariedade do serviço de assistência jurídica integral na localidade.

Do ponto de vista pragmático, tem-se notícia da existência de demandas individuais pleiteando o fornecimento de medicamentos.

ARTIGO 178.
O Ministério Público será intimado para, no prazo de 30 (trinta) dias, intervir como fiscal da ordem jurídica nas hipóteses previstas em lei ou na Constituição Federal e nos processos que envolvam:
I – interesse público ou social;
II – interesse de incapaz;
III – litígios coletivos pela posse de terra rural ou urbana.
Parágrafo único. A participação da Fazenda Pública não configura, por si só, hipótese de intervenção do Ministério Público.
CORRESPONDÊNCIA NO CPC/1973: *ART. 82.*

1. **Atuação como *custos legis*.** O *custos legis* é o "sujeito especial que participa do processo, como *viva voz* de interesses da ordem jurídica, a serem salvaguardados na composição da lide.". (PRATA, Edson, *Processo de conhecimento*, v. 1, São Paulo, Leud, 1989, p. 236).

Conquanto a distinção entre a qualidade de parte e a de fiscal da lei seja bastante usual, ela não satisfaz, na medida em que – a observação é de Hugo Nigro Mazzilli –, a "pureza" da qualidade de parte não afasta seu dever de fiscalização da ordem jurídica; a qualidade de fiscal não afasta a titularidade de faculdades, tampouco o exime de ônus processuais. E, continuava o autor, mesmo entre as causas em que o legislador justificou a intervenção do Ministério Público como *custos legis*, há diferenças substanciais, pois mais que um fiscal, exercerá um papel de "atuação protetiva, em favor da parte hipossuficiente", como é o caso dos interesses de incapaz, dos indígenas, das pessoas com deficiência etc. (como em interesses de incapaz, pessoa com deficiência, etc.). (MAZZILLI, Hugo Nigro, *A defesa dos interesses difusos em juízo*. 15. ed., São Paulo, Saraiva, 2002, p. 68). Sem imiscuir no acerto e rigor técnico das colocações anteriores, devemos reconhecer um largo campo de intersecções nas diferentes hipóteses que legitimam a atuação do *parquet*. É tendo essa ressalva em mente que avançamos na análise dos demais pontos, referindo-se à fiscal de lei na condição de abstração didática.

2. Rol exemplificativo. O rol do art. 178 não é taxativo, conclusão doutrinária existente ao tempo de artigo correlato no CPC/1973. (SILVA, Ovídio Baptista da, *Comentários ao Código de Processo Civil*, v. 1, 2. ed., São Paulo, RT, p. 380). Outras hipóteses de intervenção obrigatória são fixadas no próprio CPC/2015 – tais como incidente de arguição de inconstitucionalidade (art. 948); incidente de resolução de demandas repetitivas (art. 976, §2º); recurso extraordinário e/ou especial repetitivos (art. 1.038, §2º). Também se encontram na legislação extravagante – tais como ação popular (art. 7º, I, "a", Lei 4.717/1965); ação civil pública (art. 5º, §1º, Lei 7.437/1985); mandado de segurança (art. 12, Lei 12.016/09); *habeas data* (art. 12, CF/1988); mandado de injunção (aplicação "por analogia" do mandado de segurança,) etc.. Tudo isso sem negligenciar a importância da hermenêutica à compreensão do "interesse público ou social" indicado no art. 178, I; inovação textual que inviabiliza o controle apriorístico.

3. Ausência de intimação em hipótese de intervenção obrigatória. Nas hipóteses de intervenção obrigatória, a ausência de intimação do Ministério Público enseja a decretação de nulidade. Este é o entendimento jurisprudencial, bem sintetizado em arestos dos Tribunais de Justiça. Segue a ementa de julgado do TJRS: "APELAÇÃO CÍVEL. AÇÃO DE INTERDIÇÃO. AUSÊNCIA DE INTIMAÇÃO DO MINISTÉRIO PÚBLICO. HIPÓTESE DE INTERVENÇÃO OBRIGATÓRIA. CAUSA DE INVALIDADE. Em não sendo intimado, o Ministério Público, dos atos processuais realizados durante a instrução do processo cuja intervenção é obrigatória, de ser invalidado o processo a partir do primeiro ato do qual deveria ter ocorrido a intimação. Arts. 84 e 246, ambos do CPC. Precedentes jurisprudenciais. Sentença desconstituída, de plano.". (TJRS, AC 70062806476). No mesmo sentido, colhem-se decisões de outros tribunais (TJMG, AC 10024096326566002 MG; TJPR, APL 12173847 PR 1217384-7).

4. Interesse público ou social. A menção ao interesse público ou social – art. 178, I – não é ostenta caráter de novidade, pois ela decorre do texto constitucional (art. 127, *caput*) e, figurava no inciso III do art. 82, CPC/1973. Se nos anteciparmos para comparar a redação do artigo revogado com aquele que entra em vigor, também constataremos a supressão das ações de estado, bem assim das demais situações enumeradas no art. 82, II, CPC/1973 em que se impunha a intervenção.

Sem embargo, todas as hipóteses estão subsumidas na etiqueta do "interesse público ou social", o qual constitui fundamento mais amplo e consentâneo com a missão constitucional do Ministério Público, seja na tutela individual, seja na tutela coletiva; ele está subjacente em todas as hipóteses de intervenção do MP, constituindo a ideia síntese.

O texto da regra é vago, pois o próprio conceito de "interesse público" é impreciso, como acenava Celso Agrícola Barbi ao comentar o artigo correspondente no CPC/1973. (BARBI, Celso Agrícola, *Comentários ao Código de Processo Civil*, t. II, Rio de Janeiro, Forense, 1975, p. 379). O interesse público legitimador é o primário, tal e qual o STJ expressou em sede de embargos de divergência manejados sobre a obrigatoriedade ou não da intervenção em ação de desapropriação indireta; caso a Primeira Seção da Corte se pronunciasse pela intervenção, isso implicaria a manutenção da decisão que decretou a nulidade do processo desde o momento em que o *parquet* deveria ter ciência do feito. Na ocasião, seguindo o voto da lavra do Ministro Humberto Martins, aquele órgão entendeu que a desapropriação indireta por si só não fundamentaria a intervenção ministerial, dado que haveria apenas interesses da Fazenda em jogo (públicos secundários). Com a ressalva, anunciada no voto do relator e ratificada no voto-vista do Ministro Herman Benjamin, que a temática da desapropriação poderia afetar interesses sociais, os quais, doravante, reclamariam a intervenção (*v.g.*, meio ambiente). É o que consta dos votos escritos e do acórdão do STJ. (STJ, EREsp 506.226/DF).

É por esse motivo que o parágrafo único testifica que a simples presença da Fazenda Pública não justifica a intervenção ministerial.

5. Interesses de incapaz. Inicialmente, registre-se que a Lei Brasileira de Inclusão Social (Lei 13.146/2015), revogou o art. 3º do CC/2002. O rol do art. 3º figurava situações em que o legislador presumia a incapacidade absoluta aos atos da vida civil; a presunção era absoluta.

Em segundo lugar, que não interessa o polo da ação ocupado pelo incapaz; sua condição originária de terceiro, assumindo a qualidade de parte com a intervenção, tampouco se a legitimidade interventiva decorre de um vínculo reflexo, como é o caso da assistência simples (SILVA, Ovídio Baptista da, *Comentários ao Código de Processo Civil*, v. 1, 2. ed., São Paulo, RT, p. 381).

Por último, não interessa a natureza do feito, tampouco se se trata de jurisdição contenciosa ou voluntária.

Nessas situações, em esforço de síntese, a função ministerial é de "vigilância, para suprir eventual falha na defesa dos interesses dos incapazes. Cabe-lhe também velar pela exata observância das normas legais editadas para proteção daqueles, verificando se estão corretamente representados ou assistidos.". (BARBI, Celso Agrícola, *Comentários ao Código de Processo Civil*, t. II, Rio de Janeiro, Forense, 1975, p. 378).

6. Litígios coletivos pela posse de terra rural ou urbana. São litígios coletivos no sentido preconizado pela Lei 9.415/1996, diploma que dita a participação do *custos legis* nas ações possessórias manejadas contra a ocupação de imóveis rurais por parte de trabalhadores sem terra (MST).

Artigo 179.

Nos casos de intervenção como fiscal da ordem jurídica, o Ministério Público:

I – terá vista dos autos depois das partes, sendo intimado de todos os atos do processo;

II – poderá produzir provas, requerer as medidas processuais pertinentes e recorrer.
CORRESPONDÊNCIA NO CPC/1973: *ART. 83.*

1. Intervenção oficiosa ou provocada. Nada impede que qualquer das partes requeira a intervenção do *parquet*, o magistrado determine de ofício, ou, caso tenha notícia, o próprio Ministério Público peticione requerendo sua intervenção. Em todos os casos, cabe apenas ao MP verificar se estão presentes as condições materiais que justificam sua atuação. O CPC/2015 não reproduziu o teor do art. 84, CPC/1973, o qual tributava à parte a promoção da intimação, sob pena de nulidade do processo. Fê-lo bem, evitando as inglórias discussões que marcavam o dispositivo.

2. Poderes do Ministério Público como fiscal da ordem jurídica. O inciso I deixa claro que o Ministério Público terá a oportunidade de praticar todos os atos processuais indispensáveis à sua condição de *custos legis*; terá vista dos autos após as partes, sendo intimado de todos os atos processuais. Já o inciso II enumera as faculdades processuais do MP.

Havendo entendimento pretoriano no sentido de que cabe ao MP a última palavra no tocante à configuração ou não de interesse conducente à sua intervenção e à vista da clara opção do legislador em não estabelecer um rol exaustivo de causas para tanto, deflui que o elenco de faculdades processuais é meramente exemplificativo – sua atuação será controlada a partir do art. 77 do CPC/2015. Nessa senda, compete-lhe: promover a conciliação; suscitar a incompetência absoluta, o impedimento e/ou a suspeição; requerer e participar da produção de prova (formular perguntas ao perito; indicar assistente técnico; indagar as partes e/ou testemunhas, etc.); fazer-se presente às audiências; apresentar recursos, ainda que a parte não o tenha feito (Enunciado 99, STJ); suscitar a instauração do incidente de resolução de demandas repetitivas. etc. Consignando-se, ainda, que o CPC/2015 manteve a regra sobre o pagamento das despesas originadas pelos atos e requerimentos do Ministério Público (art. 91). Em ilustrativa ementa de julgado do TJSP: "AGRAVO DE INSTRUMENTO – AÇÃO DE COBRANÇA – SEGURO DPVAT – Menor incapaz, autor, alega ser o único herdeiro do segurado falecido, estando apto, portanto, a receber o benefício em sua integralidade. Surge notícia nos autos de que existe companheira do segurado falecido, que também seria herdeira do benefício securitário. Ministério Público, atuando como fiscal da lei, requereu expedição de ofício ao INSS, com intuito de apurar a existência de outros herdeiros do segurado, que não apenas o menor autor. Insurgência da parte autora, afirmando não caber ao Ministério Público requerer prova pretensamente contrária aos interesses do incapaz, bem como requerer prova não suscitada pela ré, que é quem teria o ônus de produzi-la – Descabimento – O Ministério Público não se vincula ao interesse da parte que legitimou sua atuação, pois sua vocação máxima é a defesa da ordem jurídica. Precedentes – O art. 83, inciso II, do CPC, confere ampla legitimidade ao Ministério

Público, atuando como fiscal da lei, para requerer as provas que entender necessárias ao deslinde da demanda. Precedentes – Decisão mantida – RECURSO DESPROVIDO.". (TJSP, AI 21037332620158260000).

Artigo 180.

O Ministério Público gozará de prazo em dobro para manifestar-se nos autos, que terá início a partir de sua intimação pessoal, nos termos do art. 183, § 1º.

§ 1º Findo o prazo para manifestação do Ministério Público sem o oferecimento de parecer, o juiz requisitará os autos e dará andamento ao processo.

§ 2º Não se aplica o benefício da contagem em dobro quando a lei estabelecer, de forma expressa, prazo próprio para o Ministério Público.

CORRESPONDÊNCIA NO CPC/1973: *ART. 188.*

1. **Prazos duplicados.** o CPC/2015 unificou os prazos ao Ministério Público. Antes, conforme a redação do art. 188 do CPC/1973 gozava de prazo quadruplicado para responder e duplicado para recorrer. Com o advento do CPC/2015, a dobra foi adotada como critério único, uniformizando-se a prerrogativa de prazos. A única ressalva fica para os prazos específicos ao *parquet* a teor do parágrafo 2º do art. 180.

2. **Dobra de prazos e qualidade de fiscal da lei.** O benefício da duplicidade somente é aplicável ao MP quando ostentar a qualidade de parte; a condição de *custos legis* não autoriza a dobra. Ao instituir o prazo de 30 (trinta) dias, o art. 178, *caput*, CPC/2015, afastou a previsão do art. 180. À vista do entendimento doutrinário e jurisprudencial que permitia a duplicação em todos os casos, teceremos algumas linhas adicionais. (NERY JR., Nelson, *Princípios do processo civil na Constituição* Federal 8. ed., São Paulo, RT, 2004, p. 81).

O STJ alargava a incidência do art. 188 do CPC/1973 às hipóteses de atuação do Ministério Público como fiscal da lei. A questão não é recente naquela corte, constituindo fundamento determinante do REsp 15.311 e ventilada no REsp 105.805, ambos conduzidos pelo voto do então Ministro Sálvio de Figueiredo Teixeira. (STJ, REsp 105.805/MG). Segue a ementa do REsp 15.311/SP: "Processo Civil. Ministério Público. Custos Legis. Recurso. Prazo em dobro. CPC, art. 188. Orientação doutrinário-jurisprudencial. Recurso provido.". (STJ, REsp 15.311/SP)

A norma do art. 188, CPC, que prevê prazo em dobro para recorrer, aplica-se também ao Ministério Público quando este atua no processo como *custos legis*, sendo manifesta a impropriedade de sua redação, a reclamar exegese sistemática e teleológica. (STJ, REsp 15311/SP). E, mesmo antes da criação do STJ, consultando o último julgado, verifica-se que a Corte Excelsa professava a mesma tese.

Sucede que, o CPC/1973 não contemplava disposição semelhante à do *caput* do art. 178 do CPC/2015; o entendimento pretoriano foi engendrado sob o vácuo de previsão temporal específica. Doravante, com a indicação expressa de prazo à manifestação, não se autoriza conclusão diferente. A distinção fica reservada às situações em que, porventura, haja outro prazo específico à intervenção. O art. 178, *caput*, passa a funcionar como regra geral de prazos à atuação como fiscal da lei; havendo outro prazo, a temática se resolverá pelo critério da especialidade (por exemplo, mandado de segurança).

2. Termo inicial dos prazos. O início do prazo somente é deflagrado com a intimação pessoal do *parquet*, por carga, remessa ou meio eletrônico (art. 183, §1º). Como sói, o CPC/2015 respeitou a prerrogativa instituída pelo art. 41, IV, da Lei 8.625/1993 (Lei Orgânica do Ministério Público); essa lei prevê a intimação pessoal, com autos, de modo que o prazo somente começará a fluir com o recebimento deles pelo órgão; e por "recebimento". entenda-se, quando cabível, sua chegada à sede do órgão ministerial. O prazo não enceta com a simples aposição do "ciente", ao ensejo da abertura de vista. Diferente se dá quando o ato de comunicação ocorrer por meio eletrônico.

3. Ausência de intimação x ausência de manifestação. Inicialmente, é importante perceber que o art. 180, §1º, trata da intervenção do Ministério Público na condição de fiscal da lei (*custos legis*), e não na condição de parte. Conquanto seja sabido que a ausência de intimação do Ministério Público nos casos de intervenção obrigatória – art. 178 – enseje a decretação de nulidade, inexiste qualquer vício processual na falta de sua manifestação.

4. Ausência de intimação e decretação de nulidade. Não se devem negligenciar os preceitos no sistema de invalidades do CPC. A eventual decretação de nulidade, portanto, submete-se às regras do sistema de invalidade previsto no CPC/2015 (arts. 276 e 283).

5. Ausência de manifestação e controle jurisdicional. Questão polêmica é saber se o magistrado poderia controlar a omissão do Ministério Público, isto é, se após a abertura de vistas ao MP, e depois de remetido ao órgão, o processo for devolvido sem qualquer manifestação. Nesta situação, o juiz poderia despachar remetendo os autos uma segunda vez que para que haja uma efetiva intervenção de algum membro do órgão?

O art. 43, IV, da Lei Orgânica do Ministério Público institui a observância dos prazos como um dos deveres do Ministério Público. Já o inciso VI do mesmo artigo estabelece que as funções deverão ser desempenhadas com zelo e presteza. Tudo está a indicar, pois, que o eventual descompromisso do promotor ou procurador poderá ensejar a responsabilização disciplinar.

Mas para a indagação formulada, a questão se resolve na perspectiva da independência funcional e na horizontalidade entre os cargos/funções. Nessa senda, a independência funcional garantia a independência na atuação do membro do MP; independência, inclusive, garantida institucionalmente.

Diante da relação de horizontalidade entre juiz e promotor ou procurador, não é possível ao magistrado determinar a manifestação efetiva em qualquer processo. Sem embargo, a ausência de manifestação é considerada como falta funcional, sendo passível de controle pela corregedoria. Em uma situação na qual, por aplicação analógica do art. 77, §6º, entendemos que o magistrado deverá oficiar a corregedoria do Ministério Público a fim de que apure possível falta funcional, pois nem a falta de manifestação, tampouco sua qualidade, são alvo da sindicância jurisdicional.

Artigo 181.

O membro do Ministério Público será civil e regressivamente responsável quando agir com dolo ou fraude no exercício de suas funções.
CORRESPONDÊNCIA NO CPC/1973: *ART. 85.*

O órgão do Ministério Público será civilmente responsável quando, no exercício de suas funções, proceder com dolo ou fraude.

1. Responsabilidade pessoal. O membro do Ministério Público responde por dolo ou fraude, mas não por culpa. A teor do art. 181, sua responsabilidade pessoal, civil, será apurada em ação própria, promovida pelo Estado (ação de regresso). Todavia, poderá ser responsabilizado disciplinarmente perante o órgão de classe ou corregedoria respectiva.

TÍTULO VI – Da Advocacia Pública

Artigo 182.

Incumbe à Advocacia Pública, na forma da lei, defender e promover os interesses públicos da União, dos Estados, do Distrito Federal e dos Municípios, por meio da representação judicial, em todos os âmbitos federativos, das pessoas jurídicas de direito público que integram a administração direta e indireta.
CORRESPONDÊNCIA NO CPC/1973: *NÃO HÁ.*

1. Da Advocacia Pública. O art. 182, CPC/2015 se limita a reproduzir, em parte, aquilo que já consta do texto constitucional. Assim, os arts. 131 e 132 da CF/1988 cuidam da Advocacia Pública; o primeiro no âmbito da União, atribuindo à Advocacia-Geral da União, direta ou por meio de órgão vinculado, a "representação" da União em juízo ou fora dele, tanto nas atividades de consultoria quanto de assessoramento do Executivo. Já o art. 132 reproduz preceito semelhante aos procuradores dos Estados e DF. Para todos os casos, o ingresso nas classes iniciais da carreira ocorrerá por meio de concurso público de provas e títulos. Por simetria, segue-se a mesma orientação em âmbito municipal.

A Procuradoria Judicial é um *órgão* da Fazenda Pública destinado à consultoria e assessoria, presentando a Fazenda em juízo, por meio de advogados – inscritos na OAB – titulares de cargos públicos; ostentando, pois, capacidade postulatória. A atuação desses profissionais em juízo ocorre *ex lege*, prescindindo da juntada de procuração (art. 9º, Lei 9.469/1997), o que decorre do vínculo com a Administração. Em outras palavras, a simples investidura no cargo ou função faz com que o procurador adquira a presentação da Fazenda em juízo, compreendendo os poderes gerais para o foro. (CUNHA, Leonardo J. Caneiro da, *A Fazenda Pública em juízo*, 8. ed., São Paulo, Dialética, 2010, p. 20-21). Quanto aos municípios, excepcionalmente, a lei permite prevê que serão presentados em juízo por seus procuradores ou pelo prefeito; no último caso, pressupondo-se que o cargo de procurador não exista.

Artigo 183.
A União, os Estados, o Distrito Federal, os Municípios e suas respectivas autarquias e fundações de direito público gozarão de prazo em dobro para todas as suas manifestações processuais, cuja contagem terá início a partir da intimação pessoal.
§ 1º A intimação pessoal far-se-á por carga, remessa ou meio eletrônico.
§ 2º Não se aplica o benefício da contagem em dobro quando a lei estabelecer, de forma expressa, prazo próprio para o ente público.
CORRESPONDÊNCIA NO CPC/1973: *NÃO HÁ.*

1. **Unificação dos prazos.** O CPC/2015 unificou o tratamento do Ministério Público (art. 180), Advocacia Pública (art. 183) e da Defensoria Pública (art. 186) no tocante aos prazos e sua contagem. Assim, reiteramos que todos os prazos serão dobrados, salvante quanto houver prazo específico, tal como prazo de trinta (30) dias à impugnação ao cumprimento de sentença *ex vi* do art. 535, *caput*, não relevando sua condição de parte; que os prazos serão contados apenas em dias úteis; que todas as intimações são pessoais, por carga, remessa ou meio eletrônico. Vale salientar que a nova regra não contém a mesma ressalva da antecessora (art. 188, CPC/1973), aplicando-se a todos os prazos, e não apenas para contestar ou recorrer.

A prerrogativa do art. 183 se restringe à Fazenda Pública, composta por União, Estados, DF, Municípios, respectivas autarquias e fundações; as autarquias especiais, sejam executivas ou reguladoras; e as associações públicas. Conseguintemente, restam excluídas as empresas públicas e as sociedades de economia mista, as quais se revestem de personalidade jurídica de direito privado, a despeito de seu regime jurídico híbrido. O entendimento é pacífico na jurisprudência. (STJ, AgRg no AgRg na SLS 1.955/DF).

Por último, também é importante referir que o benefício é de titularidade da Fazenda, e não do corpo de advogados que a representa.

2. (In)aplicabilidade da prerrogativa às sociedades de economia mista prestadoras de serviço público. Cediço que as empresas públicas e as sociedades de economia mista não integram o conceito de "Fazenda", não fazendo jus à prerrogativa contida no art. 183. De toda sorte, não sem alguma resistência da doutrina, o STF reconhece que, no coquetel de figuras que se exprimem na Administração Pública brasileira, é possível encontrar empresas que, em substância, não atendem à forma delineada pelo legislador.

A questão é polêmica; e conta com a resistência doutrinária. Segundo Carvalho Filho, as sociedades de economia mista não poderiam prestar serviços públicos essenciais, tampouco os serviços de acentuada "coloração social", haja vista, no primeiro caso, a prestação ser exclusiva do Estado e, no segundo, cuidar-se de um serviço público deficitário. Em vista do que, conclui: "Por essa razão é que no universo das sociedades de economia mista e de empresas públicas dificilmente se encontrará alguma delas que execute serviço público que não seja superavitário, demonstrando, por conseguinte, que seu alvo básico é realmente a atividade econômica.". (CARVALHO FILHO, José dos Santos, *Manual de direito administrativo*, 22. ed., Rio de Janeiro, Lumen Juris, 2010, p. 476). De seu tempo, posto que reconhecesse não ser a regra, José Cretella Jr. acenava à hipótese de SEM prestadoras de serviços públicos nos cenários brasileiro e universal. (CRETELLA JR., José, *Administração indireta brasileira*, Rio de Janeiro, Forense, 1980, p. 347).

Sem envergar uma antítese a essa tese, do contexto doutrinário atual, colhe-se a opinião do então Ministro Carlos Ayres Britto, sendo suficiente a consulta de seu voto no julgamento do RE 599.628/DF. Naquela ocasião, na condição de relator do recurso em tela, aduziu a impossibilidade de se tornar uma entidade refém da forma administrativa adotada, sendo necessário analisá-la do ponto de vista substancial, isto é, na perspectiva da atividade explorada. Assim, em outro contexto fático, mas cuja lição importa ser reproduzida, manifestou: "Dando-se que, no caso dos autos, a recorrente é prestadora de serviço público essencial (geração e fornecimento de energia elétrica) e somente por modo formal é que se reveste de sociedade de economia mista". No particular, à mesma constatação chegou o Ministro Gilmar Mendes, afirmando existir um *mixtum compositum*, no sentido "de atividades econômicas que podem ser exercidas por autarquias e de serviços públicos, em linhas gerais, que podem ser exercidos por empresas públicas e até sociedades de economia mista". (STF, RE 599.628/DF).

Todas essas considerações de índole doutrinária resgatam à memória a lição extraída da obra monográfica de Lúcia do Valle Figueiredo que, investigando a concessão de imunidade recíproca às empresas públicas e sociedades de economia mista, assentou que as conclusões no tocante ao aspecto tributário estariam subordinadas a um exame fenomenológico de cada uma das figuras existentes. Em outros dizeres, rechaçando uma abordagem apriorística, focada na lei e desapegada do coquetel de figuras que se exprimem na Administração Pública brasileira, sugere um exame posteriorístico, caso a caso. (FIGUEIREDO, Lúcia do Valle, *Empresas públicas e sociedades de economia mista*, São Paulo, RT, 1978, p. 75). Destarte, não basta uma reflexão conceitual.

ARTIGO 184.

O membro da Advocacia Pública será civil e regressivamente responsável quando agir com dolo ou fraude no exercício de suas funções
CORRESPONDÊNCIA NO CPC/1973: *NÃO HÁ.*

1. **Responsabilidade disciplinar.** Ver nossos comentários ao art. 181.

TÍTULO VII – Da Defensoria Pública

ARTIGO 185.

A Defensoria Pública exercerá a orientação jurídica, a promoção dos direitos humanos e a defesa dos direitos individuais e coletivos dos necessitados, em todos os graus, de forma integral e gratuita.
CORRESPONDÊNCIA NO CPC/1973: *NÃO HÁ.*

1. **Da assistência jurídica integral e gratuita.** As Defensorias Públicas só foram instituídas com a CF/1988. Antes disso, as próprias Procuradorias prestavam a assistência jurídica aos hipossuficientes.

Com a promulgação da CF/1988, já no art. 5º, impôs-se o dever ao Estado de prestar "assistência jurídica integral e gratuita aos que comprovarem insuficiência de recursos".

A redação do art. 185, CPC/2015 repete o preceito contido no art. 134, *caput*, da CF/1988, com as alterações redacionais implementadas pela EC 80/2014. As Defensorias Públicas foram redimensionadas com a referida Emenda Constitucional. Mas é a Lei Complementar 80/1994 que estabelece o perfil geral da defensoria e suas funções institucionais. Conquanto apresente uma disciplina pormenorizada da Defensoria Pública da União, a LC 80/1994 também rege a atividade das Defensorias Públicas dos Estados, com regulamentação complementar em nível estadual.

Em seu art. 4º, traz um rol extenso de funções institucionais da Defensoria, e que ora sintetizamos: a conscientização e difusão de direitos, sobretudo os direitos humanos e os inerentes à cidadania dos necessitados; o exercício da ação ou patrocínio de defesa de necessitados, em todos os graus de jurisdição; a promoção de ações coletivas à tutela de direitos difusos, coletivos em sentido ou individuais homogêneos, sempre que o resultado puder beneficiar grupos de pessoas hipossuficientes; o estímulo e facilitação de soluções extrajudiciais, por meio de conciliação, mediação ou arbitragem; a representação em processos administrativos; representação aos sistemas internacionais de proteção dos direitos humanos com exercício de postulações em qualquer de seus órgãos; impetração de remédios constitucionais ou qualquer outra ação à defesa de seus direitos-função; defesa de grupos vulneráveis (crianças e adolescentes, pessoas idosas, pessoas com deficiência, etc.); acompanhamento da persecução penal em qualquer de suas fases, promovendo as medidas necessárias à defesa do investigado, denunciado ou condenado que não tiver advogado constituído; ajuizamento da ação penal – de iniciativa – privada subsidiária da pública; atuação nos juizados especiais; atuação especial na restauração da integridade de vítimas de tortura, abusos sexuais, discriminação ou qualquer outra forma de opressão ou violência, garantindo o atendimento interdisciplinar e promovendo as ações de reparação.

Com um espectro de atuação tão amplo e uma gama de funções sobremaneira relevantes, a Defensoria Pública, mormente no âmbito dos Estados, deveria ser um órgão com estrutura similar ao do Ministério Público. Todavia, não é possível comparar o MP à Defensoria, na medida em que o desenvolvimento institucional do último órgão, para além de sua criação recente, somente foi viabilizado a partir de 2004 em nível estadual e de 2013 ao nível da União e do Distrito Federal. Isso passa não apenas por sua autonomia orgânico-administrativa, mas também, e primacialmente, pela iniciativa de sua proposta orçamentária, o que somente foi garantido às Defensorias Públicas dos Estados pela EC 45/2004 (art. 134, §2º) e às Defensorias Públicas da União e do Distrito Federal pela EC 74/2013 (art. 134, §4º) – ambos de aplicabilidade direta e incidência imediata consoante reconhecido pelo STF. (STF, ADI 3.569/ 2007; ADI 3.965/2012). Decerto que não há independência e autonomia administrativa, sem que seja preservada a autonomia financeira; a capacidade de autogestão somente é viabilizada com o devido respeito às mesmas garantias reservadas ao Judiciário e ao Ministério Público.

O plenário do STFjá recebeu diferentes provocações em que o desrespeito à iniciativa orçamentária da Defensoria foi o pano de fundo. Dentre outros, foi o que aconteceu ADPF 307, promovida pela Associação Nacional de Defensores Públicos (Anadep), ora citada em virtude da especialidade que marca a ação destinada à defesa de preceito fundamental. Naquela ocasião, referendando decisão concessiva de medida cautelar do Min. Dias Toffoli em ADPF, o Tribunal Pleno manteve a suspensão do ato do Governador do Paraíba que reduziu a proposta orçamentária de iniciativa da Defensoria Pública daquele Estado ao incorporá-las ao Projeto de Lei Orçamentária de 2014 encaminhado à Assembleia Legislativa e a incluiu, no "Detalhamento de Ações", entre as secretarias do Poder Executivo. O STF reafirmou que o respeito à garantia insculpida no art. 134, §2º da CF/1988 concorreria à densificação do dever de prestar a assistência jurídica integral e gratuita pelo órgão – tese jurídica assentada na ADI nº 2.903/PB, de relatoria do Ministro Celso de Mello. (STF, ADPF 307/2013).

2. Assistência integral e advogados dativos. O art. 4º, §5º, da LC 80/1994 pontifica que a assistência jurídica integral e gratuita será custeada ou fornecida pelo Estado por meio das Defensorias Públicas. As Defensorias foram relegadas durante muito tempo, o que, certamente, passava pela autonomia financeira.

Basta ter ciência de que Santa Catarina e Paraná estavam entre os últimos Estados do país a implantar órgão à assistência jurídica integral de necessitados, malgrado a Defensoria Pública já tivesse assumindo um perfil sobranceiro com a CF/1988.

Os advogados dativos têm função suplementar, isto é, se o quadro de defensores for insuficiente para absorver as demandas, nomear-se-ão advogados dativos, cuja atuação pode limitar-se ao ato ou mesmo ao acompanhamento integral da causa. Cabe aos juízes efetuar sua nomeação, sendo importante consignar que o advogado dativo não é obrigado a aceitá-la.

Não raro, alguns estados firmam convênios com a OAB ou outras instituições, na medida em que o STF também já reconheceu a inconstitucionalidade de diploma estadual que fixava a exclusividade do convênio com a ordem. (STF, ADI 4.163/2013).

3. Assistência integral e escritórios de prática jurídica de Faculdades de Direito. A assistência jurídica gratuita também é prestada por núcleos de prática jurídica das Faculdades de Direito, ainda que não tenham natureza pública. De toda sorte, como veremos aos comentários ao art. 186, §3º, há importantes nuances a serem tratadas.

4. Defesa dos direitos coletivos. À Defensoria Pública também compete a defesa dos direitos coletivos. O art. 5º, II da LACP já dispunha nesse sentido, figurando o órgão dentre o rol de legitimados às ações civis públicas, após a alteração encartada pela Lei 11.448/2007.

No ensejo, não deixemos de mencionar a ADI 3943, promovida pela Associação Nacional dos Membros do Ministério Público (Conamp), em virtude da referida modificação.

A Defensoria Pública pode e deve assumir a função institucional que lhe compete na tutela coletiva. Acreditamos, inclusive, que, face às garantias institucionais e funcionais – nada obstante a ausência da vitaliciedade –, ela goza de independência suficiente para promover ações coletivas. De toda sorte, paralelamente à sua atuação em juízo, insistimos que a principal missão da Defensoria Pública consiste na conscientização da comunidade a fim de que esta, pouco a pouco, consiga galgar os degraus necessários à defesa de seus interesses em juízo. A preocupação é evitar uma situação incongruente e insustentável ao longo prazo. No escólio de Gidi: "Até hoje, a posição do MP brasileiro é considerada peculiar no cenário internacional: em nenhum país do mundo a instituição galgou semelhante posição de poder na tutela dos direitos privados. É fácil perceber que, em várias demandas coletivas, os sujeitos envolvidos são o Estado (MP) acionando judicialmente o Estado (União, Estados, Municípios) e sendo julgados pelo Estado (magistratura). Essa posição esquisofrênica [sic.] do Estado não pode gerar uma atmosfera política estável a longo prazo.". (GIDI, Antonio, *Rumo a um Código de Processo Civil coletivo: a codificação das ações coletivas no Brasil*, Rio de Janeiro, Forense, 2008, p. 414). Para um prognóstico, permita-se o exercício reflexivo de substituir "MP" por "Defensoria Pública".

Artigo 186.
A Defensoria Pública gozará de prazo em dobro para todas as suas manifestações processuais.

§ 1º O prazo tem início com a intimação pessoal do defensor público, nos termos do art. 183, § 1º.

§ 2º A requerimento da Defensoria Pública, o juiz determinará a intimação pessoal da parte patrocinada quando o ato processual depender de providência ou informação que somente por ela possa ser realizada ou prestada.

§ 3º O disposto no *caput* aplica-se aos escritórios de prática jurídica das faculdades de Direito reconhecidas na forma da lei e às entidades que prestam assistência jurídica gratuita em razão de convênios firmados com a Defensoria Pública.

§ 4º Não se aplica o benefício da contagem em dobro quando a lei estabelecer, de forma expressa, prazo próprio para a Defensoria Pública.

CORRESPONDÊNCIA NO CPC/1973: *NÃO HÁ.*

1. **Prerrogativa dos prazos em dobro para todas as manifestações processuais.** o art. 186, *caput*, reproduz a prerrogativa institucional da Defensoria Pública prevista no art. 44, I, da LC 80/1994, de previsão genérica às Defensorias Públicas.

Contudo, antes se compreendia a prerrogativa como prazos em dobro para contestar e recorrer. Diante do art. 186 do CPC/2015, entende-se que a prerrogativa incide a todas as manifestações, como é o caso da apresentação de contrarrazões.

Não deixemos de registrar que a duplicidade é restringida aos prazos processuais, não alcançando prazos considerados de direito material.

2. **Termo inicial dos prazos.** O prazo é deflagrado com a intimação pessoal do Defensor nos termos do art. 183, §1º, isto é, por carga, remessa ou meio eletrônico. No ponto, afere-se que o CPC/2015 quebrou a exclusividade da prerrogativa do Ministério Público, alargando-a à Defensoria Pública e aos Advogados Públicos. Ver nossos comentários aos artigos respectivos.

3. **Núcleos universitários de prática jurídica e duplicidade de prazos.** O parágrafo 3º estende a prerrogativa dos prazos duplicados aos escritórios de prática jurídica das Faculdades de Direito, alinhando-se ao entendimento pretoriano sobre o assunto.

Do ponto de vista jurisprudencial, a prerrogativa dos prazos em dobro já era reconhecida pela Lei 1.060/1950 (art. 5º, §5º), quando a assistência jurídica era prestada por Universidade Pública, pois o serviço seria organizado e mantido pelo Poder Público. O entendimento persiste desde a década de 90, (STJ, REsp 105.096/PR; AgRg no AgRg no AgRg na MC 5.149/MG), evoluindo do reconhecimento inicial do benefício de duplicidade dos prazos às entidades conveniadas (STJ, REsp 23.952/SP), para só após reconhecer que, a despeito da existência do convênio, sendo a instituição pública, ficaria resguardada a condição exigida pelo já citado art. 5º, §5º. Neste sentido, conferir decisão da lavra da Min. Nancy Andrighi, em sede de Recurso Especial (STJ, REsp 1.106.213/SP), cuja ementa está vazada nos seguintes termos: "PROCESSO CIVIL. AÇÃO INDENIZA-

TÓRIA. ASSISTÊNCIA JUDICIÁRIA. NÚCLEO DE PRÁTICA JURÍDICA. UNIVERSI-DADE PÚBLICA. PRAZO EM DOBRO. 1. Segundo a jurisprudência desta Corte, inter-pretando art. 5º, § 5º, da Lei nº 1.060/50, para ter direito ao prazo em dobro, o advogado da parte deve integrar serviço de assistência judiciária organizado e mantido pelo Estado, o que é a hipótese dos autos, tendo em vista que os recorrentes estão representados por membro de núcleo de prática jurídica de entidade pública de ensino superior. 2. Recurso especial provido para que seja garantido à entidade patrocinadora da presente causa o benefício do prazo em dobro previsto no art. 5º, §5º, da Lei 1.060/50. Analisando o caso, observa-se que o núcleo em questão, *Centro Acadêmico XI de Agosto,* da Faculdade de Direito da USP, mantinha convênio com o Estado. Contudo, a circunstância não mere-ceu relevo diante do caráter público da instituição.".

Por último, a mesma tese jurídica não socorre os escritórios de prática jurídica orga-nizados e mantidos por universidades privadas, salvo quando conveniados. Em todos os casos, no entanto, fica garantido o direito à intimação pessoal. (STJ, HC 22.896/SP; HC 27.923/SP; HC 24.791/SP).

ARTIGO 187.
O membro da Defensoria Pública será civil e regressivamente responsá-vel quando agir com dolo ou fraude no exercício de suas funções.
CORRESPONDÊNCIA NO CPC/1973: *NÃO HÁ.*

1. Garantias funcionais do Defensor Público. Os defensores gozam de inamovi-bilidade e irredutibilidade de proventos, mas CF/1988 não estendeu a eles garantia da vitaliciedade. Sobre sua responsabilidade, ver nossos comentários aos arts. 143 e 181.

LIVRO IV
DOS ATOS PROCESSUAIS

TÍTULO I – Da Forma, do Tempo e do Lugar dos Atos Processuais

CAPÍTULO I – Da Forma dos Atos Processuais

SEÇÃO I – Dos Atos em Geral

ARTIGO 188.

Os atos e os termos processuais independem de forma determinada, salvo quando a lei expressamente a exigir, considerando-se válidos os que, realizados de outro modo, lhe preencham a finalidade essencial.

CORRESPONDÊNCIA NO CPC/1973: *ART. 154.*

1. Do suporte fático ao fato jurídico. "Nada mais reprovável, em método, começar-se a falar dos direitos, das pretensões, das ações e das exceções, antes de se falar da regra jurídica, do suporte fático, da incidência da regra jurídica, da entrada do suporte fático no mundo jurídico, do fato jurídico.". No trecho supracitado, Pontes de Miranda frisa a necessidade do estudo do fato jurídico para, posteriormente, adentrar na análise dos direitos-deveres, das pretensões-obrigações, etc. Tem-se, com isso, a base da teoria do fato jurídico ponteana. Em verdade, ela é a própria Teoria Geral do Direito desenvolvida pelo citado jurista. É possível, obviamente, criticar as premissas dela, por, *e.g.*, não servirem para sustentar o direito como fenômeno linguístico. No entanto, não há como negar que, por ela, Pontes de Miranda pretende explicar a totalidade do fenômeno jurídico em sua dimensão normativa: "a noção fundamental do direito é a de fato jurídico; depois, a de relação jurídica", diz ele, algo que sintetiza a premissa acima. Para entender a teoria ponteana, é importante ressaltar que existem fatos relevantes e irrelevantes para o direito (concepção, ao menos na literalidade, desenvolvida por Marcos Bernardes de Mello). Nem tudo que acontece no mundo é jurídico, obviamente. O critério para estabelecer o que é relevante ou não para o direito é de cunho valorativo: aquele que tem o poder de relevar o direito escolhe quais fatos passam a ser relevantes, criando-se, com isso, a norma jurídica. Desse modo, a partir da valoração, a norma, devidamente textualizada, descreve uma hipótese (suporte fático): um fato ou um complexo de fatos e, como consequências desses fatos, imputa algo a alguém. Concretizada a hipótese, a norma incide sobre o suporte fático, gerando, com isso, o fato jurídico. Este é, pois, formado pela incidência da norma sobre o suporte fático concretizado, o qual o texto da norma previamente estabelece. Composto o suporte fático suficiente, haverá a incidência da norma jurídica surgindo o fato jurídico. A principal função da incidência é, pois, juridicizar o suporte fático. Pontes de Miranda divide, além disso, o mundo do direito em três planos: existência, validade e eficácia. Com a concreção do suporte fático e, consequentemente, a incidência da norma, tem-se o plano da existência do fato jurídico (suporte fático juridicizado pela incidência).

1.1. Elementos do suporte fático. Fixada a noção de suporte fático, faz-se necessário analisar seus elementos. Por questões metodológicas, tratar-se-á, neste trabalho, apenas da divisão que classifica os elementos do suporte fático em: elementos nucleares, complementares e integrativos. Na maioria das vezes, o suporte fático não é algo uno, ele é formado por diversos acontecimentos. Desse modo, existem acontecimentos que são fundamentais para a formação do suporte fático, são os elementos nucleares. A ausência de quaisquer desses elementos leva à não formação do suporte fático. Os elementos nucleares dividem-se em: elementos cerne e completante. O elemento cerne é o principal, *e. g.*, a vontade nos atos jurídicos. Os elementos completantes se ajuntam ao principal para formar o núcleo: nos contratos reais, a manifestação de vontade é elemento cerne, e a tradição (entrega da coisa) é o completante. Este, pois, delimita aquele, especificando o tipo. Se, porventura, faltar qualquer desses elementos, o suporte fático não será suficiente, fazendo que não haja incidência normativa, impedindo, assim, o ingresso do suporte fático no mundo jurídico. Existem também os elementos complementares do suporte fático. Eles não são elementos de suficiência do suporte fático, sua ausência não priva, pois, a incidência normativa. O suporte fático, onde não haja a presença de um deles, é apto a ser fato jurídico, conquanto viciado ou ineficaz. Os elementos complementares, por dizerem respeito à integridade do suporte fático, e não à sua suficiência, são elementos exclusivos dos atos jurídicos lícitos *lato sensu*. As demais categorias de fatos jurídicos não têm elementos complementares. Os elementos complementares classificam-se em (Marcos Bernardes de Mello): (i) quanto ao objeto, que deve ser lícito, determinado ou, no mínimo, determinável e possível; (ii) quanto à forma da exteriorização da vontade, deve-se obedecer a forma prescrita ou não proibida pela norma; e (iii) quanto aos elementos subjetivos: primeiramente, boa parte das capacidades específicas e legitimações, e, em seguida, a perfeição da exteriorização da vontade, ou seja, a ausência de vícios que a maculem, como o dolo, a coação, etc. Existem, por fim, os chamados elementos integrativos. Eles não compõem o suporte fático de atos jurídicos. São, na verdade, atos jurídicos que se integram tão somente a um fato jurídico, de modo a que este gere determinada eficácia jurídica. Um bom exemplo de elemento integrativo é o registro do acordo de transmissão da propriedade devidamente escriturado que possibilita ao beneficiário do acordo a aquisição da propriedade.

1.2. Uma breve introdução à tipologia dos fatos jurídicos (item elaborado, acima de tudo, a partir das obras de Pontes de Miranda e Marcos Bernardes de Mello). Conforme visto acima, o fato jurídico constitui-se a partir da incidência de uma norma sobre um suporte fático concreto (Pontes de Miranda). Ele desenvolve-se em três planos distintos. O desenvolvimento do fato jurídico é algo fenomênico: o fato é, depois, se é, pode gerar efeitos. Os três planos fenomênicos são: existência, validade e eficácia. O plano da existência tem a ver com a coincidência dos suportes fático abstrato e concreto, de modo a ocorrer a incidência. Para o acontecimento desta, o suporte fático concreto deve ser suficiente, não lhe faltando nenhum elemento nuclear. O fato jurídico *lato sensu* é o gênero maior do fato jurídico, é aquele que abarca, indistintamente, todas as divisões. A primeira delas separa-o nos âmbitos da licitude e da ilicitude. Definindo a ilicitude, conseguiremos distinguir essa divisão. O fato jurídico ilícito *lato sensu* ou, simplesmente, fato ilícito *lato sensu* tem dois elementos que caracterizam o cerne do seu suporte fático: um objetivo, que é a contrariedade a direito; e um subjetivo, que é a capacidade do agente praticante da conduta ou a de quem se vincula ao evento danoso. Essa capacidade denomina-se de imputabilidade. Então, todo ato contrário a direito, que é praticado por quem tenha imputabilidade, ou todo evento danoso fruto de caso fortuito ou força maior vinculante a alguém que tenha imputabilidade são exemplos de fatos ilícitos. Não se deve confundir, como por vezes é visto, a conduta ou evento danoso com o ilícito. Existe dano sem haver ilicitude, *v. g.*, a caça e a pesca, quando permitidas, podem causar danos, mas não serão consideradas como atos ilícitos. Do mesmo modo, pode haver ilícito sem dano, por exemplo, a exposição à venda de um produto lesivo aos consumidores, sem que esses ainda o tenham adquirido. No âmbito da licitude, o fato jurídico *lato sensu* é considerado como fato jurídico lícito *lato sensu* ou, simplesmente, fato jurídico *lato sensu*. É assim que o denominaremos. O fato jurídico *lato sensu* é dividido em fato jurídico *stricto sensu*, ato-fato jurídico e ato jurídico *lato sensu*.

1.2.1. Fato jurídico *stricto sensu*. O fato jurídico *stricto sensu* tem seu suporte fático formado por um evento, no qual o direito desconsidera, se houver, a participação de um agir humano para a concreção do suporte fático. É necessário, no entanto, que ela atinja a esfera jurídica de alguém. O fato é aqui encarado como algo feito que alterou a situação fática preexistente. São exemplos: a morte, o nascimento, a avulsão, o aluvião, a confusão, etc. Para exemplificar, vejamos o caso da morte. O suporte fático da morte é composto pelo evento de um ser humano perder a vida adicionado ao conhecimento desse evento por outrem. A causa da morte (por exemplo, se ela foi fruto de um homicídio) não compõe seu suporte fático. O fato jurídico *stricto sensu* é comumente, embora erroneamente, denominado de fato natural. Esse erro consiste no problema de equalizar o suporte fático (fato natural) ao que dele exsurge (fato jurídico *stricto sensu*), algo que é cientificamente reprovável.

1.2.2. Ato-fato jurídico. O ato-fato jurídico é uma conduta (ato) da qual resulta um evento (fato). Desse modo, o último, por ser um fato (feito, acontecido), não pode ser desconsiderado. Mesmo que essa conduta seja faticamente volitiva, o direito abstrai o elemento volitivo, de modo a recebê-la como avolitiva. No ato-fato o que passa a ser relevante para o direito é o fato resultante do ato. Sintetizando, pode-se dizer que, quando a conduta (ato humano) é praticada, ela dá ensejo a um fato (evento), gerando, em boa parte dos casos, seus efeitos (há, todavia, a possibilidade de ato-fato jurídico ineficaz, como o pagamento). Basicamente, é possível falar em três divisões do ato-fato jurídico (há outras classificações possíveis, como o ato-fato jurídico suspensivo, de que é exemplo a perempção no processo do trabalho, art. 731, CLT. Além disso, o pagamento e a usucapião não são bem enquadráveis em nenhuma das espécies catalogadas). A classificação, além disso, leva em consideração critérios distintos, pois, se, no indenizativo e no caducificante, recai sobre o efeito jurídico produzido, no chamado ato real, a prevalência é do efeito fático (irreversibilidade). No entanto, até para fins de melhor explicitar o instituto, é válido realçá-lo. Primeiro, os chamados atos reais: nestes, o fato que resulta do ato é geralmente irremovível, porquanto altere a situação fática, *e. g.*, um louco que pinta um quadro, a caça, a ocupação, a especificação, etc. Depois, há os atos-fato indenizativos: aqui, tem-se um ato, que, embora conforme ao direito, ocasiona um fato que diminui a esfera jurídica de alguém (danoso, portanto). Sendo assim, ele tem por efeito gerar o direito à indenização pelo dano causado. Por fim, deve-se aludir aos atos-fatos caducificantes: aquele em que o fato resultante do ato tem por efeito a supressão de situações jurídicas (direitos, pretensões, etc.) ou, no mínimo, o encobrimento definitivo delas. É o caso das caducidades sem culpa (decadência, por exemplo).

1.2.3. Ato jurídico *lato sensu*. Eis, enfim, a mais importante divisão do fato jurídico *lato sensu*: o ato jurídico *lato sensu*. Aqui, o elemento cerne do suporte fático é uma conduta (agir humano, ato) volitiva. Todos os fatos jurídicos lícitos praticados por sujeitos de direito de acordo com sua vontade são atos jurídicos *lato sensu*, sejam atos cíveis, administrativos, tributários, processuais, etc. Nessa espécie de fato jurídico, a vontade precisa ser exteriorizada, necessita de ser conhecida por outrem. Ela pode ser exteriorizada de duas formas: por manifestação e por declaração. A manifestação é o modo mais comedido de exteriorização da vontade, por exemplo, jogar algo fora. Enquanto que a declaração é uma exteriorização qualificada, em vez de só se jogar algo fora, comunica-se a outros que se vai fazê-lo. Ambas são formas de exteriorizar a vontade, compõem o elemento nuclear completante do suporte fático, não o seu elemento cerne, que é composto pela vontade. Porém, por comporem o elemento completante, são necessárias à concreção do suporte fático e, com isso, à própria existência do ato jurídico. Por fim, para o ato jurídico existir, é necessário que, em seu suporte fático, tenha um bem da vida, que, depois da incidência, será objeto de direito. O ato jurídico *lato sensu*, como o próprio nome alude, tem divisões, que são: o ato jurídico *stricto sensu* e o negócio jurídico. Para se distinguir nitidamente um do outro, deve-se observar um fator determinante. É cediço que ambos, pelo fato de serem atos jurídicos, têm a vontade como o elemento cerne do seu suporte fático. Ocorre que essa vontade pode ser, em alguns casos, autorregrada. A diferença reside nisso: autorregramento da vontade. O ato jurídico *stricto sensu* não permite o poder de autorregrar a vontade. O praticante do ato, por exemplo, não pode escolher a categoria jurídica, seus efeitos já são previamente estabelecidos. Por isso, chama-se o ato jurídico *stricto sensu* de ato não negocial. No negócio jurídico ocorre o contrário, o poder de autorregrar a vontade é-lhe inerente. A norma abre espaço para a escolha da categoria jurídica, de modo que o negociante, mesmo que minimamente (como ocorre com alguns negócios jurídicos oriundos do direito público), tem margem para delimitar o conteúdo eficacial da situação jurídica que surgirá do negócio jurídico a ser realizado. Válido falar, por fim, dos atos complexos. Os atos complexos são atos jurídicos formados por uma série de atos para a consecução de um ato final. Este é o resultado do ato complexo, os atos que o precedem condicionam-no. A ausência ou defeito deles, dependendo do sistema de invalidades de cada sistema jurídico, leva à invalidade ou à ineficácia do ato final. O ato complexo é um ato de formação sucessiva. Defende-se, aqui, que o procedimento é um ato complexo, eis que ele é formado por uma série de atos logicamente concatenados, objetivando a prolação de um ato final, que é seu objetivo. Como essa série de atos forma um todo único, não parece restar dúvida de que o procedimento é um ato complexo.

2. **Dos fatos processuais: breves considerações para sua delimitação.** O que faz de um fato ser processual é sua vinculação, de algum modo, a um processo judicial em curso (é o que, com as devidas peculiaridades, defende Pedro Henrique Nogueira). Sabe-se que o processo é composto, além de tudo, por um procedimento, ou seja, na forma vista acima, um ato complexo. Nem todos os fatos processuais compõem, portanto, a cadeia procedimental, que é formada apenas pelos atos necessários dela, como a demanda, a citação, etc. Tomando por base esse critério, pode-se falar em fatos processuais stricto sensu, como a morte para fins de suspensão do processo (art. 313, I, CPC/2015); em atos-fatos processuais, como a revelia e o fato jurídico das hipóteses de responsabilidade civil do art. 302 do CPC/2015; e, claro, atos processuais *lato sensu*, sejam eles atos processuais em sentido estrito, como a citação, sejam eles negócios processuais, e estes de natureza unilateral, bilateral ou plurilateral, na modalidade acordo ou contrato para os dois últimos. Os negócios processuais serão pormenorizados quando da análise do art. 190 do CPC/15.

3. **Atos e termos: por uma distinção necessária.** O art. 188 do CPC/2015, repete a famosa distinção entre atos e termos processuais. Em que consiste, todavia, essa distinção? É conhecidíssima a hipótese que diz que a expressão "termo" serve para designar

o documento dos atos processuais confeccionado pelo serventuário da justiça na sede do juízo, algo que se contrapõe à expressão "auto", servível para, de igual modo, designar aquele relativo a atos praticados fora da sede do juízo. Assim, na primeira, ter-se-ia o termo de penhora, o termo de compromisso, o termo de audiência, etc.; já, no caso da segunda, auto de penhora, auto de arrematação, auto de inspeção judicial, entre outros. Para além disso, contudo, há uma distinção mais tradicional, que deita raízes na velha física aristotélica e que, propagada na processualística brasileira por João Mendes de Almeida Jr., conhecido por sua vinculação à filosofia tomista, vem sendo resgatada por Eduardo José da Fonseca Costa. Nas palavras do último: "O dispositivo fala em ´atos e termos´. O Título II do Livro I do CPC-1939 já falava em ´atos e termos judiciais´. Na verdade, o uso conjugado das duas palavras é da tradição luso-brasileira (hoje ignorado pela neófila processualística hodierna brasileira). Deve-se fundamentalmente à influência de Aristóteles sobre o estudo do movimento do processo (sobre o assunto: ALMEIDA JR., João Mendes. *Direito judiciário brasileiro*. 3. ed. São Paulo: Freitas Bastos, 1940, p. 227 e ss.): ´STRIKIO, nas suas *Dissertationis*, mostra e indica a influencia dessas noções do Philosopho na formação do processo forense; e o mesmo fazem os tratadistas e Praxistas reinicolas. As Ordenações do Reino, elaboradas por homens educados nessa Escola, ligaram--se a esses princípios, que aliás dominavam os glosadores e commentadores do Direito Romano e do Direito Canonico´ (p. 234). Pois bem. À luz da filosofia do Estagirita, o *ato processual* seria o móvel no movimento forense [*motus est in mobili, sed est a movente*]; já *termo processual* seria o princípio e o fim do movimento forense: sendo fim do movimento anterior, é o início do posterior. Todo movimento opera mutação no lugar, na qualidade e na quantidade: α) os termos do movimento forense no lugar são as *dilações* [*motus lationis*] ou *termos dilatórios* (Dig. L. II, tít. 12); podem ser um dia certo, ou um prazo entre dois termos, para que no dia certo ou dentro do prazo seja produzido um ato em juízo; β) os termos do movimento forense na qualidade são as *alterações* [*motus alterationis*], que uma ou ambas as partes imprimem a qualidades passíveis ou afetivas do litígio e da instância, e que são lavrados pelos escrivões e assinados pelas partes (termo de confissão, termo de renúncia, termo de transação, termo de fiança, procuração *apud acta* etc.); na linguagem das Ordenações (L. I, tít. 24, §§ 20 e 21), chamavam-se *termos prejudiciais;* γ) os termos do movimento forense na quantidade são os *acréscimos* [*motus accretionis*] ou os *decréscimos* [*motus decretionis*] de atos processuais no feito, lavrados pelos escrivães, mas não assinados pelas partes (termo de autuação, termo de vista, termo de juntada, termos de conclusão, termo de publicação, termo de remessa, termo de apresentação, termo de baixa, termos de apensamento etc.); na linguagem das Ordenações (L. I, tít. 79, §§ 5º e 6º) chamavam--sea de *termos do continuar dos feitos* ou *termos do continuar do processo*".

4. Princípio do aproveitamento dos atos processuais ou da finalidade. O texto normativo em comento, além de tudo, contempla o chamado princípio do aproveitamento dos atos processuais. Por ele, o ato processual, embora defeituoso, deve ser tido por válido caso tenha atingido sua finalidade (o fim específico para o qual o ato foi criado. Por exemplo, na citação: a comunicação pelo juízo ao réu de que ha ação proposta contra ele). O problema aqui é referente ao plano da validade dos atos processuais e, como tal, tem local próprio para ser examinado, no caso quando dos comentários aos arts. 276-283, CPC/15. No entanto, faz-se necessário esclarecer duas questões: (i) o âmbito de incidência do dispositivo e (ii) as hipóteses de aproveitamento. Em relação à primeira questão, deve-se dizer que não é qualquer ato defeituoso que, tendo atingido sua finalidade, deva ser aproveitado. Para isso é preciso verificar se a defeituosidade não causou prejuízo a outra parte (art. 282, § 1º CPC/2015). Além disso, se o problema é de ineficácia do ato, e não de defeituosidade, não há falar em aproveitamento, mas, sim, se for o caso, em pós-eficacização (como ocorre se o interesse de agir exsurge a partir de um fato processual). Em relação ao segundo problema, é preciso distinguir: (i) sanação, quando o sujeito praticante do ato age, sendo possível, para consertar o defeito, caso do autor que, intimado, emenda a petição inicial; (ii) ratificação, quando o ato, tendo sido praticado por quem não poderia fazê-lo, é chancelado por aquele que o deveria, caso da *translatio iudicii*, prevista no parágrafo 4º do art. 64 do CPC/2015, que possibilita ao juízo competente manter – expressa ou tacitamente – os efeitos da decisão praticada pelo juízo incompetente; (iii) repetição, forma imprópria (pois pressupõe invalidação) de aproveitamento, na qual, tendo sido o ato invalidado, possibilita-se ao sujeito praticá-lo novamente, caso da sentença nulificada; (iv) convalidação, outra forma imprópria, já que o defeito desaparece não por um aproveitamento, mas, sim, pelo decurso do prazo para questioná-lo. A preclusão, aqui, tem eficácia convalidante do defeito.

Artigo 189.

Os atos processuais são públicos, todavia tramitam em segredo de justiça os processos:

I – em que o exija o interesse público ou social;

II – que versem sobre casamento, separação de corpos, divórcio, separação, união estável, filiação, alimentos e guarda de crianças e adolescentes;

III – em que constem dados protegidos pelo direito constitucional à intimidade;

IV – que versem sobre arbitragem, inclusive sobre cumprimento de carta arbitral, desde que a confidencialidade estipulada na arbitragem seja comprovada perante o juízo.

§ 1º O direito de consultar os autos de processo que tramite em segredo de justiça e de pedir certidões de seus atos é restrito às partes e aos seus procuradores.

§ 2º O terceiro que demonstrar interesse jurídico pode requerer ao juiz certidão do dispositivo da sentença, bem como de inventário e de partilha resultantes de divórcio ou separação.

CORRESPONDÊNCIA NO CPC/1973: *ART. 155.*

1. Princípio da publicidade. O texto em comento trata da regra da publicidade dos atos processuais, decorrente do princípio constitucional da publicidade. Há, além disso, restrições à publicidade, ao menos à sua amplitude. É necessário dizer que o próprio texto constitucional contempla a possibilidade de relativização do princípio da publicidade. O inciso LX do artigo 5º da CF/1988 prevê que "a lei só poderá restringir a publicidade dos atos processuais quando a defesa da intimidade e o interesse social o exigirem". Já o inciso IX do artigo 93 prescreve que "todos os julgamentos dos órgãos do Poder Judiciário serão públicos, e fundamentadas todas as decisões, sob pena de nulidade, podendo a lei limitar a presença, em determinados atos, às próprias partes e a seus advogados, ou somente a estes, em casos nos quais a preservação do direito à intimidade do interessado no sigilo não prejudique o interesse público à informação.". De qualquer modo, a relativização é sempre da publicidade externa (publicidade para terceiros = publicidade total), não da publicidade interna (publicidade para as partes e para os interessados no feito). Não haveria sentido, v. g., em privar-se a parte da própria audiência. Excepcionalmente, pode-se estender sigilo a um dos litigantes, caso isso seja necessário para debelar-se risco de prejuízo ao trâmite do processo (STJ, REsp 1.446.201/SP).Quando o art. 368 prescreve que "a audiência será pública, ressalvadas as exceções legais", refere-se insofismavelmente ao primeiro tipo de publicidade, não ao segundo. No caso do art. 189 do CPC/2015, todas as restrições aqui previstas estão em consonância com a proporcionalidade. Afinal: (i) elas são os meios mais adequados à preservação da intimidade e do interesse social (adequação); (ii) não há a supressão do núcleo fundamental da publicidade, seja porque as partes e os seus procuradores podem consultar os autos de processo que tramite em segredo de justiça e de pedir certidões de seus atos (§1º), seja porque o terceiro que demonstrar interesse jurídico pode requerer certidão do dispositivo da sentença, bem como de inventário e de partilha resultantes de divórcio ou separação (§2º) (necessidade); e (iii) as vantagens oferecidas pela restrição à publicidade justificam as desvantagens causadas pela inútil exposição da intimidade das partes (proporcionalidade *stricto sensu*). No entanto, não se pode supor que todas as restrições possíveis estejam previstas no singelo rol do art. 189. Por decisão fundamentada, pode o juiz estruturar proporcionalmente a colisão entre a publicidade e a intimidade para além das hipóteses legais se assim exigir o caso concreto (STJ, REsp 605.687/AM). Não raro, a vida sói desmentir os róis supostamente taxativos que a doutrina e a jurisprudência insistem em enxergar. Basta lembrar a necessidade de pôr-se em segredo temporário a justificação prévia para a concessão da tutela de urgência (art. 300, §2º) – especialmente das medidas cautelares de constrição patrimonial (sequestro, arresto, busca e apreensão, indisponibilidade de bens, etc.) – sob pena de poder frustrar-se a efetividade da tutela caso a parte contrária dela saiba de antemão. Para atender ao subpostulado da necessidade, é possível que o sigilo parcial do processo baste a que a intimidade das partes esteja suficientemente resguardada.

2. Interesse público ou social. O inciso I fala em "interesse público ou social". Como se nota, a abertura semântica do dispositivo é ampla, o que confere ao juiz larga margem de interpretação. Isso lhe permite aplicar a regra a um sem-número de situações que jamais poderiam ser satisfatoriamente descritas em qualquer dos incisos do art. 189 deste CPC/2015. Afinal, tenderia ao infinito a quantidade de casos em que, presente o "interesse público ou social", seria justificado o segredo de justiça. Daí já se vê a dificuldade de conceituarem-se o "interesse público" e o "interesse social": seus objetos não podem ser apreendidos na plenitude substancial de todas as suas partes e particularidades, como um todo único. Da mesma forma, não é fácil diferenciar um interesse do outro. Em verdade, é melhor que sejam "explicitáveis", "descritíveis" ou "explicáveis", e não propriamente "definíveis". É por exemplificação de situações reais que eles melhor se revelam. Com isso se percebe que, diferentemente dos outros incisos, o inciso I do artigo 189 não se aplica dentro de um raciocínio linear e uma neutralidade axiológica, mas dentro de um raciocínio que pressupõe circularidade e avaliações subjetivas. Há "interesse público ou social", que impõe segredo de justiça, *v. g.*, nos autos em que se revelem informações cujo sigilo seja imprescindível à segurança da sociedade e do Estado.

3. Causas relativas à intimidade das pessoas no âmbito do direito de família *lato sensu*. O inciso II fala em causas que versem sobre "casamento, separação de corpos, divórcio, separação, união estável, filiação, alimentos e guarda de crianças e adolescentes". Aqui, a margem de interpretação é mínima. O segredo de justiça é praticamente decretado por operação mental de subsunção silogística. Por isso, não tem o magistrado de aguardar o requerimento de qualquer uma das partes: a decretação faz-se *ex officio*. E é preciso que o faça. Afinal, é nessas causas de direito de família que os dramas da vida privada mais se expõem, sujeitando as partes à especulação e ao escárnio populares.

4. Proteção constitucional à intimidade. Tem-se, no inciso III, os casos de processos "em que constem dados protegidos pelo direito constitucional à intimidade". Lendo-se os incisos X e XII do artigo 5º da CF/1988, conclui-se que se deve decretar o segredo de justiça nos autos em que constem, por exemplo, relatórios de interceptação telefônica, telegráfica, telemática ou em sistemas de informática; cartas confidenciais; movimentações bancárias; diagnóstico de doença infectocontagiosa; fotos e filmagens de atos íntimos.

5. Arbitragem. O inciso IV fala em processos judiciais "que versem sobre arbitragem, inclusive sobre cumprimento de carta arbitral, desde que a confidencialidade estipulada na arbitragem seja comprovada perante o juízo". O dispositivo deixa claro que a decretação de segredo de justiça deve ser requerida pelo interessado, que tem o ônus de demonstrar a vigência de cláusula negocial (em compromisso arbitral) ou norma institucional (em regulamento de tribunal arbitral permanente) sobre confidencialidade arbitral.

6. Direito de as "partes" consultarem os autos e requererem certidões. Prescreve o parágrafo 1º que "o direito de consultar os autos de processo que tramite em segredo de justiça e de pedir certidões de seus atos é restrito às partes e aos seus procuradores". Aqui, o termo "partes" está em sentido amplíssimo, uma vez que compreende também o terceiro interveniente (assistente, denunciado, chamado, *amicus curiae*, etc.)

e o MP quando lhe couber intervir como *custos legis*. Outrossim, "procuradores" está em sentido largo: abarca tanto o advogado quanto o procurador, não advogado, que outorgou poderes ao advogado; se o procurador não outorgou poderes ao advogado que oficia nos autos, será tido como terceiro e, portanto, haverá de demonstrar interesse jurídico, nos termos do parágrafo 2º do art. 189. É importante registrar que o direito de consultar e de pedir certidões não é extensível ao estagiário de direito, ainda que inscrito nos quadros da OAB.

7. Interesse jurídico como móvel hábil a possibilitar a obtenção de certidões. Prescreve o parágrafo 2º que "o terceiro que demonstrar interesse jurídico pode requerer ao juiz certidão do dispositivo da sentença, bem como de inventário e de partilha resultantes de divórcio ou separação". Aqui, "interesse jurídico" está em sentido larguíssimo. Não se pode limitá-lo ao mesmo interesse jurídico que justifica a intervenção do assistente no processo (art. 119); enfim, não é necessário que o terceiro possa ter sua esfera jurídica atingida por eficácia reflexa da sentença. Como bem pontifica Moniz de Aragão, "qualquer pessoa [...], desde que requeira ao juiz da causa e lhe demonstre ter interesse jurídico, poderá pleitear certidão [...]. Destarte, se algum outro caso surgir, em que o terceiro demonstre satisfatoriamente o seu interesse e, outrossim, a necessidade de obter as certidões ou cópias, deverá o juiz deferi-las. A referência a interesse *jurídico* visa a restringir o círculo dos pretendentes, nele abrangidos apenas aqueles aos quais possa assistir algum direito à obtenção da cópia ou certidão". Frise-se que o processo eletrônico não é ambiente imune à incidência dos dispositivos supramencionados. Atento a isso, o art. 10, §6º, da Lei 11.419/2006, dispõe que "os documentos digitalizados juntados em processo eletrônico somente estarão disponíveis para acesso por meio da rede externa para suas respectivas partes processuais e para o Ministério Público, respeitado o disposto em lei para as situações de sigilo e de segredo de justiça". Contudo, o dispositivo exagerou na medida, uma vez que impede que processos não sigilosos sejam consultados por toda e qualquer pessoa. Para minimizar a supressão do núcleo do princípio da publicidade, a Resolução 121/2010 do CNJ permite a consulta por qualquer pessoa – independentemente de prévio cadastramento ou de demonstração de interesse – aos dados básicos dos processos judiciais na internet (exceto nas causas sob segredo de sigilo), entendendo-se como dados básicos: (i) número, classe e assuntos do processo; (ii) nome das partes e de seus advogados; (iii) movimentação processual; e (iv) inteiro teor das decisões, sentenças, votos e acórdãos.

Artigo 190.

Versando o processo sobre direitos que admitam autocomposição, é lícito às partes plenamente capazes estipular mudanças no procedimento para ajustá-lo às especificidades da causa e convencionar sobre os seus ônus, poderes, faculdades e deveres processuais, antes ou durante o processo.

Parágrafo único. De ofício ou a requerimento, o juiz controlará a validade das convenções previstas neste artigo, recusando-lhes aplicação somente nos casos de nulidade ou de inserção abusiva em contrato de adesão ou em que alguma parte se encontre em manifesta situação de vulnerabilidade.

CORRESPONDÊNCIA NO CPC/1973: *NÃO HÁ.*

1. Cláusula Geral de Negociação Processual. O CPC/2015 institui, em seu art. 190, uma verdadeira cláusula geral de negociação sobre o processo. Isso é decorrência do chamado princípio da autonomia ou do autorregramento da vontade no processo, que estaria concretizado no art. 3º, §§ 2º e 3º, do CPC/2015 – disposição constante no rol das normas fundamentais do processo civil –, assim como em vários outros dispositivos ao longo do código, a exemplo do já citado art. 190. Pelos limites desta obra, não é possível tecer maiores críticas à ideia de que, no sistema do CPC/1973, não havia a previsão de texto normativo do tipo. Sobre o tema, um dos autores do presente texto, Jadelmiro Rodrigues, já teve a oportunidade de tecer a devida crítica, em artigo publicado na *Revista de Processo*. Daqui se extrai, pois, a possibilidade de negócios jurídicos atípicos.

2. Campo variável e campo invariável do negócio jurídico. O filósofo inglês Stephen E. Toulmin, em sua obra *Os usos do argumento*, defende que a avaliação dos argumentos deve observar um procedimento, que contém características (um conjunto de padrões) invariáveis, independentemente da área específica do saber e, características (padrões) que variam, a depender do ramo específico do conhecimento em que se está a argumentar. Toulmin denomina de "campo-invariável" o conjunto de padrões de referência pelos quais avaliamos os argumentos e os modos como nossas conclusões sobre eles, que são sempre os mesmos, em todos os campos do conhecimento. Os campos-dependentes, por sua vez, (i) são os critérios ou os tipos de motivos necessários para justificar a observância dos padrões de referência do campo-invariável ou (ii) são novos padrões de referência que variam, que surgem, quando passamos de um campo para outro. Pois bem, o que nos interessa saber é até que ponto se pode dizer que há padrões invariáveis para se aferir a existência (pertinência ao sistema jurídico), a validade e a eficácia dos negócios jurídicos materiais e processuais – que, como se sabe, pertencem a campos diferentes. Ou seja, o problema ora proposto é identificar (i) quais os padrões de referência que são invariáveis (campo-invariável); (ii) quais os padrões de referência que são variáveis (campos-dependentes); e (iii) quais os critérios ou os tipos de motivos necessários para justificar a observância dos padrões de referência invariáveis, que utilizamos para qualificar nossas conclusões acerca da existência, validade e eficácia dos negócios jurídicos, quando passamos do campo material para o campo processual; tudo isso visando a dar uma contribuição à solução dos problemas atinentes à aferição da existência, validade e eficácia dos negócios jurídicos.

2.1. Campo invariável dos negócios jurídicos. Como dito nos comentários ao art. 188 deste CPC/2015, o negócio jurídico, espécie de ato jurídico que é, passa pelos planos da existência, validade e eficácia, ou seja, seu suporte fático é componível de, no mínimo, elementos nucleares (cerne e completante) e elementos complementares. Com base nessas premissas, pode-se afirmar que o negócio jurídico tem como elemento nuclear, logo, como pressuposto de existência (plano da existência), a manifestação ou declaração consciente de vontade, de uma ou de ambas as partes, visando ao autorregramento de uma situação jurídica simples ou da eficácia de uma relação jurídica. Tem, ainda, como elementos completantes (i) a existência de um poder de determinação e regramento da categoria jurídica (no processo civil, tem-se a cláusula geral negocial do art. 190, CPC/2015); e, (ii) no caso dos negócios jurídicos processuais (campo-dependente, pois), a existência de um processo a que se refira, ainda quando sua ocorrência seja exterior, isto é, fora da "sede" processual. Quanto ao plano da validade, pode-se afirmar que o negócio jurídico (seja ele material ou processual) tem como elementos complementares, logo, como pressupostos de validade: (i) ser celebrado por pessoa capaz; (ii) possuir objeto e objetivo lícitos; (iii) obedecer à forma prescrita ou não defesa em lei e, (iv) a perfeição da manifestação de vontade, isto é, livre de vícios (tais como: erro, dolo, coação, estado de perigo, lesão). Observe-se que todos esses pressupostos (elementos complementares) encontram-se relacionados à perfeição dos elementos nucleares e completantes já comentados acima. Como se percebe, o regime jurídico de validade dos negócios jurídicos é estabelecido pelo CC/2002 (arts. 104, 166, 167, 171, 177), que se constitui na teoria geral dos negócios jurídicos, iluminando diversos outros ramos do direito brasileiro. Não é ocioso destacar que: (i) o art. 104 do CC/2002 prevê os pressupostos gerais de validade do negócio jurídico; (ii) os arts. 166 e 167 especificam, casuisticamente, hipóteses de nulidade do negócio jurídico, todas derivadas da inobservância de algum dos requisitos gerais de validade; e (iii) o art. 171 especifica hipóteses de anulabilidade – incapacidade relativa, vícios de vontade (relacionados à perfeição da manifestação consciente de vontade, elemento nuclear do negócio jurídico) e fraude contra credores (relacionada à ilicitude do objeto). Quanto ao plano da eficácia, pode-se afirmar que (i) o negócio jurídico tem eficácia pessoal limitada à "esfera jurídica dos participantes do pacto", pois "em geral, a eficácia do negócio jurídico limita-se à esfera jurídica do sujeito de direito a que se refere. Sob pena de ilicitude, salvo os estritos casos em que haja expresso permissivo legal, a eficácia de ato jurídico não pode afetar a esfera jurídica alheia" (Marcos Bernardes de Mello); e que (ii) o negócio jurídico, para surtir seus efeitos jurídicos, pode exigir ato integrativo (*v.g.*, homologação de autoridade), quando expressamente previsto em lei. Pois bem, isso é o que forma o campo-invariável para fins de aferição da existência, validade e eficácia dos negócios jurídicos materiais e processuais, ou melhor, os padrões de referência a partir dos quais se deve analisar a existência, validade e eficácia dos negócios jurídicos, sejam materiais ou processuais.

2.2. Existência, validade e eficácia dos negócios jurídicos processuais – conceito de campo-dependente. Apresentados os padrões de referência invariáveis para os negócios jurídicos, sejam eles materiais ou processuais; cumpre esclarecer que o campo--dependente dos negócios jurídicos processuais é formado (i) pelos critérios ou os tipos de motivos – estabelecidos no ordenamento processual – necessários para justificar a observância dos padrões de referência invariáveis, que utilizamos para qualificar nossas conclusões acerca da existência, validade e eficácia dos negócios jurídicos processuais; e (ii) pelos novos padrões de referência que são variáveis, adicionais – próprios dos negócios jurídicos processuais e, assim, estabelecidos pelo ordenamento processual. Os critérios ou os tipos de motivos – estabelecidos no ordenamento processual – necessários para justificar a observância dos padrões de referência invariáveis constituem-se em um olhar, pela perspectiva do direito processual, sobre os pressupostos invariáveis de existência, validade e eficácia dos negócios jurídicos, tais quais estabelecidos pelo CC/2002. Isso quer significar apenas que: quanto ao plano da existência, resta evidenciado que há um poder de autorregramento da categoria jurídica, no campo processual, conforme estabelecido na cláusula geral de negociação processual (art. 190, CPC/2015). Quanto ao plano da validade: (i) o ser celebrado por pessoa capaz, no campo processual, é definido pelo direito processual, de forma que se afigura capaz a celebrar negócio processual todo aquele que tem capacidade processual (arts. 70 a 73, CPC/2015); (ii) a licitude do objeto e do objetivo, no campo processual, é determinada pelo ordenamento processual, sendo, pois, inválido o negócio que tem como objeto algo que a norma processual cogente proíbe (*v.g.*, alterar competência absoluta – art. 62, CPC/2015) ou, o que tem como objeto a dispensa de algo que a norma processual cogente impõe (*v.g.*, a dispensa de fundamentação, art. 489, CPC/2015); (iii) a obediência à forma prescrita ou não defesa em lei, no campo processual, do mesmo modo, é determinada pelo ordenamento processual, afigurando-se como inválido um negócio processual que não observe a forma prescrita em lei (*v.g.*, eleição de foro de forma verbal, art. 63, § º); assim como se afigura como inválido um negócio processual que contenha, justamente, a forma vedada em lei (*v.g.*, um negócio processual firmado mediante a inserção de cláusula em contrato de adesão; note-se, contudo, que, aqui, para que se configure a invalidade, exige-se uma duplicidade de defeitos, pois a abusividade, referida no parágrafo único do art. 190 do CPC/2015, relaciona-se com o vício de vontade); (iv) a perfeição da manifestação de vontade, no campo processual, também é definida pelo ordenamento processual, razão pela qual os vícios de vontade (erro, dolo, coação, estado de perigo, lesão) são aferidos em consonância com as normas processuais, por exemplo: um negócio processual unilateral como a desistência ou a renúncia a recurso, pode ser anulado, se decorreu de erro de fato ou coação, aqui se pode dar uma interpretação extensiva ao art. 393 do CPC/2015, que trata da invalidação de ato processual *stricto sensu*. Finalmente, quanto ao plano da eficácia, quer significar que muitos negócios jurídicos processuais interferirão na esfera jurídica do juiz, exigindo, pois, sua participação, e que outros negócios exigirão um ato integrativo (*v.g.*, homologação pelo juiz), quando assim o for previsto em lei.

2.2.1. Campo-dependente dos negócios processuais atípicos e o campo-dependente dos negócios processuais típicos. Já o campo-dependente dos negócios jurídicos processuais "atípicos", ou melhor, os padrões de referência que são variáveis, adicionais – próprios dos negócios jurídicos processuais e, assim, estabelecidos pelo ordenamento processual – são aqueles dois novos requisitos de validade inseridos na cláusula geral de negociação processual (art. 190, CPC/2015). São eles: (i) versar o processo sobre direitos que admitam autocomposição (afigura-se de grande relevância a distinção entre direitos indisponíveis e direitos que admitem autocomposição); e (ii), não ter a convenção processual sido firmada mediante a inserção abusiva de cláusula em "contrato de adesão"; assim como não ter a convenção sido firmada diante de manifesta situação de "vulnerabilidade" de uma das partes. Note-se que esses dois novos requisitos de validade (ao fim e ao caso, ambos resumem-se à vulnerabilidade de uma das partes) relacionam-se à perfeição da manifestação de vontade, estando, pois, ao lado dos vícios clássicos de vontade (erro, dolo, coação, estado de perigo, lesão). Há também um campo-dependente, que se relaciona, especificamente, a cada um dos negócios processuais típicos. Por conseguinte, um negócio processual típico para existir, ser válido e eficaz, terá de observar (i) os padrões do campo-invariável; (ii) os critérios do campo-dependente e os padrões adicionais do campo-dependente (regramento dos negócios processuais atípicos); assim como (iii) os novos padrões específicos inseridos pelo campo-dependente', que é definido pelo regramento próprio de cada um dos negócios processuais típicos, *v.g.*, os seguintes, entre outros (i) a convenção sobre foro de eleição, que tem de observar a forma escrita (art. 63, CPC/2015); (ii) a convenção sobre o calendário processual, que exige a participação do juiz (art. 191, §§ 1º e 2º, CPC/2015); (iii) a organização negociada do processo, que também exige a participação do juiz (art. 357, §2º, CPC/2015); (d) a convenção sobre o ônus da prova, que não pode ser realizada quando o processo versar sobre direito indisponível ou quando tornar excessivamente difícil a uma parte o exercício do direito (art. 373, §§ 3º e 4º, CPC/2015; e (iv) a escolha consensual do perito (art. 471, CPC/2015). Encerrando este tópico dos campos-dependentes dos negócios jurídicos processuais, cumpre esclarecer que também nele se encontra o regime de invalidação dos negócios processuais, pois em virtude do princípio da ausência de nulidade processual sem prejuízo (*pas de nullité sans grief*), mesmo diante de vícios que ensejem a nulidade ou a anulabilidade dos negócios processuais, estas sanções só serão decretadas se houver prejuízo.

3. A questão do objeto lícito dos negócios processuais e a relevância da ordem pública como limite à negociação. Como cediço, o processo civil pertence ao direito público e é o método através do qual o juiz, munido de um plexo de poderes-deveres (inclusive, de conformação constitucional), exerce sua pública função jurisdicional. O processo civil, diante do modelo constitucional do processo, onde abundam os princípios constitucionais do processo, tornou-se, na visão deste articulista, campo fértil às questões de ordem pública. No contexto do neopositivismo, do neoconstitucionalismo e do neoprocessualismo ou formalismo-valorativo, é inegável a repercussão que exerce sobre o processo temas, entre outros, como: (i) a força normativa da Constituição; (ii) a normatividade dos princípios; (iii) o método hermenêutico da concreção; e (iv) a consagração dos direitos fundamentais. Pois bem, nesse cenário, encontram-se intimamente imbricadas a autonomia da vontade, a licitude do objeto e as questões de ordem pública, de onde estas exsurgem como limites ao autorregramento da vontade no processo, ou melhor, como um importante parâmetro para se aferir a (i)licitude do objeto do negócio jurídico processual e, consequentemente, sua (in)validade. Não por acaso, a Lei da Arbitragem – que explicitamente consagra o princípio da autonomia da vontade (arts. 1º a 3º) –, ao mesmo tempo em que dá ampla liberdade às partes para convencionarem sobre o procedimento (art. 21, *caput*), estabelece, no parágrafo 2º desse dispositivo legal, que "serão, sempre, respeitados no procedimento arbitral os princípios do contraditório, da igualdade das partes, da imparcialidade do árbitro e de seu livre convencimento". E, como já afirmado, entre os arbitralistas, é voz corrente que a convenção sobre o procedimento arbitral encontra limites no devido processo legal, na ordem pública processual e nas disposições processuais cogentes da Lei da Arbitragem. A identificação das normas processuais inderrogáveis pela vontade das partes, ou melhor, das "normas jurídicas cogentes, impositivas ou proibitivas, que se impõem a todos indistintamente, interessando, por isso, ao direito como um todo", é um bom começo para se encontrarem as questões de ordem pública processuais. Nesse norte, afiguram-se relevantes as lições de Marcos Bernardes de Mello, em artigo recentemente publicado, em que ele afirma que as normas jurídicas cogentes são como um limite geral de validade dos negócios jurídicos e conclui asseverando que vige no sistema jurídico brasileiro um princípio implícito – princípio da respeitabilidade das normas cogentes – "segundo o qual a ninguém é permitido infringir norma jurídica cogente, proibitiva ou impositiva, sob pena de, em assim procedendo, cometerem ato contrário a direito, cuja consequência implica a nulidade do ato jurídico, salvo se outra sanção não lhe é, taxativamente, cominada.". No sistema processual brasileiro, há vários exemplos de normas de ordem pública, tais como as que tratam: da coisa julgada; da competência absoluta; da fundamentação; da imparcialidade; da capacidade processual; do vício de vontade, dentre outras. As normas que concretizam o núcleo-duro do devido processo legal também se constituem em questões de ordem pública, conquanto seja inegável que possam surgir dificuldades quanto às condições fáticas e jurídicas de aplicabilidade dessas normas. Portanto, é de se reiterar: as questões de ordem pública exsurgem, e com toda relevância, como limites ao autorregramento da vontade no processo.

4. Como compatibilizar a autonomia da vontade no processo e os negócios jurídicos processuais com o microssistema das demandas de massa e com o sistema de precedentes? O legislador pátrio, em percebendo que atualmente há determinadas demandas que versam sobre questões cujo interesse extravasa os limites subjetivos da causa, podendo, assim, repercutir na esfera jurídica de um sem-número de pessoas, tratou de instituir, no CPC/2015, (i) um microssistema de demandas de massa; (ii) um sistema de precedentes; e, de (iii) prever a participação de *amicus curiae*, em qualquer demanda e desde o primeiro grau de jurisdição (art. 138), se assim autorizarem a relevância da matéria, a especificidade do tema objeto da demanda ou a repercussão social da controvérsia. Nas demandas de massa, nas causas cujas decisões definitivas possam dar origem a precedentes vinculantes (art. 927, CPC/2015), assim como nas causas onde se admite a intervenção de *amicus curiae*, sobreleva-se o interesse público. Tanto isso é verdade, (i) que a desistência ou abandono do processo que deu origem a um incidente de resolução de demandas repetitivas não impede seu julgamento (art. 976, §§ 1º e 2º, CPC/73); e (ii) que "a desistência do recurso não impede a análise de questão cuja repercussão geral já tenha sido reconhecida e daquele objeto de julgamento de recursos extraordinários ou especiais repetitivos" (art. 998, CPC/2015). Ou seja, o mesmo Código que, para alguns, criou o princípio da autonomia da vontade no processo civil também instituiu um microssistema de demandas de massa, um sistema de precedentes, e tratou de prever a participação do *amicus curiae* desde o primeiro grau de jurisdição, justamente por perceber que, nessas hipóteses, o interesse público se sobreleva ao particular. Assim, questão relevante se afigura: saber como compatibilizar o autorregramento da vontade e a ampla possibilidade de celebração de negócios jurídicos processuais com esses processos em que se sobressai o interesse público e cujas decisões podem repercutir para além dos limites subjetivos da causa. É possível um negócio jurídico processual firmado em sede de incidente de resolução de demandas repetitivas ou em causa na qual fora admitida a intervenção de *amicus curiae* em virtude da repercussão social da controvérsia? Em se admitindo negócios jurídicos processuais nessas hipóteses, sobre o que poderiam versar? Salta aos olhos que não há uma vedação absoluta aos negócios jurídicos processuais nessas demandas, visto que podem versar sobre questões que em nada atentariam contra o interesse público, a exemplo de uma convenção para distribuir o tempo de sustentação oral entre as partes e os interessados, de forma diversa da prevista no art. 984, II, "a" "b", do CPC/2015. Mas e uma convenção processual que venha a restringir a produção de provas ou a delimitar restritivamente as questões de fato e de direito relevantes para a decisão do mérito (organização negociada do processo, art. 357, §2º, CPC/2015)? A questão se torna mais clara, formulando-se a pergunta nos seguintes termos: um processo em que, no primeiro grau de jurisdição, fora celebrado negócio jurídico processual para restringir a produção de provas ou para delimitar restritivamente as questões de fato e de direito relevantes à decisão do mérito, pode dar origem a um incidente de resolução de demandas repetitivas? Pode ser afetado para o julgamento sob o rito dos recursos repetitivos? Pode ser objeto do incidente de assunção de competência? No nosso entender, um processo em que o juízo de cognição fora restringido em virtude de negócio jurídico processual não pode dar origem a um incidente de resolução de demandas repetitivas, não pode ser afetado para o julgamento sob o rito dos recursos repetitivos, assim como não pode ser objeto do incidente de assunção de competência. É que, nesses processos, o que interessa à sociedade é a formação de um precedente de qualidade, que contenha a mais ampla possível argumentação e discussão a respeito da questão a ser decidida. Isso é o que se infere dos arts. 1.036, §6º; 1.038, §3º; 979 e 984, §2º deste CPC/2015. Por conseguinte, ao que parece, a compatibilização do autorregramento da vontade com os processos onde se sobreleva o interesse público – e cujas decisões podem repercutir para além dos limites subjetivos da causa – encontra limite na não restrição do juízo de cognição por negócio jurídico processual.

Artigo 191.

De comum acordo, o juiz e as partes podem fixar calendário para a prática dos atos processuais, quando for o caso.

§ 1º O calendário vincula as partes e o juiz, e os prazos nele previstos somente serão modificados em casos excepcionais, devidamente justificados.

§ 2º Dispensa-se a intimação das partes para a prática do ato processual ou a realização de audiência cujas datas tiverem sido designadas no calendário.

CORRESPONDÊNCIA NO CPC/1973: *NÃO HÁ.*

1. **Gerencialismo processual.** A enorme quantidade de processos que assola o Judiciário faz recair sobre os juízes um inédito "dever de performance". Para que a instituição não exploda, é preciso –entre outras coisas – que ocorra um equilíbrio entre o número de demandas ajuizadas (*input*) e o número de autos findos arquivados (*output*). Esse equilíbrio garante não apenas o bom desempenho organizacional, como a rapidez no desfecho processual. Para que esse desempenho seja levado a efeito, é indispensável que o juiz esteja adestrado e capacitado para misteres com os quais não está tradicionalmente acostumado. Judicando sob o pálio da eficiência, ele tem de iniciar-se em saberes práticos arcanos como produção em escala, planejamento estratégico, liderança motivacional, capacidade mobilizadora, estatísticas, fixação e monitorização do alcance de metas, gestão computacional e controladoria. Ou seja, o juiz tem de embrenhar-se numa "administração científica" da vara em que atua (*court management*) e dos autos que nela tramitam (*case management*). Por esse motivo, auxiliado por um *staff* assessorial, o juiz se aproximada figura do gerente. Tudo se passa como se fosse um "*CEO* judiciário", que – de forma plástica, pragmática e informal – planeja, organiza, dirige e controla as atividades pelas quais é responsável. Nesse sentido, o processo passa a ser tratado como uma "microempresa gerenciável pela macroempresa judiciária", e os processualistas passam a seduzir-se pelo fetiche do *business*.

De outro lado, ante um crescente processo de globalização, que faz com todos os países revelem idênticos problemas de morosidade processual, é indispensável que os magistrados estejam inscritos em programas de intercâmbio internacional para a troca de experiências e a importação de soluções bem sucedidas. Não por outra razão, caminha-se para uma "mundialização judicial" ou "globalização dogmática", a partir da qual se vem superando a visão nacionalista no trato das questões processuais e se vem paulatinamente alcançando um *corpus* transnacional de princípios comuns de processo civil. Há doutrina sobre a globalização do entendimento jurídico. (MATOS, José Igreja, *Um modelo de juiz para o processo civil actual*, Coimbra, Wolters Kluwer, 2010, p. 124-5). Com isso, o Brasil se torna receptáculo de inúmeras soluções experimentadas por países estrangeiros, posto que não estejam previstas expressamente em nossos textos de direito positivo. Boa parcela dessas soluções ataca problemas que gravitam em torno do procedimento. E nem poderia ser diferente: no Estado Democrático de Direito, em que se prima pela eficiência, a ideia de uma sequência procedimental *always under law* perde a força e o processo civil passa a ser marcado por traços como particularização, individualização, fragmentação, adaptação e maleabilidade. (COSTA, Eduardo, "As noções jurídico--processuais de eficácia, efetividade e eficiência", in *Revista de Processo*, n. 121 ,2005, p. 275-301). Daí por que atualmente já se fala num "sistema de artesania procedimental". (CALHAO, Antônio Ernani Pedroso, *Justiça célere e eficiente: uma questão de governança judicial*, São Paulo, LTr, 2010, p. 260).

2. Calendarizar. Uma das mais bem sucedidas alternativas da qual se pode fazer uso no Brasil é o chamado *"timing of procedural steps"*. O verbo inglês *"to time"* pode ser traduzido para o português como "aprazar", "cronometrar", "compassar", "marcar o tempo". Em sentido jurídico, o verbo bem pode ser traduzido como "calendarizar", "criar um calendário", "estabelecer um cronograma". Nesse sentido, a expressão significaria "calendarizar as etapas do processo". Aqui, portanto, o juiz (por meio de resolução) ou as partes (por meio de acordo) agendam a prática de cada ato do processo civil para uma data-limite. Ou seja, em vez de as partes serem intimadas pelo juiz para a prática dos atos que lhes cabem, já saem elas cientes *ex ante*, em audiência preliminar (*pretrial conference*), de todos os atos que terá de realizar até que seja prolatada a sentença. Em verdade, promove-se a delineação imediata de uma expectativa temporal para a prolação da sentença (*deadline*) e, a partir daí, todas as etapas do procedimento passam a ser orientadas em função dessa expectativa. Em tese, a calendarização não precisa necessariamente ir só até a sentença. Pode-se prever calendarização para o processamento de recursos ainda em primeiro grau de jurisdição (data-limite para a oposição dos embargos de declaração, para a decisão sobre os embargos declaratórios, para a apresentação das razões e das contrarrazões de apelação, etc.). Isso faz que a caminhada processual ocorra sobre um trilho e sob um ritmo definidos, abandonando-se o *"laissez faire, laissez passer"* que sempre caracterizou o sistema adversarial. Segundo José Igreja Matos, "uma conferência entre as partes, ainda que apenas para permitir um claro agendamento das diligências posteriores, é reconhecida como um dos instrumentos mais efectivos para conseguir transações, evitar adiamentos e concentrar o essencial dos actos processuais com o decorrente ganho em termos de celeridade.". (MATOS, José Igreja, *Um modelo de juiz para o processo civil actual*, Coimbra, Wolters Kluwer, 2010, p. 131).

3. O fim dos tempos mortos. O calendário permite que se abandone, por exemplo, a utilização de publicações sucessivas. O término de um prazo para o autor já deflagra, automaticamente, o prazo superveniente para o réu. Isso evita os chamados "buracos negros" (*"blackholes"*), os lapsos inúteis de tempo perdidos com juntada de petição, conclusão dos autos ao juiz para despacho em gabinete, lavratura e assinatura do despacho pelo juiz, devolução dos autos pelo gabinete à serventia judicial (cartório ou secretaria), remessa do teor do despacho à publicação em imprensa, certificação da publicação nos autos e retirada dos autos pela parte interessada para o cumprimento do ato pertinente. Cumpre observar que, fundado em estudo realizado pelo STF, Antônio Ernani Pedroso Calhao aponta que "'70% do tempo do processo é consumido com atos que nenhum valor agrega ao processo'. Melhor especificando, do tempo total de um processo, desde a sua distribuição até o final com o arquivamento, o juiz utiliza apenas 11% com atos decisórios. Relativamente ao cômputo geral, os demais atores processuais – advogados e partes – utilizam 20%, e os outros quase 70% são despendidos com atividades burocráticas" (CALHAO, Antônio Ernani Pedroso, *Justiça célere e eficiente: uma questão de governança judicial*, São Paulo, LTr, 2010, p. 261). Há, ainda, doutrina sobre o problema dos "tempos mortos". (NUNES, Dierle José Coelho; BAHIA, Alexandre Gustavo Melo Franco, "Por um paradigma democrático de processo", in DIDIER JR., Fredie (Coord.), *Teoria do processo: panorama doutrinário mundial,*, Salvador, JusPodivm, 2010, p. 171 e seguintes). Tudo já está antevisto e rigorosamente datado a fim de não haver dilações improdutivas. Afinal, *"right delayed is right denied"*. Ademais, o impulso oficial sofre uma releitura, pois não se vê o juiz movimentando o procedimento de fase em fase: a força motriz da marcha processual deixa de estar nos despachos e passa a residir no ato inaugural que instituiu o cronograma.

4. A rotina cartorial. A chamada "calendarização processual" (*rectius*: "*procedimental*") altera completamente as rotinas cartoriais e a forma de gestão da vara judicial. Quando se está diante de autos em papel, por exemplo, não há mais sentido em que os cadernos processuais migrem de escaninho em escaninho segundo uma lógica de evolução topológico-temporal e sob o controle de fichamentos físicos ou eletrônicos. Em verdade, o instrumento central para controle do expediente cartorial passa a ser uma "agenda". Tão logo os autos retornem do recinto de audiências (com o "acordo" de calendarização) ou do gabinete do juiz (com a "resolução" de calendarização), cabe ao serventuário da justiça lançar, em uma agenda, todas as datas-limites dos atos do processo já combinadas ou determinadas; daí em diante, deve organizar-se para que as respectivas petições estejam prontamente juntadas a fim de que parte contrária delas disponha e possa praticar os atos ou diligências que lhe competem. Com isso, ao invés de passearem de estante em estante, os autos físicos só saem do lugar em que se encontram para juntadas, resoluções judiciais, vista em balcão de atendimento, carga pelo advogado e remessa ao tribunal. Na verdade, esses autos têm uma localização fixa no armário mediante sistema de coordenadas (em números e/ou letras, por exemplo). Assim que chega ao trabalho, o servidor imprime a rol das tarefas agendadas para o dia e realiza--as (o que proporciona várias conveniências administrativas, pois permite que a equipe trabalhe com metas diárias e objetivos inflexíveis). O mesmo se aplica ao juiz, que, ao adentrar o seu gabinete para mais um dia de labuta, terá em mãos o rol dos feitos conclusos em que haverá de sentenciar. Nesse sentido, a vara contará com duas agendas: uma na secretaria, outra no gabinete.

5. Momento adequado para calendarizar. Em caso de calendarização por "acordo", é importante que ele seja tentado em uma audiência colocada entre a distribuição da petição inicial e o início do prazo para resposta (embora possa o juiz homologar acordo de calendarização já celebrado pelas partes antes da propositura da ação). Se a tentativa de conciliação restar infrutífera (o que será menos provável, pois o réu ainda não terá impugnado os termos da inicial e, por isso, os ânimos estarão menos acirrados), o ato de resposta também poderá ser calendarizado. Daí se nota que uma calendarização exitosa pressupõe flexibilização do procedimento, haja vista que o juiz terá de convocar o réu para a audiência prévia antes de ordenar-lhe a citação. Tão somente após a audiência – caso o processo não seja extinto por homologação de transação, ou por outro motivo – terá início o prazo de resposta.

6. Flexibilização do calendário. O calendário não é rígido (se bem que sua conservação seja desejável). Inúmeros imprevistos podem acontecer: atraso na entrega do laudo, morte da parte ou do advogado, não comparecimento à audiência de instrução por motivos de força maior, greve nos serviços judiciários, decisões de tribunal determinando a suspensão do processo (por exemplo, atribuição de efeito suspensivo a agravo de instrumento, concessão de medida liminar em ação de controle abstrato de constitucionalidade ou ação cautelar inominada), etc. Nesses casos, com a retomada do curso processual, a sequência dos atos remanescentes pode ser "recalendarizada" por meio de uma nova *timetable*, seja por outro acordo entre as partes, seja por imposição judicial. De qualquer modo, a rigidez do sistema de calendarização deve ser uma obsessão para o juiz, que não pode ser tolerante com adiamentos *sine die*.

7. Calendarização e governança judicial. A calendarização é técnica de governança privada bastante usual em trabalhos de auditoria, gestão de projetos e produção. O transplante dessa técnica para a esfera pública ocorreu, fundamentalmente, a partir das recomendações do *New Public Management* de Mark Moore, tão difundidas nos anos 1980 pelas gestões de Margareth Thatcher e Ronald Reagan. (MOORE, Mark. *Gestión estratégica y creación de valor en el sector público*. Barcelona, Paidós, 1998). A necessidade de eficiência governamental (responsabilidade dos funcionários, redução de despesa e aumentos de qualidade, produtividade e receita) fez a rigidez formal da racionalidade de comando (fundamentada em noções publicísticas, técnicas cartoriais e modelos hierárquicos) dar lugar à flexibilidade informal da racionalidade de consenso (fundada em noções privatistas, técnicas empresarias e modelos gerenciais). Ou seja, em razão da insuficiência das fontes de legitimação *a priori* e da consequente necessidade de aquisição de legitimidade *a posteriori*, o Estado teve de incrementar seu desempenho e passou a buscar modelos alternativos, plásticos e ágeis de atuação institucional, o que o impeliu a uma verdadeira "fuga para o direito privado", conforme expressão cunhada por Maria João Estorninho. Daí por que as relações jurídicas titularizadas pela Administração Pública passaram a ser cada vez menos reguladas por leis, regulamentos e portarias (em que prevalecem os princípios da dessimetria e adjudicação compulsória), e cada vez mais por acordos, convenções, cartas, pactos, quase contratos, etc. (nos quais sobressaem os princípios da simetria e cooperação voluntária). Como bem sublinhado pelo jurista alemão Hans Peter Bull, a "Administração autoritária" (*obrigkeitlichen*) vem cedendo cada vez mais espaço a uma "Administração soberana consensual" (*schlicht-hoheitlichen*) (ESTORNINHO, Maria João, *A fuga para o direito privado: contributo para o estudo da actividade de direito privado da Administração Pública*, Lisboa, Almedina, 2009, p. 44 e seguintes).

Transplantadas para o âmbito jurisdicional, essas diretrizes acabaram infundindo uma espécie de "boa governança judicial" (*good judicial governance*). Conforme já percebido pela doutrina, existe um movimento mundial de reforma gerencial do Judiciário. (NUNES, Dierle; TEIXERA, Ludmila, *Acesso à justiça democrático*. Brasília, Gazeta Jurídica, 2013, p. 123 e seguintes). Em fornecedores de produtos e serviços, por exemplo, uma boa prática de governança são as técnicas inventivas e particularizantes de reengenharia procedimental, que lhes permitem trabalhar sob a ideia de *lead time*: trata-se do tempo de processamento de um pedido, desde o instante em que é colocado na empresa até o momento em que o produto ou serviço é entregue ao cliente. Atualmente, para essas empresas, o desafio utópico é trabalhar muito para que o *lead time* seja reduzido a zero, o que acaba delas exigindo uma produção bastante flexível. *Mutadis mutandis*, algo similar se passa hoje com o Poder Judiciário. O juiz-fornecedor precisa: (i) fixar *lead times* para a entrega da tutela jurisdicional aos jurisdicionados-consumidores; (ii) flexibilizar os procedimentos em função das particularidades das situações concretas e do direito material aplicável; (iii) calendarizar atos processuais em função das expectativas temporais para a prolação das sentenças.

8. Calendarização e *case management*. A calendarização é usual nos países de tradição anglo-saxa e decorre dos *judicial case management powers*. *Grosso modo*, trata-se de poderes discricionários atribuídos ao juiz para que – assumindo a responsabilidade pela qualidade e pela eficiência do serviço público de justiça – possa calculadamente regular a atividade das partes segundo balizas ou "bitolas corretivas". Geralmente, neles estão compreendidas ferramentas de gestão do processo como: fazer uso de tecnologias de informática; incentivar as partes à conciliação ou à cooperação na condução processual;

encorajá-las às vias alternativas de resolução de disputas; adaptar o procedimento às diferentes circunstâncias de cada caso concreto; fixar limites de tempo para a prática de atos; monitorar permanentemente situações de delonga ou protelação injustificada; delegar amplamente poderes à secretaria judicial; determinar oficiosamente a produção de provas. (GAJARDONI, Fernando da Fonseca, *Flexibilização procedimental: um novo enfoque para o estudo do procedimento em matéria processual*, São Paulo, Atlas, 2008, p. 112 e seguintes). Na Europa, a adoção do *case management powers* é diretriz comunitária prevista na Recomendação nº R (1984) 5 do Comitê de Ministros do Conselho da Europa, adotada no dia 28 de fevereiro de 1984, a qual estabelece princípios de processo civil destinados a melhorar o funcionamento da justiça. A diretriz foi encampada pelo *Dispute Act* norueguês de 2005, especialmente pelas regras contidas no parágrafo 9-4. No *Civil Procedure Rules* inglês de 1999, esses poderes estão previstos na regra 1.4 (cujo item 2.g prevê a possibilidade de o magistrado fixar calendário ou outro modo de controlar o trâmite processual). Na Justiça Federal dos EUA, o *case management* se faz não com arrimo em texto de lei, mas em uma apostila de recomendações para novos juízes chamada *"The elements of case management: a pocket guide for judges"*, editada no ano de 2006 pelo *Federal Judicial Center* (um centro que acompanha o funcionamento das cortes federais) e escrita em 1991 pelo Juiz William W. Schwarzer (diretor do aludido centro entre 1990 e 1995) e por Alan Hirsch (ex-membro do quadro de pessoal do centro). Como se vê, o combate ao uso irracional do tempo em juízo é inspirado nos valores eficienticistas do social-liberalismo, infundindo a figura hiperativa do *managerial judge* à ideologia do "pós--keynesianismo processual".

De qualquer modo, não há nada de "pós-moderno" no formato da calendarização. Afinal de contas, não existe nada de novo sob o sol. O *timing of procedural steps* exprime um princípio de liberdade formal, que marca hoje a arbitragem. (DINAMARCO, Cândido Rangel, *A arbitragem na teoria geral do processo*, São Paulo, Malheiros, 2013, p. 52 e seguintes).

9. Acordo de calendarização e acordo de procedimento. Se bem que se trate de institutos afins, o 1) acordo de calendarização e o 2) acordo de procedimento não são confundíveis. (1) No acordo de procedimento, as partes definem quais atos praticarão, bem como a forma e a sequência desses atos, mas não vinculam necessariamente cada um deles a uma data-limite. Trata-se de algo similar a um "compromisso para-arbitral em juízo", em que as partes chegam a um acordo acerca do procedimento que será adotado no processo. Por meio desse acordo, portanto, as partes celebram um negócio jurídico constitutivo de um formato procedimental. Esse formato pode originar-se de bases inéditas, ou simplesmente derivar de algumas deturpações sumarizantes ao procedimento legal padrão. Daí por que o procedimento criado pelas partes é especial; contudo, não se trata de um procedimento especial *in abstrato* (desenhado pela lei para situações gerais e abstratas – *v.g.*, mandado de segurança, ação de nunciação de obra nova, desapropriação), mas de um procedimento especial *in concreto* (ou seja, construído episodicamente para um único caso determinado e singular). (2) Já o acordo de calendarização tem autonomia ontológica. Muitas vezes, ele pode funcionar como *pacto adjeto* a um acordo de procedimento. Com outras palavras: após as partes inventarem um procedimento, podem elas submetê-lo a um cronograma e vincular a realização de cada ato a uma data-limite preestabelecida. Aqui, a natureza acessória do acordo de calendarização é indisfarçável, pois ele reflexamente se desconstituirá caso se desconstitua o acordo de procedimento. Não por outra razão o CPC/2015 traz o acordo de procedimento no art. 190 e a calendarização no art. 191. Ainda assim, é possível que as partes decidam não criar procedimento, mas aproveitar o procedimento padrão previsto em lei e vincular cada um dos seus atos a datas precisas. Por conseguinte, pode haver (a) calendarização com flexibilização procedimental e (b) calendarização sem flexibilização procedimental. Há entendimento doutrinário com excelentes críticas excelentes possibilidade de flexibilização procedimental. (NUNES, Dierle; BAHIA. Alexandre; CÂMARA, Bernardo Ribeiro; SOARES, Carlos Henrique, *Curso de direito processual civil: fundamentação e aplicação*. Belo Horizonte, Fórum, 2011, p. 443 e seguintes). Decididamente, o *timing of procedural steps* não constitui uma técnica de flexibilização procedimental. Não se trata de manifestação ou expressão do princípio da tutela jurisdicional diferenciada. Enfim, não é uma forma de adaptação do procedimento a vicissitudes da relação jurídica de direito material controvertida. Quando muito se pode sustentar que é uma técnica de *gestão racional do tempo processual,* fruto da filosofia do *just in time*, que tanto inspira o processo produtivo das grandes corporações empresariais. Técnica, aliás, muito bem vinda, haja vista que "tempo é dinheiro".

10. Calendarização como negócio processual. Tanto o acordo de calendarização quanto o acordo de procedimento são negócios jurídicos processuais. No primeiro, a autonomia da vontade modela a estrutura procedimental; no segundo, ela define o ritmo do desenvolvimento procedimental. Ambas imprimem ao processo uma lógica arbitral e tiram a condução procedimental do comando autoritário, transportando-a para a esfera do consenso amigável. A verticalidade da imposição rígida cede passo à horizontalidade da negociação flexível. O acordo de calendarização é um negócio jurídico porque é um fato jurídico cujo suporte fático carrega como elemento nuclear manifestações ou declarações conscientes de vontade, em relação às quais o sistema jurídico processual civil faculta às partes, dentro de limites prefixados e de amplitude vária, o poder de submeter a sequência procedimental a um autorregramento cronológico, a fim de que cada ato processual esteja vinculado a uma data-limite.

O ideal é que se tratasse de negócio bilateral, ou seja, que dele o juiz não participasse como declarante, limitando-se a homologá-lo (o que seria um elemento integrativo de eficácia do negócio, não um elemento constituinte do seu suporte fático no plano da existência). Isso permitiria que as partes pudessem levar *ab initio* à homologação do juiz um acordo de calendarização celebrado pré-processualmente (autônomo, ou adjeto a um acordo de procedimento). No entanto, o legislador do CPC/2015 assim não quis: o *caput do* art. 191 fala que "o juiz e as partes" fixam o calendário. Portanto, o negócio de calendarização é trilateral. Aqui, porém, há de se ter cuidado: o negócio é celebrado pelo Estado-juiz (pessoa jurídica), não pelo juiz (pessoa física). Logo, se, após a celebração, o juiz tiver de afastar-se – de modo temporário ou definitivo – do caso (por força de férias, licença, remoção, promoção, aposentadoria, etc.), o seu sucessor haverá de cumprir o calendário.

Isso não significa que o juiz possa recusar a calendarização por capricho, não obstante as partes a queiram. Recusar implica decidir-se por não negociar; logo, deve-se fundamentar. Enfim, deve o juiz expor motivos plausíveis racionalmente controláveis.

Mesmo que o magistrado esteja comprometido a sentenciar até determinada data, em tese não haverá de sofrer qualquer sanção processual civil caso não logre cumprir a promessa (a não ser sanções de natureza correcional se a demora descambar para o plano da irrazoabilidade). Afinal, se os prazos estabelecidos *ex vi legis* para o magistrado decidir são impróprios, com maior razão para ele são impróprios os prazos fixados *ex vi voluntatis*.

11. Calendarização por imposição judicial. Questão tormentosa é saber se o juiz pode impor às partes uma calendarização por ele mesmo estruturada. Ou seja, resta saber se o juiz, após receber a petição inicial, pode unilateralmente construir em seu gabinete uma "tabela temporal" (*timetable*) – mediante uma flexibilização procedimental, ou aproveitando-se do modelo procedimental padrão – e impô-la à observância das partes.

Embora a hipótese possa melindrar a ala mais radical do garantismo processual, a calendarização *ex officio* pode ser um excelente instrumento de celerização nos processos em que uma das partes seja o Poder Público. Afinal de contas, é notória a lentidão que os privilégios e as prerrogativas da Fazenda ocasionam aos processos. Não se pode olvidar, porém, que a atuação dos advogados públicos em juízo é sempre caracterizada por várias restrições funcionais; logo, podem existir dúvidas a respeito da possibilidade de acordos de calendarização pelos órgãos de representação judicial das pessoas jurídicas de direito público. De qualquer forma, é bastante recomendável que o juiz entre em tratativas com os procuradores-chefes, visto que os respectivos órgãos de representação judicial terão de reorganizar-se internamente para que trabalhem sob agendamentos. No caso da União, por exemplo, a intimação de cada despacho com vista pessoal dos autos (art. 6º, Lei 9.028/95; art. 38, Lei Complementar 73/1993,; art. 20, Lei 11.033/2004) dará lugar a única intimação de tudo quanto venha a acontecer até a sentença. Idêntico raciocínio é extensível às Defensorias Públicas (arts. 44, I, e 128, I, Lei Complementar 80/1994) e ao Ministério Público (arts. 83, I, e 236, §2º, CPC/2015; art. 41, IV, Lei 8.625/1993,). Todos eles têm secretarias próprias, que recebem autos e mandados e repartem equanimemente os encargos de trabalho entre seus agentes.

Porém, na calendarização por imposição, a autoridade judicial há de ter redobrada cautela. Afinal, trata-se de exercício de ativismo judicial, que, não raro, descamba para o *summum malum* da arbitrariedade, ferindo a indeclinável isonomia entre as partes. O juiz deve ter cuidado para não fixar prazos preclusivos inferiores àqueles previstos em lei, ou estabelecer assimetricamente prazos favoráveis mais a uma parte que à outra. Tanto num caso como noutro, o devido processo legal estaria gravemente afrontado. As datas--limites deverão expressar prazos razoáveis para cada uma das partes. Para que se evitem riscos, porém, o ideal é que a calendarização seja feita por acordo em audiência (a qual é sempre preferível, pois nela se verifica uma gestão compartilhada do fluxo processual entre juiz e partes, o que atende aos ditames da democratização participativa). Cabe a observação de que é valiosa a ideia do advogado como um co-gestor do tempo processual. Como bem pontua o juiz federal e professor da UFMG, Dr. Carlos Henrique Borlido Haddad, "os próprios advogados (...) não se enxergam como agentes capazes de contribuir para fomentar a celeridade processual. E não adianta a Constituição Federal estabelecer, com clareza mediterrânea, que *o advogado é indispensável à administração da Justiça*, porque a imposição normativa esbarra na resistência cultural. Por seu turno, os juízes americanos veem necessidade de alocar os advogados nos esforços para gerenciar o ritmo dos litígios e os consideram naturais parceiros no desenvolvimento de programas de redução do atraso a condução dos processos.". (HADDAD, Carlos Henrique Borlido, "Gerenciamento processual e demandas repetitivas", *Seminário demandas repetitivas e na Justiça Federal: possíveis soluções processuais e gerenciais*, Brasília, Conselho da Justiça Federal, Centro de Estudos Judiciário, 2013, p. 88). Nesse caso, as partes podem estabelecer para si prazos preclusivos inferiores àqueles previstos em lei. Todavia, se o acordo de calendarização não for possível, é recomendável que os *timings* prescritos em lei sejam aumentados pelo juiz: se por um lado se perde tempo com a dilatação dos prazos, por outro se ganha com a erradicação dos "tempos neutros" ou "*blackholes*". O resultado final acaba sempre sendo o aumento do rendimento de produção com a redução do tempo global de tramitação processual.

12. **Calendarização e ordem cronológica.** Como já dito, na calendarização o juiz e as partes agendam a prática de cada ato do processo civil para uma data-limite. Ou seja, ao invés de as partes serem intimadas pelo juiz para a prática dos atos que lhes cabem, já saem elas cientes *ex ante*, em audiência preliminar (*pretrial conference*), de todos os atos que terá de realizar até que seja prolatada a sentença. Em verdade, promove-se a delineação imediata de uma expectativa temporal para a prolação da sentença (*deadline*) e, a partir daí, todas as etapas do procedimento passam a ser orientadas em função dessa expectativa. Por isso, não há razão para que o julgamento da causa calendarizada tenha de submeter-se à *ordem cronológica* a que alude o art. 12 do CPC/2015. Isso ensejaria um total esvaziamento dos propósitos gerenciais que inspiram o art. 191. Aliás, em regra, a finalidade última da calendarização é justamente a perspectiva de uma data para a prolação da sentença.

13. **Recusa da parte ou do advogado à calendarização.** É possível que uma das partes se recuse, imotivadamente, a celebrar um acordo de calendarização. A técnica traz

enormes benefícios, visto que se destina à concretização do princípio constitucional da celeridade processual (art. 5º, LXXVIII, CF/1988). Ainda assim, pode a parte não desejá-la e preferir que o trâmite processual se faça de modo mais lento e tradicional. Essa atitude pode partir de um réu que não tenha razão, fadado a perder, que apenas queira protelar o desfecho da causa. Nesse caso, poderia o juiz sentir-se tentado a condenar o réu nas penas previstas para a prática de litigância de má-fé. Afinal de contas, à luz do princípio da boa-fé objetiva, a resistência à celebração do acordo poderia ser lida como um comportamento social típico de dolo processual. Porém, as partes não são obrigadas a firmar acordos no processo. O exercício do poder negocial das partes é simplesmente facultativo, não obrigatório. Não há dever de celebrar acordo de calendarização, pois. Daí por que a recusa da parte ao entabulamento de cronogramas procedimentais não configura ilícito. Ora, se de ilícito não se trata, não se há de falar em imposição de sanção processual civil. De qualquer modo, em situações como essa, poderá o juiz estabelecer a calendarização unilateralmente (ver item 11).

É possível que a recusa advenha do advogado, que não se veja profissionalmente organizado para atuar por agendamento (o que não é crível, porquanto o agendamento é a metodologia de trabalho do causídico *par excellence*). De qualquer modo, é preciso dizer que a calendarização não apenas agiliza o fluxo temporal da relação jurídica processual, como também distensiona a relacionamento entre advogado e cliente. Afinal de contas, o *timetable* reduz a ansiedade da parte, que antecipadamente sabe a data provável em que a demanda será julgada. Isso fará que o cliente procure menos o seu advogado, acesse menos o site de acompanhamento processual e visite menos o cartório ou a secretaria em que tramitam os autos. Se o teor sentença é imprevisível, ao menos que seja previsível a sua data. Como se tudo isso não bastasse, a informação aos jurisdicionados de um padrão de espera para a sentença, "além de cumprir com o princípio democrático (...), garante a possível reclamação pelo descumprimento à autoridade hierarquicamente superior, e o controle passa a ser da sociedade (...)". (CALHAO, Antônio Ernani Pedroso, *Justiça célere e eficiente: uma questão de governança judicial*, São Paulo, LTr, 2010, p. 267).

14. Calendarização em execução. A calendarização costuma ser estudada como uma tabela temporal para o desenvolvimento da atividade cognitiva, especialmente das fases instrutória e decisória. Num calendário típico, os *timings* dizem respeito à prática de atos como oferecimento de contestação, tomada de depoimento pessoal das partes, oitiva de testemunhas, juntada de documentos, apresentação de razões finais e prolação de sentença. Todavia, é plenamente possível a instituição de uma tabela temporal para a etapa de implantação prática de uma sentença condenatória de obrigação de fazer (obviamente, nos casos em que o condenado concorda em cumpri-la) Cumpre a observação de que só é possível em execução de obrigação de fazer (provisória ou definitiva), em que se pode negociar um cronograma de cumprimento de fases. Na execução por quantia certa, por exemplo, é possível calendarizar o procedimento dos embargos de devedor. Mas aí se está falando de calendarização de atividade cognitiva incidental. Ou seja, a técnica da calendarização é aplicável tanto a fases pré-sentenciais quanto a fases pós-sentenciais.

Na etapa de execução da tutela específica, é possível que as partes celebrem um cronograma de cumprimento voluntário. Cabe observar que o termo "execução" está em sentido impróprio, pois, aqui, o Estado-juiz não invade forçadamente a esfera jurídica do demandado. Ou seja, "execução" está como sinônimo de "efetivação". Não se adota, portanto, a diferenciação entre "execução direta" e "execução indireta". A crítica a essa diferenciação está esposada na doutrina. (GOUVEIA FILHO, Roberto Campos; ARAÚJO, Raquel Silva, "Por uma noção de execução forçada: pequenas provocações aos defensores da executividade da 'execução indireta'", in DIDIER JR., Fredie (Coord.), *Pontes de Miranda e o direito processual civil*, Salvador, JusPodivm, 2013, p. 989-1000). Isso permitirá que juiz e autor promovam um controle individual ou conjunto do cumprimento das etapas do cronograma, ou seja, realizem o acompanhamento e o monitoramento desses *timings* (*procedural timing controls*). Em execuções de obrigação de fazer mais complexas (*e.g.*, implantação de políticas públicas em juízo), a supervisão *pari passu* do cumprimento das tarefas também pode ser realizada por administrador da confiança do juiz, ou indicado pelas partes (chamado pela doutrina estadunidense de "*master*"), sem que lhe sejam atribuídos poderes de intervenção no Poder Público, ou de gestão direta sobre a implantação da política. Com isso se percebe que, em execuções complexas delongadas sob racionalidade cooperativa, a dinâmica do processo se assemelha muito a uma atividade reguladora: as cláusulas do acordo de calendarização definem os marcos regulatórios (*rule-making*) e os meios de fiscalização do cumprimento do cronograma (*monitoring*). (COSTA, Eduardo José da Fonseca, "A 'execução negociada' de políticas públicas em juízo", in *Revista de Processo*, n. 212, 2002, p. 25-56).

No acordo, é possível estipular-se: (i) a incidência de multa penal pelo atraso no cumprimento de cada etapa do cronograma (ou seja, é possível a estipulação de sanções pelo descumprimento dos *timings*), sem prejuízo de multa diária em caso de expiração do prazo para o cumprimento total da obrigação de fazer; (ii) a incidência de multa diária em caso de expiração do prazo para o cumprimento total da obrigação, sem incidir qualquer multa penal pelo atraso nos *timings*. Sem dúvida, a opção (ii) é preferível: o que importa é o cumprimento global da obrigação. Ora, não raro, surgem imprevistos na execução das fases do cronograma. Assim, em face de caso fortuito ou força maior, pode o réu invocar a teoria da imprevisão e requerer a convocação de uma nova audiência para que se discuta a revisão do acordo e para que ele seja readequado às novas circunstâncias que dificultam o cumprimento da obrigação no tempo originariamente previsto.

Para que seja evitada a necessidade de revisão de todo um complexo cronograma já negociado, é possível – e, não raro, recomendável – que cada etapa seja objeto de uma rodada própria de negociação. Ou seja, é possível que, ao fim de cada etapa realizada, o juiz convoque as partes para uma negociação do passo subsequente. A esse agrupamento funcional de acordos dá-se o nome de "coligação de negócios jurídicos" (Orlando

Gomes) ou "união interna de negócios jurídicos" (Pontes de Miranda): embora cada negócio tenha identidade própria, eles têm os seus destinos ligados entre si. Essa técnica de várias negociações sucessivas revela-se adequada, por exemplo, para os casos de políticas públicas de implantação supercomplexa e demorada, já que permite ao juiz e às partes uma avaliação da gestão administrativa no cumprimento dos passos antecedentes, um reajustamento das expectativas e uma readequação das tarefas para as etapas posteriores. Em certo sentido, esse tipo fracionado de "execução cooperativa" aproxima-se mais da forma real como, na prática, as políticas públicas se concretizam extrajudicialmente, visto que a implantação costuma ser apresentada em ciclos (não em fases claramente discerníveis) e a avaliação é feita no curso da implantação (não ao final), o que acaba introduzindo novos elementos na agenda inicialmente concebida e fazendo com que ela seja continuamente reavaliada e adaptada à realização do objetivo. Daí por que, aqui, a implantação voluntária da política pública não advirá da celebração de único acordo, mas de vários, todos interligados por subordinação ou coordenação e pertencentes a uma unidade funcional complexa.

Artigo 192.
Em todos os atos e termos do processo é obrigatório o uso da língua portuguesa.
Parágrafo único. O documento redigido em língua estrangeira somente poderá ser juntado aos autos quando acompanhado de versão para a língua portuguesa tramitada por via diplomática ou pela autoridade central, ou firmada por tradutor juramentado.
CORRESPONDÊNCIA NO CPC/1973: *ART. 156*

1. Utilização obrigatória do vernáculo. A língua portuguesa é a oficial da República Federativa do Brasil (art. 13, CF/1988), de modo que os órgãos públicos internos que a compõem, como os do Poder Judiciário, ao vernáculo se submetem. Além disso, no que tange especificamente ao processo judicial, a necessidade do uso do vernáculo tem a ver com a vedação a quaisquer óbices ao contraditório pleno. Certamente, em muitos casos, permitirem-se documentos em outras línguas seria restritivo ao contraditório. Eis, portanto, a *ratio* do texto em comento. Documento, para servir ao processo, tem de estar traduzido para o português. Caso não esteja, não pode sequer ser juntado aos autos. No entanto, vindo, por erro ou outro motivo qualquer, a sê-lo, deve o juiz intimar o interessado no documento para, em prazo razoável, providenciar a devida tradução. Por fim, todo e qualquer documento constante dos autos deve estar devidamente na língua oficial. Assim, por exemplo, depoimento de pessoa em língua estrangeira é servível, mas tem de ser devidamente traduzido por intérprete (art. 162, II, CPC/2015) ato contínuo a sua prática.

SEÇÃO II – Da Prática Eletrônica de Atos Processuais

ARTIGO 193.
Os atos processuais podem ser total ou parcialmente digitais, de forma a permitir que sejam produzidos, comunicados, armazenados e validados por meio eletrônico, na forma da lei.
Parágrafo único. O disposto nesta Seção aplica-se, no que for cabível, à prática de atos notariais e de registro.
CORRESPONDÊNCIA NO CPC/1973: *NÃO HÁ*.

1. Considerações gerais. Os arts. 4º e 6º deste CPC/2015 deixam claro que a intenção do legislador é, entre outras, a efetiva tutela dos interesses dos jurisdicionados em tempo razoável. Cremos nós que uma das ferramentas aptas a propiciar o alcance desse objetivo é justamente o processo eletrônico, melhor dizendo, a prática eletrônica dos atos processuais, tal como regulado nos arts. 193 a 199.
2. Regulamentação. Importante destacar que não apenas nestes arts 193 a 199 encontra-se a regulamentação da prática eletrônica dos atos processuais, sendo certo que muito do que aqui estamos a analisar já havia sido trazido para o sistema por meio da Lei 11.419/2006, que dispõe, entre outros temas, sobre a informatização do processo judicial.
No referido diploma legal, que deve servir de apoio para a interpretação dos dispositivos legais aqui analisados, já se encontrava devidamente regulamentada a informatização dos processos judiciais, relativamente aos processos civil, penal e trabalhista, bem como aos juizados especiais, em qualquer grau de jurisdição, tendo este art. 193 do CPC/2015 inovado ao disciplinar que também os atos notariais e de registro poderão ser informatizados nos termos dos artigos de lei que aqui estamos a analisar.
Cremos, então, que, no que tange aos atos processuais eletrônicos, a respectiva regulamentação não se limita aos dispositivos legais aqui comentados, razão pela qual o intérprete deverá analisar estes dispositivos conjuntamente com a Lei 11.419/2006, bem como com as demais leis esparsas e provimentos/regimentos emanados dos tribunais pátrios, o que se extrai da parte final do *caput* deste art. 193.

ARTIGO 194.
Os sistemas de automação processual respeitarão a publicidade dos atos, o acesso e a participação das partes e de seus procuradores, inclusive nas audiências e sessões de julgamento, observadas as garantias da disponibilidade, independência da plataforma computacional, acessibilidade e interoperabilidade dos sistemas, serviços, dados e informações que o Poder Judiciário administre no exercício de suas funções.
CORRESPONDÊNCIA NO CPC/1973: *NÃO HÁ*.

1. Considerações gerais. O espírito do legislador, ao regular e sedimentar a prática dos atos processuais eletrônicos é, de um lado e como já vimos, é propiciar meios mais céleres e adequados aos tempos atuais, o que terá como consequência (assim se espera) a outorga em tempo mais razoável da efetiva tutela jurisdicional.

De outro lado, e com base neste art. 194, buscou o legislador garantir amplo acesso ao processo eletrônico e seus atos, de modo que somente se poderá cogitar do processo eletrônico e da prática de seus correlatos atos, se respeitadas garantias mínimas, todas expressamente neste dispositivo legal.

2. Publicidade, livre acesso e independência de plataforma (impossibilidade de reserva de mercado). *In casu*, e como já vimos brevemente acima, o processo pode ser eletrônico, mas as garantias são sempre as pétreas. Ou seja, não é porque está a se admitir meios mais céleres e em tese descomplicados, sob o argumento de buscar-se o "tempo razoável", é que se poderia cogitar da mitigação de garantias já há muito sedimentadas no ordenamento pátrio: a pressa não pode, de maneira alguma, prejudicar a segurança.

Dito isso, resta claro, especialmente com base no dispositivo legal aqui em análise, que a ampla publicidade dos atos processuais eletrônicos, de modo a garantir concretamente o amplo acesso e efetiva participação das partes, é de rigor e não se poderá admitir processo eletrônico que, ao invés de facilitar, venha exclusivamente a prejudicar.

Ademais, entendemos que este dispositivo legal – ao estabelecer que o sistema do processo eletrônico deverá garantir a independência da plataforma computacional e a interoperabilidade dos sistemas – igualmente garante às partes e a todos os jurisdicionados que, no desenvolvimento do sistema do processo eletrônico, os tribunais não poderão propiciar reserva de mercado. Em outras palavras: não poderão privilegiar um sistema operacional, um navegador ou mesmo uma plataforma em detrimento de outra, de modo que, seja lá qual for o sistema operacional, navegador ou plataforma utilizados pelas partes, deverá haver interoperabilidade e possibilidade de acesso ao processo eletrônico por todos os esses sistemas indistintamente.

3. Dificuldades práticas. Em que pese a atenção que o legislador pretendeu que fosse dada às garantias no âmbito do processo eletrônico, infelizmente, na prática e ao menos nos tempos atuais, o que se percebe é realidade oposta.

Não é incomum que, para fins de se utilizar do processo eletrônico em determinados tribunais pátrios, faz-se necessário que o advogado compareça pessoalmente àquela unidade jurisdicional, para nela realizar um cadastro e, somente depois, estar habilitado a praticar os atos eletrônicos.

Fato é que a Lei 11.419/2006, em seu art. 1º, § 2º, III, "b", estabelece que assinatura eletrônica é modo de identificação inequívoca do signatário. Dispõe, ainda, que ela, além da assinatura digital baseada em certificado digital, emitido por autoridade certificadora credenciada, na forma de lei específica, poderá ser executada por meio de "cadastro de usuário no Poder Judiciário, conforme disciplinado pelos órgãos respectivos".

Contudo, cremos que exigir que o advogado se desloque pessoalmente até determinado tribunal situado nos mais distintos estados da federação, para lá realizar seu cadastro pessoal e só, então, ter acesso ao processo digital em trâmite naquele tribunal e poder praticar os atos, é afronta às garantias da disponibilidade e da acessibilidade. Ademais, vai contra a economia processual que tanto se busca.

Não obstante, para que os cidadãos acessem ao processo eletrônico, é igualmente exigida, na maioria dos tribunais pátrios, a realização de um prévio cadastro em seus respectivos *sites*, o que nos parece ser igualmente abusivo, já que, se o processo é público, não se pode exigir prévia identificação de quem quer que seja: o acesso aos autos digitais deve ser livre e independer de cadastro – como se observa com relação aos processos físicos.

Não pode o processo eletrônico, que em tese veio para facilitar, estabelecer pré-condições outras, nem mesmo mais criar burocracias e óbices outros para seu livre acesso por todos os interessados (ressalvados os casos que correrem sob sigilo).

Ademais, percebe-se na prática que, contrariamente ao que disciplina este art. 194, não se garantem, na maioria dos casos, verdadeira disponibilidade, nem mesmo interoperabilidade; e, por vezes, cria-se verdadeira reserva de mercado, o que, no nosso sentir, buscou o legislador coibir.

Isto porque, em muitos tribunais pátrios, só se faz possível acessar o processo eletrônico por meio de determinado navegador ou de um específico sistema operacional, o que nos parece ser vedado nos termos deste art. 194.

Se o que buscou o legislador com este artigo de lei foi garantir real interoperabilidade, acessibilidade e disponibilidade, não se pode admitir a existência dos entraves que estão a vigorar, os quais, nos exatos termos do quanto aqui analisamos, deverão ser mitigados e extirpados, sob pena de afronta ao dispositivo aqui analisado.

Artigo 195.
O registro de ato processual eletrônico deverá ser feito em padrões abertos, que atenderão aos requisitos de autenticidade, integridade, temporalidade, não repúdio, conservação e, nos casos que tramitem em segredo de justiça, confidencialidade, observada a infraestrutura de chaves públicas unificada nacionalmente, nos termos da lei.
CORRESPONDÊNCIA NO CPC/1973: *NÃO HÁ.*

Corroborando tudo quanto dissemos ao analisar o art. 194 deste CPC/2015, ressaltamos que aqui, novamente, está o legislador a defender o amplo acesso, interoperabilidade e acessibilidade, já que, não obstante as admoestações contidas no artigo 194, reitera, aqui, que o registro dos atos processuais deverá seguir padrões abertos. Isso reforça a necessidade de não ser criado um sistema fechado que propicie reserva de mercado, nem mesmo a dependência do Judiciário ou dos jurisdicionados a determinado sistema operacional, devendo ser observada, em qualquer hipótese, a infraestrutura unificada nacionalmente de chaves públicas.

Artigo 196.

Compete ao Conselho Nacional de Justiça e, supletivamente, aos tribunais, regulamentar a prática e a comunicação oficial de atos processuais por meio eletrônico e velar pela compatibilidade dos sistemas, disciplinando a incorporação progressiva de novos avanços tecnológicos e editando, para esse fim, os atos que forem necessários, respeitadas as normas fundamentais deste Código.
CORRESPONDÊNCIA NO CPC/1973: *NÃO HÁ.*

Ao analisar o art. 193, afirmamos que os atos processuais eletrônicos são regulamentados não apenas pelos dispositivos legais aqui comentados, como também pela Lei 11.419/2006, por leis esparsas e por provimentos regimentos emanados dos tribunais pátrios, Essa conclusão é reforçada pelo teor deste art. 196, repisando-se, por importante que é, que esses regramentos dos tribunais e mesmo do CNJ não podem, em hipótese alguma, afrontar as garantias insculpidas pelo art. 194 por nós aqui já analisado.

Artigo 197.

Os tribunais divulgarão as informações constantes de seu sistema de automação em página própria na rede mundial de computadores, gozando a divulgação de presunção de veracidade e confiabilidade.
Parágrafo único. Nos casos de problema técnico do sistema e de erro ou omissão do auxiliar da justiça responsável pelo registro dos andamentos, poderá ser configurada a justa causa prevista no art. 223, *caput* e § 1º.
CORRESPONDÊNCIA NO CPC/1973: *NÃO HÁ.*

1. **Problemas técnicos.** O parágrafo único deste art. 197 do CPC/2015 busca resolver um dos problemas que mais aflige o operador no âmbito do processo eletrônico: a indisponibilidade parcial ou total do sistema de processo eletrônico.

Ocorre que o dispositivo legal em análise resolve apenas em parte a questão, já que prevê que, nessas hipóteses, restará configurada a justa causa do art. 223, § 1º deste CPC/2015.

Contudo, esse art. 197 não obriga que os tribunais informem expressamente aos operadores acerca da indisponibilidade do sistema, o que seguirá sendo um problema: como demonstrar que o sistema está inoperante, se o *site* dos tribunais insiste em não divulgar essas informações de maneira expressa?

2. Medidas a serem adotadas em caso de problemas técnicos. Tendo em vista que boa parte dos tribunais pátrios insiste em não divulgar em seus *sites* as situações de indisponibilidade do sistema, ao operador, para fins de caracterizar a justa causa do art.223, § 1º, deste CPC/2015, resta escorar-se, até solucionada a questão, em estratagemas que visem a demonstrar que o sistema está inoperante, tais como obter (i) cópia da tela em na qual conste alguma mensagem de erro do sistema (*print screen*); (ii) declaração do operador do sistema em tal sentido; (iii) abertura de chamado no suporte técnico e gravação da ligação; (iv) registro do número de protocolo do chamado ao suporte técnico etc.

De qualquer modo, e como o sistema estará inoperante, no dia imediatamente posterior ao da ocorrência do problema técnico, deverá o interessado efetivamente praticar o ato e informar ao juiz acerca da indisponibilidade ocorrida no dia anterior, informando e comprovando por todos os meios possíveis a ocorrência da justa causa do artigo 223, § 1º, deste CPC/2015.

No nosso sentir, a indisponibilidade meramente momentânea, total ou parcial, que tenha impedido a prática do ato já é o caso de ocorrência da justa causa do artigo 223, § 1º, deste CPC/2015. Assim, uma vez comprovada a ocorrência mencionada, nos termos do artigo 223, §2º, do CPC/2015, deverá o juiz autorizar a prática do ato em prazo outro, sob pena de violação aos princípios insculpidos pelo art. 194 por nós aqui já analisado, bem como à ampla defesa, ao contraditório e ao efetivo acesso à justiça.

Ressaltamos que, no nosso entendimento, a mera e momentânea indisponibilidade do sistema do processo eletrônico, desde que comprovada, é suficiente para caracterização da justa causa, isso porque não pode o operador do direito ser obrigado a passar todo o dia incessantemente intentando a execução de determinado ato processual, por ser medida afrontosa à dignidade da pessoa humana e, não obstante, como já vimos, aos princípios insculpidos pelo art. 194, à ampla defesa, ao contraditório e ao efetivo acesso à justiça.

Artigo 198.

As unidades do Poder Judiciário deverão manter gratuitamente, à disposição dos interessados, equipamentos necessários à prática de atos processuais e à consulta e ao acesso ao sistema e aos documentos dele constantes.

Parágrafo único. Será admitida a prática de atos por meio não eletrônico no local onde não estiverem disponibilizados os equipamentos previstos no *caput*.

CORRESPONDÊNCIA NO CPC/1973: *NÃO HÁ.*

Este art. 198 nada mais é que corolário dos princípios trazidos pelo art. 194, bem como pela CF/1988, pois visa a garantir, em concreto, o acesso e a participação das partes e de seus procuradores, inclusive nas audiências e sessões de julgamento, bem como o exercício de todos os atos processuais, respeitada a garantia da disponibilidade.

Artigo 199.
As unidades do Poder Judiciário assegurarão às pessoas com deficiência acessibilidade aos seus sítios na rede mundial de computadores, ao meio eletrônico de prática de atos judiciais, à comunicação eletrônica dos atos processuais e à assinatura eletrônica.
CORRESPONDÊNCIA NO CPC/1973: *NÃO HÁ.*

Na mesma esteira do que já vimos no art. 198, o art. 199 do CPC/2015 é verdadeiro corolário dos princípios trazidos pelo art. 194, bem como pela CF/1988, porque visa a garantir, em concreto, o acesso e a participação das partes e de seus procuradores, inclusive nas audiências e sessões de julgamento, bem como o exercício de todos os atos processuais, respeitada a garantia da disponibilidade.

SEÇÃO III – Dos Atos das Partes

Artigo 200.
Os atos das partes consistentes em declarações unilaterais ou bilaterais de vontade produzem imediatamente a constituição, modificação ou extinção de direitos processuais.
Parágrafo único. A desistência da ação só produzirá efeitos após homologação judicial.
CORRESPONDÊNCIA NO CPC/1973: *ART. 158.*

1. **Classificação dos atos das partes.** Os atos das partes podem ser classificados das mais variadas formas (CARNELUTTI, Francesco, *Sistema de derecho procesal civil*, v. 3, Buenos Aires, UTHEA, 1944; GOLDSHMIDT, James, *Derecho procesal civil*, Madrid, Labor, 1936, p. 242-253; ROSENBERG, Leo, *Tratado de derecho procesal civil*, t. 1, Buenos Aires, EJEA, 1955, p. 357-369). É útil a classificação que os divide do seguinte modo: atos se dividem em dispositivos, instrutórios, reais e postulatórios. Os atos dispositivos têm natureza jurídica de negócios processuais, devidamente analisados alhures. São exemplos: a renúncia ao direito de recorrer e a desistência do recurso. Os instrutórios, ao seu turno, destinam-se a convencer o juiz da veracidade de algum fato. (GOLDSHMIDT, James, *Teoría general del proceso*, Barcelona, Labor, 1936, p. 130). Dispõem-se, portanto, a ser meios de prova. O exemplo mais comum é o depoimento pessoal. Os atos reais ou materiais não são postulações feitas ao juiz, mas condutas, mediante as quais se cumprem exigências legais ou judiciais. São exemplos: o pagamento das custas judiciais e a indicação de bens à penhora. Alguns desses atos, como o pagamento, têm, ao menos no direito brasileiro, natureza jurídica de atos-fatos. Já os atos postulatórios são atos pelos quais as partes pleiteiam algo do Estado-juiz. Atos como petição inicial, contestação e recursos

são exemplos de atos postulatórios. São, sem dúvidas, os mais relevantes. Concluindo, pode-se dizer que os atos postulatórios são atos pelos quais se solicita do Estado-juiz alguma providência de qualquer natureza.

2. Amplitude do termo "declaração de vontade" contida no *caput* do dispositivo em comento. O termo "declaração de vontade" serve para designar toda aquela manifestação da vontade (forma de expressar) possível; especificamente, declaração de vontade é a manifestação com pronúncia: declarar é tornar claro. Manifestação é, pois, gênero, do qual declaração é espécie, tendo a manifestação em sentido estrito como a outra espécie. Quem consome, por exemplo, a coisa adquirida na venda a contento manifesta vontade, embora não a declare. Quando a lei exige a forma declarada, é insuficiente o suporte fático composto de simples manifestação. O dispositivo, quando se refere à declaração de vontade, tem de ser entendido em sentido amplo, denotando a ideia de manifestação de vontade.

3. Análise do *caput* e do parágrafo único do dispositivo. O texto em comento estabelece uma regra: a eficácia do ato da parte é produzida de plano, ou seja, no momento em que processualmente ele puder ser considerado como praticado, ou seja, com o protocolo da petição física ou, em se tratando do processo eletrônico, com o envio do correspondente arquivo para o sistema. A exceção, contida no parágrafo único, é referente à desistência (revogação) da ação (entendida aqui como ato de demandar), que necessita, para a produção do efeito extintivo do processo, de homologação judicial. O problema é de integração de eficácia específica ao ato, nada tem a ver com o plano da existência ou da validade. Deve-se atentar para o fato de que a desistência é ato da parte, o pedido feito ao Estado-juiz refere-se à homologação (no sentido de integração do ato) para a produção de efeito específico, qual seja: a extinção do processo. Quem desiste é a parte, não o Estado-juiz; já é deste, por outro lado, o poder de extinguir o processo. A expressão correta é a seguinte: "... venho desistir da ação e, com isso, peço a extinção do processo".

ARTIGO 201.
As partes poderão exigir recibo de petições, arrazoados, papéis e documentos que entregarem em cartório.
CORRESPONDÊNCIA NO CPC/1973: *ART. 160.*

1. Direito de as partes obterem comprovação dos atos que praticam. Sem mudanças em relação à sistemática do CPC19/73, o CPC20/15, como não podia deixar de ser, dispõe sobre o direito de as partes (ou de qualquer outro que atue no processo, como o perito que protocola seu laudo) obterem a comprovação da prática do ato. O termo "recibo" deve ser entendido como qualquer comprovação feita por serventuário de justiça competente (distribuidor, escrivão, etc.), como os carimbos com assinatura, as autenticações mecânicas e, até mesmo, as certidões, sendo estas, como cediço, necessárias à validade de alguns atos processuais, como o agravo de instrumento. Em relação ao processo eletrônico, deve-se observar o disposto nos arts. 194 e 195 do CPC/2015.

Artigo 202.

É vedado lançar nos autos cotas marginais ou interlineares, as quais o juiz mandará riscar, impondo a quem as escrever multa correspondente à metade do salário-mínimo.

CORRESPONDÊNCIA NO CPC/1973: *ART. 161.*

É defeso lançar, nos autos, cotas marginais ou interlineares; o juiz mandará riscá-las, impondo a quem as escrever multa correspondente à metade do salário mínimo vigente na sede do juízo.

1. Vedação ao uso de cotas marginais ou interlineares. O dispositivo tem por base, sem dúvida, a ideia de boa-fé processual. É para evitar que, visando a alterar o real significado do conjunto textual contido nos autos, as partes – ou qualquer outro que participe – usem do expediente. Por cota marginal deve-se considerar qualquer adendo feito fora do local adequado, como ao lado do texto pré-existente. Já cota interlinear, como o próprio nome denota, é aquela entre as linhas do texto pré-existente. Faz-se necessário, todavia, verificar se o emprego do adendo altera o real conteúdo do ato. É comum no foro a prática de atos manuscritos para os fins dos mais diversos, como tomar ciência de atos. Isso, em hipótese alguma, pode configurar o ilícito referido do dispositivo em análise. No suporte fático dele, portanto, há de estar presente a alteração do conteúdo do ato representado no documento pela introdução do adendo marginal ou interlinear.

2. Sanções pelo descumprimento: determinação de risco e multa. Constatando o ilícito, o juiz deve determinar que os adendos sejam riscados. É importante, para fins de controle, e até mesmo de impugnação, que, na decisão, conste, literalmente, a expressão por ser riscada. Além disso, deve-se aplicar uma multa correspondente ao valor da metade do salário-mínimo. No sistema novo, deve-se considerar o salário-mínimo federal, e não mais o em vigor no local do juízo, algo, sem dúvida, mais isonômico, pois, entre outras coisas, sabendo-se que o salário-mínimo é variável pelos estados da federação, a multa em uma seção judiciária federal, por exemplo, poderia ser diferente de outra seção da mesma Justiça. Essa multa é reversível em favor do ente público a quem o juízo for ligado. Por essa razão, é possível, desde que presentes os respectivos pressupostos, a cumulação dela com a multa por litigância de má-fé do art. 81 do CPC/2015.

SEÇÃO IV – Dos Pronunciamentos do Juiz

Artigo 203.
Os pronunciamentos do juiz consistirão em sentenças, decisões interlocutórias e despachos.

§ 1º Ressalvadas as disposições expressas dos procedimentos especiais, sentença é o pronunciamento por meio do qual o juiz, com fundamento nos arts. 485 e 487, põe fim à fase cognitiva do procedimento comum, bem como extingue a execução.

§ 2º Decisão interlocutória é todo pronunciamento judicial de natureza decisória que não se enquadre no § 1º.

§ 3º São despachos todos os demais pronunciamentos do juiz praticados no processo, de ofício ou a requerimento da parte.

§ 4º Os atos meramente ordinatórios, como a juntada e a vista obrigatória, independem de despacho, devendo ser praticados de ofício pelo servidor e revistos pelo juiz quando necessário.

CORRESPONDÊNCIA NO CPC/1973: *ART. 162.*

1. **Dos pronunciamentos judiciais: natureza jurídica e definição.** Conforme tradicional doutrina (Barbosa Moreira), entre os atos do juiz os mais relevantes estão os pronunciamentos. Por estes, fala-se sobre algo (daí pronunciamento), tomando-se, a partir daí, as providências necessárias. Atos como a inspeção judicial, a tomada do depoimento da parte e a oitiva de uma testemunha não são pronunciamentos, muito embora, ao longo da prática deles, seja possível pronunciar. Diante disso, consoante a mesma doutrina, é possível dizer que há pronunciamentos de cunho decisório e pronunciamentos não decisórios. O critério para diferenciá-los nada tem a ver com o nome atribuído ao documento que os materializa (a nominação pode ser equivocada), mas reside nas potencialidades: o pronunciamento decisório, ou, simplesmente, provimento ou decisão, tem o condão de desigualar – por acerto ou por erro – a situação processual de alguém. Daí se dizer, com menos analiticidade, que o provimento causa prejuízo a alguém. No rol acima indicado, não são provimentos os despachos previstos no parágrafo 3º.

2. **Das espécies de pronunciamentos.** Entre outros que serão analisados no lugar adequado, estão os pronunciamentos judiciais: as sentenças, as decisões interlocutórias e os despachos. Com a ressalva dos últimos, que podem ser praticados por qualquer órgão jurisdicional, de qualquer instância da estrutura judiciária brasileira, o rol da disposição legal em análise é atrelado aos pronunciamentos dos juízos de primeira instância.

2.1. **Das sentenças.** Deveras modificada pela Lei 11.232/2005, a definição legal de "sentença" ganhou novos contornos, passando, com isso, a ser bem mais particularizada: sentença não seria mais o pronunciamento do juiz que pusesse termo ao processo, mas aquele que aplicasse alguma das hipóteses dos arts. 267 e 269 do CPC/1973 (arts. 485 e

487, CPC/2015). Comparativamente, o CPC/2015, em seu o parágrafo 1º do art. 203, vai mais além: tem-se uma definição ainda mais específica, pois, além de ressalvar os procedimentos especiais, deixa expresso que a sentença tem de encerrar não só a fase cognitiva do procedimento comum, mas, também, a execução. As razões para tanto são muitas. Entre outras coisas, pode-se dizer que há uma tentativa fundada em certo ranço racionalista reconhecido pela doutrina (SILVA, Ovídio Baptista da, *Processo e ideologia: o paradigma racionalista*, Rio de Janeiro, Forense, 2006). Foi uma tentativa de, à força, impor uma conceituação de sentença ao gosto dos (pré) conceitos teóricos de membros das comissões de juristas que, ao longo da tramitação do CPC/2015, auxiliaram as Casas do Congresso Nacional. Não obstante, a "engenharia jurídica" foi incompleta, pelos seguintes, entre outros, motivos: (i) ressalva os procedimentos especiais, deixando-os em situação *sui generis;* (ii) mesmo que se leve na literalidade a expressão "ressalvas as disposições expressas dos procedimentos especiais", contida logo no início do texto, parece ignorar que, muitas das vezes, não há nas disposições sobre eles a expressão ao nome do provimento judicial: é o que ocorre, por exemplo, com as decisões dos parágrafos 1º e 2º do art. 592 do CPC/15, as quais, cada uma baseada em possível estado procedimental, julga procedente a ação de divisão de terras particulares, determinando, com isso, a divisão geodésica do imóvel, a ser feita em nova e sucessiva fase do procedimento; (iii) ignora, por completo, as decisões tomadas ao final da fase de liquidação de sentença, quando ela se faz necessária: há um verdadeiro "limbo jurídico" no último caso; (iv) ao falar de apenas de execução, traz os seguintes problemas: ou dá margem, em interpretação restritiva, ao entendimento de que as decisões do chamado cumprimento de sentença estão fora dos contornos do texto, pois, não sem problemas analíticos, a textualidade do CPC/2015 opta por não se referir a efetivação do título judicial como execução, denominando-a apenas de cumprimento de sentença (algo que ignora as distinções semântico-pragmáticas entre cumprir e executar: quem cumpre é a parte, seguindo exortação judicial; quem executa é o Estado-juiz, agindo em ato de império: o próprio sistema, para além da mera textualidade, prevê ambas as situações, como, por exemplo, no art. 523); ou, partindo da premissa (acertada) de que o termo engloba tanto o título judicial quanto o extrajudicial, é incoerente com as nomenclaturas previstas, correta ou erroneamente, pelo próprio sistema. É possível dizer que a grande preocupação de tentar precisar, ao máximo, a definição legal de sentença (a ponto de, tal como se observará abaixo, deixar a definição de decisão interlocutória totalmente residual) foi a de tentar racionalizar o sistema de cabimento dos recursos, isso por uma certa incompatibilidade do procedimento da apelação com as chamadas sentenças parciais. A tentativa, porém, é não exitosa, pelos motivos acima arrolados. Melhor seria pontuar especificamente o recurso cabível contra determinado tipo decisional, e não, em uma subversão lógica, moldar as decisões pelo recurso cabível. O certo é que, pela textualidade, não são consideradas como sentenças as chamadas decisões parciais definitivas Não é o caso de adentrar, aqui, na natureza jurídica das decisões de mérito provisórias: antecipatórias da tutela. Sabe-se, no entanto, que, pragmático-acionalmente, elas não muito diferem das definitivas. Quanto às decisões parciais definitivas, são aquelas que, no todo ou em parte, julgam ação cumulada a outra, como, por exemplo, a procedência da indenizatória por danos morais cumulada à indenizatória por danos materiais, esta a ser julgada em momento procedimental futuro; são, ainda, aquelas que julgam fração de ações de realização sucessiva ("espraiamento sentencial", na expressão cunhada por Eduardo José da Fonseca Costa), tão tradicionais em nosso direito, embora, na mesma razão, ignoradas pela processualística, como é o caso da decisão que, com base no art. 550, § 5º, do CPC/2015, condena o réu a prestar contas. Por fim, em uma perspectiva de complexidade linguística, necessária, por óbvio, a qualquer análise do fenômeno jurídico, não é errado (do ponto de vista epistêmico) defender que, não obstante a definição legal, é possível defender a natureza sentencial de várias das decisões que não se adequam à moldura da disposição legal em comento. Quem defende que, pelo fato de que, entre outras coisas, uma decisão não encerrar fase procedimental, essa decisão não pode ser nominada de sentença, ignora que, para além de uma questão meramente estrutural (nível sintático), as decisões têm de ser observadas pelo seu conteúdo e sua função (níveis semântico e semântico-pragmático).

2.2. Decisões interlocutórias. Em mudança estrutural em relação à disposição do CPC/1973, o parágrafo 2º do art. 203 do CPC/2015 não mais se refere ao "julgamento de questão incidental" como base da definição de decisão interlocutória. Essa expressão serve para designar o julgamento de qualquer questão que, estranha ao objeto da declaração (objeto litigioso do processo), tenha de ser decidida à parte, como, por exemplo, as decisões no âmbito das exceções instrumentais previstas no CPC/1973. Diferentemente, é a chamada análise incidental de questões, na qual determinada questão é analisada (alocada na fundamentação) para que outra seja julgada (alocada no dispositivo). É o que acontece, por exemplo, com a análise da propriedade na ação reivindicatória. Interessante é que, nessa textualidade, não bem se enquadram as decisões antecipatórias da tutela, pois elas, embora de forma provisória, adentram no próprio objeto da declaração. O CPC/2015, como dito, para poder dar melhor analiticidade à definição de sentença contida no parágrafo anterior, aboliu a expressão. Tem-se, com ele, uma definição residual: é interlocutória a decisão que não se encaixe no perfil de sentença. Os problemas, na forma posta no item acima, persistem. Deve-se alertar para o fato de que tal definição só abrange as decisões interlocutórias no âmbito dos juízos de primeira instância. Interlocutórias em tribunais, quaisquer que sejam estes, têm estrutura totalmente distinta, sendo definíveis como aquelas que não tenham o condão de findar o procedimento.

2.3. Despachos. Com a mudança operada no CPC/1973 por força da Lei 11.232/05, encerrou-se uma das grandes polêmicas existentes no direito processual civil brasileiro: sobre a natureza jurídica, a suposta diferenciação de tipos e a recorribilidade dos despachos. Pragmaticamente, pela mudança do art. 504 (art. 1.001, CPC/15), os despachos não têm conteúdo decisório e, por isso, não são recorríveis. Assim, deixou de haver utilidade em uma suposta classificação dos despachos (propriamente ditos, de expediente e de mero expediente). O que importa é que muitos dos conhecidos despachos têm conteúdo decisório, como ocorre com o saneador e com de admissibilidade inicial da ação. Os despachos têm viés ordenatório (de por ordem a algo), servindo para fazer o feito andar. É o que acontece com o ato de intimar o recorrente para contrarrazoar o recurso ou de intimar o contestado para replicar. Se, porventura, o despacho ocasionar algum tipo de desequilíbrio entre os sujeitos do processo, ele perde sua essência, caracterizando-se como decisão. Algo que o faz, pois, recorrível. Por fim, deve-se atentar para fato de que, por força do inciso XIV do art. 93 da CF/1988, acrescido pela EC 45/04, é possível ao juízo, por ato normativo interno (como uma portaria), sujeito, claro, aos devidos trâmites possíveis (como a homologação por parte do conselho da magistratura, exigência de alguns tribunais pátrios), delegar o poder de ordenar o feito a algum serventuário, como o escrivão.

2.4. Os chamados atos ordinatórios. Mantendo a erro do CPC19/73, o CPC/15 continua a tratar dos chamados atos ordinatórios na parte relativa aos pronunciamentos do juiz, quando seu *locus* adequado é aquele que trata dos atos do serventuário da justiça responsável pelo cartório: o escrivão, em regra. Atos como juntada de peças aos autos e abertura de vistas destes não são, em essência, atos do juiz. São naturalmente atos de serventuário. Apenas isso é suficiente para dizer que eles independem de despacho, de modo que a expressão do tipo utilizada no texto é pleonástica. Não se deve confundir o ordinatório (de ordinário, comum, etc.), traço característico de tais atos, com o ordenatório dos verdadeiros despachos. A menção a uma possível revisão por parte do juiz da unidade judiciária se dá, acima de tudo, do ponto de vista administrativo, pois, como cediço, é dele o grau hierárquico superior da unidade.

Artigo 204.
Acórdão é o julgamento colegiado proferido pelos tribunais.
CORRESPONDÊNCIA NO CPC/1973: *ART. 163.*

1. Das decisões em tribunais. Substancialmente, como se percebe, não houve maiores mudanças no sistema do CPC/2015 em relação ao do CPC/1973. Faz-se necessário, porém, fazer três ponderações. A primeira ponderação é de que o sentido do termo "tribunal" é mais amplo do que aquele previsto constitucionalmente, pois, além de englobar os tribunais brasileiros, o dispositivo abarca os órgãos jurisdicionais colegiados no âmbito dos juizados especiais, quaisquer que sejam estes (estaduais cíveis, estaduais fazendários e federais) e aqueles (colégios recursais, turmas regionais de uniformização, Turma Nacional de Uniformização etc.). A segunda reflexão diz respeito ao termo "acórdão", que pode ser utilizado em dois sentidos: o primeiro, como ocorre no dispositivo em comento, como designativo da decisão colegiada de tribunal. O todo decisional, incluindo eventuais notas taquigráficas, chama-se "acórdão"; o segundo, mais restrito, para nominar o documento continente da ementa e do dispositivo da decisão colegiada. É o sentido utilizado no art. 943, §1º, do CPC/15. A terceira e última ponderação é no sentido de que o disposto, claro, não abarca todas as decisões em tribunal, pois existem decisões monocráticas. Estas, sejam do relator de uma causa (originária, incidental ou recursal), do vice-presidente ou do presidente do tribunal, não se enquadram, como dito alhures, no perfil de decisão interlocutória traçado no parágrafo 2º do art. 203, CPC/2015. Para elas, faz-se necessária uma estruturação. Desse modo, pode-se dizer que elas se dividem em interlocutórias e finais: as primeiras não têm o condão de findar o procedimento; algo que é da essência das segundas.

ARTIGO 205.
Os despachos, as decisões, as sentenças e os acórdãos serão redigidos, datados e assinados pelos juízes.

§ 1º Quando os pronunciamentos previstos no *caput* forem proferidos oralmente, o servidor os documentará, submetendo-os aos juízes para revisão e assinatura.

§ 2º A assinatura dos juízes, em todos os graus de jurisdição, pode ser feita eletronicamente, na forma da lei.

§ 3º Os despachos, as decisões interlocutórias, o dispositivo das sentenças e a ementa dos acórdãos serão publicados no Diário de Justiça Eletrônico.

CORRESPONDÊNCIA NO CPC/1973: *ART. 164.*

1. **Documentação das decisões.** As disposições legais em comento tratam da documentação e da publicidade das decisões. Como todo ato jurídico, a decisão tem forma, que se apresenta em uma declaração de vontade. Além disso, submetem-se a rigor formal (solenidade) deveres acentuados, daí a necessidade de sua documentação. Assim, pode-se dizer que decisão é o ato representado no documento (elemento representativo) denominado de acordo com o tipo decisional (sentença, decisão interlocutória, acórdão, etc.). Há a utilização de uma metonímia, pois é dado ao elemento representativo – documento – o nome do fato representado, a decisão. A documentação pode variar, porquanto, a depender do tipo da formalização processual, pode se dar em elemento físico, papel, ou por via eletrônica, cujo suporte físico é um meio eletrônico da gravação, como um HD (isso, claro, na observância do parágrafo 2º do disposto legal em análise).

2. **Funções do documento decisional: fonte de prova e pressuposto do ato representado.** É preciso entender que, como qualquer documento, o decisional prova algo. Sendo o fato nele representado a própria decisão, ele funciona como fonte de prova (tida aqui como elemento de convencimento) dela. No entanto, além disso, ele é um

pressuposto do ato jurídico decisório. No caso de decisões proferidas oralmente, como as sentenças prolatadas em audiência e os acórdãos, que são prolatados em sessão, a decisão existe (é pertinente ao sistema jurídico) quando são pronunciadas (no caso dos acórdãos, no momento em que o presidente do órgão judicante pronuncia o resultado: "à unanimidade, assim de decidiu", por exemplo); no entanto, para ter eficácia, precisa ser materializada em um documento, como a ata de audiência. Caso haja continuação do processo sem a devida materialização documental da decisão, há nulidade dos atos subsequentes, ou seja, a documentação, além de tudo, funciona como pressuposto de validade dos atos que seguem à decisão. Nos demais casos, porém, a documentação é necessária à própria existência do ato, pois, tendo em vista que a juntada aos autos é o momento que marca sua realidade jurídica, isso só é possível mediante a documentação. Não há, nesse caso, decisão se ele se encontra apenas em arquivo salvo no computador do juízo, etc.

2.1. A assinatura como elemento de prova da autoria do documento decisional. É conhecido o entendimento de que, salvo previsão legal em contrário, a subscrição (especialmente, por assinatura) documental não é necessária à realidade do ato jurídico representado no documento. Trata-se, nesse caso, do meio que, por excelência, comprova a autoria. O ato representado é tido como defeituoso, mas sujeito a ratificação. Assim, caso seja anexado aos autos o documento sem a devida assinatura do juiz, há, embora debilitada, decisão. O déficit, todavia, some com a ratificação posterior, ou seja, com a aposição, pelo juiz, da assinatura no suporte documental. Isso seja a física, seja a eletrônica. Coisa diversa é a ocorrência nos autos de documento decisional assinado por alguém que não seja o juiz. Nesse caso, não há decisão, pois o praticante do ato não tem investidura jurisdição, verdadeiro pressuposto de existência dos atos processuais do juiz. Uma terceira hipótese é documento com aposição de assinatura falsa do juiz do processo. Aqui, há documento falso (inciso I do parágrafo único do art. 427, CPC/2015) e inexistência jurídica da decisão. Por isso, nesse tipo de caso, a declaração judicial de falsidade contém outra declaração: a de inexistência do ato representado.

3. Necessidade de publicação das decisões em Diário Oficial Eletrônico: o parágrafo 3º do dispositivo legal em análise. A normatização em questão, muito além de ser uma regra que impõe a substituição do uso de diário oficial físico pelo eletrônico (sentido programático do termo linguístico), é regra que impõe, não obstante ao fato de os feitos estarem todos materializados em meio eletrônico, a publicação do texto decisório em diário eletrônico como forma indispensável para possibilitar a intimação das partes da ocorrência da decisão. Ou seja, a simples disponibilização no sistema do processo judicial eletrônico é deficiente como meio de intimação das partes, de modo que esta só pode ser validamente praticada se for publicada na forma acima referida.

SEÇÃO V – Dos Atos do Escrivão ou do Chefe de Secretaria

Artigo 206.

Ao receber a petição inicial de processo, o escrivão ou o chefe de secretaria a autuará, mencionando o juízo, a natureza do processo, o número de seu registro, os nomes das partes e a data de seu início, e procederá do mesmo modo em relação aos volumes em formação.

CORRESPONDÊNCIA NO CPC/1973: *ART. 166.*

1. Sistemática da seção. A seção em comento trata dos atos de um tipo de serventuário da justiça: escrivão ou chefe de secretaria ou, ainda, conforme o tipo, diretor da vara (como sói ocorrer na Justiça Federal). Trata-se do serventuário mais importante da unidade judiciária, logo o responsável pela estruturação documental do procedimento: a formação dos autos e aquilo que é necessário para tanto e que dela advém.

2. Formação dos autos. É ao serventuário da justiça acima mencionado que compete a formação dos autos. Estes podem ser atendidos como a materialização do procedimento. Nos autos devem estar identificados: o juízo, a natureza da causa (se ação declaratória, por exemplo), do procedimento (se comum, especial, etc.), a numeração de registro, o nome das partes (e, com algum fato de intervenção, do terceiro que ingressa), a data de início da tramitação. O mesmo há de ser feito com quaisquer novos volumes que tiverem de ser feitos, sejam os de continuação ao iniciado, sejam aqueles relativos a procedimentos incidentais.

3. A questão do processo judicial eletrônico. No que tange a este tipo de documentação processual, deve-se observar o disposto no art. 195 do CPC/2015. Não há, por óbvio, necessidade de autuação física nos moldes descritos acima.

Artigo 207.

O escrivão ou o chefe de secretaria numerará e rubricará todas as folhas dos autos.

Parágrafo único. À parte, ao procurador, ao membro do Ministério Público, ao defensor público e aos auxiliares da justiça é facultado rubricar as folhas correspondentes aos atos em que intervierem.

CORRESPONDÊNCIA NO CPC/1973: *ART. 167.*

1. Numeração e aposição de rubrica às folhas dos autos. Por questões de organização e segurança (evitar extravio, substituição de uma folha por outra ou qualquer outro tipo de contrariedade a direito possível), todas as folhas dos autos devem ser numeradas e rubricadas por aquele que é responsável pela sua formação. Em relação à autuação eletrônica, tem-se a necessidade de certificação digital.

2. Rubrica pelos demais sujeitos do processo (parágrafo único do dispositivo).
Todos aqueles que, de algum modo, atuam no processo, desde as partes (por si, nos
atos cuja prática a elas compete, ou a seus advogados, nos demais casos) até as testemunhas e peritos devem rubricar as folhas dos autos representativos de algum ato que
praticaram. A rubrica, como se sabe, por ser considerada como um tipo de subscrição
(aposição de dado pessoal no suporte do documento), serve à prova da autoria do documento, seja a autoria material, seja a intelectual. Mais uma vez, a questão da segurança
se impõe.

ARTIGO 208.
**Os termos de juntada, vista, conclusão e outros semelhantes constarão
de notas datadas e rubricadas pelo escrivão ou pelo chefe de secretaria.**
CORRESPONDÊNCIA NO CPC/1973: *ART. 168.*

1. Sentido da expressão "termo" contida no dispositivo. "Termo", no entendimento mais disseminado pela processualística, é o nome que se dá à documentação dos
atos processuais praticados por serventuário da justiça. Daí se fala em "termo de audiência", "termo de penhora", etc. No dispositivo em comento, a expressão serve a um
sentido um tanto diverso ou que, no mínimo, pode sê-lo. Trata-se, na verdade, da atestação de atos de viés mais ordinatório, necessário ou para intercalar um ato processual
a outra (no caso da conclusão) ou para possibilitar uma melhor prática dos atos processuais (como ocorre na vista dos autos) ou para simplesmente integrar ato praticado ao
conjunto documental do processo (como na juntada). A atestação pode ser feita por um
termo propriamente dito, nos moldes do sentido mais utilizado da expressão, ou por algo
mais simples como um carimbo certificatório no qual se possam apor a data da prática do
ato e a assinatura do praticante do ato.
2. Juntada aos autos de petição não marca a gênese do ato praticado. Os atos
praticados pelas partes, pelo Ministério Público ou até por auxiliares do juízo (como o
perito) via petição não têm sua gênese como ato jurídico a partir do momento de sua
juntada aos atos. O que marca o início de sua vida jurídica é o devido protocolo; a juntada
apenas o integra ao corpo procedimental. Com o protocolo da petição, pode-se dizer,
surge o dever processual do serventuário da justiça de juntá-la aos autos; com a juntada,
a partir de elemento integrativo, surge o dever de o juiz analisá-la.
3. Vicissitudes da atestação. O ato de atestação deve ser praticado por quem tenha
o poder de fazê-lo, no caso o serventuário da justiça. Se ela serve como marco inicial de
prazos para a prática de atos processuais e é praticada por quem não pode fazê-la (estagiário do juízo, por exemplo), configura-se sua vicissitude, de modo que há ineficácia
para esse fim, ou seja, o prazo não começa a fluir.

ARTIGO 209.

Os atos e os termos do processo serão assinados pelas pessoas que neles intervierem, todavia, quando essas não puderem ou não quiserem firmá-los, o escrivão ou o chefe de secretaria certificará a ocorrência.

§ 1º Quando se tratar de processo total ou parcialmente documentado em autos eletrônicos, os atos processuais praticados na presença do juiz poderão ser produzidos e armazenados de modo integralmente digital em arquivo eletrônico inviolável, na forma da lei, mediante registro em termo, que será assinado digitalmente pelo juiz e pelo escrivão ou chefe de secretaria, bem como pelos advogados das partes.

§ 2º Na hipótese do § 1º, eventuais contradições na transcrição deverão ser suscitadas oralmente no momento de realização do ato, sob pena de preclusão, devendo o juiz decidir de plano e ordenar o registro, no termo, da alegação e da decisão.

CORRESPONDÊNCIA NO CPC/1973: *ART. 169.*

1. **Da necessidade de assinatura dos documentos por aqueles que praticam os atos.** Todo aquele que pratica o ato processual documentado tem de assinar o documento. Em alguns casos, a falta de assinatura acarreta vício de nulidade ao ato, como nos recursos. Vício este sanável, deve-se frisar. No entanto, caso não seja possível ao sujeito assinar, o serventuário da justiça deverá certificar o ocorrido; por exemplo, no caso de testemunha não alfabetizada, que, não obstante, deve apor sua impressão digital no documento, além. Caso o sujeito não queira firmar (testemunha que se nega a assinar o termo de compromisso), isso, por óbvio, deverá ser certificado.

2. **Documentação eletrônica de atos praticados na presença do juiz (parágrafo 1º do dispositivo).** Se, total ou parcialmente, o processo se encontra em via eletrônica, os atos praticados na presença do juiz, como o depoimento da parte em audiência, as alegações finais do advogado, deverão ser todos armazenados em arquivo eletrônico, devidamente certificado por todas que praticaram os atos.

3. **Preclusão do poder de suscitar erros ou defeitos na documentação eletrônica.** Caso a parte ou qualquer outro que, por atuar no processo, tiver interesse no sentido atribuído ao ato praticado verifique erros ou defeitos na transcrição eletrônica dos dados, deve, no primeiro momento possível, sob pena de preclusão, suscitar ao juiz, o qual, por sua vez, terá de decidir de plano, ordenando, claro, o registro, em via eletrônica, da alegação do problema e da decisão sobre ele. Vale frisar que a preclusão, nesse caso, não é a do poder de impugnar a decisão, algo que, por força do art. 1.009, §1º, do CPC/2015 deve ser arguido nas razões ou contrarrazões de recurso de apelação. A preclusão é do poder de alegar o problema de transcrição do ato.

4. **Expressões previstas no art. 169, CPC/1973, suprimidas pelo CPC/2015.** O dispositivo em questão do CPC/73 faz menção a termos linguísticos, tais como: "atos e

termos do processo serão *datilografados* ou escritos com *tinta escura* e *indelével"* e "vedado usar *abreviaturas".* As expressões grafadas em itálico foram totalmente suprimidas. Isso, muito provavelmente, pelo inexorável desuso, como a datilografia e a escrita por caneta (salvo para as assinaturas), ou, em tempos de emprego de linguagem de modo mais direto, ser conveniente a utilização de abreviaturas (por exemplo, "fls.", "Dr.") ou até mesmo siglas (CPC, CDC, etc.); isso, claro, desde que o uso dessas técnicas não prejudique a fácil compreensão do sentido do termo empregado.

ARTIGO 210.
É lícito o uso da taquigrafia, da estenotipia ou de outro método idôneo em qualquer juízo ou tribunal.
CORRESPONDÊNCIA NO CPC/1973: *ART. 170.*

1. Documentação de atos praticados em sessões. O dispositivo em comento trata da possibilidade (no sentido de conformidade a direito) de emprego de alguns meios para a devida documentação de atos praticados em sessões, como as audiências e as sessões em tribunal. Tradicionalmente, tem-se o uso da taquigrafia (que tem o termo estenografia como sinônimo) e da estenotipia, esta uma forma mais complexa daquela, pois faz uso de meio mecânico (via equipamento apropriado para tanto). Por usarem linguagem em códigos, o teor dos documentos elaborados pelo profissional habilitado (taquígrafo, estenotipista) deve ser transcrito para o vernáculo. Ocorre que, com a evolução tecnológica, esses meios cada vez mais devem (tanto no sentido probabilístico, quanto no sentido performativo) deixar de ser usados. Desde a vigência da Lei 8.952/1994, há previsão da possibilidade de uso de outros meios idôneos, como as gravações em áudio e vídeo, inclusive em mídia eletrônica. Isso, aliás, está em plena consonância com o disposto no parágrafo 1º do art. 205 deste CPC/2015.

ARTIGO 211.
Não se admitem nos atos e termos processuais espaços em branco, salvo os que forem inutilizados, assim como entrelinhas, emendas ou rasuras, exceto quando expressamente ressalvadas.
CORRESPONDÊNCIA NO CPC/1973: *ART. 171.*

1. Limitações à textualização do documento: espaços em branco, entrelinhas, emendas e rasuras. O documento serve, antes de tudo, para certificar, ou seja, atestar o fato que ele representa. Por isso, a ideia de segurança é inerente à sua realidade. As hipóteses mencionadas no dispositivo dão margem à insegurança, pois facilitam a adulteração ou qualquer outro tipo de falsificação, daí a previsão de vedá-las. Ocorre que, por poderem ocorrer equívocos, como a numeração equivocada, é possível a alteração do documento, desde que devidamente ressalvada e certificada (aposição de subscrição pelo responsável, etc.). O meio processual para questionar quaisquer problemas do tipo é, sem dúvida, o incidente de falsidade documental (arts. 430 a 433, CPC/2015).

2. Meios de documentação de atos praticados na forma oral. O dispositivo em questão regula o modo como devem ser documentados os atos praticados na forma oral em sessões judiciais públicas, como audiências e sessões de julgamento em tribunal. A taquigrafia e a estenotipia são linguagens em códigos, de modo que devem ser traduzidas para a linguagem corrente, com uso de vernáculo. Estenotipia é apenas um tipo de taquigrafia, frise-se. Dá-se com uso de mecanização. Estenografia, por sua vez, expressão que sequer é utilizada no dispositivo, é sinônimo de taquigrafia. No entanto, esses meios, se já não se encontram em considerável desuso, cada vez menos deverão ser utilizados, seja porque o próprio dispositivo (e isso desde a vigência da Lei 8.952/1994, que alterou o art. 170 do CPC/1973) possibilita o uso de outros meios, desde que idôneos, porque isso já é realidade em diversos juízos e tribunais pátrios. É, por exemplo, notoriamente conhecida a utilização de gravação em vídeo.

CAPÍTULO II – Do Tempo e do Lugar dos Atos Processuais

SEÇÃO I – Do Tempo

Artigo 212.
Os atos processuais serão realizados em dias úteis, das 6 (seis) às 20 (vinte) horas.

§ 1º Serão concluídos após as 20 (vinte) horas os atos iniciados antes, quando o adiamento prejudicar a diligência ou causar grave dano.

§ 2º Independentemente de autorização judicial, as citações, intimações e penhoras poderão realizar-se no período de férias forenses, onde as houver, e nos feriados ou dias úteis fora do horário estabelecido neste artigo, observado o disposto no art. 5º, inciso XI, da Constituição Federal.

§ 3º Quando o ato tiver de ser praticado por meio de petição em autos não eletrônicos, essa deverá ser protocolada no horário de funcionamento do fórum ou tribunal, conforme o disposto na lei de organização judiciária local.

CORRESPONDÊNCIA NO CPC/1973: *ART. 172.*

1. Sistemática do capítulo. O ato processual, como fato do mundo que é, precisa ter demarcação no tempo e no espaço. É disso que o presente capítulo trata: o regramento da pontualidade, no tempo e no espaço, dos atos processuais. Isso dividido em duas seções: a primeira relativa ao tempo; a segunda, ao espaço.

2. Dias e horários da prática dos atos processuais. Em geral, os atos processuais têm de ser praticados em dias úteis, isso de acordo com o expediente forense divulgado, previamente, por cada juízo ou tribunal (nessa divulgação prévia, devem ser indicados, por exemplo, os recessos forenses e os feriados locais, como os estaduais e municipais, servindo ela, além de tudo, como documento comprobatório desses fatos). O horário é o compreendido entre as 6 (seis) e as 20 (vinte) horas dos referidos dias. É importante frisar que essa marcação é critério para revelação de sentido de alguns textos normativos. Por exemplo, quando o art. 689, do CPC/1973 (cuja redação não está repetida no art. 900 do CPC/2015), fala em "superveniência da noite" como causa de paralisação da hasta pública, o termo "noite" deve ser entendido como o momento imediato após às 20 (vinte) horas do dia, e não no sentido mais propriamente físico de ausência de luz solar. Vale ressaltar, nesse caso, que esse horário não vincula o funcionamento da unidade judiciária. A depender do critério estabelecido pela unidade federativa competente para legislar sobre a matéria, via lei de organização judiciária, o funcionamento pode ser menor do que o estabelecido. A importância prática do horário acima fixado dá-se, acima de tudo, nos casos de atos praticados fora da sede do juízo, como a penhora e a inspeção judicial.

3. Possibilidade de prolongamento do horário. Caso haja necessidade de continuação imediata da prática do processual, em virtude de prejuízo ao próprio ato ou possibilidade de grave dano ao bem da vida tutelado (como, por exemplo, na diligência de arrolamento de bens em que alguns deles ainda não foram devidamente identificados, cadastrados e selados), é possível o prolongamento do horário. As expressões "prejuízo à diligência" e "dano grave", por terem maior abertura semântica, dão margem a maior subjetividade. Logo, compete ao responsável pelo ato – o oficial de justiça, por exemplo – atribuir significação a elas. No entanto, tendo em vista uma maior necessidade de segurança jurídica, é preciso que ele consigne o real motivo de ter estendido o horário. Além disso, é de boa prática que o juízo responsável pelo ato já consigne a possibilidade de o executor do ato, diante das circunstâncias do parágrafo 2º do art. 212 deste CPC/2015, prolongar o horário.

4. Possibilidade de realização de citações, intimações e penhoras no período de férias forenses, nos feriados, dias não úteis fora do horário estabelecido no _caput_ do art. 212 do CPC/2015: mudança substancial em relação ao parágrafo 2º do art. 172 do CPC/1973. Modificando substancialmente o regramento anterior, o dispositivo em comento do CPC/2015 possibilita, nos casos de férias forenses (nos órgãos jurisdicionais nos quais elas existam, como no STF e no STJ), feriados e dias úteis, a prática de atos processuais fora do horário convencional, isso desde que respeitado o disposto no art. 5º, XI, da CF/1988. Tudo isso sem a necessidade de prévia autorização judicial e sem a necessidade de justificar a excepcionalidade do caso (como, por exemplo, quando o réu, ao que parece, tenta esconder-se para não ser citado), eis as grandes mudanças em relação ao dispositivo análogo do CPC/1973.

5. Atos praticados por meio de petição (art. 212, §3º, e art. 213, CPC/2015). No que tange aos atos praticados por petição, é necessário observar o horário de funcionamento da unidade judiciária (art. 213, parágrafo único, CPC/2015), que, como visto acima, pode não coincidir (no sentido de poder ficar nele contido) com o horário fixado para a prática dos atos processuais. Isso, claro, para o peticionamento em processos de autuação física, em que se deve observar o horário da seção de protocolo. Para o peticionamento eletrônico, a prática pode ser feita a qualquer momento do dia, considerando-se este por inteiro, ou seja, das 0 (zero) às 24 horas. A menção, feita no parágrafo 3º do art. 212 do CPC/2015, referente ao processo de autuação não eletrônica, e a previsão, contida no *caput* do art. 213, relativa ao de autuação eletrônica, vão em consonância com o já previsto na legislação de regência, em especial o art. 10, §1º, da Lei 11.419/2006, que permite o envio da petição pelo sistema até às 24h do último dia do prazo.

Artigo 213.
A prática eletrônica de ato processual pode ocorrer em qualquer horário até as 24 (vinte e quatro) horas do último dia do prazo.
CORRESPONDÊNCIA NO CPC/1973: *NÃO HÁ.*

1. **Considerações gerais.** Como já vimos nos comentários ao artigo antecedente, no que tange aos atos praticados por petição, é necessário observar o horário de funcionamento da unidade judiciária (art. 213, parágrafo único, CPC/2015), que, como visto acima, pode não coincidir (no sentido de poder ficar nele contido) com o horário fixado para a prática dos atos processuais. Isso, claro, para o peticionamento em processos de autuação física, em que se deve observar o horário da seção de protocolo. Para o peticionamento eletrônico, a prática pode ser feita a qualquer momento do dia, considerando-se este por inteiro, ou seja, das 0 (zero) às 24 horas. A menção, feita no parágrafo 3º do art. 212 do CPC/2015, referente ao processo de autuação não eletrônica, e a previsão, contida no *caput* do art. 213, relativa ao de autuação eletrônica, vão em consonância com o já previsto na legislação de regência, em especial o art. 10, §1º, da Lei 11.419/2006, que permite o envio da petição pelo sistema até às 24h do último dia do prazo.

Artigo 214.
Durante as férias forenses e nos feriados, não se praticarão atos processuais, excetuando-se:
I – os atos previstos no art. 212, § 2º;
II – a tutela de urgência.
CORRESPONDÊNCIA NO CPC/1973: *ART. 173.*

1. Férias e feriados forenses: vedação à prática de atos processuais. Durante as férias (que devem ser entendidas como aquelas quando ocorre, salvo o regime de plantão, a interrupção do funcionamento das atividades da unidade judiciária e que, por força da EC 45/2004, ficou restrita aos tribunais superiores) e os feriados (incluindo-se, neles, por força do art. 216 do CPC/2015, o recesso forense e demais dias não úteis, como sábados e domingos), os atos processuais não podem ser praticados. É necessário frisar que a regra contida no *caput* do art. 220 do CPC/2015 nada tem a ver com férias forenses, mas tão somente com suspensão dos prazos processuais em curso pelo período de 20 de dezembro a 20 de janeiro. Os órgãos jurisdicionais, incluindo seus órgãos de auxílio, e o Ministério Público deverão continuar suas atividades. Assim, nesse período, não há qualquer restrição à prática de atos processuais. No entanto, nos períodos indicados no dispositivo em comento, a prática é vedada e, caso ocorra, eiva de nulidade o ato, nulidade esta que, para ensejar a desconstituição do ato, deve submeter-se à regra do prejuízo (art. 282, §1º, CPC/15).

2. Exceções à regra. No entanto, como não poderia deixar de ocorrer em virtude da multicomplexidade do contexto dos casos levados à apreciação jurisdicional, há exceções. Nos casos previstos no parágrafo 2º do art. 212, já devidamente analisados alhures e em se tratando de tutela de urgência, a prática é lícita. Como cediço, o sistema adotado no CPC/2015 (arts. 294 a 311) denomina as antecipações de tutela de tutela provisória, da qual são efeitos a tutela de urgência e a tutela de evidência (art. 294, *caput).* O inciso II do art. 212 parte de uma radicalidade na separação entre essas tutelas; e, como qualquer radicalismo, resta deveras artificial, pois, especialmente em âmbito pragmático-compreensivo, são possíveis não só tutelas em que o nível de *periculum* (urgência), embora não o apague, sobressaia-se ao *fumus* (evidência), como também, e o que mais importa aqui, o oposto. (COSTA, Eduardo José da Fonseca, *O direito vivo das liminares,* São Paulo, Saraiva, 2011). Desse modo, a interpretação do dispositivo deve ser feita levando-se em conta que o fato de a tutela ser considerada como de evidência (por exemplo, nos casos do art. 311 do CPC/2015) não retira por completo – mas, no máximo, torna desnecessária ao deferimento – a presença da urgência, permitindo, com isso, o deferimento em tempos de férias forenses e feriados.

Artigo 215.
Processam-se durante as férias forenses, onde as houver, e não se suspendem pela superveniência delas:
I – os procedimentos de jurisdição voluntária e os necessários à conservação de direitos, quando puderem ser prejudicados pelo adiamento;
II – a ação de alimentos e os processos de nomeação ou remoção de tutor e curador;
III – os processos que a lei determinar.
CORRESPONDÊNCIA NO CPC/1973: *ART. 174.*

1. **Não suspensividade em virtude de férias.** As disposições em questão são relativas a processos que não se submetem a qualquer tipo de suspensão por força de férias. Devem-se entender, no caso, os feriados (incluindo os recessos forenses) compreendidos na exceção, até para dar sentido prático ao regramento, pois, em virtude da já mencionada EC 45/2004, férias forenses só existem no âmbito dos tribunais superiores. Além disso, eventuais recursos interpostos, no âmbito do procedimento das causas referenciadas no dispositivo, devem ser normalmente processados pelos tribunais superiores, não obstante ao fato de estarem eles em férias forenses.

2. **Hipóteses previstas.** As causas que não se submetem à suspensão pelo advento das férias forenses são: (i) aquelas relativas à jurisdição voluntária e aquelas necessárias à conservação de direitos; (ii) ações de alimentos e relativas à nomeação e à remoção de tutor e curador; e (iii) outras expressas em lei. No que tange à primeira hipótese, deve-se fazer a ressalva de que, para impedir a suspensão, o adiamento deve prejudicar os interessados, como, por exemplo, a necessidade de protesto para interromper curso de prazo prescricional. No que se refere à segunda hipótese, pontua-se que qualquer ação de alimentos, independentemente da via procedimental (algo que difere da disposição do CPC/1973, em seu art. 173, II, pois este mencionava apenas os alimentos provisionais), foge à regra de suspensão por força das férias. Por fim, na última hipótese, tem-se, entre outros, os seguintes casos: desapropriações (art. 39, Decreto-Lei 3.365/1941) e acidentes de trabalho (art. 1º, Lei 6.338/1976).

Artigo 216.
Além dos declarados em lei, são feriados, para efeito forense, os sábados, os domingos e os dias em que não haja expediente forense.
CORRESPONDÊNCIA NO CPC/1973: *ART. 175.*

1. **Sentido do termo feriado.** O texto normativo em questão traça os limites semânticos do termo "feriado". Por ele, devem-se considerar, conforme já mencionado alhures, os sábados, os domingos e qualquer outro dia em que não haja expediente forense, incluindo-se, aqui, os chamado recesso de fim de ano e, a depender da região do Brasil, como o Estado de Pernambuco, o recesso de meio de ano (recesso junino). Em relação à disposição do CPC/1973 (art. 175), houve a inclusão do sábado como dia não útil para expediente forense, tornando, com isso, sem possibilidade de discussão o problema de ser ou não o sábado assim considerado. Isso se torna ainda mais relevante quando se sabe que, por força do art. 219, *caput*, do CPC/2015, os prazos só devem ser contados em dias úteis.

2. **Necessidade de o feriado atingir o Poder Judiciário do local para fins de considerar-se como dia não útil.** Caso o feriado não tenha reflexo para o Poder Judiciário perante o qual o ato deva ser praticado, não se pode desconsiderá-lo como dia útil.

Um exemplo é o dia do evangélico instituído, por força da Lei 9.093/1995, no Distrito Federal.

3. Necessidade de comprovação de feriado local. Em se tratando dos locais, é necessário comprovar a situação de feriado. Isso deve ser realizado via documento oficial idôneo, como, por exemplo, ato do chefe do Poder Judiciário indicando os dias do ano em que não haverá expediente forense. Isso é deveras relevante para fins de prorrogação dos prazos processuais e, com o advento do CP/2015, de contagem deles.

SEÇÃO II – Do Lugar

ARTIGO 217.
Os atos processuais realizar-se-ão ordinariamente na sede do juízo, ou, excepcionalmente, em outro lugar em razão de deferência, de interesse da justiça, da natureza do ato ou de obstáculo arguido pelo interessado e acolhido pelo juiz.
CORRESPONDÊNCIA NO CPC/1973: *ART. 176.*

1. Do lugar dos atos processuais. A seção em questão tem a ver com a outra posição do ato processual: o lugar. Em geral, os atos devem ser praticados na sede do juízo. No caso dos instrumentados em petição, mediante o devido protocolo. No entanto, nas hipóteses mencionadas no dispositivo, é possível – e até mesmo fisicamente necessário – que sejam praticados em outro lugar. Em relação ao CPC/1973, o dispositivo trouxe o termo "natureza do ato", que serve de suporte textual para hipóteses como, por exemplo, a inspeção judicial (art. 481, CPC/2015). Além disso, têm-se os casos de deferência (pessoas ditas "egrégias", por exemplo, que, por força do art. 454 do CPC/15, podem ser inquiridas em sua residência ou no local onde exercem suas funções), interesse da justiça ou qualquer obstáculo para a prática do ato, como a impossibilidade da parte se descolocar.

2. A questão do processo de autuação eletrônica. O processo de autuação eletrônica (dito processo judicial eletrônico) dá ensejo a uma verdadeira transformação da problemática. Salvo os casos em que haja necessidade ou simples possibilidade de prática presencial dos atos (como sessões de julgamento em tribunais e audiências), a prática do ato é feita no local onde o praticante estiver e do qual possa, por intermédio dos meios de acesso (*token, e. g.*), fazê-lo. Isso, claro, não só pelas partes, mas por qualquer uma que tenha ou possa praticar o ato, como o próprio juiz do caso.

CAPÍTULO III – Dos Prazos

SEÇÃO I – Disposições Gerais

ARTIGO 218.
Os atos processuais serão realizados nos prazos prescritos em lei.

§ 1º Quando a lei for omissa, o juiz determinará os prazos em consideração à complexidade do ato.

§ 2º Quando a lei ou o juiz não determinar prazo, as intimações somente obrigarão a comparecimento após decorridas 48 (quarenta e oito) horas.

§ 3º Inexistindo preceito legal ou prazo determinado pelo juiz, será de 5 (cinco) dias o prazo para a prática de ato processual a cargo da parte.

§ 4º Será considerado tempestivo o ato praticado antes do termo inicial do prazo.

CORRESPONDÊNCIA NO CPC/1973: *ART. 177.*

1. Dos prazos processuais. O presente capítulo regula a questão em torno dos prazos processuais. Antes de analisar seus pormenores, faz-se necessário estabelecer as bases teóricas indispensáveis à compressão da problemática. Prazo tem a ver com transcurso de tempo. O tempo, por si só, é um elemento irrelevante para o direito. Por vezes, todavia, passa a ser valorado, compondo suportes fáticos de fatos jurídicos dos mais diversos, tais como o implemento de idade para fins de aquisição de capacidade (art. 4º, I, CC/2002, por exemplo) e em regras que fixam prazos para a prática de atos processuais. No prazo, além disso, é necessária a fixação de dois marcos temporais: o momento em que ele começa a fluir e o momento em que ele se ultima. Esses momentos são as unidades de tempo possíveis: minutos, dias, meses, anos, etc. É fundamental a determinação de qual unidade de tempo é utilizada como parâmetro, pois o prazo é medível (algo que tem a ver com a contagem, a ser analisada noutro lugar) de acordo com ela. Assim, se o prazo for mensurável em horas, finda-se no exato momento em que se consuma a hora final. Por exemplo, um prazo de 48h que corre a partir das 12h00 do dia 20/03 finda às 12h00 do dia 22/03, salvo caso de suspensão, interrupção ou prorrogação.

2. Classificação dos prazos. Seguindo, com algumas adaptações, a proposta de Cândido Rangel Dinamarco, pode-se classificar os prazos do seguinte modo: (i) pelo critério da disponibilidade (algo a ser detalhado quando dos comentários ao art. 222 do CPC/2015), têm-se os dispositivos e os peremptórios; (ii) pelo critério funcional, têm-se os dilatórios, que, freando a marcha procedimental, servem às garantias da ampla defesa e da segurança jurídica (exemplo, os prazos do *caput* do art. 334 do CPC/2015), e os aceleratórios, mais ligados à ideia de celeridade, como os prazos para a interposição de recursos; (iii) pelo critério da limitação temporal, têm-se os prazos máximos (neles, o ato pode ser praticado antes do fim, como o prazo para contestar) e mínimos, nos quais o tempo fixado é o mínimo que há de ser observado. O réu, de acordo com o *caput* do art. 334, deve ser citado com, no mínimo, 20 (vinte) dias de antecedência da audiência de mediação ou de conciliação. No caso, ele pode até ser citado com 21 (vinte e um) dias de antecedência, mas não poderá, validamente, ser citado com 19 (dezenove) ou menos dias. Os prazos mínimos têm função dilatória; já os máximos são, em geral, aceleratórios; (iv) pelo critério da contagem, têm-se os crescentes e decrescentes ou invertidos. Nestes, o último dia na cronologia é o dia que serve de parâmetro para o início da contagem; (v) pelo critério da natureza jurídica do ato a ser praticados, têm-se os prazos processuais e extraprocessuais. O sentido do termo "prazo processual" tem a ver com aquele que se inicia a partir de um fato processual (como uma intimação) e se ultima dentro dele. Quando dos comentários ao art. 219 do CPC/15, essa ideia, até por ser indispensável para a compreensão do parágrafo único do mencionado dispositivo, será pormenorizada.

3. Fixação do tamanho dos prazos processuais. Conforme dispõe o *caput* do artigo em comento, o tamanho dos prazos processuais deve ser fixado por lei. Não havendo previsão legal, compete ao juiz, de acordo com a complexidade do ato a ser praticado, fixar o prazo (§1º). Ocorrendo dupla omissão – pela normatividade legal e pelo juiz no caso concreto-, o prazo será de até 5 (cinco) dias (§ 3º). Em mudança quantitativa em relação ao CPC/1973 (art. 192), o parágrafo 2º fixa que, na ausência de previsão, por lei ou pelo juiz, o comparecimento só será obrigatório depois de ultrapassadas 48h (quarenta e oito horas) da intimação, quando a previsão revogada fixava o prazo em 24h (vinte e quatro horas). Diferentemente da hipótese do parágrafo 1º, o caso é comparecimento – apresentar-se ao juízo, etc. –, e não prática de ato por petição.

4. Possibilidade de praticar o ato antes do início da fluência do prazo. A previsão do parágrafo 4º veio para explicitar uma obviedade: o ato pode ser praticado antes do início do prazo. Não obstante, no plano pragmático, como cediço, foi (e, de algum modo, ainda é) discutível essa possibilidade, havendo, durante determinando momento, sólida jurisprudência dos tribunais superiores em entender "inexistente" (*rectius*: inadmissível por ineficácia) o recurso interposto antes do início do prazo, dito recurso prematuro. A obviedade é manifesta pelo fato de que, nesses casos, o prazo é um benefício dado ao praticante do ato, que pode muito bem dele dispor. Ora, se a citação – o mais relevante ato de comunicação processual – pode ser dispensada (vide o parágrafo 1º do art. 239 do CPC/15), quem dirá uma simples intimação. A mudança, frise-se, é de cunho eminentemente retórico, pois, normativamente, o significado do texto em comento já existe no direito brasileiro.

ARTIGO 219.
Na contagem de prazo em dias, estabelecido por lei ou pelo juiz, computar-se-ão somente os dias úteis.

Parágrafo único. O disposto neste artigo aplica-se somente aos prazos processuais.
CORRESPONDÊNCIA NO CPC/1973: *SEM CORRESPONDÊNCIA.*

1. Fluência dos prazos apenas em dias úteis. Em modificação substancial em relação à sistemática do CPC/1973, o dispositivo estabelece a paralisação da fluência do prazo em dia não útil (para a delimitação do sentido de "dia útil", vide os comentários ao art. 212). Sem adentrar aqui nas razões políticas que serviram de base para a mudança (dentre as quais, obviamente, certa cobrança por parte da OAB), muito menos em seu acerto ou erro, foi a opção adotada. Desse modo, ocorrendo durante o período do curso do prazo dia não útil, a fluência é paralisada, voltando no dia útil imediatamente seguinte. Isso, claro, afeta na contagem, sem que, contudo, seja aplicável a disposição do *caput* do art. 224 do CPC/15 (sobre a exclusão do primeiro dia), uma vez que se está diante de um mesmo prazo. É necessário frisar que a regra só é aplicável para os prazos iniciados após o início da vigência do CPC/2015 (17 de março de 2015), pois, tendo a ver com o regime jurídico do prazo, não pode atingir aqueles já iniciados, cujo suporte fático para incidência das disposições do regime jurídico já ocorreu. Nesse sentido, tem-se o Enunciado 268 do FPPC.

2. Aplicação apenas aos prazos processuais. Conforme dispõe o parágrafo único do dispositivo em comento, a aplicação é restrita a prazos processuais. Por esses, entendem-se os que se iniciam a partir de um fato processual (citação, intimação de uma decisão, etc.) e que no processo se findam. Assim, além dos notoriamente conhecidos (como o prazo para contestar e para recorrer), são prazos processuais os do art. 303, §1º, I, e do art. 308, *caput*, ambos do CPC/2015, respectivamente: prazo para, no procedimento antecedente, o autor aditar a inicial após o deferimento da tutela antecipada (tutela antecipada satisfativa) e prazo para, também em procedimento antecedente, o autor propor a ação principal à ação cautelar manejada. Não são prazos processuais, todavia, os prazos do art. 915, *caput,* do art. 975, *caput,* e do art. 675, *caput,* todos do CPC/2015, pois, além de dizerem respeito ao direito material (caso da rescisória) ou ao direito pré-processual (caso dos embargos à execução e dos embargos de terceiro, pois remédios processuais), têm a ver com o início de um novo processo, de modo que não se ultimam no processo do qual se originaram. Repercutem para fora dele, portanto. Também não é prazo processual o relativo à impetração de mandado de segurança contra judicial, também de natureza pré-processual.

Artigo 220.

Suspende-se o curso do prazo processual nos dias compreendidos entre 20 de dezembro e 20 de janeiro, inclusive.

§ 1º Ressalvadas as férias individuais e os feriados instituídos por lei, os juízes, os membros do Ministério Público, da Defensoria Pública e da Advocacia Pública e os auxiliares da Justiça exercerão suas atribuições durante o período previsto no *caput*.

§ 2º Durante a suspensão do prazo, não se realizarão audiências nem sessões de julgamento.

CORRESPONDÊNCIA NO CPC/1973: *NÃO HÁ.*

1. **Suspensão dos prazos no período de 20 de dezembro a 20 de janeiro.** O dispositivo em questão traz inovação ao sistema processual brasileiro. No mencionado período do ano, não haverá fluência dos prazos processuais. Isso, todavia, não implica falar em férias coletivas, existentes, como cediço, desde a vigência da EC 45/2004 apenas no âmbito dos tribunais superiores. Os demais órgãos deverão continuar a atuar normalmente (se nesse período ocorrer, como ocorre, recesso forense no âmbito dos órgãos do Poder Judiciário, o funcionamento há de ser feito em regime de plantão), inclusive (conforme explicita o parágrafo 1º) os membros do Ministério Público, da Defensoria Pública e da Advocacia Pública. É claro que as férias individuais de cada membro dos órgãos mencionados, judiciais e não judiciais, hão de ser observadas (algo expresso no referido parágrafo), exatamente por seu aspecto individual. O contexto, como dito, não é de férias. Sequer há falar em suspensão do processo. Há apenas suspensão de algum prazo em curso e, de acordo com o disposto no parágrafo 2º, impossibilidade de realização de audiências e sessões de julgamento. Pode-se dizer, em termos mais pragmáticos, que isso tende a férias para os advogados particulares? Sim, sem dúvidas. Mas, tendendo agora à analítica, o problema é consideravelmente diverso.

ARTIGO 221.

Suspende-se o curso do prazo por obstáculo criado em detrimento da parte ou ocorrendo qualquer das hipóteses do art. 313, devendo o prazo ser restituído por tempo igual ao que faltava para sua complementação.

Parágrafo único. Suspendem-se os prazos durante a execução de programa instituído pelo Poder Judiciário para promover a autocomposição, incumbindo aos tribunais especificar, com antecedência, a duração dos trabalhos.

CORRESPONDÊNCIA NO CPC/1973: ART. 180.

1. **Suspensão e interrupção do prazo.** Suspensão é a paralisação do prazo em curso. Assim, os dias transcorridos são levados em conta quando o prazo for reiniciado. Interrupção, por sua vez, dá-se quando os dias de um prazo em curso são descartados, voltando ao *status quo ante*. Em outras palavras, o prazo é zerado. Coisa diversa é o sobrestamento, nesse caso a fluência do prazo fica impedida de ocorrer. É o que acontece, por exemplo, com o prazo de prescrição, que, interrompido pelo despacho de admissibilidade, só volta a correr com o trânsito em julgado da decisão condenatória.

2. Suspensão do prazo em virtude da suspensão do processo. O fato de haver suspensão do processo não implica, necessariamente, suspensão de um prazo em curso. No âmbito do CPC/1973, a suspensão automática do prazo só ocorre nas hipóteses de suspensão do processo dos incisos I e III do art. 265. Nas demais, isso não ocorre, de modo que, fluente o prazo, mesmo o processo estando suspenso, a consequência pelo transcurso *in albis* se opera (por exemplo: se o réu denuncia da lide e não contesta a ação, a suspensão pela admissibilidade da denúncia da lide, art. 72, CPC/1973, não suspende o curso do prazo de resposta). No âmbito do CPC/2015, por força do *caput* do dispositivo legal em comento, nas hipóteses do art. 313 (que sucede o atual art. 265), a suspensão do processo (que depende de decisão constitutiva) acarreta automática suspensão do prazo em curso. É bom frisar que, por força do inciso VIII do citado artigo, suspensão dos prazos se aplica a qualquer outro caso de suspensão do processo que o CPC/2015 estabelece, e não apenas àqueles previstos no art. 313; no entanto, por não mencionar a legislação esparsa, isso não se aplica aos casos de suspensão previstos fora do CPC/15.

3. Suspensão por óbice ocorrido em detrimento da parte. Caso o juiz constate que há óbice à prática do processual (como, por exemplo, falha no sistema do processo judicial eletrônico), ele deve suspender o prazo, retrotraindo a suspensão para o momento da ocorrência do óbice.

4. Suspensão dos prazos em virtude de programa instituído pelo Poder Judiciário de promoção de autocomposição (parágrafo único do dispositivo em comento). Os tribunais, por si ou por determinação de órgãos superiores (como, e especialmente, o CNJ), deverão promover programas de autocomposição, pela via de mutirões judiciais, etc. Caso isso aconteça, os prazos em curso deverão ser suspensos pelo período que o tribunal estabelecer para a realização do programa.

Artigo 222.
Na comarca, seção ou subseção judiciária onde for difícil o transporte, o juiz poderá prorrogar os prazos por até 2 (dois) meses.
§ 1º Ao juiz é vedado reduzir prazos peremptórios sem anuência das partes.
§ 2º Havendo calamidade pública, o limite previsto no *caput* para prorrogação de prazos poderá ser excedido.
CORRESPONDÊNCIA NO CPC/1973: *ART. 181.*

1. Prorrogação do prazo por decisão judicial. O dispositivo legal em comento possibilita ao juiz decidir prorrogando os prazos processuais. Ao contrário do sistema do CPC/1973, que vedava às partes a prorrogação dos chamados prazos peremptórios, o sistema do CPC/2015 não só não impede, como retira do âmbito dos prazos processuais qualquer tipo de previsão. A convenção das partes sobre prazos processuais há de ser tratada como negócio jurídico processual atípico, nos moldes do art. 190 do CPC/2015. Assim, em relação à possibilidade de convenção pelas partes, o prazo não pode ser mais entendido como peremptório no sentido de não sujeito à disposição negocial. Persiste, todavia, a utilidade – no nível metalinguístico da ciência do direito – do termo "prazo peremptório", algo referendado pela própria linguagem objeto (parágrafo 1º do texto normativo em análise), para designar a impossibilidade de o juiz reduzir prazos cujo transcurso *in albis* possa ocasionar prejuízo à parte sem a expressa anuência dela (por exemplo, o prazo para recorrer e o prazo para contestar). Para a ampliação do prazo, todavia, não se faz necessária anuência da parte (o que não quer dizer que não haja de ser estabelecido contraditório, nos moldes do art. 10 do CPC/2015). A prorrogação, aqui, se dá por dois motivos: (i) na forma do *caput*, foros (sejam comarcas e distritos, no âmbito da Justiça Estadual, sejam seções ou subseções judiciárias, no âmbito da Justiça Federal) onde o transporte, para os fins dos mais diversos, como deslocamento de oficial de justiça, descolamento das próprias partes, for difícil, devendo-se entender, contida no termo, a ideia de precariedade, prorrogação esta que há de ocorrer por até 2 (dois) meses; e (ii) nos moldes do parágrafo 2º, em havendo calamidade pública (seja ela estranha ao agir humano, como uma enchente, ou, até mesmo, inerente a ele, como uma greve), o limite poderá ser excedido para um prazo fixado pelo juiz.

Artigo 223.
Decorrido o prazo, extingue-se o direito de praticar ou de emendar o ato processual, independentemente de declaração judicial, ficando assegurado, porém, à parte provar que não o realizou por justa causa.

§ 1º Considera-se justa causa o evento alheio à vontade da parte e que a impediu de praticar o ato por si ou por mandatário.

§ 2º Verificada a justa causa, o juiz permitirá à parte a prática do ato no prazo que lhe assinar.

CORRESPONDÊNCIA NO CPC/1973: *ART. 183.*

1. **Preclusão pelo transcurso *in albis* do prazo.** O dispositivo em questão regula a perda (preclusão) do poder de praticar determinado ato processual pelo transcurso em branco do prazo. Sem adentrar na problemática em torno da preclusão (principalmente na do erro analítico, que grassa na processualística, em observá-la como problema exclusivo do direito processual), pode-se dizer que o transcurso do prazo é um ato-fato processual preclusivo, ou seja, dentro de um contexto de viragem linguística, o direito positivo faz a opção de, afastando-se do solipsismo subjetivista, desprezar qualquer elemento volitivo na não prática do ato. O direito, no plano da intersubjetividade (COSTA, Adriano Soares da, *Teoria da incidência da norma jurídica*, 2. ed., São Paulo, Malheiros,

2009), pode ter suas realidades próprias, pois atua contrafaticamente à realidade subjetiva. A prática do ato é considerada como ônus processual cuja consequência (e não sanção) é a perda do poder de praticá-lo. Assim, por exemplo, se não se interpõe, no prazo, o recurso, perde-se o poder de interpô-lo.

2. Natureza jurídica do ato praticado após o transcurso do prazo. Como dito acima, transcorrido em branco o prazo, ocorre perda do poder de praticar o ato processual. Ou seja, deixa-se de ter aquilo que se tinha. Se, não obstante, o ato vem a ser praticado, tem-se sua ineficácia, por faltar, em seu suporte fático, o elemento complementar: poder de praticar o ato. Não se trata de problema de invalidade, como, erroneamente, pensam alguns (por exemplo, Fredie Didier Jr. e Leonardo Carneiro da Cunha, quando analisam o recurso intempestivo). O caso é de simples ineficácia: o ato existe (é pertinente ao sistema jurídico), é válido, no entanto é ineficaz. Sendo assim, não tem a aptidão (é relevante frisar que a eficácia é aptidão para o fato produzir seus efeitos próprios) para produzir efeitos. Eis o porquê de o recurso intempestivo não obstar o trânsito em julgado. Em outros âmbitos da ciência do direito, especialmente o direito civil (*vide*, acima de tudo, o caso da alienação a *non domino*), a compreensão do ato jurídico válido e ineficaz (ou seja, aqueles nos quais a ineficácia não decorre do estado de invalidade) é bastante comum. À processualística, contudo, isso não acontece, certamente, pela não observância dos postulados da teoria do fato jurídico de Pontes de Miranda quando da análise do direito positivo, inclusive por muitos daqueles que, pretensamente, tem-na como premissa da epistemologia jurídica.

3. Justa causa como escusa pelo transcurso *in albis* do prazo. Nos moldes do parágrafo 1º, caso aconteça, na fluência do prazo, fato considerado como "justa causa" (que pode ser tanto algo estranho ao agir humano, como uma catástrofe natural, ou inerente a ele, como um conflito armado, uma greve, etc.), o juiz, constatando-o, deve relevar a perda do prazo, fixando, a seu critério, um novo prazo para a prática do ato. É importante ressaltar que o caso não é de prorrogação do prazo. O transcurso *in albis* acontece. Há, em consequência, a emanação da preclusão. Todavia, por decisão de forte carga desconstitutiva, e observando o devido processo legal (é necessária, por exemplo, a aplicação do art. 10 do CPC/2015), desconsiderar o transcurso do prazo, oportunizando, na forma do parágrafo 2º, um novo prazo ao interessado no ato.

Artigo 224.

Salvo disposição em contrário, os prazos serão contados excluindo o dia do começo e incluindo o dia do vencimento.

§ 1º Os dias do começo e do vencimento do prazo serão protraídos para o primeiro dia útil seguinte, se coincidirem com dia em que o expediente forense for encerrado antes ou iniciado depois da hora normal ou houver indisponibilidade da comunicação eletrônica.

§ 2º Considera-se como data de publicação o primeiro dia útil seguinte ao da disponibilização da informação no Diário da Justiça eletrônico.

§ 3º A contagem do prazo terá início no primeiro dia útil que seguir ao da publicação.

CORRESPONDÊNCIA NO CPC/1973: *ART. 184.*

1. Regramento da contagem do prazo. O dispositivo em questão trata da forma de contagem do prazo. A clássica regra, "exclui-se da contagem o primeiro dia e inclui-se nela o último", dá-se por um motivo muito simples: como a unidade de tempo é o dia, é preciso ultrapassar essa primeira unidade para que se possa marcar a contagem. O prazo não nasce com 01 (um) dia de contado, por óbvio. Caso a unidade de tempo seja outra (como a hora e o ano), a regra não se aplica.

2. *Dies ad quem* em dia não útil ou dia em que o expediente forense inicia-se depois do horário normal ou encerra-se antes dele. Se o último dia do prazo (*dies ad quem*) for dia na forma descrita, há prorrogação automática (independentemente de decisão judicial) para o primeiro dia útil seguinte. Se o dia do marco inicial do prazo (por exemplo, a publicação) for do mesmo tipo, o *dies a quo* (primeiro dia da vida do prazo) protrai-se para o primeiro dia útil seguinte. Tanto num caso quanto no outro não se tem com a contagem do prazo, e sim com sua fluência (existência como fato do mundo).

3. O problema em torno do processo judicial eletrônico. Em se tratando de processo de autuação eletrônica, além da questão do dia não útil, caso, nos dias de início da fluência do prazo ou no da ultimação dela, haja indisponibilidade do sistema, protrai-se o prazo para o dia útil imediatamente seguinte. Essa regra serve de amparo para as constantes falhas do ainda incipiente processo judicial eletrônico. É necessário, todavia, para maior segurança jurídica, que o órgão gestor do sistema processual eletrônico (o tribunal a quem o juízo é vinculado, por exemplo) ateste a indisponibilidade.

4. Publicação em diário de justiça eletrônico. Seguindo o regramento do parágrafo 3º do art. 4º da Lei 11.419/2006, o parágrafo 2º do art. 224 do CPC/2015 dispõe que, se publicação se deu em diário de justiça eletrônico, considera-se como realizado no primeiro dia útil seguinte. Nesse tipo de publicação há duas datas a serem consideradas: a data da divulgação da informação e a data da publicação. Ou seja, para os fins de início da fluência do prazo, a publicação é, por ficção jurídica, posterior à divulgação. O dispositivo seguinte (§3º) corrige falha redacional do parágrafo 4º do art. 4º da referida lei, pois a redação do último denota, falsamente, que o início do prazo ocorreria no dia útil após à publicação, entendo esta na forma acima mencionada. Em verdade, como resta manifesto da redação do dispositivo do CPC/2015, é o início da contagem do prazo que se inicia no dia útil seguinte ao da publicação, isso pelo simples fato de, como dito acima, o prazo não nascer já com sua primeira unidade de tempo integrada.

Artigo 225.
A parte poderá renunciar ao prazo estabelecido exclusivamente em seu favor, desde que o faça de maneira expressa.
CORRESPONDÊNCIA NO CPC/1973: *ART. 186.*

1. Renúncia do direito processual ao prazo. O beneficiário do prazo (e não apenas a parte, como denota a literalidade do texto normativo em comento) pode renunciar ao prazo quando este for estabelecido exclusivamente em seu favor. Trata-se de negócio processual unilateral dispositivo. Indo além do sistema do CPC/1973, o dispositivo do CPC/2015 faz a ressalva de que a renúncia tem de ser expressa, e por esta deve-se entender declaração de vontade na forma típica do ato: pronúncia verbal na audiência, texto escrito na petição, etc. Isso só tem sentido nos casos em que da prática do ato não ocorre preclusão do poder de praticá-lo (como ocorre, por exemplo, embora se possa discordar desse entendimento, com a interposição do recurso). Por exemplo, o advogado pode retirar os autos do cartório pelo prazo legal. Caso retire os autos para a interposição de um agravo, cujo prazo é de até 15 (quinze) dias, devolvendo-os no quinto dia, ele renuncia ao prazo restante desde que o faça de forma expressa.

Artigo 226.
O juiz proferirá:
I – os despachos no prazo de 5 (cinco) dias;
II – as decisões interlocutórias no prazo de 10 (dez) dias;
III – as sentenças no prazo de 30 (trinta) dias.
CORRESPONDÊNCIA NO CPC/1973: *ART. 189.*

1. Prazos para o juiz. O dispositivo trata dos prazos para a prática de pronunciamentos judiciais (sobre a diferença entre "ato judicial" e "pronunciamento judicial", ver comentário ao art. 203). A diferença em relação ao CPC/1973, além do aumento do tempo, foi o desdobramento, para fins de diferenciar o prazo, das decisões em sentença e interlocutórias; antes (art. 189, II, CPC/1973), mencionava-se, genericamente, o termo "decisão". Assim, para as sentenças, tem-se o prazo de até 30 (trinta) dias; para as interlocutórias, de até 10 (dias) dias; e, para os despachos, o prazo máximo de 5 (cinco) dias. Embora não haja menção expressa, o prazo do inciso II (referente às interlocutórias) se aplica ao relator para proferir decisões do tipo em tribunal, como as decisões acerca de pedido de efeito suspensivo.

2. Viés impróprio do prazo. Costuma-se dizer que os prazos em questão são impróprios, pois, de sua não observância não ocorre preclusão. Realmente, o simples transcurso in albis do prazo não acarreta preclusão. No entanto, conforme pormenorizado nos comentários ao art. 235, o transcurso serve de base mínima para o procedimento de verificação de descumprimento de dever processual por parte do juiz.

ARTIGO 227.

Em qualquer grau de jurisdição, havendo motivo justificado, pode o juiz exceder, por igual tempo, os prazos a que está submetido.
CORRESPONDÊNCIA NO CPC/1973: *ART. 187.*

1. Possibilidade de o juiz, diante de motivo justificado, exceder os prazos a que está submetido. O art. 227 possibilita ao próprio juiz estender, por igual período, seu próprio prazo. Isso, claro, diante de motivo justificado, que, embora seja de aferição do próprio interessado, é passível de controle por parte de órgãos próprios, especialmente no procedimento do art. 235 do CPC/2015. O benefício em questão independe de qualquer chancela por órgãos hierarquicamente superiores ao juiz beneficiado. Por fim, o real sentido do dispositivo se dá na hipótese de, praticando o ato em momento posterior aos fixados no art. 226 do CPC/2015, o juiz, em justificativa, invoque, indicando o justo motivo, seu poder de estender.

ARTIGO 228.

Incumbirá ao serventuário remeter os autos conclusos no prazo de 1 (um) dia e executar os atos processuais no prazo de 5 (cinco) dias, contado da data em que:
I – houver concluído o ato processual anterior, se lhe foi imposto pela lei;
II – tiver ciência da ordem, quando determinada pelo juiz.
§ 1º Ao receber os autos, o serventuário certificará o dia e a hora em que teve ciência da ordem referida no inciso II.
§ 2º Nos processos em autos eletrônicos, a juntada de petições ou de manifestações em geral ocorrerá de forma automática, independentemente de ato de serventuário da justiça.
CORRESPONDÊNCIA NO CPC/1973: *ART. 190.*

1. Prazos para o serventuário da justiça. Os serventuários da justiça, que atuam em auxílio ao juiz na sede do juízo, têm, por óbvio, também prazos para a prática dos atos processuais que lhes competem. O CPC/2015, nesse sentido, até efetuou ampliação de prazo: de 48h (quarenta e oito horas) para até 5 (cinco) dias, no caso de execução de atos processuais que competem ao serventuário: expedição de mandado, de alvará, etc. Esse prazo conta partir da conclusão de ato processual anterior que, por força de lei, caiba ao serventuário praticar (inciso I) ou assim que tiver ciência da ordem emanada pelo juiz para a prática do ato (inciso II). No último caso, é dever do serventuário certificar o dia e a hora em que teve ciência da mencionada ordem (§ 1º). Caso o ato seja efetuar conclusão dos autos ao juízo, a prática deve ocorrer no prazo máximo de 1 (um dia). Assim, por exemplo, se a petição chega à sede do juízo, os autos devem ser conclusos ao juiz no dia útil imediato. Vale frisar que, conforme o parágrafo 2º, no processo de autos eletrônicos, esses tipos de atos devem, desde que o sistema permita (e, se não permitir, quem o gerencia tem o dever de efetuar mudanças para esse intento), ocorrer de forma automática, independentemente de qualquer ato do serventuário da justiça. Por fim, o descumprimento dos prazos estabelecidos nas disposições normativas em comento enseja necessidade de procedimento para apuração e, sendo constatada a falta, punição. Sobre o ponto, remete-se aos comentários ao art. 233.

Artigo 229.
Os litisconsortes que tiverem diferentes procuradores, de escritórios de advocacia distintos, terão prazos contados em dobro para todas as suas manifestações, em qualquer juízo ou tribunal, independentemente de requerimento.
§ 1º Cessa a contagem do prazo em dobro se, havendo apenas 2 (dois) réus, é oferecida defesa por apenas um deles.
§ 2º Não se aplica o disposto no *caput* aos processos em autos eletrônicos.
CORRESPONDÊNCIA NO CPC/1973: *ART. 191.*

1. **Prazo em dobro para os litisconsortes.** O dispositivo em questão trata da conhecida regra atributiva a litisconsortes com procuradores distintos do direito ao prazo dobrado para a prática de qualquer ato em que tenham de se manifestar nos autos, algo que se faz por petição. Não há restrição apenas a atos postulatórios, como contestar e recorrer. A indicação de bens à penhora, por exemplo, não é ato postulatório, mas, por se formalizar via manifestação, submete-se à dobra. A razão do benefício é possibilitar que ambos os advogados tenham tempo hábil para consultar os autos. Em maior detalhamento em relação ao texto do CPC/1973 (art. 191), o CPC/2015 deixa claro que isso se aplica a qualquer juízo ou tribunal e independentemente de qualquer requerimento. Não é necessária, além disso, qualquer constatação para a ocorrência do benefício para a parte. Assim, por exemplo, caso dois réus sejam citados e um deles constitua um advogado, presume-se, para fins de dobra do prazo de contestação, que o outro constituiu o seu, mesmo que, na realidade, não o tenha feito. No entanto, nesse exemplo, se apenas um dos réus apresenta defesa, cessa a eficácia de dobra do prazo, em mais uma inovação operada pelo CPC/2015, no parágrafo 1º do dispositivo em comento. Por fim, tendo em vista o fato de ficarem disponíveis a todos e a qualquer momento, não ocorre o benefício

se o processo é de autos eletrônicos (parágrafo 2º do mesmo dispositivo), mais uma novidade implementada pelo CPC/2015.

Artigo 230.
O prazo para a parte, o procurador, a Advocacia Pública, a Defensoria Pública e o Ministério Público será contado da citação, da intimação ou da notificação.
CORRESPONDÊNCIA NO CPC/1973: *ART. 240.*

1. Início da fluência do prazo dirigida aos entes dotados de capacidade postulatória. O dispositivo em questão trata do prazo cujo responsável pela prática do ato é ente dotado de capacidade postulatória (isso resta manifesto da expressão "procurador" utilizada no texto; o termo está aqui no sentido de "advogado", representante postulatório da parte), não apenas, frise-se, se prazo tiver a ver com a prática de atos postulatórios (por exemplo, intimação do advogado da parte para devolver os autos). A mudança significativa em relação ao CPC/1973 (art. 240) está no fato de mencionar os termos "citação" e "notificação", além do já existente "intimação". É preciso atentar que esses fatos marcam o início da fluência do prazo, e não a contagem, como aparentemente denota o texto pelo uso do termo "contado". A contagem se dá quando da virada da unidade de tempo, no caso com o transcurso do dia, nos termos do art. 224, *caput*, do CPC/2015. Por fim, pela menção aos termos "citação" e "notificação", resta extreme de dúvidas que, por exemplo, citada a pessoa jurídica de direito público na pessoa de seu procurador competente, inicia-se a fluência do prazo.

Artigo 231.
Salvo disposição em sentido diverso, considera-se dia do começo do prazo:
I – a data de juntada aos autos do aviso de recebimento, quando a citação ou a intimação for pelo correio;
II – a data de juntada aos autos do mandado cumprido, quando a citação ou a intimação for por oficial de justiça;
III – a data de ocorrência da citação ou da intimação, quando ela se der por ato do escrivão ou do chefe de secretaria;
IV – o dia útil seguinte ao fim da dilação assinada pelo juiz, quando a citação ou a intimação for por edital;
V – o dia útil seguinte à consulta ao teor da citação ou da intimação ou ao término do prazo para que a consulta se dê, quando a citação ou a intimação for eletrônica;

VI – a data de juntada do comunicado de que trata o art. 232 ou, não havendo esse, a data de juntada da carta aos autos de origem devidamente cumprida, quando a citação ou a intimação se realizar em cumprimento de carta;

VII – a data de publicação, quando a intimação se der pelo Diário da Justiça impresso ou eletrônico;

VIII – o dia da carga, quando a intimação se der por meio da retirada dos autos, em carga, do cartório ou da secretaria.

§ 1º Quando houver mais de um réu, o dia do começo do prazo para contestar corresponderá à última das datas a que se referem os incisos I a VI do *caput*.

§ 2º Havendo mais de um intimado, o prazo para cada um é contado individualmente.

§ 3º Quando o ato tiver de ser praticado diretamente pela parte ou por quem, de qualquer forma, participe do processo, sem a intermediação de representante judicial, o dia do começo do prazo para cumprimento da determinação judicial corresponderá à data em que se der a comunicação.

§ 4º Aplica-se o disposto no inciso II do *caput* à citação com hora certa.

CORRESPONDÊNCIA NO CPC/1973: *ART. 241.*

1. *Dies a quo* dos prazos. O dispositivo em questão trata, de maneira praticamente exaustiva, do início da fluência dos prazos processuais. Não é caso de, em termos de comentários, repetir a textualidade das disposições. Assim, válido frisar as mudanças em relação ao dispositivo análogo do CPC19/73. Primeiramente, no inciso III, tem-se a menção ato praticado pelo serventuário da justiça. É o caso, por exemplo, do termo de penhora. Em seguida, no inciso V, tem-se menção ao processo judicial eletrônico: questão em torno do fim do prazo para a consulta da correspondência eletrônica. Aqui, é preciso frisar, que, não obstante o envio da dita correspondência, é necessária a publicação da intimação em diário de justiça eletrônico (art. 205, § 3º, CPC/2015). Assim, caso tendo havido a publicação em dito diário e o envio da correspondência eletrônica, o prazo só se inicia com o término do prazo para a consulta, e não com a publicação em diário eletrônico. O inciso V, nesse caso, é regra específica em relação ao inciso VII. Há também a hipótese do inciso VI (analisada quando dos comentários ao art. 232 do CPC/2015). Novidade relevante é a previsão de que, se aquele que pode tomar ciência do ato retira os autos da sede do juízo, o prazo começa a fluir. A carga dos autos pode, desde que o advogado tenha poder para tanto, dispensar atos de comunicação processual, como a citação. Isso não se aplica, porém, à chamada "carga rápida", prevista no parágrafo 3º do art. 107 do CPC/2015. Em relação a feitos com mais de um réu, tem-se relevante modificação. O prazo para a prática dos atos só começa da última comprovação de cientificação (como tradicionalmente soí ocorrer, vide o inciso III do art. 241 do CPC/1973) se se tra-

tar de prazo para contestar (§ 1º). Nos demais casos, por força do parágrafo 2º do artigo em análise, o prazo flui (e, por óbvio, é contado) individualmente. Já o parágrafo 4º torna indubitável que o disposto no inciso II (cientificação por mandado) se aplica aos casos de citação (e, se couber, intimação) por hora certa. Por fim, nos moldes do parágrafo 3º, quando o ato tenha de ser praticado pela parte, e não pelo seu representante postulacional, o início do prazo é o momento em que ela for comunicada.

Artigo 232.
Nos atos de comunicação por carta precatória, rogatória ou de ordem, a realização da citação ou da intimação será imediatamente informada, por meio eletrônico, pelo juiz deprecado ao juiz deprecante.
CORRESPONDÊNCIA NO CPC/1973: *NÃO HÁ.*

1. Informação, para fins de início da fluência do prazo, do cumprimento das cartas (precatória, rogatória o ou de ordem) por meio eletrônico. Em consonância com a mudança operada pela Lei 11.382/2006 no art. 738 do CPC/1973 (que estabeleceu que, nas execuções, se o executado é citado por carta, o início da fluência do prazo para a resposta dá-se não com a juntada da carta devolvida e cumprida pelo juízo destinatário, mas, sim, com a juntada aos autos do comprovante, de preferência enviado por meio eletrônico, do cumprimento), o dispositivo em comento do CPC/2015 foi além: estendeu a previsão para qualquer tipo de ato a ser praticado por carta, seja ele de citação ou de simples intimação. No caso, o juiz destinatário deverá, imediatamente à constatação do cumprimento da ordem de citação ou de intimação, informar, por meio eletrônico (meio físico, sequer mencionado, só poderá ser utilizado, obviamente, na impossibilidade de utilização de meio eletrônico), o cumprimento. Com a juntada aos autos desse meio (e, em se tratando de processo judicial eletrônico, com a anexação do documento eletrônico ao arquivo do processo), inicia-se a fluência do prazo.

SEÇÃO II – Da Verificação dos Prazos e das Penalidades

Artigo 233.
Incumbe ao juiz verificar se o serventuário excedeu, sem motivo legítimo, os prazos estabelecidos em lei.
§ 1º Constatada a falta, o juiz ordenará a instauração de processo administrativo, na forma da lei.
§ 2º Qualquer das partes, o Ministério Público ou a Defensoria Pública poderá representar ao juiz contra o serventuário que injustificadamente exceder os prazos previstos em lei.
CORRESPONDÊNCIA NO CPC/1973: *ARTS. 193 E 194*

1. Do não cumprimento dos prazos e das sanções aplicáveis. A sessão em comento trata do modo como deve ocorrer a constatação do descumprimento dos prazos processuais por diversos sujeitos ligados ao processo: juiz, membro do Ministério Público, advogados, incluindo os públicos, e serventuários da justiça. Trata-se, na verdade, de regramento sobre descumprimento de dever processual quando este se refere a atos que tenham de ser praticados. Esse descumprimento implica fato jurídico ilícito no âmbito do processo.

2. Sentido do descumprimento pelo serventuário. O art. 233 do CPC/2015 (correspondente, no CPC/1973, aos arts. 193 e 194) trata de descumprimento por parte do serventuário da justiça, conforme nomenclatura expressa no *caput* do dispositivo. São serventuários todos aqueles relacionados nos arts. 150 e seguintes do CPC/2015, algo que não abrange todos os auxiliares da justiça. Ao perito, por exemplo, tem-se regramento próprio no art. 158 do CPC/2015.

3. Legitimados para instaurar procedimento de verificação. Conforme o *caput* do dispositivo em comento, ao juiz compete, de ofício, verificar o descumprimento, dando ensejo à abertura de procedimento administrativo disciplinar, no qual deverá ser observado o devido processo legal e seus consectários, para apuração da falta. Inovando em relação ao CPC/1973, o CPC/2015, no parágrafo 2º deste texto normativo, possibilita que as partes, os membros do Ministério Público e da Defensoria Pública representem ao juiz contra o serventuário.

4. Justo motivo como causa de pré-exclusão da responsabilidade do serventuário. A responsabilização em análise submete-se a, pelo menos, uma hipótese de exclusão: o justo motivo no retardo. Por se tratar de expressão vaga, tem seu preenchimento mais tendente ao contexto de cada caso. É preciso, pois, cuidado com esse tipo de valoração, a começar pelo fato de ela ter de ser feita no âmbito do processo administrativo para verificação da falta. O acúmulo de trabalho, por exemplo, pode, em determinadas situações, ser considerado como justo motivo.

5. Não previsão de sanções processuais. O artigo em análise não prevê qualquer tipo de sanção de natureza processual ao serventuário. As sanções são aquelas de ordem administrativa (por exemplo, as previstas no art. 127 da Lei n. 8.112/1991); e, caso presentes os pressupostos, as sanções de natureza civil (responsabilidade civil) na forma do art. 155 deste CPC/2015. A não previsão de sanção processual se dá por motivo muito simples: ao contrário do juiz, o serventuário não tem poder de comando. Não faz sentido, por isso, aplicar-lhe a sanção de afastamento do processo, salvo, por óbvio, se isso for decorrência direta da sanção administrativa, como na hipótese de suspensão e demissão.

Artigo 234.

Os advogados públicos ou privados, o defensor público e o membro do Ministério Público devem restituir os autos no prazo do ato a ser praticado.

§ 1º É lícito a qualquer interessado exigir os autos do advogado que exceder prazo legal.

§ 2º Se, intimado, o advogado não devolver os autos no prazo de 3 (três) dias, perderá o direito à vista fora de cartório e incorrerá em multa correspondente à metade do salário-mínimo.

§ 3º Verificada a falta, o juiz comunicará o fato à seção local da Ordem dos Advogados do Brasil para procedimento disciplinar e imposição de multa.

§ 4º Se a situação envolver membro do Ministério Público, da Defensoria Pública ou da Advocacia Pública, a multa, se for o caso, será aplicada ao agente público responsável pelo ato.

§ 5º Verificada a falta, o juiz comunicará o fato ao órgão competente responsável pela instauração de procedimento disciplinar contra o membro que atuou no feito.

CORRESPONDÊNCIA NO CPC/1973: *ARTS. 195, 196 E 197.*

1. **Da não restituição dos autos pelo advogado e pelo membro do Ministério Público.** O dever em questão em nada se refere ao da prática do ato pelos entes mencionados. A parte, por seu advogado, e o membro do Ministério Público têm, por exemplo, o ônus de recorrer. Caso não o façam, ocorre a preclusão do poder de praticar o ato. No entanto, o responsável pela prática do ato – ente dotado da capacidade para sua prática, o que, no caso do recurso, é aquele detentor de capacidade postulatória –, caso tenha retirado os autos do cartório, tem de devolvê-lo no prazo estabelecido. Caso não o faça, deverá sofrer as sanções previstas.

2. **Sanções pelo descumprimento.** Conforme determina o parágrafo 1º do dispositivo em comento, qualquer interessando pode requerer ao juiz a devolução dos autos. Constatando o problema – algo que pode fazê-lo, frise-se, de ofício – o juiz intimará aquele que retém os autos, na forma do parágrafo 2º do mesmo dispositivo. É importante ressaltar que, embora o texto fale apenas do advogado (seja o privado, seja o público), todos aqueles que têm de devolver os autos, como o membro do Ministério Público e o Defensor Público, submetem-se ao prazo de, estando devidamente intimados, devolverem, em até 3 (três) dias (em verdade, eles têm direito subjetivo ao prazo), os autos e, diante de eventual descumprimento, às sanções de perda do direito de vista e de multa correspondente à metade do salário-mínimo. Essa multa deve ser aplicada, quando for o caso, ao agente público, e não à pessoa jurídica por ela presentada (§4º). Além disso, deve o juiz comunicar aos órgãos responsáveis (seccional da OAB, por exemplo) a falta para fins de punição disciplinar.

3. **Não previsão do disposto no art. 195 do CPC/1973, relativo à ordem de riscar os escritos e desentranhar documentos.** O fato de os autos serem devolvidos fora do prazo não contamina o ato praticado dentro do prazo. Por exemplo, se a petição do

recurso for protocolada no prazo, mesmo que os autos sejam devolvidos posteriormente, o recurso não poderá ser tido por intempestivo. No entanto, se a petição for protocolada fora do prazo, antes, no mesmo instante ou até mesmo depois da devolução extemporânea dos autos, ela não deverá ser puramente descartada, e os documentos a ela anexados, desentranhados. É o juiz que deve observar se pode ou não considerá-los (pode ser o caso, *e. g.*, de documento que pode ser trazido aos autos a qualquer tempo). Ao contrário do sistema anterior, o CPC/2015 não deu azo à possibilidade de, pelo simples fato de os autos serem devolvidos fora de prazo, descartarem-se os atos praticados em conjunto com a devolução.

ARTIGO 235.
Qualquer parte, o Ministério Público ou a Defensoria Pública poderá representar ao corregedor do tribunal ou ao Conselho Nacional de Justiça contra juiz ou relator que injustificadamente exceder os prazos previstos em lei, regulamento ou regimento interno.

§ 1º Distribuída a representação ao órgão competente e ouvido previamente o juiz, não sendo caso de arquivamento liminar, será instaurado procedimento para apuração da responsabilidade, com intimação do representado por meio eletrônico para, querendo, apresentar justificativa no prazo de 15 (quinze) dias.

§ 2º Sem prejuízo das sanções administrativas cabíveis, em até 48 (quarenta e oito) horas após a apresentação ou não da justificativa de que trata o § 1º, se for o caso, o corregedor do tribunal ou o relator no Conselho Nacional de Justiça determinará a intimação do representado por meio eletrônico para que, em 10 (dez) dias, pratique o ato.

§ 3º Mantida a inércia, os autos serão remetidos ao substituto legal do juiz ou do relator contra o qual se representou para decisão em 10 (dez) dias.

CORRESPONDÊNCIA NO CPC/1973: ARTS. 198 E 199

1. Da não observância dos prazos pelo órgão judicante. Há prazos próprios para o juiz (expressão aqui utilizada para designar os órgãos jurisdicionais, independentemente de sua posição hierárquica) praticar os atos processuais que lhe competem? Se o sentido da pergunta for o de haver ou não alguma sanção pelo descumprimento, ela é positiva. É dessa sanção que trata o art. 235 do CPC/2015 (correspondente ao art. 198, CPC/1973). Acontece que, no caso, os prazos não são propriamente aqueles tradicionalmente previstos: por exemplo, 5 (cinco) dias para os despachos, 10 (dez dias) para as interlocutórias e 30 (trinta) dias para as sentenças, na forma expressa no art. 226 deste CPC/2015. Os prazos, para fins da previsão do artigo em comento, não têm seu tamanho previamente delimitado. Vários fatores devem ser analisados quando para sua constatação, tais como: quantidade de processos em trâmite na unidade judiciária, quantidade de serventuários à disposição do juiz, ordem cronológica e exceções a ela (art. 12, CPC/2015), de modo que os prazos tradicionalmente fixados para o juiz servem apenas como parâmetro, e não como fechamento do sistema. Não parece ser outra a interpretação adequada diante da expressão "injustificadamente" utilizada no *caput* do dispositivo, expressão que, no máximo, é implícita no CPC19/73. Delimitado o prazo, o que deve ser feito de acordo com o procedimento fixado (verdadeiro devido processo legal da problemática), constata-se ilícito processual praticado pelo juiz, algo que não impede a ocorrência, desde que preenchidos os pressupostos específicos de ilicitudes nos âmbitos cível (art. 143, CPC/2015), penal e administrativo. A sanção processual é a caducidade (perda) do poder de julgar a causa.

2. Procedimento. Qualquer um interessado no feito pode iniciar o procedimento. O texto fala em "parte", mas, sem dúvida, terceiros interessados que não intervieram (já que, se o fizeram, passam a ser parte do processo, seja principal, seja auxiliar) podem representar. Além da parte, podem fazê-lo o Ministério Público e a Defensoria Pública;, esta, quando estiver atuando como representante processual (tanto na simples representação postulatória quanto, mais amplamente, na de estar em juízo, caso do curador especial); aquele, nas hipóteses em que atua como *custos legis*. Isso porque, se estiverem atuando como legitimados para a causa, atuarão como parte do processo. A representação é meio de veicular (remédio processual) ação e, por isso, inicia processo jurisdicional para a apuração da falta. Não se trata de "simples" atuação administrativa, pois a sanção aplicável (caducidade) reflete diretamente no poder do órgão judicante. A natureza acional da alegação veiculada é manifesta, já que há legitimados, há causa de pedir (descumprimento injustificado do prazo) e há, principalmente, eficácias próprias: desconstitutiva e mandamental, acima de tudo. A representação, que deve ser feita por petição, física ou, conforme o caso, eletrônica, deve ser dirigida ao corregedor do tribunal ou diretamente ao CNJ, o qual verificará, consoante seu entendimento, se deve atuar de forma originária ou, ao contrário, determinar que a representação seja feita pela corregedoria do tribunal. O órgão competente para o processamento da representação (no caso do CNJ, haverá a necessidade de distribuição) poderá determinar o arquivamento liminar, em hipóteses de manifesta improcedência: quando sequer houve o transcurso do prazo específico do art. 226, CPC/2015, ou quando o juiz, valendo-se do benefício do art. 227, CPC/2015, tenha praticado o ato dentro do prazo estendido, dentre outros possíveis exemplos. O referido órgão também poderá, ainda, determinar, por via eletrônica, a intimação do juiz para, querendo, apresentar justificativa (verdadeira defesa), no prazo de 15 (quinze) dias. Apresentada a justificativa – ao contrário do que denota a literalidade do parágrafo 2º do art. 235 do CPC/15 –, a representação deve ser julgada, com a produção de provas para tanto, caso se faça necessário. Nesse caso, acolhida a representação ou, quando não apresentada a justificativa (hipótese de acolhimento antecipado por revelia), o órgão competente deverá, mais uma vez por meio eletrônico, intimar o juiz para que pratique o ato em até 10 (dez) dias.

3. Eficácia da decisão. Como dito acima, constatando o ilícito, o órgão julgador da representação intimará o juiz representado para, no prazo fixado, praticar o ato devido. Há eficácia condenatória, no sentido de reprovação pela ilicitude ("ordenar que sofra", como, meio enigmaticamente, diz Pontes de Miranda). Dessa eficácia, que funciona, sintaticamente, como meio, advém a exortação (eficácia fim) ao cumprimento, ou seja, franqueia-se ao juiz reprovado a possibilidade de cumprir seu dever de dar seguimento ao feito. Caso haja o descumprimento, exsurge eficácia desconstitutiva da condenação: o juiz, reprovado e, embora exortado a cumprir, recalcitrante, perde seu poder de julgar a causa. Uma caducidade por ato ilícito (ou, como bem identificou Fredie Didier Jr., preclusão por ilicitude), portanto, da qual outros ramos do direito positivo, em especial o administrativo (vide, por exemplo, o art. 12 da Lei n. 8.429/92) são cheios e plenamente verificáveis na metalinguagem (ciência do direito), mas que, no âmbito do processo, são, praticamente, ignoradas ou até, canhestramente, refutadas, pela processualística. Em virtude disso, há eficácia mandamental, no sentido de determinar ao substituto automático do juiz punido a prática do ato em até 10 (dez) dias. No ponto, houve modificação substancial em relação ao texto do art. 198 do CPC/1973, adequando-o aos ditames constitucionais, pois a previsão do último de avocação do processamento com designação de outro juiz para julgar, isso sem nenhum critério prévio, é ofensiva ao regramento do juiz natural.

TÍTULO II – Da Comunicação dos Atos Processuais

CAPÍTULO I – Disposições Gerais

ARTIGO 236.
Os atos processuais serão cumpridos por ordem judicial.
§ 1º Será expedida carta para a prática de atos fora dos limites territoriais do tribunal, da comarca, da seção ou da subseção judiciárias, ressalvadas as hipóteses previstas em lei.
§ 2º O tribunal poderá expedir carta para juízo a ele vinculado, se o ato houver de se realizar fora dos limites territoriais do local de sua sede.
§ 3º Admite-se a prática de atos processuais por meio de videoconferência ou outro recurso tecnológico de transmissão de sons e imagens em tempo real.
CORRESPONDÊNCIA NO CPC/1973: *ART. 200.*

1. Cumprimento dos atos processuais. Os atos processuais são cumpridos por ordem judicial. O cumprimento da ordem se dará pelo oficial de justiça ou chefe de secretaria, em atenção às ordens judiciais expedidas. Nada obstante, quando se está diante de ato que deva ser praticado fora dos limites territoriais da comarca, é necessária a expedição de carta. A nova lei processual foi mais minudente do que o CPC/1973, passando a estabelecer que a carta será expedida, ressalvando-se hipóteses previstas em lei. Também foi mais precisa do ponto de vista técnico, ao tratar das seções e subseções judiciárias. Há ainda inovação na possibilidade de expedição de carta para juízo vinculado ao órgão que prolatou a ordem judicial, se houver necessidade de se praticarem atos fora dos limites territoriais de sua sede, ou seja, na mesma comarca, seção ou subseção judiciárias. Trata-se de regra que visa à facilitação na prática dos atos processuais.

2. Atos processuais praticados por videoconferência. A possibilidade de se praticarem atos processuais por videoconferência ou por outro recurso tecnológico semelhante representa grande avanço do legislador processual, que passou a prever expressamente tal possibilidade, em consonância com os atos que já vinham sendo adotados, ainda que de forma um pouco tímida, em nossos tribunais. A realização do ato por meio desses recursos é medida que, sem dúvida, garante a aplicação do princípio da economia processual, evitando-se o grande dispêndio de tempo e recursos para se praticarem atos em outras comarcas, seções ou subseções.

ARTIGO 237.
   Será expedida carta:
   I – de ordem, pelo tribunal, na hipótese do § 2o do art. 236;
   II – rogatória, para que órgão jurisdicional estrangeiro pratique ato de cooperação jurídica internacional, relativo a processo em curso perante órgão jurisdicional brasileiro;
   III – precatória, para que órgão jurisdicional brasileiro pratique ou determine o cumprimento, na área de sua competência territorial, de ato relativo a pedido de cooperação judiciária formulado por órgão jurisdicional de competência territorial diversa;
   IV – arbitral, para que órgão do Poder Judiciário pratique ou determine o cumprimento, na área de sua competência territorial, de ato objeto de pedido de cooperação judiciária formulado por juízo arbitral, inclusive os que importem efetivação de tutela provisória.
   Parágrafo único. Se o ato relativo a processo em curso na justiça federal ou em tribunal superior houver de ser praticado em local onde não haja vara federal, a carta poderá ser dirigida ao juízo estadual da respectiva comarca.
   CORRESPONDÊNCIA NO CPC/1973: *ARTS.201 E 1.213.*

1. Conceito de cartas. As cartas são instrumentos que servem à prática de determinado ato processual, quando há de realizar-se fora dos limites territoriais a que está vinculado o juízo. Trata-se de uma decorrência da aplicação das regras de competência, na medida em que um determinado juízo não detém competência para ordenar a prática de um ato processual fora de seus limites territoriais. Assim é que, quando se determinar o cumprimento de uma decisão ou a prática de um ato judicial (como, por exemplo, citações, intimações, oitivas de testemunhas, tomada de depoimento pessoal, entre tantos outros) em outra comarca, seção ou subseção judiciais, o seu cumprimento se dá por meio das cartas. A carta precatória serve para que se solicite a outro juízo o cumprimento de determinada ordem em comarca diversa daquela na qual o feito tramita, dentro do território nacional, a exemplo da citação e da penhora. A carta rogatória, por seu turno, serve à prática de atos entre juízos situados em países diferentes. Por se tratar de ato que transborda os limites do território nacional, as cartas rogatórias passivas (provenientes de outros países, para cumprimento no território nacional), não serão cumpridas sem que antes o STJ conceda o *exequatur* (art. 105, I, "i", CF/1988). As cartas de ordem, por seu turno, têm lugar quando provenientes de órgão jurisdicional de hierarquia superior, contendo, como o próprio nome sugere, uma ordem a ser cumprida.

2. Carta arbitral. A carta arbitral representa importante novidade no CPC/2015. Antes de o instrumento estar contemplado na legislação processual, não havia qualquer disposição legal específica sobre a comunicação entre o juízo arbitral e o estatal. Se à primeira vista se imaginar que a previsão expressa de carta arbitral não tem relevância, certamente essa conclusão é precipitada. Em primeiro lugar, porque são diversas as hipóteses em que a jurisdição estatal e a arbitral se comunicam, lembrando-se o eloquente exemplo da execução da sentença arbitral, que ocorre no Poder Judiciário. A Lei de Arbitragem prevê, ainda, em seu art. 22, §2º, expressamente, a possibilidade de que o árbitro requeira a tomada de providências por parte da autoridade judiciária quando a testemunha deixar de atender, sem justa causa, a convocação para prestar depoimento pessoal. Assim, a previsão pela nova lei processual serve para dar uniformidade de tratamento do assunto, bem como do cumprimento do ato, uma vez que, estando regulamentada na lei, há um padrão, expressa e legalmente previsto para tanto.

3. Local onde não há vara federal. A repartição de competência territorial da justiça federal é diferente da estadual. Naquela esfera, há seções judiciárias, que não necessariamente correspondem às comarcas. Assim é que há comarcas em que não há seções judiciárias, hipótese na qual o feito se processa perante o juízo estadual, que atua por delegação (art. 109, §3º, CF/1988). Caso exista necessidade de prática de ato em local no qual não há vara federal, o ato haverá de ser praticado perante o juízo estadual.

CAPÍTULO II – Da Citação

ARTIGO 238.
Citação é o ato pelo qual são convocados o réu, o executado ou o interessado para integrar a relação processual.
CORRESPONDÊNCIA NO CPC/1973: *ART.213.*

1. Conceito de citação. A citação é o ato pelo qual o sujeito passivo da relação processual é comunicado acerca da existência da demanda, a fim de que integre a relação processual.

É importante notar que o ato citatório não tem por fim a convocação do demandado para se defender, como se poderia concluir, até porque, diante desse conceito, não há diferenciação entre a citação e intimação. Com a citação do demandado, a relação jurídica processual se completa (autor, réu e juiz). "O demandado, portanto, é integrado ao processo por meio da citação, sendo também intimado para que, querendo, apresente sua defesa (conhecimento e cautelar) ou tome outras medidas previstas em lei (execução). Em regra, a citação e a intimação são feitas concomitantemente, o que aumenta a falsa impressão de serem nesse momento inicial do procedimento o mesmo fenômeno processual.". (NEVES, Daniel Amorim Assunção. *Manual de direito processual civil*, 2. ed., Rio de Janeiro, Forense; São Paulo, Método, 2010, p. 300).

O CPC trouxe alteração conceitual, passando a nominar expressamente o executado, já que, nas execuções provenientes de títulos executivos extrajudiciais, é por meio da citação que a parte demandada toma conhecimento da demanda contra si dirigida, passando a integrar a relação processual. O diploma processual deixa de fazer uso da expressão "se defender", já que essa não é a única postura que pode ser adotada pelo demandado. Exemplo disso está no procedimento executivo de título extrajudicial, no qual, em querendo, pode o executado, reconhecendo o crédito, requerer o seu pagamento da forma parcelada (art. 914).

2. Interessados. O dispositivo faz, ainda, menção aos interessados, assim como já fazia o CPC/1973, referindo-se aos procedimentos de jurisdição voluntária. Há entendimento doutrinário de que também se incluem no conceito os "litisconsortes necessários ativos, que não quiseram ajuizar ação.". (NERY JR., Nelson; NERY, Rosa Maria de Andrade, *Código de processo civil comentado e legislação extravagante*, 9. ed., São Paulo, RT, 2006, p. 403).

3. Natureza jurídica. A citação é pressuposto de existência do processo. Trata-se, sem dúvida, do pressuposto processual que mais gera polêmica em sede doutrinária, de modo que não há consenso em relação à sua natureza jurídica.

Teresa Wambier entende que se trata de pressuposto processual de existência. Nesse sentido, a jurista explica que: "Considerando que a citação é ato de *comunicação*, deve a informação de que há ação judicial em trâmite chegar ao seu destinatário. A expedição da carta, mandado ou edital de citação, assim, é apenas *parte* da citação, que somente se perfaz quando o demandado *recebe* a informação.". (WAMBIER, Teresa Arruda Alvim, *Nulidades do processo e da sentença*, 7. ed., São Paulo, RT, 2014, p. 361).

De outra parte, Fredie Didier tem posicionamento divergente, afirmando que a citação não é pressuposto de existência: "Trata-se de condição de eficácia do processo em relação ao réu (art. 219 e 263 do CPC [refere-se ao art. 238 e 310, respectivamente]) e, além disso, requisito de validade dos atos processuais que lhe seguirem.". (DIDIER JR., Fredie, *Curso de direito processual civil*, v. 1, 15. ed., Salvador, JusPodivm, 2013, p. 521).

Em que pese a intensa divergência, não nos parece adequado compreender que seja possível a formação da relação processual sem a participação do réu, razão pela qual o fenômeno é compreendido como pressuposto de existência, como se disse.

Sem embargo de reconhecer que há na legislação processual situações nas quais o procedimento segue seu curso, mesmo sem a citação do réu (por exemplo, no art. 330, que autoriza o juiz a proferir sentença de improcedência liminar do pedido), é preciso invocar o entendimento doutrinário de que "não há espaço para que eles exijam soluções rígidas, de 'tudo ou nada', que afastem os seus necessários *temperamentos* conforme sua incidência em cada caso concreto.". (BUENO, Cassio Scarpinella, *Curso sistematizado de direito processual civil*, v. 1, 3. ed., São Paulo, Saraiva, 2009, p. 410, grifos no original.).

Independentemente de se entender o pressuposto mencionado como de existência ou como de validade do processo, é certo que, embora a ausência de citação se constitua vício gravíssimo, este se sana com o comparecimento espontâneo do réu. Portanto, o fato de ser vício grave não quer necessariamente dizer que ele seja insanável.

ARTIGO 239.
Para a validade do processo é indispensável a citação do réu ou do executado, ressalvadas as hipóteses de indeferimento da petição inicial ou de improcedência liminar do pedido.

§ 1º O comparecimento espontâneo do réu ou do executado supre a falta ou a nulidade da citação, fluindo a partir desta data o prazo para apresentação de contestação ou de embargos à execução.

§ 2º Rejeitada a alegação de nulidade, tratando-se de processo de:
I – conhecimento, o réu será considerado revel;
II – execução, o feito terá seguimento.
CORRESPONDÊNCIA NO CPC/1973: *ART. 214.*

1. **Pressuposto processual de validade do processo.** A relação jurídica que era angular (autor e juiz), somente se aperfeiçoa com a citação ou com o comparecimento espontâneo do demandado. Daí porque se disse tratar-se de pressuposto processual de existência do processo. Nada obstante, o ato citatório deve ocorrer validamente, ou seja, em atenção aos ditames legais, sob pena de comprometimento da validade do processo.

Nessa medida, a citação se constitui como pressuposto de existência; e a citação válida, pressuposto processual de validade do processo.

A citação feita em desacordo com as determinações legais compromete a validade do processo e, em se tratando de norma de natureza cogente, pode ser reconhecida de ofício, ou alegada a qualquer tempo e grau de jurisdição. Parece-nos ser possível essa alegação até mesmo em sede de recursos excepcionais, tendo em vista que não parece razoável concluir que o requisito do prequestionamento deva se sobrepor aos pressupostos de existência e validade do próprio processo.

2. Indeferimento da petição inicial. O CPC/2015 ressalva a necessidade de citação do réu na hipótese de indeferimento liminar da petição inicial tendo em vista que, na hipótese, por não haver petição inicial apta e por estar ausente pressuposto processual de validade, o processo não reúne condições de prosseguimento. Por outras palavras, a relação jurídica processual não se aperfeiçoa nesse caso, não havendo que se cogitar de sua integração à parte demandada. Trata-se de novidade, já que não havia previsão nesse sentido no CPC/1973. A decisão que indefere liminarmente a petição inicial desafia a interposição de recurso de apelação. Uma vez interposto o respectivo recurso, o juiz tem a faculdade de se retratar (art. 331), no prazo de cinco dias. Caso não o faça, ordenará a citação do demandado, para que este responda ao recurso interposto. Ato contínuo, o recurso será remetido ao tribunal, para julgamento. Havendo provimento, o prazo para a apresentação da contestação começará a correr a partir do retorno dos autos. Se não houver provimento ou o demandante não interpuser recurso de apelação, "o réu será intimado do trânsito em julgado da sentença" (art. 332, § 2º).

3. Improcedência liminar do pedido. O CPC/2015 também ressalva a hipótese de improcedência liminar do pedido, inovando em relação ao CPC/1973. A hipótese em comento não se confunde com a anterior, uma vez que nesta há julgamento de mérito do pedido formulado. As hipóteses em que o magistrado está autorizado a julgar o pedido liminarmente estão alocadas no art. 332, bem como os respectivos pressupostos.

A circunstância de a lei autorizar o julgamento de improcedência liminar não desnatura a natureza jurídica da citação como pressuposto de existência, conforme já se disse. A técnica já existia no CPC/1973, mas teve suas hipóteses um tanto ampliadas no CPC/2015. Representa um dos diversos mecanismos constantes da legislação cujo desiderato é o de evitar julgamentos conflitantes em demandas iguais, além de promover a celeridade processual, o respeito ao entendimento consolidado em cortes superiores e a isonomia dos jurisdicionados. O que ocorre, na hipótese, é uma abreviação do procedimento, cujo desfecho já pode ser conhecido, ante a existência de outros julgados no mesmo sentido, em casos idênticos. Daí porque a lei dispensa a citação do demandado, na hipótese.

Não há como cogitar que a autorização legal de prolação de sentença sem a citação da parte demandada signifique ofensa ao princípio do contraditório ou da ampla defesa. Isso porque os incisos do art. 332 autorizam o juiz ao proferimento de uma sentença de improcedência, e não o contrário. Por outras palavras, essa sentença favorece o réu. A decisão desafia a interposição de recurso de apelação, que, se não for interposto pela parte autora, fará que o réu seja intimado do trânsito em julgado. Caso haja interposição de recurso, pode o juiz se retratar em cinco dias. Se o fizer, então o réu será citado, e o procedimento seguirá o seu curso. Se, de outra parte, não houver retratação pelo magistrado, o réu será citado para que responda ao recurso, em até quinze dias.

4. Comparecimento espontâneo. O comparecimento espontâneo do réu ou do executado supre a falta de citação. Ou seja, em ocorrendo, não há a necessidade de que seja praticado novamente o ato citatório, até porque está atingida sua finalidade: a integração da relação processual. Trata-se, como se disse, de eloquente exemplo no qual, a despeito da ocorrência de vício de séria gravidade, é perfeitamente possível que seja sanado, no processo.

O CPC/1973 trazia disposição que, embora semelhante, continha regramento diferente. Naquele sistema, considerava-se ter havido a citação a partir da data de intimação da decisão que apreciou a alegação de nulidade. Por outras palavras, o diploma legal revogado tomou como hipótese, para considerar o momento da citação, a atitude do réu que comparecia ao processo apenas para arguir o vício, sem, no entanto, apresentar qualquer modalidade de resposta. Nada impedia que o réu alegasse o vício e, ao mesmo tempo, ofertasse resposta ao pedido formulado pelo autor. Porém, no caso de somente alegação de nulidade, sem apresentação de respostas, em sendo reconhecido o vício, havia devolução do prazo, ou seja, recontagem deste, para fins de apresentação de resposta.

A disposição atual, entretanto, é a de que o prazo para o oferecimento de resposta (ou de embargos, em processo de execução), é contado a partir do momento em que o réu comparece espontaneamente ao processo, independentemente de tê-lo feito apenas alegando vício na citação ou de ter contestado, por exemplo. Por outras palavras, faz-se necessária a prática de ato que indique, de forma inequívoca, sua ciência a respeito da demanda contra si dirigida, o que não necessariamente significa a apresentação de resposta. Note-se que, por exemplo, a juntada de instrumento de mandato indica que o demandado tomou conhecimento da demanda, fluindo a partir deste momento seu prazo para responder.

O CPC/2015 fala em "contestar" ou "embargar", mas essas não são as únicas alternativas à disposição do réu ou do executado. No processo de conhecimento, pode, por exemplo, alegar a suspeição do juiz; no de execução, pode requerer o pagamento da forma parcelada, entre outras hipóteses. Independentemente do caminho escolhido pelo demandado, é certo que seu prazo para a apresentação de contestação ou de embargos já estará fluindo, desde o momento em que constatada, no processo, sua ciência.

5. Rejeição da alegação de nulidade. A alegação de nulidade pode ser rejeitada por diversas razões, como, por exemplo, a intempestividade, a ausência de vício, etc. De qualquer modo, independentemente da razão pela qual a alegação foi rejeitada, é certo afirmar que a citação não padeceu de vício.

Assim, o CPC/2015 passa a dispor expressamente as consequências da decisão que rejeita a alegação de nulidade, o que não constava no CPC/1973, embora seja lícito concluir que essas consequências já se verificavam no sistema anterior. Em se tratando de processo de conhecimento, o réu será considerado como revel. Se tiver advogado constituído nos autos, este será normalmente intimado dos atos processuais, já que a fluência de prazos a partir da publicação do ato decisório no órgão oficial só ocorre se não houver patrono constituído, nos temos do art. 346.

Em se tratando de processo de execução, o feito seguirá normalmente, ou seja, a lei quer dizer que o executado não mais poderá opor embargos ou requerer o pagamento parcelado a que alude o art. 916. Fica ressalvada, tanto em processo de conhecimento quanto de execução, a possibilidade de alegação de matérias de natureza cogente, porque não estão sujeitas à preclusão.

Artigo 240.

A citação válida, ainda quando ordenada por juízo incompetente, induz litispendência, torna litigiosa a coisa e constitui em mora o devedor, ressalvado o disposto nos arts. 397 e 398 da Lei nº 10.406, de 10 de janeiro de 2002 (Código Civil).

§ 1º A interrupção da prescrição, operada pelo despacho que ordena a citação, ainda que proferido por juízo incompetente, retroagirá à data de propositura da ação.

§ 2º Incumbe ao autor adotar, no prazo de 10 (dez) dias, as providências necessárias para viabilizar a citação, sob pena de não se aplicar o disposto no §1º.

§ 3º A parte não será prejudicada pela demora imputável exclusivamente ao serviço judiciário.

§ 4º O efeito retroativo a que se refere o § 1º aplica-se à decadência e aos demais prazos extintivos previstos em lei.

CORRESPONDÊNCIA NO CPC/1973: *ARTS. 219 E 220.*

1. **Efeitos da citação.** O principal efeito do ato citatório é, como já se viu, o de integração da relação jurídica processual. Além desse, há outros efeitos típicos.

O CPC/2015 inova em relação ao regramento anterior. Na legislação revogada, os efeitos da citação somente se verificavam se o ato houvesse sido ordenado por juiz competente, à exceção de seus efeitos materiais: interrupção da prescrição e constituição em mora do devedor. Nas duas últimas hipóteses, seus efeitos se verificavam mesmo que o ato fosse proveniente de juízo incompetente, consoante dicção legal constante do CPC/1973.

A citação, conforme estatui o CPC/2015, gera seus efeitos desde que tenha sido realizada validamente, ainda que ordenada por juízo absolutamente incompetente.

O dispositivo, entretanto, não esgota todos os efeitos advindos da citação. Pode-se mencionar, ainda, a estabilização da demanda. O autor somente pode alterar o pedido ou a causa de pedir ou, ainda, aditar a petição inicial, após a citação, com o consentimento do réu (art. 329, II).

2. Prevenção do juízo. O dispositivo em comento não mais traz como efeito da citação a prevenção do juízo. A prevenção é um critério de fixação de competência que tem lugar quando há mais de um juízo competente e que leva em conta o órgão jurisdicional que primeiro "tocou" no processo. No sistema do CPC/1973, a lei estabelece dois momentos para definir o juízo prevento: aquele de onde proveio a citação válida (art. 219), bem como aquele onde foi proferida a ordem de citação (quando correm ações conexas, em separado, perante juízes com a mesma competência territorial, conforme art. 106 daquele diploma legal). Havia discussão doutrinária a respeito do tema, havendo quem interpretasse a existência dos dois dispositivos em sentido diverso como antinomia, embora não se trate da orientação prevalente. O art. 219 do CPC/1973 tem lugar quando se tratar de ações conexas perante juízes com competência territorial diversa; na hipótese, o juízo prevento é aquele onde ocorreu a citação em primeiro lugar. O art. 106, por seu turno, tem aplicação quando as ações conexas tramitarem perante juízes com a mesma competência territorial, como já se disse. De qualquer modo, é certo que o CPC elimina qualquer discussão, na medida em que não é mais tratado assunto em mais de um dispositivo.

Aliás, a prevenção não mais se verifica com a citação válida. Nos termos do que preconiza o art. 59, é o registro ou a destruição da petição inicial que torna prevento o juízo.

3. Litispendência. A expressão "litispendência" tem mais de um significado. Ela indica a pendência de uma lide, ou seja, a existência de uma causa (que, para o autor, já ocorre por ocasião da propositura da ação, conforme art. 312; e, para o réu, somente após a citação válida). Também se verifica quando existem duas ações idênticas, ou seja, com identidade de partes, causa de pedir e pedido. Tem natureza de pressuposto processual negativo. O CPC/2015 faz referência à expressão "litispendência" em seu primeiro significado. Por outras palavras, a citação válida indica que há lide pendente para a parte demandada.

4. Torna litigiosa a coisa. A partir da citação válida, o bem ou direito que é discutido em juízo se torna litigioso, estando, pois, atrelado ao resultado da demanda.

A alienação do bem ou direito não é vedada, e, em ocorrendo, não implica alteração da legitimidade das partes, a teor do que preconiza o art. 109. Nada obstante, a alienação da coisa litigiosa pode mostrar-se ineficaz perante o demandante, se a ação era capaz de reduzir o devedor à insolvência, ou se presentes as circunstâncias do art. 792, ou demais casos expressos em lei, caracterizadores da fraude à execução.

5. Constitui em mora o devedor. Ocorre, com a citação válida, a interpelação do devedor. A mora ocorre quando o devedor não efetua o pagamento e quando o credor não quiser recebê-lo em tempo, lugar e forma legais (art. 394, CC/2002).

O CPC/2015 inovou em relação ao CPC/1973, prevendo expressamente hipóteses nas quais a citação não gera esse efeito, uma vez que já ocorrido. No regime anterior, a doutrina já alertava para as hipóteses excepcionais: "Ocorre, entretanto, que essa regra encontra uma série de exceções no Código Civil, diploma que apropriadamente trata do tema. Dessa forma, o devedor será constituído de pleno direito em mora na data do vencimento de obrigação positiva e líquida (art. 397, *caput* do CC/2002). Na hipótese de obrigação sem termo certo, além da citação, também a interpelação judicial ou extrajudicial será apta a constituir o devedor em mora (art. 397, parágrafo único do CC). Nas obrigações provenientes de ato ilícito considera-se em mora o devedor desde o momento em que praticou o ato". (NEVES, Daniel Amorim Assunção, *Manual de direito processual civil*, 2. ed., Rio de Janeiro, Forense; São Paulo, Método, 2010, p. 307).

São justamente as hipóteses acima mencionadas as constantes dos arts. 397 e 398 do CC/2002.

6. Interrupção da prescrição. O CPC/1973 estatui que esse efeito somente se verifica por ocasião da citação válida. Entretanto, dispõe o CC/2002, no art. 202, I, que a interrupção da prescrição se verifica com o despacho do juiz que ordena a citação. Assim, discutia-se se deveria prevalecer o disposto na lei civil ou na processual, havendo ainda quem não visse incompatibilidade entre as disposições. De qualquer sorte, o disposto no parágrafo 1º do art. 240 elimina eventuais dúvidas, já que preconiza que é o despacho do juiz, que ordena a citação, que gera sua interrupção, em conformidade com o estabelecido na lei civil.

Verificando-se a interrupção, o cômputo do prazo para de transcorrer, retomando-se a partir do início. O art. 202, *caput*, do CC/2002, estabelece que a interrupção somente se verifica uma vez. O regramento é salutar, na medida em que impede eventuais abusos em relação a esse tocante.

Mesmo que o despacho tenha sido ordenado por juiz incompetente, a interrupção se verificará, retroagindo à data da propositura da ação.

7. Efeito retroativo. A interrupção do prazo prescricional tem efeito retroativo à data em que a demanda foi proposta. Mas, para tanto, o autor deverá adotar as providências necessárias à viabilização da citação no prazo de 10 (dez) dias. O CPC/1973 incumbe o autor de promover a citação do réu neste mesmo prazo. Por outras palavras, a lei processual não mais exige que se promova a citação, mas que se tomem as medidas necessárias ao ato citatório. A lei processual protege a parte demandante em face da demora, que pode decorrer de omissão da parte demandada que esteja se furtando à citação ou, ainda, do próprio Poder Judiciário, uma vez que o autor não pode interferir no desenrolar desses atos. Daí porque a lei expressamente estabelece que não se pode prejudicar o autor pela demora decorrente exclusivamente do Poder Judiciário.

O CPC/1973 estabelece que, não sendo possível a citação do réu, o juiz prorrogará o prazo, até o máximo de noventa dias, disposição que não foi repetida no CPC. A prática forense demonstra riscos em contextos específicos relativos à demora do Judiciário. Nesses casos, o estabelecimento de um prazo para que se efetive a citação, o qual não é verificado a seu término, pode se mostrar prejudicial, na medida em que é comum a demora por período superior a esse prazo. Nesse passo, andou bem o CPC/2015, ao não estabelecer um prazo máximo, devendo ser verificada a interrupção da prescrição, considerando-se as nuances de cada caso concreto e desde que a parte demandante não tenha contribuído para o atraso na citação.

8. Aplicação do efeito retroativo à decadência e demais prazos extintivos previstos em lei. O efeito retroativo também se aplica ao prazo decadencial, assim como aos demais prazos extintivos, previstos em lei. Assim é que o juiz pode decretar de ofício a decadência, salvo quando se tratar de decadência convencional, hipótese na qual deverá haver alegação da parte nesse sentido, a teor do que estatui o art. 211 do CC/2002.

O prazo decadencial não é suscetível de interrupção, de modo que, em ocorrendo a citação válida, a decadência fica afastada. Todavia, há quem afirme ser possível falar--se em interrupção do prazo decadencial. Nesse sentido, ensina a doutrina: "De sorte que não é desarrazoado falar-se hoje, à luz da lei processual, em interrupção do prazo decadencial.". (NERY JR., Nelson; NERY, Rosa Maria de Andrade, *Código de processo civil comentado e legislação extravagante*, 9. ed., São Paulo, RT, 2006, p. 415).

ARTIGO 241.
Transitada em julgado a sentença de mérito proferida em favor do réu antes da citação, incumbe ao escrivão ou ao chefe de secretaria comunicar--lhe o resultado do julgamento.
CORRESPONDÊNCIA NO CPC/1973: *NÃO HÁ.*

1. Comunicação do resultado do julgamento. Como já se disse, a sentença proferida em favor do réu, mas sem a sua citação (a lei se refere à sentença de improcedência liminar, art. 332), é possível, desde que sejam atendidos os requisitos estabelecidos na lei. A sentença pode ser atacada mediante a interposição de recurso de apelação. Como se sabe, em sendo interposto o recurso, o demandado será citado para respondê--lo. Todavia, se o autor não recorrer, operar-se-á o trânsito em julgado. Ato contínuo, a parte demandada será comunicada dessa circunstância. Como se vê, não se trata de citação, nem se verifica a completude da relação jurídica processual: o demandado é apenas comunicado acerca do trânsito em julgado.

ARTIGO 242.
A citação será pessoal, podendo, no entanto, ser feita na pessoa do representante legal ou do procurador do réu, do executado ou do interessado.

§ 1º Na ausência do citando, a citação será feita na pessoa de seu mandatário, administrador, preposto ou gerente, quando a ação se originar de atos por eles praticados.

§ 2º O locador que se ausentar do Brasil sem cientificar o locatário de que deixou na localidade onde estiver situado o imóvel, procurador com poderes para receber citação será citado na pessoa do administrador do imóvel encarregado do recebimento dos aluguéis, que será considerado habilitado para representar o locador em juízo.

§ 3º A citação da União, dos Estados, do Distrito Federal, dos Municípios e de suas respectivas autarquias e fundações de direito público será realizada perante o órgão de Advocacia Pública responsável por sua representação judicial.

CORRESPONDÊNCIA NO CPC/1973: *ART. 215.*

1. Pessoalidade. O CPC/2015 mantém a regra já existente no CPC/1973, no sentido de que a citação será pessoal. A citação pessoal é aquela efetuada diretamente à parte demandada, concluindo-se, pois, que houve efetiva ciência acerca da demanda ajuizada. Os incapazes serão citados na pessoa de seus representantes ou assistentes. Nos termos do CPC/1973, a citação se dará na pessoa do seu procurador quando houver autorização legal para tanto. É dizer, por outras palavras, que pode ser realizada na pessoa do procurador nas ações incidentes, a exemplo da reconvenção. Fora delas, há necessidade de poderes especiais, tendo em vista que a cláusula *ad judicia* não comporta poderes para o recebimento de citação. O CPC/2015 não faz uso da expressão "legalmente autorizado", o que não autoriza a conclusão de que o procurador não munido de poderes especiais possa recebê-la, por se caracterizar ofensa aos princípios do contraditório e da ampla defesa. No que concerne às pessoas jurídicas, a citação deve ser feita na pessoa de seu representante legal, ou em quem os atos constitutivos designarem (art. 75, VII). Entretanto, há entendimento jurisprudencial no sentido de que aqueles que aparentemente têm poderes de gerência poderão receber a citação. Trata-se da aplicação da teoria da aparência. Se, todavia, o demandante indicar, na petição inicial, quem está encarregado do recebimento e se a citação for feita à pessoa diversa, não se pode considerar o demandado como citado, sendo, pois o ato será inexistente.

2. Ausência do citando. Se o citando for ausente, a citação poderá ocorrer na pessoa de seu mandatário, administrador, preposto ou gerente, caso a ação se origine de atos por eles praticados. Neste ponto, não há inovação em relação ao CPC/1973. A ausência a que alude o dispositivo legal quer significar a circunstância de o demandado não ter sido encontrado, não se confundindo, pois, com a ausência disciplinada no CC/2002, nos art. 22 e seguintes.

3. Réu locador não encontrado. Caso o locador deixe de cientificar o locatário acerca de procurador com poderes para o recebimento de citação e caso o locador se ausente do Brasil, a citação será feita na pessoa do administrador do imóvel encarregado do recebimento dos aluguéis. O CPC/2015 inova estabelecendo, ainda, que este será considerado como habilitado para representar o locador em juízo.

4. Pessoas jurídicas de direito público. A citação das pessoas jurídicas de direito público será feita por intermédio do órgão de Advocacia Pública responsável por sua representação judicial. O § 3º do CPC/2015 é novo, estabelecendo expressamente essa possibilidade. O art. 75, I a III, dispõe acerca da representação dessas pessoas no processo.

Artigo 243.
A citação poderá ser feita em qualquer lugar em que se encontre o réu, o executado ou o interessado. Parágrafo único. O militar em serviço ativo será citado na unidade em que estiver servindo, se não for conhecida sua residência ou nela não for encontrado.
CORRESPONDÊNCIA NO CPC/1973: *ART. 216.*

1. Lugar da citação. A regra geral é a de que o demandado será citado em qualquer lugar no qual seja encontrado. Não há óbice, pois, à pratica do ato, se o demandado se encontrar, por exemplo, em seu local de trabalho ou na casa de familiares. Não há inovação em relação ao que dispõe o CPC/1973.

2. Citação do militar. Será feita em sua residência. Se, porém, nela não for encontrado ou ela não for conhecida, será feita na unidade em que estiver servindo.

Artigo 244.
Não se fará a citação, salvo para evitar o perecimento do direito:
I – de quem estiver participando de ato de culto religioso;
II – de cônjuge, companheiro ou de qualquer parente do morto, consanguíneo ou afim, em linha reta ou na linha colateral em segundo grau, no dia do falecimento e nos 7 (sete) dias seguintes;
III – de noivos, nos três primeiros dias seguintes ao casamento;
IV – de doente, enquanto grave o seu estado.
CORRESPONDÊNCIA NO CPC/1973: *ART. 217.*

1. Impedimento da citação. As hipóteses estabelecidas nos incisos do art. 242 não representam inovação em relação ao CPC/1973. A lei impede a realização da citação que, se feita em desacordo com a norma legal, será ineficaz. A única ressalva é a relativa à citação que é feita para evitar o perecimento do direito. Trata-se de atenção ao princípio da dignidade da pessoa humana (art. 1º, III, CF/1988).

"A restrição legal se refere apenas à pessoa do réu, de modo que, se ele dispuser de procurador com poderes adequados, poderá ser citado." (DIDIER, Fredie, *Curso de direito processual civil*, v. 1, 15. ed., Salvador, JusPodivm, 2013, p. 526).

2. **Ato de culto religioso,** Embora o CPC tenha suprimido a expresso o termo "qualquer", não há razão para recusar o entendimento de que não importa qual o culto religioso de que se esteja participando para o enquadramento no tipo legal que impede a realização da citação, já que nosso Estado é laico (art. 5º, VI, CF/1988).

3. **Cônjuge, companheiro ou outro parente do morto.** Não há inovação em relação ao CPC/1973, destacando-se o cuidado do legislador ao inserir, ainda, a figura do companheiro, que, embora não conste do dispositivo equivalente do CPC/1973, já vem há muito sendo aplicado.

Artigo 245.

Não se fará citação quando se verificar que o citando é mentalmente incapaz ou está impossibilitado de recebê-la.

§ 1º O oficial de justiça descreverá e certificará minuciosamente a ocorrência.

§ 2º Para examinar o citando, o juiz nomeará médico, que apresentará laudo no prazo de 5 (cinco) dias.

§ 3º Dispensa-se a nomeação de que trata o § 2º se pessoa da família apresentar declaração do médico do citando que ateste a incapacidade deste.

§ 4º Reconhecida a impossibilidade, o juiz nomeará curador ao citando, observando, quanto à sua escolha, a preferência estabelecida em lei e restringindo a nomeação à causa.

§ 5º A citação será feita na pessoa do curador, a quem incumbirá a defesa dos interesses do citando.

CORRESPONDÊNCIA NO CPC/1973: *ART. 218.*

1. **Aperfeiçoamento da redação.** Embora o dispositivo em comento não represente inovação em relação ao CPC/1973, trata-se, sem dúvida, de notável aperfeiçoamento redacional, especialmente quanto à substituição do termo "demente" por "mentalmente incapaz", que é mais abrangente. É de se notar que o dispositivo se refere ao mentalmente incapaz ou àquele que está impossibilitado de recebê-la, o que pode decorrer de diversas razões, como por exemplo, a senilidade. Se o citando houver sido interditado, a citação será feita na pessoa de seu curador. A lei, pois, pressupõe não ter havido a decretação da interdição judicial.

2. **Procedimento.** Em sendo constatadas as circunstâncias acima descritas, deve o oficial descrevê-las minuciosamente. Ato contínuo, será nomeado médico, pelo juiz,

a fim de examinar o citando. O § 3º dispensa essa nomeação, caso pessoa da família apresente declaração do médico já atestando a incapacidade. Trata-se de exceção não prevista no CPC/1973. Em sendo reconhecida a incapacidade, ao citando será nomeado curador, que receberá a citação e se incumbirá de defender os interesses do citado. Trata-se, porém, de nomeação restrita à causa. Quanto à escolha do curador, observa-se a preferência estabelecida no CC/2202, art. 1775 e parágrafos. Em se tratando de demandado incapaz, o MP deverá intervir no feito a teor do que preconiza o art. 178, II, do CPC/2015.

Artigo 246.
    A citação será feita:
    I – pelo correio;
    II – por oficial de justiça;
    III – pelo escrivão ou chefe de secretaria, se o citando comparecer em cartório;
    IV – por edital;
    V – por meio eletrônico, conforme regulado em lei.
    § 1º Com exceção das microempresas e das empresas de pequeno porte, as empresas públicas e privadas são obrigadas a manter cadastro nos sistemas de processo em autos eletrônicos, para efeito de recebimento de citações e intimações, as quais serão efetuadas preferencialmente por esse meio.
    § 2º O disposto no § 1º aplica-se à União, aos Estados, ao Distrito Federal, aos Municípios e às entidades da administração indireta.
    § 3º Na ação de usucapião de imóvel, os confinantes serão citados pessoalmente, exceto quando tiver por objeto unidade autônoma de prédio em condomínio, caso em que tal citação é dispensada.
    CORRESPONDÊNCIA NO CPC/1973: *ART. 221.*

1. **Modalidades de citação.** O dispositivo cuida de elencar as modalidades de citação, sendo elas: (i) pelo correio; (ii) por oficial de justiça; (iii) pelo escrivão ou chefe de secretaria, caso o citando compareça em cartório; e (iv) por meio eletrônico.

A citação pelo correio é a regra geral, como se verá. Pressupõe necessariamente o aviso de recebimento (AR), a teor do Enunciado 429 da Súmula do STJ.

A citação por oficial de justiça se dá em cumprimento do mandado, que consiste na ordem judicial para que se proceda ao ato.

Essas modalidades, assim como a citação por meio eletrônico e aquela procedida pelo escrivão ou chefe de secretaria são consideradas como modalidades de citação real, que é diversa da citação ficta. Nesta, não se tem certeza se o citando realmente tomou conhecimento do teor do ato, como ocorre na citação por edital e por oficial de justiça com hora certa.

A previsão legal de citação realizada em cartório, caso o citando compareça espontaneamente é novidade, embora já seja possível considerar-se o demandado como citado na hipótese, sob a égide do CPC/1973.

2. Cadastro para citação por meio eletrônico. A previsão legal representa novidade em relação ao CPC/1973. O referido diploma legal já trazia o rol de modalidades de citação por meio eletrônico, consoante disciplinado em lei própria. O processo eletrônico é regido pela Lei 11.419/2006. A referida lei estabelece, em seu art. 9º, que, nos processos eletrônicos, "todas as citações, intimações e notificações, inclusive da Fazenda Pública, serão feitas por meio eletrônico". É necessário que o conteúdo dos autos esteja disponível, em sua totalidade, ao citando.

Sobre a realização desta modalidade: "A *citação eletrônica*, embora prevista em lei, será menos frequente do que a *intimação eletrônica*, certamente de uso mais generalizado, pois dependerá, em princípio, do conhecimento, pelo autor ou pelo Poder Judiciário, do endereço eletrônico do demandado – e, ainda assim, será preciso confirmar se esse endereço é o correto, de modo a evitar fraudes." (DIDIER JR., Fredie. *Curso de direito processual civil*, v. 1, 15. ed., Salvador, JusPodivm, 2013, p. 536, com grifos no original).

Atento aos comentários da doutrina, o CPC/2015 estabelece, pois, que as pessoas jurídicas ficam obrigadas a manter cadastros nos sistemas de processo, para que se possa proceder às citações. O mesmo disposto se aplica a União, Estados, Distrito Federal e Municípios, empresas públicas e entidades da administração indireta. A lei excepciona a determinação a microempresas e empresas de pequeno porte.

3. Citação na ação de usucapião de bem imóvel. Trata-se de regra não prevista no CPC/1973, que, no artigo 942, *caput*, apenas determina que o autor "requererá a citação daquele em cujo nome estiver registrado o imóvel usucapiendo, bem como dos confinantes (...)".

O CPC/2015 estabelece que essa citação será pessoal, ressalvando as ações nas quais o objeto é unidade autônoma de prédio em condomínio. Na hipótese, a citação é dispensada.

ARTIGO 247.

A citação será feita pelo correio para qualquer comarca do país, exceto:

I – nas ações de estado, observado o disposto no art. 695, § 3º;

II – quando o citando for incapaz;

III – quando o citando for pessoa de direito público;

IV – quando o citando residir em local não atendido pela entrega domiciliar de correspondência;

V – quando o autor, justificadamente, a requerer de outra forma.

CORRESPONDÊNCIA NO CPC/1973: *ART. 222.*

1. Citação pelo correio. O CPC/2015 repete a regra estatuída pelo CPC/1973, de que a citação pelo correio é a regra geral. Por outras palavras, não há necessidade de pedido do demandante nesse sentido. Será realizada pelo correio para qualquer comarca, sendo, pois, meio preferencial à carta precatória. "Trata-se de exceção ao princípio da aderência ao território, validando-se ato praticado por juízo além do território de sua competência." (NEVES, Daniel Amorim Assunção, *Manual de direito processual civil*, 2. ed., Rio de Janeiro, Forense; São Paulo, Método, 2010, p. 308).

2. Exceções. Embora seja a regra geral, há hipóteses nas quais a lei não permite que seja a citação efetuada pelo correio, devendo ser realizada pelo oficial de justiça. Caso tenha de ser realizada em comarca diversa, necessária será a expedição de carta precatória (salvo em se tratando de comarcas contíguas ou de fácil comunicação, a teor do que estatui o art. 255).

A lei se refere às ações de estado, que são aquelas que versam sobre o estado de filiação ou estado civil ou, ainda, sobre a capacidade das pessoas, como, por exemplo, a ação de anulação de casamento, de investigação de paternidade, etc. O legislador privilegia a segurança na realização do ato. A incapacidade a que se refere a lei é a incapacidade civil, de modo que a lei toma em consideração a possibilidade de a parte demandada não ter aptidão para compreender no que consiste ou qual o conteúdo do ato citatório. As pessoas jurídicas de direito público são aquelas relacionadas no art. 41 do CC/2002: a União, os Estados, o Distrito Federal, os Territórios, os Municípios, as autarquias, as associações públicas, bem como as entidades que tenham caráter público, criadas por lei. O CPC/2015 possibilita, ainda, que a citação seja feita por oficial de justiça, em atenção a pedido formulado pelo autor. Por outras palavras, o demandante tem a faculdade de escolher que a citação se faça por este meio, bastando, para tanto, que o requeira. O CPC/2015 inova ao estatuir que o pedido seja justificado. Não nos parece que a exigência legal deva ser tomada com rigor, visto que, em regra, se o demandante requer que o ato seja realizado pelo oficial de justiça, ele pode estar justamente buscando segurança em relação à realização do ato citatório.

O CPC suprimiu a hipótese anteriormente prevista de que a citação também deveria se realizar por oficial de justiça processos de execução.

Artigo 248.

Deferida a citação pelo correio, o escrivão ou o chefe de secretaria remeterá ao citando cópias da petição inicial e do despacho do juiz e comunicará o prazo para resposta, o endereço do juízo e o respectivo cartório.

§ 1º A carta será registrada para entrega ao citando, exigindo-lhe o carteiro, ao fazer a entrega, que assine o recibo.

§ 2º Sendo o citando pessoa jurídica, será válida a entrega do mandado a pessoa com poderes de gerência geral ou de administração ou, ainda, a funcionário responsável pelo recebimento de correspondências.

§ 3º Da carta de citação no processo de conhecimento constarão os requisitos do art. 250.

§ 4º Nos condomínios edilícios ou loteamentos com controle de acesso, será válida a entrega do mandado a funcionário da portaria responsável pelo recebimento de correspondência, que, entretanto, poderá recusar o recebimento, se declarar, por escrito, sob as penas da lei, que o destinatário da correspondência está ausente.

CORRESPONDÊNCIA NO CPC/1973: *ART. 223.*

1. **Normas relativas à citação pelo correio.** Em se realizando a citação postal, o demandado deve receber cópias da petição inicial, do despacho do juiz, o prazo de resposta, o endereço do juízo, bem como, em se tratando de processo de conhecimento, os requisitos do art. 250. A ausência de qualquer um desses dados nulifica a citação, na medida em que agride os princípios da ampla defesa e do contraditório (art. 5º, LV, CF/1988). O art. 248 enumera todas as informações que constarão do mandado, quando feita a citação por oficial de justiça. Por outras palavras, em se tratando de processo de conhecimento, tanto na citação postal quanto por oficial de justiça, a parte demandada deve ter acesso a todas as informações relativas ao processo, bem como as informações constantes do art. mencionado no § 2º. Destaque-se que o art. 250, II, estabelece que, não sendo apresentada resposta, incide a pena de revelia. O CPC/1973 apenas exige que conste a advertência do art. 285, segunda parte, que se refere à presunção de veracidade dos fatos alegados pelo autor. A exigência não deixou, pois, de existir. A mera menção ao dispositivo legal não é suficiente, sendo imperativo que constem todas as informações relacionadas naquele dispositivo.

A carta deve ser registrada, bem como conter o aviso de recebimento consoante estatui o Enunciado 429 da Súmula do STJ. A carta deve ser entregue diretamente ao citando ou a quem tenha poderes para recebê-la, que assinará o recibo. A assinatura por pessoa diversa nulifica a citação. Já se decidiu, porém, que, se o autor provar ciência pelo demandado, considera-se o ato como válido. Em se tratando de pessoa jurídica, todavia, o recibo poderá ser assinado por quem tenha poderes de gerência ou administração. O CPC/2015 inova ao estabelecer que pode, ainda, haver o recebimento por funcionário Trata-se da adoção da teoria da aparência, em consonância com o que já vinha decidindo o STJ.

2. **Condomínios edilícios ou loteamentos com controle de acesso.** O parágrafo 4º é novidade no CPC/2015, não constante no regramento anterior. A lei processual regulamentou situação extremamente comum na prática, tendo em vista que, em condomínios edilícios ou loteamentos com controle, em geral, há um funcionário encarregado do recebimento das correspondências e sua posterior entrega aos moradores/condôminos do local. A entrega feita a funcionário encarregado do recebimento de correspondências é, pois, válida. A lei excepciona a hipótese de o funcionário declarar, sob

as penas da lei, que o demandado não se encontra. Se o funcionário deixa de encaminhar a correspondência ao destinatário, trata-se de questão atinente à sua responsabilização civil, perante o destinatário, não gerando, assim, consequências em relação ao cumprimento da citação.

Artigo 249.
A citação será feita por meio de oficial de justiça nas hipóteses previstas neste Código ou em lei, ou quando frustrada a citação pelo correio.
CORRESPONDÊNCIA NO CPC/1973: *ART. 224.*

1. **Citação por oficial de justiça. Subsidiariedade.** Como se disse, a regra geral é a citação pelo correio. Será feita por oficial de justiça nas hipóteses do art. 247, ou quando havido tentativa frustrada de citação pelo correio. Trata-se, pois, de meio subsidiário. Parece-nos, no entanto, ser possível a determinação de citação por oficial de justiça, se, em razão de especificidades do caso concreto, entender-se que ela seja o melhor meio para atingir seu fim.

Artigo 250.
O mandado que o oficial de justiça tiver de cumprir conterá:
I – os nomes do autor e do citando e seus respectivos domicílios ou residências;
II – a finalidade da citação, com todas as especificações constantes da petição inicial, bem como a menção do prazo para contestar, sob pena de revelia, ou para embargar a execução;
III – a aplicação de sanção para o caso de descumprimento da ordem, se houver;
IV – se for o caso, a intimação do citando para comparecer, acompanhado de advogado ou de defensor público, à audiência de conciliação ou de mediação, com a menção do dia, da hora e do lugar do comparecimento;
V – a cópia da petição inicial, do despacho ou da decisão que deferir tutela provisória;
VI – a assinatura do escrivão ou do chefe de secretaria e a declaração de que o subscreve por ordem do juiz.
CORRESPONDÊNCIA NO CPC/1973: *ART. 225.*

1. **Requisitos do mandado de citação.** O artigo em comento estabelece quais os requisitos relativos ao mandado de citação, que também devem-se fazer presentes na citação pelo correio, nos processos de conhecimento, como se viu. A ausência ou

apresentação de informação incorreta é vício que nulifica a citação, na medida em que impede o regular exercício do direito de defesa pelo demandado. A mera alusão ao dispositivo legal não é suficiente para o cumprimento de sua finalidade, impondo-se que, no mandado, constem todos os elementos do artigo. O dispositivo inova prevendo expressamente a intimação do citando, quando for o caso, para que compareça à audiência de conciliação ou mediação, fornecendo-se todas as informações necessárias, como dia, horário e local de comparecimento.

Não há mais previsão, como havia no CPC/1973, de mandado de citação abreviado. Deverá, pois, ser completo.

ARTIGO 251.

Incumbe ao oficial de justiça procurar o citando e, onde o encontrar, citá-lo:

I – lendo-lhe o mandado e entregando-lhe a contrafé;

II – portando por fé se recebeu ou recusou a contrafé;

III – obtendo a nota de ciente ou certificando que o citando não a apôs no mandado.

CORRESPONDÊNCIA NO CPC/1973: *ART. 226.*

1. **Requisitos e procedimento da citação por oficial de justiça.** O ato citatório compreende a leitura do mandado, bem como a entrega da contrafé, pelo oficial de justiça. Tem, ainda, o oficial de declarar se o citando recebeu ou recursou o documento, bem como obter a nota de ciente ou, em havendo recusa do citando, declarar que ele não assinou a cópia do mandado. As declarações prestadas pelo oficial de justiça são dotadas de fé pública, havendo, pois, presunção de veracidade de suas declarações. Se o oficial deixa de proceder à leitura do mandado ou de entregar a contrafé, verifica-se a nulidade do ato citatório. O oficial tem, ainda, autonomia para, caso não encontre o demandado no endereço informado pelo autor, buscar em outro local sobre o qual tenha sido informado que pode encontrá-lo; sua atuação é restrita aos limites da comarca, salvo em relação às comarcas contíguas, ou de fácil comunicação. A redação do dispositivo repete aquela já existente no CPC/1973.

ARTIGO 252.

Quando, por duas vezes, o oficial de justiça houver procurado o citando em seu domicílio ou residência sem o encontrar, deverá, havendo suspeita de ocultação, intimar qualquer pessoa da família ou, em sua falta, qualquer vizinho de que, no dia útil imediato, voltará a fim de efetuar a citação, na hora que designar. Parágrafo único. Nos condomínios edilícios ou loteamentos com controle de acesso, será válida a intimação a que se refere o

caput feita a funcionário da portaria responsável pelo recebimento de correspondência.

CORRESPONDÊNCIA NO CPC/1973: *ART. 227.*

Citação com hora certa. O dispositivo trata da chamada "citação com hora certa", modalidade de citação ficta, autorizada pela lei na ocorrência de suspeita de ocultação. Não basta que o citando não tenha sido encontrado pelo oficial. É necessário que fique caracterizado o intento da parte demandada em se furtar ao recebimento da citação. A mera não localização do demandado, porque ele, por exemplo, está em viagem, não atende ao cumprimento do necessário para que se proceda a esta modalidade de citação; já que é ficta, a lei pormenoriza seus requisitos. É necessário, pois, que as tentativas de localização ocorram em dias e horários diversos. Em que pesem tais considerações, o CPC/2015 exige que o demandado não tenha sido encontrado por duas vezes, ao passo que o CPC/1973 estatui que são necessárias três tentativas de localização do citando.

1. Procedimento. O oficial de justiça marcará dia para efetuar a citação. Para tanto, intimará a qualquer pessoa da família ou vizinho, que retornará no dia útil seguinte, marcando horário para tanto. A pessoa a ser intimada deve ser quem demonstre que a comunicação da citação chegará à parte demandada. Se o retorno do oficial não ocorrer no dia e hora marcados, o ato será nulo, vez que desatendidos os requisitos legais.

2. Condomínios edifícios ou loteamentos com controle de acesso. Embora não exista previsão nesse sentido no CPC/1973, o dispositivo traz hipótese que já era considerada como possível em jurisprudência. Há entendimento no sentido de ser possível a intimação ao porteiro do edifício onde reside a parte demandada. Nada obstante, o dispositivo é expresso ao estabelecer que deve ser entregue ao funcionário encarregado do recebimento de correspondência.

ARTIGO 253.

No dia e na hora designados, o oficial de justiça, independentemente de novo despacho, comparecerá ao domicílio ou à residência do citando a fim de realizar a diligência.

§ 1º Se o citando não estiver presente, o oficial de justiça procurará informar-se das razões da ausência, dando por feita a citação, ainda que o citando se tenha ocultado em outra comarca, seção ou subseção judiciárias.

§ 2º A citação com hora certa será efetivada mesmo que a pessoa da família ou o vizinho que houver sido intimado esteja ausente, ou se, embora presente, a pessoa da família ou o vizinho se recusar a receber o mandado.

§ 3º Da certidão da ocorrência, o oficial de justiça deixará contrafé com qualquer pessoa da família ou vizinho, conforme o caso, declarando-lhe o nome.

§ 4º O oficial de justiça fará constar do mandado a advertência de que será nomeado curador especial se houver revelia.

CORRESPONDÊNCIA NO CPC/1973: *ART. 228.*

1. **Efetivação da citação.** O retorno do oficial de justiça no dia e horário marcados independe de novo despacho. O CPC/2015 inova em seu parágrafo 2º, ao dispor que a citação será feita ainda que a pessoa que tenha sido intimada não esteja presente, ou, em estando, se recuse a receber o mandado. Em não havendo recusa, o oficial deixará contrafé com qualquer pessoa da família ou vizinho. Deve, ainda, o oficial procurar saber quais as razões da ausência do citando. Ele certificará a ocorrência, fazendo ainda constar do mandado que, na hipótese de revelia, será dado curador ao citando. Embora a disposição seja novidade, no sistema do CPC/1973 já há previsão de que ao réu citado fictamente é dado curador especial (art. 9º, II, CPC/1973).

2. **Contagem do prazo.** Tendo sido ultimada a citação, o oficial devolverá o mandado em cartório, somente passando a fluir o prazo para a resposta no dia útil seguinte ao de sua juntada aos autos do processo (arts. 224 e 231, II).

Artigo 254.
Feita a citação com hora certa, o escrivão ou chefe de secretaria enviará ao réu, executado ou interessado, no prazo de 10 (dez) dias, contado da data da juntada do mandado aos autos, carta, telegrama ou correspondência eletrônica, dando-lhe de tudo ciência.

CORRESPONDÊNCIA NO CPC/1973: *ART. 229.*

Feita a citação com hora certa, o escrivão enviará ao réu carta, telegrama ou radiograma, dando--lhe de tudo ciência.

1. **Ciência.** A comunicação a que alude o dispositivo em comento é condição para que a citação com hora certa se aperfeiçoe. Por outras palavras, se não houver a comunicação, o ato **não** tem validade. O meio de comunicação é indiferente, pondo a lei várias alternativas à disposição para tanto. A previsão de comunicação eletrônica não contém previsão correspondente no CPC/1973, embora exista na Lei 11.419/2006, que regulamenta o processo eletrônico. Há inovação também no que concerne ao prazo, já que o sistema do CPC/1973 permite que a comunicação seja feita em qualquer momento. Parece-nos que a questão relativa ao atendimento do prazo deva ser analisada com o temperamento adequado. Caso seja entendido que todos os atos praticados até aquele momento não têm qualquer valia, por conta do envio tardio da comunicação, impondo--se nova citação, pode haver prejuízo ao autor, em detrimento da parte demandada, que se beneficiaria do atraso. Nesse passo, parece ser necessário que se verifiquem quais foram as circunstâncias que ocasionaram o desatendimento do prazo legal, com a res-

ponsabilização administrativa, se for o caso. O que não parece ser razoável é concluir que todo o procedimento citatório fique esvaziado, em benefício do demandado que maliciosamente se oculta, por conta do prazo a que alude o artigo em comento.

Artigo 255.

Nas comarcas contíguas de fácil comunicação e nas que se situem na mesma região metropolitana, o oficial de justiça poderá efetuar, em qualquer delas, citações, intimações, notificações, penhoras e quaisquer outros atos executivos.
CORRESPONDÊNCIA NO CPC/1973: *ART. 230.*

1. **Comarcas contíguas.** Não apenas nas comarcas, mas também nas subsecções judiciárias contíguas de fácil comunicação, bem como naquelas que se situem na mesma região metropolitana, poderá o oficial praticar os atos mencionados no dispositivo, independentemente da expedição de carta precatória. A expressão "contígua" quer dizer próxima, adjacente. O dispositivo inova em relação ao CPC/1973, ampliando o rol de medidas que podem ser adotadas pelo oficial. Inclui-se, pois, a possibilidade de fazer notificações e realizar penhoras, o que não era permitido no sistema anterior.

Artigo 256.

A citação por edital será feita: I – quando desconhecido ou incerto o citando;
II – quando ignorado, incerto ou inacessível o lugar em que se encontrar o citando;
III – nos casos expressos em lei.
§ 1º Considera-se inacessível, para efeito de citação por edital, o país que recusar o cumprimento de carta rogatória.
§ 2º No caso de ser inacessível o lugar em que se encontrar o réu, a notícia de sua citação será divulgada também pelo rádio, se na comarca houver emissora de radiodifusão.
§ 3º O réu será considerado em local ignorado ou incerto se infrutíferas as tentativas de sua localização, inclusive mediante requisição pelo juízo de informações sobre seu endereço nos cadastros de órgãos públicos ou de concessionárias de serviços públicos.
CORRESPONDÊNCIA NO CPC/1973: *ART. 231.*

1. **Citação por edital.** A citação por edital é modalidade de citação ficta. É medida que deve ser adotada excepcionalmente: quando não há a certeza de que a notícia efe-

tivamente chegou ao citando,. Ademais, é preciso lembrar que se trata de modalidade complexa, na medida em que tem alto custo e toma bastante tempo. Disso decorre sua subsidiariedade, salvo, é claro, nas hipóteses em que a própria lei prevê o edital, a exemplo da previsão do parágrafo único do art. 576. Desde o regime do CPC/1973, já se adotava entendimento no sentido de ser necessária a tentativa de localização do demandado por outros meios, antes de se proceder à citação por edital. Nesse passo, o CPC/2015 inovou no parágrafo **3º**, ao estabelecer que o réu será considerado em local ignorado ou incerto somente após o esgotamento de todas as tentativas de localização, inclusive com a requisição de informações pelo juízo em cadastros de órgãos públicos e concessionárias. A finalidade é a de se evitar a omissão dolosa, por parte do autor, tomando-se em conta que, em sendo citação ficta, são grandes as chances de o demandado não apresentar qualquer resposta ao pedido formulado. O CPC estabelece punição para a parte que dolosamente alegar que estão presentes seus requisitos, em seu art. 258. À parte demandada citada por edital será dado curador especial, nos termos do art. 72, II.

2. Hipóteses. O CPC/2015 não traz inovação em relação às hipóteses de citação por edital. O demandado desconhecido é aquele que não se sabe quem é "como ocorre quando o autor não sabe quem sucedeu o *de cujus*" (NEVES, Daniel Amorim Assunção, *Manual de direito processual civil*, 2. ed., Rio de Janeiro, Forense; São Paulo, Método, 2010, p. 311). A hipótese não se confunde com a de réu incerto, que é aquele a quem não se pode individualizar, ou identificar. Também se fará a citação por edital quando o local onde se encontrar for ignorado, ou seja, não se sabe onde pode ser localizado. Já o local incerto é aquele sobre o qual paira dúvida e, por fim, lugar inacessível é o intangível, inalcançável, independentemente da razão pela qual ela se verifica. A lei também considera como inacessível o local que recusar o cumprimento de carta rogatória. Na hipótese de inacessibilidade, impõe-se, ainda, que a notícia da citação seja divulgada no rádio, caso haja emissora de radiofusão na comarca.

ARTIGO 257.
São requisitos da citação por edital:
I – a afirmação do autor ou a certidão do oficial informando a presença das circunstâncias autorizadoras;
II – a publicação do edital na rede mundial de computadores, no sítio do respectivo tribunal e na plataforma de editais do Conselho Nacional de Justiça, que deve ser certificada nos autos;
III – a determinação, pelo juiz, do prazo, que variará entre 20 (vinte) e 60 (sessenta) dias, fluindo da data da publicação única ou, havendo mais de uma, da primeira;
IV – a advertência de que será nomeado curador especial em caso de revelia;

Parágrafo único. O juiz poderá determinar que a publicação do edital seja feita também em jornal local de ampla circulação ou por outros meios, considerando-se as peculiaridades da comarca, da seção ou da subseção judiciárias.
CORRESPONDÊNCIA NO CPC/1973: *ART. 232.*

1. Requisitos da citação por edital. Para que seja possível a realização do ato citatório por meio de edital, é imprescindível que se façam presentes os requisitos constantes do artigo em comento. Além disso, faz-se necessária a comprovação das circunstâncias presentes nos incisos no art. 236. A realização da citação editalícia sem essa comprovação é prematura, além de ser passível de macular o processo com nulidade, na medida em que viola o direito de defesa do demandado. Nesse passo, essa comprovação pode ocorrer mediante afirmação do autor ou certidão do oficial de justiça, que tem fé pública.

2. Publicação do edital na rede mundial de computadores. Há inovação legislativa no que concerne à previsão legal de publicação do edital na rede mundial de computadores, em lugar da previsão contida no CPC/1973, que obrigava a publicação em órgão oficial e em jornal local. A nova regra mostra-se salutar, na medida em que a publicação física se mostra um tanto custosa. Nada obstante, a lei faculta ao juiz determinar que também seja feita a publicação em jornal local de ampla circulação, diante de peculiaridades da causa. Nesse passo, a obrigatoriedade constante do CPC/1973 dá lugar ao controle, pelo magistrado, das hipóteses em que a publicação física seja recomendável. O CPC/2015 obriga a que seja certificada a publicação nos autos, como medida apta à verificação dos prazos e ao controle da legalidade do ato.

3. Prazo do edital. O prazo a que alude o inc. III do dispositivo em comento não se confunde com o prazo que tem o demandado para a apresentação de resposta. Trata-se, outrossim, do denominado "prazo de espera", que é o lapso de tempo fixado pelo juiz, entre 20 (vinte) e 60 (sessenta) dias, que flui a partir da primeira publicação e que se presume suficiente para que o réu tome ciência do edital. Ultimado esse prazo é que passa a correr o lapso de tempo para a apresentação de resposta, consoante se depreende do art. 231, IV.

ARTIGO 258.
A parte que requerer a citação por edital, alegando dolosamente a ocorrência das circunstâncias autorizadoras para sua realização, incorrerá em multa de 5 (cinco) vezes o salário-mínimo.
Parágrafo único. A multa reverterá em benefício do citando.
CORRESPONDÊNCIA NO CPC/1973: *ART. 233.*

1. Dolo da parte demandante. O dispositivo em comento não representa novidade em relação ao que preconiza o CPC/1973. Como já se viu, para que se realize a citação por edital, é necessária a comprovação de suas circunstâncias autorizadoras, presentes no art. 256. Nesse passo, a afirmação pelo autor da ocorrência dessas circunstâncias é suficiente. Nada obstante, se ficar demonstrada a intenção dolosa do demandante de que se proceda a citação por edital, afirmando falsamente que estão presentes seus requisitos, incorrerá em multa de cinco vezes o salário mínimo, em benefício do citando, por expressa disposição legal.

A aplicação da disposição legal pressupõe, necessariamente, o dolo da parte demandante, no intuito de prejudicar o direito de defesa do demandado.

ARTIGO 259.
Serão publicados editais:
I – na ação de usucapião de imóvel;
II – na ação de recuperação ou substituição de título ao portador;
III – em qualquer ação em que seja necessária, por determinação legal, a provocação, para participação no processo, de interessados incertos ou desconhecidos.
CORRESPONDÊNCIA NO CPC/1973: *NÃO HÁ.*

1. **Publicação de editais.** O disposto constante do artigo em comento exige a publicação de editais, apresentando um rol meramente exemplificativo de ações nas quais serão publicados editais, quando houver necessidade de que se dê ciência da demanda para terceiros interessados. O CPC/1973 também prevê a publicação de editais nas ações de usucapião (art. 942) e de substituição de título ao portador (art. 908, I).

CAPÍTULO III – Das Cartas

ARTIGO 260.
São requisitos das cartas de ordem, precatória e rogatória:
I – a indicação dos juízes de origem e de cumprimento do ato;
II – o inteiro teor da petição, do despacho judicial e do instrumento do mandato conferido ao advogado;
III – a menção do ato processual que lhe constitui o objeto;
IV – o encerramento com a assinatura do juiz.
§ 1º O juiz mandará trasladar para a carta quaisquer outras peças, bem como instruí-la com mapa, desenho ou gráfico, sempre que esses documentos devam ser examinados, na diligência, pelas partes, pelos peritos ou pelas testemunhas.
§ 2º Quando o objeto da carta for exame pericial sobre documento, este será remetido em original, ficando nos autos reprodução fotográfica.

§ 3º A carta arbitral atenderá, no que couber, aos requisitos a que se refere o *caput* e será instruída com a convenção de arbitragem e com as provas da nomeação do árbitro e de sua aceitação da função.
CORRESPONDÊNCIA NO CPC/1973: *ART. 202.*

1. Conceito. As cartas são instrumentos que servem à comunicação, bem como à prática de atos processuais, considerando-se as limitações decorrentes da competência afeta a cada órgão jurisdicional. Assim, na medida em que não é possível o cumprimento de ordens judiciais provenientes de juízos que não detêm competência para tanto, sua realização ocorre por meio das cartas.

2. Requisitos. Não há inovação, no CPC/2015, em relação ao CPC/1973. A legislação estabelece requisitos mínimos necessários para a prática do ato processual. Por certo, se a falta de determinado requisito não obstar cumprimento do ato, não há que se falar em sua nulidade, a menos que se comprove a ocorrência de prejuízo. De se notar, todavia, que a indicação dos juízos de origem e de cumprimento do ato, bem como a assinatura do juiz, não comprometem a validade da carta, mas a própria existência desta.

Não há impedimento a que a parte apresente elementos outros, a fim de facilitar a realização do ato; todavia, é seu ônus instruir a carta com os elementos que lhe concernem, podendo acarretar a impossibilidade de seu cumprimento.

3. Outros documentos. Como se disse, nada impede que a carta seja instruída com outros documentos, o que pode facilitar sobremaneira a compreensão acerca da controvérsia. Por certo, o magistrado, como diretor do processo, é o indicado pelo dispositivo a fim de deliberar acerca de quais peças (ou outros instrumentos) são úteis ou necessários para exame, por ocasião do seu cumprimento. O rol apresentado é meramente exemplificativo.

4. Perícia como objeto da carta. Há disposição legal específica relativa à carta cujo fim é o exame pericial. Determina a lei que, na hipótese de perícia a ser feita em documento, este seja remetido no original, ficando nos autos reprodução fotográfica do mesmo. A finalidade da regra é justamente a de possibilitar o exame pericial sobre o documento, que poderia ficar comprometido se este não fosse enviado em via original.

5. Carta arbitral. Como já se disse, a previsão legal da carta arbitral é novidade na nova legislação processual. Antes do advento do parágrafo em comento, não havia previsão legal relativa à forma pela qual tal requerimento deveria ser feito. Muito longe de parecer apego demasiado à forma, parece ser lógico concluir que a total ausência de regramento em relação à prática de qualquer ato pode gerar entraves à realização deste. Esses óbices podem decorrer da disparidade na realização do ato, ou, ainda, da recusa de seu cumprimento pelo destinatário, por este entender que faltam elementos necessários à efetivação do ato. Nesse passo, a regulamentação de seus requisitos mínimos pelo CPC é medida salutar, que garante uniformidade, bem como segurança, à prática do ato. No mesmo sentido, o parágrafo em comento exige, além dos requisitos constantes do dispositivo, a comprovação da nomeação do árbitro bem como de sua aceitação do cargo, o que pode evitar a ocorrência de fraude no caso concreto.

Artigo 261.

Em todas as cartas o juiz fixará o prazo para cumprimento, atendendo à facilidade das comunicações e à natureza da diligência.

§ 1º As partes deverão ser intimadas pelo juiz do ato de expedição da carta.

§ 2º Expedida a carta, as partes acompanharão o cumprimento da diligência perante o juízo destinatário, ao qual compete a prática dos atos de comunicação.

§ 3º A parte a quem interessar o cumprimento da diligência cooperará para que o prazo a que se refere o *caput* seja cumprido.

CORRESPONDÊNCIA NO CPC/1973: *ART. 203.*

1. **Prazo para cumprimento da carta.** O prazo para o cumprimento da carta deve ser fixado pelo juiz, tomando em conta as especificidades da causa, a fim de atender à facilidade e à agilidade na comunicação. Trata-se de requisito da carta, embora não esteja assim alocado, na medida em que corresponde a seu "tempo de vida". Isso porque, como se sabe, os atos processuais são marcados pelo tempo. Assim, a falta de fixação do prazo acarreta nulidade que, todavia, é sanável. O prazo fixado e declarado na carta serve para que a parte tome as providências necessárias à realização da diligência, bem como a seu cumprimento, pelo juízo deprecado. No que concerne à pratica de ato pela parte, a exemplo do adiantamento das respectivas despesas, a não realização da providência traz como consequência a presunção de sua desistência, na medida em que se constitui como seu ônus. No que concerne ao cumprimento pelo juízo deprecado, trata-se de prazo impróprio, não ensejando penalidade de caráter processual.

2. **Intimação das partes.** A previsão legal de intimação das partes acerca da expedição da carta é novidade no CPC/2015. Trata-se de medida salutar, uma vez que possibilita o acompanhamento do ato processual. A ciência das partes acerca da expedição permite, ainda, a tomada de qualquer providência que se mostre necessária pela parte. Daí porque o parágrafo 2º estabelece que, uma vez expedida a carta, as partes acompanharão a diligência no juízo destinatário, já que é a ele que compete a prática dos atos de comunicação. O dispositivo também é novidade no CPC. Nesse passo, a não realização do ato, por impossibilitar sua ciência, gera sua nulidade, que, entretanto, necessita de comprovação de prejuízo; do contrário, nada obstante o vício, se o ato atinge sua finalidade, não há justificativa para sua anulação. Assim, cabe ao juiz fixar o prazo de seu cumprimento, bem como determinar (trata-se de dever, e não de faculdade, consoante se depreende do texto legal) a intimação de todas as partes acerca da expedição da carta.

2. Cooperação pela parte. Interessante inovação apresenta o CPC/2015, em relação à previsão expressa de cooperação pela parte. Nota marcante do novo diploma legal é a enunciação expressa de princípios, destacando-se, entre eles, o da cooperação, que deve nortear também a realização dos atos processuais. Assim, a disposição legal estabelece que a parte a quem interessa o cumprimento da diligência cooperará para que o prazo estabelecido pelo juiz seja cumprido.

Artigo 262.

A carta tem caráter itinerante, podendo, antes ou depois de lhe ser ordenado o cumprimento, ser encaminhada a juízo diverso do que dela consta, a fim de se praticar o ato.

Parágrafo único. O encaminhamento da carta a outro juízo será imediatamente comunicado ao órgão expedidor, que intimará as partes.

CORRESPONDÊNCIA NO CPC/1973: *ART. 204.*

1. Caráter itinerante da carta. A carta tem caráter itinerante, conforme previsão legal que já existe no CPC/1973. Isso significa que, se por alguma razão o ato não puder ser realizado no juízo deprecado, mas tiver de sê-lo em outra localidade (quer por alteração da divisão judiciária, por erro no endereçamento ou por mera mudança de endereço de uma das partes), não há necessidade de retorno ao juízo deprecante. Por outras palavras, a carta remetida diretamente para o juízo diverso, independentemente de já ter sido ou não ordenado seu cumprimento. Nota-se que a finalidade da norma é a de agilizar a prática do ato, não se despendendo tempo de forma inútil.

2. Comunicação ao órgão expedidor. O parágrafo único do artigo em comento representa novidade no CPC/2015, merecedora de elogios. A lei impõe que eventual encaminhamento da carta, decorrente de seu caráter itinerante, seja comunicado ao juízo deprecante, para o fim de intimar as partes e de que estas possam acompanhar a realização da diligência. No sistema do CPC/1973, ausente disposição legal semelhante, é possível constatar a existência de decisões judiciais no sentido de que não há necessidade de intimação da parte, eis que seria ônus seu o acompanhamento do ato. Referido entendimento não se coaduna com a nova disposição legal, que impõe a comunicação. Garante-se assim a possibilidade de cooperação pela parte, devidamente informada do andamento da prática do ato.

Artigo 263.

As cartas deverão, preferencialmente, ser expedidas por meio eletrônico, caso em que a assinatura do juiz deverá ser eletrônica, na forma da lei.

CORRESPONDÊNCIA NO CPC/1973: *ART. 202.*

1. **Meio eletrônico.** A lei possibilita a expedição das cartas por meio eletrônico, o que não representa novidade, eis que já há previsão legal nesse sentido no CPC/1973, no dispositivo acrescentado pela Lei 11.419/2006. Consoante a disposição constante do CPC/2015, além dessa possibilidade, a carta deve ser remetida preferencialmente por este meio, na medida em que se confere otimização do ato processual, ganhando-se agilidade e privilegiando-se o princípio da economia processual, bem como a duração do processo em tempo razoável. Na hipótese, a assinatura do juiz deve ocorrer pelo mesmo meio.

Artigo 264.

A carta de ordem e a carta precatória por meio eletrônico, por telefone ou por telegrama conterão, em resumo substancial, os requisitos mencionados no art. 250, especialmente no que se refere à aferição da autenticidade.
CORRESPONDÊNCIA NO CPC/1973: *ART. 206.*

1. **Carta por meio eletrônico, telefone ou radiograma.** O dispositivo em comento permite expressamente que o conteúdo das cartas eletrônicas ou das enviadas por telegrama ou radiograma seja resumido, impondo, para tanto, a atenção aos requisitos do art. 250. O dispositivo se refere aos requisitos inerentes ao mandado a ser cumprido pelo oficial de justiça, nas hipóteses em que a citação é feita por esse meio. Assim, ainda que se permita um resumo substancial, condizente principalmente com a carta enviada por telefone ou radiograma, não se autoriza que não constem os requisitos daquele artigo. A permissão legal abrange somente as cartas precatórias e de ordem, não estando contemplada a carta rogatória. No mais, há especial destaque relativo à aferição de autenticidade da carta. O CPC/1973 exige expressamente que conste de agência expedidora a declaração de que foi reconhecida a assinatura do juiz. O disposto no CPC/2015 é mais abrangente ao se referir à "autenticidade" da carta, o que também pode compreender a autenticidade de sua assinatura.

Artigo 265.

O secretário do tribunal, o escrivão ou o chefe de secretaria do juízo deprecante transmitirá, por telefone, a carta de ordem ou a carta precatória ao juízo em que houver de se cumprir o ato, por intermédio do escrivão do primeiro ofício da primeira vara, se houver na comarca mais de um ofício ou de uma vara, observando-se, quanto aos requisitos, o disposto no art. 264.

§ 1º O escrivão ou o chefe de secretaria, no mesmo dia ou no dia útil imediato, telefonará ou enviará mensagem eletrônica ao secretário do tri-

bunal, ao escrivão ou ao chefe de secretaria do juízo deprecante, lendo-lhe os termos da carta e solicitando-lhe que os confirme.

§ 2º Sendo confirmada, o escrivão ou o chefe de secretaria submeterá a carta a despacho.

CORRESPONDÊNCIA NO CPC/1973: *ART. 207.*

1. Transmissão da carta pelo telefone. O CPC/1973 estabelece, em seu art. 205, que a carta será transmitida por telefone quando houver urgência, disposição que não foi repetida no CPC/2015. Nada obstante, a teor do que estatui o art. 263, as cartas devem ser expedidas preferencialmente por meio eletrônico; o que não exclui a hipótese de expedição pelo telefone, se as circunstâncias da causa o exigirem.

Na hipótese, havendo mais de uma vara, a carta será transmitida ao escrivão do primeiro ofício, se houver mais de um, disposição que não representa inovação em relação ao CPC/1973. Sua competência é funcional, ou seja, competência absoluta, que não comporta alteração. Ao receber a carta, deve o juízo verificar se ela atende aos requisitos dispostos no art. 264.

Artigo 266.

Serão praticados de ofício os atos requisitados por meio eletrônico e de telegrama, devendo a parte depositar, contudo, na secretaria do tribunal ou no cartório do juízo deprecante, a importância correspondente às despesas que serão feitas no juízo em que houver de praticar-se o ato.

CORRESPONDÊNCIA NO CPC/1973: *ART. 208.*

1. Prática dos atos de cumprimento da carta. Os atos requisitados serão praticados pelo juízo deprecado independentemente de qualquer manifestação da parte, não havendo, também, necessidade de que ela se desloque para aquele juízo. A exigência legal é a de que a parte antecipe as despesas necessárias à realização do ato, já que o dispositivo em comento diz "às despesas que serão feitas". A regra não representa novidade, na medida em que já constante do CPC/1973;

Artigo 267.

O juiz recusará cumprimento a carta precatória ou arbitral, devolvendo-a com decisão motivada quando:

I – a carta não estiver revestida dos requisitos legais;

II – faltar ao juiz competência em razão da matéria ou da hierarquia;

III – o juiz tiver dúvida acerca de sua autenticidade.

Parágrafo único. No caso de incompetência em razão da matéria ou da hierarquia, o juiz deprecado, conforme o ato a ser praticado, poderá remeter a carta ao juiz ou ao tribunal competente.
CORRESPONDÊNCIA NO CPC/1973: *ART. 209.*

1. Recusa de cumprimento da carta. A lei autoriza que o juiz recuse o cumprimento da carta precatória ou arbitral nas hipóteses arroladas no dispositivo. Parece, pois, ser lícito concluir que o rol constante do dispositivo em comento é taxativo, não autorizando a recusa em hipóteses outras que não as constantes da disposição legal. Nada obstante, se a carta não cumpre seus requisitos, mas o vício é sanável, em atenção ao princípio da instrumentalidade das formas, é plenamente possível e até recomendável que o juízo cumpra a carta. Por certo, o cumprimento não pode ocorrer se faltar ao juiz competência em razão da matéria ou hierarquia, já que estas são modalidades de competência absoluta, norma de interesse público, fora da esfera de disposição das partes.

A devolução da carta pressupõe, necessariamente, a constatação pelo juiz acerca das circunstâncias mencionadas no dispositivo, certificando-se se efetivamente falta autenticidade à carta e, em caso positivo, fazendo-o por decisão motivada.

2. Impossibilidade de cumprimento em razão de incompetência do juízo. O parágrafo único do dispositivo em comento traz inovação em relação ao CPC/1973, na hipótese de incompetência. A lei processual autoriza que, em vez de devolver a carta, o juiz a remeta ao juízo competente. É importante perceber que a disposição legal diz respeito às hipóteses de incompetência absoluta, uma vez que, na relativa, o juiz não está autorizado a recusar-lhe o cumprimento. Analisar qual é a medida mais adequada ao caso concreto –a devolução da carta, com a recusa, ou o encaminhamento ao juízo competente – deve ser verificada pelo juiz, tomando em consideração qual é o ato a que se determina a prática. Por um lado, a lei confere ao juiz a liberdade para a deliberação a respeito de qual a melhor medida, quando diz "conforme o ato a ser praticado"; mas, por outro, o juiz não está desobrigado de, em qualquer hipótese, fundamentar a decisão tomada.

ARTIGO 268.
Cumprida a carta, será devolvida ao juízo de origem no prazo de 10 (dez) dias, independentemente de translado, pagas as custas pela parte.
CORRESPONDÊNCIA NO CPC/1973: *ART. 212.*

1. Devolução da carta. Após o cumprimento da carta, ela deve ser devolvida ao juízo de origem. A devolução independe de traslado, pois há retorno de todos os documentos que a compõem. A lei processual estabelece que a devolução se dê no prazo de 10 (dez) dias, embora seu descumprimento não implique a ocorrência de preclusão, na medida em que referido prazo é impróprio. A devolução da carta pressupõe que a parte tenha efetuado o pagamento das custas.

CAPÍTULO IV – Das Intimações

ARTIGO 269.
Intimação é o ato pelo qual se dá ciência a alguém dos atos e dos termos do processo.

§ 1º É facultado aos advogados promover a intimação do advogado da outra parte por meio do correio, juntando aos autos, a seguir, cópia do ofício de intimação e do aviso de recebimento.

§ 2º O ofício de intimação deverá ser instruído com cópia do despacho, da decisão ou da sentença.

§ 3º A intimação da União, dos Estados, do Distrito Federal, dos Municípios e de suas respectivas autarquias e fundações de direito público será realizada perante o órgão de Advocacia Pública responsável por sua representação judicial.

CORRESPONDÊNCIA NO CPC/1973: *ART. 234.*

1. **Conceito.** O novo diploma legal não alterou o conceito de intimação. Trata-se do ato pelo qual se dá ciência a alguém dos atos e termos do processo. É nesse aspecto que se diferencia da citação. Esta é o ato pelo qual o demandado tem ciência de que há uma demanda contra si dirigida. Já a intimação concerne a todos os outros atos do processo. Ademais, a intimação não é ato direcionado apenas ao demandado, como ocorre na citação, mas a todos aqueles que, de alguma forma, participam do processo. A intimação pode ocorrer por oficial de justiça, correio, publicação no órgão oficial ou, ainda, por termo nos autos.

2. **Intimação do advogado pelo correio.** A possibilidade de intimação do advogado da parte contrária por meio do correio, prevista nos parágrafos 1º e 1º, representa novidade não prevista no CPC/1973. Nos termos do que aduzem os dispositivos legais, o advogado tem a faculdade de promover a intimação do advogado da outra parte pelo correio, exigindo-se que, ato contínuo, aos autos sejam juntadas cópias do ofício de intimação, bem como do aviso de recebimento. Trata-se de regramento cuja finalidade é a de privilegiar a celeridade processual, transferindo essa atividade para o advogado, se assim o desejar. A lei exige, ainda, que o ofício de intimação necessariamente seja instruído com cópia do despacho, da decisão ou da sentença. Parece razoável concluir que a ausência da cópia aludida pela lei nulifica o ato, na medida em que o advogado não poderá ter tomado conhecimento de seu teor. Além disso, fica claro, pelo uso da expressão "deverá", que não se trata de mera faculdade. No que concerne ao prazo para a prática do ato constante da intimação, parece-nos que deva ser aplicável o disposto no art. 231, I, relativo à contagem do prazo quando se tratar de intimação pelo correio, que se dá a partir da juntada aos autos do comprovante de recebimento.

3. Intimação das pessoas jurídicas de direito público. O CPC estabelece que a intimação das pessoas jurídicas de direito público será feita perante o órgão de advocacia responsável pela sua representação. A regra, que representa novidade em relação ao CPC/1973 visa à prática regular do ato de intimação.

Artigo 270.

As intimações realizam-se, sempre que possível, por meio eletrônico, na forma da lei.

Parágrafo único. Aplica-se ao Ministério Público, à Defensoria Pública e à Advocacia Pública o disposto no § 1º do art. 246.

CORRESPONDÊNCIA NO CPC/1973: *ARTS. 236 E 237.*

1. Intimação por meio eletrônico. A possibilidade de realização de intimação por meio eletrônico já estava prevista na Lei n. 11.419/06, ou seja, antes do estatuído pelo dispositivo legal em comento. O CPC/1973 estabelece que "poderão" ser feitas por meio eletrônico, fazendo alusão à legislação. O novo diploma legal, todavia, estabelece que o meio eletrônico deva ser utilizado sempre que possível, ou seja, ao que parece, trata-se de meio preferencial.

Nos termos do art. 5º da Lei 11.419/2006, a intimação realizada por meio eletrônico é feita em portal próprio, àqueles que se cadastrarem previamente no Poder Judiciário; a publicação em órgão oficial fica dispensada. No que concerne à data da intimação, é considerado o dia em que o intimando efetuar a consulta sobre seu teor, certificando-se nos autos.

2. Ministério Público, Defensoria Pública e Advocacia Pública. O dispositivo estabelece que se apliquem às pessoas mencionadas o parágrafo 1º do art. 246, que trata da obrigatoriedade de que se mantenha cadastro nos sistemas de processos eletrônicos para o recebimento de intimações e citações. A possibilidade de que a sua intimação seja realizada por meio eletrônico não representa novidade, na medida em que a Lei 11.419/2006 já contempla essa hipótese. Nos termos do que estabelece o art. 5º, § 6º da mencionada lei, essas intimações são consideradas como pessoais para todos os efeitos legais.

Artigo 271.

O juiz determinará de ofício as intimações em processos pendentes, salvo disposição em contrário.

CORRESPONDÊNCIA NO CPC/1973: *ART. 235.*

1. Intimações de ofício. O dispositivo legal não apresenta mudanças em relação ao art. 235 do CPC/1973, estabelecendo que as intimações se efetuam de ofício. Trata-se de regra que está em consonância com o impulso oficial do processo, não dependendo de requerimento da parte nesse sentido, como regra geral.

Artigo 272.
Quando não realizadas por meio eletrônico, consideram-se feitas as intimações pela publicação dos atos no órgão oficial.

§ 1º Os advogados poderão requerer que, na intimação a eles dirigida, figure apenas o nome da sociedade a que pertençam, desde que devidamente registrada na Ordem dos Advogados do Brasil.

§ 2º Sob pena de nulidade, é indispensável que da publicação constem os nomes das partes e de seus advogados, com o respectivo número de inscrição na Ordem dos Advogados do Brasil, ou, se assim requerido, da sociedade de advogados.

§ 3º A grafia dos nomes das partes não deve conter abreviaturas.

§ 4º A grafia dos nomes dos advogados deve corresponder ao nome completo e ser a mesma que constar da procuração ou que estiver registrada na Ordem dos Advogados do Brasil.

§ 5º Constando dos autos pedido expresso para que as comunicações dos atos processuais sejam feitas em nome dos advogados indicados, o seu desatendimento implicará nulidade.

§ 6º A retirada dos autos do cartório ou da secretaria em carga pelo advogado, por pessoa credenciada a pedido do advogado ou da sociedade de advogados, pela Advocacia Pública, pela Defensoria Pública ou pelo Ministério Público implicará intimação de qualquer decisão contida no processo retirado, ainda que pendente de publicação.

§ 7º O advogado e a sociedade de advogados deverão requerer o respectivo credenciamento para a retirada de autos por preposto.

§ 8º A parte arguirá a nulidade da intimação em capítulo preliminar do próprio ato que lhe caiba praticar, o qual será tido por tempestivo se o vício for reconhecido.

§ 9º Não sendo possível a prática imediata do ato diante da necessidade de acesso prévio aos autos, a parte limitar-se-á a arguir a nulidade da intimação, caso em que o prazo será contado da intimação da decisão que a reconheça.

CORRESPONDÊNCIA NO CPC/1973: *ART.236.*

1. **Regramento relativo às intimações.** As intimações consideram-se como efetuadas pela publicação no órgão oficial, se não se tratar de meio eletrônico. O dispositivo em comento deu tratamento um tanto minucioso em relação à forma pela qual

dispõe o CPC/1973. A minúcia do legislador ao tratar do assunto deve ser vista com bons olhos, na medida em que eventuais falhas podem acarretar nulidade do ato processual, que, uma vez não estando aperfeiçoado, gera prejuízo para a parte. É exatamente o que a lei processual quer evitar.

2. Intimação dos advogados em nome da sociedade de advogados. Os advogados têm a faculdade de requerer que a intimação seja feita no nome da sociedade de advogados a que pertençam, exigindo a lei processual que referida sociedade esteja regularmente inscrita nos quadros da Ordem dos Advogados. Trata-se de disposição legal não prevista no CPC/1973, que pode possibilitar que, apenas constando o nome da sociedade, sejam intimados todos os advogados a ela pertencentes. É adequado concluir que, quando da formulação desse pedido, haja comprovação pelo advogado da regular inscrição da sociedade na Ordem dos Advogados, sem o que o exercício dessa opção não é viável.

3. Grafia dos nomes. Como já se disse, o tratamento legal conferido às intimações pelo legislador da nova lei processual foi um tanto minudente. Nesse passo, não nos parece adequado falar em qualquer espécie de relativização da regra, já que seu desatendimento pode gerar desconhecimento do advogado sobre o teor do ato judicial e, consequentemente, sobre sua nulidade, o que, aliás, está expresso no dispositivo, em seu parágrafo 5º, caso tenha havido pedido nesse sentido. A lei processual não admite que os nomes das partes contenham abreviaturas, regra que não se aplica quando se tratar de feitos que tramitam em segredo de justiça. Com relação aos nomes dos advogados, sua grafia deve ser a mesma constante do instrumento de mandato ou a registrada na Ordem dos Advogados; ainda, há que constar seu número de inscrição no respectivo órgão ou na sociedade de advogados.

4. Retirada dos autos em carga. O regramento também se estende à retirada dos autos em cartório, estabelecendo que, na hipótese de retirada por preposto, este deverá ter sido previamente credenciado. A minúcia de tratamento legal relativa ao assunto também é salutar, pois uniformiza o regramento relativo a dinâmica dos trabalhos em cartório. Evitam-se, assim, a falta de uniformidade das regras e o regramento contrário à lei por portarias ou outras normas internas, editadas individualmente por juízes. Na hipótese de intimação pendente de publicação, havendo retirada dos autos de cartório, consideram-se o advogado, seu preposto, o Ministério Público, a Advocacia Pública ou a Defensoria Pública como devidamente intimados do ato. Não há, pois, necessidade de constar nos autos que houve ciência, na medida em que a lei processual já estabelece a regra de forma clara e um tanto coerente.

5. Nulidade e sua arguição. Nada obstante o esforço legislativo para evitar a ocorrência de nulidade, o novo diploma processual também tratou de disciplinar o tratamento relativo à sua ocorrência. Assim é que, na hipótese de nulidade, a parte não fica desincumbida de praticar o ato processual, devendo arguir eventual vício em capítulo preliminar do ato. A regra evita a dilação desnecessária do andamento do processo. Se, de outra parte, não for possível praticar o ato em razão da impossibilidade de acesso prévio aos autos, a parte se limitará a alegá-la. A partir da intimação da decisão que a reconheça, tem início a fluência do prazo para a prática do ato.

Artigo 273.

Se inviável a intimação por meio eletrônico e não houver na localidade publicação em órgão oficial, incumbirá ao escrivão ou chefe de secretaria intimar de todos os atos do processo os advogados das partes:
    I – pessoalmente, se tiverem domicílio na sede do juízo;
    II – por carta registrada, com aviso de recebimento, quando forem domiciliados fora do juízo.
CORRESPONDÊNCIA NO CPC/1973: *ART.237.*

    1. Inviabilidade de intimação eletrônica e ausência de órgão oficial de publicação eletridade de intimação. Como já se sabe, a preferência legal é a da realização da intimação por meio eletrônico. Quando a hipótese não for possível, as intimações serão feitas mediante publicação no órgão oficial. A lei também cuida de estabelecer como se darão as intimações, na hipótese de não haver órgão oficial de publicação, sem inovações em relação ao que dispõe o CPC/1973. O meio de intimação dependerá de o advogado residir ou não na comarca onde tramita o feito. Em caso positivo, será intimado pessoalmente pelo escrivão ou pelo chefe de secretaria. Se, de outra parte, o advogado não residir na mesma comarca, sua intimação será feita por carta registrada, com aviso de recebimento.

Artigo 274.

    Não dispondo a lei de outro modo, as intimações serão feitas às partes, aos seus representantes legais, aos advogados e aos demais sujeitos do processo pelo correio ou, se presentes em cartório, diretamente pelo escrivão ou chefe de secretaria.
    Parágrafo único. Presumem-se válidas as intimações dirigidas ao endereço constante dos autos, ainda que não recebidas pessoalmente pelo interessado, se a modificação temporária ou definitiva não tiver sido devidamente comunicada ao juízo, fluindo os prazos a partir da juntada aos autos do comprovante de entrega da correspondência no primitivo endereço.
CORRESPONDÊNCIA NO CPC/1973: *ART.238.*

    1. Realização de intimações pelo correio. Se a lei não estabelecer outro modo, a intimação dos sujeitos processuais se dará pelo correio. A regra não inova em relação ao regramento constante do CPC/1973. Caso as partes estejam presentes em cartório, ante a desnecessidade de realização de sua intimação pelo correio, a intimação será feita, diretamente, pelo escrivão ou chefe de secretaria.

2. Mudança de endereço não comunicada no processo. Na hipótese de alteração de endereço não comunicada no processo, não importando se temporária ou definitiva, as intimações efetuadas no endereço constante dos autos são presumidas válidas. Assim, não importa se a intimação foi ou não recebida, na medida em que a lei impõe à parte o ônus de manter o endereço atualizado. A regra não representa inovação, à exceção da disposição que cuida da fluência do prazo, expressamente estabelecida no texto legal. Sua fluência se dá a partir da juntada do comprovante da intimação no endereço primitivo.

ARTIGO 275.

A intimação será feita por oficial de justiça quando frustrada a realização por meio eletrônico ou pelo correio.

§ 1º A certidão de intimação deve conter:

I – a indicação do lugar e a descrição da pessoa intimada, mencionando, quando possível, o número de seu documento de identidade e o órgão que o expediu;

II – a declaração de entrega da contrafé;

III – a nota de ciente ou a certidão de que o interessado não a apôs no mandado.

§ 2º Caso necessário, a intimação poderá ser efetuada com hora certa ou por edital.

CORRESPONDÊNCIA NO CPC/1973: *ART.239.*

1. Intimação por oficial de justiça. O dispositivo em comento estabelece a possibilidade de intimação por oficial de justiça quando frustrada a realização por meio eletrônico ou pelo correio. Nada obstante o texto legal fazer menção à tentativa frustrada das outras modalidades, parece ser lícito concluir que as intimações podem ser realizadas diretamente por oficial de justiça, desde que peculiaridades da causa o aconselhem. O dispositivo também cuida de enumerar os requisitos que devem constar da certidão da intimação, que servem à constatação da regularidade do ato. A possibilidade de realização de intimação com hora certa, embora não prevista no texto do CPC/1973 já era admitida pela jurisprudência (STJ, REsp 1.291.808/SP).

TÍTULO III – Das Nulidades

ARTIGO 276.
Quando a lei prescrever determinada forma sob pena de nulidade, a decretação desta não pode ser requerida pela parte que lhe deu causa.
CORRESPONDÊNCIA NO CPC/1973: *ART. 243.*

1. Nulidades. As nulidades são tema atinente à teoria geral do direito, e não apenas ao direito processual civil. O regime jurídico das nulidades do direito processual civil não se confunde com o do direito civil. No que concerne ao direito civil, os atos jurídicos podem ser nulos ou anuláveis. Os primeiros têm por característica a circunstância de que não dependem de alegação, podendo ser reconhecidos de ofício; não podem se sanar; e, uma vez reconhecida a nulidade do ato, há efeitos *ex tunc*. Já no que concerne às anulabilidades, há necessidade de alegação da parte, e seu reconhecimento não gera efeitos retroativos; ademais, há necessidade de ajuizamento de ação para seu reconhecimento. O sistema das nulidades do direito processual civil é diferente. É importante dizer que, ao contrário do que se pode pensar, uma nulidade grave não necessariamente implica a decretação de invalidade do ato. Por outras palavras, é perfeitamente possível que um ato nulo se convalide. Vale, nesse sentido, lembrar o eloquente exemplo do vício de citação, que, nada obstante ser considerado como gravíssimo, sana-se com o comparecimento espontâneo do demandado no processo. Muitas são as tentativas de sistematização das nulidades no direito processual civil. Parece-nos mais adequada aquela exposta por Wambier (WAMBIER, Teresa Arruda Alvim, *Nulidades do processo e da sentença*, 7. ed., São Paulo, RT, 2014, p. 188-9), para quem as nulidades podem ser divididas em "de fundo" e "de forma". As nulidades de forma são relativas, por sua natureza, salvo quando a lei as previr expressamente, hipótese em que serão absolutas. As nulidades de fundo, por seu turno, dizem respeito "a um passo lógico anterior à decisão de mérito" (WAMBIER, Teresa Arruda Alvim, *Nulidades do processo e da sentença*, 7. ed., São Paulo, RT, 2014, p. 188-9), referindo-se às condições da ação e aos pressupostos processuais. Por isso, são, por sua natureza, absolutas. Assim, as nulidades de forma expressamente previstas em lei, bem como as nulidades de fundo, são parte das chamadas "nulidades absolutas", que são cognoscíveis de ofício pelo juiz, não estando sujeitas à preclusão, ao contrário do que ocorre com as relativas, que se convalidam, caso não sejam alegadas em, tempo. A grande maioria das normas relativas ao direito processual civil é de natureza cogente, que estão fora da esfera de disposição das partes. Nesse passo, uma reflexão apressada poderia levar à conclusão de que o desrespeito a essas normas acarretaria a nulidade absoluta dos atos processuais viciados. Nada obstante, não se pode deixar de tomar em consideração que o processo é mero instrumento, estando a serviço do direito material. Por conta disso, é importante ter em mente a importância da forma, para a consecução de todos os desideratos atinentes ao processo, mas sem esquecer que o apego excessivo à forma não condiz com a noção instrumental do processo. Daí porque não há que se pronunciar nulidade sem prejuízo.

2. Proibição de comportamento contraditório. O disposto no artigo em comento estabelece a proibição de comportamento contraditório (*venire contra factum proprium*). Assim, a parte que deu causa à nulidade não pode pretender sua decretação no processo, sob pena de ofensa ao princípio da boa-fé.

Artigo 277.
Quando a lei prescrever determinada forma, o juiz considerará válido o ato se, realizado de outro modo, lhe alcançar a finalidade.
CORRESPONDÊNCIA NO CPC/1973: *ART. 244.*

Princípio da instrumentalidade das formas. O dispositivo em comento consagra o princípio da instrumentalidade das formas, estatuindo que não haverá decretação de nulidade se o ato alcançar sua finalidade, ainda tenha sido praticado em desacordo com a forma prescrita em lei,. De acordo com o mencionado princípio, não há que se falar em decretação de nulidade quando não houver prejuízo. Mas não é só. Há que se considerar, ainda, se o ato atingiu sua finalidade. Assim, é certo que os atos processuais devem obedecer à forma prescrita em lei, sem se olvidar de sua importância, em se tratando de direito processual. Todavia, o apego excessivo à forma desnatura completamente a noção de que o processo é mero instrumento. O dispositivo em comento está em consonância com tal noção. A disposição legal suprimiu a expressão contida no CPC/1973 *sem cominação de nulidade,* para generalizar a possibilidade de considerar como válido o ato praticado em desacordo com a forma prescrita em lei. A alteração pode parecer, à primeira vista, singela, mas, sem dúvida, não é. Por outras palavras, se, de acordo com o CPC73, exige-se que a lei não comine nulidade para sanar o ato, a nova disposição legal passa a prever expressamente a possibilidade de sanar o ato praticado em desacordo com a forma, independentemente de haver ou não cominação legal de nulidade. Merece, portanto, aplausos a nova disposição legal.

Artigo 278.
A nulidade dos atos deve ser alegada na primeira oportunidade em que couber à parte falar nos autos, sob pena de preclusão.
Parágrafo único. Não se aplica o disposto no *caput* às nulidades que o juiz deva decretar de ofício, nem prevalece a preclusão provando a parte legítimo impedimento.
CORRESPONDÊNCIA NO CPC/1973: *ART. 245.*

1. Nulidades absolutas e relativas. Distinção. O *caput* do dispositivo em comento trata das nulidades relativas, estabelecendo que, se a parte deixar de alegá-las na primeira oportunidade, ficarão acobertadas pela preclusão. Assim é que o vício se convalida, em razão da inércia em sua alegação. Se a parte não se manifestar, na primeira oportunidade, a respeito de vício do processo, deverá provar a ocorrência de legítimo impedimento, a fim de afastar a preclusão. Por certo, a disposição diz respeito à alegação de nulidades relativas, na medida em que as absolutas não estão sujeitas à preclusão. Demais disso, como já se disse, as nulidades absolutas são cognoscíveis de ofício, a qualquer tempo e grau de jurisdição ordinária. Vê-se, pois, que a distinção relativa às nulidades guarda relação com a possibilidade de sua alegação pela parte e de seu conhecimento, de ofício, pelo julgador, não havendo que se falar em impossibilidade de sanar o vício em razão de sua gravidade, diversamente do que ocorre com as nulidades do direito civil.

ARTIGO 279.
É nulo o processo quando o membro do Ministério Público não for intimado a acompanhar o feito em que deva intervir.
§ 1º Se o processo tiver tramitado sem conhecimento do membro do Ministério Público, o juiz invalidará os atos praticados a partir do momento em que ele deveria ter sido intimado.
§ 2º A nulidade só pode ser decretada após a intimação do Ministério Público, que se manifestará sobre a existência ou a inexistência de prejuízo.
CORRESPONDÊNCIA NO CPC/1973: *ART. 246.*

1. Ausência de intimação do Ministério Público. O art. 178 estabelece que o Ministério Público será intimado para intervir como fiscal da ordem jurídica nas hipóteses ali elencadas. Assim, em se tratando de hipótese em que deva ser intimado, mas não o for, haverá nulidade do processo. É importante notar que a disposição legal comina a nulidade na falta de intimação do órgão ministerial, e não sua efetiva participação. Assim, se regularmente intimado, o órgão do Ministério Público entender que o caso concreto não enseja sua intervenção, não há que se falar em nulidade.

2. Momento da decretação. Se for o caso de decretação da invalidade do processo, a lei processual cuida de estabelecer o momento para tanto. A regra não inova em relação ao que dispõe o CPC/1973. Há que se perquirir quando surgiu a necessidade de intervenção do Ministério Público. Se posteriormente à propositura da ação, a decretação de invalidade atingirá o processo a partir daquele momento. Se, de outra parte, havia a necessidade de intimação do órgão ministerial desde o início, a decretação de invalidade atinge o processo "desde o momento imediatamente posterior à resposta do demandado, primeira oportunidade para manifestação do órgão ministerial.". (MARINONI,

Luiz Guilherme; MITIDIERO, Daniel, *Código de Processo Civil comentado artigo por artigo*, 1. ed., São Paulo, RT, 2008, p. 241).

3. Necessidade de manifestação do Ministério Público. O disposto no parágrafo 2º representa novidade não prevista no CPC/1973. Trata-se de inovação digna de aplausos, dado que está em consonância com o princípio da sanabilidade dos vícios. Assim, a ausência de intimação do Ministério Público não tem o condão de gerar a decretação automática de invalidade dos atos processuais. Antes disso, é necessária a intimação do órgão ministerial, a fim de que ele se manifeste a respeito da ocorrência de prejuízo, pressuposto necessário à decretação de invalidade dos atos processuais. O disposto no parágrafo em comento está em perfeita consonância com o princípio da instrumentalidade das formas, pelo qual não há que se falar em decretação de nulidade, se ausente prejuízo e se o ato houver alcançado sua finalidade.

Artigo 280.
As citações e as intimações serão nulas quando feitas sem observância das prescrições legais.
CORRESPONDÊNCIA NO CPC/1973: *ART. 247.*

1. Nulidades cominadas. Os vícios atinentes às citações e às intimações realizadas em desacordo com as prescrições legais estão expressamente dispostos em lei. Trata-se, pois, de nulidades cominadas que se enquadram, como se viu, no conceito de nulidades absolutas. A citação é ato necessário à formação do processo; e, se o réu não tomou conhecimento da existência da demanda contra si dirigida, sequer há que se falar em processo. É que, nada obstante a existência de entendimento de que se trata de pressuposto de validade, parece-nos que o ato citatório é pressuposto de existência do processo. De qualquer forma, é certo que o vício padece de gravidade tamanha, que não há que se falar em formação da coisa julgada. Nada obstante a gravidade do vício, não é demasiado repetir que ele é perfeitamente sanável, com o comparecimento espontâneo do réu no processo. No que concerne às intimações, não se trata de pressuposto necessário à formação do processo, porém o vício na intimação agride o princípio do contraditório e, nessa medida, foi alçado como nulidade absoluta, eis que cominada. Ressalte-se que é necessária a ocorrência de prejuízo para a decretação de nulidade do ato.

Artigo 281.
Anulado o ato, consideram-se de nenhum efeito todos os subsequentes que dele dependam, todavia, a nulidade de uma parte do ato não prejudicará as outras que dela sejam independentes.
CORRESPONDÊNCIA NO CPC/1973: *ART. 248.*

1. **Consequências da anulação do ato processual.** A lei processual cuida de estabelecer a extensão da decretação de invalidade do ato processual, em disposição já existente no CPC/1973. Em razão do princípio da concatenação dos atos processuais, se há decretação de invalidade de determinado ato, aqueles que dele dependam também o serão, eis que também contaminados pelo vício. Se, de outro modo, há parte do ato que seja dele independente, ela não restará prejudicada. A disposição legal visa ao máximo aproveitamento dos atos processuais, bem como ao princípio da economia processual.

Artigo 282.

Ao pronunciar a nulidade, o juiz declarará que atos são atingidos e ordenará as providências necessárias a fim de que sejam repetidos ou retificados.

§ 1º O ato não será repetido nem sua falta será suprida quando não prejudicar a parte.

§ 2º Quando puder decidir o mérito a favor da parte a quem aproveite a decretação da nulidade, o juiz não a pronunciará nem mandará repetir o ato ou suprir-lhe a falta.

CORRESPONDÊNCIA NO CPC/1973: *ART. 249.*

1. **Providências relativas à decretação de nulidade.** Em consonância com o que dispõe o art. 281, cabe ao magistrado, ao pronunciar a nulidade, declarar quais serão os atos processuais atingidos. Para tanto, é necessário perquirir se o ato alcançou sua finalidade, bem como se ocorreu prejuízo. Os atos decretados inválidos deverão ser repetidos ou retificados; e, na mesma ocasião, o juiz determinará essas providências. Como já se disse, se não ficar constatada a ocorrência de prejuízo, não há que se adotar essas providências, como medida de economia processual. Se o resultado do julgamento for favorável à parte a quem aproveite a declaração de nulidade, não há que se falar na decretação, na medida em que, sem dúvida, o julgamento de mérito é de seu interesse, bem como de interesse público, preferível à extinção sem resolução do mérito.

Artigo 283.

O erro de forma do processo acarreta unicamente a anulação dos atos que não possam ser aproveitados, devendo ser praticados os que forem necessários a fim de se observarem as prescrições legais.

Parágrafo único. Dar-se-á o aproveitamento dos atos praticados desde que não resulte prejuízo à defesa de qualquer parte.

CORRESPONDÊNCIA NO CPC/1973: *ART. 250.*

1. Nulidades de forma. Aproveitamento do processo. As nulidades de forma não têm o condão de gerar a decretação de nulidade de todo o processo, mas tão somente daqueles atos que não possam ser aproveitados. Trata-se, portanto, da aplicação do princípio do aproveitamento dos atos processuais. O aproveitamento dos atos pressupõe, por expressa previsão legal, a inocorrência de prejuízo. Parece ser razoável concluir que o legislador quis dar ênfase à disposição, na medida em que incluiu a expressão "de qualquer parte". Nesse passo, não há que se falar em aproveitamento dos atos caso ocorra violação aos princípios do contraditório e da ampla defesa.

TÍTULO IV – Da Distribuição e do Registro

Artigo 284.
Todos os processos estão sujeitos a registro, devendo ser distribuídos onde houver mais de um juiz.

CORRESPONDÊNCIA NO CPC/1973: *ART. 251.*
1. Registro dos processos. Registrar significa inscrever, assinalar. Todos os processos estão sujeitos a registro. O registro dos processos é medida de suma importância, ao contrário do que possa parecer. Serve a inúmeras finalidades, tais como o conhecimento do número de causas em trâmite perante determinado local, a possibilidade de obtenção de informações sobre quem esteja sendo demandado, entre outras.
2. Distribuição dos processos. A distribuição dos processos se impõe quando houver mais de um juízo. A regra tem sua razão de ser no princípio constitucional do juiz natural (art. 5º, XXXVII, CF/1988) e serve como garantia de julgamento por um juiz imparcial, valor consentâneo com o Estado Democrático de Direito. A distribuição pode-se dar de forma livre ou por dependência, nas hipóteses do art. 286.

Artigo 285.
A distribuição, que poderá ser eletrônica, será alternada e aleatória, obedecendo-se rigorosa igualdade.
Parágrafo único. A lista de distribuição deverá ser publicada no Diário de Justiça.

CORRESPONDÊNCIA NO CPC/1973: *ART. 252.*
1. Distribuição livre. A distribuição livre deve ser alternada e aleatória. A alternância é medida que se impõe para evitar que a distribuição seja feita de maneira desigual, com desequilíbrio do volume de trabalho. Em sendo alternada, garante-se uma otimização na distribuição dos processos. Ademais, a lei estabelece claramente a necessidade

de que se obedeça à rigorosa igualdade. A nova lei processual acrescentou o vocábulo "aleatória", que significa eventual, incerto ou fortuito. A distribuição aleatória também significa a aplicação do princípio do juiz natural, na medida em que impede qualquer forma de direcionamento dos processos. A lei prevê expressamente a possibilidade de que a distribuição seja feita eletronicamente, circunstância que já se verifica na rotina forense, a despeito da ausência de previsão nesse sentido no CPC/1973. Há, também, inovação, na previsão expressa de que a relação dos feitos distribuídos seja publicada no Diário de Justiça.

Artigo 286.

Serão distribuídas por dependência as causas de qualquer natureza:

I – quando se relacionarem, por conexão ou continência, com outra já ajuizada;

II – quando, tendo sido extinto o processo sem resolução de mérito, for reiterado o pedido, ainda que em litisconsórcio com outros autores ou que sejam parcialmente alterados os réus da demanda;

III – quando houver ajuizamento de ações nos termos do art. 55, § 3º, ao juízo prevento.

Parágrafo único. Havendo intervenção de terceiro, reconvenção ou outra hipótese de ampliação objetiva do processo, o juiz, de ofício, mandará proceder à respectiva anotação pelo distribuidor.

CORRESPONDÊNCIA NO CPC/1973: *ART. 253.*

1. Distribuição por dependência. Não há que se falar em distribuição livre, quando, entre duas ou mais ações, houver algum liame que imponha seu julgamento conjunto. Assim, havendo ação em curso, à qual a parte pretenda ajuizar outra que com a primeira guarde relação, a distribuição deverá ser feita por dependência. Exemplo é a regra constante do art. 676, que determina que os embargos de terceiro deverão ser distribuídos por dependência ao juízo de onde proveio a constrição do bem.

2. Conexão ou continência. A conexão e a continência são fenômenos verificados quando, entre duas ou mais ações, há identidade de alguns de seus elementos identificadores. Diferem pelo fato de que a continência pode ser caracterizada como uma "conexão mais intensa", na medida em que pressupõe o mesmo pedido, mas que, em uma das ações, é mais amplo do que na outra. Tanto a conexão quanto a continência são também formas de modificação de competência, na medida em que, quando se verificam, impõem a reunião dos feitos, para julgamento conjunto, com o fim de evitarem-se julgamentos conflitantes. O dispositivo, pois, estabelece a distribuição por dependência à ação anteriormente ajuizada.

3. Renovação do pedido em processo extinto sem resolução de mérito. Em ocorrendo a extinção do processo sem resolução de mérito, o juízo de onde proveio a sentença fica prevento. Assim, na hipótese de ajuizamento de nova demanda, esta será distribuída por dependência ao mesmo juízo. A regra serve em atenção ao princípio do juiz natural, impedindo a tentativa de burla na distribuição pela parte. Por isso, a competência não se altera, ainda que haja alteração parcial dos réus ou que o autor demande em litisconsórcio com outros, ocorrendo reiteração do pedido.

4. Risco de decisões conflitantes ou contraditórias. O § 3º do dispositivo em comento representa novidade; embora não previsto no CPC/1973, contém providência que já vinha sendo aplicada na rotina forense. Ainda que, entre duas ou mais ações, não se verifiquem os fenômenos da conexão e da continência, na possibilidade de julgamentos conflitantes, os feitos serão reunidos. É o que estabelece o § 3º do art. 55 do CPC. Na hipótese, pois, a demanda deverá ser distribuída por dependência à anterior.

Artigo 287.

A petição inicial deve vir acompanhada de procuração, que conterá os endereços do advogado, eletrônico e não eletrônico.

Parágrafo único. Dispensa-se a juntada da procuração:

I – no caso previsto no art. 104;

II – se a parte estiver representada pela Defensoria Pública;

III – se a representação decorrer diretamente de norma prevista na Constituição Federal ou em lei.

CORRESPONDÊNCIA NO CPC/1973: *ART. 254.*

1. Petição inicial acompanhada da procuração. É por meio da procuração que se dá a comprovação da capacidade postulatória necessária ao ajuizamento da demanda. A nova lei processual foi mais minuciosa do que a anterior, ao estatuir que o instrumento de mandato deve conter os endereços do advogado. O *caput* do dispositivo faz referência ao endereço eletrônico, em exata consonância com as disposições constantes da Lei 11.419/2006, que trata do processo eletrônico. A referência feita ao endereço "não eletrônico" diz respeito ao endereço físico. É preciso atentar para o regramento constante dos §§ 2º e 3º do art. 105, que estabelecem, ainda, a necessidade de constar na procuração o nome do advogado, seu número de inscrição na Ordem dos Advogados do Brasil, bem como, se o advogado integrar sociedade de advogados, o nome e o endereço completo desta. O dispositivo em comento estabelece que a petição deve vir acompanhada do instrumento de mandato, mas essa circunstância não autoriza que seja recusada a distribuição em razão da ausência de procuração, porque i) há casos excepcionais, em que a juntada é dispensada, tratados no próprio dispositivo; ii) na falta da procuração, deve o magistrado intimar a parte para que supra o vício, corrigindo-o.

2. Dispensa da juntada da procuração. O art. 104 contém hipóteses em que se autoriza a distribuição da ação sem procuração, devendo o instrumento ser junto aos autos no prazo de 15 (quinze) dias, prorrogável pelo mesmo período por despacho do juiz. Isso ocorre quando a parte propõe demanda com o fim de praticar ato urgente ou de evitar preclusão, decadência ou prescrição. A lei processual também dispensa a juntada da procuração quando a parte estiver representada pela Defensoria Pública; quando a representação decorrer diretamente de norma constante da CF ou da lei; e, ainda, embora não conste do dispositivo, quando houver representação do Ministério Público.

Artigo 288.
O juiz, de ofício ou a requerimento do interessado, corrigirá o erro ou compensará a falta de distribuição.
CORRESPONDÊNCIA NO CPC/1973: *ART. 255.*

1. Controle da distribuição pelo juiz. Se a parte dirige a demanda proposta de forma equivocada, o erro deve ser reparado pelo juiz, que, na qualidade de diretor do processo, detém os poderes para tanto. Por outras palavras, não pode o distribuidor fazer qualquer juízo acerca da correta distribuição. Na hipótese de erro, ele será corrigido; na falta de distribuição, o equívoco é corrigido por meio de compensação. A correção se dá independentemente de pedido da parte, já que se trata de norma cogente. Se necessário, contudo, a parte poderá formular pedido nesse sentido, através de simples petição.

Artigo 289.
A distribuição poderá ser fiscalizada pela parte, por seu procurador, pelo Ministério Público e pela Defensoria Pública.
CORRESPONDÊNCIA NO CPC/1973: *ART. 256.*

1. Controle da distribuição. A lei processual faculta às partes fiscalizarem a distribuição, em regra que serve à concretização do princípio constitucional da publicidade. A nova lei processual ampliou o rol de legitimados aptos ao exercício desse controle, passando a incluir expressamente o Ministério Público e a Defensoria Pública.

Artigo 290.
Será cancelada a distribuição do feito se a parte, intimada na pessoa de seu advogado, não realizar o pagamento das custas e despesas de ingresso em 15 (quinze) dias.
CORRESPONDÊNCIA NO CPC/1973: *ART. 257.*

1. **Aperfeiçoamento de redação.** O dispositivo em comento representa aperfeiçoamento da redação constante do CPC/1973, que não prevê a necessidade de prévia intimação da parte para o pagamento das custas, objeto de intensa divergência jurisprudencial. Nesse passo, o novo comando legal, na esteira da linha adotada pelo CPC/2015 que visa à sanabilidade dos vícios, estabelece a necessidade de prévia intimação para o recolhimento das custas, dispondo expressamente que o prazo para tanto é de 15 (quinze) dias.

TÍTULO V – Do Valor da Causa

Artigo 291.

A toda causa será atribuído valor certo, ainda que não tenha conteúdo econômico imediatamente aferível.
CORRESPONDÊNCIA NO CPC/1973: *ART. 258.*

1. **Valor da causa.** Nos termos do que estatui o dispositivo em comento, a toda causa deverá ser atribuído um valor, ainda que esta não tenha conteúdo econômico imediatamente aferível. O valor da causa equivale ao conteúdo econômico do pedido e é um dos requisitos da petição inicial. Gera reflexos diversos no processo, como, por exemplo, em relação ao recolhimento das custas processuais e ao procedimento adequado, sendo quase sempre certo que causas de valor menor signifiquem processos que versem sobre questões de menor complexidade. Pode, ainda, influenciar no juízo competente, a exemplo do que ocorre em relação aos juizados especiais cíveis e, ainda, servir como parâmetro para a fixação da verba honorária, caso não seja possível tomar em conta o valor da condenação ou do proveito econômico obtido, nos termos do que preconiza o art.85, § 2º. Assim é que "A cogência da norma é patente, ainda que, muitas vezes, possa parecer sem sentido atribuir um valor pecuniário a causas destituídas de conteúdo patrimonial" (WAMBIER, Luiz Rodrigues; TALAMINI, Eduardo, *Curso avançado de processo civil*, v. 1, 14. ed., São Paulo, RT, 2014, p. 366). A nova lei processual trouxe um aperfeiçoamento da redação, que no CPC/1973 falava em conteúdo econômico "imediato" apenas.

Artigo 292.

O valor da causa constará da petição inicial ou da reconvenção e será:
I – na ação de cobrança de dívida, a soma monetariamente corrigida do principal, dos juros de mora vencidos e de outras penalidades, se houver, até a data de propositura da ação;
II – na ação que tiver por objeto a existência, a validade, o cumprimento, a modificação, a resolução, a resilição ou a rescisão de ato jurídico, o valor do ato ou o de sua parte controvertida;

III – na ação de alimentos, a soma de 12 (doze) prestações mensais pedidas pelo autor;

IV – na ação de divisão, de demarcação e de reivindicação, o valor de avaliação da área ou do bem objeto do pedido;

V – na ação indenizatória, inclusive a fundada em dano moral, o valor pretendido;

VI – na ação em que há cumulação de pedidos, a quantia correspondente à soma dos valores de todos eles;

VII – na ação em que os pedidos são alternativos, o de maior valor;

VIII – na ação em que houver pedido subsidiário, o valor do pedido principal.

§ 1º Quando se pedirem prestações vencidas e vincendas, considerar-se-á o valor de umas e outras.

§ 2º O valor das prestações vincendas será igual a uma prestação anual, se a obrigação for por tempo indeterminado ou por tempo superior a 1 (um) ano, e, se por tempo inferior, será igual à soma das prestações.

§ 3º O juiz corrigirá, de ofício e por arbitramento, o valor da causa quando verificar que não corresponde ao conteúdo patrimonial em discussão ou ao proveito econômico perseguido pelo autor, caso em que se procederá ao recolhimento das custas correspondentes

CORRESPONDÊNCIA NO CPC/1973: *ARTS. 259 E 260.*

1. **Fixação legal do valor da causa.** O valor da causa pode ser fixado pela lei, quando não há possibilidade de alteração pela parte, ou livre, quando a lei não fizer qualquer indicação relativa ao valor. O rol constante do dispositivo em comento é, pois, exemplificativo. A nova legislação processual passou a contemplar, ainda, a reconvenção, estatuindo que, nesta, é necessário que também conste o valor da causa. Nos termos do que preconiza o art. 343, é lícito ao réu propor reconvenção na contestação; é possível, ainda, que o demandado apenas apresente reconvenção, sem contestar, conforme estabelece o § 6º do mesmo artigo.

2. **Ação de cobrança de dívida.** No que concerne à ação de cobrança de dívida, a nova lei processual trouxe aperfeiçoamento na redação, ao dispor que o valor da causa corresponderá à soma, monetariamente corrigida, do principal, juros de mora e outras penalidades. É certo, que mesmo na vigência do CPC/1973, já se entendia nesse sentido, mas não se pode deixar de reconhecer o zelo do legislador no aperfeiçoamento da redação do dispositivo. O inciso estabelece que os montantes devem ser somados até a data da propositura da ação, não havendo que ser incluídos aí juros vincendos. O STJ já decidiu que: "1. O valor da causa deve corresponder ao proveito econômico pretendido pelo autor da demanda, não estando vinculado às teses posteriormente apresentadas pela defesa. 2. Agravo interno desprovido" (STJ, AgRg no Ag 1.360.288/RS).

3. Ação cujo objeto é ato jurídico. Quando se tratar de ação em que o objeto seja existência, validade, cumprimento, modificação, resolução, resilição ou a rescisão de ato jurídico, o valor da causa deverá corresponder ao valor do ato. A nova lei processual substituiu a expressão "negócio jurídico" por "ato jurídico", mais adequada à hipótese. Ademais, passou a contemplar hipótese não existente no CC/1973, embora já houvesse entendimento no mesmo sentido. Trata-se de ação na qual se pretende que a sentença verse apenas sobre uma parte do ato, caso em que o valor da causa deverá corresponder a essa parcela.

4. Alimentos. No que concerne à ação de alimentos não há qualquer modificação em relação ao que dispõe o CPC/1973, sendo que o valor da causa deve corresponder à soma de 12 (doze) prestações mensais. Em se tratando de ação revisional de aluguel, o montante relativo ao valor da causa deve ser o da diferença entre o valor pago e aquele constante do pedido. De outra parte, na hipótese de execução da sentença que condena o demandado em alimentos, o valor da causa deve ser o correspondente ao da condenação.

5. Divisão, demarcação e reivindicação. No que concerne a essas ações, a nova lei processual trouxe significativa alteração. Nos termos do art. 259, VII, do CPC/1973, nessas ações, é o valor venal que deve ser utilizado como parâmetro para o valor da causa. Todavia, nos termos do inciso em comento, é o valor de avaliação da área ou, na hipótese de ação reivindicatória, do bem objeto do pedido. Nas ações de divisão e demarcação de terras, o parâmetro não é o valor total de avaliação da área a ser dividida ou demarcada, mas, sim, aquele relativo ao proveito econômico que se busca obter com o manejo dessas ações.

6. Ação indenizatória. O inciso relativo à ação indenizatória representa novidade da nova lei processual, digna de elogios. Na sistemática do CPC/1973, decorrem diversos problemas da ausência de qualquer disposição legal de como deve ser atribuído o valor da causa nessas ações. Não raro, formula-se pedido genérico, atribuindo-se valor de alçada, para fins meramente fiscais. Prolatada sentença de procedência do pedido com valor módico e interposto o respectivo recurso, é forçoso o reconhecimento de que o autor não detém interesse recursal, eis que ausente sucumbência na hipótese em tela. Por outras palavras, se a parte deixa ao alvedrio do juízo a mensuração do montante da condenação, não há interesse recursal em se requerer a majoração. Demais disso, impõe-se o reconhecimento de que, nesses casos, a formulação de pedido genérico representa uma desproporção entre o proveito econômico que se quer obter e o montante dado à causa, o que pode gerar consequências outras, como na fixação da verba sucumbencial. Assim, a nova legislação processual andou bem ao estabelecer que, quando se postula indenização, seja ou não fundada em dano moral, o valor da causa deve corresponder ao valor pretendido. Nada obstante, o disposto na legislação deve, também, ser interpretado com temperamentos. Isso porque há hipóteses em que realmente não é possível ao autor a formulação de pedido determinado, notadamente quando se trata de pedido ilíquido, hipótese na qual é forçoso o reconhecimento da necessidade de formulação de pedido genérico. No caso, a atribuição do valor da causa deve-se dar por razoável estimativa da parte, ante sua impossibilidade de atribuição do valor, logo no início do procedimento.

7. Cumulação de pedidos. O disposto nos incisos VI, VII e VIII diz respeito a pedidos cumulados. A cumulação de pedidos pode ser própria ou imprópria. A primeira "corresponde a uma verdadeira soma ou adição de pedidos; representa a vontade do autor em ver os pedidos *P1, P2, P3, Pn* acolhidos simultaneamente.". (BUENO, Cassio Scarpinella, *Curso sistematizado de direito processual civil*, v.2, t, I, 5. ed., São Paulo, Saraiva, 2012, p. 119). Trata-se da hipótese contida no inciso VI, na qual o autor deverá somar todos os pedidos, a fim de chegar ao montante equivalente do valor da causa. Isso porque, como se viu, o autor pretende a procedência de todos os pedidos.

A cumulação imprópria, por seu turno, "significa que, embora formulado mais de um pedido, somente um deles poderá ser concedido; o autor formula mais de um pedido sabedor de antemão que somente um será ou poderá ser acolhido. Não se trata, pois, de uma *adição* de pedidos, mas de uma *opção* entre vários pedidos" (BUENO, Cassio Scarpinella, *Curso sistematizado de direito processual civil*, v. 2, t. I, 5. ed., São Paulo, Saraiva, 2012, p. 119). A cumulação imprópria pode ser alternativa (VII) ou eventual ou subsidiária (VIII). No primeiro caso, em que o autor formula mais de um pedido sem preferência por algum deles, o valor da causa corresponderá ao pedido de maior valor. Já na segunda hipótese, há preferência do autor pelo acolhimento do pedido principal, razão pela qual o valor da causa deve equivaler a este. Apenas na hipótese de não acolhimento do pedido principal é que o magistrado procede à análise do (s) pedido (s) eventual (is) ou subsidiário (s).

8. Prestações vencidas e vincendas. O dispositivo relativo às prestações vencidas e vincendas não foi objeto de inovação pela nova lei processual. Quando o pedido compreender ambas, o valor da causa deverá corresponder a todas elas. No que concerne às prestações vincendas, se superiores a doze ou relativas à obrigação por tempo indeterminado, devem corresponder a uma anuidade. Se o número de prestações for menor que doze, basta que sejam somadas. Na hipótese de a pretensão ser relativa apenas a prestações vencidas, não incide a regra em comento, mas, sim, o disposto no inciso I do mesmo artigo, e o valor da causa será o equivalente à soma de todas as prestações.

Artigo 293.
O réu poderá impugnar, em preliminar da contestação, o valor atribuído à causa pelo autor, sob pena de preclusão, e o juiz decidirá a respeito, impondo, se for o caso, a complementação das custas.
CORRESPONDÊNCIA NO CPC/1973: *ART. 261.*

1. Impugnação do valor da causa. A nova lei processual trouxe importante e significativa alteração no que se refere ao processamento do pedido de impugnação do valor da causa. Diversamente do regime constante do CPC/1973, no qual a impugnação se dá por meio de incidente processual, autuado em apartado, o dispositivo em comento estabelece que a impugnação se dá em preliminar de contestação. A modificação é digna de elogios, na medida em que representa importante simplificação procedimental, que é um dos desideratos na nova lei. Se o demandado deixa de apresentar sua impugnação na preliminar da contestação, haverá preclusão, não mais sendo possível essa alegação, ficando ressalvada a hipótese de correção do valor de ofício pelo juiz a teor do que preconiza o parágrafo 3º do art. 292. Havendo impugnação pelo demandado, deve o autor ofertar sua resposta por ocasião da apresentação de sua réplica, decidindo o juiz em seguida e, se for o caso, determinando que seja feita a complementação das custas faltantes.

LIVRO V
DA TUTELA PROVISÓRIA

TÍTULO I – Das Disposições Gerais

Artigo 294.
A tutela provisória pode fundamentar-se em urgência ou evidência.
Parágrafo único. A tutela provisória de urgência, cautelar ou antecipada, pode ser concedida em caráter antecedente ou incidental.
CORRESPONDÊNCIA NO CPC/1973: *ART. 796.*

1. Da "tutela provisória". O Livro V não poderia ter nome pior. Afinal, não delimita o objeto de que trata. Nele há regras sobre as tutela de urgência cautelar, de urgência satisfativa e de evidência. Mas nem todas são provisórias. Não se confundem o "provisório" e o "temporário". A tutela provisória é substituída por sentença definitiva (por exemplo, tutela de urgência satisfativa); a temporária, não (por exemplo, caução de dano infecto). (SILVA, Ovídio Baptista da, *Da sentença liminar à nulidade da sentença*, Rio de Janeiro, Forense, 2001, p. 73). As tutelas satisfativas de urgência e evidência são provisórias, pois a partir delas o processo continua e tendem a suceder-se por sentença definitiva. Já a tutela cautelar é temporária, pois, em razão de sua autonomia, é eficaz enquanto útil.

Ademais, eventualmente pode haver tutela satisfativa definitiva. Saber se uma tutela antecipada é provisória implica só saber se a realização prática da pretensão material objeto da lide é reversível no plano fático. Para que ocorra a satisfação, pouco importa que o juiz "diga o direito" a título definitivo: quem satisfaz sob cognição exauriente satisfaz "dizendo o direito" sob juízo de certeza; quem satisfaz sob cognição sumária satisfaz "dizendo o direito" sob juízo de aparência. Apreciação definitiva do mérito e satisfação da pretensão objeto do lide não são fenômenos necessariamente coexistentes. Logo, quanto maior o grau de irreversibilidade, maior a definitividade da satisfação (exemplo: liminar demolitória).

Por fim, se "tutela provisória" é gênero, então o Livro V não traz todas as suas espécies. Nem toda tutela provisória é de urgência ou de evidência. Por exemplo: "cumprimento provisório da sentença que reconhece a exigibilidade de obrigação de pagar quantia certa" (arts. 520 a 522): trata-se de adiantamento resolúvel de eficácia executiva, mediante o qual se busca abreviar o processo e coarctar a chicana, especialmente do devedor que, para protelar a satisfação do crédito exeqüendo, tenta aproveitar-se da suspensividade do recurso interposto da decisão de improcedência da impugnação.

2. Urgência e evidência. A "ciência processual dos professores" (*law-in-books*) sempre defendeu que os pressupostos para a concessão de tutelas de urgência são cumulativos e autônomos entre si: se estiverem presentes, há o dever de outorgá-las; se um deles faltar, há o dever de denegá-las. Seria como uma porta com duas fechaduras: é preciso ter duas chaves para abri-la; uma só não basta. Porém, com os anos, a "ciência processual do cotidiano forense" (*law-in-action*) revelou que nada é tão simples e mecânico. No dia a dia, quanto mais "denso" o *fumus boni iuris*, com menor rigor se exige o *periculum*; por sua vez, quanto mais "denso" o *periculum in mora*, exige-se com menor rigor se exige o *fumus*. Enfim, a presença "forte" de um pressuposto "compensa" a presença "fraca" do outro, cabendo ao juiz a valoração dessa "suficiência compensatória" em cada caso e dentro de uma "margem controlada de discricionariedade". Logo, do "direito vivo" se extrai que os pressupostos são interdependentes, que entre *fumus* (que é só o "tipo normal" da evidência) e *periculum* (que é só o "tipo normal" da urgência) há um "vínculo de complementaridade", um "vaso comunicante", um "liame elástico". Trata-se, enfim, de um "padrão normativo", só verificável por observação metódica da rotina espontânea dos Tribunais, não por leitura exclusiva dos textos de direito positivo.

Na prática, sempre foram comum tutelas provisórias concedidas com a só presença de evidência extremada. Nelas, o juiz defronta-se com pretensão material quase certa, cuja procedência salta aos olhos *simpliciter et de plano*. Nesses casos, entende-se que há causa suficiente para a concessão da liminar, sem tomar-se em consideração a presença de urgência. Não raro, liminares em matéria tributária e previdenciária se concedem com base exclusiva em súmulas de Tribunais Superiores, jurisprudência uníssona de Tribunais Inferiores, decisões do STF em controle abstrato de constitucionalidade, ou precedentes que se cunham em recursos especiais ou extraordinários. Daí já se nota que a tutela de evidência não é novidade alguma.

Da mesma forma, vários são os casos em que o juiz praticamente só se vale de urgência extremada, de emergência crítica, para conceder a liminar. Vejam-se as situações que envolvem: planos de saúde, em que se concedem liminares ordenando a internação do autor, o tratamento de enfermidades descritas na inicial ou a realização de consultas e exames, embora haja cláusulas contratuais de exclusão expressa da cobertura requerida; concursos públicos, nos quais é permitido ao candidato, eliminado em exame médico ou psicotécnico, que participe das próximas etapas, sob pena de impossibilitar-se a efetivação de eventual sentença de procedência futura; licitações, em que, não raro, o concorrente eliminado pede a concessão de liminar para prosseguir no certame, sob pena de tornar-se difícil a efetivação da eventual sentença favorável de mérito, visto que o autor não terá participado das demais fases da licitação; degradações ambientais, em que, embora seja muitas vezes incipiente a demonstração de que a legislação ambiental foi desrespeitada, a liminar é concedida só com arrimo no *periculum*, reforçado pela incidência do princípio da precaução; títulos protestados, cuja publicidade é liminarmente sustada para evitar-se o desgaste do crédito da empresa cuja atividade dependa de uma boa reputação perante o mercado.

3. Dualidade na multiplicidade. Em meio a duas extremidades – urgência e evidência –, há uma sucessão infinitesimal de tutelas provisórias possíveis. Dentro dessa infinitude, sob o ponto de vista estrutural, podem-se destacar oito tipos fundamentais: (i) tutela pura de *fumus* extremado (que é a "tutela de evidência" a que alude o CPC/2015); (ii) tutela pura de *periculum* extremado; (iii) tutela de *fumus* extremado e *periculum não* extremado; (iv) tutela de *periculum* extremado e *fumus não* extremado; (v) tutela de *fumus* e *periculum* extremados; (vi) tutela de *fumus* e *periculum* não extremados; (vii) tutela pura de *fumus* de extremidade presumida; e (viii) tutela pura de *periculum* de extremidade presumida. Como se pode ver, todas essas tutelas são "combinações" não axiomáticas dos diferentes graus de *fumus* e *periculum*.

Sob o ponto de vista funcional, um sistema processual civil pode prever: (i) tutela satisfativa (por meio da qual se pretende a satisfação adiantada da pretensão material afirmada pelo autor em juízo); (ii) tutela assegurativa ou cautelar (por meio da qual se pretende resguardar a futura satisfação da aludida pretensão).

Logo, são quatorze os modelos possíveis de tutela provisória: (i) tutela satisfativa de urgência extremada pura; (ii) tutela cautelar de urgência extremada pura; (iii) tutela satisfativa de evidência extremada pura; (iv) tutela satisfativa de urgência extremada e evidência não extremada; (v) tutela cautelar de urgência extremada e evidência não extremada; (vi) tutela satisfativa de evidência extremada e urgência não extremada; (vii) tutela cautelar de evidência extremada e urgência não extremada; (viii) tutela satisfativa de urgência e evidência extremadas; (ix) tutela cautelar de urgência e evidência extremadas; (x) tutela satisfativa de urgência e evidência não extremadas; (xi) tutela cautelar de urgência e evidência não extremadas; (xii) tutela satisfativa de urgência pura de extremidade legalmente presumida (por exemplo, imissão de posse provisória em ação de desapropriação – art. 15, Decreto-Lei 3.365/1941); (xiii) tutela cautelar de urgência pura de extremidade legalmente presumida; (xiv) tutela satisfativa de evidência pura de extremidade legalmente presumida (exemplo: liminar de desocupação de imóvel em ação de despejo – art. 59, §1º, Lei 8.245/91,; liminar de busca e apreensão em alienação fiduciária – art. 3º, Decreto-Lei 911/1969). Sublinhe-se, porém: não se há de falar em tutela cautelar de evidência extremada pura ou em tutela cautelar de evidência pura de extremidade legalmente presumida, pois não pode haver cautela sem urgência.

Tudo isso mostra que, na prática, a concessão de tutelas provisórias obedece a uma estrutura tipológica, não conceitualista.

Um conceito é formado de algumas notas distintivas particulares, que se desligam e se abstraem do objeto no qual se apresentam e, na sua generalização, são isoladas e separadas umas das outras. Logo, aqui, não há "mais ou menos": ou um objeto é enquadrado no conceito porque possui marcas características concretas que se subsumem a todas as notas distintivas abstratas descritas na definição, ou não se enquadra. No conceito, não se apreende o objeto na plenitude substancial de todas as suas partes e particularidades, como um todo único. Assim sendo, quando se enxerga a concessão de tutelas provisórias à luz de um pensamento conceitualista, tende-se a dizer que essa concessão é uma mera subsunção por operação silogística, que ocorre porque, no caso concreto, as alegações do autor são enquadradas no conceito de *fumus boni iuris* e a situação que o aflige se encaixa no conceito de *periculum in mora*. Porém, se um desses encaixes não for possível, a tutela não será concedida. É uma aplicação baseada na alternativa "tudo ou nada". Nesse sentido, a explicação conceitualista está em consonância com a velha cantilena racional--iluminista de inspiração cartesiana. De acordo com ela, basta ao juiz averiguar metodicamente – dentro de raciocínio linear e neutralidade axiológica – se os pressupostos descritos na lei estão presentes: se todos estiverem concretizados, o juiz terá o dever de conceder a tutela; se algum deles faltar, terá o dever de denegá-la.

Contudo, a vida mostra que a concessão de tutelas provisórias não se subsume a essa rigidez procedimental. Nessa matéria, o cotidiano forense sói enveredar um raciocínio tipológico, que, por sua vez, pressupõe circularidade e avaliações subjetivas. Diferentemente do conceito, o tipo é mais fluido e adaptável. Nele, são permitidas formas intermediárias e "figuras híbridas", as quais geralmente não se podem incluir no esquema previamente dado. Isso porque a composição do tipo nunca parte dum método isolante e abstrativo de notas singulares que são pensadas isoladamente, mas sempre de um método de agrupamento e concretização de notas distintivas, que somente se podem apreender em seu todo. Assim, se o conceito é uma forma abstrata e fragmentada à qual os objetos são subsumidos por *encaixes*, o tipo é um esquema mais concreto e íntegro a que os objetos se achegam por *comparações* (motivo pelo qual os traços do tipo podem aparecer na imagem particular do objeto com diferentes matrizes e combinações).

Nesse sentido, *fumus boni iuris* e *periculum in mora* são vistos como pautas "móveis", que podem apresentar-se em graus ou níveis distintos e que, por isso, não são suscetíveis de fixação em termos genéricos. Ou seja, o *fumus* e o *periculum* são vistos como pressupostos que precisam ser antes concretizados pelo juiz e relacionados entre si em uma espécie de "coordenação valorativa", para poderem ser aplicados ao caso. Isso mostra que é inútil definir *fumus boni iuris* e *periculum in mora*: é melhor que sejam "explicitáveis", "descritíveis" ou "explicáveis", e não propriamente "definíveis".

Assim, para concederem-se tutelas provisórias, não é necessária a presença simultânea dos dois pressupostos. Entre eles há uma espécie de permutabilidade livre. Se o caso concreto desviar-se do "tipo normal" e apenas um dos pressupostos estiver presente em "peso decisivo", mesmo assim será possível conceder-se a medida, embora por força de uma "configuração atípica" ou "menos típica", que se afasta do modelo descrito na lei. Tudo se passa como se, nos processos concretos de concessão de tutelas provisórias, o *fumus* e o *periculum* fossem "elementos" ou "forças" que se articulam de forma variável, sem absolutismo e fixidez dimensional. O que importa, no final, é a "imagem global" do caso, ainda que a relação entre o *fumus* e o *periculum* seja assimétrica.

4. Tutelas preventivas *stricto sensu*. *Fumus* e *periculum* se medem em *graus*. Nesse sentido, é importante frisar que o grau de *periculum in mora* = o grau de relevância do bem jurídico ameaçado + o grau de irreversibilidade do dano + o grau de gravidade do dano + o grau de probabilidade de ocorrência do dano + o grau de proximidade da ocorrência do dano. No entanto, isso não significa que *periculum in mora* = relevância do bem jurídico ameaçado + irreversibilidade do dano + probabilidade da ocorrência do dano + proximidade da ocorrência do dano. Não se pode definir o que seja *periculum in mora*, mas só descrevê-lo e explicá-lo. De acordo com a "lei de compensação mútua", a depender do grau de *fumus* presente na situação concreta, pode ser que ocorra, na prática, a concessão da tutela provisória, mesmo que se esteja apenas diante da ameaça a um bem jurídico que não goza da mais alta relevância constitucional, de um perigo de dano de reversibilidade total ou parcial, de um risco de dano que não seja grave (mas de pequena extensão), de um risco de dano meramente possível (e não provável), ou de um risco de dano remoto, que ainda não seja iminente.

Isso gera a suspeita de que a própria noção de *periculum* seja tipológica, não conceitual. Assim, a "relevância do bem jurídico ameaçado", a "irreversibilidade do dano", "gravidade do dano", a "probabilidade de ocorrência do dano" e a "proximidade da ocorrência do dano" seriam traços tipológicos, os quais se atariam uns aos outros por meio de "liames elásticos". Ou seja, eles comportar-se-iam como "pautas móveis", que se apresentam em pesos ou dosagens e que podem "compensar-se" mutuamente. Nesse sentido, o *periculum* é um "elemento móvel" inserido em um "sistema móvel"; é uma parte fluida dentro de um todo fluido (o que se assemelha a um conjunto fractal). Muitas vezes, embora a ocorrência do dano irreparável não seja altamente provável, ou ainda não esteja próxima (ou seja, embora o perigo de *damnum irreparabile* não seja atual e iminente), ainda assim pode haver periculosidade suficiente para a concessão de uma tutela provisória: basta que sejam máximos os graus de relevância do bem jurídico ameaçado, de irreversibilidade do dano e de gravidade do dano. Enfim, além do "vaso comunicante" entre o *fumus* e o *periculum*, uma relação similar rege os traços que conformam o *periculum*: um dos elementos (*v. g.*, iminência) pode compensar a falta do outro (*v. g.*, relevância do bem).

Isso é bastante comum nas chamadas "tutelas preventivas *stricto sensu*". Lembre-se que tutela preventiva *lato sensu* é gênero, do qual são espécies a tutela preventiva *stricto sensu*, a tutela de urgência cautelar e a tutela de urgência satisfativa (aqui não se inclui, obviamente, a tutela de evidência pura). Na verdade, entre a tutela preventiva *stricto sensu* e a tutela de urgência há diferença de *grau*. Na tutela preventiva *stricto sensu* – de que são exemplos o *mandado de segurança preventivo* (art. 1º, Lei 12.016/2009), a liminar em reintegração ou manutenção de posse com força nova (art. 562, CPC/2015) e a indisponibilidade de bens em ação de improbidade administrativa (art. 7º, Lei 8.429/1992) – não há presunção de *periculum in mora*. Isso porque não há necessidade de presumi-lo. A tutela preventiva sempre protege situação em que há *quid* de periculosidade. Porém, está-se diante de situação de *"periculum in mora* atenuado ou enfraquecido": não se trata, necessariamente, de risco de dano provável e/ou iminente, mas de risco de dano meramente possível e/ou remoto. Logo, não há *periculum* em grau suficiente para que a predita tutela provisória se impregne de *urgencialidade cautelar* ou *satisfativa*. A indisponibilidade de bens a que alude a Lei de Improbidade Administrativa, por exemplo, mais se assemelha a uma caução forçada constituída *in initio litis* do que a um arresto. Por meia dela, a dilapidação patrimonial pelo ímprobo é e*vitada* (tutela *ex ante*), não repreendida ou interrompida (tutela *ex post facto*). Por isso, é inaceitável a ideia – grassada na jurisprudência do STJ e em parte da doutrina – de que a aludida indisponibilidade é "tutela de evidência" (?!): isso mostra que a processualística brasileira está presa a um binarismo empobrecedor, infelizmente consagrado no art. 294, que reduz tudo a uma tutela de urgência ou de evidência. Na verdade, fica-se no plano da mera preventividade, pois o que se pretende é resguardar um bem jurídico relevante por meio de uma tutela rápida. Todavia, a tutela preventiva em sentido estrito há de sempre estar prevista expressamente em lei.

5. Tutela provisória e procedimentos especiais. O CPC/2015 traz normas procedimentais e processuais sobre tutelas provisórias. Procedimento é categoria do plano da existência: é seqüência de fatos jurídicos, atos jurídicos *stricto sensu*, atos-fatos jurídicos e negócios jurídicos efetuados pelo autor (distribuição da inicial, réplica, desistência da ação, etc.), pelo réu (contestação, reconvenção, impugnação ao valor da causa, argüição de exceção de impedimento, etc.), pelo juiz (ordem de citação, saneamento do processo, nomeação de perito, prolação de sentença etc.) e pelos auxiliares da Justiça (elaboração de laudo, administração judicial, cumprimento de mandado, tradução de documentos etc.). Já processo é categoria do plano da eficácia: é fluxo contínuo das situações jurídicas que são irradiadas no plano da eficácia à medida que são realizados no plano da existência os respectivos fatos jurídicos, atos jurídicos *stricto sensu*, atos-fatos jurídicos e negócios jurídicos que formam o procedimento. Logo, o procedimento e o processo não se confundem, assim como não se confundem o contrato e a relação juridica obrigacional que ele faz nascer. Decerto, as normas procedimentais gerais do CPC/2015 não se aplicam às ações de procedimento especial, pois aqui incide o adágio "regra especial revoga regra geral" (*lex specialis derogat legi generali*). Mas as normas processuais se aplicam. A isso não atenta a jurisprudência, que acertadamente recusa a possibilidade de réplica no mandado de segurança (que é ato de procedimento), mas equivocadamente nega ali a possibilidade de intervenção de terceiros (que é faculdade processual). Logo, às ações de procedimento especial com regime próprio de liminar (por exemplo, mandado de segurança, ação de nunciação de obra nova, ações de despejo, ações de posse nova, embargos de terceiro) não se aplicam os procedimentos das tutelas antecipada e cautelar requeridas em caráter antecedente (art. 303 e 305); mas nessas ações – ao lado de suas liminares específicas – é possível concederem-se as tutelas genéricas de urgência satisfativa, de urgência cautelar e de evidência, dês que presentes os respectivos pressupostos. No mandado de segurança, por exemplo, será possível a concessão de tutela cautelar, de tutela antecipada e de tutela de evidência; contudo, não poderá o impetrante pedir liminar em procedimento antecedente e aditar ulteriormente a inicial para completá-la ou deduzir pedido principal.

Artigo 295.
A tutela provisória requerida em caráter incidental independe do pagamento de custas.
CORRESPONDÊNCIA NO CPC/1973: *NÃO HÁ.*

1. Considerações gerais. O CPC/2015 prevê não incidência de custas: (i) na tutela provisória requerida em caráter incidental (art. 295); (ii) no aditamento da inicial por meio da qual se pediu tutela antecipada em procedimento de caráter antecedente (art. 303, § 3º); (iii) na dedução do pedido principal após a efetivação da tutela cautelar (art. 308). Não andou bem o legislador, porém. Custas são tributo. Enquadram-se no conceito definido no art. 3º do CTN: "tributo é toda prestação pecuniária compulsória, em moeda ou em cujo valor nela se possa exprimir, que não constitua sanção de ato ilícito, instituída em lei e cobrada mediante atividade administrativa plenamente vinculada". Mais: trata-se de taxa, pois, nos termos do art. 77 do CTN, remunera utilização efetiva do serviço público judiciário – específico e divisível – pelo jurisdicionado. Nesse sentido já decidiu o STF: "As custas judiciais e os emolumentos concernentes aos serviços notariais e registrais possuem natureza tributária, qualificando-se como taxas remuneratórias de serviços públicos, sujeitando-se, em consequência, quer no que concerne à sua instituição e majoração, quer no que se refere à sua exigibilidade, ao regime jurídico-constitucional pertinente a essa especial modalidade de tributo vinculado, notadamente aos princípios fundamentais que proclamam, dentre outras, as garantias essenciais (i) da reserva de competência impositiva, (ii) da legalidade, (iii) da isonomia e (iv) da anterioridade" (STF, ADI 1378-MC/1997). Em âmbito federal, as custas são instituídas por lei ordinária federal; em âmbito estadual, por lei ordinária estadual. Não por outra razão: (i) compete à União, aos Estados e ao Distrito Federal legislar concorrentemente sobre custas dos serviços forenses (art. 24, IV, CF/1988); (ii) no âmbito da legislação concorrente, compete à União limitar-se a estabelecer normas gerais (art. 24, §1º, CF/1988); (iii) a competência da União para legislar sobre normas gerais não exclui a competência suplementar dos Estados (art. 24, §2º, CF/1988); (iv) inexistindo lei federal sobre normas gerais, os Estados exercerão a competência legislativa plena, para atender a suas peculiaridades (art. 24, §3º, CF/1988); (v) a superveniência de lei federal sobre normas gerais suspende a eficácia da lei estadual, no que lhe for contrário (art. 24, §4º, CF/1988). No Brasil, ainda não se editou lei federal sobre normas gerais em matéria de custas. Logo, os Estados tem competência impositiva plena sobre o tema. Com isso, as hipóteses de não incidência de custas na seara das tutelas provisórias não se aplicam ao âmbito das Justiças Estaduais e Distrital. Podem as leis de custas locais definir a incidência da taxa judiciária, por exemplo, sobre a dedução do pedido principal após a efetivação da tutela cautelar, já que há aqui duplicação de demandas. Nesse caso, prevalecerá a lei estadual sobre o comando do art. 308 do CPC/2015. Se assim não se entender, incorrer-se-á contra o art. 151, III, da CF/1988, que veda à União "instituir isenção de tributos da competência dos Estados, do Distrito Federal ou dos Municípios". Portanto, as regras pré-excludentes de custas dos arts. 295; 303, §3º; e 308 do CPC/2015 (que é lei ordinária federal) só incidem no âmbito restrito das Justiças da União.

Artigo 296.

A tutela provisória conserva sua eficácia na pendência do processo, mas pode, a qualquer tempo, ser revogada ou modificada.

Parágrafo único. Salvo decisão judicial em contrário, a tutela provisória conservará a eficácia durante o período de suspensão do processo.

CORRESPONDÊNCIA NO CPC/1973: *ART. 807.*

1. Considerações gerais. Diz o art. 296 que "a tutela provisória conserva sua eficácia na pendência do processo, mas pode, a qualquer tempo, ser revogada ou modificada". O dispositivo comete impropriedade metonímica, pois toma gênero por espécie. A tutela cautelar não conserva necessariamente a sua eficácia na pendência de um processo. Isso só se passa com a tutela antecipada. A tutela antecipada é provisória, pois é providência que há de substituir-se por sentença definitiva; logo, natural que seus efeitos perdurem enquanto pendente o processo. Nesse sentido, os efeitos da tutela antecipada se regem por princípio de inércia. Já a tutela cautelar é temporária: sua eficácia persiste enquanto perdura sua serventia. Ou seja, a permanência dos efeitos da tutela cautelar subordina-se à continuidade do estado de coisas no qual se assentou. Poder ser que o tempo do proveito cautelar coincida com o tempo da pendência de um processo. Mas isso nem sempre ocorre. A eficácia da caução de dano infecto durará enquanto a natureza dos trabalhos ou o estado da obra oferecerem perigo ao vizinho. A posse em nome do nascituro será eficaz enquanto durar o estado de gravidez. O arresto cautelar será eficaz enquanto a diminuição patrimonial do devedor gerar risco à satisfação do crédito ainda inexigível, ou enquanto ainda não se puder promover a penhora após o trânsito em julgado da sentença condenatória. Nesse sentido, os efeitos da tutela cautelar se regem por princípio de utilidade. Logo, as tutelas cautelar e antecipada possuem regimes de conservação eficacial distintos e, por isso, regimes diferentes de revogação-modificação. Se, ao longo do tempo, a utilidade cautelar desaparecer ou transformar-se, poderá o juiz – *ex officio* ou a requerimento da parte interessada – cassar ou readequar a medida. Em contrapartida, não pode o juiz revogar ou modificar a tutela antecipada sem que haja requerimento expresso da parte, pois só a sentença é capaz de absorver ou substituir a decisão antecipatória: "o *juízo* só decide uma vez só, e só *redecide* quando o sistema o autoriza.". (BUENO, Cassio Scarpinella, *Tutela antecipada*, São Paulo, Saraiva, 2004, p. 67).

Artigo 297.

O juiz poderá determinar as medidas que considerar adequadas para efetivação da tutela provisória.

Parágrafo único. A efetivação da tutela provisória observará as normas referentes ao cumprimento provisório da sentença, no que couber.

CORRESPONDÊNCIA NO CPC/1973: *ART.S 273 E 798.*

1. **Considerações gerais.** Em regra, tutelas provisórias têm força mandamental ou executiva. De odinário, a mandamentalidade é o elemento preponderante nas tutelas cautelares e nas tutelas antecipadas de urgência ou evidência concedidas em ações declarativas, constitutivas, mandamentais e condenatórias de obrigação de fazer e não fazer. Se o cumprimento do mandado não depende de iniciativa do réu, basta que o juiz lhe ordene a efetivação por oficial de justiça (por exemplo, arresto, sequestro, sustação de protesto, busca e apreensão cautelar, depósito cautelar de pessoa, arrolamento). Em contrapartida, se o réu ou terceiro é preceituado a realizar comportamento positivo ou negativo, mas descumpre a ordem do juiz, aplica-se-lhe o art. 297: "o juiz poderá determinar as medidas que considerar adequadas para efetivação da tutela provisória". Diz ainda o parágrafo único que "a efetivação da tutela provisória observará as normas referentes ao cumprimento provisório da sentença, no que couber". Decerto, o parágrafo único ao art. 297 não se aplica às tutelas provisórias mandamentais, pois mandados não se efetivam por meio da instauração de procedimento expropriatório. Na verdade, a eles se aplica o *caput* do art. 297, que mais está em sintonia com a necessidade de adaptabilidade do procedimento às exigências da causa. Afinal, não poderia o legislador apoiar-se na rigidez de um procedimento estanque uniforme para todos os casos de tutela provisória. Assim, a efetivação das decisões mandamentais melhor se coaduna com as regras sobre "cumprimento da sentença que reconheça a exigibilidade de obrigação de fazer e de não fazer". Em caso de resistência ao mandado, pode o juiz, de ofício ou a requerimento: (i) impor multa, passível de cumprimento provisório, dês que seja suficiente e compatí-

vel com a obrigação e que se fixe prazo razoável para cumprimento do preceito (art. 536, §1º, c/c. art. 537); (ii) ordenar, por exemplo, busca e apreensão, remoção de pessoas e coisas, desfazimento de obras e impedimento de atividade nociva, podendo, caso necessário, requisitar o auxílio de força policial (art. 536, §1º); (iii) impor ao réu as penas de litigância de má-fé quando injustificadamente descumprir a ordem judicial, sem prejuízo de sua responsabilização por crime de desobediência (art. 536, §3º).

Já a executividade é elemento preponderante nas tutelas antecipadas de urgência ou evidência concedidas em ações executivas restitutivas de valor, ações condenatórias de entrega de coisa e ações condenatórias de pagar quantia certa. Para efetivar-se a tutela antecipada em ação condenatória de entrega de coisa, basta que, não cumprida a obrigação no prazo estabelecido na decisão antecipatória, se expeça mandado de busca e apreensão ou de imissão na posse, conforme se tratar de coisa móvel ou imóvel; mas é possível suprimir-se o prazo e expedir-se imediatamente o mandado, caso o perigo de dano seja tão extremado que não possa aguardar o transcurso de qualquer dilação. Já nas ações executivas restitutivas de valor, impropriamente chamadas de "ações executivas *lato sensu*" (por exemplo, reintegração de posse, imissão na posse, reivindicatória, despejo, busca e apreensão *principaliter*), basta que o mandado antecipado se cumpra imediatamente por oficial de justiça.

Em se tratando de tutela antecipada pecuniária, as regras sobre cumprimento de sentença se prestam como "parâmetro operativo" à efetivação. A partir delas, o juiz procede discricionariamente a simplificações sumarizantes, construindo *in casu* um procedimento atípico para a execução da decisão antecipatória; ou seja, desfigura o procedimento geral e abstrato num procedimento abreviado individual e concreto, hábil a sanar prontamente o perigo de *damnum irreparabile* que atormenta o caso. Lembre-se: a tutela antecipada pecuniária não é título executivo judicial, ainda que líquida, certa e exigível (pressupostos intrínsecos), já que não tipificada em lei como tal (pressuposto extrínseco). Logo, não se submete ao procedimento executivo padrão. Não se pode admitir que o beneficiário da decisão antecipatória se sujeite a abertura de prazos delongados, oportunidade para acatamento voluntário da determinação judicial pelo réu, penhora e seus incidentes, intimações por morosas publicações em diário oficial, apresentação de impugnação suspensiva pelo réu, etc.: o juiz anteciparia a tutela em quarenta e oito horas, mas o autor aguardaria dez ou doze meses para efetivá-la. A execução da tutela antecipada pecuniária deve ser, tanto quanto possível, *simpliciter et de plano*. Enfim, não basta a instauração adiantada do cumprimento de sentença.

O réu será intimado a pagar a quantia no prazo de 15 (quinze) dias, sob pena de incorrer em multa de 10% (dez por cento) sobre o montante da condenação (art. 523, §3º). Se a tutela antecipada é concedida *inaudita altera parte*, a intimação só poderá fazer-se ao réu, seja quando o carteiro lhe entrega a carta com o expediente de Aviso de Recebimento, seja quando o oficial de justiça lhe entrega o mandado, seja quando o edital é publicado. No caso específico de intimações por correio ou oficial de justiça, o *tempus iudicati* não pode iniciar-se a partir da data da juntada do Aviso de Recebimento ou do mandado aos autos: a urgência impõe que o prazo se deflagre da intimação efetiva do réu, nada impedindo que não haja sincronismo entre o termo inicial do prazo para depositar e o termo inicial do prazo para contestar. Em contrapartida, se há concessão de tutela antecipada após a ouvida do réu, a intimação se fará ao advogado. De todo modo, a depender do grau de urgência, pode-se reduzir o prazo para pagamento ou simplesmente desprezá-lo, expedindo-se *inaudita altera parte* mandado de penhora ou bloqueio *online* de conta bancária. Em ação de indenização por acidente de trânsito, por exemplo, talvez o autor, violentamente vitimado, não tenha força para esperar que ao longo de quinze dias o réu se decida em custear uma cirurgia que só será eficaz se efetuada em dois dias.

Todavia, não há falar em impugnação. Eventuais redarguições devem tecer-se mediante: (i) pedido de reconsideração (pois o princípio da isonomia de tratamento entre as partes possibilita a imediata revogação ou modificação da tutela); (ii) alegação de dúvida ou impossibilidade material de cumprir a tutela antecipada; ou (iii) interposição de agravo. Se a tutela é antecipada sem a oitiva do réu, sobra-lhe (iii) ou alegar (i) e (ii) na própria contestação; se houver concessão após a ouvida do réu, cabe-lhe (iii) ou alegar (i) e (ii) em petição autônoma.

Nem há falar em "efeito suspensivo" que impeça a execução da tutela antecipada, pois o perigo de dano exige que a execução se faça até o fim, mediante venda judicial do bem penhorado e entrega do produto da alienação ao autor. A pretensão à satisfação urgente não equivale à pretensão à constrição liminar dos bens do réu. Juiz que se circunscreve a penhorar antecipadamente os bens do réu não faz outra coisa senão empreender arresto cautelar nos próprios autos da fase de conhecimento. Fica-se entre o nada e a satisfação. De nada adiantaria ao autor abreviar o *iter processualis*, tendo a si permitida desde logo a execução, ainda que provisória, se com isto não se lhe permitisse a fruição do direito material alegado.

Em se tratamento de alimentos, o CPC/2015 prevê que a efetivação da tutela pode dar-se mediante: (i) prisão civil (art. 528, §3º); (ii) desconto de folha (art. 529); (iii) expropriação de bens do réu (art. 528, §8º). No último caso, a execução dá-se mediante transfiguração abreviadora do procedimento padrão. Mas, em se tratando de alimentos indenizatórios, é ainda possível a constituição de capital (art. 533). Se o alimentado estiver pressionado por perigo de dano, o juiz terá à disposição os meios (i), (ii), (iii), (iv) e qualquer meio atípico de execução, sem haver entre esses instrumentos uma "ordem axiomática" de preferência.

Em se tratando de tutela antecipada pecuniária contra a Fazenda Pública, a decisão não se sujeita a reexame pelo tribunal. Cabe ao juiz: (i) ordenar a expedição de precatório caso se trate de parcela vencida superior a 60 salários-mínimos (se a dívida for federal – art. 17, §1º, Lei 10.259/2001,), 40 salários-mínimos (se a dívida for estadual ou distrital – art. 13, §2º, Lei 12.153/2009) ou 30 salários-mínimos (se a dívida for municipal, salvo se outro limite for estabelecido na lei do respectivo ente – art. 13, §3º, Lei 12.153/2009); (ii) dispensá-lo caso se trate de parcela vencida igual ou inferior a esses valores; c) ordenar imediata implantação do reajuste em folha caso se trate de parcelas vincendas. Se pago o precatório antes do trânsito em julgado, a soma ficará à disposição do juízo, podendo-se levantá-la após prestar-se caução idônea, salvo se o autor não tiver comprovadamente condições econômicas de fazê-lo.

Artigo 298.
Na decisão que conceder, negar, modificar ou revogar a tutela provisória, o juiz motivará seu convencimento de modo claro e preciso.
CORRESPONDÊNCIA NO CPC/1973: *ART. 273.*

§ 1º *Na decisão que antecipar a tutela, o juiz indicará, de modo claro e preciso, as razões do seu convencimento.*

1. Considerações gerais. O art. 298 do CPC/2015 é redundante. Afinal, recai sobre o juiz o dever constitucional de fundamental suas decisões (art. 93, IX, CF/1988). Não o fazendo ou fazendo-o mal, produz ato nulo. A fundamentação é imperativo de razão. Razão é capacidade de raciocinar; raciocinar é chegar encadeadamente a conclusões a partir de premissas. Nesse sentido, fundamentar é expor o encadeamento lógico. É descrever ao interlocutor como o raciocínio decisório se estruturou. Antes de ser dever jurídico-positivo, é dever jurídico-natural. Mas não se exige fundamentação qualquer. É preciso que ela tenha qualidades, pois se dirige a interlocutores (no caso das decisões judiciais, não só às partes, mas a toda a sociedade e àqueles que intervenham interessada e desinteressadamente no processo). Enfim, é necessário que a fundamentação seja formalmente inteligível e objetivamente determinada. Deve haver fundamentação clara e precisa, pois. Fundamentação obscura e inexata é tão nula quanto falta de fundamentação. Se há decisão no ato de conceder, negar, modificar ou revogar a tutela provisória, incide o imperativo jurídico-racional da fundamentação. Aliás, com maior força deve incidir sobre o exercício da jurisdição das tutelas provisórias, em que ainda persevera a preguiça. Infelizmente, até hoje se veem decisões-pílula, como "defiro o pedido de tutela antecipada ante a presença dos pressupostos legais", ou "denego a liliminar ante a ausência dos requisitos legais". Tudo sem maiores explanações. Por isso, como bem leciona Cassio Scarpinella Bueno, "pela cultura e pelo 'jeito brasileiro', nunca é demais lembrar que certas leis, certos dispositivos normativos, têm de ser observados. A técnica, comuníssima entre nós, é ficar repetindo esses comandos para ver se sua leitura aqui e acolá convence alguém de que é para valer, que é sério, que deve haver alguma conseqüência para quem acatar a regra jurídica" (BUENO, Cassio Scarpinella, *Tutela antecipada*, São Paulo, Saraiva, 2004, p. 65). Assim sendo, a redundância é bem-vinda. Ainda não se encontrou melhor remédio contra o arbítrio e o decisionismo que a boa e velha fundamentação.

Artigo 299.
A tutela provisória será requerida ao juízo da causa e, quando antecedente, ao juízo competente para conhecer do pedido principal.
Parágrafo único. Ressalvada disposição especial, na ação de competência originária de tribunal e nos recursos a tutela provisória será requerida ao órgão jurisdicional competente para apreciar o mérito.
CORRESPONDÊNCIA NO CPC/1973: *ART. 800.*

As medidas cautelares serão requeridas ao juiz da causa; e, quando preparatórias, ao juiz competente para conhecer da ação principal.
Parágrafo único. Interposto o recurso, a medida cautelar será requerida diretamente ao tribunal.

1. Considerações gerais. Jurisdição de urgência é pronto-socorro. Longe dela, não há como o doente safar-se. Isso já seria suficiente para a tutela de urgência ter disciplina autônoma em matéria de competência. Entretanto, o CPC/2015 repete a velha cantilena há décadas criticada pela doutrina especializada. Infelizmente, a competência para conhecer-se do pedido de tutela de urgência continua a definir-se pela competência para conhecer-se do pedido principal, com se pretensão à segurança e pretensão a assegurar-se fossem partes de uma única lide. De acordo com o art. 299, "a tutela provisória será requerida ao juízo da causa e, quando antecedente, ao juízo competente para conhecer do pedido principal". Diz ainda o parágrafo único que "ressalvada disposição especial, na ação de competência originária de tribunal e nos recursos a tutela provisória será requerida ao órgão jurisdicional competente para apreciar o mérito". Nesse sentido, (i) o pedido de tutela de evidência será apreciado pelo juízo competente para conhecer do pedido principal e poderá ser deduzido junto com o pedido principal ou incidentalmente. Já (ii) os pedidos de tutela de urgência satisfativa e cautelar serão apreciados pelo juízo competente para conhecer do pedido principal e poderão deduzir-se em procedimento antecedente, junto com o pedido principal ou incidentalmente. Por fim, (iii) o juízo competente para apreciar o pedido cautelar autônomo será definido pelas regras de competência comuns (embora o ideal fosse o juízo do local do estado perigoso). Todavia, diante das particularidades da tutela de urgência, não se pode levar o regra do art. 299 a ferro e fogo. Aqui é preciso flexibilidade. Se risco atual, grave e iminente de dano irreversível comprovadamente impedir a dedução do pedido de tutela de urgência (*rectius*: tutela de emergência) perante o juiz competente, poderá ela ser concedida *in limine* por juiz incompetente, que ordenará incontinenti a remessa dos autos ao juízo competente, o qual poderá ou não manter a tutela (*quando est periculum in mora incompetentia non auditur*). Ademais, a soberania do pedido principal em matéria de competência traz inconvenientes práticos, mormente quando se necessita de tutela cautelar constritivo-patrimonial (por exemplo, arresto, sequestro, indisponibilidade de bens), em que seria mais eficiente a competência do juízo da situação dos bens (*forum rei sitae*): aqui, muitas vezes, a enorme distância entre o juízo competente e o local dos bens e necessidade de expedição de carta precatória dão ao devedor tempo suficiente para ocultá-los. Logo, "em casos extraordinários, de aperto, de instante necessidade imediata, a competência deve ser do juiz do lugar onde a medida haja de ser executada, pois a sua execução é o que mais importa.". (COSTA, Alfredo Araújo Lopes da, *Medidas preventivas: medidas preparatórias – medidas de conservação*, 2. ed., Belo Horizonte, Bernardo Álvares, 1958, p. 32).

Na competência originária, os autos estarão no tribunal, razão por que a apreciação do pedido de tutela provisória será do relator (art. 932, II), que integra o órgão competente para conhecer do pedido principal. Já na competência recursal, há duas possibillidades: se os autos já estiverem no juízo a*d quem*, basta que neles se deduza o pedido de tutela provisória; mas, se os autos ainda estiverem no juízo *a quo* e não se pude aguardar a chegada deles ao tribunal, poderá a parte interessada valer-se de ação cautelar, que será julgada pelo órgão jurisdicional competente para apreciar o mérito recursal.

Se cessar a eficácia da tutela de urgência ou se o processo for extinto antes da dedução do pedido principal, o juízo terá sua competência prorrogada para conhecer do pedido principal. Como bem elucida Ovídio Baptista, aqui não há falar em "prevenção" (fixação de competência entre juízes com competência concorrente), mas em prorrogação (modificação de competência em favor de juiz originariamente incompetente para o pedido conexo). (SILVA, Ovídio Baptista da, *Processo cautelar*, 3. ed, Rio de Janeiro, Forense, 2001, p. 162-3).

TÍTULO II – Da Tutela de Urgência

CAPÍTULO I – Disposições Gerais

ARTIGO 300.
A tutela de urgência será concedida quando houver elementos que evidenciem a probabilidade do direito e o perigo de dano ou o risco ao resultado útil do processo.

§ 1º Para a concessão da tutela de urgência, o juiz pode, conforme o caso, exigir caução real ou fidejussória idônea para ressarcir os danos que a outra parte possa vir a sofrer; a caução pode ser dispensada se a parte economicamente hipossuficiente não puder oferecê-la.

§ 2º A tutela de urgência pode ser concedida liminarmente ou após justificação prévia.

§ 3º A tutela de urgência, de natureza antecipada não será concedida quando houver perigo de irreversibilidade dos efeitos da decisão.

CORRESPONDÊNCIA NO CPC/1973: *ARTS. 273, 798 E 804.*

1. Fumus boni iuris e periculum in mora. Há anos a doutrina debate-se para distinguir o "perigo de dano" que justifica a concessão da tutela antecipada e o "perigo de dano" que justifica a concessão de tutela cautelar. Da mesma forma, discute se existe diferença de grau entre a "probabilidade do direito" que justifica a concessão da tutela antecipada e a "probabilidade do direito" que justifica a concessão da tutela cautelar. Sob o ponto de vista pragmático, porém, o cotidiano forense nunca se perdeu nessas diferenciações: trabalha com a ideia de "urgência", referindo-se a ela pela expressão latina *"periculum in mora"*, e com a ideia de "evidência", referindo-se a ela pela expressão latina *"fumus boni iuris"*. Esse foi o (sábio) caminho trilhado pelo art. 298, segundo o qual a "tutela de urgência será concedida quando houver elementos que evidenciem a probabilidade do direito e o perigo de dano ou o risco ao resultado útil do processo". Sob o ponto de vista *semântico*, o *fumus boni iuris* da tutela antecipada é idêntico ao *fumus boni iuris* da tutela cautelar: é mero juízo de aparência, verossimilhança ou probabilidade sobre a existência da pretensão de direito material objeto da lide principal. Todavia, o *periculum in mora* da tutela antecipada não é idêntico ao *periculum in mora* da tutela cautelar. Na tutela antecipada, há necessidade de "execução para a segurança" (Pontes de Miranda): é preciso satisfazer adiantadamente a pretensão material para afastar-se risco à esfera do requerente. Ou seja, a aludida esfera é acometida por um *"pericolo di tardività"* (Piero Calamandrei). Em contrapartida, na tutela cautelar, há necessidade de "segurança para a execução" (Pontes de Miranda): é preciso assegurar a pretensão material para afastar-se o risco de que não possa ser futuramente satisfeita. Enfim, a mencionada pretensão é ameaçada por um *"pericolo di infruttuosità"* (Piero Calamandrei). Essa distinção não tem valor puramente teórico, no entanto: ela ajuda a identificar – o que nem sempre é fácil – quando se está diante de pedido de tutela antecipada ou de pedido de tutela cautelar (os quais se submetem a regimes procedimentais distintos).

2. Irreversibilidade. Na linguagem jurídica, o termo "reversível" pode ter três sentidos: (i) lógico-jurídico, possibilidade de um bem retornar à esfera jurídica de seu titular anterior mediante reconsideração legal ou voluntária de um ato, que passa a tornar-se ineficaz (por exemplo, pacto de retrovenda, revogação de doação por ingratidão do donatário, exercício de direito de arrependimento, resgate de enfiteuse por foreiro, resgate do imóvel sujeito a prestações de renda, pagamento integral da dívida pelo devedor fiduciário); (ii) empírico-fático, possibilidade de uma transformação ser feita quer num sentido, quer no inverso, dês que na transformação indireta o corpo ou o sistema passe pelos mesmos estados que se transpuseram quando da transformação direta (por exemplo, a reação química $CaCO_3 \leftrightarrow CaO + CO_2$, em que é possível tanto $CaCO_3 \rightarrow CaO + CO_2$ quanto $CaO + CO_2 \rightarrow CaCO_3$); (iii) econômico-financeiro, disponibilidade patrimonial ou pecuniária bastante para custear a transformação invers) (por exemplo, descontos mensais limitados nas folhas de vencimentos de servidores que se beneficiaram de liminar revogada que ordenara reajuste remuneratório – art. 46, Lei 8.112/1990).

Decerto, o parágrafo 3º do art. 300 se refere aos sentidos (ii) e (iii), pois em (i) a reversibilidade plena é sempre possível, dês que para tanto haja previsão normativa.

Todo o problema da provisoriedade da realização prática de uma tutela de urgência está em saber se essa realização é – fática e economicamente – reversível ou irreversível. Se o juiz autoriza liminarmente o contribuinte a efetuar *sponte propria* compensações dos débitos tributários vincendos com os indébitos inconstitucionais vencidos do mesmo tributo, o dispositivo não incide, pois todas as situações jurídicas daí constituídas podem ser desfeitas por meio de posterior ato de revogação da tutela provisória. Porém, se o juiz ordena liminarmente o sacrifício de rebanho infectado por peste altamente contagiosa e letal à vida humana, a morte dos animais jamais pode desfazer-se mediante decisão revogadora, pois não se pode repor *in natura* a vida dos animais sacrificados. Situação mais difícil, porém, dá-se nos casos em que não há nem reversibilidade plena nem irreversibilidade absoluta. É o que se tem, aliás, de ordinário, pois a reversibilidade da situação fática não obedece à lógica binária de "tudo ou nada": situações plenamente reversíveis e situações absolutamente irreversíveis são apenas os extremos (ideais) de uma linha em cuja extensão se apresentam situações intermediárias *ad infinitum*, dentro de um verdadeiro "espectro de gradiência contínua". Logo, se em toda transformação social há certo risco indelével de reversibilidade específica *in natura*, a vedação do parágrafo 3º ao art. 300 deve ser entendida com temperamentos, sob pena de eliminar-se o instituto mesmo da tutela de urgência.

Veja-se a liminar concedida em ação de modificação de guarda de menores proposta pelo pai, ação que ao final venha a ser julgada improcedente: conquanto a reversão da situação de fato seja possível mediante o cumprimento de um mandado de entrega dos infantes à ré vencedora, é indelével o trauma psicológico sofrido pela separação forçosa. É muito difícil, aliás, conciliar o caráter satisfativo da antecipação com regra que a condiciona à reversibilidade dos efeitos do ato concessivo. Não haveria, porém, sentido em negar-se a antecipação da tutela, por exemplo, a um portador terminal do vírus da AIDS, que propõe demanda em face do Estado para dele obter periodicamente um medicamento necessário para o combate aos sintomas, sob a hedionda alegação de que o consumo dos remédios geraria o sério risco de não mais se poder repô-los aos estoques farmacêuticos públicos. Nem haveria sentido em se negar a antecipação dos efeitos da tutela final pretendida a um sexagenário famélico que pleiteia a concessão de benefício de assistência social, sob a alegação de que o malsão não dispõe de patrimônio bastante para a devolução das prestações pecuniárias por ele percebidas caso a ação seja julgada improcedente.

Todavia, para o juiz flexibilizar o rigor do parágrafo 3º ao art. 300, cabe-lhe aferir o grau de proporcionalidade entre dois riscos: os decorrentes do deferimento e os consequentes do indeferimento da tutela. Se, no mesmo caso, o indeferimento da tutela gerar risco de dano irreversível ao direito do autor e seu deferimento gerar perigo de irreversibilidade a uma reposição *in natura* da situação fática anterior, deverá o juiz sacrificar o direito improvável: não há sentido em sacrificar-se o direito provável ameaçado pelo dano iminente em nome de uma possível, mas improvável, situação de irreversibilidade. Em contrapartida, se, além da bilateralidade do risco de dano irreparável, houver equivalência entre os índices de probabilidade dos direitos que se encontram em conflito, deverá o juiz sacrificar os interesses de menor relevância para o ordenamento jurídico. Exemplo: se os dados fáticos da petição exordial de uma ação demolitória incutirem a probabilidade de ser iminente a ruína de um edifício vizinho e se o mesmo grau de probabilidade colorir a contestação quanto à segurança dessa construção, deverá o juiz antecipar a tutela sob a máxima de que o direito à vida do autor se sobrepõe ao direito de propriedade do réu. Do mesmo modo, se forem igualmente verossímeis, tanto a afirmação do paciente hipossuficiente com risco à saúde de que tem pretensão a que o Estado lhe forneça os medicamentos essenciais, quanto a alegação do Estado de que a referida obrigação não lhe assiste, deverá o juiz conceder a liminar fundado na superioridade dos direitos à vida e à saúde sobre os interesses estatais. Note-se, portanto, que a solução para esses conflitos não tem qualquer guarida no sistema positivo de direito processual civil (plano das normas jurídicas), mas decorre de um juízo *ético-processual* (plano dos valores jurídicos), que destrona o juiz dos seus arquétipos legalistas para lançá-lo no exercício quase desterrado da prudência.

3. Caução e responsabilidade objetiva. O parágrafo 1º do art. 300 permite ao juiz exigir caução como forma de garantir-se a reversibilidade (econômico-financeira) dos efeitos da medida ou uma indenizabilidade correspondente. Logo, ela não é exigível apenas nos casos de levantamento de depósito em dinheiro ou de prática de atos que importem alienação do domínio. Como já visto acima, em toda transformação social há risco indelével de irreversibilidade específica *in natura*, de modo que a vedação constante do parágrafo 3º ao art. 300 deve ser entendida com temperanças, sob pena de eliminar-se o instituto mesmo da antecipação da tutela. Por isto, em muitos casos, o risco de irreversibilidade dos efeitos da tutela de urgência, que constitui motivo para a inadmissibilidade desta, pode ser afastado ou mitigado caso uma caução seja prestada.

Entretanto, não seria justo exigir-se a caução *in integrum* do autor economicamente hipossuficiente, que não pode prestá-la ou que só pode prestá-la em parte, mas que necessita da *incontinenti* satisfação da pretensão afirmada em juízo. Não haveria o menor sentido em exigir-se caução idônea, por exemplo, de segurado da Previdência Social que ingressa em juízo buscando perceber renda mensal correspondente a 1 (um) salário mínimo a título de aposentadoria por invalidez, direito este que lhe fora negado pela autarquia previdenciária, conquanto pobre, sem qualquer amparo familiar, e acometido de comprovada incapacidade laboral, total e permanente, advinda de acidente de trabalho. O mesmo se diga em relação à ação proposta pelo dependente indigente de um segurado aposentado falecido para o recebimento de prestações de pensão por morte no valor mensal de 1 (um) salário mínimo, não pagas pelo INSS nos últimos 5 (cinco) anos, embora tenha havido o requerimento administrativo dentro do prazo de 30 (trinta) dias contados do óbito. Não por outra razão os Tribunais há anos vêm dispensando a prestação de caução em determinados casos, a fim de que não se desestimule o ingresso em juízo para a tutela de seu direito à vida, sob o signo de que o ônus processual de prestar-se caução idônea cede à relevância social da pretensão de direito material objeto da demanda. Não por outra razão, os Tribunais brasileiros sempre dispensaram a prestação da garantia ao autor que pretendesse a continuidade do fornecimento de medicamentos especiais ou tratamento médico-hospitalar para a tutela de seu direito fundamental à saúde, amparado no art. 196 da CF/1988 ("a saúde é direito de todos e dever do Estado, garantido mediante políticas sociais e econômicas que visem à redução do risco de doença e de outros agravos e ao acesso universal e igualitário às ações e serviços para sua promoção, proteção e recuperação"). Portanto, entre o risco de prejuízo irreversível à esfera jurídica do demandado e a necessidade do demandante de ter acesso à justiça, o direito privilegia isto àquilo. A bem da verdade, basta que haja uma desproporção acentuada entre o valor da caução de que se cogita e o patrimônio do beneficiário da tutela. Tome-se o exemplo da ação proposta por um assalariado pai de família de classe média, em que seja requerida a demolição *in limine* de uma obra de edificação avaliada em R$ 1.000.000,00 (um milhão de reais), que esteja na iminência de desmoronar-se, comprovadamente, sobre o imóvel residencial do autor e contra a qual haja embargo administrativo desrespeitado pelos titulares da empreitada. Aqui, compelir o autor à prestação de caução em valor que lhe seja astronômico, conquanto não seja pobre, seria um despropósito, se não denegação disfarçada da própria prestação jurisdicional, a despeito do grave risco tanto às posses do autor quanto à vida e à integridade física dos seus familiares.

Lembre-se, porém, que não se exige caução da Fazenda Pública. Afinal, o Erário é suficiente para assegurar aos demandados a integral indenização. A indenizabilidade correspondente à eventual irreversibilidade dos efeitos fáticos da medida antecipatória estará sempre garantida. Destarte, sendo credora a Fazenda Pública, é incabível exigir-se caução.

Pode-se concluir, portanto, que a imposição da caução é empiricamente possível, mas não aprioristicamente obrigatória. Exigi-la nas condições acima analisadas implica desestímulo ao acesso à justiça, o que fere o art. 5º, XXXV, da CF/1988 ("a lei não excluirá da apreciação do Poder Judiciário lesão ou ameaça de lesão").

A prestação da caução – imponível *ex officio* pelo juiz – se faz nos próprios autos. Embora se trate de expediente acautelatório contra eventuais danos advindos da efetivação da tutela, a caução deve ser prestada *incidenter tantum*, sem a exigência de qualquer procedimento preventivo específico em autos separados: ouvidas as partes nos próprios autos processuais, o juiz estabelecerá a espécie idônea (real ou fideijussória), o *quantum* suficiente e um prazo razoável para sua prestação, seja pelo requerente da medida, seja por terceiro.

Embora haja situações em que não seja justo exigir-se a prestação de caução ao autor, poder-se-ia indagar: neste caso, em sendo revogada a tutela de urgência por alguma das causas descritas no art. 302, seria équo carrear ao demandado os danos que sofreu, injustamente, com a efetivação da tutela, sem que nada tivesse podido fazer para evitá-los? A justiça que se frustrou para o autor pode ser compensada com uma injustiça que se realiza para o réu? O autor, outrora titular de uma pretensão à satisfação urgente e da não obrigação de caucionar, também é o titular de uma imunidade contra a eventual responsabilização pelos danos sofridos pelo réu? Ora, sempre soou uníssona na comunidade jurídica a necessidade de imputar-se responsabilidade objetiva ao demandante pelos prejuízos que a efetivação da liminar houver causado à parte contrária. O parágrafo único do art. 302 diz que "a indenização será liquidada nos autos em que a medida tiver sido concedida, sempre que possível". Todavia, a liquidação e a cobrança do quantum indenizatório se pode fazer em ação autônoma.

Tratando-se de liminar monetária efetivada mediante a expropriação de bens do réu, não é viável o desfazimento da arrematação. Em primeiro lugar, porque as hipóteses de desfazimento da arrematação estão previstas taxativamente no parágrafo 1º ao art. 903 do CPC/2015, nelas não se vislumbrando como causa desconstitutiva a revogação--modificação da tutela de urgência. Em segundo lugar, porque não se aplica à efetivação das tutelas de urgência monetárias a exigência de que no edital precedente à arrematação seja mencionada a "existência de ônus, recurso ou causa pendente sobre os bens a serem leiloados" (art. 886, VI, CPC/2015), uma vez que, na antecipação do pagamento de soma em dinheiro, não há causa pendente sobre os bens a serem leiloados, mas, sim, causa pendente sobre o direito subjetivo de crédito. Portanto, para preservar-se a confiabilidade do sistema de arrematação de bens penhorados na efetivação das liminares monetárias e, portanto, a própria eficiência do regime execucional das decisões antecipatórias, prefere-se atribuir ao réu injustiçado o direito à indenização ou à caução, a ter de desfazer-se a entrega do bem constrito a terceiro.

4. Contraditório. O art. 9º do CPC/2015 prescreve que "não se proferirá decisão contra uma das partes sem que esta seja previamente ouvida"; todavia, no inciso I ao seu parágrafo único ressalva que o disposto no *caput* não se aplica à "tutela provisória de urgência". Infelizmente, os dispositivos não primam por clareza. Por isso, ao menos duas interpretações mutuamente excludentes se podem extrair da conjugação entre o *caput* e o inciso I do parágrafo único: (i) a tutela de urgência *inaudita altera parte* é uma obrigatoriedade; ii) a tutela de urgência *inaudita altera parte* é somente uma possibilidade. Decerto, a interpretação (i) é inconstitucional. É juridicamente possível a concessão de tutela de urgência *inaudita altera parte*. Mas essa possibilidade é sempre verificável *in concreto*. Ou seja, a concessão de tutela de urgência sem a ouvida da parte contrária não é cabível *tout court*. É insatisfatória a postura judicial que simplesmente concede *simpliciter et de plano* de tutelas de urgência sem o estabelecimento prévio do contraditório. É inegável tratar-se de postura mais cômoda; porém, nem sempre o mais cômodo é o mais justo. Afinal, a oitiva prévia do réu é importante, porque a narrativa unilateral do caso pelo autor pode distorcer bastante o ocorrido e induzir maliciosamente o juiz à concessão de uma tutela que ele dificilmente concederia caso antes escutasse o demandado. Não se pode esquecer que aqui estão em jogo dois interesses constitucionalmente protegidos: (i) o princípio do contraditório e (ii) o princípio da inafastabilidade do Poder Judiciário. Ora, princípios nada mais são do que normas que estabelecem um estado ideal de coisas a ser gradualmente alcançado. (ÁVILA, Humberto. *Teoria dos princípios*. 2. ed., São Paulo, Malheiros, 2003, p. 70-71). Porém, embora esses princípios possam em tese ser harmônicos entre si, às vezes, na prática, entrechocam-se em determinada situação concreta. É o que se nota, por exemplo, nas concessões de tutela de urgência: de um lado, o réu invocando o direito ao contraditório para poder pronunciar-se sobre o pedido de tutela de urgência; de outro, o autor invocando o direito a uma tutela jurisdicional adequada. Nesse caso, é imprescindível que o juiz se valha de um postulado, ou seja, que utilize uma meta-norma, capaz de estruturar uma solução otimizante da eficácia dos dois princípios em colisão. Enfim, deve o juiz lançar mão de uma técnica harmonizadora que lhe permita resolver o conflito de princípios, equacionando essa situação litigiosa, em que cada uma das partes envolvidas pugna pela realização concreta de fins diferentes entre si, todos eles constitucionalmente legitimados. Ora, essa técnica é o postulado da proporcionalidade. Ele visa a estruturar a aplicação de princípios colidentes, buscando, a um só tempo: (i) a solução adequada à promoção dos princípios; (ii) a solução que consiga promover os princípios conflitantes de modo menos restritivo a cada um deles; (iii) a solução em que as vantagens apresentadas pela promoção dos fins justificam as desvantagens causadas pelas restrições de alguns dos princípios em jogo. Nesse caso, para que se saiba se num caso concreto é possível a concessão da tutela de urgência *inaudita altera parte*, é preciso que o juiz saiba antes se: (i) entre os vários momentos processuais possíveis para a apreciação do pedido de liminar, o instante mais adequado ao afastamento da situação de perigo é o momento anterior à ouvida do réu (subpostulado da adequação); (ii) há momentos alternativos para o afastamento da situação de perigo (subpostulado da necessidade); (iii) os benefícios que o requerente da medida terá com a concessão *inaudita altera parte* justificam a postecipação do contraditório (subpostulado da proporcionalidade *stricto sensu*). Logo, não basta ao autor simplesmente pedir em juízo a concessão da tutela *inaudita altera parte*, limitando-se a alegar o *periculum in mora* como se se tratasse de uma "palavra mágica". Antes, é preciso que concretamente o juiz constate: (i) atendendo ao subpostulado da adequação, que não é possível *in casu* aguardar a resposta do réu, sob pena de perecimento irreversível do direito alegado; 2) atendendo ao subpostulado da necessidade, que a medida precisa ser outorgada imediatamente, razão por que o autor está fadado a sofrer um *damnum irreparabile* mesmo que se conceda alternativamente ao réu prazo exíguo inferior ao da contestação; (iii) atendendo ao subpostulado da proporcionalidade em sentido estrito, que a postecipação do contraditório não impede o réu de ulteriormente pedir a reconsideração da medida ou interpor agravo de instrumento. Logo, será inconstitucional a decisão concessiva de tutela de urgência: (i) que for proferida *inaudita altera parte*, embora seja possível aguardar a vinda da contestação, já que a ocorrência do dano está prevista para ocorrer só após o prazo de defesa; (ii) que for proferida *inaudita altera parte* nos casos em que, embora não se possa aguardar a resposta no prazo legal, haja tempo suficiente para o réu se manifestar-se sobre o pedido de tutela de urgência em prazo alternativo inferior ao da contestação. Neste último caso, é possível aplicar-se analogicamente ao caso a norma do art. 2º da Lei 8.437/1992 e, com isso, intimar-se o réu para manifestar-se em 72 (setenta e duas) horas sobre o pedido de tutela de urgência. De todo modo, o prazo pode ser menor (se a urgência for incompatível com as 72 horas de espera) ou maior (se houver a possibilidade de aguardar-se mais tempo). A fixação do prazo exigirá do juiz exercício de prudência. Daí já se vê a concessão de tutela de urgência *inaudita altera parte* deve ser excepcional. A regra, portanto, é postergar-se justificadamente a análise do pedido.

Artigo 301.
A tutela urgente de natureza cautelar pode ser efetivada mediante arresto, sequestro, arrolamento de bens, registro de protesto contra alienação de bem e qualquer outra medida idônea para asseguração do direito.
CORRESPONDÊNCIA NO CPC/1973: *NÃO HÁ.*

1. **Considerações gerais.** No sistema instituído pelo CPC/2015, não há mais "medidas cautelares típicas" e "medidas cautelares atípicas"; logo, perdeu sentido a diferenciação "poder específico de cautela" e "poder geral de cautela". Agora, só se fala em "poder de cautela". Nada impede, porém, que leis processuais extravagantes prevejam medidas cautelares específicas típicas (exemplo: medida cautelar fiscal da Lei 8.397/1992). Todavia, dentro do CPC/2015, a dicotomia perdeu sentido. Há nisso vantagem e desvantagem. A vantagem é que se ganha em economia de legislação, simplificando-se a apreensão do sistema. Contudo, perde-se em praticidade. Afinal, o CPC/1973 tinha a conveniência de trazer um excelente catálogo das medidas cautelares mais usuais que a experiência forense foi acumulando (arresto, sequestro, caução, busca e apreensão, arrolamento de bens, posse em nome do nascituro, etc.). Com isso, servia aos agentes do foro como guia prático. Todavia, hoje, à exceção da produção antecipada de prova (art. 381, I), esses "tipos legais formais" de tutela cautelar se transformaram em "tipos históricos materiais" (ao lado de sustação de protesto, registro de protesto contra alienação de bem, intervenção em coisa litigiosa, suspensão de deliberação social, depósito cautelar, voto em separado, proibição de dispor, condicionamento de certos atos de administração a prévia autorização judicial, etc.). De todo modo, isso não lhes retira o valor paradigmático. Quem pretender assegurar a satisfação de crédito monetário terá de pedir arresto; quem pretender evitar o extravio ou a dissipação de bens terá de pedir arrolamento. Por isso, os renomados livros sobre tutela cautelar escritos sob o pálio do CPC/1973 continuarão a ensinar aos operadores forenses os meios cautelares adequados à consecução dos mais diversos fins.

Artigo 302.
Independentemente da reparação por dano processual, a parte responde pelo prejuízo que a efetivação da tutela de urgência causar à parte adversa, se:

I – a sentença lhe for desfavorável;

II – obtida liminarmente a tutela em caráter antecedente, não fornecer os meios necessários para a citação do requerido no prazo de 5 (cinco) dias;

III – ocorrer a cessação da eficácia da medida em qualquer hipótese legal;

IV – o juiz acolher a alegação de decadência ou prescrição da pretensão do autor.

Parágrafo único. A indenização será liquidada nos autos em que a medida tiver sido concedida, sempre que possível.

CORRESPONDÊNCIA NO CPC/1973: *ART. 811.*

1. **Considerações gerais.** Ver item 1.3 ao art.300.

CAPÍTULO II – Do Procedimento da Tutela Antecipada Requerida em Caráter Antecedente

Artigo 303.
Nos casos em que a urgência for contemporânea à propositura da ação, a petição inicial pode limitar-se ao requerimento da tutela antecipada e à indicação do pedido de tutela final, com a exposição da lide, do direito que se busca realizar e do perigo de dano ou do risco ao resultado útil do processo.

§ 1º Concedida a tutela antecipada a que se refere o *caput* deste artigo:

I – o autor deverá aditar a petição inicial, com a complementação de sua argumentação, a juntada de novos documentos e a confirmação do pedido de tutela final, em 15 (quinze) dias, ou em outro prazo maior que o juiz fixar;

II – o réu será citado e intimado para a audiência de conciliação ou de mediação na forma do art. 334; não havendo autocomposição, o prazo para contestação será contado na forma do art. 335.

§ 2º Não realizado o aditamento a que se refere o inciso I do § 1º deste artigo, o processo será extinto sem resolução do mérito.

§ 3º O aditamento a que se refere o inciso I do § 1º deste artigo dar-se-á nos mesmos autos, sem incidência de novas custas processuais.

§ 4º Na petição inicial a que se refere o *caput* deste artigo, o autor terá de indicar o valor da causa, que deve levar em consideração o pedido de tutela final.

§ 5º O autor indicará na petição inicial, ainda, que pretende valer-se do benefício previsto no *caput* deste artigo.

§ 6º Caso entenda que não há elementos para a concessão da tutela antecipada, o órgão jurisdicional determinará a emenda da petição inicial, em até 5 (cinco) dias, sob pena de ser indeferida e de o processo ser extinto sem resolução de mérito.

CORRESPONDÊNCIA NO CPC/1973: *NÃO HÁ.*

1. **Objeto da antecipação.** Cinco as classes de eficácia encontradiças em uma resolução judiciária: declarativa, constitutiva, condenatória, mandamental e executiva. "Declarar" significa elucidar sobre o ser (declaratividade positiva), ou o não ser (declaratividade negativa), de uma situação jurídica, ou sobre a autenticidade, ou a falsidade, de um documento. Trata-se de um "juízo de segurança" por meio do qual se clarifica o mundo jurídico, eliminando-se uma situação de incerteza (por exemplo, sentença favorável de mérito proferida em ação de usucapião). Já "constituir" significa inovar o mundo jurídico, constituindo (constitutividade positiva), extinguindo (constitutividade negativa) ou alterando (constitutividade modificativa) uma situação jurídica (por exemplo, sentença favorável de mérito proferida em ação de desapropriação). "Condenar" significa reprovar a conduta do réu e impor-lhe obrigação de prestar alguma coisa que é devida ao autor (por exemplo, sentença favorável de mérito proferida em ação indenizatória). "Mandar" significa ordenar (por exemplo, favorável de mérito proferida em ação de mandado de segurança). "Executar" significa retirar um valor que está na esfera jurídica do réu e transferi-lo à esfera jurídica do demandante (por exemplo, sentença favorável de mérito proferida em ação de despejo). Porém, não há sentenças puras. Não há sentença meramente declaratória, meramente constitutiva, meramente condenatória, meramente mandamental ou meramente executiva. Nesse sentido, a sentença é vista como um átomo: (i) tem cinco "níveis de energia" (declarativo, constitutivo, condenatório, mandamental e executivo); (ii) dentro de cada "nível", há "cargas", a que se pode atribuir "peso" 1, 2, 3, 4 ou 5; (iii) somando-se os "pesos" dos cinco "níveis", atinge-se sempre o número 15 (quinze); (iv) não há dois "níveis" com igual "peso" ou "*quantum* de energia". Logo, tudo se passa como se, no "mundo das sentenças", todos os átomos tivessem o mesmo "peso", embora esses "pesos" estejam internamente distribuídos de modo diferente nos cinco "níveis de energia". Enfim, é como se para cada tipo de ação houvesse um "espectro de energia sentencial" *único*, que lhe servisse de marca registrada. A sentença de despejo, por exemplo, o seguinte "espectro eficacial": 5 (cinco) de executividade (comando para a restituição do imóvel locado) + 4 (quatro) de constitutividade (desfazimento do contrato locatício) + 3 (três) de declaratividade (reconhecimento do direito do autor à recuperação da coisa alugada) + 2 (dois) de mandamentalidade (ordem para que se cancele a averbação do contrato de locação no cartório de registro imobiliário) + 1 (um) de condenatoriedade (condenação do réu nas despesas

processuais). Já a "configuração espectral" da sentença de usucapião teria 5 (cinco) de declaratividade (reconhecimento do direito de propriedade do usucapiente); 4 (quatro) de mandamentalidade (determinação para provocar-se o oficial de registro); 3 (três) de constitutividade (formação do título a ser levado a registro no cartório); 2 (dois) de executividade (colocação na esfera do autor do que até então estava sob a esfera do réu); 1 (um) de condenatoriedade (condenação do réu nas despesas processuais). À carga 5 Pontes dá o nome de "força"; à carga 4, o nome de "eficácia imediata"; à carga 3, "eficácia mediata"; às cargas 1 e 2, "eficácias mínimas".

Na decisão antecipatória, a eficácia preponderante ("força") é sempre o mandamento (quando concedidas em ações declaratórias, constitutivas ou mandamentais), ou a execução (quando concedidas em ações condenatórias ou executivas). Ou a tutela provisória é ordem ao réu para realizar determinado comportamento, sob pena de multa e/ou sanção criminal, ou por força da tutela provisória se vai ao patrimônio do réu, para dele retirar-se valor a ser transferido à esfera do autor. Mas outras não poderiam ser as eficácias: a tutela antecipatória busca o adiantamento da satisfação, o que implica perturbação do mundo fático e, portanto, atuação dos elementos executivo ou mandamental. Declaração, constituição e condenação só podem atuar no mundo lógico-jurídico, de maneira que ao autor em nada beneficiariam se fossem a eficácia preponderante da decisão antecipatória: a realidade fática é apática à declaração a respeito da existência ou inexistência de uma relação jurídica, assim como é apática à geração, alteração ou extinção de uma relação jurídica, ou à exortação do devedor para que cumpra a obrigação ainda inadimplida. Sem o alicerce dos elementos mandamental e executivo, o mundo fenomênico permanece indiferente às energias que se desprendem da declaração, da constituição e da condenação. Se, na declaração, na constituição e na condenação, o juiz concebe, no mandado e na execução, ele compele.

Entretanto, posto tratar-se de resolução mandamental, ou executiva, não se cuida de resolução puramente mandamental ou executiva. Para a forjadura do arranjo fático desejado (ato), o juiz tem de perder-se antes em meditações (pensamento).

Para que a ordem liminar mandamental ou executiva possa desabrochar, há o juiz antes de enfrentar questão prévia: elucidar a presença, ou não, dos elementos integrantes do suporte fático para o nascimento do seu dever processual de conceder a provimento de urgência satisfativo. Do ponto de vista lógico-jurídico, portanto, declara a existência de duas situações jurídicas correlatas: no polo ativo, a pretensão processual do autor à tutela satisfativa de urgência ou evidência; no polo passivo, por princípio de correlação, o dever processual do juiz de concedê-la. Assim, a declaração (o dito "juízo declarativo de probabilidade ou verossimilhança") é sempre eficácia imediata, que pode antepor-se a uma ordem mandamental ou executiva, alicerçando-a, mas em um grau de intensidade que não lhe seja possível a aquisição de estabilidade própria da coisa julgada material.

Esse "juízo declarativo", lançado na composição conteudística das decisões antecipatórias como eficácia alicerçal imediata, é sempre o resultado de um julgamento precário a ser elaborado pelo juiz: ao conceder-se a tutela antecipada, impulsiona-se um adiantamento da satisfação da própria pretensão material objeto do litígio, satisfação essa, porém, que se dá sob cognição judicial incompleta e que há de completar-se ainda na mesma relação processual. No último caso, é a sentença definitiva que haverá de preencher – após ser promovida uma cognição completante – o elemento sentencial que já é presente na decisão antecipatória. Logo, é possível asseverar que essa incompleta cognição, tida como suficiente para adiantar-se a satisfação da própria pretensão alegada pelo autor, possui o que faz a ordem liminar executiva ou mandamental conter algo de sentencial. Em verdade, é esse juízo de declaração probabilística que faz com que a decisão antecipatória seja em parte liminar e em parte sentença. Liminar-sentença, pois. Assim, ao completar-se a cognição, a liminar adquire toda a culminância sentencial, quando daí então o autor passa a obter a satisfação definitiva do seu *petitum*. Com isto, põe-se por terra o antigo preconceito segundo o qual seria impossível a satisfação da pretensão objeto da demanda antes da cognição completa (*"ab executione non est inchoandum sed primo debet de causa cognosci, et per definitivam sententia terminari"*).

2. Antecipação de tutela em ação declarativa. Na ação declarativa, não se antecipa "declaração", pois não há juízo declarativo provisório (mas só juízo declarativo de verossimilhança): para ser declarada a (in)existência de uma relação jurídica, ou a autenticidade ou a falsidade de um documento, pressupõe-se cognição exauriente. Todavia, pode o juiz ordenar ao réu que se comporte – por meio de um *facere* ou de um *non facere* – do mesmo modo que teria de comportar-se após transitar em julgado a sentença declaratória favorável de mérito. Não há emissão de *dictum* judicial, mas, sim, a expedição de mandamento para o autor poder obter a tutela hábil a conferir-lhe o mesmo resultado prático que seria decorrente daquela declaração sentencial. Portanto, antecipa-se o preceito de *non offendendo* (ou seja, o elemento imediato mandamental contido na sentença declarativa). Apanhe-se o exemplo da ação declarativa de inexistência de relação obrigacional tributária. Aqui, a tutela antecipada pode corresponder a um mandado de vedação a que o Fisco exerça de fato seu ônus de constituir um crédito líquido e certo em desfavor do sujeito passivo da mencionada relação jurídica a declarar-se inexistente, ou seja, a um mandado de proibição a que a autoridade fiscal efetue o ato de lançamento (caso em que a propositura da demanda e a dedução do pedido antecipatório devem dar-se antes do ato administrativo do Fisco). A liminar pode também corresponder a um mandado de proibição a que o Fisco acione executivamente, com base em certidão de dívida ativa, o sujeito passivo da relação tributária a declarar-se inexistente (hipótese em que a propositura da demanda e a dedução do pedido antecipatório devem ocorrer após o ato de lançamento e antes do aforamento da ação de execução fiscal). De qualquer modo, o que se faz em ambos os casos é a suspensão da exigibilidade tributária (art. 151, IV, CTN). Como se vê, trata-se de antecipação do elemento mandamental contido na sentença declaratória favorável de mérito a proferir-se ao final.

3. Antecipação de tutela em ação constitutiva. No caso de ação constitutiva, não se antecipa "constituição" (positiva, negativa ou modificativa), pois não se admite constituição provisional de direito em cognição sumária. Essa possibilidade, ademais, feriria de morte o princípio da segurança das relações jurídicas. Inúmeros poderiam ser os prejudicados se ação de retificação de registro público fosse julgada improcedente, por exemplo, a despeito de nela o juiz ter proferido decisão antecipatória que, *in initio litis*, agregasse, modificasse ou suprimisse dados com base nos quais terceiros de boa--fé viessem a celebrar negócios jurídicos ou praticar atos jurídicos *stricto sensu*. Ver-se-ia mesma conturbação social se o autor de ação de divórcio direito, apoiado em liminar que lhe tivesse dissolvido provisoriamente o vínculo matrimonial, contra*ísse segundas núpcias, embora* viesse o juiz a perceber em sentença que os requisitos para a dissolução da sociedade conjugal ainda não se encontravam presentes. Nada pode operar-se no mundo lógico-jurídico. Todavia, para que as coisas sejam dadas no plano fático, nada impede que o juiz ordene ao réu que este se comporte da mesma forma que haveria de comportar--se após o trânsito em julgado da sentença constitutiva favorável de mérito, sob pena de incorrer em multas por cada dia de atraso no cumprimento da determinação judicial. Logo, haveria uma mandamentalidade derivada, dentro da já referida crença de que o elemento mandamental se despregaria do espectro de eficácia da sentença constitutiva favorável de mérito para a composição do conteúdo da tutela de urgência satisfativa. Vejam-se os seguintes exemplos: (i) liminar concedida em ação revisional de alugueres de um imóvel residencial, em que se determina ao réu inquilino que pague os alugueres vincendos no valor pretendido pelo autor locador, (ii) liminar concedida em ação em que se postula o reajuste de vencimentos de servidor público, em que se ordena a implantação deste reajuste em folha; (iii) liminar concedida em ação de anulação de deliberação de sociedade, em que se suspende a produção dos efeitos da deliberação ora impugnada. De forma genérica, tomem-se os exemplos de antecipações de tutela nas várias ações constitutivas que versam sobre o direito de família (*e.g.*, destituição de tutor de bens de órfãos, suspensão e destituição do pátrio poder, suprimento de outorga marital ou uxória, suplemento de idade, modificação de guarda, revisão dos alimentos, sonegados, interdição, etc.), além das hipóteses em que se proíbe ao réu o exercício de direitos, pretensões, ações e exceções decorrentes de negócio jurídico inválido. Nota-se que em tudo há mandamentalidade, mas não constitutividade, condenatoriedade ou executividade: não há o que provisoriamente ser gerado, modificado ou extinto na relação material controvertida; sob cognição sumária, não há como reprovar-se provisoriamente qualquer conduta do réu; não se vê qualquer ato do juiz que, contra a vontade do réu, retira um valor do patrimônio deste para repassá-lo à esfera do autor.

4. Antecipação de tutela em ação condenatória. Nas ações condenatórias, a eficácia condenatória não é passível de antecipação. Em verdade, o adiantamento da condenação não se presta a atender às situações atormentadas por perigo de dano, pois o elemento condenatório só atua na abstração do mundo lógico-jurídico. Ou seja, a necessidade de remediar-se situação periclitante não pode aprazer-se da simples instauração adiantada do procedimento de cumprimento de sentença (arts. 513 e seguintes, CPC/2015). No caso de ações condenatórias, pois, só a atuação adiantada da eficácia executiva poderia proporcionar a satisfação imediata necessária para sanar a situação de perigo, visto que este elemento é capaz de operar na concreção empírico-sociológica, transformando a realidade sensível. Antecipar-se-ia a eficácia executiva, portanto.

Nas decisões antecipatórias proferidas em ações condenatórias, o que se encontraria na primeira plana seria a executividade (força), permitindo-se a efetivação da tutela nos próprios autos do processo. Não cabe *in casu* impugnação (art. 525, CPC/2015). Logo, é dado ao juiz decidir sobre as ponderações do réu caso alegue dúvidas ou impossibilidade material para cumprimento da decisão, sem prejuízo da interposição de recursos eventualmente cabíveis. Já em segunda plana (eficácia imediata), não há constituição, condenação ou mandado.

Se o autor deduz pedido antecipatório em ação indenizatória, por exemplo, o juiz não pode condená-lo liminarmente (efeito jurídico-formal), embora possa ordenar o pagamento da quantia certa ou fixada unilateralmente em liquidação liminar, ou ordenar desde já a penhora de dinheiro que se encontre depositado em conta bancária do réu (efeito empírico-sociológico). Frise-se que aqui a eficácia do mandado executivo se sobrepõe ao efeito típico da condenação, que consistiria na criação de mero título executivo judicial; portanto, o *officium iudicis* se substitui a um mero adiantamento da etapa de cumprimento de sentença, tornando-a desnecessária. Não há, assim, a intrusão *in initio litis* da fase de cumprimento de sentença. Tampouco se há de falar em execução provisória *stricto sensu* em autos suplementares, ou por carta de sentença.

Logo, não se pode afirmar que há mero adiantamento de condenação: a objetividade jurídica da tutela antecipada reside no oferecimento adiantado da própria satisfação (atendendo-se à pretensão do autor ao resultado, à satisfação urgente, a uma obtenção *simpliciter et de plano* do bem da vida perseguido em juízo), nunca na oferta adiantada dos instrumentos de execução padrões (atendendo-se à pretensão do autor aos meios, à condenação urgente, a uma formação *simpliciter et de plano* de título executivo judicial, que só permite ao autor obter o bem da vida perseguido em juízo se aforar uma subsequente ação executória). Não se pretende que o juiz "permita a execução" desde logo, mas que o juiz "execute" desde já, pois a decisão antecipatória tende a realizar uma "pretensão executiva urgente" (pretensão a um adiantamento de satisfação), não uma "pretensão ao exercício urgente de uma pretensão executiva" (pretensão ao adiantamento da condenação). Quem pede ao juiz que adiante a condenação exerce só pretensão a que o causador, ou o responsável pelo dano, seja antecipadamente colocado em situação de repará-lo. A condenação adiantada só faz permitir antecipadamente a execução, mediante formação adiantada de título executivo judicial *secundum eventum defensionis*, sem que ainda, todavia, se execute (é o caso, no processo civil brasileiro, da "tutela monitória", tal como prevista nos arts 700 a 702). É impossível imaginar que o legislador tivesse pretendido duplicar a tutela monitória. Frise-se que a decisão antecipatória não tem força condenatória e não é título executivo judicial, pois: (i) não recebe a chancela do art. 515; b) o art. 297, embora se refira a "efetivação da tutela provisória", impõe que se observe, quando for cabível e pertinente ("no que couber"), o disposto nos arts. 520 a 522 ("cumprimento provisório de sentença que reconheça a exigibilidade de obrigação de pagar quantia certa"). Ora, trata-se da "executividade intrínseca". Desta impossibilidade de considerar a decisão antecipatória como título executivo deriva, pois, a inaplicabilidade das normas sobre execução forçada (salvo as excepcionalidades). Ademais, nem haveria necessidade de se efetuar uma interpretação restritiva do art. 515: há diversidades conceptuais, estruturais e funcionais entre os títulos executivos judiciais e as decisões antecipatórias.

Artigo 304.

A tutela antecipada, concedida nos termos do art. 303, torna-se estável se da decisão que a conceder não for interposto o respectivo recurso.

§ 1º No caso previsto no *caput*, o processo será extinto.

§ 2º Qualquer das partes poderá demandar a outra com o intuito de rever, reformar ou invalidar a tutela antecipada estabilizada nos termos do *caput*.

§ 3º A tutela antecipada conservará seus efeitos enquanto não revista, reformada ou invalidada por decisão de mérito proferida na ação de que trata o § 2º.

§ 4º Qualquer das partes poderá requerer o desarquivamento dos autos em que foi concedida a medida, para instruir a petição inicial da ação a que se refere o § 2º, prevento o juízo em que a tutela antecipada foi concedida.

§ 5º O direito de rever, reformar ou invalidar a tutela antecipada, previsto no § 2º deste artigo, extingue-se após 2 (dois) anos, contados da ciência da decisão que extinguiu o processo, nos termos do § 1º.

§ 6º A decisão que concede a tutela não fará coisa julgada, mas a estabilidade dos respectivos efeitos só será afastada por decisão que a revir, reformar ou invalidar, proferida em ação ajuizada por uma das partes, nos termos do § 2º deste artigo.

CORRESPONDÊNCIA NO CPC/1973: *NÃO HÁ.*

1. **Suporte fático da estabilização.** Na estabilização de tutela antecipada, obtém-se, em caráter definitivo, tutela mandamental ou executiva *secundum eventum defensionis*, embora sob cognição apenas sumária ou incompleta, imputando-se ao réu o ônus da iniciativa do contraditório. Nesse sentido, está-se perante manifesta expressão da técnica monitória. Na verdade, o CPC/2015 instituiu um microssistema de tutela de direitos sub-

jetivos pela técnica monitória: de um lado, está a (i) estabilização da tutela antecipada (art. 304); de outro, a (ii) ação de procedimento especial monitório (arts. 700 a 702). A estabilização é só da tutela de urgência satisfativa: não há razão para estabilizar-se tutela de urgência cautelar, pois ela não satisfaz a pretensão objeto da lide principal.

Poder-se-ia admitir a estabilização da tutela de evidência, já que ela não passa de tutela antecipada, embora sem o pressuposto do *periculum in mora*. Aliás, haveria maior razão para a tutela de evidência estabilizar-se, dada a quase certeza da existência da pretensão material afirmada pelo autor. Porém, o legislador preferiu privar a tutela de evidência da estabilização e abandoná-la ao seu destino natural, que é probabilíssima procedência da demanda. Assim, reservou a estabilização a pretensões meramente prováveis ameaçadas por *periculum*, não a pretensões quase certas livres de risco. Não será de espantar-se, porém, se os tribunais transpuserem os limites da letra da lei e permitirem aos poucos a estabilização da tutela de evidência. Afinal, o fenômeno estabilizatório gera economia de serviço; daí sua irrefreável força expansiva.

Diz o *caput* do art. 304 que, no procedimento de tutela antecipada requerida em caráter antecedente, a tutela antecipada se tornará estável "se da decisão que a conceder não for interposto o respectivo recurso". No procedimento antecedente, a tutela antecipada pode ser concedida sem a ouvida do réu (*inaudita altera parte*) ou após a sua ouvida (*audiatur et altera parte*). Aqui, o réu ainda não terá propriamente contestado, mas só se manifestado sobre o pedido de antecipação de tutela em prazo razoável estabelecido pelo juiz. De todo modo, a partir da letra fria do dispositivo, poder-se-ia pensar que, se o juiz proferisse decisão antecipatória e se dela o réu não interpusesse agravo (arts 1.015, I, e 1.021), a decisão se estabilizaria. Diz o parágrafo 1º do art. 304 que, nesse caso, "o processo será extinto". Todavia, antes de extinguir-se o processo, é preciso certificar-se o decurso *in albis* do prazo para o autor aditar a inicial. Afinal, é possível que ele não queira a estabilização e prefira o exaurimento da cognição para obter coisa julgada material. Ou seja, pode ser que prefira contar apenas com uma tutela antecipada não estabilizada e ver seu direito reconhecido por sentença favorável de mérito transitada em julgado.

No Brasil – diferentemente do que se passa em Franca e Itália, por exemplo – o beneficiário da estabilização não tem ação declarativa *ad separatum iudicium* para completar a cognição, obter acertamento definitivo e confirmar a tutela antecipada por sentença favorável de mérito. Quando muito, o autor e o réu terão, em prazo bienal decadencial, ulterior ação constitutiva negativa ou modificativa da tutela antecipada estabilizada. Nada mais. Enfim, o CPC/2015, ao fracionar a cognição, "reservou" para demanda subsequente eventual apenas as exceções à tutela antecipada, não as ações ratificatórias. Logo, a tutela antecipada não pode estabilizar-se até que se tenha certeza de que o autor não prefere a cognição exauriente. Entendimento contrário empurraria ao autor a estabilização da tutela antecipada, sem que ele a queira, privando-o da sentença de mérito a que tem direito. O procedimento de tutela antecipada requerida em caráter antecedente existe para auxiliar o autor que – premido por situação de emergência – não tem tempo de elaborar uma inicial exaustiva, não para submetê-lo coercitivamente às consequências de uma estabilização muitas vezes por ele indesejada; logo, não pode ele ser prejudicado por técnica exclusivamente funcionalizada a beneficiá-lo.

Isso explica por que a contestação não impede a estabilização da tutela antecipada: se o autor não aditar a inicial, o processo será extinto sem resolução o mérito e o réu não terá oportunidade para contestar. Assim, dois são os possíveis impedimentos à estabilização: (i) interposição de recurso pelo réu, ou (ii) aditamento da petição inicial pelo autor. *A contrario sensu*, para ocorrer a estabilização – que sempre se dá *de pleno iure* – deve haver: (i) falta de interposição de recurso pelo autor e (ii) falta de aditamento da inicial pelo autor. Aliás, esse tipo de desinteresse bilateral é próprio à técnica monitória. Daí por que o *caput* do art. 304 disse menos do que deveria. Se os prazos do recurso e do aditamento vencerem juntos, a estabilização ocorrerá imediatamente, bastando à serventia judicial certificar os dois decursos para que o juiz possa extinguir o processo sem resolução do mérito. Em contrapartida, se um dos prazos vencer antes do outro, ter-se-á de aguardar também o vencimento do segundo para que haja a estabilização e a consequente extinção do processo.

De qualquer forma, é certo que: (i) se o réu recorrer e se o autor aditar a inicial, a tutela antecipada não se estabilizará e o processo continuará; (ii) se o réu não recorrer e se o autor aditar a inicial, a tutela antecipada não se estabilizará e o processo continuará; (iii) se o réu recorrer e se o autor não aditar a inicial, a tutela antecipada não se estabilizará e o processo será extinto sem resolução do mérito; (iv) se o réu não recorrer e se o autor não aditar a inicial, a tutela antecipada se estabilizará e o processo será extinto sem resolução do mérito. Poder-se-ia alegar que, se o prazo do recurso for maior que o prazo do aditamento, a estabilização jamais acontecerá; afinal, se o autor não aditar, o réu provavelmente recorrerá. Nesse caso, porém, basta ao juiz fixar prazo de aditamento maior que o prazo do recurso (o que lhe permite o art. 303, § 1º, I: "o autor deverá aditar a petição inicial (...) em 15 (quinze) dias, ou em outro prazo maior que o juiz fixar"). De todo modo, nada impede que o autor proceda a um aditamento condicional, *i.e.*, que adite sob condição resolutiva, pedindo ao juiz que desconsidere o aditamento caso o réu não recorra.

No entanto, qualquer das partes – dentro do prazo decadencial de 2 (dois) anos contados da sentença terminativa – poderá subsequentemente demandar a outra para rever-se, reformar-se ou invalidar-se a tutela antecipada estabilizada, bastando-lhe requerer o desarquivamento dos autos para instruir a inicial da nova ação (art. 304, §§ 2º, 4º e 5º). Aliás, essa ação poderá ter como causa de pedir qualquer dos fundamentos da ação rescisória, pois não haverá outra oportunidade para isso: o transcurso *in albis* do prazo decadencial bienal fará recair sobre a tutela antecipada efeito equivalente ao de coisa julgada material irrescindível (ou seja, estabilização dará lugar à superestabilização). O réu, como não poderia deixar de ser, sempre terá interesse nessa segunda ação, materialmente plenária, pois nela estarão "reservadas" a ele suas exceções (nenhuma delas previamente determinada); por sua vez, o autor terá interesse, por exemplo, se a tutela antecipada estabilizada só houver sido concedida em parte.

2. Suporte fático da estabilização. Chiovenda explica que o processo monitório tem origem nos *mandata de solvendo cum clausula justificativa* do processo medieval italiano. O titular do crédito obtinha do juiz – "*in base a una cognizione incompleta perché superficiale*" – não mera citação do obrigado em ação de cobrança, mas liminar contendo desde logo ordem de pagamento (*mandatum* ou *praeceptum de solvendo*). Invertia-se o contraditório, cuja iniciativa passava a ser do réu, que devia opor-se ao preceito, sob pena de sua transformação em título executivo. O *praeceptum* continha *clausula justificativa* ou *nisi*: a condenação antecipada pela liminar injuncional só perduraria se ("*nisi*") a parte não se tivesse oposto ao preceito por meio de embargos. (CHIOVENDA, Giuseppe, "Azioni sommarie. La sentenza di condanna con riserva", in *Saggi di diritto processuale civile*, v. 1, Milano, Giuffrè, 1993, p. 121-148). Nesse sentido, o mandado injuntivo está para a tutela antecipada assim como os embargos monitórios estão para o recurso. É o que se pode extrair do artigo 304. Todavia, a interposição de (i) recurso de agravo não é o único meio de opor-se ao preceito; a oposição também pode fazer-se por meio de (ii) reclamação, (iii) mandado de segurança, (iv) suspensão de liminar e (v) pedido de reconsideração. Em (i), (ii), (iii), (iv) e (v), há sinal exteriorizante de resistência à ordem mandamental ou executiva antecipada. Por meio de qualquer um deles se podem obstar os efeitos da tutela antecipada. Todos eles são expressões do contraditório eventual, que caracteriza a técnica monitória e que, por essa razão, obsta a formação do título judicial. Enfim, por meio de todos eles o réu comunica o conhecimento da decisão antecipatória e declara querer o contraditório. Não se pode olvidar, porém, que reclamação, mandado de segurança, suspensão de liminar e pedido de reconsideração devem ser manejados no prazo de interposição do agravo. Afinal, se o réu não recorrer e se o autor não emendar a inicial, o processo será extinto sem resolução do mérito. Isso explica por que a contestação não impede a estabilização da tutela antecipada: se a petição inicial não for emendada, o réu não terá oportunidade de contestar. Quando muito se poderá admitir que a inicial ainda incompleta seja redarguida por um arremedo de contestação, que em essência nada mais será do que um pedido de reconsideração por falta de *fumus boni iuris*.

Poder-se-ia sustentar que a suspensão de liminar, por não ser um recurso, não obstaria a estabilização. É inegável que aqui não se pede reforma, nulificação ou complementação da decisão antecipatória: pede-se apenas a suspensão dos efeitos da tutela antecipada invocando-se risco de "grave lesão à ordem, à saúde, à segurança e à economia públicas" (que, ao fim e ao cabo, é forma difusa de *periculum in mora*). No entanto, não se trata de "tutela de urgência extremada pura": a jurisprudência do STF tem entendido que deve haver também a "plausibilidade jurídica mínima da pretensão deduzida" (que, ao fim e ao cabo, é forma de *fumus boni iuris*) (STF, SS 4.380 MC-AgR/2014; SS 3.717 AgR/ 2014). Nesse sentido, está-se diante de autêntica tutela contracautelar. Ora, se a Fazenda diz que sua pretensão é plausível, diz reflexamente que a pretensão do autor é implausível. Isso significa que a tutela antecipada não deveria ter sido concedida por faltar *fumus boni iuris*. Enfim, em todo pedido de suspensão de liminar há afirmação tácita de *error in iudicando*. Portanto, há sinal exteriorizante de oposição à ordem mandamental ou executiva que se antecipou. Enfim, a suspensão de liminar tem conteúdo impugnativo.

3. Suporte fático da estabilização. O *caput* do art. 304 sugere que só pode haver estabilização no procedimento de tutela antecipada requerida em caráter antecedente. O procedimento seria o exclusivo âmbito de ocorrência da tutela antecipada estabilizada. Não é de estranhar-se que assim seja: é próprio à técnica monitória que o *mandatum* ou *praeceptum de solvendo* se obtenha *in initio litis*, em faixa procedimental ainda não funcionalizada à cognição exauriente ou completa. Por isso, se a estabilização de tutela antecipada integra um microssistema monitório, então só resta acatar a letra fria do art. 304 e inadmitir a estabilização *incidenter tantum*.

De lege ferenda, nada impediria a estabilização da tutela antecipada incidental. É da essência do fenômeno estabilizatório a presença de dois elementos: (i) antecipação da tutela; e (ii) desinteresse bilateral. Na estabilização da tutela antecipada requerida *in initio litis*, a bilateralidade contumacial se revela pela falta de interposição de recurso pelo réu e pela falta de aditamento da inicial pelo autor. Já na estabilização da tutela antecipada requerida *incidenter tantum*, a bilateralidade seria revelada pela falta de interposição de recurso pelo réu e pela falta de interesse do autor no prosseguimento do feito. No último caso, ante a ausência de recurso do réu, o juiz intimaria o autor a manifestar-se: se o autor permanecesse silente ou declarasse desinteresse no prosseguimento, a tutela antecipada incidental se estabilizaria, e o juiz extinguiria o processo sem a resolução o mérito. Todavia, por razões de política processual, o legislador do CPC/2015 assim não quis. Decerto se orientou por princípio de economia principal: já havendo cognição quase completa, prefere-se aproveitá-la a desperdiçá-la. Ou seja, se já se estiver além da cognição sumária inaugural, mas ainda aquém da cognição exauriente, é de bom alvitre que se complete a cognição e se caminhe à prolação de sentença definitiva de mérito.

Se o pedido de tutela antecipada for deduzido em inicial já acabada, não há óbice a que haja estabilização. Se é possível estabilizar-se liminar requerida em inicial incompleta, a aditar-se, *a fortiori* se pode estabilizar liminar requerida em inicial já completa, que não se aditará. Entendimento contrário puniria o autor diligente, que, embora premido pela urgência, confeccionou uma peça inaugural rematada, inteiriça, sem pendências. Nesse caso, para haver estabilização, também será necessária a dupla inércia (falta de interposição do recurso pelo réu + falta de interesse do autor no prosseguimento do feito).

Como se vê, a bilateralidade contumacial é a essência do fenômeno estabilizatório. Ele eclode a partir de uma dupla inércia, de duas omissões cruzadas. Nesse sentido, está-se diante de um regime objetivo-comportamental, não subjetivo-intencional. Logo, não se há de exigir do autor que declare, na petição inicial, que pretende sujeitar-se ao regime de estabilização. Tratar-se-ia de retrocesso voluntarista. A lei não impõe esse ônus. O CPC/2015 só exige do autor que declare a vontade de beneficiar-se do procedimento de tutela antecipada requerida em caráter antecedente (art. 303, §5º). Nada mais. Afinal, é possível que pretenda beneficiar-se da possibilidade de uma inicial incompleta, mas não da estabilização da liminar.

4. Objeto da estabilização. Na antecipação de tutela, adianta-se elemento mandamental ou executivo. Ele desprega-se do conteúdo eficacial da futura sentença favorável de mérito para integrar a composição conteudística da decisão antecipatória. Logo, quando se fala em estabilização da liminar, fala-se em estabilização do elemento sentencial mandamental ou executivo antecipado. Estabilidade significa irrevogabilidade-imodificabilidade. Estabilizar é imunizar contra revogação ou modificação. Enfim, estabilizar é imutabilizar. Por isso, não pode o juiz rever, reformar ou invalidar – a requerimento ou de ofício – tutela antecipada estabilizada (art. 304, §3º), a não ser que se ajuíze a ação a que alude o parágrafo 2º do art. 304 (art. 304, §6º). Na coisa julgada material, a imutabilidade é do elemento sentencial declaratório; na estabilização de tutela antecipada, é do elemento sentencial mandamental ou executivo que se antecipou. Note-se que elas têm limites objetivos distintos, pois. Por isso, na estabilização da tutela antecipada, não há formação de coisa julgada material (art. 304, §6º): não houve juízo de certeza sobre a pretensão material objeto da lide, mas só juízo de aparência. O suporte fático da *res iudicata* é formado por dois elementos: (i) juízo declarativo de certeza sobre o mérito e (ii) elemento preclusivo (que é a coisa julgada formal). Já o suporte fático da estabilização da tutela é formado por (i) decisão antecipatória (em que há juízo declarativo sobre o mérito, embora de mera verossimilhança ou probabilidade) e (ii) elemento preclusivo (que é a falta de interposição recursal ou a interposição intempestiva). Com isso se vê que, no plano da existência, há analogia estrutural entre a coisa julgada material e a estabilização da tutela antecipada. Todavia, não são a mesma coisa, embora homólogas.

5. Extinção do processo. Uma vez estabilizada a tutela antecipada, diz o parágrafo 1º do art. 304 que "o processo será extinto". Aqui, não há dúvida: o processo há de extinguir-se por sentença (art. 203, §1º). Resta saber se essa extinção será promovida com ou sem resolução de mérito. Na antecipação de tutela, há adiantamento de elemento sentencial mandamental ou executivo. O elemento desprega-se da futura e provável sentença favorável de mérito, esvaziando-a em parte. Migra no tempo para integrar a composição conteudística da decisão antecipatória. Se na decisão antecipatória não estabilizada tiver havido adiantamento de elemento sentencial executivo, por exemplo, a eventual sentença favorável de mérito conterá as demais eficácias não antecipadas (declarativa, condenatória, constitutiva e mandamental). Mas, na decisão antecipatória estabilizada, não se verificará o mesmo fenômeno: adiantado o elemento sentencial executivo, por exemplo, não haverá ensejo para que a cognição seja exaurida e se profira, com isso, sentença favorável de mérito composta pelos elementos remanescentes declarativo, condenatório, constitutivo e mandamental.

Isso ocorre porque a estabilização faz um corte, interrompendo o completamento da cognição. Logo, a sentença a que alude o parágrafo 1º do art. 304 só terá uma função: dissolver a relação processual pendente, tendo em vista que a relação jurídica material controvertida já foi resolvida interinamente pela decisão antecipatória estabilizada. Nesse sentido, a sentença será terminativa, sem qualquer carga eficacial de mérito. Não será de todo oca, porém: declarará a estabilização.

6. Estabilização de tutela antecipada em ações declarativas e constitutivas. A toda pretensão corresponde uma ação que a assegura: onde existe a pretensão, há, se ocorre o óbice, a ação respectiva. Enquanto se exige (exerce-se a pretensão), espera-se o cumprimento de um ato voluntário do obrigado (titular de um dever); mas enquanto se age (exerce-se a ação), realiza-se, independentemente do cumprimento voluntário do dever, alguma atividade tendente a que o obrigado pague. Logo, toda ação é sempre concreta, individualizada, dirigida contra alguém; nunca é universal, indeterminada ou abstrata. Enquanto a pretensão significa sempre a exigibilidade de uma coisa (pretensão real) ou de um comportamento (pretensão pessoal), a ação sempre supõe resistência à pretensão. Se disser ao devedor que desejo que me pague o que me deve, exijo-o (exerço pretensão), porém, ainda não ajo contra ele; mas se tomar a coisa que me deve, ajo (exerço poder de agir), condenando-o e executando-o. É bem verdade que pode haver ação sem pretensão (por exemplo, desforço possessório imediato, legítima defesa) e pretensão sem ação (por exemplo, pretensão à vida comum no domicílio do casal, crédito ainda inexigível, ação prescrita). Mas são exceções. De todo modo, após o monopólio da justiça, a mais ninguém é dado agir com as próprias mãos – declarando, constituindo, condenando, mandando ou executando –, sem cometer "crime de exercício arbitrário das próprias razões" (art. 345, CP). Trata-se de funções exclusivas do Estado, objeto de prestação jurisdicional. Agora os titulares das ações, não mais podendo tutelar com as próprias mãos os seus interesses, têm contra o Estado a dita "pretensão à tutela jurídica" (hoje, no Brasil, constitucionalizada pelo art. 5º, XXXV, da CF/1988). Exercem-na para que a ação, cuja realização antes lhes cabia, passe a ser realizada coercitivamente pelo Estado. Essa realização é, rigorosamente, a mesma ação em sentido material (ou seja, o mesmo agir para a realização inerente a toda pretensão); entretanto, uma vez proibida a autotutela privada, a efetivação se obtém mediante o agir dos órgãos estatais (judiciais ou nãojudiciais).

Nas ações declarativas e constitutivas, passa-se a mesma coisa. É possível que A tenha pretensão a que B reconheça a existência ou inexistência de uma situação jurídica, ou que uma situação jurídica seja vista por B como extinta, constituída ou modificada. No entanto, se B resiste, A passa a ter a ação. Todavia, tendo em vista que A não pode agir declarando ou constituindo, há de valer-se de "ação" (ação em sentido processual) para que o Estado declare ou constitua em seu lugar, ou seja, para que o Estado realize em seu lugar a ação cujo exercício se lhe obstou (ação em sentido material). De todo modo, não basta ao Estado declarar ou constituir em desfavor de B. É preciso ordenar-lhe que adéque seu comportamento à declaração ou à constituição judicial. Enfim, é preciso contra ele emitir-se "preceito de *non offendendo*" (que alguns autores chamam de "eficácia normativa"). Por isso, quando o Estado age declarando ou constituindo, também há de agir mandando, a fim de que o comando sentencial seja "lei entre as partes". Isso explica por que toda sentença declarativa ou constitutiva tem força declarativa ou constitutiva (carga 5) e eficácia imediata mandamental (carga 4). Pois é justamente essa eficácia sentencial mandamental que se antecipa nessas ações como tutela de urgência satisfativa interinal ou provisional. Na tutela antecipada em ações declarativa e constitutiva, o juiz ordena ao réu que se comporte – por meio de *facere* ou de *non facere* – do mesmo modo que teria de comportar-se após transitar em julgado a sentença declarativa ou constitutiva favorável de mérito. Assim sendo, a estabilização da tutela nas ações declarativas e constitutivas tem como objeto o "preceito de *non offendendo*", que foi antecipado. É ele que se torna imodificável e irrevogável. Na ação declaratória de inexistência de relação obrigacional tributária, *v. g.*, estabiliza-se o mandado de proibição a que o Fisco constitua crédito tributário (se a ação for ajuizada antes do lançamento), ou o mandado de proibição a que a Fazenda acione executivamente, com base em certidão de dívida ativa, o sujeito passivo da relação a declarar-se inexistente (se a ação for ajuizada após o lançamento e antes do ajuizamento da execução fiscal). Na ação revisional de alugueres de imóvel residencial, *v. g.*, estabiliza-se o mandado a que réu pague os aluguéis vincendos no valor pretendido pelo autor. Na ação constitutiva de servidão de passagem, por exemplo, estabiliza-se o mandado a que o réu tolere o trânsito do autor pelo seu imóvel. Não há a menor dificuldade de se aceitar tudo isso.

   7. **Tutela antecipada e estabilização em ação rescisória.** Há casos peculiares, em que a estabilização de tutela antecipada em ação declaratória ou constitutiva se mostra assaz tormentosa. É o caso da ação rescisória (que é ação constitutiva negativa). Sempre foi assente na jurisprudência do STJ a possibilidade excepcional de antecipar-se tutela na ação rescisória para suspender-se a exequibilidade da decisão rescindenda (STJ, REsp 263.110/RS; REsp 127.342/PB; AgRg na AR 1.291/SP). Não por outra razão a Lei 11.280/2006 deu nova redação ao art. 489 do CPC/1973: "O ajuizamento da ação rescisória não impede o cumprimento da sentença ou acórdão rescindendo, ressalvada a concessão, caso imprescindíveis e sob os pressupostos previstos em lei, de medidas de natureza cautelar ou antecipatória de tutela". O comando foi reproduzido em termos similares pelo art. 969 do CPC/2015: "A propositura da ação rescisória não impede o cumprimento da decisão rescindenda, ressalvada a concessão de tutela provisória". Se o relator da ação rescisória conceder tutela cautelar, a exequibilidade da decisão rescindenda será suspensa por mandamentalidade originária; se houver aí concessão de liminar, a suspensão da exeqüibilidade dar-se-á por mandamentalidade derivada (que é o preceito de *non offendendo*, que se desprega do capítulo rescindente do acórdão para compor o plexo eficacial da decisão antecipatória). Se na rescisória o autor valer-se do procedimento de tutela cautelar requerida em caráter antecedente, o depósito prévio

de 5% (cinco por cento) sobre o valor da causa (art. 968, II) não terá de acompanhar a inicial, mas só o aditamento, pois aqui há duplicação de demandas (cautelar + principal) e o aludido depósito só diz respeito à demanda principal. Contudo, se na ação rescisória o autor utilizar-se do procedimento de tutela antecipada em caráter antecedente, o depósito já terá de acompanhar a inicial, pois aqui há única demanda e, portanto, ela já estará sendo proposta.

Resta saber se a tutela antecipada será estabilizada se o réu não impugná-la. É preciso ter em mente que a tutela antecipada na rescisória se faz por decisão monocrática do relator (art. 932, II). Logo, havendo estabilização e superestabilização (estabilização e transcurso *in albis* do prazo bienal para desfazer-se a estabilização), a referida decisão singular teria o condão de impedir *ad aeternum* a exequibilidade de decisão transitada em julgado. Nisso haveria afronta, porém, ao chamado princípio da homologia ou do paralelismo de formas. A decisão provisória superestabilizada de um relator não pode apagar – para sempre! – a decisão definitiva transitada em julgado de um juiz ou de um tribunal. O provisório é *minus* em relação ao definitivo; a superestabilização é *minus* em relação à coisa julgada material. Ademais, a CF/1988 garante a intangibilidade da coisa julgada (art. 5º, XXXVI) e prevê seu desfazimento apenas por ação rescisória (art. 102, I, "j"; art. 105, I, "e"; art. 108, I, "b") (*rectius*: por realização definitiva de ação material de rescisão do julgado).

8. Estabilização de tutela antecipada e cumulação de demandas. Questão difícil é saber se é possível estabilizar-se tutela antecipada em cumulação de demandas. Lembre-se que a cumulação pode ser: (i) própria (quando se podem acolher todos os pedidos); (ii) imprópria (quando só se pode acolher um deles). A cumulação própria pode ser: (i.a) simples, quando os pedidos são independentes entre si (por exemplo: indenização por danos morais + indenização por danos materiais); ou (i.b) sucessiva, quando a análise do pedido posterior depende da procedência do anterior (por exemplo: reintegração de posse + indenização; investigação de paternidade + alimentos). Já a cumulação imprópria pode ser: (ii.a) eventual, quando só se analisa o pedido posterior ante a improcedência do anterior (por exemplo: nulificação total do contrato; subsidiariamente, nulificação de determinada cláusula); ou (ii.b) alternativa, quando ao autor interessa o acolhimento de qualquer dos pedidos, sem ordem de preferência (por exemplo: troca de produto defeituoso, devolução total do preço pago ou abatimento no preço).

(i.a) Na cumulação própria simples, se houver tutelas antecipadas estabilizadas em relação a todos os pedidos, o processo será extinto; porém, se houver tutelas antecipadas estabilizadas apenas em relação a alguns dos pedidos, o processo terá de seguir para que se resolvam os remanescentes.

(i.b) Na cumulação própria sucessiva, não se pode estabilizar tutela antecipada de pedido sucessivo (por exemplo: condenação em alimentos) ante a pendência do pedido principal (por exemplo: reconhecimento de paternidade). Da mesma forma, não se pode estabilizar tutela antecipada de pedido principal (por exemplo: reintegração de posse), pois ele contém a questão prévia sem a qual não se consegue apreciar o pedido sucessivo (por exemplo: condenação em pagamento de indenização por danos materiais). A estabilização é incompatível com a figura da prejudicialidade, pois.

(ii.a) Na cumulação imprópria sucessiva e (ii.b) na cumulação imprópria alternativa, basta antecipar-se a tutela em relação a um dos pedidos para viabilizar-se a estabilização e, com isso, o processo ser extinto.

9. Revisão, reforma e invalidação de tutela antecipada estabilizada. A parte interessada terá prazo decadencial (portanto, ininterruptível) de 2 (dois) anos, a partir da decisão que extinguiu o processo, para ajuizar ação desconstitutiva de tutela antecipada estabilizada (art. 304, §5º). Para ajuizá-la, deverá requerer o desarquivamento dos autos em que foi concedida a medida para instruir a inicial, que será distribuída ao mesmo juízo (art. 304, §4º). A inicial não será encartada nos mesmos autos: ela abrirá autos novos, que receberão numeração própria e serão apensados aos autos em que se deu a estabilização da tutela antecipada. Se a decisão antecipatória for revista, reformada ou invalidada, a estabilidade será afastada (art. 304, §6º) e, por via de consequência, o processo em que a tutela antecipada foi concedida retomará seu curso. Se a segunda ação for proposta pelo réu da primeira, ele agora será autor e, por isso, terá o ônus de provar o fato constitutivo da sua pretensão (art. 373, I), a menos que o juiz aqui proceda à chamada "dinamização das cargas probatórias dinâmicas" (art. 373, §1º). Na segunda ação, nada impede que excepcionalmente se antecipe tutela para obstar os efeitos da tutela antecipada estabilizada na primeira ação. É verdade que o § 3º do artigo 304 prevê a conservação da tutela antecipada estabilizada enquanto não revista, reformada ou invalidada por decisão de mérito. Todavia, em se tratando estabilização à revelia, por exemplo, nada impede que na segunda ação se conceda liminar, dês que a proponente surpreenda o juiz com fundamentos relevantes e esteja gravemente ameaçado pela iminência de dano irreversível. Entendimento contrário feriria o art. 5º, XXXV, da CF/1988 ("a lei não excluirá da apreciação do Poder Judiciário lesão ou ameaça a direito"). De todo modo, não poderá haver estabilização da segunda tutela contra a primeira tutela já estabilizada, sob pena de instituir-se a possibilidade de uma sequência infinita de tutelas estabilizadas contra tutelas estabilizadas.

Transcorrido *in albis* o prazo para revisão, reforma ou invalidação da medida, gera-se indiscutibilidade externa, que é efeito próprio de coisa julgada material. É preciso frisar que a estabilização da tutela antecipada se faz em progressão escalar: (i) estabilização da tutela antecipada (após transcorrer *in albis* o prazo para recorrer); (ii) superestabilização da tutela antecipada (após transcorrer *in albis* o prazo bienal para ajuizar-se ação para a desconstituição da tutela antecipada estabilizada). O parágrafo 6º do art.304 – segundo o qual "a decisão que concede a tutela (antecipada) não fará coisa julgada" – só incide na fase (i), não na fase (ii). Portanto, transcorrido *in albis* o prazo bienal para ajuizar-se ação para a desconstituição da tutela antecipada estabilizada, não se forma a coisa julgada material em si, mas há irradiação de efeito equivalente ao de coisa julgada material. No plano da existência, não há como suporte fático (i) indiscutibilidade interna + (ii) elemento declarativo de mérito, o que é próprio da coisa julgada material. Na verdade, o suporte fático = (i) decisão antecipatória de tutela + (ii) falta de interposição de recurso + (iii) transcurso *in albis* do prazo bienal para desfazer-se a tutela antecipada estabilizada. Já no plano da eficácia, há efeito externo semelhante ao de coisa julgada material, que é a impossibilidade de discutir-se o mérito noutro processo. Note-se que, aqui, a expressão "indiscutibilidade externa" tem sentido específico: não se trata de impossibilidade de rediscussão (debate repetido) no segundo processo, mas de impossibilidade de discussão (debate original), pois no primeiro processo não se teceu juízo de certeza sobre o mérito, mas mero juízo de verossimilhança ou probabilidade sobre a existência da pretensão de direito material objeto da lide. Ora, se coisa julgada é "vedação de repetição da atividade jurisdicional sobre o mesmo objeto" (Luiz Eduardo Ribeiro Mourão), isso não se verifica na "superestabilização" da tutela antecipada, uma vez que não se pode vetar a repetição de algo que sequer ocorreu.

A Romanística diria que aqui há *"quasi res iudicata"*: *quasi* não no sentido de "algo que falta pouco para ser", mas de "algo equiparado a". No "quase contrato", o núcleo do suporte fático não é integrado por declaração de vontade negocial, embora dali se irradie relação jurídica obrigacional tipicamente contratual. Da mesma forma, na "quase coisa julgada", o suporte fático não é integrado por discussão vertical sobre o mérito da causa; não obstante, há irradiação do efeito externo próprio à coisa julgada material. Ora, se não há coisa julgada, mas só efeito de coisa julgada, não se há de falar em possibilidade de ação rescisória; ou seja, formada a superestabilização da tutela antecipada, não se pode rescindi-la: entendimento contrário duplicaria, por via oblíqua, o prazo para a desconstituição da tutela antecipada estabilizada. Ainda assim, caberá *querela nullitatis insabilis* se a estabilização e a superestabilização se derem em processo de réu revel não citado ou citado nulamente.

10. Estabilização da tutela antecipada e Fazenda Pública. Não há razão para a tutela antecipada não se estabilizar contra a Fazenda. Embora o interesse público justifique o tratamento diferenciado à Fazenda em juízo, os privilégios daí decorrentes devem estar expressamente discriminados em lei, pois excepcionais ao princípio da isonomia entre as partes; assim, devem interpretar-se restritivamente (*exceptiones sunt strictissimœ interpretationis*). Porém, resta saber se essa estabilização está condicionada a reexame necessário (art. 496) e, em caso positivo, em que instante os autos devem remeter-se ao tribunal. Tenha-se em mente que – transcorrido o prazo *in albis* para a revisão, reforma ou invalidação da tutela antecipada estabilizada – gera-se indiscutibilidade externa, que é efeito equivalente ao de coisa julgada material. Pior: o efeito corresponde ao de coisa julgada material *irrescindível*. É o que chamamos de "superestabilização". Contudo, isso não se pode produzir contra o Poder Público sem a decisão ser antes confirmada pelo tribunal (salvo nas hipóteses definidas nos parágrafos 3º e 4º do art. 496): se o reexame da sentença é obrigatório à formação de coisa julgada rescindível, *a fortiori* o reexame da decisão antecipatória é obrigatório à geração do efeito de coisa julgada irrescindível. Ademais, estabilização de tutela antecipada e ação de procedimento especial monitório formam um autêntico microssistema de tutela de direitos pela técnica monitória, pois em ambos os âmbitos há obtenção adiantada em definitivo de mandamento ou execução *secundum eventum defensionis*; logo, se há remessa necessária quando a Fazenda não apresenta embargos monitórios (art. 701, §4º), deve haver remessa necessária quando a ela não recorre da decisão antecipatória de tutela. A questão é saber em que momento os autos devem ser remetidos ao tribunal para reexame em caso de tutela antecipada estabilizada. Três seriam as possibilidades: (i) logo após o transcurso *in albis* do prazo para recorrer da tutela antecipada (*i.e.*, logo após a estabilização); (ii) logo após a prolação da sentença terminativa que extingue o processo em que estabilizada a tutela antecipada; (iii) logo após o transcurso *in albis* do prazo para a revisão, a reforma ou a invalidação da tutela antecipada estabilizada (*i.e.*, logo após a superestabilização). As soluções (i) e (ii) atentam contra o propósito da tutela antecipada, que é o adiantamento urgente de satisfação da pretensão material afirmada pelo autor; daí por que não há razão para que a situação de perigo só seja afastada após a confirmação da decisão pelo tribunal. Assim, a melhor solução é (iii). De todo modo, ela não é imune a inconveniente, pois a estabilização poderá ser revogada pelo tribunal após mais 2 (dois) anos, lapso dentro do qual a liminar já poderá ter sido efetivada de modo irreparável ou de difícil reparação (mediante pagamento de precatório, por exemplo). Nesse caso, porém, poder-se-á exigir do autor que preste caução para efetivar-se a tutela estabilizada (art. 300, §1º); se não puder prestar, poderá responsabilizar-se objetivamente por eventuais danos causados (art. 302). Se a liminar não for confirmada pelo tribunal, a sentença terminativa será cassada e o processo prosseguirá a fim de que a cognição se complemente.

11. Estabilização de tutela antecipada e honorários advocatícios. Na estabilização de tutela antecipada, embora a cognição só tenha sido incompleta, obtém-se em definitivo mandamento ou execução *secundum eventuam defensionis*. Nesse sentido, está-se diante de manifesta expressão da técnica monitória. Com isso se pode sustentar que o CPC/2015 instituiu autêntico microssistema normativo de tutela de direitos subjetivos pela técnica monitória: de um lado está a (i) estabilização de tutela antecipada (art. 304); de outro, a (ii) ação de procedimento especial monitório (arts. 700 a 702). Noutros termos: entre (i) e (ii) – em razão da afinidade eletiva material – há regime jurídico único. Por isso, na estabilização, cabe condenação do réu em honorários de advogado, que se arbitrarão na sentença terminativa. A sentença porá fim à relação processual pendente e declarará a tutela antecipada estabilizada, impondo ao réu – que deu causa à demanda – as verbas de sucumbência. É decorrência pura e simples do princípio da causalidade. Nesse caso, será aplicado adaptativamente *in casu* o *caput* do art. 701: o réu será condenado a pagar honorários advocatícios de 5% (cinco por cento) do valor atribuído à causa.

Trata-se, porém, de condenação resolúvel: pode apagar-se caso o réu logre a procedência da ação de desconstituição da tutela antecipada estabilizada. Se o réu for a Fazenda Pública, a condenação ainda poderá desfazer-se se a tutela estabilizada não for confirmada pelo tribunal em reexame obrigatório (art. 496).

CAPÍTULO III – Do Procedimento da Tutela Cautelar Requerida em Caráter Antecedente

ARTIGO 305.

A petição inicial da ação que visa à prestação de tutela cautelar em caráter antecedente indicará a lide, seu fundamento e a exposição sumária do direito que se objetiva assegurar e o perigo de dano ou o risco ao resultado útil do processo.

Parágrafo único. Caso entenda que o pedido a que se refere o *caput* tem natureza antecipada, o juiz observará o disposto no art. 303.

CORRESPONDÊNCIA NO CPC/1973: *ARTS. 273 E 801.*

1. **Duplicidade de demandas.** À base de toda "ação" (ação em sentido processual), há uma pretensão material resistida ou insatisfeita, cuja ação (ação de direito material) se deseja ver realizada substitutivamente pelo Estado. Uma vez que para toda pretensão há ação que a assegura, e visto que o monopólio da jurisdição pelo Estado impede o titular da pretensão resistida ou insatisfeita de realizar a ação com as próprias mãos, ao titular só resta valer-se da "ação", afirmando a existência da pretensão material em juízo e pedindo ao Estado que realize a ação em seu lugar. Daí se vê que não houve supressão da ação pela "ação", mas duplicação de ações: (i) uma dirigida contra o obrigado (ação, ação em sentido material); (ii) outra contra o Estado ("ação", ação em sentido processual), para que ele, certificando a existência da pretensão resistida ou insatisfeita, satisfaça-a coercitivamente, realizando a mesma atividade privada de que fora impedido o titular.

Quando se deduz em juízo pedido cautelar, também se invoca a existência de específica pretensão (a pretensão de direito material à segurança, mais conhecida como "direito substancial de cautela"), por meio da qual se pode exigir que se assegurem tanto um fato (por exemplo, produção antecipada de provas) quanto a própria material que já esteja à base da "ação" principal (por exemplo, sequestro cautelar preparatório ou incidental). Aqui, também se quer que o Estado realize a respectiva ação de direito material, já que o sistema jurídico proíbe o agir privado. Isso mostra que as demandas cautelares não são "ocas". Nelas, há também *res in iudicium deducta* (a pretensão à segurança), que não se confunde com a *res in iudicium deducta* principal (a pretensão a assegurar-se). Elas têm mérito próprio, pois.

Como se vê, há duplicidade de demandas – a demanda cautelar e a principal –, cada qual com a subjacente relação jurídico-material controvertida que lhe é própria e com a pretensão e a ação que daí defluem. Por essa razão, a cada demanda corresponderá uma petição (art. 305, *caput*), salvo se houver cumulação (art. 308, §1º).

2. Pretensão à segurança: suporte fático probabilístico. Infelizmente ainda se incorre no erro de dizer que julgamentos cautelares são proferidos sob cognição incompleta ou sumária, deixando-se levar pela natureza probabilística do *fumus boni iuris*. Se um dos pressupostos nucleares da medida cautelar é a verossimilhança da pretensão objeto da lide principal, é tentador concluir que a sentença cautelar não goza da certeza que deflui da cognição completa ou exauriente. Esse raciocínio simplista é falacioso, mas fascina. É tão fascinante que tem convencido a maioria dos processualistas. Ora, não se pode perder de vista que o "direito substancial de cautela" é pretensão, cujo suporte fático é fundamentalmente composto por dois elementos: *fumus boni iuris* + *periculum in mora*. Presentes os dois pressupostos, o suporte fático ingressa no mundo jurídico pelo plano da existência, sobressalta o plano da validade e ingressa no plano da eficácia para ali irradiar seu efeito principal: a constituição da pretensão material à segurança. Vê-se que, embora o suporte fático contenha elemento probabilístico (plano da existência), a pretensão que daí nasce tem existência certa (plano da eficácia). Aliás, não raro, as hipóteses de incidência descrevem probabilidades, ficções ou presunções. Contudo, as situações jurídicas que nascem a partir dessa incidência não têm existências meramente prováveis, fictas ou presumidas. As situações jurídicas são ou não são. O *fumus boni iuris* é elemento do suporte fático do "direito subjetivo de cautela", mas esse "direito" – uma vez concretizado seu suporte fático – tem existência revestida de certeza. O fato de um direito subjetivo ter suporte fático probabilístico não significa que o reconhecimento da existência desse direito não se faça na sentença sob juízo de certeza. Aliás, inúmeros são os direitos subjetivos cujo suporte fático traz mera probabilidade: lucros cessantes constituem probabilidade, embora suficiente ao nascimento do direito à indenização; os direitos do nascituro despontam com fulcro na probabilidade de um nascimento com vida; é possível disposição testamentária em favor de prole eventual.

Da mesma forma, a probabilidade de o requerente ser o titular da pretensão objeto da lide principal pode conferir-lhe pretensão a uma cautela (desde que o respectivo suporte fático também contenha o elemento do *periculum in mora*). Não se trata de realidade excêntrica, pois. A verossimilhança do direito que integra a lide principal não implica a verossimilhança do outro direito, que integra a lide paralela cautelar. Enfim, a cognição sumária a respeito da pretensão objeto da lide principal não se confunde com a cognição exauriente a respeito da pretensão objeto da lide cautelar.

Por isso, na fundamentação do capítulo cautelar da sentença, quando o juiz certifica a presença do *fumus boni iuris*, ele outra coisa não faz senão elaborar um juízo de certeza a respeito de um elemento que habita o plano da existência. *A fortiori*, quando aponta na liminar a presença do *fumus*, fá-lo mediante emissão de juízo de verossimilhança ou probabilidade. Ou seja: (i) quando o juiz julga o pedido cautelar, tem a certeza de que o "direito substancial de cautela" existe (cognição exauriente); (ii) quando concede a liminar (isto é, quando antecipa os efeitos práticos da tutela acautelatória pretendida ao final), entende simplesmente que a existência do "direito substancial de cautela" é verossímil ou provável (cognição sumária). Se assim não for, ter-se-á de sustentar – não sem certo ar de comédia – que o julgamento cautelar se profere sob cognição sumária e a decisão liminar cautelar sob cognição ultrassumária ou sumaríssima (que alguns chamam de cognição "rarefeita").

3. Cautelaridade, definitividade e satisfatividade. É equivocada a ideia de que na tutela cautelar não há satisfatividade. Não raro, processualistas afirmam que o âmbito cautelar não é palco de satisfação, mas apenas de asseguração. Vinculam a ideia de satisfação à ideia de declaração: a declaração do "direito substancial de cautela" importaria na sua satisfação. Não se pode olvidar, porém, que pouco importa, para haver satisfação, que o juiz "diga o direito" a título definitivo. Quem satisfaz "dizendo o direito" sob cognição completa (sob juízo de certeza), satisfaz definitivamente, e quem satisfaz "dizendo o direito" sob cognição incompleta (sob juízo de aparência), satisfaz provisoriamente. Não é obrigatória a coexistência entre a apreciação definitiva do mérito e a satisfação da pretensão objeto da lide.

No entanto, no fenômeno cautelar, há indisfarçável satisfatividade. Quando se julga procedente pedido cautelar, satisfaz-se *pretensão à segurança* (deduzida separadamente na "ação" cautelar ou cumulativamente na própria "ação" principal), não a ameaçada pretensão objeto da lide principal a assegurar-se (que é deduzida na "ação" principal). *Assegura-se* a pretensão objeto da lide principal, *satisfazendo-se* a pretensão objeto da lide cautelar. Isso explica o caráter *antecipatório* da liminar cautelar: como *liminar* que é, satisfaz provisoriamente a pretensão à segurança, antecipando os efeitos práticos da tutela cautelar pretendida ao final.

Logo, o julgamento definitivo cautelar se profere sob juízo de certeza e cognição exauriente ou completa, enquanto a liminar se concede sob juízo de verossimilhança e cognição sumária ou incompleta. Assim sendo, se o capítulo cautelar da sentença declara sob juízo de certeza a existência do "direito substancial de cautela" (*i.e.*, se promove o *accertamento* desse direito), então ela produz coisa julgada material e torna indiscutível o reconhecimento dessa específica pretensão material (e não da pretensão material objeto da lide principal).

4. Autonomia e referibilidade. Entre a pretensão à cautela e a pretensão a acautelar-se, não há relação de acessoriedade, mas de referibilidade. A primeira pretensão não existe apenas se existir a segunda. O chamado "direito substancial de cautela" tem suporte fático probabilístico, em cujo cerne há *fumus boni iuris* e *periculum in mora*. Logo, embora o suporte fático contenha elemento probabilístico (plano da existência), a pretensão que daí nasce tem existência certa (plano da eficácia). Enfim, conquanto a existência da pretensão material objeto de lide principal seja apenas verossímil ou provável, a existência da pretensão à segurança é certa.

Não raro, a eficácia mandamental ou executiva da sentença de procedência na ação de cognição parcial é revogada pela superveniência de sentença de procedência em ação de cognição plena. No litígio entre A e B, o elemento executivo da sentença de reintegração de posse favorável a A é suprimido pela posterior sentença reivindicatória favorável a B. Já no litígio entre C e D, o elemento mandamental da sentença de manutenção de posse favorável a C é apagado pela ulterior sentença reivindicatória favorável a D. Todavia, tanto num caso quanto noutro, o elemento declaratório da sentença possessória – que atestou a existência do "direito de posse" (*ius possessionis*) – permanece incólume. Nem poderia ser de outra forma. A declaração do direito de propriedade em favor de B e D não implica inexistência do direito de posse em favor de A e C. Do mesmo modo, a inexistência da pretensão objeto da lide principal não implica inexistência da pretensão material da lide cautelar. A procedência da demanda cautelar significa que o requerente era titular do "direito substancial de cautela" quando aforou a ação, visto que presentes à época *fumus* e *periculum*. Assim, a declaração de inexistência da pretensão material na ação principal não significa que a pretensão à segurança nunca existiu. Existiu a pretensão cautelar, mas não a pretensão principal: eis o ponto. Isso mostra que o "direito substancial de cautela" é autônomo, embora seu suporte fático se refira a um "direito substancial a acautelar-se". Daí por que a cautelar não é propriamente ação "acessória", mas uma ação referente; logo, a rigor, a expressão "ação referida" é melhor que a expressão "ação principal" (não obstante esta já esteja consagrada pelo uso).

Portanto, pode ser que: (i) exista a pretensão à segurança, e não exista a pretensão a ser assegurada (sentença cautelar de procedência e sentença principal de improcedência); (ii) a pretensão à segurança e a pretensão a ser assegurada não existam (sentença cautelar de improcedência e sentença principal de improcedência); (iii) a pretensão à segurança e a pretensão a ser assegurada existam (sentença cautelar de procedência + sentença principal de procedência); (iv) a pretensão à segurança não exista, e a pretensão a ser assegurada exista (sentença cautelar de improcedência + sentença principal de procedência).

5. Fungibilidade. Nem sempre é fácil dizer quando uma tutela de urgência é cautelar ou satisfativa. A distinção entre os dois gêneros é límpida. Na tutela de urgência cautelar, sana-se *pericolo di infruttuosità* mediante asseguração ("segurança para a execução"), já que há risco de que uma pretensão material não possa vir a ser satisfeita no futuro. Já na tutela de urgência satisfativa, remedia-se *pericolo di tardività* mediante adiantamento de satisfação ("execução para a segurança"), porquanto há risco de que a falta de realização antecipada da ação material traga dano à esfera jurídica do requerente. Porém, não raro, é intrincada a tarefa de enquadrar uma espécie de tutela sumária urgente em um dos gêneros. Às vezes, a divisa entre assegurar e satisfazer é tênue. Por isso, soem existir divergências entre os juristas do processo. Alimentos provisionais são tutela cautelar para uns (como Pontes de Miranda) e tutela antecipada para outros (como Ovídio Baptista). A sustação de protesto é tutela antecipada para outros (como Ovídio Baptista) e tutela cautelar para uns (como Humberto Theodoro Jr.). Isso sem contar as inúmeras disputas em torno da natureza da suspensão provisória de deliberação social. Porém, os práticos do foro não podem estar à mercê das contendas dogmáticas. Assim, é preciso instituir-se fungibilidade procedimental entre a tutela de urgência cautelar e a tutela de urgência satisfativa. Se o autor valer-se do procedimento de tutela cautelar requerida em caráter antecedente (art. 305, *caput*), poderá o juiz transmudá-lo no procedimento a que se refere o artigo 303 se entender que se está diante de pedido de tutela antecipada (art. 305, parágrafo único). O contrário também é possível. É inexplicável a omissão legislativa, pois. A fungibilidade há de ser "via de mão dupla". Logo, se o autor valer-se do procedimento de tutela antecipada requerida em caráter antecedente, poderá o juiz transformá-lo no procedimento a que alude o art. 305 se entender que se está diante de pedido de tutela cautelar. *De lege ferenda* o ideal seria uma unidade procedimental entre tutela cautelar e tutela antecipada, evitando-se com isso que as escolhas do autor ficassem sujeitas às opiniões subjetivas do juiz. Entretanto, infelizmente, o legislador do CPC/2015 perdeu a rara oportunidade de aprofundar a unificação procedimental entre as tutelas de urgência pela qual a prática do foro sempre clamou.

6. Tutela de urgência satisfativa autônoma. Sob a égide do CPC/1973, grassaram na prática as "tutelas de urgência satisfativas *autônomas*" (Ovídio Baptista). Não se confundiam com as "tutelas de urgência satisfativas *interinais*", tratadas nos arts. 273 e 461 daquele estatuto processual. A tutela de urgência satisfativa interinal – como o próprio nome diz – era provisória; já a tutela de urgência satisfativa autônoma, definitiva. Ela era concedida formalmente em processo cautelar, sem ser materialmente cautelar e sem cogitar-se de ação principal. Ou seja, ela em si mesma era objeto de um pedido *principaliter*. Isso se fazia porque a natureza da pretensão de direito material era incompatível com o procedimento comum ordinário. Assim, veiculava-se a pretensão de direito material no procedimento sumarizado da "ação" cautelar, sem que essa pretensão fosse cautelar. Com isso, o desfecho processual era mais célere, uma vez que se contava com prazo reduzido de cinco dias para contestar, apelação sem efeito suspensivo, etc.

Para fundamentar o instituto, Ovídio Baptista valeu-se da tradição do medievo – mormente das lições de Stryk sobre os mandata sine clausula justificativa do direito germânico medieval, citadas no parágrafo 546 do Tratado prático compendiário de todas as acções summárias de Manuel de Almeida e Sousa de Lobão – para tecer uma diferenciação entre damnum irreparabile e periculum in mora. (BAPTISTA, Ovídio, "Medidas cautelares", in Digesto de processo, v. 3, Rio de Janeiro, Forense; STRYK, Uberlândia: Revista Brasileira de Direito Processual, 1985, p. 420-459; LOBÃO, Manuel de Almeida e Sousa, *Teoría de la acción cautelar*, Porto Alegre, Sergio Fabris, 1993, p. 422-425 e seguintes). No caso de proteção contra *damnum irreparabile*, outorgava-se garantia jurisdicional em face do estado emergencial surgido em razão de circunstâncias extraordinárias;

permitia-se, assim, que o direito fosse protegido sem que a tutela o realizasse antecipadamente (*"si Pars, conquerens ex facto alterius, postquam perpetratum esset, irreparabile damnum sentiret, v. g., si vitae, famae, vel honoris periculum immineat: Si Sylvia devastetur, arbores annosas succidendo, quae vel plane non, vel non nisi longissimo tempore recrescunt, quod item est, si quis Sylviam integram excidere velit, in qua alteri jus venandi competit; si flumina ad aliam ripam, seu alveum deriventur, etc."*). Já nas hipóteses de *periculum in mora*, efetuava-se diminuição no tempo necessário para a obtenção da tutela satisfativa, eliminando-se da ordinariedade formal – intrinsecamente lenta – todas as formalidades inúteis, pois certas causas não se compatibilizavam com a demora procedimental (*"si causa moram non ferat, v. g., si metus armorum praesentissimus adsit, si alimenta denegentur, si res tempore si peritura, v. g., si faenum, fructus, etc.; si quis in carcere cum fame, squalore, et inedia cum salutis, sanitatis, ac vitae discrimine detineatur"*).

Assim sendo, o fundamento da tutela de urgência satisfativa provisional seria o *damnum irreparabile*, enquanto o da tutela de urgência satisfativa autônoma seria o *periculum in mora*. A jurisprudência aponta várias pretensões principais que acabavam veiculando-se em "ações impropriamente cautelares" (que o foro chamava inadequadamente de "ações cautelares satisfativas"): pretensão a fornecimento de medicamentos pelo Estado; pretensão demolitória fundada em direito de vizinhança; busca e apreensão de filho em poder de terceiros; pretensão ao restabelecimento de fornecimento de energia elétrica; pretensão ao desbloqueio de veículo junto a órgão oficial; pretensão ao restabelecimento de benefício previdenciário; pretensão à exclusão do nome de cadastro de inadimplentes; pretensão à obtenção de certidão de regularidade fiscal; pretensão do cônjuge separado contra o cônjuge titular da guarda que se recusa a levar o filho doente ao médico. Luiz Fux traz ainda os seguintes exemplos: "imediata imissão no imóvel por parte do locador para realizar reparações urgentes obstadas pelo locatário", "levantamento de quantia consignada em juízo", "prorrogação do contrato", "determinação de matrícula em universidade", "autorização para viajar", "autorização para realização de cirurgia impedida por um dos pais", "determinação de cumprimento da obrigação de entrega de mobília adquirida com pagamento antecipado quitado", "levantamento de cruzados retidos", "pagamento em dinheiro de pensões em percentual determinado", "restituição de dinheiro indevidamente apropriado pelo banco, que pretendia encetar imputação em pagamento coacta". (FUX, Luiz, *Tutela de segurança e tutela de evidência: fundamentos da tutela antecipada*, São Paulo, Saraiva, 1996, p. 62).

Resta saber se o fenômeno da tutela de urgência satisfativa autônoma poderá repetir-se sob a égide do CPC/2015. Afinal, não há mais procedimento cautelar autônomo. Não se pode olvidar, porém, que a cada ação (ação material) deve haver uma "ação" (ação processual) que a assegura. Assim, se há pretensões atormentadas por *periculum in mora* que não sem coadunam com o procedimento comum (*periculum* aqui tomado no sentido dado pelos medievais, não no sentido dado pela processualística atual), deve-se forjar no sistema um procedimento adequado. Assim, nada melhor do que utilizar o procedimento de tutela cautelar requerida em caráter antecedente (arts. 305 a 307) e nele próprio obter a sentença, sem que se fale em complementação de petição inicial para a dedução de pedido principal. Enfim, seguir-se-á o procedimento das ações cautelares autônomas (por exemplo, ação cautelar autônoma de caução de dano infecto), nas quais são asseguradas pretensões materiais ameaçadas ainda não resistidas ou insatisfeitas.

Artigo 306.
O réu será citado para, no prazo de 5 (cinco) dias, contestar o pedido e indicar as provas que pretende produzir.
CORRESPONDÊNCIA NO CPC/1973: *ART. 802.*

1. Considerações gerais. Justamente porque a demanda cautelar é autônoma, o réu será citado para contestar, no prazo de 5 (cinco) dias, o pedido de tutela cautelar deduzido em caráter antecedente e indicar as provas que pretende produzir (art. 306). Cabe observar que a lei fala em "contestar", não em "responder", razão por que não há ensejo para reconvenção. A contestação cautelar também é regida pelo princípio da eventualidade, ou seja, cabe ao requerido alegar em contestação toda a matéria de defesa fática e jurídica (por exemplo, inépcia da inicial, ilegitimidade *ad causam*, falta de interesse de agir, inexistência do direito à cautela; coisa julgada cautelar, litispendência, nulidade de citação, incompetência, falta ou defeito de representação processual), ainda que incompatíveis entre si, sob pena de preclusão. É importante sublinhar que, aqui, a matéria de defesa deve dizer respeito à lide cautelar, não à lide principal. A exceção é a possibilidade de heterotopicamente arguirem-se a prescrição e a decadência relativas à pretensão e à ação principais (art. 310). O autor tem o ônus de provar o fato constitutivo da pretensão à cautela (não da pretensão a acautelar-se), ou seja, cabe-lhe demonstrar as presenças de *fumus boni iuris* e *periculum in mora*; enfim, cabe-lhe trazer elementos probatórios que indiquem a existência provável da pretensão objeto da lide principal e a situação periclitante que o acomete (art. 373, I). Em contrapartida, o réu tem o ônus de provar o fato impeditivo, extintivo ou modificativo da pretensão à cautela, ou seja, cabe-lhe demonstrar, por exemplo, as ausências do *fumus* e/ou do *periculum*; enfim, cabe-lhe produzir elementos contraprobatórios, que indiquem a improbabilidade da pretensão objeto da lide principal e/ou a inexistência de qualquer situação de perigo (art. 373, II). São as hipóteses: (i), se o requerente incutir no juiz a certeza de que a pretensão à segurança existe (certeza positiva), proferir-se-á sentença cautelar de procedência; (ii) se o requerido incutir a certeza de que a pretensão à segurança não existe (certeza negativa), proferir-se-á sentença cautelar de improcedência própria; (iii) se nem requerente nem requerido lograrem incutir qualquer estado de certeza (dúvida), proferir-se-á sentença de improcedência imprópria ou por falta de provas. Aliás, a doutrina especializada – justamente porque ainda se encontra presa à ideia de que não há *accertamento* da pretensão à cautela – não cogita da possibilidade de sentença cautelar de improcedência por falta de provas (que ocorre quando o requerente não consegue desincumbir-se a contento do ônus de provar o suporte fático da aludida pretensão). Porém, não se pode olvidar que a cautelaridade é marcada por *summaria cognitio*, motivo por que não se há de aqui admitir instrução exaustiva: a dilação probatória é incompatível com a tutela de urgência.

Artigo 307.
Não sendo contestado o pedido, os fatos alegados pelo autor presumir--se-ão aceitos pelo réu como ocorridos, caso em que o juiz decidirá dentro de 5 (cinco) dias.
Parágrafo único. Contestado o pedido no prazo legal, observar-se-á o procedimento comum.
CORRESPONDÊNCIA NO CPC/1973: *ART. 803.*

Não sendo contestado o pedido, presumir-se-ão aceitos pelo requerido, como verdadeiros, os fatos alegados pelo requerente (arts. 285 e 319); caso em que o juiz decidirá dentro em 5 (cinco) dias.
Parágrafo único. Se o requerido contestar no prazo legal, o juiz designará audiência de instrução e julgamento, havendo prova a ser nela produzida.

1. Contestação e réplica. Se o pedido não for contestado, os fatos alegados pelo autor (constitutivos da pretensão à cautela) presumir-se-ão aceitos pelo réu como ocorridos. Trata-se de presunção relativa, não absoluta, já que pode haver elementos nos autos que infirmem as alegações constantes da inicial. De todo modo, a presunção recai sobre os fatos constitutivos da pretensão à segurança (pretensão referente), não da pretensão a assegurar-se (pretensão referida). A presunção atinge a lide cautelar, não a principal. Nesse caso, o juiz decidirá em 5 (cinco) dias (art. 307). A decisão tem caráter sentencial, pois resolve a lide cautelar. E só ela. Nada se faz em relação à lide principal. Mas, se o pedido for contestado e o réu arguir questão preliminar atinente tão apenas à demanda cautelar (por exemplo, coisa julgada cautelar – art. 337, VII), o juiz terá de determinar a oitiva do autor em réplica. O prazo da réplica cautelar não será de 15 (quinze) dias, tal como previsto no art. 350 do CPC/2015. Afinal, o prazo da réplica não pode ser superior ao da contestação. que. na seara cautelar. é de apenas 5 (cinco) dias. A solução há de fazer-se por paralelismo de formas: se no procedimento comum os prazos dc contestação e réplica são idênticos, de 15 (quinze) dias, em âmbito cautelar também haverão de sê-lo de 5 (cinco) dias. Aliás, nada impede que eventualmente a réplica cautelar sobrevenha à dedução do pedido principal: embora isso possa causar embaralhamento de petições, é o risco em que o legislador incorreu ao decidir pela dedução dos pedidos cautelar e principal na mesma linha procedimental.

2. Sentença cautelar. Prescreve o art. 308 que, efetivada a tutela cautelar, o pedido principal terá de ser formulado pelo autor nos mesmos autos em que deduzido o pedido de tutela cautelar. Isso mostra que, diferentemente do CPC/1973, o CPC/2015não reservou às demandas cautelares – como regra – a dignidade de um processo próprio. Sob o novo regime, elas têm autonomia material, mas não autonomia procedimental (a qual, na verdade, só existirá caso se trate de ação cautelar autônoma). Com isso pode haver dúvidas sobre a forma como devem ser julgados os pedidos cautelar e principal. *Prima facie*, poder-se-ia argumentar que o fim do processo cautelar teria exterminado a figura da sentença cautelar. Nesse caso, a duplicidade de sentenças teria dado lugar à unicidade de sentença: tanto na cumulação heterocrônica (arts. 294, parágrafo único, e 305) quanto sincrônica (art. 308, §1º), os pedidos cautelar e principal teriam de ser julgados de modo instantâneo e unitário. No entanto, não há regra no novo sistema que imponha a compactação obrigatória dos julgamentos. Hoje, a cindibilidade é possível. Ademais, porque autônoma a lide cautelar, nada impede que o juiz a resolva *ex ante* se a respeito dela já estiver convencido. Nesse sentido, poderá haver duas sentenças distintas – embora objetivamente autônomas – no mesmo *iter* procedimental (o que não é novidade alguma no processo brasileiro): a primeira será agravável; a segunda, apelável. Logo, se houver ação cautelar autônoma, haverá sentença única cautelar; todavia, se houver cumulação heterocrônica (*i.e.*, com pedido cautelar antecedente ou incidental) ou sincrônica, haverá sentença única com capítulos distintos ou sentenças distintas para cada pedido. De qualquer modo, aqui, não se atribuirá efeito suspensivo automático nem ao agravo de instrumento (art. 995) nem à apelação (art. 1.012, §1º, V).

Artigo 308.
Efetivada a tutela cautelar, o pedido principal terá de ser formulado pelo autor no prazo de 30 (trinta) dias, caso em que será apresentado nos mesmos autos em que deduzido o pedido de tutela cautelar, não dependendo do adiantamento de novas custas processuais.

§ 1º O pedido principal pode ser formulado conjuntamente com o pedido de tutela cautelar.

§ 2º A causa de pedir poderá ser aditada no momento da formulação do pedido principal.

§ 3º Apresentado o pedido principal, as partes serão intimadas para a audiência de conciliação ou de mediação na forma do art. 334, por seus advogados ou pessoalmente, sem necessidade de nova citação do réu.

§ 4º Não havendo autocomposição, o prazo para contestação será contado na forma do art. 335.

CORRESPONDÊNCIA NO CPC/1973: *ART. 806.*

1. **Acidentalidade do pedido principal.** Em essência, o suporte da pretensão à cautela faz referência a uma pretensão a acautelar-se, não necessariamente a um processo.

Nem toda pretensão a acautelar-se é *res in iudicum deducta* de outra "ação" (ação processual). Pode ser que a pretensão material a assegurar-se já seja ou esteja em vias de ser objeto de uma lide principal; porém, isso nem sempre acontece. Afinal, é possível que a aludida pretensão ainda não tenha sido resistida ou insatisfeita, embora já se encontre ameaçada. Ou seja, é possível que a sua futura satisfação esteja sob risco. Não há falar em pedido principal quando se pede cautelarmente, por exemplo: produção antecipada de prova para assegurar demonstração de pretensão ainda não litigiosa; caução de dano infecto; caução para assegurar crédito ainda não exigível em caso de risco de "quebra antecipada do contrato" (*anticipatory breach of contract*); exibição de documento a partir do qual se descobre inexistência de pretensão, evitando-se o aforamento ulterior de demanda principal temerária; arresto para assegurar crédito ainda inexigível. Aqui temos as chamadas "ações cautelares autônomas" (impropriamente chamadas de "ações cautelares satisfativas"). Assim, fica claro que o objeto da cautelar não é um "interesse público de índole processual" (Ronaldo Cunha Campos). Ontologicamente, isso é dado *acidental*, não essencial da cautelaridade. Por isso, quando o art. 305 diz que a tutela cautelar objetiva assegurar direito contra "perigo de dano ou risco ao resultado útil do processo", o dispositivo peca por excesso, pois se presta a atender às divergências doutrinárias sobre o tema. Não precisaria tê-lo feito, porém. Na fenomenologia cautelar, sempre haverá perigo de dano a uma pretensão de direito material, mas nem sempre o resultado útil de um processo estará sob risco. Enfim, nem sempre haverá um processo principal (embora essa seja a situação mais corriqueira). Logo, pode haver: (i) asseguração de pretensão material ameaçada ainda não resistida ou insatisfeita (cautelaridade autônoma); (ii) asseguração de pretensão material ameaçada já resistida ou insatisfeita, sem que ainda seja *res in iudicium deducta* de "ação" (cautelaridade antecedente); (iii) asseguração de pretensão material ameaçada já resistida ou insatisfeita, que seja *res in iudicium deducta* de "ação" já proposta (cautelaridade incidental).

Assim sendo, apenas sobre a situação (ii) incidirá a regra do art. 308: "efetivada a tutela cautelar, o pedido principal terá de ser formulado pelo autor no prazo de 30 (trinta) dias".

2. Prazo para dedução do pedido principal. Diz o CPC/2015 que, efetivada a tutela cautelar, o pedido principal terá de ser formulado pelo autor no prazo de 30 (trinta) dias (art. 308). Em regra, o termo inicial do prazo é a efetivação em si; mas não poderá sê-lo se o requerente não tiver como conhecê-lo, caso em que se exigirá a ciência formal. De todo modo, não se trata de prazo de direito material, pois seu transcurso *in albis* não provoca encobrimento das eficácias da pretensão da pretensão e da ação que defluem da relação objeto da lide principal (o que seria a prescrição). Também não é provocada a perda ou morte do direito subjetivo de que irradiam a pretensão e a ação, o que seria decadência, (sem razão, conforme orientação jurisprudencial estabelecida. (STJ, REsp 669.353/AP; REsp 687.208/RJ). Tampouco se trata de prazo preclusional de índole pré-processual, cujo transcurso *in albis* impossibilitaria a dedução do pedido principal. Na realidade, está-se diante de prazo processual, criado para o requerido não ficar indefinidamente à mercê dos efeitos da tutela cautelar contra ele concedida, sem instaurar-se a pendência da lide principal. Por razões de política processual, sujeita-se a eficácia da tutela cautelar à condição resolutiva da não dedução do pedido principal em trinta dias. Só isso. Daí ser inaceitável cogitar-se da impossibilidade de interrupção ou suspensão do prazo, como se fosse decadencial. Não se trata de prazo fatal e improrrogável. É corriqueira no dia a dia forense, por exemplo, sua suspensão durante o período de recesso forense; além do mais, nada impede a suspensão por qualquer das causas previstas nos arts. 220, 221, 222 e 313, incisos I, II e III, do CPC/2015 (SILVA, Ovídio Baptista da, *Do processo cautelar*, 3. ed., Rio de Janeiro, Forense, 2001, p. 201). Mas, transcorrido o prazo sem a dedução do pedido principal, a eficácia da tutela cautelar se perde *ipso iure*, sem necessidade de revogação judicial. Ainda assim, será preciso provocar o juiz caso se tenha de expedir mandado a órgãos de registro público para o desfazimento de anotações em assentamentos.

3. Cumulação de pedidos cautelar e principal. Sob a forte influência da doutrina italiana, o CPC/1973 foi originariamente concebido como sistema de purismo ingênuo, em que havia um específico tipo de relação processual para cada modalidade de tutela pretendida: processo cautelar para obter-se tutela acautelatória; processo cognitivo para obtenção de tutela cognitiva; processo executivo para obter-se tutela executiva. A partir de 1994, essa concepção estrutural passou a sofrer graves fissuras: a tutela antecipada permitiu o desempenho de atividade executiva no âmbito cognitivo; a fungibilidade de "mão dupla" entre as tutelas antecipada e cautelar permitiu a prestação de cautela na tutela cognitiva; o regime de cumprimento de sentença transformou os processos de conhecimento e de execução sentencial em duas fases da mesma relação processual. O CPC/2015 nada mais fez do que sepultar essa sistemática e resgatar os impropriamente chamados "processos sincréticos". Por isso, em regra, não há mais processo cautelar; em verdade, só quando se ajuizar ação cautelar autônoma. Em lugar da duplicidade de processos – um cautelar e outro principal (cognitivo ou executivo) – tem-se hoje apenas um processo. A articulação entre os pedidos cautelar e principal passou a fazer-se então por meio de um imaginativo regime de cumulações. Pode ser que haja: (i) cumulação heterocrônica entre o pedido cautelar antecedente e o pedido principal: t1 (PC) + t2 (PP) (art. 303); (ii) cumulação heterocrônica entre o pedido principal e o pedido cautelar incidental: t1 (PP) + t2 (PC) (art. 292, parágrafo único); (iii) cumulação sincrônica entre o pedido cautelar e o pedido principal (art. 308, §1º). Em (i) não há duas petições iniciais, a da cautelar e a da principal. Só há uma inicial, que pode ulteriormente ser aditada quando da dedução do pedido principal (art. 303, §2º). Isso não elide, todavia, a duplicidade de demandas, que interagem sob um regime específico de cumulação.

Artigo 309.
Cessa a eficácia da tutela concedida em caráter antecedente, se:
I – o autor não deduzir o pedido principal no prazo legal;
II – não for efetivada dentro de 30 (trinta) dias;
III – o juiz julgar improcedente o pedido principal formulado pelo autor ou extinguir o processo sem resolução de mérito.
Parágrafo único. Se por qualquer motivo cessar a eficácia da tutela cautelar, é vedado à parte renovar o pedido, salvo sob novo fundamento.
CORRESPONDÊNCIA NO CPC/1973: *ART. 808.*

1. Cessação da eficácia. Segundo o art. 309, "cessa" a eficácia da tutela cautelar concedida em caráter antecedente, se: (i) o autor não deduzir o pedido principal no prazo legal (inciso I); (ii) não for efetivada dentro de 30 (trinta) dias (inciso II); (iii) o juiz julgar improcedente o pedido principal formulado pelo autor ou extinguir o processo sem resolução de mérito (inciso III). Segundo ainda com o parágrafo único, "se por qualquer motivo cessar a eficácia da tutela cautelar, é vedado à parte renovar o pedido, salvo sob novo fundamento.".

As causas descritas nos incisos I e II elidem a urgência afirmada pelo requerente. A falta de dedução do pedido principal e a falta de efetivação da medida cautelar em trinta dias são comportamentos indicativos de que, na verdade, nunca houve a pretensão material à segurança. Enfim, a omissão do requerente faz nascer a presunção absoluta de que o "direito substancial de cautela" não existe. Por isso, transcorridos *in albis* os prazos supramencionados, a eficácia da tutela cautelar se perde *ipso iure*. Tudo se passa como se houvesse declaração de inexistência da pretensão material à cautela e como se essa declaração se tornasse indiscutível por coisa julgada material. Essa a razão por que a parte não poderá renovar o pedido, salvo sob novo fundamento. Ou seja, é preciso que o requerente alegue uma nova pretensão material à segurança (fundada em novos fatos, ou novos fundamentos jurídicos, pois).

Já a causa descrita na primeira parte do inciso III (sentença de improcedência do pedido principal) não tem o condão de elidir a existência da pretensão de direito material à cautela. A improcedência do pedido principal não implica a improcedência do pedido cautelar. A declaração de inexistência da pretensão objeto da lide principal não significa que a pretensão objeto da lide cautelar nunca existiu. Existiu a pretensão cautelar, mas não a pretensão principal. Isso significa que a sentença de improcedência do pedido principal não apaga o elemento declarativo cautelar (reconhecimento da existência da pretensão ao acautelamento), mas apenas o elemento mandamental cautelar (ordem para que a cautela seja concretizada). Enfim, a sentença de improcedência do pedido principal tem eficácia anexa contramandamental. Afinal, embora não haja contradição sintática entre a existência do direito à cautela e a inexistência do direito a acautelar-se, há incompatibilidade pragmática, por exemplo, entre o comando que ordene o arresto cautelar de bem do réu e o comando que reconheça a inexistência do crédito afirmado pelo autor. De todo modo, para obter a mesma ordem mandamental cautelar que foi encoberta, o requerente terá de propor nova demanda cautelar (o que exige – como já visto – novo fundamento).

Por fim, no que diz respeito à causa descrita na segunda parte do inciso III (sentença terminativa), devem-se separar três situações distintas.

Em primeiro lugar, pode ser que haja (i) pedido cautelar preparatório, concomitante ou incidental julgado procedente por sentença parcial cautelar ou por capítulo específico cautelar da sentença única (por exemplo, busca e apreensão de menor) e (ii) extinção do processo sem resolução do pedido principal (por exemplo, ação de modificação de guarda de filho). Nesse caso, apaga-se apenas o efeito mandamental cautelar, permanecendo incólume a declaração do direito à cautela. Aqui, todavia, para obter a mesma ordem mandamental cautelar, o requerente terá de propor nova demanda cautelar (o que exige – como já visto – novo fundamento).

Em segundo lugar, pode ser que haja (i) pedido cautelar autônomo julgado procedente por sentença parcial cautelar ou por capítulo específico cautelar da sentença única (por exemplo, arresto para assegurar crédito inexigível ameaçado) e (ii) extinção do processo sem resolução do pedido principal por falta de interesse de agir (por exemplo, cobrança do crédito ainda inexigível). Nesse caso, não se apaga qualquer efeito, pois a tutela cautelar é ainda inteiramente útil.

Em terceiro lugar, pode ser que haja (i) extinção do processo sem resolução do mérito cautelar e (ii) extinção do processo sem resolução do mérito principal. Nesse caso, há revogação da medida cautelar. Porém, há aqui uma particularidade: assiste-se a uma espécie de preclusão no plano pré-processual, que impede o requerente repetir o pedido cautelar, embora ele jamais haja sido apreciado.

2. Coisa julgada. A coisa julgada material tem como limite objetivo o elemento sentencial declarativo pertencente ao capítulo que resolve o mérito. Os elementos constitutivo, condenatório, mandamental e executivo não se tornam imutáveis. Assim, a coisa julgada material é um "manto", que recai sobre o reconhecimento que o juiz faz sobre a (in)existência da pretensão material afirmada pelo autor. Na sentença de procedência que transita em julgado, torna-se indiscutível a declaração de existência do direito alegado na petição inicial (coisa julgada material positiva); na sentença de improcedência transitada em julgado, indiscutível se torna a declaração de inexistência (coisa julgada material negativa). Não haveria a imutabilidade dos efeitos da sentença *tout court*, pois.

Quando o juiz profere sentença de procedência do pedido cautelar, declara em favor do requerente a existência do "direito substancial de cautela". Reconhece, enfim, a existência da pretensão material à segurança afirmada em juízo. Nesse sentido, emite juízo de certeza. Sob cognição vertical completa ou exauriente, o juiz aclara o mundo do direito e certifica que nele existe a situação jurídica subjetiva ativa cuja titularidade o requerente alegou ser sua (portanto, na verdade, na seara cautelar, apenas se produz juízo de verossimilhança ou probabilidade, sob cognição vertical incompleta ou sumária, quando se profere a liminar, não quando se profere a sentença). Logo, se a sentença cautelar típica possui eficácia preponderante mandamental (Pontes de Miranda diria que há, aqui, a mandamentalidade em primeira plana ou em grau 5), é inegável que ela também traz consigo eficácia alicerçal imediata declaratória (ou seja, declaratividade em segunda plana ou em grau 4).

Assim sendo, vê-se, no julgamento cautelar, declaratividade em tônus suficiente para a formação de coisa julgada material: o juiz declara a pretensão à segurança, compromete-se a realizar a respectiva ação material e, se a sentença tornar-se irrecorrível, nunca mais se poderá rediscutir num outro processo a mesma causa. Sublinhe-se: a declaração tornada indiscutível tem como objeto a pretensão material à segurança (que integra a lide cautelar), não a pretensão material a ser assegurada (a qual integra a lide principal). Enfim, a coisa julgada material produzida pela jurisdição cautelar não diz respeito à relação jurídica acautelada, mas, sim, à relação jurídica lateral, na qual está inserido o "direito substancial de cautela". Havendo formação de coisa julgada material cautelar, fica vedada a rediscussão específica da lide cautelar, não – obviamente – a rediscussão da lide principal. Ou seja, a coisa julgada material barra a postulação repetida de medida cautelar já denegada, dês que sejam idênticos o pedido, o fundamento e as partes.

Nem se diga que a sentença (se o pedido cautelar for julgado separadamente) ou o capítulo da sentença (se os pedidos cautelar e principal forem julgados conjuntamente) terá como fundamento a alegação genérica de "vedação de *bis in idem*": não há razão para a vedação receber o nome de "coisa julgada material" em relação ao pedido principal e outro nome em relação ao pedido cautelar. Afinal, "a função da coisa julgada cautelar será, única e exclusivamente, impedir a repropositura da mesma demanda cautelar, não produzindo qualquer efeito sobre a demanda principal.". (MOURÃO, Luiz Eduardo Ribeiro, *Coisa julgada*, Belo Horizonte, Fórum, 2008, p. 331). A improcedência da ação cautelar não impede que a mesma parte, em outra oportunidade, com novos elementos de convicção, postule novamente a tutela preventiva que antes se lhe negou; mas os "novos elementos de convicção" só podem ser novos fatos ou novos fundamentos jurídicos, com relevante alteração da causa de pedir, sob pena de ajuizar-se a mesma ação e obrigar-se o juiz a reapreciar pedido já rejeitado. Não é dado ao requerente propor novamente a mesma ação cautelar escorando-se apenas em novos argumentos jurídicos, ou valendo-se de novos meios de persuasão para fatos antigos. Isso alimentaria uma repetição abusiva dos pedidos cautelares.

Artigo 310.

O indeferimento da tutela cautelar não obsta a que a parte formule o pedido principal, nem influi no julgamento desse, salvo se o motivo do indeferimento for o reconhecimento de decadência ou de prescrição.

CORRESPONDÊNCIA NO CPC/1973: *ART. 810.*

1. Considerações gerais. Diz o art. 310 que o indeferimento da tutela cautelar não obsta a que a parte formule o pedido principal, nem influi no julgamento deste, salvo se o motivo do indeferimento for o reconhecimento de decadência ou prescrição. É o "princípio da invulnerabilidade do pedido principal" (Pontes de Miranda). De toda forma, o CPC/2015, seguindo tradição cunhada pelo CPC/1973, extraordinariamente admite, no âmbito cautelar, o pronunciamento da prescrição ou da decadência relativa à pretensão objeto da lide principal. Isso não significa que essa específica pretensão de direito material esteja à base da "ação" cautelar, porém. Em verdade, o art. 310 exprime técnica de economia processual tipicamente brasileira – introduzida no CPC/1973pela insistência do então Ministro da Justiça Alfredo Buzaid – que permite ao juiz do pedido cautelar preparatório reconhecer, de maneira heterotópica e antecipada, a prescrição ou a decadência relativa à pretensão material que estará à base do pedido principal. (LACERDA, Galeno. *Comentários ao Código de Processo Civil*, v. VIII, t. I, 2. ed., Rio de Janeiro, Forense, 1981, p. 422 e seguintes). Ou seja, permite--se a resolução *ex ante* do mérito do pedido principal em um âmbito que lhe é estranho. A coisa julgada material que aí se formar se reportará tanto à lide principal (tornando indiscutível a declaração de caimento ou encobrimento eficacial da pretensão a acautelar-se) quanto à lide cautelar (tornando indiscutível a declaração de inexistência da pretensão à cautela). Daí em diante, a coisa julgada só poderá desfazer-se por meio de ação rescisória. Não se pode deixar de notar que mais uma vez o legislador do CPC/2015 trata o âmbito cautelar como mero apêndice instrumental do pedido principal.

TÍTULO III – Da Tutela da Evidência

Artigo 311.

A tutela da evidência será concedida, independentemente da demonstração de perigo de dano ou de risco ao resultado útil do processo, quando:

I – ficar caracterizado o abuso do direito de defesa ou o manifesto propósito protelatório da parte;

II – as alegações de fato puderem ser comprovadas apenas documentalmente e houver tese firmada em julgamento de casos repetitivos ou em súmula vinculante;

III – se tratar de pedido reipersecutório fundado em prova documental adequada do contrato de depósito, caso em que será decretada a ordem de entrega do objeto custodiado, sob cominação de multa;

IV – a petição inicial for instruída com prova documental suficiente dos fatos constitutivos do direito do autor, a que o réu não oponha prova capaz de gerar dúvida razoável.

Parágrafo único. Nas hipóteses dos incisos II e III, o juiz poderá decidir liminarmente.

CORRESPONDÊNCIA NO CPC/1973: *ART. 273.*

1. Hipóteses – I. Conceder-se-á tutela de evidência quando "ficar caracterizado o abuso do direito de defesa ou o manifesto propósito protelatório do requerido". Não há novidade. Trata-se de hipótese semelhante à do inciso II do art. 273 do CPC/1973. Mas é necessário cuidado: aqui, o legislador disse menos que queria. Para haver evidência, não basta o "abuso do direito de defesa ou o manifesto propósito protelatório do réu"; é preciso que o pressuposto seja reforçado pela "plausibilidade do direito". Afinal, o réu com razão bem pode litigar de má fé. Sem essa plausibilidade, não há como saltar-se do plano da mera verossimilhança para o da quase certeza. Ora, ainda que seja verossímil o direito afirmado em juízo pelo autor, a configuração do dolo processual do réu não deflagra, por si só, a presunção de certeza do direito. Enfim, não há nexo lógico entre o dolo processual de uma parte e a quase certeza do direito afirmado pela outra. Em tese, é possível que a razão esteja com o réu, ainda que exerça o direito de defesa de forma abusiva ou protelatória. Daí ser necessário que o salto da verossimilhança para a quase certeza se realize por uma presunção relativa e se opere *ex vi legis*. E nem poderia ser diferente: as presunções se calcam na probabilidade e é sempre provável que o litigante de má-fé não tenha razão. Não se trata de tutela de direito naturalmente evidente, mas do que já se chamou acima de "tutela pura de *fumus* de extremidade presumida".

Não se alegue, pois, que o inciso I contempla hipótese de tutela liminar "sancionatória". Decididamente, não se cuida de sanção. Se de sanção se tratasse, a medida não poderia ser revogada por eventual sentença de improcedência (repise-se: nada impede que a razão esteja com quem litiga de má-fé). É inadmissível que a sentença de improcedência possua o condão de anistiar o *improbus litigator*. Se, no curso do processo, for ao réu imposta sanção punitiva ou reparatória, especificamente direcionada à prática de litigância de má-fé, a condenação permanecerá incólume com a sentença de improcedência. Em contrapartida, sobrevindo a sentença de improcedência, não há justificativa para a liminar manter-se, mesmo que ela haja sido concedida contra quem tenha abusado do direito de defesa: não existe motivo para que os efeitos práticos da tutela final pretendida sejam antecipados em favor de quem não tem razão.

2. Hipóteses – II. De acordo com o inciso II, conceder-se-á tutela de evidência quando "as alegações de fato puderem ser comprovadas apenas documentalmente e houver tese firmada em julgamento de casos repetitivos ou em súmula vinculante". Exige-se aqui "direito líquido e certo", pretensão material cujo suporte fático seja demonstrável *ab initio* apenas por prova literal pré-constituída.

De todo modo, quem está familiarizado com o cotidiano forense bem sabe a importância que os precedentes dos Tribunais têm na concessão das liminares. Premido pela necessidade de conceder rapidamente a tutela jurisdicional, o juiz nem sempre dispõe de tempo para refletir a contento sobre questões jurídicas que lhe são levadas ao conhe-cimento (muitas delas intrincadas e a exigir pesquisa e detida reflexão, ainda que se sob cognição meramente sumária). Nesses casos, o precedente opera como elemento de con-vencimento confiável, pois reflete decisão proferida por um órgão colegiado, que presu-mivelmente teve melhores condições de analisar caso semelhante. Nesse sentido, o juiz utiliza-se de técnica decisória fundada em princípio de economia de meios. Escorando-se em precedentes verticais, os juízes produzem, com mínimo de esforço, liminares que provavelmente serão mantidas pelas instâncias superiores.

O problema do inciso II está em confinar, porém, a concessão da tutela de evidência à jurisprudência firmada nos julgamentos de casos repetitivos ou nas súmulas vinculan-tes. É bem verdade que o "grau de *auctoritas*" de uma decisão judicial se dá em função da instância de julgamento em que é proferida, não sendo de se estranhar que, na hie-rarquia dos precedentes, as jurisprudências do STF e do STJ firmadas no julgamento de casos repetitivos e as súmulas vinculantes do STF ocupem um lugar de destaque. Mas há outras formas de expressão institucional que podem reconhecer direitos e dar-lhes "certeza": jurisprudência unânime dos Tribunais Superiores; julgamento de recurso extraordinário dotado de repercussão geral; resolução do Senado Federal que suspenda a eficácia de lei declarada inconstitucional por decisão definitiva do STF; decisão defi-nitiva do STF em ação declarativa de constitucionalidade, ação direta de inconstitucio-nalidade e arguição de descumprimento de preceito fundamental; portaria do Poder Executivo que dispense a oferta de contestação, ou a interposição de recurso pelos seus órgãos de representação judicial; lei interpretativa. Ademais, não se pode ignorar que de "elevada probabilidade" estão revestidos os direitos cuja declaração de existência seja objeto de: jurisprudência altamente majoritária dos Tribunais Superiores e jurisprudên-cia unânime dos Tribunais Inferiores; liminar do STF em ação direta de inconstituciona-lidade, ação declaratória de constitucionalidade e arguição de descumprimento de pre-ceito fundamental; súmula de força não vinculativa (do STF, não aprovada por 2/3 dos seus membros, ou dos demais Tribunais Superiores). Ainda assim, o precedente citado como fundamento de evidência perderá seu relevo se for dogmaticamente insustentá-vel, desprezar precedente superior, desatender a precedente do próprio Tribunal ou for produzido em meio a *revirements* de jurisprudência. É natural, por exemplo, que seja desprovido de evidência o direito reconhecido pelo STJ em jurisprudência, ainda que firmada em julgamento de casos repetitivos, que contrarie precedente do STF (o que não é impossível de ocorrer).

Como se não bastasse, pode haver tutela de evidência fundada em jurisprudência de órgãos colegiados não judiciários de julgamento estatal (*e.g.*, Conselho de Recursos do Sistema Financeiro Nacional; Câmara Superior de Recursos Fiscais do Ministério da Fazenda; Conselho de Recursos da Previdência Social; Tribunal de Impostos e Taxas da Secretaria da Fazenda do Estado de São Paulo; Tribunal Administrativo de Recursos Tributários do Município de Porto Alegre; Conselho de Recursos do Sistema Nacional de Seguros Privados, de Previdência Privada Aberta e de Capitalização; CADE; etc.). Trata-se de uma jurisprudência importante quando se está diante de questões inéditas no Judiciário, não obstante venham sendo enfrentadas há algum tempo por esses Tribunais Administrativos. Por motivos autógenos, a tendência do Judiciário seria desprezar esses precedentes administrativos. Porém, três fatores têm sido relevantes para que essa tendência caia cada vez mais por terra.

Em primeiro lugar, é recoberto de evidência o direito subjetivo do administrado cuja existência seja declarada em jurisprudência administrativa unânime desfavorável à Administração. Ora, se a própria Administração Pública reconhece que o indivíduo tem direito contra ela, em princípio, não há razão para o Judiciário não reconhecê-lo. O contribuinte pode valer-se de jurisprudência administrativa tributária para obter tutela de evidência contra o Fisco, assim como o segurado pode amparar-se em jurisprudência administrativa previdenciária para conseguir uma tutela de evidência contra o INSS. As decisões administrativas irrecorríveis favoráveis ao administrado não fazem tão apenas coisa julgada contra a Administração: se reiteradas, podem servir de fundamento para a concessão de tutela de evidência contra a Fazenda Pública.

Em segundo lugar, algumas dessas Cortes vêm atraindo atenção – embora sejam órgãos da própria Administração – pela qualidade jurídica e pela imparcialidade impressas às suas decisões (imparcialidade, aliás, que tem importunado muitas vezes a própria Administração e despertado iniciativas legislativas para a extinção desses órgãos de julgamento).

Em terceiro lugar, a essas instâncias de julgamento administrativo são recrutados expertos da mais gabaritada formação, razão por que se tornam superiores ao Judiciário no enfrentamento das questões fáticas mais intrincadas, especialmente em sede tributária (qualificação técnico-contábil de despesas operacionais suscetíveis de dedução para fins de delimitação da base de cálculo do Imposto de Renda das Pessoas Jurídicas; estratégia comprobatória de vendas de mercadorias efetuadas sem emissão de nota fiscal e registro nos livros próprios, para fins de apuração do valor de ICMS sonegado; etc.). Por essa razão, tanto maior será a importância de um precedente não judiciário quanto maior for o prestígio de que goza a corte administrativa que o produziu.

3. Hipóteses – III. Segundo o inciso III, conceder-se-á tutela de evidência quando "se tratar de pedido reipersecutório fundado em prova documental adequada do contrato de depósito, caso em que será decretada a ordem de entrega do objeto custodiado, sob cominação de multa".

Trata-se de hipótese de "tutela pura de *fumus* de extremidade presumida".

Não raro, o legislador institui hipóteses em que a presença "exagerada" do *fumus boni iuris* não é verificada *in concreto* pelo juiz, mas presumida caso estejam coligidos certos elementos fático-probatórios, os quais a lei qualifica como de evidência suficiente para a concessão da liminar. Ou seja, nessas tutelas, existe uma presunção (relativa) da certeza do direito. Daí por que o juiz não tem, aqui, a liberdade de estimar a "suficiência compensatória" do *fumus* em face da ausência de *periculum*: a própria lei presume que essa suficiência existe e, portanto, que o direito afirmado pelo autor é certo. Essa técnica sempre foi conhecida. É o que ocorre, *v. g.*, com liminar de desocupação de imóvel em ação de despejo (art. 59, §1º, Lei 8.245/91), liminar de busca e apreensão em alienação fiduciária (art. 3º, Decreto-Lei 911/1969), liminar de manutenção ou reintegração de posse nova (art. 562, CPC/2015) e liminar dos embargos de terceiro (art. 678, CPC/2015). Nelas, o autor tem o ônus de provar apenas a presença dos elementos que a lei reputa suficientes à configuração do *fumus* extremado, prescindindo-se, pois, da demonstração do *periculum*. Esse fenômeno foi captado com rara acuidade por Alcides Alberto Munhoz Cunha: "A lei, diante da imprescindível tipicidade, pode prever condições favoráveis para a produção de provimentos sumários interinais, que presumem a certeza do direito no caso concreto até que sobrevenha o provimento de cognição exauriente, eficaz, potencialmente definitivo no mesmo organismo processual sobre a mesma lide. São casos em que se pode dizer que, endoprocessualmente, existe uma presunção de certeza relativa, porque no mesmo processo pode sobrevir o provimento de cognição exauriente e eficaz, incidente sobre a mesma lide (*v. g.* liminares nas ações possessórias de força nova, nos embargos de terceiro, nas ações de despejo, de busca e apreensão em alienação fiduciária, enfim, em situações em que se prescinde da alegação de perigo de dano irreparável). (...) A satisfatividade ou antecipação fática dos efeitos do provimento que presume a existência do direito se dá na medida da presunção e deve perdurar, em face da previsão legal, até que surja o provimento cognitivo, não mais sujeito a recurso com efeito suspensivo". (CUNHA, Alcides Alberto Munhoz, "A tutela jurisdicional de direitos e a tutela autônoma do *fumus boni iuris*", in *Revista Jurídica*, v. 49, n. 288, Porto Alegre, 2001, p. 44-5). Em sentido similar Luiz Fux: "O fato de o legislador prever liminares em outros procedimentos não exclui a mesma quando se tratar de ´evidência´. É que naqueles casos o legislador entendeu de fixar uma presunção legal de evidência do direito, como, v.g., quando a lesão data de menos de ano e dia, o direito assim evidenciado e lesado merece proteção imediata. Com isso, o legislador insculpiu norma in procedendo, retirando o arbítrio do juiz. Havendo a lesão, nesse prazo, nada recomenda o aguardo do delongado e ritual procedimento ordinário. A tutela deve engendrar-se de plano.". E prossegue: "(...) os procedimentos satisfativos que prevêem a concessão inicial de "sentença liminar", como o despejo liminar irreversível, a nunciação de obra nova *initio litis*, inclusive com possibilidade de embargo extrajudicial, e os embargos de terceiro contrato ´esbulho judicial´. Esses casos representam hipóteses em que a evidência é tutelada pela legitimidade da rápida resposta judicial e não pelo só *periculum in mora*, como se costuma justificar esses imperativos jurídico-processuais ínsitos nas concessões liminares" (FUX, Luiz, *Tutela de segurança e tutela de evidência: fundamentos da tutela antecipada*, São Paulo, Saraiva, 2006, p. 329).

    4. Hipóteses – IV. De acordo com o inciso IV do art. 311, conceder-se-á tutela de evidência quando "a petição inicial for instruída com prova documental suficiente dos fatos constitutivos do direito do autor, a que o réu não oponha prova capaz de gerar dúvida razoável". Aqui, o juiz não reconhece a presença de um *fumus* extremado atendo--se ao campo jurídico-normativo; necessário é que ele também examine o campo fático--probatório. O juiz só poderá declarar a incidência aparente da norma se antes verificar a completude aparente de seu suporte fático. Ou seja: antes de tecer um juízo interino sobre a existência da pretensão material afirmada em juízo, o juiz deve tecer um juízo provisório sobre a suficiência da prova coligida *ab initio*. Certamente, para o juiz, essa é a hipótese mais difícil de concessão de tutela de evidência. Afinal, nos demais incisos, a evidência é aferida a partir de critérios mais objetivos; já no inciso IV, a avaliação da suficiência da prova documental e da incapacidade da contraprova de gerar dúvida razoável exige maior carga de subjetividade. Ora, a valoração qualitativa da prova resulta de um livre convencimento justificado do juiz: o sistema processual civil brasileiro vigente não atribui a cada prova um valor inalterável e constante (embora haja sequelas desse sistema de prova legal em nosso direito). Portanto, a decisão concessiva de tutela de evidência fundada no inciso IV exige do juiz que fundamente com maior esforço argumentativo.

É preciso frisar que na expressão "prova documental" também estão incluídos: (i) fatos notórios (*e.g.*, direito à indenização decorrente de acidente notório provocado por obras do Estado); (ii) presunções absolutas (*e.g.*, direito da consorte de adquirir, a crédito, coisas necessárias à economia doméstica, visto que se opera em favor dela a autorização do marido); (iii) provas emprestadas (*e.g.*, direito à reparação e realização dos consertos necessários caso exista perícia anterior na qual se tenha verificado a causa e a autoria de vazamentos danificadores da propriedade vizinha); (iv) questão prejudicial decidida como coisa julgada e posta como premissa de direito submetido a outro juízo (*e.g.*, direito de exigir um não fazer caso o fazer se funde em contrato anulado por outro juízo); (v) *conduta* contra legem aferível *prima facie* (*e.g.*, direito à demolição de construção que afronte distância mínima fixada entre os prédios); (vi) provas produzidas antecipadamente; (vii) fatos confessados em outro processo; (viii) exame de DNA (a mais "divinizada das provas"); (ix) decadência e prescrição (por exemplo, direito à cessação de moléstia baseada num direito decadente); etc. Afinal, em todos esses casos, desperta-se evidência equiparável à prova documental e, portanto, merecedora de tutela antecipada.

Note-se que a tutela de evidência do inciso IV não admite concessão *inaudita altera parte*. Trata-se de tutela provisória *in initio litis*, mas necessariamente *audiatur et altera pars*. Afinal, é preciso saber se o réu logrará probatoriamente opor dúvida razoável à existência da pretensão material afirmada na inicial. Frise-se: a oposição de dúvida razoável há de fazer-se por meio de prova, não de meras alegações. Argumentos desfazem argumentos; fundamentos de fato contrapõem-se a fundamentos de fato; mas contra-argumentos e fundamentos contrários de fato, desacompanhados de contraprova, não elidem argumentos e fundamentos de fato acompanhados de prova. Logo, se na contestação o réu não trouxer contraprova pré-constituída, a tutela de evidência poderá ser concedida. Isso não significa que o réu não possa ulteriormente incutir a dúvida razoável mediante contraprova casual (perícia, testemunho, confissão, inspeção judicial, etc.). Isso pode dar--se, *e.g.*: no pedido de alimentos instruído com exame extrajudicial de DNA (elidido no curso da instrução por exame judicial); no pedido de condenação do INSS à concessão de benefício por incapacidade instruído com laudo médico emprestado (elidido posteriormente por nova perícia); no pedido de indenização fundado em fato notório (depois elidido em audiência por confissão ou testemunho de causa excludente de responsabilidade). Nesse caso, tão logo produzida a contraprova, poderá o réu requerer a imediata revogação da liminar. Porém, se no curso da instrução não lograr-se opor contraprova casual ou pré-constituída capaz de gerar dúvida razoável, poderá haver concessão de tutela de evidência, inclusive na própria sentença de procedência (caso em que a apelação será recebida só no efeito devolutivo).

Isso ocorrerá com especial relevo nos processos ocasionalmente documentais, em que os fatos constitutivo, impeditivo, modificativo e extintivo do direito do autor somente se puderem provar na inicial e na contestação por meios pré-constituídos: nesse caso, se o pedido for julgado procedente e se na sentença houver concessão de tutela antecipada de evidência, a apelação não terá efeito suspensivo. Tudo muito similar, por exemplo, ao mandado de segurança (que é processo obrigatoriamente documental). Mas nada de mal há nisso. Afinal, onde há a mesma razão, deve haver o mesmo direito.

5. Exemplificatividade. O dispositivo tem propósitos nobres. Mas contém imperfeições, já que deixa de lado várias situações que despertam evidência merecedora de tutela *in initio litis*. Com isso, nasce o grave risco de os Tribunais interpretarem os incisos como rol *taxativo* (*numerus clausus*), não como rol meramente exemplificativo (*numerus apertus*). Caso isso aconteça, terá o legislador contribuído para a frustração da magnânima ideia que o inspirou. A tutela de evidência sempre ocorreu na prática viva do dia a dia forense, embora não expressamente prevista em textos de lei. Logo, há o perigo de que, uma vez legislado, o instituto se engesse e seus pressupostos sejam mecanizados. O "direito vivo" revela que as diversas tutelas provisórias concedidas nada mais tem sido do que diferentes "combinações" não axiomáticas dos diferentes graus de *fumus* e *periculum*. Logo, é sempre problemático que se legisle sobre um fenômeno marcado por valorações, subjetividade e discricionariedade.

Melhor talvez seria se o CPC/2015 contivesse um dispositivo que estabelecesse os pressupostos fundamentais da tutela de urgência (*fumus* e *periculum*) e lhe acrescentasse um parágrafo prescrevendo que "o juiz pode mensurar um pressuposto com menor rigor se o outro se mostrar com maior densidade" (nesse caso, as hipóteses de "*fumus* de extremidade presumida" e de "*periculum* de extremidade presumida" teriam de ser expressamente previstas, pois aqui a "suficiência compensatória" entre *fumus* e *periculum* é "normada", ou seja, não depende de uma avaliação do juiz). Ganhar-se-ia em generalidade, visto que a tutela de evidência não seria submetida a simplórias designações casuísticas. Mais: em apenas uma frase, haveria a previsão da propalada tutela de evidência sem urgência e da olvidada (mas não menos corrente) tutela de urgência sem evidência. Certamente, uma redação desse jaez conferiria aos juízes uma liberdade arredia a objetivações excessivas e controles racionais rígidos. Porém, nem mesmo ante leis cerradas, as decisões judiciais deixam de ser um evento axiológico para ser um acontecimento puramente lógico. É verdade que a figura do juiz que valora ainda incomoda. Afinal, nem todo juiz que pondera é ponderado. Entretanto, é absolutamente impossível desempenhar-se uma jurisdição de tutelas provisórias sem a boa e velha prudência.

6. Contraditório. O art. 9º do CPC/2015 prescreve que "não se proferirá decisão contra uma das partes sem que esta seja previamente ouvida". Mas o inciso II ao seu parágrafo único ressalva que o disposto no *caput* não se aplica "às hipóteses de tutela da evidência previstas no art. 311, incisos II e III". Diz o art. 311 que "a tutela da evidência será concedida, independentemente da demonstração de perigo de dano ou de risco ao resultado útil do processo, quando: (...) II – as alegações de fato puderem ser comprovadas apenas documentalmente e houver tese firmada em julgamento de casos repetitivos ou em súmula vinculante; III – se tratar de pedido reipersecutório fundado em prova documental adequada do contrato de depósito, caso em que será decretada a ordem de entrega do objeto custodiado, sob cominação de multa; (...)". O parágrafo único do art. 311 ainda reforça quando diz que, "nas hipóteses dos incisos II e III, o juiz poderá decidir liminarmente". Aqui, a intenção do legislador é clara: a tutela de evidência fundada nos incisos II e III do artigo 311 é uma obrigatoriedade. Nada mais inconstitucional, porém. Nenhuma tutela de evidência (tutela de evidência pura ou tutela de urgência sem evidência) se há de conceder *inaudita altera parte*. Tutela de evidência sem a ouvida da parte contrária – qualquer que seja seu fundamento – é incabível. Aqui, o estabelecimento prévio do contraditório é indeclinável. Afinal, o direito afirmado pelo autor não se encontra sob ameaça de perecimento irreversível capaz de justificar a outorga imediata de uma tutela provisória satisfativa. Enfim, não há razão suficiente para a pré-exclusão da incidência do princípio constitucional do contraditório. Tutela de evidência *inaudita altera parte* é tutela desproporcional, pois. Ainda que a existência da pretensão material alegada pelo autor soe evidente, é possível aguardar a vinda da contestação. Aliás, é recomendável que se aguarde. Afinal, direito evidente é direito quase certo, mas ainda não "absolutamente certo", pois cognição não se exauriu. Tutela de evidência ainda é tutela sumária. Entretanto, infelizmente, parcela dos processualistas confunde direito evidente com demanda incontestável. Ainda que a pretensão afirmada se funde em tese firmada em julgamento de casos repetitivos ou em súmula vinculante e o seu suporte fático já esteja demonstrado *ab initio* por prova literal pré-constituída, pode o réu arguir em resposta prescrição, decadência, incompetência, ilegitimidade, falta de interesse, falsidade documental, *implied overruling* (superação tácita do precedente), *distinguishing* (peculiaridade que afasta a aplicação do precedente), *overriding* (limitação da incidência do precedente em razão de norma superveniente), inaplicação do precedente por erro de enquadramento, interpretação equivocada do precedente, etc.

7. Tutela de urgência sem evidência e tutela de evidência sem urgência. Se o CPC/2015 previu a *t*utela de evidência sem urgência (tutela pura de *fumus* extremado), por que razão não previu também a tutela de urgência sem evidência (tutela pura de *periculum* extremado ou de emergência)? Embora o CPC/2015 não tenha previsto a figura, é inevitável que a prática forense subliminarmente continue – como até hoje tem feito – a preencher a lacuna. Na prática forense, existem casos em que o juiz se vale apenas do *periculum in mora* para conceder a liminar. Não faz qualquer consideração explícita, ou de relevo, a respeito do *fumus boni iuris*. É como se o *periculum* fosse o único pressuposto. Quando isso ocorre, o perigo de dano irreparável mostra-se extremado. Seu exagero é tamanho que absorve todo o foco de atenção do juiz. Isso porque o perigo de irreversibilidade do dano é máximo. Assim sendo, nada de qualidade acaba sobrando ao enfrentamento do *fumus* (mesmo porque, tendo em vista o risco de perecimento do direito afirmado, muitas vezes o juiz não tem tempo para sequer formular simples juízo de aparência). É o preço que se paga para conceder-se tutela de emergência ou urgência urgentíssima. Logo, se toda a matéria de fato já estiver demonstrada *ab initio* por prova literal pré-constituída e se o juiz tiver dúvida sobre a matéria de direito ("juízo de *fumus* zero" ou "falta de evidência do direito"), ainda assim será possível a concessão da liminar se o *periculum* se apresentar em grau extremado. Essa constatação produz fraturas no âmbito de incidência do princípio *iura novit curia* (o juiz tem o dever de conhecer o direito), pois tem aplicação relativa no campo das tutelas provisórias.

Há casos em que o juiz se dá por satisfeito concedendo a tutela provisória só com base no *periculum*. Ou seja, dispõe de todos os elementos de convicção e, mesmo apoiando-se num único pressuposto, concede a tutela (tutela pura de *periculum* extremado sob convicção completa). Logo, não profere a decisão sob a promessa de que a reverá após a vinda da resposta ou dos esclarecimentos do autor. Para ele, o suporte fático da tutela de urgência está completo. Cabe ao réu, se quiser, recorrer. Nesse caso, poder-se-ia cogitar que o juiz está sensibilizado com os dramas do autor e concede a tutela: (i) nada tratando sobre o *fumus*, embora convicto de que ele não está presente; ou (ii) evitando enfrentar a tese jurídica para não correr o risco de denegar a medida. De toda maneira, é impossível arriscar-se em qualquer dessas afirmações, pois, se há essa convicção íntima do juiz, ela não é externada na motivação. Se ele conceder a liminar mesmo tendo razões subjetivas para desconfiar da existência da pretensão alegada em juízo, não se poderá reprovar sua conduta se essas razões não forem objetivada*s*.

Em contraposição, há casos em que o juiz concede a tutela provisória, mas não se dá por satisfeito. Após ler a inicial, sente necessidade de mais elementos de convicção. Porém, ante a urgência radical que lhe é posta, não tem tempo para ouvir o réu antes de apreciar o pedido (tutela pura de *periculum* extremado sob convicção *incompleta*). Ele não quer cingir-se ao que já tem; mas, se postergar a análise, há o sério risco de o direito perecer. Logo, em situações como essa, é comum o juiz, em único jato: (i) conceder a tutela *inaudita altera parte*; (ii) determinar a citação e intimação do réu; e (iii) ordenar o retorno dos autos com a manifestação do réu para poder reapreciar o pedido de tutela de urgência. É preciso haver uma reavaliação das coisas, pois. Com isso, o juiz terá seu espectro de visão mais ampliado e sentir-se-á mais confortável para a concessão do provimento.

Note-se que os efeitos dessa primeira decisão ficam vinculados a condição resolutiva: ou a tutela será revogada se o juiz ficar ulteriormente convencido de que seus pressupostos não estão preenchidos, ou a tutela será mantida e substituída por outra se o juiz se convencer da presença dos pressupostos. De todo modo, essa decisão é sempre um ato de passagem, uma escalada em direção a uma "tutela pura de *periculum* extremado sob convicção completa" (lastreada na presença "exagerada" do *periculum*), ou a uma tutela de urgência típica (fundada na comunhão do *periculum* com o *fumus*).

É indispensável esclarecer um detalhe sobre a tutela pura de *periculum* extremado. Aqui, o juiz não concede a medida mesmo descrente da demanda (hipótese em que haveria um *fumus* negativo, ou seja, a convicção de que o direito não existe). Ora, se na decisão o juiz afirma que não há *fumus*, deve ele indeferir o pedido de liminar. Logo, com a expressão "tutela de urgência sem evidência" quer-se dizer que o juiz concede a tutela sem tecer qualquer juízo de aparência (hipótese em que haveria um vazio de *fumus*, isto é, uma dúvida não tangenciada). Desse modo, tem-se que: no *fumus* positivo, o juiz exterioriza uma posição favorável a respeito do direito alegado (é o que ocorre na decisão que concede a tutela pura de *fumus* extremado); no *fumus* negativo, o juiz exterioriza uma posição desfavorável a esse respeito (é o que ocorre na decisão que denega a tutela pura de *fumus* extremado); no vazio de *fumus* ou *fumus* zero, o julgador não exterioriza posição alguma (é o que ocorre na decisão que concede a tutela pura de *periculum* extremado).

LIVRO VI
DA FORMAÇÃO, DA SUSPENSÃO E DA EXTINÇÃO DO PROCESSO

TÍTULO I – Da Formação do Processo

ARTIGO 312.
Considera-se proposta a ação quando a petição inicial for protocolada, todavia, a propositura da ação só produz quanto ao réu os efeitos mencionados no art. 240 depois que for validamente citado.
CORRESPONDÊNCIA NO CPC/1973: *ART. 263.*

1. Função. O presente dispositivo estipula o marco inicial da demanda. Adota-se, para o caso, o critério do protocolo. Percebe-se que não é mais um ato judicial – despacho ou distribuição – que serve como *dies a quo*, mas o ato cartorário do protocolo, que pode ser via eletrônica ou física. O protocolo por meio físico pode ser veiculado pela ausência de processo eletrônico ou, em casos de urgência, por estar o referido sistema inacessível.

2. Efeitos do protocolo. O protocolo mencionado neste artigo tem o condão de conferir à petição inicial a qualidade de ação processualizada. Antes, é mera petição. *É o protocolo que dará início à ação.* Este ponto é relevante, pois a parte pode protocolizar petição inepta. Nesse caso, ação há, embora com defeito sanável ou não. Outro problema que pode ocorrer consiste no caso de a petição veiculada por meio eletrônico estar em configuração que não permita a leitura ou que esteja incompleta. Nesse caso, há petição, cabendo à parte o ônus de anexar documento compatível ao sistema. Entretanto, se o documento indicado como inicial estiver em branco, não há petição, logo se protocolizou o nada. Nesse caso, não há sequer a propositura da ação. Isto poderá gerar consequências para o direito material da parte, pois alguns prazos, muitas vezes, estão atrelados à propositura da ação, como a interrupção da prescrição e a não ocorrência da decadência.

3. Citação e seus reflexos. O art. 238 delimita a função da citação como ato comunicacional pelo qual o interessado (não só o réu) é chamado para compor a relação jurídica processual. Percebe-se nitidamente que a citação é um ato que torna o processo eficaz em face do interessado. O art. 239 coloca a citação como pressuposto de validade do processo, salvo na hipótese de indeferimento da petição inicial (art. 330) ou de improcedência liminar do pedido (art. 332). Neste dispositivo, o CPC/2015 padece de impropriedade técnica, já que a ausência de citação tem por fim tornar o processo ineficaz para quem deveria ter sido chamado, e não foi. Protocolizada a petição, a ação processual surge. Se estiver completa, inaugura validamente a relação jurídica processual entre autor e Estado-Juiz. A ausência de citação não invalida o processo. Se assim fosse, toda petição inicial seria inválida até a ocorrência da citação. Noutros termos, todo processo nasceria inválido até que houvesse citação. Não é isso. Havendo protocolo da petição inicial, há processo. Este pode ser válido ou não. A citação tem o condão de tornar eficaz o aludido processo para os demais partícipes devidamente chamados. A ausência de citação é um defeito que impede alguns efeitos. Por essa razão, com técnica bem mais apurada, o dispositivo ora comentado irá demarcar que a "(...) ação só produz quanto ao réu os efeitos mencionados no art. 240 depois que for validamente citado.". Assim, a citação não torna o processo válido, mas atribui efeitos ao processo ante os demais partícipes, se citados. Apesar de o artigo mencionar a expressão "réu", aqui se percebe o uso de uma metonímia, já que o termo "réu" está posto para representar tanto o réu, propriamente dito, como todo aquele que é chamado a participar da relação jurídica processual, tal como o denunciado, que pode ser citado pelo autor ou pelo réu (art. 126), bem como o chamado, no chamamento ao processo, que é citado pelo réu (art. 131), eentre outros casos.

4. Propositura da ação e o marco inicial dos efeitos ante o citado. Como estabelecido, a citação válida irá gerar consequências para a parte citada. Esses efeitos serão desencadeados com a citação, mas retroagirão à data da propositura da ação. Bom lembrar que a citação não torna mais o juízo prevento, como era no CPC/1973. A prevenção agora é eficácia do registro ou da distribuição da petição inicial (art. 59). Os efeitos da citação são processuais e materiais. Eles ocorrem mesmo que a citação seja ordenada por juiz incompetente (art. 240). São efeitos processuais: (i) litispendência e (ii) tornar litigiosa a coisa. São efeitos materiais da citação: (i) constituir o devedor em mora, salvo nas hipóteses do art. 397 do CC/2002 – nesse caso, o inadimplemento da obrigação submetida a termo se dá com seu advento e, caso não tenha termo, a mora pode se dar por interpelação judicial ou extrajudicial e (ii) do art. 398 do CC/2002. No caso do ato ilícito, a mora ocorrerá: a) no momento de sua prática a) interromper a prescrição; b) impedir a ocorrência da decadência, bem como os demais prazos extintivos previstos em lei. Deve-se salientar que é ônus da parte interessada, no prazo de 10 (dez) dias, adotar as medidas necessárias para viabilizar a citação, sob pena de não ocorrer a eficácia retroativa da interrupção da prescrição, do impedimento da decadência e dos demais prazos extintivos previstos em lei. A lei, no entanto, escusa o interessado das consequências da não citação tempestiva, se a demora for imputada exclusivamente ao serviço judiciário (art. 240, § 3º). Implica dizer que, se a culpa for concorrente, não haverá eficácia retroativa.

TÍTULO II – Da Suspensão do Processo

Artigo 313.

Suspende-se o processo:

I – pela morte ou pela perda da capacidade processual de qualquer das partes, de seu representante legal ou de seu procurador;

II – pela convenção das partes;

III – pela arguição de impedimento ou de suspeição;

IV –pela admissão de incidente de resolução de demandas repetitivas;

V – quando a sentença de mérito:

a) depender do julgamento de outra causa ou da declaração de existência ou de inexistência de relação jurídica que constitua o objeto principal de outro processo pendente;

b) tiver de ser proferida somente após a verificação de determinado fato ou a produção de certa prova, requisitada a outro juízo;

VI – por motivo de força maior;

VII – quando se discutir em juízo questão decorrente de acidentes e fatos da navegação de competência do Tribunal Marítimo;

VIII – nos demais casos que este Código regula.

§ 1º Na hipótese do inciso I, o juiz suspenderá o processo, nos termos do art. 689.

§ 2º Não ajuizada ação de habilitação, ao tomar conhecimento da morte, o juiz determinará a suspensão do processo e observará o seguinte:

I – falecido o réu, ordenará a intimação do autor para que promova a citação do respectivo espólio, de quem for o sucessor ou, se for o caso, dos herdeiros, no prazo que designar, de no mínimo 2 (dois) e no máximo 6 (seis) meses;

II – falecido o autor e sendo transmissível o direito em litígio, determinará a intimação de seu espólio, de quem for o sucessor ou, se for o caso, dos herdeiros, pelos meios de divulgação que reputar mais adequados, para que manifestem interesse na sucessão processual e promovam a respectiva habilitação no prazo designado, sob pena de extinção do processo sem resolução de mérito.

§ 3º No caso de morte do procurador de qualquer das partes, ainda que iniciada a audiência de instrução e julgamento, o juiz determinará que a parte constitua novo mandatário, no prazo de 15 (quinze) dias, ao final do qual extinguirá o processo sem resolução de mérito, se o autor não nomear novo mandatário, ou ordenará o prosseguimento do processo à revelia do réu, se falecido o procurador deste.

§ 4º O prazo de suspensão do processo nunca poderá exceder 1 (um) ano nas hipóteses do inciso V e 6 (seis) meses naquela prevista no inciso II.

§ 5º O juiz determinará o prosseguimento do processo assim que esgotados os prazos previstos no § 4º.

CORRESPONDÊNCIA NO CPC/1973: *ART. 265.*

1. Função. O processo é uma marcha – *procaedere* (cair para frente, caminhar, avançar). No entanto, algumas situações previstas em lei podem, temporariamente, conter esse fluir. Este dispositivo estabelece um rol de situações que autorizam a suspensão do processo, mas a lista é exemplificativa, como se depreende do art. 313, VIII. Deve-se destacar que a suspensão não atinge diretamente o processo, mas o procedimento – o modo como a relação jurídica processual se desenvolve. A ressalva é relevante, já que os efeitos do processo não serão atingidos pela suspensão, tais como: induzir litispendência, fazer litigiosa a coisa, gerar prevenção, etc. Assim, a denominada suspensão do processo (*rectius*: procedimento) irá impedir, durante sua vigência, a prática de atos processuais, sob pena de nulidade, salvo se não vierem a causar prejuízo ou não puderem ser convalidados, em razão das premissas que regem o sistema de nulidades processuais (arts. 276-283). Outra ressalva relevante diz respeito à prática de atos que tenham por objetivo solucionar o incidente que ensejou a suspensão. Aqui, não há que se falar em invalidade, pois os atos serão praticados no intuito de restabelecer a marcha processual sobrestada. Ademais, durante a suspensão do processo, salvo expressa determinação judicial em contrário, a denominada tutela provisória permanece eficaz (art. 296, parágrafo único), sendo possível, para tanto, praticarem-se os atos necessários a sua efetivação.

2. Decisão que suspende o processo. A suspensão do processo não é automática, pois depende de decisão judicial. Para alguns, a decisão tem eficácia declaratória, já que teria por condão apenas atestar algo já ocorrido. (GOMES JR., Luiz Manoel, in WAMBIER, Teresa Arruda Alvim *et al.* (Coord.), *Breves comentários ao novo Código de Processo Civil*, São Paulo, RT, 2015, p. 802). Outros entendem que possui natureza constitutiva, mas com eficácia *ex tunc* (DIDIER JR., Fredie, *Curso de direito processual civil*, 17. ed., Salvador, JusPodivm, 2015, p. 738). Embora haja um conteúdo declaratório no ato judicial que determina a suspensão, a função primordial da decisão é impedir a marcha processual. Desta feita, trata-se de decisão de cunho preponderantemente constitutivo, já que altera o mundo jurídico.

3. Morte ou pela perda da capacidade processual de qualquer das partes, representante legal ou advogado. Trata-se da primeira hipótese que autoriza a suspensão. Em primeiro lugar, o termo "parte" deve ser entendido como autor, réu assistente, denunciado, opoente chamado, partes em incidentes de suspeição ou de impedimento – juiz, perito, intérprete, etc. Insere-se também no âmbito significativo do vocábulo "morte" a extinção da pessoa jurídica, para fins de suspensão. Outro ponto que deve ser levado em consideração é que o termo "representante legal", mencionado no dispositivo, dirige-se apenas ao representante da pessoa física, já que, no caso da morte do representante da pessoa jurídica, outro tomará seu lugar, sem que haja solução de continuidade, pelo que não será hipótese de suspensão do processo. A morte da parte pode acarretar a extinção do processo, no caso de o direito deduzido em juízo não ser suscetível de transmissão (art. 485, IX). Ela também poderá ser causa de extinção do incidente de suspeição e de impedimento, caso a morte seja do magistrado, perito ou intérprete. Não sendo hipótese de extinção, a morte será causa de suspensão do procedimento, nos termos do art. 689, devendo os sucessores ajuizar ação de habilitação, que será processada, em regra, nos autos principais (art. 689). Não sendo ajuizada a referida ação incidente (arts. 687-692), o magistrado, ao ter conhecimento do falecimento da parte, deverá suspender o processo e tomar algumas providências, como se verá. Havendo falecimento do réu, o juiz deverá intimar o autor para que promova a citação do espólio, de quem for sucessor, ou, se for o caso, dos herdeiros, no prazo de no mínimo dois meses e no máximo seis meses (art. 331, § 2º, I). Deve-se atentar para o fato de que, havendo falecimento do réu antes da citação, deverá o autor providenciar a citação do espólio ou do sucessor. Nesse caso, não haverá suspensão do feito, já que, com a morte do réu, não houve a angularização da relação jurídica processual. Caso o falecimento seja do autor, sendo o direito litigioso transmissível, será determinada a intimação do espólio, de quem for o sucessor, ou do herdeiro, pelos meios de comunicação que se reputarem mais adequados e para que se promova a habilitação, no prazo designado, sob pena de extinção do processo, sem exame do mérito, já que não se admite suspensão eterna do processo. A perda da capacidade processual da parte, a morte de seu representante legal ou a perda da capacidade do referido representante equivalem à perda da capacidade processual, já que a parte fica sem alguém que possa exercer sua representação. Neste caso, aplica-se a rega do art. 76, que determina a suspensão do processo e a designação de prazo razoável para que o vício possa ser sanado. Tramitando a demanda na instância originária, haverá a seguinte regulação. Se a providência couber ao autor e este não a cumprir, o processo será extinto. Se a providência for incumbência do réu, o descumprimento implicará revelia. Caso o ônus seja do terceiro, será, conforme o caso, excluído ou reputado revel (art. 76, §1º). Na hipótese de o processo encontrar-se em fase recursal, a não correção do vício por parte do recorrente irá gerar o não conhecimento do recurso. Já a inércia por parte do recorrido terá por consequência o desentranhamento das contrarrazões (art. 76, §2º). Registre-se que, havendo litisconsórcio ativo e se apenas um ou mais litisconsortes não sanarem a irregularidade, não haverá extinção do processo, mas exclusão do autor ou dos autores incapazes, prosseguindo-se a demanda quanto aos demais litisconsortes. A decisão que exclui os litisconsortes pode ser impugnada por agravo de instrumento (art. 1.015, VII). (DIDIER JR., Fredie, *Curso de direito processual civil*, v. 1. 17. ed., Salvador, JusPodivm, 2015, p. 738-740).

4. Morte do advogado e perda de sua capacidade processual. Conforme estipulação do art. 313, I, a morte e a incapacidade do procurador ensejam a suspensão do processo. No entanto, o parágrafo 3º do mesmo artigo, ao disciplinar o tema, só menciona a morte do advogado, silenciando quanto à perda de capacidade. Esse silêncio não pode ser visto como ausência de regulação, já que isso faria *tabula rasa* ao disposto no aludido inciso I. Ademais, como a perda da capacidade processual tem por consequência a impossibilidade de o advogado atuar no feito, há, no caso, razões idênticas que reclamam a mesma solução. Desta feita, fazendo-se uma interpretação sistêmica, deve o magistrado adotar o regramento estipulado à hipótese de morte do advogado para o caso da perda de capacidade do advogado. Ainda quanto à incapacidade do advogado, deve-se destacar que ela não se circunscreve apenas à incapacidade genérica, mas também se estende à perda da capacidade postulatória, em face de alguma hipótese de restrição ao exercício da advocacia. Situação análoga ocorre quando o patrono da parte está cumprindo pena de suspensão imposta pela OAB, enquanto durarem os efeitos da punição. Nesses termos, havendo a morte ou perda da capacidade do advogado da parte, o juiz deve, ainda que iniciada a audiência de instrução e julgamento, determinar que a parte constitua novo advogado em 15 (quinze) dias. Se o autor não sanar a falha, o magistrado extinguirá o processo sem exame do mérito, salvo se, havendo litisconsórcio ativo, apenas um ou mais deles estiverem com problemas na representação processual. Nesse caso, haverá exclusão dos autores que não corrigiram o aludido vício, prosseguindo o feito com relação aos demais autores. A decisão de exclusão pode ser impugnada por agravo de instrumento (art. 1.015, VII). Se o réu não cumprir a determinação, o processo prosseguirá à sua revelia.

5. Convenção das partes. As partes podem, mediante convenção, suspender o curso do processo. O prazo máximo da suspensão é de seis meses. Findo o prazo, o processo volta a fluir (art. 313, § 4º). Para que a convenção produza efeito, faz-se necessária a homologação judicial. A convenção não necessita ser motivada, já que é faculdade conferida às partes.

6. Arguição de impedimento e de suspensão. Trata-se de ato da parte que tem por função garantir a imparcialidade do órgão judicante. A competência para julgar estas arguições é do tribunal. Cabe ao relator para quem o incidente for distribuído determinar se o recebe com ou sem efeito suspensivo. Frise-se que haverá suspensão do feito apenas se o incidente for recebido no efeito suspensivo (art. 146, § 2º). Não haverá suspensão do feito no caso de arguição de impedimento ou de suspensão de membro do Ministério Público ou de auxiliar da justiça.

7. Admissão de incidente de resolução de demandas repetitivas. A hipótese aqui prevista não se circunscreve apenas à hipótese do incidente previsto nos arts. 976-987, mas se estende também à admissão de julgamento de casos repetitivos (recurso especial e extraordinário – art. 1.037, II). No caso de incidente de resolução de demandas repetitivas, a suspensão do feito não impede a apreciação de tutela de urgência pelo juízo natural onde tramita o processo suspenso (art. 982, §2º).

8. Causa prejudicial. A suspensão do processo pode ser decretada quando sua solução depender do julgamento de outra demanda ou da declaração de existência ou de inexistência de relação jurídica que constitua objeto principal de outro processo pendente (art. 313, V, "a"). Percebe-se do texto que há uma relação de subordinação entre a causa prejudicial e a causa dependente. É a causa dependente que poderá sofrer a suspensão. Alerte-se que o julgamento a que se refere o texto legal é o de mérito, que pode ser veiculado em decisão parcial, sentença ou acórdão. Ademais, não se faz necessário que a decisão de mérito no processo subordinante haja transitado em julgado para exercer a influência na demanda dependente. Outro ponto que deve ser levado em consideração é que só ocorrerá a suspensão se não for possível a reunião das demandas em face da conexão, por conta da relação de dependência. Registre-se que, uma vez decretada a suspensão, não poderá exceder a 1 (um) ano (art. 313, §4º). Uma vez passado o prazo, o processo volta ao curso normal. (art. 313, §5º).

9. Verificação de fato ou produção de prova em outro juízo. Essa hipótese de suspensão do processo só se dará caso seja imprescindível para o julgamento do mérito a verificação de fato ou de produção de prova em outro juízo. A suspensão do processo será de no máximo 1 (um) ano (art. 313, § 4º); uma vez decretada, **não poderá exceder a** 1 (um) ano (art. 313, § 4º). Passado o prazo, o processo volta ao curso normal. (art. 313, § 5º).

10. Força maior. Aqui, residem os limites do sistema jurídico, já que o direito não pode impor que alguém faça o impossível. A força maior, conceito juridicamente indeterminado, refere-se a evento imprevisível, alheio à vontade das partes e insuperável. A suspensão, uma vez decretada, deverá retroagir à data do evento. (DIDIER JR., Fredie, *Curso de direito processual civil*, v. 1, 17. ed., Salvador, JusPodivm, 2015, p. 774).

11. Discussão em juízo de questão decorrente de acidentes e fatos da navegação de competência de Tribunal Marítimo. O Tribunal Marítimo, de natureza administrativa, vinculado à Marinha Militar (órgão das Forças Armadas), mas autônomo, é órgão auxiliar da Justiça, com atribuição para julgar acidentes e fatos da navegação, conforme dispõe a Lei 2.180/1954. Suas decisões possuem valor de prova quanto à matéria técnica referente aos acidentes e fatos da navegação, mas podem ser revistas pelo Judiciário, não gozando, assim, de presunção absoluta. (DIDIER JR., Fredie, *Curso de direito processual civil*, v. 1, 17. ed., Salvador, JusPodivm, 2015, p. 166-7). Trata-se, no caso, de uma hipótese de suspensão de processo judicial no aguardo de prova a ser produzida mediante ato decisório por um órgão vinculado à administração, muito similar à situação prevista no art. 313, V, "b". O texto legal não estabelece o prazo máximo da suspensão; no entanto, deverá ser adotada a regra do art. 313, § 4º, que fixa em 1 (um) ano o prazo para verificar em outro juízo determinado fato ou produção de prova.

12. Outros casos de suspensão. O art. 313, VIII, estipula de forma expressa o caráter exemplificativo do rol das hipóteses de suspensão, como já salientado. Fredie Didier Jr. lança alguns exemplos, no CPC20/15: incidente de desconsideração da personalidade jurídica, impugnação ao cumprimento de sentença, embargos à execução, etc. Ademais, a lei extravagante também pode estipular hipóteses de suspensão, como salienta o citado processualista baiano, no caso da suspensão do processo por conta de concessão de liminar em ação declaratória de constitucionalidade, prevista no art. 21, parágrafo único da Lei 9.868/1999. (DIDIER JR., Fredie, *Curso de direito processual civil*, 17. ed., Salvador, JusPodivm, 2015, p. 745-747).

ARTIGO 314.
Durante a suspensão é vedado praticar qualquer ato processual, podendo o juiz, todavia, determinar a realização de atos urgentes a fim de evitar dano irreparável, salvo no caso de arguição de impedimento e de suspeição.
CORRESPONDÊNCIA NO CPC/1973: *ART. 266.*

1. Função. O presente dispositivo vem reforçar o disposto no art. 313, estipulando as consequências decorrentes da suspensão do procedimento. Ademais, estabelece a permissão excepcional de prática de ato que pode ser realizado validamente enquanto o curso processual se encontra suspenso.

2. Prática de atos urgentes. Durante a suspensão, há a possibilidade de o magistrado conceder tutela de urgência, seja de caráter satisfativo, seja de caráter cautelar. O dispositivo legal atrela a concessão da tutela de urgência a um fim: "evitar dano irreparável". Essa expressão deve ser entendida não em sua literalidade, mas conjugada com a estipulação do art. 300, que, ao tratar da tutela de urgência, relaciona esta ao perigo de dano ou ao risco ao resultado útil do processo. Perceba-se que o dispositivo que trata da tutela de urgência não se vale da expressão "dano irreparável", mas de perigo de dano, que é mais ampla. Assim, não há problema em conceder tutela de urgência durante a suspensão do processo com intuito de evitar dano de difícil reparação, por exemplo. Pensar diferente implica restringir a atividade jurisdicional, que pretende ser efetiva (art. 6º). Ademais, a tutela de urgência pode ser concedida *inaudita altera pars* ou mediante justificação prévia. Em homenagem ao contraditório, deve-se ouvir a parte contrária. No entanto, permite-se a concessão diferindo-se o contraditório, desde que o magistrado justifique de forma analítica a excepcionalidade da medida. Percebe-se, com isso, que, durante a suspensão, é possível a prática de inúmeros atos relacionados à tutela de urgência, tais como: requerimento da tutela de urgência; concessão do provimento ouvindo-se previamente a outra parte ou não; interposição de recurso, em caso de concessão ou denegação da tutela de urgência; atos de efetivação da medida; entre outros.

Outro ponto que se deve registrar é que não é possível, durante a suspensão, a concessão de tutela de evidência, já que ela prescinde da urgência (art. 311).

3. Suspensão por impedimento ou suspeição e as tutelas de urgência. No caso de a suspensão do processo decorrer de decisão do relator, no bojo de arguição de impedimento ou de suspeição, a tutela de urgência deverá ser requerida e apreciada pelo substituto legal, conforme prescrição do art. 146, § 3º. O aludido dispositivo estabelece disciplina idêntica, enquanto o relator não declarar o efeito em que recebe a arguição de parcialidade. Em outros termos, interposta a arguição de impedimento e de suspeição, fica vedada a concessão de tutela de urgência pelo magistrado impugnado até que o relator declare o efeito que recebe o incidente.

4. Atos praticados durante a suspensão. Como já registrado, ao comentar o art. 313, a suspensão não é do processo, mas, sim, do procedimento. O processo, além de existir, não está com sua eficácia suspensa. Por essa razão, é possível produzir-se validamente atos processuais durante a suspensão. A prática de atos vedados pela lei, em face da suspensão, é conduta contrária a direito, logo ilícita, que poderá implicar, caso seja constatado prejuízo, sua invalidação. Saliente-se que a invalidação poderá dar causa ao desfazimento do ato ou à sua ineficácia. No desfazimento, o ato deverá ser renovado. Na ineficácia, impedem-se os efeitos até que o procedimento volte a seu curso. A partir do retorno ao fluxo normal, o magistrado irá estipular o momento da eficácia do ato praticado ou de sua renovação.

ARTIGO 315.
Se o conhecimento do mérito depender de verificação da existência de fato delituoso, o juiz pode determinar a suspensão do processo até que se pronuncie a justiça criminal.

§ 1º Se a ação penal não for proposta no prazo de 3 (três) meses, contado da intimação do ato de suspensão, cessará o efeito desse, incumbindo ao juiz cível examinar incidentemente a questão prévia.

§ 2º Proposta a ação penal, o processo ficará suspenso pelo prazo máximo de 1 (um) ano, ao final do qual aplicar-se-á o disposto na parte final do § 1º.

CORRESPONDÊNCIA NO CPC/1973: *NÃO HÁ.*

1. Função. A regulação prevista no presente dispositivo visa a pormenorizar a hipótese do art. 313, V, "a", que trata da prejudicialidade, tendo em vista a peculiaridade existente entre a demanda penal subordinante e a demanda cível dependente. Havendo o vínculo condicionante, o juízo cível pode suspender o curso procedimental, no aguardo da decisão no juízo penal. Aqui se tem um vínculo pela causa de pedir, visto que o fato delituoso é também causa de pedir na demanda cível.

2. Obrigatoriedade da suspensão. Estando previstos os requisitos para a suspensão, não é facultado ao magistrado ordená-la ou não. Trata-se de um dever. (GOMES JR., Luiz Manoel, in WAMBIER, Teresa Arruda Alvim *et al.* (Coord.), *Breves comentários ao novo Código de Processo Civil.* São Paulo, RT, 2015, p. 806). No caso, o verbo "poder" não expressa uma permissão, mas poder para fazer. Não suspender, presentes os requisitos, poderá gerar decisões díspares que maculam a segurança jurídica. A espera pela decisão penal, entretanto, não é absoluta, estabelecendo a lei prazo razoável para a suspensão, sob pena de, em nome da segurança jurídica, sacrificarem-se outras garantias constitucionais, como a eficiência e a duração razoável do processo.

3. Requisitos e prazo para suspensão. A suspensão do processo decorrerá de decisão judicial que vislumbra o caráter provavelmente delituoso do fato que fundamenta o pedido da parte. Após a intimação das partes acerca da suspensão, o processo ficará sobrestado até que se ajuíze a demanda na esfera penal. Passados 3 (três) meses da intimação, sem que haja a propositura da demanda penal, deverá o juízo cível retomar o curso do feito e analisar a questão que deu causa à suspensão do processo, incidentalmente. Proposta a ação penal após os 3 (três) meses, não seria razoável esperar por 1 (um) ano pela resolução da demanda penal, já que expirou o prazo estipulado no art. 315, § 1º. Deve, nesse caso, a ação cível retomar seu curso. Se, no prazo de 3 (três) meses, a ação penal for proposta, o processo na esfera cível ficará suspenso por até um ano. Findo o prazo, com ou sem a resolução da ação penal, a demanda cível retomará seu curso. Aqui surge a dúvida. O prazo de 1 (um) ano começa a fluir do ajuizamento da ação penal ou da suspensão do feito? As duas interpretações são possíveis; no entanto, parece ser razoável entender que o prazo de 1 (um) ano começa a fluir da propositura da ação penal (art. 315, § 2º), que pode-se dar até 3 (três) meses após o início da suspensão.

4. Vinculação da decisão penal no juízo cível. Na hipótese do presente dispositivo, a decisão na ação penal subordinante irá condicionar a decisão do juízo cível dependente. Registre-se que, para a decisão penal produzir efeitos na esfera cível, não se faz necessário seu trânsito em julgado. Noutros Em outros termos, a vinculação do juízo cível independe do trânsito em julgado da decisão penal, já que o dispositivo apenas menciona o pronunciamento da justiça penal, sem fazer alusão a trânsito em julgado. Além disso, na hipótese da suspensão por prejudicialidade, prevista no art. 313, V, "a", não se faz essa exigência. Assim, não seria razoável exigi-la nesse caso.

TÍTULO III – Da Extinção do Processo

Artigo 316.
A extinção do processo dar-se-á por sentença.
CORRESPONDÊNCIA NO CPC/1973: *NÃO HÁ.*

1. Função. O presente dispositivo indica o ato judicial responsável por determinar a extinção do processo ou do procedimento. No texto, a expressão sentença designa, por metonímia, , qualquer decisão judicial que tenha por finalidade extinguir o processo ou o procedimento. (DIDIER JR., Fredie *et al, Curso de direito processual civil*, v. 2, 10. ed., Salvador, JusPodivm, 2015, p. 303-4). Assim, a extinção pode ocorrer por sentença, acórdão ou decisão singular do relator. O referido dispositivo indica apenas uma das funções da sentença, no CPC/2015, havendo outras funções, como solucionar o litígio, prestar a jurisdição etc.

2. Objeto da extinção. Apesar de o texto mencionar que a extinção do processo se dará por sentença, na realidade, ora ela extingue o processo, ora ela extingue o procedimento ou uma de suas etapas.

3. Sentença e extinção do processo. A extinção do processo, entendido como relação jurídica processual, ocorre na hipótese do art. 485 (extinção do processo sem resolução do processo), quando a totalidade da relação jurídica chega a seu ocaso sem que haja apelação. Havendo apelação, a relação jurídica processual permanece até sua resolução. Outra hipótese de extinção do processo ocorre quando há o termo da etapa executiva do processo (cumprimento de sentença) ou da execução por título executivo extrajudicial, em sua totalidade. Enquanto houver ato processual decisório a ser praticado, tecnicamente não haverá termo da relação jurídica processual.

4. Sentença e extinção do procedimento. Normalmente a sentença irá extinguir procedimento, deixando incólume a relação jurídica processual, já que esta permanece durante a via recursal, ou pela via da liquidação de sentença, por exemplo. O trânsito em julgado da sentença ilíquida não põe termo ao procedimento comum, embora seja veiculado por sentença. Além disso, o ato judicial que efetiva a liquidação da sentença encerra o procedimento comum, desde que transite em julgado, mas será veiculado por decisão, já que o recurso cabível contra a decisão que liquida é o agravo de instrumento (art. 1.016, pár. ún.). Geralmente as hipóteses de extinção do procedimento se dão nos casos dos arts. 485 e 487. Saliente-se que há sentença que não extingue o procedimento, mas uma de suas etapas, como no caso do procedimento de demarcação de terras (arts. 581 e 587) e do procedimento de exigir contas (arts. 550, § 5º, e 552). (DIDIER JR., Fredie *et al, Curso de direito processual civil*. v. 2, 10. ed., Salvador, JusPodivm, 2015, p. 305). Assim, a prescrição do art. 316 pode ter por fim extinguir tanto o processo quanto o procedimento ou etapas dele. Saliente-se que há extinção de procedimento que não se dá por sentença, como na liquidação de sentença, no incidente de desconsideração da personalidade jurídica (art. 136), etc.

Artigo 317.

Antes de proferir decisão sem resolução de mérito, o juiz deverá conceder à parte oportunidade para, se possível, corrigir o vício.
CORRESPONDÊNCIA NO CPC/1973: *NÃO HÁ.*

1. Função. Trata-se de um dos dispositivos que reforçam na nova sistemática processual a primazia do julgamento do mérito. (CUNHA, Leonardo Carneiro da, *Princípio da primazia do julgamento do mérito*, disponível em http://www.leonardocarneirodacunha.com.br/opiniao-49-principio-da-primazia-do-julgamento-do-merito/).

2. Primazia do julgamento do mérito. É importante mudança preconizada no novo CPC/2015. Como salienta Leonardo Carneiro da Cunha, citado no item anterior, inúmeros dispositivos, além deste que se comenta, positivam, no CPC/2015, a ênfase ao julgamento do mérito, tais como os arts.: 4º; 6º; 139, IX; 282, § 2º; 319; 321; 338; 352; 485, §1º; 485, §7º; 488; 932, parágrafo único; 938, §1º; 968, §5º, II; 1.007, §§ 2º e 4º; 1.013, §3º, II e IV; 1.029, §3º; art. 1.032; art. 1.033; etc. Percebe-se que o legislador, em homenagem ao princípio do acesso à justiça (art. 5º, XXV, CF/1988), que há de ser efetivo, estabeleceu uma regra que condiciona a extinção do processo sem resolução do mérito, em face de vício, à prévia e necessária intimação da parte para, se possível, sanar o defeito. Trata-se de norma cogente, pois a expressão utilizada é "deverá", não se justificando mais práticas contrárias, infelizmente muito comuns em vários juízos. Essas tinham por objetivo encontrar vícios processuais para extinguir o feito sem resolução do mérito. A conduta do magistrado que desrespeita essa prescrição implica nulidade do julgamento. Esse dispositivo visa, como dito, a coibir práticas lamentáveis que tinham por objetivo esvaziar o acervo do Judiciário, em que o processo é visto como número, e não como um instrumento para realizar um relevante serviço do Estado, tendente a satisfazer de modo efetivo a tutela jurisdicional.

3. Vícios não passíveis de correção. Nem todos os vícios são passíveis de correção. São insanáveis vícios como: corrigir polo passivo, após a contestação; permitir mais de uma vez a correção do mesmo defeito; etc. Nesse caso, deve o magistrado extinguir o processo, não sendo possível determinar sua correção. (GOMES JR., Luiz Manoel, in WAMBIER, Teresa Arruda Alvim *et al.* (Coord.), *Breves comentários ao novo Código de Processo Civil*, São Paulo, RT, 2015, p. 809).

4. Aplicação extensiva. A regra prevista no presente dispositivo não pode se limitar apenas aos casos em que a nulidade venha a impedir o julgamento do mérito. No caso do julgamento do mérito, percebendo o magistrado que há nulidades sanáveis, deve possibilitar a correção, no intuito de evitar que a decisão venha a ser, no futuro, anulada. (GOMES JR., Luiz Manoel, in WAMBIER, Teresa Arruda Alvim *et al.* (Coord.), *Breves comentários ao novo Código de Processo Civil*, São Paulo, RT, 2015, p. 810).

PARTE ESPECIAL

LIVRO I
DO PROCESSO DE CONHECIMENTO E DO CUMPRIMENTO DE SENTENÇA

TÍTULO I – Do Procedimento Comum

CAPÍTULO I – Disposições Gerais

ARTIGO 318.
Aplica-se a todas as causas o procedimento comum, salvo disposição em contrário deste Código ou de lei.

Parágrafo único. O procedimento comum se aplica subsidiariamente aos demais procedimentos especiais e ao processo de execução.

CORRESPONDÊNCIA NO CPC/1973: *ART. 271.*

1. **Procedimento comum.** O CPC/2015 manteve a previsão do procedimento comum (ordinário) e do procedimento especial. Não há mais alusão ao outrora denominado "procedimento comum sumário" (art. 275, CPC/1973) – revogando a Lei 9.245/95, mantendo-se, em contrapartida, aquele denominado "sumaríssimo" em referência ao rito dos processos dos Juizados Especiais.

2. **Procedimento especial e processo de execução.** Em regra, tem-se que o processo de conhecimento e o cumprimento de sentença seguirão o procedimento comum e que o processo de execução seguirá aquele procedimento estipulado no Livro II da Parte Especial. De modo que, havendo previsão de um procedimento especial, estabelece o parágrafo único que a ação observará a regra especial e, subsidiariamente, o procedimento comum. Assim sendo, aplicar-se-á o procedimento especial e subsidiariamente o procedimento comum nas seguintes hipóteses: ainda que inseridas no Livro I (–Do Processo de Conhecimento), às hipóteses do Título III (–Dos Procedimentos Especiais),

bem como àquelas em outras leis extravagantes (*ex.vi.* Ação Popular (Lei 4.717/1965), da Ação Civil Pública (Lei 7.347/1985) e do Mandado de Segurança (Lei 12.016/2009).

CAPÍTULO II – Da Petição Inicial

SEÇÃO I – Dos Requisitos da Petição Inicial

ARTIGO 319.
A petição inicial indicará:
I – o juízo a que é dirigida;
II – os nomes, os prenomes, o estado civil, a existência de união estável, a profissão, o número no cadastro de pessoas físicas ou no cadastro nacional de pessoas jurídicas, o endereço eletrônico, o domicílio e a residência do autor e do réu;
III – o fato e os fundamentos jurídicos do pedido;
IV – o pedido com as suas especificações;
V – o valor da causa;
VI – as provas com que o autor pretende demonstrar a verdade dos fatos alegados;
VII – a opção do autor pela realização ou não de audiência de conciliação ou de mediação.
§ 1º Caso não disponha das informações previstas no inciso II, poderá o autor, na petição inicial, requerer ao juiz diligências necessárias a sua obtenção.
§ 2º A petição inicial não será indeferida se, a despeito da falta de informações a que se refere o inciso II, for possível a citação do réu.
§ 3º A petição inicial não será indeferida, pelo não atendimento ao disposto no inciso II deste artigo, se a obtenção de tais informações tornar impossível ou excessivamente oneroso o acesso à justiça.
CORRESPONDÊNCIA NO CPC/1973: *ART. 282.*

1. **Petição inicial.** Na nova concepção processual, optou-se por inserir as regras do procedimento comum na Parte Especial, Livro I (–Do Processo de Conhecimento). Em termos gerais, mantiveram-se os requisitos do CPC/1973, em observância ao princípio da inércia da jurisdição (CPC/2015, art. 2º) e ao princípio da congruência (CPC/2015, art. 141). A iniciativa da parte consubstancia-se na propositura da ação, retratada na petição inicial, fixando-se, aí, indelevelmente, regra geral, os próprios limites da lide; assim a petição inicial é peça escrita, que deve preencher determinados requisitos, abaixo descritos.

2. Órgão jurisdicional. O CPC/1973 trazia que a petição inicial deveria indicar o juiz, de modo que o CPC/2015 vem acertadamente corrigir o termo técnico referindo-se ao juízo. Veja-se que os critérios de fixação de competência continuam sendo múltiplos, conforme se verifica nos arts. 42 ao 53 do CPC/2015.

3. Partes. Aqui, exige-se que o autor e o réu sejam adequadamente identificados através de seu nome, prenome, estado civil, existência de união estável, profissão, número no cadastro de pessoas físicas ou no cadastro nacional de pessoas jurídicas (CPF ou CNPJ), o endereço eletrônico (*e-mail*), domicílio e a residência. A identificação é importante porque também diz respeito à ação – um de seus elementos (parte: autor e réu) – bem como torna verificável uma das condições da ação (legitimidade de parte), na forma do art. 17 do CPC/2015. No tocante à possibilidade de exigência de outros requisitos, há em sentido contrário (RMS 3625/RJ, Rel. Ministro DEMÓCRITO REINALDO, PRIMEIRA TURMA, julgado em 25/05/1994, DJ 27/06/1994, p. 16879), e em sentido favorável a possibilidade, sob o fundamento de que permitiria controlar a litispendência (RMS 3891/RJ, Rel. Ministro FRANCISCO PEÇANHA MARTINS, SEGUNDA TURMA, julgado em 15/08/1994, DJ 08/05/1995, p. 12356). Os requisitos de identificação ficaram mais harmônicos com a sociedade atual brasileira – o que não significa que, não sendo possível o preenchimento de todos os requisitos formais, a petição inicial será necessariamente indeferida. Isso porque o parágrafo primeiro faculta à parte requerer diligências nesse sentido; ou, ainda, porque o parágrafo segundo dispõe que a petição não será indeferida, independentemente de serem insuficientes as informações prestadas, mas tendo sido possível a citação do réu. O parágrafo terceiro, inclusive, vem confirmar um entendimento de jurisprudência, no sentido de que a petição inicial não será indeferida quando a obtenção dessas informações tornar impossível ou excessivamente oneroso o acesso à justiça (CF/88, art. 5º, XXXV), a exemplo das demandas possessórias.

4. Fundamento de fato e de direito. É necessário que a parte apresente os fatos ou o que a doutrina denomina de "causa de pedir remota" e os "fundamentos de direito" ou "causa de pedir próxima" (AMARAL SANTOS, Moacyr, *Primeiras linhas de direito processual civil*, São Paulo, Saraiva, 2008, p. 134). Outros classificam exatamente o inverso, os fatos, como "causa de pedir próxima" e o fundamento como "causa de pedir remota" (ALVIM, Arruda; ASSIS, Araken de. ALVIM, Eduardo Arruda, *Comentários ao CPC*, 3. ed., São Paulo, RT, 2014, p. 573). O importante é que o sistema brasileiro adotou a teoria da substanciação – e não da individualização, (AMARAL SANTOS, Moacyr, *Primeiras linhas de direito processual civil*, São Paulo, Saraiva, 2008, p. 134) não sendo tão relevante a necessidade de fundamentação legal e o nome designado à ação adequados pela parte (REsp 436813/SP, Rel. Ministro FERNANDO GONÇALVES, QUARTA TURMA, julgado em 06/04/2004, DJ 10/05/2004, p. 287), em razão de que ao magistrado caberá a função de combinar aos fatos e a previsão legal.

5. O pedido. É absolutamente necessária a fixação do pedido – que, via de consequência, fixa os contornos da lide e o limite da atividade jurisdicional. O CPC/1973, em sua Exposição de Motivos, explicita a palavra lide como "o *conflito de interesse qualificado por uma pretensão resistida*" (Francesco Carnelutti) como sinônimo de mérito. Não obstante, a definição de lide como um fenômeno social não parece suficiente para explicar o conceito de mérito – ainda que o art. 141 do CPC/2015 tenha optado por substituir a palavra "lide" por mérito, dando a impressão de que adota a teoria carneluttiana. Aqui é preciso que se entenda que lide é aquele conflito, depois de moldado pelas partes, e vazado nos pedidos formulados ao juiz (ALVIM, Thereza. As Questões Prévias e os Limites Objetivos da Coisa Julgada. São Paulo: Revista dos Tribunais, 1977, p. 8). Em observância ao art. 141 do CPC/2015, não poderá o órgão jurisdicional julgar nem além (ultra petita), nem aquém (infra petita) e nem diversa (extra petita) do pedido de tutela jurisdicional requerida (CPC/2015, art. 2º). Nesses casos, o tribunal deverá anular a decisão. Há, contudo, hipóteses em o magistrado não fica adstrito ao pedido da parte (mas decorrem de lei): a) a hipótese do art. 508 e 509 do CPC/2015; b) honorários advocatícios e verba de sucumbência (CPC/2015, art. 85); c) correção monetária e juros (CPC/2015, art. 323); d) prestações vincendas (CPC/2015, art. 324); etc. No tocante o pedido de citação do réu, remanesce a sua necessidade de pedido expresso, em razão do pelo princípio do dispositivo (CPC/2015, art. 2º.), sendo que a regra é a citação pelo correio (CPC/2015, art. 247). No caso de litisconsórcio necessário, é absolutamente indispensável que todos os réus tenham sido citados, sob pena de nulidade o capítulo que diz respeito ao que não foi citado (CPC/2015, art. 116); sendo este litisconsórcio unitário, a sentença de mérito será nula.

6. Valor da Causa. Em conformidade com o art. 292 do CPC/2015, a toda causa será atribuído um valor certo, ainda que não tenha conteúdo econômico imediato – de modo que prevalecerá desde que não impugnado (CPC/2015, art. 294). Ressalte-se que os tribunais tem admitido o controle de ofício pelo magistrado que constatar que o valor atribuído a causa não condiz com o regulamentado no art. 259 do CPC/1973 (CPC/2015, art. 293), independentemente da impugnação ao valor da causa. (EREsp 158015/GO, Rel. Ministro ALDIR PASSARINHO JUNIOR, SEGUNDA SEÇÃO, julgado em 13/09/2006, DJ 26/10/2006, p. 218).

7. Indicação de Provas. Lembre-se que a petição inicial deve ser instruída com todos os documentos indispensáveis à propositura da ação (CPC/2015, art. 321), possibilitando a parte que a emende no prazo de quinze dias (e não mais dez), sob pena de indeferimento da petição inicial. Cabe aqui ao autor demonstrar a verdade dos fatos narrados, devendo, desde logo, requerer as provas que considerar pertinente no caso em questão – indicando os meios de prova que se pretende produzir e não a exposição minuciosa (AMARAL SANTOS, Moacyr. Primeiras Linhas de Direito Processual Civil, São Paulo: Saraiva, 2008, p. 135). Também não é adequado que o autor simplesmente utilize o protesto genérico de provas, requerendo todos os meios de prova em direito admitidas, mas apontando aquele meio de prova apto para o caso concreto (AgRg no Ag 388759/MG, Rel. Ministro HUMBERTO GOMES DE BARROS, TERCEIRA TURMA, julgado em 25/09/2006, DJ 16/10/2006, p. 362).

8. Audiência de Conciliação ou Mediação. O inciso VII do art. 320 do CPC/2015 traz uma inovação substancial, no sentido de determinar que na petição inicial deve o autor realizar a opção pela realização ou não de audiência de conciliação ou de mediação, sob pena de extinção do processo (CPC/2015, art. 331). Trata-se, portanto, de um novo requisito que deve estar presente na petição inicial, sendo ela requisitada, será a audiência realizada, salvo se: i) não for o caso de improcedência liminar do pedido (CPC/2015, art. 332); ii) ambas as partes manifestarem expressamente desinteresse ou iii) se o processo não admitir autocomposição (CPC/2015, art. 334, § 4º e 5º). Verificando o juiz que a petição inicial não preenche o novo requisito, assim como os demais, determinará que o autor, no prazo de quinze dias, a emende ou a complete, indicando com precisão o interesse ou não na audiência (CPC/2015, art. 321).

Artigo 320.
A petição inicial será instruída com os documentos indispensáveis à propositura da ação.
CORRESPONDÊNCIA NO CPC/1973: *ART. 283.*

1. Documentos Indispensáveis. A doutrina, muitas vezes, refere-se à documentos indispensáveis substanciais, que a lei exige expressamente para a propositura da ação ou fundamentais, que fundamentam o pedido do autor (AMARAL SANTOS, Moacyr. Primeiras Linhas de Direito Processual Civil, São Paulo: Saraiva, 2008, p. 138). Parece-nos que a análise do caso concreto é crucial para determinar se um documento de natureza fundamental ensaiará o indeferimento da petição inicial, assim, por exemplo, uma ação que visa desconstituir um determinado contrato, e não tendo o autor apresentado o contrato, nem após prazo de emenda concedido pelo magistrado, não resta alternativa senão a extinção do processo com base na não juntada de um documento fundamental. De modo distinto, em uma ação de repetição de indébito de taxa de iluminação pública, os comprovantes não anexados inicialmente nos autos não ocasionarão o indeferimento da petição inicial, uma vez que estes terão o objetivo de definir o valor devido (que pode ser feito em fase de liquidação) e não o direito à restituição (REsp 1003691/PR, Rel. Ministro FRANCISCO FALCÃO, PRIMEIRA TURMA, julgado em 13/05/2008, DJe 28/05/2008).

Artigo 321.
O juiz, ao verificar que a petição inicial não preenche os requisitos dos arts. 319 e 320 ou que apresenta defeitos e irregularidades capazes de dificultar o julgamento de mérito, determinará que o autor, no prazo de quinze dias, a emende ou a complete, indicando com precisão o que deve ser corrigido ou completado.

Parágrafo único. Se o autor não cumprir a diligência, o juiz indeferirá a petição inicial.
CORRESPONDÊNCIA NO CPC/1973: *ART. 284.*

1. Emenda da Petição Inicial. Optou expressamente o novo regramento pelo aproveitamento máximo da petição inicial, possibilitando que a parte a emende no prazo de quinze dias, sob pena de indeferimento da petição inicial, conforme a jurisprudência. (REsp 827242/DF, Rel. Ministro LUIZ FUX, PRIMEIRA TURMA, julgado em 04/11/2008, DJe 01/12/2008), valendo aqui a ressalva de que a decisão que determina a emenda deve ser devidamente fundamentada (CF/88, art. 93, IX e CPC/2015, art. 489), indicando com precisão o que deve ser retificado, corrigido ou completado. Verificada a prescrição ou decadência do direito pleiteado haverá resolução do mérito (CPC/2015, art. 332, §1º e art. 487, II) e não mais o indeferimento liminar da petição inicial como no código passado.

SEÇÃO II – Do Pedido

ARTIGO 322.
O pedido deve ser certo.
§ 1º Compreendem-se no principal, os juros legais, a correção monetária e as verbas de sucumbência, inclusive os respectivos honorários advocatícios.
§ 2º A interpretação do pedido considerará o conjunto da postulação e observará o princípio da boa-fé.
CORRESPONDÊNCIA NO CPC/1973: *ART. 286.*

1. Pedido Certo. Pedido certo significa o pedido imediato referente a tutela jurisdicional pretendida. Isso porque a doutrina processual classifica o pedido em mediato ou imediato, sendo o primeiro referente ao bem da vida, enquanto o segundo à tutela jurisdicional pretendida (declaratório, constitutivo, condenatório, mandamental ou executório). O pedido certo deve ser interpretado considerando o fundamento da petição inicial e o princípio da boa-fé (CPC/2015, art. 5º).
2. Pedido Implícito. De acordo com a nova regra, o pedido compreende no principal i) os juros legais (e não os convencionais), contados a partir da citação (no caso de responsabilidade contratual, salvo as hipóteses do art. 397 do CC/02) ou do evento danosos (no caso de responsabilidade extracontratual, v. súmula 54 do STJ); ii) a correção monetária (REsp 1112524/DF, Rel. Ministro LUIZ FUX, CORTE ESPECIAL, julgado em 01/09/2010, DJe 30/09/2010, v. súmula 562 do STF e 43 e 271 do STJ); e iii) as verbas de sucumbência, inclusive os honorários advocatícios (CPC/2015, art. 85). No

tocante as verbas de sucumbência, a nova regra, na verdade, consolida posicionamento adotado pelos tribunais pátrios que reconheciam as custas processuais e os honorários advocatícios como pedidos (implícitos), em razão do princípio da sucumbência. Ou seja, as verbas sucumbenciais estarão compreendidas.

ARTIGO 323.

Na ação que tiver por objeto cumprimento de obrigação em prestações sucessivas, essas serão consideradas incluídas no pedido, independentemente de declaração expressa do autor, e serão incluídas na condenação, enquanto durar a obrigação, se o devedor, no curso do processo, deixar de pagá-las ou de consigná-las.

CORRESPONDÊNCIA NO CPC/1973: *ART. 290.*

1. **Alteração na Revisão Final.** Registre-se que na revisão final do texto, houve uma pequena adaptação formal na segunda parte do dispositivo, que assim previa no processo de aprovação: *"(...) se o devedor, no curso do processo, deixar de pagá-las ou de consigná-las, serão incluídas na condenação, enquanto durar a obrigação".* Como se verifica, o sentido do texto não ficou prejudicado.

2. **Prestações Sucessivas.** O artigo reproduz o art. 290 do CPC/1973 com a retificação da expressão "prestações periódicas" para "prestações sucessivas". É mais um caso de pedido implícito, uma vez que vencendo as prestações sucessivas no curso do processo, reputar-se-á inseridas no pedido (REsp 1055806/PA, Rel. Ministra MARIA THEREZA DE ASSIS MOURA, SEXTA TURMA, julgado em 19/03/2009, DJe 13/04/2009). Nessa hipótese a sentença abrangerá as prestações vencidas, antes do início do processo, assim como aquelas que porventura venceram no curso do processo (ALVIM, Arruda. ASSIS, Araken de. ALVIM, Eduardo Arruda. Comentários ao CPC, 3ª Ed. São Pulo: RT, 2014, p. 590), podendo, inclusive serem executadas as que estiverem vencidas posteriormente a sentença, respeitado o art. 783 do CPC/2015.

ARTIGO 324.

O pedido deve ser determinado.

§ 1º É lícito, porém, formular pedido genérico:

I – nas ações universais, se o autor não puder individuar os bens demandados;

II – quando não for possível determinar, desde logo, as consequências do ato ou do fato;

III – quando a determinação do objeto ou do valor da condenação depender de ato que deva ser praticado pelo réu.

§ 2º O disposto neste artigo aplica-se à reconvenção.
CORRESPONDÊNCIA NO CPC/1973: *ART. 286.*

1. Pedido Genérico. O pedido determinado é aquele individuado pelo autor, em contrapartida, o pedido genérico (ou determinável) é o pedido realizado de modo abrangente ou impreciso, sendo este permitido pelo sistema processual em hipóteses em que esta providência seja impossível ou muito difícil individualizar, aplicando-se o raciocínio à reconvenção. Ainda que a doutrina se posicione em sentido contrário, admite-se o pedido genérico nas ações de indenização por danos morais (REsp 645.729/RJ, Rel. Ministro ANTONIO CARLOS FERREIRA, QUARTA TURMA, julgado em 11/12/2012, DJe 01/02/2013), também na hipótese do art. 95 da Lei n. 8.078/90 (CDC), dentre outras.

Artigo 325.

O pedido será alternativo quando, pela natureza da obrigação, o devedor puder cumprir a prestação de mais de um modo.

Parágrafo único. Quando, pela lei ou pelo contrato, a escolha couber ao devedor, o juiz lhe assegurará o direito de cumprir a prestação de um ou de outro modo, ainda que o autor não tenha formulado pedido alternativo.

CORRESPONDÊNCIA NO CPC/1973: *ART. 288.*

1. Pedido Alternativo. Este artigo segue sem alteração ao do código anterior e permite que a parte formule um pedido alternativo diante de obrigações alternativas (CC/02, art. 252 e 256). Na medida em que o próprio sistema defina o pedido como alternativo, "quando, pela natureza da obrigação, o devedor puder cumprir a prestação de mais de um modo", segue-se que, sendo solicitado o cumprimento de tal obrigação, a sentença poderá determinar o referido adimplemento da obrigação de mais de uma maneira (ALVIM, Arruda. ASSIS, Araken de. ALVIM, Eduardo Arruda. Comentários ao CPC, 3ª Ed. São Pulo: RT, 2014, p. 589). Não há pedido alternativo, se a obrigação não pode ser cumprida por mais de um modo (AgRg no Ag 1001229/SP, Rel. Ministra LAURITA VAZ, QUINTA TURMA, julgado em 30/05/2008, DJe 23/06/2008).

Artigo 326.

É lícito formular mais de um pedido em ordem subsidiária, a fim de que o juiz conheça do posterior, em não acolhendo o anterior.

Parágrafo único. É lícito formular mais de um pedido, alternativamente, para que o juiz acolha um deles.

CORRESPONDÊNCIA NO CPC/1973: *ART. 289.*

1. Pedido em Ordem Subsidiária. O artigo permanece substancialmente o mesmo, com a retificação da expressão "pedido em ordem sucessiva" para pedido em ordem subsidiária". Trata-se de casos de cumulação eventual de pedidos, a fim de que o magistrado analise o segundo pedido somente após a análise do primeiro pedido. (REsp 616918/MG, Rel. Ministro LUIZ FUX, PRIMEIRA TURMA, julgado em 20/06/2006, DJ 01/08/2006, p. 367).

ARTIGO 327.
É lícita a cumulação, num único processo, contra o mesmo réu, de vários pedidos, ainda que entre eles não haja conexão.
§ 1º São requisitos de admissibilidade da cumulação que:
I – os pedidos sejam compatíveis entre si;
II – seja competente para conhecer deles o mesmo juízo;
III – seja adequado para todos os pedidos o tipo de procedimento.
§ 2º Quando, para cada pedido, corresponder tipo diverso de procedimento, será admitida a cumulação se o autor empregar o procedimento comum, sem prejuízo do emprego das técnicas processuais diferenciadas previstas nos procedimentos especiais a que se sujeitam um ou mais pedidos cumulados, que não forem incompatíveis com as disposições sobre o procedimento comum.
§ 3º O inciso I do § 1º não se aplica às cumulações de pedidos de que trata o art. 326.
CORRESPONDÊNCIA NO CPC/1973: *ART. 292.*

1. A possibilidade de cumulação de pedidos. Há cumulação em sentido estrito quando se tem por finalidade o acolhimento conjunto dos pedidos, podendo esta ser simples, quando o acolhimento de um dos pedidos não depender do acolhimento do outro, ou sucessiva, quando o acolhimento do segundo pedido não depender do acolhimento do primeiro (MOREIRA, José Carlos Barbosa, O Novo Processo Civil, Rio de janeiro: Forense, 2006). Assim, obtém-se a solução do caso concreto em um mesmo procedimento.

2. Adequação do Procedimento. Para que seja possível a cumulação de pedidos, é necessário que, além dos pedidos compatíveis entre si, e sendo competente o mesmo juízo, seja ainda adequado o tipo de procedimento para todos os pedidos. Quando, para cada pedido, corresponder tipo diverso de procedimento, será possível a cumulação de pedidos somente se utilizado o procedimento mais amplo (CPC/2015, art. 318), sem prejuízo do emprego das técnicas específicas.

3. Pedido subsidiário. No caso de pedido subsidiário, não há necessidade de que os pedidos sejam compatíveis entre si.

Artigo 328.

Na obrigação indivisível com pluralidade de credores, aquele que não participou do processo receberá sua parte, deduzidas as despesas na proporção de seu crédito.

CORRESPONDÊNCIA NO CPC/1973: *ART. 291.*

1. Obrigação Indivisível. Mantém-se a redação do CPC/1973, no sentido de que nas obrigações de natureza indivisível (CC/02, art. 257 a 263) é possível que apenas um devedor participe da ação (REsp 300196/SP, Rel. Ministro MILTON LUIZ PEREIRA, PRIMEIRA TURMA, julgado em 12/08/2003, DJ 15/12/2003, p. 183), não se configurando o litisconsórcio necessário (ALVIM, Arruda. ASSIS, Araken de. ALVIM, Eduardo Arruda. Comentários ao CPC, 3ª Ed. São Paulo: RT, 2014, p. 591).

Artigo 329.

O autor poderá:

I – até a citação, aditar ou alterar o pedido ou a causa de pedir, independentemente do consentimento do réu;

II – até o saneamento do processo, aditar ou alterar o pedido e a causa de pedir, com o consentimento do réu, assegurado o contraditório mediante a possibilidade de manifestação deste no prazo mínimo de 15 (quinze dias), facultado o requerimento de prova suplementar.

Parágrafo único. Aplica-se o disposto neste artigo à reconvenção e à respectiva causa de pedir.

CORRESPONDÊNCIA NO CPC/1973: *ART. 294.*

1. Modificação do Pedido. O artigo consolidou o entendimento doutrinário de que o art. 294 do CPC/1973 deveria ser interpretado em conjunto com o art. 264 do CPC/1973 – então reunidos no art. 329 do CPC/2015 que estabelece que o autor poderá realizar a alteração do seu pedido livremente até a citação (inciso I), ou até o saneamento do processo, com o consentimento do réu (inciso II), de modo que, após esta etapa processual, o pedido não poderá ser modificado em hipótese alguma, preponderando o Estado-Juiz.

SEÇÃO III – Do Indeferimento da Petição Inicial

Artigo 330.

A petição inicial será indeferida quando

I – for inepta;

II – a parte for manifestamente ilegítima;
III – o autor carecer de interesse processual
IV – não atendidas as prescrições dos arts. 106 e 321.
§ 1º Considera-se inepta a petição inicial quando:
I – lhe faltar pedido ou causa de pedir;
II – o pedido for indeterminado, ressalvadas as hipóteses legais em que se permite o pedido genérico;
III – da narração dos fatos não decorrer logicamente a conclusão;
IV – contiver pedidos incompatíveis entre si.
§ 2º Nas ações que tenham por objeto a revisão de obrigação decorrente de empréstimo, financiamento ou alienação de bens, o autor terá de, sob pena de inépcia, discriminar na petição inicial, dentre as obrigações contratuais, aquelas que pretende controverter, além de quantificar o valor incontroverso do débito.
§ 3º Na hipótese do § 2º, o valor incontroverso deverá continuar a ser pago no tempo e modo contratados.
CORRESPONDÊNCIA NO CPC/1973: *ART 295.*

1. **Indeferimento da Petição Inicial.** O artigo descreve as hipóteses de indeferimento da petição inicial com a consequente extinção do processo sem resolução do mérito (CPC/2015, art. 485, I). Não há alterações substancias, referindo-se à problemas relacionados com os pressupostos processuais ou condições da ação (ilegitimidade de parte e interesse de agir). Incluiu-se a hipótese do art. 106 e 321 do CPC/2015, apresentação do endereço, número da inscrição e nome da sociedade pelo advogado e emenda na petição inicial, respectivamente. Verificada a prescrição ou decadência do direito pleiteado haverá resolução do mérito (CPC/2015, art. 487, II) e não mais o indeferimento liminar da petição inicial.

2. **Petição Inepta.** Haverá inépcia quando não houver pedido ou causa de pedir, a narração dos fatos não decorrer logicamente a conclusão, houver pedido obscuro ou indeterminado (salvo nas hipóteses legais que permite o pedido genérico) ou pedidos incompatíveis. Ou seja: são equívocos de ordem lógica realizados na petição inicial. Em especial, ressaltou-se no parágrafo segundo que, nas ações que tenham objeto a revisão de obrigação decorrente de empréstimo, financiamento ou alienação de bens, o autor terá que discriminar as obrigações contratuais que pretende controverter e quantificar o valor incontroverso do debito, devendo este ser pago no tempo e modo contratado. Vale relembrar que o novo regramento optou pelo aproveitamento da petição inicial, possibilitando que a parte a emende no prazo de quinze dias (CPC/2015, art. 321).

Artigo 331.

Indeferida a petição inicial, o autor poderá apelar, facultado ao juiz, no prazo de cinco dias, retratar-se.

§ 1º Se não houver retratação, o juiz mandará citar o réu para responder ao recurso.

§ 2º Sendo a sentença reformada pelo tribunal, o prazo para a contestação começará a contar da intimação do retorno dos autos, observado o disposto no art. 334.

§ 3º Não interposta a apelação, o réu será intimado do trânsito em julgado da sentença.

CORRESPONDÊNCIA NO CPC/1973: *ART. 296.*

1. **Alteração na Revisão Final.** Registre-se que, na revisão final do texto, houve uma pequena adaptação na segunda parte do dispositivo, que assim previa no processo de aprovação: *"sendo a sentença reformada pelo tribunal, o prazo para a contestação começará a contar da intimação do retorno dos autos"*. Incluiu-se, portanto, o trecho de que deve ser observado o disposto no art. 334 do CPC/2015, que trata da audiência de conciliação ou de mediação.

2. **Juízo de Retratação.** Havendo o indeferimento da petição inicial, caberá recurso de apelação, podendo o magistrado retratar-se, no prazo de cinco dias (e não mais 48 horas). De acordo com entendimento jurisprudencial firmado sobre o prazo estabelecido no art. 296 do CPC/1973, tratar-se-ia de prazo impróprio, razão pela qual poderia o magistrado retratar-se ainda que transcorrido este prazo (TRF-4ª, AgIn 97.04.45386-8, 6ª T., Edgard Antonio Lippmann Júnior, DJ 20.05.1998). Havendo retratação, o magistrado ordenará a citação do réu. Não havendo a retratação, mandará remeter os autos ao tribunal, não ferindo o princípio do contraditório, uma vez que, provido o recurso de apelação, será citado para responder de forma ampla a matéria dos autos. Não havendo recurso, ou não provida, o réu será intimado para ciência do trânsito em julgado da sentença.

CAPÍTULO III – Da Improcedência Liminar do Pedido

Artigo 332.

Nas causas que dispensem a fase instrutória, o juiz, independentemente da citação do réu, julgará liminarmente improcedente o pedido que contrariar:

I – enunciado de súmula do Supremo Tribunal Federal ou do Superior Tribunal de Justiça;

II – acórdão proferido pelo Supremo Tribunal Federal ou pelo Superior Tribunal de Justiça em julgamento de recursos repetitivos;

III – entendimento firmado em incidente de resolução de demandas repetitivas ou de assunção de competência;
IV – enunciado de súmula de tribunal de justiça sobre direito local.

§ 1º O juiz também poderá julgar liminarmente improcedente o pedido se verificar, desde logo, a ocorrência de decadência ou de prescrição.

§ 2º Não interposta a apelação, o réu será intimado do trânsito em julgado da sentença, nos termos do art. 241.

§ 3º Interposta a apelação, o juiz poderá retratar-se em 5 (cinco) dias.

§ 4º Se houver retratação, o juiz determinará o prosseguimento do processo, com a citação do réu; se não houver retratação, determinará a citação do réu para apresentar contrarrazões, no prazo de 15 (quinze) dias.

CORRESPONDÊNCIA NO CPC/1973: *ART. 285-A.*

1. **Alteração na Revisão Final.** Incluiu-se a palavra "enunciado", no inciso I.

2. **Improcedência Liminar do Pedido.** Admite-se que o magistrado sentencie liminarmente casos em que a discussão tenha sido a mesma de outro caso precedente que tenha sido julgado improcedente. Vale aqui relembrar que não se trata de uma inconstitucionalidade (CF/88, art. 5º, XXXV), em razão da inexistência de dano para o réu da improcedência. A nova redação esclarece pontos obscuros da redação anterior quando refere-se à "casos idênticos" ou "matéria unicamente de direito", quando na verdade, tratam de pedidos que contrariem: I – súmula do Supremo Tribunal Federal ou do Superior Tribunal de Justiça; II – acórdão proferido pelo Supremo Tribunal Federal ou pelo Superior Tribunal de Justiça em julgamento de recursos repetitivos; III – entendimento firmado em incidente de resolução de demandas repetitivas ou de assunção de competência; incluiu-se ainda na Câmara dos Deputados, mais dois incisos, abrangendo os casos em que o pedido desrespeite: IV – frontalmente norma jurídica extraída de dispositivo expresso de ato normativo; V – enunciado de súmula de tribunal de justiça sobre direito local. Nessas hipóteses, parece-nos imperioso o entendimento de que o magistrado deve optar pelo entendimento do órgão jurisdicional de hierarquia superior (Supremo Tribunal Federal ou do Superior Tribunal de Justiça), salvo nos casos em que demonstrar que a decisão paradigma não é suficiente para resolver a demanda proposta (RMS 31585/PR, Rel. Ministro CASTRO MEIRA, SEGUNDA TURMA, julgado em 06/04/2010, DJe 14/04/2010).

3. **Prescrição e Decadência.** Verificada a prescrição ou decadência do direito pleiteado haverá resolução do mérito (CPC/2015, art. 487, II) e não mais o indeferimento liminar da petição inicial.

4. **Procedimento.** O novo procedimento é semelhante ao do indeferimento da petição inicial (CPC/2015, art. 330), de modo que havendo a sentença de improcedência do art. 332 do CPC/2015, caberá recurso de apelação, podendo o magistrado retratar-se, no prazo de cinco dias (TRF-4ª, AgIn 97.04.45386-8, 6ª T., Edgard Anto-

nio Lippmann Júnior, DJ 20.05.1998). Havendo retratação, o magistrado ordenará a citação do réu. Não havendo a retratação deverá o réu ser citado para contrarrazoar em quinze dias.

CAPÍTULO IV – Da Conversão da Ação Individual em Ação Coletiva

Artigo 333.
VETADO.

CAPÍTULO V – Da Audiência de Conciliação ou de Mediação

Artigo 334.
Se a petição inicial preencher os requisitos essenciais e não for o caso de improcedência liminar do pedido, o juiz designará audiência de conciliação ou de mediação com antecedência mínima de trinta dias, devendo ser citado o réu com pelo menos vinte dias de antecedência.

§ 1º O conciliador ou mediador, onde houver, atuará necessariamente na audiência de conciliação ou de mediação, observando o disposto neste Código, bem como as disposições da lei de organização judiciária.

§ 2º Poderá haver mais de uma sessão destinada à conciliação e à mediação, não excedentes a dois meses da primeira, desde que necessárias à composição das partes.

§ 3º A intimação do autor para a audiência será feita na pessoa de seu advogado.

§ 4º A audiência não será realizada:

I – se ambas as partes manifestarem, expressamente, desinteresse na composição consensual;

II – quando não se admitir a autocomposição.

§ 5º O autor deverá indicar, na petição inicial, seu desinteresse na autocomposição, e o réu, por petição, apresentada com dez dias de antecedência, contados da data da audiência.

§ 6º Havendo litisconsórcio, o desinteresse na realização da audiência deve ser manifestado por todos os litisconsortes.

§ 7º A audiência de conciliação ou de mediação pode realizar-se por meios eletrônicos, nos termos da lei.

§ 8º O não comparecimento injustificado do autor ou do réu à audiência de conciliação é considerado ato atentatório à dignidade da justiça e será sancionado com multa de até dois por cento da vantagem econômica pretendida ou do valor da causa, revertida em favor da União ou do Estado.

§ 9º As partes devem estar acompanhadas por seus advogados ou defensores públicos.

§ 10. A parte poderá constituir representante, por meio de procuração específica, com poderes para negociar e transigir.

§ 11. A autocomposição obtida será reduzida a termo e homologada por sentença.

§ 12. A pauta das audiências de conciliação ou de mediação será organizada de modo a respeitar o intervalo mínimo de vinte minutos entre o início de uma e o início da seguinte.

CORRESPONDÊNCIA NO CPC/1973: *NÃO HÁ.*

1. Audiência de Conciliação ou Mediação. A conciliação, a mediação e outros métodos de solução consensual de conflitos deverão ser sempre estimulados nessa sistemática processual (CPC/2015, art. 2, § 3º). O dispositivo em apreço inova, quando prevê a necessidade de uma audiência de conciliação ou mediação na instauração do processo. Havendo juízo de admissibilidade positivo da petição inicial, e não sendo caso de improcedência liminar (CPC/2015, art. 332), o magistrado designará a audiência de conciliação ou mediação com antecedência mínima de trinta dias.

2. Fracasso da Audiência de Conciliação ou Mediação. Não sendo obtida a conciliação ou mediação, o réu oferecerá a contestação, por petição, no prazo de quinze dias, contados da audiência de conciliação, ou da última sessão de conciliação, quando qualquer parte não comparecer ou, comparecendo, não houver autocomposição (CPC/2015, art. 335).

3. Não comparecimento sem motivo. O não comparecimento injustificado das partes que se disseram interessadas na audiência será considerado ato atentatório à dignidade da justiça com multa de até dois por cento revertida em favor da Fazenda Pública (CPC/2015, art. 77). Não obstante, será preciso uma reflexão profunda da extensão dessa sanção, diante de hipóteses em que a parte, desde o início, manifesta seu desinteresse em conciliar, em razão da manifestação do princípio da autonomia da vontade.

4. Não realização da audiência. A audiência não será realizada se ambas as partes manifestarem desinteresse ou quando não se admitir a autocomposição. É um dos requisitos da petição inicial que o autor indique seu interesse na realização da audiência (CPC/2015, art. 319, VII) e o réu apresente petição, com dez dias de antecedência da data marcada da audiência, nesse caso, será a outra parte intimada do cancelamento do ato.

5. Autonomia da Vontade. Para uma leitura adequada do novo instituto, há o art. 166 do CPC/2015 que trata dos princípios da conciliação e mediação, dentre eles o princípio da autonomia da vontade – de modo que, tendo sido manifestado o desinteresse

CÓDIGO DE PROCESSO CIVIL

por uma das partes, até mesmo por uma questão lógica, não haveria obrigatoriedade da audiência, e consequentemente, a multa processual.

CAPÍTULO VI – Da Contestação

ARTIGO 335.
O réu poderá oferecer contestação, por petição, no prazo de 15 (quinze) dias, cujo termo inicial será a data:

I – da audiência de conciliação ou de mediação, ou da última sessão de conciliação, quando qualquer parte não comparecer ou, comparecendo, não houver autocomposição;

II – do protocolo do pedido de cancelamento da audiência de conciliação ou de mediação apresentado pelo réu, quando ocorrer a hipótese do art. 334, § 4º, inciso I;

III – prevista no art. 231, de acordo com o modo como foi feita a citação, nos demais casos.

§ 1º No caso de litisconsórcio passivo, ocorrendo a hipótese do art. 334, § 6º, o termo inicial previsto no inciso II será, para cada um dos réus, a data de apresentação de seu respectivo pedido de cancelamento da audiência.

§ 2º Quando ocorrer a hipótese do art. 334, § 4º, inciso II, havendo litisconsórcio passivo e o autor desistir da ação em relação a réu ainda não citado, o prazo para resposta correrá da data de intimação da decisão que homologar a desistência.

CORRESPONDÊNCIA NO CPC/1973: *ARTS. 297 E 241 DO CPC/1973.*

1. **Termo inicial do prazo quinzenal para contestação.** No sistema do CPC/1973, o prazo para contestação era de 15 (quinze) dias (art. 297), sendo seu termo inicial regulado pelo art. 241 (juntada, aos autos, do comprovante da citação, ou término da dilação fixada pelo juiz quando a citação fosse por edital). Já o art. 335 do CPC/2015, apesar de ter mantido o prazo quinzenal para a contestação, modificou, significativamente, o termo inicial, tal como previsto nos incisos do referido dispositivo. O réu é citado e intimado, como regra geral, para comparecer à audiência de conciliação e mediação. Se frustrada a autocomposição (por ausência de parte à audiência ou por impossibilidade de se alcançar um meio-termo satisfatório), o prazo de 15 (quinze) dias para contestação começa a correr da data em que for encerrada a audiência ou a última sessão de conciliação. Se o réu tiver protocolado, em até 10 (dez) dias antes da data da audiência, pedido de cancelamento da audiência (art. 334, §4º, I), o prazo quinzenal para resposta tem seu início antecipado e passa a correr da data do protocolo desse requerimento de dispensa da audiência. Se houver litisconsórcio passivo e os réus desejarem o cancelamento da

audiência, o termo inicial do prazo quinzenal para contestação será, para cada um deles, a data de apresentação de seu respectivo requerimento de dispensa. Ainda em caso de litisconsórcio passivo, se o autor desistir da ação em relação a réu ainda não citado, o prazo para resposta correrá da data de intimação da decisão que homologar a desistência. Caso o direito não admita autocomposição, o réu será citado sem a designação de audiência, hipótese em que o prazo para contestação começará a correr a partir de algum dos marcos iniciais previstos no art. 231 (juntada, aos autos, do comprovante da citação, etc.).

ARTIGO 336.

Incumbe ao réu alegar, na contestação, toda a matéria de defesa, expondo as razões de fato e de direito com que impugna o pedido do autor e especificando as provas que pretende produzir.
CORRESPONDÊNCIA NO CPC/1973: *ART. 300 DO CPC/1973.*

1. Regras que regem a contestação: concentração e eventualidade. O art. 336 do CPC/2015 corresponde ao art. 300 do CPC/1973, sem alteração significativa. O referido dispositivo consagra, de modo conciso, duas das regras que regem a contestação: (i) concentração (toda a matéria defensiva, sujeita à preclusão, deve ser invocada na contestação); e (ii) eventualidade (cabe ao réu invocar todas as alegações que lhe sejam favoráveis, ainda que sejam, aparentemente, contraditórias entre si).

2. Matérias defensivas de mérito. A contestação é defesa de cognição plena (em sentido horizontal). Por isso, além dos temas processuais referidos no art. 337 ("preliminares"), pode o réu alegar, na contestação, qualquer matéria que lhe seja favorável, tanto de fato, quanto de direito.

3. Prova documental e requerimento de provas. Deve o réu também, na contestação, formular requerimento de produção das provas em espécie que considerar necessárias, bem como apresentar, já anexada, toda a prova documental (pré-constituída) que estiver em seu poder, destinada a comprovar as alegações ventiladas em sua resposta.

ARTIGO 337.

Incumbe ao réu, antes de discutir o mérito, alegar:
I – inexistência ou nulidade da citação;
II – incompetência absoluta e relativa;
III – incorreção do valor da causa;
IV – inépcia da petição inicial;
V – perempção;
VI – litispendência;

VII – coisa julgada;

VIII – conexão;

IX – incapacidade da parte, defeito de representação ou falta de autorização;

X – convenção de arbitragem;

XI – ausência de legitimidade ou de interesse processual;

XII – falta de caução ou de outra prestação que a lei exige como preliminar;

XIII – indevida concessão do benefício de gratuidade de justiça.

§ 1º Verifica-se a litispendência ou a coisa julgada quando se reproduz ação anteriormente ajuizada.

§ 2º Uma ação é idêntica a outra quando possui as mesmas partes, a mesma causa de pedir e o mesmo pedido.

§ 3º Há litispendência quando se repete ação que está em curso.

§ 4º Há coisa julgada quando se repete ação que já foi decidida por decisão transitada em julgado.

§ 5º Excetuadas a convenção de arbitragem e a incompetência relativa, o juiz conhecerá de ofício das matérias enumeradas neste artigo.

§ 6º A ausência de alegação da existência de convenção de arbitragem, na forma prevista neste Capítulo, implica aceitação da jurisdição estatal e renúncia ao juízo arbitral.

CORRESPONDÊNCIA NO CPC/1973: *ART. 301 DO CPC/1973.*

1. **Matérias objeto de preliminares de contestação.** O art. 337 do CPC/2015 corresponde ao art. 301 do CPC/1973, com significativas alterações. O referido dispositivo elenca, nos incisos, as matérias que devem ser arguidas, pelo réu, em preliminar de contestação. A maior parte delas já vinha indicada, no CPC/1973, como preliminares, sendo repetidas nos atuais incisos I, IV, V, VI, VII, VIII, IX, X e XII. Merecem destaques, por terem-se tornado preliminares de contestação, as seguintes inovações: não apenas a incompetência absoluta, como também a incompetência relativa do juízo (inciso II); a incorreção do valor da causa (inciso III); a ausência somente de legitimidade ou de interesse processual, tendo a "impossibilidade jurídica" sido eliminada da categoria "condições da ação", tornando-se questão de mérito (inciso XI); e a indevida concessão do benefício de gratuidade de justiça, concedida, evidentemente, até aquele momento (inciso XIII).

2. **Identificação da litispendência e da coisa julgada.** Os parágrafos 1º a 4º, sem qualquer inovação legislativa, trazem o conceito legal de litispendência e coisa julgada, ambos fenômenos de reprodução de demandas (tríplice identidade de seus elementos: partes, causa de pedir e pedido), variando somente caso a primeira demanda ainda esteja em curso (litispendência) ou já tenha sido encerrada (coisa julgada).

3. Matérias cognoscíveis *ex officio* e as que dependem de alegação da parte. O parágrafo 5º é claro ao estabelecer que poucas são as matérias que exigem, obrigatoriamente, alegação da parte: somente a incompetência relativa do juízo (final do inciso II) e a convenção de arbitragem (inciso X). Esses temas sujeitam-se, ainda, à preclusão temporal: ultrapassado o prazo para contestação, deixam de ser passíveis de invocação pelas partes e de reconhecimento pelo magistrado. Todos os demais fenômenos, indicados nos outros incisos do art. 337, são cognoscíveis *ex officio*, podendo o juiz, por iniciativa própria, levar o tema para debate pelas partes antes da prolação de eventual decisão sobre a matéria (art. 10). Essas demais matérias, por serem cognoscíveis de ofício, a rigor não se sujeitam à preclusão temporal, podendo ser arguidas pelas partes tanto em preliminar de contestação, quanto em simples petição ao longo do procedimento.

4. Consequências da não alegação tempestiva de incompetência relativa e de convenção de arbitragem. O art. 337, §6º, deixa claro que a ausência de alegação tempestiva (isto é, em preliminar de contestação) da existência de convenção de arbitragem implica aceitação da jurisdição estatal e renúncia ao juízo arbitral. Já o art. 65 revela que a não arguição tempestiva da incompetência relativa gera a prorrogação da competência do juízo, vindo o órgão relativamente incompetente a tornar-se plenamente competente.

Artigo 338.

Alegando o réu, na contestação, ser parte ilegítima ou não ser o responsável pelo prejuízo invocado, o juiz facultará ao autor, em 15 (quinze) dias, a alteração da petição inicial para substituição do réu.

Parágrafo único. Realizada a substituição, o autor reembolsará as despesas e pagará os honorários ao procurador do réu excluído, que serão fixados entre três e cinco por cento do valor da causa ou, sendo este irrisório, nos termos do art. 85, §8º.

CORRESPONDÊNCIA NO CPC/1973: *NÃO HÁ.*

1. Arguição de ilegitimidade passiva e emenda da inicial pelo autor. Nos termos do art. 338, caso o réu alegue ilegitimidade passiva, deve o juiz intimar o autor para, querendo, emendar a inicial em 15 (quinze) dias, a fim de substituir a pessoa do réu. Caso o demandante opte por realizar a substituição, deverá reembolsar as despesas e pagar honorários ao advogado do réu excluído, os quais devem ser fixados de 3% (três) a 5% (cinco por cento) do valor da causa ou, sendo este irrisório, nos termos do art. 85, §8º.

Artigo 339.

Quando alegar sua ilegitimidade, incumbe ao réu indicar o sujeito passivo da relação jurídica discutida sempre que tiver conhecimento, sob pena

de arcar com as despesas processuais e de indenizar o autor pelos prejuízos decorrentes da falta de indicação.

§ 1º O autor, ao aceitar a indicação, procederá, no prazo de 15 (quinze) dias, à alteração da petição inicial para a substituição do réu, observando-se, ainda, o parágrafo único do art. 338.

§ 2º No prazo de 15 (quinze) dias, o autor pode optar por alterar a petição inicial para incluir, como litisconsorte passivo, o sujeito indicado pelo réu.

CORRESPONDÊNCIA NO CPC/1973: *ARTS. 62 A 69 DO CPC/1973.*

1. **Extinção da "nomeação à autoria" como espécie de intervenção de terceiros.** O art. 339 do CPC/2015 veio a substituir (e a simplificar) o procedimento denominado, pelo CPC/1973, de "nomeação à autoria" (arts. 62 a 69 do CPC/1973), que consistia em uma das modalidades de intervenção de terceiros.

2. **Arguição de ilegitimidade passiva e indicação de suposto legitimado pelo réu.** De acordo com a nova sistemática, muito mais simplificada, é dever do réu, ao arguir sua ilegitimidade, indicar o sujeito passivo da relação jurídica discutida sempre que tiver conhecimento, sob pena de arcar com as despesas processuais e de indenizar o autor pelos prejuízos decorrentes da falta de indicação. O art. 339, §1º, determina que o autor seja intimado para se manifestar sobre a indicação em 15 (quinze) dias. Caso o demandante aceite a indicação, deverá, no referido prazo, proceder à emenda da petição inicial, a fim de substituir o réu, com observância do parágrafo único do art. 338 (ônus do autor de reembolsar as despesas e pagar honorários ao advogado do réu excluído). O art. 339, §2º, permite que, no mesmo prazo quinzenal, o autor, em vez de substituir um réu pelo outro, opte por emendar a exordial, a fim de incluir como litisconsorte passivo o sujeito indicado pelo réu. Como se vê, fica a critério do autor avaliar se é o caso de substituição de réu (ilegítimo pelo aparentemente legítimo) ou de inclusão de litisconsorte passivo (manutenção do demandado original com o ingresso de novo réu, por aquele indicado).

Artigo 340.

Havendo alegação de incompetência relativa ou absoluta, a contestação poderá ser protocolada no foro de domicílio do réu, fato que será imediatamente comunicado ao juiz da causa, preferencialmente por meio eletrônico.

§ 1º A contestação será submetida a livre distribuição ou, se o réu houver sido citado por meio de carta precatória, juntada aos autos dessa carta, seguindo-se a sua imediata remessa para o juízo da causa.

§ 2º Reconhecida a competência do foro indicado pelo réu, o juízo para o qual for distribuída a contestação ou a carta precatória será considerado prevento.

§ 3º Alegada a incompetência nos termos do *caput*, será suspensa a realização da audiência de conciliação ou de mediação, se tiver sido designada.

§ 4º Definida a competência, o juízo competente designará nova data para a audiência de conciliação ou de mediação.

CORRESPONDÊNCIA NO CPC/1973: *ART. 305 DO CPC/1973.*

1. Direito do réu, que alega a incompetência, de optar pelo protocolo da contestação no foro de seu domicílio. O art. 340 do CPC/2015 veio a potencializar uma regra que havia sido inserida, no parágrafo único do art. 305 do CPC/1973, pela Lei 11.280/2006, com o claro objetivo de promover as garantias do acesso à justiça, do contraditório e da ampla defesa. Como já explicado, a incompetência, tanto absoluta, quanto relativa, pode ser arguida pelo réu em preliminar de contestação (inciso II do art. 337). A regra prevista no art. 340 resguarda as referidas garantias constitucionais, ao permitir que a contestação seja facultativamente protocolada no foro de domicílio do réu. Tem o réu o direito de optar pelo protocolo da contestação — desde que contenha arguição de incompetência — no juízo originário (reputado de incompetente) ou no juízo do foro de seu domicílio.

2. Procedimento caso o réu protocole a contestação no foro de seu domicílio. Ainda conforme o *caput* do art. 340, o protocolo de contestação no foro do domicílio do réu deve ser imediatamente comunicado ao juízo originário, preferencialmente por meio eletrônico. O parágrafo 1º esclarece o procedimento de protocolo dessa contestação no juízo do foro do domicílio: a petição deve ser submetida à livre distribuição ou, caso o réu tenha sido citado mediante carta precatória, deve ser juntada aos autos da carta, com subsequente remessa para o juízo da causa. O juízo para o qual for distribuída a contestação ou a carta precatória fica prevento para receber a demanda, caso o juízo originário reconheça a competência do foro indicado pelo réu (art. 340, §2º).

3. Indispensabilidade de contraditório pelo autor. A redação do *caput* e dos parágrafos do art. 340 pode levar à equivocada conclusão no sentido de que, uma vez arguida a incompetência pelo réu, a contestação deveria ser remetida ao juízo originário e levada à conclusão para decisão imediata. Ao contrário dessa infeliz aparência de decisão incontinenti, o contraditório pelo autor é absolutamente essencial, à luz dos arts. 7º, 9º e 10. É por essa razão que o art. 351, que regulamenta a réplica, garante o contraditório pelo autor, no prazo de 15 (quinze) dias, sempre que o réu alegar qualquer das matérias enumeradas no art. 337, tal como é o caso em análise, uma vez que a incompetência é matéria que consta do inciso II do referido dispositivo. Conjugando-se os arts. 7º, 9º e 350 a 353 com os parágrafos do art. 340, nos parece que o juízo do foro do domicílio do réu, que receber a contestação, deverá remetê-la ao juízo de origem sem abertura de contraditório ao autor. Caberá, contudo ao juízo originário intimar o autor para apresentar réplica em 15 (quinze) dias e, somente após o transcurso desse prazo quinzenal, proferir a decisão a respeito da suposta incompetência.

4. Suspensão integral e imprópria do processo até o julgamento da exceção. Os parágrafos 3º e 4º do artigo em comento indicam que a arguição de incompetência suspende a realização da audiência de conciliação ou de mediação, caso designada. E, uma vez definida a competência, deve o juízo competente designar nova data para a referida audiência. Embora os dispositivos mencionados se refiram somente à suspensão da audiência de conciliação ou mediação, parece-nos que a regra ali contida, na realidade, é a mesma regra que constava do art. 306 do CPC/1973: na data do protocolo da contestação que invoque incompetência, passa a ocorrer uma suspensão integral do processo, que deve ficar temporariamente paralisado a partir daquele momento (ponto ou ato processual), seja ele qual for, e não apenas o ato "audiência". Trata-se, evidentemente, de suspensão imprópria do processo, já que devem ser praticados alguns atos nos processos, isto é, aqueles que forem estritamente relacionados ao processamento e julgamento da arguição de incompetência (intimação do autor para apresentar réplica e prolação de decisão pelo juízo originário a respeito da incompetência).

Artigo 341.

Incumbe também ao réu manifestar-se precisamente sobre as alegações de fato constantes da petição inicial, presumindo-se verdadeiras as não impugnadas, salvo se:

I – não for admissível, a seu respeito, a confissão;

II – a petição inicial não estiver acompanhada de instrumento que a lei considerar da substância do ato;

III – estiverem em contradição com a defesa, considerada em seu conjunto.

Parágrafo único. O ônus da impugnação especificada dos fatos não se aplica ao defensor público, ao advogado dativo e ao curador especial.

CORRESPONDÊNCIA NO CPC/1973: *ART. 302 DO CPC/1973.*

1. Ônus da impugnação especificada dos fatos na contestação e sanção pelo seu descumprimento. O art. 341 do CPC/2015 corresponde ao art. 302 do CPC/1973, com alteração relevante somente no parágrafo único do novel dispositivo. Foi reiterado, incisivamente, o ônus do réu de, como regra geral, manifestar-se precisamente sobre as alegações de fato constantes da exordial. Trata-se a impugnação especificada de fatos de verdadeiro ônus do réu, uma vez que seu descumprimento pode-lhe acarretar prejuízo equivalente ao efeito material da revelia, consistente na formação de presunção relativa de veracidade dos fatos que não tiverem sido impugnados especificamente.

2. Exceções em que não se forma a presunção relativa de veracidade. Os incisos do artigo 341 trazem exceções legais à formação da presunção relativa de veracidade. Assim é que o efeito material da revelia não se produz nas seguintes hipóteses: quando não for admissível, a seu respeito, a confissão (inciso I, *v.g.*, direito indisponível); se a petição inicial não estiver acompanhada de instrumento que a lei considerar como da substância do ato (inciso II); ou quando as alegações do autor, ainda que não especificamente impugnadas, estiverem em contradição com a defesa, considerada em seu conjunto (inciso III). Como exemplo da última hipótese. tem-se o caso do réu que, em vez de contestar, opta por apresentar, exclusivamente, reconvenção (§6º do art. 343). A ausência de contestação revela, em princípio, uma inexistência de impugnação especificada dos fatos, caso em que a regra geral viria a impor a formação de presunção relativa de veracidade dos fatos. Ocorre que, se a reconvenção do réu, analisada em conjunto (alegações dela constantes e seus documentos anexos), vier a contrapor os fatos arguidos pelo autor, evidentemente inexistirá formação de qualquer presunção relativa de veracidade, uma vez que, a rigor, os fatos terão sido impugnados, ainda que não na contestação, mas em sede de outra espécie de resposta (reconvenção).

3. **Outras hipóteses em que não há formação de presunção relativa de veracidade.** Além das hipóteses do art. 341, há outras situações que impedem a formação do efeito material da revelia, como aquelas constantes do art. 345, que será comentado no momento oportuno.

4. **Sujeitos que não se submetem ao ônus da impugnação especificada.** O parágrafo único do art. 304 estabelece que o ônus da impugnação especificada dos fatos não se aplica ao defensor público, ao advogado dativo e ao curador especial. No que tange ao defensor público, parece-nos que a dispensa do ônus se opera somente quando aquela atuar como advogado dativo ou curador especial (art. 4º, XVI, LC 80/1994), e não nas demais situações em que a Defensoria Pública vier a atuar em favor de hipossuficientes. Ficou propositalmente excluído, desse rol de sujeitos que não se submetem ao ônus da impugnação especificada, o membro do Ministério Público (que constava do parágrafo único do art. 302 do CPC/1973), uma vez que, com a ampliação das Defensorias Públicas, o *Parquet* deixou de exercer as funções de advogado dativo, de curador especial e de defensor dos hipossuficientes.

Artigo 342.
 Depois da contestação, só é lícito ao réu deduzir novas alegações quando:
 I – relativas a direito ou a fato superveniente;
 II – competir ao juiz conhecer delas de ofício;
 III – por expressa autorização legal, puderem ser formuladas em qualquer tempo e grau de jurisdição.
 CORRESPONDÊNCIA NO CPC/1973: *ART. 303 DO CPC/1973.*

 1. **Preclusão operada pela contestação.** O art. 342 do CPC/2015 corresponde ao art. 303 do CPC/1973, com poucas modificações. Sabe-se que tanto a exordial quanto a

contestação são regidas pelo princípio da concentração: todas as matérias favoráveis aos postulantes devem ser invocadas na primeira oportunidade que tiverem para falar nos autos, sob pena de preclusão (temporal e, também, consumativa). Somente de modo excepcional é que algumas matérias, por não se sujeitarem à preclusão, poderão ser invocadas após ultrapassada a primeira oportunidade da parte para falar nos autos.

2. Matérias não sujeitas à preclusão gerada pela inicial e pela resposta. O art. 342 dirige-se apenas ao réu, em restrição claramente indevida. A regra contida no referido dispositivo aplica-se tanto ao réu (após a contestação), quanto ao autor (após a inicial). Ambos podem, após a propositura da inicial e o esgotamento do prazo para resposta (contestação e/ou reconvenção), invocar matérias sobre as quais não tenha se operado preclusão. São elas: aquelas relativas a direito ou a fato superveniente (inciso I), as quais, exatamente por serem posteriores à exordial e à resposta, não foram objeto de preclusão; aquelas que podem ser conhecidas *ex officio* pelo juiz (inciso II); e as matérias que, por expressa autorização legal, podem ser formuladas em qualquer tempo e grau de jurisdição.

CAPÍTULO VII – Da Reconvenção

ARTIGO 343.

Na contestação, é lícito ao réu propor reconvenção para manifestar pretensão própria, conexa com a ação principal ou com o fundamento da defesa.

§ 1º Proposta a reconvenção, o autor será intimado, na pessoa de seu advogado, para apresentar resposta no prazo de 15 (quinze) dias.

§ 2º A desistência da ação ou a ocorrência de causa extintiva que impeça o exame de seu mérito não obsta ao prosseguimento do processo quanto à reconvenção.

§ 3º A reconvenção pode ser proposta contra o autor e terceiro.

§ 4º A reconvenção pode ser proposta pelo réu em litisconsórcio com terceiro.

§ 5º Se o autor for substituto processual, o reconvinte deverá afirmar ser titular de direito em face do substituído, e a reconvenção deverá ser proposta em face do autor, também na qualidade de substituto processual.

§ 6º O réu pode propor reconvenção independentemente de oferecer contestação.

CORRESPONDÊNCIA NO CPC/1973: *ARTS. 297, 299, 315, 316, 317 E 318 DO CPC/1973.*

1. Reconvenção. O art. 343 do CPC/2015 trata da reconvenção, antes regulada pelos arts. 297, 299, 315 a 318 do CPC/1973. A natureza jurídica da reconvenção permanece a mesma: demanda autônoma de conhecimento, de procedimento comum, destinada à formulação de pedido do réu (reconvinte) em face do autor (reconvindo).

2. Tempo e forma de apresentação. Os arts. 297 e 299 do CPC/1973 estabeleciam que tanto contestação quanto reconvenção se submetiam ao mesmo prazo de apresentação: 15 (quinze) dias. Ambas deviam ser veiculadas em peças formalmente distintas, e a apresentação de uma não dependia da apresentação da outra. Caso, porém, o réu desejasse apresentar ambas as respostas, exigia-se simultaneidade no protocolo das respectivas peças: contestação e reconvenção deviam ser apresentadas na mesma oportunidade, sob pena de preclusão (perda do direito de se apresentar a peça posteriormente protocolada, a qual seria desconsiderada). O art. 343 do CPC/2015 modifica parte dessa sistemática: o prazo permanece o de 15 (quinze) dias, mas a reconvenção deixa de ser veiculada em petição autônoma sempre que o réu quiser apresentar, também, contestação. A reconvenção passa a constar, formalmente, da contestação. Somente quando o demandado tiver o interesse de apresentar, apenas, reconvenção, é que dita pretensão será formulada em petição autônoma e exclusiva, denominada de reconvenção (art. 343, §6º). Nos demais casos, o réu deve propor reconvenção na própria contestação.

3. Pressuposto da reconvenção. O pressuposto da reconvenção permanece o mesmo: conexão. A conexão, para fins da reconvenção, é mais ampla, podendo relacionar-se tanto à demanda principal (identidade de causa de pedir ou de pedido), quanto ao fundamento da defesa (questão de fato ou de direito invocada na contestação).

4. Contraditório e respostas cabíveis na reconvenção. O art. 343, §1º, dispõe que, proposta a reconvenção, deve o autor ser intimado, na pessoa de seu advogado, para apresentar resposta no prazo de 15 (quinze) dias. Em outras palavras, uma vez intimado pelo juízo sobre a propositura de reconvenção, tem o autor prazo quinzenal para apresentar resposta, a qual pode ser contestação e/ou reconvenção à reconvenção.

5. Independência e autonomia da reconvenção. Reconvenção e contestação são autônomas e independentes, isto é, o resultado (processual ou material) de uma não influencia a resolução da outra. É por essa razão que o art. 343, §2º, esclarece que a desistência da ação (principal) ou a ocorrência de causa extintiva que impeça o exame do mérito (da demanda principal) não impede o prosseguimento do processo quanto à reconvenção.

6. Ampliação subjetiva do processo em reconvenção. Durante a égide do CPC/1973, era objeto de divergência a possibilidade de ampliação subjetiva da relação processual por meio de reconvenção, isto é, se a demanda reconvencional poderia acrescentar novo sujeito (terceiro que viesse a figurar como coautor ou corréu da reconvenção) ao processo. Os parágrafos 3º e 4º do art. 343 do CPC/2015 deixam claro que a reconvenção pode ser proposta contra o autor e terceiro ou, então, pelo réu em litisconsórcio com terceiro. Em outras palavras, é possível a inclusão de novo sujeito processual na relação processual, podendo o terceiro figurar como litisconsorte ativo ou passivo da reconvenção, a despeito de não constar da demanda originária.

7. **Exigência de identidade de legitimidade por parte do autor originário.** O parágrafo 5º do mencionado dispositivo exige que o autor-reconvindo participe como réu da reconvenção com base na mesma legitimidade (ordinária ou extraordinária) com a qual participa da demanda principal. Pode o autor figurar, na ação principal, como substituto processual (legitimado extraordinário), defendendo, em nome próprio, direito alheio. Nessa hipótese, deverá o réu-reconvinte afirmar a existência de direito em face do substituído, porém propor a reconvenção em face do autor originário, que figurará na reconvenção também na qualidade de substituto processual.

CAPÍTULO VIII – Da Revelia

Artigo 344.
Se o réu não contestar a ação, será considerado revel e presumir-se-ão verdadeiras as alegações de fato formuladas pelo autor.
CORRESPONDÊNCIA NO CPC/1973: *ART. 319 DO CPC/1973.*

1. **Revelia e efeito material.** O art. 344 do CPC/2015 corresponde ao art. 319 do CPC/1973, sem qualquer alteração. Dito dispositivo dispõe que a ausência de contestação (na forma e no prazo previstos na lei), assim como a ausência da impugnação especificada de fatos, implica revelia do réu, que produz, como efeito material, a presunção – meramente relativa – de veracidade dos fatos alegados pelo autor.
2. **Objeto da presunção relativa de veracidade e sua consequência.** O efeito material da revelia, consistente na presunção relativa de veracidade, dirige-se exclusivamente aos fatos, e não ao direito. Por essa razão, a revelia não implica, por si só, procedência automática do pedido do autor, uma vez que os fatos, ainda que presumidamente verdadeiros, podem não ser suficientes para amparar o pedido, no todo ou em parte. Em outras palavras, os fatos supostamente ocorridos podem ser incapazes de gerar o direito pretendido.
3. **Não produção ou afastamento do efeito material da revelia.** Importante destacar que, apesar de ausente contestação, a revelia poderá não produzir seu efeito material em algumas hipóteses, que serão apresentadas nos comentários ao art. 345.

Artigo 345.
A revelia não produz o efeito mencionado no art. 344 se:
I – havendo pluralidade de réus, algum deles contestar a ação;
II – o litígio versar sobre direitos indisponíveis;
III – a petição inicial não estiver acompanhada de instrumento que a lei considere indispensável à prova do ato;

IV – as alegações de fato formuladas pelo autor forem inverossímeis ou estiverem em contradição com prova constante dos autos.
CORRESPONDÊNCIA NO CPC/1973: *ART. 320 DO CPC/1973.*

1. Não formação ou afastamento da presunção relativa. O art. 345 do CPC/2015 (correspondente ao art. 320 do CPC/1973) apresenta hipóteses em que, apesar de inexistente contestação pelo réu, não haverá formação de presunção relativa dos fatos alegados pelo autor. Caso exista pluralidade de réus, se algum deles contestar o pedido, não haverá presunção de veracidade dos fatos (*v.g.*, comuns) que tiverem sido objeto da contestação do outro litisconsorte passivo (inciso I). Porém, em relação aos fatos que não tiverem sido impugnados pelo réu que apresentar contestação (*v.g.*, fatos que se refiram, exclusivamente, ao réu revel, ou fatos comuns que não tenham sido impugnados), é evidente que, sobre eles, haverá formação da presunção. Tampouco haverá presunção de veracidade quando o litígio versar sobre direitos indisponíveis (inciso II), pois, não havendo disponibilidade integral do direito, não há como se considerar presumidamente verdadeiros os fatos, devido ao risco de essa presunção poder equivaler a um (vedado) reconhecimento da procedência do pedido (caso os fatos, porquanto reputados verdadeiros, viessem a gerar a procedência do pedido). Inexiste presunção *iuris tantum* de veracidade, também, quando a petição inicial não estiver acompanhada de instrumento que a lei considere como indispensável à prova do ato (inciso III). Afinal, presunção meramente relativa de veracidade de fatos não é capaz de substituir a exigência de apresentação, pelo autor, de um documento que apresente elementos (formais ou materiais) exigidos, com rigor, por lei. Tampouco se forma o efeito material da revelia quando as alegações de fato do autor forem inverossímeis ou estiverem em contradição com prova constante dos autos (inciso IV). Em outras palavras, a presunção de veracidade não se produz (ou, caso produzida, deve ser afastada) sempre que houver elementos, nos autos, capazes de demonstrar a inocorrência dos fatos. Como exemplo, pode-se pensar no caso de a própria prova documental apresentada pelo autor em anexo à exordial revelar que o fato alegado na inicial ocorreu de forma diferente. Ou, então, situação em que o depoimento de uma testemunha, arrolada por litisconsorte passivo não revel, venha a demonstrar a inexistência de um fato, relativo ao réu revel, que havia sido alegado pelo autor como supostamente ocorrido.

2. Outras hipóteses de afastamento da presunção relativa. Por se tratar de presunção *iuris tantum*, ela pode ser afastada em outras hipóteses não previstas no art. 345, tais como aquelas constantes do art. 341. Como exemplo, pode-se mencionar o caso de o réu não apresentar contestação, mas apresentar reconvenção e, em seu âmbito, impugnar os fatos alegados pelo autor. Nesse caso, é evidente que a resposta, considerada como um todo, estará obedecendo ao ônus da impugnação especificada de fatos, razão pela qual inexistirá a formação da presunção relativa de veracidade dos fatos apontados pelo autor (a despeito da não apresentação de contestação *stricto sensu*).

Artigo 346.

Os prazos contra o revel que não tenha patrono nos autos fluirão da data de publicação do ato decisório no órgão oficial.

Parágrafo único. O revel poderá intervir no processo em qualquer fase, recebendo-o no estado em que se encontrar.

CORRESPONDÊNCIA NO CPC/1973: *ART 322 DO CPC/1973.*

1. **Um dos efeitos processuais da revelia.** O art. 346 do CPC/2015 corresponde ao art. 322 do CPC/1973, prevendo um dos diversos efeitos processuais da revelia. De acordo com a regra ali inscrita, os prazos contra o revel que não tenha patrono nos autos fluirão da data de publicação do ato decisório no órgão oficial. Em outras palavras, o prazo correrá a despeito de não haver advogado indicado na publicação da decisão contrária ao réu revel. Pode o revel, porém, intervir no processo em qualquer fase, recebendo-o no estado em que se encontrar. E, a partir do momento em que o réu apresentar advogado, deverá seu patrono se tonar o destinatário das intimações, com inclusão de seu nome e número de inscrição na OAB no sistema informatizado e nas publicações.

CAPÍTULO IX – Das Providências Preliminares e do Saneamento

Artigo 347.

Findo o prazo para a contestação, o juiz tomará, conforme o caso, as providências preliminares constantes das seções deste Capítulo.

CORRESPONDÊNCIA NO CPC/1973: *ART. 323 DO CPC/1973.*

1. **Providências a serem tomadas após o esgotamento do prazo para resposta.** O art. 347 indica que, após esgotado o prazo para resposta do réu (ou seja, independentemente da apresentação ou não de contestação ou reconvenção), deve o juiz analisar os artigos subsequentes e adotar as providências cabíveis, conforme o caso.

SEÇÃO I – Da Não Incidência dos Efeitos da Revelia

Artigo 348.

Se o réu não contestar a ação, o juiz, verificando a inocorrência do efeito da revelia previsto no art. 344, ordenará que o autor especifique as provas que pretenda produzir, se ainda não as tiver indicado.

CORRESPONDÊNCIA NO CPC/1973: *ART. 324 DO CPC/1973.*

1. Intimação das partes para especificação de provas, caso a revelia não produza seu efeito material. Se, apesar da revelia do réu, estiver presente alguma das hipóteses que impedem a formação de presunção relativa de veracidade dos fatos (*e.g.*, arts. 341 ou 345), estabelece o art. 348 que o juiz deve intimar o autor para que especifique as provas que pretende produzir, caso ainda não as tenha indicado. Apesar de o referido dispositivo referir-se somente ao autor, deve o juiz intimar, na realidade, ambas as partes (autor e réu revel, este, nos moldes do art. 346), uma vez que a bilateralidade de audiência é consequência inafastável da garantia constitucional do contraditório e da ampla defesa, deveras reiterada no CPC/2015 (*v.g.*, arts. 7º, 9º e 10).

ARTIGO 349.
Ao réu revel será lícita a produção de provas, contrapostas às alegações do autor, desde que se faça representar nos autos a tempo de praticar os atos processuais indispensáveis a essa produção.
CORRESPONDÊNCIA NO CPC/1973: *NÃO HÁ.*

1. Direito do réu revel de produzir provas, caso compareça em momento adequado. Independentemente de a revelia produzir ou não seu efeito material, tem o réu revel o direito de produzir provas caso compareça, aos autos, em momento oportuno. A possibilidade de produção de provas pelo revel, assegurada pelo art. 349, já era admitida pela Súmula 231 do STF.

SEÇÃO II – Do Fato Impeditivo, Modificativo ou Extintivo do Direito do Autor

ARTIGO 350.
Se o réu alegar fato impeditivo, modificativo ou extintivo do direito do autor, este será ouvido no prazo de 15 (quinze) dias, permitindo-lhe o juiz a produção de prova.
CORRESPONDÊNCIA NO CPC/1973: *ART. 326 DO CPC/1973.*

1. Direito do autor de manifestar-se em réplica: cabimento. O art. 350 do CPC/2015 garante o direito do autor de manifestar-se em réplica, o que lhe era assegurado, em um prazo menor, pelo art. 326 do CPC/1973. O novel dispositivo amplia, de 10 (dez) para 15 (quinze) dias, o prazo para réplica do autor sempre que o réu alegar, na resposta, fatos "novos", isto é, impeditivos, modificativos ou extintivos do direito do autor. *A contrario sensu*, descabe réplica pelo autor quando o réu, na resposta, limitar-se a negar os fatos constitutivos do direito do demandante, sem aduzir novos fatos.

2. Alcance da réplica: conteúdo e documentos. Por se tratar de exercício da garantia constitucional do contraditório e da ampla defesa, a réplica apresenta-se, para o autor, como meio de defesa (exceção *lato sensu*) de cognição plena (no plano vertical). Em outras palavras, pode o autor invocar qualquer matéria, de fato (negativo, constitutivo, impeditivo, modificativo ou extintivo) ou de direito, que lhe seja favorável, com o objetivo de impugnar os fatos "novos" aduzidos pelo réu. É direito do autor, ainda, juntar documentos destinados a comprovar a matéria que vier a aduzir na réplica.

3. Regras e ônus que regem a réplica. Como a réplica tem natureza de "contestação" (do autor) aos fatos "novos" apresentados pelo réu em sua resposta, ela deve reger-se pelas mesmas regras e ônus que informam a contestação, tais como as regras da concentração e da eventualidade e o ônus da impugnação especificada dos fatos (consagradas, *v.g.*, nos arts. 336 e 341). Em outras palavras, poderá-se formar presunção relativa de veracidade dos fatos "novos" aduzidos pelo réu na contestação, se o autor deixar de apresentar réplica ou, nesta, não vier a impugnar, de forma precisa e específica, a inovação fática.

4. Eventuais tréplica pelo réu e quadrúplica pelo autor. Quando o autor, em réplica, limitar-se a negar os fatos "novos" invocados pelo réu na contestação, sem aduzir qualquer outro fato, o mero binômio contestação-réplica (ataque-defesa) já será suficiente para garantir o contraditório sobre os fatos "novos" da contestação. Porém, quando o autor, para exercer sua ampla defesa contra os fatos "novos" da contestação, for obrigado a aduzir, na réplica, fato também "novo" (impeditivo, modificativo ou extintivo do fato novo que o réu havia invocado em contestação), torna-se indispensável assegurar, ao réu, a oportunidade de *tréplica*, para que se possa defender contra a inovação realizada pelo autor, a fim de que seja aperfeiçoado o binômio *ataque-defesa*. Nessa mesma linha, indo mais além: se, para a ampla defesa do réu (contra os fatos "novos" invocados pelo autor na réplica), for essencial ao demandado aduzir fato "novo" na tréplica (fato impeditivo, modificativo ou extintivo do fato "novo" invocado na réplica), será igualmente indispensável garantir-se, ao autor, o direito de apresentar quadrúplica. Todo o regramento jurídico da réplica deve ser aplicado às eventuais tréplica e quadrúplica, *v.g.*, regras da concentração e da eventualidade, ônus da impugnação especificada, prazo de 15 (quinze) dias para apresentação, possibilidade de juntada de documentos, etc.

SEÇÃO III – Das Alegações do Réu

ARTIGO 351.
Se o réu alegar qualquer das matérias enumeradas no art. 337, o juiz determinará a oitiva do autor no prazo de 15 (quinze) dias, permitindo-lhe a produção de prova.
CORRESPONDÊNCIA NO CPC/1973: *ART. 327 DO CPC/1973.*

1. Outra hipótese de cabimento de réplica pelo autor. O art. 351 do CPC/2015, na linha do art. 327 do CPC/1973, consagra mais uma hipótese de cabimento de réplica pelo autor. Sempre que o réu, na contestação, alegar qualquer das matérias enumeradas no art. 337 ("preliminares"), deve o juiz intimar o autor para apresentar réplica em 15 (quinze) dias, permitindo-lhe a produção de prova.

2. Inexistência de cumulação de prazos para réplica (arts. 350 e 351). Caso o réu, em contestação, invoque tanto preliminares quanto fatos novos, far-se-á cabível a apresentação de réplica pelo autor com duplo fundamento: arts. 350 e 351. Ainda que se trate de um duplo cabimento de réplica, inexistirá soma (cumulação/duplicação) de prazos (*v.g.*, 15 + 15 dias). Deverá ser protocolada, pelo autor, uma única réplica, no prazo simples e original de 15 (quinze) dias.

3. Identidade do regramento da réplica, independentemente de seu cabimento (art. 350 ou 351). Aplica-se à réplica baseada no art. 351 o mesmo regramento jurídico que informa a réplica com cabimento fulcrado no art. 350. Pode o autor invocar qualquer matéria, de fato e de direito, que lhe seja favorável, destinada a contrapor os pontos constantes do art. 337 que constem da contestação. É direito do autor, também, apresentar documentos anexados à réplica. A réplica fundada no art. 351 também é regida pelas regras da concentração e da eventualidade, aplicando-se igualmente o ônus da impugnação especificada. Caso o autor invoque fatos novos na réplica, terá o réu o direito de apresentar tréplica; e, o autor, o direito de apresentar quadrúplica, se o réu alegar fatos novos na tréplica.

Artigo 352.
Verificando a existência de irregularidades ou de vícios sanáveis, o juiz determinará sua correção em prazo nunca superior a 30 (trinta) dias.
CORRESPONDÊNCIA NO CPC/1973: *NÃO HÁ.*

1. Intimação da parte para correção de defeito processual. Sempre que verificar a existência de defeito processual, seja na relação processual, seja em algum ato processual determinado, deve o juiz intimar a parte para corrigi-lo no prazo de até 30 (trinta) dias. Mesmo que se trate de matéria cognoscível *ex officio* ou de defeito que o juiz considere como insanável, deve a matéria ser submetida ao prévio contraditório pela parte (art. 10). Afinal, a parte tem o direito de aduzir argumentos, de fato e de direito, capazes demonstrar ao juiz eventual equívoco de sua percepção sobre o tema, revelando, na verdade, inexistir o referido defeito ou que se trata de vício passível de correção, ao invés de insanável.

Artigo 353.
Cumpridas as providências preliminares ou não havendo necessidade delas, o juiz proferirá julgamento conforme o estado do processo, observando o que dispõe o Capítulo X.
CORRESPONDÊNCIA NO CPC/1973: *ART. 328 DO CPC/1973.*

1. **Eventual julgamento conforme o estado do processo.** Cumpridas, se cabíveis, as providências previstas nos arts. 348 a 352, deve o juiz analisar se é o caso de realizar o julgamento conforme o estado do processo. Se presentes os pressupostos referidos nos arts. 354 a 356, deverá ser proferida sentença de alguma das espécies referidas nos respectivos dispositivos. Se não for o caso de prolação de sentença total, o processo (ou a parcela dele restante, se proferida sentença parcial) deve prosseguir para a realização do saneamento (art. 357).

CAPÍTULO X – Do Julgamento Conforme o Estado do Processo

SEÇÃO I – Da Extinção do Processo

Artigo 354.
Ocorrendo qualquer das hipóteses previstas nos arts. 485 e 487, incisos II e III, o juiz proferirá sentença.
Parágrafo único. A decisão a que se refere o *caput* pode dizer respeito a apenas parcela do processo, caso em que será impugnável por agravo de instrumento.
CORRESPONDÊNCIA NO CPC/1973: *ART. 329.*

1. **Do julgamento conforme o estado do processo.** Finda a fase postulatória, o magistrado terá três opções: (i) extinguir o processo, nas hipóteses do art. 485 e 487, II e III do CPC (art. 354,CPC/2015); (ii) julgar antecipadamente o mérito, total ou parcialmente (arts. 355 e 356, CPC/2015); ou (iii) sanear e organizar o processo para as fases subsequentes: instrutória e decisória (art. 357, CPC/2015).
2. **Sentenças extintivas do processo.** As decisões judiciais, independentemente do seu conteúdo, quando extinguem a fase cognitiva do procedimento comum ou da execução, são chamadas de "sentenças" (art. 203, §1º). Quando a extinção ocorrer com base nas hipóteses do art. 485 do CPC/2015, as sentenças são chamadas de terminativas. Se a extinção ocorrer com base nas hipóteses do art. 487 do CPC, são chamadas de definitivas.
3. **Decisões interlocutórias sobre parcela do processo.** Quando as decisões judiciais, que têm por conteúdo as hipóteses dos arts. 485 e 487 do CPC/2015, forem

relativas apenas à parcela do processo e não ensejarem a extinção da fase cognitiva do procedimento comum ou da execução, serão chamadas de interlocutórias (art. 203, §2º CPC/2015) e podem ser impugnadas pelo recurso de agravo.

SEÇÃO II – Do Julgamento Antecipado do Mérito

Artigo 355.

O juiz julgará antecipadamente o pedido, proferindo sentença com resolução de mérito, quando:

I – não houver necessidade de produção de outras provas;

II – o réu for revel, ocorrer o efeito previsto no art. 344 e não houver requerimento de prova, na forma do art. 349.

CORRESPONDÊNCIA NO CPC/1973: *ART. 330.*

1. Conceito de mérito. O mérito, também chamado de objeto do processo, objeto litigioso ou questão principal, constitui as afirmações, feitas pelas partes do processo, da existência ou inexistência de uma ou mais relações jurídicas e das situações jurídicas delas decorrentes: direitos e deveres subjetivos, pretensões e ações de direito material. (ver nota 1 do art. 487 deste CPC/2015).

2. Julgamento antecipado do mérito. Em regra, o julgamento do mérito deve ser feito após o esgotamento de todas as fases do procedimento. Entretanto, em algumas situações, poderá o magistrado antecipar esse julgamento. As hipóteses previstas em lei para o julgamento antecipado do mérito são: (i) a desnecessidade de produção de outras provas; (ii) a revelia do réu, com ocorrência do efeito previsto no art. 344 e não houver requerimento de prova, na forma do art. 349, todos do CPC/2015.

SEÇÃO III – Do Julgamento Antecipado Parcial do Mérito

Artigo 356.

O juiz decidirá parcialmente o mérito quando um ou mais dos pedidos formulados ou parcela deles:

I – mostrar-se incontroverso;

II – estiver em condições de imediato julgamento, nos termos do art. 355.

§ 1º A decisão que julgar parcialmente o mérito poderá reconhecer a existência de obrigação líquida ou ilíquida.

§ 2º A parte poderá liquidar ou executar, desde logo, a obrigação reconhecida na decisão que julgar parcialmente o mérito, independentemente de caução, ainda que haja recurso contra essa interposto.

§ 3º Na hipótese do § 2º, se houver trânsito em julgado da decisão, a execução será definitiva.

§ 4º A liquidação e o cumprimento da decisão que julgar parcialmente o mérito poderão ser processados em autos suplementares, a requerimento da parte ou a critério do juiz.

§ 5º A decisão proferida com base neste artigo é impugnável por agravo de instrumento.

CORRESPONDÊNCIA NO CPC/1973: *ART. 331.*

1. **Julgamento antecipado e parcial do mérito.** O julgamento do mérito poderá ser feito no curso do procedimento ou ao seu final. Também poderá ser integral ou parcial. O art. 356 disciplina as hipóteses de julgamento antecipado e parcial do mérito. Por ser um julgamento parcial, mas antecipado, deve preencher não somente os requisitos do art. 356 como, também, os do art. 355, ambos deste CPC/2015.

2. **Natureza da decisão antecipada e parcial do mérito e o recurso cabível.** A decisão que julga parcialmente o mérito terá natureza de interlocutória, pois não colocará fim à fase cognitiva do procedimento comum, nem à de execução (art. 203, §1º e §2º, CPC/2015). Por esse motivo, será impugnada por meio de recurso de agravo de instrumento (art. 356, §5º, CPC/2015).

3. **Requisitos para o julgamento antecipado e parcial do mérito.** Um ou mais dos pedidos, ou parcela deles, pode ser julgado antecipadamente, quando: (i) for incontroverso; ou (ii) estiver em condições de imediato julgamento, na forma do art. 355 do CPC/2015.

4. **Da execução provisória do julgamento antecipado e parcial do mérito.** O julgamento antecipado parcial do mérito pode reconhecer a existência de obrigação líquida ou ilíquida (art. 356, §1º, CPC/2015), caracterizando-se como título executivo judicial (art. 515, I, CPC/2015). A parte poderá liquidar ou executar, de forma provisória, a decisão parcial antecipada do mérito, independentemente de caução, ainda que haja recurso interposto contra a decisão. Se houver o trânsito em julgado da decisão, a execução será definitiva. A liquidação e o cumprimento da decisão que julgar parcialmente o mérito poderão ser processados em autos suplementares, a requerimento da parte ou a critério do juiz.

SEÇÃO IV – Do Saneamento e da Organização do Processo

Artigo 357.

Não ocorrendo nenhuma das hipóteses deste Capítulo, deverá o juiz, em decisão de saneamento e de organização do processo:

I – resolver as questões processuais pendentes, se houver;

II – delimitar as questões de fato sobre as quais recairá a atividade probatória, especificando os meios de prova admitidos;
III – definir a distribuição do ônus da prova, observado o art. 373;
IV – delimitar as questões de direito relevantes para a decisão do mérito;
V – designar, se necessário, audiência de instrução e julgamento.

§ 1º Realizado o saneamento, as partes têm o direito de pedir esclarecimentos ou solicitar ajustes, no prazo comum de 5 (cinco) dias, findo o qual a decisão se torna estável.

§ 2º As partes podem apresentar ao juiz, para homologação, delimitação consensual das questões de fato e de direito a que se referem os incisos II e IV, a qual, se homologada, vincula as partes e o juiz.

§ 3º Se a causa apresentar complexidade em matéria de fato ou de direito, deverá o juiz designar audiência para que o saneamento seja feito em cooperação com as partes, oportunidade em que o juiz, se for o caso, convidará as partes a integrar ou esclarecer suas alegações.

§ 4º Caso tenha sido determinada a produção de prova testemunhal, o juiz fixará prazo comum não superior a 15 (quinze) dias para que as partes apresentem rol de testemunhas.

§ 5º Na hipótese do § 3º, as partes devem levar, para a audiência prevista, o respectivo rol de testemunhas.

§ 6º O número de testemunhas arroladas não pode ser superior a 10 (dez), sendo 3 (três), no máximo, para a prova de cada fato.

§ 7º O juiz poderá limitar o número de testemunhas levando em conta a complexidade da causa e dos fatos individualmente considerados.

§ 8º Caso tenha sido determinada a produção de prova pericial, o juiz deve observar o disposto no art. 465 e, se possível, estabelecer, desde logo, calendário para sua realização.

§ 9º As pautas deverão ser preparadas com intervalo mínimo de 1 (uma) hora entre as audiências.

CORRESPONDÊNCIA NO CPC/1973: *ART. 331,*§ 2º E § 3º.

1. Saneamento e organização do processo pelo juiz. Finda a fase postulatória, não sendo o caso de extinção do processo (art. 354, CPC/2015), nem de julgamento antecipado do mérito (arts. 355 e 356, CPC/2015), o magistrado deverá sanar o processo de eventuais vícios formais e organizá-lo para sua marcha avante. Nesse momento, seis medidas serão tomadas: (i) serão resolvidas todas as questões processuais pendentes; (ii) serão delimitadas as questões de fato e de direito relevantes para o julgamento do mérito (iii) serão delimitadas as questões a serem provadas; (iv) serão especificados os meios de prova; (v) será definida a distribuição do ônus da prova, observando o art. 373 do CPC; e (vi) será designada, se necessário, audiência de instrução e julgamento.

Realizado o saneamento, as partes têm o direito de pedir esclarecimento ou solicitar ajustes, no prazo de 5 (cinco) dias, findo o qual a decisão se torna estável.

2. Delimitação consensual do mérito e das provas por iniciativa das partes. As partes têm a prerrogativa legal de apresentar, para homologação judicial, petição na qual delimitam consensualmente as questões relevantes para a decisão do mérito e as questões sobre as quais recairá a atividade probatória, especificando os meios de prova admitidos. Essa decisão, uma vez homologada, vincula as partes e o juiz.

3. Audiência para saneamento e organização do processo em cooperação com as partes. Se a causa apresentar complexidade em matéria de fato ou de direito, deverá o juiz designar audiência para que o saneamento seja feito em cooperação com as partes. Nesta oportunidade o juiz poderá convidar as partes para: (i) integrarem suas alegações e (ii) sobre elas prestarem esclarecimentos. As partes devem levar à audiência o respectivo rol de testemunhas, caso pretendam produzir esse tipo de prova (art. 357, §5º, CPC/2015).

4. Saneamento e produção de prova testemunhal. Caso seja determinada a produção de prova testemunhal, o juiz fixará prazo comum, não superior a 15 (quinze) dias, para que as partes apresentem rol de testemunhas. Se tiver sido realizada a audiência para que o saneamento seja feito em cooperação com as partes, estas deverão levar o rol de testemunhas à audiência. O número de testemunhas arroladas não pode ser superior a 10 (dez), sendo no máximo 3 (três) para a prova de cada fato.

5. Saneamento e prova pericial. Caso tenha sido determinada a produção de prova pericial, o juiz deve observar o disposto no art. 465 e, se possível, estabelecer, desde logo, calendário a sua realização.

CAPÍTULO XI – Da Audiência de Instrução e Julgamento

Artigo 358.
No dia e na hora designados, o juiz declarará aberta a audiência de instrução e julgamento e mandará apregoar as partes e os respectivos advogados, bem como outras pessoas que dela devam participar.
CORRESPONDÊNCIA NO CPC/1973: *ART. 450.*

1. Considerações iniciais. Comparativamente a seu correspondente no CPC/1973, o dispositivo vem acrescido, em sua parte final, de comando pelo qual se estende a aplicação da regra do pregão da audiência a "outras pessoas que dela devam participar", bem como de expressão, no meio do texto, que refere à audiência como "de instrução e julgamento".

2. Dia, hora e local da audiência. A audiência deve ocorrer em dia útil, e seu início deve acontecer entre as 6 (seis) e as 20 (vinte) horas (art. 162, *caput*, CPC/2015), podendo ser concluída depois deste horário "quando o adiamento prejudicar a diligência ou causar grave dano" (art. 162, §1º, CPC/2015). Regra geral deve ser realizada na sede do juízo, admitindo-se, em caráter extraordinário, que seja marcada para acontecer em outro lugar determinado pelo juiz (art. 217, CPC/2015).

3. Abertura da audiência. O ato de abertura da audiência é bastante simples e sem qualquer formalidade. Abre-se a audiência quando o magistrado determina ao auxiliar do juízo que proceda com o pregão. Em princípio, é incumbência do escrivão ou do chefe de secretaria comparecer à audiência para auxiliar o juiz, nada impedindo que designe outro servidor para substituí-lo (art. 152, III, CPC/2015). Ademais, não se pode perder de vista a possibilidade de essa função ser exercida por assessor jurídico, cargo criado na estrutura do Poder Judiciário em alguns Estados da Federação.

4. Pregão. O pregão é ato da audiência. Consiste no ato de anunciar em voz alta às partes, aos respectivos advogados e a outras pessoas que dela devam participar que a audiência se encontra aberta. A não realização do pregão pode ensejar a nulidade da audiência, se demonstrado que aquele que dela deveria participar não o fez porque não tomou conhecimento de seu início.

5. Sujeitos a serem apregoados. O texto torna regra uma praxe que já é comum em muitos locais, de, uma vez declarada aberta a audiência, realizar-se o pregão não apenas das partes e dos respectivos advogados, como, também, de testemunha(s), perito(s), assistente(s) técnico(s), etc. ("outras pessoas que dela devam participar").

6. Mantença da audiência presencial. É digno de nota que o legislador – nos arts. 358-368 – faz alusão à audiência de instrução e julgamento sempre como uma audiência presencial, distanciando-se das audiências de conciliação ou sessão de mediação, consoante previsto no art. 334, § 7º, do CPC/2015 (que dispõe no sentido de que esses atos podem-se efetuar por meio eletrônico, nos termos da lei). Note-se, no particular, que o art. 185 do CPP (com nova redação inserida pela Lei 11.900/2009) prevê, para algumas hipóteses, em que o juiz, por decisão fundamentada, de ofício ou a requerimento das partes, poderá realizar o interrogatório do réu preso por sistema de videoconferência ou outro recurso tecnológico de transmissão de sons e imagens em tempo real. Com linha simétrica, o parágrafo 3º do art. 222 do CPP prevê que a oitiva de testemunha poderá ser realizada por meio de videoconferência ou outro recurso tecnológico de transmissão de sons e imagens em tempo real, permitida a presença do defensor e podendo ser realizada, inclusive, durante a realização da audiência de instrução e julgamento. Mais ainda, no âmbito do próprio CPC/2015, há alusão à possibilidade de atos processuais serem executados pela via eletrônica, ainda que vinculados à instrução, bastando observar o disposto no parágrafo 3º do art. 385, do parágrafo 1º do art. 453 e do parágrafo 2º do art. 462. Segundo esses dispositivos, o depoimento pessoal da parte que residir em comarca, seção ou subseção judiciária diversa daquela onde tramita o processo poderá ser colhido por meio de videoconferência ou outro recurso tecnológico de transmissão de sons e imagens em tempo real, o que poderá ocorrer, inclusive, durante a realização da audiência de instrução e julgamento (art. 385, §3º), regra esta que se aplica de forma assemelhada a testemunha que residir em comarca, seção ou subseção judiciária diversa daquela onde tramita o processo (art. 453, § 1º). Mas não é só, até a acareação pode ser realizada por videoconferência ou por outro recurso tecnológico de transmissão de sons e imagens em tempo real (art. 462, §2º). Assim, nada obstante a bússola dos arts. 358-368 indicar que audiência de instrução e julgamento no âmbito do processo civil será presencial, não se pode descartar a possibilidade de que a referida audiência (ou pelo menos parte dela) seja ultimada pela via eletrônica, notadamente se houver consenso entre as partes. Essa medida poderá, sem dúvida, em alguns casos trazer benefício na redução dos custos processuais, além de propiciar a aceleração processual.

7. Negócio jurídico processual e audiência eletrônica. É possível que as partes optem pela realização de audiência virtual, isto é, de forma eletrônica. Tal opção, contudo, demanda a "concordância do juiz", até mesmo em razão de questões estruturais para que a realização do ato de forma virtual ocorra. Trata-se, pois, de extensão dos horizontes do art. 191 do CPC/2015, que prevê que, de comum acordo, o juiz e as partes podem fixar calendário para a prática dos atos processuais, quando for o caso. É importante observar que a realização eletrônica de atos processuais, com o quadrante aqui desenhado, não se limitará às audiências de instrução e julgamento, sendo possível se cogitar para outros atos processuais. No sentido, vale realçar que o próprio CPC/2015 possui regra que admite – em caráter amplo – a prática de atos processuais por meio de videoconferência ou outro recurso tecnológico de transmissão de sons e imagens em tempo real (art. 236, §3º). Sem prejuízo da regra geral, há exemplificações de atos processuais que são admitidos por forma eletrônica, como é o caso do o parágrafo 4º do art. 937 que prevê que o advogado com domicílio profissional em cidade diversa daquela onde está sediado o tribunal poderá realizar sustentação oral por meio de videoconferência ou outro recurso tecnológico de transmissão de sons e imagens em tempo real, desde que o requeira até o dia anterior ao da sessão.

Artigo 359.

Instalada a audiência, o juiz tentará conciliar as partes, independentemente do emprego anterior de outros métodos de solução consensual de conflitos, como a mediação e a arbitragem.

CORRESPONDÊNCIA NO CPC/1973: *ART. 448.*

1. Considerações iniciais. Analisado o texto em cotejo com seu correspondente no Código revogado, verifica-se o acréscimo de comando que não exclui a possibilidade de o juiz tentar a conciliação das partes pela circunstância da anterior utilização de outros métodos de solução de conflitos.

2. Dever do juiz de buscar a solução consensual do conflito. Entre os deveres do juiz na condução do processo, está o de "promover, a qualquer tempo, a autocomposição, preferencialmente com auxílio de conciliadores e mediadores judiciais" (art. 139, V, CPC/2015). É dever imposto ao juiz que se amolda a política adotada pelo CPC/2015 de estímulo à solução consensual dos conflitos, a qual deve, sempre que possível, ser promovida pelo Estado (art. 3º,§§2º e 3º, CPC/2015). Não por outra razão, o dispositivo, na linha de seu correspondente no CPC/1973, impõe ao magistrado, antes de dar início à instrução, tentar a conciliação das partes. A audiência de instrução e julgamento é, dentro da normalidade, no procedimento comum, a primeira oportunidade que o magistrado tem de estar em contato direto com as partes. Isso porque a audiência de conciliação ou de mediação, em princípio, não deve ser realizada pelo juiz do processo, mas, sim, por conciliador ou mediador credenciado em câmara privada ou integrante de quadro próprio do tribunal (arts. 165 a 175, CPC/2015). E a audiência de saneamento compartilhado somente se realiza em caráter excepcional (art. 357, §3º, CPC/2015). Assim, ainda que frustrada a solução consensual na audiência especificamente destinada a este propósito, cabe ao magistrado, nesse primeiro contato direto que mantém com as partes, tentar conduzi-las ao acordo.

3. Emprego anterior de outros métodos de solução consensual e da arbitragem. O texto do dispositivo busca destacar que o dever do juiz de buscar a conciliação das partes existe e precisa ser observado, mesmo que anteriormente tenha havido a utilização de algum outro método de solução consensual de conflitos, como a mediação ou a própria conciliação (arts. 165 a 175, CPC/2015), ou que tenha havido o anterior emprego da arbitragem. A redação do texto é ruim e dá margem a entender que a arbitragem é colocada como método de solução consensual de conflitos, o que, definitivamente, não é. O problema redacional seria corrigido com a colocação de vírgula depois de "mediação" e da preposição "de" antes de "a arbitragem"; o que deixaria o texto com a seguinte redação: "independentemente do emprego anterior de outros métodos de solução consensual de conflitos, como a mediação, e da arbitragem.".

4. Não obrigatoriedade do comparecimento da parte à audiência. Diferentemente do que preceitua em relação à audiência de conciliação e mediação, em relação à qual impõe o comparecimento das partes sob pena de caracterização de ato atentatório à dignidade da jurisdição (art. 334, §8º, CPC/2015), o CPC/2015 não obriga a presença das partes na audiência de instrução e julgamento. Assim, o não comparecimento de qualquer das partes à audiência torna em linha de princípio frustrada qualquer tentativa de autocomposição do conflito, salvo se ao advogado forem conferidos poderes para transigir em torno do direito em litígio.

5. Princípios que informam a conciliação e a mediação e audiência de instrução. O art. 166 do CPC/2015 enuncia que a conciliação e a mediação são informadas pelos princípios da independência, da imparcialidade, da autonomia da vontade, da confidencialidade, da oralidade, da informalidade e da decisão informada. Tais princípios são igualmente aplicáveis ao procedimento adotado pelo juiz de tentar conciliar as partes. Destaque-se a impossibilidade de o juiz, no momento de proferir sua decisão, fazer uso de informações obtidas durante esta atividade de conciliação, ou levar em consideração qualquer tipo de comportamento da parte durante este processo conciliatório.

Artigo 360.
O juiz exerce o poder de polícia, incumbindo-lhe:
I – manter a ordem e o decoro na audiência;
II – ordenar que se retirem da sala de audiência os que se comportarem inconvenientemente;
III – requisitar, quando necessário, força policial;
IV – tratar com urbanidade as partes, os advogados, os membros do Ministério Público e da Defensoria Pública e qualquer pessoa que participe do processo;
V – registrar em ata, com exatidão, todos os requerimentos apresentados em audiência.
CORRESPONDÊNCIA NO CPC/1973: *ART. 448.*

1. Considerações iniciais. Foram inseridos dois incisos no dispositivo, o qual enumera incumbências do juiz decorrentes do poder de polícia que exerce (CPC/2015, art. 139,VII) na qualidade de presidente da audiência.

2. Poder de polícia (tratamento urbano e cortês). A manutenção da ordem e do decoro se inicia com o próprio tratamento urbano e cortês que o magistrado deve dispensar às partes, aos advogados, aos membros do Ministério Público e da Defensoria Pública, bem como a qualquer pessoa que dela participe. Ao assim proceder, cria ambiente favorável para que as partes, os advogados, os membros do MP e da Defensoria, e as testemunhas se respeitem mutuamente. Se, de todo modo, o clima de animosidade der início a desordem ou falta de decoro que tornem impossível o regular e o bom desenvolvimento da audiência, o juiz tem o poder de determinar a retirada, da sala em que a mesma se realiza, daqueles cujo comportamento se mostrar inconveniente; podendo, inclusive, requisitar força policial, se necessário for. De tudo deve constar registro na ata da audiência, com a exposição das razões que levaram o juiz a dar sua decisão.

3. Poder de polícia (registros em ata). Ainda, como presidente que é da audiência, incumbe-lhe determinar o registro em ata de tudo quanto de relevante que nela transcorreu, não lhe sendo dado recusar o registro de requerimentos apresentados pelos sujeitos que detém capacidade postulatória. Observe-se que a pergunta formulada pela parte à testemunha, e que fora indeferida pelo juiz, deve ser transcrita no termo se assim for requerido (art. 459, §3º, CPC/2015). O não atendimento a esse comando autoriza o interessado a lançar ressalva na ata da audiência, destacando o requerimento por si formulado, o qual o magistrado se recusara a nela fazer constar.

Artigo 361.
As provas orais serão produzidas em audiência, ouvindo-se nesta ordem, preferencialmente:
I – o perito e os assistentes técnicos, que responderão aos quesitos de esclarecimentos requeridos no prazo e na forma do art. 477, caso não respondidos anteriormente por escrito;
II – o autor e, em seguida, o réu, que prestarão depoimentos pessoais;
III – as testemunhas arroladas pelo autor e pelo réu, que serão inquiridas.
Parágrafo único. Enquanto depuserem o perito, os assistentes técnicos, as partes e as testemunhas, não poderão os advogados e o Ministério Público intervir ou apartear, sem licença do juiz.
CORRESPONDÊNCIA NO CPC/1973: *ART. 452.*

1. **Possibilidade de inversão da ordem de produção das provas orais.** Acrescentou-se ao *caput* o advérbio "preferencialmente", a indicar expressamente que a ordem estabelecida na lei pode vir a ser excepcionalmente quebrada no caso concreto, o que é reforçado, ainda, pelo disposto no art. 365, *caput*, desde que não resulte prejuízo, como, ademais, já vinha de ser afirmado pelos tribunais.

2. **Inversão da ordem de inquirição de testemunhas ou na ordem de formulação de perguntas.** O STJ possui diversos pronunciamentos, inclusive no âmbito do processo penal, no sentido de que a inversão da ordem de inquirição de testemunhas, ou a inversão na ordem de formulação das perguntas constitui nulidade relativa, que só enseja a invalidação do ato mediante a demonstração de prejuízo. (STJ, AgRg no AREsp 475.610/RS; STJ, HC 191.724/RJ; STJ, AgRg no REsp 1.381.992/MG; STJ, HC 151.054/AP; STJ, REsp 202.829/PI; STJ, REsp 35.786/SP).

3. **Parte ou testemunha residente em outra comarca ou seção judiciária.** Se alguma testemunha ou se qualquer das partes for residente em comarca ou seção judiciária diversa daquela em que se realiza a audiência de instrução, será possível que sua inquirição ocorra em tempo real por meio de videoconferência ou outro recurso tecnológico de transmissão e recepção de sons e imagens (arts. 385, §3º, e 453, §1º, CPC/2015); e, neste contexto, a inquirição deverá ocorrer observando-se a ordem preferencial estabelecida no dispositivo.

5. **Aparte ou intervenção (licença do juiz).** O CPC/2015 rompe com a regra da imediatidade, permitindo que a formulação de perguntas à parte contrária, às teste-

munhas ou aos peritos seja feita diretamente pela parte, através de seu advogado (art. 459, CPC/2015). Isso não significa que possa o Ministério Público intervir ou a parte contrária fazer apartes automaticamente, havendo a necessidade para tanto de licença do juiz.

Artigo 362.

A audiência poderá ser adiada:

I – por convenção das partes;

II – se não puder comparecer, por motivo justificado, qualquer pessoa que dela deva necessariamente participar;

III – por atraso injustificado de seu início em tempo superior a 30 (trinta) minutos do horário marcado.

§ 1º O impedimento deverá ser comprovado até a abertura da audiência, e, não o sendo, o juiz procederá à instrução.

§ 2º O juiz poderá dispensar a produção das provas requeridas pela parte cujo advogado ou defensor público não tenha comparecido à audiência, aplicando-se a mesma regra ao Ministério Público.

§ 3º Quem der causa ao adiamento responderá pelas despesas acrescidas.

CORRESPONDÊNCIA NO CPC/1973: *ART. 453.*

1. **Considerações iniciais.** Com modificações formais no texto, o dispositivo reafirma regras que já se encontravam presentes em seu correspondente no CPC/1973, ao tempo em que prevê nova hipótese que autoriza o adiamento da audiência.

2. **Adiamento da audiência (convenção das partes).** Com efeito, tem-se no dispositivo a enumeração de situações que autorizam o adiamento da audiência. Adia-se a audiência por convenção das partes, ou seja, por força de negócio processual firmado entre elas, o qual, em vista do disposto no art. 190 do CPC/2015, pode vir a ocorrer mais de uma vez. Salvo demonstrada má-fé ou conluio entre as partes, não cabe ao juiz perquirir as razões que as levam a pleitear o adiamento da audiência, que pode ocorrer, reafirme-se, mais de uma vez.

3. **Adiamento da audiência (impossibilidade de comparecimento).** A impossibilidade de comparecimento de qualquer das pessoas que dela devam participar (juiz, promotor, defensor, advogado, testemunha, perito etc.) é também causa para adiamento, desde que a comprovação do impedimento seja feita até o momento de sua abertura. A ausência de testemunha ou de perito não necessariamente resulta no adiamento da audiência, que pode ser neste caso cindida (art. 365, *caput*, CPC/2015), salvo se a inversão na oitiva puder causar prejuízo, quando então o reagendamento se impõe. Existindo motivo justificado, mas restar impossibilitada sua comprovação antes da abertura da audiência, levando à realização da mesma, haverá de ser tomada em consideração a comprovação

efetivada posteriormente, com o consequente refazimento do ato. O injustificado não comparecimento do advogado, do defensor ou do representante do Ministério Público enseja a dispensa da produção das provas requeridas pela parte.

4. Atraso injustificado do início da audiência. A grande novidade está na regra criada com a inserção do inciso III, que prevê como causa de adiamento da audiência o atraso injustificado de seu início em tempo superior a 30 (trinta) minutos do horário marcado. Configura atraso injustificado aquele que decorre da não observância do intervalo mínimo de uma hora entre as audiências no momento de preparação das pautas (art. 357, §9º, CPC/2015).

ARTIGO 363.
Havendo antecipação ou adiamento da audiência, o juiz, de ofício ou a requerimento da parte, determinará a intimação dos advogados ou da sociedade de advogados para ciência da nova designação.
CORRESPONDÊNCIA NO CPC/1973: *NÃO HÁ.*

1. Antecipação ou adiamento da audiência (intimação dos advogados e garantia do contraditório). O dispositivo não contém correspondente no CPC/1973. Estabelece que, antecipada ou adiada a data da audiência, o juiz deve intimar os advogados ou a sociedade de advogados da nova designação. Consagra a garantia do contraditório, mormente em sua vertente de informação. Ademais, acaba por reconhecer a possibilidade de a audiência ser antecipada, tal como o CPC/2015 já vinha de prever desde 1994, quando alterada a redação do parágrafo 2º do art. 242.

2. Adiamento da audiência e juntada de rol de testemunhas. Se a audiência é adiada, sem que iniciada a instrução, nada impede que a parte apresente novo rol de testemunhas, não incidindo a preclusão sobre essa faculdade. (STJ, REsp 209.456/MG). Aplica-se aqui, por analogia, a regra do parágrafo 4º do art. 357 do CPC/2015, devendo o rol, pois, ser juntado dentro do prazo de 15 (quinze) dias, contado da intimação para ciência da nova data da audiência.

ARTIGO 364.
Finda a instrução, o juiz dará a palavra ao advogado do autor e do réu, bem como ao membro do Ministério Público, se for o caso de sua intervenção, sucessivamente, pelo prazo de 20 (vinte) minutos para cada um, prorrogável por 10 (dez) minutos, a critério do juiz.
§ 1º Havendo litisconsorte ou terceiro interveniente, o prazo, que formará com o da prorrogação um só todo, dividir-se-á entre os do mesmo grupo, se não convencionarem de modo diverso.

§ 2º Quando a causa apresentar questões complexas de fato ou de direito, o debate oral poderá ser substituído por razões finais escritas, que serão apresentadas pelo autor e pelo réu, bem como pelo Ministério Público, se for o caso de sua intervenção, em prazos sucessivos de 15 (quinze) dias, assegurada vista dos autos.

CORRESPONDÊNCIA NO CPC/1973: *ART. 454.*

1. Considerações iniciais. O artigo versa sobre o debate oral, estabelecendo regras quanto a seu momento, modo, tempo de duração, e substituição por razões finais escritas. O debate oral é realizado no transcorrer da audiência de instrução e julgamento, logo após o encerramento da colheita das provas orais. Em comparação com seu correspondente no CPC/1973, foram feitas alterações formais no texto, suprimido o parágrafo que versava sobre o debate oral no caso de oposição, e inserida regra estabelecendo prazo para apresentação de razões finais escritas.

2. Substituição do debate oral por razões finais escritas. A substituição do debate oral pela apresentação de razões finais escritas pressupõe que a causa verse sobre questões fáticas e/ou jurídicas de maior complexidade, que impede à parte condensá-las, sintetizá-las e organizá-las no exíguo prazo de 20 (vinte) minutos prorrogáveis por mais 10 (dez) minutos, de que dispõe para expô-las. Nada impede que, mesmo diante da inexistência de questões fáticas ou jurídicas complexas, as partes convencionem sobre a substituição do debate oral pela apresentação de razões finais escritas, nos moldes do art. 190 do CPC/2015.

3. Prazo para apresentação de razões finais escritas. Cabe destacar que o CPC/2015 estabelece expressamente como de 15 (quinze) dias o prazo para que as partes possam apresentar suas razões finais escritas (quando essas substituem o debate oral), corrigindo lacuna existente no CPC/1973. Esse prazo é sucessivo, devendo a apresentação observar a mesma sequência estabelecida para o debate oral, sendo, ademais, assegurada vista aos autos.

4. Oposição (debates orais). Considerando que no texto do projeto aprovado no Senado Federal não havia mais menção ao instituto da oposição como modalidade de intervenção de terceiro, o mesmo texto deixou de referir regra específica de sustentação oral para o opoente, tal como antes constava do CPC/1973. Ocorre que, ao longo de sua tramitação na Câmara dos Deputados, o texto do projeto acabou por incorporar o instituto da oposição entre os procedimentos especiais, olvidando-se, contudo, de disciplinar a sustentação oral para esse caso. A despeito, contudo, da ausência de regra específica, é perfeitamente possível valer-se da regra geral do *caput*, abrindo-se prazo primeiro ao opoente, e em sequência aos opostos, pelo tempo de 20 (vinte) minutos, prorrogável por mais 10 (dez) minutos, para cada um.

Artigo 365.
A audiência é una e contínua, podendo ser excepcional e justificadamente cindida na ausência de perito ou de testemunha, desde que haja concordância das partes.
Parágrafo único. Diante da impossibilidade de realização da instrução, do debate e do julgamento no mesmo dia, o juiz marcará seu prosseguimento para a data mais próxima possível, em pauta preferencial.
CORRESPONDÊNCIA NO CPC/1973: *ART. 455.*

1. **Considerações iniciais.** O artigo ganhou parágrafo único, no qual foi inserida regra antes presente no *caput* do artigo correspondente do CPC/1973. Ademais, no *caput* do atual art. 365 se inseriu regra expressa no sentido de, mediante consentimento das partes, a audiência ser cindida em virtude do não comparecimento do perito ou de testemunha.
2. **Unidade da audiência.** O dispositivo estabelece a regra da unidade da audiência, objetivando com isso evitar quebras na realização da instrução que possam afetar o conteúdo e o resultado da prova oral a ser produzida.
3. **Continuidade da audiência.** Impossibilidade de apresentação de novo rol de testemunhas. Estabelece, ao mesmo tempo, a regra da continuidade da audiência, de modo que a impossibilidade de conclusão da instrução, do debate e do julgamento no mesmo dia acarreta a marcação de nova data para que aquela audiência já iniciada tenha prosseguimento. Veja-se que não há o encerramento do ato para a realização de um segundo, em complementação àquele primeiro. O ato da audiência é o mesmo, que se dá em continuidade, em momentos temporais distintos e sucessivos. Por essa razão é que, uma vez suspensa a audiência, não existe a possibilidade de as partes apresentarem novo rol de testemunhas durante o intervalo temporal que se aguarda para a continuidade da audiência.
4. **Cisão da audiência por ausência de perito ou de testemunha (possibilidade de inversão da ordem de inquirição).** Em caráter excepcional, diante da ausência do perito ou de testemunha, fica o magistrado autorizado a cindir a audiência, mesmo que isto implique a inversão da ordem preferencial estabelecida no art. 361; o que deve fazer através de decisão fundamentada, demonstrando que a cisão não acarretará os danos que se busca evitar com a regra da unidade da audiência.
5. **Ausência de assistente técnico (cisão da audiência).** Nada impede a aplicação da regra, mormente em existindo concordância das partes, para o caso de não comparecimento de assistente técnico.

Artigo 366.
Encerrado o debate ou oferecidas as razões finais, o juiz proferirá sentença em audiência ou no prazo de 30 (trinta) dias.
CORRESPONDÊNCIA NO CPC/1973: *ART. 456.*

1. Considerações iniciais. Substituiu-se a palavra "memoriais" pelo termo "razões finais", suprimiu-se o artigo definido que antecedia a palavra "sentença", trocou-se o termo "desde logo" por "em audiência" e alterou-se o prazo para o juiz sentenciar, passando-o de 10 (dez) para 30 (trinta) dias.

2. Prolação de decisão em audiência como regra (garantia fundamental do processo com duração razoável). A audiência é de "instrução e julgamento", cabendo ao magistrado, por regra, decidir a causa, proferindo sentença, em audiência. Observe-se que o debate oral somente é substituído pela apresentação de razões finais escritas quando a causa apresentar questões complexas de fato ou de direito (art. 364, §2º, CPC/2015) ou por convenção das partes (art. 190, CPC/2015). Logo, se não existe complexidade a justificar a substituição dos debates orais pelas razões finais escritas, também não existe complexidade a justificar que o magistrado deixe de sentenciar a causa desde logo em audiência, muito especialmente em vista da garantia da duração razoável do processo (art. 5º,LXXVIII, CF/1988; art. 4º, CPC/2015). Assim, ou o juiz profere sentença em audiência depois de encerrados os debates; ou, substituídos os debates orais por razões finais escritas, o juiz encerra a audiência, abre prazo para que as partes as apresentem, e depois, com ou sem a apresentação das razões finais, profere sentença no prazo de 30 (trinta) dias. O prazo em questão é impróprio, como o são todos os prazos para o juiz. Ademais, antes de se atentar para o prazo de 30 (trinta) dias a que alude o dispositivo, deve o magistrado observar a regra da ordem cronológica de conclusão para proferir decisão (art. 12, *caput*, CPC/2015).

3. Prolação de decisão em audiência e ordem cronológica de conclusão para julgamento. A prolação de sentença em audiência não se sujeita à regra de obediência à ordem cronológica de conclusão para julgamento (art. 12, *caput*, CPC/2015), constituindo exceção textualmente prevista em lei (art. 12, §2º, I, CPC/2015).

ARTIGO 367.
O servidor lavrará, sob ditado do juiz, termo que conterá, em resumo, o ocorrido na audiência, bem como, por extenso, os despachos, as decisões e a sentença, se proferida no ato.

§ 1º Quando o termo não for registrado em meio eletrônico, o juiz rubricar-lhe-á as folhas, que serão encadernadas em volume próprio.

§ 2º Subscreverão o termo o juiz, os advogados, o membro do Ministério Público e o escrivão ou chefe de secretaria, dispensadas as partes, exceto quando houver ato de disposição para cuja prática os advogados não tenham poderes.

§ 3º O escrivão ou chefe de secretaria trasladará para os autos cópia autêntica do termo de audiência.

§ 4º Tratando-se de autos eletrônicos, observar-se-á o disposto neste Código, em legislação específica e nas normas internas dos tribunais.

§ 5º A audiência poderá ser integralmente gravada em imagem e em áudio, em meio digital ou analógico, desde que assegure o rápido acesso das partes e dos órgãos julgadores, observada a legislação específica.

§ 6º A gravação a que se refere o § 5º também pode ser realizada diretamente por qualquer das partes, independentemente de autorização judicial.

CORRESPONDÊNCIA NO CPC/1973: *ART. 457.*

1. **Considerações iniciais.** Comparativamente a seu correspondente no CPC/1973, o artigo ganha novos parágrafos, além de ter a redação aprimorada no tocante ao *caput* e aos parágrafos até o momento anterior existentes.

2. **Documentação da audiência.** Tem-se regra quanto a documentação da audiência. Entende-se por "termo" o instrumento no qual são feitos os registros do que de relevante ocorreu no curso da audiência – quem a assistiu, a conciliação tentada, a prestação de esclarecimentos pelo perito, o depoimento das partes, as testemunhas inquiridas, os requerimentos formulados, os incidentes ocorridos, os debates e os pronunciamentos feitos pelo magistrado. Sua lavratura é feita por servidor, sob ditado do juiz. Nele deve constar por extenso o conteúdo de todos os pronunciamentos judiciais emitidos no curso da audiência; enquanto o conteúdo de depoimentos e inquirições é registrado em termos próprios, em apartado ao termo da audiência. O parágrafo 5º permite sua gravação em imagem e em áudio, que é prática não necessariamente atrelada ao registro eletrônico do processo.

3. **Gravação em imagem de disco ou em áudio pela parte (a dispensa de autorização judicial e a possibilidade de gravação não ostensiva).** A grande novidade encontra-se no texto do parágrafo 6º, do qual pode ser extraída regra autorizativa para as próprias partes, independentemente de autorização judicial, realizarem a gravação da audiência em imagem e em áudio. O termo "imagem" está empregado no sentido de imagem de disco ou de vídeo. A questão está em saber se essa gravação deve-se dar necessariamente de forma ostensiva, ou se seria possível a gravação não ostensiva ou clandestina. Veja-se que o texto do dispositivo, além de expressamente afastar a necessidade da autorização judicial para a referida gravação, alude à figura da parte como a autora da gravação. Com isso, visa a afastar qualquer questionamento quanto à legitimidade da gravação clandestina, seja de ordem jurídica (porque expressamente dispensada a autorização judicial), seja de ordem ético-profissional (porque atrela a conduta da gravação à parte, não ao advogado).

Artigo 368.
A audiência será pública, ressalvadas as exceções legais.
CORRESPONDÊNCIA NO CPC/1973: *ART. 444.*

1. Considerações iniciais: Substituiu-se no texto a expressão "nos casos de que trata o art. 155, realizar-se-á a portas fechadas", pela expressão "ressalvadas as exceções legais".

2. Publicidade da audiência e suas hipóteses de exceção: O dispositivo assegura a publicidade da audiência, em harmonia com o texto constitucional, cujos art. 5º, LX e art. 93, IX, consagram o princípio da publicidade dos atos do processo. A garantia cede passo nas hipóteses em que o interesse social ou a defesa da intimidade o exigirem. O art. 189 do CPC/2015 enumera situações que justificam a tramitação do processo em segredo de justiça. Na mesma linha do que consta em tal dispositivo, podem ser referenciados o art. 143 do ECA, que veda "a divulgação de atos judiciais, policiais e administrativos que digam respeito a crianças e adolescentes a que se atribua autoria de ato infracional", e o art. 9º da Lei 9.278/1996, que assegura o segredo de justiça à matéria relativa à união estável.

CAPÍTULO XII – Das Provas

SEÇÃO I – Disposições Gerais

Artigo 369.

As partes têm o direito de empregar todos os meios legais, bem como os moralmente legítimos, ainda que não especificados neste Código, para provar a verdade dos fatos em que se funda o pedido ou a defesa e influir eficazmente na convicção do juiz.

CORRESPONDÊNCIA NO CPC/1973: *ART. 332.*

1. Meios de prova admitidos em direito. O art. 369 do CPC/2015 corresponde, com alteração redacional, ao art. 332 do CPC/1973. Dito dispositivo garante o direito das partes de empregar todos os meios de prova admitidos em direito. São eles tanto os legais (provas em espécie nominada e tipicamente previstas, *e.g.*, pericial, testemunhal, documental, etc.), quanto os moralmente legítimos, ainda que não especificados neste Código (provas em espécie atípicas).

2. Destinatários da prova. O trecho final do art. 369 revela que os destinatários imediatos da prova são tanto o juiz quanto as partes. Afinal, as provas destinam-se tanto a comprovar as alegações (de ataque ou de defesa) das partes, quanto a influenciar o juiz na formação de sua convicção.

Artigo 370.

Caberá ao juiz, de ofício ou a requerimento da parte, determinar as provas necessárias ao julgamento do mérito.

Parágrafo único. O juiz indeferirá, em decisão fundamentada, as diligências inúteis ou meramente protelatórias.
CORRESPONDÊNCIA NO CPC/1973: *ART. 130.*

1. Poderes instrutórios do juiz. O art. 370 do CPC/2015 corresponde ao art. 130 do CPC/1973. Cabe ao juiz avaliar os meios de prova que são adequados (pertinentes e cabíveis) à comprovação dos fatos probandos (controvertidos). Para tanto, reconhece-se ao juiz o dever-poder de determinar, *ex officio* ou a requerimento da parte, as provas necessárias ao julgamento do mérito.

2. Negócios jurídicos processuais e limitação aos poderes instrutórios do juiz. Viu-se que a regra geral é a da amplitude dos poderes instrutórios do juiz. Ao longo da demanda, o magistrado pode determinar a produção de prova de ofício, independentemente das provas requeridas pelas partes. Porém, o art. 190 do CPC permite que as partes limitem os poderes instrutórios do juiz, sempre que celebrarem negócio jurídico processual (unilateral ou bilateral) relativo à prova (*e.g.*, convenção que preveja o descabimento de prova pericial). Em outras palavras, são amplos os deveres-poderes instrutórios do juiz sempre que inexistir negócio processual pelas partes relativo ao direito probatório. Ocorre que as partes têm o direito de celebrar negócio jurídico processual, que nasce, em regra, eficaz de imediato (art. 200) e que, se preenchidos seus requisitos de validade, não pode ser invalidado ou inobservado pelo juiz (art. 190, parágrafo único). Como já comentado, as partes são destinatárias imediatas das provas, sendo certo que a produção de uma prova em espécie revela-se, ao mesmo tempo, como ônus e direito da parte. Por essa razão, a produção ou não de um meio de prova pode ser objeto de disposição pelas partes (art. 190), sendo inapropriado considerar que a convenção sobre a produção ou não de um meio de prova fugiria da esfera de situações processuais das partes e representaria indevida regulação de poder que pertenceria a outro sujeito, qual fosse, o juiz. Afinal, o juiz é destinatário das provas somente na ocasião da prolação da decisão, momento em que realiza a atividade de valoração. Caso, no momento decisório, inexistam provas suficientes para demonstrar os fatos controvertidos, tem o magistrado condições de julgar o mérito valendo-se do ônus objetivo da prova, isto é, julgando contrariamente à parte que tinha o ônus (estático ou dinâmico) de comprovar o fato controvertido, mas que deixou de ser objeto de prova por vontade da própria parte, que, livremente, optou por abrir mão de seu direito de ver produzido determinado meio de prova, ao celebrar a facultativa convenção processual.

3. Dever de fundamentação adequada (analítica e específica) da decisão. O parágrafo único do art. 370 exige que o juiz, quando vier a indeferir as diligências que considerar como inúteis ou meramente protelatórias, profira decisão fundamentada. Trata-se de regra indevidamente restritiva da garantia constitucional da fundamentação das decisões judiciais. O inciso IX do art. 93 da CF/1988, assim como os arts. 11 e 489, §1º, do CPC/2015, exigem que toda e qualquer decisão judicial apresente fundamentação adequada (analítica e específica). Por essa razão, o dispositivo do CPC/2015 ora em comento deve ser interpretado no seguinte sentido: (i) o juiz tem o dever-poder de determinar as diligências que considerar como adequadas e de indeferir aquelas que considerar como inúteis ou meramente protelatórias; e (ii) tanto a decisão que indefere a produção de uma prova quanto a que a indefere devem ser adequadamente fundamentadas, cabendo ao juiz explicar a razão da (in)adequação do meio de prova requerido para comprovar o fato probando.

Artigo 371.

O juiz apreciará a prova constante dos autos, independentemente do sujeito que a tiver promovido, e indicará na decisão as razões da formação de seu convencimento.

CORRESPONDÊNCIA NO CPC/1973: *ART. 131.*

1. Comunhão das provas e sistema do convencimento motivado (ou da persuasão racional). O art. 371 do CPC/2015 corresponde ao art. 131 do CPC/1973, com duas significativas alterações. Permanece a regra de vinculação do juiz à prova dos autos (*quod non est in actis non est in mundo*), cabendo-lhe velar para que sejam carreados todos os elementos de prova que sejam aptos a justificar sua decisão. Mantém-se, ainda, a exigência de fundamentação adequada da decisão que valora a prova. Foi inserido, no dispositivo, um dos aspectos do princípio da comunhão da prova, isto é, a desvinculação da prova produzida em relação à parte que a requereu ou a produziu (*e.g.*, a prova produzida pelo autor pode ser invocada em favor do réu, ou o inverso). Deve o juiz, no momento de valorar a prova, avaliá-la independentemente do sujeito que a tenha promovido. Finalmente, foi excluído o advérbio "livremente": o juiz apreciará (não "livremente") a prova constante dos autos. Afinal, inexiste grande margem de liberdade na apreciação da prova, uma vez que diversas regras limitam, razoavelmente, a atividade do juiz, (vinculação à prova dos autos; decisão adequadamente fundamentada; presunções legais absolutas; força probante dos documentos; necessidade de observância da prova pericial, ou de razões técnico-científicas para superar o laudo do perito, etc.).

Artigo 372.

O juiz poderá admitir a utilização de prova produzida em outro processo, atribuindo-lhe o valor que considerar adequado, observado o contraditório.

CORRESPONDÊNCIA NO CPC/1973: *NÃO HÁ.*

1. Prova emprestada. O art. 372 do CPC/2015, que consagra o cabimento da prova emprestada no processo civil, não encontra correspondente no CPC/1973. Não obstante a ausência de regra expressa no anterior Código, doutrina e jurisprudência admitiram a produção de prova emprestada, com base nos seguintes fundamentos: economia, celeridade e instrumentalidade processuais; unicidade de jurisdição e eficiência da prestação jurisdicional. Consiste a prova emprestada na utilização, em um processo, de prova (documental, testemunhal, pericial, etc.) sobre um fato, produzida no âmbito de outra relação processual. Quando ingressa no processo de destino, a prova emprestada apresenta-se com natureza de prova documental, ainda que, no processo originário, tenha natureza diversa (*v.g.*, oral).

2. Pressupostos de cabimento da prova emprestada. O art. 372 menciona, como pressuposto de cabimento da prova emprestada, a observância de contraditório (e, a nosso ver, de ampla defesa). O CPC/2015 não esclarece em qual seara deve ter havido contraditório, se no processo original e/ou no processo de destino. Para sua validade, é essencial que a prova tenha sido objeto de contraditório no processo de origem e, do mesmo modo, venha a ser objeto de contraditório no processo de destino, já que os arts. 7º, 9º, 10 e art. 437, §1º, são aplicáveis a todo e qualquer processo. Além do contraditório, há outros pressupostos que, apesar do silêncio legal, devem ser observados para a admissão da prova emprestada: (i) produção da prova, no processo de origem, em profundidade de cognição equivalente à do processo de destino (*v.g.*, nível semelhante de cognição no sentido vertical); e (ii) participação, no processo original, da parte contra quem se deseja utilizar a prova a fim de demonstrar algum fato (ou direito) a ela contrário. Este requisito, dependendo do caso, tem sido afastado pelo STJ (STJ, EREsp 617.428/SP). Para a admissão da prova emprestada, não se exige a identidade de competência (absoluta) dos juízos de origem (onde a prova foi produzida) e de destino (que receberá a prova), em razão da unicidade de jurisdição. Assim é que um juízo cível pode receber uma prova produzida em processo penal, arbitral, administrativo, em outro ramo da Justiça e, até, em juízo estrangeiro.

3. Repetição da prova emprestada. Se presentes os pressupostos anteriormente mencionados, a prova emprestada pode ser repetida/reproduzida, no processo de destino, somente se ficar demonstrado prejuízo (processual ou material) gerado pela utilização exclusiva da prova emprestada.

Artigo 373.

O ônus da prova incumbe:

I – ao autor, quanto ao fato constitutivo de seu direito;

II – ao réu, quanto à existência de fato impeditivo, modificativo ou extintivo do direito do autor.

§ 1º Nos casos previstos em lei ou diante de peculiaridades da causa relacionadas à impossibilidade ou à excessiva dificuldade de cumprir o encargo nos termos do *caput* ou à maior facilidade de obtenção da prova do fato contrário, poderá o juiz atribuir o ônus da prova de modo diverso, desde que o faça por decisão fundamentada, caso em que deverá dar à parte a oportunidade de se desincumbir do ônus que lhe foi atribuído.

§ 2º A decisão prevista no § 1º deste artigo não pode gerar situação em que a desincumbência do encargo pela parte seja impossível ou excessivamente difícil.

§ 3º A distribuição diversa do ônus da prova também pode ocorrer por convenção das partes, salvo quando:

I – recair sobre direito indisponível da parte;

II – tornar excessivamente difícil a uma parte o exercício do direito.

§ 4º A convenção de que trata o § 3º pode ser celebrada antes ou durante o processo.

CORRESPONDÊNCIA NO CPC/1973: *ART. 333.*

1. Ônus da prova. O art. 373 do CPC/2015 traz profundas inovações em relação ao art. 333 do CPC/1973, pois, além de referir-se ao ônus estático da prova e à convenção processual sobre o *onus probandi*, passa a regular, expressamente, a distribuição dinâmica do ônus da prova.

2. Ônus estático da prova. Os incisos I e II regulam o chamado ônus estático da prova, isto é, a regra prévia de conduta que deve orientar as partes no momento da formulação de suas pretensões, de apresentação de documentos e de requerimento de provas. Como regra geral, no momento do início da demanda, cabe ao autor (inciso I) o ônus de provar os fatos constitutivos (por exemplo, celebração de contrato e inadimplemento do réu) de seu direito (inciso I) e, ao réu (inciso II), o ônus da prova quanto aos fatos impeditivos (por exemplo, incapacidade de parte), modificativos (por exemplo, aditamento a um contrato) ou extintivos (por exemplo, pagamento) do direito do autor.

3. Insuficiência do ônus estático da prova e a máxima consagrada como regra geral. As disposições dos incisos I e II do art. 373 são insuficientes, uma vez que não regulam o ônus da prova quanto a outros fatos ali não mencionados, tais como o fato impeditivo do fato extintivo do direito (*v.g.*, renúncia à prescrição pelo réu) ou o fato impeditivo do fato impeditivo do fato extintivo (*e.g.*, coação que gerou a renúncia à prescrição pelo réu). É por essa razão que, como regra geral, vigora a célebre máxima de que "o ônus da prova incumbe a quem alega, e não a quem nega" (*ei incumbit probatio qui dicit, non qui negat; the burden of proof is on he who declares, not on he who denies*).

4. Desproporcionalidade do ônus estático em determinadas situações. Apesar de satisfatória para inúmeros casos, a máxima "o ônus da prova cabe a quem alega" ainda se revela como insuficiente para garantir a proporcionalidade de algumas situações. Quando se tratar de alegação de inexistência de fato constitutivo (*v.g.*, ação declaratória de inexistência de relação jurídica), não é razoável que se exija, do autor, o ônus da prova, porque muitas das vezes a comprovação será impossível, por inexistência de prova negativa. Há desproporcionalidade, ainda, em outras situações, *e.g*, quando a parte que detém o ônus originário dispõe de piores condições do que a outra para produzir a prova sobre determinado fato, seja ele positivo ou negativo ou, então, constitutivo, impeditivo, modificativo ou extintivo.

5. Distribuição dinâmica do ônus da prova: positivação expressa. Devido à insuficiência ou à desproporcionalidade gerada pelas regras frias da distribuição estática do *onus probandi*, o legislador houve por bem consagrar, de forma expressa no CPC/2015 (§§1º e 2º do art. 373), a distribuição dinâmica do ônus da prova, possibilidade que, sob a égide do CPC/1973, já era admitida, com base em princípios, pela doutrina e pela jurisprudência (STJ, REsp 69.309/SC).

5.1. Objetivo, fundamentos e características da distribuição dinâmica. A teoria das cargas probatórias dinâmicas tem como objetivo promover a igualdade substancial (material) das partes, ao evitar que uma parte fique com o ônus de produzir uma prova de obtenção impossível ou muito difícil. Fundamenta-se, pois, nas garantias do devido processo legal e do acesso à justiça; nos princípios da cooperação, adequação e boa-fé objetiva processual; e na busca da verdade real e obtenção de um resultado justo; sendo, assim, consequência dos deveres-poderes instrutórios do juiz. São basicamente as seguintes as características da distribuição dinâmica: (i) o encargo não deve ser repartido prévia e abstratamente pela lei, mas, sim, casuisticamente pelo juiz; (ii) a distribuição do ônus deve ser dinâmica, mediante análise de prova a prova, fato controvertido a fato controvertido; (iii) é irrelevante a posição da parte, se autor ou réu; (iv) é irrelevante a natureza do fato probando, se constitutivo, impeditivo, modificativo ou extintivo.

5.2. Pressupostos de cabimento da distribuição dinâmica. Para o cabimento da distribuição dinâmica, é necessário o atendimento de apenas um entre três pressupostos alternativos: (i) previsão legal; (ii) impossibilidade ou excessiva dificuldade de cumprimento do encargo pela parte que detinha originariamente o ônus (conforme o modelo estático); ou (iii) maior facilidade, da outra parte, de obter prova do fato contrário. *A contrario sensu*, a atribuição dinâmica do *onus probandi* não pode tornar impossível ou excessivamente difícil a desincumbência do encargo probatório pela parte à qual vier a ser atribuído o dever da comprovação.

5.3. Momento processual adequado para a atribuição dinâmica. Por se tratar de um ônus, devem-se garantir, à parte, condições adequadas para dele se desincumbir satisfatoriamente. Em outras palavras, a atribuição o ônus de forma dinâmica deve ocorrer em momento processual em que ainda seja possível à parte requerer e produzir todas as provas idôneas a desonerar-se, adequadamente, do referido encargo. É vedada, portanto, a distribuição dinâmica do ônus somente na decisão final (sentença, acórdão, etc.), sendo adequada a utilização dessa técnica em momento anterior ao encerramento da fase instrutória, tais como na decisão de admissibilidade da demanda, na decisão de saneamento e organização do processo (art. 357, III), etc. Caso a distribuição dinâmica ocorra ao fim da produção das provas, deve ser reaberta a fase instrutória, para que a parte possa requerer e produzir novas provas, relativas ao fato cujo *onus probandi* lhe passou a ser atribuído.

5.4. Necessidade de fundamentação adequada da decisão que se manifesta sobre o ônus da prova. É requisito de validade da decisão que se manifesta sobre o ônus da prova (determinando ou rejeitando a distribuição dinâmica) a apresentação de fundamentação adequada (analítica e específica). Deve o juiz identificar os elementos, do caso concreto (peculiaridades da causa), que demonstrem o enquadramento ou a inobservância dos pressupostos de cabimento, bem como que justifiquem a atribuição do ônus de forma estática ou dinâmica.

6. Convenção das partes sobre o *onus probandi*. Os parágrafos 3º e 4º do art. 373 do CPC/2015, que correspondem ao parágrafo único do art. 333 do CPC/1973, consagram uma hipótese de negócio jurídico processual típico, relativo ao *onus probandi*. Podem as partes, antes ou durante o processo, convencionar sobre o ônus da prova, atribuindo-lhe forma diversa daquela prevista nos incisos I e II do art. 373. A eficácia da convenção sobre ônus da prova é imediata, independentemente de homologação judicial (art. 200). Quanto ao conteúdo das regras sobre o ônus, as partes têm ampla liberdade para modificá-las, sendo válidas as estipulações desde, que preenchidos os pressupostos e requisitos gerais exigidos para qualquer negócio processual. Somente de forma excepcional é que será nula a convenção sobre *onus probandi*, isto é, quando recair sobre direito indisponível da parte ou tornar excessivamente difícil a uma parte o exercício do direito (incisos I e II do §3º do art. 373), ou quando houver nulidade, inserção abusiva em contrato de adesão ou vulnerabilidade de uma das partes (art. 190, parágrafo único). Sendo existente, válida e eficaz a convenção das partes sobre ônus da prova, fica o juiz impedido de negar aplicação a ela e distribuir o ônus de modo dinâmico. Em outras palavras, havendo negócio processual sobre *onus probandi*, os parágrafos 3º e 4º limitam e impedem a aplicação de todos os demais parágrafos e incisos do art. 373.

ARTIGO 374.
Não dependem de prova os fatos:
I – notórios;
II – afirmados por uma parte e confessados pela parte contrária;
III – admitidos no processo como incontroversos;
IV – em cujo favor milita presunção legal de existência ou de veracidade.
CORRESPONDÊNCIA NO CPC/1973: *ART. 334.*

1. Fatos que independem de prova. O art. 374 do CPC/2015 reproduz, *ipsis literis*, a regra do art. 334 do CPC/1973. A lei considera que alguns fatos independem de prova. Não depender de prova significa tanto a dispensa do *onus probandi* (a parte que originalmente tinha o dever de provar passa a ficar dispensada do ônus da prova a seu respeito) quanto o descabimento de produção de prova (por exemplo: desenvolvimento de fase instrutória) a respeito daquele fato. De acordo com o referido dispositivo, não dependem de provas os seguintes fatos: notórios (inciso I); afirmados por uma parte e confessados pela parte contrária (inciso II); admitidos no processo como incontroversos (inciso III); e em cujo favor milita presunção legal de existência ou de veracidade (inciso IV).

Artigo 375.
O juiz aplicará as regras de experiência comum subministradas pela observação do que ordinariamente acontece e, ainda, as regras de experiência técnica, ressalvado, quanto a estas, o exame pericial.
CORRESPONDÊNCIA NO CPC/1973: *ART. 335.*

1. **Aplicação pelo juiz das máximas de experiência.** O art. 375 do CPC/2015 corresponde ao art. 335 do CPC/1973, com exclusão do trecho inicial do anterior dispositivo. Dito dispositivo permite que o juiz aplique as regras de experiência comum subministradas pela observação do que ordinariamente acontece e, ainda, as regras de experiência técnica, ressalvado, quanto a estas, o exame pericial. Em outras palavras, pode o juiz utilizar-se de presunções simples (comuns ou *hominis*), valendo-se de máximas da experiência decorrentes de sua observação do caso concreto, no momento de decidir sobre a ocorrência de determinado fato, seu modo de produção, as circunstâncias que o envolveram, seus desdobramentos, etc. Permite-se que o juiz se valha de regras de experiência tanto comum, quanto técnica, correspondentes ao conhecimento de qualquer homem médio costuma ter.

2. **Descabimento de aplicação de máximas ordinárias de experiência quando se trata de prova pericial.** O art. 375 do CPC/2015 corresponde ao art. 335 do CPC/1973, com exclusão do trecho inicial do dispositivo anterior. A única ressalva do dispositivo é em relação ao exame pericial, o qual, por emanar de profissional dotado de conhecimento técnico ou científico do qual o magistrado não dispõe, não pode ser superado por meras máximas ordinárias de experiência do juiz, tampouco afastado sem fundamentação técnica ou científica. Somente outros elementos de prova igualmente técnico-científicos é que são capazes de afastar as conclusões do laudo pericial (*v.g.*, quando demonstrado erro naquele, etc.).

Artigo 376.
A parte que alegar direito municipal, estadual, estrangeiro ou consuetudinário provar-lhe-á o teor e a vigência, se assim o juiz determinar.
CORRESPONDÊNCIA NO CPC/1973: *ART. 337.*

1. Exigência de prova sobre o direito. Reproduzindo regra que constava do art. 337 do CPC/1973, o art. 376 do CPC/2015 trata do tema "prova sobre direito". A presunção de que "o juiz conhece o direito" (*iura novit curia*) aplica-se somente ao direito federal e aos direitos estadual e municipal relacionados à localidade (comarca ou seção judiciária) onde o magistrado exerce suas funções. Quanto a esses direitos, é dever do juiz conhecê-los (conteúdo e vigência), independentemente de prova pelas partes. De modo diverso, quando a parte invocar direito de outro município, estado ou país, bem como direito costumeiro, fica facultado ao juiz exigir prova de seu conteúdo e vigência, caso o desconheça.

2. Meios adequados de prova sobre o direito. Quando exigida pelo juiz prova sobre o conteúdo e vigência da norma, é necessário que a parte produza a comprovação através de um meio idôneo de prova. A idoneidade da prova irá variar conforme o direito que esteja sendo objeto de prova. A prova sobre direito estadual ou municipal deve ocorrer por meio de prova documental, mediante juntada aos autos, do diário oficial em que foi publicada a norma jurídica, de certidão do órgão legislativo (Assembleia Legislativa Estadual, Câmara de Vereadores Municipal ou Câmara Legislativa do DF) ou de impressão, de sítio eletrônico oficial (com autenticação/certificação digital), do conteúdo da norma. A prova sobre o direito estrangeiro também é essencialmente documental, porém uma maior gama de documentos é considerada como idônea: diário oficial estrangeiro em que foi publicada a norma, certidão do órgão legislativo alienígena, publicação doutrinária estrangeira atualizada (já que os livros comentam, evidentemente, o direito positivo) ou parecer de jurisconsulto, nacional ou estrangeiro, especialista na matéria controvertida. Já a prova do direito consuetudinário é a mais ampla possível, visto que, em tese, qualquer meio de prova é adequado: testemunhas, documentos (reportagens de jornais, revistas ou *internet*), gravações (áudio e vídeo), atestação judicial, etc.

Artigo 377.

A carta precatória, a carta rogatória e o auxílio direto suspenderão o julgamento da causa no caso previsto no art. 313, inciso V, alínea "b", quando, tendo sido requeridos antes da decisão de saneamento, a prova neles solicitada for imprescindível.

Parágrafo único. A carta precatória e a carta rogatória não devolvidas no prazo ou concedidas sem efeito suspensivo poderão ser juntadas aos autos a qualquer momento.

CORRESPONDÊNCIA NO CPC/1973: *ART. 338.*

1. Coleta de provas em localidade diversa e suspensão do processo no juízo de origem. O art. 377 do CPC/2015, que corresponde ao art. 338 do CPC/1973, trata da hipótese de coleta de provas em localidade diversa. Nessas situações, a carta precatória, a carta rogatória ou o auxílio direto suspenderão o julgamento da causa no caso previsto no art. 313, inciso V, alínea "b"; isto é, quando a sentença de mérito tiver de ser proferida somente após a verificação de determinado fato ou a produção de certa prova, requisitada a outro juízo. Nessa hipótese, tendo sido requerida antes da decisão de saneamento, a prova neles solicitada for considerada imprescindível. O prazo de suspensão do processo é de, no máximo, 01 (um) ano (art. 313, §4º).

2. Inexistência de suspensão, seu encerramento e prosseguimento do feito independentemente do retorno do pedido de coleta de prova. De acordo com o parágrafo único do art. 377, se a carta precatória ou rogatória for concedida sem efeito suspensivo, ou não for devolvida no prazo (art. 313, §4º), o processo voltará a tramitar (ou continuará tramitando) no juízo de origem, sem qualquer suspensão, rumo ao julgamento do mérito. Uma vez devolvida a carta, é possível sua juntada aos autos em qualquer momento.

Artigo 378.
Ninguém se exime do dever de colaborar com o Poder Judiciário para o descobrimento da verdade.
CORRESPONDÊNCIA NO CPC/1973: *ART. 339.*

1. Dever de todos os sujeitos que participam do processo. Todos os sujeitos que, de alguma forma, participam do processo (partes, auxiliares da justiça, testemunhas, terceiros, etc.) têm o dever de colaborar com o Poder Judiciário, para o descobrimento da verdade. Trata-se de verdadeiro dever legal, de observância obrigatória por qualquer jurisdicionado, que não pode ser afastado pelo juiz, tampouco por ato de vontade (*v.g.*, negócio processual).

Artigo 379.
Preservado o direito de não produzir prova contra si própria, incumbe à parte:
I – comparecer em juízo, respondendo ao que lhe for interrogado;
II – colaborar com o juízo na realização de inspeção judicial que for considerada necessária;
III – praticar o ato que lhe for determinado.
CORRESPONDÊNCIA NO CPC/1973: *ART. 340.*

1. Garantia da parte de não autoincriminação. O art. 379 do CPC/2015 corresponde, com alteração no *caput*, ao art. 340 do CPC/1973, tendo o legislador de 2015 passado a fazer referência expressa ao direito da parte de não produzir prova contra si própria. A garantia da não autoincriminação (*nemo tenetur se detegere, nemo tenetur se* *ipsum accusare* ou *nemo tenetur se ipsum prodere*) tem fundamento constitucional (art. 5º, LXIII, CF/1988) e significa que ninguém é obrigado a se autoincriminar ou a produzir prova contra si mesmo. Nenhum indivíduo pode ser obrigado, por qualquer autoridade ou mesmo por um particular, a fornecer, contra sua vontade, qualquer tipo de informação, declaração, dado, objeto ou prova que lhe seja desfavorável ou o incrimine, direta ou indiretamente. O direito de não declarar engloba qualquer tipo de manifestação do agente, seja oral, documental, material, etc. Em outras palavras, ninguém pode ser obrigado ou coagido a externar, por ação ou omissão, contra sua vontade, uma manifestação que lhe seja contrária.

2. **Dever da parte de cooperar com o Poder Judiciário.** Não obstante a garantia da não autoincriminação, é dever da parte cooperar com o Poder Judiciário. Além do dever geral previsto no art. 378 ("ninguém se exime do dever de colaborar com o Poder Judiciário para o descobrimento da verdade"), o art. 379 consagra os deveres das partes de: comparecer em juízo, respondendo ao que lhe for interrogado (inciso I); colaborar com o juízo na realização de inspeção judicial que for considerada necessária (inciso II); praticar o ato que lhe for determinado (inciso III).

3. **Ponderação entre a garantia da não autoincriminação e o dever de cooperação com o Judiciário.** Não há incompatibilidade entre a garantia da não autoincriminação e o dever da parte de cooperar com o Poder Judiciário. A referida garantia não retira o dever de cooperação com o Poder Judiciário. Dita garantia impede, apenas, que qualquer pessoa seja obrigada ou coagida a externar, por ação ou omissão, contra sua vontade, uma manifestação que lhe seja contrária. Ficando a parte, porém, inerte ou silente (a fim de não externar a manifestação que lhe seja contrária), é possível sua punição pela infração do dever de cooperação. No direito processual civil, a sanção à parte usualmente se faz mediante a formação de uma presunção relativa de veracidade dos fatos alegados pela outra parte que estejam sendo objeto da prova cuja participação da parte se exige (*v.g.*, depoimento pessoal ou submissão a determinado exame). Em outras palavras, a parte não é obrigada a comparecer ao ato, a praticá-lo nem a proferir a declaração, mas, provavelmente, irá formar-se, validamente, uma presunção relativa contrária à própria parte.

Artigo 380.
Incumbe ao terceiro, em relação a qualquer causa:
I – informar ao juiz os fatos e as circunstâncias de que tenha conhecimento;
II – exibir coisa ou documento que esteja em seu poder.
Parágrafo único. Poderá o juiz, em caso de descumprimento, determinar, além da imposição de multa, outras medidas indutivas, coercitivas, mandamentais ou sub-rogatórias.
CORRESPONDÊNCIA NO CPC/1973: *ART. 341.*

1. Dever do terceiro de cooperar com o Poder Judiciário. O art. 380 do CPC/2015 reproduz, nos incisos, regras que constavam do art. 341 do CPC/1973, com uma importante inclusão de um novel parágrafo único. Seguindo a linha do art. 378, vem consagrado, no artigo 380, detalhamento do dever do terceiro de cooperar com o Poder Judiciário para o descobrimento da verdade. De acordo com o referido dispositivo, incumbe ao terceiro, além de outras eventuais condutas que lhe sejam solicitadas: informar ao juiz os fatos e as circunstâncias de que tenha conhecimento (inciso I); e exibir coisa ou documento que esteja em seu poder (inciso II).

2. Sanções, contra o terceiro, pelo descumprimento de seu dever de colaboração. O parágrafo único do art. 380 do CPC/2015 consagra regra inovadora, quando confere ao juiz amplos poderes-gerais de efetivação, mediante a inserção de uma nova cláusula geral de atipicidade de medidas de apoio contra terceiros, assim redigida: "poderá o juiz, em caso de descumprimento, determinar, além da imposição de multa, outras medidas indutivas, coercitivas, mandamentais ou sub-rogatórias". Em outras palavras, caso o terceiro se recuse, indevidamente, a cooperar com o Poder Judiciário (*v.g.*, faltar, injustificadamente, à audiência quando intimado, ou deixar de entregar, sem motivo justo, coisa ou documento que esteja em seu poder), pode o juiz sancioná-lo com a imposição de qualquer medida indutiva (*v.g.*, condução forçada), coercitiva (*v.g.*, fixação de multa), mandamental (*v.g.*, mandado de apreensão), sub-rogatória (*v.g.*, penhora) ou de qualquer outra natureza. É necessário que o juiz, ao deliberar sobre a medida que irá adotar entre as diversas possivelmente permitidas, escolha aquela que apresente o maior grau de proporcionalidade (adequação, necessidade e proporcionalidade em sentido estrito) em relação ao caso concreto, tal como exigido pelo art. 8º. Finalmente, cabe destacar a necessidade de revogação da Súmula 372 do STJ, que proibia a imposição de multa em caso de descumprimento do dever de exibição de documento ou coisa. A partir da vigência do parágrafo único do art. 380, esse Enunciado Sumular irá se tornar *contra legem*, inviabilizando sua aplicação.

SEÇÃO II – Da Produção Antecipada da Prova

ARTIGO 381.
    A produção antecipada da prova será admitida nos casos em que:
    I – haja fundado receio de que venha a tornar-se impossível ou muito difícil a verificação de certos fatos na pendência da ação;
    II – a prova a ser produzida seja suscetível de viabilizar a autocomposição ou outro meio adequado de solução de conflito;
    III – o prévio conhecimento dos fatos possa justificar ou evitar o ajuizamento de ação.

§ 1º O arrolamento de bens observará o disposto nesta Seção quando tiver por finalidade apenas a realização de documentação e não a prática de atos de apreensão.

§ 2º A produção antecipada da prova é da competência do juízo do foro onde esta deva ser produzida ou do foro de domicílio do réu.

§ 3º A produção antecipada da prova não previne a competência do juízo para a ação que venha a ser proposta.

§ 4º O juízo estadual tem competência para produção antecipada de prova requerida em face da União, de entidade autárquica ou de empresa pública federal se, na localidade, não houver vara federal.

§ 5º Aplica-se o disposto nesta Seção àquele que pretender justificar a existência de algum fato ou relação jurídica para simples documento e sem caráter contencioso, que exporá, em petição circunstanciada, a sua intenção.

CORRESPONDÊNCIA NO CPC/1973: *ARTS. 846 A 851.*

1. Demanda de produção antecipada de prova. O art. 381 do CPC/2015 corresponde aos arts. 846 a 851 do CPC/1973, porém com significativas alterações. Dito dispositivo trata da produção antecipada de prova, que, no CPC/1973, vinha regulada entre os procedimentos cautelares típicos (em espécie ou nominados), e, no CPC/2015, foi inserida nas disposições relativas ao direito probatório da atividade de conhecimento.

2. Hipóteses distintas de cabimento: produção antecipada cautelar e produção antecipada do direito autônomo à prova. Os incisos do dispositivo em comento tratam dos distintos pressupostos de cabimento da demanda antecipada de prova. A primeira hipótese refere-se ao fundado receio de que venha a tornar-se impossível ou muito difícil a verificação de certos fatos na pendência da ação principal, caso em que tem evidente natureza cautelar (uma vez que fundada no risco ao resultado útil do processo). Já a segunda e a terceira hipóteses apresentam pressupostos em nada relacionados ao receio de inutilidade do processo principal, quais sejam: quando a prova a ser produzida for suscetível de viabilizar a autocomposição ou outro meio adequado de solução de conflito (inciso II); ou quando o prévio conhecimento dos fatos puder justificar ou evitar o ajuizamento de ação (inciso III).

Nesses casos, a ação de produção antecipada de provas não tem natureza cautelar, mas satisfativa do próprio direito autônomo à produção da prova. Consagrou-se, assim, de forma expressa no direito processual civil brasileiro, o cabimento da chamada ação probatória autônoma "atípica" (sem o requisito da urgência), possibilidade que já vinha sendo admitida por parte da doutrina e em diversos julgados. Nessas duas hipóteses, é mais vantajoso, tanto para o sistema quanto para o autor e o réu, que, em vez de ser proposta, já de uma vez, a ação principal nos casos em que houver chance de autocomposição ou dúvida do autor sobre o cabimento do pedido (ou a extensão de seu direito), seja distribuída, apenas, uma mais simples, antecedente e não litigiosa ação probatória autônoma, cujo objetivo é a realização de uma prova. A vantagem dessa prova é que ela será judicial e bilateral, isto é, será colhida sob a fiscalização do Poder Judiciário e submetida à garantia do contraditório oficial. E, com base no resultado dessa prova (em tese muito mais "persuasiva" do que qualquer prova unilateral e extrajudicial), autor e réu terão melhores condições de negociar eventual autocomposição. O autor passará a ter elementos mais adequados para analisar a pertinência e os contornos de eventual demanda principal (chances de êxito, legitimado passivo, conteúdo e extensão da lesão ou ameaça ao direito, eventual dano sofrido, possível nexo de causalidade, etc.), a qual, se vier a ser ajuizada, provavelmente será proposta com adequação e pertinência muito mais elevadas.

3. Arrolamento de bens. O parágrafo 1º do art. 381 estabelece, sem grandes complicações, que o arrolamento de bens deve observar o disposto nesta Seção quando tiver por finalidade apenas a realização de documentação e não a prática de atos de apreensão.

4. Competências para a ação de produção antecipada de provas e para a demanda principal. Os parágrafos 2º a 4º tratam de competência. O primeiro dispositivo (§2º) esclarece que a demanda de produção antecipada da prova é da competência do juízo do foro onde esta deva ser produzida ou do foro de domicílio do réu. São, assim, foros concorrentemente competentes, baseados em critério territorial e, portanto, relativo de competência. Já o parágrafo 3º dispõe que a produção antecipada da prova não previne a competência do juízo para a demanda (principal) que venha a ser eventualmente proposta. Finalmente, o parágrafo 4º estabelece que o juízo estadual tem competência para produção antecipada de prova requerida em face da União, de entidade autárquica ou de empresa pública federal se, na localidade, não houver vara federal.

5. Cabimento da produção antecipada de prova para comprovação da existência de fato ou relação com objetivo não contencioso de mera documentação. O parágrafo 5º do dispositivo em exame consagra o cabimento da ação de produção antecipada de provas caso qualquer sujeito deseje, sem caráter contencioso, apenas justificar a existência de algum fato ou relação jurídica com mero objetivo de documentação. Nessa hipótese, deve o autor, em petição circunstanciada, justificar a sua intenção.

ARTIGO 382.
Na petição, o requerente apresentará as razões que justificam a necessidade de antecipação da prova e mencionará com precisão os fatos sobre os quais a prova há de recair.

§ 1º O juiz determinará, de ofício ou a requerimento da parte, a citação de interessados na produção da prova ou no fato a ser provado, salvo se inexistente caráter contencioso.

§ 2º O juiz não se pronunciará sobre a ocorrência ou a inocorrência do fato, nem sobre as respectivas consequências jurídicas.

§ 3º Os interessados poderão requerer a produção de qualquer prova no mesmo procedimento, desde que relacionada ao mesmo fato, salvo se a sua produção conjunta acarretar excessiva demora.

§ 4º Neste procedimento, não se admitirá defesa ou recurso, salvo contra decisão que indeferir totalmente a produção da prova pleiteada pelo requerente originário.

CORRESPONDÊNCIA NO CPC/1973: *ART. 848.*

1. **Requisitos da petição inicial da ação probatória antecedente ou autônoma.** Conforme o art. 382, deve o requerente, na petição inicial, apresentar as razões que justificam a necessidade de antecipação da prova e mencionar, com precisão, os fatos sobre os quais a pretendida prova deverá recair. Esses requisitos destinam-se a fornecer ao juiz elementos mínimos para que, à luz da teoria da asserção, possa analisar, em especial, o cabimento e o interesse processual do autor para a ação probatória antecedente ou autônoma.'

2. **Procedimento da ação probatória.** O rito da ação probatória vem previsto nos parágrafos 1º, 3º e 4º do art. 382. Uma vez apresentada a petição inicial, deve o magistrado realizar o juízo de admissibilidade da demanda, verificando o cabimento da ação (em especial, a existência de interesse processual). Sendo positiva a análise da admissibilidade processual, deve o juiz determinar, *ex officio* ou a requerimento da parte, a citação de todos os interessados na produção da prova ou no fato a ser provado. Diz a lei, no trecho final do parágrafo 1º, "salvo se inexistente caráter contencioso", dando a impressão de que a intimação de interessados estaria dispensada nessa hipótese. A nosso ver, a intimação de interessados é absolutamente essencial, mesmo no caso de supostamente inexistir caráter contencioso. Afinal, será produzida uma prova que será considerada oficial para todos os fins, devidamente chancelada pelo Poder Judiciário. A ausência de intimação de interessados gera inegável violação, em tese, ao contraditório e à ampla defesa, permitindo que qualquer repute a prova por unilateral e, assim, venha a diminuir seu valor probatório. A diminuição do valor probatório do documento produzido ao final da ação probatória frustra um dos principais objetivos dessa demanda, reduzindo, em grande parte, a utilidade do procedimento judicializado. Desse modo, para maior eficiência da prestação jurisdicional e maior utilidade de instauração do procedimento perante o Poder Judiciário, consideramos como mais adequada a intimação de eventuais interessados, ainda que, *a priori*, inexista caráter contencioso à luz da alegação do autor na exordial. Prossegue o parágrafo 3º indicando que, uma vez intimados, os interessados poderão requerer a produção de qualquer prova no mesmo procedimento, desde que relacionada ao mesmo fato, salvo se a sua produção conjunta acarretar excessiva demora. O princípio da eficiência da prestação jurisdicional é fundamento tanto para

que se permita o acréscimo de pedidos probatórios por parte dos interessados (desde que relacionados ao mesmo fato probando), quanto o indeferimento desse pedido, caso a cumulação gerasse o risco de causar excessiva demora do procedimento.

3. Defesa e recursos na ação probatória. O parágrafo 4º do art. 382 esclarece que, no procedimento da ação probatória, não se admite "defesa ou recurso, salvo contra decisão que indeferir totalmente a produção da prova pleiteada pelo requerente originário". Defesa não cabe pela razão de inexistir pedido, do autor, relacionado ao direito material, o que afasta o risco de prejuízo material ao réu. Tampouco haveria sentido em apresentar contestação contra o direito do autor de ajuizar demanda para exercer seu direito à produção de uma prova. Como o direito à prova tem fundamento constitucional, não haveria matéria defensiva a ser invocada contra o exercício desse direito. Já em relação ao descabimento de recurso contra regra geral, não há razão para caber recurso apenas contra a decisão que indefere "totalmente" a produção da prova. A decisão que indefere "parcialmente" o pedido probatório guarda o mesmo potencial de violação de direito (do autor à produção da prova) que teria a decisão que indefere "totalmente" o requerimento, sendo evidente que ambas as decisões (de indeferimento total ou parcial) geram o mesmo risco de dano (processual ou material) ao autor. Cabível, pois, recurso contra a decisão que indefere tanto totalmente — recurso que, no caso, será a apelação, com base no art. 1.009 —, quanto parcialmente o requerimento de produção antecipada de prova — já contra essa sentença parcial será cabível o recurso de agravo de instrumento, por força do art. 354, parágrafo único. As demais decisões proferidas no curso do procedimento são, por força do parágrafo 4º, irrecorríveis. Caso alguma decisão proferida eventualmente venha a violar algum direito ou norma jurídica e apresente risco de, em tese, causar prejuízo a algum interessado, será cabível mandado de segurança.

4. Descabimento de valoração judicial da prova produzida. O parágrafo 2º esclarece que o juiz está impedido de pronunciar sobre a ocorrência ou a inocorrência do fato, nem sobre as respectivas consequências jurídicas. Em outras palavras, o juiz não pode valorar, na ação probatória, a prova produzida. A decisão final é meramente homologatória da prova, declarando, apenas, a regularidade processual de sua produção.

Artigo 383.
Os autos permanecerão em cartório durante 1 (um) mês para extração de cópias e certidões pelos interessados.
Parágrafo único. Findo o prazo, os autos serão entregues ao promovente da medida.
CORRESPONDÊNCIA NO CPC/1973: *ART. 851.*

1. Extinção do processo e destino dos autos físicos. De acordo com o art. 383, os autos físicos da ação probatória antecedente ou autônoma devem permanecer em cartório durante 1 (um) mês, para fins de extração de cópias e certidões pelos interessados. Findo o prazo, os autos devem ser entregues ao requerente da medida.

SEÇÃO III - Da Ata Notarial

ARTIGO 384.
A existência e o modo de existir de algum fato podem ser atestados ou documentados, a requerimento do interessado, mediante ata lavrada por tabelião.
Parágrafo único. Dados representados por imagem ou som gravados em arquivos eletrônicos poderão constar da ata notarial.
CORRESPONDÊNCIA NO CPC/1973: *NÃO HÁ.*

1. **Ata notarial como fonte de prova documental.** O art. 384 do CPC/2015 não encontra correspondentes no CPC/1973. Esclarece o CPC/2015 que a existência e o modo de existir de algum fato podem ser atestados ou documentados, a requerimento do interessado, mediante ata lavrada por tabelião. Os fatos (cuja existência ou modo de existir constarão da ata) podem ser tanto presenciados pelo tabelião (verificação pessoal e presencial de fatos) como representados por imagem ou som, inclusive gravados em arquivos eletrônicos. Trata-se a ata notarial de instrumento público regulado pela Lei 8.935/1994, conforme o art. 326 da CF/1988. É, assim, documento público lavrado por tabelião de notas, cujos atos são dotados de "fé pública", geradora de presunção (relativa) de veracidade. Na narrativa atestada pelo notário, devem constar somente juízos de fato, sendo vedada a formulação de qualquer espécie de juízo de valor de sua parte. A ata pode ser requerida por qualquer indivíduo, inclusive incapaz (sem necessidade de representação ou assistência legal), sendo dispensada a apresentação de motivos para a lavratura.

SEÇÃO IV - Do Depoimento Pessoal

ARTIGO 385.
Cabe à parte requerer o depoimento pessoal da outra parte, a fim de que esta seja interrogada na audiência de instrução e julgamento, sem prejuízo do poder do juiz de ordená-lo de ofício.
§ 1º Se a parte, pessoalmente intimada para prestar depoimento pessoal e advertida da pena de confesso, não comparecer ou, comparecendo, se recusar a depor, o juiz aplicar-lhe-á a pena.
§ 2º É vedado a quem ainda não depôs assistir ao interrogatório da outra parte.

§ 3º O depoimento pessoal da parte que residir em comarca, seção ou subseção judiciária diversa daquela onde tramita o processo poderá ser colhido por meio de videoconferência ou outro recurso tecnológico de transmissão de sons e imagens em tempo real, o que poderá ocorrer, inclusive, durante a realização da audiência de instrução e julgamento.

CORRESPONDÊNCIA NO CPC/1973: *ART. 343.*

1. Requerimento e admissão do depoimento pessoal. O art. 385 do CPC/2015, equivalente ao art. 343 do CPC/1973, dispõe que o juiz pode determinar, *ex officio*, o depoimento pessoal das partes. Caso a prova não seja determinada de ofício, pode uma parte requerer o depoimento da outra.

2. Críticas ao depoimento pessoal ocorrer, apenas, no fim do procedimento (em AIJ). O CPC/2015 repete o erro dos anteriores legisladores, ao estabelecer que o depoimento pessoal seja colhido somente na audiência de instrução e julgamento, que consiste praticamente em um dos últimos atos do procedimento. Afinal, um dos objetivos do depoimento pessoal é a obtenção da confissão, a qual, quando ocorre, torna o fato incontroverso. A vantagem de se entender um fato como incontroverso é possibilitar, ao juiz, a dispensa da produção de provas em relação àquele fato, em razão da presunção relativa de veracidade que passa a pairar sobre o fato. Não há vantagem, assim, em tornar incontroverso um fato somente no fim do procedimento, após já deferidas e produzidas todas as demais provas. A partir da AIJ (isto é, após o depoimento pessoal nela prestado), não haverá mais qualquer prova futura para ser dispensada em razão da incontrovérsia do fato confessado, pois todas as provas já terão sido requeridas e produzidas antes da audiência. Seria muito mais vantajoso que o depoimento pessoal fosse realizado no início do procedimento, imediatamente após as providências preliminares (mais precisamente, logo após a réplica, se cabível), antes mesmo da "fase de saneamento e organização do processo", já que no saneamento é que serão fixados os pontos controvertidos e deferidas as provas relativas a eles. Sendo o saneamento posterior ao depoimento pessoal, já estariam identificados quais fatos foram eventualmente confessados (no depoimento) e, em razão de sua incontrovérsia, poderia o juiz dispensar provas a seu respeito. O art. 139, VI, do CPC/2015, que passou a permitir que o juiz altere a ordem de produção dos meios de prova, pode ser utilizado pelo magistrado, para justificar a designação de uma audiência especial para depoimento pessoal antes mesmo do saneamento.

3. Pena de confesso. De acordo com o parágrafo 1º, se a parte, pessoalmente intimada para prestar depoimento pessoal e advertida da pena de confesso, não comparecer ou, comparecendo, recusar-se a depor sem motivo justo, o juiz lhe aplicará a pena. Aplicada a pena de confesso, forma-se uma presunção relativa de veracidade e tornam-se incontroversos os fatos cujo esclarecimento era buscado por meio do depoimento pessoal.

4. Procedimento da oitiva. Os parágrafos 2º e 3º regulamentam o rito da oitiva das partes em audiência. É vedado a quem ainda não depôs assistir ao interrogatório da outra parte. De acordo com prática forense, apenas o juiz e o advogado da parte que não está depondo é que formulam perguntas. Ao advogado do depoente costuma ser vedado o direito de formular indagações ao próprio cliente. Um dos fundamentos invocados é a regra acima mencionada, segundo a qual uma parte deve requerer o depoimento da outra. Nada mais equivocado. Ainda que uma parte tenha que requerer o depoimento da outra, é evidente que, quando chega o momento da coleta do depoimento, não se esta mais na fase de requerimento da prova, mas em outro posterior, o da efetiva produção da prova. E não há regra, no CPC/2015, que impeça o advogado de, no momento da produção da prova, formular perguntas a seu representado. O princípio da comunhão das provas justifica essa conclusão; afinal, uma vez admitida, a prova passa a pertencer ao processo, independentemente de quem tenha requerido sua produção, podendo ser utilizada por qualquer das partes. Essa conclusão também se fundamenta no princípio da busca da verdade substancial: a formulação de perguntas por todos os advogados, inclusive o do próprio depoente, permite que os fatos controvertidos sejam mais bem detalhados e apurados, contribuindo para que, em tese, o juiz chegue mais próximo da verdade. Finalmente, estabelece o CPC/2015 que o depoimento pessoal da parte que residir em comarca, seção ou subseção judiciária diversa daquela onde tramita o processo pode ser colhido por meio de videoconferência ou outro recurso tecnológico de transmissão de sons e imagens em tempo real, o que poderá ocorrer, inclusive, durante a realização da audiência de instrução e julgamento.

Artigo 386.

Quando a parte, sem motivo justificado, deixar de responder ao que lhe for perguntado ou empregar evasivas, o juiz, apreciando as demais circunstâncias e os elementos de prova, declarará, na sentença, se houve recusa de depor.

CORRESPONDÊNCIA NO CPC/1973: *ART. 345.*

1. Recusa ao depoimento. O art. 386 do CPC/2015, equivalente ao art. 345 do CPC/1973, dispõe que, caso a parte compareça a audiência, fica afastada, momentaneamente, a formação de presunção relativa de veracidade dos fatos. Se, porém, a parte se recusar injustificadamente a responder ao que lhe for perguntado ou empregar evasivas em suas declarações, o juiz, apreciando as demais circunstâncias e os elementos de prova, declarará, na sentença, se houve recusa de depor e, se for o caso, poderá levar em consideração a presunção relativa de veracidade dos fatos gerada pela injusta recusa ao depoimento.

Artigo 387.
A parte responderá pessoalmente sobre os fatos articulados, não podendo servir-se de escritos anteriormente preparados, permitindo-lhe o juiz, todavia, a consulta a notas breves, desde que objetivem completar esclarecimentos.
CORRESPONDÊNCIA NO CPC/1973: *ART. 346.*

1. **Ato personalíssimo e consulta somente a notas breves.** De acordo com o art. 387 do CPC/2015 (correspondente ao art. 346 do CPC/1973), a parte responderá, pessoalmente, sobre os fatos articulados. Ainda que o advogado tenha poderes especiais para confessar, não pode o patrono prestar depoimento no lugar da parte. O depoimento pessoal é considerado ato personalíssimo, insuscetível de transferência a mandatário. Durante o depoimento, é vedado que a parte se sirva de escritos anteriormente preparados, permitindo-lhe o juiz, todavia, a consulta a notas breves, desde que objetivem completar esclarecimentos.

Artigo 388.
A parte não é obrigada a depor sobre fatos:
I – criminosos ou torpes que lhe forem imputados;
II – a cujo respeito, por estado ou profissão, deva guardar sigilo;
III – acerca dos quais não possa responder sem desonra própria, de seu cônjuge, de seu companheiro ou de parente em grau sucessível;
IV – que coloquem em perigo a vida do depoente ou das pessoas referidas no inciso III.
Parágrafo único. Esta disposição não se aplica às ações de estado e de família.
CORRESPONDÊNCIA NO CPC/1973: *ART. 347.*

1. **Escusa legítima ao depoimento.** Vimos, linhas acima, que os arts. 385 e 386 consideram que a ausência da parte à audiência e sua recusa a responder determinada pergunta são consideradas como atitudes indevidas, punidas com a formação de presunção relativa de veracidade dos fatos. Ocorre que, em alguns casos, a lei considera como justa/ (legítima) a recusa ao depoimento sobre determinados casos. Estabelece, assim, o art. 388 do CPC/2015 (que consiste em ampliação do art. 347 do CPC/1973) que a parte não é obrigada a depor sobre fatos: criminosos ou torpes que lhe forem imputados (inciso I); a cujo respeito, por estado ou profissão, deva guardar sigilo (inciso II); acerca dos quais não possa responder sem desonra própria, de seu cônjuge, de seu companheiro ou de parente em grau sucessível (inciso III); ou que coloquem em perigo a vida do depoente ou das pessoas referidas no inciso anterior (inciso IV). Já o parágrafo único traz uma exceção à exceção: essa excepcional possibilidade de recuso de forma justa não se aplica

às ações de estado e de família, casos em que a não prestação de depoimento poderá gerar a formação da presunção relativa de veracidade dos fatos.

SEÇÃO V – Da Confissão

Artigo 389.
Há confissão, judicial ou extrajudicial, quando a parte admite a verdade de fato contrário ao seu interesse e favorável ao do adversário.
CORRESPONDÊNCIA NO CPC/1973: *ART. 348.*

1. **Confissão.** O art. 389 do CPC/2015, do mesmo modo que o art. 348 do CPC/1973, consigna que a confissão consiste na admissão, judicial ou extrajudicial, da verdade de fato contrário ao interesse da parte e favorável ao do adversário.

Artigo 390.
A confissão judicial pode ser espontânea ou provocada.
§ 1º A confissão espontânea pode ser feita pela própria parte ou por representante com poder especial.
§ 2º A confissão provocada constará do termo de depoimento pessoal.
CORRESPONDÊNCIA NO CPC/1973: *ART. 349.*

1. **Confissão espontânea ou provocada.** O art. 390 do CPC/2015, do mesmo modo que o art. 349 do CPC/1973, demonstra que a confissão judicial pode ser espontânea ou provocada. A confissão espontânea pode ser feita pela própria parte ou por representante com poder especial. Já a confissão provocada deve constar do termo de depoimento pessoal da parte.

Artigo 391.
A confissão judicial faz prova contra o confitente, não prejudicando, todavia, os litisconsortes.
Parágrafo único. Nas ações que versarem sobre bens imóveis ou direitos reais sobre imóveis alheios, a confissão de um cônjuge ou companheiro não valerá sem a do outro, salvo se o regime de casamento for o de separação absoluta de bens.
CORRESPONDÊNCIA NO CPC/1973: *ART. 350.*

1. **Confissão e eventual litisconsorte.** O art. 391 do CPC/2015, aprimorando regra que constava do art. 350 do CPC/1973, regula os efeitos da confissão de uma parte em

relação a seu litisconsorte. Como regra geral, a confissão judicial faz prova somente contra o confitente, não prejudicando os demais litisconsortes. Se a demanda versar sobre bens imóveis ou direitos reais sobre imóveis alheios, a confissão de um cônjuge ou companheiro não valerá sem a do outro, salvo se o regime de casamento for o de separação absoluta de bens.

Artigo 392.
Não vale como confissão a admissão, em juízo, de fatos relativos a direitos indisponíveis.

§ 1º A confissão será ineficaz se feita por quem não for capaz de dispor do direito a que se referem os fatos confessados.

§ 2º A confissão feita por um representante somente é eficaz nos limites em que este pode vincular o representado.

CORRESPONDÊNCIA NO CPC/1973: *ART. 351.*

1. **Confissão e direitos indisponíveis.** O art. 392 do CPC/2015, esmiuçando regra que constava do art. 351 do CPC/1973, estatui que não vale como confissão a eventual admissão, em juízo, de fatos relativos a direitos indisponíveis. A confissão será igualmente ineficaz se feita por quem não for capaz de dispor do direito a que se referem os fatos confessados. Caso a confissão seja feita por representante, ela somente será eficaz nos limites em que ele puder vincular o representado.

Artigo 393.
A confissão é irrevogável, mas pode ser anulada se decorreu de erro de fato ou de coação.

Parágrafo único. A legitimidade para a ação prevista no *caput* é exclusiva do confitente e pode ser transferida a seus herdeiros se ele falecer após a propositura.

CORRESPONDÊNCIA NO CPC/1973: *ART. 352.*

1. **Anulação da confissão.** O art. 393 do CPC/2015 regula, de forma muito mais concisa do que o art. 352 do CPC/1973, a anulação da confissão. Diz o novel dispositivo que a confissão é irrevogável, mas pode ser anulada se decorre de erro de fato ou de coação. A nosso ver, a menção apenas a "erro de fato" ou coação não significa uma opção restritiva do legislador, cabendo a anulação da confissão por qualquer dos vícios do consentimento previstos na legislação material. A legitimidade para a demanda anulatória da confissão é exclusiva do confitente. Em outras palavras, não se admite que herdeiro proponha a demanda, sendo intransmissível o direito de mover a ação. Uma vez proposta

a demanda, porém, o direito de prosseguir na demanda pode ser transferido aos herdeiros do confitente, caso faleça após a propositura. Em outras palavras, cabe sucessão processual *causa mortis* ao longo da demanda de anulação de confissão.

Artigo 394.

A confissão extrajudicial, quando feita oralmente, só terá eficácia nos casos em que a lei não exija prova literal.

CORRESPONDÊNCIA NO CPC/1973: *ART. 353.*

1. Confissão extrajudicial. O art. 394 do CPC/2015, que corresponde ao parágrafo único do art. 353 do CPC/1973, estabelece que a confissão extrajudicial, quando feita oralmente, só tem eficácia nos casos em que a lei não exige prova literal.

Artigo 395.

A confissão é, em regra, indivisível, não podendo a parte que a quiser invocar como prova aceitá-la no tópico que a beneficiar e rejeitá-la no que lhe for desfavorável, porém cindir-se-á quando o confitente a ela aduzir fatos novos, capazes de constituir fundamento de defesa de direito material ou de reconvenção.

CORRESPONDÊNCIA NO CPC/1973: *ART. 354.*

1. (In)divisibilidade da confissão. O art. 395 do CPC/2015, correspondente ao art. 354 do CPC/1973, dita que a confissão é, em regra, indivisível, não podendo a parte que a quiser invocar como prova aceitá-la no tópico que a beneficiar e rejeitá-la no que lhe for desfavorável. É possível, porém, cindir a confissão quando o confitente a ela aduzir fatos novos, capazes de constituir fundamento de defesa de direito material ou de reconvenção.

SEÇÃO VI – Da Exibição de Documento ou Coisa

Artigo 396.

O juiz pode ordenar que a parte exiba documento ou coisa que se encontre em seu poder.

CORRESPONDÊNCIA NO CPC/1973: *ART. 355.*

1. Exibição de documento ou coisa. O art. 396 do CPC/2015, que corresponde ao art. 355 do CPC/1973, garante o dever-poder do juiz de ordenar que a parte exiba documento ou coisa que se encontre em seu poder.

Artigo 397.

O pedido formulado pela parte conterá:

I – a individuação, tão completa quanto possível, do documento ou da coisa;

II – a finalidade da prova, indicando os fatos que se relacionam com o documento ou com a coisa;

III – as circunstâncias em que se funda o requerente para afirmar que o documento ou a coisa existe e se acha em poder da parte contrária.

CORRESPONDÊNCIA NO CPC/1973: *ART. 356.*

1. Requisitos do pedido de exibição formulado pela parte. O art. 397 do CPC/2015, correspondente ao art. 356 do CPC/1973, traz os requisitos do pedido formulado pela parte de exibição de documento ou coisa. A petição deve apresentar a individuação, tão completa quanto possível, do documento ou da coisa (inciso I); a finalidade da prova, indicando os fatos que se relacionam com o documento ou com a coisa (inciso II); e as circunstâncias em que se funda o requerente para afirmar que o documento ou a coisa existem e estão em poder da parte contrária (inciso III).

Artigo 398.

O requerido dará sua resposta nos 5 (cinco) dias subsequentes à sua intimação.

Parágrafo único. Se o requerido afirmar que não possui o documento ou a coisa, o juiz permitirá que o requerente prove, por qualquer meio, que a declaração não corresponde à verdade.

CORRESPONDÊNCIA NO CPC/1973: *ART. 357.*

1. Procedimento da exibição requerida contra a outra parte. O art. 398 do CPC/2015, que corresponde ao art. 357 do CPC/1973, estabelece que, recebido o pedido de exibição, deve o requerido ser intimado para apresentar resposta em 5 (cinco) dias. Caso o requerido afirme que não possui o documento ou a coisa, o juiz deve permitir que o requerente prove, por qualquer meio, a falsidade da declaração do requerido.

Artigo 399.

O juiz não admitirá a recusa se:

I – o requerido tiver obrigação legal de exibir;

II – o requerido tiver aludido ao documento ou à coisa, no processo, com o intuito de constituir prova;

III – o documento, por seu conteúdo, for comum às partes.

CORRESPONDÊNCIA NO CPC/1973: *ART. 358.*

1. Ilegitimidade da recusa em exibir o documento ou a coisa. O art. 399 do CPC/2015, correspondente ao art. 358 do CPC/1973, elenca s hipóteses em que a recusa da parte em exibir o documento ou a coisa é considerada como ilegítima. Em suma, não admite a recusa nos seguintes casos: quando o requerido tiver obrigação legal de proceder à exibição (inciso I); quando o requerido tiver aludido ao documento ou à coisa, no processo, com o intuito de constituir prova (inciso II); ou quando o documento, por seu conteúdo, for comum às partes (inciso III).

Artigo 400.

Ao decidir o pedido, o juiz admitirá como verdadeiros os fatos que, por meio do documento ou da coisa, a parte pretendia provar se:

I – o requerido não efetuar a exibição nem fizer nenhuma declaração no prazo do art. 398;

II – a recusa for havida por ilegítima.

Parágrafo único. Sendo necessário, o juiz pode adotar medidas indutivas, coercitivas, mandamentais ou sub-rogatórias para que o documento seja exibido.

CORRESPONDÊNCIA NO CPC/1973: *ART. 59.*

1. Formação de presunção relativa de veracidade dos fatos como sanção contra o requerido. O art. 400 do CPC/2015, que amplia regras que constavam do art. 359 do CPC/1973, regula a formação de presunção relativa de veracidade dos fatos como forma de punir o requerido quando inexistir recusa legítima de sua parte em realizar a exibição. Ao decidir o pedido, deve o juiz admitir como presumidamente verdadeiros os fatos que, por meio do documento ou da coisa, a parte pretendia provar se: o requerido não efetuar a exibição, nem fizer nenhuma declaração no prazo do art. 398 (inciso I); ou a recusa for havida por ilegítima (inciso II). O CPC/2015, no parágrafo único do referido dispositivo, traz regra que inexistia sob a égide do CPC/1973: é reconhecido ao juiz o dever-poder de adotar medidas indutivas, coercitivas, mandamentais ou sub-rogatórias para que o documento seja exibido. Fica superada, destarte, a Súmula 372 do STJ, que vedava a aplicação de multa cominatória em caso de descumprimento do dever de exibir documento ou coisa.

Artigo 401.

Quando o documento ou a coisa estiver em poder de terceiro, o juiz ordenará sua citação para responder no prazo de 15 (quinze) dias.

CORRESPONDÊNCIA NO CPC/1973: *ART. 360.*

1. **Pedido de exibição em face de terceiro.** O art. 401 do CPC/2015, correspondente ao art. 360 do CPC/1973, regula o pedido de exibição em face de terceiro. Quando o documento ou a coisa estiver em poder de terceiro, deve o juiz determinar sua citação para que apresente resposta no prazo de 15 (quinze) dias.

Artigo 402.

Se o terceiro negar a obrigação de exibir ou a posse do documento ou da coisa, o juiz designará audiência especial, tomando-lhe o depoimento, bem como o das partes e, se necessário, o de testemunhas, e em seguida proferirá decisão.

CORRESPONDÊNCIA NO CPC/1973: *ART. 361.*

1. **Recusa de exibição por parte do terceiro: tomada de depoimentos.** O art. 402 do CPC/2015, que corresponde ao art. 361 do CPC/1973, estatui que, se o terceiro negar a obrigação de exibir ou a posse do documento ou da coisa, deve o juiz designar audiência especial, tomando-lhe o depoimento, bem como o das partes e, se necessário, o de testemunhas. Após a coleta dos depoimentos, deve o juiz proferir decisão a respeito do pedido de exibição.

Artigo 403.

Se o terceiro, sem justo motivo, se recusar a efetuar a exibição, o juiz ordenar-lhe-á que proceda ao respectivo depósito em cartório ou em outro lugar designado, no prazo de 5 (cinco) dias, impondo ao requerente que o ressarça pelas despesas que tiver.

Parágrafo único. Se o terceiro descumprir a ordem, o juiz expedirá mandado de apreensão, requisitando, se necessário, força policial, sem prejuízo da responsabilidade por crime de desobediência, pagamento de multa e outras medidas indutivas, coercitivas, mandamentais ou sub-rogatórias necessárias para assegurar a efetivação da decisão.

CORRESPONDÊNCIA NO CPC/1973: *ART. 362.*

1. **Recusa injustificada de terceiro.** O art. 403 do CPC/2015, que amplia a regra do art. 362 do CPC/1973, estabelece o procedimento a ser adotado caso o juiz considere como ilegítima a recusa do terceiro em exibir o documento ou a coisa. Sendo injustificada a recusa do terceiro, deve o juiz ordenar-lhe que proceda ao respectivo depósito em cartório ou em outro lugar designado, no prazo de 5 (cinco) dias, impondo ao requerente que indenize o terceiro pelas eventuais despesas com as quais vier a incorrer. Novamente consagrando regra até o momento sem precedente, inova o CPC/2015 ao

estabelecer, no parágrafo único do art. 403, que, se o terceiro descumprir a ordem, deve o juiz expedir mandado de apreensão, requisitando, se necessário, força policial, sem prejuízo da responsabilidade por crime de desobediência, pagamento de multa e outras medidas indutivas, coercitivas, mandamentais ou sub-rogatórias necessárias para assegurar a efetivação da decisão. Mais uma vez, o CPC/2015 supera a Súmula 372 do STJ, que vedava a aplicação de multa cominatória em caso de descumprimento do dever de exibição de documento ou coisa.

ARTIGO 404.
A parte e o terceiro se escusam de exibir, em juízo, o documento ou a coisa se:
I – concernente a negócios da própria vida da família;
II – sua apresentação puder violar dever de honra;
III – sua publicidade redundar em desonra à parte ou ao terceiro, bem como a seus parentes consanguíneos ou afins até o terceiro grau, ou lhes representar perigo de ação penal;
IV – sua exibição acarretar a divulgação de fatos a cujo respeito, por estado ou profissão, devam guardar segredo;
V – subsistirem outros motivos graves que, segundo o prudente arbítrio do juiz, justifiquem a recusa da exibição;
VI – houver disposição legal que justifique a recusa da exibição.
Parágrafo único. Se os motivos de que tratam os incisos I a VI do *caput* disserem respeito a apenas uma parcela do documento, a parte ou o terceiro exibirá a outra em cartório, para dela ser extraída cópia reprográfica, de tudo sendo lavrado auto circunstanciado.
CORRESPONDÊNCIA NO CPC/1973: ART. 363 DO CPC/1973.

1. Legitimidade da recursa. O art. 404 do CPC/2015 amplia regras que vinham no art. 363 do CPC/1973. A recusa em exibir o documento ou coisa é considerada como legítima se: concernente a negócios da própria vida da família (inciso I); sua apresentação puder violar dever de honra (inciso II); sua publicidade redundar em desonra à parte ou ao terceiro, bem como a seus parentes consanguíneos ou afins até o terceiro grau, ou lhes representar perigo de ação penal (inciso III); sua exibição acarretar a divulgação de fatos a cujo respeito, por estado ou profissão, devam guardar segredo (inciso IV); subsistirem outros motivos graves que, segundo o prudente arbítrio do juiz, justifiquem a recusa da exibição (inciso V); ou houver disposição legal que justifique a recusa da exibição (inciso VI). O parágrafo único do referido dispositivo estabelece que, se os motivos de que tratam os incisos I a VI do *caput* disserem respeito a apenas uma parcela do documento, a parte ou o terceiro deve exibir a outra parcela em cartório, para dela ser extraída cópia reprográfica, sendo necessária a lavratura de auto circunstanciado para o competente registro de todo o ocorrido.

SEÇÃO VII – Da Prova Documental

SUBSEÇÃO I – Da Força Probante dos Documentos

ARTIGO 405.
O documento público faz prova não só da sua formação, mas também dos fatos que o escrivão, o chefe de secretaria, o tabelião ou o servidor declarar que ocorreram em sua presença.
CORRESPONDÊNCIA NO CPC/1973: *ART. 364.*

1. Documento público. O exame analítico do dispositivo em comento revela que a opção legislativa seguiu sendo a de considerar como "documento público" aquele cujo conteúdo redacional declarativo e confeccionado por agentes que, no exercício da função pública *stricto sensu* ou de caráter público (tabelião), gozam de fé pública, algo já incorporado à tradição do direito positivo brasileiro, cuja lógica deita raiz na presunção de legalidade e de boa-fé intrínseca aos atos praticados por titulares de funções públicas. Portanto, para o direito processual civil, o documento público é um meio de prova que se submete à lógica da tipicidade estabelecida pela lei. Isso, naturalmente, repercutirá quando de sua valoração judicial no *iter* do procedimento probatório, o que potencializa sua força probante.

2. Presunções relativas (*iuris tantum*) quanto à forma e ao conteúdo do documento público. Utilizado no processo jurisdicional como meio de prova, o documento público apresenta-se com dois atributos que marcam seu perfil probatório: legitimidade quanto a sua produção (certeza material) e veracidade quanto a seu conteúdo (certeza ideológica). Naturalmente, cada um desses atributos está radicado na presunção *iuris tantum* estabelecida pelo dispositivo comentado e pode ser elidido judicialmente, em procedimento incidental de falsidade documental ou em ação autônoma de caráter declaratório.

3. Distinção pragmática da utilização do documento público e do documento particular no processo. Salvo na hipótese em que a lei exigir o documento público como prova de determinado fato/ato, documento público e particular provam, por igual, eventual ocorrência de um fato e suas circunstâncias. No plano pragmático do dia a dia do processo, contudo, o documento público goza de maior prestígio persuasivo, por conta da contundência impactante que sua forma e seu conteúdo proporcionam à cognição que levará à decisão judicial.

Artigo 406.

Quando a lei exigir instrumento público como da substância do ato, nenhuma outra prova, por mais especial que seja, pode suprir-lhe a falta.
CORRESPONDÊNCIA NO CPC/1973: *ART. 366.*

1. Ato que só se prova com documento público. Decorre do sistema de direito positivo a circunstância de que alguns atos terão o instrumento público como elemento de sua formação e existência. É o que ocorre, por exemplo, aos negócios jurídicos que **visem** a constituir, transferir, modificar ou renunciar direitos reais imobiliários cujo valor supere 30 (trinta) vezes o valor do salário mínimo vigente no país (art. 108, CC/2002).

Dessa forma, sendo o ato projetado à realização de direito real sobre imóvel cujo valor super aquele teto legal, sua prova somente poderá fazer-se por instrumento público, no caso, através de escritura pública de constituição, transferência, modificação ou renúncia sobre direito real imobiliário de valor superior ao indicado no art. 108 do CC/2002.

Artigo 407.

O documento feito por oficial público incompetente ou sem a obser-vância das formalidades legais, sendo subscrito pelas partes, tem a mesma eficácia probatória do documento particular.
CORRESPONDÊNCIA NO CPC/1973: *ART. 367.*

1. Documento público e particular. Na distinção entre documento público e documento particular, aquele pressupõe a presença de atributos subjetivos (competência) e objetivos (formalidades) que o qualificam assim. A partir daí, por força da fé publica que representada nos documentos públicos naturalmente apresentarão força probante potencializada no plano pragmático. Entretanto, alquebrado em seus atributos subjetivos e objetivos e tendo sido subscrito pelas partes para as quais foi produzido, terá eficácia probatória de documento particular, já que estará pressuposto o fato de que os respectivos sujeitos de direito acompanharam e fizeram parte de sua formação.

Artigo 408.

As declarações constantes do documento particular escrito e assinado ou somente assinado presumem-se verdadeiras em relação ao signatário.
Parágrafo único. Quando, todavia, contiver declaração de ciência de determinado fato, o documento particular prova a ciência, mas não o fato em si, incumbindo o ônus de prová-lo ao interessado em sua veracidade.
CORRESPONDÊNCIA NO CPC/1973: *ART. 368.*

1. Declaração. "Declarar" é ato subjetivo consistente em exteriorizar uma situação que diz respeito ao próprio sujeito ou a determinada situação. Em suma, quem declara realiza declaração sobre si próprio ou sobre algo que lhe é externo. O dispositivo, portanto, versa sobre a força probante das declarações particulares em documentos particulares.

2. Autodeclaração. Declaração sobre si próprio escrita (manual ou mecanicamente) e assinada pelo sujeito, ou somente assinada caso tenha sido escrita por outrem, gera presunção *iuris tantum* de veracidade quanto ao que foi declarado em relação ao próprio declarante.

3. Declaração de fato externo. O parágrafo único deste art. 407 abarca a hipótese da declaração feita pelo sujeito sobre algo que lhe é externo (fato determinado). Em princípio, o declarante o faz em relação àquilo que seus sentidos lhe mostraram sobre determinada situação. Isso deve ser entendido como "em princípio", uma vez que a verdade sobre o fato declarado deverá ser perquirida (provada) por aquele que tiver interesse em sua confirmação. No caso, a declaração prova a ciência do fato pelo declarante, não sua efetiva ocorrência.

ARTIGO 409.

A data do documento particular, quando a seu respeito surgir dúvida ou impugnação entre os litigantes, provar-se-á por todos os meios de direito.

Parágrafo único. Em relação a terceiros, considerar-se-á datado o documento particular:

I – no dia em que foi registrado;

II – desde a morte de algum dos signatários;

III – a partir da impossibilidade física que sobreveio a qualquer dos signatários;

IV – da sua apresentação em repartição pública ou em juízo;

V – do ato ou do fato que estabeleça, de modo certo, a anterioridade da formação do documento.

CORRESPONDÊNCIA NO CPC/1973: *ART. 370.*

1. Datação do documento. É acaciano afirmar que, em princípio, a data do documento particular é a aquela em que foi datado. Sem embargo, questionamento sobre o ponto pode surgir no processo, e isso demandará atuação das partes tanto antes da etapa probatória (levantadas a dúvida ou a impugnação) quanto durante a etapa probatória (medidas voltadas a confirmar ou refutar a suspeita). Isso ocorrendo, será provada a suspeita por todos os meios de prova em direito admitidos, recaindo o encargo probatório sobre a parte que impugna a data do documento particular.

2. Dúvida em relação à data. Recaindo a dúvida quanto à data do documento particular em relação a terceiros, o parágrafo único do dispositivo examinado estabeleceu, aprioristicamente, critérios legais através dos quais se presumirão a data do respectivo documento.

Artigo 410.

Considera-se autor do documento particular:

I – aquele que o fez e o assinou;

II – aquele por conta de quem ele foi feito, estando assinado;

III – aquele que, mandando compô-lo, não o firmou porque, conforme a experiência comum, não se costuma assinar, como livros empresariais e assentos domésticos.

CORRESPONDÊNCIA NO CPC/1973: *ART. 371.*

1. Autoria. Autor do documento particular é seu idealizador material (fê-lo) ou intelectual (mandou fazê-lo), tenha-o assinado (incisos I e II) ou não (inciso III). É disso o que o artigo comentado trata.

Artigo 411.

Considera-se autêntico o documento quando:

I – o tabelião reconhecer a firma do signatário;

II – a autoria estiver identificada por qualquer outro meio legal de certificação, inclusive eletrônico, nos termos da lei;

III – não houver impugnação da parte contra quem foi produzido o documento.

CORRESPONDÊNCIA NO CPC/1973: *ART. 369.*

1. Considerações gerais. A autenticidade do documento, público ou particular, é um dado que sempre estará radicado numa presunção relativa (*iuris tantum*).

No que toca ao documento particular, ele será considerado como autêntico quando a firma de seu autor material ou intelectual vier reconhecida por tabelião; é prática, aliás, rotineira nas relações do dia a dia, notadamente nos médios e grandes centros urbanos (inciso I). Será considerado como autêntico, ainda, quando identificado pelos modernos meios de certificação regulados por lei (inciso II).

Por fim, não havendo impugnação da parte contra quem o documento particular foi produzido, será ele considerado como autêntico (inciso III), até mesmo porque sobre ele não pesará a controvérsia desencadeadora do ônus probatório.

Artigo 412.

O documento particular de cuja autenticidade não se duvida prova que o seu autor fez a declaração que lhe é atribuída.

Parágrafo único. O documento particular admitido expressa ou tacitamente é indivisível, sendo vedado à parte que pretende utilizar-se dele aceitar os fatos que lhe são favoráveis e recusar os que são contrários ao seu interesse, salvo se provar que estes não ocorreram.

CORRESPONDÊNCIA NO CPC/1973: *ART. 373.*

1. **Considerações gerais.** O *caput* do art. 412 deve ser lido em consonância com 408 e seu parágrafo **único**, para que seja aferida a força probante da declaração contida no documento particular.

2. **Conteúdo.** O conteúdo do documento particular é indivisível; admitido de forma expressa ou tácita no processo, de modo que a parte que dele fizer uso deverá aceitá-lo integralmente, salvo se provar que certos fatos nele contidos não ocorreram, situação que atrairá sobre si o respectivo ônus probatório.

Artigo 413.

O telegrama, o radiograma ou qualquer outro meio de transmissão tem a mesma força probatória do documento particular se o original constante da estação expedidora tiver sido assinado pelo remetente.

Parágrafo único. A firma do remetente poderá ser reconhecida pelo tabelião, declarando-se essa circunstância no original depositado na estação expedidora.

CORRESPONDÊNCIA NO CPC/1973: *ART. 374.*

1. **Considerações gerais.** Documentos transmitidos mecânica ou eletronicamente (por telegrama, radiograma, *fax*, *e-mail*, etc.) têm força probante equivalente aos documentos particulares, se o respectivo original estiver assinado pelo seu autor, material ou intelectual.

Artigo 414.

O telegrama ou o radiograma presume-se conforme com o original, provando as datas de sua expedição e de seu recebimento pelo destinatário.

CORRESPONDÊNCIA NO CPC/1973: *ART. 375.*

1. **Idêntico valor.** Documentos enviados por telegrama ou radiograma serão presumidos conforme as respectivas vias originais.

ARTIGO 415.

As cartas e os registros domésticos provam contra quem os escreveu quando:

I – enunciam o recebimento de um crédito;

II – contêm anotação que visa a suprir a falta de título em favor de quem é apontado como credor;

III – expressam conhecimento de fatos para os quais não se exija determinada prova.

CORRESPONDÊNCIA NO CPC/1973: *ART. 376.*

1. Considerações gerais. Cartas e registros domésticos, dada a informalidade em sua formação, presumem-se produzidos unilateralmente e, sua força probante sempre será analisada na perspectiva o art. 408, par**ágrafo ún**ico, projetando-se contra aquele que o escreveu, notadamente se o seu conteúdo disser respeito ao recebimento de um crédito pecuniário (incisos I e II).

Declarado, em documento doméstico, determinado fato para o qual não se exija prova específica, seu conteúdo revelará o conhecimento sobre o acontecimento fático nele tratado.

ARTIGO 416.

A nota escrita pelo credor em qualquer parte de documento representativo de obrigação, ainda que não assinada, faz prova em benefício do devedor.

Parágrafo único. Aplica-se essa regra tanto para o documento que o credor conservar em seu poder quanto para aquele que se achar em poder do devedor ou de terceiro.

CORRESPONDÊNCIA NO CPC/1973: *ART. 377.*

1. Considerações gerais. As anotações manuscritas feitas pelo credor em qualquer documento de conteúdo obrigacional (cheque, nota promissória, instrumento de contrato, etc.) e desde que sejam favoráveis ao devedor, a este aproveitam, ainda que não assinadas. Do mesmo modo, anotações realizadas mecanicamente (digitadas, por exemplo) em títulos dessa natureza, subscritas pelo credor, terão o mesmo impacto probante em favor do devedor, sendo irrelevante o fato de o documento estar na posse do credor ou mesmo do devedor.

ARTIGO 417.

Os livros empresariais provam contra seu autor, sendo lícito ao empresário, todavia, demonstrar, por todos os meios permitidos em direito, que os lançamentos não correspondem à verdade dos fatos.

CORRESPONDÊNCIA NO CPC/1973: *ART. 378.*

1. **Os livros e fichas dos empresários (art. 226, parágrafo único, CC/2002).** A atividade empresarial devidamente formalizada pressupõe várias obrigações aos respectivos empreendedores, entre elas a escrituração dos respectivos livros e fichas. O respectivo conteúdo tem força probante bifronte, podendo ser contrário ou favorável ao empresário, a depender do que lá conste. De todo modo, sempre será permitido ao autor da respectiva escrituração demonstrar que o conteúdo escriturado não corresponde à realidade dos fatos.

Artigo 418.
Os livros empresariais que preencham os requisitos exigidos por lei provam a favor de seu autor no litígio entre empresários.
CORRESPONDÊNCIA NO CPC/1973: *ART. 379.*

1. **Força probante favorável da escrituração empresarial.** De mesmo modo que o conteúdo dos livros empresariais prova contra o seu autor, a escrituração empresarial rigorosamente elaborada nos termos da lei fará prova favorável a seu autor nas demandas entre empresários. Trata-se da força probante bifronte dos respectivos documentos.

Artigo 419.
A escrituração contábil é indivisível, e, se dos fatos que resultam dos lançamentos, uns são favoráveis ao interesse de seu autor e outros lhe são contrários, ambos serão considerados em conjunto, como unidade.
CORRESPONDÊNCIA NO CPC/1973: *ART. 380.*

1. **Indivisibilidade.** Por força da indivisibilidade da escrituração contábil, o conteúdo dos respectivos lançamentos poderá ser contrário ou favorável a seu autor, reforçando, portanto, o caráter bifronte da força probante dos livros/fichas empresariais.

Artigo 420.
O juiz pode ordenar, a requerimento da parte, a exibição integral dos livros empresariais e dos documentos do arquivo:
I – na liquidação de sociedade;
II – na sucessão por morte de sócio;
III – quando e como determinar a lei.
CORRESPONDÊNCIA NO CPC/1973: *ART. 381.*

1. **Exibição integral dos livros empresariais determinada pelo juiz.** O dispositivo em comento pressupõe a instauração de procedimento de exibição de coisa, que

obviamente deve partir da iniciativa postulatória da parte interessada, seja através de produção antecipada de prova (arts. 381 e seguintes, CPC/2015), seja através exibição de documento ou coisa (arts. 396 e seguintes, CPC/2015). Como não poderia deixar de ser, o próprio *caput* do art. 420 prevê que o juiz somente poderá ordenar, se houver – expresso – requerimento da parte interessada.

Artigo 421.

O juiz pode, de ofício, ordenar à parte a exibição parcial dos livros e dos documentos, extraindo-se deles a suma que interessar ao litígio, bem como reproduções autenticadas.
CORRESPONDÊNCIA NO CPC/1973: *ART. 382.*

1. Poderá o juiz ordenar, de ofício, a exibição parcial de livros e documentos?
Este art. 421 reproduz, *ipsis litteris*, o mesmo conteúdo redacional contido no revogado art. 383 do CPC/1973. Sem se dar conta, o legislador do CPC/2015 manteve um enunciado prescritivo que viabiliza uma postura inquisitivo-autoritária, já que potencializa a iniciativa probatória *ex officio*, contrariando a acusatoriedade que marca o processo jurisdicional no marco republicano e democrático no qual está fundada a ordem jurídica brasileira. Logo, essa previsão legal apresenta-se verticalmente incompatível com as diretrizes constitucionais, que exigem imparcialidade e impartialidade (não ter atitude de parte) órgão judicante.

Em suma, ainda que baseadas em disposições infraconstitucionais – de duvidosa constitucionalidade –, iniciativas instrutórias de ofício rompem com a lógica dispositiva que orienta o processo civil e que, exatamente por isso, põe nas mãos da parte o ônus da iniciativa probatória em prol da confirmação dos fatos contidos na petição inicial ou na defesa com o fim da obtenção de um resultado final que lhe seja favorável.

Artigo 422.

Qualquer reprodução mecânica, como a fotográfica, a cinematográfica, a fonográfica ou de outra espécie, tem aptidão para fazer prova dos fatos ou das coisas representadas, se a sua conformidade com o documento original não for impugnada por aquele contra quem foi produzida.

§ 1º As fotografias digitais e as extraídas da rede mundial de computadores fazem prova das imagens que reproduzem, devendo, se impugnadas, ser apresentada a respectiva autenticação eletrônica ou, não sendo possível, realizada perícia.

§ 2º Se se tratar de fotografia publicada em jornal ou revista, será exigido um exemplar original do periódico, caso impugnada a veracidade pela outra parte.

§ 3º Aplica-se o disposto neste artigo à forma impressa de mensagem eletrônica.
CORRESPONDÊNCIA NO CPC/1973: *ART. 383.*

1. Reprodução mecânica de documento original. A ideia de documento sugere a ocorrência de registro de ato ou fato contido em qualquer suporte físico material (papel, madeira, pedra, fita magnética, etc). Logo, a reprodução mecânica de documento original gera novo documento, ainda que este documento novo reproduza integralmente o conteúdo daquele documento original. E se assim o é, bastaria o legislador ter disposto que o documento reproduzido mecanicamente poderá ter o seu conteúdo material ou ideológico impugnado, na forma da lei, por aquele contra quem foi produzido.

2. Prolixidade dos parágrafos do art. 422. O legislador foi demasiadamente prolixo na forma com que estruturou os três parágrafos do art. 422. Uma rápida leitura do dispositivo comentado revela que a hipótese de incidência é a reprodução mecânica de documento original, o que invariavelmente gerará outro documento. Portanto, em se tratando de documento, sua impugnação ocorrerá pelo caminho comum da arguição de falsidade material ou ideológica. É irrelevante o fato de que se trate, ou não, de reprodução mecânica, uma vez que isso não altera a natureza jurídica do respectivo meio de prova, que seguirá sendo de perfil documental.

Artigo 423.

As reproduções dos documentos particulares, fotográficas ou obtidas por outros processos de repetição, valem como certidões sempre que o escrivão ou o chefe de secretaria certificar sua conformidade com o original.
CORRESPONDÊNCIA NO CPC/1973: *ART. 384.*

1. Reprodução de documentos particulares e fé pública. A reprodução de documento particular gera outro documento, ainda que ambos ostentem o mesmo conteúdo. Ocorrendo isso, e sempre que a respectiva conformidade com a via original for atestada por escrivão (Judiciário estadual) ou por chefe de secretaria (Judiciário federal), a respectiva reprodução valerá como certidão, leia-se, corresponderá com o original, em razão do atributo de fé pública que marca os atos administrativos dos respectivos servidores estatais.

Artigo 424.

A cópia de documento particular tem o mesmo valor probante que o original, cabendo ao escrivão, intimadas as partes, proceder à conferência e certificar a conformidade entre a cópia e o original.
CORRESPONDÊNCIA NO CPC/1973: *ART. 385.*

1. Considerações gerais. O art. 424 é um mero complemento do artigo art. 432 e simplesmente reforça a fé pública do ato do escrivão ou chefe de secretaria ao proceder **à conferência e à** certificação de conformidade entre o documento original e sua cópia.

Artigo 425.

Fazem a mesma prova que os originais:

I – as certidões textuais de qualquer peça dos autos, do protocolo das audiências ou de outro livro a cargo do escrivão ou do chefe de secretaria, se extraídas por ele ou sob sua vigilância e por ele subscritas;

II – os traslados e as certidões extraídas por oficial público de instrumentos ou documentos lançados em suas notas;

III – as reproduções dos documentos públicos, desde que autenticadas por oficial público ou conferidas em cartório com os respectivos originais;

IV – as cópias reprográficas de peças do próprio processo judicial declaradas autênticas pelo advogado, sob sua responsabilidade pessoal, se não lhes for impugnada a autenticidade;

V – os extratos digitais de bancos de dados públicos e privados, desde que atestado pelo seu emitente, sob as penas da lei, que as informações conferem com o que consta na origem;

VI – as reproduções digitalizadas de qualquer documento público ou particular, quando juntadas aos autos pelos órgãos da justiça e seus auxiliares, pelo Ministério Público e seus auxiliares, pela Defensoria Pública e seus auxiliares, pelas procuradorias, pelas repartições públicas em geral e por advogados, ressalvada a alegação motivada e fundamentada de adulteração.

§ 1º Os originais dos documentos digitalizados mencionados no inciso VI deverão ser preservados pelo seu detentor até o final do prazo para propositura de ação rescisória.

§ 2º Tratando-se de cópia digital de título executivo extrajudicial ou de documento relevante à instrução do processo, o juiz poderá determinar seu depósito em cartório ou secretaria.

CORRESPONDÊNCIA NO CPC/1973: *ART. 365.*

1. Força probante de documentos reproduzidos a partir de sua versão original. Nas situações previstas na estrutura do art. 425, em incisos e em parágrafos, o legislador estabeleceu a força probante de certos documentos que reproduzem a respectiva versão original. A leitura dos incisos I a VI do art. 425 denota dois critérios que foram utilizados pelo legislador para concluir que certas reproduções terão a mesma força probante de que seus originais: (i) fé pública, quando se refere às certidões de servidores do Judiciário (escrivão e chefe de secretaria) e aos traslados, certidões e reproduções realizadas por oficiais de registros públicos; (ii) boa-fé objetiva, quando se refere a documentos aportados aos autos por sujeitos processuais dotados de capacidade postulatória, ou aos extratos constantes em banco de dados públicos e privados atestados por seus emitentes e quando utilizados como meio de prova.

2. Reprodução digitalizada de qualquer documento, público ou particular (inciso VI). Atualmente, tão comuns quanto às reproduções fotocopiadas são as reproduções digitalizadas, não havendo nenhuma razão de ordem racional para que documentos digitalizados sejam aportados em autos de processo físicos. Aliás, na atual realidade onde impera o aperfeiçoamento tecnológico voltado a implementar o processo digital por todo o Brasil, todos os documentos lhe são inseridos pela forma digitalizada. Vale dizer, a partir da versão original, procede-se à reprodução digitalizada. Naturalmente que será possível questionamento acerca de eventual adulteração, o que deverá ser feito através do procedimento de arguição de falsidade (arts. 430 a 433, CPC/2015).

2.1. Preservação do documento original digitalizado (parágrafo 1º). Este parágrafo 1º, obviamente, não se presta aos processos digitais, já que, nesses casos, todos os documentos são inseridos através de via digitalizada. A advertência dada pelo legislador evidentemente diz respeito ao documento digitalizado que foi utilizado em autos de processo físicos. Isso ocorrendo, a respectiva via original deverá ser preservada até o final do prazo decadencial do ajuizamento de possível ação rescisória, uma vez que o documento original poderá ter de ser utilizado no processo inaugurado pela respectiva ação.

Seja como for, a questão merece um contraponto. É que, no processo originário onde foi utilizado o documento digitalizado, nada sendo suscitado à guisa de arguição de falsidade, obviamente que a via digitalizada, para todos os efeitos, terá desencadeado a força probante que lhe é própria e que é garantida pelo *caput* do art. 425.

Dessa forma, se, por qualquer razão, a via original do documento que foi digitalizado se esvanecer, pensamos que seja de baixíssima – ou de nenhuma – relevância eventual ataque argumentativo em desfavor de quem deveria preservá-lo. Isso porque a via digitalizada, por não ter tido sua autenticidade impugnada no processo originário, terá a mesma força probante da versão original, conforme expressa disposição do art. 425, *caput*.

Essa lógica da irrelevância em ter sido preservado, ou não, o documento original até o esvaimento do lapso temporal da propositura da ação rescisória ganha maior dimensão se, no processo originário, tiver sido suscitada a arguição de falsidade e esta, quando da decisão judicial, tenha sido desacolhida.

2.2. Digitalização de título extrajudicial ou de documento relevante à instrução do processo (parágrafo 2º). Tratando-se de digitalização de título executivo extrajudicial ou de documento de especial relevo à instrução probatória, afirma o parágrafo 2º do art. 425 que o juiz poderá determinar seu depósito na serventia judicial em que tramita o processo. Reitera-se que o comando legal aqui examinado só faz sentido em se tratando de autos de processos físicos.

Sem embargo, essa possibilidade legal – no sentido de que o juiz poderá determinar seu depósito em cartório (Judiciário estadual) ou secretaria (Judiciário federal) – somente estará franqueada desde que a parte interessada assim o requeira, uma vez que é sua a desincumbência dos ônus que são próprios à atividade probatória voltada a obtenção de um resultado final que lhe seja favorável. Rechaça-se, uma vez mais, qualquer investida inquisitivo-autoritária do juiz sobre os ônus processuais das partes, sob pena do rompimento de sua imparcialidade (não ter atitude de parte).

Artigo 426.

O juiz apreciará fundamentadamente a fé que deva merecer o documento, quando em ponto substancial e sem ressalva contiver entrelinha, emenda, borrão ou cancelamento.

CORRESPONDÊNCIA NO CPC/1973: *ART. 386.*

1. Alterações visíveis nos documentos. Entrelinha, emenda, borrão ou cancelamento são alterações visíveis nos aspectos formais de determinado documento. Significa dizer que a versão produzida originalmente sofreu posteriores alterações, diversas do padrão geral gráfico-estilístico no qual o documento foi formado. Obviamente que o comando do art. 426 se imporá na hipótese no caso de uma das partes ter chamado a atenção para o acréscimo e/ou alteração posteriores. Isso porque, se nenhuma das partes se manifestar a respeito, aceitando o documento tal como ele se apresenta, é evidente que o juiz deverá aceitá-lo e valorá-lo da forma como apresentado no processo, considerando a entrelinha, a emenda, o borrão ou o cancelamento como acréscimos/alterações integrantes do conteúdo ideológico do respectivo documento.

Artigo 427.

Cessa a fé do documento público ou particular sendo-lhe declarada judicialmente a falsidade.

Parágrafo único. A falsidade consiste em:
I – formar documento não verdadeiro;
II – alterar documento verdadeiro.

CORRESPONDÊNCIA NO CPC/1973: *ART. 387.*

1. Fé do documento e declaração de falsidade. Declarado judicialmente a falsidade de documento público ou particular (art. 19, II, CPC/2015), cessará a presunção de veracidade que lhe qualificava como meio de prova. Necessário, portanto, declaração judicial, categoria técnico-processual que pressupõe antecedente pedido a viabilizar dispositivo sentencial de eficácia declaratória. Significa dizer que eventual reconhecimento *incidenter tantum* de eventual falsidade/irregularidade no documento não é capaz de, por si só, tornar esquálida a presunção de veracidade documental caso o respectivo meio de prova seja utilizado em outro processo. O que esvaziará, por completo, a fé de um documento público ou particular será a sentença declaratória de sua falsidade, e isso, como afirmado, pressupõe o correlato pedido.

2. Falsidade documental (ideológica ou material). A falsidade de um documento pode estar radicada em duas causas. Será ideológica ou material. A falsidade ideológica consiste em omitir, inserir ou fazer inserir conteúdo em documento que não corresponda com a realidade e/ou a respectiva manifestação de vontade. Em suma, formou-se documento não verdadeiro. É a hipótese do inciso I. Já a falsidade material consiste em alterar/adulterar, total ou parcialmente, o documento, afetando o aspecto formal de documento verdadeiro anteriormente produzido. É a hipótese do inciso II.

Artigo 428.
Cessa a fé do documento particular quando:
I – for impugnada sua autenticidade e enquanto não se comprovar sua veracidade;
II – assinado em branco, for impugnado seu conteúdo, por preenchimento abusivo.
Parágrafo único. Dar-se-á abuso quando aquele que recebeu documento assinado com texto não escrito no todo ou em parte formá-lo ou completá-lo por si ou por meio de outrem, violando o pacto feito com o signatário.
CORRESPONDÊNCIA NO CPC/1973: *ART. 388.*

1. Considerações gerais. A estrutura deste artigo em comento refere-se exclusivamente ao documento particular. Contudo, quando se o arrosta com artigo que lhe é anterior (427 e incisos), ele se mostra contraditório. É que o *caput* do art. 427 exige declaração judicial de falsidade para que cesse a fé de documento público ou privado. Aqui, no art. 428, houve um aparente contentamento com a mera impugnação à autenticidade para, enquanto não provada sua veracidade, que se lhe cesse a fé. O inciso II, ainda, considera como indigno de fé o documento que, assinado em branco, teve seu conteúdo impugnado sob o argumento de ser abusivo. Queremos crer que uma interpretação possível – compatível com a contundência determinante do art. 427 (cessação de fé do documento somente com declaração judicial de falsidade) – seja no sentido de que o respectivo documento particular das hipóteses do art. 428 deverá ter sua fé valorada fundamentadamente pelo juiz, e não cessada, como inadvertidamente prevê o *caput*.

Artigo 429.

Incumbe o ônus da prova quando:

I – se tratar de falsidade de documento ou de preenchimento abusivo, à parte que a arguir;

II – se tratar de impugnação da autenticidade, à parte que produziu o documento.

CORRESPONDÊNCIA NO CPC/1973: *ART. 389.*

1. Considerações gerais. O dispositivo em comento versa sobre o ônus probatório em matéria de falsidade documental. Em se tratando de falsidade de documento ou preenchimento abusivo (falsidade ideológica), o encargo probatório segue a regra comum do CPC/2015: incumbirá ônus a quem arguiu a falsidade (art. 373, I, CPC/2015). Tratando-se, por outro lado, de impugnação relacionada à autenticidade do documento (falsidade material), o ônus de provar a veracidade documental recairá sobre quem produziu o documento, em uma clara opção legal de inversão do encargo probatório.

SUBSEÇÃO II – Da Arguição de Falsidade

Artigo 430.

A falsidade deve ser suscitada na contestação, na réplica ou no prazo de 15 (quinze) dias, contado a partir da intimação da juntada do documento aos autos.

Parágrafo único. Uma vez arguida, a falsidade será resolvida como questão incidental, salvo se a parte requerer que o juiz a decida como questão principal, nos termos do inciso II do art. 19.

CORRESPONDÊNCIA NO CPC/1973: *ART. 390.*

1. Reconhecimento *incidenter tantum* da falsidade documental. Modificando a regra que vigorava no CPC/1973 – no sentido de que a arguição da falsidade documental ocorria como um incidente processual –, atualmente foi simplificada a técnica para reconhecimento da falsidade. O *caput* do art. 430 permite que a falsidade seja arguida incidentalmente em três momentos distintos: (i) na contestação (pelo réu); (ii) na réplica (pelo autor); ou (iii) dentro de 15 (quinze) dias após a intimação da juntada de documento pela parte contrária (pelo autor ou pelo réu). Em qualquer dessas hipóteses, eventual arguição e posterior reconhecimento da falsidade serão efetuados *incidenter tantum* e integrarão, única e tão somente, os fundamentos da sentença, não o *dispositivo*, significando que não haverá coisa julgada sobre o tema.

2. Pedido de declaração de falsidade. O CPC/2015, contudo, franqueou à parte a possibilidade de pedir a declaração de falsidade como questão principal, conforme expressa autorização do art. 19, II. Nesse caso, o pedido poderá ser formulado: (i) em demanda autônoma; (ii) como pedido cumulado; ou (iii) em reconvenção (art. 343, *caput*). Nesses casos, na medida em que integrante do pedido, consequentemente será abrangido no dispositivo da sentença e, como tal, fará coisa julgada.

Artigo 431.

A parte arguirá a falsidade expondo os motivos em que funda a sua pretensão e os meios com que provará o alegado.
CORRESPONDÊNCIA NO CPC/1973: *ART. 391.*

1. Arguição de falsidade. Seja a falsidade documental arguida para ser reconhecida *incidenter tantum*, seja ela deduzida como pedido a ser decidido pelo dispositivo da sentença, caberá ao interessado fundamentar sua pretensão e indicar os meios de prova voltados a confirmar a alegação de falsidade.

Artigo 432.

Depois de ouvida a outra parte no prazo de 15 (quinze) dias, será realizada a prova pericial.
Parágrafo único. Parágrafo único. Não se procederá ao exame pericial, se a parte que produziu o documento concordar em retirá-lo.
CORRESPONDÊNCIA NO CPC/1973: *ART. 392.*

1. Perícia sobre o documento cuja falsidade se lhe imputa. Estabelecido contraditório diante da arguição da falsidade, será determinado o exame pericial sobre o documento apontado como falso. Sem embargo, caso a parte que o juntou aos autos concorde em retirá-lo, de modo que o respectivo documento não mais se prestará como meio de prova no processo, será desnecessário exame pericial sobre ele, ao menos no respectivo processo.

Artigo 433.

A declaração sobre a falsidade do documento, quando suscitada como questão principal, constará da parte dispositiva da sentença e sobre e sobre ela incidirá também autoridade de coisa julgada.
CORRESPONDÊNCIA NO CPC/1973: *ART. 395.*

1. Declaração de falsidade. A previsão deste artigo é demasiadamente acaciana, na medida em que: (i) falar em "declaração" tecnicamente significa falar em sentença declaratória, que assim o será por trazer consigo dispositivo de caráter declaratório; (ii) se a falsidade for suscitada como questão principal, tecnicamente significa dizer que houve pedido expresso de declaração da falsidade; (iii) se houver pedido, haverá o correlato dispositivo, o que significa dizer que a respectiva solução terá o atributo de coisa julgada. Portanto, ainda que tecnicamente exato o enunciado prescritivo contido neste artigo, tudo o que nele se afirma é rigorosamente desnecessário, já que é um resultado normal da própria dinâmica do processo.

SUBSEÇÃO III – Da Produção da Prova Documental

Artigo 434.
Incumbe à parte instruir a petição inicial ou a contestação com os documentos destinados a provar suas alegações.
Parágrafo único. Quando o documento consistir em reprodução cinematográfica ou fonográfica, a parte deverá trazê-lo nos termos do *caput*, mas sua exposição será realizada em audiência, intimando-se previamente as partes.
CORRESPONDÊNCIA NO CPC/1973: *ART. 396.*

1. **Juntada de documento: um dos aspectos do momento da prova.** No estudo da teoria geral da prova, é comum a doutrina falar em momento da prova, que seriam 3 (três): (i) juntada/requerimento; (ii) deferimento; e (iii) produção. Em se tratando de documento, o CPC/2015 prevê que o momento da juntada será na inicial, para o autor, e na contestação, para o réu. Naturalmente, este específico aspecto do momento da prova documental não invalida a possibilidade de juntada de documento novo, ou mesmo daquele de cuja existência a parte tenha tomado conhecimento após a petição inicial ou a contestação (art. 435, parágrafo único, CPC/2015).
2. **Juntada de documento com conteúdo cinematográfico ou fonográfico.** Materiais como *CDs*, *pen drives* e afins contendo material cinematográfico ou fonográfico, também devem ser juntados pelas partes na inicial e na contestação. Este é o respectivo momento da juntada. Sendo o caso, a exibição desse material será feita em audiência, com intimação prévia das partes para acompanhá-la.

Artigo 435.
É lícito às partes, em qualquer tempo, juntar aos autos documentos novos, quando destinados a fazer prova de fatos ocorridos depois dos articulados ou para contrapô-los aos que foram produzidos nos autos.
Parágrafo único. Admite-se também a juntada posterior de documentos formados após a petição inicial ou a contestação, bem como dos que se

DO PROCEDIMENTO COMUM   ART. 436

tornaram conhecidos, acessíveis ou disponíveis após esses atos, cabendo à parte que os produzir comprovar o motivo que a impediu de juntá-los anteriormente e incumbindo ao juiz, em qualquer caso, avaliar a conduta da parte de acordo com o art. 5º.

CORRESPONDÊNCIA NO CPC/1973: *ART. 397.*

1. Documento novo. Como dito acima, o momento da juntada dos documentos aptos a confirmar as alegações fáticas do autor e do réu será na inicial e na contestação, respectivamente. Contudo, poderá surgir o chamado "documento novo", que é aquele voltado a confirmar fatos ocorridos posteriormente aos alegados pelas partes no momento oportuno, repita-se, na inicial ou na contestação.

2. Juntada posterior de documento existente. Além do documento novo, também será possível a juntada posterior de documento em duas situações distintas: (i) em relação a documentos formados após a inicial e a contestação, porém sobre os fatos nelas narrados; e (ii) em relação a documentos pré-existentes que, por alguma razão a ser justificada pela parte, não foram juntados à inicial ou à contestação, cabendo ao juiz observar se a respectiva conduta está de acordo com a boa-fé processual.

Artigo 436.
A parte, intimada a falar sobre documento constante dos autos, poderá:
I – impugnar a admissibilidade da prova documental;
II – impugnar sua autenticidade;
III – suscitar sua falsidade, com ou sem deflagração do incidente de arguição de falsidade;
IV – manifestar-se sobre seu conteúdo.
Parágrafo único. Nas hipóteses dos incisos II e III, a impugnação terá de basear-se em argumentação específica, não se admitindo alegação genérica de falsidade.

CORRESPONDÊNCIA NO CPC/1973: *ART. 398.*

1. Contraditório sobre o documento juntado. Juntado qualquer documento ao processo, em qualquer fase do procedimento, necessariamente haverá intimação da parte contrária para que sobre ele se manifeste, situação normal para realizar o efetivo contraditório, antes de tudo uma garantia constitucional. A partir daí, a parte contra quem o documento foi produzido poderá impugná-lo (incisos I e II), arguir falsidade (inciso III) ou limitar-se a fazer considerações sobre o seu conteúdo (inciso IV).

2. Incoerência do inciso III. Parece-nos que o inc. III deste art. 436 é incoerente com o disposto no art. 430, **parágrafo único**, e a razão para isso é simples. É que, diferente do que acontecia com o CPC/1973 (arts. 390-395), o atual CPC/2015 **não mais**

prevê o "incidente de arguição de falsidade". Atualmente, talvez com o intuito de simplificação procedimental, a falsidade será arguida na contestação (pelo réu), na réplica (pelo autor) ou dentro de 15 (quinze) dias, caso a juntada do documento se dê em outro momento do processo (tanto para o autor quanto para o réu). Além disso, também será possível que a falsidade documental conste como pedido de caráter declaratório (art. 19, II), seja na petição inicial, seja na reconvenção (art. 343).

3. Necessidade de fundamentação. Obviamente que o contraditório sobre o documento juntado aos autos deverá ser alicerçado em argumentação específica, revelando os motivos pelos quais a parte se insurge contra esse meio de prova, não sendo aceita alegação genérica sobre eventual falsidade.

Artigo 437.

O réu manifestar-se-á na contestação sobre os documentos anexados à inicial, o autor manifestar-se-á na réplica sobre os documentos anexados à contestação.

§ 1º Sempre que uma das partes requerer a juntada de documento aos autos, o juiz ouvirá, a seu respeito, a outra parte, que disporá do prazo de 15 (quinze) dias para adotar qualquer das posturas indicadas no art. 436.

§ 2º Poderá o juiz, a requerimento da parte, dilatar o prazo para manifestação sobre a prova documental produzida, levando em consideração a quantidade e a complexidade da documentação.

CORRESPONDÊNCIA NO CPC/1973: *ART. 398.*

1. Ônus de manifestação sobre documento juntado. Como regra, a manifestação sobre qualquer documento deverá ser feita na contestação (pelo réu) e na réplica, (pelo autor), em relação aos documentos aportados aos autos pelas partes no momento processualmente oportuno, é dizer, na inicial e na contestação. Juntado o documento em momento posterior, será dada à parte contrária o prazo de 15 (quinze) dias para sobre ele se manifestar e, eventualmente, desqualificá-lo, tomando uma das condutas previstas no art. 436.

2. Dilação do prazo para manifestação. Na eventualidade da juntada de um volume razoável de documentos, cuja análise requeria a parte um lapso temporal superior a regra dos 15 (quinze) dias, poderá ser requerido ao juiz, naturalmente, com um mínimo de fundamentação à guisa de justificativa, que amplie o prazo para além dos 15 (quinze) dias.

Artigo 438.

O juiz requisitará às repartições públicas, em qualquer tempo ou grau de jurisdição:

I – as certidões necessárias à prova das alegações das partes;

II – os procedimentos administrativos nas causas em que forem interessados a União, os Estados, o Distrito Federal, os Municípios ou entidades da administração indireta.

§ 1º Recebidos os autos, o juiz mandará extrair, no prazo máximo e improrrogável de 1 (um) mês, certidões ou reproduções fotográficas das peças que indicar e das que forem indicadas pelas partes e, em seguida, devolverá os autos à repartição de origem.

§ 2º As repartições públicas poderão fornecer todos os documentos em meio eletrônico, conforme disposto em lei, certificando, pelo mesmo meio, que se trata de extrato fiel do que consta em seu banco de dados ou do documento digitalizado.

CORRESPONDÊNCIA NO CPC/1973: *ART. 399.*

1. **Requisição de documentos ou procedimentos às repartições públicas.** Fruto da atividade probatória no curso do processo, sempre haverá a possibilidade de o juiz requisitar (determinar) a qualquer repartição pública o envio de documentos ou procedimentos de interesse probatório. Sem embargo, a requisição deve ser precedida de requerimento fundamentado da parte interessada, não devendo ser tomada como medida *ex officio*, sob pena de quebra da imparcialidade do juiz (não ter atitude de parte), já que a inciativa probatória é um ônus da parte voltado a confirmar fatos de seu interesse. Deve ser rejeitada, portanto, eventual iniciativa probatória do juiz.

2. **Envio de documentos por meio eletrônico.** Sendo-lhe requisitado, as repartições públicas poderão enviar os respectivos documentos por meio eletrônico, certificando que o conteúdo corresponde exatamente àquilo que existe em seu banco de dados.

SEÇÃO VIII – Dos Documentos Eletrônicos

ARTIGO 439.

A utilização de documentos eletrônicos no processo convencional dependerá de sua conversão à forma impressa e de verificação de sua autenticidade, na forma da lei.

CORRESPONDÊNCIA NO CPC/1973: *NÃO HÁ.*

1. **Documento eletrônico.** Grosso modo, entende-se por documento eletrônico aquele cujo conteúdo não está repousado sobre uma base física. São exemplos: páginas web, e-mails, documentos digitalizados, etc. Uma vez convertidos em versão impressa para juntada a autos de processos físicos, isso, na prática, significa que o documento pas-

sará a ser um de papel, à guisa do que acontece com os instrumentos de contrato. Dessa forma, eventual insurgência contra sua autenticidade deverá ser feita através da arguição de falsidade, seja como questão incidental (reconhecimento incidenter tantum), seja como questão principal (pedido-dispositivo-coisa julgada).

Artigo 440.
O juiz apreciará o valor probante do documento eletrônico não convertido, assegurado às partes o acesso ao seu teor.
CORRESPONDÊNCIA NO CPC/1973: *NÃO HÁ.*

1. Considerações gerais. A hipótese do artigo refere-se aos documentos eletrônicos juntados a processos físicos por mídias eletrônicas (*CDs, pen drives,* etc). Nesse caso, como não foi convertido em versão impressa, será viabilizado acesso ao seu teor às partes para que, em sendo o caso, haja eventual impugnação quanto à autenticidade, situação em que o juiz apreciará o valor probatório do respectivo documento eletrônico.

Artigo 441.
Serão admitidos documentos eletrônicos produzidos e conservados com a observância da legislação específica.
CORRESPONDÊNCIA NO CPC/1973: *NÃO HÁ.*

1. Considerações gerais. A previsão legal é autoexplicativa e, a partir da lei de regência, serão viabilizadas a análise e a aferição do valor probatório de documentos eletrônicos utilizados no processo, físico ou virtual, como meio de prova.

SEÇÃO IX – Da Prova Testemunhal

SUBSEÇÃO I – Da Admissibilidade e do Valor da Prova Testemunhal

Artigo 442.
A prova testemunhal é sempre admissível, não dispondo a lei de modo diverso.
CORRESPONDÊNCIA NO CPC/1973: *ART. 400.*

Artigo 443.
O juiz indeferirá a inquirição de testemunhas sobre fatos:

I – já provados por documento ou confissão da parte;
II – que só por documento ou por exame pericial puderem ser provados.
CORRESPONDÊNCIA NO CPC/1973: *ART. 400*.

1. Prova testemunhal. De início, verifica-se que os atuais artigos 442 e 443 do CPC/2015 correspondem ao art. 400 do CPC/1973, sem nenhuma mudança substancial em sua redação.

Prova testemunhal é a modalidade de prova que consiste na oitiva de terceiro estranho à lide, em audiência, sobre fatos controvertidos e considerados como importantes para o julgamento do processo.

Em geral, pode-se dizer que a testemunha deve depor sobre fatos de que tem conhecimento; que foram por ela presenciados.

2. Prova testemunhal e costume. O STJ já admitiu a utilização da prova testemunhal para a prova de direito consuetudinário, conforme interessante julgamento ocorrido em 12/05/2009, em acórdão relatado pela Ministra Nancy Andrighi, da terceira turma: "Há desvio de perspectiva na afirmação de que só a prova documental derivada do assentamento demonstra um uso ou costume comercial. O que ocorre é a atribuição de um valor especial – de prova plena – àquela assim constituída; mas disso não se extrai, como pretende a recorrente, que o assentamento é o único meio de se provar um costume. – Não é possível excluir, de plano, a possibilidade de que a existência de um costume mercantil seja demonstrada por via testemunhal.". (STJ, Resp 877.074/RJ).

3. Prova testemunhal e convencimento motivado. A prova testemunhal é destinada ao magistrado, a quem cabe, dentro da sistemática do "convencimento motivado", sopesar o adequado valor desta prova oral no universo de fatos alegados nos autos do processo; e, após o devido cotejo entre as provas produzidas, motivar seu convencimento ao sentenciar.

4. Restrições ao deferimento da prova testemunhal. Como regra geral, a prova testemunhal é sempre admitida, podendo, contudo, ter sua produção indeferida quando tiver por objeto fatos já provados por documento ou confissão da parte e/ou fatos que só por documento ou por exame pericial puderem ser provados.

Luiz Guilherme Marinoni observa que a restrição do art. 443 do CPC/2015 está em linha com o princípio da efetividade processual, na medida em que contribui para a adequada duração do processo: "Na verdade, como a regra processual sempre deve ser pensada à luz do princípio constitucional da efetividade, existindo a confissão, e portanto, não sendo mais controverso o fato, não há razão para se alongar desnecessariamente o tempo do processo, principalmente quando se sabe que todos têm direito constitucional a uma resposta jurisdicional em tempo razoável". (MARINONI, Luiz Guilherme; ARENHART, Sérgio Cruz, *Prova*, 2. ed. rev. São Paulo, RT, 2011, p. 735).

Na linha de restrição ao uso da prova testemunhal, nos termos do art. 443 do CPC/2015, seguem interessantes julgados do STJ: "Sem que o embargante tivesse apresentado qualquer início material de prova do pagamento alegado, por ocasião do oferecimento dos embargos do devedor, a oitiva de testemunhas, por si só, não se prestaria a desconstituir a força do título que aparelhou a execução, em face das características de autonomia e literalidade que lhe são inatas." (STJ, EDcl no AgRg no REsp 251.038/SP); e "A prova exclusivamente testemunhal é inidônea para a comprovação do pagamento de debito fiscal, cuja certidão da divida ativa goza da presunção de liquidez e certeza." (STJ, REsp 119.432/PR).

Também na linha de relativizar o uso exclusivo da prova testemunhal, para fins previdenciários, os artigos 55, §3º, e 106, da Lei 8.213/91, impedem a concessão de benefício ao trabalhador que provar tempo de serviço por meio meramente testemunhal. Esses artigos foram considerados como válidos pelo STJ, conforme Súmula 149: "A prova exclusivamente testemunhal não basta à comprovação da atividade rurícola, para efeito da obtenção de beneficio previdenciário".

É evidente que, com base em uma leitura constitucional do processo, e dentro do sistema do "convencimento motivado", o magistrado, até mesmo para preservar o devido processo legal e a ampla defesa, e sempre sem prejuízo da efetividade processual, pode e deve sopesar os valores envolvidos em determinado caso concreto, para, posteriormente, decidir se as limitações do art. 443 do CPC/2015 são absolutas ou se, diante da relevância de uma determinada situação concreta, podem ser relativizadas, autorizando-se, com isso, a produção de prova testemunhal que possa ser útil para a melhor apreciação da lide.

Neste sentido, oportuno é o magistério de José Roberto dos Santos Bedaque: "deve o juiz ir à procura da verdade; tentar descobri-la. Por isso, não se pode admitir que a vontade dos litigantes seja um empecilho à atividade instrutória oficial. O que não se pode mais aceitar é a suposta vinculação do juiz civil à denominada verdade formal, porque a denominada verdade real deveria apenas existir no âmbito penal. Tais expressões incluem-se entre aquelas que devem ser banidas da ciência processual. Verdade formal é sinônimo de mentira formal, pois ambas constituem as duas faces do mesmo fenômeno: o julgamento feito à luz de elementos insuficientes para verificação da realidade jurídico material" (BEDAQUE, José Roberto dos Santos, *Poderes instrutórios do juiz*, 5. ed., São Paulo, RT, 2011. p. 19).

A lição abaixo, também do professor José Roberto dos Santos Bedaque, é útil para a reflexão sobre o tema: "Processo efetivo é aquele que, observado o equilíbrio entre os valores segurança e celeridade, proporciona às partes o resultado desejado pelo direito material. Pretende-se aprimorar o instrumento estatal destinado a fornecer a tutela jurisdicional. Mas constitui perigosa ilusão pensar que simplesmente conferir-lhe celeridade é suficiente para alcançar a tão almejada efetividade. Não se nega a necessidade de reduzir a demora, mas não se pode fazê-lo em detrimento do mínimo de segurança, valor também essencial ao processo justo". (BEDAQUE, José Roberto dos Santos, *Efetividade do processo e técnica processual*, São Paulo, Malheiros, 2007. p. 49).

O professor João Batista Lopes, com o mesmo sentir, ensina que "a aplicação infle-xível das restrições legais deixaria ao desabrigo grande número de contratantes menos informados ou inexperientes; solução que, como é curial, cumpre evitar" (LOPES, João Batista, *A prova no direito processual civil*, 3. ed., São Paulo, RT, 2006. p. 148).

Artigo 444.

Nos casos em que a lei exigir prova escrita da obrigação, é admissível a prova testemunhal quando houver começo de prova por escrito, emanado da parte contra a qual se pretende produzir a prova.
CORRESPONDÊNCIA NO CPC/1973: *ARTS. 401 A 403.*

Artigo 445.

Também se admite a prova testemunhal quando o credor não pode ou não podia, moral ou materialmente, obter a prova escrita da obrigação, em casos como o de parentesco, de depósito necessário ou de hospedagem em hotel ou em razão das práticas comerciais do local onde contraída a obrigação.
CORRESPONDÊNCIA NO CPC/1973: *ARTS. 401 A 403.*

1. Revogação do art. 401 do CPC/1973. Os artigos 444 e 445 do CPC/2015 se relacionam com os artigos 401 a 403 do CPC/1973.

Bem se vê que a limitação do art. 401 do CPC/1973 não foi prestigiada pelo CPC/2015.

O STJ já vinha relativizando o âmbito de incidência do art. 401 do CPC/1973, de modo que a opção legislativa do CPC/2015 está em convergência com o entendimento jurisprudencial da corte superior. Neste sentido, note-se que já se admitiu, apesar da restrição do art. 401 do CPC/1973, "a prova exclusivamente testemunhal, quando não se tenha por objetivo provar a existência do contrato em si, mas a demonstração dos efeitos de fato dele decorrentes em que se envolveram os litigantes" (STJ, REsp 87.918/PR). Na mesma direção, **são** outros seguintes julgados do STJ. (STJ, REsp 139.236/SP; STJ, REsp 125.670/SP; STJ, AgRg no Ag 487,413/GO).

2. Prova testemunhal e começo de prova por escrito. O art. 444 do CPC/2015 estabelece que, ainda que a lei exija prova escrita da obrigação, a prova testemunhal poderá ser admitida se houver começo de prova por escrito; começo de prova este emanado da parte contra a qual se pretende produzir a prova testemunhal.

João Batista Lopes ensina que "por começo de prova por escrito deve-se entender qualquer documento escrito emanado do adversário, ainda que por ele não assinado, como, por exemplo, bilhetes, anotações, gráficos, etc. A expressão documento escrito não é pleonástica, porque documento é gênero de que o documento escrito é espécie.

Há documentos não escritos, como, por exemplo, as fotografias, as gravações fono-gráficas, pinturas, etc. Não é necessário que o documento seja assinado pela parte: é suficiente que dela emane, ou de seu representante. Assim, por exemplo, o fac-símile, minutas de contratos, demonstrativos contábeis, orçamentos sem assinatura, etc. É importante, porém, que o escrito contenha declarações que tornem verossímil a existên-cia do contrato. O escrito, em tais condições, não pode isoladamente ser admitido como prova plena do contrato, mas, juntamente com depoimentos testemunhais, será hábil à demonstração do negócio". (LOPES, João Batista, *A prova no direito processual civil*, 3. ed., São Paulo, RT, 2006. p. 150).

O STJ já examinou diversas vezes o conceito do "começo de prova por escrito", sendo um exemplo o julgado correspondente ao REsp. 612.067/CE, no qual se entendeu que "o comprovante de pagamento de ITR em nome do dono da propriedade onde a Autora exerceu a atividade rural", devidamente juntado nos autos, "constitui início razoável de prova material e, corroborado pelas declarações de testemunhas e do Sindicato dos Tra-balhadores Rurais, comprovam a atividade da Autora como rurícola, para fins previden-ciários, pelo período legalmente exigido". No mesmo sentido: "O endosso de duplicatas, emitidas pela devedora, a credora de nota promissória impaga no vencimento, constitui começo de prova por escrito de que aqueles títulos foram transferidos para pagamento da divida expressa na cambial. Art. 402, inc. i, do CPC.". (STJ, REsp 49.839/SP). Há jurisprudência na mesma direção. (STJ, REsp 30.846/SP; REsp 9.862/PR).

3. Prova testemunhal e ausência da prova escrita. O art. 445 do CPC/2015, tam-bém com nítida inspiração no sistema da "persuasão racional", permite ao juiz aceitar a prova exclusivamente testemunhal nas situações em que não se mostra usual a produção de prova documental, seja por razões morais ou de práticas comerciais.

Luiz Guilherme Marinoni leciona que "há impossibilidade material quando a exi-gência da comprovação não seria racional nas circunstâncias do caso concreto, e, por isso, não seria normalmente pedida, sendo justificável a sua dispensa. É o caso, por exemplo, do depósito consequente ao incêndio. Existe impossibilidade moral quando o fato diz respeito a duas pessoas unidas por um vínculo de amizade ou parentesco, quando a sua existência, por si só, substituiria a comprovação por escrito". (MARI-NONI, Luiz Guilherme; ARENHART, Sérgio Cruz, *Prova*. 2. ed., São Paulo, RT, 2011, p. 745).

ARTIGO 446.

É lícito à parte provar com testemunhas:

I – nos contratos simulados, a divergência entre a vontade real e a von-tade declarada;

II – nos contratos em geral, os vícios de consentimento.

CORRESPONDÊNCIA NO CPC/1973: *ART. 404.*

1. Prova testemunhal e vícios de vontade. O art. 446 do CPC/2015 corresponde ao art. 404 do CPC/1973, sendo a redação praticamente idêntica.

A regra processual permite o uso da prova testemunhal para demonstrar, nos contratos simulados, a divergência entre a vontade real e a declaração constante do negócio viciado, bem como para demonstrar o vício de consentimento nos contratos em geral.

Nas palavras de Luiz Guilherme Marinoni, "essa norma deseja deixar clara a possibilidade do uso da prova testemunhal em face de qualquer contrato simulado, pouco importando o seu valor. Contudo, para se provar que alguém desejou algo e declarou coisa diversa, não é possível dispensar a prova de fatos que circulam ao redor da afirmação de simulação. Admitindo-se a prova destes fatos, o juiz fica investido do poder de formar o seu juízo a partir dela, isto é, da prova indiciária". (MARINONI, Luiz Guilherme; ARENHART, Sérgio Cruz, *Prova*, 2. ed., São Paulo, RT, 2011. p. 747).

Artigo 447.
Podem depor como testemunhas todas as pessoas, exceto as incapazes, impedidas ou suspeitas.
§ 1º São incapazes:
I – o interdito por enfermidade ou deficiência mental;
II – o que, acometido por enfermidade ou retardamento mental, ao tempo em que ocorreram os fatos, não podia discerni-los, ou, ao tempo em que deve depor, não está habilitado a transmitir as percepções;
III – o que tiver menos de 16 (dezesseis) anos;
IV – o cego e o surdo, quando a ciência do fato depender dos sentidos que lhes faltam.
§ 2º São impedidos:
I – o cônjuge, o companheiro, o ascendente e o descendente em qualquer grau e o colateral, até o terceiro grau, de alguma das partes, por consanguinidade ou afinidade, salvo se o exigir o interesse público ou, tratando-se de causa relativa ao estado da pessoa, não se puder obter de outro modo a prova que o juiz repute necessária ao julgamento do mérito;
II – o que é parte na causa;
III – o que intervém em nome de uma parte, como o tutor, o representante legal da pessoa jurídica, o juiz, o advogado e outros que assistam ou tenham assistido as partes.
§ 3º São suspeitos:
I – o inimigo da parte ou o seu amigo íntimo;
II – o que tiver interesse no litígio.
§ 4º Sendo necessário, pode o juiz admitir o depoimento das testemunhas menores, impedidas ou suspeitas.

§ 5º Os depoimentos referidos no § 4º serão prestados independentemente de compromisso, e o juiz lhes atribuirá o valor que possam merecer.

CORRESPONDÊNCIA NO CPC/1973: *ART. 405.*

1. Prova testemunhal e incapacidade, suspeição e impedimento. Em essência, o art. 447 do CPC/2015 equivale ao art. 405 do CPC/1973.

Uma alteração significativa foi a supressão dos incisos I e II do parágrafo terceiro do art. 405 do CPC/1973, de modo que as duas hipóteses de suspeição, no CPC/2015, equivalem aos incisos III e IV do parágrafo terceiro do art. 405 do CPC/1973.

O legislador, com essa alteração, demonstra que o mais importante para configurar a suspeição de uma pessoa como testemunha é seu interesse no resultado do processo, seja por ter algum benefício direto ou indireto com o processo, seja por ter relações de amizade ou de inimizade com a parte.

O parágrafo quarto do art. 447 do CPC/ 2015 também passa a permitir expressamente a oitiva do menor, na qualidade de informante, tal como o art. 405 do CPC/ 1973 já permitia para as situações das testemunhas impedidas ou suspeitas.

De um modo geral, o art. 447 do CPC/2015 delimita as hipóteses de restrição à admissibilidade da prova testemunhal, hipóteses estas focadas na pessoa do depoente. Basicamente, essas hipóteses se dividem em três categorias: a incapacidade, o impedimento e a suspeição.

2. Incapacidade. A primeira delas – a incapacidade, de que cuida o parágrafo primeiro do dispositivo – refere-se aos sujeitos acometidos de enfermidade ou deficiência mental que prejudique suas funções de cognição e/ou comunicação. O inciso I trata do enfermo ou deficiente interdito. Já o inciso II refere-se ao depoente ainda não interdito, mas cuja incapacidade de cognição seja reconhecida no momento do seu depoimento. Caso a testemunha tenha sofrido enfermidade já superada quando de sua oitiva, será necessário verificar se, ao tempo em que presenciou os fatos, estava incapacitada para discerni-los. O inciso III cuida dos menores de dezesseis anos, considerados incapazes para depor. E o inciso IV trata do "cego e do surdo", os quais não poderão depor quando houver a necessidade de se tratar de fatos cujo conhecimento demandaria os sentidos que lhes faltam.

3. Impedimento. O impedimento é a segunda categoria de restrição à prova testemunhal. O inciso I do parágrafo segundo do art. 447 trata, primeiramente, do cônjuge e /ou do companheiro de qualquer das partes. O dispositivo, em consonância com o art. 226, §3º, da CF/1988, abarca expressamente a figura do convivente em união estável, conforme, inclusive, já havia decidido o STJ: "o fato do condômino/denunciado não ser civilmente casado com a irmã da testemunha contradita, não afasta o vinculo gerador do impedimento ante a equiparação constitucional do concubinato, com a entidade familiar" (STJ, REsp 81.551/TO).

O mesmo dispositivo determina que estão impedidos de depor aqueles que guardarem com as partes relação de parentesco, consanguíneo ou por afinidade; sendo em qualquer grau, para o caso de ascendentes ou descendentes, e em terceiro grau, na linha colateral.

A parte final do inciso I do parágrafo segundo do art. 447 admite o depoimento do cônjuge e/ou do companheiro e/ou das pessoas que tenham relação de parentesco com as partes, quando houver interesse público, ou quando a lide envolver matéria relativa ao estado da pessoa. Nesta hipótese, o juiz deve considerar como necessária a produção da prova para o julgamento do mérito e deve entender que não se mostra possível a obtenção da prova de outro modo.

Luiz Guilherme Marinoni leciona que "importa saber qual é a exigência de interesse público que tornaria lícito o depoimento testemunhal daqueles em princípio proibidos. É claro que tal interesse público nada tem a ver com a participação no processo de pessoa jurídica de direito público, ou mesmo alguma relação com as chamadas questões de estado, pois para essas existe previsão especial no final do próprio inciso... O interesse público, dessa forma, é aquele que expressa um interesse da própria sociedade. Tratando-se de causa relativa ao estado da pessoa, poderão prestar depoimento, na qualidade de testemunha, aqueles em princípio proibidos, se não for possível obter de outro modo a prova que o juiz repute necessária ao julgamento do mérito. A impossibilidade de se obter de outra forma a prova, portanto, não é necessária quando se evidencia o interesse público". (MARINONI, Luiz Guilherme; ARENHART, Sérgio Cruz, *Prova*, 2. ed., **São Paulo**, RT, 2011. p. 755).

Ainda quanto à parte final do inciso I do parágrafo segundo do art. 447, deve-se perguntar se o magistrado deve admitir a oitiva das pessoas originalmente impedidas como informantes, dispensando-as de prestar compromisso, nos termos do parágrafo quarto do mesmo artigo. Parece-nos que se aplica a cautela do parágrafo quarto do art. 447 às situações previstas na parte final do inciso I do mesmo artigo, sendo esta a opinião, inclusive, do professor Antonio Carlos de Araújo Cintra. (CINTRA, Antonio Carlos de Araújo, *Comentários ao Código de Processo Civil*, v. 4, Rio de Janeiro, Forense, 2002, p. 165).

O inciso II do art. 447 prevê que a própria parte não deve ser admitida como testemunha.

O inciso III determina que está impedido aquele que intervém em nome da parte, e/ou que assistam ou tenham assistido a parte, tal como o tutor, o representante legal da pessoa jurídica e o advogado. O STJ, a esse respeito, já considerou impedido o "vice-diretor geral da empresa autora, seu representante legal, que nessa qualidade inclusive firmara a procuração ad judicia anexada à petição inicial.". (STJ, AgRg no Ag 398.015/SP).

Quanto ao advogado, o STJ já se pronunciou no sentido de que: "o impedimento do advogado em testemunhar se restringe ao processo em que assiste ou assistiu a parte" (STJ, REsp 76.153/SP). Este entendimento, é claro, deve ser interpretado em conjunto com as regras do sigilo profissional e da legislação especial referente à advocacia, conforme previsões da Lei 8.906/1994.

O inciso III também prevê ser o magistrado impedido de atuar como testemunha; restrição esta que não seria estendida ao oficial de justiça, conforme já decidiu o STJ: "Não é testemunha legalmente suspeita o oficial de justiça que age no cumprimento de mandado judicial, e narra o acontecido em tal ocasião" (REsp 8.936/).

4. Suspeição: O parágrafo terceiro do art. 447 trata das hipóteses de suspeição.
O inciso I deste parágrafo prevê que é suspeito aquele que é inimigo da parte ou que é seu amigo íntimo. O inciso II prevê ser suspeito aquele que tiver interesse no litígio.

As hipóteses do inciso I certamente dependem do exame de circunstâncias próprias do caso concreto, as quais poderão identificar situações de amizade ou de inimizade que realmente podem interferir no depoimento quanto aos fatos alegados nos autos. Conforme leciona Luiz Guilherme Marinoni: "A inimizade que realmente pode impedir alguém de depor é aquela que pode levar à alteração dos fatos. Aferir a intensidade da inimizade, de modo a se poder concluir pela inadmissibilidade do depoimento, é tarefa que somente pode ser cumprida no caso concreto. O mesmo se pode dizer quanto à chamada amizade íntima. É certo que é necessária uma amizade que possa alterar inconscientemente, ou mesmo conscientemente, a impressão do depoente sobre os fatos, mas não há como estabelecer, em abstrato, isto é, sem a consideração do caso concreto, quando há amizade íntima". (MARINONI, Luiz Guilherme. ARENHART, Sérgio Cruz. *Prova*. 2 ed. rev. São Paulo: RT, 2011. p. 757).

O TJSP já entendeu que não se caracteriza a hipótese de amizade íntima quando, por exemplo, a testemunha: (i) é "pastor da igreja da qual o autor é fiel" (TJSP, Apelação 991.05.052111-0), ou (ii) é "vizinha da autora e foi visitá-la após o acidente" (TJSP, Apelação 566.027.4/6-00), ou (iii) é "irmão da antiga companheira do réu" (TJSP, Apelação 3.000.357-7, ou (iv) é "colega de escola da autora" (TJSP, Ap. 558.339-4/6), ou (v) visita "a casa da parte" (TJSP, Agravo de Instrumento 962807000). Por outro lado, a mesma Corte já entendeu que caracteriza a amizade íntima o namoro (TJSP, Agravo de Instrumento 1075509200) ou a sociedade em escritório de advogados (TJSP, Agravo de Instrumento 7029024900) ou a frequência na casa da parte "com assiduidade" (TJSP, Agravo de Instrumento 2303724400).

O inciso II prevê ser suspeito aquele que tiver interesse no litígio. Tal interesse "pode ser jurídico, moral ou mesmo econômico. O interesse no sucesso de uma das partes deve ter como causa algo que traga benefício ao depoente, ou seja, o interesse que aqui importa é o que tem como consequência um benefício ao depoente. Sem a demonstração da relação entre o interesse e o benefício não há como se dar alguém por suspeito" (MARINONI, Luiz Guilherme; ARENHART, Sérgio Cruz. *Prova*, 2. ed., São Paulo, RT, 2011. p. 758).

Sobre esta hipótese, já decidiu o STJ que: "Nos termos do disposto no art. 405, § 3º, IV, do CPC, não podem depor como testemunhas as pessoas que tem interesse no litígio.

Hipótese em que, acertadamente foi indeferida a oitiva, como testemunhas, de policiais militares cariocas acusados de espancamento do autor de reparação de danos contra o Estado do Rio de Janeiro" (STJ, AgRg no Ag 652.861/RJ).

5. Informante. Finalmente, o parágrafo quarto prevê que o magistrado, desde que necessário para o julgamento do caso, pode vir a admitir a oitiva de testemunhas menores, impedidas ou suspeitas, sendo certo, todavia, que esses depoimentos serão prestados independentemente de compromisso, devendo as testemunhas ser qualificadas como "informantes"; de modo que o juiz deve-lhes atribuir o valor que possam merecer, após o devido cotejo com as demais provas constantes dos autos.

ARTIGO 448.
A testemunha não é obrigada a depor sobre fatos:
I – que lhe acarretem grave dano, bem como ao seu cônjuge ou companheiro e aos seus parentes consanguíneos ou afins, em linha reta ou colateral, até o terceiro grau;
II – a cujo respeito, por estado ou profissão, deva guardar sigilo.
CORRESPONDÊNCIA NO CPC/1973: ART. 406.

1. Prova testemunhal e grave dano. O art. 448 do CPC/2015 corresponde ao art. 406 do CPC/1973, sendo que, da comparação entre as redações, é possível se notar que, no inciso I, acrescenta-se a figura do "companheiro" ao lado do "cônjuge"; adotando-se, assim, uma leitura constitucional do processo e em conformidade com o art. 226, §3º, da CF/1988. Ainda no mesmo inciso, verifica-se que o CPC/ 2015 estende a hipótese do inciso I ao terceiro grau na relação de parentesco na linha colateral.

A primeira hipótese do artigo concerne ao risco de grave dano à testemunha e/ou aos seus familiares elencados no inciso I. Faz-se necessária uma leitura conjunta deste inciso com as hipóteses do artigo 229 do CC/2002, as quais, por exemplo, isentam a testemunha de responder sobre fatos "que o exponha, ou às pessoas referidas no inciso antecedente, a perigo de vida, de demanda, ou de dano patrimonial imediato".

Importante salientar, todavia, que "como é evidente, a ideia de perigo de demanda deve ser adequadamente compreendida, pena de oferecer escusa do dever de depor em qualquer situação. De outro modo, aliás, será difícil imaginar uma situação em que a testemunha não se exponha, ao depor sobre algum fato, a um perigo de demanda. Afinal, sempre que um depoimento for contrário a uma das partes, essa poderá, ao menos em tese, reivindicar contra o depoente dano moral ou material. (...). Para que alguém possa se amparar nas excludentes de depor, será necessário que o fato declarado sirva, por si, como prova contra testemunha em demanda própria, a exemplo do que se verifica na previsão de perigo de ação penal". (MARINONI, Luiz Guilherme; ARENHART, Sérgio Cruz, *Prova*. 2. ed.. São Paulo, RT, 2011. p. 762).

2. Prova testemunhal e sigilo. O inciso II se relaciona com a proteção do sigilo profissional, devendo ser interpretado, no caso do advogado, em conjunto com os artigos 7º, XXI e 34, VII, da Lei 8.906/1994 e artigos 25 a 27 do Código de Ética e Disciplina, promulgado pelo Conselho Federal da OAB. Para a profissão de médico, devem ser analisados os artigos 73 a 79 do Código de Ética – Resolução nº 1.931/2009 do Conselho Federal de Medicina.

O inciso II tem como objetivo principal proteger a privacidade do cliente e/ou paciente. Se o próprio cliente e/ou paciente da testemunha foi quem a arrolou, tem-se aí situação na qual a regra do sigilo poderia ser relativizada, conforme já decidiu o STJ: "Administrativa. Mandado de segurança. "Quebra de sigilo profissional". Exibição judicial de "ficha clinica" a pedido da própria paciente. Possibilidade, uma vez que o "art. 102 do Código de Ética Médica", em sua parte final, ressalva a autorização. O sigilo é mais para proteger o paciente do que o próprio médico. Recurso ordinário não conhecido" (STJ, RMS 5.821/SP). O tema, contudo, não é pacífico, havendo julgado da mesma corte superior no sentido de que: "É direito do advogado 'recusar-se a depor como testemunha em processo no qual funcionou ou deva funcionar, ou sobre fato relacionado com pessoa de quem seja ou foi advogado, mesmo quando autorizado ou solicitado pelo constituinte, bem como sobre fato que constitua sigilo profissional'" (STJ, AgRg na APn.206/RJ).

O art. 448 permite que a testemunha se recuse a responder as questões que são protegidas pelo sigilo profissional; inexistindo, todavia, autorização para que a testemunha deixe de comparecer em juízo, na medida em que a prerrogativa do art. 448 deve ser exercida perante o magistrado e no decorrer da audiência. Neste sentido, já decidiu o STJ: "Não pode o advogado negar-se a comparecer e a depor, como testemunha, em inquérito policial, perante a autoridade que expede a intimação, impondo-se-lhe, todavia, o dever de recusar-se a responder as perguntas relativas a pormenores próprios do segredo profissional" (STJ, RHC 3.946/DF).

Vale, por fim, enfatizar que o art. 448 do CPC deve ser interpretado em conjunto com o art. 154 do Código Penal.

Artigo 449.
Salvo disposição especial em contrário, as testemunhas devem ser ouvidas na sede do juízo.
Parágrafo único. Quando a parte ou a testemunha, por enfermidade ou por outro motivo relevante, estiver impossibilitada de comparecer, mas não de prestar depoimento, o juiz designará, conforme as circunstâncias, dia, hora e lugar para inquiri-la.
CORRESPONDÊNCIA NO CPC/1973: *ART. 410.*

1. Prova testemunhal e local do depoimento. O artigo enfoca a necessidade de a testemunha, como regra geral, se dirigir à sede do juízo para prestar depoimento.

A regra geral é a da oitiva da testemunha em audiência, com ampla homenagem aos princípios da oralidade, imediatidade e concentração.

A exceção prevista no artigo, baseada em enfermidade ou em motivo tido como relevante, prevê que o magistrado poderá designar dia, hora e lugar para inquirir a testemunha que não se consegue deslocar para a sede do juízo, também como forma de prestigiar os princípios da oralidade e imediatidade.

SUBSEÇÃO II – Da Produção da Prova Testemunhal

Artigo 450.
O rol de testemunhas conterá, sempre que possível, o nome, a profissão, o estado civil, a idade, o número de inscrição no Cadastro de Pessoas Físicas, o número de registro de identidade e o endereço completo da residência e do local de trabalho.
CORRESPONDÊNCIA NO CPC/1973: *ART. 407.*

Artigo 451.
Depois de apresentado o rol de que tratam os §§ 4º e 5º do art. 357, a parte só pode substituir a testemunha:
I – que falecer;
II – que, por enfermidade, não estiver em condições de depor;
III – que, tendo mudado de residência ou de local de trabalho, não for encontrada.
CORRESPONDÊNCIA NO CPC/1973: *ART. 408.*

1. **Prova testemunhal e rol.** O art. 450 traça a formalidade a ser seguida para a apresentação do rol de testemunhas, devendo a parte indicar, sempre que possível, os dados constantes do referido artigo quanto a cada testemunha arrolada.

O artigo é claro ao utilizar a expressão "sempre que possível", de modo que, caso a parte não tenha condições de indicar algum dos dados elencados no art. 450, certo é que isso não deve necessariamente levar à inadmissibilidade do rol. O mais importante é que os dados apresentados sejam suficientes para que a outra parte tenha tempo de levantar informações sobre as pessoas arroladas, de tal sorte a poder, na audiência de instrução, estar preparada para apresentar eventual incapacidade, impedimento ou suspeição das testemunhas.

O STJ, nesta linha, já julgou que a finalidade da regra é "ensejar, a parte contrária, tomar ciência do nome e qualificação das testemunhas, em vista de possíveis impugnações" (STJ, REsp 6.828/SP). Na mesma direção: "Possui o art. 407 do CPC/2015 dupla finalidade: uma, meramente operacional, qual a de garantir antecedência suficiente para permitir a intimação, em tempo hábil, das testemunhas; e outra, mais importante, de assegurar à parte contrária a prévia ciência de quais pessoas que irão depor" (STJ, REsp 209.456/MG); e "O prazo do art. 407 do estatuto processual civil deve ser observado mesmo quando as testemunhas vão comparecer independentemente de intimação, pois o seu objetivo é sobretudo ensejar as partes ciência das pessoas que irão depor" (STJ, AgRg no Ag 88,563/MG).

O STJ também já se posicionou no sentido de que: "A falta de indicação da profissão da pessoa arrolada como testemunha não é só por si causa para anulação do ato de sua inquirição, devendo ficar demonstrado o prejuízo concreto sofrido pela parte adversa. art. 407 do CPC.". (STJ, REsp 114.303/SP). No mesmo sentido: "ausência da qualificação da testemunha no rol apresentado em juízo constitui irregularidade que, por si só, não tem o condão de anular o ato de inquirição. Necessária a demonstração do efetivo prejuízo para que se caracterize vicio passível de nulidade.". (STJ, REsp 158.093/SP).

Quanto ao prazo para a apresentação do rol, vale observar a regra dos parágrafos terceiro a sétimo do art. 357 do CPC/2015, que cuida do saneamento e da organização do processo.

Na decisão de saneamento e de organização do processo, conforme parágrafo quarto do art. 357 do CPC/2015, o magistrado fixará prazo comum não superior a 15 (quinze) dias para que as partes apresentem o rol de testemunhas do art. 450 do CPC.

No caso do saneamento compartilhado, de que trata o parágrafo terceiro do art. 357 do CPC, o rol de testemunhas deve ser apresentado na audiência designada para a realização do saneamento.

O parágrafo sexto limita o número de testemunhas a 10 (dez) para cada parte, sendo, no máximo, 3 (três) para a prova de cada fato. Aqui o critério é objetivo e expresso: há um limite máximo de três testemunhas para a prova de cada fato. Mas como observa Luiz Guilherme Marinoni, é fundamental que o juiz verifique se a testemunha indicada conhece apenas o mesmo fato das demais, ou se conhece outro fato diverso, sendo certo que se "conhece dois fatos, incluindo o já demonstrado, não há razão para sua dispensa. Porém, a testemunha que conhece dois fatos não precisa ser indagada sobre um fato já reputado demonstrado.". (MARINONI, Luiz Guilherme; ARENHART, Sérgio Cruz, *Prova*. 2. ed., São Paulo, RT, 2011. p. 771).

O parágrafo sétimo, ainda, confere ao magistrado o poder de limitar o número de testemunhas a serem ouvidas, considerando-se a complexidade da causa e os fatos individualmente considerados; claro que sempre com atenção para a necessidade de o magistrado motivar adequadamente suas decisões e justificar a razão de limitar o número das testemunhas a serem ouvidas.

2. Substituição da testemunha. O art. 451 do CPC/2015 corresponde ao art. 408 do CPC/1973, sendo que são três as hipóteses de substituição da testemunha arrolada:

falecimento, enfermidade que impossibilite a oitiva, ou mudança de endereço residencial ou profissional que impossibilite sua intimação.

A substituição deve ser deferida pelo magistrado, depois de ouvida a parte contrária. Luiz Guilherme Marinoni leciona que "aquele que arrolou uma testemunha somente pode desistir da sua ouvida se todos os demais interessados estiverem de acordo, inclusive o juiz. Para que a parte não desista livremente da ouvida da testemunha, mediante a simples indicação de outra em seu lugar, a substituição só pode ocorrer nas hipóteses do art. 408. Não basta a simples alegação de falecimento, enfermidade ou mudança de endereço, não só porque a parte que arrolou a testemunha deve caracterizar uma dessas situações para poder substitui-la, mas também porque o juiz e os demais interessados podem ter eventual interesse na sua ouvida.". (MARINONI, Luiz Guilherme; ARENHART, Sérgio Cruz, *Prova*. 2. ed., São Paulo, RT, 2011. p. 773).

ARTIGO 452.
Quando for arrolado como testemunha, o juiz da causa:
I – declarar-se-á impedido, se tiver conhecimento de fatos que possam influir na decisão, caso em que será vedado à parte que o incluiu no rol desistir de seu depoimento;
II – se nada souber, mandará excluir o seu nome.
CORRESPONDÊNCIA NO CPC/1973: *ART. 409.*

1. **O juiz como testemunha.** De uma forma geral, o art. 452 do CPC/2015 repete a redação do art. 409 do CPC/1973.

Cuida-se, aqui, da hipótese em que o juiz é arrolado por uma das partes como testemunha.

A primeira solução possível, para essa situação, é o juiz negar conhecimento sobre os fatos que são o objeto da lide, situação na qual, em decisão motivada, mandará excluir seu nome.

A segunda solução possível é o juiz reconhecer que tem conhecimento dos fatos debatidos nos autos, conhecimento este adquirido através do contato com alguma fonte que não sejam os próprios autos do processo. Este cenário pode afetar a imparcialidade do juiz, obrigando-o, portanto, a se declarar impedido para prosseguir como magistrado do feito, devendo, ainda, ser ouvido como testemunha; sendo defeso à parte que o arrolou desistir de sua oitiva.

ARTIGO 453.
As testemunhas depõem, na audiência de instrução e julgamento, perante o juiz da causa, exceto:

I – as que prestam depoimento antecipadamente;

II – as que são inquiridas por carta.

§ 1º A oitiva de testemunha que residir em comarca, seção ou subseção judiciária diversa daquela onde tramita o processo poderá ser realizada por meio de videoconferência ou outro recurso tecnológico de transmissão e recepção de sons e imagens em tempo real, o que poderá ocorrer, inclusive, durante a audiência de instrução e julgamento.

§ 2º Os juízos deverão manter equipamento para a transmissão e recepção de sons e imagens a que se refere o § 1º.

ARTIGO 454.

São inquiridos em sua residência ou onde exercem sua função:

I – o presidente e o vice-presidente da República;

II – os ministros de Estado;

III – os ministros do Supremo Tribunal Federal, os conselheiros do Conselho Nacional de Justiça e os ministros do Superior Tribunal de Justiça, do Superior Tribunal Militar, do Tribunal Superior Eleitoral, do Tribunal Superior do Trabalho e do Tribunal de Contas da União;

IV – o procurador-geral da República e os conselheiros do Conselho Nacional do Ministério Público;

V – o advogado-geral da União, o procurador-geral do Estado, o procurador-geral do Município, o defensor público-geral federal e o defensor público-geral do Estado;

VI – os senadores e os deputados federais;

VII – os governadores dos Estados e do Distrito Federal;

VIII – o prefeito;

IX – os deputados estaduais e distritais;

X – os desembargadores dos Tribunais de Justiça, dos Tribunais Regionais Federais, dos Tribunais Regionais do Trabalho e dos Tribunais Regionais Eleitorais e os conselheiros dos Tribunais de Contas dos Estados e do Distrito Federal;

XI – o procurador-geral de justiça;

XII – o embaixador de país que, por lei ou tratado, concede idêntica prerrogativa a agente diplomático do Brasil.

§ 1º O juiz solicitará à autoridade que indique dia, hora e local a fim de ser inquirida, remetendo-lhe cópia da petição inicial ou da defesa oferecida pela parte que a arrolou como testemunha.

§ 2º Passado 1 (um) mês sem manifestação da autoridade, o juiz designará dia, hora e local para o depoimento, preferencialmente na sede do juízo.

§ 3º O juiz também designará dia, hora e local para o depoimento, quando a autoridade não comparecer, injustificadamente, à sessão agendada para a colheita de seu testemunho no dia, hora e local por ela mesma indicados.

CORRESPONDÊNCIA NO CPC/1973: *ARTS. 410 E 411.*

1. Prova testemunhal e princípios da oralidade, imediatidade e concentração. O art. 453 do CPC/2015 é fortemente inspirado nos princípios da oralidade, imediatidade e da concentração, com franca preocupação em manter o contato direto do juiz da causa com a testemunha em audiência de instrução.

O artigo prevê exceções à oitiva em uma única audiência de instrução.

A primeira consiste na possibilidade de a oitiva da testemunha ocorrer de forma antecipada, nos termos dos artigos 381 e seguintes do CPC/2015.

A outra exceção é a possibilidade de oitiva através de carta precatória e/ou rogatória, quando a testemunha não residir na comarca onde tramita o processo, cabendo ao magistrado da comarca deprecada, ou ao magistrado no exterior, adotar a providências necessárias para a oitiva da testemunha.

Com o claro intuito de prestigiar os princípios da oralidade, imediatidade e concentração, o parágrafo primeiro do art. 453 do CPC/2015 consagra a possibilidade de o magistrado realizar a oitiva da testemunha, que reside em outra comarca, em tempo real, através de videoconferência ou outro recurso tecnológico de transmissão de sons e imagens; podendo-se realizar a oitiva, inclusive, no decorrer da própria audiência de instrução e julgamento.

Caso o Poder Judiciário nacional tenha reais condições de atender ao disposto no parágrafo primeiro do art. 453 do CPC/ 2015, claro é que será evitada a situação de o magistrado sentenciar valorando apenas a ata escrita de audiência da oitiva da testemunha perante o magistrado deprecado; situação esta que não permite ao magistrado deprecante desenvolver percepções reais e imediatas quanto às reações e ao comportamento da testemunha no decorrer da audiência de instrução.

O parágrafo primeiro do art. 453 do CPC/2015 merece ser prestigiado, pois, além de poder otimizar a prática dos atos processuais, com maior celeridade processual, garante o respeito aos princípios da oralidade, imediatidade e concentração.

2. Prova testemunhal e oitiva fora da sede do juízo. O art. 454 do CPC/2015 corresponde, em síntese, ao art. 411 do CPC/1973, com a previsão expressa de exceção à regra de que os atos processuais devem ser praticados na sede do juízo.

As autoridades elencadas no art. 454 do CPC/2015 podem ser ouvidas em sua residência ou onde exercem sua função; cabendo ao magistrado solicitar que a autoridade indique dia, hora e local para a realização da oitiva, bem como remeter à autoridade cópia da petição inicial ou da defesa apresentada pela parte que a arrolou como testemunha.

Como observa Luiz Guilherme Marinoni, "a autoridade não pode se recusar a depor, pois também tem o dever legal de colaborar com o Poder Judiciário. Pode afirmar que não conhece os fatos que envolvem o mérito, mas sempre prestando depoimento.". (MARINONI, Luiz Guilherme; ARENHART, Sérgio Cruz, *Prova*, 2. ed., São Paulo, RT, 2011. p. 775).

Caso, após um mês da efetivação da intimação de que trata o parágrafo primeiro do art. 454, a autoridade não se manifeste, indicando dia, hora e local para sua oitiva, o magistrado deverá designar dia, hora e local para a realização do depoimento, preferencialmente na sede do juízo. A mesma providência se aplica à hipótese de a autoridade não comparecer, de forma injustificada, na sessão por ela agendada para a realização de seu depoimento.

Claro é que a realização da oitiva da autoridade, fora da sede do juízo, não deve prejudicar o adequado exercício do contraditório e da ampla defesa pelas partes e seus advogados; de modo que as prerrogativas das partes e dos respectivos advogados também devem ser observadas no local designado para a oitiva da autoridade.

Artigo 455.

Cabe ao advogado da parte informar ou intimar a testemunha por ele arrolada do dia, da hora e do local da audiência designada, dispensando-se a intimação do juízo.

§ 1º A intimação deverá ser realizada por carta com aviso de recebimento, cumprindo ao advogado juntar aos autos, com antecedência de pelo menos 3 (três) dias da data da audiência, cópia da correspondência de intimação e do comprovante de recebimento.

§ 2º A parte pode comprometer-se a levar a testemunha à audiência, independentemente da intimação de que trata o § 1º, presumindo-se, caso a testemunha não compareça, que a parte desistiu de sua inquirição.

§ 3º A inércia na realização da intimação a que se refere o § 1º importa desistência da inquirição da testemunha.

§ 4º A intimação será feita pela via judicial quando:

I – for frustrada a intimação prevista no § 1º deste artigo;

II – sua necessidade for devidamente demonstrada pela parte ao juiz;

III – figurar no rol de testemunhas servidor público ou militar, hipótese em que o juiz o requisitará ao chefe da repartição ou ao comando do corpo em que servir;

IV – a testemunha houver sido arrolada pelo Ministério Público ou pela Defensoria Pública;

V – a testemunha for uma daquelas previstas no art. 454.

§ 5º A testemunha que, intimada na forma do § 1º ou do § 4º, deixar de comparecer sem motivo justificado será conduzida e responderá pelas despesas do adiamento.

CORRESPONDÊNCIA NO CPC/1973: *ART. 412.*

1. Intimação da testemunha. A redação do art. 455 do CPC/2015 altera a dinâmica de intimação da testemunha prevista no art. 412 do CPC de 1973.

A intimação, na sistemática do CPC de 2015, compete ao advogado da parte que arrolou a testemunha, cabendo a ele informar a testemunha do local, dia e hora da realização da oitiva.

"Trata-se de norma que visa a desjudicializar o procedimento para a informação da testemunha, visando à economia do ofício judicial e aceleração da comunicação à testemunha". (MARINONI, Luiz Guilherme. MITIDIERO, Daniel, *O projeto do CPC*, São Paulo, RT, 2010. p. 125).

O parágrafo primeiro do art. 455 do CPC/ 2015 pontua que a intimação deve ser realizada por carta, com aviso de recebimento, devendo o advogado juntar aos autos, com antecedência de pelos menos três dias antes da audiência, cópia da correspondência da intimação e do aviso de recebimento.

Claro que o parágrafo primeiro deve ser interpretado em consonância com o moderno sistema de comunicações no qual o mundo está inserido; de tal sorte que o advogado pode realizar a intimação da testemunha por outras formas, tais como o *e-mail*, com a devida comprovação de leitura pelo seu destinatário, e a notificação por cartório de títulos e documentos, por exemplo. Para cumprir o parágrafo primeiro do art. 455 do CPC/2015, cumpre ao advogado juntar aos autos, nessas hipóteses, a correspondência e a prova de sua entrega à testemunha, prova esta no formato eletrônico ou físico. O mais importante é a segurança da informação de que a testemunha foi, de fato, comunicada sobre dia, hora e local da audiência.

Caso o advogado não realize a intimação de que trata o *caput* do art. 455 do CPC/ 2015, o magistrado considerará que a parte desistiu da oitiva da testemunha.

Para evitar-se a situação do parágrafo terceiro, o parágrafo segundo permite que a parte se comprometa, ao arrolar a testemunha, a levá-la à audiência independentemente da intimação. Nesta hipótese, caso a testemunha não compareça, o magistrado considerará que a parte desistiu da sua oitiva.

2. Intimação da testemunha pelo Poder Judiciário. Na sistemática do CPC/2015, a intimação da testemunha pelo Poder Judiciário é a exceção, conforme hipóteses previstas no parágrafo quarto do art. 455: (i) frustração da tentativa de intimação feita pelo advogado da parte; (ii) quando a testemunha for servidor público ou militar; (iii) quando a testemunha for arrolada pelo Ministério Público ou Defensoria Pública; e (iv) quando a testemunha for uma das autoridades previstas no art. 454 do CPC/2015.

3. Prova testemunhal e condução coercitiva. Caso, depois de ser devidamente intimada, a testemunha, sem motivo justificado, não compareça na audiência, deve-se aplicar o parágrafo quinto do art. 455 do CPC/2015, com a condução coercitiva da testemunha e com a obrigação de esta arcar com as despesas do eventual adiamento da audiência.

ARTIGO 456.

O juiz inquirirá as testemunhas separada e sucessivamente, primeiro as do autor e depois as do réu, e providenciará para que uma não ouça o depoimento das outras.

Parágrafo único. O juiz poderá alterar a ordem estabelecida no *caput* se as partes concordarem.

CORRESPONDÊNCIA NO CPC/1973: *ART. 413.*

1. **Prova testemunhal e ordem de oitiva.** O art. 456 do CPC/2015, em seu *caput*, preserva a orientação do art. 413 do CPC de 1973, ocupando-se da ordem pela qual as testemunhas serão ouvidas.

A regra é a de que as testemunhas sejam ouvidas separada e sucessivamente, sendo primeiro as do autor e depois as do réu, com a preocupação de que não sejam ouvidas na presença das outras. Isso é para evitar-se que sejam influenciadas, pois "o que se deseja é um depoimento isento e espontâneo". (MARINONI, Luiz Guilherme; ARENHART, Sérgio Cruz, *Prova*, 2. ed., São Paulo, RT, 2011. p. 778).

2. **Prova testemunhal e alteração da ordem de oitiva.** O parágrafo único do art. 456 do CPC/2015 estabelece que o juiz pode alterar a ordem de oitiva estabelecida no *caput*, se as partes concordarem, podendo-se, nesse caso, ter-se primeiro a oitiva das testemunhas do réu e, depois, das do autor.

O artigo é expresso ao exigir a concordância das partes para a inversão da ordem da oitiva das testemunhas, razão pela qual, se uma das partes não concordar com a inversão, então a ordem a ser seguida é a prevista no *caput*.

O STJ já entendeu ser caso de nulidade relativa, com a necessidade de prova de prejuízo, o ato do magistrado de inverter a ordem da oitiva das testemunhas sem a concordância das partes. Por essa razão, reforça-se a necessidade de a parte que se sentir prejudicada pelo ato do magistrado dever manifestar-se prontamente e apontar eventuais prejuízos sofridos com a inversão: "No caso em testilha, houve o adiamento da audiência, sem que houvesse o início da instrução, visto que dois dos requeridos não haviam sido intimados a tempo para o ato processual; parece claro que, em tal situação, não se vulnerou qualquer das garantias objetivadas pela norma; por isso, não se afigura correto, haver como preclusa a faculdade, como entendeu o Tribunal a quo" (STJ, REsp 209.456/MG); e "Além de não ser peremptória a ordem estabelecida no art. 452 do CPC, há a parte de evidenciar o prejuízo que lhe adviria com a inversão ocorrida" (STJ, REsp 35.786/SP).

3. **Atribuição dinâmica do ônus da prova e alteração da ordem de oitiva.** Ponto não enfrentado pelo legislador diz respeito à possibilidade de inversão da ordem de oitiva das testemunhas na hipótese legal de atribuição dinâmica do ônus da prova, com inversão da regra legal prevista nos incisos I e II do art. 373 do CPC/2015.

Como observa Luiz Guilherme Marinoni, a ordem de oitiva prevista no art. 456 do CPC/2015 obedece a lógica tradicional do exercício do contraditório em primeira instância, de modo que "se incumbe ao autor provar o que alega, isto é, o fato constitutivo do seu direito, e ao réu provar os fatos impeditivos, modificativos ou extintivos, cabe ao autor provar antes o fato constitutivo para que só depois o réu deva provar os fatos impeditivos, modificativos ou extintivos.". (MARINONI, Luiz Guilherme; ARENHART, Sérgio Cruz, *Prova*, 2 ed., São Paulo, RT, 2011. p. 778).

Ocorre que o parágrafo primeiro do art. 373 do CPC/2015 cuida da atribuição do ônus da prova de forma diversa, situação em que a regra do *caput* do art. 456 do CPC/2015 não terá necessária relação com o ônus da prova a ser observado no caso concreto.

Neste cenário, nos termos do parágrafo único do art. 456 do CPC/2015, caso as partes não concordem com a inversão da ordem da oitiva das testemunhas, cabe ao magistrado analisar com cautela os detalhes do caso concreto e, com base no devido processo legal, decidir motivadamente se a inversão da ordem da oitiva das testemunhas pode ocorrer nos autos; tudo para que se evite prejuízo ao exercício da ampla defesa e do contraditório pelas partes e sempre na busca da efetividade processual.

Artigo 457.
Antes de depor, a testemunha será qualificada, declarará ou confirmará seus dados e informará se tem relações de parentesco com a parte ou interesse no objeto do processo.

§ 1º É lícito à parte contraditar a testemunha, arguindo-lhe a incapacidade, o impedimento ou a suspeição, bem como, caso a testemunha negue os fatos que lhe são imputados, provar a contradita com documentos ou com testemunhas, até 3 (três), apresentadas no ato e inquiridas em separado.

§ 2º Sendo provados ou confessados os fatos a que se refere o § 1º, o juiz dispensará a testemunha ou lhe tomará o depoimento como informante.

§ 3º A testemunha pode requerer ao juiz que a escuse de depor, alegando os motivos previstos neste Código, decidindo o juiz de plano após ouvidas as partes.

CORRESPONDÊNCIA NO CPC/1973: *ART. 414.*

1. **Contradita.** O art. 457 do CPC/2015, de um modo geral, é semelhante ao art. 414 do CPC/1973.

O artigo prescreve as formalidades a serem observadas no início de cada depoimento testemunhal. Após colher os dados completos do depoente e as informações referentes às suas eventuais relações com as partes, o magistrado terá condições de verificar se há causas de incapacidade, suspeição ou impedimento da testemunha. Caso estejam presentes algumas das hipóteses do art. 447 do CPC/2015, o próprio magistrado – independentemente de prévia arguição de uma das partes, mas sempre respeitado o contraditório, e através de decisão motivada – pode dispensar a testemunha ou ouvi-la como informante, nos termos do parágrafo quarto do art. 447.

Caso o magistrado, após a apresentação dos dados da testemunha, não manifeste, desde logo, seu entendimento acerca da presença das hipóteses do art. 447 do CPC/2015, o parágrafo primeiro do art. 457 do CPC/2015 permite que a parte suscite a contradita. É recomendável que a parte – caso tenha condições de alegar e comprovar a presença dos elementos de suspeição, impedimento e incapacidade – apresente a contradita antes do efetivo início do depoimento da testemunha. Todavia, é possível que apenas após o início do depoimento a parte tenha condições de identificar a presença, no caso concreto, dos elementos do art. 447 do CPC/2015, de modo que, neste caso, não se poderia falar em preclusão. Assim já decidiu o STJ: "Pessoa impedida de depor, em face do art. 405, § 2º, III, do CPC, não pode ser considerada testemunha. Ausência de contradita que não impediu, no caso concreto, o reconhecimento de suspeição (...). No que tange à alegada preclusão por não ter sido a testemunha contraditada em tempo hábil e à pretendida violação do art. 414, § 1º, da lei processual civil, o v. Aresto recorrido destacou a suficiência dos elementos de prova, desde que a ausência da contradita não impedia, no caso concreto, o reconhecimento da suspeição da testemunha, que se enquadrava na hipótese prevista no art. 405, § 2º, III, do CPC" (STJ, AgRg no Ag 398.015/SP).

João Batista Lopes leciona: "a contradita deve ser apresentada antes do início do depoimento para permitir que o juiz, em acolhendo as razões invocadas pela parte, deixe de colher a prova. Pode dar-se, porém, que as causas do impedimento ou os motivos da suspeição só venham a ser conhecidos durante a inquirição ou logo após sua efetivação, casos em que, como é curial, deve o juiz admitir também a impugnação, desde que devidamente justificada.". (LOPES, João Batista, *A prova no direito processual civil*, 3. ed., São Paulo, RT, 2006, p. 153).

O procedimento da contradita inicia-se com a manifestação da parte, a qual, oralmente ou por escrito, apresenta as razões pelas quais a testemunha seria suspeita, impedida ou incapaz. Após a apresentação das razões da contradita, o magistrado ouvirá a testemunha, a qual desde logo pode confirmar os termos da contradita, o que ensejará sua dispensa de depor, ou sua oitiva como informante. Caso a testemunha venha a negar os termos da contradita, então a parte, sempre respeitado o contraditório, poderá comprovar os fatos por ela alegados com documentos e com testemunhas (até três), as quais serão apresentadas no ato da audiência, independentemente de prévia apresentação em rol próprio ou de prévia intimação, e inquiridas em separado. Claro que as testemunhas apresentadas pela parte para fins de contradita também podem ser contraditadas pela parte contrária, caso presentes os requisitos do art. 447 do CPC/2015. Se os termos da contradita restarem comprovados, o magistrado poderá acolher a contradita, dispensando a testemunha ou a ouvindo como informante.

Nos termos do parágrafo segundo do art. 457 do CPC/2015, no momento anterior ao início do depoimento, a testemunha pode requerer ao magistrado que a escuse de depor, desde que presentes as hipóteses previstas no código. O magistrado, depois de ouvidas as partes, decidirá desde logo.

ARTIGO 458.
Ao início da inquirição, a testemunha prestará o compromisso de dizer a verdade do que souber e lhe for perguntado.

Parágrafo único. O juiz advertirá à testemunha que incorre em sanção penal quem faz afirmação falsa, cala ou oculta a verdade.

CORRESPONDÊNCIA NO CPC/1973: *ART. 415.*

1. **Prova testemunhal e compromisso.** A testemunha tem o dever de dizer a verdade, devendo prestar compromisso no início do depoimento. A violação a este dever pode implicar o tipo penal de falso testemunho, conforme redação do art. 342 do Código Penal. Nas palavras de Luiz Guilherme Marinoni, "recorde-se que, como disse Carnelutti, a testemunha também deve ser julgada, sendo fundamental, por isso, analisar a sua credibilidade. É por essa razão que o art. 415 impõe a necessidade de a testemunha prestar o compromisso de dizer a verdade. De acordo com o parágrafo único do art. 415, o juiz advertirá a testemunha que incorre em sanção penal quem faz afirmação falsa, cala ou oculta a verdade.". (MARINONI, Luiz Guilherme; ARENHART, Sérgio Cruz, *Prova*, 2 ed., São Paulo, RT, 2011. p. 782).

ARTIGO 459.
As perguntas serão formuladas pelas partes diretamente à testemunha, começando pela que a arrolou, não admitindo o juiz aquelas que puderem induzir a resposta, não tiverem relação com as questões de fato objeto da atividade probatória ou importarem repetição de outra já respondida.

§ 1º O juiz poderá inquirir a testemunha tanto antes quanto depois da inquirição feita pelas partes.

§ 2º As testemunhas devem ser tratadas com urbanidade, não se lhes fazendo perguntas ou considerações impertinentes, capciosas ou vexatórias.

§ 3º As perguntas que o juiz indeferir serão transcritas no termo, se a parte o requerer.

CORRESPONDÊNCIA NO CPC/1973: *ART. 416.*

1. **Dinâmica da oitiva.** O art. 459 do CPC/ 2015 inova ao prescrever que a parte deverá formular perguntas diretamente para a testemunha.

Luiz Guilherme Marinoni, acerca desta inovação, já ensinava que "o ideal seria que os advogados e o representante do ministério público pudessem formular as suas perguntas diretamente à testemunha, evitando-se o risco de o juiz formular outra pergunta, no sentido de pergunta diversa, à testemunha.". (MARINONI, Luiz Guilherme; MITI-DIERO, Daniel, *O projeto do CPC*, São Paulo, RT, 2010, p. 125).

As perguntas, portanto, serão formuladas pelas partes diretamente à testemunha, cabendo ao magistrado zelar para que as testemunhas sejam tratadas com urbanidade, bem como zelar para que não sejam realizadas perguntas que possam induzir respostas que não tenham relação com as questões de fato referentes ao processo, que importem em repetição de questões já respondidas e que impliquem situações impertinentes, capciosas ou vexatórias para a testemunha.

A parte que arrolou a testemunha inicia sua inquirição, sendo que a parte contrária, em seguida, poderá realizar suas perguntas. O magistrado, antes ou depois da inquirição da parte, poderá formular perguntas para a testemunha.

A parte poderá requerer que as perguntas eventualmente indeferidas pelo magistrado sejam transcritas no termo da audiência.

Artigo 460.

O depoimento poderá ser documentado por meio de gravação.

§ 1º Quando digitado ou registrado por taquigrafia, estenotipia ou outro método idôneo de documentação, o depoimento será assinado pelo juiz, pelo depoente e pelos procuradores.

§ 2º Se houver recurso em processo em autos não eletrônicos, o depoimento somente será digitado quando for impossível o envio de sua documentação eletrônica.

§ 3º Tratando-se de autos eletrônicos, observar-se-á o disposto neste Código e na legislação específica sobre a prática eletrônica de atos processuais.

CORRESPONDÊNCIA NO CPC/1973: *ART. 417.*

1. **Gravação do depoimento.** A audiência de instrução deve ser devidamente documentada, de modo a permitir que todos os sujeitos processuais, assim como aqueles que não estavam presentes na audiência, tenham o conhecimento preciso dos atos nela praticados.

O depoimento da testemunha pode ser documentado por meio de gravação. Quando for digitado, o termo será assinado pelo juiz, pelo depoente e pelos procuradores das partes.

O CPC/2015 prestigia a prática de atos por meio eletrônico, de modo que o parágrafo primeiro do artigo analisado é enfático ao proclamar que, caso haja recurso em processo cujos autos não são eletrônicos, o depoimento somente será digitado quando não for possível seu envio no formato eletrônico.

A possibilidade de gravar a audiência garante fidelidade do registro aos atos processuais praticados, sendo que os tribunais já vinham prestigiando esta modalidade de registro: "É ilegal e abusivo o ato do magistrado que, em audiência de instrução e julgamento, determina a apreensão da aparelhagem eletrônica utilizada pelo advogado da parte para gravação e posterior reprodução dos atos praticados na audiência. Conquanto tenha tido o ato, conforme declarado pelo juiz, o objetivo de zelar pelo segredo de justiça, a gravação deve ser permitida, eis que essa particularidade processual não pode ser oposta às próprias partes nem a seus advogados, já que a estes é garantido o direito de pleno acesso aos autos, inclusive o de obter cópia deles. O ato acaba por violar as prerrogativas dos advogados, ferindo, por via reflexa, a plenitude do exercício de defesa e do contraditório constitucionalmente protegido, merecendo, pois, corrigenda, pela via da presente ação mandamental" (TJDF, MS 2007.00.2.006388-3); e "INTERROGATÓRIO – Gravação – Faculdade da parte (art. 417 do CPC) – Indeferimento pelo juiz – Impossibilidade, em princípio – Hipótese, no entanto, em que não configurado prejuízo, com a falta de gravação" (TJSP, Ap. 322.599.4/5-00).

2. Registro do depoimento e preclusão. Quando o depoimento for digitado, quaisquer dos sujeitos processuais que devem assinar o termo, desde logo ou até o fim da audiência, podem apontar, com precisão, eventual incongruência entre o ato praticado e seu registro. Caso o termo seja assinado sem ressalvas, a jurisprudência já se posicionou no sentido de que se opera a preclusão. Caso o magistrado reconheça a irregularidade, a correção pode-se dar através da elaboração de nova transcrição, ou mesmo através da repetição do ato oral, se preciso for. Nesse sentido: "Fatos ocorridos em audiência que não teriam constado da ata. Apelantes que não se utilizaram dos recursos cabíveis no prazo oportuno, fazendo com que se operasse a preclusão. Inexistência de nulidades no feito" (TJRJ, Apelação 2008.001.16776); "Alegação de infidelidade do registro do depoimento pelo sistema de estenotipia. Impugnação genérica, que não indica nenhum erro no registro. Objeção insuficiente para elidir a fé pública inerente ao ato judicial. Análise da doutrina e da jurisprudência. Indeferimento do pedido de repetição da prova. Decisão mantida" (TJSP, Agravo de Instrumento 548947); "PROVA TESTEMUNHAL – DEPOIMENTO DE TESTEMUNHA TOMADO EM CARTA PRECATÓRIA, MALTRANSCRITO. Fato que ambas as partes reconheceram. Determinação do juízo da causa, então, para que fosse reinquirido o depoente, ao invés de repetida a transcrição. Decisão mantida. Prejudicado agravo regimental, interposto contra a denegação de efeito liminar, agravo de instrumento improvido" (TJSP, Agravo de Instrumento 275.635.4/4).

Artigo 461.
O juiz pode ordenar, de ofício ou a requerimento da parte:
I – a inquirição de testemunhas referidas nas declarações da parte ou das testemunhas;

II – a acareação de 2 (duas) ou mais testemunhas ou de alguma delas com a parte, quando, sobre fato determinado que possa influir na decisão da causa, divergirem as suas declarações.

§ 1º Os acareados serão reperguntados para que expliquem os pontos de divergência, reduzindo-se a termo o ato de acareação.

§ 2º A acareação pode ser realizada por videoconferência ou por outro recurso tecnológico de transmissão de sons e imagens em tempo real.

CORRESPONDÊNCIA NO CPC/1973: *ART. 418.*

1. Testemunhas referidas e acareação. O art. 461 do CPC/2015 permite ao magistrado – de ofício ou a requerimento da parte e sempre respeitado o contraditório – determinar a oitiva das testemunhas que tenham sido referidas nos depoimentos das partes e/ou das testemunhas. O artigo referido também permite ao magistrado determinar a acareação de duas ou mais testemunhas ou de alguma delas com a parte, quando for identificada divergência sobre fato que possa ser importante para o julgamento do processo.

João Batista Lopes leciona que "a acareação não deverá ser determinada se as divergências envolverem aspectos secundários dos fatos.". (LOPES, João Batista, *A prova no direito processual civil*, 3. ed. São Paulo, RT, 2006, p. 154).

Todavia, "quando houver divergência sobre fato que possa influir no julgamento, o juiz não pode indeferir requerimento de acareação sob pena de violação do contraditório. Aliás, quando tal divergência existir, e nada for requerido, o juiz deve – e não pode – determinar a acareação de ofício.". (MARINONI, Luiz Guilherme; ARENHART, Sérgio Cruz, *Prova*, 2. ed., São Paulo, RT, 2011. p. 786).

Conforme previsto no parágrafo primeiro do art. 461 do CPC/2015, as testemunhas a serem acareadas serão reperguntadas para o devido esclarecimento quanto aos pontos de divergência, devendo-se documentar o ato em termo de audiência.

A acareação pode ser requerida e determinada na própria audiência de instrução. Por economia processual, o magistrado deve tentar esgotar essa providência no mesmo dia da realização da audiência na qual as divergências entre os depoimentos foram identificadas.

Todavia, caso não seja possível a efetivação do ato na própria audiência, o magistrado – de ofício ou a requerimento da parte e uma vez verificada a existência dos requisitos do art. 461 do CPC/2015 – determinará a realização da acareação em audiência especialmente designada para tanto.

O parágrafo segundo do art. 461 do CPC/2015 permite que a acareação seja realizada por videoconferência, em tempo real, o que pode contribuir para a economia do processo e a celeridade dos atos processuais.

Finalmente, quanto à testemunha referida, destaca-se que esta "não é apenas a que contou ao depoente como os fatos se passaram, mas também a que pode ter tido com eles contato direto. Se o fato for pertinente, e importar para a formação do juízo, o depoimento da testemunha referida deve (e não pode) ser determinado de ofício pelo juiz.". (MARINONI, Luiz Guilherme; ARENHART, Sérgio Cruz, *Prova*, 2. ed., São Paulo, RT, 2011. p. 784).

Caso a parte venha a requerer a oitiva da testemunha referida, deve indicar, em seu pleito, o trecho do depoimento no qual consta o nome da testemunha referida, bem como sua pertinência para o esclarecimento de fato importante para o julgamento da lide.

A oitiva da testemunha referida, seja determinada de ofício ou a requerimento da parte, deverá ocorrer em audiência designada para tanto.

Artigo 462.

A testemunha pode requerer ao juiz o pagamento da despesa que efetuou para comparecimento à audiência, devendo a parte pagá-la logo que arbitrada ou depositá-la em cartório dentro de 3 (três) dias.

CORRESPONDÊNCIA NO CPC/1973: *ART. 419.*

Artigo 463.

O depoimento prestado em juízo é considerado serviço público.

Parágrafo único. A testemunha, quando sujeita ao regime da legislação trabalhista, não sofre, por comparecer à audiência, perda de salário nem desconto no tempo de serviço.

CORRESPONDÊNCIA NO CPC/1973: *ART. 419.*

1. **Prova testemunhal e serviço público.** A testemunha presta um serviço público ao depor, razão pela qual não deve perder salário e nem sofrer desconto no tempo de serviço, caso tenha de se ausentar para prestar o depoimento.

Além disso, a testemunha tem direito de ser reembolsada por todas as despesas incorridas no deslocamento à sede do juízo para a efetivação do depoimento, reembolso que deve ser realizado pela parte que a arrolou.

Como observa Luiz Guilherme Marinoni, "como a testemunha em regra desconhece esse direito, é conveniente que o juiz, por ocasião do depoimento, faça a comunicação a respeito do benefício constante do art. 419". (MARINONI, Luiz Guilherme; ARENHART, Sérgio Cruz, *Prova*, 2. ed., São Paulo, RT, 2011. p. 787).

SEÇÃO X – Da Prova Pericial

ARTIGO 464.

A prova pericial consiste em exame, vistoria ou avaliação.

§ 1º O juiz indeferirá a perícia quando:

I – a prova do fato não depender de conhecimento especial de técnico;

II – for desnecessária em vista de outras provas produzidas;

III – a verificação for impraticável.

§ 2º De ofício ou a requerimento das partes, o juiz poderá, em substituição à perícia, determinar a produção de prova técnica simplificada, quando o ponto controvertido for de menor complexidade.

§ 3º A prova técnica simplificada consistirá apenas na inquirição de especialista, pelo juiz, sobre ponto controvertido da causa que demande especial conhecimento científico ou técnico.

§ 4º Durante a arguição, o especialista, que deverá ter formação acadêmica específica na área objeto de seu depoimento, poderá valer-se de qualquer recurso tecnológico de transmissão de sons e imagens com o fim de esclarecer os pontos controvertidos da causa.

CORRESPONDÊNCIA NO CPC/1973: *ARTS. 420 E 421.*

1. Perícia. Quando for necessário, para a demonstração de determinado fato alegado, conhecer-se tema técnico e/ou científico específico, o magistrado deve determinar a realização da prova pericial, a qual se dará através do trabalho de um perito: especialista no tema técnico referente ao fato alegado.

João Batista Lopes leciona que "de modo geral, a demonstração dos fatos faz-se por documentos ou depoimentos. Às vezes, porém, a prova documental e a oral se mostram insuficientes para o perfeito esclarecimento das alegações formuladas pelas partes. Tal se dá quando a apuração dos fatos envolve matéria técnica que refoge ao conhecimento do homem comum, a exigir o concurso de profissionais especializados ou pessoas experimentadas. É a perícia, que pode assim ser conceituada: trata-se de espécie de prova, produzida mediante o concurso de profissionais especializados ou pessoas experientes.". (LOPES, João Batista, *A prova no direito processual civil*, 3. ed., São Paulo, RT, 2006. p. 130).

O art. 464 do CPC/2015 sinaliza que a perícia pode consistir em exame, vistoria ou avaliação. "Exame é a espécie de perícia que recai sobre coisas ou pessoas com a finalidade de verificação de fatos ou circunstâncias de interesse da causa (...). Vistoria é a inspeção realizada sobre imóveis para constatação de circunstâncias relevantes para o desate da causa (...). Avaliação é a fixação ou estimação do valor de mercado de coisas móveis ou imóveis, direitos e obrigações em processos de execução (avaliação dos bens penhorados) ou em inventários.". (LOPES, João Batista, *A prova no direito processual civil*, 3. ed., São Paulo, RT, 2006. p. 130).

2. Indeferimento da perícia. Pela regra legal, o magistrado deve indeferir a perícia quando: (i) a prova não depender de conhecimento técnico especializado; (ii) diante das outras produzidas, a prova pericial se mostrar desnecessária; e (iii) não for possível realizar o exame, a vistoria ou a avaliação, diante das particularidades do caso concreto.

O STJ **já decidiu** que: "Não há qualquer ilegalidade, nem cerceamento de defesa, na hipótese em que o juiz, verificando suficientemente instruído o processo e desnecessária a dilação probatória, indefere o pedido de produção de prova pericial, nos termos do art. 420, parágrafo único, do CPC.". (STJ, REsp 276.002/SP).

É evidente, contudo, que o magistrado deve observar se os fatos que constituem o objeto de prova exigem conhecimento técnico especializado. E caso esse tipo de conhecimento seja necessário, prudente é que o juiz determine a realização da prova pericial, sob pena de configurar-se, no caso concreto, cerceamento de defesa.

3. Perícia técnica simplificada. O parágrafo segundo do art. 464 do CPC/2015, no mesmo espírito do parágrafo segundo do art. 421 do CPC/1973, prevê a hipótese da perícia técnica simplificada, a qual pode ser adotada, de ofício ou a requerimento das partes, quando o ponto controvertido, apesar de técnico, for de menor complexidade.

Esta modalidade de prova consiste na oitiva de um especialista, em audiência, sobre o ponto técnico controvertido da causa, o qual poderá valer-se de recursos tecnológicos para demonstrar ao magistrado suas conclusões sobre a questão técnica a ser esclarecida.

O parágrafo quarto é expresso ao exigir que o especialista tenha formação acadêmica compatível com a área de conhecimento referente à questão técnica a ser examinada.

Luiz Guilherme Marinoni ministra que "o depoimento do perito (...) poderá substituir a prova pericial apenas quando a simplicidade da constatação do fato o permitir. Para dispensar a prova pericial, o juiz deve estar seguro de que a constatação do fato é simples (...). Quando a prova pericial puder ser substituída pelo depoimento do especialista, esse obviamente deverá ter conhecimento aprofundado – e não superficial – do fato. Por outro lado, é bom deixar claro que a inquirição do especialista sempre será formal. A informalidade – repita-se – está ligada à simplicidade da constatação do fato, e não ao conhecimento do especialista, à profundidade da análise do fato ou à forma de sua inquirição. Por fim, é conveniente lembrar que a declaração do especialista em audiência deve ser devidamente fundamentada, até porque o juiz irá se basear na sua inquirição para proferir a sua decisão, a qual deve ser, por exigência constitucional, adequadamente motivada.". (MARINONI, Luiz Guilherme; ARENHART, Sérgio Cruz, *Prova*, 2. ed., São Paulo, RT, 2011. p. 801).

Na audiência de oitiva do especialista, as partes poderão valer-se de assistentes técnicos, sendo respeitado, assim, o princípio do contraditório, de modo que as partes também poderão fazer perguntas ao perito e solicitar esclarecimentos quanto a suas conclusões.

Artigo 465.

O juiz nomeará perito especializado no objeto da perícia e fixará de imediato o prazo para a entrega do laudo.

§ 1º Incumbe às partes, dentro de 15 (quinze) dias contados da intimação do despacho de nomeação do perito:

I – arguir o impedimento ou a suspeição do perito, se for o caso;

II – indicar assistente técnico;

III – apresentar quesitos.

§ 2º Ciente da nomeação, o perito apresentará em 5 (cinco) dias:

I – proposta de honorários;

II – currículo, com comprovação de especialização;

III – contatos profissionais, em especial o endereço eletrônico, para onde serão dirigidas as intimações pessoais.

§ 3º As partes serão intimadas da proposta de honorários para, querendo, manifestar-se no prazo comum de 5 (cinco) dias, após o que o juiz arbitrará o valor, intimando-se as partes para os fins do art. 95.

§ 4º O juiz poderá autorizar o pagamento de até cinquenta por cento dos honorários arbitrados a favor do perito no início dos trabalhos, devendo o remanescente ser pago apenas ao final, depois de entregue o laudo e prestados todos os esclarecimentos necessários.

§ 5º Quando a perícia for inconclusiva ou deficiente, o juiz poderá reduzir a remuneração inicialmente arbitrada para o trabalho.

§ 6º Quando tiver de realizar-se por carta, poder-se-á proceder à nomeação de perito e à indicação de assistentes técnicos no juízo ao qual se requisitar a perícia.

CORRESPONDÊNCIA NO CPC/1973: *ARTS. 421 E 428.*

1. **Designação do perito.** O magistrado deve, em decisão motivada, designar o perito especializado para a produção da prova técnica, já fixando, na mesma decisão, o prazo necessário para a entrega do laudo.

2. **Impedimento ou suspeição.** Em 15 (quinze) dias, contados da intimação da decisão acima referida, as partes podem arguir o impedimento ou a suspensão do perito (caso haja elemento para isso), indicar seu assistente técnico e apresentar quesitos a serem respondidos pelo perito.

O parágrafo primeiro do art. 465 do CPC/2015 merece aplausos, pois apresenta o momento específico em que as partes possam questionar a imparcialidade do perito para a elaboração do laudo pericial. Aplicam-se ao perito as mesmas causas de impedimento e suspeição do juiz.

Conforme já decidiu o STJ: "A prova pericial deve se revestir das formalidades previstas em lei. A interpretação teleológica do art. 421 do CPC impõe ao Juízo a observância da qualificação técnica e imparcialidade do perito, sobre quem se aplicam, inclusive, as disposições atinentes ao impedimento e suspeição.". (TJ, REsp 655.747/MG).

Nessa linha, leciona Luiz Guilherme Marinoni: "A prova pericial é realizada por perito. Chama-se assim a pessoa – física ou jurídica – que, contando com a confiança do juiz, é convocada para, no processo, esclarecer algum ponto que exija o conhecimento técnico especial. Acima de tudo, o perito deve ter idoneidade moral e, assim, ser da confiança do juiz. Note-se que o juiz julga com base no laudo técnico, e o jurisdicionado tem direito fundamental a um julgamento idôneo. Se é assim, não deve o juiz julgar a partir de laudo pericial assinado por pessoa que não mereça confiança, já que estaria entregando à parte prestação jurisdicional não idônea. O juiz, quando precisa de laudo pericial, não deve deixar que a definição de um fato seja feita por qualquer pessoa, como se não lhe importassem a qualidade e a idoneidade da resposta jurisdicional. Além da idoneidade, o perito deve contar com conhecimento técnico suficiente (...). Ora, se as partes têm direito a um juiz imparcial, obviamente também tem direito a um perito imparcial. É fundamental que o perito seja técnica e moralmente idôneo para que o juiz possa formar um convencimento adequado a respeito dos fatos e para que as partes, por consequência lógica, sejam realmente atendidas por um juiz imparcial. É nesse sentido que se diz que o juiz deve, antes de julgar o litígio, julgar o próprio perito. Aplicam-se ao perito – no intuito de assegurar sua imparcialidade – as mesmas causas de impedimento e suspeição atinentes ao juiz.". (MARINONI, Luiz Guilherme; ARENHART, Sérgio Cruz, *Prova*, 2. ed., São Paulo, RT, 2011, p. 795).

Apresentada impugnação ao perito, por motivo de suspeição ou impedimento, o juiz, após regular contraditório, julgará o pedido de afastamento do especialista.

3. Qualificação do perito. Note-se que o perito também precisa ser qualificado e ter a habilitação acadêmica e profissional necessárias para dirigir adequadamente a formação do laudo pericial.

Daí a importância do parágrafo segundo do art. 465 do CPC/2015, que determina que o perito apresente, em 5 (cinco) dias contados de sua intimação, sua proposta de honorários, seu currículo, com a comprovação de sua especialização, e seus contatos profissionais.

Caso as partes, depois de conhecerem a formação técnica do perito, tenham fundamento para questionar sua adequação para elaborar o trabalho pericial relativo ao caso concreto, devem, em nosso entendimento, apresentar o pleito de substituição do perito dentro do prazo do parágrafo terceiro do art. 465 do CPC/2015,.

É fundamental que as partes estejam atentas à necessidade de questionar a formação do perito previamente ao início dos trabalhos periciais, conforme já decidiu o Tribunal de Justiça de Goiás: "Agravo em apelação cível. Cautelar de produção antecipada de provas. Nulidade do laudo pericial. Inadmissibilidade. Rediscussão de matéria já decidida. Precedentes. I –preclusa a pretensão da parte em substituir o perito após apresentação do laudo, que lhe é desfavorável". (TJGO, Apelação 142686-3/188).

O STJ, de forma reiterada, decide pela necessidade de o perito ter a formação técnica adequada para a elaboração dos trabalhos: "Ao nomear o perito, deve o juiz atentar para a natureza dos fatos a provar e agir *cum grano salis*, aferindo se a perícia reclama conhecimentos específicos de profissionais qualificados e habilitados em lei, dando à norma interpretação teleológica e valorativa" (STJ, REsp 130.790/RS); "A perícia contábil deve ser efetuada por contador (profissional portador de diploma universitário) devidamente inscrito no Conselho de Contabilidade, e não por técnico em contabilidade ou administrador de empresas" (STJ, REsp 115.566/ES); "Na exegese dos parágrafos do art. 145, CPC, deve o juiz atentar para a natureza dos fatos a provar e agir *cum grano salis*, aferindo se a perícia reclama conhecimentos específicos de profissionais qualificados e habilitados em lei, dando a norma interpretação teleológica e valorativa" (STJ, REsp 7.782/SP).

Como regra geral, o perito deve ser pessoa física. Mas o STJ já decidiu ser possível a nomeação de estabelecimento oficial para perícia com natureza médica: "A nomeação de estabelecimento oficial para a realização de perícia médico-oficial, sem individuação do perito, não viola o art. 421, CPC, e encontra suporte legal no art. 434 da lei processual, supondo a confiança do juiz em todos os integrantes do quadro, bem como no critério de seu diretor.". (STJ, AgRg no Ag 38.839/SP).

4. Assistente técnico. Como apontado no parágrafo primeiro, as partes podem indicar assistente técnico e apresentar quesitos. Os assistentes técnicos são da confiança de cada parte, sendo que "a eles não se aplicam as causas de impedimento ou suspeição, e a sua nomeação ou destituição não fica na esfera de decisão do magistrado.". (MARINONI, Luiz Guilherme; ARENHART, Sérgio Cruz, *Prova*, 2. ed., São Paulo, RT, 2011. p. 794).

O STJ já decidiu que: "Não veda o sistema processual vigente que pessoa jurídica possa servir como assistente-técnico, sobretudo após a edição da Lei 8455/92.". (STJ, REsp 36.578/SP).

5. Quesitos. Quanto aos quesitos apresentados nos termos do parágrafo primeiro, pode-se dizer que eles são conhecidos na rotina forense como "quesitos principais". Consistem nas primeiras perguntas formuladas pelas partes e dirigidas ao perito, para que a prova possa ser direcionada ao esclarecimento do fato controvertido de forma suficiente e conclusiva. Os quesitos devem ser pertinentes, com clara relação ao fato controvertido e objeto da perícia, e devem, ainda, representar questões técnicas.

6. Honorários. Nos termos do parágrafo terceiro, as partes serão intimadas do teor da proposta de honorários do perito, devendo manifestar-se no prazo comum de 5 (cinco) dias. Após esse prazo, o magistrado deve arbitrar o valor dos honorários periciais.

Os honorários devem ser compatíveis com a complexidade da perícia e moderados. Não podem ser excessivos, conforme já decidiu o STJ: "Não está o magistrado, reputando imprescindível ao julgamento da lide a realização da prova pericial, impedido de substituir o perito diante de honorários considerados onerosos. A regra do art. 424 do

CPC não limita a atividade jurisdicional neste aspecto. Seria contraria ao senso comum admitir que a fixação de honorários considerados onerosos, fosse causa impeditiva da substituição do perito por outro com honorários compatíveis.". (STJ, REsp 100.737/SP).

Conforme a redação do parágrafo quarto, o juiz pode autorizar que o perito receba desde logo, no início dos trabalhos, o valor de até 50% (cinquenta por cento) dos honorários arbitrados, sendo que o restante deverá ser pago apenas após a conclusão dos trabalhos periciais.

Como leciona Luiz Guilherme Marinoni, a "antecipação somente deve ocorrer nos casos em que o magistrado suspeite que o encarregado de remunerar o perito não terá condições de fazê-lo no final da perícia, ou ainda quando a produção da prova for extremamente onerosa para o perito (...). Nas demais hipóteses, o pagamento da prova será feito posteriormente, quando da conclusão da perícia.". (MARINONI, Luiz Guilherme; ARENHART, Sérgio Cruz, *Prova*, 2. ed., São Paulo, RT, 2011, p. 802).

Caso a perícia não seja conclusiva ou apresente deficiências, o magistrado pode vir a reduzir o valor da remuneração inicialmente fixada em favor do perito.

7. Designação do perito e juízo deprecado. O parágrafo sexto "diz que a nomeação do perito e da indicação dos assistentes técnicos pode ser feita no juízo ao qual se requisitar a pericia. O desejo da norma é evidente: ao viabilizar a nomeação de perito e indicação de assistentes técnicos residentes no local da perícia, objetiva facilitar a sua produção e torná-la mais acessível economicamente". (MARINONI, Luiz Guilherme; ARENHART, Sérgio Cruz, *Prova*, 2. ed., São Paulo, RT, 2011, p. 809).

Quando o objeto da perícia estiver em comarca diversa da qual tramita o processo, o magistrado deve verificar, no caso concreto, se a nomeação do perito realmente será mais efetiva caso feita pelo juízo deprecado; entre outros fatores, seja em razão da natureza da perícia, seja em razão da maior facilidade em um profissional local executar o trabalho. Pode ocorrer de o magistrado entender que a melhor alternativa para o caso concreto seja a de que o perito a ser nomeado tenha atuação na comarca onde tramita o processo, devendo a carta precatória servir apenas para a mera execução dos trabalhos periciais. Nesta linha, o STJ já decidiu que: "Processual civil. Perito. Designação. Perícia contábil realizada fora da comarca. Interpretação do art. 200/CPC. É possível, pelas peculiaridades da espécie, ao juiz da causa designar vistor para proceder perícia nos livros e contabilidade da empresa que se encontram em sua sede localizada fora de sua comarca.". (STJ, REsp 95.314/SP).

Artigo 466.

O perito cumprirá escrupulosamente o encargo que lhe foi cometido, independentemente de termo de compromisso.

§ 1º Os assistentes técnicos são de confiança da parte e não estão sujeitos a impedimento ou suspeição.

§ 2º O perito deve assegurar aos assistentes das partes o acesso e o acompanhamento das diligências e dos exames que realizar, com prévia comunicação, comprovada nos autos, com antecedência mínima de 5 (cinco) dias.

CORRESPONDÊNCIA NO CPC/1973: *ARTS. 422 E 431-A.*

1. **Deveres do perito.** O perito deve demonstrar habilidade técnica, conhecimento acadêmico e todo o profissionalismo necessário para conduzir os trabalhos periciais, com imparcialidade e cumprimento exemplar dos prazos fixados pelo magistrado. Como auxiliar do juízo que é, deve o perito agir com idoneidade moral e sempre de forma diligente.

2. **Deveres do assistente técnico.** O fato de os assistentes técnicos serem de confiança da parte e não estarem sujeitos às hipóteses de suspeição e/ou impedimento não significa que não devam agir em conformidade com os princípios da cooperação e da boa fé. Portanto, devem atuar, também dentro dos parâmetros técnicos, de forma colaborativa, para que a prova pericial possa ter o melhor resultado possível e realmente auxiliar o magistrado na apreciação do mérito do caso.

3. **Participação dos assistentes técnicos.** O parágrafo único assegura o devido contraditório no decorrer dos trabalhos periciais, com claríssima obrigação do perito de permitir que os assistentes técnicos das partes e seus advogados acompanhem os trabalhos periciais e examinem o *iter* do desenvolvimento da perícia; sendo certo que o perito deve comprovar nos autos que comunicou previamente os assistentes técnicos e os advogados, com antecedência mínima de cinco dias, a data designada para a diligência pericial. Caso "não realizada a prévia intimação das partes, a perícia é ineficaz, sendo de se decretar sua nulidade se a não intimação ocasionar prejuízo aos fins da justiça do processo". (MARINONI, Luiz Guilherme. ARENHART, Sérgio Cruz. Prova. 2 ed. rev. São Paulo: RT, 2011. p. 812).

O **STJ já decidiu que**: "É nula a perícia produzida sem intimação das partes quanto ao dia e local de realização da prova (Art. 431-A, CPC)" (STJ, REsp 806.266/RS).

Artigo 467.

O perito pode escusar-se ou ser recusado por impedimento ou suspeição. Parágrafo único. O juiz, ao aceitar a escusa ou ao julgar procedente a impugnação, nomeará novo perito.

CORRESPONDÊNCIA NO CPC/1973: *ART. 423.*

1. **Recusa do perito.** Também, por motivo considerado como legítimo, pode o perito apresentar ao juiz sua recusa em desenvolver o trabalho pericial. Caberá ao magistrado verificar, no caso concreto, se o motivo apresentado pelo perito realmente justifica sua recusa em realizar os trabalhos em favor do Poder Judiciário. "Porém, em regra, o perito

deverá ser dispensado ao se recusar do encargo. Em primeiro lugar, porque haverá outros especialistas disponíveis, que terão evidente interesse em prestar a prova. Em segundo lugar, porque a contrariedade do perito é indicativo de que forçá-lo a fazer a prova redundará **em perí**cia mal feita, cujos resultados não merecerão confiança.". (MARINONI, Luiz Guilherme; ARENHART, Sérgio Cruz, *Prova*, 2. ed.,São Paulo, RT, 2011, p. 803).

2. Impedimento ou suspeição. Como já acima assinalado, o perito é auxiliar do juízo, de modo que deve ser imparcial e está submetido às hipóteses de impedimento e/ou suspeição, "valendo para tanto os mesmos motivos que tornam o juiz impedido ou suspeito...". (MARINONI, Luiz Guilherme. ARENHART, Sérgio Cruz, *Prova*, 2. ed.,São Paulo, RT, 2011, p. 804).

Sendo apresentada impugnação ao perito, por motivo de suspeição ou de impedimento, nos termos do parágrafo primeiro do art. 465 do CPC/2015, o juiz, após regular contraditório, julgará o pedido de afastamento do especialista, devendo nomear novo perito, caso as hipóteses de impedimento e/ou suspeição estejam presentes no caso.

ARTIGO 468.
O perito pode ser substituído quando:
I – faltar-lhe conhecimento técnico ou científico;
II – sem motivo legítimo, deixar de cumprir o encargo no prazo que lhe foi assinado.
§ 1º No caso previsto no inciso II, o juiz comunicará a ocorrência à corporação profissional respectiva, podendo, ainda, impor multa ao perito, fixada tendo em vista o valor da causa e o possível prejuízo decorrente do atraso no processo.
§ 2º O perito substituído restituirá, no prazo de 15 (quinze) dias, os valores recebidos pelo trabalho não realizado, sob pena de ficar impedido de atuar como perito judicial pelo prazo de 5 (cinco) anos.
§ 3º Não ocorrendo a restituição voluntária de que trata o § 2º, a parte que tiver realizado o adiantamento dos honorários poderá promover execução contra o perito, na forma dos arts. 513 e seguintes deste Código, com fundamento na decisão que determinar a devolução do numerário.
CORRESPONDÊNCIA NO CPC/1973: *ART. 424.*

1. Substituição do perito. O perito pode ser substituído quando carecer de conhecimento técnico ou científico para o desenvolvimento dos trabalhos e/ou quando, sem motivo legítimo, deixar de apresentar o laudo pericial dentro do prazo determinado pelo magistrado.

Luiz Guilherme Marinoni ministra que "o perito deve ser substituído, ainda que sem requerimento do interessado, quando carecer de conhecimento técnico ou científico, ou quando, sem motivo legítimo, deixar de cumprir o encargo no prazo que lhe foi assinado (art. 424, CPC). A primeira das hipóteses é inquestionavelmente caso de substituição do perito. A essência da prova pericial está exatamente no conhecimento técnico especializado. Se ele não possui conhecimento sobre a matéria que envolverá a perícia, não há sentido em se permitir a sua participação no processo.". (MARINONI, Luiz Guilherme; ARENHART, Sérgio Cruz, *Prova*, 2 ed., São Paulo: RT, 2011, p. 804).

2. Impugnação da nomeação do perito. Conforme apontado acima, em nosso entendimento, o momento adequado para a parte questionar o conhecimento técnico e/ou científico do perito é assim que houver condições de conhecer a formação e experiência do profissional. Depois de o perito ter apresentado seu currículo, com a comprovação de sua especialização (parágrafo segundo do art. 465 do CPC/2015), a parte terá condições de apresentar, de forma fundamentada, eventual pleito de substituição do perito, nos termos do art. 468, I, do CPC/2015, e dentro do prazo do parágrafo terceiro do art. 465 do CPC/2015. Esse prazo nos parece o mais adequado para efetivar a impugnação, pois coincide, inclusive, com o prazo estipulado para a manifestação quanto à proposta de honorários do especialista.

Como já pontuado, é fundamental que o magistrado se atente para a necessidade de o profissional ter formação técnica e experiência compatível com a complexidade da perícia. Conforme a jurisprudência: "Ao nomear o perito, deve o juiz atentar para a natureza dos fatos a provar e agir *cum grano salis*, aferindo se a perícia reclama conhecimentos específicos de profissionais qualificados e habilitados em lei, dando à norma interpretação teleológica e valorativa" (STJ, REsp 130.790/RS); "A perícia contábil deve ser efetuada por contador (profissional portador de diploma universitário) devidamente inscrito no Conselho de Contabilidade, e não por técnico em contabilidade ou administrador de empresas" (STJ, REsp 115.566/ES); "Na exegese dos parágrafos do art. 145, CPC, deve o juiz atentar para a natureza dos fatos a provar e agir *cum grano salis*, aferindo se a perícia reclama conhecimentos específicos de profissionais qualificados e habilitados em lei, dando a norma interpretação teleológica e valorativa" (STJ, REsp 7.782/SP).

Não se pode, todavia, afastar a hipótese de que o perito se mostre inabilitado para a realização da perícia apenas no desenrolar dos trabalhos, os quais se podem revelar mais complexos do que o magistrado, as partes e o próprio perito poderiam originalmente imaginar. Nesse contexto, caso o próprio perito não venha a requerer sua substituição, caberá ao magistrado – seja antes ou logo depois da entrega do laudo pericial e sempre observando-se o contraditório – substituir o perito que acabou por se mostrar absolutamente carecedor dos conhecimentos necessários para a conclusão do trabalho pericial. É muito importante que o trabalho do perito, na hipótese acima, venha a realmente demonstrar que ele merece ser substituído por falta de conhecimento técnico ou científico para a conclusão da perícia, devendo-se nomear outro perito para a condução da prova. Caso o trabalho apresentado pelo perito seja incompleto e/ou não satisfatório, mas, na verdade, não revele absoluta carência de conhecimento técnico e/ou científico pelo profissional, é certo que o magistrado poderá determinar a prestação de esclarecimentos pelo perito e/ou decidir pela realização de uma segunda perícia; sem, todavia, adotar a drástica providência da substituição do perito originalmente nomeado.

Como a situação acima exigirá muita cautela por parte do magistrado, com a devida análise das especificidades do caso concreto, realmente nos parece mais seguro para o processo que a regra geral a ser seguida é a de que o momento adequado para se questionar a formação técnica do perito é o prazo do parágrafo terceiro do art. 465 do CPC/2015: depois de todos os sujeitos processuais terem conhecimento do currículo, da formação técnica e da experiência do especialista.

3. Não cumprimento do prazo. Quanto ao segundo inciso do artigo em comento, Luiz Guilherme Marinoni leciona que "é caso que faz presumir a incapacidade do perito de se desincumbir de sua tarefa adequadamente. O perito, deixando de atentar ao prazo fixado, ou de entregar seu laudo dentro deste, ou ainda após a dilação autorizada pelo art. 432, demonstra provável incompetência para realizar a prova, razão pela qual se impõe sua substituição.". (MARINONI, Luiz Guilherme; ARENHART, Sérgio Cruz, *Prova*, 2. ed., São Paulo, RT, 2011, p. 805).

4. Abalo de confiança. O STJ, além das hipóteses do art. 468 do CPC/2015, já julgou pela possibilidade de substituição do perito quando abalado o elo de confiança entre ele e o magistrado: "O perito judicial é um auxiliar do Juízo e não um servidor público. Logo, sua desconstituição dispensa a instauração de qualquer processo administrativo ou argüição por parte do magistrado que o nomeou, não lhe sendo facultado a ampla defesa ou o contraditório nestes casos, pois seu afastamento da função pode se dar *ex officio* e *ad nutum*, quando não houver mais o elo de confiança. Isto pode ocorrer em razão da precariedade do vínculo entre ele e o poder público, já que seu auxílio é eventual. Além desta hipótese, sua desconstituição poderá ocorrer naquelas elencadas no art. 424, do CPC ("O perito pode ser substituído quando: I – carecer de conhecimento técnico ou científico; II – sem motivo legítimo, deixar de cumprir o encargo no prazo que lhe foi assinado"). Estas são espécies expressas no texto da lei. Porém, a quebra da confiança entre o perito e o magistrado é espécie intrínseca do elo, que se baseia no critério personalíssimo da escolha do profissional para a função. Assim como pode o juiz nomeá-lo, pode removê-lo a qualquer momento.". (STJ, RMS 12.963/SP).

Quando aplicada a hipótese do inciso II do art. 468 do CPC, o magistrado deve comunicar o fato à corporação profissional do perito, podendo, ainda, aplicar sanção ao perito, nos termos do parágrafo primeiro.

Os parágrafos segundo e terceiro revelam a necessidade de o perito substituído devolver à parte, que adiantou os honorários periciais, os valores por ele recebidos em virtude de trabalho não realizado e/ou considerado como imprestável pelo próprio magistrado, restituição que deverá ser determinada em decisão judicial devidamente motivada.

Artigo 469.

As partes poderão apresentar quesitos suplementares durante a diligência, que poderão ser respondidos pelo perito previamente ou na audiência de instrução e julgamento.

Parágrafo único. O escrivão dará à parte contrária ciência da juntada dos quesitos aos autos.

CORRESPONDÊNCIA NO CPC/1973: *ART. 425.*

1. Quesitos suplementares. Até a apresentação do laudo pericial – sendo por isso que o artigo usa a expressão "durante a diligência" – as partes podem apresentar quesitos suplementares, os quais consistem em perguntas direcionadas ao perito, com o objetivo de detalhar ou aprofundar aspectos técnicos da prova. Esses quesitos são ditos suplementares, porque visam a complementar os quesitos principais apresentados nos termos do art. 465 do CPC.

Conforme alerta Luiz Guilherme Marinoni, "tais quesitos são perguntas ulteriores formuladas ao perito, com o objetivo de esclarecer ou aprofundar o exame do objeto da perícia. Note-se que tais quesitos devem se prender ao objeto original da perícia deferida, não se prestando para ampliá-la ou substituí-la.". (MARINONI, Luiz Guilherme; ARENHART, Sérgio Cruz, *Prova*, 2. ed., São Paulo, RT, 2011. p. 806).

Os quesitos suplementares não se confundem com os quesitos de mero esclarecimento de aspectos do laudo pericial, de modo que os primeiros apenas podem ser apresentados até a entrega do laudo pelo perito, conforme já decidido pelo STJ: "Processual civil. Perícia. Quesitos suplementares. Momento de apresentação. É tardia a apresentação de quesitos suplementares depois do laudo ter sido apresentado, a teor do disposto no art. 425 do CPC." (STJ, REsp 110.784/SP).

A faculdade do art. 469 do CPC/2015 deve ser exercida com responsabilidade e de acordo com os parâmetros da boa fé, conforme já decidido pelo STJ: "Conquanto seja assegurado à parte apresentar quesitos suplementares, essa faculdade deve ser apreciada com atenção, a fim de se evitar ações procrastinatórias, que retardem a marcha processual" (STJ, REsp 697.446/AM).

Nos termos do parágrafo único do art. 469 do CPC/2015, os quesitos suplementares devem ser juntados aos autos, devendo a parte contrária ser intimada quanto ao teor dos referidos quesitos; tudo para que se respeite o pleno contraditório no desenvolvimento dos trabalhos periciais.

Por fim, para a melhor compreensão do *caput* do art. 469 do CPC/2015, deve-se entender que o momento adequado para o perito responder os quesitos suplementares é na apresentação do laudo pericial, com eventuais esclarecimentos a serem prestados em audiência de instrução e julgamento, se necessário for.

Artigo 470.
   Incumbe ao juiz:
   I – indeferir quesitos impertinentes;
   II – formular os quesitos que entender necessários ao esclarecimento da causa.
   CORRESPONDÊNCIA NO CPC/1973: *ART. 426.*

1. **O princípio da cooperação, o juiz e a perícia.** O magistrado deve indeferir os quesitos impertinentes e pode formular para o perito os quesitos que entender como necessários para o devido esclarecimento do caso.

O princípio da cooperação também é direcionado ao magistrado, não sendo apenas uma diretriz de conduta para as partes envolvidas no caso concreto.

Como pontua Fabio Konder Comparato, "a era do juiz politicamente neutro, no sentido liberal da expressão, já foi superada. Os juízes deixam de ser, como tem sido até agora, exclusivamente árbitros distantes e indiferentes de conflitos privados, ou de litígios entre indivíduos e o Estado. Doravante, incumbe também a Justiça realizar, no seu campo de atividade, os grandes objetivos socioeconômicos da organização constitucional.". (COMPARATO, Fabio Konder, "Novas funções judiciais no estado moderno", *Revista dos Tribunais*, n. 614, São Paulo, 1986, p. 22).

Compete ao magistrado atuar ativamente na produção da prova, colaborando com as atividades das partes e do perito, de modo a zelar pelo mais econômico, eficiente e completo resultado da prova pericial. Conforme leciona José Roberto dos Santos Bedaque, "deve o juiz ir à procura da verdade; tentar descobri-la. Por isso, não se pode admitir que a vontade dos litigantes seja um empecilho à atividade instrutória oficial. O que não se pode mais aceitar é a suposta vinculação do juiz civil à denominada verdade formal, porque a denominada verdade real deveria apenas existir no âmbito penal. Tais expressões incluem-se entre aquelas que devem ser banidas da ciência processual. Verdade formal é sinônimo de mentira formal, pois ambas constituem as duas faces do mesmo fenômeno: o julgamento feito à luz de elementos insuficientes para verificação da realidade jurídico material" (BEDAQUE, José Roberto dos Santos, *Poderes instrutórios do juiz*, 5. ed., São Paulo, RT, 2011).

O magistrado deve planejar o processo e atuar da forma mais eficiente possível, sempre em colaboração com as partes, para que o resultado da prova possa ser satisfatório para a apreciação do mérito. O magistrado do CPC/2015 deve ser o magistrado que aplica as técnicas do *case management*: "uma atividade processual que fortalece o controle judicial sobre: (a) identificação das questões relevantes; (b) maior utilização pelas partes de meios alternativos de solução de controvérsias; (c) tempo necessário para concluir adequadamente todos os passos processuais. O juiz planeja o processo e disciplina o calendário, ouvindo as partes. Pelo contato frequente que ele mantém com as partes, e destas entre si, promove a facilitação para uma solução amigável da controvérsia. E, mesmo não ocorrendo o acordo, as técnicas do *case management* permitem ao juiz eliminar as questões frívolas e planejar o processo, fazendo-o caminhar para o julgamento com eficiência e sem custo exagerado". (WATANABE, Kazuo, "Cultura da Sentença e Cultura da Pacificação", in YARSHELL, Flávio Luiz; MORAES, Mauricio Zanoide de (Coord.), *Estudos em homenagem à Professora Ada Pellegrini Grinover*, São Paulo, DPJ, 2005, p. 689).

Um bom exemplo dessa preocupação com a atividade colaborativa do magistrado está justamente na decisão abaixo transcrita e que foi proferida no processo n. 0000241-40.2012.8.26.0426 (426.01.2012.000241-2/000000-000) pelo ilustre magistrado Fernando Gajardoni, da 1ª. Vara Cível de Patrocínio Paulista: "(...) Em vista da complexidade da matéria em debate por força do objeto do conflito (sistema de extração de sacarose por difusor composto por 14 equipamentos e pesando, aproximadamente, 2.000 toneladas), do valor da ação (R$ 28.285.648,00) e do valor da reconvenção (R$ 4.792.780,58) – que recomendariam, inclusive, a solução do conflito pela via arbitral (lei 9.307/96) –, adotarei, no caso presente, a técnica do saneamento compartilhado, que no Brasil pode ser sacada da adequada interpretação do art. 331, § 2º, do CPC, bem como do princípio da cooperação processual. De acordo com a doutrina sobre o tema, o saneamento compartilhado representa a ideia de que o saneamento do processo não deve ser proferido pelo juiz isoladamente, sem a participação das partes, mas, sim, sempre em conjunto com elas e da forma mais negociada possível. Propugna-se, "efetivamente, pelo desaparecimento das decisões de gabinete, isoladas, sem a participação das partes", vez que o juiz, "na medida do possível, devera postergar todas as decisões para a audiência de saneamento, num moderno procedimento de ampla colaboração, participação e ética? (Paulo Hoffman. Saneamento compartilhado. São Paulo: Quartier Latin, 2011, p. 94). 3. Por essa razão, designo audiência preliminar (art. 331 do CPC) (...). Portanto, espera-se que os procuradores e partes compareçam ao ato devidamente preparadas e dispostas a executar a tarefa proposta. (...)".

A decisão acima trata da hipótese do saneamento compartilhado, mas, de todo modo, serve para ilustrar a importância de o magistrado, no CPC de 2015, aplicar adequadamente seus poderes instrutórios e agir de acordo com o princípio da cooperação, dialogando com as partes e com o perito, sempre na busca de obter, com a maior eficiência possível, e sem prejuízo do contraditório, o melhor resultado na prova pericial.

Por isso, o inciso II do art. 470 do CPC/2015 não deve ser desconsiderado pelo magistrado. Ora, na medida em que o magistrado se vale da perícia para esclarecer ponto técnico e/ou cientifico específico, deve-se entender que ele precisa atuar de forma ativa na produção desta prova. Para essa finalidade, o magistrado realiza o devido cotejo entre os debates travados nos autos e a finalidade da perícia, lançando ao perito suas principais perguntas quanto ao ponto técnico a ser esclarecido. Não há dúvida de que quanto mais participativo for o magistrado em seus diálogos com o perito, mais eficiente e conclusiva pode ser a prova técnica.

2. Quesitos impertinentes. O inciso I do art. 470 do CPC trata do indeferimento dos quesitos impertinentes, os quais são aqueles que não visam "obter resposta que possa ajudar a esclarecer fato controverso. Se o fato é incontroverso, ou não diz sequer respeito à causa de pedir, nenhum quesito deve recair sobre ele. Quando o quesito, ainda que relativo a fato controverso, exige resposta concernente à matéria que não é da especialidade do perito, também deve ser considerado impertinente". (MARINONI, Luiz Guilherme; ARENHART, Sérgio Cruz, *Prova*, 2. ed., São Paulo, RT, 2011. p. 807).

O STJ já considerou como quesito impertinente o que diz respeito exclusivamente à matéria de direito: "Evidenciada a ausência de violação ao art. 421, § 1º, II do CPC, porquanto a Corte a quo, em momento algum, negou o direito da recorrente de apresentar quesitos, tendo concluído no sentido de serem impertinentes aqueles que envolvem matéria de direito, motivo pelo qual os indeferiu. Caberia à recorrente apontar violação ao art. 426, I do CPC ou outro que entendesse pertinente e não aquele que foi observado na sua disposição literal.". (STJ, REsp 622.160/MG). Também já se consideraram como impertinentes os quesitos de amplitude exagerada, pouco específico (STJ, REsp 811.429/SP).

Artigo 471.

As partes podem, de comum acordo, escolher o perito, indicando-o mediante requerimento, desde que:

I – sejam plenamente capazes;

II – a causa possa ser resolvida por autocomposição.

§ 1º As partes, ao escolher o perito, já devem indicar os respectivos assistentes técnicos para acompanhar a realização da perícia, que se realizará em data e local previamente anunciados.

§ 2º O perito e os assistentes técnicos devem entregar, respectivamente, laudo e pareceres em prazo fixado pelo juiz.

§ 3º A perícia consensual substitui, para todos os efeitos, a que seria realizada por perito nomeado pelo juiz.

CORRESPONDÊNCIA NO CPC/1973: *NÃO HÁ.*

1. Perito escolhido de comum acordo pelas partes. O art. 471 do CPC/2015 é reflexo da preocupação do legislador em incentivar que as partes tenham como norte de comportamento o princípio da cooperação.

Se o processo versar sobre direitos patrimonialmente disponíveis e/ou que possam naturalmente ser objeto de autocomposição, bem como se as partes forem plenamente capazes, elas – as partes – podem, de comum acordo, indicar ao magistrado o perito que, no ver delas, deveria conduzir a prova pericial.

No mesmo requerimento direcionado ao magistrado, as partes já devem indicar seus assistentes técnicos.

A primeira pergunta que deve ser respondida é se essa indicação de um profissional para dirigir prova pericial já poderia ser feita em contrato celebrado pelas partes, antes mesmo do início do litígio; ou se as partes só podem exercer a faculdade do art. 471 do CPC/2015 no decorrer da ação judicial.

No nosso ver, seguindo a dinâmica dos parágrafos terceiro e quarto do art. 373 do CPC/2015, as partes já poderiam, em contrato, convencionar quem seria o profissional técnico a ser escolhido para eventualmente dirimir questão que possa, no futuro, ser objeto de perícia em caso judicial. No mesmo contrato, as partes já podem indicar quem seriam seus assistentes técnicos.

2. A aceitação da indicação do perito pelo juiz. A segunda pergunta é se o magistrado está vinculado à indicação das partes.

O perito é auxiliar do juiz e exerce a importante função de esclarecer ponto técnico controvertido e necessário para o julgamento do mérito.

Logo, o juiz deve confiar no perito.

Por isso, o magistrado, além de verificar se os requisitos dos incisos I e II do art. 471 do CPC/2015 estão presentes, deve verificar: (i) se o perito preenche todos os requisitos necessários para conduzir adequada e satisfatoriamente a prova pericial; (ii) se, na linha dos inciso I e II do parágrafo terceiro do art. 373 do CPC/2015, a indicação desse profissional técnico não está ameaçando a proteção de direito indisponível e/ou dificultando a igualdade de tratamento, a paridade de armas entre as partes e o devido processo legal; (iii) se o perito, apesar de ser indicado pelas partes, será imparcial, não estando presentes no caso concreto as hipóteses de impedimento / ou suspeição; e (iv) se o profissional tem a reputação, o conhecimento técnico e a experiência necessários para ser digno da confiança do juiz.

Após a providência do parágrafo primeiro do art. 471 do CPC/2015, caberá ao magistrado, portanto, decidir, de forma motivada, se concorda ou não com a indicação do perito. Caso defira a indicação, o magistrado deverá fixar prazo para a entrega do laudo pericial, nos termos do parágrafo segundo do art. 471 do CPC/2015, aplicando-se aqui as disposições dos artigos 465 e seguintes do CPC/2015.

Claro é que o fato de o perito ser indicado, de forma conjunta, pelas partes não elimina a necessidade de observância e aplicação de todos os demais artigos do CPC/2015 referentes à prova pericial. Vale lembrar que o art. 471 do CPC/2015 apenas cuida da possibilidade de o perito ser amigavelmente indicado pelas partes ao magistrado, bem como da possibilidade de este aceitar ou não a indicação; caso não a aceite, outro perito deverá ser designado pelo juiz.

Artigo 472.

O juiz poderá dispensar prova pericial quando as partes, na inicial e na contestação, apresentarem, sobre as questões de fato, pareceres técnicos ou documentos elucidativos que considerar suficientes.

CORRESPONDÊNCIA NO CPC/1973: *ART. 427.*

1. Dispensa da perícia e pareceres técnicos. O juiz poderá dispensar a produção da prova pericial nas seguintes hipóteses: caso o ponto técnico controvertido já tenha sido objeto de análise em pareceres técnicos, juntados nos autos com a petição inicial e com a contestação; caso o magistrado entenda que a questão técnica já foi suficiente e adequadamente abordada nos pareceres técnicos, não havendo necessidade de uma maior dilação probatória.

É fundamental que realmente o magistrado esteja confortável com a abordagem técnica constante dos pareceres já juntados nos autos; sendo certo que, caso ainda exista dúvida a ser esclarecida ou ponto de polêmica que mereça mais atenção por parte do magistrado, então é aconselhável, para o bem do processo, que a prova pericial seja realizada.

Outro aspecto importante, em nome da paridade de armas, é o de que o art. 472 do CPC/2015 não pode prejudicar o contraditório, conforme já julgou o STJ: "A perícia judicial somente pode ser dispensada, com base no art. 427 do CPC, se não comprometer o contraditório, vale dizer, quando ambas as partes apresentam desde logo elementos de natureza técnica prestados a que o juiz forme a sua convicção. É a exegese que se impõe, pois, fora daí, sequer haveria a igualdade no tratamento das partes, que a lei processual manda observar" (STJ, REsp 56963/MG).

Artigo 473.

O laudo pericial deverá conter:

I – a exposição do objeto da perícia;

II – a análise técnica ou científica realizada pelo perito;

III – a indicação do método utilizado, esclarecendo-o e demonstrando ser predominantemente aceito pelos especialistas da área do conhecimento da qual se originou;

IV – resposta conclusiva a todos os quesitos apresentados pelo juiz, pelas partes e pelo órgão do Ministério Público.

§ 1º No laudo, o perito deve apresentar sua fundamentação em linguagem simples e com coerência lógica, indicando como alcançou suas conclusões.

§ 2º É vedado ao perito ultrapassar os limites de sua designação, bem como emitir opiniões pessoais que excedam o exame técnico ou científico do objeto da perícia.

§ 3º Para o desempenho de sua função, o perito e os assistentes técnicos podem valer-se de todos os meios necessários, ouvindo testemunhas, obtendo informações, solicitando documentos que estejam em poder da parte, de terceiros ou em repartições públicas, bem como instruir o laudo com planilhas, mapas, plantas, desenhos, fotografias ou outros elementos necessários ao esclarecimento do objeto da perícia.

CORRESPONDÊNCIA NO CPC/1973: *ART. 429.*

1. Requisitos do laudo pericial. Como verdadeiro reflexo do princípio do contraditório, o art. 473 do CPC/2015 apresenta um roteiro mínimo para que o perito possa formular e apresentar seu laudo pericial. É certo que a essência do art. está na necessidade de o resultado da prova ser claro e conclusivo: apto, enfim, para permitir um diálogo possível entre os sujeitos do processo quanto à questão técnica debatida.

O laudo deve conter: (i) a exposição do objeto da perícia; (ii) a análise técnica ou científica realizada pelo perito, com a indicação do método utilizado e a demonstração de que esse método é aceito pela comunidade de profissionais que atuam na área de conhecimento da prova; (iii) resposta clara e conclusiva quanto a todos os quesitos apresentados pelo magistrado e pelos demais sujeitos do processo, com a indicação de como obteve os resultados alcançados; sempre adotando-se linguagem simples e raciocínio lógico.

2. Prova técnica. A prova é técnica, logo não cabe ao perito emitir opiniões pessoais e/ou tecer comentários genéricos sobre as questões eminentemente de direito referentes ao processo. A missão do perito é esclarecer, na qualidade de auxiliar do magistrado, os pontos técnicos e científicos que são o objeto da prova realizada.

3. Poderes do perito. O parágrafo terceiro enfatiza que o perito e os assistentes técnicos podem "utilizar os meios necessários para bem cumprir as suas funções – o que não precisaria sequer ser dito. Para tanto, devem ouvir testemunhas, obter informações, solicitar documentos que estejam em poder da parte ou em repartições públicas, bem como instruir o laudo com plantas, desenhos, fotografias e outras quaisquer peças (...). Não se trata, evidentemente, de uma faculdade, mas sim de um dever. Ou seja: se a hipótese concreta exigir, o perito e os assistentes técnicos devem – e não apenas podem – solicitar documentos e juntar plantas e fotografias, por exemplo (...). Não é preciso dizer que o perito e os assistentes técnicos não têm o poder para obrigar alguém a depor ou a entregar um documento. Quando for necessário o uso da coerção, devem se dirigir ao juiz, apresentando a devida justificativa.". (MARINONI, Luiz Guilherme; ARENHART, Sérgio Cruz, *Prova*, 2 ed.,. São Paulo, RT, 2011, p. 810).

O STJ já decidiu, nesse sentido, que: "Para a realização da perícia, o perito e o assistente técnico podem socorrer-se de todos os meios de coleta de dados necessários, inclusive conhecimentos técnicos de outros profissionais, devidamente qualificados nos autos.". (STJ, REsp 217.847/PR).

Artigo 474.

As partes terão ciência da data e do local designados pelo juiz ou indicados pelo perito para ter início a produção da prova.
CORRESPONDÊNCIA NO CPC/1973: *ART. 431-A.*

1. Perícia e contraditório. A regra denota clara preocupação com o princípio do contraditório, devendo a prova pericial ser realizada com amplo conhecimento dos sujeitos processuais quanto ao seu desenvolvimento. As partes, os assistentes técnicos e os advogados podem acompanhar as diligências periciais, em sintonia com o princípio da cooperação e do devido contraditório no desenvolvimento da prova.

Essa regra "densifica o direito fundamental do contraditório" (MARINONI, Luiz Guilherme; ARENHART, Sérgio Cruz, *Prova*, 2. ed., São Paulo, RT, 2011, p. 811). Por esse motivo, o STJ já julgou que: "É nula a perícia produzida sem intimação das partes quanto ao dia e local de realização da prova (Art. 431-A, CPC).". (STJ, REsp 806.266/RS).

A intimação das partes não precisa ser pessoal, podendo ocorrer através dos respectivos advogados.

Artigo 475.
Tratando-se de perícia complexa que abranja mais de uma área de conhecimento especializado, o juiz poderá nomear mais de um perito, e a parte, indicar mais de um assistente técnico.
CORRESPONDÊNCIA NO CPC/1973: *ART. 431-B.*

1. Perícia complexa. Quando a perícia abranger mais de uma área de conhecimento especializado, o juiz deverá indicar mais de um perito para a realização da prova. Como a prova pericial é uma atividade puramente especializada, é inegável que o magistrado deve nomear um profissional para cada área específica de conhecimento que seja objeto da prova.

Para o professor Luiz Guilherme Marinoni, "a autorização que aqui se estuda só tem cabimento quando a perícia envolva conhecimento especializado em diversas áreas técnico científicas. Apenas quando a prova pericial envolver fatos (e exames) ligados a mais de um ramo específico de conhecimento é que será possível recorrer ao preceito em tela, nomeando-se mais de um perito e indicando-se mais de um assistente técnico". (MARINONI, Luiz Guilherme; ARENHART, Sérgio Cruz, *Prova*. 2. ed., São Paulo, RT, 2011. p. 812).

Dessa forma, se, no caso concreto, a perícia abranger questões específicas de engenharia e de contabilidade, por exemplo, o magistrado deverá indicar dois peritos, sendo um engenheiro e o outro contador, nos termos do art. 475 do CPC/2015.

O STJ, nesta linha, já julgou que: "O art. 431-B do CPC autoriza a nomeação pelo magistrado de mais de um expert nos casos em que, em razão da complexidade e abrangência de várias áreas técnicas, haja necessidade da participação de mais de um profissional especializado" (STJ, REsp 866.240/RS).

Artigo 476.
Se o perito, por motivo justificado, não puder apresentar o laudo dentro do prazo, o juiz poderá conceder-lhe, por uma vez, prorrogação pela metade do prazo originalmente fixado.
CORRESPONDÊNCIA NO CPC/1973: *ART. 432.*

1. Prorrogação do prazo para a entrega do laudo. Conforme estabelecido no art. 465 do CPC/2015, o magistrado, ao nomear o perito, já fixará a data para a entrega do laudo pericial.

Se, por motivo justificado, o perito precisar de mais tempo para a entrega do laudo pericial, o magistrado, após requerimento específico do *expert*, poderá conceder, por uma única vez, a prorrogação do prazo.

De forma diferente da solução adotada pelo art. 432 do CPC/1973, o art. 476 do CPC/2015 aponta o limite da prorrogação, a qual não deve exceder a metade do prazo originalmente fixado.

Dúvida pode restar acerca do conceito de "justo motivo", cabendo ao magistrado, com a devida cautela, verificar, no caso concreto, se as razões apresentadas pelo perito podem justificar a prorrogação do prazo para a entrega do laudo pericial.

Situações como a complexidade dos trabalhos periciais, bem como dificuldades significativas e não previstas para a realização do trabalho técnico, poderiam ser apontadas como "motivo justo".

Artigo 477.

O perito protocolará o laudo em juízo, no prazo fixado pelo juiz, pelo menos 20 (vinte) dias antes da audiência de instrução e julgamento.

§ 1º As partes serão intimadas para, querendo, manifestar-se sobre o laudo do perito do juízo no prazo comum de 15 (quinze) dias, podendo o assistente técnico de cada uma das partes, em igual prazo, apresentar seu respectivo parecer.

§ 2º O perito do juízo tem o dever de, no prazo de 15 (quinze) dias, esclarecer ponto:

I – sobre o qual exista divergência ou dúvida de qualquer das partes, do juiz ou do órgão do Ministério Público;

II – divergente apresentado no parecer do assistente técnico da parte.

§ 3º Se ainda houver necessidade de esclarecimentos, a parte requererá ao juiz que mande intimar o perito ou o assistente técnico a comparecer à audiência de instrução e julgamento, formulando, desde logo, as perguntas, sob forma de quesitos.

§ 4º O perito ou o assistente técnico será intimado por meio eletrônico, com pelo menos 10 (dez) dias de antecedência da audiência.

CORRESPONDÊNCIA NO CPC/1973: *ARTS. 433 E 435.*

1. Entrega do laudo pericial. O laudo pericial deverá ser juntado aos autos no prazo fixado pelo magistrado e pelo menos 20 (vinte) dias antes da data designada para a realização da audiência de instrução e julgamento.

Nos termos do parágrafo primeiro, as partes devem ser intimadas para que, querendo, possam manifestar-se sobre o laudo no prazo comum de 15 (quinze dias). No mesmo prazo, os assistentes técnicos das partes podem apresentar os respectivos pareceres técnicos. A intimação das partes deve ocorrer através dos seus advogados.

O STJ já decidiu que apenas as partes precisam ser intimadas, cabendo a elas darem ciência do curso do prazo para os seus assistentes técnicos. A mesma corte já julgou que o prazo aqui assinalado, para o assistente técnico, é preclusivo: "Da interpretação do art. 433, § único, do Código de Processo Civil evidencia-se a desnecessidade de intimação do assistente técnico, regulando-se o termo inicial do decêndio legal pela efetiva intimação da parte, a qual manejará as providências necessárias para a tempestiva juntada aos autos do parecer do expert, ocorrida na espécie. Precedentes" (STJ, REsp 250.748/RJ); e "O prazo de que dispõe o assistente técnico para juntada de seu parecer é preclusivo, de modo que, apresentado extemporaneamente, deve ser ele desentranhado" (STJ, REsp 58.211/SP); e "De igual forma, se reconhecido pelo Tribunal de origem, tratar a hipótese de manifestação do assistente técnico a respeito de laudo complementar do perito, indeclinável a aplicação do art. 433, parágrafo único, do CPC" (STJ, REsp 792.741/RS).

2. Esclarecimentos do perito. Após as manifestações das partes e dos assistentes técnicos, nos termos do parágrafo segundo e no prazo de 15 (quinze) dias, caberá ao perito esclarecer ponto de divergência ou dúvida apontado pelas partes e/ou pelos assistentes técnicos.

Caso ainda persistam pontos a serem aclarados pelo perito, a parte poderá requerer ao magistrado que intime o perito a comparecer em audiência de instrução e julgamento, formulando, em seu requerimento, desde logo, os quesitos a serem respondidos pelo perito. É certo que "esses quesitos devem ser pertinentes, isto é, devem fazer referência às conclusões ou ao próprio raciocínio empregado pelo perito ou pelos assistentes técnicos.". (MARINONI, Luiz Guilherme; ARENHART, Sérgio Cruz, *Prova*, 2. ed., São Paulo, RT, 2011, p. 817).

O STJ consagra a importância de o magistrado determinar a oitiva do perito em audiência, para que os esclarecimentos, ainda pendentes quanto ao laudo pericial, possam ser realizados, em total homenagem ao princípio da oralidade. Todavia, a corte superior consigna a certeza de que os esclarecimentos requeridos devem ser pertinentes e fundados em reais dúvidas quanto às conclusões do perito, sob pena de serem acertadamente indeferidos pelo magistrado. "Desejando a parte esclarecimentos do perito, deverá formular seus quesitos, na forma estabelecida pelo art. 435 do C.P.C. A impugnação ao laudo pode ser levada em conta pelo juiz, independentemente de quaisquer esclarecimentos do experto" (STJ, REsp 4.378/RJ); "Pendente pedido de esclarecimento da prova pericial, não pode a lide ser julgada com fundamento exclusivo na perícia inconclusa em prejuízo de quem postula aclará-la, sem que tal pedido tenha sido apreciado" (STJ, REsp 737.758/SP); "É bem verdade que o art. 435 do CPC autoriza a parte interessada em obter esclarecimentos do perito e do assistente técnico, mediante a formulação de perguntas sob a forma de quesitos. Deve ser observado, no entanto, o poder atribuído ao magistrado de determinar as provas necessárias à instrução do processo, indeferindo as diligências inúteis ou meramente protelatórias, segundo a dicção do art. 130 do mesmo diploma legal. O art. 426, I, do CPC, por seu turno, também deixa claro que compete ao juiz o indeferimento de quesitos impertinentes" (STJ, REsp 811.429/SP); "O aresto atacado abordou todas as questões necessárias à integral solução da lide, concluindo, no entanto, inclusive por fundamentos eminentemente constitucionais, que, requerida a designação de audiência a fim de se ouvir o perito, tal como previsto no art. 435 do Código de Processo Civil, e havendo demonstração de contradições que poderiam ser sanadas na oitiva oral, deve o pedido ser atendido, sob pena de caracterização do cerceamento de defesa previsto no inciso LV do art. 5º da Constituição Federal" (STJ, REsp 880.377/GO).

A intimação do perito e/ou dos assistentes técnicos se dará por meio eletrônico, com pelo menos 10 (dez) dias de antecedência da audiência.

É bem de ver que o art. 477 do CPC/2015 rege verdadeiro contraditório entre os sujeitos processuais acerca do resultado dos trabalhos do perito, sendo fundamental que o magistrado observe a importância e a necessidade deste diálogo das partes com o *expert,* conforme já bem decidiu o STJ: "Apresentado o laudo pericial, é defeso ao juiz proferir desde logo a sentença devendo abrir vista as partes para que se manifestem sobre o mesmo, pena de violação do princípio do contraditório" (STJ, REsp 92.313/SP); "Apresentado o laudo, não pode o juiz proferir sentença, sem antes propiciar às partes que se pronunciem sobre o mesmo. Não atendida essa exigência do contraditório, anula-se aquele ato decisório" (STJ, REsp 6102/AM); "Processo civil. Cerceamento de defesa. Sentença proferida logo após a juntada do laudo pericial sem que uma das partes dele tivesse ciência. Se o laudo pericial influenciou o julgamento da causa, sua juntada aos autos sem o conhecimento da parte que sucumbiu implica a nulidade do processo – nada importando que o respectivo assistente técnico dele tivesse ciência, porque só o advogado representa o litigante em juízo. recurso especial conhecido e provido" (STJ, REsp 275.686/PR); "Apresentado o laudo pericial, é defeso ao juiz proferir desde logo a sentença, devendo abrir vista às partes para que se manifestem sobre o mesmo, pena de violação do princípio do contraditório" (STJ, REsp 421.342/AM).

Artigo 478.
Quando o exame tiver por objeto a autenticidade ou a falsidade de documento ou for de natureza médico-legal, o perito será escolhido, de preferência, entre os técnicos dos estabelecimentos oficiais especializados, a cujos diretores o juiz autorizará a remessa dos autos, bem como do material sujeito a exame.

§ 1º Nas hipóteses de gratuidade de justiça, os órgãos e as repartições oficiais deverão cumprir a determinação judicial com preferência, no prazo estabelecido.

§ 2º A prorrogação do prazo referido no § 1º pode ser requerida motivadamente.

§ 3º Quando o exame tiver por objeto a autenticidade da letra e da firma, o perito poderá requisitar, para efeito de comparação, documentos existentes em repartições públicas e, na falta destes, poderá requerer ao juiz que a pessoa a quem se atribuir a autoria do documento lance em folha de papel, por cópia ou sob ditado, dizeres diferentes, para fins de comparação.

CORRESPONDÊNCIA NO CPC/1973: *ART. 434.*

1. **Autenticidade de documento e perícia médica.** O artigo trata da perícia que cuida de autenticidade ou de falsidade de documento, bem como de perícia de natureza médico-legal. Nesta hipótese, o perito deverá ser escolhido, de preferência, entre os técnicos dos estabelecimentos oficiais especializados no tema.

Nas hipóteses aqui tratadas, o magistrado, conforme já decidiu o STJ precisa apenas nomear o estabelecimento oficial que cuidará da perícia, não sendo necessário indicar, de forma precisa, qual profissional do estabelecimento oficial será o responsável pelo trabalho: "A nomeação de estabelecimento oficial para a realização de perícia médico--oficial, sem individuação do perito, não viola o art. 421, CPC, e encontra suporte legal no art. 434 da lei processual, supondo a confiança do juiz em todos os integrantes do quadro, bem como no critério de seu diretor.". (STJ, AgRg no Ag 38.839/SP).

O artigo também é expresso ao utilizar o termo "de preferência", de modo que nada impede que o magistrado, apesar da existência de estabelecimento oficial, nomeie perito de sua confiança e que não pertença ao quadro de técnicos do estabelecimento oficial especializado: "O fato da lei dispor que o perito será escolhido de preferência entre os técnicos dos estabelecimentos oficiais especializados, não impede que o magistrado nomeie médico particular tecnicamente habilitado e de sua confiança.". (STJ, REsp 19.062/SP).

Artigo 479.

O juiz apreciará a prova pericial de acordo com o disposto no art. 371, indicando na sentença os motivos que o levaram a considerar ou a deixar de considerar as conclusões do laudo, levando em conta o método utilizado pelo perito.

CORRESPONDÊNCIA NO CPC/1973: *ART. 436.*

1. Convencimento motivado. O art. 479 do CPC/2015 consagra o princípio do convencimento motivado, conforme a redação do art. 371 do CPC/2015.

Conforme leciona João Batista Lopes, "a avaliação da prova pericial não se confunde com sua admissibilidade. Conquanto admissível em muitos casos, poderá a perícia revelar-se inconcludente para formar a convicção do juiz, que poderá valer-se dos outros elementos constantes dos autos. (...). Para tanto, porém, é de rigor que o juiz indique as razões que o levaram a desprezar o laudo do perito (inconsistência dos fundamentos, incoerência das afirmações, insuficiência dos elementos técnicos, etc...).". (LOPES, João Batista, *A prova no direito processual civil*, 3. ed., São Paulo, RT, 2006, p. 140).

O magistrado não está vinculado à conclusão do perito, mas precisa indicar na sentença, de forma adequadamente motivada, as razões pelas quais não adotou a conclusão do especialista, conforme redação expressa do art. 479 do CPC. Deve, inclusive, indicar em quais outros elementos de prova se baseou para proferir o comando da sentença.

Nesse sentido são os julgados do STJ: "O art. 436 do CPC autoriza o Julgador a desconsiderar o laudo pericial, desde que apresente os fundamentos para tanto. A dicção do preceito torna impositivo o exame pelo Julgador dos demais elementos constantes do processo, o que restou obedecido na hipótese" (STJ, REsp 847.392/MT); "O magistrado não se vincula ao laudo pericial, devendo utilizar-se dos elementos dos autos para formar seu livre convencimento. Inteligência do art. 436 do CPC" (STJ, AgRg no Ag 587.628/ RS); "Conforme o art. 436 do Código de Processo Civil o juiz não está adstrito ao laudo pericial, podendo formar sua convicção com outros elementos ou fatos provados nos autos" (STJ, REsp 543.398/SP); "Observância do art. 436, CPC, pois o juiz valeu-se de outros meios que não o laudo pericial para formar o seu convencimento" (STJ, REsp 213.187/SP); "Na livre apreciação da prova, o julgador não se acha adstrito aos laudos periciais, podendo, para o seu juízo, valer-se de outros elementos de prova existente nos autos, inclusive de pareceres técnicos e dados oficiais sobre o tema objeto da prova, tanto mais quando, como no caso, adota conclusões de um dos laudos, com adaptações determinadas por dados científicos que se acham nos autos" (STJ, AgRg no Ag 27.011/RS); "Sentença. Fundamento. Perícia. Livre convicção do juiz. O juiz, sem dúvida alguma, não está vinculado às conclusões do laudo pericial; é lhe lícito apreciar livremente a prova realizada nos autos (Cód. de Pr. Civil, arts. 436 e 131, primeira parte). Mas, ao recusar o laudo, há o juiz de indicar, na sentença, de modo satisfatório, os motivos de seu convencimento (Cód. de Pr. Civil, arts. 131, segunda parte e 458-II). Hipótese em que faltou à sentença suficiente motivação, pressuposto de sua validade e eficácia, recusando as conclusões de dois laudos periciais" (STJ, REsp 30.380/RJ); "Não há dizer ofendido o art. 436 do CPC, se a preferência pelos dados periciais foram cumpridamente justificados pelo acórdão, em demorado confronto com outros dados de prova constantes dos autos" (STJ, REsp 74.009/RS).

Artigo 480.

O juiz determinará, de ofício ou a requerimento da parte, a realização de nova perícia quando a matéria não estiver suficientemente esclarecida.

§ 1º A segunda perícia tem por objeto os mesmos fatos sobre os quais recaiu a primeira e destina-se a corrigir eventual omissão ou inexatidão dos resultados a que esta conduziu.

§ 2º A segunda perícia rege-se pelas disposições estabelecidas para a primeira.

§ 3º A segunda perícia não substitui a primeira, cabendo ao juiz apreciar o valor de uma e de outra.

CORRESPONDÊNCIA NO CPC/1973: *ARTS. 437 A 439.*

1. **Segunda perícia.** O art. 480 do CPC/2015 de 2015 concentra as disposições dos artigos 437 a 439 do CPC/1973.

A segunda perícia pode ser determinada pelo magistrado quando a primeira perícia não se mostrar suficiente para esclarecer os pontos técnicos controvertidos e importantes para a apreciação do mérito do processo.

"Se o juiz não está convencido com a perícia realizada – seja porque o seu método ou o seu resultado é duvidoso e não esclarecedor, seja porque o subscritor do laudo se revelou pessoa não confiável –, deve ser feita nova perícia, com o mesmo objeto e finalidade da já produzida. A incerteza da perícia pode advir das demais provas produzidas ou dos pareceres dos assistentes técnicos (...). A nova perícia pode ser requerida pela parte, pelo ministério público ou determinada de ofício (...)". (MARINONI, Luiz Guilherme; ARENHART, Sérgio Cruz, *Prova*, 2 ed.,São Paulo, RT, 2011. p. 819).

Ao determinar a realização da segunda perícia, o magistrado deve fundamentar adequadamente os motivos que o levaram a entender que persistem pontos técnicos a serem aclarados e que não foram satisfatoriamente esclarecidos no primeiro trabalho pericial. Nessa linha, segue a jurisprudência: "A segunda perícia não constitui direito irrestrito das partes, dependendo de circunstância que a justifique" (STJ, REsp 246.108/PR); "Não há impedimento legal a que o juiz, à vista do longo tempo decorrido e de outras circunstâncias que possam por em dúvida as conclusões da primeira perícia, determine, no curso da ação de desapropriação, a realização de novo laudo, que permite, com maior segurança, apurar o valor da justa indenização devida" (STJ, REsp 592.736/RJ); "Em ações de desapropriação, a perícia é realizada logo após encerrado o prazo para contestação (art. 23 do Decreto-lei n. 3365/41), e uma segunda perícia só se justifica, se for para corrigir falhas, suprir omissões e enganos. Determinou-se uma terceira perícia, sem as cautelas da lei, inclusive por profissional sem conhecimentos técnicos específicos" (STJ, REsp 3.210/PR); "Não há impedimento legal a que o juiz, à vista do longo tempo decorrido e de outras circunstâncias que possam por em dúvida as conclusões da primeira perícia, determine, no curso da ação de desapropriação, a realização de novo laudo, que permite, com maior segurança, apurar o valor da justa indenização devida" (STJ, REsp 592.736/RJ).

2. Valoração da primeira e da segunda perícia. A segunda perícia tem por objeto os mesmos fatos objeto da primeira perícia, rege-se pelas mesmas disposições desta e não se destina a substituir a primeira perícia, sendo que ambas as provas deverão ser valoradas pelo magistrado quando da sentença: "A segunda perícia não substitui a primeira, cabendo ao juiz apreciar livremente o valor de uma e de outra. A segunda perícia, ainda que sirva para melhor esclarecer a primeira, não a substitui. Ambas devem ser valoradas em conjunto, sem esquecer que o resultado dessa valoração deve ser expresso pelo juiz de maneira fundamentada". (MARINONI, Luiz Guilherme; ARENHART, Sérgio Cruz, *Prova*, 2. ed., São Paulo, RT, 2011, p. 821).

Nesse sentido, já decidiu o STJ: "a perícia inicialmente elaborada não é inválida, mas incompleta, demandando a nomeação de novo perito para complementá-la. Não obstante o segundo perito entenda, por um critério técnico, que seria necessário repetir todo o exame da causa, produzindo novo laudo pericial completo, o juiz responsável, bem como o respectivo Tribunal, não ficam vinculados a essa medida. Assim, podem, nos expressos termos do art. 439, parágrafo único, do CPC, apreciar livremente os dois laudos periciais preparados e acolher, tanto o primeiro, como o segundo, conforme seu livre convencimento" (STJ, REsp 805.252/MG); "o juiz forma sua convicção pelo método da ‹critica sã' do material probatório, não estando adstrito aos laudos periciais, cuja utilidade é evidente, mas que não se apresentam cogentes, nem em seus fundamentos nem por suas conclusões, ao magistrado a quem a lei confia a responsabilidade pessoal e direta da prestação jurisdicional" (STJ, AgRg no Ag 12.047/RS).

SEÇÃO XI – Da Inspeção Judicial

ARTIGO 481.

O juiz, de ofício ou a requerimento da parte, pode, em qualquer fase do processo, inspecionar pessoas ou coisas, a fim de se esclarecer sobre fato que interesse à decisão da causa.

CORRESPONDÊNCIA NO CPC/1973: *ART. 440.*

1. Inspeção judicial. A inspeção judicial é a modalidade de prova que consiste no exame pessoal e direto pelo juiz de pessoas e coisas, a fim de se obter esclarecimento sobre fato importante para o julgamento do feito. "Para o convencimento judicial, eventualmente, é necessário ao juiz ter contato imediato com a situação fática a ser esclarecida. Imagine hipótese em que se afirme que uma construção deve ser interditada por estar em estado precário. Nesse exemplo, a ida do juiz até o local da construção certamente permitirá o convencimento necessário para a boa solução do litígio.".

(MARINONI, Luiz Guilherme; ARENHART, Sérgio Cruz, *Prova*, 2. ed., São Paulo, RT, 2011. p. 823).

A prova pode ser realizada a pedido da parte ou por determinação de ofício. Este meio de prova pode ser determinado em qualquer fase do processo, conforme redação expressa do art. 481 do CPC/2015.

O professor João Batista Lopes alerta que "em princípio, poderá o juiz, a qualquer tempo, determinar, desde logo, a inspeção de pessoas ou coisas de interesse da causa. Entretanto, em razão do seu caráter complementar, a inspeção, em regra, deve ser determinada após a produção das outras provas. É que a finalidade da inspeção é o esclarecimento de pontos duvidosos da causa, isto é, questões de fato que, tendo sido objeto de prova, não ficaram perfeitamente esclarecidas. Em casos especiais, porém, poderá o juiz ordenar sua realização antes mesmo do início da instrução e para tanto está autorizado pela letra do art. 440, que alude a 'em qualquer fase do processo'.". (LOPES, João Batista, *A prova no direito processual civil*, 3. ed., São Paulo, RT, 2006, p. 160).

Artigo 482.
Ao realizar a inspeção, o juiz poderá ser assistido por um ou mais peritos.
CORRESPONDÊNCIA NO CPC/1973: *ART. 441.*

1. **Inspeção judicial, peritos e contraditório.** Quando os fatos exigirem conhecimento técnico específico, o magistrado poderá nomear perito para o acompanhamento da inspeção.

A inspeção precisa ser antecedida de intimação das partes, através dos seus advogados, que poderão acompanhar a diligência do juiz, sendo certo que todo o ato deverá ser registrado pelo escrivão. Por fim, cumpre destacar que as partes também podem acompanhar a inspeção judicial com seus assistentes técnicos e advogados.

Sobre a importância do registro do ato pelo escrivão, o STJ já decidiu que: "o julgador singular não mandou lavrar auto circunstanciado de sua inspeção (Cód. Proc. Civil 443) que ficou sem o valor de prova" (STJ, AgRg no Ag 14646/MG).

O acompanhamento pelo perito da diligência de inspeção judicial converge para a necessidade de o profissional técnico subscrever o termo circunstanciado. Este deve ser elaborado pelo escrivão, para registrar a inspeção judicial e demonstrar que o magistrado teve o devido assessoramento técnico no decorrer da diligência. Como esse meio de prova não consiste em perícia, o profissional não deve elaborar um laudo pericial, razão para que ele subscreva o termo circunstanciado a ser elaborado pelo escrivão.

O art. 481 do CPC/2015 deve ser interpretado em consonância com o art. 475 do CPC/2015, de modo que o magistrado apenas deverá indicar mais de um perito se a área de conhecimento for complexa e exigir a presença de profissionais com diferentes formações.

O perito nomeado nos termos do art. 482 do CPC/2015 está sujeito às hipóteses de suspeição e/ou impedimento, podendo ter a indicação impugnada pelas partes, nos mesmos termos dos artigos 465 e seguintes do CPC.

Em uma leitura sistemática, pode-se afirmar que o art. 482 do CPC/2015 comporta também a aplicação do art. 471 do CPC/2015, podendo o magistrado aceitar indicação de perito feita por ambas as partes para o acompanhamento da diligência de inspeção judicial.

Artigo 483.

O juiz irá ao local onde se encontre a pessoa ou a coisa quando:

I – julgar necessário para a melhor verificação ou interpretação dos fatos que deva observar;

II – a coisa não puder ser apresentada em juízo, sem consideráveis despesas ou graves dificuldades;

III – determinar a reconstituição dos fatos.

Parágrafo único. As partes têm sempre direito a assistir à inspeção, prestando esclarecimentos e fazendo observações que considerem de interesse para a causa.

CORRESPONDÊNCIA NO CPC/1973: *ART. 442.*

1. Inspeção judicial fora da sede do juízo. A regra é a de que a inspeção judicial ocorra na sede do juízo.

Todavia, nas situações do art. 483 do CPC/ 2015, o magistrado tem autorização do legislador para se dirigir ao local onde se encontram as pessoas ou os bens a serem inspecionados, de modo a poder efetivar a inspeção judicial.

Luiz Guilherme Marinoni ressalva, com precisão, que o art. 483 do CPC/2015 apenas "permite que a inspeção ocorra – dentro dos limites de competência territorial do juiz – fora da sede do juízo. Quando for necessário colher a prova fora dos limites territoriais da área de atuação do juiz, há que se recorrer às formas tradicionais de cooperação judicial, ou seja, à carta precatória ou à rogatória.". (MARINONI, Luiz Guilherme; ARENHART, Sérgio Cruz, *Prova*, 2. ed., São Paulo, RT, 2011, p. 827).

O parágrafo único garante a participação das partes no decorrer da inspeção judicial, razão pela qual elas devem ser previamente intimadas, através dos seus advogados, para que possam, dentro do espírito da cooperação, acompanharem a diligência.

Artigo 484.

Concluída a diligência, o juiz mandará lavrar auto circunstanciado, mencionando nele tudo quanto for útil ao julgamento da causa.

Parágrafo único. O auto poderá ser instruído com desenho, gráfico ou fotografia.

CORRESPONDÊNCIA NO CPC/1973: *ART. 443*.

1. Auto circunstanciado. Após a diligência, a inspeção judicial deve ser registrada em auto circunstanciando, no qual deverá constar todos os acontecimentos relevantes havidos no decorrer da realização da prova, tais como, sem a tanto se limitar, os esclarecimentos das partes, as impugnações apresentadas, os comentários dos peritos que acompanharam o ato e a descrição detalhada dos fatos verificados.

Desenhos, gráficos, fotografias, filmes, gravações e qualquer outro meio de registro das informações obtidas na inspeção judicial podem instruir o auto de que trata o art. 484 do CPC/2015, sendo parte integrante do último.

Conforme nos recorda Luiz Guilherme Marinoni: "A inspeção judicial é ato formal, não podendo ser vista como uma simples visita ao local da coisa ou como uma mera apreciação casual do objeto do litígio. A documentação do ato é imprescindível, e, bem por isso, deve ser ele considerado inexistente quando não lavrado o auto demonstrando a diligência.". (MARINONI, Luiz Guilherme; ARENHART, Sérgio Cruz, *Prova*, 2. ed., **São Paulo**, RT, 2011. p. 829).

O auto deve ser assinado por todos que participaram da inspeção judicial.

CAPÍTULO XIII – Da Sentença e da Coisa Julgada

SEÇÃO I – Disposições Gerais

ARTIGO 485.
O juiz não resolverá o mérito quando:
I – indeferir a petição inicial;
II – o processo ficar parado durante mais de 1 (um) ano por negligência das partes;
III – por não promover os atos e as diligências que lhe incumbir, o autor abandonar a causa por mais de 30 (trinta) dias;
IV – verificar a ausência de pressupostos de constituição e de desenvolvimento válido e regular do processo;
V – reconhecer a existência de perempção, de litispendência ou de coisa julgada;
VI – verificar ausência de legitimidade ou de interesse processual;
VII – acolher a alegação de existência de convenção de arbitragem ou quando o juízo arbitral reconhecer sua competência;
VIII – homologar a desistência da ação;

IX – em caso de morte da parte, a ação for considerada intransmissível por disposição legal; e

X – nos demais casos prescritos neste Código.

§ 1º Nas hipóteses descritas nos incisos II e III, a parte será intimada pessoalmente para suprir a falta no prazo de 5 (cinco) dias.

§ 2º No caso do § 1º, quanto ao inciso II, as partes pagarão proporcionalmente as custas, e, quanto ao inciso III, o autor será condenado ao pagamento das despesas e dos honorários de advogado.

§ 3º O juiz conhecerá de ofício da matéria constante dos incisos IV, V, VI e IX, em qualquer tempo e grau de jurisdição, enquanto não ocorrer o trânsito em julgado.

§ 4º Oferecida a contestação, o autor não poderá, sem o consentimento do réu, desistir da ação.

§ 5º A desistência da ação pode ser apresentada até a sentença.

§ 6º Oferecida a contestação, a extinção do processo por abandono da causa pelo autor depende de requerimento do réu.

§ 7º Interposta a apelação em qualquer dos casos de que tratam os incisos deste artigo, o juiz terá 5 (cinco) dias para retratar-se.

CORRESPONDÊNCIA NO CPC/1973: *ART. 267.*

1. **Introdução.** No art. 485 do CPC/2015, o legislador disciplinou as hipóteses nas quais o juiz profere decisão sem resolução do mérito. São elas: (i) indeferimento da petição inicial; (ii) abandono do processo; (iii) falta dos pressupostos processuais; (iv) existência de perempção, litispendência ou coisa julgada; (v) ilegitimidade de parte ou falta de interesse processual; (vi) convenção de arbitragem ou reconhecimento pelo juiz arbitral da sua jurisdição para o caso; (vii) desistência da ação; (viii) morte da parte em ações que veiculem direitos intransmissíveis; e (ix) demais casos previstos em lei.

2. **Conceito de mérito.** O mérito, também chamado de objeto do processo, objeto litigioso ou questão principal, constitui as afirmações, feitas pelas partes do processo, da existência ou inexistência de uma ou mais relações jurídicas e das situações jurídicas delas decorrentes: direitos e deveres subjetivos, pretensões e ações de direito material. (ver comentários ao art. 487).

3. **Relação entre processo e mérito.** A relação lógica entre os conceitos de processo e de mérito é de continência e conteúdo: o processo, como forma, é o continente; mérito, como a relação jurídica, é o conteúdo. A chamada instrumentalidade do processo baseia-se, grosso modo, na ideia de que nesta relação o mérito deve ser priorizado (art. 4º, CPC/2015).

4. **Sentença terminativa.** A atividade jurisdicional desenvolvida no processo visa à tutela do mérito. Entretanto, poderá ser proferida sentença sem que seja atingido este

objetivo. As sentenças cujo conteúdo não seja o julgamento do mérito são chamadas de terminativas.

5. Indeferimento da petição inicial. As hipóteses de indeferimento da petição inicial são: (i) inépcia da petição inicial; (ii) ilegitimidade de parte; (iii) falta de interesse processual; e (iv) falta de atendimento às prescrições dos arts. 106 e 322 do CPC/2015 (art. 330 do CPC/2015).

6. Abandono do processo. Os incisos II e III do art. 485 do CPC/2015 tratam das hipóteses de extinção do processo por abandono. Acreditamos que o legislador perdeu a oportunidade, neste diploma legal, de melhorar a disciplina deste tema. Nossas críticas são as seguintes: (i) a falta de unificação do tempo para se caracterizar o abandono; (ii) a diferença acentuada e injustificada entre o prazo de (um) 1 ano, previsto no inciso I, do art. 485, e o prazo de 30 (trinta) dias, estabelecido no inciso II, do mesmo dispositivo legal, para se caracterizar o abandono; (iii) a falta de pertinência lógica na utilização das partes como critério para fundamentar a diferença dos prazos fixados nos incisos I e II, do art. 485 do CPC/2015; (iv) o preconceito de caracterizar o abandono do processo por ato exclusivo do autor, pois perpetua uma perspectiva, já superada pelos estudiosos, de que o autor, por ter dado início ao processo, teria mais responsabilidade do que os outros sujeitos pelo andamento processual; e (v) a técnica de redação, que disciplina a matéria em diversos dispositivos esparsos (art. 485, II e III, e §§ 1º, 2º e 6º, CPC/2015).

7. Abandono do processo e intimação pessoal da parte. Os sujeitos do processo são as partes, não os advogados. O abandono do processo se caracteriza pela conduta da parte. Assim, esta deve, necessariamente, ser intimada antes da extinção do processo, sob pena de nulidade da decisão judicial (art. 485, § 1º, CPC/2015).

8. Abandono do processo e necessidade de requerimento do réu. A extinção do processo por abandono do autor, após apresentada a contestação, depende de requerimento do réu, pois este poderá ter interesse na continuação do processo (art. 485, § 6º, CPC/2015).

9. Abandono do processo e verba de sucumbência. As partes, ao litigarem, devem arcar com as despesas processuais e os honorários advocatícios. A regra geral é que a parte vencida seja condenada ao pagamento dessas verbas. Quando o abandono for do autor, mantém-se esta diretriz. Se o abandono for das partes, as verbas serão distribuídas proporcionalmente.

10. Conceito de processo. O processo é identificado pelo binômio: procedimento e relação jurídica processual. O procedimento, como aspecto objetivo, é a sequência de atos praticados de forma coordenada pelos sujeitos do processo. A relação jurídica processual, aspecto subjetivo, é o conjunto de posições jurídicas (poderes, deveres, direitos, obrigações, ônus e faculdades processuais), atribuídas aos sujeitos do processo. O processo se desenvolve com base nas interações entre esses dois elementos. Os atos procedimentais são praticados com base nas diversas posições jurídicas assumidas pelos sujeitos do processo. Cada ato processual praticado, por sua vez, faz surgir uma nova posição jurídica para as partes. Por exemplo: o autor, ao exercer seu direito de ação, pratica um ato, que é a distribuição da petição inicial. A prática desse ato, por seu turno, faz surgir um dever para o magistrado, que despacha a petição inicial. Citado, o réu tem o ônus de apresentar sua contestação. Assim, em contraditório, o processo segue sua marcha avante.

11. Pressupostos processuais. Os pressupostos processuais são os requisitos necessários para a constituição e o desenvolvimento válido do processo. Referem-se aos dois aspectos do processo: ao procedimento (aspecto objetivo) e à relação jurídica processual (aspecto subjetivo). Há grande controvérsia na doutrina sobre o elenco dos pressupostos processuais, que podem ser assim enumerados: (i) investidura; (ii) competência do juízo; (iii) imparcialidade do juiz; (iv) capacidade de ser parte; (v) capacidade de estar em juízo; (vi) capacidade postulatória; e (vii) regularidade procedimental, especialmente petição inicial apta e citação válida. Alguns autores inserem a perempção, a litispendência e a coisa julgada como pressupostos processuais externos ao processo. Discordamos desse ponto de vista e partilhamos a ideia de que essas situações constituem condições da ação, relacionadas ao interesse processual. Aliás, o reconhecimento de que são pressupostos externos (ou extrínsecos) ao processo já demonstra, por si só, que não dizem respeito a este instituto, mas ao direito de ação, como será visto na nota 13 deste artigo. O CPC/2015 mostrou-se neutro quanto a esta escolha, pertinente à teoria geral do processo.

12. Conceito de perempção, litispendência e coisa julgada. Os três conceitos jurídicos dizem respeito a três proibições formais. Perempção é a proibição de repropositura da mesma ação, se o autor tiver dado causa, por três vezes anteriores, à extinção do processo fundada em abandono. Litispendência é a proibição de repetição de ação que ainda está em curso. Coisa julgada é a proibição de repetição de ação que já foi julgada.

13. Perempção, litispendência, coisa julgada e condições da ação. A perempção, a litispendência e a coisa julgada são condições da ação, relacionadas ao interesse processual, pois dizem respeito às hipóteses de proibição de repetição da ação: (i) a perempção, em razão da existência das três sentenças fundadas em abandono; (ii) a litispendência, por causa da repetição de ação em curso; e (iii) a coisa julgada, pela repetição de ação já julgada.

14. Legitimidade da parte. O processo é formado por duas relações jurídicas distintas: a relação jurídica processual (continente) e a relação jurídica que será o mérito (conteúdo). O requisito da legitimidade diz respeito à necessidade de coincidência entre as partes da relação jurídica material e as partes da relação jurídica processual. A parte deve vir a juízo, em nome próprio (relação jurídica processual), para defesa de direito próprio (relação jurídica de direito material). Em casos excepcionais, a lei permite que a parte venha a juízo em nome próprio, para defesa de direito alheio. Essas hipóteses são chamadas de legitimidade extraordinária ou substituição processual (art. 18, CPC/2015).

15. Interesse processual. O interesse processual relaciona-se ao trinômio: necessidade, utilidade e adequação. A necessidade decorre da existência de lesão ou ameaça de lesão a um direito subjetivo, cuja solução não prescinde do exercício da jurisdição. A adequação refere-se à escolha do meio processual para veiculação do direito subjetivo afirmado pela parte. A utilidade é resultado do encontro harmônico entre necessidade e adequação, que torna o provimento jurisdicional útil, ou seja, apto para conceder à parte o bem da vida pleiteado.

16. Legitimidade de parte e mérito. A ideia de legitimidade de parte se confunde com a de mérito. Na verdade, são pontos de vista distintos sobre o mesmo fenômeno. Quando se reconhece a ilegitimidade de uma das partes, isso quer significar, sob determinado ponto de vista, que ela não tem o direito subjetivo veiculado na ação. A ilegitimidade de parte é, em verdade, a improcedência do pedido, visto sob o aspecto do sujeito que o pleiteia. Por exemplo: se A e B realizam um contrato de mútuo que não foi adimplido, e C pretende a cobrança do valor do mútuo (ao invés de B, que figurou no contrato), a questão pode ser vista sob duas óticas distintas: (i) pode-se dizer que C não é parte legítima (condição da ação) ou (ii) que C não tem o direito subjetivo pleiteado (improcedência).

17. Interesse processual e mérito. O interesse processual, que deverá ser apresentado na causa de pedir da petição inicial, também se confunde com o mérito. Conforme vimos acima, este se concretiza na existência de lesão ou ameaça de lesão a um direito subjetivo. A partir dessa ideia se deduz o trinômio: necessidade, adequação e utilidade quanto ao exercício da jurisdição. Entretanto, se não houver a lesão, ou ameaça de lesão ao direito subjetivo, falecerá o autor não apenas da necessidade, da utilidade e da adequação, mas do próprio direito subjetivo afirmado. Por exemplo: se A propõe uma ação contra B, cobrando valores relativos a um contrato de mútuo, deverá demonstrar o inadimplemento como lesão ao seu direito subjetivo de crédito. Caso não se configure o inadimplemento (lesão), o magistrado poderá: (i) declarar a falta do interesse processual (sentença terminativa) ou (ii) declarar a improcedência do pedido, porque não há direito subjetivo violado (sentença definitiva). São duas perspectivas diversas sobre o mesmo fenômeno. Entretanto, a matéria aqui tratada não pode ser confundida com a inexistência formal de uma causa de pedir na petição inicial. Nesse caso, o processo deverá ser extinto por inépcia da petição inicial (pressuposto processual).

18. Convenção de arbitragem e reconhecimento de jurisdição pelo juízo arbitral. A jurisdição pode ser exercida pelo Poder Judiciário ou por órgão privado, chamado de Tribunal Arbitral. Nessa hipótese incidirá a Lei de Arbitragem. Entretanto, a jurisdição arbitral depende de prévia convenção entre as partes (convenção de arbitragem), que é a manifestação de vontade de submeterem o litígio ao juízo arbitral. A existência dessa convenção impede as partes de provocarem a jurisdição estatal quanto ao litígio nela especificado. Caso seja proposta a ação perante o Poder Judiciário, o processo deverá ser extinto, sem o julgamento do mérito. O inciso VII do art. 485 do CPC/2015 também determina a extinção do processo, sem julgamento de mérito, quando houver o reconhecimento, no juízo arbitral, de sua competência para o julgamento da controvérsia. Acreditamos que há um equívoco conceitual do legislador ao se referir ao reconhecimento de sua competência pelo juízo arbitral. Na verdade, haverá um reconhecimento de exclusividade de jurisdição sobre a controvérsia objeto da convenção de arbitragem, pois a relação entre a jurisdição estatal e a privada não é um problema de competência, mas de jurisdição. A competência é uma questão de ordem administrativa, na qual se busca encontrar, dentro da estrutura do Poder Judiciário, qual o órgão adequado para o julgamento da causa. Quando se submete um litígio ao juízo arbitral, não se está escolhendo o órgão competente, mas uma forma alternativa de jurisdição, a ser praticada por entes privados.

19. Desistência da ação. A ação é o meio pelo qual se provoca o exercício da jurisdição. A lei faculta ao autor o direito de dela desistir. Esse direito, contudo, recebe duas restrições: (i) deverá contar com a anuência do réu, se for realizado depois de oferecida a contestação; e (ii) só poderá ser exercido até ser apresentada a sentença.

20. Morte da parte. A intransmissibilidade que enseja a extinção do processo pela morte da parte não diz respeito à ação, que é o mero direito de provocar a jurisdição, mas ao direito subjetivo nela veiculado. A aptidão para contrair direitos e obrigações decorre da personalidade jurídica, que se inicia com o nascimento e termina com a morte da pessoa natural. Extinta a personalidade jurídica e, em decorrência desta, os direitos e obrigações da pessoa natural, o processo perde seu objeto, motivo pelo qual deve ser extinto. Se o direito subjetivo afirmado for transmissível, em vez de se extinguir o processo, deverá ocorrer a sucessão processual.

21. Matérias conhecíveis de ofício. A apreciação das questões surgidas no processo está atrelada a dois requisitos: (i) devem ser arguidas pelas partes; e (ii) devem ser apreciadas no momento oportuno. Algumas questões, contudo, podem ser apreciadas pelo magistrado de ofício, ou seja, sem o requerimento das partes e em qualquer grau de jurisdição. São elas: (i) os pressupostos processuais; (ii) as condições da ação; (iii) a convenção de arbitragem; e (iv) a morte da parte, nas ações que veiculam direitos intransmissíveis.

22. Sentença terminativa e juízo de retratação. Em todas as hipóteses de sentenças terminativas, poderá o juiz, após a interposição da apelação, realizar juízo de retratação, no prazo de 5 (cinco) dias.

ARTIGO 486.

O pronunciamento judicial que não resolve o mérito não obsta a que a parte proponha de novo a ação.

§ 1º No caso de extinção em razão de litispendência e nos casos dos incisos I, IV, VI e VII do art. 485, a propositura da nova ação depende da correção do vício que levou à sentença sem resolução do mérito.

§ 2º A petição inicial, todavia, não será despachada sem a prova do pagamento ou do depósito das custas e dos honorários de advogado.

§ 3º Se o autor der causa, por 3 (três) vezes, a sentença fundada em abandono da causa, não poderá propor nova ação contra o réu com o mesmo objeto, ficando-lhe ressalvada, entretanto, a possibilidade de alegar em defesa o seu direito.

CORRESPONDÊNCIA NO CPC/1973: *ART. 268.*

1. **Nova propositura da ação e mérito.** A finalidade da atividade jurisdicional é o julgamento do mérito (art. 5º, XXXV, CF/1988). Caso o processo seja extinto sem que o mérito tenha sido julgado, a decisão não ficará acobertada pela coisa julgada material; e, portanto, a parte poderá provocar novamente a jurisdição, visando ao julgamento do mérito, por ainda não ter sido este objeto de atividade jurisdicional.

2. **Decisões terminativas e coisa julgada formal.** As decisões judiciais que não julgam o mérito são chamadas de terminativas e ficam acobertadas pela coisa julgada formal, que impede o exercício de nova atividade jurisdicional sobre a mesma questão formal, já declarada em processo anterior. A proibição de repetição da ação, com o mesmo vício que foi declarado em processo anterior, decorre da autoridade da coisa julgada formal. (MOURÃO, Luiz Eduardo Ribeiro, *Coisa julgada*, Belo Horizonte, Fórum, 2006).

3. **Repropositura da ação nos casos de ilegitimidade e falta de interesse de agir.** A legitimidade da parte e o interesse processual, como condições da ação, são verificáveis, respectivamente, a partir de dois elementos da ação: as partes e a causa de pedir. Portanto, caso o processo anterior tenha sido extinto por ilegitimidade da parte ou falta de interesse processual, deverá ser proposta nova ação, com a modificação do elemento que foi rejeitado na sentença terminativa, que fica acobertada pela coisa julgada formal.

4. **Prova de pagamento das verbas de sucumbência.** A prova do pagamento ou do depósito das custas e dos honorários de advogado constitui requisito para o desenvolvimento válido do processo e deve ser apresentada com a petição inicial. Criticamos a determinação legal na qual se diz que a petição inicial não deverá ser despachada, caso não venha acompanhada da referida prova. O magistrado está obrigado, por dever constitucional, a despachar a petição inicial, sob pena de negativa de atividade jurisdicional. Como os documentos mencionados no parágrafo 2º do art. 486 do CPC/2015 se tornam indispensáveis à propositura da ação, o magistrado deverá conceder à parte prazo para sua juntada e, caso não seja cumprida a determinação, extinguir o processo. Entretanto, jamais poderá eximir-se de despachar.

Artigo 487.

Haverá resolução de mérito quando o juiz:

I – acolher ou rejeitar o pedido formulado na ação ou na reconvenção;

II – decidir, de ofício ou a requerimento, sobre a ocorrência de decadência ou prescrição;

III – homologar:

***a)* o reconhecimento da procedência do pedido formulado na ação ou na reconvenção;**

***b)* a transação;**

***c)* a renúncia à pretensão formulada na ação ou na reconvenção.**

Parágrafo único. Ressalvada a hipótese do § 1º do art. 332, a prescrição e a decadência não serão reconhecidas sem que antes seja dada às partes oportunidade de manifestar-se.

CORRESPONDÊNCIA NO CPC/1973: *NÃO HÁ.*

1. O conceito de mérito. O conceito de mérito é o mais importante do direito processual civil. A sua tutela é a razão de ser da jurisdição, do processo e do próprio Poder Judiciário. O legislador processual, consciente de sua importância, estabelece como norma fundamental o princípio da supremacia do julgamento do mérito (art. 4º, CPC/2015). Araken de Assis observa que: "O estudo do objeto litigioso [mérito] se tornou polo fundamental do processo e instituto centralizador das soluções cabíveis aos temas principais da ciência, incluindo, por óbvio, o cumulo de ações. Ele representa 'verdadeiro centro ao qual converge a disciplina de inúmeros institutos processuais', assinala Dinamarco.". (ASSIS, Araken de, *Cumulação de ações*, 4. ed, São Paulo, RT, 2002, p. 104). Entre os inúmeros institutos que são diretamente influenciados pelo conceito de mérito, ressaltamos os seguintes: a jurisdição, a competência, a ação, a defesa, a conexão, a continência, as provas, a litispendência, a decisão, a coisa julgada, a ação rescisória, etc. O próprio princípio da instrumentalidade, tão valorizado nos dias atuais, tem como fundamento a ideia de que o mérito deve ser o alvo do julgador, sobrepondo-se às questões formais. Entretanto, sua identificação é matéria controvertida na doutrina e jurisprudência. Faremos, em seguida, uma breve síntese sobre as principais teorias sobre o tema no Brasil e, ao final, apresentaremos nossa posição. (i) O mérito como a lide. O professor Alfredo Buzaid, elaborador do Anteprojeto que deu origem ao CPC/1973, identificava o mérito com a lide. Na Exposição de Motivos do referido diploma escreveu o referido autor: "O projeto só usa a palavra 'lide' para designar o mérito da causa". A principal crítica a essa concepção foi feita por Liebman, sob o argumento de que a lide é um fenômeno social. e não processual. Assim, ela só integrará o mérito na extensão do pedido do autor: "Desse modo, o conflito de interesses não entra para o processo tal como se manifesta na vida real, mas só indiretamente, na feição e configuração que lhe deu o autor em seu pedido.". (LIEBMAN, Enrico Tulio, "O despacho saneador e o julgamento do mérito", in LIEBMAN, Enrico Tulio. , *Estudos sobre o processo civil brasileiro*, **São Paulo**, Bushatsky, 1976, p. 117).

(ii) O mérito como o pedido do autor. Essa posição foi sustentada por Liebman, para quem o "Objeto de todo processo é o pedido de quem o promove". (LIEBMAN, Enrico

Tulio, *Processo de execução*, 5. ed., **São Paulo**, Saraiva, 1986. p. 58). Essa concepção granjeou bastante aceitação entre os processualistas brasileiros. José Carlos Barbosa Moreira, por exemplo, diz que uma das finalidades do pedido é fixar o objeto do litígio: "Através da demanda, formula à parte um pedido, cujo teor determina o objeto do litígio" (MOREIRA, José Carlos Barbosa, *O novo processo civil brasileiro*, 21. ed., Rio de Janeiro, Forense, 2001. p. 10). (iii) O mérito e a pretensão do autor. Conforme Cândido Rangel Dinamarco: "O objeto do processo é a pretensão a um bem da vida, quando apresentada ao Estado-juiz em busca de reconhecimento ou satisfação.". O termo "pretensão", em sua obra, "consiste na aspiração a obter um dado bem material ou imaterial (...). Pretender é querer, desejar, aspirar. Por isso, pretensão é desejo, aspiração, vontade de obter.". (DINAMARCO, Cândido Rangel, *Instituições de direito processual civil*, v. II, São Paulo, Malheiros, 2002, p. 180-1). Profligamos a ideia de que a pretensão do autor seja essa realidade da vida das pessoas que constituirá o objeto do processo. Se tomarmos como base as lições de Cândido Rangel Dinamarco, apontadas anteriormente, a pretensão seria uma aspiração, um desejo, uma vontade. Esses conceitos parecem-nos bastante vagos para retratar o conteúdo do processo. (iv) O mérito e os elementos da ação. Para Araken de Assis, "os elementos do mérito se identificam através das partes, da causa de pedir e do pedido.". (ASSIS, Araken de, *Cumulação de ações*, 4. ed., São Paulo, RT, 2002, p. 121); (v) O mérito como a ação de direito material em conjunto com a defesa. Esta é a posição de Marcos Bernardes de Mello: "Desse modo, parece-nos indiscutível que a ação de direito material constitui, no processo civil, o objeto litigioso, não isoladamente, mas em conjunto com a defesa e/ou exceção invocadas pelo réu que a ela se contrapõe". (MELLO, Marcos Bernardes de, "Da ação como objeto litigioso no processo civil", in COSTA, José Eduardo da; MOURÃO, Luiz Eduardo Ribeiro; NOGUEIRA, Pedro Henrique Pedrosa (Org.), *Teoria quinária da ação*, Salvador, JusPodivm, 2010, p. 400); (vi) Nossa posição. Criticamos algumas das teorias acima expostas por dois motivos: primeiro, porque o mérito não pode ser visto de forma parcial, restringindo-se ao pedido do autor, com exclusão da causa de pedir, que constitui o suporte fático e jurídico do pedido. A separação da ação em três elementos tem finalidade apenas didática, uma vez que esses estão interligados de forma a compor um todo orgânico. O simples pedido, sem qualquer explicação que o anteceda, não tem qualquer significado, da mesma forma que a apresentação da *causa petendi*, sem a formulação de um pedido, é incompleta. A ideia de unidade dos elementos da ação, expressa no pedido e na causa de pedir, é manifestada no art. 330, §1º, I e III, do CPC/2015, quando declara inepta a petição inicial por falta de qualquer de seus elementos objetivos, ou quando estes não mantiverem coerência lógica. Essa unidade do conteúdo do processo também se espelha na decisão, por força do princípio da congruência, nos termos do art. 489, §3º, do CPC/2015, o qual reforça que a decisão judicial deve ser interpretada a partir da conjugação de todos os seus elementos. O segundo motivo repousa em que a identificação do mérito não pode desprezar um dos elementos mais importantes do fenômeno jurídico, que é sua bipolaridade, expressa no inarredável princípio constitucional do contraditório e desconsiderar a atividade do réu. Araken de Assis reconhece a importância da atividade do réu para a fixação do mérito: "Mesmo considerando a ação (ou a pretensão) materiais, se avalia o mérito, em todas as situações, no prisma da afirmação respectiva, que incumbe ao autor, à qual se acrescentará a eventual contribuição do réu, se e quando excepcionar fatos impeditivos, modificativos ou extintivos.". (ASSIS, Araken de, *Cumulação de ações*, 4. ed., São Paulo, RT, 2002, p. 121). O conceito de mérito, segundo pensamos, deve concentrar--se na relação jurídica que será trazida para dentro do processo, pela atividade postulatória das partes. A relação jurídica é o conceito básico sobre o qual se estrutura o fenômeno jurídico. É sobre ela que o juiz deve concentrar sua atividade. No interior da relação jurídica, **são veiculados os direitos e deveres subjetivos, as** pretensões e as ações de direito material. Por direito subjetivo devemos entender um interesse protegido pelo ordenamento jurídico, mediante um poder atribuído à vontade individual. (GOMES, Orlando, *Introdução ao direito civil*, 19. ed., Rio de Janeiro, Forense, 2008, p. 98). A pretensão é a exigibilidade deste direito, em decorrência de sua violação (art. 189, CC/2002). A ação de direito material, por seu turno, constitui o tipo de conduta que se deve exigir do obrigado, para satisfação do direito subjetivo. Com base nessas considerações, definimos o mérito como as afirmações, feita pelas partes do processo, da existência ou inexistência de uma ou mais relações jurídicas e das situações jurídicas delas decorrentes: direitos e deveres subjetivos, pretensões e ações de direito material.

2. Acolhimento ou rejeição do pedido. O pedido é um elemento da ação, no qual o autor formula o tipo de tutela jurisdicional (pedido imediato) e especifica o bem da vida desejado (pedido mediato). O pedido e a causa de pedir constituem os elementos objetivos da ação.

3. Decadência e prescrição. A decadência é a perda do direito subjetivo. A prescrição é a perda da pretensão (art. 186, CC/2002).

4. Conceito de decisão homologatória. A decisão homologatória se difere das demais pelo grau de intromissão do magistrado na resolução da lide. Quando o juiz acolhe ou rejeita o pedido formulado, está definindo o conteúdo de sua decisão. Nas decisões homologatórias, em princípio, o magistrado prioriza a análise das questões formais.

5. Reconhecimento da procedência do pedido. O reconhecimento da procedência do pedido constitui o ato processual pelo qual uma das partes reconhece a existência do direito subjetivo afirmado pela outra.

6. Decisão homologatória de transação. Essa decisão tem por objeto transação realizada pelas partes. É meramente homologatória.

7. Decisão homologatória de renúncia à pretensão. A pretensão é a exigibilidade do direito subjetivo afirmado na ação e nasce com sua violação (art. 186, CC/2002). A decisão que tem por conteúdo o reconhecimento de renúncia à pretensão é meramente homologatória.

Artigo 488.
Desde que possível, o juiz resolverá o mérito sempre que a decisão for favorável à parte a quem aproveitaria eventual pronunciamento nos termos do art. 485.
CORRESPONDÊNCIA NO CPC/1973: *ART. 269.*

1. Preferência do julgamento de mérito. Ocorrendo uma das hipóteses do art. 485 do CPC/2015, o juiz deve observar se é possível o julgamento do mérito. Se esse for o caso, deverá optar pela aplicação do art. 487. Discordamos da parte final da norma ora comentada, que determina a aplicação desta técnica apenas para os casos em que a decisão de mérito for favorável a quem aproveitaria a extinção do processo na forma do art. 485. O julgamento do mérito, segundo pensamos, deve sempre ser priorizado, independentemente do interesse das partes (art. 4º, CPC/2015).

SEÇÃO II – Dos Elementos e dos Efeitos da Sentença

Artigo 489.
São elementos essenciais da sentença:
I – o relatório, que conterá os nomes das partes, a identificação do caso, com a suma do pedido e da contestação, e o registro das principais ocorrências havidas no andamento do processo;
II – os fundamentos, em que o juiz analisará as questões de fato e de direito;
III – o dispositivo, em que o juiz resolverá as questões principais que as partes lhe submeterem.
§ 1º Não se considera fundamentada qualquer decisão judicial, seja ela interlocutória, sentença ou acórdão, que:
I – se limitar à indicação, à reprodução ou à paráfrase de ato normativo, sem explicar sua relação com a causa ou a questão decidida;
II – empregar conceitos jurídicos indeterminados, sem explicar o motivo concreto de sua incidência no caso;
III – invocar motivos que se prestariam a justificar qualquer outra decisão;
IV – não enfrentar todos os argumentos deduzidos no processo capazes de, em tese, infirmar a conclusão adotada pelo julgador;
V – se limitar a invocar precedente ou enunciado de súmula, sem identificar seus fundamentos determinantes nem demonstrar que o caso sob julgamento se ajusta àqueles fundamentos;

**VI – deixar de seguir enunciado de súmula, jurisprudência ou prece-
dente invocado pela parte, sem demonstrar a existência de distinção no caso
em julgamento ou a superação do entendimento.**

**§ 2º No caso de colisão entre normas, o juiz deve justificar o objeto e os
critérios gerais da ponderação efetuada, enunciando as razões que autorizam a interferência na norma afastada e as premissas fáticas que fundamentam a conclusão.**

**§ 3º A decisão judicial deve ser interpretada a partir da conjugação de
todos os seus elementos e em conformidade com o princípio da boa-fé.**

CORRESPONDÊNCIA NO CPC/1973: *ART. 458.*

1. Elementos da sentença. A sentença deverá conter três elementos lógicos: o relatório, os fundamentos e o dispositivo. No relatório, o magistrado identificará o nome das
partes, o mérito e as principais ocorrências do processo. O conteúdo decisório, contudo,
constará apenas nos fundamentos e no dispositivo, que formam uma unidade lógica:
discernível, mas não divisível.

2. Relatório. No relatório, deverá o magistrado indicar os elementos subjetivos e
objetivos do processo. Aqueles são as partes; estes, o mérito. Deverá, outrossim, incluir
as principais ocorrências do processo, como, *v.g.*, a apresentação de reconvenção, a realização de perícia etc.

3. Fundamentos. São as explicações de fato e de direito que sustentam a forma
como o mérito foi julgado. Constituem uma satisfação racional que o julgador deve apresentar às partes, para justificar o conteúdo do dispositivo. Formam uma unidade lógica
com o dispositivo (art. 489, §3º, CPC/20015) e têm previsão constitucional (art. 92, IX,
CF/1988).

4. Fundamentação inexistente. A norma do parágrafo primeiro do art. 489 do
CPC/2015 consagra o princípio da proibição da fundamentação genérica e estende-se
a qualquer tipo de decisão judicial (decisões interlocutórias, sentenças e acórdãos). As
hipóteses elencadas são apenas exemplificativas, o que realmente importa é a observância do princípio geral. A violação desse princípio importará em nulidade absoluta da
decisão, por falta de fundamentação.

5. Fundamentação específica: O legislador veda a fundamentação genérica, na
qual o julgador restrinja-se a apresentar os argumentos decisórios, sem explicá-lo e
relacioná-lo ao caso concreto. Assim, o magistrado, ao fundamentar sua decisão, está
obrigado a: (i) apresentar a interpretação dada ao texto legal invocado como fundamento
de sua decisão (inciso I); (ii) explicar os conceitos jurídicos indeterminados (inciso II);
(iii) apresentar os motivos de sua decisão, relacionando-os ao caso concreto (inciso III);
(iv) enfrentar, expressamente, todos os argumentos capazes de infirmar a conclusão adotada (inciso IV); (v) explicar o conteúdo e a pertinência da jurisprudência utilizada para
fundamentar sua decisão (incisos V e VI); e (vi) indicar, no caso de colisão de normas,

os motivos pelos quais propugna pela aplicação de uma norma em detrimento da outra (parágrafo segundo).

6. Dispositivo. É a conclusão da decisão, na qual o magistrado enunciará a norma jurídica concreta aplicável ao caso.

7. Unidade lógica entre os fundamentos e o dispositivo. Os fundamentos e o dispositivo da decisão judicial compreendem uma unidade lógica: são discerníveis, mas não separáveis (art. 489, § 3º, CPC/2015).

Artigo 490.

O juiz resolverá o mérito acolhendo ou rejeitando, no todo ou em parte, os pedidos formulados pelas partes.
CORRESPONDÊNCIA NO CPC/1973: ART. 459.

1. Julgamento parcial. O magistrado deverá analisar todos os pedidos apresentados pelas partes. Entretanto, poderá acolher ou rejeitar, no todo ou em parte, os pedidos formulados. Quando acolher o pedido na sua integralidade, haverá a procedência total da ação. Quando o fizer em parte, haverá a procedência parcial.

Artigo 491.

Na ação relativa à obrigação de pagar quantia, ainda que formulado pedido genérico, a decisão definirá desde logo a extensão da obrigação, o índice de correção monetária, a taxa de juros, o termo inicial de ambos e a periodicidade da capitalização dos juros, se for o caso, salvo quando:
I – não for possível determinar, de modo definitivo, o montante devido;
II – a apuração do valor devido depender da produção de prova de realização demorada ou excessivamente dispendiosa, assim reconhecida na sentença.
§ 1º Nos casos previstos neste artigo, seguir-se-á a apuração do valor devido por liquidação.
§ 2º O disposto no *caput* também se aplica quando o acórdão alterar a sentença.
CORRESPONDÊNCIA NO CPC/1973: *ART. 459.*

1. Extensão da decisão relativa à **obrigação de pagar quantia**. Nas ações que tenham por objeto a condenação ao pagamento de quantia em dinheiro, ainda que seja formulado pedido genérico, a decisão deverá especificar: (i) a extensão da obrigação, (ii) o índice de correção monetária, (iii) a taxa de juros, (iv) o termo inicial de ambos e (v) a periodicidade da capitalização de juros. Essa obrigação só será dispensada nos seguintes casos: (i) quando não for possível apurar, de modo definitivo, o montante; b) quando a apuração do valor depender de produção de prova.

Artigo 492.

É vedado ao juiz proferir decisão de natureza diversa da pedida, bem como condenar a parte em quantidade superior ou em objeto diverso do que lhe foi demandado.

Parágrafo único. A decisão deve ser certa, ainda que resolva relação jurídica condicional.

CORRESPONDÊNCIA NO CPC/1973: *ART. 460.*

1. Princípio da congruência. O art. 492 do CPC/2015 disciplina o importante princípio da congruência, segundo o qual o magistrado deverá proferir suas decisões nos limites do objeto do processo (mérito): não pode julgar aquém, além ou fora deste. Os vícios decorrentes a desobediência desse princípio geram as decisões chamadas de *citra petita* (ou *infra petita*), *ultra petita* e *extra petita*.

Artigo 493.

Se, depois da propositura da ação, algum fato constitutivo, modificativo ou extintivo do direito influir no julgamento do mérito, caberá ao juiz tomá-lo em consideração, de ofício ou a requerimento da parte, no momento de proferir a decisão.

Parágrafo único. Se constatar de ofício o fato novo, o juiz ouvirá as partes sobre ele antes de decidir.

CORRESPONDÊNCIA NO CPC/1973: *ART. 462.*

1. Decisão judicial e fato novo. A presente norma preserva o princípio de que a sentença deve retratar a situação fática do momento de sua prolação. Assim, eventuais fatos novos, de natureza modificativa, extintiva e modificativa do direito, podem ser conhecidos pelo juiz, de ofício, ou a requerimento da parte.

Artigo 494.

Publicada a sentença, o juiz só poderá alterá-la:

I – para corrigir-lhe, de ofício ou a requerimento da parte, inexatidões materiais ou erros de cálculo;

II – por meio de embargos de declaração.

CORRESPONDÊNCIA NO CPC/1973: *ART. 463.*

1. Publicação da sentença. Publicada, a sentença ingressa no mundo jurídico. e o magistrado, em regra, não pode mais alterá-la, salvo para corrigir inexatidões materiais, erro de cálculo, ou nas hipóteses de embargos de declaração.

Artigo 495.

A decisão que condenar o réu ao pagamento de prestação consistente em dinheiro e a que determinar a conversão de prestação de fazer, de não fazer ou de dar coisa em prestação pecuniária valerão como título constitutivo de hipoteca judiciária.

§ 1º A decisão produz a hipoteca judiciária:

I – embora a condenação seja genérica;

II – ainda que o credor possa promover o cumprimento provisório da sentença ou esteja pendente arresto sobre bem do devedor;

III – mesmo que impugnada por recurso dotado de efeito suspensivo.

§ 2º A hipoteca judiciária poderá ser realizada mediante apresentação de cópia da sentença perante o cartório de registro imobiliário, independentemente de ordem judicial, de declaração expressa do juiz ou de demonstração de urgência.

§ 3º No prazo de até 15 (quinze) dias da data de realização da hipoteca, a parte informá-la-á ao juízo da causa, que determinará a intimação da outra parte para que tome ciência do ato.

§ 4º A hipoteca judiciária, uma vez constituída, implicará, para o credor hipotecário, o direito de preferência, quanto ao pagamento, em relação a outros credores, observada a prioridade no registro.

§ 5º Sobrevindo a reforma ou a invalidação da decisão que impôs o pagamento de quantia, a parte responderá, independentemente de culpa, pelos danos que a outra parte tiver sofrido em razão da constituição da garantia, devendo o valor da indenização ser liquidado e executado nos próprios autos.

CORRESPONDÊNCIA NO CPC/1973: *ART. 466.*

1. Decisão judicial e hipoteca judiciária. Quando a decisão condenatória tiver por conteúdo o pagamento de prestação em dinheiro ou a conversão de prestação de fazer, de não fazer ou de dar coisa em prestação pecuniária, valerá como título constitutivo de hipoteca judiciária.

SEÇÃO III – Da Remessa Necessária

ARTIGO 496.

Está sujeita ao duplo grau de jurisdição, não produzindo efeito senão depois de confirmada pelo tribunal, a sentença:

I – proferida contra a União, os Estados, o Distrito Federal, os Municípios e suas respectivas autarquias e fundações de direito público;

II – que julgar procedentes, no todo ou em parte, os embargos à execução fiscal.

§ 1º Nos casos previstos neste artigo, não interposta a apelação no prazo legal, o juiz ordenará a remessa dos autos ao tribunal, e, se não o fizer, o presidente do respectivo tribunal avocá-los-á.

§ 2º Em qualquer dos casos referidos no § 1º, o tribunal julgará a remessa necessária.

§ 3º Não se aplica o disposto neste artigo quando a condenação ou o proveito econômico obtido na causa for de valor certo e líquido inferior a:

I – 1.000 (mil) salários-mínimos para a União e as respectivas autarquias e fundações de direito público;

II – 500 (quinhentos) salários-mínimos para os Estados, o Distrito Federal, as respectivas autarquias e fundações de direito público e os Municípios que constituam capitais dos Estados;

III – 100 (cem) salários-mínimos para todos os demais Municípios e respectivas autarquias e fundações de direito público.

§ 4º Também não se aplica o disposto neste artigo quando a sentença estiver fundada em:

I – súmula de tribunal superior;

II – acórdão proferido pelo Supremo Tribunal Federal ou pelo Superior Tribunal de Justiça em julgamento de recursos repetitivos;

III – entendimento firmado em incidente de resolução de demandas repetitivas ou de assunção de competência;

IV – entendimento coincidente com orientação vinculante firmada no âmbito administrativo do próprio ente público, consolidada em manifestação, parecer ou súmula administrativa.

CORRESPONDÊNCIA NO CPC/1973: *ART. 475.*

1. Natureza jurídica. A identificação da natureza jurídica da remessa necessária é bastante controvertida na doutrina e na jurisprudência. Partilhamos da corrente doutrinária que a identifica como uma espécie de recurso, pois, como todos os demais recursos, é um ato processual que visa ao reexame de uma decisão judicial, dentro do processo em que foi proferida. Os autores que negam ao instituto sua natureza recursal o fazem, em linhas gerais, com base nos seguintes argumentos: (i) inexistência de voluntariedade; (ii) violação ao princípio da taxatividade; (iii) falta de interesse recursal; e (iv) ausência de prazo. Ora, esses argumentos não subsistem. Falta voluntariedade, porque não constitui um requisito intrínseco dos recursos: o reexame da decisão judicial pode decorrer da vontade da parte ou estar vinculado à vontade do legislador que, por motivo de interesse público, o torna obrigatório. Também não procede a alegação de que haveria violação ao princípio da taxatividade, pois a remessa necessária e suas hipóteses de cabimento estão inseridas no art. 496 do CPC/2015. O interesse recursal, por sua vez, decorre da proteção do patrimônio público, em razão da sucumbência da Fazenda. O prazo não é requisito intrínseco ao recurso, mas se relaciona a exigências procedimentais. Os autores que negam a natureza recursal da remessa necessária sustentam, com base no *caput* do art. 496 do CPC/2015, que esta é mera "condição de eficácia da decisão judicial". Também profligamos essa conceituação, por nos parecer inapropriado identificar um instituto pelos seus efeitos, e não pela sua característica essencial. que, no caso, é propiciar o reexame da decisão judicial, dentro do processo em que foi proferida. A suspensividade ou não dos efeitos de uma decisão judicial diz respeito ao seu processamento. Os recursos tipificados no art. 994 do CPC/2015, por exemplo, também podem ter efeito suspensivo (art. 995 do CPC/2015), e nem por isso perdem sua natureza recursal e passam a ser chamados de condição de eficácia da decisão. Aliás, o legislador pode prever hipóteses em que o reexame necessário seja processado sem efeito suspensivo, sem que esse fato descaracterize o reexame necessário.

2. Denominação. A expressão "remessa necessária" não nos parece adequada, pois enfatiza mais o procedimento do que a finalidade do instituto, que é o reexame da decisão judicial, dentro do processo em que foi proferida. Assim, preferimos denominar o instituto de "reexame necessário" ou "obrigatório".

3. Hipóteses de cabimento. As hipóteses de cabimento são: (i) decisões proferidas contra a União, os Estados, o Distrito Federal, os Municípios e suas respectivas autarquias e fundações de direito público; e (ii) decisões que julgarem como procedentes, no todo ou em parte, os embargos à execução fiscal.

4. Ato judicial submetido ao reexame necessário. Em regra, o ato judicial que está sujeito ao reexame necessário é a sentença, nos termos do *caput* do art. 496 do CPC/2015. Entretanto, acreditamos que as decisões interlocutórias que possam causar prejuízo à Fazenda Pública também podem ser objeto de reexame necessário. Exemplificativamente, mencionamos a decisão antecipada parcial do mérito, que só será desafiada pelo recurso de agravo de instrumento (art. 354, *caput* e par único; art. 356, *caput* e § 5º. CPC/2015).

5. Remessa necessária e efeito devolutivo pleno. A remessa necessária sempre conviveu com o recurso interposto pelos entes públicos. Esse procedimento não nos parece adequado, pois, se os autos já foram remetidos para o órgão superior, por conta do recurso voluntário, desnecessário faz-se falar em nova remessa. A justificativa teórica desta superfetação está na extensão do efeito devolutivo, pois o recurso do ente público pode ser apenas parcial; e, nesse caso, parte da decisão não ficaria acobertada pelo efeito devolutivo e, consequentemente, sem reexame. Ora, se o cerne do problema é a extensão do efeito devolutivo, então é nesse aspecto que devemos concentrar a solução. Acreditamos, assim, que a questão pode ser mais bem solucionada mediante o estabelecimento de um efeito devolutivo pleno a todos os recursos, nas mesmas hipóteses da remessa necessária. Esse expediente é dotado da inegável vantagem da simplificação.

6. Exceções legais. O legislador estabeleceu dois critérios que excepcionam o reexame necessário: (i) o valor da condenação; e (ii) os fundamentos da decisão.

7. Reexame necessário e valor da condenação ou do proveito econômico. A decisão judicial não estará sujeita ao reexame necessário caso o valor da condenação ou o proveito econômico obtido na causa seja de valor certo e líquido inferior a: (i) 1.000 (mil) salários mínimos para a União e as respectivas autarquias e fundações de direito público; (ii) 500 (quinhentos) salários mínimos para os Estados, o Distrito Federal, as respectivas autarquias e fundações de direito público e os Municípios que constituam capitais dos Estados; e (iii) 100 (cem) salários mínimos para todos os demais Municípios e respectivas autarquias e fundações de direito público.

8. Reexame necessário e fundamento da decisão. A decisão judicial não estará sujeita ao reexame necessário se for fundamentada em: (i) súmula de tribunal superior; (ii) acórdão proferido pelo STF ou pelo STJ em julgamento de recursos repetitivos; c) entendimento firmado em incidente de resolução de demandas repetitivas ou de assunção de competência; e (iv) entendimento coincidente com orientação vinculante firmada no âmbito administrativo do próprio ente público, consolidada em manifestação, parecer ou súmula administrativa.

SEÇÃO IV – Do Julgamento das Ações Relativas às Prestações de Fazer, de Não Fazer e de Entregar Coisa

Artigo 497.

Na ação que tenha por objeto a prestação de fazer ou de não fazer, o juiz, se procedente o pedido, concederá a tutela específica ou determinará providências que assegurem a obtenção de tutela pelo resultado prático equivalente.

Parágrafo único. Para a concessão da tutela específica destinada a inibir a prática, a reiteração ou a continuação de um ilícito, ou a sua remoção, é irrelevante a demonstração da ocorrência de dano ou da existência de culpa ou dolo.

CORRESPONDÊNCIA NO CPC/1973: *ART. 461.*

1. Tutela específica e obrigação de fazer e de não fazer. As tutelas que têm por objeto obrigações de fazer ou de não fazer se notabilizam pela dificuldade de conseguir forçar o obrigado ao cumprimento da obrigação. Por exemplo, a pintura de um quadro. Em geral, quando não há o cumprimento da obrigação, a questão se resolve mediante o pagamento de quantia em dinheiro, que permite a invasão do patrimônio do obrigado, contrariamente à sua vontade. O legislador, ciente daquela dificuldade, permite ao magistrado o estabelecimento de técnicas que assegurem a obtenção do resultado prático equivalente.

2. Desnecessidade de demonstração da ocorrência de dano ou da existência de culpa ou dolo. A concessão da tutela específica não está atrelada à demonstração da ocorrência de dano ou da existência de culpa ou dolo.

Artigo 498.

Na ação que tenha por objeto a entrega de coisa, o juiz, ao conceder a tutela específica, fixará o prazo para o cumprimento da obrigação.

Parágrafo único. Tratando-se de entrega de coisa determinada pelo gênero e pela quantidade, o autor individualizá-la-á na petição inicial, se lhe couber a escolha, ou, se a escolha couber ao réu, este a entregará individualizada, no prazo fixado pelo juiz.

CORRESPONDÊNCIA NO CPC/1973: *ART. 461.*

1. Tutela de obrigação de entrega de coisa. Ao conceder tutelas que tenham por objeto a entrega de coisa, o juiz deverá fixar o prazo para o cumprimento da obrigação.

2. Necessidade de individualização da coisa a ser entregue. Caso o objeto da tutela de entrega seja coisa determinada pelo gênero ou quantidade, haverá necessidade de sua individualização para a efetivação da entrega. Se a escolha couber ao autor, este deverá individualizar a coisa na petição inicial. Se a escolha couber ao réu, este deverá individualizá-la no ato da entrega.

3. Fixação de prazo para entrega. O juiz deverá fixar um prazo para a entrega da coisa, podendo impor o pagamento de multa diária pelo seu descumprimento.

Artigo 499.

A obrigação somente será convertida em perdas e danos se o autor o requerer ou se impossível a tutela específica ou a obtenção de tutela pelo resultado prático equivalente.

CORRESPONDÊNCIA NO CPC/1973: *ART. 461,§ 1º.*

1. Conversão da obrigação em perdas e danos. As obrigações de fazer, de não fazer ou de entregar coisa somente poderão se converter em perdas e danos em duas hipóteses: (i) se o autor da ação o requerer ou (ii) se o cumprimento da obrigação ou do resultado prático equivalente for impossível.

Artigo 500.

A indenização por perdas e danos dar-se-á sem prejuízo da multa fixada periodicamente para compelir o réu ao cumprimento específico da obrigação.
CORRESPONDÊNCIA NO CPC/1973: *ART. 461,§ 2º.*

1. Cumulação de perdas e danos e multa. A conversão da obrigação em perdas e danos não elide a obrigação do pagamento da multa, fixada como meio coercitivo para compelir o réu ao cumprimento específico da obrigação.

Artigo 501.

Na ação que tenha por objeto a emissão de declaração de vontade, a sentença que julgar procedente o pedido, uma vez transitada em julgado, produzirá todos os efeitos da declaração não emitida.
CORRESPONDÊNCIA NO CPC/1973: *ARTS. 466-A, 466-B, ART. 466-C.*

1. Ação de emissão de declaração de vontade. Nesse tipo de ação, a sentença judicial substituirá a emissão de vontade que não foi espontaneamente proferida pela parte. A sentença valerá como título executivo judicial, perante o cartório de registro de imóveis, após o trânsito em julgado.

SEÇÃO V – Da Coisa Julgada

Artigo 502.

Denomina-se coisa julgada material a autoridade que torna imutável e indiscutível a decisão de mérito não mais sujeita a recurso.
CORRESPONDÊNCIA NO CPC/1973: *ART. 467.*

1. Introdução. As principais alterações promovidas pelo CPC/2015 quanto ao instituto da coisa julgada, são as seguintes: (i) foram especificadas as hipóteses de coisa julgada formal (art. 486, §1º, CPC/2015); (ii) o *caput* do art. 502 do CPC/2015 deixou claro que o ato jurisdicional acobertado pela coisa julgada é a decisão (gênero), e não apenas a sentença (espécie); (iii) o julgamento incidental da questão prejudicial está sujeito à coisa julgada, sem necessidade de propositura da ação declaratória incidental (art. 503,

§1º e §2º, CPC/2015); (iv) a coisa julgada não é mais identificada como um efeito da decisão, mas com sua autoridade (art. 502, CPC/2015); e (v) as tutelas provisórias antecipadas antecedentes são acobertadas pela coisa julgada (art. 304, §5º, CPC/2015).

2. Conceito. Coisa julgada é a "situação jurídica que se caracteriza pela proibição de repetição do exercício da mesma atividade jurisdicional, sobre o mesmo objeto, pelas mesmas partes (e, excepcionalmente, por terceiros), em processos futuros.". (MOURÃO, Luiz Eduardo Ribeiro, *Coisa julgada*, Belo Horizonte, Fórum, 2006, p. 29). Para alcançar esse objetivo, o legislador se vale de duas técnicas processuais: (i) veda a repetição da ação (art. 337, §1º e §4º, CPC/2015); (ii) torna imutável e indiscutível a decisão judicial após o trânsito em julgado (art. 502, CPC/2015). Com o surgimento dos processos sincréticos, essa proibição também se estende às fases cognitiva e executiva do processo.

3. Origem histórica. A origem da coisa julgada é vetusta, vai além da Lei das XII Tábuas e inspira-se no brocardo latino: "*bis de eadem re ne sit actio*", que, traduzido livremente, significa: "sobre uma mesma relação jurídica não se pode exercer duas vezes a ação da lei", no caso, o processo.

4. Finalidade. O principal valor protegido pela coisa julgada é a segurança jurídica. Busca-se, com a criação desta nova situação jurídica, denominada *res judicata*, a estabilidade do resultado do exercício da atividade jurisdicional. A segurança jurídica, no Brasil, tem *status* constitucional. Exatamente por esse motivo a importância da coisa julgada extrapola os limites da legislação infraconstitucional e encontra suas raízes no direito constitucional.

5. Coisa julgada e CF/1988. A coisa julgada é uma garantia e um direito fundamental, nos termos do art. 5º, XXXVI, da CF/1988.

6. Principais disposições legais. Os principais dispositivos legais sobre a coisa julgada são: (i) art. 5º, XXXVI, da CF/1988; (ii) art. 337, §1º e §4º; art. 486, §1º; e arts. 502 e 508, todos do CPC/2015; (iii) art. 6º, § 3º, da Lei de Introdução ao Código Civil; e (iv) arts. 103 e 104 do CDC.

7. Conceito de coisa julgada material. Coisa julgada material é a situação jurídica que se caracteriza pela proibição de repetição do exercício da mesma atividade jurisdicional, sobre decisão de mérito, pelas mesmas partes e, excepcionalmente, por terceiros, em processos futuros (arts. 337, § 1º e § 4º; e art. 502, CPC/2015) e nas fases distintas dos processos sincréticos.

8. Conceito de coisa julgada formal. Coisa julgada formal é a situação jurídica que se caracteriza pela proibição de repetição do exercício da mesma atividade jurisdicional, sobre decisão terminativa, pelas mesmas partes e, excepcionalmente, por terceiros (art. 337, § 1º e § 4º; art. 486, §1º; e art. 502, CPC2015). (MOURÃO, Luiz Eduardo Ribeiro, *Coisa julgada*, Belo Horizonte, Fórum, 2006).

9. Pontos de identidade e de diferença entre a coisa julgada formal e a coisa julgada material. Como espécies do mesmo gênero, a coisa julgada formal e material guardam pontos de identidade e de diferença. Esta reside no conteúdo da decisão judicial: a coisa julgada material incide sobre decisões de mérito, chamadas definitivas; a coisa julgada formal acoberta decisões relativas a questões formais, chamadas de terminativas. O ponto de identidade é a capacidade que têm de produzir efeitos externos ao processo em que foi proferida a decisão judicial. Essa eficácia externa impede a repetição do exercício da mesma atividade jurisdicional, sobre o mesmo objeto: o mérito, no caso da coisa julgada material; a questão formal, para a hipótese de coisa julgada formal.

10. Coisa julgada como autoridade da decisão judicial. A coisa julgada, ao ser analisada sob o ponto de vista da decisão judicial que receberá os atributos da imutabilidade e da indiscutibilidade, já foi identificada como um efeito da decisão judicial. O art. 467 do CPC/1973 seguia essa orientação doutrinária. O novo texto legal, contudo, optou por relacionar a coisa julgada não mais como um efeito da decisão judicial, mas à sua autoridade.

11. Ato judicial tornado imutável e indiscutível. O CPC/2015 inovou ao identificar a decisão judicial como o ato que se torna imutável e indiscutível. O texto do CPC/1973 referia-se à sentença, que é apenas uma das espécies dos atos decisórios do juiz. A importância dessa modificação é deixar claro que todos os pronunciamentos decisórios têm aptidão para serem acobertados pela autoridade da coisa julgada.

12. Momento da formação da coisa julgada. O trânsito em julgado marca o momento de surgimento da nova situação jurídica denominada de coisa julgada.

13. Coisa julgada e execução. O instituto da coisa julgada visa a impedir a repetição do exercício da mesma atividade jurisdicional, independentemente de sua natureza. Assim, tanto a tutela cognitiva quanto a executiva estão sujeitas a autoridade da coisa julgada.

14. Desconstituição da coisa julgada. No sistema processual, a coisa julgada pode ser desconstituída pela ação rescisória.

15. Relativização da coisa julgada. Alguns processualistas têm sustentado a relativização (ou flexibilização) da coisa julgada. De acordo com essa corrente doutrinária, as hipóteses de relativização seriam a "injustiça grave" ou "inconstitucionalidade" da decisão judicial. A relativização, por seu turno, prescindiria de procedimento previamente estabelecido em lei. Consideramos como nociva essa tendência, por três motivos básicos: (i) primeiro, porque sistema processual já prevê os meios adequados para a desconstituição da coisa julgada. Destarte, a utilização de novos vocábulos (relativização ou flexibilização) não tem o poder de alterar essa situação; (ii) segundo, porque a inexistência de um prévio procedimento judicial para a chamada relativização (ou flexibilização) da coisa julgada promoveria uma profunda insegurança jurídica; (iii) terceiro, porque as hipóteses de cabimento são impertinentes à injustiça grave, em razão do alto nível de abstração dessa expressão e à inconstitucionalidade, pois o ordenamento jurídico já possui instrumentos legais para o controle da constitucionalidade das decisões judiciais.

16. Coisa julgada e mandado de segurança. A proibição de repetição do exercício da mesma atividade jurisdicional, sobre o mesmo objeto, pelas mesmas partes (e, excepcionalmente por terceiros), em processos futuros, também se estende ao mandado de segurança. Entretanto, a correta compreensão dessa questão não prescinde da análise do objeto do mandado de segurança, que envolve o chamado direito "líquido e certo". Esta expressão não diz respeito ao direito em si, mas à forma como este deve ser provado, a saber, por meio de documentos pré-constituídos. Portanto, quando o mandado de segurança é julgado procedente, a decisão estará reconhecendo a existência do direito subjetivo afirmado, mediante prova pré-constituída (direito líquido e certo). Nesta hipótese, fica vedado às partes rediscutirem a questão, seja pelo procedimento do mandado de segurança, seja pelo procedimento comum. Contudo, se o mandado de segurança for julgado improcedente, a decisão tão somente declarará que o direito subjetivo afirmado não está provado de plano, ou seja, não há direito sob a forma "líquida e certa". Por esse motivo, a coisa julgada impedirá apenas a repropositura do mandado de segurança, e não de ação que seguirá o procedimento comum, na qual se pretende rediscutir o direito subjetivo afirmado, mediante dilação probatória.

17. Coisa julgada e jurisdição voluntária. Há coisa julgada também como decorrência da atividade exercida na jurisdição voluntária, em decorrência do disposto no CPC/2015 nos arts. 337, §1º e §4º; 486, §1º; 502. (MOURÃO, Luiz Eduardo Ribeiro, *Coisa julgada*, Belo Horizonte, Fórum, 2006).

18. Coisa julgada e arbitragem. A atividade realizada na arbitragem tem natureza jurisdicional, embora não seja exercida pelo Poder Judiciário. Portanto, a decisão arbitral será acobertada pela coisa julgada, impedindo a repetição do exercício da atividade jurisdicional sobre o mesmo objeto, pelas mesmas partes (e, excepcionalmente por terceiros), em processos futuros, no juízo arbitral.

19. Coisa julgada e cumprimento de sentença. A técnica processual denominada de "cumprimento de sentença" tem por finalidade reunir, em único processo, as atividades cognitiva e executiva. Busca-se, pela atividade jurisdicional cognitiva, a produção de uma decisão judicial que julgará o conflito de interesses apresentado pelas partes. Essa decisão é precedida pela prática de atos postulatórios, saneadores e probatórios. Com a atividade jurisdicional executiva, procura-se a realização, no mundo empírico, do comando judicial. Para tanto, são praticados atos como penhora, avaliação, expropriação de bens, aplicação de medidas coercitivas, etc. Essas duas atividades, em que pese serem realizadas em único processo, são desenvolvidas em fases distintas, que se encerram com uma sentença, a qual será acobertada pela autoridade da coisa julgada.

20. Coisa julgada e estabilização da tutela antecipada antecedente. Concedida a tutela antecipada antecedente, poderá o réu recorrer. Não o fazendo, a liminar será estabilizada e o processo, extinto, sem julgamento do mérito (art. 304, *caput* e §1º, CPC/2015). A norma do parágrafo 2º do art. 304 do CPC permite que as partes proponham ação "com o intuito de rever, reformar ou invalidar a tutela antecipada estabilizada", impedindo a formação da coisa julgada. Entretanto, findo o prazo legal para a propositura dessa ação, que é de 2 (dois) anos da ciência da decisão que extinguiu o processo (art. 304, § 5º, CPC/2015), a tutela antecipada, além de estabilizada, também se tornará imutável e indiscutível. Essa nova situação jurídica chama-se coisa julgada. A parte inicial da norma do parágrafo 6º do art. 304 do CPC/2015 parece contradizer a afirmação retro. Entretanto, a redação desse texto legal precisa ser interpretada em consonância com todo o sistema processual contido no CPC/2015, especialmente nos art. 304, §§ 2º a 5º e 337, §§ 1º e 4º. O que o referido texto legal quer dizer é que não há coisa julgada enquanto for possível a repropositura da ação prevista no art. 304, §2º. A ênfase do legislador, neste dispositivo, é reforçar a estabilidade dos efeitos da tutela liminar, depois da extinção do processo. Por outro lado, se for proposta ação para o julgamento do mérito, a tutela provisória, em que pese estar estabilizada e até mesmo acobertada pelo selo da coisa julgada, será substituída pela tutela definitiva. Essa situação, contudo, não importa em violação da coisa julgada, por dois motivos: (i) primeiro, porque a coisa julgada sempre respeitará a natureza provisória da decisão; (ii) segundo, porque não houve repetição do exercício da mesma atividade jurisdicional, sobre o mesmo objeto, pois a apreciação da tutela antecipada baseia-se na probabilidade do direito e na presença da urgência, enquanto a tutela final desconsidera a urgência e busca a certeza do direito. São atividades jurisdicionais diversas sobre objetos distintos.

Artigo 503.
A decisão que julgar total ou parcialmente o mérito tem força de lei nos limites da questão principal expressamente decidida.

§ 1º O disposto no *caput* aplica-se à resolução de questão prejudicial, decidida expressa e incidentemente no processo, se:

I – dessa resolução depender o julgamento do mérito;

II – a seu respeito tiver havido contraditório prévio e efetivo, não se aplicando no caso de revelia;

III – o juízo tiver competência em razão da matéria e da pessoa para resolvê-la como questão principal.

§ 2º A hipótese do § 1º não se aplica se no processo houver restrições probatórias ou limitações à cognição que impeçam o aprofundamento da análise da questão prejudicial.

CORRESPONDÊNCIA NO CPC/1973: ART. 468.

1. **Questão preliminar, questão prejudicial e questão principal.** A palavra "questão", em direito processual civil, tem significado técnico, que quer dizer controvérsia. O processo é formado por diversos tipos de questões, que podem ser assim classificadas: (i) questão preliminar; (ii) questão prejudicial; e (iii) questão principal. As duas

primeiras, quando comparadas com a última, são chamadas de questões prévias, pois seu julgamento antecede lógica e cronologicamente o julgamento da questão principal.

2. Questão preliminar. A questão preliminar é definida pelo seu conteúdo e por sua relação com a questão principal: (i) seu conteúdo será sempre uma questão formal; (ii) sua relação com a questão principal será de precedência lógica e cronológica.

3. Questão prejudicial. Questão prejudicial é aquela cuja apreciação influenciará no conteúdo da questão principal. Por exemplo, em uma ação de alimentos, a questão da paternidade será prejudicial, pois influenciará no conteúdo do julgamento da questão principal, na medida em que o reconhecimento da inexistência de relação jurídica de paternidade implicará a improcedência dos alimentos.

4. Questão principal (mérito). O mérito, ou questão principal, são as afirmações, feitas pelas partes do processo, da existência ou inexistência de uma ou mais relações jurídicas e das situações jurídicas delas decorrentes: direitos e deveres subjetivos, pretensões e ações de direito material (ver nota 1 ao art. 487).

5. Questão prejudicial e desnecessidade de propositura de ação declaratória incidental. A questão prejudicial não é o objetivo principal do processo, a sua razão de ser. Seu julgamento ocorre de forma incidente, como uma exigência lógica para o julgamento da questão principal. No sistema processual anterior, para que uma questão prejudicial fosse apta a ser acobertada pela coisa julgada, fazia-se necessária a propositura de ação declaratória incidental, mecanismo pelo qual a questão prejudicial assumia o status de questão principal. No CPC/2015, a propositura da ação declaratória incidental não se faz mais necessária, pois a questão prejudicial será acobertada pela coisa julgada.

6. Requisitos para a coisa julgada da questão prejudicial. De acordo com o texto legal, precisam ser preenchidos 5 (cinco) requisitos para que a questão prejudicial seja acobertada pela coisa julgada material: (i) esta deve ser decidida de forma expressa; (ii) da resolução da questão prejudicial deve depender o julgamento do mérito; (iii) deve haver contraditório prévio e efetivo, salvo os casos de revelia; (iv) o juízo deve ser competente, em razão da matéria e da pessoa; e (v) não deve haver restrições probatórias ou cognitivas que impeçam o aprofundamento da análise da questão prejudicial.

7. Análise crítica dos requisitos para a coisa julgada das questões prejudiciais. Temos duas críticas aos requisitos elencados para a coisa julgada sobre a questão prejudicial. A primeira refere-se ao fato de que o elenco dessas hipóteses pode parecer, ao incauto, que a coisa julgada sobre as questões prejudiciais tem regime especial em relação à coisa julgada sobre a questão principal, o que não se justifica sob o ponto de vista lógico e sistemático. A segunda diz respeito à constatação de que todas as hipóteses acima elencadas dizem respeito, na verdade, à exigência constitucional do devido processo legal (art. 5º, LV, CF/1988), motivo pelo qual é desnecessária sua vinculação específica à coisa julgada sobre questão prejudicial. Vejamos as hipóteses elencadas na lei. (i) Necessidade de decisão expressa. O ordenamento jurídico não permite decisões implícitas. Portanto, a necessidade de decisão expressa não é uma peculiaridade da coisa julgada sobre questão prejudicial, mas um requisito formal do devido processo legal. (ii) Relação de dependência lógica com a questão principal. Preceitua art. 503, §1º, I, do CPC/2015 que o julgamento da questão principal só será acobertado pela coisa julgada se dessa resolução depender o julgamento do mérito. Essa norma, a nosso ver, é tautológica, pois toda questão prejudicial deve, necessariamente, ter o poder de influenciar o julgamento do mérito, sob pena de não ser uma questão prejudicial. (iii) Contraditório prévio e efetivo. A necessidade de contraditório prévio e efetivo decorre de imposição constitucional (art. 5º, LV, CF/1988) para a validade do exercício da jurisdição. Desta forma, não é uma exigência específica da coisa julgada sobre a questão prejudicial, mas do devido processo legal. (iv) Competência em razão da matéria e da pessoa. A competência do juízo é pressuposto processual de validade do processo, e não está diretamente atrelada à coisa julgada. (v) Restrições probatórias ou limitações à cognição que impeçam o aprofundamento da análise da questão prejudicial. O princípio constitucional da ampla defesa não permite o exercício da jurisdição com restrições cognitivas e probatórias (art. 5º, L, CF/1988). Em casos excepcionais, para proteção de situações jurídicas específicas, o legislador permite adequações probatórias. Exemplo clássico é o mandado de segurança. Nessas hipóteses, a coisa julgada deve ser analisada tendo em vista essa peculiaridade.

Artigo 504.

Não fazem coisa julgada:
I – os motivos, ainda que importantes para determinar o alcance da parte dispositiva da sentença;
II – a verdade dos fatos, estabelecida como fundamento da sentença.
CORRESPONDÊNCIA NO CPC/1973: *ARTS. 469 E 470.*

1. Limites objetivos da coisa julgada material. Os limites objetivos da coisa julgada são identificados pela extensão da decisão judicial que ficará selada pela imutabilidade e indiscutibilidade decorrente da autoridade da *res iudicata*. Esses limites correspondem ao conjunto lógico da decisão, formado pelos fundamentos e pelo dispositivo. Grande parte da doutrina sustenta que apenas o dispositivo da decisão fica acobertado pela coisa julgada e que o fundamento tem como finalidade apenas ajudar a compreender os limites do dispositivo. Esta posição, segundo pensamos, é equivocada, por não perceber que os fundamentos e o dispositivo da decisão judicial formam uma unidade lógica: discernível, mas não separável (art. 489, § 3º, CPC/2015).
2. Coisa julgada, motivos da decisão e verdade dos fatos. O legislador poderia ter sido mais preciso terminologicamente e referir-se ao gênero (decisão), e não à espécie (sentença). As palavras "motivos" e "fundamento" são sinônimas e significam o momento lógico da decisão no qual o julgador apresenta os elementos fáticos e jurídicos

que formaram seu convencimento. Os motivos e o dispositivo são elementos discerníveis da decisão, mas não separáveis, por compreendem um todo lógico, que ficará acobertado, em conjunto, pela coisa julgada. A principal preocupação do legislador, no dispositivo legal em comento, é deixar claro que os motivos da decisão judicial, isoladamente, não ficam acobertados pela coisa julgada.

Artigo 505.
Nenhum juiz decidirá novamente as questões já decididas relativas à mesma lide, salvo:
I – se, tratando-se de relação jurídica de trato continuado, sobreveio modificação no estado de fato ou de direito, caso em que poderá a parte pedir a revisão do que foi estatuído na sentença;
II – nos demais casos prescritos em lei.
CORRESPONDÊNCIA NO CPC/1973: *ART. 471.*

1. **Coisa julgada e relação jurídica continuativa**. Relação jurídica continuativa é aquela que se estende no tempo. As sentenças que as decidem são chamadas de determinativas. O exercício da atividade jurisdicional sobre relações jurídicas continuativas ficará acobertado pela autoridade da coisa julgada. Entretanto, poderá ser feito pedido de revisão do julgado, em razão da alteração no estado de fato ou de direito do conflito. Nessas hipóteses, haverá modificação dos elementos da ação, afastando a incidência do art. 337, §4º, do CPC/2015. Aplica-se, para as relações jurídicas continuativas, a regra geral, segundo a qual a repropositura da ação só será permitida caso haja alteração de um dos elementos da ação. Não havendo essa modificação, retratada pela modificação do estado de direito ou de fato, a coisa julgada impede a revisão do julgado.

Artigo 506.
A sentença faz coisa julgada às partes entre as quais é dada, não prejudicando terceiros.
CORRESPONDÊNCIA NO CPC/1973: *ART. 472.*

1. **Limites subjetivos da coisa julgada**. O art. 503 do CPC/2015 estabelece o princípio segundo o qual apenas as partes serão afetadas pela coisa julgada. A finalidade da limitação subjetiva da coisa julgada é impedir que as pessoas que não participaram do contraditório sejam proibidas de provocar a atividade jurisdicional, em processos futuros, sobre o mesmo objeto.

Artigo 507.
É vedado à parte discutir no curso do processo as questões já decididas a cujo respeito se operou a preclusão.
CORRESPONDÊNCIA NO CPC/1973: *ART. 473.*

1. Coisa julgada e preclusão. O texto legal não diz respeito à coisa julgada, mas à preclusão, que pode ser definida como a perda de uma faculdade, ou poder, pelos sujeitos do processo.

Artigo 508.
Transitada em julgado a decisão de mérito, considerar-se-ão deduzidas e repelidas todas as alegações e as defesas que a parte poderia opor tanto ao acolhimento quanto à rejeição do pedido.
CORRESPONDÊNCIA NO CPC/1973: *ART. 474.*

1. Eficácia preclusiva da coisa julgada. A eficácia preclusiva da coisa julgada visa a impedir a repropositura da mesma ação com novos argumentos. É preciso deixar claro que "as alegações e defesas que a parte poderia opor", ao acolhimento ou à rejeição do pedido, não caracterizam uma nova causa de pedir, mas argumentos a ela relacionados, como, por exemplo, uma nova posição doutrinária do tema em discussão. Interpretação diversa colocaria esta norma em conflito com o texto do art. 337, §§ 1º e 4º, do CPC/2015, que permite a repropositura da ação, desde que haja uma nova causa de pedir.

CAPÍTULO XIV – Da Liquidação de Sentença

Artigo 509.
Quando a sentença condenar ao pagamento de quantia ilíquida, proceder-se-á à sua liquidação, a requerimento do credor ou do devedor:
I – por arbitramento, quando determinado pela sentença, convencionado pelas partes ou exigido pela natureza do objeto da liquidação;
II – pelo procedimento comum, quando houver necessidade de alegar e provar fato novo.
§ 1º Quando na sentença houver uma parte líquida e outra ilíquida, ao credor é lícito promover simultaneamente a execução daquela e, em autos apartados, a liquidação desta.
§ 2º Quando a apuração do valor depender apenas de cálculo aritmético, o credor poderá promover, desde logo, o cumprimento da sentença.

§ 3º O Conselho Nacional de Justiça desenvolverá e colocará à disposição dos interessados programa de atualização financeira.

§ 4º Na liquidação é vedado discutir de novo a lide ou modificar a sentença que a julgou.

CORRESPONDÊNCIA NO CPC/1973: *ARTS. 475-A, §3º; ART. 475-C; 475-E; 475-F; 475-I, §2º; 475-B E ART. 475-G.*

1. Função. A liquidação de sentença tem por finalidade quantificar ou individuar uma obrigação expressa em título executivo judicial. A lei fala em "sentença", mas o termo deve ser entendido como qualquer decisão judicial que reconheça uma obrigação passível de execução. Assim, a liquidação pode ser veiculada para conferir contornos finais às decisões interlocutórias, sentenças e acórdãos, sejam definitivos ou provisórios. Melhor seria que fosse denominada "liquidação de decisão judicial". Como é cediço, a liquidação é medida excepcional, já que, em regra, as decisões devem atestar obrigação líquida, certa e exigível. Por isso, a liquidação irá quantificar as obrigações veiculadas em decisão judicial que, no momento de sua produção, não puderam ser individuadas ou quantificadas. A individuação específica, quando o objeto é genérico. A quantificação estipula o valor da obrigação. Ambas são objeto da liquidação. Ela pode aparecer como uma fase, um incidente ou um procedimento autônomo. Saliente-se que a liquidação é uma ação que se desenvolve na forma de processo de conhecimento. (WAMBIER, Luiz Rodrigues, in WAMBIER, Teresa Arruda Alvim *et al.* (Coord.), *Breves comentários ao novo Código de Processo Civil*, São Paulo, RT, 2015, p. 1.313). Outro ponto que se deve ressaltar é que os títulos executivos extrajudiciais podem ser objeto de liquidação, máxime quando houver transformação das execuções de entrega de coisa certa, de fazer e de não fazer, em execução de dar quantia certa (arts. 809, §2º; 816, parágrafo único e 823, parágrafo único).

2. Decisões a liquidar. Apesar de o texto legal mencionar "quando a sentença condenar", a liquidação não se restringe à liquidação das sentenças condenatórias, sendo toda aquela capaz de veicular obrigação exigível, conforme prescrição do art. 515, I, definitiva ou provisória.

3. Modelos procedimentais de liquidação. O título executivo judicial apto a fundar uma execução deve estabelecer: *an debeatur* (existência da dívida), *cui debeatur* (para quem é devido), *quis debeatur* (quem deve), *quid debeatur* (o que é devido) e *quantum debeatur* (a quantia devida). A decisão é ilíquida quando não estabelece o montante da obrigação (*quantum debeatur*) ou deixa de individualizar de forma suficiente o seu objeto (*quid debeatur*). (ZAVASCKI, Teori Albino, *Título executivo e liquidação*, São Paulo, RT, 1999, p. 175; DIDIER JR., Fredie *et al*, *Curso de direito processual civil: execução*, v. 5, 2. ed., Salvador, JusPodivm, 2010, p. 114). A liquidação apresenta-se, do ponto de vista procedimental, de três formas: fase processual, incidente e procedimento autônomo. Em todos os casos, ela possui natureza cognitiva.

4. Liquidação fase. Haverá esta forma de liquidação quando as decisões judiciais aptas a fundar uma execução, embora estabeleçam o *an debeatur*, não estabelecem o *quantum debeatur* ou o *quid debeatur*. Quando isso ocorre, abre-se uma nova fase no processo de positivação da norma individual e concreta apta a fixar a quantia devida pelo devedor. Essa fase surge como decorrência da necessidade de conferir liquidez à obrigação expressa no título, tornando-o exequível. Ocorre essa hipótese nas situações previstas nos incisos I, II, III, IV e V do art. 515, bem como nas situações de tutela provisória que impliquem execução de dar quantia certa. Apesar de ser uma fase, no bojo do procedimento, a liquidação não se submete ao princípio do impulso oficial, já que deve ser requerida pelo credor ou pelo devedor. Um aspecto importante que deve ficar registrado é que a nova fase veicula uma nova demanda com objeto próprio e, por isso, reclama uma nova cognição. (DIDIER JR., Fredie *et al.*, *Curso de direito processual civil: execução*, v. 5, 2. ed., Salvador, JusPodivm, 2010, p. 117).

5. Liquidação incidente. Ela surge quando se faz necessário solucionar, no curso do processo, alguma questão necessária ao deslinde da demanda. Essa hipótese distingue-se da anterior, pois, na liquidação fase, uma etapa do processo já fora dirimida, devendo iniciar-se outra. Aqui a liquidação surge por conta de um problema no decorrer de uma fase que estava em curso. Pode ser intrafase (atualização do valor da execução por conta de defasagem, pagamento parcial, apuração de benfeitorias indenizáveis feitas pelo devedor etc.) ou por conta de frustração ou de transformação da execução de prestação específica para prestação de pagar (arts. 809, § 2º; 816, parágrafo único e 823, parágrafo único). (ZAVASCKI, Teori Albino, *Título executivo e liquidação*, São Paulo, RT, 1999, p. 171; DIDIER JR., Fredie *et al.*, *Curso de direito processual civil: execução*, v. 5, 2. ed., Salvador, JusPodivm, 2010, p. 118-9).

6. Liquidação procedimento autônomo. É possível que o título judicial reclame o ajuizamento de ação que necessite de formalização de uma nova relação jurídica processual, exigindo-se nova citação (art. 515, § 1º, CPC/2015). Isso irá acontecer nos casos em que se pretende executar sentença penal condenatória transitada em julgado, sentença arbitral, sentença estrangeira homologada pelo STJ, decisão interlocutória estrangeira após o *exequatur* do STJ, acórdão que julga procedente revisão criminal, sentenças coletivas que versam sobre direitos individuais homogêneos, etc. (DIDIER JR., Fredie *et al.*, *Curso de direito processual civil: execução*, v. 5, 2. ed., Salvador, JusPodivm, 2010, p. 119).

7. Revelia na liquidação. A intimação (na pessoa do advogado ou da sociedade de advogado) ou citação da parte adversária possuem natureza de citação, e a contumácia da parte ré, que pode ser o credor, implicará revelia, em regra. WAMBIER, Luiz Rodrigues, in WAMBIER, Teresa Arruda Alvim *et al.* (Coord.), *Breves comentários ao novo Código de Processo Civil*, São Paulo, RT, 2015,, p. 1.317).

8. Decisão e recurso na liquidação. A liquidação pode ter por objeto decis**ão** que estipula a liquidação, por solucionar aspecto da lide, ou natureza de sentença e faz coisa julgada material. Apesar disso, o meio de impugnação é o agravo de instrumento, conforme expressa previsão do art. 1.015, parágrafo único. A referida decisão, por fazer coisa julgada material, é objeto de rescisória. Advirta-se, entretanto, que, na liquidação, o magistrado pode decretar a extinção da pretensão executiva. Nesse caso, será proferida sentença, pois haverá extinção do processo, nos termos do art. 203, §1º c/c art. 316, ambos do CPC/2015.

9. Parcela líquida e parcela ilíquida. Caso a decisão exequenda possua uma parte líquida e outra ilíquida, poderá o credor promover a execução da primeira, e tanto o credor como o devedor poderão promover a liquidação da segunda parte.

10. Apuração por cálculo aritmético. Quando a quantificação do valor devido depender de meros cálculos aritméticos, tem-se que a sentença é líquida, embora deva a parte especificar o valor devido. Trata-se, no caso, de ônus do credor. Caso a confecção dos cálculos exija apresentação de documentos em poder do devedor ou de terceiro, deverá a parte requerer ao magistrado que determine a exibição, conforme regramento da lei processual civil. A lei também estabeleceu regra dirigida ao CNJ no intuito de fornecer meios para padronizar os critérios de atualização financeira.

11. Liquidação por arbitramento. Esta modalidade de liquidação se faz necessária quando a integração do título depende de confecção de prova pericial. A prova pericial toma por referência fato já ocorrido antes da produção do título a ser liquidado. Ela pode decorrer de determinação da sentença ou da lei, de convenção das partes e da natureza do objeto.

12. Liquidação pelo procedimento comum ou liquidação por artigo. A liquidação por artigo se fará necessária sempre que para a individuação do título for exigida prova de fato novo, ainda que a prova seja pericial. O fato novo objeto da liquidação é aquele relacionado ao valor, bem como outro elemento da prestação que não foi objeto da cognição na fase de formação do título. (DIDIER JR., Fredie *et al.*, *Curso de direito processual civil*: *execução*, v. 5, 2. ed., Salvador, JusPodivm, 2010, p. 138-9). O fato novo deve ser posterior à confecção do título exequendo. O rito a ser seguido será o comum.

13. Decisão liquidanda e limite do objeto da liquidação. Como é cediço, não cabe, na liquidação, rediscutir o objeto da lide, tenha a decisão liquidanda transitado em julgado ou não. O objeto da liquidação é definido pela decisão liquidanda, no que se refere ao *quid debeatur* (o que é devido) e ao *quantum debeatur* (a quantia devida). No entanto, a liquidação pode se dar de forma diversa da que restou estabelecida na decisão liquidanda, já que a forma de liquidação depende do tipo de situação a liquidar. Assim, se a decisão liquidanda vier a estabelecer que a liquidação deva ser efetivada por meio de arbitramento, mesmo transitada em julgado, a parte pode valer-se da liquidação por artigo, se o caso exigir essa modalidade. Esse entendimento foi objeto do enunciado de Súmula 344 do STJ, que se transcreve: "a liquidação por forma diversa da estabelecida na sentença não ofende a cosia julgada.".

14. Prescrição e ausência de liquidação. A obrigação estabelecida na decisão liquidanda pode vir a prescrever. No entanto, a prescrição se dará no bojo do procedimento, já que a sentença ilíquida transitada em julgado não encerra o procedimento comum. Nesse caso, transitada em julgada sentença ilíquida, começa a fluir o prazo de prescrição intercorrente, o que pode impedir que a obrigação estabelecida na decisão judicial venha a ser individuada ou quantificada.

Artigo 510.

Na liquidação por arbitramento, o juiz intimará as partes para a apresentação de pareceres ou documentos elucidativos, no prazo que fixar, e, caso não possa decidir de plano, nomeará perito, observando-se, no que couber, o procedimento da prova pericial.

CORRESPONDÊNCIA NO CPC/1973: *ART. 475-D.*

1. Função. Estabelece o novo procedimento para a liquidação por arbitramento.

2. Estrutura procedimental. A liquidação por arbitramento depende de requerimento do credor ou do devedor. A referida petição não precisa ser acompanhada de documentos elucidativos ou de parecer técnico. Caso necessário, pode-se requerer que se determine a exibição de documento em poder da outra parte ou de terceiro, com o intuito de efetivar a liquidação. Depois de requerida a liquidação, deverá o magistrado intimar as partes para apresentarem parecer ou documentos elucidativos. Sendo suficientes, o julgador irá proferir decisão concluindo a etapa. Caso não seja suficiente, deverá nomear perito para que, conforme procedimento da prova pericial, apresente o respectivo laudo. Deve-se sempre alertar que o referido procedimento deve tomar como referência fato ocorrido antes da produção do título a ser liquidado.

3. Natureza da decisão de liquidação, recurso e rescisória. Tecnicamente, a decisão de liquidação encerra o procedimento comum; no entanto, não será veiculada sob a forma de sentença, mas de decisão interlocutória. Desta decisão cabe recurso de agravo de instrumento, e pode ser objeto de ação rescisória, já que julga mérito da liquidação. Se a decisão, no entanto, decretar a extinção da pretensão executiva, por qualquer motivo, então haverá prolação de sentença (art. 203, §1º), sendo passível de apelação.

Artigo 511.

Na liquidação pelo procedimento comum, o juiz determinará a intimação do requerido, na pessoa de seu advogado ou da sociedade de advogados a que estiver vinculado, para, querendo, apresentar contestação no prazo de 15 (quinze) dias, observando-se, a seguir, no que couber, o disposto no Livro I da Parte Especial deste Código.

CORRESPONDÊNCIA NO CPC/1973: *ART. 475-E.*

1. Função. Estabelece o novo procedimento para a liquidação por artigo.

2. Fato novo. A liquidação da decisão judicial muitas vezes necessita da análise e da cognição sobre fato novo. É reputado novo o fato que ocorre após a propositura da ação, em determinado momento processual, ou, sendo preexistente, não tenha sido objeto de alegação ou de prova no curso da demanda. (WAMBIER, Luiz Rodrigues, in WAMBIER, Teresa Arruda Alvim *et al.* (Coord.), *Breves comentários ao novo Código de Processo Civil.* São Paulo. RT, 2015, p. 1.317). São esses fatos novos que deverão ser alegados e provados, no procedimento comum.

3. Finalidade da análise do fato novo. A análise do fato novo não tem por fim estabelecer a obrigação, mas individuar ou quantificar seu objeto. Por isso, o fato novo deve ter relação com a obrigação, mas não pode ser fonte de sua existência.

4. Procedimento. A parte, que pode ser o credor ou o devedor, que requerer a liquidação por artigo deverá seguir o rito estabelecido para o procedimento comum, devendo atentar para a necessidade de cumprir os requisitos da petição inicial. A intimação da outra parte, na pessoa do advogado ou da sociedade de advogados, tem valor de citação. A contumácia do réu poderá implicar revelia e seus efeitos, nos mesmos moldes do procedimento comum (art. 344).

5. Natureza da decisão de liquidação, recurso e rescisória. Como já salientado, a decisão de liquidação encerra o procedimento comum, no entanto, não será veiculada sob a forma de sentença, mas de decisão interlocutória. Assim, em regra, a decisão que soluciona a liquidação é agravável. Ademais, transitada em julgado, pode ser objeto de ação rescisória, já que julga mérito da liquidação. É sempre bom salientar que, se a decisão decretar a extinção da pretensão executiva, por qualquer motivo, então haverá prolação de sentença (art. 203, §1º), sendo passível de apelação, como salientado no comentário ao art. 510.

Artigo 512.

A liquidação poderá ser realizada na pendência de recurso, processando-se em autos apartados no juízo de origem, cumprindo ao liquidante instruir o pedido com cópias das peças processuais pertinentes.

CORRESPONDÊNCIA NO CPC/1973: *ART. 475-A, § 2º*

1. Função. Estabelece o modo de processamento de liquidação de decisão submetida a recurso. Aqui temos a liquidação de decisão provisória.

2. Procedimento. A liquidação pode ter por objeto decisão liquidanda ainda não transitada em julgado. Percebe-se que nesse caso há a liquidação de título provisório, pois passível de alteração via recurso. Deve a parte instruir o pedido com as cópias das peças processuais pertinentes.

3. Trânsito em julgado da decisão de liquidação. A decisão que liquida decisão provisória pode vir a transitar em julgado. No entanto, ela possui um vínculo de referibilidade com a decisão liquidanda. Havendo alteração da decisão liquidanda, por conta de provimento do recurso, a decisão que liquidou título provisório restará destituída de objeto no todo ou em parte, já que liquidou obrigação que não mais existe ou que fora em parte alterada. Nesse caso, a decisão liquidanda transitada em julgado será considerada como ineficaz, quanto à parte que liquidou, mas que sofrera alteração, devendo a parte interessada promover nova liquidação, se for o caso.

TÍTULO II – Do Cumprimento da Sentença

CAPÍTULO I – Disposições Gerais

Artigo 513.

O cumprimento da sentença será feito segundo as regras deste Título, observando-se, no que couber e conforme a natureza da obrigação, o disposto no Livro II da Parte Especial deste Código.

§ 1º O cumprimento da sentença que reconhece o dever de pagar quantia, provisório ou definitivo, far-se-á a requerimento do exequente.

§ 2º O devedor será intimado para cumprir a sentença:

I – pelo Diário da Justiça, na pessoa de seu advogado constituído nos autos;

II – por carta com aviso de recebimento, quando representado pela Defensoria Pública ou quando não tiver procurador constituído nos autos, ressalvada a hipótese do inciso IV;

III – por meio eletrônico, quando, no caso do § 1º do art. 246, não tiver procurador constituído nos autos;

IV – por edital, quando, citado na forma do art. 256, tiver sido revel na fase de conhecimento.

§ 3º Na hipótese do § 2º, incisos II e III, considera-se realizada a intimação quando o devedor houver mudado de endereço sem prévia comunicação ao juízo, observado o disposto no parágrafo único do art. 274.

§ 4º Se o requerimento a que alude o § 1º for formulado após 1 (um) ano do trânsito em julgado da sentença, a intimação será feita na pessoa do devedor, por meio de carta com aviso de recebimento encaminhada ao endereço constante dos autos, observado o disposto no parágrafo único do art. 274 e no § 3º deste artigo.

§ 5º O cumprimento da sentença não poderá ser promovido em face do fiador, do coobrigado ou do corresponsável que não tiver participado da fase de conhecimento.

CORRESPONDÊNCIA NO CPC/1973: *ART. 475-I, CAPUT E §1º.*

1. Função. O cumprimento de sentença se insere em título separado do processo de conhecimento, que tem como último item a liquidação de sentença. Também não é tratado como procedimento especial, objeto de título próprio, mas como um capítulo do processo de execução, cujo objeto é o título executivo judicial. Aplicam-se ao cumprimento de sentença, de forma subsidiária, as regras do processo de execução por título executivo extrajudicial.

2. Problema terminológico. Mais uma vez o legislador utilizou o termo "sentença" no sentido geral, já que decisões parciais de mérito, sentenças e acórdãos podem ser objeto de cumprimento decisões em tutelas provisórias,

3. Objeto do cumprimento. Podem ser objeto de cumprimento as decisões transitadas e julgadas ou submetidas a recurso, desde que líquidas.

4. Requerimento do exequente. O texto legal exige que o cumprimento de sentença de obrigação de pagar quantia seja precedido de requerimento do exequente, impedindo, assim, o impulso oficial para dar início a essa nova etapa procedimental. No entanto, nada impede que o executado possa iniciar o cumprimento de sentença, no intuito de livrar-se da cobrança, que poderá vir a lhe causar eventuais transtornos, como o impedimento de receber certidão positiva com efeito negativo de existência de débito. Reforça esse entendimento o fato de que o devedor pode dar início à liquidação da decisão judicial (art. 509, *caput*). Não haveria sentido poder iniciar a liquidação e ser proibido de dar início ao cumprimento de sentença.

5. Intimação do executado. O devedor deverá ser intimado para cumprir a sentença. Ou seja, após o requerimento do cumprimento de sentença, deve a parte ser informada, nos termos estabelecidos no art. 513, §2º. O referido dispositivo elege como regra geral a intimação pelo Diário da Justiça, na pessoa do advogado constituído.

6. Cumprimento da sentença ante terceiro. Há vedação expressa ao direcionamento da execução ao fiador, ao coobrigado ou ao corresponsável que não haja participado da fase de conhecimento. Trata-se de regra que positiva os denominados limites subjetivos da coisa julgada. Saliente-se que pode ser imputado como executado o herdeiro, o sucessor do devedor, novo devedor, responsável tributário, responsável patrimonial, sócio ou ex-sócio, em face da desconsideração da personalidade jurídica. (SHIMURA, Sérgio Seiji, in WAMBIER, Teresa Arruda Alvim *et al.* (Coord.), *Breves comentários ao novo Código de Processo Civil,* São Paulo, RT, 2015, p. 1.322).

Artigo 514.
Quando o juiz decidir relação jurídica sujeita a condição ou termo, o cumprimento da sentença dependerá de demonstração de que se realizou a condição ou de que ocorreu o termo.
CORRESPONDÊNCIA NO CPC/1973: *ART. 572.*

1. Função. Indica ônus da parte, que deverá demonstrar que a obrigação é exigível, pois se realizaram o termo – evento futuro e certo – ou a condição – evento futuro e incerto.

2. Prova e requerimento do cumprimento de sentença. A decisão judicial pode atestar a existência de direito ainda inexigível, no aguardo do advento de evento futuro e incerto (condição) e futuro e certo (termo). Cabe ao credor, caso pretenda iniciar o cumprimento de sentença, demonstrar que o direito, antes inexigível, tornou-se exigível, em face do implemento da condição ou termo.

3. Demonstração do termo ou da condição como requisito da petição de cumprimento. A demonstração de que o termo ou a condição fora adimplida é requisito da petição que tem por objeto dar início à fase de cumprimento da sentença, já que só é possível a execução se o título atestar a existência de obrigação líquida, certa e exigível, requisito de validade da execução (art. 803, III). Assim, a exigibilidade é pressuposto de validade para se promover a execução. Caso o credor não se desincumba do ônus de demonstrar o adimplemento da condição ou do termo, deverá o magistrado intimá-lo a fazê-lo, sob pena de indeferimento liminar do pleito. Esse indeferimento, se for total, deverá ser veiculado por sentença (art. 316) passível de apelação (art. 1.009). Caso seja parcial, será produzida decisão interlocutória, passível de agravo de instrumento (art. 1.015, parágrafo único). Havendo demonstração da parte que se desincumbiu do ônus, deve o magistrado intimar o devedor para cumprir o julgado. Saliente-se, entretanto, que nada impede que o devedor possa impugnar ao cumprimento de sentença, alegando ausência do implemento da condição ou do termo, na fase oportuna.

ARTIGO 515.

São títulos executivos judiciais, cujo cumprimento dar-se-á de acordo com os artigos previstos neste Título:

I – as decisões proferidas no processo civil que reconheçam a exigibilidade de obrigação de pagar quantia, de fazer, de não fazer ou de entregar coisa;

II – a decisão homologatória de autocomposição judicial;

III – a decisão homologatória de autocomposição extrajudicial de qualquer natureza;

IV – o formal e a certidão de partilha, exclusivamente em relação ao inventariante, aos herdeiros e aos sucessores a título singular ou universal;

V – o crédito de auxiliar da justiça, quando as custas, emolumentos ou honorários tiverem sido aprovados por decisão judicial;

VI – a sentença penal condenatória transitada em julgado;

VII – a sentença arbitral;

VIII – a sentença estrangeira homologada pelo Superior Tribunal de Justiça;

IX – a decisão interlocutória estrangeira, após a concessão do exequatur à carta rogatória pelo Superior Tribunal de Justiça;

X – Vetado.

§ 1º Nos casos dos incisos VI a IX, o devedor será citado no juízo cível para o cumprimento da sentença ou para a liquidação no prazo de 15 (quinze) dias.

§ 2º A autocomposição judicial pode envolver sujeito estranho ao processo e versar sobre relação jurídica que não tenha sido deduzida em juízo.

CORRESPONDÊNCIA NO CPC/1973: *ART. 475-N.*

1. Função: O presente dispositivo indica os títulos executivos judiciais, para fins de fundamentar o cumprimento de sentença.

2. Título executivo: A doutrina diverge acerca da natureza do título executivo. Há quem alegue ser ele um ato jurídico que veicula uma sanção (Liebman). Outros defendem ser um documento que estabelece a eficácia jurídica de um fato (Carnelutti). Há quem veja no título um requisito processual (Andolina). Também existe quem vislumbra ser o título uma norma jurídica concreta. (Barbosa Moreira e Zavascki) (DIDIER JR., Fredie *et al., Curso de direito processual civil: execução,* v. 5, 2. ed., Salvador, JusPodivm, 2010, p. 147-150). O tema é polêmico. O título executivo, para o direito, aparece como texto que veicula norma jurídica (adota-se aqui uma postura kelseniana). São dois planos distintos: o da textualidade e o da significação (norma). Não se trata propriamente de prova, pois esta tem por fim demonstrar uma alegação sobre acontecimentos. Em outros termos, a prova se dirige ao fato. Por outro lado, norma jurídica é fato (antecedente) e seu efeito (consequente). Portanto, norma não pode ser prova de si ou de seus elementos constitutivos. Saliente-se que o título pode veicular norma concreta (atesta fato ocorrido) e individual (relaciona juridicamente pessoas determinadas) ou norma concreta e geral, já que pode haver destinatários que não são individualizados *a priori,* como no caso dos direitos coletivos em sentido amplo. Algo que fica presente no título, seja judicial ou extrajudicial, é que ele pode decorrer ou não de uma sanção. Assim, não há sanção na sentença que homologa acordo judicial ou extrajudicial, mas há sanção na sentença que condena. No entanto, o que se executa é uma obrigação que o título veicula. Na execução, o título, independentemente de sua origem, torna-se norma primária, e seu descumprimento autoriza a atuação estatal sancionatória. (VILANOVA, Lourival, *Causalidade e relação no direito.* 4. ed., São Paulo, RT, 2000, p. 188-9). Em outros termos, a norma veiculada no título é norma primária cujo descumprimento (ilícito) irá ensejar a execução. Essas estipulações são relevantes para que se possa estabelecer o título como categoria apta a fundar uma execução, não sendo sua condição, mas documento (texto. e não prova) indispensável para sua veiculação. Trata-se de requisito da exordial, um pressuposto de admissibilidade específico para a execução (cumprimento de sentença e execução por título executivo extrajudicial). (DIDIER JR., Fredie *et al., Curso de direito* *processual civil: execução*, v. 5, 2. ed., Salvador, JusPodivm, 2010, p. 151). Por essa razão, *nulla executio sine titulo.*

3. Atributos da obrigação veiculada no título. Como restou estabelecido, o título veicula norma jurídica, que estabelece conduta devida ao credor pelo devedor. Essa norma em seu consequente estabelece uma relação jurídica obrigacional que há que ser certa – refere-se a sua existência –, exigível – atributo do direito que pode ser cobrado no momento do ajuizamento da execução – e líquida –seu objeto é determinado.

4. Rol exemplificativo. A lista dos títulos executivos judiciais não é *numerus clausus*, pois há títulos judiciais não previstos nesse dispositivo, como o título veiculado no procedimento monitório (art. 701, § 2º), acórdão em revisão criminal procedente, sentença penal absolutória etc.

5. Decisão que reconheça a exigibilidade de obrigação de prestar, no processo civil. O legislador indicou como título executivo judicial a decisão proferida no processo civil, devendo o termo civil ser lido como cível – tudo aquilo que não é penal. Dessa forma, são títulos executivos judiciais as decisões cíveis veiculadas no processo civil, eleitoral, trabalhista e demais legislações extravagantes. Outro ponto que merece destaque é que o CPC/15, na esteira do CPC/73, após a reforma efetivada pela Lei 11.232/2005, não mais restringe o título executivo judicial à sentença condenatória, mas a toda decisão que reconheça a existência de obrigação de prestar (Lei 11.232/2005) e, ainda, à decisão que reconheça a exigibilidade de obrigação de prestar. A mudança de redação (de "existência" para "exigibilidade") foi salutar, pois não é apenas a existência da obrigação que a torna apta a fundar a execução, mas sua exigibilidade, ou seja, a aptidão de o credor poder pretender a atuação do outro (devedor). Quem exige não age (*agire*), mas atua para que o outro aja (*ex – agire*). Nesse contexto, qualquer decisão judicial que reconheça obrigação de prestar exigível pode ser veiculada em título executivo judicial, desde que líquida. Deve ser lembrado que a função da liquidação é completar o objeto da obrigação exigível. Assim, qualquer decisão que veicule obrigação de prestar exigível é título executivo judicial, seja sua eficácia preponderante condenatória, constitutiva, declaratória, mandamental ou executiva. (DIDIER JR., Fredie *et al.*, *Curso de direito processual civil: execução*, v. 5, 2. ed., Salvador, JusPodivm, 2010, p. 161-4). É possível executar, por exemplo, sentença de improcedência, desde que ela estabeleça os seguintes elementos: *an debeatur* (existência da dívida), *cui debeatur* (para quem é devido), *quis debeatur* (quem deve), *quid debeatur* (o que é devido) e *quantum debeatur* (a quantia devida). O *quid debeatur* e o *quantum debeatur* podem ser estabelecidos na liquidação. Registre-se que a lei fala sobre decisão, ou seja, é título judicial qualquer decisão transitada em julgado ou não, qualquer decisão em sede de tutela provisória ou em sede de sentença, desde que possuam os elementos aptos a formar um título.

6. Decisão que homologa autocomposição judicial. A homologação de acordo de demanda deduzida em juízo pode ser título executivo judicial, desde que encerre uma obrigação de prestar. Nota-se que o acordo pode versar sobre matéria estranha à lide, desde que o magistrado seja competente, do ponto de vista absoluto, para julgar o mérito. Além disso, pode vincular pessoas estranhas ao processo, desde que elas participem da autocomposição e seja o magistrado competente. A decisão que vincula pessoas estranhas à lide, sem sua anuência, não terá eficácia ante terceiro.

7. Decisão que homologa autocomposição extrajudicial de qualquer natureza. O presente dispositivo consagra o acesso ao Judiciário, possibilitando que negócios jurídicos privados possam receber a chancela judicial e, via de consequência, receber tratamento idêntico aos títulos executivos judiciais tradicionais. No caso, cabe ao interessado postular pedido, valendo-se do rito estabelecido para a jurisdição voluntária (art. 725, VIII). É possível requerer essa homologação com o intuito de transformar títulos executivos extrajudiciais em judiciais. Saliente-se que a mudança dará ao credor o direito à multa do art. 523, § 1º, bem como à limitação cognitiva no caso de impugnação, que deverá seguir o rito do art. 525.

8. Formal e certidão de partilha. A sentença que homologa a partilha dos bens ultimada em inventário ou arrolamento é representada por formal ou certidão de partilha. (DIDIER JR., Fredie *et al., Curso de direito processual civil: execução*, v. 5, 2. ed., Salvador, JusPodivm, 2010, p. 161-4). O formal é composto pelos documentos constantes no art. 655. O referido formal pode ser substituído por certidão de pagamento de quinhão hereditário, na hipótese do art. 655, parágrafo único. O formal ou a certidão de partilha confere ao herdeiro credor a possibilidade de exigir, via cumprimento de sentença, seu quinhão ante o inventariante, os herdeiros e os sucessores a título singular ou universal. Se o dever se dirigir a terceiro que não participou da confecção do inventário, deve o credor propor demanda cognitiva. (DIDIER JR., Fredie *et al., Curso de direito processual civil: execução*, v. 5, 2. ed., Salvador, JusPodivm, 2010, p. 170).

9. Crédito do auxiliar de justiça. O referido título era catalogado como título executivo extrajudicial (art. 585, VI, CPC/73), embora fosse constituído mediante decisão judicial. O CPC/2015 tornou o disciplinamento mais coerente e pôs esses créditos sob a égide da esfera judicial, com todas as consequências e garantias que os referidos **títulos possuem.**

10. Sentença penal condenatória transitada em julgado. É um dos efeitos da sentença penal condenatória tornar certa a obrigação de reparar o dano causado pelo crime (art. 91, I, CP). O CPC/1973 e o CPC/2015 exigem o trânsito em julgado da sentença penal condenatória para que ela possa ter eficácia executiva no cível. Por essa razão, não cabe execução provisória de sentença penal condenatória. A execução da sentença penal condenatória exige, como em outros casos, a instauração de processo autônomo para se efetivar o cumprimento de sentença, com citação do devedor (art. 515, §1º). Caso a sentença seja ilíquida, deverá proceder-se à liquidação, na modalidade procedimento autônomo (art. 515, § 1º), também com a citação do réu. A sentença penal absolutória, de cunho declaratório, também poderá fundar eventual execução, já que, durante o processo penal, pode ter havido prisão ilegal que venha a gerar dever de indenizar, por exemplo. É também título executivo judicial o acórdão que julga revisão criminal, nos termos do art. 630 do CPP. (DIDIER JR., Fredie *et al.*, *Curso de direito processual civil: execução*, v. 5, 2. ed., Salvador, JusPodivm, 2010, p. 165-6).

11. Sentença arbitral. A sentença veiculada pelo árbitro é título executivo judicial, não estando sujeita a recurso ou a homologação do órgão judicial. Embora o árbitro seja reputado pela lei como juiz de fato e de direito para o caso (art. 18 da Lei 9.307/1996), ele não possui poderes coercitivos e de execução. Em caso de descumprimento, deve a parte liquidar o julgado e, caso a sentença seja líquida, promover o cumprimento de sentença. A Lei de Arbitragem (Lei 9.307/1996), em seu art. 31, estabelece que a sentença arbitral, sendo condenatória, constitui título executivo. Esta regra deve ser interpretada de forma extensiva, já que não só a sentença condenatória constitui título executivo, mas qualquer sentença que estabeleça uma obrigação de prestar exigível. Interpretar de forma literal o dispositivo implica emprestar um sentido já rechaçado pela dogmática processual na redação original do CPC/1973. Convém lembrar que não se executa o título, mas a obrigação veiculada no título. Desta feita, uma sentença declaratória, por exemplo, pode ser título executivo judicial.

12. Sentença estrangeira homologada pelo STJ. Inicialmente, reputa-se decisão sentença estrangeira, para os fins da legislação brasileira, tanto a sentença proferida por órgão estatal quanto a proferida por órgão não estatal (sentença arbitral estrangeira). A homologação do STJ não é pressuposto de existência ou de validade, mas pressuposto de eficácia da decisão no Brasil. Não é possível homologação caso o ato que se pretende eficacizar seja de competência exclusiva da justiça brasileira (art. 23). Saliente-se que a homologação será dispensada, caso permissivo em tratado internacional. Regras especiais sobre homologação de sentença estrangeira estão dispostas nos arts. 960-965. Registre-se que o STF, órgão que era competente para homologar sentença estrangeira até a edição da EC 45/2004, editou enunciado de Súmula 420, com o seguinte texto: "não se homologa sentença proferida sem prova do trânsito em julgado.". Apesar de hoje a competência ser do STJ, essa súmula orienta a aplicação das homologações. Outro ponto que merece destaque é que o ato homologatório é o título executivo judicial, sendo a competência para efetivar o cumprimento da Justiça Federal de primeiro grau.

13. Decisão interlocutória estrangeira, após a concessão do *exequatur* à carta rogatória pelo STJ. A decisão interlocutória estrangeira é aquela que concede tutela provisória, seja de urgência ou de evidência, que estipule uma obrigação exigível de prestar (fazer, não fazer, entregar coisa e pagar quantia). Podem ser objeto da homologação decisões proferidas por autoridade estatal ou não, já que a lei processual não faz distinção. Saliente-se que não cabe ao STJ analisar os pressupostos para a concessão da medida, que é ônus do órgão que prolatou a decisão. Após a concessão do *exequatur*, a carta rogatória será enviada para o juízo federal competente, que deverá efetivar o cumprimento.

Artigo 516.
O cumprimento da sentença efetuar-se-á perante:
I – os tribunais, nas causas de sua competência originária;
II – o juízo que decidiu a causa no primeiro grau de jurisdição;
III – o juízo cível competente, quando se tratar de sentença penal condenatória, de sentença arbitral, de sentença estrangeira ou de acórdão proferido pelo Tribunal Marítimo.
Parágrafo único. Nas hipóteses dos incisos II e III, o exequente poderá optar pelo juízo do atual domicílio do executado, pelo juízo do local onde se encontrem os bens sujeitos à execução ou pelo juízo do local onde deva ser executada a obrigação de fazer ou de não fazer, casos em que a remessa dos autos do processo será solicitada ao juízo de origem.
CORRESPONDÊNCIA NO CPC/1973: *ART. 475-P.*

1. **Função.** Estipular o juízo competente para promover o cumprimento de sentença.
2. **Competência dos tribunais.** As decisões tomadas pelos tribunais em sua competência originária devem ser executadas pelo mesmo órgão que prolatou a decisão. Trata-se de competência absoluta, não sendo possível sua flexibilização, já que estabelecida na CF/1988 ou em leis infraconstitucionais. Não se aplicam, portanto, ao caso as regras previstas no parágrafo único do dispositivo que se analisa, embora os tribunais possam delegar aos órgãos de primeira instância a aptidão de praticar atos executivos sem conteúdo decisório. Aqui o legislador prestigiou a regra da perpetuação da jurisdição estabelecida no art. 43. Por essa regra, o cumprimento de acórdão em ação rescisória será ultimado no tribunal que prolatou a decisão. Saliente-se que a regra serve também para o caso de procedência de ação de revisão criminal.
3. **Competência do juízo de primeiro grau.** Percebe-se do presente dispositivo que há quatro foros para o ajuizamento do cumprimento da sentença, a saber: foro do juízo originário da demanda de conhecimento, foro do domicílio do devedor, foro do bem a ser expropriado, foro onde se deva cumprir a obrigação de fazer ou não fazer. Saliente-se que o cumprimento de sentença, em regra, deve ser processado no juízo cível que conheceu a causa em primeiro lugar ou no juízo cível competente, quando se tratar de sentença penal condenatória transitada em julgado – apesar de o texto legal não mencionar o trânsito em julgado, só é título judicial, no cível, a decisão penal condenatória transitada em julgado (art. 515, VI) –; a sentença penal absolutória transitada em julgado e em que haja dever de indenizar do Estado; a sentença arbitral; e a sentença estrangeira homologada pelo STJ. Apesar de o dispositivo não mencionar, inclui-se, ainda, a decisão interlocutória estrangeira após a concessão do *exequatur* à carta rogatória pelo STJ. Apesar de o artigo mencionar o acórdão proferido pelo Tribunal Marítimo, esse dispositivo perdeu objeto, pois o dispositivo que o reputava título executivo judicial foi vetado (art. 515, X).

4. Flexibilização à regra de perpetuação da jurisdição. No intuito de materializar a efetividade da prestação jurisdicional, o legislador flexibilizou a regra que estipula a competência para promover o cumprimento de acórdão. Essa flexibilização, no entanto, só será possível no caso do cumprimento da sentença de decisão veiculada em processo que se iniciou na primeira instância, ou nas demais hipóteses apresentadas no item anterior. No caso, pode o exequente iniciar o cumprimento de sentença no atual domicílio do devedor ou no local onde se encontrem bens sujeitos à execução ou no local onde se deva executar a obrigação de fazer ou de não fazer. Trata-se de opção do exequente. Caso a execução seja iniciada pelo devedor, ele pode fazer uso dessa prerrogativa se não houver prejuízo para o credor.

5. Requerimento da parte. Deve o exequente requerer o cumprimento de sentença nos próprios autos ou, nos casos em que a lei permite, no juízo que indicou como competente, em homenagem à celeridade e à efetividade da prestação jurisdicional. No primeiro caso, não há nenhum problema. Analisa-se o segundo caso. Neste, uma vez distribuído o requerimento de cumprimento de sentença, o juiz que o recebeu, por distribuição ou por registro, deverá oficiar o juízo onde se ajuizou o processo de conhecimento para lhe encaminhar os respectivos autos. Frise-se que o requerimento deve ser protocolizado no juízo que irá processar o cumprimento de sentença, já que é ele que deverá solicitar a remessa dos autos. Nota-se que estes autos serão remetidos ao juízo que irá processar o cumprimento de sentença após baixa na distribuição, já que não haveria sentido o processo ter existência no juízo que remete e no juízo destinatário. Havendo recusa do juízo originário, tem-se o caso de conflito positivo de competência (art. 66 e arts. 951-959). Em caso de decisões estrangeiras homologadas pelo STJ, por conta da competência da Justiça Federal (art. 109, X, CF/1988), somente nessa Justiça se podem executar os referidos julgados, salvo as exceções previstas autorizadas pelo art. 109, § 3º, da CF/1988. Esta regra vale para todas as demandas que sejam da competência da Justiça Federal. O ofício requisitório deve ser encaminhado ao juízo de primeiro grau que recebeu, originariamente, por distribuição, sentença ou decisão estrangeira encaminhada pelo STJ. Neste caso, a remessa deverá ser precedida, também, pela devida baixa. Agora, se o pedido de cumprimento de sentença tiver por lastro decisão arbitral, cabe à parte acostar a respectiva sentença, bem como os documentos necessários ao processamento da execução. Regra similar deve ocorrer na hipótese de sentença penal condenatória transitada em julgado ou sentença penal absolutória que tenha gerado dever de indenizar do Estado. Não há que se falar em baixa no juízo originário nas hipóteses de decisão arbitral e de sentenças no âmbito penal.

6. Perpetuação da jurisdição após o recebimento do cumprimento de sentença. Depois do recebimento do cumprimento de sentença, o juízo se torna competente para processar e julgar a demanda. O réu pode, porém, na impugnação ao cumprimento de sentença, alegar incompetência relativa do órgão julgador. A decisão, nesse caso, será impugnada por agravo de instrumento, já que tomada na fase de cumprimento de sentença (art. 1.015, parágrafo único). Curioso é que não há regra expressa permitindo recurso de agravo de instrumento contra decisão que resolve alegação de exceção de competência relativa no procedimento comum. No caso, por extensão analógica, caberia o referido recurso, no rito comum. Outro ponto que deve ser levado em consideração refere-se à possibilidade de, após o início do cumprimento de sentença, modificar-se a competência territorial. Parece que não há empecilho, já que a ideia é priorizar a efetividade da prestação jurisdicional. Nesse contexto, se iniciado o procedimento de cumprimento de sentença, o devedor houver mudado de domicílio, pode o credor requerer a mudança. Efetivada a mudança, caso se perceba que os bens do devedor se encontram em outro domicílio, pode ser requerida a mudança da competência.

ARTIGO 517.

A decisão judicial transitada em julgado poderá ser levada a protesto, nos termos da lei, depois de transcorrido o prazo para pagamento voluntário previsto no art. 523.

§ 1º Para efetivar o protesto, incumbe ao exequente apresentar certidão de teor da decisão.

§ 2º A certidão de teor da decisão deverá ser fornecida no prazo de 3 (três) dias e indicará o nome e a qualificação do exequente e do executado, o número do processo, o valor da dívida e a data de decurso do prazo para pagamento voluntário.

§ 3º O executado que tiver proposto ação rescisória para impugnar a decisão exequenda pode requerer, a suas expensas e sob sua responsabilidade, a anotação da propositura da ação à margem do título protestado.

§ 4º A requerimento do executado, o protesto será cancelado por determinação do juiz, mediante ofício a ser expedido ao cartório, no prazo de 3 (três) dias, contado da data de protocolo do requerimento, desde que comprovada a satisfação integral da obrigação.

CORRESPONDÊNCIA NO CPC/1973: *NÃO HÁ.*

1. Função. O dispositivo visa a colocar à disposição do credor mais um modo coercitivo para efetivar a obrigação inserta no título executivo judicial transitado em julgado, depois de transcorrido o prazo para pagamento voluntário.

2. Títulos que autorizam o protesto. Qualquer título executivo judicial definitivo autoriza o protesto, desde que adimplido o requisito do art. 516, *caput*. Saliente-se que a regra não se aplica ao cumprimento de sentença contra a Fazenda Pública, já que se submete ao pagamento de precatório ou de requisição de pequeno valor, conforme o caso. Outro ponto que deve ser levado em consideração é que há um vínculo histórico entre o instituto protesto e o direito cambiário, máxime a letra de câmbio. Nesse ínterim, percebe-se que o protesto tem relação com a certificação pública de inadimplência de obrigações pecuniárias. Desse modo, no caso em comento, o protesto só se presta a atestar inadimplemento de título executivo judicial que veicule obrigação de pagar quantia certa, não podendo ser estendido às demais obrigações.

3. Surgimento do direito ao meio coercitivo. O direito de o credor valer-se desse meio coercitivo irá surgir após o transcurso do prazo de 15 (quinze) dias para o pagamento voluntário, devendo-se registrar que esse prazo deve ser computado em dias úteis (art. 224, §3º).

4. Documentos necessários para a efetivação do protesto. A lei estipula que cabe ao exequente apresentar certidão expedida pelo serventuário responsável da Vara, devendo constar nome e qualificação das partes, número do processo, valor da dívida e o decurso do prazo para a efetivação do pagamento voluntário. Cabe ao tabelião analisar esses requisitos antes de efetivar o protesto. Apesar de o protesto ser regulado pela Lei 9.492/1997, deve submeter-se às especificidades da lei processual, já que se trata de regra especial.

5. Valor a ser levado a protesto. Com relação ao valor a ser objeto do protesto, deve a parte requerer a certidão, fazendo constar os 10% (dez por cento) da multa e os 10% (dez por cento) dos honorários, conforme estatui o art. 523, §1º. Isso se dá porque o pedido só poderá ser veiculado depois do transcurso do prazo do art. 523. Transcorrido o referido prazo, a dívida passa a ser acrescida dos referidos encargos, sendo devido na integralidade o referido valor. Havendo pagamento parcial sobre o valor não quitado, cabe o protesto, devendo o serventuário certificar o valor remanescente.

6. Cancelamento do protesto. O cancelamento de obrigação protestada, em razão de decisão judicial, não pode ser cancelado sem a expedição de ordem judicial. Nada impede que o devedor quite seu débito junto ao credor ou junto ao tabelião. No entanto, pela regra do art. 517, §4º, apenas por meio de ordem judicial pode haver cancelamento do aludido protesto, já que cabe ao juiz da execução averiguar se a obrigação foi plenamente satisfeita, depois de ouvir a parte credora. Nada impede que o magistrado, percebendo que o protesto foi indevido, determine seu cancelamento, devendo o exequente indenizar o devedor por eventuais danos causados. Saliente-se que, apesar de o texto falar em requerimento do devedor, pode o credor requerer o cancelamento do protesto. Neste caso, pode efetivá-lo, independentemente da quitação do débito. Em ambas as situações, a retirada do protesto deve ser efetivada por ordem judicial.

7. Rescisória e protesto. A parte devedora, que haja veiculado ação rescisória com o fim de impugnar a decisão exequenda, pode requerer que seja averbada a notícia do ajuizamento da demanda à margem do título protestado, às suas expensas e sob sua responsabilidade.

Artigo 518.
Todas as questões relativas à validade do procedimento de cumprimento da sentença e dos atos executivos subsequentes poderão ser arguidas pelo executado nos próprios autos e nestes serão decididas pelo juiz.
CORRESPONDÊNCIA NO CPC/1973: *NÃO HÁ.*

1. Função. Possibilita ao devedor, bem como ao credor, um modo informal de alegação de invalidade no curso do procedimento de cumprimento de sentença. Incluem-se também as alegações quanto às invalidades dos atos executivos. Os aludidos incidentes devem ser veiculados e resolvidos nos próprios autos onde se processa o cumprimento da sentença.
2. Instrumentalidade das formas. Os atos praticados na fase de cumprimento de sentença e os atos executivos podem ser impugnados sem nenhuma forma especial prevista em juízo. Não é ato exclusivo do executado, como pode fazer crer uma leitura mais apressada, mas também do exequente, capaz de perceber irregularidades que podem implicar invalidação do procedimento apto a satisfazer a obrigação.
3. Invalidade e impugnação ao cumprimento de sentença. As invalidades que podem ser objeto de alegação não podem ser aquelas que deverão ser deduzidas na impugnação ao cumprimento de sentença (art. 525, § 1º), salvo se posteriormente à referida impugnação ou, não sendo alegado naquele momento, comprovar-se: falta ou nulidade de citação, na fase do conhecimento, tendo o processo corrido a sua revelia; execução fundada em título que não corresponda a obrigação líquida certa e exigível (art. 803, I); inexigibilidade da obrigação subordinada a obrigação ou termo (art. 803, III); incompetência absoluta; prescrição ou qualquer outra matéria reputada de ordem pública, que o magistrado possa conhecer de ofício, a qualquer tempo.
4. Decisão que resolve as invalidades. Se a decisão que resolve a invalidade der prosseguimento ao feito, será decisão interlocutória e deverá ser impugnada via agravo de instrumento (art. 1.015, parágrafo único). Caso extinga o procedimento, será proferida sentença, cabendo recurso de apelação (art. 1.009).

Artigo 519.
Aplicam-se as disposições relativas ao cumprimento da sentença, provisório ou definitivo, e à liquidação, no que couber, às decisões que concederem tutela provisória.
CORRESPONDÊNCIA NO CPC/1973: *ART. 273,* § **3**º

1. Função. O presente dispositivo indica o modo de cumprimento das decisões, em sede de tutela provisória.

2. Objeto. As decisões em sede de tutela provisória são as catalogadas no Livro V da Parte Geral do CPC/2015, que compreende os arts. 294-311. Inserem-se na categoria decisão em tutela provisória as cautelares, antecipatórias satisfativas de urgência e antecipatórias satisfativas de evidência. No entanto, o dispositivo não se limita apenas às hipóteses do aludido dispositivo, já que qualquer tutela provisória, seja a prevista no CPC/2015 ou em legislação extravagante, poderá valer-se das aludidas regras. O legislador reforça aqui previsão estatuída no art. 297, parágrafo único.

3. Liquidação. Cabe a liquidação no caso de a decisão em tutela provisória veicular obrigação que necessite ser quantificada ou individuada por meio de arbitramento ou pelo procedimento comum (liquidação por artigo). Ela deve ser precedida de requerimento da parte (art. 509).

4. Cumprimento de tutela provisória a requerimento e de ofício. Se a obrigação encartada na decisão em tutela provisória tiver por objeto obrigação de dar quantia certa, deve a parte interessada requerer o cumprimento, não sendo possível o cumprimento de ofício, conforme prescrição do art. 522. Caso se trate de obrigação de fazer, de não fazer, ou de dar coisa, aplica-se a regra do art. 520, §5º, e do art. 536, que estabelece o cumprimento de ofício.

CAPÍTULO II – Do Cumprimento Provisório da Sentença que Reconhece a Exigibilidade de Obrigação de Pagar Quantia Certa

Artigo 520.

O cumprimento provisório da sentença impugnada por recurso desprovido de efeito suspensivo será realizado da mesma forma que o cumprimento definitivo, sujeitando-se ao seguinte regime:

I – corre por iniciativa e responsabilidade do exequente, que se obriga, se a sentença for reformada, a reparar os danos que o executado haja sofrido;

II – fica sem efeito, sobrevindo decisão que modifique ou anule a sentença objeto da execução, restituindo-se as partes ao estado anterior e liquidando-se eventuais prejuízos nos mesmos autos;

III – se a sentença objeto de cumprimento provisório for modificada ou anulada apenas em parte, somente nesta ficará sem efeito a execução;

IV – o levantamento de depósito em dinheiro e a prática de atos que importem transferência de posse ou alienação de propriedade ou de outro direito real, ou dos quais possa resultar grave dano ao executado, dependem de caução suficiente e idônea, arbitrada de plano pelo juiz e prestada nos próprios autos.

§ 1º No cumprimento provisório da sentença, o executado poderá apresentar impugnação, se quiser, nos termos do art. 525.

§ 2º A multa e os honorários a que se refere o § 1º do art. 523 são devidos no cumprimento provisório de sentença condenatória ao pagamento de quantia certa.

§ 3º Se o executado comparecer tempestivamente e depositar o valor, com a finalidade de isentar-se da multa, o ato não será havido como incompatível com o recurso por ele interposto.

§ 4º A restituição ao estado anterior a que se refere o inciso II não implica o desfazimento da transferência de posse ou da alienação de propriedade ou de outro direito real eventualmente já realizada, ressalvado, sempre, o direito à reparação dos prejuízos causados ao executado.

§ 5º Ao cumprimento provisório de sentença que reconheça obrigação de fazer, de não fazer ou de dar coisa aplica-se, no que couber, o disposto neste Capítulo.

CORRESPONDÊNCIA NO CPC/1973: *ART. 475-O.*

1. Função. A sistematização feita pelo CPC/2015 visa a conferir maior agilidade ao que Luiz Guilherme Marinoni denominou "execução de decisão provisória", já que a provisoriedade não está no procedimento, mas no título, que é provisório, pois submetido a recurso, sem efeito suspensivo. (MARINONI, Luiz Guilherme *et al., Novo curso de processo civil*, v. 2, São Paulo, RT, 2015, p. 997 e seguintes). Saliente-se que o cumprimento é imediato, mas pode ser incompleto, a depender do caso, pois muitas vezes o ato de expropriação depende do trânsito em julgado da decisão exequenda. Em outros termos, o cumprimento provisório é análogo ao definitivo, devendo receber o mesmo tratamento, salvo as peculiaridades disciplinadas em lei. Há aqui um cumprimento antecipado de títulos executivos judiciais provisórios. (BUENO, Cássio Scarpinella, in WAMBIER, Teresa Arruda Alvim *et al.* (Coord.), *Breves comentários ao novo Código de Processo Civil*, São Paulo, RT, 2015, p. 1.339), seja ele veiculado em tutela provisória (urgência – cautelar e satisfativa – ou evidência), seja em decisão definitiva ou terminativa submetida a recurso sem efeito suspensivo. Apesar de a nomenclatura não ser a melhor – "cumprimento provisório" –, foi ela a adotada pelo legislador e, por isso, será também usada no presente comentário.

2. Decisões que podem sujeitar-se ao denominado cumprimento provisório.

2.1. Sentença e acórdãos provisórios. As sentenças ou os acórdãos não transitados em julgado que estabelecem obrigação exigível são passíveis de cumprimento provisório, desde que líquida e certa. Neste caso, podem ser sentença de mérito ou não, já que há condenação em honorários e em custas em decisão que extingue o processo sem exame do mérito, por exemplo. O que faz dela objeto de cumprimento provisório é a existência de recurso recebido com efeito suspensivo, em decisão que reconhece a existência de título exigível e líquido. O art. 1.012, §1º, estabelece as hipóteses em que o apelo não possui efeito suspensivo, devendo-se destacar a regra que estipula a eficácia imediata da sentença que confirma, concede ou revoga tutela provisória (art. 1.012, §1º, V), já que o termo "tutela provisória" congrega tutela cautelar, antecipatória satisfativa e antecipatória de evidência. Cumpre lembrar que o magistrado pode conceder, na sentença, tutela provisória, tornando-a imediatamente eficaz, salvo decisão superveniente, em grau de recurso. Nesse caso e nas demais hipóteses do referido parágrafo, o cumprimento de sentença pode ser promovido logo após a publicação da sentença, conforme estipulação do art. 1.012, §2º. Outro ponto que é interessante esclarecer é que os acórdãos submetidos a recurso ordinário, especial e extraordinário, em regra veiculam títulos provisórios exequíveis, conforme disposição do art. 995, mas podem ser suspensos, na hipótese prevista no art. 995, **parágrafo único**. Destaque-se ainda, nesse mesmo contexto, que os embargos de declaração não possuem eficácia suspensiva (art. 1.026, *caput*), salvo expressa decisão judicial, nos termos do art. 1.026, §1º. Assim, não havendo concessão de efeito suspensivo, nos aclaratórios, pode ser efetivado o cumprimento provisório da sentença.

2.2. Decisão parcial de mérito ou sem mérito. As decisões parciais que resolvem com exame do mérito ou sem exame do mérito parcela do objeto litigioso são títulos executivos judiciais que podem veicular obrigação exigível líquida e certa. Há aqui algo interessante: apesar de serem tecnicamente sentenças, elas não se subordinam ao regime da apelação, senão ao do agravo de instrumento (art. 356, §5º). Logo, não se aplicam a elas as restrições do art. 1.012, *caput,* que estabelece, em regra geral, o efeito suspensivo. Em outros termos, as decisões, nesses casos, já surgem exequíveis, desde que líquidas, podendo ser executadas logo após sua publicação, conforme prescrição expressa do art. 356, §2º. Saliente-se que o efeito suspensivo pode ser atribuído pela instância recursal, nos termos do art. 1.019. Percebe-se, assim, que a decisão parcial tem mais prestígio eficacial que a sentença, o que é lamentável, dada a importância que a sentença possui para o sistema processual pátrio. Mas essa foi a opção do legislador. Assim, não se pode aplicar a regra da suspensividade prévia da apelação para a decisão em julgamento parcial, pois há estipulação específica dando-lhe eficácia imediata, independentemente de caução (art. 356, §2º).

2.3. Decisão provisória. Conforme restou expressamente estipulado no art. 519, as decisões provisórias – cautelar, antecipatória satisfativa e antecipatória de urgência – são objeto de cumprimento provisório, desde que não haja suspensão de seus efeitos, em sede de recurso.

2.4. Decisão provisória e a Fazenda Pública. Como é cediço, cabe tutela provisória contra a Fazenda Pública e, via de consequência, sua efetivação. No entanto, há algumas restrições estabelecidas em lei à sua concessão, que refletem no cumprimento provisório. As restrições à concessão de tutela provisória contra a Fazenda Pública previstas nos arts. 1º a 4º da Lei 8.437/1992, e no art. 7º, §2º, da Lei 12.016/2009, permanecem, por força do art. 1.059. No entanto, essas restrições não se referem à tutela de evidência. Desta feita, pode-se conceder e executar, se for o caso, tutela provisória contra a Fazenda Pública, não prevista nas restrições indicadas no art. 1.059. Deve-se registrar que a obrigação de dar quantia certa contra a Fazenda Pública só pode ser efetivada após o trânsito em julgado, não sendo passível de cumprimento provisório, por conta da regra constitucional que regula o precatório e a requisição de pequeno valor (art. 100, CF/1988).

3. Responsabilidade objetiva do credor. O cumprimento provisório decorre de faculdade conferida ao exequente, que arcará com o dever de indenizar o executado pelos danos materiais e/ou morais, caso haja mudança total ou parcial na decisão recorrida. O cumprimento provisório corre por conta e risco do credor. Trata-se de responsabilidade objetiva de quem promove a execução. A forma de ressarcimento irá depender do tipo de prestação efetivada. Assim, se for obrigação de dar quantia certa ou entregar coisa, deverá devolver o valor ou a coisa juntamente com a indenização pelo prejuízo sofrido, por conta do período que foi privado do bem. Caso a coisa não possa ser devolvida ou esteja destruída, restitui o valor equivalente, além das perdas e danos. Tratando-se de obrigação de fazer, deve desfazê-la, retornando ao estado anterior, se possível, além de indenizar pelos danos sofridos. Não sendo possível o desfazer, deve o credor indenizar em perdas e danos. Com relação à obrigação de não fazer, deverá retirar os efeitos da conduta negativa do devedor e indenizá-lo. (DIDIER JR., Fredie *et al.*, *Curso de direito processual civil: execução*, v. 5, 2. ed., Salvador, JusPodivm, 2010, p. 200-1.)

4. Liquidação e seu objeto. Havendo alteração ou anulação no todo ou em parte do título provisório mediante decisão judicial transitada em julgado, o cumprimento provisório restará sem efeito. Não é hipótese de anulação do cumprimento provisório, mas de cessação de sua eficácia. O desfazimento deverá ser liquidado, caso haja dever de indenizar e/ou de recompor e não seja possível desfazer, fazer ou devolver ao estado anterior. Percebe-se que a liquidação aqui prevista terá por base uma decisão, em sede recursal, que de alguma forma julga como improcedente o pleito do credor, seja reformando, no todo ou em parte, ou anulando, também no todo ou em parte, a decisão recorrida. Trata-se de uma decisão de improcedência, mas que a lei reconhece o direito a reparar. Esse direito deve ser liquidado, para poder ser executado. A liquidação, no entanto, poderá dirigir-se apenas à indenização, já que a devolução do bem ao devedor, por exemplo, no caso de obrigação de dar coisa certa, não necessita de procedimento de liquidação, mas decorre da própria eficácia executiva do acórdão. Na parte que necessita liquidar, o devedor pode valer-se da modalidade por arbitramento, embora em regra deva se utilizar da liquidação por procedimento comum (por artigos), já que normalmente haverá necessidade de se analisar existência de fato novo. O tipo de situação irá determinar o *modus faciendi*. Saliente-se que o objeto da liquidação são as consequências que decorrem do cumprimento de sentença, que será objeto de novo cumprimento de sentença. O título executivo irá ganhar forma na liquidação, que, além de reconhecer a necessidade de reparar, irá estabelecer a quantia e/ou o que é devido.

5. Provimento de recurso e cumprimento provisório. A decisão submetida a recurso sem efeito suspensivo pode ser objeto de cumprimento provisório, como já assentado. No entanto, o provimento do recurso gera para o devedor o direito ao restabelecimento. Esse direito independe do trânsito em julgado da decisão do órgão revisor, que pode estar submetida a recurso especial e/ou extraordinário sem efeito suspensivo, em regra. Assim, pode-se ter um cumprimento provisório de obrigação decorrente de responsabilidade objetiva de reparar, devendo o credor originário, agora executado, ser chamado a cumprir, sob pena de multa e de honorário, já que a decisão proferida em grau de recurso substitui a decisão exequenda, caso não haja a atribuição de efeito suspensivo.

6. Início do cumprimento provisório. Se a decisão for ilíquida, cabe a liquidação provisória. Sendo líquida, deve a parte requerer o cumprimento com apresentação do memorial de cálculo descritivo.

7. Satisfação no cumprimento provisório. O cumprimento provisório pode satisfazer a pretensão executiva do exequente. No entanto, a lei exige garantias, no caso de caução, a serem arbitradas pelo magistrado, para que se possa levantar depósito em dinheiro ou para que se pratiquem atos que importem transferências de posse ou alienação de direito real que possam causar grave dano ao executado. Trata-se de medida acautelatória tendente a evitar eventual prejuízo em caso de alteração ou anulação da decisão exequenda. A caução pode ser real ou fidejussória, podendo o credor valer-se da fiança bancária ou do seguro de garantia judicial, já admitidos como meios idôneos para garantir o juízo, na execução, nos termos do art. 835, §2º. A caução pode ser dispensada, nos termos do art. 521, que será oportunamente analisado. Outro ponto a ser observado é que a restituição ao estado anterior não implica desfazimento de transferência de posse ou de alienação de propriedade ou de outro direito real já realizado. Nesse caso, o credor deverá reparar os prejuízos causados. Assim, se um imóvel for alienado por valor inferior à avaliação, na segunda praça, deverá o credor restituir o equivalente ao valor fixado na avaliação, devidamente corrigido, além de reparar eventuais perdas e danos. No caso do julgamento parcial, caberá cumprimento independentemente de caução (art. 356, §2º), salvo atribuição de efeito suspensivo no recurso de agravo ou na hipótese do art. 521, par**á**grafo único.

8. Multa e honorários na fase de cumprimento provisório. A multa e os honorários advocatícios estipulados nos termos do art. 523, §1º, são devidos na fase de "cumprimento provisório de sentença condenatória ao pagamento de quantia certa" (art. 520, §2º), desde que não haja cumprimento espontâneo da obrigação. Embora a lei fale em "sentença condenatória", deve-se ler sentença como sendo: sentença, decisão em tutela provisória, decisão parcial de mérito ou sem mérito, acórdão e decisão monocrática do relator. Onde se lê "condenação", leia-se qualquer uma dessas decisões que estabeleça obrigação exigível de pagar quantia certa. O devedor pode depositar o valor em juízo para livrar-se da multa. Esse ato não implica conduta incompatível ao uso do direito de recorrer, já que tem por fim evitar a multa (art. 520, §3º). O não pagamento espontâneo, além de fazer surgirem a multa e os honorários, dá início aos atos de expropriação, como penhora e avaliação.

9. Impugnação ao cumprimento de sentença. Ajuizado o cumprimento de sentença, abre-se, em nome do contraditório, o prazo para impugnação, nos termos do art. 525. Não apresentada a impugnação, preclui para o devedor essa faculdade. O trânsito em julgado da decisão definitiva não faz renascer o prazo para nova impugnação, já que os atos executivos não são provisórios, como já salientado. No entanto, pode a parte executada, após o trânsito em julgado da decisão exequenda, valer-se das previsões do art. 518 e do art. 525, §11, bem como das hipóteses de inexigibilidade previstas no art. 525, § 12-18.

10. Competência para cumprimento provisório. Deve seguir o regramento estipulado para o cumprimento definitivo (art. 520, *caput*, e art. 516).

Artigo 521.
A caução prevista no inciso IV do art. 520 poderá ser dispensada nos casos em que:
I – o crédito for de natureza alimentar, independentemente de sua origem;
II – o credor demonstrar situação de necessidade;
III – pender o agravo do art. 1042 (Redação dada pela Lei nº 13.256, de 4 de fevereiro de 2016);
IV – a sentença a ser provisoriamente cumprida estiver em consonância com súmula da jurisprudência do Supremo Tribunal Federal ou do Superior Tribunal de Justiça ou em conformidade com acórdão proferido no julgamento de casos repetitivos.
Parágrafo único. A exigência de caução será mantida quando da dispensa possa resultar manifesto risco de grave dano de difícil ou incerta reparação.
CORRESPONDÊNCIA NO CPC/1973: *ART. 475-O, § 2º.*

1. Função. O dispositivo tem por função estabelecer as hipóteses que autorizam o magistrado a dispensar a caução exigida do credor para satisfazer a obrigação fundada em título provisório. A dispensa implica uma consequência imputada ao devedor que fica tolhido do direito à garantia. Trata-se de exceção, já que a regra é a garantia. Relevante ponto, no dispositivo, é que os critérios de dispensa da caução não são cumulativos. Ademais, no caso de cumprimento provisório, de decisão parcial, a regra é a dispensa da caução, como já mencionado (art. 356, §2º).

2. Crédito de natureza alimentar. O texto legal estipula autorização para o magistrado dispensar a exigência de garantia quando o título possuir por objeto obrigação de natureza alimentar, seja ela qual for. Incluem-se assim os créditos alimentares decorrentes de relação de família, responsabilidade civil (casos de morte ou sequelas) e, em geral, valores referentes à subsistência do indivíduo, como verbas salariais, honorários de profissionais liberais (art. 85, §14), etc. A base para a concessão é a urgência inerente aos alimentos, que não podem esperar.

3. Necessidade do credor. Aqui o legislador se vale de expressão que veicula conceito juridicamente indeterminado para abarcar uma generalidade de situações que deve ser evidentemente demonstrada a fim de que o magistrado possa autorizar a dispensa da caução. Em regra, a necessidade deve estar relacionada a questões vitais do credor ou de seus dependentes. Cabe lembrar que o conceito é *a priori* juridicamente indeterminado, mas determinável, *a posteriori*. Por esta razão, sua determinação deve ser analiticamente fundamentada, devendo ser submetida ao contraditório, já que envolve dispensa de garantia, que é um direito do devedor. Aqui há também hipótese de dispensa pautada pela urgência.

4. Pendência do agravo do art. 1.042. A alteração ultimada pela Câmara e ratificada pelo Senado Federal, decorrente da Lei nº 13.256, de 4 de fevereiro de 2016, corrige um vício de constitucionalidade formal no presente Código, já que no disposto no inciso III, no projeto deste CPC/2015 aprovado inicialmente no Senado (Casa de origem) e depois na Câmara (Casa revisora), havia previsão de dispensa, com base no art. 1.042, I (inadmissão do recurso extraordinário e especial por intempestividade, também revogado), mas que foi excluída na versão final do Senado, violando o devido processo legal legislativo (art. 65, parágrafo único, CF/1988). Essa mudança resolve esse problema. Permanece, como hipótese de dispensa de caução, no caso do art. 521, III, apenas as situações estabelecidas no art. 1.042, com nova redação. Assim, a dispensa da caução pode ter por justificativa a pendência de julgamento de agravo que impugna decisão do Presidente ou do Vice-presidente do tribunal recorrido que inadmitir recurso extraordinário ou especial. Ainda é causa de dispensa da caução a pendência de julgamento de agravo que inadmitir recurso extraordinário, com base no art. 1.035, §8º, ou no art. 1.039, parágrafo único, que tem por justificativa o argumento de que o STF declarou a inexistência de repercussão geral acerca da questão constitucional discutida. Trata-se de dispensa com base na evidência.

5. Consonância com enunciado de súmula de jurisprudência do STF e do STJ ou em consonância com acórdão proferido em julgamentos de casos repetitivos. Com relação aos enunciados de súmula, deve-se registrar que ela é a síntese de julgamentos veiculados pelos tribunais. Os enunciados de súmulas do STF e do STJ indicam uma síntese dos seus julgados que se encontram padronizados. Os julgamentos em casos repetitivos não pressupõem a existência de consolidação de entendimentos, bastando um único julgado nas seguintes hipóteses: recurso extraordinário, em repercussão geral; recurso especial repetitivo; e incidente de resolução de demandas repetitivas. Aqui há outra hipótese de dispensa da caução, por conta da evidência.

6. Dispensa da caução por negócio jurídico processual. O FPPC formulou o Enunciado 262, com o seguinte texto: "é admissível negócio processual para dispensar caução no cumprimento de sentença". Cássio S. Bueno discorda do enunciado, alegando que a matéria é de ordem pública e por isso a avença que tiver o referido objeto seria nula. (BUENO, Cássio Scarpinella, in WAMBIER, Teresa Arruda Alvim *et al.* (Coord.), *Breves comentários ao novo Código de Processo Civil,* São Paulo, RT, 2015). Não se concorda, *data venia,* com a posição do processualista paulista, já que a caução é um direito material da parte devedora, que tem por fim evitar danos por conta da satisfação reputada posteriormente indevida, na eventual mudança da decisão judicial provisória executada de forma definitiva. Frise-se que não se trata de regra processual – aquela de direito formal que visa estipular como outras regras serão construídas. Noutros termos, a regra que estipula a caução não visa a proteger o processo ou regulá-lo; na verdade, trata-se de regra de direito material – aquela que regula de modo direto o comportamento das pessoas em seus vínculos intersubjetivos, proibindo, permitindo ou obrigando, e que tem por escopo estipular uma conduta intersubjetiva, criando direitos e deveres subjetivos. (BOBBIO, Norberto, *Teoria geral do direito,* São Paulo, Martins Fontes, 2007, p. 186 e 196-197). Trata-se de regra que impõe um requisito material para que o credor possa levantar valores ou transferir posse, propriedade ou outros direitos reais. Caso o devedor logre êxito em seu recurso, terá meios de ser ressarcido. Por essas razões, pode ser objeto de negócio jurídico processual.

7. Manutenção da caução. A caução será mantida mediante decisão judicial que reconheça manifesto risco de grave dano e de difícil ou incerta reparação. No CPC/1973, a manutenção da caução só acontecia nas hipóteses de evidência. O novo regramento dirige-se a qualquer forma de dispensa. Aqui se deve ter muito cuidado, pois cabe dispensa da caução pautada pela urgência, como no caso do crédito de natureza alimentar ou na hipótese de o credor demonstrar necessidade. Cabe ao julgador demonstrar o que é mais urgente, em fundamentação analítica. No caso da dispensa com base na evidência, deve prevalecer a urgência, desde que devidamente demonstrada. A urgência demonstrada também deve prevalecer no caso de cumprimento de decisão parcial cuja caução é dispensada *a priori* (art. 356, §2º).

ARTIGO 522.
O cumprimento provisório da sentença será requerido por petição dirigida ao juízo competente.
Parágrafo único. Não sendo eletrônicos os autos, a petição será acompanhada de cópias das seguintes peças do processo, cuja autenticidade poderá ser certificada pelo próprio advogado, sob sua responsabilidade pessoal:
I – decisão exequenda;
II – certidão de interposição do recurso não dotado de efeito suspensivo;
III – procurações outorgadas pelas partes;
IV – decisão de habilitação, se for o caso;

V – facultativamente, outras peças processuais consideradas necessárias para demonstrar a existência do crédito.

CORRESPONDÊNCIA NO CPC/1973: *RT. 475-O, § 3º; ART. 273, § 3º.*

1. Função. Estabelece o modo de requerer o cumprimento provisório de sentença. Reforça a necessidade de requerimento da parte, excluindo a possibilidade de cumprimento de ofício.

2. Documentos necessários. O dispositivo é regra de procedimento e indica os documentos que devem instruir o cumprimento de sentença, caso os autos não sejam eletrônicos. Não sendo autos eletrônicos, os documentos podem ser autenticados pelo advogado, sob sua responsabilidade pessoal.

3. Momento da postulação. Tendo em vistas o disposto no art. 1.012, §1º, a postulação que tem por objeto o cumprimento de título provisório pode ser veiculada após a publicação da sentença. A mesma regra se aplica para o cumprimento provisório parcial de mérito ou sem mérito que condene em custas e em honorários advocatícios (art. 356), como também as decisões em sede de decisões provisórias (arts. 294-311).

CAPÍTULO III – Do Cumprimento Definitivo da Sentença que Reconhece a Exigibilidade de Obrigação de Pagar Quantia Certa

ARTIGO 523.

No caso de condenação em quantia certa, ou já fixada em liquidação, e no caso de decisão sobre parcela incontroversa, o cumprimento definitivo da sentença far-se-á a requerimento do exequente, sendo o executado intimado para pagar o débito, no prazo de 15 (quinze) dias, acrescido de custas, se houver.

§ 1º Não ocorrendo pagamento voluntário no prazo do *caput*, o débito será acrescido de multa de dez por cento e, também, de honorários de advogado de dez por cento.

§ 2º Efetuado o pagamento parcial no prazo previsto no *caput*, a multa e os honorários previstos no § 1º incidirão sobre o restante.

§ 3º Não efetuado tempestivamente o pagamento voluntário, será expedido, desde logo, mandado de penhora e avaliação, seguindo-se os atos de expropriação.

CORRESPONDÊNCIA NO CPC/1973: *ART. 475-J, CAPUT, §§ 1º, 2º, 4º E 5º.*

1. Função. O dispositivo regula os elementos fundamentais do cumprimento de sentença que reconhece a exigibilidade de obrigação de pagar quantia certa. Deve-se salientar que, embora o texto fale em condenação, cabe o cumprimento de qualquer decisão que venha a estabelecer obrigação certa, exigível e líquida, não se restringindo às decisões condenatórias. Além disso, deixa clara a possibilidade do cumprimento de parcela incontroversa do pedido. Uma marca dessa etapa é o necessário trânsito em julgado da decisão exequenda, ou de parcela dela, bem como da decisão que porventura a liquide, já que se trata de cumprimento definitivo. Em outros termos, havendo pendência de recurso, não caberá cumprimento de decisão, nos termos do presente capítulo.

2. Requerimento do exequente. Como já restou assentado, o cumprimento provisório ou definitivo deve ser precedido de requerimento do credor, sendo vedada, via de conseqüência, a via *ex officio*. A decisão exequenda que implique cumprimento de obrigação de pagar, no caso, terá carga de eficácia executiva mediata (peso 3 e não 4 – imediata – ou 5 – preponderante) e, por isso, necessita de ato da parte para se efetivar. (MIRANDA, Francisco Cavalcanti Pontes de, *Comentários ao CPC*, t. IX, Rio de Janeiro, Forense, 1976, p. 206).

3. Prazo para o pagamento e sua contagem. O prazo para pagamento é de 15 (quinze) dias a contar da intimação (art. 230), em regra, ou da citação, caso o cumprimento de sentença se dê nos termos do art. 515, § 1º. Na contagem, exclui-se o dia de início e inclui-se o dia do final (art. 224). Conforme estipulação do art. 219, os prazos estabelecidos em dias serão computados em dias úteis. No entanto, essa regra só vale para os prazos processuais, conforme prescrição do art. 219, par**ágrafo úni**co. Aqui surge um problema: o que se entende por prazo processual e por prazo de direito material. Pode-se pensar que será prazo processual todo aquele que ocorra no processo – trata-se de critério topológico. Outra linha, que parece mais coerente, toma por base a maneira como se manifesta o direito a que o prazo se refere. Nesse caso, na lei processual, haveria regras de direito processual, em sua maioria, e regras de direito material. Cabe lembrar que prazo é o intervalo de tempo que irá compor os fatos jurídicos. Se o fato jurídico é processual, ou seja, estabelece o modo como outras regras serão criadas, modificadas ou extintas, o prazo em dias deve ser contado apenas nos dias úteis (art. 219, *caput*). Se o prazo compõe fato jurídico cuja qualificação normativa insere no sistema uma relação jurídica apta a estabelecer um direito material do credor em face do devedor, regulando a conduta intersubjetiva, trata-se de fato jurídico material (BOBBIO, Norberto, *Teoria geral do direito,* São Paulo, Martins Fontes, 2007, p. 186 e 196-7), Nesse caso, o prazo deve ser contado de forma corrida (art. 219, par**ágrafo úni**co). Fixada a premissa, percebe-se que o direito ao pagamento não é categoria processual, porquanto é exercício de direito material de quem pretende a satisfação do crédito. Essa faculdade não é de mera etapa procedimental, mas de conduta material tendente a alterar o mundo jurídico, pois decorre de um dever exigível. É tão material o direito à quitação, que o devedor, caso queira, pode satisfazer o crédito de forma extraprocessual, sem necessitar da chancela do Judiciário ou de depositar o valor diretamente em juízo, sem a mediação de seu advogado. Desta feita, não se pode pensar o prazo do art. 523 como prazo processual; logo, deve ser contado de forma corrida. Além disso, por ser prazo material, não se aplica o disposto no art. 229, que fixa prazo em dobro para manifestação no processo, no caso de litisconsórcio, já que essa regra se dirige apenas aos prazos processuais. Reforça o argumento o fato de o art. 525, § 3º, determinar a contagem em dobro para a impugnação ao cumprimento de sentença e não para a quitação do débito.

4. Intimação do devedor para pagar. A intimação da parte será na pessoa do advogado regularmente constituído, pelo diário oficial. Sendo revel, na fase de conhecimento deverá ser intimado por edital. Se for representado pela Defensoria Pública ou estiver sem advogado, a intimação será por carta, na pessoa do devedor. A intimação pode ser efetivada por meio eletrônico, caso a pessoa jurídica seja cadastrada, nos termos do art. 246, § 1º. Caso o cumprimento ocorra após um ano do trânsito em julgado, a intimação deve ser feita por carta, com aviso de recebimento, na pessoa do devedor (art. 513, § 4º). (BUENO, Cássio Scarpinella in WAMBIER, Teresa Arruda Alvim *et al.*, *Breves comentários ao novo Código de Processo Civil* (Coord.), São Paulo, RT, 2015, p. 1.356).

5. Sanção para o não pagamento no prazo. A ausência de pagamento no prazo de 15 (quinze) dias importa aplicação de multa de dez por cento sobre o valor estipulado na decisão líquida. Os honorários advocatícios, no percentual de 10% (dez por cento), incidirão também sobre o valor estipulado na decisão líquida, e não sobre o valor acrescido da multa. A quitação parcial, no prazo, redundará em multa e em honorários, que incidirão no valor remanescente.

6. Depósito. O devedor pode depositar em juízo o valor integral do débito para livrar-se da multa e impugnar o julgado, conforme disposição do art. 520, §3º. Saliente-se que aqui não é pagamento e, por isso, não gera renúncia à impugnação. O depósito parcial irá importar multa e honorários sobre a quantia não depositada.

7. Atos expropriatórios. Não havendo quitação ou depósito integral do débito, iniciam-se os atos de expropriação como a penhora e avaliação, podendo chegar aos atos finais de expropriação, como alienação em hasta pública, por exemplo.

Artigo 524.

O requerimento previsto no art. 523 será instruído com demonstrativo discriminado e atualizado do crédito, devendo a petição conter.

I – o nome completo, o número de inscrição no Cadastro de Pessoas Físicas ou no Cadastro Nacional da Pessoa Jurídica do exequente e do executado, observado o disposto no art. 319, §§ 1º a 3º;

II – o índice de correção monetária adotado;

III – os juros aplicados e as respectivas taxas;

IV – o termo inicial e o termo final dos juros e da correção monetária utilizados;

V – a periodicidade da capitalização dos juros, se for o caso;

VI – especificação dos eventuais descontos obrigatórios realizados;

VII – indicação dos bens passíveis de penhora, sempre que possível.

§ 1º Quando o valor apontado no demonstrativo aparentemente exceder os limites da condenação, a execução será iniciada pelo valor pretendido, mas a penhora terá por base a importância que o juiz entender adequada.

§ 2º Para a verificação dos cálculos, o juiz poderá valer-se de contabilista do juízo, que terá o prazo máximo de 30 (trinta) dias para efetuá-la, exceto se outro lhe for determinado.

§ 3º Quando a elaboração do demonstrativo depender de dados em poder de terceiros ou do executado, o juiz poderá requisitá-los, sob cominação do crime de desobediência.

§ 4º Quando a complementação do demonstrativo depender de dados adicionais em poder do executado, o juiz poderá, a requerimento do exequente, requisitá-los, fixando prazo de até 30 (trinta) dias para o cumprimento da diligência.

§ 5º Se os dados adicionais a que se refere o § 4º não forem apresentados pelo executado, sem justificativa, no prazo designado, reputar-se-ão corretos os cálculos apresentados pelo exequente apenas com base nos dados de que dispõe.

CORRESPONDÊNCIA NO CPC/1973: *ARTS. 475-B E 475-J, § 3º.*

1. Função. Um longo dispositivo disciplina a impugnação ao cumprimento de decisão judicial provisória e com trânsito em julgado.

2. Prazo. Após o transcurso do prazo para pagamento voluntário, inicia-se o prazo de 15 (quinze) dias para que o devedor possa apresentar sua impugnação, realizando o contraditório, na fase de cumprimento de decisão judicial. A lei se encarregou de estipular, de forma expressa, a dobra do prazo para impugnar, caso haja litisconsórcio com advogados diferentes (art. 525, §3º). Por se tratar de uma etapa procedimental que materializa o contraditório, na fase de cumprimento, o aludido prazo tem natureza processual, devendo ser contado em dias úteis (art. 219, *caput*).

3. Requisitos do requerimento de cumprimento. Além da necessária qualificação das partes, deve o interessado colacionar o demonstrativo discriminado e atualizado do débito, com os respectivos índices de correção monetária e de juros, e as respectivas taxas, bem como seu início, seu termo, capitalização e periodicidade. Deve apresentar inclusive eventuais descontos. Trata-se de requisitos obrigatórios, cuja ausência poderá implicar necessidade de emenda ao requerimento. O referido memorial é necessário mesmo que haja liquidação de sentença e esta haja demorado a ser executada por conta de recurso, ou por mora do credor. Nada impede, porém, que o credor, sendo o direito disponível, renuncie à correção e aos juros. Neste caso, a renúncia deve vir expressa na petição que requer o cumprimento do julgado, não havendo assim defeito a ser sanado. Outro ponto relevante diz respeito à possibilidade de o credor indicar bens passíveis de penhora, que não é requisito da petição, mas deve ser apresentada, sempre que possível.

4. Excesso evidente. Quando o magistrado perceber que o valor apresentado é excessivo, o juiz iniciará a execução com base no valor pretendido, mas a penhora terá por base a importância que o magistrado entender adequada, em decisão fundamentada, submetida ao contraditório (dever de consulta ao autor), podendo, para tanto, valer-se de contador judicial, que terá o prazo de 30 (trinta dias) ou outro que o juiz estipular para apresentar memorial de cálculo.

5. Incidente de quantificação e dados em poder de terceiro. A quantificação do débito pode depender de dados e de documentos que estejam em poder de terceiros. Neste caso, cabe ao juiz requerer a entrega de documento, podendo imputar multa em face do descumprimento, ou outras medidas coercitivas, mandamentais ou sub-rogatórias, além de poder configurar prática de crime de desobediência (art. 330 do CPB), que será averiguada na esfera penal, mediante expedição de ofício à autoridade policial competente para instauração do termo circunstanciado, já que se trata de crime de menor potencial ofensivo, ou diretamente ao Ministério Público, para as providências cabíveis.

6. Incidente de quantificação quando os dados estiverem em poder do devedor. No caso de os dados complementares estarem em poder do devedor, este será intimado a apresentá-los em 30 (trinta dias). Tal prazo poderá ser prorrogado, caso haja motivo justificado. Não sendo apresentados os dados, os cálculos apresentados pelo credor, com os dados de que dispõe, serão reputados corretos. Neste caso, não poderá o devedor alegar, na impugnação, excesso de execução.

ARTIGO 525.
Transcorrido o prazo previsto no art. 523 sem o pagamento voluntário, inicia-se o prazo de 15 (quinze) dias para que o executado, independentemente de penhora ou nova intimação, apresente, nos próprios autos, sua impugnação.

§ 1º Na impugnação, o executado poderá alegar:
I – falta ou nulidade da citação se, na fase de conhecimento, o processo correu à revelia;
II – ilegitimidade de parte;
III – inexequibilidade do título ou inexigibilidade da obrigação;
IV – penhora incorreta ou avaliação errônea;
V – excesso de execução ou cumulação indevida de execuções;
VI – incompetência absoluta ou relativa do juízo da execução;
VII – qualquer causa modificativa ou extintiva da obrigação, como pagamento, novação, compensação, transação ou prescrição, desde que supervenientes à sentença.

§ 2º A alegação de impedimento ou suspeição observará o disposto nos arts. 146 e 148.

§ 3º Aplica-se à impugnação o disposto no art. 229.

§ 4º Quando o executado alegar que o exequente, em excesso de execução, pleiteia quantia superior à resultante da sentença, cumprir-lhe-á declarar de imediato o valor que entende correto, apresentando demonstrativo discriminado e atualizado de seu cálculo.

§ 5º Na hipótese do § 4º, não apontado o valor correto ou não apresentado o demonstrativo, a impugnação será liminarmente rejeitada, se o excesso de execução for o seu único fundamento, ou, se houver outro, a impugnação será processada, mas o juiz não examinará a alegação de excesso de execução.

§ 6º A apresentação de impugnação não impede a prática dos atos executivos, inclusive os de expropriação, podendo o juiz, a requerimento do executado e desde que garantido o juízo com penhora, caução ou depósito suficientes, atribuir-lhe efeito suspensivo, se seus fundamentos forem relevantes e se o prosseguimento da execução for manifestamente suscetível de causar ao executado grave dano de difícil ou incerta reparação.

§ 7º A concessão de efeito suspensivo a que se refere o § 6º não impedirá a efetivação dos atos de substituição, de reforço ou de redução da penhora e de avaliação dos bens.

§ 8º Quando o efeito suspensivo atribuído à impugnação disser respeito apenas a parte do objeto da execução, esta prosseguirá quanto à parte restante.

§ 9º A concessão de efeito suspensivo à impugnação deduzida por um dos executados não suspenderá a execução contra os que não impugnaram, quando o respectivo fundamento disser respeito exclusivamente ao impugnante.

§ 10. Ainda que atribuído efeito suspensivo à impugnação, é lícito ao exequente requerer o prosseguimento da execução, oferecendo e prestando, nos próprios autos, caução suficiente e idônea a ser arbitrada pelo juiz.

§ 11. As questões relativas a fato superveniente ao término do prazo para apresentação da impugnação, assim como aquelas relativas à validade e à adequação da penhora, da avaliação e dos atos executivos subsequentes, podem ser arguidas por simples petição, tendo o executado, em qualquer dos casos, o prazo de 15 (quinze) dias para formular esta arguição, contado da comprovada ciência do fato ou da intimação do ato.

§ 12. Para efeito do disposto no inciso III do § 1º deste artigo, considera-se também inexigível a obrigação reconhecida em título executivo judicial fundado em lei ou ato normativo considerado inconstitucional pelo

Supremo Tribunal Federal, ou fundado em aplicação ou interpretação da lei ou do ato normativo tido pelo Supremo Tribunal Federal como incompatível com a Constituição Federal, em controle de constitucionalidade concentrado ou difuso.

§ 13. No caso do § 12, os efeitos da decisão do Supremo Tribunal Federal poderão ser modulados no tempo, em atenção à segurança jurídica.

§ 14. A decisão do Supremo Tribunal Federal referida no § 12 deve ser anterior ao trânsito em julgado da decisão exequenda.

§ 15. Se a decisão referida no § 12 for proferida após o trânsito em julgado da decisão exequenda, caberá ação rescisória, cujo prazo será contado do trânsito em julgado da decisão proferida pelo Supremo Tribunal Federal.

CORRESPONDÊNCIA NO CPC/1973: *ARTS. 475-L E 475-M.*

1. **Função.** Um longo dispositivo disciplina a impugnação ao cumprimento de decisão judicial provisória e com trânsito em julgado. A impugnação é cabível para qualquer cumprimento de sentença e independe de segurança do juízo.

2. **Prazo.** Após o transcurso do prazo para pagamento voluntário, independentemente de penhora ou de nova intimação, inicia-se o prazo de 15 (quinze dias) para que o devedor possa apresentar sua impugnação, realizando o contraditório, na fase de cumprimento de decisão judicial. A lei se encarregou de estipular, de forma expressa, a dobra do prazo para impugnar, caso haja litisconsórcio passivo com advogados diferentes (art. 525, §3º).

3. **Cognição judicial na impugnação.** Do ponto de vista horizontal, a cognição pode ser total ou parcial. Será total se for possível discutir no processo todos os aspectos da lide. Se houver restrição às matérias que podem ser deduzidas no processo, tem-se, do ponto de vista horizontal ou da amplitude, uma cognição parcial. No caso do cumprimento de sentença, há restrição cognitiva quanto à matéria, pelo que se trata de procedimento com cognição parcial. Do ponto de vista vertical, dada a profundidade com que se deve analisar a matéria deduzida no cumprimento, a cognição será exauriente, já que as questões serão decididas com grau de definitude apto a produzir coisa julgada material e, por esta razão, as decisões na fase de cumprimento de sentença são rescindíveis, salvo as homologatórias, que poderão ser objeto de ação anulatória (art. 966, §4º).

4. **Vícios procedimentais.** A parte pode alegar vícios procedimentais e vícios materiais. Serão procedimentais aqueles que indicam invalidades que impedem o prosseguimento do feito. Incluem-se nessa categoria o vício de citação, na fase de conhecimento, penhora incorreta, avaliação errônea, ilegitimidade de parte, cumulação indevida de execução, incompetência relativa e incompetência absoluta, defeito no título que não encarta obrigação certa, líquida e exigível. Saliente-se que vício de citação ou de intimação, com função citatória, pode ocorrer na fase de liquidação (arts. 510, 511, e 515, §1º).

Nesse caso, correndo o procedimento à revelia do devedor, este pode alegar tal defeito na impugnação. Há também o vício de imparcialidade, impedimento e suspeição, que deverá ser alegado em petição avulsa, seguindo a regulação dos arts. 146 e 148, respectivamente.

5. Defesa material – excesso de exação. O excesso de execução deverá ser alegado pelo devedor, que terá o ônus de indicar o valor que entende como devido, apresentando demonstrativo discriminado e atualizado do respectivo cálculo. É ônus do devedor, ao alegar excesso, indicar o valor que entende devido, apresentando demonstrativo discriminado e atualizado do cálculo. Caso não se desincumba desse ônus, a alegação de excesso será rejeitada de plano, seguindo a análise da impugnação, caso haja outros argumentos de defesa. Não cabe alegação de excesso se o devedor intimado a apresentar documentos, na fase de quantificação, não anexá-los no prazo estabelecido (art. 524, §4º).

6. Defesa material – inexigibilidade da obrigação. A lei trata de algumas formas de inexigibilidade. Uma tem por objeto o vício de inconstitucionalidade, que será analisado adiante. Outra será tratada agora. O direito será inexigível quando o cumprimento da obrigação estiver subordinado ao implemento de condição ou de termo. A inexigibilidade irá ocorrer também quando a decisão exequenda depender de liquidação. Neste caso, por faltar a estipulação precisa do objeto da obrigação, há uma ineficácia que implica inexigibilidade. Além disso, a inexigibilidade pode decorrer da prescrição, que será analisada oportunamente. Saliente-se que a inexigibilidade, embora seja uma defesa material, pode ser conhecida de ofício, já que é requisito do título representar obrigação certa, líquida e exigível, sendo, portanto, requisito da petição de cumprimento. Trata-se de uma categoria material que redunda em vício processual.

7. Defesa material – causas impeditivas, modificativas ou extintivas da obrigação após a sentença. Em primeiro lugar, esse rol é exemplificativo. O código lista o pagamento, a novação, a compensação, a transação e a prescrição, desde que sejam supervenientes à sentença. No entanto, o fato listado deve ser superveniente posteriormente ao trânsito em julgado da decisão exequenda, e não simplesmente após a sentença, já que só haverá prescrição da pretensão executiva após o trânsito em julgado, e não depois da prolação da decisão. Repetiu o atual texto falha já detectada no CPC/1973 e criticada pela doutrina. (DIDIER JÚNIOR, Fredie *et al.*, *Curso de Direito Processual Civil: Execução*, 2. ed. Salvador, JusPodivm, 2010, p. 382). Essa falha, no entanto, fora corrigida na impugnação ao cumprimento de sentença contra a Fazenda Pública (art. 535, VI). Há outro equívoco. Embora o texto legal não mencione a causa impeditiva, coloca a prescrição como forma de impugnação. Como é cediço, a prescrição tem por finalidade impedir a exigibilidade de uma obrigação, logo não pode ser causa modificativa ou extintiva, mas impeditiva. (MIRANDA, Francisco Cavalcanti Pontes de, *Tratado de direito privado*, t. VI, São Paulo, RT, 1983, p. 42). Ainda sobre a prescrição, outras faces merecem destaque, pois ela pode manifestar-se de duas formas. A primeira pode atingir a pretensão à liquidação definitiva, última etapa do procedimento comum. Nesse caso, a prescrição decorrerá da inação do credor em efetivar a liquidação. Trata-se de prescrição intercorrente, pois se dá no bojo do procedimento comum. Outra prescrição pode ocorrer após o trânsito em julgado de decisão líquida ou da decisão que liquida. Nesse caso, a prescrição será da pretensão executiva. Ambas as prescrições terão o mesmo prazo do direito material reconhecido na decisão exequenda. Deve-se salientar que a decisão parcial transitada em julgado gera título exigível passível de liquidação e, se líquido, passível de cumprimento. Ambos podem prescrever. Por essa razão, a obrigação exequível prevista em decisão parcial, por exemplo, pode prescrever enquanto o processo continua sua marcha para resolver as outras questões pendentes.

8. Desistência do cumprimento de decisão judicial. O credor pode, após a impugnação, requerer a desistência do cumprimento de sentença. Aqui vige a regra da disponibilidade da execução. No entanto, se a impugnação versar sobre vício processual, não necessitará da anuência do devedor, pagando o credor as custas e os honorários. Caso a impugnação verse sobre questão de direito material, só será declarado extinto o cumprimento se houver concordância da parte devedora. Caso não haja anuência, prosseguirá até julgamento final (art. 775).

9. Efeito suspensivo da impugnação. A impugnação, em regra, não confere efeito suspensivo ao cumprimento de sentença. Assim, ela não impedirá a prática dos atos executivos, inclusive a expropriação. No entanto, a requerimento da parte e desde que seguro o juízo, sendo relevantes os fundamentos e uma vez demonstrado o risco de causar ao executado dano grave e de difícil reparação, deverá o magistrado atribuir efeito suspensivo. Interessante notar que o legislador limitou algumas consequências do efeito suspensivo, pois ele não pode impedir atos de substituição, reforço ou redução da penhora, bem como da avaliação. Ademais, se a suspensão disser respeito à parcela do objeto, prosseguirá o cumprimento com relação à parte remanescente. Outro ponto importante é que, se a suspensão disser respeito a um dos devedores impugnados, persistirá o cumprimento com relação aos demais, salvo se a impugnação disser respeito a todos os devedores.

10. Caução e o fim do efeito suspensivo. Deferida a suspensão, pode o credor requerer a continuidade da execução, desde que ofereça e preste, nos autos, caução – real ou fidejussória – suficiente e idônea a ser arbitrada pelo magistrado. Embora neste capítulo, reservado ao cumprimento definitivo de sentença, não se fale de dispensa de caução, cabe levar em consideração o disposto no art. 521, que versa sobre a dispensa de garantia, no caso do cumprimento provisório, até porque, no cumprimento definitivo, há maior plausibilidade do direito a ser executado, sendo muito mais justificada a possibilidade de dispensa. Deve, porém, o magistrado atentar para a ressalva do art. 521, parágrafo único.

11. Alegações de fatos posteriores à impugnação. Depois da impugnação, mas ainda durante a fase de cumprimento, a ocorrência de fato novo pode ser arguida por simples petição, no prazo de 15 (quinze) dias, a contar da ciência do fato. Estipula-se, assim, um prazo para a anteriormente denominada "exceção de pré-executividade". A fixação de prazo confere maior previsibilidade ao procedimento, evitando práticas abusivas do devedor que, em tese, poderia deduzir essas alegações a qualquer tempo.

12. Inexigibilidade em face da inconstitucionalidade. A decisão que toma por fundamento lei ou ato normativo reputado pelo STF como incompatível com a CF/1988, no controle difuso ou concentrado, torna inexigível a obrigação que veicula, desde que seu trânsito em julgado seja posterior à decisão da Corte Suprema e esta não haja modulado os seus efeitos. Em primeiro lugar, quanto à consequência, o dispositivo não distingue em que controle a decisão sobre inconstitucionalidade fora veiculada pelo STF. Em segundo lugar, não havendo modulação no tempo, a resolução do STF não anula as decisões que tomaram por fundamento lei que reputou como inconstitucional, mas a torna ineficaz (inapta para produzir efeitos na etapa executiva). A depender da modulação, a decisão pode ser plenamente eficaz. Para produzir o efeito ineficacizante, a decisão do STF deverá ter transitado em julgado antes da decisão exequenda. Em outros termos, para que o título se torne inexigível, a decisão exequenda não deverá ter adquirido ainda eficácia definitiva, o que só acontece com seu trânsito em julgado, antes da decisão do STF. Assim, o trânsito em julgado da decisão exequenda a imuniza, se ocorrer antes do trânsito em julgado da resolução do STF. Prevalece aqui a supremacia da coisa julgada do título executivo. A ineficácia permanece após a decisão se tornar definitiva, com seu trânsito em julgado, já que a decisão do STF não impede, por si só, a coisa julgada da decisão no caso concreto. Assim, havendo a coisa julgada, o direito existe, mas com eficácia mutilada, já que lhe falta um de seus efeitos, no caso, como resta expressamente previsto no CPC/2015: a exigibilidade. Por ser a exigibilidade um dos requisitos presentes na obrigação que o título deve apresentar, sua ausência gera nulidade da execução, conhecida *ex officio*. Assim, após o trânsito em julgado da decisão do STF, sem modulação temporal dos efeitos, o título provisório irá veicular direito certo, porém instável, líquido e inexigível, ou certo, porém instável, ilíquido e inexigível. Com o trânsito em julgado, cessa a instabilidade, mas permanece a ineficácia. A inexigibilidade pode ocorrer das seguintes formas: ausência de implemento da condição ou do termo, superveniência da prescrição e na hipótese ora analisada. Em todas as situações, a certeza do direito atestado na decisão judicial permanece incólume, com o trânsito em julgado. Da mesma forma, a resolução do STF não retira a decisão exequenda do sistema, mas lhe tolhe a eficácia. Dessa forma, quem quita dívida sem esperar o implemento do termo ou da condição ou satisfaz obrigação prescrita, paga bem. A mesma razão deve ser empregada para quem cumpre obrigação de título tornado ineficaz antes de se tornar definitivo, por força de decisão judicial em sede de controle de constitucionalidade, no STF. Ou seja, salvo determinação em ação rescisória, é incabível a repetição, havendo quitação de obrigação que se fundou em lei reputada inconstitucional pelo STF, já que há débito, embora inexigível. Trata-se de tema relevante, já que, com a modulação temporal dos efeitos, é possível uma decisão tomar por fundamento uma lei reputada inconstitucional pelo STF, mas ser plenamente eficaz. A modulação dos efeitos reforça essa tese, já que ela não convalida as decisões que são dissonantes, embora mantenha a eficácia da obrigação que, sem ela, seria inexigível.

13. Inexigibilidade em face de inconstitucionalidade posterior ao trânsito em julgado. A decisão exequenda pode ter transitado em julgado antes da decisão do STF. Se isso ocorrer, não havendo modulação temporal dos efeitos, cabe ação rescisória. Enquanto não rescindir, o título é certo, exigível e líquido ou liquidável. O problema é que o prazo da rescisória da decisão exequenda começa a fluir após o trânsito em julgado da decisão proferida pelo STF, que pode ser veiculada anos após o trânsito em julgado da decisão exequenda. Abre-se um problema grave para a segurança jurídica, já que o jurisdicionado terá uma coisa julgada que pode vir a ser rescindível, caso o STF profira decisão de inconstitucionalidade anos depois.

ARTIGO 526.

É lícito ao réu, antes de ser intimado para o cumprimento da sentença, comparecer em juízo e oferecer em pagamento o valor que entender devido, apresentando memória discriminada do cálculo.

§ 1º O autor será ouvido no prazo de 5 (cinco) dias, podendo impugnar o valor depositado, sem prejuízo do levantamento do depósito a título de parcela incontroversa.

§ 2º Concluindo o juiz pela insuficiência do depósito, sobre a diferença incidirão multa de dez por cento e honorários advocatícios, também fixados em dez por cento, seguindo-se a execução com penhora e atos subsequentes.

§ 3º Se o autor não se opuser, o juiz declarará satisfeita a obrigação e extinguirá o processo.

CORRESPONDÊNCIA COM O CPC DE 1973: *NÃO HÁ.*

1. Função. Trata-se de dispositivo que reinsere no ordenamento processual a antiga execução do devedor, com base em título executivo judicial, prevista na redação original do CPC/1973, no art. 570, revogado pela Lei 11.232/2005. O texto no CPC/2015 disciplina de forma mais pormenorizada o exercício processual do direito de o devedor livrar-se da obrigação fundada em título judicial. No caso, trata-se do exercício de ação de consignação em pagamento por título executivo judicial. Nas palavras consagradas do jusfilósofo argentino Carlos Cossio, trata-se de inordinação – direito que tem o devedor de livrar-se do débito, só que veiculado de forma judicial.

2. Momento. O devedor pode exercer o direito de livrar-se do cumprimento desde que deposite o valor que reputa devido com o memorial discriminado de cálculo.

3. Liquidação pelo devedor. Como ressaltado no art. 509, a liquidação pode ser veiculada pelo devedor.

4. Consequência. O exercício do referido direito do devedor irá impedir o exercício do direito do credor ao cumprimento de sentença, caso não haja exercido. Se já exercido, mas pendente de intimação, ficará suspenso. Cabe ao credor ser intimado e aceitar o valor depositado ou, caso não concorde, independentemente de caução, levantar a quantia depositada, pois se trata de parcela incontroversa.

5. Aceitação do valor. Aceitando-se o valor ou inexistindo oposição do credor, o juiz irá declarar satisfeita a obrigação e extinguir a execução.

6. Em caso de impugnação. Havendo impugnação, o juiz irá instruir o processo, devendo as partes deduzir seus argumentos e provas. Após, o juiz poderá declarar satisfeita a obrigação, em face da correção do valor apresentado pelo devedor, ou poderá declarar a insuficiência do valor depositado. No caso de o magistrado reconhecer a insuficiência, sobre a diferença deverão incidir a multa de 10% (dez por cento) e os honorários em igual percentual, devendo a execução prosseguir.

7. Depósito de valor controverso. A parte devedora, no exercício do direito a livrar-se do débito, pode antecipar-se e depositar a parcela incontroversa e outra controvertida, no intuito de livrar-se da multa, nos termos do art. 520, §3º, caso venha a sucumbir em eventual impugnação veiculada pelo credor.

Artigo 527.
Aplicam-se as disposições deste Capítulo ao cumprimento provisório da sentença, no que couber.
CORRESPONDÊNCIA COM O CPC DE 1973: *NÃO HÁ.*

1. Função. Indica que o cumprimento de sentença provisório tem a mesma natureza do cumprimento definitivo. Consagra a aplicação subsidiária das regras do cumprimento definitivo ao cumprimento provisório.

2. Ressalvas. As diferenças entre o cumprimento provisório e o definitivo diz respeito não ao procedimento, mas **às** peculiaridades dos títulos, já que os provisórios podem vir a ser modificados na esfera recursal. Já o definitivo, **não. Por** essa razão, não se aplica ao cumprimento provisório a impugnação que tenha por pressuposto o trânsito em julgado da sentença, como no caso de prescrição.

CAPÍTULO IV – Do Cumprimento de Sentença que Reconheça a Exigibilidade de Obrigação de Prestar Alimentos

Artigo 528.
No cumprimento de sentença que condene ao pagamento de prestação alimentícia ou de decisão interlocutória que fixe alimentos, o juiz, a requerimento do exequente, mandará intimar o executado pessoalmente para,

em 3 (três) dias, pagar o débito, provar que o fez ou justificar a impossibilidade de efetuá-lo.

§ 1º Caso o executado, no prazo referido no *caput*, não efetue o pagamento, não prove que o efetuou ou não apresente justificativa da impossibilidade de efetuá-lo, o juiz mandará protestar o pronunciamento judicial, aplicando-se, no que couber, o disposto no art. 517.

§ 2º Somente a comprovação de fato que gere a impossibilidade absoluta de pagar justificará o inadimplemento.

§ 3º Se o executado não pagar ou se a justificativa apresentada não for aceita, o juiz, além de mandar protestar o pronunciamento judicial na forma do § 1º, decretar-lhe-á a prisão pelo prazo de 1 (um) a 3 (três) meses.

§ 4º A prisão será cumprida em regime fechado, devendo o preso ficar separado dos presos comuns.

§ 5º O cumprimento da pena não exime o executado do pagamento das prestações vencidas e vincendas.

§ 6º Paga a prestação alimentícia, o juiz suspenderá o cumprimento da ordem de prisão.

§ 7º O débito alimentar que autoriza a prisão civil do alimentante é o que compreende até as 3 (três) prestações anteriores ao ajuizamento da execução e as que se vencerem no curso do processo.

§ 8º O exequente pode optar por promover o cumprimento da sentença ou decisão desde logo, nos termos do disposto neste Livro, Título II, Capítulo III, caso em que não será admissível a prisão do executado, e, recaindo a penhora em dinheiro, a concessão de efeito suspensivo à impugnação não obsta a que o exequente levante mensalmente a importância da prestação.

§ 9º Além das opções previstas no art. 516, parágrafo único, o exequente pode promover o cumprimento da sentença ou decisão que condena ao pagamento de prestação alimentícia no juízo de seu domicílio.

CORRESPONDÊNCIA NO CPC/1973: *ART. 732 E ART. 733.*

1. Função. Estabelece as regras gerais para o cumprimento da decisão judicial, definitiva ou provisória, que possua por objeto prestar alimentos.

2. Procedimento. O cumprimento de sentença que obrigue a prestar alimentos não pode ser *ex officio*. Intimado, o réu terá o prazo de 3 (três) dias para pagar, provar que pagou ou justificar a impossibilidade absoluta de efetuar a quitação. Não demonstrando a quitação ou a havendo impossibilidade absoluta de realizá-la, o juiz de ofício dever mandar protestar o débito. Trata-se de meio coercitivo. O aludido protesto deve seguir o rito do art. 517, mas, diferentemente da previsão geral, pode ser veiculado com base em título provisório e será concedido *ex officio*. Cabe também o protesto, no caso de a parte alegar que não tem possibilidade de satisfazer a obrigação, mas não convence o magistrado com seus argumentos. Saliente-se que as alegações do devedor deverão passar pelo crivo do contraditório.

3. Prisão como meio coercitivo. O inadimplemento injustificado de dívida de alimentos compreendida em até 3 (três) prestações anteriores ao ajuizamento da execução autoriza a expedição de ordem de prisão, que não é pena, mas meio coercitivo, pelo prazo de 1 (um) a 3 (três) meses, que deverá ser cumprida em regime fechado, devendo ficar separado dos presos comuns. A quitação das prestações, inclusive as vencidas no curso do processo, suspenderá a prisão. Saliente-se que o cumprimento da prisão não implica quitação das prestações vencidas e vincendas.

4. Opção pelo rito geral do cumprimento da obrigação. A lei faculta ao credor a possibilidade de executar as prestações alimentícias pelo rito dos arts. 523 a 527, que regula o cumprimento de decisão que reconhece a obrigação de pagar quantia certa. Neste caso, o credor não poderá valer-se da coerção pessoal (prisão) para satisfazer o crédito, embora possa valer-se do protesto, nos temos deste artigo, bem como poderá levantar mensalmente a importância da prestação depositada em dinheiro, mesmo que a impugnação seja recebida no efeito suspensivo.

5. Penhora de salário e de poupança. Os salários e seus correlatos, bem como a poupança, são penhoráveis, para fins de pagamento de prestação alimentícia, conforme expressa previsão do art. 833, §2º.

6. Competência. O cumprimento provisório ou definitivo da decisão que estabelece obrigação de pagar alimentos pode ser veiculado no domicílio do credor ou, caso queira, nas hipóteses previstas no art. 516, parágrafo único.

ARTIGO 529.
Quando o executado for funcionário público, militar, diretor ou gerente de empresa ou empregado sujeito à legislação do trabalho, o exequente poderá requerer o desconto em folha de pagamento da importância da prestação alimentícia.

§ 1º Ao proferir a decisão, o juiz oficiará à autoridade, à empresa ou ao empregador, determinando, sob pena de crime de desobediência, o desconto a partir da primeira remuneração posterior do executado, a contar do protocolo do ofício.

§ 2º O ofício conterá o nome e o número de inscrição no Cadastro de Pessoas Físicas do exequente e do executado, a importância a ser descontada mensalmente, o tempo de sua duração e a conta na qual deve ser feito o depósito.

§ 3º Sem prejuízo do pagamento dos alimentos vincendos, o débito objeto de execução pode ser descontado dos rendimentos ou rendas do executado, de forma parcelada, nos termos do *caput* deste artigo, contanto

que, somado à parcela devida, não ultrapasse cinquenta por cento de seus ganhos líquidos.

CORRESPONDÊNCIA NO CPC/1973: *ART. 734.*

1. Função. Estabelece o modo diferenciado de efetivação da obrigação de pagar prestação alimentícia, no caso de servidores públicos, diretor, gerente ou empregado celetista.

2. Desconto em folha. O meio executivo desconto em folha é uma faculdade do credor que poderá requerer esse modo de satisfação de seu crédito. A referida decisão deverá ser comunicada à autoridade, empresa ou empregador, que irá providenciar o desconto na primeira remuneração subsequente ao recebimento do ofício, sob pena de cometer crime de desobediência. A lei estabelece os requisitos do ofício, que deverá indicar, inclusive sua duração. Além das parcelas vincendas, pode ser feita, por desconto, a cobrança dos valores vencidos, desde que, somados à parcela vincenda, não ultrapassem cinquenta por cento de seus ganhos líquidos.

Artigo 530.
Não cumprida a obrigação, observar-se-á o disposto nos arts. 831 e seguintes.

CORRESPONDÊNCIA NO CPC/1973: *ART. 735.*

1. Função. O presente dispositivo estabelece que, em caso de frustração da obrigação, a execução seguirá a via comum, valendo-se da penhora e dos demais meios de expropriação.

2. Amplitude da regra. Não se trata de opção do credor, como acontece na hipótese do art. 528, §8º, mas de consequência da ineficácia das formas regulares de cumprimento de prestação alimentícia. Deve-se registrar que os meios de efetivação previstos nos arts. 831 e seguintes cabem para o título provisório ou definitivo. O disposto neste artigo não afasta a possibilidade de que se apliquem os meios coercitivos típicos do cumprimento de sentença de prestação de alimentos, como a prisão, *verbi gratia*, já que o descumprimento não muda o tipo de obrigação, mas confere novos meios procedimentais para sua efetivação.

Artigo 531.
O disposto neste Capítulo aplica-se aos alimentos definitivos ou provisórios.

§ 1º A execução dos alimentos provisórios, bem como a dos alimentos fixados em sentença ainda não transitada em julgado, se processa em autos apartados.

§ 2º O cumprimento definitivo da obrigação de prestar alimentos será processado nos mesmos autos em que tenha sido proferida a sentença.
CORRESPONDÊNCIA NO CPC/1973: *NÃO HÁ.*

1. Função. Estabelece regras procedimentais, além de ratificar o tratamento isonômico ao cumprimento de decisão de prestar alimentos, sejam eles provisórios ou definitivos.

2. Procedimento para o cumprimento. O cumprimento definitivo de obrigação de prestar alimentos será processado, em regra, nos autos em que haja sido proferida a decisão exequenda. Se a decisão que fixar alimentos for decisão parcial de mérito, com trânsito em julgado, o cumprimento será processado em autos apartados, da mesma forma que as decisões provisórias que estabelecem obrigação de prestar alimentos.

ARTIGO 532.
Verificada a conduta procrastinatória do executado, o juiz deverá, se for o caso, dar ciência ao Ministério Público dos indícios da prática do crime de abandono material.
CORRESPONDÊNCIA NO CPC/1973: *NÃO HÁ.*

1. Função. Veicula um dever imputado ao magistrado, que deve comunicar ao Ministério Público indícios de prática do aludido crime. Não deixa de ser uma forma de coibir a referida conduta.

2. Medida procrastinatória e crime de abandono material. A conduta procrastinatória do devedor de alimentos pode indicar prática de crime de abandono material (art. 244, CP). O referido tipo penal criminaliza a conduta de deixar, sem justa causa, de prover a subsistência do consorte, filho incapaz, ascendente inválido ou maior de sessenta anos, não proporcionando os recursos necessários ou deixando de pagar pensão alimentícia. Inclui no tipo penal quem, sendo solvente, frustra ou ilide, de qualquer forma, o pagamento da pensão alimentícia, inclusive por abandono injustificado de emprego ou de função. Assim, presentes os indícios, deve o magistrado oficiar o Ministério Público para tomar as providências necessárias. Essa conduta não impede o uso dos demais meios coercitivos necessários à satisfação do crédito. Ademais, pela descrição do crime, percebe-se que ele exige dolo próprio. Registre-se que a conduta do magistrado não necessita de provocação, mas nada impede que a parte requeira cópia dos autos para dar a *notitia criminis* ao órgão ministerial ou que requeira a providência ao juiz da execução.

Artigo 533.

Quando a indenização por ato ilícito incluir prestação de alimentos, caberá ao executado, a requerimento do exequente, constituir capital cuja renda assegure o pagamento do valor mensal da pensão.

§ 1º O capital a que se refere o *caput*, representado por imóveis ou por direitos reais sobre imóveis suscetíveis de alienação, títulos da dívida pública ou aplicações financeiras em banco oficial, será inalienável e impenhorável enquanto durar a obrigação do executado, além de constituir-se em patrimônio de afetação.

§ 2º O juiz poderá substituir a constituição do capital pela inclusão do exequente em folha de pagamento de pessoa jurídica de notória capacidade econômica ou, a requerimento do executado, por fiança bancária ou garantia real, em valor a ser arbitrado de imediato pelo juiz.

§ 3º Se sobrevier modificação nas condições econômicas, poderá a parte requerer, conforme as circunstâncias, redução ou aumento da prestação.

§ 4º A prestação alimentícia poderá ser fixada tomando por base o salário-mínimo.

§ 5º Finda a obrigação de prestar alimentos, o juiz mandará liberar o capital, cessar o desconto em folha ou cancelar as garantias prestadas.

CORRESPONDÊNCIA NO CPC/1973: *ART. 475-Q.*

1. **Função.** Regular o cumprimento de decisão judicial que tem por objeto prestação de alimentos decorrente de indenização de ato ilícito.

2. **Constituição do capital.** O ato ilícito pode gerar o dever de indenizar, bem como de prestar alimentos. Com relação à indenização, deve o credor buscar a via normal do cumprimento de sentença; quanto à prestação de alimentos, a parte pode requerer que seja constituído capital pelo devedor, que terá a função de assegurar o pagamento da pensão. Os bens que compõem o referido capital serão impenhoráveis e inalienáveis enquanto durar a obrigação, além de constituírem um patrimônio de afetação, ou seja, o referido capital estará vinculado à satisfação da obrigação, nos termos do art. 31-A e 31-B da Lei 4.591/1964, com a redação veiculada pela Lei 10.931/04.

3. **Substituição do capital.** A constituição do capital pode ser alterada, cabendo ao juiz velar pela solvabilidade e garantia do cumprimento da obrigação.

4. **Modificação das prestações.** A parte exequente ou executada pode requerer, desde que justifique e prove a alteração na capacidade econômica, o aumento, a diminuição ou a extinção da prestação. Essa modificação deve ser precedida do necessário contraditório.

5. **Modo de fixação da prestação.** O valor da prestação pode ter por base o salário-mínimo ou outra grandeza de valor que parecer razoável.

6. **Extinção do dever de prestar.** Uma vez cumprida a obrigação, o juiz declarará, de ofício, ou a requerimento, extinta a execução e determinará a cessação de todos os atos de constrição.

CAPÍTULO V – Do Cumprimento de Sentença que Reconheça a Exigibilidade de Obrigação de Pagar Quantia Certa pela Fazenda Pública

ARTIGO 534.

No cumprimento de sentença que impuser à Fazenda Pública o dever de pagar quantia certa, o exequente apresentará demonstrativo discriminado e atualizado do crédito contendo.

I – o nome completo e o número de inscrição no Cadastro de Pessoas Físicas ou no Cadastro Nacional da Pessoa Jurídica do exequente;

II – o índice de correção monetária adotado;

III – os juros aplicados e as respectivas taxas;

IV – o termo inicial e o termo final dos juros e da correção monetária utilizados;

V – a periodicidade da capitalização dos juros, se for o caso;

VI – a especificação dos eventuais descontos obrigatórios realizados.

§ 1º Havendo pluralidade de exequentes, cada um deverá apresentar o seu próprio demonstrativo, aplicando-se à hipótese, se for o caso, o disposto nos §§ 1º e 2º do art. 113.

§ 2º A multa prevista no § 1º do art. 523 não se aplica à Fazenda Pública.

CORRESPONDÊNCIA NO CPC/1973: *ART. 730.*

1. **Função.** Fixa os requisitos para dar início ao cumprimento contra a Fazenda Pública que reconheça a exigibilidade de obrigação de pagar quantia certa, que se dará por provocação da parte.

2. **Necessidade de trânsito em julgado.** Em face do imperativo constitucional (art. 100, §5º, CF/1988), o cumprimento de decisão judicial contra a Fazenda Pública que reconheça a exigibilidade de pagar quantia certa não pode ser veiculado na forma provisória, por conta da necessidade do trânsito em julgado da decisão exequenda, bem como da eventual impugnação.

3. **Partes.** A parte credora pode ser o particular ou a Fazenda Pública, desde que o devedor seja o ente público. Além dos requisitos listados no dispositivo ora comentado, deve o credor, sendo pessoa física, informar a data de nascimento, já que o idoso possui tratamento diferenciado na ordem de pagamento, segundo prescrição do art. 100, § 2º, da CF19/88. A parte executada é a Fazenda Pública (União, Estados, Municípios, Distrito Federal, autarquias e fundações públicas). Os Correios, por conta de determinação legal

específica (art. 12, Decreto-Lei 509/1969), apesar de ser empresa pública, pessoa jurídica de direito privado, possuem as mesmas prerrogativas da Fazenda Pública, inclusive quanto à execução. Tratamento idêntico ao conferido aos Correios é aplicado à qualquer pessoa jurídica de direito privado que preste serviço público em regime não concorrencial (STF, ARE 698.357-AgR/2012). Por essa razão, esses entes, embora não sejam entes privados, são tratados como Fazenda Pública para os fins de cumprimento de sentença.

4. Tipos de títulos judiciais submetidos a esse cumprimento. Qualquer decisão judicial transitada em julgado pode fundar o cumprimento de sentença contra a Fazenda Pública, inclusive a decisão parcial de mérito. O título judicial no procedimento monitório pode ser objeto de cumprimento contra a Fazenda Pública (art. 700, §6º). A sentença arbitral também pode ser objeto de cumprimento de sentença (art. 1º, §1º, da Lei de Arbitragem, com a redação estipulada pela Lei 13.129/2015).

5. Quantificação do débito. A quantificação do débito pode necessitar de liquidação por arbitramento ou pelo procedimento comum. Nesse caso, deve a parte promover a liquidação, nos termos dos arts. 509 a 512. Registre-se que, apesar de não ser possível a execução provisória contra a Fazenda Pública, nada impede que a parte deduza a liquidação provisória. Caso a decisão seja líquida, compete ao credor apresentar memorial de cálculo discriminado e atualizado, indicando os índices de correção, as taxas de juros e os demais requisitos previstos em lei.

6. Litisconsórcio ativo no cumprimento. Havendo pluralidade de credores, cada um deverá apresentar o respectivo demonstrativo. Se a formação do litisconsórcio dificultar o cumprimento de sentença, deverá o magistrado limitá-lo. Essa limitação poderá ser de ofício ou a requerimento da parte. Caso seja por requerimento da parte, o prazo para impugnar ficará interrompido.

7. Inexistência de multa pelo descumprimento. A lei dispensa expressamente a multa prevista no art. 523, §1º. No entanto, silencia quanto aos honorários advocatícios. A razão que justifica a dispensa da multa é a mesma para a dispensa dos honorários, ou seja, a Fazenda Pública não é intimada para pagar, mas para impugnar. Desta feita, onde houver a mesma razão, deve-se aplicar a mesma solução, não havendo sentido dispensar a multa e aplicar honorários, já que a mora da Fazenda Pública, no pagamento do débito, só se dá após o transcurso do prazo de pagamento da requisição (STF, RE 591.085-QO-RG/2009), que só poderá ser expedida após o trânsito em julgado.

Artigo 535.
A Fazenda Pública será intimada na pessoa de seu representante judicial, por carga, remessa ou meio eletrônico, para, querendo, no prazo de 30 (trinta) dias e nos próprios autos, impugnar a execução, podendo arguir.

I – falta ou nulidade da citação se, na fase de conhecimento, o processo correu à revelia;

II – ilegitimidade de parte;

III – inexequibilidade do título ou inexigibilidade da obrigação;

IV – excesso de execução ou cumulação indevida de execuções;

V – incompetência absoluta ou relativa do juízo da execução;

VI – qualquer causa modificativa ou extintiva da obrigação, como pagamento, novação, compensação, transação ou prescrição, desde que supervenientes ao trânsito em julgado da sentença.

§ 1º A alegação de impedimento ou suspeição observará o disposto nos arts. 146 e 148.

§ 2º Quando se alegar que o exequente, em excesso de execução, pleiteia quantia superior à resultante do título, cumprirá à executada declarar de imediato o valor que entende correto, sob pena de não conhecimento da arguição.

§ 3º Não impugnada a execução ou rejeitadas as arguições da executada:

I – expedir-se-á, por intermédio do presidente do tribunal competente, precatório em favor do exequente, observando-se o disposto na Constituição Federal;

II – por ordem do juiz, dirigida à autoridade na pessoa de quem o ente público foi citado para o processo, o pagamento de obrigação de pequeno valor será realizado no prazo de 2 (dois) meses contado da entrega da requisição, mediante depósito na agência de banco oficial mais próxima da residência do exequente.

§ 4º Tratando-se de impugnação parcial, a parte não questionada pela executada será, desde logo, objeto de cumprimento.

§ 5º Para efeito do disposto no inciso III do *caput* deste artigo, considera-se também inexigível a obrigação reconhecida em título executivo judicial fundado em lei ou ato normativo considerado inconstitucional pelo Supremo Tribunal Federal, ou fundado em aplicação ou interpretação da lei ou do ato normativo tido pelo Supremo Tribunal Federal como incompatível com a Constituição Federal, em controle de constitucionalidade concentrado ou difuso.

§ 6º No caso do § 5º, os efeitos da decisão do Supremo Tribunal Federal poderão ser modulados no tempo, de modo a favorecer a segurança jurídica.

§ 7º A decisão do Supremo Tribunal Federal referida no § 5º deve ter sido proferida antes do trânsito em julgado da decisão exequenda.

§ 8º Se a decisão referida no § 5º for proferida após o trânsito em julgado da decisão exequenda, caberá ação rescisória, cujo prazo será contado do trânsito em julgado da decisão proferida pelo Supremo Tribunal Federal.

CORRESPONDÊNCIA NO CPC/1973: *ART. 741.*

1. Função. Veicula o modo como a Fazenda Pública irá rechaçar o cumprimento de decisão judicial.

2. Prazo para impugnação. A lei foi expressa em estipular prazo próprio para a impugnação, no caso, de 30 (trinta) dias. Discussão interessante ocorre sobre a natureza do prazo, já que, se for processual, terá sua contagem em dias úteis, caso não seja processual, em dias corridos. Pelos argumentos lançados no comentário ao art. 523, entende-se que a contagem deverá ser em dias úteis, pois se trata de prazo para exercício de direito de defesa na fase de cumprimento.

3. Formas de quitação do débito. A forma de quitação do débito da Fazenda Pública obedecerá à ordem cronológica de apresentação e será pela via do precatório, em regra. No entanto, as dívidas reputadas por lei de pequeno valor terão tratamento diferenciado e seguem o regime da requisição de pequeno valor (RPV), conforme prescrição do art. 100, §3º, da CF/1988 e do art. 87 do ADCT da CF/1988. A expedição do precatório e da RPV só se dará após o trânsito em julgado da decisão que resolve a impugnação ou após o prazo para impugnação, na hipótese de a Fazenda Pública deixar transcorrer *in albis* o referido prazo.

4. Impugnação ao cumprimento de sentença contra a Fazenda Pública. A lei não faz distinção entre a impugnação ao cumprimento de sentença geral (art. 525) e a impugnação ao cumprimento de sentença contra a Fazenda Pública. Em ambas as hipóteses, haverá cognição parcial, do ponto de vista horizontal, e exauriente, no plano vertical. Com relação ao inciso VI, admite as alegações dos aludidos fatos, desde que supervenientes ao trânsito em julgado da sentença. Corrige-se assim falha de redação, que permanece no art. 525, §1º, VII. Deve-se sempre lembrar que obrigação exigível prevista em decisão parcial de mérito pode ser atingida pela prescrição, enquanto a demanda avança para solucionar as questões remanescentes. Quanto à questão da incompatibilidade entre os fundamentos da decisão exequenda e o pronunciamento de inconstitucionalidade veiculado em decisão transitada em julgado no STF, permanecem as mesmas considerações lançadas no comentário ao art. 525 desta obra.

5. Impugnação parcial. A existência de impugnação parcial confere ao credor o direito ao cumprimento imediato da parcela não rechaçada, com a expedição do precatório ou da RPV, conforme o caso.

6. Excesso de execução. Compete à Fazenda Pública, ao alegar excesso, informar o valor que entende como devido. A parte incontroversa deverá ser objeto de requisição. Se o valor do total pretendido for para precatório, a quantia reconhecida, mesmo que equivalha a valor de RPV, será considerada como precatório. Acrescente-se que a omissão nesse quesito implica o não acolhimento da impugnação, caso seja o único argumento de defesa. Sendo um dos argumentos, a impugnação prossegue com relação aos demais pontos. Deve-se registrar que a rejeição liminar da impugnação ou a improcedência não geram direito à expedição da requisição, que só poderá ser ultimada após o trânsito em julgado da decisão que resolveu a impugnação, como já registrado.

7. Não pagamento da RPV no prazo estipulado. A legislação estipulou que a RPV deverá ser expedida pelo juiz e dirigida à autoridade que representa o ente público réu, para cumprir a obrigação em 6 (seis) meses; entretanto, não mencionou nenhuma consequência para o caso de descumprimento. A Lei do Juizado Especial Federal (Lei 10259/2001) possui regra específica para o caso. Ela estabelece, no art. 17, §2, que o descumprimento da requisição autoriza o juiz a sequestrar numerário suficiente para cumprir a decisão judicial. Trata-se de medida expropriativa. A referida regra é replicada no art. 13, §1º, da Lei dos Juizados Especiais da Fazenda Pública Estadual, Distrital e Municipal (Lei 12.153/2009). Reforça isso a previsão do art. 100, §6º, da CF/88. Por essas razões, o não cumprimento da RPV, no cumprimento de sentença, no prazo estabelecido em lei, implicará sequestro, com fins expropriatórios.

8. Preterimento do direito de precedência do credor e não alocação orçamentária do valor do precatório. O precatório será expedido por meio do presidente do tribunal competente. Havendo preterimento do direito de precedência ou não alocação orçamentária suficiente para o pagamento do débito, a parte pode requerer ao presidente do tribunal que sequestre os valores necessários à satisfação do crédito (art. 100, §6º, CF/1988).

CAPÍTULO VI – Do Cumprimento de Sentença que Reconheça a Exigibilidade de Obrigação de Fazer, de Não Fazer ou de Entregar Coisa

SEÇÃO I – Do Cumprimento de Sentença que Reconheça a Exigibilidade de Obrigação de Fazer ou de Não Fazer

ARTIGO 536.

No cumprimento de sentença que reconheça a exigibilidade de obrigação de fazer ou de não fazer, o juiz poderá, de ofício ou a requerimento, para a efetivação da tutela específica ou a obtenção de tutela pelo resultado prático equivalente, determinar as medidas necessárias à satisfação do exequente.

§ 1º Para atender ao disposto no *caput*, o juiz poderá determinar, entre outras medidas, a imposição de multa, a busca e apreensão, a remoção de pessoas e coisas, o desfazimento de obras e o impedimento de atividade nociva, podendo, caso necessário, requisitar o auxílio de força policial.

§ 2º O mandado de busca e apreensão de pessoas e coisas será cumprido por 2 (dois) oficiais de justiça, observando-se o disposto no art. 846, §§ 1º a 4º, se houver necessidade de arrombamento.

§ 3º O executado incidirá nas penas de litigância de má-fé quando injustificadamente descumprir a ordem judicial, sem prejuízo de sua responsabilização por crime de desobediência.

§ 4º No cumprimento de sentença que reconheça a exigibilidade de obrigação de fazer ou de não fazer, aplica-se o art. 525, no que couber.

§ 5º O disposto neste artigo aplica-se, no que couber, ao cumprimento de sentença que reconheça deveres de fazer e de não fazer de natureza não obrigacional.

CORRESPONDÊNCIA NO CPC/1973: *ART. 461.*

1. Função. Estabelece as regras que disciplinam o cumprimento de obrigação de fazer e de não fazer.

2. Abrangência. O dispositivo regula o cumprimento da obrigação de fazer, que inclui o desfazer, além da tutela inibitória ou preventiva. Cabe cumprimento provisório da obrigação de fazer e de não fazer, conforme prescrição do art. 520, §5º. Além disso, a regra de cumprimento cabe para os denominados deveres não obrigacionais. Incluem-se aqui os deveres de abstenção, como de não poluir, por exemplo. Normalmente, esse cumprimento se dirige à proteção de direitos absolutos. (MIRANDA, Francisco Cavalcanti Pontes de, *Tratado das ações,* t. I, 2. ed., São Paulo, RT, 1972, p. 147-150). O termo "dever não obrigacional" não é bom, pois o dever tem por correlato o direito. Com a pretensão, o direito passa a ser exigível. A pretensão (direito exigível) tem por correlato uma obrigação. Então o dever de abstenção só pode ser exigível, se houver uma obrigação. Se não for exigível, o título não poderá fundar a etapa de cumprimento. Assim, os denominados "deveres não obrigacionais" são, na realidade, "obrigacionais não patrimoniais", pois são pretensões exigíveis. Se não forem exigíveis, não será possível o cumprimento.

3. Efetivação imediata. A decisão que se cumpre, na modalidade de fazer ou de não fazer, não é a que condena, mas que ordena. Condenar é pressuposto para que a parte possa pedir a execução, ato pelo qual o Estado-juiz retira o bem do patrimônio do devedor e entrega ao credor. Ordenar tem outra função. No caso, ela é expressão do exercício da pretensão à ordem. O que se quer é que o Estado-juiz ordene, mande. O dispositivo não menciona condenação, pois não é o caso. Trata-se, portanto de decisão mandamental, já que sua procedência contém uma ordem para que se expeça um mandado (SILVA, Ovídio Araújo Baptista da, *Curso de processo civil*, v. 2, 4. ed., São Paulo, RT, 2000, p. 336). Valendo-se da teoria das cargas de eficácia de Pontes de Miranda, percebe-se que a mandamentalidade imediata da sentença estabelece a exigibilidade da obrigação de fazer e de não fazer. Para o referido jurista, a decisão judicial irradia cinco eficácias: condenatória, constitutiva, declaratória e mandamental. Cada uma das eficácias aparece na decisão de forma escalonada em pesos, que vai de cinco a um. Em uma decisão, o peso cinco indica o nome da ação e é denominado preponderante. Mas ele não é único. Há o peso quatro (eficácia imediata), peso três (eficácia mediata), peso dois e peso um (eficácias mínimas). As eficácias mínimas, embora não sejam relevantes, estão ali presentes, conferindo a totalidade da eficácia da decisão judicial. Na eficácia mandamental, pretende-se que a autoridade mande que se pratique algo. Esse mandamento pode aparecer com peso cinco (preponderante) ou quatro (eficácia imediata). Em ambos os casos, não há necessidade de requerimento para dar início ao cumprimento. No entanto, há situações que a eficácia mandamental terá peso três. Nesse caso, ela se efetiva mediante iniciativa da parte que propõe nova fase procedimental (MIRANDA, Francisco Cavalcanti Pontes de, *Tratado das ações*, t. I, 2. ed., São Paulo, RT, 1972, p. 139). Analisando o presente artigo, percebe-se que a eficácia mandamental pode aparecer como peso cinco ou peso quatro, já que sua efetivação não necessita de requerimento da parte. O texto fala, no entanto, da possibilidade de se iniciar de ofício ou por requerimento. Leia-se "requerimento" como "reclamação", conforme demarca Pontes de Miranda: "Reclama ele quando não se expediu ou não se cumpriu o mandado sendo imediata a eficácia mandamental" (MIRANDA, Francisco Cavalcanti Pontes de, *Tratado das ações*, t. I, 2. ed., **São Paulo**, RT, 1972, p. 139).

4. Efetivação da tutela específica ou tutela equivalente. A ordem a ser expedida pelo magistrado visa a realizar o direito material veiculado na decisão. A lei autoriza expressamente que realize a pretensão exigida ou a que se equivalha. Sempre bom lembrar que o termo "equivalente" deriva do latim "*aequo*", que também origina os termos "igual", "equivalente", "equilíbrio" e "equidade". O meio equivalente deve ser algo que possua a mesma função do que fora pedido, devendo o magistrado justificar a solução que, segundo seu juízo, é equivalente à tutela pretendida pelo autor, na fase de conhecimento. A escolha pelo meio equivalente, assim, não pode ser arbitrária, sendo justificada, e controlada, via agravo de instrumento, pelo credor ou pelo devedor.

5. Meios de efetivação. A lei confere aos magistrados meios para efetivação da tutela mandamental. Não se trata de um rol taxativo, mas exemplificativo. Com relação à Fazenda Pública, é possível, para efetivação da medida, realizar-se bloqueio de numerário e satisfação do credor. Esse caso não se inclui na exigência do precatório ou da requisição de pequeno valor, pois não tem por fim realizar obrigação de dar quantia certa, mas obrigação de fazer, desde que devidamente fundamentado. Essa posição encontra-se assentada na jurisprudência do STF (STF, RE 607.582/2010) e do STJ, aqui na sistemática dos recursos repetitivos (STJ, REsp 1.069.810/RS). Importante nota, com relação ao descumprimento injustificado da ordem judicial, é que o CPC/2015 estabeleceu a pena de litigância de má fé, sujeitando-se às sanções do crime de desobediência, além de praticar ato atentatório contra a dignidade da justiça, sujeitando-se à multa que será revertida em favor do fundo de modernização do Judiciário, conforme estipulação do art. 77, IV, e §§2º e 3º. (CÂMARA, Alexandre Freitas, *O novo processo civil brasileiro*, São Paulo, Atlas, 2015, p. 368).

6. Impugnação ao cumprimento de decisão. O texto legal positiva algo que a doutrina já defendia, ou seja, a parte tem o direito de impugnar o cumprimento de decisão judicial. O prazo de 15 (quinze) dias começa a fluir do dia em que a parte deveria cumprir a ordem, segundo estipulado na decisão judicial, podendo o magistrado, se o caso suspender a ordem, caso se demonstre a urgência, prevista no art. 525, §6º.

Artigo 537.

A multa independe de requerimento da parte e poderá ser aplicada na fase de conhecimento, em tutela provisória ou na sentença, ou na fase de execução, desde que seja suficiente e compatível com a obrigação e que se determine prazo razoável para cumprimento do preceito.

§ 1º O juiz poderá, de ofício ou a requerimento, modificar o valor ou a periodicidade da multa vincenda ou excluí-la, caso verifique que:

I – se tornou insuficiente ou excessiva;

II – o obrigado demonstrou cumprimento parcial superveniente da obrigação ou justa causa para o descumprimento.

§ 2º O valor da multa será devido ao exequente.

§ 3º A decisão que fixa a multa é passível de cumprimento provisório, devendo ser depositada em juízo, permitido o levantamento do valor após o trânsito em julgado da sentença favorável à parte (Redação dada pela Lei nº 13.256, de 4 de fevereiro de 2016).

§ 4º A multa será devida desde o dia em que se configurar o descumprimento da decisão e incidirá enquanto não for cumprida a decisão que a tiver cominado.

§ 5º O disposto neste artigo aplica-se, no que couber, ao cumprimento de sentença que reconheça deveres de fazer e de não fazer de natureza não obrigacional.

CORRESPONDÊNCIA COM NO CPC DE /1973: *ART. 461, §6º*

1. **Função.** Estabelece regras com relação a estipulação da multa.

2. **Momento.** Pode ser estipulada em qualquer fase do processo, seja ele comum ou especial. Cabível na tutela provisória, na tutela definitiva ou na fase de cumprimento. Exige-se que se determine prazo razoável para o cumprimento da ordem.

3. **Periodicidade.** O magistrado, a depender do caso, pode fixar a periodicidade da multa de modo compatível com a obrigação. Em regra, seja diária, pode ser fixada por hora ou instantânea. Ela incidirá a contar do término do prazo assinalado e durará até o cumprimento efetivo da obrigação.

4. **Titularidade da multa.** A multa será devida ao exequente. Ela poderá ser cumulada com a multa do art. 77, §2º, conforme prescrição do art. 77, §4º, pois tem titulares distintos (esta será devida ao Judiciário) e fontes diferentes, já que a prevista neste artigo é coercitiva e a estabelecida no art. 77, §2º, é sancionatória.

5. **Multa e coisa julgada.** A multa pode ser estabelecida em decisão com trânsito em julgado. Mesmo assim, ela pode ser alterada, já que apenas a eficácia declaratória faz coisa julgada e a multa não se insere neste efeito da decisão. Ademais, por ser medida de efetivação, sua eficácia deve ser aferida no momento da expedição da ordem. (STJ, AgRg no AREsp 550.609/PR).

6. Valor da multa. A multa não deverá ter relação com o valor do bem que está em juízo, já que visa constranger o devedor a cumprir a obrigação. Por esta razão deve ter relação com a capacidade econômica do devedor. Desta feita, grandes corporações não se intimidam com multas módicas, por isso elas devem ser fixadas em valor que possa levá-la a cumprir a obrigação, até porque a multa ideal é a que não necessita ser cobrada. (CÂMARA, Alexandre Freitas, *O novo processo civil brasileiro*, São Paulo, Atlas, 2015, p. 369).

7. Alteração da multa. A legislação autoriza a alteração da multa, podendo o magistrado, de ofício ou a requerimento, aumentá-la, se irrisória, e diminuí-la ou excluí-la, se excessiva. No entanto, o texto legal é expresso a indicar que esta alteração só atinge as parcelas vincendas. Reforce-se que a exclusão deve ser da multa vincenda e não da multa já devida. Percebe-se que o legislador atribuiu ao credor o direito material ao valor da multa já devida, sendo sua alteração uma afronta ao direito adquirido. (CÂMARA, Alexandre Freitas, *O novo processo civil brasileiro*, São Paulo, Atlas, 2015, p. 368). Admite-se também a alteração se restar demonstrado cumprimento parcial superveniente da obrigação ou justa causa para o descumprimento.

8. Cumprimento provisório. A lei autoriza expressamente a possibilidade do cumprimento provisório da multa. Trata-se de importante acréscimo ao meio coercitivo. Seu levantamento fica condicionado ao trânsito em julgado da decisão exequenda. A Lei 13.256/2016, que alterou este dispositivo do CPC/2015, suprimiu do texto a outra possibilidade de levantamento do valor da multa: "ou na pendência do agravo fundado nos incisos II ou III do art. 1.042". A regra do cumprimento provisório não se aplica à Fazenda Pública, que se submete ao regime constitucional do precatório e da requisição de pequeno valor.

9. Multa e Fazenda Pública. A multa pode ser imputada contra a Fazenda Pública, podendo ter por destinatário a autoridade responsável ao cumprimento da obrigação (STJ, REsp 1.472.370/RN). No entanto, sua cobrança sujeita-se às regras do precatório e da requisição de pequeno valor, quanto a multa devida pela Fazenda Pública, como já visto. Já a multa direcionada à autoridade segue o rito do art. 537, §3º, pois ela não possui os privilégios do ente público.

10. Multa e deveres não obrigacionais. Aplica-se a multa, no que couber, para os denominados deveres de fazer e de não fazer de natureza não obrigacional, aqui denominado de pretensão à abstenção de natureza não patrimonial, já que é pressuposto para o cumprimento a exigibilidade.

11. Mudança na execução. Nos termos do art. 499, o cumprimento da tutela específica pode ser alterado para perdas e danos, caso o credor requeira, no caso de descumprimento, ou se torne impossível sua efetivação. Nesse caso, a indenização por perdas e danos não excluirá a multa coercitiva aplicada (art. 500).

SEÇÃO II – Do Cumprimento de Sentença que Reconheça a Exigibilidade de Obrigação de Entregar Coisa

ARTIGO 538.

Não cumprida a obrigação de entregar coisa no prazo estabelecido na sentença, será expedido mandado de busca e apreensão ou de imissão na posse em favor do credor, conforme se tratar de coisa móvel ou imóvel.

§ 1º A existência de benfeitorias deve ser alegada na fase de conhecimento, em contestação, de forma discriminada e com atribuição, sempre que possível e justificadamente, do respectivo valor.

§ 2º O direito de retenção por benfeitorias deve ser exercido na contestação, na fase de conhecimento.

§ 3º Aplicam-se ao procedimento previsto neste artigo, no que couber, as disposições sobre o cumprimento de obrigação de fazer ou de não fazer.

CORRESPONDÊNCIA NO CPC/1973: *ART. 461-A*

1. **Função.** Fixa as regras que têm por objeto o cumprimento de obrigação específica na modalidade de entregar coisa.

2. **Efetivação imediata.** Trata-se de eficácia executiva da sentença, sem necessidade de requerimento da parte, já que tem por função retirar do patrimônio do credor algo que lá está de forma indevida, sem necessitar de requerimento do credor. A efetivação se dá pela realização da busca e apreensão, caso de coisas móveis, e de imissão de posse, para coisas imóveis.

3. **Incidente de individualização.** Tratando-se de obrigação de entregar coisa incerta, aquela determinada apenas pelo gênero ou pela quantidade, deve a parte proceder à individualização (art. 498, par**á**grafo **ún**ico)

4. **Poderes do juiz no cumprimento da obrigação de dar coisa.** Aplicam-se a esta modalidade de cumprimento os meios atípicos previstos para a obrigação de fazer e de não fazer, inclusive a multa. Caso a parte reaja de forma injustificada, sua conduta incidirá na regra do art. 536, §3º, bem como nas disposições do art. 77, §§ 2º e 4º.

5. **Impugnação.** Cabe à parte deduzir, no prazo de 15 (quinze) dias, depois expirado o prazo para entrega, de sua impugnação. Cabe, no caso, a concessão do efeito suspensivo, caso fique demonstrada a urgência, devidamente fundamentada. Na impugnação, o executado não poderá exercer o direito de retenção de benfeitorias, já que essa exceção material deverá ser exercitada na contestação, na fase do processo de conhecimento. No entanto, pode a parte requerer ressarcimento pela benfeitoria necessária realizada após a decisão final (art. 1.220, CC/2002). Não cabe retenção pois, após a decisão final, a posse não é de boa fé.

6. **Conversão da obrigação.** Tornando-se impossível ou a requerimento do credor, em caso de não cumprimento, a obrigação de dar coisa pode ser convertida em perdas

e danos, conforme previsão do art. 499. Saliente-se que a indenização pela conversão não exclui a multa coercitiva porventura estabelecida (art. 500). Saliente-se, ainda, que a conversão deverá levar em consideração as regras estipuladas nos arts. 233 a 242 do CC/2002.

TÍTULO III – Dos Procedimentos Especiais

CAPÍTULO I – Da Ação de Consignação em Pagamento

Artigo 539.

Nos casos previstos em lei, poderá o devedor ou terceiro requerer, com efeito de pagamento, a consignação da quantia ou da coisa devida.

§ 1º Tratando-se de obrigação em dinheiro, poderá o valor ser depositado em estabelecimento bancário, oficial onde houver, situado no lugar do pagamento, cientificando-se o credor por carta com aviso de recebimento, assinado o prazo de 10 (dez) dias para a manifestação de recusa.

§ 2º Decorrido o prazo do § 1º, contado do retorno do aviso de recebimento, sem a manifestação de recusa, considerar-se-á o devedor liberado da obrigação, ficando à disposição do credor a quantia depositada.

§ 3º Ocorrendo a recusa, manifestada por escrito ao estabelecimento bancário, o devedor ou terceiro poderá propor, dentro de 1 (um) mês, a ação de consignação, instruindo-se a inicial com a prova do depósito e da recusa.

§ 4º Não proposta a ação no prazo do § 3º, ficará sem efeito o depósito, podendo levantá-lo o depositante.

CORRESPONDÊNCIA NO CPC/1973: *ART. 890.*

1. **Especialidade e procedimentos.** É errado pensar-se hoje numa normatividade procedimental que se apresente indiferente a toda e qualquer circunstância, em desprezo às idiossincrasias que envolvem as posições sociais dos sujeitos atuantes no palco processual ou mesmo em repulsa aos distintos direitos materiais ali em jogo. Daí a existência de procedimentos especiais para a obtenção de tutela jurisdicional quando ao legislador pareceu inadequada a forma ordinária, por algum dado do direito material, ou do documento em que se funda a demanda, ou das partes ali atuantes. (MIRANDA, Francisco Cavalcanti Pontes de, *Comentários ao Código de Processo Civil*, t. XIII, Rio de Janeiro, Forense, 1977. p. 3). Não se pode negar, de outro lado, que também o procedimento legitima a jurisdição e a própria tutela jurisdicional (legitimação pelo procedimento), e é só o que basta para impor ao legislador o dever de construir procedimentos variados e ajustados aos muitos direitos materiais e às necessidades de classes diversas de pessoas. Em outros termos: no Estado Democrático de Direito, é inaceitável advogar

posição benevolente à uniformidade procedimental, aferrada que é a uma ideologia liberal já ultrapassada, e sobretudo distante das técnicas processuais indispensáveis para a concretização do projeto estatal trazido com a CF/1988. Há, segundo essa perspectiva, um direito fundamental a procedimentos especiais que decorre do acesso à justiça (art. 5º, XXXV, CF/1988).

2. A consignação em pagamento. Para além do pagamento considerado em seus contornos habituais, o devedor está autorizado a se valer, nos casos e formas legais, do pagamento em consignação e, desse modo, depositar a coisa devida (dinheiro, bens móveis, imóveis, semoventes) a fim de liberar-se do vínculo negocial (art. 334, CC/2002). Não há consignação sobre obrigações de fazer e não fazer. Conceitualmente, trata-se de modalidade de pagamento colocada à disposição do devedor e que tem lugar (art. 335, CC/2002): (i) nas hipóteses de mora do credor (se ele não puder, ou sem justa causa, recusar a receber o pagamento; se não for, e tampouco mandar receber a coisa no lugar, tempo e condição devidos); (ii) quando, por razões que a lei material indica, o pagamento é obstado ou a quitação, por algum motivo, não ocorre no devido modo (recusa de dar quitação segundo previsão legal); incapacidade de o credor receber; quando o credor for desconhecido, declarado ausente ou residir em lugar incerto ou de acesso perigoso ou difícil; havendo dúvida sobre quem deve receber, de maneira legítima, o objeto do pagamento; pendendo litígio sobre o objeto do pagamento.

3. Direito material e procedimentos. O direito material ao pagamento em consignação, em aspectos diversos, encontra regulamentação no CC/2002. Também há regulação na Lei 8.245/1991, que prevê a possibilidade de consignação em pagamento de aluguel e assessórios da locação (art. 67). Não se podendo desprezar, de outro lado, a existência de regramento específico no CTN, autorizando o sujeito passivo de crédito tributário a realizar consignações judiciais (art. 164). Coube ao CPC/2015 regular o formalismo que distingue os procedimentos extrajudicial e judicial, por intermédio dos quais a consignação se opera a serviço do devedor, assegurando-lhe a tutela de direito cujo efeito é a sua liberação do elo contratual.

4. Eficácia. A consignação tem por efeito liberar o devedor de determinada obrigação. Tratando-se de depósito em dinheiro realizado em estabelecimento bancário (via extrajudicial), a ausência de recusa por parte do credor, desde que demonstrado que tomou ciência do depósito, é suficiente para gerar a implicação pretendida. No procedimento judicial, a sentença que julga como procedente o pedido de consignação tem natureza preponderantemente declaratória – certifica a eficácia do depósito judicial, liberando o devedor da obrigação contratual.

5. Legitimidade ativa. Tanto devedor como terceiro podem requerer, com efeito de pagamento, a consignação da quantia ou da coisa devida. Vale uma observação: o terceiro, admitido a manejar consignação em pagamento para exonerar o devedor, é apenas e tão-somente aquele interessado juridicamente (por exemplo, o adquirente de imóvel hipotecado que paga as prestações porque a respectiva falta implica execução da obrigação, que terá por alvo o próprio gravame). O terceiro desinteressado, embora autorizado a adotar meios conducentes à extinção da dívida, deve fazê-lo em nome e à conta do devedor, e não detém legitimação para propor ação de consignação em nome próprio.

6. Legitimidade passiva. O legitimado passivo da ação de consignação em pagamento é o credor. Havendo mais de um credor, e sendo eles solidários, a ação poderá ser promovida contra todos, ou apenas em desfavor de um deles, a critério do devedor (litisconsórcio passivo facultativo).

7. Mérito do procedimento de consignação em pagamento. Busca-se, com a consignação em pagamento, a liberação do devedor de determinada obrigação. Quer-se, tão somente, a certificação judicial de sua exoneração a partir do depósito consignado em juízo. O procedimento foi elaborado para afastar discussões sobre abusividade de cláusulas contratuais, ilicitude da obrigação, ou matérias conexas, para, em suma, exigir provimentos de outras naturezas, constitutiva e/ou condenatória, alheios às particularidades desse procedimento especial. Por isso, o mérito da ação consignatória diz respeito exclusivamente à adequação ou não do depósito efetuado e sua idoneidade de desobrigar o devedor. Sublinhe-se, contudo, que o STJ tem adotado entendimento mais flexível, não encarando a consignatória como execução invertida, isto é, admitindo em seu bojo discussão ampla sobre a liberação do devedor, inclusive a respeito da interpretação de cláusulas contratuais (STJ, REsp 436.842/RS).

8. Procedimento administrativo. Os parágrafos do art. 539 regulam o rito extrajudicial destinado a assegurar o pagamento em consignação. Antes, havia previsão apenas de procedimento judicial para a tutela do devedor que se buscava liberar do vínculo negocial pela via da consignação. Com a Lei 8.951/1994, incluiu-se, no sistema processual, o art. 890 no CPC/1973, e, por conseguinte, a possibilidade de consignação sem a necessidade de provocação do Judiciário (extrajudicial). O modelo permanece no CPC/2015.

9. Detalhamento do rito administrativo. Os parágrafos do art. 539 regulam o procedimento extrajudicial de consignação em pagamento. É bastante enxuto e limitado às obrigações em dinheiro. Nesse caso, o devedor ou terceiro estão autorizados a depositar a quantia devida em estabelecimento bancário oficial (se houver) situado no lugar do pagamento. Não havendo, porém, estabelecimento bancário oficial no local do pagamento (foro do local do pagamento), poderão valer-se de um estabelecimento particular. Ato contínuo, caberá ao depositante cientificar o credor, por carta com aviso de recebimento, assinado o prazo de 10 (dez) dias para a manifestação de recusa. Podem revelar-se daí três circunstâncias: (i) decorrido o prazo sem a manifestação, o devedor estará liberado da obrigação, e a quantia depositada permanecerá à disposição do credor; (ii) havendo recusa, manifestada por escrito ao estabelecimento bancário, o depositante poderá propor, dentro de um mês, a ação de consignação, cuja petição inicial deverá ser instruída com a prova do depósito e da recusa; e (iii) ainda no caso de recusa, não propondo o depositante a ação consignatória no prazo legal, ficará sem efeito o depósito, estando ele autorizado a levantá-lo.

10. Faculdade do devedor. O procedimento extrajudicial é nada mais que uma faculdade conferida pela lei processual ao devedor, vale dizer, espécie de alternativa para a solução do conflito sem a necessidade de, imediatamente, acionar o Judiciário. Portanto, está o devedor autorizado a optar, querendo, entre uma ou outra via (judicial ou extrajudicial). Nada obstante, eleito o rito extrajudicial, deverá segui-lo à risca, não lhe sendo autorizado judicializar a questão antes de superado o prazo previsto em lei para que o credor se manifeste (ausência de interesse de agir).

11. Particularidades da consignação em aluguéis. É prevalecente o entendimento de que o procedimento extrajudicial, previsto e regulado nos parágrafos anteriores, é aplicável também à consignação de alugueis. No passado, houve questionamento sobre o tema, uma vez que a legislação limita-se a regular a consignação judicial de alugueis (art. 67 da Lei 8.245/1991). Mas o STJ pacificou a questão (STJ, REsp 618.295/DF).

12. Direito de prestar contas e consignação em pagamento. Com o CPC/2015, já não há mais um procedimento específico para aquele cuja pretensão é prestar contas. De toda sorte, nos casos previstos na lei material ou em contrato, poderá o devedor prestar as contas, porém agora deverá fazê-lo por intermédio da consignação em pagamento (arts. 539 e seguintes do CPC/2015). Em outros termos: poderá o devedor de contas requerer a consignação delas, a fim de liberar-se da obrigação que lhe pesa.

13. Especialidades do procedimento. Para além dos requisitos exigidos em toda e qualquer petição inicial, a ação consignatória exige que o autor requeira o depósito da quantia ou da coisa devida e a citação do réu para levantar o depósito ou oferecer contestação (art. 542, I e II, CPC/2015). Ademais, a cognição nesse procedimento especial é limitada no plano horizontal (art. 544, CPC/2015). De resto, o caráter procedimental é dúplice, porquanto a sentença que concluir em favor da insuficiência do depósito, sempre que possível, determinará o montante devido e valerá como título executivo, facultado ao credor promover-lhe o cumprimento nos mesmos autos.

Artigo 540.
Requerer-se-á a consignação no lugar do pagamento, cessando para o devedor, à data do depósito, os juros e os riscos, salvo se a demanda for julgada improcedente.
CORRESPONDÊNCIA NO CPC/1973: *ART. 891.*

1. Competência relativa. Trata-se, no caso, de competência territorial e, por isso, relativa. Significa que, se a devida exceção não for suscitada pelo interessado, em preliminar de contestação, haverá prorrogação de competência (art. 65, CPC/2015). Esse dispositivo apenas repisa, com melhoramentos técnicos, o que reza o art. 337 do CC/2002.

2. Regra de competência. A regra de competência prevista no art. 540 do CPC/2015 discrepa do regime geral de competência, disciplinado pelo art. 46 e seguintes do mesmo Código. O foro é variante por depender da natureza da dívida. Confira-se: (i) dívida quesível: será ajuizada no foro do domicílio do devedor (art. 327, primeira parte, CC/2002); (ii) dívida portável: será ajuizada no foro do domicílio do credor ou onde as partes livremente contrataram (art. 327, *caput*, segunda parte, CC/2002); (iii) dívida consistente em entrega de imóvel: será ajuizada no lugar da situação do bem (art. 328, CC/2002); (iv) dívida consistente na entrega de corpo certo: a consignação poderá ser requerida no foro em que o corpo se encontra (art. 341, CC/2015 e Enunciado 59 do III FPPC-Rio); (v) local inacessível, de difícil acesso ou perigoso: em local distinto do pactuado, não significando isso mera conveniência, já que a condição para tanto é a ocorrência de motivo grave e a ausência de prejuízo ao credor (art. 329, CC/2002); (vi) pagamento reiterado em lugar diverso do contratado: no lugar em que o pagamento vem sendo feito reiteradamente, uma vez que se presume renúncia por parte do credor ao previsto no contrato (art. 330, CC/2002).

3. Foro de eleição. Na ação consignatória, prevalece o lugar do pagamento sobre eventual foro de eleição. A cláusula de eleição de foro terá serventia em ações judiciais outras, cujo propósito seja, por exemplo, a discussão da legalidade do contrato e de suas cláusulas, que extrapolem o mérito da ação consignatória.

Artigo 541.

Tratando-se de prestações sucessivas, consignada uma delas, pode o devedor continuar a depositar, no mesmo processo e sem mais formalidades, as que se forem vencendo, desde que o faça em até 5 (cinco) dias contados da data do respectivo vencimento.

CORRESPONDÊNCIA NO CPC/1973: *ART. 892.*

1. Considerações gerais. Tratando-se de prestações periódicas, uma vez consignada a primeira, pode o devedor continuar a consignar, no mesmo processo e sem mais formalidades, as que se forem vencendo, desde que os depósitos sejam efetuados até 5 (cinco) dias, contados da data do vencimento.

2. Pagamento em prestações. A particularidade do pagamento em prestações motiva a permissibilidade de consignações sucessivas ao longo do processo instaurado e ainda pendente, independentemente de que as parcelas se apresentem, cada uma, em valores diversos. Nada mais adequado, uma vez que a tutela jurisdicional, para ser prestada de forma integral, compreende, nesse caso, todas as prestações que emanem da relação jurídica de direito material e integrem o objeto litigioso. Só assim, depois de consignadas e solvidas todas as parcelas periódicas, é que o devedor se verá liberto da obrigação considerada em sua integralidade.

3. Prestações sucessivas e pedido implícito. Em ação de consignação em pagamento que envolver prestações sucessivas, consignada uma delas, faculta-se ao autor (devedor no plano do direito material) prosseguir na consignação (sem mais formalidades) das que se forem vencendo, enquanto estiver pendente o processo (Enunciado 60 do III FPPC-Rio). A permissividade de consignar prestações sucessivas sem mais formalidades quer significar apenas a dispensabilidade de pedido expresso para isso (pedido implícito com o correlato efeito anexo da sentença), bastando, em prol da economia processual, que os depósitos sejam feitos em até 5 (cinco) dias contados da data do respectivo vencimento.

4. Processo pendente. Só se admite a consignação de prestações sucessivas quando o processo estiver ainda pendente; ou seja, antes de proferida sentença judicial. Com a sentença, ter-se-á o efeito liberatório em prol do devedor com relação exclusivamente às prestações depositadas até aquele momento, cabendo-lhe, se as circunstâncias assim sugerirem, promover nova ação destinada à consignação das parcelas ainda não pagas.

5. Eventual não pagamento das prestações. A consignação de prestações sucessivas, independentemente de pedido, é nada mais que mera faculdade que a lei processual coloca à disposição do devedor. Na eventualidade de não pagamento de uma ou mais dessas prestações em até 5 (cinco) dias contados da data do respectivo vencimento, o devedor não sairá prejudicado com relação aquelas já consignadas, que serão tidas por quitadas. O pedido consignatório será julgado como procedente; e o devedor, liberado com relação apenas as prestações depositadas, cabendo-lhe, se for o caso, promover nova ação de consignação para assegurar sua desobrigação no que tange ao restante da dívida.

Artigo 542.

Na petição inicial, o autor requererá:

I – o depósito da quantia ou da coisa devida, a ser efetivado no prazo de 5 (cinco) dias contados do deferimento, ressalvada a hipótese do art. 539, § 3º;

II – a citação do réu para levantar o depósito ou oferecer contestação.

Parágrafo único. Não realizado o depósito no prazo do inciso I, o processo será extinto sem resolução de mérito.

CORRESPONDÊNCIA NO CPC/1973: *ART. 893.*

1. Audiência de oblação. A Lei 8.951/94 alterou a redação anterior presente no art. 893 do CPC/1973. Antes da referida legislação, previa-se que cumpria ao autor, na petição inicial, requerer a citação do réu para em lugar, dia e hora determinados, vir ou mandar receber a quantia ou a coisa devida, sob pena de ser feito o respectivo depósito. Era a chamada audiência de oblação (ato de oferta), por meio da qual o devedor oferecia a quantia ao credor e, somente na hipótese de recusa, é que o depósito judicial era feito à ordem do juízo.

2. Petição inicial. Peça formal que é, a petição inicial da ação consignatória deve obediência aos requisitos previstos no art. 319 do CPC/2015, excepcionado seu inciso VII em razão da especialidade procedimental. Além deles, cumpre ao autor requerer na peça de ingresso: (i) o depósito da quantia (feita em conta bancária judicial) ou da coisa devida (devendo ser nomeado depositário para recebê-la, caso o credor não a aceite), a ser realizado no prazo de 5 (cinco) dias contados do deferimento; (ii) a citação do réu para levantar o depósito ou oferecer resposta em 15 (quinze) dias.

3. Depósito extrajudicial. Se o autor optar pelo depósito extrajudicial (art. 539, § 1.º, CPC/2015), descaberá novo depósito em dinheiro a ser efetivado em juízo, bastando que instrua a petição com o comprovante do depósito e da recusa.

4. Posturas do magistrado. Verificando que a petição inicial não preenche os requisitos previstos em lei, ou que apresenta defeitos ou irregularidades, determinará que o autor a emende ou a complete, no prazo de 15 (quinze) dias, , indicando com precisão o que deve ser corrigido ou complementado (art. 321, CPC/2015). Se, ao revés, a petição inicial apresentar-se regular, deverá ordenar a realização do depósito, no prazo de 5 (cinco) dias, contatos do seu deferimento.

5. Indispensabilidade do depósito. O parágrafo único do art. 542 do CPC/2015 não deixa dúvidas: deferido o depósito, cumpre ao autor fazê-lo obrigatoriamente, sob pena de extinção do processo sem resolução do mérito. Afinal, a especialidade do procedimento reside, sobretudo, nesse depósito, sem o qual a demanda perde totalmente seu sentido. Basta pensar que sequer o réu será citado, pois sem depósito não há como exercer a opção entre responder ou levantar o depósito.

6. A citação. Realizado o depósito, cabe ao magistrado determinar a citação do réu para, querendo, levantar o que foi consignado ou oferecer resposta. Aqui se verifica mais uma especialidade do procedimento: o réu é citado não só para responder à demanda, mas também para levantar a coisa consignada.

7. Valor da causa. Requisito indispensável da petição inicial, o valor da causa corresponderá à importância pecuniária ou ao valor da coisa a ser depositada em juízo. Na hipótese de prestações sucessivas, o valor da causa corresponderá à soma de todas elas (art. 292, § 1.º, CPC/2015). Em se tratando de consignação de aluguéis, o valor da causa corresponde a uma anuidade.

8. Aceitação do depósito, sucumbência e resposta. Aceito o depósito pelo réu (credor no plano do direito material), responde ele pelas custas e honorários advocatícios, já que o pedido será julgado como procedente e o devedor será liberado da obrigação. No que tange ao oferecimento de resposta, o réu está autorizado a se valer de todas as modalidades previstas e compatíveis à especialidade do procedimento (contestação, reconvenção, exceções).

Artigo 543.

Se o objeto da prestação for coisa indeterminada e a escolha couber ao credor, será este citado para exercer o direito dentro de 5 (cinco) dias, se outro prazo não constar de lei ou do contrato, ou para aceitar que o devedor o faça, devendo o juiz, ao despachar a petição inicial, fixar lugar, dia e hora em que se fará a entrega, sob pena de depósito.

CORRESPONDÊNCIA NO CPC/1973: *ART. 894.*

1. Direito de escolha. Sendo o objeto da prestação coisa indeterminada (coisa incerta), a escolha pertence, em regra, ao devedor (art. 244, CC/2002). Não obstante, se o contrário resultar do título da obrigação, reza o art. 543 do CPC/2015 que o credor será citado ou para exercer o direito de escolha, ou para aceitar que o devedor o faça. Em qualquer caso, o juiz, ao despachar a petição inicial, fixará lugar, dia e hora em que se dará a entrega. O prazo para a manifestação do credor é de 5 (cinco) dias, se outro não constar de lei ou do contrato.

2. Silêncio do credor. O juiz, já ao despachar a petição inicial e proferir juízo positivo de admissibilidade, deverá fixar lugar, dia e hora em que se fará a oferta e a consequente entrega da coisa, a fim de que a obrigação seja devidamente cumprida e assim reconhecida pela via judicial. Nessa hipótese, ao credor cabe, exercido seu direito de escolha, depositar a coisa com seus acessórios, ainda que os últimos não sejam mencionados, salvo se do contrário resultar do título ou das circunstâncias do caso (art. 233, CC/2002). Se, ao revés, o credor silenciar-se, não aceitando a oferta, perderá o direito de escolha, cabendo ao devedor fazê-la e depositar a coisa em lugar, dia e hora já fixados pelo juiz.

3. Defesa. Ainda que não exercido seu direito de escolha, não estará o réu impedido de apresentar defesa, desde que em tempo e modo adequados.

Artigo 544.

Na contestação, o réu poderá alegar que:

I – não houve recusa ou mora em receber a quantia ou a coisa devida;

II – foi justa a recusa;

III – o depósito não se efetuou no prazo ou no lugar do pagamento;

IV – o depósito não é integral.

Parágrafo único. No caso do inciso IV, a alegação somente será admissível se o réu indicar o montante que entende devido.

CORRESPONDÊNCIA NO CPC/1973: *ART. 896.*

1. Prazo para contestação. Efetuado o depósito e citado o réu em quaisquer das modalidades previstas em lei, o prazo para contestar ação de consignação em pagamento, ausente regra especial, é de 15 (quinze) dias (art. 332, CPC/2015).

2. Posturas do réu. Depois de devidamente citado, o réu (credor no plano material) tem as seguintes alternativas: (i) aceitar o valor consignado (ou a coisa ofertada), sem ressalvas, o que equivale ao reconhecimento do pedido e à consequente extinção do processo, com resolução de mérito; (ii) manter-se inerte e sujeitar-se aos efeitos da revelia, surgindo daí possibilidade de julgamento antecipado do mérito (art. 355, CPC/2015); (iii) aceitar o valor consignado, com ressalvas apresentadas em contestação no sentido de que o depósito não foi integral (exoneração parcial do devedor), o que conduz ao prosseguimento do processo; (iv) oferecimento de resposta (contestação, reconvenção, exceções).

3. Possibilidade de complementação. Na hipótese de o réu oferecer contestação suscitando que o depósito não foi integral, deve indicar obrigatoriamente o montante que entende como devido, sob pena de sua alegação sequer ser submetida à cognição. Assim é para que: (i) o devedor tenha condições de exercer a faculdade de complementar o depósito cuja integralidade foi questionada (art. 545, CPC/2015); (ii) fornecer ao juiz elementos para, na hipótese de indeferimento do pedido consignatório, condenar o autor (devedor no plano material) ao pagamento da diferença reclamada pelo réu (art. 545, §2º, CPC/2015).

4. Cognição limitada no plano horizontal. O réu só está autorizado a arguir em contestação aquilo indicado neste art. 544, porquanto a opção legislativa foi a de limitar a cognição no plano horizontal, o que impede o juiz de avançar apreciando matérias estranhas. Isso, naturalmente, não quer significar que inexiste a possibilidade de o réu suscitar as chamadas "defesas processuais", tampouco que não lhe seja lícito simplesmente negar a existência dos fatos constitutivos suscitados na petição inicial. E mais: se a ação consignatória fundar-se em dúvida sobre quem possa efetivamente receber a prestação, parece claro que as matérias de defesa, de cuja utilização poderá fazer o réu, não estão limitadas ao que dispõe o art. 544.

Artigo 545.
Alegada a insuficiência do depósito, é lícito ao autor completá-lo, em 10 (dez) dias, salvo se corresponder a prestação cujo inadimplemento acarrete a rescisão do contrato.

§ 1º No caso do *caput*, poderá o réu levantar, desde logo, a quantia ou a coisa depositada, com a consequente liberação parcial do autor, prosseguindo o processo quanto à parcela controvertida.

§ 2º A sentença que concluir pela insuficiência do depósito determinará, sempre que possível, o montante devido e valerá como título executivo, facultado ao credor promover-lhe o cumprimento nos mesmos autos, após liquidação, se necessária.

CORRESPONDÊNCIA NO CPC/1973: *ART. 899.*

1. Suficiência do depósito. Será suficiente o depósito correlativo à integralidade da obrigação sobre a qual o litígio se instaurou. Se a ação consignatória foi promovida com a finalidade de libertar o devedor da obrigação prevista em título executivo (judicial ou extrajudicial), o depósito suficiente será aquele que corresponde ao valor atualizado da obrigação nele prevista, somado aos acréscimos legais e contratuais devidos. Lado outro, caso a lide se limite à mera parcela de obrigação estabelecida contratualmente, será suficiente o pagamento integral da parcela, além dos acréscimos devidos.

2. Complementação do depósito. Estabelece o art. 545 que, alegada em contestação a insuficiência do depósito, o autor (devedor no plano material) está autorizado a complementá-lo (*emendatio morae*), no prazo de 10 (dez) dias. A compreensão desse dispositivo atrela-se à leitura do anterior (art. 544, parágrafo único, CPC/2015): arguida a insuficiência do depósito, cumpre ao réu obrigatoriamente indicar o montante que entende como devido, sob pena de sua alegação ser desdenhada. Sendo a insuficiência do depósito a única alegação feita em contestação, a complementação feita pelo autor implicará julgamento do processo, com resolução de mérito.

3. Título executivo em favor do réu. A ação consignatória detém caráter dúplice, outra de suas especialidades. Assim é que, suscitada em contestação a não integralidade do depósito e no caso de o autor optar pela não complementação, a sentença que concluir em favor da insuficiência determinará (pedido implícito), sempre que possível, o montante devido e valerá como título executivo, facultado ao credor (réu no plano processual) promover-lhe o cumprimento nos mesmos autos, após liquidação, se necessária. Daí se vê que o depósito insatisfatório, mas em cuja regularidade crê o autor, não implica carência de ação (ausência de interesse de agir), de forma que a cognição seguirá rumo, a fim de elucidar os fatos.

4. Opção pela não complementação. Se a opção do autor for pela não complementação do depósito, não realizando a *emendatio morae*, o réu estará autorizado a levantar, desde logo, a quantia (ou coisa) depositada, com a consequente liberação parcial da dívida em favor do primeiro, prosseguindo o processo quanto à parcela controvertida. Perceba-se que o réu, como já visto, é citado para levantar o depósito ou oferecer resposta (art. 542 do CPC2015). Mas aqui autoriza a lei que, mesmo já apresentada contestação fundada na insuficiência do depósito, o réu levante a quantia ou a coisa depositada, não havendo que se pensar assim em comportamentos contraditórios, tampouco em preclusão lógica. Nesse aspecto, o Enunciado 61 do III FPPC-Rio vai além e orienta que ao réu é possível o levantamento da quantia (ou da coisa depositada) em outras hipóteses que não aquela atinente à insuficiência do depósito, desde que essa postura não seja contraditória com o fundamento da defesa.

Artigo 546.

Julgado procedente o pedido, o juiz declarará extinta a obrigação e condenará o réu ao pagamento de custas e honorários advocatícios.

Parágrafo único. Proceder-se-á do mesmo modo se o credor receber e der quitação.
CORRESPONDÊNCIA NO CPC/1973: *ART. 897.*

1. Natureza da sentença. A sentença que decorre da ação consignatória, se procedente, apresenta efeito preponderantemente declaratório. Não obstante, sobretudo frente à possibilidade de a consignatória assumir natureza dúplice, poderá a sentença trazer também efeito condenatório (anexo), sempre que o juízo concluir pela insuficiência do depósito, caso em que, além de liberar parcialmente o devedor da dívida (autor da ação de consignação), determinará o montante devido e valerá como título executivo, autorizando o credor a promover execução (rito: cumprimento de sentença) nos próprios autos.

2. Ônus sucumbenciais em caso de procedência. Julgado como procedente o pedido em ação consignatória, o juiz declarará extinta a obrigação e condenará o réu ao pagamento de custas e honorários advocatícios.

3. Ônus sucumbenciais em caso de improcedência. Se a hipótese, todavia, for de improcedência (por exemplo, quando se demonstrar que a recusa foi justa porque a coisa cuja entrega se pretendia é diversa da devida), quem será condenado ao pagamento de custas e honorários será o próprio autor.

4. Ônus sucumbenciais em caso de *emendatio morae*. É também procedente a sentença proferida depois da complementação do depósito, cumprindo ao réu o pagamento dos ônus sucumbenciais. A opção de complementação favorece o autor (devedor no plano material) e não elide a mora *creditoris* que deu ensejo a ação consignatória (STJ, REsp 34.160/SP).

5. Ônus sucumbenciais e caráter dúplice. Se o autor (devedor no plano material) optar por não complementar o depósito e o juiz, ao final, entendê-lo como insuficiente, o pedido consignatório será julgado como procedente em parte, tenha ou não o réu já feito o levantamento do depósito. Será, então, liberado do que foi depositado e condenado ao pagamento (ou à entrega) da diferença da quantia (ou da coisa) devida, valendo a sentença como título executivo judicial, a permitir a execução da obrigação ali estabelecida nos próprios autos da consignatória. Mesmo que a ação for parcialmente procedente, quem arcará com as implicações da sucumbência será exclusivamente o autor, já que restou demonstrado que a resistência do réu em receber se justificou plenamente (princípio da causalidade) (STJ, REsp 194.530/SC).

Artigo 547.

Se ocorrer dúvida sobre quem deva legitimamente receber o pagamento, o autor requererá o depósito e a citação dos possíveis titulares do crédito para provarem o seu direito.
CORRESPONDÊNCIA NO CPC/1973: *ART. 895.*

1. Dúvida sobre quem pagar e procedimento. A consignação ainda tem lugar havendo dúvida ou ignorância: (i) sobre quem deva receber e dar quitação, uma vez que o devedor desconhece aquele que, entre os possíveis candidatos ao crédito, é o verdadeiro legitimado a receber o pagamento (por exemplo, quando pende litígio sobre o objeto do pagamento); e (ii) sobre quem efetivamente seja o credor, porquanto, apesar de vencida a obrigação, ninguém se apresentou para receber o pagamento (por exemplo, em dívida fundada em nota promissória para pagamento de determinada dívida e utilizada pelo beneficiário originário via endosso para pagamento de outros débitos e assim por diante, encontrando-se o título nas mãos de portador desconhecido pelo devedor). Um procedimento judicial é, sem dúvida, indispensável, pois o devedor deve pagar somente a quem de direito; apenas assim será liberado do vínculo obrigacional. Nesse caso, o autor (devedor no plano material) promoverá a ação consignatória requerendo o depósito e a citação dos possíveis titulares do crédito (litisconsórcio passivo necessário), para que provem a sua qualidade de credores. Em outros termos: o procedimento foi encadeado para permitir a disputa entre possíveis pretendentes ao crédito, e não ao recebimento, desde logo, do objeto da prestação. Ao final, a sentença decidirá quem de fato deve legitimamente receber o pagamento.

2. Réu incerto. Se o credor for incerto, vale dizer, não sabendo o devedor quem é, na atualidade, seu credor, a citação deverá ser realizada por edital, devendo intervir no processo o curador de ausentes, caso ocorra a revelia de qualquer dos réus. (MARCATO, Antonio Carlos, *Código de Processo Civil interpretado*, São Paulo, Editora Atlas, 2004. p. 2360).

ARTIGO 548.
No caso do art. 547:
I – não comparecendo pretendente algum, converter-se-á o depósito em arrecadação de coisas vagas;
II – comparecendo apenas um, o juiz decidirá de plano;
III – comparecendo mais de um, o juiz declarará efetuado o depósito e extinta a obrigação, continuando o processo a correr unicamente entre os presuntivos credores, observado o procedimento comum.
CORRESPONDÊNCIA NO CPC/1973: *ART. 898.*

1. Hipóteses possíveis. São três as hipóteses possíveis no caso de consignação fundada em dúvida ou ignorância: (i) nenhum pretendente comparece; (ii) apenas um pretendente comparece; e (iii) mais de um pretendente comparece.

2. Nenhum pretendente comparece. Não comparecendo pretendentes, superado o prazo para contestar, a revelia dos réus será decretada; e o juiz, se for o caso, julgará antecipadamente o mérito. Diante da procedência do pedido, o autor será liberado de sua obrigação. O depósito efetuado, de sua vez, será convertido em arrecadação de coisas vagas (art. 746, CPC/2015).

3. Comparecimento de apenas um pretendente. Comparecendo apenas um candidato ao crédito, reza o art. 548, II, que o juiz decidirá de plano. Não obstante, o órgão judicial somente poderá adotar essa postura depois de superado o prazo para contestar: afinal, não é porque um dos pretendentes conhecidos compareceu que os demais, também citados, perderão seu direito de contestar, bastando considerar que o art. 544 abre a possibilidade de contestação para refutar a idoneidade ou a integralidade do depósito. Nada impede, de outro lado, que o único pretendente compareça não só para levantar a quantia consignada, mas com o propósito, por exemplo, de questionar a integralidade do crédito, hipótese em que o processo deverá seguir seu curso normal, estando afastada a possibilidade de decidi-lo de plano.

4. Comparecimento de mais de um pretendente. Segundo o art. 548, III, o comparecimento de mais de um pretendente ao crédito leva o juiz a declarar como efetuado o depósito e a liberar o devedor de sua obrigação. Quanto ao processo, continuará a correr unicamente entre os presuntivos credores, em observância ao procedimento comum. Não se pode perder de vista, contudo, a real possibilidade de os presuntivos credores comparecerem, não apenas para afirmar seu direito ao crédito contra os demais pretendentes, mas para ofertar contestação, como lhes permite o art. 544 (por exemplo, alegar inexistência de dúvida ou ignorância, ou, ainda, insuficiência do depósito). No último caso, não terá aplicação a regra prevista no art. 545, justamente porque são controvertidos o valor do depósito ou outro fundamento invocado pelo devedor (Enunciado 62 do III FPPC-Rio). Em outras palavras: apenas quando os presuntivos credores comparecerem aos autos – não para se contraporem ao pedido consignatório mas para afirmar a própria condição de credores e o próprio direito contra os demais pretendentes – é que o juiz estará autorizado a decidir, declarando como efetuado o depósito e como extinta a obrigação, prosseguindo o processo entre os possíveis credores em atenção ao procedimento comum.

ARTIGO 549.
Aplica-se o procedimento estabelecido neste Capítulo, no que couber, ao resgate do aforamento.
CORRESPONDÊNCIA NO CPC/1973: *ART. 900.*

1. O aforamento. O CC/2002 proibiu a constituição de enfiteuses (aforamentos) e subenfiteuses, subordinando as existentes, até sua extinção, às disposições do CC/1916. O aforamento é direito real que confere ao enfiteuta (ou foreiro) o domínio útil do prédio aforado, desde que pague ao titular do domínio da coisa (senhorio direto) pensão ou foro, anual, certo e invariável (art. 678, CC/1916).

2. Resgate do aforamento. O direito de resgate é faculdade colocada à disposição do enfiteuta, a fim de adquirir para si a propriedade do bem enfitêutico em troca de pagamento especificado em lei (art. 693, CC/1916).

3. Ação de resgate de aforamento. Segundo dispõe o art. 549, a ação destinada a resgatar o aforamento segue o procedimento consignatório. Há três particularidades: (i) a competência para o resgate do aforamento é do lugar em que se encontra a coisa; (ii) o enfiteuta está autorizado a purgar a mora enquanto não decretado o comisso por sentença (Súmula 122, STF); e (iii) o valor da causa corresponde ao valor do resgate.

CAPÍTULO II – Da Ação de Exigir Contas

Artigo 550.

Aquele que afirmar ser titular do direito de exigir contas requererá a citação do réu para que as preste ou ofereça contestação no prazo de 15 (quinze) dias.

§ 1º Na petição inicial, o autor especificará, detalhadamente, as razões pelas quais exige as contas, instruindo-a com documentos comprobatórios dessa necessidade, se existirem.

§ 2º Prestadas as contas, o autor terá 15 (quinze) dias para manifestar-se sobre elas, prosseguindo-se o processo na forma do Capítulo X do Título I deste Livro.

§ 3º A impugnação das contas apresentadas pelo réu deverá ser fundamentada e específica, com referência expressa ao lançamento questionado.

§ 4º Se o réu não contestar o pedido, observar-se-á o disposto no art. 355.

§ 5º A decisão que julgar procedente o pedido condenará o réu a prestar as contas no prazo de 15 (quinze) dias, sob pena de não lhe ser lícito impugnar as que o autor apresentar.

§ 6º Se o réu apresentar as contas no prazo previsto no § 5º, seguir-se-á o procedimento do § 2º; caso contrário, apresentá-las-á o autor no prazo de 15 (quinze) dias, podendo o juiz determinar a realização de exame pericial, se necessário.

CORRESPONDÊNCIA NO CPC/1973: *ART. 915.*

1. A pretensão de exigir contas. Desapareceu do CPC/2015 o disposto no art. 914 do CPC/1973, cuja redação estabelece que a ação de prestação de contas compete a quem tiver o direito de exigi-las e a obrigação de prestá-las. A justificativa está no fato de que a aludida regra é concernente ao direito material, estranha ao formalismo de um Código de Processo Civil. Para além disso, o CPC/2015 sequer alude à ação de prestação de contas, gênero da qual se desdobram as pretensões de exigir contas e de prestar contas. Disso se constata que, a partir da publicação do CPC/2015, desaparece o procedimento próprio destinado à prestação de contas em perspectiva passiva; ou seja, aquele procedimento hoje utilizado por quem possui o dever de prestar contas, mas encontra dificuldade para cumpri-lo. O próprio título do capítulo, aliás, foi alterado : à antiga nomenclatura "ação de prestação de contas" sobrepôs-se puramente a de "ação de exigir contas". Resta claro que o procedimento regulado entre os arts. 547 a 550 se destina apenas àqueles que têm o direito de exigir contas.

2. Quem tem o direito de exigir contas. Esse procedimento especial destina-se a quem se afirma digno do direito de exigir contas, e desconhece em quanto importa seu crédito ou débito líquido, decorrente de vínculo legal ou negocial, gerado pela administração de bens ou interesses alheios, levado a efeito por um em favor de outro.

3. Quem tem o dever de prestar contas. As hipóteses em que a lei estabelece o dever de prestar contas são as mais variantes e estão espraiadas ao longo de todo o sistema normativo brasileiro. São exemplos dessas hipóteses: o sucessor provisório do ausente que não seja descendente, ascendente ou cônjuge (art. 33, CC/2002); o mandatário (art. 668, CC/2002); o gestor de negócios (art. 861, CC/2002); os administradores nas sociedades em geral (art. 1.020, CC/2002); o síndico do condomínio (art. 1.348, VIII, CC/2002); o inventariante (art. 616, VII, CPC/2015); os tutores (art. 1.755, CC/2002) e os curadores (art. 1.781, CC/2002).

4. Titular de conta bancária. Já decidiu o STJ que a ação de exigir contas pode ser promovida pelo titular de conta corrente bancária, desde que a iniciativa não se destine a deturpar a finalidade do procedimento especial para, por exemplo, pretender revisar contrato ou postular o pagamento de indébito (STJ, REsp 1.150.089/PR).

5. Participante de plano de previdência privada. O STJ tem entendimento no sentido de que participante de plano de previdência privada pode exigir da entidade administradora contas para esclarecimentos sobre as importâncias vertidas ao fundo administrado, ainda que não tenha esgotado a via administrativa e tenham sido cumpridas todas as exigências legais de divulgação anual das informações pertinentes ao plano administrado. (STJ, AgRg no AREsp 150.390/SP).

6. Direito de prestar contas. Com o CPC/2015, já não há mais um procedimento específico cuja pretensão seja a de prestar contas. Isso não implica, por óbvio, desaparecimento do direito material de prestar contas. Como se sabe, todo direito material impõe uma dimensão procedimental/processual: reconhecer como legítimo um direito material significa também o reconhecer um direito subjetivo a procedimento hábil para essa finalidade, pois só assim a eficácia do direito material estará assegurada. Por isso, em casos previstos na lei material ou em contrato, poderá o devedor de contas prestá-las mesmo encontrando obstáculo, porém agora deverá fazê-lo por intermédio da consignação em pagamento (arts. 539 e seguintes, CPC/2015). Em outros termos: poderá o devedor de contas requerer a consignação delas, a fim de liberar-se da obrigação que lhe pesa.

7. Especialidades do procedimento. O procedimento de exigir contas apresenta algumas interessantes especialidades: (i) a citação é realizada a fim de oferecer ao réu a opção de prestar contas ou contestar; (ii) a primeira etapa que se desenvolve procedimentalmente é bifásica, pois de início a cognição judicial volta-se a averiguar se o caso concreto abrange mesmo hipótese legal para que as contas sejam prestadas (apuração do direito de exigir contas); só depois, e se positivo o juízo anterior, é que o juiz determinará a prestação de contas, via decisão interlocutória (art. 550, § 5º, CPC/2015); (iii) segue-se à etapa anterior (bifásica) outro módulo cujo propósito é, em um primeiro momento, avaliar a adequação das contas prestadas e, em instante posterior, declarar por sentença eventual saldo e constituir título executivo em favor daquele considerado pelo juiz como credor; (iv) a ação é dúplice, ou seja, o juiz poderá apurar saldo e constituir título executivo judicial tanto em benefício do autor quanto do réu.

8. Petição inicial. Aquele que se afirmar como titular do direito de exigir contas requererá, em sua petição inicial, a citação do réu, para que este as preste ou ofereça contestação no prazo de 15 (quinze) dias. A petição inicial trará como requisitos, afora aqueles genéricos, a especificação detalhada das razões pelas quais as contas são exigidas, além dos documentos comprobatórios dessa necessidade, caso existentes.

9. Posturas do réu. Citado o réu em ação de exigir contas, tem as seguintes opções: (i) prestar as contas sem oferecer resposta, o que implica o reconhecimento do pedido e a consequente simplificação do procedimento, já que será desnecessário tanto apurar se realmente havia um direito de exigir contas como também determinar judicialmente a apresentação delas; (ii) não prestar contas, e nem contestar, circunstância que implica revelia e possibilita julgamento antecipado do mérito (art. 355, CPC/201) – se procedente o pedido, a decisão determinará que as contas sejam prestadas no prazo de 15 (quinze) dias, sob pena de não ser lícito ao réu impugnar as que o autor apresentar (art. 550, §5º, CPC/2015); (iii) não prestar as contas e oferecer contestação, hipótese em que as alegações nela formuladas serão examinadas e, se tidas como inadequadas, o pedido de prestação de contas será julgado como procedente e o réu será condenado a prestar as contas no prazo de 15 (quinze) dias, sob pena de não lhe ser lícito impugnar as que o autor apresentar (art. 550, §5º, CPC/2015); (iv) prestar contas e oferecer resposta esclarecendo que jamais se recusou a cumprir sua obrigação, caso em que ou o julgamento será de improcedência, sobrando para o autor os ônus sucumbenciais, ou de procedência, seguindo o processo para a fase seguinte (apuração de eventual saldo e constituição de título executivo).

10. Respostas. Citado o réu em ação de exigir contas, pode apresentar exceções e contestação em sua defesa. A reconvenção, entretanto, não é admitida, uma vez que a ação possui caráter dúplice, a significar isso que é possível, independentemente de pedido expresso, a constituição de título executivo judicial, em prol do próprio réu, caso se apure saldo a este favorável,

11. Impugnação das contas. Prestadas as contas exigidas, o autor será ouvido, para, em 15 (quinze) dias, manifestar-se sobre elas, podendo impugná-las. Isso, todavia, deve ocorrer sempre de forma fundamentada e específica, com referência expressa ao(s) lançamento(s) questionado(s), sob pena de seus argumentos sequer serem levados em consideração no momento de avaliar a adequação das contas (art. 550, §§ 3º e 4º, CPC/2015).

12. Apresentação de contas pelo próprio autor. Descumprida a decisão que determinou ao réu prestar contas no prazo de 15 (quinze) dias (art. 550, § 5º, CPC/2015), será ordenado que o o próprio autor o faça, também no prazo de 15 (quinze dias) (art. 550, § 6º, segunda parte, CPC/2015), devendo o juiz determinar exame pericial, caso este se mostre necessário. Tendo em vista a desobediência do réu, não lhe será lícito impugnar as contas apresentadas pelo autor (art. 550, §5º, segunda parte, CPC/2015).

13. Julgamento das contas segundo o prudente arbítrio do juiz. Foi banida do CPC/2015 a regra positivada no CPC/1973 no sentido de que, apresentadas as contas pelo autor, está o juiz autorizado a julgá-las segundo seu prudente arbítrio. Trata-se de benfazeja implicação, decorrente da expulsão do sistema normativo processual do chamado "princípio do livre convencimento do juiz", fruto de um paradigma ultrapassado e que motiva, ainda hoje, exercícios despóticos de interpretação. Vale aqui a notícia histórica: ao chegar à Câmara dos Deputados, o Projeto de Lei do CPC/2015 ainda se curvava ao livre convencimento. Uma emenda supressiva do Relator, Deputado Paulo Teixeira, a partir de um artigo elaborado por Lenio Streck (disponível eletronicamente em http://www.conjur.com.br/2013-out-21/lenio-streck-agora-apostar-projeto-cpc), eliminou todas as expressões que sugeriam liberdade de apreciação da prova ou livre convencimento acerca dos fatos. A justificativa apresentada por Lenio Streck ao Relator foi esta: "Embora historicamente os Códigos Processuais estejam baseados no livre convencimento e na livre apreciação judicial, não é mais possível, em plena democracia, continuar transferindo a resolução dos casos complexos em favor da apreciação subjetiva dos juízes e tribunais. (...) O livre convencimento se justificava em face da necessidade de superação da prova tarifada. Filosoficamente, o abandono da fórmula do livre convencimento ou da livre apreciação da prova é corolário do paradigma da intersubjetividade, cuja compreensão é indispensável em tempos de democracia e de autonomia do direito. Dessa forma, a invocação do livre convencimento por parte de juízes e tribunais acarretará, a toda evidência, a nulidade da decisão.". A postura do legislador foi acertada e permitiu substancial avanço na história, deixando para trás o arbitrário paradigma da subjetividade.

14. Prova pericial e participação do réu. O art. 550, §5º, claramente estabelece que o réu, ao desobedecer à decisão de procedência, não poderá impugnar as contas que o autor apresentar, a partir do momento em que o próprio juiz verificar a necessidade de averiguação dos documentos, determinando a produção de prova técnica. Todavia, nada impedirá que ambos colaborem conjuntamente na avaliação de adequação das contas prestadas, circunstância que os autoriza a nomear assistentes técnicos, a formular quesitos e a acompanhar o desenrolar dos trabalhos periciais, se assim desejarem. É algo, aliás, que se intui pela mera leitura do art. 10 do CPC/2015.

15. Impossibilidade de apresentação de contas pelo autor. A depender do caso concreto e dos elementos que o autor tiver em seu poder, poderá mostrar-se inócua a previsão legislativa que transfere para ele a apresentação de contas não prestadas pelo réu (art. 550, § 6º, segunda parte, CPC/2015). Afinal, sem condições mínimas de fazê-lo (ausência de documentos, por exemplo), será impossível ao autor prestar contas. Nesse caso, correto é o entendimento de que são aplicáveis as providências às quais se refere o art. 497 do CPC/2015, porquanto muito provavelmente se mostrarão proveitosas para a aquisição dos elementos indispensáveis para que o autor preste suas contas. O STJ, entretanto, afastou-se desse rumo e entendeu como incabível o manejo das referidas técnicas coercitivas ora referidas (STJ, REsp 1.092.592/PR).

16. Natureza da decisão que julga como procedente o pedido. É interlocutória a decisão que julga como procedente o pedido e condena o réu a prestar contas (art. 550, § 5º, CPC/2015), sendo essa decisão recorrível mediante agravo de instrumento (Enunciado n. 177 do III FPPC-Rio).

ARTIGO 551.
As contas do réu serão apresentadas na forma adequada, especificando-se as receitas, a aplicação das despesas e os investimentos, se houver.

§ 1º Havendo impugnação específica e fundamentada pelo autor, o juiz estabelecerá prazo razoável para que o réu apresente os documentos justificativos dos lançamentos individualmente impugnados.

§ 2º As contas do autor, para os fins do art. 550, § 5º, serão apresentadas na forma adequada, já instruídas com os documentos justificativos, especificando-se as receitas, a aplicação das despesas e os investimentos, se houver, bem como o respectivo saldo.

CORRESPONDÊNCIA NO CPC/1973: *ART. 917.*

1. Forma adequada. Segundo o CPC/1973, tanto as contas do autor quanto as do réu devem ser apresentadas em "forma mercantil"; vale dizer, especificando as receitas e a aplicação das despesas, bem como o respectivo saldo, sempre instruídas com os documentos justificativos. No CPC/2015, contudo, não há mais a expressão "forma mercantil", de maneira que as contas poderão ser apresentadas na forma adequada, a significar que receitas, aplicação de despesas e/ou investimentos merecem especificação, se houver. Pretendeu-se, a bem da verdade, atenuar o rigor propalado pela aludida expressão, em ajuste a entendimento do STJ, no sentido de que a apresentação de contas não disponibilizada na forma mercantil não importa necessariamente que o juiz deva desconsiderá-las, porque é seu dever verificar, sobretudo, se essas aludidas contas atingiram as finalidades do processo (STJ, AgRg no AREsp 150.390/SP); podendo ser consideradas principalmente diante da possibilidade de realização de perícia contábil (STJ, REsp 1.218.889/PR).

2. Documentos justificativos. O réu, ao cumprir seu dever de prestar contas na forma adequada, não está obrigado, de imediato, a instruí-las com documentos justificativos. Só o fará na hipótese de impugnação específica e fundamentada pelo autor (art. 550, §3º, CPC/2015), quando o juiz assinará prazo razoável para que apresente os documentos justificativos dos lançamentos que foram individualmente impugnados. Frente à omissão do réu, caberá ao autor apresentar as contas, fazendo-o na forma adequada e já instruindo-as com os documentos justificativos (art. 551, §2º, CPC/2015), até para facilitar a avaliação pela perícia (cuja determinação normalmente ocorre) da adequação das contas prestadas.

Artigo 552.
A sentença apurará o saldo e constituirá título executivo judicial.
CORRESPONDÊNCIA NO CPC/1973: ARTIGO 918.

1. Apuração do saldo e formação de título executivo judicial. Superadas as fases anteriores (apuração do direito de exigir contas e determinação judicial para que as contas sejam prestadas), segue o procedimento para avaliar a adequação das contas apresentadas e, em instante posterior, para declarar via sentença (eventual) saldo e constituir título executivo em favor da parte credora, seja ela autor ou réu (caráter dúplice). Em outros termos, havendo saldo, devidamente atualizado e com os acréscimos legais e/ou contratuais, a sentença é título executivo judicial e habilita o credor a executar a obrigação via cumprimento de sentença.

2. Natureza da sentença e do recurso. A sentença proferida em ação de exigir contas e que chega a um saldo credor, em favor do autor ou do réu, a depender do caso, tem carga preponderantemente condenatória e, naturalmente, pode ser desafiada por apelação.

3. Sucumbência. Será processada conforme as circunstâncias: (i) ao prestar as contas e não oferecer resposta, o réu reconhece o pedido de exigir contas, a implicar isso, de regra, a condenação dele ao pagamento dos ônus sucumbenciais, mesmo estabelecendo a sentença saldo credor que o favoreça; (ii) não prestando contas e tampouco contestando o pedido, a revelia se materializará, a significar que, verificado o dever de prestar contas, o réu será condenado ao pagamento dos ônus sucumbenciais, mesmo estabelecendo a sentença saldo credor que o favoreça; (iii) não prestadas as contas e ofertada a contestação, as alegações nela formuladas serão examinadas e, se tidas por inadequadas, o pedido de prestação de contas será julgado como procedente e o réu será condenado a prestar as contas no prazo de 15 (quinze) dias, e no final do procedimento, quando a sentença for proferida, será condenado ao pagamento dos ônus sucumbenciais, mesmo estabelecendo a sentença saldo credor que o favoreça; (iv) prestadas as contas e oferecida contestação no sentido de que o réu jamais se recusou a cumprir sua obrigação, ou o julgamento será de improcedência, sobrando para o autor os ônus sucumbenciais, ou de procedência, seguindo o processo para a fase seguinte (apuração de eventual saldo e constituição de título executivo) e cabendo ao réu o pagamento dos ônus sucumbenciais.

Artigo 553.

As contas do inventariante, do tutor, do curador, do depositário e de qualquer outro administrador serão prestadas em apenso aos autos do processo em que tiver sido nomeado.

Parágrafo único. Se qualquer dos referidos no *caput* for condenado a pagar o saldo e não o fizer no prazo legal, o juiz poderá destituí-lo, sequestrar os bens sob sua guarda, glosar o prêmio ou a gratificação a que teria direito e determinar as medidas executivas necessárias à recomposição do prejuízo.

CORRESPONDÊNCIA NO CPC/1973: *ART. 400.*

Correspondente ao CPC/1973: "Art. 919. As contas do inventariante, do tutor, do curador, do depositário e de outro qualquer administrador serão prestadas em apenso aos autos do processo em que tiver sido nomeado. Sendo condenado a pagar o saldo e não o fazendo no prazo legal, o juiz poderá destituí-lo, sequestrar os bens sob sua guarda e glosar o prêmio ou gratificação a que teria direito".

1. **Prestação de contas em apenso.** Há casos em que a obrigação de prestar contas decorre de um processo prévio, como é o caso do inventariante, tutor, curador e depositário. Nessas hipóteses, até como maneira de melhor racionalizar a atividade judiciária, nada mais lógico que as contas sejam prestadas em apenso aos autos do processo no qual o administrador foi nomeado e de onde surgiu o encargo.

2. **Processo findo.** Ainda que findo o processo no qual o administrador foi nomeado, a ação de prestação de contas deverá ser promovida por prevenção no juízo que conheceu da ação prévia, devendo ambos os autos serem apensados, já que isso facilitará a prova e impedirá decisões contraditórias. (MEDINA, José Miguel Garcia; ARAÚJO, Fábio Caldas de; GAJARDONI, Fernando da Fonseca, *Procedimentos cautelares especiais*, v. 4, 2. ed., São Paulo, RT, 2010, p. 260).

3. **Consequências do inadimplemento.** Condenado o administrador (inventariante, tutor, curador, depositário, etc.) a pagar saldo apurado em prestação de contas, e

não o fazendo no prazo legal, a lei autoriza que o juiz destitua o administrador, sequestre bens sob sua guarda, glose o prêmio ou a gratificação a que teria direito e, ainda, determine medidas executivas necessárias à recomposição do prejuízo.

CAPÍTULO III – Das Ações Possessórias

SEÇÃO I – Das Disposições Gerais

ARTIGO 554.

A propositura de uma ação possessória em vez de outra não obstará a que o juiz conheça do pedido e outorgue a proteção legal correspondente àquela cujos pressupostos estejam provados.

§ 1º No caso de ação possessória em que figure no polo passivo grande número de pessoas, será feita a citação pessoal dos ocupantes que forem encontrados no local e a citação por edital dos demais, determinando-se, ainda, a intimação do Ministério Público e, se envolver pessoas em situação de hipossuficiência econômica, da Defensoria Pública.

§ 2º Para fim da citação pessoal prevista no § 1º, o oficial de justiça procurará os ocupantes no local por uma vez, citando-se por edital os que não forem encontrados.

§ 3º O juiz deverá determinar que se dê ampla publicidade sobre a existência da ação prevista no §1º e dos respectivos prazos processuais, podendo, para tanto, valer-se de anúncios em jornal ou rádio locais, da publicação de cartazes na região do conflito e de outros meios.

CORRESPONDÊNCIA NO CPC/1973: *ART. 920.*

1. **Ações possessórias.** As ações possessórias têm por escopo a tutela jurisdicional da posse de bens móveis, semoventes e imóveis. Deve-se frisar que são admissíveis para a proteção de bens incorpóreos, em atenção à Súmula 228 do STJ. É reiterado o entendimento de que, em ações possessórias, a tutela da posse deve estar inserida tanto na causa de pedir como no pedido. Aliás, não se admite, em procedimentos instaurados com essa finalidade, discussão relativa à propriedade (arts. 923 e 1.210, §2º, CC/2002). Segundo dispõe o CC/2002, é possuidor todo aquele que tem de fato o exercício, pleno ou não, de algum dos poderes inerentes à propriedade (art. 1.196, CC/2002). Em sendo a causa de pedir a propriedade, não se estará diante de uma ação possessória, mas de ação petitória (por exemplo, reivindicatória).

2. **A posse, sua natureza e suas classificações.** A posse, segundo a teoria objetiva adotada no Brasil e consagrada por Ihering, é o poder de fato sobre a coisa, diversamente da propriedade, que se traduz em poder de direito sobre a coisa. Em outros termos:

possuidor é todo aquele que tem de fato o exercício, pleno ou não, de algum dos poderes inerentes à propriedade (art. 1.196, CC/2002). De outro lado, a posse possui natureza jurídica de direito pessoal, como bem evidencia o art. 73, §2º, do CPC/2015, a impor que, em ações possessórias, a participação do cônjuge do autor ou do réu somente é indispensável nas hipóteses de composse ou de ato por ambos praticado. Fosse a posse direito real, bastaria o fato de tratar-se de ação possessória imobiliária para que se impusesse o litisconsórcio previsto no *caput* do art. 73 do CPC/2015. Por fim, a posse pode ser classificada segundo vários critérios: (i) justa ou injusta (se adquirida clandestinamente ou de forma violenta, ou se obtida em conformidade com o ordenamento jurídico); (ii) de boa-fé ou de má-fé (a depender da ignorância ou do conhecimento do vício ou do obstáculo que impede ao possuidor adquirir a coisa ou o direito possuído); (iii) direta ou indireta; (iv) velha ou nova (a depender da duração, isto é, se inferior ou superior a um ano e um dia). (SANTOS, Nelton dos; MARCATO, Antonio Carlos (Coord.), *Código de Processo Civil Interpretado*, 3.. ed., São Paulo, Atlas, 2008. p. 2399-2402).

3. Espécies e cabimento. São tidas como possessórias as ações de manutenção, reintegração e o interdito proibitório. Ainda que possuam caráter possessório, as ações de nunciação de obra nova, embargos de terceiro e outras mais não são arrostadas pelo CPC/2015 de acordo com essa perspectiva. Segundo a lei processual, o possuidor tem direito a ser mantido na posse em caso de turbação e reintegrado no de esbulho (art. 560, CPC/2015). Na primeira hipótese, deverá se valer da ação de manutenção de posse; no derradeiro, da ação de reintegração. Finalmente, caberá o interdito proibitório sempre que o possuidor (direto ou indireto), que tenha justo receio de ser molestado na posse, pretender ao juiz que o resguarde da turbação ou do esbulho iminente, o que se dará via mandado cominando o réu determinada pena pecuniária a ser aplicada em havendo transgressão à determinação judicial (art. 567, CPC/2015).

4. Legitimidade na ação possessória. Possui legitimidade para promover ação possessória tanto aquele que tem a posse (natural ou civil), mas vem sofrendo turbação ou ameaças de turbação, como aquele que dela foi privado (esbulho). Pouco importa se o autor é possuidor direto ou indireto. Já a legitimidade passiva envolve aquele que turbou a posse ou a esbulhou, bem como aquele que a ameaça de turbação ou de esbulho.

5. Ausência de qualificação do réu na possessória. Inexistindo possibilidade de qualificação dos réus na petição inicial, nem por isso será lícito ao juiz seu indeferimento. Conquanto tranquila a jurisprudência com relação ao ponto, agora o CPC/2015 traz regra explícita: em ação possessória, na qual figure no polo passivo grande número de pessoas, será feita a citação pessoal daqueles ocupantes que forem sendo encontrados no local, enquanto serão citados por edital os que não forem identificados na localidade já na primeira vez em que o oficial de justiça ali promover a diligência para esse fim (art. 554, §1.º, CPC/2015).

6. Providências paralelas. A lei processual exige a intimação do Ministério Público, que atuará no processo na qualidade de custos legis. Lado outro, estando envolvidas pessoas em situação de hipossuficiência econômica, a Defensoria Pública também deverá ser intimada (art. 554, §1º, CPC/2015) para lhes assegurar o direito à ampla defesa.

7. Ação possessória e composse. Cada um dos compossuidores detém legitimidade para sozinho defender tanto a sua posse como também a dos demais compossuidores (art. 1314, CC/2002). De outro lado, um compossuidor somente poderá promover ação possessória contra o outro na hipótese de exercer posse *pro diviso*, pois, havendo indivisão na composse, o direito material proíbe ação possessória promovida contra compossuidor (art. 1199, CC/2002).

8. Valor da causa. O valor da causa nas ações fundadas em posse, tais como os embargos de terceiro e a oposição, deve considerar a expressão econômica da posse, que não obrigatoriamente coincide com o valor da propriedade (Enunciado 178 do III FPPC-Rio).

9. Especialidades dos procedimentos. São especiais os procedimentos possessórios por apresentarem as seguintes particularidades: (i) a fungibilidade processual, ou seja, pouco importa se a petição inicial descreve turbação, esbulho ou ameaça, sobretudo porque as circunstâncias ora apontadas tendem a se alterar em breve espaço de tempo, devendo o juiz tutelar a posse ameaçada ou lesionada, independentemente de emendas (art. 554, *caput*, CPC/2015); (ii) a obrigatoriedade da audiência de justificação prévia, caso o julgador repute insuficientes as provas trazidas com a petição inicial; (iii) a possibilidade de pedido contraposto, significando isso que ao réu é lícito, na contestação (portanto, independentemente de reconvenção ou de qualquer procedimento específico), alegando que foi ofendido em sua posse, demandar proteção possessória e indenização pelos prejuízos resultantes da turbação ou do esbulho cometido pelo autor (art. 556, CPC/2015); (iv) o réu está autorizado a demonstrar, em qualquer tempo, que o autor, provisoriamente mantido ou reintegrado na posse, carece de idoneidade financeira para, no caso de decair da ação, responder por perdas e danos, hipótese em que o juiz assinar-lhe-á cinco dias para requerer caução sob pena de ser depositada a coisa litigiosa (art. 559, CPC/2015); (v) o deferimento de tutela provisória liminarmente sem a necessidade da demonstração do perigo da demora.

ARTIGO 555.
   É lícito ao autor cumular ao pedido possessório o de:
   I – condenação em perdas e danos;
   II – indenização dos frutos.
   Parágrafo único. Pode o autor requerer, ainda, imposição de medida necessária e adequada para:
   I – evitar nova turbação ou esbulho;
   II – cumprir-se a tutela provisória ou final.
   CORRESPONDÊNCIA NO CPC/1973: *ART. 921.*

1. Cumulação de pedidos na ação possessória. Segundo prevê o art. 555 do CPC/2015, o autor está autorizado a cumular ao pedido possessório o de: (i) condenação do réu em perdas e danos; e (ii) indenização dos frutos. Não é lícito ao autor, entretanto, cumular causas de pedir e pedidos possessório e petitório, já que o CPC/2015 veda, na pendência de ação possessória, a propositura de ação voltada ao reconhecimento do domínio, exceto se pretensão for deduzida em face de terceira pessoa (art. 557, CPC/2015). Havendo algo assim, causa de pedir e pedidos com combinações incompatíveis, deverá o juiz determinar a emenda da petição inicial para que o autor decida se pretende mover ação fundada na posse ou na propriedade, sob pena de indeferimento.

2. Medidas de apoio. É expresso o art. 555 do CPC/2015, ao admitir que o autor da ação possessória pleiteie medida necessária e adequada, quer para evitar nova turbação ou esbulho, quer para assegurar cumprimento da tutela provisória ou final. Em outras palavras, o legislador autorizou, de forma cabal, a utilização das chamadas "medidas de apoio", vale dizer, mecanismos sub-rogatórios e coercitivos não raramente indispensáveis para assegurar o cumprimento da ordem judicial ou mesmo para evitar novo ilícito. Não há, no dispositivo, especificação de quais medidas de apoio podem ser utilizadas, opção legislativa acertada por valorizar a facticidade – é o caso concreto que irá fornecer as pistas sobre quais medidas deverão ser empregadas (multa, busca e apreensão, remoção de pessoas e de coisas, desfazimento de obras, requisição de força policial, etc.).

3. Condenação em perdas e danos e indenização dos frutos. Aquele que foi esbulhado ou turbado tem direito a obter indenização pelos prejuízos sofridos precisamente em razão do esbulho ou da turbação. Trata-se de pedidos de natureza condenatória, atrelados ao direito material, em específico aos dispositivos que impõem ao possuidor de má-fé responsabilidade pela perda ou deterioração da coisa (art. 1.218, CC/2002) por todos os frutos colhidos e percebidos, bem como pelos frutos que, por culpa sua, deixou de perceber (art. 1.216, CC/2002).

4. Cumulação de pedidos, julgamento antecipado e recurso cabível. Em sendo incontroversa a questão possessória, tem lugar o julgamento antecipado, prosseguindo o procedimento em relação à parte controversa da demanda. É o chamado julgamento antecipado parcial do mérito (art. 356, CPC/2015), cabível quando um ou mais dos pedidos formulados, ou parcela deles, mostrar(em)-se incontroverso(s) e estiver(em) em condições de imediato julgamento. A decisão que resolverá a parte incontroversa é interlocutória e admite impugnação via agravo de instrumento (art. 356, §5º, CPC/2015).

Artigo 556.

É lícito ao réu, na contestação, alegando que foi o ofendido em sua posse, demandar a proteção possessória e a indenização pelos prejuízos resultantes da turbação ou do esbulho cometido pelo autor.

CORRESPONDÊNCIA NO CPC/1973: *ART. 922.*

1. Pedido contraposto. A ação possessória apresenta, como uma de suas marcas, o fato de quando em vez misturar as posições ativa e passiva do processo, autorizando ao próprio réu formular pedidos de proteção possessória e de indenização pelos prejuízos que o ilícito eventualmente lhe causar. Não se trata de reconvenção, mas de pedido contraposto.

2. Limitação ao pedido contraposto. Sempre se aludiu que ao réu não é lícito formular pedidos contrapostos para além da proteção possessória e da indenização pelos prejuízos sofridos. Desejando algo diverso, deve promover reconvenção ou nova demanda. Ainda que, hoje, a nova sistemática processual preveja que a reconvenção seja apresentada na própria contestação, isso não implica desconsiderar as diferenças entre pedido contraposto e reconvenção. A lição de outrora permanece viva.

3. Usucapião. Por meio de reconvenção, pode o réu veicular pedido de declaração de usucapião, ampliando subjetivamente a relação processual (Enunciado n. 46 do III FPPC-Rio).

Artigo 557.
Na pendência de ação possessória é vedado, tanto ao autor quanto ao réu, propor ação de reconhecimento do domínio, exceto se a pretensão for deduzida em face de terceira pessoa.
Parágrafo único. Não obsta à manutenção ou à reintegração na posse a alegação de propriedade ou de outro direito sobre a coisa.
CORRESPONDÊNCIA NO CPC/1973: *ART. 923.*

1. Independência entre os juízos possessório e petitório. Não está o réu, pendente ação possessória, autorizado a promover ação visando ao reconhecimento do domínio. A ideia é evitar que a decisão possessória seja retardada por questões atinentes ao reconhecimento do domínio. Segundo a visão do STF, não há inconstitucionalidade no art. 923 do CPC/1973, o qual serviu de espelho para o art. 557 do CPC/2015 (STF, RE 87.344/1978). É que o direito de ação fundada na propriedade não é obstado, estando seu exercício sob mera condição suspensiva até a conclusão do juízo possessório. O *caput* do art. 557 vale somente para as partes, autor e réu, de modo que nenhum destes está autorizado a promover ação de reconhecimento do domínio quando ambos estiverem litigando entre si em ação possessória. Isso significa, por consequência, que nada impede que quaisquer das partes na ação possessória promovam ação de reconhecimento de domínio em face de terceira pessoa.

2. Exceção de domínio. Segundo o art. 557, em plena sintonia com o art. 1.210, § 2º, do CC/2002, a manutenção ou a reintegração de posse não é obstada pela alegação de propriedade ou de outro direito sobre a coisa. Mesmo que alegue o réu exceção de domínio, esse argumento não ingressará na cognição judicial: é irrelevante para o julgador.

3. Posse disputada com base na propriedade. Não se pode recusar a possibilidade de disputarem os litigantes a posse com fundamento na propriedade. Nesse caso, o juiz deverá, sem dúvida, decidir o feito em favor daquele que demonstrar a titularidade do domínio.

Artigo 558.

Regem o procedimento de manutenção e de reintegração de posse as normas da Seção II deste Capítulo quando a ação for proposta dentro de ano e dia da turbação ou do esbulho afirmado na petição inicial.

Parágrafo único. Passado o prazo referido no *caput*, será comum o procedimento, não perdendo, contudo, o caráter possessório.

CORRESPONDÊNCIA NO CPC/1973: *ART. 924.*

1. Ações possessórias de força nova e força velha. Segundo o CC/2002, o possuidor tem direito de ser mantido na posse no caso de turbação e de ser restituído no de esbulho, além de ser protegido contra violência iminente se tiver justo receio de ser molestado (art. 1.210, CC/2002). Esse é o direito material à tutela possessória. O CPC/2015, de sua vez, regulamenta a forma pela qual essa tutela ocorre processualmente, atribuindo procedimento especial, cujas especificidades estão reguladas entre os arts. 554 e 566, quando a ameaça ou a violência da posse tiver ocorrido a menos de ano e dia (força nova). Já quando a ameaça ou a violência da posse superar ano e dia (força velha), o procedimento a ser seguido será o comum, admitida, mesmo aqui, a concessão de tutela provisória, desde que provados os requisitos previstos no art. 300 do CPC/2015.

2. Procedimento das possessórias de força nova. A proteção possessória em casos de posse ameaçada ou lesada a menos de ano e dia (força nova) é regulamentada procedimentalmente pelos dispositivos elencados na Seção seguinte, intitulado "Da Manutenção e da Reintegração de Posse".

Artigo 559.

Se o réu provar, em qualquer tempo, que o autor provisoriamente mantido ou reintegrado na posse carece de idoneidade financeira para, no caso de sucumbência, responder por perdas e danos, o juiz designar-lhe-á o prazo de 5 (cinco) dias para requerer caução, real ou fidejussória, sob pena de ser depositada a coisa litigiosa, ressalvada a impossibilidade da parte economicamente hipossuficiente.

CORRESPONDÊNCIA NO CPC/1973: *ART. 925.*

1. Caução. Caso o réu demonstre que o autor carece de idoneidade financeira para responder por perdas e danos se sucumbir na demanda, o juiz designar-lhe-á o prazo de 5 (cinco) dias para requerer caução (real ou fidejussória). Segundo o art. 559, o réu pode apresentar referida prova já quando ofertada sua contestação, ou mesmo em outro momento ao longo do procedimento, sempre a seu critério, cabendo-lhe formular pedido de caução que deverá ser observado pelo autor, sob pena de ser depositada a coisa litigiosa. A prestação da caução poderá ser determinada mesmo quando seja o réu quem obtenha a proteção possessória, nos termos do art. 557 (Enunciado 180, III FPPC--Rio). A medida possui evidente natureza cautelar: visa resguardar direito indenizatório do qual o réu porventura seja titular.

2. Parte economicamente hipossuficiente. Requerida e não prestada caução idônea, a coisa litigiosa só não será entregue nas mãos de um depositário judicial se a parte (autor ou réu, a depender de quem recebeu a proteção possessória) demonstrar sua hipossuficiência econômica.

3. Meios de prova. Apesar da omissão no art. 559, é óbvio que o réu está autorizado a se valer de todos os meios de prova admissíveis em direito para o fim de demonstrar a carência de idoneidade financeira do autor. Entendimento contrário implicaria lesão ao direito fundamental à ampla defesa e, em um contexto maior, atentado contra o próprio devido processo legal.

SEÇÃO II – Da Manutenção e da Reintegração de Posse

ARTIGO 560.

O possuidor tem direito a ser mantido na posse em caso de turbação e reintegrado em caso de esbulho.
CORRESPONDÊNCIA NO CPC/1973: *ART. 926.*

1. Direito material. O art. 560 do CPC/2015 deriva do direito material, repetindo em boa parte o que dispõe o art. 1.210 do CC/2002.

2. Turbação e esbulho. Turbação diz respeito a todo e qualquer ato que estorve ou cerceie o exercício da posse, pouco importando a existência, ou não, de dano efetivo. Esbulho, por sua vez, implica ocorrência de atos que impossibilitem o próprio exercício da posse pelo possuidor. Em sendo o caso de turbação, a ação cabível é a manutenção de posse, ao passo que, se o ilícito corresponder ao esbulho, o remédio é a reintegração de posse.

3. Autotutela. Vale mencionar que o CC/2002 prevê o desforço imediato, espécie de autotutela por meio da qual o possuidor turbado, ou esbulhado, poderá manter-se na posse ou restituí-la por meio da própria força. Não há crime aí, desde que o possuidor atue desde logo, utilizando-se de atos de defesa, ou de desforço, que não persistam além do indispensável à manutenção ou restituição da posse. Se não agir de imediato, apenas sobrará ao possuidor defender sua posse ameaçada ou violada por intermédio de uma ação possessória.

Artigo 561.

Incumbe ao autor provar:
I – a sua posse;
II – a turbação ou o esbulho praticado pelo réu;
III – a data da turbação ou do esbulho;
IV – a continuação da posse, embora turbada, na ação de manutenção, ou a perda da posse, na ação de reintegração.
CORRESPONDÊNCIA NO CPC/1973: *ART. 928.*

1. Requisitos específicos para a obtenção da tutela possessória. Para a obtenção da tutela possessória, é indispensável ao possuidor que comprove requisitos específicos (elementos fáticos) previstos no art. 561 do CPC/2015. Os requisitos são: (i) a posse (fato jurídico originário do direito do possuidor e que caracteriza a ação possessória, presente tanto na causa de pedir como no pedido); (ii) a turbação ou o esbulho praticado pela contraparte (ato ilícito); (iii) a data da turbação ou do esbulho (prova de que o ato ilícito se deu em menos de ano e dia, até como forma de legitimar o manejo do procedimento especial); e (iv) a continuação da posse, embora turbada, ou a perda, se o caso corresponder a esbulho.

2. Ônus da prova. No que tange ao ônus probatório nas ações possessórias, aplica-se a regra geral segundo a qual cumpre ao autor provar os fatos constitutivos de seu direito (art. 373, I, CPC/2015). O art. 561 do CPC/2015 é claro em relação ao ponto, já que impõe ao autor a comprovação dos elementos fáticos indispensáveis à tutela possessória. Se, porventura, não lograr êxito em demonstrar a própria posse, a turbação ou o esbulho praticado e mesmo a continuação ou a perda da posse, seu pedido possessório será julgado como improcedente.

Artigo 562.

Estando a petição inicial devidamente instruída, o juiz deferirá, sem ouvir o réu, a expedição do mandado liminar de manutenção ou de reintegração, caso contrário, determinará que o autor justifique previamente o alegado, citando-se o réu para comparecer à audiência que for designada.

Parágrafo único. Contra as pessoas jurídicas de direito público não será deferida a manutenção ou a reintegração liminar sem prévia audiência dos respectivos representantes judiciais.
CORRESPONDÊNCIA NO CPC/1973: *ART. 928.*

DOS PROCEDIMENTOS ESPECIAIS   ART. 562

1. Decisão liminar possessória. Apresentada a petição inicial e demonstrados os requisitos específicos (art. 561, CPC/2015), deve o juiz conceder, via cognição sumária, a tutela possessória, decisão dotada de provisoriedade e com caráter satisfativo. E assim já no limiar do processo, antes de citado o réu.

2. Petição inicial devidamente instruída. A expressão "petição inicial devidamente instruída" significa apenas que ao autor cumpre demonstrar os requisitos previstos no art. 561, sob pena de indeferimento da tutela antecipada.

3. Sobre a natureza da tutela provisória possessória. Sempre se afirmou que a principal característica do procedimento especial possessório a envolver força nova é a possibilidade de o juiz deferir medida liminar, desde que provados os requisitos previstos no art. 561 do CPC/2015. E não há, entre os aludidos requisitos, menção alguma que indique a necessidade de prova do perigo de dano. Isso porque o próprio legislador, em um juízo de ponderação, concluiu pela presença implícita do *periculum in mora* – e, desse modo, pela presença (também implícita) da própria urgência – naqueles casos em que a ação possessória é intentada dentro de ano e dia da turbação ou do esbulho. É, aliás, comum a realização pelo legislador de juízos de ponderação na feitura de leis. Especialmente em termos de legislações processuais, cria e faz opções por determinadas técnicas que reputa mais adequadas ao atingimento de determinados fins. É natural que assim seja, sobretudo tendo-se em vista as particularidades fáticas evolvidas nos litígios e as variadas necessidades do direito material. Por isso o absurdo de defender um procedimento único e ordinarizado, como se fosse possível habilitá-lo à tutela dos variados direitos materiais e às infinitas nuanças dos casos concretos. O legislador, enfim, pondera e atinge resultados que lhe pareçam ideais aos fins pretendidos com a construção de dada legislação.

4. Justificação prévia. A audiência de justificação prévia cabe quando não demonstrados os requisitos autorizadores da tutela antecipada provisória – uma vez demonstrados, a tutela provisória liminar deve ser de imediato concedida. Significa isso, entretanto, que não está o juiz autorizado a simplesmente indeferir o pedido de antecipação de tutela: é seu dever, caso repute não provados os requisitos previstos exigidos por lei, designar audiência de justificação prévia e permitir ao autor que produza a prova necessária.

5. Antecipação de tutela em ações possessórias de força velha. O procedimento especial ora comentado é atinente apenas às ações possessórias de força nova. Isso, contudo, não quer dizer que a tutela provisória não esteja autorizada em ações de força velha. E nem poderia ser diferente, sob pena de ofensa constitucional (art. 5º, XXXV, CF/1988). Nessa hipótese, deverá o autor trabalhar com o art. 300 do CPC/2015, que regula a tutela antecipada genérica. Sua dificuldade maior será a demonstração do perigo de dano, porque a situação fática da posse normalmente tende a se estabilizar com o passar do tempo.

6. Recursos. A decisão que concede tutela provisória em ações possessórias de força nova ou velha desafia agravo de instrumento, nos exatos termos do que dispõe o art.

1.015, I, do CPC/2015. Se a antecipação de tutela for concedida ou confirmada no corpo da sentença, esse seu capítulo específico começará a produzir efeitos imediatamente após a publicação da sentença (art. 1.012, § 1º, V), independentemente de apelação.

7. Ações possessórias contra pessoas jurídicas de direito público. Segundo dispõe o parágrafo único do art. 562, não será deferida a manutenção ou a reintegração liminar contra as pessoas jurídicas de direito público sem a prévia audiência dos respectivos representantes judiciais.

Artigo 563.

Considerada suficiente a justificação, o juiz fará logo expedir mandado de manutenção ou de reintegração.

CORRESPONDÊNCIA NO CPC/1973: *ART. 929.*

1. Justificação prévia. O CPC/1973 refere-se, de forma equivocada, ao julgamento de procedência da justificação. Todavia, audiências de justificação não são julgadas; prestam-se, isso sim, à coleta de provas para que o juiz, em cognição sumária, conceda ou não a tutela provisória. Acertou o legislador, portanto, em adotar essa nova redação, que trata a justificação como aquilo que ela realmente é: uma fase de colheita de provas.

2. Tutela provisória e recurso. Concluída a audiência de justificação e satisfatória a prova produzida, deverá o juiz conceder a tutela provisória e determinar, desde logo, a expedição do mandado (de manutenção ou de reintegração). Caso contrário, o pedido de tutela provisória será indeferido, seguindo curso o procedimento em atenção ao rito especial. É interlocutória a decisão que defere ou não o pedido de tutela provisória e, como tal, pode ser desafiada mediante agravo de instrumento (art. 1.015, I).

Artigo 564.

Concedido ou não o mandado liminar de manutenção ou de reintegração, o autor promoverá, nos 5 (cinco) dias subsequentes, a citação do réu para, querendo, contestar a ação no prazo de 15 (quinze) dias.

Parágrafo único. Quando for ordenada a justificação prévia, o prazo para contestar será contado da intimação da decisão que deferir ou não a medida liminar.

CORRESPONDÊNCIA NO CPC/1973: *ART. 930.*

1. Prazo para contestar. Concedida ou não a antecipação de tutela possessória, caberá ao autor promover, nos 5 (cinco) dias subsequentes, a citação do réu para, querendo, contestar a ação no prazo de 15 (quinze) dias. Afirmar que ao autor cumpre promover a citação não significa que é ele propriamente quem deva realizar o ato citatório, pois o que lhe cabe é adotar as providências necessárias para viabilizar a citação, fornecendo, por exemplo, a qualificação adequada do réu, pagando custas, etc. Não pode a parte ser prejudicada por demora imputável exclusivamente ao serviço judiciário (Súmula 106 do STJ).

2. Antinomia entre os arts. 562 e 564. A justificação prévia corresponde a um dever do juiz: é seu papel designá-la, sempre que não estiver convencido acerca das provas dos requisitos exigidos para a antecipação da tutela possessória. Sendo assim, não há razão para que o *caput* do art. 564 abarque hipótese de não deferimento do mandado liminar, pois assim se afronta o disposto na segunda parte do art. 562, justamente aquela que assevera a obrigatoriedade da justificação prévia. Portanto, para salvar o dispositivo, melhor é lê-lo da seguinte forma: "Concedido o mandado liminar de manutenção ou de reintegração, o autor promoverá, nos 5 (cinco) dias subsequentes, a citação do réu para, querendo, contestar a ação no prazo de 15 (quinze) dias".

3. Prazo para resposta e justificação prévia. Ordenada a justificação prévia, o prazo para contestar será contado a partir da intimação da decisão que deferir ou não a tutela provisória, o que poderá ser feito, inclusive, na própria audiência de justificação, caso presentes os procuradores das partes.

Artigo 565.

No litígio coletivo pela posse de imóvel, quando o esbulho ou a turbação afirmado na petição inicial houver ocorrido há mais de ano e dia, o juiz, antes de apreciar o pedido de concessão da medida liminar, deverá designar audiência de mediação, a realizar-se em até 30 (trinta) dias, que observará o disposto nos §§ 2º e 4º.

§ 1º Concedida a liminar, se esta não for executada no prazo de 1 (um) ano, a contar da data de distribuição, caberá ao juiz designar audiência de mediação, nos termos dos §§ 2º a 4º deste artigo.

§ 2º O Ministério Público será intimado para comparecer à audiência, e a Defensoria Pública será intimada sempre que houver parte beneficiária de gratuidade da justiça.

§ 3º O juiz poderá comparecer à área objeto do litígio quando sua presença se fizer necessária à efetivação da tutela jurisdicional.

§ 4º Os órgãos responsáveis pela política agrária e pela política urbana da União, de Estado ou do Distrito Federal, e de Município onde se situe a área objeto do litígio poderão ser intimados para a audiência, a fim de se manifestarem sobre seu interesse no processo e sobre a existência de possibilidade de solução para o conflito possessório.

§ 5º Aplica-se o disposto neste artigo ao litígio sobre propriedade de imóvel.

CORRESPONDÊNCIA NO CPC/1973: *NÃO HÁ.*

1. Litígios coletivos. O art. 565 CPC/2015 regulamenta procedimento destinado às tutelas da posse e do domínio sempre que o ilícito (turbação ou esbulho) tiver sido perpetrado por uma coletividade de pessoas. Trata-se de dispositivo nascido por influência daqueles que representam alguns dos muitos movimentos sociais (sem terra, sem teto, entre outros) espalhados pelo país.

2. Finalidade do dispositivo. Verifica-se, pela leitura do art. 565 do CPC/2015, que sua finalidade é regular procedimentos possessórios a envolver uma coletividade, porém que sejam de força velha. Portanto, nada do que está nele se aplica aos litígios possessórios cuja ilicitude (turbação ou esbulho) tenha se perpetrado a menos de ano e dia.

3. Tutela provisória. Em litígio coletivo envolvendo posse de imóvel, sempre que o esbulho ou a turbação afirmados na petição inicial houverem ocorrido há mais de ano e dia, o juiz deverá, antes de apreciar o pedido de antecipação da tutela possessória, designar audiência de mediação, a realizar-se em até 30 (trinta dias). Não há, na linha estabelecida pelo art. 565, possibilidade de deferimento liminar de tutela provisória em casos de litigio coletivo de força velha pela posse de imóvel, já que o dispositivo veda ao juiz fazê-lo antes de designar audiência de mediação. Entretanto, se, por alguma razão, a audiência de mediação não se realizar, o melhor entendimento segue rumo em admitir que o juiz aprecie o pedido de tutela provisória, deferindo-o ou não, a depender das provas apresentadas aos autos.

4. Audiência de mediação. Ao juiz é vedado antecipar liminarmente a tutela possessória em litígio coletivo envolvendo a posse de imóvel, devendo antes possibilitar seções de mediação destinadas a auxiliar, orientar e estimular a autocomposição (Enunciado 67 do III FPPC-Rio). Poderão ser intimados a comparecer os órgãos responsáveis pela política agrária e pela política urbana da União, de Estado ou do Distrito Federal e de Município onde se situe a área objeto do litígio, a fim de que se manifestem sobre seu interesse na causa e sobre a existência de possibilidade de solução para o conflito possessório (art. 565, §4º, CPC, 2015).

5. Não execução da antecipação de tutela. Aduz o legislador que, concedida a liminar, e não executada no prazo de 1 (um) ano, contado a partir da data da distribuição da demanda, caberá ao juiz designar (nova) audiência de mediação. Portanto, uma vez mais cumprirá ao juiz esforçar-se para que o litígio chegue a bom termo mediante terapia autocompositiva.

6. Ministério Público. Cabe ao representante do Ministério Público intervir como fiscal da ordem jurídica nas causas que envolvam litígios coletivos pela posse de terra rural ou urbana (art. 178, III, CPC/2015).

7. Defensoria Pública. Nesses casos que envolvam litígios coletivos pela posse de imóvel, no mais das vezes a Defensoria Pública também será intimada. Seu papel será defender aqueles hipossuficientes economicamente.

8. Inspeção judicial. Em litígios coletivos envolvendo a posse de imóvel, o juiz deverá comparecer à área que é objeto do litígio quando sua presença se fizer necessária à efetivação da tutela jurisdicional. O que fez o legislador foi exortar a prática da inspeção judicial. O procedimento a ser seguido encontra-se devidamente regulamentado nos arts. 481 e seguintes do CPC/2015.

9. Juízo petitório. Ainda que autônomos juízos possessório e petitório, em razão de expressa previsão legal, o art. 565 também se aplica aos litígios coletivos cuja causa de pedir seja a propriedade, e não a posse. Bem verdade que o dispositivo se refere apenas a litígios sobre propriedade de imóvel, não fazendo alusão à coletividade. Entretanto, até para se guardar coerência com o *caput*, é imperativo admitir a aplicação do §5º apenas em demandas coletivas sobre propriedade de imóvel.

Artigo 566.
Aplica-se, quanto ao mais, o procedimento comum.
CORRESPONDÊNCIA NO CPC/1973: *ART. 931.*

1. Procedimento ordinário. Guardadas as particularidades do procedimento especial, a ação possessória, cujo ilícito (turbação ou esbulho) derivou de menos de ano e dia, segue, quanto ao mais, o procedimento comum. Já no que tange à ação possessória de força velha, o procedimento a ser seguido será o comum do princípio ao fim.

SEÇÃO III – Do Interdito Proibitório

Artigo 567.
O possuidor direto ou indireto que tenha justo receio de ser molestado na posse poderá requerer ao juiz que o segure da turbação ou esbulho iminente, mediante mandado proibitório em que se comine ao réu determinada pena pecuniária, caso transgrida o preceito.
CORRESPONDÊNCIA NO CPC/1973: *ART. 932.*

1. Objetivo. Com evidente caráter inibitório, o interdito proibitório tem por desígnio exortar o réu a não molestar o direito de posse do possuidor direto ou indireto. É medida que funciona antes de o ilícito ser praticado e cujo objetivo é justamente inibir sua prática e o consequente dano dela decorrente. O Judiciário aqui funciona tutelando aquele cujo direito de posse se encontra ameaçado. A decisão judicial daí emanada detém eficácia mandamental: o juiz produz um comando que deve ser cumprido, sob pena de multa ou de outra medida coercitiva.

2. Requisitos. Para que o mandado proibitório seja concedido, é indispensável a demonstração: (i) do justo receio de ser molestado na posse; (ii) da seriedade da ameaça; (iii) da iminência de prática ilegal pelo réu; (iv) da posse do autor.

ARTIGO 568.
Aplica-se ao interdito proibitório o disposto na Seção II deste Capítulo.
CORRESPONDÊNCIA NO CPC/1973: *ART. 933.*

"Aplica-se ao interdito proibitório o disposto na seção anterior".

1. Procedimento. Naquilo que couber, aplicam-se ao interdito proibitório as regras previstas para os procedimentos de manutenção e de reintegração de posse. Sublinhe-se, em especial, a designação da justificação prévia, bem como a aplicação subsidiária do procedimento comum.

CAPÍTULO IV – Da Ação de Divisão e da Demarcação de Terras Particulares

SEÇÃO I – Das Disposições Gerais

ARTIGO 569.
Cabe:
I – ao proprietário ação de demarcação, para obrigar o seu confinante a estremar os respectivos prédios, fixando-se novos limites entre eles ou aviventando-se os já apagados;
II – ao condômino a ação de divisão, para obrigar os demais consortes a estremar os quinhões.
CORRESPONDÊNCIA NO CPC/1973: *ART. 946.*

1. Limites entre prédios e ação demarcatória. O direito material estabelece que o proprietário tem direito a constranger seu confinante a proceder com ele à demarcação entre os dois prédios, a aviventar rumos apagados e a renovar marcos destruídos ou arruinados, repartindo-se proporcionalmente entre os interessados as respectivas despesas (art. 1.297, *caput*, CC/2002). Frente a isso, o CPC/2015 regula procedimento especial que se destina justamente a tutelar o direito material daquele que deseja estremar prédios confinantes e fixar limites entre eles ou aviventar os já apagados.

2. Natureza da ação demarcatória. É demarcatória a ação que versa sobre direito real imobiliário. Por isso, é imperiosa, em ambos os polos da relação jurídica processual, a participação dos cônjuges (art. 73, §1º, I, CPC/2015), salvo se casados sob regime de separação absoluta. Ademais, a ação deverá ser proposta no foro de situação da coisa, podendo o autor, entretanto, optar pelo foro de domicílio do réu ou de eleição (art. 47, §1º, CPC/2015).

3. Legitimidade ativa e passiva para a ação demarcatória. O art. 569, I, expressamente atribui apenas ao proprietário a legitimidade ativa para promover ação demarcatória. Tanto assim que o art. 589 exige que a petição inicial atenda requisito suplementar para além daqueles gerais, cujo rol está previsto no art. 320 do CPC/2015: a prova dos títulos de propriedade. Não havendo prova do domínio, deve a ação ser extinta, sem resolução de mérito, por ilegitimidade ativa da parte. Não obstante, há vigorosa doutrina entendendo que também são legitimados os titulares de direito real de gozo e fruição, nos limites de seus respectivos direitos e títulos constitutivos de direito real (Enunciado n. 68 do III FPPC-Rio). De toda sorte, essa interpretação encontra evidente barreira no próprio texto legal, não estando o intérprete autorizado a superá-la. Já a legitimidade passiva cumpre àquele que é titular do domínio, vale dizer, o dono do prédio vizinho. Eventuais possuidores não estão legitimados a funcionar no polo passivo do processo.

4. Requisitos para o exercício da ação demarcatória. A ação demarcatória estabelece como requisitos: (i) detenção pelos litigantes, autor e réu, de direito real sobre os prédios cujos limites serão fixados ou aviventados; (ii) contiguidade entre os prédios; e (iii) existência de confusão entre os limites dos prédios contíguos, ou ao menos possibilidade de confusão.

5. Ausência de correspondência entre os limites definidos e os títulos de domínio. Existindo divisas, ainda que desconformes com o título dominial, a ação demarcatória não é cabível. Afinal, nessa hipótese, inexiste incerteza quanto à realidade física das divisas. Desejando o autor retomar a posse da porção de terreno sobre a qual julga ter direito, deverá valer-se da ação reivindicatória.

6. Demarcação total ou parcial. Admite-se ação demarcatória total ou parcial, a depender da pretensão, cujo objetivo pode referir-se apenas à parte da divisa ou a ela toda.

7. Divisibilidade do imóvel e ação de divisão. A todo tempo, será lícito ao condômino exigir a divisão da coisa comum (*communi dividundo*), respondendo o quinhão de cada qual pela sua parte nas despesas (art. 1.320, *caput*, CC/2002). O direito de divisão, por óbvio, implica que seja divisível o imóvel em condomínio; em não sendo assim, os consortes ou podem adjudicá-la a um só, indenizando os outros, ou podem vender a coisa comum, repartindo o apurado, sempre se preferindo, na venda e em condições iguais de oferta, o condômino ao estranho, e, entre os condôminos, aquele que tiver na coisa benfeitorias mais valiosas, e, não as havendo, o de quinhão maior (art. 1.322, *caput*, CC/2002). Importa aqui, contudo, que o CPC regula o procedimento especial destinado a eliminar o estado de indivisão entre os condôminos.

8. Natureza da ação de divisão. A ação de divisão é, à semelhança da demarcatória, ação real imobiliária. Por isso, é imperiosa a participação, nos polos da relação jurídica processual, dos cônjuges (art. 73, §1º, I, CPC/2015), salvo se casados sob regime de separação absoluta. De resto, a ação deverá ser proposta no foro de situação da coisa, podendo o autor, todavia, optar pelo foro de domicílio do réu ou pelo foro de eleição (art. 47, §1º, CPC/2015).

9. Legitimidade ativa e passiva. O art. 569, II, expressamente atribui apenas ao condômino a legitimidade ativa para promover ação de divisão. Há, contudo, doutrina entendendo que também possuem legitimidade os titulares de direito real de gozo e fruição, nos limites de seus respectivos direitos e títulos constitutivos de direito real (Enunciado n. 68 do III FPPC-Rio). De toda sorte, essa interpretação extensiva encontra óbice no próprio texto legal, não sendo lícito ao intérprete superá-la. Já a legitimidade passiva cumpre aos demais condôminos. Eventuais possuidores não estão legitimados a funcionar no polo passivo do processo.

10. Requisitos para o exercício da ação de divisão. A ação de divisão exige como requisitos: (i) direito real possuído pelos litigantes, autor e réu, sobre o prédio cujos quinhões se pretende partilhar; (ii) existência de condomínio entre autor e réu; (iii) divisibilidade do imóvel; e (iv) ausência de confusão acerca dos marcos divisórios.

11. Divisão parcial. A ação de divisão pode ser promovida apenas por um dos condôminos, o único que pretende retirar-se do condomínio, contra todos os demais. Nesse caso, contudo, a tutela jurisdicional de direito implicará a divisão de todo o imóvel, com a perda da propriedade indivisa, bem como a atribuição a cada qual do respectivo quinhão.

12. Cumulação de ações. Embora as pretensões de demarcação e de divisão sejam substancialmente distintas, a legislação processual autoriza cumulá-las em único procedimento, caso em que se processará, até por decorrência lógica, em primeiro lugar, a demarcação total ou parcial da coisa comum, citando-se confinantes e condôminos (art. 570, CPC/2015). Duas sentenças serão proferidas, a exemplo do que se passa na ação de prestação de contas, a primeira cuja finalidade será julgar a demarcatória, ao passo que a derradeira terá por objeto a divisão, ambas sujeitas a recurso de apelação.

13. Eficácia das decisões. As sentenças proferidas em ambas as ações, demarcatória e de divisão, têm eficácia executiva *lato sensu*. Apresentam *per se* pujança plenamente capaz de causar, desde logo, alterações no mundo prático, indo além da mera condenação, já que tencionam a satisfazer prontamente o direito postulado pelo autor. Após o julgamento de procedência, segue curso o procedimento, seja para demarcar as linhas divisórias entre os imóveis vizinhos, seja, ainda, para estremar os quinhões do imóvel comum para cada um dos condôminos.

Artigo 570.

É lícita a cumulação dessas ações, caso em que deverá processar-se primeiramente a demarcação total ou parcial da coisa comum, citando-se os confinantes e os condôminos.

CORRESPONDÊNCIA NO CPC/1973: *ART. 947.*

1. Cumulação de pretensões. Admite-se a cumulação de pretensões demarcatória e de divisão, caso em que se processará, até por decorrência lógica, em primeiro lugar, a demarcação total ou parcial da coisa comum, citando-se confinantes e condôminos (art.

570, CPC/2015). Há aí relação de prejudicialidade entre as pretensões: só se pode dividir imóvel que antes esteja devidamente delimitado.

2. Ação demarcatória total ou parcial. Admite-se ação demarcatória total ou parcial, a depender da pretensão cujo objetivo pode referir-se apenas à parte da divisa ou a ela toda.

3. Litisconsórcio obrigatório. A citação dos confinantes é essencial em ações demarcatórias, mas não faz sentido quando o que se pretende é a divisão de imóvel em condomínio. A despeito disso, em caso de cumulação, é preciso que sejam citados os confinantes, cuja participação na condição de réus se limitará à pretensão demarcatória, sendo considerados como terceiros quanto ao processo divisório.

Artigo 571.

A demarcação e a divisão poderão ser realizadas por escritura pública, desde que maiores, capazes e concordes todos os interessados, observando--se, no que couber, os dispositivos deste Capítulo.
CORRESPONDÊNCIA NO CPC/1973: *NÃO HÁ.*

1. Escritura pública. O art. 571 indica a possibilidade da demarcação e da divisão de imóveis ocorrerem via escritura pública, desde que todos os envolvidos sejam maiores, capazes e estejam de acordo, dispensada a jurisdição nessa hipótese, já que não haverá aí processual para isso. Vale mencionar que a Lei 6.015/1973 prevê, nesse sentido, que, no Registro de Imóveis, além da matrícula, será feito o registro de atos jurídicos entre vivos que dividirem imóveis ou os demarcarem, inclusive nos casos de incorporação que resultarem em constituição de condomínio e atribuírem uma ou mais unidades aos incorporadores (art. 167, I, 23).

Artigo 572.

Fixados os marcos da linha de demarcação, os confinantes considerar-se--ão terceiros quanto ao processo divisório, ficando-lhes, porém, ressalvado o direito de vindicar os terrenos de que se julguem despojados por invasão das linhas limítrofes constitutivas do perímetro ou de reclamar indenização correspondente ao seu valor.

§ 1º No caso do *caput*, serão citados para a ação todos os condôminos, se a sentença homologatória da divisão ainda não houver transitado em julgado, e todos os quinhoeiros dos terrenos vindicados, se a ação for proposta posteriormente.

§ 2º Neste último caso, a sentença que julga procedente a ação, condenando a restituir os terrenos ou a pagar a indenização, valerá como título

executivo em favor dos quinhoeiros para haverem dos outros condôminos que forem parte na divisão ou de seus sucessores a título universal, na proporção que lhes tocar, a composição pecuniária do desfalque sofrido.
CORRESPONDÊNCIA NO CPC/1973: *ART. 948.*

1. A qualidade de terceiros dos confinantes na demanda divisória. A citação dos confinantes é essencial em ações demarcatórias (litisconsórcio necessário), mas não faz sentido quando o que se pretende é meramente a divisão do imóvel em condomínio. Contudo, em caso de cumulação entre pretensões demarcatória e de divisão, os confinantes serão necessariamente citados, mas sua participação na condição de réus se limitará à pretensão demarcatória, sendo considerados como terceiros quanto ao processo divisório, já que não haverá por parte deles interesse na controvérsia.

2. Os confinantes e suas possibilidades de tutela. Estão os confinantes autorizados a manejar embargos de terceiro sempre que bens sobre os quais exerçam posse, ou seja, proprietários, sofrerem ameaça de apreensão judicial, ou forem efetivamente apreendidos, em ação de divisão. A depender do caso, nada impede que também se utilizem de ações reivindicatória e reintegratória e até pleiteiem indenização por perdas e danos.

3. Direito dos confinantes. O art. 572, §1º, não regula os procedimentos de demarcação e de divisão. Cuida, outrossim, da hipótese em que os confinantes, havendo invasão das linhas limítrofes constitutivas do perímetro, vindicarem os terrenos de que se julguem como despojados. Por certo, estão autorizados a manejar a ação judicial destinada a restituição dos terrenos (reivindicatória) e a pagar a indenização cabível Neste caso, serão citados todos os condôminos (litisconsórcio passivo necessário), se ainda não transitou em julgado a sentença da divisão, e todos os quinhoeiros dos terrenos vindicados (que poderá ser apenas um dos antigos comunheiros, ou mais deles, a depender de como a divisão se sucedeu), se proposta posteriormente.

4. Título executivo. Valerá como título executivo a sentença que julgar procedente a ação e condenar ao pagamento de indenização condômino(s) – em caso de ação proposta antes do trânsito em julgado da sentença da divisão – ou quinhoeiro(s) – em caso de ação proposta depois do trânsito em julgado da sentença de divisão – do terreno vindicado a pagar indenização, valerá como título executivo. Esse título será em favor do(s) próprio(s) quinhoeiro(s) para haver(em) do(s) outro(s) condômino(s) que forem parte(s) na divisão, ou de seus sucessores por título universal, na proporção que lhes tocar, a composição pecuniária do desfalque sofrido. Esse ponto indica uma particularidade nessa ação reivindicatória promovida pelos confinantes: um efeito anexo, independente de pedido, que torna especial também o procedimento regulado pelo art. 572 e seus parágrafos do CPC/2015.

Artigo 573.
Tratando-se de imóvel georreferenciado, com averbação no registro de imóveis, pode o juiz dispensar a realização da prova pericial.
CORRESPONDÊNCIA NO CPC/1973: *NÃO HÁ.*

1. Imóvel georreferenciado. O georreferenciamento tem por objetivo descrever a realidade de um imóvel com base em conceitos de uma ciência denominada Geodésia e que implica atenção ao Sistema Geodésico Brasileiro. Usam-se, para isso, modernas tecnologias, a exemplo do GPS, que permitem a realização de medidas a partir de sinais emitidos por satélites. Em razão da Lei 10.267/2001, hoje estão obrigatoriamente submetidos a esse sistema os proprietários de imóveis rurais que desejarem realizar alterações cartoriais (por exemplo, desmembramento, parcelamento ou remembramento), qualquer tipo de transferência ou para utilizar a propriedade para fins de financiamento e hipoteca.

2. Dispensa de prova pericial. O art. 573 cria espécie de presunção relativa em favor daquele cuja pretensão é a divisão de bem imóvel em condomínio, autorizando o juiz a dispensar prova pericial em caso de imóvel georreferenciado. Assim é porque o uso de informações georreferenciadas, produzidas com avançadas tecnologias, proporciona maior segurança e confiabilidade aos registros cartoriais.

SEÇÃO II - Da Demarcação

Artigo 574.
Na petição inicial, instruída com os títulos da propriedade, designar-se-á o imóvel pela situação e pela denominação, descrever-se-ão os limites por constituir, aviventar ou renovar e nomear-se-ão todos os confinantes da linha demarcanda.
CORRESPONDÊNCIA NO CPC/1973: *ART. 950.*

1. A demarcatória. O direito de demarcar prédio urbano e rural decorre da propriedade. A demarcatória (*finium regundorum*) é ação real imobiliária, de caráter dúplice (ao réu é facultado fazer também pedidos), cujo fim é balizar prédios do autor e dos confinantes, seja aviventando limites já apagados, seja renovando marcos destruídos ou arruinados.

2. Requisitos da petição inicial. A petição inicial da ação demarcatória deve respeito aos requisitos do art. 319 do CPC/2015. Somam-se a isso: a indispensabilidade da apresentação dos títulos da propriedade; e a necessidade de descrição dos limites por constituir, aviventar ou renovar que o autor entende por corretos (ainda que essa descrição não se apresente minuciosa) e a nomeação de todos os confinantes da linha demarcanda.

3. Requisitos para o exercício da ação demarcatória. A ação demarcatória exige como requisitos: (i) direito real por parte do autor e réu sobre os prédios cujos limites serão fixados ou aviventados; (ii) contiguidade entre os prédios; e (iii) existência de confusão entre os limites dos prédios contíguos, ou ao menos possibilidade de confusão.

4. Especialidades do procedimento. É especial o procedimento destinado à tutela demarcatória sobretudo porque: (i) exige a publicação de editais para o fim de dar conhecimento da demanda a eventuais interessados, incertos e desconhecidos; (ii) possui caráter dúplice, razão pela qual também o réu está autorizado a elaborar pedidos para além da mera improcedência; (iii) não comporta audiência de conciliação ou mediação prevista no art. 334 do CPC/2015; (iv) é bifásico, na medida em que primeiramente se decide sobre o direito à demarcação para posteriormente se avançar em prol da realização do que foi definido via sentença; (v) tem obrigatoriedade de prova pericial (art. 579, CPC/2015); e (vi) sua atividade executiva é promovida diretamente pelo perito, e não por oficial de justiça.

Artigo 575.

Qualquer condômino é parte legítima para promover a demarcação do imóvel comum, requerendo a intimação dos demais para, querendo, intervir no processo, querendo.

CORRESPONDÊNCIA NO CPC/1973: *ART. 952.*

1. Legitimidade ativa. O art. 569, I, atribui apenas ao proprietário a legitimidade ativa para promover ações demarcatórias. Em reforço, o art. 574 exige que a petição inicial apresente um requisito suplementar para além dos gerais previstos no art. 319 do CPC/2015: a prova dos títulos de propriedade. O art. 575, de sua vez, legitima qualquer dos condôminos (um apenas, parte deles ou todos conjuntamente) a promover ação demarcatória, em plena sintonia com o art. 1.314 do CC/2002, que estabelece a cada condômino o direito de usar a coisa conforme sua destinação, de exercer sobre a coisa todos os direitos compatíveis com a indivisão, de reivindicar a coisa de terceiro, de defender sua posse e de alhear a respectiva parte ideal ou gravá-la.

2. Legitimidade passiva. O vizinho confinante perante quem o proprietário quer fazer valer a faculdade de estremar limites, tanto pode ser proprietário verdadeiro, como presumido, inclusive o possuidor em nome próprio sem título dominial. Não se trata a demarcatória, enfim, de procedimento entre proprietários, uma vez que somente o promovente deve necessariamente estar investido da qualidade de titular de domínio. (THEODORO JR., Humberto, *Terras particulares: demarcação, divisão, tapumes,* 5. ed., São Paulo, Saraiva, 2009, p. 224).

3. Eficácia da sentença demarcatória e réu sem titularidade do domínio. Problema que surge quando o polo passivo da ação demarcatória é integrada por quem é mero possuidor está na questão da eficácia da sentença. Se o autor citar apenas o possuidor, este estará obrigado a respeitar a autoridade da coisa julgada no que tange à linha demarcada. Entretanto, se o dono recuperar a posse, a ele será inoponível a *res iudicada*, porquanto não participou do processo demarcatório. Por isso, sempre que o autor encontrar situação dúbia de posse e domínio na área vizinha à linha demarcatória, é de boa cautela que requeira a citação de ambos, possuidor em nome próprio e titular do domínio que figura no registro imobiliário: só assim a sentença terá autoridade de *res iudicata* perante todos os possíveis interessados. (THEODORO JR., Humberto, *Terras particulares: demarcação, divisão, tapumes,* 5. ed., São Paulo, Saraiva, 2009, p. 224).

4. Intimação dos demais condôminos. Promovida a ação demarcatória por apenas um ou alguns condôminos, reza a lei processual sejam os demais devidamente intimados para, caso queiram, intervir no processo. O regime adotado pelo CPC/2015 é diverso do CPC/1973, pois, no último, exige-se que os comunheiros sejam citados, e não apenas intimados. A boa doutrina defende que o caso é de litisconsórcio necessário e unitário: por serem vários os proprietários do imóvel, em comunhão, não poderá ele ser demarcado para uns, e não para outros. Não obstante o condômino não dependa da autorização dos demais para promover a demarcação da coisa comum, devem ser intimados todos os comunheiros porque estão autorizados a discordar, motivadamente, da necessidade de demarcar, como podem também pretender linha diversa daquela indicada pelo promovente. (THEODORO JR., Humberto, *Terras particulares: demarcação, divisão, tapumes,* 5. ed., São Paulo, Saraiva, 2009, p. 226). A questão é que o CPC/2015 não mais aduz à necessidade de citação, informando que serão os demais condôminos simplesmente intimados, o que leva a crer que a hipótese prevista na parte final do art. 575 diz respeito à intervenção de terceiros.

ARTIGO 576.
A citação dos réus será feita por correio, observado o disposto no art. 247.
Parágrafo único. Será publicado edital, nos termos do inciso III do art. 259.
CORRESPONDÊNCIA NO CPC/1973: *ART. 953.*

1. A citação. O *caput* do art. 576/2015 do CPC apenas reforça a aplicação da regra geral de citações também nas ações demarcatórias. Não obstante a redundância, o dispositivo se justifica porque a regra no CPC/1973 tem outro formato: o de que os réus que residirem na comarca (foro da situação da coisa) devem ser citados pessoalmente; enquanto os demais, por edital. Por cautela. optou o legislador por impor expressamente que a citação de todos os réus será feita por correio, observado o art. 259 do CPC/2015 em seu inteiro teor. Isso porque que há exceções à regra geral, como nos casos de quando o réu for incapaz, ou residir em local não atendido pela entrega domiciliar de correspondência, ou, ainda, quando o próprio autor, de forma justificada, requerer que a citação se dê de outra forma.

2. Edital. Por determinação legal (art. 576, parágrafo único, CPC/2015), a publicação de editais é exigida em ações demarcatórias, de maneira que eventuais interessados, incertos ou desconhecidos, possam tomar conhecimento do processo e nele intervirem, se porventura desejarem.

Artigo 577.
Feitas as citações, terão os réus o prazo comum de quinze dias para contestar.
CORRESPONDÊNCIA NO CPC/1973: *ART. 954.*

1. Prazo comum para resposta. O CPC/2015 alterou a regra anterior, prevista no CPC/1973. Neste, o prazo previsto para contestar é de 20 (vinte) dias, ao passo que, no novo regramento processual, passa a ser de 15 (quinze) dias. E mais: trata-se de prazo comum, cuja contagem se inicia a partir da data de juntada do último aviso de recebimento aos autos do processo (art. 231, I, §1º, CPC/2015).

2. Modalidades de resposta. Não obstante o art. 577 do CPC/2015 aluda apenas à contestação, a legislação processual admite também admite, nas modalidades de resposta, a exceção e a reconvenção. Está o autor autorizado a se valer – até porque o procedimento comum cabe aqui naquilo que não contrastar – das exceções de incompetência, de impedimento e de suspeição. Vale indicar, ademais, que o art. 578 usa expressão diversa, não limitada à contestação: aduz que, após o prazo de resposta, será observado o procedimento comum. A reconvenção, por sua vez, apresenta-se inútil, haja vista o caráter dúplice do procedimento especial: afinal, aquilo que couber ao réu a ele será entregue depois de superada a confusão e de executada a demarcação devida.

3. Ausência da audiência de conciliação ou mediação. Uma das particularidades que torna especial o procedimento demarcatório é a ausência da audiência de conciliação ou mediação, prevista no art. 334 do CPC/2015 e obrigatória no procedimento comum, salvo se ambas as partes se manifestarem contra ou se a questão de direito envolvida não admitir autocomposição.

Artigo 578.
Após o prazo de resposta do réu, observar-se-á o procedimento comum.
CORRESPONDÊNCIA NO CPC/1973: *ART. 955.*

1. Aplicação das regras do procedimento comum. Findo o prazo para resposta do réu, observar-se-á, na demarcatória, o procedimento comum. Trata-se de procedimento bifásico por meio do qual se decide, primeiro, sobre o direito à demarcação para, final-mente, avançar-se em prol da prática da demarcação cujas divisas já foram estabelecidas via sentença.

2. Revelia. Não obstante o art. 578 do CPC/2015 indicar que, depois de superado o prazo de resposta, será observado o procedimento comum, é preciso que se sublinhe a impossibilidade de julgamento antecipado do mérito em decorrência da revelia (art. 355, II, CPC/2015). A princípio, porque, comumente, a demarcatória impõe a presença de litisconsórcio passivo. Isso significa que não se poderão considerar como verídicas as ale-gações de fato formuladas pelo autor (art. 345, I, CPC/2015) em razão, simplesmente, de um dos réus não apresentar defesa. Por último, ainda que não haja litisconsórcio passivo no processo demarcatório, o juiz, em decorrência do que dispõe o art. 579, está obrigado a nomear um ou mais peritos para levantar o traçado da linha demarcanda.

3. Exceção de usucapião. Admite-se a alegação de usucapião como matéria de defesa em ações demarcatórias (Súmula 237, STF). Eventual acolhimento da exceção de usucapião levará à improcedência total ou parcial do pedido demarcatório.

ARTIGO 579.
Antes de proferir a sentença, o juiz nomeará um ou mais peritos para levantar o traçado da linha demarcanda.
CORRESPONDENTE AO CPC/1973: *ART. 956.*

"Em qualquer dos casos do artigo anterior, o juiz, antes de proferir sentença defi-nitiva, nomeará 2 (dois) arbitradores e 1 (um agrimensor para levantaram o traçado da linha demarcanda".

1. Obrigatoriedade da perícia. Particularidade que corrobora para a especialidade do procedimento demarcatório é justamente a obrigatoriedade da prova pericial. Não há possibilidade de o juiz afastá-la, pois o legislador, já vislumbrando sua importância de antemão, tornou-a indispensável. Trata-se de diligência inexorável, cuja falta é motivo de nulidade da sentença: a função da demarcatória é justamente a de fixar linha de divisa com rigor técnico, o que só será possível mediante dados oferecidos pela perícia técnica. (THEODORO JR., Humberto, *Terras particulares: demarcação, divisão, tapumes*, 5. ed., São Paulo, Saraiva, 2009, p. 228).

2. Impossibilidade de julgamento antecipado de mérito. Reza o art. 578 do CPC/2015 que, superado o prazo para resposta, será observado o procedimento comum. A despeito disso, o art. 579 demonstra quem nem tudo se encaixará perfeitamente. Em outros termos, diante da imperatividade da regra, o juiz não se pode desvencilhar da prova pericial, sendo dever dele determiná-la antes de proferir sentença de mérito, o que *per se* torna impossibilitado o julgamento antecipado de mérito (art. 355, I, CPC/2015).

3. Peritos e assistentes técnicos. Havendo complexidade na prova, o juiz poderá nomeará mais de um perito para levantar o traçado da linha demarcanda. Como o art.

578 do CPC/2015 reza que, superado o prazo para resposta, o procedimento comum deverá ser observado, nada há que impeça as partes de formularem quesitos (inclusive suplementares e de esclarecimento) e de indicarem assistentes técnicos (art. 465, CPC/2015). Aliás, é óbvio que assim se procedam as coisas, de sorte a assegurar às partes o exercício do contraditório e da ampla defesa, tudo em conformidade com o modelo constitucional do processo.

ARTIGO 580.
Concluídos os estudos, os peritos apresentarão minucioso laudo sobre o traçado da linha demarcanda, considerando os títulos, os marcos, os rumos, a fama da vizinhança, as informações de antigos moradores do lugar e outros elementos que coligirem.
CORRESPONDÊNCIA NO CPC/1973: *ART. 957.*

1. Laudo. Concluída a perícia, os peritos apresentarão laudo minucioso sobre o traçado da linha demarcanda, considerando os títulos, os marcos, os rumos, a fama da vizinhança, as informações de antigos moradores do lugar e outros elementos que coligirem.
2. Manifestação das partes. Em prestígio aos princípios do contraditório e da ampla defesa, e até porque as regras seguem rumo ao que estabelece o procedimento comum (art. 578, CPC/2015), o juiz deverá oportunizar a manifestação das partes (Enunciado 70 do III FPPC-Rio). Desse modo, as partes serão intimadas para, querendo, manifestarem-se sobre o(s) laudo(s) do(s) perito(s) no prazo comum de 15 (quinze dias), quando também os assistentes técnicos indicados poderão apresentar os respectivos pareceres (art. 477, §1º, CPC/2015).

ARTIGO 581.
A sentença que julgar procedente o pedido determinará o traçado da linha demarcanda.
Parágrafo único. A sentença proferida na ação demarcatória determinará a restituição da área invadida, se houver, declarando o domínio ou a posse do prejudicado, ou uma e outra.
CORRESPONDÊNCIA NO CPC/1973: *ART. 958.*

1. Caráter bifásico do procedimento. Algo que bem distingue o procedimento demarcatório é seu caráter bifásico. Significa isso que, primeiro, decide-se por sentença sobre o pedido demarcatório e só depois, sendo positivo o juízo inicial, segue adiante o rito para promover atos práticos destinados à realização daquilo que se decidiu. Enfim, a sentença regulada pelo art. 581 é aquela que encerra a primeira fase procedimental da demarcatória, cujo papel é solucionar todas as dúvidas sobre o traçado da linha demar-canda, de modo que, após seu trânsito em julgado, impossível é discutir a respeito dele, sobrando para a fase executiva (segunda fase) apenas o problema da assinalação material da linha sobre o terreno, ou seja, a colocação dos marcos no solo. (THEODORO JR., Humberto, *Terras particulares: demarcação, divisão, tapumes*, 5. ed., São Paulo, Saraiva, 2009, p. 304).

2. Sentença e recurso. A sentença de procedência no procedimento demarcató-rio baliza hipoteticamente onde deverão avivetar limites já apagados ou renovar marcos destruídos ou arruinados. Contra essa sentença, cabe recurso de apelação, a ser recebido com efeito suspensivo, aplicando-se, por isso, a regra geral (art. 1.012, *caput*, CPC/2015) corroborada pelo art. 582 do CPC/2015, que subordina a eficácia do ato decisório ao seu trânsito em julgado. Vale a lembrança: o art. 1.012, §1º, I, do CPC/20015 apenas excep-ciona a sentença que homologa demarcação de terras (extintiva da fase executiva), hipó-tese na qual a decisão começará a produzir efeitos imediatamente.

3. Natureza da sentença. A sentença de procedência proferida na primeira fase da ação demarcatória, em um primeiro momento, define os limites da propriedade e, desse modo, supera o estado de dúvida antes existente entre os litigantes. Conforme o caso, também determina a restituição da área invadida e afirma o domínio e/ou a posse do prejudicado. Se, com o CPC/1973, a sentença demarcatória não correspondia à forma de aquisição dominial, a partir da vigência do CPC/2015 essa realidade foi substancialmente alterada.

4. Coisa julgada. A *res iudicata* terá maior ou menor extensão conforme o que se discutiu e solucionou no processo. Se a questão dominial (ou possessória) for debatida e solucionada no processo, uma vez solucionada pela sentença de demarcação, ficará também protegida pelo manto de intangibilidade da coisa julgada. (THEODORO JR., Humberto, *Terras particulares: demarcação, divisão, tapumes*, 5. ed., São Paulo, Saraiva, 2009, p. 304).

Artigo 582.
Transitada em julgado a sentença, o perito efetuará a demarcação e colo-cará os marcos necessários.
Parágrafo único. Todas as operações serão consignadas em planta e memorial descritivo com as referências convenientes para a identificação, em qualquer tempo, dos pontos assinalados, observada a legislação especial que dispõe sobre a identificação do imóvel rural.
CORRESPONDÊNCIA NO CPC/1973: *ART. 959.*

1. Eficácia da sentença. A sentença de procedência no procedimento demarcató-rio baliza hipoteticamente onde se avivetarão limites já apagados ou se renovarão marcos destruídos ou arruinados. Ela desafia recurso de apelação, a ser recebido com efeito suspensivo. O art. 582 do CPC/2015 é claro ao indicar que a eficácia da sentença está condicionada a seu trânsito em julgado, significando isso a impossibilidade de execução provisória dessa sentença.

2. Sentença que homologa a demarcação de terras. Ainda que desafiada por apelação, sentença que homologa demarcação de terras (extintiva da fase executiva) tem eficácia imediata (art. 1.012, § 1º, I, CPC/2015).

3. Execução da sentença. Transitada em julgado a sentença proferida na primeira fase da ação demarcatória, surge o momento, no mesmo processo, de se lançar mão das atividades práticas indispensáveis para assegurar o cumprimento da sentença (eficácia executiva *lato sensu*). Dessa feita, caberá ao perito efetuar a demarcação e colocar os marcos necessários. São essas operações devidamente consignadas em planta e em memorial descritivo com as referências convenientes para a identificação, em qualquer tempo, dos pontos assinalados, sempre observada a legislação especial que dispõe sobre a identificação de imóveis rurais. Interessante notar que, aqui, há mais uma especialidade do procedimento, porquanto a execução da sentença se dá por obra do perito, e não, ao contrário do que normalmente se dá, via atos praticados pelo oficial de justiça.

Artigo 583.

As plantas serão acompanhadas das cadernetas de operações de campo e do memorial descritivo, que conterá:

I – o ponto de partida, os rumos seguidos e a aviventação dos antigos com os respectivos cálculos;

II – os acidentes encontrados, as cercas, os valos, os marcos antigos, os córregos, os rios, as lagoas e outros;

III – a indicação minuciosa dos novos marcos cravados, dos antigos aproveitados, das culturas existentes e da sua produção anual;

IV – a composição geológica dos terrenos, bem como a qualidade e a extensão dos campos, das matas e das capoeiras;

V – as vias de comunicação;

VI – as distâncias a pontos de referência, tais como rodovias federais e estaduais, ferrovias, portos, aglomerações urbanas e polos comerciais;

VII – a indicação de tudo o mais que for útil para o levantamento da linha ou para a identificação da linha já levantada.

CORRESPONDÊNCIA NO CPC/1973: *ART. 962.*

1. Plantas, cadernetas e memorial descritivo. Segundo o art. 583 do CPC/2015, transitada em julgada a sentença na ação demarcatória, cumprirá ao perito efetuar a demarcação e colocar os marcos necessários, sendo que todas as operações serão consignadas em planta e em memorial descritivo com as referências convenientes para a identificação, a qualquer tempo, dos pontos assinalados. As plantas serão acompanhadas pelas cadernetas de operações (cadernos por meio dos quais o perito registra o histórico da perícia realizada) e pelo memorial descritivo (relatório pormenorizado em que são anotadas todas as ações realizadas no campo e retratadas na planta). Além disso, o dispositivo indica pontos que necessariamente deverão constar do memorial descritivo. Enfim, trata-se de regramento endereçado ao perito, com orientações que devem ser por ele observadas.

Artigo 584.
É obrigatória a colocação de marcos tanto na estação inicial, dita marco primordial, quanto nos vértices dos ângulos, salvo se algum desses últimos pontos for assinalado por acidentes naturais de difícil remoção ou destruição.
CORRESPONDÊNCIA NO CPC/1973: *ART. 963.*

1. **Colocação de marcos.** O art. 584 do CPC/2015 tem destinatário certo: o perito. O dispositivo indica que esse auxiliar do juízo está obrigado a colocar marcos na estação inicial e nos vértices dos ângulos como forma de caracterizar o terreno e de, sobretudo, concretizar a linha divisória já estabelecida pela sentença.
2. **Exceções à exigência de marcos.** Havendo pontos assinalados por acidentes naturais de difícil remoção, como pedras da terra vizinha e água de rios, está o perito dispensado de cravar os marcos. Além disso, outras hipóteses concretas, a serem avaliadas no momento da execução da sentença, poderão justificar a dispensa de marcos, mesmo não estando previstas no art. 584 do CPC/2015.

Artigo 585.
A linha será percorrida pelos peritos, que examinarão os marcos e os rumos, consignando em relatório escrito a exatidão do memorial e da planta apresentados pelo agrimensor ou as divergências porventura encontradas.
CORRESPONDÊNCIA NO CPC/1973: *ART. 964.*

1. **Agrimensor e arbitrador.** É o agrimensor quem atua na execução da sentença a fim de efetuar a demarcação e colocar os marcos necessários. Já o arbitrador, que também atua na fase executiva, exerce atividade de controle e registro: (i) percorre toda a linha assinalada; (ii) examina os marcos e rumos, conferindo-os com a planta e o memo-

rial, bem como cotejando-os, todos, com a sentença; e (iii) elabora relatório escrito. (THEODORO JR., Humberto, *Terras particulares: demarcação, divisão, tapumes*, 5. ed., São Paulo, Saraiva, 2009, p.314).

Artigo 586.
Juntado aos autos o relatório dos peritos, o juiz determinará que as partes se manifestem sobre ele no prazo comum de quinze dias.
Parágrafo único. **Executadas as correções e as retificações que o juiz determinar, lavrar-se-á, em seguida, o auto de demarcação em que os limites demarcandos serão minuciosamente descritos de acordo com o memorial e a planta.**
CORRESPONDÊNCIA NO CPC/1973: *ART. 965.*

1. **Participação das partes na cravação dos marcos e na autenticação da linha.** Durante a cravação dos marcos e na autenticação das linhas, não há momento especial reservado à manifestação das partes, pois tudo se dá sob a responsabilidade exclusiva dos técnicos. Nada impede, contudo, que os interessados acompanhem as diligências por intermédio de seus assistentes técnicos tempestivamente nomeados. (THEODORO JR., Humberto, *Terras particulares: demarcação, divisão, tapumes*, 5. ed., São Paulo, Saraiva, 2009, p. 316).

2. **Oitiva das partes sobre o relatório dos arbitradores.** Concluído o relatório elaborado pelos arbitradores, e juntado aos autos, as partes serão intimadas a se manifestarem sobre ele no prazo comum de quinze dias. Não tem o juiz aqui como se afastar do comando legal, sob pena de prejudicar as partes no exercício do contraditório e da ampla defesa. As partes poderão simplesmente concordar com o trabalho realizado, ou ainda suscitar questões cuja apreciação cumprirá ao juiz no momento seguinte. Naturalmente que não há lugar aqui para alegações destinadas a reabrir discussão em torno de matéria relacionada à posse ou ao domínio, uma vez que tudo isso já se acha resolvido ou precluso em face da sentença que encerrou a primeira fase procedimental. (THEODORO JR., Humberto, *Terras particulares: demarcação, divisão, tapumes*, 5. ed., São Paulo, Saraiva, 2009, p. 317-8). O contraditório é essencial, sobretudo agora, em que o CPC/2015, afinado ao modelo processual democrático, impede o juiz de decidir sobre toda e qualquer questão, de fato ou de direito, ainda não debatida pelas partes (art. 10, CPC/2015).

3. **Requerimento de provas.** Nada impede as partes de requererem provas para demonstrar as questões suscitadas nessa fase, em que foram chamadas a manifestar depois da juntada aos autos do relatório elaborado pelos peritos. Sendo a produção probatória pertinente, cumpre ao juiz oportunizá-la, cabendo-lhe, excepcionalmente, designar audiência de instrução, se o caso exigir oitiva de testemunhas. De toda sorte, as questões ora mencionadas resolvem-se mesmo com documentos e dados técnicos forne-

cidos pelos peritos. (THEODORO JR., Humberto, *Terras particulares: demarcação, divisão, tapumes*, 5. ed., São Paulo, Saraiva, 2009, p. 318).

4. Correções e retificações. Apreciadas as questões eventualmente levantadas, determinará o juiz que o agrimensor execute as correções e retificações, trabalho a ser espreitado pelos arbitradores. Por se tratar de decisão interlocutória proferida em fase executiva, as partes poderão desafiá-la via agravo de instrumento (art. 1.015, parágrafo único, CPC/2015).

5. Auto de demarcação. Feitas as correções e retificações que o juiz determinar, será lavrado o auto de demarcação. Trata-se de um termo por meio do qual os limites demarcandos serão minuciosamente descritos em conformidade com o memorial e a planta, documento a ser datado e assinado pelo juiz e pelos peritos (art. 587, CPC/2015), quando posteriormente será proferida sentença homologatória da demarcação que colocará fim à fase executiva. Ainda que haja divergência entre juiz e peritos, a assinatura dos últimos no auto de demarcação é obrigatória: subordinados que são hierarquicamente ao juiz, sua negativa configuraria ato de rebeldia, implicando injusta resistência a uma ordem legal de autoridade competente e sujeitando o infrator até mesmo à responsabilidade penal. (THEODORO JR., Humberto, *Terras particulares: demarcação, divisão, tapumes*, 5. ed., São Paulo, Saraiva, 2009, p. 321). Em caso de morte, enfermidade ou incapacidade de um dos peritos, a solução será o juiz determinar que o fato fique constando o auto, sob a fé pública do escrivão, e a chancela de sua firma de magistrado. (THEODORO JR., Humberto, *Terras particulares: demarcação, divisão, tapumes*, 5. ed., São Paulo, Saraiva, 2009, p. 322).

Artigo 587.
Assinado o auto pelo juiz e pelos peritos, será proferida a sentença homologatória da demarcação.
CORRESPONDÊNCIA NO CPC/1973: *ART. 966.*

1. Sentença homologatória. A tutela jurisdicional de direito em ação demarcatória só se resolve com a colocação de sinais materiais indicadores da localização da linha de limites no solo, entre os dois imóveis contíguos. Entretanto, para que essa solução prática tenha força de solução jurisdicional é indispensável que, após a colocação dos marcos, a operação receba a chancela de aprovação do órgão judicante que presidiu o processo. Exige-se, deste modo, que uma sentença encerre o procedimento com a homologação judicial do trabalho técnico executado pelo agrimensor, pois só por meio dela é que o processo demarcatório produz o efeito que lhe é próprio e que almejam as partes. (THEODORO JR., Humberto, *Terras particulares: demarcação, divisão, tapumes*, 5. ed., São Paulo, Saraiva, 2009, p. 322).

2. Natureza da sentença. A sentença que coloca fim a segunda fase da demarcatória é declaratória: nada condena ou constitui, servindo-se apenas para certificar que a linha assentada no terreno é a que efetivamente corresponde aos limites dos imóveis contíguos. É rotulada de homologatória, porque o juiz toma de empréstimo e aprova o trabalho dos peritos reproduzido e sintetizado no auto de demarcação. Mas nem por isso é possível recusar-lhe a qualidade de sentença de mérito: é ela o ato judicial utilizado para encerrar, em definitivo, o conflito de interesses surgido a propósito da confusão de limites entre prédios. Ao homologar o trabalho técnico de demarcação, o juiz prestou a tutela jurisdicional de direito com apoio em dados e em elementos fornecidos e implantados pelos auxiliares da justiça: perito(s). Significa isso, em última análise, que não se trata de sentença meramente homologatória, já que faz coisa julgada material e não é desconstituída por simples ação anulatória. Para sua desconstituição, exige-se ação rescisória. (THEODORO JR., Humberto, *Terras particulares: demarcação, divisão, tapumes*, 5. ed., São Paulo, Saraiva, 2009, p. 324).

3. Recurso. Cabível contra a sentença homologatória prevista no art. 587 é o recurso de apelação, sem o efeito suspensivo, contudo.

SEÇÃO III – Da Divisão

ARTIGO 588.

A petição inicial será instruída com os títulos de domínio do promovente e conterá:

I – a indicação da origem da comunhão e a denominação, a situação, os limites e as características do imóvel;

II – o nome, o estado civil, a profissão e a residência de todos os condôminos, especificando-se os estabelecidos no imóvel com benfeitorias e culturas;

III – as benfeitorias comuns.

CORRESPONDÊNCIA NO CPC/1973: *ART. 967.*

1. Direito de divisão. A todo tempo, será lícito ao condômino exigir a divisão da coisa comum (*communi dividundo*), respondendo o quinhão de cada qual pela sua parte nas despesas (art. 1.320, *caput*, CC/2002). Trata-se de direito decorrente do direito fundamental de propriedade e condicionado à possibilidade de divisão do imóvel em condomínio. Na hipótese de indivisibilidade, os condôminos ou podem adjudicar a coisa comum a um só, indenizando os outros, ou podem vendê-la, repartindo o apurado, sempre se preferindo, na venda, em condições iguais de oferta, o condômino ao estranho e, entre os condôminos, aquele que tiver na coisa benfeitorias mais valiosas, e, não as havendo, o de quinhão maior (art. 1.322, *caput*, CC/2002). O CPC/2015 regula o procedimento especial destinado a eliminar o estado de indivisão entre os condôminos.

2. Natureza. É a ação de divisão, à semelhança da demarcatória, ação real imobiliária, porque se fundamenta no domínio e porque seu objeto litigioso envolve justamente imóveis. Por isso, é imperiosa a participação dos cônjuges nos polos da relação jurídica processual (art. 73, §1º, I, CPC/2015), salvo se casados sob regime de separação absoluta. De mais a mais, a ação deve ser proposta no foro de situação da coisa, podendo o autor, entretanto, optar pelo foro de domicílio do réu ou de eleição (art. 47, §1º, CPC/2015).

3. Legitimidade ativa e passiva. O art. 569, II, expressamente atribui apenas ao condômino a legitimidade ativa para promover ação de divisão. A doutrina entende como incluídos nesse rol também os titulares de direito real de gozo e fruição, nos limites dos respectivos direitos e títulos constitutivos de direito real (Enunciado n. 68 do III FPPC-Rio). Já a legitimidade passiva envolve sempre os demais condôminos. Eventuais possuidores não estão legitimados a funcionar no polo passivo do processo.

4. Requisitos para o exercício da ação de divisão. A ação de divisão exige como requisitos: (i) direito real por parte dos litigantes, real sobre o prédio cujos quinhões se pretendem partilhar; (ii) a existência de condomínio entre autor e réu; e (iii) ausência de confusão acerca dos marcos divisórios.

5. Divisão parcial. A ação de divisão pode ser promovida por um dos condôminos contra todos os demais, se o primeiro almejar sua retirada do condomínio. Nesse caso, contudo, a tutela jurisdicional de direito implicará divisão de todo o imóvel, com perda da propriedade indivisa e atribuição a cada qual do respectivo quinhão.

6. Petição inicial: requisitos e controle. A petição inicial da divisória, além dos requisitos gerais e comuns a toda e qualquer peça de ingresso (art. 319, CPC/2015), exige: (i) a indicação da origem da comunhão (é obrigatória a apresentação de títulos de domínio, consoante prevê o art. 591 do CPC/2015, e cuja finalidade também se presta à indicação da origem da comunhão, exigência só dispensada caso o litígio versar sobre divisão de posses); (ii) a denominação, a situação, os limites e as características do imóvel (o imóvel objeto de divisão deve ser devidamente descrito e especificado, sendo obrigatórios os elementos que o próprio art. 588, I, segunda parte do CPC/2015 indica); (iii) o nome, o estado civil, a profissão e a residência de todos os condôminos, especificando-se os estabelecidos no imóvel com benfeitorias e culturas (exige-se a qualificação das partes, nos moldes já previstos pelo art. 319 do CPC/2015, somada à informação sobre os condôminos que efetivamente estão estabelecidos no imóvel a ser dividido, com a indicação de benfeitorias e culturas); e (iv) a informação das benfeitorias comuns. Apresentando-se regular a petição inicial, o juiz determinará a(s) citação (ões) devida(s). Se, eventualmente, a petição inicial mostrar-se defeituosa ou irregular, determinará o juiz que o autor, no prazo de 15 (quinze) dias, a emende ou a complete, indicando com precisão o que deve ser corrigido ou completado, sob pena de indeferimento (art. 321, parágrafo único, CPC/2015).

7. Especialidade da ação de divisão. Conferem especialidade ao procedimento de divisão sobretudo as seguintes características: (i) caráter dúplice, uma vez que há certa confusão entre as posições ativa e passiva da relação jurídica processual; (ii) caráter bifásico, pois primeiro se definem, via sentença, os quinhões cabíveis a cada um dos condôminos para, só depois, avançar-se mediante medidas práticas destinadas a marcar linhas divisórias; (iii) ausência da audiência de conciliação ou mediação prevista no art. 334 CPC/2015; (iv) obrigatoriedade da prova pericial.

8. Escritura pública. O art. 571 do CPC/2015 indica a possibilidade de a divisão de imóveis ocorrer via escritura pública, desde que todos os envolvidos sejam maiores, capazes e estejam de acordo, sendo dispensada a jurisdição nessa hipótese, já que não haverá aí interesse processual para tanto. Aliás, vale a lembrança: a escritura pública é essencial à validade de negócios jurídicos que visem à constituição, transferência, modificação ou renúncia de direitos reais sobre imóveis de valor superior a trinta vezes o maior salário mínimo vigente no país (art. 108, CC/2015). Em complemento, a Lei 6.015/1973 prevê que, no Registro de Imóveis, além da matrícula, serão feitos os registros de atos jurídicos entre vivos que dividirem imóveis (art. 167, I, "23").

Artigo 589.
Feitas as citações como preceitua o art. 576, prosseguir-se-á na forma dos arts. 577 e 578.
CORRESPONDÊNCIA NO CPC/1973: *ART. 968.*

1. Fase inicial. O procedimento judicial por meio do qual se elabora pretensão de divisão é bifásico. Primeiro, seu propósito é definir os quinhões de cada qual dos condôminos. Depois, fixada a norma jurídica concreta, tem-se início a fase executiva, momento em que o imóvel se submeterá a marcação das linhas divisórias.

2. A citação. O *caput* do art. 589 do CPC/2015 reforça a aplicação da regra geral de citações também nas ações divisórias (art. 576, CPC/2015). Não obstante a redundância do dispositivo, ele se justifica porque a regra no CPC/1973 apresenta outro formato: nele, os réus que residirem na comarca (foro da situação da coisa) devem ser citados pessoalmente; enquanto os demais, por edital. Por cautela, optou o legislador por impor expressamente que a citação de todos os réus será feita por correio, observado o art. 247 do CPC/2015 em seu inteiro teor. Existem exceções à regra geral, a exemplo do que ocorre quando o réu for incapaz, ou residir em local não atendido pela entrega domiciliar de correspondência, ou, ainda, quando o próprio autor, de forma justificada, requerer que a citação se dê de outra forma.

3. Edital. Por determinação legal (art. 576, parágrafo único, CPC/2015), a publicação de editais é exigida em ações de divisão, de maneira que eventuais interessados incertos ou desconhecidos possam tomar conhecimento do processo e nele intervirem, se desejarem.

4. Modalidades de resposta. Feitas as citações, como preceitua o art. 576, o rito seguirá curso na forma dos arts. 577 e 578. Não obstante o art. 577 do CPC/2015 mencione apenas a contestação, a legislação processual admite, além dela, o manejo das modalidades de resposta da exceção e da reconvenção. Está o réu autorizado a se valer, até porque o procedimento comum cabe aqui naquilo que não contrastar, das exceções de incompetência, de impedimento e de suspeição. A reconvenção, todavia, é inútil, haja vista o caráter dúplice do procedimento especial:, para que o réu receba o quinhão que lhe é devido, não precisa reconvir.

5. Atos processuais seguintes às citações. Da mesma forma que ocorre na demarcatória, também na ação de divisão, superado o prazo de resposta, seguirão curso os atos processuais em observância ao procedimento comum. É preciso que se sublinhe a impossibilidade de julgamento antecipado do mérito em decorrência da revelia (art. 355, II, CPC/2015). Isso porque o juiz, em decorrência do que dispõe o art. 590, está obrigado a nomear um ou mais peritos para promover a medição do imóvel e as operações de medição. Somente depois dessa etapa é que a sentença poderá ser proferida.

Artigo 590.
O juiz nomeará um ou mais peritos para promover a medição do imóvel e as operações de divisão, observada a legislação especial que dispõe sobre a identificação do imóvel rural.
Parágrafo único. O perito deverá indicar as vias de comunicação existentes, as construções e as benfeitorias, com a indicação dos seus valores e dos respectivos proprietários e ocupantes, as águas principais que banham o imóvel e quaisquer outras informações que possam concorrer para facilitar a partilha.
CORRESPONDÊNCIA NO CPC/1973: *ART. 969.*

1. Obrigatoriedade da perícia. Uma das características que torna especial o procedimento de divisão é a obrigatoriedade da perícia. Daí se afirmar que o juiz não está autorizado, de regra, a indeferir prova pericial com base no art. 370, parágrafo único, do CPC/2015, uma vez que o legislador já se antecipou a ele e tornou cogente a produção probatória.

2. Imóvel georreferenciado. Há, contudo, uma exceção à regra: o juiz está autorizado a dispensar prova pericial em caso de imóvel georreferenciado, porquanto as informações colhidas por intermédio dessa técnica proporcionam maior segurança e confiabilidade aos registros cartoriais (art. 573, CPC/2015), o que evidentemente cria, em proveito dos envolvidos, uma presunção relativa.

3. Elementos do laudo. O perito está obrigado por lei a indicar, em seu laudo, as vias de comunicação existentes, as construções e as benfeitorias, com a indicação de seus valores e respectivos proprietários e ocupantes, as águas principais que banham o imóvel e quaisquer outras informações que possam ocorrer para facilitar a partilha.

4. Indivisibilidade do imóvel e improcedência. Para a procedência do pedido de divisão exige-se que o imóvel envolvido seja divisível. Assim é que, caso a prova pericial aponte no sentido da indivisibilidade, não terá o juiz saída, a não ser julgar como improcedente o pedido.

ARTIGO 591.

Todos os condôminos serão intimados a apresentar, dentro de dez dias, os seus títulos, se ainda não o tiverem feito, e a formular os seus pedidos sobre a constituição dos quinhões.

CORRESPONDÊNCIA NO CPC/1973: *ART. 970.*

1. Intimação dos condôminos. A apresentação do título correspondente à aquisição é elemento que deve acompanhar a própria petição inicial, já que com ele se demonstra a própria origem da comunhão (art. 588, I, CPC). A intimação dos condôminos é imprescindível nessa fase, tanto para suprir eventual falta do autor, como para fazer com que os réus apresentem seus títulos, se ainda não o tiverem feito. Essa intimação será realizada depois da medição da área.

2. Pedidos sobre a constituição dos quinhões. Intimados os condôminos nos termos do art. 591 do CPC/2015, deverão apresentar seus títulos, se ainda não o fizeram, e também formular pedidos sobre a constituição dos quinhões; ou seja, deverão referir-se àquilo do imóvel que lhes convêm, sem olvidar as benfeitorias, servidões, culturas entre outros.

ARTIGO 592.

O juiz ouvirá as partes no prazo comum de 15 (quinze) dias.

§ 1º Não havendo impugnação, o juiz determinará a divisão geodésica do imóvel.

§ 2º Havendo impugnação, o juiz proferirá, no prazo de 10 (dez) dias, decisão sobre os pedidos e os títulos que devam ser atendidos na formação dos quinhões.

CORRESPONDÊNCIA NO CPC/1973: *ART. 971.*

1. Manifestação das partes. As partes serão intimadas para o fim de conhecer os pedidos formulados pelos condôminos e apresentar manifestações sobre eles, quando poderão, se assim desejarem, impugnar fundamentadamente a escolhas feitas. O prazo para tanto é comum e de 15 (quinze) dias.

2. Inexistência de impugnação. Em não havendo impugnação, o juiz determinará a divisão geodésica do imóvel, em atendimento aos pedidos formulados pelos condôminos.

3. Audiência e partilha amigável. Frente às dificuldades surgidas – a depender do tamanho da área, das benfeitorias ali existentes e da própria quantidade de condôminos – nada impede que o juiz, depois de apresentadas eventuais impugnações, designe audiência para o fim de tentar obter a partilha amigável dos quinhões. Alcançada a transação, será reduzida a termo e homologada por sentença, encerrando-se a primeira fase do procedimento divisório. (THEODORO JR., Humberto, *Terras particulares: demarcação, divisão, tapumes*, 5. ed., São Paulo, Saraiva, 2009, p. 400).

4. Audiência de instrução e julgamento. Tendo havido contestação, o juiz se orientará pelas regras do procedimento ordinário, podendo proferir julgamento tanto em audiência quanto sem audiência, dependendo da natureza das provas que as partes requererem para demonstração dos fatos discutidos no processo. (THEODORO JR., Humberto, *Terras particulares: demarcação, divisão, tapumes*, 5. ed., São Paulo, Saraiva, 2009, p. 399-400).

5. Decisão da primeira fase procedimental e recurso. Havendo impugnações, prevê o CPC/2015 prazo, impróprio, de 10 (dez) dias para que o juiz decida sobre os pedidos e os títulos que devam ser atendidos na formação dos quinhões. Embora existam polêmicas em torno da natureza da decisão ora mencionada, o melhor entendimento segue rumo a designá-la como sentença, por meio da qual o juiz decide sobre a pretensão divisória e sobre questões outras eventualmente deduzidas em juízo e define, em caso de procedência, os quinhões de cada qual dos condôminos. Nos limites do que foi decidido, essa sentença adquire eficácia de coisa julgada material, surgindo disso o efeito preclusivo, de maneira que não mais poderá ser reexaminada na fase seguinte, direcionada a dar vazão aos atos práticos necessários para conferir realidade ao registro sentencial. O recurso hábil para desafiar essa decisão é a apelação.

6. Sucumbência. Havendo resposta à ação divisória, estará caracterizada a litigiosidade, razão suficiente para, ao final da primeira fase, o juiz condenar em sentença o sucumbente ao pagamento de custas processuais e de honorários sucumbenciais ao vencedor.

ARTIGO 593.
Se qualquer linha do perímetro atingir benfeitorias permanentes dos confinantes feitas há mais de 1 (um) ano, serão elas respeitadas, bem como os terrenos onde estiverem, os quais não se computarão na área dividenda.
CORRESPONDÊNCIA NO CPC/1973: *ART. 973.*

1. Direitos dos confinantes. Tanto o art. 593 do CPC como o dispositivo que está à sua dianteira regulam eventuais repercussões sobre direitos dos confinantes do imóvel cuja divisão se pretende. Aqui, o que se busca é preservar as benfeitorias permanentes dos confinantes feitas há mais de um ano (edificações, muros, cercas, culturas, pastos fechados, etc.), bem assim os terrenos onde estiverem, os quais não se computarão na área dividenda. O dispositivo tem por alvo evitar que o possuidor dessas benfeitorias, ou de terrenos onde elas se encontrem estabelecidas, promova embargos de terceiro ou outra demanda, a fim de assegurar que o procedimento divisório respeite sua posse.

É medida que se ampara na simplificação, não significando isso o desaparecimento do direito de propriedade dos condôminos sobre terreno ou benfeitorias nele construídas: se desejarem, que pleiteiem seus direitos em ação específica, sobrepartilhando, no futuro, aquilo que permanecer alheio à demanda divisória já em curso.

ARTIGO 594.
Os confinantes do imóvel dividendo podem demandar a restituição dos terrenos que lhes tenham sido usurpados.

§ 1º Serão citados para a ação todos os condôminos, se a sentença homologatória da divisão ainda não houver transitado em julgado, e todos os quinhoeiros dos terrenos vindicados, se a ação for proposta posteriormente.

§ 2º Nesse último caso terão os quinhoeiros o direito, pela mesma sentença que os obrigar à restituição, a haver dos outros condôminos do processo divisório ou de seus sucessores a título universal a composição pecuniária proporcional ao desfalque sofrido.

CORRESPONDÊNCIA NO CPC/1973: *ART. 958.*

1. Direitos dos confinantes. Atrelado ao dispositivo anterior, que busca evitar demandas promovidas por confinantes do imóvel em divisão, o art. 594 do CPC/2015 assinala o óbvio. Nesse sentido, confirma o direito material daquele que é proprietário de reaver sua propriedade de quem injustamente a possua ou a detenha (art. 1.228, CC/2002). Todavia, também o possuidor lindeiro, não proprietário, pode ser atingido pelo que se passa na demanda divisória, o que lhe assegura a possibilidade de manejar embargos de terceiro.

2. Legitimação passiva. Reza o art. 594, §1º, do CPC/2015 que, na ação judicial a que tem direito o confinante que busca restituir terrenos que lhe foram usurpados, a legitimidade passiva envolve, necessariamente, todos os condôminos do imóvel cuja divisão se pleiteia na ação divisória, isso se a sentença homologatória da divisão ainda não transitou em julgado. Se ocorrido o trânsito em julgado, serão citados todos os quinhoeiros dos terrenos vindicados, para integrar o polo passivo da ação de restituição.

3. Necessidade de denunciação à lide. Já dividido o imóvel e transitada a sentença homologatória da divisão, serão citados em uma ação de restituição apenas os condôminos aquinhoados na porção de terreno sobre a qual o autor alegue ter sofrido usurpação. É o que prevê o parágrafo 2º do art. 594 do CPC/2015. Surge aqui, contudo, a questão sobre a necessidade ou não de denunciação à lide dos antigos condôminos. Não obstante divergências doutrinárias, o melhor é que a denunciação ocorra, sob pena de, ela não ocorrendo, não poderem os quinhoeiros, com base na sentença produzida, obter dos aludidos condôminos (ou de seus sucessores) indenização pelo desfalque que suportaram. Nada impede, entretanto, que os quinhoeiros prejudicados promovam ação própria contra os condôminos, visando a perdas e danos (Enunciado 120 do III FPPC-Rio).

Artigo 595.

Os peritos proporão, em laudo fundamentado, a forma da divisão, devendo consultar, quanto possível, a comodidade das partes, respeitar, para adjudicação a cada condômino, a preferência dos terrenos contíguos às suas residências e benfeitorias e evitar o retalhamento dos quinhões em glebas separadas.
CORRESPONDÊNCIA NO CPC/1973: *ART. 978.*

1. **Proposta de divisão.** Em laudo fundamentado, os peritos apresentarão proposta de divisão, cuja elaboração, quando possível, respeitará a comodidade das partes, a preferência dos terrenos contíguos a suas residências e benfeitorias e o ideal de não retalhar quinhões em glebas separadas.

2. **Acordo.** Nada impede que os condôminos façam, eles próprios, propostas, as quais serão examinadas e atendidas, na medida do possível, pelos peritos. Aliás, algo assim é até louvável em um sistema processual que se pauta na diretriz da comparticipação. Se todos os litigantes, entretanto, chegarem a um consenso, sendo maiores e capazes, caberá ao juiz simplesmente atendê-los.

3. **Contiguidade.** O art. 595 do CPC/2015 evidencia que um dos critérios a serem observados pelo perito, e naturalmente também pelo próprio juiz, é a contiguidade. Isso significa que aquele condômino, cujos terrenos sejam contíguos a suas residências e benfeitorias, detém direito de preferência, o que, sem dúvida, concerne ao próprio direito material.

Artigo 596.

Ouvidas as partes, no prazo comum de 15 (quinze) dias, sobre o cálculo e o plano da divisão, o juiz deliberará a partilha.

Parágrafo único. Em cumprimento dessa decisão, o perito procederá à demarcação dos quinhões, observando, além do disposto nos arts. 584 e 585, as seguintes regras:

I – as benfeitorias comuns que não comportarem divisão cômoda serão adjudicadas a um dos condôminos mediante compensação;

II – instituir-se-ão as servidões que forem indispensáveis em favor de uns quinhões sobre os outros, incluindo o respectivo valor no orçamento para que, não se tratando de servidões naturais, seja compensado o condômino aquinhoado com o prédio serviente;

III – as benfeitorias particulares dos condôminos que excederem à área a que têm direito serão adjudicadas ao quinhoeiro vizinho mediante reposição;

IV – se outra coisa não acordarem as partes, as compensações e as reposições serão feitas em dinheiro.

CORRESPONDÊNCIA NO CPC/1973: *ART. 979.*

1. Audiência das partes. Apresentado o laudo, as partes serão intimadas para se manifestarem, no prazo comum de 15 (quinze dias), sobre o cálculo e o plano da divisão. Poderão impugnar as conclusões às quais os peritos chegaram, demonstrando erros ou defeitos da avaliação ou da classificação das terras, facultada oportunidade para instrução, se necessária. Caberá ao juiz resolver as questões porventura levantadas.

2. Decisão sobre a partilha e posterior execução. Ouvidas as partes e suscitadas eventuais impugnações ao plano de divisão, o juiz deliberará a partilha mediante decisão fundamentada, que também resolverá todas as dúvidas pendentes e, até aquele momento, suscitadas nos autos, para que o agrimensor possa, em seguida, realizar a demarcação final dos quinhões sem dificuldades e com precisão. (THEODORO JR., Humberto, *Terras particulares: demarcação, divisão, tapumes*, 5. ed., São Paulo, Saraiva, 2009,p. 451). Por se tratar de decisão interlocutória cuja tônica atinge o próprio mérito do processo, admite-se que contra ela seja interposto agravo de instrumento (art. 1.015, II, CPC/2015).

Artigo 597.

Terminados os trabalhos e desenhados na planta os quinhões e as servidões aparentes, o perito organizará o memorial descritivo.

§ 1º Cumprido o disposto no art. 586, o escrivão, em seguida, lavrará o auto de divisão, acompanhado de uma folha de pagamento para cada condômino.

§ 2º Assinado o auto pelo juiz e pelo perito, será proferida sentença homologatória da divisão.

§ 3º O auto conterá:

I – a confinação e a extensão superficial do imóvel;

II – a classificação das terras com o cálculo das áreas de cada consorte e com a respectiva avaliação ou, quando a homogeneidade das terras não determinar diversidade de valores, a avaliação do imóvel na sua integridade;

III – o valor e a quantidade geométrica que couber a cada condômino, declarando-se as reduções e as compensações resultantes da diversidade de valores das glebas componentes de cada quinhão.

§ 4º Cada folha de pagamento conterá:

I – a descrição das linhas divisórias do quinhão, mencionadas as confinantes;

II – a relação das benfeitorias e das culturas do próprio quinhoeiro e das que lhe foram adjudicadas por serem comuns ou mediante compensação;

III – a declaração das servidões instituídas, especificados os lugares, a extensão e o modo de exercício.

CORRESPONDÊNCIA NO CPC/1973: *ART. 980.*

1. Memorial descritivo. Assim que terminados os trabalhos e desenhados, na planta, os quinhões e as servidões aparentes, o perito organizará o memorial descritivo. Trata-se de atividade voltada a documentar o trabalho de campo cuja definição já deliberou o juiz, por força do art. 596 do CPC/2015.

2. Manifestação das partes. Concluído o relatório elaborado pelos arbitradores e juntado aos autos, as partes serão intimadas a se manifestarem sobre ele no prazo comum de 15 (quinze) dias. Não tem o juiz, aqui, como se afastar do comando legal, sob pena de prejudicar as partes no exercício do contraditório e da ampla defesa. As partes poderão simplesmente concordar com o trabalho realizado, ou suscitar questões cuja apreciação cumprirá ao juiz no momento seguinte.

3. Correções e retificações. Apreciadas as questões eventualmente levantadas, determinará o juiz que o agrimensor execute as correções e retificações, trabalho a ser espreitado pelos arbitradores.

4. Auto de divisão. Cumprido o que determina o art. 597 do CPC/2015, o escrivão lavrará posteriormente o auto de divisão, seguido de uma folha de pagamento para cada condômino, a qual obrigatoriamente conterá: (i) a confinação e a extensão superficial do imóvel; (ii) a classificação das terras com o cálculo das áreas de cada consorte e a respectiva avaliação ou a avaliação do imóvel na sua integridade, quando a homogeneidade das terras não determinar diversidade de valores; e (iii) o valor e a quantidade geométrica que couber a cada condômino, declarando-se as reduções e as compensações resultantes da diversidade de valores das glebas componentes de cada quinhão. Assinado o auto pelo juiz e pelo perito, será proferida sentença homologatória da divisão, cuja natureza é constitutiva, por fazer extinguir a comunhão e substituí-la por uma nova situação jurídica para os ex-comunheiros. Faz coisa julgada material; e, para sua desconstituição, indispensável se mostrará a competente ação rescisória. (THEODORO JR., Humberto, *Terras particulares: demarcação, divisão, tapumes*, 5. ed., São Paulo, Saraiva, 2009, p. 464-5).

5. Título para registro. A folha de pagamento é o título declaratório da propriedade exclusiva do condômino que resultou do processo divisório. Juntamente com a sentença que homologou a divisão e a certidão do seu trânsito em julgado, ela constitui autêntica formalização de partilha para os efeitos de registro no Registro Imobiliário. (THEODORO JR., Humberto, *Terras particulares: demarcação, divisão, tapumes*, 5. ed., São Paulo, Saraiva, 2009, p. 466).

Artigo 598.
Aplica-se às divisões o disposto nos arts. 590 a 593.
CORRESPONDÊNCIA NO CPC/1973: *ART. 981.*

1. Aplicação subsidiária. O que faz o art. 598 é estabelecer aplicação subsidiária ao procedimento de divisão, naquilo que couber, às regras que regulam a demarcatória.

CAPÍTULO V – Da Ação de Dissolução Parcial de Sociedade

Artigo 599.
A ação de dissolução parcial de sociedade pode ter por objeto:
I – a resolução da sociedade empresária contratual ou simples em relação ao sócio falecido, excluído ou que exerceu o direito de retirada ou recesso; e
II – a apuração dos haveres do sócio falecido, excluído ou que exerceu o direito de retirada ou recesso; ou
III – somente a resolução ou a apuração de haveres.
§ 1º A petição inicial será necessariamente instruída com o contrato social consolidado.
§ 2º A ação de dissolução parcial de sociedade pode ter também por objeto a sociedade anônima de capital fechado quando demonstrado, por acionista ou acionistas que representem cinco por cento ou mais do capital social, que não pode preencher o seu fim.
CORRESPONDÊNCIA NO CPC/1973: *NÃO HÁ.*

1. Considerações gerais. A ação de dissolução parcial de sociedade, até antes do advento deste CPC/2015, era ainda em parte procedimentalmente regulada pelo vetusto CPC/1939, na forma do que disciplinava o art. 1.218, VII, do CPC/1973.
2. Conceito. Das lições de Paulo Sérgio Restiffe, depreende-se que a ação de dissolução de sociedade é procedimento judicial por meio do qual se busca desfazer o contrato da sociedade em relação a um ou mais de seus contraentes, que se retiram, voluntariamente ou não, com ou sem culpa, apurando-se, ato contínuo, o valor da participação societária devida ao sócio retirante. (RESTIFFE, Paulo Sérgio, *Dissolução de sociedades*, 1. ed., São Paulo, Saraiva, 2011, p. 48).
Destaque-se, por oportuno, que determinados tipos associativos não são passíveis de dissolução nos moldes por nós aqui estudados, tais como as cooperativas, cuja dissolução é prerrogativa da assembleia geral especificamente convocada para tal fim (art. 46, IV, Lei 5.764/1971).

3. Cabimento. A ação de dissolução parcial terá cabimento em se tratando de sociedades empresárias constituídas por meio de contrato ou mesmo de sociedades simples (cuja constituição por meio de contrato escrito é da sua essência – art. 997 do CC/2002), para a retirada de sócio falecido, excluído ou que exerceu o direito de retirada ou recesso.

Na hipótese de falecimento, exclusão, retirada ou recesso de sócios em sociedades empresárias ou simples, o procedimento a ser observado, em havendo litigio, é este por nós aqui analisado.

Contudo, de acordo com os incisos II e III deste art. 599 do CPC/2015, a dissolução parcial será cabível também nas hipóteses em que se objetivar apenas dissolução e apuração conjunta de haveres, ou então para apenas e tão somente apurarem-se os haveres sem que haja a dissolução.

4. Sociedade não personificada. A dissolução parcial restringe-se às sociedades personificadas, ou seja, àquelas constituídas por escrito e regularmente registradas?

O art. 599 deste CPC/2015 poderia ensejar uma resposta positiva. Mas nos termos do art. 986 do CC/2002, enquanto não inscritos os atos constitutivos, reger-se-á a sociedade pelas normas da sociedade simples; e o art. 1.028 do CC/2002, ao regular o tema da dissolução das sociedades simples, estabelece que em ocorrendo o falecimento de sócio, liquidar-se-á sua quota, salvo se o contrato dispuser diferentemente e/ou se os sócios remanescentes optarem pela dissolução da sociedade.

O art. 1.029 do mesmo CC/2002 preconiza, em adição, que, além dos casos previstos na lei ou no contrato, qualquer sócio poderá retirar-se da sociedade.

Não havendo concordância entre os sócios quanto aos eventos acima identificados, a solução será a dissolução da sociedade simples pela via judicial por nós aqui estudada, tendo em vista a interpretação sistemática que se deve dar aos arts. 986, 1.028 e 1.029, todos do CC/2002.

5. Sociedade anônima. Em se tratando se sociedade anônima de capital fechado, igualmente será possível o manejo da ação de dissolução parcial conforme previsto no parágrafo 2º do artigo de lei ora em análise, deixando o legislador em aberto as hipóteses de cabimento nessa hipótese, já que, ao remeter o intérprete ao conceito do "não preenchimento do seu fim", está a admitir uma miríade de situações ensejadoras da ação, mormente em se tratando da quebra da *affectio*.

6. Petição inicial. A petição inicial deverá ser instruída com cópia do contrato social, exigência que deverá ser relativizada em se tratando de sociedade não personificada. Ademais, tendo cm vista que o parágrafo 2º deste art. 599 reconhece a possibilidade de sociedades anônimas serem igualmente sujeitas desta ação, parece-nos que a exigência não é de apresentação do contrato social, mas dos documentos constitutivos da sociedade, sejam eles contrato, estatuto, ou documentos congêneres em se tratando se sociedades não personificadas.

ARTIGO 600.

A ação pode ser proposta:

I – pelo espólio do sócio falecido, quando a totalidade dos sucessores não ingressar na sociedade;

II – pelos sucessores, após concluída a partilha do sócio falecido;

III – pela sociedade, se os sócios sobreviventes não admitirem o ingresso do espólio ou dos sucessores do falecido na sociedade, quando esse direito decorrer do contrato social;

IV – pelo sócio que exerceu o direito de retirada ou recesso, se não tiver sido providenciada, pelos demais sócios, a alteração contratual consensual formalizando o desligamento, depois de transcorridos 10 (dez) dias do exercício do direito;

V – pela sociedade, nos casos em que a lei não autoriza a exclusão extrajudicial; ou

VI – pelo sócio excluído.

Parágrafo único. O cônjuge ou companheiro do sócio cujo casamento, união estável ou convivência terminou poderá requerer a apuração de seus haveres na sociedade, que serão pagos à conta da quota social titulada por este sócio.

CORRESPONDÊNCIA NO CPC/1973: *NÃO HÁ.*

1. Considerações gerais. O legislador, ao que nos parece, inovou ao reconhecer que o fim de um vínculo afetivo-relacional que unia os sócios poderá servir de fundamento para a quebra da *affectio*, podendo servir esse motivo de fundamento para a ação.

Nessa hipótese, cremos que se tratando de término tanto de casamento quanto de união estável ou convivência que sequer união estável caracteriza, será possível a propositura da ação.

Reconhece o legislador, assim, que o vínculo que unia os sócios, a *affectio* de ser sócio em determinada empreita negocial, pode vir ao fim quando do encerramento daquela outra *affectio*, por assim dizer, a afetiva-emocional que antes unia os sócios (o que não necessariamente ocorre em todos os casos).

2. Rol taxativo. Este dispositivo legal traz o rol dos legitimados à propositura da ação de dissolução parcial, o que por si só é bastante explicativo, tratando-se de rol que encerra *numerus clausus*, não comportando, no nosso sentir, interpretação extensiva.

ARTIGO 601.

Os sócios e a sociedade serão citados para, no prazo de 15 (quinze) dias, concordar com o pedido ou apresentar contestação.

Parágrafo único. A sociedade não será citada se todos os seus sócios o forem, mas ficará sujeita aos efeitos da decisão e à coisa julgada.
CORRESPONDÊNCIA NO CPC/1973: *NÃO HÁ.*

1. Prazo para contestar e litisconsórcio. O legislador finalmente deu um fim às discussões acerca (i) do prazo para contestar, que até então, nos termos do art. 656, § 2º, do CPC/1939, seria de 5 (cinco) dias, o que nos parece que, além de inconstitucional, representava verdadeiro cerceamento de defesa que, no mais das vezes, praticamente impossibilitava a apresentação de defesa efetivamente fundamentada; e (ii) da integração ou não da sociedade da qualidade de litisconsorte (ativo ou passivo) necessário e unitário.

Artigo 602.
A sociedade poderá formular pedido de indenização compensável com o valor dos haveres a apurar.
CORRESPONDÊNCIA NO CPC/1973: *NÃO HÁ.*

1. Considerações gerais. Já tivemos oportunidade de analisar, nos comentários ao art. 601 deste CPC/2015, que a participação da sociedade como litisconsorte é uma faculdade, não mais se podendo falar, como regra, na existência de litisconsórcio necessário.

Contudo, na hipótese de a sociedade ter a obrigação, ou mesmo o interesse, de apurar eventuais faltas e prejuízos que porventura lhe tenham sido causados pelo sócio que se retira, deverá, em sendo parte no processo, exercer o aludido direito de indenização nos termos do art. 602 ora em destaque, para fins de exercer esse direito na constância da ação de dissolução já proposta.

2. Reconvenção. Entendemos, não obstante, que em sendo exercido o referido direito por parte da sociedade, esta deverá manejá-lo por meio da competente reconvenção a ser apresentada na forma do art. 343 deste CPC/2015, ou seja, no bojo de sua contestação deverá a sociedade formular o pedido indenizatório, fato este que, com maior razão (se é que seriam necessárias razões outras que não o próprio cerceamento de defesa) nos faz ressaltar a importância do art. 601 deste CPC/2015 ter adequado para 15 (quinze) dias o prazo para apresentação da defesa em sede de dissolução parcial de sociedade.

3. Caráter dúplice. Em que pese o claro caráter dúplice que a apuração de haveres pode ter em razão da aplicação deste art. 602, cremos que, por se tratar de manifestação "pretensão própria, conexa com a ação principal ou com o fundamento da defesa" o pedido de compensação aqui analisado, sua dedução deverá se dar na forma de reconvenção.

4. Ação autônoma. Caso não formule sua pretensão no bojo da ação de dissolução, poderá ainda a sociedade formular seu pleito em ação própria. Contudo, não se valerá do benefício do procedimento sincrético que este art. 602 lhe confere.

Ressaltamos que, caso seja a sociedade a própria autora da ação de dissolução, o pedido indenizatório poderá ser formulado na inicial da aludida ação.

ARTIGO 603.

Havendo manifestação expressa e unânime pela concordância da dissolução, o juiz a decretará, passando-se imediatamente à fase de liquidação.

§ 1º Na hipótese prevista no *caput*, não haverá condenação em honorários advocatícios de nenhuma das partes, e as custas serão rateadas segundo a participação das partes no capital social.

§ 2º Havendo contestação, observar-se-á o procedimento comum, mas a liquidação da sentença seguirá o disposto neste Capítulo.

CORRESPONDÊNCIA NO CPC/1973: *NÃO HÁ.*

1. Concordância pela dissolução. Havendo a quebra da *affectio* e não mais sendo do interesse de todos os sócios a manutenção do quadro social como originalmente haviam projetado, a dissolução parcial será de rigor, restando apenas apurarem-se os haveres.

O legislador, então, em verdadeira homenagem à celeridade e economia processual, direciona as partes à possibilidade de concordarem com a dissolução para que ganhem tempo solucionando o que efetivamente é do objeto da lide, ou seja, a apuração dos haveres a serem fixados em fase de liquidação.

Optando, então, as partes pela dissolução "amigável" nos termos deste dispositivo legal, serão ainda premiadas pela não incidência em seu detrimento dos honorários de sucumbência, bem como pelo rateio proporcional das despesas processuais.

2. Honorários sucumbenciais na fase da apuração. Em havendo litígio na fase de apuração dos haveres, é possível a fixação de honorários de sucumbência em detrimento da parte vencida, especialmente tendo em vista que houve um acordo pretérito com a dispensa da incidência de tais honorários?

Remetemos o leitor ao parágrafo 1º, do art. 85 deste CPC/2015, que preconiza que serão devidos honorários advocatícios na reconvenção, no cumprimento de sentença, provisório ou definitivo, na execução, resistida ou não, e nos recursos interpostos, cumulativamente. Ou seja, em regra não se poderia cogitar da fixação de honorários de sucumbência na fase da apuração de haveres.

Contudo, o art. 603 estabelece que a apuração de haveres será realizada por meio de liquidação, sendo certo que os art.s 609 a 611 deste mesmo CPC/2015 previram duas modalidades de liquidação: por arbitramento (art. 610) e pelo procedimento comum (art. 611).

E em se tratando de liquidação pelo procedimento comum, que é regido pelos arts. 318 e seguintes deste CPC/2015, haverá a prolação de nova sentença, oportunidade na qual poderá haver fixação de honorários de sucumbência, em que pese terem as partes concordado com a dissolução (concordam com a dissolução, mas seguem litigando no tocante à apuração).

Artigo 604.
Para apuração dos haveres, o juiz:
I – fixará a data da resolução da sociedade;
II – definirá o critério de apuração dos haveres à vista do disposto no contrato social; e
III – nomeará o perito.
§ 1º O juiz determinará à sociedade ou aos sócios que nela permanecerem que depositem em juízo a parte incontroversa dos haveres devidos.
§ 2º O depósito poderá ser, desde logo, levantando pelo ex-sócio, pelo espólio ou pelos sucessores.
§ 3º Se o contrato social estabelecer o pagamento dos haveres, será observado o que nele se dispôs no depósito judicial da parte incontroversa.
CORRESPONDÊNCIA NO CPC/1973: *NÃO HÁ.*

1. **Critério para a apuração.** Resolvida a questão acerca da data da dissolução parcial da sociedade e fixados os critérios para apuração dos haveres, deverá o juiz, com base nos art.s 509 a 511 do CPC/2015, definir a modalidade em que os haveres serão apurados (arbitramento ou procedimento comum), nomeando, a seguir, o perito.

A opção legislativa é pela aplicação, como regra, dos critérios contratuais para apuração de haveres – ou seja, aplicação do contrato, estatuto ou documento congênere.

2. **Pagamento dos valores incontroversos.** É evidente, a esse respeito, o esforço legislativo em benefício da economia, celeridade e resultado: a sociedade e os sócios depositarão em juízo os valores incontroversos, que poderão ser levantados pelo ex-sócio, pelo espólio ou por seus sucessores.

Não nos parece que aqui há qualquer opção (mas pode haver condicionante contratualmente estabelecida pelas partes junto dos documentos constitutivos da sociedade) em favor dos devedores: havendo valores incontroversos, o depósito e mesmo o levantamento serão de rigor.

3. **Depósito ou levantamento condicionado de valores.** Conforme alertamos mais acima, o depósito dos valores incontroversos poderá estar condicionado ao que tiver sido acordado pelas partes junto ao contrato, estatuto, ou documento congênere (em se tratando de sociedade despersonificadas – vide nossos comentários ao art. 599 deste CPC/2015).

CÓDIGO DE PROCESSO CIVIL

In casu, a matéria poderá ter sido regulada entre as partes de maneira diversa ou mesmo condicionada a determinadas ocorrências, na forma de um negócio jurídico processual no bojo dos documentos constitutivos da sociedade, com base no parágrafo 3º deste dispositivo legal.

ARTIGO 605.
A data da resolução da sociedade será:
I – no caso de falecimento do sócio, a do óbito;
II – na retirada imotivada, o sexagésimo dia seguinte ao do recebimento, pela sociedade, da notificação do sócio retirante;
III – no recesso, o dia do recebimento, pela sociedade, da notificação do sócio dissidente;
IV – na retirada por justa causa de sociedade por prazo determinado e na exclusão judicial de sócio, a do trânsito em julgado da decisão que dissolver a sociedade; e
V – na exclusão extrajudicial, a data da assembleia ou da reunião de sócios que a tiver deliberado.
CORRESPONDÊNCIA NO CPC/1973: *NÃO HÁ.*

1. Considerações gerais. O legislador estabeleceu aqui regras fixas acerca do momento a partir do qual a sociedade será considerada como parcialmente dissolvida em determinadas situações e, portanto, o momento, legalmente reconhecido dessa forma, no qual se efetivou a saída do ex-sócio.

2. Regra geral. Este art. 605 fixa, então, um termo legal a partir do qual será considerado retirado o sócio, e a importância dessa fixação de termo legal se observa em ao menos duas situações: (i) limitação da responsabilidade do ex-sócio perante terceiros e perante a sociedade e (ii) pagamento de dividendos e *pro labore* (art. 608 deste CPC/2015).

3. Exceções. No nosso sentir as hipóteses e prazos fixados por este art. 605 do CPC deverão ser aplicados pelo juiz como regra geral. Todavia, caso o contrato, a lei especial ou mesmo a situação em concreto demandem o estabelecimento de prazos outros, deverá o juiz, analisando o caso em concreto, decidir de maneira distinta da que restou insculpida como regra geral por este art. 605, sendo certo que o art. 607 deste CPC/2015 expressamente autoriza o juiz em tal sentido.

Como já vimos, as disposições relacionadas à dissolução parcial de sociedades por nós aqui já analisadas reconhecem, no mais das vezes, a prevalência da vontade das partes, que é manifestada no contrato de constituição da sociedade e, por tal motivo, seja por força de lei especial ou por ajuste distinto entre as partes, a regra deste art. 605 deverá ceder conforme a situação em concreto exigir.

ARTIGO 606.

Em caso de omissão do contrato social, o juiz definirá, como critério de apuração de haveres, o valor patrimonial apurado em balanço de determinação, tomando-se por referência a data da resolução e avaliando-se bens e direitos do ativo, tangíveis e intangíveis, a preço de saída, além do passivo também a ser apurado de igual forma.

Parágrafo único. Em todos os casos em que seja necessária a realização de perícia, a nomeação do perito recairá preferencialmente sobre especialista em avaliação de sociedades.

CORRESPONDÊNCIA NO CPC/1973: *NÃO HÁ.*

1. **Critério legal.** Este art. 606 do CPC/2015 é sucedâneo do art. 1.031 do CC/2002, que por seu turno estabelece que em havendo necessidade de apuração de haveres, a participação do ex-sócio será aferida com base na situação patrimonial da sociedade, o que é repetido pelo art. 606 aqui analisado.

O art. 606 aqui analisado, então, reforça a regra geral que o CC/2002 já havia estabelecido: a apuração de haveres implica calcular a parcela do patrimônio social equivalente às cotas, o que em geral é feito pela divisão do patrimônio líquido da sociedade pelo número de cotas de seu capital social e multiplicação pelas cotas do ex-sócio.

2. **Exceções.** A apuração de haveres ganha conotações especiais no contexto de sociedades relativamente peculiares, tais como, por exemplo, aquelas de prestação de serviços de caráter intelectual – tais com as sociedades de advogados e de consultoria –, já que, ao menos no nosso sentir, em tais casos deverá ser levado em consideração não apenas os ativos tangíveis, mas principalmente os ativos intangíveis, que obviamente integram seu patrimônio, mas frequentemente são desconsiderados de sua escrituração contábil.

A discussão a esse respeito é bastante intrincada e acaba por encerrar a questão pela apuração da situação patrimonial independentemente da espécie de sociedade, o que nem sempre é o ideal e por vezes causa injustiças e disparidades.

Todavia, conforme estabelece o art. 607 deste CPC/2015, ao que nos parece, nessas situações é possível a fixação de critérios outros, desde que haja fundamento para tanto.

3. **Nomeação do perito.** A questão que surge quanto à nomeação do perito é a da ausência de perito, em determinada comarca, que possua as qualidades exigidas pelo parágrafo único deste art. 606. Como então deverá agir o juiz na designação do perito? No nosso sentir, aqui a letra da lei é mandatória, e caso não exista especialista na comarca, deverá o juiz buscar em outras localidades um *expert* que detenha todas as qualidades que o tornem apto à realização da perícia.

Artigo 607.

A data da resolução e o critério de apuração de haveres podem ser revistos pelo juiz, a pedido da parte, a qualquer tempo antes do início da perícia.
CORRESPONDÊNCIA NO CPC/1973: *NÃO HÁ*.

1. Considerações gerais. Nos comentários aos arts. 605 e 606 já identificamos que o juiz deverá fixar a data em que o sócio deixou a sociedade, ou seja, a data na qual a sociedade passará a ser parcialmente dissolvida, assim como deverá fixar o critério para a apuração dos haveres, que como igualmente já vimos é, em regra, a da situação patrimonial da sociedade.

Ocorre que as regras impostas pelos arts. 605 e 606 deste CPC/2015 não são absolutas e, por tal motivo, poderão ser totalmente desconsideradas ou então relativizadas pelo juiz da causa, conforme estabelece o art. 607 aqui em estudo.

2. Fundamentos para a revisão. No nosso sentir, este art. 607 falou menos do que deveria falar, já que não bastará à parte interessada pleitear a modificação da data da dissolução ou dos critérios para apuração dos haveres, para que o juiz decida de maneira distinta daquela imposta pelos art.s 605 e 606.

É que, nos termos do art. 7º deste CPC/2015, é assegurada às partes paridade de tratamento em relação ao exercício de direitos e faculdades processuais, aos meios de defesa, aos ônus, aos deveres e à aplicação de sanções processuais, competindo ao juiz zelar pelo efetivo contraditório e, desse modo, caso uma das partes entenda que há fundamentos para a aplicação de regras distintas daquelas fixadas pelos arts. 605 e 606 deste CPC/2015, deverá formular pedido fundamentado ao juiz da causa, que concederá à outra parte o direito de resistência, de resposta paritária e, somente após ouvidas todas as partes envolvidas e oportunizada a produção e provas (quando necessário e justificado) é que poderá o juiz, por meio de decisão fundamentada, aplicar os termos deste art. 607, de modo a alterar, no caso em concreto, as regras dos arts. 605 e 606 deste CPC/2015.

Artigo 608.

Até a data da resolução, integram o valor devido ao ex-sócio, ao espólio ou aos sucessores a participação nos lucros ou os juros sobre o capital próprio declarados pela sociedade e, se for o caso, a remuneração como administrador.

Parágrafo único. Após a data da resolução, o ex-sócio, o espólio ou os sucessores terão direito apenas à correção monetária dos valores apurados e aos juros contratuais ou legais.
CORRESPONDÊNCIA NO CPC/1973: *NÃO HÁ*.

1. Considerações gerais. Ao analisar o art. 605 deste CPC/2015, mencionamos algumas as consequências importância da fixação legal, como regra, da data na qual parcialmente dissolvida a sociedade, quais sejam: pagamento de dividendos e *pro labore* ao ex-sócio.

E este art. 608 reforça o quanto já dissemos a esse respeito, já que expressamente este texto legal prevê que enquanto não fixada a data da parcial dissolução, aquele que vier a ser declarado ex-sócio fará jus ao pagamento de sua participação nos lucros, bem como ao *pro labore* caso seja administrador, e dentre outros valores conforme disciplina o dispositivo legal aqui em comento ou conforme dispuserem os documentos constitutivos da sociedade.

2. Regra distinta nos documentos constitutivos. Surge aqui, todavia, a seguinte questão: caso o contrato social, estatuto (ou documento congênere no caso de sociedades despersonificadas), ou mesmo o acordo de sócios fixar de outro modo, o que deverá prevalecer? A vontade das partes previamente contratada, ou a letra deste art. 608?

Cremos que a resposta deverá ser aquela decorrente da interpretação sistemática dos ditames que regem a ação de dissolução parcial de sociedade, que, como vimos, sempre que possível deixam claro que a opção é pela prevalência da vontade das partes, ou seja, do contrato social, estatuto ou documento congênere.

Assim sendo, entendemos que, em havendo disposição distinta entre os sócios acerca da forma de remuneração enquanto não fixada a data da efetiva dissolução, será o ajuste entre as partes que deverá prevalecer.

ARTIGO 609.
Uma vez apurados, os haveres do sócio retirante serão pagos conforme disciplinar o contrato social e, no silêncio deste, nos termos do § 2º do art. 1.031 da Lei nº 10.406, de 10 de janeiro de 2002 (Código Civil).
CORRESPONDÊNCIA NO CPC/1973: *NÃO HÁ.*

1. Prevalência da vontade das partes como regra. Na linha de tudo quanto aqui já tivemos oportunidade de analisar, a percepção que temos é bastante clara quanto ao reconhecimento, por parte do legislador, da supremacia da vontade das partes, caracterizada pelo contrato, estatuto ou documento congênere, relativamente à questão da dissolução parcial e, mais especialmente, no que toca à apuração e pagamento dos haveres.

E este art. 609 do CPC/2015 é reflexo desse comportamento legislativo, tendo em vista que, seja lá qual for a data na qual considerada efetivada a dissolução, o critério para sua fixação ou mesmo o critério para apuração dos haveres, o pagamento, quando realizado (incluindo-se aí o pagamento do eventual valor incontroverso – art. 604, §3º deste CPC/2015), deverá seguir o que estiver previsto, a esse respeito, pelo contrato, estatuto ou documento congênere.

Apenas e tão somente na hipótese de inexistência de previsão contratual em tal sentido, é que será aplicada a regra do art. 1.031 do CC/2002.

CAPÍTULO VI – Do Inventário e da Partilha

SEÇÃO I – Das Disposições Gerais

ARTIGO 610.

Havendo testamento ou interessado incapaz, proceder-se-á ao inventário judicial.

§ 1º Se todos forem capazes e concordes, o inventário e a partilha poderão ser feitos por escritura pública, a qual constituirá documento hábil para qualquer ato de registro, bem como para levantamento de importância depositada em instituições financeiras.

§ 2º O tabelião somente lavrará a escritura pública se todas as partes interessadas estiverem assistidas por advogado ou por defensor público, cuja qualificação e assinatura constarão do ato notarial.

CORRESPONDÊNCIA NO CPC/1973: *ART. 982.*

1. **Finalidade.** A sucessão *causa mortis* opera-se no mesmo instante da morte do *de cuius*, transmitindo todo o seu patrimônio a todos os herdeiros e testamentários, sem delimitar, quantificar ou qualificar os bens que compõem a herança, tampouco os que irão compor o quinhão de cada herdeiro, testamentário ou a meação do cônjuge ou companheiro sobrevivente, conforme o art. 1.784 do CC/2002. O procedimento de inventário e partilha tem por finalidade individualizar e avaliar os bens da herança para então partilhá-los entre os herdeiros, encerrando a comunhão hereditária.

2. **Inventário judicial.** O inventário judicial será obrigatório, quando houver testamento ou interessado incapaz; será facultativo, quando todos forem capazes e estiverem de acordo com os termos da partilha. Neste caso, o inventário e a partilha poderão feitos por escritura pública (art. 610, §2º)

3. **Facultatividade do inventário extrajudicial.** A possibilidade do inventário extrajudicial, introduzida pela Lei 11.441/2007, não afasta dos interessados, ainda que sejam todos capazes e que entre eles não haja discordância sobre a partilha, o direito de utilizarem-se da via judicial, como descreve a redação do parágrafo 1º do artigo em comento: "se todos forem capazes e concordes, o inventário e a partilha poderão ser feitos por escritura pública". A redação original do CPC/1973 também era nesse sentido: "se todos forem capazes e concordes, poderá fazer-se o inventário e a partilha por escritura pública". Ainda assim, houve muita divergência acerca da facultatividade ou obrigatoriedade da via extrajudicial, ensejando a edição da Resolução 35/2007 do CNJ, que afirma o caráter facultativo previsto no art. 610, §1º.

4. Conversão de inventário judicial para extrajudicial. As partes que optarem pela via judicial poderão requerer, a qualquer momento, a suspensão do processo pelo prazo de 30 (trinta) dias, ou a desistência da ação, para a promoção da via extrajudicial, conforme o art. 2º da Resolução 35/2007 do CNJ.

5. Inventário negativo. A doutrina denomina "inventário negativo" a ação declaratória de inexistência de bens do *de cuius*. Muito embora a própria finalidade do inventário pressuponha a existência de bens, a ausência de patrimônio não afasta o interesse jurídico de herdeiros ou terceiros de que seja declarada a inexistência de patrimônio. O art. 1.523, I, do CC/2002 estabelece que "o viúvo ou a viúva que tiver filho do cônjuge falecido, enquanto não fizer inventário dos bens do casal e der partilha aos herdeiros". Há interesse jurídico também, ao herdeiro que necessite constituir prova de inexistência de bens, caso o autor da herança tenha deixado dívidas (art. 1.792, CC/2002). O inventário negativo, desde que preenchidos os requisitos dos parágrafos 1º e 2º do art. 610, poderá ser feito por escritura pública (art. 28 da Resolução 35/2007, CNJ).

6. Registro da escritura pública. A redação do art. 982 do CPC/1973 dizia que a escritura pública constitui título hábil para registro imobiliário ao passo que o CPC/2015 tem previsão mais ampla para os atos registrais. Com a nova redação, a escritura pública de inventário e partilha passou a constituir documento hábil para qualquer ato de registro tornando possível seu registro em qualquer órgão (art. 3º, Resolução 35/2007, CNJ). A nova redação trata também fazer adequação redacional no que se refere à menção de constituição de "título" hábil, para "documento" hábil, uma vez que a escritura pública de inventário não constitui título de crédito, judicial ou extrajudicial.

7. Dispensa de alvará. A escritura pública de inventário e partilha dispensa a expedição de alvarás para levantamento de quantias depositadas em instituições bancária, bem como para materialização de qualquer ato decorrente do inventário, tais como transferências de bens e direitos (art. 3º, Resolução 35/2007, CNJ).

8. Obrigatoriedade do advogado. O inventário e a partilha amigável por escritura pública exigem a presença de advogado, dispensando-se a procuração e devendo-se constar apenas o nome, qualificação e o número da OAB do advogado ou defensor público, conforme disposto no art. 8º da Resolução 35/2007 do CNJ.

9. Gratuidade. Muito embora o art. 610 não repita a regra concernente à gratuidade da escritura pública, como faz o art. 982 do CPC/1973, subsiste a possibilidade no CPC/2015. Basta, para tanto, que o interessado que não puder arcar com emolumentos decorrentes do inventário ou partilha por escritura pública apresente declaração escrita para obtenção do benefício (art. 3º, Lei 11.441/07 e art. 7º, Resolução 35/2007, CNJ)

Artigo 611.
O processo de inventário e de partilha deve ser instaurado dentro de 2 (dois) meses, a contar da abertura da sucessão, ultimando-se nos 12 (doze)

meses subsequentes, podendo o juiz prorrogar esses prazos, de ofício ou a requerimento de parte.
CORRESPONDÊNCIA NO CPC/1973: *ART. 983.*

1. Prazos para abertura e término do inventário. Os prazos para propositura e término da ação de inventário são de interesse da Fazenda Pública quanto ao recolhimento do imposto de transferência *causa mortis,* de modo que sua inobservância, desde que não configurada má-fé, não acarretará sanção processual. Entretanto, muitos Estados preveem multa em caso de descumprimento. Nesse diapasão, o STF editou a Súmula 542: "Não é inconstitucional a multa instituída pelo Estado-membro como sanção pelo retardamento do início ou da ultimação do inventário.". O juiz poderá prorrogar os prazos de ofício ou a requerimento das partes, desde que haja motivos que justifiquem a dilação, sob pena de se contrariar o princípio da efetividade.

2. Competência. Em regra, o foro competente para o processo de inventário é o do domicílio do autor da herança (art. 48, CPC/2015). Se o *de cuius* não possuía domicílio certo, é competente o foro de situação dos bens imóveis; havendo bens imóveis em foros diferentes, é competente qualquer destes; não havendo bens imóveis, é competente o foro do local de qualquer dos bens do espólio (art. 48, parágrafo único, III, CPC/2015).

Artigo 612.
O juiz decidirá todas as questões de direito desde que os fatos relevantes estejam provados por documento, só remetendo para as vias ordinárias as questões que dependerem de outras provas.
CORRESPONDÊNCIA NO CPC/1973: *ART. 984.*

1. Necessidade de prova documental pré-constituída. O juiz decidirá no bojo do inventário todas as questões de direito e de fato, relevantes e inerentes ao inventário e à partilha, ainda que complexas, desde que os fatos estejam comprovados mediante prova previamente constituída (STJ, REsp 450.951/DF).

2. Remessa às vias ordinárias. As questões de fato que exijam produção de prova que não seja documental deverão ser remetidas às vias ordinárias (STJ, REsp 1.438.576/SP).

3. Questões incidentais. As questões incidentais surgidas no curso do processo de inventário cujos fatos possam ser provados documentalmente também serão decididas no âmbito do inventário.

4. Recurso cabível contra decisões sobre questões incidentais. Todas as decisões proferidas incidentalmente no inventário, inclusive a decisão que determina a remessa da questão às vias ordinárias, são impugnáveis por agravo de instrumento, conforme o art. 1.015, parágrafo único, do CPC/2015.

Artigo 613.
Até que o inventariante preste o compromisso, continuará o espólio na posse do administrador provisório.
CORRESPONDÊNCIA NO CPC/1973: *ART. 985.*

1. **Administrador provisório.** Estabelece o art. 1.784 do CC/2002 que "aberta a sucessão, a herança transmite-se, desde logo, aos herdeiros legítimos e testamentários". Portanto, a transmissão se dá automaticamente após o falecimento do autor da herança, independentemente da abertura do inventário. Entre a abertura da sucessão e a assinatura do termo de compromisso pelo inventariante (art. 617, parágrafo único), do ponto de vista prático alguém deve administrar a herança, como pagar ou receber aluguéis, pagar empregados, manutenção de imóveis, etc. Medidas judiciais também podem fazer-se necessárias, como, por exemplo, obtenção de alvará para levantar quantias depositadas em instituições financeiras para pagamentos.

2. **Quem pode ser administrador provisório.** Via de regra, o administrador é aquele que se encontra na posse direta dos bens do *de cuius*. O art. 1.797 do CC/2002 dispõe que, até o compromisso do inventariante, a administração da herança caberá, sucessivamente: ao cônjuge ou companheiro, se com o outro convivia ao tempo da abertura da sucessão; ao herdeiro que estiver na posse e administração dos bens, e, se houver mais de um nessas condições, ao mais velho; ao testamenteiro; a pessoa de confiança do juiz, na falta ou escusa das indicadas nos incisos antecedentes, ou quando tiverem de ser afastadas por motivo grave levado ao conhecimento do juiz.

Artigo 614.
O administrador provisório representa ativa e passivamente o espólio, é obrigado a trazer ao acervo os frutos que desde a abertura da sucessão percebeu, tem direito ao reembolso das despesas necessárias e úteis que fez e responde pelo dano a que, por dolo ou culpa, der causa.
CORRESPONDÊNCIA NO CPC/1973: *ART. 986.*

1. **Deveres e direitos do administrador provisório.** O administrador provisório é o representante legal do espólio até que o inventariante preste o compromisso. Esse administrador tem, ainda, a obrigação de administrar e trazer ao acervo os frutos que recebeu durante sua administração, bem como tem o direito de ser reembolsado pelas despesas decorrentes de sua obrigação, como no caso de adiantamento de pagamento de despesa de manutenção de bem imóvel.

2. **Legitimidade.** O administrador provisório tem legitimidade para representar o espólio ativa e passivamente na hipótese de não haver inventariante compromissado (STJ, REsp 1.386.220/PB).

3. Responsabilidade do administrador. O administrador responde pelos danos que causar durante sua administração, desde que comprovado que agiu com culpa ou dolo. Nesse caso, a apuração de eventuais danos que tenha causado será realizada em incidente que se processará em apenso aos autos do inventário, podendo o juiz, através de medida cautelar, determinar a reserva do quinhão, ou de parte dele, do administrador que esteja sendo responsabilizado, para garantir a eventual eficácia prática da decisão a ser proferida no outro processo. (CARNEIRO, Paulo Cezar Pinheiro, *Comentários ao Código de Processo Civil*, v. IX, t. I, Rio de Janeiro, Forense, 2001, p. 40).

SEÇÃO II – Da Legitimidade para Requerer o Inventário

ARTIGO 615.
O requerimento de inventário e de partilha incumbe a quem estiver na posse e na administração do espólio, no prazo estabelecido no art. 611.
Parágrafo único. O requerimento será instruído com a certidão de óbito do autor da herança.
CORRESPONDÊNCIA NO CPC/1973: *ART. 987.*

1. Prazo impróprio. O prazo estabelecido para requerer a abertura de inventário é impróprio, de modo que seu transcurso não impede que o requerimento seja formulado posteriormente. Todavia, se aquele a quem incumbia requerer a abertura do inventário o fizer após o prazo poderá sofrer o ônus de ter de arcar com multa fiscal decorrente do atraso, conforme comentário 1 ao art. 611.
2. Certidão de óbito. Trata-se de documento indispensável à propositura da ação (art. 320). Na hipótese de o requerimento ser formulado sem o acompanhamento da certidão de óbito, o juiz determinará sua juntada no prazo de 15 (quinze) dias, sob pena de indeferimento da inicial (art. 321).

ARTIGO 616.
Têm, contudo, legitimidade concorrente:
I – o cônjuge ou companheiro supérstite;
II – o herdeiro;
III – o legatário;
IV – o testamenteiro;
V – o cessionário do herdeiro ou do legatário;
VI – o credor do herdeiro, do legatário ou do autor da herança;
VII – o Ministério Público, havendo herdeiros incapazes;
VIII – a Fazenda Pública, quando tiver interesse;

IX – o administrador judicial da falência do herdeiro, do legatário, do autor da herança ou do cônjuge ou companheiro supérstite.
CORRESPONDÊNCIA NO CPC/1973: *ART. 988.*

1. Legitimidade concorrente. Qualquer uma das pessoas elencadas também pode requerer a abertura do inventário do autor da herança independente de estar ou não na posse e administração do espólio. A legitimidade dos interessados decorre do interesse jurídico de cada um de que seja feita a partilha, tanto pela via judicial quanto pela via extrajudicial.

2. Cônjuge e companheiro. A redação do art. 616 acrescenta ao rol de legitimados, juntamente com o cônjuge sobrevivente, o companheiro do *de cuius*. A inclusão está de acordo com o art. 226, §3º, da CF/1988 que, por força da Emenda Constitucional 65/2010, reconhece a união estável como entidade familiar equiparando-a ao casamento civil.

3. Concubinato. O concubino, ainda que não advenha de união estável, pode requerer a abertura do inventário, ainda que não esteja na posse e administração do espólio, mas desde que possua interesse jurídico, como bens em comum, expedição de alvará para retiradas de bens de sua propriedade que estavam na posse do *de cuius,* etc. Nesse mesmo sentido, incluindo a legitimidade do ex-cônjuge, pelas mesmas razões. (CARNEIRO, Paulo Cezar Pinheiro, *Comentários ao Código de Processo Civil,* v. IX, t. I, Rio de Janeiro, Forense, 2001, p., p. 44).

4. Herdeiro e legatário. A lei não faz distinção entre o herdeiro legítimo, herdeiro instituído ou o legatário. É patente o interesse jurídico de cada um para abertura do inventário.

5. Testamenteiro. O testamenteiro é a pessoa nomeada pelo autor da herança para dar cumprimento às suas disposições de última vontade, o que justifica sua inclusão no rol de legitimados.

6. Cessionário e credor. O cessionário adquire, por meio de cessão, os direitos, ou parte deles, do herdeiro ou do legatário, encontrando-se na mesma condição do credor indicado no inciso VI.

7. Ministério Público e Fazenda Pública. A legitimidade do Ministério Público e da Fazenda é eventual, na medida em que a lei impõe limites à sua atuação. Ao Ministério Público caberá o requerimento quando houver herdeiros incapazes. A atuação da Fazenda Pública dependerá da existência de interesse jurídico, quando, por exemplo, for credora do *de cuius* ou de seus herdeiros ou legatários.

8. O administrador judicial. O administrador judicial é o responsável pela condução dos processos de falência e de recuperação judicial (art. 21, Lei 11.101/2005 – Lei de Falências), sendo sua legitimação para requerer a abertura do inventário totalmente compatível com as atribuições que lhes são conferidas pelo art. 22 da Lei 11.101/2005.

9. Abertura *ex officio*. O art. 989 do CPC/1973 apresentava a seguinte redação: "O juiz determinará, de ofício, que se inicie o inventário, se nenhuma das pessoas mencionadas nos artigos antecedentes o requerer no prazo legal.". A previsão legal para que o juiz, na inércia dos legitimados, determinasse a instauração do processo de inventário tinha como justificativa o interesse público na definição do destino do patrimônio do *de cuius*. Conforme CPC/1973, o juiz tem o dever de fazê-lo, pois a ordem é imperativa (STJ, REsp 515.034/RS). Entretanto, o CPC/2015 não contempla a abertura do inventário de ofício pelo juiz, ainda que os interessados legitimados pelos arts. 615 e 616 não o façam, prevalecendo o princípio da inércia da jurisdição (arts. 2º e 141).

SEÇÃO III – Do Inventariante e das Primeiras Declarações

ARTIGO 617.
   O juiz nomeará inventariante na seguinte ordem:
   I – o cônjuge ou companheiro sobrevivente, desde que estivesse convivendo com o outro ao tempo da morte deste;
   II – o herdeiro que se achar na posse e na administração do espólio, se não houver cônjuge ou companheiro sobrevivente ou se estes não puderem ser nomeados;
   III – qualquer herdeiro, quando nenhum deles estiver na posse e na administração do espólio;
   IV – o herdeiro menor, por seu representante legal;
   V – o testamenteiro, se lhe tiver sido confiada a administração do espólio ou se toda a herança estiver distribuída em legados;
   VI – o cessionário do herdeiro ou do legatário;
   VII – o inventariante judicial, se houver;
   VIII – pessoa estranha idônea, quando não houver inventariante judicial.
   Parágrafo único. O inventariante, intimado da nomeação, prestará, dentro de 5 (cinco) dias, o compromisso de bem e fielmente desempenhar a função.
   CORRESPONDÊNCIA NO CPC/1973: *ART. 990.*

1. **Ordem preferencial.** A nova redação do *caput* deixa claro que a nomeação do inventariante não é um ato discricionário do juiz que deverá observar à ordem de legitimidade disposta no art. 617. O dispositivo alberga posição já sedimentada da doutrina de que a ordem é preferencial e deve ser seguida pelo magistrado. Todavia, não se trata de ordem absoluta, podendo o juiz alterá-la se a ordem não atender aos interesses do espólio ou se todos os interessados estiverem de acordo (NERY JR., Nelson; NERY, Rosa Maria de Andrade, *Código de Processo Civil comentado*, 10. ed., São Paulo, RT, 2007, p. 1202; CARNEIRO, Paulo Cezar Pinheiro, *Comentários ao Código de Processo Civil*, v. IX, t. I, Rio de Janeiro, Forense, 2001, p. 49). Há, igualmente, jurisprudência no mesmo sentido (STJ, REsp 1.055.633/SP).

2. Separação total de bens. O cônjuge, se casado com separação total de bens, se for herdeiro, deverá ser nomeado na ordem do inciso II, se estiver na posse e administração do espólio, ou concorrerá com os outros herdeiros, previstos no inciso III.

3. Inventariante judicial. O inventariante judicial é um auxiliar do juiz, semelhante ao administrador judicial (arts. 159 a 161). Será nomeado somente se não for possível a nomeação de um dos relacionados nos incisos de I ao VI e deverá ser remunerado pelo seu trabalho. (STJ, AgRg no Ag 1.019.755/MG).

4. Pessoa estranha idônea. Não havendo inventariante judicial, o juiz nomeará um inventariante dativo, pessoa de sua confiança, aplicando-se as mesmas regras relativas ao inventariante judicial, inclusive no que diz respeito à remuneração.

5. Herdeiro menor. O CPC/2015 acrescentou ao rol de pessoas que podem ser nomeadas o herdeiro menor, por seu representante legal (inciso IV). Embora não houvesse previsão explícita no art. 990 do CPC/1973, a nomeação já era possível com base em seu inciso III, que dispunha que "qualquer herdeiro, nenhum estando na posse e administração do espólio" poderia ser nomeado inventariante. (STJ, REsp 725456/PR; STJ, REsp 4.128/ES).

6. Cessionário. Também se acrescentou o cessionário do herdeiro ou do legatário (inciso VI) tendo em vista o interesse jurídico no inventário. Há entendimento na doutrina contrário à nomeação do cessionário como inventariante. (CARNEIRO, Paulo Cezar Pinheiro, *Comentários ao Código de Processo Civil*, v. IX, t. I, Rio de Janeiro, Forense, 2001, p. 58).

Artigo 618.

Incumbe ao inventariante:

I – representar o espólio ativa e passivamente, em juízo ou fora dele, observando-se, quanto ao dativo, o disposto no art. 75, § 1º;

II – administrar o espólio, velando-lhe os bens com a mesma diligência que teria se seus fossem;

III – prestar as primeiras e as últimas declarações pessoalmente ou por procurador com poderes especiais;

IV – exibir em cartório, a qualquer tempo, para exame das partes, os documentos relativos ao espólio;

V – juntar aos autos certidão do testamento, se houver;

VI – trazer à colação os bens recebidos pelo herdeiro ausente, renunciante ou excluído;

VII – prestar contas de sua gestão ao deixar o cargo ou sempre que o juiz lhe determinar;

VIII – requerer a declaração de insolvência.

CORRESPONDÊNCIA NO CPC/1973: *ART. 991.*

1. Representação do espólio por inventariante dativo. No CPC/1973, na hipótese de o espólio estar representado no processo por inventariante dativo, todos os herdeiros ou sucessores do falecido seriam autores ou réus na ação em que o espólio fosse parte (art. 12, V, §1º, CPC/1973), formando-se um litisconsórcio necessário. Com o advento do CPC/2015, prevê-se, para a mesma hipótese, que os herdeiros ou sucessores sejam apenas intimados no processo em que o espólio for parte (art. 75, §1º), tornando plena a representação do inventariante dativo.

2. Dos deveres do inventariante. A administração do espólio é uma das principais funções do inventariante e consiste na sua manutenção até que seja finalizada a partilha. Por isso, deve o inventariante cuidar dos bens como se seus fossem, observando as limitações impostas pelo art. 619.

3. Primeiras declarações. Equivale à petição inicial do inventário, pois, embora não sejam a peça inaugural (art. 615), é nas primeiras declarações que devem constar os elementos do processo (art. 620, I a IV) e somente após sua apresentação é que será determinada a citação das partes (art. 626). O prazo para apresentação é de 20 (vinte) dias da data em que prestou compromisso (art. 620, *caput*).

4. Últimas declarações. Nas últimas declarações, o inventariante poderá emendar, aditar ou complementar as primeiras declarações, corrigindo, assim, eventuais erros ou omissões (art. 636). As últimas declarações serão prestadas após resolvidas eventuais impugnações e avaliados os bens do espólio (art. 636).

5. Obrigação de exibir documentos. O inventariante, como administrador do espólio, tem o dever legal de apresentar todos os documentos que interessem à herança e, consequentemente, aos herdeiros ou legatários ou aos seus cessionários. É dever do inventariante apresentar os documentos relativos à respectiva administração, para que as partes possam se manifestar e para que o juiz possa verificar se a atividade do inventariante está compatível com o compromisso firmado (inciso VII). Diante disso, é dever do inventariante apresentar a certidão de testamento, sob pena de remoção (art. 622, II).

6. Bens à colação. Fica o inventariante obrigado a trazer para o inventário os bens recebidos por herdeiro antes do falecimento do autor da herança, independentemente da iniciativa do herdeiro beneficiado (arts. 639 e 640).

7. Pedido de falência. Nas primeiras declarações, o inventariante relacionará os bens e as dívidas deixadas pelo autor da herança. Sendo o valor das dívidas maior que o valor dos bens, cabe ao inventariante, como administrador do espólio, requerer a declaração de insolvência.

Artigo 619.

Incumbe ainda ao inventariante, ouvidos os interessados e com autorização do juiz:

I – alienar bens de qualquer espécie;

II – transigir em juízo ou fora dele;

III – pagar dívidas do espólio;

IV – fazer as despesas necessárias para a conservação e o melhoramento dos bens do espólio.

CORRESPONDÊNCIA NO CPC/1973: *ART. 992.*

1. Nulidade. Trata o artigo dos limites à administração do inventariante. Os atos elencados nos incisos I ao IV interferem diretamente no direito material dos herdeiros ou legatários, de modo que a prática de qualquer um desses atos deve suceder à manifestação das partes e autorização judicial, sob pena de nulidade do ato.

ARTIGO 620.

Dentro de 20 (vinte) dias contados da data em que prestou o compromisso, o inventariante fará as primeiras declarações, das quais se lavrará termo circunstanciado, assinado pelo juiz, pelo escrivão e pelo inventariante, no qual serão exarados:

I – o nome, o estado, a idade e o domicílio do autor da herança, o dia e o lugar em que faleceu e se deixou testamento;

II – o nome, o estado, a idade, o endereço eletrônico e a residência dos herdeiros e, havendo cônjuge ou companheiro supérstite, além dos respectivos dados pessoais, o regime de bens do casamento ou da união estável;

III – a qualidade dos herdeiros e o grau de parentesco com o inventariado;

IV – a relação completa e individualizada de todos os bens do espólio, inclusive aqueles que devem ser conferidos à colação, e dos bens alheios que nele forem encontrados, descrevendo-se:

a) **os imóveis, com as suas especificações, nomeadamente local em que se encontram, extensão da área, limites, confrontações, benfeitorias, origem dos títulos, números das matrículas e ônus que os gravam;**

b) **os móveis, com os sinais característicos;**

c)**os semoventes, seu número, suas espécies, suas marcas e seus sinais distintivos;**

d) **o dinheiro, as joias, os objetos de ouro e prata e as pedras preciosas, declarando-se-lhes especificadamente a qualidade, o peso e a importância;**

e) **os títulos da dívida pública, bem como as ações, as quotas e os títulos de sociedade, mencionando-se-lhes o número, o valor e a data;**

f) **as dívidas ativas e passivas, indicando-se-lhes as datas, os títulos, a origem da obrigação e os nomes dos credores e dos devedores;**

g) direitos e ações;

h) o valor corrente de cada um dos bens do espólio.

§ 1º O juiz determinará que se proceda:

I – ao balanço do estabelecimento, se o autor da herança era empresário individual;

II – à apuração de haveres, se o autor da herança era sócio de sociedade que não anônima.

§ 2º As declarações podem ser prestadas mediante petição, firmada por procurador com poderes especiais, à qual o termo se reportará.

CORRESPONDÊNCIA NO CPC/1973: *ART. 993.*

1. **Identificação dos interessados e dos bens.** Nas primeiras declarações, deverão constar a qualificação dos herdeiros, do cônjuge ou companheiro do *de cuius*, a discriminação detalhada de todos os bens e dívidas que compõem o patrimônio de modo que fiquem identificados. Os bens que não necessitarem de apuração deverão ser desde logo valorados. Aqueles que dependerem de apuração serão objeto de perícia posterior (art. 630).

2. **Primeiras declarações por procuração.** O inventariante deverá apresentar as primeiras declarações pessoalmente ou por procurador com poderes especiais para esse fim (art. 618, III).

Artigo 621.

Só se pode arguir sonegação ao inventariante depois de encerrada a descrição dos bens, com a declaração, por ele feita, de não existirem outros por inventariar.

CORRESPONDÊNCIA NO CPC/1973: *ART. 994.*

1. **Sonegação de bens.** Compete ao inventariante, se tiver conhecimento da existência de bens sonegados por herdeiros ou ocultado por terceiros, retificar as primeiras declarações para fazer constar os referidos bens. Caso contrário, poderá ser removido da função de inventariante (art. 1.993, CC/2002) e responderá pelos danos eventualmente causados aos herdeiros. Se a sonegação partir do herdeiro, e dela o inventariante não tiver conhecimento, aplica-se o art. 1.992 do CC/2002, que estabelece a perda do direito que sobre o bem lhe cabia. A pena se aplica somente em face do herdeiro ou legatário ou de seus cessionários em ação própria, denominada "ação de sonegados" (art. 1.994, CC/2002). O inventariante, além de removido, poderá ser réu na ação de sonegados se, além de inventariante, for herdeiro. Todavia, em qualquer das hipóteses, o dolo é pressuposto para aplicação da pena.

Artigo 622.
O inventariante será removido de ofício ou a requerimento:
I – se não prestar, no prazo legal, as primeiras ou as últimas declarações;
II – se não der ao inventário andamento regular, se suscitar dúvidas infundadas ou se praticar atos meramente protelatórios;
III – se, por culpa sua, bens do espólio se deteriorarem, forem dilapidados ou sofrerem dano;
IV – se não defender o espólio nas ações em que for citado, se deixar de cobrar dívidas ativas ou se não promover as medidas necessárias para evitar o perecimento de direitos;
V – se não prestar contas ou se as que prestar não forem julgadas boas;
VI – se sonegar, ocultar ou desviar bens do espólio.
CORRESPONDÊNCIA NO CPC/1973: *ART. 995.*

1. **Extinção.** A falta de andamento do feito não acarreta a extinção do processo, nos termos do art. 485, II e III. No procedimento de inventário, a inércia e a desídia do inventariante acarretarão em sua remoção e substituição (art. 622, II e art. 624, parágrafo único.).
2. **Legitimidade passiva e ativa.** O inventariante representa o espólio judicialmente, ativa e passivamente, de modo que cumpre a ele propor as ações de interesse do espólio e defender seus interesses nas ações em que réu, salvo quando se tratar de inventariante dativo (art. 75, §1º e art. 618).
3. **Remoção de ofício.** O CPC/2015 introduziu previsão expressa autorizando o juiz a remover de ofício o inventariante que se enquadrar em qualquer uma das hipóteses previstas neste artigo. Assim, se não houver requerimento de nenhum dos interessados e verificando o juiz que o inventariante incorre em uma das hipóteses, deve o juiz determinar a remoção de ofício. Da decisão caberá agravo de instrumento (art. 1.015, parágrafo único). Todavia, antes de determinar a remoção, deverá o juiz oportunizar o contraditório, possibilitando a defesa do inventariante nos próprios autos (arts. 7º e 9º).

Artigo 623.
Requerida a remoção com fundamento em qualquer dos incisos do art. 622, será intimado o inventariante para, no prazo de 15 (quinze) dias, defender-se e produzir provas.
Parágrafo único. O incidente da remoção correrá em apenso aos autos do inventário.
CORRESPONDÊNCIA NO CPC/1973: *ART. 996.*

1. **Incidente de remoção.** Na hipótese de a remoção ser requerida por um dos interessados, com base em qualquer um dos incisos do art. 622, será instaurado um incidente

que correrá em apenso aos autos do inventário. O prazo para defesa do inventariante foi aumentado para 15 (quinze) dias, em relação ao prazo de 5 (cinco) dias previsto no art. 966 do CPC/1973. A decisão proferida no incidente também será impugnada por agravo de instrumento (art. 1.015, parágrafo único). Há jurisprudência no mesmo sentido. (STJ, REsp 69.830/PR).

ARTIGO 624.
Decorrido o prazo, com a defesa do inventariante ou sem ela, o juiz decidirá.

Parágrafo único. Se remover o inventariante, o juiz nomeará outro, observada a ordem estabelecida no art. 617.

CORRESPONDÊNCIA NO CPC/1973: *ART. 997.*

1. Ordem preferencial. Para substituição do inventariante removido, deverá o juiz observar a ordem dos legitimados estabelecida no art. 617, independentemente daquele que requereu a remoção.

ARTIGO 625.
O inventariante removido entregará imediatamente ao substituto os bens do espólio e, caso deixe de fazê-lo, será compelido mediante mandado de busca e apreensão ou de imissão na posse, conforme se tratar de bem móvel ou imóvel, sem prejuízo da multa a ser fixada pelo juiz em montante não superior a três por cento do valor dos bens inventariados.

CORRESPONDÊNCIA NO CPC/1973: *ART. 998.*

1. Multa por descumprimento. O inventariante removido tem o dever de entregar os bens do espólio que estiverem em seu poder. Além da busca e apreensão e da imissão na posse, o CPC/2015 estabelece multa por descumprimento a ser fixada pelo juiz no limite de três por cento do valor dos bens inventariados.

SEÇÃO IV – Das Citações e das Impugnações

ARTIGO 626.
Feitas as primeiras declarações, o juiz mandará citar, para os termos do inventário e da partilha, o cônjuge, o companheiro, os herdeiros e os legatários e intimar a Fazenda Pública, o Ministério Público, se houver herdeiro incapaz ou ausente, e o testamenteiro, se houver testamento.

§ 1º O cônjuge ou o companheiro, os herdeiros e os legatários serão citados pelo correio, observado o disposto no art. 247, sendo, ainda, publicado edital, nos termos do inciso III do art. 259.

§ 2º Das primeiras declarações extrair-se-ão tantas cópias quantas forem as partes.

§ 3º A citação será acompanhada de cópia das primeiras declarações.

§ 4º Incumbe ao escrivão remeter cópias à Fazenda Pública, ao Ministério Público, ao testamenteiro, se houver, e ao advogado, se a parte já estiver representada nos autos.

CORRESPONDÊNCIA NO CPC/1973: *ART. 999.*

1. **Citações e intimações.** O art. 999 do CPC/1973 prevê a citação de todos os interessados, incluindo a Fazenda Pública, o Ministério Público e o testamenteiro, se for o caso. O CPC/2015 determina a citação apenas do cônjuge ou companheiro, herdeiros e legatários e a intimação da Fazenda Pública para o exercício de seus interesses fiscais, do Ministério Público, quando houver herdeiro incapaz ou ausente e do testamenteiro, quando houver testamento.

2. **Citação do companheiro.** O CPC/2015 inclui a citação do companheiro, enquanto o CPC/1973 prevê apenas a citação do cônjuge do *de cuius.* A nova redação está de acordo com o art. 226, §3º da CF/1988.

3. **Citação de incapaz.** Em regra, as citações se realizaram pelo correio. Todavia, a citação de incapaz deverá ser realizada por oficial de justiça (arts. 247, II, e 249).

4. **Obrigatoriedade de citação por edital.** O art. 259, III, determina a publicação de edital para oportunizar a participação de interessados incertos ou desconhecidos.

Artigo 627.
Concluídas as citações, abrir-se-á vista às partes, em cartório e pelo prazo comum de 15 (quinze) dias, para que se manifestem sobre as primeiras declarações, incumbindo às partes:

I – arguir erros, omissões e sonegação de bens;

II – reclamar contra a nomeação de inventariante

III – contestar a qualidade de quem foi incluído no título de herdeiro.

§ 1º Julgando procedente a impugnação referida no inciso I, o juiz mandará retificar as primeiras declarações.

§ 2º Se acolher o pedido de que trata o inciso II, o juiz nomeará outro inventariante, observada a preferência legal.

§ 3º Verificando que a disputa sobre a qualidade de herdeiro a que alude o inciso III demanda produção de provas que não a documental, o juiz

remeterá a parte às vias ordinárias e sobrestará, até o julgamento da ação, a entrega do quinhão que na partilha couber ao herdeiro admitido.
CORRESPONDÊNCIA NO CPC/1973: *ART. 1.000.*

1. Prazo. O CPC/2015 uniformizou os prazos de defesa e impugnações em 15 (quinze) dias. Desse modo, o prazo para manifestação das partes sobre as primeiras declarações de 10 (dez) dias (art. 1.000, CPC/1973) passa a ser de 15 (quinze) dias.

2. Impugnação em relação ao inventariante. Não se trata do requerimento de remoção com fundamento nos incisos do art. 622. A impugnação em face da nomeação prevista no art. 627, II, não se refere à falha na atividade funcional do inventariante, mas por outras razões, como a não observação da ordem prevista no art. 617. Ou, ainda, a ilegitimidade do nomeado para ser inventariante. Nesses casos, a impugnação não se processará em apartado, como o requerimento de remoção (art. 622, parágrafo único), mas nos próprios autos.

3. Remessa para as vias ordinárias. O CPC/1973 dispõe, em seu art. 1.000, parágrafo único, que, na hipótese de haver contestação acerca da qualidade de herdeiro de uma das partes e sendo a questão de alta indagação, a parte será remetida às vias ordinárias. A "alta indagação" a que se refere o artigo versa sobre fatos que necessitam de dilação probatória para serem apurados. Portanto, não se relaciona à dificuldade de interpretação ou de aplicação por parte do juiz. (NERY JR., Nelson; NERY, Rosa Maria de Andrade, *Código de Processo Civil comentado*, 10. ed., São Paulo, RT, 2007, p. 1.200). O CPC/2015 substituiu a questão de "alta indagação" para a questão de fato que "necessite de produção de provas que não seja a documental", não deixando dúvida de que a complexidade se refere à produção da prova, e não à questão em si.

ARTIGO 628.
Aquele que se julgar preterido poderá demandar sua admissão no inventário, requerendo-a antes da partilha.
§ 1º Ouvidas as partes no prazo de 15 (quinze) dias, o juiz decidirá.
§ 2º Se para solução da questão for necessária a produção de provas que não a documental, o juiz remeterá o requerente às vias ordinárias, mandando reservar, em poder do inventariante, o quinhão do herdeiro excluído até que se decida o litígio.
CORRESPONDÊNCIA NO CPC/1973: *ART. 1.001.*

1. Prazo. O herdeiro, legatário ou cessionário que se julgar preterido poderá demandar sua admissão no inventário a qualquer tempo, desde que antes da partilha. O requerimento deverá ser formulado nos próprios autos do inventário.

2. Decisão. O juiz deverá decidir sobre o pedido de admissão nos mesmos autos do inventário, como questão incidente. Na hipótese de ser necessária a dilação probatória para a solução da questão incidente, as partes serão remetidas às vias ordinárias. O CPC/1973 prevê a remessa das partes às vias ordinárias na hipótese do juiz não acolhesse o pedido. Mais adequada a redação do CPC/2015, pois o não acolhimento do pedido implicaria decisão de indeferimento nos próprios autos, e não a remessa das partes às vias ordinárias, que só devem ocorrer quando necessária a dilação probatória. Da decisão que julga o pedido de admissão nos próprios autos do inventário caberá agravo de instrumento. Se for decidida em ação própria, caberá apelação.

3. Reserva de quinhão. Trata-se de medida de natureza cautelar cuja finalidade é de garantir a satisfação do direito do herdeiro preterido caso seja confirmado. A medida perderá a eficácia se a ação não for proposta em 30 (trinta) dias (art. 668, I).

ARTIGO 629.

A Fazenda Pública, no prazo de 15 (quinze) dias, após a vista de que trata o art. 627, informará ao juízo, de acordo com os dados que constam de seu cadastro imobiliário, o valor dos bens de raiz descritos nas primeiras declarações.

CORRESPONDÊNCIA NO CPC/1973: *ART. 1.002.*

1. Prazo. O prazo para manifestação da Fazenda Pública, que era de 20 (vinte) dias (art. 1.002, CPC/1973), foi reduzido para 15 (quinze) dias, igualando-o ao prazo previsto para as partes (art. 627). Todavia, ainda que a Fazenda não informe o valor dos bens de raiz descritos nas primeiras declarações, poderá discordar dos valores a eles atribuídos e requerer a avaliação judicial dos bens (art. 633).

SEÇÃO V – Da Avaliação e do Cálculo do Imposto

ARTIGO 630.

Findo o prazo previsto no art. 627 sem impugnação ou decidida a impugnação que houver sido oposta, o juiz nomeará, se for o caso, perito para avaliar os bens do espólio, se não houver na comarca avaliador judicial.

Parágrafo único. Na hipótese prevista no art. 620, § 1º, o juiz nomeará perito para avaliação das quotas sociais ou apuração dos haveres.

CORRESPONDÊNCIA NO CPC/1973: *ART. 1.003.*

1. Necessidade. Se houver incapazes dentre as partes, o juiz deverá proceder à avaliação dos bens (art. 633).

Artigo 631.

Ao avaliar os bens do espólio, o perito observará, no que for aplicável, o disposto nos arts. 872 e 873.

CORRESPONDÊNCIA NO CPC/1973: *ART. 1.004.*

1. **A avaliação dos bens obedecerá ao procedimento do art. 872 e 873.** No laudo, deverá constar a descrição dos bens, com todas as respectivas características, o estado em que se encontram, bem como o valor desses bens.

2. **Participação do juiz.** O CPC/1973 permite à parte requerer a presença do juiz e do escrivão durante a avaliação (art. 1.005). O CPC/2015 revoga o dispositivo, todavia subsiste a possibilidade de o juiz participar da avaliação na forma da inspeção judicial (art. 481).

Artigo 632.

Não se expedirá carta precatória para a avaliação de bens situados fora da comarca onde corre o inventário se eles forem de pequeno valor ou perfeitamente conhecidos do perito nomeado.

CORRESPONDÊNCIA NO CPC/1973: *ART. 1.006.*

1. **Simplificação do procedimento.** O dispositivo visa a facilitar a avaliação dos bens de pequeno valor ou daqueles de conhecimento do perito. Caso os bens não se enquadrem nessas características, o procedimento deverá ser o do art. 237, III e dos arts. 260 e seguintes.

Artigo 633.

Sendo capazes todas as partes, não se procederá à avaliação se a Fazenda Pública, intimada pessoalmente, concordar de forma expressa com o valor atribuído, nas primeiras declarações, aos bens do espólio.

CORRESPONDÊNCIA NO CPC/1973: *ART. 1.007.*

1. **Dispensa da avaliação.** Se as partes forem todas capazes e estiverem de acordo com os valores atribuídos aos bens nas primeiras declarações, bem como a Fazenda Pública, não haverá razão para avaliação desses bens.

2. **Concordância da Fazenda.** Se a Fazenda Pública informar o valor dos bens e todos estiverem de acordo, não há que se proceder à avaliação. Caso a Fazenda não os indique no prazo do art. 629 e as partes estejam de acordo com os valores atribuídos nas primeiras declarações, o inventariante poderá requerer a dispensa da avaliação, que dependerá da concordância da Fazenda Pública, que deverá ser intimada pessoalmente para se manifestar.

Artigo 634.

Se os herdeiros concordarem com o valor dos bens declarados pela Fazenda Pública, a avaliação cingir-se-á aos demais.
CORRESPONDÊNCIA NO CPC/1973: *ART. 1.008.*

1. Concordância dos herdeiros. Neste caso, os herdeiros concordam com os valores indicados pela Fazenda Pública, dispensando a avaliação dos bens. Se houver herdeiros incapazes, a concordância do Ministério Público deverá ser expressa.

Artigo 635.

Entregue o laudo de avaliação, o juiz mandará que as partes se manifestem no prazo de 15 (quinze) dias, que correrá em cartório.
§ 1º Versando a impugnação sobre o valor dado pelo perito, o juiz a decidirá de plano, à vista do que constar dos autos.
§ 2º Julgando procedente a impugnação, o juiz determinará que o perito retifique a avaliação, observando os fundamentos da decisão.
CORRESPONDÊNCIA NO CPC/1973: *ART. 1.009.*

1. Impugnação à avaliação. As partes, bem como a Fazenda Pública e o Ministério Público deverão ser intimados para se manifestarem e poderão, se for o caso, impugnar a avaliação. As partes e os interessados poderão contestar o valor atribuído ao bem, assim como os critérios utilizados pelo perito e poderão apresentar laudo de assistente técnico (art. 477, §1º).
2. Nova perícia. O juiz pode – de ofício ou a requerimento da parte – determinar a realização de nova perícia quando a avaliação não lhe parecer suficientemente esclarecedora (art. 480).

Artigo 636.

Aceito o laudo ou resolvidas as impugnações suscitadas a seu respeito, lavrar-se-á em seguida o termo de últimas declarações, no qual o inventariante poderá emendar, aditar ou completar as primeiras.
CORRESPONDÊNCIA NO CPC/1973: *ART. 1.011.*

1. Nesta oportunidade, o inventariante poderá corrigir possíveis erros contidos nas primeiras declarações, bem como aditá-las com informações adicionais, como a indicação de herdeiros ou bens faltantes. Também poderá, por exemplo, complementar informações para melhor descrever os bens.
2. Indicação de novos bens. A indicação de novos bens nas últimas declarações poderá ensejar avaliação, que poderá ser dispensada com a concordância de todas as

partes e de todos os interessados com o valor atribuído (arts. 630 e seguintes). Após a apresentação das declarações finais, os bens que não foram até então indicados ficarão para sobrepartilha (arts. 669 e 670).

Artigo 637.
Ouvidas as partes sobre as últimas declarações no prazo comum de 15 (quinze) dias, proceder-se-á ao cálculo do tributo.
CORRESPONDÊNCIA NO CPC/1973: *ART. 1.012.*

1. Prazo. O prazo para manifestação sobre as últimas declarações no CPC/1973 é de 10 (dez) dias (art. 1.012, CPC/1973). Com a uniformização dos prazos promovida pelo CPC/2015, o prazo para manifestação passou para 15 (quinze) dias. O Ministério Público, caso esteja atuando no feito, também deverá ser intimado.

2. Impugnações. As partes e os interessados poderão impugnar as últimas declarações, tal como ocorre com as primeiras declarações. Nesse caso, deverá o juiz decidir as questões levantadas pelas partes, pela Fazenda ou pelo Ministério Público. Não havendo impugnações, ou em sendo as apresentadas decididas, o juiz determinará que se proceda ao cálculo do tributo.

3. Súmulas do STF sobre imposto *causa mortis*. O STF sumulou entendimentos. Assim, a Súmula 112: "o imposto de transmissão "causa mortis" é devido pela alíquota vigente ao tempo da abertura da sucessão"; a Súmula 113: "o imposto de transmissão "causa mortis" é calculado sobre o valor dos bens na data da avaliação"; a Súmula 114: "o imposto de transmissão "causa mortis" não é exigível antes da homologação do cálculo"; e a Súmula 115: "sobre os honorários do advogado contratado pelo inventariante, com a homologação do juiz, não incide o imposto de transmissão ´causa mortis´»; a Súmula 331: "é legítima a incidência do imposto de transmissão "causa mortis" no inventário por morte presumida"; e a Súmula 590: "calcula-se o imposto de transmissão "causa mortis" sobre o saldo credor da promessa de compra e venda de imóvel, no momento da abertura da sucessão do promitente vendedor".

Artigo 638.
Feito o cálculo, sobre ele serão ouvidas todas as partes no prazo comum de 5 (cinco) dias, que correrá em cartório, e, em seguida, a Fazenda Pública.
§ 1º Se acolher eventual impugnação, o juiz ordenará nova remessa dos autos ao contabilista, determinando as alterações que devam ser feitas no cálculo.
§ 2º Cumprido o despacho, o juiz julgará o cálculo do tributo.
CORRESPONDÊNCIA NO CPC/1973: *ART. 1.013.*

1. **Impugnação.** As partes e a Fazenda podem impugnar o cálculo. O juiz proferirá decisão sobre a questão incidente. Se procedente, os autos serão remetidos ao contador, que fará a correção. Da decisão que julga o incidente cabe agravo de instrumento.

SEÇÃO VI – Das Colações

ARTIGO 639.

No prazo estabelecido no art. 627, o herdeiro obrigado à colação conferirá por termo nos autos ou por petição à qual o termo se reportará os bens que recebeu ou, se já não os possuir, trar-lhes-á o valor.

Parágrafo único. Os bens a serem conferidos na partilha, assim como as acessões e as benfeitorias que o donatário fez, calcular-se-ão pelo valor que tiverem ao tempo da abertura da sucessão.

CORRESPONDÊNCIA NO CPC/1973: *ART. 1.014.*

1. **Colação.** É o ato pelo qual o herdeiro, concorrendo com outros à sucessão, confere, ou seja, relaciona, nos autos do inventário, os bens que recebeu anteriormente ao falecimento do autor da herança (art. 2.002, CC/2002), sob pena de sonegação (art. 1.992, CC/2002).

2. **Dispensa da colação.** São dispensadas da colação as doações que o doador determinar saiam da parte disponível, contanto que não excedam, computando o seu valor ao tempo da colação (art. 2.005, CC/2002). A dispensa poderá ser outorgada em testamento ou no próprio título de liberalidade (art. 2.006, CC/2002).

ARTIGO 640.

O herdeiro que renunciou à herança ou o que dela foi excluído não se exime, pelo fato da renúncia ou da exclusão, de conferir, para o efeito de repor a parte inoficiosa, as liberalidades que obteve do doador.

§ 1º É lícito ao donatário escolher, dentre os bens doados, tantos quantos bastem para perfazer a legítima e a metade disponível, entrando na partilha o excedente para ser dividido entre os demais herdeiros.

§ 2º Se a parte inoficiosa da doação recair sobre bem imóvel que não comporte divisão cômoda, o juiz determinará que sobre ela se proceda a licitação entre os herdeiros.

§ 3º O donatário poderá concorrer na licitação referida no § 2º e, em igualdade de condições, terá preferência sobre os herdeiros.

CORRESPONDÊNCIA NO CPC/1973: *ART. 1.015.*

1. Renúncia ou exclusão de herdeiros. A renúncia da herança deve ser manifestada por escritura pública ou por termo nos autos do inventário (art. 1.806, CC/2002) e é irrevogável (art. 1.812, CC/2002). A exclusão de herdeiros da sucessão decorre de decisão judicial (art. 1.815, CC/2002) fundada em uma das hipóteses dos incisos do art. 1.814 do CC/2002.

2. Redução das doações inoficiosas. Doações inoficiosas são aquelas que excedem a parte de que o doador poderia dispor no momento da liberalidade (art. 549, CC/2002). Desse modo, deverá o herdeiro beneficiário da doação informar os bens doados para efeitos de cálculo do que deve ser excluído (disponível) ou incluído (o que exceder o disponível) em relação à partilha (art. 2007, CC/2002).

Artigo 641.

Se o herdeiro negar o recebimento dos bens ou a obrigação de os conferir, o juiz, ouvidas as partes no prazo comum de 15 (quinze) dias, decidirá à vista das alegações e das provas produzidas.

§ 1º Declarada improcedente a oposição, se o herdeiro, no prazo improrrogável de 15 (quinze) dias, não proceder à conferência, o juiz mandará sequestrar-lhe, para serem inventariados e partilhados, os bens sujeitos à colação ou imputar ao seu quinhão hereditário o valor deles, se já não os possuir.

§ 2º Se a matéria exigir dilação probatória diversa da documental, o juiz remeterá as partes às vias ordinárias, não podendo o herdeiro receber o seu quinhão hereditário, enquanto pender a demanda, sem prestar caução correspondente ao valor dos bens sobre os quais versar a conferência.

CORRESPONDÊNCIA NO CPC/1973: *ART. 1.016.*

1. Prazo. O CPC/2015 majora o prazo previsto para manifestação das partes sobre a oposição do herdeiro, de 5 (cinco) para 15 (quinze) dias.

2. Improcedência da oposição. O juiz deverá decidir a matéria nos próprios autos do inventário. A decisão de que trata o art. 641, *caput* é interlocutória, passível de agravo de instrumento.

3. Meios ordinário. O CPC/2015, de forma mais adequada do que o CPC/1973, prevê que a matéria que necessite de dilação probatória diversa da documental para ser decidida (não se fala mais em "matéria de alta indagação") deverá ser discutida em ação própria. Nesse caso, o recebimento do quinhão hereditário pelo herdeiro que negou o recebimento dos bens ou a obrigação de conferi-los ficará condicionado à caução idônea, para eventual sobrepartilha, caso o espólio seja vencedor.

4. Sobrepartilha. Na falta de caução, o juiz determinará a reserva dos bens litigiosos para sobrepartilha, consoante o art. 669, III.

SEÇÃO VII – Do Pagamento das Dívidas

ARTIGO 642.
Antes da partilha, poderão os credores do espólio requerer ao juízo do inventário o pagamento das dívidas vencidas e exigíveis.

§ 1º A petição, acompanhada de prova literal da dívida, será distribuída por dependência e autuada em apenso aos autos do processo de inventário.

§ 2º Concordando as partes com o pedido, o juiz, ao declarar habilitado o credor, mandará que se faça a separação de dinheiro ou, em sua falta, de bens suficientes para o pagamento.

§ 3º Separados os bens, tantos quantos forem necessários para o pagamento dos credores habilitados, o juiz mandará aliená-los, observando-se as disposições deste Código relativas à expropriação.

§ 4º Se o credor requerer que, em vez de dinheiro, lhe sejam adjudicados, para o seu pagamento, os bens já reservados, o juiz deferir-lhe-á o pedido, concordando todas as partes.

§ 5º Os donatários serão chamados a pronunciar-se sobre a aprovação das dívidas, sempre que haja possibilidade de resultar delas a redução das liberalidades.

CORRESPONDÊNCIA NO CPC/1973: *ART. 1.017.*

1. **Procedimento incidental para pagamento das dívidas do espólio.** O dispositivo disciplina o procedimento incidental a ser observado, caso haja dívidas do espólio a serem pagas. O credor deverá formular o pedido por meio de petição, acompanhada de prova literal da dívida. As partes e os interessados terão a oportunidade de se manifestarem acerca do pedido. Em havendo concordância com o pedido, será separado o dinheiro, ou na sua falta, os bens necessários ao pagamento, os quais serão alienados observando-se a sistemática do CPC/2015 relativas à expropriação (arts. 824 e seguintes).

2. **Oitiva dos donatários.** O CPC/2015 inova em relação ao CPC/1973, ao prever a oitiva dos donatários sobre a aprovação do pagamento sempre que possa resultar na redução das doações realizadas.

ARTIGO 643.
Não havendo concordância de todas as partes sobre o pedido de pagamento feito pelo credor, será o pedido remetido às vias ordinárias.

Parágrafo único. O juiz mandará, porém, reservar, em poder do inventariante, bens suficientes para pagar o credor quando a dívida constar de documento que comprove suficientemente a obrigação e a impugnação não se fundar em quitação.

CORRESPONDÊNCIA NO CPC/1973: *ART. 1.018.*

1. Vias ordinárias. Na hipótese de haver oposição dos herdeiros ao pedido de habilitação feita pelo credor, não será processado o incidente de habilitação (art. 642), mas deverá o credor propor ação própria (de cobrança ou execução, dependendo do título representativo do crédito), em que se poderá discutir a existência da dívida e da obrigação do espólio para arcar com o respectivo pagamento.

2. Garantia de pagamento. Quando a obrigação de pagar estiver suficientemente comprovada por documento e a impugnação não se fundar em quitação, o juiz deverá mandar reservar, em poder do inventariante, bens suficientes para o pagamento da dívida.

Artigo 644.

O credor de dívida líquida e certa, ainda não vencida, pode requerer habilitação no inventário.

Parágrafo único. Concordando as partes com o pedido referido no *caput*, o juiz, ao julgar habilitado o crédito, mandará que se faça separação de bens para o futuro pagamento.

CORRESPONDÊNCIA NO CPC/1973: *ART. 1.019.*

1. Separação de bens. Na hipótese de existência de dívida liquida e certa, ainda não vencida, a separação de bens para garantia de pagamento somente será determinada pelo juiz se as partes concordarem com a habilitação do crédito. Caso contrário, deverá o credor aguardar que a dívida se torne exigível para propor ação própria ou requerer habilitação.

Artigo 645.

O legatário é parte legítima para manifestar-se sobre as dívidas do espólio:

I – quando toda a herança for dividida em legados;

II – quando o reconhecimento das dívidas importar redução dos legados.

CORRESPONDÊNCIA NO CPC/1973: *ART. 1.020.*

1. Legitimidade do legatário. Em regra, o legatário não tem interesse jurídico para manifestar-se sobre as dívidas do espólio. Isso porque ao legatário é atribuído um bem específico, identificado pela quantidade e qualidade, por meio de testamento, e não se confunde com a herança, razão pela qual, em regra, não responde pelas dívidas do espólio. Dessa forma, o dispositivo prevê duas hipóteses que fogem à regra, atribuindo legitimidade ao legatário somente quando toda a herança for dividida em legado ou quando o reconhecimento da dívida importar redução dos legados.

Artigo 646.

Sem prejuízo do disposto no art. 860, é lícito aos herdeiros, ao separarem bens para o pagamento de dívidas, autorizar que o inventariante os indique à penhora no processo em que o espólio for executado.

CORRESPONDÊNCIA NO CPC/1973: *ART. 1.021.*

1. **Penhora no rosto dos autos.** O art. 860 contempla a possibilidade de penhora de bens que estejam sendo pleiteados em outro processo. Dessa forma, admite-se que sobre os créditos pleiteados no inventário recaia penhora, que será averbada nos próprios autos do inventário. Esta situação denomina-se "penhora no rosto dos autos".

2. **Separação dos bens independentemente de penhora.** Sem prejuízo da realização de penhora no rosto dos autos, é lícito que o inventariante indique bens à penhora em processo que o espólio for executado, desde que seja autorizado por todos os herdeiros.

SEÇÃO VIII – Da Partilha

Artigo 647.

Cumprido o disposto no art. 642, § 3º, o juiz facultará às partes que, no prazo comum de 15 (quinze) dias, formulem o pedido de quinhão e, em seguida, proferirá a decisão de deliberação da partilha, resolvendo os pedidos das partes e designando os bens que devam constituir quinhão de cada herdeiro e legatário.

Parágrafo único. O juiz poderá, em decisão fundamentada, deferir antecipadamente a qualquer dos herdeiros o exercício dos direitos de usar e de fruir de determinado bem, com a condição de que, ao término do inventário, tal bem integre a cota desse herdeiro, cabendo a este, desde o deferimento, todos os ônus e bônus decorrentes do exercício daqueles direitos.

CORRESPONDÊNCIA NO CPC/1973: *ART. 1.022.*

1. **Partilha.** Com o falecimento do autor da herança, cabe a cada um dos herdeiros uma parte ideal e indeterminada da herança. A primeira fase do processo tem a finalidade de definir o quinhão de cada herdeiro para, só então, proceder-se à efetiva divisão do patrimônio do espólio aos herdeiros.

2. **Garantia de pagamento das dívidas.** O dispositivo prevê que, havendo pedido de habilitação de crédito e separados uma vez separados os bens necessários ao pagamento, podem as partes formular pedido de quinhão. O juiz decidirá sobre os pedidos designando o quinhão de cada um.

3. Antecipação dos efeitos da partilha. O CPC/2015 traz, em seu parágrafo único, novidade em relação ao CPC/1973. O dispositivo possibilita que, a requerimento da parte, o juiz possa, antes da partilha, deferir antecipadamente a qualquer um dos herdeiros o exercício dos direitos de usar e fruir de determinado bem, desde que o referido bem integre necessariamente seu quinhão, devendo o beneficiado com a decisão arcar com todos os ônus e bônus decorrentes do exercício desses direitos.

Artigo 648.

Na partilha, serão observadas as seguintes regras:
I – a máxima igualdade possível quanto ao valor, à natureza e à qualidade dos bens;
II – a prevenção de litígios futuros;
III – a máxima comodidade dos coerdeiros, do cônjuge ou do companheiro, se for o caso.
CORRESPONDÊNCIA NO CPC/1973: *NÃO HÁ.*

1. Diretrizes. O dispositivo, sem correspondência no CPC/1973, traz as regras que deverão ser observadas pelo juiz ao decidir a partilha. São regras que tem como escopo dar a melhor solução possível à partilha, observando o tratamento igualitário entre as partes no que diz respeito à divisão, com vistas à prevenção de futuros litígios e à máxima comodidade dos coerdeiros, do cônjuge ou do companheiro.

Artigo 649.

Os bens insuscetíveis de divisão cômoda que não couberem na parte do cônjuge ou companheiro supérstite ou no quinhão de um só herdeiro serão licitados entre os interessados ou vendidos judicialmente, partilhando-se o valor apurado, salvo se houver acordo para que sejam adjudicados a todos.
CORRESPONDÊNCIA NO CPC/1973: *NÃO HÁ.*

1. Bens insuscetíveis de divisão. Este artigo, sem correspondente no CPC/1973, dispõe sobre a divisão de bens que não são passíveis e divisão cômoda para serem destinados exclusivamente a um herdeiro. Nesse caso, prevê o dispositivo que os bens deverão ser licitados ou vendidos judicialmente para que então se proceda à divisão do dinheiro obtido.

2. Constituição de condomínio. O artigo também prevê a possibilidade das partes adjudicarem em conjunto o bem insuscetível de divisão cômoda, desde que estejam todos de acordo.

3. Adjudicação pelo cônjuge ou por um ou mais dos herdeiros. Não havendo consenso na adjudicação em conjunto, o art. 2.019 do CC/2002 prevê a possibilidade de adjudicação pelo cônjuge sobrevivente ou por um ou mais herdeiros, desde que se reponha aos outros, em dinheiro, a diferença após a avaliação atualizada.

4. Preferência do cônjuge sobrevivente. A preferência de adjudicação é do cônjuge sobrevivente, seja na condição de meeiro ou herdeiro (art. 2.019, CC/2002). Embora o dispositivo em comento não o diga expressamente, a mesma regra vale para o companheiro sobrevivente.

ARTIGO 650.
Se um dos interessados for nascituro, o quinhão que lhe caberá será reservado em poder do inventariante até o seu nascimento.
CORRESPONDÊNCIA NO CPC/1973: *NÃO HÁ.*

1. Direito do nascituro à herança. O artigo, sem correspondente no CPC/1973, está de acordo com o que dispõe o art. 2º do CC/2002, que diz que «a personalidade civil da pessoa começa do nascimento com vida; mas a lei põe a salvo, desde a concepção, os direitos do nascituro». Dessa forma, o dispositivo visa a garantir o direito do nascituro à herança, reservando seu quinhão aos cuidados do inventariante até seu nascimento.

ARTIGO 651.
O partidor organizará o esboço da partilha de acordo com a decisão judicial, observando nos pagamentos a seguinte ordem:
I – dívidas atendidas;
II – meação do cônjuge;
III – meação disponível;
IV – quinhões hereditários, a começar pelo coerdeiro mais velho.
CORRESPONDÊNCIA NO CPC/1973: *ART. 1.023.*

1. Partidor. O partidor é o serventuário da justiça que tem a incumbência de fazer um esboço da partilha dos bens deixados pelo *de cuius.* O esboço é uma minuta da partilha que deverá observar as deliberações proferidas pela decisão judicial prevista no art. 647.
2. Esboço da partilha. O esboço deverá conter o patrimônio levantado, considerando o ativo e passivo, e o valor de cada quinhão, observando-se o que dispõe o art. 653.

ARTIGO 652.
Feito o esboço, as partes manifestar-se-ão sobre esse no prazo comum de 15 (quinze) dias, e, resolvidas as reclamações, a partilha será lançada nos autos.
CORRESPONDÊNCIA NO CPC/1973: *ART. 1.024.*

1. Prazo. Em relação ao CPC/1973, o CPC/2015 altera o prazo de 5 (cinco) para 15 (quinze) dias para as partes se manifestarem sobre o esboço. O prazo é comum, independentemente de as partes terem advogados distintos.

2. Impugnação. Em havendo impugnação, o juiz decidirá sobre as questões levantadas, para, então, determinar a formalização da partilha nos autos.

Artigo 653.

A partilha constará:

I – de auto de orçamento, que mencionará:

a) **os nomes do autor da herança, do inventariante, do cônjuge ou companheiro supérstite, dos herdeiros, dos legatários e dos credores admitidos;**

b) **o ativo, o passivo e o líquido partível, com as necessárias especificações;**

c) **o valor de cada quinhão;**

II – de folha de pagamento para cada parte, declarando a quota a pagar-lhe, a razão do pagamento e a relação dos bens que lhe compõem o quinhão, as características que os individualizam e os ônus que os gravam.

Parágrafo único. O auto e cada uma das folhas serão assinados pelo juiz e pelo escrivão.

CORRESPONDÊNCIA NO CPC/1973: *ART. 1.025.*

1. Documentação da partilha. O dispositivo trata da documentação que deverá constar da partilha, formada pelo auto de orçamento que mencionará os dados das alíneas "a", "b" e "c" do inciso I e pelas folhas de pagamento de cada uma das partes, todos assinados pelo juiz e escrivão.

Artigo 654.

Pago o imposto de transmissão a título de morte e juntada aos autos certidão ou informação negativa de dívida para com a Fazenda Pública, o juiz julgará por sentença a partilha.

Parágrafo único. A existência de dívida para com a Fazenda Pública não impedirá o julgamento da partilha, desde que o seu pagamento esteja devidamente garantido.

CORRESPONDÊNCIA NO CPC/1973: *ART. 1.026.*

1. Pagamento prévio do imposto. Tal como no CPC/1973, o artigo dispõe que o imposto de transmissão *causa mortis* deverá ser pago antes da prolação da sentença da partilha. Todavia, o CPC/2015 insere o parágrafo único, que estabelece que a existência de dívida com a Fazenda Pública não é impedimento para a prolação de sentença, desde que o pagamento da dívida esteja garantido.

Artigo 655.
Transitada em julgado a sentença mencionada no art. 654, receberá o herdeiro os bens que lhe tocarem e um formal de partilha, do qual constarão as seguintes peças:
I – termo de inventariante e título de herdeiros;
II – avaliação dos bens que constituíram o quinhão do herdeiro;
III – pagamento do quinhão hereditário;
IV – quitação dos impostos;
V – sentença.
Parágrafo único. O formal de partilha poderá ser substituído por certidão de pagamento do quinhão hereditário quando esse não exceder a 5 (cinco) vezes o salário-mínimo, caso em que se transcreverá nela a sentença de partilha transitada em julgado.
CORRESPONDÊNCIA NO CPC/1973: *ART. 1.027.*

1. **Fim do inventário.** O trânsito em julgado da sentença mencionada no art. 654 põe fim ao inventário e extingue a figura do espólio, bem como faz cessar a representação do inventariante (arts. 617 e 618).

2. **Atribuição dos bens aos herdeiros.** A sentença de partilha transitada em julgado atribui aos herdeiros os bens que lhe cabem e fará parte da documentação que compõe o formal de partilha.

3. **Formal de partilha.** O formal de partilha é composto pelo termo de inventariante e títulos de herdeiros, avaliação dos bens, pagamento do quinhão, quitação dos impostos e a sentença de partilha.

4. **Certidão.** Na hipótese de o quinhão não exceder 5 (cinco) salários mínimos, o formal de partilha poderá ser substituído por certidão na qual constará a transcrição da sentença de partilha transitada em julgado.

Artigo 656.
A partilha, mesmo depois de transitada em julgado a sentença, pode ser emendada nos mesmos autos do inventário, convindo todas as partes, quando tenha havido erro de fato na descrição dos bens, podendo o juiz, de ofício ou a requerimento da parte, a qualquer tempo, corrigir-lhe as inexatidões materiais.
CORRESPONDÊNCIA NO CPC/1973: *ART. 1.028.*

1. Erro material. A sentença, mesmo que tenha ocorrido o trânsito em julgado, pode ser emendada de ofício ou a requerimento das partes para corrigir eventuais erros de fato (qualificação das partes, valor dos bens, descrição dos bens, etc.).

Artigo 657.

A partilha amigável, lavrada em instrumento público, reduzida a termo nos autos do inventário ou constante de escrito particular homologado pelo juiz, pode ser anulada por dolo, coação, erro essencial ou intervenção de incapaz, observado o disposto no § 4º do art. 966.

Parágrafo único. O direito à anulação de partilha amigável extingue-se em 1 (um) ano, contado esse prazo:

I – no caso de coação, do dia em que ela cessou;

II – no caso de erro ou dolo, do dia em que se realizou o ato;

III – quanto ao incapaz, do dia em que cessar a incapacidade.

CORRESPONDÊNCIA NO CPC/1973: *ART. 1.029.*

1. Sentença homologatória. Quando se trata de partilha amigável, a sentença proferida pelo juízo é meramente homologatória e, por isso, é passível de anulação, por meio de ação anulatória de partilha.

2. Requisitos da ação anulatória de partilha. A parte poderá propor ação anulatória nos casos de coação, erro ou dolo, ou incapacidade da parte. Trata-se de vícios de consentimento que levam à anulação da partilha. O prazo para pleitear a anulação é decadencial de um ano, e seu marco inicial varia de acordo com o vício no qual se funda a ação. Se for coação, o prazo se inicia a partir do dia em que cessou a coação; no caso de erro ou dolo, do dia em que se realizou o ato; e quanto ao incapaz, do dia em que cessar a incapacidade.

3. Estado de perigo e lesão. O CC/2002 prevê como razões para anulação do negócio jurídico, além das causas mencionadas no artigo em comento, o estado de perigo (156, CC/2002) e a lesão (art. 157, CC/2002), que, em ocorrendo, também poderão fundar ação de anulação de partilha amigável.

Artigo 658.

É rescindível a partilha julgada por sentença:

I – nos casos mencionados no art. 657;

II – se feita com preterição de formalidades legais;

III – se preteriu herdeiro ou incluiu quem não o seja.

CORRESPONDÊNCIA NO CPC/1973: *ART. 1.030.*

1. Ação rescisória. Quando não se tratar de partilha amigável, a decisão que julga a partilha é sentença e, por essa razão, é rescindível. Dessa forma, a desconstituição da sentença de partilha transitada em julgado se dá por meio de ação rescisória, e não por ação anulatória.

2. Requisitos. A ação rescisória de sentença de partilha poderá ser ajuizada ocorrendo alguma das hipóteses dos arts, 657 e 658, ou ainda, alguma das hipóteses previstas no art. 966, com prazo decadencial de dois anos contados a partir do trânsito em julgado da decisão.

SEÇÃO IX – Do Arrolamento

Artigo 659.

A partilha amigável, celebrada entre partes capazes, nos termos da lei, será homologada de plano pelo juiz, com observância dos arts. 660 a 663.

§ 1º O disposto neste artigo aplica-se, também, ao pedido de adjudicação, quando houver herdeiro único.

§ 2º Transitada em julgado a sentença de homologação de partilha ou de adjudicação, será lavrado o formal de partilha ou elaborada a carta de adjudicação e, em seguida, serão expedidos os alvarás referentes aos bens e às rendas por ele abrangidos, intimando-se o fisco para lançamento administrativo do imposto de transmissão e de outros tributos porventura incidentes, conforme dispuser a legislação tributária, nos termos do § 2º do art. 662.

CORRESPONDÊNCIA NO CPC/1973: *ART. 1.031.*

1. Partilha amigável. A partilha amigável está prevista no art. 2.015 do CC/2002 e exige apenas que as partes sejam todas capazes e que estejam de acordo com os termos da partilha. Trata-se de inventário processado na forma de arrolamento sumário. Nesse caso, a sentença proferida será meramente homologatória.

Artigo 660.

Na petição de inventário, que se processará na forma de arrolamento sumário, independentemente da lavratura de termos de qualquer espécie, os herdeiros:

I – requererão ao juiz a nomeação do inventariante que designarem;

II – declararão os títulos dos herdeiros e os bens do espólio, observado o disposto no art. 630;

III – atribuirão valor aos bens do espólio, para fins de partilha.

CORRESPONDÊNCIA NO CPC/1973: *ART. 1.032.*

1. Requisitos da petição inicial. O artigo trata dos requisitos específicos da petição inicial do inventário, que se processará na forma de arrolamento sumário de bens. As partes deverão apresentar ao juiz a partilha de bens já esboçada, com a indicação de inventariante, dos herdeiros e dos bens do espólio e com a atribuição de valores para fins de partilha.

2. Arrolamento sumário. O procedimento do arrolamento sumário é procedimento de jurisdição voluntária e está regulado pelos arts. 659 a 663, não se confundindo com o arrolamento ordinário previsto no art. 664, que tem natureza contenciosa.

Artigo 661.

Ressalvada a hipótese prevista no parágrafo único do art. 663, não se procederá à avaliação dos bens do espólio para nenhuma finalidade.

CORRESPONDÊNCIA NO CPC/1973: *ART. 1.033.*

1. Avaliação judicial. O arrolamento sumário dispensa a avaliação judicial, uma vez que os valores são atribuídos pelas próprias partes de comum acordo, sendo necessária apenas na hipótese em que o credor, regularmente notificado, impugnar a estimativa feita pelas partes (art. 663, parágrafo único).

Artigo 662.

No arrolamento, não serão conhecidas ou apreciadas questões relativas ao lançamento, ao pagamento ou à quitação de taxas judiciárias e de tributos incidentes sobre a transmissão da propriedade dos bens do espólio.

§ 1º A taxa judiciária, se devida, será calculada com base no valor atribuído pelos herdeiros, cabendo ao fisco, se apurar em processo administrativo valor diverso do estimado, exigir a eventual diferença pelos meios adequados ao lançamento de créditos tributários em geral.

§ 2º O imposto de transmissão será objeto de lançamento administrativo, conforme dispuser a legislação tributária, não ficando as autoridades fazendárias adstritas aos valores dos bens do espólio atribuídos pelos herdeiros.

CORRESPONDÊNCIA NO CPC/1973: *ART. 1.034.*

1. Impossibilidade de discussão sobre questões relativas a taxas e tributos. O procedimento do arrolamento sumário não comporta discussão acerca de lançamento, pagamento ou quitação de taxas judiciárias nem de tributos decorrentes da transmissão *causa mortis* antes do trânsito em julgado da sentença homologatória da partilha.

2. Fazenda Pública. Como a partilha é feita de acordo com os valores estimados pelas partes, a Fazenda Pública não precisa ser intimada. Caso seja apurada a existência de diferença entre o valor recolhido e o valor devido das taxas judiciárias, a Fazenda deverá cobrar a diferença por meio de processo administrativo.

3. Imposto de transmissão *causa mortis*. Os valores dos bens atribuídos pelos herdeiros não vincula a Fazenda Pública, que fará o lançamento do imposto de acordo com a legislação tributária.

Artigo 663.

A existência de credores do espólio não impedirá a homologação da partilha ou da adjudicação, se forem reservados bens suficientes para o pagamento da dívida.

Parágrafo único. A reserva de bens será realizada pelo valor estimado pelas partes, salvo se o credor, regularmente notificado, impugnar a estimativa, caso em que se promoverá a avaliação dos bens a serem reservados.

CORRESPONDÊNCIA NO CPC/1973: *ART. 1.035.*

1. Garantia de satisfação do crédito. O dispositivo estabelece que a existência de credores não impedirá a homologação da partilha. Entretanto, exige que se faça a reserva de bens para o pagamento do credor. A quantidade de bens a serem reservados terá como parâmetro os valores atribuídos pelos herdeiros. Caso o credor não concorde com os valores atribuídos pelas partes na petição inicial, será feita a avaliação dos bens a serem reservados.

2. Habilitação do crédito. O artigo em comento pressupõe que houve habilitação dos créditos nos autos do inventário. Caso os herdeiros não concordem com a habilitação, o credor deverá socorrer-se das vias ordinárias visando ao recebimento do crédito, o que não implicará reserva de bens na ação de inventário.

Artigo 664.

Quando o valor dos bens do espólio for igual ou inferior a 1.000 (mil) salários-mínimos, o inventário processar-se-á na forma de arrolamento, cabendo ao inventariante nomeado, independentemente de assinatura de termo de compromisso, apresentar, com suas declarações, a atribuição de valor aos bens do espólio e o plano da partilha.

§ 1º Se qualquer das partes ou o Ministério Público impugnar a estimativa, o juiz nomeará avaliador, que oferecerá laudo em 10 (dez) dias.

§ 2º Apresentado o laudo, o juiz, em audiência que designar, deliberará sobre a partilha, decidindo de plano todas as reclamações e mandando pagar as dívidas não impugnadas.

§ 3º Lavrar-se-á de tudo um só termo, assinado pelo juiz, pelo inventariante e pelas partes presentes ou por seus advogados.

§ 4º Aplicam-se a essa espécie de arrolamento, no que couber, as disposições do art. 672, relativamente ao lançamento, ao pagamento e à quitação da taxa judiciária e do imposto sobre a transmissão da propriedade dos bens do espólio.

§ 5º Provada a quitação dos tributos relativos aos bens do espólio e às suas rendas, o juiz julgará a partilha.

CORRESPONDÊNCIA NO CPC/1973: *ART. 1.036.*

1. Arrolamento comum. O arrolamento comum é outra espécie de inventário com rito simplificado destinado ao inventário cujo valor do espólio não ultrapasse o de 1.000 (mil) salários-mínimos. A principal distinção com o arrolamento sumário é que neste se exige a concordância das partes, enquanto o arrolamento comum está condicionado apenas no valor da herança.

2. Petição inicial. A abertura do inventário deverá ser feita por petição acompanhada da certidão de óbito e com a indicação do inventariante, que prestará as declarações independente de compromisso. Nas declarações, o inventariante deverá atribuir o valor aos bens do espólio e o plano da partilha.

3. Avaliação judicial. A avaliação dos bens está sujeita à impugnação de qualquer uma das partes ou do Ministério Público. Nesse caso, será nomeado avaliador para apresentar o laudo em 10 (dez) dias.

4. Audiência. Apresentado o laudo, o juiz poderá, se achar necessário, designar audiência para deliberar sobre a partilha e decidir as impugnações e todas as questões suscitadas pelas partes. A audiência não é obrigatória, mas o dispositivo deixa claro que o juiz deverá resolver todas as questões do inventário em um só ato.

5. Pagamento de taxas e tributos. No que diz respeito ao pagamento das taxas judiciárias e do recolhimento do imposto de transmissão *causa mortis*, há um erro de referência ao art. 672, pois dispõe o parágrafo 4º: "Aplicam-se a essa espécie de arrolamento, no que couber, as disposições do art. 672, relativamente ao lançamento, ao pagamento e à quitação da taxa judiciária e do imposto sobre a transmissão da propriedade dos bens do espólio.". Todavia, o art. 672 nada trata a respeito, o que leva à conclusão de que o dispositivo quer referir-se, na verdade, ao art. 662: "No arrolamento, não serão conhecidas ou apreciadas questões relativas ao lançamento, ao pagamento ou à quitação de taxas judiciárias e de tributos incidentes sobre a transmissão da propriedade dos bens do espólio.". O CPC/1973 faz referência ao art. 1.034, que é o correspondente ao art. 662 do CPC/2015.

Artigo 665.
O inventário processar-se-á também na forma do art. 664, ainda que haja interessado incapaz, desde que concordem todas as partes e o Ministério Público.
CORRESPONDÊNCIA NO CPC/1973: *NÃO HÁ.*

1. Arrolamento sumário. O CPC/2015 inova em relação ao CPC/1973, permitindo que se proceda ao inventário sob a forma de arrolamento sumário também nas hipóteses de haver incapazes entre os interessados. Dessa forma, fica autorizado o arrolamento sumário quando houver incapazes entre os herdeiros, sucessores ou interessados, desde que todas as partes estejam de acordo com os termos da partilha e que haja concordância do Ministério Público.

Artigo 666.
Independerá de inventário ou de arrolamento o pagamento dos valores previstos na Lei no 6.858, de 24 de novembro de 1980.
CORRESPONDÊNCIA NO CPC/1973: *ART. 1.037.*

1. Levantamento de FGTS e PIS PASEP independentemente de inventário. O dispositivo repete o art. 1.037 do CPC/1973, permitindo o levantamento de valores devidos pelos empregadores aos empregados e de montantes das contas individuais do Fundo de Garantia do Tempo de Serviço e do Fundo de Participação PIS-PASEP, não recebidos em vida pelo *de cuius,* por meio de alvará judicial, independentemente de inventário ou de arrolamento (art. 1º, Lei 6.858/1980).

Artigo 667.
Aplicam-se subsidiariamente a esta Seção as disposições das Seções VII e VIII deste Capítulo.
CORRESPONDÊNCIA NO CPC/1973: *ART. 1.038.*

1. Aplicação subsidiária das regras do inventário. O dispositivo estabelece que se aplicarão subsidiariamente ao arrolamento sumário e ao arrolamento comum as regras aplicadas ao processo de inventário comum no que diz respeito ao pagamento das dívidas (Seção VII, arts. 642 a 646) e à partilha (Seção VIII, arts. 647 a 658)

SEÇÃO X - Das Disposições Comuns a Todas as Seções

Artigo 668.

Cessa a eficácia da tutela provisória prevista nas Seções deste Capítulo:

I – se a ação não for proposta em 30 (trinta) dias contados da data em que da decisão foi intimado o impugnante, o herdeiro excluído ou o credor não admitido;

II – se o juiz extinguir o processo de inventário com ou sem resolução de mérito.

CORRESPONDÊNCIA NO CPC/1973: *ART. 1.039.*

1. Tutela provisória no inventário. É possível identificar algumas medidas cautelares previstas no processo de inventário. No curso do processo de inventário, podem ocorrer situações controvertidas que, embora não possam ser solucionadas nos autos do inventário, poderá o juiz do inventário determinar medidas que assegurem o resultado do processo. À guisa de exemplos, o juiz pode determinar a reserva de bens (i) para pagamento de credores inadmitidos no inventário (art. 663); (ii) quando houver disputa sobre a qualidade de herdeiro e quando a solução depender de propositura de ação própria (art. 627, §3º); e (iii) para garantir o pagamento do quinhão de herdeiros eventualmente preteridos.

2. Prazo. O dispositivo trata da eficácia no tempo dessas medidas conservativas. O impugnante, o herdeiro excluído ou o credor inadmitido, beneficiário da medida, ao não propor a ação que lhe cabe, extingue-se a medida concedida.

3. Extinção do inventário. A extinção do processo de inventário, seja com o sem julgamento de mérito, também acarretará na extinção da medida.

Artigo 669.

São sujeitos à sobrepartilha os bens:

I – sonegados;

II – da herança descobertos após a partilha;

III – litigiosos, assim como os de liquidação difícil ou morosa;

IV – situados em lugar remoto da sede do juízo onde se processa o inventário.

Parágrafo único. Os bens mencionados nos incisos III e IV serão reservados à sobrepartilha sob a guarda e a administração do mesmo ou de diverso inventariante, a consentimento da maioria dos herdeiros.

CORRESPONDÊNCIA NO CPC/1973: *ART. 1.040.*

1. Sobrepartilha. Trata-se de partilha posterior ao término do inventário, de bens que, por algum motivo, não foram incluídos na primeira. O CC/2002 prevê a possibilidade de partilha ulterior quando parte da herança consistir em bens remotos do lugar do inventário, litigiosos, ou de liquidação morosa ou difícil (art. 2.021, CC/2002), em casos de sonegação ou de desconhecimento da existência dos bens na época do inventário (art. 2.022, CC/2002).

2. Hipóteses. O art. 669 do CPC/2015 prevê os bens que podem ser sobrepartilhados: os sonegados; os descobertos após a partilha; os litigiosos, assim como os de liquidação difícil ou morosa e aqueles situados em lugar remoto da sede do juízo onde se processa o inventário. Em todos esses casos, será possível complementar a partilha realizada no processo de inventário findo.

3. Responsabilidade do inventariante. Os bens litigiosos, os de liquidação difícil ou morosa ou aqueles situados em lugar remoto da sede do juízo onde se processa o inventário que forem resguardados para sobrepartilha ficarão sob a guarda e administração do inventariante, que poderá ser o originalmente nomeado no processo de inventário ou de um novo inventariante, a consentimento da maioria dos herdeiros.

Artigo 670.

Na sobrepartilha dos bens, observar-se-á o processo de inventário e de partilha.

Parágrafo único. A sobrepartilha correrá nos autos do inventário do autor da herança.

CORRESPONDÊNCIA NO CPC/1973: *ART. 1.041.*

1. Procedimento. O procedimento da sobrepartilha obedecerá às mesmas regras do inventário e da partilha, com apresentação das primeiras declarações, avaliação de bens, esboço de partilha e sentença.

2. Competência. O juízo do inventário é o competente para o processamento e julgamento da sobrepartilha que ocorrerá nos mesmos autos do processo de inventário do autor da herança.

Artigo 671.

O juiz nomeará curador especial:
I – ao ausente, se não o tiver;
II – ao incapaz, se concorrer na partilha com o seu representante, desde que exista colisão de interesses.

CORRESPONDÊNCIA NO CPC/1973: *ART. 1.042.*

1. Curador especial. De forma genérica, o CPC/2015 dispõe sobre a nomeação de curador especial no art. 72. O dispositivo em comento trata da nomeação de curador especial especificamente para o processo de inventário.

2. Ausente. A primeira hipótese cuida do herdeiro, sucessor ou interessado ausente, caso já não tenha um curador designado para representá-lo (art. 744, CPC/2015). Por ausente entende-se a pessoa desaparecida do seu domicílio sem dela haver notícia, se não houver deixado representante ou procurador a quem caiba administrar-lhe os bens. Também se declarará a ausência quando o ausente deixar mandatário que não queira ou não possa exercer ou continuar o mandato, ou se seus poderes forem insuficientes. Nesses casos, o juiz, a requerimento de qualquer interessado ou do Ministério Público, declarará a ausência, e nomear-lhe-á curador (arts. 22 e 23, CC/2002).

3. Legitimidade do cônjuge. "O cônjuge do ausente, sempre que não esteja separado judicialmente, ou de fato por mais de dois anos antes da declaração da ausência, será o seu legítimo curador." (art. 25, CC/2002).

4. Incapaz. Será nomeado curador especial de incapaz, caso o seu representante, além de concorrer na partilha, tenha interesses opostos ao do representado. O dispositivo não faz menção à incapacidade relativa ou absoluta. No entanto, tratando-se de incapacidade relativa, o curador especial será nomeado para assistir o incapaz, e não representá-lo (art. 71, CPC/2015).

Artigo 672.

É lícita a cumulação de inventários para a partilha de heranças de pessoas diversas quando houver:

I – identidade de pessoas entre as quais devam ser repartidos os bens;

II – heranças deixadas pelos dois cônjuges ou companheiros;

III – dependência de uma das partilhas em relação à outra.

Parágrafo único. No caso previsto no inciso III, se a dependência for parcial, por haver outros bens, o juiz pode ordenar a tramitação separada, se melhor convier ao interesse das partes ou à celeridade processual.

CORRESPONDÊNCIA NO CPC/1973: *ART. 1.043*.

1. Economia processual. O princípio da economia processual prescreve que o processo deve, sempre que possível, estabelecer regras que tenham o condão de obter o resultado pretendido com o menor dispêndio de esforços financeiros e processuais possíveis. Diante dessa premissa, o dispositivo em comento visa a cumular inventários de heranças distintas, mas que guardem entre si alguma relação.

2. Herdeiros comuns. O art. 672 dispõe que poderão ser cumulados os inventários com identidade de pessoas entre as quais devam ser repartidos os bens, ou seja, quando as heranças forem diversas e tiverem os mesmos herdeiros, sucessores e interessados.

3. Herança de cônjuges ou companheiros. Também poderão ser cumulados os inventários de cônjuges e companheiros. Nesse caso, não é necessária a identidade entre os herdeiros, bastando a relação entre os autores da herança.

4. Dependência de partilhas. Aplica-se quando houver falecimento sucessivo de ascendente e descendente. Nessa hipótese, uma partilha dependerá da outra de modo que se justifica a cumulação. Entretanto, se a dependência for parcial, por haver outros bens, o juiz poderá ordenar a tramitação separada, se for mais conveniente ao interesse das partes ou à celeridade processual (art. 672, III, parágrafo único).

Artigo 673.

No caso previsto no art. 672, inciso II, prevalecerão as primeiras declarações, assim como o laudo de avaliação, salvo se alterado o valor dos bens.
CORRESPONDÊNCIA NO CPC/1973: *ART. 1.045.*

1. Cumulação de inventários dos cônjuges ou companheiros falecidos. Prevalência das primeiras declarações. Quando houver cumulação dos inventários de cônjuges ou companheiros falecidos, prevalecerão as primeiras declarações, assim como o laudo de avaliação do primeiro inventário, havendo necessidade de apresentação de novas declarações e reavaliações de bens. Todavia, serão necessárias quando houver alterações no que se refere à inclusão de herdeiros, inclusão de bens ou alteração nos valores de bens já inclusos.

CAPÍTULO VII – Dos Embargos de Terceiro

Artigo 674.

Quem, não sendo parte no processo, sofrer constrição ou ameaça de constrição sobre bens que possua ou sobre os quais tenha direito incompatível com o ato constritivo, poderá requerer seu desfazimento ou sua inibição por meio de embargos de terceiro.
§ 1º Os embargos podem ser de terceiro proprietário, inclusive fiduciário, ou possuidor.
§ 2º Considera-se terceiro, para ajuizamento dos embargos:
I – o cônjuge ou companheiro, quando defende a posse de bens próprios ou de sua meação, ressalvado o disposto no art. 843;
II – o adquirente de bens cuja constrição decorreu de decisão que declara a ineficácia da alienação realizada em fraude à execução;
III – quem sofre constrição judicial de seus bens por força de desconsideração da personalidade jurídica, de cujo incidente não fez parte;
IV – o credor com garantia real para obstar expropriação judicial do objeto de direito real de garantia, caso não tenha sido intimado, nos termos legais dos atos expropriatórios respectivos.
CORRESPONDÊNCIA NO CPC/1973: *ART. 1.046.*

1. Os embargos de terceiro. Os embargos de terceiro são procedimento especial destinado àquele que, não sendo parte no processo (de conhecimento, execução, fase de cumprimento de sentença, procedimento em caráter antecedente para a obtenção de tutelas de urgência, procedimentos especiais), sofrer constrição (penhora, arresto, sequestro, depósito, alienação judicial, busca e apreensão, etc.) ou ameaça de constrição sobre bens que possua ou sobre os quais tenha direito incompatível com o ato constritivo. Por intermédio desse procedimento, o autor requer desfazimento de contrições ou meramente sua inibição. Tutela-se, via embargos de terceiro, não apenas a posse e a propriedade, mas igualmente outros direitos de eficácia e garantia real, móveis ou imóveis, em assim os suscetíveis de penhora e, por isso, sujeitos à alienação judicial (quotas de sociedade, direito de uso de linha telefônica, direito de concessão de lavra, titulação de direitos sobre marcas e patentes, créditos e outros direitos patrimoniais, etc.). (NERY JR., Nelson; NERY, Rosa Maria de Andrade, *Código de Processo Civil comentado e legislação extravagante*, 12. ed., São Paulo, RT, 2012. p. 1.449).

2. A finalidade dos embargos de terceiro. Doutrina autorizadíssima já há muito apontou que o art. 1.046 do CPC/1973 outorga aos embargos de terceiro, tão somente, caráter de tutela da posse, relativamente à eficácia extrapolante de processo alheio, em termos de constrição judicial. Por isso, o referido artigo deixa a desejar já que, ressalvada a exceção prevista no art. 1.047, além de ocultar qualquer propósito ampliativo da tutela do patrimônio de terceiro, restringe tal proteção apenas à posse e a privilégios de credores com garantia real. (ARMELIN, Donaldo, *Embargos de terceiro*, São Paulo, Saraiva, 2015, no prelo). O legislador do CPC/2015 imprimiu aos embargos de terceiro formatação mais abrangente: visivelmente, o art. 674 indica que os embargos de terceiro não se limitam à posse, pois se prestam à tutela de quem, não sendo parte no processo, sofrer constrição ou ameaça de constrição sobre bens que possua ou sobre os quais tenha direito incompatível com o ato constritivo. Além do mais, o mesmo dispositivo elucida que cabem embargos de terceiro proprietário (inclusive fiduciário, ou seja, o que não tem a posse direta do bem) ou possuidor.

3. Cognição judicial limitada. Os embargos de terceiro adotam a técnica da cognição limitada no plano horizontal. Significa isso que a matéria a ser arguida pelo terceiro e que integrará a causa de pedir deste procedimento especial se restringe àquelas positivadas pelo legislador no art. 674 do CPC/2015. É por essa razão que não se admite, em sede de embargos de terceiro, o reconhecimento de fraude contra credores, sendo indispensável o uso da ação pauliana para a investigação e decretação do ato que vicia a compra e venda celebrada entre executado e embargante (MEDINA, José Miguel Garcia, *Novo Código de Processo civil comentado*, São Paulo, RT, 2015, p. 955).

4. Eficácia. Se caso os embargos de terceiro destinarem-se a obtenção de desfazimento de constrição realizada (repressivo), sua eficácia será dupla: declaratória e (des)constitutiva. Lado outro, se forem os embargos preventivos, direcionados a inibir a prática de constrição, terá igualmente dupla eficácia: declaratória e mandamental.

Além disso, é preciso observar a novidade advinda com o art. 681: acolhido o pedido inicial, o ato de constrição judicial indevida será cancelado, com o reconhecimento do domínio, da manutenção da posse ou da reintegração definitiva do bem ou do direito ao embargante.

5. Terceiro e legitimidade ativa para a propositura de embargos de terceiro. Partes em um processo são autor e réu. A qualidade de parte resulta da propositura da ação, pelo autor, e da simples indicação, na petição inicial, de alguém como réu. (ARMELIN, Donaldo, *Embargos de terceiro*, São Paulo, Saraiva, 2015, no prelo). Todo aquele que não integre essa relação processual e tenha interesse jurídico em demandar incidentalmente ao processo principal para afrontar ato constritivo dele oriundo, ou em vias de sê-lo, é considerado como legitimado para promover embargos de terceiro. Nas palavras utilizadas pelo legislador, é preciso que o terceiro sofra constrição ou ameaça de constrição sobre bens que possua ou sobre os quais tenha direito incompatível com o ato constritivo. Os embargos podem ser de terceiro proprietário (inclusive fiduciário) ou possuidor. Excepcionalmente, porém, admite-se o manejo de embargos de terceiro por quem também é parte no processo principal. O exemplo clássico é o da esposa e do marido que, se situem, juntos, no polo passivo de um processo executivo, não obstante a dívida seja unicamente do último, já que constituída em proveito dele próprio. Nessa situação, a esposa poderá valer-se dos embargos de terceiro, a fim de preservar sua meação.

6. Hipóteses de terceiros indicadas expressamente pela lei. Segundo o art. 675 do CPC/2015, são considerados como terceiros, para ajuizamento de embargos: (i) o cônjuge ou companheiro, quando defende a posse de bens próprios ou de sua meação, ressalvado o disposto no art. 843 (penhora de bem indivisível); (ii) o adquirente de bens cuja constrição decorreu de decisão que declara a ineficácia da alienação realizada em fraude à execução; (iii) quem sofre constrição judicial de seus bens por força de desconsideração da personalidade jurídica, de cujo incidente não fez parte; e (iv) o credor com garantia real para obstar expropriação judicial do objeto de direito real de garantia, caso não tenha sido intimado, nos termos legais dos atos expropriatórios respectivos.

7. Desconsideração da personalidade jurídica. No CPC/2015, o incidente de desconsideração da personalidade jurídica está caracterizado como espécie de intervenção de terceiros (arts. 133 e seguintes). Também agora, frente à nova legislação processual, o manejo dos embargos de terceiro é legitimado para todos aqueles que sofrem constrição judicial de seus bens por força de desconsideração da personalidade jurídica, seja porque o incidente procedimental não ocorreu, seja porque ocorreu e dele não lhes foi oportunizada a possibilidade de participação.

8. Legitimidade passiva. São três as posições existentes em doutrina acerca da legitimidade passiva nos embargos de terceiros: (i) o legitimado passivo é o autor (ou exequente) da ação principal, aquele que provocou o ato de constrição já ocorrido (ou em vias de ocorrer); (ii) os legitimados passivos são todos aqueles que se beneficiem, de algum modo, do ato constritivo potencial ou já caracterizado, e cuja manutenção, portanto, é de seu interesse (é o caso do executado que oferta um bem determinado à penhora, circunstância que haveria de exigir que ambos, exequente e executado, integrem o polo passivo da relação processual nos embargos de terceiro); e (iii) os legitimados passivos são todos que figurem como partes da ação principal, pouco importando a ligação de cada qual com a constrição potencial ou já concretizada. Bem ou mal, o legislador do CPC/2015 fez opção pela segunda delas: será legitimado passivo o sujeito a quem o ato de constrição aproveita, assim como o será seu adversário no processo principal quando for sua a indicação do bem para a constrição judicial (art. 677, §4º).

9. Valor da causa. O valor da causa em embargos de terceiro deve considerar a expressão econômica da posse, que não obrigatoriamente coincidirá com o valor da propriedade ou do bem sobre o qual tenha o embargante direito incompatível com a constrição concretizada ou em vias de ocorrer.

10. Especialidades do procedimento. São especialidades do procedimento ora analisado: (i) citação na pessoa do advogado constituído pelo(s) embargado(s) nos autos principais; (ii) possibilidade de audiência preliminar para a demonstração da probabilidade do direito; (iii) dispensa da demonstração do periculum in mora para o deferimento da tutela de urgência; (iv) regra de competência funcional atrelando o processamento e julgamento dos embargos de terceiro ao juízo competente para a ação principal; (v) apresentação do rol de testemunhas já na petição inicial; (vi) técnica da cognição limitada no plano horizontal quanto à matéria que integra a causa de pedir; e (vii) técnica da cognição limitada no plano horizontal em defesas apresentadas pelo terceiro credor com garantia real.

Artigo 675.

Os embargos podem ser opostos a qualquer tempo no processo de conhecimento enquanto não transitada em julgado a sentença e, no cumprimento de sentença ou no processo de execução, até 5 (cinco) dias depois da adjudicação, da alienação por iniciativa particular ou da arrematação, mas sempre antes da assinatura da respectiva carta.

Parágrafo único. Caso identifique a existência de terceiro titular de interesse em embargar o ato, o juiz mandará intimá-lo pessoalmente.

CORRESPONDÊNCIA NO CPC/1973: *ART. 1.048.*

1. Prazo para manejo de embargos de terceiro no processo de conhecimento. Se a constrição (ou a ameaça de constrição) ocorrer no âmbito do processo de conhecimento (procedimento comum e procedimentos especiais), os embargos de terceiro poderão ser opostos a qualquer tempo enquanto não transitada em julgado a sentença. O termo final, por conseguinte, é o trânsito em julgado.

2. Prazo para manejo de embargos de terceiro na execução civil. Se a constrição ocorrer em procedimentos executivos ou de cumprimento de sentença, os embargos de terceiro poderão ser opostos até 5 (cinco) dias depois da adjudicação, da alienação por iniciativa particular ou da arrematação, sempre antes da assinatura da respectiva carta. Entretanto, a jurisprudência admite a oposição de embargos de terceiro mesmo após os 5 (cinco) dias acima mencionados, quando a respectiva carta não tiver sido assinada, o que é até comum na praxe do foro. Assinada a carta e concretizados os requisitos para a transferência da titularidade do bem (ou do direito) ao credor, não mais se permitirá o manejo dos embargos de terceiro.

3. Intimação de terceiro. Reza o parágrafo único do art. 675 que, ao identificar terceiro titular de interesse em embargar o ato, mandará o juiz intimá-lo pessoalmente. É medida de economia processual, afinada à boa-fé objetiva, além de harmônica ao ambiente cooperativo que se pretende implantar no processo. O que se verifica aí, nessa regra elogiável, é a possibilidade de o juízo agir antes mesmo do surgimento de possíveis embargos de terceiro: determina-se a intimação do terceiro para atuar em sua defesa nos autos já em andamento a fim de, quem sabe, convencer juiz e partes acerca do equívoco de uma constrição já realizada ou a se realizar. Não ocorrendo a aludida intimação, caberá ao prejudicado manejar esforços (via embargos de terceiro ou outras medidas cabíveis) na intenção de invalidar (ou evitar) o ato constritivo.

Artigo 676.

Os embargos serão distribuídos por dependência ao juízo que ordenou a constrição e autuados em apartado.

Parágrafo único. Nos casos de ato de constrição realizado por carta, os embargos serão oferecidos no juízo deprecado, salvo se indicado pelo juízo deprecante o bem constrito ou se já devolvida a carta.

CORRESPONDÊNCIA NO CPC/1973: *ART. 890.*

1. Competência. Por se tratar de ação incidental, os embargos de terceiro devem ser distribuídos por dependência ao juízo cuja constrição foi ordenada ou poderá vir a ser ordenada. Em termos outros: a competência para processar e julgar embargos de terceiro é a do mesmo juízo competente para a ação principal. É caso de competência funcional e, portanto, absoluta, a qual deve ser suscitada de ofício pelo julgador, mas declinada depois de observado o contraditório (art. 10).

2. Juízo que ordenou a constrição. Ainda que se tenha interposto recurso de apelação contra a sentença prolatada no processo principal, a competência para processamento e julgamento de embargos de terceiro permanece sendo a do juízo de primeiro grau. Não obstante, a competência será do tribunal se: i) for ele o competente originário para conhecer a ação principal; e ii) a constrição (ou ameaça de constrição) decorrer diretamente de providência por ele adotada.

3. Ato de constrição realizado por carta. Segundo o parágrafo único do art. 676, na hipótese de constrição realizada por carta, os embargos deverão ser oferecidos no juízo deprecado. Nesse caso, caberá ao juízo deprecado comunicar o juízo deprecante acerca do ajuizamento dos embargos de terceiro para o fim de suspensão do processo principal. Duas são as circunstâncias em que a competência não será do juízo deprecado: i) se o bem tiver sido indicado pelo juízo deprecante; e ii) se a carta já tiver sido devolvida.

4. Embargos de terceiro opostos pela União. Sempre que os embargantes forem União, autarquias federais ou empresas públicas, a competência para processamento e julgamento dos embargos de terceiro será da Justiça Federal, pouco importando o fato de a ação principal tramitar na Justiça Estadual (art. 109, I, CF/1988). Não obstante divergência doutrinária, parece mais adequado o entendimento segundo o qual a ação principal permanece na Justiça Estadual, inexistindo, assim ,deslocamento de competência.

Artigo 677.
Na petição inicial, o embargante fará a prova sumária de sua posse ou de seu domínio e da qualidade de terceiro, oferecendo documentos e rol de testemunhas.

§ 1º É facultada a prova da posse em audiência preliminar designada pelo juiz.

§ 2º O possuidor direto pode alegar, além da sua posse, o domínio alheio.

§ 3º A citação será pessoal, se o embargado não tiver procurador constituído nos autos da ação principal.

§ 4º Será legitimado passivo o sujeito a quem o ato de constrição aproveita, assim como o será seu adversário no processo principal quando for sua a indicação do bem para a constrição judicial.

CORRESPONDÊNCIA NO CPC/1973: *ART. 1.050.*

1. Prova sumária do direito e da qualidade de terceiro. A petição inicial dos embargos de terceiro deve respeitar os requisitos previstos no art. 319 do CPC/2015, mas com adaptações e acréscimos: (i) diversamente do que se constata no rito comum, nos embargos de terceiro não é suficiente ao embargante indicar as provas cuja produção pretenda realizar para demonstrar os fatos que alega, cabendo-lhe apresentar, de imediato, a prova sumária de que é terceiro e dos bens sobre os quais tenha direito incompatível com o ato constritivo já realizado ou em vias de ocorrer (posse, propriedade, etc.); (ii) se impossível a prova sumária, é facultada a prova da posse em audiência preliminar, o que deverá ser requerido na petição inicial; (iii) o rol de testemunhas deve ser apresentado também com a inicial e não ao longo do procedimento; e (iv) é imperioso demonstrar a constrição ou a ameaça de constrição.

2. Audiência preliminar. Havendo necessidade de prova oral a fim de reforçar a prova documental, ou mesmo para demonstrar o que por documento não se mostrou possível, cabe ao embargante requerer que seja designada audiência preliminar para tanto.

3. Rol de testemunhas. É requisito da petição inicial dos embargos de terceiro a apresentação do rol de testemunhas. Não sendo apresentado, estará vedada ao embargante a possibilidade de produção desse meio de prova no futuro.

4. Comunicação ao embargado. Não tendo procurador(es) constituído(s) nos autos do processo principal, o(s) embargado(s) será(ão) citados(s) pessoalmente. Na normalidade dos casos, haja vista que o polo passivo dos embargos de terceiro é integrado por uma, por algumas ou por todas as partes do processo principal (ver item seguinte), a citação se dará por Diário Oficial, na pessoa de seu(s) procurador(es), salvo as hipóteses de renúncia, destituição ou morte de advogados já atuantes nos autos da ação principal

5. Legitimidade passiva. São três as posições existentes em doutrina acerca da legitimidade passiva nos embargos de terceiros: (i) o legitimado passivo é o autor (ou exequente) da ação principal, aquele que provocou o ato de constrição já ocorrido (ou em vias de ocorrer); (ii) os legitimados passivos são todos os que se tenham beneficiado, de algum modo, do ato constritivo potencial ou já caracterizado e cuja manutenção, portanto, é de seu interesse (é o caso do executado que oferta um bem à penhora, circunstância a exigir que ambos, exequente e executado, integrem o polo passivo da relação processual nos embargos de terceiro); e (iii) os legitimados passivos são todos os que figurem como partes da ação principal, pouco importando a ligação de cada qual com a constrição potencial ou já concretizada. Bem ou mal, o legislador do CPC/2015 fez opção pela segunda delas: será legitimado passivo o sujeito a quem o ato de constrição aproveita, assim como o será seu adversário no processo principal quando for sua a indicação do bem para a constrição judicial (art. 677, §4º).

Artigo 678.

A decisão que reconhecer suficientemente provado o domínio ou a posse determinará a suspensão das medidas constritivas sobre os bens litigiosos objeto dos embargos, bem como a manutenção ou a reintegração provisória da posse, se o embargante a houver requerido.

Parágrafo único. O juiz poderá condicionar a ordem de manutenção ou de reintegração provisória de posse à prestação de caução pelo requerente, ressalvada a impossibilidade da parte economicamente hipossuficiente.

CORRESPONDÊNCIA NO CPC/1973: *ART. 1.051.*

1. Técnica antecipatória. Se suficientemente provado o domínio ou a posse, cumpre ao juiz determinar a suspensão das medidas constritivas sobre os bens litigiosos objeto dos embargos, bem assim a manutenção ou a reintegração provisória da posse. Se, porém, o caso envolver ameaça de constrição de bens, a medida antecipatória deferida terá por finalidade inibir a prática do ato constritivo. Mencione-se, ademais, que: (i) o juiz não está autorizado aqui, neste procedimento especial, a manejar oficiosamente a técnica antecipatória, de maneira que seu agir está condicionado a pedido expresso formulado pelo embargante (regra geral); e (ii) a medida antecipatória poderá ser concedida a qualquer momento, *inaudita altera parte* ou depois de instaurado o contraditório.

2. Natureza da tutela de urgência. Não exige o art. 678 do CPC/2015 prova do *periculum in mora.* Contenta-se, outrossim, com a demonstração de elementos que evidenciem a probabilidade do direito, que, aqui, é alusivo à prova do domínio ou da posse. E assim porque o próprio legislador, num juízo de ponderação, concluiu pela presença implícita do *periculum in mora* em casos envolvendo embargos de terceiro. É, aliás, comum a realização pelo legislador de juízos de ponderação na feitura de leis. Especialmente em termos de legislações processuais, cria e faz opções por determinadas técnicas que reputa mais adequadas ao atingimento de determinados fins. É natural que assim seja, sobretudo tendo-se em vista as particularidades fáticas evolvidas nos litígios e as variadas necessidades do direito material. Por isso o absurdo de se advogar um procedimento único e ordinarizado, como se fosse possível habilitá-lo à tutela dos variados direitos materiais e às infinitas nuanças dos casos concretos. O legislador, portanto, pondera e atinge resultados que lhe pareçam ideais aos fins pretendidos com a construção de uma dada legislação. Enfim, a tutela prevista no art. 678 do CPC/2015 possui natureza de urgência antecipatória (satisfativa).

3. Caução. Segundo o art. 678, o juiz poderá condicionar a ordem de manutenção ou de reintegração provisória de posse à prestação de caução pelo requerente. Mas há uma ressalva: se a parte for hipossuficiente economicamente, estará isenta de caução. Há que se ter cuidado, entretanto. Não se pode tomar a caução como regra destinada a suprir a falta absoluta do *fumus boni iuris,* como se o hipossuficiente economicamente possuísse privilégios no que tange ao próprio mérito em discussão simplesmente em razão de sua condição.

4. Caução em caso de suspensão das medidas constritivas. Nada impede o juiz de também exigir caucionamento em hipóteses nas quais lhe cumpre determinar a suspensão das medidas constritivas sobre os bens litigiosos, muito embora o artigo seja silente quando a esse ponto em específico.

5. Ausência de suspensão do curso do processo principal. Há no CPC/1973 regra que impõe ao juiz a suspensão automática do curso do processo principal quando os embargos versarem sobre todos os bens, ou seu prosseguimento quanto aos bens não embargados versando os embargos apenas sobre alguns deles (art. 1.052, CPC/1973). Nada obstante, inexiste no CPC/2015 regra similar, de maneira que o processo principal não será suspenso, mas apenas as medidas coercitivas sobre os bens litigiosos que são o objeto dos embargos, se for o caso e desde que devidamente provado o domínio ou a posse.

Artigo 679.
Os embargos poderão ser contestados no prazo de 15 (quinze) dias, findo o qual se seguirá o procedimento comum.
CORRESPONDÊNCIA NO CPC/1973: *ART. 1.053.*

1. Prazo e objeto da contestação. O prazo que o embargado possui para contestar os embargos de terceiro é aquele previsto como regra geral, vale dizer, 15 (quinze) dias. Houve alteração com relação a esse prazo: no CPC/1973, tem o embargado 10 (dez) dias para contestar. Em sua contestação, apenas está autorizado a atacar o direito invocado pelo embargante, em especial defenderá a legitimidade da constrição. Afinal, o que deseja o embargado é a improcedência e, por meio dela, afastar o desfazimento ou a inibição da referida constrição que justificaram o ajuizamento dos embargos de terceiro.

2. Procedimento comum. O art. 679, diferentemente daquele que lhe serviu de referência, faz alusão ao procedimento comum e não ao procedimento cautelar (art. 803,CPC/1973).

3. Reconvenção. Sempre se afirmou em doutrina que a reconvenção não é admitida nos embargos de terceiro, já que não seguiam o rito ordinário. Haveria, pois, heterogeneidade procedimental a impedir a medida reconvencional. Não obstante o CPC/2015 inova ao rezar que, findo o prazo de contestação, os embargos seguirão o procedimento comum. Frente às modificações empreendidas pela nova legislação processual, perdeu os embargos de terceiro parcela significativa daquilo que o diferenciava do procedimento comum, o que poderá revigorar o debate sobre o cabimento ou não da reconvenção. A melhor opção, salvo engano, continua a ser a atual: a reconvenção não tem cabimento em sede de embargos de terceiro, mormente porque admiti-la significaria ampliar o direito de defesa e, por conseguinte, a própria cognição judicial, em prejuízo de uma prestação jurisdicional mais célere justificada pela própria especialidade procedimental.

Artigo 680.
Contra os embargos do credor com garantia real, o embargado somente poderá alegar que:
I – o devedor comum é insolvente;
II – o título é nulo ou não obriga a terceiro;
III – outra é a coisa dada em garantia.
CORRESPONDÊNCIA NO CPC/1973: *ART. 1.054.*

1. Limitação da defesa (embargos de terceiro opostos por credor com garantia real). O terceiro credor com garantia real, por determinação expressa em lei, somente poderá invocar em sua defesa que: (i) o devedor comum é insolvente; (ii) o título é nulo; (iii) o título não obriga a terceiro; e (iv) outra é a coisa dada em garantia. O legislador, portanto, fez opção pela técnica da cognição limitada no plano horizontal (extensão ou amplitude), de maneira que o juiz simplesmente desconsiderará qualquer outra arguição de mérito alheia ao rol taxativo previsto no art. 680 do CPC/2015.

ARTIGO 681.
Acolhido o pedido inicial, o ato de constrição judicial indevida será cancelado, com o reconhecimento do domínio, da manutenção da posse ou da reintegração definitiva do bem ou do direito ao embargante.
CORRESPONDÊNCIA NO CPC/1973: *NÃO HÁ.*

1. Eficácia dos embargos de terceiro. É prevalecente o entendimento de que a eficácia dos embargos de terceiro se limita à desconstituição do ato de constrição judicial (ou à inibição da constrição, em caso de procedimento preventivo). Agora, com a entrada em vigor do CPC/2015, a eficácia dos embargos de terceiro ganha amplitude: o ato de constrição indevido será cancelado, com o reconhecimento do domínio, da manutenção da posse ou da reintegração definitiva do bem ou do direito ao embargante.

CAPÍTULO VII – Da Oposição

ARTIGO 682.
Quem pretender, no todo ou em parte, a coisa ou o direito sobre que controvertem autor e réu poderá, até ser proferida a sentença, oferecer oposição contra ambos.
CORRESPONDÊNCIA NO CPC/1973: *ART. 56.*

1. Procedimento especial. A oposição, que antes figurava entre as modalidades de intervenção de terceiros, está inserida, neste CPC/2014, entre os procedimentos especiais. A alteração de enquadramento sistemático é apropriada. O exame do escopo da oposição e de seus contornos procedimentais revela que não se tratava mesmo de hipótese em que terceiro intervinha em relação jurídica processual pendente, mas, sim, de verdadeira ação interventiva incidental, que rende ensejo à formação de nova relação jurídica processual. O mote da oposição é, de fato, muito mais semelhante à ação de embargos de terceiro (modalidade de procedimento especial) do que, por exemplo, às formas de assistência (hipótese típica de intervenção de terceiros em relação jurídica processual já formada).

2. Natureza jurídica. A oposição é uma ação, de natureza incidental, por meio da qual um terceiro, que não é parte na relação jurídica processual original, deduz pretensão que envolva direito real ou pessoal sobre bem móvel ou imóvel, controvertido entre autor e réu. Embora a redação do dispositivo em comento seja alusiva à disputa sobre a coisa ou sobre direito controvertido, na prática, a disputa sempre recairá sobre um direito; afinal, quem disputa a coisa disputa direito sobre ela. No plano objetivo, a admissibilidade da oposição está atrelada à demonstração, pelo terceiro, de que pretende o mesmo bem da vida buscado na ação original. Os exemplos mais típicos são de oposição em ação reinvindicatória (discussão sobre a titularidade do bem) e em ação possessória (discussão sobre o *ius possessionis* de determinado bem).

3. Oportunidade da oposição. A oposição é admissível em processos que estejam em fase de conhecimento, pois somente nessa etapa é que há, propriamente, pretensão controvertida entre autor e réu. Ademais, há uma limitação temporal para o manejo da oposição: a ação deve ser proposta sempre em primeiro grau de jurisdição, até a prolação da sentença. Uma vez proferida e tornada pública a sentença (com a publicação em cartório), extingue-se a possibilidade de oferecimento de oposição, embora seja possível o ajuizamento de ação autônoma com os mesmos elementos objetivos. A ação de oposição é admitida também em alguns procedimentos especiais, como nas ações possessórias. Não proposta a oposição, o atributo de imutabilidade da sentença proferida não atinge – observados os limites subjetivos da coisa julgada – o terceiro que não interveio. Nessa perspectiva, a principal vantagem estratégica da oposição é a possibilidade de deduzir, desde logo, seu direito sobre a coisa e evitar que venha a ser proferida sentença que reconheça direito de terceiro sobre ela.

4. Litisconsórcio necessário. No plano subjetivo, a oposição é movida por terceiro em face das partes originais na ação principal, na condição de litisconsortes necessários.

ARTIGO 683.
O opoente deduzirá o pedido em observação aos requisitos exigidos para propositura da ação.

Parágrafo único. Distribuída a oposição por dependência, serão os opostos citados, na pessoa de seus respectivos advogados, para contestar o pedido no prazo comum de 15 (quinze) dias.

CORRESPONDÊNCIA NO CPC/1973: *ART. 57.*

1. Petição inicial. Por se tratar de verdadeira ação, a oposição deve ser deduzida em petição inicial, com observância dos requisitos previstos nos incisos do art. 319, do CPC/2015. Na condição de ação incidental, a oposição deve ser distribuída por dependência ao mesmo juízo em que se processa a ação original e apensada ao processo principal.

2. Citação. A citação dos réus – autor e réu na ação principal – será pessoal (art. 242, CPC/2015) e será feita na pessoa dos advogados já constituídos no processo original, independentemente de poderes especiais. A citação deverá seguir uma das formas do art. 246 do CPC/2015, não sendo admitida a mera intimação por meio do Diário Oficial.

3. Valor da causa. O valor da causa deve ser correspondente à expressão econômica da pretensão deduzida na oposição, que nem sempre corresponderá ao valor da causa da ação original. Nesse sentido, confira-se o Enunciado 178 do FPPC, nos seguintes termos: "O valor da causa nas ações fundadas em posse, tais como as ações possessórias, os embargos de terceiro e a oposição, deve considerar a expressão econômica da posse, que não obrigatoriamente coincide com o valor da propriedade. (Grupo: Procedimentos Especiais).".

4. Citação e a possibilidade de audiência de conciliação ou mediação. O parágrafo único do art. 683 indica que a citação cria para os réus o *ônus* de contestar. Note-se que essa redação se afasta do disposto no art. 319, pois a citação como regra geral deve importar em ato (inicial) de convocação para a audiência de conciliação ou mediação. Em razão da diretriz do parágrafo 3º do art. 3º do CPC/15, que prevê que a "conciliação, a mediação e outros métodos de solução consensual de conflitos deverão ser estimulados por juízes, advogados, defensores públicos e membros do Ministério Público, inclusive no curso do processo judicial", não vemos obstáculo para a aplicação da regra do art. 319 na oposição. Assim, com essa bússola, além do pedido de provas, deverá ainda o opoente especificar, na petição inicial, sua opção ou não pela realização de audiência de conciliação ou mediação (art. 319, VII, CPC/2015). Se nada for especificado a esse respeito pelo autor, o juízo deverá designar audiência prévia de conciliação ou mediação, a depender da natureza do direito pleiteado e dos contornos fáticos narrados na inicial.

5. Prazo de contestação. Qualquer que seja a hipótese (aplicação do procedimento especial ditado pelo parágrafo único do art. 683 ou pela opção da audiência com fito na autocomposição – art. 319), os réus terão 15 (quinze) dias úteis para apresentar contestação. É natural que este prazo seja contado em dobro, na forma do art. 229 do CPC/2015[1], se o processo não for eletrônico, uma vez que os litisconsortes (autor e réu no processo principal) deverão ter procuradores diferentes. Essa não é, no entanto, a orientação majoritária da doutrina, que entendia, à luz do CPC/1973, pela inaplicabilidade da previsão da contagem de prazo em dobro. (BEDAQUE, José Roberto dos Santos, in MARCATO, Antonio Carlos (Coord.), *Código de Processo Civil interpretado*, 3. ed., São Paulo, Atlas, 2008, p. 135).

Artigo 684.
Se um dos opostos reconhecer a procedência do pedido, contra o outro prosseguirá o opoente.

CORRESPONDÊNCIA NO CPC/1973. *ART. 58.*

1. Reconhecimento do pedido por um dos réus. Na oposição, são réus e litisconsortes necessários autor e réu da ação original. Não obstante, a relação jurídica processual estabelecida entre o terceiro opoente e cada um dos réus opostos é independente. Por essa razão, se houver, por parte do autor oposto (réu na oposição) reconhecimento jurídico da procedência do pedido deduzido pelo terceiro opoente, a demanda prosseguirá em relação ao outro réu. Da mesma forma, se houver reconhecimento da procedência do pedido pelo réu oposto (réu na ação principal e na oposição), a demanda prosseguirá em relação ao autor oposto.

2. Natureza do litisconsórcio necessário entre os réus. Há na doutrina controvérsia sobre a natureza deste litisconsórcio quanto à sorte do resultado final (simples ou unitário). A posição de Candido Rangel Dinamarco e de José Roberto dos Santos Bedaque é a que de que se trata de litisconsórcio necessário e unitário, pois o resultado da oposição (procedência ou improcedência) deverá ser homogêneo para os opostos. (BEDAQUE, José Segundo pensamos, a natureza desse litisconsórcio dependerá da relação jurídica de direito material discutida na oposição.

Imagine-se a hipótese de ação de reintegração de posse, movida pelo dono de imóvel, com fundamento na posse indireta, em face de terceiro invasor, em que é apresentada oposição por comodatário de comodato vencido (já notificado para desocupação). Nesse caso, a oposição poderá ser julgada procedente em face do invasor (réu oposto) e improcedente em face do dono (autor oposto). Nesse exemplo, o litisconsórcio é necessário e simples.

3. Sucumbência. O regime sucumbencial deverá seguir a regra do art. 90 do CPC/2015, carreando-se os ônus ao oposto que reconheceu a procedência do pedido do opoente.

Artigo 685.
Admitido o processamento, a oposição será apensada aos autos e tramitará simultaneamente à ação originária, sendo ambas julgadas pela mesma sentença.
Parágrafo único. Se a oposição for proposta após o início da audiência de instrução, o juiz suspenderá o curso do processo ao fim da produção das provas, salvo se concluir que a unidade da instrução atende melhor ao princípio da duração razoável do processo.
CORRESPONDÊNCIA NO CPC/1973: *ART. 59.*

1. Oposição interventiva e oposição autônoma. O dispositivo em análise condensa as regras que estavam dispostas, no CPC/1973, nos arts. 59 e 60 e que davam fundamento à distinção entre oposição interventiva (oposta antes da audiência de instrumento) e oposição autônoma (oposta após o início da audiência de instrução), respectivamente. No regime do CPC/15, uma vez admitida a oposição, o juiz determinará a formação de incidente a ser apensado aos autos da ação originária. A oposição será processada simultaneamente à ação principal e será julgada pela mesma sentença. Se, no entanto, a oposição for proposta após o início da audiência de instrução, o juiz terá de decidir se o processo original deverá ser suspenso, a fim de que a oposição possa alcançar o mesmo estágio e ser julgada conjuntamente (parágrafo único, primeira parte) ou se deverá determinar que a oposição seja processada de forma autônoma, sem suspensão do processo principal (parágrafo único, parte final). Nessa decisão, o juiz deve avaliar se faz sentido paralisar o andamento da ação original, para que a oposição possa ser processada, considerando, de um lado, a garantia constitucional da duração razoável do processo (na perspectiva do autor da ação original) e, de outro, as potenciais vantagens do julgamento de ambas as pretensões – a do autor e a do opoente – conjuntamente. O regime será o de ação interventiva se a oposição for proposta antes da audiência de instrução (*caput*) e se o juiz receber a oposição após o início da audiência de instrução e determinar a suspensão do processo principal (parágrafo único, primeira parte). O regime será, entretanto, de ação autônoma, se ajuizada no interregno entre o início da audiência de instrução e a prolação de sentença e o juiz determinar seu processamento como ação autônoma, sem suspensão do processo principal.

Artigo 686.
Cabendo ao juiz decidir simultaneamente a ação originária e a oposição, desta conhecerá em primeiro lugar.
CORRESPONDÊNCIA NO CPC/1973: *ART. 61.*

"Cabendo ao juiz decidir simultaneamente a ação e a oposição, desta conhecerá em primeiro lugar."
1. Prejudicialidade. O dispositivo em análise exprime a lógica da relação entre a ação principal e a oposição: a oposição é prejudicial em relação à ação original. Se a oposição for procedente, inevitavelmente, a ação principal será improcedente (a pretensão do terceiro, para justificar o cabimento da oposição, deve ser incompatível com o direito controvertido entre autor e réu). A não observância dessa regra, porém, nem sempre acarretará nulidade. Para tanto, haverá de ser demonstrado o prejuízo concreto decorrente de sua não observância.

CAPÍTULO IX – Da Habilitação

Artigo 687.
A habilitação ocorre quando, por falecimento de qualquer das partes, os interessados houverem de suceder-lhe no processo.
CORRESPONDÊNCIA NO CPC/1973: *ART. 1.055.*

1. Falecimento de uma das partes em litígio. Quando uma das partes em falece, opera-se, automaticamente, no plano do direito material, a alteração da titularidade do direito ou obrigação discutido em juízo. Por essa razão, deve ser determinada a suspensão do processo (art. 313, I, CPC/2015) para que se apurem os efeitos dessa alteração de titularidade material no plano da relação jurídica processual. Com o falecimento da parte, poderá haver sucessão processual, hipótese em que o espólio, representado pelo inventariante, ou mesmo os sucessores (*causa mortis*) passarão a integrar a relação jurídica processual ou extinção processual do feito.

2. Habilitação. A habilitação deve ser manejada quando há falecimento de uma das partes no curso do processo e sucessão processual. Não cabe habilitação, no entanto, se a morte ocorreu antes do ajuizamento da demanda. Nessa hipótese, deverá a parte requerer a retificação do polo ativo ou passivo. A habilitação somente poderá ocorrer caso o processo tenha por objeto direito ou obrigação suscetível de transmissão *mortis causa*. Se, porém, a causa versar sobre direito ou obrigação personalíssima, o processo deverá ser extinto, sem resolução de mérito, em especial se não puder haver conversão da obrigação em perdas e danos. É possível ainda que parte dos pedidos deduzidos seja personalíssima e parte seja suscetível de transmissão, como pode ocorrer, por exemplo, em ação de improbidade administrativa em que se postule a reparação do dano causado ao erário. Nesse caso, a demanda deverá ser extinta apenas em relação aos pedidos de natureza personalíssima, prosseguindo-se o feito em relação ao pedido reparatório, sendo que os sucessores haverão de responder até os limites das forças da herança. O STJ já considerou como personalíssimo o direito discutido em sede de mandado de segurança, não admitindo habilitação dos sucessores do falecido. (STJ, EDcl no MS 11.581/DF). Esse entendimento pode receber temperamento nos casos em que a decisão do mandado de segurança já se encontra em fase de execução, notadamente se constar parcela não personalíssima. (STJ, AgRg no AgRg no REsp 1.415.781).

3. Natureza jurídica. A habilitação consiste, portanto, de procedimento incidental voltado à alteração subjetiva da demanda, que pode operar-se nos polos ativo e passivo da demanda e ainda em relação a terceiros intervenientes no feito. Trata-se de postulação – tratada no CPC/2015 como ação de procedimento especial – em que se pratica o ato de convocação dos sucessores do autor falecido para que possam integrar a relação jurídica processual. Quando o falecimento ocorre em relação à parte que figurava no polo ativo, a habilitação é a ação por meio da qual seus sucessores demonstram interesse em dar andamento ao feito e passem a integrar a relação jurídica processual. Já quando o falecimento ocorre em relação à parte que figurava no polo passivo, a habilitação é a ação por meio da qual se promove a citação dos sucessores do falecido, para que passem a integrar a relação jurídica processual. É importante observar que o procedimento de habilitação não é sede própria para que sejam deduzidas questões de alta indagação sobre a qualidade de sucessor. Essas discussões devem ser travadas em ação própria. O falecimento do procurador da parte, porém, não dá ensejo ao procedimento de habilitação; acarreta a suspensão do processo, na forma do art. 313, I e § 3º, do CPC/2015. A opção do legislador acerca da natureza jurídica da habilitação merece ser examinada com cautela, pois não são incomuns as hipóteses em que a simples intimação do patrono eleito pelo falecido (a época em que firmado o mandato judicial) é suficiente para o fim desejado. Assim, a habilitação – como ação judicial autônoma – deve ser vista como postulação residual, ou seja, tendo espaço apenas quando não for possível resolver a questão no ventre dos autos processuais, ainda que através de incidente.

4. Habilitação e suspensão do processo. Os artigos que tratam da habilitação (arts. 687 a 692, CPC/2015) devem ser lidos conjuntamente com os dispositivos relativos à suspensão do processo em caso de morte da parte (art. 313, I e §§ 1º e 2º), por serem normas complementares.

ARTIGO 688.
A habilitação pode ser requerida:
I – pela parte, em relação aos sucessores do falecido;
II – pelos sucessores do falecido, em relação à parte.
CORRESPONDÊNCIA NO CPC/1973: *ART. 1.056.*

1. Legitimidade. Tem legitimidade para dar início a ação de habilitação tanto a parte *ex adversa*, em relação aos sucessores do falecido, quanto os próprios sucessores do falecido. O juiz, embora deva, de ofício, determinar a intimação da parte para manifestar--se diante do falecimento de um dos litigantes, não está autorizado a instaurar a ação (residual) de habilitação, em razão do princípio da inércia da jurisdição. Essa vedação, contudo, não se dá se a sanação é buscada no ventre dos autos processuais, através de providência de impulso ou mesmo de incidente.

2. Sucessão *inter vivos* e *mortis causa*. Interessante questão é quando a parte falecida já havia alienado ou cedido a terceiro o direito objeto da demanda. Nesse caso, pela regra do art. 109 do CPC/2015, o alienante seguirá como parte legítima no processo, apesar de já não ser mais o titular do direito, a menos que a parte contrária consinta com a alteração. Com a sua morte, porém, não faria sentido algum habilitar os sucessores do falecido, seja por que não são titulares do direito em litígio, seja por que, a rigor, o alienante atuava no processo na condição de legitimado extraordinário. Assim, nesta situação, a habilitação como parte poderá ser requerida pelo adquirente do direito, em razão da sucessão *inter vivos*, com fundamento no art. 109 do CPC/2015. É possível inclusive que esse adquirente já atuasse no processo na condição de assistente litisconsorcial (art. 109, § 2º, CPC/2015).

Artigo 689.
Proceder-se-á à habilitação nos autos do processo principal, na instância em que estiver, suspendendo-se, a partir de então, o processo.
CORRESPONDÊNCIA NO CPC/1973: *ART. 1.060.*

1. Processamento da habilitação. A ação de habilitação deve ser processada, via de regra, nos próprios autos do processo principal, sem que seja necessária a autuação em apartado. Trata-se de incidente dentro do próprio processo, que deverá ser processado em qualquer instância ou grau de jurisdição. Excepcionalmente, quando houver impugnação ao pedido de habilitação e o juiz verificar a necessidade de produção de prova diversa da documental (art. 691, CPC/2015), a habilitação será autuada em apartado e dará ensejo à formação de "processo incidental".

2. Habilitação e suspensão do processo. A despeito do que se poderia inferir da leitura isolada deste dispositivo, a análise do tema conjuntamente com o art. 313, I, do CPC/2015, revela que, a rigor, o evento que deve deflagrar a suspensão do processo é a morte de uma das partes. Entretanto, quando a informação acerca do falecimento for levada aos autos apenas no próprio requerimento de habilitação, o juiz deverá determinar, então, a suspensão do processo. É interessante observar que foram suprimidos, neste CPC/2015, os casos de habilitação independentemente de sentença, que constavam dos incisos do art. 1060 do CPC/1973 e cuja decisão final se sujeitava a agravo de instrumento.

3. Sentença final. Na sistemática deste CPC/2015, independentemente de quem requerer a habilitação, deverá o procedimento ser encerrado por sentença que defira a continuação do processo pelos sucessores do falecido (hipótese de falecimento do autor) ou em face dos sucessores do falecido (hipótese de falecimento do réu).

Artigo 690.
Recebida a petição, o juiz ordenará a citação dos requeridos para se pronunciarem no prazo de 5 (cinco) dias.
Parágrafo único. A citação será pessoal, se a parte não tiver procurador constituído nos autos.
CORRESPONDÊNCIA NO CPC/1973: *ART. 1.057.*

1. Admissibilidade da habilitação. A petição de habilitação dá início ao procedimento especial. Se a inicial atender os requisitos legais (art. 319, CPC/2015) e estiver instruída com todos os documentos indispensáveis (art. 320, CPC/2015, por exemplo, certidão de óbito e compromisso de inventariante), o juiz determinará a citação do réu. Note-se, pois, que o art. 690 parte da premissa única da habilitação como ação judicial. Caso a medida tenha sido adotada no ventre do processo, notadamente sem oposição da contraparte, o procedimento especial (que trata da habilitação como ação autônoma) não terá espaço, dispensando-se a sequencia de formalidades tratadas no art. 690.

2. Citação. Caso a habilitação seja manejada como ação autônoma, a citação é o ato de convocação dos sucessores para a ação de habilitação, que tem por objetivo incluí-los na relação jurídica processual os sucessores da parte falecida (art. 238, CPC/2015). A citação deve ser pessoal e pode ser feita por correio (art. 247, CPC/2015), por oficial de justiça (art. 249, CPC/2015), pelo escrivão ou chefe de secretaria (art. 246, III, CPC/2015), quando a parte a ser citada comparecer em cartório ou mesmo por meio eletrônico (art. 246, V, CPC/2015). Se a parte a ser citada tiver procurador constituído nos autos (por exemplo, quando requerida pelos sucessores em face da parte), a citação será feita na pessoa do procurador.

2. Prazo de contestação. O prazo de 5 (cinco) dias para apresentação de contestação é um dos aspectos que denotam a especialidade do procedimento de habilitação, pois foge a regra geral de uniformidade dos prazos em 15 (quinze) dias. Esse prazo de 5 (cinco) dias deve ser contado em dias úteis, por se tratar de prazo processual (art. 219, CPC/2015). O prazo de 5 (cinco) dias deve ser aplicado para a habilitação apresentada também de forma espontânea, ou seja pela própria parte que se habilita, concedendo a contraparte esse prazo para manifestação. O prazo pode ser prorrogado pelo juiz, a teor do art. 139, VI, deste CPC/2015.

Artigo 691.
O juiz decidirá o pedido de habilitação imediatamente, salvo se este for impugnado e houver necessidade de dilação probatória diversa da documental, caso em que determinará que o pedido seja autuado em apartado e disporá sobre a instrução.
SEM CORRESPONDÊNCIA NO CPC/1973.

1. Resposta do réu e o procedimento. A postura da contraparte após sua convocação é que indicará os trilhos processuais, ou seja, se haverá ou não necessidade de cognição de calibre. Se não houver impugnação ao pedido de habilitação ou se houver impugnação, mas a questão puder ser decidida sem a necessidade de produção outras provas, além da documental, o juiz dará seguimento ao processamento da habilitação nos próprios autos do processo principal e decidirá a pedido imediatamente. Não obstante, se o conteúdo da resposta for de impugnação à postulação de habilitação e houver necessidade, constatada pelo magistrado, de produção de outras provas além dos documentos já juntados, a habilitação poderá ensejar à formação de "processo incidente", autuado em apartado. A variação do procedimento a partir da natureza da resposta é pertinente, na medida em que, quando há efetiva impugnação da habilitação e necessidade de ampla dilação probatória, a autuação nos autos do processo principal poderia atravancar o andamento do processo principal, notadamente após a prolação de decisão e insurgência recursal. Assim, tendo havido impugnação e sendo necessária a produção de mais provas, o juiz deverá determinar o prosseguimento da instrução, podendo, se necessário, marcar audiência para produção de prova oral.

Artigo 692.
Transitada em julgado a sentença de habilitação, o processo principal retomará o seu curso, e cópia da sentença será juntada aos autos respectivos.
CORRESPONDÊNCIA NO CPC/1973: *ART. 1.062.*

1. **Sentença da habilitação.** Depois de processada habilitação, nos autos principais ou com a formação de processo incidente, o juiz proferirá decisão que decidirá sobre a integração dos sucessores do falecido na relação jurídica processual original.

2. **Trânsito em julgado.** Com o trânsito em julgado da sentença de habilitação, o processo retomará seu curso, devendo ser juntada cópia da decisão final nos autos do processo principal, alterando-se a autuação para que passem a figurar como parte as pessoas que foram habilitadas como sucessoras da parte falecida.

3. **Recurso e seus efeitos.** Se, entretanto, tendo havido controvérsia quanto à habilitação, a sentença vier a ser objeto de apelação, o recurso será processado com efeito suspensivo, e o processo principal deverá permanecer suspenso até o trânsito em julgado da sentença final que definir quem serão as novas partes a integrarem a relação jurídica processual original. Caso a habilitação tenha sido resolvida como incidente, sem seguir os exatos trilhos do "procedimento especial", afigura-se hipótese de cabimento de agravo de instrumento, diante da natureza interlocutória da decisão. No sentido, vale observar que embora não prevista de forma expressa no rol do art. 1.015, afigura--se hipótese muito aproximada (ao menos em sua gênese) em relação às hipóteses dos incisos VII, VII e IX do referido artigo, que tratam – em sequência – da admissão do agravo de instrumento para decisões que versem sobre exclusão de litisconsorte, rejeição do pedido de limitação do litisconsórcio e admissão ou inadmissão de intervenção de terceiros, ou seja, questões que envolvem a inclusão ou exclusão de pessoas como partes nas ações judiciais. É possível, diante da situação peculiar, que seja invocado o princípio da fungibilidade recursal, caso ocorra dúvida razoável acerca da natureza jurídica da superfície processual que ensejou a postulação de habilitação (ação ou incidente processual).

CAPÍTULO X - Das Ações de Família

ARTIGO 693.
As normas deste Capítulo aplicam-se aos processos contenciosos de divórcio, separação, reconhecimento e extinção de união estável, guarda, visitação e filiação.
Parágrafo único. A ação de alimentos e a que versar sobre interesse de criança ou de adolescente observarão o procedimento previsto em legislação específica, aplicando-se, no que couber, as disposições deste Capítulo. No dia e na hora designados, o juiz declarará aberta a audiência de instrução e julgamento e mandará apregoar as partes e os respectivos advogados, bem como outras pessoas que dela devam participar.
CORRESPONDÊNCIA NO CPC/1973: *NÃO HÁ.*

1. Comparativo com o CPC/1973. Ao contrário do CPC/1973, que disciplinava em seu bojo, entre os procedimentos especiais de jurisdição voluntária, apenas o divórcio e a separação consensuais, o CPC/2015 traz também, além dos procedimentos de jurisdição voluntária de divórcio e de separação consensuais, da extinção consensual de união estável e da alteração do regime de bens do matrimônio (arts. 731 a 734), a disciplina das assim denominadas ações de família, reservando, para o trato da temática, todo capítulo X do título que versa sobre os procedimentos especiais (arts. 693 a 699).

2. Resenha e alcance do dispositivo. O dispositivo que inaugura o capítulo X acena para a aplicação do procedimento aos pedidos de divórcio, separação, reconhecimento e extinção de união estável, guarda, visitação e filiação, quando existente conflito. Ao mesmo tempo, no parágrafo único, estabelece peremptoriamente que o procedimento da ação de alimentos (Lei 5.478/1969) e o daquelas que versam sobre interesse de criança ou de adolescente (Lei 8.069/1990) deve ser o previsto na legislação específica, com aplicação das regras do capítulo X do CPC/2015 apenas no que couber, ou seja, subsidiariamente. Como a regra restritiva do parágrafo único afasta a aplicação do procedimento somente nos casos que especifica (alimentos e interesse da criança e do adolescente), deve-se tomar o rol referenciado no *caput* como meramente exemplificativo, para estender a incidência das regras do capítulo X e do procedimento que enuncia a outras situações envolvendo o Direito de Família. Esta é a interpretação lançada no Enunciado 72 do FPPC: "O rol do art. 693 não é exaustivo, sendo aplicáveis os dispositivos previstos no Capítulo X a outras ações de caráter contencioso envolvendo o Direito de Família.". Considerando-se o rol como aberto e considerando-se a flexibilização procedimental, muitas ações que tenham como pano de fundo relações familiares poderão seguir o "rito especial", tais como ação de exoneração de pensão ou demanda autônoma pela qual se pretenda a declaração de ocorrência de alienação parental.

Artigo 694.
Nas ações de família, todos os esforços serão empreendidos para a solução consensual da controvérsia, devendo o juiz dispor do auxílio de profissionais de outras áreas de conhecimento para a mediação e conciliação.
Parágrafo único. A requerimento das partes, o juiz pode determinar a suspensão do processo enquanto os litigantes se submetem a mediação extrajudicial ou a atendimento multidisciplinar.
CORRESPONDÊNCIA NO CPC/1973: *NÃO HÁ.*

1. **Foco do dispositivo: solução consensual da controvérsia.** O CPC/2015 claramente adere e busca criar sistema multiportas de solução de conflitos (art. 3º, *caput*, §§ 1º a 3º, CPC/2015). E, ao disciplinar o procedimento das ações de família, indica que, para a solução de conflitos dessa natureza, o emprego dos métodos consensuais de solução de controvérsias constitui a melhor das vias. Este é o sentido do texto do art. 694, quando estabelece a necessidade de se envidarem todos os esforços possíveis na busca da solução consensual da controvérsia nas ações de família; esforços que devem ser canalizados para a busca da solução consensual, mesmo que a máquina do Judiciário já tenha sido movimentada.

2. **Limites aos esforços para a solução consensual da controvérsia.** O limite no emprego de esforços para a solução consensual da controvérsia encontra-se naturalmente na lei e na autonomia da vontade das partes. A pretexto da obtenção do acordo, não se pode admitir que a vontade de uma das partes seja manifestada em decorrência de vício de consentimento, entre eles, o erro, a lesão e a coação. Em interpretação do dispositivo, o Enunciado 187 do FPPC vai direto ao ponto: "No emprego de esforços para a solução consensual do litígio familiar, são vedadas iniciativas de constrangimento ou intimidação para que as partes conciliem, assim como as de aconselhamento sobre o objeto da causa.".

3. **Auxílio de profissionais especializados.** Ao prescrever que o juiz deve dispor do auxílio de profissionais de outras áreas de conhecimento para a mediação e a conciliação, não quer isso significar que o juiz deva, ele diretamente, atuar como agente no processo de busca da solução consensual. Segue-se aqui, quanto à conciliação e à mediação, o modelo geral tal qual disposto no art. 334, pelo que essas atividades devem ser desempenhadas diretamente por conciliadores/mediadores habilitados e com qualificação para o exercício do múnus, possuindo o juiz papel secundário.

4. **Suspensão do processo.** Diante da conjuntura legislativa de busca da solução consensual da controvérsia em matéria de família, o art. 694 prescreve causa específica de suspensão do processo, que é convencionada pelas partes com o propósito de se submeterem a mediação extrajudicial ou a atendimento multidisciplinar. É hipótese de suspensão do processo que não difere daquela prevista no inciso II do art. 313, com a peculiaridade, contudo, de ter propósito específico (submeterem-se as partes a mediação

extrajudicial ou a atendimento multidisciplinar). De outro turno, a suspensão do processo prevista no parágrafo único do art. 694 não fica adstrita ao prazo de 6 (seis) meses a que alude o § 4º do art. 313 (registre-se que esse prazo pode ser renovado, em vista de negociação processual entre as partes), *podendo a suspensão, então, ser determinada não por prazo determinado*, mas, sim, enquanto durar a mediação extrajudicial ou o atendimento multidisciplinar.

ARTIGO 695.

Recebida a petição inicial e, se for o caso, tomadas as providências referentes à tutela provisória, o juiz ordenará a citação do réu para comparecer à audiência de mediação e conciliação, observado o disposto no art. 694.

§ 1º O mandado de citação conterá apenas os dados necessários à audiência e deverá estar desacompanhado de cópia da petição inicial, assegurado ao réu o direito de examinar seu conteúdo a qualquer tempo.

§ 2º A citação ocorrerá com antecedência mínima de 15 (quinze) dias da data designada para a audiência.

§ 3º A citação será feita na pessoa do réu.

§ 4º Na audiência, as partes deverão estar acompanhadas de seus advogados ou de defensores públicos.

CORRESPONDÊNCIA NO CPC/1973: *NÃO HÁ.*

1. **Rito que visa à solução consensual da controvérsia.** Atendendo à diretriz estabelecida para as ações de família, de busca da solução consensual da controvérsia, o CPC/2015 dispõe que, ao receber a inicial, o juiz deve ordenar a citação do réu para comparecer a audiência de mediação e conciliação. Tendo ainda em conta que, em vista do preceituado pelo art. 697, as normas do procedimento comum passam a incidir genericamente no procedimento das ações de família a partir da audiência de conciliação ou mediação, quando não alcançada a solução consensual da controvérsia, tem-se que às partes não é dado optar pela não realização da audiência, a qual é imperativa neste procedimento. Em outros termos, não são aplicáveis ao procedimento das ações de família as regras que conferem às partes a faculdade de optar pela não realização da audiência (art. 319, VII, art. 334, § 5º, e art. 335, II).

2. **Não comparecimento.** Destaque-se, ademais, neste contexto, que, no procedimento das ações de família, o não comparecimento de qualquer das partes à audiência preliminar, mais do que ser considerado como ato atentatório à dignidade da justiça, ensejando a incidência de multa (art. 334, §8º), implica sua redesignação para outra data. Não desejarem as partes a solução consensual do conflito é uma coisa; não quererem submeter-se à tentativa de conciliação é outra; e, quanto a esta, o CPC/2015 não transige nas ações de família, por conceber a porta da solução consensual como a melhor alternativa para a resolução de conflitos deste jaez.

3. Tutela provisória. Quando o *caput* do dispositivo faz menção à possível necessidade de providências referentes à tutela provisória, chama com isso atenção para a aplicação das regras da tutela provisória no procedimento das ações de família, em que encontram amplo cabimento, inclusive aquelas pertinentes à tutela provisória de urgência antecedente, cautelar ou antecipada/satisfativa.

4. Do mandado de citação "especial". Peculiaridade que também merece destaque no procedimento diz respeito ao fato de o mandado de citação não se fazer acompanhar de cópia da inicial, nem conter quaisquer referências a seus termos. A regra tem por finalidade impedir que o contato do réu com o conteúdo da inicial possa acirrar os ânimos entre as partes, tornando-as exaltadas a ponto de inviabilizar a solução consensual, cuja tentativa deve ocorrer na audiência preliminar para tanto designada. A regra não resulta em violação ao contraditório, primeiro porque o prazo para o réu apresentar defesa somente se inicia depois de esgotadas as tentativas legítimas de conciliação realizadas na audiência designada para este fim, a partir de quando passa a ter acesso irrestrito aos termos da inicial e da documentação que a instrui. Em segundo, porque ao réu é, de todo modo, assegurado o direito de examinar o conteúdo da inicial a qualquer tempo, mesmo antes da audiência, se este for o seu interesse. Veja-se que neste caso quem normalmente tem acesso direto ao conteúdo da inicial é o próprio advogado, que pode-se valer dessa faculdade sem precisar dar a saber ao réu sobre o teor da peça, de maneira a não prejudicar a atividade de conciliação, ao mesmo tempo que lhe permite antecipar o trabalho de defesa técnica, para a eventual necessidade de apresentação de contestação. Por fim, há de se destacar que, ao prever expressamente que a citação do réu deva ser pessoal, o CPC/2015 reafirma regra genérica prevista na primeira parte do art. 242. Essa disposição não afasta a possibilidade de que ocorra citação ficta no procedimento das ações de família, tal como a citação por hora certa e a citação por edital.

5. Audiência "preliminar". A regra do parágrafo 1º do art. 695 reforça a interpretação de que a audiência preliminar de conciliação/mediação é obrigatória no procedimento das ações de família, não sendo permitido às partes optarem por sua não realização. Se fosse possível que no procedimento das ações de família as partes abrissem mão da audiência de conciliação/mediação, aludida regra contida no art. 695, §1º seria inconstitucional, por violação ao contraditório. As regras do *caput* e do §1º se completam e se legitimam reciprocamente. Prevê-se, ademais, que a citação deva ocorrer com antecedência mínima de 15 (quinze) dias da data designada para a audiência. O prazo é diferenciado em relação àquele previsto no art. 334 para a mesma audiência preliminar no procedimento comum. Se o que se observa ao longo de todo o CPC/2015 foi a busca, a propósito de simplificação do sistema, da unificação dos prazos para a prática de um mesmo ato, não foi o que, contudo, aconteceu no caso. Esse prazo diferenciado, em relação àquele do art. 334, não possui justificativa técnica razoável, revelando-se muito provavelmente como resultado de um lapso no processo legislativo.

Artigo 696.

A audiência de mediação e conciliação poderá dividir-se em tantas sessões quantas sejam necessárias para viabilizar a solução consensual, sem prejuízo de providências jurisdicionais para evitar o perecimento do direito.

CORRESPONDÊNCIA NO CPC/1973: *NÃO HÁ.*

1. Resenha da regra legal. O dispositivo traz regra que reafirma aquela contida no parágrafo 2º do art. 334. Não há, contudo, determinação de prazo máximo entre uma e outra sessão de mediação ou conciliação, como lá se encontra previsto, mesmo porque, nesses casos envolvendo questões de família, um espaço maior entre uma sessão de conciliação e outra pode-se consubstanciar em importante fator que leva as partes a uma reflexão mais equilibrada, permitindo uma abertura para o diálogo e facilitando o acordo. A abertura para a solução consensual não afasta a possibilidade de o juiz determinar providências de urgência que se fizerem necessárias, que poderão ocorrer mesmo na hipótese de ter havido acordo de suspensão do processo para mediação extrajudicial ou atendimento multidisciplinar.

Artigo 697.

Não realizado o acordo, passarão a incidir, a partir de então, as normas do procedimento comum, observado o art. 335.

CORRESPONDÊNCIA NO CPC/1973: *NÃO HÁ.*

1. Procedimento especial apenas na sua parte inicial. Passam a incidir as normas do procedimento comum a partir de quando frustrada a realização do acordo significa dizer "observar o procedimento comum a partir de então", ou seja, haverá procedimento especial apenas na parte inicial.

2. Aplicação do procedimento comum. Antes mesmo da audiência de conciliação ou mediação, as normas do procedimento comum já incidem no procedimento das ações de família, porém, em caráter subsidiário, naquilo em que não contrariem as especificidades procedimentais das ações de família. Assim, com as devidas adaptações, vão ser aplicadas à petição inicial das ações de família as regras do art. 319 e seguintes. As hipóteses de indeferimento da inicial e a sistemática de sua recorribilidade nas ações de família vão observar as regras do art. 330 e 331. E assim em relação a todos os demais atos do procedimento que antecedem a audiência de conciliação ou mediação. Agora, uma vez frustrado o acordo tentado na audiência preliminar, a partir de então o procedimento das ações de família passa a ser o comum, não mais subsidiariamente. Mas, mesmo assim, o procedimento passa a ser o comum com inevitáveis variações procedimentais. Veja-se, por exemplo, o caso do processo que envolve discussão sobre fato relacionado a abuso ou a alienação parental: o depoimento do incapaz deve ser tomado pelo juiz com o acompanhamento de especialista (art. 699); exigência esta, por exemplo, que não existe para o procedimento comum. Veja, também, que o art. 697 manda observar no procedimento o que dispõe o art. 335. Contudo, a observância do art. 335 deve ocorrer em casamento com o *modus* procedimental prescrito para aquela fase inicial que vai até a audiência de conciliação e mediação: logo, se a audiência de conciliação ou mediação não pode ser dispensada pela vontade das partes, não há espaço para incidência do inciso II do art. 335.

Artigo 698.

Nas ações de família, o Ministério Público somente intervirá quando houver interesse de incapaz, e deverá ser ouvido previamente à homologação de acordo.

CORRESPONDÊNCIA NO CPC/1973: *NÃO HÁ.*

1. Ministério Público e as ações de família. A regra, em boa hora, limita a participação do Ministério Público nas ações de família quando existir no caso concreto interesse de incapaz em jogo. Pouco importa qual seja a causa da incapacidade, seja por menoridade, seja por enfermidade ou por deficiência mental, etc. E, especificamente nos processos em que estiver em questão algum interesse de incapaz, a homologação de acordo deve ser antecedida de manifestação do Ministério Público.

Artigo 699.

Quando o processo envolver discussão sobre fato relacionado a abuso ou a alienação parental, o juiz, ao tomar o depoimento do incapaz, deverá estar acompanhado por especialista.

CORRESPONDÊNCIA NO CPC/1973: *NÃO HÁ.*

1. Abuso ou alienação parental. A natural condição de vulnerabilidade do incapaz se torna ainda mais acentuada quando se vê vítima de um possível abuso – físico, sexual, psicológico – ou possível alienação parental. Sempre, pois, que esteja em discussão algum fato relacionado a possível abuso ou alienação parental, a tomada de depoimento do incapaz pelo juiz deve acontecer com acompanhamento de especialista, que auxiliará o magistrado, primeiro, de maneira a evitar que aquele momento de revelação dos fatos, em que a pessoa é chamada a revivê-los, se torne o menos traumático possível; e segundo, de maneira a ter êxito na obtenção desses fatos, levando o incapaz a abri-los e revelá-los, sem induzimentos.

CAPÍTULO XI – Da Ação Monitória

ARTIGO 700.

A ação monitória pode ser proposta por aquele que afirmar, com base em prova escrita sem eficácia de título executivo, ter direito de exigir do devedor capaz:

I – o pagamento de quantia em dinheiro;

II – a entrega de coisa fungível ou infungível ou de bem móvel ou imóvel;

III – o adimplemento de obrigação de fazer ou de não fazer.

§ 1º A prova escrita pode consistir em prova oral documentada, produzida antecipadamente nos termos do art. 381.

§ 2º Na petição inicial, incumbe ao autor explicitar, conforme o caso:

I – a importância devida, instruindo-a com memória de cálculo;

II – o valor atual da coisa reclamada;

III – o conteúdo patrimonial em discussão ou o proveito econômico perseguido.

§ 3º O valor da causa deverá corresponder à importância prevista no § 2º, incisos I a III.

§ 4º Além das hipóteses do art. 330, a petição inicial será indeferida quando não atendido o disposto no § 2º deste artigo.

§ 5º Havendo dúvida quanto à idoneidade de prova documental apresentada pelo autor, o juiz intimá-lo-á para, querendo, emendar a petição inicial, adaptando-a ao procedimento comum.

§ 6º É admissível ação monitória em face da Fazenda Pública.

§ 7º Na ação monitória, admite-se citação por qualquer dos meios permitidos para o procedimento comum.

CORRESPONDÊNCIA NO CPC/1973: *ART. 1102-A.*

1. **Considerações iniciais.** A ação monitória ingressou no sistema pátrio nos idos de 1995, numa tentativa vã de propiciar maior celeridade na recuperação de créditos, especialmente daqueles não representados por títulos de obrigações líquidas, certas e exigíveis, melhor dizendo, por prova escrita sem eficácia executiva.

Contudo, a ação monitória não alcançou seus objetivos; na esmagadora maioria das vezes, não serviu como instrumento de celeridade e acabou por encerrar uma simples ação de cobrança que em nada se diferencia das demais.

Em verdade, a ação monitória somente prestava como atalho de celeridade na hipótese de o devedor, o réu, não apresentar embargos monitórios.

Contudo, no nosso sentir, esse não é mais o mesmo cenário neste CPC/2015, eis que o legislador criou ferramentas que nos parecem capazes de permitir que a subaproveitada ação monitória passe, doravante, a ter maior efetividade.

DOS PROCEDIMENTOS ESPECIAIS | ART. 700

Em que pese, nos termos do art. 701 deste CPC/2015, o mandado monitório converter-se em mandado executivo somente na hipótese de não apresentação dos embargos monitórios, o legislador criou certas novas regras em que, mesmo não inovando, acabou por dar uma real condição para a ação monitória alcançar seus fins.

2. Objeto da ação. Como já explicitamos, todo aquele detentor de crédito não representado por título executivo, melhor dizendo, representado por prova escrita de uma obrigação que não seja líquida, certa ou exigível, poderá valer-se a ação monitória.

A "ação monitória deve vir acompanhada de prova escrita, sem eficácia executiva, considerada pelo magistrado juridicamente hábil para comprovar o montante da dívida.". (STJ, AgRg no AREsp 701.380/DF).

Ou seja, a ação monitória terá por objeto o cumprimento de obrigações que, embora representadas por documento escrito, não têm força executiva, podendo servir para forçar o devedor a pagar quantia, entregar coisa, ou a fazer ou não fazer algo, nos termos do que se deflui dos incisos I a III deste art. 700.

3. Prova oral produzida antecipadamente. Este art. 700 inova ao expressamente autorizar que a ação monitória possa ser fundamentada em prova oral produzida antecipadamente nos moldes do art. 381 deste CPC/2015. Não temos dúvidas no sentido de que essa hipótese seria plausível mesmo na ausência de previsão expressa, mas andou bem o legislador ao afastar quaisquer eventuais dúvidas a esse respeito.

4. Valor da causa. Por se tratar de ação por meio da qual se busca o cumprimento de obrigação, é o valor economicamente apreensível desta que deverá ser atribuído à causa, nos termos do parágrafos 3º e 2º deste art. 700.

Em se tratando de ação que visa ao cumprimento de obrigação de pagar, a aferição do valor da causa é menos complexa, já que o valor do *quantum debeatur* deverá ser representado por memória de cálculo.

Contudo, em se tratando de obrigações outras e caso o autor tenha dúvidas quanto ao valor, deverá atribuir à causa o montante que mais se aproximar ao da obrigação por ele perseguida, demonstrando como chegou à importância, sob pena de indeferimento da petição inicial, nos termos do parágrafo 4º deste art. 700.

5. Emenda da inicial e conversão do pedido. O parágrafo 5º deste art. 700 traz a possibilidade de o juiz determinar que seja emendada a petição inicial, caso os documentos que a instruam não sejam aptos a demonstrar a idoneidade do direito perseguido pela ação monitória.

Contudo, cremos que este dispositivo de lei disse menos do que deveria, já que, ao que parece, a única opção que o autor teria nessa hipótese seria a conversão da ação monitória em ação pelo procedimento comum.

Todavia, no nosso entender, não é essa a única opção, já que poderá também o autor emendar a inicial levando para os autos documentos e indícios outros do direito que alega ter, com o objetivo de convencer o julgador sobre seu direito de manejar a ação monitória.

ARTIGO 701.

Sendo evidente o direito do autor, o juiz deferirá a expedição de mandado de pagamento, de entrega de coisa ou para execução de obrigação de fazer ou de não fazer, concedendo ao réu prazo de 15 (quinze) dias para o cumprimento e o pagamento de honorários advocatícios de cinco por cento do valor atribuído à causa.

§ 1º O réu será isento do pagamento de custas processuais se cumprir o mandado no prazo.

§ 2º Constituir-se-á de pleno direito o título executivo judicial, independentemente de qualquer formalidade, se não realizado o pagamento e não apresentados os embargos previstos no art. 702, observando-se, no que couber, o Título II do Livro I da Parte Especial.

§ 3º É cabível ação rescisória da decisão prevista no *caput* quando ocorrer a hipótese do § 2º.

§ 4º Sendo a ré Fazenda Pública, não apresentados os embargos previstos no art. 702, aplicar-se-á o disposto no art. 496, observando-se, a seguir, no que couber, o Título II do Livro I da Parte Especial.

§ 5º Aplica-se à ação monitória, no que couber, o art. 916.

CORRESPONDÊNCIA NO CPC/1973: *ART. 1102-B.*

1. **Evidência do direito e mandado monitório.** Uma vez atendidos os requisitos do art. 700 e demonstrada, portanto, a existência da prova escrita sem eficácia de título executivo e do direito que o autor alega ter para exigir do réu o pagamento de quantia, entrega de coisa ou adimplemento de obrigação de fazer ou não fazer, terá o autor feito prova. Melhor dizendo, o autor terá demonstrado as evidências do direito que alega ter e, produzidas essas provas (sendo, portanto, evidente o direito que fundar a ação monitória), o juiz determinará a expedição do mandado monitório, que a depender da situação em concreto contemplará uma ordem de pagamento, de entrega ou de execução de obrigação de fazer ou não fazer.

2. **Estímulo ao cumprimento da obrigação.** Claramente o legislador, ao pensar a nova ação monitória, pretendeu estimular o cumprimento da obrigação por meio da redução do percentual dos honorários advocatícios, não aplicando ao caso a regra geral do art. 85 deste CPC/2015, bem como isentando o réu do pagamento das custas da hipótese de cumprimento tempestivo do mandado.

3. **Constituição do título executivo.** Não cumprida a obrigação e não apresentados os embargos monitórios, a obrigação que o autor detém contra o réu passará a ser representada por um título executivo, de natureza judicial, nos termos da decisão que vier a ser proferida pelo juiz da causa. Nessa hipótese, a ação monitória passará a se desenvolver em outra fase, não mais monitória, e sim executiva, para cumprimento da sentença, ou seja, da decisão judicial que constituiu o título executivo.

O autor, então, nos termos do que este CPC/2015 reserva ao cumprimento da sentença (Livro I, Título II, arts. 513 e seguintes), passará a excutir seu direito na forma da lei.

Em que pese o parágrafo 2º estabelecer que a constituição do título executivo ocorrerá independentemente de formalidades adicionais, cremos que deverá o juiz proferir decisão nessa sentido, seja por questão de segurança jurídica, seja para fins de propositura de eventual ação rescisória prevista no art. 3º deste CPC/2015.

4. Ação rescisória. Diz o parágrafo 3º deste art. 701 que caberá ação rescisória na hipótese do parágrafo 2º; ou seja, caso haja a constituição do título executivo por ausência (i) de pagamento e (ii) de apresentação dos embargos monitórios, se se estiver diante de uma das hipóteses do art. 966 deste CPC/2015, será cabível a ação rescisória.

Contudo, ao que nos parece, o texto da lei é confuso e gera uma antinomia: o art. 966 deste CPC/2015 estabelece que a ação rescisória somente é cabível contra decisão de mérito, mas o parágrafo 3º. deste art. 701 prevê que a eventual ação rescisória nele prevista seria proposta contra o despacho previsto no *caput* deste art. 701.

Decisão de mérito é aquela do parágrafo 1º do art. 203 deste CPC/2015, que põe fim à fase cognitiva ou extingue a execução. No nosso sentir, a decisão do *caput* deste art. 701 não se enquadra nesse conceito, de modo que não se mostra cabível ação rescisória contra a decisão referida.

Assim sendo, cremos que a única decisão que terá cunho meritório será aquela que reconhecerá, nos termos do parágrafo 2º deste art. 701, a constituição do título executivo judicial, razão pela qual insistimos que essa decisão deverá ser proferida pelo juiz da causa, sob pena de admitir-se ação rescisória contra decisão meramente interlocutória, em afronta ao *caput* do art. 966 deste CPC/2015.

Ademais, na hipótese de o juiz não ter proferido decisão nesse sentido, tendo-se operado automaticamente e sem outras formalidades a constituição do título executivo, aí, sim, deverá admitir-se a ação rescisória contra o despacho previsto no *caput* deste artigo, tomando-se esse despacho como uma decisão de mérito que, em um primeiro momento, tinha cunho unicamente interlocutório, mas que, com o implemento da condição prevista no parágrafo 2º, passou a ter a natureza decisória do art. 203 deste CPC/2015 – o que acreditamos não ser a solução ideal, como já expusemos.

ARTIGO 702.
Independentemente de prévia segurança do juízo, o réu poderá opor, nos próprios autos, no prazo previsto no art. 701, embargos à ação monitória.

§ 1º Os embargos podem se fundar em matéria passível de alegação como defesa no procedimento comum.

§ 2º Quando o réu alegar que o autor pleiteia quantia superior à devida, cumprir-lhe-á declarar de imediato o valor que entende correto, apresentando demonstrativo discriminado e atualizado da dívida.

§ 3º Não apontado o valor correto ou não apresentado o demonstrativo, os embargos serão liminarmente rejeitados, se esse for o seu único fundamento, e, se houver outro fundamento, os embargos serão processados, mas o juiz deixará de examinar a alegação de excesso.

§ 4º A oposição dos embargos suspende a eficácia da decisão referida no *caput* do art. 701 até o julgamento em primeiro grau.

§ 5º O autor será intimado para responder aos embargos no prazo de 15 (quinze) dias.

§ 6º Na ação monitória admite-se a reconvenção, sendo vedado o oferecimento de reconvenção à reconvenção.

§ 7º A critério do juiz, os embargos serão autuados em apartado, se parciais, constituindo-se de pleno direito o título executivo judicial em relação à parcela incontroversa.

§ 8º Rejeitados os embargos, constituir-se-á de pleno direito o título executivo judicial, prosseguindo-se o processo em observância ao disposto no Título II do Livro I da Parte Especial, no que for cabível.

§ 9º Cabe apelação contra a sentença que acolhe ou rejeita os embargos.

§ 10. O juiz condenará o autor de ação monitória proposta indevidamente e de má-fé ao pagamento, em favor do réu, de multa de até dez por cento sobre o valor da causa.

§ 11. O juiz condenará o réu que de má-fé opuser embargos à ação monitória ao pagamento de multa de até dez por cento sobre o valor atribuído à causa, em favor do autor.

CORRESPONDÊNCIA NO CPC/1973: *ART. 1102-C.*

1. **Defesa do réu e título executivo parcial.** A defesa do réu será ofertada por meio de embargos monitórios previstos neste art. 702, não sendo exigida segurança do juízo para tanto; e, nos termos do parágrafo 1º, toda e qualquer matéria admissível nos procedimentos comuns será admitida, sem restrições, em sede de embargos monitórios.

A única restrição quanto à defesa a ser apresentada pelo réu diz respeito à alegação de excesso de execução, nos termos dos parágrafos 2º e 3º deste artigo em comento. Uma vez formulada a alegação, deverá o réu apresentar o *quantum* que entende como correto e como devido, para que esse valor seja considerado como incontroverso e contra ele possa ser iniciada a efetiva excussão (caso não haja o cumprimento voluntário), nos exatos termos do que prevê o parágrafo 7º deste artigo.

2. **Suspensão do mandado monitório.** Como já visto, a oposição dos embargos monitórios não exige prévia segurança do juízo. Ademais, nos termos do parágrafo 4º,

e desde que sejam atendidas as condições dos parágrafos 2º e 3º deste artigo, uma vez apresentados os embargos, sendo estes recebidos, a suspensão da ordem contida no mandado monitório é automática; isto é, não cabe ao juiz analisar o mérito ou mesmo a pertinência da suspensão, que decorre por imposição legal (salvo nos casos que comportarem exceção, como, por exemplo, em situações de risco de dano fundamentadamente irreversível, perda do direito ou congêneres).

CAPÍTULO XII – Da Homologação do Penhor Legal

ARTIGO 703.

Tomado o penhor legal nos casos previstos em lei, requererá o credor, ato contínuo, a homologação.

§ 1º Na petição inicial, instruída com o contrato de locação ou a conta pormenorizada das despesas, a tabela dos preços e a relação dos objetos retidos, o credor pedirá a citação do devedor para pagar ou contestar na audiência preliminar que for designada.

§ 2º A homologação do penhor legal poderá ser promovida pela via extrajudicial mediante requerimento, que conterá os requisitos previstos no § 1º deste artigo, do credor a notário de sua livre escolha.

§ 3º Recebido o requerimento, o notário promoverá a notificação extrajudicial do devedor para, no prazo de 5 (cinco) dias, pagar o débito ou impugnar sua cobrança, alegando por escrito uma das causas previstas no art. 704, hipótese em que o procedimento será encaminhado ao juízo competente para decisão.

§ 4º Transcorrido o prazo sem manifestação do devedor, o notário formalizará a homologação do penhor legal por escritura pública.

CORRESPONDÊNCIA NO CPC/1973: *ART. 874.*

1. **Penhor legal.** Antes de ingressar propriamente no tema do "penhor legal", importante precisar, ainda que perfunctoriamente, o conceito de "penhor", definição que deve ser haurida do direito material, uma vez que o instituto não diz respeito à seara processual, muito embora alguns dos seus efeitos possam ser sentidos no processo, nada obstante vozes em contrário. (CÂMARA, Alexandre Freitas, *Lições de direito processual civil*, v. 3, 20. ed., São Paulo, Atlas, 2014, p. 247),. "Penhor", portanto, é direito real de garantia constituído pela manifestação de vontade, pela lei ou judicialmente, em que o devedor, ou terceiro, entrega ao credor uma coisa móvel com o fim de suportar, em razão do estabelecimento de vínculo real, o cumprimento de determinada obrigação (art. 1.419, CC/2002). O penhor gera para o credor, na esteira dos demais direitos reais de garantia, o direito de sequela – "perseguir a coisa dada em penhor" – e de prefe-

rência – "preferir ao crédito pessoal de qualquer espécie" (art. 1.422, CC/2002). Essas consequências engrandecem as chances de o credor receber seu crédito, já que, em razão do instituto, passa a deter direito real de garantia sobre determinado bem móvel do devedor ou de terceiro, previamente reservado para experimentar, com preferência, a atividade executiva a ser desenvolvida visando à satisfação do crédito; sem descurar, todavia, a garantia geral, comum aos demais credores, sobre a totalidade dos bens do devedor. (NERY JR., Nelson; NERY, Rosa Maria de Andrade, *Comentários ao Código de Processo Civil*, São Paulo, RT, 2015, p. 1532-3). Já dizia Pontes de Miranda que "penhor é direito real de realização do valor: o credor pignoratício tem direito a realizar o valor, extraí-lo, para que se lhe pague a dívida.". (MIRANDA, Francisco Cavalcanti Pontes de, *Tratado de direito privado*, t. XX, 3. ed., Rio de Janeiro, Borsoi, 1971, p. 393). O "penhor legal", todavia, afasta-se do penhor comum, já que prescinde do acordo de vontades, decorrendo, compulsoriamente, da lei, daí a razão do adjetivo que o acompanha: "legal".

2. Pretensão à constituição do penhor. Consta, na doutrina, que do penhor legal originou-se a hipoteca. Ainda no Direito Romano, reconhecia-se ao senhorio o direito sobre as coisas introduzidas no imóvel por conta dos créditos derivados do contrato de locação. (COSTA JR., Francisco José de Almeida Prado Ferraz, "As garantias reais no Direito Romano", in *Revista de Direito Imobiliário*, v. 77, São Paulo, RT, 2014, p. 13-28). De acordo com o art. 1.467 do CC/2002/2002, a lei estabelece o penhor legal nas seguintes hipóteses: (i) aos hospedeiros, ou fornecedores de pousada ou alimento, sobre as bagagens, móveis, joias ou dinheiro que os seus consumidores ou fregueses tiverem consigo nas respectivas casas ou estabelecimentos, pelas despesas ou consumo que aí tiverem feito; e (ii) ao dono do prédio rústico ou urbano, sobre os bens móveis que o rendeiro ou inquilino tiver guarnecendo o mesmo prédio, pelos aluguéis ou rendas. O propósito do direito material é garantir aos sujeitos mencionados na norma uma espécie de garantia real automática, no caso de inadimplemento, de modo a possibilitar e, principalmente, assegurar o recebimento dos respectivos créditos. Por esta razão, o art. 1.469 do CC/2002, enuncia que o credor poderá "tomar em garantia" um ou mais objetos, desde que não ultrapasse o valor da dívida. Por exemplo, no caso de um consumidor deixar de efetuar o pagamento ao dono da pousada em que esteve hospedado, o hospedeiro/credor poderá tomar as bagagens, móveis, joias ou dinheiro pertencente àquele, até o limite de seu crédito, a fim de fazer frente às despesas não quitadas. E, havendo perigo na demora, as coisas poderão ser tomadas antes mesmo de o credor recorrer à autoridade judiciária, desde que passe aos devedores comprovante dos bens de que se apossarem (art. 1.470, CC/2002). A autorização revela-se verdadeira justiça de mão própria (autotutela), excepcional no direito moderno. "O penhor sobre esses bens é considerado pelas fontes uma *tacita conventio*, independente, portanto, de previsão expressa.". (COSTA JR., Francisco José de Almeida Prado Ferraz, "As garantias reais no Direito Romano", in *Revista de Direito Imobiliário*, v. 77, São Paulo, RT, 2014, p. 13-28). Em vista disso e de sua excepcionalidade ato contínuo, o credor solicitará, perante o Poder Judiciário, a homologação judicial do penhor realizado pela mão própria (art. 1.471, CC/2002). Para viabilizar esse direito, a lei previu a ação de homologação do penhor legal como forma de consolidar o apossamento dos bens, a título de garantia, realizado *sponte propria* pelo credor, nos casos de urgência, a fim de que o penhor legal seja efetivamente constituído. Na firme e clara conclusão de Pontes de Miranda, esse específico direito de garantia "só se estabelece com a força formal da sentença.". (MIRANDA, Francisco Cavalcanti Pontes de, *Tratado de direito privado*, t. XX, 3. ed., Rio de Janeiro, Borsoi, 1971, p. 424). A incidência da previsão legal de direito privado acima transcrita não constitui o penhor, gera pretensão a sua constituição, que só ocorrerá quando sobrevier a sentença judicial homologatória. Roberto P. Campos Gouveia Filho denomina a situação de penhor compulsório, na espécie "penhor potestativo", carente, pois, de confirmação no Poder Judiciário ou, ainda, excepcionalmente, perante o notário. O CC/2002, no art. 1467, I e II, não traz situação de constituição automática do penhor, como, aliás, a expressão "penhor legal", poderia falsamente fazer supor. Nos dois incisos, o que há, de fato, é a pretensão a constituir o penhor, resultante do inadimplemento dos créditos arrolados no preceito (GOUVEIA FILHO, Roberto Pinheiro Campos, in WAMBIER, Teresa Arruda Alvim; DIDIER JR., Fredie; TALAMINI, Eduardo; DANTAS, Bruno (Coord.), *Breves comentários ao novo Código de Processo Civil*, São Paulo, RT, 2015, p. 1627). Deste modo, em ambos os casos os credores conservam direito potestativo a constituir o penhor, contra, inclusive, a vontade dos respectivos devedores. Inexistindo risco de demora, o credor deverá ajuizar demanda, pelo procedimento comum, com pedido constitutivo, em que pleiteará a entrega da coisa (representativo da tradição), passo seguinte, a constituição formal do penhor (verificação de uma das hipóteses do art. 1.467 do CC/2002). É, portanto, plenamente possível o pedido de antecipação da tutela, consistente na entrega, a título precário, da coisa objeto do penhor. O conteúdo da regra do art. 1.469 do CC/2002 deve ser entendido no sentido de que o credor poderá exercer pretensão, via ação judicial, à constituição do penhor em face de algum dos objetos pertencentes ao devedor e elencados no permissivo legal, e não sua homologação. Não é o caso, pois, da ação em tela, visto que ela pressupõe, conforme a dicção do art. 703, §1º, o apossamento antecipado do bem móvel (ou equiparado), por isso a exigência, na petição inicial, da relação dos objetos retidos. Fazer efetivo o penhor é, neste caso, tomar "de fato", isto é, "efetivamente", os bens do devedor. Ao tempo do Direito Romano, a simples tomada dos bens era suficiente para constituir o penhor, dispensável qualquer ulterior manifestação, portanto. O senhorio, como anteriormente explanado, tinha direito sobre as coisas introduzidas no imóvel por conta dos créditos derivados do contrato de locação. (COSTA JR., Francisco José de Almeida Prado Ferraz, "As garantias reais no Direito Romano", in *Revista de Direito Imobiliário*, v. 77, São Paulo, RT, 2014, p. 13-28). Deste modo, sempre que o credor constatar perigo em fazer efetivo seu direito de crédito e, mais de perto, a própria constituição do penhor, ou porque os hóspedes já estão deixando as dependências do hotel ou pousada, ou porque o locatário se encontra prestes a abandonar o imóvel, poderá, antes de recorrerem à autoridade judiciária, tomar a posse dos bens, principiando o efetivo penhor. Ato contínuo, ou seja, imediatamente após a coleta dos bens e a entrega dos comprovantes aos devedores, deverá promover a ação de homologação do penhor legal. Segundo Pontes de Miranda, a "exigência de ato imediato ao apossamento tem por fito obviar aos inconvenientes da tomada da posse pelo credor sem legalização que evite a luta pela posse no mundo fático.". (MIRANDA, Francisco Cavalcanti Pontes de, *Comentários ao Código de Processo Civil*, t. VIII, 2. ed., Rio de Janeiro, Forense, 1959, p. 466). Com razão Roberto P. Campos Gouveia Filho ao afirmar que a utilização do termo homologar vem bem a calhar, porquanto o ato judicial torna análogo ato da parte (o apossamento em garantia) ao conteúdo eficacial de uma sentença. "No caso, o ato da parte que se faz homólogo é o ato de tomada de posse.". (GOUVEIA FILHO, Roberto Pinheiro Campos, in WAMBIER, Teresa Arruda Alvim; DIDIER JR., Fredie; TALAMINI, Eduardo; DANTAS, Bruno (Coord.), *Breves comentários ao novo Código de Processo Civil*, São Paulo, RT, 2015, p. 1627). Concordamos, assim, com Pontes de Miranda quando o autor afirmava que "haver perigo na demora é pressuposto material para a homologação" (MIRANDA, Francisco Cavalcanti Pontes de, *Comentários ao Código de Processo Civil*, t. VIII, 2.ª ed., Rio de Janeiro, Forense, 1959, p. 466). Em idêntico sentido, concluindo pela necessidade do perigo da demora, há doutrina pátria, acrescentando, apenas, a necessidade de o credor, premido pela urgência, servir-se do direito à tomada da coisa. (NERY JR., Nelson; NERY, Rosa Maria de Andrade, *Comentários ao Código de Processo Civil*, São Paulo, RT, 2015, p. 1532),. À vista disso, o art. 703 repete normativo do direito material, aduzindo que, "tomado o penhor legal nos casos previstos em lei, requererá o credor, ato contínuo, a homologação". Cuida a ação de procedimento visando a validar ato próprio do credor, afim de que seja constituído direito seu de garantia, nascente, de forma compulsória, da norma.

3. Natureza da ação. Carlos Alberto Alvaro de Oliveira defendia, quando vigente o CPC/1973, que a atividade desempenhada pelo juiz exibia natureza de "jurisdição voluntária", uma vez que o julgador se limitava a verificar o atendimento dos pressupostos legais à constituição do penhor, sem investigar o valor da dívida. (OLIVEIRA, Carlos Alberto Alvaro de, *Comentários ao Código de Processo Civil*, v. VIII, t. II, 6. ed., Rio de Janeiro, Forense, 2002, p. 353; CÂMARA, Alexandre Freitas, *Lições de direito processual civil*, v. 3, 20. ed., São Paulo, Atlas, 2014, p. 253). Repudiava-se, desse modo, a categorização da homologação do penhor como espécie de medida cautelar, de natureza acessória, portanto. Nem mesmo a exigência do risco de perigo na demora mostrou-se suficiente para justificar a opção do CPC/1973, que descrevia a homologação do penhor legal nos procedimentos cautelares específicos (arts. 874 a 876, CPC/1973). No CPC/2015 a ação de homologação de penhor legal foi tratada no Título III, Capítulo XII, destinados aos procedimentos especiais de jurisdição contenciosa, afastando a lição do autor mencionado e, da mesma forma, a opção equivocada do diploma processual revogado.

4. Prazo para a propositura da ação condenatória ou executiva. A doutrina discute se o credor, após consolidado o penhor legal, haveria de intentar, em determinado prazo, a ação satisfativa do crédito. Os autores afirmam que, se não houvesse essa tal obrigatoriedade, o credor poderia gerar ao devedor constrangimento inaceitável, dado que estaria, em razão do penhor, na posse dos bens do obrigado por tempo indeterminado. Falava-se, então, que o penhor legal, após homologado judicialmente, perderia a eficácia se o credor não exercitasse seu direito de crédito no prazo de 30 (trinta) dias, nos termos do art. 806, CPC/1973 (OLIVEIRA, Carlos Alberto Alvaro de, *Comentários ao Código de Processo Civil*, v. VIII, t. II, 6. ed., Rio de Janeiro, Forense, 2002, p. 356). Entendemos que o credor poderá conservar a coisa empenhada na sua posse até a extinção do direito real, que ocorrerá, segundo o art. 1.436 do CC/2002/2002, quando: (i) for extinta a obrigação; (ii) perecer a coisa; (iii) renunciar o credor ao penhor; (iv) confundirem-se, na mesma pessoa, as qualidades de credor e de dono da coisa; (v) dar-se a adjudicação judicial, a remissão ou a venda da coisa empenhada, feita pelo credor ou por ele autorizada. Verificado quaisquer desses casos, o devedor tem direito de manejar ação para reaver a coisa ou o equivalente em dinheiro, mais indenização pelos prejuízos então suportados.

5. Petição inicial da ação. Como toda petição inicial, a da ação de homologação de penhor legal deverá, obrigatoriamente, observar as diretrizes do art. 319. Em conformidade com o disposto no art. 703, §1º, a petição será instruída com o contrato de locação ou a conta pormenorizada das despesas, a tabela dos preços e a relação dos objetos retidos. A falta do documento referente ao caso levado ao Poder Judiciário, que variará de acordo com a origem do crédito (art. 1.467, CC/2002), em vista do princípio da primazia do julgamento do mérito, importará na abertura de prazo para correção, pena de indeferimento liminar (art. 321 e parágrafo único). (OLIVEIRA, Carlos Alberto Alvaro de, *Comentários ao Código de Processo Civil*, v. VIII, t. II, 6. ed., Rio de Janeiro, Forense, 2002, p. 363). A inicial veiculará pedido para que o devedor seja citado com o intuito de pagar ou contestar a demanda na audiência preliminar que for designada, peculiaridade que faz o procedimento em epígrafe se afastar do comum. Desaparece a regra que impunha ao réu pagar ou apresentar defesa no prazo de 24 (vinte e quatro) horas, já que, no normativo recém aprovado, está assente que o réu será citado para audiência preliminar, ocasião em que efetuará o pagamento da dívida ou deduzirá sua defesa. Cassio Scarpinella Bueno entende que, no silêncio da lei, prevalece o prazo de 5 (cinco) dias úteis, derivado do art. 218, §3º. (BUENO, Cassio Scarpinella, *Novo Código de Processo Civil anotado*, São Paulo, Saraiva, 2015, p. 443). Ousamos discordar, contudo, pois acreditamos que o prazo da contestação acompanhará a data designada para a audiência preliminar. Neste momento processual – da audiência – ou o réu efetuará o pagamento ou deduzirá sua defesa. Dificilmente as audiências serão pautadas no exíguo prazo de 5 (cinco) dias, contados ou da interposição da demanda ou da citação do réu. Por fim, ocorrendo o pagamento da dívida, acompanhado dos respectivos acréscimos, mais custas e honorários de advogado, o fato dispensa a continuidade do procedimento, em virtude do desaparecimento do interesse de agir, já que é causa de extinção do penhor a extinção da obrigação garantida.

6. Fim da homologação de plano do penhor legal. O art. 874, parágrafo único, CPC/1973, versava hipótese de homologação de plano do penhor legal, bastando que o pedido estivesse suficientemente provado. Discutia-se, então, se a regra admitia tão somente o julgamento antecipado do mérito ou, de maneira mais contundente, possibilitava o acolhimento do pleito sem que fosse determinada a citação do réu. Extraímos das lições de Pontes de Miranda ao comentar o art. 693 do CPC/1939, que o "processo da homologação de penhor legal oferece a particularidade de ser *inaudita altera parte*, com a alternativa, deixada ao juiz, de ser transformado em processo de relação jurídica processual em ângulo.". (MIRANDA, Francisco Cavalcanti Pontes de, *Tratado de direito privado*, t. XX, 3. ed., Rio de Janeiro, Borsoi, 1971, p. 393). Em contrapartida, Carlos Alberto Alvaro de Oliveira, comentando o CPC/1973, abraçou a segunda tese, aduzindo, em seu favor, o que segue: "A dispensa da citação, a nosso ver, importaria grave ofensa ao princípio do contraditório, aplicável inclusive ao procedimento de homologação do penhor legal, mesmo se considerado integrante da chamada jurisdição voluntária, pois, como quer que seja, a constituição da garantia interfere na esfera jurídica do requerido" (OLIVEIRA, Carlos Alberto Alvaro de, *Comentários ao Código de Processo Civil*, v. VIII, t. II, 6. ed., Rio de Janeiro, Forense, 2002,, p. 361). A exigência do contraditório revela-se, hoje, com maior razão, mormente porque o legislador fez incluir esse procedimento especial no grupo daqueles de jurisdição contenciosa. Além do mais, dispõe o art. 7º: "É assegurada às partes paridade de tratamento em relação ao exercício de direitos e faculdades processuais, aos meios de defesa, aos ônus, aos deveres e à aplicação de sanções processuais, competindo ao juiz zelar pelo efetivo contraditório.". Acolheu-se, desse modo, sugestão antiga no sentido de que fosse, em todo caso, exigida prévia audiência do devedor. Cassio Scarpinella Bueno faz crítica ao fato de inexistir, no CPC/2015, disposição similar a do art. 874, parágrafo único, CPC/1973, afirmando que a omissão não deixa de ser curiosa, principalmente em um "Código que quis generalizar o que ele mesmo chama de 'tutela da evidência' (art. 311)". (BUENO, Cassio Scarpinella, *Novo Código de Processo Civil anotado*, São Paulo, Saraiva, 2015, p. 443). Não nos parece, todavia, que possa o juiz apreciar, de plano, o pedido, dando pela sua procedência, sem, contudo, observar o princípio do contraditório. A homologação do penhor legal, escopo principal do processo, apenas poderá ser realizada depois de oportunizado o exercício da garantia constitucional, o que, a toda evidência, não impede a antecipação de efeitos, ou só de alguns deles, decorrentes do provimento do pedido. Vale dizer, por fim, que dificilmente nesse procedimento algo necessitará ser antecipado, dado que, em virtude da autorização derivada da lei material, o credor já tomou os bens do devedor, pretendendo, no processo, apenas a homologação judicial, ou seja, sua constituição. Há, até, quem afirme que a antecipação da tutela é feita extrajudicialmente, em autotutela, a espera de legitimação judicial. (GOUVEIA FILHO, Roberto Pinheiro Campos, in WAM-BIER, Teresa Arruda Alvim; DIDIER JR., Fredie; TALAMINI, Eduardo; DANTAS, Bruno (Coord.), *Breves comentários ao novo Código de Processo Civil*, São Paulo, RT, 2015, p. 1630). Como, para nós, a homologação subentende a existência de apreensão prévia, despiciendo qualquer pedido antecipatório para viabilizar a posse ou entrega da coisa a ser empenhada.

7. Homologação do penhor legal extrajudicial. Novidade do CPC/2015 é a possibilidade de a homologação do penhor legal ocorrer na via extrajudicial. A inovação vem ao encontro da tendência de desjudicialização, permitindo a realização de inúmeros procedimentos nas serventias dos cartórios, consoante já se deu com a separação judicial e o divórcio. O art. 703, §2º, permite, expressamente, que a homologação do penhor legal seja promovida pela via extrajudicial. Caberá ao credor, caso esse seja seu desiderato, formular requerimento a notário de sua livre escolha, atentando para os requisitos do art. 703, §1º. O notário, por sua vez, estabelecerá prévio contraditório, mediante a notificação extrajudicial do devedor para, no prazo de 5 (cinco) dias, pagar o débito ou impugnar sua cobrança por escrito. Sendo contestado o pedido pelo devedor, competirá ao notário realizar o encaminhamento dos documentos ao juízo competente, que decidirá a questão. Foi salientado, com acerto, por Cassio Scarpinella Bueno que o prazo de 5 (cinco) dias a que se refere o parágrafo 3º não tem natureza processual, correndo também em dias não úteis. (BUENO, Cassio Scarpinella, *Novo Código de Processo Civil anotado*, São Paulo, Saraiva, 2015, p. 443). Transcorrido esse prazo sem manifestação do devedor, o notário formalizará a homologação do penhor legal por escritura pública, cumprindo o procedimento sua finalidade. A opção pela via extrajudicial, por óbvio, não pode significar algum tipo de perda para o credor. Sendo assim, os gastos provenientes da opção realizada deverão ser suportados, exclusivamente, pelo devedor, incluídos que estão nos acréscimos decorrentes e atribuíveis à sua mora. Forte nessas razões, o FPPC aprovou o Enunciado 73: "No caso de homologação do penhor legal promovida pela via extrajudicial, incluem-se nas contas do crédito as despesas com o notário, constantes do § 2º do art. 703.". Roberto P. Campos Gouveia Filho julgou inconstitucional a inovação, por entender que o ato de autotutela apenas poderia receber a chancela do Estado. O autor mencionado utiliza, como argumento em favor da inconstitucionalidade da medida, o fato de não ser legítima a atribuição de tutela jurisdicional executiva a pessoa diversa do Estado-juiz. (GOUVEIA FILHO, Roberto Pinheiro Campos, in WAMBIER, Teresa Arruda Alvim; DIDIER JR., Fredie; TALAMINI, Eduardo; DANTAS, Bruno (Coord.), *Breves comentários ao novo Código de Processo Civil*, São Paulo, RT, 2015, p. 1635-6). Não vemos desse modo. A homologação extrajudicial surge para substituir a homologação de plano que, na visão de alguns, dispensava, inclusive, a manifestação do contraditório. A julgar pelos pressupostos adotados, o pedido de homologação apenas poderá ser formalizado quando apreendida a coisa. O notário exercerá mera função de conferente oficial, pois sua atividade estará limitada à notificação do devedor para, no prazo estipulado, realizar o pagamento ou, caso o devedor opte pela impugnação da cobrança, ajustar a documentação, com o propósito de encaminhá-la ao Poder Judiciário.

8. Penhor legal e CDC. O cenário atual, de massificação das formas de consumo, fez que os hospedeiros, fornecedores de pousada e fornecedores de alimento se transformassem em fornecedores de produtos ou serviços, para efeitos de incidência do CDC. A aplicação da lei especial, todavia, não lhes retira o direito de, tomando os bens nas circunstâncias que a lei autoriza, valerem-se os referidos credores do penhor legal. Ocorre que o art. 42 do CDC dispõe que na "cobrança de débitos, o consumidor inadimplente não será exposto a ridículo, nem será submetido a qualquer tipo de constrangimento ou ameaça.". O advento da lei consumerista teria proscrito o direito ao penhor legal, impedindo o imediato apossamento das bagagens e demais pertences dos hóspedes pelos credores? Acreditamos que não. Bruno Miragem, analisando o tema pelo viés do consumidor, arremata: "A priori, a autorização legal do art. 1.467 do CC/2002/2002 autoriza a prática, de modo que não há de se falar em ilegalidade. Todavia, sob incidência do art. 42 do CDC, controlam-se os excessos", podendo, no caso de abuso, defluir em condenação dos credores a indenizar o dano moral suportado pelo consumidor. (MIRAGEM, Bruno, "Serviços turísticos, espetáculos esportivos e culturais no mercado de consumo: a proteção do consumidor nas atividades de lazer e entretenimento", in *Revista de Direito do Consumidor*, v. 85, São Paulo, RT, 2013, p. 67-113). De forma atenta, Nelson Nery Jr. e Rosa Maria de Andrade Nery advertem que, na atualidade, os hotéis só processam as reservas e os demais serviços mediante a apresentação do cartão de crédito, estando suficientemente assegurados quanto ao recebimento do preço do serviço ou produto. Assim, para os mencionados autores, "a garantia do penhor legal, diante das regras do CDC, somente se justifica se de nenhuma outra garantia puder o hospedeiro dispor.". (NERY JR., Nelson; NERY, Rosa Maria de Andrade, *Comentários ao Código de Processo Civil*, São Paulo, RT, 2015, p. 1533).

Artigo 704.
A defesa só pode consistir em:
I – nulidade do processo;
II – extinção da obrigação;
III – não estar a dívida compreendida entre as previstas em lei ou não estarem os bens sujeitos a penhor legal;
IV – alegação de haver sido ofertada caução idônea, rejeitada pelo credor.
CORRESPONDÊNCIA NO CPC/1973: *ART. 875.*

1. A defesa do devedor. O CPC/2015 manteve limitação antiga quanto às matérias alegáveis em sede defensiva na ação de homologação de penhor legal. Considerando-

-se que o escopo do procedimento é constituir a garantia real do penhor, à contestação do réu/devedor não se deu dimensão dilatada, a fim de que não fossem extrapolados os objetivos do processo. Defende-se, na doutrina, a sumariedade da cognição, apertada pelo prazo exíguo da contestação. (GOUVEIA FILHO, Roberto Pinheiro Campos, in WAMBIER, Teresa Arruda Alvim; DIDIER JR., Fredie; TALAMINI, Eduardo; DANTAS, Bruno (Coord.), *Breves comentários ao novo Código de Processo Civil*, São Paulo, RT, 2015, p. 1632). Destarte, para o devedor impedir a constituição da garantia real, deduzirá em sua defesa as matérias elencadas no art. 704, a seguir delineadas: (i) nulidade do processo; (ii) extinção da obrigação; (iii) não estar a dívida compreendida entre as previstas em lei ou não estarem os bens sujeitos a penhor legal; (iv) alegação de haver sido ofertada caução idônea, rejeitada pelo credor.

2. Defesas. Nulidade do processo. Mesmo que o art. 704 não mencionasse expressamente ser possível ao réu alegar, em sua defesa, eventual nulidade do processo, essa possibilidade estaria garantida, dado que as matérias relativas aos pressupostos processuais são, e continuarão sendo, cognoscíveis *ex officio*, o que termina por permitir sua alegação por qualquer das partes (art. 337, §5°). Antes de discutir o mérito, sempre competirá ao réu alegar, em preliminar, (i) inexistência ou nulidade da citação; (ii) incompetência absoluta e relativa; (iii) incorreção do valor da causa; (iv) inépcia da petição inicial; (v) perempção; (vi) litispendência; (vii) coisa julgada; (viii) conexão; (ix) incapacidade da parte, defeito de representação ou falta de autorização; (x) convenção de arbitragem; (xi) ausência de legitimidade ou de interesse processual; (xii) falta de caução ou de outra prestação que a lei exige como preliminar; e (xiii) indevida concessão do benefício de gratuidade de justiça (art. 337). Nelson Nery Jr. e Rosa Maria de Andrade Nery tem entendimento semelhante: "Essa limitação não pressupõe que o requerido não possa arguir questões preliminares (CPC 337) ou causas que podem dar ensejo à extinção do feito sem solução do mérito (CPC 485).". (NERY JR., Nelson; NERY, Rosa Maria de Andrade, *Comentários ao Código de Processo Civil*, São Paulo, RT, 2015, p. 1533). A parte ré ainda poderá alegar qualquer causa de nulidade discriminada nos arts. 276 a 283.

3. Defesas. Extinção da dívida. Já vimos que uma das causas de extinção do penhor consiste, exatamente, na extinção da dívida. Neste passo, poderá o réu alegar em prol do não acolhimento do pedido de homologação ter efetuado o pagamento, ou outra forma suficiente à extinção da dívida que se pretende garantir (remissão, renúncia ao crédito, novação, dação em pagamento, transação, confusão, consignação em pagamento). Acreditamos, seguindo as lições de Pontes de Miranda, que o réu não pode alegar prescrição do crédito em matéria de defesa, uma vez que esta não o extingue, agindo apenas como encobridor da sua eficácia. (MIRANDA, Francisco Cavalcanti, *Comentários ao Código de Processo Civil*, Rio de Janeiro, Forense, 1960, p. XX; BARBOSA, Rafael Vinheiro Monteiro; LIMA, Fábio Lindoso e, "Prescrição: renunciabilidade vs. cognoscibilidade *ex officio*", in *Revista de Processo*, v. 239, São Paulo, RT, 2015, p. 63-95). Há doutrina, no entanto, em sentido contrário. (OLIVEIRA, Carlos Alberto Alvaro de, *Comentários ao Código de*

Processo Civil, v. VIII, t. II, 6. ed., Rio de Janeiro, Forense, 2002, p. 364). Demais disso, o art. 1.436 do CC/2002, não inclui a prescrição como uma das causas de extinção do penhor.

4. Defesas. Dívidas e bens não sujeitos ao penhor legal. O penhor legal é garantia que advém de determinação contida no direito material, estando igualmente naquele diploma, de maneira específica, as dívidas e os bens sujeitos ao instituto. Trata-se, como se vê, de proteção especial a determinados credores (art. 1.467, CC/2002) e não a todos eles. No primeiro grupo de credores beneficiados, estão os hospedeiros, os fornecedores de pousada e os fornecedores de alimento. Há, na doutrina, tendência de interpretar com certa amplitude a disposição, abarcando, por isso, todo e qualquer crédito assumido em hotéis, motéis, pensões, albergues, colégios, asilos, hospitais, internatos, restaurantes, bares, lanchonetes, etc. Carlos Alberto Alvaro de Oliveira exclui do benefício o crédito resultante de guarda de embarcação encalhada em estaleiro naval, bem como o decorrente de consertos efetuados em veículos por oficina mecânica. (OLIVEIRA, Carlos Alberto Alvaro de, *Comentários ao Código de Processo Civil*, v. VIII, t. II, 6. ed., Rio de Janeiro, Forense, 2002, p. 365). A lei, de igual modo, não deixou liberdade quanto aos bens que podem servir de garantia. Os credores pignoratícios mencionados acima apenas podem tomar posse dos seguintes objetos: bagagens, móveis, joias, dinheiro, e desde que os devedores (consumidores ou fregueses) tiverem consigo nas respectivas casas ou estabelecimentos e, unicamente, pelas despesas ou consumo que aí tiverem feito. A enumeração é taxativa, já que a medida se consubstancia em verdadeira restrição aos direitos do devedor que, em virtude do penhor legal, ficará privado da posse de seus bens. O segundo grupo de credores pignoratícios conta com o dono do prédio rústico e o dono do prédio urbano. A situação versada cuida, pois, do locador e do arrendador, aquele para a hipótese de locação de imóvel urbano, este para o arrendamento de imóvel rural. Esses credores estão autorizados a fazer efetivo o penhor, tendo em vista o cumprimento da dívida provenientes dos aluguéis ou das rendas, apanhando os bens móveis que guarnecem o mesmo prédio. De acordo com Carlos Alberto Alvaro de Oliveira, o dispositivo "quer designar tudo o que se introduz no imóvel locado, de modo a se tornar necessário, útil ou proveitoso à finalidade da locação" (OLIVEIRA, Carlos Alberto Alvaro de, *Comentários ao Código de Processo Civil*, v. VIII, t. II, 6. ed., Rio de Janeiro, Forense, 2002, p. 366; CÂMARA, Alexandre Freitas, *Lições de direito processual civil*, v. 3, 20. ed., São Paulo, Atlas, 2014, p. 249-250). De sorte que estão incluídos televisores, mobiliário, eletrodomésticos, livros, quadros, contanto que sejam passíveis de penhora (art. 1.420, *in fine*, CC/2002), pois o objetivo do penhor legal é servir de garantia ao pagamento da dívida, possibilitando ao credor exercer o direito de sequela e preferência (art. 1.422, CC/2002). A lei extravagante traz outras duas hipóteses em que poderá ser constituído o penhor legal: (i) artistas e técnicos em espetáculos de diversões – podem exercer o direito aqui tratado sobre todo o equipamento e todo o material de propriedade do empregador, utilizado na realização do programa, espetáculo ou produção, pelo valor das obrigações não cumpridas (Lei n. 6.533/1978); (ii) capitão – este "tem hipoteca privile-giada para pagamento do preço da passagem em todos os efeitos que o passageiro tiver a bordo, e direito de os reter enquanto não for pago" (art. 632, Código Comercial). Como inexiste hipoteca de bens móveis, trata-se de mais uma modalidade de penhor legal. (OLIVEIRA, Carlos Alberto Alvaro de, *Comentários ao Código de Processo Civil*, v. VIII, t. II, 6. ed., Rio de Janeiro, Forense, 2002 p. 367; CÂMARA, Alexandre Freitas, *Lições de direito processual civil*, v. 3, 20. ed., São Paulo, Atlas, 2014, p. 251).

5. Defesas. Oferta de caução idônea. O art. 1.472 do CC/2002 traz situação em que o locatário/devedor pode impedir a constituição do penhor legal. Para que isso ocorra, faz-se necessário que o inquilino preste caução idônea dando conta de que a dívida está, totalmente, garantida. Haja vista funcionar a caução idônea como verdadeira proteção ao crédito, permitir a constituição, em acréscimo, do penhor legal daria ao credor, des-necessariamente, dupla guarida. Desse modo, a lei considera que a caução faz as vezes do penhor legal, de jeito que não admite a duplicidade. Assim, na hipótese de dívida de aluguel, pode o locatário prestar caução idônea ao locador, assegurando-o quanto ao recebimento do seu crédito. Caso o credor recuse a garantia dada voluntariamente, não poderá, no futuro, fazer uso do penhor legal, pois, na concepção do legislador, trata--se de medida mais onerosa ao devedor, não obstante igualmente eficaz. Passando-se os fatos conforme o narrado acima, o réu/devedor, na ação de homologação de penhor legal, aduzirá em defesa a oferta de caução idônea, rejeitada de forma injustificada pelo credor. Nesses termos, a garantia do pagamento será suportada pela caução, revelando--se, desse modo, pleno desinteresse pela continuidade da ação de homologação, motivo suficiente para a extinção do processo sem julgamento do mérito, com o valor das custas e dos honorários a cargo do autor, em atenção ao princípio da causalidade. Nesse passo, cabe recuperar passagem elucidativa de Pontes de Miranda, principalmente quando o autor exemplifica em quais circunstâncias a parte credora perderá o interesse na homo-logação do penhor: "O art. 780 do Código Civil [1916] *continua* o art. 779 [1916]: haver perigo na demora é pressuposto material para a homologação; se não há esse perigo (*e. g.*, o devedor deu fiador, ou por outro modo satisdeu), a homologação fica afastada.". (MIRANDA, Francisco Cavalcanti Pontes de, *Tratado de direito privado*, t. XX, 3. ed., Rio de Janeiro, Borsoi, 1971, p. 425).

6. Defesas. Descumprimento do disposto no art. 1.468 do CC/2002. Por outro lado, o legislador deixou de prever defesa que tem por base o art. 1.468 do CC/2002, pois a conta da dívida, que deverá acompanhar a inicial, "será extraída conforme a tabela impressa, prévia e ostensivamente exposta na casa, dos preços de hospedagem, da pen-são ou dos gêneros fornecidos, sob pena de nulidade do penhor". Ao réu, portanto, será plenamente legítimo "questionar o valor da dívida cobrada contrastando-a com a tabela de preços. Eventual descompasso entre elas, é o precitado dispositivo do Código Civil quem estabelece, é causa de nulidade do penhor." (BUENO, Cassio Scarpinella, *Novo Código de Processo Civil anotado*, São Paulo, Saraiva, 2015, p. 444). Os membros do FPPC também detectaram a ausência da alegação no rol do art. 704, razão pela qual aprovaram o Enunciado 74. No rol do art. 704, que enumera as matérias de defesa da homologação do penhor legal, deve-se incluir a hipótese do art. 1.468 do CPC/2015, não tendo o CPC/1973 o citado dispositivo. De fato, como a ação analisada veicula pretensão à constituição da garantia, não poderia a norma processual ignorar hipótese em que a própria garantia há de ser considerada nula; isso ocorrerá, nos termos da lei, quando a inicial apresentar documentação indicando o valor dos serviços prestados em descompasso ao efetivamente cobrado. Demais disso, Bruno Miragem suscita questão relevante e atual. Refere-se, portanto, à conta das dívidas, uma vez que as tabelas impressas dos preços, prévia e ostensivamente divulgada, nem sempre corresponde ao valor efetivamente negociado. É comum que a diária, ou "tarifa de balcão", seja superior às negociadas para reservas e confirmações com antecedência. Em seu entender, a "conta cuja cobrança procede ao estabelecimento de hospedagem, deve espelhar o quanto ajustado com o hóspede. Nem mais, nem menos. E tudo o que se cobra em serviços acessórios, como chamadas telefônicas, serviços de Internet, lavanderia, refeições no quarto ou em restaurante, observam o disposto nos arts. 30 e 31 do CDC, quanto ao dever de informação prévia e a vinculação do fornecedor.". (MIRAGEM, Bruno, "Serviços turísticos, espetáculos esportivos e culturais no mercado de consumo: a proteção do consumidor nas atividades de lazer e entretenimento", in *Revista de Direito do Consumidor*, v. 85, São Paulo, RT, 2013, p. 67-113). O descompasso, porventura existente, pode ser, assim, suscitado na defesa do réu.

Artigo 705.
A partir da audiência preliminar, observar-se-á o procedimento comum.
CORRESPONDÊNCIA NO CPC/1973: *NÃO HÁ.*

1. Procedimento da ação de homologação do penhor legal. Outra inovação importante do CPC/2015 refere-se ao procedimento da ação de homologação do penhor legal. O art. 705 determina que após a realização da audiência preliminar, de ocorrência obrigatória, o processo seguirá pelo procedimento comum. Além do mais, é disposição expressa, contida no art. 318, que a todas as causas será aplicado o procedimento comum, salvo disposição em contrário deste CPC/2015 ou de lei. A incidência, na espécie, não é supletiva nem subsidiária (art. 318, parágrafo único), como, aliás, determina o artigo mencionado, pois o legislador foi contundente ao prever a sua adoção, tão logo ocorra a audiência.

2. Audiência de conciliação ou mediação. A aplicação do procedimento comum à ação de homologação do penhor legal apenas após a audiência preliminar dispensa-a da designação da audiência de conciliação ou de mediação, imposta no art. 334. Todavia, o fato referido não impede que, na audiência preliminar, o juiz apresente às partes os benefícios provenientes dos métodos de solução consensual dos conflitos, o que, provavelmente, teria o condão de não só esvaziar a pretensão exercida na ação especial, mas também o próprio direito de crédito que se visa a garantir. A propósito do tema, parece-nos plenamente viável a transformação da audiência preliminar em audiência destinada à conciliação ou à mediação, que, em razão das suas especificidades, pode acontecer em única ou em mais sessões, não podendo, todavia, exceder a 2 (dois) meses da data de realização da primeira (art. 334, § 2º). Outro ponto relevante, que pode ser aqui mencionado, concerne ao art. 334, §4º, pois nele estão dispostas as hipóteses que dispensam a designação da audiência de conciliação ou mediação ("ambas as partes manifestarem, expressamente, desinteresse na composição consensual ou quando não se admitir a autocomposição"). Ainda que efetivamente ocorrentes na ação de homologação do penhor legal, a audiência preliminar não será dispensável, uma vez que foi estipulado pelo legislador como fase obrigatória do procedimento.

3. Momento de apresentação da contestação. A parte ré, não pretendendo efetuar o pagamento na audiência preliminar, deverá, neste momento, apresentar sua defesa, sob pena de preclusão. A conclusão decorre do que está enunciado na parte final do art. 703, §1º, pois o réu terá sido citado para pagar ou "contestar na audiência preliminar que for designada". O mandado citatório conterá, em vista disso, a finalidade da citação (participação da audiência preliminar), a menção ao prazo para contestar (na própria audiência, caso não efetuado o pagamento da dívida), sob a advertência da revelia e incidência dos seus regulares efeitos, processuais e materiais. Cassio Scarpinella Bueno defende que o desígnio do legislador foi contemplar o procedimento da homologação do penhor legal de sistemática similar a do procedimento sumário do CPC/1973. (BUENO, Cassio Scarpinella, *Novo Código de Processo Civil anotado*, São Paulo, Saraiva, 2015, p. 444).

Artigo 706.
Homologado judicialmente o penhor legal, consolidar-se-á a posse do autor sobre o objeto.

§ 1º Negada a homologação, o objeto será entregue ao réu, ressalvado ao autor o direito de cobrar a dívida pelo procedimento comum, salvo se acolhida a alegação de extinção da obrigação.

§ 2º Contra a sentença caberá apelação, e, na pendência de recurso, poderá o relator ordenar que a coisa permaneça depositada ou em poder do autor.

CORRESPONDÊNCIA NO CPC/1973: *ART. 876.*

1. Decisão final. A exata compreensão da pretensão que o autor exercita na presente demanda é condição *sine qua non* para que se entenda qual o tipo de discussão que o procedimento comporta, assim como a definição da natureza e eficácia da decisão final nele proferida. É lição antiga de Pontes de Miranda de que a pretensão posta a deslinde na ação de homologação é a pretensão de constituir penhor. "Não perde o seu caráter de pretensão de direito material à eficácia do crédito pela constituição da garantia", com acuidade afirmou o célebre autor. (MIRANDA, Francisco Cavalcanti Pontes de, *Tratado de direito privado*, t. XX, 3. ed., Rio de Janeiro, Borsoi, 1971, p. 424). Fácil perceber, assim, que o crédito é pressuposto da garantia, não estando, portanto, em discussão na demanda. (GOUVEIA FILHO, Roberto Pinheiro Campos, in WAMBIER, Teresa Arruda Alvim; DIDIER JR., Fredie; TALAMINI, Eduardo; DANTAS, Bruno (Coord.), *Breves comentários ao novo Código de Processo Civil*, São Paulo, RT, 2015 p. 1633). Por esse específico motivo, a sentença que acolher o pedido de homologação a respeito da existência do crédito não versará, já que limitada à constituição da garantia e à consolidação, como consequência, da posse do autor sobre os objetos empenhados. De igual modo, essa é a conclusão extraível do art. 706, *caput*: "Homologado judicialmente o penhor legal, consolidar-se-á a posse do autor sobre o objeto.". Ressoa cristalina a natureza constitutiva da sentença, integrando, pela chancela do ato judicial, a formação da garantia, precipitada pela tomada dos bens, de mão própria, pelo credor. Estamos, assim, diante de uma situação incomum, sentença constitutiva com eficácia *ex tunc*. Após a procedência do pedido, constitui-se a garantia, remontando seus efeitos à data da prenda (tomada dos bens pelo credor). Opinião semelhante tem Carlos Alberto Alvaro de Oliveira: "A sentença de acolhimento do pedido de homologação revela conteúdo predominantemente constitutivo, sendo integrativa de forma. Com ela se constitui a garantia. O elemento declarativo, como antes mencionado, mostra-se insuficiente para a formação de coisa julgada material.". (OLIVEIRA, Carlos Alberto Alvaro de, *Comentários ao Código de Processo Civil*, v. VIII, t. II, 6. ed., Rio de Janeiro, Forense, 2002, p. 368). À vista do exposto, era unânime a doutrina, em afirmar que a decisão proferida no processo mencionado não teria aptidão para fazer coisa julgada material. Não podemos descurar o fato de que a inclusão da homologação nos procedimentos cautelares específicos e sua instrução sumária serviam como argumentos irrefutáveis para sustentar a tese da não formação da coisa julgada. Nesse ponto, o CPC/2015 apõe diferença significativa, já que consta na parte final do art. 706, §1º, que o acolhimento da alegação de extinção da obrigação impedirá a futura cobrança do crédito. Considerando que a inexistência do crédito é apenas uma causa defensiva (art. 704, II), sem aptidão para fazer coisa julgada material, porque decidida na fundamentação da sentença, a restrição à cobrança futura apenas terá lugar quando presentes os requisitos que estendem a coisa julgada material à resolução da questão prejudicial decidida incidentemente no processo (art. 503, §1º). Assim, se, a respeito da existência do crédito, ficar estabelecido o prévio e efetivo contraditório e o juízo for competente em razão da matéria e da pessoa para decidir sobre o tema, a conclusão relativamente à matéria fará coisa julgada, principalmente porque não há, no procedimento, nem restrição probatória, nem limitação à cognição (art. 503, §§ 1º e 2º). Há, contudo, doutrina em sentido contrário, que vê, na espécie, limitação à cognição.

(GOUVEIA FILHO, Roberto Pinheiro Campos, in WAMBIER, Teresa Arruda Alvim; DIDIER JR., Fredie; TALAMINI, Eduardo; DANTAS, Bruno (Coord.), *Breves comentários ao novo Código de Processo Civil*, São Paulo, RT, 2015, p. 1633).

2. Improcedência do pedido. Da mesma forma, eventual sucesso do réu na refutação da pretensão autoral implicará a improcedência do pedido, sendo negada pelo juiz a homologação do penhor e, consequentemente, a constituição formal da garantia creditícia. Os bens então apreendidos deverão, *ipso facto*, ser devolvidos ao réu, visto que a medida de autotutela autorizada pela norma de direito material não mereceu o beneplácito do Poder Judiciário. Destarte, se a devolução não tiver sido determinada na sentença, poderá o réu solicitar a providencia posteriormente, de modo a cumprir o mandamento do art. 706, §1º, primeira parte: "Negada a homologação, o objeto será entregue ao réu.". (MIRANDA, Francisco Cavalcanti Pontes de, *Comentários ao Código de Processo Civil*, t. VIII, 2. ed., Rio de Janeiro, Forense, 1959, p. 467). Comprimida nos seus estritos limites, a derrota do autor quanto ao pedido de homologação não afetará seu crédito, mas apenas a constituição da garantia. Mantém o credor, desse modo, o direito de excutir o patrimônio do devedor a fim de satisfazer o seu crédito, apenas não terá os privilégios decorrentes da garantia real (sequela e preferência). Por essa razão, deve ser desprezada a advertência de que fica ressalvado ao autor o direito de cobrar a dívida pelo procedimento comum, pois tudo vai depender da forma pela qual o crédito está materializado. Havendo título executivo, promoverá a execução nos termos do art. 771 e seguintes; estando o crédito provado por documento sem eficácia de título executivo, a saída será a ação monitória (art. 700 a 702); não tendo nem um, nem outro, ação de cobrança pelo procedimento comum. "A decisão desfavorável não impede que o credor exerça as pretensões e ações de cobrança, ordinária ou executivamente, nem que se arreste os bens pela mesma dívida.". (MIRANDA, Francisco Cavalcanti Pontes de, *Comentários ao Código de Processo Civil*, t. VIII, 2. ed., Rio de Janeiro, Forense, 1959, p. 467). Com Carlos Alberto Alvaro de Oliveira, a perda da ação de homologação de penhor do título não sofre nenhum corte na força executiva. (OLIVEIRA, Carlos Alberto Alvaro de, *Comentários ao Código de Processo Civil*, v. VIII, t. II, 6. ed., Rio de Janeiro, Forense, 2002, p. 369; NERY JR., Nelson; NERY, Rosa Maria de Andrade, *Comentários ao Código de Processo Civil*, São Paulo, RT, 2015, p. 1534).

3. Recorribilidade. Muito embora o nome da ação de procedimento especial aqui tratada queira indicar a inexistência de decisão, visto que se utiliza de expressão derivada do verbo "homologar", que significa "aprovar" ou "confirmar", é inegável que o julgador emite entendimento com respeito à presença dos requisitos de ordem material e processual, indispensáveis ao acolhimento do pedido. Desta maneira, a decisão que julga o pedido procedente ou improcedente, de igual modo extingue o processo no primeiro grau, esvaziando seu conteúdo, uma vez que aprecia a pretensão exercida pelo autor e a resistência oferecida pelo réu. Por ser o ato judicial qualificado como sentença, a decisão final comporta recurso de apelação.

4. Efeito da apelação. Seguindo as diretrizes do art. 1.012, eventual apelação interposta seria recebida no duplo efeito, devolutivo e suspensivo. A duplicidade de efeitos na apelação do CPC/1973 era excepcionada pela regra do art. 520, IV, uma vez que o procedimento da homologação se encontrava no grupo dos cautelares. Havendo recurso, dizia Carlos Alberto Alvaro de Oliveira, "não se mostra necessário se espere o pronunciamento do segundo grau de jurisdição, pois o recurso de apelação interposto pelo vencido não ostentará efeito suspensivo.". (OLIVEIRA, Carlos Alberto Alvaro de, *Comentários ao Código de Processo Civil*, v. VIII, t. II, 6. ed., Rio de Janeiro, Forense, 2002, p. 369). Para obviar esse inconveniente, já que. no CPC/2015. a apelação na espécie terá os dois efeitos, o legislador fez ressalva na parte final do art. 706, § º, ao dispor que. na pendência de recurso, poderá o relator ordenar que a coisa permaneça depositada ou em poder do autor. Logo que seja interposta a apelação pelo réu, deve o autor protocolar requerimento para que permaneça na posse da garantia, nos moldes do art. 932, II. A previsão da parte final do art. 706, §2º, revela-se não só infeliz, como inadequada para tutelar os interesses dos litigantes no processo. Se, antes da sentença homologatória, o credor não só tinha a posse dos bens, mas a havia conquistado por ato próprio, com maior razão, depois de constituída a garantia real, que, em consonância com a lei civil, pressupõe a tradição e a posse da coisa pelo credor, assim deverá ser mantido. Pontes de Miranda, comentando o CPC/1939, ressaltou: "Se há homologação de plano, a posse pelo credor continua como posse de credor pignoratício, tal como começou, posto que, nesse penhor, não se haja de exigir que a posse imediata seja do credor.". (MIRANDA, Francisco Cavalcanti Pontes de, *Comentários ao Código de Processo Civil*, t. VIII, 2. ed., Rio de Janeiro, Forense, 1959, p. 466-467). A melhor saída, contudo, foi apresentada por Roberto P. Campos Gouveia Filho, que viu, na tomada da posse dos bens, hipótese de antecipação de tutela extrajudicial, de modo a incluir a homologação do penhor legal no rol do art. 1.012, §1º, precisamente no respectivo inciso V. (GOUVEIA FILHO, Roberto Pinheiro Campos, in WAMBIER, Teresa Arruda Alvim; DIDIER JR., Fredie; TALAMINI, Eduardo; DANTAS, Bruno (Coord.), *Breves comentários ao novo Código de Processo Civil*, São Paulo, RT, 2015).

CAPÍTULO XIII – Da Regulação de Avaria Grossa

ARTIGO 707.

Quando inexistir consenso acerca da nomeação de um regulador de avarias, o juiz de direito da comarca do primeiro porto onde o navio houver chegado, provocado por qualquer parte interessada, nomeará um de notório conhecimento.

CORRESPONDÊNCIA NO CPC/1973: *NÃO HÁ.*

1. Procedimento especial., A regulação de avaria grossa era disciplinada pelos art. 765 a 768 do CPC/1939, no Título XX (Das Avarias), no Livro V (Dos Procedimentos Acessórios), tendo regulado o previsto no art. 772 do Código Comercial de 1850. O art. 1.218 do CPC/1973 recepcionou esse procedimento marítimo, a regulação de avaria grossa, no inciso XIV. O CPC/2015 optou por discipliná-lo na Seção X – Capítulo XIII – Da Regulação de Avaria Grossa. A regulação de avaria grossa (também conhecida por avaria comum) é um procedimento especial marítimo que tem por escopo a responsabilização das indenizações feitas ao navio ou à sua carga, em decorrência de despesas extraordinárias na viagem.

2. Conceito de avaria grossa. Representa avaria grossa toda despesa extraordinária feita a bem do navio ou da carga, conjunta ou separadamente, bem como todos os danos acontecidos àquele ou a esta, desde o embarque e partida até a volta e o desembarque, na forma do art. 761 do Código Comercial de 1850. Nesse procedimento especial, não se inclui a avaria particular (também conhecida por avaria simples), que segue o procedimento comum. Essa decorre de um caso fortuito ou força maior; por exemplo, em um incêndio por um raio danificou o navio, verifica-se a avaria particular ou simples. Já a água utilizada para apagar o fogo, que danificou carga e navio será considerada como avaria comum ou grossa. Ou seja, a avaria grossa decorre de um ato volitivo do capitão; e o procedimento de apuração do dano, recebimento das contribuições e repartição dessas a quem deva receber, recebe o nome de regulação de avaria grossa.

3. Exemplos de avaria grossa. São exemplos de avaria grossa: (i) tudo o que se dá ao inimigo, corsário ou pirata por composição ou a título de resgate do navio e fazendas, conjunta ou separadamente; (ii) as coisas alijadas para salvação comum; (iii) os cabos, mastros, velas e outros quaisquer aparelhos deliberadamente cortados, ou partidos, por força de vela para salvação do navio e carga; (iv) as âncoras, amarras e quaisquer outras coisas abandonadas para salvamento ou benefício comum; (v) os danos causados pelo alijamento às fazendas restantes a bordo; (vi) os danos feitos deliberadamente ao navio para facilitar a evacuação d'água e os danos acontecidos por essa ocasião à carga; (vii) o tratamento, curativo, o sustento e as indenizações da gente da tripulação ferida ou mutilada defendendo o navio; (viii) a indenização ou o resgate da gente da tripulação mandada ao mar ou à terra em serviço do navio e da carga e, nessa ocasião, aprisionada ou retida; (ix) as soldadas e o sustento da tripulação durante arribada forçada; (x) os direitos de pilotagem e outros de entrada e saída em um porto de arribada forçada; (xi) os aluguéis de armazéns em que se depositem, em porto de arribada forçada, as fazendas que não puderem continuar a bordo durante o conserto do navio; (xii) as despesas da reclamação do navio e da carga feitas conjuntamente pelo capitão em uma instância e o sustento e as soldadas da gente da tripulação durante a mesma reclamação, uma vez que o navio e carga sejam relaxados e restituídos; (xiii) os gastos de descarga e de salários para aliviar o navio e entrar em uma barra ou em um porto, quando o navio é obrigado a fazê-lo por borrasca, ou perseguição de inimigo, e os danos acontecidos às fazendas pela descarga e recarga do navio em perigo; (xiv) os danos acontecidos ao corpo e quilha do navio, que premeditadamente se faz varar para prevenir perda total, ou presa do inimigo; (xv) as despesas feitas para pôr a nado o navio encalhado e toda a recompensa por serviços extraordinários feitos para prevenir sua perda total ou presa; (xvi) as perdas ou os danos sobrevindos às fazendas carregadas em barcas ou lanchas, em consequência de perigo; (xvii) as soldadas e o sustento da tripulação, se o navio depois da viagem começada é obrigado a suspendê-la por ordem de potência estrangeira, ou por superveniência de guerra: e isso por todo o tempo em que o navio e carga forem impedidos; (xviii) o prêmio do empréstimo a risco, tomado para fazer face a despesas que devam entrar na regra de avaria grossa; (xix) o prêmio do seguro das despesas de avaria grossa, e as perdas sofridas na venda da parte da carga no porto de arribada forçada para fazer face às mesmas despesas; (xx) as custas judiciais para regular as avarias e fazer a repartição das avarias grossas; (xxi) as despesas de uma quarentena extraordinária. Por fim, em geral, incluem-se os danos causados deliberadamente em caso de perigo ou desastre imprevisto e sofridos como consequência imediata desses eventos, bem como as despesas feitas em iguais circunstâncias, depois de deliberações motivadas (art. 509), em bem e salvamento comum do navio e mercadorias, desde sua carga e partida até seu retorno e descarga, na forma do art. 764 do Código Comercial.

Artigo 708.

O regulador declarará justificadamente se os danos são passíveis de rateio na forma de avaria grossa e exigirá das partes envolvidas a apresentação de garantias idôneas para que possam ser liberadas as cargas aos consignatários.

§ 1º A parte que não concordar com o regulador quanto à declaração de abertura da avaria grossa deverá justificar suas razões ao juiz, que decidirá no prazo de dez dias.

§ 2º Se o consignatário não apresentar garantia idônea a critério do regulador, este fixará o valor da contribuição provisória com base nos fatos narrados e nos documentos que instruírem a petição inicial, que deverá ser caucionado sob a forma de depósito judicial ou de garantia bancária.

§ 3º Recusando-se o consignatário a prestar caução, o regulador requererá ao juiz a alienação judicial de sua carga na forma dos arts. 877 a 901.

§ 4º É permitido o levantamento, por alvará, das quantias necessárias ao pagamento das despesas da alienação a serem arcadas pelo consignatário, mantendo-se o saldo remanescente em depósito judicial até o encerramento da regulação.

CORRESPONDÊNCIA NO CPC/1973: *NÃO HÁ.*

1. Regulador de avaria grossa. O regulador de avaria grossa deverá: (i) formar a massa passiva, composta do conjunto dos valores sacrificados e das despesas, objeto da contribuição, a dívida comum, a massa a repartir; (ii) constituir a massa ativa, que se compõe do conjunto de tudo quanto se aproveitou do sacrifício; o capital comum, a massa contribuinte; e (iii) estabelecer, pela relação proporcional entre as duas massas, a taxa de contribuição. O regulador é um auxiliar da justiça, na forma do art. 149 do CPC/2015.

2. Primeira fase. Verifica-se que o regulador de avaria declarará, de forma fundamentada, se os danos são passíveis de rateio na forma de avaria grossa. Não havendo concordância da parte quanto à abertura de avaria, o juiz se pronunciará quanto a esta primeira parte do procedimento no prazo de 10 (dez) dias. No caso de extinção do processo, em que se conclui que os danos não seriam passíveis de rateio na forma de avaria grossa, caberá recurso de apelação (art. 1.009, CPC/2015). Em contrapartida, havendo uma decisão dando prosseguimento à segunda fase do procedimento, considerando que os danos seriam passíveis de rateio na forma de avaria grossa, caberá à parte o recurso de agravo de instrumento (art. 1.105, II, CPC/2015).

3. Segunda fase. O regulador de avaria grossa apresentará o regulamento de avaria com o rateio da avaria proporcional entre os interessados. Não havendo impugnação, será homologado por sentença. Havendo impugnação ao regulamento, o juiz decidirá no prazo de 10 (dez) dias, após a oitiva do regulador.

4. Garantia idônea. Concluindo-se pela regulação de avaria grossa, deve o consignatário apresentar garantia idônea (art. 784 do Código Comercial) fixada a critério do regulador, de modo que, havendo recusa, ficará a cargo do magistrado decidir sobre a alienação judicial da carga, por iniciativa privada ou leilão público (art. 895 do CPC/2015), nessa hipótese, o valor obtido na venda ficará sub-rogado na garantia, que a mercadoria representava, pelo que continuará em depósito até que se regule a avaria e se efetive a contribuição (SILVA, Oscar Joseph de Plácido e, *Comentários ao Código de Processo Civil*, v. IV, 4. ed., Rio de Janeiro, Revista Forense, 1956, p. 385). Com efeito, a alienação da mercadoria do navio deve ser medida última utilizada. Notificados os consignatários a que prestem a caução exigida, e não vindo a prestá-la, deve-se, nessa ordem, requerer (i) uma garantia idônea; (ii) o depósito judicial da mercadoria do navio ou uma garantia bancária; e (iii) a alienação das mercadorias, salvo se as mercadorias forem perecíveis, estas não devem ser logo alienadas. Até mesmo porque a exigência da caução somente é cabível quando ocorre este tipo de avaria – porque a todos onera, obrigando-os à contribuição geral que atingir. (SILVA, Oscar Joseph de Plácido e, *Comentários ao Código de Processo Civil*, v. IV, 4. ed., Rio de Janeiro, Revista Forense, 1956, p. 387). Não se deve esquecer de que, para os ausentes, a citação por edital pode não condizer com a urgência das medidas, ocasião em que será necessária a nomeação de um curador à parte ausente.

Artigo 709.

As partes deverão apresentar nos autos os documentos necessários à regulação da avaria grossa em prazo razoável a ser fixado pelo regulador.

CORRESPONDÊNCIA NO CPC/1973: *NÃO HÁ*.

1. Documentos Indispensáveis. A doutrina, muitas vezes, refere-se a documentos indispensáveis substanciais, que a lei exige expressamente para a propositura da ação ou fundamentais, que fundamentam o pedido do autor (SANTOS, Moacyr Amaral, *Primeiras linhas de direito processual civil*, São Paulo, Saraiva, 2008, p. 138). A respeito do assunto, ver comentário ao art. 320 do CPC/2015. No que tange à regulação de avaria comum, tem-se como necessárias as peças do protesto formado a bordo que constam no diário da navegação, os conhecimentos de embarque, os manifestos das cargas sinistradas e as faturas comerciais que se encontrarem com o armador relativas às mercadorias e ao navio.

Artigo 710.

O regulador apresentará o regulamento da avaria grossa no prazo de até doze meses, contado da data da entrega dos documentos nos autos pelas partes, podendo o prazo ser estendido a critério do juiz.

§ 1º Oferecido o regulamento da avaria grossa, dele terão vista as partes pelo prazo comum de quinze dias; não havendo impugnação, será homologado por sentença.

§ 2º Havendo impugnação ao regulamento, o juiz decidirá no prazo de dez dias, após a oitiva do regulador.

CORRESPONDÊNCIA NO CPC/1973: *NÃO HÁ*.

1. Regulamento de avaria grossa. Estabelece o novo regramento que o regulador apresentará o regulamento da avaria grossa no prazo de até 12 (doze) meses, contado da data da entrega dos documentos nos autos pelas partes, podendo o prazo ser estendido a critério do juiz. Cabe aqui uma referência ao art. 766 do CPC/1939 que regulava este procedimento, conferindo também o prazo de 1 (um) ano, mas com uma ressalva de que haveria um desconto de 10% (dez por cento) de seus honorários, por mês de retardamento, destacando a urgência do procedimento.

2. Decisão. Não havendo impugnação ao regulamento de avaria oferecido, será homologado; sendo ele impugnado, após manifestação do regulador, são os autos conclusos, de modo que a sentença homologatória ou de repartição de avaria comum terá efeito imediato. Aqui, mantém-se o entendimento de que, ainda que caiba recurso, este terá efeito somente devolutivo, como leva a crer o art. 793 do Código Comercial, que ainda se encontra em vigor na parte segunda – do comércio marítimo, respeitando-se o disposto no art. 1046, §2º, do CPC/2015.

Artigo 711.
Aplicam-se ao regulador de avarias os arts. 156 a 158, no que couber.
CORRESPONDÊNCIA NO CPC/1973: *NÃO HÁ.*

1. Perito. As normas que regulamentam o perito aplicam-se ao regulador de avaria, em especial à apuração de infração ético-profissional do perito que, por dolo ou culpa, prestar informações inverídicas (art. 158, CPC/2015). No tocante ao honorário do regulador de avaria, prescrevia-se que seria arbitrado entre 1% a 15% sobre o valor da avaria grossa que tiver rateado (art. único, Decreto 8.705/1882), o CPC/2015 refere-se aos arts. 156 a 158, regras que se aplicam ao perito, enquanto, anteriormente, aduzia-se que "sua posição (do regulador) não se difere da do inventariante ou testamenteiro, que também podem ser removidos, visto que, na realidade, a ele incumbe compor e apurar as diversas categorias de valores, ativos e passivos. (SILVA, Oscar Joseph de Plácido e, *Comentários ao Código de Processo Civil*, v. IV, 4. ed., Rio de Janeiro, Revista Forense, 1956, p. 388).

CAPÍTULO XIV – Da Restauração de Autos

Artigo 712.
Verificado o desaparecimento dos autos, eletrônicos ou não, pode o juiz, de ofício, qualquer das partes ou o Ministério Público, se for o caso, promover-lhes a restauração.
Parágrafo único. Havendo autos suplementares, nesses prosseguirá o processo.
CORRESPONDÊNCIA NO CPC/1973: *ART. 1.063.*

1. Conceito de autos e finalidade da ação. Há enorme confusão entre os conceitos de autos e de processo. Alguns acreditam, inclusive, na sinonímia dos termos, imaginando que são expressões designativas da mesma realidade. Não são. Processo é método de solução de conflito, acolhido pelo Estado como ideal para desenvolver sua promessa de prestar justiça. Passa-se no plano fático, mas desenvolve-se no plano jurídico-ideal. Porém, para que seu conteúdo e termos não se percam, necessita de materialização documental, corporificação, que pode ter lugar no papel ou em plataformas virtuais, de modo a diferenciar autos "físicos" de autos "eletrônicos". Autos, por assim dizer, consoante precisa afirmação de Pontes de Miranda, "são a concretização gráfica do processo.". (MIRANDA, Francisco Cavalcanti Pontes de, *Comentários ao Código de Processo Civil*, t. IX, 2. ed., Rio de Janeiro, Forense, 1959, p. 349). Com proveito, podemos mencionar a definição de Alexandre Câmara: "Conjunto de escritos que documentam a existência do processo e o conteúdo de cada ato que o compõe.". (CÂMARA, Alexandre Freitas, *Lições* *de direito processual civil*, v. 3, 20. ed., São Paulo, Atlas, 2014, p. 519). A materialização dos atos e termos do processo (os autos físicos ou eletrônicos), em razão de inúmeros fatores, pode sofrer alguma espécie de abalo, que a faça desaparecer, destruir-se ou extraviar--se. Diante dessa realidade, não há como prosseguir no processamento da causa, sendo necessário recuperar os documentos e atos (dados, se forem eletrônicos) perdidos. É para essa finalidade que serve a ação de restauração de autos, isto é, recompor os autos destruídos ou extraviados, permitindo-se, desse modo, a retomada do curso regular do processo. Fácil de perceber, portanto, que a verdadeira intenção dessa ação especial não é o "refazimento" do processo, mas a transferência de um suporte material para outro (papel ou banco de dados); o mesmo processo, entendido como conjuntos de atos tendentes à solução do caso concreto, é que será materializado noutro suporte físico. Tais objetivos também foram apreendidos pelo STJ, conforme trecho que segue, na parte que interessa: "PROCESSUAL CIVIL. RESTAURAÇÃO DE AUTOS. I. – O objetivo da restauração dos autos é recolocar o processo no estado em que se encontrava antes de terem sido extraviados. (...).". (STJ, REsp 198.721/MT). Recuperando a lição de Vicente Greco Filho, com a ação de restauração objetiva-se "a recomposição física do aspecto documental do processo extraviado ou destruído.". (GRECO FILHO, Vicente, *Direito processual civil*, v. 3, 16. ed., São Paulo, Saraiva, 2003, p. 259). E, como não existem autos insubstituíveis, sempre que eles se perderem ou forem destruídos será necessária a propositura da ação de restauração.

2. Natureza jurídica da ação. O CPC/2015 manteve praticamente íntegro o procedimento especial que já constava no diploma revogado. A restauração de autos continua sendo procedimento especial, de jurisdição contenciosa, que tem por finalidade recuperar os atos e termos do processo, permitindo a retomada do curso do feito paralisado por causa do desaparecimento, total ou parcial, dos autos que materializam seus termos e documentos. Alexandre Câmara não pensa diferente: "Trata-se a restauração de autos de procedimento especial do processo de conhecimento, de jurisdição contenciosa (...)". (CÂMARA, Alexandre Freitas, *Lições de direito processual civil*, v. 3, 20. ed., São Paulo, Atlas, 2014, p. 520). Eduardo Sodré adverte que a ação de restauração de autos é demanda necessária, visto que os autos não podem ser restaurados ou recompostos sem o estabelecimento desse procedimento formal. (SODRÉ, Eduardo, in WAMBIER, Teresa Arruda Alvim; DIDIER JR., Fredie; TALAMINI, Eduardo; DANTAS, Bruno (Coord.), *Breves comentários ao novo Código de Processo Civil*, São Paulo, Revista dos Tribunais, 2015, p. 1651). Divergimos, contudo, da opinião no sentido de que o procedimento teria natureza de jurisdição voluntária, não sobrevindo controvérsia em relação à restauração. Se a ausência de contestação ou a concordância com relação ao pedido fossem suficientes para qualificar como voluntário o procedimento, toda vez que o réu, no processo, reconhecer a procedência do pedido, haveria, em igual medida, transmutação da sua natureza, situação com a qual não concordamos. (SODRÉ, Eduardo, in WAMBIER, Teresa Arruda Alvim; DIDIER JR., Fredie; TALAMINI, Eduardo; DANTAS, Bruno

(Coord.), *Breves comentários ao novo Código de Processo Civil*, São Paulo, Revista dos Tribunais, 2015, p. 1651).

3. Legitimidade. Novos legitimados. Têm legitimidade para a ação de restauração de autos qualquer das partes do processo extraviado. O CPC/2015 inovou no tema da legitimidade, quando passou a admitir que o procedimento de restauração seja iniciado pelo próprio juiz, de ofício, e também pelo membro do Ministério Público, nos casos em que atuar como parte, mas também naqueles em que exerce a função de fiscal da ordem jurídica. Com relação ao órgão jurisdicional, o art. 712, neste particular, afasta-se do princípio da inércia, posicionando-se como exceção ao art. 2º. Com isso, podemos afirmar que a ação de restauração de autos está contida na ressalva da parte final do último dispositivo mencionado: "salvo as exceções previstas em lei". Eduardo Sodré adverte que, neste caso, o juiz deverá elaborar portaria com a observância dos requisitos do art. 713, citando, para tanto, os legitimados passivos. (SODRÉ, Eduardo, in WAMBIER, Teresa Arruda Alvim; DIDIER JR., Fredie; TALAMINI, Eduardo; DANTAS, Bruno (Coord.), *Breves comentários ao novo Código de Processo Civil*, São Paulo, Revista dos Tribunais, 2015, p. 1653). A expressão "se for o caso" restringe a legitimidade do Ministério Público para a propositura da ação de restauração de autos aos processos em que atuar, como parte ou *custos legis*. Alexandre Câmara menciona entendimento que apenas reconhecia esse direito ao *parquet* quando funcionasse na qualidade de parte. O autor, contudo, faz ressalva quanto à sua opinião, indicando ser o correto, no seu entender, uma interpretação ampla do conceito de "parte", para incluir quaisquer outros participantes do processo: os assistentes, o Ministério Público, que atua como fiscal da lei, ou qualquer terceiro interveniente. (CÂMARA, Alexandre Freitas, *Lições de direito processual civil*, v. 3, 20. ed., São Paulo, Atlas, 2014, p. 520; SODRÉ, Eduardo, in WAMBIER, Teresa Arruda Alvim; DIDIER JR., Fredie; TALAMINI, Eduardo; DANTAS, Bruno (Coord.), *Breves comentários ao novo Código de Processo Civil*, São Paulo, RT, 2015, p. 1651). Quanto aos assistentes, a doutrina entende viável a propositura do assistente qualificado, negando a do assistente simples.

4. Existência de autos suplementares. Interesse de agir. A necessidade da ação estudada reside na retomada da marcha processual, impossibilitada que está por causa da perda ou destruição dos autos, físicos ou eletrônicos. Desse modo, havendo autos suplementares, apresentar-se-á completamente dispensável a propositura da demanda, porquanto, nestes, o processo prosseguirá até decisão final. Todavia, se os autos suplementares estiverem incompletos, remanescerá o interesse na recuperação daqueles faltantes, o que deve ser feito na ação de restauração "de atos ou termos" eventualmente proposta. O art. 776 do CPC/1939 continha norma com disposição similar, assim redigida: "A reforma de autos perdidos somente se admitirá quando faltarem os suplementares.". Como bem salientado por Nelson Nery Jr. e Rosa Maria de Andrade Nery, o CPC/2015 não conservou nenhuma disposição sobre a necessidade de confecção de autos suplementares, salvo na hipótese de liquidação ou cumprimento de sentença provisório, que poderá ocorrer em autos suplementares (art. 356, §4º). Os autores mencionados atribuem esse silêncio normativo a forte tendência de substituição dos autos físicos pelos eletrônicos, reflexo irresistível da modernidade. (NERY JR., Nelson; NERY, Rosa Maria de Andrade, *Comentários ao Código de Processo Civil*, São Paulo, RT, 2015, p. 1548).

5. Processo eletrônico. O art. 206 cuida de prática corriqueira na Justiça, consistente na autuação dos feitos. A regra determina ao escrivão ou chefe de secretaria, após receber a petição inicial, formalizar a abertura do processo, devendo mencionar, para tanto, o juízo, a natureza do processo, o número de seu registro, os nomes das partes e a data de seu início. Cuida-se da tradicional autuação física, que dará origem ao caderno processual. Os avanços no campo tecnológico, todavia, permitiram a materialização dos atos processuais em plataformas virtuais, de molde a substituir, gradativamente, os autos físicos pelos eletrônicos, não mais dependentes do papel. Nada obstante, os autos eletrônicos, ainda que por outras razões, estão sujeitos a sofrer, em igual medida, com perdas ou extravios de dados, o que fará nascer o interesse na ação de restauração de autos, muito embora na modalidade virtual. Firme na tendência modernizadora, o art. 209, § 1º, menciona, inclusive, a existência de autos eletrônicos, alimentados por atos processuais praticados pelas partes, juízes ou serventuários da justiça e armazenados de forma igualmente eletrônica e de modo digital. A destruição ou extravio desses dados enseja a propositura da ação de restauração de autos eletrônicos, dado que o procedimento não é exclusivo dos autos montados sobre papel.

6. Limites da ação. O desígnio da ação de restauração de autos não pode ser descurado nem pelas partes nem pelo juiz. O fato de ser ação acessória não permite que na restauração sejam discutidos aspectos relacionados ao conteúdo do "processo" extraviado. Sua autonomia procedimental e, principalmente, de escopos impedem a promiscuidade de temas. Na restauração, restaura-se o físico ou o virtual, apenas. Impossível, diante dos argumentos, a extensão de seus efeitos à causa principal. (STJ, REsp 780.390/SP). O juiz, portanto, deve cingir-se aos requisitos da própria restauração, sendo-lhe vedado o exame acerca da causa principal.

Artigo 713.

Na petição inicial, declarará a parte o estado do processo ao tempo do desaparecimento dos autos, oferecendo:

I – certidões dos atos constantes do protocolo de audiências do cartório por onde haja corrido o processo;

II – cópia das peças que tenha em seu poder;

III – qualquer outro documento que facilite a restauração.

CORRESPONDÊNCIA NO CPC/1973: *ART. 1.064.*

1. Competência. No intuito de alcançar a maior fidedignidade na restauração dos autos, a ação deve ser proposta perante o mesmo juízo em que tramitavam os autos extraviados. O processo da ação de restauração é acessório ao processo extraviado – "acessório regerador". (MIRANDA, Francisco Cavalcanti Pontes de, *Comentários ao Código de Processo Civil*, t. IX, 2. ed., Rio de Janeiro, Forense, 1959, p. 353). Diz-se, desse modo, que a competência é definida pela acessoriedade, de sorte que o juiz competente para a causa principal é também o competente para a causa acessória. Trata-se, portanto, de critério absoluto de fixação da competência, porque estipulado visando a atender o melhor desempenho da função jurisdicional (competência funcional). Segue a norma extraível do art. 61, no sentido de que a "ação acessória será proposta no juízo competente para a ação principal". Incide o princípio, e nem poderia ser diferente, quando o processo for daqueles de competência originária de tribunal, inclusive superior. "CONFLITO NEGATIVO DE COMPETÊNCIA. AÇÃO DE RESTAURAÇÃO DE AUTOS. ACESSORIEDADE. COMPETÊNCIA DO JUÍZO QUE CONHECEU DA CAUSA PRINCIPAL. 1. A ação de restauração de autos é causa derivada da principal, competindo, portanto, ao Juízo que desta conheceu processar e julgar o referido procedimento de jurisdição voluntária. 2. Conflito conhecido para declarar competente o Juízo de Direito da 2ª Vara Cível de Belo Horizonte – MG, o suscitado". (STJ, CC 90.856/MG).

2. Petição inicial. A petição inicial da ação de restauração de autos se sujeita aos requisitos do art. 319. Como adendo, o art. 713 reclama a indicação precisa e detalhada sobre o estágio do processo ao tempo do perdimento dos documentos físicos ou dos dados virtuais. A regra não questiona a data do perdimento dos autos, mas a do último ato processual praticado, a definição que se faz necessária é a do ponto em que se achava o processo, ou seja, o *status causae* (estado da causa). Cabe ao autor, ainda, oferecer as certidões dos atos constantes do protocolo de audiências do cartório por onde haja corrido o processo, cópia das peças que tenha em seu poder e qualquer outro documento que facilite a restauração.

3. Suspensão do processo principal. Valem-se da restauração as partes, o juiz, o Ministério Público e os demais legitimados porque sem a recomposição física ou virtual do aspecto material do processo ele não tem condições alguma de prosseguir. Por essa razão, passa a restauração a ser demanda necessária, imprescindível, portanto, para viabilizar a continuidade do seu processamento. Ora, se a restauração vem porque o processo não se permite progredir, inexorável será a sua suspensão (GRECO FILHO, Vicente, *Direito processual civil*, v. 3, 16. ed., São Paulo, Saraiva, 2003, p. 259). A doutrina que já se debruçou sobre o CPC/2015 fundamenta a suspensão no art. 313, IV (motivo de força maior). Logo, enquanto tramitar a ação de restauração de autos, permanecerá totalmente paralisada a principal. (SODRÉ, Eduardo, in WAMBIER, Teresa Arruda Alvim; DIDIER JR., Fredie; TALAMINI, Eduardo; DANTAS, Bruno (Coord.), *Breves comentários ao novo Código de Processo Civil*, São Paulo, Revista dos Tribunais, 2015, p. 1655).

ARTIGO 714.

A parte contrária será citada para contestar o pedido no prazo de 5 (cinco) dias, cabendo-lhe exibir as cópias, as contrafés e as reproduções dos atos e dos documentos que estiverem em seu poder.

§ 1º Se a parte concordar com a restauração, lavrar-se-á o auto que, assinado pelas partes e homologado pelo juiz, suprirá o processo desaparecido.

§ 2º Se a parte não contestar ou se a concordância for parcial, observar-se-á o procedimento comum.

CORRESPONDÊNCIA NO CPC/1973: *ART. 1.065.*

1. Citação e resposta do réu. A alocação da ação de restauração de autos no grupo dos procedimentos especiais de jurisdição contenciosa faz essencial o estabelecimento do contraditório, verdadeira garantia constitucional. Atestado pelo julgador que a petição inicial preenche os requisitos essenciais, determinará a citação do réu para, no prazo de 5 (cinco) dias, contestar o pedido. O propósito da norma é possibilitar ao réu contribuir, exibindo as cópias, contrafés, as reproduções dos atos e documentos que estiverem em seu poder, na restauração dos autos. Assim, a reconstrução da história processual não será contada, em franca violação à norma constitucional, unilateralmente. Caso a ação de restauração tenha sido proposta pelo Ministério Público ou, de ofício, pelo juiz, serão citados autor e réu, assim como todos aqueles que participaram dos atos e termos que se pretende restaurar (assistentes, terceiros intervenientes, etc.). O STJ já entendeu cabível na restauração a citação por edital (STJ, AgRg no REsp 1.330.920/SP), de modo que nos parece legitimamente possível, em igual medida, a citação por hora certa.

2. Reconvenção. Como o procedimento da ação de restauração de autos tem natureza dúplice, visto que tanto o autor quanto o réu participam ativamente da recuperação dos documentos e atos do processo, não há interesse de agir que justifique pedido reconvencional. Ademais, eventual cumulação de pedidos (o formulado pelo autor e o formulado pelo réu) depende de compatibilidade procedimental, impossível de ser obtido pela propositura de outra ação de rito especial ou, ainda, pedido que deva ser deduzido pelo procedimento comum. (SODRÉ, Eduardo, in WAMBIER, Teresa Arruda Alvim; DIDIER JR., Fredie; TALAMINI, Eduardo; DANTAS, Bruno (Coord.), *Breves comentários ao novo Código de Processo Civil*, São Paulo, RT, 2015, p. 1656).

3. Reconhecimento do pedido. O art. 714, §1º, versa a hipótese de o réu concordar com a restauração apresentada pelo autor, oportunidade em que o juiz determinará a lavratura do auto que, assinado pelas partes e depois de homologado, suprirá a falta do processo desaparecido. Importante pontuar que a concordância que permite a homologação imediata da restauração é a total. Portanto, se o réu apenas concordar parcialmente com os documentos apresentados pelo autor na inicial, deverá o julgador determinar o prosseguimento do feito em consonância com o procedimento comum. Outro ponto relevante foi mencionado por Eduardo Sodré. De acordo com o autor, a aceitação do réu quanto ao pedido de restauração não implicará sua responsabilização pelas custas e honorários, se restar caracterizado não ter sido ele causador da destruição. (SODRÉ, Eduardo, in WAMBIER, Teresa Arruda Alvim; DIDIER JR., Fredie; TALAMINI, Eduardo; DANTAS, Bruno (Coord.), *Breves comentários ao novo Código de Processo Civil*, São Paulo, RT, 2015, p. 1655). Os gastos efetuados serão, portanto, divididos salomonicamente.

4. Contestação e revelia. É possível que ocorra a revelia na ação de restauração de autos, isto é, que o réu seja regularmente citado e deixe de contestar o pedido no prazo legal. Também é possível que a revelia venha acompanhada de seus efeitos, dntre os quais podemos mencionar a presunção de veracidade dos fatos e a dispensa de intimação (arts. 344 e 346). Essa presunção ainda ganha corpo quando acompanhada a inicial de documentos suficientes ao acolhimento do pedido. Nestes termos: "PROCESSUAL CIVIL. RESTAURAÇÃO DE AUTOS. DOCUMENTOS TRAZIDOS PELA REQUERENTE SUFICIENTES À COMPREENSÃO DA CONTROVÉRSIA. AUSÊNCIA DE IMPUGNAÇÃO PELOS REQUERIDOS. 1. A restauração de autos merece chancela nas hipóteses em que a Requerente acosta documentos suficientes ao julgamento do recurso de embargos de divergência por este Tribunal Superior, tornando possível a exata compreensão da controvérsia. 2. A ausência de contestação da parte requerida não inibe a fixação de honorários advocatícios, que, nos termos do artigo 1.069 do CPC, devem ser imputados à parte que deu causa ao desaparecimento dos autos. 3. Restauração de autos procedente.". (STJ, Pet 3.753/SC,). Determina o art. 714, §2º, que se a parte ré não contestar, observar-se-á o procedimento comum. Dito procedimento será igualmente observado na hipótese de apresentação da peça defensiva.

5. Abandono da ação. O STJ já decidiu, na ação de restauração de autos de ação executiva, pela não aplicação da Súmula 240: "A extinção do processo, por abandono da causa pelo autor, depende de requerimento do réu". De acordo com os Ministros, não há, na execução, propriamente a figura do réu, mas de parte executada. Desse modo, quando o próprio exequente é o interessado em promover a restauração de autos desaparecidos, a sua inércia tem como efeito, incondicional, a extinção do processo por abandono de causa (STJ, AgRg no REsp 1.323.730/RJ).

ARTIGO 715.
Se a perda dos autos tiver ocorrido depois da produção das provas em audiência, o juiz, se necessário, mandará repeti-las.

§ 1º Serão reinquiridas as mesmas testemunhas, que, em caso de impossibilidade, poderão ser substituídas de ofício ou a requerimento.

§ 2º Não havendo certidão ou cópia do laudo, far-se-á nova perícia, sempre que possível pelo mesmo perito.

§ 3º Não havendo certidão de documentos, esses serão reconstituídos mediante cópias ou, na falta dessas, pelos meios ordinários de prova.

§ 4º Os serventuários e os auxiliares da justiça não podem eximir-se de depor como testemunhas a respeito de atos que tenham praticado ou assistido.

§ 5º Se o juiz houver proferido sentença da qual ele próprio ou o escrivão possua cópia, esta será juntada aos autos e terá a mesma autoridade da original.

CORRESPONDÊNCIA NO CPC/1973: *ART. 1.066*.

1. Momento do extravio. O art. 715 cuida da situação, comum de acontecer, de que a perda do processo, ou o desaparecimento dos dados, tenha ocorrido depois da produção das provas em audiência. Nesse caso, caberá ao juiz deliberar a respeito da repetição da fase instrutória, a fim de que o extravio das peças não comprometa a justiça da decisão. Ocorrendo antes, a recuperação ficará limitada aos atos postulatórios.

2. Renovação da instrução. Os parágrafos seguintes dispõem sobre a renovação da atividade instrutória. Preferencialmente, deverão ser ouvidas as mesmas testemunhas que participaram da primeira instrução. Não sendo isso possível, permite-se a sua substituição de ofício pelo juiz ou a requerimento da parte (art. 715, §1º). Do mesmo modo, quando o extravio for dos documentos que atestam a realização da perícia. O art. 715, §2º, vaticina que o ato técnico apenas não será realizado novamente se não houver certidão ou cópia do laudo. No caso de extravio, nova perícia será realizada, preferencialmente, pelo mesmo perito. Se o sumiço for de documentos específicos, a restauração será feita mediante a apresentação das suas certidões e respectivas cópias. Inexistindo reprodução do documento, a restauração observará os meios ordinários de prova (art. 715, §3º).

3. Colaboração na restauração. Partindo do pressuposto de que o objetivo da ação é recuperar toda a parte documentada do processo que, por causa vária, se perdeu, os serventuários e auxiliares da justiça, em razão do seu ofício e do contato que mantêm com o processo, tornam-se, automaticamente, testemunhas no procedimento especial. Explica Pontes de Miranda que são testemunhas do processo de restauração, e não do processo extraviado. (MIRANDA, Francisco Cavalcanti Pontes de, *Comentários ao Código de Processo Civil*, t. IX, 2. ed., Rio de Janeiro, Forense, 1959, p. 356-7). Por motivo, assevera o art. 715, §4º, que os entes mencionados estarão obrigados a depor sobre os atos que tenham praticado ou assistido. É norma fundamental do processo civil a que impõe aos sujeitos do processo o dever de cooperação, corolário do processo équo e justo (art. 6º). A doutrina segue o mesmo sentido. (SODRÉ, Eduardo, in WAMBIER, Teresa Arruda Alvim; DIDIER JR., Fredie; TALAMINI, Eduardo; DANTAS, Bruno (Coord.) *Breves comentários ao novo Código de Processo Civil*, São Paulo, RT, 2015, p. 1655). Por fim, o art. 715, §5º, estatui que inclusive as cópias em poder do juiz ou do escrivão poderão ser utilizadas na restauração, e não apenas as xerocópias apresentadas pelas partes. Diz, ainda, o dispositivo que a cópia da sentença terá a mesma autoridade do documento original.

Artigo 716.
Julgada a restauração, seguirá o processo os seus termos.
Parágrafo único. Aparecendo os autos originais, neles se prosseguirá, sendo-lhes apensados os autos da restauração.
CORRESPONDÊNCIA NO CPC/1973: *ART. 1.067.*

1. **Aparecimento dos autos originais.** O art. 716 é autoexplicativo. Dessume-se de seu teor que, concluída a restauração dos autos, o processo voltará a tramitar regularmente. Caso ressurjam os autos originais, aqueles, frutos da restauração, ser-lhes-ão apensados, prosseguindo assim até decisão final. Observação relevante tem Pontes de Miranda a respeito do assunto. De acordo com o autor, as "diferenças entre depoimentos e perícias têm de ser apreciadas como se no mesmo processo tivessem ocorrido duas vezes, em dois momentos", e não pela prevalência de um por outro. Pontes de Miranda também entende que o prosseguimento do feito após o aparecimento dos autos extraviados se dará, preferencialmente, nos originais, uma vez que o julgador pode, justificadamente, retomar o curso do processo nos restaurados. Para que isso ocorra, deduzirá as razões que lhe fizeram optar pela exceção e não pela regra. (MIRANDA, Francisco Cavalcanti Pontes de, *Comentários ao Código de Processo Civil*, t. IX, 2. ed., Rio de Janeiro, Forense, 1959, p. 352; NERY JR., Nelson; NERY, Rosa Maria de Andrade, *Comentários ao Código de Processo Civil*, São Paulo, RT, 2015, p. 1551). O FPPC aprovou, no que pertine ao tema, o Enunciado 76: "Localizados os autos originários, neles devem ser praticados os atos processuais subsequentes, dispensando-se a repetição dos atos que tenham sido ultimados nos autos da restauração, em consonância com a garantia constitucional da duração razoável do processo.". Entendemos, todavia, que o verbete não altera a conclusão acima, de que apenas diante do caso concreto será possível avaliar, se a continuidade do procedimento há de ser, realmente, retomada nos autos aparecidos.

2. **Sentença. Natureza jurídica.** Grassa, na doutrina, discussão acerca da natureza da sentença que julga procedente a ação de restauração de atos. Para a primeira corrente, sua natureza seria declaratória e condenatória, já que, além de ocorrer declaração de desaparecimento dos autos originais, a parte demandada fica forçada a aceitar a restauração na forma julgada. Esse, aliás, é o pensamento de Vicente Greco Filho, "a parte contra quem é movida fica constrangida, por sentença, a aceitar os autos como reconstituídos, prosseguindo depois, o processo recomposto nos termos em que foi refeito. Tem, portanto, conteúdo declaratório e condenatório.". (GRECO FILHO, Vicente, *Direito processual civil*, v. 3, 16. ed., São Paulo, Saraiva, 2003, p. 259). Eduardo Sodré vai até meio caminho, pois defende apenas a natureza declaratória pura. (SODRÉ, Eduardo, in WAMBIER, Teresa Arruda Alvim; DIDIER JR., Fredie; TALAMINI, Eduardo; DANTAS, Bruno (Coord.), *Breves comentários ao novo Código de Processo Civil*, São Paulo, RT, 2015, p. 1658). A segunda corrente prefere considerar como constitutiva a sentença proferida na ação de restauração, ponderando que o seu advento no mundo jurídico "forma um

instrumento novo", substituindo o antigo. (CÂMARA, Alexandre Freitas, *Lições de direito processual civil*, v. 3, 20. ed., São Paulo, Atlas, 2014, p. 523). "A sentença de reforma ou restauração de autos é sentença constitutiva em ação constitutiva. Julgada a ação, se o processo não estava terminado, no próprio processo de reforma ou restauração é que se prossegue, depois do trânsito em julgado da sentença (...)". (MIRANDA, Francisco Cavalcanti Pontes de, *Comentários ao Código de Processo Civil*, t. IX, 2. ed., Rio de Janeiro, Forense, 1959, p. 360-1).

3. Recurso cabível contra a decisão final. Tratando-se de sentença o ato judicial que encerra o procedimento de restauração, cabível o recurso de apelação. (MIRANDA, Francisco Cavalcanti Pontes de, *Comentários ao Código de Processo Civil*, t. IX, 2. ed., Rio de Janeiro, Forense, 1959, p. 360-1; NERY JR., Nelson; NERY, Rosa Maria de Andrade, *Comentários ao Código de Processo Civil*, São Paulo, RT, 2015, p. 1551). Ausente determinação específica no art. 1.012, §1º, é de se ter como incidente os dois efeitos, devolutivo e suspensivo (GRECO FILHO, Vicente, *Direito processual civil*, v. 3, 16, ed., São Paulo, Saraiva, 2003, p. 259). Assim, eventual interposição de apelação impede o prosseguimento da marcha processual, que deverá aguardar o desfecho do recurso. Foi dessa forma que o STJ entendeu, muito embora o acórdão tenha sido proferido ao tempo do CPC19/73: "Ação de restauração de autos. Apelação: efeitos. Art. 520 do Código de Processo Civil. 1. A apelação na ação de restauração de autos deve ser recebida no duplo efeito. 2. Recurso especial conhecido e provido". (STJ, REsp 774.797/SP).

ARTIGO 717.
Se o desaparecimento dos autos tiver ocorrido no tribunal, o processo de restauração será distribuído, sempre que possível, ao relator do processo.
§ 1º A restauração far-se-á no juízo de origem quanto aos atos nele realizados.
§ 2º Remetidos os autos ao tribunal, nele completar-se-á a restauração e proceder-se-á ao julgamento.
CORRESPONDÊNCIA NO CPC/1973: *ART. 1.068.*

1. Restauração no tribunal. Não é inusitado que o desaparecimento dos autos ocorra quando o processo estiver tramitando no tribunal. Natural, nesses casos, seguindo a regra da competência por acessoriedade, que a ação de restauração seja proposta no órgão colegiado, vinculando, pois, o próprio relator do processo que se pretende recuperar, salvo, é claro, impossibilidade de ordem material ou jurídica, tais quais falecimento, aposentação, afastamento, etc. Podemos extrair passagem elucidativa de acórdão proferido pelo STJ: "Desaparecidos os autos após a apreciação, por este Tribunal, dos recursos interpostos, a restauração deve ser procedida por esta Corte.". (STJ, Pet 2.128/GO).

2. Processo no tribunal em grau de recurso. Outra situação que não pode ser desprezada é a de o extravio ou a perda acontecer no tribunal, mas de peças relacionadas à tramitação do processo no primeiro grau de jurisdição. A subida dos autos, portanto, deu-se em decorrência da interposição do recurso por uma das partes. De nenhuma serventia será a realização da restauração no órgão colegiado, uma vez que os documentos extraviados se referem ao andamento do processo na instância originária. Para estes casos, o art. 717, §1º, dispõe que a restauração se fará no juízo de origem quanto aos atos nele realizados. Deve-se, assim, determinar a baixa do processo para processar a restauração, como se lá o processo tivesse sido extraviado. Após a conclusão dessa primeira fase, caberá ao juízo de origem ordenar a remessa ao tribunal, a fim de que ele julgue a restauração ou, se for o caso, continue restaurando aquilo que igualmente se perdeu, porém, toca o processamento no órgão superior. Esta é a finalidade da norma constante do art. 715, §2º. (SODRÉ, Eduardo, in WAMBIER, Teresa Arruda Alvim; DIDIER JR., Fredie; TALAMINI, Eduardo; DANTAS, Bruno (Coord.), *Breves comentários ao novo Código de Processo Civil*, São Paulo, RT, 2015, p. 1660).

Artigo 718.
Quem houver dado causa ao desaparecimento dos autos responderá pelas custas da restauração e pelos honorários de advogado, sem prejuízo da responsabilidade civil ou penal em que incorrer.
CORRESPONDÊNCIA NO CPC/1973: *ART. 1.069.*

1. Ônus do processo. Custas e honorários. O desaparecimento dos autos, por óbvio, causa inúmeros transtornos e prejuízos ao processo, assim como às partes nele envolvidas, razão pela qual sua ocorrência, pelo prisma do interesse público, é sempre indesejada. De modo a coibir o extravio dos documentos que instruem o processo, a lei confere ao seu causador a responsabilidade de suportar os custos da restauração. Na esteira do defendido por Alexandre Câmara, o princípio da causalidade tem plena incidência na hipótese, uma vez que faz responsável pelas custas quem deu causa ao extravio. (CÂMARA, Alexandre Freitas, *Lições de direito processual civil*, v. 3, 20. ed., São Paulo, Atlas, 2014, p. 524; STJ, Pet 2.128/GO). A atribuição da culpa, contudo, não pode ser presumida, devendo estar embasada em informações constantes na vara, tais como carga dos autos, certificação de conclusão ou de remessa, nestes dois últimos casos, quando não se tiverem perdido com o caderno processual. Não sendo identificado o causador do extravio ou da destruição, o ônus decorrente do processo será suportado pela parte sucumbente. (SODRÉ, Eduardo, in WAMBIER, Teresa Arruda Alvim; DIDIER JR., Fredie; TALAMINI, Eduardo; DANTAS, Bruno (Coord.), *Breves comentários ao novo Código de Processo Civil*, São Paulo, RT, 2015, p. 1661). Além das custas, a sucumbência gera igualmente para o derrotado a obrigação de pagar, ao advogado do vencedor, os honorários advocatícios. Cabe, ainda, em adendo, transcrever julgado do STJ: "PRO-CESSUAL CIVIL. RESTAURAÇÃO DE AUTOS. HONORÁRIOS ADVOCATÍCIOS. CONDENAÇÃO. CPC, ART. 460. I – O acórdão recorrido, ao aplicar, em feito relativo à restauração de autos, o princípio da sucumbência em razão do caráter litigioso que assumiu por oposição do requerido, não decidiu ultra nem extra petita, não violando, por isso mesmo, o art. 460 do CPC. II – Recurso especial não conhecido.". (STJ, REsp 127.748/CE).

2. Responsabilidade civil processual. Pode acontecer, ainda, que o desapareci-mento do processo seja resultante de ato doloso da parte, praticado com o claro interesse de prejudicar o outro litigante, terceiro interessado ou a própria Justiça. Detectado este propósito, em acréscimo às verbas resultantes da sucumbência (custas e honorários), o causador também responderá civil e criminalmente pela sua conduta. O art. 81, aliás, impõe que o juiz, de ofício ou a requerimento, condene o litigante de má-fé a indenizar a parte contrária pelos prejuízos que esta sofreu.

CAPÍTULO XV – Dos Procedimentos de Jurisdição Voluntária

SEÇÃO I – Disposições Gerais

ARTIGO 719.
Quando este Código não estabelecer procedimento especial, regem os procedimentos de jurisdição voluntária as disposições constantes desta Seção.
CORRESPONDÊNCIA NO CPC/1973: *ART. 1.103.*

1. Natureza da jurisdição voluntária. Ainda atualmente, existe grande divergência sobre a natureza jurisdicional da jurisdição voluntária. Aqueles que defendem a natureza administrativa veem na jurisdição voluntária apenas uma administração de interesses privados realizada pelo Poder Judiciário. Tem por adeptos: no mundo, Chiovenda, Cala-mandrei, Zanzucchi, Pajardi, Guasp, Januzzi, Liebman; e, no Brasil, Lopes da Costa e José Frederico Marques. Em contrapartida, a corrente que preza pela natureza jurisdicional da jurisdição voluntária sustenta que a atividade administrativa não afastaria sua natureza jurisdicional, porque há necessariamente a intervenção do órgão jurisdicional, sendo, portanto, esta sua natureza. Com algumas variações, nesse sentido, tem por adeptos: no mundo, Carnelutti, Micheli, Satta, Denti, Monteleone; e, no Brasil, Pontes de Miranda, Edson Prata e José Maria Tesheiner. (GRECO, Leonardo, *Jurisdição voluntária moderna*, São Paulo, Dialética, 2003, p. 58). No direito processual contemporâneo, a divergência doutrinária é mantida pelos livros de direito processual sem que se enfrente a raiz da questão: o conceito de jurisdição (arts. 3º e art. 16, CPC/2015). Giovanni Verdi evidencia a fragilidade dos conceitos de jurisdição sob o aspecto do seu conteúdo (atuação do direito objetivo, composição da lide, atuação de sanções, concretização do ordenamento jurídico) ou mesmo da sua estrutura (formação da coisa julgada). (VERDI, Giovanni, Profili del Processo Civilie, v. 1, 6. ed., Napoli, Jovene, 2002, p. 35) Em complementação, pode-se verificar que, no Estado Constitucional, a jurisdição desprende-se da premissa dicotômica entre direito material e direito processual, para que se identifiquem ambas como textos normativos suscetíveis de intepretação. Nessa perspectiva, a jurisdição voluntária é substancialmente jurisdicional. É um poder ou autoridade, conferida por lei, a um órgão, agente ou instância para a problematização de um caso concreto e que tenha por escopo os princípios constitucionais de um Estado Democrático de Direito (MANCUSO, Rodolfo de Camargo, *Acesso à justiça*, São Paulo, RT, 2011).

2. Subsidiariedade do procedimento. Em regra, na ausência de um procedimento especial, a jurisdição voluntária será regida pelos dispositivos constantes dos arts. 719 a 725. De modo que, havendo procedimentos que não constem expressamente no CPC/2015, estes deverão ser regidos pela regra geral. Além disso, naquilo que não constar o procedimento voluntário regulamentado, valerá o que consta nas disposições gerais.

Artigo 720.

O procedimento terá início por provocação do interessado, do Ministério Público ou da Defensoria Pública, cabendo-lhes formular o pedido devidamente instruído com os documentos necessários e com a indicação da providência judicial.

CORRESPONDÊNCIA NO CPC/1973: ART. 1.105.

1. Legitimidade processual. Depende como regra de iniciativa da parte (interessado) ou do MP (arts. 176 e 177, CPC/2015). (STJ, REsp 46.770/RJ). Em hipóteses excepcionais previstas, o magistrado também poderá dar início a um procedimento de jurisdição voluntária (arts. 730 e 738, CPC/2015).

2. Requisitos da petição inicial. A inicial deve atender também aos requisitos do art. 319, aplicando-se ainda o art. 321 do CPC/2015, possibilitando à parte que sane eventual vício, sob pena de indeferimento do pedido do interessado.

Artigo 721.

Serão citados todos os interessados, bem como intimado o Ministério Público, nos casos do art. 178, para que se manifestem, querendo, no prazo de 15 (quinze) dias.

CORRESPONDÊNCIA NO CPC/1973: ART. 1.105.

1. **Citação e contraditório.** No procedimento de jurisdição voluntária, deverão ser citados todos os interessados, sob pena de nulidade do procedimento. No tocante à obrigatoriedade de citação do Ministério Público, mister que se leia o dispositivo com o art. 178 do CPC/2015.

Artigo 722.

A Fazenda Pública será sempre ouvida nos casos em que tiver interesse.
CORRESPONDÊNCIA NO CPC/1973: *ART. 1.108.*

1. **Citação da Fazenda Pública.** Nos casos de interesse da Fazenda Pública, em consonância com o art. 719, da mesma forma, como interessada, deve ser citada, sob pena de nulidade do procedimento. Em regra, quando envolve recolhimento de tributos nas hipóteses de jurisdição voluntária (*ex. vi*, herança jacente, coisas vagas, separação, etc.).

Artigo 723.

O juiz decidirá o pedido no prazo de 10 (dez) dias.
Parágrafo único. O juiz não é obrigado a observar critério de legalidade estrita, podendo adotar em cada caso a solução que considerar mais conveniente ou oportuna.
CORRESPONDÊNCIA NO CPC/1973: *ART. 1.109.*

1. **Decisão da jurisdição voluntária.** O magistrado possui o prazo impróprio de 10 (dez) dias para decidir o caso de jurisdição voluntária. Diferentemente, no caso de jurisdição contenciosa, procedimento comum, o prazo foi modificado para 30 (trinta) dias (art. 366, CPC/2015). A decisão deverá ser devidamente fundamentada (art. 11, CPC/2015), sob pena de nulidade. Daí permitir-se que o magistrado se afaste da legalidade estrita, para que se apoie em critérios como equidade e costumes, o que não significa autorização para uma decisão *contra legem*. A decisão final no procedimento de jurisdição voluntária é a sentença de forma fundamentada, sendo o recurso de apelação. (STJ, REsp 275.987/SP). A doutrina mais atenciosa com o tema explica que, na verdade, encerram-se por sentença os procedimentos cognitivos, que exigem do juiz um provimento declaratório, constitutivo ou condenatório, de modo que, nos procedimentos voluntários, se encerram com o desempenho das atividades que lhes são próprias, não cabendo ao juiz proferir sentença, pois não há fatos a serem acertados, nem direitos a serem declarados ou criados. (GRECO, Leonardo, *Jurisdição voluntária moderna*, São Paulo, Dialética, 2003, p. 55).
2. **Coisa julgada na jurisdição voluntária.** Tratando-se de uma decisão jurisdicional, alguma estabilidade existe. Ainda que se argumente que não há coisa julgada mate-

rial, as decisões proferidas em jurisdição voluntária possuem nítida estabilidade processual, não sendo, portanto, passíveis de modificação de qualquer modo a qualquer tempo. Nesse ponto, vale a ressalva de que o art. 1.111 do CPC/1973 ("A sentença poderá ser modificada, sem prejuízo dos efeitos já produzidos, se ocorrerem circunstâncias supervenientes") não se repetiu no CPC/2015. Na verdade, a retirada do artigo robustece a ideia de que ela não poderia ser modificada, salvo a hipótese de superveniência àquela decisão. Daí, aplica-se a regra de que toda decisão submete-se à *clásula rebus sic stantibus*; são normas concretas criadas para regular determinada situação de fato que, se for alterada, exige criação de outra norma (DIDIER JR., Fredie, *Curso de direito processual civil*, v. 1, 15. ed., Salvador, JusPodivm, 2013, p. 140). Na jurisdição voluntária, é possível observar procedimentos bastante diversos. Nesse passo, interessante trazer uma classificação doutrinária existente, de acordo com a atividade do juiz: os receptícios; os probatórios; os declaratórios; os constitutivos; os executórios; e os exclusivamente tutelares. (GRECO, Leonardo, *Jurisdição voluntária moderna*, São Paulo, Dialética, 2003, p. 27). Em resumo, os receptícios visam a comunicar (*v.g.* protesto, notificações); os probatórios, à aquisição de uma prova (*v.g.*, justificação); os declaratórios, a declarar a existência de uma relação (*v.g.*, extinção de usufruto); os constitutivos, à criação, modificação ou extinção de uma relação que dependem da atuação direta das partes e do magistrado (*v.g.*, emancipação); os executórios, a modificar o mundo exterior (*v.g.*, alienações judiciais); e os tutelares, à proteção de determinadas pessoas (*v.g.*, incapazes), de modo que o grau de estabilidade também variará.

Artigo 724.
Da sentença caberá apelação.
CORRESPONDÊNCIA NO CPC/1973: *ART. 1.110.*

1. Recursos no procedimento voluntário. É o recurso de apelação o recurso, por excelência, de todos os procedimentos jurisdicionais (art. 1.009, CPC/2015). Em regra, deverá ser recebido em seu duplo efeito, devolutivo e suspensivo, observando-se, ainda, os requisitos de admissibilidade recursais (art. 1.010, §3º, CPC/2015).

Artigo 725.
Processar-se-á na forma estabelecida nesta Seção o pedido de:
I – emancipação;
II – sub-rogação;
III – alienação, arrendamento ou oneração de bens de crianças ou adolescentes, de órfãos e de interditos;
IV – alienação, locação e administração da coisa comum;

V – alienação de quinhão em coisa comum;

VI – extinção de usufruto, quando não decorrer da morte do usufrutuário, do termo da sua duração ou da consolidação, e de fideicomisso, quando decorrer de renúncia ou quando ocorrer antes do evento que caracterizar a condição resolutória;

VII – expedição de alvará judicial;

VIII – homologação de autocomposição extrajudicial, de qualquer natureza ou valor.

Parágrafo único. As normas desta Seção aplicam-se, no que couber, aos procedimentos regulados nas seções seguintes.

CORRESPONDÊNCIA NO CPC/1973: *ART. 1.112.*

1. **Outras hipóteses de jurisdição voluntária.** O rol continua sendo exemplificativo. O CC/2002 criou, por exemplo, outras situações especiais, como a possibilidade de alteração de regime de bens (art. 1.639, CC/2002), que, inclusive, levou p STJ a se manifestar pela sua aplicabilidade. (STJ, REsp 868.404/SC). Nessas hipóteses, seguem-se as disposições contidas nos arts. 719 a 725.

SEÇÃO II – Da Notificação e da Interpelação

ARTIGO 726.

Quem tiver interesse em manifestar formalmente sua vontade a outrem sobre assunto juridicamente relevante, poderá notificar pessoas participantes da mesma relação jurídica para dar-lhes ciência de seu propósito.

§ 1º Se a pretensão for a de dar conhecimento geral ao público, mediante edital, o juiz só a deferirá se a tiver por fundada e necessária ao resguardo de direito.

§ 2º Aplica-se o disposto nesta Seção, no que couber, ao protesto judicial.

CORRESPONDÊNCIA NO CPC/1973: *ART. 867.*

1. **Alteração na revisão final.** Registre-se que, na revisão final do texto, houve uma pequena adaptação formal na segunda parte do dispositivo que foi desmembrado para um novo parágrafo, o primeiro, de modo que o parágrafo único do texto aprovado foi remanejado para o segundo parágrafo. Como se verifica, o sentido do texto não ficou prejudicado.

2. **Notificação.** O artigo em análise acertadamente desloca para o Capítulo XV – Dos Procedimentos de Jurisdição Voluntária a notificação e a interpelação que anteriormente constavam no Livro III – Do Processo Cautelar. A nova regra processual previa ainda a retirada do "protesto", todavia, após a conclusão legislativa, recolocou-o no parágrafo único do mesmo dispositivo que, na revisão final, após a sanção presidencial,

encontra-se no parágrafo segundo do dispositivo em apreço. A notificação é a medida que visa a dar ciência às pessoas participantes de uma mesma relação jurídica de que fazendo, ou deixando de fazer, algo será eventualmente promovida uma medida de caráter judicial ou extrajudicial. Há casos em que, para a propositura da medida, será necessária a prévia notificação (art. 46, Lei 8.245/1991) ou prévia interpelação (art. 1º, Decreto-Lei 745/1969, art. 1º). Na prática quase reina a fungibilidade. (ALVIM, Arruda; ASSIS, Araken de; ALVIM, Eduardo Arruda; *Comentários ao Código de Processo Civil*, 3. ed., São Paulo, RT, 2014, p. 1.514).

3. Protesto. É a medida que visa à reclamação, tendo por finalidade a conservação de direitos e prevenção de responsabilidades, além de interromper a prescrição (art. 202, II, CC/2002).

Artigo 727.

Também poderá o interessado interpelar, no caso do art. 726, para que faça ou deixe de fazer aquilo que o requerente entenda do seu direito.
CORRESPONDÊNCIA NO CPC/1973: *NÃO HÁ.*

1. Interpelação. A interpelação, por sua vez, é medida que visa a exigir o cumprimento de determinada obrigação, sob pena de ser constituído em mora (art. 397, CC/2002).

Artigo 728.

O requerido será previamente ouvido antes do deferimento da notificação ou do respectivo edital:
I – se houver suspeita de que o requerente, por meio da notificação ou do edital, pretende alcançar fim ilícito;
II – se tiver sido requerida a averbação da notificação em registro público.
CORRESPONDÊNCIA NO CPC/1973: *NÃO HÁ.*

1. Contraditório. O novo regramento determina que o requerido deve ser previamente ouvido, caso haja suspeita de que o requerente, por meio da notificação ou do edital, pretende alcançar fim ilícito. É o que previa o art. 869 do CPC/1973, diante de uma má intenção do requerente – caso em que o magistrado estava autorizado a indeferir o pedido. (STJ, RMS 16.406/SP). É indispensável, portanto, que o requerente exponha claramente seu fundamento da peça inicial, principalmente no que se refere a seu legítimo interesse na realização, notificação ou interpelação do processo. Na segunda hipótese, de averbação da notificação em registro público, será previamente ouvido o requerido. (STJ, REsp 185.645/PR).

Artigo 729.
   Deferida e realizada a notificação ou interpelação, os autos serão entregues ao requerente.
CORRESPONDÊNCIA NO CPC/1973: *ART. 872.*

   1. **Eficácia do protesto, da notificação e da interpelação.** O protesto, a notificação e a interpelação produzem os efeitos que lhe são próprios no plano do direito material. (ALVIM, Arruda; ASSIS, Araken de; ALVIM, Eduardo Arruda, *Comentários ao Código de Processo Civil*, 3. ed., São Paulo, RT, 2014, p. 1.517). Caberá à parte conferir utilidade à medida obtida.
   2. **Entrega dos autos à parte.** Este dispositivo determina, ainda, a entrega dos autos ao autor ou a seu advogado, para fins de obtenção de eventual certidão.

SEÇÃO III – Da Alienação Judicial

Artigo 730.
   Nos casos expressos em lei, não havendo acordo entre os interessados sobre o modo como deve se realizar a alienação do bem, o juiz, de ofício ou a requerimento dos interessados ou do depositário, mandará aliená-lo em leilão, observando-se o disposto na Seção I deste Capítulo e, no que couber, o disposto nos arts. 879 a 903.
CORRESPONDÊNCIA NO CPC/1973: *ART. 1.113.*

   1. **Alienação judicial.** Além dos casos expressos em lei (*v.g.* coisas vagas), o novo dispositivo abrange também as hipóteses em que não houver acordo entre as partes sobre a venda do bem, ainda que de fácil deterioração ou não, haverá a necessidade do leilão dos bens depositados em juízo, salvo havendo consenso sobre a venda. Em todas as hipóteses, deverá a outra parte também se manifestar sobra a alienação do bem.
   2. **Procedimento.** Observar-se-á o disposto na Seção I – Das Disposições Gerais da Jurisdição Voluntária e, no que couber, o disposto nos arts. 879 a 903 – Da Alienação Judicial.

SEÇÃO IV – Do Divórcio e da Separação Consensuais, da Extinção Consensual da União Estável e da Alteração do Regime de Bens do Matrimônio

Artigo 731.
   A homologação do divórcio ou da separação consensuais, observados os requisitos legais, poderá ser requerida em petição assinada por ambos os cônjuges, da qual constarão:

I – as disposições relativas à descrição e à partilha dos bens comuns;

II – as disposições relativas à pensão alimentícia entre os cônjuges;

III – o acordo relativo à guarda dos filhos incapazes e ao regime de visitas; e

IV – o valor da contribuição para criar e educar os filhos.

Parágrafo único. Se os cônjuges não acordarem sobre a partilha dos bens, far-se-á esta depois de homologado o divórcio, na forma estabelecida nos arts. 647 a 658.

CORRESPONDÊNCIA NO CPC/1973: *ART. 1.120.*

A separação consensual será requerida em petição assinada por ambos os cônjuges.

§ 1º Se os cônjuges não puderem ou não souberem escrever, é lícito que outrem assine a petição a rogo deles.

§ 2º As assinaturas, quando não lançadas na presença do juiz, serão reconhecidas por tabelião.

Artigo 1.121. A petição, instruída com a certidão de casamento e o contrato antenupcial se houver, conterá:

I – a descrição dos bens do casal e a respectiva partilha;

II – o acordo relativo à guarda dos filhos menores e ao regime de visitas;

III – o valor da contribuição para criar e educar os filhos;

IV – a pensão alimentícia do marido à mulher, se esta não possuir bens suficientes para se manter.

§ 1º Se os cônjuges não acordarem sobre a partilha dos bens, far-se-á esta, depois de homologada a separação consensual, na forma estabelecida neste Livro, Título I, Capítulo IX.

§ 2º Entende-se por regime de visitas a forma pela qual os cônjuges ajustarão a permanência dos filhos em companhia daquele que não ficar com sua guarda, compreendendo encontros periódicos regularmente estabelecidos, repartição das férias escolares e dias festivos.

1. Divórcio, separação, união estável e jurisdição voluntária. O desfazimento do casamento – sempre possível em duas etapas (separação e divórcio), ou da união estável – pode decorrer da manifestação de vontade bilateral dos cônjuges ou convivente. Não obstante ambos encerrem a sociedade conjugal (art. 1.571, III e IV, CC/2002), a separação põe termo ao vínculo conjugal, encerrando os deveres de coabitação e fidelidade recíproca (art. 1.576, *caput*, CC/2002), enquanto o divórcio dissolve o próprio vínculo matrimonial, pondo fim ao casamento (art. 1.571, §2º, CC/2002). A união estável, uma vez extinta, extinguirá o vínculo jurídico-afetivo que a sustentava. Havendo consenso para o desfazimento, o divórcio, a separação ou a união estável, haverá a possibilidade de o respectivo vínculo jurídico ser extinto pela via da jurisdição voluntária, em que a manifestação convergente da vontade das partes será certificada-homologada pelo Poder Judiciário após o transcurso do devido procedimento legal.

2. Requisitos da petição inicial. O procedimento de jurisdição voluntária voltado à homologação da extinção do divórcio e da separação, além de vir assinado por ambos os cônjuges e respectivo(s) advogado(s), deverá conter as disposições previstas nos incisos I a IV do art. 731. Evidentemente, naquilo que couber, já que, em processo de jurisdição voluntária, a inicial ainda deverá conter os requisitos do art. 319.

3. Partilha posterior. Apesar de o inciso I do art. 731 prever que o plano e respectiva partilha dos bens do casal devam constar na petição inicial do procedimento de homologação do divórcio ou da separação, sempre haverá a possibilidade de as partes não estarem totalmente de acordo em relação à divisão patrimonial. Isso ocorrendo, será possível que a partilha seja realizada após a homologação do divórcio, seguindo o trâmite previsto em relação a ela no procedimento de inventário e partilha (arts. 647 a 658). Aliás, a possibilidade de o divórcio ser concedido independentemente da partilha dos bens do casal decorre de previsão expressa do direito material (art. 1.581, CC/2002).

Artigo 732.

As disposições relativas ao processo de homologação judicial de divórcio consensual aplicam-se, no que couber, ao processo de homologação judicial da separação consensual e da extinção consensual da união estável.

CORRESPONDÊNCIA NO CPC/1973: *SEM CORRESPONDÊNCIA.*

1. Considerações gerais. Sendo também consensual a pretensão à extinção da união estável, o respectivo procedimento de homologação seguirá, naquilo que couber, o mesmo procedimento de jurisdição voluntária voltado à situação correlata em caso de divórcio e separação, inclusive no que diz respeito à possibilidade de partilha posterior extinção judicial da convivência.

Artigo 733.

O divórcio e a separação consensuais e a extinção consensual de união estável, não havendo nascituro, filhos incapazes e observados os requisitos legais, poderão ser realizados por escritura pública, da qual constarão as disposições de que trata o art. 731.

§ 1º A escritura não depende de homologação judicial e constitui título hábil para qualquer ato de registro, bem assim para levantamento de importância depositada em instituições financeiras.

§ 2º O tabelião somente lavrará a escritura se os interessados estiverem assistidos por advogado comum ou advogados de cada um deles ou por defensor público, cuja qualificação e assinatura constarão do ato notarial.

CORRESPONDÊNCIA NO CPC/1973: *ART. 1.124-A.*

A separação consensual e o divórcio consensual, não havendo filhos menores ou incapazes do casal e observados os requisitos legais quanto aos prazos, poderão ser realizados por escritura pública, da qual constarão as disposições relativas à descrição e à partilha dos bens comuns e à pensão alimentícia e, ainda, ao acordo quanto à retomada pelo cônjuge de seu nome de solteiro ou à manutenção do nome adotado quando se deu o casamento.

§ 1º A escritura não depende de homologação judicial e constitui título hábil para o registro civil e o registro de imóveis.

§ 2º O tabelião somente lavrará a escritura se os contratantes estiverem assistidos por advogado comum ou advogados de cada um deles ou por defensor público, cuja qualificação e assinatura constarão do ato notarial.

§ 3º A escritura e demais atos notariais serão gratuitos àqueles que se declararem pobres sob as penas da lei.

1. Divórcio, separação e extinção da união estável por escritura pública. Havendo consenso quanto ao término dos respectivos vínculos, além do procedimento simplificado pela via judicial, o legislador também viabiliza a possibilidade de que o fim do casamento ou da união estável seja ajustado através de escritura pública, sem a necessidade de qualquer passagem pela via judiciária, o que já era previsto no CPC/1973. Não obstante, alguns requisitos devem ser observados: (i) não existência de nascituro ou filhos incapazes das partes, (ii) previsão das disposições contidas nos incisos I e II do art. 731, (iii) representação das partes por advogado, comum ou não, ou de defensor público, que necessariamente serão qualificados e assinarão o respectivo instrumento. Lavrada a escritura, servirá de título hábil para ser levada a qualquer registro público para as alterações patrimoniais necessárias entre as partes, inclusive para que seja viabilizado o levantamento de importância depositada em instituição financeira.

Artigo 734.

A alteração do regime de bens do casamento, observados os requisitos legais, poderá ser requerida, motivadamente, em petição assinada por ambos os cônjuges, na qual serão expostas as razões que justificam a alteração, ressalvados os direitos de terceiros.

§ 1º Ao receber a petição inicial, o juiz determinará a intimação do Ministério Público e a publicação de edital que divulgue a pretendida alteração de bens, somente podendo decidir depois de escoado o prazo de 30 (trinta) dias da publicação do edital.

§ 2º Os cônjuges, na petição inicial ou em petição avulsa, podem propor ao juiz meio alternativo de divulgação da alteração do regime de bens, a fim de resguardar direitos de terceiros.

§ 3º Após o trânsito em julgado da sentença, serão expedidos mandados de averbação aos cartórios de registro civil e de imóveis e, caso qualquer

dos cônjuges seja empresário, ao Registro Público de Empresas Mercantis e Atividades Afins.
CORRESPONDÊNCIA NO CPC/1973: *SEM CORRESPONDÊNCIA.*

1. Alteração do regime de casamento. A possibilidade de alteração do regime de bens do casamento é autorizada pelo parágrafo 2º do art. 1.639 do CC/2002, sendo que o artigo em comento inovou em prever um procedimento especial para sua obtenção. No regime do revogado CPC/1973, a respectiva pretensão deveria ser buscada por meio do, à época, denominado como procedimento comum da jurisdição voluntária (arts. 1.103 a 1.112, CPC/1973).

2. O procedimento. São requisitos do procedimento especial de alteração do regime de bens do casamento: (i) petição inicial com indicação da motivação na causa de pedir; (ii) assinatura de ambos os cônjuges; (iii) demonstração de que não serão afetados direitos de terceiros; iv) manifestação do Ministério Público, (v) publicação de editais, com prazo de 30 (trinta) dias, divulgando a intenção das partes, para conhecimento geral, (vi) eventual possibilidade de as partes proporem meio alternativo ao edital para ser dado conhecimento a terceiros. Cumpridas as formalidades procedimentais, notadamente o transcurso do prazo do edital, o juiz decidirá sobre o pedido. Com o trânsito em julgado, serão expedidos mandados de averbação aos registros públicos em geral.

3. Publicidade e proteção de terceiros. A alteração do regime de bens do casamento, visto que poderá vir a repercutir no interesse patrimonial de outrem, deverá ser amplamente divulgado – seja por edital expedido no processo, com prazo de 30 (trinta) dias, seja por qualquer outro meio idôneo de divulgação da intenção dos cônjuges – no processo e acolhido pelo juiz, como através da *web*, por exemplo.

SEÇÃO V – Dos Testamentos e dos Codicilos

ARTIGO 735.
Recebendo testamento cerrado, o juiz, se nele não achar vício externo que o torne suspeito de nulidade ou falsidade, o abrirá e mandará que o escrivão o leia em presença de quem o entregou.
§ 1º Do termo de abertura constarão o nome do apresentante e como houve ele o testamento, a data e o lugar do falecimento do testador, como comprovados pelo apresentante e qualquer circunstância digna de nota.
§ 2º Depois de ouvido o Ministério Público, não havendo dúvidas a serem esclarecidas, o juiz mandará registrar, arquivar e cumprir o testamento.
§ 3º Feito o registro, será intimado o testamenteiro para assinar o termo da testamentária.

§ 4º Se não houver testamenteiro nomeado, estiver ausente ou não aceitar o encargo, o juiz nomeará testamenteiro dativo, observando-se a preferência legal.

§ 5º O testamenteiro deverá cumprir as disposições testamentárias e prestar contas em juízo do que recebeu e despendeu, observando-se o disposto em lei.

CORRESPONDÊNCIA NO CPC/1973: *ART. 1.125.*

1. **Alteração na revisão final.** Registre-se que, na revisão final do texto, houve uma pequena adaptação formal na segunda parte do terceiro parágrafo do dispositivo que foi desmembrado para um novo parágrafo, o quarto, de modo que o parágrafo quarto do texto aprovado foi remanejado para o parágrafo quinto. Como se verifica, o sentido do texto não ficou prejudicado.

2. **Testamento e codicilo.** O conceito de testamento se extrai do art. 1.857 do CC/2002, que dispõe que toda pessoa capaz pode dispor, por testamento, da totalidade de seus bens, ou parte deles, para depois da sua morte. Trata-se de um negócio jurídico unilateral gratuito, personalíssimo, revogável a qualquer tempo, que tem por objeto a disposição de bens patrimoniais. O codicilo, por seu turno, é também um ato de disposição de última vontade no que diz respeito ao enterro do testador. É o que dispõe o art. 1.881 do CC/2002, quando traz que toda pessoa capaz de testar poderá, mediante escrito particular, fazer disposições especiais sobre seu enterro, sobre esmolas de pouca monta a certas e determinadas pessoas, assim como legar móveis, roupas ou joias, de pouco valor, de uso pessoal.

3. **Citação do herdeiro.** Nos procedimentos de jurisdição voluntária, vale o disposto no art. 721 do CPC/2015 que prevê a necessidade de citação de todos os interessados, neste caso, os herdeiros necessários ou demais interessados em eventual impugnação do testamento e, sendo o caso, o Ministério Público (art. 178, CPC/2015).

4. **Testamento cerrado.** O testamento cerrado é uma das formas ordinárias de testamento (art. 1.862, CC/2002). Este modelo de testamento encontra-se disciplinado no art. 1.868 do CC/2002, que dispõe que o testamento escrito pelo testador ou alguém a seu rogo, apresentado ao tabelião na presença de duas testemunhas, declarando ser seu testamento. O tabelião lançará em livro anotação de data e lugar em que o testamento foi entregue e aprovado (art. 1.874, CC/2002), após os procedimentos legais, quando então será cerrado, lacrado e devolvido ao testador. A vantagem do testamento cerrado é se manter secreto enquanto vivo o testador, evitando constrangimento de herdeiros preteridos; as desvantagens são poder se extraviar facilmente e o risco de rompimento de lacre, que poderá ser considerado como revogação do testamento pelo testador. (PELUSO, Antonio Cezar (org.), *Código Civil comentado*, 7. ed., Barueri, Manole, 2013, p. 2.253).

5. **Procedimento de abertura**. O procedimento em comento visa à abertura do testamento cerrado, analisando, para tanto, o devido cumprimento dos requisitos do

testamento cerrado, de modo que, tendo o recebido o juiz, se nele não achar vício que o torne suspeito de nulidade ou falsidade, o abrirá e mandará que o escrivão o leia em presença de quem o entregou. Note-se que o testamento cerrado que o testador abrir ou dilacerar será considerado como revogado, na forma do art. 1.972 do CC/2002. Assim sendo, têm-se as seguintes formalidades: (i) que o testador o entregue ao tabelião em presença de duas testemunhas; (ii) que o testador declare que aquele é seu testamento e quer que seja aprovado; (iii) que o tabelião lavre o auto de aprovação, na presença das duas testemunhas, e o leia, em seguida, ao testador e testemunhas; e (iv) que o auto de aprovação seja assinado pelo tabelião, pelas testemunhas e pelo testador (art. 1.868, CC/2002). Passada a análise do vício, faz-se a leitura na presença de quem o entregou, lavrando-se o ato de abertura. (STJ, REsp 95.861/RJ).

6. Testamenteiro. O testador pode nomear um ou mais testamenteiros para lhe darem cumprimento às disposições de última vontade (art. 1.976, CC/2002). Como se verifica, o testamenteiro é a pessoa escolhida pelo testador para apresentação do testamento e seu cumprimento (art. 1.137, CC/2002). Por essa razão, será intimado para assinar o termo da testamentária. Não havendo testamenteiro nomeado, o juiz nomeará testamenteiro dativo, observando-se a preferência legal.

Artigo 736.

Qualquer interessado, exibindo o traslado ou a certidão de testamento público, poderá requerer ao juiz que ordene o seu cumprimento, observando-se, no que couber, o disposto nos parágrafos do art. 750.

CORRESPONDÊNCIA NO CPC/1973: *ART. 1.128.*

1. Testamento público. O testamento público é o contrário do cerrado (art. 1.864, CC/2002), porque é escrito pelo tabelião em livro de notas em escritura pública; É portanto, esta a vantagem do testamento público sobre os demais: é lavrado por pessoa experiente, com conhecimento de causa, reduzindo o risco de nulidade por falha em requisitos formais. Além disso, é praticamente indestrutível, pois consta de livro de notas, podendo-se extrair quantas certidões se quiser; (...) a desvantagem é sua publicidade, o livre acesso de qualquer um a seu teor, o que pode gerar desconforto entre o testador e os parentes preteridos. (PELUSO, Antonio Cezar (Org.), *Código Civil comentado*, 7. ed., Barueri, Manole, 2013, p. 2.248).

2. Exibição do testamento público. O cumprimento de testamento público pode ser requerido por qualquer interessado, devendo esse exibir ao juiz o traslado ou certidão. (ALVIM, Arruda; ASSIS, Araken de; ALVIM, Eduardo Arruda, *Comentários ao Código de Processo Civil*, 3. ed., São Paulo, RT, 2014, p. 1.806). O processamento será feito nos moldes estabelecidos para o cumprimento do testamento cerrado (art. 735, CC/2002), na forma do disposto no art. 1.864 do CC/2002.

Artigo 737.
A publicação do testamento particular poderá ser requerida, depois da morte do testador, pelo herdeiro, pelo legatário ou pelo testamenteiro, bem como pelo terceiro detentor do testamento, se impossibilitado de entregá-lo a algum dos outros legitimados para requerê-la.

§ 1º Serão intimados os herdeiros que não tiverem requerido a publicação do testamento.

§ 2º Verificando a presença dos requisitos da lei, ouvido o Ministério Público, o juiz confirmará o testamento.

§ 3º Aplica-se o disposto neste artigo ao codicilo e aos testamentos marítimo, aeronáutico, militar e nuncupativo.

§ 4º Observar-se-á, no cumprimento do testamento, o disposto nos parágrafos do art. 735.

CORRESPONDÊNCIA NO CPC/1973: *ART. 1.130.*

1. **Testamento particular.** O testamento particular pode ser escrito de próprio punho ou mediante processo mecânico pelo testador e por ele lido e assinado na presença de três testemunhas que também o deverão subscrever (art. 1.876, 2002). A única vantagem, em relação ao testamento público, é o testador poder manter suas disposições de última vontade em segredo até sua morte; dentre as desvantagens, a exigência de confirmação testemunhal e o risco de extravio do testamento. (ALVIM, Arruda; ASSIS, Araken de; ALVIM, Eduardo Arruda, *Comentários ao Código de Processo Civil*, 3. ed., São Paulo, RT, 2014, p. 2.256).

2. **Confirmação do testamento.** O procedimento analisado tem o condão de verificar a validade do testamento particular, realizado sem auxílio do tabelião. Tem início com o requerimento do herdeiro, legatário ou testamenteiro, para a oitiva de testemunhas do testamento para certificar a vontade sem vício de consentimento. (STJ, REsp 828.616/MG). Deve haver a intervenção do Ministério Público por ser um ato de última vontade. O processamento será feito nos moldes estabelecidos para o cumprimento do testamento cerrado (art. 735, CPC/2015), na forma do disposto no art. 1.864 do CC/2002.

3. **Testamentos Especiais.** Aplica-se o disposto neste artigo ao codicilo (art. 1.881, CC/2002) e aos testamentos marítimo, aeronáutico, militar (art. 1.886, CC/2002) e nuncupativo (art. 1.896, CC/2002). Ou seja, o disposto sobre a confirmação de testamento particular se aplica também a outras modalidades de testamento que não a ordinária (art. 1.862, CC/2002), independem de tabelião. O testamento marítimo é testamento especial que pode ser realizado por quem está em viagem marítima perante o comandante, na presença de 2 (duas) testemunhas (art. 1.888, CC/2002).

No testamento marítimo, o comandante do navio, ou quem o substitui, atua como o tabelião, redigindo o testamento em seu diário de bordo, como se fosse o livro de notas do tabelião, caso o testador opte pelo testamento marítimo similar ao público; ou então, o testador poderá optar por realizar o testamento marítimo por forma correspondente ao testamento cerrado, no qual o comandante lavrará o auto de aprovação, registrando no diário de bordo; caso o testador prefira-se valer do testamento particular, poderá realizá-lo normalmente, pois não exige a intervenção do tabelião. (PELUSO, Antonio Cezar (Org.), *Código Civil comentado*, 7. ed., Barueri, Manole, 2013, p. 2.265).

Nessa linha de raciocínio, o testamento aeronáutico é aquele feito por quem estiver a bordo de aeronave perante pessoa designada pelo comandante (art. 1.889, CC/2002). Em ambas as hipóteses, caducará o testamento se o testador não morrer na viagem, nem nos 90 (noventa) dias subsequentes a seu desembarque em terra (art. 1.891, CC/2002).

O testamento militar encontra-se disciplinado no art. 1.893 do CC/2002. Cuida de testamento dos militares e demais pessoas a serviço das Forças Armadas em campanha, dentro ou fora do país, assim como em praça sitiada ou que esteja com a comunicações interrompidas. Nesse caso, não havendo tabelião, poderá fazer-se perante 2 (duas) ou 3 (três) testemunhas. Se o testador não puder ou não souber assinar, uma delas assinará por ele, com a ressalva de que se a impossibilidade decorrer de empenho em combate ou ferimentos, poderão atestar oralmente, sendo esta a hipótese de testamento nuncupativo (art. 1.896, CC/2002).

SEÇÃO VI – Da Herança Jacente

ARTIGO 738.

Nos casos em que a lei civil considere jacente a herança, o juiz, em cuja comarca tiver domicílio o falecido, procederá imediatamente à arrecadação de todos os seus bens.

CORRESPONDÊNCIA NO CPC/1973: *ART. 1.142.*

1. **Herança jacente.** Falecendo alguém sem deixar testamento nem herdeiro legítimo, os bens da herança, depois de arrecadados, ficarão sob a guarda e administração de um curador, até sua entrega ao sucessor devidamente habilitado ou a declaração de sua vacância (art. 1.819, CC/2002). Em outras palavras, a herança jacente é aquela a que o *de cujus* que morre sem disposição de vontade e não deixa herdeiros legítimos conhecidos, na medida em que não haverá quem administre os bens da herança. (STJ, REsp 147.959/SP). Caso apareçam herdeiros, deixará de ser herança jacente.

2. **Arrecadação da herança jacente.** Diante da inexistência de um administrador da herança, bem como para preservá-los, os bens serão arrecadados e confiados à guarda do curador nomeado pelo juízo do domicílio do falecido (art. 48, CPC/2015). É considerada como estado provisório até a localização de herdeiros ou a declara-

ção de vacância (art. 1.819, CC/2002). São legitimados a requerer a arrecadação da herança jacente, o Ministério Público ou qualquer interessado; o juiz também poderá dar início à arrecadação de ofício. (ALVIM, Arruda; ASSIS, Araken de; ALVIM, Eduardo Arruda, *Comentários ao Código de Processo Civil*, 3. ed., São Paulo, RT, 2014, p. 1813).

Artigo 739.
A herança jacente ficará sob a guarda, a conservação e a administração de um curador até a respectiva entrega ao sucessor legalmente habilitado ou até a declaração de vacância.
§ 1º Incumbe ao curador:
I – representar a herança em juízo ou fora dele, com intervenção do Ministério Público;
II – ter em boa guarda e conservação os bens arrecadados e promover a arrecadação de outros porventura existentes;
III – executar as medidas conservatórias dos direitos da herança;
IV – apresentar mensalmente ao juiz um balancete da receita e da despesa;
V – prestar contas ao final de sua gestão.
§ 2º Aplica-se ao curador o disposto nos arts. 159 a 161.
CORRESPONDÊNCIA NO CPC/1973: *ARTS. 1.143 E 1.044.*

1. **Declaração de vacância.** A declaração de vacância produz como efeitos a transferência da guarda e a administração dos bens arrecadados ao Poder Público, bem como a exclusão definitiva, em face da sucessão, dos colaterais que até o momento não tiverem se habilitado. (PELUSO, Antonio Cezar (Org.), *Código Civil comentado*, 7. ed., Barueri, Manole, 2013, p. 2.199). Na forma do art. 1.822 do CC/2002, os herdeiros que legalmente se habilitarem não serão prejudicados pela declaração de vacância, mas, decorridos 5 (cinco) anos da abertura da sucessão, os bens passarão ao domínio público. (AgRg no REsp 1.099.256/RJ).

2. **Deveres do curador.** É o curador que conservará e administrará o bem até a declaração de vacância ou a localização de um sucessor legalmente habilitado. Nessa hipótese, deverá representar a herança em juízo ou fora dele, com intervenção do Ministério Público; ter em boa guarda e conservação os bens arrecadados e promover a arrecadação de outros porventura existentes; executar as medidas conservatórias dos direitos da herança; apresentar mensalmente ao juiz um balancete da receita e da despesa; e prestar contas ao final de sua gestão. Aplica-se ao curador o disposto nos arts. 159 a 161.

Artigo 740.

O juiz ordenará que o oficial de justiça, acompanhado do escrivão, ou do chefe de secretaria, e do curador, arrole os bens e descreva-os em auto circunstanciado.

§ 1º Não podendo comparecer ao local, o juiz requisitará à autoridade policial que proceda à arrecadação e ao arrolamento dos bens, com duas testemunhas, que assistirão às diligências.

§ 2º Não estando ainda nomeado o curador, o juiz designará um depositário e lhe entregará os bens, mediante simples termo nos autos, depois de compromissado.

§ 3º Durante a arrecadação o juiz ou a autoridade policial inquirirá os moradores da casa e da vizinhança sobre a qualificação do falecido, o paradeiro de seus sucessores e a existência de outros bens, lavrando-se de tudo um auto de inquirição e informação.

§ 4º O juiz examinará reservadamente os papéis, as cartas missivas e os livros domésticos; verificando que não apresentam interesse, mandará empacotá-los e lacrá-los para serem assim entregues aos sucessores do falecido ou queimados quando os bens forem declarados vacantes.

§ 5º Se constar ao juiz a existência de bens em outra comarca, mandará expedir carta precatória a fim de serem arrecadados.

§ 6º Não se fará a arrecadação, ou esta será suspensa, quando, iniciada, apresentarem-se para reclamar os bens o cônjuge ou companheiro, o herdeiro ou o testamenteiro notoriamente reconhecido e não houver oposição motivada do curador, de qualquer interessado, do Ministério Público ou do representante da Fazenda Pública.

CORRESPONDÊNCIA NO CPC/1973: *ARTS. 1.145 E 1.048.*

1. **Procedimento da arrecadação.** O juiz ordenará que o oficial de justiça, acompanhado do escrivão, ou do chefe de secretaria, e do curador, arrole os bens e descreva-os em auto circunstanciado. Inclusive, proceder-se-á à inquirição dos moradores da casa e vizinhança na tentativa de localizar sucessores e a existência de outros bens. Não há a necessidade do comparecimento do magistrado à residência do falecido, como previa a legislação do CPC/1973. Caso não haja curador nomeado, o juiz designará depositário até a nomeação, sendo os bens entregues mediante termos nos autos, depois de compromissado. Os documentos porventura encontrados serão examinados pelo magistrado, que, verificando que não apresentam interesse, mandará empacotá-los e lacrá-los para serem assim entregues aos sucessores; não sendo localizados, serão queimados após declaração de vacância. Não se fará a arrecadação, ou esta será suspensa, quando se apresentar algum sucessor para reclamar os bens.

Artigo 741.
    Ultimada a arrecadação, o juiz mandará expedir edital, que será publicado na rede mundial de computadores, no sítio do tribunal a que estiver vinculado o juízo e na plataforma de editais do Conselho Nacional de Justiça, onde permanecerá por três meses, ou, não havendo sítio, no órgão oficial e na imprensa da comarca, por três vezes com intervalos de um mês, para que os sucessores do falecido venham a habilitar-se no prazo de seis meses contados da primeira publicação.
    § 1º Verificada a existência de sucessor ou testamenteiro em lugar certo, far-se-á a sua citação, sem prejuízo do edital.
    § 2º Quando o falecido for estrangeiro, será também comunicado o fato à autoridade consular.
    § 3º Julgada a habilitação do herdeiro, reconhecida a qualidade do testamenteiro ou provada a identidade do cônjuge ou companheiro, a arrecadação converter-se-á em inventário.
    § 4º Os credores da herança poderão habilitar-se como nos inventários ou propor a ação de cobrança.
    CORRESPONDÊNCIA NO CPC/1973: *ARTS. 1.152 A 1.154.*

    1. **Conversão em inventário.** Após a expedição de editais, e verificada a existência de sucessor ou testamenteiro em lugar certo, far-se-á sua citação, sem prejuízo do edital. Havendo pedido de habilitação do herdeiro, reconhecida a qualidade do testamenteiro ou provada a identidade do cônjuge ou companheiro, a arrecadação se converterá em inventário.
    2. **Habilitação dos credores.** Os credores da herança poderão habilitar-se como nos inventários ou propor a ação de cobrança, nos limites das forças da herança (art. 1.821, CC/2002).

Artigo 742.
    O juiz poderá autorizar a alienação:
    I – de bens móveis, se forem de conservação difícil ou dispendiosa;
    II – de semoventes, quando não empregados na exploração de alguma indústria;
    III – de títulos e papéis de crédito, havendo fundado receio de depreciação;
    IV – de ações de sociedade quando, reclamada a integralização, não dispuser a herança de dinheiro para o pagamento;
    V – de bens imóveis: a) se ameaçarem ruína, não convindo a reparação; b) se estiverem hipotecados e vencer-se a dívida, não havendo dinheiro para o pagamento.

§ 1º Não se procederá, entretanto, à venda se a Fazenda Pública ou o habilitando adiantar a importância para as despesas.

§ 2º Os bens com valor de afeição, como retratos, objetos de uso pessoal, livros e obras de arte, só serão alienados depois de declarada a vacância da herança.

CORRESPONDÊNCIA NO CPC/1973: *ARTS. 1.155 E 1.156.*

1. **Alienação dos bens.** Os bens arrecadados poderão ser alienados mediante autorização judicial, conforme dispõe o art. 742. Em reprodução do art. 1.155 do CPC/1973, o CPC/2015 permite que o curador, a quem compete a guarda dos bens, realize um pedido de alienação dos bens diante de eventual perecimento deles. O juiz poderá autorizar a alienação: de bens móveis, se forem de conservação difícil ou dispendiosa; de semoventes, quando não empregados na exploração de alguma indústria; de títulos e papéis de crédito, havendo fundado receio de depreciação; de ações de sociedade quando, reclamada a integralização, não dispuser a herança de dinheiro para o pagamento; de bens imóveis: (i) se ameaçarem ruína, não convindo a reparação; (ii) se estiverem hipotecados e vencer-se a dívida, não havendo dinheiro para o pagamento. Ressalva-se que não se procederá, entretanto, à venda, se a Fazenda Pública ou o habilitando adiantarem a importância para as despesas. Já os bens com valor de afeição só serão alienados depois de declarada a vacância da herança.

ARTIGO 743.
Passado 1 (um) ano da primeira publicação do edital e não havendo herdeiro habilitado nem habilitação pendente, será a herança declarada vacante.

§ 1º Pendendo habilitação, a vacância será declarada pela mesma sentença que a julgar improcedente, aguardando-se, no caso de serem diversas as habilitações, o julgamento da última.

§ 2º Transitada em julgado a sentença que declarou a vacância, o cônjuge, o companheiro, os herdeiros e os credores só poderão reclamar o seu direito por ação direta.

CORRESPONDÊNCIA NO CPC/1973: *ART. 1.157 E ART. 1.158.*

1. **Declaração de vacância.** Na esteira do art. 1820 do CC/2002, segunda parte, o novo código processual mantém o prazo de 1 (um) ano da primeira publicação do edital para que a herança seja declarada vacante quando não houver herdeiro habilitado nem habilitação pendente. Ressalta-se que, na forma do art. 1.822 do CC/2002, decorridos 5 (cinco) anos da abertura da sucessão, os bens passarão ao domínio público. (STJ, AgRg no REsp 1.099.256/RJ). Assim, os herdeiros e eventuais credores não ficarão prejudica-

dos, porque se manterá a possibilidade de reclamar o direito através de ação autônoma, denominada petição de herança (art. 1.824, CC/2002).

SEÇÃO VII – Dos Bens dos Ausentes

Artigo 744.
Declarada a ausência nos casos previstos em lei, o juiz mandará arrecadar os bens do ausente e nomear-lhes-á curador na forma estabelecida na Seção VI, observando-se o disposto em lei.
CORRESPONDÊNCIA NO CPC/1973: *ART. 1.159 E 1.160.*

1. Ausência. De acordo com o disposto no art. 22 do CC/2002, desaparecendo uma pessoa de seu domicílio sem dela haver notícia, e ela não houver deixado representante ou procurador a quem caiba administrar-lhe os bens, o juiz, a requerimento de qualquer interessado ou do Ministério Público, declarará a ausência e lhe nomeará curador. Ou seja, a ausência é caracterizada pela incerteza da pessoa que desapareceu sem dar notícia. (STJ, REsp 1.016.023/DF). A ação em que o ausente for réu será proposta no foro de seu último domicílio, na forma do art. 26 do CPC/2015.

Artigo 745.
Feita a arrecadação, o juiz mandará publicar editais na rede mundial de computadores, no sítio do tribunal a que estiver vinculado e na plataforma de editais do Conselho Nacional de Justiça, onde permanecerá por um ano; não havendo sítio, a publicação far-se-á no órgão oficial e na imprensa da comarca, durante um ano, reproduzida de dois em dois meses, anunciando a arrecadação e chamando o ausente a entrar na posse de seus bens.
§ 1º Findo o prazo previsto no edital, poderão os interessados requerer a abertura da sucessão provisória, observando-se o disposto na lei.
§ 2º O interessado, ao requerer a abertura da sucessão provisória, pedirá a citação pessoal dos herdeiros presentes e do curador e, por editais, a dos ausentes para requererem habilitação, na forma dos arts. 689 a 692.
§ 3º Presentes os requisitos legais, poderá ser requerida a conversão da sucessão provisória em definitiva.
§ 4º Regressando o ausente ou algum dos seus descendentes ou ascendentes para requerer ao juiz a entrega de bens, serão citados para contestar o pedido os sucessores provisórios ou definitivos, o Ministério Público e o representante da Fazenda Pública, seguindo-se o procedimento comum.
CORRESPONDÊNCIA NO CPC/1973: *ARTS. 1.161; 1.163; 1.167 E 1.168.*

1. Bens dos ausentes. O procedimento de arrecadação de bens dos ausentes segue o procedimento da herança jacente (art. 738, CPC/2015). Requerida a arrecadação por qualquer interessado, o magistrado mandará arrecadar os bens do ausente e a estes nomeará curador, que seguirá a ordem de preferência estabelecida no art. 25 do CC/2002, sendo que, em última hipótese, a escolha competirá ao próprio magistrado. Após a realização de editais, poderão os interessados requerer a abertura da sucessão provisória. Nesse caso, o interessado pedirá a citação pessoal dos herdeiros presentes e do curador e, por editais, a dos ausentes para requererem habilitação, na forma dos arts. 689 a 692, cessando a curadoria (art. 1.162, CPC/1973). Em hipótese distinta, regressando o ausente ou algum dos seus descendentes ou ascendentes para requerer ao juiz a entrega de bens, serão citados para contestar o pedido os sucessores provisórios ou definitivos, o Ministério Público e o representante da Fazenda Pública, seguindo-se o procedimento comum. (art. 743, CPC/2015). Retirou-se o prazo de 10 (dez) anos seguintes à abertura da sucessão definitiva contido no art. 1.168 do CPC/1973.

SEÇÃO VIII – Das Coisas Vagas

ARTIGO 746.

Recebendo do descobridor coisa alheia perdida, o juiz mandará lavrar o respectivo auto, do qual constará a descrição do bem e as declarações do descobridor.

§ 1º Recebida a coisa por autoridade policial, esta a remeterá em seguida ao juízo competente.

§ 2º Depositada a coisa, o juiz mandará publicar edital na rede mundial de computadores, no sítio do tribunal a que estiver vinculado e na plataforma de editais do Conselho Nacional de Justiça ou, não havendo sítio, no órgão oficial e na imprensa da comarca, para que o dono ou o legítimo possuidor a reclame, salvo se se tratar de coisa de pequeno valor e não for possível a publicação no sítio do tribunal, caso em que o edital será apenas afixado no átrio do edifício do fórum.

§ 3º Observar-se-á, quanto ao mais, o disposto em lei.

CORRESPONDÊNCIA NO CPC/1973: *ART. 1.170 E 1.171.*

1. Procedimento de coisas vagas. É o procedimento que disciplina a aquisição de propriedade de bem móvel pela descoberta. O advento do CC/2002 implicou algumas modificações atinentes ao instituto da descoberta; entre elas: (i) o instituto da invenção passou a ser denominado de descoberta (art. 1.233, CC/2002), (ii) em relação à recompensa o CC/2002 estabelece o teto mínimo de 5%; (iii) o remanescente de eventual venda pública do bem deve ser entregue ao Município em cuja circunstância se deparou o objeto perdido. (ALVIM, Arruda; ASSIS, Araken de; ALVIM, Eduardo Arruda, *Comentários ao Código de Processo Civil*, 3. ed., São Paulo, RT, 2014, p. 1828). Ou seja, a descoberta é o achado de coisas perdidas. É o que dispõe o art. 1.233 do CC/2002: quem quer que ache coisa alheia perdida há de restituí-la ao dono ou legítimo possuidor.

Desconhecido o dono, deve entregar a coisa achada à autoridade competente, que pode ser a judiciária ou a policial; no último caso, deverá ser encaminhada à autoridade judiciária, acompanhada do respectivo auto de apreensão, na forma do parágrafo primeiro do dispositivo analisado.

Após os editais, decorridos 60 (sessenta) dias da divulgação da notícia, não se apresentando quem comprove a propriedade sobre a coisa, será esta vendida em leilão público; e, deduzidas do preço as despesas e mais a recompensa do descobridor, pertencerá o remanescente ao Município em cuja circunscrição se deparou o objeto perdido (art. 1.237, CC/2002). Há a possibilidade de o Município abandonar a coisa em favor do descobridor, em razão de diminuto valor.

Retirou-se, contudo, na nova regulamentação processual, a possibilidade de adjudicação do bem pelo descobridor, na hipótese do dono, aparecendo, abandoná-lo, o que não significa que não poderá ser realizada uma cessão de direito para a regularização da transferência. Caso contrário, pertencerá ao Município.

SEÇÃO IX – Da Interdição

Artigo 747.
   A interdição pode ser promovida:
   I – pelo cônjuge ou companheiro;
   II – pelos parentes ou tutores;
   III – pelo representante da entidade em que se encontra abrigado o interditando;
   IV – pelo Ministério Público.
   Parágrafo único. A legitimidade deverá ser comprovada por documentação que acompanhe a petição inicial.
   CORRESPONDÊNCIA NO CPC/1973: *ART. 1.177.*

1. **Legitimidade ativa para o processo de interdição.** O objetivo do processo de interdição é obter, pela via jurisdicional, o esvaziamento da capacidade que é direito do agente antes capaz, declarando sua incapacidade de fato para gerir os atos da própria vida. Logo, o processo é voltado a impor uma *capitis diminutio* ao réu, o potencial destinatário do decreto de interdição, daí o porquê de ser chamado de "interditando". Novidade em relação ao CPC/1973 é a redação do inciso III supra. Aí, o legislador expressamente

legitimou, para requerer a interdição em juízo, o representante da entidade onde a pessoa a interditar estiver abrigada, nos casos, por exemplo, de toxicômanos. Com exceção do Ministério Público, os demais legitimados deverão demonstrar a respectiva condição através de documento juntado com a inicial.

Artigo 748.
O Ministério Público só promoverá interdição em caso de doença mental grave:

I – se não existir ou não promover a interdição alguma das pessoas designadas nos incisos I, II e III do art. 747;

II – se, existindo, forem incapazes as pessoas mencionadas nos incisos I e II do art. 747.

CORRESPONDÊNCIA NO CPC/1973: *ART. 1.178.*

1. **Legitimidade ativa subsidiária do Ministério Público.** Tratando-se de interdição fundada em doença mental grave, a legitimidade do Ministério Público somente estará viabilizada em caráter supletivo aos legitimados previstos nos incisos I a II do art. 747.

Artigo 749.
Incumbe ao autor, na petição inicial, especificar os fatos que demonstram a incapacidade do interditando para administrar seus bens e, se for o caso, praticar ato da vida civil, bem como o momento em que a incapacidade se revelou.

Parágrafo único. Justificada a urgência, o juiz pode nomear curador provisório ao interditando para a prática de determinados atos.

CORRESPONDÊNCIA NO CPC/1973: *ART. 1.180.*

1. *Causa petendi* **da inicial de interdição.** Como elemento da ação, a causa de pedir é a descrição dos fatos e dos fundamentos jurídicos daquilo que será pedido pelo autor. Em outras palavras, é uma narrativa substanciada por um motivo decorrente de um fato. Nas causas em que se postula a interdição da pessoa natural, o legislador teve a cautela de impor que o autor da ação vincule narrativa em situações fáticas específicas: (i) a incapacidade do réu interditando para administrar seus bens; (ii) a incapacidade para praticar os atos da vida civil; e (iii) o momento em que a incapacidade se revelou.

2. **Urgência e nomeação de curador provisório.** Descrevendo a inicial situação de gravidade extremada, na qual o interditando não tenha capacidade momentânea ou permanente para a prática dos atos da vida civil, o autor da ação poderá requerer ao juiz

que nomeie um curador provisório para a prática de determinados atos, funcionado a medida de urgência, na prática, como uma tutela provisória específica.

ARTIGO 750.
O requerente deverá juntar laudo médico para fazer prova de suas alegações ou informar a impossibilidade de fazê-lo.
CORRESPONDÊNCIA NO CPC/1973: *NÃO HÁ.*

1. Prova documental. Tratando-se do prova documental, o respectivo momento de sua juntada no processo é, de regra, com a petição inicial, para o autor, e com a contestação, para o réu (art. 434, *caput*, CPC/2015). Com maior razão ainda, a respectiva prova deverá ser juntada no processo de interdição, não apenas por causa da gravidade da medida que se pretende impor ao interditando, mas também pelo fato de que a inicial, no caso da ação de interdição, necessariamente deverá estar fundamentada nas hipóteses do art. 749, *caput.*

Nesse caso, a apresentação de laudo médico será de suma importância para dar viabilidade à pretensão, notadamente quando a expedição de ordem para a curatela provisória esteja sendo visada. De se observar que, no caso, o laudo médico funcionará como verdadeira prova documental, e não como perícia, já que esta se submete a requisitos legais próprios e será determinada, posteriormente, no curso do processo (art. 753).

Se, por qualquer razão, o autor da ação não dispuser de laudo médico que dê guarida à causa de pedir, deverá justificar no processo a impossibilidade de consegui-lo.

ARTIGO 751.
O interditando será citado para, em dia designado, comparecer perante o juiz, que o entrevistará minuciosamente acerca de sua vida, negócios, bens, vontades, preferências, laços familiares e afetivos, e sobre o que mais lhe parecer necessário para convencimento quanto a sua capacidade para prática de atos da vida civil, devendo ser reduzidas a termo as perguntas e respostas.

§ 1º Não podendo o interditando deslocar-se, o juiz o ouvirá no local onde estiver.

§ 2º A entrevista poderá ser acompanhada por especialista.

§ 3º Durante a entrevista, é assegurado o emprego de recursos tecnológicos capazes de permitir ou auxiliar o interditando a expressar suas vontades e preferências e a responder às perguntas formuladas.

§ 4º A critério do juiz, poderá ser requisitada a oitiva de parentes e pessoas próximas.
CORRESPONDÊNCIA NO CPC/1973: *ART. 1.181.*

1. Entrevista do interditando. Devidamente em ordem a petição inicial em que se postula a interdição, o juiz fará citar o interditando (réu), para que este compareça em juízo para submeter-se à "entrevista" – *rectius*: interrogatório – perante a autoridade judicial que lhe indagará sobre diversos aspectos de sua vida. A finalidade desse encontro é viabilizar ao juiz, através da dinâmica da identidade física, uma análise sobre a aparente situação do interditando. Todas as perguntas e respostas serão reduzidas a termos. Em sendo o caso, a entrevista poderá ser acompanhada por especialista (psicólogo, médico, assistente social, etc) conforme previsto no parágrafo 2º acima, cuja nomeação poderá decorrer de requerimento das partes, do MP ou de determinação *ex officio* do juiz.

2. Possibilidade de inspeção judicial. Eventualmente, poderá ocorrer de o interditando, devido à sua condição física e/ou mental, não ter condições de se deslocar à sede do juiz para submeter-se à entrevista. Nesse caso, o juiz ouvirá o interditando onde se encontre, à guisa de verdadeira inspeção judicial. Importante mencionar que, por vezes, o laudo apresentado pelo perito judicial poderá abreviar o procedimento, de modo a tornar-se desnecessária a própria entrevista judicial, o que, de algum modo, se observa em processos dessa natureza.

3. Possibilidade da oitiva de parentes e pessoas próximas ao interditando. Sempre como o objetivo de ser otimizada a entrevista do interditando, de modo a se obter o maior volume de informações possíveis sobre sua real situação, poderá requisitar a oitiva de parentes ou pessoas próximas, que bem conheçam a situação na qual se encontra, física e mentalmente, a pessoa que se pretende interditar.

ARTIGO 752.

Dentro do prazo de quinze dias contados da entrevista, o interditando poderá impugnar o pedido.

§ 1º O Ministério Público intervirá como fiscal da ordem jurídica.

§ 2 º O interditando poderá constituir advogado para defender-se. Não tendo sido constituído advogado pelo interditando, nomear-se-á curador especial.

§ 3 º Caso o interditando não constitua advogado para defende-lo, o seu cônjuge, companheiro ou qualquer parente sucessível poderá intervir como assistente.

CORRESPONDÊNCIA NO CPC/1973: *ART. 1.182.*

1. Impugnação ao pedido de interdição. Após a entrevista do interditando realizada pelo juiz, abrir-se-á o prazo de 15 (quinze) dias para que o réu impugne o pedido de interdição. Em que pese ser procedimento de jurisdição voluntária, a interdição é processo jurisdicional e, como tal, nele se imporão a ampla defesa e o contraditório. A partir daí, a respectiva impugnação poderá trazer em seu conteúdo temas defensivos de ordem processual e/ou material que poderão ser amplamente versados, conforme a realidade do caso concreto. A defesa técnica do interditando poderá ser feita por advogado constituído ou, em sua falta, por curador especial que será nomeado judicialmente (parágrafo 2º).

2. Obrigatoriedade da intervenção do Ministério Público. A participação do Ministério Público no processo civil brasileiro é bastante intensa. Participará como parte, exercendo o direito de ação para o atingimento de suas atribuições funcionais (art. 177), ou intervirá no processo como *custos legis* (fiscal da ordem jurídica), seja em decorrência de expressa previsão legal, seja quando o interesse discutido no processo assim o exigir (art. 178 e incisos). Nos processos de interdição, a intervenção do MP se faz obrigatória por expressa previsão legal.

3. Assistência qualificada. Modalidade de intervenção de terceiros, a assistência terá lugar quando o terceiro juridicamente interessado intervier no processo para coadjuvar a parte em favor de quem lhe interessa seja a sentença favorável (art. 119).

Nos processos de interdição, na hipótese de o interditando, por qualquer razão, não ter constituído advogado em seu favor, poderão intervir como seus assistentes: o cônjuge, o companheiro ou qualquer parente sucessível. Adjetivamos essa modalidade de assistência de "qualificada", pelo fato de a lei consignar, expressamente, quando ela será cabível, bem como quem serão os eventuais legitimados para fazê-lo na ocorrência do fato legalmente especificado (não constituição de advogado pelo interditando).

A possibilidade dessa assistência qualificada também estará viabilizada na hipótese de nomeação judicial de curador especial, o que deverá acontecer diante da inexistência de advogado constituído para patrocinar os interesses do interditando.

Artigo 753.

Decorrido o prazo previsto no art. 752, o juiz determinará a produção de prova pericial para avaliação da capacidade do interditando para prática de atos da vida civil.

§ 1º A perícia pode ser realizada por equipe composta por expertos com formação multidisciplinar.

§ 2º O laudo pericial indicará especificadamente, se for o caso, os atos para os quais haverá necessidade de curatela.

CORRESPONDÊNCIA NO CPC/1973· ART. 1.183.

1. Perícia obrigatória. Em razão das sérias implicações jurídicas e sociais que o decreto de interdição acarreta à vida da pessoa natural, o processo de interdição prevê como etapa procedimental obrigatória a realização de prova pericial, sob pena de nulidade. Assim se conclui por que o *caput* do art. 753 é categórico em prever que o juiz "determinará" a produção da prova pericial, a partir do que não pode haver dúvida de que o comando legal é peremptório. O exame pericial terá por objeto a avaliação da capacidade do interditando para o exercício dos atos necessário à sua autodeterminação para a vida civil.

2. Aspectos do exame pericial na interdição. Além da possiblidade de o juiz nomear perito judicial para a avaliação clínica do interditando, também será possível que o exame seja feito por equipe formada por integrantes de formação multidisciplinar, tudo de modo a melhor diagnosticar os reais problemas que atingem aquele a quem se quer interditar.

O laudo pericial a ser produzido necessariamente indicará e especificará os atos para os quais haverá a necessidade da curatela, o que significa dizer que, eventualmente, o interditando poderá permanecer livre para a prática de outros atos não especificados no laudo. Em suma: a interdição poderá ser total ou parcial.

ARTIGO 754.
Apresentado o laudo, produzidas as demais provas e ouvidos os interessados, o juiz proferirá sentença.
CORRESPONDÊNCIA NO CPC/1973: *ART. 1.183.*

1. A sentença no processo de interdição. Por ter natureza jurisdicional, o processo de interdição será finalizado com sentença (art. 203, §1º); ou, havendo recurso, pelo acórdão que a substituir (art. 1.008). Julgado procedente o pedido, com a decretação, total ou parcialmente, da interdição, a coisa julgada daí formada poderá ser revista através de novo processo que traga, em sua causa de pedir, a demonstração fática da cessação da causa a determinou (art. 756, *caput*).

ARTIGO 755.
Na sentença que decretar a interdição, o juiz:
I – nomeará curador, que poderá ser o requerente da interdição, e fixará os limites da curatela, segundo o estado e o desenvolvimento mental do interdito;
II – considerará as características pessoais do interdito, observando suas potencialidades, habilidades, vontades e preferências.
§ 1º A curatela deve ser atribuída a quem mais bem possa atender aos interesses do curatelado.
§ 2º Havendo, ao tempo da interdição, pessoa incapaz sob a guarda e a responsabilidade do interdito, o juiz atribuirá a curatela a quem mais bem puder atender aos interesses do interdito e do incapaz.
§ 3º A sentença de interdição será inscrita no registro de pessoas naturais e imediatamente publicada na rede mundial de computadores, no

sítio do tribunal a que estiver vinculado o juízo e na plataforma de editais do Conselho Nacional de Justiça, onde permanecerá por seis meses, na imprensa local, uma vez, e no órgão oficial, por três vezes, om intervalo de dez dias, constando do edital os nomes do interdito e do curador, a causa da interdição, os limites da curatela e, não sendo total a interdição, os atos que o interdito poderá praticar autonomamente.

CORRESPONDÊNCIA NO CPC/1973: *ART. 1.184.*

1. Especificidades da sentença de interdição. Além dos elementos que necessariamente integram o conteúdo de qualquer sentença (art. 489, I, II e III), a sentença que decretar (julgar procedente) a interdição: (i) indicará quem será o curador, podendo ser o próprio autor da ação; e (ii) fixará os limites da curatela conforme as necessidades do caso concreto. Além disso, a sentença também levará em conta as características pessoais do interdito para melhor adequar os limites da curatela.

2. Escolha do curador. A curatela recairá, em regra, sobre a pessoa que ajuizou a respectiva ação de interdição, já que, em regra, isso terá sido feito por alguém que mantém algum vínculo familiar ou afetivo com o interditando. Sem embargo, ao especificar na sentença quem será indicado como curador, poderá o juiz, ante às circunstâncias do caso concreto, designar como curador pessoa diversa, desde que esta, obviamente, manifeste no processo predisposição para incumbir-se desse complexo encargo. O fator determinante, no caso, será o interesse do interdito, já que seu curador, em regra, deverá ser alguém que tenha melhores condições de exercer a curatela, naturalmente.

Eventualmente poderá ocorrer de, ao tempo da curatela, o interdito ter sob sua guarda alguma pessoa incapaz, como um filho. Nessa hipótese, ter-se-á uma razão a mais para que a curatela recaia sobre quem tenha efetivas possibilidades de melhor atender aos interesses do interdito e do incapaz que, até aquele momento, estava sob os seus cuidados (parágrafo 2º).

3. Registro da sentença de interdição. A sentença de interdição será registrada no registro civil de pessoas naturais onde constarem os assentamentos do interditado (art. 29, V, Lei dos Registros Públicos), de modo que a publicidade própria dos registros públicos possa surtir seus efeitos e chegar ao conhecimento de terceiros.

Mas não é só.

O CPC/2015 – sempre tendo em mira a publicidade que se faz necessária à divulgação de que determinada pessoa sofreu uma *capitis diminutio* por força da sentença de interdição – ainda estabelece que a sentença deve ser imediatamente publicada na rede mundial de computadores, na página *web* do respectivo tribunal de justiça e na plataforma de editais do CNJ. Prevê, ainda, a publicação de edital na imprensa local e oficial, contendo o nome do interdito e do curador, a causa da interdição, os limites da curatela – leia-se: total ou parcial –, bem como quais atos o interdito poderá praticar autonomamente.

Artigo 756.

Levantar-se-á a curatela quando cessar a causa que a determinou.

§ 1º O pedido de levantamento da curatela poderá ser feito pelo interdito, pelo curador ou pelo Ministério Público e será apensado aos autos da interdição.

§ 2º O juiz nomeará perito ou equipe multidisciplinar para proceder ao exame do interdito e designará audiência de instrução e julgamento após a apresentação do laudo.

§ 3º Acolhido o pedido, o juiz decretará o levantamento da interdição e determinará a publicação da sentença, após o trânsito em julgado, na forma do art. 755, § 3º, ou, não havendo, pela imprensa local e pelo órgão oficial, por 3 (três) vezes, com intervalo de 10 (dez) dias, seguindo-se a averbação no registro de pessoas naturais.

§ 4º A interdição poderá ser levantada parcialmente quando demonstrada a capacidade do interdito para praticar alguns atos da vida civil.

CORRESPONDÊNCIA NO CPC/1973: *ART. 1.186.*

1. Levantamento da curatela. A coisa julgada formada pelo decreto de interdição poderá ser revista quando cessar a causa que a determinou (art. 756, *caput*). E é assim pelo fato de que a situação criada pela sentença de interdição, não há dúvida, consubstancia-se em uma relação jurídica de trato continuado. Logo, sobrevindo modificação nas circunstâncias fáticas, será possível o pedido da revisão daquela sentença de interdição (art. 505, I).

2. Os legitimados para pedir a revisão da sentença. O pedido de levantamento da curatela será formulado pelo interdito, pelo curador ou pelo Ministério Público e será apensado aos autos de interdição. Evidentemente que esse pedido encerra verdadeiro exercício de ação e deverá trazer, na causa de pedir, a nova situação fática que está a autorizar a extinção da curatela.

Feito o pedido, o juiz nomeará perito ou equipe multidisciplinar que realizará avaliação e exame do interdito. Finalizado e entregue o laudo pericial, será designada audiência de instrução e julgamento.

3. Sentença de levantamento da curatela. Julgado procedente o pedido, o juiz decretará o levantamento da interdição com o fim da curatela ou a respectiva redução, especificando, na sentença, quais atos da vida civil estaria o interdito apto a praticar.

Após o trânsito em julgado, dar-se-á ampla publicidade à sentença, nos moldes do art. 755, § 3º. Além disso, a sentença também deverá ser averbada no registro civil de pessoas naturais, para que possa surtir os efeitos que lhe são próprios perante terceiros.

Artigo 757.
A autoridade do curador estende-se à pessoa e aos bens do incapaz que se encontrar sob a guarda e a responsabilidade do curatelado ao tempo da interdição, salvo se o juiz considerar outra solução como mais conveniente aos interesses do incapaz.
CORRESPONDÊNCIA NO CPC/1973: *NÃO HÁ.*

1. **Autoridade do curador.** A curatela também viabiliza ao curador aquilo que o artigo sob exame chama de "autoridade" sobre a pessoa e sobre os bens de eventual incapaz que, por qualquer razão, estejam sob a guarda e responsabilidade do curatelado ao tempo da interdição. Contudo, caberá ao juiz deliberar se, no caso concreto, há outras possiblidade de melhor zelar pelo interesse do incapaz, como a nomeação, em se favor, de diversa pessoa para exercer, sobre si, o múnus da tutela.

Artigo 758.
O curador deverá buscar tratamento e apoio apropriados à conquista da autonomia pelo interdito.
CORRESPONDÊNCIA NO CPC/1973: *NÃO HÁ.*

1. **Recuperação do interdito.** Além do encargo de bem zelar pela pessoa e pelo patrimônio do curatelado, o curador ainda deverá, por força de lei, ministrar e/ou buscar, na medida do possível, tratamento e apoio apropriados à conquista da autonomia por parte do interdito. Vale dizer, a lei exige um comportamento pró-ativo do curador em prol do bem estar do curatelado.

SEÇÃO X - Das Disposições Comuns à Tutela e à Curatela

Artigo 759.
O tutor ou o curador será intimado a prestar compromisso no prazo de cinco dias contados da:
I – nomeação feita na conformidade da lei;
II – intimação do despacho que mandar cumprir o testamento ou o instrumento público que o houver instituído.
§ 1º O tutor ou o curador prestará o compromisso por termo em livro rubricado pelo juiz.
§ 2º Prestado o compromisso, o tutor ou curador assume a administração dos bens do tutelado ou interditado.
CORRESPONDÊNCIA NO CPC/1973: *ART. 1.187.*

1. Compromisso de tutela ou curatela. O tutor, em relação ao pupilo, e o curador, em relação ao curatelado, exercem relevante múnus privado voltado à administração da vida e dos bens do incapaz sob a respectiva proteção legal. Toda a vez que a tutela ou a curatela se fazem necessária, a consequência natural disso é a vinculação do tutor ou curador a certas responsabilidades, já que estará legalmente autorizado a gerir patrimônio alheio. O respectivo compromisso de bem cumprir o encargo legal assumido será lavrado por termo em livro que será rubricado pelo juiz e ficará depositado na serventia judicial competente.

Artigo 760.

O tutor ou o curador poderá eximir-se do encargo apresentando escusa ao juiz no prazo de 5 (cinco) dias contado:

I – antes de aceitar o encargo, da intimação para prestar compromisso;

II – depois de entrar em exercício, do dia em que sobrevier o motivo da escusa.

§ 1º Não sendo requerida a escusa no prazo estabelecido neste artigo, considerar-se-á renunciado o direito de alegá-la.

§ 2º O juiz decidirá de plano o pedido de escusa. Se não a admitir, exercerá o nomeado a tutela ou a curatela enquanto não for dispensado por sentença transitada em julgado.

CORRESPONDÊNCIA NO CPC/1973: *ART. 1.192.*

1. Escusa do encargo. Nos arts. 1.736 e incisos e 1.737, o CC/2002 estabelece motivos objetivos que viabilizam a recusa em se aceitar o encargo de tutor o curador. Para tanto, deverá manifestar-se em prol da escusa no prazo de 5 (cinco) dias antes de aceitar o encargo para o qual foi nomeado a prestar compromisso, ou, depois de tê-lo aceitado, em 5 (cinco) dias contados do surgimento do motivo objetivo previsto nos dispositivos do CC/2002 acima indicados. Registre-se que o CC/2002 prevê 10 (dez) dias para essa manifestação de escusa (art. 1.738).

2. O encargo como *múnus* público. Dada a importância do encargo, o CPC/2015 qualifica a tutela e a curatela como verdadeiro múnus público, a ponto de considerar que o interessado renunciou ao direito manifestar sua escusa caso não o tenha feito nesses 5 (cinco) dias.

3. Procedimento da manifestação de escusa. Exercido o direito de escusa no prazo legal, o juiz o apreciará e decidirá de plano. Indeferindo a escusa, o nomeado fica vinculado ao exercício da tutela ou da curatela enquanto não for dispensado por sentença transitada em julgado.

Artigo 761.
Incumbe ao Ministério Público ou a quem tenha legítimo interesse requerer, nos casos previstos na lei, a remoção do tutor ou do curador.
Parágrafo único. O tutor ou o curador será citado para contestar a arguição no prazo de 5 (cinco) dias, findo o qual observar-se-á o procedimento comum.
CORRESPONDÊNCIA NO CPC/1973: ART. 1.194.

1. **Ação de remoção do tutor o curador.** Vale lembrar que o tutor ou o curador exercem relevante encargo privado voltado a administrar a vida e o patrimônio de eventual incapaz. Para tanto, está legalmente obrigado a prestar o respectivo compromisso, pelo qual estará estabelecida sua responsabilidade em bem desincumbir-se da respectiva função. Nesse panorama, tendo o tutor ou o curador malversado em sua relevante função, o Ministério Público, ou outro eventual interessado (por exemplo, os legitimados do art. 747, I a III), poderá pleitear a remoção do encargo, o que será feito através de ação. Não é por outro motivo que o parágrafo único do artigo em comento prevê que o tutor ou curador será citado para contestar a arguição em 5 (cinco) dias, com posterior desenvolvimento do procedimento comum.

Artigo 762.
Em caso de extrema gravidade, o juiz poderá suspender o tutor ou o curador do exercício de suas funções, nomeando-lhe interinamente substituto.
CORRESPONDÊNCIA NO CPC/1973: ART. 1.197.

1. **Atos graves praticados pelo tutor ou curador.** A tutela e a curatela pressupõem um vínculo de confiança e absoluta responsabilidade por parte daquele que exerce o encargo. Sem embargo, sempre haverá a possibilidade de o tutor ou o curador praticar ato de extrema gravidade que justifique, de imediato, que o juiz intervenha para, sumariamente, removê-lo do encargo. Seria o caso, por exemplo, de tutor acusado de abuso sexual contra seu pupilo, ou de o curador acusado de maus tratos em relação ao sujeito interditado que esteja sob sua guarda, e assim por diante. O legislador, ao que parece, deixou ao talante do juiz identificar aquilo que seria, em juízo prévio de reprovabilidade, caso de extrema gravidade que mereça afastar o tutor ou o curador do respectivo encargo.

Quando isso ocorrer, o juiz suspenderá (afastará) o tutor ou o curador de suas funções e, imediatamente, nomeará outra pessoa para exercer o respectivo encargo em caráter interino.

Importante observar, ao menos assim nos parece, que essa possibilidade de afastar o tutor/curador de suas funções não é um prerrogativa exercitável *ex officio* pelo juiz.

Muito ao contrário, essa medida de suspensão do tutor/curador e nomeação de outro sujeito para substituí-lo interinamente somente poderá ocorrer como fruto de pedido expresso do Ministério Público ou de outro legitimado na respectiva ação de remoção prevista no art. 761, parágrafo único. A situação funcionaria à guisa de verdadeira tutela provisória.

Artigo 763.

Cessando as funções do tutor ou do curador pelo decurso do prazo em que era obrigado a servir, ser-lhe-á lícito requerer a exoneração do encargo; não o fazendo dentro dos dez dias seguintes à expiração do termo, entender-se-á reconduzido, salvo se o juiz o dispensar.

Parágrafo único. Cessada a tutela ou curatela, é indispensável a prestação de contas pelo tutor ou curador, na forma da lei civil.

CORRESPONDÊNCIA NO CPC/1973: *ART. 1.198.*

1. **Cessação da tutela ou curatela.** Por cessação da tutela/curatela, deve ser entendido o decurso do tempo em que o respectivo encargo deverá ser exercido, o que poderá ocorrer por várias circunstâncias fáticas ou legais. Por exemplo, não será mais necessária a curatela se o curatelado, outrora em coma, deste estado voltar e tiver condições de seguir, por si, os atos da própria vida. Ou, ainda, se determinada tutela, por alguma razão que lhe é própria, tiver sido judicialmente deferida por certo período de tempo.

2. **Prestação de contas pelo tutor e o curador.** Cessada a tutela ou a curatela por motivos naturais – cessação do tempo, por exemplo –, ou mesmo por força de eventual ação de remoção, o respectivo tutor/curador estará obrigado a prestar contas pelo período que exerceu a administração dos bens do incapaz.

SEÇÃO XI – Da Organização e da Fiscalização das Fundações

Artigo 764.

O juiz decidirá sobre a aprovação do estatuto das fundações e de suas alterações sempre que o requeira o interessado, quando:

I – ela for negada previamente pelo Ministério Público ou por este forem exigidas modificações com as quais o interessado não concorde;

II – o interessado discordar do estatuto elaborado pelo Ministério Público.

§ 1º O estatuto das fundações deve observar o disposto na Lei nº 10.406, de 10 de janeiro de 2002 (Código Civil).

§ 2º Antes de suprir a aprovação, o juiz poderá mandar fazer no estatuto modificações a fim de adaptá-lo ao objetivo do instituidor.
CORRESPONDÊNCIA NO CPC/1973: *ARTS. 1.199 E 1.200.*

1. Constituição das fundações. Nos termos dos arts. 62 e seguintes do CC/2002, as fundações serão criadas por ato de um determinado instituidor, que destacará uma parcela de seu patrimônio, por meio de escritura pública ou de testamento, empregando-a exclusivamente para que sirva de lastro para a constituição da fundação.

Contudo, o estatuto da fundação, tenha sido ou não elaborado pelo instituidor quando da lavratura da escritura ou elaboração do testamento, deverá ser submetido à aprovação da autoridade competente e, caso não seja aprovada, será aberta possibilidade da questão ser levada a conhecimento judicial, conforme disciplina o art. 65 do CC/2002.

2. Decisão judicial. Nos casos em que houver a necessidade de intervenção judicial, será com base no dispositivo legal aqui analisado que os interessados se escorarão, sendo certo que a decisão judicial substituirá aquela emanada pela autoridade administrativa competente mencionada no art. 65 do CC/2002.

ARTIGO 765.
Qualquer interessado ou o Ministério Público promoverá em juízo a extinção da fundação quando:
I – se tornar ilícito o seu objeto;
II – for impossível a sua manutenção;
III – vencer o prazo de sua existência.
CORRESPONDÊNCIA NO CPC/1973: *ART. 1.204.*

1. Considerações gerais. Este art. 765 em nada inovou em relação à redação de seu correspondente no CPC/1973, limitando-se a corrigir a redação de seu inciso III, restando, portanto, inalterado o rol de legitimados ou mesmo as hipóteses para pleitear-se a extinção das fundações, repetindo-se, aqui, o teor do art. 69 do CC/2002.

2. Rol exemplificativo. Ressaltamos, entretanto, que o rol dos legitimados a pleitear a extinção da fundação, nos moldes deste art. 765, é meramente exemplificativo (não exaustivo, portanto), porque o conceito de "interessados" no aludido pleito é claramente aberto e, desde que demonstrado justificado interesse, deverá ser processado o pedido de extinção.

SEÇÃO XII - Da Ratificação dos Protestos Marítimos e dos Processos Testemunháveis Formados a Bordo

Artigo 766.

Todos os protestos e os processos testemunháveis formados a bordo lançados no livro Diário da Navegação deverão ser apresentados pelo Comandante ao juiz de direito do primeiro porto, nas primeiras vinte e quatro horas de chegada da embarcação, para sua ratificação judicial.

CORRESPONDÊNCIA NO CPC/1973: *NÃO HÁ.*

1. Procedimento especial. O art. 505 do Código Comercial conceitua protesto formado a bordo ou processo testemunhável formado a bordo como o ato que ali registra, no próprio diário da navegação, o relatório circunstanciado do sinistro, das avarias, ou de quaisquer perdas, ocorridos durante a viagem da embarcação ou navio e tendentes a comprová-los. De modo que a ratificação de protesto é a autenticação de um registro de uma circunstância da viagem, que somente passará a ter valor jurídico após a ratificação realizada em juízo – é, por assim dizer, nada mais que uma medida de constituição de prova. (TJSC, Apelação 24.240).

2. Prova pretendida pelo capitão do navio. O protesto marítimo, ou processo testemunhável, é um dos meios de que serve o capitão do navio para comprovar quaisquer ocorrências no curso da viagem, seja em relação à carga, aos passageiros ou ao próprio navio (SILVA, Oscar Joseph de Plácido e, *Comentários ao Código de Processo Civil*, v. IV, 4. ed., Rio de Janeiro, Revista Forense, 1956, p. 301). Representa, assim, o registro de qualquer acidente ocorrido na viagem, constando, pois, de uma declaração ou relato feito pelo capitão relativo às circunstâncias da viagem, às tempestades ou maus tempos suportados pelo navio, aos acidentes supervenientes que o obrigaram a procurar outro porto e ai se refugiar, à própria conduta do capitão a respeito de qualquer medida que julgou ser de seu dever tomar.

3. Prazo da ratificação do protesto marítimo. O capitão deve apresentar-se pessoalmente no prazo de 24 (vinte e quatro) horas de chegada da embarcação marítima, sob pena de se formar contra ele uma forte presunção de culpabilidade pelos danos do navio. O Código Comercial, em seu art. 511, refere-se a "horas úteis" para a promoção da ratificação do protesto marítimo. Na hipótese de o navio chegar no domingo, o prazo inicia-se na segunda-feira, devendo apresentar, além da documentação indispensável para a ratificação, também o diário da navegação – onde se encontram a exposição dos motivos e o protesto formado. Vale aqui, ainda, mencionar o art. 212 do CPC/2015, que estabelece uma nova forma de contagem de prazo, considerando somente os dias úteis, ratificando a contagem da lei comercial.

Artigo 767.

A petição inicial conterá a transcrição dos termos lançados no livro Diário da Navegação e deverá ser instruída com cópias das páginas que contenham os termos que serão ratificados, dos documentos de identificação do Comandante e das testemunhas arroladas, do rol de tripulantes, do documento de registro da embarcação e, quando for o caso, com cópia do manifesto das cargas sinistradas e a qualificação de seus consignatários, traduzidos, quando for o caso, de forma livre para o português.

CORRESPONDÊNCIA NO CPC/1973: *NÃO HÁ.*

1. **Prova do sinistro marítimo.** Para instruir a petição inicial, o capitão deverá apresentar o diário da navegação, os documentos de identificação do capitão e das testemunhas arroladas, bem como do rol de tripulantes, do documento de registro da embarcação e, quando for o caso, da cópia do manifesto das cargas sinistradas e a qualificação de seus consignatários, devidamente traduzidos de forma livre quando em língua estrangeira: aqui, tem-se uma exceção ao art. 192 do CPC/2015, parágrafo único. Normalmente, a prova do evento ocorrido é a ata deliberativa e o respectivo protesto, contidos no diário da navegação, onde se tomam os assentos das deliberações dos oficiais da embarcação e dos protestos (art. 504, Código Comercial). Se a embarcação não tiver escrituração regular, não será válido o protesto. A lei teria dois caminhos: ou havia de considerar como pré-constituída a prova, pela fé que se reconheceria ao livro de bordo, atitude que é de algumas legislações, ainda que a submetesse ao exame pelo juiz (cognição do valor e atendibilidade das provas, segundo o relatório de viagem); ou tratar a espécie apenas como de pretensão à segurança da prova; foi essa a solução do direito comercial brasileiro ao problema de técnica legislativa. (MIRANDA, Francisco Cavalcanti Pontes de, *Comentários ao Código de Processo Civil*, t. IX, 2. ed., Rio de Janeiro, Revista Forense, 1959, p. 183 e 186).

Artigo 768.

A petição inicial deverá ser distribuída com urgência e encaminhada ao juiz, que ouvirá, sob compromisso a ser prestado no mesmo dia, o Comandante e as testemunhas em número mínimo de duas e máximo de quatro, que deverão comparecer ao ato independentemente de intimação.

§ 1º Tratando-se de estrangeiros que não dominem a língua portuguesa, o autor deverá fazer-se acompanhar por tradutor, que prestará compromisso em audiência.

§ 2º Caso o autor não se faça acompanhar por tradutor, o juiz deverá nomear outro que preste compromisso em audiência.

CORRESPONDÊNCIA NO CPC/1973: *NÃO HÁ.*

1. Oitiva de testemunha. As provas testemunhais servirão de fundamento à ratificação, de modo que, partindo da premissa de que o protesto formado a bordo é um procedimento de jurisdição voluntária, poder-se-ia cogitar eventual possibilidade de contestação do pedido (art. 721, CPC/2015). Não obstante, a admissibilidade de contestação ou impugnação à ratificação do processo testemunhável viria a desvirtuar a própria finalidade da ratificação que se indica ato de autenticidade do protesto feito a bordo (SILVA, Oscar Joseph de Plácido e, *Comentários ao Código de Processo Civil*, v. IV, 4. ed., Rio de Janeiro, Revista Forense, 1956, p. 307). Aqui, percebe-se que a finalidade do artigo é, na verdade, a instrução sumária do fato narrado pelo magistrado. O FPPC, no Encontro de Salvador, criou o Enunciado 79 (Grupo: Procedimentos Especiais): "não sendo possível a inquirição tratada no artigo 784 sem prejuízo aos compromissos comerciais da embarcação, o juiz deverá expedir carta precatória itinerante para a tomada dos depoimentos em um dos portos subsequentes de escala.".

Artigo 769.
Aberta a audiência, o juiz mandará apregoar os consignatários das cargas indicados na petição inicial e outros eventuais interessados, nomeando para os ausentes um curador para o ato.
CORRESPONDÊNCIA NO CPC/1973: *NÃO HÁ.*

1. Nomeação de curador aos ausentes: ver arts. 72, 721 e 768 do CPC/2015.

Artigo 770.
Inquiridos o Comandante e as testemunhas, o juiz, convencido da veracidade dos termos lançados no Diário da Navegação, em audiência ratificará por sentença o protesto ou o processo testemunhável lavrado a bordo, dispensado o relatório. Independentemente do trânsito em julgado, determinará a entrega dos autos ao autor ou ao seu advogado, mediante a apresentação de traslado.
CORRESPONDÊNCIA NO CPC/1973: *NÃO HÁ.*

1. Efeitos da ratificação do protesto. A ratificação formaliza o protesto marítimo realizado a bordo, constituindo documento de valor probante, como o de qualquer prova em processo, mas que, ainda assim, poderá ser elidido por outras provas (*v.g.* caso fortuito ou força maior), que venha mostrar a improcedência do que, no protesto a bordo, está autenticado. Ou seja, nem a ratificação exclui a prova que venha a depois contradizer o fato ali mencionado, nem a falta de ratificação do protesto impede que se prove, por outro meio, a ocorrência registrada a bordo. (SILVA, Oscar Joseph de Plácido e,

Comentários ao Código de Processo Civil, v. IV, 4. ed., Rio de Janeiro, Revista Forense, 1956, p. 305). A não ratificação do protesto não obsta que, em ação adequada, a transportadora alegue e prove a ocorrência de caso fortuito ou força maior. Não se teve a integração de forma; mas restam, *ex hypothesi*, elementos de prova.

2. Entrega dos autos à parte. O dispositivo determina, ainda, a entrega dos autos ao autor ou ao seu advogado, mediante a apresentação de traslado. Essa opção de entrega dos autos é diversa daquela contida na regulamentação passada, que determinava a entrega do "instrumento à parte", não aos autos, em razão de que "a sentença do juiz é integrativa da forma do protesto, dita, no código, de ratificação.". (MIRANDA, Francisco Cavalcanti Pontes de, *Comentários ao Código de Processo Civil*, t. IX, 2. ed., Rio de Janeiro, Revista Forense, 1959, p. 186).

3. Coisa julgada. O art. 1.111 do CPC/1973 não é repetido no CPC/2015. Não obstante, isso não significa a plena ausência de estabilidade processual, de modo que, enquanto não anulada, seriam imutáveis os efeitos da sentença – o que também se verifica nos processos de natureza contenciosa. Na verdade, a retirada do artigo fortalece a ideia de que ela não pode ser modificada, com a exceção de fatos supervenientes àquela decisão. Aqui vale lembrar que toda decisão se submete à *clásula rebus sic stantibus*; são normas concretas criadas para regular determinada situação de fato que, se for alterada, exige criação de outra norma jurídica concreta. (DIDIER JR., Fredie, Curso de direito processual civil, v. 1, 15. ed., Salvador, JusPodivum, 2013, p. 140). *Mutatis mutandis*, imagine-se o pedido de ratificação de protesto: se o juiz negá-lo, não poderia o capitão formulá-lo novamente fundado nas mesmas razões.

LIVRO II
DO PROCESSO DE EXECUÇÃO

TÍTULO I – Da Execução em Geral

CAPÍTULO I – Disposições Gerais

ARTIGO 771.

Este Livro regula o procedimento da execução fundada em título extrajudicial, e suas disposições aplicam-se, também, no que couber, aos procedimentos especiais de execução, aos atos executivos realizados no procedimento de cumprimento de sentença, bem como aos efeitos de atos ou fatos processuais a que a lei atribuir força executiva.

Parágrafo único. Aplicam-se subsidiariamente à execução as disposições do Livro I da Parte Especial.

CORRESPONDÊNCIA NO CPC/1973: *ART. 598.*

1. **Procedimento da execução de título extrajudicial, aplicação subsidiária às demais execuções e aplicação das regras relativas à fase de conhecimento.** O art. 771 do CPC/2015 corresponde ao art. 598 do CPC/1973, com aprimoramento redacional. Esclarece o dispositivo que as regras previstas dali em diante regulam o procedimento da execução de título extrajudicial e são aplicáveis, no que couber, aos procedimentos especiais de execução, aos atos executivos realizados no procedimento de cumprimento de sentença, bem como aos efeitos de atos ou fatos processuais a que a lei atribuir força executiva. Por outro lado, aplicam-se subsidiariamente à execução as disposições do Livro I da Parte Especial.

Artigo 772.
O juiz pode, em qualquer momento do processo:
I – ordenar o comparecimento das partes;
II – advertir o executado de que seu procedimento constitui ato atentatório à dignidade da justiça;
III – determinar que sujeitos indicados pelo exequente forneçam informações em geral relacionadas ao objeto da execução, tais como documentos e dados que tenham em seu poder, assinando-lhes prazo razoável.
CORRESPONDÊNCIA NO CPC/1973: *ART. 599.*

1. **Deveres-poderes do juiz e deveres das partes e de terceiros na execução.** O art. 772 do CPC/2015 corresponde ao art. 599 do CPC/1973, com inclusão de mais um dever das partes e de terceiros. Pode o juiz, em qualquer momento do processo: ordenar o comparecimento das partes (inciso I); advertir o executado de que seu procedimento constitui ato atentatório à dignidade da justiça (inciso II); e, conforme a nova hipótese, também determinar que sujeitos indicados pelo exequente forneçam informações em geral relacionadas ao objeto da execução, tais como documentos e dados que tenham em seu poder, assinando-lhes prazo razoável (inciso III).

Artigo 773.
O juiz poderá, de ofício ou a requerimento, determinar as medidas necessárias ao cumprimento da ordem de entrega de documentos e dados.
Parágrafo único. Quando, em decorrência do disposto neste artigo, o juízo receber dados sigilosos para os fins da execução, o juiz adotará as medidas necessárias para assegurar a confidencialidade.
CORRESPONDÊNCIA NO CPC/1973: *NÃO HÁ.*

1. **Determinação de entrega de documentos e dados.** O art. 773 do CPC/2015 não encontra correspondente no CPC/1973. De acordo com o novel dispositivo, pode o juiz determinar, *ex officio* ou a requerimento, qualquer medida necessária ao cumprimento da ordem de entrega de documentos e dados. Quando, em decorrência dessa ordem, o juízo receber dados sigilosos para os fins da execução, cabe ao magistrado adotar as medidas necessárias para assegurar a confidencialidade desses dados.

Artigo 774.
Considera-se atentatória à dignidade da justiça a conduta comissiva ou omissiva do executado que:
I – frauda a execução;

II – se opõe maliciosamente à execução, empregando ardis e meios artificiosos;

III – dificulta ou embaraça a realização da penhora;

IV – resiste injustificadamente às ordens judiciais;

V – intimado, não indica ao juiz quais são e onde estão os bens sujeitos à penhora e os respectivos valores, nem exibe prova de sua propriedade e, se for o caso, certidão negativa de ônus.

Parágrafo único. Nos casos previstos neste artigo, o juiz fixará multa em montante não superior a vinte por cento do valor atualizado do débito em execução, a qual será revertida em proveito do exequente, exigível nos próprios autos do processo, sem prejuízo de outras sanções de natureza processual ou material.

CORRESPONDÊNCIA: *ARTS. 600 E 601.*

1. **Atos atentatórios à dignidade da justiça.** O art. 774 do CPC/2015, correspondente (com inclusão de mais uma hipótese) aos arts. 600 e 601 do CPC/1973, regula hipóteses típicas de litigância de má-fé na execução, que recebem a especial denominação de "atos atentatórios à dignidade da justiça". Apesar de, em tese, a má-fé do executado, pelos termos da lei, violar a própria jurisdição, a multa cominada reverte em favor da própria parte (exequente), e não do Estado-juiz. O referido dispositivo considera como atentatória à dignidade da justiça a conduta do executado, comissiva ou omissiva, que: frauda a execução (inciso I); se opõe maliciosamente à execução, empregando ardis e meios artificiosos (inciso II); dificulta ou embaraça a realização da penhora (inciso III, sem correspondente no CPC/1973); resiste injustificadamente às ordens judiciais (inciso IV); e intimado, não indica ao juiz quais são e onde estão os bens sujeitos à penhora e os respectivos valores, nem exibe prova de sua propriedade e, se for o caso, certidão negativa de ônus (inciso V). Praticada alguma dessas reprováveis condutas pelo executado, deve o juiz, *ex officio* ou a requerimento, fixar multa em montante de até 20% (vinte por cento) do valor atualizado do débito em execução, que reverterá em proveito do exequente, exigível nos próprios autos do procedimento, sem prejuízo de outras sanções de natureza processual ou material.

Artigo 775.

O exequente tem o direito de desistir de toda a execução ou de apenas alguma medida executiva.

Parágrafo único. Na desistência da execução, observar-se-á o seguinte:

I – serão extintos a impugnação e os embargos que versarem apenas sobre questões processuais, pagando o exequente as custas processuais e os honorários advocatícios;

II – nos demais casos, a extinção dependerá da concordância do impugnante ou do embargante.
CORRESPONDÊNCIA NO CPC/1973: *ART. 569.*

1. Desistência da execução ou de apenas alguma medida executiva. O art. 775 do CPC/2015, correspondente ao art. 569 do CPC/1973, consagra a regra da disponibilidade da execução para o credor. Tem o exequente o direito de desistir de toda a execução ou de apenas alguma medida executiva. Quando a desistência se dirigir à integralidade da execução, deverá ser observado o seguinte: serão extintos a impugnação e os embargos que versarem apenas sobre questões processuais, pagando o exequente as custas processuais e os honorários advocatícios; e, já nos demais casos, a extinção dependerá da concordância do impugnante ou do embargante (afinal, com a apresentação de defesa de mérito, ganha o executado o direito de obter, em seu favor, sentença definitiva).

Artigo 776.
O exequente ressarcirá ao executado os danos que este sofreu, quando a sentença, transitada em julgado, declarar inexistente, no todo ou em parte, a obrigação que ensejou a execução.
CORRESPONDÊNCIA NO CPC/1973: *ART. 574.*

1. Responsabilidade civil do exequente pela execução indevida. O art. 776 do CPC/2015, que corresponde ao art. 574 do CPC/1973, prevê a responsabilidade civil do exequente pelos danos que a execução definitiva (título extrajudicial ou judicial), uma vez considerada como indevida, causar ao executado. Dita responsabilidade é considerada, majoritariamente, como subjetiva, isto é, dependente de demonstração de dolo ou culpa por parte do exequente. Em outras palavras, deve o exequente ressarcir ao executado os danos que lhe causar sempre que a sentença, transitada em julgado, declarar inexistente, no todo ou em parte, a obrigação que ensejou a execução.

Artigo 777.
A cobrança de multas ou de indenizações decorrentes de litigância de má-fé ou de prática de ato atentatório à dignidade da justiça será promovida nos próprios autos do processo.
CORRESPONDÊNCIA NO CPC/1973: *NÃO HÁ.*

1. Responsabilidade civil do exequente pela execução indevida. O art. 777 do CPC/2015, sem correspondentes no CPC/1973, generaliza a regra que já vinha prevista no parágrafo único do art. 774: deve ser promovida, nos próprios autos da execução, a cobrança de multas ou de indenizações decorrentes de litigância de má-fé ou de prática de ato atentatório à dignidade da justiça.

CAPÍTULO II – Das Partes

ARTIGO 778.
Pode promover a execução forçada o credor a quem a lei confere título executivo.
§ 1º Podem promover a execução forçada ou nela prosseguir, em sucessão ao exequente originário:
I – o Ministério Público, nos casos previstos em lei;
II – o espólio, os herdeiros ou os sucessores do credor, sempre que, por morte deste, lhes for transmitido o direito resultante do título executivo;
III – o cessionário, quando o direito resultante do título executivo lhe for transferido por ato entre vivos;
IV – o sub-rogado, nos casos de sub-rogação legal ou convencional.
§ 2º A sucessão prevista no § 1º independe de consentimento do executado.
CORRESPONDÊNCIA: *ARTS. 566 E 567.*

1. **Legitimidade ativa para a execução e sucessão no polo ativo.** O art. 778 do CPC/2015, que agrupa as regras constantes dos arts. 566 e 567 do CPC/1973, confere legitimidade ativa, para a execução, ao credor a quem a lei confere título executivo. O parágrafo1º permite, ainda, a propositura da demanda ou a sucessão (*causa mortis* ou *inter vivos*), no polo ativo da execução, pelos seguintes sujeitos: o Ministério Público, nos casos previstos em lei (inciso I); o espólio, os herdeiros ou os sucessores do credor, sempre que, por morte deste, lhes for transmitido o direito resultante do título executivo (inciso II); o cessionário, quando o direito resultante do título executivo lhe for transferido por ato entre vivos (inciso III); ou o sub-rogado, nos casos de sub-rogação legal ou convencional (inciso IV). O parágrafo 2º esclarece que a sucessão (prevista no parágrafo anterior) independe de consentimento do executado.

ARTIGO 779.
A execução pode ser promovida contra:
I – o devedor, reconhecido como tal no título executivo;
II – o espólio, os herdeiros ou os sucessores do devedor;
III – o novo devedor que assumiu, com o consentimento do credor, a obrigação resultante do título executivo;

IV – o fiador do débito constante em título extrajudicial;
V – o responsável titular do bem vinculado por garantia real ao pagamento do débito;
VI – o responsável tributário, assim definido em lei.
CORRESPONDÊNCIA NO CPC/1973: *ART. 568.*

1. **Legitimidade passiva para a execução e sucessão no polo passivo.** O art. 779 do CPC/2015, correspondente ao art. 568 do CPC/1973 (com uma inovação pontual), regula a legitimidade passiva para a execução. Pode a demanda executiva ser movida em face: do devedor, assim reconhecido no título executivo (inciso I); do espólio, dos herdeiros ou dos sucessores do devedor (inciso II); do novo devedor que assumiu, com o consentimento do credor, a obrigação resultante do título executivo (inciso III); do fiador do débito constante em título extrajudicial (inciso IV); do responsável titular do bem vinculado por garantia real ao pagamento do débito (inciso V, sem correspondente no CPC/2015); ou do responsável tributário, assim definido em lei (inciso VI).

Artigo 780.

O exequente pode cumular várias execuções, ainda que fundadas em títulos diferentes, quando o executado for o mesmo e desde que para todas elas seja competente o mesmo juízo e idêntico o procedimento.
CORRESPONDÊNCIA NO CPC/1973: *ART. 573.*

1. **Cumulação de execuções.** O art. 780 do CPC/2015, correspondente ao art. 573 do CPC/1973, permite que o credor cumule várias execuções, ainda que fundadas em títulos diferentes, quando o executado for o mesmo e desde que, para todas elas, sejam (absolutamente) competente o juízo e idêntico o procedimento (*v.g.*, mesmas espécies de obrigação e de título executivo).

CAPÍTULO III – Da Competência

Artigo 781.

A execução fundada em título extrajudicial será processada perante o juízo competente, observando-se o seguinte:
I – a execução poderá ser proposta no foro de domicílio do executado, de eleição constante do título ou, ainda, de situação dos bens a ela sujeitos;
II – tendo mais de um domicílio, o executado poderá ser demandado no foro de qualquer deles;

III – sendo incerto ou desconhecido o domicílio do executado, a execução poderá ser proposta no lugar onde for encontrado ou no foro de domicílio do exequente;

IV – havendo mais de um devedor, com diferentes domicílios, a execução será proposta no foro de qualquer deles, à escolha do exequente;

V – a execução poderá ser proposta no foro do lugar em que se praticou o ato ou em que ocorreu o fato que deu origem ao título, mesmo que nele não mais resida o executado.

CORRESPONDÊNCIA NO CPC/1973: *ART. 576.*

1. Juízos concorrentemente competentes para a execução de título extrajudicial. O art. 781 do CPC/2015, que amplia sobremaneira a regra constante do art. 576 do CPC/1973, elenca os juízos territorialmente competentes para a execução de título extrajudicial. Trata-se de critério relativo de fixação de competência e de juízos concorrentemente competentes, à escolha do exequente. O inciso I estabelece, de início, que a execução pode ser proposta no foro de domicílio do executado, de eleição constante do título ou, ainda, da situação dos bens a ela sujeitos. Caso o executado tenha mais de um domicílio, poderá o exequente demandá-lo no foro de qualquer deles (inciso II). Sendo incerto ou desconhecido o domicílio do executado, a execução poderá ser proposta no lugar onde o devedor for encontrado ou no foro de domicílio do exequente (inciso III). Se houver mais de um devedor, com diferentes domicílios, a execução poderá ser proposta no foro de qualquer deles, à escolha do exequente (inciso IV). Já o inciso V permite que a execução seja proposta no foro do lugar em que se praticou o ato ou em que ocorreu o fato que deu origem ao título, mesmo que nele não mais resida o executado.

Artigo 782.
Não dispondo a lei de modo diverso, o juiz determinará os atos executivos, e o oficial de justiça os cumprirá.

§ 1º O oficial de justiça poderá cumprir os atos executivos determinados pelo juiz também nas comarcas contíguas, de fácil comunicação, e nas que se situem na mesma região metropolitana.

§ 2º Sempre que, para efetivar a execução, for necessário o emprego de força policial, o juiz a requisitará.

§ 3º A requerimento da parte, o juiz pode determinar a inclusão do nome do executado em cadastros de inadimplentes.

§ 4º A inscrição será cancelada imediatamente se for efetuado o pagamento, se for garantida a execução ou se a execução for extinta por qualquer outro motivo.

§ 5º O disposto nos §§ 3º e 4º aplica-se à execução definitiva de título judicial.

CORRESPONDÊNCIA: *ARTS. 577 E 579.*

1. Atos executivos, cumprimento pelo oficial de justiça e inclusão do nome do executado em cadastros de inadimplentes. O art. 782 do CPC/2015 não apenas conjuga regras que vinham nos arts. 577 e 579 do CPC/1973, como também traz inovações. Dito dispositivo consagra o dever-poder do juiz de determinar os atos executivos adequados ao cumprimento da obrigação, os quais devem ser cumpridos, em regra, pelo oficial de justiça. Buscando a maior eficiência da prestação jurisdicional executiva, o parágrafo1º passa a permitir que o oficial de justiça cumpra os atos executivos inclusive nas comarcas contíguas, de fácil comunicação, e nas que se situem na mesma região metropolitana. Pode o juiz, *ex officio* ou a requerimento (do exequente ou do oficial de justiça), requisitar o emprego de força policial sempre que necessário para a efetivação da medida executiva (parágrafo 2º). Os parágrafos 3º a 5º, sem precedentes no anterior diploma, permitem que o juiz, a requerimento da parte (devido à possível responsabilidade decorrente da averbação indevida), determine a inclusão do nome do executado em cadastros de inadimplentes. Dita inscrição deve ser cancelada imediatamente assim que efetuado o pagamento, garantida a execução ou determinada a extinção do procedimento por qualquer outro motivo. O disposto nos parágrafos 3º e 4º aplica-se a qualquer execução definitiva, fundada em título executivo tanto extrajudicial, quanto judicial.

CAPÍTULO IV – Dos Requisitos Necessários para Realizar Qualquer Execução

SEÇÃO I – Do Título Executivo

ARTIGO 783.
A execução para cobrança de crédito fundar-se-á sempre em título de obrigação certa, líquida e exigível.

CORRESPONDÊNCIA NO CPC/1973: *ART. 586.*

1. Atributos da obrigação contida no título executivo. O art. 783 do CPC/2015, correspondente ao art. 586 do CPC/1973, exige que o título executivo consagre obrigação certa, líquida e exigível. Não basta que o documento venha elencado no rol de títulos executivos, sendo essencial que a obrigação nele refletida contenha aqueles atributos. Por "certeza", deve-se entender a identificação dos elementos constitutivos da obrigação, isto é, a existência da relação obrigacional (*an debeatur*) e das partes credora (*cui debeatur*) e devedora (*quis debeatur*) da prestação. Já a liquidez consiste na identificação do objeto da obrigação, isto é, da quantidade devida (*quantum debeatur*) e/ou da identidade da prestação, refletiva pela qualidade do objeto da prestação (*quid debeatur*). Por derradeiro, o atributo da exigibilidade impõe que o dever de cumprir a prestação seja atual, isto é, que tenham ocorrido vencimento da obrigação e o inadimplemento da prestação, bem como a inexistência de fato impeditivo (*v.g.*, condição suspensiva), modificativo (*v.g.*, aditamento a um contrato, prorrogando o vencimento) ou extintivo (por exemplo, decadência ou pagamento integral) da obrigação.

Artigo 784.
   São títulos executivos extrajudiciais:
   I – a letra de câmbio, a nota promissória, a duplicata, a debênture e o cheque;
   II – a escritura pública ou outro documento público assinado pelo devedor;
   III – o documento particular assinado pelo devedor e por 2 (duas) teste-munhas;
   IV – o instrumento de transação referendado pelo Ministério Público, pela Defensoria Pública, pela Advocacia Pública, pelos advogados dos transatores ou por conciliador ou mediador credenciado por tribunal;
   V – o contrato garantido por hipoteca, penhor, anticrese ou outro direito real de garantia e aquele garantido por caução;
   VI – o contrato de seguro de vida em caso de morte;
   VII – o crédito decorrente de foro e laudêmio;
   VIII – o crédito, documentalmente comprovado, decorrente de aluguel de imóvel, bem como de encargos acessórios, tais como taxas e despesas de condomínio;
   IX – a certidão de dívida ativa da Fazenda Pública da União, dos Estados, do Distrito Federal e dos Municípios, correspondente aos créditos inscritos na forma da lei;
   X – o crédito referente às contribuições ordinárias ou extraordinárias de condomínio edilício, previstas na respectiva convenção ou aprovadas em assembleia geral, desde que documentalmente comprovadas;
   XI – a certidão expedida por serventia notarial ou de registro relativa a valores de emolumentos e demais despesas devidas pelos atos por ela praticados, fixados nas tabelas estabelecidas em lei;
   XII – todos os demais títulos aos quais, por disposição expressa, a lei atribuir força executiva.
   § 1º A propositura de qualquer ação relativa a débito constante de título executivo não inibe o credor de promover-lhe a execução.

§ 2º Os títulos executivos extrajudiciais oriundos de país estrangeiro não dependem de homologação para serem executados.

§ 3º O título estrangeiro só terá eficácia executiva quando satisfeitos os requisitos de formação exigidos pela lei do lugar de sua celebração e quando o Brasil for indicado como o lugar de cumprimento da obrigação.

CORRESPONDÊNCIA NO CPC/1973: *ART. 784.*

1. **Rol de títulos executivos extrajudiciais previstos no CPC/2015.** Em comparação ao art. 585 do CPC/1973, verifica-se que o art. 784 do CPC/2015 ampliou o rol de títulos executivos extrajudiciais que vêm previstos no CPC/2015 (afinal, qualquer lei federal pode criar nova hipótese de título executivo, sendo inúmeros os exemplos de leis extravagantes que promovem essa atribuição de eficácia executiva). São títulos executivos extrajudiciais: a letra de câmbio, a nota promissória, a duplicata, a debênture e o cheque (inciso I); a escritura pública ou outro documento público assinado pelo devedor (inciso II); o documento particular assinado pelo devedor e por 2 (duas) testemunhas (inciso III); o instrumento de transação referendado pelo Ministério Público, pela Defensoria Pública, pela Advocacia Pública, pelos advogados dos transatores ou por conciliador ou mediador credenciado por tribunal (inciso IV); o contrato garantido por hipoteca, penhor, anticrese ou outro direito real de garantia e aquele garantido por caução (inciso V); o contrato de seguro de vida em caso de morte (inciso VI); o crédito decorrente de foro e laudêmio (inciso VII); o crédito, documentalmente comprovado, decorrente de aluguel de imóvel, bem como de encargos acessórios, tais como taxas e despesas de condomínio (inciso VIII); a certidão de dívida ativa da Fazenda Pública da União, dos Estados, do Distrito Federal e dos Municípios, correspondente aos créditos inscritos na forma da lei (inciso IX); o crédito referente às contribuições ordinárias ou extraordinárias de condomínio edilício, previstas na respectiva convenção ou aprovadas em assembleia geral, desde que documentalmente comprovadas (inciso X, sem correspondente no CPC/1973); a certidão expedida por serventia notarial ou de registro relativa a valores de emolumentos e demais despesas devidas pelos atos por ela praticados, fixados nas tabelas estabelecidas em lei (inciso XI, sem correspondente no CPC/1973); e todos os demais títulos aos quais, por disposição expressa, a lei atribuir força executiva (inciso XII).

2. **Eficácia executiva independente de eventual demanda destinada a debater a obrigação.** O parágrafo 1º do art. 784 esclarece que a propositura de qualquer demanda relativa à obrigação constante de título executivo não impede o credor de promover-lhe a execução. Em outras palavras, a eficácia executiva do título não é elidia pela mera propositura de demanda judicial destinada a debater o débito.

3. **Eficácia executiva de títulos extrajudiciais estrangeiros.** De acordo com os parágrafos 2º e 3º, os títulos executivos extrajudiciais oriundos de país estrangeiro não dependem de homologação para serem executados. O procedimento de homologação

perante o STJ destina-se, somente, às sentenças estrangeiras (títulos judiciais), e não aos títulos extrajudiciais. Porém, para que o título extrajudicial estrangeiro tenha eficácia executiva, é necessária a observância dos requisitos de formação exigidos pela lei do lugar de sua celebração, bem como que o Brasil tenha sido indicado como o lugar de cumprimento da obrigação.

Artigo 785.
A existência de título executivo extrajudicial não impede a parte de optar pelo processo de conhecimento, a fim de obter título executivo judicial.
CORRESPONDÊNCIA NO CPC/1973: *NÃO HÁ.*

1. **Interesse processual para demanda de conhecimento, a despeito da existência de título executivo extrajudicial.** O art. 785 do CPC/2015 não encontra correspondente no CPC/1973, mas consagra, no texto legal, a inserção de regra que vinha sendo majoritariamente admitida na jurisprudência. Dispõe o novel dispositivo que a existência de título executivo extrajudicial não impede a parte de optar pelo processo de conhecimento, a fim de obter título executivo judicial. Em outras palavras, a existência de titulo executivo extrajudicial não retira o interesse processual para demanda de conhecimento, uma vez que esse procedimento busca a formação de título executivo de espécie diversa, qual seja, o judicial, cujo rito executivo é demasiadamente diferenciado (*v.g.*, a defesa do executado, por meio de impugnação, tem rol de matérias defensivas mais restrito; há acréscimo pecuniário de multa de 10%; não cabe o parcelamento da dívida, etc.). *A contrario sensu*, somente inexistirá interesse processual para demanda cognitiva se já houver título executivo judicial em favor do autor.

SEÇÃO II – Da Exigibilidade da Obrigação

Artigo 786.
A execução pode ser instaurada caso o devedor não satisfaça a obrigação certa, líquida e exigível consubstanciada em título executivo.
Parágrafo único. A necessidade de simples operações aritméticas para apurar o crédito exequendo não retira a liquidez da obrigação constante do título.
CORRESPONDÊNCIA NO CPC/1973: *ART. 580.*

1. **Liquidez e exigibilidade da obrigação constante do título extrajudicial.** O *caput* do art. 786 do CPC/2015, correspondente ao art. 580 do CPC/1973, indica que a execução pode ser instaurada caso o devedor não satisfaça a obrigação certa, líquida e

exigível indicada no título executivo. O parágrafo único, por seu turno (sem correspondente expresso no anterior diploma), esclarece que a necessidade de simples operações aritméticas para apurar o crédito exequendo não retira a liquidez da obrigação constante do título. Em outras palavras, pode a execução ser proposta de imediato, sendo suficiente que o exequente apresente planilha analítica e descritiva do crédito, com indicação dos critérios que utilizou para refletir a liquidez do título.

Artigo 787.

Se o devedor não for obrigado a satisfazer sua prestação senão mediante a contraprestação do credor, este deverá provar que a adimpliu ao requerer a execução, sob pena de extinção do processo.

Parágrafo único. O executado poderá eximir-se da obrigação, depositando em juízo a prestação ou a coisa, caso em que o juiz não permitirá que o credor a receba sem cumprir a contraprestação que lhe tocar.

CORRESPONDÊNCIA NO CPC/1973: *ART. 582.*

1. **Obrigações cujo cumprimento de uma prestação está condicionado ao cumprimento de outra.** De acordo com o art. 787 do CPC/2015 (correspondente ao art. 582 do CPC/1973), sempre que o devedor for obrigado a satisfazer sua prestação mediante a contraprestação do credor, cabe a este comprovar o adimplemento de sua parte, sob pena de extinção da execução. Permite-se ao executado, porém, eximir-se da obrigação mediante depósito, em juízo, da prestação ou da coisa, caso em que o juiz não permitirá que o credor a receba sem cumprir a contraprestação que lhe tocar.

Artigo 788.

O credor não poderá iniciar a execução ou nela prosseguir se o devedor cumprir a obrigação, mas poderá recusar o recebimento da prestação se ela não corresponder ao direito ou à obrigação estabelecidos no título executivo, caso em que poderá requerer a execução forçada, ressalvado ao devedor o direito de embargá-la.

CORRESPONDÊNCIA NO CPC/1973: *ART. 581 DO CPC/1973.*

1. **Correspondência entre a obrigação constante do título e a adimplida pelo devedor.** O art. 788 do CPC/2015, que corresponde ao art. 581 do CPC/1973, dispõe que o credor não pode dar início à execução, nem nela prosseguir, se o devedor cumprir a obrigação. É direito do credor, porém, recusar o recebimento da prestação, se ela não corresponder à obrigação ou ao direito estabelecido no título executivo, caso em que poderá requerer a execução forçada, facultando-se ao executado o direito de opor embargos.

CAPÍTULO V – Da Responsabilidade Patrimonial

ARTIGO 789.

O devedor responde com todos os seus bens presentes e futuros para o cumprimento de suas obrigações, salvo as restrições estabelecidas em lei.
CORRESPONDÊNCIA NO CPC/1973: *ART. 591.*

1. Responsabilidade patrimonial do devedor. O direito brasileiro consagra, no plano civil, a responsabilidade exclusivamente patrimonial do devedor, inexistindo responsabilidade pessoal. O devedor não responde com seu corpo pelo cumprimento de suas obrigações não penais. A responsabilidade civil é, exclusivamente, patrimonial. Nessa linha, o art. 789 do CPC/2015, correspondente ao art. 591 do CPC/1973, esclarece que o devedor responde com todos os seus bens, presentes (em relação ao momento da penhora) e futuros (relativamente ao momento em que a obrigação é contraída) para o cumprimento de suas obrigações, salvo as restrições estabelecidas em lei (isto é, os casos excepcionais de impenhorabilidade de bens).

ARTIGO 790.

São sujeitos à execução os bens:
I – do sucessor a título singular, tratando-se de execução fundada em direito real ou obrigação reipersecutória;
II – do sócio, nos termos da lei;
III – do devedor, ainda que em poder de terceiros;
IV – do cônjuge ou companheiro, nos casos em que seus bens próprios ou de sua meação respondem pela dívida;
V – alienados ou gravados com ônus real em fraude à execução;
VI – cuja alienação ou gravação com ônus real tenha sido anulada em razão do reconhecimento, em ação autônoma, de fraude contra credores;
VII – do responsável, nos casos de desconsideração da personalidade jurídica.
CORRESPONDÊNCIA NO CPC/1973: *ART. 592.*

1. Sujeitos cujos bens estão sujeitos à execução. O art. 790 do CPC/2015, que corresponde ao art. 592 do CPC/1973 (com ampliações), elenca os bens que estão sujeitos à execução. Como ponto em comum, verifica-se que todos os sujeitos titulares dos bens detêm responsabilidade (*Haftung*), o que permite a execução de seu patrimônio para o cumprimento das obrigações inadimplidas. Os incisos VI e VII do art. 790 do CPC/2015 não encontram correspondentes no texto do CPC/1973. Podem ser executados, em suma, os bens: do sucessor a título singular, tratando-se de execução fundada em direito real ou obrigação reipersecutória (inciso I); do sócio, nos termos da lei (inciso II); do devedor, ainda que em poder de terceiros (inciso III); do cônjuge ou companheiro, nos casos em que seus bens próprios ou de sua meação respondem pela dívida (inciso IV); alienados ou gravados com ônus real em fraude à execução (inciso V); cuja alienação ou gravação com ônus real tenha sido anulada em razão do reconhecimento, em ação autônoma, de fraude contra credores (inciso VI); e do responsável, nos casos de desconsideração da personalidade jurídica (inciso VII).

Artigo 791.

Se a execução tiver por objeto obrigação de que seja sujeito passivo o proprietário de terreno submetido ao regime do direito de superfície, ou o superficiário, responderá pela dívida, exclusivamente, o direito real do qual é titular o executado, recaindo a penhora ou outros atos de constrição exclusivamente sobre o terreno, no primeiro caso, ou sobre a construção ou a plantação, no segundo caso.

§ 1º Os atos de constrição a que se refere o *caput* serão averbados separadamente na matrícula do imóvel, com a identificação do executado, do valor do crédito e do objeto sobre o qual recai o gravame, devendo o oficial destacar o bem que responde pela dívida, se o terreno, a construção ou a plantação, de modo a assegurar a publicidade da responsabilidade patrimonial de cada um deles pelas dívidas e pelas obrigações que a eles estão vinculadas.

§ 2º Aplica-se, no que couber, o disposto neste artigo à enfiteuse, à concessão de uso especial para fins de moradia e à concessão de direito real de uso.

CORRESPONDÊNCIA NO CPC/1973: *NÃO HÁ.*

1. **Responsabilidade patrimonial em caso de direito de superfície.** O art. 791 do CPC/2015 não encontra corresponde no CPC/1973. O referido dispositivo trata da execução que tenha por objeto obrigação de que seja sujeito passivo o proprietário de terreno submetido ao regime do direito de superfície, ou o superficiário. Nesse caso, responderá pela dívida, com exclusividade, o direito real do qual é titular o executado, recaindo a penhora ou outros atos de constrição somente sobre o terreno (no primeiro caso), ou sobre a construção ou a plantação (na segunda hipótese). O parágrafo 1º dispõe que os atos de constrição devem ser averbados separadamente na matrícula do imóvel, com a identificação de elementos identificadores da execução (nome do executado, valor do crédito e objeto sobre o qual recai o gravame), devendo o oficial destacar o bem que responde pela dívida (isto é, se o terreno, a construção ou a plantação), de modo a assegurar a publicidade da responsabilidade patrimonial de cada um deles pelas dívidas e pelas obrigações que a eles estão vinculadas. Já o parágrafo 2º determina a aplicação des-

sas regras, no que couber, à enfiteuse, à concessão de uso especial para fins de moradia e à concessão de direito real de uso.

Artigo 792.
A alienação ou a oneração de bem é considerada fraude à execução:
I – quando sobre o bem pender ação fundada em direito real ou com pretensão reipersecutória, desde que a pendência do processo tenha sido averbada no respectivo registro público, se houver;
II – quando tiver sido averbada, no registro do bem, a pendência do processo de execução, na forma do art. 828;
III – quando tiver sido averbado, no registro do bem, hipoteca judiciária ou outro ato de constrição judicial originário do processo onde foi arguida a fraude;
IV – quando, ao tempo da alienação ou da oneração, tramitava contra o devedor ação capaz de reduzi-lo à insolvência;
V – nos demais casos expressos em lei.
§ 1º A alienação em fraude à execução é ineficaz em relação ao exequente.
§ 2º No caso de aquisição de bem não sujeito a registro, o terceiro adquirente tem o ônus de provar que adotou as cautelas necessárias para a aquisição, mediante a exibição das certidões pertinentes, obtidas no domicílio do vendedor e no local onde se encontra o bem.
§ 3º Nos casos de desconsideração da personalidade jurídica, a fraude à execução verifica-se a partir da citação da parte cuja personalidade se pretende desconsiderar.
§ 4º Antes de declarar a fraude à execução, o juiz deverá intimar o terceiro adquirente, que, se quiser, poderá opor embargos de terceiro, no prazo de 15 (quinze) dias.
CORRESPONDÊNCIA NO CPC/1973: *ART. 593.*

1. **Fraude de execução: hipóteses de caracterização.** O art. 792 do CPC/2015 corresponde ao art. 593 CPC/1973, com significativa ampliação e alteração de regras. Versa a hipótese sobre a fraude de execução, caso em que há oneração ou transferência fraudulenta de bens, cuja sanção é a ineficácia do ato em relação ao credor (parágrafo 1º). Os incisos I a III do *caput* do novel dispositivo trazem um novo pressuposto, que não constava do texto do CPC/1973: a exigência de que o processo, a hipoteca judiciária ou qualquer outro ato de constrição sejam registrados no registro do bem, se existente. A prévia averbação não apenas forma presunção absoluta de conhecimento pelo terceiro, mas parece ter se tornado requisito *sine qua non* para o reconhecimento da fraude de

execução, sempre que o bem for sujeito a registro. Os incisos do *caput* tratam de quatro hipóteses diferentes de fraude. Primeiramente, há fraude quando, sobre o bem objeto da alienação ou oneração, pender ação fundada em direito real ou com pretensão reipersecutória, desde que a pendência do processo tenha sido averbada no respectivo registro público, se houver (inciso I). Considera-se como fraudulenta, ainda, a oneração ou transferência do bem quando tiver sido averbada, em seu registro, a pendência de execução, na forma do art. 828 (inciso II). Há fraude, também, quando tiver sido averbado, no registro do bem, hipoteca judiciária ou outro ato de constrição judicial originário do processo onde foi arguida a fraude (inciso III). Também há fraude quando, ao tempo da alienação ou da oneração, tramitava contra o devedor ação capaz de reduzi-lo à insolvência (inciso IV). Finalmente, o inciso V permite que qualquer lei federal venha a reconhecer hipóteses adicionais de fraude de execução.

2. Ônus da prova, do terceiro adquirente, em caso de bem não sujeito a registro. O parágrafo 2º do art. 792 refere-se aos casos em que o bem onerado ou transferido não está sujeito a registro. Nessas hipóteses, cabe ao terceiro adquirente o ônus de provar que adotou as cautelas necessárias para a aquisição, mediante a exibição das certidões pertinentes (*v.g.*, de distribuição de processos judiciais em nome de quem está transferindo ou onerando o bem), obtidas no domicílio do vendedor e no local onde se encontra o bem. A referência expressa ao tipo de prova documental que deve ser invocada pelo terceiro em seu favor (certidões obtidas nas localidades ali referidas) parece demonstrar que esse seria o único meio de prova cabível para a demonstração da inexistência de *scientia fraudis* de sua parte.

3. Momento a partir do qual se verifica a fraude sobre bens de responsável em caso de desconsideração de personalidade jurídica. De acordo com o parágrafo 3º, nos casos de desconsideração da personalidade jurídica, a fraude à execução (por parte do novo responsável, isto é, em relação à transferência de seus próprios bens) verifica-se a partir da citação da parte cuja personalidade se pretende desconsiderar (a sociedade, no caso de desconsideração comum, ou o sócio, no caso de desconsideração inversa da personalidade jurídica).

4. Contraditório prévio ao terceiro adquirente. Para assegurar ao terceiro o pleno exercício da garantia constitucional do contraditório e da ampla defesa (já que ele será o maior prejudicado, caso reconhecida a fraude), exige o parágrafo 4º que o juiz, antes de declarar a fraude à execução, intime o terceiro adquirente para, se quiser, opor embargos de terceiro, no prazo de 15 (quinze) dias.

ARTIGO 793.

O exequente que estiver, por direito de retenção, na posse de coisa pertencente ao devedor não poderá promover a execução sobre outros bens senão depois de excutida a coisa que se achar em seu poder.

CORRESPONDÊNCIA NO CPC/1973: *ART. 594.*

1. **Preferência pela expropriação do bem do devedor na posse do exequente.** O art. 793 do CPC/2015 corresponde ao art. 594 do CPC/1973, sem qualquer alteração. Sempre que o exequente estiver na posse de coisa pertencente ao devedor – fruto de direito de retenção –, não será possível a execução de outros bens senão depois de expropriado o bem que se achar em poder do credor.

Artigo 794.
O fiador, quando executado, tem o direito de exigir que primeiro sejam executados os bens do devedor situados na mesma comarca, livres e desembargados, indicando-os pormenorizadamente à penhora.

§ 1º Os bens do fiador ficarão sujeitos à execução se os do devedor, situados na mesma comarca que os seus, forem insuficientes à satisfação do direito do credor.

§ 2º O fiador que pagar a dívida poderá executar o afiançado nos autos do mesmo processo.

§ 3º O disposto no *caput* não se aplica se o fiador houver renunciado ao benefício de ordem.
CORRESPONDÊNCIA NO CPC/1973: *ART. 595.*

1. **Expropriação de bens do fiador e eventual benefício de ordem.** O art. 794 do CPC/2015 corresponde ao art. 595 do CPC/1973, com ampliação das regras existentes anteriormente. O *caput* inicia com o reconhecimento do chamado "benefício de ordem", isto é, o direito do fiador de, quando executado, exigir que primeiro sejam expropriados os bens do devedor situados na mesma comarca, livres e desembargados, indicando-os pormenorizadamente à penhora, salvo se o fiador houver renunciado a esse benefício (§3º). Caso os bens do devedor, situados na mesma comarca que os do fiador, sejam insuficientes à satisfação do direito do credor, torna-se cabível a penhora de bens do fiador (§1º). Sempre que o fiador pagar (total ou parcialmente) a dívida, poderá promover, nos autos do mesmo processo, a execução contra o afiançado (§2º).

Artigo 795.
Os bens particulares dos sócios não respondem pelas dívidas da sociedade, senão nos casos previstos em lei.

§ 1º O sócio réu, quando responsável pelo pagamento da dívida da sociedade, tem o direito de exigir que primeiro sejam excutidos os bens da sociedade.

§ 2º Incumbe ao sócio que alegar o benefício do § 1º nomear quantos bens da sociedade situados na mesma comarca, livres e desembargados, bastem para pagar o débito.

§ 3º O sócio que pagar a dívida poderá executar a sociedade nos autos do mesmo processo.

§ 4º Para a desconsideração da personalidade jurídica é obrigatória a observância do incidente previsto neste Código.

CORRESPONDÊNCIA NO CPC/1973: *ART. 596.*

1. **Expropriação de bens do sócio e eventual benefício de ordem.** O art. 795 do CPC/2015 corresponde ao art. 596 do CPC/1973, sem alteração significativa, salvo a inclusão de um novo último parágrafo. Como regra geral, os bens particulares dos sócios não respondem pelas dívidas da sociedade, salvo nos casos previstos em lei. Se a responsabilidade decorre de desconsideração da personalidade jurídica, faz-se obrigatória a observância do incidente previsto no CPC/2015 (parágrafo 4º). O parágrafo 1º reconhece o benefício de ordem em favor do sócio, estabelecendo que, caso o sócio seja responsável pelo pagamento da dívida da sociedade, fica-lhe assegurado o direito de exigir que primeiro sejam excutidos os bens da sociedade. Cabe ao sócio, quando alegar o benefício de ordem, nomear bens da sociedade que estejam situados na mesma comarca, sejam livres e desembargados e suficientes para pagar o débito atualizado (§2º). Sempre que o sócio pagar (total ou parcialmente) a dívida, poderá promover, nos autos do mesmo processo, a execução contra a sociedade (§3º).

Artigo 796.
O espólio responde pelas dívidas do falecido, mas, feita a partilha, cada herdeiro responde por elas dentro das forças da herança e na proporção da parte que lhe coube.

CORRESPONDÊNCIA NO CPC/1973: *ART. 597.*

1. **Responsabilidade do espólio e dos herdeiros nas forças da herança e na proporção das quotas partes.** O art. 796 do CPC/2015 corresponde ao art. 597 do CPC/1973, com inclusão de trecho destinado a reiterar a regra, de direito material, pela qual a responsabilidade dos herdeiros fica limitada, sempre, às forças da herança (art. 1.792, CC/2002). O CPC/2015 esclarece, portanto, que o espólio responde pelas dívidas do *de cuius*, porém, após a realização da partilha, cada herdeiro passa a responder por elas dentro das forças da herança e na proporção da parte que lhe couber.

TÍTULO II – Das Diversas Espécies de Execução

CAPÍTULO I – Disposições Gerais

ARTIGO 797.
Ressalvado o caso de insolvência do devedor, em que tem lugar o concurso universal, realiza-se a execução no interesse do exequente que adquire, pela penhora, o direito de preferência sobre os bens penhorados.

Parágrafo único. Recaindo mais de uma penhora sobre o mesmo bem, cada exequente conservará o seu título de preferência.

CORRESPONDÊNCIA NO CPC/1973: *ART. 612.*

1. **Realização da execução em prol do interesse do exequente.** O CPC/2015 – ao adotar a premissa de que a execução será realizada no interesse do exequente – indica que as direções a serem adotadas no procedimento executivo devem ser feitas em favor da satisfação do exequente. De toda sorte, na adoção das medidas executórias, não se poderá deixar de sopesar que estas irão causar impacto na esfera jurídica do executado. Esse contexto indica que o art. 797 necessita ser aplicado em conjunto com o art. 805, que prestigia a diretriz de que, em sendo possível, a execução deverá seguir trilha de menor onerosidade ao executado. Faz-se necessário, assim, conjugar as duas orientações para a sadia condução da execução, de modo a satisfazer a obrigação pendente, sem que ocorra onerosidade excessiva (desnecessária) sob o ângulo do executado.

2. **Abuso do direito.** É, contudo, de se ressaltar que não se poderá, com todo respeito, admitir o abuso do direito (art. 187, CC/2002), seja em prol do exequente (escorando-se neste art. 797), seja em benefício do executado (com esteio no art. 805). Assim, se o interesse do exequente for farol que iluminará a condução da execução, suas medidas deverão se processar sem que ocorra desnecessário esforço do executado. Com essa bússola, se por vários meios o exequente puder promover a execução, o juiz mandará que se faça pelo modo menos gravoso para o executado. No entanto, considerando-se que a execução tem dinâmica em prol dos interesses do exequente, caberá ao executado demonstrar que está se sujeitando – ou que pelo menos existe potencial risco – a onerosidade desnecessária, com a indicação de outros caminhos (ou soluções) de menor impacto em sua esfera jurídica. Mais ainda, não bastará que o executado demonstre o forte impacto que está sofrendo com a execução e aponte a existência de solução que contemple menor onerosidade. Com efeito, é fundamental que a opção sugerida pelo executado atenda de forma satisfatória ao exequente, que não terá prejuízo efetivo com a adoção da medida indicada, ou seja, a alternativa apresentada pelo executado deverá ter, segundo dispõe a lei processual, igual (ou pelo menos semelhante) eficácia em relação ao meio que está sendo repudiado (art. 805, parágrafo único).

3. Concurso particular. A incidência de mais de uma penhora sobre o mesmo bem cria apenas uma concorrência particular (ou concurso particular) entre aqueles que moveram execução e obtiveram a constrição, ou seja, concorrem apenas aqueles cujo crédito é garantido pela penhora. Logo, ainda que ocorra a reunião de processos para melhor desfecho do concurso particular, a situação em nada se confunde com concurso universal de credores, situação especialíssima e atrelada à insolvência do devedor, que atrairá todos os credores, indistintamente, mesmo que alguns não tenham aviado execução.

4. Direito de preferência decorrente da penhora (*prior tempore potior jure*). Nosso sistema processual adota a penhora como o fato que irá caracterizar o direito de preferência e a respectiva sequência. Assim, não será levada em conta a data da propositura da execução ou da citação respectiva, mas a análise temporal em que foi efetuada a penhora. (STJ, RMS 11.508/RS).

5. Direito de preferência decorrente da penhora (credores quirografários e disputa entre credores com direito de preferência de mesma natureza). O direito de preferência aqui tratado interessa, em especial, aos credores quirografários. A conclusão é tirada a partir da leitura conjunta do art. 797 com os arts. 905, II, e 908, pois essa simbiose indica que, se houver preferência legal, ou seja, situação legal em que o credor detém preferência sobre outro em razão de direito material, a preferência decorrente da penhora se sujeitará ao(s) título(s) legais com preferência. (STJ, EDcl no AgRg no AREsp 135.104/SC). Portanto, como regra, se ocorrer a pluralidade de penhora sobre o mesmo bem, deverão ser levados em conta: (i) a presença de crédito privilegiado (direito de preferência decorrente da lei); (ii) havendo crédito com preferência, deve ser seguida a ordem legal de prioridades, pois a legislação cria uma escala a partir de escolhas efetuadas pelo direito material (vide comentários ao art. 908); (ii) caso ocorra concorrência entre credores privilegiados da mesma classe (por exemplo, duas penhoras de créditos trabalhistas) deverá ser observada a anterioridade da penhora, aplicando-se o art. 797 na hipótese; e (iv) caso não se vislumbre nenhum crédito privilegiado, ou seja, envolvendo apenas credores quirografários, a regra será de pura cronologia da penhora (STJ, REsp 660.655/MG). A análise de todo o quadro é importante, pois, como frisado, nos créditos privilegiados, há uma escala de prioridade, e a disputa – resolvida pela anterioridade da penhora – somente ocorrerá se forem da mesma classe. Vide comentários aos arts. 905 e 908.

6. Abrangência da nomenclatura "penhora". Deve ser efetuada interpretação mais ampla à nomenclatura usada no art. 797, pois o dispositivo apenas faz referência à "penhora", sem alusão a outras formas de constrição. No sentido, há posicionamento de que o arresto – por ser forma de assegurar expropriação executiva – deve ser visto como plataforma que assegura o direito de preferência em relação a outro credor que obtém penhora em data posterior. (STJ, REsp 759.700/SP; REsp 2.435/MG). A mesma inteligência há de ser aplicada em relação à certidão de admissibilidade da execução, quando esta é registrada para fins de especificação de patrimônio do executado para a (eventual) satisfação do credor (art. 828), e com mais razão ainda em relação à hipoteca judiciária (art. 495) – vide comentário abaixo. Há de se observar que existem outros atos – passíveis de registro imobiliário – que não se confundem com os atos constritivos que visam à expropriação, como é o caso da averbação da declaração de ineficácia da venda (STJ, REsp. 1.254.320/SP). Nesses casos, não se aplicará o disposto no art. 797.

7. Desistência da execução. A partir da diretriz de que execução será realizada com observância no interesse do exequente, o art. 775 dispõe no sentido de que este tem o direito de desistir de toda a execução ou de apenas alguma medida executiva.

ARTIGO 798.

Ao propor a execução, incumbe ao exequente:

I – instruir a petição inicial com:

a) o título executivo extrajudicial;

b) o demonstrativo do débito atualizado até a data de propositura da ação, quando se tratar de execução por quantia certa;

c) a prova de que se verificou a condição ou ocorreu o termo, se for o caso;

d) a prova, se for o caso, de que adimpliu a contraprestação que lhe corresponde ou que lhe assegura o cumprimento, se o executado não for obrigado a satisfazer a sua prestação senão mediante a contraprestação do exequente;

II – indicar:

a) a espécie de execução de sua preferência, quando por mais de um modo puder ser realizada;

b) os nomes completos do exequente e do executado e seus números de inscrição no Cadastro de Pessoas Físicas ou no Cadastro Nacional da Pessoa Jurídica;

c) os bens suscetíveis de penhora, sempre que possível.

Parágrafo único. O demonstrativo do débito deverá conter:

I – o índice de correção monetária adotado;

II – a taxa de juros aplicada;

III – os termos inicial e final de incidência do índice de correção monetária e da taxa de juros utilizados;

IV – a periodicidade da capitalização dos juros, se for o caso;

V – a especificação de desconto obrigatório realizado.

CORRESPONDÊNCIA NO CPC/1973: *ARTS. 614 E 615.*

1. Petição inicial. O art. 798 trata da petição inicial executiva, indicando alguns requisitos essenciais. A análise mais atenta demonstra que é necessário fazer a comunicação com o art. 319, que trata da petição inicial em seu aspecto amplo, diálogo este que está devidamente autorizado pelo art. 771, parágrafo único. Assim, há de se observar as especificidades da execução, que justificam regramentos próprios para a petição inicial, assim como as áreas não preenchidas pelo art. 798, cobrindo-as com os ditames do art. 319.

2. O juízo a que é dirigida (competência). Antes de tudo, o exequente deverá indicar qual o juízo que deverá ser o receptor e posterior condutor da execução, exigência contida no art. 319, I. Trata-se, assim, de conduta da parte que observará questões íntimas ao direito material, tais como especialidade de direitos (que pode levar a análise de competência funcional), bem assim vinculados ao próprio local em que a execução deveria seria cumprida. Com efeito, há campo de boa liberdade para as partes, aplicando-se a autonomia da vontade, na fixação pelas partes (credor e devedor) acerca do local para cumprimento das obrigações (art. 78, CC/2002). Todavia, em caso de omissão, o lugar do pagamento será no domicílio do devedor (art. 327, CC/2002). Há regras, contudo, especiais, que criam situações peculiares (por exemplo, em caso de imóveis, em que o local da coisa determina o lugar do pagamento – art. 328 CC/2002). As dívidas são tratadas como quesível (*querable*) e portável (*portable*), a partir da análise do deslocamento do credor ou do devedor para o pagamento, caso estejam postados em locais distintos. Em se tratando de dívida *querable*, caberá ao credor ir exigir o pagamento no domicílio do devedor, isto é, a iniciativa (deslocamento) é do credor; de modo diverso, quando se configurar dívida *portable*, incumbirá ao devedor ir pagar no domicílio do credor. As regras acima postas, de forma bem resenhada, têm aplicação fértil no campo executivo, pois o local em que a obrigação deve ser cumprida é capital na fixação da competência judicial e, via de talante, da correta indicação do juízo a que a petição será dirigida. Observe-se, pois, em exemplos, a praça de pagamento constante nos títulos cambiais e o foro de eleição fixado pelas partes quando da pactuação das obrigações.

3. Identificação das partes (exequente e executado). A petição inicial deve trazer a perfeita identificação das partes, indicando os nomes completos do exequente e do executado e seus números de inscrição no Cadastro de Pessoas Físicas ou no Cadastro Nacional da Pessoa Jurídica. Nada consta no art. 796 acerca da exigência de que seja plasmado na petição inicial o estado civil, a existência de união estável, a profissão, o domicílio e a residência do exequente e do executado, omissão esta que não desobriga o exequente de trazer esses dados na peça vestibular, a teor do art. 319, II. Note-se, pois, que não se trata de um capricho, pois essas informações são capitais para que os atos executórios sejam efetuados de forma ordenada. Percebe-se, em situação pontual, que a identificação do regime de bens, caso o executado seja casado ou esteja em união estável, permitirá que o curso executório tome linha adequada, até porque o impacto da execução no patrimônio do consorte do executado dependerá da análise do respectivo regime de bens. No sentido, o art. 842 prevê que, se a penhora recair sobre bem imóvel ou direito real sobre imóvel, será intimado também o cônjuge do executado, salvo se forem casados em regime de separação absoluta de bens (vide comentários ao art. 842). Por fim, com iluminação no art. 319, caso o exequente não disponha das informações completas para a identificação do executado, poderá postular, na petição inicial, diligências necessárias à sua obtenção. Não deverá indeferir a peça inicial carente de informações completas, se a obtenção dessas informações tornar impossível ou excessivamente oneroso o acesso à justiça. Haverá o suprimento se, ainda que com a identificação incompleta, for possível a citação do executado. Nessa situação, o executado, em cooperação (arts. 5º e 6º), deverá trazer a juízo as informações faltantes acerca da respectiva identificação.

4. Identificação de interessados. Muito embora o art. 798 não faça menção, a execução pode alcançar outras pessoas que não são, propriamente, as figuras do devedor e do executado. Basta, pois, lembrar a situação do garante que afeta um bem de seu patrimônio (por exemplo, através de hipoteca) em favor do executado. Apesar de este não ser propriamente executado, não se cogitando em aplicação do princípio da responsabilidade patrimonial (afetação de bens presentes e futuros), como a execução será apta para alcançar seu patrimônio especificado, o terceiro garantidor não poderá ser alijado da execução. Assim, havendo pretensão do exequente de penhora do bem do terceiro garantidor, este deverá ser identificado, com os mesmos rigores aplicados às partes habituais da execução, a fim de que seja citado (STJ, REsp 949.946/SP; REsp 248.464/SC). O exemplo não é único, pois, se o exequente indicar na petição inicial bens suscetíveis de penhora em que há incidência do direito de preferência de terceiros, em caso de alienação judicial (por exemplo, penhora de direitos reais sobre coisa alheia ou quotas societárias), estes deverão, desde logo, ser identificados, prestigiando o disposto no art. 799.

5. Título executivo extrajudicial. O título executivo extrajudicial, em seu aspecto formal, deve ser visto como o convite que permitirá que o credor ingresse na via executiva, através de execução. O credor, com o título apontado em execução, passa a ser tratado como exequente, dando ensejo ao movimento da máquina estatal para que a obrigação reclamada seja adimplida pelo executado. Por esse passo, é indispensável que a execução seja acompanhada do título executivo, cabendo ao exequente, ainda que de forma sucinta, fazer alusão a ele em sua peça inicial, correlacionando-o com a obrigação que deseja que seja satisfeita de forma coativa.

6. Título executivo (original e cópia). Diante da importância que o título assume na execução, a regra é que seja juntado em original, exigência mais rigorosa quando se tratar de cambiais (por exemplo, nota promissória e cédulas de crédito), diante da possibilidade de circulação do título executivo extrajudicial. (STJ, REsp 33.530/PR). A regra pode ceder, admitindo-se a juntada de cópia, caso se demonstre a impossibilidade de juntada do original na execução. (STJ, REsp 106.035/RS; REsp 16.153/PB). Assim ocorre quando, no momento em que é apresentada a execução, o título está instruindo outro processo (por exemplo, uma ação penal), ou quando foi extraviado (por exemplo, em caso de assalto que alvejou cofre que guardava o título). Mais ainda, em se tratando de créditos que não podem ser objeto de circulação (por exemplo, confissão de dívida que indica que os direitos do credor não podem ser cedidos em hipótese alguma), há de se admitir a cópia como título executivo, pois não há qualquer risco de nova execução com base no mesmo título extrajudicial. (STJ, AgRg no Ag 935.591/MS). Aplicando-se as noções de boa-fé objetiva e de cooperação mútua, não vemos qualquer problema na juntada de cópia do título se o exequente afirmar, na inicial, que está de posse do original e que poderá apresentá-lo para exame judicial, se necessário for, declarando, no ato, que assume a responsabilidade caso ocorra a indevida circulação do título. Esse entendimento possui algum eco na jurisprudência (STJ, REsp 22.988/SP; REsp 820.121/ES). Por óbvio, consoante se verá com mais detalhamento nos comentários ao art. 801, antes de o juiz extinguir a execução por não ter a parte juntado o título em original, deverá ser dada à parte o direito de sanar o vício ou de justificar a falta. (STJ, REsp 924.989/RJ).

7. Título executivo virtual (emitido de forma eletrônica). O art. 889, §3º, do CC/2002 admite a emissão virtual do título, ou seja, a partir dos caracteres criados em computador ou meio técnico equivalente, desde que constem da escrituração do emitente e contenham os elementos básicos do título, não dispensando, por exemplo, a data da emissão e a indicação precisa dos direitos que confere. Alguns tipos de cambiais, dada a natureza dinâmica das operações a que estão atreladas, têm apego muito mais afinado com a emissão eletrônica do que com a física, sendo, sem dúvida, a duplicata o melhor exemplo. Observe-se, no sentido, a indicação a protesto das duplicatas mercantis por meio magnético (ou de gravação eletrônica de dados, prevista nos arts. 8º e 22 da Lei 9.492/97), com dispensa de transcrição literal do título, se o Tabelião de Protesto mantiver em arquivo gravação electrônica da imagem, cópia reprográfica ou micrográfica do título ou documento da dívida. (STJ, EREsp 1.024.691/PR). Assim, as duplicatas virtuais – emitidas e recebidas por meio magnético ou de gravação eletrônica – podem ser protestadas por mera indicação; e, consequentemente, a exibição (física) do título não deve ser tida como imprescindível para o ajuizamento da execução judicial. De toda sorte, não há dispensa da comprovação documentada da operação que lastreou o título e sua cobrança. No sentido, tem-se admitido que os comprovantes de cobrança (em regra, boletos bancários) vinculados ao título virtual, acompanhados dos instrumentos de protesto por indicação e dos comprovantes de entrega da mercadoria ou da prestação dos serviços, poderão suprir a ausência física do título cambiário eletrônico, constituindo-se, título executivo extrajudicial. (STJ, REsp 1.024.691/PR). Logo, admite-se, nas condições acima, a execução manejada com base em título de crédito emitido de forma virtual. (STJ, REsp 1.354.776/MG).

8. Demonstrativo do débito atualizado (execução por quantia certa). Em relação à execução por quantia certa, o CPC/1973 não apresentava, ao menos de forma detalhada, a arquitetura que o exequente deveria seguir no que tange ao demonstrativo do débito, afirmando basicamente que este tinha de ser atualizado até a data de propositura da ação. O CPC/2015, por sua vez, é minudente no sentido, com apresentação de desenho mínimo a ser observado pelo exequente, assentando que o demonstrativo do débito deverá conter: (i) o índice adotado de correção monetária; (ii) a taxa de juros aplicada;

(iii) os termos inicial e final de incidência do índice de correção monetária e da taxa de juros utilizados; (iv) a periodicidade da capitalização dos juros, se for o caso; e (v) a especificação de desconto obrigatório realizado (art. 798, parágrafo único). Trata-se de rol mínimo, pois é possível que a conta executiva leve em consideração outras variantes (por exemplo, juros compostos; uso de cláusula móvel).

9. Fatos, fundamentos e pedido. Na execução, os fatos, os fundamentos e o pedido são apresentados de forma mais simplória do que no processo de conhecimento, na medida em que o título já indica que há vinculo jurídico entre as partes, servindo de fundamento do pedido, que será a satisfação da obrigação.

10. Indicação da forma de execução (técnica executiva). Como ato de declaração de vontade (art. 200), o exequente deverá indicar a espécie de execução de sua preferência, quando por mais de um modo puder ser realizada (art. 798, II, "a"). Na verdade, em uma visão mais ampla do dispositivo, percebe-se que a previsão contempla ao exequente a escolha da técnica processual que entende como mais adequada para a satisfação da obrigação reclamada, em atendimento à diretriz do art. 797, de que a execução será realizada no interesse do exequente. Se, em algumas questões, há caminho único de técnica processual executiva, em outras há, para o exequente, um leque de opções sobre como promoverá a execução. O exemplo mais marcante está na execução de alimentos, pois ao credor será lícito requerer a expropriação de bens (arts. 911 e 824) ou a incidência em folha de pagamento (art. 912). Isso sem contar a possibilidade de coerção pessoal, capaz de lhe impor a privação da liberdade (art. 19 da Lei 5.478/1968, recepcionada pelo art. 526 do CPC/2015). O CPC/2015 é bem claro ao dispor que a execução de alimento comporta técnicas processuais diversas, bastando observar, além dos dispositivos citados, a previsão do art. 913. De outra banda, no caso de execução de obrigação alternativa, em que a escolha esteja na esfera jurídica do credor (exequente), a opção deve vir cravada na petição inicial, a teor do art. 798, II,"a". Todavia, se escolha couber ao devedor (executado), é possível que o credor possa, de forma residual, eleger uma alternativa, bastando que o executado (devedor), após citado, não faça a opção (art. 800, §1º).

11. Requerimento de provas. Em razão de o título executivo já conter obrigação certa, líquida e exigível, não se cogita o requerimento de produção de provas previsto pelo art. 319, VI, no ventre da execução. De modo vulgar, as questões que eventualmente envolvam provas serão suscitadas pelo executado, sendo os embargos à execução o ambiente mais cômodo para que a dilação probatória seja levada a efeito, admitindo-se, imune de dúvidas, também a produção por parte do exequente, que ali figurará como executado (art. 920). Todavia, à luz das letras "c" e "d" do inciso I do art. 798, o exequente terá de fazer prova, *a priori*, pré-constituída, de que se verificou a condição ou ocorreu o termo (caso a obrigação estivesse assim vinculada); assim como, de outra banda, que adimpliu a contraprestação que lhe corresponde ou que lhe assegura o cumprimento (no caso dos contratos bilaterais). Nesses casos especialíssimos, em atenção ao disposto no inciso III do art. 803, que dispõe que será nula a execução se for instaurada antes de se verificar a condição ou de ocorrer o termo, será possível dilação probatória específica, já que se trata de situação que envolve a admissibilidade da execução, cuja aferição é pendente do exame de provas. Vide comentários aos arts. 787 e 788 e abaixo sobre a prova de que se verificou a condição ou ocorreu o termo.

12. Prova do implemento da condição ou do termo. O artigo em comento, no particular, é simétrico a outras disposições do CPC/2015, no sentido de, que se o título executivo (seja judicial ou extrajudicial) trabalhar com relação jurídica sujeita a condição ou termo, a execução (tal como o cumprimento da sentença) dependerá de demonstração de que se realizou a condição ou de que ocorreu o termo. No sentido, vale conferir os arts. 514, 803, III, e 917,§2º, V. Curioso notar que o último dispositivo citado apenas trata da condição, em nada se referindo ao termo, muito embora a lei civil determine que os mesmos regramentos sejam aplicados às duas figuras jurídicas (art. 135, CC/2002). Os conceitos de "termo" e "condição" estão esculpidos no direito material, (arts. 121 e 135, CC/2002). Na nossa visão, a análise da ocorrência da condição ou do termo vincula-se ao exame de exigibilidade da obrigação.

13. Prova de que o exequente adimpliu a contraprestação que lhe corresponde ou que lhe assegura o cumprimento. O contrato bilateral pode dar ensejo à execução, não sendo o sinalagma obstáculo para isso. Todavia, as obrigações recíprocas devem ter os predicados da certeza, da liquidez e da exigibilidade, pois, caso negativo, a opção deverá ser o processo de conhecimento. (STJ, REsp 252.013/RS). Para a admissão da execução, o exequente deverá apresentar prova documentada de que adimpliu a prestação que lhe assegura o cumprimento reclamado pela via executória. A não comprovação implicará em inexigibilidade da obrigação, aplicando-se as regras dos arts. 787 e 788.

14. Indicação de opção de realização (ou não) de audiência de conciliação ou de mediação. Por incompatibilidade de ritos, não se aplica o disposto no art. 319, VII, que prevê que o autor da ação deverá indicar se tem interesse na realização (ou não) de audiência de conciliação ou (sessão) de mediação.

15. Possibilidade de pagamento parcelado ou de proposição de autocomposição. Na execução por quantia certa, após ser citado, se o executado tiver interesse, poderá requerer o pagamento parcelado da quantia apontada na execução (art. 916). Mais ainda, valendo-se na novidade do art. 154, VI, pode o executado comunicar ao Oficial de Justiça que consigne, no mandado, proposta de autocomposição, diversa da trilha do art. 916 (que lhe permite o pagamento parcelado). Certificada a proposta de autocomposição, deverá o juiz determinar a intimação da parte contrária para manifestar--se, no prazo de 5 (cinco) dias, sem prejuízo do andamento regular do processo, entendendo-se o silêncio como recusa (art. 154, parágrafo único).

16. Valor da causa. Na petição inicial da execução, o exequente deverá indicar o valor da causa, devendo este, em caso de execução por quantia certa, representar a soma do principal, dos juros de mora vencidos e de outras penalidades, caso previstas no título, até a data de propositura da ação (art. 319, V). Aplica-se, nessa hipótese, o art. 292, I, que trata genericamente das "ações de cobrança". Não consta no rol do art. 292 nenhuma previsão específica em relação à execução de entrega de coisa certa, assim como para entrega de coisa incerta, de obrigação de fazer e de não fazer. De toda sorte, deve se seguir a regra geral de que a causa deve representar o conteúdo patrimonial da obrigação perseguida. Além do regramento ordinário, a orientação pode ser extraída do art. 700, §3º, aplicável à ação monitória, que prevê que, nessa hipótese, o valor da causa observará o montante total da dívida reclamada (estampado em memória de cálculo) ou o valor atual da coisa reclamada, a depender do pedido constante da ação. O controle do valor da causa poderá ser feito de ofício e por arbitramento, caso seja verificado deslize na inicial, com a determinação do complemento de custas, se for o caso (art. 292, §3º). O valor da execução, em regra, deverá ser impugnado no bojo dos embargos à execução, com matéria "preliminar", a teor do disposto da conjugação do art. 917, VI, com o art. 293, sob pena de preclusão. Note-se, contudo, que, se não forem opostos embargos à execução, considerando-se que a correção do valor da causa pode dar-se de ofício pelo juiz, poderá o executado postular a retificação através de simples requerimento, no primeiro momento em que se manifestar nos autos da execução. É de suma importância que ocorra correta valoração da causa na execução, pois há repercussões diretas a partir dela. Com efeito, basta observar o disposto no art. 828, pois o exequente poderá obter certidão de admissão da execução para fins de averbação no registro de imóveis, de veículos ou de outros bens sujeitos a penhora, arresto ou indisponibilidade, certidão que estampará o valor da causa da execução. Assim, para todos os efeitos, ao terceiro que for adquirir bem que esteja afetado pela certidão de admissibilidade o valor da causa deve representar o montante da obrigação, já que o terceiro poderá cogitar no depósito da certidão para se assegurar a higidez da aquisição do bem adquirido (que está especificado e vinculado à execução em razão da certidão de admissibilidade da execução).

Artigo 799.
Incumbe ainda ao exequente:
I – requerer a intimação do credor pignoratício, hipotecário, anticrético ou fiduciário, quando a penhora recair sobre bens gravados por penhor, hipoteca, anticrese ou alienação fiduciária;
II – requerer a intimação do titular de usufruto, uso ou habitação, quando a penhora recair sobre bem gravado por usufruto, uso ou habitação;
III – requerer a intimação do promitente comprador, quando a penhora recair sobre bem em relação ao qual haja promessa de compra e venda registrada;
IV – requerer a intimação do promitente vendedor, quando a penhora recair sobre direito aquisitivo derivado de promessa de compra e venda registrada;

V – requerer a intimação do superficiário, enfiteuta ou concessionário, em caso de direito de superfície, enfiteuse, concessão de uso especial para fins de moradia ou concessão de direito real de uso, quando a penhora recair sobre imóvel submetido ao regime do direito de superfície, enfiteuse ou concessão;

VI – requerer a intimação do proprietário de terreno com regime de direito de superfície, enfiteuse, concessão de uso especial para fins de moradia ou concessão de direito real de uso, quando a penhora recair sobre direitos do superficiário, do enfiteuta ou do concessionário;

VII – requerer a intimação da sociedade, no caso de penhora de quota social ou de ação de sociedade anônima fechada, para o fim previsto no art. 876, §7º;

VIII – pleitear, se for o caso, medidas urgentes;

IX – proceder à averbação em registro público do ato de propositura da execução e dos atos de constrição realizados, para conhecimento de terceiros.

CORRESPONDÊNCIA NO CPC/1973: *ART. 615.*

1. **Comparação com o CPC/1973.** Comparado com seu correspondente no CPC/2015, nota-se que foram incluídos novos itens, especialmente para melhor tratar cada tipo de direito real distinto. No particular, as espécies de direito real estão agregadas em incisos a partir de seus pontos de contato e afinidades. Nota-se também o uso da palavra "exequente", vocábulo tecnicamente mais correto para referir-se a quem inicia a execução.

2. **Rol de medidas a serem adotadas pelo exequente.** O art. 799 indica uma série de medidas que devem ser adotadas pelo exequente. Embora o rol seja extenso, na realidade, o dispositivo trata de quatro situações que, realmente, são distintas: (i) intimação dos titulares de direito real, quando a penhora recair sobre bens gravados, inclusive em relação aos direitos reais sobre coisa alheia; (ii) intimação da sociedade, no caso de penhora de quota social ou de ação de sociedade anônima fechada; (iii) postulação, quando necessária, de medidas urgentes; e (iv) averbação em registro público do ato de propositura da execução e dos atos de constrição.

3. **Penhora de bens gravados com direitos reais.** Ao longo dos incisos I a VI do artigo em comento, há alusão à necessidade de intimação dos titulares de direito real quando a penhora recair em bens agravados. No inciso I, há alusão aos direitos reais sobre coisa alheia, devidamente previstos no art. 1.225 do CC/2002, em seus incisos VIII (penhor), IX (hipoteca) e X (anticrese). Há referência também à alienação fiduciária que, embora não seja um direito real sobre coisa alheia, dele se aproxima, pois nasce com a função específica de garantia de um crédito. No inciso II, por sua vez, estão tratados os direitos reais de fruição previstos no art. 1.225 do CC/2002, em seus incisos

IV (usufruto), V (uso) e VI (habitação), que possuem uma grande identidade, diferenciando-se apenas na existência ou não de vinculação nos atos de fruição (usar e gozar do bem alheio), conforme se verifica da leitura dos arts. 1.390, 1.412, 1.413, 1.414 e 1.416, todos do CC/2002. Note-se, no particular, que, como os direitos reais de usufruto, uso e habitação não podem ser penhorados (STJ, REsp 242.031/SP), já que são inalienáveis (art.1.393 CC), fazendo, assim, parte do rol de bens impenhoráveis, não constando, no artigo comentado, qualquer alusão à necessidade de intimação do proprietário. De forma diversa, em se tratando de tipos de direito real de fruição que admitem alienação (e, portanto, penhora), a intimação do proprietário não pode ser dispensada, pois este tem o direito de consolidar a propriedade, com a liberação do "gravame" (direito real de fruição sobre seu bem). Por esse passo, como se admite a alienação do direito de superfície, da concessão de uso especial para fins de moradia, da concessão de direito real de uso e da enfiteuse, deverá ser efetivada, nos termos do inciso VI do art. 799, a intimação do proprietário de imóvel que serve de plataforma para os citados direitos reais sobre coisa alheia. Por imperativo lógico, quando a penhora recair sobre imóvel submetido ao regime do direito de superfície (art. 1.225, I, CC/2002), da enfiteuse (art. 2.038, CC/2002 ou da concessão (art. 1.225, XI e XII, CC/2002), deverá se providenciada a intimação do superficiário, enfiteuta ou concessionário (art. 799, V), pois estes terão o direito de unificar o direito real, adquirindo a propriedade plena. Ainda no âmbito dos direitos reais sobre coisas alheias, fixando-se agora no direito real de aquisição do promitente comprador (art. 1.225, V, CC/2002), os incisos III e IV do art. 799 reclamam a intimação do promitente comprador, quando a penhora recair sobre bem em relação ao qual haja promessa de compra e venda registrada, sendo também devida a intimação do promitente vendedor, quando a penhora recair sobre direito aquisitivo derivado de promessa de compra e venda registrada. Há, aqui, evidente direito de consolidação, pois se trata de direito real como mecânica voltada para a aquisição do bem (arts. 1.417 e 1.418, CC/2002).

4. Importância da intimação dos titulares de direito real (exercício da preferência para a consolidação da propriedade e/ou unificação dos títulos). A intimação dos titulares de direito real de forma antecedente à alienação judicial é medida fundamental para exercício do direito de preferência, conferido a quase todos os direitos reais sobre coisa alheia. Com a preferência, o titular de direito real sobre a coisa alheia poderá alcançar a propriedade, unificando a titularidade sobre os direitos sobre o bem. De outra banda, o proprietário com o exercício do direito de preferência fará a consolidação da propriedade plena, que, a priori, possui mais valor e facilidade de circulação do que a propriedade gravada por algum direito real alheio.

5. Direito real de servidão e o direito de preferência. Não consta no art. 799 qualquer alusão ao direito real de servidão, podendo surgir dúvida quanto ao possível esquecimento do legislador em relação a esse tipo real; e, por conseguinte, a omissão deveria ser afastada através de uma interpretação extensiva. Pois bem, a omissão se justifica, pois na realidade, a servidão, embora seja um direito real de fruição, não traz consigo o predicado do direito de preferência. Com efeito, ao contrário dos outros tipos reais, a titularidade da servidão não está centrada no mesmo bem (ainda que com direitos reais distintos), mas, sim, em outro bem. Sua situação é tão peculiar que conjuga duas propriedades alheias. Note-se da leitura do art. 1.378 do CC/2002 que a ideia de unificação do título e da consolidação da propriedade, centrando-se em bem único, não se lhe aplica, pois uma das características da tipicidade do direito real de servidão é a existência de dois bens distintos em que prédio dominante se vale do prédio serviente para obter utilidade própria. Logo, a noção de preferência – ao menos no gabarito dos demais direitos reais – lhe é estranha. Sem prejuízo, merece ser anotado que há previsão, no direito luso, de direito de preferência aplicado às servidões (art. 1555, Código Civil de Portugal), embora essa regulação não tenha eco no sistema legal de outras nações. Por fim, semelhante omissão em relação à servidão pode ser notada também nos arts. 889 e 804 deste CPC/2015.

    6. Consequências da não intimação do titular do direito real. A regra do art. 799 (que é ratificada pelo art. 889) é impositiva, enviando um comando quando a penhora recair sobre bens gravados para o exequente que deverá providenciar a intimação dos titulares de direito real. Não efetuada essa intimação, nos termos do art. 804, haverá ineficácia da alienação judicial levada a cabo, qualquer que seja sua modalidade (adjudicação, alienação por iniciativa particular ou leilão judicial). Não nos parece, contudo, que a ineficácia seja a solução única, até porque, assim compreendendo, o art. 799 não seria impositivo, capaz de gerar uma nulidade, muito embora a carência da intimação seja capaz de cabular o direito de preferência do titular de direito real. É de tamanha importância a referida intimação, que ela é exigida também pelo art. 889 CPC/2015, pois o referido artigo determina que devem ser cientificados da alienação judicial de bens gravados com direito real sobre coisa alheia, com pelo menos 5 (cinco) dias de antecedência, todos os atores que nele se envolvam. Ora, a intimação tem o fim justamente de propiciar ao interessado o exercício do direito de preferência. Por esse passo, defendemos que titular de direito real que não foi intimado, com antecedência, do ato de alienação poderá optar por postular a nulidade do ato (como consequência do descumprimento do disposto nos arts. 799 e 889) ou, ainda, a manutenção integral do seu direito real sobre o bem, em razão da ineficácia do ato de alienação (art. 804). Em suma, titular do direito real teria também duas opções: (i) reclamar a nulidade do ato (por violação à formalidade legal, que impediu o exercício do direito de preferência) ou (ii) postular a mantença da integralidade de seu direito real (pela ineficácia que está apontada no art. 804). Registre-se, contudo, que não bastará que o reclame de nulidade do ato não possa ser preenchido apenas com o fundamento de que o direito de preferência foi cabulado, cabendo ao interessado demonstrar seu prejuízo e sendo, inclusive de bom tom, efetuar igual oferta ao valor do lanço vendedor.

    7. Intimação da sociedade (penhora de quota social ou de ação de sociedade anônima fechada). Não pelos mesmos fundamentos, mas em razão de princípios do direito societário, a sociedade (e seus sócios) terá direito de preferência na aquisição, no caso de expropriação de quota social ou de ação de sociedade anônima fechada penhorada judicialmente. Note-se que o direito de preferência está devidamente garantido no art. 876, §7º, pois, no caso de penhora de quota social ou de ação de sociedade anônima fechada realizada em favor de exequente alheio à sociedade, esta será intimada, ficando responsável por informar aos sócios sobre a ocorrência da penhora, assegurando-se a estes a preferência. Embora o artigo mencionado esteja situado no âmbito da adjudicação, isso não desnatura o direito de preferência que assiste sociedade (e seus sócios) – vide comentários ao art. 889. Curioso notar que o art. 804 não prescreve a ineficácia da alienação das quotas sociais ou das ações se a intimação anterior à alienação não for levada a cabo. A preferência em questão possui peculiaridades que criam formatação diferenciada em relação à penhora propriamente dita, consoante pode se verificar do disposto no art. 861.

8. Necessidade de intimação da penhora em caso de penhora de bem tombado. No art. 799, há uma pequena omissão, pois não se faz alusão à necessidade da intimação da União, dos Estados e dos Municípios em caso de penhora de bem tombado. A providência se impõe e decorre da simetria de interpretação que deve ser dada aos arts. 799, 804, 889, VIII, e 1.072. O tema foi percebido pela doutrina, consoante se percebe do Enunciado 447 do FPPC: "O exequente deve providenciar a intimação da União, Estados e Municípios no caso de penhora de bem tombado.".

9. Averbação da certidão de propositura da execução e dos atos de constrição realizados. No intuito de se dar publicidade aos atos executivos e considerando-se que não apenas o registro de penhora poderá ser usado como comprovação de fraude à execução, deve o credor (exequente) providenciar a averbação em registro público do ato de propositura da execução e dos atos de constrição realizados, para conhecimento de terceiros. Vide comentários ao art. 792 (fraude à execução). Ultimada penhora sadia e completa, com a especificação de bens do patrimônio do devedor, as averbações devem ser desconstituídas, notadamente se configurarem excesso em relação ao valor executado.

10. Postulação de medidas urgentes. Enquanto as providências acima comentadas têm natureza impositiva, a previsão do inciso VIII cria, em verdade, uma faculdade para o exequente, que poderá, no bojo da execução, postular medidas urgentes, valendo-se do sincretismo processual. Pela posição topológica do dispositivo, o requerimento deve ocorrer na peça inicial da execução, sem prejuízo de postulação posterior, pois, além do silêncio da lei no sentido, a medida de urgência poderá justificar-se em momento posterior ao ajuizamento da execução. Vale registrar o Enunciado 448 do FPPC: "As medidas urgentes previstas no art. 799, VIII, englobam a tutela provisória urgente antecipada.".

Artigo 800.

Nas obrigações alternativas, quando a escolha couber ao devedor,esse será citado para exercer a opção e realizar a prestação dentro de 10 (dez) dias, se outro prazo não lhe foi determinado em lei ou em contrato.

§ 1º Devolver-se-á ao credor a opção, se o devedor não a exercer no prazo determinado.

§ 2º A escolha será indicada na petição inicial da execução quando couber ao credor exercê-la.

CORRESPONDÊNCIA NO CPC/1973: *ART. 571.*

1. Direito material. O dispositivo em comento trata da execução judicial em relação às obrigações alternativas, ou seja, nas situações em que há possibilidade de opções na satisfação da obrigação. O tema é tratado pelo direito material (arts. 252 e 256, CC/2002), sendo de grande importância as prescrições no sentido. Na verdade, o art. 800 trata somente (e de forma bem singela) sobre a possibilidade de trânsito executivo de títulos que contêm obrigações certas, líquidas e exigíveis de natureza alternativa. Percebe-se que, de forma maciça, as hipóteses estão versadas fora do âmbito das execuções por quantia certa, bastando, no sentido, conferir a arquitetura dos dispositivos que tratam das obrigações alternativas. Note-se, pois, que as obrigações alternativas serão consideradas como aquelas fixadas assim em lei ou em razão da autonomia das partes (contrato).

2. Escolha do devedor como regra. A parte inicial do art. 800 está conforme ao disposto no art. 252 do CC/2002, pois, nas obrigações alternativas, a escolha cabe ao devedor, se outra coisa não se estipulou. Assim, o devedor, que figurará na execução como executado, será citado para exercer a opção, ou seja, a alternativa. Não se fixando prazo na lei ou no contrato, deve ser aplicado o prazo de 10 (dez) dias para o exercício da opção.

3. Escolha da alternativa pelo credor. Não se aplica a mecânica do art. 800, se a escolha estiver vinculada ao credor, pois este, na execução, deverá, na exordial, indicar a forma com que a execução irá se desenvolver; ou seja, desde a inicial, o exequente deverá apontar sua opção (art. 800, §2º). Trata-se de regra que absorve a inteligência conjunta dos arts. 797 e 798, II, "a", pois, como já vimos, a execução se desenvolve, como regra, a partir dos interesses e opções do credor. O art. 800 acaba sendo, de certa forma, uma exceção ao disposto nos arts. 797 e 798, II, "a". Registre-se que, conforme disposto no art. 255 do CC/2002, quando a escolha couber ao credor e quando uma das prestações se tornar impossível por culpa do devedor, o credor terá direito de exigir a prestação subsistente ou o valor da outra, com perdas e danos. Caso ambas as prestações se tornem inexequíveis, por culpa do devedor, poderá o credor reclamar o valor de qualquer das duas, além da indenização por perdas e danos. Por fim, a escolha do credor pode ocorrer de modo residual, pois, ainda que a lei ou o contrato indique o devedor (executado) como aquele que irá exercer a opção, caso este não faça no prazo determinado, a opção será transferida ao credor (art. 800,§ 1º).

4. Escolha da alternativa por terceiro. O art. 800 apenas contempla as obrigações alternativas sob a ótica de opções do devedor e do credor. Nada obsta que as partes pactuem que a alternativa será definida por terceiro, isto é, pessoa que não se confunda com o devedor (executado) ou o credor (exequente). Nessa situação, o credor deverá indicar na exordial o nome completo do terceiro, com seu endereço, a fim de que o juiz determine sua intimação, para que exerça a opção. O prazo, não havendo previsão em contrário, será de 10 (dez) dias, em simetria ao disposto no art. 800. Caso o terceiro não faça a opção, qualquer que seja o motivo, a escolha caberá ao juiz, à exceção de constar deliberação de que assim ocorrendo – ou seja, deixando o terceiro de indicar a alternativa, a opção passe a ser exercida por alguma das partes interessadas (credor e devedor), nos termos do art. 252, §4º CC.

5. Escolha com pluralidade de optantes. Pode ocorrer pela situação de direito material, notadamente se fixado em contrato, que a escolha se dará por mais de uma pessoa. A hipótese não é tão incomum, bastando, pois, que a obrigação alternativa vincule uma pluralidade de devedores. Nesses casos, a opção deve ser manifestada de forma unânime por aqueles que estão – conjuntamente – na posição de escolha. Caso não ocorra dicção unânime, a decisão ficará a cargo do juiz (art. 252, §3º, CC/2002). Importante notar, que se todos os devedores forem citados e alguns não indicarem expressamente a opção, caso exista manifestação por escrito, notadamente se for mais de uma e todos estiverem uniformes, entender-se-á que há decisão unânime, presumindo o silêncio como concordância com a opção que expressamente foi levada a cabo.

6. Vinculação ao princípio da unicidade e da exatidão da obrigação. Os arts. 313 e 314 do CC/2002 prestigiam as diretrizes da unicidade e da exatidão da obrigação. Em suma, em razão dessas bússolas legais, o credor não é obrigado a receber prestação diversa da que lhe é devida, ainda que mais valiosa, assim como não pode o credor ser obrigado a receber (nem o devedor a pagar) por partes, se assim não se ajustou, ainda que a obrigação tenha por objeto prestação divisível. Essas premissas são aplicadas também nas obrigações alternativas, de modo que, mesmo que a escolha esteja a cargo do devedor, este não poderá obrigar o credor a receber parte em uma prestação e parte em outra (art. 252, §1º, CC/2002). Assim, há alternativa na opção a ser exercida, mas a obrigação, após escolhido como será exercida, implicará descarte da alternativa não usada, não sendo lícito o trânsito simultâneo por mais de uma, à exceção, por óbvio, de aceitação do credor ou de previsão no sentido no próprio título executivo.

7. Prestações periódicas. Quando a obrigação for de prestações periódicas, a faculdade de opção poderá ser exercida em cada período (art. 252, §2º, CC/2002). Esse fato toma relevância de grande monta quando nos deparamos com execuções diversas, pois a escolha efetuada em uma execução, caso se trate de obrigação vinculada à prestação periódica, não vinculará a execução seguinte, pois há renovação do direito de opção a cada período.

8. Dinâmica básica do dispositivo. Do acima exposto, em uma resenha bem apertada, é possível traçar uma dinâmica básica do dispositivo. Caso a escolha seja do exequente, ela já deverá vir devidamente indicada na petição inicial, sendo possível ao executado não só satisfazer a obrigação eleita, como também apresentar impugnação acerca da opção (por exemplo, a escolha do credor-exequente não pode ser levada a cabo, por se tornar inexequível, sendo necessário o redirecionamento a outra opção – conforme o art. 253 do CC/2002). De outra banda, caso a opção seja do devedor, haverá uma dinâmica mais complexa. Isso porque, feita a opção pelo devedor (executado) de forma completa, ou seja, indicação da alternativa e, em ato contínuo, a satisfação da obrigação segundo a opção, poderá o credor (exequente) adotar diferentes posturas: (i) aceitar as medidas adotadas pelo devedor executado (situação que implicará extinção da execução); (ii) aceitar a opção, mas não concordar com a forma com que foi cumprida a obrigação eleita pelo devedor. Na última situação, afigura-se que poderá o credor-exequente impugnar a prestação alternativa levada a cabo. Na falta de impugnação específica prevista na legislação processual, deve ser aplicado o disposto no art. 812, aplicável à escolha levada a cabo na obrigação de entrega de coisa incerta. Trazendo esse regramento às obrigações alternativas, o credor (exequente), em razão de apego ao princípio da isonomia terá o mesmo prazo do devedor (executado) – dez dias (embora do art. 812 trabalhe com quinze dias) – para demonstrar que a forma com que foi cumprida a obrigação se deu de modo defeituoso. A partir das falas das partes interessadas, deve o juiz decidir, podendo, de forma antecedente, colher prova técnica, se necessário for. Caso o devedor (executado), após citado, não faça a opção completa, ou seja, apenas indique a alternativa que entende como mais viável para a execução, sem satisfazer, o credor (exequente) ter de dar prosseguimento à execução, seguindo na trilha da alternativa que foi eleita pelo devedor. Em outra hipótese, pode o devedor ser citado, e não apresentar a escolha, muito menos satisfazer a prestação. Essa situação implica a transferência da opção ao credor, que indicará a alternativa e iniciará a execução forçada propriamente dita, dentro da escolha que levar a cabo. Por fim, em se tratando de escolha a ser feita por terceiro (art. 252, §4º, CC/2002),depois de este indicar a opção, o devedor (executado) deverá satisfazer a obrigação, autorizando que, caso assim não faça, o credor (executado) possa dar início à execução coercitiva, a partir da alternativa que foi eleita pelo terceiro. Caso o terceiro não fizer a indicação, caberá ao juiz a escolha, se não houver acordo entre as partes.

Artigo 801.

Verificando que a petição inicial está incompleta ou que não está acompanhada dos documentos indispensáveis à propositura da execução, o juiz determinará que o exequente a corrija, no prazo de 15 (quinze) dias, sob pena de indeferimento.

CORRESPONDÊNCIA NO CPC/1973: *ART. 616.*

1. Comunicação com o art. 321 (plataforma ampla de saneamento da petição inicial). O artigo comentado tem função semelhante à do art. 321, no sentido de que o juiz deve buscar o saneamento à petição inicial inapta, afim de que seja corrigida. O art. 321 tem aplicação mais ampla, sendo o campo do art. 801 bem mais restrito, pois está voltado apenas à petição inicial da execução. Note-se, todavia, que o art. 801 apenas versa sobre complementação da petição inicial da execução, ao passo que as providências tratadas no art. 321, tratam não só da complementação da peça exordial, mas também do saneamento de outros defeitos e irregularidades, bastando que estes criem óbice ao julgamento de mérito. A premissa também deve ser aplicada, com adaptação, à inicial executiva, podendo ser corrigidos o defeito e a irregularidade que comprometam o sadio trânsito executivo (por exemplo, cumulação indevida de execuções). Assim, o art. 801 não pode ser visto como regra que permite saneamento apenas no caso de petição inicial incompleta, pois, na verdade, é válvula de correção de horizonte aberto, recebendo, no sentido, a influência positiva do art. 321, para admitir toda espécie de correção.

2. Necessidade de indicação pelo juiz (de forma precisa) do defeito ou da irregularidade a ser sanado. O art. 801 manteve a estrutura redacional do art. 616 CPC/1973, não fazendo assim qualquer desenho em relação à decisão do magistrado que determinar o saneamento da petição inicial, ao contrário do que ocorre no art. 321. Com efeito, embora não conste de forma expressa no art. 801, há de ser aplicada a exigência contida no art. 321, que determina que o juiz indique, em sua dicção, de forma precisa e clara, o que deve ser corrigido ou completado pelo postulante da petição inicial. Trata-se de aplicação do princípio do contraditório, em forma de dialogo do juiz com as partes, primando-se pelos princípios da eficiência e boa fé processual, aplicáveis também ao julgador (arts. 5º, 6º e 10).

3. Aplicação no requerimento de cumprimento de sentença. Considerando-se que o cumprimento de sentença demandará requerimento do interessado (*ex vi*, arts. 523, 528, 534 e 536), o art. 801 deve ser aplicado nessa postulação, com as observações acima efetuadas e com as adequações necessárias diante da arquitetura (ainda que simplória) específica do requerimento de cumprimento de sentença.

4. Aplicação no âmbito dos embargos à execução. Diante da natureza de ação, ainda que incidental e com fito de defesa, os embargos à execução são manejados por petição inicial, aplicando-se, por conseguinte, a possibilidade de saneamento da exordial (STJ, REsp 1.032.474/PR); ou seja, recebendo cobertura dos arts. 321 e 801.

5. Da especial situação da execução fiscal: possibilidade de emenda da Certidão da Dívida Ativa (título executivo) até a sentença. A Lei de Execuções Fiscais traz uma regra especialíssima, aplicável no âmbito das execuções fiscais, que permite que a até a decisão de primeira instância, a Certidão de Dívida Ativa poderá ser emendada ou substituída, assegurada ao executado a devolução do prazo para embargos (art. 2º,§8º, Lei de Execuções Fiscais). Com essa superfície legal, têm-se admitido a substituição ou a emenda da Certidão de Dívida Ativa pelo exequente, a fim de suprir erro formal ou material, até a prolação da sentença dos embargos à execução. (STJ, AgRg no AREsp 44.648/PR). Note-se, contudo, que a correção tem limites, não podendo fugir do plano das saneações de forma. No sentido, a Súmula 392 do STJ sedimentou o entendimento de que a Fazenda Pública pode substituir a Certidão de Dívida Ativa até a prolação da sentença de embargos, desde que a correção envolva erro material ou formal, sendo, pois, proibida a modificação do sujeito passivo da execução.

6. Momento adequado para o saneamento. A recepção da peça inicial é o momento adequado para o saneamento tratado no art. 801. A possibilidade de saneamento após a oposição dos embargos à execução foi tema de intenso debate na jurisprudência que se formou no CPC/1973. A jurisprudência predominante firmou-se com posição mais liberal, no sentido de que é possível a juntada de documentos para regularizar a petição inicial executiva, mesmo após a oposição de embargos à execução (STJ, AgRg no REsp 697.624/RS), desde que essa medida não cause prejuízo do executado, a quem deve ser dado o contraditório pleno acerca da colação dos documentos, inclusive com eventual aditamento dos embargos à execução (STJ, REsp 1.203.083/PE). Sem prejuízo dos moldes das discussões pretéritas, o ponto de toque na nossa visão, e que toma colorido especial no CPC/2015, está baseado em identificar se o exequente fez simples saneamento de uma situação já estabilizada nos autos (por exemplo, juntar o título executivo em original) ou se adotou medida que implica verdadeiro aditamento da peça inicial. Em relação à primeira situação, cremos ser possível o saneamento até mesmo em sede recursal; no entanto, caso seja correção que implique o aditamento da peça vestibular, há de ser aplicada a regra prevista no art. 329. Com efeito, o autor poderá, até a citação, aditar ou alterar o pedido ou a causa de pedir, independentemente de consentimento do réu. Em momento mais avançado, até o saneamento do processo, o autor somente poderá aditar ou alterar o pedido e a causa de pedir com consentimento do réu, assegurando ao último o contraditório mediante a possibilidade de manifestação e facultando o requerimento de prova suplementar. Transladando essa diretriz, após a oposição dos embargos, somente será admitido o saneamento se a conduta não implicar alteração da causa de pedir ou do pedido, pois, se assim ocorrer, não será viável a emenda, já que estará extrapolado o esquadro dos arts. 800 e 321. Observe-se, com atenção, que o raciocínio aqui desenvolvido vai ao encontro, em bom calibre, do entendimento fixado na Súmula 392 do STJ, pois esta só admite a substituição da Certidão da Dívida Ativa em situações de vício de forma, excluindo, de forma expressa, a modificação do sujeito passivo da execução, até porque essa medida implicaria verdadeiro aditamento da peça exordial.

7. Indeferimento liminar. O indeferimento liminar somente poderá ocorrer após a intimação do exequente para sanear o defeito ou a irregularidade, o que deverá ser apontado de forma precisa pelo juiz. Todavia, somente será possível cogitar – tecnicamente – em indeferimento da petição inicial na fase de admissibilidade daquela; ou seja, se a falha for verificada posteriormente, após a oposição de embargos à execução, não se cogitará mais em indeferimento da inicial, mas em extinção da execução por falta de amparo estrutural (por exemplo, decisão que indique que não foi juntado título executivo). Em caso de indeferimento liminar, o recurso cabível será o de apelação, com a possibilidade de retratação (vide comentário abaixo). A regra não se aplicará após a oposição dos embargos à execução, pois topograficamente não se pode mais se cogitar em indeferimento liminar. Vide comentários ao art. 918.

8. Recurso (apelação). Como a rejeição liminar implica necessariamente decisão que ocorrerá no limiar do processo, ou seja, em fase em que o executado ainda não foi citado e que a peça vestibular está passando pelo crivo da admissibilidade, o recurso contra essa decisão deverá ser a apelação, aplicando-se as regras dos arts. 330 e 331 no particular, admitindo-se, assim, a retratação pelo juiz.

Artigo 802.
Na execução, o despacho que ordena a citação, desde que realizada em observância ao disposto no § 2º do art. 240, interrompe a prescrição, ainda que proferido por juízo incompetente.
Parágrafo único. A interrupção da prescrição retroagirá à data de propositura da ação.
CORRESPONDÊNCIA NO CPC/1973: *ART. 617.*

1. Direito material. O art. 202, I, do CC/2002 não está no rol do art. 1.072, que indica os artigos da codificação civil que foram expressamente revogados pelo CPC/2015, a saber: arts. 227, *caput*; 229; 230; 456; 1.482; 1.483; e 1.768 a 1.773. Contudo, percebe-se que há certa área de atrito entre o art. 802 (e também o art. 240, que adota a mesma linha) com o art. 202, I, do CC/2002. Isso porque a legislação processual adota como regra que a interrupção da prescrição, operada pelo despacho que ordena a citação, ainda que proferido por juízo incompetente, retroagirá à data de propositura da ação. Com outra premissa, o dispositivo constante da lei civil dispõe no sentido de que a interrupção da prescrição – que somente poderá ocorrer uma vez – ocorrerá por despacho do juiz, mesmo incompetente, que ordenar a citação, se o interessado a promover no prazo e na forma da lei processual. Não faz a lei civil alusão ao efeito retroativo do despacho que determina a citação, que retorna à data da propositura da ação. Assim, dada a completude de regulação que há sobre o assunto nos arts. 802 e 240, o art. 202, I, do CC/2002 perde espaço no particular, ficando a matéria inteiramente regulada pela legislação processual. Percebe-se, outrossim, que em processo de recodificação, o CPC/2015 adota o entendimento cristalizado no Enunciado 417 do CJF (O art. 202, I, do CC deve ser interpretado sistematicamente com o art. 219, §1º, co CPC/1973, a fim de que o efeito interruptivo da prescrição produzido pelo despacho que ordena a citação seja retroativo, até a data da propositura da demanda). Vale observar que, embora o tema tratado no art. 202, I, do CC seja o mesmo do artigo comentado, não há ponto de contato com o *caput* do dispositivo postado no CC/2002, não sendo alcançado, nesse ponto, pela noviça codificação processual. Assim, a interrupção da prescrição somente ocorrerá uma vez. Por fim, as alterações introduzidas pelo CPC/2015 não afetam os demais incisos do art. 202, valendo registrar que a prescrição poderá ser interrompida por qualquer ato judicial que constitua em mora o devedor (art. 202, V, CC/2002), situação que expande o horizonte comum dos arts. 240 e 802. Por exemplo, se o executado comparece espontaneamente em juízo, apresentando objeção de executividade, esse ato será suficiente para interromper a prescrição. (STJ, REsp 658.566/DF).

2. Comunicação com o art. 240. O art. 802 faz alusão expressa ao art. 240, §2º. A comunicação, contudo, não é apenas do art. 802, §2º, pois há dialogo mais completo. Basta observar que a regra do art. 240, §3º, de que a parte não será prejudicada pela demora imputável exclusivamente ao serviço judiciário, é plenamente aplicável à execução. Todavia, se é certo que o exequente não pode ser prejudicado pela demora imputável exclusivamente ao serviço judiciário (art. 240, §3º), é igualmente correta a assertiva de que incumbe ao exequente adotar, no prazo de 10 (dez) dias, as providências necessárias para viabilizar a citação (art. 240, §3º). Assim, a postura omissiva do executado que deixa de adotar providências inerentes ao prosseguimento do feito, notadamente em relação à citação, pode abrir espaço para que a prescrição se poste. Como exemplos de condutas omissivas do exequente, podem ser citadas: (i) deixar de antecipar, injustificadamente, o valor das despesas processuais; (ii) deixar de publicar ou extraviar edital de citação; e (iii) não dar cumprimento de carta precatória para citação do executado. Nessas situações, não se aplicará a regra do art. 240, §3º, pois a não interrupção da prescrição foi ocasionada diretamente por ato do exequente, em que a máquina judiciária nada influiu. Esse entendimento está consolidado na Súmula 106 do STJ, que, por esse passo, ainda é compatível com o sistema processual.

3. Prescrição intercorrente. O artigo em comento trata da ocorrência da prescrição tendo como marco inicial um fato ocorrido fora do processo judicial. Assim, em nada se confunde com a chamada prescrição intercorrente, que é uma figura especialíssima que surge em razão da inércia por parte do exequente em relação à movimentação de processo de execução já instaurado, ou seja, tem espaço se o exequente deixa impulsionar sadiamente o processo. No sentido, confira os comentários aos arts. 921 e 924.

Artigo 803.
É nula a execução se:
I – o título executivo extrajudicial não corresponder a obrigação certa, líquida e exigível;
II – o executado não for regularmente citado;
III – for instaurada antes de se verificar a condição ou de ocorrer o termo.

Parágrafo único. A nulidade de que cuida este artigo será pronunciada pelo juiz, de ofício ou a requerimento da parte, independentemente de embargos à execução.

CORRESPONDÊNCIA NO CPC/1973: *ART. 618.*

1. **Regra de controle de admissibilidade da execução:** A localização topográfica, fixada nasdisposições gerais da execução, demonstra a importância do art. 803. Trata-se de regra de controle de admissibilidade da execução, indicando hipóteses em que o juiz deverá proferir decisão negativa, ou seja, de "trancamento da execução", conforme imperativa dicção do *caput* da norma. Daí porque este dispositivo é extremamente relevante na admissão da postulação do exequente, devendo o magistrado ter especial atenção, pois o ato judicial que recepciona a execução gerará (provável) avanço no patrimônio do (suposto) devedor, tendo, em nosso sentir, natureza decisória (decisão interlocutória).

2. **Aplicação à fase de cumprimento de sentença.** A leitura do dispositivo comentado pode levar à falsa impressão de sua aplicação apenas ao âmbito dos títulos extrajudiciais, até porque o art. 803, I, faz alusão expressa apenas ao "título executivo extrajudicial". Além da situação acima narrada, a interpretação restritiva do artigo comentado poderia ser tirada a partir de sua posição topográfica, sendo reforçada pela redação do *caput* do dispositivo que contempla a expressão nulidade da "execução", parecendo referir-se a processo autônomo. Essa conclusão afigura-se, na nossa visão, equivocada. O controle acerca da existência ou não de título executivo (seja judicial ou extrajudicial), assim como da análise da tríade de predicados que a obrigação contida no título deve conter (certeza, liquidez e exigibilidade) deve ser feita em qualquer módulo executivo, seja ele autônomo (execução de título extrajudicial), seja ele sincrético (cumprimento de sentença). Logo, o art. 803, I é aplicável fora da execução de título extrajudicial, pois não pode a parte pretender dar cumprimento de sentença a qualquer dicção judicial, bem assim de título (ainda judicial) que não esteja afinado com a trinca de predicados obrigacionais (por exemplo, sentença judicial, transitada em julgado, que demanda a liquidação prévia). Em relação aos temas do art. 803, II e III, estes possuem eco em postulações do devedor (executado) mesmo em se tratando de cumprimento de sentença. Com efeito, o art. 803, II possui ponto de contato com o art. 525, I. Por sua vez, o inciso III do dispositivo comentado detém correspondência no art. 525, III, assim como a diretriz do art. 515,I. Assim sendo, não haverá deslize em projetar-se o disposto art. 803, II e III também para os casos de cumprimento de sentença. Em arremate, o art. 771 determina que se apliquem as regras da execução fundada em título extrajudicial e suas disposições no que couber ao cumprimento de sentença. Com esse quadro, caso se vislumbrem, em cumprimento de sentença, os enleios indicados no art. 803, estes poderão ser pronunciados de ofício pelo juiz ou a requerimento da parte – mediante simples petição, sem a necessidade de impugnação (art. 803, parágrafo único).

3. Título executivo (que contenha obrigação, certa, líquida e exigível). O título executivo, consoante já tratado nos comentários ao art. 784, se submete a um cardápio legal (princípio da taxatividade), assim como – ainda que, em alguns casos, com menos rigidez – aos contornos traçados por gabarito legal (princípio da tipicidade). A não observância do cardápio e do gabarito, na forma acima posta em resenha, implicará nulidade na execução, por vício formal envolvendo o título apresentado pelo credor (exequente). Não basta, todavia, o título executivo hígido, é necessário, ainda, que, nos termos dos arts 783 e 796, a obrigação que está contida no título deva ser certa, líquida e exigível. Assim, o julgador deve fazer o controle da admissibilidade da execução focando-se não apenas nos elementos formais do título, norteando-se, no sentido, pelos princípios da taxatividade e tipicidade, mas também deve voltar sua atenção em relação à obrigação que estará inserida do título, pois só se admite a execução forçada paras as obrigações certas, liquidas e exigíveis. Vide comentários aos artigos 783, 784 e 796.

4. Vício de citação. A falta de citação constitui vício estrutural do processo, admitindo-se sua arguição por diversas formas, inclusive depois de esgotado o prazo para a oposição dos embargos à execução ou até mesmo após o (suposto) trânsito em julgado, sendo perfeitamente admissível ação declaratória (*querela nullitatis*) para a resolução do imbróglio. (STJ, REsp 12.586/SP; REsp 1.252.902/SP). Em regra, pronunciado o vício de citação, o juiz retornará os atos processuais ao ponto que estiver situado o descompasso, determinando a renovação do ato. Haverá de ser observado, no caso concreto, a extensão da contaminação do vício citatório em relação a atos processuais subsequentes, já que é perfeitamente possível aproveitar alguns, bastando que não se verifique prejuízo para as partes, notadamente em relação à que teve a citação regular tabulada. Importante observar, no particular, o disposto nos arts. 281 e 282, pois a nulidade processual de um dos atos não prejudicará os outros que dele não dependam. Cabe ao juiz, nessa situação, declarar de forma expressa (e fundamentada) quais são os atos atingidos, a fim de que sejam repetidos ou retificados apenas os que forem alcançados pelo espectro do ato viciado.

5. Execução instaurada sem a ocorrência do termo ou da condição. Defendemos que a não ocorrência do termo ou da condição implicará situação de inexigibilidade da obrigação e, assim, já há bloqueio previsto no art. 803, I. De toda sorte, alguns comentários merecem ser efetuados aqui, ainda que de forma breve. As noções de termo final e condição são extraídas do direito material (arts. 121 a 135, CC/2002), sendo, pois, institutos próximos, já que ambos trabalham com a concepção de ocorrência de evento futuro, com a diferença de que, na condiçã,o não há a certeza de que esta será implementada, na medida em que se vincula a evento futuro, cuja ocorrência é incerta. No termo final, o evento é também futuro, mas há a certeza que irá ocorrer em algum momento, ainda que não se tenha data previamente fixada. Note-se que, nos contratos bilaterais (sinalagma), há recepção dos comandos aplicados às figuras jurídicas, pois, como há uma dinâmica de obrigações a serem cumpridas, percebe-se que a análise da ocorrência da prestação e da contraprestação será feita à luz da exigibilidade da obrigação (arts. 787 e 788). Esse tema também é tratado, de forma equivocada, em sede de embargos como "excesso de execução" (art. 917, §2º, IV). Com o alerta da postura em falso, em certos momentos, do CPC/2015 acerca do tratamento do termo e da condição, para a verificação do descompasso tratado no art. 803, III, ou seja, a análise se a execução for instaurada antes de se verificar a condição ou de ocorrer o termo, torna-se capital o exame acerca da exigibilidade da obrigação.

6. Objeção de executividade ('exceção de pré-executividade'). Ainda que sem fazer nominação expressa, o parágrafo único do art. 803 – uma novidade no CPC/2015 – poderá ser usado como plataforma para invocação de objeção de executividade, pois, o referido dispositivo prevê que a nulidade da execução será pronunciada pelo juiz, de ofício ou a requerimento da parte, independentemente de embargos à execução. Note-se, por deveras relevante, que essa medida já era possível na codificação anterior, mas não havia um dispositivo específico com previsão de postulação defensiva que não os embargos de devedor e a impugnação ao cumprimento de sentença. No particular, há de se observar que o requerimento do devedor lançado com superfície no parágrafo único do art. 803 possui amplitude bem menor do que os embargos à execução e a impugnação ao cumprimento de sentença, bastando, pois, observar o rol respectivo de cada postulação. O campo do artigo comentado, na nossa visão, se situa – em sentido amplo – na arguição de matérias que possam ser pronunciadas de ofício, ligadas à admissão da execução, pois essas matérias não se sujeitam à preclusão e são de cognição pública, de modo que podem (ou melhor, devem) ser analisadas expressamente pelo magistrado quando do juízo de admissibilidade da execução. (STJ, REsp 207.357/SP; REsp 419.376/MS). Assim, permite-se que sejam arguidas – a qualquer tempo –, no ventre da execução, as objeções de executividade. Fazemos uso da nomenclatura "objeção de pré-executividade" (e não de exceção de pré-executividade) em razão de especial prestígio a técnica que difere as objeções das exceções. De forma bem resumida, a objeção pode ser tratada como técnica defensiva que trata de matérias que o juiz tem o dever de ofício de conhecer e pronunciar, independentemente de prévia invocação pelo interessado, não se sujeitando, portanto, aos efeitos ordinários da preclusão. De outra banda, a exceção é marcada como forma de defesa que traz material sobre que o juiz não se pode pronunciar de ofício, isto é, demanda a expressa invocação pelo interessado, não podendo o juiz suprir a carência e, via de talante, notando-se, de forma mais sensível, os efeitos da preclusão. Em relação à permuta de "pré-executividade" por "executividade", nossa postura se foca na possibilidade de manejo da referida postulação mesmo após a penhora, ou seja, o início dos atos de expropriação propriamente ditos, situação que acaba por levar ao descarte da nomenclatura "pré-executividade", que, ainda que de forma equivocada, pode levar a uma noção de cabimento temporal somente antes de efetuada a penhora. Esclarecida a noção de "objeção de executividade", as questões de conhecimento de ofício que envolvem o julgador, notadamente as de admissão da ação, não se esgotam no art. 813, uma vez que existe também o controle genérico de admissibilidade das ações, a que a execução também se sujeita, tanto assim que guarda obediência ao art. 337, §5º. Nada obstante essas considerações, ficando definida a diferença em relação à objeção de executividade, não se afigura inviável em casos especialíssimos, apegando-se aos princípios da menor onerosidade processual e da duração razoável do processo que se possa admitir a "exceção" de executividade, isto é, defesa no ventre da execução – através de postulação sem formalidades – quando o tema trazido, embora esteja fora do âmbito das matérias que podem ser conhecidas de ofício, for de pequena simplicidade e não demandar dilação probatória, ou mesmo que esta não seja aguda. No sentido, tem se admitido a exceção de pré-executividade invocando excesso de execução (típica matéria de embargos à execução) quando se tratar de equívoco de conta que pode ser percebido sem dilação probatória (STJ, REsp 841.967/DF), sendo possível encontrar jurisprudência que admite esse expediente para arguir o pagamento do título executivo, desde que o executado traga, na própria exceção de pré-executividade, prova evidente no sentido (STJ, REsp 1.078.399/MA), assim como compensação no ventre da execução (STJ, REsp 716.841/SP). O disposto nos arts. 9º e 10 não deixa dúvida acerca da necessidade de contraditório, devendo ser fixado prazo de manifestação pelo juiz para tanto. O recurso a ser manejado contra a decisão que acolher ou rejeitar os fundamentos da objeção (ou da exceção) apresentada no bojo executivo demandará a observação do resultado concreto. Isso porque, se a postulação foi totalmente acolhida pelo juiz, restará bloqueada a execução, sendo esta extinta por sentença, sendo hipótese de apelação. (STJ, AgRg no REsp 1.300.238/GO). De forma diversa, caso o requerimento do executado seja repelido totalmente ou que o seu acolhimento não alcance toda a execução, haverá prosseguimento da execução, isto é, esta não será extinta, situação que abre espaço para o recurso de agravo de instrumento. (STJ, REsp 1.216.627/RJ; AgRg no Ag 1.236.181/PR). Em suma, a análise do cabimento do recurso é o conteúdo da decisão, qual seja, a extinção completa ou não da relação processual (STJ, REsp 1.085.241/RJ). Em relação aos honorários de advogado, caso a objeção ou a exceção sejam acolhidas, eles deverão ser fixados em favor do advogado do exequente e, em caso de reprovação da postulação, o incidente deve ser computado como trabalho desenvolvido pelo advogado do credor, para o arbitramento final dos honorários do advogado do exequente; ou seja, embora sem fixação imediata, trata-se de labor que deverá ser levado em conta pelo juiz na fixação da verba honorária. Vide comentários ao art. 85.

Artigo 804.

A alienação de bem gravado por penhor, hipoteca ou anticrese será ineficaz em relação ao credor pignoratício, hipotecário ou anticrético não intimado.

§ 1º A alienação de bem objeto de promessa de compra e venda ou de cessão registrada será ineficaz em relação ao promitente comprador ou ao cessionário não intimado.

§ 2º A alienação de bem sobre o qual tenha sido instituído direito de superfície, seja do solo, da plantação ou da construção, será ineficaz em relação ao concedente ou ao concessionário não intimado.

§ 3º A alienação de direito aquisitivo de bem objeto de promessa de venda, de promessa de cessão ou de alienação fiduciária será ineficaz em relação ao promitente vendedor, ao promitente cedente ou ao proprietário fiduciário não intimado.

§ 4º A alienação de imóvel sobre o qual tenha sido instituída enfiteuse, concessão de uso especial para fins de moradia ou concessão de direito real de uso será ineficaz em relação ao enfiteuta ou ao concessionário não intimado.

§ 5º A alienação de direitos do enfiteuta, do concessionário de direito real de uso ou do concessionário de uso especial para fins de moradia será ineficaz em relação ao proprietário do respectivo imóvel não intimado.

§ 6º A alienação de bem sobre o qual tenha sido instituído usufruto, uso ou habitação será ineficaz em relação ao titular desses direitos reais não intimado.

CORRESPONDÊNCIA NO CPC/1973: *ART. 619.*

1. Do alargamento da regra. O art. 804, alargando os horizontes do revogado art. 619 do CPC/1973, prevê a ineficácia da alienação judicial que envolve situação jurídica com presença de direitos reais sobre coisa alheia. De plano, é facilmente perceptível a recepção no dispositivo de outros direitos reais em relação ao CPC/1973, situação decorrente da alteração do cardápio dos tipos reais, ocorrida a partir de 1973, cujo rol, basicamente, está hoje presente no art. 1.225 do CC/2002. Há, assim, uma comunicação mais adequada da legislação processual com o direito material, pois o art. 804 contempla as figuras de direitos reais presentes na codificação civil.

2. Bússola do dispositivo. Trata-se de regramento que visa a prestigiar o direito de preferência dos titulares de direito real nos casos de negócios jurídicos envolvendo as figuras de direito real sobre coisa alheia que se concentram no mesmo bem. Esses titulares devem ser intimados de qualquer alienação judicial que envolva a penhora de bem que esteja alcançado por direito real, pois possuem o direito de preferência decorrente do direito real do qual são titulares em relação ao bem levado à alienação judicial (art. 899 c/c art. 799). Não efetuada a intimação obrigatória, a alienação será tida como ineficaz em relação aos titulares de direito real (art. 804). Assim, os titulares de direito real, em razão da preferência que lhes é conferida, devem ser intimados acerca da alienação judicial de bem penhorado afetado pelo seu direito de prelação; e, caso assim não seja feito, tabulando-se a ordem legal, a alienação não implicará em (em substância) do seu direito real, pois ela será ineficaz. Na prática, o direito real será mantido íntegro, ocorrendo tão somente a alteração subjetiva do outro titular do direito real sobre coisa alheia, que se submeterá ao direito real daquele que deixou de ser intimado acerca da alienação judicial.

3. Ineficácia na ótica do adquirente. Não há óbice algum em adquirir bem que está afetado por direito real, como é o caso de aquisição de bem com concessão superficiária. Nessa hipótese, o adquirente se posicionará na relação como o proprietário do imóvel, podendo reclamar o recebimento do *solarium* se assim pactuado (art. 1.370, CC/2002) e/ou ser o beneficiário da reversão futura (art. 1.375, CC/2002). Igualmente, caso a penhora não incida sobre a propriedade em si, mas sobre o direito real que incide sobre esta, se esse direito for alienável, como ocorre com o direito de superfície (art. 1.372, CC/2002), o adquirente se colocará na posição do titular do direito real que incide sobre a propriedade, ou seja, se posicionará como superficiário. Nessa situação, o adquirente, nos termos dos direitos imobiliários advindos da concessão superficiária, alvo da alienação, poderá plantar e/ou construir no terreno alheio, retirando seus frutos respectivos (art. 1.369, CC/2002). Note-se que, na dinâmica da narrativa efetuada, partimos da premissa de que o adquirente estava ciente da relação de direito real que envolvia o bem penhorado e adquirido judicialmente, tendo, provavelmente, ponderado sobre o quadro, inclusive para efeito da proposta efetuada. Todavia, a falta de intimação do titular do direito real poderá contribuir para que o adquirente não tenha observado, previamente, que o bem adquirido está gravado com uma situação de direito real que terá de suportar, pois, como não ocorreu à intimação prevista no art. 899 c/c art. 799, aplicar-se-á o disposto no art. 804, e o titular do direito real não afetado pela penhora imporá, em relação ao adquirente, sua posição *erga omnes*, ou seja, de manutenção da posição real. Diante da complexa situação, capaz de colocar o adquirente em um enleio decorrente da falha de intimação do titular de direito real sobre a coisa penhorada, o CPC/2015 muniu o sistema processual de uma válvula que permite que o adquirente desista da aquisição, desde que comprove que não tinha ciência da situação fática-jurídica que envolve o bem adquirido. Com efeito, adquirente poderá desistir da aquisição, sendo-lhe imediatamente devolvido o depósito que tiver feito, se provar, nos 10 (dez) dias seguintes, a existência de ônus real ou gravame de que não tinha ciência, por não constar na convocação para o concurso de aquisição. Trata-se do disposto no art. 903, § 5º, I, que, apesar de tratar de arrematação, deve ser ampliado para alcançar a adjudicação.

4. A falta da intimação dos titulares de direito real (dupla possibilidade de reação). É importante observar que o art. 804 não pode ser aplicado para acobertar e acomodar o não cumprimento da intimação prevista no art. 899 c/c art. 799, de modo a criar uma solução única (a ineficácia da alienação) em relação aos titulares de direito real sobre o bem penhorado, nada obstante, repita-se, sua intimação prévia a alienação ser obrigatória. Não se trata de um capricho ou de uma formalidade sem objetivo, pois a intimação dos titulares de direito real de forma antecedente à alienação judicial é providência essencial para o exercício de um direito material, ainda que no ventre de processo judicial, qual seja: o direito de preferência. Com efeito, a preferência é conferida ao titular de direito real sobre a coisa alheia para que ele possa obter a propriedade, com a unificação de titularidade sobre os direitos reais sobre o bem. Na ótica do proprietário, a prelação tem o objetivo de permitir a consolidação da propriedade plena, que, sem dúvida, terá maior potência e estimativa, sem contar que essa medida permitirá maior fluidez na circulação negocial do bem em comparação com a propriedade gravada por algum direito real alheio. Assim, em prol da proteção do direito de preferência dos titulares de direito real sobre o bem penhorado, o disposto nos arts. 899 e 799 deve ser visto como uma imposição legal, cuja não observância não pode causar embaraços aos receptores das regras legais. A primeira consequência jurídica pela não observância da intimação ditada pelos arts. 899 e 799 será a ineficácia da alienação judicial (art. 804), em qualquer das modalidades previstas em lei (adjudicação, alienação por iniciativa particular ou leilão judicial). Todavia, essa consequência imediata não pode ser tida como a única, sendo possível outra forma de proteção ao direito de preferência. Com efeito, pode o titular de direito real não se satisfazer com a ineficácia da alienação, pois ele tinha o interesse em exercer seu direito de preferência, que foi cabulado pela não observância de uma trilha legal que reclama, em dois dispositivos distintos (arts. 899 e 799), sua prévia intimação. Com esse quadro, solução outra não há que possibilitar dupla postura ao titular de direito real que não foi intimado, com antecedência, do ato de alienação, a saber: (i) arguir a nulidade da alienação judicial, por falta de intimação prévia, que lhe retirou o direito de exercer a preferência; e (ii) não se opor a alienação, desde que esta seja considerada como ineficaz em relação ao seu direito real. Importante salientar que, em homenagem aos princípios da boa-fé objetiva e da duração razoável do processo, caso o titular de direito real opte por postular pela nulidade de alienação judicial, terá de demonstrar, de forma clara, seu prejuízo, demonstrando que irá honrar/depositar quantia igual ao lance vencedor, que acabou atropelando o direito de preferência alegado. Vide comentários aos arts. 799 e 889.

5. Exclusão do direito real de servidão do rol do art. 804. O direito real de servidão não consta no art. 804, tal como ocorre nos arts. 899 e 799. A omissão parece ter justificativa, pois apesar de sua natureza de direito real de fruição, não está contida em sua esfera típica o direito de preferência. Isso porque, de forma diversa de outros tipos reais, a titularidade da servidão não está centrada no mesmo bem (ainda que com direitos reais distintos), mas, sim, em outro bem; ou seja, trabalha com situação singular que conjuga um direito real com duas propriedades alheias e distintas. O art. 1.378 do CC/2002 indica claramente que uma das características da tipicidade do direito real de servidão é a existência de dois bens distintos em que prédio dominante se vale do prédio serviente para obter utilidade própria. Assim, a concepção que norteia o direito de preferência de unificação do título e da consolidação da propriedade, centrando-se em bem único, não se lhe aplica. De todo modo, registre-se que, em Portugal, aplica-se o direito de preferência às servidões (art. 1555, Código Civil de Portugal), nada obstante essa medida não ser encontrada – ao menos comumente – nos ordenamentos legais de outros países.

Artigo 805.

Quando por vários meios o exequente puder promover a execução, o juiz mandará que se faça pelo modo menos gravoso para o executado.

Parágrafo único. Ao executado que alegar ser a medida executiva mais gravosa incumbe indicar outros meios mais eficazes e menos onerosos, sob pena de manutenção dos atos executivos já determinados.

CORRESPONDÊNCIA NO CPC/1973: *ART. 620.*

1. Da necessária comunicação com o art. 797. O artigo em apreço versa sobre o princípio da menor gravosidade ao executado, o qual se refere à necessidade de a execução ser justa e efetiva, mas utilizada razoável e proporcionalmente para satisfazer o débito, sem causar onerosidades não justificáveis àquele que figura no polo passivo da execução. É digno de nota que, a fim de conduzir a uma correta interpretação, deve ser analisado em conjunto com o dispositivo 797, pois a execução se realiza no interesse do exequente. A partir dessa premissa (a execução será realizada em prol dos interesses do exequente) deve ser examinado se será possível seguir trilha de menor onerosidade ao executado, sem que a opção seguida retire potência da execução, pois todas as soluções passam pela análise de viabilidade e eficácia sob a ótica e esfera jurídica do exequente. Percebe-se, assim, que o art. 805 é uma regra de calibragem do art. 797, permitindo ajustes na realização da execução, notadamente quando ocorrer alto grau de onerosidade contra o executado e for possível a adoção de outras medidas que sejam igualmente eficazes para o exequente. (STJ, REsp 673.869/PR). Vide comentários ao art. 797.

2. Das diretrizes que iluminam o art. 805. Como regra de calibragem, o art. 805 tem o fim de preservar não só o executado, como também seu patrimônio, não se justificando esforços desnecessários em qualquer dos dois âmbitos (pessoal e patrimonial). Registre-se, no particular, que, de forma explícita, o CPC/2015 alberga as bússolas constitucionais, ao dispor, em seu art. 1º, que o processo civil será ordenado, disciplinado e interpretado conforme os valores e as normas fundamentais estabelecidos na CF/1988. O quadro indica que os princípios da dignidade da pessoa humana (art. 1º, III, CF/1988) e da função social da propriedade (art. 5º, XXIII, da CF/1988 – com expressa recepção infraconstitucional – arts. 1.228; 2.035, parágrafo único, do CC/2002) sejam os faróis do art. 805. As diretrizes não estão apenas voltadas ao executado, mas também ao exequente, sendo que a verificação do dueto de diretrizes será mais observada em situações agudas que envolvam a execução, seus atores e o respectivo patrimônio, como ocorre em relação aos bens que poderão ser objeto de penhora (art. 833). Isso porque a penhora é autorizada (e vedada) não apenas com olhar no patrimônio (e sua função social), mas nas repercussões que causa, positiva e negativamente, para o exequente e para o executado em sua célula pessoal (dignidade da pessoa humana). Não é à toa que a proteção à subsistência é tratada pela legislação, de forma simultânea, privilegiando o exequente e o executado, bastando observar a verba alimentar nas duas óticas. Com efeito, em prol do exequente, as verbas tidas como alimentares, quando combustíveis da execução, alcançam grande penetração no patrimônio do executado, mas este, à exceção justamente das execuções de verbas alimentares, tem a proteção legal de um núcleo de patrimônio mínimo para a mantença de sua dignidade. Portanto, dentro do balanceamento dos arts. 797 e 805, passando pelo binômio principiológico apresentado (dignidade da pessoa humana e função social da propriedade) deve ocorrer a ojeriza do abuso do direito (art. 187, CC/2002), seja em prol do exequente (escorando-se no art. 797), seja em benefício do executado.

3. Aplicação do princípio da menor onerosidade. Embora a redação do parágrafo único possa dar a impressão de que cabe ao executado reclamar para que a condução menos onerosa ocorra, ou seja, demandando sempre postulação por parte daquele, o raciocínio não se afigura o mais acertado. Com efeito, a condução da execução é controlada pelo juiz, que – com base nas cláusulas gerais da dignidade da pessoa humana, da função social da propriedade e da (vedação) do abuso do direito – deve balancear a aplicação do art. 797, a fim de que o interesse do exequente não crie embaraço pessoal ou patrimonial desnecessário ao executado. Todavia, é importante frisar que não é suficiente que se apresente um forte impacto na esfera jurídica do executado: mister se faz que a solução alternativa – que contemple menor onerosidade – atenda, de forma satisfatória, ao exequente. Com outras palavras, a aplicação concreta do princípio da menor onerosidade demanda demonstrar que a opção adotada, alterando-se os rumos pretendidos pelo exequente, não causará prejuízo à execução, isto é, a alternativa terá que contemplar igual (ou pelo menos semelhante) eficácia em relação ao meio que está sendo repudiado (art. 805, parágrafo único). Portanto, se ficar evidenciado que o exequente terá grave prejuízo em adotar a alternativa proposta como menos onerosa, essa opção deverá ser repudiada. Nesse sentido, inclui-se a substituição de penhora por bem de difícil comercialização. (STJ, AgRg no Ag 874.919/BA).

CAPÍTULO II – Da Execução para a Entrega De Coisa

SEÇÃO I – Da Entrega de Coisa Certa

ARTIGO 806.
O devedor de obrigação de entrega de coisa certa, constante de título executivo extrajudicial, será citado para, em 15 (quinze) dias, satisfazer a obrigação.

§ 1º Ao despachar a inicial, o juiz poderá fixar multa por dia de atraso no cumprimento da obrigação, ficando o respectivo valor sujeito a alteração, caso se revele insuficiente ou excessivo.

§ 2º Do mandado de citação constará ordem para imissão na posse ou busca e apreensão, conforme se tratar de bem imóvel ou móvel, cujo cumprimento se dará de imediato, se o executado não satisfizer a obrigação no prazo que lhe foi designado.

CORRESPONDÊNCIA NO CPC/1973: *ARTS. 621 E 625.*

1. Resenha. O artigo em apreço inicia o capítulo referente à execução para a entrega de coisa. É possível perceber as grandes modificações realizadas neste dispositivo, quando comparado com seu correspondente no CPC/1973. A primeira delas diz respeito ao aumento no prazo para que o executado cumpra a prestação a que está obrigado, lapso temporal que, com CPC/2015, passa a ser de 15 (quinze dias). Aliadas a isso estão a supressão da referência aos embargos do executado e a necessidade de segurar o juízo para fazer jus dessa defesa, a qual já não era exigida mesmo na vigência do antigo diploma, eis que o próprio dispositivo a que se referia – artigo 737, II – já havia sido revogado em 2006. Alvo de fortes críticas, a passagem do antigo dispositivo 621 não era aplicada, e de igual forma, aos revogados 622 e 623, os quais, por óbvio, também não encontraram guarida neste CPC/2015. A oposição de embargos continua sendo permitida, mas não é trazida à tona no artigo em comento. Seu tratamento está previsto nos arts. 914 e seguintes. No mais, o parágrafo primeiro reproduz o trazido pelo parágrafo único do revogado artigo 621. Já o parágrafo segundo se assemelha ao art. 625 CPC/1973, mas o modifica, ao prescrever que do mandado de citação já constará ordem de imissão na posse ou busca e apreensão, que serão cumpridas caso o executado não efetive sua prestação, sem a necessidade de expedir-se novo mandado para tanto. É digno de nota, ainda, que, neste dispositivo, perdeu o legislador a chance de utilizar a terminologia mais adequada para referir-se às partes do processo de execução, de modo que manteve a antiga aplicação do vocábulo "devedor".

2. Direito material. Há comunicação com o direito material, em especial ao trecho dos arts. 233 a242 do CC/2002 (que trata das obrigações de dar coisa certa). Apenas como exemplo, em relação à posição do executado e do exequente em caso de perda da coisa, se esta ocorrer antes da tradição, sem culpa do devedor (executado), sofrerá o credor (exeqüente) a perda; e a obrigação se resolverá, sem prejuízo de seus direitos, até o dia da perda (art. 238, CC/2002).

3. Comunicação com o art. 538. Diante da semelhança entre o cumprimento de sentença e a execução de um título executivo extrajudicial, cujo fito seja a entrega de coisa certa, há comunicação inteligente entre o art. 806 com o art. 538, sendo possíveis a importação e a exportação das técnicas processuais, sempre na busca da melhor forma de efetivação da obrigação.

4. Postura do executado. O executado, ao ser citado, poderá entregar a coisa ou opor embargos à execução. Com efeito, embora não conste expressamente no dispositivo a oposição de embargos continua sendo permitida, seguindo as regras – com as devidas adaptações – dos arts. 914 e seguintes. Registre-se, contudo, que não se deve cogitar mais em efeito suspensivo automático, como se poderia extrair de interpretação literal da legislação revogada, aplicando-se, aqui a inteligência do art. 919. Igualmente, aplicando-se a regra do *caput* do art. 914, não é necessário que o juízo esteja seguro, isto é, que a coisa seja depositada, para que os embargos sejam recepcionados.

5. Fixação de multa (*astreinte*). O parágrafo 1º é expresso ao admitir a fixação de multa – de ofício – pelo juiz, cujo valor poderá ser alterado, caso se demonstre inadequado (seja por insuficiência ou por excesso). Portanto, na fixação da multa, o juiz deverá levar em consideração os parâmetros do art. 8º, em especial o princípio da eficiência. No sentido, com interpretação semelhante, é possível citar o disposto no Enunciado 396 do FPPC: "As medidas do inciso IV do art. 139 podem ser determinadas de ofício, observado o art. 8º.". De outra banda, registre-se que, se o juiz for omisso no momento da decisão liminar executiva, poderá fixar multa em momento posterior. Por fim, vale observar que, enquanto na execução das obrigações de fazer ou não fazer, a multa passou a ser "por período" (art. 814), aqui ela continua sendo "por dia".

6. Honorários. O arts. 806 e 807 não indicam que a execução para entrega de coisa certa implica a fixação de honorários. Todavia, extrai-se do sistema a necessidade de arbitramento dessa verba, cujo montante deverá ser fixado desde a citação, com possibilidade de redução em caso de entrega da coisa. Trata-se de aplicação sistêmica do art. 827, § 1º, do CPC/2015. No sentido, colhe-se o plasmado no Enunciado 451 do FPPC: "A regra decorrente do *caput* e do §1º do art. 827 aplica-se às execuções fundadas em título executivo extrajudicial de obrigação de fazer, não fazer e entrega de coisa.".

Artigo 807.

Se o executado entregar a coisa, será lavrado o termo respectivo e considerada satisfeita a obrigação, prosseguindo-se a execução para o pagamento de frutos ou o ressarcimento de prejuízos, se houver.

CORRESPONDÊNCIA NO CPC/1973: *ART. 624.*

1. Núcleo da regra. O dispositivo em exame diz respeito à eventualidade de executado entregar a coisa e quais as implicações desta conduta. No que toca à estrutura formal, observa-se que a ordem dos comandos outrora previstos foi modificada, de modo a tornar o dispositivo mais claro e explicativo, muito embora a ideia central disposta no revogado artigo 624 tenha sido mantida.

2. Entrega da coisa. A "entrega da coisa" não pode ser confundida como "depósito da coisa pelo executado". Isso porque nem sempre o credor (exequente) concordará com as condições sob as quais a coisa foi entregue (na verdade, depositada) pelo devedor (executado). Portanto, a expressão utilizada no art. 807 deve receber interpretação restritiva, sendo aplicável apenas para as hipóteses em que o exeqüente concorda com a entrega ou, ainda, quando esta tiver sido efetuada pelo executado em conformidade exata aos contornos fixados por decisão judicial. É somente nessas situações que se considerará a "entrega da coisa" como vetor de extinção da execução respectiva (arts. 924 e 925, CPC/2015).

3. Princípio da causalidade. O executado responde pelas despesas e custas processuais, devendo ser observado o princípio da casualidade. Em relação aos honorários, o cumprimento por parte do executado – com a entrega da coisa – dá ensejo à aplicação (adaptada) do art. 827, § 1º, do CPC/2015, autorizando a redução da verba honorária, na forma do dispositivo.

2. Frutos e ressarcimentos de prejuízos. Em relação aos frutos e ressarcimentos de prejuízos, tem-se que deverão ser apurados, caso as partes não cheguem a um número comum e não seja possível o juiz desde logo os fixar. Logo, se sujeitarão a sistema de apuração íntimo ao que ocorre em liquidação de sentença, muito embora o título fuja aos padrões vulgares. Depois de liquidados os valores, a execução continuará não mais como embasada em título executivo extrajudicial, mas como cumprimento de sentença (arts. 523 e seguintes) – título judicial de pagar quantia certa em dinheiro.

Artigo 808.
Alienada a coisa quando já litigiosa, será expedido mandado contra o terceiro adquirente, que somente será ouvido após depositá-la.
CORRESPONDÊNCIA NO CPC/1973: *ART. 626.*

1. Hipótese de alienação de coisa "já litigiosa". O art. 808 trata de uma hipótese peculiar de fraude à execução, pois somente tem espaço para aplicação se a coisa for alienada quando já litigiosa. Note-se, no sentido, a relevância de trazer para o dispositivo algumas regras do CPC/2015 que irão permitir aplicação mais segura do art. 808. Isso porque, além do art. 792, que traz um rol de hipóteses que configuram fraude à execução, segundo o art. 844, haverá a "presunção absoluta de conhecimento por terceiros" quando houver "averbação do arresto ou da penhora no registro competente", estando disposto no art. 799, IX, ainda, que incumbe ao exequente proceder à averbação em registro público do ato de propositura da execução e dos atos de constrição realizados, para conhecimento de terceiros. Assim, é relevante que seja entregue a averbação da penhora, ou ao menos da execução, na matrícula (ou outra forma de controle) do bem que se pretende, pois, assim ocorrendo, não haverá dúvida acerca da litigiosidade do bem (STJ, AgRg no REsp 1.365.627/SP). Caso contrário, não existindo prova a partir da publicidade da constrição ou da execução, a questão poderá ser postergada, a fim de ser demonstrada a boa-fé (ou não) do adquirente da coisa litigiosa, situação prevista no enunciado da Súmula 375 do STJ, em sua parte final: "O reconhecimento da fraude à execução depende do registro da penhora do bem alienado ou da prova de má-fé do terceiro adquirente.".

2. Possibilidade de conversão. Caso a coisa seja alienada, inclusive quando já litigiosa, inviabilizando sua entrega, o exeqüente terá o direito de converter a obrigação em perdas e danos, aplicando-se a regra do art. 809 do CPC/2015, ou seja, recebendo o valor da coisa, acrescida de perdas e danos.

3. Oitiva do adquirente. Na nossa visão, a parte final do art. 808 merece ser analisada com cuidado, pois parece ser hipótese muito específica, que não pode ser alargada para outras formas de manifestação. Com efeito, caso o terceiro adquirente queira manifestar-se nos autos da própria execução, criando um incidente, ele somente será ouvido depois de depositar a coisa tida como litigiosa. Todavia, essa trilha não impede que o adquirente apresente embargos de terceiro e, com base no art. 674 do CPC/2015, postule, liminarmente, a manutenção da situação fática (posse do bem) até o desfecho da ação. A confirmar o cabimento dos embargos de terceiro, note-se que o parágrafo 4º, do art. 792 é claro ao dispor que, antes de declarar a fraude à execução, o juiz deverá intimar o terceiro adquirente, que, se quiser, poderá opor embargos de terceiro, no prazo de 15 (quinze) dias.

Artigo 809.
O exequente tem direito a receber, além de perdas e danos, o valor da coisa, quando essa se deteriorar, não lhe for entregue, não for encontrada ou não for reclamada do poder de terceiro adquirente.
§ 1º Não constando do título o valor da coisa e sendo impossível sua avaliação, o exequente apresentará estimativa, sujeitando-a ao arbitramento judicial.
§ 2º Serão apurados em liquidação o valor da coisa e os prejuízos.
CORRESPONDÊNCIA NO CPC/1973: *ART. 627.*

1. Previsão expressa de hipóteses de conversão (acrescida de perdas e danos). O dispositivo prevê situações específicas permitem que o exequente reclame a conversão da obrigação de receber a coisa certa em obrigação pecuniária. Interessante notar, contudo, que a conversão nao se dará apenas para cobrir o valor da coisa, pois abrange "perdas e danos", ao que parece, em sentido amplo. As hipóteses que autorizam a conversão aqui tratada são quando a coisa: (i) não for entregue pela deterioração; (ii) não for encontrada; e (iii) estiver no poder de terceiro adquirente, e não for reclamada pelo exequente.

2. Coisa deteriorada. Nada obstante o art. 809 não fazer distinção, diante do apego ao direito material que envolve o tema, somente se poderá aplicar a conversão aqui tratada caso fique configurada a culpa do executado. Com efeito, conforme disposto pela conjugação dos arts. 235, 236, 239 e 240 do CC/2002, caso a coisa se deteriore sem culpa do devedor, o credor a receberá, tal qual se ache, sem direito a indenização, mas, se o ato indesejado (deterioração) se deu por culpa do devedor, este responderá pelo equivalente, mais perdas e danos. Portanto, o art. 809, guarda obediência ao disposto nos arts. 239-240 do CC/2002.

2. Coisa não encontrada. De modo semelhante, o direito material reclama a análise da culpa acerca da perda da coisa. De forma resumida, a teor dos arts. 238 e 239 do CC/2002, na hipótese da coisa certa, sem culpa do devedor, se perder antes da tradição, sofrerá o credor a perda; e a obrigação se resolverá, ressalvados seus direitos até o dia da perda, sendo ainda que, se a coisa se perder por culpa do devedor, responderá este pelo equivalente, mais perdas e danos. O art. 809, no particular, não pode se distanciar da lei civil material, notadamente em relação ao disposto no art. 239.

3. Posse de terceiro adquirente. Não consta na legislação civil, ao menos no trecho dos arts. 233-242 do CC/2002, nenhuma alusão direita à possibilidade de conversão da obrigação de entrega da coisa em recebimento do valor da coisa e eventuais perdas e danos, muito embora essa inteligência possa ser extraída do art. 239 do CC/2002, pois se trata de "perda" por ato culposo do devedor (executado) que alienou a coisa litigiosa. Nessa situação, aplicando-se as regras de direito material, o exequente terá de apresentar renúncia acerca do direito de receber a coisa, na forma do título, não podendo a renúncia ser presumida (art. 114, CC/2002). Essa medida terá relevância até mesmo para efeito da natureza da execução que será levada adiante, pois a apuração demandará liquidação de sentença (figura típica dos títulos judiciais), em especial se não constar do título o valor da coisa (art. 809, §1º) ou se o exequente pretender receber (além do valor da coisa) perdas e danos.

4. Alcance da expressão "perdas e danos". A expressão "perdas e danos", tratada no art. 809, merece ser analisada de acordo com o direito material, muito especialmente com os arts. 389 e 402 a 405 do CC/2202. Com efeito, não entregue a coisa em razão de alguma das questões tratadas no art. 809 do CPC/2002, o executado (na condição de devedor) responderá o devedor por perdas e danos, juros e atualização monetária segundo índices oficiais regularmente estabelecidos, além de honorários de advogado, conforme pontua o art. 389 do CC/2202. Mais ainda, na compreensão da extensão da expressão "perdas e danos", deverá ser aplicada a noção do art. 402 do CC/2002, no sentido de que as perdas e danos devidas ao credor abrangem, além do que ele efetivamente perdeu, o que razoavelmente deixou de lucrar. Surge uma questão: seria cabível cobrar, a título de perdas e danos, indenização por danos morais por não ter sido entregue a coisa (em caso, por exemplo, de bem com certo valor sentimental)? Embora esse entendimento seja fruto da racionalização procedimental, o dispositivo parece não comportar essa pretensão, pois o art. 809 do CPC está, na nossa visão, alinhado à noção do que se "deixou de lucrar", contida no art. 402 do CC/2002, ou seja, a uma análise de fundo puramente patrimonial (por exemplo, não percepção dos frutos). Essa situação, contudo, não implica descartar o arbitramento de valor pela perda de uma chance (por exemplo, se o bem tivesse sido entregue, o exequente teria obtido um lucro, com a revenda que não teve, frustrando-se proposta concreta que possuía para a alienação da coisa).

5. Liquidação de sentença. Os parágrafos do art. 809 parecem indicar que somente haverá liquidação de sentença para apurar as perdas e danos (art. 809, §2º), sendo esta dispensável para apurar o valor da coisa (art. 809, §1º). Contudo, feita a conversão, salvo raras exceções (por exemplo, valores já especificados para conversão no próprio título ou em negócio jurídico processual), será necessária a liquidação de sentença, seja para apurar as perdas e danos, seja para quantificar o valor da coisa. Note-se que se trata de uma situação invulgar, em que a origem da liquidação está em um título executivo extrajudicial, mas a inviabilidade da tutela específica acarreta a migração para outra forma de tutela (pecuniária). Importante: a regra do parágrafo 1º do art. 809 merece ser lida com a nova redação do art. 510. Isso porque, antes determinar a produção de prova pericial, deve o juiz intimar as partes para a apresentação de pareceres ou documentos elucidativos, a fim de que possa decidir com base em tal material. Somente deverá ser nomeado perito, seguindo-se o procedimento da prova pericial, se as partes desatenderem ao despacho ou se os pareceres ou documentos elucidativos não permitirem a fixação do valor da coisa.

6. Rito da execução de entrega de coisa incerta. A execução de entrega de coisa incerta, depois de realizada a escolha do bem (ou até mesmo antes, caso aplicado o art. 813, a exemplo de o executado não entregar a coisa), segue o rito da execução de entrega de coisa certa. Poderá, então, ser objeto do dispositivo em comento (STJ, REsp 327.650/MS; REsp 1.159.744/MG).

Artigo 810.

Havendo benfeitorias indenizáveis feitas na coisa pelo executado ou por terceiros de cujo poder ela houver sido tirada, a liquidação prévia é obrigatória.

Parágrafo único. Havendo saldo:

I – em favor do executado ou de terceiros, o exequente o depositará ao requerer a entrega da coisa;

II – em favor do exequente, esse poderá cobrá-lo nos autos do mesmo processo.

CORRESPONDÊNCIA NO CPC/1973: *ART. 628.*

1. Efeitos da posse. A posse possui efeitos internos e externos. Os primeiros estão ligados à própria órbita interna (faculdades) que o possuidor pode ter em relação à coisa, em que podemos fixar as noções de usar da coisa e a possibilidade de lhe tirar frutos. Em relação aos efeitos externos, deve-se ter como mira a relação com os terceiros (que pode incluir até mesmo o proprietário ou o possudor indireto – art. 1.197 do CC/2002). Os principais efeitos externos são: (i) a proteção possessória, que pode ser feita pelo deforço imediato (art. 1.210, §1º, CC/2002) ou pelos interditos possessórios (art. 1.210, *caput*, CC/2002), (ii) os diretos sobre os frutos (arts. 1.214 a 1.216, CC/2002), (iii) a responsabilidade pela perda e deterioração da coisa (arts. 1.217-8, CC/2002); e (iv) os direitos de indenização, que podem ser com ou sem retenção (arts. 1.219 a 1.222, CC/2002).

2. Benfeitorias indenizáveis. O art. 810 aborda as benfeitorias indenizáveis feitas pelo executado ou por terceiros de cujo poder ela houver sido tirada. É fundamental, para aplicação do dispositivo, que se analise se a posse pode ser encartada como de boa-fé ou como de má-fé, pois suas consequências são diversas. Em se tratando de possudor de boa-fé, haverá não só o direito de receber por qualquer tipo de benfeitorias (necessária, útil e voluptuária, conforme o art. 96 do CC/2002), mas também de exercer o direito de retenção (à exceção das benfeitorias voluptuárias), consoante disposto no art. 1.219 do CC/2002. (STJ, REsp 39.887/SP).. No que se refere ao possudor de má-fé, somente haverá direito indenizatório em relação às benfeitorias necessárias, não existindo qualquer tipo de retenção (STJ, REsp 260.228/ES), exceto a exótica situação do art. 1.256 do CC/2002 (prevista para acessões, mas que se aplica também às benfeitorias). Portanto, o dispositivo se volta apenas às situações em que as benfeitorias são indenizáveis, estando, assim, excluídas as benfeitorias úteis e voluptuárias feitas pelo possudor de má-fé (com exceção, repita-se, a encaixe da hipótese do art. 1.256 do CC/2002).

3. Dinâmica da posse: mutação da posse de boa-fé em posse de má-fé. A leitura estática dos arts. 1.219 a 1.222 do CC/2002, notadamente se reforçado por desavisada leitura do art. 1.203 do CC/2002, pode dar a (falsa) impressão de uma imutabilidade na qualidade da posse, mantendo-se esta com o mesmo perfil desde o início. Todavia, essa situação não se aplica a posse de boa-fé, pois esta perde este caráter desde o momento em que as circunstâncias façam presumir que o possudor não ignora que possui indevidamente (art. 1.202, CC/2002). Assim, a própria letra da lei admite a mutação da posse de boa-fé em má-fé, situação que irá alterar a análise acerca do direito a perceber indenização por benfeitorias, diante da diferenciação de tratamento feita pelo legislador em relação ao possudor de boa-fé e ao de má-fé (arts. 1.219 a 1.222, CC/2002). Em caso de processo judicial, o momento da citação que, a teor do art. 240 do CPC/2002, torna a coisa litigiosa, tem sido usado como marco de mutação da posse de boa-fé em má-fé. Note-se, pois, que não se trata apenas de uma interpretação da legislação processual, pois a própria lei civil, no art. 1.826 do CC/2002, também traça esse caminho. Com efeito, pelo citado dispositivo, o possudor da herança está obrigado à restituição dos bens do acervo, fixando-se-lhe a responsabilidade segundo a sua posse; e, consoante cravado no parágrafo único do art. 1.826, feita a citação, a responsabilidade do possudor se há de aferir pelas regras concernentes à posse de má-fé e à mora. Feita a resenha, conclui-se que, além de examinar se a postura inicial do executado está enquadrada como a de possuidor de boa-fé ou de má-fé, para aplicação do art. 810, faz-se necessário ainda verificar se ocorreu a mutação da posse, passando-a para de má-fé, situação que, em regra, ocorre com a citação daquele que possui bem alheio.

4. Liquidação (prévia e obrigatória). Embora o dispositivo indique que, em caso de benfeitorias indenizáveis, estas devem preceder a liquidação prévia e "obrigatória", isso não significa afirmar que o juiz pode determinar essa medida de ofício. Isso porque, ainda que formulado no bojo da execução em forma de contra-ataque (indireto), se trata de pleito indenizatório; e, como tal, é necessário que o interessado (em regra, o executado ou terceiro de cujo poder a coisa se encontrava) postule seu pedido. Não é sem razão que o art. 509 do CPC/2015 prevê que as liquidações de sentença devem ser postuladas pelo credor ou do devedor. Não apresentado o requerimento de liquidação, a execução prosseguirá, sem prejuízo de ser movida ação autônoma para o ressarcimento das benfeitorias, sob pena de locupletamento ilícito.

5. Liquidação (procedimento). O interessado deverá descrever as benfeitorias, trazendo o valor respectivo. É possível adaptar, no particular, as regras dos arts. 472 e 510 do CPC/2015, trazendo a parte pareceres técnicos ou documentos elucidativos que considerar como suficientes para demonstrar não só que incorporou benfeitorias indenizáveis, mas também os valores respectivos a elas.

6. Direito de retenção (exercício). O direito à retenção recai somente sobre as benfeitorias úteis e necessárias feitas por aquele que é considerado como de boa-fé, cuja aferição se dá no momento da inserção das benfeitorias, diante da dinâmica da posse vide item 3 acima. Ortodoxamente, os embargos à execução são apontados como a forma de alegação do direito de retenção, havendo, no sentido, previsão expressa (art. 917, IV, CPC/2015). Após o pagamento do montante das benfeitorias, o exequente receberá a coisa. Caso queira discutir o valor apresentado pela outra parte ou mesmo verificado por perito judicial, o exequente poderá, a qualquer tempo, ser imitido na posse da coisa, caso preste caução ou deposite o valor devido pelas benfeitorias ou resultante da compensação. (art. 917, §6º). Na nossa visão, é perfeitamente possível que o direito de retenção seja postulado mediante simples petição, no ventre dos autos. Essa constatação se dá não apenas a partir do disposto no art. 538 do CPC/2015 – que prevê a alegação de benfeitorias na contestação, em se tratando da fase de conhecimento –, mas por se tratar de alegação que traz uma questão acidental que afeta a exigibilidade da obrigação contida no título, assemelhando-se, embora com características próprias, ao disposto nos arts. 787, 788 e 803, III (e o respectivo parágrafo único).

7. Saldos. Apurado o valor das benfeitorias, caso se verifique em favor do executado ou de terceiros, o exequente o depositará ao requerer a entrega da coisa. De forma diversa, caso se verifique saldo em favor do exequente, este poderá cobrá-lo nos autos do mesmo processo.

SEÇÃO II – Da entrega de Coisa Inerta

Artigo 811.
Quando a execução recair sobre coisa determinada pelo gênero e pela quantidade, o executado será citado para entregá-la individualizada, se lhe couber a escolha.

Parágrafo único. Se a escolha couber ao exequente, esse deverá indicá-la na petição inicial.
CORRESPONDÊNCIA NO CPC/1973: *ART. 629.*

1. Direito material. Há comunicação com o direito material, em especial o trecho dos arts. 243 a 246 do CC/2002 (que trata das obrigações de dar coisa incerta). Merece ser observado, ainda, o art. 342 do CC/2002, que, ao tratar do pagamento sob consignação, prevê que, se a escolha da coisa indeterminada competir ao credor, será ele citado para esse fim, sob cominação de perder o direito e de ser depositada a coisa que o devedor escolher; e, se feita à escolha pelo devedor, poderá este citar o credor para vir ou mandar recebê-la, sob pena de ser depositada.

2. Contornos da coisa incerta. Em contraponto à "coisa certa", que é marcada pela sua individualização, ou seja, particularidades, que a definem de forma gabaritada, a "coisa incerta" possui grau de vagueza, capaz de admitir um processo de escolha que, se não formalizado em contrato, será iniciado pelo devedor (art. 244, CC/2002). De todo modo, não se admite pactuação acerca de bem que não possua nenhum tipo de individualização, sendo necessário que ao menos, sejam indicados o gênero e a quantidade (art. 243, CC/2002).

3. Escolha pelo devedor como regra. O art. 811 está simétrico ao disposto no art. 244 do CC/2002, pois prevê inicialmente que, na execução para entrega de coisa incerta, ou seja, que envolva a entrega de coisa determinada pelo gênero e pela quantidade, a escolha pertence ao devedor, exceto se o contrário resultar do título da obrigação, ou seja, a escolha do bem pelo devedor é a regra, podendo esta ser alterada se as partes de forma diversa pactuarem. De toda sorte, a escolha não importa em alteração da qualidade da coisa, já que a parte final do art. 244 do CC/2002, simétrico ao disposto no art. 313, prevê que não se pode dar a coisa pior, nem será obrigado a prestar a melhor.

4. Dinâmica da escolha. No caso de a escolha ser do devedor, o executado será citado para, no prazo de 15 (quinze) dias, entregar a coisa incerta, individualizando-a, com a indicação de que sua escolha está adequada ao gênero e à quantidade. A qualidade, se não indicada no contrato, será aferida de acordo com o que se pode extrair do título, sendo possível invocar o art. 113 do CC/2002, prestigiando-se a boa-fé e os usos do lugar de sua celebração, para justificar a opção. De outra banda, consoante parágrafo único do art. 811, se couber ao exequente, este deverá indicá-la na petição inicial. Em homenagem a boa-fé e isonomia processual (arts. 5º, 6º e 7º, CPC/2015), aplicam-se ao exequente (credor) as mesmas regras da escolha, devendo ele demonstrar que a sua escolha é perfeita, ou seja, está adequada quanto ao gênero, à quantidade e à qualidade.

4. Escolha por terceiro. O art. 811 apenas contempla a concentração da coisa incerta sob a ótica de opções do executado e do exequente. Nada obsta que as partes pactuem que a alternativa será definida por terceiro, isto é, pessoa que não se confunda com o devedor (executado) ou o credor (exequente). Nessa situação, o exequente deverá indicar, na exordial, o nome completo do terceiro, com seu endereço, a fim de que o juiz determine sua intimação e que o terceiro exerça a opção. O prazo, não havendo previsão em contrário, será de 15 (quinze) dias, em simetria ao disposto no art. 806. Caso não se faça a opção, qualquer que seja o motivo, a escolha caberá ao juiz, à exceção de constar deliberação de que, assim ocorrendo, ou seja, deixando o terceiro de indicar a alternativa, a opção passe a ser exercida por alguma das partes interessadas (credor e devedor), nos termos do art. 252, §4º, CC/2002.

5. Prazo. Embora não conste expressamente no dispositivo, o prazo será de 15 (quinze) dias úteis para a entrega da coisa pelo executado, seguindo a mesma regra temporal para a entrega de coisa certa (art. 806), tendo em vista a remissão feita pelo art. 813, que manda aplicar as regras referentes à entrega de coisa certa nas execuções que envolvam entrega de coisa incerta.

6. O não exercício da escolha pelo devedor. Caso não entregue, dentro do prazo, a coisa individualizada, o executado perde o direito à escolha, aplicando-se a inteligência do o art. 800, §1º, que trata sobre obrigações alternativas.

7. O não exercício da escolha pelo credor. Na hipótese de o título indicar que a escolha se dará pelo credor e a petição inicial do exequente assim não indicar, deixando de cumprir o disposto no parágrafo único do art. 811, antes de citar o executado, é possível que o juiz determine a intimação do exequente, pois se trata de renúncia envolvendo direito material, situação que recomenda a prévia intimação do interessado (art. 114, CC/2002)

8. Fluência do prazo sem entrega do por parte do executado. Caso o executado não entregue a coisa incerta, cabe a pergunta: é possível, com base no art. 813 (que determina a aplicação dos artigos de execução de entrega de coisa certa também às que envolvam entrega de coisa incerta), a aplicação do art. 809; ou seja, o exequente terá o direito de receber o valor da coisa incerta mais perdas e danos? Há jurisprudência admitindo que poderá o credor optar pela entrega de quantia em dinheiro, equivalente ao valor da coisa, transformando-se a execução para entrega de coisa em execução por quantia certa, desde que ocorra a prévia apuração do *quantum debeatur*, por estimativa do credor ou por arbitramento judicial. (STJ, REsp 1.159.744/MG).

ARTIGO 812.
Qualquer das partes poderá, no prazo de 15 (quinze) dias, impugnar a escolha feita pela outra, e o juiz decidirá de plano ou, se necessário, ouvindo perito de sua nomeação.
CORRESPONDÊNCIA NO CPC/1973: *ART. 630.*

1. Alteração substancial em relação ao CPC/1973. A grande modificação trazida pelo CPC/2015 neste artigo, quando comparado com o revogado 630, refere-se ao prazo concedido às partes para impugnar a escolha realizada pela parte quando a execução recai sobre coisas determinadas pelo gênero e pela quantidade. Enquanto no CPC/1973, era concedido às partes o prazo de 48 (quarenta e oito) horas, com o novo diploma será disponível o lapso temporal de 15 (quinze) dias.

2. Início da contagem do prazo da impugnação. O prazo de 15 (quinze) dias será igual tanto para o exequente, quanto para o executado, diferenciando-se apenas no momento de início da contagem. Se a escolha for do executado, o exequente terá 15 (quinze) dias para impugnar, contados a partir da ciência (em regra, intimação) do depósito feito pelo executado. Em situação diversa, caso a escolha seja feita pelo exequente, o executado terá 15 (quinze) dias a partir da citação. Admitindo-se que a escolha pode ser feita por terceiro, mediante prévia pactuação entre as partes (por exemplo, negócio jurídico processual – art. 191, CPC/2015), as partes poderão impugnar a escolha no prazo comum de 15 (quinze) dias.

3. Conteúdo da impugnação. A impugnação deverá demonstrar que a escolha foi imperfeita, mostrando, de forma clara, que aquela não está alinhada ao gênero, à quantidade e/ou à qualidade. É de bom tom que as partes – na impugnação – tragam pareceres técnicos ou documentos elucidativos (arts. 472 e 510, CPC/2015[1]), a fim de que o juiz possa decidir sem a necessidade de determinar prova pericial judicial (parte final do art. 812). Caso a impugnação apresente pareceres técnicos ou documentos elucidativos, o contraditório será obrigatório, sob pena de violação ao art. 10 do CPC/2015.

4. Recurso (agravo de instrumento). A teor do parágrafo único do art. 1.015 do CPC/2015, contra a decisão que definir a escolha, assim como em relação a qualquer outra proferida no curso da execução, será cabível agravo de instrumento.

ARTIGO 813.
Aplicar-se-ão à execução para entrega de coisa incerta, no que couber, as disposições da Seção I deste Capítulo.
CORRESPONDÊNCIA NO CPC/1973: *ART. 631.*

1. Aplicação subsidiária. O artigo em destaque determina a aplicação subsidiária dos artigos de execução de entrega de coisa certa também às que envolvam entrega de coisa incerta

2. Repercussões práticas. Duas repercussões práticas, tratadas nos comentários efetuados, podem ser tiradas da aplicação subsidiária aqui tratada: (i) importação do prazo do prazo de 15 (quinze) dias do art. 806 para o seio do art. 811; (ii) possível aplicação do art. 809, caso o executado não entregue a coisa incerta devida, convertendo-se a execução específica para quantia certa, após liquidação.

CAPÍTULO III – Da Execução das Obrigações de Fazer ou de Não Fazer

SEÇÃO I – Disposições Comuns

ARTIGO 814.

Na execução de obrigação de fazer ou de não fazer fundada em título extrajudicial, ao despachar a inicial, o juiz fixará multa por período de atraso no cumprimento da obrigação e a data a partir da qual será devida.

Parágrafo único. Se o valor da multa estiver previsto no título e for excessivo, o juiz poderá reduzi-lo.

CORRESPONDÊNCIA NO CPC/1973: *ART. 645.*

1. **Alteração substancial em relação ao CPC/1973.** O dispositivo em apreço inicia o capítulo referente à execução das obrigações de fazer e não fazer. Quando analisado comparativamente com seu equivalente no revogado CPC/1973, observa-se que a grande modificação realizada foi a alteração quanto à maneira como o magistrado fixará a multa ao despachar a inicial. Não mais se fala em multa por dia, e sim por período de atraso. Essa alteração é interessante, na medida em que, a depender do caso concreto, a multa diária não será efetiva, de modo que o período a ser estipulado para a sanção pecuniária deve variar em consonância com o direito tutelado e com as especificidades de cada execução.

2. **Multa por período.** A alteração levada a cabo pelo legislador permite uma maior flexibilidade ao juiz, pois a multa por período acaba sendo um gênero, da qual a multa diária será uma espécie, já que outros períodos poderão ser fixados que não apenas a multa dia a dia. Não se trata, assim, de extinção da multa diária, mas da especificação de que é possível modulação e arbitramentos de multas com outra periodicidade. Assim, será possível a fixação de multas por frações de tempo (por exemplo, hora) ou períodos de dias (por exemplo, semana, mês).

3. **Forma impositiva da redação e flexibilização da multa coercitiva.** A redação impositiva do art. 814 parece não deixar espaço para a não fixação da multa pelo juiz, tornado-a obrigatória nas execuções de titulo executivo extrajudicial com fito nas obrigações de fazer e não fazer. O fato não implica dizer que a multa imposta inicialmente, seja em seu valor, seja na periodicidade, não poderá ser alterada. Na realidade, em situa-

ção inversa, deve o juiz ter campo flexível para a aplicação da multa coercitiva, podendo extrair-se – a partir da válvula de comunicação aberta pelo art. 771, parágrafo único, do CPC/2015 – algumas características a partir do disposto no art. 537 da atual codificação: (i) não depende de requerimento da parte; (ii) deve ser suficiente e compatível com a obrigação; (iii) precisa estar vinculada a prazo razoável para cumprimento do preceito; (iv) o juiz – de ofício ou mediante provocação do interessado – poderá modificar o valor ou a periodicidade da multa vincenda ou excluí-la, caso verifique que aquela se tornou insuficiente, excessiva ou que o obrigado demonstre cumprimento parcial superveniente da obrigação ou justa causa para o descumprimento; (e) o valor da multa será devido ao exequente.

4. Termo inicial da multa. A regra processual indica que juiz, ao fixar a multa coercitiva, deverá indicar a data partir da qual será devida, situação que implicará omissão, caso a dicção judicial assim não o faça. A omissão pode ser sanada por simples petição ou mesmo através de embargos de declaração (art. 1.022, II, CPC/2015). Não tendo sido fixado o termo inicial, nem sanada a omissão (seja por ato de ofício, seja por requerimento das partes), deverá ser considerada a citação como marco inicial para a incidência da multa.

5. Intimação pessoal da parte. Como a ciência da fixação da multa diária se dará, provavelmente, no ato da citação, deverá ser colhida intimação pessoal da parte no sentido. Essa providência evitará discussão acerca da necessidade ou não de intimação pessoal do executado. A questão, antes da vigência do CPC/2015, desafiou a edição da Súmula 410 pelo STJ, firmando-se o seguinte entendimento: "A prévia intimação pessoal do devedor constitui condição necessária para a cobrança de multa pelo descumprimento de obrigação de fazer ou não fazer.".

6. Valor da multa constante no título (redução). De forma expressa, o parágrafo único do art. 814 prevê que, se valor da multa estiver previsto no título, o juiz poderá reduzi-lo se entender ser excessivo. Há alguma simetria com o disposto no art. 413 do CC/2002, que dispõe que a "penalidade deve ser reduzida eqüitativamente pelo juiz se a obrigação principal tiver sido cumprida em parte, ou se o montante da penalidade for manifestamente excessivo, tendo-se em vista a natureza e a finalidade do negócio.".

7. Valor da multa constante no título (majoração). Diversa da hipótese de redução, nada consta, ao longo do art. 814, acerca da possibilidade ou vedação da majoração do valor da multa já pactuada no título. Na vigência do CPC/2015 revogado, o STJ chegou a se manifestar acerca da impossibilidade de majoração da multa diária previamente pactuada (STJ, REsp. 859.857/PR), posição que pode receber abono na égide do CPC 2015, na medida em que os negócios jurídicos processuais (art. 191) devem ser interpretados como resultado do prévio ajuste entre as partes que, com autonomia, pactuaram o valor da multa. De toda sorte, em casos extremos em que ficar evidenciado que valor da multa coercitiva representa uma vantagem extrema para o devedor, deverá ser possível sua correção, com a majoração. Essas situações poderão ser tratadas como hipóteses de abuso do direito (art. 187, CC/2002); e, através da ilicitude configurada (posição de uma das partes que excede manifestamente os limites impostos pelo seu fim econômico ou social, pela boa-fé ou pelos bons costumes), a correção poderá ser reclamada.

8. Possibilidade de cumulação de cláusula penal e astreintes. Diante da natureza processual das astreintes, afastando-se da natureza material da cláusula penal, deve-se admitir a cumulação.

9. Recorribilidade da decisão que fixa a multa. Cabe agravo de instrumento (art. 1.015, parágrafo único, CPC/2015) contra a decisão que fixar, majorar, reduzir ou alterar qualquer que seja a forma (inclusive apenas a periodicidade) da multa coercitiva.

SEÇÃO II – Da Obrigação de Fazer

ARTIGO 815.
Quando o objeto da execução for obrigação de fazer, o executado será citado para satisfazê-la no prazo que o juiz lhe designar, se outro não estiver determinado no título executivo.
CORRESPONDÊNCIA NO CPC/1973: *ART. 632.*

1. Direito material. Na execução de obrigação de fazer, há dialogo com o direito material, em especial no trecho dos arts. 247 a 249 do CC/2002.

2. Necessidade de fixação do prazo para cumprimento. Muito embora o art. 815 disponha no sentido de que, no caso da obrigação de fazer, se não estiver contido no título o prazo para cumprimento, o juiz fixará o prazo para que o devedor cumpra a obrigação. Caso o juiz assim não faça e não seja sanada a omissão, presume-se a fixação de 15 (quinze) dias, previsto no art. 806 do CPC/2015.

3. Embargos à execução. O prazo para manejo dos embargos à execução sempre será de 15 (quinze) dias, pouco importando o prazo fixado para o cumprimento da obrigação de fazer. Aplica-se, aqui, o disposto no art. 915 do CPC/2015, que não traz qualquer exceção para a hipótese.

4. Natureza da decisão e recorribilidade. O provimento judicial que simplesmente ordena a citação do executado na execução de obrigação de fazer não contém carga decisória, sendo, portanto, irrecorrível via do agravo de instrumento (STJ REsp 141.592/GO). Todavia, esse raciocínio não implica dizer que não é cabível recurso (agravo de instrumento – art. 1.015 parágrafo único) em relação à fixação de multa coercitiva ou até mesmo quanto à fixação de prazo não razoável para o cumprimento da obrigação de fazer.

Artigo 816.

Se o executado não satisfizer a obrigação no prazo designado, é lícito ao exequente, nos próprios autos do processo, requerer a satisfação da obrigação à custa do executado ou perdas e danos, hipótese em que se converterá em indenização.

Parágrafo único. O valor das perdas e danos será apurado em liquidação, seguindo-se a execução para cobrança de quantia certa.

CORRESPONDÊNCIA NO CPC/1973: *ART. 633.*

1. Diálogo com o direito material. O art. 816 plasma o disposto no art. 249 do CC/2002, dando-lhe dinâmica processual. Essa situação cria plataforma que autoriza a efetivação da obrigação às custas do executado que descumpriu a avença (caso a obrigação de fazer seja fungível, ou seja, não personalíssima e, assim, possa ser realizada por terceiro que não o executado), ou, ainda, a conversão da obrigação em perdas e danos.

2. Resultado prático equivalente. O dispositivo encarta duas possibilidades distintas, caso o executado não satisfaça a obrigação no prazo designado: (i) de satisfação – mediante requerimento do executado – por terceiros (ou, seja, por alguma forma que extraia o cumprimento pessoal pelo executado), com despesa a ser arcada pelo executado – nesse caso, ainda se manterá a tutela específica, ou seja, a obrigação de fazer será cumprida tal qual pactuada originariamente; (ii) de conversão da obrigação específica em perdas e danos (indenização) – nessa hipótese, a satisfação da obrigação se dará pelo equivalente em dinheiro.

3. Comunicação com os arts. 817 e 821. Em relação à possibilidade de que a obrigação seja executada por terceiro, há de ser observado o que dispõe o art. 817, que trata do tema, ao passo que, na conversão por perdas e danos, há regulação da questão no art. 821.

4. Conversão em perdas e danos em caso de grande onerosidade no cumprimento da obrigação. Em hipóteses em que o cumprimento da obrigação implicar grande onerosidade – em prestígio ao ditame do art. 805, que prevê que, quando por diversos meios, a obrigação se puder realizar, ela deve ser efetivada por aquele de menor gravidade para o executado –, tem-se admitido a conversão em perdas e danos (STJ, REsp 1.055.822/RJ).

5. Conversão em caso de obrigação infungível. Há grande espaço para a conversão das obrigações em perdas e danos nos casos de obrigação infungível, ou seja, que não pode ser prestada por terceiro, aplicando-se o disposto no art. 247 do CC/2002. Interessante observar, também, que no caso de conversão da obrigação (seja ela fungível ou infungível), conforme aduz o parágrafo 1º do art. 816, o valor das perdas e danos deverá ser apurado em liquidação.

6. Cláusula penal (valor da indenização). Valor predeterminado e desnecessidade de liquidação. Quando se estipular a cláusula penal para o caso de total inadimplemento da obrigação, esta se converterá em alternativa a benefício do credor (art. 410, CC/2002), dispensando-se a liquidação da obrigação para apuração do montante indenizatório, uma vez que este já se encontra previamente pactuado pelas partes. Nos termos dos arts. 412 e 413, o valor da cominação imposta na cláusula penal não pode exceder o da obrigação principal, sendo que a penalidade deve ser reduzida equitativamente pelo juiz se a obrigação principal tiver sido cumprida em parte, ou se o montante da penalidade for manifestamente excessivo, observando-se natureza e a finalidade do negócio.

7. Cabimento de agravo de instrumento contra a decisão de conversão em perdas e danos. O parágrafo único do art. 1.015 prevê o cabimento de agravo de instrumento contra decisões interlocutórias proferidas na fase de liquidação de sentença ou de cumprimento de sentença, no processo de execução e no processo de inventário. Assim, é possível a interposição de agravo de instrumento contra decisão que converte a obrigação de fazer em obrigação de pagar quantia, tendo em vista sua natureza interlocutória.

ARTIGO 817.
Se a obrigação puder ser satisfeita por terceiro, é lícito ao juiz autorizar, a requerimento do exequente, que aquele a satisfaça à custa do executado.
Parágrafo único. O exequente adiantará as quantias previstas na proposta que, ouvidas as partes, o juiz houver aprovado.
CORRESPONDÊNCIA NO CPC/1973: *ART. 634.*

1. Diálogo com o direito material. O art. 817 também possui diálogo com o previsto no art. 249 do CC/2002, dando-lhe dinâmica processual. Por esse passo, nos termos da lei civil, deverá ser livre a escolha do exequente, devendo o preço ser compatível com prestação levada a cabo (art. 113, CC/2002). Admite-se, em caso de urgência, que o credor, independentemente de autorização judicial, execute ou mande executar o fato, sendo depois ressarcido.

2. Obrigação fungível. O dispositivo trata apenas de obrigações fungíveis, ou seja, aquelas que não sejam personalíssimas, sem fungibilidade em relação à pessoa que irá cumprir (já que podem ser desempenhadas por terceiro).

3. Terceiro. O CPC/2015 seguiu o entendimento da Lei 11.382/2006, que revogou os parágrafos do art. 634 do CPC/1973 sobre a licitação para escolha do terceiro. Segue-se uma linha de simplificação do procedimento (um dos objetivos encontrados na exposição de motivos do CPC/2015 e em atenção à eficiência plasmada pelo art. 8º, notadamente em relação ao princípio da eficiência)

4. Prévia proposta do terceiro. Consoante se pode extrair do art. 820, o procedimento vulgar implicará prévia proposta do terceiros, indicando o valor e a forma com que efetuarão a prestação, com prévio contraditório aos interessados.

5. Menor onerosidade e contraditório. O dispositivo há de ser aplicado em consonância com o art. 805, na medida em que, quando por vários meios, o exequente puder promover a execução, o juiz mandará que se faça pelo modo menos gravoso para o executado. Há de se permitir, assim, que o executado indique outros meios mais eficazes e menos onerosos, a fim de evitar a aplicação do art. 817. Portanto, o contraditório se faz obrigatório, em prestígio ao art. 10 do CPC/2015.

6. Decisão do juiz e adiantamento das quantias pelo exequente. Recebidas as propostas de terceiros, o juiz, à luz do contraditório e da menor onerosidade, decidirá qual a melhor oferta, cabendo ao exequente adiantar o pagamento da quantia prevista na proposta, conforme prevê o parágrafo 1º do art. 817.

ARTIGO 818.

Realizada a prestação, o juiz ouvirá as partes no prazo de 10 (dez) dias e, não havendo impugnação, considerará satisfeita a obrigação.

Parágrafo único. Caso haja impugnação, o juiz a decidirá.

CORRESPONDÊNCIA NO CPC/1973: *ART. 635.*

1. Impugnação com prazo comum. A boa prestação do serviço pelo terceiro é de interesse tanto do exequente, quanto do executado, razão pela qual devem todos os interessados ser ouvidos em prazo comum, podendo apresentar impugnação, em prestígio ao disposto no art. 7º do CPC/2015. Não havendo impugnação, a obrigação estará satisfeita (art. 924, II); caso contrário, deverá o juiz decidir (art. 818, parágrafo único).

2. Cabimento de agravo de instrumento contra a decisão que considerar como satisfeita a obrigação. O parágrafo único do art. 1.015 prevê o cabimento de agravo de instrumento contra decisões interlocutórias proferidas na fase de liquidação de sentença ou de cumprimento de sentença, no processo de execução e no processo de inventário. Portanto, será cabível agravo de instrumento contra decisão que considerar como satisfeita a obrigação, tendo em vista sua natureza interlocutória.

ARTIGO 819.

Se o terceiro contratado não realizar a prestação no prazo ou se o fizer de modo incompleto ou defeituoso, poderá o exequente requerer ao juiz, no prazo de 15 (quinze) dias, que o autorize a concluí-la ou a repará-la à custa do contratante.

Parágrafo único. Ouvido o contratante no prazo de 15 (quinze) dias, o juiz mandará avaliar o custo das despesas necessárias e o condenará a pagá-lo.

CORRESPONDÊNCIA NO CPC/1973: *ART. 636.*

1. Mudanças em relação ao CPC/1973. Os prazos a que se refere o artigo foram aumentados, de modo que, com as novas disposições, o exequente dispõe de 15 (quinze) dias para requerer ao juiz que o terceiro conclua ou repare a prestação; de igual forma, pode o terceiro utilizar-se do mesmo lapso temporal para se manifestar.

2. Aplicação com ressalva da regra. Se a escolha do terceiro for feita exclusivamente pelo exequente, aplicando-se o disposto no art. 249 do CC/2002, há se abrir espaço no dispositivo, pois haverá eleição equivocada por parte do credor, não podendo esta ser imputada integralmente ao executado – notadamente em relação à segunda parte do art. 819, que aponta a reparação à custa do contratante. O dispositivo demonstra a importância do contraditório, pois a aquiescência do executado na escolha do terceiro permitirá a aplicação do art. 819 sem ressalva.

3. Faculdade do exequente. Tem-se entendido que as medidas previstas no art. 818 estão na esfera das faculdades do exequente (STJ, REsp 9.584/SP), sendo possível, assim, receber a prestação inacabada ou defeituosa e cobrar executivamente os prejuízos suportados do terceiro inadimplente, ao em vez de concluí-la ou a repará-la à custa do contratante. Todavia, à luz da figura do abuso do direito (art. 187, CC/2002) e do princípio da menor onerosidade (art. 805), essa postura não pode ser adotada em prejuízo do executado.

4. Cabimento de agravo de instrumento contra a decisão que avalia a prestação de terceiro. O parágrafo único do art. 1.015 prevê o cabimento de agravo de instrumento contra decisões interlocutórias proferidas na fase de liquidação de sentença ou de cumprimento de sentença, no processo de execução e no processo de inventário. Portanto, será cabível agravo de instrumento contra a decisão prevista no art. 819, tendo em vista sua natureza interlocutória.

ARTIGO 820.
Se o exequente quiser executar ou mandar executar, sob sua direção e vigilância, as obras e os trabalhos necessários à realização da prestação, terá preferência, em igualdade de condições de oferta, em relação ao terceiro.
Parágrafo único. O direito de preferência deverá ser exercido no prazo de 5 (cinco) dias, após aprovada a proposta do terceiro.
CORRESPONDÊNCIA NO CPC/1973: ART. 637.

1. Condições da oferta. O terceiro deverá, em regra, apresentar oferta vinculando sua prestação, com indicação do valor, de modo de execução e de toda a informação necessária e vinculada à prestação. A proposta tem o fim de permitir não só a contratação, mas a fiscalização da prestação, assim como o exercício do direito de preferência pelo exequente, na forma do art. 820.

2. Direito de preferência. A preferência do exequente em detrimento de terceiros na execução de obras e trabalhos necessários à realização da prestação justifica-se em razão de ser o exequente o mais interessado, e, em regra, possuir maior conhecimento da obrigação que se pretende satisfazer. O exequente também poderá postular que outrem – sob sua direção e vigilância – cumpra a obrigação. Estando a obrigação restar adimplida, os valores despendidos deverão ser cobrados do executado. Todavia, é necessário que o juiz controle aludido custo, haja vista que o exequente, até mesmo de má-fé, superfature o valor utilizado na satisfação da obrigação, sem prejuízo, ainda, da configuração do abuso de direito (art. 187, CC/2002). De toda sorte, em caso de urgência, hipótese descrita no art. 249, parágrafo único do CC/2002, pode o credor, independentemente de autorização judicial, executar ou mandar executar obras e trabalhos necessários à realização da prestação.

3. Termo inicial para o exercício do direito de preferência. O prazo começa a contar da intimação do ato judicial que considerar como aprovada a proposta (art. 224, § 2º, CC/2002; art. 820, parágrafo único, CPC/2015). A não observância de aludido prazo, para o exercício do direito de preferência, implica renúncia ao direito de preferência, pelo não exercício no prazo legal (art. 114, CC).

4. Direção e vigilância do exequente. O exequente terá o dever de direção e vigilância, situação que implica a perda de seu interesse em postular qualquer medida para o controle judicial acerca do cumprimento da prestação. Isso porque, se o exequente exerce o direito de preferência, ele assume a prestação e, de certa forma, passa a compor a relação jurídica como devedor, situação que pode gerar o fenômeno da confusão.

Artigo 821.
Na obrigação de fazer, quando se convencionar que o executado a satisfaça pessoalmente, o exequente poderá requerer ao juiz que lhe assine prazo para cumpri-la.
Parágrafo único. Havendo recusa ou mora do executado, sua obrigação pessoal será convertida em perdas e danos, caso em que se observará o procedimento de execução por quantia certa.
CORRESPONDÊNCIA NO CPC/1973: *ART. 638.*

1. Mudanças em relação ao CPC/1973. : O art. 821 do CPC/2015, assim como fazia o art. 638 do diploma revogado, prevê a apenas a fungibilidade convencional, ou seja, aquela que decorre de acordo de vontade entre as partes. Contudo, é necessário esclarecer que a aplicação do art. 821 também é aplicável à infungibilidade natural (inerente à própria natureza da obrigação). Assim sendo, aplica-se a noção a toda forma de infungibilidade, tirando-se como bússola a orientação de que o único sujeito que poderá cumprir a obrigação é o próprio executado, seja a situação firmada por convenção entre as partes ou não.

2. Prazo para cumprimento da obrigação. Embora o art. 821 não tenha previsto prazo para o cumprimento da obrigação, aplica-se o estipulado no art. 815 do CPC/2015. Contudo, caso o título executivo fixe outro prazo, este deverá ser observado.

3. Obrigação personalíssima. As obrigações personalíssimas são infungíveis por essência e, portanto, em caso de inadimplemento, a solução adequada é a conversão em perdas e danos (art. 816), caso as medidas de coerção (como, por exemplo, fixação de multa por período – art. 814, CPC/2015; art. 5º, XXXV, CF/2015), depois de assinalado o prazo para o cumprimento, (art. 815) não se demonstrem frutíferas.

4. Execução por quantia certa. Após a conversão, deverá ser liquidado o valor da obrigação (art. 509 e seguintes, CPC/2015), para somente depois se iniciar a execução por quantia certa, na forma do parágrafo único do art. 821, excetua-se dessa previsão a hipótese de constar, no título, cláusula penal para o caso de total inadimplemento, nos termos do art. 410, CC/2002.

5. Procedimento. Em se tratando de liquidação do valor da obrigação e ulterior execução, deverá tramitar nos próprios autos em que fora postulada originariamente.

SEÇÃO III – Da Obrigação de Não Fazer

Artigo 822.
Se o executado praticou ato a cuja abstenção estava obrigado por lei ou por contrato, o exequente requererá ao juiz que assine prazo ao executado para desfazê-lo.
CORRESPONDÊNCIA NO CPC/1973: *ART. 642.*

1. Comunicação com o direito material. O dispositivo há de ser lido com as regras de direito material, em especial os arts. 250 e 251 do CC/2002.

2. Aplicação adaptada dos arts. 815-821. Aplica-se, no que couber, o disposto nos arts. 815 a 821 nas execuções de obrigação de não fazer.

3. Obrigação específica (desfazimento). O art. 822 prevê o retorno à obrigação específica que é a continuidade de se abster, com o desfazimento dos atos cuja abstenção tenha sido descumprida.

4. Obrigação decorrente de lei ou fixada em contrato. Muito embora o art. 822 faça alusão à abstenção a que o executado está obrigado por lei ou por contrato, o foco do dispositivo estará nos títulos executivos extrajudiciais, logo, com ambiente fixado, ao menos vulgarmente, nos negócios jurídicos. Assim, atos de abstenção a serem exigidos com base – exclusivamente – na lei, sem título executivo, hão de ser postulados em fase de conhecimento.

5. Multa coercitiva. Perfeitamente cabível a imposição de multa coercitiva para manter o *status* de abstenção, assim como (e especialmente) para que seja efetuado o desfazimento dos atos cuja abstenção tenha sido descumprida.

6. Tutela inibitória. A execução arrimada nos arts. 822 e 823, está vinculada classicamente à obrigação de não fazer que já tenha sido descumprida, situação que indica que, se esta ainda não foi violada, a opção adequada será ação de conhecimento com pedido liminar de tutela inibitória.

7. Hipótese de urgência (extrema) para o desfazimento. Em casos extremos de urgência, admite-se que o credor desfaça ou mande desfazer, independentemente de autorização judicial, sem prejuízo do ressarcimento devido (art. 251, parágrafo único, CC/2002). Tem-se, no caso, nítida hipótese de desfazimento extrajudicial, sendo a execução destinada apenas à obtenção do ressarcimento devido ao credor.

Artigo 823.

Havendo recusa ou mora do executado, o exequente requererá ao juiz que mande desfazer o ato à custa daquele, que responderá por perdas e danos.

Parágrafo único. Não sendo possível desfazer-se o ato, a obrigação resolve-se em perdas e danos, caso em que, após a liquidação, se observará o procedimento de execução por quantia certa.

CORRESPONDÊNCIA NO CPC/1973: *ART. 643.*

1. Sequencia lógica. O art. 823 deve ser lido em conjunto com o art. 822, na medida em que prevê atos subsequentes à ordem de desfazimento das obrigações de não fazer permanentes (contínuas), quais sejam: (i) recusa e (ii) mora por parte do executado. No que diz respeito às obrigações de não fazer instantâneas, o parágrafo único do art. 823 prevê a conversão da obrigação em perdas e danos.

2. Das obrigações de não fazer. As obrigações de não fazer classificam-se em permanentes (contínuas) ou instantâneas. Apenas nas permanentes permite-se o retorno ao *status quo ante*. Cite-se como exemplo a construção de um muro: ao destruí-lo, volta-se ao estado anterior. Por outro lado, caso se descumpra uma obrigação de não fazer classificada como instantânea, o retorno ao estado anterior torna-se impossível (descumprimento de proibição de veicular reportagem em noticiário exibido nacionalmente). O desfazimento, para as hipóteses de obrigações de não fazer permanentes (contínuas) pode ser realizado por terceiro (art. 816, CPC/2015), pelo próprio exequente ou sob sua direção e vigilância (art. 820, CPC/2015).

3. Perdas e danos por recusa ou mora. A recusa e a mora do executado são vetores para que o exequente possa postular perdas e danos, independentemente do cumprimento tardio (desfazimento) do executado. Nessas hipóteses (caracterizando-se o inadimplemento apenas relativo, ou seja, com o desfazimento tardio), há de se liquidar o prejuízo causado pela recusa ou mora do executado até o desfazimento e, após fixação do montante, apurando-o, a execução segue por quantia certa. Assim, aplica-se, com adaptação, a regra do parágrafo único do art. 823.

4. Conversão da obrigação. Em caso de inadimplemento absoluto, ou seja, atestando-se que não foi possível desfazer-se o ato e, também, para as hipóteses de obrigação de não fazer instantâneas (por ser impossível desfazer a violação), a obrigação deve ser resolvida em perdas e danos. O valor deverá ser liquidado, com uso do procedimento previsto para a liquidação de sentença, em especial o art. 509, ressalvada a existência de cláusula penal, nos termos do art. 410 do CC/2002, devendo o juiz intimar as partes para a apresentação de pareceres ou documentos elucidativos, no prazo que fixar, antes de nomear perito. Finalizada a liquidação, segue-se o procedimento de execução por quantia certa (art. 824, e seguintes, CPC/2015). Liquidação e posterior execução deverão tramitar nos próprios autos em que fora requerida originariamente a execução de obrigação de não fazer.

CAPÍTULO IV – Da Execução por Quantia Certa

SEÇÃO I – Disposições Gerais

ARTIGO 824.
A execução por quantia certa realiza-se pela expropriação de bens do executado, ressalvadas as execuções especiais.
CORRESPONDÊNCIA NO CPC/1973: *ART. 646.*

1. Execução por quantia certa. A obrigação de pagar quantia certa consiste em obrigação de dar dinheiro. Tanto nessas quanto nas obrigações de dar coisa certa ou incerta (execução de obrigação de entrega de coisa certa e incerta), há expropriação. Em outras palavras, são realizados atos para retirar do patrimônio do executado (i) uma coisa específica ou (ii) bens indeterminados (que serão, em regra, convertidos em dinheiro) e, assim, satisfazer o direto de crédito do exequente documentado em título executivo. Por meio da expropriação, subtraem-se bens do executado para posterior entrega ao exequente ou conversão desses bens em dinheiro e entrega ao exequente. A expropriação e a busca e apreensão ou imissão na posse (execução para entrega de coisa) significam satisfação do exequente. A diferença reside em que, no momento em que há a satisfação, geralmente, a busca e apreensão e entrega da coisa ao exequente já o satisfazem, enquanto, nas execuções de obrigação de dar dinheiro, como nem sempre os atos executivos recaem sobre dinheiro, pode ser necessária a conversão do bem penhorado em dinheiro. Daí decorre a preferência pela penhora sobre dinheiro (art. 835, CPC/2015), que é apreendido e entregue ao exequente. Para a hipótese de a penhora recair sobre bem diverso de dinheiro, será necessário, pelo menos, proceder à avaliação do bem (salvo se for verificada ao menos uma das hipóteses previstas no art. 871) para que haja sua entrega ao exequente.

2. Execução por quantia certa. Execução direta e indireta. Em regra, a execução por quantia é realizada por sub-rogação, ou seja, o Poder Judiciário prescinde da colaboração ou do agir do executado para a prestação da tutela. Ocorre que a execução por quantia igualmente pode dar azo à execução indireta. Basta lembrar a execução de alimentos; ou, ainda, a multa de 10% (dez por cento), prevista no art. 523 do CPC/2015; ou, então, a inclusão do nome do executado em cadastro de inadimplentes (art. 782, §§ 2º 3º, CPC/2015); ou, ainda, o protesto (art. 517, CPC/2015)

ARTIGO 825.
A expropriação consiste em:
I – adjudicação;
II – alienação;
III – apropriação de frutos e rendimentos de empresa ou de estabelecimentos e de outros bens.
CORRESPONDÊNCIA NO CPC/1973: *ART. 647.*

1. Expropriação. A expropriação consiste em um conjunto de técnicas processuais que visa a retirar do patrimônio do executado bens que ali estão legitimamente para transferi-los ao exequente, satisfazendo-o. A lei processual dá preferência para que a penhora recaia sobre dinheiro. Para essas hipóteses, há, igualmente, expropriação, muito embora o art. 825 do CPC/2015 não a mencione. Esse artigo disciplinou, apenas, as hipóteses em que a penhora recai sobre bem diverso de dinheiro. Nelas, o exequente tem duas possibilidades de ser satisfeito, quais sejam: (i) recebe esse bem por meio da adjudicação, eliminando-se a necessidade de sua conversão em dinheiro; (ii) recebe dinheiro, decorrente da conversão do bem (venda desse bem) ou dos frutos gerados por ele.

2. Ordem. O art. 825 do CPC/2015 estabelece a ordem de preferência que o legislador quer ver observada na utilização dos meios expropriatórios. Por meio dela, o legislador busca fazer que a tutela executiva seja prestada da forma mais eficiente possível. Por essa razão, a adjudicação tem preferência sobre a alienação (a alienação privada à pública), na medida em esta exige a prática de atos mais complexos, custosos e demorados que aquela. Por fim, temos a expropriação decorrente da apropriação de frutos e rendimentos. Essa modalidade de expropriação é cabível sempre que, nos termos do art. 867 do CPC/2015, o juiz "a considerar mais eficiente para recebimento do crédito e menos gravosa ao executado.". Vale, ainda, destacar que a penhora de faturamento é medida excepcional, devendo ser autorizada apenas nas hipóteses em que caracterizada a situação descrita no art. 866 do CPC/2015.

Artigo 826.

Antes de adjudicados ou alienados os bens, o executado pode, a todo tempo, remir a execução, pagando ou consignando a importância atualizada da dívida, acrescida de juros, custas e honorários advocatícios.

CORRESPONDÊNCIA NO CPC/1973: *ART. 651.*

1. Remição. Segundo o art. 924, II, do CPC/2015, a remição da execução acarreta a satisfação do exequente e, consequentemente, a extinção da execução. Remir significa pagar (art. 304, CC/2002) ou consignar (art. 334, CC/2002) o crédito, acrescido de juros, custas e honorários. A remição é possível, a qualquer tempo, desde que antes de adjudicados ou alienados os bens e pode ser realizada por terceiro (interessado ou não) ou pelo executado, sendo certo que, se realizada por aquele, ele se sub-roga nos direitos do exequente, podendo prosseguir na execução.

SEÇÃO II – Da Citação do Devedor e do Arresto

Artigo 827.

Ao despachar a inicial, o juiz fixará, de plano, os honorários advocatícios de dez por cento, a serem pagos pelo executado.

§ 1º No caso de integral pagamento no prazo de 3 (três) dias, o valor dos honorários advocatícios será reduzido pela metade.

§ 2º O valor dos honorários poderá ser elevado até vinte por cento, quando rejeitados os embargos à execução, podendo a majoração, caso não opostos os embargos, ocorrer ao final do procedimento executivo, levando-se em conta o trabalho realizado pelo advogado do exequente.

CORRESPONDÊNCIA NO CPC/1973: *ART. 652-A.*

1. Honorários de advogado. Admitida a execução, o juiz deverá determinar a citação do executado, fixando, desde logo, honorários advocatícios no patamar de 10% (dez por cento), independentemente de pedido do exequente. Não há mais liberdade para o juiz na fixação dos honorários. Caso o executado efetue o pagamento do valor da execução no prazo de 3 (três) dias, contados da citação, o valor dos honorários será reduzido pela metade. Para haver a redução, é necessário que o pagamento contemple o crédito exequendo, devidamente atualizado, acrescido de juros e das despesas processuais inerentes à execução (custas e honorários). Infere-se, portanto, que o pedido de parcelamento (art. 916, CPC/2015) não faz incidir o benefício da redução do valor dos honorários, até porque os prazos são distintos. Para que haja a redução de honorários, o pagamento deve ocorrer em até 3 (três) dias, contados da realização da citação. Já o pedido de parcelamento deve ser feito no prazo para oposição de embargos à execução, cujo termo inicial é o da juntada aos autos do mandado de citação cumprido. Se não houver pagamento, o processo terá seguimento, e os honorários poderão ser elevados até o patamar de 20% (vinte por cento), considerando o trabalho desenvolvido pelo advogado do exequente e independentemente da oposição de embargos.

2. O benefício da redução é inaplicável à fase de cumprimento de sentença condenatória. Não há que se falar em aplicação do benefício previsto no art. 827 do CPC/2015 à fase de cumprimento, na medida em que, segundo o que determina o art. 523, § 1º, do CPC/2015, apenas para a hipótese de não haver pagamento no prazo de 15 (quinze) dias, contados da intimação do executado para pagar o débito, é que haverá o acréscimo dos honorários, além da multa de 10% (dez por cento).

Artigo 828.

O exequente poderá obter certidão de que a execução foi admitida pelo juiz, com identificação das partes e do valor da causa, para fins de averbação no registro de imóveis, de veículos ou de outros bens sujeitos a penhora, arresto ou indisponibilidade.

§ 1º No prazo de 10 (dez) dias de sua concretização, o exequente deverá comunicar ao juízo as averbações efetivadas.

§ 2º Formalizada penhora sobre bens suficientes para cobrir o valor da dívida, o exequente providenciará, no prazo de 10 (dez) dias, o cancelamento das averbações relativas àqueles não penhorados.

§ 3º O juiz determinará o cancelamento das averbações, de ofício ou a requerimento, caso o exequente não o faça no prazo.

§ 4º Presume-se em fraude à execução a alienação ou a oneração de bens efetuada após a averbação.

§ 5º O exequente que promover averbação manifestamente indevida ou não cancelar as averbações nos termos do § 2º indenizará a parte contrária, processando-se o incidente em autos apartados.

CORRESPONDÊNCIA NO CPC/1973: *ART. 615-A.*

1. Averbação. É possível averbar certidão da existência de execução, com identificação das partes e do valor da causa, no registro de (i) imóveis ou (ii) quaisquer outros bens passíveis de penhora, arresto ou indisponibilidade. O art. 828 do CPC/2015 busca antecipar o momento em que é caracterizada a fraude à execução. Isso porque a alienação ou oneração de bem penhorado, em cujo registro foi averbada certidão de existência da execução, reputa-se como fraude à execução. Note-se que a caracterização da fraude à execução prevista no art. 828 do CPC/2015 exige: (i) averbação da existência da execução; (ii) penhora desse bem e (iii) alienação ou oneração desse bem. Se houve averbação, mas, posteriormente, não houve penhora, a averbação é cancelada, afastando-se, assim, a fraude de execução calcada no art. 828 do CPC/2015. Apesar de ser afastada a hipótese de fraude de execução prevista no art. 828 do CPC/2015, é perfeitamente possível a ocorrência de fraude, mas, agora, com base em alguma outra hipótese prevista no art. 792 do CPC/2015.

2. Faculdade do exequente e abuso na averbação. A averbação da existência da execução no registro competente constitui ônus do exequente, de modo que não há sanção pelo não requerimento da certidão ou pela sua não utilização. Uma vez realizada a averbação, o exequente deve comunicar o juízo sobre a averbação realizada. Essa comunicação, que deve ser feita no prazo de 10 (dez) dias de sua realização, possibilita ao juízo controlar as averbações efetivadas e analisar se houve ou não excesso. Se não houver essa comunicação no prazo assinalado, haverá ineficácia da averbação para efeitos de caracterizar alienações e onerações posteriores como fraudulentas.

3. Cancelamento. O propósito da averbação é preservar o patrimônio do executado, antecipando-se o momento em que resta caracterizada fraude à execução. Uma vez realizada a penhora ou efetivado o arresto (pré-penhora), o exequente deve providenciar o cancelamento da averbação sobre os bens que eventualmente não tenham sido penhorados ou arrestados. Não o fazendo, compete ao juiz determinar o cancelamento até mesmo de ofício.

4. Possibilidade de averbações em execuções específicas e em sede de cumprimento de sentença. Muito embora a redação do art. 828 do CPC/2015 insinue que sua aplicação está limitada à execução calcada em título executivo extrajudicial que estabeleça obrigação de dar dinheiro, a interpretação que se deve dar a esse dispositivo é mais extensa. Permitir a interpretação extensiva significa conferir à regra maior eficácia e proveito possíveis, tutelando, especialmente, o terceiro de boa-fé. Quanto ao cumprimento de sentença (de quaisquer obrigações), quer parecer que a averbação será rara, na medida em que o art. 495 do CPC/2015 estabelece que a decisão que condenar o réu ao pagamento de quantia ou ao cumprimento de obrigação específica vale como título constitutivo de hipoteca judiciária. Ou seja, enquanto a certidão prevista no art. 828 do CPC/2015 exige a admissão da execução (ou do cumprimento), o autor pode, tão logo proferida sentença condenatória em seu favor, proceder ao registro da hipoteca judiciária (art. 167, Lei 6.015/1973).

Artigo 829.

O executado será citado para pagar a dívida no prazo de 3 (três) dias, contado da citação.

§ 1º Do mandado de citação constarão, também, a ordem de penhora e a avaliação a serem cumpridas pelo oficial de justiça tão logo verificado o não pagamento no prazo assinalado, de tudo lavrando-se auto, com intimação do executado.

§ 2º A penhora recairá sobre os bens indicados pelo exequente, salvo se outros forem indicados pelo executado e aceitos pelo juiz, mediante demonstração de que a constrição proposta lhe será menos onerosa e não trará prejuízo ao exequente.

CORRESPONDÊNCIA NO CPC/1973: *ART. 652.*

1. Atitudes do executado. O executado será citado para, em 3 (três) dias, pagar a dívida, fluindo esse prazo a partir do momento em que a citação é realizada, e não da juntada aos autos do mandado respectivo. Se houver pagamento nesse prazo, o executado terá o benefício do art. 827, §1º, do CPC/2015 (redução à metade dos honorários inicialmente fixados). Citado, o executado pode: (i) permanecer inerte; (ii) pagar em 3 (três) dias (art. 829, CPC/2015); (iii) opor embargos à execução ou apresentar petição, apontando razões que devem ser conhecidas de ofício ou que, para serem conhecidas, dispensam instrução probatória (art. 914, CPC/2015); (iv) requerer o parcelamento do valor da execução (art. 916, CPC/2015) e (v) indicar bens à penhora. Se pagar no prazo de 3 (três) dias, contados da citação, o executado será beneficiado com a redução dos honorários pela metade. Em regra, não cabe ao executado nomear bens à penhora, mesmo porque ele é citado para pagar, e não para indicar bens à penhora. Entretanto, nada impede que o executado possa, mesmo ciente da indicação feita pelo exequente ou da penhora realizada pelo oficial, apontar outros bens à penhora, cuja aceitação pelo juiz está condicionada à demonstração, cumulativa, de que: (i) sua indicação não traz prejuízo ao exequente e (ii) lhe é menos onerosa (vide comentários ao art. 847 do CPC/2015).

2. Decisão que determina a citação e litisconsórcio passivo. É agravável por instrumento a decisão que determina a citação, na medida em que deixa o patrimônio do executado sujeito à expropriação. Para a hipótese de haver litisconsórcio facultativo, desnecessária a citação de todos os litisconsortes para que se inicie o prazo para oposição de embargos à execução, ressalvada a hipótese de os litisconsortes serem cônjuges.

3. Penhora, avaliação e mandado. Recebida a inicial, o juiz determinará a expedição de mandado de citação, penhora e avaliação. Uma vez citado o executado, a primeira via do mandado de citação será juntada aos autos, iniciando-se o prazo para oposição de embargos à execução. Não realizado o pagamento no prazo de 3 (três) dias (que flui a partir da citação), o oficial, com a segunda via do mandado de citação, realizará penhora e avaliação dos bens, independentemente de nova decisão.

4. Indicação de bens. O exequente tem a faculdade de indicar bens do executado à penhora na petição inicial, podendo solicitar a colaboração do órgão jurisdicional para identificá-los, seja por meio da penhora *online*, seja por meio da expedição de ofícios. Já o executado, uma vez instado, tem o dever de indicar bens à penhora (arts. 772, III e 774, V, CPC/2015), sob pena de litigância de má-fé e de prática de ato atentatório à dignidade da justiça. Os bens indicados pelo executado devem seguir a ordem prevista no art. 835 do CPC/2015. Se o executado indicar bens em violação à ordem, dispondo de outros, o juiz deverá apená-lo por litigância de má-fé (art. 80, CPC/2015) e por ato atentatório à dignidade da justiça (art. 774, CPC/2015), além de impor multa ao executado para que nomeie bens segundo a ordem do art. 835 do CPC/2015. É igualmente possível que o executado, ciente dos bens indicados pelo exequente ou da penhora realizada pelo oficial de justiça, indique bens em substituição, podendo o juiz acolhê-la, se o executado demonstrar que os bens por ele indicados não trazem prejuízo ao exequente e que sua constrição é menos onerosa do que os bens listados pelo exequente ou penhorados pelo oficial. Esse pedido de substituição pode ser deduzido antes mesmo de a penhora ter sido realizada, desde que seja possível a comparação entre os bens que seriam penhorados e aqueles que estão sendo indicados pelo executado.

5. Modalidades de citação. O CPC/2015 não repetiu a regra do CPC/1973, segundo a qual era vedada a citação por correio no processo de execução. Diante da não repetição da regra, tem-se que a citação no processo de execução igualmente pode ser realizada por correio, sendo certo que, agora, a citação por meio eletrônico deve preferir às demais. Dessa forma, salvo se o exequente requerer, por exemplo, a citação por oficial de justiça, justificando-a, ela será realizada por meio eletrônico ou por correio, preferindo-se aquele a este. Desde a vigência da Lei 11.382/2006, que alterou diversos dispositivos do CPC/1973, sustentava-se não haver mais justificativa para impedir a citação por correio na execução. Aliás, sob o pretexto de uma suposta incompatibilidade de procedimento entre a citação por correio e a execução por quantia certa contra devedor solvente, o CPC/1973 vedou a citação postal para as demais espécies de execução. Muito embora o CPC/2015 autorize a citação por correio em qualquer das espécies de execução, na execução por quantia, se o executado for citado e não efetuar o pagamento no prazo de 3 (três) dias, necessária a expedição de mandado de penhora a ser cumprido por oficial de justiça, nos termos do art. 829 do CPC/2015.

ARTIGO 830.
Se o oficial de justiça não encontrar o executado, arrestar-lhe-á tantos bens quantos bastem para garantir a execução.

§ 1º Nos 10 (dez) dias seguintes à efetivação do arresto, o oficial de justiça procurará o executado 2 (duas) vezes em dias distintos e, havendo suspeita de ocultação, realizará a citação com hora certa, certificando pormenorizadamente o ocorrido.

§ 2º Incumbe ao exequente requerer a citação por edital, uma vez frustradas a pessoal e a com hora certa.

§ 3º Aperfeiçoada a citação e transcorrido o prazo de pagamento, o arresto converter-se-á em penhora, independentemente de termo.

CORRESPONDÊNCIA NO CPC/1973: *ARTS. 653 3 654.*

1. Pré-penhora. Se o executado não for encontrado, o oficial de justiça deverá arrestar tantos bens quanto bastem para garantir a execução. São dois os requisitos para esse arresto (pré-penhora): (i) não localização do executado e (ii) identificação de bens a serem penhorados. O arresto pode ser realizado não apenas por oficial de justiça, mas ainda pelo procedimento previsto para a penhora *online*, isto é, de dinheiro em depósito ou em aplicação financeira. O arresto deve ser realizado de ofício pelo oficial quando não localizado o executado e identificados os bens. O arresto previsto no art. 830 do CPC/2015 não se confunde com o arresto cautelar (art. 301, CPC/2015), até porque os requisitos para a concessão são distintos. Contudo, nada obsta que, no curso da execução, seja requerido e deferido, incidentalmente, o arresto cautelar, desde que presentes seus requisitos (probabilidade do direito e risco ao resultado útil do processo).

2. Procedimento para o arresto. Uma vez realizado o arresto (pré-penhora), o oficial procurará o executado em 2 (duas) oportunidades, em dias distintos, para citá-lo e cientificá-lo do arresto. Se a citação for efetuada em uma dessas duas tentativas, o arresto anteriormente realizado não será de pronto revogado. Isso porque, não pago o valor executado no prazo de 3 (três dias) estipulado pelo art. 829 do CPC/2015, o arresto será imediatamente convertido em penhora. Havendo suspeita de ocultação, o oficial de justiça deve citar o executado por hora certa. Se não houver essa suspeita, incabível a citação por hora certa, devendo o exequente requerer a citação por edital. Em caso de não ser providenciada a citação por edital, o arresto se desfaz. Realizada a citação por hora certa ou por edital, e não sendo efetuado o pagamento em 3 (três) dias, o arresto também se converterá em penhora.

3. Conversão do arresto em penhora. O arresto converte-se em penhora, independentemente de termo, tão logo o executado, citado, deixe de pagar em 3 (três) dias. A conversão do arresto em penhora ocorre automaticamente e retroage à data em que efetivou o arresto. Assim, se, porventura, esse mesmo bem tiver sido penhorado em outra execução antes da conversão do arresto em depósito (mas depois do arresto), a preferência é do exequente, em cuja execução ocorreu o arresto.

SEÇÃO III – Da Penhora, do Depósito e da Avaliação

SUBSEÇÃO I – Do Objeto da Penhora

Artigo 831.

A penhora deverá recair sobre tantos bens quantos bastem para o pagamento do principal atualizado, dos juros, das custas e dos honorários advocatícios.

CORRESPONDÊNCIA NO CPC/1973: *ART. 659.*

1. Objeto de penhora. O montante de bens penhorados deve ser suficiente para satisfazer a obrigação, incluindo honorários advocatícios e custas.

2. Definição de penhora. Segundo o art. 789 do CPC/2015, a responsabilidade patrimonial abrange a integralidade dos bens do executado, presentes e futuros, salvo as restrições estabelecidas em lei. Ocorre que a realização de atos executivos pressupõe a identificação de bens que integram o patrimônio do executado e que estão sujeitos a esses atos. Por meio da penhora, é realizada essa identificação, e o bem passa a estar sujeito à execução. A penhora não retira, em regra, o direito de disposição, mas é inegável que altera o poder do executado sobre o bem. A penhora, ainda, fixa prioridade ou preferência para a hipótese de haver mais de uma recaindo sobre o mesmo bem. Enfim, a penhora é o primeiro ato executivo (embora seja inegável uma função cautelar, porque também serve para garantir o juízo) realizado no processo de execução (rigorosamente, pode haver outros anteriores, como a averbação de certidão prevista no art. 828 e o arresto do art. 830, ambos do CPC/2015), que acaba por individualizar e sujeitar o bem à execução. Enfim, por meio da penhora, há a individualização de bem, recaindo sobre ele a responsabilidade executória consistente na satisfação do crédito exequendo. Igualmente por meio da penhora, é estabelecido direito de preferência sobre o bem, de modo que, se sobrevierem outras penhoras sobre o mesmo bem, os exequentes serão satisfeitos após a integral satisfação daquele que efetivou a primeira (admitindo-se não haver título legal de preferência, conforme o art. 908 deste CPC/2015). Por fim, a penhora torna ineficaz, em relação ao exequente, a alienação do bem ou a constituição de ônus sobre ele.

Artigo 832.

Não estão sujeitos à execução os bens que a lei considera impenhoráveis ou inalienáveis.

CORRESPONDÊNCIA NO CPC/1973: *ART. 648.*

1. Impenhoráveis e inalienáveis. Em tese, todo o patrimônio do executado está sujeito à expropriação, porque assim determina o art. 798 do CPC/2015. A exceção a essa regra ocorre em função de impenhorabilidades e inalienabilidades que acabem por limitar responsabilidade patrimonial, excluindo alguns bens de serem expropriados. Por serem exceção, as impenhorabilidades – assim como as inalienabilidades – devem estar previstas em lei, de modo que são típicas, ou seja, só é inalienável e impenhorável aquilo que está estabelecido em lei.

ARTIGO 833.

São impenhoráveis:

I – os bens inalienáveis e os declarados, por ato voluntário, não sujeitos à execução;

II – os móveis, os pertences e as utilidades domésticas que guarnecem a residência do executado, salvo os de elevado valor ou os que ultrapassem as necessidades comuns correspondentes a um médio padrão de vida;

III – os vestuários, bem como os pertences de uso pessoal do executado, salvo se de elevado valor;

IV – os vencimentos, os subsídios, os soldos, os salários, as remunerações, os proventos de aposentadoria, as pensões, os pecúlios e os montepios, bem como as quantias recebidas por liberalidade de terceiro e destinadas ao sustento do devedor e de sua família, os ganhos de trabalhador autônomo e os honorários de profissional liberal, ressalvado o § 2º;

V – os livros, as máquinas, as ferramentas, os utensílios, os instrumentos ou outros bens móveis necessários ou úteis ao exercício da profissão do executado;

VI – o seguro de vida;

VII – os materiais necessários para obras em andamento, salvo se essas forem penhoradas;

VIII – a pequena propriedade rural, assim definida em lei, desde que trabalhada pela família;

IX – os recursos públicos recebidos por instituições privadas para aplicação compulsória em educação, saúde ou assistência social;

X – a quantia depositada em caderneta de poupança, até o limite de 40 (quarenta) salários-mínimos;

XI – os recursos públicos do fundo partidário recebidos por partido político, nos termos da lei;

XII – os créditos oriundos de alienação de unidades imobiliárias, sob regime de incorporação imobiliária, vinculados à execução da obra.

§ 1º A impenhorabilidade não é oponível à execução de dívida relativa ao próprio bem, inclusive àquela contraída para sua aquisição.

§ 2º O disposto nos incisos IV e X do *caput* não se aplica à hipótese de penhora para pagamento de prestação alimentícia, independentemente de sua origem, bem como às importâncias excedentes a 50 (cinquenta) salários-mínimos mensais, devendo a constrição observar o disposto no art. 528, § 8º, e no art. 529, § 3º.

§ 3º Incluem-se na impenhorabilidade prevista no inciso V do *caput* os equipamentos, os implementos e as máquinas agrícolas pertencentes a pessoa física ou a empresa individual produtora rural, exceto quando tais bens tenham sido objeto de financiamento e estejam vinculados em garantia a negócio jurídico ou quando respondam por dívida de natureza alimentar, trabalhista ou previdenciária.

CORRESPONDÊNCIA NO CPC/1973: *ART. 649.*

1. **Impenhorabilidade.** O rol das impenhorabilidades, que acaba por limitar o processo executório, objetiva assegurar ao executado o patrimônio mínimo necessário para que ele possa viver dignamente, podendo ser ampliado ou flexibilizado para tutelar ou realizar, por exemplo, um direito fundamental. Os bens arrolados no art. 833 do CPC/2015 são impenhoráveis, ressalvadas as situações descritas (flexibilização da impenhorabilidade) nos parágrafos 1º, 2º e 3º desse mesmo artigo.

2. **Bens inalienáveis.** A inalienabilidade decorre de lei ou de convenção. Segundo o art. 100 do CC/2002, "os bens públicos de uso comum do povo e os de uso especial são inalienáveis, enquanto conservarem a sua qualificação, na forma que a lei determinar.". Por sua vez, são exemplos de bens inalienáveis por convenção os bens doados com cláusula de inalienabilidade (art. 1.911, CC/2002).

3. **Bens que guarnecem a residência do executado.** O art. 833, II, do CPC/2015 estabelece que são penhoráveis os bens de elevado valor ou os que ultrapassem as necessidades comuns a um médio padrão de vida que guarnecem a residência do executado. O dispositivo, portanto, refere-se ao padrão médio, e não ao padrão do executado, de modo que este não é critério para a aplicação dessa regra.

4. **Impenhorabilidade de remuneração em função do trabalho.** O art. 833, IV, do CPC/2015 estabelece a impenhorabilidade dos vencimentos, subsídios, soldos, salários, remunerações, proventos de aposentadoria, pensões, pecúlios, montepios, quantias recebidas por liberalidade de terceiro e destinadas ao sustento do devedor e de sua família, os ganhos de trabalhador autônomo e os honorários de profissional liberal. Essa impenhorabilidade não pode ser oposta à dívida decorrente de prestação alimentícia, nem às importâncias que excedam os 50 (cinquenta) salários-mínimos mensais (art. 833, §2º, CPC/2015). A fixação de teto para a impenhorabilidade de proventos está prevista em outros ordenamentos, tais como o espanhol. Ainda sob a égide do CPC/1973, o qual não estabelecia limite para a impenhorabilidade de remuneração, já havia julgados que autorizavam penhora de parte dos proventos, ponderando que não havia violação à garantia da impenhorabilidade se a constrição recaísse apenas sobre parcela do provento, desde que o percentual penhorado não se mostrasse suscetível de comprometer o sustento do executado e de sua família.

5. Bens móveis necessários ou úteis ao exercício da profissão. O art. 833, V, do CPC/2015 estabelece que os objetos necessários ou úteis ao exercício da profissão são absolutamente impenhoráveis. O dispositivo não exige que o bem seja indispensável, bastando que seja útil para ser impenhorável. A regra da impenhorabilidade não se aplica apenas aos profissionais liberais, mas também às pessoas jurídicas de pequeno porte, microempresas ou firmas individuais em que o bem seja considerado como útil ou necessário à sua sobrevivência e desde que, evidentemente, elas não disponham de grande quantidade desses bens. Note-se que a impenhorabilidade está relacionada aos bens móveis. Já os imóveis podem ser penhorados, inclusive a sede da pessoa jurídica.

6. A pequena propriedade rural. O art. 833, VIII, do CPC/2015 diz que é impenhorável a pequena propriedade rural trabalhada pela família. Esse inciso repete o que já está estabelecido na CF/1988 (art. 5º, XXVI) e na Lei 8.009/90 (art. 4º, §2º).

7. Impenhorabilidade de recursos públicos recebidos por instituições privadas. O art. 833, IX, do CPC/2015 estabelece que são impenhoráveis "os recursos públicos recebidos por instituições privadas para aplicação compulsória em educação, saúde ou assistência social,". Essa vedação quanto à penhora existe porque a própria CF/1988 autoriza que instituições privadas participem, de modo complementar, do (i) Sistema Único de Saúde, seja por meio de contrato, seja por meio de convênio (art. 199) e (ii) sistema educacional, por meio de escolas comunitárias, confessionais ou filantrópicas definidas em lei (art. 213, CF/1988).

8. Impenhorabilidade de caderneta de poupança. O art. 833, X, do CPC/2015 estabelece a impenhorabilidade de quantia depositada em caderneta de poupança, até 40 (quarenta) salários-mínimos. Havendo várias cadernetas de poupança, a impenhorabilidade está restrita à quantia equivalente a 40 (quarenta) salários-mínimos. O que exceder pode ser objeto de penhora. Como se trata de regra que estabelece exceção à penhora, ela não pode ser interpretada extensivamente, de modo que, se a aplicação financeira for diversa de caderneta de poupança, ainda que não exceda 40 (quarenta) salários-mínimos, será perfeitamente possível a penhora.

9. Impenhorabilidade da residência familiar. Segundo o art. 1.º da Lei 8.009/1990, "o imóvel residencial próprio do casal, ou da entidade familiar, é impenhorável e não responderá por qualquer tipo de dívida (...)". Já o art. 5º da mesma lei diz que "para os efeitos de impenhorabilidade, de que trata esta lei, considera-se residência um único imóvel utilizado pelo casal ou pela entidade familiar para moradia permanente.". Assim, se o executado for proprietário de vários imóveis, utilizados como residência, a impenhorabilidade recai sobre o de menor valor. Agora, se houver apenas uma residência, ela goza da proteção, independentemente do valor. Muito embora a lei mencione "entidade familiar", consolidou-se na jurisprudência o entendimento de que o celibatário, o viúvo e o divorciado, por exemplo, igualmente recebem idêntico tratamento, na medida em que a lei não está dirigida ao número de pessoas, mas tem por propósito garantir um teto para qualquer pessoa. A impenhorabilidade do bem de família, contudo, não é ilimitada, tanto que o art. 3º da referida lei estabelece parâmetros. Mais ainda, igualmente não gozam da proteção de bem de família os imóveis destinados ao lazer, os que não servem de moradia, os terrenos desocupados e as obras.

10. Bem de família convencional. Ao lado do bem de família legal, o CC/2002 (arts. 1711 a 1722) instituiu o bem de família convencional. Segundo o art. 1711 do CC, é possível aos "cônjuges, ou a entidade familiar, mediante escritura pública ou testamento, destinar parte de seu patrimônio para instituir bem de família, desde que não ultrapasse um terço do patrimônio líquido existente ao tempo da instituição.". Para que haja o bem de família convencional, é necessária sua instituição, por meio de escritura pública ou testamento, e o valor do bem não pode ultrapassar 1/3 do patrimônio líquido existente ao tempo da instituição, vedando-se, por exemplo, que o devedor invista todos os seus bens em apenas um imóvel, destinando-o à sua residência e de sua família, frustrando-se, assim, a garantia que seu patrimônio representa para seus credores de que as obrigações por ele assumidas serão cumpridas.

ARTIGO 834.
Podem ser penhorados, à falta de outros bens, os frutos e os rendimentos dos bens inalienáveis.
CORRESPONDÊNCIA NO CPC/1973: *ART. 650.*

1. Impenhorabilidade relativa e absoluta. O art. 834 do CPC/2015 estabelece quais bens podem ser penhoráveis à falta de outros. Sói-se dizer que se está diante de hipótese de impenhorabilidade relativa, contrapondo-se à absoluta, prevista no art. 833 do CPC/2015. Ocorre que nem os bens enumerados no art. 833 podem ser considerados como absolutamente impenhoráveis, na medida em que essa impenhorabilidade cede (i) diante da natureza da obrigação (por exemplo, execução de alimentos); (ii) ao permitir que a penhora recaia sobre parcela do bem; e (iii) quando há renúncia, por parte do próprio executado, à proteção que a lei lhe confere (ainda que o executado nomeie à penhora seu bem de família, entende-se que o bem continua a ser impenhorável, seja porque a impenhorabilidade do bem de família tem como propósito a segurança da família e não o direito de propriedade, seja porque a instituição do bem de família constitui princípio de ordem pública, que não cede diante da vontade manifestada pela parte).

ARTIGO 835.
A penhora observará, preferencialmente, a seguinte ordem:
I – dinheiro, em espécie ou em depósito ou aplicação em instituição financeira;

II – títulos da dívida pública da União, dos Estados e do Distrito Federal com cotação em mercado;

III – títulos e valores mobiliários com cotação em mercado;

IV – veículos de via terrestre;

V – bens imóveis;

VI – bens móveis em geral;

VII – semoventes;

VIII – navios e aeronaves;

IX – ações e quotas de sociedades simples e empresárias;

X – percentual do faturamento de empresa devedora;

XI – pedras e metais preciosos;

XII – direitos aquisitivos derivados de promessa de compra e venda e de alienação fiduciária em garantia;

XIII – outros direitos.

§ 1º É prioritária a penhora em dinheiro, podendo o juiz, nas demais hipóteses, alterar a ordem prevista no *caput* de acordo com as circunstâncias do caso concreto.

§ 2º Para fins de substituição da penhora, equiparam-se a dinheiro a fiança bancária e o seguro garantia judicial, desde que em valor não inferior ao do débito constante da inicial, acrescido de trinta por cento.

§ 3º Na execução de crédito com garantia real, a penhora recairá sobre a coisa dada em garantia, e, se a coisa pertencer a terceiro garantidor, este também será intimado da penhora.

CORRESPONDÊNCIA NO CPC/1973: *ART. 655 E 656.*

1. **Natureza e finalidade da nomeação.** Ao contrário do que ocorria sob a égide do CPC/1973, o CPC/2015 confere ao exequente o direito de indicar bens à penhora já na petição inicial. Os incisos do art. 835 apresentam a ordem a ser observada, preferencialmente, por ocasião da penhora. Essa ordem não tem caráter absoluto e pode ser afastada no caso concreto, devendo, para tanto, o juiz ponderar entre dois princípios aparentemente conflitantes: (i) menor onerosidade do executado e (ii) maior efetividade da execução.

2. **Preferência para o dinheiro.** Nos termos do parágrafo 1º do art. 835, a penhora sobre dinheiro é prioritária, tanto que o juiz pode "nas demais hipóteses, alterar a ordem prevista no *caput* de acordo com as circunstâncias do caso concreto.". A razão para essa primazia decorre do fato de que, recaindo a penhora sobre dinheiro, o procedimento resta simplificado porque não há a necessidade de conversão de bens em dinheiro, bastando entregá-lo ao exequente. Assim, a penhora sobre dinheiro, muito embora não tenha caráter absoluto, tanto que é possível que ela recaia sobre outros bens, tem primazia e somente pode ser afastada se houver justificativa para tanto.

3. Equiparação da fiança bancária e seguro garantia judicial ao dinheiro. O parágrafo 2º do art. 835 do CPC/2015 parece equiparar a fiança bancária e o seguro garantia a dinheiro, desde que o valor da fiança ou do seguro corresponda ao valor total da execução, acrescido de 30% (trinta por cento). Contudo, não há essa equiparação (vide comentários ao art. 848 do CPC/2015).

4. Penhora de bem dado em garantia. Na execução de crédito com garantia real (hipoteca, penhor, anticrese), a penhora recairá sobre a coisa dada em garantia. Sendo a coisa de terceiro, este será intimado da penhora. Muito embora o CPC/2015 diga "intimação", em verdade, o terceiro será citado. Uma vez "intimado", poderá valer-se de embargos (de devedor – à execução – e não de terceiro). Admitir que o terceiro possa valer-se apenas de embargos de terceiro significa tolher-lhe a oportunidade de exercer seu direito de defesa. Se os embargos de terceiro buscam liberar bem indevidamente constrito, evidenciando que o bem não deve sofrer atos executivos e que a constrição do bem dado em garantia por terceiro decorre de ato praticado voluntariamente por terceiro (assegurou, por meio de um bem seu, que outrem cumpriria uma obrigação), de duas uma: ou se admite que esse terceiro tenha legitimidade para opor embargos de devedor ou, então, vedado está seu direito de defesa.

Artigo 836.
Não se levará a efeito a penhora quando ficar evidente que o produto da execução dos bens encontrados será totalmente absorvido pelo pagamento das custas da execução.

§ 1º Quando não encontrar bens penhoráveis, independentemente de determinação judicial expressa, o oficial de justiça descreverá na certidão os bens que guarnecem a residência ou o estabelecimento do executado, quando este for pessoa jurídica.

§ 2º Elaborada a lista, o executado ou seu representante legal será nomeado depositário provisório de tais bens até ulterior determinação do juiz.
CORRESPONDÊNCIA NO CPC/1973: *ART. 659.*

1. Adequação da penhora. A penhora não será realizada quando o pagamento das custas da execução absorver todo o produto da execução dos bens encontrados. Veda-se, dessa forma, a penhora inútil, ou seja, aquela penhora que não traz benefícios ao exequente, da mesma forma que se veda a penhora excessiva. O controle da suficiência ou insuficiência da penhora ocorrerá, em regra, na avaliação.

2. Relação de bens. Se o oficial de justiça não encontrar bens para penhorar, deverá lavrar certidão, descrevendo aqueles que guarnecem a residência ou o estabelecimento do executado, nomeando o executado ou seu representante legal depositário provisório de todos esses bens para posterior análise do juiz.

SUBSEÇÃO II – Da Documentação da Penhora, de seu Registro e do Depósito

ARTIGO 837.
Obedecidas as normas de segurança instituídas sob critérios uniformes pelo Conselho Nacional de Justiça, a penhora de dinheiro e as averbações de penhoras de bens imóveis e móveis podem ser realizadas por meio eletrônico.
CORRESPONDÊNCIA NO CPC/1973: *ART. 659 § 6º*

1. **Penhora e averbação por meio eletrônico.** A penhora não se realiza por meio eletrônico. Apenas a comunicação a (i) instituição financeira, na hipótese de dinheiro ou a (ii) outro ente, quando a penhora recair sobre bem diverso de dinheiro é que ocorre por meio eletrônico. A penhora continua a ser realizada por auto ou termo (art. 838, CPC/2015).

ARTIGO 838.
A penhora será realizada mediante auto ou termo, que conterá:
I – a indicação do dia, do mês, do ano e do lugar em que foi feita;
II – os nomes do exequente e do executado;
III – a descrição dos bens penhorados, com as suas características;
IV – a nomeação do depositário dos bens.
CORRESPONDÊNCIA NO CPC/1973: *ART. 665.*

1. **Requisitos.** Os incisos do art. 838 do CPC/2015 enumeram os requisitos de validade da penhora realizada por auto ou termo. São eles: (i) a indicação do dia, mês, ano e local em que foi feita; (ii) os nomes do exequente e executado; (iii) a descrição dos bens, com suas características e (iv) a nomeação de depositário. A indicação do dia, mês e ano em que realizada a penhora tem por finalidade determinar o momento da prelação (preferência em função da penhora). A indicação do local visa a permitir o controle da competência territorial. Já pelo nome, há a identificação subjetiva da relação jurídica ajuizada, evitando-se a penhora sobre bens alheios. Pela descrição dos bens, tem-se a individualização do bem, sujeitando-o à execução e, finalmente, pela nomeação do depositário, tutela-se a segurança da conservação e oportuna entrega. O não cumprimento desses requisitos invalida o auto ou termo, desde que demonstrados o prejuízo dali decorrente e a impossibilidade de atingir sua finalidade (art. 277, CPC/2015).

2. **Auto ou termo de penhora.** Existem duas modalidades de documentação da penhora: (i) termo e (ii) auto. Aquele incumbe ao escrivão, e este é elaborado pelo oficial de justiça, no momento em que realiza a penhora de bens.

3. Desnecessidade do auto ou termo. A regra, segundo a qual a penhora deve ser documentada por meio de auto ou termo (um por penhora), não incide para a hipótese de penhora decorrente de conversão de arresto (art. 830, CPC/2015) e de penhora *online*, em que a indisponibilidade de ativos é convertida em penhora.

Artigo 839.

Considerar-se-á feita a penhora mediante a apreensão e o depósito dos bens, lavrando-se um só auto se as diligências forem concluídas no mesmo dia.

Parágrafo único. Havendo mais de uma penhora, serão lavrados autos individuais.

CORRESPONDÊNCIA NO CPC/1973: *ART. 664.*

1. Apreensão e depósito. A penhora se materializa mediante a apreensão e o depósito dos bens. Com efeito, a penhora consiste em uma sucessão de atos, que se iniciam com a individualização e culminam com a constituição de um depositário. Sem a apreensão e o depósito, não há ainda penhora. Em regra, na penhora, há a apreensão do bem, inclusive naquelas hipóteses em que o bem fica depositado (uma vez realizada a penhora, tem-se a expropriação da posse mediata do bem, mantendo-se a posse direta do bem com o depositário). Excepcionalmente, pode haver casos em que há a penhora sem apreensão física do bem. É o que ocorre na penhora de crédito, já que, em regra, inexiste posse por parte do executado.

Artigo 840.

Serão preferencialmente depositados:

I – as quantias em dinheiro, os papéis de crédito e as pedras e os metais preciosos, no Banco do Brasil, na Caixa Econômica Federal ou em banco do qual o Estado ou o Distrito Federal possua mais da metade do capital social integralizado, ou, na falta desses estabelecimentos, em qualquer instituição de crédito designada pelo juiz;

II – os móveis, os semoventes, os imóveis urbanos e os direitos aquisitivos sobre imóveis urbanos, em poder do depositário judicial;

III – os imóveis rurais, os direitos aquisitivos sobre imóveis rurais, as máquinas, os utensílios e os instrumentos necessários ou úteis à atividade agrícola, mediante caução idônea, em poder do executado.

§ 1º No caso do inciso II do *caput*, se não houver depositário judicial, os bens ficarão em poder do exequente.

§ 2º Os bens poderão ser depositados em poder do executado nos casos de difícil remoção ou quando anuir o exequente.

§ 3º As joias, as pedras e os objetos preciosos deverão ser depositados com registro do valor estimado de resgate.

CORRESPONDÊNCIA NO CPC/1973: *ART. 666.*

1. Depósito. O CPC/2015, tal como fazia o anterior, estabelece que se considera como feita a penhora com a apreensão e depósito do bem (vide comentários ao art. 839 deste CPC/2015). A função do depósito é evitar que haja frustração da expropriação porque o bem penhorado, por exemplo, deixou de existir.

2. Quem pode ser depositário. Os bens penhorados devem ser depositados, preferencialmente, em poder das pessoas ou estabelecimentos previstos nesse artigo. Os incisos deste artigo designam depositários de acordo com a qualidade dos bens penhorados. Dessa forma, se a penhora recair: (i) sobre dinheiro, papéis de crédito e metais e pedras precisos, o depositário deverá ser necessariamente instituição financeira, sendo preferencialmente o Banco do Brasil, a Caixa Econômica Federal ou banco do qual o Estado ou o Distrito Federal possua mais da metade do capital social integralizado; (ii) sobre móveis, semoventes, imóveis urbanos e direitos aquisitivos sobre imóveis urbanos, o depositário deverá ser judicial e, para a hipótese de não haver depositário judicial disponível, o encargo caberá ao exequente, nos termos do parágrafo 1º deste artigo; e (iii) sobre imóveis rurais, direitos aquisitivos sobre imóveis rurais, máquinas, utensílios e instrumentos necessários ou úteis à atividade agrícola, o depositário será o próprio executado, que deverá prestar caução idônea. Igualmente o executado será constituído depositário nos casos de difícil remoção ou sempre que o executado consentir. Rigorosamente, a constituição do executado como depositário tende a agilizar o processo e eliminar gastos, sem mencionar que ela vai ao encontro do disposto no art. 805 do CPC/2015, na medida em que é a forma menos gravosa para o executado.

Artigo 841.
Formalizada a penhora por qualquer dos meios legais, dela será imediatamente intimado o executado.

§ 1º A intimação da penhora será feita ao advogado do executado ou à sociedade de advogados a que aquele pertença.

§ 2º Se não houver constituído advogado nos autos, o executado será intimado pessoalmente, de preferência por via postal.

§ 3º O disposto no § 1º não se aplica aos casos de penhora realizada na presença do executado, que se reputa intimado.

§ 4º Considera-se realizada a intimação a que se refere o § 2º quando o executado houver mudado de endereço sem prévia comunicação ao juízo, observado o disposto no parágrafo único do art. 274.

CORRESPONDÊNCIA NO CPC/1973: *ART. 652 § 1º*

1. Formalização da penhora e intimação. Realizada a penhora, o executado deve ser prontamente intimado. A intimação da penhora será feita, em regra, ao advogado do executado ou à sociedade à qual ele (advogado) pertença, salvo nas hipóteses em que: (i) a penhora tiver sido realizada na presença do executado, ocasião na qual será intimado no mesmo ato; (ii) se o executado não tiver advogado constituído nos autos. Na última hipótese, a intimação ocorrerá por via postal, reputando-se regularmente realizada se a carta for encaminhada ao endereço do executado indicado nos autos. Uma vez intimado da penhora, o executado pode requerer a substituição, nos termos do art. 847 do CPC/2015.

Artigo 842.

Recaindo a penhora sobre bem imóvel ou direito real sobre imóvel, será intimado também o cônjuge do executado, salvo se forem casados em regime de separação absoluta de bens.
CORRESPONDÊNCIA NO CPC/1973: *ART. 655 § 2º*

1. Penhora de bem imóvel ou de direito real sobre imóvel e a intimação do cônjuge. Quando o objeto da penhora for imóvel ou direito real sobre imóvel, o cônjuge do executado será citado, salvo se o regime de bens for o da separação absoluta. Para todos os demais bens e direitos, desnecessária a intimação do cônjuge da penhora. Uma vez intimado, o cônjuge possui dupla legitimidade, podendo opor embargos de terceiro e de devedor (à execução). Por meio destes, o cônjuge é litisconsorte e poderá discutir a própria causa de pedir apresentada na execução e defender o patrimônio como um todo. Já por meio de embargos de terceiro, o cônjuge, que não assumiu a responsabilidade pelo adimplemento, nem o cumprimento da obrigação, poderá defender sua meação.

Artigo 843.

Tratando-se de penhora de bem indivisível, o equivalente à quota-parte do coproprietário ou do cônjuge alheio à execução recairá sobre o produto da alienação do bem.
§ 1º É reservada ao coproprietário ou ao cônjuge não executado a preferência na arrematação do bem em igualdade de condições.
§ 2º Não será levada a efeito expropriação por preço inferior ao da avaliação na qual o valor auferido seja incapaz de garantir, ao coproprietário ou ao cônjuge alheio à execução, o correspondente à sua quota-parte calculado sobre o valor da avaliação.
CORRESPONDÊNCIA NO CPC/1973: *ART. 655-B.*

1. Penhora de bem indivisível. Para a hipótese de o bem penhorado ser indivisível, ele será alienado por inteiro, e a quota-parte do coproprietário ou do cônjuge recairá sobre o produto da alienação. A regra prevista no art. 843 do CPC/2015 é mais ampla do que aquela prevista no art. 655-B do CPC/1973. Isso porque o CPC/1973 apenas previa a hipótese de cônjuge. Agora, a regra foi estendida para o coproprietário, o que não era admitido pela jurisprudência, que vedava interpretação extensiva à regra estabelecida no CPC/1973. O parágrafo 1º confere direito de preferência ao coproprietário e ao cônjuge meeiro na arrematação, em igualdade de condições com terceiro, observando-se, assim, o que estabelece o art. 1322 do CC. O parágrafo 2º veda a possibilidade de expropriação por preço inferior ao da avaliação, se o valor obtido for incapaz de assegurar ao cônjuge ou coproprietário o correspondente à sua quota-parte, calculada sobre o valor da avaliação. Note-se que o dispositivo não veda a expropriação por preço inferior ao da avaliação, mas apenas na hipótese de o valor da expropriação ser insuficiente para cobrir a quota-parte do coproprietário. Assim, se o bem foi avaliado em 10, cabendo ao coproprietário 5, o bem não poderá ser expropriado por menos de 5 e, se for por 6, por exemplo, 5 serão destinados ao coproprietário e 1 ao exequente.

Artigo 844.

Para presunção absoluta de conhecimento por terceiros, cabe ao exequente providenciar a averbação do arresto ou da penhora no registro competente, mediante apresentação de cópia do auto ou do termo, independentemente de mandado judicial.

CORRESPONDÊNCIA NO CPC/1973: *ART. 659 § 4º*

1. Averbação do arresto ou da penhora. Para produzir efeitos perante terceiros, a penhora deve ser registrada no órgão competente. Como o registro não é ato integrativo da penhora, se eventualmente não for realizado, a penhora permanece hígida. O registro impede que eventual adquirente do bem venha a alegar desconhecimento da penhora. Esse dispositivo se dirige a qualquer bem sujeito a registro, e não apenas aos bens imóveis. Uma vez realizado o registro, a alienação do bem caracteriza fraude à execução, nos termos do art. 792, II, do CPC/2015. Não se cogita, para a caracterização dessa hipótese de fraude à execução, a insolvência do exequente, eis que não se trata da hipótese de fraude descrita no IV do art. 792 do CPC/2015, mas de outra, distinta, com requisitos distintos.

SUBSEÇÃO III – Do Lugar de Realização da Penhora

Artigo 845.

Efetuar-se-á a penhora onde se encontrem os bens, ainda que sob a posse, a detenção ou a guarda de terceiros.

§ 1º A penhora de imóveis, independentemente de onde se localizem, quando apresentada certidão da respectiva matrícula, e a penhora de veículos automotores, quando apresentada certidão que ateste a sua existência, serão realizadas por termo nos autos.

§ 2º Se o executado não tiver bens no foro do processo, não sendo possível a realização da penhora nos termos do § 1º, a execução será feita por carta, penhorando-se, avaliando-se e alienando-se os bens no foro da situação.

CORRESPONDÊNCIA NO CPC/1973: *ARTS. 658. E 659.*

1. **Lugar da penhora.** Em regra, a penhora é realizada onde o bem se encontrar em decorrência da necessidade de apreensão. Por esse motivo, e também porque o exercício da jurisdição deve ocorrer nos limites do foro para o qual está investido, expede-se carta precatória para a realização da penhora quando o bem estiver localizado em outro foro, que não aquele em que tramita o processo. Exceção a essa regra está prevista no parágrafo 1º, segundo a qual a penhora de imóveis e de veículos automotores, desde que apresentadas certidão atualizada da matrícula e certidão que evidencie sua existência, respectivamente, será realizada por termo lavrado no próprio juízo da execução. Desnecessária a expedição de auto de penhora ou de carta precatória. Outra exceção à regra segundo a qual a penhora se efetiva onde o bem se encontra consiste na hipótese de uma das partes indicar bem e haver a concordância por parte da outra.

2. **Execução por carta e embargos.** A competência para a penhora, avaliação e alienação do bem é do juízo deprecado. Os embargos serão opostos perante o juízo deprecante ou deprecado, mas a competência para julgá-los é do juízo deprecante, salvo no que toca a vícios ou defeitos da penhora, avaliação ou alienação, cuja competência é do juízo deprecado.

ARTIGO 846.
Se o executado fechar as portas da casa a fim de obstar a penhora dos bens, o oficial de justiça comunicará o fato ao juiz, solicitando-lhe ordem de arrombamento.

§ 1º Deferido o pedido, 2 (dois) oficiais de justiça cumprirão o mandado, arrombando cômodos e móveis em que se presuma estarem os bens, e lavrarão de tudo auto circunstanciado, que será assinado por 2 (duas) testemunhas presentes à diligência.

§ 2º Sempre que necessário, o juiz requisitará força policial, a fim de auxiliar os oficiais de justiça na penhora dos bens.

§ 3º Os oficiais de justiça lavrarão em duplicata o auto da ocorrência, entregando uma via ao escrivão ou ao chefe de secretaria, para ser juntada aos autos, e a outra à autoridade policial a quem couber a apuração criminal dos eventuais delitos de desobediência ou de resistência.

§ 4º Do auto da ocorrência constará o rol de testemunhas, com a respectiva qualificação.

CORRESPONDÊNCIA NO CPC/1973: *ART. 660 A 663.*

1. Ordem de arrombamento. A penhora pode exigir a realização de diligências nas dependências internas do local em que o executado tem domicílio. Para a hipótese de o executado obstaculizar a realização da penhora, o oficial poderá requisitar ordem de arrombamento, na medida em que a casa é inviolável e nela apenas se adentra, sem consentimento do morador, por determinação judicial e durante o dia. Para que haja a ordem de arrombamento, são necessárias a prévia resistência do executado e a comunicação desse fato ao juiz pelo oficial. Não se concebe a expedição da ordem sem que haja resistência material concreta por parte do executado. Uma vez autorizado o arrombamento, expede-se mandado específico ou, ainda, adita-se o próprio mandado executivo, autorizando-se a prática desse ato. Isso porque o mandado de execução e de penhora não concede autorização de arrombamento da casa ou do domicilio do executado, de modo que, se realizado sem que haja autorização, há ilegalidade. O arrombamento será realizado por dois oficiais de justiça, devendo a diligência ser descrita em auto circunstanciado, assinado por duas testemunhas presentes à diligência. Além disso, o auto deve ser lavrado em duplicado, sendo uma via juntada aos autos da execução e outra encaminhada à autoridade policial.

2. Uso de força policial. É possível a requisição de força policial para os casos de arrombamento para penhora de bens. Não há ilegalidade ou abusividade no ato que requisita força policial.

SUBSEÇÃO IV – Das Modificações da Penhora

ARTIGO 847.

O executado pode, no prazo de 10 (dez) dias contado da intimação da penhora, requerer a substituição do bem penhorado, desde que comprove que lhe será menos onerosa e não trará prejuízo ao exequente.

§ 1º O juiz só autorizará a substituição se o executado:

I – comprovar as respectivas matrículas e os registros por certidão do correspondente ofício, quanto aos bens imóveis;

II – descrever os bens móveis, com todas as suas propriedades e características, bem como o estado deles e o lugar onde se encontram;

III – descrever os semoventes, com indicação de espécie, de número, de marca ou sinal e do local onde se encontram;

IV – identificar os créditos, indicando quem seja o devedor, qual a origem da dívida, o título que a representa e a data do vencimento; e

V – atribuir, em qualquer caso, valor aos bens indicados à penhora, além de especificar os ônus e os encargos a que estejam sujeitos.

§ 2º Requerida a substituição do bem penhorado, o executado deve indicar onde se encontram os bens sujeitos à execução, exibir a prova de sua propriedade e a certidão negativa ou positiva de ônus, bem como abster-se de qualquer atitude que dificulte ou embarace a realização da penhora.

§ 3º O executado somente poderá oferecer bem imóvel em substituição caso o requeira com a expressa anuência do cônjuge, salvo se o regime for o de separação absoluta de bens.

§ 4º O juiz intimará o exequente para manifestar-se sobre o requerimento de substituição do bem penhorado.

CORRESPONDÊNCIA NO CPC/1973: *ARTS. 656, 657 E 668.*

1. **Modificação da penhora.** O CPC/2015 sistematizou as hipóteses em que pode haver alterações sobre o objeto da penhora, agrupando-as em uma subseção em vez de, a exemplo do que ocorria no CPC/1973, haver dispositivos esparsos. Segundo o CPC/2015, é possível haver modificação da penhora em decorrência de: (i) pedido de substituição deduzido (i.a.) pelo executado (art. 847) ou (i.b.) por qualquer das partes (848); (ii) alteração significativa no valor do bem penhorado (art. 850); (iii) invalidação, insuficiência ou desistência da primeira penhora (art. 851); e (iv) alienação antecipada (art. 852).

2. **Substituição da penhora a pedido do executado.** Segundo o *caput*, o executado pode requerer a substituição do bem penhorado. Para tanto, deverá calcar seu pedido no fato de que a penhora de novo bem lhe será menos onerosa e, ao mesmo tempo, não trará prejuízo ao exequente (trata-se de conciliar o princípio da menor onerosidade com a máxima utilidade da execução). Em outras palavras, a substituição não será autorizada se ela tornar a execução mais lenta ou custosa. Igualmente cabe ao exequente, (i) se oferecer bem imóvel em substituição, comprovar a respectiva matrícula e registro, por meio de certidão; (ii) se oferecer bem móvel em substituição, descrevê-lo com todas as suas propriedades e características, apontando seu estado de conservação e o local em que se encontra; (iii) se oferecer bem móvel (semovente) em substituição, deve indicar espécie, número, marca ou sinal e local onde se encontra; (iv) se oferecer crédito em substituição, deve apontar quem é o devedor, qual a origem da dívida, o título que a representa e a data do vencimento. Igualmente necessário que atribua valor ao bem, especificando ônus e encargos a que esteja sujeito.

3. **Prazo para requerer a substituição.** O prazo para o exequente requerer a substituição calcada nos motivos previstos no art. 847 é de 10 (dez) dias, contados da intimação da penhora. Esse prazo é preclusivo – não obstante haver posições em sentido contrário. Isso porque a substituição prevista no art. 847 pode ser requerida exclusivamente

pelo executado e em prol de sua conveniência, diferentemente das hipóteses tratadas no art. 848.

4. Cônjuge. Se for requerida a substituição do bem penhorado por imóvel, é necessário o consentimento do cônjuge, salvo se o regime de bens for o da separação absoluta.

ARTIGO 848.

As partes poderão requerer a substituição da penhora se:

I – ela não obedecer à ordem legal;

II – ela não incidir sobre os bens designados em lei, contrato ou ato judicial para o pagamento;

III – havendo bens no foro da execução, outros tiverem sido penhorados;

IV – havendo bens livres, ela tiver recaído sobre bens já penhorados ou objeto de gravame;

V – ela incidir sobre bens de baixa liquidez;

VI – fracassar a tentativa de alienação judicial do bem; ou

VII – o executado não indicar o valor dos bens ou omitir qualquer das indicações previstas em lei.

Parágrafo único. A penhora pode ser substituída por fiança bancária ou por seguro garantia judicial, em valor não inferior ao do débito constante da inicial, acrescido de trinta por cento.

CORRESPONDÊNCIA NO CPC/1973: *ART. 656.*

1. Substituição da penhora em função de pedido das partes. O art. 848 estabelece hipóteses em que as partes (exequente e executado) podem pedir a substituição, muito embora a hipótese descrita no inciso VII seja dirigida apenas ao exequente. Para a substituição prevista no art. 848, o fator preponderante não é a menor onerosidade para o executado, mas assegurar a própria efetividade à execução. Exatamente por isso, não há prazo preclusivo para se requerer a substituição, podendo ser realizada a qualquer tempo, desde que antes da expropriação.

2. Hipóteses de substituição. O inciso I autoriza qualquer das partes a requerer a substituição se a penhora não observar a ordem legal. O art. 835 do CPC/2015 prevê ordem preferencial para a penhora. Embora não haja rigor absoluto (apenas em relação ao dinheiro), qualquer das partes pode requerer a substituição se a ordem não tiver sido observada por ocasião da penhora. Para que o requerimento de substituição seja válido, necessário que a parte indique outro bem, livre e desembaraçado, com prioridade na ordem de penhora e que assegure a satisfação do exequente. O inciso II estabelece a hipótese de substituição quando a penhora não recair sobre os bens designados em lei, contrato ou ato judicial. Cuida-se da hipótese em que o cumprimento da obrigação está garantido, por exemplo, por hipoteca ou penhor. O inciso III trata da hipótese em que, não obstante exista bem na comarca em que tramita a execução, há a penhora de bem localizado em comarca distinta. Já o inciso IV fixa a hipótese em que, havendo bens livres, a penhora recaia sobre bens já penhorados ou objeto de gravame. Note-se que não é vedada a realização da segunda penhora, o que torna necessário o concurso de credores, nem a penhora de bens dados em garantia pelo cumprimento de outra obrigação. Apenas a penhora não é útil. Segundo o inciso V, poderá haver a substituição da penhora quando ela recair sobre bem de baixa liquidez, o que não se confunde com baixo valor. A liquidez está vinculada à capacidade de o bem ser alienado e convertido em dinheiro, ou seja, à expropriação. O rol não é taxativo, tanto que a penhora pode ser substituída na hipótese descrita no art. 850 do CPC/2015, segundo a qual, se houver alteração significativa no valor de mercado dos bens penhorados, a penhora será transferida (substituída) para outros bens.

3. Seguro-garantia ou fiança bancária. O parágrafo único do art. 848 admite a substituição da penhora por fiança bancária ou seguro-garantia. Discute-se se a substituição da penhora por fiança ou seguro seria ou não direito subjetivo do executado. A 1.ª Seção do STJ, no julgamento dos Embargos de Divergência no Recurso Especial 1.077.039/RJ, decidiu que a substituição da penhora em dinheiro por seguro garantia ou fiança depende da anuência do exequente, na medida em que a penhora de dinheiro e de fiança bancária não teriam o mesmo *status*. Contudo, essa anuência fica dispensada se o executado provar que penhora de dinheiro lhe está acarretando insuportável prejuízo, inviabilizando sua atividade econômica. Agora, se o executado apresentar fiança ou seguro, observados os requisitos previstos no parágrafo único do art. 848 do CPC/2015, antes de ser efetivada penhora em dinheiro, o órgão julgador não pode rejeitá-la.

Artigo 849.
Sempre que ocorrer a substituição dos bens inicialmente penhorados, será lavrado novo termo.
CORRESPONDÊNCIA NO CPC/1973: *ART. 657.*

1. Substituição de bem penhorado. Havendo substituição do bem penhorado, novo termo será lavrado, o qual deve observar os requisitos estabelecidos no art. 838 do CPC/2015, quais sejam, (i) indicação do dia, do mês, do ano e do lugar em que a penhora foi realizada; (ii) nomes das partes (exequente e executado); (iii) descrição pormenorizada dos bens penhorados; e (iv) nomeação do depositário.

Artigo 850.
Será admitida a redução ou a ampliação da penhora, bem como sua transferência para outros bens, se, no curso do processo, o valor de mercado dos bens penhorados sofrer alteração significativa.
CORRESPONDÊNCIA NO CPC/1973: *NÃO HÁ.*

1. Redução, ampliação ou transferência da penhora para outros bens. O art. 850 guarda semelhanças com o art. 874, ambos do CPC/2015, pois tratam de alteração da penhora em decorrência de ela ser excessiva ou insuficiente. A diferença entre eles está no momento em que é verificada essa suficiência ou insuficiência: a regra do art. 850 é mais ampla do que a do art. 874, cuja aplicação está restrita ao momento subsequente à avaliação.

2. Instabilidade da penhora. A penhora busca individualizar o bem, vinculando-o à satisfação do exequente. Contudo, haverá a redução ou a ampliação da penhora, bem como sua transferência para outros bens, se, no curso do processo, o valor de mercado dos bens penhorados sofrer alteração significativa. Essa alteração tem por propósito adequar a penhora ao valor da execução, mantendo-a suficiente para garantir a satisfação do exequente. Busca-se, com a alteração da penhora, calibrá-la, de modo que ela não fique além nem aquém do valor necessário para a satisfação do executado.

3. Alteração significativa. Não é qualquer alteração do valor de mercado do bem penhorado que autoriza a redução, ampliação ou substituição da penhora. Essa alteração deve ser qualificada (alteração significativa). Assim, se durante o curso do processo, em qualquer momento, restar evidenciado – seja em decorrência de pedido da parte, seja de ofício – que o valor do bem é desproporcional ao valor da execução (seja para mais ou para menos), impõe-se a modificação da penhora.

Artigo 851.
Não se procede à segunda penhora, salvo se:
I – a primeira for anulada;
II – executados os bens, o produto da alienação não bastar para o pagamento do exequente;
III – o exequente desistir da primeira penhora, por serem litigiosos os bens ou por estarem submetidos a constrição judicial.
CORRESPONDÊNCIA NO CPC/1973: *ART. 667.*

1. Segunda penhora. Rigorosamente, o art. 851 do CPC/2015 não trata de segunda penhora, mas de nova (renovação da) penhora. Isso porque a penhora anterior (primeira penhora) foi desfeita em decorrência da verificação de alguma das hipóteses descritas no artigo, havendo, portanto, apenas uma penhora nos autos (denominada pelo artigo como a "segunda"). O inciso I trata da anulação da penhora, decorrente de algum vício. Uma vez constatado o vício, anula-se a penhora, podendo haver a repetição da penhora sobre o mesmo bem, eliminando-se o vício, ou a penhora de outro bem. Já o inciso II versa sobre a insuficiência de valor obtido com a excussão do bem objeto da primeira penhora. Para essa hipótese, haverá a penhora de outros bens, tantos quantos forem necessários para a satisfação do exequente. Por fim, o inciso III menciona a desistência da penhora em função de o bem ser litigioso ou estar constrito judicialmente. Essa possibilidade está calcada no fato de a execução ser predeterminada a atender os interesses do exequente. Logo, é possível ao exequente desistir da penhora e requerer outra, em substituição, mesmo que tenha sido ele quem indicou o bem constrito ou litigioso, bastando apontar outro que esteja livre e desimpedido.

Artigo 852.

O juiz determinará a alienação antecipada dos bens penhorados quando:
I – se tratar de veículos automotores, de pedras e metais preciosos e de outros bens móveis sujeitos à depreciação ou à deterioração;
II – houver manifesta vantagem.
CORRESPONDÊNCIA NO CPC/1973: *ART. 670.*

1. Alienação antecipada. Esse artigo autoriza a alienação antecipada quando: (i) os bens penhorados estiverem sujeitos à depreciação ou à deterioração; e (ii) houver manifesta vantagem. Essa antecipação pode ser solicitada por qualquer das partes, pelo depositário ou, até mesmo, ser determinada de ofício pelo juiz. Trata-se de ato que busca: (i) afastar prejuízo, evitando-se a perda do valor do bem ou sua integral deterioração ou (ii) assegurar manifesta vantagem para ambas as partes. Uma vez antecipada a alienação, o produto deverá ficar depositado nos autos, à disposição do juízo, até que este autorize o levantamento. Logicamente, como a antecipação significa inversão do procedimento executivo, imprescindível a oitiva das partes, especialmente o executado.

2. Bens sujeitos à depreciação ou à deterioração. Deve ser alienado antecipadamente todo e qualquer bem sujeito à depreciação ou à deterioração, ou seja, aquele que for suscetível à perda de valor, total ou parcial, em decorrência de sazonalidade ou, ainda, que estiver sujeito a efeito danoso em função da fluência do tempo.

Artigo 853.

Quando uma das partes requerer alguma das medidas previstas nesta Subseção, o juiz ouvirá sempre a outra, no prazo de 3 (três) dias, antes de decidir.
Parágrafo único. O juiz decidirá de plano qualquer questão suscitada.
CORRESPONDÊNCIA NO CPC/1973: *ARTS. 657 E 670.*

1. Contraditório. Sempre que for requerida a substituição (arts. 847 e 848), modificação (art. 850), realização de nova penhora (art. 851) ou, ainda, alienação antecipada (art. 852), necessária a oitiva das partes para que seja proferida decisão, sob pena de invalidade. Não obstante a taxatividade do artigo, se o bem estiver na iminência de deteriorar-se ou depreciar-se, será dado ao juiz proferir decisão sem prévio contraditório, sob pena de restar frustrada a tutela executiva. A decisão acerca da substituição, modificação ou realização de nova penhora, ou que determina a alienação antecipada, desafia recurso de agravo de instrumento, porque se trata de decisão interlocutória proferida no curso da execução.

SUBSEÇÃO V – Da Penhora de Dinheiro em Depósito ou em Aplicação Financeira

ARTIGO 854.

Para possibilitar a penhora de dinheiro em depósito ou em aplicação financeira, o juiz, a requerimento do exequente, sem dar ciência prévia do ato ao executado, determinará às instituições financeiras, por meio de sistema eletrônico gerido pela autoridade supervisora do sistema financeiro nacional, que torne indisponíveis ativos financeiros existentes em nome do executado, limitando-se a indisponibilidade ao valor indicado na execução.

§ 1º No prazo de 24 (vinte e quatro) horas a contar da resposta, de ofício, o juiz determinará o cancelamento de eventual indisponibilidade excessiva, o que deverá ser cumprido pela instituição financeira em igual prazo.

§ 2º Tornados indisponíveis os ativos financeiros do executado, este será intimado na pessoa de seu advogado ou, não o tendo, pessoalmente.

§ 3º Incumbe ao executado, no prazo de 5 (cinco) dias, comprovar que:
I – as quantias tornadas indisponíveis são impenhoráveis;
II – ainda remanesce indisponibilidade excessiva de ativos financeiros.

§ 4º Acolhida qualquer das arguições dos incisos I e II do § 3º, o juiz determinará o cancelamento de eventual indisponibilidade irregular ou excessiva, a ser cumprido pela instituição financeira em 24 (vinte e quatro) horas.

§ 5º Rejeitada ou não apresentada a manifestação do executado, converter-se-á a indisponibilidade em penhora, sem necessidade de lavratura de termo, devendo o juiz da execução determinar à instituição financeira depositária que, no prazo de 24 (vinte e quatro) horas, transfira o montante indisponível para conta vinculada ao juízo da execução.

§ 6º Realizado o pagamento da dívida por outro meio, o juiz determinará, imediatamente, por sistema eletrônico gerido pela autoridade supervisora do sistema financeiro nacional, a notificação da instituição financeira para que, em até 24 (vinte e quatro) horas, cancele a indisponibilidade.

§ 7º As transmissões das ordens de indisponibilidade, de seu cancelamento e de determinação de penhora previstas neste artigo far-se-ão por meio de sistema eletrônico gerido pela autoridade supervisora do sistema financeiro nacional.

§ 8º A instituição financeira será responsável pelos prejuízos causados ao executado em decorrência da indisponibilidade de ativos financeiros em valor superior ao indicado na execução ou pelo juiz, bem como na hipótese de não cancelamento da indisponibilidade no prazo de 24 (vinte e quatro) horas, quando assim determinar o juiz.

§ 9º Quando se tratar de execução contra partido político, o juiz, a requerimento do exequente, determinará às instituições financeiras, por meio de sistema eletrônico gerido por autoridade supervisora do sistema bancário, que tornem indisponíveis ativos financeiros somente em nome do órgão partidário que tenha contraído a dívida executada ou que tenha dado causa à violação de direito ou ao dano, ao qual cabe exclusivamente a responsabilidade pelos atos praticados, na forma da lei.

CORRESPONDÊNCIA NO CPC/1973: *ART. 655-A.*

1. **Expropriação de dinheiro.** O CPC/2015 estabelece ser prioritária a penhora sobre o dinheiro. Isso porque, recaindo a penhora sobre esse bem, a expropriação resta simplificada, tornando-se mais célere e menos custosa. Não obstante seja empiricamente possível a penhora de dinheiro em espécie, essa ocorrência é bastante rara. Muito mais fácil a localização de dinheiro em aplicações financeiras. E o dinheiro depositado ou aplicado em instituições financeiras não é encontrado em espécie, mas apenas registrado.

2. **Penhora eletrônica ou *online*.** De modo a possibilitar a penhora de dinheiro existente em depósito ou em aplicação financeira, o juiz, a requerimento do exequente e sem dar ciência ao executado, determinará às instituições financeiras, por meio do Bacenjud (ferramenta tendente a operacionalizar ou materializar a penhora *o line*), a indisponibilidade de ativos financeiros existentes em nome do executado até o limite do valor indicado na execução. A penhora não se realiza, portanto, imediatamente. Em um primeiro momento, há indisponibilidade de ativos financeiros, sem o conhecimento do executado, para, somente após a correção de eventual excesso ou ilegalidade, haver a conversão em penhora. A indisponibilidade tem dupla função: de um lado, evita que o executado possa-se desfazer de seus ativos e, por outro, possibilita eventual correção de excessos antes que haja a penhora.

3. **Incidente para apuração da indisponibilidade.** Realizada a indisponibilidade, o juiz, de ofício, cancelará eventual indisponibilidade excessiva e determinará a intimação do executado, por meio do seu advogado ou pessoalmente, caso não tenha um. No prazo de 5 (cinco) dias, contados nos termos do art. 231 do CPC/2015, o executado pode instaurar incidente para demonstrar que: (i) as quantias tornadas indisponíveis são impenhoráveis e/ou (ii) ainda remanesce indisponibilidade excessiva de ativos financei-

ros. Cabe a ele a prova desses fatos para que haja o cancelamento da indisponibilidade. Muito embora o CPC/2015 seja omisso, ao exequente deverá ser franqueada (art. 7º, CPC/2015) a possibilidade de se contrapor à manifestação do executado, no prazo de 5 (cinco) dias (princípio da isonomia) para, somente então, o juiz decidir.

4. Conversão da indisponibilidade em penhora. Rejeitado ou não instaurado o incidente, a indisponibilidade será convertida em penhora, sem a necessidade de lavratura de termo, transferindo-se o dinheiro para conta vinculada ao juízo da execução em 24 (vinte e quatro) horas.

5. Responsabilidade da instituição financeira. Nos termos do parágrafo 8º, a instituição financeira será responsabilizada pelos prejuízos que causar àquele que teve valores indevidamente colocados em indisponibilidade, seja em decorrência do descumprimento de ordens, seja em decorrência da demora para cumprir ordem judicial de cancelamento da indisponibilidade. A instituição financeira igualmente será responsável perante o exequente sempre que, em função do descumprimento ou do atraso no cumprimento de ordem de indisponibilidade, os valores não puderem ser bloqueados.

6. A necessidade ou não de requerimento do exequente para a realização de penhora *online*. Rigorosamente, o executado não tem direito de nomear bens à penhora. Tem o dever de pagar, tanto que é citado para fazê-lo no prazo de 3 (três) dias, contados do momento em que realizada a citação. Se o executado é citado, e não paga a dívida, cabe ao oficial de justiça proceder à penhora de bens suficientes para garantir a execução. Para a hipótese de o oficial de justiça não encontrar o executado, compete-lhe arrestar os bens do devedor que encontrar. Ora, se o oficial de justiça é auxiliar do juízo e pode tentar localizar bens, com muito mais razão o juiz também pode, sendo-lhe dado determinar a penhora *online*, independentemente de requerimento do exequente.

SUBSEÇÃO VI – Da Penhora de Créditos

ARTIGO 855.
Quando recair em crédito do executado, enquanto não ocorrer a hipótese prevista no art. 856, considerar-se-á feita a penhora pela intimação:
I – ao terceiro devedor para que não pague ao executado, seu credor;
II – ao executado, credor do terceiro, para que não pratique ato de disposição do crédito.
CORRESPONDÊNCIA NO CPC/1973: *ART. 671.*

1. Considerações iniciais. A redação deste artigo 855 do CPC/2015 não trouxe, na prática, novidades para o ordenamento, tendo apenas substituído o termo "devedor", por "executado", bem como feito expressa referência ao art. 856 (correspondente ao art. 672 do CPC/1973).

2. Crédito não representado por título. No nosso sentir, a nova redação, ao fazer expressa menção ao artigo 856 deste CPC/2015, acabará por gerar dúvidas que a redação de seu predecessor não ensejava, porque a modalidade de penhora prevista no art. 855 aqui comentado é aquela que se refere a créditos não representados por título fisicamente apreensível.

Contudo, ao fazer menção ao art. 856, poder-se-á ter a falsa impressão de que os créditos penhorados na forma deste art. 855 seriam apenas aqueles representados por título fisicamente apreensível, o que não é o caso.

Desse modo, este art. 855 segue autorizando, nos mesmos moldes do seu predecessor art. 671 do CPC/1973, a penhora sobre créditos que não sejam representados por título fisicamente apreensível.

Todavia, insta ressaltar que, em ambas as hipóteses (penhora de crédito representado ou não por título), a mera intimação do terceiro é suficiente para que a penhora seja considerada como efetivada e, se após a intimação ocorrer o pagamento do valor representado pelo crédito a outro que não o exequente (pagamento via depósito judicial nos autos em que realizada a penhora sobre o dito crédito), surgirá para o exequente a possibilidade de constranger o terceiro, que pagou mal e desrespeitou o ato da penhora, a pagar novamente em seu favor (em favor do exequente, mediante depósito judicial), nos termos do art. 312 do CC/2002 e do parágrafo 2º., do art. 856 que a seguir por nós será analisado.

Artigo 856.

A penhora de crédito representado por letra de câmbio, nota promissória, duplicata, cheque ou outros títulos far-se-á pela apreensão do documento, esteja ou não este em poder do executado.

§ 1º Se o título não for apreendido, mas o terceiro confessar a dívida, será este tido como depositário da importância.

§ 2º O terceiro só se exonerará da obrigação depositando em juízo a importância da dívida.

§ 3º Se o terceiro negar o débito em conluio com o executado, a quitação que este lhe der caracterizará fraude à execução.

§ 4º A requerimento do exequente, o juiz determinará o comparecimento, em audiência especialmente designada, do executado e do terceiro, a fim de lhes tomar os depoimentos.

CORRESPONDÊNCIA NO CPC/1973: *ART. 672.*

1. Considerações iniciais. Novamente aqui, tal como verificamos quando dos comentários ao art. 855, percebe-se que o legislador de 2015, exceção feita à substituição do termo "devedor" por "executado", novidade alguma trouxe ao ordenamento com este art. 856.

A referência feita a este art. 856 no corpo do art. 855 deste CPC/2015 reforça o entendimento no sentido de que, mesmo nas hipóteses de penhora sobre crédito representado por títulos fisicamente apreensíveis, que é a hipótese deste art. 856, a intimação do devedor do crédito a ser penhorado é medida mais que suficiente para submetê-lo aos termos do art. 312 do CC/2002 na hipótese de desrespeito à constrição.

Ou seja, em razão da interpretação conjunta dos arts. 855 e 856 deste CPC/2015, depreende-se que, nos casos de crédito representado por títulos fisicamente apreensíveis, a apreensão do documento não mais poderá ser exigida como condição para submissão do devedor do crédito penhorado ao art. 312 do CC/2002.

2. Conluio e audiência. Tendo em vista que a redação deste art. 856 é, na prática, idêntica à do seu correspondente no CPC/1973, nota-se que o legislador de 2015 perdeu a oportunidade que teria para esclarecer qual é o objeto da audiência prevista no parágrafo 4º deste art. 856, assim como deixou de estabelecer se a referida audiência estaria restrita ou não a questões relacionadas ao eventual conluio.

No nosso sentir, a audiência do parágrafo 4º serve precipuamente para discussão, produção de provas e adoção de medidas relativas que visem a reprimir o possível conluio entre o terceiro e o executado, mas não só para esse fim prestará referida audiência.

Cremos que o exequente poderá requerer que seja designada a audiência com outros objetivos, especialmente tendo em vista que o legislador foi silente a esse respeito e, desse modo, poderá o exequente valer-se da audiência para tentar, por exemplo, buscar uma composição entre todos os envolvidos; obter o pagamento do crédito mediante depósitos judiciais parcelados; substituir a penhora do crédito por bens de propriedade do terceiro, etc.

Artigo 857.

Feita a penhora em direito e ação do executado, e não tendo ele oferecido embargos ou sendo estes rejeitados, o exequente ficará sub-rogado nos direitos do executado até a concorrência de seu crédito.

§ 1º O exequente pode preferir, em vez da sub-rogação, a alienação judicial do direito penhorado, caso em que declarará sua vontade no prazo de 10 (dez) dias contado da realização da penhora.

§ 2º A sub-rogação não impede o sub-rogado, se não receber o crédito do executado, de prosseguir na execução, nos mesmos autos, penhorando outros bens.

CORRESPONDÊNCIA NO CPC/1973: *ART. 673.*

1. Considerações iniciais. Na mesma linha do que já vimos anteriormente, aqui o legislador mais uma vez optou por simplesmente replicar a redação do texto do

CPC/1973, tendo deixado, portanto, de proceder aos ajustes que a regra ora em comento deveria receber.

2. Expropriação é opção, e não imposição: sub-rogação não pode ser presumida. O parágrafo 1º deste art. 857 estabelece uma regra que, no nosso sentir, não pode prevalecer, sob pena de subverter a noção de que a execução é processo de resultado único, que, respeitadas os direitos de menor gravosidade em favor do executado, se desenvolve em benefício e para fins de atender às pretensões do exequente.

Desse modo, não se poderia, como não se pode, cogitar da sub-rogação ocorrer automaticamente na hipótese do parágrafo 1º deste art. 857, isto porque, no nosso sentir, unicamente com o expresso consentimento do exequente é que tal situação poderá ocorrer.

Ademais, a sub-rogação, que de certo modo se assemelha à adjudicação do art. 825 deste CPC/2015, é uma opção que se abre ao exequente e, tal qual a adjudicação, não pode ser imposta sob pena de antinomia interna no sistema de expropriação dos bens, o que perverteria a noção de que a execução tem de se desenvolver, sobremaneira, no interesse do exequente.

Artigo 858.

Quando a penhora recair sobre dívidas de dinheiro a juros, de direito a rendas ou de prestações periódicas, o exequente poderá levantar os juros, os rendimentos ou as prestações à medida que forem sendo depositados, abatendo-se do crédito as importâncias recebidas, conforme as regras de imputação do pagamento.

CORRESPONDÊNCIA NO CPC/1973: *ART. 675.*

1. Considerações iniciais. Aqui mais uma o legislador optou por replicar a redação do texto do CPC/1973, tendo novamente deixado de aprimorá-la – o que, entendemos, seria necessário.

Note-se que o art. 858 prevê a possibilidade de a penhora recair sobre dívidas de dinheiro a juros. E a redação do dispositivo em comento, ao menos no nosso entendimento, é de todo equivocada, já que a penhora em hipótese alguma poderia recair sobre dívida, mas exclusivamente sobre crédito, com vistas a pagar (e não a aumentar) a dívida perseguida pelo exequente.

Por óbvio que não é essa a intenção do legislador com este art. 858. E, se assim não é, como de fato não o é, não se justifica repetir aqui, neste CPC/2015, a mesma inadequada redação do CPC/1973.

2. Juros, renda e prestações. Feito o esclarecimento acima, no sentido de que a penhora, ao contrário da inadequada redação legal, não recairá sobre dívida, mas, sim, sobre crédito, cumpre buscar entender qual o real sentido da norma, que é o de regular a penhora que recair sobre crédito, sobre dinheiro que vier a render juros, renda ou que estiver representada por prestações periódicas, verbas essas todas que, caracterizando frutos e acessórios, a exemplo do crédito principal que vier a ser penhorado, estarão igualmente afetadas pela penhora.

Nessas hipóteses – por exemplo, de penhora sobre dinheiro aplicado em fundos de investimento; dinheiro investido em determinadas empresas ou empreendimentos pela via de sociedades em conta de participação –, a ideia do legislador é permitir que os valores, se possível for, sigam investidos rendendo seus frutos e não sejam antecipadamente desinvestidos, o que certamente gerará perdas para todos os envolvidos.

Com esses frutos, então, busca o legislador permitir seja paga a dívida no total ou em parte, de modo a permitir que a execução seja menos onerosa, gravosa, tanto para o executado quanto para o exequente.

Artigo 859.

Recaindo a penhora sobre direito a prestação ou a restituição de coisa determinada, o executado será intimado para, no vencimento, depositá-la, correndo sobre ela a execução.

CORRESPONDÊNCIA NO CPC/1973: *ART. 676.*

1. Considerações iniciais. Mais do mesmo. Repete-se a redação do CPC/1973, e não se corrige aquilo que, ao menos em nosso sentir, deveria ser corrigido e aprimorado.

Não se corrigiu; e, nesse caso, a única alteração implementada prejudica: na redação do art. 859, comparando-a à do art. 676 do CPC/1973, foi substituído o termo "devedor" por "executado", o que, conforme veremos a seguir, prejudica a interpretação do dispositivo, que já não era de todo clara no CPC/1973.

2. A quem intimar: executado ou o terceiro que deverá cumprir a obrigação? Antes de responder o questionamento, precisamos entender qual o objetivo perseguido pelo dispositivo legal aqui analisado e cremos que este art. 859 tem um, e tão somente um objetivo, que é o de evitar que o executado receba, ele mesmo, a prestação ou a coisa, evitando-se, assim, o risco de a coisa se perder ou ser desviada em prejuízo do exequente.

Assim sendo, sempre que a penhora recair sobre um direito do executado, direito este de receber determinada prestação a ser paga por um terceiro ou um bem que será a ele devolvido igualmente por um terceiro, é a este terceiro que deverá ser dirigida a intimação, com o objetivo de que a obrigação seja cumprida em juízo, e não mais na pessoa do executado.

Por esse motivo, cremos que a redação do CPC/1973, que não era de todo clara, ainda assim se mostrava menos imprecisa do que a redação deste art. 859, já que o legislador de 1973 estabelecera que a intimação seria direcionada ao devedor, ou seja, ao devedor da obrigação, que é o terceiro (e não o executado).

Desse modo – e como entendemos que o comando deste art. 859 é primordialmente endereçado ao terceiro, e não propriamente ao executado –, cremos que a única interpretação que se pode dar a este dispositivo é no sentido de que a intimação deverá ser dirigida ao executado (em razão do texto expresso da lei). Isso, no entanto, não afasta a necessidade-obrigatoriedade de ser igualmente intimado o terceiro, para que não mais cumpra a obrigação diretamente em favor do executado, e passe, então, a ter de cumpri-la em favor do juízo da execução, de modo que a prestação ou mesmo a coisa por ele devidas sejam obrigatoriamente depositadas em juízo, e não mais em mãos do executado.

Artigo 860.

Quando o direito estiver sendo pleiteado em juízo, a penhora que recair sobre ele será averbada, com destaque, nos autos pertinentes ao direito e na ação correspondente à penhora, a fim de que esta seja efetivada nos bens que forem adjudicados ou que vierem a caber ao executado.

CORRESPONDÊNCIA NO CPC/1973: *ART. 674.*

1. Considerações iniciais. O legislador de 2015, ao redigir este art. 860, efetivamente aproveitou a oportunidade para aprimorar o conteúdo do art. 674 do CPC/1973, que corresponde a este por nós aqui analisado.

De fato, a redação de 1973 era bastante confusa, o que não mais se verifica neste art. 860. Contudo, ao menos um tema poderia ter sido mais bem explicitado no dispositivo legal ora analisado, e não o foi.

2. Bens e direitos. A parte final deste art. 860 estabelece que, na hipótese de a penhora recair sobre direito litigioso, o que se busca seria a efetivação da penhora sobre os bens que, em razão do litígio, passassem a ser de titularidade do executado. Os exemplos de aplicação da regra são vários e vão desde a penhora recair sobre direitos hereditários objeto de ação de inventário a direitos creditórios decorrentes de ação de separação, direitos de uso de marca, etc.

Contudo, nem sempre uma ação judicial redundará na adjudicação de bens ou na transferência de bens ao executado, de modo que o direito litigioso objeto da penhora poderá, em determinados casos, limitar-se a um direito, e não a um bem (direito de uso de marca, direito decorrente de promessa de venda e compra, *v.g.*).

Desse modo, mesmo que não haja adjudicação ou transferência de bens, ainda assim se mostra possível a penhora, e esta se dará nos exatos termos deste art. 860, em que pese a hipótese não ter sido expressamente prevista pelo ordenamento, em especial por este art. 860, sob pena de afastar-se, indevidamente, a plena aplicabilidade dos incisos XII e XII, ambos do art. 835 deste CPC/2015, aos processos de execução.

SUBSEÇÃO VII – Da Penhora das Quotas
ou das Ações de Sociedades Personificadas

ARTIGO 861.

Penhoradas as quotas ou as ações de sócio em sociedade simples ou empresária, o juiz assinará prazo razoável, não superior a 3 (três) meses, para que a sociedade:

I – apresente balanço especial, na forma da lei;

II – ofereça as quotas ou as ações aos demais sócios, observado o direito de preferência legal ou contratual;

III – não havendo interesse dos sócios na aquisição das ações, proceda à liquidação das quotas ou das ações, depositando em juízo o valor apurado, em dinheiro.

§ 1º Para evitar a liquidação das quotas ou das ações, a sociedade poderá adquiri-las sem redução do capital social e com utilização de reservas, para manutenção em tesouraria.

§ 2º O disposto no *caput* e no § 1º não se aplica à sociedade anônima de capital aberto, cujas ações serão adjudicadas ao exequente ou alienadas em bolsa de valores, conforme o caso.

§ 3º Para os fins da liquidação de que trata o inciso III do *caput*, o juiz poderá, a requerimento do exequente ou da sociedade, nomear administrador, que deverá submeter à aprovação judicial a forma de liquidação.

§ 4º O prazo previsto no *caput* poderá ser ampliado pelo juiz, se o pagamento das quotas ou das ações liquidadas:

I – superar o valor do saldo de lucros ou reservas, exceto a legal, e sem diminuição do capital social, ou por doação; ou

II – colocar em risco a estabilidade financeira da sociedade simples ou empresária.

§ 5º Caso não haja interesse dos demais sócios no exercício de direito de preferência, não ocorra a aquisição das quotas ou das ações pela sociedade e a liquidação do inciso III do *caput* seja excessivamente onerosa para a sociedade, o juiz poderá determinar o leilão judicial das quotas ou das ações.

CORRESPONDÊNCIA NO CPC/1973: *NÃO HÁ.*

1. Do ineditismo deste incidente. Sempre que se deparava com a hipótese de penhora de quotas ou ações, uma lacuna bastante incômoda se apresentava, já que não existia regra, nem mesmo direção legal, a seguir, salvo aquilo que poderia estar, mas nem sempre estava, previsto nos documentos de constituição das sociedades.

Doravante e em razão do disposto neste art. 861, em se tratando de penhora de quotas ou ações, há um norte a seguir, o que, se não resolve o problema, traz luzes e auxiliará na solução das palpitantes e complexas questões daí decorrentes.

2. Modo de expropriação *sui generis*. Liquidação e pagamento pela sociedade como regra. Da análise deste art. 861, o que se percebe é que, em se tratando de penhora de quotas e ações, o modo de expropriação foge da regra imposta pelo art. 825 deste CPC/2015, que estabelece que a expropriação de bens consiste na adjudicação, alienação e apropriação de frutos e rendimentos de empresa ou outros bens, sendo certo que, a teor do art. 879 deste mesmo CPC/2015, a alienação se fará por iniciativa particular ou em leilão público.

Ou seja, ao estabelecer-se, no inciso III, que, não havendo interesse dos demais sócios, proceder-se-á a liquidação das quotas (ou ações) com o depósito, pela sociedade, dos valores correspondentes ao das quotas (ou ações) liquidadas, ao menos no nosso sentir, criou-se uma regra distinta de expropriação em se tratando de penhora de quotas ou ações. Foi estabelecido como regra, nessas hipóteses, que as quotas (ou ações) sejam liquidadas, pagando-se o valor devido com dinheiro a ser depositado pela própria sociedade e, em tal hipótese, não se está tratando de nenhuma daquelas modalidades de expropriação do art. 825 deste CPC/2015.

3. Do procedimento e do direito de preferência. Doravante, então, em se tratando de penhora de quotas ou ações, a sociedade que as emitiu será intimada para, dentro do prazo de 3 (três) meses, que poderá ser estendido nas hipóteses do parágrafo 4º deste mesmo dispositivo, (i) apresentar balanço especial; (ii) oferecer as quotas ou ações para os demais sócios, observando-se a preferência de cada um (trataremos desse tema mais adiante); e (iii) não havendo interesse dos sócios, as ações deverão ser liquidadas nos moldes estabelecidos nos documentos constitutivos da sociedade. Caso não haja previsão expressa nesse sentido, ou caso tal previsão acabe por inviabilizar ou por criar entraves graves à liquidação, deverá o juiz, na forma do parágrafo 3º e desde que provocado, nomear um terceiro (administrador) que proporá modo outro de liquidação a ser aprovado por decisão judicial fundamentada.

Uma vez liquidadas as quotas ou ações, ou seja, uma vez apurado seu valor apreensível em moeda corrente, nos termos do inciso III deste art. 861, conforme já apontamos, deverá a sociedade depositar em juízo o aludido valor (essa regra comporta exceções que aqui também analisaremos).

E, caso a sociedade queira evitar este por vezes invasivo e custoso incidente de liquidação judicial de quotas (ações) penhoradas, poderá, negociando com suas próprias ações e desde que respeitada a regra do art. 30 da Lei 6.404/1976 (que é repetida pelo parágrafo 1º e pelo parágrafo 4º, inciso I), oferecer e depositar em juízo o valor das referidas quotas (ou ações), demonstrando a forma pela qual chegou a esses valores, nos exatos termos do parágrafo 1º.

Ou seja, este art. 861 criou uma obrigação para a sociedade: adquirir suas ações e negociar com elas, passando a sociedade, então, a ser a responsável pelo pagamento dos valores daí decorrentes.

A sociedade somente se eximirá dessa obrigação na hipótese do parágrafo 5º deste mesmo art. 861; ou seja, apenas se o pagamento dos valores apurados for excessivamente oneroso para a sociedade é que se passará para a regra geral de expropriação.

Importante destacar, contudo, que, caso os demais sócios tenham interesse na aquisição das quotas (ou ações), deverá ser observado o direito de preferência contratual; ou seja, conforme essa questão vier a ser regulada pelos documentos constitutivos da sociedade (ou por documentos outros, tais como reuniões de sócios, assembleias, etc.), ou então, o direito de preferência legal. A esse respeito, fazemos referência aos nossos comentários ao art. 876, especialmente no que se refere a seu parágrafo 7º.

4. Da plena possibilidade de adjudicação. Em que pese o parágrafo 5º deste art. 861 estabelecer que o juiz deva determinar o leilão judicial das quotas ou ações, inexiste óbice para a adjudicação desses bens por parte do exequente (ou de eventuais terceiros interessados). A esse respeito, apontamos para nossos comentários aos arts. 876 e seguintes deste CPC/2015.

SUBSEÇÃO VIII – Da Penhora de Empresa, de Outros Estabelecimentos e de Semoventes

ARTIGO 862.
Quando a penhora recair em estabelecimento comercial, industrial ou agrícola, bem como em semoventes, plantações ou edifícios em construção, o juiz nomeará administrador-depositário, determinando-lhe que apresente em 10 (dez) dias o plano de administração.

§ 1º Ouvidas as partes, o juiz decidirá.

§ 2º É lícito às partes ajustar a forma de administração e escolher o depositário, hipótese em que o juiz homologará por despacho a indicação.

§ 3º Em relação aos edifícios em construção sob regime de incorporação imobiliária, a penhora somente poderá recair sobre as unidades imobiliárias ainda não comercializadas pelo incorporador.

§ 4º Sendo necessário afastar o incorporador da administração da incorporação, será ela exercida pela comissão de representantes dos adquirentes ou, se se tratar de construção financiada, por empresa ou profissional indicado pela instituição fornecedora dos recursos para a obra, devendo ser ouvida, neste último caso, a comissão de representantes dos adquirentes.

CORRESPONDÊNCIA NO CPC/1973: *ART. 677.*

1. Os limites da penhora. Tudo aquilo que estiver compreendido dentro da noção de estabelecimento comercial, industrial ou agrícola – tal como nome empresarial, ponto, direitos de locação, direitos advindos de contratos outros (desde que conexos à atividade empresarial), direitos de propriedade intelectual e artística, fundo de comércio, equipamentos inerentes à atividade, etc., assim como, na forma do *caput* deste art. 862, semoventes, plantações e mesmo prédios em construção, na forma deste dispositivo legal, – poderá ser objeto de penhora, com posterior avaliação e expropriação.

2. Edifícios em construção. Novidade trazida por este art. 862 é a possibilidade expressa, e doravante em parte aqui regulada, de a penhora recair sobre edifícios em construção, dando-se oportunidade aos agentes financiadores – ou mesmo à comissão de adquirentes, na hipótese de afastamento do incorporador – de assumirem eles mesmos a administração da obra (por interposta pessoa).

A questão que fica pendente de resposta é relativa aos custos decorrentes da má gestão da obra: os custos trabalhistas, fiscais, ambientais, etc. Uma vez assumida a administração da obra pelos credores, passarão eles a ser os responsáveis por tais custos?

Parece-nos, aqui, que a resposta há de ser negativa, já que, uma vez que estão a assumir a administração em determinado momento apenas, não poderão arcar com ônus decorrente de má gestão anterior, na qual não tiveram participação alguma. Desse modo, salvo no caso de dívidas *propter rem*, todas as demais não poderão ser impostas aos novos administradores, sob pena de inviabilizar-se, na prática, a aplicabilidade do dispositivo legal ora em análise.

Artigo 863.
A penhora de empresa que funcione mediante concessão ou autorização far-se-á, conforme o valor do crédito, sobre a renda, sobre determinados bens ou sobre todo o patrimônio, e o juiz nomeará como depositário, de preferência, um de seus diretores.

§ 1º Quando a penhora recair sobre a renda ou sobre determinados bens, o administrador-depositário apresentará a forma de administração e o esquema de pagamento, observando-se, quanto ao mais, o disposto em relação ao regime de penhora de frutos e rendimentos de coisa móvel e imóvel.

§ 2º Recaindo a penhora sobre todo o patrimônio, prosseguirá a execução em seus ulteriores termos, ouvindo-se, antes da arrematação ou da adjudicação, o ente público que houver outorgado a concessão.
CORRESPONDÊNCIA NO CPC/1973: *ART. 678.*

1. Considerações iniciais. O legislador de 2015 apenas e tão somente procedeu a pequenos ajustes de redação ao replicar, neste art. 863, a mesma regra que antes regulava a penhora sobre empresa que funcione mediante concessão ou autorização.

Entendemos, contudo, que pouca ou nenhuma relevância teria eventual modificação de maior relevo no dispositivo legal aqui comentado, já que seu âmbito de aplicação é bastante limitado.

Tendo em vista que, nos termos do parágrafo 2º deste art. 863, será sempre necessária a oitiva da autoridade pública que houver outorgado a concessão – isso porque a concessão pública poderá, nesses casos, ser retirada ou mesmo modificada pela autoridade –, nessas hipóteses, pouco ou nenhum resultado se obterá em virtude da penhora, já que a autoridade pública, cremos nós, acaba por revogar a concessão ou autorização, voltando o exequente à estaca zero.

Artigo 864.

A penhora de navio ou de aeronave não obsta que continuem navegando ou operando até a alienação, mas o juiz, ao conceder a autorização para tanto, não permitirá que saiam do porto ou do aeroporto antes que o executado faça o seguro usual contra riscos.
CORRESPONDÊNCIA NO CPC/1973: *ART. 679.*

1. **Considerações gerais.** A regra deste art. 864 é a mesma de antes. E em que pese o legislador obrigar o executado a celebrar seguro contra riscos, para que se siga utilizando o bem penhorado, não se resolveu a questão da perda do bem por ocultação.

Se a penhora de bens móveis e semoventes localizados em território nacional pode tornar-se, e em muitos casos acaba-se tornando, inócua em razão da ocultação maliciosa do bem, o que se dirá então da penhora que recair sobre navio ou aeronave?

No nosso sentir, a mera obrigatoriedade de perda contra os riscos usuais não é suficiente para fins de garantir os resultados práticos almejados com a penhora (pagamento), de modo que deveria o legislador ter obrigado que esse seguro, que sempre deverá ser contratado à custa do executado, igualmente cobrisse a hipótese de perda do bem por ocultação ou negativa de sua apresentação em juízo.

Ademais, em se tratando de bens que têm capacidade de trânsito transnacional, cremos que a medida acima mencionada seria a única capaz de efetivamente garantir a higidez da penhora e, no nosso sentir, não apenas poderia, mas deveria ser exigida do executado que intencione seguir utilizando-se do bem, já que um dos riscos usuais decorrentes da penhora sobre bens com essas características é justamente a dificuldade de localizar seu paradeiro por malícia do executado.

Artigo 865.

A penhora de que trata esta Subseção somente será determinada se não houver outro meio eficaz para a efetivação do crédito.
CORRESPONDÊNCIA NO CPC/1973: *ARTIGO NÃO HÁ.*

1. **Execução menos gravosa para o credor.** O art. 805 deste CPC/2015 repete a regra que estabelece que a execução deva desenvolver-se de modo menos gravoso para

o executado. Contudo, cremos que essa regra não pode ser absoluta, já que, em se tratando de processo que busca resultado único, qual seja, a satisfação do crédito, não se pode afastar o interesse do credor em relação a determinado bem que pretende que seja penhorado em detrimento dos demais.

Assim sendo, a regra deste art. 865 deve ser interpretada como uma admoestação em favor do exequente: não se pode forçá-lo a aceitar em penhora um bem com relação ao qual não tenha interesse. Contudo, mesmo que referido bem esteja em posição inferior relativamente ao rol do art. 835 deste CPC/2015, é no interesse do exequente que se desenvolve a execução, e ninguém melhor do que o próprio exequente para decidir como conduzir a execução judicial de seus direitos, de modo que, sendo seu interesse, poderá preferir que a penhora recaia sobre os bens descritos nesta subseção, em detrimento de quaisquer outros.

SUBSEÇÃO IX – Da Penhora de Percentual de Faturamento de Empresa

Artigo 866.
Se o executado não tiver outros bens penhoráveis ou se, tendo-os, esses forem de difícil alienação ou insuficientes para saldar o crédito executado, o juiz poderá ordenar a penhora de percentual de faturamento de empresa.

§ 1º O juiz fixará percentual que propicie a satisfação do crédito exequendo em tempo razoável, mas que não torne inviável o exercício da atividade empresarial.

§ 2º O juiz nomeará administrador-depositário, o qual submeterá à aprovação judicial a forma de sua atuação e prestará contas mensalmente, entregando em juízo as quantias recebidas, com os respectivos balancetes mensais, a fim de serem imputadas no pagamento da dívida.

§ 3º Na penhora de percentual de faturamento de empresa, observar--se-á, no que couber, o disposto quanto ao regime de penhora de frutos e rendimentos de coisa móvel e imóvel.

CORRESPONDÊNCIA NO CPC/1973: *ART. 655-A, § 3º.*

1. Possibilidade de penhora *ab initio*. Repetimos aqui nossos comentários acerca do art. 866 deste CPC/2015, no sentido de que a regra deste art. 866 deve ser interpretada como uma admoestação em favor do exequente: a penhora de faturamento, que por vezes pode encerrar meio mais célere, prático e com reais resultados, não pode ser relegada, por importante que é, a uma das últimas possibilidades de penhora, que somente seria plausível se esgotados todos os meios.

Isso porque, conforme já dissemos, não se pode forçar o exequente a aceitar em penhora um bem com relação ao qual não tenha interesse – se prefere a penhora de faturamento, esta deverá ser deferida de plano.

O rol do art. 835 deste CPC/2015 foi elaborado, cremos nós, no interesse do exequente, em favor de quem se desenvolve a execução, e ninguém melhor do que o próprio exequente para decidir como conduzir a execução judicial de seus direitos, de modo que, sendo seu interesse, poderá preferir que a penhora recaia sobre faturamento, em detrimento de quaisquer outros.

Ademais, penhora de faturamento nada mais que é penhora de dinheiro, ou seja, o primeiro dos bens no rol de preferência do art. 835, razão pela qual, também sob esse aspecto, cremos que a penhora de faturamento não esteja condicionada à inexistência de bens outros ou à dificuldade de alienação desses outros bens.

Desse modo, o *caput* deste art. 866 deve ser interpretado de modo que o exequente não esteja obrigado a penhorar faturamento, salvo se esta for sua opção. Penhora de faturamento é complexa e demanda não apenas trabalho, como também custos em relação aos quais, por vezes, o exequente não tem interesse ou mesmo condições de incorrer.

Assim sendo, por se tratar de processo com resultado único e tendo em vista que a execução também não pode ser gravosa para aquele que dela necessita, entendemos que a penhora de faturamento não possa ser considerada como a última opção que se abre ao exequente, nem mesmo que ela esteja condicionada a procedimentos ou requisitos outros, que não apenas o interesse do exequente e a ausência de sérios prejuízos ao executado (sendo certo que a mera constrição ou diminuição de capital de giro não podem ser considerados como "sérios prejuízos", já que essas consequências são inerentes a essa modalidade de penhora).

2. Limites da penhora. Os limites da penhora sobre faturamento estão estabelecidos no parágrafo 1º deste art. 866, quais sejam, a viabilidade das atividades da empresa.

Desse modo, sempre que a penhora vier a inviabilizar as atividades, o percentual a ser penhorado deverá ser reduzido; e, em determinados casos, deverá ser momentaneamente indeferida a penhora.

Mas entendemos que não basta alegar-se a existência de riscos à viabilidade do negócio, devendo ser produzida prova pela empresa nesse sentido e oportunizando-se manifestação e mesmo produção de provas em sentido contrário por parte do exequente.

Ademais, nas hipóteses em que a penhora tenha de ser indeferida por completo com base na alegação de inviabilidade, o indeferimento é episódico; ou seja, modificada a situação em concreto da empresa, poderá a penhora ser novamente requerida e mesmo deferida.

3. Administrador e prestação de contas. O administrador nomeado deverá prestar contas em juízo, o que se deflui da letra do parágrafo 3º deste art. 866. E, não obstante, entendemos que os próprios custos necessários para contratação do administrador não apenas possam, mas devam ser pagos com o numerário obtido por meio da penhora, sob pena de onerar-se ainda mais ao exequente. Contudo, caberá ao juiz avaliar, no caso em concreto, a oportunidade-possibilidade para essa hipótese.

SUBSEÇÃO X - Da Penhora de Frutos e Rendimentos de Coisa Móvel ou Imóvel

ARTIGO 867.
O juiz pode ordenar a penhora de frutos e rendimentos de coisa móvel ou imóvel quando a considerar mais eficiente para o recebimento do crédito e menos gravosa ao executado.
CORRESPONDÊNCIA NO CPC/1973: *ART. 716.*

1. Possibilidade de penhora *ab initio*. Novamente repetimos aqui nossos comentários aos arts. 866 e 867 deste CPC/2015, no sentido de que a regra deste art. 868 deve ser interpretada como uma admoestação em favor do exequente: a penhora sobre frutos e rendimentos, que por vezes pode encerrar meio mais célere, prático e com reais resultados, não pode ser relegada, por importante que é, a uma das últimas possibilidades de penhora, que somente seria plausível se esgotados todos os outros meios.

O rol do art. 835 deste CPC/2015 foi elaborado, cremos nós, no interesse do exequente, em favor de quem se desenvolve a execução, e ninguém melhor do que o próprio exequente para decidir como conduzir a execução judicial de seus direitos, de modo que, sendo seu interesse, poderá preferir que a penhora recaia sobre faturamento, em detrimento de quaisquer outros.

Ademais, penhora sobre frutos e rendimentos nada mais que é penhora de dinheiro, ou seja, o primeiro dos bens no rol de preferência do art. 835, razão pela qual, também sob esse aspecto, cremos que tal penhora não possa estar condicionada à inexistência de bens outros ou à dificuldade de alienação de tais bens outros.

Desse modo, o art. 868 deve ser interpretado de modo que o exequente não esteja obrigado a penhorar frutos e rendimentos, salvo se esta for sua opção. Penhora de frutos e rendimentos, a exemplo da penhora sobre faturamento, é complexa e demanda não apenas trabalho, como também custos em relação aos quais, por vezes, o exequente não tem interesse ou mesmo condições de incorrer.

Cremos, ainda, que quem tem de decidir pela oportunidade da penhora não deve ser, isoladamente, o juiz, mas, sim, é o exequente quem deve decidir se é oportuna ou não essa modalidade de penhora, devendo o juiz orientar-se pelo interesse do executado ao analisar o pedido de penhora de frutos ou rendimentos.

Assim sendo, por se tratar de processo com resultado único e tendo em vista que a execução também não pode ser gravosa para aquele que dela necessita, entendemos que a penhora sobre frutos e rendimentos não possa ser considerada como a última opção que se abre ao exequente, nem mesmo está condicionada a procedimentos ou requisitos outros, que não apenas o interesse do exequente e a ausência de sérios prejuízos ao executado (sendo certo que a mera constrição ou diminuição de capital não podem ser considerados como "sérios prejuízos", já que tais consequências são inerentes a essa modalidade de penhora).

Por fim, e com o objetivo de reforçar o que estamos aqui a defender, perguntamos: o que é mais pernicioso ao executado, a penhora dos frutos ou rendimentos, no todo ou em parte por determinado período de tempo, ou a penhora do bem e sua posterior alienação, o que fará que a percepção dos frutos e rendimentos cesse por completo?

No nosso sentir, a penhora de frutos e rendimentos, por caracterizar penhora temporária sobre determinados direitos, é menos gravosa e, por tal razão, não deve estar condicionada a procedimentos e medidas outras.

ARTIGO 868.

Ordenada a penhora de frutos e rendimentos, o juiz nomeará administrador-depositário, que será investido de todos os poderes que concernem à administração do bem e à fruição de seus frutos e utilidades, perdendo o executado o direito de gozo do bem, até que o exequente seja pago do principal, dos juros, das custas e dos honorários advocatícios.

§ 1º A medida terá eficácia em relação a terceiros a partir da publicação da decisão que a conceda ou de sua averbação no ofício imobiliário, em caso de imóveis.

§ 2º O exequente providenciará a averbação no ofício imobiliário mediante a apresentação de certidão de inteiro teor do ato, independentemente de mandado judicial.

CORRESPONDÊNCIA NO CPC/1973: *ARTS. 717, 718 E 719.*

1. Considerações gerais. Uma vez deferida a penhora, é consequência lógica a imediata nomeação de um administrador do bem, observado o disposto no art. 869 deste CPC/2015. Deferida a penhora e não nomeado o administrador, efeito algum terá a penhora, que depende da nomeação como condição *sine qua non* para sua perfectibilização.

2. Terceiros. A opção legislativa pela intimação do terceiro mediante mera publicação da decisão, em se tratando de bens móveis, é, de um lado, mais condizente com a economia, com a celeridade e com o resultado único que se persegue por meio do processo de execução. Contudo, de outro lado, na prática, entendemos que o terceiro passa a ser considerado como algo que não é: parte.

Passa o terceiro a assumir uma responsabilidade que não é dele, a de acompanhar as publicações relativamente a processos dos quais não é parte, o que não nos parece ser razoável.

Desse modo, e para que o terceiro não possa alegar desconhecimento ou mesmo inconstitucionalidade de sua intimação via publicação da decisão, importante que o exequente comprove que levou a conhecimento do terceiro, por qualquer meio idôneo, a informação do deferimento da penhora.

Artigo 869.
O juiz poderá nomear administrador-depositário o exequente ou o executado, ouvida a parte contrária, e, não havendo acordo, nomeará profissional qualificado para o desempenho da função.

§ 1º O administrador submeterá à aprovação judicial a forma de administração e a de prestar contas periodicamente.

§ 2º Havendo discordância entre as partes ou entre essas e o administrador, o juiz decidirá a melhor forma de administração do bem.

§ 3º Se o imóvel estiver arrendado, o inquilino pagará o aluguel diretamente ao exequente, salvo se houver administrador.

§ 4º O exequente ou o administrador poderá celebrar locação do móvel ou do imóvel, ouvido o executado.

§ 5º As quantias recebidas pelo administrador serão entregues ao exequente, a fim de serem imputadas ao pagamento da dívida.

§ 6º O exequente dará ao executado, por termo nos autos, quitação das quantias recebidas.

CORRESPONDÊNCIA NO CPC/1973: *ARTS. 719 E 720.*

1. **Discordância, audiência e terceiros.** Nomeado o administrador, sempre que houver discordância entre ele e as partes, o juiz, nos moldes do parágrafo 2º deste art. 869, deverá solucionar a questão. Sempre que necessário, e especialmente tendo em vista o impacto que a penhora ora em análise pode ter, poderá o juiz designar audiência para ouvir todos os envolvidos, possibilitando a produção de provas (inclusive orais), para fins de melhor decidir.

Entendemos, ademais, que não apenas as partes e os interessados deverão ser ouvidos pelo juiz, podendo o terceiro, sempre que entender plausível, intervir no processo e fazer-se ouvir, especialmente tendo em vista que será sobre o terceiro que recairão eventuais novas regras decorrentes da forma de administração delineada nos moldes do parágrafo deste art. 869.

2. **Obrigação de oitiva, e não concordância do executado.** Para celebração de contrato de locação sobre o bem penhorado, estabelece o parágrafo 5º que o executado deverá ser ouvido em juízo. Contudo, a oitiva do executado não implica sua necessária aquiescência como condição para celebração do negócio. Ou seja, a condição para a contratação da locação é a oitiva, e não a concordância, por parte do executado.

3. **Pagamento em mãos do exequente.** O parágrafo 5º deste art. 869 estabelece que os valores provenientes da penhora de frutos e rendimento deverão ser entregues pelo administrador ao exequente, não sendo necessário, portanto, ao menos no nosso sentir, o depósito judicial da quantia para posterior levantamento em favor do exequente, medida esta que, se confirmada pela prática, garantirá efetiva celeridade e

economia, desde que respeitadas as condições da forma de administração prevista pelo parágrafo 1º.

Entendemos, assim, que, ao estabelecer a forma de administração do parágrafo 1º, poderá o administrador corroborar a hipótese do parágrafo 5º, estabelecendo que o pagamento se dê diretamente ao exequente, podendo, ainda, fixar que o pagamento se dê de outro modo (inclusive mediante o tradicional depósito judicial), desde que o juiz assim autorize.

SUBSEÇÃO XI – Da Avaliação

Artigo 870.

A avaliação será feita pelo oficial de justiça.

Parágrafo único. Se forem necessários conhecimentos especializados e o valor da execução o comportar, o juiz nomeará avaliador, fixando-lhe prazo não superior a 10 (dez) dias para entrega do laudo.

CORRESPONDÊNCIA NO CPC/1973: *ART. 680.*

1. **Considerações iniciais.** O CPC/2015 seguiu a Lei 11.382/2006 e manteve a avaliação pelo oficial de justiça como regra, salvo nos casos em que esta for dispensada (art. 871, CPC/2015) ou daqueles em que, em razão da natureza do bem, a aferição de seu valor depende de conhecimentos técnicos especializados.

Este dispositivo legal, contudo, dispensa a avaliação nas hipóteses em que o valor da execução não comportar sua realização, ou seja, nos casos em que os custos da avaliação não se justificarem ante o ínfimo valor do *quantum exequatur* ou do próprio bem. Nos termos deste art. 870, o juiz não poderá compelir as partes à realização da avaliação.

2. **Como apurar o valor, caso dispensada a avaliação?** Nesses casos, cremos que uma das partes terá a prerrogativa de estimar o valor do bem penhorado, e essa tarefa incumbe prioritariamente ao exequente, em favor de quem é realizada a execução.

Se o executado não concordar com a estimativa feita pelo exequente, deverá ele, o executado, então, arcar com os custos da avaliação e, caso não o faça, ou mesmo não demonstre fundamentos suficientes para sua discordância (vide art. 98, CPC/2015, no caso de beneficiários da gratuidade de justiça), deverá o juiz, fundamentando sua decisão, aceitar a estimativa feita pelo exequente e proceder, ato contínuo, aos atos de expropriação.

Artigo 871.

Não se procederá à avaliação quando:

I – uma das partes aceitar a estimativa feita pela outra;

II – se tratar de títulos ou de mercadorias que tenham cotação em bolsa, comprovada por certidão ou publicação no órgão oficial;

III – se tratar de títulos da dívida pública, de ações de sociedades e de títulos de crédito negociáveis em bolsa, cujo valor será o da cotação oficial do dia, comprovada por certidão ou publicação no órgão oficial;

IV – se tratar de veículos automotores ou de outros bens cujo preço médio de mercado possa ser conhecido por meio de pesquisas realizadas por órgãos oficiais ou de anúncios de venda divulgados em meios de comunicação, caso em que caberá a quem fizer a nomeação o encargo de comprovar a cotação de mercado.

Parágrafo único. Ocorrendo a hipótese do inciso I deste artigo, a avaliação poderá ser realizada quando houver fundada dúvida do juiz quanto ao real valor do bem.

CORRESPONDÊNCIA NO CPC/1973: *ARTS. 682 E 684.*

1. **Estimativa e dispensa.** Nota-se de plano que a avaliação será dispensada caso seja oferecida estimativa por uma parte e desde que seja aceita pela outra. E aqui reside a primeira significativa diferença entre o texto do CPC/2015 e aquele do CPC/1973.

Enquanto no texto de 1973 a estimativa somente poderia ser apresentada pelo executado, o novo texto legal outorga também ao exequente a prerrogativa de oferecer e aceitar essa estimativa, o que reforça nosso entendimento manifestado nos comentários ao art. 870, no que se refere à solução para os casos em que a execução não comporte avaliação por perito avaliador (especialmente tendo em vista que, conforme entendemos, a execução deve desenvolver-se de maneira menos gravosa para o credor, devendo-se, então, interpretar com certas restrições e ponderações o disposto no art. 805 do CPC/2015).

Sempre que entender necessário e até mesmo quando as partes anuírem com a estimativa, ainda assim, o juiz, que é quem preside o processo, terá a prerrogativa de determinar a avaliação, mas entendemos que deverá fazê-lo, sempre, de maneira fundamentada (parágrafo único).

2. **Valor público e notório – valor de mercado.** Em seus incisos II e III, este art. 871 reflete o estado atual das coisas e autoriza a dispensa de avaliação nas hipóteses em que é notório e conhecido o valor de determinados bens, o que não ocorria sob a égide do sistema haurido pelo CPC/1973 – tacanho formalismo que apenas e tão somente premiava a lentidão da marcha processual.

Desse modo, com base neste art. 871 do CPC/2015, em se tratando de títulos de dívida pública, ações de sociedades e títulos de crédito negociáveis em bolsa, com relação aos quais exista cotação oficial, não se fará necessária a avaliação, que se mostra totalmente desnecessária.

O mesmo se observa com relação aos veículos automotores.

Nessa mesma esteira, este art. 871 alarga, ainda mais e de maneira expressa, o rol das hipóteses de dispensa de avaliação, favorecendo, portanto, a celeridade e economia processual, já que todo e qualquer bem que tenha preço médio aferível por meio de órgãos oficiais ou anúncios de venda divulgados em veículos de comunicação (e entendemos que sítios especializados em venda pela rede mundial de computadores se equiparam a esses veículos de comunicação) poderá ter sua avaliação dispensada.

3. Comprovação do valor de mercado. No nosso sentir, o art. 871 disse menos do que deveria, já que, para que haja a dispensa da avaliação, aquele que nomeou o bem à penhora deverá comprovar a cotação de mercado. Ora, mas e se aquele que nomeou o bem não cumprir com sua obrigação, a outra parte estaria impedida de fazê-lo, e o processo teria de submeter-se à custosa e, por vezes, demorada avaliação?

No nosso entender, a resposta é negativa, de modo que qualquer das partes, em homenagem à economia e celeridade processual, poderá e mesmo deverá demonstrar a cotação de mercado; e, em havendo divergências entre eventuais cotações apresentadas por mais de uma parte no processo, deverá o juiz decidir qual cotação prevalecerá, podendo até mesmo, com base nas cotações acostadas aos autos, estabelecer um valor distinto que melhor venha a pacificar a questão – e, em última análise, poderá sempre o juiz determinar a realização de avaliação.

4. Bens dados em garantia. Não se pode perder de vista que, com base no art. 1.484 do CC/2002, é igualmente dispensada a avaliação nos casos de bens dados em garantia, cuja avaliação já tenha sido documental e previamente acordada entre as partes (TJRS, Agravo de Instrumento 70062324371).

Artigo 872.

A avaliação realizada pelo oficial de justiça constará de vistoria e de laudo anexados ao auto de penhora ou, em caso de perícia realizada por avaliador, de laudo apresentado no prazo fixado pelo juiz, devendo-se, em qualquer hipótese, especificar:

I – os bens, com as suas características, e o estado em que se encontram;

II – o valor dos bens.

§ 1º Quando o imóvel for suscetível de cômoda divisão, a avaliação, tendo em conta o crédito reclamado, será realizada em partes, sugerindo-se, com a apresentação de memorial descritivo, os possíveis desmembramentos para alienação.

§ 2º Realizada a avaliação e, sendo o caso, apresentada a proposta de desmembramento, as partes serão ouvidas no prazo de 5 (cinco) dias.

CORRESPONDÊNCIA NO CPC/1973: *ART. 681.*

1. Considerações gerais. Este art. 872 do CPC/2015 pouco inovou se comparado ao seu antecessor art. 681 do CPC/1973. Inicialmente tratou de estabelecer a distinção entre o documento que formaliza a avaliação realizada pelo oficial de justiça (vistoria ou laudo anexados ao auto de penhora) e pelo perito avaliador (laudo a ser apresentado em documento apartado).

No mais, as únicas distinções de relevo são aquelas constantes do parágrafo 2º, que estabelece, primeiramente, que, uma vez realizada a avaliação com proposta de desmembramento de imóvel suscetível de divisão, as partes deverão, a esse respeito, ser ouvidas no prazo de 5 (cinco) dias.

Contudo, mesmo que não houvesse previsão expressa determinando a intimação das partes acerca da avaliação, esta já seria de rigor, de modo que nem mesmo essa alteração na redação trará impactos dignos de nota.

2. Divisão cômoda do imóvel. O parágrafo 2º deste artigo inova, ao estabelecer que, sugerida a divisão do imóvel, deverá ser apresentado pelo avaliador um memorial descritivo com as possíveis sugestões de desmembramento, o que antes não se exigia.

Contudo, não basta que a divisão do imóvel seja cômoda para que seja proposto seu desmembramento. É imperioso que o desmembramento seja realizado em estrita consonância com as legislações federais, estaduais e municipais aplicáveis à espécie, as quais, à parte do "cômodo desmembramento", estabelecem regras bastante rígidas para esse fim.

ARTIGO 873.

É admitida nova avaliação quando:

I – qualquer das partes arguir, fundamentadamente, a ocorrência de erro na avaliação ou dolo do avaliador;

II – se verificar, posteriormente à avaliação, que houve majoração ou diminuição no valor do bem;

III – o juiz tiver fundada dúvida sobre o valor atribuído ao bem na primeira avaliação.

Parágrafo único. Aplica-se o art. 480 à nova avaliação prevista no inciso III do *caput* deste artigo.

CORRESPONDÊNCIA NO CPC/1973: *ART. 683.*

1. Considerações gerais. Esse dispositivo não inovou em comparação ao art. 683 do CPC/1973. A única alteração efetiva, no nosso entender, e que nem mesmo mereceria nota numa análise menos detida, diz respeito a seu inciso III que não mais faz a referência que antes fazia o seu predecessor.

Conforme já vimos (art. 871 deste CPC/2015), ambas as partes passaram a ter a prerrogativa de atribuir o valor ao bem penhorado, de modo que, mesmo remanescendo a regra de substituição de penhora e a correlata atribuição de valor ao bem penhorado por parte do executado (art. 805, CPC/2015), não faz mais sentido manter-se a restrição trazida pelo diploma processual de 1973.

2. Nova avaliação. Em qualquer, hipótese provocada ou não (art. 480, CPC/2015), tenha o juiz dúvidas acerca do valor atribuído ao bem, poderá e deverá ser realizada nova avaliação, conforme dispõe o inciso III deste artigo. Essa medida se mostra indispensável para fins de que terceiros não possam ser prejudicados ante a atribuição equivocada, por assim dizer, de valor indevido aos bens penhorados.

Artigo 874.

Após a avaliação, o juiz poderá, a requerimento do interessado e ouvida a parte contrária, mandar:

I – reduzir a penhora aos bens suficientes ou transferi-la para outros, se o valor dos bens penhorados for consideravelmente superior ao crédito do exequente e dos acessórios;

II – ampliar a penhora ou transferi-la para outros bens mais valiosos, se o valor dos bens penhorados for inferior ao crédito do exequente.

CORRESPONDÊNCIA NO CPC/1973: *ART. 685.*

1. Considerações iniciais. Este art. 874 repete a redação de seu predecessor e não soluciona as questões decorrentes de sua redação, como, por exemplo, no que se refere à possiblidade de o juiz reduzir ou majorar a penhora antes de ultimada a avaliação.

2. Possibilidade de majoração ou redução de penhora antes da avaliação. A avaliação é por vezes muito demorada. Por esse motivo, aguardar sua finalização – para, somente a partir daí, permitir-se redução ou majoração da penhora, – é o mesmo que aceitar o sério risco de sensíveis prejuízos às partes em razão do tempo no processo.

Entendemos, a esse respeito, que, não obstante o silêncio do legislador, é plenamente possível ao juiz, mediante requerimento da parte interessada – e ouvida a parte contrária e desde que a oitiva se faça necessária e/ou não prejudique o regular andamento do processo (entendemos ser altamente recomendado que não se proceda à oitiva no caso de situação urgente e necessidade de penhora, por exemplo, de créditos em conta e aplicações financeiras, ou então de penhora e remoção de bens móveis e semoventes etc., hipóteses nas quais, uma vez ouvido o executado, os bens a serem penhorados poderão ser ocultados e desviados, e a medida se tornará inócua) –, proceder à redução ou majoração da penhora, independentemente da avaliação, desde que notório que o bem penhorado é insuficiente para garantia do juízo ou em muito sobeja o valor executado. (STJ, EDcl-AgRg 1.269.416/SP).

Artigo 875.
Realizadas a penhora e a avaliação, o juiz dará início aos atos de expropriação do bem.
CORRESPONDÊNCIA NO CPC/1973: *NÃO HÁ.*

1. **Considerações gerais.** Não se pode falar no início dos atos de expropriação, ou seja, na transformação dos bens penhorados em algo que venha a efetivamente satisfazer a pretensão do exequente, sem que se tenha sido estabelecido o valor atribuível a esses bens, até por respeito ao devido processo legal.

Desse modo, o dispositivo legal em comento não apenas afigura consequência lógica do sistema processual como um todo, mas também reflete o mesmo racional do diploma legal de 1973, tendo, então, praticamente replicado a redação de dantes.

SEÇÃO IV – Da Expropriação de Bens

SUBSEÇÃO I – Da Adjudicação

Artigo 876.
É lícito ao exequente, oferecendo preço não inferior ao da avaliação, requerer que lhe sejam adjudicados os bens penhorados.
§ 1º Requerida a adjudicação, o executado será intimado do pedido:
I – pelo Diário da Justiça, na pessoa de seu advogado constituído nos autos;
II – por carta com aviso de recebimento, quando representado pela Defensoria Pública ou quando não tiver procurador constituído nos autos;
III – por meio eletrônico, quando, sendo o caso do § 1º do art. 246, não tiver procurador constituído nos autos.
§ 2º Considera-se realizada a intimação quando o executado houver mudado de endereço sem prévia comunicação ao juízo, observado o disposto no art. 274, parágrafo único.
§ 3º Se o executado, citado por edital, não tiver procurador constituído nos autos, é dispensável a intimação prevista no § 1º.
§ 4º Se o valor do crédito for:
I – inferior ao dos bens, o requerente da adjudicação depositará de imediato a diferença, que ficará à disposição do executado;
II – superior ao dos bens, a execução prosseguirá pelo saldo remanescente.
§ 5º Idêntico direito pode ser exercido por aqueles indicados no art. 889, incisos II a VIII, pelos credores concorrentes que hajam penhorado o

mesmo bem, pelo cônjuge, pelo companheiro, pelos descendentes ou pelos ascendentes do executado.

§ 6º Se houver mais de um pretendente, proceder-se-á a licitação entre eles, tendo preferência, em caso de igualdade de oferta, o cônjuge, o companheiro, o descendente ou o ascendente, nessa ordem.

§ 7º No caso de penhora de quota social ou de ação de sociedade anônima fechada realizada em favor de exequente alheio à sociedade, esta será intimada, ficando responsável por informar aos sócios a ocorrência da penhora, assegurando-se a estes a preferência.

CORRESPONDÊNCIA NO CPC/1973: *ART. 685-A.*

1. Considerações iniciais. Em se tratando de adjudicação, pouca ou nenhuma novidade trouxe o legislador, que, no nosso sentir, deveria ter resolvido algumas questões que até hoje remanescem insolúveis ou mesmo de difícil solução, tais como as elencadas abaixo. Assim já defendemos em nossa obra *A nova adjudicação na execução civil.* (CÂMARA, Helder Moroni, *A nova adjudicação na execução civil*, 1. ed., Florianópolis, Conceito Editorial, 2014).

1.1. O valor para adjudicar. Cremos, firmes na doutrina e jurisprudência estrangeira que amplamente analisamos naquela nossa obra monográfica, que o adjudicante, especialmente quando a adjudicação representa pagamento, deva receber certa comodidade. Assim sendo, deveria ser reconhecida a possibilidade de a adjudicação se dar por valor inferior ao da avaliação, estabelecendo-se, portanto, certo abatimento sobre o valor, justamente tendo em vista que, ao adjudicar, o exequente não está recebendo o dinheiro que tanto objetivou, mas, sim, tem de se conformar em receber algo que não estava inicialmente em seus planos.

Ademais, ao adjudicar, em regra, recebe-se o bem pelo valor da avaliação, não se considerando a natural depreciação decorrente da venda forçada que será realizada privadamente pelo adjudicante.

1.2. Legitimados e relação homoafetiva. Em que pese ter andado bem o legislador de 2015, ao estabelecer que o companheiro também tem legitimidade para pleitear o que se denomina de "adjudicação remição", cremos que o mesmo igualmente deveria ser reconhecido, de maneira expressa, em favor dos companheiros em relação homoafetiva, por princípio de isonomia. Ademais, no nosso sentir, conforme melhor analisaremos mais adiante, é inconstitucional em parte o parágrafo 6º, ao estabelecer que o cônjuge terá preferência sobre o companheiro.

1.3. Licitação adjudicatória. O legislador quedou-se silente a esse respeito.

Tendo em vista a adjudicação ter se transformado no meio preferencial de expropriação, acreditamos que cada vez mais seu âmbito de incidência exponencialmente se alargará. Dessa forma, para evitarem-se futuras dificuldades de interpretação e de aplicação da norma, deveria o legislador de 2015 ter tratado expressamente desses temas, regulando a concessão de abatimento sobre o preço, tratando melhor a questão do concurso de preferências e do concurso licitatório propriamente dito e escorando-se, para tanto, no direito italiano e no português que, cada um a seu modo, preconizam que, em havendo mais de um interessado, será designada audiência para processamento da licitação adjudicatória – com o que concordamos e em razão do que defendemos nossa dissertação a respeito.

1.4. Modalidades distintas de execução: adjudicação satisfativa, adjudicação venda, adjudicação remição e adjudicação coletiva. Entendemos, ainda, que existem, nos termos deste artigo de lei ora em comento, 3 (três) modalidades de adjudicação, quais sejam, (i) a adjudicação *strictu sensu* (satisfativa), que é a regra e está prevista no *caput* deste art. 876; (ii) a adjudicação venda, prevista no parágrafo 4º, por meio da qual o adjudicante tem de pagar determinada quantia para tomar o bem penhorado para si; e adjudicação remição, prevista nos parágrafos 6º e 7º, realizada em favor do cônjuge, companheiro, descendentes ou ascendentes do executado, ou de seus sócios, na hipótese de penhora de quota social ou ação.

Ademais, cremos que a adjudicação pode ser realizada em favor de apenas um ou de uma pluralidade de interessados, no que denominamos, respectivamente, de "adjudicação individual" e "adjudicação coletiva". Em que pese o CPC/2015, a exemplo do CPC/1973, não trazer qualquer previsão legal expressamente autorizando essa modalidade coletiva de adjudicação, não a proíbe, não havendo, em regra, qualquer óbice prático para sua realização.

Lembramos a esse respeito que os princípios gerais de direito devem ser utilizados para supressão dessa eventual lacuna, tal como aquela acima identificada, e que o direito comparado integra esses princípios gerais. Dessa forma, nos escoramos no disposto no art. 505 do Código de Processo Civil Italiano, para concluir que, no direito pátrio, é também de se admitir a adjudicação coletiva.

2. Procedimento para adjudicar. Não havendo composição entre os mencionados para fins de que a adjudicação se dê de maneira coletiva, deverá ser iniciada a licitação adjudicatória. Resumidamente a esse respeito, entendemos que, caso o pedido de adjudicação seja apresentado por um daqueles legitimados com direito de preferência, e desde que eles pretendam adjudicar pelo valor de avaliação do bem, desnecessária será a realização da licitação adjudicatória (parágrafo 6º).

2.1. Preferência entre cônjuges e a relação homoafetiva. O legislador, ao estabelecer as preferências, entendeu que o cônjuge preferirá ao companheiro na adjudicação. Contudo, em primeiro lugar, não cabe essa distinção, já que a CF/1988, em seu art. 226, § 3º, expressamente reconhece a união estável entre o homem e a mulher como entidade familiar, equiparando, assim, cônjuges e companheiros.

Não obstante, o STF, ao julgar a Ação Direta de Inconstitucionalidade 4.277 e a Arguição de Descumprimento de Preceito Fundamental 132, reconheceu a plena validade e eficácia jurídica da união estável entre casais do mesmo sexo.

Ou seja, não nos parece possível a distinção entre cônjuge e companheiro (sejam de mesmo sexo ou não), de modo que não se pode dizer, ou mesmo defender, que o cônjuge terá preferência sobre o companheiro.

A questão ganha relevância em razão de recentes julgados que reconhecem a existência simultânea de relações de casamento e união estável.

Ora, se casamento e união estável se equivalem e se é possível a existência simultânea de ambos, não se pode admitir, sob pena de frontal inconstitucionalidade, a distinção entre cônjuge e companheiro, os quais têm os mesmos direitos; e, desse modo, em se tratando de licitação adjudicatória, um não pode preferir ao outro. Estão no mesmo patamar de igualdade e somente vencerão a licitação caso ofereçam propostas que superem à do outro, já que, como visto, objetivamente estão em pé de igualdade em eventual concurso entre si.

2.2. Preferência em iguais condições. Feitas essas considerações, ressaltamos que, caso o legitimado com direito de preferência, especialmente naqueles casos de adjudicação remição, pretenda adjudicar por valor inferior ao da avaliação, deverá o juiz intimar os demais legitimados para que estes manifestem seu possível interesse em adjudicar por valor superior ao oferecido pelo legitimado preferente; e, caso haja tal interesse, deverá, então, ser iniciada a licitação adjudicatória.

Havendo concorrência, escoramo-nos no direito português (art. 876º do Código de Processo Civil de Portugal) e no direito italiano (art. 530 do Código de Processo Civil da Itália), os quais, cada um a sua maneira, preveem a realização de audiência, para que o juiz, nessa oportunidade, decida as questões relacionadas à licitação na adjudicação.

2.3. Até que momento exercer o direito de preferência? Apresentado nos autos o pedido de adjudicação dos bens, oferecendo-se o valor pelo qual se pretende adjudicar, abrir-se-á a possibilidade, até assinatura da carta de adjudicação, para que os demais legitimados também manifestem interesse em adjudicar, o que ensejará o procedimento da licitação por nós aqui sugerido. Reforçamos aqui o entendimento de que, salvo nas expressas hipóteses legais, não há que se falar na prévia intimação dos demais interessados, de modo que estes deverão, caso assim o queiram, ingressar nos autos na qualidade de terceiro interessado, para assim, e tão somente assim, terem conhecimento do pedido de adjudicação formulado e participarem da licitação.

2.4. Licitação e audiência. Em havendo concurso entre os legitimados a adjudicar, deverá o juiz marcar dia e hora para entrega de oferta fechada, sendo recomendável a designação de audiência, momento no qual o juiz analisará as questões de preferência e declarará o vencedor da licitação adjudicatória, ou seja, quem de fato irá adjudicar os bens penhorados.

Abertas as propostas e apontado o vencedor, deverá o juiz ouvir os presentes para apurar se há algum titular de preferência para adjudicar e, em havendo, instá-lo acerca do interesse em exercer essa preferência.

Exercendo-se o direito de preferência e ofertando-se preço no mínimo igual ao que havia inicialmente sido declarado vencedor, o juiz dará por encerrada a audiência, reconhecendo a adjudicação em prol do detentor da preferência.

Entendemos, ainda, que, não obstante a licitação adjudicatória tenha suas origens remontando à arrematação, com esta nunca se confundirá. Por essa razão, cremos não ser possível aos legitimados, após oferecerem oferta fechada em audiência (procedimento este que entendemos ser o mais indicado à espécie), apresentarem novas e seguidas ofertas como se estivessem diante do efetivo procedimento de arrematação.

2.5. Nova proposta. Uma única hipótese, no nosso entendimento, autorizaria aos legitimados a apresentação de novo lance: caso detenham os legitimados mesma posição (não se aplicando nenhuma preferência em detrimento ou favor de um ou outro) e tendo sido apresentada idêntica oferta para a adjudicação por parte destes, deverá o juiz instá-los, em continuidade à audiência, e se possível de imediato, para que apresentem nova oferta, não inferior à que já tiverem apresentado.

2.6. Licitação e participação societária. Na adjudicação sobre participação societária, entendemos que as regras contidas no contrato ou estatuto social da empresa é que definirão se o adjudicante se tornará sócio ou passará, então, a perceber seu quinhão social recentemente adjudicado na forma de apuração de haveres.

3. Intimação de todos os interessados. Por fim, em que pese o legislador ter quedado silente neste dispositivo legal, entendemos que a necessidade de intimação prévia dos interessados mencionados no art. 889 deste CPC/2015 é requisito *sine qua non* tanto da alienação judicial (que será mais adiante analisada) quanto da adjudicação.

Contudo, em se tratando de pedido de adjudicação formulado por quem detenha hipoteca sobre o bem a ser adjudicado, ou mesmo em se tratando de bem sobre o qual recaia penhora unicamente em favor do adjudicante, desnecessária se fará essa intimação, visto que, na primeira hipótese, a preferência do credor hipotecário precede à de quaisquer outros credores (mesmo que estes detenham penhora anterior sobre o bem). E, em se tratando de bem sobre o qual recaia penhora registrada unicamente em favor do adjudicante, por absoluta desnecessidade (verdadeira falta de interesse), não se fará necessária referida intimação (exceção feita, em ambos os casos, à hipótese de adjudicação sobre participação societária).

ARTIGO 877.
Transcorrido o prazo de 5 (cinco) dias contado da última intimação e decididas eventuais questões, o juiz ordenará a lavratura do auto de adjudicação.

§ 1º Considera-se perfeita e acabada a adjudicação com a lavratura e a assinatura do auto pelo juiz, pelo adjudicatário, pelo escrivão ou chefe de secretaria e, se estiver presente, pelo executado, expedindo-se:

I – a carta de adjudicação e o mandado de imissão na posse, quando se tratar de bem imóvel;

II – a ordem de entrega ao adjudicatário, quando se tratar de bem móvel.

§ 2º A carta de adjudicação conterá a descrição do imóvel, com remissão à sua matrícula e aos seus registros, a cópia do auto de adjudicação e a prova de quitação do imposto de transmissão.

§ 3º No caso de penhora de bem hipotecado, o executado poderá remi-lo até a assinatura do auto de adjudicação, oferecendo preço igual ao da avaliação, se não tiver havido licitantes, ou ao do maior lance oferecido;

§ 4º Na hipótese de falência ou de insolvência do devedor hipotecário, o direito de remição previsto no § 3º será deferido à massa ou aos credores em concurso, não podendo o exequente recusar o preço da avaliação do imóvel.

CORRESPONDÊNCIA NO CPC/1973: *ART. 685-B.*

1. Título aquisitivo. Uma vez resolvidas as eventuais questões incidentes, deverá o juiz determinar a lavratura e assinatura do auto de adjudicação, atos estes por meio dos quais se considera como perfeita e acabada a adjudicação.

Todavia, o auto não é suficiente como título representativo da propriedade e depende da carta ou do mandado (ordem) de entrega para que, então, se afigure plenamente como título.

A adjudicação enseja a transferência do domínio dos bens penhorados ao adjudicante; e, desse modo, a aquisição da propriedade sobre os bens penhorados também deverá encerrar determinado título aquisitivo. O auto de adjudicação, portanto, é o documento que faz que a adjudicação seja perfeita e acabada (mas não irretratável).

2. Irretratabilidade? Não é irretratável a adjudicação, assim entendemos, pois, em ocorrendo evicção e já tendo sido extinta a execução, não se poderá reabrir o processo de execução já extinto, devendo o adjudicante evicto escorar-se na ação indenizatória para fins de evitar o enriquecimento sem causa ou locupletamento ilícito do exequente.

Todavia, caso a execução ainda não tenha sido extinta, poderá o exequente-adjudicante, em caso de evicção, pleitear ao juiz da causa que reconheça a não perfectibilização de pagamento decorrente da adjudicação e poderia, então, a ação de execução tornar a prosseguir pelo total original do *quantum exequatur*.

Entendemos que o adjudicante também poderá, no caso de evicção, em vez de simplesmente buscar indenização, pleitear que sejam anulados os atos processuais relacionados à adjudicação, tais como o auto e mesmo a carta de adjudicação, com base no art. 966, § 4º, do CPC/2015, na busca de retornar as coisas ao *status quo ante* e, assim, restaurar sua condição de credor contra o exequente.

3. Remição. É possível a remição do bem por parte do executado (massa falida deste, ou aos credores em concurso, no caso de recuperação judicial ou mesmo liquidação), conforme se depreende dos parágrafos 3º e 4º.

Ressaltamos, contudo, que a remição – tanto dos parágrafos 3º e 4º acima, quanto do art. 902 ou mesmo do art. 826, todos deste CPC/2015 – não se confunde com a remissão (perdão), prevista nos arts. 385 a 388 do CC/2002.

Cremos que a hipótese do parágrafo 3º se assemelha, limitando-se ao imóvel arrematado, àquela do art. 826 deste CPC/2015 e que as hipóteses do parágrafo 4º se assemelham àquelas dos art.s 304 e 305 do CC/2002, regendo-se por essas regras, portanto.

Artigo 878.

Frustradas as tentativas de alienação do bem, será reaberta oportunidade para requerimento de adjudicação, caso em que também se poderá pleitear a realização de nova avaliação.

CORRESPONDÊNCIA NO CPC/1973: *NÃO HÁ.*

1. Considerações iniciais. Não existe correspondência, no CPC/1973, para o dispositivo legal ora analisado. Contudo, entendemos que, mesmo que não houvesse sido inserido esse dispositivo no CPC/2015, a situação remanesceria a mesma de antes, já que, como vimos nesses nossos comentários, pouca ou quase nenhuma alteração foi implementada com relação à adjudicação pelo legislador de 2015.

2. Até quando adjudicar? Não ficou muito bem explícito na lei o momento em que os legitimados poderão requerer a adjudicação e, especialmente, até quando poderão fazê-lo. E, conforme veremos a seguir, parece-nos desde logo não ser possível se falar na perda de um prazo específico para requerimento da adjudicação, cujo momento se estenderá, a nosso sentir, enquanto não ultimados quaisquer dos meios de expropriação previstos no ordenamento jurídico pátrio.

A esse respeito, Humberto Theodoro Júnior defende que "uma vez iniciada a licitação em hasta pública, não há como impedir que o arrematante adquira o bem. Não há na lei concorrência entre adjudicantes e arrematantes. Se, todavia, a hasta frustrar-se por falta de licitantes, não haverá inconveniente em que se prefira a adjudicação em vez de recolocar os bens penhorados em nova hasta pública.". (THEODORO JR., Humberto, *Processo de execução e cumprimento de sentença*, 26. ed., São Paulo, LEUD, 2009).

Não cremos, todavia, que o início da hasta ou a prática de atos outros atinentes aos demais meios expropriatórios teriam o condão de cerrar as portas para o atualmente preferencial desses meios, que é a adjudicação.

Na esteira do quanto defendemos são as lições de Luiz Rodrigues Wambier *et al.*: "com a Lei n. 11.382/2006, tornou-se possível a adjudicação a qualquer tempo, depois de penhorado e avaliado o bem.". (WAMBIER, Luiz Rodrigues *et al.*, *Curso avançado de processo civil*, v. 2, 9. ed., São Paulo, RT, 2007). O mesmo posicionamento é seguido por Walter Vechiato Júnior, para quem "a adjudicação pode ser requerida pelo credor logo após a penhora do bem e sua avaliação ou até a finalização da hasta pública.". (VECHIATO JR., Walter, *Manual de execução civil*, 1. ed. São Paulo, Juarez de Oliveira, 2007). No mesmo sentido, Marcelo Abelha. (ABELHA, Marcelo, *Manual de execução civil*, 2. ed., Rio de Janeiro, Forense Universitária, 2007).

Acreditamos, com base na doutrina acima citada, que, em razão de preferir a todo e qualquer outro meio de expropriação, a adjudicação poderá ser pleiteada, e ultimada, até antes da assinatura de eventual carta de arrematação ou mesmo da própria carta de adjudicação.

Em tendo sido iniciada eventual hasta pública, e caso ainda não tenha sido dado nenhum lance vencedor, uma vez manifestado interesse em adjudicar por quem de direito sequer seria necessária a continuidade da hasta, que, portanto, restaria prejudicada em razão do pedido de adjudicação.

Esse também é o entendimento de Paulo Hoffman *et al.*, para quem, inclusive, "até mesmo em sendo positiva a praça ou leilão, poderá ocorrer a adjudicação sempre em qualquer momento anterior à assinatura do auto de arrematação (art. 694, *caput*), desde que não cause prejuízo ao devedor ou ao arrematante, inclusive arcando o adjudicante com as custas decorrentes da realização desnecessária da hasta pública". (HOFFMAN, Paulo *et al.*, *Nova execução de título extrajudicial. Lei 11.382/2006 comentada artigo por artigo*, 1. ed., São Paulo, Método, 2007).

E não haver prejuízo para o devedor significa dizer que, na hipótese de ter sido oferecido lance na hasta pública, caso se pretenda adjudicar o bem, deverá ser respeitado o valor do lance, isto é, o bem deverá ser adjudicado pelo valor lançado em hasta pública, especialmente na hipótese de o lance ser superior ao da avaliação. Isso porque o art. 805 do CPC/2015, ao estabelecer que a execução deverá ocorrer pelo meio menos gravoso ao devedor, direciona-nos à conclusão de que, em havendo lance superior à avaliação, para que o devedor não sofra prejuízos, a adjudicação deverá ocorrer em valor equivalente ou superior ao do referido lance.

3. Intempestividade do pedido de adjudicação? Conforme a jurisprudência, o pedido de adjudicação não pode, em regra, ser considerado como intempestivo. (STJ, REsp 57.587/SP; REsp 485.962/SP).

SUBSEÇÃO II – Da Alienação

ARTIGO 879.
   A alienação far-se-á:
   I – por iniciativa particular;
   II – em leilão judicial eletrônico ou presencial.
   CORRESPONDÊNCIA NO CPC/1973: *ART. 685-C.*

1. **Considerações gerais.** Sob a égide do CPC/2015, a alienação dos bens poderá ser realizada pelos mesmos meios de outrora: iniciativa particular ou leilão (presencial ou eletrônico).

Conforme será visto a seguir ao tratarmos do art. 880, a execução é processo de resultado único e busca a satisfação do direito de crédito de titularidade do exequente, razão pela qual o legislador segue buscando privilegiar meios mais céleres e efetivos para que esse resultado seja alcançado.

Esse ideário legislativo, cremos, mostra-se aqui presente, ao notar-se que a alienação por iniciativa particular, que tem regras muito menos rígidas que as dos leilões presenciais ou mesmo eletrônicos, foi fixada como meio preferencial de alienação, o que representa a preocupação legislativa com a facilitação da satisfação do direito do credor.

Artigo 880.

Não efetivada a adjudicação, o exequente poderá requerer a alienação por sua própria iniciativa ou por intermédio de corretor ou leiloeiro público credenciado perante o órgão judiciário.

§ 1º O juiz fixará o prazo em que a alienação deve ser efetivada, a forma de publicidade, o preço mínimo, as condições de pagamento, as garantias e, se for o caso, a comissão de corretagem.

§ 2º A alienação será formalizada por termo nos autos, com a assinatura do juiz, do exequente, do adquirente e, se estiver presente, do executado, expedindo-se:

I – a carta de alienação e o mandado de imissão na posse, quando se tratar de bem imóvel;

II – a ordem de entrega ao adquirente, quando se tratar de bem móvel.

§ 3º Os tribunais poderão editar disposições complementares sobre o procedimento da alienação prevista neste artigo, admitindo, quando for o caso, o concurso de meios eletrônicos, e dispor sobre o credenciamento dos corretores e leiloeiros públicos, os quais deverão estar em exercício profissional por não menos que 3 (três) anos.

§ 4º Nas localidades em que não houver corretor ou leiloeiro público credenciado nos termos do § 3º, a indicação será de livre escolha do exequente.

CORRESPONDÊNCIA NO CPC/1973: *ART. 685-C.*

1. Alienação como meio secundário. Não sendo do interesse do exequente ou de eventuais outros legitimados a adjudicação dos bens penhorados, abre-se a oportunidade para realização da alienação dos referidos bens, o que, como já vimos neste trabalho, poderá ser realizado, a critério do exequente, por inciativa particular dele mesmo exequente, ou por meio de terceiros (leiloeiros e corretores), na forma de leilão eletrônico ou presencial.

2. Procedimento. Em qualquer das hipóteses de alienação, caberá ao juiz definir as regras gerais a serem observadas pelas partes e terceiros, nos exatos termos do que estabelece o parágrafo 1º do dispositivo legal aqui em análise.

Uma vez procedida à alienação do bem penhorado por qualquer dos meios previstos neste art. 880, será expedido o competente termo, que é o documento por meio do qual é realizada a transferência da propriedade em favor do arrematante.

3. Imissão na posse. Interessante notar que o parágrafo 2º deste art. 880 traz significativa novidade que o texto de 1973 não contemplava e que, por tal motivo, ensejava discussões intermináveis a esse respeito. Indagava-se: arrematado ou adjudicado um bem imóvel e não entregue a posse ao arrematante, seria necessária a propositura de ação própria de imissão na posse, ou alargar-se-iam os limites objetivos bastante restritos da ação de execução, a fim de que o arrematante pudesse, naquela mesma demanda, pleitear a posse para si do bem arrematado?

O STJ já havia firmado entendimento no sentido de que não se faria necessária a propositura de ação própria para tal fim. (STJ, AgRg no AREsp 225.581/SP; REsp 742.303/MG; REsp 192.139/SP; REsp 578.849/SC; RMS 1.636/AL; REsp 61.002/GO). Contudo, como o CPC/1973 era silente a esse respeito, e tendo em vista as peculiaridades restritivas da ação de execução, essa questão não era pacífica e ainda gerava controvérsias.

Entretanto, o parágrafo 2º deste art. 880 resolve a questão e deixa claro que será no bojo da própria ação de execução que essas questões serão solucionadas, já que o mandado de imissão na posse deverá ser expedido *incontinenti*.

Cremos, ademais, que a expedição do mandado de imissão na posse, por princípio de economia e celeridade processual, deverá ser procedida em conjunto com a carta de alienação, para fins de imediato cumprimento na hipótese de injustificada resistência por parte do antigo proprietário ou possuidor do bem arrematado.

Artigo 881.

A alienação far-se-á em leilão judicial se não efetivada a adjudicação ou a alienação por iniciativa particular.

§ 1º O leilão do bem penhorado será realizado por leiloeiro público.

§ 2º Ressalvados os casos de alienação a cargo de corretores de bolsa de valores, todos os demais bens serão alienados em leilão público.

CORRESPONDÊNCIA NO CPC/1973: *ARTS. 686 E 689-A.*

1. Alienação como meio secundário. O legislador de 2015 deixa claro aqui, mais uma vez, que sua opção foi pela celeridade e pela economia processual, ao reconhecer que a alienação judicial é meio secundário de expropriação, que sempre cederá às mais céleres e muito menos custosas adjudicação e alienação por iniciativa particular.

Nesse sentido, note-se que na, hipótese de a alienação judicial ser eleita pelo exequente como o meio de expropriação dos bens penhorados, estabelece o *caput* do art. 882 do CPC/2015, que a seguir analisaremos, que se deverá dar preferência à alienação por meios eletrônicos.

2. Leilão e praça? O CPC/2015 não mais faz distinção entre praça e leilão. Conforme o art. 686, § 2º, do CPC/1973: "a praça realizar-se-á no átrio do edifício do Fórum; o leilão, onde estiverem os bens, ou no lugar designado pelo juiz.". O CPC/2015 estabelece – à exceção dos bens e valores mobiliários, que serão alienados em bolsa de valores por intermédio de corretoras –procedimento único para fins de alienação judicial: o leilão, a ser realizado conforme regras e disciplina estabelecidas neste CPC/2015.

3. Ações com cotação oficial. Mesmo a alienação de bens e valores mobiliários, que será realizada por intermédio de empresa privada, qual seja, corretora de valores, deverá seguir as regras impostas pela bolsa de valores. E as regras para alienação de bens e valores mobiliários são igualmente públicas, de modo que, ainda que assim o seja, não é possível caracterizar como privada essa modalidade de alienação, já que é severamente regulada pelos órgãos fiscalizadores.

ARTIGO 882.
Não sendo possível a sua realização por meio eletrônico, o leilão será presencial.

§ 1º A alienação judicial por meio eletrônico será realizada, observando--se as garantias processuais das partes, de acordo com regulamentação específica do Conselho Nacional de Justiça.

§ 2º A alienação judicial por meio eletrônico deverá atender aos requisitos de ampla publicidade, autenticidade e segurança, com observância das regras estabelecidas na legislação sobre certificação digital.

§ 3º O leilão presencial será realizado no local designado pelo juiz.
CORRESPONDÊNCIA NO CPC/1973: *NÃO HÁ.*

1. Ampla publicidade. A alienação por iniciativa particular e a venda de bens e mercadorias em bolsa de valores, em que pese não serem definidas, nos termos do art. 881, como modalidades de leilões públicos, ainda assim se submetem à plena publicidade e ao controle não apenas jurisdicional, mas também de órgãos públicos específicos (no caso da alienação em bolsa).

E não se poderia esperar que a alienação por meios eletrônicos, verdadeiro leilão público judicial nos termos do art. 881, admitisse publicidade e regulação menos rigorosas do que daqueles outros meios de leilão acima mencionados.

Nos termos deste art. 882, resta claro que a ampla publicidade e a regulamentação específica são da essência do leilão eletrônico, seja para garantir a higidez e lisura do procedimento, seja para propiciar melhores resultados em benefício de ambas as partes.

Todavia, mesmo em havendo esse controle bastante rígido dos leilões eletrônicos, lembramos que, conforme já tivemos a oportunidade de mencionar aqui nos nossos comentários, no nosso sentir, o legislador de 2015 pretendeu facilitar o alcance dos objetivos perseguidos pela ação de execução, e por tal motivo os meios de expropriação se tornaram mais flexíveis, assim nos parece, para que possam se adaptar aos tempos líquidos em que vivemos.

2. Discricionaridade do exequente. A opção pelos meios de expropriação, em razão de tudo quanto anteriormente já afirmamos, é prerrogativa do exequente, em favor de quem o processo de execução, de resultado único, se desenvolve.

Não se pode perder de vista que, mesmo que seja mais custoso e demorado, caso o exequente opte, de plano, pela alienação por leilão judicial em detrimento da alienação por iniciativa privada, ou mesmo decida pelo leilão presencial em detrimento do eletrônico, e desde que tal medida não traga prejuízos ao executado (art. 805 do CPC/2015), deverá o juiz deferir o pedido do exequente.

O exequente não poderá, contudo, pleitear que ações e valores mobiliários sejam alienados de modo distinto daquele estabelecido pelo art. 881, § 4º. deste CPC.

Artigo 883.

Caberá ao juiz a designação do leiloeiro público, que poderá ser indicado pelo exequente.

CORRESPONDÊNCIA NO CPC/1973: *ART. 706.*

1. Prerrogativa do juiz. O juiz, que preside o processo, tem o poder-dever de indicar leiloeiro público de sua confiança, que detenha os atributos necessários não apenas para conduzir o processo de venda da maneira mais escorreita possível, mas também e especialmente para que os bens penhorados sejam efetivamente vendidos e para que seja satisfeito o crédito perseguido pelo exequente.

2. Possibilidade de indicação pelas partes. Todavia, tendo em vista que o maior interessado na alienação dos bens é o próprio exequente, nada mais lógico e razoável que possa ele, o exequente, indicar profissionais que igualmente detenham essas mesmas qualidades, auxiliando, assim, o juiz na designação.

Todavia, poderá o juiz indeferir a indicação, já que é o juiz quem preside o processo e preza por sua boa condução. Não existe direito líquido e certo, nem mesmo obrigação de o juiz aceitar a indicação, já que é sua essa prerrogativa.

No nosso entendimento, contudo, o juiz somente poderá indeferir a indicação feita pelo exequente se tiver fundamentos razoáveis para tanto, pois, em regra, cremos que a indicação do exequente deverá ser aceita. Isso porque, por ser processo de resultado único que busca atender aos pleitos de ninguém menos do que o próprio exequente, este deve ter a possibilidade de participar de maneira ativa na escolha dos assistentes que o auxiliarão na obtenção da tutela jurisdicional que está a buscar.

Artigo 884.

Incumbe ao leiloeiro público:

I – publicar o edital, anunciando a alienação;

II – realizar o leilão onde se encontrem os bens ou no lugar designado pelo juiz;

III – expor aos pretendentes os bens ou as amostras das mercadorias;

IV – receber e depositar, dentro de 1 (um) dia, à ordem do juiz, o produto da alienação;

V – prestar contas nos 2 (dois) dias subsequentes ao depósito.

Parágrafo único. O leiloeiro tem o direito de receber do arrematante a comissão estabelecida em lei ou arbitrada pelo juiz.

CORRESPONDÊNCIA NO CPC/1973: *NÃO HÁ.*

1. **Considerações gerais.** Nos termos do art. 24, parágrafo único, do Decreto-Lei 21.981/1932, a comissão do leiloeiro é de 5% (cinco por cento) sobre o valor dos bens leiloados.

Desse modo, caso o juiz não fixe outro percentual, a comissão devida ao leiloeiro será aquela fixada em lei (art. 24, parágrafo único, Decreto-Lei 21.981/1932), podendo o juiz, a depender da situação fática, fixar comissão em percentual superior ou mesmo inferior ao legal, sempre que o caso em concreto assim exigir.

Artigo 885.

O juiz da execução estabelecerá o preço mínimo, as condições de pagamento e as garantias que poderão ser prestadas pelo arrematante.

CORRESPONDÊNCIA NO CPC/1973: *ART. 690.*

1. **Preço mínimo inferior ao do art. 891.** Nos termos do parágrafo único do art. 891 deste CPC/2015, o preço mínimo de toda e qualquer arrematação é aquele ali fixado, considerando-se vil, em regra, preço inferior ao patamar de 50% da avaliação.

Ou seja, nenhum bem poderá ser arrematado, em regra, por montante inferior a 50% (cinquenta por cento) de sua avaliação.

Ocorre que o próprio art. 891, ao tratar do preço vil, autoriza o juiz, conforme a situação em concreto exigir, a fixar valor inferior ao limite legal; e, caso o juiz não estabeleça, nos termos deste art. 885 c/c art. 891, preço mínimo de arrematação inferior aos 50%, deverão as partes e os interessados sujeitaram-se ao limite legal, qual seja, 50% (cinquenta por cento) da avaliação.

O preço mínimo, então, será sempre, em regra, aquele fixado pelo art. 891, que, a depender do caso em concreto e nos termos deste art. 885, poderá comportar exceções e ser até mesmo inferior ao limite legal do art. 891. (TJSP, Apelação 0005021-27.2009.8.26.0297; STJ, REsp 15.976/PR; STJ, REsp 100.706/RO).

Artigo 886.

O leilão será precedido de publicação de edital, que conterá:

I – a descrição do bem penhorado, com suas características, e, tratando-se de imóvel, sua situação e suas divisas, com remissão à matrícula e aos registros;

II – o valor pelo qual o bem foi avaliado, o preço mínimo pelo qual poderá ser alienado, as condições de pagamento e, se for o caso, a comissão do leiloeiro designado;

III – o lugar onde estiverem os móveis, os veículos e os semoventes e, tratando-se de créditos ou direitos, a identificação dos autos do processo em que foram penhorados;

IV – o sítio, na rede mundial de computadores, e o período em que se realizará o leilão, salvo se este se der de modo presencial, hipótese em que serão indicados o local, o dia e a hora de sua realização;

V – a indicação de local, dia e hora de segundo leilão presencial, para a hipótese de não haver interessado no primeiro;

VI – menção da existência de ônus, recurso ou processo pendente sobre os bens a serem leiloados.

Parágrafo único. No caso de títulos da dívida pública e de títulos negociados em bolsa, constará do edital o valor da última cotação.

CORRESPONDÊNCIA NO CPC/1973: *ART. 686.*

1. Condições no edital. A teor deste art. 886, o edital deverá conter, entre outras informações, as condições de pagamento. Mas quais seriam essas condições?

Em regra, conforme preconiza o art. 892 deste CPC/2015, o pagamento deverá ser realizado de imediato pelo arrematante, salvo pronunciamento judicial em outro sentido; e, assim sendo, como regra, as condições de pagamento são aquelas do *caput* do art. 892, ou seja, pagamento a ser realizado de imediato.

Entretanto, entendemos que o juiz poderá fazer constar do edital condições outras, já preestabelecidas, como, por exemplo, fixando opções para aquisição mediante pagamento parcelado – e se assim não fosse, não haveria a necessidade, nem mesmo a possibilidade, de o edital fazer constar condições de pagamento, já que a regra do art. 892 já seria suficiente para esse fim.

Assim sendo, parece-nos que a alienação mediante pagamento parcelado, no sistema deste CPC/2015 poderá ocorrer por dois meios distintos: (i) o juiz poderá previamente estabelecer e autorizar a aquisição parcelada, em condições preestabelecidas e constantes do edital (art. 886, II) e (ii) os interessados na aquisição com pagamento parcelado poderão também apresentar, em qualquer hipótese, proposta escrita ao juízo da causa, nos termos do art. 893 deste CPC/2015 que mais adiante analisaremos.

Destaque-se, por oportuno, que, em razão do disposto no art. 889, parágrafo único, deste CPC/2015, desde sempre se terá conhecimento do preço legalmente mínimo, que é equivalente a 50% (cinquenta por cento) do valor de avaliação do bem – de modo que o edital não necessariamente precisa conter tal condição: silente o edital, aplica-se a regra do art. 891.

Contudo, caso o edital estabeleça um preço mínimo para arrematação diferente daquele fixado pelo art. 891, parágrafo único do CPC/2015, será o preço mínimo do edital que passará a regular o leilão. Contudo, caso essa informação não conste do edital, a conclusão é pela regra geral do já mencionado art. 891.

Artigo 887.

O leiloeiro público designado adotará providências para a ampla divulgação da alienação.

§ 1º A publicação do edital deverá ocorrer pelo menos 5 (cinco) dias antes da data marcada para o leilão.

§ 2º O edital será publicado na rede mundial de computadores, em sítio designado pelo juízo da execução, e conterá descrição detalhada e, sempre que possível, ilustrada dos bens, informando expressamente se o leilão se realizará de forma eletrônica ou presencial.

§ 3º Não sendo possível a publicação na rede mundial de computadores, ou considerando o juiz, em atenção às condições da sede do juízo, que esse modo de divulgação é insuficiente ou inadequado, o edital será afixado em local de costume e publicado, em resumo, pelo menos uma vez em jornal de ampla circulação local.

§ 4º Atendendo ao valor dos bens e às condições da sede do juízo, o juiz poderá alterar a forma e a frequência da publicidade na imprensa, mandar publicar o edital em local de ampla circulação de pessoas e divulgar avisos em emissora de rádio ou televisão local, bem como em sítios distintos do indicado no § 2º.

§ 5º Os editais de leilão de imóveis e de veículos automotores serão publicados pela imprensa ou por outros meios de divulgação, preferencialmente na seção ou no local reservado à publicidade dos respectivos negócios.

§ 6º O juiz poderá determinar a reunião de publicações em listas referentes a mais de uma execução.

CORRESPONDÊNCIA NO CPC/1973: *ART. 687.*

1. Ampla publicidade. No CPC/1973, as partes eram as responsáveis pela publicação do edital e deveriam proceder à publicação referida em jornais de grande circulação. Essa medida, no mais das vezes não, dava a publicidade necessária nem mesmo atingia o público alvo eventualmente interessado na aquisição do bem posto em leilão, já que o conceito de "jornal de grande circulação" é bastante vago.

A quem alcançaria a publicação do edital de um leilão de obras de arte, lotes de joias ou móveis de *designers*, realizada em jornais impressos publicados em determinados bairros, regiões ou cidades pequenas? Fato é que o que se observava sob a égide do CPC/1973 eram publicações de editais por mera formalidade, com ínfima ou quase nenhuma real divulgação do leilão ao público alvo.

Desse modo, e para fins de propiciar realmente o resultado que se busca por meio do processo, o legislador de 2015, nos tempos líquidos que hoje vivemos, optou por facilitar a divulgação, já que, doravante, o responsável pela publicação do edital é o leiloeiro oficial designado para esse ofício, conforme disciplina o *caput* deste art. 887 ora comentado, e ninguém melhor do que o leiloeiro oficial para saber onde e como divulgar um leilão.

2. Sítios eletrônicos. O edital do leilão deverá ser publicado, preferencialmente, em sítios eletrônicos, ao contrário do que antes ocorria, devendo o juiz da causa indicar em quais sítios ocorrerá a publicação. E desnecessárias grandes elucubrações para concluir-se que será muito menos difícil leiloar os bens penhorados desse modo.

Ademais, o leilão de bens específicos, tais como de um automóvel raro, obras de arte ou coisa que o valha, será grandemente facilitado mediante publicação do edital em sítios eletrônicos especializados (que, hoje em dia, pululam pela rede mundial de computadores), os quais o público alvo e eventualmente interessado nesses bens está sempre a acessar.

ARTIGO 888.
Não se realizando o leilão por qualquer motivo, o juiz mandará publicar a transferência, observando-se o disposto no art. 887.

Parágrafo único. O escrivão, o chefe de secretaria ou o leiloeiro que culposamente der causa à transferência responde pelas despesas da nova publicação, podendo o juiz aplicar-lhe a pena de suspensão por 5 (cinco) dias a 3 (três) meses, em procedimento administrativo regular.

CORRESPONDÊNCIA NO CPC/1973: *ART. 688.*

1. Considerações gerais. Não obstante usar o termo "transferência", o que se está a discutir neste dispositivo de lei é meramente o adiamento culposo do leilão; e, uma vez caracterizada a culpa (que é um conceito aberto e deverá ser caracterizada no caso a caso), aqueles que tiverem dado causa ao adiamento responderão pelas despesas daí decorrentes.

Se for do conhecimento do juiz que determinado leiloeiro costumeiramente atravanca o andamento do processo e provoca, por sua culpa e desídia, adiamento de leilões, não apenas poderá, mas, sim, deverá o juiz indeferir eventual indicação desse mesmo leiloeiro, nos termos do art. 883 deste CPC/2015 e na linha dos comentários que fizemos a respeito daquele dispositivo legal.

ARTIGO 889.

Serão cientificados da alienação judicial, com pelo menos 5 (cinco) dias de antecedência:

I – o executado, por meio de seu advogado ou, se não tiver procurador constituído nos autos, por carta registrada, mandado, edital ou outro meio idôneo;

II – o coproprietário de bem indivisível do qual tenha sido penhorada fração ideal;

III – o titular de usufruto, uso, habitação, enfiteuse, direito de superfície, concessão de uso especial para fins de moradia ou concessão de direito real de uso, quando a penhora recair sobre bem gravado com tais direitos reais;

IV – o proprietário do terreno submetido ao regime de direito de superfície, enfiteuse, concessão de uso especial para fins de moradia ou concessão de direito real de uso, quando a penhora recair sobre tais direitos reais;

V – o credor pignoratício, hipotecário, anticrético, fiduciário ou com penhora anteriormente averbada, quando a penhora recair sobre bens com tais gravames, caso não seja o credor, de qualquer modo, parte na execução;

VI – o promitente comprador, quando a penhora recair sobre bem em relação ao qual haja promessa de compra e venda registrada;

VII – o promitente vendedor, quando a penhora recair sobre direito aquisitivo derivado de promessa de compra e venda registrada;

VIII – a União, o Estado e o Município, no caso de alienação de bem tombado.

Parágrafo único. Se o executado for revel e não tiver advogado constituído, não constando dos autos seu endereço atual ou, ainda, não sendo ele encontrado no endereço constante do processo, a intimação considerar-se-á feita por meio do próprio edital de leilão.

CORRESPONDÊNCIA NO CPC/1973: *ARTS. 687 E 698.*

1. Considerações gerais. A intimação prévia do executado é de rigor. Ele deve ter ciência com antecedência de todos os atos para deles tomar parte, especialmente quando se trata de atos de expropriação, sendo certo que a intimação se poderá dar, inclusive, na pessoa de seu advogado.

O parágrafo único deste artigo traz inovação, ao estabelecer que, em sendo revel o executado, ou, ainda, estando em local incerto e não sabido, sua intimação se dará por meio do próprio edital do leilão, o que claramente é menos oneroso e mais célere.

A necessidade de intimação prévia dos interessados mencionados no inciso II deste art. 889, no nosso entender, é requisito *sine qua non* não apenas para a alienação judicial, como também para a adjudicação, em que pese o legislador ter quedado silente a esse respeito. Cremos, então, que a intimação prévia é requisito da realização da alienação judicial e da adjudicação (como já apontamos em nossos comentários ao art. 876 deste CPC/2015).

Artigo 890.

Pode oferecer lance quem estiver na livre administração de seus bens, com exceção:

I – dos tutores, dos curadores, dos testamenteiros, dos administradores ou dos liquidantes, quanto aos bens confiados à sua guarda e à sua responsabilidade;

II – dos mandatários, quanto aos bens de cuja administração ou alienação estejam encarregados;

III – do juiz, do membro do Ministério Público e da Defensoria Pública, do escrivão, do chefe de secretaria e dos demais servidores e auxiliares da justiça, em relação aos bens e direitos objeto de alienação na localidade onde servirem ou a que se estender a sua autoridade;

IV – dos servidores públicos em geral, quanto aos bens ou aos direitos da pessoa jurídica a que servirem ou que estejam sob sua administração direta ou indireta;

V – dos leiloeiros e seus prepostos, quanto aos bens de cuja venda estejam encarregados;

VI – dos advogados de qualquer das partes.

CORRESPONDÊNCIA NO CPC/1973: *ART. 690-A.*

1. Impedidos a dar lanço. O rol dos impedidos a dar lanço na alienação judicial foi aumentado, e a justificativa da dicção legal é bastante simples: todos aqueles relacionados no mencionado artigo de lei podem influenciar, direta ou indiretamente, os rumos da lide, e mesmo da alienação, e não podem, portanto, beneficiar-se de sua condição, por vezes privilegiada, para obter benefício individual.

A questão é não apenas de moralidade, mas objetivamente de preservação do patrimônio e dos interesses econômicos dos envolvidos na lide. Um leilão maculado por interesses escusos a todos prejudica e não interessa a nenhum jurisdicionado.

2. Rol exemplificativo. Cremos que o rol dos impedidos, tal como já reconheceu o STJ (STJ, REsp 1.368.249/RN), é meramente exemplificativo e, sempre que houver a possibilidade de prejuízos às partes, ao processo ou à jurisdição, determinada pessoa ou ente poderão, melhor dizendo, deverão, por decisão fundamentada, ser impedidos de participar do certame.

ARTIGO 891.
Não será aceito lance que ofereça preço vil.
Parágrafo único. Considera-se vil o preço inferior ao mínimo estipulado pelo juiz e constante do edital, e, não tendo sido fixado preço mínimo, considera-se vil o preço inferior a cinquenta por cento do valor da avaliação.
CORRESPONDÊNCIA NO CPC/1973: *ART. 692.*

1. Considerações gerais. O legislador de 2015 optou por colocar um fim à desgastante questão do preço vil.

Muito se discutiu na doutrina e jurisprudência a esse respeito, mas o STJ já havia fixado entendimento no sentido de que somente poderia ser considerado vil o preço inferior a 50% do valor da avaliação (STJ, REsp 267.934/MS), tendo este art. 891 adotado, portanto, o posicionamento daquela Corte Superior.

2. Valor inferior ao mínimo legal. Por vezes, não se faz possível a arrematação sequer por 50% da avaliação, motivo pelo qual é de grande importância a redação do parágrafo único deste art. 891, que autoriza expressamente ao juiz, a depender das condições do caso em concreto, a fixação de valor outro a ser considerado como preço mínimo para se arrematar.

A regra a ser observada a esse respeito, então, é a seguinte: uma vez silente o juiz e nada constando do edital, a regra geral deste art. 891 deverá ser observada, ou seja, o mínimo será o valor equivalente a 50% da avaliação; e, caso o juiz tenha decidido de maneira diversa, o valor mínimo poderá ser outro, sendo considerado como vil e, portanto, nulo o lance que for inferior a esses patamares.

A redação do parágrafo único deste art. 891, portanto, estabelece uma regra, que a depender do caso em concreto, comporta exceções, conforme vier a ser decidido pelo juiz. (TJSP, Apelação 0005021-27.2009.8.26.0297).

ARTIGO 892.

Salvo pronunciamento judicial em sentido diverso, o pagamento deverá ser realizado de imediato pelo arrematante, por depósito judicial ou meio eletrônico.

§ 1º Se o exequente arrematar os bens e for o único credor, não estará obrigado a exibir o preço, mas, se o valor dos bens exceder ao seu crédito, depositará, dentro de 3 (três) dias, a diferença, sob pena de tornar-se sem efeito a arrematação, e, nesse caso, realizar-se-á novo leilão, à custa do exequente.

§ 2º Se houver mais de um pretendente, proceder-se-á entre eles à licitação, e, no caso de igualdade de oferta, terá preferência o cônjuge, o companheiro, o descendente ou o ascendente do executado, nessa ordem.

§ 3º No caso de leilão de bem tombado, a União, os Estados e os Municípios terão, nessa ordem, o direito de preferência na arrematação, em igualdade de oferta.

CORRESPONDÊNCIA NO CPC/1973: *ART. 690.*

1. **Pagamento imediato como regra, que comporta exceção.** Em se tratando de alienação judicial, a regra é pela realização imediata do pagamento do preço tão logo arrematado o bem. Ou seja, uma vez vencido o certame, o arrematante deverá, de imediato, proceder ao pagamento do valor devido.

Contudo, como vimos a teor do art. 886, II, deste CPC/2015, no edital poderão constar condições para o parcelamento do preço e, em tendo sido dado lanço para pagamento parcelado, por consequência lógica não se deverá exigir de imediato o pagamento.

2. **Pagamento diretamente ao exequente.** O *caput* deste art. 892, ao que nos parece, abre a possibilidade para que o pagamento do preço possa vir a ser realizado diretamente em favor do executado, na parte que lhe tocar, o que já é admitido na hipótese do parágrafo 3º do art. 869 deste CPC/2015. Veja-se que aqui o legislador autoriza o pagamento mediante depósito judicial ou meio eletrônico – e não estabelece que o meio eletrônico servirá exclusivamente aos propósitos do depósito judicial.

Desse modo, acreditamos que poderá o edital, então, ao fixar as condições de pagamento, estabelecer que a parte do pagamento que diga respeito ao executado possa ser paga diretamente a ele e o que sobejar, ou a parte que for necessária para pagamento de custas e eventuais honorários, deverá ser depositado judicialmente.

3. **Pluralidade de lances.** Sempre que houver pluralidade de lances que se equivalham financeiramente, deverá o leiloeiro proceder, na mesma oportunidade, à licitação entre os interessados, respeitando-se, em igualdade de condições, as preferências legais impostas pelo parágrafo 2º (a respeito das preferências legais, da incongruência e verdadeira inconstitucionalidade da preferência do cônjuge sobre o companheiro, bem como da distinção entre eles, vide nossos comentários ao art. 876 deste CPC/2015).

4. Preferência da União, dos Estados e dos Municípios. O parágrafo 3º deste art. 892 inovou, mas não criou. Não havia antes, no CPC/1973, qualquer disposição a respeito da preferência da União, dos Estados e dos Municípios, para a arrematação de bens tombados.

Contudo, o art. 22 do Decreto-Lei 25/1937 já estabelecia essa modalidade de preferência, que, entendemos, deve ser respeitada não apenas no âmbito da arrematação, como também no da adjudicação, em que pese revogada a referida disposição legal, sob pena de tratamento desigual a esses entes, especialmente tendo em vista o teor dos arts. 799, 804, e 889, todos deste CPC/2015.

Artigo 893.
Se o leilão for de diversos bens e houver mais de um lançador, terá preferência aquele que se propuser a arrematá-los todos, em conjunto, oferecendo, para os bens que não tiverem lance, preço igual ao da avaliação e, para os demais, preço igual ao do maior lance que, na tentativa de arrematação individualizada, tenha sido oferecido para eles.
CORRESPONDÊNCIA NO CPC/1973: *ART. 691.*

1. Considerações gerais. O conteúdo deste artigo é o mesmo de seu predecessor, com, talvez, certa melhoria na sua redação. Entretanto, o problema presente na redação anterior se mantém o mesmo.

Se o objetivo é facilitar a alienação dos bens e a obtenção dos resultados práticos almejados, bem como fomentar a arrematação global de todos os bens postos em leilão em detrimento de arrematação parcial, não se deveria exigir que, com relação aos bens que não tiverem lance, o preço para arrematar seja o mesmo da avaliação.

2. Possibilidade de alienação dos bens não arrematados, por valor inferior ao da avaliação. A esse respeito, cremos que, se, em determinado leilão, não houver interesse sobre determinados bens que até mesmo careceram de lance, como então justificar que, para o arremate global, esses bens, com relação aos quais não se demonstrou interesse, tenham de ser arrematados pelo valor da avaliação, e não, exemplo, pelo eventual preço mínimo (arts, 880, § 1º; 886, II; 891 e 892, CPC/2015)? Não se justifica, ao menos no nosso sentir.

Se pretende estimular-se a venda global, dever-se-ia permitir a arrematação dos demais bens, que não receberam lance, por valores inferiores aos da avaliação, até o limite do preço mínimo legal – art. 891 – ou daquele fixado pelo juiz no edital.

Ao que parece, o dispositivo legal em referência, que pretendia servir de estímulo para a venda global, acaba mesmo é fazendo que a arrematação se dê unicamente de maneira cindida, já que essa sistemática acaba em verdade desestimulando a venda global.

Entendemos, então, que, para que o dispositivo legal em questão efetivamente atinja seus objetivos, a interpretação que se deve dar ao mesmo é no sentido de buscar-se do interessado, inicialmente, um lance pelos demais bens em valor idêntico ao da avaliação. Caso não haja interesse na arrematação dos demais bens pelo valor da avaliação, deve-se permitir que os demais bens sejam arrematados por valor outro, no limite do preço mínimo fixado pelo juiz no edital (ou pela lei – art. 891, CPC/2015), com vistas a propiciar-se a venda global.

Caso compareça algum outro interessado na aquisição dos bens individualmente considerados, que apresente lance superior àquele ofertado para a aquisição global, abrir-se-ia licitação entre os interessados; e, de qualquer modo, caso não solucionada a questão, poderá o leiloeiro submeter a questão ao juiz que deverá, então, decidir se a arrematação global, mesmo com alguns bens sendo arrematados por valor inferior ao da avaliação, prevalecerá ante a arrematação individual.

3. Preferência da arrematação global frente à individual. Havendo diferença entre o valor do lanço global e a somatória dos lanços singulares, deve ser respeitada a preferência da arrematação global, abrindo-se prazo para complementação da oferta. (TJSP, Apelação 0003825-82.2009.8.26.0083).

Artigo 894.
Quando o imóvel admitir cômoda divisão, o juiz, a requerimento do executado, ordenará a alienação judicial de parte dele, desde que suficiente para o pagamento do exequente para a satisfação das despesas da execução.

§ 1º Não havendo lançador, far-se-á a alienação do imóvel em sua integridade.

§ 2º A alienação por partes deverá ser requerida a tempo de permitir a avaliação das glebas destacadas e sua inclusão no edital, e, nesse caso, caberá ao executado instruir o requerimento com planta e memorial descritivo subscritos por profissional habilitado.

CORRESPONDÊNCIA NO CPC/1973: *ART. 702.*

1. Considerações iniciais. A exemplo do que verificamos ao comentar o art. 872 deste CPC/2015, nota-se que também neste art. 894 o legislador está a buscar economia e celeridade, como também a menor gravosidade em favor do executado (art. 805, CPC/1973). Assim o é de fato, pois, permitido o desmembramento do imóvel (vide comentários ao art. 872), é certo que serão preservados os bens e direitos do executado, que terá de sujeitar à execução apenas a parte necessária de seu patrimônio a responder pela dívida.

Note-se que a medida aqui analisada é tão benéfica ao executado e tanto visa a proteger sobremaneira seu patrimônio, que o requerimento de alienação com a divisão do bem penhorado deverá ser formulado por ele, executado, que deverá instruir seu pedido com planta e memorial descritivo (parágrafo 2º).

Ademais, do que se depreende do parágrafo 2º, caso não formule o pedido de venda, cindindo-se o bem penhorado em tempo hábil, não poderá o executado valer-se desse benefício legal. Ou seja, não se pode prejudicar a marcha processual – reconhecendo o legislador, no nosso entender, que a execução deve igualmente ser menos gravosa também para o exequente, prosseguindo-se a execução, sem desnecessárias delongas, com a alienação global do bem.

Ressaltamos apenas que a opção pela divisão do imóvel somente poderá ser deferida nas hipóteses em que a legislação específica autorizar o desmembramento.

2. Alienação por partes não pleiteada pelo executado. Não obstante o parágrafo 2º deste artigo estabelecer que o pedido de alienação por partes deva ser pleiteado pelo executado, cremos que, no silêncio do executado, e sempre que for do interesse do exequente ou da jurisdição como um todo, ao exequente será possível pleitear, bem como o próprio juiz poderá definir, fundamentadamente, que a alienação se dê por partes, especialmente tendo em vista que essa medida, como regra, prejuízo algum trará ao executado.

Artigo 895.

O interessado em adquirir o bem penhorado em prestações poderá apresentar, por escrito:

I – até o início do primeiro leilão, proposta de aquisição do bem por valor não inferior ao da avaliação;

II – até o início do segundo leilão, proposta de aquisição do bem por valor que não seja considerado vil.

§ 1º A proposta conterá, em qualquer hipótese, oferta de pagamento de pelo menos vinte e cinco por cento do valor do lance à vista e o restante parcelado em até 30 (trinta) meses, garantido por caução idônea, quando se tratar de móveis, e por hipoteca do próprio bem, quando se tratar de imóveis.

§ 2º As propostas para aquisição em prestações indicarão o prazo, a modalidade, o indexador de correção monetária e as condições de pagamento do saldo.

§ 3º Vetado.

§ 4º No caso de atraso no pagamento de qualquer das prestações, incidirá multa de dez por cento sobre a soma da parcela inadimplida com as parcelas vincendas.

§ 5º O inadimplemento autoriza o exequente a pedir a resolução da arrematação ou promover, em face do arrematante, a execução do valor devido, devendo ambos os pedidos ser formulados nos autos da execução em que se deu a arrematação.

§ 6º A apresentação da proposta prevista neste artigo não suspende o leilão.

§ 7º A proposta de pagamento do lance à vista sempre prevalecerá sobre as propostas de pagamento parcelado.

§ 8º Havendo mais de uma proposta de pagamento parcelado:

I – em diferentes condições, o juiz decidirá pela mais vantajosa, assim compreendida, sempre, a de maior valor;

II – em iguais condições, o juiz decidirá pela formulada em primeiro lugar.

§ 9º No caso de arrematação a prazo, os pagamentos feitos pelo arrematante pertencerão ao exequente até o limite de seu crédito e os subsequentes, ao executado.

CORRESPONDÊNCIA NO CPC/1973: *ART. 690.*

1. Pagamento parcelado também para bens imóveis. Nos termos deste artigo, é possível a aquisição de bens móveis e imóveis mediante pagamento parcelado, o que, anteriormente, em razão do art. 690 do CPC/1973, somente era possível em se tratando de bens imóveis.

2. Dispensa de proposta escrita. Somente mediante proposta escrita é que será possível a aquisição com pagamento parcelado? Entendemos que a resposta é negativa e nos apoiamos no art. 886, II deste CPC/2015 para essa afirmação.

Assim entendemos, tendo em vista que o edital do leilão público deverá conter, entre outras informações, as condições de pagamento. Contudo, o *caput* do art. 892 deste CPC/2015 estabelece, como regra, o pagamento imediato do valor por parte do arrematante, o que tornaria despicienda a regra do inciso II deste art. 886.

Dessa forma, só faz sentido a exigência de o edital conter as condições de pagamento se estas forem distintas da regra geral fixada pelo *caput* do aludido art. 892.

Sendo assim, entendemos, como já afirmamos ao comentar o art. 886, que são duas as possibilidades para aquisição parcelada em leilão público, podendo, então, o juiz preestabelecer opções outras no próprio edital; ou, ainda, caso os interessados queiram adquirir mediante outras condições de parcelamento, deverão apresentar proposta escrita nos termos deste art. 895.

Entendemos até mesmo que a proposta de pagamento parcelado poderá ser apresentada diretamente ao leiloeiro; e, caso não haja licitantes, deverá o leiloeiro submeter a questão ao juízo, que poderá ou não aceitar essa modalidade de pagamento parcelada oferecida.

3. Proposta de aquisição parcelada independente de leilão. Cremos, ainda, que as eventuais propostas para aquisição parcelada, para serem apresentadas em juízo, não dependem da realização de leilão. Basta que tenha sido finalizada a avaliação dos bens para que se abra oportunidade aos interessados para apresentação de proposta.

4. Proposta e suspensão do leilão. A teor do parágrafo 6º deste dispositivo legal, a apresentação de proposta para aquisição parcelada não tem o condão de suspender o leilão. Contudo, cremos que o juiz poderá, conforme o caso e se entender que a proposta é vantajosa, submetê-la à análise das partes e, caso haja aquiescência por parte destas, suspender o eventual leilão já designado.

De todo modo, prejuízo algum sobrevirá ao processo ou mesmo ao interessado na aquisição em razão da não suspensão do leilão. Veja-se: não havendo a suspensão, a proposta do interessado na aquisição parcelada seguirá nos autos; e, caso frustrado o leilão, o juiz irá analisar essa proposta.

Se, no decorrer no leilão não suspenso, outro interessado der lance, aquele que ofereceu a proposta para aquisição parcelada terá oportunidade de oferecer uma nova proposta, um novo lance, por assim dizer, abrindo-se concorrência entre os interessados durante a realização do leilão.

A não suspensão do leilão prejuízo algum trará tampouco às partes: o exequente poderá, por meio do leilão, obter o pagamento em única parcela, o que certamente lhe será mais benéfico; e o executado poderá, por seu turno, beneficiar-se de eventual concorrência no decorrer do leilão, o que igualmente lhe trará benefícios.

Artigo 896.
Quando o imóvel de incapaz não alcançar em leilão pelo menos oitenta por cento do valor da avaliação, o juiz o confiará à guarda e à administração de depositário idôneo, adiando a alienação por prazo não superior a 1 (um) ano.

§ 1º Se, durante o adiamento, algum pretendente assegurar, mediante caução idônea, o preço da avaliação, o juiz ordenará a alienação em leilão.

§ 2º Se o pretendente à arrematação se arrepender, o juiz impor-lhe-á multa de vinte por cento sobre o valor da avaliação, em benefício do incapaz, valendo a decisão como título executivo.

§ 3º Sem prejuízo do disposto nos §§ 1º e 2º, o juiz poderá autorizar a locação do imóvel no prazo do adiamento.

§ 4º Findo o prazo do adiamento, o imóvel será submetido a novo leilão.
CORRESPONDÊNCIA NO CPC/1973: *ART. 701.*

1. Considerações iniciais. Este art. 896 visa a proteger os interesses do incapaz, fazendo-o de maneira a afastar, no primeiro leilão, a alienação do imóvel por valor inferior a 80% (oitenta por cento) ao da avaliação, não inovando, mas, sim, repetindo o mesmo critério anteriormente vigente.

No primeiro leilão, portanto, o imóvel de devedor incapaz é submetido a outro patamar de preço vil, que não aquele da regra geral imposta pelo art. 891 por nós aqui já analisado – para esse primeiro leilão, em se tratando de imóvel de incapaz, o preço vil será qualquer preço inferior a 80% (oitenta por cento) do valor da avaliação.

Não alcançado lance por valor que não seja o vil especialmente fixado para imóveis de devedor incapaz, o leilão poderá ser suspenso por prazo não superior a um ano, devendo o juiz, fundamentadamente, estabelecer qual será o prazo da suspensão.

2. Razões da suspensão. Qual o motivo dessa suspensão? A resposta reside no art. 4º do CC/2002. Algumas das hipóteses de incapacidade são momentâneas e podem, portanto, ser superadas com o transcurso do tempo, de modo que o executado que era anteriormente incapaz poderá recuperar sua capacidade e livremente voltará a dispor e tratar de maneira plena das questões relativas a seu patrimônio.

2.1. Suspensão por única vez. Entendemos que a suspensão do leilão poderá ocorrer apenas e tão somente por uma vez. Entendemos, ainda, que, transcorrido o prazo de suspensão, o imóvel do incapaz, mesmo que a incapacidade persista, será levado a leilão regular não mais limitado ao preço vil deste art. 896 ou às suas regras, mas, sim à regra geral a que se submetem todos e quaisquer leilões de bens penhorados no âmbito de processos de execução. Isso porque, respeitados os direitos e a condição do incapaz, a execução e os direitos do exequente não podem ter sua concreção suspensas em definitivo.

Artigo 897.

Se o arrematante ou seu fiador não pagar o preço no prazo estabelecido, o juiz impor-lhe-á, em favor do exequente, a perda da caução, voltando os bens a novo leilão, do qual não serão admitidos a participar o arrematante e o fiador remissos.

CORRESPONDÊNCIA NO CPC/1973: *ART. 695.*

1. Considerações gerais. O espírito deste artigo de lei é de impor penalidade àqueles que causam tumulto e atravancam a regular marcha processual, em razão da oferta de lance e da ausência do pagamento respectivo. Nessas hipóteses, tanto arrematante quanto seu fiador se sujeitarão à aplicação de multa, perda da eventual caução e, além do mais, ficarão impedidos de tomar parte do novo leilão.

Artigo 898.

O fiador do arrematante que pagar o valor do lance e a multa poderá requerer que a arrematação lhe seja transferida.

CORRESPONDÊNCIA NO CPC/1973: *ART. 696.*

1. Considerações gerais. Não obstante o art. 897 acima estabelecer perda da caução, pagamento de multa e novo leilão na hipótese de ausência de pagamento do preço, o fiador, ainda assim, terá a prerrogativa de, pagando o valor do lance e a multa, receber o bem arrematado para si, passando, então, o fiador a ser considerado, por sub-rogação, como arrematante e sendo desnecessária a manifestação das partes nesse sentido, já que a letra da lei expressamente reconhece essa hipótese sem condicioná-la a qualquer ato ou procedimento.

2. Transferência em favor de terceiro. A esse respeito, Cassio Scarpinella Bueno sustenta que um terceiro, mesmo que não tenha interesse, poderá escorar-se na regra deste art. 898 para fins de, pagando a multa e o preço, tornar-se o arrematante para todos os fins de direito, afirmação com a qual nós concordamos, especialmente em razão de a execução ser processo de resultado único, não nos parecendo que essa medida tenha o condão de causar prejuízos às partes ou mesmo à jurisdição. (BUENO, Cassio Scarpinella, *Curso sistematizado de direito processual civil: tutela jurisdicional executiva*, v. 3, 3. ed., São Paulo, Saraiva, 2010)

ARTIGO 899.
Será suspensa a arrematação logo que o produto da alienação dos bens for suficiente para o pagamento do credor e para a satisfação das despesas da execução.
CORRESPONDÊNCIA NO CPC/1973: *ART! 696.*

1. Encerramento do leilão. Este art. 899 faz menção à suspensão da arrematação, mas, em verdade, o que ocorrerá, uma vez obtido produto suficiente para pagamento do credor e das despesas da execução, é o encerramento do leilão e da própria execução nos termos do art. 904 deste CPC/2015.

2. Credor ou exequente? O legislador preconiza que haverá o encerramento do leilão quando o produto obtido for suficiente para pagamento do credor. E aqui o legislador optou por fazer referência ao "credor", e não ao "exequente". E por que essa distinção?

Parece-nos que o encerramento do leilão não está unicamente ligado ao pagamento do exequente, mas, sim, por exemplo, ao de eventuais outros credores habilitados na ação com relação a qual o leilão está sendo realizado (vide art.s 908 e 909 deste CPC/2015).

Em havendo penhoras diversas no rosto dos autos ou, ainda, em havendo outros credores com hipoteca ou penhor, em graus diferentes, sobre o bem, por princípio de aproveitamento dos atos e da economia/celeridade processual, o leilão, nessas hipóteses, deverá prosseguir, até que todos os credores noticiados nos autos sejam pagos, se possível for.

ARTIGO 900.

O leilão prosseguirá no dia útil imediato, à mesma hora em que teve início, independentemente de novo edital, se for ultrapassado o horário de expediente forense.

CORRESPONDÊNCIA NO CPC/1973: *ART. 689.*

1. **Considerações gerais.** O art. 689 do CPC/1973, que encontra correspondência neste art. 900, estabelecia que o leilão deveria ser interrompido quando sobreviesse a noite, o que, além de não ser esclarecedor, acaba por trazer mais dúvidas do que respostas.

De maneira muito mais objetiva, este art. 900 coloca fim à discussão acerca do momento em que se iniciaria a "noite", para fins de suspensão do leilão. Ademais, estabelece que o limite para sua realização é o horário de expediente forense e que, encerrado este, o leilão prosseguirá do dia útil imediatamente seguinte, independentemente de novo edital.

ARTIGO 901.

A arrematação constará de auto que será lavrado de imediato e poderá abranger bens penhorados em mais de uma execução, nele mencionadas as condições nas quais foi alienado o bem.

§ 1º A ordem de entrega do bem móvel ou a carta de arrematação do bem imóvel, com o respectivo mandado de imissão na posse, será expedida depois de efetuado o depósito ou prestadas as garantias pelo arrematante, bem como realizado o pagamento da comissão do leiloeiro e das demais despesas da execução.

§ 2º A carta de arrematação conterá a descrição do imóvel, com remissão à sua matrícula ou individuação e aos seus registros, a cópia do auto de arrematação e a prova de pagamento do imposto de transmissão, além da indicação da existência de eventual ônus real ou gravame.

CORRESPONDÊNCIA NO CPC/1973: *ARTS. 693, 703 E 707.*

1. **Mandado de imissão.** O auto de arrematação será lavrado imediatamente após finalizado o leilão, e não é necessário, para sua lavratura, o pagamento do preço ou dos custos inerentes ao próprio leilão. O pagamento será, contudo, condição para a expedição da ordem de entrega ou da carta de arrematação (e mandado de imissão). Novamente aqui, tal como observamos ao comentar o art. 876, ressaltamos que o legislador optou por estabelecer que o mandado de imissão seja expedido nos mesmos autos e sem qualquer demora (tão logo realizado o pagamento previsto no § 1º. deste art. 901).

2. Título aquisitivo. O título aquisitivo de propriedade é o documento pelo qual não apenas se faz prova do pacto translativo do domínio, mas também é aquele que permite ao adquirente a efetiva transmissão.

A arrematação proporciona a transferência do domínio dos bens penhorados ao arrematante, razão pela qual a aquisição da propriedade sobre os bens penhorados também deverá encerrar determinado título aquisitivo.

3. Auto de arrematação único. O dispositivo legal inovou ao estabelecer, em seu *caput*, que o auto de arrematação poderá ser um só para diversos bens colocados sob leilão, mesmo que esses bens tenham sido penhorados em processos distintos.

Contudo, a ordem de entrega, a carta e mandado previstos no parágrafo 1º, por questão de competência, deverão ser expedidos em documentos apartados pelos juízos nos quais tramitar cada um dos processos e somente poderão efetivamente ser expedidos após transcurso do prazo de 10 (dez) dias previstos no parágrafo 2º do art. 903 deste CPC/2015.

ARTIGO 902.
No caso de leilão de bem hipotecado, o executado poderá remi-lo até a assinatura do auto de arrematação, oferecendo preço igual ao do maior lance oferecido.
Parágrafo único. No caso de falência, ou insolvência, do devedor hipotecário, o direito de remição previsto no *caput* defere-se à massa, ou aos credores em concurso, não podendo o exequente recusar o preço da avaliação do imóvel.
CORRESPONDÊNCIA NO CPC/1973: *NÃO HÁ.*

1. Remição. A exemplo do que já vimos no art. 877, § 4º, deste CPC/2015, também em se tratando de arrematação de bem hipotecado poderá haver a remição, seja pelo executado ou, no caso de falência ou insolvência, pela massa ou devedores em concurso (recuperação judicial, liquidação ou insolvência civil).

Diferentemente do que se vê no art. 826 deste CPC/2015, não estamos aqui diante da hipótese de remição da execução como um todo, mas, sim, de remição de um bem em específico, que pode até mesmo ser exercida por terceiros.

Ressaltamos, contudo, que a remição, tanto deste art. 902, quanto do art. 877, §4º, ou mesmo do art. 826, todos deste CPC/2015, não se confunde com a remissão (perdão), previstos nos art.s 385 a 388 do CC/2002.

Cremos que a hipótese do *caput* deste artigo se assemelha, limitando-se ao imóvel arrematado, àquela do art. 826 deste CPC/2015 e que as hipóteses de seu parágrafo único se assemelham àquelas dos arts. 304 e 305 do CC/2002, regendo-se por essas regras, portanto.

2. Até quando remir? A remição é permitida até a arrematação. Expedido, mas não assinado o auto de arrematação, há ainda tempo de remir. (TJRS, Agravo de Instrumento 71004736690).

Artigo 903.

Qualquer que seja a modalidade de leilão, assinado o auto pelo juiz, pelo arrematante e pelo leiloeiro, a arrematação será considerada perfeita, acabada e irretratável, ainda que venham a ser julgados procedentes os embargos do executado ou a ação autônoma de que trata o § 4º deste artigo, assegurada a possibilidade de reparação pelos prejuízos sofridos.

§ 1º Ressalvadas outras situações previstas neste Código, a arrematação poderá, no entanto, ser:

I – invalidada, quando realizada por preço vil ou com outro vício;

II – considerada ineficaz, se não observado o disposto no art. 804;

§ 2º O juiz decidirá acerca das situações referidas no § 1º, se for provocado em até 10 (dez) dias após o aperfeiçoamento da arrematação.

§ 3º Passado o prazo previsto no § 2º sem que tenha havido alegação de qualquer das situações previstas no § 1º, será expedida a carta de arrematação e, conforme o caso, a ordem de entrega ou mandado de imissão na posse.

§ 4º Após a expedição da carta de arrematação ou da ordem de entrega, a invalidação da arrematação poderá ser pleiteada por ação autônoma, em cujo processo o arrematante figurará como litisconsorte necessário.

§ 5º O arrematante poderá desistir da arrematação, sendo-lhe imediatamente devolvido o depósito que tiver feito:

I – se provar, nos 10 (dez) dias seguintes, a existência de ônus real ou gravame não mencionado no edital;

II – se, antes de expedida a carta de arrematação ou a ordem de entrega, o executado alegar alguma das situações previstas no § 1º;

III – uma vez citado para responder a ação autônoma de que trata o § 4º. deste artigo, desde que apresente a desistência no prazo de que dispõe para responder a essa ação.

§6º Considera-se ato atentatório à dignidade da justiça a suscitação infundada de vício com o objetivo de ensejar a desistência do arrematante, devendo o suscitante ser condenado, sem prejuízo da responsabilidade por perdas e danos, ao pagamento de multa, a ser fixada pelo juiz e devida ao exequente, em montante não superior a vinte por cento do valor atualizado do bem.

CORRESPONDÊNCIA NO CPC/1973: *ART. 694.*

1. Supressão dos embargos de arrematação. O legislador optou por abolir do sistema deste CPC/2015 os embargos à arrematação, fazendo que as alegações tendentes a invalidar o arremate sejam suscitadas por meio de mera petição nos autos da execução, a ser apresentada no prazo de 10 (dez) dias, contados da perfectibilização da arrematação (assinatura do auto, a teor do *caput* deste art. 903), conforme se depreende dos parágrafos 1º e 2º acima.

Com essa medida, pretendeu o legislador acelerar a marcha processual, de modo a entregar a prestação jurisdicional em menor tempo e com maior eficácia, primando pelo sincretismo.

2. Ação autônoma. Somente na hipótese de já terem transcorrido os 10 (dez) dias do parágrafo 2º é que interessado terá de valer-se de ação autônoma para fins de buscar a invalidação da arrematação, para a qual o arrematante figurará como litisconsorte necessário nos exatos termos do parágrafo 4º.

A redação do parágrafo 4º pode gerar certa dúvida no intérprete, especialmente porque preconiza que a necessidade de se propor a acima mencionada ação autônoma somente surgiria caso não expedida a carta de arrematação, dando a impressão de que, mesmo transcorridos os 10 (dez) dias do parágrafo 2º, e caso não expedida a carta, ainda assim poderiam os interessados buscar a invalidação da arrematação por meio de mera petição.

Contudo, analisando-se teologicamente a norma, nota-se que, nos termos do parágrafo 3º, superado o prazo de 10 (dez) dias do parágrafo 2º, a carta de arrematação será expedida sem que, para tanto, seja necessária a observância de qualquer outra formalidade – e cremos que, para o arrematante, superado esse prazo, o direito de exigir a expedição da carta de arrematação será líquido e certo (salvo se o interessado obtiver tutela provisória específica no bojo da ação autônoma).

No nosso sentir, então, forçosamente deverá ser expedida a carta, e o prazo para suscitar mediante mera petição as questões elencadas no parágrafo 1º é preclusivo: não apresentada petição no prazo em testilha, a única opção para invalidar a arrematação será a ação autônoma.

3. Desistência da arrematação. Remanesce neste CPC/2015 a possibilidade de o arrematante desistir da compra judicial que realizou, devolvendo-se a ele o valor que tiver depositado nas hipóteses do parágrafo 5º.

4. Multa por protelação. Outra importante alteração trazida por este art. 903 reside em seu parágrafo 6º. No regramento anterior, a multa por embargos à arrematação protelatórios, que servissem exclusivamente para impedir a desembaraçada arrematação, seria destinada àquele que desistiu da arrematação.

Na sistemática deste CPC/2015, a multa por protelação será revertida em favor do exequente, estando, ainda, aquele que tiver suscitado indevidamente as matérias elencadas no parágrafo 1º sujeito às perdas e danos causados a quem quer que se tenha prejudicado com sua chicana processual.

Desse modo, ao que nos parece, o sistema se tornou muito mais rígido e busca reprimir e punir ainda mais àquele que injustificadamente se opuser à regular macha processual, impedindo que o processo atinja seu único resultado: satisfação do crédito perseguido pelo exequente.

SEÇÃO V – Da satisfação do Crédito

ARTIGO 904.
A satisfação do crédito exequendo far-se-á:
I – pela entrega do dinheiro;
II – pela adjudicação dos bens penhorados.
CORRESPONDÊNCIA NO CPC/1973: *ART. 708.*

1. Considerações iniciais. A entrega de dinheiro é o resultado naturalmente espe-rado e mais almejado na execução, mas, como cediço, nem sempre alcançado, podendo, então, a adjudicação substituí-la.

2. Pagamento e adjudicação. No nosso entender, a adjudicação não se caracteriza por ter – e tampouco tem – natureza jurídica de dação em pagamento, especialmente porque a dação em pagamento implica acordo entre as partes para recebimento de uma coisa pela outra e porque, no âmbito da adjudicação, o *animus* do devedor em acordar é de todo irrelevante.

A adjudicação tem natureza jurídica híbrida e complexa e não se confunde com a *datio in soluto*, mesmo porque, como já vimos, nem sempre terá a adjudicação natureza de pagamento.

A natureza jurídica da adjudicação pode ser de (i) ato expropriatório, transferência coativa da propriedade e, igualmente, pagamento, nas hipóteses de adjudicação *stricto sensu* (satisfativa); (ii) mero ato expropriatório e de transferência coativa da propriedade, na hipótese da adjudicação venda; ou (iii) ato liberatório, melhor dizendo, de remição dos bens penhorados, sempre que realizada a adjudicação em favor de familiares, com-panheiro ou sócio do executado.

Dependendo, portanto, da modalidade da adjudicação, esta poderá ter, mas nem sempre terá natureza de pagamento.

ARTIGO 905.
O juiz autorizará que o exequente levante, até a satisfação integral de seu crédito, o dinheiro depositado para segurar o juízo ou o produto dos bens alienados, bem como do faturamento de empresa ou de outros frutos e rendimentos de coisas ou empresas penhoradas, quando:

I – a execução for movida só a benefício do exequente singular, a quem, por força da penhora, cabe o direito de preferência sobre os bens penhorados e alienados;

II – não houver sobre os bens alienados outros privilégios ou preferências instituídos anteriormente à penhora.

Parágrafo único. Durante o plantão judiciário, veda-se a concessão de pedidos de levantamento de importância em dinheiro ou valores ou de liberação de bens apreendidos.

CORRESPONDÊNCIA NO CPC/1973: *ART. 709.*

1. **Considerações gerais.** O parágrafo único deste art. 905 estabelece que não serão concedidos pedidos de levantamento de importância em dinheiro, ou liberados bens apreendidos, durante o plantão judiciário, inovando o CPC/2015 nesse sentido. Essa regra visa a impedir que, baseado em cognição superficial, o juiz de plantão, que não é o juiz da causa, venha a ser levado a erro e autorize medidas que, claramente, são irreversíveis ou de difícil reversão.

Mas essa regra não pode ser considerada como absoluta, assim entendemos; e, a depender da situação em concreto, poderá o juiz autorizar o levantamento, especialmente naqueles casos de extrema urgência que envolvam risco de morte ou congênere. Há situações nas quais não se pode esperar, sob pena de o bem da vida se perder.

Artigo 906.
Ao receber o mandado de levantamento, o exequente dará ao executado, por termo nos autos, quitação da quantia paga.

Parágrafo único. A expedição de mandado de levantamento poderá ser substituída pela transferência eletrônica do valor depositado em conta vinculada ao juízo para outra indicada pelo exequente.

CORRESPONDÊNCIA NO CPC/1973: *NÃO HÁ.*

1. **Considerações gerais.** O pagamento do exequente em dinheiro, mediante expedição do competente mandado de levantamento (ou transferência eletrônica), é o resultado natural e mais que esperado do processo de execução.

E a novidade aqui reside na possibilidade de proceder-se à transferência eletrônica, em vez de ao levantamento mediante o burocrático e por vezes demorado procedimento de expedição de mandado de levantamento (que, após expedido e conferido, deverá ser protocolizado junto ao banco oficial no qual se encontram depositados os valores, para que, somente após alguns dias, os valores sejam efetivamente liberados).

Artigo 907.

Pago ao exequente o principal, os juros, as custas e os honorários, a importância que sobrar será restituída ao executado.
CORRESPONDÊNCIA NO CPC/1973: *ART. 710.*

1. Considerações gerais. Este art. 907 do CPC/2015, a exemplo do art. 710 do CPC/1973, estabelece que o executado não deverá sofrer as penas da lei sobre parcela de patrimônio maior do que aquela que seja suficiente para pagamento do *quantum exequatur*, restituindo-se a ele, executado, o que sobejar.

2. Execuções fiscais. Em se tratando de execução fiscal, e pelo princípio da conveniência da unidade da garantia da execução, deve entender-se que apenas uma penhora garante todas as execuções contra o mesmo devedor, motivo pelo qual o valor que sobejar somente poderá ser levantado pelo devedor após aferição do débito em todas as execuções em trâmite. (STJ, AgRg no REsp 920.918/RS).

Artigo 908.

Havendo pluralidade de credores ou exequentes, o dinheiro lhes será distribuído e entregue consoante a ordem das respectivas preferências.

§ 1º No caso de adjudicação ou alienação, os créditos que recaem sobre o bem, inclusive os de natureza *propter rem*, sub-rogam-se sobre o respectivo preço, observada a ordem de preferência.

§ 2º Não havendo título legal à preferência, o dinheiro será distribuído entre os concorrentes, observando-se a anterioridade de cada penhora.
CORRESPONDÊNCIA NO CPC/1973: *ART. 711.*

1. Dúvidas quanto ao procedimento. Tanto a redação de 1973 quanto esta de 2015 não solucionam a questão do "como" processar esse incidente processual, nem mesmo a de "onde" processá-lo.

Sabemos, todavia, que o CPC/2015 buscou eliminar incidentes processuais com o objetivo de buscar maior celeridade. Contudo, mesmo em assim sendo, este art. 908 não colocou um fim a essas discussões, que restam relegadas ao intérprete e ao operador, quando poderiam ter sido encerradas de uma vez por todas.

2. Débitos incidentes sobre o bem. O parágrafo 1º prevê que nos casos de adjudicação ou alienação, "os créditos" que recaírem sobre o bem serão sub-rogados sobre o preço. Parece-nos que aqui há dois problemas, e o primeiro deles é de linguagem. Ao usar o termo "crédito", e não "débito", o legislador dá a impressão de que os frutos dos bens penhorados serão sub-rogados sobre o preço, quando em verdade o que se está a discutir é a questão de débitos que recaiam sobre o bem.

3. Adjudicação. Ao estabelecer, conforme leitura que fazemos, que os débitos que recaiam sobre o bem serão sub-rogados sobre o preço mesmo em caso de adjudicação, o legislador, ao que nos parece, esqueceu-se de que nem sempre, em se tratando de adjudicação, haverá realização do preço –vide a modalidade de adjudicação *stricto sensu* (satisfativa), que é a regra e está prevista no *caput* do art. 876.

Em não havendo realização do preço, em regra, por parte do adjudicante, como seria possível ao Fisco, por exemplo, receber, mediante sub-rogação sobre o preço, os tributos eventualmente incidentes sobre os bens adjudicados? Parece-nos que, nessas hipóteses, a sub-rogação sobre o preço não se mostraria possível.

De outro lado, caso a adjudicação implique depósito do preço (em suas outras modalidades por nós brevemente analisadas quando dos comentários ao art. 876), aí, sim, entendemos que a regra do art. 130 do CTN se aplicaria integralmente, fazendo, então, sentido a regra por nós aqui analisada, visto que haveria preço sobre o qual o débito tributário se sub-rogaria.

4. Dívidas *propter rem*. O mesmo entendimento acima seria aplicado em se tratando de dívidas tributárias outras, que não aquelas *propter rem*?

Explicamos: "A" deve a "B", e igualmente "A" deve ao Fisco. As dívidas perante o Fisco decorrem, *v.g.*, do não recolhimento de tributos dos mais diversos (Imposto de Renda, Imposto de Importação, etc.), os quais não guardam relação com a coisa a ser adjudicada.

Ao que nos parece, a resposta reside em parte no art. 185 do CTN, que estabelece: "presume-se fraudulenta a alienação ou oneração de bens ou rendas, ou seu começo, por sujeito passivo em débito para com a Fazenda Pública por crédito tributário regularmente inscrito como dívida ativa em fase de execução".

Contudo, como já vimos mais acima quando da análise acerca da natureza jurídica da adjudicação, esta não se afigura em uma alienação realizada pelo sujeito passivo em débito com o Fisco, mas, sim, representa verdadeiro ato de intromissão do Estado no patrimônio daquele.

Não existe, como já vimos, manifestação de vontade por parte do executado: ou seja, a vontade do devedor é de todo despicienda para que seja ultimada a adjudicação.

Desse modo, todas e quaisquer outras dívidas tributárias, que não aquelas *propter rem*, não poderão de maneira alguma afetar a adjudicação em favor de credores outros do sujeito passivo em débito com o Fisco, especialmente em razão da natureza jurídica da própria adjudicação, que não se confunde com alienação voluntária; e, assim sendo, não que há que se falar em concilio entre o executado e o adjudicante.

5. Concurso. Este art. 908 traz em seu cerne duas modalidades distintas de concurso: concurso de credores (várias execuções contra um mesmo devedor, propostas por credores distintos), que se soluciona, em regra, pelo respeito à anterioridade da penhora; e concurso de preferências, que se resolve pela classificação legal, que entendemos ser aquela do art. 83 da Lei 11.101/2005.

ARTIGO 909.

Os exequentes formularão as suas pretensões, que versarão unicamente sobre o direito de preferência e a anterioridade da penhora, e, apresentadas as razões, o juiz decidirá.

CORRESPONDÊNCIA NO CPC/1973: *ART. 712.*

1. Considerações gerais. O contraditório e a ampla defesa são garantias a que todas as partes fazem jus, e essa constatação não poderia ser outra em se tratando deste incidente para solução do concurso de credores. Entretanto, estamos aqui diante de um incidente em processo de execução, que, por própria natureza, já possui um contraditório limitado e, por assim dizer, rarefeito.

Como se não bastasse a constatação acima, o próprio art. 909 cuida de delimitar ainda mais a esfera de atuação do contraditório em se tratando de concurso de credores, já que as questões postas em discussões unicamente poderão versar sobre as preferências e anterioridade de penhora, conforme o caso.

Desse modo, desde que se esteja diante da comprovação e discussão do direito de preferência e da anterioridade de penhora, o contraditório será amplamente permitido, com produção de provas, inclusive. Contudo, em se tratando de matéria estranha a esse âmbito, não deverá o juiz permitir sequer sua colação aos autos.

CAPITULO V – Da Execução Contra a Fazenda Pública

ARTIGO 910.

Na execução fundada em título extrajudicial, a Fazenda Pública será citada para opor embargos em 30 (trinta) dias.

§ 1º Não opostos embargos ou transitada em julgado a decisão que os rejeitar, expedir-se-á precatório ou requisição de pequeno valor em favor do exequente, observando-se o disposto no art. 100 da Constituição Federal.

§ 2º Nos embargos, a Fazenda Pública poderá alegar qualquer matéria que lhe seria lícito deduzir como defesa no processo de conhecimento.

§ 3º Aplica-se a este Capítulo, no que couber, o disposto nos artigos 534 e 535.

CORRESPONDÊNCIA NO CPC/1973: *ARTS. 730 E 731.*

1. Execução e Fazenda Pública. A ideia de execução sempre esteve atrelada à pratica de atos sub-rogatórios (penhora e expropriação) ou coercitivos (multa diária) contra o devedor de obrigação contida em título executivo, judicial ou extrajudicial. Logo, a chamada "execução" contra a Fazenda Pública, em verdade, execução não é, dada a impenhorabilidade dos bens públicos. Além do mais, as dívidas pecuniárias da Fazenda são pagas através de precatórios, conforme o regime estabelecido pelo art. 100 e parágrafos da CF/1988.

2. Execução de título extrajudicial. Atualmente, ao falar-se em execução contra a Fazenda Pública, obviamente há de se entender "processo de execução" instaurado com base em título executivo extrajudicial; o que é, aliás, há tempo aceito pelo direito sumular – vide Súmula 279 do STJ). Tratando-se de crédito representado em título executivo judicial, cobrança em face da Fazenda será por meio de procedimento de cumprimento de sentença (arts. 534 e 535, CPC/2015).

3. Oposição de embargos. Tendo em vista a inexistência de anterior processo de conhecimento, a Fazenda se oporá à execução através de embargos, por meio dos quais lhe será possível deduzir toda a qualquer matéria de defesa, de cunho processual ou material, o que, de resto, é a regra em qualquer execução de título executivo extrajudicial.

4. Aplicação das regras do cumprimento da sentença. Crédito pecuniário contra a Fazenda Publica contido em título executivo judicial será cobrado por intermédio do procedimento previsto nos arts. 534 e 535, que estabelecem a respectiva forma do cumprimento de sentença. Esses dispositivos serão aplicados, no que couber, no processo de execução contra a Fazenda Pública.

CAPITULO VI – Da Execução de Alimentos

ARTIGO 911.
Na execução fundada em título executivo extrajudicial que contenha obrigação alimentar, o juiz mandará citar o executado para, em 3 (três) dias, efetuar o pagamento das parcelas anteriores ao início da execução e das que se vencerem no curso do processo, provar que o fez ou justificar a impossibilidade de fazê-lo.
Parágrafo único. Aplicam-se, no que couber, os §§ 2º a 7º do art. 528.
CORRESPONDÊNCIA NO CPC/1973: *ARTS. 732 E 733.*

1. Execução de alimentos. "Execução", em seu significado pragmático de efetivação de um crédito pecuniário, no processo civil brasileiro se faz por intermédio do cumprimento de sentença, em regra precedido por um processo de conhecimento, ou pelo processo de execução (autônomo). Em se tratando de obrigação alimentar prevista em título executivo extrajudicial, o recebimento do valor será feito pela via judicial do processo de execução. Na condição de previsão legislativa expressa, houve inovação em relação ao CPC/1973, já que nele apenas era prevista a "execução" – *rectius*: cumprimento – de sentença (arts. 732 e 733, CPC/1973).

2. Pagamento das parcelas anteriores ao início da execução. Não há dúvida de que o executado terá de pagar as parcelas que forem vencendo no curso da execução.

Além disso, o *caput* do art. 911 afirma que o devedor será citado para, em 3 (três) dias, também pagar as parcelas anteriores ao início da execução. Lido de afogadilho, o dispositivo pode dar a impressão de que não haveria limite quantitativo e que o executado teria de pagar todo o débito anterior ao início do processo. Não é assim, todavia. O parágrafo único remete o interprete aos parágrafos 2º a 7º do art. 528, informando que essas disposições se aplicam ao processo de execução de alimentos. O art. 528, por sua vez, prevê o rito do cumprimento da sentença que estabelece obrigação alimentar pecuniária. Ali, o respectivo parágrafo 7º, aqui aplicável, dispõe que o débito alimentar que autoriza a prisão civil é o que compreende até as 3 (três) prestações anteriores ao início da cobrança mais as que se vencerem no curso do processo, o que, de resto, tornou lei o que está previsto no enunciado contido na Súmula 309 do STJ.

ARTIGO 912.

Quando o executado for funcionário público, militar, diretor ou gerente de empresa, bem como empregado sujeito à legislação do trabalho, o exequente poderá requerer o desconto em folha de pagamento de pessoal da importância da prestação alimentícia.

§ 1º Ao despachar a inicial, o juiz oficiará à autoridade, á empresa ou ao empregador, determinando, sob pena de crime de desobediência, o desconto a partir da primeira remuneração posterior do executado, a contar do protocolo do ofício.

§ 2º O ofício conterá os nomes e o número de inscrição no Cadastro de Pessoas Físicas do exequente e do executado, a importância a ser descontada mensalmente, a conta na qual deve ser feito o depósito e, se for o caso, o tempo de sua duração.

CORRESPONDÊNCIA NO CPC/1973: *ART. 734.*

1. **Execução de alimentos em face de "trabalhador formal".** A ideia de "trabalhador" aqui sugerida diz respeito àquelas pessoas que exercem funções vinculadas à pessoa jurídica específica e, que através dela, recebe sua remuneração mensal. A essas pessoas, quando postas no ambiente do débito alimentar, que se refere o *caput* do artigo comentado.

2. **Execução de alimentos por ofício.** Diante da situação acima descrita, e com a finalidade de tornar frutuosa a execução de alimentos, poderá o exequente requerer ao juiz natural do feito que determine a expedição de ofício à pessoa jurídica a qual o executado estiver vinculado, para que se proceda ao desconto da prestação alimentar diretamente da remuneração mensal do devedor. A técnica da execução de alimentos por ofício constitui-se em ato executivo típico, já que através dela se opera a sub-rogação da vontade do devedor renitente.

Artigo 913.
Não requerida a execução nos termos deste Capítulo, observar-se-á o disposto no art. 824 e seguintes, com a ressalva de que, recaindo a penhora em dinheiro, a concessão de efeito suspensivo aos embargos à execução não obsta a que o exequente levante mensalmente a importância da prestação.
CORRESPONDÊNCIA NO CPC/1973: *ART. 732.*

1. **Execução de alimentos contra devedor solvente.** A possibilidade de ser requerida a execução de alimentos por ofício funciona com direito potestativo (prerrogativa) do exequente contra o qual não poderá o executado se opor, salvo na hipótese de ser demonstrada a inexistência da obrigação exequenda (caso de quitação, por exemplo), o que obviamente afasta a possibilidade de medidas executivas. E, por ser uma prerrogativa processual, o exequente pode optar por não exercê-la e buscar a satisfação de seu crédito do procedimento executivo voltado contra o devedor solvente (penhora mais avaliação e mais expropriação). Essa previsão contida no art. 913, de resto, atende ao princípio da menor onerosidade da execução (art. 805, parágrafo único.).

2. **Penhora de dinheiro.** Optando o exequente por promover a cobrança do crédito alimentar pela via procedimental da execução contra devedor solvente, a ocorrência de constrição judicial sobre dinheiro não impede o exequente de levantar a importância mensal do valor da prestação alimentar, ainda que os embargos à execução tenham sido recebidos com efeito suspensivo.

TÍTULO III – Dos Embargos à Execução

Artigo 914.
O executado, independentemente de penhora, depósito ou caução, poderá se opor à execução por meio de embargos.
§ 1º Os embargos à execução serão distribuídos por dependência, autuados em apartado e instruídos com cópias das peças processuais relevantes, que poderão ser declaradas autênticas pelo próprio advogado, sob sua responsabilidade pessoal.
§ 2º Na execução por carta, os embargos serão oferecidos no juízo deprecante ou no juízo deprecado, mas a competência para julgá-los é do juízo deprecante, salvo se versarem unicamente sobre vícios ou defeitos da penhora, avaliação ou alienação dos bens efetuadas no juízo deprecado.
CORRESPONDÊNCIA NO CPC/1973: *ARTS. 736 E 747.*

1. **Breve histórico acerca dos embargos à execução.** Na redação original do CPC/1973, havia uma unificação do processo executivo, quer se tratasse de execução

fundada em título judicial, quer se tratasse de execução fundada em título extrajudicial. Naquele regime, o modo normal de defesa do executado eram os "embargos do devedor". O que mudava era o âmbito de cognição, que, nos embargos à execução fundada em título judicial, era restrito às hipóteses do art. 741, I a VII, e do art. 744, em virtude de, anteriormente ao processo executivo, já ter havido uma cognição exauriente; ao passo que, nos embargos à execução fundada em título extrajudicial, era bem mais amplo, podendo o executado alegar, além das matérias previstas no art. 741, qualquer outra que lhe seria lícito deduzir como defesa no processo de conhecimento, pois aqui, por força de lei (eficácia executiva atribuída aos títulos extrajudiciais), há um adiantamento da execução, há a criação de título que não passou pelo crivo judicial. Ou seja, a amplitude da oposição de mérito nos embargos à execução variava conforme a existência ou não de um processo de certificação anterior para a formação do título. (ASSIS, Araken de, *Manual da execução*, 11. ed., São Paulo, RT, 2007, p. 1.084). Ainda nesse regime, na execução de título judicial, os embargos do executado gozavam de efeito suspensivo legal (art. 741, *caput*), se o executado-embargante alegasse uma das hipóteses dos incisos I a VII, do art. 741; já os embargos à execução por título extrajudicial gozavam, irrestritamente, de efeito suspensivo legal, até porque o executado-embargante poderia suscitar qualquer matéria que lhe seria lícito deduzir como defesa no processo de conhecimento. (MIRANDA, Pontes de, *Comentários ao Código de Processo Civil*, t. XI, Rio de Janeiro, Forense, 1976, p. 166). Em 1994, a Lei 8.953/1994 acrescentou o parágrafo 1º ao art. 739, estabelecendo que os embargos seriam sempre recebidos com efeito suspensivo. Na prática, a inovação pouco mudou, pois os embargos à execução fundada em título judicial deveriam ser liminarmente rejeitados, caso não se fundassem em algumas das hipóteses do art. 741 do CPC/1973 (hipóteses essas em que os embargos já gozariam de efeito suspensivo *ope legis*), ou na retenção por benfeitorias, na execução de sentença proferida em ação fundada em direito real, ou em direito pessoal sobre a coisa (apenas nessa hipótese de retenção por benfeitorias, os embargos não gozavam de efeito suspensivo *ope legis*, eis que não tinham o condão de fazer parar a execução, mas tão somente de autorizar a retenção do bem; retenção essa que cessaria, caso o exequente-embargado prestasse caução, tudo conforme o do art. 744, § 3º, do CPC/73, e sua redação original). A Lei 10.444/2002 alterou o art. 744 do CPC/73, extinguindo os embargos de retenção por benfeitoria na execução fundada em título judicial, passando a prevê-los, exclusivamente, na execução fundada em título extrajudicial. Posteriormente, o art. 744 foi revogado pela Lei 11.382/2006, que, juntamente, com a Lei nº 11.232/2005, alterou profundamente o processo de execução, sobretudo, os embargos à execução. Com efeito, a Lei 11.232/2005 cindiu o processo de execução, de modo que o título judicial, exceto na execução movida contra a Fazenda Pública, passou a ser executado na sistemática do cumprimento de sentença, regulado no art. 475-J do CPC/1973, quanto à execução por quantia certa, e nos arts. 461 e 461-A, quanto à execução de obrigação de fazer, de não fazer e de entregar coisa. Assim, o Título III (Dos Embargos do Devedor), do

Livro II (Do Processo de Execução), do CPC/73, passou a reger apenas os embargos à execução contra a Fazenda Pública (arts. 741 a 743) e os embargos à execução fundada em título extrajudicial (arts. 745 a 747). A Lei 11.382/2006 alterou os arts. 736 e 738 do CPC/73, dispensando a prévia garantia do juízo como requisito de admissibilidade específico dos embargos à execução, estabelecendo que o prazo para embargar seria de 15 (quinze) dias, contados da data da juntada aos autos do mandado de citação. Além disso, a Lei 11.382/2006 extinguiu o efeito suspensivo *ope legis* dos embargos à execução, pois revogou o parágrafo 1º do art. 739 do CPC/1973 e acrescentou o art. 739-A, cujo parágrafo 1º estabeleceu que "o juiz poderá, a requerimento do embargante, atribuir efeito suspensivo aos embargos quando, sendo relevantes seus fundamentos, o prosseguimento da execução manifestamente possa causar ao executado grave dano de difícil ou incerta reparação, e desde que a execução já esteja garantida por penhora, depósito ou caução suficientes.". Da redação desse dispositivo legal, percebe-se, ainda, que a garantia do juízo passou a ser apenas requisito à concessão de efeito suspensivo aos embargos à execução, que, inclusive, não têm o condão de impedir a efetivação dos atos de penhora e de avaliação dos bens (art. 739-A, §6º, CPC/1973). Pois bem, o CPC/2015 ultimou a cisão do processo de execução, inclusive nas execuções movidas contra a Fazenda Pública, na medida em que a execução do título judicial e a respectiva defesa do executado (impugnação ao cumprimento de sentença) serão processadas de acordo com a sistemática do cumprimento de sentença: (i) cumprimento da sentença que reconheça a exigibilidade da obrigação de pagar quantia certa (arts. 520 a 527, CPC/2015); (ii) cumprimento da sentença que reconheça a exigibilidade da obrigação de prestar alimentos (arts. 528 a 533, CPC/2015); (iii) cumprimento da sentença que reconheça a exigibilidade da obrigação de pagar quantia certa pela Fazenda Pública (arts. 534 e 535, CPC/2015); e (iv) cumprimento da sentença que reconheça a exigibilidade da obrigação de fazer, de não fazer ou de entregar coisa (arts. 536 a 538, CPC/2015). O que mais interessa esclarecer é que os embargos à execução dos arts. 914 a 920 do CPC/2015 serão opostos, única e exclusivamente, na execução fundada em título extrajudicial, pois a defesa do executado na execução fundada em título judicial será regida pelo art. 525 do CPC/2015 (no cumprimento de sentença movido contra particular) e pelo art. 535 do CPC/2015 (no cumprimento de sentença movido contra a Fazenda Pública).

2. Da natureza dos embargos à execução. A questão atinente à natureza dos embargos à execução é tema controvertido na doutrina. Fredie Didier Jr., Leonardo Cunha *et al.* bem sintetizam as diversas posições doutrinárias correntes da seguinte forma: Haroldo Pabst e Cassio Scarpinella Bueno entendem que os embargos têm natureza de "defesa" no processo de execução, análoga à contestação existente no processo de conhecimento; contudo, a maioria dos autores (Araken de Assis, Barbosa Moreira, Cândido Dinamarco, Humberto Theodoro Jr, Paulo Henrique Lucon, Antônio Adonias Bastos, dentre outros) defende que os embargos à execução têm natureza de "ação de conhecimento" incidental à execução, ou melhor, que assumem forma de "demanda" com conteúdo de "defesa"; outros (como Nelson Nery Jr. e Rosa Nery) defendem que os embargos à execução têm natureza mista de "ação" e "defesa"; e, há, ainda, aqueles (como Teresa Wambier, Luiz Rodrigues Wambier e José Miguel Garcia Medina) que defendem que a natureza dos embargos à execução (se "ação" ou "defesa") depende do seu conteúdo, tendo natureza de defesa quando versar sobre questões relativas à admissibilidade da execução ou combater atos executivos (*v.g.*, penhora, avaliação etc.) e, natureza de ação quando versar sobre a inexistência ou extinção da obrigação. (DIDIER JR., Fredie; CUNHA, Leonardo Carneiro da; BRAGA, Paula Sarno; OLIVEIRA, Rafael Alexandria de, *Curso de direito processual civil*, v. 5., 5. ed., Salvador, JusPodivm, 2013, p. 352-3). A corrente doutrinária majoritária – para a qual os embargos à execução têm natureza de "ação de conhecimento", assumindo forma de "demanda" e dando ensejo a um novo processo, embora que com conteúdo de defesa – embasa-se em uma questão de incompatibilidade de convivência funcional entre os atos cognitivos – onde pondera a certificação de direitos litigiosos – e os atos executivos – onde pondera a atuação do direito de crédito –, que finda por ensejar a oposição à pretensão executiva através de uma ação de conhecimento incidental, posto que o processo executivo não comporta, em sua estrutura, uma defesa interna do executado, que exija atividade preponderantemente cognitiva, eis que, simultaneamente, inconciliável com a atividade executiva. (ASSIS, Araken de, *Manual da execução*, 11. ed., São Paulo, RT, 2007, p. 1079-1081). Pontes de Miranda, a nosso ver, foi muito além, ao defender que o reconhecimento de eficácia executiva ao título afigura-se incompatível com uma "contestação" do executado no processo de execução, "porque não se está no plano da declaratividade, ou da condenatoriedade, ou da mandamentalidade, mas já no da executividade.". (MIRANDA, Pontes de, *Comentários ao Código de Processo Civil*, t. XI, Rio de Janeiro, Forense, 1976, p. 61). O executado, nos embargos, não se opõe à certificação do direito do exequente – eis que a executividade do título já a pressupõe –, mas contra-ataca, deduzindo seu direito de fazer parar a execução. O embargante defende-se contra-atacando, isto é, invocando o direito de fazer barrar a execução. Por isso, quando Pontes de Miranda se refere à "*ação*" dos embargos à execução não está se referindo à "ação" (ação processual, iniciada através da demanda), mas, sim, à ação de direito material do executado, ou melhor, ao poder de impor seu direito de barrar a execução; tanto é que essa ação de direito material também pode ser deduzida em defesa heterotópica (*v.g.*, ação declaratória de inexistência de título ou de dívida, ação anulatória de título, exceção de pré-executividade, etc.). Tudo isso tinha grande relevância, sobretudo na época (isto é, antes das Leis 11.232/2005 e 11.382/2006), pois, dispondo os embargos à execução de efeito suspensivo *ope legis*, não havia uma absoluta incompatibilidade funcional na oposição do executado mediante uma resposta. Como bem percebeu Pontes de Miranda, a incompatibilidade estaria em se admitir uma "contestação" do executado no processo de execução, quando já não se está no plano da declaratividade, ou da condenatoriedade, ou da mandamentalidade, mas já no plano da executividade, que pressupõe a prévia certificação do direito do exequente.

3. Da eficácia preponderante da sentença de procedência dos embargos à execução. A classificação da sentença de procedência (e, obviamente, da ação) dos embargos à execução é tema tormentoso. Em primeiro lugar, há de se ressaltar que a grande maioria dos processualistas adota a classificação ternária das sentenças (declarativas, constitutivas e condenatórias); outros seguem a classificação quinária criada por Pontes de Miranda (declarativas, constitutivas, condenatórias, mandamentais e executivas); e, há, ainda, os que adotam a classificação quaternária (declarativas, constitutivas, mandamentais e executivas), por não divisarem diferença pragmática entre "condenar" e "declarar", eis que, em ambas, há apenas uma constatação. (SILVA, Ovídio Araújo Baptista da, *Jurisdição e execução*, 2. ed., São Paulo, RT, 1997, p. 9 e 147-154; COSTA, Eduardo José da Fonseca, "Teoria trinária vs. teoria quinária: crônica de um diálogo de surdos", in *Teoria quinária da ação*, Salvador, JusPodivm, 2010, p. 199-200). O critério que se nos afigura mais adequado é o da classificação quinária e, de acordo com este, na esteira de Pontes de Miranda, classificamos a sentença de procedência dos embargos à execução (e a ação de embargos à execução) como sendo de carga eficacial preponderante (força) mandamental. Contudo, o tema é por demais controvertido! Há autores que classificam como declarativa a ação dos embargos à execução (THEODORO JR., Humberto, *A reforma da execução do título extrajudicial*, Rio de Janeiro, Forense, 2007, p. 176); há também aqueles que a classificam como constitutiva negativa (LIEBMAN, Enrico Tullio. *Embargos do executado*, 1. ed., Campinas, Bookseller, 2003, p. 225-228; CÂMARA, Alexandre Freitas. *Lições de direito processual*, v. II, 18. ed., Rio de Janeiro, Lumen Juris, 2010, p. 378); outros defendem que os embargos tem natureza variável (declarativa ou constitutiva), a depender do fundamento invocado e do pedido formulado (DIDIER JR., Fredie; CUNHA, Leonardo Carneiro da; BRAGA, Paula Sarno; OLIVEIRA, Rafael Alexandria de, *Curso de direito processual civil*, v. 5., 5. ed., Salvador, JusPodivm, 2013, p. 354; LUCON, Paulo Henrique dos Santos, *Embargos à execução*, São Paulo, Saraiva, 1996, p. 292-3) e, por último, há a corrente a que nos filiamos, que classifica os embargos à execução como uma ação de força mandamental (MIRANDA, Francisco Cavalcanti Pontes de, *Comentários ao Código de Processo Civil*, t. XI. Rio de Janeiro, Forense, 1976,, p. 5-6 e 51-62; SILVA, Ovídio Araújo Baptista da, *Curso de processo civil*, v. 2, 5. ed., São Paulo, RT, 2002, p. 158-9). Como defendia Pontes de Miranda, a ação de embargos à execução é mandamental, pois o que ela visa é a um contramandamento que proíba a concretização da força executiva, ou do efeito executivo, ou melhor, o mandamento para pôr fora da execução os bens do embargante – desfazendo ato executivo; não continuando com o procedimento para tanto, ou, até mesmo, impedindo o início do procedimento executivo (*v.g.*, quando o executado se adianta, opondo-se à execução antes de citado) –; mandamento esse que se dirige aos órgãos da execução, ou ao próprio juiz como órgão executivo. Nos embargos à execução, o executado-embargante pode alegar a inexistência, a invalidade ou a ineficácia do título executivo; a inexistência da dívida, ou, ainda, a invalidade do processo de execução. Entretanto, em todas essas hipóteses, o executado visa a demonstrar que não podia, ou ainda não podia ser executado, de forma que seu pedido imediato é um mandamento para que se retire o que resultou do mandado na ação executiva (Ibidem, p. 05-06; 62). Ou seja, a ação dos embargos do devedor é para se obter mandado contra o mandado executivo, pedido de retirada, não importando qual o fundamento invocado; o que muda de acordo com as alegações deduzidas nos embargos são os elementos da eficácia imediata e da eficácia mediata da sentença favorável ao embargante (Ibidem, p. 51). Pontes de Miranda, por indução, chegou a um ponto mais elevado onde há uma comunhão de escopo – a pretensão de um contramandado, obstaculizando o mandado da ação executiva –, qualquer que seja o fundamento deduzido nos embargos à execução. Assim, tem-se um elemento invariável: a força mandamental da sentença de procedência dos embargos; variando apenas, conforme o fundamento deduzido nos embargos, a segunda dose na carga de eficácia da sentença (carga imediata), que pode ser declarativa [*v.g.*, "se a sentença julga que houve pagamento, novação, compensação, com execução aparelhada, transação, ou prescrição, a sua força mandamental envolve a sua eficácia declarativa" (Ibidem, p. 82)] ou constitutiva negativa [*v.g.*, "se a sentença julga que faltou ou foi nula a citação, tendo sido revel o executado, do processo em que se proferiu a sentença exeqüenda, a sua força é mandamental, com forte dose de eficácia constitutiva negativa"; "se a sentença julga que houve nulidade do processo executivo, a sua força mandamental é, por certo, cheia de eficácia constitutiva negativa"(Idem)]. Finalizando, faz-se mister transcrever um trecho da obra de Pontes de Miranda que bem sintetiza tudo quanto escrito linhas atrás em defesa da força mandamental da sentença de procedência dos embargos à execução: "O título executivo há de ser atacado em sua existência, ou em sua validade, ou em sua eficácia. (...) A alegação de inexistência fará encher-se de declaratividade a sentença mandamental contrária; a de invalidade, qualquer que seja, – de constitutividade negativa; a de ineficácia, – de declaratividade. De jeito que apenas varia, conforme a postulação, isto é, a *res in iudicium* deducta, a segunda dose na carga de eficácia da sentença favorável que se profira nos embargos do devedor.". (Ibidem, p. 8).

4. Requisitos da inicial dos embargos à execução. Em tendo os embargos à execução natureza de ação de conhecimento incidental, a exordial deve atender aos requisitos estatuídos no art. 319 do CPC/2015, entre os quais merecem destaque os relativos aos três elementos da demanda, quais sejam: a indicação das partes (autor-embargante e réu-embargado); a causa de pedir (no caso, *causa excipiendi*); e o pedido (que, no caso do imediato, é o contramandamento, conforme argumentado no item anterior).

5. Legitimidade ativa e passiva nos embargos. Legitimados ativos à ação de embargos à execução são aqueles que figuram no polo passivo do processo executivo, assim como o terceiro responsável, que, nos termos do art. 790 do CPC/2015, pode ser: (i) o sucessor a título singular, tratando-se de execução fundada em direito real ou obrigação reipersecutória; (ii) o sócio do executado, nos termos da lei; (iii) aquele que tem em seu poder bem do devedor; (iv) o cônjuge ou companheiro, nos casos em que seus bens próprios ou de sua meação respondem pela dívida; (iv) o adquirente de bens alienados ou gravados com ônus real em fraude à execução; (vi) o adquirente de bem cuja alienação ou gravação com ônus real tenha sido anulada em razão do reconhecimento, em ação autônoma, de fraude contra credores; e (vii) o responsável, nos casos de desconsideração da personalidade jurídica. Se houver vários executados ou responsáveis patrimoniais, podem ser opostos tantos embargos quantos sejam os executados ou responsáveis; podendo também serem opostos embargos únicos, em litisconsórcio ativo. (DINAMARCO, Cândido Rangel, *Instituições de direito processual civil*, v. IV, São Paulo, Malheiros, 2004, p. 643-644; DIDIER JR., Fredie; CUNHA, Leonardo Carneiro da; BRAGA, Paula Sarno; OLIVEIRA, Rafael Alexandria de, *Curso de direito processual civil*, v. 5., 5. ed., Salvador, JusPodivm, 2013, p. 360). Assinale-se, por oportuno, que, embora reste consignado no Enunciado 196 da Súmula do STJ que o curador especial tem legitimidade para opor embargos à execução, na verdade, quando o executado citado por edital permanece revel, nomeia-se curador especial para opor embargos em seu nome, ou seja, o curador especial não tem legitimidade para opor embargos (não opõe embargos em nome próprio), ele apenas representa o executado, opondo os embargos em nome deste. Já os legitimados passivos à ação de embargos à execução são aqueles que figuram no polo ativo da ação executiva. Ressalte-se que, se a execução tiver sido proposta em litisconsórcio ativo, ainda que facultativo, os embargos à execução deverão ser opostos em face de todos os exequentes, eis que são litisconsortes passivos necessários nos embargos à execução (ASSIS, Araken de, *Manual da execução*, 11. ed., São Paulo, RT, 2007, p. 1138).

6. Desnecessidade de garantia da execução. Conforme já afirmado no item 1 destes comentários, desde 2006, não mais se exige a garantia do juízo para que o executado possa opor seus embargos, eis que a Lei 11.382/2006 alterou os arts. 736 e 738 do CPC/1973, dispensando a prévia garantia do juízo como requisito de admissibilidade específico dos embargos à execução e estabelecendo que o prazo para embargar seria de 15 (quinze) dias, contados da data da juntada aos autos do mandado de citação. Pois bem, o *caput* do art. 914, do CPC/2015 apenas reafirma essa disposição legal.

7. Da distribuição por dependência. Competência. Autuação. A referência à distribuição por dependência dos embargos quer significar que a competência para julgá-los é do juízo da execução (art. 61, CPC/2015); no caso, a competência é funcional, logo, absoluta – inderrogável por convenção das partes e que pode ser alegada e declarada de ofício a qualquer tempo e grau de jurisdição. A autuação em apartado dos embargos não quer significar, necessariamente, seu apensamento aos autos da execução. Quando, por exemplo, não for concedido efeito suspensivo aos embargos, não fará sentido que os esses fiquem apensados aos autos da execução, pois causará prejuízo ao bom desenvolvimento das atividades executivas tendentes à satisfação do exequente.

8. Da instrução dos embargos com as peças processuais relevantes. O parágrafo 1º do art. 914 do CPC/2015 estabelece que os embargos à execução deverão ser instruídos com cópias das peças processuais relevantes. E quais são essas peças processuais relevantes? São as peças da execução e demais documentos que se afigurem essenciais, ou para a realização do juízo de admissibilidade dos embargos, ou para a compreensão e o julgamento da matéria objeto dos embargos, ou, ainda, para o bom andamento do processo. Assim, afiguram-se relevantes: (i) a inicial da execução; (ii) a procuração outorgada aos patronos do exequente e do executado; (iii) o título executivo; (iv) o auto de penhora e avaliação; (v) a cópia ou certidão comprovando a data de juntada do mandado de citação aos autos da execução; (vi) a cópia ou certidão comprovando a data de juntada, nos autos originários, do comunicado eletrônico enviado pelo juízo deprecado, atestando a realização da citação; e (vii) os documentos essenciais à compreensão e julgamento dos embargos, de acordo com a alegação deduzida pelo embargante (art. 917, I a VI, CPC/2015). Questão interessante se afigura quanto à possibilidade de extinção sem resolução do mérito, na hipótese de o embargado, intimado, não juntar aos autos dos embargos cópia das peças processuais relevantes. Antônio Adonias Bastos – invocando a instrumentalidade das formas e o art. 938, §1º, do CPC/2015, que permite o saneamento de vício até em sede recursal – defende que os embargos à execução não devem ser extintos sem resolução do mérito em virtude da ausência de peça processual relevante, mesmo o embargante tendo desatendido a intimação do art. 321 do CPC/2015. (BASTOS, Antônio Adonias Aguiar, "Dos Embargos à Execução", in WAMBIER, Teresa Arruda Alvim *et al.* (Org.), *Breves comentários ao novo Código de Processo Civil*, São Paulo, RT, 2015, p. 2036-7). Essa não nos parece ser a melhor solução: primeiro, porque, em não tendo os embargos sido recebidos no efeito suspensivo, não haverá razão para os autos ficarem apensados, de modo que nem sempre os autos da execução estarão disponíveis para consulta em surgindo essa necessidade nos embargos, o que pode dificultar a realização do juízo de admissibilidade ou de mérito; segundo, porque o desatendimento do embargante à intimação para complementar a instrução dos embargos preenche a hipótese de incidência do art. 321, parágrafo único, do CPC/2015, assim como preenche a hipótese de incidência do art. 485, III, do CPC/2015; e, terceiro, porque a conduta do embargante de "fazer ouvido de mercador" à determinação do juiz de juntada das peças processuais relevantes não se coaduna com os princípios da boa-fé objetiva e da cooperação processual (arts. 6º e 7º, do CPC/2015, respectivamente); além do que, ainda, afronta um dever processual (art. 77, III, CPC/2015). Contudo, em atendimento ao princípio da cooperação processual – de onde exsurgem os deveres de esclarecimento, de prevenção, de consulta e de auxílio (arts. 6º, 9º e 10, CPC/2015) –; ao princípio da primazia da análise do mérito (arts. 4º, CPC/2015); ao princípio da ausência de nulidade sem prejuízo no processo civil (arts. 277; 279, § 2º; 281; 282, §§ 1º e 2º; e, 283, parágrafo único, CPC/2015) e ao art. 321, parágrafo único, do CPC/2015, o juiz não pode extinguir os embargos sem resolução do mérito por ausência de peças processuais relevantes, sem que antes tenha indicado as peças faltantes e intimado o embargante para suprir a falha e sem que reste configurado o prejuízo na hipótese.

9. Declaração de autenticidade e responsabilidade pessoal do advogado. O parágrafo 1º, do art. 914, do CPC/2015, estabelece que as peças processuais relevantes poderão ser declaradas autênticas pelo advogado do embargante, sob sua responsabilidade pessoal. É importante esclarecer, antes de tudo, que não há obrigatoriedade de o advogado do embargante declarar a autenticidade das peças processuais que acostar aos autos dos embargos. Além disso, o patrono do embargante não se responsabiliza pela autenticidade das peças processuais constantes dos autos da execução, responsabilizando-se apenas pelo fato de as cópias trasladadas aos autos dos embargos corresponderem às peças constantes dos autos da execução.

10. Competência para julgar os embargos na execução por carta. Nem sempre o executado tem bens passíveis de penhora no foro onde se processa a execução, o que enseja a expedição de carta precatória dirigida ao juízo da situação dos bens. Diante disso, o parágrafo 2º do art. 914 do CPC/2015 estabelece que, na execução por carta, embora os embargos possam ser protocolizados no juízo deprecante ou no juízo deprecado, a competência para julgá-los é do juízo deprecante, salvo se versarem unicamente sobre vícios ou defeitos da penhora, avaliação ou alienação dos bens efetuadas no juízo deprecado. A redação originária do art. 747 do CPC/1973 (a que corresponde o parágrafo 2º do art. 914 do CPC/2015), por ser bastante confusa, ensejou controvérsia doutrinária e jurisprudencial, levando o STJ a editar, em 1992, o Enunciado 46 de sua Súmula, que tem redação idêntica a do parágrafo 2º do art. 914 deste CPC/2015. Não é ocioso destacar que, na execução por carta, se forem opostos embargos fundados em vício de penhora e em outra causa de pedir (*v.g.*, excesso de execução), a competência para julgá-los será do juízo deprecante, tendo em vista que só compete ao juízo deprecado julgar embargos que versarem unicamente sobre vícios ou defeitos da penhora, avaliação ou alienação dos bens. (ASSIS, Araken de, *Manual da execução*, 11. ed., São Paulo, RT, 2007, p. 1138). Além disso, pode ocorrer que, quando da realização da penhora no juízo deprecado, o prazo para opor embargos – contado a partir da citação – já tenha decorrido, ou mesmo que o executado já tenha oposto seus embargos perante o juízo deprecante; nessa hipótese, o executado pode impugnar o vício ou defeito da penhora, avaliação ou alienação dos bens, por simples petição, perante o juízo deprecado (art. 917, §1º, CPC/2015).

11. Defesas heterotópicas do executado. Os embargos à execução não se constituem no único meio de defesa do executado, eis que este também pode defender-se através de ações autônomas (*v.g.*, ação declaratória de inexistência de título ou de dívida; ação anulatória de título, etc.), ou por meio de "exceção de pré-executividade", que, atualmente, tem sido amplamente aceita para veicular não só matérias de ordem pública conhecíveis *ex officio*, mas qualquer matéria de defesa (*v.g.*, pagamento, novação, compensação, etc.), desde que a alegação esteja embasada em prova pré-constituída.

ARTIGO 915.

Os embargos serão oferecidos no prazo de 15 (quinze) dias, contados, conforme o caso, na forma do art. 231.

§ 1º Quando houver mais de um executado, o prazo para cada um deles embargar conta-se a partir da juntada do respectivo comprovante da citação, salvo se se tratar de cônjuges ou de companheiros, quando será contado a partir da juntada do último.

§ 2º Nas execuções por carta, o prazo para embargos será contado:

I – da juntada, na carta, da certificação da citação, quando versarem unicamente sobre vícios ou defeitos da penhora, da avaliação ou da alienação dos bens;

II – da juntada, nos autos de origem, do comunicado de que trata o § 4º deste artigo ou, não havendo este, da juntada da carta devidamente cumprida, quando versarem sobre questões diversas da prevista no inciso I deste parágrafo.

§ 3º Em relação ao prazo para oferecimento dos embargos à execução, não se aplica o disposto no art. 229.

§ 4º Nos atos de comunicação por carta precatória, rogatória ou de ordem, a realização da citação será imediatamente informada, por meio eletrônico, pelo juiz deprecado ao juiz deprecante.

CORRESPONDÊNCIA NO CPC/1973: *ART. 738.*

1. **Do prazo para oposição dos embargos.** O termo *a quo* da contagem do prazo de 15 (quinze) dias, para oposição de embargos à execução, dependerá da forma em que for realizada a citação. Assim: (i) quando a citação for pelo correio, o prazo começará a fluir a partir da data de juntada aos autos do aviso de recebimento; (ii) quando a citação for por oficial de justiça, o prazo começará a fluir a partir da data de juntada aos autos do mandado cumprido; (iii) quando a citação se der por ato do escrivão ou do chefe de secretaria, o prazo começará a fluir a partir da data da ocorrência da citação; (iv) quando a citação for por edital, o prazo começará a fluir a partir do dia útil seguinte ao fim da dilação assinada pelo juiz; (v) quando a citação for eletrônica, o prazo começará a fluir a partir do dia útil seguinte à consulta ao teor da citação ou ao término do prazo para que a consulta se dê; e (vi) quando a citação se realizar em cumprimento de carta, o prazo começará a fluir a partir da data de juntada, nos autos originários, do comunicado eletrônico enviado pelo juízo deprecado, informando sobre a realização da citação ou, não havendo esse comunicado, a data de juntada da carta aos autos de origem, devidamente cumprida.

2. **Do prazo dos embargos diante da multiplicidade de executados.** O parágrafo 1º do art. 915 do CPC/2015 deixa claro que, com relação ao prazo dos embargos, não se aplica o parágrafo 1º do art. 231 do CPC/2015, de forma que, havendo mais de um exe-

cutado, o prazo para cada um deles embargar conta-se a partir da juntada do respectivo comprovante da citação, salvo quando se tratar de cônjuges ou de companheiros, quando será contado a partir da juntada do último.

3. Da contagem do prazo dos embargos na execução por carta. O art. 915, §2º, I e II, do CPC/2015, trata da hipótese de citação do executado por carta, que pode ser precatória, rogatória ou de ordem. Relaciona-se a essa hipótese o fato de a penhora também ter sido realizada no juízo deprecado. Assim, nos embargos à execução de competência do juízo deprecante, o que é a regra geral (art. 914, §2º, CPC/2015), o prazo para embargar começará a fluir a partir (i) da data de juntada, nos autos originários, do comunicado eletrônico, enviado pelo juízo deprecado, informando sobre a realização da citação ou (ii) da data de juntada da carta aos autos de origem devidamente cumprida, quando não houver o comunicado referido na primeira hipótese. Já nos embargos à execução de competência do juízo deprecado – isto é, na hipótese de vícios ou defeitos da penhora, avaliação ou alienação dos bens efetuadas no juízo deprecado (parte final do §2º do art. 914, CPC/2015) –, o prazo para embargar começará a fluir a partir da juntada, na carta, da certificação da citação. Remeta-se o leitor ao item 1 dos comentários deste artigo, pois a citação também pode se dar por ato do escrivão, por edital, etc..

4. Da inaplicabilidade do prazo em dobro em caso de multiplicidade de executados com procuradores distintos. O parágrafo 3º do art. 915 do CPC/2015, deixa claro que, em havendo multiplicidade de executados representados por procuradores distintos, não se aplica o benefício do prazo em dobro previsto no art. 229 do CPC/2015.

Artigo 916.

No prazo para embargos, reconhecendo o crédito do exequente e comprovando o depósito de trinta por cento do valor em execução, acrescido de custas e honorários de advogado, o executado poderá requerer que lhe seja permitido pagar o restante em até 6 (seis) parcelas mensais, acrescidas de correção monetária e juros de um por cento ao mês.

§ 1º O exequente será intimado para manifestar-se sobre o preenchimento dos pressupostos do *caput*, e o juiz decidirá o requerimento em 5 (cinco) dias.

§ 2º Enquanto não apreciado o requerimento, o executado terá de depositar as parcelas vincendas, facultado ao exequente seu levantamento.

§ 3º Deferida a proposta, o exequente levantará a quantia depositada, e serão suspensos os atos executivos.

§ 4º Indeferida a proposta, seguir-se-ão os atos executivos, mantido o depósito, que será convertido em penhora.

§ 5º O não pagamento de qualquer das prestações acarretará cumulativamente:

I – o vencimento das prestações subsequentes e o prosseguimento do processo, com o imediato início dos atos executivos;

II – a imposição ao executado de multa de dez por cento sobre o valor das prestações não pagas.

§ 6º A opção pelo parcelamento de que trata este artigo importa renúncia ao direito de opor embargos.

§ 7º O disposto neste artigo não se aplica ao cumprimento da sentença.

CORRESPONDÊNCIA NO CPC/1973: *ART. 745-A.*

1. **Breve noção sobre o pagamento parcelado da execução.** O pagamento parcelado da execução por título extrajudicial, instituído pela Lei 11.382/2006, que acrescentou o art. 745-A, ao CPC/1973, constitui-se em um estímulo ao reconhecimento do direito do exequente tal qual encartado no título, bem como ao cumprimento espontâneo da obrigação. O CPC/2015 pouco alterou o instituto, de modo que continua sendo possível o pagamento fracionado da execução, desde que o executado preencha os seguintes requisitos: (i) apresente o requerimento de pagamento parcelado no prazo para oposição de embargos (art. 915, *caput*, CPC/2015); (ii) deposite o valor de 30% (trinta por cento) da quantia executada, acrescido dos honorários advocatícios e das custas processuais, e comprove esse depósito na petição em que requerer o pagamento parcelado e, (iii) proponha o pagamento dos 70% (setenta por cento) remanescentes do valor da execução, no máximo, em 6 (seis) parcelas mensais, acrescidas de correção monetária e juros de 1% (um por cento) ao mês. Assinale-se, por oportuno, que o simples requerimento de pagamento parcelado formulado pelo executado enseja a preclusão lógica da oposição futura de embargos à execução, pois pressupõe o reconhecimento da dívida, (art. 916, §6º, CPC/2016). Questão interessante e controvertida que se afigura é sobre como saber se o pagamento parcelado é caracterizado como um direito potestativo ou não do executado. Há três correntes doutrinárias no ponto: (i) a primeira, segundo a qual o credor teria o direito material de não ser obrigado a receber por partes, se assim não se ajustou (arts. 313 e 314, CC/2002), de modo que, se discordar do pleito do devedor – independentemente de justificativa –, não poderá ser deferido o pedido de pagamento parcelado. (LEONEL, Ricardo de Barros, *Nova execução de titulo extrajudicial – Lei 11.382/2006 comentada artigo por artigo*, São Paulo, Método, 2007, p. 234); (ii) a segunda, de acordo com a qual o pagamento parcelado é um direito potestativo do executado, de forma que, uma vez preenchidos os requisitos legais, deve subordinar tanto o credor, como o juiz, que não disporá de discricionariedade no ponto (DIDIER JR., Fredie; CUNHA, Leonardo Carneiro da; BRAGA, Paula Sarno; OLIVEIRA, Rafael Alexandria de, *Curso de direito processual civil*, v. 5., 5. ed., Salvador, JusPodivm, 2013, p. 219); e (iii) a terceira corrente, segundo a qual, embora, a princípio, o direito do executado ao pagamento parcelado subordine o exequente e o juiz, pode-se afastar a aplicação do art. 916 do CPC/2015 com fulcro em outras regras e princípios aplicáveis à execução, mesmo

quando preenchidos os requisitos legais, por exemplo, quando o executado comprovadamente possuir numerário suficiente à satisfação integral e imediata da dívida. (ALVIM, Arruda; ASSIS, Araken de; ALVIM, Eduardo Arruda, *Comentários ao Código de Processo Civil*, Rio de Janeiro, GZ, 2012, p. 1180; MARINONI, Luiz Guilherme; ARENHART, Sérgio Cruz; MITIDIERO, Daniel, *Novo Código de Processo Civil comentado*, São Paulo, RT, 2015, p. 852). Há, ainda, precedente do STJ que não se enquadra em nenhuma dessas três correntes doutrinárias, estabelecendo o seguinte: "o parcelamento da dívida não é direito potestativo do devedor, cabendo ao credor impugná-lo, desde que apresente motivo justo e de forma fundamentada, sendo certo que o juiz poderá deferir o parcelamento se verificar atitude abusiva do exequente, uma vez que tal proposta é-lhe bastante vantajosa, a partir do momento em que poderá levantar imediatamente o depósito relativo aos 30% do valor exequendo e, ainda, em caso de inadimplemento, executar a diferença, haja vista que as parcelas subsequentes são automaticamente antecipadas e é inexistente a possibilidade de impugnação pelo devedor, nos termos dos §§ 2º e 3º do art. 745-A.". (STJ, REsp 1.264.272/RJ).

2. Do depósito inicial de 30%. No regime do CPC/1973, o texto do art. 745-A ensejou dúvida quanto à composição do depósito inicial de 30%. Duas interpretações afiguravam-se viáveis: (i) a de que o valor a ser depositado deveria corresponder a 30% da soma do valor da execução + valor das custas processuais + valor dos honorários advocatícios; e (ii) a de que o valor a ser depositado deveria corresponder a 30% do valor da execução + a integralidade do valor das custas processuais + a integralidade do valor dos honorários advocatícios. Na vigência do CPC/1973, predominou a primeira interpretação, que também se nos afigura a melhor solução (DIDIER JR., Fredie; CUNHA, Leonardo Carneiro da; BRAGA, Paula Sarno; OLIVEIRA, Rafael Alexandria de, *Curso de direito processual civil*, v. 5., 5. ed., Salvador, JusPodivm, 2013, p. 369-370). Entendemos que essa conclusão continua adequada no regime do CPC/2015, apesar da sutil mudança de redação do art. 916 do CPC/2015, que consignou "depósito de trinta por cento do valor em execução, acrescido de custas e honorários de advogado"; em vez "depósito de 30% (trinta por cento) do valor em execução, inclusive custas e honorários de advogado", como constava na redação do art. 745-A do CPC/73.

3. Do procedimento até a decisão de (in)deferimento do pedido de pagamento parcelado. Antes de apreciar o pedido de pagamento parcelado formulado pelo executado, o juiz, em respeito ao contraditório e à vedação de decisão surpresa (arts. 9º e 10, CPC/2015), deve ouvir o exequente, que se manifestará sobre o preenchimento dos requisitos legais necessários ao deferimento do parcelamento, bem como sobre outras questões como, por exemplo, o fato de o executado comprovadamente possuir numerário suficiente à solução integral e imediata da dívida (observe-se que deferir o pagamento parcelado, nesse caso, seria dar guarida ao abuso de direito do devedor-executado). Após a oitiva do exequente, deverá o juiz decidir, no prazo de 5 (cinco) dias, sobre o (in)deferimento do pedido de pagamento parcelado (art. 916, §1º, CPC). Da data em que requerido o pagamento parcelado até a apreciação do referido pleito, o executado tem o dever de continuar depositando as parcelas vincendas, sob pena de vencimento antecipado e de multa de 10% (dez por cento) sobre o valor das prestações não pagas (art. 916, §§ 2º e 5º, I e II, CPC/2015). Tendo em vista que são incontroversos os valores do depósito inicial de 30% e das prestações vincendas, o executado poderá levantá-los, antes mesmo da decisão sobre o (in)deferimento do pedido de pagamento parcelado. (CPC/2015, § 2º).

4. Consequências decorrentes do deferimento do pleito de pagamento parcelado. Deferida a proposta de pagamento parcelado, o exequente levantará a quantia depositada, e a execução será suspensa (art. 916, §3º, CPC/2015). Contudo, se ,quando da apresentação do pleito de pagamento parcelado, já tiver ocorrido a penhora, a suspensão do processo executivo não terá o condão de desconstituí-la, isto é, a penhora só será levantada quando do pagamento da última parcela, até porque, nesse ínterim, o executado poderá tornar-se inadimplente e a manutenção da penhora servirá, justamente, para assegurar a satisfação da execução, fim maior do processo executivo.

5. Consequências decorrentes do indeferimento do pleito de pagamento parcelado. Nos termos do parágrafo 4º do art. 916 do CPC/2015, indeferida a proposta, seguir-se-ão os atos executivos, mantido o depósito, que será convertido em penhora. Ou seja, indeferido o pleito de pagamento parcelado, será realizada penhora sobre a diferença entre o valor devido e o já depositado, seguindo-se, posteriormente, com os atos de expropriação.

6. Consequências do inadimplemento de quaisquer das prestações. Nos termos do art. 916, §5º, I e II, do CPC/2015, o inadimplemento de quaisquer das prestações, a partir da data em que requerido o pagamento parcelado, enseja vencimento antecipado das parcelas vincendas e multa de 10% (dez por cento) sobre o valor daquelas que ainda não foram pagas (art. 916, §§ 2º e 5º, I e II, CPC/2015).

7. Requerimento de pagamento parcelado e renúncia ao direito de opor embargos à execução. Tendo em vista que o requerimento de pagamento parcelado pressupõe, nos termos do *caput* do art. 916 do CPC, o reconhecimento do crédito do exequente, a simples formulação desse pleito enseja a preclusão lógica da oposição futura de embargos à execução, razão pela qual o parágrafo 6º deste artigo em comento estabeleceu que: "A opção pelo parcelamento de que trata este artigo importa renúncia ao direito de opor embargos.". Em virtude de o pedido de pagamento parcelado implicar renúncia ao direito de opor embargos, o executado, ao formulá-lo, deve estar representado por procurador com poderes específicos para tanto (art. 105, CPC/2015).

8. Da inaplicabilidade do pagamento parcelado ao cumprimento de sentença. Finalizando, cumpre ressaltar que o parágrafo 7º do art. 916 do CPC, ao estabelecer que "o disposto neste artigo não se aplica ao cumprimento da sentença", encerrou debate doutrinário e jurisprudencial existente à luz do CPC/1973, sobre a (in)aplicabilidade do pagamento parcelado ao cumprimento de sentença.

Artigo 917.

Nos embargos à execução, o executado poderá alegar:

I – inexequibilidade do título ou inexigibilidade da obrigação;

II – penhora incorreta ou avaliação errônea;

III – excesso de execução ou cumulação indevida de execuções;

IV – retenção por benfeitorias necessárias ou úteis, nos casos de execução para entrega de coisa certa;

V – incompetência absoluta ou relativa do juízo da execução;

VI – qualquer matéria que lhe seria lícito deduzir como defesa em processo de conhecimento.

§ 1º A incorreção da penhora ou da avaliação poderá ser impugnada por simples petição, no prazo de 15 (quinze) dias, contado da ciência do ato.

§ 2º Há excesso de execução quando:

I – o exequente pleiteia quantia superior à do título;

II – ela recai sobre coisa diversa daquela declarada no título;

III – ela se processa de modo diferente do que foi determinado no título;

IV – o exequente, sem cumprir a prestação que lhe corresponde, exige o adimplemento da prestação do executado;

V – o exequente não prova que a condição se realizou.

§ 3º Quando alegar que o exequente, em excesso de execução, pleiteia quantia superior à do título, o embargante declarará na petição inicial o valor que entende correto, apresentando demonstrativo discriminado e atualizado de seu cálculo.

§ 4º Não apontado o valor correto ou não apresentado o demonstrativo, os embargos à execução:

I – serão liminarmente rejeitados, sem resolução de mérito, se o excesso de execução for o seu único fundamento;

II – serão processados, se houver outro fundamento, mas o juiz não examinará a alegação de excesso de execução.

§ 5º Nos embargos de retenção por benfeitorias, o exequente poderá requerer a compensação de seu valor com o dos frutos ou dos danos considerados devidos pelo executado, cumprindo ao juiz, para a apuração dos respectivos valores, nomear perito, observando-se, então, o art. 464.

§ 6º O exequente poderá a qualquer tempo ser imitido na posse da coisa, prestando caução ou depositando o valor devido pelas benfeitorias ou resultante da compensação.

§ 7º A arguição de impedimento e suspeição observará o disposto nos arts. 146 e 148.

CORRESPONDÊNCIA NO CPC/1973: *ARTS. 745, 739-A, § 5º, E 743.*

1. Das matérias de defesa nos embargos à execução. Conforme já asseverado no item 1 dos comentários ao art. 914, na redação original do CPC/73, havia uma unificação do processo executivo, quer se tratasse de execução fundada em título judicial, quer se tratasse de execução fundada em título extrajudicial. Naquele regime, o modo normal de defesa do executado eram os "embargos do devedor". O que mudava era o âmbito de cognição, que, nos embargos à execução fundada em título judicial, era restrito às hipóteses do art. 741, I a VII, e do art. 744 (embargos de retenção por benfeitoria), em virtude de anteriormente ao processo executivo já ter havido uma cognição exauriente; ao passo que, nos embargos à execução fundada em título extrajudicial, era bem mais amplo, podendo o executado alegar, além das matérias previstas no art. 741, qualquer outra que lhe seria lícito deduzir como defesa no processo de conhecimento, pois aqui, por força de lei (eficácia executiva atribuída aos títulos extrajudiciais), há um adianta-mento da execução, há a criação de título que não passou pelo crivo judicial. Ou seja, a amplitude da oposição de mérito nos embargos à execução variava conforme a existência ou não de um processo de certificação anterior para a formação do título. (ASSIS, Araken de, *Manual da execução*, 11. ed., São Paulo, RT, 2007, p. 1.084). Não é ocioso ressaltar que o CPC/2015 ultimou a cisão – que se havia iniciado, ainda, no regime do CPC/1973, com as Leis 11.232/2005 e 11.382/2006 – do processo de execução, inclusive nas execuções movidas contra a Fazenda Pública, de modo que os embargos à execução dos arts. 914 a 920 do CPC/2015 serão opostos, única e exclusivamente, na execução fundada em título extrajudicial, pois a defesa do executado na execução fundada em título judicial será regida pelo art. 525 do CPC/2015 (no cumprimento de sentença movido contra particu-lar) e pelo art. 535 do CPC/2015 (no cumprimento de sentença movido contra a Fazenda Pública). Pois bem, antes de analisar, com o merecido vagar, o objeto dos embargos na execução por título extrajudicial, vale salientar que o rol das matérias de defesa passíveis de alegação messes embargos (art. 917, I a V, CPC/2015) é meramente exemplificativo; tanto isso é verdade que o inciso VI deste artigo ora analisado contém uma cláusula geral, permitindo que o executado suscite qualquer matéria que lhe seria lícito deduzir como defesa em processo de conhecimento. E essa ampla possibilidade de defesa na execução por título extrajudicial encontra justificativa no fato de, por força de lei, atribuir-se a um título extrajudicial a mesma eficácia atribuída a uma sentença condenatória transitada em julgado, sem que aquele tivesse passado por um prévio processo judicial cognitivo para certificação do direito do credor.

2. Dos embargos fundados na alegação de inexequibilidade do título ou ine-xigibilidade da obrigação. Nos embargos opostos com fulcro no inciso I deste art. 917 do CPC/2015, o executado pode alegar que o título não se reveste dos atributos da cer-teza, liquidez e exigibilidade, não podendo, pois, ensejar execução. O executado pode alegar, por exemplo, (i) que o título que embasa a execução não está entre aqueles a que a lei atribui força executiva; (ii) que o título que embasa a execução não preen-che os requisitos legais necessários a que goze de exequibilidade; (iii) que se encontra prescrita a pretensão de executar o título que embasa a execução; (iv) que não é obrigado a satisfazer sua prestação, senão mediante a contraprestação do credor (art. 787, CPC/2015).

3. Dos embargos fundados na alegação de penhora incorreta ou avaliação errônea. Nos embargos opostos com fulcro no inciso II deste art. 917 do CPC/2015, o executado pode alegar, por exemplo, que a penhora recaiu sobre bem absolutamente impenhorável (art. 833, CPC/2015), ou que recaiu sobre bem relativamente impenhorável, mesmo havendo outros livres e desembaraçados (art. 834, CPC/2015); ou, ainda, que a penhora inobservou a gradação legal (art. 835, CPC/2015). Outrossim, pode o executado alegar erro na avaliação ou dolo do avaliador (art. 873, I, CPC/2015), assim como a inobservância, na avaliação, de quaisquer das exigências constantes do art. 872 do CPC/2015. Ressalte-se, ainda, que pode ocorrer que, quando da realização da penhora e da avaliação do bem, o prazo para opor embargos – contado a partir da comprovação da citação –, já tenha decorrido ou mesmo que o executado já tenha oposto seus embargos; nessa hipótese, o executado poderá impugnar o vício ou defeito da penhora ou da avaliação dos bens, por simples petição (art. 917, §1º, CPC/2015).

4. Dos embargos fundados na alegação de excesso de execução ou cumulação indevida de execuções. Nos embargos opostos com fulcro no inciso III deste art. 917 do CPC/2015, o executado pode alegar excesso de execução, que se configura quando: (i) o exequente pleiteia quantia superior à do título; (ii) a execução recai sobre coisa diversa daquela declarada no título; (iii) a execução se processa de modo diferente do que foi determinado no título (*v.g.*, o título certifica obrigação de fazer, e o exequente move execução para entrega de coisa certa); (iv) o exequente, sem cumprir a prestação que lhe corresponde, exige o adimplemento da prestação do executado; e (v) o exequente não prova que a condição se realizou (art. 917, §2º, I a V, CPC/2015). Destaque-se, ainda, que quando o executado-embargante alegar que o exequente, em excesso de execução, pleiteia quantia superior à do título, terá o ônus de declarar, na inicial dos embargos, o valor que entende correto, apresentando demonstrativo discriminado e atualizado de seu cálculo (art. 917, §3º, CPC/2015). Caso o embargante não se desincumba do seu ônus de apontar o valor correto e de apresentar o demonstrativo, os embargos à execução (i) serão liminarmente rejeitados se o excesso de execução for o seu único fundamento; ou (ii) serão processados, se houver outro fundamento, mas o juiz não examinará a alegação de excesso de execução.

5. Dos embargos fundados na alegação de retenção por benfeitorias necessárias ou úteis, nos casos de execução para entrega de coisa certa. Nos embargos opostos com fulcro no inciso IV deste art. 917 do CPC/2015, o executado pode alegar que realizou benfeitorias úteis ou necessárias na coisa objeto da execução e requerer sua retenção, até que seja ressarcido do valor das benfeitorias. O exequente, por sua vez, poderá requerer a compensação do valor das benfeitorias com o dos frutos ou dos danos considerados devidos pelo executado, cumprindo ao juiz, para a apuração dos respectivos valores, nomear perito, observando-se, então, o art. 464 (art. 917, §5º, CPC/2015). Além disso, "o exequente poderá a qualquer tempo ser imitido na posse da coisa, prestando caução ou depositando o valor devido pelas benfeitorias ou resultante da compensação" (art. 917, § 6º, CPC/2015).

6. Dos embargos fundados na alegação de incompetência absoluta ou relativa do juízo da execução. O inciso V deste art. 917 do CPC/2015 versa sobre defesa processual (incompetência absoluta do juízo da execução) ou exceção processual (incompetência relativa do juízo da execução). Em virtude da regra da concentração da defesa (ver arts. 336 e 337, do CPC/2015, aplicáveis subsidiariamente ao processo de execução, por força do art. 771, parágrafo único, do CPC/2015), o executado, ao opor seus embargos, deve deduzir a incompetência absoluta ou relativa do juízo da execução, seja como único fundamento dos embargos, seja como uma defesa ou exceção processual deduzida conjuntamente com outras matérias.

7. Dos embargos fundados em qualquer matéria que seria lícito ao executado deduzir como defesa em processo de conhecimento. Conforme já asseverado no item 1 destes comentários, o inciso VI deste art. 917 do CPC/2015 contém uma cláusula geral, permitindo que o executado suscite qualquer matéria que lhe seria lícito deduzir como defesa em processo de conhecimento. E essa ampla possibilidade de defesa do executado decorre do fato de, por força de lei, atribuir-se a um título extrajudicial a mesma eficácia atribuída a uma sentença condenatória transitada em julgado, sem que aquele tivesse passado por um prévio processo judicial cognitivo para certificação do direito do credor.

8. Da arguição de impedimento ou suspeição. O impedimento e a suspeição do juízo da execução também se constituem em matéria de defesa (*lato sensu*). Contudo, por serem exceção dilatória instrumental, devem ser arguidas com observância da forma imposta pelo legislador, isto é, em petição específica, devidamente fundamentada e instruída, a fim de que o juiz processe o incidente em separado (arts. 146 e 148, CPC/2015). Ou seja, mesmo quando o impedimento e a suspeição do juízo da execução forem as únicas matérias de defesa do executado, elas não poderão ser deduzidas em embargos à execução, mas em incidente de exceção de impedimento ou suspeição.

Artigo 918.
    O juiz rejeitará liminarmente os embargos:
    I – quando intempestivos;
    II – nos casos de indeferimento da petição inicial e de improcedência liminar do pedido;
    III – manifestamente protelatórios.
    Parágrafo único. Considera-se conduta atentatória à dignidade da justiça o oferecimento de embargos manifestamente protelatórios.
    CORRESPONDÊNCIA NO CPC/1973: *ART. 739.*

1. Rejeição liminar. A norma que se constrói a partir do *caput* e dos incisos I a III do art. 918 do CPC/2015 contém quatro hipóteses de incidência, quais sejam: (i) a intempestividade dos embargos; (ii) os casos de indeferimento da petição inicial; (iii) os casos de improcedência liminar do pedido; e (iv) a oposição de embargos manifestamente protelatórios. Já seu preceito constitui-se na decisão de rejeição liminar dos embargos. Logo, tem o seguinte conteúdo a norma construída a partir dos citados dispositivos legais: em sendo intempestivos os embargos, ou em sendo caso de indeferimento da petição inicial, ou em sendo caso de improcedência liminar do pedido, ou em sendo manifestamente protelatórios; nesses casos, deve o juiz sentenciar, rejeitando liminarmente os embargos.

2. Rejeição liminar em virtude de intempestividade. Não há maiores controvérsias em torno da rejeição liminar dos embargos em virtude de intempestividade, pois o prazo para sua oposição é de 15 (quinze) dias, que deve ser contado na forma do art. 231, I a VI, c/c 915, §§ 1º, 2º e 3º, do CPC/2015. Logo, sendo os embargos opostos após o prazo de 15 (quinze) dias, devem ser liminarmente rejeitados. Assinale-se, por oportuno, que o fato de o juiz admitir os embargos em uma primeira análise não impede que, posteriormente, sejam rejeitados por intempestividade (STJ, AgRg no Ag 62.508/GO). Em todo caso, tendo em vista o dever de consulta e a vedação de decisão surpresa, deve o juiz, antes de decidir, intimar o embargante para se pronunciar sobre a possibilidade de rejeição dos embargos em virtude de intempestividade.

3. Rejeição liminar em virtude de indeferimento da petição inicial. Nos termos do art. 330 do CPC/2015, a petição inicial deve ser indeferida quando (i) for inepta – ou melhor, quando: (i.a) lhe faltar pedido ou causa de pedir; (i.b) o pedido for indeterminado, ressalvadas as hipóteses legais em que se permite o pedido genérico; (i.c) da narração dos fatos não decorrer logicamente a conclusão; e (i.d) contiver pedidos incompatíveis entre si; (ii) a parte for manifestamente ilegítima – *v.g.*, o embargante não é executado, nem terceiro responsável, ou o embargado não é exequente; (iii) o autor carecer de interesse processual – *v.g.*, oposição dos embargos, após requerimento de pagamento parcelado, nos termos do art. 916 do CPC/2015; (iv) quando o embargante, postulando em causa própria, não atender à determinação do juiz de emendar a inicial, declarando o endereço, seu número de inscrição na OAB e o nome da sociedade de advogados da qual participa, para o recebimento de intimações (art. 106, I, §1º, CPC/2015); e (v) quando o embargante não atender à determinação do juiz de emendar ou complementar a inicial, suprindo os vícios decorrentes da inobservância dos requisitos de validade da petição inicial (art. 319 c/c art. 321, CPC/2015) ou juntando os documentos indispensáveis à propositura da demanda (art. 320 c/c art. 321, CPC/2015). Ou seja, configuradas quaisquer dessas hipóteses de indeferimento da petição inicial, devem ser liminarmente rejeitados os embargos à execução.

4. Rejeição liminar dos embargos, quando for caso de improcedência liminar do pedido. Nos termos do art. 332 do CPC/2015, não demandando a causa dilação probatória, o juiz, independentemente da citação do réu, julgará liminarmente improcedente o pedido que contrariar: (i) enunciado de súmula do STF ou do STJ; (ii) acórdão proferido pelo STF ou pelo STJ em julgamento de recursos repetitivos; (iii) entendimento firmado em incidente de resolução de demandas repetitivas ou de assunção de competência; e (iv) enunciado de súmula de tribunal de justiça sobre direito local. Assim, configurada quaisquer dessas hipóteses de improcedência liminar do pedido, devem ser liminarmente rejeitados os embargos à execução.

5. Rejeição liminar dos embargos manifestamente protelatórios e a multa por ato atentatório à dignidade da justiça. Conforme já afirmado, a oposição de embargos manifestamente protelatórios é suporte fático da norma que autoriza a rejeição liminar dos embargos. O parágrafo único do art. 918 do CPC/2015 reputa como ato atentatório à dignidade da justiça o oferecimento de embargos manifestamente protelatórios. Logo, quando liminarmente rejeitados os embargos à execução, sob o argumento de serem manifestamente protelatórios, deve o magistrado condenar o embargante na sanção prevista para aquele que pratica ato atentatório à dignidade da justiça (art. 918, parágrafo único c/c art. 774, parágrafo único, do CPC/2015). Essa multa será fixada em montante não superior a 25% (vinte por cento) do valor atualizado do débito em execução e será revertida em proveito do exequente, exigível nos próprios autos do processo, sem prejuízo de outras sanções de natureza processual ou material. A expressão "manifestamente protelatórios" constitui-se em um conceito jurídico indeterminado; assim, o juiz, ao rejeitar liminarmente os embargos e condenar o embargante na sanção prevista para aquele que pratica ato atentatório à dignidade da justiça, terá de explicar o motivo concreto de sua incidência no caso (art. 489, §1º, II, do CPC/2015); ou melhor, o juiz terá de explicitar a norma elaborada para decidir a questão, mostrando qual a hipótese de incidência construída a partir do conceito jurídico indeterminado (manifestamente protelatórios) e como os fatos do caso são suporte fático da referida hipótese de incidência. A nosso ver, seriam manifestamente protelatórios, por exemplo, os embargos à execução opostos com base em tese claramente contrária à *ratio decidendi* de precedente vinculante, sem que o embargante ao menos argumentasse um *distinguishing* ou *overruling*. No regime do CPC/1973, o STJ tem exigido o dolo, a intenção ou o intuito procrastinatório para condenar em litigância de má-fé (art. 17, VII, CPC/73) ou na pena do art. 538 do CPC/1973 (STJ, REsp 615.699/SE; REsp 842.688/SC; REsp 556.929; RMS 27.446/RS; AgRg no REsp 650.097/SP; REsp 523.490/MA). Entendemos que, no regime do CPC/2015, que tem a boa-fé objetiva como uma de suas normas fundamentais (art. 5º), essa corrente jurisprudencial deve ser superada, eis que, no CPC/2015, a aferição da má-fé não deve mais estar atrelada a aspectos subjetivos (vontade, intenção, intuito etc.), exceto quando houver regra exigindo, expressamente, o dolo em sua hipótese de incidência.

6. Rejeição liminar dos embargos e ordem cronológica. O juiz não precisará observar a ordem cronológica para rejeitar liminarmente os embargos nas hipóteses dos incisos I e II do art. 918 do CPC/2015, eis que essas sentenças se darão com fulcro no art.

485 do CPC/2015. No caso da rejeição liminar dos embargos por serem manifestamente protelatórios, dependerá do fundamento empregado na decisão; ou melhor, estará exceptuada da ordem cronológica a sentença de rejeição liminar dos embargos com fulcro no art. 918, III, do CPC/2015, se a conclusão se relacionar a alguma das hipóteses dos incisos II, III e IV, do art. 12 do CPC/2015.

7. Rejeição liminar dos embargos e retratação. Quando o juiz rejeitar liminarmente os embargos em virtude de intempestividade, de indeferimento da petição inicial e de improcedência liminar do pedido, poderá retratar-se, no prazo de 5 (cinco) dias, caso o embargante interponha apelação. Se o juiz se retratar, deverá intimar o embargado para impugnar os embargos; caso não se retrate, deverá intimar o embargado para contrarrazoar a apelação (arts. 331, §1º, e 332, §4º, CPC/2015).

Artigo 919.

Os embargos à execução não terão efeito suspensivo.

§ 1º O juiz poderá, a requerimento do embargante, atribuir efeito suspensivo aos embargos quando verificados os requisitos para a concessão da tutela provisória e desde que a execução já esteja garantida por penhora, depósito ou caução suficientes.

§ 2º Cessando as circunstâncias que a motivaram, a decisão relativa aos efeitos dos embargos poderá, a requerimento da parte, ser modificada ou revogada a qualquer tempo, em decisão fundamentada.

§ 3º Quando o efeito suspensivo atribuído aos embargos disser respeito apenas a parte do objeto da execução, esta prosseguirá quanto à parte restante.

§ 4º A concessão de efeito suspensivo aos embargos oferecidos por um dos executados não suspenderá a execução contra os que não embargaram, quando o respectivo fundamento disser respeito exclusivamente ao embargante.

§ 5º A concessão de efeito suspensivo não impedirá a efetivação dos atos de substituição, de reforço ou de redução da penhora e de avaliação dos bens.

CORRESPONDÊNCIA NO CPC/1973: *ART. 739-A.*

1. Efeito legal dos embargos à execução. O *caput* do art. 719 trata do efeito legal dos embargos à execução. Conforme afirmado anteriormente, em que pese os embargos à execução, no regime do CPC/1973, terem gozado, por muito tempo, de efeito suspensivo *ope legis*, desde 2006, não dispõem mais desse efeito, pois a Lei 11.382/2006 extinguiu o efeito suspensivo *ope legis* dos embargos à execução, ao revogar o parágrafo 1º do art. 739 do CPC/73 e ao acrescentar o art. 739-A, cujo parágrafo 1º estabeleceu que "o juiz poderá, a requerimento do embargante, atribuir efeito suspensivo aos embargos quando, sendo relevantes seus fundamentos, o prosseguimento da execução manifestamente possa causar ao executado grave dano de difícil ou incerta reparação, e desde que a execução já esteja garantida por penhora, depósito ou caução suficientes". A partir daí, o efeito suspensivo aos embargos passou a ser *ope iudicis*, e o dispositivo em comento não alterou substancialmente em nada o art. 739-A do CPC/73.

2. Da concessão de efeito suspensivo *ope iudicis* aos embargos. Não gozando mais os embargos de efeito suspensivo legal, o juiz poderá recebê-los nesse efeito, desde que preenchidos os requisitos do parágrafo 1º do art. 918, que estabelece: "O juiz poderá, a requerimento do embargante, atribuir efeito suspensivo aos embargos quando verificados os requisitos para a concessão da tutela provisória e desde que a execução já esteja garantida por penhora, depósito ou caução suficientes". Assim, o juiz poderá conceder efeito suspensivo aos embargos, quando, cumulativamente, (i) o embargante houver requerido; (ii) estiverem presentes o *fumus boni iuris* e o *periculum in mora* e, (iii) a execução estiver garantida. Ressalte-se que o requisito do *periculum in mora*, poderá ser dispensado quando o caso se enquadrar em quaisquer das hipóteses que autorizam a concessão da tutela de evidência (art. 311, I a IV, CPC/2015).

3. Da provisoriedade da decisão que atribui efeito suspensivo aos embargos. A decisão que concede efeito suspensivo aos embargos à execução é provisória e fundada em cognição sumária. Logo, havendo mudança do cenário fático-jurídico e requerimento do embargado, o juiz poderá modificar ou revogar a decisão deferitória de efeito suspensivo aos embargos. Contudo, o juiz, na decisão que vier a cassar o efeito suspensivo anteriormente concedido aos embargos, terá de apresentar fundamentação qualificada, isto é, terá o dever de argumentar especificamente em torno da mudança do cenário-fático jurídico que autoriza a revogação ou modificação da anterior decisão.

4. Efeito suspensivo parcial. O parágrafo 3º do dispositivo legal em comento autoriza a concessão de efeito suspensivo parcial aos embargos, de forma que a parte do objeto da execução que não se encontrar impugnada por embargos recebidos no efeito suspensivo deverá prosseguir com os ulteriores atos de satisfação do crédito exequendo. Por exemplo, em uma mesma demanda, o exequente cumulou em face do executado várias execuções fundadas em títulos diferentes – cheque, duplicata mercantil e nota promissória etc. (art. 780, CPC/2015); se fora concedido efeito suspensivo apenas à parte dos embargos em que se alegava a inexequibilidade da nota promissória, a execução poderá prosseguir na parte em que se perseguem os créditos encartados no cheque e na duplicata mercantil.

5. Amplitude subjetiva do efeito suspensivo concedido aos embargos. Quando houver litisconsórcio passivo na execução e apenas um dos executados opuser embargos, o efeito suspensivo auferido não beneficiará os demais executados, exceto se o fundamento invocado pelo executado-embargante for comum a todos os executados (*v.g.*, a inexequibilidade do título). A *contrario sensu*, o efeito suspensivo obtido pelo executado-

-embargante não beneficiará os demais executados, quando o fundamento invocado disser respeito exclusivamente ao embargante (*v.g.*, uma exceção pessoal).

6. Efeito suspensivo e atos de substituição, de reforço ou de redução da penhora e de avaliação de bens. O parágrafo 6º do art. 739-A do CPC/73 estabelecia o seguinte: "A concessão de efeito suspensivo não impedirá a efetivação dos atos de penhora e de avaliação dos bens". O enunciado legal parecia não fazer sentido algum, pois, se a garantia da execução era requisito para a concessão de efeito suspensivo aos embargos, qual a utilidade em se prever que o efeito suspensivo não impediria a efetivação dos atos de penhora e de avaliação dos bens? Fredie Didier Jr., Leonardo Cunha *et al.* vislumbraram utilidade para a regra, argumentando que, mesmo após garantida a execução e concedido efeito suspensivo aos embargos, poderia haver necessidade de substituição do bem penhorado ou de nova avaliação do mesmo (DIDIER JR., Fredie; CUNHA, Leonardo Carneiro da; BRAGA, Paula Sarno; OLIVEIRA, Rafael Alexandria de, *Curso de direito processual civil*, v. 5., 5. ed., Salvador, JusPodivm, 2013, p. 365-6). O entendimento fora acolhido pelo legislador que deu ao parágrafo 5º do art. 719 do CPC/2015 redação sensivelmente diversa da que tinha o parágrafo 6º do art. 739-A do CPC/73, estabelecendo que: "A concessão de efeito suspensivo não impedirá a efetivação dos atos de substituição, de reforço ou de redução da penhora e de avaliação dos bens".

7. Efeito suspensivo, contracautela e prosseguimento da execução. Questão interessante se afigura a (im)possibilidade de prosseguimento da execução, quando, apesar de os embargos terem sido recebidos no efeito suspensivo, o exequente-embargado oferece e presta caução suficiente e idônea. À luz do regime do CPC/1973, Fredie Didier Jr., Leonardo Cunha *et al.* defendiam que seria, sim, possível o prosseguimento da execução nessa hipótese, pois, embora no Título relativo aos "Embargos do Devedor" não houvesse previsão expressa nesse sentido, o oferecimento e a prestação de caução suficiente e idônea pelo embargado – como nítida medida de contracautela – eram previstos no art. 475-M, §1º, do CPC/73, que, inobstante tratasse da impugnação ao cumprimento de sentença, poderia ser aplicado à execução por título extrajudicial, por força do art. 598, que previa a aplicação subsidiária das disposições que regem o processo de conhecimento à execução. Argumentavam, ainda, que havia regra semelhante no dispositivo que tratava dos embargos de retenção por benfeitoria (art. 745, §2º, CPC/73). (DIDIER JR., Fredie; CUNHA, Leonardo Carneiro da; BRAGA, Paula Sarno; OLIVEIRA, Rafael Alexandria de, *Curso de direito processual civil*, v. 5., 5. ed., Salvador, JusPodivm, 2013, p. 364-5). A nosso ver, a conclusão é acertada e continua adequada diante do CPC/2015, pois não há nenhuma disposição em sentido contrário e os arts. 525, § 10; 771, parágrafo único, e 917, § 6º, do CPC/2015 têm redação em tudo semelhante à dos arts. 475-M, § 1º; 598 e 745, § 2º, do CPC/1973, respectivamente.

Artigo 920.
Recebidos os embargos:
I – o exequente será ouvido no prazo de 15 (quinze) dias;
II – a seguir, o juiz julgará imediatamente o pedido ou designará audiência;
III – encerrada a instrução, o juiz proferirá sentença.
CORRESPONDÊNCIA NO CPC/1973: *ART. 740.*

1. Procedimento nos embargos à execução. Não sendo caso de rejeição liminar dos embargos (art. 918, CPC/2015), o juiz intimará o embargado na pessoa do seu advogado para impugnar os embargos à execução. A impugnação tem natureza de contestação (MIRANDA, Francisco Cavalcanti Pontes de, *Comentários ao Código de Processo Civil*, t. XI. Rio de Janeiro, Forense, 1976, p. 80), eis que se constitui em resposta ofertada em processo de conhecimento. Tendo os embargos natureza de ação de conhecimento, o embargante corresponde ao autor; e o embargado, ao réu, sendo entre eles distribuído o ônus da prova, nos termos do art. 373, I e II, deste CPC/2015. Se a matéria versada for eminentemente de direito ou se demandar apenas prova documental já produzida, os autos deverão ser conclusos para sentença, que deve ser proferida no prazo de 30 (trinta) dias (art. 266, II, CPC/2015). Caso haja necessidade de dilação probatória, o juiz designará audiência e possibilitará a produção de todas as provas que se fizerem necessárias, inclusive, pericial se for o caso; para, em seguida, após encerrada a instrução, proferir sentença, que deve ser impugnada por recurso de apelação. A apelação interposta em face da sentença que extinguir os embargos sem resolução do mérito ou julgá-los improcedentes terá efeito legal apenas devolutivo (art. 1.102, §1º, III, CPC/2015); podendo o apelante, contudo, pleitear a concessão de efeito suspensivo a seu recurso, mediante requerimento dirigido (i) ao tribunal, no período compreendido entre a interposição da apelação e sua distribuição, ficando o relator designado para seu exame prevento para julgá-la, ou (ii) ao relator, se já distribuída a apelação (art. 1.102, §3º, I e II, CPC/2015). Questão interessante se afigura aquela relativa à (in)aplicação dos efeitos da revelia – sobretudo, a presunção de veracidade das alegações fáticas do embargante –, caso o embargado não apresente impugnação aos embargos. Há autores que entendem que, aos embargos à execução não se aplica o efeito material da revelia, uma vez que o título executivo já contém a certificação do direito do exequente (THEODORO JR., Humberto, *A reforma da execução do título extrajudicial*, Rio de Janeiro, Forense, 2007, p. 199-200; GRECO FILHO, Vicente, *Curso de direito processual civil*, v. 3, 10. ed., São Paulo, Saraiva, 1995, p. 110). Outros autores, como Pontes de Miranda (MIRANDA, Francisco Cavalcanti Pontes de, *Comentários ao Código de Processo Civil*, t. XI. Rio de Janeiro, Forense, 1976, p. 83-4), defendem a aplicação do efeito material da revelia, mas de modo temperado, não se presumindo como verdadeiras as alegações do embargante que estiverem em contradição com o título que embasa a execução (art. 302, III,

CPC/73), ou quando os embargos não estiverem acompanhados do instrumento público que a lei considere como da substância do ato (art. 302, II, CPC/73). (ASSIS, Araken de, *Manual da execução*, 11. ed., São Paulo, RT, 2007,, p. 1156-1160). Entretanto, a jurisprudência do STJ firmou-se, contrariamente, à incidência do efeito material da revelia em sede de embargos à execução, ao argumento de que "no processo de execução, o direito do credor encontra-se consubstanciado no próprio título, que se reveste da presunção de veracidade, cabendo ao embargante-executado o ônus quanto à desconstituição de sua eficácia.".(STJ, AgRg no AREsp 578.740/MS; AgRg no AREsp 576.926/SP; AgRg no Ag 1.229.821/PR; AgRg no REsp 1.001.239/RN). A nosso ver, o CPC/2014 lança novas luzes sobre a questão, ao estabelecer, em seu art. 345, IV, que a revelia não produz o efeito da presunção de veracidade, se "as alegações de fato formuladas pelo autor forem inverossímeis ou estiverem em contradição com prova constante dos autos". Ora, se as alegações do embargante, simplesmente, contradisserem o título que embasa a execução, não haverá de se aplicar o efeito material da revelia, pois a alegação estará em contradição com a prova constante da execução; tampouco haverá de se aplicar esse efeito, quando presentes quaisquer das outras hipóteses do art. 345 ou do art. 341 do CPC/2015. Porém, quanto às alegações fáticas do embargante que forem além da simples contradição ao já certificado no título executivo, há de se aplicar a presunção de veracidade. (MARINONI, Luiz Guilherme; ARENHART, Sérgio Cruz; MITIDIERO, Daniel, *Novo Código de Processo Civil comentado*, São Paulo, RT, 2015, p. 860-1).

TÍTULO IV - Da Suspensão e da Extinção do Processo de Execução

CAPÍTULO I - Da Suspensão do Processo de Execução

ARTIGO 921.
   Suspende-se a execução:
   I – nas hipóteses dos arts. 313 e 315, no que couber;
   II – no todo ou em parte, quando recebidos com efeito suspensivo os embargos à execução;
   III – quando o executado não possuir bens penhoráveis;
   IV – se a alienação dos bens penhorados não se realizar por falta de licitantes e o exequente, em 15 (quinze) dias, não requerer a adjudicação nem indicar outros bens penhoráveis;
   V – quando concedido o parcelamento de que trata o art. 916.
   § 1º Na hipótese do inciso III, o juiz suspenderá a execução pelo prazo de 1 (um) ano, durante o qual se suspenderá a prescrição.
   § 2º Decorrido o prazo máximo de 1 (um) ano sem que seja localizado o executado ou que sejam encontrados bens penhoráveis, o juiz ordenará o arquivamento dos autos.

§ 3º Os autos serão desarquivados para prosseguimento da execução se a qualquer tempo forem encontrados bens penhoráveis.

§ 4º Decorrido o prazo de que trata o § 1º sem manifestação do exequente, começa a correr o prazo de prescrição intercorrente.

§ 5º O juiz, depois de ouvidas as partes, no prazo de 15 (quinze) dias, poderá, de ofício, reconhecer a prescrição de que trata o § 4º e extinguir o processo.

CORRESPONDÊNCIA NO CPC/1973: *ART. 791.*

1. Hipóteses de suspensão. A suspensão da execução constitui-se em um momento de crise do processo executivo, ou melhor, em um desvio ao seu normal desenvolvimento, que tende a culminar com a satisfação do direito do exequente. Fala-se em crise, porque "suspensa a execução, não serão praticados atos processuais, podendo o juiz, entretanto, salvo no caso de arguição de impedimento ou de suspeição, ordenar providências urgentes" (art. 923, CPC/2015). O CPC/1973, no seu art. 791 c/c o art. 265, I a III, previa poucas hipóteses de suspensão da execução; eram elas: (i) a suspensão em virtude do recebimento dos embargos no efeito suspensivo; (ii) a suspensão em virtude de o executado não possuir bens penhoráveis; (iv) a suspensão decorrente da morte ou da perda da capacidade processual de qualquer das partes, de seu representante legal ou de seu procurador; (v) a suspensão pela convenção das partes; (vi) a suspensão em virtude da oposição de exceção de incompetência do juízo, bem como de suspeição ou impedimento do juiz. O CPC/2015 prevê bem mais hipóteses de suspensão da execução, basta perceber que os incisos II a V do art. 921 estabelecem quatro hipóteses típicas de suspensão da execução – (i) o recebimento dos embargos no efeito suspensivo; (ii) o fato de o executado não possuir bens penhoráveis; (iii) o fato de a alienação dos bens penhorados não se realizar por falta de licitantes e de o exequente, em 15 (quinze) dias, não requerer a adjudicação, nem indicar outros bens penhoráveis e, (iv) a concessão do parcelamento de que trata o art. 916 – e o inciso I do mesmo dispositivo legal c/c os arts. 313 e 315 do CPC/2015 (aplicáveis no que couber ao processo executivo) preveem mais oito hipóteses típicas de suspensão da execução, quais sejam: (i) pela morte ou pela perda da capacidade processual de qualquer das partes, de seu representante legal ou de seu procurador; (ii) pela convenção das partes; (iii) pela arguição de impedimento ou suspeição; (iv) pela admissão de incidente de resolução de demandas repetitivas; (v) quando a sentença de mérito: (v.a) depender do julgamento de outra causa ou da declaração da existência ou da inexistência da relação jurídica que constitua o objeto principal de outro processo pendente; (v.b) tiver de ser proferida somente após a verificação de determinado fato ou a produção de certa prova, requisitada a outro juízo; (vi) por motivo de força maior; (vii) quando se discutir em juízo questão decorrente de acidentes e fatos da navegação de competência do Tribunal Marítimo; e (viii) se o conhecimento do mérito depender de verificação da existência de fato delituoso, o juiz pode determinar a suspensão do processo até que se pronuncie a justiça criminal. Como se não bastasse, o art. 921, I, c/c o art. 313, VIII, do CPC/2015, estabelece, ainda, uma cláusula geral de suspensão da execução ("nos demais casos que este Código regula"). O fato de o art. 921, I, do CPC/2015 estabelecer que as hipóteses de suspensão processual previstas nos arts. 313 e 315 se aplicarão, no que couber, ao processo executivo, enseja dúvida apenas quanto às hipóteses do art. 313, V, "a" e "b" e do art. 315. Quanto à hipótese do art. 313, V, "a" e "b", do CPC/2015 – correspondente ao art. 265, IV, "a" e "b", do CPC/1973 –, vale salientar que o STJ (STJ, REsp 35.220/RO) vinha atribuindo uma interpretação extensiva à expressão "sentença de mérito", para admitir a suspensão do processo executivo, quando o julgamento de uma ação de conhecimento pudesse repercutir sobre o mesmo, inclusive, ensejando sua extinção total ou parcial. Idêntica interpretação extensiva pode ser construída para a hipótese do art. 315 do CPC, para se permitir, por exemplo, a suspensão da execução quando tramitar uma ação criminal que investigue, justamente, a falsificação do título que embasa a execução. Conforme indicado no art. 313, VIII, do CPC/2015, há outras hipóteses de suspensão da execução, entre as quais merece destaque a suspensão em virtude da decretação da falência ou do deferimento do processamento da recuperação judicial do executado (art. 6º, Lei 11.101/2005).

2. Da suspensão por convenção das partes. Nos termos do art. 313, II, §§ 4º e 5º, do CPC/2015, a suspensão processual por convenção das partes não poderá exceder a 6 (seis) meses; escoado esse prazo, o juiz deve dar prosseguimento à execução. Em virtude de o art. 922 do CPC/2015 estabelecer que, convindo às partes, o juiz poderá suspender a execução durante o prazo concedido pelo exequente para o executado pagar a obrigação; resta saber se a suspensão da execução, nessa hipótese, pode exceder o limite de 6 (seis) meses estabelecido no art. 313, II, §4º, do CPC/2015. A melhor interpretação é a de que a suspensão da execução por convenção genérica das partes atrai a incidência do art. 313, II, §4º, do CPC/2015, sendo, pois, limitada ao período de 6 (seis) meses; ao passo que a suspensão da execução, em virtude de as partes terem celebrado acordo para que o executado cumpra, voluntariamente, sua obrigação, atrai a incidência do art. 922 do CPC/2015, não sendo, pois, limitada ao prazo de 6 (seis) meses (DIDIER JR., Fredie; CUNHA, Leonardo Carneiro da; BRAGA, Paula Sarno; OLIVEIRA, Rafael Alexandria de, *Curso de direito processual civil*, v. 5., 5. ed., Salvador, JusPodivm, 2013, p. 343).

3. Prazo máximo de suspensão na hipótese do art. 921, I, c/c art. 313, V, "a" e "b", do CPC/2015. Nessa hipótese de suspensão da execução, se – sua sorte (i) depender do julgamento de outra causa ou da declaração da existência ou da inexistência da relação jurídica que constitua o objeto principal de outro processo pendente, ou (ii) depender da verificação de determinado fato ou da produção de certa prova, requisitada a outro juízo –, o processo permanecerá sobrestado pelo prazo máximo de 1 (um) ano, findo o qual o juiz determinará o prosseguimento do processo (art. 313, §§ 4º e 5º, CPC/2015).

4. Prazo máximo de suspensão na hipótese do art. 921, I, c/c art. 315, do CPC/2015. Nessa hipótese de suspensão, se a sorte da execução depender da verificação da existência de fato delituoso, o processo permanecerá sobrestado pelo prazo máximo de 3 (três) meses, no aguardo do ajuizamento de ação penal, que (i) se não for proposta no prazo aludido, ensejará o prosseguimento da execução; e,(ii) se for proposta, manterá a execução suspensa por mais 1 (um) ano, findo o qual o juiz determinará o prosseguimento do processo (art. 315, §§ 1º e 2º, CPC/2015).

5. Da suspensão da execução em virtude da inexistência de bens penhoráveis. Se o executado não possuir bens penhoráveis – hipótese que se equipara à do bem cujo produto seja totalmente absorvido pelo pagamento das custas da execução (art. 836, CPC/2015) –, o juiz suspenderá a execução pelo prazo de 01 (um) ano, prazo esse em que também estará suspensa a prescrição. Decorrido tal prazo sem que se encontrem bens penhoráveis do executado, o juiz deverá determinar o arquivamento dos autos.

6. Da prescrição intercorrente. Decorrido o prazo de 1 (um) ano de suspensão da execução sem que tenham sido encontrados bens do executado passíveis de penhora, começará a fluir o prazo da prescrição intercorrente, que, nos termos do Enunciado 150 da Súmula do STF, é idêntico ao prazo de prescrição da ação. Assim, por exemplo, se uma execução embasada em cheque é suspensa em virtude de não se terem encontrado bens penhoráveis do executado; decorrido o prazo de 1 (um) ano de suspensão; se, nos 6 (seis) meses seguintes, não forem encontrados bens do executado passíveis de penhora, ter-se-á por configurada a prescrição intercorrente. Não é ocioso ressaltar que a hipótese do inciso IV do art. 92, do CPC/2015 redunda na hipótese de ausência de bens penhoráveis do executado, aplicando-se a essa hipótese tudo quanto o já afirmado acerca da prescrição intercorrente. Destaque-se, por fim, que o juiz, antes de extinguir a execução em virtude do reconhecimento da prescrição, terá de ouvir as partes, conforme estabelecido no parágrafo 5º do art. 921 do CPC/2015. Mesmo que não houvesse disposição legal expressa nesse sentido, em virtude do princípio da cooperação processual, de onde exsurgem os deveres de esclarecimento, de prevenção, de consulta e de auxílio e, consequentemente, a vedação de decisão surpresa (arts. 6º, 9º e 10, CPC/2015), o juiz não poderia extinguir a execução, *ex officio*, em virtude de prescrição, sem antes ouvir as partes a respeito de tal questão.

ARTIGO 922.
Convindo as partes, o juiz declarará suspensa a execução durante o prazo concedido pelo exequente para que o executado cumpra voluntariamente a obrigação.
Parágrafo único. Findo o prazo sem cumprimento da obrigação, o processo retomará o curso.
CORRESPONDÊNCIA NO CPC/1973: *ART. 792.*

1. Prazo de suspensão. A suspensão da execução, em virtude de as partes terem celebrado acordo para que o executado cumpra voluntariamente sua obrigação, não se limita ao prazo de 6 (seis) meses estabelecido no art. 313, II, §§ 4º e 5º, do CPC/2015. Com efeito, quando a suspensão se dá nos termos do art. 922 do CPC/2015, o processo poderá permanecer suspenso pelo prazo concedido pelo exequente para que o executado cumpra sua obrigação. Assinale-se, por oportuno, que, se, ao final do prazo de suspensão, o executado tiver adimplido sua obrigação, a execução será extinta; por outro lado, se esse prazo decorrer sem que o executado cumpra sua obrigação, o processo retomará o seu curso normal. Destaque-se, por fim, que não corre a prescrição durante o prazo concedido para o cumprimento voluntário da obrigação.

ARTIGO 923.
Suspensa a execução, não serão praticados atos processuais, podendo o juiz, entretanto, salvo no caso de arguição de impedimento ou de suspeição, ordenar providências urgentes.
CORRESPONDÊNCIA NO CPC/1973: *ART. 793.*

1. Suspensão da execução e prática de atos processuais. Durante a suspensão da execução, não serão praticados atos processuais, ressalvados os atos urgentes, que são aqueles relacionados à tutela cautelar ou à tutela antecipatória de urgência. Entretanto, quando a suspensão do processo decorrer de impedimento ou suspeição do juiz, este não poderá praticar nem mesmo os atos urgentes. É que, se o juiz não reconhecer seu impedimento ou suspensão, determinará a atuação do incidente em apartado e remetê-lo-á ao tribunal, onde o relator deverá declarar os efeitos em que o recebe, sendo certo, ainda, que, enquanto não for declarado o efeito em que é recebido o incidente ou quando este for recebido no efeito suspensivo, a tutela de urgência será requerida ao substituto legal do juízo acoimado de impedido ou suspeito (art. 146, §§ 1º, 2º e 3º, CPC/2015).

CAPÍTULO II – Da Extinção do Processo de Execução

ARTIGO 924.
Extingue-se a execução quando:
I – a petição inicial for indeferida;
II – a obrigação for satisfeita;
III – o executado obtiver, por qualquer outro meio, a extinção total da dívida;
IV – o exequente renunciar ao crédito;
V – ocorrer a prescrição intercorrente.
CORRESPONDÊNCIA NO CPC/1973: *ART. 794.*

1. Hipóteses de extinção da execução com e sem solução de mérito. Embora a execução pudesse ser extinta sem resolução do mérito por inúmeros motivos (*v.g.*, ausência de título, ilegitimidade *ad causam*, etc.), o art. 794, I a III, do CPC/73 previa apenas hipóteses de extinção da execução com solução de mérito, o que a doutrina denominava de "extinção própria" da execução. O art. 924, I, do CPC/2015 supriu a omissão, instituindo a extinção da execução por indeferimento da inicial, que é extinção sem resolução do mérito, denominada pela doutrina como "extinção imprópria" da execução. Para além da extinção da execução em virtude do indeferimento da inicial, parece óbvio que a execução pode ser extinta sem resolução do mérito por diversas outras causas, por exemplo, em virtude de desistência, de litispendência ou coisa julgada, de convenção de arbitragem, entre outras. Em outro aspecto, o inciso V do art. 924,do CPC/2015 acrescentou a hipótese de extinção da execução em virtude da prescrição intercorrente, que se constitui em extinção da execução com resolução do mérito. Vale salientar que, excetuando-se a hipótese do inciso I do art. 924 do CPC, todas as outras decisões de extinção da execução são aptas à produção de coisa julgada material (STJ, REsp 1143471/PR; DIDIER JR., Fredie; CUNHA, Leonardo Carneiro da; BRAGA, Paula Sarno; OLIVEIRA, Rafael Alexandria de, *Curso de direito processual civil*, v. 5., 5. ed., Salvador, JusPodivm, 2013 p. 347; ASSIS, Araken de, *Manual da execução*, 11. ed., São Paulo, RT, 2007, p. 478-9). Destaque--se, ainda, que o rol das hipóteses de extinção da execução do art. 924 não é *numerus clausus*, mas meramente exemplificativo; para se atingir essa conclusão, basta perceber que a execução pode ser extinta, inclusive com resolução do mérito, por diversas outras hipóteses não previstas no art. 924, *v.g.*, o acolhimento dos embargos à execução, a procedência de ação rescisória, etc..

2. Extinção da execução em virtude do indeferimento da inicial. A partir do art. 330 do CPC/2015, infere-se que a inicial da execução deve ser indeferida quando (i) for inepta – ou melhor, quando: (i.a) lhe faltar pedido ou causa de pedir; (i.b) o pedido for indeterminado, ressalvadas as hipóteses legais em que se permite o pedido genérico; (i.c) da narração dos fatos não decorrer logicamente a conclusão; e (iv) contiver pedidos incompatíveis entre si; (ii) a parte for manifestamente ilegítima; (iii) o exequente carecer de interesse processual; (iv) o exequente, postulando em causa própria, não atender à determinação do juiz de emendar a inicial, declarando o endereço, seu número de inscrição na OAB e o nome da sociedade de advogados da qual participa, para o recebimento de intimações (art. 106, I, § 1º, CPC/2015); e (v) quando o exequente não atender à determinação do juiz de emendar ou complementar a inicial, suprindo os vícios decorrentes da inobservância dos requisitos de validade da petição inicial (art. 319 c/c art. 321, CPC/2015) ou juntando os documentos indispensáveis à propositura da demanda (art. 320 c/c art. 321, CPC/2015). Ou seja, configurada quaisquer dessas hipóteses de indeferimento da petição inicial, deve a execução ser extinta sem resolução do mérito.

3. Extinção da execução por satisfação da obrigação. A extinção da execução por satisfação da obrigação se dá quando ocorre o adimplemento total por parte do executado. Assinale-se, por oportuno, que, em atendimento ao contraditório, o exequente deve ser ouvido antes de a execução ser extinta pelo pagamento (STJ, REsp 854.926/SP).

4. Extinção da execução por qualquer outro meio além do pagamento. O inciso III do art. 924 do CPC/2015 corrigiu a impropriedade de se confundir a transação como meio de remissão da dívida; transação e remissão não se confundem, embora ambas sejam formas de extinção da obrigação. Não é ocioso destacar que o pagamento não é a única hipótese de extinção da obrigação, que também pode dar-se por outros meios, como, por exemplo: a novação (arts. 360 a 367); a compensação (arts. 368 a 380); a confusão (arts. 381 a 384); a remissão de dívidas (arts. 385 a 388); a transação (arts. 840 a 850), etc.

5. Extinção da execução por renúncia. No direito brasileiro, vige o princípio da disponibilidade da execução, eis que esta se realiza para atender ao direito do exequente, que, portanto, dela pode dispor. A renúncia ao direito objeto da execução afigura-se um negócio jurídico unilateral, que leva à extinção da execução com resolução do mérito, logo, fazendo coisa julgada. Na renúncia, deve haver manifestação de vontade expressa e inequívoca do renunciante, que deve estar representado por procurador com poderes específicos para tanto (art. 105, CPC/2015).

6. Extinção da execução por prescrição. Conforme analisado nos comentários ao artigo 921 do CPC/2015, dá-se a prescrição intercorrente se, após o decurso do prazo de 1 (um) ano de suspensão da execução sem que tenham sido encontrados bens do executado passíveis de penhora, decorrer o prazo de prescrição da ação (Enunciado 150 da Súmula do STF) sem que se encontrem bens do executado passíveis de penhora. Não é ocioso destacar que o juiz, antes de extinguir a execução em virtude do reconhecimento da prescrição, terá de ouvir o exequente, conforme estabelecido no §5º do art. 921 do CPC/2015 (regra que concretiza o princípio do contraditório e o da cooperação). A extinção da execução em virtude da prescrição intercorrente resolve o mérito da execução, sendo, pois, decisão apta à produção da coisa julgada material.

Artigo 925.
A extinção só produz efeito quando declarada por sentença.
CORRESPONDÊNCIA NO CPC/1973: *ART. 795.*

1. Declaração da extinção. O processo de execução se extingue ou por eficácia da sentença, ou pela eficácia de algum ato jurídico, que apaga o crédito, mas que, para produzir seus efeitos, precisa ser declarado por sentença. Logo, em ambos os casos, a sentença afigura-se imprescindível para que quaisquer das hipóteses do art. 924 do CPC/2015 produzam o efeito de extinguir a execução. (MIRANDA, Francisco Cavalcanti Pontes de, *Comentários ao Código de Processo Civil*, t. XI. Rio de Janeiro, Forense, 1976, p. 166, p. 569). Em outras palavras, para a extinção da execução, não basta que se configure, no caso, alguma das hipóteses do art. 924 do CPC/2015, pois a execução somente se extingue por sentença. Ressalte-se, ainda, que, se a sentença de extinção resolver o mérito da execução, ou melhor, ocorrer com fulcro nos incisos II a V do art. 924 do CPC/2015, será apta à produção de coisa julgada material. Há jurisprudência e doutrina tanto nesse sentido (STJ, REsp 1143471/PR; DIDIER JR., Fredie; CUNHA, Leonardo Carneiro da; BRAGA, Paula Sarno; OLIVEIRA, Rafael Alexandria de, *Curso de direito processual civil*, v. 5., 5. ed., Salvador, JusPodivm, 2013, p. 347) como no sentido oposto (ASSIS, Araken de, *Manual da execução*, 11. ed., São Paulo, RT, 2007, p. 478-9).

2. Impugnação da decisão de extinção. A sentença de extinção da execução é apelável, conforme se depreende do art. 203, §1º, parte final, c/c art. 1009, do CPC/2015.

LIVRO III
DOS PROCESSOS NOS TRIBUNAIS
E DOS MEIOS DE IMPUGNAÇÃO DAS DECISÕES JUDICIAIS

TÍTULO I – Da Ordem dos Processos e dos Processos
de Competência Originária dos Tribunais

CAPÍTULO I – Disposições Gerais

ARTIGO 926.

Os tribunais devem uniformizar sua jurisprudência e mantê-la estável, íntegra e coerente.

§ 1º Na forma estabelecida e segundo os pressupostos fixados no regimento interno, os tribunais editarão enunciados de súmula correspondentes a sua jurisprudência dominante.

§ 2º Ao editar enunciados de súmula, os tribunais devem ater-se às circunstâncias fáticas dos precedentes que motivaram sua criação.

CORRESPONDÊNCIA NO CPC/1973: *NÃO HÁ.*

1. **Considerações iniciais.** É preciso eliminar a confusão – corriqueira no jargão do foro – entre precedente, jurisprudência, súmula e enunciado. *Grosso modo*, (i) precedente é a decisão judicial tomada à luz de determinado caso concreto: no *Common Law*, a *ratio decidendi* ou *holding* de um precedente – ou seja, a essência da tese jurídica suficiente para resolver o caso – pode servir como fundamento de decisão a um caso posterior por força da identidade ou da similitude entre o primeiro caso e o segundo; já no *Civil Law*, o precedente limita-se a ser, quando muito, copartícipe na formação da jurisprudência. (ii) Jurisprudência é o conjunto das decisões singulares num mesmo sentido. (iii) Súmula é o conjunto da jurisprudência dominante de um tribunal, abrangendo os

mais variados temas. Por fim, (iv) enunciado é verbete que, linguisticamente, condensa o entendimento jurisprudencial dominante de um tribunal sobre determinado tema.

Não raro assiste-se a conflitos de jurisprudência: (i) entre órgãos fracionários do mesmo tribunal com competências diversas (divergência horizontal interna heterogênea) (por exemplo, câmara de direito privado × câmara de direito público); (ii) entre órgãos fracionários do mesmo tribunal com competência idêntica (divergência horizontal interna homogênea) (*v. g.*, turma de direito privado × turma de direito privado); (iii) entre tribunais do mesmo patamar hierárquico (divergência horizontal externa) (por exemplo, TJESP × TJEPR); (iv) entre tribunais de patamares hierárquicos diferentes (divergência vertical) (por exemplo, STF × STJ).

O artigo 926 volta-se à erradicação da divergência horizontal interna. Para tanto, impõe quatro "deveres" ao tribunal em relação à própria jurisprudência: (i) uniformidade; (ii) estabilidade; (iii) integridade; (iv) coerência.

Esses "deveres" são colocados entre aspas porque não há previsão expressa de sanção ao tribunal que os descumpre. Em verdade, trata-se de uma exortação ético-política a que o tribunal trate sua própria jurisprudência com uniformidade, estabilidade, integridade e coerência. É simples apelo, rogo, solicitação de auxílio na consolidação institucional do sistema de precedentes à brasileira. Ao fim e ao cabo, a respeitabilidade dos precedentes horizontais infelizmente dependerá da boa vontade dos respectivos tribunais. *Auctoritas* não é algo que se pode impor. O culto aos próprios precedentes é um *habitus*, um modo de agir adquirido, que integra a cultura institucional do tribunal e que nele se incorpora progressivamente. Todavia, parece faltar a boa parte dos tribunais brasileiros a chamada "reverência aos antecessores". Cada novo juiz que ascende ao tribunal quer imprimir ali sua visão particular, não raro destoando de entendimentos majoritários pacificados há décadas. Trata-se de um personalismo individualista absolutamente incompatível com o ideário republicano. Sofrem, com isso, a segurança e a isonomia.

2. Uniformidade. Uniformizar é homogeneizar. Significa que o tribunal tem o dever de eliminar a variedade interna de entendimentos sobre o mesmo tema. A jurisprudência se sujeita a complicadas influências, todas elas tipicamente associadas a grande número de liberdades. Não por outra razão, a partir de um mesmo texto normativo pode formar-se uma sequência incontável de diferentes atos jurisprudenciais de interpretação-aplicação. Daí por que não se pode predizer com precisão o conteúdo das futuras interpretações ao longo da série temporal. Portanto, o resultado delas pode variar ainda que proferidas sob condições praticamente idênticas. Contudo, a despeito de toda essa imprevisibilidade, as contradições sintáticas presentes no discurso jurisprudencial resolvem-se sob processos estocáticos de aleatoriedade decrescente, isto é, a jurisprudência tende a encaminhar-se de uma casualidade imprevisível a uma regularidade redundante. Em lugar do aleatório tendem a aparecer regularidades, repetições, redundâncias e padrões à medida que o próprio sistema armazena agrupamentos internos de configurações interpretativas para o uso futuro. Sob a égide do CPC/2015, esse armazenamento é tornado compulsório, uma vez que determinados precedentes se tornam vinculativos (art. 927).

3. Estabilidade. É a qualidade do que é firme. Isso significa que o tribunal está proibido de alterar sua jurisprudência sem que exista relevante modificação nas circunstâncias normativas, sociológicas ou axiológicas, que interferem na compreensão do tema. Não se trata de rigidez ou imobilismo, pois. É preciso ressaltar que a interpretação jurídica está longe de ser o resultado da soma dos sentidos parciais frasais que integram o texto de direito positivo. Não se trata de apreensão linear somatória dos "efeitos de sentido" emergentes de "partes" do texto. Na realidade, o intérprete do direito sempre "trabalha" um complexo de elementos extralinguísticos e intralinguísticos. Trata-se de elementos: (i) jurídico-normativos (*v. g.*, CF/1988, leis); (ii) jurídicos não normativos (*e.g.*, jurisprudência, doutrina, parecer); (iii) extrajurídicos normativos (*v. g.*, moral, religião); (iv) extrajurídicos não normativos (*v. g.*, utilidade econômica, conveniência política, postulado científico); (v) contextuais objetivos (*e.g.*, dados espaciais e temporais, senso comum); (vi) contextuais subjetivos enunciáveis (*v. g.*, convicção íntima, dados culturais pessoais); (vii) contextuais subjetivos não enunciáveis psíquico-individuais (*v. g.*, desejos, medos, sentimentos); (viii) contextuais subjetivos não enunciáveis psíquico-sociais (*v. g.*, grau de instrução, nível cultural, pressão social, preconceito de classe). Cumpre a observação de que, em um Estado de Direito, o elemento jurídico-normativo prevalece; sob a égide do CPC/2015, a jurisprudência é arremessada para uma zona turva entre a juridicidade não normativa e a normatividade jurídica. Isso permite que o direito seja incessantemente inserido na realidade e alvo de um trabalho constante de atualização e reatualização, em um movimento sem fim que é reengendrado pela prática cotidiana, por meio de um contínuo processo intelectivo. Entretanto, quando se lida com os textos jurídico-normativos, suas significações não podem depender de fatores puramente contextuais. Para garantir-se maior previsibilidade ao tráfico jurídico (para que os sujeitos possam elaborar tecnicamente suas estratégias comunicacionais), é necessário que aos textos se garanta uma "rotinização avaliativa", ou seja: (i) um "centro significativo invariável" (*i.e.*, um núcleo semântico duro independente das situações de uso e do contexto da interlocução, cuja construção – a chamada "pré-compreensão" – fica a cargo da dogmática); (ii) uma "estabilidade periférico-significativa" (*i.e.*, significações laterais que só variem excepcionalmente em caso de relevantes alterações contextuais e cuja preservação fica a cargo da jurisprudência dos tribunais).

4. Integridade. É o estado do que não foi violado ou desprezado. Isso significa que não pode o tribunal afrontar ou ignorar sua própria jurisprudência. Como se verá à frente, o objetivo do sistema brasileiro de precedentes obrigatórios não é fazer da jurisprudência "norma de comportamento" (norma primária, norma de primeiro grau), mas "norma de estrutura" (norma secundária, norma de segundo grau). Em outras palavras, quer-se que a jurisprudência seja norma sobre a produção de outras normas, que ela maniete o juiz na produção das normas individuais e concretas e que, com isso, esteja garantida a coerência dos julgamentos. Sendo norma de direito, o precedente pode ser avaliado tanto sobre o eixo válida-inválida como sobre o eixo forte-fraca. A força do precedente não se mede apenas pela sua obrigatoriedade formal (*imperium*), mas também pela sua respeitabilidade material (*auctoritas*). Portanto, é possível que determinado precedente, embora imponível coercitivamente à observância de todos, não seja capaz de angariar a adesão da comunidade forense. O tônus persuasivo de um precedente pode ser corroído por vários fatores de desestabilização. A maior parte deles sói ser plantada pelo próprio tribunal. De ordinário, os precedentes de um tribunal são desprestigiados quando eles, por exemplo: (i) não têm um *minimum* de sustentação dogmática; (ii) ignoram outros precedentes (horizontais) do próprio tribunal; (iii) desprezam precedentes (verticais) superiores; (iv) são produzidos em um instante em que próprio tribunal passa por constantes *revirements* de jurisprudência.

No caso específico da falta de integridade, diz ela respeito ao problema. Ninguém há de emprestar maior valia a uma decisão do que o próprio tribunal que a prolatou. Logo, se ele mesmo descura de seus precedentes, passa a mensagem de que não são assim tão valiosos. Não obstante, não raro, o desprezo a um precedente horizontal pode significar o início de um *revirement* de jurisprudência, isto é, pode ser que um novo entendimento isolado seja capaz de deflagrar um novo posicionamento pretoriano, transformando-se em novo precedente. Daí que a respeitabilidade do entendimento até então dominante passa a ser minada.

5. Coerência. Coerência é ausência de contradição lógica. É preciso aqui cuidado para não se confundir a coerência com a uniformidade. A diferença é sutil e, por conseguinte, nem sempre percebida.

Primeiramente, é, por um lado, necessário que ao redor do mesmo tema haja somente uma jurisprudência no tribunal: se em torno do tema A só há a jurisprudência x, existe uniformidade; se há as jurisprudências x e y, existe desuniformidade. Se a 1ª Turma entende que só o agravo de instrumento impede a estabilização da tutela antecipada contra a Fazenda Pública e se a 2ª Turma entende que a suspensão de segurança também impede, há desuniformidade; se as duas turmas entendem que só o agravo impede, há uniformidade.

Por outro lado, é necessário que o tribunal parta das mesmas premissas para enfrentar temas diferentes. Havendo uma unidade lógica entre os temas M e N, o tribunal: atuará com coerência se a partir da premissa – resolver os temas M e N; agirá com incoerência se partir da premissa – para resolver M e da premissa – para resolver N. Quem diz que a legitimidade passiva no mandado de segurança é da pessoa jurídica de direito público ou da pessoa jurídica de direito privado no exercício de atribuições do Poder Público, há de dizer que as informações prestadas pela autoridade impetrada são elemento de prova, que elas não se submetem ao princípio da eventualidade e que a falta delas não implica revelia; em contrapartida, quem sustenta que aí a legitimidade passiva é da pessoa física da autoridade impetrada, acaba por sustentar que as informações por ela prestadas têm natureza de resposta, razão pela qual estão submetidas ao princípio da eventualidade e a falta delas importa em revelia. Se assim é, atua com coerência o plenário do tribunal que num determinado caso aplica os efeitos da revelia à míngua de informações e em outro não permite que elas sejam ulteriormente complementadas; entretanto, o mesmo órgão atua com incoerência se num determinado caso não aplica os efeitos da revelia é míngua de informações e em outro não permite que elas sejam posteriormente aditadas.

6. Súmulas – I. Sob o ponto de vista pragmático, a produção de enunciados de súmula de jurisprudência dominante é uma das mais eficientes estratégias de estabilização de significados. De acordo com o parágrafo 1º do art. 926 do CPC/2015, "na forma estabelecida e segundo os pressupostos fixados no regimento interno, os tribunais editarão enunciados de súmula correspondentes a sua jurisprudência dominante". O dispositivo tem redação imperativa: todos os tribunais têm o dever de editar enunciados de súmula. Todavia, não há previsão de sanção aos tribunais – mormente aos inferiores – que não editarem esses enunciados. Portanto, a eles o dispositivo sob exame não passa de simples conselho, *i.e.*, uma exortação a que contribuam para o incremento da segurança e da isonomia. Ainda assim, os enunciados sumulares de tribunais inferiores têm papel de destaque no sistema de processo civil brasileiro: (i) é possível julgamento de improcedência liminar fundado em súmula de tribunal de justiça sobre direito local (art. 332, IV); (ii) incumbe ao relator negar provimento a recurso contrário a súmula do próprio tribunal (art. 932, IV, "a"); (iii) incumbe ao relator, depois de facultada a apresentação de contrarrazões, dar provimento ao recurso, se a decisão recorrida for contrária a súmula do próprio tribunal (art. 932, V, "a"); (iv) pode o relator julgar de plano conflito de competência, se sua decisão se funda em súmula do próprio tribunal (art. 955, parágrafo único, I). Com isso se percebe que as súmulas não podem mais ser editadas, revistas ou canceladas pelos tribunais de maneira ensimesmada, sem obedecer-se a um procedimento democratizado e democratizante; daí por que os regimentos internos devem tomar como parâmetro operativo o que dispõem o art. 103-A da CF, a Lei 11.417/2006 e os arts. 354-A a 354-G do RISTF. Em outras palavras: é preciso que todos os tribunais obedeçam a um procedimento polifônico, em que se possam manifestar democraticamente todos os setores interessados.

7. Súmulas – II. De acordo com o parágrafo 2º do art. 926, "ao editar enunciados de súmula, os tribunais devem ater-se às circunstâncias fáticas dos precedentes que motivaram sua criação.". Às vezes, criam-se infelizmente enunciados de súmulas que não se limitam a seus motivos determinantes. Ou seja, alguns *enunciados extrapolam* o que se decidiu. Assim atuando, alguns tribunais – a pretexto de sumularem – legislam. Porém, o próprio sistema instituído pelo CPC/2015 neutraliza esses enunciados exorbitantes: de acordo com artigo 489, §1º, V, do CPC/2015, não há fundamentação quando o juiz se limita "a invocar precedente ou enunciado de súmula, sem identificar os seus fundamentos determinantes nem demonstrar que o caso sob julgamento se ajusta àqueles fundamentos". Quando se aplica enunciado de súmula sem que se lhe identifiquem os fundamentos determinantes, pratica-se o indesejado "ementismo". Afinal, o enunciado não é texto normativo dotado de generalidade e abstração. Ele tão somente revela o conjunto dos acórdãos prolatados pelo tribunal em um mesmo sentido e que, por essa razão, formaram uma jurisprudência dominante. Logo, quem aplica enunciado sumular sem ir-lhe aos fundamentos inverte a natureza das coisas, já que faz da norma outro texto, quando o correto é fazer do texto uma norma. A explanação das circunstâncias fáticas dos precedentes que motivaram a edição da súmula é o melhor modo de controlar a adequação do enunciado, cuja redação pode eventualmente não refletir um fundamento enfrentado, ou refletir um fundamento não enfrentado. Por isso, na invocação do enunciado, o juiz deve ir aos julgados que lhe serviram de base, deles extrair os fundamentos e explaná-los para que as partes possam realizar um controle racional. Como se não bastasse, deve o magistrado explicitar o seu raciocínio concepto-subsuntivo, *i.e.*, demonstrar por que o caso se subsume a referidos fundamentos (e não por que o caso se subsume ao texto frio do enunciado sumular).

ARTIGO 927.
Os juízes e os tribunais observarão:
I – as decisões do Supremo Tribunal Federal em controle concentrado de constitucionalidade;
II – os enunciados de súmula vinculante;
III – os acórdãos em incidente de assunção de competência ou de resolução de demandas repetitivas e em julgamento de recursos extraordinário e especial repetitivos;
IV – os enunciados das súmulas do Supremo Tribunal Federal em matéria constitucional e do Superior Tribunal de Justiça em matéria infraconstitucional;
V – a orientação do plenário ou do órgão especial aos quais estiverem vinculados.
§ 1º Os juízes e os tribunais observarão o disposto no art. 10 e no art. 489, § 1º, quando decidirem com fundamento neste artigo.
§ 2º A alteração de tese jurídica adotada em enunciado de súmula ou em julgamento de casos repetitivos poderá ser precedida de audiências públicas e da participação de pessoas, órgãos ou entidades que possam contribuir para a rediscussão da tese.
§ 3º Na hipótese de alteração de jurisprudência dominante do Supremo Tribunal Federal e dos tribunais superiores ou daquela oriunda de julgamento de casos repetitivos, pode haver modulação dos efeitos da alteração no interesse social e no da segurança jurídica.

§ 4º A modificação de enunciado de súmula, de jurisprudência pacificada ou de tese adotada em julgamento de casos repetitivos observará a necessidade de fundamentação adequada e específica, considerando os princípios da segurança jurídica, da proteção da confiança e da isonomia.

§ 5º Os tribunais darão publicidade a seus precedentes, organizando-os por questão jurídica decidida e divulgando-os, preferencialmente, na rede mundial de computadores.

CORRESPONDÊNCIA NO CPC/1973: *NÃO HÁ.*

1. *Caput* – **I.** De acordo com a CF/1988, são vinculantes – em relação aos demais órgãos do Poder Judiciário e à administração pública direta e indireta, nas esferas federal, estadual e municipal –: (i) as decisões definitivas de mérito proferidas pelo STF em ações diretas de inconstitucionalidade e ações declaratórias de constitucionalidade (art. 102, §2º, com redação conferida pela EC 45/2004); (ii) a súmula aprovada pelo STF, de ofício ou por provocação, mediante decisão de dois terços de seus membros, após reiteradas decisões sobre matéria constitucional (art. 103-A, inserido pela EC 45/2004). Cabe a observação: por extensão, são igualmente vinculantes as decisões definitivas de mérito proferidas em ADPF e as decisões de antecipatórias de tutela proferidas em ADI, ADC e ADPF.

Vê-se que esses precedentes – porque têm efeito vinculante e oponibilidade *erga omnes* – ultrapassam os limites da *jurisdictio* e adentram os quadrantes na *legislatio*. Eles são, decididamente, normas escritas gerais e abstratas; portanto, leis em sentido material. Segundo António Castanheira Neves, as notas características de uma disposição legislativa "são tanto o *modus* geral e abstrato (a generalidade relativamente aos sujeitos da ordem jurídica e a abstracção relativamente aos casos concretos de decisão), como a vinculação normativa geral (*rectius*, vinculação normativamente directa e universal) e ainda o possível conteúdo jurídico-materialmente inovador.". (NEVES, A. Castanheira, *O instituto dos "assentos" e a função jurídica dos Supremos Tribunais*, Coimbra, Editora Coimbra, 1983, p. 398). Ao editá-las, o STF exercer anomalamente função legislativa. Esses pronunciamentos se assemelham muito a leis interpretativas dirigidas à comunidade em geral. Têm força obrigatória universal, pois. Assim, a eficácia vinculativa geral que irradiam só pode ser prevista no texto da Carta Magna. Isso explica porque foi preciso emenda constitucional (no caso, a EC 45/2004) para a introdução da súmula vinculante do STF no sistema de direito positivo brasileiro.

É bem verdade que o texto constitucional não confere essa mesma eficácia aos outros pronunciamentos do Supremo (por exemplo, acórdãos em julgamento de recursos extraordinários repetitivos; súmulas do STF em matéria constitucional, aprovadas por dois terços dos seus membros antes do advento da EC 45/2004, ou não aprovadas por dois terços dos seus membros após o advento da EC 45/2004); tampouco aos pronunciamentos dos demais tribunais a que alude (acórdãos proferidos pelo STJ no julgamento

de recursos especiais repetitivos, enunciados de súmula do STJ em matéria infraconstitucional, acórdãos em incidentes uniformizadores resolvidos por tribunais de justiça
ou tribunais regionais federais, etc.). Todavia, nada impede que texto de lei ordinária
federal atribua eficácia vinculante a esses pronunciamentos e a outros, desde que a vinculação se cinja aos estreitos limites do Poder Judiciário. Ou seja, um novo precedente
obrigatório não contemplado pela CF de 1988 pode obrigar apenas juízes e tribunais
hierarquicamente subordinados àquele que o haja emitido. Enfim, ele só pode irradiar
eficácia obrigatória interna, restringindo-se ao plano específico dos juízes e tribunais
integrados ao órgão de justiça que o proferiu. Com isso se evita que o novo precedente
vinculante ganhe ares de generalidade e abstração.

É o que fez o novo CPC.

De acordo com o art. 927 do CPC/2015, os juízes e os tribunais deverão observar:
I – as decisões do STF em controle concentrado de constitucionalidade; II – os enunciados de súmula vinculante; III – os acórdãos em incidente de assunção de competência
ou de resolução de demandas repetitivas e em julgamento de RE e REsp repetitivos;
IV – os enunciados das súmulas do STF em matéria constitucional e do STJ em matéria
infraconstitucional; V – a orientação do plenário ou do órgão especial aos quais estiverem
vinculados. Como se nota, embora os pronunciamentos apontados nos incisos III, IV e
V não recebam da CF/1998 qualquer eficácia jurídica vinculante externa, o CPC/2015
teve o cuidado de restringi-los a uma impositividade meramente intestina. São normas
escritas somente para os juízes; logo, não são lei em sentido material; não têm valor de
ato legislativo. Se cada interpretação possível do texto de direito positivo é uma norma
em potencial, o precedente obrigatório aludido no art. 927 do CPC/2015 prescreve ao
juiz qual é a interpretação correta (e, portanto, qual dessas possibilidades é a norma
aplicável ao caso). Existe aí um dever-ser de natureza interpretativa oponível tão apenas
ao juiz, não um dever-ser de natureza inovadora oponível *erga omnes* – o que já revela que,
no Brasil, não há espaço para uma distinção entre precedentes declaratórios (*declaratory
precedents*) e precedentes criativos (*criative precedents*): precedentes não "criam" direito.
Fica-se no entremeio da jurisdicionalidade e da normatividade, pois. É jurisprudência
normativa (que não descamba para a generalidade e a abstração) e norma jurisprudencial (que não se circunscreve à individualidade e à concreção duma situação singular).
Trata-se, assim, de uma "jurisprudência eficacialmente qualificada". Há entendimento
contrário, de que os precedentes aludidos no art. 927 são preceitos "abstratos e de caráter geral": (NERY JR., Nelson; NERY, Rosa Maria de Andrade, *Comentários ao Código de
Processo Civil*, São Paulo, RT, 2015, p. 1837).

Não há equivalência perfeita entre os precedentes obrigatórios brasileiros e os assentos portugueses. O art. 2º do Código Civil de 1966 previa que, "nos casos declarados
na lei, podem os tribunais fixar por meio de assentos, doutrina com força obrigatória e
geral". Note-se que os assentos tinham eficácia vinculativa externa, uma vez que irra-
diavam impositividade para além do tribunal que os proferira, alcançando a comuni-

dade como um todo; nisto, equivaliam materialmente a um ato legislativo. Não por razão o Tribunal Constitucional português julgou inconstitucionalidade nos assentos por afronta ao item 5 do art. 112 da Constituição de 1976 ("1. São actos legislativos as leis, os decretos-leis e os decretos-legislativos regionais (...). 5. Nenhuma lei pode criar outras categorias de actos legislativos ou conferir a actos de outra natureza o poder de, com eficácia externa, interpretar, integrar, modificar suspender ou revogar qualquer dos seus preceitos") (Ac. 810/93, Proc. nº 474/88, 1ª Secção, rel. Conselheiro Monteiro Diniz). Para uma análise profunda e erudita da inconstitucionalidade dos assentos portugueses, ver a obra anteriormente mencionada de António Castanheira Neves. (NEVES, A. Castanheira, *O instituto dos "assentos" e a função jurídica dos Supremos Tribunais*, Coimbra, Coimbra Editora, 1983, p. 397-627).

Não é o caso dos precedentes obrigatórios brasileiros, tal como foram instituídos pelo CPC/2015.

2. *Caput* – II. O problema de um sistema de precedentes obrigatório funcionalizado à delimitação interpretativa não é propriamente sintático (*i.e.*, de inconstitucionalidade), mas pragmático (*i.e.*, de adequação prática).

Todo e qualquer discurso jurídico ancora o seu procedimento de aceitabilidade em cinco competências (competência = saber + poder + querer): (i) ao nível do cometimento, na autoridade (= competência diccional); (ii) ao nível do relato, em três competências autoconstituintes (competência retórico-pragmática + competência intradiscursiva + competência situacional) e uma heteroconstituinte (competência sistêmica). No nível do relato, o discurso legitima-se por meio do desempenho de competências que definem ou plasmam o conteúdo discursivo (logo, trata-se de competências performativas, uma vez que emprestam validade *a posteriori*, à medida que o desempenho é bem-sucedido). Já no nível do cometimento, o discurso é legitimado pela simples titularidade da competência que define a relação da autoridade (logo, trata-se de competência constatativa, uma vez que basta que o operador a tenha para que o discurso receba validade *a priori*). Portanto, não basta que o operador do direito saiba, possa e queira desempenhar materialmente as quatro competências discursivas. Antes é necessário que esteja investido no poder de desempenhá-las, que tenha competência metadiscursiva; que possua autoridade, enfim. Pode-se dizer, assim, que a competência diccional assegura validade metadiscursiva; as competências retórica e intradiscursiva, validade pragmática; a competência situacional, validade semântica; a competência sistêmica, validade sintática.

Uma tábua de ancoragem do procedimento de validação jurídico-discursivo revela: (i) no discurso jurisprudencial do processo subjetivo-judiciário: cargas 2 de competência retórica, 1 de competência intradiscursiva, 3 de competência sistêmica e 4 de competência situacional; (ii) no discurso jurisprudencial do processo administrativo: cargas 3 de competência retórica, 1 de competência intradiscursiva, 4 de competência sistêmica e 3 de competência situacional; (iii) no discurso jurisprudencial do processo arbitral:

cargas 3 de competência retórica, 1 de competência intradiscursiva, 2 de competência sistêmica e 4 de competência situacional; (iv) no discurso jurisprudencial do processo objetivo (jurisdição constitucional): cargas 2 de competência retórica, 3 de competência intradiscursiva, 4 de competência sistêmica e 1 de competência situacional; (v) no discurso postulatório do processo subjetivo: cargas 4 de competência retórica, 2 de competência intradiscursiva, 1 de competência sistêmica e 3 de competência situacional; (vi) no discurso postulatório do processo objetivo: cargas 2 de competência retórica, 3 de competência intradiscursiva, 4 de competência sistêmica e 1 de competência situacional; (vii) no discurso científico-explicativo da doutrina: cargas 2 de competência retórica, 4 de competência intradiscursiva, 3 de competência sistêmica e 1 de competência situacional; (viii) no discurso científico-opinativo dos pareceres: cargas 1 de competência retórica, 4 de competência intradiscursiva, 2 de competência sistêmica e 3 de competência situacional; (ix) no discurso normativo-legal (geral e abstrato): cargas 1 de competência retórica, 3 de competência intradiscursiva, 4 de competência sistêmica e 2 de competência situacional; (x) no discurso normativo-legal (de efeitos concretos): cargas 1 de competência retórica, 2 de competência intradiscursiva, 4 de competência sistêmica e 3 de competência situacional; (xi) no discurso normativo-constitucional (poder constituinte derivado): cargas 4 de competência retórica, 2 de competência intradiscursiva, 3 de competência sistêmica e 1 de competência situacional; (xii) no discurso contratual: cargas 1 de competência retórica, 2 de competência intradiscursiva, 3 de competência sistêmica e 4 de competência situacional.

Como se vê, os procedimentos de construção de aceitabilidade jurídica são sempre multidimensionais. Daí a complexidade poliédrico-funcional do fenômeno da validade. Por isso não se pode concordar com as teorias tradicionais (como a de Hans Kelsen, por exemplo), que restringem o fenômeno da validade ao discurso jurídico-normativo (ignorando que ela se faz presente em outros discursos jurídicos) e dão a ela um enfoque unidimensional (como se a validade só fosse sintática e se ancorasse exclusivamente no exercício da competência sistêmica).

A competência diccional (*auctoritas*) *é constatativa*. O destinatário do discurso jurídico não reconhece reflexivamente o discursista no fazer performativo. Em outros termos: esse reconhecimento não ocorre simplesmente porque o destinatário é capaz de assumir o papel do discursista e admitir no discurso confeccionado o poder, o querer e o saber que formam o *a priori* lógico das habilidades retórico-pragmática, intradiscursiva, situacional e sistêmica. Na verdade, reconhece-se a existência da competência diccional mesma, cuja titularidade é adquirida de maneira formal (no caso do advogado, mediante a inscrição nos quadros da OAB; no caso do juiz, mediante regular investidura no cargo) ou informal (no caso do doutrinador, mediante a aquisição de respeitabilidade perante o meio jurídico-científico). A competência metadiscursiva não é reconhecida, portanto, a partir do desempenho de qualquer das competências discursivas (ainda que o discursista saiba, possa e queira exercitá-las "rabularmente"). Enfim, o reconhecimento finca-se na possibilidade ontológica da existência do operador processual investido nessa condição, não na existência do discurso em si.

A competência retórica (*eloquentia*), bastante presente no discurso postulatório dos advogados públicos e privados e do Ministério Público, é performativa. Não diz ela com a validade que o discurso jurídico retira dos elementos de convicção (*dictum*), mas sim com a validade recebida pela forma discursiva por meio da qual esses elementos são abordados (*modus*). Ou seja, a validação não se dá a partir do que se diz, mas a partir de como se diz. Por esse motivo, não basta ao operador posicionar-se diante dos textos, dos cotextos e do contexto; é preciso que domine os princípios da atividade discursiva, os procedimentos persuasivos, as máximas de conversação e os gêneros dos discursos concretos, valendo-se, no procedimento de enunciação, de fórmulas legítimas, de tipos argumentativos convincentes e de esquemas tópicos bem-sucedidos.

Quanto à competência intradiscursiva (*scientia*). fortemente presente no discurso doutrinário, nela há a mobilização de um saber conceitual pré-construído. Trata-se de um saber técnico, que é organizado sob representações racionalizadas e tenta explicar o fenômeno jurídico de modo mais objetivo possível. Por essa razão, um direito é mais evoluído quanto mais a respectiva comunidade o representa mais por um saber técnico e menos por saber de crença (que é tentativa subjetiva de inteligibilidade, sem avaliação de fundamentos e sem a apreciação sobre o homem e as suas práticas). Nesse sentido, a intradiscursividade dá ao discurso jurídico uma rigidez terminológica (a qual sempre é condição de possibilidade de todo e qualquer conhecimento científico, já que atende à necessidade crescente de comunicação sem ambiguidade entre os intérpretes do direito, contornando as "imperfeições" da língua natural por meio da construção de expressões denotativas específicas). É inegável que o ponto de partida da atividade terminológica é descritivo e onomasiológico (uma vez que promove a discriminação e a articulação dos domínios das atividades, promove o inventário e a organização de definições, noções e conceitos e efetua o relacionamento dos termos que lhes correspondem e a formalização de suas relações). Porém, seu ponto de chegada é eminentemente prático (pois viabiliza a proposição de terminologias intralinguísticas, que evitam a polissemia e a sinonímia, e fornece equipamento terminológico a línguas que não possuem os termos da tecnologia jurídica).

Quanto à competência sistêmica (*coerentia*), preponderante do discurso normativo produzido pelo legislador, o operador busca, a par da historicidade material de todo discurso, sujeitá-lo às exigências orgânicas de coerência externa. Isto porque a sistematicidade não é um *a priori*, mas, sim, um *constructum* ideologicamente orientado. A própria palavra "ideologia" traz em si uma ideia de sistema, coerência e globalidade. A ideia do direito como um sistema "completo e coerente" é marcadamente ideológica, pois. Na realidade, o ordenamento jurídico não é um sistema de textos normativos, que se sucedem em uma progressão linear e hierarquizada, da Constituição às sentenças, em que a validade de cada um dos discursos normativos é tirada da sua adequação ao texto antecedente. A contradição e a imbricação são fenômenos inelimináveis. Embora sejam elas constantemente recobertas, ainda se trata de dados incômodos nos procedimentos explícitos de teorização dogmática. De qualquer modo, a representação do ordenamento jurídico como uma estrutura hierárquico-piramidal tem desaparecido. Durante décadas, o kelsenianismo funciona como uma ideologia, como um sistema jurídico-cognitivo de representações mentais, partilhadas na comunidade dos intérpretes, que controla outras representações mentais. No entanto, a hipercomplexidade normativa pós-moderna tem enfraquecido o modelo piramidal (o que não afasta a ideia de sistematicidade, mas tão somente a de sistematicidade coesivo-coerente).

Já a competência situacional (*prudentia*) fortemente presente no discurso jurisprudencial, ela representa a capacidade do operador de embrenhar-se dialogicamente em um círculo hermenêutico entre a lei e a situação interlocutiva concreta e singular e os contextos enunciativos, construindo o discurso em função das partes, das circunstâncias do caso, dos propósitos em jogo e de finalidades do inter-relacionamento. Para essa investida no caso concreto ser possível, entretanto, cabe ao intérprete fracioná-lo e reagrupá-lo em um repertório de cinco operações de base, de sequência e extensão variáveis: (i) operação de ancoragem (ntrada do caso); ii) operação de aspectualização (fragmentação e qualificação do caso); iii) operação de correlação por contiguidade (colocação do caso na situação espaço-temporal mediante a reestruturação organizadora da experiência situacional); iv) operação de correlação por analogia (assimilação, por comparação, do caso); v) operação de reformulação (renomeação do caso). Logo, todo intérprete imprime uma reorganização do caso concreto, reenquadrando-o.

Daí já se vê que, no discurso jurisprudencial, é problemático o destacamento da *ratio decidendi* abstraindo-se as partes, as circunstâncias do caso, os propósitos em jogo e as finalidades do inter-relacionamento. Afinal, nesse tipo de discurso, o acionamento maior é da competência situacional, não da competência sistêmica. Ou seja, onde há jurisprudencialidade, há indissolúvel faticidade, sem que se possa render "prestígio a juízos abstratos, pré-concebidos ou raciocínios embasados em silogismos, deduzidos por subsunção.". (ROSSI, Júlio César. *Precedente à brasileira*, São Paulo, Atlas, 2015, p. 262). Como bem diz Georges Abboud, no posfácio da obra de Júlio César Rossi, "a norma não existe por si só porque precisa ser produzida em cada processo individual de decisão jurídica. Não há norma em abstrato, ou seja, ela nunca é *ante causam*. Vale dizer, ela somente pode ser compreendida quanto contraposta em relação ao caso que ela pretende resolver a partir da perspectiva do intérprete.". (ABBOUD, Georges in ROSSI, Júlio César. *Precedente à brasileira*, São Paulo, Atlas, 2015, p. 391). É o velho e sempre novo *problema da inseparabilidade entre fato e direito...*

3. *Caput* – III. Como já dito, o *precedente* é a decisão judicial tomada em determinado caso concreto. No sistema do *Common Law*, a essência da tese jurídica suficiente para a resolução do caso – que os britânicos chamam de *ratio decidendi* e os norte-americanos de *holding* – pode se prestar analogicamente como fundamento de uma decisão para um caso posterior por força da identidade ou semelhança entre o primeiro caso e o segundo. Aqui, o precedente é fonte de norma de comportamento (norma primária, norma de primeiro grau). Mas isso não há de acontecer no Brasil. O art. 927 do CPC/2015 não suprime ou desfigura o sistema de *Civil Law* vigente em nosso país, cuja principal fonte de normas de comportamento continua sendo a lei em sentido amplo (ou seja, os textos normativos escritos de direito positivo, editados e impostos à observância de todos pelo Estado). Na verdade, os "precedentes obrigatórios à brasileira" (expressão cunhada por Júlio César Rossi) integram o direito objetivo como normas de estrutura, ou seja, como normas sobre a produção de outras normas (norma secundária, norma de segundo grau). A função deles é tão somente facilitar o processo de produção de decisões pelos juízes. Supondo-se que o texto de direito positivo seja um prisma e a interpretação seja a luz branca sobre ele incidente, pode-se dizer que cada espectro de cor decomposto é uma possibilidade interpretativo-normativa; aqui entra em cena o precedente vinculante: predefine qual possibilidade é a correta, sem permitir margem de discricionariedade ao juiz – ainda que racionalmente motivada – para escolhê-la. Como se nota, o juiz não parte do precedente para chegar à solução do caso: na verdade, parte da lei e interpreta-a manietado pelo precedente. Com isso se busca garantir a coerência dos julgamentos.

Sendo norma jurídica, o precedente pode ser avaliado tanto sobre o eixo válida--inválida como sobre o eixo forte-fraca. A realidade demonstra: há normas que "pegam" (ou seja, que têm força), outras que não "pegam" (ou seja, que não têm força). Nesse sentido, ter força significa ter aptidão para efetivar-se, cumprir-se, respeitar-se. No que concerne especificamente ao precedente, sua força não se mede somente por sua obrigatoriedade formal (*imperium; binding force*), mas também por sua respeitabilidade substancial (*auctoritas; autorité de fait*). Assim, embora imponível coercitivamente à observância de todos, é possível que determinado precedente não seja capaz de angariar adesão. O tônus persuasivo do precedente pode ser corroído por vários fatores de desestabilização. A maior parte deles sói ser plantada pelo próprio tribunal. Geralmente, o precedente de um tribunal é desprestigiado quando, por exemplo: (i) não tem um *minimum* de sustentação dogmática; (ii) ignora outros precedentes (horizontais) do próprio tribunal; (iii) despreza algum precedente (vertical) superior; e (iv) é produzido em um instante em que próprio tribunal passa por constantes *revirements* de jurisprudência.

Quanto ao fator (i), trata-se de situação rara – mas nao impossível – no quotidiano do foro. Pode ser que haja graves impropriedades jurídicas em um precedente isolado. Porém, decisões desse tipo são incapazes de influenciar outros julgadores a ponto de formar-se uma verdadeira corrente jurisprudencial teratológica. É inegável que, em certos casos, alguns entendimentos das mais elevadas Cortes não satisfazem à doutrina. Todavia, isso não significa que esses julgados padeçam de inépcia técnico-argumentativa, ou ignorância jurídico-científica. Nos julgamentos colegiados, as falhas (que, de ordinário, acometem poucos) tendem a ser superadas pelos acertos (que o mais das vezes vêm da maioria).

Quanto ao fator (ii), lembre-se que ninguém há de conferir maior valia a uma decisão do que o próprio Tribunal que a proferiu. Logo, se ele mesmo descura de seus precedentes, transmite a mensagem de que não são assim tão valiosos.

Quanto ao fator (iii), tem-se o exemplo do extinto Enunciado 267 do STJ ("as sociedades civis de prestações de serviços profissionais são isentas da Cofins, irrelevante o regime tributário adotado"). Antes de ser cancelada, a súmula já vinha sendo sistematicamente envilecida pelas instâncias inferiores. A Fazenda Nacional sustentava que: a) a isenção só podia ser gozada pelos optantes do regime de tributação do IR sobre o lucro real; b) a regra de lei complementar que outorgou a isenção tem força de lei ordinária. Lendo-se o enunciado, tinha-se a impressão de que apenas a tese (a) havia sido rechaçada. Porém, o próprio STJ teve a oportunidade de esclarecer que a tese (b) também havia sido afastada (STJ, AgRg no REsp 382.736/SC). Isso vinha causando perplexidades à comunidade jurídica: embora o STJ entendesse que a isenção de COFINS atribuída pela Lei Complementar 70/1991 não poderia haver sido revogada pela Lei 9.430/1996, o STF já havia decidido que a lei ordinária seria bastante para a instituição da COFINS (STF, ADC 1/DF). Isso significava que – à luz do precedente do STF – a Lei Complementar 70/1991 era materialmente ordinária e revogável pela Lei 9.430/1996, pois. Ainda assim, o STJ rejeitou o precedente da mais elevada Corte do País. Daí por que não tardou a que o STF julgasse "constitucional a revogação, pelo art. 56 da Lei ordinária nº 9.430/96, do art. 6º, inc. II, da Lei Complementar nº 70/91, que isentava do pagamento da COFINS as sociedades civis de profissão regulamentada.". (STF, RE 402.098 AgR/MG).

No que tange ao fator (iv), tome-se o exemplo da jurisprudência do STJ sobre a relação entre o parcelamento e a denúncia espontânea. O TFR cristalizara o entendimento de que "a simples confissão de dívida, acompanhada do seu pedido de parcelamento, não configura denúncia espontânea" (Enunciado 208). Em contraposição, a 1ª Seção do STJ chegou a pacificar o entendimento de que o pedido de parcelamento deferido configura denúncia espontânea (STJ, EREsp 193.530/RS; EREsp 228.101/PR; EREsp 200.479/PR; EREsp 183.313/RS; EREsp 191.195/RS; EREsp 184.116/SC). Ulteriormente, a Súmula 208 do TFR foi ressuscitada pela mesma 1ª Seção do STJ (STJ, EREsp 373.772/RS; AgRg no EREsp 513.350/CE; EDcl no EREsp 188.166/MG; AgRg no EREsp 603.067/PR; AgRg no EREsp 514.361/CE; AgRg no EREsp 246.815/SC; AEREsp) e pela Corte Especial (AEDAG 870.867/SP). Atualmente, esse entendimento está corroborado pela 1ª Seção (STJ, REsp-repetitivo 1102577/DF).

4. Caput – IV. Já se disse acima que a força de um precedente é medida tanto por sua imperatividade (*imperium*) como por sua respeitabilidade (*auctoritas*). Outrossim, já se viu que a *auctoritas* está sujeita a fatores de flutuação. Da mesma forma, o imperium se pode medir em graus. Afinal, existe precedente: (i) não obrigatório (*v. g.*, jurisprudência majoritária de Tribunal Regional Federal que não materialize orientação do seu plenário ou do seu órgão especial), que é precedente de imperatividade fraca; ii) obrigatório não tutelável por reclamação (enunciados das súmulas do STF em matéria constitucional; enunciados do STJ em matéria infraconstitucional; orientação do plenário ou do órgão especial aos juízes e tribunais vinculados), precedente de imperatividade média; (iii) obrigatório tutelável por reclamação (art. 988), decisão do STF em controle concentrado de constitucionalidade; súmula vinculante; precedente proferido em julgamento de casos repetitivos ou em incidente de assunção de competência (precedente de imperatividade forte). (WAMBIER, Teresa Arruda Alvim; MEDEIROS, Maria Lúcia Lins Conceição de; RIBEIRO, Leonardo Feres da Silva; e MELLO, Rogério Licastro Torres de, *Primeiros comentários ao novo Código de Processo Civil artigo por artigo*, São Paulo, RT, 2015, p. 1315). No Brasil, portanto, é possível falar-se em (i) precedente vinculante (*binding precedent*) e (ii) precedente não vinculante ou persuasivo (*persuasive precedent*). (MEDINA, José Miguel Garcia, *Novo Código de Processo Civil comentado*, São Paulo, RT, 2015, p. 1248-1248). Contudo, entre os *binding precedents*, há diferentes graus de imperatividade.

5. *Caput* – V. O precedente judicial pode ser dividido em duas partes: (i) a tese jurídica suficiente para resolver o caso, *i.e.*, a *ratio decidendi* (termo mais usado pelos ingleses) ou *holding* (termo mais usado pelos norte-americanos); (ii) as circunstâncias de fato que embasam a controvérsia. Na *ratio decidendi* estão os elementos descritivos da hipótese de incidência da norma que resolveu a situação concreta (hipocentro lógico-normativo, *rule of law*). Mas as decisões judiciais raramente se apresentam como homogeneidades lógicas. Elas soem trazer elementos marginais lançados a propósito do caso, aos quais se dá o nome de *obiter dictum* (periferia tópico-argumentativa). No entanto, nem sempre é fácil separar "o joio do trigo". Afinal, os precedentes se constroem sob encadeamentos lógico-formais e lógico-substanciais entremisturados, o que faz com que sejam menos um silogismo e mais uma sustentação, uma esquematização, uma representação. Como se não bastasse, os membros do tribunal combinam, em proporções variáveis, a seleção de índices textuais (leis, doutrinas, pareceres, jurisprudência, etc.) e a ativação de suas culturas pessoais, o que faz do acórdão uma espécie de "intertextualidade heterogênea" (ou seja, uma articulação contraditória de formações textuais antagônicas, advindas de campos distintos, jurídicos e não jurídicos, normativos e não normativos). Tudo isso às vezes dificulta a detecção da *ratio decidendi*. A dificuldade poderá ainda aumentar se do precedente for possível a extração de duas ou mais *rationes decidendi*, ou seja, duas ou mais normas jurídicas que, aplicadas isoladamente, produzam mesma decisão (ATAÍDE JR., Jaldemiro Rodrigues de, *Precedentes vinculantes e irretroatividade do direito no sistema processual brasileiro*, Curitiba, Juruá, 2012, p. 72 e seguintes; MELLO, Patrícia Perrone Campos, *Precedentes*, Rio de Janeiro, Renovar, 2008, p. 120 e seguintes; SOUZA, Marcelo Alves Dias de, *Do precedente judicial à súmula vinculante*, Curitiba, Juruá, 2006, p. 126 e seguintes).

No *Common Law*, a *ratio decidendi* é usada como norma jurídica para resolver um caso posterior por força da identidade ou similitude entre o primeiro caso e o segundo. Já nos países de *Civil Law* que adotam sistemas de procedentes obrigatórios sem caráter geral e abstrato (por exemplo, Brasil), a norma jurídica para resolver o caso é extraída da lei; contudo, a *ratio decidendi* prescreve ao juiz qual das interpretações possíveis é a correta.

6. Parágrafo 1º. Quando decidem com fundamento em qualquer dos precedentes obrigatórios aludidos no art. 927 do CPC/2015, os juízes e os tribunais devem: (i) dar antes às partes a oportunidade de se manifestar (art. 10); (ii) seguir as chamadas regras de fundamentação (art. 489, § 1º).

Quanto à (i), há aí a vedação da decisão-surpresa. Na medida em que o processo civil é fonte de legitimação democrática das decisões jurisdicionais, não pode o juiz utilizar-se de qualquer fundamento – de modo autista e unilateral – sem que antes as partes tenham tido a oportunidade de influenciá-lo mediante persuasão ou dissuasão. Afinal de contas, toda síntese há de preceder-se de uma tese e de uma antítese. No caso específico de um precedente obrigatório, o contraditório é fundamental, porquanto é possível, por exemplo, que: i) já tenha ocorrido uma superação tácita do precedente (*implied overruling*); ii) o caso concreto tenha alguma particularidade que torne inadequada a aplicação do precedente (*distinguishing*); iii) a alteração das circunstâncias normativas no curso do tempo tenha diminuído o âmbito de incidência do precedente (*overriding*); iv) o caso concreto não se subsuma adequadamente ao precedente (erro de enquadramento); o precedente esteja sendo equivocamente compreendido pelo juiz (erro de interpretação), o que já mostra – eentre outras coisas – a temeridade da chamada "improcedência liminar do pedido", tal como regulado no artigo 332 do CPC/2015. O *distinguishing* não se confunde com o *drawing of inconsistent distinctions*, em que a Corte – insatisfeita com a solução proporcionada pelo precedente – forja distinções inconsistentes para deixar de aplicá-lo e, com isso, sinaliza que provavelmente o superará em breve; entretanto, à luz do CPC/2015 isso não é possível, pois configura afronta proibida. (MARINONI, Luiz Guilherme; ARENHART, Sérgio Cruz; MITIDIERO, Daniel, *Novo Código de Processo Civil comentado*, São Paulo, RT, 2015, p. 875). Sublinhe-se que o dispositivo não erradica o princípio *iura novit curia*: na verdade, permite ao juiz que decida com base em fundamento não invocado pelas partes, desde que as partes possam antes sobre ele se pronunciar.

Quanto a (ii), lembre-se que o CPC/2015 estabelece normas específicas de fundamentação para as decisões judiciais que aplicam precedentes. Em primeiro lugar, se o juiz invocar precedente ou enunciado de súmula, deverá identificar seus fundamentos determinantes e demonstrar que o caso sob julgamento se ajusta àqueles fundamentos (art. 489, §1º, V). Em segundo lugar, se o juiz deixar de invocar enunciado de súmula, jurisprudência ou precedente invocado pela parte, deverá demonstrar a existência de distinção no caso em julgamento ou a superação do entendimento (art. 489, §1º, VI).

7. Parágrafo 2º. Segundo o CPC/2015, "a alteração de tese jurídica adotada em enunciado de súmula ou em julgamento de casos repetitivos poderá ser precedida de audiências públicas e da participação de pessoas, órgãos ou entidades que possam contribuir para a rediscussão da tese" (art. 927, § 2º). Nem poderia ser diferente. Há de viger o *due process of law* na formação dos precedentes. A alteração de tese jurídica adotada em enunciado de súmula ou em julgamento de casos repetitivos atinge múltiplos interesses; portanto, devem eles ganhar *voz* no processo. A CF/1988 plasmou a República Federativa do Brasil sob a forma de Estado Democrático de Direito (Preâmbulo; art. 1º, *caput*). Isso significa que, diante de uma sociedade fragmentária e pluralista, a formação dos precedentes se legitima na medida em que se pauta na manifestação preliminar dos diferentes setores sociais envolvidos. Em outros termos: a edição, a revisão e o desfazimento de precedentes devem estruturar-se sob canais de controle e participação direta. Daí por que o devido processo legal dos precedentes é polifônico, estruturado sobre informações multilaterais colhidas organizadamente a partir da reunião simultânea (por meio de audiências públicas, por exemplo) de vozes interessadas provenientes de indivíduos e grupos sociais (*i.e.*, de *amici curiæ*, "de pessoas, órgãos ou entidades que possam contribuir para a rediscussão da tese").

8. Parágrafo 3º. Diz o CPC/2015 que, "na hipótese de alteração de jurisprudência dominante do Supremo Tribunal Federal e dos tribunais superiores ou daquela oriunda de julgamento de casos repetitivos, pode haver modulação dos efeitos da alteração no interesse social e no da segurança jurídica". Em verdade, a modulação dos efeitos consubstancia tutela da confiança. A incidência da referida tutela pressupõe a presença dos seguintes elementos: (i) atuação do fato gerador da confiança (existência de justificativas objetivas capazes de provocar *in abstracto* uma crença plausível)); (ii) adesão da contraparte, que confiou, a esse fato; (iii) exercício, pela contraparte, de atividade posterior em razão da confiança gerada (investimento da confiança); (iv) conduta contraditória do autor do fato gerador da confiança, que enseje supressão do fato em que se assentou a confiança; (v) produção de prejuízos ou iniquidades insuportáveis a quem confiara. Logo, havendo alteração da jurisprudência dominante nas hipóteses descritas no parágrafo 3º do art. 927, dever-se-á tomar o cuidado de não serem frustradas as expectativas fundadas na confiança objetivamente despertada pela jurisprudência anterior nas outras pessoas; afinal de contas, elas podem ter projetado as suas vidas excluindo aquilo que confiaram que jamais aconteceria. Daí a importância da modulação de efeitos, que atribuindo especialmente eficácia *ex nunc* às decisões – tutela os planejamentos empreendidos sob o pálio da orientação contida no precedente judicial superado (*prospective overruling*). Sobre o assunto, há estudo aprofundado sobre os fundamentos da modulação de efeitos em alteração jurisprudencial. (DERZI, Misabel Abreu Machado, *Modificações da jurisprudência no direito tributário*, São Paulo, Noeses, 2009; FERRAZ JR., Tércio Sampaio; CARRAZA; Roque Antonio; NERY JR., Nelson. *Efeito ex nunc e as decisões do STJ*, Barueri, Minha Editora: Manole, 2008). No entanto, se o interesse público não exigir, o tribunal poderá abandonar a alteração jurisprudencial à sua sorte natural, que é gerar eficácia *ex tunc* e, assim, atingir situações pretéritas (*retrospective overruling*); aqui, todavia, em atenção à tutela da confiança, é recomendável o tribunal que já tenha sinalizado em julgamentos anteriores a intenção de superar o precedente (*signaling*). Há doutrina sobre a sinalização e a respectiva crítica, esposada, respectivamente, por Ravi Peixoto e Lucas Macêdo. (PEIXOTO, Ravi, *Superação do precedente e segurança jurídica*, Salvador JusPodivm, 2015, p. 224 e seguintes; MACÊDO, Lucas Buril de, *Precedentes judiciais e o direito processual civil*, Salvador, JusPodivm, 2015, p. 409-411).

9. Parágrafo 4º. "A modificação de enunciado de súmula, de jurisprudência pacificada ou de tese adotada em julgamento de casos repetitivos observará a necessidade de fundamentação adequada e específica, considerando os princípios da segurança jurídica, da proteção da confiança e da isonomia" (artigo 927, § 4º). A "fundamentação adequada e específica" a que alude o dispositivo significa que não basta o tribunal justificar racionalmente o seu novo entendimento: deve ele justificar racionalmente a inadequação do entendimento antigo, aclarando as novas circunstâncias normativas, sociológicas ou axiológicas que o impeliram a superar expressamente o precedente (*express overruling*). É preciso ter na mente que a modulação de efeitos não é cura para todos os males que possa decorrer dos *revirements de jurisprudence*: é remédio anódino para tornar o mal menor. Portanto, os tribunais devem sempre aquilatar – levando em consideração os princípios da segurança jurídica, da proteção da confiança e da isonomia – se vale a pena desdizer--se. Afinal, é desejável – embora não seja um imperativo rígido – "deixar quieto o que já foi decidido e não alterá-lo" (*stare decisis et non quieta movere*).

10. Parágrafo 5º. O CPC/2015 impõe aos tribunais que deem publicidade a seus precedentes, que os organizem por questão jurídica decidida e que os divulguem, preferencialmente, na rede mundial de computadores. É natural que assim seja: os precedentes vinculantes aludidos no art. 927 são normas jurídicas editadas pelo Estado e, portanto, integram o direito objetivo; habitam a região opaca entre o direito objetivo de alto grau (formado pelas leis em sentido amplo) e o direito objetivo de baixo grau (formado pelas decisões judiciais). Logo, é de fundamental importância que tenham a mesma publicidade que se dá às leis. Segundo Tércio Sampaio Ferraz Jr., "embora a publicação sirva para que a lei se torne conhecida, sua função básica é imunizar a autoridade contra a desagregação que a ignorância pode lhe trazer (afinal, uma autoridade ignorada é como se não existisse)" (FERRAZ JR., Tércio Sampaio, *Introdução ao estudo do direito*, 2. ed, São Paulo, Atlas, 1994, p. 233). A respeito da importância da publicidade na teoria dos precedentes, ver a obra de Lucas Buril de Macêdo., por exemplo. (MACÊDO, Lucas Buril de, *Precedentes judiciais e o direito processual civil*, Salvador, JusPodivm, 2015, p. 292-296).

Artigo 928.
Para os fins deste Código, considera-se julgamento de casos repetitivos a decisão proferida em:
I – incidente de resolução de demandas repetitivas;
II – recursos especial e extraordinário repetitivos.
Parágrafo único. O julgamento de casos repetitivos tem por objeto questão de direito material ou processual.
CORRESPONDÊNCIA NO CPC/1973: *NÃO HÁ.*

1. **Considerações gerais.** Para os fins do CPC/2015, considera-se como julgamento de casos repetitivos a decisão proferida em: (i) incidente de resolução de demandas repetitivas (arts. 976 e seguintes); e (ii) recursos especial e extraordinário repetitivos (arts. 1.036 e seguintes). Com isso já se pode notar que o CPC/2015 instituiu um microssistema de enfrentamento de "causas repetitivas ou de massa", cujas normas se espraiam por todo o texto. A ele se agregam as normas sobre a tutela dos chamados "interesses individuais homogêneos". Ainda assim, o CPC/2015 inovou, pois funcionalizou esse subsistema não apenas à resolução de questões de direito material, mas também de direito processual (art. 928, parágrafo único). Afinal, não raro, é preciso homogeneizar-se a resolução de uma questão processual e, com isso, conferir-se uniformidade à forma de condução dos processos pelos juízes.

Para o predito microssistema, o CPC/2015 prevê: (i) a não submissão à ordem cronológica do julgamento de processos em bloco para a aplicação de tese jurídica firmada em julgamento de casos repetitivos (art. 12, §2º, II); (ii) a concessão de tutela de evidência quando as alegações de fato puderem ser comprovadas apenas documentalmente e houver tese firmada em julgamento de casos repetitivos (art. 311, II); (iii) a possibilidade de a alteração de tese jurídica adotada em julgamento de casos repetitivo ser precedida de audiências públicas e da participação de pessoas, órgãos ou entidades que possam contribuir à rediscussão da tese (art. 927, §2º); (iv) a dispensa de caução em cumprimento provisório de sentença quando a sentença estiver em conformidade com acórdão proferido no julgamento de casos repetitivos (art. 521, IV); (v) a possibilidade de modulação dos efeitos da alteração no interesse social e no da segurança jurídica, caso haja a alteração de jurisprudência oriunda de julgamento de casos repetitivos (art. 927, §3º); (vi) a possibilidade de ajuizar-se reclamação para a garantia da observância de precedente proferido em julgamento de casos repetitivos (art. 988, IV); (vii) a oponibilidade de embargos de declaração quando a decisão deixar de se manifestar sobre tese firmada em julgamento de casos repetitivos (art. 1.022, parágrafo único, I); (viii) a possibilidade de o relator julgar de plano conflito de competência quando sua decisão se fundar em tese firmada em julgamento de casos repetitivos (art. 955, parágrafo único, II); (ix) a necessidade de fundamentação adequada e específica – observados os princípios da segurança jurídica, da proteção da confiança e da isonomia – quando houver a modificação de tese ado-

CÓDIGO DE PROCESSO CIVIL

tada em julgamento de casos repetitivos (art. 927, §4º); (x) a presunção de existência de repercussão geral, para fins de conhecimento de recurso extraordinário, sempre que o recurso impugnar acórdão que tenha sido proferido em julgamento de casos repetitivos (art. 1.035, §3º, II).

CAPÍTULO II – Da Ordem dos Processos no Tribunal

Artigo 929.
Os autos serão registrados no protocolo do tribunal no dia de sua entrada, cabendo à secretaria ordená-los, com imediata distribuição.
Parágrafo único. A critério do tribunal, os serviços de protocolo poderão ser descentralizados, mediante delegação a ofícios de justiça de primeiro grau.
CORRESPONDÊNCIA NO CPC/1973: *ART. 547.*

1. Considerações gerais. De ordinário, os tribunais têm competência jurisdicional para processar e julgar ações, recursos e incidentes. À medida que esses remédios adentram o tribunal, o serviço de protocolo deve imediatamente: (i) registrar-lhes a data e o horário da entrada; (ii) conferir-lhes numeração de ordem; (iii) distribuí-los. Se a entrada se faz pelas próprias mãos da parte (por exemplo, agravo de instrumento), no mesmo instante, recebe ela do servidor do protocolo recibo do qual constem o dia da entrada, o horário da entrada, o número dos autos, o órgão fracionário de julgamento e o relator. Cumpre a observação de que, infelizmente, em mais um ato de atentado ao princípio da colegialidade, o CPC/2015 exclui a figura do revisor, que cumpria papel fundamental de fiscalização do trabalho do relator e, por conseguinte, da exposição fiel, objetiva e desenviesada da causa. Por sua vez, se a entrada se realiza por remessa de outro juízo (*e. g.*, apelação, recurso ordinário, recurso especial), não se há de falar em recibo; contudo, cabe ao serviço de protocolo proceder à remessa imediata dos dados à publicação em diário oficial. A divulgação desses dados é fundamental – entre outras razões – para que as partes possam acompanhar o andamento processual e dirigir-se a um relator conhecido para eventualmente formular-lhe pedidos pertinentes (por exemplo: pedido de concessão de tutela de urgência). Daí a CF/1988 prescrever que a distribuição dos processos se faça de imediato, em todos os graus de jurisdição (art. 93, XV): é dever do Estado-juiz e, por correlação, direito fundamental do jurisdicionado (art. 5º, §2º, CF/1988). Enfim, a parte tem pretensão à imediata distribuição, podendo valer-se de remédios processuais adequados (por exemplo, mandado de segurança) para que a aludida pretensão seja satisfeita. Mas nem sempre foi assim: antes da EC 45/2004 (que introduziu o inciso XV ao art. 93), não raro se viam apelações mofadas aguardando distribuição durante anos.

A enorme distância entre o jurisdicionado e o tribunal – comum em um país de dimensões continentais como o Brasil – pode dificultar o acesso ao serviço de protocolo. Portanto, "a critério do tribunal, os serviços de protocolo poderão ser descentralizados, mediante delegação a ofícios de justiça de primeiro grau" (art. 929, parágrafo único). Não basta o acesso à justiça mediante interiorização de varas judiciais; é indispensável que o serviço de protocolo do tribunal também ganhe capilaridade. Mais: é necessário que o ofício de justiça delegatário não se cinja a um mero receptáculo de petições, mas que – integrado ao sistema informático do tribunal – também possa imediatamente (i) registrar a data e o horário da entrada, (ii) conferir numeração de ordem e (iii) distribuir. Recebendo o agravo de instrumento, *e.g.*, o serviço descentralizado de protocolo deverá fornecer de imediato a numeração do recurso e seu relator.

Artigo 930.
Far-se-á a distribuição de acordo com o regimento interno do tribunal, observando-se a alternatividade, o sorteio eletrônico e a publicidade.
Parágrafo único. O primeiro recurso protocolado no tribunal tornará prevento o relator para eventual recurso subsequente interposto no mesmo processo ou em processo conexo.
CORRESPONDÊNCIA NO CPC/1973: *ART. 548.*

1. Considerações gerais. A distribuição é regida por quatro normas fundamentais: (i) imediatidade; (ii) alternatividade; (iii) sorteio eletrônico; e (iv) publicidade. A eles se devem jungir todos os regimentos internos. Imediatidade é a qualidade do que é imediato, pronto, rápido; isso significa que as ações, os recursos e os incidentes devem ser distribuídos tão logo sejam apresentados ao serviço de protocolo do tribunal ou ao ofício de justiça de primeiro grau delegatário (art. 93, IX, CF/1988). Alternatividade significa que a distribuição há de fazer-se com alternações, evitando-se que os processos sejam encaminhados tendenciosamente sempre ao mesmo juízo; com isso, os diferentes órgãos fracionários com competências idênticas entre si tendem a receber iguais fluxos de acervos. Nada impede que o sistema de sorteio distribua sucessivamente dois ou mais processos a mesmo órgão; entretanto, o importante é que essas repetições se diluam no tempo e as distribuições repetidas a um órgão sejam compensadas pelas distribuições repetidas a outro de competência idêntica. Ao fim e ao cabo, os fluxos distributivos médios por órgão fracionário devem equivaler entre si. Daí a importância de um sistema randômico de sorteio eletrônico, programado à aleatoriedade e imune às intromissões dolosas: por meio dele evitam-se distribuições pré-direcionadas e, com isso, diminuem-se os riscos de privilegiamento indevido a uma das partes. Note-se que a alternatividade e a aleatoriedade não se confundem, pois uma distribuição por alternação pode ser fixa: será fixa se as turmas julgadoras houverem de receber os processos numa sequência preestabelecida

$(t_1 \rightarrow T_1; t_2 \rightarrow T_2; t_3 \rightarrow T_3;...; t_n \rightarrow T_n)$; por sua vez, será aleatória se a distribuição se fizer ao acaso a essas turmas $(t_1 \rightarrow T_n; t_2 \rightarrow T_5; t_3 \rightarrow T_1;...; t_n \rightarrow T_2)$. Por fim, deve haver publicidade, não só de cada uma das distribuições, mas das distribuições em sequência temporal e quantidade significativa, já que sem isso não se pode controlar a imediatidade, a alternatividade e a aleatoriedade.

O CPC/2015 prescreve que "o primeiro recurso protocolado no tribunal tornará prevento o relator para eventual recurso subseqüente interposto no mesmo processo ou em processo conexo" (art. 930, parágrafo único). O relator do agravo de instrumento, *v. g.*, terá de ser também o relator da apelação porventura interposta nos autos de origem, salvo se estiver convocado, licenciado, afastado por qualquer motivo, promovido ou aposentado, casos em que passará os autos ao seu sucessor. Nota-se aqui uma espécie de identidade física ou permanência subjetiva do relator: o legislador do CPC/2015 entendeu que o relator do primeiro recurso – porque já travou contato com a causa – é o mais indicado a relatar todos os demais recursos supervenientes acaso dela derivados.

Artigo 931.
Distribuídos, os autos serão imediatamente conclusos ao relator, que, em 30 (trinta) dias, depois de elaborar o voto, restituí-los-á, com relatório, à secretaria.

CORRESPONDÊNCIA NO CPC/1973: *ART. 549.*

1. Considerações gerais. Tão logo receba os autos da secretaria de protocolo, o relator terá o prazo de 30 (trinta) dias para elaborar o voto e restituí-los com relatório à secretaria. Talvez os arts. 931, 940 e 944 formem o trinômio normativo mais relevante para a celerização dos feitos nos tribunais. Antes deles, a demora excessiva na elaboração do voto pelo relator e na publicação do acórdão transformava os processos nos tribunais, por vezes, em uma espera angustiante. De todo modo, o trintídio definido no art. 931 é prazo impróprio, pois destituído de preclusividade. Havendo motivo justificado, poderá o relator exceder, por mais trinta dias, o prazo ao qual está submetido (art. 227). Eventualmente, pode não haver motivo justificado ou, em havendo, pode ser que o relator exceda a prorrogação; nesse caso, a parte poderá representar ao CNJ contra o relator (art. 235, *caput*): distribuída a representação ao órgão competente e ouvido previamente o juiz, não sendo caso de arquivamento liminar, será instaurado procedimento para apuração da responsabilidade, com intimação do representado por meio eletrônico para, querendo, apresentar justificativa no prazo de 15 (quinze) dias (§ 1º); sem prejuízo das sanções administrativas cabíveis, em até 48 (quarenta e oito) horas após a apresentação ou não da justificativa de que trata o parágrafo 1º, se for o caso, o corregedor do tribunal ou o relator no CNJ determinará a intimação do representado por meio eletrônico para que, em 10 (dez) dias, pratique o ato (§ 2º); mantida a inércia, os autos serão remetidos ao substituto legal do juiz ou do relator contra o qual se representou para decisão em 10 (dez) dias (§ 3º).

Artigo 932.
Incumbe ao relator:
I – dirigir e ordenar o processo no tribunal, inclusive em relação à produção de prova, bem como, quando for o caso, homologar autocomposição das partes;
II – apreciar o pedido de tutela provisória nos recursos e nos processos de competência originária do tribunal;
III – não conhecer de recurso inadmissível, prejudicado ou que não tenha impugnado especificamente os fundamentos da decisão recorrida;
IV – negar provimento a recurso que for contrário a:
a) súmula do Supremo Tribunal Federal, do Superior Tribunal de Justiça ou do próprio tribunal;
b) acórdão proferido pelo Supremo Tribunal Federal ou pelo Superior Tribunal de Justiça em julgamento de recursos repetitivos;
c) entendimento firmado em incidente de resolução de demandas repetitivas ou de assunção de competência;
V – depois de facultada a apresentação de contrarrazões, dar provimento ao recurso se a decisão recorrida for contrária a:
a) súmula do Supremo Tribunal Federal, do Superior Tribunal de Justiça ou do próprio tribunal;
b) acórdão proferido pelo Supremo Tribunal Federal ou pelo Superior Tribunal de Justiça em julgamento de recursos repetitivos;
c) entendimento firmado em incidente de resolução de demandas repetitivas ou de assunção de competência;
VI – decidir o incidente de desconsideração da personalidade jurídica, quando este for instaurado originariamente perante o tribunal;
VII – determinar a intimação do Ministério Público, quando for o caso;
VIII – exercer outras atribuições estabelecidas no regimento interno do tribunal.
Parágrafo único. Antes de considerar inadmissível o recurso, o relator concederá o prazo de 5 (cinco) dias ao recorrente para que seja sanado vício ou complementada a documentação exigível.
CORRESPONDÊNCIA NO CPC/1973: *ART. 557.*

1. Poderes do relator. Lexicalmente, relator é quem faz relato. No âmbito dos tribunais, é o juiz quem preside o processo e o relata aos demais membros da turma ou câmara julgadora (cabendo a observação de que turma, ou câmara julgadora, é a fração do órgão colegiado composta pelos juízes que efetivamente julgarão a causa). Contudo, paulatinamente, o sistema processual civil brasileiro vem transferindo ao relator atribuições outrora próprias às turmas ou câmaras. Ou seja, está-se assistindo, em nome da celeridade, ao triste esvaziamento do princípio da colegialidade, que tantos préstimos rende aos processos de desenviesamento e amadurecimento dos julgamentos. Atualmente, na prática, o ofício dos juízes nos tribunais é quase tão solitário quanto o ofício dos juízes de primeira instância. De acordo com o art. 932 do CPC/2015, cabe ao juiz relator, monocraticamente: dirigir e ordenar o processo no tribunal, inclusive em relação à produção de prova, bem como, quando for o caso, homologar autocomposição das partes (inciso I); apreciar o pedido de tutela provisória nos recursos e nos processos de competência originária do tribunal (inciso II); não conhecer de recurso inadmissível, prejudicado ou que não tenha impugnado especificamente os fundamentos da decisão recorrida (inciso III); negar provimento a recurso que for contrário a: (i) súmula do STF, do STJ ou do próprio tribunal; (ii) acórdão proferido pelo STF pelo STJ em julgamento de recursos repetitivos; (iii) entendimento firmado em incidente de resolução de demandas repetitivas ou de assunção de competência (inciso IV); depois de facultada a apresentação de contrarrazões, dar provimento ao recurso se a decisão recorrida for contrária a: (i) súmula do STF, do STJ ou do próprio tribunal; (ii) acórdão proferido pelo STF ou pelo STJ em julgamento de recursos repetitivos; (iii) entendimento firmado em incidente de resolução de demandas repetitivas ou de assunção de competência (inciso V); decidir o incidente de desconsideração da personalidade jurídica, quando este for instaurado originariamente perante o tribunal (inciso VI); determinar a intimação do Ministério Público, quando for o caso (inciso VII); exercer outras atribuições estabelecidas no regimento interno do tribunal (inciso VIII). Dessas decisões do relator cabem, por exemplo, embargos de declaração (art. 1.022) e agravo interno (art. 1.021): este será julgado pelo respectivo órgão colegiado (art. 1.021, *caput*); aqueles, pelo relator (art. 1.024, § 2º). Não tem o relator competência para julgar os embargos de declaração opostos de decisão do respectivo órgão colegiado (princípio do paralelismo de formas).

2. Relator e remessa necessária. Os incisos IV e V do art. 932 se aplicam à remessa necessária, que é recurso. Uma das mais tormentosas questões da ciência processual brasileira é a definição da natureza jurídica da remessa necessária. Doutrina quase unânime afirma tratar-se de "condição de eficácia da sentença". Contudo, há nessa definição dois graves problemas. Em primeiro lugar, é desmentida pelo art. 14, §3º, da Lei 12.016/2009: no mandado de segurança, é possível efetivar-se imediatamente a sentença favorável de mérito, ainda que penda de julgamento a apelação dela interposta. Em segundo lugar, há equívoco metodológico em definir-se um instituto pelos seus efeitos, não por aquilo que ele é. É preciso devassar os elementos do suporte fático da remessa necessária para que se descubra sua natureza jurídica. Por isso, quem diz tratar-se de "condição de coisa julgada" também incorre no erro. Na verdade, trata-se de recurso. Em regra, veem-se, nos recursos, dois momentos: (i) o provocativo; e (ii) o impugnativo. Todavia, quando o juiz remete oficiosamente os autos ao tribunal, provoca a revisão da sua sentença, mas não se opõe a ela. Nesse sentido, a remessa necessária é recurso não impugnativo (ASSIS, Araken de. *Manual dos recursos*, São Paulo, RT, 2007, p. 842 e seguintes; MIRANDA, Francisco Cavalcanti Pontes de, *Comentários ao Código de Processo Civil*, t. V, Rio de Janeiro, Forense, 1974, p. 215 e seguintes). Visto que cabe da sentença, é uma espécie de "apelação *ex officio*" (que – ao fim e ao cabo – já era a nomenclatura acertadamente adotada pelo CPC/1939). Incorreto seria dizer que se está ante um recurso involuntário: a provocação é ato jurídico em sentido estrito, em cujo cerne repousa elemento volitivo. Na verdade, o que falta à remessa necessária é a facultatividade, visto que aqui o juiz tem o dever de estimular a revisão do próprio julgado. De qualquer modo, a doutrina não enxerga essas coisas porque teima em importar conceituações estrangeiras sobre recurso, em que a remessa necessária não se encaixa (o que não poderia ser diferente, já que o instituto pertence exclusivamente à tradição luso-brasileira). Ora, recurso é uma noção jurídico-positiva, não teórico-jurídica. A cada sistema de direito processual positivo corresponde uma noção que lhe é específica. No Brasil, recorrer é simplesmente provocar um órgão revisor a que – dentro do mesmo processo – reforme, invalide ou determine o suprimento de uma decisão (o que exclui os embargos declarativos, que são recurso *ex vi legis*, não *ex essentia sua*).

3. Precedentes e colegialidade. Como se vê, o legislador do CPC/2015 estabeleceu uma relação inversa entre precedentes e colegialidade: a prestigiação dos primeiros implica debilitação da segunda; nesse caso, a possibilidade de interposição de agravo interno ao respectivo órgão colegiado (art. 1.021) ganha importante relevo, pois há o risco de o relator não atentar a alguma causa impeditiva, extintiva ou modificativa do precedente (por exemplo, *distinguishing, overriding, implied overruling*, má interpretação do precedente, mau enquadramento do caso no precedente). De qualquer modo, em atenção do princípio da primazia do mérito, ates de considerar inadmissível o recurso, o relator concederá o prazo de 5 (cinco) dias ao recorrente para que seja sanado o vício ou complementada a documentação exigível (parágrafo único). Mais: ele "deve indicar especificamente qual vício deve ser sanado ou qual é a documentação faltante (dever de esclarecimento)". (MARINONI, Luiz Guilherme; ARENHART, Sérgio Cruz; MITIDIERO, Daniel, *Novo Código de Processo Civil comentado*, São Paulo, RT, 2015, p. 879). Se o vício for insanável (por exemplo, em intempestividade manifesta), o recurso terá de ser inadmitido.

Artigo 933.
Se o relator constatar a ocorrência de fato superveniente à decisão recorrida ou a existência de questão apreciável de ofício ainda não examinada que devam ser considerados no julgamento do recurso, intimará as partes para que se manifestem no prazo de 5 (cinco) dias.

§ 1º Se a constatação ocorrer durante a sessão de julgamento, esse será imediatamente suspenso a fim de que as partes se manifestem especificamente.

§ 2º Se a constatação se der em vista dos autos, deverá o juiz que a solicitou encaminhá-los ao relator, que tomará as providências previstas no *caput* e, em seguida, solicitará a inclusão do feito em pauta para prosseguimento do julgamento, com submissão integral da nova questão aos julgadores.

CORRESPONDÊNCIA NO CPC/1973: *NÃO HÁ.*

1. Considerações gerais. Depois da propositura da ação, o juiz de primeira instância deve tomar em consideração o fato superveniente que influi no julgamento do mérito (art. 493), ou a questão de ordem pública que impede o julgamento do mérito (art. 485, §3º); da mesma forma devem agir os relatores nas demais instâncias (art.933). Cumpre a observação seguinte: o fato superveniente e a questão apreciável de ofício devem ser tomados em consideração no julgamento dos recursos especial e extraordinário, desde que já hajam sido admitidos pelo STF e o STJ, respectivamente; afinal de contas, de acordo com o parágrafo único do art. 1.034 do CPC/2015, "admitido o recurso extraordinário ou o recurso especial por um fundamento, devolve-se ao tribunal superior o conhecimento dos demais fundamentos para a solução do capítulo impugnado". Há doutrina no mesmo sentido. (FREIRE, Rodrigo da Cunha Lima in WAMBIER, Teresa Arruda Alvim (Coord.), *Breves comentários ao novo Código de Processo Civil*, São Paulo, RT, 2015, p. 2.091). As relações jurídicas nascem a partir da ocorrência de fatos jurídicos. Todavia, não são necessariamente estáticas. Fatos supervenientes podem interferir na relação jurídica: (i) extinguindo-lhe posições jurídicas; (ii) modificando-lhe posições jurídicas; ou (iii) constituindo ali novas posições jurídicas. Fenomenologia idêntica pode dar-se com a relação jurídica de direito material objeto da lide. A *res in iudicium deducta*, isto é, a pretensão material afirmada na inicial, por força de fato superveniente, pode ser: (i) extinta (por exemplo, em morte do autor que afirmara titularidade de pretensão personalíssima); (ii) modificada (por exemplo, em transformação da ameaça de esbulho, que confere pretensão proibitória, em efetivo esbulho, que confere pretensão à reintegração); (iii) constituída (por exemplo, em loucura ocorrida depois do pedido de interdição); ou (iv) justaposta a nova pretensão material (por exemplo, em pretensão indenizatória nascida na pendência de ação reivindicatória, caso o réu tenha infligido danos à coisa reivindicada). Em (iii) e (iv), há o chamado de "direito superveniente" (*ius superveniens*). Cumpre esclarecer que, na edição de enunciado sumular de jurisprudência, não há superveniência fática. Percebe-se, portanto, que a alegação de fato superveniente pode interessar tanto ao autor quanto ao réu. De todo modo, a relação controvertida só será resolvida adequadamente se o juiz ou o relator tomar em consideração essa fato na decisão. Enfim, o mérito só será proveitosamente resolvido se a sentença ou o acórdão espelhar a relação controvertida, tal como configurada na data da decisão. Em outras palavras: a autoridade judicial deve resolver a lide conforme o estado em que ela se encontra. Daí por que tem o dever de tomar em consideração o fato superveniente ou a questão de ordem pública de ofício ou a requerimento, desde que sempre ouça as partes em 5 (cinco) dias antes de decidir (art. 933, *caput*): se a constatação do fato superveniente ou da questão de ordem pública ocorrer durante a sessão de julgamento, esse será imediatamente suspenso a fim de que as partes se manifestem especificamente (art. 933, §1º); se a constatação se der em vista dos autos, deverá o juiz que a solicitou encaminhá--los ao relator, que tomará as providências previstas no *caput* e, em seguida, solicitará a inclusão do feito em pauta para prosseguimento do julgamento, com submissão integral da nova questão aos julgadores (art. 933, §2º). Portanto, somente se há de considerar o fato superveniente que interfira na relação jurídica já deduzida em juízo, jamais aquele que faça nascer ou interferira em relação jurídica outra. Em outras palavras: não se pode alterar a causa de pedir ou os pedidos já formulados. Enfim, para que incida a norma em comento, deve haver liame entre o *factum superveniens* e a *causa petendi*.

Artigo 934.

Em seguida, os autos serão apresentados ao presidente, que designará dia para julgamento, ordenando, em todas as hipóteses previstas neste Livro, a publicação da pauta no órgão oficial.
CORRESPONDÊNCIA NO CPC/1973: *ART. 552.*

1. **Considerações gerais.** Após serem restituídos à secretaria com relatório (art. 931), os autos serão apresentados ao presidente do órgão fracionário, o qual designará dia para o julgamento e ordenará a publicação da pauta no órgão oficial (pauta é o roteiro sequencial dos processos que serão apreciados numa determinada sessão de julgamento). Uma vez que o presidente do órgão é o presidente das sessões, a ele devem ser encaminhados todos os autos que já tenham sido relatados pelos integrantes da turma ou câmara julgadora. Cabe-lhe – à medida que os recebe – inseri-los em pauta de julgamento de acordo com a ordem de apresentação, devendo observar, porém, as preferências legais e regimentais.

Artigo 935.

Entre a data de publicação da pauta e a da sessão de julgamento decorrerá, pelo menos, o prazo de 5 (cinco) dias, incluindo-se em nova pauta os processos que não tenham sido julgados, salvo aqueles cujo julgamento tiver sido expressamente adiado para a primeira sessão seguinte.

§ 1º Às partes será permitida vista dos autos em cartório após a publicação da pauta de julgamento.

§ 2º Afixar-se-á a pauta na entrada da sala em que se realizar a sessão de julgamento.

CORRESPONDÊNCIA NO CPC/1973: *ART. 552.*

1. Considerações gerais. O CPC/2015 prescreve prazo mínimo de 5 (cinco) dias entre a data da publicação da pauta e a data da sessão do julgamento (art. 935). Com isso se permite às partes que – caso queiram – se dirijam ao local da sessão (o qual deve constar da publicação) e ali eventualmente possam realizar suas sustentações orais e requerer preferência. Para tanto se lhes permite a vista dos autos em cartório após a publicação da pauta (art. 935, §1º). Se o prazo mínimo não for respeitado e se a parte pretender realizar a sustentação oral, poderá comparecer à sessão para realizá-la, ou requerer a inclusão do processo em nova pauta: presume-se que o tempo não lhe foi bastante para preparar-se. De qualquer modo, a pauta deverá ser afixada na entrada da sala em que se realizar a sessão de julgamento (art. 935, §2º). Pode ser que a parte não compareça à sessão para fazer sustentação oral, por exemplo, porque da publicação da pauta não constou a localização ou a localização correta da sala, porque em sua entrada não restou afixada a pauta, porque o tempo entre a data publicação e a da sessão foi inferior a 5 (cinco) dias, ou simplesmente porque não houve publicação alguma ou dela constaram dados errôneos ou incompletos sobre as partes, os respectivos procuradores e a identificação do processo; nesses casos, poderá a parte requerer anulação do julgamento. Antes da publicação do acórdão, o requerimento de anulação poderá ser feito por simples petição dirigida ao relator; após a publicação, a prática tem referendado a oposição de embargos declarativos excepcionalmente infringentes. Cabe, aqui, a observação: a publicação de pauta é dispensável na hipótese do art. 1.024, §1º: "Nos tribunais, o relator apresentará os embargos (de declaração) na mesa subseqüente, proferindo voto e, não havendo julgamento nessa sessão, será o recurso incluído em pauta automaticamente".

Perceba-se que, de acordo com o *caput* do art. 935, os processos que não tenham sido julgados devem ser incluídos em nova pauta, "salvo aqueles cujo julgamento tiver sido expressamente adiado para a primeira sessão seguinte". Isso significa que deve haver nova publicação tanto em caso de retirada de pauta quanto em caso de adiamento de julgamento que não seja para a primeira sessão seguinte. A regra é elogiável, pois evita que as partes e os seus advogados – que residam em locais distantes da sede do tribunal – hajam de custosamente deslocar-se em dias sucessivos e distintos para acompanharem o julgamento.

ARTIGO 936.

Ressalvadas as preferências legais e regimentais, os recursos, a remessa necessária e os processos de competência originária serão julgados na seguinte ordem:

I – aqueles nos quais houver sustentação oral, observada a ordem dos requerimentos;
II – os requerimentos de preferência apresentados até o início da sessão de julgamento;
III – aqueles cujo julgamento tenha iniciado em sessão anterior; e
IV – os demais casos.
CORRESPONDÊNCIA NO CPC/1973: *ART. 562.*

1. **Considerações gerais.** A pauta é o roteiro sequencial dos processos que serão apreciados em determinada sessão de julgamento. Nela são incluídos os processos ainda não julgados e aqueles cujo julgamento foi expressamente adiado para a primeira sessão seguinte (art. 935). Embora o presidente do órgão fracionário tenha organizado a pauta dentro de uma sequência predeterminada, até o início da sessão a ordem de julgamento pode alterar-se. Os recursos, a remessa necessária (que em nosso entender é um recurso) e os processos de competência originária serão julgados na seguinte ordem: (i) as preferências legais (*e.g.*, mandado de segurança, *habeas data*, *habeas corpus*, procedimentos em que figure como parte ou interessado pessoa com idade igual ou superior a 60 – sessenta – anos, ou portadora de doença grave, física ou mental) (art. 936, *caput*); (ii) as preferências regimentais (o regimento interno do tribunal pode prever situações que justifiquem a inversão da pauta – *e.g.*: convocação de juiz para compor quórum de julgamento em outra turma ou que dele deva participar por estar vinculado); (iii) aqueles nos quais houver sustentação oral, observada a ordem dos requerimentos (art. 936, I); (iv) requerimentos de preferência apresentados até o início da sessão de julgamento (art.936, II) (o requerimento de preferência feito pela parte presente à sessão não se confunde com as preferências legais e regimentais); (v) aqueles cujo julgamento tenha iniciado em sessão anterior (art. 936, III); e (vi) os demais casos (art. 936, IV). À inobservância dessa ordem de julgamento não se comina nulidade: trata-se de mera irregularidade (MARINONI, Luiz Guilherme; ARENHART, Sérgio Cruz; MITIDIERO, Daniel, *Novo Código de Processo Civil comentado*, São Paulo, RT, 2015, p. 882).

Artigo 937.
Na sessão de julgamento, depois da exposição da causa pelo relator, o presidente dará a palavra, sucessivamente, ao recorrente, ao recorrido e, nos casos de sua intervenção, ao membro do Ministério Público, pelo prazo improrrogável de 15 (quinze) minutos para cada um, a fim de sustentarem suas razões, nas seguintes hipóteses, nos termos da parte final do *caput* do art. 1.021:
I – no recurso de apelação;
II – no recurso ordinário;

III – no recurso especial;

IV – no recurso extraordinário;

V – nos embargos de divergência;

VI – na ação rescisória, no mandado de segurança e na reclamação;

VII – (*VETADO*);

VIII – no agravo de instrumento interposto contra decisões interlocutórias que versem sobre tutelas provisórias de urgência ou da evidência;

IX – em outras hipóteses previstas em lei ou no regimento interno do tribunal.

§ 1º A sustentação oral no incidente de resolução de demandas repetitivas observará o disposto no art. 984, no que couber.

§ 2º O procurador que desejar proferir sustentação oral poderá requerer, até o início da sessão, que o processo seja julgado em primeiro lugar, sem prejuízo das preferências legais.

§ 3º Nos processos de competência originária previstos no inciso VI, caberá sustentação oral no agravo interno interposto contra decisão de relator que o extinga.

§ 4º É permitido ao advogado com domicílio profissional em cidade diversa daquela onde está sediado o tribunal realizar sustentação oral por meio de videoconferência ou outro recurso tecnológico de transmissão de sons e imagens em tempo real, desde que o requeira até o dia anterior ao da sessão.

CORRESPONDÊNCIA NO CPC/1973: *ART. 554 E 565.*

1. **Possibilidades explícitas.** Em determinadas hipóteses, podem as partes sustentar oralmente as suas razões ou contrarrazões nas sessões de julgamento junto aos juízes do órgão fracionário competente: basta que o "procurador" (advogado privado, advogado público, defensor público e representante do MP) requeira, até o início da sessão, a possibilidade de realizar sua sustentação oral, o que fará que o processo seja julgado em primeiro lugar, sem prejuízo das preferências legais (art. 937, §2º); porém, se tiver domicílio profissional do advogado em cidade diversa daquela onde está sediado o tribunal, o advogado poderá realizar sustentação oral por meio de videoconferência ou outro recurso tecnológico de transmissão de sons e imagens em tempo real, desde que o requeira até o dia anterior ao da sessão de julgamento (art. 937, §4º). A sustentação oral obedece a um procedimento: após a exposição da causa pelo relator, o presidente dará a palavra, sucessivamente, ao recorrente, ao recorrido e, nos casos de sua intervenção, ao membro do MP, pelo prazo improrrogável de 15 (quinze) minutos para cada um, a fim de sustentarem suas razões (art. 937, *caput*). Já no incidente de resolução de demandas repetitivas, o procedimento segue o disposto no artigo 984 (art. 937, §1º): (i) o relator faz a exposição do objeto do incidente (art. 984, I); (ii) podem sustentar suas razões,

sucessivamente: ii.a) o autor e o réu do processo originário e o MP, pelo prazo de 30 (trinta) minutos (art.984, II, "a"); ii.b) os demais interessados, no prazo de 30 (trinta) minutos, divididos entre todos, sendo exigida inscrição com 2 (dois) dias de antecedência (art. 984, II, "b"); (iii) o prazo pode ser ampliado considerando o número de inscritos (art. 984, §1º); (iv) o conteúdo do acórdão deve abranger a análise de todos os fundamentos suscitados concernentes à tese jurídica discutida, sejam favoráveis ou contrários (art. 984, §2º). Em qualquer desses casos, não se poderá inovar na fundamentação já constante das razões e contrarrazões recursais.

De acordo com os incisos e o parágrafo 3º do dispositivo em análise, cabe sustentação oral nos seguintes recursos: apelação; recurso ordinário; recurso especial; recurso extraordinário; embargos de divergência; ação rescisória; mandado de segurança; reclamação; agravo de instrumento interposto contra decisões interlocutórias que versem sobre tutelas provisórias de urgência ou da evidência; agravo interno interposto contra decisão de relator que extinga ação rescisória, mandado de segurança ou reclamação. Cabe a observação: o inciso IX prevê a possibilidade de sustentação oral "em outras hipóteses previstas em lei ou no regimento interno do tribunal"; no entanto, "como a regulação de matéria de direito processual – como é o caso da sustentação oral – é da competência de lei federal, é inconstitucional texto normativo de regimento interno de tribunal que discipline a matéria, ainda quando aumente as garantias da parte.". (NERY JR., Nelson; NERY, Rosa Maria de Andrade, *Comentários ao Código de Processo Civil*, São Paulo, RT, 2015, p. 1861); ou seja, o art. 937, IX, *fine*, do CPC/2015, viola o art. 68, §1º, da CF/1988).

2. Possibilidades implícitas. Por extensão, deve-se também admiti-la: na remessa necessária (que não passa de apelação *ex officio*); no agravo de instrumento interposto contra decisão interlocutória que verse sobre mérito do processo ou sobre exclusão de litisconsorte (já que a referida decisão tem inegável conteúdo sentencial, o que faz com que o agravo de instrumento tenha aí força material de apelação); no agravo em recurso especial ou extraordinário quando for julgado conjuntamente com o recurso especial ou extraordinário (art. 1.042, §5º); na *querela nullitatis insanabilis* (pois, voltando-se a atacar sentença nula, guarda fortíssima homologia funcional com a ação rescisória); no agravo interno de decisão do relator que verse tutela provisória (que em essência não difere do agravo de instrumento interposto contra decisões interlocutórias que versem sobre tutelas provisórias de urgência ou evidência); no agravo de instrumento interposto contra decisão interlocutória que põe fim à fase de liquidação de sentença (visto que essa decisão tem conteúdo nitidamente sentencial).

Artigo 938.

A questão preliminar suscitada no julgamento será decidida antes do mérito, deste não se conhecendo caso seja incompatível com a decisão.

§ 1º Constatada a ocorrência de vício sanável, inclusive aquele que possa ser conhecido de ofício, o relator determinará a realização ou a renovação

do ato processual, no próprio tribunal ou em primeiro grau de jurisdição, intimadas as partes.

§ 2º Cumprida a diligência de que trata o § 1º, o relator, sempre que possível, prosseguirá no julgamento do recurso.

§ 3º Reconhecida a necessidade de produção de prova, o relator converterá o julgamento em diligência, que se realizará no tribunal ou em primeiro grau de jurisdição, decidindo-se o recurso após a conclusão da instrução.

§ 4º Quando não determinadas pelo relator, as providências indicadas nos §§ 1º e 3º poderão ser determinadas pelo órgão competente para julgamento do recurso.

CORRESPONDÊNCIA NO CPC/1973: *ART. 515 E 560.*

1. **Questão prévia.** O CPC/2015 consagra o princípio da primazia do mérito, que está à base de vários dispositivos (*e. g.*: art. 4º; art. 6º; art. 282, §2º; art. 317; art. 321; art. 1.013, §4º). Afinal, resolver o mérito é a vocação natural da jurisdição. Sempre que possível, as questões processuais devem ser superadas para que se chegue às questões de fundo. No âmbito recursal não poderia ser diferente. A expressão "questões preliminares" aqui está em sentido amplíssimo. Na verdade, quis-se dizer questões prévias (que é gênero, da qual são espécies as questões preliminares e as questões prejudiciais). Podem ser: (i) preliminares relativas ao recurso (por exemplo, tempestividade, legitimidade recursal, preparo); (ii) preliminares processuais, atinentes ao objeto da ação, desde que não sejam mérito do próprio recurso (por exemplo, coisa julgada, litispendência, interesse, legitimidade das partes); e (iii) preliminares de mérito ou prejudiciais (ex.: prescrição), desde que também impeçam o julgamento do mérito recursal (cumpre, aqui, uma observação: uma questão preliminar em uma ação pode ser mérito em uma recurso – por exemplo, na ação, o réu argui ilegitimidade passiva *ad causam*; se a preliminar for acolhida e o processo extinto sem resolução do mérito, o autor poderá apelar; nesse caso, a questão da legitimidade será mérito do recurso). Aliás, aqui, a primazia do mérito tem colorido especial, visto que, sob a égide do CPC/1973, o brilho do direito recursal foi apagado pela chamada "jurisprudência defensiva": inventaram-se inúmeros subterfúgios ilegais ao enrijecimento excessivo das condições de admissibilidade recursal. Certamente, a questão preliminar suscitada no julgamento deverá ser decidida antes do mérito, deste não se conhecendo caso seja incompatível com a decisão (art. 938). Entretanto, uma vez "constatada a ocorrência de vício sanável" (por exemplo, vício de representação processual, falta de comprovação adequada de recolhimento de custas), "inclusive aquele que possa ser conhecido de ofício, o relator determinará a realização ou a renovação do ato processual, no próprio tribunal ou em primeiro grau de jurisdição, intimadas as partes" (art. 938, § 1º); uma vez "cumprida a diligência de que trata o § 1º, o relator, sempre que possível, prosseguirá no julgamento do recurso" (art. 938, §2º).

Poder-se-ia sustentar que ao âmbito recursal se aplica por analogia o art. 488 do CPC/2015 ("Desde que possível, o juiz resolverá o mérito sempre que a decisão for favorável à parte a quem aproveitaria eventual pronunciamento nos termos do art. 485"). Contudo, essa aplicação não gera qualquer vantagem prática. Poder-se-ia imaginar que o órgão competente para julgamento de recurso terá o dever de desprovê-lo se sua inadmissão favorecer o recorrido e se, podendo ignorar a causa impeditiva da apreciação do mérito, concluir pelo desprovimento; porém, para o recorrido, a inadmissão e o desprovimento têm exatamente o mesmo proveito útil (o que não ocorre no âmbito da ação, pois – em tese – a sentença de improcedência é mais vantajosa para o demandado que a sentença terminativa). (MARINONI, Luiz Guilherme; ARENHART, Sérgio Cruz; MITIDIERO, Daniel, *Novo Código de Processo Civil comentado*, São Paulo, RT, 2015, p. 883).

2. Necessidade de prova. Jamais se nulificará o processo para que a prova faltante seja produzida pela primeira instância: se o relator entender pela necessidade de produzir-se prova nova ou de reproduzir-se prova imprestável, "converterá o julgamento em diligência, que se realizará no tribunal ou em primeiro grau de jurisdição" – por meio de carta de ordem –, "decidindo-se o recurso após a conclusão da instrução" (art. 938, §3º). Se o relator não ordenar as providências aludidos nos parágrafos 1º e 3º, poderão elas ser ordenadas pelo órgão competente para julgamento do recurso (art. 938, §4º).

ARTIGO 939.
Se a preliminar for rejeitada ou se a apreciação do mérito for com ela compatível, seguir-se-ão a discussão e o julgamento da matéria principal, sobre a qual deverão se pronunciar os juízes vencidos na preliminar.
CORRESPONDÊNCIA NO CPC/1973: *ART. 561.*

1. Considerações gerais. Em ações, recursos e incidentes sob apreciação dos tribunais, existem: (i) decisões sobre o mérito ou o fundo; e (ii) decisões sobre processualidade, que não julgam o mérito. Cabe a observação: uma questão preliminar em um recurso pode ser mérito de outro – por exemplo, no agravo de instrumento, o agravado argui a intempestividade do recurso; se a preliminar for acolhida e o recurso inadmitido, a agravante eventualmente poderá interpor recurso especial alegando má interpretação da norma sobre a contagem do prazo; nesse caso, a questão da intempestividade será mérito do recurso especial). (i) Se o tribunal acolher preliminar relativa ao recurso (*v. g.*, intempestividade do recurso), o mérito do recurso não será julgado e os autos volverão ao juízo de origem. (ii) Se o tribunal acolher preliminar processual atinente ao objeto da ação que não seja mérito do próprio recurso (por exemplo, falta de pressuposto processual), o julgamento não prosseguirá e o processo será extinto sem resolução do mérito. 3) Se o tribunal acolher prejudicial ou preliminar de mérito (por exemplo:

decadência), o mérito da ação será resolvido com base no fundamento acolhido, dispensando-se o órgão julgador de prosseguir no julgamento do recurso: julgado está o feito. (iv) Se o tribunal rejeitar as questões prévias, seguir-se-ão a discussão e o julgamento do mérito do recurso. Se a corte acolher questão prévia alusiva a um capítulo do recurso, mas rejeitar questão prévia alusiva a outro, seguir-se-ão a discussão e o julgamento da matéria principal remanescente. Se a questão prévia tiver sido arguida nos autos antes do enfrentamento do mérito, no meio do enfrentamento ou mesmo após ele, todos os juízes integrantes da turma julgadora deverão analisá-la; se ela for afastada por maioria, o mérito do recurso será enfrentado e os juízes vencidos haverão de pronunciar-se sobre ele; se for acolhida (pouco importando se por unanimidade ou maioria), não se apreciará o mérito, ainda que o seu enfrentamento já haja sido iniciado ou concluído: tudo que sobre ele porventura se discutiu foi perdido.

Note-se que o CPC/2015 fala em "discussão" e "julgamento", o que revela a importância da colegialidade. Sessão é ambiente de interação, não de mera comunicação do trabalho solipsístico do relator. O papel dos demais julgadores não se limita a referendar o que diz o relator com um triste e indiferente meneio de cabeça. Julgamento "colegiado" não é monólogo do relator, mas diálogo entre os integrantes da turma. Sem isso, o que se tem é um juiz monocrático em cada grau de jurisdição; a palavra "turma" ou "câmara" não passará de um *locus* onde os monologadores se encontram.

ARTIGO 940.
O relator ou outro juiz que não se considerar habilitado a proferir imediatamente seu voto poderá solicitar vista pelo prazo máximo de 10 (dez) dias, após o qual o recurso será reincluído em pauta para julgamento na sessão seguinte à data da devolução.

§ 1º Se os autos não forem devolvidos tempestivamente ou se não for solicitada pelo juiz prorrogação de prazo de no máximo mais 10 (dez) dias, o presidente do órgão fracionário os requisitará para julgamento do recurso na sessão ordinária subsequente, com publicação da pauta em que for incluído.

§ 2º Quando requisitar os autos na forma do § 1º, se aquele que fez o pedido de vista ainda não se sentir habilitado a votar, o presidente convocará substituto para proferir voto, na forma estabelecida no regimento interno do tribunal.

CORRESPONDÊNCIA NO CPC/1973: *ART. 555.*

1. Solicitação de vista. O trinômio mais importante para a celeridade dos processos nos tribunais é formado pelos arts. 931, 940, 944. No caso específico do art. 940, tenta por fim aos pedidos de vista *sine die*: "O relator ou outro juiz que não se considerar habilitado a proferir imediatamente seu voto poderá solicitar vista pelo prazo máximo de 10 (dez) dias, após o qual o recurso será reincluído em pauta para julgamento na sessão seguinte à data da devolução". Não se é de estranhar que o relator eventualmente peça vista, já que a sustentação oral ou o debate com os demais juízes, *e.g.*, pode incutir--lhe dúvida só sanável mediante uma reanálise mais cuidadosa dos autos. Ademais, nada impede que o juiz que já haja votado – após a aludida reanálise – modifique no todo ou em parte o seu voto (o que é possível até a proclamação do resultado – v. art. 941, §1º). De todo modo, não pode o presidente do órgão indeferir o pedido de vista oportunamente formulado: trata-se de *poder* (direito potestativo) do juiz no tribunal. (MOREIRA, José Carlos Barbosa, *Comentários ao Código de Processo Civil*, v. V, 16. ed., Rio de Janeiro, Forense, 2011, p. 674).

2. Sanções. Não se nega a importância da solicitação de vista, que sói incrementar o debate sobre o *thema decidendum*; mas não se pode admitir que, a pretexto de melhorar o julgamento, qualquer membro da turma ou câmara julgadora o interrompa abusivamente, sem previsão de devolução dos autos. Para que isso não mais aconteça, o CPC/2015 prevê três medidas: (i) se os autos não forem devolvidos tempestivamente ou se não for solicitada pelo juiz prorrogação de prazo de no máximo mais 10 (dez) dias, o presidente do órgão fracionário os requisitará para o julgamento do recurso na sessão ordinária subsequente, com publicação da pauta em que for incluído (art. 940, §1º); (ii) quando requisitar os autos na forma do §1º, se aquele que fez o pedido de vista ainda não se sentir habilitado a votar, o presidente convocará substituto para proferir voto, na forma estabelecida no regimento interno do tribunal (art. 940, §2º); (iii) representação ao CNJ (art. 235). Como se vê, trata-se de três sanções típicas imponíveis ao exercício inexistente, insuficiente ou ineficiente de mister, função ou dever-poder funcional.

Artigo 941.

Proferidos os votos, o presidente anunciará o resultado do julgamento, designando para redigir o acórdão o relator ou, se vencido este, o autor do primeiro voto vencedor.

§ 1º O voto poderá ser alterado até o momento da proclamação do resultado pelo presidente, salvo aquele já proferido por juiz afastado ou substituído.

§ 2º No julgamento de apelação ou de agravo de instrumento, a decisão será tomada, no órgão colegiado, pelo voto de 3 (três) juízes.

§ 3º O voto vencido será necessariamente declarado e considerado parte integrante do acórdão para todos os fins legais, inclusive de pré-questionamento.

CORRESPONDÊNCIA NO CPC/1973: *ARTS. 555 E 556.*

1. Suporte fático do acórdão. Proferidos os votos, tem-se o núcleo duro do suporte fático do acórdão. Mas ainda não há acórdão. Afinal, um acórdão não se limita aos votos que o compõem. Além deles, é preciso a anunciação ou proclamação do resultado pelo presidente do órgão colegiado (para isso, com o objetivo de esclarecer-se, o presidente pode consultar os votantes; se a proclamação estiver equivocada, a reclamação (advertência sobre o erro) poderá ser feita imediatamente pelos votantes, ou pelos advogados das partes presentes, os quais se ampararão no direito que lhes é conferido pela regra do art. 7º, X, da Lei 8.906/1994; nada impede que o engano seja retificado ulteriormente de ofício ou por provocação das partes mediante embargos de declaração). A proclamação do resultado – que é enunciado declaratório – é elemento completante do núcleo do suporte fático do acórdão. Portanto, acórdão = (1) votos + (2) proclamação do resultado do julgamento. Havendo (1) + (2), o acórdão existirá, eventualmente será válido, mas ainda não eficaz. Para produzir efeitos, em regra tem de ser publicado; para ser publicado, tem de ser redigido (na reclamação, há exceção: havendo sido julgada procedente, o presidente do tribunal determinará o cumprimento imediato da decisão, lavrando-se o acórdão posteriormente – art. 993 do CPC/2015). Os votos e a proclamação de resultado do julgamento são pressupostos de existência do acórdão (elementos nuclear e completante do núcleo); a redação e a publicação, seus fatores de eficácia (elementos complementares do suporte fático). O caminho do acórdão pelos planos da existência e da eficácia está descrito no *caput* do art. 941: "Proferidos os votos, o presidente anunciará o resultado do julgamento, designando para redigir o acórdão o relator ou, se vencido este, o autor do primeiro voto vencedor" (a redação se cinge ao voto vencedor e, se existir, ao voto vencido; não há necessidade de redigirem-se fundamentadamente os votos concordantes com o voto vencedor).

2. Alteração de voto. Sendo um elemento completante do núcleo, a proclamação do resultado do julgamento é o marco preclusivo após o qual nenhum voto mais poderá ser alterado. Afinal, enquanto o presidente não anuncia, só existe expectativa de acórdão; daí por que, nesse interregno, o membro da turma julgadora pode alterar o seu voto no todo ou em parte, "salvo aquele já proferido por juiz afastado ou substituído" (art. 941, § 1º).

3. Numero de votos. Resta saber quantos votos entram no núcleo do suporte fático de um acórdão. Aqui, o *ius positum* define o número; porém, a *ratio* impõe a propriedade do número. Em outras palavras: a lei pode escolher qualquer quórum, mas a razão determina que esse quórum seja ímpar. Com isso se evitam empates. Portanto, já que se está tratando de julgamento colegiado, nada mais natural que – ao menos – se parta do número 3 (três). Ora, sendo a apelação e o agravo de instrumento as duas modalidades recursais mais corriqueiras do dia a dia forense, não se há de estranhar que, no julgamento delas, a decisão colegiada se tome pelo voto de 3 (três) juízes (art. 941, §2º).

4. Voto vencido. Questão primordial é entender o ingresso do voto vencido nos diversos suportes fáticos. (i) O voto vencido integra o suporte fático da regra de existência do acórdão. Trata-se de elemento coconstituinte. No núcleo duro do suporte fático são lançados todos os votos, vencedores e vencidos. É o que, aliás, estabelece o parágrafo 3º do art. 941 ("O voto vencido será necessariamente declarado e considerado parte integrante do acórdão para todos os fins legais, inclusive de pré-questionamento"). A falta de declaração e inclusão do voto vencido dá margem à oponibilidade de embargos declaratórios. A parte tem o direito de vê-lo declarado e incluso, inclusive para fins de prequestionamento, como bem pontua o predito dispositivo (a parte final do parágrafo 3º do art. 941 impõe o cancelamento da Súmula 320 do STJ: "A questão federal somente ventilada no voto vencido não atende ao requisito do prequestionamento"). (ii) Em contrapartida, o voto vencido não entra no suporte fático da regra que define o resultado do julgamento. Ali, só entram os votos vencedores. Daí por que não se há de cogitar de "diluição", "fusão" ou "evaporação" do voto vencido. Tudo isso não passa de metáfora. (iii) Por fim, o voto vencido integra o núcleo do suporte fático da norma do art. 942, o qual impõe o prosseguimento do julgamento não unânime nas hipóteses nele expressas.

Artigo 942.

Quando o resultado da apelação for não unânime, o julgamento terá prosseguimento em sessão a ser designada com a presença de outros julgadores, que serão convocados nos termos previamente definidos no regimento interno, em número suficiente para garantir a possibilidade de inversão do resultado inicial, assegurado às partes e a eventuais terceiros o direito de sustentar oralmente suas razões perante os novos julgadores.

§ 1º Sendo possível, o prosseguimento do julgamento dar-se-á na mesma sessão, colhendo-se os votos de outros julgadores que porventura componham o órgão colegiado.

§ 2º Os julgadores que já tiverem votado poderão rever seus votos por ocasião do prosseguimento do julgamento.

§ 3º A técnica de julgamento prevista neste artigo aplica-se, igualmente, ao julgamento não unânime proferido em:

I – ação rescisória, quando o resultado for a rescisão da sentença, devendo, nesse caso, seu prosseguimento ocorrer em órgão de maior com posição previsto no regimento interno;

II – agravo de instrumento, quando houver reforma da decisão que julgar parcialmente o mérito.

§ 4º Não se aplica o disposto neste artigo ao julgamento:

I – do incidente de assunção de competência e ao de resolução de demandas repetitivas;

II – da remessa necessária;

III – não unânime proferido, nos tribunais, pelo plenário ou pela corte especial.

CORRESPONDÊNCIA NO CPC/1973: *NÃO HÁ.*

1. Natureza. O art. 942 do CPC/2015 é resquício do recurso de embargos infringentes, que durante tantos anos povoou o sistema de direito processual civil positivo brasileiro. No entanto, não se trata de um recurso, mas de prolongamento de julgamento, que deve ocorrer quando houver resultado não unânime em julgamento de: (i) apelação (art. 942, *caput*); (ii) ação rescisória procedente (art. 942, § 3º, I); (iii) agravo de instrumento que tiver reformado decisão resolutória parcial do mérito (art. 942, §3º, II. Cabem três observações que seguem: primeiro, se cabe o prolongamento do julgamento do agravo que houver reformado decisão interlocutória de resolução parcial de mérito, a *fortiori* deve caber o prolongamento tão somente do julgamento da apelação que houver reformado sentença de mérito, não do julgamento de toda e qualquer apelação; afinal de contas, o objetivo do prolongamento é conferir maior segurança aos julgamentos colegiados que infringirem – por reforma ou rescisão – as sentenças de mérito; é o que se pode extrair da interpretação sistemática do *caput* e do parágrafo 3º do art. 942 do CPC/2015; nesse sentido, o *duplex conformis* – princípio de origem canônica – obsta o prolongamento. Segundo, não se trata de recurso, pois não há acórdão: sem a proclamação do resultado, o núcleo do suporte fático do acórdão não se completa – ver comentários ao artigo 941. Terceiro, não há "novo" julgamento, mas prosseguimento de julgamento já instaurado. Entretanto, o próprio Código pré-exclui a possibilidade de prolongamento do julgamento não unânime proferido: (i) no incidente de assunção de competência (art. 942, §4º, I); (ii) no incidente de resolução de demandas repetitivas (art. 942, §4º, I); (iii) na remessa necessária (art. 942, §4º, II) – o que é absolutamente injustificável, pois remessa necessária equivale a apelação e*x officio*; (iv) pelo plenário ou pela corte especial dos tribunais (art. 942, §4º, III). Interpretando-se teleologicamente o art. 25 da Lei 12.016/2009, chega-se facilmente à conclusão de que também não é possível o prolongamento do julgamento não unânime; e (v) no mandado de segurança.

2. Oficiosidade. É importante frisar que esse prolongamento é oficioso: diante de resultado não unânime, novos julgadores devem ser convocados, nos termos do regimento interno; portanto, não é dado à parte requerer desistência do prolongamento, ou requerer o prolongamento de apenas uma parte da divergência. Fica patente, assim, que razões públicas de segurança dos julgamentos subjazem à norma. Aliás, é preciso esclarecer que os novos julgadores enfrentarão exclusivamente a divergência; afinal, são convocados em número suficiente para a garantia específica da possibilidade de inversão do resultado inicial. Se o capítulo A da sentença de mérito for reformado por 3 a 0, e se o capítulo B for reformado por 2 a 1, só se prolongará o julgamento do capitulo B, e somente desse julgamento participarão os convocados. Isso não significa que já se poderá proclamar o resultado do julgamento do capítulo A: enquanto não se conclui o julgamento do capítulo B, o julgamento como um todo ainda não está concluído. De todo modo, o prolongamento não é protagonizado apenas pelos novos julgadores: nele, os julgadores que já tiverem votado poderão rever os seus votos (juízo de retratação) (art. 942, §2º).

3. Dificuldades. O texto prescreve que – se possível – o prosseguimento do julgamento se dê na mesma sessão, colhendo-se os votos de outros julgadores que porventura componham o órgão colegiado (art. 942, §1º). Na prática, isso dificilmente ocorrerá: o mais conveniente será o adiamento do (prolongamento do) julgamento para a próxima sessão (art. 936, III) a fim de as partes e eventuais terceiros poderem sustentar oralmente suas razões perante os novos julgadores (art. 942, parte final). Ademais, nada impede que qualquer um dos novos julgadores, não se considerando habilitado a proferir imediatamente o seu voto, solicite vista (art. 940). Como se não bastasse, é possível que o órgão fracionário não tenha número bastante para a garantia da possibilidade de inversão do resultado inicial; nesse caso, ter-se-á de convocar juízes de outras turmas ou câmaras julgadoras (o que não ferirá o princípio constitucional do juiz natural se a convocação obedecer a critérios objetivos previamente estabelecidos em norma regimental).

4. Críticas. Há quem defina a natureza do prolongamento de julgamento não unânime como "nova técnica de julgamento". Sobre essa afirmação, duas são as considerações necessárias. Em primeiro lugar, nada aqui há de "novo"; esse tipo de prolongamento já fora previsto na *Coleção das leis extravagantes de Duarte Nunes do Lião* (o "Código Sebastiânico"), aprovada pelo Alvará de 14 de fevereiro de 1569: (i) para a confirmação das decisões interlocutórias bastava a concordância de dois desembargadores ("dous conformes"); para a revogação era preciso a presença de três (1.5.3); (ii) nos julgamentos que exigiam a presença de três desembargadores, para confirmar ou revogar a decisão recorrida, não havendo concordância entre eles, um quarto julgador deveria ser convocado (1.5.6 e 7). Em segundo lugar, técnica não é categoria por meio da qual se possam definir naturezas jurídicas; dizer que há aí "técnica de julgamento" é dizer nada. Definir a natureza de um instituto é reduzir-lhe – por economia de meios – a categorias jurídicas preexistentes; e de preexistência em preexistência se atingem – por meio de uma espiral abstracional – as três categorias fundamentais da teoria geral do direito: norma jurídica, fato jurídico e situação jurídica; todavia, técnica não é norma, fato ou situação. Na verdade, trata-se de conceito de dogmática pragmática, não de dogmática analítica.

Artigo 943.

Os votos, os acórdãos e os demais atos processuais podem ser registrados em documento eletrônico inviolável e assinados eletronicamente, na forma da lei, devendo ser impressos para juntada aos autos do processo quando este não for eletrônico.

§ 1º Todo acórdão conterá ementa.

§ 2º Lavrado o acórdão, sua ementa será publicada no órgão oficial no prazo de 10 (dez) dias.

CORRESPONDÊNCIA NO CPC/1973: *ARTS. 556, 563 E 564.*

1. Considerações gerais. Todo e qualquer ato processual de tribunal (por exemplo, voto, acórdão) pode ser registrado em documento eletrônico inviolável e assinado eletronicamente, na forma da lei, devendo ser impressos para a juntada aos autos quando este não for eletrônico (art. 943, *caput*). Na verdade, o dispositivo sob exame nada mais é do que a particularização de comando mais geral, que se encontra no art. 193: "Os atos processuais podem ser total ou parcialmente digitais, de forma a permitir que sejam produzidos, comunicados, armazenados e validados por meio eletrônico, na forma da lei". A lei atualmente vigente à qual aludem os dois dispositivos é a Lei 11.419/2006, vulgarmente conhecida como a "Lei do Processo Eletrônico", que dispõe sobre a informatização do processo judicial.

De qualquer forma, impresso ou não, todo acórdão há de ter uma ementa (art. 943, §1º). Trata-se de resumo, sinopse, texto curto e reduzido a pontos essenciais. Enfim, trata-se da síntese da decisão colegiada (acórdão). É ela composta por duas partes: (i) verbetes, que é a sequência de palavras-chave; e 2) dispositivo, que é a brevíssima explanação da norma individual e concreta produzida para a situação concreta. A forma redacional das ementas varia entre os tribunais; porém, elas ajudam a comunidade forense na pesquisa de jurisprudência (função exógena) e auxiliam as partes na compreensão das razões de decidir (função endógena), motivo por que devem ser claras e precisas. Logo, lavrado o acórdão, sua ementa deverá ser publicada no órgão oficial no prazo de 10 (dez) dias (art. 943, §2º). Não se trata, porém, de requisito de validade do acórdão, porquanto a ementa é forma prescrita sem cominação de nulidade (art. 358). Há doutrina em sentido contrário, sem razão. (CÔRTES, Osmar Mendes Paixão, in WAMBIER, Teresa Arruda Alvim *et. al.* (Coord.), *Breves comentários ao novo Código de Processo Civil*, São Paulo, RT, 2015, p. 2108). Logo, se a falta referida não impedir a correta compreensão do julgado, o acórdão sem ementa terá alcançado seu fim (art. 276). Porém, a falta de ementa é omissão, razão por que pode a parte opor embargos declaratórios e, com isso, obrigar o tribunal a inseri-la. Se porventura existir contradição entre a ementa e o dispositivo do acórdão, que obste a correta interpretação do julgado, a parte mais uma vez pode valer-se dos embargos de declaração.

Artigo 944.

Não publicado o acórdão no prazo de 30 (trinta) dias, contado da data da sessão de julgamento, as notas taquigráficas o substituirão, para todos os fins legais, independentemente de revisão.

Parágrafo único. No caso do *caput*, o presidente do tribunal lavrará, de imediato, as conclusões e a ementa e mandará publicar o acórdão.
CORRESPONDÊNCIA NO CPC/1973: *NÃO HÁ.*

1. Considerações gerais. Com os votos e a proclamação do resultado, já se tem um acórdão (art. 941). Proclamado o resultado do julgamento, o acórdão passa a existir, posto que ainda não seja eficaz. Normalmente, para que ingresse no plano da eficácia para ali irradiar seus efeitos, o acórdão deve ganhar redação e publicação. A partir da data da sessão de julgamento, o tribunal tem 30 (trinta) dias para redigi-lo e publicá-lo; se nesse prazo não o acórdão não for redigido, será ele substituído pelas notas taquigráficas (art. 944), que são os registros à mão das manifestações ocorridas na sessão de julgamento. A partir daí o presidente do tribunal lavrará imediatamente as conclusões e a emenda e determinará a publicação do acórdão (art. 944, parágrafo único). Como se vê, o dispositivo cria um fator substitutivo de eficácia: em lugar do acórdão redigido pelo relator ou – se vencido este – pelo autor do primeiro voto vencedor (art. 941), usam-se as notas taquigráficas e as conclusões e ementa lavradas pelo presidente do tribunal. Aqui, é preciso frisar que, na substituição, não há o acórdão-texto, mas sempre houve o acórdão--ato. De ordinário, o acórdão-ato é reduzido a um acórdão-texto; porém, se o acórdão--texto não se redigir a tempo, o acórdão-ato será representado pelas notas taquigráficas. Trata-se de inovação do CPC/2105 que merece elogio; afinal, sob a égide do CPC/1973, não raro se assistia à demora excessiva na publicação de acórdãos e a todo tipo de pre-juízo que isso causava às partes.

Artigo 945.
(Revogado pela Lei nº 13.256, de 4 de fevereiro de 2016).

Artigo 946.
O agravo de instrumento será julgado antes da apelação interposta no mesmo processo.
Parágrafo único. Se ambos os recursos de que trata o *caput* houverem de ser julgados na mesma sessão, terá precedência o agravo de instrumento.
CORRESPONDÊNCIA NO CPC/1973: *ART. 559.*

1. Objetivo. O objetivo da norma do art. 946 é evitar tumulto processual. Jamais se julga apelação sem antes julgar-se, ainda que na mesma sessão, o agravo de instru-mento interposto no mesmo processo. Afinal de contas, é possível que o julgamento do agravo de instrumento prejudique o da apelação (o que explica porque a norma do art. 946 não se aplica à suspensão de segurança, já que aqui não há risco de prejudicialidade: a suspensão de segurança se limita a suspender os efeitos da decisão concessiva de tutela de urgência contra a Fazenda Pública). Em tese, nada impediria que o julgamento da apelação se fizesse antes do agravo de instrumento; no entanto, a depender do resultado do segundo julgamento, o esforço despendido no primeiro julgamento teria sido em vão. Não adianta julgar a apelação se ainda não se julgou o agravo de instrumento interposto da decisão que, *e.g.*, rejeitou a convenção de arbitragem (art. 1.015, III): se ao agravo de instrumento se der provimento, o processo terá de ser extinto sem a resolução do mérito (art. 485, VII). Da mesma forma, não adianta julgar a apelação se ainda não se julgou o agravo de instrumento interposto da decisão que, por exemplo, excluiu litisconsorte (art. 1.015, VII): se for dado provimento ao agravo, o processo haverá de anular-se desde o instante da exclusão. Como se não bastasse, há ainda os casos em que, ao ensejo do julgamento da apelação, o agravo de instrumento já deveria ter sido extinto por perda de objeto: se já se pode julgar apelação de sentença de procedência, por exemplo, isso significa que, desde a prolação dessa sentença, já deveria ter sido extinto o agravo de instrumento interposto da decisão que negou ou concedeu a liminar.

2. Situações análogas. Merecem atenção especial as decisões interlocutórias não agraváveis que geram perigo de dano. Delas não se pode agravar porque não se encontram no rol do art. 1.015; por sua vez, não se pode relegá-las à apelação, tal como prevê o parágrafo 1º do art. 1.009, pois a parte prejudicada se encontra sob risco atual, grave e iminente de dano irreparável ou de difícil reparação. Nesse caso, só resta à parte impetrar mandado de segurança (art. 5º, LXIX, CF/1988; Lei 12.016/2009). Como se vê, aqui, o mandado de segurança será um *Ersatz* do agravo de instrumento; se assim é, também ele terá de ser julgado antes da apelação interposta no mesmo processo, pois onde há a mesma razão deve haver o mesmo direito (*Ubi eadem ratio ibi idem ius*).

Da mesma forma, se o julgamento da reclamação (arts. 988 a 993) puder prejudicar o da apelação, deverá ser ela julgada antes. Pode ser, por exemplo, que a decisão reclamada, que excluiu o litisconsorte ativo reclamante, tenha afrontado decisão do STF em ação de controle concentrado de constitucionalidade, súmula vinculante, procedente proferido em julgamento de casos repetitivos ou em incidente de assunção de competência; nesse caso, se a reclamação for julgada procedente, o processo haverá de anular-se desde o instante da exclusão.

3. Vícios. Em tese, é nulo o julgamento da apelação ocorrido antes do julgamento do agravo de instrumento.

Primeiramente, se o julgamento do agravo for prejudicial ao da apelação e se a apelação já tiver sido julgada, dever-se-á aguardar o julgamento do agravo: (i) se o resultado no agravo tornar prejudicado o julgamento da apelação, a nulidade persistirá (exemplo: provimento de agravo interposto de decisão que indeferiu exibição de documento indispensável ao deslinde da causa); (ii) se o resultado no agravo não tornar prejudicado o julgamento da apelação, a nulidade será apagada e o julgamento será pós-validado (exemplo: desprovimento de agravo interposto de decisão que rejeitou a convenção de arbitragem). Todavia, pode ser que, antes do julgamento do agravo, sobrevenha trânsito em julgado do acórdão de mérito da apelação; nesse caso, a nulidade será coberta pelo vício da rescindibilidade (art. 966, V, 2015). Cabe a observação: se a ação rescisória for ajuizada antes do julgamento do agravo, ela fatalmente perderá o objeto na situação (ii). Se o trânsito em julgado for do acórdão que, na apelação, extinguir o processo sem resolução do mérito, nada se poderá mais fazer: ao autor restará apenas repropor a demanda.

Em contrapartida, se o julgamento do agravo não for prejudicial ao da apelação, não haverá nulidade no julgamento anterior da apelação (exemplo: apelação que fixa alimentos definitivos e agravo de instrumento interposto de decisão sobre valor de alimentos provisórios).

CAPÍTULO III – Do Incidente de Assunção de Competência

ARTIGO 947.

É admissível a assunção de competência quando o julgamento de recurso, de remessa necessária ou de processo de competência originária envolver relevante questão de direito, com grande repercussão social, sem repetição em múltiplos processos.

§ 1º Ocorrendo a hipótese de assunção de competência, o relator proporá, de ofício ou a requerimento da parte, do Ministério Público ou da Defensoria Pública, que seja o recurso, a remessa necessária ou o processo de competência originária julgado pelo órgão colegiado que o regimento indicar.

§ 2º O órgão colegiado julgará o recurso, a remessa necessária ou o processo de competência originária se reconhecer interesse público na assunção de competência.

§ 3º O acórdão proferido em assunção de competência vinculará todos os juízes e órgãos fracionários, exceto se houver revisão de tese.

§ 4º Aplica-se o disposto neste artigo quando ocorrer relevante questão de direito a respeito da qual seja conveniente a prevenção ou a composição de divergência entre câmaras ou turmas do tribunal.

CORRESPONDÊNCIA NO CPC/1973: *ART. 555.*

1. **Diferenciações.** É importante frisar que o incidente de resolução de demandas repetitivas e o incidente de assunção de competência têm âmbitos distintos de aplicação: o primeiro se presta a resolver questão de direito cuja repetição em múltiplos processos traga riscos à isonomia e à segurança jurídica (art. 976); já o segundo se destina a resol-

ver relevante questão de direito surgida em julgamento de recurso, remessa necessária ou processo de competência originária, sem repetição em múltiplos processos, com grande repercussão social, desde que conveniente à prevenção ou à composição de divergência entre câmaras ou turmas do tribunal (art. 947). Ausente qualquer uma dessas condições, não há espaço para a assunção de competência. É inegável que muitas delas são definidas por termos semanticamente vagos (os chamados "conceitos jurídicos indeterminados"); entretanto, trata-se de *context-dependent notions*, *i.e.*, palavras cujos objetos se delimitam melhor quando enleadas a determinado caso concreto.

2. Condições de admissibilidade. É preciso cuidado na compreensão do mecanismo de controle de admissibilidade do incidente. Afinal, a redação do dispositivo sob exame é sofrível. Uma leitura apressada pode induzir o intérprete a ver entre relator e órgão colegiado uma esdrúxula "divisão de trabalho". Há quem sustente que: (i) o primeiro teria competência funcional horizontal para verificar se há "relevância na questão de direito", "repercussão social", "ausência de repetição em múltiplos processos", "conveniência à prevenção ou à composição de divergência entre câmaras ou turmas do tribunal" e "julgamento de recurso, remessa necessária ou processo de competência originária" (art. 947, *caput* e §4º); (ii) o segundo teria competência funcional horizontal para verificar se há "interesse público" (art. 947, § 2º). Sem razão, entretanto. Em verdade, "interesse público" = "relevância na questão de direito" + "repercussão social" + "ausência de repetição em múltiplos processos" + "conveniência à prevenção ou à composição de divergência entre câmaras ou turmas do tribunal" + "julgamento de recurso, remessa necessária ou processo de competência originária". Ou seja, o "interesse público" a que alude o parágrafo 2º do art. 947 é o conjunto de todas as condições de admissibilidade do incidente; não se trata de outra condição que se agrega às demais, pois. Isso significa que, aqui, o relator se limita a elaborar um mero juízo provisório implícito de admissibilidade e, com base nele, a remeter os autos ao órgão colegiado competente; logo, não cabe agravo interno da decisão do relator que deflagra o procedimento do incidente. (CÔRTES, Osmar Mendes Paixão, in WAMBIER, Teresa Arruda Alvim *et. al.* (Coord.), *Breves comentários ao novo Código de Processo Civil*, São Paulo, RT, 2015, p. 2113). Na realidade, o juízo definitivo de admissibilidade cabe ao órgão colegiado: o relator proporá – *ex officio* ou a requerimento da parte, do MP ou da Defensoria Pública – que seja o processo julgado pelo órgão colegiado que o regimento indicar (art. 947, §1º); se o referido órgão entender pela admissibilidade do incidente (*i.e.*, se reconhecer a presença do "interesse público"), julgará o mérito do incidente.

É de bom alvitre que o órgão colegiado seja o mesmo que tenha competência para resolver o incidente de arguição de inconstitucionalidade (art. 949, II); com isso se evita a afronta à cláusula de reserva de plenário (art. 97, CF/1988) caso a questão de direito objeto da assunção de competência tenha índole constitucional.

3. Eficácia. O acórdão proferido no incidente de assunção de competência vincula todos os juízes e órgãos fracionários, exceto se houver revisão de tese (art. 947, §1º).

É precedente que obriga internamente, pois (art. 927, III). Daí por que se pode ajuizar reclamação contra a decisão que não observa precedente proferido em incidente de assunção de competência (art. 988, IV). Tamanha a força desse precedente que ele: autoriza o julgamento de improcedência do pedido que contraria entendimento firmado em assunção de competência (art. 332, III); pré-exclui a remessa necessária da sentença fundada em entendimento firmado em assunção de competência (art. 496, § 4º, III); e permite ao relator negar monocraticamente provimento a recurso contrário a entendimento firmado em incidente de assunção de competência (art. 932, IV, "c").

É importante frisar que o acórdão proferido em assunção de competência vincula todos os juízes e órgãos fracionários do próprio tribunal; se assim não se pensar, o instituto seria incompatível com o papel dos tribunais superiores: (i) o STJ poderia resolver questão constitucional no incidente, e sua decisão vincularia todos os juízes e tribunais brasileiros, o que configuraria usurpação de competência do STF; (ii) o STF poderia resolver questão legal federal, a sua decisão vincularia todos os juízes e tribunais brasileiros, o que configuraria usurpação de competência do STJ; (iii) o STJ poderia resolver questão legal federal, e sua decisão vincularia todos os juízes e tribunais brasileiros, embora a CF/1988 não empreste efeito vinculante *erga omnes* às decisões do STJ em controle de legalidade; e (iv) o STF poderia resolver questão constitucional, e sua decisão vincularia todos os juízes e tribunais brasileiros, embora a CF/1988 só preveja efeito vinculante *erga omnes* para súmula vinculante e decisão em controle concentrado de constitucionalidade.

CAPÍTULO IV – Do Incidente de Arguição de Inconstitucionalidade

ARTIGO 948.
Arguida, em controle difuso, a inconstitucionalidade de lei ou de ato normativo do poder público, o relator, após ouvir o Ministério Público e as partes, submeterá a questão à turma ou à câmara à qual competir o conhecimento do processo.
CORRESPONDÊNCIA NO CPC/1973: *ART. 480.*

1. Considerações gerais. De acordo com o art. 97 da CF/1988, "somente pelo voto da maioria absoluta de seus membros ou dos membros do respectivo órgão especial poderão os tribunais declarar a inconstitucionalidade de lei ou ato normativo do Poder Público". As Turmas e os Colégios Recursais dos Juizados Especiais não são tribunais, razão por que não se lhes aplica o aludido dispositivo constitucional; logo, podem apreciar por si – sem remessa a qualquer órgão – a arguição incidental de inconstitucionalidade. MOREIRA, José Carlos Barbosa, *Comentários ao Código de Processo Civil*, v. V, 16. ed., Rio de Janeiro, Forense, 2011, p. 35). Aqui, "lei ou ato normativo" é igual a emenda constitucional, lei complementar, lei ordinária, lei delegada, medida provisória, decreto legislativo, resolução, decreto regulamentar, regimento interno de tribunal, etc.. Trata-se da famosa cláusula de reserva de plenário. O dispositivo nada mais é do que derivação da "presunção de constitucionalidade das leis" (*Die Vermutung der Verfassungsmäßigkeit von Gesetzen*): no âmbito de um tribunal, essa presunção só pode ser elidida por quórum qualificado; daí a referência à "maioria absoluta". Segundo Pontes de Miranda, "a exigência da maioria absoluta tem fundamento em ser preciso que se haja discutido e meditado o assunto, a fim de não ser excessivamente fácil a desconstituição de leis ou outros atos de poder público, por eiva de inconstitucionalidade" (MIRANDA, Francisco Cavalcanti Pontes de, *Comentários ao Código de Processo Civil*, t. VI, Rio de Janeiro, Forense, 1975, p. 60). Frise-se: exige-se a maioria absoluta dos juízes, não de presentes, razão pela qual não se exige a presença de todos os juízes; "se a maioria absoluta dos juízes está presente e vota unanimemente, está satisfeito o pressuposto.". (MIRANDA, Francisco Cavalcanti Pontes de, *Comentários ao Código de Processo Civil*, t. VI, Rio de Janeiro, Forense, 1975, p. 54).

A cláusula de reserva de plenário se aplica o controle de constitucionalidade em face de constituição tanto federal como estadual (MOREIRA, José Carlos Barbosa, *Comentários ao Código de Processo Civil*, v. V, 16. ed., Rio de Janeiro, Forense, 2011,, p. 36; MIRANDA, Francisco Cavalcanti Pontes de, *Comentários à Constituição de 1967 com a emenda nº 1 de 1969*, t. III, Rio de Janeiro, Forense, 1987, p. 611-2).

2. Incidente. No direito brasileiro, esse controle se estrutura sob a forma de incidente. O incidente se destina a evitar tumulto processual: (i) nele são resolvidas questões prévias (preliminares ou prejudiciais); (ii) o procedimento principal pode ou não ser suspenso ou interrompido em função da mera instauração do incidente; (iii) o procedimento principal pode findar-se ou não em função do que se decidir no incidente; (iv) é resolvido pelo próprio juiz da causa ou por um tribunal; (v) deve ser decidido antes da questão principal ou do mérito da causa; e (vi) o procedimento incidental é acessório ao procedimento principal. No caso específico do incidente de arguição de inconstitucionalidade: (i) é resolvida questão constitucional prejudicial; (ii) o procedimento principal é suspenso em função da simples instauração do incidente; (iii) o procedimento principal pode findar-se ou não em função do que se decidir no incidente; (iv) é resolvido pelo plenário do tribunal ou por seu órgão especial; (v) deve ser decidido antes da questão principal; e (vi) o procedimento incidental é acessório ao procedimento principal. Primeira observação: isso explica por que eventual interposição de recurso especial ou extraordinário se deve fazer não da decisão do plenário ou do órgão especial que declarou a inconstitucionalidade, mas da decisão da turma julgadora que teve de fundar-se na decisão do plenário ou do órgão especial – Súmula 513 do STF: "A decisão que enseja a interposição de recurso ordinário ou extraordinário, não é a do plenário que resolve o incidente de inconstitucionalidade, mas a do órgão (câmaras, grupos ou turmas) que completa o julgamento do feito".Segunda observação: da decisão do plenário ou do órgão especial que declarou a inconstitucionalidade só cabem embargos de declaração. No entanto, se arguição de inconstitucionalidade surgir em recurso, incidente ou ação de competência do próprio plenário ou órgão especial, não se falará aí em incidente: o órgão enfrentará a questão e poderá eventualmente declarar a inconstitucionalidade da lei ou ato normativo do Poder Público, contanto que o faça pela maioria absoluta dos seus membros (art. 97/1988). (PANTOJA, Fernanda Medina, in WAMBIER, Teresa Arruda Alvim *et al.* (coord.), *Breves comentários ao novo Código de Processo Civil*, São Paulo, RT, 2015, p. 2115).

3. Conteúdo. A pronúncia de inconstitucionalidade *incidenter tantum* pode consistir em: (i) declaração de nulidade total da norma; (ii) declaração de nulidade de parte da norma; (iii) declaração de nulidade sobre o âmbito de aplicação da norma; (iv) declaração de nulidade por arrastamento; (v) declaração parcial de nulidade "qualitativa" ou sem redução de texto; (vi) declaração parcial de nulidade "quantitativa"; (vii) declaração de inconstitucionalidade sem pronúncia de nulidade; e (viii) interpretação conforme a Constituição.

4. Restrições. É necessário ressalvar que a "cláusula de reserva de plenário" não se aplica às decisões concessivas de tutela de urgência, na medida em que elas não contêm propriamente uma declaração de inconstitucionalidade fundada em juízo de certeza. Por conseguinte, nada impede que – em recurso, incidente ou ação – o relator ou o órgão fracionário concedam tutela de urgência satisfativa ou cautelar fundada em mero juízo de verossimilhança ou probabilidade sobre inconstitucionalidade; porém, se esse juízo houver de ser de certeza, a questão há de submeter-se ao plenário ou ao órgão especial do tribunal.

Artigo 949.

Se a arguição for:

I – rejeitada, prosseguirá o julgamento;

II – acolhida, a questão será submetida ao plenário do tribunal ou ao seu órgão especial, onde houver.

Parágrafo único. Os órgãos fracionários dos tribunais não submeterão ao plenário ou ao órgão especial a arguição de inconstitucionalidade quando já houver pronunciamento destes ou do plenário do Supremo Tribunal Federal sobre a questão.

CORRESPONDÊNCIA NO CPC/1973: *ART. 481.*

1. Admissibilidade. O julgamento do incidente de arguição de inconstitucionalidade obedece a uma escalada: (i) arguição fundamentada, em controle difuso, de inconstitucionalidade de lei ou ato normativo do Poder Público, feita por qualquer das partes, pelo assistente (simples ou litisconsorcial), pelo MP quando parte ou pelo relator *ex* *officio* (a arguição se pode fazer em petição inicial, contestação, razões ou contrarrazões recursais, petição avulsa ou em sustentação oral na sessão de julgamento); (ii) oitiva do MP como *custos legis* e das partes caso a iniciativa da arguiçãotenha cabido ao relator; (iii) submissão da questão pelo relator à turma ou à câmara competente para o conhecimento do processo. O juízo de admissibilidade do incidente cabe ao órgão fracionário, não ao relator: se o incidente for rejeitado, o julgamento prosseguirá (art. 949, I); se o incidente for admitido à apreciação, a questão será submetida ao plenário do tribunal ou seu órgão especial, onde houver (art. 949, II). Como se vê, há aqui um "julgamento *per saltum*: a competência fica cindida, segundo critério funcional, entre o órgão julgador do recurso ou da causa e o órgão a que vai caber o exame da questão suscitada como premissa da decisão. Em última análise, será julgado por dois órgãos distintos o recurso ou a causa, pronunciando-se cada qual sobre um aspecto da matéria. A decisão final resultará da integração de ambos os pronunciamentos: exemplo típico de decisão subjetivamente complexa.". (MOREIRA, José Carlos Barbosa, *Comentários ao Código de Processo Civil*, v. V, 16. ed., Rio de Janeiro, Forense, 2011, p. 35).

2. Pré-exclusão. Não será admitido o incidente de arguição, *v. g.*: (i) se a questão constitucional já houver sido pronunciada pelo plenário do tribunal, por seu órgão especial, ou pelo próprio pelo plenário do STF (art. 949, parágrafo único) – o dispositivo só fala em "plenário do Supremo Tribunal Federal", não ressalvando se o pronunciamento deve ser em controle difuso ou concentrado; (ii) se o deslinde da causa não exigir a interpretação de norma constitucional; (iii) se o deslinde da causa pressupuser interpretação de norma constitucional, mas não sua declaração de inconstitucionalidade. Contudo, se o incidente for admissível, violar-se-á a cláusula de reserva de plenário se o órgão fracionário declarar – de maneira direta e expressa – a inconstitucionalidade de lei ou de ato normativo do Poder Público; igualmente, "viola a cláusula de reserva de plenário (art. 97, CF/1988) a decisão de órgão fracionário de tribunal que, embora não declare expressamente a inconstitucionalidade de lei ou ato normativo do Poder Público, afasta sua incidência, no todo ou em parte" (Súmula Vinculante nº 10 do STF).

Artigo 950.

Remetida cópia do acórdão a todos os juízes, o presidente do tribunal designará a sessão de julgamento.

§ 1º As pessoas jurídicas de direito público responsáveis pela edição do ato questionado poderão manifestar-se no incidente de inconstitucionalidade se assim o requererem, observados os prazos e as condições previstos no regimento interno do tribunal.

§ 2º A parte legitimada à propositura das ações previstas no art. 103 da Constituição Federal poderá manifestar-se, por escrito, sobre a questão constitucional objeto de apreciação, no prazo previsto pelo regimento interno, sendo-lhe assegurado o direito de apresentar memoriais ou de requerer a juntada de documentos.

§ 3º Considerando a relevância da matéria e a representatividade dos postulantes, o relator poderá admitir, por despacho irrecorrível, a manifestação de outros órgãos ou entidades.

CORRESPONDÊNCIA NO CPC/1973: *ART. 482.*

1. Considerações gerais. Admitido o incidente de arguição de inconstitucionalidade pela turma ou câmara competente para o conhecimento do processo, os autos serão encaminhados ao presidente do tribunal, que remeterá cópia do acórdão a todos os juízes que integram o plenário, ou o órgão especial (art. 950). A partir daí, o procedimento ganha novo matiz: embora a inconstitucionalidade haja sido arguida em controle difuso, o incidente passa a parecer um processo de controle concentrado: (i) as pessoas jurídicas de direito público responsáveis pela edição do ato questionado serão cientificadas e poderão manifestar-se, se assim o requererem, observados os prazos e condições previstos no regimento interno do tribunal (art. 950, §1º) – ou seja, os editores do ato poderão atuar como curadores da presunção de constitucionalidade da norma impugnada; (ii) atendendo a edital, a parte legitimada à propositura da ADI e da ADC – desde que haja pertinência temática – poderá manifestar-se, por escrito, sobre a questão constitucional objeto de apreciação, no prazo previsto pelo regimento interno, sendo-lhe assegurado o direito de apresentar memoriais ou de requerer a juntada de documentos (art. 950, §2º) – no incidente de arguição de inconstitucionalidade estadual, a parte legitimada à propositura da ação de controle abstrato será definida pela constituição local; (iii) considerando a relevância da matéria e a representatividade adequada dos postulantes, o relator poderá admitir, por despacho irrecorrível, a manifestação de outros órgãos ou entidades como a*mici curiæ* (art. 950, §3º). Vê-se, assim, que, em razão do grau de institucionalização democrático-polifônica do incidente, a declaração de inconstitucionalidade não se cingirá ao caso concreto: ela terá força obrigatória *ad futurum* para todo o tribunal. Mais: ela será vinculante a todos os juízes de hierarquia inferior a ele vinculados: é o que se pode deduzir do art. 927, V, do CPC/2015 ("os juízes e os tribunais observarão a orientação do plenário ou do órgão especial aos quais estiverem vinculados"). Nesse sentido, a decisão declaratória de inconstitucionalidade sob reserva de plenário integra o sistema brasileiro de precedentes obrigatórios.

CAPÍTULO V – Do Conflito de Competência

Artigo 951.

O conflito de competência pode ser suscitado por qualquer das partes, pelo Ministério Público ou pelo juiz.

Parágrafo único. O Ministério Público somente será ouvido nos conflitos de competência relativos aos processos previstos no art. 178, mas terá qualidade de parte nos conflitos que suscitar.
CORRESPONDÊNCIA NO CPC/1973: *ART. 116.*

1. Considerações gerais. Apenas há sentido na distinção entre direito material e direito processual porque há processo. Se não existisse o processo, só se falaria no direito. Sob o ponto de vista cronológico, o direito objetivo material (que regula a relação controvertida objeto da lide) incide antes do direito objetivo processual (que há de regular a relação jurídica de direito público no âmbito da qual o juiz comporá a lide). No entanto, sob o ponto de vista lógico, a ideia de direito processual antecede a ideia de direito material, porque dá sentido a esta. Compreender isso é de suma importância. Afinal, uma relação jurídica de índole processual, ao tornar-se *res iu iudicium deducta* de uma ação processual, passa a ser tratada como relação jurídica de índole material. Direito material nada mais é que a norma cuja incidência que faz nascer a pretensão resistida ou insatisfeita afirmada pelo demandante na petição inicial. Isso explica, por exemplo, por que se pode falar numa pretensão material à rescisão do julgado, por que as causas de rescindibilidade descritas no art. 966 são os elementos nucleares possíveis do suporte fático da mencionada pretensão, e por que o dispositivo traz regra de "direito material inominado" ou "direito 'processual' não processual".

Sem essa explicação não se consegue entender que o conflito de competência se resolve por meio de ação. Há aí ação (incidental) de arguição de conflito de competência (MIRANDA, Francisco Cavalcanti Pontes de, *Comentários ao Código de Processo Civil*, t. II, Rio de Janeiro, Forense, 1973, p. 303). Há doutrina contra, entendendo, sem maiores explicações, que se trata de incidente. (BARBI, Celso Agrícola, *Comentários ao Código de Processo Civil*, v. I, t. II, Rio de Janeiro, Forense, 1976, p. 494). Segundo Pontes de Miranda: "Não é *incidente* da ação proposta, ou da ação a ser proposta; nem é exceção, posto que se pareça com a de litispendência. É ação autônoma, prejudicial – não das questões que se discutiriam, ou se discutem, na ação a que se refere: é causa preliminar, em sentido de decisão sobre premissa da ação mesma e sua propositura.". (MIRANDA, Francisco Cavalcanti Pontes de, *Comentários ao Código de Processo Civil*, t. II, Rio de Janeiro, Forense, 1973, p. 303).

Há duas hipóteses: (i) um juiz pode dizer-se competente e pretender que outro não julgue, ou (ii) pode dizer-se incompetente e pretender que outro julgue; se o outro juiz resistir a essa pretensão, haverá entre eles lide: em (i), ter-se-á um conflito positivo de competência; em (ii), um conflito negativo. Sublinhe-se que o conflito é entre juízes (agentes) e não entre juízos (órgãos) – o que explica, por exemplo, a possibilidade de conflito de competência entre juízes do mesmo juízo. Entre eles se trava a relação de direito público objeto da lide. Na ação processual, a *res in iudicium deducta* é a pretensão material ao julgamento por juiz competente. Daí já se nota que as normas sobre competência – de direito constitucional ou legal – constituem aqui direito objetivo material.

Embora a lide seja entre dois juízes, nem sempre a suscitação é feita por qualquer deles. O conflito também pode ser suscitado pelas partes ou pelo MP (art. 951). Também se admite essa suscitação pelo terceiro interveniente (assistente simples ou litisconsorcial, denunciado, etc.). Nada há aqui, aliás, que desfigure a natureza acional da suscitação de conflito de competência. Afinal, a atribuição de poder deflagrador de procedimento em juízo é problema meramente imputacional. Pode-se imputá-lo ou não a quem seja parte. Se o conflito é entre A e B, a lei – dentro dos limites da razoabilidade – pode imputar a C a faculdade de trazer o litígio ao conhecimento do terceiro imparcial que o resolverá. Como bem elucidado por Pontes de Miranda: "São figurantes da relação jurídica deducta os juízes ou tribunais em conflito, ou os juízes ou tribunais e as autoridades administrativas em conflito. Há pretensão das partes à tutela jurídica; mais: a que tal tutela jurídica seja pelo órgão competente. O suscitamento atende a isso. Mas o conflito é entre juízes; e os pólos ativo e passivo da relação jurídica deducta são os órgãos estatais interessados, não as partes. (...) O suscitamento é que pode ser pelas partes da relação jurídica processual, ou pelo órgão do Ministério Público, ou pelos próprios juízes. Mas os figurantes da relação jurídica deducta são os juízes ou autoridades em conflito.". (MIRANDA, Francisco Cavalcanti Pontes de, *Comentários ao Código de Processo Civil*, t. II, Rio de Janeiro, Forense, 1973, p. 304). O que atenta contra os princípios é imputar ao terceiro imparcial essa faculdade (*ne procedat iudex ex officio*).

Se o conflito de competência surgir em qualquer dos processos mencionados no art. 178 do CPC/2015 (isto é, que envolvam interesse público ou social, interesse de incapaz ou litígio coletivo pela posse de terra rural ou urbana), o MP intervirá como *custos legis* (se aqui não for intimado, será, em tese, nulo o processo – art. 279); todavia, se o MP for o suscitante do conflito, nele jamais intervirá como fiscal da lei (art. 951).

Justamente porque na ação de arguição de conflito de competência se deseja impedir o julgamento por juiz incompetente, faltar-lhe-á interesse processual se já houver ocorrido o trânsito em julgado da sentença proferida por um dos juízos conflitantes (Súmula 59, STJ). Na verdade, basta que um dos juízes conflitantes já haja julgado a causa (BARBI, Celso Agrícola, *Comentários ao Código de Processo Civil*, v. I, t. II, Rio de Janeiro, Forense, 1976, p. 494).

Artigo 952.

Não pode suscitar conflito a parte que, no processo, arguiu incompetência relativa.

Parágrafo único. O conflito de competência não obsta, porém, a que a parte que não o arguiu suscite a incompetência.

CORRESPONDÊNCIA NO CPC/1973: *ART. 117.*

1. Considerações gerais. O dispositivo em exame é reprodução do art. 117 do CPC/1973 (que, por sua vez, é uma reprodução do art. 804 do CPC/1939). No CPC-1973, era possível ao réu suspender o curso processual mediante (i) arguição de exceção de incompetência relativa (art. 112, c/c art.265, III) ou (ii) suscitação de conflito de competência (art. 118, II, c/c art. 120). Daí a razão de ser do art. 117, que impedia o réu de lograr sucessivas suspensões do feito; nesse sentido, cabia-lhe optar entre arguir exceção dilatória de foro e suscitar o conflito de competência: se houvesse optado pela exceção dilatória do foro, deveria aguardar o desfecho da exceção de incompetência relativa, não podendo mais se utilizar do conflito de competência; se houvesse optado pelo conflito de competência, deveria aguardar o desfecho do aludido conflito, não podendo mais se valer da exceção de incompetência relativa. Porém, nada impedia o réu de oferecer exceção declinatória do foro se já houvesse conflito de competência suscitado pelo autor (o autor não podia – como até hoje não pode – alegar incompetência relativa, já que o vício é por ele causado); da mesma forma, nada impedia o autor de suscitar conflito de competência se o réu já houvesse arguido exceção de incompetência relativa; por fim, nada impedia que o réu, já tendo arguido incompetência absoluta da contestação, pudesse suscitar conflito de competência. O que não era possível – insista-se – era o réu dispor de duas formas de suspender sucessivamente o processo e de, portanto, protelar o desfecho da causa.

Inadvertidamente, porém, o dispositivo foi reproduzido pelo CPC/2015.

Ora, não há mais exceção formal de incompetência relativa capaz de suspender o curso do processo: hoje, o réu deve arguir a incompetência relativa em contestação (art. 337, II). Assim, o rigor do art. 952 deve sofrer fortes temperamentos (MEDINA, José Miguel Garcia, *Novo Código de Processo Civil comentado*, 3. ed., São Paulo, RT, 2015, p. 1283-4). Cabem, aqui, quatro hipóteses. Primeiro, se a contestação antecede o conflito de competência e se naquela o réu arguiu incompetência relativa, nada impede que ulteriormente alegue incompetência absoluta em conflito de competência, embora aqui não possa mais reiterar a alegação de incompetência relativa. Segundo, se a contestação antecede o conflito de competência e se naquela o réu não arguiu competência relativa, não pode ele posteriormente argui-la no conflito de competência, embora possa aqui alegar incompetência absoluta. Terceiro, se o conflito de competência antecede a contestação e se naquele o réu arguiu incompetência relativa, não pode mais argui-la na contestação. Quarto, se o conflito de competência antecede a contestação e se naquele o réu não arguiu incompetência relativa, nada impede que ele ulteriormente a alegue na contestação.

Artigo 953.

O conflito será suscitado ao tribunal:
I – pelo juiz, por ofício;

II – pela parte e pelo Ministério Público, por petição.
Parágrafo único. O ofício e a petição serão instruídos com os documentos necessários à prova do conflito.
CORRESPONDÊNCIA NO CPC/1973: *ART. 118.*

1. Considerações gerais. Se todo conflito de competência é uma lide, há sempre de resolver-se por um sujeito imparcial *supra et inter partes, i.e.,* há de resolver-se por órgão jurisdicional de hierarquia superior ao dos envolvidos. Daí por que o conflito será sempre suscitado a um tribunal (art. 953, *caput*). Essa é a *ratio* que explica, *v. g.,* por que: o STF resolve os conflitos de competência entre o STJ e quaisquer tribunais, entre Tribunais Superiores, ou entre estes e qualquer outro tribunal (art. 102, I, "o", CF/1988); o STJ resolve os conflitos de competência entre quaisquer tribunais – ressalvado o disposto no art. 102, I, "o", da CF/1988 – bem como entre tribunal e juízes a ele não vinculados e entre juízes vinculados a tribunais diversos (art. 105, I, "d", CF/1988); o TRF resolve o conflitos de competência entre juízes federais vinculados ao tribunal (art. 108, I, "e", CF/1988) A competência para a resolução de conflito de competência pelos tribunais estaduais é definida pelas Constituições locais (art. 125, §1º, CF/1988); pelos tribunais eleitorais é definida em lei complementar (art. 121, CF/1988).

A suscitação pelo juiz é feita por ofício; pela parte e pelo MP, por petição (art. 953, I e II). Aqui, "ofício" e "petição" documentam o ato deflagrador do procedimento da ação de conflito de competência; assim, justamente porque fazem as vezes de petição inicial, devem ser instruídos com os documentos necessários à prova do conflito (art. 953, parágrafo único). Se faltar qualquer documento útil ou indispensável à compreensão da causa, o relator determinará o suprimento.

Artigo 954.
Após a distribuição, o relator determinará a oitiva dos juízes em conflito ou, se um deles for suscitante, apenas do suscitado.
Parágrafo único. No prazo designado pelo relator, incumbirá ao juiz ou aos juízes prestar as informações.
CORRESPONDÊNCIA NO CPC/1973: *ART. 119.*

1. Considerações gerais. Aos litigantes é assegurado o contraditório (art. 5º, LV, CF/1988). Portanto, é nulo o processo de conflito de competência se não se ouvem os dois juízes envolvidos. Se o suscitante for um juiz, o juiz suscitado será ouvido no prazo designado pelo relator; se o suscitante for parte ou MP, o relator designará prazo para que os juízes envolvidos prestem as informações (aqui, o prazo será comum, não sucessivo, uma vez que se não há de falar em autor e réu, mas apenas em partes; ademais, os prazos aludidos pelo art. 954 são preclusivos). Se os juízes não prestarem suas informações, não se falará em revelia: o relator decidirá somente com base na petição e nos documentos juntados pela parte ou pelo MP; se o juiz suscitado não se manifestar, o relator decidirá somente com base no ofício do juiz suscitante e nos documentos a ele anexados; no entanto, os juízes omissos podem sofrer punição administrativo-funcional.

Artigo 955.
O relator poderá, de ofício ou a requerimento de qualquer das partes, determinar, quando o conflito for positivo, o sobrestamento do processo e, nesse caso, bem como no de conflito negativo, designará um dos juízes para resolver, em caráter provisório, as medidas urgentes.
Parágrafo único. O relator poderá julgar de plano o conflito de competência quando sua decisão se fundar em:
I – súmula do Supremo Tribunal Federal, do Superior Tribunal de Justiça ou do próprio tribunal;
II – tese firmada em julgamento de casos repetitivos ou em incidente de assunção de competência.
CORRESPONDÊNCIA NO CPC/1973: *ART. 120.*

1. Considerações gerais. O *caput* do art. 955 do CPC/2015 prevê duas hipóteses de concessão de tutela preventiva pelo relator – de ofício ou a requerimento de qualquer das partes – em ação de arguição de conflito de competência: (i) sobrestamento do processo em que surgiu o conflito positivo (tutela preventiva assegurativa), não havendo sentido em sobrestar-se o processo no qual despontou conflito negativo; (ii) designação de um dos juízes – tanto no conflito positivo quanto negativo – para provisoriamente resolver medidas urgentes (tutela preventiva satisfativa parcial). sendo a provisoriedade da *designação*, não dos atos concessivos das medidas urgentes). A medida (i) visa a evitar a prática de atos nulos por juiz que porventura venha a ser reconhecido como incompetente. A medida (ii) visa a evitar que as partes do processo não tenham a quem se socorrer caso necessitem de uma medida de urgência; aqui, estando o processo original suspenso, o relator atribuirá a um dos juízes parte da competência sob disputa (que é a parcela correspondente à jurisdição de urgência). A medida (i) tem força mandamental negativa (ordem a que se paralise o curso do processo); a medida (ii), força mandamental positiva (ordem a que um dos juízes assuma o feito apenas no que concerne ao exercício de jurisdição de urgência). Na verdade, conquanto o dispositivo sob exame fale em "poderá", o relator tem o dever-poder funcional de tomar as duas medidas (e essas medidas não têm o condão de cassar as tutelas sumárias de urgência ou evidência eventualmente concedidas antes da instauração do conflito de competência). Da decisão do relator que as conceder caberá agravo interno pelas partes ou pelo MP (art. 1.021).

Também a ação de arguição de conflito de competência recebeu o impacto do sistema brasileiro de precedentes obrigatórios. Assim como se passa no art. 932, aqui também o relator terá poderes para decidir monocraticamente sobre o conflito – em exceção ao salutar princípio da colegialidade – quando sua decisão se fundar em: (i) súmula do STF, do STJ ou do próprio tribunal; e (ii) tese firmada em julgamento de casos repetitivos (*i.e.*, de RE repetitivo, REsp repetitivo ou incidente de resolução de demandas repetitivas) ou em incidente de assunção de competência (art. 955, parágrafo único, I e II). Vê-se aqui o relator poderá julgar "de plano", ou seja, imediatamente, sem necessidade de ouvir o suscitado ou de obter informações dos juízes em conflito. Dessa decisão caberá agravo interno pelas partes ou pelo MP (art. 1.021).

Artigo 956.
Decorrido o prazo designado pelo relator, será ouvido o Ministério Público, no prazo de 5 (cinco) dias, ainda que as informações não tenham sido prestadas, e, em seguida, o conflito irá a julgamento.
CORRESPONDÊNCIA NO CPC/1973: *ART. 121.*

1. Considerações gerais. Após ouvir o suscitado ou colher as informações dos juízes em conflito, o relator ouvirá em 5 (cinco) dias o MP como *custos legis*, mas tão somente nos processos mencionados no art. 178 (*i.e.*, que envolvam interesse público ou social, interesse de incapaz ou litígio coletivo pela posse de terra rural ou urbana); se o MP for o suscitante do conflito, nele jamais intervirá como fiscal da lei (ver comentários ao art. 951). Se o MP tiver de intervir, mas ainda assim não proferir seu parecer em 5 (cinco) dias, o feito irá a julgamento pelo órgão colegiado.

Artigo 957.
Ao decidir o conflito, o tribunal declarará qual o juízo competente, pronunciando-se também sobre a validade dos atos do juízo incompetente.
Parágrafo único. Os autos do processo em que se manifestou o conflito serão remetidos ao juiz declarado competente.
CORRESPONDÊNCIA NO CPC/1973: *ART. 122.*

1. Considerações gerais. De ordinário, a decisão que resolve o conflito de competência tem força mandamental (ordem ao juiz declarado competente para que assuma o feito), eficácia imediata declarativa (declaração do juiz competente) e eficácia mediata constitutiva negativa (retirada do juiz incompetente do feito). Cabe a observação: pode-se declarar competente terceiro juiz; nesse caso, a eficácia desconstitutiva operará contra os juízes conflitantes. Poderá excepcionalmente haver a produção dos elementos condenatório e executivo se o juiz declarado incompetente se recusar a remeter os autos ao juiz declarado competente; nesse caso, o relator constatará o ilícito (condenará) e expedirá o devido mandado de busca e apreensão (executará). Como se percebe, não se trata de decisão com força declaratória: "se a ação de conflito de competência pudesse ser proposta antes da manifestação de qualquer dos juízes seria declaratória.". (MIRANDA, Francisco Cavalcanti Pontes de, *Comentários ao Código de Processo Civil*, t. II, Rio de Janeiro, Forense, 1973, p. 305).

Se o juiz incompetente houver praticado atos, o relator terá de decidir sobre a validade deles, o que será objeto de capítulo autônomo da decisão (se o conflito for resolvido monocraticamente) ou do acórdão (se o conflito se resolver pelo colegiado): se os atos processuais forem nulificados, haverá aí desconstitutividade (desfazimento dos atos) e mandamentalidade (preceituação). Todavia, por força do princípio da conservação dos atos processuais, é desejável que sejam aproveitados (por força do art. 240 do CPC/2015, ainda que proferido por juiz incompetente, é eficaz o despacho que, ao ordenar a citação, interrompe e prescrição e impede a decadência). Da decisão proferida no conflito de competência cabem embargos de declaração, recurso especial e recurso extraordinário.

Artigo 958.
No conflito que envolva órgãos fracionários dos tribunais, desembargadores e juízes em exercício no tribunal, observar-se-á o que dispuser o regimento interno do tribunal.
CORRESPONDÊNCIA NO CPC/1973: *ART. 123.*

No conflito entre turmas, seções, câmaras, Conselho Superior da Magistratura, juízes de segundo grau e desembargadores, observar-se-á o que dispuser a respeito o regimento interno do tribunal.

1. Considerações gerais. O dispositivo é inconstitucional. Afinal, conflito de competência é ação processual. Trata-se de matéria de competência legislativa privativa da União (art. 22, I, CF/1988). Conseguintemente, não pode ser ela delegada pelo CPC/2015 aos tribunais (art.68, CF/1988). É bem verdade que à lei ordinária federal seria difícil prever solução homogênea a todos os tribunais; mas algo já se poderia ter sido instituído: o dever de os regimentos internos estruturarem os conflitos internos de competência nos tribunais pelo princípio da hierarquia: conflito entre juízes de órgãos fracionários inferiores deve ser resolvido por órgãos fracionários superiores (por exemplo, conflito entre relatores de turmas diferentes vinculadas a uma mesma seção deve ser resolvido pela seção; o conflito entre relatores de turmas vinculadas a seções diferentes deve ser resolvido pelo órgão especial; o conflito entre relatores de seções diferentes deve ser resolvido pelo órgão especial).

DA ORDEM DOS PROCESSOS   ART. 959

Artigo 959.
O regimento interno do tribunal regulará o processo e o julgamento do conflito de atribuições entre autoridade judiciária e autoridade administrativa.
CORRESPONDÊNCIA NO CPC/1973: *ART. 124.*

1. Considerações gerais. O dispositivo é inconstitucional. Afinal, conflito de competência é ação processual. Trata-se de matéria de competência legislativa privativa da União (art. 22, I, CF/1988). Conseguintemente, não pode ser ela delegada pelo CPC/2015 aos tribunais (art. 68, CF/1988). De todo modo, não raro, há "conflito de atribuições" entre autoridade judiciária e autoridade administrativa no exercício da função de julgar. Note-se que o CPC/2015 fala em "conflito de atribuições", não em "conflito de competência". Com isso dá a entender que no substantivo "competência" está subentendido o adjetivo "jurisdicional". Sem razão, porém. Competência é medida de função. Logo, se há as funções de legislar, administrar e julgar, há, respectivamente, as competências legislativa, administrativa e jurisdicional. Daí se percebe que "competência" é termo dogmático-constitucional, não exclusivamente processual. Nesse sentido, a rigor, nada impede que se fale em conflito de competência entre uma autoridade judiciária e uma autoridade administrativa no exercício de função de julgar.

Entretanto, os chamados "conflitos de atribuição" tendem a ganhar maior importância. Sob o ponto de vista exclusivamente teórico-jurídico, o Estado realiza duas funções: (i) criação do direito; e (ii) *aplicação* do direito. Conveniências práticas exigiram, todavia, a divisão da função (ii) em: ii.a) aplicação do direito por terceiro revestido de garantias de imparcialidade; ii.b) aplicação do direito pela própria parte ou por terceiro não revestido de garantias de imparcialidade. A função (i) é chamada de "função nomogenética"; ela é desempenhada preponderantemente pelo Poder Legislativo (mas não apenas por ele: no Brasil, o Poder Executivo tem função regulamentar; o Judiciário, função regimental). A função (ii.a) é chamada de "função jurisdicional"; é desempenhada preponderantemente pelo Poder Judiciário (mas não só por ele: no Brasil, o Poder Legislativo julga os crimes de responsabilidade por meio do Senado Federal; por sua vez, o Poder Executivo julga, *v. g.*, os ilícitos concorrenciais por meio do CADE e acidentes e fatos da navegação são julgados pelo Tribunal Marítimo). A função (ii.b) é chamada de "função administrativa"; é desempenhada preponderantemente pelo Poder Executivo (mas não apenas por ele: no Brasil, tantos os juízes quanto os parlamentares administram, de seus gabinetes, pessoas e bens).

Como se nota, disseminam no âmbito do Poder Executivo tribunais administrativos de julgamento tecnicamente especializado de cariz quase judicial (*e.g.*, Tribunal Marítimo, Conselho Administrativo de Defesa da Economia; Conselho de Recursos da Previdência Social; Conselho Administrativo de Recursos Fiscais; Conselho de Recursos do Sistema Financeiro Nacional; Conselho de Recursos do Sistema Nacional de Seguros Privados, de Previdência Privada Aberta e de Capitalização). Aqui e ali, eventualmente, se poderá assistir a um "conflito de atribuições" positivo ou negativo entre qualquer desses órgãos e o Judiciário diante da necessidade de resolverem-se determinados tipos de conflito.

Compete ao STJ resolver os "conflitos de atribuições" entre autoridades administrativas e judiciárias da União, ou entre autoridades judiciárias de um Estado e administrativas de outro ou do Distrito Federal, ou entre as deste e da União (105, I, "g", CF/1988).

Por extensão, a norma também se aplica ao "conflito de atribuições" entre a autoridade judiciária e a legislativa (ALVIM, Arruda; ASSIS, Araken de; Alvim, Eduardo Arruda, *Comentários ao Código de Processo Civil*, Rio de Janeiro, GZ, 2012, p. 223), desde que digam respeito à função de julgamento (MIRANDA, Francisco Cavalcanti Pontes de, *Comentários ao Código de Processo Civil*, t. II, Rio de Janeiro, Forense, 1973, p. 331).

CAPÍTULO VI – Da Homologação de Decisão Estrangeira e da Concessão do *Exequatur* à Carta Rogatória

ARTIGO 960.
A homologação de decisão estrangeira será requerida por ação de homologação de decisão estrangeira, salvo disposição especial em sentido contrário prevista em tratado.
§ 1º A decisão interlocutória estrangeira poderá ser executada no Brasil por meio de carta rogatória.
§ 2º A homologação obedecerá ao que dispuserem os tratados em vigor no Brasil e o Regimento Interno do Superior Tribunal de Justiça.
§ 3º A homologação de decisão arbitral estrangeira obedecerá ao disposto em tratado e em lei, aplicando-se, subsidiariamente, as disposições deste Capítulo.
CORRESPONDÊNCIA NO CPC/1973: *ART. 483.*

1. **Homologação de decisão estrangeira.** A decisão estrangeira transitada em julgado, para que possa surtir efeitos no Brasil, deverá ser objeto de ação de homologação, cuja competência é do STJ, nos termos do artigo 105, I, "i", da CF/1988. Ao utilizar a palavra "decisão estrangeira", o CPC/2015 refere-se a todo pronunciamento jurisdicional estrangeiro do qual se pretende surtir efeitos jurídicos no território nacional. Naturalmente, a homologação não será necessária quando a lei assim dispuser, incluindo-se nesse contexto as previsões contidas nos tratados subscritos pelo Brasil.

2. **Partes.** A tutela jurisdicional consistente na oficialização da decisão estrangeira pode ser pleiteada pelas partes que integraram a demanda originária, bem como por qualquer pessoa que tenha interesse jurídico direto na eficácia da sentença no Brasil. O polo passivo, por seu turno, deverá ser ocupado por todos aqueles que, de alguma forma, devem-se sujeitar aos efeitos da decisão.

3. Procedimento. De acordo com o Regimento Interno do STJ, a petição inicial da ação de homologação de decisão estrangeira será endereçada ao presidente da Corte e deverá apresentar o original ou a cópia autenticada da decisão homologanda, assim como outros documentos indispensáveis, devidamente traduzidos por tradutor oficial ou juramentado no Brasil e chancelados pela autoridade consular brasileira competente, quando for o caso. De um lado, a parte interessada será citada para, no prazo de 15 (quinze) dias, apresentar sua contestação. Nesse particular, se houver contestação, automaticamente o processo será distribuído à Corte Especial, para que proceda à instrução e ao posterior julgamento do pedido de homologação. De outro lado, caso não haja impugnação pelo interessado, o presidente homologará desde logo a decisão. Deve-se ressaltar que o Ministério Público Federal terá vista obrigatória dos autos e poderá impugnar o pedido deduzido. Das decisões do Presidente ou do relator caberá agravo regimental.

4. Decisão interlocutória estrangeira. O CPC/2015 prevê expressamente a possibilidade de execução da decisão interlocutória estrangeira, por meio de carta rogatória, que deve ser submetida ao crivo do STJ.

5. Decisão arbitral estrangeira. A homologação de decisão arbitral estrangeira será regida pelo que dispuserem os tratados e a lei, aplicando-se, subsidiariamente, as disposições do CPC/2015 constantes no presente capítulo. Desde logo, os conceitos de decisão arbitral doméstica e estrangeira são essenciais para se determinar se esta deverá ou não ser submetida ao procedimento de homologação. O Recurso Especial 1.231.554-RJ, de relatoria da Min. Nancy Andrighi, julgado em 24/05/2011, apreciou questão que versava sobre execução judicial de sentença arbitral tida pelo exequente como doméstica e, como tal, não sujeita à homologação pelo STJ. O procedimento arbitral foi regido pela lei brasileira (direito material), com indicação de árbitro brasileiro, o idioma eleito pelas partes foi o português, e a sentença foi proferida na cidade do Rio de Janeiro. Contudo, o procedimento foi vinculado às regras institucionais da Câmara de Comércio Internacional, com sede em Paris. Argumentou o executado que a eleição do Tribunal Internacional de Arbitragem da Câmara de Comércio Internacional (expresso na cláusula arbitral), sediado em Paris, denotaria a intenção dos contratantes de submeter a resolução de disputas a uma arbitragem internacional que, ao final, proferisse uma decisão estrangeira. Assim, nos moldes alegados pela parte que resistia à pretensão executiva, tratava-se de sentença arbitral estrangeira, cuja execução dependeria de oficialização pelo STJ. O acórdão proferido no caso ressaltou que a sentença arbitral tinha como característica essencial a indicação do local onde foi proferida e, portanto, identificou-se o critério territorial como único e suficiente para a definição da nacionalidade da sentença arbitral. No relatório, a Ministra Nancy Andrighi destacou que "não há dúvidas que o ordenamento jurídico pátrio adotou o sistema territorial, de tal sorte que são sentenças arbitrais estrangeiras aquelas prolatadas fora do nosso território e sentenças nacionais aquelas proferidas em território nacional. O legislador pátrio, portanto, ao eleger o critério geográfico, do local onde for proferida a sentença arbitral (*ius solis*), desconsiderou qualquer outro elemento.". Portanto, a partir dessa definição, mesmo que o direito material aplicado ao mérito seja estrangeiro; as partes e os árbitros sejam de nacionalidade estrangeira; o idioma adotado seja diverso do português; e o procedimento esteja vinculado a regras de instituição arbitral sediada fora do Brasil; basta que a decisão arbitral seja proferida no Brasil para que o critério geográfico previsto no artigo 34 da Lei 9.307/1996 seja verificado, classificando-se o pronunciamento como doméstico. O relatório do voto da ministra Nancy Andrighi, além de estar em consonância com o ordenamento jurídico que regulamenta a questão, é um incentivo à prática de procedimentos arbitrais com sede no país.

6. Convenção de Nova Iorque. Por meio do Decreto 4.311/2002, o Brasil incorporou ao seu sistema jurídico a Convenção sobre o Reconhecimento e a Execução de Sentenças Arbitrais Estrangeiras, de 1958, da qual passou a ser signatário apenas após a declaração de constitucionalidade da Lei de Arbitragem – 9.307/1996 – pelo STF, ocorrida em 2001, no bojo da SE 5.206. Nos termos de seu artigo 3º, cada Estado signatário da convenção reconhecerá as sentenças arbitrais proferidas em outros Estados como obrigatórias e as executará em conformidade com as regras de procedimento do território no qual a sentença é invocada. Nada obstante isso, para fins de reconhecimento ou de execução das sentenças arbitrais às quais a convenção se aplica, não poderão ser impostas condições substancialmente mais onerosas ou taxas ou cobranças mais altas do que as impostas para o reconhecimento ou a execução de sentenças arbitrais domésticas. Uma reflexão possível é no sentido de analisar se a imposição de um procedimento homologatório prévio, que pode durar mais de 18 meses (*e.g.*, STJ, SEC 8.242/HK; SEC 10.123/PT; SEC 11.132/ES), não seria efetivamente uma condição muitíssimo mais gravosa que a lei brasileira impõe à decisão arbitral estrangeira, quando comparada à doméstica. Diz-se "a lei brasileira", e não a CF/1988, na exata medida em que são a Lei de Arbitragem (9.307/1996), em especial em seus arts. 31 e 35, e o CPC/2015, em seu art. 960, §3º, que equiparam o pronunciamento arbitral ao pronunciamento judicial, fazendo que se inclua na previsão constitucional de homologação de decisões estrangeiras (art. 105, I, "i", CF/1988) não apenas a decisão proferida pelo juiz togado, mas também aquela proferida pelo árbitro. É que a CF/1988 atribui ao STJ a competência para homologação de "sentenças estrangeiras", sem fazer expressa menção àquelas oriundas de procedimento arbitral. O preenchimento da norma constitucional acaba por ser feito, nesse caso, pela legislação ordinária, que equipara os efeitos do pronunciamento arbitral ao do judicial, impondo expressamente que se submeta a "sentença arbitral estrangeira" à homologação do STJ (art. 35, Lei 9.307/1996) como condição precedente a seu reconhecimento ou execução. É a lei que está a fazer uma equiparação, pois CF/1988 nada diz de forma expressa. Concebida sob o viés teleológico, a previsão constitucional de prévia homologação de pronunciamentos estrangeiros claramente busca tutelar a soberania nacional, de modo a evitar que um Estado estrangeiro emita ordens exigíveis em território brasileiro sem que antes sejam testadas sua harmonia e compatibilidade com os pilares centrais do ordenamento jurídico e do modelo de tutela jurisdicional brasileiros. Seria o mesmo caso de um documento produzido fora do âmbito de uma corte estrangeira, por meio do qual pessoas naturais, expressamente investidas de poderes pelas partes, resolvem uma dada controvérsia sobre direitos patrimoniais disponíveis? Tutela-se a soberania no último caso? Quando partes estrangeiras, por meio de mandatários estrangeiros, firmam fora do Brasil um contrato em língua francesa, a execução de título extrajudicial contra a parte que tem bens no território nacional pode-se dar de forma direta em primeira instância, desde que se apresentem os documentos devidamente traduzidos para o português. Isso, claro, não representa que o juiz de direito está proibido de analisar, por exemplo, os requisitos de validade do negócio jurídico, a ocorrência de prescrição ou a exigibilidade da obrigação. Esse controle de legalidade do título executivo se dá no bojo da própria execução, sem que haja necessidade de chancela prévia. Contudo, a legislação ordinária brasileira, ao equiparar os efeitos da decisão judicial e da decisão arbitral, entendeu que esta também deve-se sujeitar ao procedimento de homologação prévio à execução, mesmo não tendo sido proferida por autoridade estatal estrangeira, mas, sim, por pessoas naturais privadas, mandatárias das partes em conflito, cuja atividade se cinge à resolução da controvérsia por meio da elaboração de documento final, irrecorrível e vinculante, que dispõe sobre a conduta a ser observada pela parte vencida, à luz da relação jurídico-material das partes. Assim, por um lado, se a vontade das partes em se vincular à adoção de uma determinada conduta, por meio de mandatários for externada fora do Brasil em documento ao qual se intitula "contrato", poderá proceder--se à execução diretamente em primeiro grau, com controle de legalidade incidental. De outro lado, se ao documento produzido fora do Brasil por pessoas naturais cujos poderes para resolver um conflito derivam de declaração de vontade das partes der-se o nome de "decisão arbitral", então a execução depende de prévia e necessária chancela do Poder Judiciário brasileiro. O desafio aqui é refletir até que ponto vai a tutela da soberania e o momento em que esta tangencia a tradicional afeição tupiniquim pelos carimbos.

ARTIGO 961.
A decisão estrangeira somente terá eficácia no Brasil após a homologação de sentença estrangeira ou a concessão do *exequatur* às cartas rogatórias, salvo disposição em sentido contrário de lei ou tratado.

§ 1º É passível de homologação a decisão judicial definitiva, bem como a decisão não judicial que, pela lei brasileira, teria natureza jurisdicional.

§ 2º A decisão estrangeira poderá ser homologada parcialmente.

§ 3º A autoridade judiciária brasileira poderá deferir pedidos de urgência e realizar atos de execução provisória no processo de homologação de decisão estrangeira.

§ 4º Haverá homologação de decisão estrangeira para fins de execução fiscal quando prevista em tratado ou em promessa de reciprocidade apresentada à autoridade brasileira.

§ 5º A sentença estrangeira de divórcio consensual produz efeitos no Brasil, independentemente de homologação pelo Superior Tribunal de Justiça.

§ 6º Na hipótese do § 5º, competirá a qualquer juiz examinar a validade da decisão, em caráter principal ou incidental, quando essa questão for suscitada em processo de sua competência.

CORRESPONDÊNCIA NO CPC/1973: *ART. 483.*

1. Homologação Parcial. Da mesma forma que é possível a homologação da sentença parcial, o CPC/2015 autoriza a homologação parcial da decisão definitiva. Assim, caso parte da decisão esteja em harmonia com os requisitos trazidos no artigo 963 e parte não, o STJ está autorizado a homologar somente a parte que passar com êxito pelo teste de recepção da decisão estrangeira pelo sistema jurídico brasileiro.

2. Urgência. Ao STJ será lícito deferir pedidos de urgência e autorizar a prática de atos ínsitos à execução provisória no curso do processo de homologação de decisão estrangeira, desde que robustamente comprovados os requisitos essenciais às tutelas de urgências.

3. Dispensa de homologação. O CPC/2015 dispensa a sentença estrangeira de divórcio consensual da homologação perante o STJ, permitindo que produza desde logo efeitos no Brasil. Nada obstante isso, reserva aos juízes o exame posterior da validade da decisão, em caráter principal ou incidental, em processos futuros cujo julgamento seja de sua competência. Parte-se da premissa de que a decisão é válida e eficaz, sem que isso impeça uma futura análise de sua legalidade, por exemplo, em ação que busca a revisão de alimentos. Parece-nos que a solução encontrada pelo legislador, no sentido de adotar a premissa de validade e eficácia, postergando futuras discussões quanto à legalidade do pronunciamento estrangeiro deveria ter sido adotada também em relação à decisão arbitral estrangeira. É bem verdade que a decisão de divórcio consensual decorre da vontade de ambas as partes, ao passo que a decisão arbitral é fruto de deliberação de terceiros e imposta de forma final e vinculante. Todavia, não é menos verdade que as partes elegeram por método consensual os referidos terceiros para decidirem a controvérsia instaurada e declararam de antemão que se sujeitariam ao pronunciamento final a ser exarado, independentemente de agradar aos envolvidos. Nesse particular, há uma sensível diferença quanto às decisões das cortes estatais estrangeiras, pois estas decorrem única e tão somente da sujeição de dada pessoa natural ou jurídica ao sistema jurídico e ao Poder Judiciário estrangeiro, sem uma deliberada e expressa manifestação de vontade neste sentido, razão pela qual a cautela de se examinar a legalidade do provimento antes de se permitir sua execução, além de ser fruto da tutela à soberania nacional, permite que se verifique a compatibilidade da decisão judicial estrangeira com o sistema judicial brasileiro de solução de conflitos.

Artigo 962.

É passível de execução a decisão estrangeira concessiva de medida de urgência.

§ 1º A execução no Brasil de decisão interlocutória estrangeira concessiva de medida de urgência dar-se-á por carta rogatória.

§ 2º A medida de urgência concedida sem audiência do réu poderá ser executada, desde que garantido o contraditório em momento posterior.

§ 3º O juízo sobre a urgência da medida compete exclusivamente à autoridade jurisdicional prolatora da decisão estrangeira.

§ 4º Quando dispensada a homologação para que a sentença estrangeira produza efeitos no Brasil, a decisão concessiva de medida de urgência dependerá, para produzir efeitos, de ter sua validade expressamente reconhecida pelo juiz competente para dar-lhe cumprimento, dispensada a homologação pelo Superior Tribunal de Justiça.

CORRESPONDÊNCIA NO CPC/1973: *NÃO HÁ.*

1. Medidas de urgência. As decisões interlocutórias estrangeiras que concedem medida de urgência em favor da parte devem ser executadas no Brasil mediante carta rogatória, a ser processada perante o STJ, a quem cabe conceder-lhes ou negar-lhes o *exequatur*. Permite-se a execução da decisão interlocutória proferida *inaudita altera parte*, desde que garantido o contraditório em momento posterior e observada a regra do art. 9º do CPC/2015. A análise da presença do requisito de urgência que ensejou a decisão interlocutória em favor de uma das partes não compete ao STJ, mas, sim, exclusivamente à autoridade judicial ou tribunal arbitral que concedeu a medida.

Artigo 963.

Constituem requisitos indispensáveis à homologação da decisão:
I – ser proferida por autoridade competente;
II – ser precedida de citação regular, ainda que verificada a revelia;
III – ser eficaz no país em que foi proferida;
IV – não ofender a coisa julgada brasileira;
V – estar acompanhada de tradução oficial, salvo disposição que a dispense prevista em tratado;
VI – não conter manifesta ofensa à ordem pública.

Parágrafo único. Para a concessão do *exequatur* às cartas rogatórias, observar-se-ão os pressupostos previstos no *caput* deste artigo e no art. 962, § 2º.

CORRESPONDÊNCIA NO CPC/1973: *NÃO HÁ*.

1. Intangibilidade do mérito. É importante traçar a premissa de que ao STJ descabe a reanálise do mérito da decisão estrangeira. No processo de homologação, não cabe qualquer ponderação sobre a justiça da decisão. Esse juízo somente pode ser feito pela autoridade judicial ou tribunal arbitral que proferiu a decisão. O STJ tem competência constitucional para apreciar os requisitos formais da decisão estrangeira e, consequentemente, sua compatibilidade com as normas fundamentais do sistema jurídico brasileiro, aplicáveis à formação e ao desenvolvimento do processo, bem como à efetiva resolução de controvérsias.

2. Requisitos indispensáveis à homologação. A sentença estrangeira deve ter sido proferida por autoridade competente. Demais disso, a citação da parte vencida deve ter sido realizada de forma efetiva, de modo a preservar a ampla defesa e o contraditório, bem como o devido processo legal. Não se pode proceder à homologação de uma decisão estrangeira que seja fruto de processo kafkiano, no qual se restringiu a possibilidade de defesa da parte em face da pretensão que lhe era deduzida. Exatamente por isso que o inciso II do artigo em comento deve ser lido como "efetivo contraditório", e não apenas como "citação regular". Isso porque a citação pode ter ocorrido de forma correta, mas se não se permite à parte vencida uma participação dialética no processo, conhecendo as alegações, informações e provas constantes dos autos, bem como assegurando-lhe o direito de se contrapor amplamente aos fatos e fundamentos jurídicos que lhe eram desfavoráveis, a decisão não pode ser chancelada pelo Judiciário brasileiro. Exige-se, ademais, que a decisão seja eficaz no país em que foi proferida, de modo que, suprimida ou suspensa a mencionada eficácia, não poderá o STJ homologá-la ou conceder o *exequatur*. Ainda, assim como a decisão brasileira não pode ofender a coisa julgada, a decisão estrangeira não poderá ser reconhecida e executada no Brasil se for contrária à coisa julgada brasileira. Impõe-se, adicionalmente, que a decisão estrangeira não ofenda a ordem pública brasileira. Como ordem pública considera-se "o conjunto de princípios que refletem os valores fundamentais de uma determinada sociedade". (APRIGILIANO, Ricardo de Carvalho, *Ordem Pública e processo: o tratamento das questões de ordem pública no direito processual civil*, São Paulo, Atlas, 2011, p. 239). Naturalmente, o fato de uma regra estrangeira aplicada ao mérito da controvérsia ser em sentido diverso de uma regra de direito material brasileiro não implica necessariamente o indeferimento do pedido de homologação. Prova disso é a conclusão a que chegou o STJ no AgRg na CR 3.198/US, quando se concedeu o *exequatur* para citação de parte brasileira para se defender em processo judicial estrangeiro, cujo objeto era a cobrança de dívida de jogo, exigível segundo as leis dos Estados Unidos da América, muito embora o art. 814 do CC/2002 desobrigue seu pagamento. A mesma conclusão já havia sido alcançada pelo Min. Marco Aurélio, quando do julgamento da CR 10.416/EU pelo STF, em 11/12/2002, ao decidir que "referendar o enriquecimento ilícito perpetrado pelo embargante representaria afronta muito mais significativa à ordem pública do ordenamento pátrio do que admitir a cobrança da dívida de jogo.". (STF, CR 10.416/2002). Por fim, a homologação da decisão estrangeira e a concessão do *exequatur* às rogatórias dependem da apresentação de tradução oficial da decisão, a menos que haja tratado dispondo de forma diversa.

ARTIGO 964.
Não será homologada a decisão estrangeira na hipótese de competência exclusiva da autoridade judiciária brasileira.
Parágrafo único. O dispositivo também se aplica à concessão do *exequatur* à carta rogatória.
CORRESPONDÊNCIA NO CPC/1973: *NÃO HÁ.*

1. Competência exclusiva e arbitrabilidade. A homologação da decisão estrangeira será indeferida, e o *exequatur* à carta rogatória será negado quando a autoridade judiciária estrangeira decidir sobre matéria cuja competência para apreciar for exclusiva do Poder Judiciário brasileiro, como nos casos do art. 23 do CPC/2015, que abarca as ações relativas a imóveis situados no Brasil; a confirmação de testamento particular; o processamento de inventário e partilha de bens situados no Brasil, ainda que o autor da herança seja estrangeiro ou tenha domicílio fora do território nacional; e a partilha de bens situados no Brasil em divórcio, separação judicial ou dissolução de união estável, ainda que o titular seja estrangeiro ou tenha domicílio fora do Brasil. Contudo, o fato de a autoridade judiciária estrangeira não poder decidir sobre imóveis situados no Brasil não impede que estes sejam objeto de arbitragem internacional, com laudo proferido no estrangeiro, desde que se trate de direito patrimonial disponível.

ARTIGO 965.
O cumprimento de decisão estrangeira far-se-á perante o juízo federal competente, a requerimento da parte, conforme as normas estabelecidas para o cumprimento de decisão nacional.
Parágrafo único. O pedido de execução deverá ser instruído com cópia autenticada da decisão homologatória ou do *exequatur*, conforme o caso.
CORRESPONDÊNCIA NO CPC/1973: *ART. 484.*

1. Execução da decisão estrangeira. Compete à Justiça Federal a execução da decisão estrangeira que imponha à parte uma obrigação de fazer, não fazer, dar coisa, declarar vontade ou pagar quantia, após a chancela do STJ, nos termos do artigo 109, X, da CF/1988. O rito a ser seguido é exatamente o mesmo aplicado às decisões domésticas. Exige-se, como requisito do pedido de execução, a apresentação de cópia autenticada da decisão homologatória ou do *exequatur*. A esse respeito, parece-nos adequada a autenticação pelo próprio advogado ou procurador da parte, nos termos do art. 425, I, do CPC/2015.

CAPÍTULO VII – Da Ação Rescisória

ARTIGO 966.

A decisão de mérito, transitada em julgado, pode ser rescindida quando:

I – se verificar que foi proferida por força de prevaricação, concussão ou corrupção do juiz;

II – proferida por juiz impedido ou por juízo absolutamente incompetente;

III – resultar de dolo ou coação da parte vencedora em detrimento da parte vencida ou, ainda, de simulação ou colusão entre as partes, a fim de fraudar a lei;

IV – ofender a coisa julgada;

V – violar manifestamente norma jurídica;

VI – se fundar em prova cuja falsidade tenha sido apurada em processo criminal, ou venha a ser demonstrada na própria ação rescisória;

VII – o autor, posteriormente ao trânsito em julgado, obtiver prova nova, cuja existência ignorava ou de que não pôde fazer uso, capaz, por si só, de lhe assegurar pronunciamento favorável;

VIII – fundada em erro de fato verificável do exame dos autos.

§ 1º Há erro de fato quando a decisão rescindenda admitir um fato inexistente ou quando considerar inexistente um fato efetivamente ocorrido, sendo indispensável, em ambos os casos, que o fato não represente ponto controvertido sobre o qual o juiz deveria ter se pronunciado.

§ 2º Nas hipóteses previstas nos incisos do *caput*, será rescindível a decisão transitada em julgado que, embora não seja de mérito, impeça:

I – nova propositura da demanda; ou

II – admissibilidade do recurso correspondente.

§ 3º A ação rescisória pode ter por objeto apenas 1 (um) capítulo da decisão.

§ 4º Os atos de disposição de direitos, praticados pelas partes ou por outros participantes do processo e homologados pelo juízo, bem como os atos homologatórios praticados no curso da execução, estão sujeitos à anulação, nos termos da lei.

§ 5º Cabe ação rescisória, com fundamento no inciso V do *caput* deste artigo, contra decisão baseada em enunciado de súmula ou acórdão proferido em julgamento de casos repetitivos que não tenha considerado a existência de distinção entre a questão discutida no processo e o padrão decisório que lhe deu fundamento (Redação dada pela Lei nº 13.256, de 4 de fevereiro de 2016).

§ 6º Quando a ação rescisória fundar-se na hipótese do § 5º deste artigo, caberá ao autor, sob pena de inépcia, demonstrar, fundamentadamente, tratar-se de situação particularizada por hipótese fática distinta ou de questão jurídica não examinada, a impor outra solução jurídica (Redação dada pela Lei nº 13.256, de 4 de fevereiro de 2016).

CORRESPONDÊNCIA NO CPC/1973: *ARTS. 485 E 486.*

1. **Breve noção.** Antes de tudo, há que se perquirir sobre a natureza da ação rescisória, bem como sobre a eficácia preponderante da sentença de procedência. Pois bem, a nosso ver, a ação rescisória é uma ação autônoma de impugnação (ação contra sentença, logo, remédio jurídico processual com que se instaura outra relação jurídica processual; e não um recurso, que é uma impugnação dentro da mesma relação processual da decisão judicial que se impugna) de força constitutiva negativa, que visa a desconstituir decisão transitada em julgado (MIRANDA, Francisco Cavalcanti Pontes de, *Comentários ao Código de Processo Civil*, t. VI, 3. ed., Rio de Janeiro, Forense, 1998, p. 177 e 187). Sobre a decisão transitada em julgado, (i) seja a de mérito – que versa sobre o objeto litigioso do processo; (ii) seja a que, embora não sendo de mérito, impeça a repropositura da demanda, ou impeça a rediscussão acerca da inadmissibilidade de recurso (art. 966, §2º, I e II, CPC/2015).

2. **Do objeto da ação rescisória.** Pontes de Miranda, desde a primeira edição de seu *Tratado da ação rescisória* (em 1934, ainda, com o título *A ação rescisória contra as sentenças*), defendia que o objeto da rescisão era a coisa julgada formal, e não a coisa julgada material, pois é aquela que impede o prosseguimento da litispendência e é sua desconstituição que faz renascer a relação processual finda, permitindo o rejulgamento da causa (*iudicium rescissorium*), ou o prosseguimento do feito (*v.g.*, com a apreciação do um recurso que havia sido inadmitido por intempestividade), ou, simplesmente, a retirada do mundo jurídico da decisão que violou a coisa julgada de uma primeira decisão, restabelecendo esta. Pontes de Miranda, inclusive, criticou duramente decisão proferida pelo STF, em 1943, que concluiu pelo descabimento de ação rescisória contra acórdão que não tomou conhecimento de recurso extraordinário, uma vez que, para ele, a decisão passa, formalmente, em julgado, sendo, pois, passível de impugnação por ação rescisória (MIRANDA, Francisco Cavalcanti Pontes de, *Tratado da ação rescisória*, 5. ed., Rio de Janeiro, Forense, 1976, p. 144 e 151). O que chama atenção é que, apesar do estabelecido no parágrafo 2º, I e II, do art. 966 do CPC/2015, que consagra a tese de Pontes

de Miranda e o entendimento jurisprudencial que vinha ganhando corpo no STJ (STJ, REsp 395.139/RS; REsp 1.217.321/SC; REsp 636.251/SP; AR 466/RJ) apesar de sentido contrário (STJ, AgRg no Ag 354262/RJ; REsp 182906 /PE), alguns autores, ao comentarem o CPC/2015, continuam afirmando que o objeto da ação rescisória é a coisa julgada material. (NERY JR., Nelson; NERY, Rosa Maria Andrade, *Comentários ao Código de Processo Civil*, São Paulo, RT, 2015, p. 1911-2; BARIONI, Rodrigo, "Da ação rescisória", in WAMBIER, Teresa Arruda Alvim *et al.* (Coord.), *Breves comentários ao novo Código de Processo Civil*, São Paulo, RT, 2015, p. 2148-9). A corrente doutrinária que se nos afigura de maior rigor científico e adequação pragmática é a defendida por Pontes de Miranda, de acordo com a qual o objeto da ação rescisória é a coisa julgada formal, basta ver que (i) algumas das hipóteses de extinção do processo sem resolução do mérito impedem, *tout court*, a repropositura da demanda (*v.g.*, a extinção por perempção ou por coisa julgada, embora o Código não seja expresso quanto à esta) e que (ii) outras hipóteses impedem a repropositura, sem que antes se corrija o vício que levou à decisão de extinção sem resolução do mérito (*v.g.*, o indeferimento da inicial; a ausência de pressupostos processuais; a ausência de legitimidade ou interesse processual, etc.), conforme se infere dos arts. 485 e 486, §§ 1º e 3º, do CPC/2015. Ora, quanto à primeira hipótese de decisão impeditiva, não há nem o que se questionar, pois sequer existe possibilidade de se "corrigir vício"; quanto à segunda, basta indagar o que deve fazer a parte para propor uma nova demanda: se ela entende que inexiste o vício apontado na decisão terminativa, ou, simplesmente, não tem como suprir o vício? Não nos impressiona o argumento de que, em algumas hipóteses de extinção sem resolução do mérito, a demanda possa, simplesmente, ser reproposta, eis que isso nada tem a ver com a questão do cabimento de ação rescisória, antes se relacionando com o interesse de agir, que deve ser analisado preliminarmente ao direito à rescisão. A essa conclusão já havia chegado Roberto Campos Gouveia Filho muito antes da inovação introduzida pelo parágrafo 2º, I e II, do art. 966 do CPC/2015 (GOUVEIA FILHO, Roberto Campos, "O objeto da rescindibilidade segundo Pontes de Miranda", in *Blog Pontes de Miranda*, disponível em http://blogpontesdemiranda.blogspot.com.br/2011/02/o-objeto-da-rescindibilidade-segundo.html , consultado em 10/07/2015). Destaque-se, ainda, que a decisão que é objeto de ação rescisória é a decisão definitiva (logo, existente), válida e eficaz, pois (i) não há como se desconstituir o que inexiste; (ii) além do que a decisão inexistente e a ineficaz podem ser atacadas por meio de ação declaratória ou até mesmo de simples petição; e (iii) quanto à decisão "nula *ipso iure*, existe, porém não vale: se não vale, de pleno direito, não se precisa de 'ação' contra ela. Ao ser invocada, opõe-se que é nula *ipso iure*. Se alguém quer alegá--lo, pode fazê-lo quando entenda, sem esperar a citação na ação *iudicati*.". (MIRANDA, Francisco Cavalcanti Pontes de, *Comentários ao Código de Processo Civil*, t. VI, 3. ed., Rio de Janeiro, Forense, 1998, p. 193). Durante o *iter* processual, podem ser praticados atos processuais viciados e proferidas decisões mediante *error in procedendo* ou *error in iudicando*, sendo os atos processuais e as decisões passíveis de invalidação e estas também de reforma, enquanto não operada a preclusão. O fato é que, em geral, operada a coisa julgada formal, ocorre a sanação dos vícios processuais e põe-se um ponto final à discussão sobre a justiça das decisões, havendo óbice à rediscussão, exceto (i) com relação àquelas hipóteses restritas de cabimento de ação rescisória – que, antes do trânsito em julgado, eram causa de invalidação ou reforma da decisão e, após o trânsito, passam a ser causa de rescindibilidade – em que se permite a (re)discussão sobre a validade (art. 966, II e IV, CPC/2015) e a justiça das decisões (art. 966, VI e VII, CPC/2015); e (ii) com relação aqueles vícios denominados de "transrescisórios" – que não se sanam com o trânsito em julgado, como "a falta ou nulidade de citação se, na fase de conhecimento, o processo correu à revelia" –, que podem ser alegados, até mesmo após o transcurso do prazo de ação rescisória, mediante impugnação ao cumprimento de sentença (art. 525, § 1º, I e art. 535, I, CPC/2015), exceção de pré-executividade ou ação de nulidade (*querela nullitatis*). Ainda de acordo com Pontes de Miranda, "distinguem-se: *a*) as sentenças inexistentes; *b*) as nulas; *c*) as reformáveis; *d*) as rescindíveis (reformáveis antes de passar em julgado, isto é, recorríveis; depois de trânsito em julgado, isto é, rescindíveis).". (MIRANDA, Francisco Cavalcanti Pontes de, *Comentários ao Código de Processo Civil*, t. VI, 3. ed., Rio de Janeiro, Forense, 1998, p. 192). Por fim, embora já houvesse consonância da doutrinária e jurisprudencial, no ponto, vale salientar o acerto do legislador ao substituir o termo "sentença", constante do *caput* do art. 485 do CPC/1973, por "decisão" (art. 966, *caput*, CPC/2015), uma vez que aquele signo era insuficiente para abarcar toda a tipologia de decisões rescindíveis (sentenças, acórdãos, decisões interlocutórias e decisões monocráticas de relator); sobretudo, diante do CPC/2015, que permite o julgamento antecipado parcial do mérito (art. 356), isto é, o julgamento do mérito através de decisão de natureza interlocutória; porém, apta à coisa julgada e, por conseguinte, rescindível. (DIDIER JR., Fredie; BRAGA, Paula Sarno; OLIVEIRA, Rafael Alexandria de, *Curso de direito processual civil*, v. 2, 10. ed., Salvador, JusPodivm, 2015, p. 306-7; SILVA, Ricardo Alexandre da, "Do Julgamento Antecipado Parcial do Mérito", in *Breves Comentários ao Novo Código de Processo Civil*, São Paulo, RT, 2015, p. 962-3).

3. Pressupostos da ação rescisória. Os pressupostos específicos da ação rescisória – isto é, para além dos pressupostos processuais gerais e das questões sobre legitimidade e interesse processual (art. 485, VI, CPC/2015) – são: (i) a existência de decisão transitada em julgado, seja de mérito – que versa sobre o objeto litigioso do processo –; seja a decisão que, embora não sendo de mérito, impeça a repropositura da demanda, ou impeça a rediscussão acerca da inadmissibilidade de recurso (art. 966, §2º, I c II, CPC/2015); (ii) a afirmação pelo autor, como causa de pedir, de uma das hipóteses de rescindibilidade previstas nos incisos I a VIII do art. 966 do CPC/2015, ou esparsamente, no CPC/2015 (arts. 525, §15; 535, §8º; 658 e 701, §3); e (iii) o ajuizamento da ação rescisória no prazo decadencial de 2 (dois) anos (art. 975, CPC/2015). Assinale-se, por oportuno, que a ação rescisória não está condicionada ao esgotamento de todos os recursos contra a decisão rescindenda, bastando que esta tenha transitado em julgado (Enunciado

514 da Súmula do STF). Destaque-se, ainda, que, embora o autor tenha o ônus de invocar, expressamente, ao menos uma das causas de rescindibilidade previstas em lei (art. 966, I a VIII; e arts. 525, §15; 535, §8º; 658; e 701, §3º, CPC/2015) a indicação incorreta de um enunciado por outro (*v.g.*, o autor invocou o inciso I do art. 966, quando o correto seria o inciso II) não impede "que o julgador, atribuindo a correta qualificação jurídica às razões expostas na inicial, acolha a pretensão rescisória. O que não se admite é o decreto de procedência estribado em fundamentos distintos dos alinhados na peça vestibular.". (STJ, REsp 7.958/SP).

4. Hipóteses de cabimento. As hipóteses de cabimento da ação rescisória são aquelas expressamente previstas nos incisos I a VIII do art. 966 e nos arts. 525, §15; 535, §8º; 658; e 701, §3º, todos do CPC/2015. Os itens seguintes abordarão cada uma das hipóteses previstas no art. 966 do CPC/2015.

4.1. Prevaricação, concussão ou corrupção do juiz. Quanto a esta causa de rescindibilidade, o CPC/2015 não inovou com relação ao CPC/1973. A prevaricação, a concussão e a corrupção são figuras típicas penais previstas, respectivamente, nos arts. 319, 316 e 317, todos do CP. A maior parte dos autores entende que ocorre essa causa de rescindibilidade quando configurada a prática dos referidos crimes. (MOREIRA, José Carlos Barbosa, *Comentários ao Código de Processo Civil*, v. V, 17. ed., Rio de Janeiro, Forense, 2013, p. 119-121). De acordo com essa corrente doutrinária, dá-se a prevaricação quando o juiz retardar ou deixar de praticar, indevidamente, ato de ofício, ou praticá-lo contra disposição expressa em lei, para satisfazer interesse ou sentimento pessoal. Já a concussão ocorre quando o juiz exigir, para si ou para outrem, direta ou indiretamente, ainda que fora da função ou antes de assumi-la, mas em razão dela, vantagem indevida. A corrupção, por sua vez, é aquela na modalidade passiva, que estará configurada quando o juiz solicitar ou receber, para si ou para outrem, direta ou indiretamente, ainda que fora da função ou antes de assumi-la, mas em razão dela, vantagem indevida, ou aceitar promessa de tal vantagem. Pontes de Miranda, por outro lado, defendia que "os termos 'prevaricação', 'concussão' e 'corrupção' servem para designar, numa palavra, as inúmeras fraudes em que pode incorrer o julgador" (MIRANDA, Francisco Cavalcanti Pontes de. *Comentários ao Código de Processo Civil*, t. VI, 3. ed., Rio de Janeiro, Forense, 1998, p. 204). Para que se configure a causa de rescindibilidade em comento (prevaricação, concussão ou corrupção do juiz), não se faz necessária a prévia condenação criminal do magistrado, sequer se exige a pendência de ação criminal. Todavia, a condenação definitiva no juízo penal repercutirá no cível – eficácia positiva da coisa julgada penal –, conforme se depreende da interpretação extensiva do art. 935 do CC/2002, bem como dos arts. 63 e 66 (este a *contrario sensu*) do CPP. Já a sentença penal absolutória só ensejará a improcedência da ação rescisória fundada em prevaricação, concussão ou corrupção do juiz, quando negar categoricamente a existência do fato ou a autoria; assim tem decidido o STJ, ao apreciar a influência da sentença penal sobre o juízo cível, em casos de responsabilidade civil (STJ, REsp 89.390/RJ; REsp 27.063/SC). Ressalte-se, ainda, que havendo ação penal pendente, o juízo da rescisória pode (faculdade) suspender a ação, nos termos do art. 315 do CPC/2015. Destaque-se, por fim, que a prevaricação, a concussão ou a corrupção dão-se também com relação a magistrado integrante de órgão colegiado; nesse caso, para o acolhimento da rescisória, exige-se que o magistrado infrator tenha não apenas participado do julgamento, mas que tenha acompanhado ou proferido o voto vencedor. Se o magistrado houver proferido voto vencido, não há causa para o acolhimento da rescisória, pois, no processo civil, não há nulidade sem prejuízo (arts. 277; 279, § 2º; 281; 282, §§ 1º e 2º; e 283, parágrafo único, CPC/2015).

4.2. Impedimento. Essa causa de rescindibilidade da sentença se configura apenas nos casos de impedimento do juiz, e não de suspeição. O juiz é impedido quando se enquadrar em quaisquer das hipóteses dos arts. 144 e 147 do CPC/2015. Afigura-se indiferente, para fins de cabimento da ação rescisória, que tenha ou não sido arguida a exceção de impedimento no curso do processo originário. Para que o impedimento do juiz enseje a procedência da rescisória, não basta que o este tenha simplesmente atuado no processo, exige-se que ele tenha proferido sentença. Já a procedência da ação rescisória em virtude do impedimento de membro integrante de órgão colegiado exige que este tenha influenciado o resultado do julgamento, acompanhando ou proferindo o voto vencedor; aqui, aplica-se a mesma lógica exposta no item anterior. Há, ainda, uma questão muito interessante, qual seja, saber se é cabível ação rescisória quando a decisão proferida por juiz impedido fora substituída (art. 1.008, CPC/2015) por outra (*v.g.*, a sentença fora substituída por acórdão de apelação). Alexandre Freitas Câmara (CÂMARA, Alexandre Freitas, *Ação rescisória*, Rio de Janeiro, Lumen Juris, 2007, p. 62) e Rodrigo Barioni (BARIONI, Rodrigo, "Da ação rescisória", in WAMBIER, Teresa Arruda Alvim *et al.*, *Breves comentários ao Novo Código de Processo Civil*, São Paulo, RT, 2015, p. 2148-9, p. 2151) entendem que a hipótese não dá ensejo à ação rescisória, baseando-se, unicamente, no efeito substitutivo das decisões. A questão merece maior reflexão; contudo, as limitações próprias destes comentários nos permitirão, apenas, lançar algumas ideias no ponto. Pois bem, apesar de, à primeira vista, não ser preenchida a hipótese de incidência do art. 966, II, do CPC/2015, em um caso em que a sentença de primeiro grau, proferida por juiz impedido, é substituída por um acórdão de apelação, pode-se argumentar que, quando o acórdão mantém a sentença, sob o fundamento de prestigiar o contato do juiz de primeiro grau com a prova, de prestigiar a identidade física do juiz, etc., há um compósito entre as subjetividades dos magistrados de primeiro e segundo graus, de maneira tal, que o impedimento do juízo *a quo* acaba contaminando o juízo *ad quem* e eivando de vício o acórdão. Outrossim, nos casos típicos de simples confirmação da sentença proferida por juiz impedido, embora não seja viável a ação rescisória com fulcro no art. 966, II, pode-se argumentar seu cabimento com base no inciso V, por exemplo, em virtude de afronta ao devido processo legal (art. 5º, LIV, CF/1988). Isso porque se sabe (i) que a imparcialidade do juiz se constitui em pressuposto processual de validade; (ii) que as sentenças são muito mais mantidas do que reformadas, de onde se presume a influência da sentença proferida pelo juiz impedido sobre o acórdão que a confirma; (iii) que o ordenamento processual civil brasileiro, embora intuitivamente, visa a prevenir, em diversos de seus dispositivos legais (*v.g.*, arts. 2º; 144, II; 147; e 971, parágrafo único, CPC/2015), o "enviesamento cognitivo", expressão muito utilizada por Eduardo José da Fonseca Costa, que vem desenvolvendo profundo estudo sobre o tema (COSTA, Eduardo José da Fonseca, "Algumas considerações sobre as iniciativas judiciais probatórias", in *Revista Brasileira de Direito Processual RBDPRO*, v. 23, n. 90, 2015, Belo Horizonte, Fórum, p. 159-161); (iv) que a nulidade de um ato processual inquina os atos subsequentes que dele dependam (art. 281, CPC/2015); e (iv) que o CPC/2015 consagrou o modelo cooperativo de processo (arts. 6º, 7º, 9º e 10, CPC/2015), calcado, sobretudo, na boa-fé objetiva (art. 5º, CPC/2015). Vale salientar, por fim, que pode haver casos em que os capítulos de sentença transitem em julgado em instâncias distintas, não se operando o efeito substitutivo em toda a extensão do julgado, de forma que o impedimento do juiz que proferiu a decisão de primeiro grau seria causa de rescisória, relativamente, ao capítulo de sentença que se tornou definitivo nessa instância. Tudo quanto defendido aqui se aplica ao caso de sentença proferida por juiz que incorreu em prevaricação, concussão ou corrupção.

4.3. Incompetência absoluta. A competência também se constitui pressuposto processual de validade. Contudo, apenas a competência absoluta, e não a relativa, constitui-se em causa de rescindibilidade da decisão. Competência absoluta, nos termos dos art. 62 e 64, §1º, do CPC/2015, é aquela determinada em razão da matéria, da pessoa ou da função, que se afigura inderrogável por convenção das partes e que pode ser alegada e declarada de ofício a qualquer tempo e grau de jurisdição.

4.4. Dolo ou coação da parte vencedora; simulação ou colusão entre as partes. A causa de rescindibilidade prevista no inciso III, do art. 966, do CPC/2015 corresponde ao inciso III, do art. 485, do CPC/1973, sendo que acrescida da coação e da simulação. Ocorre o dolo quando a parte vencedora, imbuída de má-fé, impede ou dificulta a atuação processual do adversário, ou influencia o juízo de cognição do magistrado, induzindo-o em equívoco. São exemplos de dolo: a conduta do autor de subornar empregado da empresa ré para receber a citação e não repassar ao setor jurídico da empresa, ensejando a revelia; a conduta de uma parte de impedir a produção de prova favorável à parte adversa; a conduta da parte de subtrair ou inutilizar documento juntado aos autos pela parte adversa, que se lhe afigurava uma prova favorável, etc. "É necessário o nexo de causalidade entre o dolo e o pronunciamento do órgão judicial. O resultado do processo precisa ter sido o que foi em razão do comportamento doloso (*verbis*: 'quando *resultar* de dolo'...). Em outras palavras: exige-se que, sem este, a decisão houvesse de ser diversa. Ao dolo pessoal *da parte* equipara-se o do seu representante legal, e bem assim o do seu advogado, através do qual o litigante atua normalmente em juízo.". (MOREIRA, José Carlos Barbosa, *Comentários ao Código de Processo Civil*, v. V, 17. ed., Rio de Janeiro, Forense, 2013, p. 124). Nos termos do art. 150 do CC/2002, a coação, para ensejar vício processual, tem de ser tal que incuta na parte adversa fundado temor de dano iminente e considerável à sua pessoa, à sua família, ou aos seus bens, como seria, *v.g.*, a ameaça de morte perpetrada pelo autor, afim de que o réu não oferte contestação. Também se afigura necessário o nexo de causalidade entre a coação e o resultado da decisão. Quanto à simulação e colusão entre as partes, o art. 142 do CPC/2015 estabelece que "convencendo-se, pelas circunstâncias, de que autor e réu se serviram do processo para praticar ato simulado ou conseguir fim vedado por lei, o juiz proferirá decisão que impeça os objetivos das partes, aplicando, de ofício, as penalidades da litigância de má-fé". Sobrevindo o trânsito em julgado sem que o processo tenha sido invalidado em virtude desses vícios, estes se transformam em causa de rescindibilidade. A diferença entre a simulação e a colusão entre as partes, a fim de fraudar a lei, consiste em que, na simulação, as partes se utilizam do processo como simulacro para prejudicar terceiros (*v.g.*, "A" e "B", mediante ajuste malicioso, litigam em ação possessória que tem como objeto bem sob o domínio e posse de "C"); ao passo que, na colusão, as partes visam à obtenção, através do processo, de um resultado vedado pela lei, exemplo clássico "é o da ação de nulidade ou anulação de matrimônio, proposta por um dos cônjuges em prévio concerto com o outro, mediante a invocação de fatos inverídicos e a produção de falsas provas, sem impugnação do réu, a fim de dissolver-se o vínculo conjugal fora das hipóteses legais" (MOREIRA, José Carlos Barbosa, *Comentários ao Código de Processo Civil*, v. V, 17. ed., Rio de Janeiro, Forense, 2013, p. 125).

4.5. Ofensa à coisa julgada. A coisa julgada constitui-se em uma garantia processual de assento constitucional (art. 5º, XXXVI, CF/1988), sendo uma das maiores expressões do princípio fundante da segurança jurídica. O legislador atribuiu-lhe relevância tal a ponto de prevê-la como pressuposto de validade processual negativo e, para além disso, como causa de rescindibilidade, ou melhor, como um daqueles vícios que podem ser discutidos mesmo após o trânsito em julgado. Quando a ação rescisória for julgada procedente por ofensa à coisa julgada, a princípio, haverá apenas o *iudicium rescindens* quando se tiver em conta o efeito negativo da coisa julgada, pois tudo o que se pretende é restabelecer a primeira decisão. Por outro lado, haverá o *iudicium rescissorium* quando se tiver em conta o efeito positivo da coisa julgada, pois o que se pretende é "incorporar na decisão de um segundo processo o conteúdo que se tornou estável em um processo anterior. Trata-se do *efeito positivo* da coisa julgada, que atua quando uma questão decidida no primeiro processo, for uma questão prejudicial no segundo.". (CABRAL, Antônio do Passo, "Coisa Julgada", in WAMBIER, Teresa Arruda Alvim *et al.*, *Breves Comentários ao Novo Código de Processo Civil*, São Paulo, RT, 2015, p. 1284). Por exemplo, se uma ação de alimentos fora julgada improcedente em virtude de o juiz entender inexistente o vínculo de parentesco, que já havia sido reconhecido em ação de paternidade transitada em julgado, o acolhimento da rescisória ensejará a desconstituição da decisão e o rejulgamento da ação de alimentos, com a consideração da coisa julgada anteriormente ofendida. Por fim, questão interessante se afigura quando uma decisão, proferida em desrespeito à anterior decisão transitada em julgado, se torna incólume em virtude de não ter sido impugnada via rescisória no prazo decadencial de dois anos. Qual das duas coisas julgadas deve prevalecer: a primeira ou a segunda? Há autores de acordo com os quais deve prevalecer a primeira decisão, sob o argumento de que a segunda é inexistente, eis que proferida em processo onde falta uma condição da ação. (WAMBIER, Teresa Arruda Alvim; MEDINA, José Miguel Garcia, *O dogma da coisa julgada: hipóteses de relativização*, São Paulo, RT, 2003, p. 36-9; ALVIM, Arruda; ASSIS, Araken de; ALVIM, Eduardo Arruda, *Comentários ao Código de Processo Civil*, Rio de Janeiro, GZ, 2012, p. 766. A outra corrente doutrinária, que se nos afigura a mais correta, é a dos autores, que, na esteira de Pontes de Miranda, defendem que deve prevalecer a segunda decisão, vez que restou incólume com o transcurso *in albis* do prazo decadencial de dois anos para o ajuizamento da ação rescisória. Afirmava Pontes de Miranda: "Proferida a sentença e passada em julgado, desde que não seja inexistente, nem nula *ipso iure*, que é inconvalescível, só a rescisão pode cortá-la, rescindi-la.". Em outra passagem: "Se, no fim do prazo preclusivo, nenhum remédio se concede contra a sentença, necessariamente se incolumiza o julgado que antes se eivava de rescindibilidade.". (MIRANDA, Francisco Cavalcanti Pontes de. *Comentários ao Código de Processo Civil*, t. VI, 3. ed., Rio de Janeiro, Forense, 1998, p. 199-200). Outra parte da doutrina se posiciona como nós. (DIDIER JR., Fredie; CUNHA, Leonardo Carneiro da, *Curso de direito processual civil*, v. 3, 11. ed., Salvador, JusPodivm, 2013, p. 421-425; MARINONI, Luiz Guilherme; ARENHART, Sérgio Cruz, *Manual do processo de conhecimento*, 2. ed., São Paulo, RT, p. 688-9; SILVA, Beclaute Oliveira, "Conflito entre coisas julgadas e o PLS nº 166/2010", in DIIDER JR, Fredie; ADONIAS, Antonio (Coord.), *O Projeto do Novo Código de Processo Civil, 2ª Série: Estudos em homenagem ao Professor José Joaquim Calmon de Passos*, Salvador, JusPodivm, 2012, p. 149-164). O STJ vinha seguindo essa segunda corrente doutrinária (STJ, REsp 5.98.148/SP; REsp 400.104/CE); entretanto, em fevereiro deste ano, decidiu que deveria prevalecer a primeira decisão transitada em julgado, sob o argumento de inexistência da segunda sentença (STJ, REsp 1354225/RS).

4.6. Violação manifesta de norma jurídica. O inciso V do art. 966 do CPC/2015 tem redação sensivelmente diversa da que tinha o inciso V do art. 485 do CPC/1973. O "violar literal disposição de lei" (art. 485, V, CPC/1973) fora substituído pelo "violar manifestamente norma jurídica" (art. 966, V, CPC/2015); ao "literal" do enunciado revogado, corresponde o "manifestamente" do novo enunciado; à "disposição de lei" do enunciado revogado, corresponde a "norma jurídica" do novo enunciado. Enfim, o que quer significar "violar manifestamente norma jurídica? Essa é a grande questão. A nosso ver, a melhor interpretação é no sentido de que o "manifestamente", constante no inciso V do art. 966 do CPC/2015, se relaciona à interpretação (construção de sentido) consagrada pelos Tribunais Superiores (STF, STJ, TST, STM e TSE) – que têm a função de uniformizar (de dar a última *ratio*), respectivamente, a interpretação da Constituição e da legislação infraconstitucional federal (o mesmo se aplica aos Tribunais de Justiça, quanto ao direito local). Já a expressão "norma jurídica", também constante no inciso V do art. 966 do CPC/2015, relaciona-se ao método hermenêutico da concreção, onde é assente a distinção entre texto (enunciado legal) e norma (resultado da atividade hermenêutica). (GUASTINI, Ricardo, *Das fontes às normas*, São Paulo, Quartier Latin, 2005; ÁVILA, Humberto Bergman, *Teoria dos princípios*, 9. ed., São Paulo. Malheiros, 2009, p. 30; GRAU, Eros Roberto, *Por que tenho medo dos juízes: a interpretação/aplicação do direito e os princípios*, São Paulo, Malheiros, 2013, p. 16). As normas jurídicas não são os textos de lei, nem o conjunto deles, e sim os sentidos construídos a partir da conformação constitucional, da interpretação sistemática dos textos legais, dos valores dominantes na sociedade e da interação com os fatos. Os dispositivos de lei constituem-se no objeto da atividade hermenêutica e as normas, em seu resultado. A atividade do intérprete, seja ele julgador ou cientista, não se restringe a desentranhar ou descrever o significado previamente existente dos dispositivos legais. Sua atividade consiste em construir esses significados (ÁVILA, Humberto Bergman, *Teoria dos princípios*, 9. ed., São Paulo. Malheiros, 2009, p. 30-32). Pontes de Miranda, há pelo menos cinquenta anos, já defendia que a expressão "violar literal disposição de lei" (art. 485, V, CPC/1973) não queria significar afronta a interpretação literal ou à interpretação clara, mas sim afronta ao direito de determinada sociedade – violação ao direito posto e ao passível de construção, enfim violação às fontes do direito, reconhecidas assim pelo sistema jurídico (MIRANDA, Francisco Cavalcanti Pontes de. *Comentários ao Código de Processo Civil*, t. VI, 3. ed., Rio de Janeiro, Forense, 1998, p. 216-236). Muito relevante para a causa de rescindibilidade em comento se afiguram as discussões em torno do Enunciado 343 da Súmula do STF, eis que a expressão "violar manifestamente norma jurídica" guarda íntima relação com a inadmissibilidade da ação rescisória, "quando a decisão rescindenda se tiver baseado em texto legal de interpretação controvertida nos Tribunais". Em decorrência do Enunciado 343 da Súmula do STF, a jurisprudência dominante não têm admitido a ação rescisória por violação à lei, "quando a decisão rescindenda se tiver baseado em texto legal de interpretação controvertida nos Tribunais", exceto se a matéria for constitucional. Nesse caso, tem-se entendido cabível a ação rescisória, com base nos argumentos da força normativa da CF/1988 e do princípio da máxima efetividade da norma constitucional, da gravidade qualificada da afronta à CF/1988 e da importância das decisões do STF como intérprete último e guardião da CF/1988. (STF, ED no RE 328812; RE 89.108; AR 1.572) e do STJ (REsp 138.853; REsp 159.346). O STJ tem observado ampla e irrestritamente o Enunciado 343 da Súmula do STF, para, em matéria infraconstitucional, inadmitir a ação rescisória por ofensa à lei (art. 485, V, CPC/1973), "quando a decisão rescindenda se tiver baseado em texto legal de interpretação controvertida nos Tribunais". O entendimento, na prática, tem inviabilizado a ação rescisória por violação à lei, em matéria infraconstitucional, pois, no mais das vezes, há divergência nas instâncias ordinárias quanto à interpretação do texto legal. A posição do STJ quanto à observância do Enunciado 343 da Súmula do STF finda por enfraquecer suas decisões, ou melhor, as decisões do intérprete último e guardião da legislação infraconstitucional federal. De acordo com a jurisprudência dominante do STJ, pouco importa se a decisão, à época da formação da coisa julgada, estava em consonância ou não com sua jurisprudência, pois basta haver divergência nas instâncias ordinárias, para se afastar o cabimento da ação rescisória. O Enunciado 343 da Súmula do STF é incompatível com a atual e elevada função do STJ de intérprete definitivo e guardião da legislação infraconstitucional federal, que, inclusive, passará a produzir diversos precedentes com eficácia vinculante (art. 927, III, IV e V, CPC/2015). Não é demais lembrar que esse enunciado de súmula surgiu no mesmo contexto do Enunciado 400 da Súmula do STF, que, na época da Constituição de 1967, vedava o recurso extraordinário (hoje recurso especial), quando a decisão recorrida houvesse dado razoável interpretação à lei federal, ainda, que não fosse a melhor. O art. 114, III, "a", do texto constitucional de 1967 apoiava os Enunciados 343 e 400 da Súmula do STF, porque o recurso extraordinário era cabível quando a decisão recorrida "negasse vigência" à lei federal, termo esse muito mais forte que a simples contrariedade. Melhor dizendo, a violação à lei federal para ensejar recurso extraordinário tinha de ser qualificada. Tanto isso é verdade que se entendia que o Enunciado 400 da Súmula do STF não se aplicava à matéria constitucional, pois, quanto a esta, o recurso extraordinário era cabível pela simples contrariedade a dispositivo da Constituição. Ocorre que a CF/1988, em seu art. 105, III, "a", passou a prever o cabimento do recurso especial pela "simples violação" da lei federal. O STJ passou a ser o intérprete último da legislação infraconstitucional federal, sendo o responsável pela uniformização da jurisprudência em matéria infraconstitucional. Assim, com a CF/1988, não há mais que se falar em aplicação dos Enunciados 343 e 400 da Súmula do STF. O que causa espanto é que o STJ tem afastado a aplicação do Enunciado 400 da Súmula do STF e, contudo, continua aplicando amplamente o Enunciado 343 (STJ, REsp 5.936/PR). Não é lógico furtar o STJ de conhecer determinado recurso especial, sob o argumento de que a decisão recorrida deu razoável interpretação à lei federal; assim como não é lógico impedir o cabimento de ação rescisória, sob o argumento de divergência na interpretação da lei no âmbito dos tribunais ordinários, já que a última palavra quanto à interpretação da legislação federal é do STJ, não se podendo alegar divergência jurisprudencial, quando o mesmo já houver firmado sua orientação, nem podendo ser razoável a interpretação que contrariar a sua. A ilação que se atinge é que não há que se falar em "texto legal de interpretação controvertida nos Tribunais", (i) quando o STJ ainda não apreciou a matéria, pois nesse caso ainda não se conhece a orientação jurisprudencial do intérprete maior da legislação infraconstitucional federal e (ii) quando o STJ já houver pacificado sua jurisprudência a respeito de determinada matéria, já que, sendo essa Corte a guardiã da legislação infraconstitucional federal; tendo o STJ se posicionado, pouco interessa que remanesça divergência nas instâncias ordinárias, até por que tal controvérsia nas instâncias ordinárias seria patológica, não era para existir. Ora, se é certo que a infração à Constituição é mais grave que a infração a dispositivo de lei, pois aquela se constitui em um referencial normativo que dá sustentação a todo o sistema, também é certo afirmar que o sistema não pode aceitar passivamente ofensa à legislação federal, quando ainda há meio processual, previsto em lei, capaz de corrigir a ilegalidade. Não se pode aceitar que permaneçam intangíveis sentenças que se fundam em tese contrária à orientação jurisprudencial do STJ, pois, nessa hipótese, se estaria enfraquecendo a Corte responsável por uniformizar a interpretação da legislação infraconstitucional, em prol dos tribunais ordinários, o que parece um completo absurdo! A existência de interpretação controvertida, para fins do Enunciado 343 da Súmula do STF, ocorre apenas quando e enquanto houver divergência interna no próprio STJ. Assinale-se, por oportuno, que, em algumas poucas oportunidades, o STJ já afastou a aplicação do Enunciado 343 do STF (STJ, REsp 427.814/MG; EREsp 960.523/DF; EAR 394/BA), Em maio de 2008, decidindo o REsp 102.623-4, brilhantemente relatado pelo Min. Teori Albino Zavascki, deu importante passo rumo ao bom esclarecimento da controvérsia atinente ao cabimento da ação rescisória diante do referido Enunciado. Entretanto, lamentavelmente, em maio de 2009, o supracitado acórdão fora reformado pela 1ª Seção do STJ, no Julgamento dos Embargos de Divergência 1.026.234, muito embora a *ratio decidendi* do julgado não se relacione com essa questão do alcance do Enunciado 343 da Súmula do STF. Por outro lado, cumpre esclarecer que, a nosso ver, não deve caber ação rescisória, seja por afronta à CF/1988, seja por afronta à lei federal, quando a decisão rescindenda, à época do trânsito em julgado, estava em consonância com a jurisprudência do STF e do STJ. Ou seja, a superveniência de precedente do STF e do STJ com os quais seja incompatível a decisão rescindenda, mesmo quando não houver modulação da eficácia temporal, não poderá ensejar ação rescisória, sob pena de grave afronta aos princípios da segurança jurídica e da irretroatividade do direito (art. 5º, XXXVI, CF/1988), bem como à boa-fé objetiva, à confiança legítima e à proteção das justas expectativas normativas. Nesse sentido, posicionamo-nos há muito. (ATAÍDE JR., Jaldemiro Rodrigues de, *Precedentes vinculantes e irretroatividade do direito no sistema processual brasileiro*, Curitiba, Juruá, 2012, p. 242-269). Em outubro de 2014, no julgamento do Recurso Extraordinário 590.809/RS, relatado pelo Min. Marco Aurélio, o STF julgou improcedente ação rescisória fundada no art. 485, V, do CPC/1973, por entender que, inobstante a superveniência de precedente do STF (que não teve sua eficácia temporal modulada) com o qual se afigura incompatível a decisão rescindenda; quando esta transitou em julgado estava em consonância com a jurisprudência da Corte, não sendo, pois, cabível a ação rescisória na hipótese, sob pena de essa ser transmudada em meio de uniformização de jurisprudência. Esse acórdão encontra-se assim ementado: "AÇÃO RESCISÓRIA VERSUS UNIFORMIZAÇÃO DA JURISPRUDÊNCIA. O Direito possui princípios, institutos, expressões e vocábulos com sentido próprio, não cabendo colar a sinonímia às expressões 'ação rescisória' e 'uniformização da jurisprudência'. AÇÃO RESCISÓRIA – VERBETE Nº 343 DA SÚMULA DO SUPREMO. O Verbete nº 343 da Súmula do Supremo deve de ser observado em situação jurídica na qual, inexistente controle concentrado de constitucionalidade, haja entendimentos diversos sobre o alcance da norma, mormente quando o Supremo tenha sinalizado, num primeiro passo, óptica coincidente com a revelada na decisão rescindenda.". (STF, RE 590.809/2014). Nessa linha, Pontes de Miranda, há muito, defendia que a ação rescisória não se confunde com recurso extraordinário, não tendo, pois, a função de manter a unidade do direito; afirmava-o nos seguintes termos: "Também não é certo que a ação rescisória tenha por fito, como o recurso extraordinário, manter a unidade do direito federal. O remédio da rescisão nunca teve tal função.". (MIRANDA, Francisco Cavalcanti Pontes de, *Comentários ao Código de Processo Civil*, t. VI, 3. ed., Rio de Janeiro, Forense, 1998).

4.7. Violação à súmula ou a precedente vinculante. Recente reforma legislativa, decorrente da Lei nº 13.256, de 4 de fevereiro de 2016, alterou o art. 966 do CPC/2015, acrescentando-lhe os §§ 5º e 6º, que estabelecem, respectivamente, (*i*) o cabimento de ação rescisória por violação à súmula (súmula não é precedente e jamais dispensa que se perquira sobre a *ratio decidendi* dos precedentes que lhe são subjacentes) ou aos precedentes tidos como vinculantes no art. 927, do CPC/2015, e (*ii*) o ônus para o autor de argumentar, sob pena de inépcia da inicial [no ponto, remetemos o leitor, para o item 2 dos comentários ao art. 968, em que tratamos do *princípio da primazia da análise do mérito* (arts. 4º e 6º, CPC/2015)], (*a*) em torno de um *distinguishing* ou (*b*) da existência de uma questão jurídica não examinada no precedente aplicado pela decisão rescindenda, desde que tal questão jurídica seja apta a ensejar solução diversa. A reforma não nos pareceu feliz, pois, além de atécnica, é desnecessária.

4.7.1. É atécnica por vários motivos, conforme demonstraremos a seguir.

4.7.1.1. A menção a "enunciado de súmula, acórdão ou precedente" parece desconsiderar a distinção entre *texto* e *norma*, sendo, nesse aspecto, incongruente com o inciso V, do artigo em comento, que prevê o cabimento de ação rescisória por violação à *norma jurídica*. Ora, não podemos olvidar que a *ratio decidendi* dos precedentes tem natureza de *norma*, ao passo que o precedente em si é texto; logo, da mesma forma que se distingue o *texto* (enunciado legal) da *norma* construída a partir dele; deve-se distinguir o precedente (texto) da *ratio decidendi* (norma) construída a partir dele (nesse sentido: MACÊDO, Lucas Buril de. *Precedentes judiciais e o direito processual*. Salvador: Juspodivm, 2014, p. 317-322). Ao contrário do que possa parecer à primeira vista, tal questão está longe de se configurar em uma discussão estritamente acadêmica, pois tem grande repercussão prática. Para se atingir tal conclusão, basta uma rápida reflexão sobre o seguinte caso: a Súmula Vinculante nº 13 estabelece que "A nomeação de cônjuge, companheiro ou parente em linha reta, colateral ou por afinidade, até o terceiro grau, inclusive, da autoridade nomeante ou de servidor da mesma pessoa jurídica investido em cargo de direção, chefia ou assessoramento, para o exercício de cargo em comissão ou de confiança ou, ainda, de função gratificada na administração pública direta e indireta em qualquer dos Poderes da União, dos Estados, do Distrito Federal e dos Municípios, compreendido o ajuste mediante designações recíprocas, viola a Constituição Federal". Como se percebe, o enunciado da referida súmula vinculante contém, na sua hipótese de incidência, *o poder de escolha da autoridade nomeante; certo grau de parentesco entre a autoridade nomeante* *e o nomeado* e, *a nomeação "para o exercício de cargo em comissão ou de confiança ou, ainda, de função gratificada na administração pública direta e indireta".* Logo, indagamos: não tendo o governador poder de escolha na nomeação de conselheiro de Tribunal de Contas Estadual, na vaga reservada à Assembleia Legislativa – o ato do governador, nesse caso, é meramente integrativo –, e não exercendo o conselheiro de Tribunal de Contas *cargo em comissão ou de confiança ou, ainda, de função gratificada na administração pública;* se o governador de determinado Estado nomeasse, por exemplo, seu irmão como conselheiro do Tribunal de Contas, na vaga reservada à assembleia legislativa, haveria afronta à Súmula Vinculante nº 13? À primeira vista, não haveria afronta, pois os fatos do caso não seriam suporte fático da hipótese de incidência da SV nº 13. Contudo, o STF, julgando o Agravo Regimental na Reclamação nº 6702 (Rcl 6702 MC-AgR/PR), originária de uma Ação Popular, realizou um *ampliative distinguishing* – por entender que o caso em julgamento continha peculiaridades fáticas relevantes, como a influência do governador no processo de seleção no âmbito da assembleia legislativa – e concluiu pela afronta à SV nº 13, suspendendo os efeitos da nomeação. Pois bem, imaginemos que, em caso semelhante ao da Rcl 6702 MC-AgR/PR, transitou em julgado sentença de improcedência em Ação Popular, como deveria ser julgada ação rescisória por afronta à SV nº 13? Qual seria o parâmetro para o *iudicium rescindens* e o *iudicium rescissorium,* o mero enunciado da SV nº 13 ou a *ratio decidendi* construída a partir da mesma, dos precedentes que lhe são subjacentes e dos precedentes posteriores, como o acórdão proferido na Rcl 6702 MC-AgR/PR?

4.7.1.2. O enunciado do § 5º, do art. 966, do CPC/2015, diz menos do que deveria, pois apresenta como nova hipótese de cabimento da ação rescisória apenas a aplicação do precedente sem a realização do devido *distinguishing* – ou melhor, a aplicação do precedente a caso que versa sobre fatos materiais distintos daqueles constantes no caso que gerou o precedente –, olvidando que também se viola a *ratio decidendi* do precedente quando não se a considera em caso que versa sobre fatos materiais semelhantes. É óbvio que o intérprete pode (e deve), a partir do § 5º, do art. 966, do CPC/2015, construir *norma jurídica* cuja hipótese de incidência contenha também a não aplicação do precedente a caso que verse sobre fatos materiais semelhantes ao do caso que gerou o precedente; mas, e se tal disposição legal for interpretada restritivamente? O legislador pátrio não contou com esse risco.

4.7.1.3. Reputamos problemática a parte final do § 6º, do art. 966, do CPC/2015, que prevê a rescisão de decisão quando houver questão jurídica não examinada no precedente em que a mesma se baseou. É que a rescisão de julgado por tal motivo tem como questão prejudicial a superação do precedente em que se baseou a decisão rescindenda; sendo que a simples existência de tese nova não debatida e decidida, quando da formação do precedente, não autoriza sua superação; se fosse assim, estar-se-ia autorizando a revogação ou reforma do precedente pelo juiz do caso em julgamento – o que, *v.g.,* encontra vedação no art. 986 do CPC/2015, que trata da revisão precedente firmado em IRDR –, e não apenas autorizando a realização de um *distinguishing*. É nítida a preocupação do sistema instituído pelo CPC/2015 em evitar o surgimento de novas teses jurídicas que não tenham sido enfrentadas no julgamento que gerou o precedente vinculante, basta ver (*i*) que o art. 138 do CPC/2015 prevê a participação de *amicus curiae*, em qualquer demanda e desde o primeiro grau de jurisdição, se assim o autorizar a relevância da matéria, a especificidade do tema objeto da demanda ou a repercussão social da controvérsia; (*ii*) que o inciso IV, do § 1º, do art. 489, do CPC/2015, estabelece que não se considera fundamentada a decisão que "não enfrentar todos os argumentos deduzidos no processo capazes de, em tese, infirmar a conclusão adotada pelo julgador"; (*iii*) que o art. 1.036, § 6º, quanto à afetação dos recursos especial e extraordinário, para julgamento sob o rito dos repetitivos, impõe a seleção dos "recursos admissíveis que contenham abrangente argumentação e discussão a respeito da questão a ser decidida" e, (*iv*) que no julgamento do incidente de resolução de demandas repetitivas, "o conteúdo do acórdão abrangerá a análise de todos os fundamentos suscitados concernentes à tese jurídica discutida, sejam favoráveis ou contrários" (art. 984, § 2º, CPC/2015). Contudo, o surgimento de novas teses, posteriormente à formação do precedente, é inevitável e não autoriza que o juiz do caso seguinte *supere* o precedente, pois apenas o órgão que o criou, ou aquele que se encontre em mais elevado grau hierárquico é que pode revogá-lo. Se o argumento relativo à "tese nova" é relevante o bastante para perturbar a estabilidade do direito, que seja debatido à exaustão; que conste das ressalvas de entendimento dos juízes dos casos seguintes e, que seja levado até o órgão que criou o precedente ou outro que lhe seja superior, a fim de que se realize o *overruling*, preferencialmente, com eficácia prospectiva (art. 927, § 3º, CPC/2015). Pois bem, é enorme a repercussão da causa de rescindibilidade em comento sobre todas essas questões inerentes à teoria dos precedentes. É que a questão prejudicial, relativa à superação do precedente em que se baseou a decisão rescindenda, será resolvida pelo órgão julgador da ação rescisória, que será (*i*) ou um órgão de grau hierárquico inferior àquele que produziu o precedente (*v.g.*, TJ rescindindo acórdão seu, que se baseou em precedente do STJ); (*ii*) ou o próprio órgão que criou o precedente (*v.g.*, a Corte Especial do STJ rescindindo acórdão da 2ª Turma, que se baseou em precedente da própria Corte Especial); (*iii*) ou um órgão de grau hierárquico superior àquele que produziu o precedente (*v.g.*, a Corte Especial do STJ rescindindo acórdão da 1ª Turma, que se baseou em precedente da 1ª Seção do STJ); sendo que em todas essas hipóteses haverá problemas, vejamos: na hipótese "*i*" há a questão da competência para superação de precedente e nas hipóteses "*ii*" e "*iii*" há a delicada questão da *irretroatividade do direito* (art. 5º, XXXVI, CF), na medida em que, nelas, o órgão julgador, embora competente para superar o precedente, ao fazê-lo, estará criando uma *nova norma jurídica* para, em seguida, rescindir o julgado (*iudicium rescindens*) e rejulgar a causa (*iudicium rescissorium*); nessas situações, parece-nos que o § 6º, do art. 966, do CPC/2015 é incompatível com o art. 5º, XXXVI, CF (a princípio, a única hipótese em que não haveria tal incompatibilidade seria quando o precedente em que se baseou a decisão rescindenda, ao tempo em que aplicado, já não era mais sistemicamente consistente e socialmente adequado, não gozando, pois, de confiança; o que se daria, *v.g.*, na hipótese de a Corte ter sinalizado que estava na iminência de revogá-lo) e incongruente com os §§ 2º e 3º, do art. 927, do CPC/2015.

4.7.2. Por outro lado, a alteração engendrada pelo acréscimo dos §§ 5º e 6º, ao art. 966, do CPC/2015, é desnecessária. É que o precedente, como fonte do direito que é, funciona, primordialmente, como *norma de estrutura*, isto é, como norma que regula o modo como devem ser produzidas as decisões judiciais – normas individuais e concretas (sobre a distinção entre *norma de conduta* e *norma de estrutura*: BOBBIO, Norberto. *Teoria geral do direito*. 3ed. São Paulo: Martins Fontes, 2010, p. 209-2010). Como muito bem posto por Eduardo José da Fonseca Costa, "o artigo 927 do CPC-2015 não suprime ou desfigura o sistema de *Civil Law* vigente em nosso País, cuja principal fonte de normas de comportamento continua sendo a *lei* em sentido amplo (ou seja, os textos normativos escritos de direito positivo, editados e impostos à observância de todos pelo Estado). Na verdade, os 'precedentes obrigatórios à brasileira' (expressão cunhada por Júlio César Rossi) integram o direito objetivo como *normas de estrutura*, ou seja, como *normas sobre a produção de outras normas* [= norma secundária = norma de segundo grau]." (cf. comentários ao artigo 927 desta obra). É óbvio que o malferimento de uma *norma de estrutura* pode ser causa de rescindibilidade de decisão, basta ver que dentre as hipóteses do art. 966 do CPC/2015 encontram-se as seguintes: a prolação de decisão por força de prevaricação, concussão ou corrupção do juiz e, a prolação de decisão por juiz impedido ou por juízo absolutamente incompetente. Contudo, se o fim colimado pelo legislador era resguardar a *norma de estrutura* – que impõe aos juízes, no processo de produção de decisão, o dever de observar os precedentes vinculantes – sobrelevando-a à causa de rescindibilidade de decisão; tal finalidade já se encontrava atendida, pois bastaria que o autor da ação rescisória apontasse como causa de pedir a hipótese de rescindibilidade do inciso V, do art. 966, combinada com a alegação de violação do art. 927, do mesmo diploma legal. Do mesmo modo, se a intenção era resguardar as *normas jurídicas (rationes decidendi)* construídas a partir dos precedentes vinculantes, tal escopo já se encontrava alcançado com a causa de rescindibilidade prevista no inciso V, do art. 966, do CPC/2015, pois é óbvio que o "violar manifestamente norma jurídica", com muito maior razão, encampa a hipótese de prolação de decisão judicial em sentido contrário à interpretação de enunciado legal cristalizada em precedente vinculante. Tal solução, inclusive, seria mais consentânea com o sistema jurídico brasileiro – onde continua vigendo o princípio da legalidade, embora que muito maltratado – e com a nossa dogmática processual, que há muito se firmou no sentido do descabimento de ação rescisória por violação à súmula ou a precedente (nesse sentido: MOREIRA, José Carlos Barbosa. Op. Cit., p. 131; DIDIER JR., Fredie; CUNHA, Leonardo Carneiro da. Op. Cit., p. 436; no mesmo sentido posiciona-se o STF: AR nº 1.197 e AR nº 1.212; assim também o STJ: AgRg no REsp 1400850). Também neste ponto, merecem destaque as lições de Eduardo José da Fonseca Costa, quando, ao comentar o art. 927 do CPC/2015, assevera que a função dos precedentes vinculantes "é tão-somente facilitar o processo de produção de decisões pelos juízes. Supondo-se que o texto de direito positivo seja um prisma e a interpretação seja a luz branca sobre ele incidente, pode-se dizer que cada espectro de cor decomposto é uma possibilidade interpretativo-normativa; aqui entra em cena o precedente vinculante: pré-define qual possibilidade é a *correta*, sem permitir margem de discricionariedade ao juiz – ainda que racionalmente motivada – para escolhê-la. Como se nota, o juiz não parte do precedente para chegar à solução do caso: na verdade, parte da lei e interpreta--a manietado pelo precedente. Com isso se busca garantir a *coerência dos julgamentos*" (Op. Cit.). É óbvio que o precedente é texto e que sua *ratio decidendi* (norma jurídica) é construída e reconstruída pelos juízes dos casos seguintes; é óbvio que o precedente "inova em matéria jurídica, estabelecendo normas que não se contêm estritamente na lei" (REALE, Miguel. *Lições preliminares de direito*. 16ed, São Paulo, Saraiva, 1988, p. 168). Miguel Reale, já na década de 80 do século passado, em lições que permanecem atuais, defendia que "se uma regra é, no fundo, a sua interpretação, isto é, aquilo que se diz ser o seu significado, não há como negar à Jurisprudência a categoria de *fonte do Direito*, visto como ao juiz é dado armar de obrigatoriedade aquilo que declara ser 'de direito' no caso concreto. (...) O que interessa não é o signo verbal da norma, mas sim a sua significação, o seu 'conteúdo significativo', o qual varia em função de mudanças operadas no plano dos valores e dos fatos. Muito mais vezes do que se pensa uma norma legal sofre variações de sentido, o que com a expressão técnica se denomina 'variações semânticas'. As regras jurídicas, sobretudo as que preveem, de maneira genérica, as classes possíveis de ações e as respectivas consequências e sanções, possuem uma certa *elasticidade semântica*, comportando sua progressiva ou dinâmica aplicação a fatos sociais nem sequer suspeitados pelo legislador. Pois bem, não raro sob a inspiração da doutrina, a que logo nos referiremos, o juiz, sem precisar lançar mão de artifícios, atualiza o *sentido possível* da lei, ajustando-a às circunstâncias e contingências do momento. Deste modo, o que antes obrigava significado X, sofre uma variação, pela consagração de um sentido Y ou Z" (Op. Cit., p. 169-170). Não discordamos de nada disso. O que pretendemos demonstrar é que, em virtude do *princípio da legalidade*, mesmo os *precedentes criativos*, ao fim e ao cabo, farão alusão à (terão como objeto) *fonte do direito legislada*, pois toda justificação judicial deve ter como ponto de partida norma pertencente ao sistema de direito positivo; de forma que é sempre viável, em sede de ação rescisória, a alegação de afronta ao enunciado legal (ou melhor, à *norma jurídica* dele decorrente) no qual se embasou o precedente e que dele fora objeto de interpretação. Concluindo, a nossa crítica decorre da constatação de que os §§ 5º e 6º, do art. 966, do CPC/2015, colimam fim já atingível pela redação original do Código; sendo que, para tanto, podem dar ensejo a uma série de problemas antes inexistentes.

4.8. Prova falsa. Nos termos do inciso VI, do art. 966 do CPC/2015, cabe ação rescisória quando a decisão se fundar em prova cuja falsidade tenha sido apurada em processo criminal, ou venha a ser demonstrada na própria ação rescisória. O que se requer para o acolhimento da ação rescisória com fulcro em tal causa é, além da comprovação da falsidade, que a prova falsa tenha sido necessária e determinante para o resultado da decisão; caso contrário, a decisão pode manter-se com base em outra prova.

4.9. Prova nova. O julgado também pode ser rescindido quando o autor, posteriormente à decisão rescindenda, obtiver prova nova, cuja existência ignorava ou de que não pôde fazer uso. Observe-se que, neste ponto, o inciso VII, do art. 966, do CPC/2015 inovou com relação ao art. 485, VII, do CPC/1973, pois se refere à prova nova, hipótese bem mais ampla que o documento novo referido neste dispositivo legal. Assim, no regime do CPC/2015, não apenas um documento novo, mas também uma prova pericial, um exame de DNA, etc. renderão ensejo à ação rescisória. Ao contrário do que faz crer a literalidade do enunciado legal, a prova nova não é a surgida após a decisão rescindenda, e sim aquela que já existia ao tempo da decisão, mas cuja existência a parte ignorava ou dela não pôde fazer uso, ou melhor, é a prova que não fora apresentada no curso da ação originária, sendo, pois, estranha à causa. Outrossim, apesar de a literalidade do inciso VII, do art. 966 do CPC/2015 induzir à conclusão de que a descoberta da prova nova tem de ser posterior à decisão rescindenda, a melhor conclusão é a de que o momento da descoberta da prova nova deva ser "a partir do instante em que não se possa mais juntá-lo aos autos ou a partir do momento em que não possa mais ser apreciado no processo originário.". (DIDIER JR., Fredie; CUNHA, Leonardo Carneiro da, *Curso de direito processual civil*, v. 3, 11. ed., Salvador, JusPodivm, 2013, p. 451). Destaque-se, ainda, que o acolhimento da ação rescisória com fulcro em prova nova exige que essa prova se refira a fato discutido no processo originário e que haja nexo de causalidade entre a mesma e o resultado da demanda, isto é, que seja capaz, por si só, de assegurar pronunciamento favorável ao autor.

4.10. Erro de fato. A causa de rescindibilidade fundada em erro de fato, prevista no art. 966, VII, §1º, do CPC/2015, não inovou substancialmente a disciplina do art. 485, IX, §§ 1º e 2º, pois (i) apenas adotou a expressão "fundada em erro de fato verificável do exame dos autos", em substituição à expressão "fundada em erro de fato, resultante de atos ou de documentos da causa"; e (ii) aglutinou no parágrafo 1º as disposições constantes dos parágrafos 1º e 2º, do art. 485 do CPC/1973. Apesar de o CPC/1973 se referir a documentos da causa, isso nunca impediu que outras provas além da documental induzissem à conclusão sobre o erro de fato, até porque a expressão atos da causa encampa a prova testemunhal, a prova pericial, etc. (STJ, AR 3.460/SP). Como se infere da própria redação do enunciado legal em questão, a decisão se encontra fundada em erro de fato quando toma como existente um fato inexistente, ou quando considera como inexistente um fato efetivamente ocorrido. Alguns exemplos de erro de fato: o fato ficou evidenciado nos autos, mas foi negado pela decisão rescindenda; a decisão afirmou inexistir prova material, quando esta se encontra acostada aos autos; a decisão considera como verdadeiro o documento, cuja falsidade é comprovada por outra prova constante dos autos. Afigura-se imprescindível (i) que haja nexo de causalidade entre o erro de fato e o resultado da decisão rescindenda; (ii) que o erro de fato possa ser constatado através das provas já constantes dos autos, não se admitindo a dilação probatória, na rescisória, para tal fim; e (iii) que a questão atinente ao erro de fato não represente ponto controvertido sobre o qual o juízo da decisão rescindenda deveria ter se pronunciado, uma vez que a ação rescisória é remédio jurídico extraordinário, que não se presta para a reapreciação de provas. (STJ, REsp 934.078/DF; AREsp 465.067/RS; AgRg na AR 3.731/PE).

5. Ação anulatória. No regime do CPC/1973, havia grande divergência doutrinária quanto ao cabimento da ação rescisória (art. 485, VIII) ou da ação anulatória (art. 486), quando se objetivasse a desconstituição de sentença "homologatória de" ou "fundada em" [desistência (leia-se: renúncia); transação; confissão e reconhecimento da procedência do pedido] ou a desconstituição de atos judiciais que independessem de sentença (*v.g.*, adjudicação e arrematação). Fredie Didier Jr. e Leonardo Cunha defendiam (i) que a sentença homologatória de transação e a fundada em confissão, deveriam ser impugnadas por ação anulatória, enquanto não transitadas em julgado e, por ação rescisória, após o trânsito em julgado; (ii) que as sentenças fundadas em renúncia e reconhecimento da procedência do pedido deveriam ser impugnadas mediante ação rescisória, em virtude de extinguirem o processo com resolução do mérito; e (iii) que os atos judiciais que independessem de sentença (*v.g.*, adjudicação e arrematação) deveriam ser atacados por ação anulatória (DIDIER JR., Fredie; CUNHA, Leonardo Carneiro da, *Curso de direito processual civil*, v. 3, 11. ed., Salvador, JusPodivm, 2013). O CPC/2015 passou a regular a ação anulatória no parágrafo 4º do art. 966 – que trata do cabimento da ação rescisória –, e não mais em dispositivo específico como ocorria no CPC/1973 (art. 486). A pretexto de simplificar essas questões, o parágrafo 4º do art. 966 do CPC/2015 estabeleceu que cabe a ação anulatória para desconstituir (i) os atos de disposição de direitos (*v.g.*, renúncia e transação) praticados pelas partes ou por outros participantes do processo e homologados pelo juízo; e (ii) os atos homologatórios praticados no curso da execução (*v.g.*, adjudicação e arrematação). A nosso ver, o novo regime não permite uma boa sistematização da matéria, continuando a exigir soluções casuísticas para cada uma das hipóteses possíveis de atos de disposição de direitos e de atos homologatórios praticados no curso da execução. Basta ver (i) que a renúncia – mesmo que homologada por sentença, que extingue o processo com resolução do mérito (art. 487, III, "a", CPC/2015) – deve ser atacada via ação anulatória, haja ou não trânsito em julgado da decisão homologatória, pois a renúncia homologada é suporte fático da regra geral do parágrafo 4º do art. 966 – nesse caso, a anulatória contra o ato jurídico da parte (renúncia) atinge reflexamente a decisão judicial que a homologou, apagando ambos os atos (o da parte e o do juiz); (ii) que o reconhecimento da procedência do pedido, por exigir, além da homologação, uma decisão (de força declarativa, constitutiva, condenatória, mandamental ou executiva), excepciona a incidência do parágrafo 4º do art. 966, ensejando ação rescisória, quando tal decisão já houver transitado em julgado; (iii) que a transação – em virtude da especialidade do art. 658 com relação ao parágrafo 4º, do art. 966, do CPC/2015 e da interpretação extensiva que autoriza sua aplicação a transações outras, além das que se referem à partilha de bens – deverá ser impugnada por ação rescisória, quando homologada por sentença já transitada em julgado e por ação anulatória, quando homologada por decisão ainda não transitada em julgado (nesse sentido, os Enunciados 137 e 138 do FPPC, respectivamente, *in verbis*: "E. 137: Contra sentença transitada em julgado que resolve partilha, ainda que homologatória, cabe ação rescisória"; "E. 138: A partilha amigável extrajudicial e a partilha amigável judicial homologada por decisão ainda não transitada em julgado são impugnáveis por ação anulatória"); (iv) que os atos homologatórios praticados no curso da execução (*v.g.*, adjudicação e arrematação), serão impugnáveis por ação anulatória; e (vi) que, quanto à desistência – homologada por decisão terminativa –, em virtude de não impedir a repropositura da demanda, dificilmente, haverá interesse de agir em ação rescisória ou anulatória que visem desconstituí-la. Assinale-se, por oportuno, que a hipótese de incidência do parágrafo 4º, do art. 966 – ao se referir aos atos de disposição de direitos praticados pelas partes – não abarca a confissão, que, claramente, não se enquadra nesse conceito. Por fim, cumpre acrescentar que o regime de invalidação dos atos jurídicos e os prazos preclusivos para a propositura da ação anulatória são os da lei civil; além disso, a ação mencionada seguirá o procedimento comum e a competência para processá-la e julgá-la será do juízo da homologação (art. 61, CPC/2015), tendo em vista que a ação anulatória é acessória da ação onde fora praticado o ato anulando. (NERY JR., Nelson; NERY, Rosa Maria de Andrade, *Comentários ao Código de Processo Civil*, São Paulo, RT, 2015, p. 1924).

6. Rescisão de capítulo de sentença. No regime do CPC/1973, o STJ pacificou o entendimento de que os diversos capítulos de sentença trânsitos em julgados em instâncias distintas não faziam coisa julgada material, mas apenas formal; ou seja, o STJ rejeitou a teoria da coisa julgada progressiva, de modo que a via rescisória só se abria após o trânsito em julgado do último capítulo de sentença, inclusive, o termo *a quo* do prazo decadencial da ação rescisória se daria nesse momento, conforme restou assentado no Enunciado 401 de sua Súmula, que estabelece: "O prazo decadencial da ação rescisória só se inicia quando não for cabível qualquer recurso do último pronunciamento judicial". O CPC/2015, que tem o princípio da razoável duração do processo como uma de suas normas fundamentais (art. 4º) e que adotou a técnica do julgamento antecipado parcial do mérito (art. 356), andou bem ao permitir a rescisão dos capítulos de sentença, à medida que forem se tornando definitivos (art. 356, §3º), tanto assim que o prazo de 2 (dois) anos contados do trânsito em julgado da última decisão proferida no processo passa a ser o termo *ad quem* para o ajuizamento da ação rescisória, e não mais o termo *a quo* (art. 975). (PEIXOTO, Ravi, "Ação rescisória e capítulos de sentença: a análise de uma relação conturbada a partir do CPC/2015", in *Doutrina Selecionada – Processos nos tribunais e meios de impugnação às decisões judiciais*, v. 6, Salvador, JusPodivm, 2015, no prelo; ARAÚJO, José Henrique Mouta, "Pronunciamentos de mérito no CPC/2015 e reflexos na coisa julgada, na ação rescisória e no cumprimento de sentença", in *Portal Processual*,

disponível em http://portalprocessual.com/pronunciamentos-de-merito-no-cpc2015-
-e-reflexos-na-coisa-julgada-na-acao-rescisoria-e-no-cumprimento-de-sentenca/, consultado em 14/07/2015.

Artigo 967.
Têm legitimidade para propor a ação rescisória:
I – quem foi parte no processo ou o seu sucessor a título universal ou
singular;
II – o terceiro juridicamente interessado;
III – o Ministério Público:
a) se não foi ouvido no processo em que lhe era obrigatória a intervenção;
b) quando a decisão rescindenda é o efeito de simulação ou de colusão
das partes, a fim de fraudar a lei;
c) em outros casos em que se imponha sua atuação;
IV – aquele que não foi ouvido no processo em que lhe era obrigatória a
intervenção.
**Parágrafo único. Nas hipóteses do art. 178, o Ministério Público será
intimado para intervir como fiscal da ordem jurídica quando não for parte.**
CORRESPONDÊNCIA NO CPC/1973: *ART. 487.*

1. **Legitimidade ativa.** O art. 967 do CPC/2015 trata apenas da legitimidade ativa,
estabelecendo que a tem: (i) quem foi parte no processo (autor e réu no processo originário) ou seu sucessor a título universal (*v.g.*, o espólio, os herdeiros) ou singular (*v.g.*, o
adquirente de coisa litigiosa, os cessionários, os credores, os fiadores etc.); (ii) o terceiro
juridicamente interessado – aquele que teve sua esfera jurídica afetada pela decisão,
mesmo não tendo sido parte na relação processual originária, *v.g.*, o condômino; o sublo-
catário; aquele que participou do processo através de uma das formas de intervenção de
terceiro; aquele que poderia ter intervindo no processo, na qualidade de litisconsorte
ou assistente (simples ou litisconsorcial) e, o substituído processualmente, nos casos
de legitimação extraordinária; (iii) o Ministério Público: (iii.a) se não foi ouvido no processo em que lhe era obrigatória a intervenção (art. 178, *caput* e I a III, CPC/2015); (iii.b)
quando a decisão rescindenda decorreu de simulação ou de colusão das partes, a fim
de fraudar a lei; e (iii.c) em outros casos em que se imponha sua atuação; (iv) aquele
que não foi ouvido no processo em que era obrigatória sua intervenção, *v.g.*, o INPI, nas
ações de nulidade de patente (art. 57, Lei 9.279/1996); o CADE, nos processos judiciais em que se discuta a aplicação da Lei que estrutura o Sistema Brasileiro de Defesa
da Concorrência – SBDC e dispõe sobre a prevenção e a repressão às infrações contra
a ordem econômica (art. 118, Lei 12.529/2011) e, a CVM, nos processos judiciais que
tenham por objeto matéria incluída em sua competência (art. 31 da Lei 6.385/1976). A

revelia não impede o ajuizamento de rescisória. O terceiro juridicamente interessado deve demonstrar o prejuízo suportado com a decisão rescindenda, ou melhor, que esta afeta negativamente sua esfera jurídica. Embora o Ministério Público tenha legitimidade para ajuizar ação rescisória, caso não tenha sido ouvido no processo em que lhe era obrigatória a intervenção (art. 178, CPC/2015), a ação rescisória ajuizada pelo Ministério não deve ser acolhida quando a decisão rescindenda for favorável àquele em prol de quem se daria a intervenção do MP ou ao interesse público ou social, pois no processo civil não há nulidade sem prejuízo (arts. 277; 279, §2º; 281; 282, §§ 1º e 2º; e 283, parágrafo único, CPC/2015).

2. Legitimidade passiva. Legitimado para figurar no polo passivo de ação rescisória é aquele que possa ter sua esfera jurídica afetada com o acolhimento do pedido. Logo, devem figurar no polo passivo da rescisória todos aqueles que figuraram como parte ou terceiro interveniente no processo originário. É importante destacar que a decisão rescindenda pode conter vários capítulos, de forma que devem figurar no polo passivo da rescisória apenas aqueles que possam ter sua esfera jurídica afetada com a desconstituição e o rejulgamento do capítulo de sentença impugnado. (STJ, REsp 1.111.092/MG). Outrossim, embora não tenha sido parte no processo originário, deverá figurar no polo passivo da ação rescisória aquele que sucedeu, a título universal ou singular, o vencedor do processo originário e o substituído processualmente, nos casos de legitimação extraordinária.

3. Intervenção do Ministério público como fiscal do ordenamento jurídico. Quando o Ministério Público não for parte na ação rescisória que vise a desconstituir a decisão proferida no processo em que era obrigatória a sua intervenção (art. 178, CPC/2015), será intimado para intervir como fiscal da ordem jurídica. Por exemplo, se uma ação popular ajuizada por "A" em face de "B" fora julgada procedente e este, após o trânsito em julgado, propôs ação rescisória contra "A", visando a desconstituir a sentença que julgou procedente a ação popular, o Ministério Público, não sendo parte, deverá intervir como fiscal da ordem jurídica.

Artigo 968.

A petição inicial será elaborada com observância dos requisitos essenciais do art. 319, devendo o autor:

I – cumular ao pedido de rescisão, se for o caso, o de novo julgamento do processo;

II – depositar a importância de cinco por cento sobre o valor da causa, que se converterá em multa caso a ação seja, por unanimidade de votos, declarada inadmissível ou improcedente.

§ 1º Não se aplica o disposto no inciso II à União, aos Estados, ao Distrito Federal, aos Municípios, suas respectivas autarquias e fundações de direito

público, ao Ministério Público, à Defensoria Pública e aos que tenham obtido o benefício da gratuidade de justiça.

§ 2º O depósito previsto no inciso II do *caput* deste artigo não será superior a 1.000 (mil) salários mínimos.

§ 3º Além dos casos previstos no art. 330, a petição inicial será indeferida quando não efetuado o depósito exigido pelo inciso II do *caput* deste artigo.

§ 4º Aplica-se à ação rescisória o disposto no art. 332.

§ 5º Reconhecida a incompetência do tribunal para julgar a ação rescisória, o autor será intimado para emendar a petição inicial, a fim de adequar o objeto da ação rescisória, quando a decisão apontada como rescindenda:

I – não tiver apreciado o mérito e não se enquadrar na situação prevista no § 2º do art. 966;

II – tiver sido substituída por decisão posterior.

§ 6º Na hipótese do § 5º, após a emenda da petição inicial, será permitido ao réu complementar os fundamentos de defesa, e, em seguida, os autos serão remetidos ao tribunal competente.

CORRESPONDÊNCIA NO CPC/1973: *ARTS. 488 E 490.*

1. **Requisitos da inicial.** A inicial da ação rescisória, além de atender aos requisitos genéricos de qualquer petição inicial, estabelecidos no art. 319 do CPC/2015, deve, ainda, (i) invocar, como causa de pedir, uma das hipóteses de rescindibilidade previstas nos incisos I a VIII do art. 966, do CPC/2015, ou, esparsamente, no CPC/2015 (arts. 525, §15; 535, §8º; 658 e 701, §3º, CPC/2015); (ii) vir instruída com os documentos indispensáveis à propositura da ação, como se afigura a prova nova, na rescisória com fulcro no art. 966, VII, do CPC/2015; (iii) cumular ao pedido de rescisão, se for o caso, o de novo julgamento; e (iv) vir acompanhada do comprovante de depósito de 5% (cinco por cento) sobre o valor da causa. Não é ocioso destacar que, em caso de desatendimento a quaisquer desses requisitos, o autor deve ser intimado para emendar a inicial, suprindo o vício (art. 321, CPC/2015). Ademais, tendo em vista o modelo de processo cooperativo adotado pelo CPC/2015 – de onde exsurgem os deveres de esclarecimento, de prevenção, de consulta e de auxílio – e o princípio da primazia da análise do mérito (arts. 4º e 6º, CPC/2015), não se poderá extinguir a ação rescisória sem resolução do mérito, mesmo em decorrência daquelas matérias de ordem pública e conhecimento *ex officio*, sem que antes seja ouvido o autor e lhe dada oportunidade de sanar o vício.

2. **Depósito obrigatório.** A inicial da ação rescisória deve vir acompanhada do comprovante de depósito de 5% (cinco por cento) sobre o valor da causa, exceto quando ajuizada pela União; pelos Estados; pelo Distrito Federal; pelos Municípios, suas respectivas autarquias e fundações de direito público; pelo Ministério Público; pela Defensoria Pública, pelo INSS (Enunciado 175 da Súmula do STJ; art. 8º, Lei 8.620/1990) e por quem tenha obtido o benefício da gratuidade de justiça. O valor do depósito obriga-

tório não será superior a 1.000 (mil) salários-mínimos; ou seja, mesmo nas causas de valor superior a 20.000 (vinte mil) salários mínimos, o teto do depósito será quantia equivalente a 1.000 (mil) salários mínimos. Ressalte-se, ainda, que esse depósito será convertido em multa e revertido em favor do réu, caso a ação seja, por unanimidade de votos, declarada inadmissível ou improcedente (arts. 968, II, e 974, parágrafo único, CPC/2015).

3. Indeferimento da inicial. Nos termos do art. 968, §3º c/c o art. 330 do CPC/2015, a inicial da rescisória será indeferida quando: (i) não efetuado o depósito exigido no art. 968, II, do CPC/2015; (ii) for inepta, em virtude de lhe faltar pedido ou causa de pedir; o pedido ser indeterminado e a demanda não ser daquelas em que se admite o pedido genérico; da narrativa dos fatos não decorrer logicamente o pedido e, contiver pedidos incompatíveis entre si; (iii) a parte for manifestamente ilegítima (ilegitimidade *in status assertiones*); e (iv) não restar configurado o interesse processual (*v.g.*, uma rescisória atacando decisão que indeferiu a inicial). Nunca é demasiado relembrar que, diante do art. 321, do CPC/2015, do modelo de processo cooperativo adotado pelo CPC/2015 e do princípio da primazia da análise do mérito (arts. 4º e 6º, CPC/2015), não se poderá indeferir a inicial da rescisória, sem oportunizar ao autor a emenda ou a complementação da inicial, no prazo de 15 (quinze) dias.

4. Improcedência liminar. O art. 968, §4º, do CPC/2015, prevê a possibilidade de julgamento liminar de improcedência da ação rescisória (isto é, antes da oitiva do réu). Assim, nos termos do art. 332, I a IV, e §1º, do CPC/2015, poderá o juiz julgar liminarmente improcedente a demanda, quando a causa prescindir de dilação probatória e houver-se operado a decadência ou o pedido contrariar alguns dos precedentes tidos por vinculantes no regime do CPC/2015, quais sejam, (i) enunciado de súmula do STF ou do STJ; (ii) acórdão proferido pelo STF ou pelo STJ em julgamento de recursos repetitivos; (iii) entendimento firmado em incidente de resolução de demandas repetitivas ou de assunção de competência; e (iv) enunciado de súmula de tribunal de justiça sobre direito local.

5. Competência para processar e julgar a ação rescisória. Como dizia Pontes de Miranda, "não há princípio *a priori* que subordine a ação rescisória à competência do juiz superior, nem à competência do mesmo juiz. O princípio, se o queremos extrair, é o da *par maiorve potestas* (do juízo igual ou superior)" (MIRANDA, Francisco Cavalcanti Pontes de, *Comentários ao Código de Processo Civil*, t. VI, 3. ed., Rio de Janeiro, Forense, 1998, p. 182). No direito brasileiro, a competência para processamento e julgamento da ação rescisória é exclusiva dos tribunais; a cada tribunal compete o julgamento da rescisória dos seus próprios julgados (e o dos juízes a si vinculados). Isso é o que se depreende: do art. 102, I, "j", da CF/1988, de acordo com o qual cabe ao STF processar e julgar as ações rescisórias de seus julgados; do art. 105, I, da CF/1988, que estabelece o mesmo para o STJ, e do art. 108, I, "b", da CF/1988, que atribui competência aos TRFs para rescindir os próprios julgados. Por fim, constrói-se idêntica norma para os Tribunais Estaduais, a partir do art. 125, §1º, da CF/1988, iluminado pelo princípio da simetria.

6. Incompetência, emenda da inicial, complementação da defesa e remessa dos autos ao tribunal competente. A cada tribunal compete o julgamento da rescisória dos seus julgados (e o dos juízes a ele vinculados). Em se tratando de rescisória, são comuns os seguintes equívocos ensejadores de incompetência: (i) o autor ajuizar ação rescisória perante tribunal que não apreciou: o mérito da causa; a questão que acarretou decisão terminativa (*v.g.*, coisa julgada, litispendência, perempção, ausência de interesse de agir) ou a questão que ensejou a inadmissibilidade de recurso (*v.g.*, intempestividade e deserção); e (ii) o autor ajuizar ação rescisória perante tribunal que proferiu decisão que fora substituída (art. 1.008) por julgado de outro tribunal. Por isso o legislador, considerando o modelo de processo cooperativo adotado pelo CPC/2015 e o princípio da primazia da análise do mérito (arts. 4º e 6º, CPC/2015), estabeleceu que, nessas hipóteses, o autor poderá emendar a inicial, a fim de que, ao invés de indeferi-la, remetam-se os autos ao tribunal competente (art. 968, §5º, I e II, e §6º, CPC/2015). Corolário disso é o dever de intimar o réu para complementar sua defesa, exercendo o contraditório efetivo, próprio do modelo constitucional do processo. Há, ainda, uma questão que – embora não se relacione com o art. 968, §5º, I e II, e §6º, do art. CPC/2015, mas com o parágrafo 3º, por não ser defeito da inicial que redunde em incompetência – merece ser lembrada: quando a ação rescisória, apesar de ter sido ajuizada perante o tribunal competente, impugnar decisão que fora substituída por outra (*v.g.*, o autor da rescisória aponta como decisão rescindenda a sentença que fora substituída por acórdão de apelação), o relator deve possibilitar a emenda da inicial (arts. 321; 932, parágrafo único, e 938, §1º, CPC/2015) e, posteriormente, a complementação da defesa.

Artigo 969.
A propositura da ação rescisória não impede o cumprimento da decisão rescindenda, ressalvada a concessão de tutela provisória.
CORRESPONDÊNCIA NO CPC/1973: *ART. 489.*

1. Suspensão da eficácia da decisão rescindenda. Como já afirmado no item 1 dos comentários ao art. 966 do CPC/2015, a decisão objeto da ação rescisória é válida e eficaz. Logo, a decisão rescindenda só pode ter sua eficácia (seja a executiva, ou outro efeito imediato ou mediato) sustada em virtude de tutela provisória (terminologia adotada pelo CPC/2015) concedida na ação rescisória, tutela essa que pode ter natureza satisfativa ou acautelatória e se fundar na urgência (arts. 300 a 302, CPC/2015) ou na evidência (art. 311, CPC/2015) – nesse sentido, o Enunciado 80 do FPPC: "A tutela antecipada prevista nestes dispositivos pode ser de urgência ou de evidência.". Ou seja, a ação rescisória não tem efeito suspensivo. A nosso ver, o "procedimento da tutela antecipada requerida em caráter antecedente" (arts. 303 e 304, CPC/2015) e o "procedimento da tutela cautelar requerida em caráter antecedente" (arts. 306 e 310, CPC/2015) afiguram-se incompatíveis com o rito da ação rescisória. Durante anos, houve grande divergência doutrinária e jurisprudencial acerca do cabimento de medida de urgência em ação rescisória, para suspender a execução da decisão rescindenda; discussões essas que perderam relevância com a introdução da antecipação de tutela no direito pátrio, em 1994, pela Lei 8.952, que alterou o art. 273 do CPC/1973 e, sobretudo, com a Lei 10.444/2002, que acrescentou o parágrafo 7º, ao art. 273, do CPC/1973, estabelecendo a fungibilidade entre a antecipação de tutela e a cautelar.

Artigo 970.

O relator ordenará a citação do réu, designando-lhe prazo nunca inferior a 15 (quinze) dias nem superior a 30 (trinta) dias para, querendo, apresentar resposta, ao fim do qual, com ou sem contestação, observar-se-á, no que couber, o procedimento comum.
CORRESPONDÊNCIA NO CPC/1973: *ART. 491.*

1. **Prazo diferenciado para contestar.** Muito antes de se falar no Brasil em contraditório qualificado ou no princípio da cooperação, tão caros ao modelo constitucional do processo, a regra do art. 491 do CPC/1973 já os concretizava, ao possibilitar a concessão de prazo mais elástico ao réu – entre o mínimo de 15 (quinze) e o máximo de 30 (trinta) dias –, a depender da complexidade da matéria.

2. **Termo inicial da contagem do prazo.** No procedimento comum, versando a causa sobre direito que admita autocomposição, o prazo de contestação começa a fluir (i) da audiência de conciliação ou de mediação (art. 335, I, CPC/2015); ou (ii) da data "do protocolo do pedido de cancelamento da audiência de conciliação ou de mediação apresentado pelo réu, quando ocorrer a hipótese do art. 334, § 4º, inciso I" (art. 335, II, CPC/2015). Essas disposições não se aplicam à ação rescisória. Por força do estabelecido no art. 970 c/c art. 335, III e art. 231 do CPC/2015, o prazo para contestar ação rescisória é contado na forma do art. 231 do CPC/2015, ou seja, a partir (i) da data de juntada aos autos do aviso de recebimento, quando a citação for pelo correio; (ii) da data de juntada aos autos do mandado cumprido, quando a citação for por oficial de justiça, etc.

3. **Prazo diferenciado para a Fazenda Pública.** No regime do CPC/1973, havia grande controvérsia sobre aplicar ou não à Fazenda Pública o benefício do prazo em quádruplo para contestar ação rescisória (art. 188, CPC/1973). A doutrina se posicionava majoritariamente pela não aplicação do art. 188 do CPC/1973, sob o argumento de que o prazo para contestar ação rescisória era judicial e que, em nenhuma hipótese, poderia ultrapassar 30 (trinta) dias. Contudo, o STJ e o STF posicionaram-se pela aplicação do prazo em quádruplo em favor da Fazenda Pública, na ação rescisória (STJ, REsp

363.780/RS; AgRg na AR 250/MT; STF, RE 94.960/1982). Conquanto não haja mais prazo em quádruplo para a Fazenda Pública contestar, e sim prazo em dobro para todas as suas manifestações processuais (art. 183, CPC/2015), a dúvida persiste, pois, se o relator fixar em 15 (quinze) dias o prazo para a Fazenda Pública contestar, esta disporá de 15 (quinze) ou 30 (trinta) dias? O mais razoável é que o prazo para a Fazenda Pública contestar seja fixado, pelo relator, em 30 (trinta dias) e com a advertência de que não será dobrado. A nosso ver é essa a melhor forma de compatibilizar os arts. 183 e 970 do CPC/2015. Aplica-se o mesmo ao Ministério Público, quando figurar como réu em ação rescisória (art. 180, CPC/2015), e ao réu que estiver assistido pela Defensoria Pública (art. 186, CPC/2015).

4. Respostas do réu e reconvenção. Tendo em vista a regra da concentração da defesa na contestação (art. 336 e 337, CPC/2015), o réu de ação rescisória, ao ofertar sua contestação, deve deduzir toda matéria de defesa, seja ela processual (*v.g.*, incompetência relativa; impugnação ao valor da causa; convenção de arbitragem, etc.), seja meritória. O réu da ação rescisória poderá, ainda, deduzir pedido reconvencional, que será formulado na própria contestação (art. 343, CPC/2015); contudo, alguns requisitos devem ser observados: (i) a reconvenção também tem de ser uma ação rescisória, incumbindo ao reconvinte invocar, como causa de pedir, uma das hipóteses de rescindibilidade previstas nos incisos I a VIII do art. 966 do CPC/2015, ou, esparsamente, no CPC/2015 (arts. 525, § 5; 535, §8º; 658; e 701, §3º, CPC/2015); (ii) a decisão rescindenda a ser atacada pelo reconvinte tem de ser a mesma que é impugnada pelo autor-reconvindo, mudando apenas os capítulos (caso contrário, ter-se-ia problema de competência, etc.); e (iii) a reconvenção tem de ser ofertada no prazo decadencial de 2 (dois) anos previsto no art. 975 do CPC/2015 (observação: é possível que o autor ajuíze ação rescisória ainda no prazo, mas que à época da contestação já tenha transcorrido o prazo decadencial, não tendo, pois, o réu direito à rescisória na forma reconvencional).

5. Revelia e inaplicabilidade da presunção de veracidade. A revelia se dá quando o réu não contesta a ação ou o faz intempestivamente. O seu principal efeito –o efeito material – consiste na presunção de veracidade dos fatos alegados pelo autor (art. 344, CPC/2015). Contudo, na ação rescisória, a revelia não produz esse efeito, pois se trata de ação autônoma de impugnação contra decisão (decisão essa, que goza de presunção de legitimidade). Pela mesma razão, não se aplica ao réu o ônus da impugnação específica, previsto no art. 341 do CPC/2015.

6. Procedimento. Após a contestação, a ação rescisória observará, no que couber, o procedimento comum, regulado nos arts. 318 a 512 do CPC/2015.

ARTIGO 971.

Na ação rescisória, devolvidos os autos pelo relator, a secretaria do tribunal expedirá cópias do relatório e as distribuirá entre os juízes que compuserem o órgão competente para o julgamento.

Parágrafo único. A escolha de relator recairá, sempre que possível, em juiz que não haja participado do julgamento rescindendo.
CORRESPONDÊNCIA NO CPC/1973: *ART. 553.*

1. Distribuição do relatório e o debate qualificado no colegiado. A regra constante do *caput* do art. 971 do CPC/2015, que determina a distribuição do relatório entre os magistrados que compõem o órgão competente para o julgamento, visa a proporcionar melhores condições para um debate qualificado no colegiado; tudo considerando a relevância da ação rescisória, sobretudo, daquela que versa sobre questões em que se sobreleva o interesse público, como: a prevaricação, a concussão ou corrupção do juiz, o impedimento, etc..

2. Escolha do relator e imparcialidade. A disposição constante do parágrafo único do artigo em comento, apesar de não ter correspondente no CPC/1973, inspira-se, claramente, no art. 534 daquele diploma legal, relativo aos embargos infringentes, que estabelecia o seguinte: "Caso a norma regimental determine a escolha de novo relator, esta recairá, se possível, em juiz que não haja participado do julgamento anterior" (observação: não é ocioso destacar que o CPC/2015 extinguiu os embargos infringentes; instituindo, em seu lugar, a técnica de julgamento prevista no art. 942). Redação semelhante à da disposição em comento tem o art. 238 do Regimento Interno do STJ: "À distribuição da ação rescisória não concorrerá o Ministro que houver servido como relator do acórdão rescindendo.". Pois bem, o valor que essa regra visa a proteger é o da imparcialidade do julgador, que se constitui em pressuposto processual de validade. Conforme já afirmado no item 4.2 dos comentários ao art. 966, o ordenamento processual civil brasileiro, embora que intuitivamente, em diversos de seus dispositivos legais (*v.g.*, os arts. 2º, 144, II, 147 e art. 971, parágrafo único, do CPC/2015), visa a prevenir o enviesamento cognitivo, como certamente ocorreria se o relator da ação rescisória fosse, por exemplo, o relator do recurso em que fora proferida a decisão rescindenda. Parece óbvio que o relator da rescisória, nesse caso, estaria muito mais propenso a manter o entendimento esposado na decisão rescindenda, do que a acolher as razões do autor. Não é ocioso destacar que o parágrafo único do artigo em comento visa a evitar apenas que o magistrado que participou do julgamento rescindendo seja o relator, não havendo qualquer empecilho a que participe com voto no julgamento da ação rescisória (nesse sentido, o Enunciado n 252 da Súmula do STF, editado à luz do CPC/1939: "Na ação rescisória, não estão impedidos juízes que participaram do julgamento rescindendo"). Essa situação ainda não é a ideal, haja vista que o magistrado, nitidamente mais inclinado em determinada direção, continuará podendo influenciar no julgamento da ação rescisória.

Artigo 972.
Se os fatos alegados pelas partes dependerem de prova, o relator poderá delegar a competência ao órgão que proferiu a decisão rescindenda, fixando prazo de 1 (um) a 3 (três) meses para a devolução dos autos.
CORRESPONDÊNCIA NO CPC/1973: *ART. 49.*

1. Produção de prova em ação rescisória. Determinadas causas de rescindibilidade permitem a produção de provas na ação rescisória, como se depreende, claramente, do inciso VI do art. 966 do CPC/2015, que prevê a rescisão da decisão fundada em prova falsa, permitindo que a falsidade seja comprovada na própria ação rescisória. Outras causas de rescindibilidade também admitem a produção de provas na própria ação rescisória, por exemplo, quando a decisão rescindenda foi proferida: por força de prevaricação, concussão ou corrupção do juiz; por juiz impedido; em decorrência de dolo ou coação da parte vencedora em detrimento da parte vencida; ou, ainda, de simulação ou colusão entre as partes, a fim de fraudar a lei. Por outro lado, há causas de rescindibilidade que inadmitem produção de provas na ação rescisória, como sói ocorrer na hipótese de violação manifesta de norma jurídica (Enunciado 410 da Súmula do STJ, nessa hipótese se admite apenas a requalificação jurídica dos fatos) e na hipótese de a sentença ter-se fundado em erro de fato verificável do exame dos autos. Contudo, vale salientar que, mesmo nesses casos, embora não se admita a produção de provas para fins do *iudicium rescindens*, como bem percebeu Barbosa Moreira, pode-se admitir a produção de provas para fins do *iudicium rescissorium*, haja vista que, em regra, não se abre uma segunda etapa probatória após a desconstituição da decisão impugnada. (MOREIRA, José Carlos Barbosa, *Comentários ao Código de Processo Civil*, v. V, 17. ed., Rio de Janeiro, Forense, 2013). Assinale-se, por oportuno, que o próprio relator pode presidir a produção de provas (*v.g*, tomar depoimento de partes; inquirir testemunhas; proceder a inspeções, etc.); entretanto, questões estruturais do tribunal podem levar o relator a delegar competência ao órgão que proferiu a decisão rescindenda, fixando prazo de 1 (um) a 3 (três) meses para a devolução dos autos. A redação do dispositivo, na parte em que consigna a delegação de competência ao órgão que proferiu a decisão rescindenda, não parece ser das melhores. É que, se essa delegação de competência, no mais das vezes se dá por questões estruturais do tribunal, como se delegar competência a magistrado que não seja o juízo de primeiro grau? Suponha-se que o tribunal está a julgar rescisória que impugna acórdão de apelação; o órgão que proferiu a decisão rescindenda será a câmara do tribunal, como ficará a produção de provas nesse caso? Por fim, questão interessante se afigura a da validade da prova produzida após o prazo de um a três meses concedido pelo relator. Marinoni, Arenhart e Mitidiero defendem a validade, sob o argumento de que esse prazo é impróprio. (MARINONI, Luiz Guilherme; ARENHART, Sérgio Cruz; MITIDIERO, Daniel, *Novo Código de Processo Civil Comentado*, São Paulo, RT, 2015, p. 910). No mesmo sentido, Rodrigo Barioni (BARIONI, Rodrigo, "Da ação rescisória", in

WAMBIER, Teresa Arruda Alvim *et al.* (Coord.), *Breves comentários ao novo Código de Processo Civil*, São Paulo, RT, 2015). Essa conclusão nos parece acertada, pois, se a prova foi produzida com observância do devido processo legal, com a oportunidade de participação das partes, invalidá-la pela inobservância do referido prazo seria apego à "forma pela forma", sem falar que desatenderia ao princípio segundo o qual, no processo civil, não há nulidade sem prejuízo (arts. 277; 279, §2º; 281; 282, §§ 1º e 2º; e 283, parágrafo único, CPC/2015).

Artigo 973.
Concluída a instrução, será aberta vista ao autor e ao réu para razões finais, sucessivamente, pelo prazo de 10 (dez) dias.
Parágrafo único. Em seguida, os autos serão conclusos ao relator, procedendo-se ao julgamento pelo órgão competente.
CORRESPONDÊNCIA NO CPC/1973: *ART. 493.*

1. Razões finais. A intimação das partes para apresentação de razões finais – que deve ser sucessiva: primeiro o autor, depois o réu – afigura-se imprescindível, quando tiver ocorrido produção de provas na ação rescisória. A ausência de intimação nesse caso ensejaria vício, passível da sanção de nulidade processual, em virtude de afronta ao contraditório qualificado. Apenas a parte sucumbente poderia alegar esse vício, já que à parte vencedora não interessaria a nulidade processual e no processo civil não há nulidade sem prejuízo (arts. 277; 279, §2º; 281; 282, §§ 1º e 2º; e 283, parágrafo único, CPC/2015). Ressalte-se, por outro lado, que, inexistindo produção de provas na ação rescisória, não há necessidade de abertura de prazo para razões finais, podendo a demanda ser julgada antecipadamente (art. 335, I c/c art. 970, parte final, CPC/2015). O STJ mantém entendimento firme nesse sentido. (STJ, AR 729/PB; AgRg no REsp 4.826/SP).

2. Intervenção do Ministério público como fiscal do ordenamento jurídico. Quando o Ministério Público não for parte na ação rescisória que vise a desconstituir a decisão proferida no processo em que era obrigatória sua intervenção (art. 178, CPC/2015), será intimado para intervir como fiscal da ordem jurídica. Ao que parece, o momento adequado à oitiva do Ministério Público é o posterior à apresentação das razões finais e imediatamente anterior à conclusão dos autos para julgamento.

Artigo 974.
Julgando procedente o pedido, o tribunal rescindirá a decisão, proferirá, se for o caso, novo julgamento e determinará a restituição do depósito a que se refere o inciso II do art. 968.

Parágrafo único. Considerando, por unanimidade, inadmissível ou improcedente o pedido, o tribunal determinará a reversão, em favor do réu, da importância do depósito, sem prejuízo do disposto no § 2º do art. 82.

CORRESPONDÊNCIA NO CPC/1973: *ART. 494.*

1. **Juízo rescindente e juízo rescisório.** Na ação rescisória, em regra, há três juízos distintos: (i) o juízo de admissibilidade, onde se aprecia o cabimento da ação rescisória; (ii) o juízo rescindente (*iudicium rescindens*), onde se aprecia a desconstituição da decisão impugnada; e (iii) o juízo rescisório (*iudicium rescissorium*), através do qual o tribunal, após desconstituir a decisão impugnada, profere um novo julgamento da causa originária. Embora, em geral, ao *iudicium rescindens* se siga ao *iudicium rescissorium*, há situações que não dão ensejo ao juízo rescisório, por exemplo, quando a ação rescisória tem como fundamento o fato de a decisão rescindenda ter violado a coisa julgada de anterior decisão. Nesse caso, basta o juízo rescindente, pois, em se desconstituindo a decisão que violava a coisa julgada, restabelece-se esta. A grande questão consiste em saber se, naqueles casos em que ao juízo rescindente deva-se seguir o juízo rescisório, pode-se considerar que este fora formulado implicitamente pelo autor. Barbosa Moreira, bem como Fredie Didier e Leonardo Cunha entendem que, quando necessária a cumulação dos dois juízos, o autor tem de requerer expressamente o *iudicium rescindens* e o *iudiciu rescissorium*, sob pena de indeferimento da inicial. (MOREIRA, José Carlos Barbosa, *Comentários ao Código de Processo Civil*, v. V, 17. ed., Rio de Janeiro, Forense, 2013; DIDIER JR., Fredie; CUNHA, Leonardo Carneiro da, *Curso de direito processual civil*, v. 3, 11. ed., Salvador, JusPodivm, 2013). Defendem, ainda, que, se o autor não cumulou os pedidos de rescisão e rejulgamento, o tribunal não pode realizar o *iudicium rescissorium*, sob pena de incorrer em julgamento *extra petita* (arts. 141 e 492, CPC/2015). No STJ, a questão é controvertida, há precedentes concluindo que "considera-se implicitamente requerido o novo julgamento da causa, desde que seja decorrência lógica da desconstituição da sentença ou do acórdão rescindendo.". (STJ, REsp 783.516/PB). Há outros concluindo que "a cumulação dos pedidos do *iudicium rescindens* e do *iudicium rescissorium*, prevista no art. 488, I, do CPC, ressalvados os casos em que não é cabível (como, por exemplo, os de ação rescisória proposta com fulcro nos incisos II ou IV do art. 485 do CPC), é obrigatória, não se podendo considerar como implícito o pedido de novo julgamento, tendo em vista que o *caput* daquele dispositivo dispõe, expressamente, que o autor deve formular ambos os requerimentos na inicial.". (STJ, REsp 386.410/RS). O último entendimento é o que tem prevalecido, tendo em vista precedente da 1ª Seção proferido em 2007 (STJ, AR 2.677/PI), precedente esse que fora recentemente reafirmado por julgado da 3ª Turma, integrante da 2ª Seção. Nesse precedente, além da obrigatoriedade de cumulação do *iudicium rescindens* e do *iudicium rescissoriu*, restou assentado que "é incabível emendar a petição inicial inepta após o oferecimento da contestação pelo réu, devendo o feito ser julgado extinto, sem julgamento de mérito, em respeito ao princípio da estabilidade da

relação processual.". (STJ, EDcl no AgRg no REsp 1.184.763/MG). A nosso ver, essa parte do precedente, que veda a emenda da inicial após o oferecimento da contestação, não se encontra em consonância com o regime do CPC/2015, que adotou o modelo de processo cooperativo – de onde exsurgem os deveres de esclarecimento, de prevenção, de consulta e de auxílio – e positivou o princípio da primazia da análise do mérito (arts. 4º e 6º, CPC/2015).

2. Destino do depósito. O parágrafo único do art. 974 do CPC/2015 estabelece que, se o tribunal inadmitir ou julgar improcedente a ação rescisória, por unanimidade, a importância do depósito será revertida em favor do réu. Pois bem, a norma construída pelo STJ e pelo STF a partir do texto do art. 494 do CPC/1973 – em tudo semelhante ao dispositivo em comento – foi no sentido de que a perda do depósito inicial em favor do réu depende de existência de julgamento colegiado unânime em desfavor do autor, não incidindo a regra em caso de extinção monocrática da ação rescisória. (STJ, AgRg na AR 4.082/MG; AgRg na AR 3.792/PR; STF, AR 1279 ED/2001). Também não se dá a reversão do depósito em favor do réu, em caso de desistência ou renúncia. (STJ, REsp 754.254/RS).

3. Recursos na ação rescisória. A ação rescisória pode ser julgada monocraticamente ou pelo colegiado. Em face da decisão monocrática do relator caberá agravo interno (art. 1.021, CPC/2015). Já a decisão colegiada, nos tribunais locais, poderá ser impugnada por recurso especial e/ou extraordinário. Vale lembrar que os embargos infringentes foram extintos, tendo, em seu lugar, sido instituída a técnica por meio da qual, em caso de julgamento não unânime de procedência da ação rescisória, deve-se convocar desembargadores em número suficiente para proporcionar a inversão do resultado inicial (art. 942, CPC/2015). Da decisão definitiva do STJ, no julgamento de ação rescisória de seus próprios julgados, caberá recurso extraordinário para o STF. Tanto no STJ quanto no STF não caberão embargos de divergência, quando do julgamento de ação rescisória dos próprios julgados, pois, no STJ, a competência para julgar ação rescisória de seus próprios julgados já é da Corte Especial, órgão jurisdicional máximo do tribunal (art. 11, XIV, RISTJ) e, no STF, a ação rescisória dos próprios julgados já é da competência do pleno (art. 6º, I, "c", RISTF). Nessas duas hipóteses, os embargos de divergência encontrariam óbice no art. 1.043 do CPC/2015, de acordo com o qual apenas é embargável o acórdão de órgão fracionário. Por fim, cumpre destacar que os embargos declaratórios são oponíveis em face de qualquer decisão judicial (art. 1.022, CPC/2015).

4. Rescisória da rescisória. Questão interessante se afigura a atinente ao cabimento de ação rescisória em face do acórdão que julgou ação rescisória. É cabível ação rescisória nessa hipótese; contudo, a causa de rescindibilidade tem de ser relativa ao acórdão que julgou a ação rescisória, e não à decisão que fora objeto da rescisória. Ou melhor, o vício ou a injustiça têm de ser os surgidos no acórdão que julgou a ação rescisória, até porque a decisão que fora objeto da primeira ação rescisória fora apagada do mundo jurídico.

(SOUZA, Bernardo Pimentel, *Introdução aos recursos cíveis e à ação rescisória*, 10. ed., São Paulo, Saraiva, 2014, p. 905; DIDIER JR., Fredie; CUNHA, Leonardo Carneiro da, *Curso de direito processual civil*, v. 3, 11. ed., Salvador, JusPodivm, 2013, p. 492). Nesse sentido, o Enunciado 400 da Súmula do TST é esclarecedor: "Em se tratando de rescisória de rescisória, o vício apontado deve nascer na decisão rescindenda, não se admitindo a rediscussão do acerto do julgamento da rescisória anterior. Assim, não se admite rescisória calcada no inciso V do art. 485 do CPC para discussão, por má aplicação dos mesmos dispositivos de lei, tidos por violados na rescisória anterior, bem como para argüição de questões inerentes à ação rescisória primitiva.".

ARTIGO 975.

O direito à rescisão se extingue em 2 (dois) anos contados do trânsito em julgado da última decisão proferida no processo.

§ 1º Prorroga-se até o primeiro dia útil imediatamente subsequente o prazo a que se refere o *caput*, quando expirar durante férias forenses, recesso, feriados ou em dia em que não houver expediente forense.

§ 2º Se fundada a ação no inciso VII do art. 966, o termo inicial do prazo será a data de descoberta da prova nova, observado o prazo máximo de 5 (cinco) anos, contado do trânsito em julgado da última decisão proferida no processo.

§ 3º Nas hipóteses de simulação ou de colusão das partes, o prazo começa a contar, para o terceiro prejudicado e para o Ministério Público, que não interveio no processo, a partir do momento em que têm ciência da simulação ou da colusão.

CORRESPONDÊNCIA NO CPC/1973: *ART. 495.*

1. **Prazo para ajuizar ação rescisória.** O prazo para ajuizar ação rescisória é de 2 (dois) anos e de natureza decadencial. É que a ação rescisória constitui um remédio jurídico e o direito a remédio jurídico é uma situação jurídica titularizada pelo jurisdicionado no plano pré-processual, aquele que se situa entre os planos material e processual. Logo, tem-se direito à ação rescisória, direito esse que se extingue pelo decurso do prazo de 2 (dois) anos. Roberto Campos Gouveia Filho, Roberto Paulino de Albuquerque Jr. e Gabriela Expósito bem analisam o direito ao remédio jurídico (*v. g.,* mandado de segurança, ação possessória de força nova, ação rescisória, etc.) como situado no plano pré-processual. (GOUVEIA FILHO, Roberto Pinheiro Campos; ALBUQUERQUE JR., Roberto Paulino de; ARAÚJO, Gabriela Expósito de, "Da noção de direito ao remédio jurídico processual à especialidade dos procedimentos das execuções fundadas em título extrajudicial: ensaio a partir do pensamento de Pontes de Miranda", in *Execução e Cautelar: estudos em homenagem a José de Moura Rocha*, Salvador, JusPodivm, 2012, p. 506). Com

base na tese do ilustre paraibano, Agnelo Amorim Filho também se chega à conclusão da natureza decadencial do prazo de ação rescisória, sendo que através de outras premissas teóricas. Agnelo Amorim Filho, mesmo sem ter percebido os três planos relativos ao fenômeno processual – o material, o pré-processual e o processual –, ao tratar, sob o rótulo de "casos especiais de ações constitutivas", das hipóteses em que a legislação disponibiliza "dois caminhos representados por ações de natureza diversa (condenatórias e constitutivas), das quais pode fazer uso alternativamente", intuiu que a opção por uma das alternativas disponibilizadas (como se dá, *v.g.*, no caso de vício redibitório: redibição ou abatimento do preço, art. 475 do Código Civil) tem o nítido caráter de um direito potestativo, cujo exercício depende exclusivamente da vontade do titular, logo, sujeito a prazo decadencial. (AMORIM FILHO, Agnelo, "Critério científico para distinguir a prescrição da decadência e para identificar as ações imprescritíveis", in *Revista de Direito Processual Civil*, v. 3, São Paulo, 1961, p. 95-132).

2. Prorrogação do prazo para ajuizar ação rescisória. Apesar de ser decadencial o prazo para se propor ação rescisória, estabeleceu-se no parágrafo 1º do art. 975 do CPC/2015: "Prorroga-se até o primeiro dia útil imediatamente subsequente o prazo a que se refere o *caput*, quando expirar durante férias forenses, recesso, feriados ou em dia em que não houver expediente forense.". Isso pode causar certa perplexidade em alguns, tendo em vista que, nos termos do art. 207 do CC/2002, "salvo disposição legal em contrário, não se aplicam à decadência as normas que impedem, suspendem ou interrompem a prescrição". Ora, por vários motivos se vê que não há antinomia entre o parágrafo 1º do art. 975 do CPC/2015 e o art. 207 do CC/2002. Primeiro, porque o próprio art. 207 do CC/2002 consigna a expressão "salvo disposição em contrário" e, no caso, há disposição em contrário. Segundo, porque essa disposição do CC/2002 que trata da ininterruptibilidade do prazo decadencial é de natureza material; enquanto o enunciado legal do CPC/2015 que trata da prorrogação do prazo decadencial de rescisória é de natureza processual, por tratar de algo que está entre os planos pré-processual e processual. Terceiro, porque a prescrição e a decadência são categorias eficaciais, não se configurando conceitos lógico-jurídicos, mas conceitos jurídico-positivos, de forma que o legislador tem total liberdade para estabelecer seus prazos, suas formas de suspensão, de interrupção, de prorrogação e de contagem. (VILANOVA, Lourival. *Causalidade e relação no direito*, 4. ed., São Paulo, RT, 2000, p. 238-239; TERÁN, Juan Manuel, *Filosofía del derecho*, 7. ed., México, Porrua, 1977, p. 81; DIDIER JR., Fredie, *Sobre a teoria geral do processo, essa desconhecida*, Salvador, JusPodivm, 2012, p. 39-45; NOGUEIRA, Pedro Henrique Pedrosa, *A Teoria da ação de direito material*, Salvador, JusPodivm, 2008, p. 146).

3. Da inexistência de prazo decadencial em dobro para a Fazenda Pública e do prazo específico do art. 8º-C da Lei nº 6.739/79. A Fazenda Pública não dispõe da prerrogativa do prazo em dobro para ajuizar ação rescisória. O STF já chegou, inclusive, a suspender a eficácia de Medidas Provisórias que visavam a conferir prazo em dobro à Fazenda Pública (STF, ADI 1.753/1998 e ADI-MC 1.910-1/1999). Contudo, o art. 8º-C da Lei nº 6.739/1979 prevê o prazo de 8 (oito) anos para ajuizamento de ação rescisória relativa a processos que digam respeito à transferência de terras públicas rurais. Fredie Didier Jr. e Leonardo Cunha não vislumbram inconstitucionalidade nesse dispositivo legal, por entenderem que se afigura razoável esse prazo diferenciado, tendo em vista a peculiaridade de a regra se destinar a casos específicos de transferência de terras públicas rurais, permitindo a revisão de decisões que consolidaram grilagens ou transferências ilegais de bens públicos. (DIDIER JR., Fredie; CUNHA, Leonardo Carneiro da, *Curso de direito processual civil*, v. 3, 11. ed., Salvador, JusPodivm, 2013).

4. Termo *a quo* do prazo decadencial de rescisória. No regime do CPC/1973, o STJ pacificou o entendimento de que os diversos capítulos de sentença, trânsitos em julgados em instâncias distintas, não faziam coisa julgada material, mas apenas formal; ou seja, o STJ rejeitou a teoria da coisa julgada progressiva, de modo que a via rescisória só se abria após o trânsito em julgado do último capítulo de sentença, inclusive, o termo *a quo* do prazo decadencial da ação rescisória se daria nesse momento, conforme restou assentado no Enunciado 401 de sua Súmula, que estabelece: "O prazo decadencial da ação rescisória só se inicia quando não for cabível qualquer recurso do último pronunciamento judicial.". O STF, por sua vez, vem decidindo de forma diversa (STF, RE 666.589/2012; AR 903/1982; AI 393.992/2004). O CPC/2015, que tem o princípio da razoável duração do processo como uma de suas normas fundamentais (art. 4º) e que adotou a técnica do julgamento antecipado parcial do mérito (art. 356), andou bem ao permitir a rescisão dos capítulos de sentença, à medida que forem se tornando definitivos (§ 3º, art. 356), tanto assim que o prazo de 2 (dois) anos contados do trânsito em julgado da última decisão proferida no processo passa a ser o termo *ad quem* para o ajuizamento da ação rescisória, e não mais o termo *a quo* (art. 975). Resumindo, em geral, o termo *a quo* do prazo para se propor ação rescisória será a data em que transitar em julgado cada um dos capítulos de sentença, pois o art. 975, *caput*, do CPC/2015 estabelece apenas o termo *ad quem* do prazo decadencial de ação rescisória, jamais impedindo o ajuizamento da ação antes do trânsito em julgado da última decisão proferida no processo. (PEIXOTO, Ravi, "Ação rescisória e capítulos de sentença: a análise de uma relação conturbada a partir do CPC/2015", in *Doutrina Selecionada – Processos nos tribunais e meios de impugnação às decisões judiciais*, v. 6, Salvador, JusPodivm, 2015, no prelo; ARAÚJO, José Henrique Mouta, "Pronunciamentos de mérito no CPC/2015 e reflexos na coisa julgada, na ação rescisória e no cumprimento de sentença", in *Portal Processual*, disponível em http://portalprocessual.com/pronunciamentos-de-merito-no-cpc2015--e-reflexos-na-coisa-julgada-na-acao-rescisoria-e-no-cumprimento-de-sentenca/, consultado em 14/07/2015).

5. Termo *ad quem* do prazo decadencial de rescisória. Apesar da clareza do art. 975, *caput*, do CPC/2015, ao estabelecer que "o direito à rescisão se extingue em 2 (dois) anos contados do trânsito em julgado da última decisão proferida no processo", há quem defenda uma interpretação no sentido de que o termo *ad quem* do prazo decadencial de ação rescisória será 2 (dois) anos contados do trânsito em julgado de cada um dos capítulos de sentença. Ravi Peixoto, por exemplo, faz essa construção hermenêutica, ao argumento de que, se o termo *ad quem* do prazo decadencial de rescisória for os 2 (dois) anos do trânsito em julgado da última decisão proferida no processo, poderá ocorrer de o primeiro capítulo de sentença transitado em julgado permanecer rescindível por muito tempo, o que atentaria contra segurança jurídica. (PEIXOTO, Ravi, "Ação rescisória e capítulos de sentença: a análise de uma relação conturbada a partir do CPC/2015", in *Doutrina Selecionada – Processos nos tribunais e meios de impugnação às decisões judiciais*, v. 6, Salvador, JusPodivm, 2015, no prelo). Essa solução não nos parece boa. A nosso ver, em geral, o termo *ad quem* do prazo decadencial de ação rescisória é o prazo de dois anos contados do trânsito em julgado da última decisão proferida no processo (art. 975, *caput*, do CPC/2015); interpretação diversa desconsideraria o "programa da norma" (numa expressão de Friedrich Müller). Se a preocupação é com questões de segurança e de estabilidade das relações jurídicas, pode-se, por exemplo, aplicar o instituto da *supressio*, relativamente, ao direito do autor de ação rescisória de ser restituído do que, há muito e sem qualquer oposição, fora executado pelo réu, ou adotar a tese de Antônio do Passo Cabral de modulação da eficácia temporal da decisão rescindente. (CABRAL, Antônio do Passo, *Coisa julgada e preclusões dinâmicas*, Salvador, JusPodivm, 2013, p. 540).

6. Termo *a quo* e *ad quem* específicos para a ação rescisória fundada em prova nova. Nos termos do art. 795, §2º, do CPC/2015, em se tratando de ação rescisória fundada em prova nova, o termo inicial do prazo decadencial será a data da descoberta da prova nova, observado o prazo máximo (termo *ad quem*) de 5 (cinco) anos, contado do trânsito em julgado da última decisão proferida no processo. Ou seja, o termo *a quo* é o momento da descoberta da prova, e o termo *ad quem* é o prazo de 2 (dois) anos contado dessa descoberta; não podendo, em todo caso, ultrapassar o prazo de 5 (cinco) anos contado do trânsito em julgado da última decisão proferida no processo. Por exemplo: suponha que a decisão rescindenda transitou em julgado em março de 2000 e que a descoberta da prova nova se deu em dezembro de 2004; apesar de o termo *a quo* do prazo decadencial ser dezembro de 2004, a decadência se operará em março de 2005.

7. Termo *a quo* específico para a ação rescisória fundada em simulação ou colusão das partes. Quanto à ação rescisória do terceiro prejudicado ou do Ministério Público, com fundamento na alegação de simulação ou colusão entre as partes, o termo *a quo* do prazo decadencial será o momento em que se tenha ciência da simulação ou da colusão (art. 975, § 3º, CPC)/2015. Contudo, para essa hipótese, diferentemente do que se deu com o caso de prova nova, não fora estabelecido um prazo máximo, contado do trânsito em julgado da última decisão proferida no processo, de forma que, por exemplo, passados 20 (vinte) anos do trânsito em julgado da última decisão proferida no processo, o terceiro prejudicado e o Ministério Público, ainda, poderão ajuizar ação rescisória, alegando que tomaram ciência da simulação ou da colusão entre as partes há menos de 2 (dois) anos. Essa solução parece-nos inconstitucional, por afrontar o princípio da segurança jurídica, devendo-se realizar uma interpretação conforme do dispositivo, para aplicar à hipótese, analogicamente, a regra do art. 795, §2º, do CPC/2015.

8. Termo *a quo* "em aberto" para rescindir decisão pautada em fundamento tido por inconstitucional pelo STF (arts. 525, §15; 535, §8º, CPC/2015). O art. 525, §1º, III, e §§ 12, 13 e 14, do CPC/2015, trata da impugnação ao título judicial pautado em fundamento tido por inconstitucional pelo STF (idêntica redação tem o art. 535, III, §§ 5º, 6º e 7º, CPC/2015; esses dispositivos correspondem, respectivamente, ao art. 475-L, II, §1º e art. 741, II, parágrafo único, do CPC/1973). Nos termos do dispositivo legal em comento, afigura-se inexigível a obrigação "reconhecida em título executivo judicial fundado em lei ou ato normativo considerado inconstitucional pelo Supremo Tribunal Federal, ou fundado em aplicação ou interpretação da lei ou do ato normativo tido pelo Supremo Tribunal Federal como incompatível com a Constituição Federal, em controle de constitucionalidade concentrado ou difuso". No regime do CPC/1973, a incompatibilidade do título judicial com o entendimento firmado pelo STF acerca da (in)constitucionalidade de lei ensejava a impugnação ao cumprimento de sentença, fosse a decisão do STF anterior ou posterior ao trânsito em julgado da decisão exequenda. Sempre nos pareceu que a impugnação do art. 475-L, II, §1º, do CPC/1973 tinha natureza deseficacizante, e não rescindente. (ATAÍDE JR., Jaldemiro Rodrigues de, "A impugnação ao título judicial pautado em fundamento inconstitucional como parte de um sistema de precedentes", in *Execução e Processo Cautelar: estudos em homenagem a José de Moura Rocha*, Salvador, JusPodivm, 2012, p. 187-247). Vale salientar que nessas duas hipóteses (anterioridade ou superveniência da decisão do STF) a parte vencida dispunha, cumulativamente, de ação rescisória com fulcro no art. 485, V, do CPC/1973, desde que observado o prazo decadencial de 2 (dois) anos do art. 495 do CPC/1973; trata-se de concorrência de dois remédios jurídicos à disposição do jurisdicionado, algo que não é incomum. Ocorre que o parágrafo 15 do art. 525 do CPC/1973 estabeleceu que "se a decisão referida no § 12 for proferida após o trânsito em julgado da decisão exequenda, caberá ação rescisória, cujo prazo será contado do trânsito em julgado da decisão proferida pelo Supremo Tribunal Federal". A questão pode ser ilustrada da seguinte forma: suponha que a decisão "A" – que julgou procedente a demanda aplicando a lei "X" – transitou em julgado no ano de 2000 e que, em 2050, o STF venha a proferir a decisão "B", declarando a inconstitucionalidade da lei "X", sem modulação da eficácia temporal; tendo essa decisão do STF transitado em julgado em dezembro de 2050, o vencido poderá ajuizar uma ação rescisória até dezembro de 2052. Essa solução nos parece absurda, flagrantemente inconstitucional, pois, simplesmente, esvazia por completo a coisa julgada, que tem assento constitucional, e fere de morte o princípio da segurança jurídica. Para salvar o instituto, ou melhor, para construir, a partir do texto do §15 do art. 525 do CPC/1973, uma norma compatível com a CF/1988, ter-se-á de fazer um esforço hermenêutico hercúleo. A nosso ver, só há possibilidade de duas interpretações conformes à CF/1988, quais sejam, (i) ou se entende que a decisão do STF tem que surgir, imprescindivelmente, nos 2 (dois) anos contados do trânsito em julgado da decisão rescindenda, e a partir de seu trânsito em julgado se inicia o prazo decadencial de 2 (dois) anos da ação rescisória, de forma que o prazo decadencial não ultrapasse a 4 (quatro) anos; (ii) ou se entende pela aplicação analógica do art. 795, §2º, do CPC/2015, de modo que, apesar de o termo *a quo* do prazo decadencial ser o trânsito em julgado da decisão do STF, esse prazo não poderá exceder a 5 (cinco) anos contados do trânsito em julgado da decisão rescindenda. É muito provável que seja ajuizada ADI questionando a constitucionalidade dos arts. 525, §15; 535, §8º, do CPC/2015, uma vez que, por muito menos, o Conselho Federal da Ordem dos Advogados do Brasil ajuizou, em fevereiro de 2001, a ADI 2.418-3/DF – questionando os art. 4º e 10 (o último, que acrescentou o parágrafo único ao art. 741 do CPC/1973) da Medida Provisória 2.102-27, de 26/01/2001, reeditada na MP 2.180-35, de 24/08/2001 e convertida na Lei 11.232/2005 – e, em março de 2006, ajuizou a ADI 3.740-4 – questionando os arts. 475-L, II, §1º, e 741, II, parágrafo único, do CPC/1973 (observação: ambas as ADI's pendem de julgamento no STF).

9. Direito intertemporal. A regra geral de direito intertemporal quanto às normas processuais é a estabelecida no art. 14 do CPC/2015 – em perfeita sintonia com o art. 5º, XXXVI, da CF/1988 e com o art. 6º do Decreto-Lei 4.657/1942 –, o qual dispõe que "a norma processual não retroagirá e será aplicável imediatamente aos processos em curso, respeitados os atos processuais já praticados e as situações jurídicas consolidadas sob a vigência da norma revogada.". Isso se dá, porque "como o processo compreende uma sequência complexa de atos que se projetam no tempo, preordenados para um fim, que é a sentença, deve ele ser considerado, em termos de direito transitório, como um fato jurídico complexo e pendente, sobre o qual a normatividade inovadora há de incidir.". (LACERDA, Galeno, *O novo direito processual civil e os efeitos pendentes,* Rio de Janeiro, Forense, p. 12). Nesse mesmo sentido, o elucidativo artigo da Professora Teresa Arruda Alvim Wambier (WAMBIER, Teresa Arruda Alvim, "Anotações sobre o direito intertemporal e as mais recentes alterações do CPC", in *Revista de Processo,* v. 150, 2007, p. 262-270). Pois bem, a partir do art. 14 do CPC/2015, infere-se, sem maiores dificul- dades, que, apesar de as regras do CPC/2015 serem aplicáveis aos atos processuais vin- douros das ações rescisórias em curso; o direito à rescisória, as causas de rescindibilidade e o prazo decadencial para a sua propositura são os da lei vigente ao tempo do trânsito em julgado da decisão rescindenda. Nesse sentido, as lições de Pontes de Miranda são valiosas: "Quanto ao momento a que se há de ligar a lei reguladora da ação rescisória, é ele o do proferimento da sentença rescindenda, e não o da propositura da ação rescisória (...). Assim, se no dia em que transitou em julgado a sentença não era rescindível, não há pensar-se em *lex nova* que a faça rescindível. Se era rescindível, pelos pressupostos *a, b, c, d* e *e,* não pode ser acrescentado o pressuposto *f.* O prazo preclusivo não pode ser encurtado porque o direito e a pretensão à rescisão já nasceram no dia em que transitou em julgado a sentença, e diminuir o prazo é extingui-lo por lei nova (Não se confunda a espécie com a da prescrição: o prazo prescricional é para nascer a *exceção,* ao passo que o prazo preclusivo supõe, aí, direitos e pretensões já nascidos).". (MIRANDA, Francisco Cavalcanti Pontes de, *Comentários ao Código de Processo Civil*, t. VI, 3. ed., Rio de Janeiro, Forense, 1998 p. 189). Um exemplo de regra de procedimento instituída pelo CPC/2015 que, a partir de sua vigência, poderá ser imediatamente aplicada às ações rescisórias em curso, é a do parágrafo único do art. 791, a qual estabelece que "a escolha de relator recairá, sempre que possível, em juiz que não haja participado do julgamento rescindendo". Destaque-se, por fim, que o art. 1.057 do CPC/2015 afigura-se norma mais específica com relação ao art. 14 do mesmo diploma legal e estabelece, claramente, que "o disposto no art. 525, §§ 14 e 15, e no art. 535, §§ 7º e 8º, aplica-se às decisões transitadas em julgado após a entrada em vigor deste Código, e, às decisões transitadas em julgado anteriormente, aplica-se o disposto no art. 475-L, § 1º, e no art. 741, parágrafo único, da Lei nº 5.869, de 11 de janeiro de 1973". Ou seja, a ação rescisória prevista nos arts. 525, § 15; 535, § 8º, CPC/2015, isto é, em virtude da superveniência de precedente do STF com o qual se afigura incompatível a decisão rescindenda, só poderá ser ajuizada em face das decisões que transitarem em julgado após a entrada em vigor do CPC/2015.

CAPÍTULO VIII – Do Incidente de Resolução de Demandas Repetitivas

ARTIGO 976.

É cabível a instauração do incidente de resolução de demandas repetitivas quando houver, simultaneamente:

I – efetiva repetição de processos que contenham controvérsia sobre a mesma questão unicamente de direito;

II – risco de ofensa à isonomia e à segurança jurídica.

§ 1º A desistência ou o abandono do processo não impede o exame de mérito do incidente.

§ 2º Se não for o requerente, o Ministério Público intervirá obrigatoriamente no incidente e deverá assumir sua titularidade em caso de desistência ou de abandono.

§ 3º A inadmissão do incidente de resolução de demandas repetitivas por ausência de qualquer de seus pressupostos de admissibilidade não impede que, uma vez satisfeito o requisito, seja o incidente novamente suscitado.

§ 4º É incabível o incidente de resolução de demandas repetitivas quando um dos tribunais superiores, no âmbito de sua respectiva competência, já tiver afetado recurso para definição de tese sobre questão de direito material ou processual repetitiva.

§ 5º Não serão exigidas custas processuais no incidente de resolução de demandas repetitivas.

CORRESPONDÊNCIA NO CPC/1973: *NÃO HÁ.*

1. Considerações gerais. O art. 976 do CPC/2015 disciplina técnica de realização da igualdade e segurança jurídica no processo civil brasileiro. O instituto tem natureza de incidente processual. Tem-se por incidente o momento processual diferenciado em que se direciona a resolver determinada questão, auxiliando o método processual a alcançar um resultado aprimorado, por meio desse fenômeno, que pode ocorrer ou no curso do mesmo procedimento em que incidiu, ou em outro procedimento paralelo. Dar-se-á o incidente de resolução de demandas repetitivas quando houver simultaneamente a efetiva repetição de processos que revelem controvérsia a respeito da mesma questão predominantemente de direito e potencial risco de ofensa à isonomia e à segurança jurídica. Os processos serão concentrados, e a decisão do incidente vinculará os órgãos fracionários da corte, bem como os juízes de primeiro grau no âmbito de competência territorial do Tribunal. Inexiste a exigência de pendência de causa no tribunal. Basta a ocorrência de demandas em tramitação em primeiro grau com potencial de repetição. O parágrafo 1º dispõe que a desistência ou abandono do feito não impedirá a apreciação do mérito do incidente. Percebe-se que o dispositivo está em sintonia com a regra que impõe ao recorrente restrição análoga ao exercício de direito de desistir de recurso repetitivo selecionado como representativo da controvérsia (art. 998, parágrafo único, CPC/2015). Diante da desistência ou abandono, o Ministério Público, atuando como fiscal da ordem jurídica, passará, consoante o parágrafo 2º do art. 976, a assumir obrigatoriamente a titularidade do incidente. Na hipótese de indeferimento do incidente pelo não atendimento dos requisitos de admissibilidade, pode-se, nos termos do parágrafo 3º do art. 976, renovar o pedido, após se sanar a ausência daquele requisito. De acordo com o parágrafo 4º do art. 976, não se dará o incidente de resolução de demandas repetitivas, quando os Tribunais Superiores afetarem recurso com idêntica matéria, pois, resolvendo o recurso múltiplo e fixando a tese jurídica, a orientação será vinculante para todos os demais tribunais e juízes. O parágrafo 5º do art. 976 isenta de custas processuais a deflagração do incidente.

2. Enunciados do FPPC. Enunciado 87: "A instauração do incidente de resolução de demandas repetitivas não pressupõe a existência de grande quantidade de processos versando sobre a mesma questão, mas preponderantemente o risco de quebra da isonomia e de ofensa à segurança jurídica.". Enunciado 88: "Não existe limitação de matérias de direito passíveis de gerar a instauração do incidente de resolução de demandas repetitivas e, por isso, não é admissível qualquer interpretação que, por tal fundamento, restrinja seu cabimento.". Enunciado 89: "Havendo apresentação de mais de um pedido de instauração do incidente de resolução de demandas repetitivas perante o mesmo tribunal todos deverão ser apensados e processados conjuntamente; os que forem oferecidos posteriormente à decisão de admissão serão apensados e sobrestados, cabendo ao órgão julgador considerar as razões neles apresentadas.". Enunciado 342: "O incidente de resolução de demandas repetitivas aplica-se a recurso, a remessa necessária ou a qualquer causa de competência originária.". Enunciado 343: "O incidente de resolução de demandas repetitivas compete a tribunal de justiça ou tribunal regional.". Enunciado 344: "A instauração do incidente pressupõe a existência de processo pendente no respectivo tribunal.". Enunciado 345: "O incidente de resolução de demandas repetitivas e o julgamento dos recursos extraordinários e especiais repetitivos formam um microssistema de solução de casos repetitivos, cujas normas de regência se complementam reciprocamente e devem ser interpretadas conjuntamente.". Enunciado 346: "A Lei nº 13.015, de 21 de julho de 2014, compõe o microssistema de solução de casos repetitivos.". Enunciado 347: "Aplica-se ao processo do trabalho o incidente de resolução de demandas repetitivas, devendo ser instaurado quando houver efetiva repetição de processos que contenham controvérsia sobre a mesma questão de direito.".

ARTIGO 977.
O pedido de instauração do incidente será dirigido ao presidente de tribunal:
I – pelo juiz ou relator, por ofício;
II – pelas partes, por petição;
III – pelo Ministério Público ou pela Defensoria Pública, por petição.
Parágrafo único. O ofício ou a petição será instruído com os documentos necessários à demonstração do preenchimento dos pressupostos para a instauração do incidente.
CORRESPONDÊNCIA NO CPC/73: *NÃO HÁ.*

1. **Considerações gerais.** O art. 977 do CPC/2015 elenca os legitimados para requerer ou suscitar a instauração do Incidente de Resolução de Demandas Repetitivas: (i) o juiz ou o relator; (ii) as partes; (iii) o Ministério Público e a Defensoria Pública. A instauração poderá dar-se de ofício pelo juiz ou pelo relator, ou mediante petição apresentada pelas partes, Ministério Público e Defensoria Pública. O instrumento que veicula o pedido de instauração do incidente deverá ser instruído com documentos bastantes para revelar a efetiva repetição de processos, da identidade da questão preponderantemente de direito serial, do risco de ofensa à isonomia e à segurança jurídica, com cópias de processos que atestem existir uma mesma questão de direito repetidamente discutida e decisões que veiculem entendimentos divergentes a respeito da questão de direito.

2. **Enunciado do FPPC.** Enunciado 204: "Quando se deparar com diversas demandas individuais repetitivas, poderá o juiz oficiar o Ministério Público, a Defensoria Pública e os demais legitimados a que se refere o art. 988, § 3º, II, para que, querendo, ofereça o incidente de resolução de demandas repetitivas, desde que atendidos os seus respectivos requisitos [art. 977, da versão do CPC/2015, objeto de sanção presidência – Lei n. 13.105, de 16/3/2015. O enunciado foi formulado com base na versão da Câmara dos Deputados, aprovada em 26.03.2014; na versão final do CPC-2015, o juiz também

possui legitimidade para suscitar o incidente de resolução de demandas repetitivas, consoante previsto no inciso I do art. 977].".

Artigo 978.
O julgamento do incidente caberá ao órgão indicado pelo regimento interno dentre aqueles responsáveis pela uniformização de jurisprudência do tribunal.
Parágrafo único. O órgão colegiado incumbido de julgar o incidente e de fixar a tese jurídica julgará igualmente o recurso, a remessa necessária ou o processo de competência originária de onde se originou o incidente.
CORRESPONDÊNCIA NO CPC/1973: *NÃO HÁ.*

1. Considerações gerais. De acordo com o art. 978 do CPC/2015, a definição do órgão competente para processar e julgar o Incidente de Resolução de Demandas Repetitivas caberá aos regimentos internos dos tribunais, observando-se, contudo, as regras constitucionais que conferem a autonomia aos tribunais para a organização e funcionamento dos seus órgãos fracionários.

O órgão competente para julgar o incidente e fixar a tese será necessariamente órgão fracionário ao qual se atribui competência para uniformizar a jurisprudência do tribunal. Fixando-se a tese jurídica, o órgão resolverá as demais questões, julgando o processo que emergiu o incidente.

2. Enunciado do FPPC. Enunciado 202: "O órgão colegiado a que se refere o § 1º do art. 947 deve atender aos mesmos requisitos previstos pelo art. 978. [respectivamente, art. 947,§ 1º, e art. 959, *caput* da versão do CPC/2015, objeto de sanção presidência – Lei n. 13.105, de 16/3/2015.]".

Artigo 979.
A instauração e o julgamento do incidente serão sucedidos da mais ampla e específica divulgação e publicidade, por meio de registro eletrônico no Conselho Nacional de Justiça.
§ 1º Os tribunais manterão banco eletrônico de dados atualizados com informações específicas sobre questões de direito submetidas ao incidente, comunicando-o imediatamente ao Conselho Nacional de Justiça para inclusão no cadastro.
§ 2º Para possibilitar a identificação dos processos abrangidos pela decisão do incidente, o registro eletrônico das teses jurídicas constantes do cadastro conterá, no mínimo, os fundamentos determinantes da decisão e os dispositivos normativos a ela relacionados.

§ 3º Aplica-se o disposto neste artigo ao julgamento de recursos repetitivos e da repercussão geral em recurso extraordinário.
CORRESPONDÊNCIA NO CPC/1973: *NÃO HÁ.*

1. **Considerações gerais.** O art. 979 do CPC/2015 dispõe que a publicidade é princípio aplicável ao procedimento do Incidente de Resolução de Demandas Repetitivas, visto ser imprescindível a difusão de informação referente à instauração do incidente, com imposição de criação de registro eletrônico de dados no CNJ. O parágrafo 2º determina que o registro eletrônico das teses conterá os fundamentos determinantes da decisão e os dispositivos normativos relativos às razões de decidir, com o fim de se propiciar a necessária contextualização dos elementos de fato e de direito da tese jurídica objeto do incidente.

ARTIGO 980.
O incidente será julgado no prazo de 1 (um) ano e terá preferência sobre os demais feitos, ressalvados os que envolvam réu preso e os pedidos de *habeas corpus.*
Parágrafo único. Superado o prazo previsto no *caput,* **cessa a suspensão dos processos prevista no art. 982, salvo decisão fundamentada do relator em sentido contrário.**
CORRESPONDÊNCIA NO CPC/1973: *NÃO HÁ.*

1. **Considerações gerais.** O tribunal terá o prazo de 1 (um) ano para julgar o incidente, com preferência aos demais feitos (recursos, remessa necessária e ações da competência originária dos tribunais), com exceção aos processos que envolvam réu preso, *habeas corpus*, e, embora não expresso na cabeça do artigo, os mandados de seguranças e as ações diretas de inconstitucionalidade em que se aplique o rito abreviado. Trata-se de prazo impróprio. Transcorrendo o prazo sem o devido julgamento do incidente, cessa-se o sobrestamento, autorizando-se, contudo, mediante decisão fundamentada, a manutenção da suspensão dos processos. Entende-se que a decisão deva ser estruturada, apresentando-se, pormenorizadamente, as razões pelas quais o relator reputa imprescindível o sobrestamento dos processos e a continuidade do procedimento do incidente de resolução de demandas repetitivas.

ARTIGO 981.
Após a distribuição, o órgão colegiado competente para julgar o incidente procederá ao seu juízo de admissibilidade, considerando a presença dos pressupostos do art. 976.
CORRESPONDÊNCIA NO CPC/1973: *NÃO HÁ.*

1. **Considerações gerais.** O art. 981 do CPC/2015 confere ao colegiado a competência para examinar a admissibilidade do incidente de resolução de demandas repetitivas. Os requisitos de admissibilidade estão elencados no art. 976 do CPC/2015. Da decisão colegiada que não conhecer o incidente caberá recurso especial, com fundamento no art. 105, III, "a", da CF/1988. Porém, se inadvertidamente o relator inadmitir o incidente, inevitavelmente caberá agravo interno para o colegiado competente.

2. **Enunciado do FPPC.** Enunciado 91: "Cabe ao órgão colegiado realizar o juízo de admissibilidade do incidente de resolução de demandas repetitivas, sendo vedada a decisão monocrática.".

ARTIGO 982.
Admitido o incidente, o relator:
I – suspenderá os processos pendentes, individuais ou coletivos, que tramitam no Estado ou na região, conforme o caso;
II – poderá requisitar informações a órgãos em cujo juízo tramita processo no qual se discute o objeto do incidente, que as prestarão no prazo de 15 (quinze) dias;
III – intimará o Ministério Público para, querendo, manifestar-se no prazo de 15 (quinze) dias.
§ 1º A suspensão será comunicada aos órgãos jurisdicionais competentes.
§ 2º Durante a suspensão, o pedido de tutela de urgência deverá ser dirigido ao juízo onde tramita o processo suspenso.
§ 3º Visando à garantia da segurança jurídica, qualquer legitimado mencionado no art. 977, incisos II e III, poderá requerer, ao tribunal competente para conhecer do recurso extraordinário ou especial, a suspensão de todos os processos individuais ou coletivos em curso no território nacional que versem sobre a questão objeto do incidente já instaurado.
§ 4º Independentemente dos limites da competência territorial, a parte no processo em curso no qual se discuta a mesma questão objeto do incidente é legitimada para requerer a providência prevista no § 3º deste artigo.
§ 5º Cessa a suspensão a que se refere o inciso I do *caput* deste art. se não for interposto recurso especial ou recurso extraordinário contra a decisão proferida no incidente.
CORRESPONDÊNCIA NO CPC/173: *NÃO HÁ.*

1. **Considerações gerais.** Admitido o incidente, competirá ao relator unipessoalmente decidir sobre a suspensão dos feitos em curso. Das decisões monocráticas caberá recurso de agravo interno para o colegiado competente. Embora o art. 982, I,

do CPC/2015 determine a suspensão dos feitos pendentes, a interpretação mais adequada direciona para a admissão da tramitação do processo naquelas hipóteses em que a questão jurídica do incidente não seja bastante para impedir a realização de outros atos processuais. Depreende-se do parágrafo 3º do art. 982 que os legitimados aludidos nos incisos II e III do art. 977, assim como pessoa que seja parte em processo em que se discuta a mesma questão jurídica, poderão requerer aos Tribunais Superiores (STF ou STJ, a depender da matéria) a suspensão dos demais processos em curso no território nacional. Entende-se que, a despeito da inexistência de previsão legal, pode-se requerer ao TST a suspensão dos processos que versarem sobre matéria trabalhista, uma vez que se sustenta a aplicação do incidente na Justiça especializada. De acordo com o parágrafo 5º do art. 982 do CPC/2015, decidido o incidente, cessa-se a suspensão dos feitos pendentes.

2. Enunciados do FPPC. Seguem Enunciados do FPPC relativos à matéria.

Enunciado 92: "Cabe ao órgão colegiado realizar o juízo de admissibilidade do incidente de resolução de demandas repetitivas, sendo vedada a decisão monocrática.". Enunciado 93: "A suspensão de processos prevista neste dispositivo é consequência da admissão do incidente de resolução de demandas repetitivas e não depende da demonstração dos requisitos para a tutela de urgência.". Enunciado 94: "Admitido o incidente de resolução de demandas repetitivas, também devem ficar suspensos os processos que versem sobre a mesma questão objeto do incidente e que tramitem perante os juizados especiais no mesmo estado ou região.". Enunciado 95: "A parte que tiver o seu processo suspenso nos termos do inciso I do art. 982 poderá interpor recurso especial ou extraordinário contra ao acórdão que julgar o incidente de resolução de demandas repetitivas.". Enunciado 201: "Aplicam-se ao incidente de assunção de competência as regras previstas nos arts. 983 e 984.". Enunciado 205: "Havendo cumulação de pedidos simples, a aplicação do art. 982, I e §3º, poderá provocar apenas a suspensão parcial do processo, não impedindo o prosseguimento em relação ao pedido não abrangido pela tese a ser firmada no incidente de resolução de demandas repetitivas.". Enunciado 206: "A prescrição ficará suspensa até o trânsito em julgado do incidente de resolução de demandas repetitivas.". Enunciado 348: "Os interessados serão intimados da suspensão de seus processos individuais, podendo requerer o prosseguimento ao juiz ou tribunal onde tramitarem, demonstrando a distinção entre a questão a ser decidida e aquela a ser julgada no incidente de resolução de demandas repetitivas, ou nos recursos repetitivos.".

Artigo 983.

O relator ouvirá as partes e os demais interessados, inclusive pessoas, órgãos e entidades com interesse na controvérsia, que, no prazo comum de 15 (quinze) dias, poderão requerer a juntada de documentos, bem como as

diligências necessárias para a elucidação da questão de direito controvertida, e, em seguida, manifestar-se-á o Ministério Público, no mesmo prazo.

§ 1º Para instruir o incidente, o relator poderá designar data para, em
audiência pública, ouvir depoimentos de pessoas com experiência e conhecimento na matéria.

§ 2º Concluídas as diligências, o relator solicitará dia para o julgamento
do incidente.

CORRESPONDÊNCIA NO CPC/1973: *NÃO HÁ.*

1. **Considerações gerais.** O Incidente de Resolução de Demandas Repetitivas
admite 2 (duas) espécies de intervenção de terceiros, a saber: (i) assistente litisconsorcial, considerando o interesse jurídico das partes quanto a decisão do incidente;
e (ii) *amicus curiae:* tendo em vista a demonstração de interesse institucional de pessoas, órgãos e entidades em contribuir com o julgamento, subministrando o tribunal
com argumentos inovadores não suscitados pelos legitimados. Da decisão que não
admitir o assistente litisconsorcial e o *amicus curiae* caberá recurso de agravo interno
para o colegiado competente. Nota-se que o parágrafo 1º do art. 983 do CPC/2015
confere ao relator a possibilidade de designar audiência pública para ouvir a manifestação de *experts* com o propósito de contribuir para o aperfeiçoamento da decisão,
bem como se conferir a mais ampla legitimidade democrática no processo decisório do
incidente.

2. **Enunciados do FPPC.** Seguem Enunciados do FPPC relativos à matéria. Enunciado 201: "Aplicam-se ao incidente de assunção de competência as regras previstas nos
art.s 992, 993 e 994 [respectivamente, art. 983, §1º, art. 983 § 2º, e art. 984 da versão do
CPC/2015 objeto de sanção presidência – Lei n. 13.105, de 16/3/2015].".

ARTIGO 984.

No julgamento do incidente, observar-se-á a seguinte ordem:

I – o relator fará a exposição do objeto do incidente;

II – poderão sustentar suas razões, sucessivamente:

a) o autor e o réu do processo originário e o Ministério Público, pelo
prazo de 30 (trinta) minutos;

b) os demais interessados, no prazo de 30 (trinta) minutos, divididos
entre todos, sendo exigida inscrição com 2 (dois) dias de antecedência.

§ 1º Considerando o número de inscritos, o prazo poderá ser ampliado.

§ 2º O conteúdo do acórdão abrangerá a análise de todos os fundamentos suscitados concernentes à tese jurídica discutida, sejam favoráveis ou
contrários.

CORRESPONDÊNCIA NO CPC/1973: *NÃO HÁ.*

1. Considerações gerais. O art. 984 do CPC/2015 impõe uma metodologia de divisão de trabalhos para a sessão de julgamento do mérito do Incidente de Resolução de Demandas Repetitivas: o relator fará exposição circunstanciada do objeto do incidente. Em seguida, os advogados das partes do processo originário poderão assomar a tribuna para sustentação oral, sucedidos pelo Ministério Público, pelo prazo de trinta minutos. No mais, havendo terceiro, conceder-se-á prazo de 30 (trinta) minutos para sua sustentação oral, com possibilidade de extensão desse prazo, passando-se, ato contínuo, ao julgamento do Incidente de Resolução de Demandas Repetitivas. É importante destacar que o conteúdo do acórdão compreenderá a análise de todos os fundamentos suscitados relativos à tese jurídica objeto do incidente, incluindo-se tanto os favoráveis, quanto os desfavoráveis, o que se justifica em razão dos efeitos que a tese fixada em relação aos demais processos seriais. Exige-se, portanto, que a decisão sobre o mérito do incidente seja estruturada.

2. Enunciados do FPPC. Seguem Enunciados do FPPC relativos à matéria. Enunciado 201: "Aplicam-se ao incidente de assunção de competência as regras previstas nos art.s 992, 993 e 994 [respectivamente, art. 983, §1º, art. 983 § 2º, e art. 984 da versão do CPC/2015, objeto de sanção presidência – Lei n. 13.105, de 16/3/2015]". Enunciado 305: "No julgamento de casos repetitivos, o tribunal deverá enfrentar todos os julgamentos contrários e favoráveis à tese jurídica discutida.".

Artigo 985.

Julgado o incidente, a tese jurídica será aplicada:

I – a todos os processos individuais ou coletivos que versem sobre idêntica questão de direito e que tramitem na área de jurisdição do respectivo tribunal, inclusive àqueles que tramitem nos juizados especiais do respectivo Estado ou região;

II – aos casos futuros que versem idêntica questão de direito e que venham a tramitar no território de competência do tribunal, salvo revisão na forma do art. 986.

§ 1º Não observada a tese adotada no incidente, caberá reclamação.

§ 2º Se o incidente tiver por objeto questão relativa a prestação de serviço concedido, permitido ou autorizado, o resultado do julgamento será comunicado ao órgão, ao ente ou à agência reguladora competente para fiscalização da efetiva aplicação, por parte dos entes sujeitos a regulação, da tese adotada.

CORRESPONDÊNCIA NO CPC/1973: *NÃO HÁ.*

1. Considerações gerais. Decidido o mérito do Incidente de Resolução de Demandas Repetitivas, aplicar-se-á a tese fixada a todos os processos individuais ou coletivos, bem como aos casos futuros que versarem sobre idêntica questão de direito. Porém, a decisão que não aplicar a orientação assentada no julgamento do incidente estará sujeita a reclamação.

2. Enunciados do FPPC. Seguem Enunciados do FPPC relativos à matéria. Enunciado 167: "Os tribunais regionais do trabalho estão vinculados aos enunciados de suas próprias súmulas e aos seus precedentes em incidente de assunção de competência ou de resolução de demandas repetitivas.". Enunciado 349: "Cabe reclamação para o tribunal que julgou o incidente de resolução de demandas repetitivas caso afrontada a autoridade dessa decisão.".

ARTIGO 986.
A revisão da tese jurídica firmada no incidente far-se-á pelo mesmo tribunal, de ofício ou mediante requerimento dos legitimados mencionados no art. 977, inciso III.
CORRESPONDÊNCIA NO CPC/1973: *NÃO HÁ.*

1. Considerações gerais. O art. 986 do CPC/2015 dispõe sobre a possibilidade de o Tribunal, de ofício, ou por pedido dos legitimados arrolados nos incisos III do art. 977 revisar a tese fixada no julgamento do Incidente de Resolução de Demandas Repetitivas. Esse permissivo possibilita a rediscussão do tema a partir da alteração das circunstâncias fáticas e jurídicas que contextualizaram a fixação da tese, evitando, assim, a petrificação de entendimento que não mais encontrar ressonância na sociedade. Embora o art. 986 restrinja a legitimidade tão somente ao Ministério Público e à Defensoria Pública, entende-se que o *amicus curiae*, como terceiro com interesse institucional, possui legitimidade para propor a revisão do entendimento firmado no julgamento do incidente.

ARTIGO 987.
Do julgamento do mérito do incidente caberá recurso extraordinário ou especial, conforme o caso.
§ 1º O recurso tem efeito suspensivo, presumindo-se a repercussão geral de questão constitucional eventualmente discutida.
§ 2º Apreciado o mérito do recurso, a tese jurídica adotada pelo Supremo Tribunal Federal ou pelo Superior Tribunal de Justiça será aplicada no território nacional a todos os processos individuais ou coletivos que versem sobre idêntica questão de direito.
CORRESPONDÊNCIA NO CPC/1973: *NÃO HÁ.*

1. Considerações gerais. A decisão que julgar o mérito do Incidente de Resolução de Demandas Repetitivas será impugnada por recurso extraordinário ou por recurso especial, aviados respectivamente ao STF ou ao STJ, considerando a questão de direito resolvida no incidente. Nessa hipótese, os recursos extraordinário e especial serão recebidos excepcionalmente nos efeitos devolutivo e suspensivo, dispensando-se, para o recurso extraordinário, a demonstração do pressuposto exigido pelo art. 102, §3º, da CF/1988, já que há presunção da repercussão geral de questão constitucional eventualmente discutida no acórdão. Ressalte-se, todavia, que não serão cabíveis os recursos se a decisão do incidente veicular matéria de direito local.

2. Enunciado do FPPC. Enunciado 94: "A parte que tiver o seu processo suspenso nos termos do inciso I do art. 982 poderá interpor recurso especial ou extraordinário contra ao acórdão que julgar o incidente de resolução de demandas repetitivas.".

CAPÍTULO IX - Da Reclamação

ARTIGO 988.

Caberá reclamação da parte interessada ou do Ministério Público para:

I – preservar a competência do tribunal;

II – garantir a autoridade das decisões do tribunal;

III – garantir a observância de decisão do Supremo Tribunal Federal em controle concentrado de constitucionalidade;

IV – garantir a observância de enunciado de súmula vinculante e de precedente proferido em julgamento de casos repetitivos ou em incidente de assunção de competência.

§ 1º A reclamação pode ser proposta perante qualquer tribunal, e seu julgamento compete ao órgão jurisdicional cuja competência se busca preservar ou cuja autoridade se pretenda garantir.

§ 2º A reclamação deverá ser instruída com prova documental e dirigida ao presidente do tribunal.

§ 3º Assim que recebida, a reclamação será autuada e distribuída ao relator do processo principal, sempre que possível.

§ 4º As hipóteses dos incisos III e IV compreendem a aplicação indevida da tese jurídica e sua não aplicação aos casos que a ela correspondam.

§ 5º É inadmissível a reclamação (Redação dada pela Lei nº 13.256, de 4 de fevereiro de 2016):

I – proposta após o trânsito em julgado da decisão reclamada (Redação dada pela Lei nº 13.256, de 4 de fevereiro de 2016);

II – proposta para garantir a observância de acórdão de recurso extraordinário com repercussão geral reconhecida ou de acórdão proferido em julgamento de recursos extraordinário ou especial repetitivos, quando não esgotadas as instâncias ordinárias (Redação dada pela Lei nº 13.256, de 4 de fevereiro de 2016).

§ 6º A inadmissibilidade ou o julgamento do recurso interposto contra a decisão proferida pelo órgão reclamado não prejudica a reclamação.
CORRESPONDÊNCIA NO CPC/1973: *NÃO HÁ.*

1. **Conceito de reclamação.** A reclamação tem previsão constitucional nos arts. 102, I, "l", 103-A, § 3º e 105, I, "f". Trata-se de instituto de criação pretoriana, que teve a seu nascimento fundamentado na teoria dos poderes implícitos. De início, sua previsão se deu pelo Regimento Interno do STF. Atualmente, há previsão legal do instituto nos artigos mencionados, além dos regimentos internos do STF e STJ (arts. 156 a 162 e 187 a 192, respectivamente), bem como pela lei 8.038/1990 (arts. 13 a 18).

Já houve intensa discussão a respeito da possibilidade de previsão de reclamação por parte de constituições estaduais, para o fim de se garantir a autoridade de suas decisões bem como a preservação de competência de tribunais de justiça e tribunais regionais federais.

Independentemente da discussão que se travou, é certo que a previsão da reclamação pelo CPC/2015 é suficiente para que seu manejo seja possível, uma vez que se trata de lei federal, havendo expressa autorização constitucional (art. 22, I, CF/1988) para tanto.

Trata-se, pois, de elogiável novidade. Quando de sua previsão apenas na seara constitucional, era possível constatar a existência de diversas opiniões no sentido de que um fenômeno cujo fim é o de preservação de competência bem como de se garantir a autoridade de decisões, por ser tanto salutar, também merecia previsão para as decisões provenientes de outros tribunais. De fato, parece-nos que a previsão de reclamação apenas nos tribunais superiores não seria suficiente. Nesse contexto, é importante notar que a previsão do manejo da reclamação no CPC/2015 complementa uma série de outros mecanismos cujo fim é o respeito às decisões judiciais, a uniformidade das decisões e tantos outros valores, como efetividade, previsibilidade e atenção à igualdade dos jurisdicionados.

2. **Natureza jurídica.** No que concerne à natureza jurídica da reclamação, não é possível falar-se em uniformidade. Há quem entenda que sua natureza jurídica é de recurso ou de sucedâneo recursal. Outros entendem tratar-se de incidente processual. Há ainda quem defenda tratar-se de ação, o que nos parece o mais acertado. É a posição predominante. Por fim, alguns defendem tratar-se do exercício do direito de petição.

A finalidade da reclamação não é a de impugnar determinada decisão judicial. Não se pretende a sua reforma ou invalidação; diversamente, o que se almeja é justamente o inverso: garantir a autoridade e observância de decisões do tribunal, entre outras hipóteses. Ademais, nos termos do que preconiza o parágrafo 6º do dispositivo em comento, a inadmissibilidade ou o resultado do recurso eventualmente interposto da decisão emanada do órgão reclamado não prejudica a reclamação. Note-se, pois, que o ajuizamento da reclamação não exclui a possibilidade de interposição de recurso, se cabível. De todo modo, é certo que não há como compreender tratar-se de recurso, na medida em que o fenômeno não se presta a atacar a decisão judicial.

De outra parte, não há também como entender se tratar de incidente processual. Isso porque há a instauração de nova relação jurídica processual. E não é só. É imperiosa a presença das condições da ação, bem como dos pressupostos processuais, requisitos que não se verificam para a instauração de incidente processual. Note-se, ainda, que o CPC/2015, ao tratar dos incidentes processuais que, à semelhança da reclamação, constituem-se elogiosas novações do novo diploma legal, expressamente os nomina como incidentes, como se verifica no "incidente de desconsideração da personalidade jurídica" (art. 133 e seguintes), "incidente de assunção de competência" (art. 947 e seguintes), "incidente de arguição de inconstitucionalidade" (art. 948 e seguintes), "incidente de resolução de demandas repetitivas" (art. 976 e seguintes). Não é só. Em se considerando as expressões usadas pelo CPC/2015, temos que o parágrafo 1º do dispositivo em comento diz que a reclamação será proposta e que o parágrafo 3º estabelece que será autuada e distribuída. Afastando os argumentos dos que defendem tratar-se de incidente, ensina Dantas a diferença entre incidente do processo e processo incidente: "O incidente processual é algo que, embora não ocorra sempre, está previsto como possivelmente ocorrente no curso do processo, *rectius*, do procedimento de uma dada ação. É um desvio na trajetória procedimental normal, mas esse contorno ao caminho do rito já está previsto no mapa, sua saída devidamente sinalizada na estrada processual, que diz o ponto ou o trecho em que é possível que ele aconteça, para que depois se volte ao trajeto normal. O incidente processual, pois, faz parte do processo, melhor dizendo, do procedimento de uma dada ação, ao menos como uma possibilidade interna a ele. É característico dos incidentes processuais que, após a sua decisão, a ação ou é extingue ou prossegue. Jamais a ação pode seguir um curso, e o incidente outro, porque ele é parte dela, quando ocorre. A ação incidente não. Ela tem vida própria. Ainda que no procedimento de algumas ações possa haver a fixação de certos marcos a respeito da possível interposição de uma ação incidental (como faz o rito da execução, que só admite os embargos respectivos após seguro o juízo [o autor faz referência à época em que a lei processual exigia que o juízo estivesse seguro para a oposição dos embargos]), o procedimento das ações, incidentalmente às quais é possível promover outras, não controla, por suas normas, pelo menos não completamente, o desenvolvimento destas. Uma ação de procedimento especial pode prever que, a tal altura do seu procedimento, é possível requerer-se ou conceder-se uma medida cautelar. Mas não se conhece procedimento de ação alguma que preveja, em seu bojo, por inteiro, o procedimento de uma ação incidental, nem que seja cautelar, porventura a ela interposta. Isso se aplica inteiramente à reclamação.". (DANTAS. Marcelo Ribeiro Navarro, *Reclamação constitucional no direito brasileiro*, Porto Alegre, Sergio Antonio Fabris, p. 458).

3. Hipóteses de cabimento. A preservação da competência e a garantia da autoridade das decisões do tribunal, que são as hipóteses contempladas nos dois primeiros incisos do dispositivo em comento, coincidem com aquelas previstas na CF/1988, relativas às hipóteses de cabimento no STF ou STJ. A usurpação de competência se verifica quando determinado órgão jurisdicional ou administrativo pratica determinado ato ou profere decisão em desobediência à disposição legal que atribui tal função ao tribunal. São exemplo de usurpação de competência do tribunal as decisões proferidas no âmbito dos tribunais de segundo grau que negam seguimento a recurso especial ou extraordinário ao fundamento da inocorrência de violação de norma constitucional ou federal. Como a competência para isso é do tribunal superior, a decisão que não acolhe o recurso com base no fundamento mencionado é usurpadora da competência do órgão jurisdicional superior.

Por seu turno, a hipótese em que é ferida a garantia de autoridade da decisão se verifica quando o ato usurpador conflita com a decisão do tribunal. Nesse sentido, é razoável concluir que a decisão que é emanada do tribunal precisa ser respeitada; e, na medida em que há outro ato ou decisão em desrespeito ao comando do tribunal, é cabível a reclamação. As hipóteses se aplicam às decisões de qualquer tribunal, na medida em que a legislação processual não faz qualquer ressalva. Assim, independentemente de se tratar de tribunal estadual ou federal, sua competência e a autoridade de suas decisões ficam garantidas pelo comando legal. O parágrafo 1º estabelece, ainda, que o órgão julgador da reclamação é aquele de cuja competência se quer preservar ou a autoridade se garantir.

A hipótese contemplada no inciso III diz respeito às decisões proferidas pelo STF, em controle concentrado de constitucionalidade. A rigor, não se trata de novidade, na medida em que há previsão expressa, na CF/1988, do manejo da reclamação quando das já mencionadas hipóteses de cabimento. Nada obstante, não deixa de ser proveitoso o zelo do legislador em ser minucioso, ao estabelecer a necessidade de respeito às decisões proferidas pelo STF em controle concentrado de constitucionalidade. De se notar que a lei chega a esmiuçar o que seria "garantir a observância", ao estabelecer, no parágrafo 4º, que tanto a inobservância da tese juridicamente aplicável como a aplicação de tese indevida se enquadram nos incisos III e IV.

Por fim, o inciso IV do artigo em comento contempla três hipóteses de cabimento da reclamação. A primeira, decorrente da inobservância do enunciado de súmula vinculante, também não representa novidade, eis que já contemplada pelo art. 103-A, § 3º, da CF/1988. As demais dizem respeito ao precedente proferido em julgamento de casos repetitivos e ao incidente de assunção de competência.

Nota-se, pois, que não se pode estabelecer de antemão quais as decisões que podem desafiar o ajuizamento da reclamação, na medida em que é necessário tratar-se de um precedente. Parece-nos que a intenção do legislador foi a de evitar que todos os mecanismos existentes no CPC/2015 perdessem sua força por desrespeito às decisões proferidas em casos repetitivos. Além do empenho em tratar de diversos mecanismos voltados à uniformização jurisprudencial, procurou-se colocar à disposição das partes um instrumento para o caso de agressão às regras legais ou aos provimentos jurisdicionais. Por outras palavras, além de a nova lei processual estabelecer mecanismos de coesão de todo o sistema processual, bem como de necessidade de obediência às decisões emanadas por órgãos jurisdicionais de superior hierarquia, é necessário que o sistema processual contemple um mecanismo para o fim de atingir-se esse desiderato.

A expressão "julgamento de casos repetitivos" compreende o julgamento emanado do incidente de resolução de demandas repetitivas, bem como aquelas provenientes dos recursos extraordinário e especial repetitivos (art. 1.036 e seguintes). Note-se que o legislador não foi específico, limitando-se a falar em 'julgamento de casos repetitivos', o que parece ter sido intencional, devendo-se interpretar o disposto de forma ampla, justamente em atenção aos objetivos da ação em estudo.

4. Legitimados. São legitimados para a propositura da reclamação a parte interessada ou o MP. Vê-se, pois, que o rol de legitimados é amplo, na medida em que a expressão "parte interessada" não compreende apenas quem é parte no processo que origina a reclamação, mas todo aquele que, de qualquer forma, possa ser prejudicado pelo ato ou decisão que se pretende ver cassada.

O MP, por seu turno, pode ajuizar a reclamação independentemente de ser parte ou fiscal da ordem jurídica no processo, uma vez que a lei não faz qualquer ressalva nesse sentido.

5. Juízo competente. Em linhas gerais, pode-se dizer que é competente para o julgamento da reclamação o órgão jurisdicional cuja autoridade das decisões ou a competência se quer preservar. Assim é que a reclamação pode ser manejada perante tribunal local ou tribunal superior, a depender do órgão prolator da decisão (ou competência) que está sendo desrespeitada. No que concerne às hipóteses do inciso III, nas quais o fim da reclamação é a observância de decisão do STF, em controle concentrado de constitucionalidade, é deste órgão jurisdicional a competência para apreciar a reclamação. O mesmo se verifica em relação à reclamação decorrente e desrespeito de enunciado de súmula vinculante.

A reclamação deverá ser dirigida ao presidente do tribunal e, nos termos do que estatui o parágrafo 3º do mesmo dispositivo, uma vez recebida, será autuada a encaminhada ao relator do processo principal. A expressão "sempre que possível" tem razão de ser: note-se que, quando decorrente de ato sem natureza jurisdicional ou ainda quando manejada em face de decisão proferida por juiz de primeiro grau, não há de falar-se em relator.

É imperioso que a reclamação esteja instruída com prova documental, por expressa disposição legal nesse sentido.

6. Inadmissibilidade da reclamação proposta após o trânsito em julgado. Não se afigura possível o ajuizamento da reclamação após o trânsito em julgado. Parece ser lícito concluir que a disposição legal é salutar, na medida em que evita que a parte que deixou transcorrer o prazo para recurso faça uso da reclamação como seu sucedâneo.

7. Inadmissibilidade da reclamação sem o esgotamento das instâncias ordinárias: O disposto no § 5º do artigo em comento estabelece a impossibilidade do ajuizamento da reclamação antes do esgotamento das instâncias ordinárias. A norma foi inserida no dispositivo pela Lei nº 13.256, de 4 de fevereiro de 2016, com o claro fim de evitar o sobrecarregamento das instâncias superiores. Assim, depreende-se que o intento do legislador é o de não permitir que as partes façam uso da medida quando ainda existe a possibilidade de interposição de recursos. O raciocínio, embora pareça, em um primeiro momento adequado – já que orienta a que se faça uso de outros instrumentos antes do manejo da reclamação – parece ser carente de sentido: se a parte deve, antes, interpor todos os recursos cabíveis na hipótese, quando possível propor a reclamação, talvez não haja nem mesmo necessidade de seu uso. Eis a razão pela qual a alteração empreendida não nos parece salutar. Não se pode esquecer que, prevalecendo o entendimento de que a medida em comento tem natureza de ação, a sua propositura não deveria estar condicionada à adoção de nenhuma outra medida.

Artigo 989.
Ao despachar a reclamação, o relator:
I – requisitará informações da autoridade a quem for imputada a prática do ato impugnado, que as prestará no prazo de 10 (dez) dias;
II – se necessário, ordenará a suspensão do processo ou do ato impugnado para evitar dano irreparável;
III – determinará a citação do beneficiário da decisão impugnada, que terá prazo de 15 (quinze) dias para apresentar a sua contestação.
CORRESPONDÊNCIA NO CPC/1973: *NÃO HÁ.*

1. Poderes do relator. O dispositivo não esgota os poderes do relator na análise da reclamação. Por se tratar de ação, cumpre ao relator, ao recebê-la, providenciar a análise da presença das condições da ação e pressupostos processuais. Estando em termos a reclamação, há duas medidas que a lei determina sejam tomadas, e que não dependem de provocação da parte, devendo ser adotadas de ofício. A primeira é a requisição de informações da autoridade a quem se reputa a prática do ato, para que as responda em 10 (dez) dias. A autoridade mencionada pelo dispositivo é parte passiva na reclamação, consoante ensina Morato: "Parte passiva da reclamação é a autoridade (judicial ou não) que tenha descumprido a decisão judicial, desrespeitado a súmula vinculante, ou usurpado a competência das Cortes em questão. É a autoridade que se coloca contra o sistema, afrontando-o, que pode ser parte passiva na reclamação. E é a conduta irregular da autoridade – inadmissível no nosso sistema – que dá margem ao ajuizamento da reclamação. Logo, é ela, autoridade, que deve responder pelo ilícito.". (MORATO, Leonardo Lins, "A reclamação e a sua finalidade para impor o respeito à súmula vinculante", in WAMBIER, Teresa Arruda Alvim *et al.* (Coord.), *Reforma do Judiciário: primeiras reflexões sobre a Emenda Constitucional n. 45/2004*, São Paulo, RT, 2005).

A segunda providência é a citação do beneficiário da decisão impugnada (que também é legitimado passivo) e que, nessa qualidade, deverá apresentar a sua contestação em até 15 (quinze) dias.

Trata-se, portanto, de litisconsórcio passivo necessário, em razão da expressa imposição legal nesse sentido.

2. Suspensão do processo ou do ato impugnado. A suspensão do processo ou dos efeitos do ato impugnado não se dá de forma automática. Se o relator constatar a possibilidade de ocorrência de dano irreparável poderá fazê-lo. Parece ser lícito concluir que, em razão do interesse público concernente à espécie de ação em estudo, que a determinação de suspensão não depende de pedido da parte, podendo ser feita de ofício, pelo relator.

Artigo 990.
Qualquer interessado poderá impugnar o pedido do reclamante.
CORRESPONDÊNCIA NO CPC/1973: *NÃO HÁ.*

1. Impugnação do pedido do reclamante. O pedido formulado na reclamação pode ser impugnado por qualquer interessado. A nova lei processual não foi minuciosa em relação ao momento para tal impugnação. A expressão "qualquer interessado" não se refere ao legitimado passivo da reclamação, que, como já se viu, é a autoridade da qual emanou o ato impugnado ou que descumpriu o ato ou a decisão objeto da reclamação, bem como o beneficiário da decisão, quando houver. A expressão "qualquer interessado" compreende qualquer pessoa que possa, de alguma forma, ser atingida pela decisão. Daí deflui seu interesse jurídico para a impugnação do pedido do reclamante.

Artigo 991.
Na reclamação que não houver formulado, o Ministério Público terá vista do processo por 5 (cinco) dias, após o decurso do prazo para informações e para o oferecimento da contestação pelo beneficiário do ato impugnado
CORRESPONDÊNCIA NO CPC/1973: *NÃO HÁ.*

1. Manifestação do Ministério Público. É imperiosa a manifestação do Ministério Público na reclamação, após a prestação de informações e a apresentação de contestação pelos legitimados passivos. Como se nota da leitura do dispositivo, somente será dada vista ao órgão ministerial se ele não houver ajuizado a ação. Não parece ser adequado concluir que seja possível que o órgão do Ministério Público não tenha vista dos autos, independentemente dos motivos para tanto. Como já se disse, a reclamação é ação cujo desiderato é de interesse público, fora da esfera de disposição das partes. Daí por que não se pode autorizar qualquer desobediência aos comandos legais relativos a seu processamento.

Artigo 992.
Julgando procedente a reclamação, o tribunal cassará a decisão exorbitante de seu julgado ou determinará medida adequada à solução da controvérsia.
CORRESPONDÊNCIA NO CPC/1973: *NÃO HÁ.*

1. Julgamento da reclamação. Sse a ação em estudo for procedente, há dois possíveis caminhos a serem adotados pelo órgão julgador: (i) ou cassará a decisão, porque exorbita de seu julgado; (ii) ou determinará a medida adequada à solução do conflito, que parece ser, quase sempre, a determinação para que seja prolatada outra decisão.

Artigo 993.
O presidente do tribunal determinará o imediato cumprimento da decisão, lavrando-se o acórdão posteriormente.
CORRESPONDÊNCIA NO CPC/1973: *NÃO HÁ.*

1. Prioridade no cumprimento da decisão. O disposto no artigo em comento traz interessantíssima regra, priorizando, primeiramente, a determinação para o cumprimento da decisão, e, somente depois disso, a prolação do acórdão. A regra, um tanto salutar, busca garantir a autoridade das decisões dos tribunais.

TÍTULO II – Dos Recursos

CAPÍTULO I – Disposições Gerais

Artigo 994.
São cabíveis os seguintes recursos:
I – apelação;
II – agravo de instrumento;
III – agravo interno;
IV – embargos de declaração;
V – recurso ordinário;
VI – recurso especial;
VII – recurso extraordinário;

VIII – agravo em recurso especial ou extraordinário;
IX – embargos de divergência.
CORRESPONDÊNCIA NO CPC/1973: *ART. 496.*

1. Conceito de recurso. A nova legislação mantém íntegro o conceito de recurso cunhado por José Carlos Barbosa Moreira. Continua sendo plenamente possível, adequado e, acima de tudo, didático definir recurso como "remédio voluntário idôneo a ensejar, no mesmo processo, a reforma, a invalidação, o esclarecimento ou a integração de decisão judicial que se impugna.". (MOREIRA, José Carlos Barbosa, *Comentários ao Código de Processo Civil*, v. V, 17. ed., Rio de Janeiro, Forense, 2013, p. 233). A percepção do fenômeno processual a que iremos nos referir será melhor compreendida se dissecarmos a definição do mencionado autor. A ideia de recurso como uma espécie do gênero remédio está diretamente atrelada à concepção de sucumbência. Sucumbência, como efeito decorrente de uma situação processual, consiste na derrota da parte no processo ou num específico incidente a ele relacionado. A sucumbência do litigante A, quando total, contrasta e rivaliza com a vitória do outro, litigante B: o sucumbente é aquele que não venceu, isto é, que perdeu, saiu do processo derrotado; porém, a parte pode ver denegada pelo juiz apenas parcela maior ou menor do seu pedido, o que, em consequência, implica em afirmar que o litigante contrário, de igual modo, não conseguiu afastar a pretensão do autor, em maior ou menor medida, por completo, considerando-se também sucumbente. Tal situação é reconhecida pela doutrina como sucumbência recíproca e tratada pelo legislador no art. 86. Pontes de Miranda, com a autenticidade que lhe é peculiar, menciona a existência do princípio da lesividade da resolução. (MIRANDA, Francisco Cavalcanti Pontes de, *Comentários ao Código de Processo Civil*, t. XI, 2. ed., Rio de Janeiro, Forense, 1960, p. 7). Isso calha e facilita na visualização do recurso como remédio. Ora, recurso-remédio porque se porta como expediente vocacionado a melhorar a situação da parte no processo, isto é, mecanismo para combater a lesividade que a decisão judicial causou às partes ou a terceiro. Contudo, a concepção de lesividade não pode ser conduzida ao extremo de apenas considerarem-se lesivas as decisões que geram efetivo prejuízo aos litigantes. Ninguém põe em dúvida que, em uma demanda em que o autor almeja a condenação do réu ao pagamento de R$ 10.000,00 (dez mil reais), eventual sentença acolhendo parcialmente o pedido para condenar o demandado em R$ 9.999,99 (nove mil, novecentos e noventa e nove reais e noventa e nove centavos) há de ser tida como consagradora da vitória do autor e da derrota do réu, principalmente para os não versados nas questões de processo. (TARZIA, Giuseppe, *Lineamenti del processo civile di cognizione*, 3. ed., Milano, Giuffrè, 2007, p. 299). Muito embora tenha o autor saído praticamente satisfeito, deve ser reputado parcialmente sucumbente. Assim, o mais correto é entender a sucumbência como um termo técnico, de modo a se poder qualificar o autor sucumbente nas hipóteses em que este não alcança tudo aquilo que lhe seria lícito e possível obter no processo. Podemos, ainda, aproveitar a equiparação do recurso à ideia de remédio para destacar outro ponto característico dessa modalidade. Recurso, conforme já foi dito, é espécie do gênero remédio. Quais seriam as outras espécies? Remédio há de ser considerado como meio de impugnação das decisões judiciais, que, como visto, é admitido pelo sistema para neutralizar a lesividade gerada por uma decisão judicial equivocada. Ao lado dos recursos, portanto, realizam um trabalho similar as chamadas ações autônomas de impugnação. O ponto de aproximação entre os recursos e as ações autônomas de impugnação diz respeito ao fato de ambos serem considerados meios de impugnação das resoluções judiciais. Salutar a advertência de Pontes de Miranda: "É de suma importância não se considerar recurso 'qualquer' *meio de impugnação das resoluções judiciais*. Há mais meios de impugnação do que recursos, posto que todo recurso seja meio de impugnação.". (MIRANDA, Francisco Cavalcanti Pontes de, *Comentários ao Código de Processo Civil*, t. XI, 2. ed., Rio de Janeiro, Forense, 1960, p. 5). Há entendimento no mesmo sentido na doutrina italiana. (PISANI, Andrea Proto, *Lezioni di diritto processuale civile*, 4. ed., Napoli, Jovene, p. 452). O distanciamento, portanto, deriva da técnica específica de cada modalidade, ou seja, do modo e da forma com que cumprem sua missão na dinâmica processual. Os recursos são meios de impugnação que pressupõem a litispendência, dado que são utilizados na constância da relação jurídica processual, ou seja, podem ser sacados pelos litigantes apenas quando ainda vivo estiver o processo, antes, portanto, do trânsito em julgado. (DIDIER JR., Fredie; CUNHA, Leonardo Carneiro da, *Curso de direito processual civil*, v. 3, 12. ed., Salvador, JusPodivm, 2014, p. 17). Olhando mais a fundo, os recursos obstam o advento do trânsito em julgado, porquanto postergam a consagração do seu fim. Conduzem o processo à nova fase processual, tanto é que Francesco Carnelutti prefere falar em recurso como uma "renovação do procedimento". (CARNELUTTI, Francesco, *Instituciones del proceso civil*, v. II, Buenos Aires, E.J.E.A., 1959, p. 179). Leo Rosenberg, por seu turno, expõe como marca fundamental dos recursos a circunstância de impedirem a formação da coisa julgada. (ROSENBERG, Leo, *Tratado de derecho procesal civil*, t. II, Buenos Aires, E.J.E.A., 1955, p. 349). Há doutrina no mesmo sentido. (SCHÖNKE, Adolf, *Direito processual civil*, Campinas, Romana, 2003, p. 395). Em que pese as ações autônomas de impugnação destinarem-se a similares propósitos, a técnica empregada diverge da dos recursos porque tais meios de ataque fazem nascer uma nova relação jurídica processual. Assim, por meio do exercício de uma nova pretensão, e não através da ramificação da mesma, como sói acontecer com os recursos, o litigante almeja atacar determinada decisão judicial ou falha na condução do procedimento. Diferentemente do que acontece com o recurso, que só pode ser utilizado quando ainda não se verificou o trânsito em julgado, porquanto não há renovação da pretensão posta em curso por intermédio da petição inicial, as ações autônomas de impugnação veiculam pretensão especificamente direcionada para fulminar alguma decisão equivocada ou erro no *iter* processual. O escopo da ação autônoma é claro; e, no mais das vezes, não se confunde com o veiculado na ação originária. Contudo, importante fazer aqui necessária advertência: não nos parece correto proceder à distinção entre recursos e ações autônomas de impugnação com a afirmação de que aqueles são meio para atacar decisão não transitada em julgado e aquelas, não. Embora corretíssimo que o recurso só pode ser interposto enquanto pendente a relação jurídica processual (art. 502), é errado concluir que os demais meios de impugnação são exclusivos para as situações em que já ocorreu o trânsito em julgado. Há um sem número de ações autônomas de impugnação que podem ser manejadas antes mesmo do trânsito em julgado, algumas delas, inclusive, só se o fim do processo ainda não se verificou, como é o caso do mandado de segurança contra decisão judicial (STF, Súmula 268). Outro aspecto do recurso que não pode ser descurado é o de que ele está no âmbito da liberdade de ação da parte e do terceiro, por isso a menção à voluntariedade. Quem vai decidir sobre a utilização ou não do expediente recursal é o próprio interessado no contraste da decisão. Se é certo que os recursos se prestam ao aprimoramento da prestação jurisdicional em prol do sistema, não é menos verdade que a legislação processual deixou sua utilização à voluntariedade das partes. Os recursos servem para aprimorar a decisão; porém, o seu manejo depende da conduta ativa das partes. Leo Rosenberg ataca o ponto com acuidade: "Por eso, los recursos están al servicio de los legítimos deseos de las partes de sustituir la resolución que les es desfavorable por otra más favorable. El Estado apoya esta tendencia, porque el examen mediante el tribunal superior otorga *mayor seguridad a la justicia de la resolución* y aumenta la *confianza del pueblo* en la jurisdicción estatal.". (ROSENBERG, Leo, *Tratado de derecho procesal civil*, t. II, Buenos Aires, E.J.E.A., 1955, p. 352-3). Por este motivo, a doutrina vê o recurso, sob determinado ponto de vista, como ônus processual. A definição de ônus processual é lição consagrada pela pena de James Goldschmidt: "sólo existen en el proceso 'cargas', es decir, situaciones de necesidad de realizar determinado acto para evitar que sobrevenga un prejuicio procesal. Con otras palabras, se trata de 'imperativos del proprio interés'. Las cargas procesales se hallan en uma estrecha relación con las 'posibilidades' procesales, puesto que toda 'posibilidad' impone a las partes la carga de ser diligente para evitar su perdida. El que puede, debe: la ocasión obliga (es decir, *grava*), y *la más grave culpa frente a sí mismo, es la de haber perdido la ocasión*.". (GOLDSCHMIDT, James, *Derecho procesal civil*, Barcelona, Editorial Labor, 1936, p. 203). Contrária à ideia de dever, em que a parte vinculada está obrigada a agir de determinada forma, porque alguém (o detentor do direito) assim pode exigir, a realização do ônus é sempre algo que se cinge à opção individual e pessoal do sujeito. Caso ele se desincumba do ônus, põe-se uma chance de obtenção de algum benefício, por exemplo, a modificação da decisão judicial que lhe era contrária; optando por não se desincumbir de seu ônus, deverá suportar a decisão ainda que desfavorável ao seu interesse. Esse é, como se vê, o motivo pelo qual não nos parece adequado alocar a figura do art. 496 no grupo dos recursos. À remessa necessária (*ex officio*) ou, da forma como também é conhecida, reexame obrigatório, falta o elemento da voluntariedade. Ainda que se busque a vontade no ato do juiz, por certo ela se distancia e muito daquela que move o recorrente. O que de fato o dispositivo legal exige é uma revisão do decidido pelo tribunal, cujo desiderato é claramente o de proteger a coisa e o interesse público subjacente à causa e defendido pela parte sucumbente (a pessoa jurídica de direito público), muito embora entendamos criticável a opção da norma. Serve de prova do alegado a redação do art. 496, §1º, que põe em destaque a incidência da norma apenas nos casos em que a Fazenda Pública não interpor o recurso de apelação no prazo legal, seguindo, daí, ordem para, caso omissa quanto à impugnação voluntária, o juiz ordene a remessa dos autos ao tribunal, sob pena de avocação pelo colegiado competente para analisar o recurso. Ao que parece, subsiste, e isso é inegável, desconfiança do legislador em relação ao juiz e ao órgão de defesa da pessoa jurídica de direito público, sentimento totalmente injustificado nos dias atuais (ou não?). Resta falar dos objetivos perseguidos pelo recorrente mediante a utilização do recurso, tendo sempre em conta aquilo que foi predeterminado pelo legislador. Importante frisar, e aqui cabe o parêntese, que o legislador definiu, previamente, o que cada recurso pode proporcionar àquele que dele se utiliza, pois, assim como acontece na maioria das modalidades esportivas, as "regras do jogo" estão definidas antecipadamente. Quem, possuindo o direito de recorrer e exercendo-o de acordo com a forma traçada na norma, vale-se do recurso, e pode, em razão de tal conduta, alcançar a reforma, a invalidação, o esclarecimento ou a integração da decisão atacada. A análise de cada um dos escopos traçados não nos parece despicienda: (i) reforma: almeja o recorrente obter, com o julgamento do recurso, a modificação da decisão impugnada, apta a gerar, quando plenamente vitorioso o recorrente, a inversão completa no conteúdo meritório da resposta judicial formulada, pelo órgão recorrido, ao conflito posto a sua apreciação, de modo a substituí-la por outra; (ii) invalidação, anulação ou cassação: quando, no decorrer do procedimento, algum vício colocar em xeque a marcha processual e a apreciação do mérito da demanda, contaminando-a, e, por via reflexa, contaminando a decisão judicial proferida, o recorrente poderá utilizar-se do recurso para instigar o órgão superior a eliminar dito pronunciamento, que terá como consequência a sua extirpação do processo, para que, em razão disso, outro seja posto em seu lugar, mormente pelo órgão que originariamente decidiu, mediante o retorno da sua competência para versar sobre o tema de fundo; (iii) esclarecimento: um pronunciamento judicial, na verdade qualquer deles, pode estar manchado pelos vícios da obscuridade ou da contradição, a verificação de tais moléstias possibilita o interessado buscar, do próprio prolator da decisão, o fim daquilo que se detectou obscuro, derivando do vício a ser combatido a ideia de tornar claro, esclarecer, assim também na hipótese de a decisão mostrar-se contraditória internamente, ou seja, seus elementos não dialogarem entre si, gerando, desse modo, perplexidade para as partes do processo; *in casu*, melhor que o seu autor reflita bem e acerte o que torto está, esclarecendo a correta intelecção de seu ato decisório; (iv) integração: o julgador, falível que é, pode proferir ato, decisório ou não, incompleto, melhor dizendo, que não apreciou o problema *sub judice* em todos os seus limites e contornos, situação esta, por si só, ensejadora de violação ao direito à tutela jurisdicional efetiva a merecer do sistema a devida neutralização, mediante a concessão de nova oportunidade ao prolator da decisão para que proceda a sua integração (completa-se, integra-se aquilo que omisso está). (JUNOY, Joan Picó i, *Las garantias constitucionales del processo*, Barcelona, J. M. Bosch Editor, 1997, p. 40). Os últimos dois objetivos (esclarecimento e integração) são exclusivos dos embargos de declaração, já os demais (reforma e invalidação) são perseguidos pelas demais espécies recursais (apelação, agravo de instrumento, agravo interno, recurso ordinário, recurso especial, recurso extraordinário, agravo em recurso especial ou extraordinário, embargos de divergência). A opção manifestada pelo recorrente acerca do pedido de reforma ou de cassação está mais atrelada ao erro constante do ato decisório que propriamente a natureza ou espécie recursal escolhida.

2. Manutenção do princípio da taxatividade. O CPC/2015 mantém vivo o princípio da taxatividade, deixando a criação e definição dos recursos para o legislador, de modo que às partes, ainda que consensualmente, é vedada a criação de novas figuras recursais. O novo preceito especifica as modalidades de agravo, mencionando expressamente o (i) agravo de instrumento; (ii) o agravo interno; (iii) agravo em recurso especial ou extraordinário. Muito embora agravos, as modalidades são reservadas para finalidades específicas e devem ser utilizadas em contextos também específicos. Segundo o princípio da taxatividade, somente são considerados como recursos aqueles designados, em *numerus clausus*, pela lei federal. (NERY JR., Nelson, *Teoria geral dos recursos*, 7. ed., São Paulo, RT, 2014, p. 67).

3. Tentativa de redução das figuras recursais. Tentando conter a prodigalidade dos recursos do CPC/1973, realidade criticada por José Carlos Barbosa Moreira (MOREIRA, José Carlos Barbosa, *Comentários ao Código de Processo Civil*, v. V, 17. ed., Rio de Janeiro, Forense, 2013 p. 229; SICA, Heitor Vitor Mendonça, "Recorribilidade das interlocutórias e reformas processuais: novos horizontes do agravo retido", in NERY JR., Nelson; WAMBIER, Teresa Arruda Alvim (Coord.), *Aspectos polêmicos e atuais dos recursos cíveis e de outros meios de impugnação às decisões judiciais*, v. 8, São Paulo, RT, 2005, p. 161-230), o legislador pretendeu acabar com o agravo retido, pouco estimulante aos jurisdicionados, e os embargos infringentes, para muitos, herança lusitana mantida desnecessariamente até os dias atuais. O primeiro objetivo foi alcançado, razão pela qual o agravo retido desaparece do sistema atual; as decisões judiciais, antes impugnáveis por agravo retido, a despeito de proferidas ao longo da marcha processual, não mais fenecem pela preclusão, já que poderão ser atacadas em sede de apelação, como teremos o cuidado de tratar ao comentar o art. 1.009, §1º. A segunda meta não logrou idêntica sorte, pois, muito embora os embargos infringentes não constem mais do rol acima, subsistem no sistema sem, todavia, sua antiga natureza recursal; quis a última versão do Senado Federal dar-lhes a natureza de técnica de julgamento da apelação (e do agravo de instrumento que verse sobre o mérito da demanda), a ser observada quando da existência de acórdão não unânime. O que antes estava no plano da voluntariedade dos recorrentes, passa, agora, a ser *iter* obrigatório das figuras recursais expressamente designadas no art. 942 e parágrafos.

Artigo 995.
Os recursos não impedem a eficácia da decisão, salvo disposição legal ou decisão judicial em sentido diverso.
Parágrafo único. A eficácia da decisão recorrida poderá ser suspensa por decisão do relator, se da imediata produção de seus efeitos houver risco de dano grave, de difícil ou impossível reparação, e ficar demonstrada a probabilidade de provimento do recurso.
CORRESPONDÊNCIA NO CPC/1973: *ART. 497.*

1. **O efeito suspensivo dos recursos como exceção.** Levando em conta que um dos objetivos da nova ordenança processual foi proporcionar aos jurisdicionados maior efetividade da tutela jurisdicional, não poderia o processo tergiversar sobre o tempo. Nada obstante emergir da norma constitucional (art. 5º, LXXVIII, CF/1988), o princípio da razoável duração dos processos agora também dimana do art. 4º, sendo, assim, curial prestigiar o juiz de primeiro grau, outorgando plena eficácia às suas decisões. Esse expediente é conquistado retirando o efeito suspensivo dos recursos, o que era regra no CPC/1973, como prova o teor do seu art. 497. Dizia M. Seabra Fagundes, ao tempo do CPC/1939, que "a sentença só obriga após tornar-se irrecorrível.". (FAGUNDES, Miguel Seabra, *Dos recursos ordinários em matéria civil,* Rio de Janeiro, Forense, 1946, p. 27). A ressalva que lá constava excepcionava apenas os recursos "extraordinários" e o agravo de instrumento, mas a doutrina estendia a lição para o agravo retido, que não impedia o prosseguimento da marcha processual. É de se recuperar, como meio para mostrar a diferença entre o hoje e o ontem, a lição de José Carlos Barbosa Moreira: "Convém acrescentar que, no sistema jurídico pátrio, a regra é a de *terem* os recursos efeito suspensivo, no sentido exposto, entendendo-se que ele só não ocorre quando alguma norma especial o exclua" (MOREIRA, José Carlos Barbosa, *Comentários ao Código de Processo Civil,* v. V, 17. ed., Rio de Janeiro, Forense, 2013, p. 259). A regra, agora, é a de que os recursos não terão efeito suspensivo, de modo que a decisão proferida se encontrará, tão logo publicada, apta para produzir todos os seus efeitos (que, nem de longe, se restringem à executividade); a exceção será, justamente, a suspensividade, que pode decorrer de opção legal, como acontece com relação ao recurso de apelação (art. 1.012), ou de consideração tomada pelo órgão judicial encarregado, em observância às orientações do art. 1.012, § 3º. Nelson Nery Jr. e Rosa Maria de Andrade Nery são categóricos no ponto: "Toda decisão *recorrível* tem eficácia imediata, mesmo que o recurso não tenha, ainda, sido interposto. O efeito imediato da decisão é a *regra*; a suspensão desses efeitos, a *exceção*. Relativamente ao sistema processual anterior, o CPC inverteu a sistemática da eficácia da decisão recorrida.". (NERY JR., Nelson; NERY, Rosa Maria de Andrade, *Comentários ao Código de Processo Civil,* São Paulo, RT, 2015, p. 2007). Entendimento semelhante é corroborado por outra parte da doutrina. (NERY JR., Nelson; NERY, Rosa Maria de Andrade, *Comentários ao Código de Processo Civil,* São Paulo, RT, 2015, p. 2007). Ainda

que timidamente, o legislador pretendeu alinhar a sistemática recursal nacional a uma moderna orientação, já incorporada por outros ordenamentos.

2. Requisitos para a concessão de efeito suspensivo. Quando o recurso não constar das exceções previstas na lei, logo, sem o efeito suspensivo como regra, o recorrente poderá obter dito efeito *ope judicis*, isto é, mediante a concessão do juiz competente para deliberar sobre a temática; aliás, essa técnica já era empregada na legislação revogada para as situações em que o recurso não possuía efeito suspensivo *ope legis*. Generalizados estão os requisitos para a concessão do efeito suspensivo excepcional: (i) risco de dano grave; (ii) risco de dano de difícil ou impossível reparação; (iii) restar demonstrada a probabilidade de provimento do recurso. Em resumo, trata-se de binômio já consagrado na ciência processual, conhecido como pela referência às expressões latinas do *fumus boni iuris* (probabilidade de êxito do recurso) e *periculum in mora* (risco de ineficácia caso seu provimento venha tardiamente) (NERY JR., Nelson; NERY, Rosa Maria de Andrade, *Comentários ao Código de Processo Civil*, São Paulo, RT, 2015, p. 2007). Novidade que é digna da devida atenção – e será, por isso, especificada mais adiante – toca o procedimento para a obtenção, excepcional, do efeito suspensivo. O pleito deverá ser dirigido (i) ao relator, se já distribuído o recurso, ou (ii) ao tribunal, no período compreendido entre a interposição do recurso e sua distribuição, ficando o relator designado para seu exame prevento para julgá-la.

Artigo 996.

O recurso pode ser interposto pela parte vencida, pelo terceiro prejudicado e pelo Ministério Público, como parte ou como fiscal da ordem jurídica.

Parágrafo único. Cumpre ao terceiro demonstrar a possibilidade de a decisão sobre a relação jurídica submetida à apreciação judicial atingir direito de que se afirme titular ou que possa discutir em juízo como substituto processual.

CORRESPONDÊNCIA NO CPC/1973: *ART. 499.*

1. Legitimidade e interesse recursais. O sistema processual faz preceder à decisão sobre determinada postulação um juízo prévio de viabilidade. Trata-se, conforme enraizado na doutrina, do juízo de admissibilidade, tão caro aos recursos. "Todo recurso – como, aliás, qualquer ato postulatório – está sujeito a exame sob dois aspectos: o primeiro destina-se a aferir se estão satisfeitos os requisitos prévios necessários à apreciação do conteúdo da postulação; o segundo a examinar os fundamentos desta, para acolhê-la ou rejeitá-la.". (GRINOVER, Ada Pelegrini; BRAGA, João Ferreira, "Um estudo de teoria geral do processo: admissibilidade e mérito no julgamento dos recursos", in *Revista de Processo*, v. 227, São Paulo, RT, 2014, p. 171-196). Dentre mencionados requisitos, destacam-se, justamente, a legitimidade e o interesse recursais, classificados, na doutrina de José Carlos Barbosa Moreira, como intrínsecos (relativos ao direito de recorrer) em contraposição aos extrínsecos (relativos ao modo de exercer esse direito). (MOREIRA, José Carlos Barbosa, "O juízo de admissibilidade no sistema dos recursos cíveis", in *Revista de Direito da Procuradoria-Geral do Estado da Guanabara*, v. 19, Rio de Janeiro, 1968, p. 113). Do mesmo modo que, para propor a ação, se exige o mínimo de legitimidade, não é dado a toda e qualquer pessoa impugnar um pronunciamento judicial, mesmo que imbuída do propósito de suscitar alguma injustiça porventura existente na decisão. Por ocasião da definição dos legitimados recursais, o legislador tomou como parâmetro "presumível relevância da decisão para determinadas pessoas.". (MOREIRA, José Carlos Barbosa, "O juízo de admissibilidade no sistema dos recursos cíveis", in *Revista de Direito da Procuradoria-Geral do Estado da Guanabara*, v. 19, Rio de Janeiro, 1968, p. 113). Assim, quando se trata de autor e réu do processo (incluídos, cá estão, os litisconsortes e eventuais terceiros já intervenientes), salutar considerá-los como legitimados ao manejo do recurso, daí a razão de constarem expressamente no art. 996, sob o qualificativo comum de parte. O fato de ser parte conduz à legitimidade, e isso é suficiente. Por isso, Andrea Proto Pisani ensina que os legitimados a recorrer normalmente são apenas os sujeitos que assumiram a qualidade de parte na instância em que a decisão foi proferida, a autorização para recorrer concedida ao terceiro ou ao Ministério Público serão, pois, excepcionais. (PISANI, Andrea Proto, *Lezioni di diritto processuale civile*, 4. ed., Napoli, Jovene, p. 452). Assim como excepcional é a legitimidade do juiz, agora, expressamente, autorizado a recorrer quando assume no processo posição similar a da parte, na hipótese de alegação impedimento ou de suspeição. Pela disposição do art. 146, a parte poderá alegar as causas de afastamento do juiz no prazo de 15 (quinze) dias. Se o próprio julgador reconhecer sua condição, o processo deverá ser remetido ao substituto legal; do contrário, autuará o requerimento em apartado e, em 15 (quinze) dias, apresentará suas razões, documentos e rol de testemunhas, determinando o envio do incidente ao tribunal (art. 146, §1º). Já no tribunal, sendo acolhida a alegação e a hipótese caracterizada como de impedimento ou de manifesta suspeição, o tribunal condenará o juiz nas custas e remeterá os autos ao seu substituto legal, podendo este recorrer da decisão (art. 146, §5º). O interesse, que completa o círculo dos pressupostos subjetivos, decorre da derrota, da sucumbência, explicitada no preceito pelo vocábulo "vencida". "Não se permite ao litigante *contra se venire*, (a) seja mediante recurso contra a sentença que lhe foi inteiramente favorável, (b) seja contra sentença que julgue a demanda parcialmente procedente, insurgindo-se o recorrente contra a sentença inteira" (DINAMARCO, Cândido Rangel, "Os efeitos dos recursos", in NERY JR., Nelson; WAMBIER, Teresa Arruda Alvim (Coord.), *Aspectos polêmicos e atuais dos recursos cíveis*, v. 5, , São Paulo, RT, 2002, p. 22-66). Mas essa explicação revela-se insuficiente, pois a análise retrospectiva não consegue exaurir as situações em que, mesmo não se dando a derrota da parte, o interesse em impugnar a decisão manifesta-se a toda luz. Por tal motivo, a ótica prospectiva, tornada saliente por Barbosa Moreira, expõe e justifica, com maior exatidão, a ideia de interesse recursal, não deixando de fora o terceiro que, por não ser parte no processo e não ter nenhum pedido feito, nem contra nem a favor, passaria ao largo da sucumbência. A percepção do interesse no recurso decorrerá mais do que "é possível ao recorrente esperar que se decida, no novo julgamento, do que sobre o teor daquilo que se decidiu, no julgamento impugnado.". (MOREIRA, José Carlos Barbosa, *Comentários ao Código de Processo Civil*, v. V, 17. ed., Rio de Janeiro, Forense, 2013, p. 299). "Parte vencida", pois, amálgama legitimidade e interesse, respectivamente, como se fossem uma coisa só. Nenhuma especificidade apresenta-se quando o Ministério Público se vê no processo na condição de parte, incidindo, na situação, as diretrizes acima mencionadas. Todavia, o artigo comentado quis deixar explícito o interesse também para a hipótese em que o membro do *parquet* age como fiscal da ordem jurídica (*custos legis*); presume-se, pela condição que o Ministério Público ocupa no processo, seu interesse em impugnar a decisão. Assim dispõe a Súmula 99 do STJ: "O Ministério Público tem legitimidade para recorrer no processo em que oficiou como fiscal da lei, ainda que não haja recurso da parte.". Ademais, o art. 65, parágrafo único, dispõe que a "incompetência relativa pode ser alegada pelo Ministério Público nas causas em que atuar". Ora, se o *parquet* tem autorização para alegar incompetência relativa, por óbvio terá interesse para recorrer da decisão que a rejeita. O caso mais tormentoso é o do terceiro, já que, aqui, o interesse recursal tem significação maior, precedendo, inclusive, à descoberta da sua legitimidade. Colhemos interessante lição da doutrina italiana, que ao observar o interesse do terceiro, pondera: "Si tratta, come è evidente, di un profilo strettamente collegato, diremmo *preliminare*, a quello relativo alla legittimazione.". (VINCRE, Simonetta, "L'intervento del terzo in apelo e il requisito del 'pregiudizio'", in *Rivista di diritto processuale*, Anno LXIX, n. 4-5, Milano, CEDAM, 2014, p. 962). De notar que o interesse capaz de viabilizar a intervenção de terceiro, no passo recursal, é o jurídico.

2. O interesse jurídico do terceiro recorrente. A regra atual alterou a dicção do modo pelo qual o terceiro deve demonstrar o seu interesse na interposição do recurso. Caberá ao interessado estranho ao processo demonstrar a possibilidade de a decisão proferida atingir direito de que se afirme titular. Nesses termos, a relação submetida à apreciação judicial respinga na situação jurídica do terceiro, atingindo-o de alguma forma. Essa, como se vê, é situação de influência direta, a permitir, na esteira da norma, a atuação do terceiro como litisconsorte de alguma das partes, caso fosse do seu contento. De acordo com Seabra Fagundes, aí estaríamos diante do critério restritivo. (FAGUNDES, Miguel Seabra, *Dos recursos ordinários em matéria civil*, Rio de Janeiro, Forense, 1946 p. 50). Mas essa não é a única situação ensejadora do interesse, porquanto também estará autorizado a recorrer, na condição de terceiro prejudicado, aquele que poderia ter ingressado no processo na figura do assistente simples. A influência na posição jurídica do terceiro é, nesse caso, meramente reflexa ou indireta, entretanto suficiente para autorizar a interposição do recurso. O permissivo do recurso por terceiro obliquamente atingido consta na parte final do parágrafo único do art. 996: "(...) ou que possa discutir em juízo como substituto processual". Considerando que, no diploma processual, o assistente simples, ante a ausência da parte principal, será considerado como substituto processual, o legislador quis a ele (assistente simples) fazer menção, quando também dotou de legitimidade o terceiro autorizado a atuar, em juízo, como substituto processual (art. 121, parágrafo único). José Carlos Barbosa Moreira, por ocasião da explicitação da possibilidade de o assistente simples recorrer, valeu-se do argumento de que este mesmo terceiro, quando opte por não ingressar em processo alheio, tem sempre direito, desde que presente os demais requisitos (tempestividade, preparo, regularidade formal, etc.), de impugnar a decisão judicial. No particular, "[a] legitimação para intervir como assistente repousa sobre a possível influência da sentença em relação jurídica de que o interveniente é titular, de sorte que sempre lhe será lícito, satisfeitos os outros pressupostos, recorrer como terceiro prejudicado – e não há razão alguma para conceder-se o recurso a quem *ainda não participa* do processo e negá-lo a quem nele *já figura*, se substancialmente são iguais as situações.". (MOREIRA, José Carlos Barbosa, "O juízo de admissibilidade no sistema dos recursos cíveis", in *Revista de Direito da Procuradoria-Geral do Estado da Guanabara*, v. 19, Rio de Janeiro, 1968, p. 121-2).

Em todo caso, "o prejuízo, condição de interesse à reforma da sentença, deve ser provado *quantum satis* para autorizar o recurso. Não basta a sua alegação para autorizar a interferência do terceiro.". (FAGUNDES, Miguel Seabra, *Dos recursos ordinários em matéria civil*, Rio de Janeiro, Forense, 1946. p. 64).

3. A Defensoria Pública e sua atuação institucional. A Defensoria Pública, por ter nascido para o plano nacional apenas com o advento da CF/1988, foi praticamente ignorada pelo CPC/1973. Pouquíssimas são as menções à instituição e as que lá se encontram decorreram de alterações legislativas posteriores a 1988. O CPC/2015, em contrapartida, cuida do órgão em várias ocasiões, colocando-o, assim, em condições de efetivar o mandamento constitucional, exercendo a orientação jurídica, a promoção dos direitos humanos e a defesa dos direitos individuais e coletivos dos necessitados, em todos os graus, de forma integral e gratuita (art. 187). Além das atribuições constitucionais, replicadas no diploma processual, a Lei Complementar 80/1994 elenca, no seu art. 4º, outras funções institucionais da Defensoria Pública. Inegável, portanto, que, quando a Defensoria Pública atuar institucionalmente, estará conservado seu interesse recursal. Sua atuação institucional, todavia, nem sempre será na condição de parte. O art. 554, §1º, determina que o Juiz intime a Defensoria Pública sempre que figure no polo passivo de ação possessória grande número de pessoas em situação de hipossuficiência. A lei não faz distinção se as partes hipossuficientes estão, ou não, representadas por advogado, uma vez que a atuação, na hipótese, é institucional. Imposição equivalente consta do art. 565, §2º. O procedimento de jurisdição voluntária, segundo dispõe o art. 720, também poderá ser iniciado pela Defensoria Pública. Vale dizer, ainda, que a instituição assume, a partir do CPC/2015, importante papel na formulação da doutrina do precedente, já que, de acordo com o art. 947, §1º, detém legitimidade para suscitar o incidente de assunção de competência – IAC, sempre que no curso de um julgamento surgir relevante questão de direito, com grande repercussão social, sem repetição em múltiplos processos. Por fim, o incidente de resolução de demandas repetitivas – IRDR, peça chave do CPC/2015, visto que será importante procedimento na formulação de precedentes, também pode ser instaurado pela Defensoria Pública, o que apenas confirma o valor da instituição no ordenamento jurídico brasileiro. Seu interesse recursal, nesses casos, há de ser uma consequência inerente à sua atuação institucional, autônomo, portanto, em relação ao interesse da parte que, no processo, pode estar a representar.

4. A revisitação do interesse e legitimidade recursais. Era assente na doutrina o entendimento de que o interesse recursal não poderia prescindir de uma análise realizada pelo "ângulo prático", ou seja, ao recorrente haveria de ser possível obter benefício real com o provimento da irresignação. Premidos por essa noção, a jurisprudência firmou-se no sentido de que só seria admissível recurso contra o dispositivo da decisão, nunca para atacar apenas a motivação do julgado. Mais ainda: de que "a existência ou a inexistência do interesse em recorrer teria de verificar-se à luz da mera conclusão, e não do raciocínio armado para produzi-la.". MOREIRA, José Carlos Barbosa, *Comentários ao Código de Processo Civil*, v. V, 17. ed., Rio de Janeiro, Forense, 2013, p. 301). Essa simplificação não mais se coaduna com o sistema atual. Dispõe o parágrafo 1º do art. 489 que a decisão judicial não será considerada como fundamentada quando o julgador se limitar à "indicação, à reprodução ou à paráfrase de ato normativo, sem explicar sua relação com a causa ou a questão decidida" (inciso I), "empregar conceitos jurídicos indeterminados, sem explicar o motivo concreto de sua incidência no caso" (inciso II), "invocar motivos que se prestariam a justificar qualquer outra decisão" (inciso III), "não enfrentar todos os argumentos deduzidos no processo capazes de, em tese, infirmar a conclusão adotada pelo julgador" (inciso IV), se limitar "a invocar precedente ou enunciado de súmula, sem identificar seus fundamentos determinantes nem demonstrar que o caso sob julgamento se ajusta àqueles fundamentos" (inciso V) ou "deixar de seguir enunciado de súmula, jurisprudência ou precedente invocado pela parte, sem demonstrar a existência de distinção no caso em julgamento ou a superação do entendimento" (inciso VI). Todos os motivos descritos acima se referem a deficiências na fundamentação do ato decisório, sequer importando a conclusão alcançada pelo julgador. Com efeito, apresenta-nos plenamente cabível a interposição de recurso tão somente para contrastar tais insuficiências, exsurgindo cristalino o interesse recursal. O FPCC, reunido em Belo Horizonte, aprovou o Enunciado n. 307, com o seguinte teor: "Reconhecida a insuficiência da sua fundamentação, o tribunal decretará a nulidade da sentença e, preenchidos os pressupostos do § 3º do art. 1.013, decidirá desde logo o mérito da causa". Nelson Nery Jr. e Rosa Maria de Andrade Nery, conquanto se referindo a hipótese diversa, já admitiam o interesse recursal para impugnar apenas os fundamentos da decisão, lembrando a situação peculiar de a ação popular ter sido julgada improcedente por falta de provas. Nesse caso, para os autores, "o réu tem interesse em apelar para ver a sentença reformada para que a improcedência seja decretada, não por falta de provas, que ensejaria a reproposição da ação porque não faz coisa julgada (LAP 18), mas porque o ato impugnado é válido" (NERY JR., Nelson; NERY, Rosa Maria de Andrade, *Comentários ao Código de Processo Civil*, São Paulo, RT, 2015, p. 2011).

O ponto faz ressoar a importância atual dos precedentes e, via de consequência, da *ratio decidendi*, de sorte que ganha relevo, mais uma vez, a fundamentação do ato decisório, fazendo ruir o argumento de que a motivação não ensejaria a interposição do recurso em atenção à falta de interesse na impugnação. Júlia Lipiani percebeu a sutileza ao asseverar que a "adoção de um sistema de precedentes faz com que a decisão judicial tenha importância que ultrapassa o limite das partes do processo e atinge todos os jurisdicionados, já que se sujeitarão à aplicação do mesmo precedente, se participarem de demanda com objeto semelhante. Esta consequência implica necessariamente a rediscussão de certos temas tradicionais e consolidados na ciência processual civil brasileira, como a regra da motivação da sentença e o princípio do contraditório, para que seja respeitada a congruência do sistema" (LIPIANI, Júlia, "Reconstrução do interesse recursal no sistema de força normativa do precedente", in *Civil Procedure Review*, v. 5, n. 2, 2014, p. 45-72). Na sistemática atual, pode-se afirmar que a coincidência na conclusão, proveniente de divergências na fundamentação, não encontra idoneidade para resolver problemas apontados nos procedimentos com aptidão para formação de precedentes, do qual são exemplos: (i) os julgamentos de RE e REsp repetitivos (arts. 1.036 a 1.041); (ii) o incidente de resolução de demandas repetitivas – IRDR (arts. 976 a 987); (iii) o incidente de assunção de competência – IAC (art. 947). Pensar diferente seria desprezar a formação da *ratio decidendi* em frontal colisão com a própria concepção de *precedente*. Não foi por outra razão que FPPC, reunido em Belo Horizonte, aprovou o Enunciado 317. "O efeito vinculante do precedente decorre da adoção dos mesmos fundamentos determinantes pela maioria dos membros do colegiado, cujo entendimento tenha ou não sido sumulado.". E, em complemento, o Enunciado 319: "Os fundamentos não adotados ou referendados pela maioria dos membros do órgão julgador não possuem efeito de precedente vinculante.". Diante desse novo cenário, "o interesse recursal deve passar a abranger, além do interesse na alteração do quanto decidido relativamente ao caso concreto, ou seja, da norma individualizada que constitui o dispositivo, o interesse na definição do precedente, ou melhor, da norma jurídica geral do caso concreto, independentemente de discussão da conclusão a que se chegou na decisão judicial.". (LIPIANI, Júlia, "Reconstrução do interesse recursal no sistema de força normativa do precedente", in *Civil Procedure Review*, v. 5, n. 2, 2014, p. 45-72).

No CPC/1973 apenas o pedido deduzido pelo autor fazia coisa julgada, isso se, no processo, a sentença sobre ele versasse (parte dispositiva). A questão prejudicial, de enfrentamento antecedente e necessário ao julgamento da pretensão do autor, seria resolvida unicamente na parte referente à fundamentação, insuscetível, portanto, de sofrer o efeito da imutabilidade decorrente da coisa julgada. O art. 469 do CPC/1973 era expresso ao afirmar não fazerem coisa julgada (i) os motivos, (ii) a verdade dos fatos, e (iii) a questão prejudicial apreciada incidentemente no processo. Percebemos, todavia, que o CPC/2015 adotou sistemática distinta nesse particular (questão prejudicial decidida incidentemente no processo). A mudança é sentida pela leitura do art. 504, pois o legislador a excluiu do rol dos elementos da decisão que não fazem coisa julgada. De mais a mais, o art. 503, §1º, estende a coisa julgada à resolução de questão prejudicial, decidida incidentemente no processo. Para que esse fenômeno ocorra, alguns requisitos são de verificação necessária: (i) depender o julgamento do mérito da resolução da questão prejudicial; (ii) ocorrer a respeito da prejudicial contraditório prévio e efetivo; (iii) não ter se verificado a revelia; (iv) o juízo ter competência em razão da matéria e da pessoa para resolvê-la como questão principal; (v) haver pronunciamento expresso do juiz sobre a questão; (vi) não haver restrições probatórias ou limitações à cognição que impeçam o aprofundamento da análise da questão. Essa circunstância atrai, inegavelmente, o interesse recursal quanto à parte da decisão dedicada à fundamentação. A falta de impugnação quanto à questão prejudicial anteciparร, a respeito dela, a eficácia da coisa julgada, tornando-a imutável e indiscutível no próprio processo e em processos futuros. Desse modo, o interesse recursal recairá, a toda evidência, sobre a questão prejudicial, ainda que o litigante resigne-se quanto ao decidido na parte dispositiva.

A admissão expressa pelo CPC/2015 do *amicus curiae* é outro bom indicativo de que a teoria do interesse e legitimidade recursais necessita ser urgentemente revisitada (de igual modo a do terceiro interveniente). O art. 138 dispõe que o juiz ou relator, tendo em conta (i) a relevância da matéria, (ii) a especificidade do tema objeto da demanda ou (iii) a repercussão social da controvérsia, pode, por decisão irrecorrível (do juiz – da qual não caberá agravo de instrumento, muito menos poderá ser atacada em sede de apelação; do relator – o STF conserva jurisprudência firme de que não cabe recurso de decisão monocrática de relator a respeito do *amicus curiae* – art. 7º, § 2º, da Lei n. 9.868/99), de ofício ou a requerimento das partes ou de quem pretenda manifestar-se, permitir a participação, no processo, do amigo da corte (pessoa natural ou jurídica, órgão ou entidade especializada, com representatividade adequada). Antes do advento do CPC/2015, o STF, visualizando o *amicus curiae* apenas como "colaborador da Justiça que, embora possa deter algum interesse no desfecho da demanda, não se vincula processualmente ao resultado do seu julgamento", cunhou entendimento de que o *amicus curiae* não teria legitimidade (e interesse) recursal. Admitindo que a função desse indigitado terceiro seria a de tão somente "agregar subsídios que possam contribuir para a qualificação da decisão a ser tomada pelo Tribunal", seu ingresso não configura um direito subjetivo processual do interessado. Portanto, conclui o STF que "a decisão que recusa pedido de habilitação desse terceiro não compromete qualquer direito subjetivo, nem acarreta qualquer espécie de prejuízo ou de sucumbência ao requerente, circunstância por si só suficiente para justificar a jurisprudência do Tribunal, que nega legitimidade recursal ao preterido". Esse raciocínio serviu de fundamento para que o tribunal pudesse inadmitir embargos de declaração opostos pelo *amicus curiae* (STF, ADI 3460/2015). Na esteira do que afirma o parágrafo 1º do art. 138, provavelmente guiado pelas conclusões acima, o legislador optou por retirar do *amicus curiae* o direito de interpor recurso de forma irrestrita, afastando-o da incidência do art. 996. Todavia, o mesmo parágrafo ressalvou duas hipóteses: (i) oposição de embargos de declaração; e (ii) o recurso específico contra a decisão que julga o incidente de resolução de demandas repetitivas (art. 138, §3º). A função de esclarecimento e integração dos embargos declaratórios faz dispensável a ideia de prejuízo ou sucumbência, uma vez que visam ao aprimoramento da decisão judicial; acerca da segunda exceção, a formação do precedente através do IRDR, por guiar julgamento de casos idênticos atuais e futuros, é a própria razão justificadora da intervenção do *amicus*, retirar-lhe o recurso, também neste caso, seria transformá-lo num figurante de luxo, em oposição ao primado da participação ampla e mais democrática possível na fixação do precedente.

Artigo 997.

Cada parte interporá o recurso independentemente, no prazo e com observância das exigências legais.

§ 1º Sendo vencidos autor e réu, ao recurso interposto por qualquer deles poderá aderir o outro.

§ 2º O recurso adesivo fica subordinado ao recurso independente, sendo-lhe aplicáveis as mesmas regras deste quanto aos requisitos de admissibilidade e julgamento no tribunal, salvo disposição legal diversa, observado, ainda, o seguinte:

I – será dirigido ao órgão perante o qual o recurso independente fora interposto, no prazo de que a parte dispõe para responder;

II – será admissível na apelação, no recurso extraordinário e no recurso especial;

III – não será conhecido, se houver desistência do recurso principal ou se for ele considerado inadmissível.

CORRESPONDÊNCIA NO CPC/1973: *ART. 500.*

1. Recurso adesivo. Dessume-se do preceito que foi mantida a técnica do recurso adesivo. Conquanto o declarado interesse da Comissão encarregada de elaborar o CPC/2015 de reduzir as figuras recursais, entendemos que agiu com acerto ao optar pela manutenção do recurso adesivo, isso porque o recurso adesivo não se trata de nova modalidade recursal, a empecer a celeridade do processo, mas apenas forma diferenciada de interposição da apelação, do recurso especial e do recurso extraordinário, estimuladora da não recorribilidade incondicionada. Natural que a parte, relativamente satisfeita pela decisão judicial, vislumbre a possibilidade de não recorrer, aceitando a decisão na forma posta (reside, nesse ponto, a primeira mudança em relação ao CPC/1973: deixando de existir a figura dos embargos infringentes, deixa, por conseguinte, de ser possível aderir àquilo que não mais existe). Contudo, a incidência do princípio da *non reformatio in pejus*, a indicar que eventual recurso isolado da parte adversa tem o condão de proporcionar, caso provido, uma piora na sua situação, leva-o a recorrer, apenas para amplificar a margem de atuação do órgão *ad quem*. Assim, o desconhecimento a respeito da interposição ou não do recurso da parte contrária é, por si só, inspiração ao recurso, muito embora o recorrente esteja satisfeito com a decisão, a despeito da sua sucumbência parcial. A previsão do recurso adesivo, à vista disso, desestimula esse agir antecipado e precavido da parte, já que poderá apenas cogitar da utilização ou não do recurso após a confirmação da interposição deste pelo seu adversário. É a consagração da seguinte conjectura: "se a outra parte não recorrer, dou-me por satisfeito; caso ela recorra, animo-me a nova investida".

2. Correção de nomenclatura. A relação que se estabelece entre o recurso de apelação interposto na forma tradicional e o recurso de apelação ao que a ele se adere, isto é, o interposto pela técnica da adesividade, não é de acessoriedade, mas de subordinação. A razão do recurso adesivo reside, exclusivamente, na existência do recurso independente, do qual ambos (autor e réu), em consequência da sucumbência recíproca, poderiam ter lançado mão no prazo comum de 15 (quinze) dias, aliás, da forma que enuncia o *caput* do art. 997: "Cada parte interporá o recurso independentemente, no prazo e com observância das exigências legais.". Destarte, não se trata de recurso principal, ao qual se agregaria o acessório, mas de recurso interposto na forma tradicional, portanto, independente, e recurso interposto na forma excepcional, que adere ao independente, cuja justificativa reside tão somente na própria existência.

3. Regime jurídico do recurso adesivo. Recurso adesivo é recurso como outro qualquer, motivo bastante para que incidam as regras de admissibilidade (cabimento, interesse recursal, legitimidade recursal, inexistência de causa impeditiva ou extintiva do direito de recorrer, tempestividade, preparo e regularidade formal) comuns às espécies em geral (art. 997, §2º). Desse modo, o prazo para o interessado recorrer adesivamente é o da resposta ao recurso independente (contrarrazões) interposto pela parte contrária e deverá ser dirigido ao órgão perante o qual aquele também foi endereçado. Por exemplo, a apelação independente é interposta perante o juiz de primeiro grau e, só depois, encaminhada ao tribunal competente para apreciá-la, circunstância que faz remeter, também, para o juízo *a quo* a apelação adesiva; os recursos especial e extraordinário serão interpostos perante o presidente ou vice-presidente do tribunal recorrido (art. 1.029, CPC/2015), *locus* dos recursos especial e extraordinário adesivos. Por fim, se o recurso adesivo apenas tem sua causa motora na interposição do recurso independente pela outra parte, natural que, perecendo, por qualquer razão, o independente, deixe de subsistir alicerce para a manutenção do recurso adesivo, esvaziada que estará sua utilidade. Caso o autor do recurso independente opte por dele desistir, o recurso adesivo não terá seu mérito apreciado, situação equivalente a qualquer outra causa de inadmissibilidade do recurso independente. Elementar é a conclusão a que chegou José Carlos Barbosa Moreira: "Nem sequer o recorrente adesivo pode dizer-se prejudicado pela desistência do recurso principal: na verdade, aquele só terá impugnado a decisão porque este o fizera; se quisesse obter novo julgamento *sob quaisquer circunstâncias*, caber-lhe-ia o ônus de interpor, no prazo normal, recurso independente.". (MOREIRA, José Carlos, *Comentários ao Código de Processo Civil*, v. V, 17. ed., Rio de Janeiro, Forense, 2013, p. 331-332). Inferimos, desta maneira, que o recurso adesivo só será julgado no mérito quando ultrapassados todos os pressupostos de admissibilidade do recurso independente e, de igual modo, todos os pressupostos de admissibilidade do próprio recurso adesivo. (NERY JR., Nelson; NERY, Rosa Maria de Andrade, *Comentários ao Código de Processo Civil*, São Paulo, RT, 2015, p. 2017).

ARTIGO 998.
O recorrente poderá, a qualquer tempo, sem a anuência do recorrido ou dos litisconsortes, desistir do recurso.
Parágrafo único. A desistência do recurso não impede a análise de questão cuja repercussão geral já tenha sido reconhecida e daquela objeto de julgamento de recursos extraordinários ou especiais repetitivos.
CORRESPONDÊNCIA NO CPC/1973: *ART. 501.*

O recorrente poderá, a qualquer tempo, sem a anuência do recorrido ou dos litisconsortes, desistir do recurso.)
1. **Desistência do recurso.** De acordo com a doutrina de José Carlos Barbosa Moreira, a não desistência do recurso posiciona-se como requisito intrínseco de admissibilidade recursal, consistente na inexistência de causa impeditiva ou extintiva do direito de recorrer. Assim, o recurso não será apreciado se, após a sua interposição, o seu autor manifestar o desejo, que pode ser cobrir todo o recurso (desistência total) ou parte dele (desistência parcial), de não vê-lo julgado no mérito, tornando-o *inexistente*. (MOREIRA, José Carlos, *Comentários ao Código de Processo Civil*, v. V, 17. ed., Rio de Janeiro, Forense, 2013, p. 331). Só se desiste de recurso já interposto, e a desistência não comporta condição ou termo. Como dizia Pontes de Miranda: "A *renúncia* é à pretensão a recorrer; a *desistência* é ao recurso" (MIRANDA, Francisco Cavalcanti Pontes de, *Comentários ao Código de Processo Civil*, t. XI, 2. ed., Rio de Janeiro, Forense, 1960, p. 108). Em regra, a desistência, escrita ou oral, pode ser manifestada a qualquer tempo antes do julgamento do mérito do recurso e não depende da concordância da parte contrária, menos ainda de eventuais litisconsortes. Cabe, aqui, apenas referência ao litisconsórcio unitário: (i) sucumbentes três litisconsortes unitários, interposta apelação por todos eles, a desistência de um ou de dois não tem o poder de fazer tran-

sitar em julgado a sentença para aquele(s) que desistiu(ram), dado que a relação jurídica não comporta decisões divergentes para os litisconsortes; (ii) no caso de apenas um dos litisconsortes ter recorrido, plenamente eficaz a desistência do recurso, de modo que para todos restará definida a solução da lide. Deve ser encarada com ressalvas a afirmação de que a conduta determinante (desistência do recurso) só seria eficaz, no litisconsórcio unitário, se praticada pelos litigantes conjuntamente. Esse seria o raciocínio caso todos tivessem efetivamente recorrido (na mesma peça recursal ou em peças isoladas). Contudo, no exemplo, apenas um dos litisconsortes recorreu, de modo que a desistência do seu próprio recurso não afeta a situação dos seus parceiros de lide, muito menos tem o condão de gerar incompatibilidade com a dinâmica da unitariedade, visto que a decisão proferida será idêntica para os litisconsortes, tal qual constava na decisão atacada pelo recurso. Após a desistência do recurso, a parte não poderá recorrer novamente, nem na forma adesiva. Há doutrina em sentido contrário (MOREIRA, José Carlos Barbosa, *Comentários ao Código de Processo Civil*, vol. V, 17.ª ed., Rio de Janeiro, Forense, 2013, pp. 333-334). Também há, entretanto, entendimento em sentido favorável. (DIDIER JR., Fredie; CUNHA, Leonardo Carneiro da, *Curso de direito processual civil*, v. 3, 12. ed., Salvador, JusPudivm, 2014, p. 91). Tampouco a parte poderá recorrer novamente na principal, contra a mesma decisão, muito embora não tenha ainda se esgotado o prazo recursal. É que, com a interposição do recurso, realizou-se o ato processual, que não poderá ser renovado em razão da ocorrência da preclusão consumativa.

2. Limitação ao poder de desistir do recurso. Ainda na vigência do CPC/1973, situação curiosa ocorreu com o tema da desistência. No julgamento do REsp 1.308.830/RS, após sua inclusão em pauta e um dia antes da sessão, a parte recorrente manifestou o interesse em desistir do recurso. Entretanto a relatora, Min. Nancy Andrighi, indeferiu, *de lege ferenda*, o "pedido", sob o argumento de que razões de ordem pública impediam o referido desiderato; disse, ainda, que a CF/1988 encerra no STJ a missão de dar a última palavra a respeito da lei federal infraconstitucional, que não se deve admitir a desistência do recurso quando, em seu julgamento, houver a possibilidade de ser firmada uma tese que irá nortear inúmeros outros casos idênticos e que, por fim, a negativa estaria de acordo com a "ideia de conferir primazia à função paradigmática" daquele tribunal. Muito criticada pela doutrina, já que a decisão sob comento infringiu a literalidade do revogado art. 501 do CPC/1973 (atual art. 998, *caput*), a limitação à desistência passou a ser admitida quando adotada, no caso específico, a técnica do recurso especial ou extraordinário repetitivo. Por isso o atual acréscimo do parágrafo único do art. 998 ("A desistência do recurso não impede a análise de questão cuja repercussão geral já tenha sido reconhecida e daquela objeto de julgamento de recursos extraordinários ou especiais repetitivos") veio normatizar o supracitado entendimento. De acordo com Fredie Didier Jr. e Leonardo Carneiro da Cunha, que divisam (i) o procedimento recursal, instaurado pela vontade do recorrente, portanto, passível de desistência e o (ii) procedimento inci-

dental de definição do precedente ou da tese, instaurado por provocação oficial, de feição coletiva e, em vista disso, não sujeito à desistência, "[q]uando o recorrente, num
caso como esse, desiste do recurso, a desistência deve atingir, apenas, o procedimento
recursal, não havendo como negar tal desistência, já que, como visto, ela produz efeitos imediatos, não dependendo de concordância da outra parte, nem de autorização ou
homologação judicial. (...). Tal desistência, todavia, não atinge o segundo procedimento,
instaurado para a definição do precedente ou da tese a ser adotada pelo tribunal superior.". (DIDIER JR., Fredie; CUNHA, Leonardo Carneiro da, *Curso de direito processual
civil*, v. 3, 12. ed., Salvador, JusPodivm, 2014, p. 35). Ou seja, a parte poderá desistir de seu
recurso, porém, como existem outros casos similares afetados ao julgamento do recurso
repetitivo, o processamento da técnica continua, a despeito da exclusão daquele específico recurso, objeto da desistência. Embora Flávio Cheim Jorge admita, em igual medida,
a desistência do recurso individual ainda que afetado à técnica do julgamento repetitivo,
interpreta a norma como uma autorização para a "objetivação" do processo, visto que,
na sua concepção, a questão será julgada no plano abstrato. Presta auxílio a transcrição
da passagem referida: "Considerando que, como dito, a desistência do recurso é ato unilateral e abdicativo de direito – não depende de homologação judicial –, não se pode
impedir que, nestes casos, o recorrente obtenha os efeitos da desistência de seu recurso.
Tal ato, todavia, não impede que o tribunal superior respectivo analise a questão e defina
o precedente que deva se aplicar aos demais casos idênticos. A questão, portanto, será
julgada no plano abstrato.". (JORGE, Flávio Cheim, in WAMBIER, Teresa Arruda Alvim;
DIDIER JR., Fredie; TALAMINI, Eduardo; DANTAS, Bruno (Coord.), *Breves comentários ao novo Código de Processo Civil*, in, São Paulo, RT, 2015, p. 2225). Ousamos divergir
quanto à última afirmação, pois, diferentemente do que permitir a análise abstrata da
questão, a norma apenas autoriza que o procedimento continue, porquanto existentes
outros processos versando sobre a mesma tese jurídica, alguns inclusive sobrestados na
origem, em casos análogos ou aproximados, de modo que a desistência de apenas um
recurso, sem embargo de ser o afetado, não esvaziará por completo o procedimento.
Acreditamos, ainda, que na hipótese, remota, porém, possível, de desistência de todos
os recursos pendentes de apreciação no Poder Judiciário, outra solução não pode ser
dada além da extinção do procedimento dos recursos excepcionais repetitivos. Para
Nelson Nery Jr. e Rosa Maria de Andrade Nery: "A 'objetivação' do processo civil tem
como limite o direito subjetivo individual da parte e não pode ser oposta ao recorrente
negando eficácia a esse direito subjetivo seu. De outra parte, se o recurso tem o procedimento do CPC 1036 e ss. é porque existem outros iguais em tramitação no foro
brasileiro, de modo que, havendo desistência de um caso específico, outro caso pode
ser encaminhado para o rito do recurso repetitivo, sem nenhum prejuízo ao interesse
público.". (NERY JR., Nelson; NERY, Rosa Maria de Andrade, *Comentários ao Código de
Processo Civil*, São Paulo, RT, 2015, p. 2021-2). Fundado nessas razões, o FPPC consolidou
o Enunciado 213: "No caso do art. 998, parágrafo único, o resultado do julgamento não

se aplica ao recurso de que se desistiu.". Dessume-se da conclusão que o recorrente não pode ter seu pedido de desistência denegado, assim como, desistindo do recurso, não mais ficará sujeito àquilo que foi decidido. O mesmo fórum, por intermédio do grupo temático sobre impactos do CPC/2015 no processo do trabalho, editou Enunciado 352; "É permitida a desistência do recurso de revista repetitivo, mesmo quando eleito como representativo da controvérsia, sem necessidade de anuência da parte adversa ou dos litisconsortes; a desistência, contudo, não impede a análise da questão jurídica objeto de julgamento do recurso repetitivo.".

ARTIGO 999.
A renúncia ao direito de recorrer independe da aceitação da outra parte.
CORRESPONDÊNCIA NO CPC/1973: *ART. 502.*

1. Renúncia ao recurso interposto. Tomando de empréstimo os ensinamentos de Araken de Assis, a renúncia "consiste na declaração de vontade do legitimado a recorrer no sentido de abdicar do poder de recorrer. Este ato dispositivo torna irrecorrível para o renunciante o provimento judicial emitido.". (ASSIS, Araken de, *Manual dos recursos*, 2. ed., São Paulo, RT, 2008, p. 168). Percebe-se que nenhuma alteração se deu, nem de ordem redacional, entre o atual art. 999 e o antigo art. 502 do CPC/1973, mantendo-se a sua natureza de ato jurídico unilateral e não receptício, dado que independe de aceitação da parte adversa, e de possíveis litisconsortes. Pode ser, ainda, total ou parcial. (ROSEN-BERG, Leo. *Tratado de derecho procesal civil*, t. II, Buenos Aires, E.J.E.A., 1955, p. 364). Válida, portanto, a lição que segue: "A renúncia, como negócio jurídico que é, fica sujeita às condições de validade e eficácia dos negócios jurídicos em geral. É irrevogável dentro do processo, sendo, porém, retratável se eivada de qualquer vício do consentimento, como o erro, o dolo ou a coação.". (NERY JR., Nelson; NERY, Rosa Maria de Andrade, *Comentários ao Código de Processo Civil*, São Paulo, RT, 2015, p. 2023).

2. Renúncia prévia. Possibilidade. Negócios processuais. Predomina, na doutrina e jurisprudência, o entendimento de que só se renuncia a direito que se tem, motivo pelo qual esse ato de disposição pressupõe o nascimento do poder de recorrer, o que só aconteceria após a prolação, pelo juízo, da decisão. No mesmo sentido: "Só se pode renunciar validamente ao direito de recorrer a partir do momento em que ele já seria exercitável *in concreto*: assim como não se desiste de recurso *ainda não interposto*, tampouco se renuncia a recurso *ainda não interponível*" (MOREIRA, José Carlos Barbosa, *Comentários ao Código de Processo Civil*, v. V, 17. ed., Rio de Janeiro, Forense, 2013 p. 340; JORGE, Flávio Cheim, in WAMBIER, Teresa Arruda Alvim; DIDIER JR., Fredie; TALAMINI, Eduardo; DANTAS, Bruno (Coord.), *Breves comentários ao novo Código de Processo Civil*, in, São Paulo, RT, 2015 p. 2225). Nelson Nery Jr., entretanto, sempre defendeu a possibilidade de renúncia prévia. O autor condensa seus argumentos da seguinte forma: (i) o poder de recorrer, por ser faculdade da parte, não afronta o princípio do duplo grau de jurisdição; (ii) as partes podem, querendo, transacionar a respeito do objeto litigioso, assim como podem, unilateralmente, renunciar ao direito material, sendo este disponível; (iii) se as partes estão autorizadas a dispor do direito material, com maior razão estariam com relação ao processual; (iv) já no início da demanda, a parte pode, fazendo simples projeção, avaliar o a extensão do seu gravame e, diante disso, renunciar ao direito de recorrer; (v) o art. 502 do CPC/1973 (atual art. 999) não faz distinção entre renúncia prévia ou posterior à decisão; (vi) a possibilidade de renúncia prévia independe de ser o direito material disponível ou indisponível, uma vez que o grau recursal não se inclui no rol de medidas protetivas contra a disponibilidade do direito material; (vii) o sistema já admite a opção pelo procedimento arbitral, em que se pode pactuar a não recorribilidade. (NERY JR., Nelson, *Teoria geral dos recursos*, 7. ed., São Paulo, RT, 2014, p. 369-383; NERY JR., Nelson; NERY, Rosa Maria de Andrade, *Comentários ao Código de Processo Civil*, São Paulo, RT, 2015, p. 2023). Os argumentos, de fato, são fortíssimos, razão pela qual acreditamos que a segunda posição merece prevalecer. Em abono às lições acima, cite-se o direito alemão: "Puede hacerse antes o después del pronunciamiento de la sentencia (§ 514), y aun después de interpuesto el recurso" (ROSENBERG, Leo. *Tratado de derecho procesal civil*, t. II, Buenos Aires, E.J.E.A., 1955, p. 364-367; SCHÖNKE, Adolf, *Direito processual civil*, Campinas, Romana, 2003, p. 399).

Ademais, agora o CPC/2015 passa a admitir, no art. 190, no processo em que se discutem direitos disponíveis e em que figurem partes plenamente capazes, a estipulação de "mudanças no procedimento para ajustá-lo às especificidades da causa" e convenção acerca dos "ônus, poderes, faculdades e deveres processuais, antes ou durante o processo". Entre as convenções possíveis, reputamos cabível aquela que dispõe sobre a renúncia ao recurso, que poderá ser estabelecida antes do processo e durante este, sem a necessidade de que a decisão a ser impugnada já tenha sido proferida. O Enunciado 257 do FPPC retira do art. 190 autorização para que as partes "tanto estipulem mudanças no procedimento quanto convencionem sobre seus ônus, poderes, faculdades e deveres processuais.". Essa renúncia, a nosso entender, pode ainda ser realizada prévia e unilateralmente, independentemente de homologação judicial, nos termos do art. 200: "Os atos das partes consistentes em declarações unilaterais ou bilaterais de vontade produzem imediatamente a constituição, modificação ou extinção de direitos processuais.". O FPPC aprovou o Enunciado 261, que reforça nossa argumentação: "O art. 200 aplica-se tanto aos negócios unilaterais quanto aos bilaterais, incluindo as convenções processuais do art. 190.". Outrossim, o Enunciado 258, também do Fórum, deixa claro que a convenção sobre os ônus, direitos e faculdades processuais pode ser realizada "ainda que essa convenção não importe ajustes às especificidades da causa". Fredie Didier Jr. defende, inclusive, a existência do princípio do respeito ao autorregramento da vontade no Processo Civil, corolário do direito fundamental à liberdade, de corpo constitucional. Para o mencionado autor, o "autorregramento da vontade se define como um complexo de poderes que podem ser exercidos pelos sujeitos de direito, em níveis de amplitude variada, de acordo com o ordenamento jurídico.". (DIDIER JR., Fredie, "Princípio do respeito ao autorregramento da vontade no processo civil", in CABRAL, Antonio do Passo; NOGUEIRA, Pedro Henrique (Coord.), *Coleção Grandes Temas do Novo CPC*, v. 1, Salvador, JusPodivm, 2015, p. 19-25; DIDIER JR., Fredie, *Curso de direito processual civil*, v. 1, 17. ed., Salvador, JusPodivm, 2015, p. 132-136). Para fundamentar a existência do princípio, o autor baiano menciona o direito à desistência e renúncia do recurso. Ora, se o autorregramento da vontade se apresenta como a autorização para que o litigante regule, conforme autorização legal, o exercício de poderes processuais, não há razão para que se proíba a renúncia, ainda que previamente, de qualquer modalidade recursal. Tendo havido a renúncia, eventual recurso da parte renunciante deverá ser inadmitido, haja vista a existência de fato extintivo do direito de recorrer. Assim também: "[P]or se tratar o recurso, como conceito jurídico-positivo, de remédio voluntário, cuja natureza é extensão do direito de ação, classificando-se o direito de recorrer como direito potestativo, as partes litigantes podem dispor deste direito, inclusive por meio de convenção que estabeleça a supressão da segunda ou da terceira instância, acordando que a lide tramitará somente no primeiro juízo originário ou até o segundo grau e que a decisão proferida por um desses juízos, a depender do caso, não se sujeitará a revisão.". (LIPIANI, Júlia; SIQUEIRA, Marília, "Negócios jurídicos processuais sobre a fase recursal", in CABRAL, Antonio do Passo; NOGUEIRA, Pedro Henrique (Coord.), *Coleção Grandes Temas do Novo CPC*, v. 1, Salvador, JusPodivm, 2015, p. 445-479). Concordando, em igual medida, com a renúncia antecipada, há o entendimento de Paulo Mendes de Oliveira. (OLIVEIRA, Paulo Mendes de, "Negócios processuais e o duplo grau de jurisdição", in CABRAL, Antonio do Passo; NOGUEIRA, Pedro Henrique (Coord.), *Coleção Grandes Temas do Novo CPC*, v. 1, Salvador, JusPodivm, 2015, p. 417-443).

3. Limitação ao poder de desistir do recurso. IRDR. A ideia concebida no parágrafo único do art. 998 também encontra ressonância no art. 976, que trata do Incidente de Resolução de Demandas Repetitivas – IRDR. De acordo com o art. 976, §1º, a desistência ou o abandono do processo não impede o exame de mérito do incidente, visto que a sua repercussão suplanta o interesse da parte proponente e, com maior razão, das partes do processo. Ao que nos parece, como o objetivo do incidente é formar o precedente que irá guiar os casos futuros, a desistência ou abandono não irão impedir seu julgamento, que, pela própria essência, apreciará a tese jurídica subjacente. Muito embora a decisão do incidente não surta efeitos para o processo em que foi suscitado, com toda certeza terá relevância para o sistema jurídico, viabilizando sentenças de improcedência liminar (art. 332, III), remessa necessária (art. 496, §4º, III) e decisões monocráticas de relator (art. 932, IV, "c" e art. 932, V, "c"). Confirma o que foi dito o teor do art. 928, já que considera como julgamento de casos repetitivos a decisão proferida em incidente de resolução de demandas repetitivas, que versará sobre questão de direito material ou processual. Como não poderia ser diferente, a vedação também alcança o incidente de assunção de competência – IAC, visto que objetivo da técnica é, de igual modo, o de firmar precedente, vinculando todos os juízes e órgãos fracionários, exceto se houver revisão de tese (art. 947, §3º). A diferença em relação ao IRDR reside em sua atuação preventiva, o que não é suficiente para esconder a comunhão de objetivos, centrados na uniformização de entendimentos sobre um mesmo tema, em prol do princípio da igualdade e da segurança jurídica.

ARTIGO 1.000.
A parte que aceitar expressa ou tacitamente a decisão não poderá recorrer.
Parágrafo único. Considera-se aceitação tácita a prática, sem nenhuma reserva, de ato incompatível com a vontade de recorrer.
CORRESPONDÊNCIA NO CPC/1973: *ART. 503.*

1. Aquiescência. A aquiescência, ao lado da desistência e da renúncia, é a terceira e última conduta do recorrente enquadrada dentre os pressupostos recursais intrínsecos, na espécie inexistência de ato extintivo ou impeditivo ao direito de recorrer. Nelson Nery Junior define a aquiescência como a "aceitação da decisão". (NERY JR., Nelson, *Teoria geral dos recursos*, 7. ed., São Paulo, RT, 2014, p. 384). Para Flávio Cheim Jorge, "[c]onsidera-se aquiescência o ato pelo qual a parte manifesta a sua vontade de concordar com o teor da decisão. Quem aquiesce a uma decisão simplesmente se curva diante do julgado, aceita-o sem que a sua vontade se volte de modo direto para a abstenção de utilizar dos recursos cabíveis" (JORGE, Flávio Cheim, *Teoria geral dos recursos cíveis*, 5. ed., São Paulo, RT, 2012, p. 153). A impossibilidade de utilização do recurso é, portanto, uma consequência inarredável da aquiescência e pode não ter sido, inclusive, imaginada por aquele que a aceitou diante de uma dada decisão judicial. A concordância à decisão é admitida na forma escrita ou verbal (em audiência ou sessão de julgamento), parcial ou total. Dispensável, ainda, o consentimento da parte contrária, assim como a homologação judicial, remanescendo apenas a limitação caracterizada pela presença do litisconsórcio unitário em vista das razões já expostas por ocasião da análise da desistência e da renúncia. Por trás da aquiescência propriamente dita, subsiste o real fundamento da inadmissibilidade do recurso, consistente na preclusão lógica que a aceitação da decisão encerra, pois quem revela explicitamente, de forma expressa ou tácita, concordância com um pronunciamento judicial não pode, em sequência, praticar ato incompatível com aquela vontade anteriormente manifestada. Sendo assim, a prática, sem reserva alguma, de ato incompatível com a vontade de recorrer é circunstância suficiente para barrar futura pretensão recursal, servindo de exemplo, segundo entende a jurisprudência, (i) a parte efetuar o depósito da quantia após sentença condenatória; (ii) a parte manifestar pedido de levantamento da quantia depositada em ação de despejo por falta de pagamento;

(iii) parte passiva que, na execução, indica determinado bem a penhora, não pode recorrer para impugnar o ato de constrição; (iv) pedido de parcelamento do débito.

O STJ decidiu que "a aceitação tácita pode se dar antes ou depois da interposição do recurso.". Trata-se de hipótese real em que o recorrente "se esqueceu" da interposição do recurso e, após citado em processo executivo, procedeu ao depósito dos honorários sucumbenciais sem qualquer ressalva, assentindo, assim, com a decisão judicial. De acordo com os julgadores, a aquiescência restou configurada de forma plena, incabível, pois, posterior retratação, devido a consumação da preclusão lógica. (STJ, AgRg no REsp 746.092/RJ). Flávio Cheim Jorge defende posição diferente: "Se após a interposição do recurso o recorrente cumpre o comando da sentença, é caso de falta de interesse superveniente e não de aquiescência. O recurso, como se costuma dizer, restará prejudicado. Existirá falta de interesse, porque o recurso não será mais útil. A situação fática que deveria ser melhorada simplesmente desapareceu.". (JORGE, Flávio Cheim, *Teoria geral dos recursos cíveis*, 5. ed., São Paulo, RT, 2012, p. 155). A opção por uma ou outra corrente não trará consequências práticas relevantes, já que, em ambas as situações, o recurso não será apreciado no mérito, posto que reputado como inadmissível. Contudo, entendemos tecnicamente mais adequada a caracterização do fato narrado como perda superveniente do interesse recursal, entendendo que a aquiescência apenas terá lugar quando a concordância à decisão se der antes da interposição do recurso. (ASSIS, Araken de, *Manual dos recursos*, 2. ed., São Paulo, RT, 2008, p. 178; SOUZA, Bernardo Pimentel, *Introdução aos recursos cíveis e à ação rescisória*, 6. ed., São Paulo, Saraiva, 2009, p. 71). Há, contudo, doutrina em sentido contrário. (MOREIRA, José Carlos Barbosa, *Comentários ao Código de Processo Civil*, v. V, 17. ed., Rio de Janeiro, Forense, 2013, p. 347-8; DIDIER JR., Fredie; CUNHA, Leonardo Carneiro da, *Curso de direito processual civil*, vol. 3, 12. ed., Salvador, JusPodivm, 2014, p. 37). Todavia, revela-se impossível a aquiescência antes de a decisão ter sido proferida, uma vez que não se pode aceitar, pela concordância, aquilo que ainda não se sabe o conteúdo. Pontes de Miranda feriu o ponto: "Trata-se de declaração de vontade, unilateral; e não vale, se ainda não há resolução judicial proferida.". (MIRANDA, Francisco Cavalcanti Pontes de. *Comentários ao Código de Processo Civil*, t. XI. 2. ed., Rio de Janeiro, Forense, 1960. p. 108).

Artigo 1.001.
Dos despachos não cabe recurso.
CORRESPONDÊNCIA NO CPC/1973: *ART. 504.*

1. Despachos e despachos de mero expediente. Na versão original do CPC/1973, o art. 504 possuía a seguinte redação: "Dos despachos de mero expediente não cabe recurso". A intenção da norma era demonstrar que o não cabimento do recurso estaria relacionado à ausência de conteúdo decisório no "ato" e, via de consequência, sua falta de aptidão para causar gravame às partes, só por isso sua irrecorribilidade. (WAMBIER, Teresa Arruda Alvim; MEDINA, José Miguel Garcia, *Recursos e ações autônomas de impugnação*, v. 2, São Paulo, RT, 2008, p. 37). Nada obstante constar no preceito mencionado, naquele tempo, o qualificativo "mero expediente", sempre se considerou como despacho o pronunciamento do juiz praticado no processo, de ofício ou a requerimento da parte, a cujo respeito a lei não estabelece outra forma, desde que não caracterizados como sentença ou decisão interlocutória, inexistindo, portanto, gradação diferenciadora entre os despachos, ditos normais, e os despachos de mero expediente, uma vez que apenas o juiz teria competência para praticá-los no processo. Ocorre que a Lei 8.952/1994 acrescentou o parágrafo 4º ao art. 162 do CPC/1973, possuidor da seguinte redação: "Os atos meramente ordinatórios, como a juntada e a vista obrigatória, independem de despacho, devendo ser praticados de ofício pelo servidor e revistos pelo juiz quando necessários.". O fundamento reside no art. 93, XIV, da CF/1988, fruto da Reforma do Judiciário, ocorrida em 1994. A partir da mencionada modificação legislativa, os atos meramente ordinatórios, incluídos, portanto, na conceituação de despacho e, antes, de competência exclusiva do juiz, ficaram a cargo do oficial do cartório. Imperiosa, desta feita, a alteração na redação do art. 504 do CPC/1973, pois passou a caber aos servidores a realização de atos de mero expediente sem caráter decisório, inclusão conduzida pela Lei 11.276/2006, que modificou a redação da regra para: "Dos despachos não cabe recurso.".

2. Os despachos que causa prejuízo e sua recorribilidade. Os dispositivos do CPC/1973 citados acima foram integralmente mantidos no diploma processual recentemente sancionado (art. 203, §§ 3º e 4º), razão suficiente para que também prevaleça o entendimento a respeito do problema relacionado ao despacho causador de prejuízo à parte, ou fruto de flagrante equívoco cometido pelo serventuário e endossado pelo juiz ou proferido desde logo erroneamente pelo próprio julgador. Embora o prejuízo causado pelo pronunciamento não o transforme em decisão interlocutória, a doutrina reconhece sua excepcional recorribilidade – se não pelo agravo de instrumento, agora com as hipóteses dispostas em rol limitativo (art. 1.015), pela apelação, motivado pelo fim da preclusão (art. 1.009, §1º). Serve de demonstração passagem extraída de acórdão proferido pelo STJ: "A regra do art. 504 do CPC não é absoluta. Deve-se reconhecer a possibilidade de interposição de recurso em face de ato judicial capaz de provocar prejuízos às partes.". (STJ, REsp 215.170/CE). Nelson Nery Jr. e Rosa Maria de Andrade Nery defendem posição um pouco distinta, porém alcança idêntico resultado. Para os autores citados, "[s]e o ato judicial tem, aparentemente, características formais de despacho, mas, em virtude de sua finalidade, puder causar gravame, não é despacho, mas sim decisão interlocutória (CPC 203 § 2º), sendo impugnável pelo recurso de agravo (ou, não sendo o caso de aplicação do CPC 1015, rediscussão da questão via preliminar de apelação).". (NERY JR., Nelson; NERY, Rosa Maria de Andrade, *Comentários ao Código de Processo Civil*, São Paulo, RT, 2015, p. 2026). De acordo com os professores da PUC-SP, o despacho continua sendo irrecorrível, já que recorrível é apenas o pronunciamento capaz de causar gravame; assim, se o ato causou prejuízo, há de ser, só por isso, caracterizado como decisão interlocutória.

Artigo 1.002.
A decisão pode ser impugnada no todo ou em parte.
CORRESPONDÊNCIA NO CPC/1973: *ART. 505.*

1. **Recurso total e recurso parcial.** Conhecida a classificação do recurso em "total" e "parcial", podemos dela partir para entender o dispositivo sob análise. Dizemos "total" o recurso que ataca toda parte impugnável da decisão e "parcial" aquele que é dirigido apenas em face de parcela do julgado. (MOREIRA, José Carlos Barbosa, *Comentários ao Código de Processo Civil*, v. V, 17. ed., Rio de Janeiro, Forense, 2013, p. 351-2). A descoberta a respeito de qual categoria estaria eventual recurso incluído, se total ou parcial, está diretamente relacionada à livre opção do recorrente, manifestada mediante a impugnação da decisão no todo ou em parte (princípio da voluntariedade e princípio dispositivo). No plano da apelação, que serve de parâmetro para os demais recursos, o art. 1.013 afirma que o recurso devolverá ao tribunal o conhecimento da matéria impugnada. Conscientemente, a lei deixou ao recorrente não só a opção pelo recurso, mas também a da sua extensão. Vige, aqui, a máxima latina *"tantum devolutum quantum apellatum"*. A não manifestação recursal da parte sucumbente gera, em vista disso, a ocorrência da preclusão ou do trânsito em julgado, total ou parcial. (NERY JR., Nelson; NERY, Rosa Maria de Andrade, *Comentários ao Código de Processo Civil*, São Paulo, RT, 2015, p. 2029). Pontes de Miranda, com sua linguagem característica, assevera: "Desde que se permite o recurso de apelação parcial, a parcialidade tem de ter eficácia objetiva, na determinação de questões a serem examinadas, com a consequência, positiva, de terem os juízes de examiná-las, e a consequência negativa, de não irem além desses limites.". (MIRANDA, Francisco Cavalcanti Pontes de, *Comentários ao Código de Processo Civil*, t. XI, 2. ed., Rio de Janeiro, Forense, 1960, p. 126). Desse modo, o recurso parcial livremente manifestado implica na concordância quanto à parte não impugnada e não pode ser posteriormente complementado, embora ainda não tenha se esvaído, na totalidade, o prazo recursal, pena de afronta ao instituto da coisa julgada (JORGE, Flávio Cheim, in WAMBIER, Teresa Arruda Alvim; DIDIER JR., Fredie; TALAMINI, Eduardo; DANTAS, Bruno (Coord.), *Breves comentários ao novo Código de Processo Civil*, São Paulo, RT, 2015, p. 2226-7).

Artigo 1.003.
O prazo para interposição de recurso conta-se da data em que os advogados, a sociedade de advogados, a Advocacia Pública, a Defensoria Pública ou o Ministério Público são intimados da decisão.

§ 1º Os sujeitos previstos no *caput* considerar-se-ão intimados em audiência quando nesta for proferida a decisão.

§ 2º Aplica-se o disposto no art. 231, incisos I a VI, ao prazo de interposição de recurso pelo réu contra decisão proferida anteriormente à citação.

§ 3º No prazo para interposição de recurso, a petição será protocolada em cartório ou conforme as normas de organização judiciária, ressalvado o disposto em regra especial.

§ 4º Para aferição da tempestividade do recurso remetido pelo correio, será considerada como data de interposição a data de postagem.

§ 5º Excetuados os embargos de declaração, o prazo para interpor os recursos e para responder-lhes é de 15 (quinze) dias.

§ 6º O recorrente comprovará a ocorrência de feriado local no ato de interposição do recurso.

CORRESPONDÊNCIA NO CPC/1973: *ART. 506.*

1. **Marco inicial da contagem do prazo recursal.** A tempestividade é um pressuposto recursal extrínseco, de modo a revelar a existência de um limite temporal para a prática do ato processual de recorrer. Caso o interessado na impugnação da decisão não manifeste o seu descontentamento no prazo estipulado na lei, haverá preclusão temporal, a inviabilizar qualquer mudança no conteúdo do pronunciamento judicial. O marco inicial da contagem do prazo que, salvo os casos específicos dos embargos de declaração, do recurso inominado e dos embargos infringentes da Lei de Execução Fiscal, é de 15 (quinze) dias (art. 1.003, §5º), tem seu início após a intimação dos advogados, da sociedade de advogados, da Advocacia Pública, da Defensoria Pública ou do Ministério Público.

2. **Protocolo do recurso.** Nenhuma nota especial merece o tratamento do protocolo do recurso. Por óbvio, a entrega da peça recursal deve ser realizada no prazo estipulado na lei, sob pena de inadmissibilidade da impugnação extemporaneamente aviada. Na maioria dos casos, os tribunais reservam espaço para o setor de protocolo geral, encarregado, exclusivamente, de receber os documentos processuais e encaminhá-los às varas correspondentes. Observando as regras concernentes aos prazos e a sua contagem, deve o recorrente dirigir-se ao setor de protocolo munido do recurso. É possível, outrossim, para atender as peculiaridades locais, a estipulação de protocolos descentralizados (art. 1.003, §3º).

3. **Carimbo do protocolo ilegível.** Tema deveras delicado é o do carimbo ilegível. Na pretensão de reduzir o volume de recursos, os tribunais superiores passaram a inadmitir aqueles em que as cópias contendo o carimbo do protocolo realizado na origem estivessem ilegíveis. (STJ, AgRg no Ag 1.406.354/SC; EDcl no AREsp 495.766/SP). Entendimento incluído no nefasto rol da jurisprudência defensiva, construída com o claro intuito de barrar recursos e, via de consequência, aliviar o problema do acúmulo

de processo nos tribunais. O fundamento para essa conclusão é de que a responsabilidade pela instrução do recurso é exclusiva do recorrente e que a falha no carimbo do protocolo impede o tribunal de aferir a tempestividade recursal. Para a hipótese, acreditamos estar mais coadunada com o princípio do devido processo legal a intimação do interessado a fim de que comprove, por outros meios inclusive, a tempestividade de sua impugnação. (MOREIRA, José Carlos Barbosa, *Comentários ao Código de Processo Civil*, v. V, 17. ed., Rio de Janeiro, Forense, 2013, p. 363-4). Por ser entendimento contrário ao atingimento da finalidade maior do processo, que é o de servir de instrumento para a tutela do direito substancial, Pedro Miranda de Oliveira prefere definir tal tendência como jurisprudência ofensiva, ao argumento de que a sua adoção "ofende o princípio da legalidade; ofende o princípio da inafastabilidade do controle jurisdicional; ofende o princípio do contraditório; ofende o princípio da boa-fé; ofende o princípio da cooperação. Enfim, ofende o bom senso, a segurança jurídica e o princípio da razoabilidade. É ofensiva ao exercício da advocacia, pois coloca em xeque a relação cliente/advogado. E, dessa forma, ofende a cidadania.". (OLIVEIRA, Pedro Miranda de, "O princípio da primazia do julgamento do mérito recursal no CPC projetado: óbice ao avanço da jurisprudência ofensiva", in *Revista dos Tribunais*, v. 950, São Paulo, RT, 2014, p. 107-132).

4. Protocolo pelo correio e a aferição da tempestividade recursal. Tem-se admitido, ainda, principalmente no caso de o juízo *a quo* encontrar-se em local diferente do juízo *ad quem*, que o protocolo do recurso possa ser realizado pelo *correio*. É entendimento pacífico no STJ, verbalizado no Enunciado 216 ("A tempestividade de recurso interposto no Superior Tribunal de Justiça é aferida pelo registro no protocolo da Secretaria e não pela data da entrega na agência do correio"), que se afere a tempestividade do recurso pela data do registro no protocolo da secretaria do tribunal e não na agência do correio. (STJ, AgRg no REsp 1366766/RS; AgRg no AREsp 612.236/RS). A nova regra, justificadamente, inverte essa lógica, entendendo não ser legítimo prejudicar o usuário dos serviços dos correios por eventuais falhas imputadas exclusivamente ao órgão estatal. Desse modo, salutar que a aferição da tempestividade se conduza pela data da postagem e não do recebimento por parte do destinatário, ficando isso agora expresso no art. 1.003, §4º. Idêntica conclusão foi tirada no FPPC, comprovado pelo teor do Enunciado n. 96, aprovado em Salvador-BA, entre os dias 8 e 9 de novembro de 2013: "Fica superado o enunciado 216 da súmula do STJ após a entrada em vigor do CPC.".

5. Intimação pessoal e decisão proferida em audiência. Antes prerrogativa exclusiva do Ministério Público (art. 41, Lei 8.625/1993) e da Defensoria Pública (art. 128, I, Lei 80/1994), o novo regramento processual, além de consolidar esse "privilégio" – "Art. 180. O Ministério Público gozará de prazo em dobro para manifestar-se nos autos, que terá início a partir de sua intimação pessoal, nos termos do art. 183, § 1º; Art. 186. A Defensoria Pública gozará de prazo em dobro para todas as suas manifestações processuais – estendeu-o, também, para a advocacia pública: Art. 183. A União, os Estados, o Distrito Federal, os Municípios e suas respectivas autarquias e fundações de direito público gozarão de prazo em dobro para todas as suas manifestações processuais, cuja contagem terá início a partir da intimação pessoal.". A intimação pessoal, segundo o art. 183, §1º, se fará por carga ou remessa, quando o processo for físico ou por meio eletrônico, desde que virtualizado. Não se fará necessária nenhuma determinação administrativa adicional para a situação em que a decisão a ser impugnada é proferida em audiência. O atual art. 1.003, §1º, indica que os eventuais recorrentes, mencionados expressamente no *caput* do artigo, serão tidos por intimados na própria audiência quando nela a decisão judicial for prolatada; não podemos descurar da audiência designada tão somente para leitura da sentença ou decisão, ainda que cada vez mais raras na prática diária. Sobre esse específico tema, vale a ressalva de José Carlos Barbosa Moreira: "Excetua-se o caso de não ter havido prévia intimação do dia e da hora designados para a audiência *de leitura e publicação*, devendo então proceder-se de acordo com os arts. 236 e 237; (...).". (MOREIRA, José Carlos Barbosa, *Comentários ao Código de Processo Civil*, v. V, 17. ed., Rio de Janeiro, Forense, 2013, p. 357-9). Todavia, desde devidamente intimada da audiência, dispensável será a sua intimação quanto às decisões lá proferidas.

6. Intimação em audiência e a prerrogativa da Defensoria e do Ministério Público. De acordo com o regramento aprovado, a intimação da Advocacia Pública, do Ministério Público e da Defensoria Pública será pessoal e se fará, segundo disposto no art. 183, §1º, por (i) carga, (ii) remessa ou (iii) meio eletrônico (arts. 180 e 186, §1º). A intimação pessoal, com a plena disponibilidade dos autos, é medida que se impõe e visa a proteger interesse público relevante, que é o efetivo desempenho de suas funções pelos membros das respectivas instituições. Sendo assim, para que o art. 1.003, §1º, tenha plena eficácia, de modo que a intimação na audiência não seja qualificada como nula, imperioso que o processo seja eletrônico, quer dizer, esteja, imediatamente, à disposição dos entes referidos na regra, como, aliás, já decidiu o STJ. De bom tom recuperar as razões que fundamentaram o precedente: "(...). III – A necessidade da intimação pessoal da Defensoria Pública decorre de legislação específica que concede prerrogativas que visam facilitar o bom uncionamento do órgão no patrocínio dos interesses daqueles que não possuem recursos para constituir defensor particular. IV – A finalidade da lei é proteger e preservar a própria função exercida pelo referido órgão e, principalmente, resguardar aqueles que não têm condições de contratar um Defensor particular. Não se cuida, pois, de formalismo ou apego exacerbado às formas, mas, sim, de reconhecer e dar aplicabilidade à norma jurídica vigente e válida. V – Nesse contexto, a despeito da presença do Defensor Público, na audiência de instrução e julgamento, a intimação pessoal da Defensoria Pública somente se concretiza com a respectiva entrega dos autos com vista, em homenagem ao princípio constitucional da ampla defesa. VI – Recurso especial parcialmente conhecido e, nessa extensão, provido. (...)". (STJ, REsp 1.190.865/ MG). Entendendo a dispensa do pronto acesso aos autos em virtude da inovação legislativa. (SOUSA, José Augusto Garcia de, in WAMBIER, Teresa Arruda Alvim; DIDIER JR., Fredie; TALAMINI, Eduardo; DANTAS, Bruno (Coord.), *Breves comentários ao novo*

Código de Processo Civil, São Paulo, RT, 2015, p. 581; NERY JR., Nelson; NERY, Rosa Maria de Andrade, *Comentários ao Código de Processo Civil*, São Paulo, RT, 2015, p. 2032).

7. Recurso do réu contra decisão proferida anteriormente à citação. O CPC/2015 considera como plenamente possível que o réu tenha interesse em impugnar decisão proferida antes mesmo da sua citação. Com o intuito de fixar um limite temporal para o manejo do recurso também neste específico caso, o art. 1.003, §2º, do regramento processual diz que se aplicam os mesmos marcos temporais: (i) correio – data de juntada aos autos do aviso de recebimento; (ii) oficial de justiça – data de juntada aos autos do mandado cumprido; (iii) em cartório – data de ocorrência da citação ou da intimação; (iv) edital – dia útil seguinte ao fim da dilação assinada pelo juiz; (v) por meio eletrônico – dia útil seguinte à consulta ao teor da citação ou da intimação ou ao término do prazo para que a consulta se dê; (vi) carta – data de juntada do comunicado do juiz deprecante ao juiz deprecado, não havendo esse, a data de juntada da carta aos autos de origem devidamente cumprida.

8. Feriado local. Outra prática reconhecida como integrante da jurisprudência em legítima defesa revela-se na inadmissão do recurso que de regra seria intempestivo, mas na prática apresentado dentro do prazo em virtude da ocorrência de feriado local. O art. 1.003, §6º, deixa, agora, expresso que é ônus do recorrente, do qual ele deve se desincumbir no ato de interposição do recurso, comprovar a ocorrência de feriado local. Há, no ponto, certo retrocesso com a inovação, porquanto já estava pacificado no STJ que a "comprovação da tempestividade do recurso especial, em decorrência de feriado local ou de suspensão de expediente forense no Tribunal de origem que implique prorrogação do termo final para sua interposição, pode ocorrer posteriormente, em sede de agravo regimental.". (STJ, AgRg no AREsp 137.141/SE; AgRg no AgRg no AREsp 576.647/MG).

ARTIGO 1.004.
   Se, durante o prazo para a interposição do recurso, sobrevier o falecimento da parte ou de seu advogado ou ocorrer motivo de força maior que suspenda o curso do processo, será tal prazo restituído em proveito da parte, do herdeiro ou do sucessor, contra quem começará a correr novamente depois da intimação.
   CORRESPONDÊNCIA NO CPC/1973: *ART. 507.*

1. Suspensão e interrupção do prazo recursal. O prazo, depois de iniciado, pode ser suspenso ou interrompido, a depender da circunstância motivadora. A causa suspensiva implica a paralisação imediata do transcurso do prazo, que será retomado, de onde parou, quando cessarem os motivos que ensejaram a sua paralisação, ou seja, o período transcorrido antes do aparecimento da causa suspensiva não será, de modo algum, desprezado no cômputo geral. Na interrupção, não obstante ser também imediata a paralisação, o período já transcorrido é totalmente abandonado, revelando-se verdadeira reno-vação do prazo, que volta a contar como se nunca tivesse corrido. O sentido que a norma emprega para a palavra "suspensão" não deve ser reputado como se houvesse suspensão do prazo, na forma caracterizada no parágrafo anterior. O que a regra pretende designar é que, ocorrendo a morte da parte ou de seu advogado ou qualquer outro motivo de força maior, o prazo será imediatamente paralisado. Após a correção de eventuais defei-tos, relacionados à representatividade das partes ou a sua sucessão, o prazo recursal será inteiramente restituído à parte, ao herdeiro ou ao sucessor, iniciando-se após a efetiva intimação dos interessados. Percebe-se, portanto, que, apesar de mencionar o termo "suspensão", o preceito legal trata, efetivamente, de espécie de interrupção do prazo recursal, já que o prazo será integralmente restituído. Nelson Nery Jr. e Rosa Maria de Andrade Nery são rígidos com relação às causas de restituição do prazo, não admitindo ampliação das situações fáticas mencionadas na norma, por exemplo, eventual doença do advogado. (NERY JR., Nelson; NERY, Rosa Maria de Andrade, *Comentários ao Código de Processo Civil*, São Paulo, RT, 2015, p. 2032).

Artigo 1.005.
O recurso interposto por um dos litisconsortes a todos aproveita, salvo se distintos ou opostos os seus interesses.
Parágrafo único. Havendo solidariedade passiva, o recurso interposto por um devedor aproveitará aos outros quando as defesas opostas ao credor lhes forem comuns.
CORRESPONDÊNCIA NO CPC/1973: *ART. 509.*

1. Princípio da pessoalidade dos recursos. Posição clássica empregada no art. 509 do CPC/1973. Consoante defende Pontes de Miranda, vige, na sistemática recursal, o princípio da pessoalidade dos recursos, de modo que a impugnação aviada por qual-quer das partes não beneficia, em regra, seu litisconsorte, muito menos a contraparte (o CPC/1973 extinguiu o benefício comum). A doutrina defende que essa regra geral é atenuada levando-se em conta a modalidade litisconsorcial que se tem num dos polos da relação, se simples ou unitário; em outros termos, importa, para resolver o problema da extensão dos efeitos ao(s) litisconsorte(s) que não recorrereu(am), definir qual modali-dade de litisconsórcio há no caso concreto. De acordo com o pensamento dominante, o único esclarecimento realmente necessário gira em torno de saber qual o litisconsórcio formado, considerando o regime de tratamento dos colitigantes ao longo do processo, ou seja, se devem ser considerados como litigantes autônomos, já que a sentença pode atingi-los de maneira diferente (litisconsórcio simples) ou se o resultado final, pela natu-reza da relação que os envolve (e não pela obrigatoriedade da presença de todos, o que caracterizaria o litisconsórcio necessário), não puder, nem em perspectiva abstrata, ser díspar (litisconsórcio unitário). É, portanto, segundo a corrente majoritária, o regime de tratamento dos litisconsortes no processo que vai, em princípio, fazer estender ao colitigante que não recorreu os efeitos de recurso interposto por apenas um ou parcela deles. No litisconsórcio simples, como é natural, a sentença fará coisa julgada em relação a cada um dos litisconsortes contra os quais não se pôs impugnação alguma, do mesmo modo, a possibilidade de êxito apenas verifica-se com relação ao colitigante que fez a opção pelo recurso. (ROSENBERG, Leo, *Tratado de derecho procesal civil*, t. II, Buenos Aires, E.J.E.A., 1955, p. 350). As dificuldades porventura existentes são minoradas no CPC/2015, pois o legislador cuidou de bem divisar confusão criada pelo art. 47 do CPC/1973, que imiscuía o conceito de litisconsórcio necessário com o unitário. Diz o atual art. 114 que "o litisconsórcio será necessário por disposição de lei ou quando, pela natureza da relação jurídica controvertida, a eficácia da sentença depender da citação de todos que devam ser litisconsortes"; percebe-se que o ponto nodal e fundamental na caracterização da precitada modalidade é a obrigatoriedade da participação de todos os sujeitos abarcados pela norma (essa classificação contrasta com a do litisconsórcio facultativo, verificável quando inexistente referida imposição). Em contrapartida, o art. 116 menciona o litisconsórcio unitário, presente "quando, pela natureza da relação jurídica, o juiz tiver de decidir o mérito de modo uniforme para todos os litisconsortes" (contrasta com o litisconsórcio simples, como visto acima). O art. 117, que vem para ocupar o lugar do antigo art. 48 do CPC/1973, faz menção ao modo de tratar os litigantes durante a marcha processual, bem como na decisão final. Prenuncia o art. 117 que "os litisconsortes serão considerados, em suas relações com a parte adversa, como litigantes distintos, exceto no litisconsórcio unitário, caso em que os atos e as omissões de um não prejudicarão os outros, mas os poderão beneficiar". Impende, neste pé da exposição, recuperar a lição de José Carlos Barbosa Moreira: "Ao litisconsorte unitário, e somente a ele, deve aplicar-se o disposto no art. 509, *caput* [correspondente ao atual art. 1.005], porque a extensão dos efeitos do recurso aos co-litigantes omissos não tem senão uma razão de ser, que é precisamente a de impedir a quebra da uniformidade na disciplina da situação litigiosa.". (MOREIRA, José Carlos Barbosa, *Comentários ao Código de Processo Civil*, v. V, 17. ed., Rio de Janeiro, Forense, 2013, p. 382; ASSIS, Araken de, *Manual dos recursos cíveis*, 2. ed., São Paulo, RT, 2008, p. 235; NERY JR., Nelson; NERY, Rosa Maria de Andrade, *Comentários ao Código de Processo Civil*, São Paulo, RT, 2015, p. 2037; JORGE, Flávio Cheim, in WAMBIER, Teresa Arruda Alvim; DIDIER JR., Fredie; TALAMINI, Eduardo; DANTAS, Bruno (Coord.), *Breves comentários ao novo Código de Processo Civil*, , São Paulo, RT, 2015, p. 2231).

2. Posição moderna. A tentativa de reservar ao litisconsórcio unitário a incidência do dispositivo analisado esbarra na literalidade do texto legal. Leitura fiel do art. 1.005 não traz nenhum indicativo de que o *caput* faça referência única e exclusivamente ao litisconsórcio unitário, deixando de fora outras figuras, na esteira do que sempre defendeu a doutrina clássica (vide tópico acima). A extensão de efeitos proveniente da interposição do recurso por apenas um dos litisconsortes ao que não recorreu, por outro lado, não nos parece ser coisa ligada à essência do processo ou do regime litisconsorcial, circulando, na verdade, como mera opção política do legislador; mais ainda, a redação do preceito tratado conflita diretamente com suposta adoção irrestrita do princípio da pessoalidade dos recursos. Sendo assim, acreditamos que o legislador fez opção clara no sentido de que eventual recurso interposto por um dos litisconsortes poderá ter seus efeitos estendidos ao seu colitigante toda vez que seus interesses, no processo, não sejam nem opostos nem distintos, de forma que é irrelevante, portanto, a modalidade litisconsorcial verificada na espécie, se simples ou unitário; facultativo ou necessário. Ou seja, a extensão que sempre ocorrerá no litisconsórcio unitário, dele não nos parece exclusividade, podendo verificar-se, ainda que excepcionalmente, no simples. Como defendemos que o recurso é apenas um prolongamento da ação originariamente exercida, natural que a forma de tratar os litigantes que ocupam o mesmo polo não possa ser diferente em um e em outro plano. Isto é, o tratamento dispensado aos litisconsortes na fase inicial deve ser mantido, em igual medida, na recursal. Ademais, consta no já mencionado art. 117 que os atos de um litisconsorte, não obstante reputado litigante distinto do seu parceiro, poderão beneficiá-lo, e é nessa medida que deve ser lido o art. 1.005. Aparentemente, o art. 117 restringe a extensão dos efeitos dos atos benéficos ao litisconsorte que não agiu apenas na modalidade litisconsorcial unitária. Ocorre que uma interpretação acanhada do dispositivo vai de encontro ao princípio da utilidade: é pacífico na doutrina que no litisconsórcio unitário as condutas benéficas praticadas por apenas um são sentidas, sempre, pelos demais; as condutas prejudiciais, quando praticadas por litisconsorte unitário, não alcançam os demais nem o próprio autor, sendo ineficaz quando realizada isoladamente. Por essa razão, o mencionado preceito inova errando o já considerado por todos como consolidado, pois afirma que, no litisconsórcio unitário, os atos e as omissões de um não prejudicarão os outros (nem o próprio autor do ato ou da omissão, quando isolada), mas os poderão beneficiar (no litisconsórcio unitário sempre irão beneficiar). A exceção contida na parte final do art. 117, portanto, só pode se referir ao litisconsórcio simples. Dúvida não há de que o recurso interposto por litisconsorte unitário beneficia, estendendo os seus efeitos, o litigante coligado que não recorreu, visto que essa determinação é essencial para a manutenção do primado dessa espécie litisconsorcial: decisão uniforme para todos os litisconsortes. Ocorre que a extensão de efeitos também pode suceder quando o litisconsórcio for simples, muito embora, neste caso, não exista obrigatoriedade de decisões idênticas, podendo, por exemplo, sem violação ao sistema, a demanda ser acolhida para um e não para o outro. A despeito de ser uma situação excepcional, é possível que conduta alternativa praticada por um litisconsorte simples termine por beneficiar o seu colega de litígio. Há doutrina estabelecendo a diferença ente conduta alternativa e conduta determinante. (DIDIER JR., Fredie, *Curso de direito processual civil*, v. 1, 17. ed., Salvador, JusPodivm, 2015, p. 466-7). Em regra, a produção de prova, a apresentação de contestação, a interposição de recurso, todas condutas alternativas, não beneficiam o outro litisconsorte simples que não as praticou, dado que é considerado pelo sistema como um litigante autônomo; porém, apesar de raras, é possível visualizar, em casos específicos, a comunicação dos efeitos benéficos ao colitigante omisso, sempre que tais exceções estejam expressas na lei. Vamos a elas:

(i) Produção de prova. Segundo leciona Fredie Didier Jr., pelo princípio da aquisição processual ou da comunhão, a prova produzida no processo deixa de pertencer ao litigante que a requereu. "Assim, a prova produzida por um litisconsorte simples pode ser aproveitada pelo outro, se houver fato que se queira provar comum a ambos". Não seria lógico o juiz reputar provado um fato para o litigante A, posto ter este arrolado a testemunha X, e não para o litisconsorte B, que sequer fez requerimento específico de prova testemunhal. Depois que a prova é realizada e o fato é reputado provado, esta realidade não pode ser, sem ferimento à lógica, cindida de acordo com a conduta dos litisconsortes, muito embora inexista a obrigatoriedade de decisão uniforme. A autonomia, aqui, cede espaço ao bom senso e à lógica, visto que aquele fato foi considerado provado para o processo, e não apenas para o litigante A ou B. (DIDIER JR., Fredie, *Curso de direito processual civil*, v. 1, 17. ed., Salvador, JusPodivm, 2015, p. 467).

(ii) Apresentação da contestação. Nos termos do art. 345, I, a revelia não produz a presunção de veracidade dos fatos quando houver pluralidade de réus (litisconsórcio, sem indicação da modalidade) e algum deles contestar a ação. "Em relação ao litisconsórcio simples, é possível que a contestação de um beneficie o litisconsorte revel, se houver fato comum a ambos que tenha sido objeto de impugnação daquele que contestou. Ora, se o fato foi contestado por um, e esse fato também diz respeito àquele que foi revel, não poderia o magistrado considerar o fato como existente para um, em razão da presunção de veracidade decorrente da revelia (art. 344), e não existente para o outro, que apresentou defesa.". (DIDIER JR., Fredie, *Curso de direito processual civil*, v. 1, 17. ed., Salvador, JusPodivm, 2015, p. 467). Similar à situação da prova, natural que a contestação apresentada por litisconsorte simples A, contendo o contraste de um fato X, faz desse fato questão no processo, de modo que passará a ser objeto de prova. Sendo assim, não pode um fato que ainda será ou não provado já estar, de antemão, considerado, no processo, como verdadeiro para um litigante e não para o outro. A lógica clama, mais uma vez, por uma posição uniforme, ainda que não se trate, vale frisar, de litisconsórcio unitário.

(iii) Interposição do recurso. A doutrina é silente quanto à terceira exceção à comunicabilidade da conduta alternativa ao litisconsorte simples omisso. Todavia, ousamos discordar e advogar, na seara recursal, a aplicação do mesmo raciocínio usado no primeiro grau de jurisdição. Se, no recurso de apelação isolado do litisconsorte simples A, constar o contraste a um fato que foi reputado provado pelo juiz, a reforma da sentença pelo tribunal, calcada neste fato, também deve surtir efeitos na esfera jurídica do litisconsorte simples B, nada obstante não ter recorrido ou, ainda, ter desistido do seu recurso. É a consagração, por mais excepcional que seja, *data maxima venia*, do benefício comum. O STJ já decidiu que "o acolhimento de tese recursal cujo interesse se alinha ao de litisconsorte passivo não recorrente, a este aproveita. Inteligência do *caput* do art. 509.". (STJ, REsp 1.466.673/RO). O entendimento foi corroborado em outros julgados. (STJ, REsp 1.218.050/RO; REsp 1197136/MG). Há, também no STJ, posicionamento contra (STJ, EDcl nos EDcl no AgRg no Ag 988.735/SP; REsp 1.397.499/MG). Sem aprofundar a análise da presente problemática, Cândido Rangel Dinamarco fez a seguinte advertência, ao mencionar o tratamento dispensado aos litisconsortes no curso do processo, reconhecendo o que acima foi dito em relação à prática de condutas alternativas praticadas por apenas um dos litigantes: "Essa regra [autonomia dos litisconsortes] não tem toda a dimensão que parece, sendo de muita relatividade no sistema porque são muitas as influências dos atos de um litisconsorte sobre a situação dos demais, ainda quando o litisconsórcio não for unitário.". Segurou-se, todavia, quanto ao reconhecimento de sobredita interferência no plano recursal, ao ponderar que "[n]o tocante à dimensão subjetiva dos recursos, ela só prevalece, como a seguir se dirá, em casos de litisconsórcio unitário.". (DINAMARCO, Cândido Rangel, "Os efeitos dos recursos", in NERY JR., Nelson; WAMBIER, Teresa Arruda Alvim (Coord.), *Aspectos polêmicos e atuais dos recursos cíveis*, v. 5 , São Paulo, RT, 2002, p. 22-66). Por fim, cumpre asseverar que o art. 55, §3º, demonstra claramente que o CPC/2015 não tolera decisões conflitantes, porquanto determina a reunião, para julgamento conjunto, de processos aptos a gerar esse risco ou, o que seria bem pior, passíveis de soluções contraditórias caso julgados separadamente, mesmo sem conexão entre eles. Não podemos alargar além do minimamente necessário para evitarem-se decisões conflitantes o espectro de atuação do dispositivo. Entretanto, não são poucas as hipóteses em que o *thema decidendum* proposto no recurso diz respeito, também, ao litisconsorte que não recorreu. Serve de exemplo a situação narrada a seguir: reconhecimento da interrupção da prescrição, obtido apenas em recurso manejado por um único credor solidário contra sentença que declarava prescrita dívida em prol de devedor comum, beneficia o que não recorreu, apesar de parte sucumbente no processo (art. 204, §1º). Note-se que no caso narrado os interesses são comuns (não prescrição impedida pela presença da causa interruptiva); porém, a modalidade litisconsorcial nada guarda de unitária. (BUENO, Cassio Scarpinella, *Curso sistematizado de direito processual civil*, v. 5, São Paulo, Saraiva, 2008, p. 84-5). A extensão dos efeitos do recurso, todavia, não impede que a parte, sendo disponível o direito material, dele disponha em algum momento posterior.

3. A abrangência da extensão dos efeitos. No caso do litisconsórcio unitário, a extensão dos efeitos é amplíssima, isto é, o recurso interposto por um litisconsorte não só impede, a depender da situação, a preclusão ou o trânsito em julgado, mas também devolve ao tribunal todo conteúdo impugnado, assim como impede, em razão de eventual efeito suspensivo, a execução provisória da decisão atacada; de nada interfere, logicamente, renúncia ao direito de recorrer ou aceitação aos termos da decisão por parte do colitigante não recorrente. Nas palavras de Pontes de Miranda, "[t]udo se passa como que mecanicamente, sem se atender à vontade do litisconsorte unitário omisso, tanto que a coisa julgada material, ou outra eficácia que a sentença venha a ter, lhe aproveita, ainda que tenha desistido do recurso.". (MIRANDA, Francisco Cavalcante Pontes de, *Comentários ao Código de Processo Civil*, t. VII, 3. ed., Rio de Janeiro, Forense, 1999, p. 121). José Carlos Barbosa Moreira ensina que, apesar de o litisconsorte omisso não constar realmente no procedimento recursal, para todos os efeitos como parte deverá ser considerado, motivo pelo qual se impõe sua intimação para contrarrazoar eventual recurso adesivo interposto pela parte contrária. Nesse mesmo passo, porventura inadmitido recurso extraordinário interposto pelo litisconsorte necessário A, igualmente legitimado estará para a utilização do agravo nos autos do processo, visando à subida do recurso excepcional, o litisconsorte necessário B, muito embora quando da interposição daquele manteve-se inerte. (MOREIRA, José Carlos Barbosa, *Comentários ao Código de Processo Civil*, v. V, 17. ed., Rio de Janeiro, Forense, 2013, p. 384-6). Uma pseudossutileza deve ser, aqui, mencionada: tanto Pontes de Miranda quanto José Carlos Barbosa Moreira mencionam que a derrota do recorrente, no procedimento recursal inaugurado por ele de forma isolada, muito embora o beneficie, não vai buscar os litisconsortes omissos no que tange ao pagamento das *custas* e honorários ligados ao recurso. (MIRANDA, Francisco Cavalcante Pontes de, *Comentários ao Código de Processo Civil*, t. VII, 3. ed., Rio de Janeiro, Forense, 1999, p. 126; MOREIRA, José Carlos Barbosa, *Comentários ao Código de Processo Civil*, v. V, 17. ed., Rio de Janeiro, Forense, 2013, p. 386). O ponto ganha enorme relevo na atualidade, já que o art. 85, §11, agora impõe, expressamente, a condenação do recorrente derrotado em verba adicional à título de honorários sucumbenciais. *In verbis*: "Art. 85, § 11. O tribunal, ao julgar recurso, majorará os honorários fixados anteriormente levando em conta o trabalho adicional realizado em grau recursal, observando, conforme o caso, o disposto nos §§ 2º a 6º, sendo vedado ao tribunal, no cômputo geral da fixação de honorários devidos ao advogado do vencedor, ultrapassar os respectivos limites estabelecidos nos §§ 2º e 3º para a fase de conhecimento".

4. Regime na solidariedade passiva. O fenômeno da extensão subjetiva de eficácia não se restringe ao terreno do litisconsórcio unitário. (BUENO, Cassio Scarpinella, *Curso sistematizado de direito processual civil*, v. 5, São Paulo, Saraiva, 2008, p. 84). Essa posição decorre da redação do *caput* do art. 1.005, na forma exposta acima. Ocorre que o parágrafo único optou por fazer esse destaque, no nosso entender mediante acréscimo desnecessário, para específica situação: litisconsortes no processo em razão da existência de solidariedade passiva entre eles. Assim, recurso interposto, exclusivamente, por um codevedor solidário, quando comum as defesas, beneficia aquele que não recorreu. Caso interessante foi apreciado pelo STJ: um correntista emitiu cheque do seu banco no valor de R$ 50,00 (cinquenta reais). O cheque foi adulterado mediante o acréscimo de um zero a mais e depositado em outra instituição financeira no valor de R$ 500,00 (quinhentos reais). Argumentando que a adulteração era de fácil percepção, o correntista acionou, em litisconsórcio passivo, facultativo e simples, ambos os bancos. O juízo de primeiro grau condenou solidariamente os dois bancos ao pagamento de uma indenização por danos morais no valor de R$ 7.000,00 (sete mil reais). Um dos bancos realizou o depósito da sua cota-parte, acrescida de juros, correção monetária e honorários advocatícios, solicitando a extinção do processo. O outro banco optou por apelar. O Tribunal de Justiça, na apelação, reformou a sentença para julgar improcedente o pedido, sob o fundamento de que o autor sofreu meros aborrecimentos e dissabores. Em embargos de declaração, esclareceu que os efeitos do acórdão alcançariam também ao réu não recorrente, por força do art. 509 do CPC/1973, cuja redação é idêntica ao atual art. 1.005, parágrafo único. O STJ entendeu por correta a decisão, não obstante ter silenciado quanto ao alcance da expansão, isto é, se seria possível ao banco que efetuou o pagamento pleitear a repetição do valor depositado, ou se a referida conduta revelaria fato extintivo do direito de recorrer, em razão da aquiescência.

O STJ, para além do exemplo anterior, tem reconhecido a extensão nas diversas hipóteses de solidariedade passiva: (i) fruto do dever de indenizar (STJ, AgRg no REsp 1.158.696/SC; REsp 1.366.676/RS); (ii) em ação de prestação de contas (STJ, EDcl no REsp 635.942/SP); (iii) obrigação decorrente de negócio jurídico (STJ, Ag 758.730/SP).

Artigo 1.006.
Certificado o trânsito em julgado, com menção expressa da data de sua ocorrência, o escrivão ou o chefe de secretaria, independentemente de despacho, providenciará a baixa dos autos ao juízo de origem, no prazo de 5 (cinco) dias.
CORRESPONDÊNCIA NO CPC/1973: *ART. 510.*

1. Baixa dos autos. Como já havia salientado Barbosa Moreira em relação ao CPC/1973, a regra estampada no art. 1.006 trata de disposição concernente aos processos nos tribunais, uma vez que impõe à secretaria, após a certificação da ocorrência do trânsito em julgado da decisão, com especial atenção à data em que este fenômeno processual se consumou, independentemente de despacho, a baixa dos autos ao juízo de origem, porquanto ato meramente ordinatório. (MOREIRA, José Carlos Barbosa, *Comentários ao Código de Processo Civil*, v. V, 17. ed., Rio de Janeiro, Forense, 2013, p. 388). É dever funcional do escrivão ou secretário providenciar a baixa dos autos na forma e tempo designados no dispositivo, impedindo que, em virtude do atraso na realização da diligência, ofenda-se o princípio da razoável duração dos processos, agora repetido no plano legal (art. 4º). Ademais, o art. 155, I, do mesmo diploma determina, ainda, que o escrivão e o chefe de secretaria são responsáveis, civil e regressivamente, quando sem justo motivo, "se recusarem a cumprir no prazo os atos impostos pela lei" ou pelo juiz a que estão subordinados. O prazo de 5 (cinco) dias para a baixa dos autos apenas começa a correr depois de verificado o trânsito em julgado que, no comum dos casos, considerando a unificação dos prazos recursais em 15 (quinze) dias, será verificado após seu transcurso *in albis*.

Artigo 1.007.

No ato de interposição do recurso, o recorrente comprovará, quando exigido pela legislação pertinente, o respectivo preparo, inclusive porte de remessa e de retorno, sob pena de deserção.

§ 1º São dispensados de preparo, inclusive porte de remessa e de retorno, os recursos interpostos pelo Ministério Público, pela União, pelo Distrito Federal, pelos Estados, pelos Municípios, e respectivas autarquias, e pelos que gozam de isenção legal.

§ 2º A insuficiência no valor do preparo, inclusive porte de remessa e de retorno, implicará deserção se o recorrente, intimado na pessoa de seu advogado, não vier a supri-lo no prazo de 5 (cinco) dias.

§ 3º É dispensado o recolhimento do porte de remessa e de retorno no processo em autos eletrônicos.

§ 4º O recorrente que não comprovar, no ato de interposição do recurso, o recolhimento do preparo, inclusive porte de remessa e de retorno, será intimado, na pessoa de seu advogado, para realizar o recolhimento em dobro, sob pena de deserção.

§ 5º É vedada a complementação se houver insuficiência parcial do preparo, inclusive porte de remessa e de retorno, no recolhimento realizado na forma do § 4º.

§ 6º Provando o recorrente justo impedimento, o relator relevará a pena de deserção, por decisão irrecorrível, fixando-lhe prazo de 5 (cinco) dias para efetuar o preparo.

§ 7º O equívoco no preenchimento da guia de custas não implicará a aplicação da pena de deserção, cabendo ao relator, na hipótese de dúvida quanto ao recolhimento, intimar o recorrente para sanar o vício no prazo de 5 (cinco) dias.

CORRESPONDÊNCIA NO CPC/1973: *ARTS. 511 E 519.*

1. O preparo. O preparo posiciona-se, na atual sistemática recursal, como requisito extrínseco de admissibilidade. Todavia, impede investigar se podemos nos valer, em razão da sua manutenção com este caráter de preliminar, do conceito cunhado pela doutrina tradicional. Na esteira do que leciona seu principal expoente, consistia o preparo "no pagamento prévio das despesas relativas ao processamento deste.". (MOREIRA, José Carlos Barbosa, *Comentários ao Código de Processo Civil*, v. V, 17. ed., Rio de Janeiro, Forense, 2013, p. 390). A dicção do *caput* do art. 1.007, à primeira vista, não discreta da lição transcrita, dado que impõe ao recorrente, no ato da interposição do recurso, a comprovação, quando a lei assim o exigir, o pagamento das custas recursais e o porte de remessa e de retorno, quando for o caso, sob pena de deserção. Aproveitando o ensejo, "deserção" é nome simbólico (e desnecessário, pois conserva reminiscência histórica) que simplesmente remete à inadmissibilidade do recurso, motivada pelo não pagamento das custas recursais. O preparo compreende, na forma tratada acima, o valor das custas recursais, que variará consoante a tabela de custas de cada tribunal, e o porte de remessa e retorno. Referido valor compreende o gasto efetuado com o envio do recurso (processo físico) do órgão *a quo* ao órgão *ad quem* para julgamento e a sua posterior devolução. É devido, portanto, quando *a quo* e *ad quem* não se posicionam na mesma comarca, gerando um custo natural o envio e o retorno dos autos físicos. Desse modo, o conceito de porte de remessa e retorno está incluso no conceito genérico de preparo. O art. 1.006, §3º, dispensa o recolhimento do porte de remessa e de retorno no processo em autos eletrônicos, e é natural que seja assim, visto que o processo eletrônico não necessita ser transportado de um lugar para outro. Esta determinação, aliás, já consta do art. 6º, da Resolução 4 do STJ, de 1º de fevereiro de 2013.

2. Dispensa do preparo. Nem todo recurso submete-se a preparo. Alguns exemplos podem ser mencionados: art. 1.023, *caput*, que exclui a figura nos embargos de declaração; art. 1.042, §2º, que livrou o agravante contra a inadmissão de REsp e RE do pagamento custas e despesas postais. Ademais, o art. 5º da Resolução 4/2013 do STJ dispõe que não será exigido o pagamento do preparo nos agravos de instrumento interpostos contra decisões que deixem de processar o recurso ordinário em mandado de segurança ou a apelação nas hipóteses de que trata o art. 105, II, "c", da CF/1988. Adverte Barbosa Moreira que "[n]ormas de organização judiciária, federais ou estaduais, podem criar outros casos (...). É o que explica a inserção, no texto reformado, da cláusula 'quando exigido pela legislação pertinente.'". (MOREIRA, José Carlos Barbosa, *Comentários ao Código de Processo Civil*, v. V, 17. ed., Rio de Janeiro, Forense, 2013, p. 393). A lei, considerando a posição e a situação pessoal de alguns recorrentes, dispensa, diante de causa justificadora, tais sujeitos de realizarem o preparo recursal. Constam neste rol limitado os recursos, qualquer deles, interpostos pelo (i) Ministério Público; (ii) Fazenda Pública (União, Distrito Federal, Estados, Municípios, e respectivas autarquias) e (iii) os que gozam de isenção legal (Defensoria Pública e os beneficiários da assistência judiciária). A respeito do último ponto, cabe mencionar que os arts. 98 a 102 tratam da gratuidade da justiça, deixando consignado no parágrafo 1º do art. 98, nos vários incisos, que a gratuidade da justiça compreende as taxas e as custas judiciais, os selos postais e, ainda, os depósitos previstos em lei para interposição de recurso, para propositura de ação e para a prática de outros atos processuais inerentes ao exercício da ampla defesa e do contraditório. É, também, possível que a gratuidade se restrinja a apenas algum ato processual específico (art. 98, §5º) ou que consista em parcelamento do valor devido (art. 98, §6º). Fazendo jus à gratuidade pontual, o recorrente estará isento do preparo ou, caso entenda o julgador, poderá efetuar o pagamento das custas recursais e do porte de remessa e de retorno de forma parcelada, isto porque é possível, segundo permite o art. 99, que o requerimento de gratuidade seja realizado, inclusive, em sede recursal. Indispensável, todavia, a cautela do julgador no momento de conceder o benefício da gratuidade, pouco importando a modalidade deferida – total, pontual ou de modo parcelado –, visto que exceção no sistema. A regra, como se sabe, é a parte arcar com o ônus do processo. Quando a gratuidade for concedida ao litigante patrocinado por advogado particular, eventual recurso pleiteando apenas a majoração da verba honorária não estará dispensado do preparo, salvo se o advogado também fizer jus ao benefício da gratuidade (art. 99, §5º). O benefício é concedido exclusivamente à parte carente de recursos e está circunstância só alcança o advogado quando ficar igualmente evidenciada, também para o causídico, a causa justificadora da isenção legal.

3. Preparo insuficiente. A pena de deserção é reservada, exclusivamente, para a hipótese em que ficar comprovada a falta do preparo. Preparo realizado a menor é situação concreta que escapa à sanção decorrente da deserção, portanto. Já era assim na legislação revogada e assim será no novo diploma processual, à luz do parágrafo 2º do art. 1.007. Segundo consta na lei, "a insuficiência no valor do preparo, inclusive porte de remessa e de retorno, implicará deserção se o recorrente, intimado na pessoa de seu advogado, não vier a supri-lo no prazo de 5 (cinco) dias". Contudo, bom frisar, não terá o recorrente nova oportunidade para complementar o valor devido. Ou seja, se no prazo de 5 (cinco) dias o recorrente não atingir o valor exigido pela lei de custas, a despeito do reforço realizado, caberá ao órgão julgador aplicar a pena da deserção, proferindo decisão pela inadmissibilidade do recurso. Na sistemática anterior, em razão de ser o juízo de admissibilidade da apelação bipartido entre o órgão *a quo* e o *ad quem*, a apreciação da argumentação a respeito do justo impedimento na não realização do preparo recursal era conduzida pelo juízo recorrido, da qual, consoante o art. 519, parágrafo único, do CPC/1973, não cabia recurso por completa desnecessidade e falta de interesse recursal, já que o órgão *ad quem*, antes de apreciar o mérito recursal, deveria, obrigatoriamente, refazer, sem nenhuma limitação com relação ao juízo de admissibilidade levado a cabo pelo juiz de primeiro grau, o controle dos pressupostos recursais, ocasião em que estimaria a decisão do juiz que optou pela não aplicação da pena de deserção fundada no justo impedimento. O novo regramento coloca, no caso da apelação, o juiz de primeiro grau como um simples processador do recurso, pois, conforme a nova dinâmica da apelação, não compete mais ao prolator da decisão exercer o juízo de admissibilidade prévio (art. 1.010, §3º). Sua atuação consiste em receber o recurso, intimar o apelado a fim de que apresente as contrarrazões (assim também no caso de recurso adesivo) para, após o exaurimento do prazo, remeter os autos ao tribunal, física ou eletronicamente. O juízo de admissibilidade será realizado tão somente pelo órgão igualmente competente para apreciar-lhe o mérito, personificado na pessoa do relator quando a decisão for pela inadmissibilidade (art. 932, III e parágrafo único), sujeitada, nos termos do art. 1.021, ao recurso de agravo interno. Por essa razão, entendendo o relator pela não aplicação da pena de deserção, o mérito recursal será imediatamente apreciado (no mesmo voto), sendo que a lei optou, expressamente, por livrar esse ato decisório (parcela do voto que aprecia a argumentação do justo impedimento) de toda e qualquer impugnação, reputando-o irrecorrível. Todavia, considerando-se que, na verdade, o órgão encarregado e competente para apreciar o recurso (o que compreende o juízo de admissibilidade e o de mérito) é o colegiado, este poderá, quando da sessão de julgamento, apreciar a legitimidade da decisão que relevou a pena de deserção.

4. A falta de preparo e a aplicação da pena de deserção. Irrecorribilidade da decisão que releva a pena de deserção. Não fazendo o recorrente parte do rol dos dispensados do preparo, em regra, a falta de pagamento e de comprovação, das custas recursais (e do porte de remessa e de retorno, quando devido) implicará a inadmissibilidade do recurso interposto, já que esta é a consequência oriunda da imposição da pena de deserção. Todavia, o diploma processual, seguindo sugestão da doutrina, faz genérica disposição que antes constava apenas no grupo de normas referentes à apelação (art. 519, CPC/1973). Diz, agora, o parágrafo 6º do art. 1.007 que a não realização do preparo, decorrente de justo impedimento, desde que provado pelo recorrente, não implicará, de imediato, a inadmissibilidade do recurso, uma vez que o julgador, caso acolha a argumentação do recorrente mediante decisão irrecorrível, relevará a pena de deserção, assim como fixará prazo de 5 (cinco) dias para a efetivação do pagamento então devido. O prazo para a realização do preparo, que antes estava sujeito à análise do juiz, pois a lei falava em "prazo razoável", a depender da causa justificadora do não pagamento, passa agora a ser de 5 (cinco) dias, por expressa previsão legal.

5. Preparo em dobro. O CPC/2015 inova na hipótese de não realização do preparo, nem apresentação, pelo recorrente de causa justificadora. No regime anterior, a hipótese traria, de forma invariável, a aplicação da pena de deserção, não obstante boa parte da doutrina reclamar a atenuação da rigidez na exigência de dita formalidade. (MOREIRA, José Carlos Barbosa, *Comentários ao Código de Processo Civil*, v. V, 17. ed., Rio de Janeiro, Forense, 2013, p. 390, especialmente nota de rodapé 223). Contrariando a doutrina, o STJ, não depois de certa vacilação, unificou sua jurisprudência para não admitir a comprovação do pagamento após a interposição do recurso, sob o argumento de ocorrência de preclusão consumativa. Serve de exemplo a argumentação a seguir, extraída de julgado proferido naquela Corte: "O recolhimento do preparo deve ser comprovado no momento da interposição do recurso, sob pena de preclusão, nos termos do art. 511 do Código de Processo Civil [atual art. 1.007], não sendo possível, assim, a juntada posterior de documento com tal finalidade.". (STJ, AgRg no REsp 1.337.683/SP; AgRg no REsp 1.495.921/RS). Uma das grandes contribuições do CPC/2015 foi ter aprimorado o sistema de nulidades. O novo diploma procurou enfrentar a malfadada "jurisprudência defensiva", prestigiando os princípios do aproveitamento e o da sanabilidade dos atos do processo. Como não poderia deixar de ser, as normas recursais sofreram forte influência proporcionada pela mudança na forma de encarar os vícios do processo. De acordo com o art. 1.007, §4º, caso o recorrente deixe de comprovar o pagamento das custas recursais no ato da interposição do recurso, o juiz não mais poderá aplicar, de imediato, a pena de deserção, porquanto deverá intimar o recorrente, na pessoa de seu advogado, para realizar o recolhimento do valor devido a título de preparo, em dobro. No Amazonas, por exemplo, o valor do preparo da apelação é de R$ 25,60 (vinte e cinco reais e sessenta centavos); caso o recorrente não comprove o pagamento no ato da interposição da apelação, será intimado pelo órgão judicial para, no prazo de 5 (cinco) dias, realizar o pagamento, e a comprovação, de R$ 51,20 (cinquenta e um reais e vinte centavos), independentemente da existência, ou não, de indicação no ato de comunicação acima referido. Ultrapassado o prazo limite para pagamento do valor do preparo dobrado, o recurso será reputado deserto e, em consequência, inadmitido. Vale dizer, ainda, que o recorrente deverá ter maior cuidado na hora de realizar o preparo permitido pelo parágrafo 4º do dispositivo, uma vez que não lhe restará oportunidade para complementar o valor, caso realizado de modo insuficiente (art. 1.007, §5º). Não incide neste passo, por opção do legislador, o parágrafo 2º do art. 1.007. O FPPC, no Enunciado 97, aprovado em Salvador-BA, também reputou ser de 5 (cinco) dias o prazo para efetuar o preparo dobrado: "É de cinco dias o prazo para efetuar o preparo.". (art. 1.007, § 4º). O FPPC, Enunciado 98, também entendeu pela extensão dos parágrafos 2º e 4º do art. 1.007 do CPC/2015 aos juizados especiais. Ainda considerando a colaboração interpretativa do FPPC, o Enunciado 215, aprovado no Rio de Janeiro-RJ, assim verbera: "Fica superado o enunciado 187 da súmula do STJ (É deserto o recurso interposto para o Superior Tribunal de Justiça, quando o recorrente não recolhe, na origem, a importância das despesas de remessa e retorno dos autos)".

6. Preenchimento da guia de custas. Nova investida contra a "jurisprudência defensiva" foi consumada no parágrafo 7º do artigo sob comento. Percebeu o legislador que a resolução do conflito de interesses levado a sua apreciação, verdadeiro motriz do processo, apenas não terá lugar quando violados princípios constitucionais, haja vista que o sistema de nulidades passou a apenas se preocupar com os defeitos que tornem, de algum modo, injusta a decisão final. Assim, problemas relacionados a formalidades insignificantes, plenamente corrigíveis, não podem dispersar a atenção do julgador e, por isso, "colocar em xeque" a razão maior da jurisdição, igualmente valorada no plano recursal. Desse modo, a falha no preenchimento da "guia de custas não implicará a aplicação da pena de deserção, cabendo ao relator, na hipótese de dúvida quanto ao recolhimento, intimar o recorrente para sanar o vício no prazo de 5 (cinco) dias". Essa regra é uma especificação daquela contida no parágrafo único do art. 932, *in verbis*: "Antes de considerar inadmissível o recurso, o relator concederá o prazo de 5 (cinco) dias ao recorrente para que seja sanado vício ou complementada a documentação exigível". Privilegia-se, dessa maneira, o princípio da sanabilidade dos atos do processo. (OLIVEIRA, Pedro Miranda de, "O princípio da primazia do julgamento do mérito recursal no CPC projetado: óbice ao avanço da jurisprudência ofensiva", in *Revista dos Tribunais*, v. 950, São Paulo, RT, 2014, p. 107-132; REICHELT, Luis Alberto, "Sistemática recursal, direito ao processo justo e o novo Código de Processo Civil: os desafios deixados pelo legislador ao intérprete", in *Revista de Processo*, v. 244, São Paulo, RT, 2015, p. 15-30; BARBOSA, Rafael

Vinheiro Monteiro; CAMPOS, Amanda da Silva, "A certidão de intimação no Agravo de Instrumento no NCPC: regularidade formal ou tempestividade?", no prelo, 2015).

Artigo 1.008.
O julgamento proferido pelo tribunal substituirá a decisão impugnada no que tiver sido objeto de recurso.
CORRESPONDÊNCIA NO CPC/1973: *ART. 512.*

1. Efeito substitutivo. O julgamento do recurso pelo órgão encarregado de apreciá-lo produz aquilo que ficou conhecido na doutrina e na jurisprudência como "efeito substitutivo". Sua ocorrência está relacionada com o julgamento do recurso, não decorrendo da mera interposição da impugnação. Assim, para que ocorra tal efeito, necessário que o recurso ultrapasse o juízo de admissibilidade e, consequentemente, tenha o mérito apreciado pelo tribunal. Precisa é a lição de Barbosa Moreira: "É claro que não se pode estar aludindo senão às hipóteses em que o tribunal conhece do recurso, lhe aprecie o mérito. Nas outras, seria absurdo cogitar-se de substituição: não se chegou sequer a analisar, sob qualquer aspecto, a matéria que, no julgamento de grau inferior, constituirá objeto da impugnação do recorrente.". (MOREIRA, José Carlos Barbosa, *Comentários ao Código de Processo Civil*, v. V, 17. ed., Rio de Janeiro, Forense, 2013, p. 396). Ocorre que essa circunstância é insuficiente para que tenha lugar o efeito substitutivo. Nos casos de *error in procedendo*, o objeto do recurso visará à cassação da decisão recorrida, de modo que o processo, em caso de provimento do recurso, retornará ao juízo de origem para que o mérito da demanda seja, enfim, apreciado; a atuação do órgão *ad quem* se limitará, portanto, à anulação da decisão recorrida. Por esse motivo, a apreciação do mérito recursal nem sempre ensejará a substituição da decisão impugnada, situação verificável, com toda certeza, nas hipóteses em que o órgão julgador conhece do recurso para lhe dar ou negar provimento (é o caso de reforma ou confirmação da decisão). Não é indiferente o fato de a decisão, na forma do art. 1.002, ter sido apenas impugnada parcialmente, pois, *in casu*, a substituição será apenas parcial, ou seja, limitada àquela parcela objeto da devolução; da mesma forma, quando, a despeito de recurso total, o juízo de admissibilidade só é bem sucedido para certa parcela do recurso e não para a outra, que não venceu dita barreira. (MOREIRA, José Carlos Barbosa, *Comentários ao Código de Processo Civil*, v. V, 17. ed., Rio de Janeiro, Forense, 2013, p. 398). Há doutrina em sentido contrário. (JORGE, Flávio Cheim, *Teoria geral dos recursos cíveis*, 5. ed., São Paulo, RT, 2012, p. 293). A incidência do efeito substitutivo importa em fazer eficaz, de modo a produzir efeitos no mundo real e jurídico, a decisão substituta, e não a substituída. Eventual execução proposta terá suporte no acórdão oriundo da apelação, e não na decisão apelada, sem nenhuma importância se houve, como já afirmado, reforma ou apenas confirmação da decisão guerreada. Em idêntica medida, caso a parte prejudicada pretenda rescindir o provimento jurisdicional proferido no processo, de nada lhe servirá atacar decisão já reformada ou confirmada. A ação rescisória, portanto, há de ser proposta contra a decisão com trânsito em julgado, comumente a resultante da apreciação do mérito recursal, isso se contra a última não houver sido proposta nenhuma outra impugnação.

CAPÍTULO II – Da Apelação

ARTIGO 1.009.

Da sentença cabe apelação.

§ 1º As questões resolvidas na fase de conhecimento, se a decisão a seu respeito não comportar agravo de instrumento, não são cobertas pela preclusão e devem ser suscitadas em preliminar de apelação, eventualmente interposta contra a decisão final, ou nas contrarrazões.

§ 2º Se as questões referidas no § 1º forem suscitadas em contrarrazões, o recorrente será intimado para, em 15 (quinze) dias, manifestar-se a respeito delas.

§ 3º O disposto no *caput* deste artigo aplica-se mesmo quando as questões mencionadas no art. 1.015 integrarem capítulo da sentença.

CORRESPONDÊNCIA NO CPC/1973: *ART. 513.*

1. **O princípio da correlação ou correspondência. Cabimento.** O princípio da correlação continuará orientando o sistema recursal, de modo que, diante de sentença proferida contra os interesses de determinado sujeito, parte, terceiro ou membro do Ministério Público (art. 996), a forma de impugnar predita decisão será mediante a utilização do recurso de apelação. Dessa forma, o conteúdo da sentença, se definitiva (de mérito) ou terminativa (processual), pouco ou nenhuma consequência apanha na escolha do recurso adequado para impugná-la, uma vez que, para essa circunstância, o legislador, em regra, reservou a apelação. Por esse singelo motivo, o meio cabível para atacar o pronunciamento judicial alcunhado de sentença será o recurso de apelação. Nela, o recorrente vai buscar, segundo o vício que acomete o ato decisório, ou a reforma ou a anulação. Com a reforma, o recorrente pretende o rejulgamento do feito, já que invoca, como defeito do *decisum*, um *error in iudicando*; a anulação (invalidação ou cassação) viabiliza, em contrapartida, a nulificação do ato decisório por nele vislumbrar *error in procedendo*, cabendo ao tribunal impor ao julgador recorrido a retomada, agora com correção, do procedimento para o efetivo enfrentamento, a seu tempo, do mérito recursal. Diz, Pontes de Miranda, que a apelação "[t]em por fito evitar-se que o *error in iudicando* e, hoje, também *in procedendo*, prevaleça na sentença que vai passar em julgado.". (PONTES DE MIRANDA, Francisco Cavalcanti, *Comentários ao Código de Processo Civil*, t. XI, 2. ed., Rio de Janeiro, Forense, 1960, p. 136). Nelson Nery Jr. e Rosa Maria de Andrade Nery

definem da seguinte forma a apelação: "recurso por excelência, de cognição ampla, que possibilita pedir-se ao tribunal *ad quem* que corrija os *errores in iudicando* e também os *errores in procedendo* eventualmente existentes na sentença. Esta ampla cognição permite que se impugne a ilegalidade ou a injustiça da sentença, bem como propicia o reexame de toda a prova produzida no processo" (NERY JR., Nelson; NERY, Rosa Maria de Andrade, *Comentários ao Código de Processo Civil*, São Paulo, RT, 2015, p. 2050).

De acordo com o art. 203, §1º, sentença é o pronunciamento judicial "por meio do qual o juiz, com fundamento nos arts. 485 e 487, põe fim à fase cognitiva do procedimento comum, bem como extingue a execução.". Percebe-se, do conceito legal, que o legislador valeu-se, para definir o ato sentencial, do critério finalístico juntamente com o conteudístico, superando as críticas destiladas ao art. 162, §1º, principalmente após a alteração de redação imprimida pelo advento da Lei 11.232/2005, que substituiu este por aquele (o finalístico pelo conteudístico). Hoje, com maior razão, os dois parâmetros passam a ser, também e expressamente, importantes, visto que o sistema admite, de forma categórica, decisão parcelada do mérito. Assim, ainda que o julgador emita opinião final sobre tema meritório ou delibere sobre a impossibilidade de sua apreciação, se o processo tiver de continuar tramitando para o julgamento da parte remanescente do pedido (ainda não apreciada), a decisão proferida não poderá ser caracterizada como sentença, nem poderá ser impugnada por apelação. É o que consta do parágrafo único, do art. 354, ao ponderar que a decisão de mérito ou que afaste da apreciação judicial parte do pedido pode dizer respeito a apenas parcela do processo, caso em que será impugnável por agravo de instrumento. O conteúdo dos pronunciamentos judiciais será idêntico; porém, apenas a sentença tem o condão de por termo ao processo, e é isto que a faz impugnável por apelação. Igual raciocínio deve ser empregado quando da análise do art. 356 (julgamento antecipado parcial do mérito). A correlação entre o pronunciamento judicial e o recurso cabível não é, porém, absoluta. Há decisões que são nitidamente sentenças, apesar disso, hão de ser impugnadas por outras formas recursais. Apenas dois exemplos serão, agora, lembrados: (i) sentença proferida no procedimento guiado pela Lei 9.099/1995, que deverá ser atacada por recurso inominado (art. 41, Lei n. 9.099/1995); (ii) sentença proferida em execução fiscal de valor igual ou inferior a 50 (cinquenta) Obrigações Reajustáveis do Tesouro Nacional – ORTN, a comportar embargos infringentes de alçada.

2. Decisão que julga liquidação de sentença. Para as hipóteses em que o legislador permite pedido genérico e, em consequência, a prolação de sentença ilíquida, a parte, antes de executá-la, deve inaugurar procedimento visando à apuração do *quantum debeatur*. Dito procedimento foi regrado na Parte Especial, Livro I, Título I, Capítulo XIV, com o nome de "Liquidação de Sentença" (arts. 509 a 512). Sabemos que, na liquidação, existe vedação de toda e qualquer tentativa que objetive rediscutir a lide e aquilo que foi decidido pela sentença ilíquida (o *an debeatur*), menos ainda modificá-la (art. 509, §4º). Porém, e principalmente na modalidade pelo procedimento comum (antiga liquidação por artigos), é inegável que o juiz desempenhará, nesta fase, atividade cognitiva, em razão de agir em complementação à sentença antes proferida. Tanto é verdade que o art. 511 fala em intimação do requerido, na pessoa de seu advogado, para contestar o pedido de liquidação em 15 (quinze) dias. Luiz Rodrigues Wambier afirma que a natureza jurídica da liquidação de sentença é de ação de conhecimento, "independente tanto da ação que originou a sentença de mérito ilíquida quanto da ação executiva que se processará sob a forma de cumprimento de sentença (...)". (WAMBIER, Luiz Rodrigues, in WAMBIER, Teresa Arruda Alvim; DIDIER JR., Fredie; TALAMINI, Eduardo; DANTAS, Bruno (Coord.), *Breves comentários ao novo Código de Processo Civil*, São Paulo, RT, 2015, p. 1313). Não há dúvida de que as decisões interlocutórias proferidas ao longo do procedimento mencionado deverão ser atacadas por agravo de instrumento como, aliás, determina expressamente o parágrafo único, do art. 1.015. Todavia, ausente disposição similar ao art. 475-H do CPC/1973, fica a dúvida a respeito de qual recurso deverá ser utilizado para impugnar decisão que decide o procedimento de liquidação de sentença. Pensamos que, diante do silêncio do legislador, deva ser recuperada a determinação da legislação revogada, porque adequada ao novo sistema. Conquanto a decisão que resolva a liquidação tenha natureza jurídica de sentença, já que o procedimento instaurado visa a depurar lide sequer debatida na fase antecedente (em que se discutiu apenas o *an debeatur*, e não o *quantum debeatur*), contra o pronunciamento final caberá agravo de instrumento. Não se trata de uma exceção à regra rígida do art. 1.015, apenas a consideração de que não mais se tem sentença de liquidação, mas liquidação de sentença decidida por pronunciamento equiparável à decisão interlocutória, agravável, portanto. (WAMBIER, Luiz Rodrigues, in WAMBIER, Teresa Arruda Alvim; DIDIER JR., Fredie; TALAMINI, Eduardo; DANTAS, Bruno (Coord.), *Breves comentários ao novo Código de Processo Civil*, São Paulo, RT, 2015, p. 1318). Convém compreender a decisão que julga a liquidação de sentença como algo estranho à fase cognitiva do procedimento comum, até porque sobre o que lá foi decidido não pode, absolutamente, versar, modificar ou dispor. Trata-se, na verdade, de decisão interlocutória proferida após a sentença em razão da existência desse procedimento excepcional, fruto do inconveniente desmembramento do ato decisório.

3. Princípio da unirrecorribilidade, unicidade ou singularidade. Sobre o tema, curial recuperar a lição precisa de Nelson Nery Junior, que assevera: "para cada ato judicial recorrível há um único recurso previsto pelo ordenamento, sendo vedada a interposição simultânea ou cumulativa de mais outro visando a impugnação do mesmo ato judicial.". (NERY JR., Nelson, *Teoria geral dos recursos*, 7. ed., São Paulo, Saraiva, 2014, p. 128). Conquanto não esteja expresso na lei, o princípio da singularidade decorre da análise sistemática dos princípios da correlação e da taxatividade. Assim, mesmo quando a decisão judicial resolva mais de uma questão (preliminares de incompetência absoluta e revogação de gratuidade da justiça, bem como a rejeição da prescrição e julgamento de procedência do pedido), isto é, apresenta-se objetivamente complexa, com temas que comportariam agravo de instrumento, caso fossem analisados por intermédio de decisão interlocutória (art. 1.015, III e V), e temas naturalmente decididos por sentença, a ensejar, logicamente, apelação, o ato decisório é considerado indivisível, de molde a comportar, exclusivamente, o recurso de apelação. Precisas são as lições de Nelson Nery Junior, explicando o porquê, para efeitos de recorribilidade, o sistema não autoriza a divisão do ato judicial: "Não autoriza porque define os pronunciamentos do juiz e estabelece a correspondente recorribilidade, de modo a orientar o intérprete no sentido dessa indivisibilidade. Em razão disso, no sistema do CPC anterior a 2005, tanto na classificação do ato do juiz, quanto na consideração sobre sua recorribilidade, era importante somente a aferição *finalística* do conteúdo desse mesmo ato.". (NERY JR., Nelson, *Teoria geral dos recursos*, 7. ed., São Paulo, Saraiva, 2014, p. 130). Ganha especial relevo a lição acima transcrita porquanto o legislador atual reintroduziu a finalidade do ato como critério definidor – mas não o único – do pronunciamento judicial. Cumpre mencionar, ainda, que o novo regramento processual, no art. 1.009, §3º, consagrou expressamente o princípio da singularidade, ao afirmar que o cabimento da apelação há de ser mantido mesmo quando as questões, em tese, impugnáveis por agravo de instrumento, integrarem capítulos autônomos da sentença. Idêntico raciocínio embasou o parágrafo 5º do mesmo artigo, que afirma ser a apelação o recurso adequado quanto ao capítulo da sentença que confirma, concede ou revoga a tutela provisória. Demais disso, o art. 1.009, §1º, ao ponderar que "as questões resolvidas na fase de conhecimento, se a decisão a seu respeito não comportar agravo de instrumento, não são cobertas pela preclusão e devem ser suscitadas em preliminar de apelação, eventualmente interposta contra a decisão final, ou nas contrarrazões", faz o princípio da singularidade dar um passo adiante para abarcar, também, as decisões proferidas ao longo do processo que não são impugnáveis por agravo de instrumento, comportando apelação. Pensamos, desta forma, que o princípio será mais bem caracterizado com a seguinte definição: para cada espécie de pronunciamento judicial a lei reservou uma específica modalidade de recurso ou, pelo menos, um recurso por vez. Íntegro estará o princípio se a parte, diante de sentença, antes de aviar o recurso de apelação, optar por valer-se dos embargos de declaração para instigar o julgador a integrar o pronunciamento final omisso, obscuro ou contraditório, muito embora o defeito esteja acometendo apenas um capítulo específico do ato decisório. Pensa do mesmo modo Nelson Nery Junior, muito embora enuncie a obrigatoriedade da utilização dos embargos de declaração, sugestão com a qual não concordamos. (NERY JR., Nelson, *Teoria geral dos recursos*, 7. ed., São Paulo, Saraiva, 2014, p. 145). Entretanto, o mesmo não se pode afirmar quanto à interposição conjunta dos recursos especial e extraordinários (art. 1.031), dado que, na hipótese, contra um único acórdão haverá, às vezes inarredavelmente, a interposição de dois recursos distintos. Há doutrina em sentido contrário. (MOREIRA, José Carlos Barbosa, *Comentários ao Código de Processo Civil*, v. V, 17. ed., Rio de Janeiro, Forense, 2013, p. 248-9). Importante deixar vincado que o princípio objeto de análise não impede que duas decisões sejam impugnadas por um único recurso. Imaginemos o seguinte exemplo: No curso de demanda em que se buscava indenização, o julgador proferiu decisão interlocutória (decisão 01) negando tutela de urgência e 6 (seis) dias depois, prolatou outra decisão interlocutória excluindo litisconsorte passivo (decisão 02). Nesse caso, pode o autor da ação, prejudicado pelas duas decisões, interpor um único recurso de agravo de instrumento em que impugnará, de uma só tacada, os dois pronunciamentos. Consoante já decidiu o STJ, o mencionado princípio não impede a interposição de um único recurso para atacar mais de uma decisão, mormente quando de igual natureza (duas decisões agraváveis), inexistindo na legislação qualquer impedimento a essa prática, louvável, ainda, em termos de economia de tempo e esforços (STJ, REsp 1.112.599/TO).

4. Decisões interlocutórias que comportam apelação. Exceção ao princípio da correlação. A irrestrita recorribilidade das decisões interlocutórias, quase sempre mediante a utilização do agravo de instrumento, mesmo que a preferência do legislador sempre recaísse sobre a sua modalidade retida, foi apontada como um dos principais problemas do sistema recursal revogado. Na tentativa de remediar o inconveniente, quatro opções se apresentaram: (i) previsão de um recurso de efeito devolutivo imediato: solução com a qual não se podia ficar, até porque é a adotada pelo CPC/1973 (agravo de instrumento), muito embora, como já dito, o sistema procurava induzir e estimular o recorrente a optar pelo agravo retido, até com a conversão compulsória do recurso aviado pela parte (art. 527, II, CPC/1973); (ii) previsão de recurso de efeito devolutivo diferido: saída adotada pelo CPC/1973, que fazia conviver, com certa preferência por esta modalidade recursal (agravo retido), com o recurso de efeito devolutivo imediato (agravo de instrumento); (iii) irrecorribilidade das decisões interlocutórias: sistemática extremamente rigorosa, que deixaria eventual violação de direito longe do alcance do Poder Judiciário e que, por esta razão, seria ofensiva à disposição constitucional (art. 5º, XXXV, CF/1988); (iv) ausência de preclusão do que foi apreciado em sede de decisão interlocutória: esta hipótese não fere a recorribilidade, nem mesmo o princípio da inafastabilidade do poder jurisdicional, apenas posterga o recurso daquilo que foi decidido ao longo do processo para o momento derradeiro do procedimento no primeiro grau de jurisdição, admitindo que o recurso de apelação englobe questões não propriamente resolvidas na sentença ou nas suas contrarrazões (art. 1.009, §1º). O CPC/2015, portanto, despede-se do sistema anterior, que se valia das soluções preconizadas nos itens "i" e "ii", e passa a adotar, concomitantemente, as mencionadas nos itens "i" e "iv" (recurso de efeito devolutivo imediato e ausência de preclusão do tema versado na interlocutória). Agora, nem toda decisão interlocutória comportará impugnação imediata, mas tão somente aquelas expressamente elencadas no art. 1.015, e parágrafo único. O ganho da medida foi, sem dúvida, evitar a usual tentativa dos agravantes de preferir o de instrumento, quando o correto, de acordo com o sistema, seria servir-se do retido. Estando rigidamente prefixadas as hipóteses em que será cabível a utilização do agravo de instrumento, os tribunais terão maior facilidade de rechaçar esse tipo de conduta. Demais disso, com a supressão da preclusão para as interlocutórias não agraváveis, o recorrente não mais necessitará impor (arrazoando ou contra-arrazoando) recurso que mais tarde se revelará inútil, como sói acontecer com o agravo retido.

5. Natureza jurídica das contrarrazões da apelação. Na vigência do diploma de 1973, diante de decisão interlocutória proferida fora das exceções do art. 522 do CPC/1973 (decisão suscetível de causar à parte lesão grave ou de difícil reparação, decisão que inadmite apelação e decisão relativa aos efeitos em que a apelação foi recebida), a parte era obrigada, para evitar a preclusão da matéria decidida, ingressar com o recurso de agravo retido, no prazo de 10 (dez) dias. Contudo, em razão da sua sistemática, não consumado o juízo de retratação por parte do órgão julgador, a irresignação só seria apreciada pelo juízo *ad quem* (Tribunal de Justiça ou Tribunal Regional Federal) caso o recorrente, nas razões ou contrarrazões do apelo, reiterasse o desejo de ver a matéria tratada pelo órgão competente. Com o advento do CPC/2015 e o fim da preclusão para as decisões interlocutórias não agraváveis (art. 1.015), as contrarrazões da apelação passam a servir, não só para apresentação de argumentos contrários aos destilados no apelo, mas, igualmente, para que o recorrido possa, querendo, insurgir-se contra as decisões interlocutórias proferidas ao longo do procedimento e não fulminadas pela preclusão. As contrarrazões, de agora em diante, assim como já se passava, com certa exclusividade, em relação às razões recursais – a interposição do recurso adesivo sempre foi agitada mediante petição inaugural, muito embora se valendo do prazo da resposta ao recurso independente –, poderão veicular pretensão impugnativa. (NERY JR., Nelson; NERY, Rosa Maria de Andrade, *Comentários ao Código de Processo Civil*, São Paulo, RT, 2015, p. 2053).

6. O respeito ao efetivo contraditório. Partindo do pressuposto de que as razões e, em certa medida, as contrarrazões recursais veiculam verdadeira pretensão recursal, instintivo, portanto, que o legislador criasse, devido à determinação constitucional, forma viabilizadora do princípio do contraditório. De modo a possibilitar a materialização do referido princípio, dispõe o art. 1.009, § 2º que, se a impugnação das decisões interlocutórias não agraváveis for suscitada nas contrarrazões da apelação, o apelante será intimado para, em 15 (quinze) dias, manifestar-se a respeito do recurso interposto. Neste caso, as contrarrazões farão o papel das razões (peça impugnativa), pelo menos nesse particular, e a manifestação a qual se refere o art. 1.009, § 2º, funcionará como contrarrazões em relação aos temas suscitados originariamente nesta fase processual.

7. Mandado de segurança. O Fórum Permanente de Processualistas Civis aprovou enunciado que defende a extensão, ao mandado de segurança, das inovações recursais, a maneira de fazer incidir, também nesse procedimento especial, o regime da recorribilidade das interlocutórias, conforme o Enunciado 351 do FPPC. "O regime da recorribilidade das interlocutórias do CPC aplica-se ao procedimento do mandado de segurança.".

8. Direito intertemporal. O FPCC elaborou enunciado versando sobre direito intertemporal. Como a norma processual incide imediatamente aos processos em curso, o advento do novo regramento pode começar a viger, influenciando processos com tramitação regular. Neste caso, se o feito comportou decisões interlocutórias atacadas por agravo retido, o regime antecedente deverá ser respeitado, sem prejuízo algum para o recorrente. Nada obstante, se, após o ingresso do normativo aprovado, nova decisão interlocutória não agravável por instrumento (art. 1.015) for proferida, o regime da impugnação será, invariavelmente, o do art. 1.009, § 1º. Vale colacionar o verbete do Enunciado n. 355 do FPPC. "Se, no mesmo processo, houver questões resolvidas na fase de conhecimento em relação às quais foi interposto agravo retido na vigência do CPC/1973, e questões resolvidas na fase de conhecimento em relação às quais não se operou a preclusão por força do art. 1.009, §1º, do CPC, aplicar-se-á ao recurso de apelação o art. 523, §1º, do CPC/1973 em relação àquelas, e o art. 1.009, §1º, do CPC em relação a estas.". A conclusão acima dá concretude ao disposto no art. 14, que trata da norma processual no tempo, aduzindo que as novas diretrizes não retroagirão e serão aplicáveis imediatamente aos processos em curso, respeitados os atos processuais praticados e as situações jurídicas consolidadas sob a vigência da norma revogada.

Artigo 1.010.
A apelação, interposta por petição dirigida ao juízo de primeiro grau, conterá:
I – os nomes e a qualificação das partes;
II – a exposição do fato e do direito;
III – as razões do pedido de reforma ou de decretação de nulidade;
IV – o pedido de nova decisão.
§ 1º O apelado será intimado para apresentar contrarrazões no prazo de 15 (quinze) dias.
§ 2º Se o apelado interpuser apelação adesiva, o juiz intimará o apelante para apresentar contrarrazões.
§ 3º Após as formalidades previstas nos §§ 1º e 2º, os autos serão remetidos ao tribunal pelo juiz, independentemente de juízo de admissibilidade.
CORRESPONDÊNCIA NO CPC/1973: *ART. 514.*

1. **Requisitos da apelação. Regularidade formal da apelação.** A apelação atravessou um processo de mutação ao longo dos anos, já que, no início, representava verdadeira ação autônoma (nova ação ou *novum iudicium*). Conta-nos, Pontes de Miranda, que, no Brasil, sem embargo de conservar muito da concepção de espécie de *novo* julgamento, foi sempre concebida como recurso. (MIRANDA, Francisco Cavalcanti Pontes de, *Comentários ao Código de Processo Civil*, t. XI, 2. ed., Rio de Janeiro, Forense, 1960, p. 129). Sua caracterização como recurso – recurso por excelência – atrai para ela todas as regras concernentes à teoria geral dos recursos, mormente aquela que diz diretamente respeito à análise da viabilidade da impugnação, ou seja, aos pressupostos recursais

(intrínsecos e extrínsecos) indistintamente. Cuidou, o legislador, no art. 1.010 do requisito da regularidade formal do apelo. A comunicação de vontade (*voluntas agendi*) no sentido de impugnar a sentença deve ser formalmente manifestada, em observância às exigências legais, sob pena de não enfrentamento, pelo julgador, do cerne da impugnação. No processo civil, não se concebe apelação oral, uma vez que deve ser interposta por "petição escrita". Obrigatório, portanto, o uso do vernáculo e, também, a materialização dos argumentos destilados contra a sentença em um veículo transmissor do pensamento, conhecido como "papel". Outra formalidade do recurso em voga é seu direcionamento ao juízo de primeiro grau, prolator da decisão guerreada. Muito embora a competência para o julgamento do apelo seja, quase que exclusiva, do tribunal (TJ ou TRF), a petição recursal deve ser protocolada perante o órgão recorrido (setor de distribuição, mas endereçada ao juízo de primeiro grau). No que tange ao conteúdo, a petição recursal (razões do apelo) deve conter: (i) os nomes e a qualificação das partes; (ii) a exposição do fato e do direito; (iii) as razões do pedido de reforma ou de decretação de nulidade; e (iv) o pedido de nova decisão. A exigência de indicação do nome e da qualificação das partes reside na caracterização das figuras ocupantes das posições processuais, na condição de apelante e apelado, que pode ser, indistintamente, preenchida pelas partes, terceiros interessados, Defensoria Pública e Ministério Público. É o que a doutrina define como "indicações subjetivas da relação jurídica processual". Porém, os elementos objetivos da demanda e os que serão, efetivamente, tomados pelo órgão julgador no julgamento do recurso necessitam, igualmente, de especificação. Cumpre essa exigência o art. 1.010, II, ao cobrar do recorrente a indicação dos fatos e do direito. Pela importância, não poderia ficar de fora a indicação do(s) fundamento(s) do recurso, pois é justamente nas razões da apelação que o recorrente indicará, em observância ao princípio da dialeticidade, os equívocos (no procedimento ou na análise do mérito) operados pelo pronunciamento decisório. Pontes de Miranda afirmou, certa vez, que quem recorre: "a) pratica o ato de provocação do impulso processual e b) articula (postula recursalmente) contra a sentença.". (MIRANDA, Francisco Cavalcanti Pontes de, *Comentários ao Código de Processo Civil*, t. XI, 2. ed., Rio de Janeiro, Forense, 1960, p. 147). Ademais, o princípio da dialeticidade alimenta e conduz a elaboração do recurso, impondo à parte, para o cumprimento do pressuposto recursal da regularidade formal, a impugnação de todos os fundamentos suficientes para manter o acórdão recorrido, de maneira a demonstrar que o julgamento proferido pelo juízo *a quo* merece ser reformado ou cassado. (CARNELUTTI, Francesco, *Instituciones del proceso civil*, v. II, Buenos Aires, E.J.E.A., 1959, p. 234). O Enunciado 182, da Súmula do STJ, não obstante mencionar o recurso de agravo, especifica, com perfeição, a exigência decorrente do princípio em comento: "É inviável o agravo do art. 545 do CPC que deixa de atacar especificamente os fundamentos da decisão agravada.". Dessarte, não satisfaz à exigência a adução de alegações genéricas em sentido contrário às afirmações da decisão vergastada. Impugnar especificamente os pontos que sustentam a decisão ou parcela desta é, portanto, ônus do recorrente, plenamente exigível em sede de apelação. Da mesma forma que, no diploma processual, deixa de ser admissível a prolação de decisões genéricas (art. 489, §1º), essencial que o impugnativo não seja viabilizado quando seu conteúdo, em razão da abstração, servir para atacar toda e qualquer decisão judicial. Outrossim, o sistema coíbe, em igual medida, a simples reiteração de argumentos já suscitados em fases ou momentos processuais anteriores e rechaçados pela decisão recorrida. Sendo assim, a simples reiteração de argumentos e teses não atende o requisito da regularidade formal, dado que desprestigia o princípio recursal da *dialeticidade*. Foi-se o tempo, e a regra valia para o CPC/1939, que a parte recorrente poderia se reportar, de forma simples, aos argumentos da petição inicial, ou da contestação, ou da reconvenção, para que saldado estivesse esse específico pressuposto recursal extrínseco. De valor histórico é o posicionamento de Pontes de Miranda. (MIRANDA, Francisco Cavalcanti Pontes de, *Comentários ao Código de Processo Civil*, t. XI, 2. ed., Rio de Janeiro, Forense, 1960, p. 145). Entendendo como válida a regra no CPC/1973, não sem reclamar motivação suficiente, o entendimento de Araken de Assis. (ASSIS, Araken de, *Manual dos recursos cíveis*, 2. ed., São Paulo, RT, 2008, p. 398).

2. Materialização do contraditório. Onde existe a possibilidade de decisão, por desejo expresso do constituinte, deve se fazer presente, em sentido real, o princípio do contraditório, vale acrescentar, na sua acepção mais ampla e moderna (*audiatur et altera pars*). No direito italiano, "la legge dialettica cui è ispirato il processo imprime carattere recettizio alla domanda, nel senso che il provvedimento non può essere emanato se la domanda non è stata portata a conoscenza sia del giudice sia della controparte.". (PISANI, Andrea Proto, *Lezioni di diritto processuale civile*, 4. ed., Napoli, Jovene, p. 200). Ou seja, o resultado do julgamento do recurso de apelo, tal qual aquele refletido na sentença, apenas estará legitimado se as partes por ele afetadas tiveram a efetiva oportunidade de colaborar ao longo de sua elaboração. Estamos, aqui, falando do contraditório como poder de influenciar a decisão a ser proferida, muito distante daquele meramente simbólico, satisfeito mediante a consecução simplista do binômio: informação + reação. O processo, consoante ponderado por Elio Fazzalari, possui estrutura que consiste na participação dos destinatários dos efeitos do ato final em sua fase preparatória; na simétrica paridade de suas posições; na mútua implicação de suas atividades; na relevância das atividades para o autor do provimento; de forma que cada participante possa exercitar um conjunto de escolhas, de reações, de controles, e deve ser submetido aos controles e às reações dos outros, e que o autor do ato deva prestar contas do resultado (FAZZALARI, Elio, *Istituzioni di diritto processuale*, 8. ed., Milano, CEDAM, p. 83). Apegado a essa noção do contraditório, o legislador, no parágrafo 1º do art. 1.010, garante o exercício da contradita no mesmo prazo recursal, qual seja, 15 (quinze) dias. São as contrarrazões, ao fim e ao cabo, que reverberam, no plano recursal, o princípio do contraditório. Nada muda, caso a apelação tenha sido interposta adesivamente, isto é, nos moldes autorizados pelo art. 997, porquanto o princípio do contraditório se manifestará com idêntica força, impondo, tal e qual, a participação do apelado. Essa, aliás, é a regra que dimana do art. 1.010, §2º.

3. Concentração do juízo de admissibilidade e do juízo de mérito no órgão *ad quem*. Fim do juízo de admissibilidade bipartido. O CPC/1973 consagrava a bipartição do juízo de admissibilidade. A intenção era uma só: facilitar a vida do juízo *ad quem*, pré--selecionando os recursos, no sentido de excluir os que não apresentassem, em razão da inexistência de algum pressuposto recursal de admissibilidade, mínimas condições de viabilidade. Desse modo, só teriam curso regular e, por conseguinte, remetidos ao juízo competente para o seu efetivo julgamento, aqueles que exibissem o mínimo necessário para possibilitar o enfrentamento do seu mérito. Assim, a primeira análise quanto à admissibilidade do recurso (pressupostos recursais intrínsecos e extrínsecos) seria realizada no próprio juízo de origem, atuando como verdadeiro filtro recursal, barrando, de pronto, os interpostos intempestivamente, sem observância da forma exigida, sem o comprovante do pagamento das custas recursais (preparo), etc. Essa regra constava, de forma explícita, no art. 518, §2º, do CPC/1973: "Art. 518. Interposta a apelação, o juiz, declarando os efeitos em que a recebe, mandará dar vista ao apelado para responder. § 2º Apresentada a resposta, é facultado ao juiz, em cinco dias, o reexame dos pressupostos de admissibilidade do recurso.". A expressão "recebido" seria a forma técnica para denotar que o juízo de admissibilidade realizado pelo órgão *a quo* foi positivo. Todavia, esse era apenas o primeiro filtro a que se subordinariam os recursos, uma vez que o juízo de admissibilidade, se positivo, seria, em todo e qualquer caso, repetido no (e pelo) juízo *ad quem*, que, novamente, investigaria a presença de todos os pressupostos recusais, tal e qual o juízo anteriormente realizado, como fase antecedente à apreciação do mérito da impugnação. Esse encargo, excepcionalmente, pode ser desempenhado pelo relator do recurso, que atuaria como delegatário do órgão *ad quem*. Vale recuperar o teor do permissivo no diploma revogado ("Art. 557. O relator negará seguimento a recurso manifestamente inadmissível, improcedente, prejudicado ou em confronto com súmula ou com jurisprudência dominante do respectivo tribunal, do Supremo Tribunal Federal, ou de Tribunal Superior."). De notar, entretanto, e este era o propósito da dinâmica, que o trabalho submetido ao órgão encarregado de analisar o pedido recursal estaria, em tese, aliviado, dado que vários impugnativos teriam sido, em razão da constatação de alguma falha relativa à sua admissibilidade, desde já, obstados na origem. Essa duplicação (bipartição) da mesma atividade apenas aparentemente iria comprometer a celeridade processual, pois só aconteceria na hipótese de o juízo de admissibilidade no órgão *a quo* ser positivo. Outrossim, retirar do juízo *ad quem* a competência para apreciar a admissibilidade recursal o obrigaria a julgar o mérito do recurso, mesmo quando identificasse a falta de pressuposto recursal, reduzindo, assim, no pensamento de alguns, sua autoridade. Ou seja, a existência de filtro prévio, invariavelmente, traria esse cenário como consequência natural. Porém, outro efeito decorrente da filtragem na origem terminou por surgir, e foi justamente esse efeito que fez que o legislador alterasse a sistemática então vigente: a possibilidade de "novo recurso", agora contra a decisão do juízo *a quo* que entendeu pela inadmissibilidade da impugnação. Considerando que a competência para realizar a admissibilidade do recurso caminha, umbilicalmente, com a competência para apreciar o seu mérito, melhor dizendo, o juízo competente para analisar o mérito do recurso é, em razão disso, também o encarregado de apreciar, em momento antecedente, sua admissibilidade, diante de um juízo de admissibilidade negativo na origem, a parte poderia valer-se de um novo recurso para, justamente, levar ao órgão *ad quem*, seu verdadeiro titular, tão somente, a análise da admissibilidade do recurso. O recurso de agravo de instrumento foi o destacado para desempenhar esse papel, qual seja, transportar para o órgão *ad quem* a discussão envolvendo a admissibilidade do recurso. Ocorre que, ao invés de servir o filtro para otimizar o trabalho do órgão competente para apreciar o mérito recursal, a bipartição do juízo de admissibilidade apenas criava mais uma hipótese de cabimento do agravo de instrumento, além de nada contribuir para aliviar a sobrecarga de trabalho dos tribunais, porquanto apenas muito raramente a parte deixava sem impugnação a decisão pelo não recebimento do recurso interposto. Pois, citando José Carlos Barbosa Moreira: "Pôr na primeira instância o centro de gravidade do processo é diretriz política muito prestigiada em tempos modernos, e numerosas iniciativas reformadoras levam-na em conta. A rigor, o ideal seria que os litígios fossem resolvidos em termos finais mediante um único julgamento. Razões conhecidas induzem as leis processuais a abrirem a porta a reexames. A multiplicação desmedida dos meios tendentes a propiciá-los, entretanto, acarreta o prolongamento indesejável do feito, aumenta-lhe o custo, favorece a chicana e, em muitos casos, gera para os tribunais superiores excessiva carga de trabalho. Convém, pois, envidar esforços para que as partes se deem por satisfeitas com a sentença e se abstenham de impugná-la". (MOREIRA, José Carlos Barbosa, "Breve notícia sobre a reforma do processo civil alemão", in *Revista de Processo*, São Paulo, v. 28, 2003, p. 103-112). Com base na citação do jurista, a Comissão elaboradora do Anteprojeto do CPC pontuou: "O recurso de apelação continua sendo interposto no 1º grau de jurisdição, tendo-lhe sido, todavia, retirado o juízo de admissibilidade, que é exercido apenas no 2º grau de jurisdição. Com isso, suprime-se um novo foco desnecessário de recorribilidade.". Revelada a finalidade, agora dispõe o art. 1.010, §3º, que, após a apresentação das contrarrazões do apelo, os autos serão enviados ao tribunal, independentemente de juízo de admissibilidade. A tentativa de emprestar maior celeridade à tramitação dos recursos e, em consequência, aos processos, também foi detectada por Nelson Nery Jr. e Rosa Maria de Andrade Nery: "No sistema do Código, em razão da ênfase dada à tramitação rápida do processo, o recurso de apelação tem seus requisitos de admissibilidade verificados apenas no Tribunal – e é importante notar que a apreciação dos requisitos de admissibilidade de um recurso está centrado, de modo geral, na pessoa do relator (v. CPC 932 III). Isto faz com que se elimine a necessidade de um recurso específico contra a inadmissão da apelação, sendo a questão solucionada diretamente no próprio Tribunal, por meio de decisão monocrática do relator (CPC 932), impugnável por agravo interno (CPC 1021).". (NERY JR., Nelson; NERY, Rosa Maria de Andrade, *Comentários ao Código de Processo Civil*, São Paulo, RT, 2015, p. 2056). No intuito de reforçar a clara opção do legislador, o FPPC editou o Enunciado 99, cujo teor explicita, agora, uma verdadeira vedação ao juízo recorrido: "O órgão *a quo* não fará juízo de admissibilidade da apelação.". Diante da inobservância do novo regramento pelo juiz de piso, o FPPC supôs cabível a reclamação. *In verbis:* "Enunciado n. 207: Cabe reclamação, por usurpação da competência do tribunal de justiça ou tribunal regional federal, contra a decisão de juiz de 1º grau que inadmitir recurso de apelação.".

4. Apelação contra decisão que indefere a inicial, julga liminarmente improcedente o pedido e extingue o processo sem resolver o mérito. Efeito regressivo. Exceção. A decisão que indefere a petição inicial, por colocar termo ao processo, é, de forma insuspeita, verdadeira sentença; mais ainda em razão do teor do art. 316: "A extinção do processo dar-se-á por sentença". Essa conclusão atrai, em vista disso, a regra do art. 1.009, que elege a apelação como o recurso adequado para atacar ditos pronunciamentos judiciais. De outra banda, é lição já arraigada no direito processual brasileiro que a apelação, salvo poucas exceções legais, não conta com o efeito regressivo, de modo que, após a sua publicação, o juiz não mais poderá alterá-la, retratando-se. Francesco Carnelutti dá-nos conta de que o princípio da irrevogabilidade da sentença está presente na legislação estrangeira, sendo reconhecido universalmente. (CARNELUTTI, Francesco, *Sistema de direito processual civil*, v. III, São Paulo, Classic Book, 2000, p.738). Essa é a regra, que, todavia, sempre comportou exceções. E às exceções existentes no CPC/1973, e mantidas no atual, o legislador acresceu outra.

O indeferimento da petição inicial, dês que impugnada por apelação, faculta ao julgador, no prazo de 5 (cinco) dias, exercer o juízo de retratação, para o fim de determinar o prosseguimento do feito, mediante a determinação de citação do réu (art. 331). Além de ampliar o prazo de retratação, de 48 (quarenta e oito) horas para 5 (cinco) dias, em relação ao CPC/1973, o novo preceito impõe a citação do réu para responder ao recurso (art. 331, §1º). O sistema ainda admite que a petição inicial seja fustigada, prematuramente, por sentença de mérito. Ou seja, mesmo sem a integração do réu na relação processual, o julgador proferirá sentença meritória rechaçando, *ab origine*, a pretensão do autor. As hipóteses que justificam tal conduta estão elencadas no rol do art. 332. Diferentemente do conteúdo da sentença que indefere a petição inicial, o julgamento liminar de improcedência do pedido tem aptidão para gerar coisa julgada material, mormente se o prazo da apelação transcorrer *in albis*. A interposição da apelação, contudo, assim como impede o trânsito em julgado, possibilita ao julgador o juízo de retratação também no prazo de 5 (cinco) dias (art. 332, §3º). Não voltando atrás o órgão prolator da sentença, o réu deverá ser citado para apresentar contrarrazões ao recurso, no prazo de 15 (quinze) dias (art. 332, §4º). Porém, a maior inovação do novel diploma reside na sistemática da apelação que impugna sentença extintiva do processo sem resolução do mérito. O art. 485 elenca as hipóteses em que o juiz deve proferir sentença terminativa, frustrando a expectativa do autor de obter, do Poder Judiciário, opinião sobre a pretensão exercida através da demanda. O rol contém as matérias de ordem pública, de cognição oficiosa, como a (i) a ausência de pressupostos de constituição e de desenvolvimento válido e regular do processo ou (ii) a ausência de legitimidade ou de interesse processual. Detectada pelo julgador a falha no procedimento, deve ser oportunizado à parte prazo para sanar o defeito, na forma do art. 317: "Antes de proferir decisão sem resolução de mérito, o juiz deverá conceder à parte oportunidade para, se possível, corrigir o vício.". Persistindo o vício, não resta outra alternativa ao juízo senão extinguir o processo. Dessa decisão, segundo dispõe o art. 485, §7º, a parte autora poderá apelar, podendo o juiz, no prazo de 5 (cinco) dias, retratar-se. A mudança, decerto, amplia consideravelmente as apelações que permitirão o exercício do juízo de retratação, medida que vai ao encontro do princípio da primazia do julgamento do mérito, pois incentiva que o julgador volte atrás e não deixe prevalecer decisão extintiva sem resolução da pretensão posta em juízo. A dúvida que se põe consiste na aplicação desse efeito considerando que o juízo *a quo* não detém mais a competência para proceder à admissibilidade do recurso. Neste passo, poderia o julgador, diante de uma apelação sem preparo, retratar-se e determinar o prosseguimento do feito? E se o problema for de constatação igualmente objetiva, como a intempestividade? O FPPPC, reunido em Belo Horizonte, aprovou o Enunciado 293: "Se considerar intempestiva a apelação contra sentença que indefere a petição inicial ou julga liminarmente improcedente o pedido, não pode o juízo a quo retratar-se.". Ou seja, no entender do grupo, o julgador *a quo* não pode prestar rendimento ao efeito regressivo da apelação senão quando o recurso for admitido; todavia, a nova sistemática retirou do órgão de primeiro grau a competência para realizar o juízo de admissibilidade, o que pode colocar em xeque a ampliação das hipóteses de apelação com possibilidade de juízo de retratação.

5. A regra do parágrafo 3º do art. 1.010 e o direito intertemporal. A norma processual deve ser aplicada aos processos em curso, uma vez que tem eficácia imediata. Destarte, tratando-se de normas processuais, vige regra de direito intertemporal segundo a qual as normas processuais civis têm incidência imediata, salvo expressa dicção legal em contrário. Esse é o norte para descortinar o problema advindo da aplicação da lei processual no tempo. Continua sendo a apelação o recurso próprio para atacar sentença, ocorre que, após o advento da Lei 13.105/2015, o juízo de admissibilidade não será mais repartido entre órgão *a quo* e *ad quem*, e dita regra deve orientar e ser aplicada inclusive às apelações já interpostas, mas ainda pendente de análise quanto à sua admissibilidade no juízo de piso. Como o recurso não foi suprimido, nem alterada sua hipótese de cabimento, inexiste motivo para que prevaleçam as regras anteriores do seu procedimento. Daí a justificativa da confecção do Enunciado 356 do FPPC: "Aplica-se a regra do art. 1.010, § 3º, às apelações pendentes de admissibilidade ao tempo da entrada em vigor do CPC, de modo que o exame da admissibilidade destes recursos competirá ao Tribunal de 2º graus".

Artigo 1.011.
Recebido o recurso de apelação no tribunal e distribuído imediatamente, o relator:
I – decidi-lo-á monocraticamente apenas nas hipóteses do art. 932, incisos III a V;
II – se não for o caso de decisão monocrática, elaborará seu voto para julgamento do recurso pelo órgão colegiado.
CORRESPONDÊNCIA NO CPC/1973: *NÃO HÁ.*

1. Distribuição incontinenti ao relator. No passado, em razão do acúmulo de processo nos mais variados tribunais do Brasil, os recursos aguardavam longo tempo para serem distribuídos aos respectivos relatores, obviamente após os sorteios (aleatoriedade). Temos notícia de que, nalguns casos, determinado tribunal já demorou longíssimos dois anos para, apenas, distribuir o recurso de apelação. Enquanto não distribuído para um relator, a parte interessada fica sem ter a quem se dirigir, fato este que dificulta eventual pedido de tutela de urgência ou coisa que o valha. O mau vezo de represar recursos no tribunal fez c que o legislador, ao tempo do CPC/1973, alterasse a redação do art. 527, *caput*, para incluir regra similar: "Recebido o agravo de instrumento no tribunal, e distribuído incontinenti, o relator:" (Lei 9.139/1995). De acordo com Barbosa Moreira, raciocínio tirado de comentário feito ao art. 527 do CPC/1973, mas que se aplica, inegavelmente, ao *caput* do art. 1.011, o "dispositivo não marca prazo; a significação da palavra 'incontinenti', como a do 'imediata' no texto constitucional emendado, comporta certa elasticidade – nem tanta, porém, que desfigure o preceito! Os regimentos internos dos tribunais devem disciplinar a matéria. Presume-se que a utilização da moderna tecnologia permita ou venha a permitir uma distribuição praticamente instantânea.". (MOREIRA, José Carlos Barbosa, *Comentários ao Código de Processo Civil*, v. V, 17. ed., Rio de Janeiro, Forense, 2013, p. 510). No caso da apelação, nem poderia ser diferente, até porque um dos objetivos da feitura do novo diploma processual foi estabelecer, conforme consta na Exposição de Motivos, "expressa e implicitamente verdadeira sintonia fina com a Constituição Federal". A Emenda Constitucional 45 de 2004 fez incluir, no art. 93 da CF/1988, o inciso XV, possuidor da seguinte redação: "a distribuição de processos será imediata, em todos os graus de jurisdição.". Vemos que a norma não especifica a classe de processo que deve ser imediatamente distribuída, de maneira que, pelo princípio da máxima efetividade da Constituição, impõe-se interpretação ampliativa, incluindo-se no regramento os recursos. Passa a ser ordem expressa ao tribunal, também no que se refere à apelação, a distribuição imediata do recurso, vinculando-o, daí em diante, ao relator sorteado.

2. Julgamento unipessoal do recurso. Mesmo já sendo possível ao relator, no CPC/1973, decidir o recurso de apelação monocraticamente, inexistia regra específica autorizativa para esta modalidade recursal, ausência superada pelo art. 1.011, I. O dispositivo comentado determina ao relator do apelo, nos casos dos incisos III a V do art. 932, que decida o recurso de apelação unipessoalmente, quando presentes os seguintes permissivos legais: (i) juízo de admissibilidade negativo, com remissão expressa à falta de interesse recursal, decorrente do esvaziamento do recurso (prejudicado) e da inobservância do princípio da dialeticidade: "não conhecer de recurso inadmissível, prejudicado ou que não tenha impugnado especificamente os fundamentos da decisão recorrida" (inciso III); (ii) juízo de mérito negativo, prescindindo o contraditório em razão da sua desnecessidade: negar provimento a recurso que for contrário a: (ii.a) súmula do STF, do STF ou do próprio tribunal; (ii.b) acórdão proferido pelo STF ou pelo STJ em julgamento de recursos repetitivos; (ii.c) entendimento firmado em incidente de resolução de demandas repetitivas ou de assunção de competência (inciso IV); (iii) juízo de mérito positivo, desde que observado o contraditório, já que o provimento monocrático tem o condão de causar prejuízo ao apelado: depois de facultada a apresentação de contrarrazões, dar provimento ao recurso se a decisão recorrida for contrária a: (ii.a) súmula do STF, do STJ ou do próprio tribunal; (ii.b) acórdão proferido pelo STF ou pelo STJa em julgamento de recursos repetitivos; (c) entendimento firmado em incidente de resolução de demandas repetitivas ou de assunção de competência (inciso V). O atual art. 1.011 faz às vezes do art. 557 do CPC/1973, com a peculiaridade de se dirigir, notadamente, ao recurso de apelação. Não que os demais incisos estejam afastados e nunca tenham lugar na apelação, apenas não se referem à decisão sobre a admissibilidade, nem ao julgamento de plano da apelação pelo relator, realidades estas abrangidas pela prescrição legal. (BUENO, Cassio Scarpinella, *Novo Código de Processo Civil anotado*, São Paulo, Saraiva, p. 648-9).

3. Não aplicação da ordem cronológica. Vale dizer, ainda, que a hipótese do art. 1.011, por expressa disposição legal, põe de lado a incidência do art. 12, que trata da ordem cronológica de conclusão (DIDIER JR., Fredie, *Curso de direito processual civil*, v. 1, 17. ed., Salvador, JusPodivm, p. 146-151). Determina a nova regra que os "juízes e os tribunais deverão obedecer à ordem cronológica de conclusão para proferir sentença ou acórdão". Essa ordem deve constar de lista elaborada segundo a precedência da conclusão, bem como permanecer à disposição do público em cartório e na rede mundial de computadores (art. 12, §1º). O art. 12, §2º, decidiu por excluir da ordem cronológica, dentre outras, as decisões proferidas com base nos arts. 485 e 932 (inciso IV), ou seja, não serão incluídos na lista os processos extintos sem apreciação do mérito e as decisões do relator proferidas com espeque no art. 932, incisos III a V.

4. Impossibilidade de aplicação analógica da decisão colegiada de inadmissibilidade da apelação e a extinção do processo sem resolução do mérito. Insta pontuar, no entanto, que deve ser prontamente refutada qualquer tentativa de aproximar a decisão que não resolve o mérito com o acórdão que decide pela inadmissibilidade do recurso, uma vez que não há paralelo entre as ocorrências. Por certo, a decisão que inadmite o recurso apenas estará isenta da submissão à ordem legal de conclusão quando for proferida pelo relator monocraticamente e com supedâneo no art. 1.011, III. Caso este opte por levar a questão ao órgão colegiado competente, a inadmissibilidade do apelo apenas poderá ser decidida quando o processo estiver incluído em pauta e com observância da fila disponibilizada pela secretaria, de forma que não poderá o relator, sob o pretexto de que seu voto se inclina pela inadmissibilidade do recurso, ultrapassar os que o precedem na ordem legal.

5. A preferência pelo julgamento unipessoal. Sempre se defendeu a existência do princípio da colegialidade das decisões do tribunal, inclusive com *status* de garantia fundamental do cidadão. Em virtude do princípio, objurgadas, sob o argumento de inconstitucionalidade, foram todas as normas que passaram a autorizar o relator a decidir monocraticamente os recursos sem a imposição de uma manifestação plural do tribunal. Não são poucas as decisões do STF que tratam dessa situação, de frisar que a permissão só não foi tachada de inconstitucional por enquadrar-se como excepcionalidade, porquanto ainda reservada à parte a possibilidade, mediante a interposição do agravo interno, de fazer a questão chegar ao órgão encarregado de apreciar o mérito recursal, similar ao verificado no CPC/1973 nas hipóteses em que o juízo *a quo* entendia pela inadmissibilidade do apelo. A autorização ao relator para, de forma unipessoal, apreciar recurso monocraticamente não viola o princípio da decisão colegiada, que remanesce preservado pelo cabimento do recurso de agravo interno. A passagem retirada de acórdão proferido pelo STF dá uma boa ideia de como a questão foi resolvida na Corte Suprema: "A circunstância que venho de referir impõe uma observação final: assiste, ao Ministro-Relator, no exercício dos poderes processuais de que dispõe, competência plena para exercer, monocraticamente, o controle das ações, pedidos ou recursos dirigidos a esta Corte, legitimando-se, em consequência, os atos decisórios que, nessa condição, venha a praticar (RTJ 139/53 – RTJ 168/174-175). Nem se alegue que esse entendimento implicaria transgressão ao princípio da colegialidade, eis que o postulado em questão sempre restará preservado ante a possibilidade de submissão da decisão singular ao controle recursal dos órgãos colegiados no âmbito do Supremo Tribunal Federal, consoante esta Corte tem reiteradamente proclamado (Ag 159.892-SP (AgRg), Rel. Min. CELSO DE MELLO)" (Informativo-STF n. 239, de 27 a 31 de agosto de 2001). A regra continuaria sendo a decisão colegiada, posicionando-se a unipessoal como verdadeira exceção, reservada sempre a possibilidade de, mediante a interposição do agravo interno, reestabelecer aquele princípio. O art. 1.011, II, ao ponderar que "se não for o caso de decisão monocrática", o relator elaborará o voto para julgamento do recurso pelo órgão colegiado, dá a entender que apenas se não for o caso de aplicação do inciso I é que a decisão será proferida pelo órgão plural. A incidência do princípio da razoável duração dos processos, tanto no plano constitucional como no legal, fazem com que a parte recorrente tenha direito, desde que presente as hipóteses legais, a ver seu recurso apreciado monocraticamente pelo relator.

ARTIGO 1.012.

A apelação terá efeito suspensivo.

§ 1º Além de outras hipóteses previstas em lei, começa a produzir efeitos imediatamente após a sua publicação a sentença que:

I – homologa divisão ou demarcação de terras;

II – condena a pagar alimentos;

III – extingue sem resolução do mérito ou julga improcedentes os embargos do executado;

IV – julga procedente o pedido de instituição de arbitragem;

V – confirma, concede ou revoga tutela provisória;

VI – decreta a interdição.

§ 2º Nos casos do § 1º, o apelado poderá promover o pedido de cumprimento provisório depois de publicada a sentença.

§ 3º O pedido de concessão de efeito suspensivo nas hipóteses do § 1º poderá ser formulado por requerimento dirigido ao:

I – tribunal, no período compreendido entre a interposição da apelação e sua distribuição, ficando o relator designado para seu exame prevento para julgá-la;

II – relator, se já distribuída a apelação.

§ 4º Nas hipóteses do § 1º, a eficácia da sentença poderá ser suspensa pelo relator se o apelante demonstrar a probabilidade de provimento do recurso ou se, sendo relevante a fundamentação, houver risco de dano grave ou de difícil reparação.

CORRESPONDÊNCIA NO CPC/1973: *ART. 520.*

1. Efeito suspensivo da apelação. Conatural a todo e qualquer recurso é a presença do efeito devolutivo. A matéria impugnada em virtude da manifestação formal de vontade do interessado será, limitada ou ilimitadamente, devolvida à apreciação do órgão *ad quem*, por ocasião do julgamento do recurso. É o comparecimento do efeito devolutivo, portanto, que empresta significação ao termo "recurso", no sentido de soma das partículas "re" (retomada, retorno) + "curso" (fase, momento ou estágio); daí ser o recurso concebido como técnica hábil a proporcionar nova (ou nova oportunidade de) decisão a respeito de determinado tema (o impugnado). (LIMA, Alcides de Mendonça, *Introdução aos recursos cíveis*, 2. ed., São Paulo, RT, 1976, p. 286; JORGE, Flávio Cheim, *Teoria geral dos recursos cíveis*, 5. ed., São Paulo, RT, 2012, pp. 301-2). E é justamente essa devolução que impede (obsta) a formação da preclusão ou da coisa julgada (efeito obstativo dos recursos), posto que, ainda, não se apresenta definitiva a versão do Poder Judiciário a respeito da matéria decidida. (NERY JR., Nelson, *Teoria geral dos recursos*, 7. ed., São Paulo, RT, 2014, p. 428). A indefinição proporcionada pelo retorno da competência decisória ao órgão jurisdicional responsável faz instável aquilo que já foi decidido, uma vez que subsiste plenamente possível a modificação do ato atacado. Razões de justiça – no sentido de não se cometerem injustiças – somados ao risco de ineficácia do próprio recurso, já que a decisão impugnada poderá gerar efeitos enquanto ainda pendente a discussão no Poder Judiciário, fazem com que o legislador acautele-se diante de situações dessa cepa. A forma que encontrou para tanto é dotar o recurso de efeito neutralizador da eficácia do *decisum*, que por ser ato de poder (império), tem plena vocação para alterar o mundo jurídico (sentenças declaratórias e constitutivas) e sustentar alterações no mundo fático (sentenças condenatórias e mandamentais). O efeito suspensivo, desse modo, quase sempre presente no recurso de apelação, retira a eficácia da sentença, que não produzirá efeitos enquanto não julgado o apelo. "O efeito devolutivo, esse, não se tira nunca, salvo em desrespeito ao princípio político da dupla cognição, que era tido nos séculos XVI e XVIII como 'defesa natural' e a Revolução francesa incluiu nas suas conquistas práticas", já advertia Pontes de Miranda (PONTES DE MIRANDA, Francisco Cavalcanti, *Comentários ao Código de Processo Civil*, tomo XI, 2.ª ed., Rio de Janeiro, Forense, 1960, p. 195). Inócuo, portanto, o decidido pelo órgão jurisdicional em seu sentido amplo, e não apenas no que tange à eficácia executiva. Para Pontes de Miranda: "Suspensivo é o efeito que priva a sentença da sua eficácia (força e efeitos). Os processualistas costumam defini-lo como a falta normal de exequibilidade da sentença de primeira instância, durante a apelação. Essa alusão ao efeito *executivo* das sentenças (e, não raro, à 'execução provisória da sentença', que ele impede), restringe, sem razão, o definido. O efeito suspensivo não atinge somente as sentenças de condenação. Sentenças mandamentais, constitutivas e declarativas também são atingidas em sua força ou em seus efeitos pelo efeito suspensivo que tenha a apelação.". (PONTES DE MIRANDA, Francisco Cavalcanti, *Comentários ao Código de Processo Civil*, tomo XI, 2.ª ed., Rio de Janeiro, Forense, 1960, p. 145). Se antes a concessão do efeito suspensivo era a regra, hoje, o sistema processual quis fazê-lo exceção, sem muito sucesso, todavia. O ponto mais sensível a respeito da concessão ou não de efeito suspensivo aos recursos residia, com toda certeza, na apelação. Isto porque o agravo de instrumento, o recurso especial, o recurso extraordinário e os embargos de divergência, nos termos do art. 497 do CPC/1973, com a exceção do último, já não possuíam efeito suspensivo, presente apenas na apelação, nos embargos infringentes (Não sem alguma divergência: NERY JR., Nelson. *Teoria geral dos recursos*. 7.ª ed., São Paulo, RT, 2014, p. 429) e no recurso ordinário (sobre os embargos de declaração, *cf.* os comentários ao art. 1.026). Os embargos infringentes deixaram de ser recurso, e o efeito suspensivo como regra foi mantido na apelação, de modo que o único ganho efetivo foi a sua retirada do recurso ordinário, o que reflete em pouquíssimo (ou quase nenhum) ganho para a sistemática recursal. O art. 1.012 manteve-se fiel ao passado, difundindo que a apelação, em regra, terá efeito suspensivo. Entretanto, como bem salientado por Cassio Scarpinella Bueno, o efeito suspensivo não decorre da interposição do recurso, pelo menos não o que consta do art. 1.012, mas da simples recorribilidade da decisão. No caso do preceito referido, o efeito suspensivo "significará, diferentemente, que a interposição do recurso, e, mais do que isto, a mera sujeição de uma decisão à interposição de um recurso, não tem aptidão de surtir seus efeitos principais" (BUENO, Cassio Scarpinella, "Efeitos dos recursos", in NERY JR., Nelson; WAMBIER, Teresa Arruda Alvim (Coord.), *Aspectos polêmicos e atuais dos recursos cíveis*, v. 10, São Paulo, RT, 2006, p. 66-90; NERY JR., Nelson, *Teoria geral dos recursos*, 7. ed., São Paulo, RT, 2014, p. 427-8). É a percepção exata deste contexto que fez que parcela da doutrina definisse esse efeito como "impeditivo" (efeito impeditivo), devido ao fato de que a interposição da apelação não suspende a eficácia da sentença, mas apenas protrai no tempo o efeito suspensivo dotado em virtude da simples e singela recorribilidade da decisão.

2. Frustração do anteprojeto. No Anteprojeto encaminhado ao Senado Federal pela Comissão de Juristas, os recursos, inclusive a apelação, não possuíam efeito suspensivo, de modo que a eficácia da decisão seria imediatamente sentida pelas partes. Essa conclusão era tirada da leitura conjugada dos arts. 908 e 928, detentores das seguintes redações: "Art. 908. Os recursos, salvo disposição legal em sentido diverso, não impedem a eficácia da decisão. Art. 928. Atribuído efeito suspensivo à apelação, o juiz não poderá inovar no processo; recebida sem efeito suspensivo, o apelado poderá promover, desde logo, a execução provisória da sentença.". A proposta não vingou na Câmara dos Deputados, o que resultou na frustração da proposta original, de valorização da decisão do julgador de primeiro grau. Nas palavras de Cassio Scarpinella Bueno, a manutenção da sistemática do CPC/1973 é "um dos grandes retrocessos do novo CPC que se choca frontalmente com o que, a este respeito, propuseram o Anteprojeto e o Projeto do Senado. Infelizmente, o Senado, na derradeira fase do processo legislativo, não recuperou a sua própria proposta (art. 968 do Projeto do Senado), mantendo, em última análise, a regra de que a apelação, no direito processual civil brasileiro, tem (e continua a ter) efeito suspensivo.". (BUENO, Cassio Scarpinella, *Novo Código de Processo Civil anotado*, São Paulo, Saraiva, p. 649). Verdade seja dita, a mudança no efeito suspensivo dos recursos era um reclamo comum da melhor doutrina, preocupada em dotar o sistema de maior efetividade. Barbosa Moreira já defendia, ainda que *de lege ferenda*, ser "aconselhável ampliar o elenco das hipóteses de apelação sem efeito suspensivo, ou até – com certas cautelas – inverter a regra, tornando excepcional a suspensividade. Tal seria capaz de contribuir para desestimular a interposição pelo réu vencido, com intuito meramente protelatório, harmonizando-se aliás com a propensão moderna à valorização do julgamento de primeiro grau.". (MOREIRA, José Carlos Barbosa, *Comentários ao Código de Processo Civil*, v. V, 17. ed., Rio de Janeiro, Forense, 2013, p. 467-8). A propósito, esse já é o método aplicado na Itália, como reportado por Andrea Proto Pisani: "l'effetto *sospesivo* è stato totalmente soppresso dalla nuova formulazione degli artt. 282 e 337, 1º comma, che attribuiscono efficacia esecutiva *ex lege* a tutte le sentenze di primo grado ed escludono che la proposizione dell'appello (ove non accompagnata da un'istanza di inibitoria per gravi motivi accolta) sospenda l'efficacia esecutiva della sentenza di primo grado" (PISANI, Andrea Proto, *Lezioni di diritto processuale civile*, 4. ed., Napoli, Jovene, p. 505).

No direito português, as coisas não se passam de outro modo. De acordo com António Santos Abrantes Geraldes, a *"evolução normativa* a respeito dos efeitos do recurso de apelação demonstra uma sucessiva redução dos casos de atribuição de efeito suspensivo, agora praticamente limitado às acções sobre o estado das pessoas e àquelas em que está em causa o arrendamento ou a habitação. A regra geral é de que a apelação tem *efeito meramente devolutivo*, permitindo a produção de efeitos jurídicos imediatos ou a execução da decisão, nos termos do art. 704, nº 1.". (GERALDES, António Santos Abrantes, *Recursos no Novo Código de Processo Civil*, 2. ed., Coimbra, Almedina, 2014. p. 21).

Nelson Nery Jr. e Rosa Maria de Andrade Nery, alegando atecnia do legislador, procuram conferir, com apoio numa interpretação sistemática, ausência de efeito suspensivo como regra, também no recurso de apelação, contrariando, pois, a literalidade do art. 1.012, *caput*, e do parágrafo 3º. Para os autores referidos, o efeito suspensivo apenas poderá ser concedido pelo relator quando o recorrente formular requerimento nesse sentido. (NERY JR., Nelson; NERY, Rosa Maria de Andrade, *Comentários ao Código de Processo Civil*, São Paulo, RT, 2015, p. 2060).

3. Situações excepcionais em que a apelação não terá efeito suspensivo. Produção imediata de efeitos. Conservou o CPC/2015, na esteira do sistema revogado, situações excepcionais, em que a apelação não terá o efeito suspensivo. Confirmando o que dissemos nos comentários ao *caput* do art. 1.012, com a retirada do efeito suspensivo da apelação, o legislador pretende, desde logo, fazer eficaz a sentença, muito embora a parte prejudicada possa, no prazo legal, agitar o respectivo recurso. E se antes existia alguma dúvida quanto à produção de efeitos imediatos pela sentença nestes casos, hoje, o art. 1.012, § 1º, não deixa brecha para dúvidas: "§ 1º Além de outras hipóteses previstas em lei, começa a produzir efeitos imediatamente após a sua publicação a sentença que". Há de se conjugada a diretriz exposta adrede com a constante do § 2º, que resulta na autorização, nos casos do § 1º, à parte vencedora (apelada) de "promover o pedido de cumprimento provisório depois de publicada a sentença". Em lição cunhada para o CPC/1973, mas aplicável à perfeição ao atual, Nelson Nery Jr. dizia que quando a apelação não tivesse efeito suspensivo, "tão logo publicada [a sentença], passa a produzir efeitos, ensejando inclusive sua execução provisória.". (NERY JR., Nelson, *Teoria geral dos recursos*, 7. ed., São Paulo, RT, 2014. p. 369-383). Segundo Sergio Bermudes: "Enquanto o efeito devolutivo é essencial à apelação, não sendo possível concebê-la sem ele, o efeito suspensivo é atributo elementar e facultativo.". (BERMUDES, Sergio, *Comentários ao Código de Processo Civil*, v. VII, 2. ed., São Paulo, RT, 1977, p. 151). Considerações de ordens variadas fazem que a regra ceda espaço à exceção, e nem todas as hipóteses que fogem ao padrão estão no art. 1.012, §1º. A despeito de existirem outros na legislação extravagante, o CPC/2015 elencou 6 (seis) casos: (i) homologa divisão ou demarcação de terras; (ii) condena a pagar alimentos; (iii) extingue sem resolução do mérito ou julga improcedentes os embargos do executado; (iv) julga procedente o pedido de instituição de arbitragem; (v) confirma, concede ou revoga tutela provisória; (vi) decreta a interdição.

Podemos separar o rol acima em três grupos. No primeiro, estão as situações que não se compatibilizam com o efeito suspensivo, pois a tutela jurisdicional requerida necessita ser prontamente resguardada, sob pena de a postergação em sua implementação colocar em risco a própria eficácia. A urgência que marca essa espécie reivindica atuação mais expedita, uma vez que há risco de inutilidade na concessão de efeitos apenas no futuro. A sentença que condena o réu a pagar alimentos (inciso II) pressupõe a necessidade do alimentando, razão pela qual seria temerário que a simples interposição da apelação retirasse o efeito da sentença, já que, na maioria dos casos, a demanda está escorada no binômio possibilidade + necessidade. De acordo com Pontes de Miranda, o critério para fazê-la figurar nesse rol é tratar do favor à vida e do direito à existência. (MIRANDA, Francisco Cavalcanti Pontes de, *Comentários ao Código de Processo Civil*, t. XI, 2. ed., Rio de Janeiro, Forense, 1960, p. 198). "Em síntese, qualquer sentença condenatória em alimentos enseja recurso de apelação sem efeito suspensivo, até mesmo quando adota o rito ordinário. A limitação ao efeito devolutivo, todavia, atinge apenas o *capítulo* relativo à condenação em alimentos, na eventualidade de a sentença apelada ter sido proferida em processo com cumulação de ações.". (SOUZA, Bernardo Pimentel, *Introdução aos recursos cíveis e à ação rescisória*, 6. ed., São Paulo, Saraiva, 2009, p. 455). Cumpre asseverar, contudo, que o STJ possui entendimento, pacificado na Seção de Direito Privado, no sentido de atribuir unicamente o efeito devolutivo à apelação, não importando se houve redução, majoração ou exoneração dos alimentos (STJ, AgRg nos EREsp 1.138.898/PR), entendimento que será provavelmente mantido mesmo após o advento do novo diploma processual. Consoante decidiram os Ministros, não deve ser dotado de efeito suspensivo a apelação tirada de exoneração ou redução de alimentos visto que, mesmo nesses casos, o alimentando não sofre prejuízo, pois "eventual reforma da sentença é para ele garantia do recebimento das diferenças que lhe forem devidas. Se for mantida a sentença, contudo, não subjaz daí prejuízo porque suficiente e adequadamente avaliadas as circunstâncias fáticas do processo para diminuição do encargo, com especial atenção ao binômio necessidade/possibilidade a nortear a controvérsia acerca de alimentos.". (STJ, REsp 401.307/SP).

O *segundo* grupo contém o maior número de casos. De acordo com a doutrina, a retirada do efeito suspensivo justifica-se nas raras possibilidades de reforma da decisão; exigir que o vencedor aguarde todo o processamento da apelação para, apenas no caso de confirmação da decisão, sentir os seus efeitos é desconsiderar essa própria realidade. Sergio Bermudes lembra que a sentença homologatória de divisão ou demarcação de terras constava no rol do art. 520 do CPC/1973, cujo teor era bastante similar ao atual § 1º, do art. 1.012, por causa da sua certeza a sustentar o recebimento do apelo apenas no efeito devolutivo. Pontes de Miranda, ainda na vigência do CPC/1939, fundamentava a retirada do efeito suspensivo da apelação na ação de divisão e demarcação em sua eficácia executiva, considerando a própria teoria da "constante 15" (quinze). Ademais, a necessidade de ultimar providências executórias já iniciadas, que ganharam reforço fruto da rejeição dos embargos à execução, evidencia os motivos que ensejaram a retirada do efeito suspensivo à apelação, na hipótese de extinção sem resolução do mérito ou improcedência dos embargos do executado (inciso III). A presença do título executivo extrajudicial já se considerava como razão suficiente para iniciar os atos executórios. Eventual, e excepcional, suspensão proporcionada pela oposição dos embargos à execução não mais se sustenta diante de sua rejeição liminar ou improcedência, dado que o não acolhimento dos argumentos defensivos funcionará como um agregador de força ao título, levando a execução a retomar seu curso regular. Existe, aliás, enunciado sumular do STJ que merece ser, aqui, lembrado, pois estende a regra aos embargos à arrematação (embargos de segunda fase): 331-STJ: "A apelação interposta contra sentença que julga embargos à arrematação tem efeito meramente devolutivo.". A comunicação do regime, todavia, não vai ao ponto de contaminar a apelação interposta contra sentença que decidir os embargos à ação monitória (art. 702, §9º). Discussão a respeito da sua natureza (da execução), se definitiva ou provisória, em nada toca o fato de a apelação aviada contra essa sentença não ser contemplada com o efeito suspensivo. Ainda nesse grupo, consta a hipótese de sentença que fulmina o processo em razão do reconhecimento de instituição de arbitragem. A Lei 9.307, de 23 de setembro de 1996, abriga modalidade de demanda tendente a instituir, de maneira compulsória, a arbitragem, mormente quando exista cláusula compromissória pactuada. É esclarecedor o teor do art. 7º da Lei 9.307/1996: "Art. 7º Existindo cláusula compromissória e havendo resistência quanto à instituição da arbitragem, poderá a parte interessada requerer a citação da outra parte para comparecer em juízo a fim de lavrar-se o compromisso, designando o juiz audiência especial para tal fim (inciso VI).". Da mesma forma, é possível a celebração do compromisso arbitral judicialmente, ocasião em que o processo deverá ser extinto (art. 9º, §1º, Lei 9.307/1996), obviamente por sentença, sem apreciação do mérito. Nada obstante a enorme dificuldade em se caracterizar o interesse em eventual recurso, a hipótese não pode ser descartada. Situação similar a do acolhimento, pelo juiz, de preliminar de convenção de arbitragem, levantada pelo réu na contestação (art. 337, X). Aqui, como lá, muito embora não se trate de julgamento procedente de pedido de instituição de arbitragem, a finalidade é a mesma, já que as partes serão encaminhadas ao juízo arbitral. Sendo assim, a retirada do efeito suspensivo implica no início imediato do procedimento arbitral. Por fim, também não terá efeito suspensivo a apelação direcionada para atacar sentença que decreta a interdição (inciso VI). Neste passo, o CPC apenas corrige um defeito do CPC/1973, que tratava do recebimento da apelação da decisão que decreta a interdição só no efeito devolutivo fora do art. 520, CPC/1973, mais propriamente no art. 1.184, CPC/1973: "Art. 1.184. A sentença de interdição produz efeito desde logo, embora sujeita a apelação. Será inscrita no Registro de Pessoas Naturais e publicada pela imprensa local e pelo órgão oficial por três vezes, com intervalo de 10 (dez) dias, constando do edital os nomes do interdito e do curador, a causa da interdição e os limites da curatela.". Bernardo Pimentel Souza dá notícia de que o art. 452 do CC/1916 (o art. 1.773 do CC/2002 repete a regra) já continha essa orientação ("A sentença que declara a interdição produz efeitos, desde logo, embora sujeita a recurso").

O terceiro grupo fica reservado para a derradeira hipótese: garantia da organicidade do sistema. Sabemos que a decisão antecipatória da tutela, interlocutória por natureza, comporta recurso de agravo de instrumento, em regra, sem efeito suspensivo, ou seja, o *decisum* proferido produz efeitos imediatamente, muito embora sujeito à impugnação. Natural e lógico, portanto, que a decisão confirmatória daquilo que foi antecipado, principalmente após o aprofundamento da cognição, possuísse força maior ou igual àquela, nunca inferior. Assim, para retirar uma falha crônica do sistema processual, o legislador, ainda no CPC/1973, acrescentou o inciso VII ao art. 520: "confirmar a antecipação dos efeitos da tutela". A nova regra, entretanto, inova e aprimora o instituto, asseverando que não será recebida no efeito suspensivo a sentença que confirma, concede ou revoga tutela provisória (inciso V). Isso porque, ainda que diante da redação originária, a doutrina já defendia a retirada do efeito suspensivo na hipótese de a tutela antecipada ser concedida na própria sentença, algo inconcebível ao se ter em mente que a tutela antecipada é medida eficaz quando concedida em momento anterior (no início ou curso do processo) ao reputado ideal (na sentença). Entretanto, a consequência prática – fazer a sentença imediatamente eficaz – sempre contribuiu para a adoção, variadas vezes, da estratégia. Já afirmava Nelson Nery Jr.: "A regra também tem aplicação quando a tutela antecipada tiver sido concedida na própria sentença.". (NERY JR., Nelson, *Teoria geral dos recursos*, 7. ed., São Paulo, RT, 2014, p. 456). Maior celeuma existia no caso em que a sentença revogasse a tutela antecipada. Por causa da restritiva redação do inciso VII do art. 520 do CPC/1973, vozes defenderam que a apelação seria recebida nos efeitos devolutivo e suspensivo, sustentando íntegra a tutela antecipada anteriormente concedida, sem embargo de haver sido cassada (revogada) na decisão final, em seguida ao aprofundamento da cognição. O efeito suspensivo, por essa perspectiva, neutralizaria a cassação da tutela antecipada, que seria um dos efeitos da sentença atacada. A tese não vingou, e nem poderia ser diferente, já que a cognição de maior profundidade tem plena aptidão para substituir a mais rasa, independentemente de manifestação expressa do juiz a respeito. Na esteira do que defende Nelson Nery Jr., "é incompatível com o decreto de improcedência, feito depois de cognição exauriente, a manutenção de decisão contrária, dada em juízo de cognição sumária.". (NERY JR., Nelson, *Teoria geral dos recursos*, 7. ed., São Paulo, RT, 2014, p. 456). A conclusão resultou na confecção do Enunciado 405 do STF: "Denegado o mandado de segurança pela sentença, ou no julgamento do agravo, dela interposto, fica sem efeito a liminar concedida, retroagindo os efeitos da decisão contrária.". Está aí, portanto, o mérito da mudança legislativa, cuja redação é mais apurada que a anterior. À vista do exposto, o FPPC forjou o Enunciado 217: "A apelação contra o capítulo da sentença que concede, confirma ou revoga a tutela antecipada da evidência ou de urgência não terá efeito suspensivo automático.".

4. Concessão de efeito suspensivo *ope iudicis*. Da mesma forma que autorizado pelo parágrafo único do art. 995 e pelo revogado art. 558 do CPC/1973, é possível ao relator do recurso de apelação, vislumbrando a presença do permissivo legal, suspender, *ope iudicis*, a eficácia da decisão recorrida. Os requisitos, segundo consta do parágrafo 4º do art. 1.012, são: (i) demonstração da probabilidade de provimento do recurso (tutela de evidência); (ii) fundamentação relevante somada ao risco de dano grave ou de difícil reparação (tutela da urgência). De modo a apontar o órgão competente para apreciar o pedido de concessão de efeito suspensivo a recurso de apelação que não o tem, o parágrafo 3º do art. 1.012 disponibiliza duas opções: (i) período compreendido entre a interposição do recurso e a distribuição para o relator – a competência será do tribunal, conquanto o processo se encontre no juízo *a quo*; a distribuição, no tribunal, para um dos seus órgãos, prevenirá a competência para o julgamento da futura apelação (inciso I); (ii) período após a distribuição da apelação para o relator – o pedido será a ele dirigido.

5. Recurso contra o indeferimento de efeito suspensivo pretendido por meio de requerimento. A despeito do desaparecimento do juízo de admissibilidade bipartido, não serão incomuns os pedidos de concessão de efeito suspensivo quando a apelação ainda estiver tramitando no juízo *ad quem*, isso porque a necessidade de suspensão, na grande maioria dos casos, estará relacionada a uma situação de urgência, de modo a impedir a parte de aguardar o completo processamento do recurso no primeiro grau. Assim, enquanto se espera a apresentação das contrarrazões, que poderá demorar 15 (quinze) ou 30 (trinta) dias, a produção imediata de efeitos têm plenas condições de colocar em risco direito do recorrente, situação que justifica o requerimento de efeito suspensivo quase que concomitante à interposição do próprio recurso. Como o órgão incumbido de decidir sobre o requerimento de efeito suspensivo é o tribunal competente para apreciar a apelação, a ele deve ser direcionado o pedido. A apreciação do requerimento, todavia, será distribuída a um relator, que ficará prevento para julgar a apelação oportunamente remetida ao tribunal. Da decisão do relator que concede ou nega a suspensão dos efeitos da sentença caberá, logicamente, agravo interno, nos termos do art. 1.021, que não faz nenhuma restrição nesse sentido. Rafael de Oliveira Guimarães defende posição similar, antes mesmo da ampliação do agravo interno proveniente do CPC/2015, nada obstante a restrição constante do art. 527, parágrafo único, do CPC/1973. Segundo o autor mencionado, "recomenda-se e opina-se pela recorribilidade, via agravo regimental, da decisão que concede efeito suspensivo/antecipação dos efeitos da tutela recursal a outros recursos que não o agravo de instrumento, com base no art. 39 da Lei n. 8.038/90.". (GUIMARÃES, Rafael de Oliveira, *Os agravos interno e regimental*, Brasília, Gazeta Jurídica, 2013, p. 219). Concebemos a lição como correta também para o novo regramento processual, com a advertência de que no CPC/2015 o recurso cabível, na esteira do amplamente exposto, será o agravo interno.

Artigo 1.013.

A apelação devolverá ao tribunal o conhecimento da matéria impugnada.

§ 1º Serão, porém, objeto de apreciação e julgamento pelo tribunal todas as questões suscitadas e discutidas no processo, ainda que não tenham sido solucionadas, desde que relativas ao capítulo impugnado.

§ 2º Quando o pedido ou a defesa tiver mais de um fundamento e o juiz acolher apenas um deles, a apelação devolverá ao tribunal o conhecimento dos demais.

§ 3º Se o processo estiver em condições de imediato julgamento, o tribunal deve decidir desde logo o mérito quando:

I – reformar sentença fundada no art. 485;

II – decretar a nulidade da sentença por não ser ela congruente com os limites do pedido ou da causa de pedir;

III – constatar a omissão no exame de um dos pedidos, hipótese em que poderá julgá-lo;

IV – decretar a nulidade de sentença por falta de fundamentação.

§ 4º Quando reformar sentença que reconheça a decadência ou a prescrição, o tribunal, se possível, julgará o mérito, examinando as demais questões, sem determinar o retorno do processo ao juízo de primeiro grau.

§ 5º O capítulo da sentença que confirma, concede ou revoga a tutela provisória é impugnável na apelação.

CORRESPONDÊNCIA NO CPC/1973: *ARTS. 515 E 516.*

1. Efeito devolutivo. Sempre se acreditou que o resultado do processo estaria mais rente à justiça desde que a "lide possa ser *sucessivamente* examinada por dois juízes diversos. Daí o princípio do *duplo grau de jurisdição*, geralmente adotado nas legislações processuais" (GUIMARÃES, Luiz Machado, "Efeito devolutivo da apelação", *Estudos de direito processual*, Rio de Janeiro, Editora Jurídica Universitária, 1969, p. 216). Entendimento semelhante é adotado na doutrina estrangeira. (BONSIGNORI, Angelo, "Impugnazioni civili in genere", *Digesto delle Discipline Privatistiche – Sezione civile*, v. IX, Torino, UTET, 1996, p. 335; CHIOVENDA, Giuseppe, *Principios del derecho procesal civil*, t. II, Madrid, Reus, 2000, p. 519-520; PODETTI, J. Ramiro, *Tratado de los recursos*, 2. ed., Buenos Aires, Ediar, 2009, p. 53). A concepção principiológica do duplo grau instiga o sistema a viabilizar, após a prolação de decisão no primeiro grau contrária aos interesses de uma das partes, sua revisão no segundo, desde que assim o requeira e em observância à forma legal. Como sabemos, o mecanismo pelo qual se permite esse empreendimento é a previsão de recurso contra a indigitada decisão. O recurso, portanto, impede que a questão resolvida seja reputada imutável, dado que o órgão encarregado de analisá-lo poderá, sendo procedentes os argumentos, modificar o seu conteúdo, total ou parcialmente. É o que se costumou definir como devolução da questão. A própria ideia de recurso tem relação umbilical com a de devolução ou devolutividade, a caracterizar a permissão para que seja possível novo enfrentamento da matéria questionada, razão pela qual inexiste modalidade recursal não dotada do efeito devolutivo. Por isso, aqui e alhures, diz-se que o recurso devolve à apreciação do Poder Judiciário o conhecimento da matéria impugnada. Nas palavras de António Santos Abrantes Geraldes, o "recurso constitui o principal instrumento de impugnação de decisões judiciais, permitindo a sua reapreciação por um tribunal de categoria hierarquicamente superior.". (GERALDES, António Santos Abrantes, *Recursos no Novo Código de Processo Civil*, 2. ed., Coimbra, Almedina, 2014, p. 21). Embora sem sucesso, conveniente lembrar a tentativa de Alcides de Mendonça Lima de nomear essa característica de efeito de transferência, pois, no entender do autor, mais fiel para retratar a transferência, por via do recurso, do conhecimento da matéria impugnada. (LIMA, Alcides de Mendonça, *Introdução aos recursos cíveis*, 2. ed., São Paulo, RT, 1976, p. 287). Ocorre que o efeito devolutivo (efeito de transferência, se se preferir) manifesta-se de variadas formas, sendo que, na apelação, ele alcança a sua expressão mais ampla e genuína, merecedora de análise específica, por isso se costuma afirmar que o "recurso de apelação transfere ao tribunal a cognição de toda a demanda.". (GUIMARÃES, Luiz Machado, "Efeito devolutivo da apelação", in *Estudos de direito processual*, Rio de Janeiro, Editora Jurídica Universitária, 1969, p. 220; BERMUDES, Sergio, *Comentários ao Código de Processo Civil*, v. VII, 2. ed., São Paulo, RT, 1977, p. 133). Francisco de Paula Batista certifica que a "apelação é sempre *devolutiva*, sem nenhuma exceção possível.". (MARTINS, Francisco de Paula, *Compêndio de teoria e prática do processo civil*, Campinas, Russell, p. 257). Doutrinariamente, convencionou-se, para fins de estudo, cindir o efeito devolutivo em dois planos: (i) plano da extensão e (ii) plano da profundidade. (MOREIRA, José Carlos Barbosa, *Comentários ao Código de Processo Civil*, v. V. 17. ed., Rio de Janeiro, Forense, 2013, p. 429; ASSIS, Araken de, *Manual dos recursos cíveis*, 2. ed., São Paulo, RT, 2008, p. 396; JORGE, Flávio Cheim, *Teoria geral dos recursos cíveis*, 5. ed., São Paulo, RT, 2012, p. 305). Procuraremos, na sequência, realizar o trabalho árduo de decifrá-los.

2. Efeito devolutivo no plano horizontal (extensão). Assim como a opção de recorrer cabe, exclusivamente, ao recorrente, também é dele a faculdade de proceder à limitação dos contornos da sua apelação, dado que, diante de uma sentença desfavorável, a escolha pode ser pela impugnação total ou parcial. Desse modo, a extensão do recurso e, via de consequência, da matéria atacada, depende, acima de tudo, das escolhas realizadas, sendo de notar, portanto, que a voluntariedade domina esse plano do efeito devolutivo. (ASSIS, Araken de, *Manual dos recursos cíveis*, 2. ed., São Paulo, RT, 2008, p. 396; JORGE, Flávio Cheim, *Teoria geral dos recursos cíveis*, 5. ed., São Paulo, RT, 2012, p. 302). Conforme afirmado por Bernardo Pimentel Souza, "a *extensão* da apelação é medida pelo alcance da impugnação do recorrente, sob o prisma *horizontal*" (SOUZA, Bernardo Pimentel, *Introdução aos recursos cíveis e à ação rescisória*, 6. ed., São Paulo, Saraiva, 2009, p. 471). O art. 1.013 assevera que a "apelação devolverá ao tribunal o conhecimento da matéria impugnada". *Ad exemplum*: na demanda em que se pleiteia dano moral e dano material, no caso de sentença de total improcedência, o autor, por ocasião da apelação, deverá decidir-se pela devolução, à superior instância, do pedido relativo aos danos moral e/ou material, ou, ainda, parcelas destes. Assim, o tribunal estará limitado ao pleito recursal, não podendo ferir essas fronteiras. Na esteira do que já foi afirmado, aquilo que não foi objeto de impugnação transitou em julgado, mantendo-se fora do arco abarcador da devolutividade. Eventual acórdão prestará contas aos limites desenhados pelo recorrente no seu recurso, não podendo o tribunal desbordá-los, pena de permanecer fora (extra) ou ir além (ultra) do pedido recursal, o que, por certo, gerará a nulidade do *decisum*. Na precisa observação de Araken de Assis: "A individualização dos limites do apelo estabelece a extensão do efeito devolutivo e depende da iniciativa soberana do vencido.". (ASSIS, Araken de, *Manual dos recursos cíveis*, 2. ed., São Paulo, RT, 2008, p. 397). O STJ, com acerto, já se manifestou sobre o tema, no que interesse: "O efeito devolutivo expresso nos arts. 505 e 515 do CPC consagra o princípio do *tantum devolutum quantum appellatum*, que consiste em transferir ao tribunal ad quem todo o exame da matéria impugnada. Se a apelação for total, a devolução será total. Se parcial, parcial será a devolução. Assim, o tribunal fica adstrito apenas ao que foi impugnado no recurso.". (STJ, AgRg no REsp 1487384/CE). Por isso merece ser prestigiada afirmação feita em sede de doutrina: "Não sendo total a apelação, o efeito devolutivo se restringe quanto à extensão, pois o ponto que não foi objeto de recurso não pode apreciá-lo o tribunal, sob pena de ofender a coisa julgada e de violar o princípio, consubstanciado no art. 2º do Código [de 1973], que limita o exercício da função jurisdicional à provocação da parte, ou do interessado.". (BERMUDES, Sergio, *Comentários ao Código de Processo Civil*, v. VII, 2. ed., São Paulo, RT, 1977, p. 134). Igual deferência há de ser dada ao enunciado 100 do FPPC: "Não é dado ao tribunal conhecer de matérias vinculadas ao pedido transitado em julgado pela ausência de impugnação.".

3. Efeito devolutivo no plano vertical (profundidade). O efeito devolutivo também se manifesta, com sensíveis diferenças, no plano vertical. Sob esse prisma, importa saber qual material será utilizado pelo tribunal para decidir o pleito recursal forjado nos moldes do efeito devolutivo no plano horizontal (extensão) (*vide* tópico 2). Tomando de empréstimo o exemplo acima, caso o autor impugne apenas a parcela da decisão que indeferiu o dano moral, o tribunal, no julgamento da apelação, estará impossibilitado de tratar do dano material, pena de extrapolar os limites do efeito devolutivo no plano horizontal. A respeito dessa parcela do pedido autoral ocorreu, ante a ausência de recurso sobre o tema, o trânsito em julgado. Contudo, para acolher ou rejeitar o pedido feito no recurso de apelação – que impugnou apenas o dano moral – o tribunal poderá levar em consideração tudo que sobre esse específico tema existe no processo, ou seja, o único limite que toca o tribunal é ater-se ao que consta dos autos, até porque *quod non est in actis non est in mundo* (o que não está nos autos não está no mundo). Porém, esse limite serve, mais de perto, para dar a exata noção da amplitude do efeito devolutivo na apelação, considerado o plano vertical. Toda a argumentação favorável ao pedido, assim como sua rejeição, deverá ser apreciada pelo tribunal, muito embora a sentença sobre eles tenha sido omissa, de nada importando o motivo da omissão (se a análise era devida e o juiz, por erro, esquivou-se ou se a análise, em razão do julgamento efetuado, quedou-se desnecessária). "Enquanto a extensão do efeito devolutivo pode ser total ou parcial, a profundidade é sempre plena e integral.". (JORGE, Flávio Cheim, *Teoria geral dos recursos cíveis*, 5. ed., São Paulo, RT, 2012, p. 311). Bem assim, no que tange ao aspecto probatório, o tribunal deverá realizar trabalho idêntico ao do juiz de primeiro grau, analisando todas as provas que instruem o processo, refazendo, verdadeiramente, o julgamento da causa (limitado, todavia, ao pedido recursal). Como bem lembrado por Flávio Cheim Jorge: "Fixada a extensão da impugnação, o tribunal poderá utilizar-se de todo o material que dispunha o órgão *a quo* para a elaboração da decisão impugnada. Poderá avaliar todas as questões, todos os fatos, todas as provas, todos os fundamentos das partes, enfim, tudo aquilo que poderia ser objeto de cognição pelo julgador *a quo*.". (JORGE, Flávio Cheim, *Teoria geral dos recursos cíveis*, 5. ed., São Paulo, RT, 2012, p. 311). A intensa devolutividade da apelação aparece, ainda, no que se refere à causa de pedir e à causa defensiva, assim como argumentos sustentadores da mesma causa de pedir. Na hipótese de o autor suscitar, em ação anulatória, erro e dolo (duas causas de pedir, portanto) e de o julgador de primeiro grau, na sentença, acolher o pedido por vislumbrar a ocorrência do erro, despicienda será sua análise quanto ao dolo, uma vez que o acolhimento da primeira causa de pedir deu ensejo à procedência total do pedido: a anulação do negócio jurídico por vício do consentimento. Eventual apelação do réu devolverá ao tribunal não apenas o conhecimento do erro, expressamente tratado pelo juízo *a quo*, mas também a consideração da existência do dolo, caso o tribunal entenda pelo afastamento do erro. Do mesmo modo, agora considerando argumentos para uma mesma causa de pedir, em ação indenizatória fundada na culpa do réu por acidente automobilístico, o autor alega embriaguez e avanço de sinal. Entendendo, o julgador, ter havido embriaguez, o avanço de sinal, apesar de provado na fase instrutória, poderá não constar da sentença. A apelação do réu, por certo, permitirá ao tribunal, independentemente de alegação do autor nas contrarrazões ou o manejo de recurso de apelação adesivo, a apreciação, pelo tribunal, da ocorrência do avanço de sinal, desde que afastada a embriaguez. Idêntico raciocínio também deve ser empregado quando considerados os argumentos defensivos. Nas palavras de Bernardo Pimentel Souza, "quando o réu contesta a ação e suscita dois ou mais fundamentos, a corte *ad quem* também deve levar em consideração todos os argumentos, e não apenas o veiculado na apelação.". (SOUZA, Bernardo Pimentel, *Introdução aos recursos cíveis e à ação rescisória*, 6. ed., São Paulo, Saraiva, 2009, p. 483). Sergio Bermudes sintetizou, com fidelidade ímpar, esse aspecto da apelação: "Para responder ao pedido do apelante, inconformado com a sentença recorrida, o tribunal haverá de reexaminar não apenas a decisão, mas também todos os atos de que ela é culminância. O reexame não se adstringe ao âmbito da sentença. Exorbita dele e se estende a todo o processo.". (BERMUDES, Sergio, *Comentários ao Código de Processo Civil*, v. VII, 2. ed., São Paulo, RT, 1977, p. 134). A autorização para o tribunal assim agir é legal, pois consoante expresso nos parágrafos 1º e 2º, ambos do art. 1.013, "serão, porém, objeto de apreciação e julgamento pelo tribunal todas as questões suscitadas e discutidas no processo, ainda que não tenham sido solucionadas, desde que relativas ao capítulo impugnado" e "quando o pedido ou a defesa tiver mais de um fundamento e o juiz acolher apenas um deles, a apelação devolverá ao tribunal o conhecimento dos demais.". A diferença entre os parágrafos transcritos é de objeto, ou seja, o primeiro envolve as questões, no sentido técnico processual, de pontos levantados por uma das partes e contraditados pela outra (ou, apenas, que poderiam ser), atrelados a uma mesma causa de pedir ou causa defensiva; aquelas do parágrafo 2º, diferentemente, de fundamentos do pedido ou da defesa, isto é, de causas de pedir ou de defesa, autônomas e independentes, todas aptas a sustentar, sozinhas, o acolhimento ou a rejeição do pedido. Cassio Scarpinella Bueno encara da mesma forma o problema: "A palavra 'fundamentos' está aí por causas de pedir e não, apenas, como argumento retórico dos litigantes ou do próprio prolator da decisão. Assim, se se ajuíza ação de despejo fundada na falta de pagamento e na infração contratual (distúrbios ao direito de vizinhança, por exemplo), mesmo que a ação seja julgada *procedente* pelo acolhimento da falta de pagamento, nada impede que o tribunal reexamine também a questão relativa à infração contratual.". (BUENO, Cassio Scarpinella, "Efeitos dos recursos", in NERY JR., Nelson; WAMBIER, Teresa Arruda Alvim (Coord.), *Aspectos polêmicos e atuais dos recursos cíveis*, v. 10, São Paulo, RT, 2006, p. 81). Em idêntico sentido: "A diferença, portanto, entre os §§ 1º e 2º do art. 515 [atuais §§ 1º e 2º do art. 1.013] reside no fato de aquele regulamentar a apreciação de 'questões', ao passo que este cuida especificamente dos 'fundamentos' do autor e do réu.". (JORGE, Flávio Cheim, *Teoria geral dos recursos cíveis*, 5. ed., São Paulo, RT, 2012, p. 312). Vale repetir: essa devolução é automática e decorre da ampla devolutividade do recurso de apelação, estando apenas limitada ao espectro do pedido recursal e ao que consta nos autos. Consoante afirmado por Seabra Fagundes, nenhum recurso supera a apelação na "amplitude com que devolve o conhecimento da causa do juízo inferior ao superior.". (FAGUNDES, Miguel Seabra, *Dos recursos ordinários em matéria civil*, Rio de Janeiro, Forense, 1946. p. 247). O autor, bom frisar, não necessita de contrarrazões, muito menos de recurso adesivo, para ver sua argumentação tratada pelo tribunal. Essa desnecessidade foi reconhecida pelo STJ: "Quando a ação é julgada improcedente, havendo apelação da parte vencida, não está, o vencedor, obrigado a suscitar, em sede de contrarrazões, as questões já arguidas na contestação para que o tribunal conheça dos argumentos veiculados. Também não está obrigado a recorrer, mesmo que adesivamente, para que o Tribunal conheça dos demais argumentos de defesa, pois a apelação devolve ao tribunal todos os fundamentos nos termos do artigo 515, § 2º, do Código de Processo Civil.". (STJ, REsp 1.203.776/SP). O detalhe não passou despercebido pelo TST, que editou o Enunciado 393 da sua Súmula: "O efeito devolutivo em profundidade do recurso ordinário, que se extrai do § 1º do art. 515 do CPC, transfere ao

Tribunal a apreciação dos fundamentos da inicial ou da defesa, não examinados pela sentença, ainda que não renovados em contrarrazões. Não se aplica, todavia, ao caso de pedido não apreciado na sentença, salvo a hipótese contida no § 3º do art. 515 do CPC.". No sentido do texto, há doutrina. (MOREIRA, José Carlos Barbosa, *Comentários ao Código de Processo Civil*, v. V, 17. ed., Rio de Janeiro, Forense, 2013, p. 446-7; SOUZA, Bernardo Pimentel, *Introdução aos recursos cíveis e à ação rescisória*, 6. ed., São Paulo, Saraiva, 2009, p. 483-4).

4. Efeito devolutivo no plano vertical (profundidade). Cumulação imprópria. Tema pouco versado, porém extremamente relevante, é o da abrangência do efeito devolutivo no caso de cumulação imprópria de pedidos, nas modalidades alternativa (art. 326, parágrafo único) e eventual (art. 326, *caput*). Na primeira, o autor formula mais de um pedido, deixando a escolha de um deles para o julgador. A segunda espécie está marcada pela ordem de preferência estabelecida pelo autor, de sorte que o pedido subsidiário só será apreciado na eventualidade de o juiz não acolher o principal. O acatamento de um dos pedidos alternativos, por óbvio, significa que a pretensão autoral foi totalmente estimada, fazendo desaparecer qualquer interesse recursal do autor. Entretanto, como o réu foi vencido, remanesce, para ele, o interesse na apelação. Assim, em caso de provimento do apelo para afastar o pedido alternativo, o efeito devolutivo faz com que o tribunal analise o outro, independentemente, inclusive, de recurso adesivo. Do mesmo modo, havendo cumulação eventual, o acolhimento do pedido principal desperta no réu o interesse recursal. Se o tribunal der provimento ao apelo para afastar o pedido principal não poderá deixar de apreciar, em seguida, o subsidiário, ainda que sobre ele nada tenha dito o julgador *a quo*. Nesse caso, o silêncio a respeito do pedido subsidiário macula o julgamento da apelação por sê-lo, claramente, *citra* ou *infra petita*. Araken de Assis manifestou-se sobre a situação aqui versada: "Ora, o juiz deixou de julgar por inteiro os pedidos, porque, haja vista a disciplina da cumulação eventual, não precisava fazê-lo. Pôs termo à função jurisdicional propondo a entrega ao autor do bem da vida requestado *principaliter*. O tribunal situar-se-á em posição oposta, tanto que rejeite o pedido acolhido; então, caber-lhe-á completar o julgamento, rejeitando ou acolhendo o pedido posterior. Do contrário, decidirá *infra petita*.". (ASSIS, Araken de, *Manual dos recursos cíveis*, 2. ed., São Paulo, RT, 2008, p. 402-3). Preocupado em disciplinar a hipótese, o FPPC, reunido em Salvador, aprovou o Enunciado 102: "O pedido subsidiário (art. 326) não apreciado pelo juiz – que acolheu o pedido principal – é devolvido ao tribunal com a apelação interposta pelo réu.". A devolução, conforme já dito, ultima-se automaticamente, não sendo necessário, nem engendrar esse pedido nas contrarrazões do apelo da contraparte, nem interpor apelação adesiva.

5. Efeito devolutivo no plano vertical (profundidade). O que está fora do efeito devolutivo. Parece-nos ser igual a ou mais importante do que definir o que está incluído nesse viés do efeito devolutivo, saber o que nele não ingressa. Se é certo que toda fundamentação (em prol do pedido e da defesa) resta devolvida ao tribunal, certo também está que o segundo grau não se revela o momento adequado para inovações nesse campo. Não podem recorrente e recorrido trilhar caminho diverso daquele percorrido no primeiro grau, salvo nas exceções legais. Por essa razão, fundamentação que não foi deduzida na petição inicial ou na contestação não encontra trânsito livre na fase recursal, estando, portanto, proibida a variação da linha argumentativa. Assim, sob o pálio de estar protegido pelo efeito devolutivo na profundidade, não podem os litigantes veicular no apelo matéria estranha ao objeto da demanda. Sobre essa vedação há posicionamento do STJ: "(...). 2. Estabelece o art. 515 do CPC que a apelação devolverá ao tribunal o conhecimento da matéria impugnada. Trata, portanto, de seu efeito devolutivo. Segundo o dispositivo, em sua dimensão horizontal, não pode o órgão colegiado julgar matéria estranha ao recurso, seja pelo princípio dispositivo e da inércia, seja pela preclusão ou coisa julgada que recai sobre os pontos da sentença que não foram devidamente impugnados. Pode o órgão julgador, no entanto, dentro das limitações e exceções legais conhecer das questões suscitadas em sua dimensão vertical, isto é, em sua profundidade, desde que dentro da matéria debatida ou que seja passível de conhecimento *ex officio*. Precedentes. 3. Na hipótese, o Tribunal valeu-se de fundamentação jamais suscitada e debatida, trazendo matéria estranha ao apelo – cláusula meramente potestativa e inércia e má-fé da recorrente na cobrança de valores da empresa pública municipal –, acabando por desconsiderar o princípio *tantum devolutum quantum appellatum*, incidindo, ao final, em manifesto julgamento *extra petita*.". (STJ, REsp 1.130.118/SP). Seabra Fagundes, comentando a apelação no CPC/1939, elaborou listagem interessante sobre o que está fora do âmbito do efeito devolutivo na profundidade: (i) não é permitido variar a qualidade em que se pede, ou em que se responde ao pedido: o que pleiteia em nome próprio direito alheio (indenização), não pode no recurso de apelação querer a procedência como titular da pretensão; (ii) não é permitido variar a causa de pedir ou de contestar o pedido: após ingressar com ação de despejo por falta de pagamento, não pode buscar na apelação a retirada do locatário motivada no uso próprio do imóvel; (iii) não é permitido variar o objeto do pedido: quem pede, exclusivamente, dano moral no primeiro grau, não pode almejar a sua conversão em dano material. (FAGUNDES, Miguel Seabra, *Dos recursos ordinários em matéria civil*, Rio de Janeiro, Forense, 1946, p. 281-6). A ampla devolutividade da apelação consagra, como ficou comprovado, a permissão para que o juízo *ad quem* exame com amplitude os temas suscitados no recurso, apenas ficando de fora aqueles que, porventura, constituam verdadeira inovação no pedido, na causa de pedir ou nos argumentos que os sustentam. Aqui, e este é um ponto deveras polêmico, se deve encarar com alguma ressalva a adoção do brocardo latino (*iura novit curia* ou *da mihi factum, dabo tibi ius*) como abrangido pelo efeito devolutivo, no sentido de que o órgão julgador de segundo grau estaria livre para valer-se de fundamentos jurídicos não suscitados nem debatidos pelas partes. O STJ reputou, recentemente, válida conduta similar do juízo *ad quem*: "O efeito devolutivo no recurso da apelação (art. 515, § 2º, do CPC) sofre limitação quanto à 'matéria impugnada', a que alude o art. 515, *caput*, do CPC – *tantum devolutum quantum appellatum*; contudo, tal não impõe restrição quanto aos fundamentos jurídicos de que pode lançar mão o órgão *ad quem* depois de ultrapassado o juízo de admissibilidade (art. 515, § 1º, do CPC).". (STJ, AgRg no REsp 1.389.193/MS). Ora, o art. 10 veda o juiz decidir, inclusive em grau de apelação, com base em fundamento, sem especificar se de fato ou de direito, a respeito do qual não se tenha dado às partes oportunidade de manifestação, mesmo que a matéria seja de conhecimento *ex officio*. Por esse motivo, ainda que o tribunal queira dar outra qualificação jurídica aos fatos apresentados, imperioso e necessário oportunizar às partes chances reais de influenciar o resultado do julgamento, em obediência à moderna acepção do princípio do contraditório. Somos da opinião de que as lições em sentido oposto constantes de obras já consagradas não estão equivocadas, apenas foram forjadas em outra fase do direito processual civil, bastante modificada com o advento do novo diploma. (MIRANDA, Francisco Cavalcanti Pontes de, *Comentários ao Código de Processo Civil*, t. XI, 2. ed., Rio de Janeiro, Forense, 1960, p. 160-1; ASSIS, Araken de, *Manual dos recursos cíveis*, 2. ed., São Paulo, RT, 2008, pp. 397--8; SOUZA, Bernardo Pimentel, *Introdução aos recursos cíveis e à ação rescisória*, 6. ed., São Paulo, Saraiva, 2009, p. 478-9).

6. Determinação expressa ao tribunal para a observância do efeito devolutivo da apelação. Independentemente de existir, no diploma revogado, previsão expressa, colhe-se oportuna advertência de José Carlos Barbosa Moreira sobre a temática do efeito devolutivo da apelação que ataca sentença definitiva reconhecedora de prescrição ou decadência. Enquanto alguns autores – talvez pela falsa ideia de que "preliminar de mérito" seria análise de questão preliminar e não de questão de mérito – pendiam pela necessidade de devolução do processo à instância primitiva para análise do pedido e, talvez, de outros argumentos defensivos, o autor carioca sempre foi partidário da desnecessidade de retorno à origem. Dizia: "se o órgão *a quo*, após a audiência de instrução e julgamento, ou em qualquer dos casos do art. 330, deu pela ocorrência de prescrição, que já é matéria de mérito, pode o tribunal, negando a prescrição, passar a apreciar os restantes aspectos da lide, sobre os quais o juiz não chegara a pronunciar-se.". (MOREIRA, José Carlos Barbosa, *Comentários ao Código de Processo Civil*, v. V. 17. ed., Rio de Janeiro, Forense, 2013, p. 442-3). Agora, o CPC/2015 possui regramento próprio para a situação, pois, de acordo com o art. 1.013, §4º, "quando reformar sentença que reconheça a decadência ou a prescrição, o tribunal, se possível, julgará o mérito, examinando as demais questões, sem determinar o retorno do processo ao juízo de primeiro grau.". A expressão "se possível", por seu turno, dá conta de que o julgamento das demais questões nem sempre ocorrerá. Há casos em que a reforma da sentença que reconheceu a prescrição ou a decadência tem como resultado o retorno do processo ao juiz de primeiro grau. A devolução ou não do processo ao julgador de piso depende, principalmente, da necessidade de instrução probatória, já que essa atividade não tem lugar no âmbito do tribunal. (MOREIRA, José Carlos Barbosa, *Comentários ao Código de Processo Civil*, v. V. 17. ed., Rio de Janeiro, Forense, 2013, p. 442-443). A inclusão da regra deve ser visualizada como uma sincera advertência ao tribunal de que o retorno do processo ao primeiro grau é medida para lá de excepcional, pois a regra é o prosseguimento na análise da pretensão veiculada na inicial.

7. Efeito translativo. A absorção do art. 516 do CPC/1973. A devolução à instância superior das matérias de ordem pública sempre decorreu de norma expressa, o que não impediu a doutrina de incluir essa determinação no âmbito do efeito devolutivo no plano da profundidade. (MOREIRA, José Carlos Barbosa, *Comentários ao Código de Processo Civil*, v. V, 17. ed., Rio de Janeiro, Forense, 2013, p. 445-6). Nelson Nery Jr., divisando o efeito que decorre do princípio dispositivo (efeito devolutivo) daquele que tem origem no princípio inquisitório, ou seja, que independem da vontade do recorrente. Incluiu-as, aí, denominando esse efeito de "translativo", pois a translação das questões de ordem pública continua a ter sentido "pelo sistema do CPC, já que não são alcançadas pela preclusão". Ainda de acordo com o autor, o "poder dado pela lei ao juiz para, na instância recursal, examinar de ofício as questões de ordem pública não arguidas pelas partes não se insere no conceito de efeito devolutivo em sentido estrito, já que isso se dá pela atuação do *princípio inquisitório* e não pela sua antítese, que é o princípio dispositivo, de que é corolário o efeito devolutivo dos recursos" (NERY JR., Nelson, *Teoria geral dos recursos*, 7.ª ed., São Paulo, RT, 2014. p. 462). Consoante a atenta análise de Machado Guimarães, o efeito devolutivo não tem o condão de "permitir a reprodução *ex novo* do juízo, mas, apenas, a de facultar uma nova apreciação dos elementos de cognição acumulados na primeira instância" (GUIMARÃES, Luiz Machado, "Efeito devolutivo da apelação", in *Estudos de direito processual*, Rio de Janeiro, Editora Jurídica Universitária, 1969. p. 224). Podemos afirmar, sem risco de engano, que, no horizonte de cognição do juiz, estão incluídas as matérias de ordem pública e, se o efeito devolutivo transfere à superior instância, tal e qual, esse âmbito de conhecimento, natural que esteja o tribunal, visto que não se encontra vinculado à verificação da instância inferir, livre para cuidar destas questões. Insta ressalvar, todavia, que a devolutividade no plano vertical (que dá, justamente, o pleno conhecimento da causa) está limitada ao plano horizontal, este, como sabemos, limitado pela extensão do apelo. Neste passo, não poderia o tribunal versar sobre matéria de ordem pública atrelada ao capítulo da sentença que não restou impugnado. Aí o mérito da separação do efeito devolutivo na profundidade e do efeito translativo. Nelson Nery Jr. apresenta-nos a consequência prática da fragmentação do fenômeno: "Esta é a razão pela qual é perfeitamente lícito ao tribunal, por exemplo, extinguir o processo sem resolução do mérito, em julgamento de apelação contra sentença de mérito interposta apenas pelo autor, não ocorrendo aqui a *reformatio in peius* proibida: há, em certa medida, reforma para pior, mas permitida pela lei, pois o exame das condições da ação é matéria de ordem pública a respeito do qual o tribunal deve pronunciar-se *ex officio*, independentemente de pedido ou requerimento da parte ou interessado.". (NERY JR., Nelson, *Teoria geral dos recursos*, 7. ed., São Paulo, RT, 2014, p. 462-3). A possibilidade de cognição das matérias de ordem pública consta expressamente do art. 485, §3º, da qual destacamos: (i) a ausência de pressupostos de constituição e de desenvolvimento válido e regular do processo; (ii) a existência de perempção, de litispendência ou de coisa julgada; (iii) a ausência de legitimidade ou de interesse processual; e (iv) em caso de morte da parte, a ação for considerada intransmissível por disposição legal.

Existia, ainda, sobre o tema do efeito devolutivo da apelação, dúvida tormentosa a respeito da melhor interpretação a ser dada ao parágrafo 1º do art. 515 e ao art. 516, ambos do CPC/1973, de maneira a compatibilizá-los. A redação do antigo art. 516 era a seguinte: "Ficam também submetidas ao tribunal as questões anteriores à sentença, ainda não decididas.". Essa redação, importante advertir, foi fruto da reforma introduzida pela Lei 8.950/1994, que acolheu a sugestão de José Carlos Barbosa Moreira. A incidência da regra servia para abarcar, também no efeito devolutivo, as questões que "(a) foram, ou poderiam ter sido, suscitadas e resolvidas em momento do *iter* processual anterior ao da prolação da sentença (isto é, as questões *incidentes*); (b) não chegaram, por este ou aquele motivo, a receber solução na primeira instância.". (BARBOSA MOREIRA, José Carlos, *Comentários ao Código de Processo Civil*, v. V, 17. ed., Rio de Janeiro, Forense, 2013, p. 451). Estavam incluídos nesse grupo os incidentes relacionados ao valor da causa, à gratuidade da justiça, à falsidade documental, etc., desde que alegados e não apreciados no primeiro grau ou, simplesmente, como sói acontecer com o valor da causa, não apreciados na instância de piso, porquanto cognoscíveis *ex officio*. Persiste manifesta a sobreposição dos temas, que a reforma de 1994 não conseguiu apagar. De acordo com Nelson Nery Jr.: "Acolheu-se o alvitre de Barbosa Moreira, mas a norma continua padecendo do mesmo erro técnico e lógico do texto revogado: o novo texto é inócuo e pleonástico, porque as questões não decididas já estão devolvidas ao tribunal por força do CPC 515.". (NERY JR., Nelson, *Teoria geral dos recursos*, 7. ed., São Paulo, RT, 2014. p. 462). Andou bem o CPC/2015 em simplesmente defenestrar o preceito.

8. *Beneficio competentia* e o princípio da *non reformatio in pejus*. O princípio da pessoalidade dos recursos tem relação direta com o efeito devolutivo no plano da extensão. Compete ao recorrente, em primeiro plano, decidir-se pela utilização ou não do recurso e, em juízo posterior, deliberar a respeito da sua extensão, de forma que o tribunal estará sempre limitado, no plano horizontal da cognição, àquilo que foi objeto da impugnação, é o prestígio da máxima *tantum devolutum quantum appellatum*. Por isso afirmamos, nos comentários ao art. 1.002, que o recurso pode ser total, quando o recorrente opta por impugnar toda a parcela da decisão recorrível, e parcial quando faz a opção de contrastar apenas parte do bloco da decisão que, em tese, poderia, por meio do recurso, atacar. Conforme visto anteriormente, apenas é detentor do interesse recursal o sujeito que, valendo-se do recurso, tem por meta obter melhora na decisão judicial proferida; é a sucumbência (*la soccombenza*), portanto, que, de certo modo, habilita e motiva a interposição do recurso. Por essa razão, o recorrente sempre irá pleitear, após apontar o desacerto da decisão impugnada, melhora na sua situação, limitando, desse modo, o espectro de atuação do órgão *ad quem*, competente para analisar o mérito do recurso. Se o pedido é de melhora, e o tribunal a ele está severamente vinculado, até porque o sistema veda decisão *ultra* e *extra petita*, não pode o recurso findar por piorar a situação do recorrente que, *sozinho*, manifesta sua irresignação contra determinado pronunciamento judicial. Há um limite intransponível na atuação do órgão competente para analisar a procedência ou não dos argumentos destilados pelo recorrente, residindo, neste passo, a essência do princípio da proibição da reforma para pior (*non reformatio in pejus*). Ou, como prefere Pontes de Miranda, "irreformabilidade empiorante". (MIRANDA, Francisco Cavalcanti Pontes de, *Comentários ao Código de Processo Civil*, t. XI, 2. ed., Rio de Janeiro, Forense, 1960, p. 121). Desse modo, podemos concluir que no sistema atual, que remonta ao CPC/1973, não vige mais o que se conheceu como *beneficium commune*, quando se supunha ser a devolutividade da apelação tão intensa a assentir que o recurso do apelante beneficiasse, de forma indistinta, o apelado. A evolução natural do direito processual pátrio depurou o espectro de devolução da apelação, que resultou na consagração do princípio "de que a sentença transita em julgado na parte em que é desfavorável ao apelado, e este, não recorrendo, reputa-se ter aquiescido à decisão no que lhe foi contrária.". (GUIMARÃES, Luiz Machado, "Efeito devolutivo da apelação", *Estudos de direito processual*, Rio de Janeiro, Editora Jurídica Universitária, 1969, p. 223; ROSA, Eliézer, *Novo dicionário de processo civil*, Rio de Janeiro, Freitas Bastos, 1986, p. 245-6). Pontes de Miranda, com a agudeza de sempre, adverte que o princípio da apelação comum não se compatibiliza com o princípio do sucumbimento. Por essa razão, a regra que autoriza a parte a recorrer apenas no caso de demonstrar o interesse recursal (art. 996) impede que, diante de uma sentença parcial, sua apelação possa cobrir toda a área da decisão, inclusive aquela que atendeu ao pedido reclamado, e não apenas a parcela apelável. Ora, se a apelação do autor, que teve o acolhimento parcial de sua pretensão, não pode impugnar toda a sentença, a devolução ao tribunal ficará restrita ao conhecimento da matéria impugnada, em respeito a seus limites horizontais. Decisão sobre aquilo que está fora do espectro da devolutividade, portanto, representa pronunciamento *extra* ou *ultra petita*, sabidamente proscritos pelo ordenamento processual. Conquanto a devolução no plano vertical seja ampla, a no horizontal limita o pronunciamento judicial sobre aquilo que não foi impugnado ou não poderia sê-lo. Concluímos, assim, pela persistência, na sistemática recursal, do princípio da não reforma para pior.

9. Teoria da causa madura. Aprimoramento. Por vários anos, guiou a sistemática recursal um paralelismo altamente didático, porquanto vinculava o tipo de pedido, principalmente na apelação, ao tipo de vício apontado na decisão. Assim, contra sentença possuidora de *error in procedendo*, a apelação deveria pleitear a *cassação* (ou anulação ou invalidação, posto que sinônimos) do julgado. Contra sentença contendo *error in iudicando*, o pedido da apelação deveria ser de *reforma*. Segundo nos ensina Pedro Miranda de Oliveira, a justificativa reside na seguinte premissa: "o tribunal (*ad quem*) não pode conhecer matérias não decididas pelo juízo recorrido (*a quo*), sob pena de *supressão de grau de jurisdição.*". (OLIVEIRA, Pedro Miranda de, "Julgamento imediato pelos tribunais: a regra do § 3º do art. 515 do CPC", in *Ensaios sobre recursos e assuntos afins*, São Paulo, Conceito Editorial, 2011, p. 121-142). Por esse motivo, a cassação da sentença pelo tribunal tem como consequência natural o retorno do processo para o juízo de origem, a fim de que este, pela primeira vez, se posicione sobre o mérito da demanda. A decisão daí advinda, caso possuidora de *error in iudicando* – porque só agora ocorreu o enfrentamento da pretensão autoral –, poderá ser impugnada por apelação com pedido de reforma, que consiste na alteração do conteúdo da decisão de mérito proferida em primeiro grau. A Lei 10.352/2001 alterou, consideravelmente, essa realidade, pois permitiu ao tribunal, diante de sentença terminativa (com *error in procedendo*), o enfrentamento do mérito da demanda sem que sobre o tema houvesse manifestação do órgão *a quo*. Com a inovação, o tribunal deixa de ser *revisio prioris instantiae* e passa a permitir o *novum iudicium*, em que o órgão *ad quem* está autorizado a tratar de aspectos de fato e de direito da lide que não foram analisados na instância inferior. A permissão ficou conhecida como a adoção, pelo sistema recursal, da teoria da causa madura, elaborada por Eliézer Rosa. (ROSA, Eliézer, *Novo dicionário de processo civil*, Rio de Janeiro, Freitas Bastos, 1986, p. 63), nada obstante a restrição na redação do preceito, que mencionava "questão exclusivamente de direito e estiver em condições de imediato julgamento" (art. 515, §3º, CPC/1973). Todavia, doutrina e jurisprudência, no intuito de dar maior rendimento ao preceito, ampliaram seu domínio, para utilização da regra ainda que a matéria tratasse de questão de fato. "Não obstante a norma referir-se apenas à *questão exclusivamente de direito*, à luz do intuito da regra e a partir de uma interpretação teleológica, parece ser lícito ao tribunal, provendo apelação interposta contra sentença terminativa, apreciar o *meritum causae*, desde que o processo esteja *maduro* para julgamento, ainda que a questão seja de fato e de direito, sendo, no entanto, desnecessária a produção probatória.". (OLIVEIRA, Pedro Miranda de, "Julgamento imediato pelos tribunais: a regra do § 3º do art. 515 do CPC", in *Ensaios sobre recursos e assuntos afins*, São Paulo, Conceito Editorial, 2011, p. 121-142). Fez-se, durante vários anos, uma leitura conjunta do parágrafo 3º do art. 515 com o art. 330, ambos do CPC/1973, para pegar de empréstimo o seu inciso I: "quando a questão de mérito for unicamente de direito, ou, sendo de direito e de fato, não houver necessidade de produzir prova em audiência.". Para mais, de mera faculdade – pois o dispositivo continha a seguinte passagem: "o tribunal pode julgar desde logo a lide" –, a aplicação da teoria da causa madura passou a ser entendida como um dever, mormente tendo em conta o princípio da razoável duração dos processos. Bem assim, independe de pedido expresso da parte recorrente, uma vez que amplia o efeito devolutivo da apelação no plano da extensão. Há doutrina a favor (WAMBIER, Luiz Rodrigues in WAMBIER, Teresa Arruda Alvim, *Breves comentários à 2.ª fase da reforma do Código de Processo Civil*, São Paulo, RT, 2002, p. 143-4; OLIVEIRA, Pedro Miranda de, "Julgamento imediato pelos tribunais: a regra do § 3º do art. 515 do CPC", in *Ensaios sobre recursos e assuntos afins*, São

Paulo, Conceito Editorial, 2011, p. 132). Há, também, doutrina contra (JORGE, Flávio Cheim, *Teoria geral dos recursos cíveis*, 5. ed., São Paulo, RT, 2012, pp. 309-310). Para o STJ: "A interpretação do artigo 515, § 3º, do Código de Processo Civil deve ser realizada de forma sistemática, tomando em consideração o artigo 330, I, do mesmo Diploma. Com efeito, o Tribunal, caso propiciado o contraditório e a ampla defesa, com regular e completa instrução do processo, deve julgar o mérito da causa, mesmo que para tanto seja necessária apreciação do acervo probatório.". (STJ, REsp 1.179.450/MG). O novo diploma incorporou os avanços obtidos na prática forense, alimentados pela doutrina, e aprimorou a regra permissiva do julgamento imediato pelo tribunal. O atual art. 1.013, §3º, sobremaneira ampliado, permite agora que, estando o processo em condições de imediato julgamento, possa o tribunal apreciar desde logo o mérito, nos seguintes casos: (i) apelação contra sentença terminativa; (ii) decretar a nulidade da sentença por não ser ela congruente com os limites do pedido ou da causa de pedir; (iii) constatar a omissão no exame de um dos pedidos, hipótese em que poderá julgá-lo; e (iv) decretar a nulidade de sentença por falta de fundamentação. Não só a apelação de sentença terminativa irá permitir a aplicação da teoria da causa madura, pois sua incidência terá lugar sempre que se mostrar desnecessário o retorno do processo à inferior instância. Podemos afirmar, portanto, que a teoria da causa madura foi fundida ao efeito devolutivo da apelação, ampliando-o para permitir que, nas hipóteses do art. 1.013, §3º, muito embora sem pedido expresso do apelante, possa o tribunal julgar desde logo a lide, até mesmo em razão da existência do princípio da razoável duração dos processos. O princípio do duplo grau de jurisdição, tema vinculado ao *ius positum*, vem sendo deveras remodelado. (BARBOSA MOREIRA, José Carlos, *Comentários ao Código de Processo Civil*, v. V, 17. ed., Rio de Janeiro, Forense, 2013, p. 430). Já dizia Machado Guimarães: "Considera-se, geralmente, satisfeita a exigência do duplo grau de jurisdição mediante a simples *possibilidade* de dois exames sucessivos da mesma relação de direito em litígio. Não é condição necessária para que possa ser considerado findo o primeiro grau, que o respectivo juiz se tenha efetivamente *pronunciado* sobre o mérito da questão; basta que tenha podido fazê-lo.". (GUIMARÃES, Luiz Machado, "Efeito devolutivo da apelação", in *Estudos de direito processual*, Rio de Janeiro, Editora Jurídica Universitária, 1969, p. 216). Enquanto preponderava a *segurança jurídica*, fez, o legislador, opção por um duplo grau mais rigoroso, exigindo, "como condição de admissibilidade do segundo exame pleno, uma decisão sobre o mérito proferida em primeira instância" (GUIMARÃES, Luiz Machado, "Efeito devolutivo da apelação", *Estudos de direito processual*, Rio de Janeiro, Editora Jurídica Universitária, 1969, p. 218). Confirmando que a assunção pelo sistema recursal do duplo grau é uma questão de opção política, há doutrina. (PODETTI, José Ramiro, *Tratado de los recursos*, 2. ed., Buenos Aires, Ediar, 2009, p. 53). Hoje, que a preocupação está mais apegada à celeridade e efetividade da tutela jurisdicional, a segurança jurídica perdeu espaço, passando a ser desnecessário o duplo enfrentamento do mérito da demanda. Captamos, diante do acima afirmado, que a apelação, nesta hipótese, uniu, numa só jornada, os juízos rescindente (mera cassação, anulação) e rescisório (rejulgamento), seguindo, pois, tendência atual. Ramiro Podetti confirma a assertiva ao pondera que: "Es claro que los recursos negativos [que buscam anular ou cassar a decisão], cuando no van unidos a uno positivo [tendem a modificar, completar ou substituir a decisão] (v.g. la llamada avocación), son un remedio caro, dilatorio y que trae consigo la incertidumbre en los derechos. Por eso la tendencia moderna es disminuirlos o unirlos con un recurso positivo, de modo que a la anulación (iudicium rescindens), siga, sin solución de continuidad y por el mismo tribunal, el pronunciamiento de la nueva resolución (iudicium rescissorium).", (PODETTI, José Ramiro, *Tratado de los recursos*, 2. ed., Buenos Aires, Ediar, 2009, p. 54). O FPPC, reconhecendo o desejo do legislador, aprovou o Enunciado 307: "Reconhecida a insuficiência da sua fundamentação, o tribunal decretará a nulidade da sentença e, preenchidos os pressupostos do §3º do art. 1.013, decidirá desde logo o mérito da causa.". O verbete apenas especifica o teor do art. 1.013, §3º, IV. Antes mesmo da aprovação da Lei 13.105/2015, já existia sugestão de ampliação da incidência da teoria: "Constatada a nulidade da sentença ante a ausência de fundamentação, por exemplo, deve o órgão colegiado imediatamente proceder ao julgamento do mérito da demanda. (...). O dispositivo em análise também incide, a nosso ver, nos casos de sentença *citra petita*.". (OLIVEIRA, Pedro Miranda de, "Julgamento imediato pelos tribunais: a regra do § 3º do art. 515 do CPC", in *Ensaios sobre recursos e assuntos afins*, São Paulo, Conceito Editorial, 2011, p. 136-7).

10. Princípio da unirrecorribilidade. O princípio da unirrecorribilidade foi amplamente tratado no item 3 dos comentários ao art. 1.009, para onde remetemos o leitor. A regra do art. 1.013, §5º, apenas reafirma que o capítulo da sentença que confirma, concede ou revoga a tutela provisória é impugnável na apelação, não podendo a parte valer-se do agravo de instrumento. A despeito de ter sido elaborada de acordo com o Projeto da Câmara, o FPPC aprovou o Enunciado 217, que apenas faz advertência de que esse capítulo específico da apelação, considerando o teor do art. 1.012, §1º, V, não terá efeito suspensivo automático.

Artigo 1.014.

As questões de fato não propostas no juízo inferior poderão ser suscitadas na apelação, se a parte provar que deixou de fazê-lo por motivo de força maior.

CORRESPONDÊNCIA NO CPC/1973: *ART. 517.*

1. A alegação de fatos novos na apelação. Firme na opção realizada pelo legislador brasileiro quando da elaboração do CPC/1939, quis o atual a manutenção da apelação como verdadeiro recurso, e não uma nova demanda. O arcabouço fático que será considerado pelo tribunal, quando da apreciação do recurso de apelação, é o mesmo que o juiz de primeiro grau foi chamado a deliberar. Por essa razão, assevera o art. 1.014 que as questões de fato não propostas no juízo inferior, em regra, não poderão ser suscitadas no recurso. Na esteira do que afirma Pontes de Miranda, "a matéria nova é excluída, se não houve razão que impediu o autor ou réu de alegá-la e prová-la.". (MIRANDA, Francisco Cavalcanti Pontes de, *Comentários ao Código de Processo Civil*, t. XI, 2. ed., Rio de Janeiro, Forense, 1960, p. 162). A vedação, contudo, não possui rigidez insuperável, dado que o próprio dispositivo comentado contém hipótese de exceção, isto é, a parte pode, sim, alegar questões de fato, pela primeira vez na apelação, quando demonstrar ao órgão ad quem que deixou de fazê-lo na instância inferior por motivo de força maior. Escapam da vedação as alegações relativas a direito ou a fato superveniente, já que seria impossível a sua suscitação em momento anterior; do mesmo modo, estão fora os fatos já ocorridos, mas dos quais a parte ainda não tinha conhecimento. Devem ser incluídos, ainda, os que, por expressa autorização legal, puderem ser formuladas em qualquer tempo e grau de jurisdição. A brecha justifica-se, ainda, pelo teor do art. 493: "Se, depois da propositura da ação, algum fato constitutivo, modificativo ou extintivo do direito influir no julgamento do mérito, caberá ao juiz tomá-lo em consideração, de ofício ou a requerimento da parte, no momento de proferir a decisão.". O aparecimento de fato novo, entretanto, impõe ao juiz a oitiva das partes sobre ele antes de decidir.

CAPÍTULO III – Do Agravo de Instrumento

ARTIGO 1.015.
Cabe agravo de instrumento contra as decisões interlocutórias que versarem sobre:
I – tutelas provisórias;
II – mérito do processo;
III – rejeição da alegação de convenção de arbitragem;
IV – incidente de desconsideração da personalidade jurídica;
V – rejeição do pedido de gratuidade da justiça ou acolhimento do pedido de sua revogação;
VI – exibição ou posse de documento ou coisa;
VII – exclusão de litisconsorte;
VIII – rejeição do pedido de limitação do litisconsórcio;
IX – admissão ou inadmissão de intervenção de terceiros;
X – concessão, modificação ou revogação do efeito suspensivo aos embargos à execução;
XI – redistribuição do ônus da prova nos termos do art. 373, § 1º;
XII – conversão da ação individual em ação coletiva;
XIII – outros casos expressamente referidos em lei.

Parágrafo único. Também caberá agravo de instrumento contra decisões interlocutórias proferidas na fase de liquidação de sentença ou de cumprimento de sentença, no processo de execução e no processo de inventário.
CORRESPONDÊNCIA NO CPC/1973: *ART. 522.*

1. Agravo de instrumento. Origens. Uma aproximação. Ao longo dos últimos anos, o recurso de agravo, sem nenhuma dúvida, foi a modalidade recursal que mais sofreu alterações, tanto nas suas hipóteses de cabimento, quanto no seu procedimento. Podemos afirmar, inclusive, que lidar com a recorribilidade das decisões interlocutórias tem sido tarefa árdua para o legislador, ainda em busca do cenário ideal (PARÁ FILHO, Tomás, "A recorribilidade das decisões interlocutórias no Novo Código de Processo Civil", in *Revista de Processo*, v. 5, São Paulo, RT, 1977, p. 15-42; SICA, Heitor Vitor Mendonça, "O agravo e o 'mito de prometeu': considerações sobre a Lei 11.187/2005", in NERY JR., Nelson; WAMBIER, Teresa Arruda Alvim (Coord.), *Aspectos polêmicos e atuais dos recursos cíveis e assuntos afins*, v. 9, São Paulo, RT, 2006, p. 193-219). Contudo, ousamos afirmar, condoídos, que a sistemática implantada pelo CPC/2015 não é nada além de nova tentativa de encontrar um ponto de equilíbrio, em que seja possível a impugnação das decisões proferidas no curso do processo sem colocar em risco a progressão, independentemente de percalços, do procedimento até seu momento culminante: a sentença de mérito. As origens do agravo remontam aos séculos XIV e XVI e estão conectadas ao intento de Dom Afonso III, ainda no século XIII, de reforçar seu poder na administração da justiça, que o levou a baixar lei tornando apelável todas as sentenças, definitivas ou interlocutórias. (BUZAID, Alfredo, *Do agravo de petição no sistema do Código de Processo Civil*, 2. ed., São Paulo, Saraiva, 1956, p. 32-3). O embaraço nos processos, causado pelo cabimento da apelação de toda e qualquer decisão, fez com que Dom Afonso IV proibisse a recorribilidade das interlocutórias, salvo as terminativas e as com aptidão para causar danos irreparáveis na sentença. (BUZAID, Alfredo, *Do agravo de petição no sistema do Código de Processo Civil*, 2. ed., São Paulo, Saraiva, 1956, p. 34-5; PARÁ FILHO, Tomás, "A recorribilidade das decisões interlocutórias no Novo Código de Processo Civil", in *Revista de Processo*, v. 5, São Paulo, RT, 1977, p. 15-42; SICA, Heitor Vitor Mendonça, "Recorribilidade das interlocutórias e reformas processuais: novos horizontes do agravo retido", in NERY JR., Nelson; WAMBIER, Teresa Arruda Alvim (Coord.), *Aspectos polêmicos e atuais dos recursos cíveis e de outros meios de impugnação às decisões judiciais*, v. 8, Sao Paulo, RT, 2003, pp. 161-230). Diante das interlocutórias capazes de causar à parte algum prejuízo, ou seja, um agravamento na sua situação, as Ordenações Afonsinas impunham ao julgador a extração do "extormento de agravo" ou "carta testemunhável", que eram os meios pelos quais o litigante, que sofreu diante da decisão, levava à Corte queixa "sem forma ou figura de juízo". Aos poucos, o nome "agravo" passou a designar o remédio adequado para neutralizar o prejuízo advindo da interlocutória inapelável. As Ordenações Manuelinas conceberam os agravos (de instrumento; de petição; nos autos do processo; agravo ordinário) como verdadeiros recursos ordinários, opção que foi mantida nas Ordenações Filipinas e, posteriormente, no Brasil, através do Regulamento 737/1850, dos Códigos Estaduais, do CPC/1939 e do CPC/1973. Na esteira do que foi pontuado no item 4 dos comentários ao art. 1.009, o legislador pretendeu solucionar o problema das decisões interlocutórias com a adoção de um sistema duplo, qual seja, (i) rol taxativo de decisões passíveis de recorribilidade imediata e com recurso de efeito devolutivo imediato e (ii) demais decisões irrecorríveis imediatamente, porém, em razão da ausência de preclusão sobre elas, possibilidade de serem suscitadas nas razões ou contrarrazões da apelação (art. 1.009, § 1º). É do primeiro grupo que trata o art. 1.015. Tomás Pará Filho, em artigo elaborado para comentar as inovações do CPC/1973, sugeriu a adoção de sistemática bem próxima à escolhida pelo legislador de 2015. Nas palavras do autor, "ao invés de se permitir o indiscriminado recurso de agravo de instrumento contra 'todas as decisões proferidas no processo', não apeláveis, se houvesse estabelecido, coibindo a precludibilidade das ordinatórias, a sua revisão pelo próprio juiz, independentemente de recurso, estar-se-ia cortando pela raiz a possibilidade de enorme número de impugnações de ordinatórias, desde que não acarretem prejuízo atual.". (PARÁ FILHO, Tomás, "A recorribilidade das decisões interlocutórias no Novo Código de Processo Civil", in *Revista de Processo*, v. 5, São Paulo, RT, 1977, p. 15-42).

2. Agravo de instrumento. Cabimento. Rol taxativo. O diploma processual seguiu os passos do alemão e do austríaco para só admitir recurso imediato de decisão incidente nos casos prefixados. Apartou-se desses mesmos modelos, todavia, quando não deixou, ao lado das hipóteses específicas, uma genérica para abarcar todas as decisões interlocutórias com aptidão para causar à parte dano irreparável. Os casos predeterminados estão dispostos no art. 1.015, tirados da experiência vivenciada pelo sistema dual do CPC/1973, na sua última fase, onde, da decisão interlocutória, cabia, como regra, agravo retido e, como exceção, agravo de instrumento. De acordo com o art. 1.015, são agraváveis por instrumento as decisões interlocutórias que versarem sobre: (i) tutelas provisórias; (ii) mérito do processo; (iii) rejeição da alegação de convenção de arbitragem; (iv) incidente de desconsideração da personalidade jurídica; (v) rejeição do pedido de gratuidade da justiça ou acolhimento do pedido de sua revogação; (vi) exibição ou posse de documento ou coisa; (vii) exclusão de litisconsorte; (viii) rejeição do pedido de limitação do litisconsórcio; (ix) admissão ou inadmissão de intervenção de terceiros; (x) concessão, modificação ou revogação do efeito suspensivo aos embargos à execução; (xi) redistribuição do ônus da prova nos termos do art. 373, § 1º; (xii) conversão da ação individual em ação coletiva; (xiii) outros casos expressamente referidos em lei.

3. Decisões interlocutórias agraváveis. Tutelas provisórias. O legislador, percebendo que algumas situações necessitam de atuação imediata do Poder Judiciário, criou o instituto da tutela provisória, que pode se escorar na urgência ou evidência. A tutela provisória com base na urgência apresenta-se com natureza cautelar ou antecipada e admite, ainda, a forma antecedente ou incidental. Fácil perceber que as decisões interlocutórias tomadas sob este prisma são capazes de causar ao litigante lesão grave ou de difícil reparação. Assim, a decisão que concede, nega, modifica ou revoga a tutela provisória, tanto antecipada como cautelar, deve ser impugnada por agravo de instrumento. É entendimento pacífico no STJ, justificador da inclusão da espécie no rol do art. 1.015, que verificada a ocorrência de urgência ou de perigo de lesão grave e de difícil ou incerta reparação, a parte deve valer-se, para impugnar a decisão, do agravo de instrumento, pois, de outro modo, estará ausente o interesse recursal. Portanto, contra "decisão liminar ou antecipatória da tutela, o agravo comumente assume a forma 'de instrumento', em face da urgência dessas medidas e dos sensíveis efeitos que normalmente produzem na esfera de direitos e interesses das partes. Para tanto, a parte agravante deve comprovar que a decisão atacada é suscetível de causar-lhe lesão grave e de difícil reparação" (STJ, AgRg no RMS 42.083/PR). Uma interpretação atilada do inciso I permite-nos, à luz do princípio constitucional da inafastabilidade da jurisdição, realizar ligeira ampliação da espécie para admitir, consoante fez o FPCC, a impugnabilidade da decisão interlocutória que condiciona a apreciação da tutela provisória ao recolhimento de custas ou outra exigência não predisposta na lei. Enunciado n. 29 do FPPC: "A decisão que condicionar a apreciação da tutela provisória incidental ao recolhimento de custas ou a outra exigência não prevista em lei equivale a negá-la, sendo impugnável por agravo de instrumento).".

4. Decisões interlocutórias agraváveis. Mérito do processo. O CPC/2015, escancaradamente, optou pela cindibilidade do mérito do processo. Ou seja, é admissível, no novo sistema, a cisão do pedido meritório, que pode ser apreciada gradualmente, tendo em vista as peculiaridades do feito. Fê-lo, assim, também motivado pelo art. 4º, que garante às partes "o direito de obter em prazo razoável a solução integral do mérito, incluída a atividade satisfativa". Deste texto podemos extrair a seguinte regra: sempre que se apresentar possível ao julgador a apreciação parcial do mérito, indesejado será o desarrazoado adiamento. Assim, caso o juiz resolva apenas parcela ou uma parte das pretensões invocadas no processo (o que, obviamente, inclui as propostas pelo réu), sem, contudo, exterminá-lo por completo, a decisão com tal conteúdo não será final, muito embora de mérito. Desse modo, o recurso para atacar decisão interlocutória que versar sobre o mérito é o agravo de instrumento. Para Fredie Didier Jr.: "Como a parte do mérito decidida se desgarra do restante, não se justifica vincular o questionamento dessa decisão ao recurso eventualmente interposto contra futura decisão, que, assim como a primeira, será definitiva. É muito mais razoável isolar a discussão do quanto já decidido e a melhor forma de fazê-lo é pela via do agravo de instrumento.". (DIDIER JR., Fredie, "Questões controvertidas sobre o agravo (após as últimas reformas processuais)", in NERY JR., Nelson; WAMBIER, Teresa Arruda Alvim (Coord.), *Aspectos polêmicos e atuais dos recursos cíveis*, v. 7, São Paulo, RT, 2003. p. 279-305). Destarte, quando, com base no art. 356, o juiz decidir um ou mais dos pedidos ou parcelas deles por serem incontroversos ou por estarem em condições de julgamento imediato, a decisão há de ser impugnada por agravo de instrumento, como, aliás, fez questão de lembrar o parágrafo 5º do citado artigo, desnecessariamente. Do que consta no art. 487, é possível admitir que o julgador aprecie, em momentos distintos e no mérito, a ação e a reconvenção. Nesse caso, haverá resolução parcial do mérito, impugnável por agravo de instrumento. (Enunciado 103 do FPPC: "A decisão parcial proferida no curso do processo com fundamento no art. 487, I, sujeita-se a recurso de agravo de instrumento."). Outra situação que também foi tratada pelo FPPC refere-se ao procedimento especial da ação de prestação de contas.

O CPC/1973 previa a Ação de Prestação de Contas, que englobava, propriamente, a ação de exigir contas e a ação de prestar contas; a primeira, a fim de que o titular do direito de exigir contas coloque em prática a sua pretensão; a segunda, ao contrário, daquele que, obrigado a prestar contas a outrem, vale-se do processo para cavar ambiente propício à prestação das contas, liberando-se de alguma obrigação porventura existente. O novo ordenamento processual, avaliando a *ratio* das ações de procedimento especial, entendeu por bem suprimir a segunda delas, adotando, simplesmente, a ação de exigir contas. Conferimos na lição de Evaristo Aragão Santos que a opção se deu no momento em que o legislador percebeu desnecessária a criação de um procedimento específico para o sujeito obrigado a prestar contas desincumbir-se desse ônus. "Isso justamente porque poderia fazê-lo ou extrajudicialmente ou, no caso de alguma resistência da parte destinatária, pela via judicial, mas por meio do procedimento comum.". (SANTOS, Evaristo Aragão, *Breves comentários ao novo Código de Processo Civil*, in WAMBIER, Teresa Arruda Alvim; DIDIER JR., Fredie; TALAMINI, Eduardo; DANTAS, Bruno (Coord.), São Paulo, RT, 2015, p. 1421). A despeito da novidade, o procedimento da ação de exigir contas, e isso não se altera no CPC/2015, continua divisível em dois momentos distintos e logicamente sequenciais: (i) no primeiro deles discute-se a existência do dever de prestar contas, circunstância que pode ser, e comumente é, contestada pelo demandado; (ii) ultrapassada essa fase, o que acontece por meio de uma decisão judicial, dependendo de seu teor, se existente ou não o dever, viabilizará outra discussão, agora concernente à efetiva prestação das contas e à apuração do respectivo saldo em favor de um ou de outro, o que revela a natureza dúplice da ação. Enquanto a definição da primeira decisão ficou em aberto, pois o legislador não ditou a sua natureza (art. 550, §5º: "A decisão que julgar procedente o pedido condenará o réu a prestar as contas no prazo de 15 (quinze) dias, sob pena de não lhe ser lícito impugnar as que o autor apresentar"), a segunda ele nominou-a, especificamente, de "apelação" (art. 552: "A sentença apurará o saldo e constituirá título executivo judicial"). Cumpre lembrar que, no regime do CPC/1973, a primeira decisão também era definida como "sentença" (art. 915, §2º, CPC/1973), impugnável, portanto, por apelação. Segundo Adroaldo Furtado Fabrício: "Como quer que seja, de sentença se trata, como aliás está explícito no parágrafo, e o recurso cabível é, pois, o de apelação.". (FABRÍCIO, Adroaldo Furtado, *Comentários ao Código de Processo Civil*, v. VIII, t. III, 8. ed., Rio de Janeiro, Forense, 2001, p. 346).

Considerando o novo conceito de sentença (art. 203, §1º), a decisão judicial que resolve a primeira etapa do procedimento apenas terá natureza de sentença quando o julgador reconhecer a inexistência da obrigação de prestar contas, já que, aí, será despicienda o segundo momento. Para a hipótese, sem dúvida, recurso de apelação. Contudo, reconhecendo a obrigação de prestar contas, seguir-se-á no procedimento para que se atinja a sua verdadeira finalidade, que é a apreciação das contas e a fixação do saldo. Admitindo-se que essa decisão não põe fim à fase cognitiva do processo, já que é cognição também a decisão que analisa as contas, tem-se que é decisão interlocutória, passível de agravo de instrumento, na medida em que resolve parcela do mérito, encadeado, desde o início, em razão da especificidade do direito material. (SANTOS, Evaristo Aragão, *Breves comentários ao novo Código de Processo Civil*, in WAMBIER, Teresa Arruda Alvim; DIDIER JR., Fredie; TALAMINI, Eduardo; DANTAS, Bruno (Coord.), São Paulo, RT, 2015, p. 1429). Igualmente conforme é a posição do Enunciado 177 do FPPC: "A decisão interlocutória que julga procedente o pedido para condenar o réu a prestar contas, por ser de mérito, é recorrível por agravo de instrumento.".

5. Técnica de julgamento da apelação. Substituto dos embargos infringentes. Ignorando os anseios da doutrina especializada, o legislador entendeu por bem não extinguir, por completo, o anacrônico recurso de embargos infringentes. Nada obstante fulminar a sua natureza recursal, optou por mantê-lo no diploma processual, apenas o transformando em técnica de julgamento. Desta feita, quando a apelação for decidida por maioria, não necessariamente nas hipóteses de reforma, o julgamento terá prosseguimento em sessão a ser designada com a presença de outros julgadores, que serão convocados nos termos do regimento interno, em número suficiente para garantir a possibilidade de inversão do resultado inicial (art. 942). Importa frisar, e nem poderia ser diferente, sob o risco de ferir-se a isonomia, que a indigitada técnica também será obrigatoriamente observada quando do julgamento não unânime proferido em sede de agravo de instrumento, na específica hipótese de ter havido reforma da decisão que julgar parcialmente o mérito (decisão de mérito). Procurando explicar o alargamento da incidência dos embargos infringentes na vigência do CPC/1973 para, igualmente, atingir agravo de instrumento versando matéria de fundo, Fredie Didier Jr. assim se posicionou: "Pensamos que são cabíveis os embargos infringentes, quando o acórdão não-unânime, que julgar o agravo interposto contra a decisão que resolver parcialmente o mérito, reformar essa decisão; se o acórdão confirmá-la, mesmo sendo plurânime, não caberão os embargos infringentes, por força do novo regramento previsto no art. 530 do CPC/1973.". (DIDIER JR., Fredie, "Questões controvertidas sobre o agravo (após as últimas reformas processuais)", in NERY JR., Nelson; WAMBIER, Teresa Arruda Alvim (Coord.), *Aspectos polêmicos e atuais dos recursos cíveis*, v. 7, São Paulo, RT, 2003, p. 279-305). Conseguimos perceber, todavia, que a tentativa de equiparar as situações não foi total, o que, muito provavelmente, se sucedeu por obra da desatenção do legislador. Enquanto na apelação a aplicação da técnica requer tão somente a ocorrência de acórdão não unânime, no agravo de instrumento contra decisão de mérito, o resultado por maioria deve ser pela reforma da interlocutória, pois, do contrário, o preceito não se impõe. Para Cassio Scarpinella Bueno, na apelação "basta a unanimidade para o prolongamento do julgamento. (...). Em se tratando de agravo de instrumento, a técnica será aplicada quando houver reforma da decisão que julgar parcialmente o mérito, hipótese cuja recorribilidade está genericamente prevista no inciso II do art. 1.015 e especificamente no § 5º do art. 356 (inciso II do § 3º).". (BUENO, Cassio Scarpinella, *Novo Código de Processo Civil anotado*, São Paulo, Saraiva, p. 590).

6. Decisões interlocutórias agraváveis. Rejeição da alegação de convenção de arbitragem. A Lei 9.307/1996 deu novo colorido à arbitragem, fazendo-a funcionar, nos casos autorizados por lei, como hipótese de exclusão da jurisdição nacional. O juízo arbitral, portanto, funciona como exclusão voluntária da jurisdição nacional, pois permite a composição dos conflitos de interesses por agentes privados, desconectados do aparato estatal (Poder Judiciário). Há doutrina sobre o tema, com mais vagar. (BARBOSA, Rafael Vinheiro Monteiro, in FIGUEIREDO, Simone Diogo Carvalho (Coord.), *Novo CPC anotado e comparado para concursos*, São Paulo, Saraiva, 2015, p. 81-2). Há doutrina contrário, entendendo a arbitragem como jurisdição. (DIDIER JR., Fredie, *Curso de direito processual civil*, v. 1, 17. ed., Salvador, JusPodivm, 2015, p. 172). Dessa maneira, firmada a convenção de arbitragem ("cláusula compromissória" ou "compromisso arbitral"), a jurisdição estatal fica excluída, de modo que, proposta demanda no Poder Judiciário versando sobre o mesmo tema, caberá ao réu, no intuito de fazer prevalecer o acordado, apresentar a defesa processual peremptória da existência de convenção de arbitragem (art. 337, X). Comprovado o teor da alegação, o juiz deverá proferir, nos termos do art. 485, VII, sentença extintiva do processo sem, contudo, enfrentar o mérito, já que este será apreciado pelo juízo arbitral.

7. Decisões interlocutórias agraváveis. Incidente de desconsideração da personalidade jurídica. O CPC/2015 inova no tema intervenção de terceiros, pois exclui algumas figuras e acrescenta outras. Uma das que passam a integrar essa epígrafe é o incidente de desconsideração da personalidade jurídica. A parte interessada ou o Ministério Público têm legitimidade para instaurar o incidente, desde que presentes os pressupostos da lei material, o que pode ser feito em todas as fases do processo de conhecimento, no cumprimento de sentença e na execução fundada em título executivo extrajudicial. A decisão que aprecia o incidente é interlocutória, razão pela qual será impugnada por meio de agravo de instrumento, atendendo à dicção do art. 1.015 e, mais especialmente, a do art. 136. A respeito da última, cabe ligeira transcrição: "Concluída a instrução, se necessária, o incidente será resolvido por decisão interlocutória.".

8. Decisões interlocutórias agraváveis. Rejeição do pedido de gratuidade da justiça ou acolhimento do pedido de sua revogação. Manter o Poder Judiciário e todo o sistema de Justiça pressupõe um custo altíssimo. Natural que os principais beneficiários, de algum modo, contribuam para sua manutenção, razão pela qual, "salvo as disposições concernentes à gratuidade da justiça, incumbe às partes prover as despesas dos atos que realizarem ou requererem no processo, antecipando-lhes o pagamento, desde o início até a sentença final ou, na execução, até a plena satisfação do direito reconhecido no título" (art. 82). Em contrapartida, impor ao litigante, em toda e qualquer situação e independentemente de sua condição financeira, o pagamento das despesas processuais seria capaz de configurar, nalguns casos, a própria denegação do acesso à justiça. Preocupado em suplantar este obstáculo intransponível, o legislador cuidou de tratar no CPC/2015 da gratuidade da justiça, derrogando alguns preceitos da Lei 1.060/1950 (art. 1.072, III). O direito à gratuidade é, hoje, garantido à pessoa natural ou jurídica, brasileira ou estrangeira, que demonstre a insuficiência de recursos para suportar o pagamento das custas, despesas processuais e honorários advocatícios (art. 98). Com relação às custas e despesas processuais, a lei isenta, por determinado período (art. 98, §3º), o desembolso dos respectivos valores; já a falta de recursos para suportar os honorários advocatícios de um profissional é remediada, por parte do Estado, pela estruturação da Defensoria Pública, instituição incumbida de prestar orientação jurídica, de promover os direitos humanos e de realizar a defesa dos direitos individuais e coletivos dos necessitados, em todos os graus, de forma integral e gratuita (art. 185 e seguintes). O pedido de gratuidade pode ser formulado na inicial, na contestação ou na petição de ingresso do terceiro, quando este almejar o benefício, e, ainda, por intermédio de petição simples, a ser apresentada no curso do processo. O requerimento não receberá autuação própria, devendo ser incluído no próprio processo, não gerando, assim, a sua suspensão. De acordo com o art. 101, contra a decisão que indeferir a gratuidade ou a que a revogar caberá agravo de instrumento, salvo quando a questão for resolvida na sentença, contra a qual caberá apelação. São especificidades desse recurso o fato de o recorrente não ser obrigado a realizar o recolhimento das custas até decisão do relator sobre a questão, preliminarmente ao julgamento do recurso (art. 101, §1º), assim como, denegada ou revogada a gratuidade, o fato de que órgão julgador determinará ao recorrente o recolhimento das custas processuais, no prazo de 5 (cinco) dias, sob pena de não conhecimento do recurso. Diz, ainda, o art. 102 que "sobrevindo o trânsito em julgado de decisão que revoga a gratuidade, a parte deverá efetuar o recolhimento de todas as despesas de cujo adiantamento foi dispensada, inclusive as relativas ao recurso interposto, se houver, no prazo fixado pelo juiz, sem prejuízo de aplicação das sanções previstas em lei". Caso o faltante seja o autor da demanda, o não recolhimento, após determinação do julgador, implicará a extinção do processo sem resolução do mérito; nas demais situações, enquanto não efetuado o depósito, não será deferida a realização de nenhum ato ou diligência requerida pela parte. A alteração soluciona outro problema comum que se apresentava no CPC/1973. Dizia o revogado art. 17 da Lei 1.060/1950 que o recurso cabível para impugnar as decisões proferidas com base nesse diploma seria a apelação. Talvez essa tenha sido a opção do legislador, pois, segundo lá constava, o pedido de gratuidade seria autuado em separado, só sendo apensado aos autos principais depois de resolvido o incidente. Formou-se, então, jurisprudência que entendia como adequado para impugnar o deferimento (ou indeferimento ou revogação) da gratuidade judiciária o recurso de apelação, muito embora a sobredita decisão, de longe, não colocasse fim ao processo. Nem a inconsistência entre a lei especial e o CPC/1973 fazia incidir o princípio da fungibilidade recursal, pois, segundo prevalecia, tratava-se de erro grosseiro. Portanto, a "decisão que aprecia o incidente de impugnação ao deferimento da gratuidade judiciária, processado em autos apartados, desafia recurso de apelação, e não de agravo de instrumento. Nessa hipótese, não se aplica o princípio da fungibilidade recursal, por se configurar erro grosseiro. Precedentes. Agravo não provido.". (STJ, AgRg no Ag 579.729/SP).

9. Decisões interlocutórias agraváveis. Exibição ou posse de documento ou coisa. Em razão da importância probatória que conservam no processo, o juiz pode ordenar à parte ou à terceiro a exibição de documento ou coisa eventualmente em seu poder. A ordem do juiz decorre, também, de pedido formulado expressamente por uma das partes, em atenção ao disposto no art. 397. Esse pedido conterá a individuação, tão completa quanto possível, do documento ou da coisa, a finalidade da prova, indicando os fatos que se relacionam com o documento ou com a coisa e as circunstâncias em que se funda o requerente para afirmar sua existência e a presunção pela qual se reputa estarem em poder da parte contrária. É certo que o juiz não aceitará escusa para a não apresentação do documento ou da coisa (i) nas hipóteses em que o requerido tem o dever legal de exibi-la, (ii) quando tiver aludido ao documento ou à coisa, no processo, com o intuito de constituir prova, (iii) quando o documento, por seu conteúdo, for comum às partes, como acontece nos casos de títulos de capitalização, extratos bancários, etc. Visando proferir decisão mais justa, ao juiz é lícito, por fim, adotar medidas indutivas, coercitivas, mandamentais ou sub-rogatórias para que o documento seja exibido. É justamente a decisão proferida com base nesta temática que será atacada mediante a interposição de agravo de instrumento. Isso porque o recurso mencionado deve ser tirado contra decisão interlocutória propriamente dita, aquela que empurra o procedimento adiante, decidindo uma questão incidente. O pedido de exibição de documento ou coisa é um incidente e assim apenas não será quando, em situação de urgência, o pleito vier a ser formulado antes do processo (em momento antecedente). Consoante lembrado por Cassio Scarpinella Bueno, o "Projeto da Câmara, diferentemente do Projeto do Senado, previa o cabimento do agravo de instrumento contra a decisão que resolvia o incidente antes da sentença. Embora a regra não tenha sobrevivido no formato daquele Projeto, ela subsiste no inciso VI do art. 1.015, que prevê o cabimento do agravo de instrumento contra as decisões interlocutórias que versarem sobre 'exibição ou posse de documento ou coisa'. Se o pedido de exibição for resolvido apenas na sentença, a interpretação que se mostra mais acertada é a de que o recurso cabível é o de apelação, aplicando-se a regra do art. 1.009 ou, para quem preferir, a despeito de sua inconstitucionalidade formal, por força do § 3º daquele mesmo dispositivo.". (BUENO, Cassio Scarpinella, *Novo Código de Processo Civil anotado*, São Paulo, Saraiva, p. 590).

10. Decisões interlocutórias agraváveis. Exclusão de litisconsorte ou rejeição do pedido de limitação do litisconsórcio. Admissão ou inadmissão de intervenção

de terceiros. A tônica dos sujeitos do processo sempre foi assunto bastante caro à doutrina e à jurisprudência. As figuras do litisconsórcio e das modalidades de intervenção de terceiros dizem respeito à atuação desses personagens ao longo do percurso procedimental, mais amplamente porque a participação nos moldes legais, justificada por alguma razão de ordem material ou processual, influenciará sobremaneira no resultado final. Decidir sobre a sobrevivência do litisconsórcio ou de algum dos litisconsortes no feito ou, ainda, acerca da possibilidade de ingresso, ou não, de terceiro estranho à relação jurídica processual é problema que deve ser resolvido o quanto antes, uma vez que o risco de anulação de todo o *iter* processual pode derivar justamente da resposta que se dê a esta indagação. Se o litisconsórcio era necessário e, por decisão judicial equivocada, terminou por ser excluído do processo, o reconhecimento da erronia, em grau de recurso em fase já adiantada, tem o condão de nulificar todas as etapas e todos os atos realizados sem a participação do litisconsorte necessário indevidamente colocado para fora da relação. Os argumentos valem, igualmente, para a situação do terceiro, pois.

A pluralidade de sujeitos num dos polos da relação processual, situação caracterizadora do litisconsórcio (art. 113), bem como o momento de ingresso, a obrigatoriedade da participação, a possibilidade de exclusão e o regime de tratamento dos litigantes, são questões fomentadoras de inúmeros debates e com viés prático elevadíssimo. A decisão a respeito do tema pode ter lugar no curso do processo, sem extingui-lo; quando isso acontece, a decisão deve ser caracterizada como interlocutória, suportando, em consequência, agravo de instrumento em razão de expressa determinação legal. A permissão para que duas ou mais pessoas litiguem, no mesmo processo, ativa ou passivamente, desde que entre elas exista um vínculo justificador, não exclui a possibilidade de controle dos pressupostos de sua aceitabilidade por parte do juiz. Ao órgão julgador, portanto, sempre remanescerá a possibilidade de, antes de findo o processo, excluir da relação jurídica processual um ou mais litisconsortes. Neste caso, pouco importa se este for facultativo ou necessário, o recurso adequado para contrastar a decisão é o agravo de instrumento, de modo a fazer desaparecer celeuma que existia quanto ao meio impugnativo a ser utilizado – se agravo ou apelação. Nenhuma diferença existirá se a exclusão do litisconsorte estiver pautada na ausência de interesse de agir, legitimidade *ad causam* ou qualquer outro defeito de ordem processual, ou, propriamente, no art. 113, §1º, que trata do litisconsórcio multitudinário. No último caso, a limitação do litisconsórcio, com a consequente exclusão de alguns, decorrerá do excessivo número de sujeitos num dos polos da relação, ao ponto de colocar em risco a rápida solução do litígio ou dificultar a defesa ou o cumprimento da sentença. A previsão dos incisos VII e VIII faz cessar a discussão relativamente à natureza do pronunciamento judicial, acolhendo posição já sedimentada no STJ: "AGRAVO REGIMENTAL NOS EMBARGOS DE DECLARAÇÃO NO AGRAVO DE INSTRUMENTO. EXCLUSÃO DE LITISCONSORTE PASSIVO. RECURSO DE APELAÇÃO. NÃO CABIMENTO. PRINCÍPIO DA FUNGIBILIDADE. INAPLICABILIDADE. PRECEDENTES. 1. Nos termos da jurisprudência desta Corte, o ato judicial que exclui litisconsorte passivo não põe termo ao processo, mas somente à ação em relação a um dos réus. Por esse motivo, o recurso cabível é o agravo de instrumento, e não apelação. Precedentes. 2. Agravo regimental não provido". (STJ, AgRg nos EDcl no Ag 1.204.346/RJ).

O CPC elenca cinco modalidades de intervenção de terceiros: a assistência (art. 119), a denunciação da lide (art. 125), o chamamento ao processo (art. 130), o incidente de desconsideração da personalidade jurídica (art. 133) e o *amicus curiae* (art. 138). Há, consoante vimos acima, inciso específico no art. 1.015 com relação à recorribilidade, por agravo de instrumento, do incidente de desconsideração da personalidade jurídica, de sorte que seria desnecessário revolver temática já tratada. Em contrapartida, no que concerne ao *amicus curiae*, que consiste na participação de pessoa natural ou jurídica, órgão ou entidade especializada, com representatividade adequada, desde que a relevância da matéria, a especificidade do tema objeto da demanda ou a repercussão social da controvérsia justifiquem a intervenção, são oportunos alguns apontamentos. A decisão que admite ou inadmite a participação do *amicus curiae*, nos termos do art. 138, é irrecorrível, não cabendo recurso algum, o que não exclui o próprio agravo de instrumento. Sobra a previsão do inciso IX apenas e tão somente para as demais modalidades de intervenção de terceiros: a assistência, a denunciação da lide e o chamamento ao processo.

11. Decisões interlocutórias agraváveis. Concessão, modificação ou revogação do efeito suspensivo aos embargos à execução. A Lei 11.352/2006 efetuou modificação substancial na execução de título executivo extrajudicial, no sentido de incrementar a sua efetividade, quando retirou o efeito suspensivo automático da tela executiva que tinha lugar, na sistemática anterior, com a simples oposição dos embargos à execução. A metodologia foi mantida no CPC/2015, visto que a alteração engendrada privilegia o credor e, o que é mais importante para o processo, prioriza a célere obtenção da satisfação do seu crédito, ao invés de proteger, em demasia, o devedor, como, aliás, se conduzia a versão original do CPC/1973. Neste passo, o art. 919 traz previsão expressa de que os embargos à execução não terão efeito suspensivo, admitindo-o, apenas, excepcionalmente e desde que presentes os requisitos legais. Consoante exige o § 1º do artigo referido, o efeito suspensivo apenas terá lugar quando (i) expressamente requerido pelo embargante, (ii) estiverem presentes os requisitos para a concessão da tutela provisória (*fumus boni iuris* e *periculum in mora*) e (iii) desde que a execução já esteja garantida por penhora, depósito ou caução suficientes. A presença dos requisitos ensejadores da tutela provisória é condição *sine qua non* para a continuidade do efeito suspensivo, tanto é verdade que, de acordo com o parágrafo 2º, cessando as circunstâncias que a motivaram, a decisão poderá, a pedido da parte, ser modificada ou revogada a qualquer tempo, em decisão fundamentada. Na linha do afirmado por Fredie Didier Jr., Leonardo Carneiro da Cunha, Paula Sarno Braga e Rafael Oliveira, a "determinação judicial de conferir efeito suspensivo aos embargos consiste, em verdade, num provimento de urgência. E, como tal, reveste-se de feição provisória, podendo, a requerimento da parte, ser modificada ou revogada, a qualquer tempo, em decisão fundamentada que demonstre a alteração da situação que motivou a suspensão.". (DIDIER JR., Fredie; CUNHA, Leonardo Carneiro da; BRAGA, Paula Sarno; OLIVEIRA, Rafael Alexandrina de, *Curso de direito processual civil*, v. 5, 5. ed., Salvador, JusPodivm, 2013. p. 364). Bem se vê que o inciso X aponta, de forma expressa, a recorribilidade da decisão que concede, modifica ou revoga o efeito suspensivo dado aos embargos à execução, mas é silente quanto à decisão que a nega.

Pensamos, contudo, que a decisão interlocutória que nega o efeito paralisador da execução também deve ser impugnada por agravo de instrumento, muito embora não conste expressamente do preceito comentado. Sentimos como apta a causar ao embargante/executado dano grave ou de difícil e incerta reparação a decisão que entende pela negativa do efeito suspensivo, servindo essa circunstância de fundamento relevante para sua impugnabilidade. Desse modo, contra a decisão que extingue os embargos do executado sem resolução do mérito ou julga-os improcedentes cabe apelação, da que se refere à concessão ou não de efeito suspensivo ou de sua revogação ou modificação sem, contudo, extingui-los cabe agravo de instrumento.

12. Decisões interlocutórias agraváveis. Redistribuição do ônus da prova nos termos do art. 373, § 1º. O CPC/2015 fez opção por adicionar à distribuição estática do ônus da prova, vivente com exclusividade no CPC/1973, a teoria que defende uma repartição dinâmica desse ônus, estruturada com fundamento na premissa de que o encargo deve ficar com a parte que detém melhores condições para dele se desincumbir. A moderna corrente baseia-se na inovadora tese oriunda da Argentina, defendida, principalmente, por Jorge Peyrano e alcunhada de "distribuição dinâmica do ônus da prova". (PEYRANO, Jorge Walter, *Procedimientos civil y comercial – conflictos procesales*, Buenos Aires, Editorial Juris Rosario, 2002). Em conformidade com o autor, o que deve nortear o juiz na determinação ou não da inversão do ônus da prova é a verificação de quem pode mais facilmente fazê-la, cuidando, também, para que a inversão não torne a prova impossível, provocando um prejulgamento da causa. (BARBOSA, Rafael Vinheiro Monteiro, "O ônus da prova no direito processual civil e a sua inversão – A visão do STJ", in *Revista de Processo*, v. 233, São Paulo, RT, 2014, p. 329-364). Para Antonio Janyr Dall'agnol Junior, "a solução alvitrada tem em vista o processo em sua concreta realidade, ignorando por completo a posição nele da parte (se autora ou se ré) ou a espécie de fato (se constitutivo, extintivo, modificativo ou impeditivo). Há de demonstrar o fato, pouco releva se alegado pela parte contrária, aquele que se encontra em melhores condições de fazê-lo.". (DALL'AGNOL JÚNIOR, Antonio Janyr, "Distribuição dinâmica dos ônus probatórios", in *Revista dos Tribunais*, v. 788, 2001, p. 92-107). Já encontramos legislação que positivou a teoria, como é exemplo o art. 1.392 do Código de Processo Civil uruguaio: "si las circunstancias especiales del caso lo justifican, el Tribunal puede distribuir la carga de la prueba de la culpa, o de haber actuado con diligencia, ponderando cuál de las partes está en mejor situación para aportala". O art. 373 mantém a já consagrada divisão do ônus probatório entre autor e réu, afirmando que àquele cabe fazer prova do

CÓDIGO DE PROCESSO CIVIL

fato constitutivo de seu direito, e a este a existência de fato impeditivo, modificativo ou extintivo do direito do autor. Ao lado da distribuição conservadora, o art. 373, §1º, perfilha a teoria das cargas dinâmicas, pois assevera que "nos casos previstos em lei ou diante de peculiaridades da causa relacionadas à impossibilidade ou à excessiva dificuldade de cumprir o encargo nos termos do *caput* ou à maior facilidade de obtenção da prova do fato contrário, poderá o juiz atribuir o ônus da prova de modo diverso, desde que o faça por decisão fundamentada, caso em que deverá dar à parte a oportunidade de se desincumbir do ônus que lhe foi atribuído". Com espeque nessa inovação, reduzir-se-ão os casos em que o processo termina pela incidência do art. 373. Nesse sentido, a parte, ao invés de se valer da regra, ainda que não seja, aprioristicamente, ônus seu, desempenhará, em razão da inversão, atitude ativa na instrução do feito, propiciando ao julgador melhores condições para um julgamento firme e seguro a respeito da matéria posta a sua apreciação. Por essa razão, na forma do art. 357, o julgador, ao sanear o processo, deverá definir a distribuição do ônus da prova, em obediência ao art. 373. Contra essa específica decisão, pois, caberá agravo de instrumento.

13. Decisões interlocutórias agraváveis. Conversão da ação individual em ação coletiva. O art. 333 trazia, em seu bojo, a previsão da conversão da ação individual em ação coletiva sempre que, a requerimento do Ministério Público, da Defensoria Pública e dos demais legitimados referidos no art. 5º da Lei 7.347, de 24 de julho de 1985, e no art. 82 da Lei 8.078, de 11 de setembro de 1990, e atendidos os pressupostos da relevância social e da dificuldade de formação do litisconsórcio, o pedido formulado na demanda individual tratasse de (i) temática de alcance coletivo, em razão da tutela de bem jurídico difuso ou coletivo, assim entendidos aqueles definidos pelo art. 81, parágrafo único, I e II, da Lei 8.078, de 11 de setembro de 1990, e cuja ofensa afete, a um só tempo, as esferas jurídicas do indivíduo e da coletividade; (ii) demanda que tenha como objetivo a solução de conflito de interesse relativo a uma mesma relação jurídica plurilateral, cuja solução, por sua natureza ou por disposição de lei, deva ser, necessariamente, uniforme, assegurando-se tratamento isonômico para todos os membros do grupo. Eventual decisão tomada nesses termos haveria de ser impugnada pelo recurso de agravo de instrumento. Ocorre que o art. 333 foi vetado pela Presidente da República, sendo que consta nas razões de veto: "Da forma como foi redigido, o dispositivo poderia levar à conversão de ação individual em ação coletiva de maneira pouco criteriosa, inclusive em detrimento do interesse das partes. O tema exige disciplina própria para garantir a plena eficácia do instituto. Além disso, o novo Código já contempla mecanismos para tratar demandas repetitivas. No sentido do veto manifestou-se também a Ordem dos Advogados do Brasil – OAB". Como não poderia deixar de ser, o veto estendeu-se ao inciso XII do art. 1.015.

14. Decisões interlocutórias agraváveis. Outras hipóteses. O inciso XIII finaliza o rol do art. 1.015 como norma de fechamento, observando que a lei federal pode dispor a respeito de outras hipóteses de decisões interlocutórias agraváveis, mediante a inclusão da rubrica "outros casos expressamente referidos em lei". Ousamos manifestar nossa opinião de que melhor se teria conduzido o legislador se, no preceito mencionado, aventasse a previsibilidade genérica do agravo para os casos em que a interlocutória proferida pudesse causar à parte lesão grave ou de difícil reparação. Em atenção ao que já pontuou Tomás Pará Filho, o "controle recursal da atividade ordinatória do juiz não pode ser feito vantajosamente, pela só *seleção casuística* dos provimentos dessa índole (...)". (PARÁ FILHO, Tomás, "A recorribilidade das decisões interlocutórias no Novo Código de Processo Civil", in *Revista de Processo*, v. 5, São Paulo, RT, 1977, p. 15-42). Crítica equivalente teceu Egas Dirceu Moniz de Aragão, ao ponderar ser "dificílimo, senão impossível, declarar por antecipação os casos de agravo, proibindo-os nos demais, de ocorrência imprevisível.". (ARAGÃO, Egas Dirceu Moniz de, "Recursos cíveis", in *Revista de Direito Processual Civil*, v. 5, São Paulo, Saraiva, 1062. p. 142-154). Não é de hoje que a lei pretende apreender, sem sucesso, todavia, a inefável realidade, criativa pela própria natureza e impossível de ser comprimida em rol restrito. Nem a regra do parágrafo único do artigo aqui tratado supre a falta de um dispositivo genérico, criado especificamente para absorver as surpresas com que a prática nos brindará, com toda certeza. Em sua dicção consta que também será o caso de utilização do agravo de instrumento para atacar decisão proferida (i) na fase de liquidação de sentença, (ii) no cumprimento de sentença, (iii) no processo de execução e (iv) no processo de inventário. Nelson Nery Jr. e Rosa Maria de Andrade Nery admitem a recorribilidade, via agravo, de decisão não integrante da lista do art. 1.015 quando presente a possibilidade desta causar à parte lesão grave ou de difícil reparação. (NERY JR., Nelson; NERY, Rosa Maria de Andrade, *Comentários ao Código de Processo Civil*, São Paulo, RT, 2015, p. 2078).

A saída para a dificuldade apontada pode ser a admissão de agravo de instrumento para além das hipóteses elencadas no rol do art. 1.015, mediante o cultivo de interpretação por analogia. Não nos parece crível que o legislador tenha, de forma arbitrária, incluído no grupo das decisões agraváveis a situação A1 e, a despeito da similitude que o caso encerra, excluído a situação A2. O pressuposto da igualdade influencia todo o sistema, de modo que, se não é aconselhável tratar pessoas em situações equivalentes de forma destoante, viola-se, igualmente, o princípio quando a identidade diz respeito ao objeto. Ao reputar agravável uma decisão, o legislador, forçosamente, atrai as demais situações similares, fazendo-as, também, recorríveis por agravo de instrumento. Cumpre afirmar, todavia, que a proposta aqui defendida não tem como objetivo ampliar o rol taxativo do art. 1.015, e, sim, reconhecendo a falibilidade humana, incapaz de prever todas as situações carecedoras de pronta recorribilidade, integrar a norma, preenchendo uma lacuna legal. Um exemplo pode facilitar na compreensão da ideia: nos casos em que o processo é extinto sem resolução do mérito, o ato que põe termo à cadeia procedimental é definido como sentença, já que faz cessar a fase cognitiva do procedimento comum (art. 203, §1º c/c art. 354, *caput*). Contudo, quando a extinção ocorre apenas com relação à parcela do processo, a decisão há de ser qualificada como "interlocutória", já que não pôs termo ao processo todo, comportando, por isso, agravo de instrumento (art. 354, parágrafo único). A norma não menciona qual o recurso cabível para impugnar decisão que rejeita ou extingue reconvenção sem, no entanto, fulminar a ação principal. Como inexiste regra expressa nesse sentido, a extinção de apenas uma delas (reconvenção ou ação principal) postula, com suporte em interpretação por analogia, agravo de instrumento. O FPPC aprovou o Enunciado 154. "É cabível agravo de instrumento contra ato decisório que indefere parcialmente a petição inicial ou a reconvenção.".

Inovação digna de nota é a unificação da forma como o vício da incompetência deve ser arguida pelas partes. A partir do CPC/2015 (art. 64), tanto a absoluta quanto a relativa, devem ser alegadas como preliminar de contestação. Na esteira do que já afirmamos noutra sede: "Considerando ser vital a questão da competência para o desenrolar da marcha processual, o legislador impôs ao julgador, quando arguida pela parte interessada e respeitado o *contraditório*, decisão imediata sobre o tema (§ 2º, do art. 63, do NCPC). O acolhimento pelo julgador, seja da alegação da incompetência absoluta ou relativa, implicará a remessa dos autos ao juízo reputado competente (§ 3º, art. 63, do NCPC).". (BARBOSA, Rafael Vinheiro Monteiro, in FIGUEIREDO, Simone Diogo Carvalho (Coord.), *Novo CPC anotado e comparado para concursos*, São Paulo, Saraiva, 2015, p. 104). A importância que o tema evidencia para a continuidade do procedimento perante este ou aquele juízo, faz que a problemática da (in)competência (absoluta ou relativa) seja resolvida o quanto antes, exigindo-se, assim, no caso de insurgência de uma das partes, a técnica da recorribilidade imediata. Logo, a decisão que acolhe ou rejeita a alegação de incompetência requer impugnação por agravo de instrumento, nada obstante não constar do rol do art. 1.015. Desse modo, a situação A1, cuja solução é prevista em lei (rejeição de alegação de convenção de arbitragem – art. 1.015, III). Porém, uma situação A2 (rejeição de alegação de incompetência), muito semelhante, não possui qualquer solução legal (ou seja, não há lei regulando a matéria). O sistema autoriza o preenchimento da lacuna por meio da analogia, isto é, aplica-se a solução legal da situação A1 para a situação A2. Há entendimento em doutrina. (SICA, Heitor Vitor Mendonça, "O agravo e o 'mito de prometeu': considerações sobre a Lei 11.187/2005", in NERY JR., Nelson; WAMBIER, Teresa Arruda Alvim (Coord.), *Aspectos polêmicos e atuais dos recursos cíveis e assuntos afins*, v. 9, São Paulo, RT, 2006, p. 193-219). Na jurisprudência: "COMPETÊNCIA. Decisão. Recurso cabível. Cabe agravo de instrumento da decisão do Juiz que declina de sua competência. Recurso conhecido e provido.". (STJ, REsp 182.096/MS). "PROCESSUAL CIVIL. EXECUÇÃO FISCAL. EXCEÇÃO DE INCOMPETÊNCIA. COMPETÊNCIA RELATIVA. DECISÃO DE MAGISTRADO DE PRIMEIRO GRAU. DECISÃO INTERLOCUTÓRIA. AGRAVO DE INSTRUMENTO. RECURSO CABÍVEL. CPC, ARTS. 162, § 2º, E 522. SÚMULA 33 STJ. A incompetência relativa não pode ser declarada de ofício, mas por meio de exceção. Da decisão que julga exceção de incompetência, cabe agravo de instrumento para o Tribunal ao qual está subordinado, jurisdicionalmente, o juiz de primeiro grau. Recurso especial conhecido e provido.". (STJ, REsp 284.935/SE).

Há casos, todavia, que a doutrina e jurisprudência serão desafiadas a solucionar, mormente porque no CPC/1973 estavam no grupo das decisões sujeitas ao recurso de agravo de instrumento. A não inclusão dessas hipóteses no art. 1.015, certamente, reabrirá a discussão a respeito do seu cabimento. Servem de exemplo: (i) aplicação de multa do art. 77, § 2º; (ii) decisão que fixa honorários parciais; (iii) decisão que resolve incidente de impugnação do perito.

Artigo 1.016.
O agravo de instrumento será dirigido diretamente ao tribunal competente, por meio de petição com os seguintes requisitos:
I – os nomes das partes;
II – a exposição do fato e do direito;
III – as razões do pedido de reforma ou de invalidação da decisão e o próprio pedido;
IV – o nome e o endereço completo dos advogados constantes do processo.
CORRESPONDÊNCIA NO CPC/1973: *ART. 524.*

1. **Regularidade formal.** É no agravo de instrumento que o pressuposto recursal da regularidade formal atinge sua maior funcionalidade, motivo pelo qual tem servido, lamentavelmente, para escorar inúmeras decisões de inadmissibilidade da pretensão impugnativa. Todavia, esse cenário encontra-se em efetiva mutação, importando no prevalecimento da decisão de mérito, em contraposição a resoluções mais apegadas a problemas de ordem procedimental. É o que se tem propalado como firme adoção pelo sistema processual do princípio da primazia do julgamento do mérito, igualmente manifestado no plano recursal. (OLIVEIRA, Pedro Miranda de, "O princípio da primazia do julgamento do mérito recursal no CPC projetado: óbice ao avanço da jurisprudência ofensiva", in *Revista dos Tribunais*, v. 950, São Paulo, RT, 2014, p. 107-132). Na dicção do art. 1.016, o agravo de instrumento é recurso que se inicia diretamente no órgão *ad quem*, formulado, sempre, mediante apresentação de petição contendo (i) os nomes das partes; (ii) a exposição do fato e do direito; (iii) as razões do pedido de reforma ou de invalidação da decisão e o próprio pedido; (iv) o nome e o endereço completo dos advogados constantes do processo. As exigências são justificáveis. Tendo em conta que, com o agravo de instrumento, ocorre verdadeira bifurcação do procedimento, dado que essa modalidade recursal, da feita que dirigida ao tribunal, não influi, em regra, no andamento do processo na primeira instância, imperioso que o órgão julgador tenha conhecimento exato das partes do processo. Outrossim, em virtude do princípio da dialeticidade, o agravante também deve descortinar, na petição de interposição, a exposição do fato e do direito e, mais importante, das razões do pedido de reforma ou de invalidação da

decisão e o próprio pedido, que será formulado em observância à argumentação antes aduzida. Concebido que o exercício do poder de recorrer é apenas uma das facetas do próprio direito de demandar, natural que a lei exija do demandante a exposição do fato e do direito levado à apreciação do Poder Judiciário, tanto quanto dos vícios que acometem a decisão vergastada. Ao narrar *error in procedendo*, correto será cobrar do tribunal a cassação da decisão; ventilando, todavia, *error in iudicando*, o pedido recursal deve ser no sentido de reforma da decisão guerreada. Demais disso, a inclusão do nome e do endereço completo dos advogados constantes do processo serve ainda a outro propósito, igualmente relevante. Levando em conta a evolução do procedimento bifurcado, a presença do nome e do endereço dos causídicos facilitará, e muito, a comunicação destes com o tribunal, essencial para o bom trâmite do recurso.

Artigo 1.017.

A petição de agravo de instrumento será instruída:

I – obrigatoriamente, com cópias da petição inicial, da contestação, da petição que ensejou a decisão agravada, da própria decisão agravada, da certidão da respectiva intimação ou outro documento oficial que comprove a tempestividade e das procurações outorgadas aos advogados do agravante e do agravado;

II – com declaração de inexistência de qualquer dos documentos referidos no inciso I, feita pelo advogado do agravante, sob pena de sua responsabilidade pessoal;

III – facultativamente, com outras peças que o agravante reputar úteis.

§ 1º Acompanhará a petição o comprovante do pagamento das respectivas custas e do porte de retorno, quando devidos, conforme tabela publicada pelos tribunais.

§ 2º No prazo do recurso, o agravo será interposto por:

I – protocolo realizado diretamente no tribunal competente para julgá-lo;

II – protocolo realizado na própria comarca, seção ou subseção judiciárias;

III – postagem, sob registro, com aviso de recebimento;

IV – transmissão de dados tipo fac-símile, nos termos da lei;

V – outra forma prevista em lei.

§ 3º Na falta da cópia de qualquer peça ou no caso de algum outro vício que comprometa a admissibilidade do agravo de instrumento, deve o relator aplicar o disposto no art. 932, parágrafo único.

§ 4º Se o recurso for interposto por sistema de transmissão de dados tipo fac-símile ou similar, as peças devem ser juntadas no momento de protocolo da petição original.

§ 5º Sendo eletrônicos os autos do processo, dispensam-se as peças referidas nos incisos I e II do *caput*, facultando-se ao agravante anexar outros documentos que entender úteis para a compreensão da controvérsia.
CORRESPONDÊNCIA NO CPC/1973: *ART. 525.*

1. Formação do instrumento. O fato de o agravo não importar na paralisação do andamento do processo obriga, para que possam tramitar concomitantemente a ação principal e o recurso, a formação do instrumento. Formar o instrumento significa instruir o recurso de agravo com as peças necessárias e facultativas, muitas das vezes indispensáveis à apreciação do seu mérito. Conquanto, no passado, a atribuição de instruir o agravo fosse da secretaria da vara, atualmente esse ônus deve ser conduzido pelo próprio recorrente, sob pena de, no caso de eventual falha, não ver seu recurso admitido. Firme nessas razões, o art. 1.017 aduz que a petição de agravo de instrumento será instruída, obrigatoriamente, com cópias (i) da petição inicial, (ii) da contestação, (iii) da petição que ensejou a decisão agravada, (iv) da própria decisão agravada, (v) da certidão da respectiva intimação ou outro documento oficial que comprove a tempestividade e (vi) das procurações outorgadas aos advogados do agravante e do agravado; e, facultativamente, com (vii) outras peças que o agravante reputar úteis. Ademais, quando inexistente documento reputado pela lei como obrigatório, o agravante deverá, sob pena de sua responsabilidade pessoal, anexar ao seu recurso declaração de inexistência do respectivo documento.

2. Motivação para a juntada dos documentos obrigatórios. O rol dos documentos obrigatórios, substancialmente ampliado no CPC/2015, diz com aqueles que se apresentam como imprescindíveis para o julgamento do mérito recursal. Nenhum recurso pode ser apreciado sem que o órgão julgador tenha pleno conhecimento do teor da decisão recorrida, até porque o recurso versará, por natural, nos possíveis erros que ela contém. Desse modo, inato que o agravo de instrumento traga a cópia da decisão recorrida, pois, do contrário, estará inviabilizada a apreciação da pretensão recursal. Ainda relacionado ao mérito do agravo, o CPC/2015 acrescentou ao rol dos documentos indispensáveis as cópias da petição inicial, da contestação e da petição que ensejou a decisão agravada. Tais peças são deveras importantes para a captação completa da controvérsia e de que modo a decisão interlocutória agravada pode impactar no mérito da demanda ou, se for o caso, versar sobre parcela desse próprio mérito, na hipótese em que se admite a sua resolução parcial. Nelson Nery Jr. elogiou a ampliação do rol das peças obrigatórias, pressupondo que a inovação "colaborará para a qualidade do provimento jurisdicional, já que isso facilita sobremaneira a análise da controvérsia como um todo" (NERY JR., Nelson; NERY, Rosa Maria de Andrade, *Comentários ao Código de Processo Civil*, São Paulo, RT, 2015. p. 2093). Foi mantida como peça obrigatória a cópia da certidão da respectiva intimação, uma vez que se revela como documento preciso e eficaz para a aferição da tempestividade do agravo. Contudo, o novo regramento incorporou entendimento esposado pelo STJ, no sentido de que a tempestividade do recurso pode ser atestada por outro documento oficial que comprove que o protocolado *opportuno tempore*. Serve de exemplo o julgado transcrito: "DIREITO PROCESSUAL CIVIL. AGRAVO DE INSTRUMENTO DO ART. 525, DO CPC. AUSÊNCIA DA CERTIDÃO DE INTIMAÇÃO DA DECISÃO AGRAVADA. AFERIÇÃO DA TEMPESTIVIDADE POR OUTROS MEIOS. POSSIBILIDADE. PRINCÍPIO DA INSTRUMENTALIDADE DAS FORMAS. RECURSO ESPECIAL REPETITIVO. ART. 543-C DO CÓDIGO DE PROCESSO CIVIL. PROVIMENTO DO RECURSO ESPECIAL REPRESENTATIVO DE CONTROVÉRSIA. TESE CONSOLIDADA. 1. Para os efeitos do art. 543-C do Código de Processo Civil, foi fixada a seguinte tese: 'A ausência da cópia da certidão de intimação da decisão agravada não é óbice ao conhecimento do Agravo de Instrumento quando, por outros meios inequívocos, for possível aferir a tempestividade do recurso, em atendimento ao princípio da instrumentalidade das formas.' 2. No caso concreto, por meio da cópia da publicação efetivada no próprio Diário da Justiça Eletrônico n. 1468 (e-STJ fls. 22), é possível aferir-se o teor da decisão agravada e a da data de sua disponibilização – 'sexta-feira, 31/8/2012'. Assim, conforme dispõe o artigo 4º, § 3º, da Lei 11.419/2006, que regra o processo eletrônico, a publicação deve ser considerada no primeiro dia útil seguinte que, no caso, seria segunda-feira, dia 3/9/2012, o que demonstra a tempestividade do agravo de instrumento protocolado em 13/9/2012, como se vê do carimbo de e-STJ fls. 2. 3. Recurso Especial provido (...)" (STJ, REsp 1409357/SC, Min. SIDNEI BENETI, Segunda Seção, DJe 22/05/2014). [sem grifos no original]. A inovação deve ser prestigiada e aplaudida, pois, na linha do que defende Luis Alberto Reichelt, o "não atendimento a uma exigência expressamente prevista em lei não pode ser visto como razão a impedir o prosseguimento do debate recursal nos casos em que a finalidade associada ao requisito de admissibilidade já houver sido preenchida" (REICHELT, Luis Alberto. "Sistemática recursal, direito ao processo justo e o novo Código de Processo Civil: os desafios deixados pelo legislador ao intérprete". in *Revista de Processo*, vol. 244, São Paulo, RT, 2015, pp. 15-30. *Cf. tb.*: MONTEIRO BARBOSA, Rafael Vinheiro; CAMPOS, Amanda da Silva, "A certidão de intimação no Agravo de Instrumento no NCPC: regularidade formal ou tempestividade?", *no prelo* 2015). Por fim, o agravo deve estar acompanhado das procurações outorgadas aos advogados do agravante e do agravado. O fundamento, neste passo, é outro. A razão de constar a cópia da procuração do advogado do agravante no rol do agravo justifica-se na necessidade de comprovação da existência de poderes de representação do subscritor do recurso, que só pode ser apreendida com a apresentação do instrumento do mandato, em estrita obediência ao art. 104. Já a cópia da procuração do advogado do agravo possui como causa a individuação do representante judicial da parte, a fim de que possam ser efetuados os atos de comunicação indispensáveis ao estabelecimento do efetivo contraditório, dado que a parte será intimada para apresentar as contrarrazões ao agravo, na pessoa do advogado.

3. Os documentos facultativos e sua relevância na admissibilidade do agravo.
É possível que o agravante entenda por bem anexar outros documentos além dos que
constam no rol dos reputados obrigatórios, até porque cabe ao próprio recorrente aferir,
tendo em conta a sua argumentação, a melhor forma de estruturar o pleito recursal e
quais serão as armas para convencer o julgador a respeito da idoneidade das suas razões.
Não está afastada a inclusão, no instrumento do agravo, de documento novo, ou seja, que
não conste no processo em curso. Conforme já mencionado, compete à parte instruir
o seu recurso com as peças importantes para o deslinde da controvérsia, pouco significando o fato de não estarem incluídas no art. 1.017, I. Todavia, o agravante deve ter
o cuidado de, sempre que fizer referência a determinado documento, não se esquecer
de incluí-lo no respectivo instrumento do agravo, uma vez que, se assim não proceder,
correrá o risco de não ver o mérito recursal apreciado.

4. O preparo do agravo. O agravo de instrumento, assim como a maioria dos recursos cíveis, pressupõe a realização do competente *preparo*, que consiste na comprovação
do pagamento das custas recursais e do porte de remessa e de retorno, quando exigido
por lei, realizado no ato da interposição do recurso. Não atendida a exigência insculpida no art. 1.007, o recurso será declarado *deserto* e, consequentemente, inadmitido.
Sobredita regra é repetida no art. 1.017, § 1º, que impõe ao agravante a juntada à petição
do agravo do comprovante do pagamento das respectivas custas e do porte de retorno,
sempre que devidos, conforme tabela publicada pelos tribunais. Vale dizer, bem assim,
que incidem na espécie as disposições dos parágrafos do art. 1.007, mormente aquelas
que tratam da (*i*) *dispensa*, do (*ii*) prazo para a sua *complementação*, no caso de pagamento
a menor, da (*iii*) concessão de *nova oportunidade* para preparar, só que agora em dobro, o
recurso interposto sem o comprovante do pagamento das custas e, ainda, (*iv*) a comprovação de sua não realização em razão de justo impedimento.

5. A interposição do agravo de instrumento. O art. 1.017, § 2º, disciplina o ato
de interposição do agravo de instrumento. A nova disposição substitui o antigo § 2º do
art. 525 do CPC/1973, possuidor da seguinte redação: "No prazo do recurso, a petição
será protocolada no tribunal, ou postada no correio sob registro com aviso de recebimento, ou, ainda, interposta por outra forma prevista na lei local.". Atento às inovações
tecnológicas e à evolução já operada no Sistema de Justiça através da adoção do processo eletrônico, o legislador cuidou de ampliar as formas de interposição do recurso
de agravo hoje possíveis. Diz a regra atual que, no prazo de 15 (quinze) dias, o agravo
será interposto por: (i) protocolo realizado diretamente no tribunal competente para
julgá-lo; (ii) protocolo realizado na própria comarca, seção ou subseção judiciárias;
(iii) postagem, sob registro, com aviso de recebimento; (iv) transmissão de dados tipo
fac-símile, nos termos da lei; e (v) outra forma prevista em lei. Há, na justiça brasileira, tribunais completamente virtualizados, de modo que a interposição do recurso
pode ser feita pela rede mundial de computadores, da própria residência ou escritório
do advogado. Por isso Nelson Nery Jr. e Rosa Maria de Andrade Nery afirmam que a

interposição por meio eletrônico está contemplada na alínea "d" do dispositivo. (NERY JR., Nelson; NERY, Rosa Maria de Andrade, *Comentários ao Código de Processo Civil*, São Paulo, RT, 2015. p. 2094). De acordo com o art. 1.017, §5º, sendo eletrônicos os autos do processo, a parte agravante fica dispensada de anexar as peças obrigatórias e facultativas, devendo apenas incluir, anexo ao recurso, documentos novos, porém que, no seu entender, revelam-se úteis para a compreensão da controvérsia. Merece, ainda, especial atenção a advertência contida no art. 1.017, §4º. Quando o agravo de instrumento for interposto por fac-símile ou meio de transmissão similar, as peças, obrigatórias ou facultativas, deverão ser juntadas no momento de protocolo da petição original. Incorporado está, agora, entendimento já assente no STJ: "PROCESSUAL CIVIL. AGRAVO DE INSTRUMENTO. INTERPOSIÇÃO POR FAC-SÍMILE. TRANSMISSÃO DE TODOS OS DOCUMENTOS JUNTAMENTE COM A PETIÇÃO RECURSAL. AUSÊNCIA DE OBRIGATORIEDADE. APRESENTAÇÃO POSTERIOR DOS ORIGINAIS. LEGALIDADE. 1. Cinge-se a controvérsia a definir se a petição recursal interposta por fac-símile – no caso, a de Agravo de Instrumento (art 522 do CPC) – deve obrigatoriamente estar acompanhada de todos os documentos que devem instruir o recurso submetido ao órgão *ad quem*. 2. De acordo com a jurisprudência firmada pela Corte Especial do STJ, no regime da Lei 9.800/1999, a parte não precisa apresentar, juntamente com a petição protocolada por fax, todos os documentos que devem instruir o recurso, os quais deverão ser entregues ao órgão ad quem, obrigatoriamente, no prazo de cinco dias (art. 2º da Lei 9.800/1999) (EAg 994.721/SP, Rel. Ministro Francisco Falcão, Corte Especial, DJe 4.12.2008; REsp 901.556/SP, Rel. Ministra Nancy Andrighi, Corte Especial, DJe 3.11.2008). 3. Por outro lado, a questão trazida pelo INSS – obrigatoriedade da indicação, na petição de Agravo de Instrumento, do rol dos documentos originais a serem juntados –, além de não ter sido prequestionada (Súmula 282/STF), não foi oportunamente suscitada em contrarrazões ao Recurso Especial, de modo que dela não se pode conhecer. 4. Agravo Regimental da União não provido. Agravo Regimental do INSS não conhecido.". (STJ, AgRg no REsp 1.460.312/MG).

6. Possibilidade de correção de instrução defeituosa. Os influxos proporcionados pelo direito constitucional fizeram o CPC/2015 abandonar, de uma vez por todas, o rígido entendimento a respeito da abordagem do juízo de admissibilidade recursal, fazendo-se sentir, por igual motivo, na análise da regularidade formal dos recursos, em especial do agravo de instrumento. Perdeu lugar a ideia subjacente ao precedente formalizado pelo Enunciado 288 do STF, de que se nega "provimento a agravo para subida de recurso extraordinário, quando faltar no traslado o despacho agravado, a decisão recorrida, a petição de recurso extraordinário ou qualquer peça essencial à compreensão da controvérsia", tantas vezes aplicado na hipótese de ataque às interlocutórias simples. A nova sistemática recursal, mais preocupada com o efetivo deslinde da controvérsia, impõe ao julgador a abertura de oportunidade ao recorrente para que ele, instigado, corrija eventuais defeitos relativos à interposição do recurso, assim como à formação do instrumento. Surge, com toda potência e respaldo constitucional, o princípio da primazia do julgamento do mérito recursal, a desbancar o formalismo oco em prol de um processo efetivo e realizador do direito material. "O legislador, neste particular, foi iluminado pela ideia de que o magistrado deve deixar de se preocupar excessivamente com o direito processual, deslocando o foco da atenção para o que realmente interessa, ou seja, para o direito material. Essa flexibilização permitirá aos tribunais enfrentar o mérito dos recursos, legitimando, assim, sua função constitucional.". (OLIVEIRA, Pedro Miranda de, "O princípio da primazia do julgamento do mérito recursal no CPC projetado: óbice ao avanço da jurisprudência ofensiva", in *Revista dos Tribunais*, v. 950, São Paulo, RT, 2014, p. 107-132). A mentalidade introduzida pela nova sistemática, a guiar, daqui em diante, a realização da admissibilidade recursal, não é mais compatível com posições desgarradas do modelo constitucional do processo, obrigando o STJ a rever posições tipicamente restritivas, como as elencadas na sequência: "Inviável, em sede extraordinária, a regularização posterior ou a conversão do feito em diligência, porquanto já operada a preclusão consumativa." (STJ, AgRg nos EDcl no Ag 1.340.685/MG); "É dever do agravante instruir o agravo de instrumento com cópias legíveis das peças obrigatórias e essenciais ao conhecimento do recurso e ao deslinde da controvérsia, em consonância com o art. 544, § 1º, do CPC. A falta ou a juntada de cópia ilegível de qualquer dessas peças acarreta o não conhecimento do recurso" (STJ, AgRg no Ag 1297221/RJ); "É dever do agravante instruir – e conferir – a petição de agravo com as peças obrigatórias e essenciais ao deslinde da controvérsia. A falta ou incompletude de qualquer dessas peças, tal como verificado no presente caso, acarreta o não conhecimento do recurso" (STJ, AgRg no Ag 1401455/PR). A sensibilidade tocou o legislador, que foi cirúrgico ao dispor, no art. 1.017, §3º, que a falta da cópia de qualquer peça ou no caso de algum outro vício que comprometa a admissibilidade do agravo de instrumento, não deve implicar, automaticamente, sua inadmissão, devendo, o relator, conceder ao recorrente o prazo de 5 (cinco) dias para que seja sanado vício ou complementada a documentação exigível (art. 932, parágrafo único).

7. Possibilidade de correção de instrução defeituosa. Defeito relacionado à incapacidade processual ou à irregularidade da representação. O atual art. 76 modifica completamente a interpretação que a jurisprudência dava ao art. 13 do CPC/1973, consolidada no Enunciado 115, da Súmula do STJ. A concessão de oportunidade para que a parte corrija defeito relativo à representação processual ou à irregularidade da representação passa a ser possível tanto na instância ordinária quanto na extraordinária, devendo ser prestigiado julgado do TJRS: "PROCESSUAL CIVIL E TRIBUTÁRIO. CAPACIDADE E REPRESENTAÇÃO PROCESSUAL. CONTROLE. COMPREENSÃO. Não cabe decreto de nulidade, motivado por defeito de representação, sem prévia oportunidade de suprimento do vício. Inteligência do art. 13 do CPC. IMPOSTO PREDIAL E TERRITORIAL URBANO – IPTU. PRESCRIÇÃO. FLUÊNCIA. TERMO INICIAL. PRAZO CONSUMADO. Instaura-se o prazo para a propositura da ação de cobrança com a constituição definitiva do crédito tributário, que não pode suceder à data do respectivo vencimento. HIPÓTESE DE NEGATIVA DE SEGUIMENTO" (TJRS, Agravo de Instrumento 70052229580).

ARTIGO 1.018.
O agravante poderá requerer a juntada, aos autos do processo, de cópia da petição do agravo de instrumento, do comprovante de sua interposição e da relação dos documentos que instruíram o recurso.

§ 1º Se o juiz comunicar que reformou inteiramente a decisão, o relator considerará prejudicado o agravo de instrumento.

§ 2º Não sendo eletrônicos os autos, o agravante tomará a providência prevista no *caput*, no prazo de 3 (três) dias a contar da interposição do agravo de instrumento.

§ 3º O descumprimento da exigência de que trata o § 2º, desde que arguido e provado pelo agravado, importa inadmissibilidade do agravo de instrumento.

CORRESPONDÊNCIA NO CPC/1973: *ART. 526.*

1. **Comunicação do agravo ao juízo recorrido. Efeito regressivo.** O art. 1.018 mantém a mesma exigência que antes residia no art. 526 do CPC/1973. É ônus do agravante, após a interposição do recurso, requerer a juntada, no juízo de origem, de cópia da petição do agravo de instrumento, do comprovante de sua interposição e da relação dos documentos que instruíram o agravo. O propósito da lei diz com a possibilidade de o agravo de instrumento, devidamente comunicado ao órgão que proferiu a decisão, viabilizar o exercício do juízo de retratação, comum nessa espécie impugnativa. Assim, a regra comentada possibilita ao magistrado, já que foi informado da interposição efetiva do recurso, dos argumentos aduzidos e das cópias que o instruem, voltar atrás e modificar a decisão impugnada; trata-se, a bem da verdade, da manifestação do efeito regressivo, habitual no agravo. Na acurada lição de Francesco Carnelutti, a revogabilidade da interlocutória está fundada na pouca influencia que exerce no plano externo, já que não se projetam para além do processo, salvo, agora, quanto às decisões parciais de mérito. (CARNELUTTI, Francesco, *Sistema de direito processual civil*, v. III, São Paulo, Classic Book, 2000, p.738). Por isso, e com apoio nas lições de Sergio Bermudes, podemos afirmar que o agravo de instrumento é recurso misto: "Visa, inicialmente, a obter a repetição da prestação jurisdicional no mesmo juízo, que proferiu a decisão, mas prolonga a relação até o tribunal superior, se a decisão for mantida. Costuma-se chamá-lo *recurso de retratação* porque permite ao próprio órgão prolator da decisão reconsiderá-la, proferindo outra, que a substitua.". (BERMUDES, Sergio, *Comentários ao Código de Processo Civil*, v. VII, 2. ed., São Paulo, RT, 1977, p. 183). Argumenta o autor, de forma conclusiva,

que o referido efeito é usual no agravo, tendo em vista que o julgador, comumente, profere a decisão interlocutória sem exame profundo e meticuloso. Logo, a materialização da insurgência assente ao juiz a retomada da temática ensejadora da decisão vergastada, de jeito que modifique sua anterior conclusão, prejudicando o prosseguimento do agravo na superior instância. Barbosa Moreira também enxerga a necessidade de comunicação como meio de oportunizar a retratação por obra do órgão *a quo*. O ato comunicativo não tem o escopo de apenas dar ciência ao prolator da decisão do agravo, "mas para que o próprio juiz *a quo* se inteire de que sua decisão foi impugnada e, não estando preclusa, comporte reconsideração.". (MOREIRA, José Carlos Barbosa, *Comentários ao Código de Processo Civil*, v. V, 17. ed., Rio de Janeiro, Forense, 2013, p. 507). Opinião esta comungada por Nelson Nery Jr. e Rosa Maria de Andrade Nery: "O objetivo da norma é dar condições para que o juízo *a quo* tome ciência da interposição do agravo e possa, querendo, proferir juízo de retratação da decisão agravada.". (NERY JR., Nelson; NERY, Rosa Maria de Andrade, *Comentários ao Código de Processo Civil*. São Paulo, RT, 2015, p. 2099). Há crítica à doutrina que defende à existência do efeito regressivo (JORGE, Flávio Cheim, *Teoria geral dos recursos cíveis*, 5. ed., São Paulo, RT, 2012, p. 292). Plena aplicação terá o art. 1.018, §1º, pois restou consignado que erupção do efeito regressivo, como não poderia deixar de ser, faz prejudicado o agravo de instrumento, escancarando a sua posterior inutilidade. Destarte, comunicando o julgador ao órgão *ad quem* que reformou inteiramente a decisão, o relator considerará como prejudicado o agravo de instrumento.

2. Comunicação do agravo. Processos eletrônico e físico. Prazo. Nelson Nery Jr. e Rosa Maria de Andrade Nery têm entendido que a comunicação de que trata o art. 1.018 é despicienda no processo eletrônico, representando mera faculdade ao embargante, de forma a não render ensejo à inadmissibilidade da pretensão recursal. (NERY JR., Nelson; NERY, Rosa Maria de Andrade, *Comentários ao Código de Processo Civil*, São Paulo, RT, 2015, p. 2099). Arriscamos a afirmar, aliás, que essa é a única conclusão extraível do art. 1.018, §2º, que, de maneira expressa, exclui da incidência da regra do *caput* aos processos eletrônicos. Não sendo o processo dessa modalidade, o agravante tomará a providência no sentido da comunicação no prazo de 3 (três) dias a contar da interposição do agravo de instrumento. O STJ forjou jurisprudência dominante em volta da questão, para admitir que o "tríduo legal" seja contado da data da interposição do agravo. (STJ, AgRg no AREsp 619.737/RS).

3. Descumprimento da obrigação de comunicar. Pressuposto recursal de admissibilidade excepcional. Ainda grassa na doutrina e jurisprudência dúvida a respeito da natureza jurídica da norma expressa no art. 1.018. Enquanto uns veem requisito *sui generis* de admissibilidade, outros visualizam mero ônus do agravante que tem a obrigação de observar, por completo, todo o *iter* procedimental (fase) do recurso. Contra a primeira tese, erige-se desvio de ensinamento já enraizado na doutrina, no sentido de que os pressupostos recursais são, todos, cognoscíveis *ex officio*. Desse modo, quando o art. 1.018, §3º, afirma que o descumprimento da comunicação da interposição do agravo apenas importará inadmissibilidade do recurso, se arguido e provado pelo agravado, veda ao relator o conhecimento oficioso da questão. O STJ, em recurso especial representativo da controvérsia, dirimiu este ponto aduzindo que a não comunicação somente enseja a inadmissibilidade da insurgência se o agravado suscitar a questão formal no momento processual oportuno, sob o risco de se verificar a preclusão. (STJ, REsp 1.008.667/PR). O julgado transcrito contém em seu bojo trecho elucidativo de José Carlos Barbosa Moreira: "No parágrafo, introduzido pela Lei nº 10.352, optou-se por solução de compromisso. A omissão do agravante nem é de todo irrelevante quanto ao não conhecimento do recurso, nem acarreta, por si só, esse desenlace. Criou-se para o agravado o ônus de arguir e provar o descumprimento do disposto no art. 526. Conquanto não o diga o texto *expressis verbis*, deve entender-se que a arguição há de vir na resposta do agravado, pois essa é a única oportunidade que a lei lhe abre para manifestar-se. A prova será feita, ao menos no comum dos casos, por certidão do cartório ou da secretaria, que ateste haver o prazo decorrido *in albis*. Na falta de arguição e prova por parte do agravado, o tribunal não poderá negar-se a conhecer do agravo – salvo, é claro, com fundamento diverso –, ainda que lhe chegue por outro meio a informação de que o agravante se omitiu. A disposição expressa do parágrafo afasta a incidência do princípio geral segundo o qual o órgão *ad quem* controla *ex officio* a admissibilidade do recurso.". (MOREIRA, José Carlos Barbosa, *Comentários ao Código de Processo Civil*, v. V, 17. ed., Rio de Janeiro, Forense, 2013, p. 508). Não é divergente a opinião de Araken de Assis (ASSIS, Araken de, *Manual dos recursos cíveis*, 2. ed., São Paulo, RT, 2008, p. 523). Como vimos acima, a incidência da regra do parágrafo 3º fica reservada para os processos físicos, pois a comunicação, no processo eletrônico, é, por opção do legislador, mera faculdade. Daí a conclusão de Nelson Nery Jr. e Rosa Maria de Andrade Nery: "De qualquer forma, a inadmissibilidade do agravo no processo físico onde não houve a comunicação não pode ser decretada de ofício, porquanto só pode ser decretada se o agravado alegar e provar.". (NERY JR., Nelson; NERY, Rosa Maria de Andrade, *Comentários ao Código de Processo Civil*, São Paulo, RT, 2015. p. 2101).

A situação de excepcionalidade com relação à proibição de cognição oficiosa dessa circunstância, apta a obstaculizar a análise do mérito recursal, sobrevivente para os processos físicos, (i) ou deve forçar a adoção da teoria oposta (ii) ou deve escorar-se numa justificativa plausível para a mudança do padrão até então adotado. Fredie Didier Jr. vale-se da seguinte explicação para ficar com a opção (ii): a imposição escora-se em dois interesses: (ii.a) do agravante, formado pela possibilidade de a comunicação viabilizar o exercício do juízo de retratação pelo órgão julgador recorrido; (ii.b) do agravado, que poderá, porque agora tais informações constarão dos autos principais, ter imediato conhecimento, a fim de que possa apresentar as contrarrazões, da existência do agravo, dos seus argumentos e das peças que compõem o seu instrumento. A elucidação põe às escancaras que a norma tem o fito de preservar interesses eminentemente particulares, de molde a não se apresentar "justificativa de ordem pública a ensejar essa providência, nem mesmo a de dar ao magistrado *a quo* a ciência do recurso interposto contra a sua decisão. É que, ao ser intimado a prestar informações ao relator, o magistrado tomaria conhecimento do agravo.". (DIDIER JR., Fredie, "Questões controvertidas sobre o agravo (após as últimas reformas processuais)", in NERY JR., Nelson; WAMBIER, Teresa Arruda Alvim (Coord.), *Aspectos polêmicos e atuais dos recursos cíveis*, v. 7, São Paulo, RT, 2003, p. 279-305). Extraímos dos argumentos acima que Fredie Didier Jr. aloca a comunicação do agravo como pressuposto recursal, porém, de regime excepcional, posição acompanhada pela maioria da doutrina. (ASSIS, Araken de, *Manual dos recursos cíveis*, 2. ed., São Paulo, RT, 2008, p. 523).

4. Descumprimento da obrigação de comunicar. Pressuposto recursal de admissibilidade excepcional. Continuação. A caracterização da comunicação do agravo como um pressuposto recursal de regime verdadeiramente excepcional – de modo que a cognição *ex officio* da temática seria, em todo caso, impossível – faz desaparecer qualquer interesse prático na distinção lançada acima. Importa, também, para justificar o caminho trilhado pelo legislador, apontar as circunstâncias que, muito embora gerem dúvidas quanto à rigidez do preceito, não são suficientes para suplantar as escolhas realizadas na (e pela) norma. Assim, imperioso conservar intacta a condição *sine qua non* para a inadmissibilidade do agravo, qual seja, a alegação e comprovação pelo agravado do não cumprimento da determinação contida no *caput* do art. 1.018, no prazo de 3 (três) dias, a ser efetivada nas contrarrazões do agravo, sob pena de preclusão. (DIDIER JR., Fredie, "Questões controvertidas sobre o agravo (após as últimas reformas processuais)", in NERY JR., Nelson; WAMBIER, Teresa Arruda Alvim (Coord.), *Aspectos polêmicos e atuais dos recursos cíveis*, v. 7, São Paulo, RT, 2003, p. 279-305). Verifica-se que um dos objetivos da norma foi resguardar, primordialmente, a parte recorrida. Conquanto proporcione o juízo de retratação, a razão do parágrafo 3º é a de garantir ao agravado o conhecimento da interposição do agravo, bem como proporcionar sua defesa sem a necessidade de deslocamento para a capital sede do Tribunal, uma vez que se tornaria desnecessária a carga dos autos para conhecer seu teor, assegurando, desse modo, a resposta ao agravo de instrumento sem necessidade de trânsito (deslocamento). Pretende-se, assim, evitar prejuízo processual à parte agravada, decorrendo daí a conveniência de que a falha seja arguida e comprovada pelo agravado, e na primeira oportunidade para tanto. Destarte, não se admite o conhecimento de ofício da ausência de comunicação nos agravos de instrumentos tirados de decisões interlocutórias proferidas antes mesmo da ocorrência de citação do réu, situação que, por si só, impediria o completo cumprimento do art. 1.018, §3º. Veda-se ao relator, neste passo, a adoção de providências quando inexistente manifestação do agravado nesse sentido, dado que a matéria não é cognoscível de ofício. Da mesma maneira, a não constituição de advogado para realizar a defesa do réu (agravado) no processo (e no recurso) não desloca a indispensabilidade da arguição e prova pelo recorrido. Nem se admite que o Ministério Público, na condição de *custos* *legis*, faça às vezes da parte, porque a regra não se antepõe em defesa de algum interesse público, o que, como sabemos, legitimaria o agir do *parquet*. Fredie Didier Jr. defende posição similar: "Na condição de *custos legis*, não pode o Ministério Público suprir o silêncio do agravado, pois sua atuação, no caso, é imparcial, *supra partes*.". (DIDIER JR., Fredie, "Questões controvertidas sobre o agravo (após as últimas reformas processuais)", in NERY JR., Nelson; WAMBIER, Teresa Arruda Alvim (Coord.), *Aspectos polêmicos e atuais dos recursos cíveis*, v. 7, São Paulo, RT, 2003, p. 279-305). Por idênticas razões, eventuais informações prestadas pelo juízo de origem, dando conta do não cumprimento da comunicação, não poderá servir para a inadmissão do recurso. (DIDIER JR., Fredie, "Questões controvertidas sobre o agravo (após as últimas reformas processuais)", in NERY JR., Nelson; WAMBIER, Teresa Arruda Alvim (Coord.), *Aspectos polêmicos e atuais dos recursos cíveis*, v. 7, São Paulo, RT, 2003, p. 279-305).

ARTIGO 1.019.
Recebido o agravo de instrumento no tribunal e distribuído imediatamente, se não for o caso de aplicação do art. 932, incisos III e IV, o relator, no prazo de 5 (cinco) dias:
I – poderá atribuir efeito suspensivo ao recurso ou deferir, em antecipação de tutela, total ou parcialmente, a pretensão recursal, comunicando ao juiz sua decisão;
II – ordenará a intimação do agravado pessoalmente, por carta com aviso de recebimento, quando não tiver procurador constituído, ou pelo Diário da Justiça ou por carta com aviso de recebimento dirigida ao seu advogado, para que responda no prazo de 15 (quinze) dias, facultando-lhe juntar a documentação que entender necessária ao julgamento do recurso;
III – determinará a intimação do Ministério Público, preferencialmente por meio eletrônico, quando for o caso de sua intervenção, para que se manifeste no prazo de 15 (quinze) dias.
CORRESPONDÊNCIA NO CPC/1973: *ART. 527.*

1. Processamento do agravo. O agravo de instrumento é recurso interposto diretamente no órgão *ad quem*, decorrendo daí, muito provavelmente, sua ampla aceitação prática e a paixão que desperta nos advogados. Em razão de sua tramitação peculiar, o agravo não se vincula a uma fase prévia no órgão de origem, nascendo e morrendo nos tribunais competentes para sua apreciação. Assim como ocorre com a apelação, tão logo protocolado o recurso, o agravo deverá ser distribuído imediatamente a um relator, que, a partir desse momento, conduzirá seu processamento, bem como a ele ficará vinculado para analisar eventuais provimentos pautados na urgência, sendo os pedidos de concessão de efeito ativo ou efeito suspensivo seus exemplos mais marcantes. Em atenção ao princípio da razoável duração dos processos, o processamento completo do recurso apenas terá lugar na hipótese de o relator não vislumbrar condições para seu julgamento monocrático, tal e qual autoriza o art. 932. Por essa razão, assim que a indignação achegar ao relator este, de pronto, fará a admissibilidade recursal, não conhecendo o recurso carente dos pressupostos recursais, prejudicado ou que não tenha atendido ao princípio da dialeticidade (art. 932, III). Conforme já foi assinalado, o relator, tendo em vista o princípio da primazia do julgamento do mérito recursal, deverá sempre fazer preceder à inadmissibilidade do recurso a concessão de prazo ao recorrente, visando a sanar o vício ou complementar a documentação exigível, inclusive as peças obrigatórias eventualmente faltantes. Só no caso de o agravante deixar de corrigir o defeito após instado para tanto, é que o relator deverá ter por inadmitido o recurso. Ultrapassada, com sucesso, a fase da admissibilidade do agravo, caberá ainda ao relator, monocraticamente, negar provimento ao agravo de instrumento que se apresentar contrário a (i) súmula do Supremo Tribunal Federal, do Superior Tribunal de Justiça ou do próprio tribunal; (ii) acórdão proferido pelo Supremo Tribunal Federal ou pelo Superior Tribunal de Justiça em julgamento de recursos repetitivos; e (iii) entendimento firmado em incidente de resolução de demandas repetitivas ou de assunção de competência. As duas decisões monocráticas especialmente mencionadas no *caput* do art. 1.019, ao que nos parece, hão de ser proferidas no prazo de 5 (cinco) dias, muito embora seu descumprimento não acarrete repreensão de qualquer natureza.

2. Poderes do relator. Efeitos do agravo. O agravo de instrumento conserva sua natureza de recurso ordinário, tendo como objetivo primordial a devolução ao órgão *ad quem* do conhecimento de matéria decidida *inter locus*. Busca-se, por intermédio do recurso, que o tribunal proceda à cassação ou à reforma da decisão impugnada, neutralizando, assim, o prejuízo decorrente do pronunciamento judicial. Curial reconhecer, à vista disso, a presença marcante do efeito devolutivo no agravo de instrumento, de molde a impedir a ocorrência da preclusão. Não obstante ser o agravo de instrumento recurso destinado a ser julgado por órgão hierarquicamente superior ao que decidiu, é lugar comum a abertura ao próprio juiz que proferiu a decisão atacada o exercício da retratação (efeito regressivo). Com o intuito de não atravancar o andamento do processo e, consequentemente, da marcha regular em curso na primeira instância, o agravo de instrumento não desfruta, na generalidade dos casos, de efeito suspensivo. Essa modalidade recursal segue, a risca, a determinação do art. 995, no sentido de que a interposição do agravo de instrumento não impede a eficácia da decisão interlocutória prolatada, salvo decisão judicial em sentido contrário. A suspensão da eficácia da decisão incidental apenas poderá ser obtida tendo em vista uma dada situação concreta e desde que convencido o relator a respeito da presença dos requisitos autorizadores, quais sejam, a possibilidade de o cumprimento imediato da medida causar ao agravante risco de dano grave, de difícil ou impossível reparação, e ficar demonstrada a probabilidade de provimento do recurso. Cabe ao agravante, na condição de principal interessado, requerer no seu agravo de instrumento a atribuição, pelo relator, do efeito suspensivo. Imperioso, portanto, que o recorrente postule o efeito suspensivo, uma vez que não é permitido ao relator, neste particular, agir *ex officio*. Em harmonia com o mencionado por Nelson Nery Jr. e Rosa Maria de Andrade Nery, o "relator pode conceder efeito suspensivo ao agravo, nos casos do CPC 995, mediante requerimento do agravante, sendo-lhe vedado concedê--lo *ex officio*.". (NERY JR., Nelson; NERY, Rosa Maria de Andrade, *Comentários ao Código de Processo Civil*, São Paulo, RT, 2015, p. 2107). Todavia, quando a decisão interlocutória manifestada no primeiro grau é negativa quanto ao pleito antecipatório, por exemplo, de nada adianta ao recorrente buscar no agravo o efeito suspensivo, pois nenhum benefício toca-lhe suspender decisão negativa. Para a situação narrada, com efeito, só interessa ao agravante a concessão do efeito ativo, isto é, que o relator, representando o colegiado, conceda, em grau recursal, aqueles efeitos que foram pretendidos no primeiro grau de jurisdição e que, agora, podem ser novamente versados pelo tribunal, em virtude do efeito devolutivo, amplamente presente no agravo. A doutrina, idealizada ao tempo do CPC/1973, denominava essa situação de "tutela antecipada recursal", porquanto o efeito pretendido pelo agravante chegará, antecipadamente, em razão da concessão pelo relator, em circunstância precária, do efeito ativo. Entretanto, a concessão do efeito ativo, como está escorada em juízo de probabilidade, não exaure a finalidade do recurso, motivo bastante para que, a despeito de sua outorga, o recurso mantenha seu curso natural, podendo a medida deferida pelo relator ser, ao final, confirmada ou revogada pelo órgão colegiado competente. No mesmo sentido: "A concessão, pelo relator, de medida denegada pelo juiz de primeiro grau é, na verdade, antecipação do resultado do mérito do agravo de instrumento, perfeitamente admissível no sistema brasileiro, à luz do CPC 932 II e 1019 I.". (NERY JR., Nelson; NERY, Rosa Maria de Andrade, *Comentários ao Código de Processo Civil*, São Paulo, RT, 2015, p. 2107). Por todo o exposto, no prazo de 5 (cinco) dias do recebimento pelo relator do agravo de instrumento, este poderá ou (i) atribuir efeito suspensivo ao recurso ou (ii) deferir, em antecipação de tutela, total ou parcialmente, a pretensão recursal. Nos dois casos, comunicará ao juiz sua decisão, por ofício, o que não dispensa outros meios, principalmente na situação de urgência, para que a decisão proferida possa ser cumprida pelo juízo *a quo*. A decisão do relator que atribui efeito suspensivo ao agravo de instrumento ou empresta ao recurso, já no seu início, efeito ativo deve ser impugnada por agravo interno (art. 1.021). Assim também se posicionou o FPCC, no Enunciado 142: "Da decisão monocrática do relator que concede ou nega o efeito suspensivo ao agravo de instrumento ou que concede, nega, modifica ou revoga, no todo ou em parte, a tutela jurisdicional nos casos de competência originária ou recursal, cabe o recurso de agravo interno nos termos do art. 1.021 do CPC.".

3. Contraditório no agravo de instrumento. Após analisar o pedido de outorga de efeito ativo ou suspensivo, tanto na hipótese de deferimento como na de indeferimento, compete ao relator oportunizar o exercício do contraditório ao agravante. Considerando que no instrumento do agravo consta, caso existente, a cópia da procuração conferida ao advogado do recorrido, a secretaria do órgão jurisdicional, tendo em conta as informações consignadas no documento, providenciará a intimação da parte, na pessoa de seu advogado, ou pelo Diário da Justiça ou por carta com aviso de recebimento. Por outro lado, caso o agravado não possua advogado constituído nos autos, determina o art. 1.019, II, sua intimação em pessoa, por carta com aviso de recebimento. O réu terá, em virtude da incidência do princípio da isonomia, prazo de 15 (quinze) dias para apresentar contrarrazões ao agravo. A norma faculta ao agravado, no prazo da resposta, juntar a documentação que entender necessária ao julgamento do recurso, possibilitando a apresentação de documento novo, inclusive. Cumpre asseverar, todavia, que a intimação do agravado apenas será indispensável se o relator, de pronto, não proceder à inadmissibilidade do recurso, nem desprovê-lo monocraticamente. É possível, de igual modo, que o agravado seja o próprio Ministério Público, parte representada pela Defensoria Pública ou a Advocacia Pública, não se podendo ignorar, nesta situação, a incidência da regra especial a exigir a intimação pessoal dos respectivos sujeitos (respectivamente, art. 180, art. 186, §1º, e art. 183), bem como a contagem em dobro do prazo para contrarrazoar o agravo, ponto este que se afasta da regra vigente no CPC/1973, onde o Ministério Público e a Fazenda Pública só tinham prazo em dobro para recorrer, e não para apresentar contrarrazões aos recursos.

4. O provimento do agravo monocraticamente pelo relator. Muito embora seja silente o art. 1.019, inegável que o relator do agravo de instrumento também tem o dever de, desde que presentes os requisitos legais, prover o recurso monocraticamente. Tem total incidência, na espécie, a regra do art. 932, V, que possibilita ao julgador, depois de oportunizado o contraditório, dar provimento ao agravo de instrumento se a decisão recorrida for contrária a: (i) súmula do Supremo Tribunal Federal, do Superior Tribunal de Justiça ou do próprio tribunal; (ii) acórdão proferido pelo Supremo Tribunal Federal ou pelo Superior Tribunal de Justiça em julgamento de recursos repetitivos; e (iii) entendimento firmado em incidente de resolução de demandas repetitivas ou de assunção de competência. O julgamento monocrático do relator nas hipóteses de inadmissibilidade, desprovimento ou provimento do agravo poderão ser vergastados pelo recurso de agravo interno, tema que será tratado nos comentários ao art. 1.021.

5. Participação do Ministério Público no agravo. *Custos legis.* Sabemos que a atuação do Ministério Público no processo civil individual é deveras limitada quando comparada à posição de ator principal que conserva no processo coletivo. Afora a propositura da demanda, sua participação tem fundamento na intervenção como fiscal da ordem jurídica, desde que prevista em lei ou na Constituição Federal. O art. 178 traz rol exemplificativo, afirmando que a intimação do *parquet* será obrigatória nos processos que digam respeito a: (i) interesse público ou social; (ii) interesse de incapaz; (iii) litígios coletivos pela posse de terra rural ou urbana. Assim, apenas e tão somente quando o agravo versar sobre os temas referidos é que estará justificada a presença do Ministério

Público. Logo vemos, portanto, que a intimação do órgão ministerial para se manifestar em todo e qualquer agravo de instrumento, nada obstante unicamente para manifestar, ou não, interesse na causa, é medida completamente desprovida de propósito e que atenta contra o princípio da razoável duração dos processos. Desse modo, quando o art. 1.019, III, impõe a intimação do membro do Ministério Público, o faz com o claro propósito de permitir o cumprimento da função constitucional do órgão, que se limita a atuar naqueles específicos conflitos. Na linha do afirmado por Nelson Nery Jr. e Rosa Maria de Andrade Nery, a presença do MP só se justifica nas hipóteses em que a lei reclama sua intervenção. (NERY JR., Nelson; NERY, Rosa Maria de Andrade, *Comentários ao Código de Processo Civil*, São Paulo, RT, 2015, p. 2109). A manifestação do Ministério Público, que ocorrerá no prazo de 15 (quinze) dias, tem por finalidade dar cumprimento ao mandamento constitucional, possibilitando à instituição atuar, efetivamente, na defesa da ordem jurídica, do regime democrático e dos interesses e direitos sociais e individuais indisponíveis (art. 1.019, III).

6. A atuação do tribunal no estímulo aos meios alternativos de solução de conflitos. O congestionamento cada vez maior do Poder Judiciário tem contribuído para que os poderes constituídos percebam a importância do estímulo aos meios alternativos de solução de conflitos. A obtenção de um resultado originado do consenso encerra maior aceitação social, prevenindo futuros litígios, tendo em conta as mesmas partes e problemas correlatos. Seguindo essa vertente, o art. 3º incentiva a adoção dos meios alternativos, estando expresso, no parágrafo 2º do referido artigo, preceito que o Estado promoverá, sempre que possível, a solução consensual dos conflitos. O legislador vai mais além para vaticinar que esses meios – conciliação, mediação, negociação, etc. – deverão ser estimulados por juízes, advogados, defensores públicos e membros do Ministério Público, ao longo de todo o curso processual (art. 165 a 175 e 334), o que, por óbvio, não exclui a fase recursal. Atendendo a essa vertente, o art. 932, I, compatível com o agravo de instrumento, diz que cabe ao relator "dirigir e ordenar o processo no tribunal, inclusive em relação à produção de prova, bem como, quando for o caso, homologar autocomposição das partes". Para mais, o FPPC, reunido em Vitória-ES, aprovou o Enunciado 371, relacionado diretamente com a nova tendência aludida: "Os métodos de solução consensual de conflitos devem ser estimulados também nas instâncias recursais.".

ARTIGO 1.020.

O relator solicitará dia para julgamento em prazo não superior a 1 (um) mês da intimação do agravado.

CORRESPONDÊNCIA NO CPC/1973: *ART. 528.*

1. O princípio da razoável duração dos processos e a estipulação de prazo para o julgamento do agravo de instrumento. A resolução do recurso que versa questão incidente, como é curial, não pode custar para ocorrer, até porque, na grande maioria dos casos, a solução a ser dada à questão influenciará, direta ou indiretamente, não só o andamento do processo, mas também o pronunciamento final, que, na esteira do que exige o diploma processual, versará, preferencialmente, a respeito do mérito da ação e do recurso (princípio da primazia da decisão do mérito recursal). Preocupado em dar concretude ao princípio da razoável duração dos processos, o art. 1.020 determina ao relator que proceda à solicitação, em prazo nunca superior a 1 (um) mês da intimação do agravado, de dia para julgamento colegiado.

2. Sentença proferida antes de julgado o agravo de instrumento. Situação inusitada, mas não impossível de ocorrer, verifica-se quando, antes de apreciado o agravo instrumento no tribunal, o juiz profere sentença. Isso é passível de acontecer, pois a interposição de recurso contra decisão interlocutória não obsta o prosseguimento do feito, que tende, sempre, à extinção por sentença, com ou sem resolução do mérito. A concretude da hipótese é tão real que o art. 946 pretende regular a espécie: "Art. 946. O agravo de instrumento será julgado antes da apelação interposta no mesmo processo.". Duas posições opostas disputam a preferência: (i) sentença sob condição – Nelson Nery Jr. e Rosa Maria de Andrade Nery entendem que a sentença, nesse caso, foi dada sob condição, ou seja, sua higidez depende, sempre, do desprovimento do agravo, pois, a depender do teor das conclusões que advirão do pronunciamento do órgão ad quem, o desenlace exposto na sentença estará comprometido. "Todos os atos processuais praticados depois da interposição do agravo (a sentença inclusive) serão anulados, caso sejam incompatíveis com o resultado do provimento do agravo.". (NERY JR., Nelson; NERY, Rosa Maria de Andrade, *Comentários ao Código de Processo Civil*, São Paulo, RT, 2015, pp. 2103-2104); (ii) a ausência de apelação prejudica o agravo – Barbosa Moreira defende, em contrapartida, que o agravante, no intuito de ver seu agravo apreciado, deveria, obrigatoriamente, apelar da sentença, sob pena de, em caso de omissão, o agravo perder o objeto. *In casu*, a inexistência de apelação ou remessa necessária esvaziaria, em qualquer circunstância, o agravo de instrumento. (MOREIRA, José Carlos Barbosa, *Comentários ao Código de Processo Civil*, v. V, 17. ed., Rio de Janeiro, Forense, 2013, p. 695-6). Portanto, tendo em conta o acima exposto, o impasse relativo à ocorrência de esvaziamento do conteúdo do agravo de instrumento pendente em virtude da prolação da sentença de mérito, encontra duas soluções bem definidas: (i) a da cognição, segundo a qual o conhecimento exauriente da sentença absorve a cognição sumária da interlocutória, havendo perda do objeto do agravo; e (ii) o da hierarquia, que pressupõe a prevalência da decisão de segundo grau sobre a singular, quando então o julgamento do agravo se impõe.

Fredie Didier Jr. e Leonardo Carneiro da Cunha trazem posição intermédia, visto que, na concepção dos autores, a resposta à questão carece de uma análise da situação concreta. Em razão disso, a "premissa que se deve estabelecer para o correto enfrentamento do ponto é a de que a perda, ou não, do objeto do agravo pendente de julgamento não é questão que deve ser analisada em abstrato.". (DIDIER JR., Fredie; CUNHA,

Leonardo Carneiro da, *Curso de direito processual civil*, v. 3, 12. ed., Salvador, JusPudivm, 2014, p. 194). Essa, aliás, é a posição encampada por Teresa Arruda Alvim Wambier, que conclui a ideia da seguinte forma: "Como regra, se o agravo versar sobre questão cujo exame pode, dependendo do resultado, comprometer a sentença, esta não terá transitado em julgado, senão sob condição, e a condição é justamente de o agravo, que deve necessariamente ocorrer, ser compatível com o que terá decidido.". (WAMBIER, Teresa Arruda Alvim, "O destino do agravo depois de proferida a sentença", in NERY JR., Nelson; WAMBIER, Teresa Arruda Alvim (Coord.), *Aspectos polêmicos e atuais dos recursos cíveis e de outros meios de impugnação às decisões judiciais*, v. 7, São Paulo, RT, 2003, p. 687-697).

Como é a análise do caso individual que vai definir a sorte do agravo, duas soluções são admissíveis: a da subsistência do agravo e a da perda do objeto. No caso de agravo impugnando tutela provisória, a sobrevinda da apelação fará com que o recurso pendente perca o objeto. Conforme já julgou o STJ, as medidas provisórias, "editadas em juízo de mera verossimilhança, têm por finalidade ajustar provisoriamente a situação das partes envolvidas na relação jurídica litigiosa e, por isso mesmo, desempenham no processo uma função por natureza temporária. Sua eficácia se encerra com a superveniência da sentença, provimento tomado à base de cognição exauriente, apto a dar tratamento definitivo à controvérsia, atendendo ou não ao pedido ou simplesmente extinguindo o processo". Em vista disso, "a apreciação da causa esgota, portanto, a finalidade da medida liminar, fazendo cessar a sua eficácia. Daí em diante, prevalece o comando da sentença, e as eventuais medidas de urgência devem ser postuladas no âmbito do sistema de recursos, seja a título de efeito suspensivo, seja a título de antecipação da tutela recursal (...)". (STJ, REsp 853.349/SP).

Em julgado distinto, assim manifestou-se o STJ: "Contudo, o juízo acerca do destino a ser dado ao agravo após a prolatação da sentença não pode ser feito a partir de uma visão simplista e categórica, ou seja, a solução da controvérsia não pode ser engendrada a partir da escolha isolada de um dos referidos critérios, fazendo-se mister o cotejo com a situação fática e processual dos autos, haja vista que a pluralidade de conteúdos que pode ter a decisão impugnada, além de ensejar consequências processuais e materiais diversas, pode apresentar prejudicialidade em relação ao exame do mérito. 4. A pedra angular que põe termo à questão é a averiguação da realidade fática e do momento processual em que se encontra o feito, devendo-se sempre perquirir se remanesce interesse e utilidade no julgamento do recurso, o que, em princípio, transcende o fato de ser ou não, a questão nele discutida, pressuposto lógico da decisão de mérito. 5. No caso, conquanto a questão da produção de provas seja antecedente lógico da solução do mérito da lide, é certo que, pelas peculiaridades da situação fática e processual dos autos, não se revela nenhuma utilidade nem justo interesse no julgamento do agravo de instrumento, que perdeu, assim, o seu objeto. (...)". (STJ, REsp 1.389.194/SP). Muito embora os julgados acima tenham sido proferidos enquanto vigente o CPC/1973, o advento do novo regramento não irá alterar substancialmente a posição do STJ sobre a temática, de modo que esta continuará sendo a resposta para a solução do impasse apresentado.

CAPÍTULO IV – Do Agravo Interno

ARTIGO 1.021.
Contra decisão proferida pelo relator caberá agravo interno para o respectivo órgão colegiado, observadas, quanto ao processamento, as regras do regimento interno do tribunal.
§ 1º Na petição de agravo interno, o recorrente impugnará especificadamente os fundamentos da decisão agravada.
§ 2º O agravo será dirigido ao relator, que intimará o agravado para manifestar-se sobre o recurso no prazo de 15 (quinze) dias, ao final do qual, não havendo retratação, o relator levá-lo-á a julgamento pelo órgão colegiado, com inclusão em pauta.
§ 3º É vedado ao relator limitar-se à reprodução dos fundamentos da decisão agravada para julgar improcedente o agravo interno.
§ 4º Quando o agravo interno for declarado manifestamente inadmissível ou improcedente em votação unânime, o órgão colegiado, em decisão fundamentada, condenará o agravante a pagar ao agravado multa fixada entre um e cinco por cento do valor atualizado da causa.
§ 5º A interposição de qualquer outro recurso está condicionada ao depósito prévio do valor da multa prevista no § 4º, à exceção da Fazenda Pública e do beneficiário de gratuidade da justiça, que farão o pagamento ao final.
CORRESPONDÊNCIA NO CPC/1973: *ART. 557.*

1. **Agravo interno. Origem e função.** Durante muitos anos, vigeu no direito processual pátrio, até com elevada autoridade, o princípio da colegialidade das decisões do tribunal, de sorte que só seriam admitidas decisões proferidas por esses órgãos quando plurais, ou seja, tomada pela soma dos votos de seus membros. Todavia, o engarrafamento de processos nos tribunais, mormente os superiores, e a necessidade constante de otimizar a atuação jurisdicional, acelerando a resposta do Poder Judiciário ao conflito posto a sua apreciação, levaram o legislador a relativizar, em grande medida, a incidência do princípio. Em prestígio a essa tendência, leis foram criadas para permitir que o tribunal pudesse manifestar-se através de um único membro, de modo que passou a ser possível e, até certo ponto, comum, a prolação de decisões unipessoais pelo relator. Pôs-se ao legislador a solução do impasse: acelerar os julgamentos e desanuviar a carga de trabalho dos tribunais sem, contudo, acoimar a disposição constitucional que exige dos tribunais decisões colegiadas. A resposta veio com a outorga de competência em sistema "similar" a de uma delegação de poderes, da feita que se atribuiu competência decisória ao órgão monocrático delegado (relator), embora garantido à parte que se sentir prejudicada com a decisão, recorrer para o órgão colegiado delegante (órgão plural do tribunal), verda-

deiro titular da competência. Concluímos, portanto, que a higidez da inovação repousa no fato de que a atribuição da competência decisória ao relator não foi absoluta, isto é, os permissivos legais não subtraíram, por completo, a autoridade do órgão colegiado, até porque mudança desse gabarito violaria a CF/1988, que, muito embora não seja clara e expressa nesse particular, menciona a composição plural dos órgãos de sobreposição, denotando um propósito para a estruturação da Justiça nesses termos. O agravo interno, assim denominado por ser atuante no plano interno do respectivo tribunal (do relator para o órgão colegiado do qual é parte integrante), faz o papel, portanto, de meio capaz de permitir a devolução da decisão monocrática do relator para o órgão colegiado, então titular do poder (competência decisória genuína ou de revisão). Atento para sua função, Cassio Scarpinella Bueno afirma não ser equivocado denominar o presente recurso de "agravo de colegiamento". (BUENO, Cassio Scarpinella, *Novo Código de Processo Civil anotado*, São Paulo, Saraiva, p. 658). Desse modo, não fica derrogado o princípio da colegialidade, uma vez que se garante, em última instância, a manifestação do órgão colegiado. Essa função, no CPC/1973, também era desempenhada pelo agravo interno, cuja tímida previsão – art. 557, §1º. "Da decisão caberá agravo, no prazo de cinco dias, ao órgão competente para o julgamento do recurso, e, se não houver retratação, o relator apresentará o processo em mesa, proferindo voto; provido o agravo, o recurso terá seguimento" – retardou o pleno florescimento da espécie. O CPC/2015 inova na temática, pois, além de arrolar essa modalidade recursal no art. 994, reserva o Capítulo IV, do Livro III, para cuidar de seu cabimento e procedimento.

2. Agravo interno. Cabimento. O art. 1.021 prevê o cabimento do agravo interno contra toda e qualquer decisão proferida pelo relator, a ser julgado, obrigatoriamente, pelo respectivo órgão colegiado. (BUENO, Cassio Scarpinella, *Novo Código de Processo Civil anotado*, São Paulo, Saraiva, p. 658). Segundo adverte Luiz Henrique Volpe Camargo, o "agravo interno é recurso cabível contra *decisão unipessoal* de relator nos recursos ou nas causas de competência originária de tribunal de justiça, tribunal regional federal, Superior Tribunal de Justiça ou Supremo Tribunal Federal" (CAMARGO, Luiz Henrique Volpe, *Breves comentários ao novo Código de Processo Civil*, WAMBIER, Teresa Arruda Alvim; DIDIER JR., Fredie; TALAMINI, Eduardo; DANTAS, Bruno (Coord.), São Paulo, RT, 2015, p. 2260). Dentro das hipóteses de cabimento estão, primordialmente, as decisões proferidas com fundamento no art. 932. A propósito, esse dispositivo cuida dos poderes do relator nos recursos e nas ações de competência originária dos tribunais, atribuindo a ele a responsabilidade por (i) direção e ordenação do processo, (ii) produção de prova e (iii) estímulo e realização da autocomposição das partes, (iv) apreciar o pedido de tutela provisória, (v) inadmitir recurso que não preenche os pressupostos recursais, (vi) rejeitar recurso prejudicado ou (vii) que não tenha impugnado especificamente os fundamentos da decisão recorrida (viii) negar provimento a recurso; (ix) dar provimento ao recurso, (x) apreciar reexame necessário (253-STJ: O art. 557 do CPC do CPC/1973 (art. 932, CPC/2015), que autoriza o relator a decidir o recurso, alcança o reexame necessário), (xi) decidir o incidente de desconsideração da personalidade jurídica, quando este for instaurado originariamente perante o tribunal, e (xii) da decisão do relator que não aceita a argumentação de distinção entre a questão a ser decidida no processo repetitivo e aquela a ser julgada no recurso especial ou extraordinário afetado.

O FPPC confirma o cabimento do agravo interno no caso do item (iv), acima, como, aliás, dá conta o Enunciado 142 do FPPC. "Da decisão monocrática do relator que concede ou nega o efeito suspensivo ao agravo de instrumento ou que concede, nega, modifica ou revoga, no todo ou em parte, a tutela jurisdicional nos casos de competência originária ou recursal, cabe o recurso de agravo interno nos termos do art. 1.021 do CPC.".

3. Agravo interno. Regularidade formal. O agravo interno, recurso que é, também se submete ao duplo exame: admissibilidade e mérito. Sendo assim, imperioso que o recorrente observe os pressupostos recursais, a fim de que sua insubordinação possa ser enfrentada no mérito. O parágrafo 1º do art. 1.021 determina que, na petição do recurso, o recorrente realize a impugnação especificada dos fundamentos da decisão agravada, apontando o erro da decisão monocrática proferida pelo relator. Tem-se, aqui, mais uma vez, a manifestação do princípio da dialeticidade, a otimizar o trabalho do órgão colegiado encarregado de julgar o agravo interno, assim como oportunizar, ao agravado, o efetivo contraditório, já que explicitado estará os supostos equívocos da decisão. (BUENO, Cassio Scarpinella, *Novo Código de Processo Civil anotado*, São Paulo, Saraiva, p. 658). O propósito da norma foi refutar a mera repetição dos argumentos lançados no recurso ou na ação originária, por exemplo, no pedido de tutela provisória, apreciados monocraticamente pelo relator. Ainda tratando do procedimento, determina o parágrafo 2º que o agravo seja dirigido ao relator, que intimará o agravado para apresentar as contrarrazões ao recurso no prazo de 15 (quinze) dias. Substanciosa ampliação sofreu o prazo para interposição e resposta do agravo interno, que de 5 (cinco) dias pulou para o regime geral dos recursos, qual seja, 15 (quinze) dias, podendo ser, além disso, duplicado desde que presentes as causas legais (Fazenda Pública, Ministério Público, Defensoria Pública, litisconsortes com diferentes procuradores de escritórios de advocacia distintos). Posteriormente ao cumprimento das imposições tratadas, e desde que não haja retratação, o relator incluirá o agravo em pauta. Incumbe ao presidente, depois de receber os autos do relator, a inclusão do processo em pauta, com a correspondente intimação dos advogados mediante a publicação no órgão oficial, com antecedência mínima de 5 (cinco) dias úteis (arts. 934 e 935). A não observância dos termos mencionados, por furtar da parte a possibilidade de influir no resultado do seu recurso, importará na nulidade do seu processamento. Demais disso, o processamento do agravo interno observará o disposto no respectivo regimento interno do tribunal.

4. Efeito regressivo. Juízo de retratação. Como é curial ao regime do agravo, a interposição deste recurso possibilita ao órgão recorrido, diante dos argumentos apresentados, retroceder na sua posição, a fim de que reveja a sua posição anterior a respeito da tutela provisória ou, o que também é bastante comum, dê seguimento a recurso que teve seu processamento tolhido por questões diversas, tais como inadmissibilidade ou ausência de observância ao princípio da dialeticidade. Dessume-se do parágrafo 2º do art. 1.021, que a manifestação do efeito regressivo tem lugar após a apresentação das contrarrazões do agravado e funcionará como situação inibidora do processamento do agravo interno, já que terá ocorrido a perda do objeto ou, como preferem alguns, pelo atingimento de sua finalidade. O pedido de inclusão em pauta, havendo retratação, é totalmente dispensável.

5. Sustentação oral. Novidade relevantíssima reside na possibilidade de sustentação oral em recursos que, no regime anterior, não se admitia. Na linha do que dispõe o art. 937, a sustentação terá lugar após a exposição da causa pelo relator, sucessivamente, ao recorrente, ao recorrido e, quando for o caso, ao membro do Ministério Público, pelo prazo improrrogável de 15 (quinze) minutos para cada um. A sustentação oral permite à parte o contato direto com os julgadores, ocasião em que poderá expor, com maior vagar, as especificidades do caso concreto, influenciando, legitimamente, o resultado do julgamento do recurso. A parte final do art. 1.021, lida em conjunto com o art. 937, remete o procedimento relativo à inscrição ou ao requerimento de manifestação oral ao regimento interno do respectivo tribunal (*vide* art. 937, §2º). A permissão para a sustentação oral no agravo interno não é, todavia, irrestrita. De acordo com o art. 937, VII, ela apenas é possível quando o agravo impugnar decisão monocrática de relator proferida em sede de apelação, de recurso ordinário, de recurso especial, de recurso extraordinário, ou, nos processos de competência originária previstos no inciso VI, desde que o recurso sirva para atacar decisão de relator extintiva do procedimento, o que, obviamente, afasta o mesmo direito noutras hipóteses, salvo se contida na regra de fechamento do inciso IX (em outras hipóteses previstas em lei ou no regimento interno do tribunal).

A vastidão do Brasil impôs ao legislador, para não subtrair direito legítimo da parte, a criação do parágrafo 4º do art. 937. Conforme define a norma, é possível ao "advogado com domicílio profissional em cidade diversa daquela onde está sediado o tribunal realizar sustentação oral por meio de videoconferência ou outro recurso tecnológico de transmissão de sons e imagens em tempo real, desde que o requeira até o dia anterior ao da sessão.". Para Luiz Henrique Volpe Camargo, esse direito apenas deve ser outorgado ao advogado que não possua escritório na cidade/sede do tribunal, contanto que ele faça o pedido no prazo e forma legais. "Quem estiver estabelecido na sede de tribunal, por sua vez, tem de realizar a sustentação de forma presencial.". (CAMARGO, Luiz Henrique Volpe, in WAMBIER, Teresa Arruda Alvim; DIDIER JR., Fredie; TALAMINI, Eduardo; DANTAS, Bruno (Coord.), *Breves comentários ao novo Código de Processo Civil*, São Paulo, RT, 2015, p. 2265). Os tribunais, portanto, deverão providenciar o aparato tecnológico necessário ao cumprimento do preceito, sendo extremamente importante normatização interna para que eventuais falhas de ordem técnica não impeçam a novidade de atingir sua finalidade. Especial atenção e cuidado também serão exigidos no sentido de obstruir que expedientes maliciosos sejam utilizados como subterfúgio para o adiamento do julgamento.

6. Dever de fundamentação. O dever de fundamentar as decisões judiciais, por estar atrelado a preceitos de ordem constitucional, mereceu do novo diploma especial atenção do legislador. O parágrafo 1º do art. 489, regra muitíssimo festejada pela doutrina, procura coibir a fundamentação vaga e inespecífica, que apesar de ter aparência de cumprir com a exigência de motivação, não respeita o mandamento contido na CF/1988 (art. 93, IX, CF/1988) e na legislação infraconstitucional. Não mais se considera como fundamentada uma decisão judicial que não atine, com a atenção devida, para as peculiaridades do caso concreto e da argumentação tecida pelas partes. Assim Luiz Henrique Volpe Camargo quando afirma que o julgador deve avaliar aquilo que o agravante expõe de maneira séria e detida. (CAMARGO, Luiz Henrique Volpe, in WAMBIER, Teresa Arruda Alvim; DIDIER JR., Fredie; TALAMINI, Eduardo; DANTAS, Bruno (Coord.), *Breves comentários ao novo Código de Processo Civil*, São Paulo, RT, 2015, p. 2265). Não são constitucionalmente aceitáveis decisões genéricas, ou que, pela abstração dos fundamentos, poderiam justificar toda e qualquer decisão. Em boa hora o art. 1.021, §3º, veda ao relator pronunciamento consistente na simples reprodução dos fundamentos da decisão recorrida, de forma que referido conteúdo não servirá para julgar improcedente o agravo interno. Ao que parece, é o fim da fundamentação *per relationem*, que a partir do advento do CPC/2015 importará em nulidade da decisão. Ademais, o fato de que a efetiva manifestação do órgão colegiado do tribunal, a respeito da questão federal ou constitucional suscitada, ser fator viabilizador dos recursos excepcionais, incrementa, ainda mais, o dever do tribunal de efetivamente fundamentar suas decisões. Há, por fim, outro pressuposto dos recursos de estrito direito relacionado ao agravo interno, relativo ao esgotamento da instância ordinária. É jurisprudência remansosa no STJ, objeto de enunciado sumular, que a interposição do agravo interno apresenta-se como caminho necessário para se chegar à análise do mérito do recurso especial. "Havendo sido proferida decisão monocrática, convinha à agravante interpor agravo interno, de modo a provocar a manifestação do colegiado local. Só após tal manifestação, se lhe tornaria possível, em permanecendo a irresignação, a interposição do apelo nobre. Súmula 281/STF.". (STJ, AgRg no REsp 1.422.214/PR). Em conformidade com esse entendimento, apenas o agravo interno se presta ao exaurimento de instância, não sendo possível o aforamento do recurso especial ou extraordinário diretamente da decisão unipessoal do relator. Por esse motivo, o Min. Mauro Campbell conduziu julgamento repetitivo em que ficou consolidado que o agravo interno interposto contra decisão monocrática buscando o exaurimento da instância ordinária, para que seja permitido o acesso às instâncias extraordinárias não tem caráter protelatório. (STJ, REsp. 1.198.108/RJ). A nosso ver, entendimento tão amplo faz que o preceito tenha sua incidência consideravelmente reduzida, a implicar verdadeira negativa de vigência ao preceito, visto que todo agravo interno, como vimos, se apresenta como recurso viabilizador do exaurimento da instância, muito embora seu conteúdo seja inapto para alterar a decisão unipessoal do relator. É por esta razão que, neste ponto, concordamos com Luiz Henrique Volpe Camargo, quando este aduz que o abuso ficará caracterizado "pela interposição de agravo interno sem a alegação de usurpação da competência do órgão colegiado; ou sem a alegação da existência de distinção; ou sem a alegação de superação do paradigma decisório invocado.". (CAMARGO, Luiz Henrique Volpe, in WAMBIER, Teresa Arruda Alvim; DIDIER JR., Fredie; TALAMINI, Eduardo; DANTAS, Bruno (Coord.), *Breves comentários ao novo Código de Processo Civil*, São Paulo, RT, 2015, p. 2264).

7. Agravo interno procrastinatório. Um dos maiores problemas da sistemática recursal brasileira é a enorme permissibilidade no tocante às impugnações desprovidas de fundamento. A despeito da existência de meios inibitórios, os tribunais não se valem, como deveriam, dos poderes instituídos na norma. É raro encontrar uma decisão em que o litigante que se utilizou de recurso com o claro intuito protelatório suporta a condenação da multa pela litigância de má-fé. Muito embora a fixação de honorários na fase recursal se desvele uma mudança positiva, não tem o escopo de punir e arrefecer os ânimos do recorrente malicioso. O freio à litigância temerária só será efetivo quando os tribunais agirem contundentemente para coibir esse tipo de prática. Arma poderosa consta do art. 1.021, §4º. Segundo esse dispositivo, sendo o agravo interno declarado manifestamente inadmissível ou improcedente em votação unânime, o órgão colegiado, fundamentadamente, condenará o agravante a pagar ao agravado multa fixada entre 1 (um) e 5 (cinco) por cento do valor atualizado da causa. Para o STJ, a multa tem incidência, entre outros motivos, quando a interposição do agravo interno tiver por objetivo atacar julgamento proferido de acordo com a orientação pacífica do tribunal. Noutro pé, na esteira do que já decidiu o STF: "Surgindo do exame do agravo o caráter manifestamente infundado, impõe-se a aplicação da multa prevista no § 2º do artigo 557 do Código de Processo Civil [atual art. 1.021, § 4º].". (STF, AC 3.677 AgR/2014). Além do que, o parágrafo 5º do mesmo preceito declara que a interposição de qualquer outro recurso está condicionada ao depósito prévio do valor da multa prevista. Cassio Scarpinella Bueno critica o condicionamento legal. (BUENO, Cassio Scarpinella, *Novo Código de Processo Civil anotado*, São Paulo, Saraiva, p. 658). A respeito da temática tratada, o FPPC aprovou dois enunciados pertinentes. Primeiramente, o Enunciado 358: "A aplicação da multa prevista no art. 1.021, § 4º, exige manifesta inadmissibilidade ou manifesta improcedência.". A ideia subjacente ao verbete é de fazer incidir a multa apenas na hipótese de recurso temerário. Já o Enunciado 359 vindica, para justificar a multa, que a decisão de manifesta inadmissibilidade seja colhida em julgamento unânime. "A aplicação da multa prevista no art. 1.021, § 4º, exige que a manifesta inadmissibilidade seja declarada por unanimidade.". Ficam liberados, sem motivo aparente, a Fazenda Pública e o beneficiário da gratuidade da justiça, que deverão realizar o pagamento só após o fim do processo. No que tange ao Ministério Público, a lei dele não tratou, o que impede sua inclusão no grupo acima. Sendo assim, o *parquet*, em caso de multa por recurso pro-telatório, deverá efetuar o pagamento, caso contrário não poderá valer-se dos recursos subsequentes. (CAMARGO, Luiz Henrique Volpe, in WAMBIER, Teresa Arruda Alvim; DIDIER JR., Fredie; TALAMINI, Eduardo; DANTAS, Bruno (Coord.), *Breves comentários ao novo Código de Processo Civil*, São Paulo, RT, 2015, p. 2264).

CAPÍTULO V – Dos Embargos de Declaração

ARTIGO 1.022.
Cabem embargos de declaração contra qualquer decisão judicial para:
I – esclarecer obscuridade ou eliminar contradição;
II – suprir omissão de ponto ou questão sobre o qual devia se pronunciar o juiz de ofício ou a requerimento;
III – corrigir erro material.
Parágrafo único. Considera-se omissa a decisão que:
I – deixe de se manifestar sobre tese firmada em julgamento de casos repetitivos ou em incidente de assunção de competência aplicável ao caso sob julgamento;
II – incorra em qualquer das condutas descritas no art. 489, § 1º.
CORRESPONDÊNCIA NO CPC/1973: *ART. 535.*

1. Natureza jurídica. Ainda grassa na doutrina discussão a respeito da natureza jurídica dos embargos de declaração. Não obstante os substanciosos argumentos da tese contrária, prevalece o entendimento de que os embargos de declaração figuram dentre as modalidades recursais. Rodrigo Mazzei qualifica-os como recurso especial. (MAZZEI, Rodrigo, in WAMBIER, Teresa Arruda Alvim; DIDIER JR., Fredie; TALAMINI, Eduardo; DANTAS, Bruno (Coord.), *Breves comentários ao novo Código de Processo Civil*, São Paulo, RT, 2015, p. 2267). O legislador, seguindo os passos do CPC/1973, incluiu esta figura no rol do art. 994, especificamente no inciso IV. Considerando-se que a natureza recursal de determinado instituto deve ser tributada muito mais ao desejo do legislador que propriamente à sua essência, não há como negar que, no sistema processual pátrio, os embargos de declaração são espécie de recurso. Podemos, todavia, criticar a opção do legislador, inclusive com relação à própria conservação da espécie no sistema recursal forjado para o futuro do processo civil pátrio. Há, inclusive, fortes argumentos tanto no sentido da natureza não recursal, bem como no da desnecessidade desse mecanismo para funcionalidade do sistema; este espaço, contudo, não é o local adequado para discussão com esse grau de profundidade.

2. Cabimento. Hipóteses tradicionais. A atuação dos embargos de declaração é reservada para uma situação muito específica. Este recurso serve para expurgar da decisão judicial obscuridade, contradição e omissão. Os dois primeiros vícios são debelados mediante o esclarecimento do ato decisório, de onde, aliás, advém sua nomenclatura, e o terceiro, através de sua integração. Decisão obscura é aquela ininteligível, não clara, que soluciona a lide ou a matéria posta à apreciação do julgador de modo incompreensível, como, por exemplo, no caso de se referir a elementos não pertinentes à demanda. É a decisão confusa, contendo fundamentação desordenada e parte dispositiva imprecisa. A falta de legibilidade do texto da decisão ou a imprecisão quanto à sua motivação já foram consideradas pelo STJ, a nosso ver com acerto, como situações configuradoras de ato decisório obscuro. (STJ, AgRg nos EDcl no REsp 1.137.941/RS). "Contraditória", por sua vez, é a decisão que apresenta proposições inconciliáveis internamente, como entre a fundamentação e o dispositivo. Assim, muito embora o legislador não tenha repetido a regra constante do vetusto art. 535, I, do CPC/1973, que rendia ensejo ao entendimento de que a contradição permissiva dos embargos era aquela que se apresentava internamente, ou seja, na própria decisão, uma vez que o normativo ponderava existir, "na sentença ou no acórdão (o âmbito de análise cingia-se ao ato decisório), obscuridade ou contradição", pensamos estar corretíssimo esse entendimento, a despeito da inexistência de limitação equivalente no art. 1.022, sob pena de um completo desvirtuamento da finalidade dos embargos declaratórios, em prejuízo de todo o sistema. A omissão, vício ensejador do maior número de embargos, mereceu do legislador atenção especial. Cabem os embargos de declaração para "suprir omissão de ponto ou questão sobre o qual devia se pronunciar o juiz de ofício ou a requerimento". Entram no primeiro grupo as matérias de ordem pública e aquelas de ordem privada, mas para as quais o julgador recebeu autorização legal para conhecer, independentemente da provocação da parte (omissão indireta). No segundo, estão as que, nos moldes do art. 141, o juiz não pode conhecer sem a provocação das partes (omissão direta). Os pedidos deduzidos pelos litigantes, tanto na ação quanto na reconvenção, assim como aqueles decorrentes do exercício de pretensões incidentais, hão de ser, obrigatoriamente, apreciados pelo juiz de maneira efetiva. A falta de análise a respeito de qualquer deles é motivo suficiente para a configuração da omissão. No que se refere à causa de pedir, o raciocínio é um pouco diferente. O julgador não é obrigado, para acolher o pedido do autor, a se debruçar sobre todos os argumentos apresentados com este objetivo. Entretanto, para desestimá-lo, faz-se necessária a análise daqueles sustentadores da pretensão autoral, dês que oportunamente lançados, de modo que o não enfrentamento de apenas um deles implica na presença do vício da omissão. Raciocínio idêntico há de ser feito com os olhos fitos no réu, ou seja: não é imperiosa a análise de todas as causas defensivas quando o pedido do autor for rechaçado pelo julgador, todavia elas passam a figurar como de exame obrigatório na hipótese de acolhimento do pedido. O descompasso que havia entre o CPC/1973 e a Lei n. 9.099/95 (Lei dos Juizados Especiais Estaduais), porquanto este normativo ainda admitia, apartado do código processual, a dúvida como vício embargável, foi resolvido no art. 1.064, que alterou expressamente a redação do art. 48 da Lei 9.099/1995 ("Caberão embargos de declaração contra sentença ou acórdão nos casos previstos no Código de Processo Civil").

3. Cabimento. A caracterização da omissão. O parágrafo único do art. 1.022 elenca duas novas hipóteses em que se considerará como omissa a decisão: a primeira, no caso de o *decisum* deixar de se manifestar sobre tese firmada em julgamento de casos repetitivos ou em incidente de assunção de competência aplicável ao caso em julgamento. A força dos precedentes cunhados nos procedimentos mencionados impõe-se de modo compulsório, que o julgador não pode se furtar a considerá-los. A lei, por assim dizer, não permite que o precedente seja ignorado pelo juiz; e, se assim for, a decisão que procedeu desse modo estará maculada pela omissão. Todavia, a lei não só pretende que o julgador faça menção ao precedente, mas também proceda à sua adequação ou ao *distinguishing* (distinção), quando comprovado que o precedente não colhe o caso dos autos, ou ao *overruling* (superação), de que este foi afastado por revisão conduzida na forma do art. 986, pois só assim estará justificada sua decisão. Imaginemos uma decisão que não só deixou de mencionar o precedente, como também é possuidora de conteúdo contrário à tese lá firmada (que pode derivar ou em julgamento de casos repetitivos ou em incidente de assunção de competência). Os embargos escorados na omissão vão obrigar o juiz a analisar o precedente e, se não for o caso de distinção ou superação, exigir sua adequação, já que sua observância, nos termos do art. 985 é obrigatória. Desse modo, os embargos de declaração opostos com fundamento no inciso I do parágrafo único do art. 1.022, vão permitir não só a menção ao precedente, como a excepcional reforma da decisão para que se afine à tese cunhada naqueles procedimentos. E não há diferença se a decisão do precedente surgiu após a decisão judicial, mas ainda no prazo de oposição dos embargos. Nesse caso, o embargante poderá suscitar o precedente, muito embora não esteja a decisão, de fato, maculada pela omissão, uma vez que ao tempo da sua prolação o precedente sequer existia. O cabimento, aqui, deve ser creditado a dois pontos importantes: (i) a observância obrigatória decorrente da força do precedente; e (ii) a existência do princípio, no plano legal e constitucional, do princípio da razoável duração do processo, pois a adequação da decisão ao contido no precedente inviabilizará a interposição de outros recursos (apelação, por exemplo). Tratando ou não do precedente, desde que a decisão remanesça não alinhada à tese, ao que nos parece, caberá reclamação para o órgão competente (art. 985, §1º). A supressão da omissão, nesse caso específico, pode gerar a inversão do julgado, ensejando o que a doutrina e jurisprudência consagraram como efeito "infringente" ou "modificativo" dos embargos, só verificáveis excepcionalmente. A segunda hipótese abarca a ocorrência de qualquer das falhas descritas no art. 489, §1º, que trata, justamente, do dever de fundamentação das decisões judiciais. Segundo o art. 489, §1º, não se considera como fundamentada qualquer decisão judicial que: (i) limitar-se à indicação, à reprodução ou à paráfrase de ato normativo, sem explicar sua relação com a causa ou a questão decidida; (ii) empregar conceitos jurídicos indeterminados, sem explicar o motivo concreto de sua incidência no caso; (iii) invocar motivos que se prestariam a justificar qualquer outra decisão; (iv) não enfrentar todos os argumentos deduzidos no processo capazes de, em tese, infirmar a conclusão adotada pelo julgador; (v) limitar-se a invocar precedente ou enunciado de súmula, sem identificar seus fundamentos determinantes nem demonstrar que o caso sob julgamento se ajusta àqueles fundamentos; (vi) deixar de seguir enunciado de súmula, jurisprudência ou precedente invocado pela parte, sem demonstrar a existência de distinção no caso em julgamento ou a superação do entendimento.

A inclusão do art. 489, §1º, deve ser enaltecida, porquanto contribui para que o jurisdicionado receba, conforme determina a CF/1988, uma resposta adequada do Poder Judiciário ao seu conflito. Contudo, pensamos que – ressalvadas as hipóteses referidas nos algarismos "iv" (não enfrentar todos os argumentos deduzidos no processo capazes de, em tese, infirmar a conclusão adotada pelo julgador) e "vi" (deixar de seguir enunciado de súmula, jurisprudência ou precedente invocado pela parte, sem demonstrar a existência de distinção no caso em julgamento ou a superação do entendimento) – as outras configuram erros de julgamento, passíveis de correção pela via da apelação. Equívoco ou defeito na fundamentação não pode ser simplesmente enquadrado como um caso de omissão. Sem contar a avalanche de embargos de declaração que serão opostos, a opção do legislador acaba criando para o recorrente dois recursos igualmente capazes de infringir a decisão por erro de julgamento, o que não se apresenta como adequado quando claramente a pretensão era a de reduzir o número de recursos. Ademais, a ampliação dos aclaratórios, conforme será visto, depõe contra o sistema, já que cria duplicidade injustificada de expedientes impugnativos, produtores do mesmo resultado, um para o juízo *a quo* e outro para o *ad quem*. A parte, depois de tentar a reforma da decisão pela via dos embargos de declaração, terá, ainda, no caso de insucesso, o recurso de apelação, onde poderá, com toda convicção, apontar os vícios elencados no art. 489, §1º, em razão da liberdade argumentativa daquela forma de impugnação.

4. Cabimento. Novas hipóteses. Ao tempo do CPC/1973 e como fruto de uma interpretação sistemática, doutrina e jurisprudência passaram também a admitir a oposição de embargos de declaração para a correção de erros materiais. O suporte legal que sustentou esse entendimento constava do art. 463 do diploma revogado (repetido no art. 494 do CPC/2015). Lá dizia que após a publicação da sentença, o juiz só poderia alterá-la se fosse para corrigir, de ofício ou a requerimento da parte, inexatidões materiais, ou retificar erros de cálculo ou, ainda, por ocasião do julgamento de embargos de declaração. A correção de inexatidões materiais, erro na grafia do nome do autor da ação, por exemplo, ou erros de cálculo, soma equivocada do valor da condenação, podem, e devem, ser realizadas independentemente da provocação da parte, sempre que percebidas pelo juiz e, no nosso entender, até o momento que a apelação segue para o tribunal (art. 1.010, §3º). Com a publicação da sentença, o interessado na apelação já visualiza seus termos, de modo a concatenar os procedimentos necessários à sua reforma ou cassação, mormente quando não percebe no julgado nenhuma omissão, obscuridade, contradição ou erro material. Eventual correção de ofício pelo juiz, muito embora o ato corrigido deva ser novamente publicado, não dá ensejo ao refazimento ou à complementação do recurso de apelação, até porque tal correção não tem o condão de alterar a substância daquilo que foi decidido. Prova maior do afirmado adrede pode ser verificada na jurisprudência que admite a correção de erro material mesmo após a ocorrência da coisa julgada: "A jurisprudência desta Corte é firme no sentido da 'possibilidade de correção de ofício de erro material, mesmo após o trânsito em julgado.'". (STJ, AgRg no REsp 1.223.157/RS; AgRg no AREsp 89.520/DF). Aí reside o substrato jurídico que sustentou a feitura do Enunciado 360, do FPPC: "A não oposição de embargos de declaração em caso de erro material na decisão não impede sua correção a qualquer tempo.". Se a correção do erro material é possível mesmo após a formação da coisa julgada, ela não pode ser tão pujante a ponto de sustentar uma mudança no conteúdo decisório, pois, caso assim fosse, violada estaria a norma constitucional, que protege o instituto no art. 5º, XXXVI. Não é por outra razão que a lei permite, de igual modo, que esses defeitos sejam suscitados por qualquer das partes, mediante simples requerimento. Despiciendo, portanto, que a parte se valesse dos embargos de declaração, recurso de fundamentação vinculada e de limites rígidos, para provocar correção do órgão judicial alegável por simples petição nos autos, sem formalidade alguma. Esse foi o desejo do sistema, não aquilo que a prática fez comum. A razão de o legislador ter colocado, ao lado da situação relatada, a modificação decorrente do julgamento dos embargos de declaração foi, justamente e em razão da excepcionalidade, a de consignar que tal alteração não violaria o princípio da inalterabilidade da sentença, apenas admitida nas hipóteses especificadas na legislação. (STJ, AgRg no AREsp 290.919/RJ). Por uma questão de lógica, inexiste interesse no manejo de recurso se o defeito pode ser corrigido por simples petição. O único argumento plausível para a aceitação dessa alegação através dos aclaratórios é o fato de ser a matéria cognoscível de ofício, de modo que se revela desimportante a forma pela qual a parte provoca o juiz a proceder conforme imposto na lei. Todavia, fazer disso nova hipótese de cabimento é coisa bem diferente, já que amplia sobremaneira o cenário da embargabilidade, permitindo que o causídico, sob o argumento da ocorrência de erro material, apresente outros vícios (de julgamento ou de procedimento), camuflando a sua real intenção (modificação do julgado, interrupção do prazo para os recursos subsequentes, protelação do processo, etc.). Pensamos que faltou malícia ao legislador para perceber que ampliaçao das hipóteses de cabimento dos embargos presta um desserviço ao sistema, posto que gera tumulto entre as espécies recursais, aproximando aquilo que a lei quis fazer distante. Essa aproximação já era sentida antes mesmo do advento da Lei 13.105/2015, muito embora isso fique mais escancarado quando consideramos a jurisprudência criada no ambiente da justiça do trabalho. Naquela especializada, há uma forte tendência de se permitir correção de erro de julgamento por meio dos embargos de declaração. Vale conferir: "EMBARGOS DE DECLARAÇÃO. OMISSÃO CARACTERI-

ZADA. EMBARGOS DE DECLARAÇÃO. INDENIZAÇÃO POR DANOS MORAIS. PRESCRIÇÃO. Hipótese em que se observa omissão no julgado em relação ao exame da matéria frente ao entendimento jurisprudencial desta egrégia SBDI-I. Embargos de declaração providos para, emprestando-se-lhes efeito modificativo do julgado embargado, dar provimento ao recurso de embargos para afastar a prescrição decretada e determinar o retorno dos autos à Vara de origem, a fim de que prossiga no exame da pretensão deduzida em juízo, como entender de direito.". (TST, ED-ED-E-ED--RR-74200-36.2002.5.15.0043). Esse entendimento foi sendo gradativamente incorporado à legislação trabalhista, de tal modo que hoje consta do art. 897-A da CLT: "Caberão embargos de declaração da sentença ou acórdão, no prazo de cinco dias, devendo seu julgamento ocorrer na primeira audiência ou sessão subsequente a sua apresentação, registrado na certidão, admitido efeito modificativo da decisão nos casos de omissão e contradição no julgado e manifesto equívoco no exame dos pressupostos extrínsecos do recurso.". Podemos notar, mais uma vez, a tendência ampliativa, já que manifesto equívoco no exame dos pressupostos recursais extrínsecos nem de longe pode ser interpretado como "equívocos manifestos", mais ainda se esses equívocos se referirem ao mérito da causa, que pressupõe a correta análise do arcabouço fático. Para esses erros, o legislador reservou o recurso de apelação. Sendo assim, entendemos equivocada, salvo melhor juízo, a lição presente tanto no plano doutrinário (SILVA, Ticiano Alves e, "Embargos de declaração e contradição externa", in *Revista de Processo*, v. 238, São Paulo, RT, 2014, p. 199-211) quanto no jurisprudencial (STJ, EDcl no REsp 1.359.259/SE; EDcl no AgRg no REsp 1.496.096/RS). "Premissa fática equivocada" é erro de julgamento cuja correção há de ser realizada ao tempo da apreciação do recurso de apelação, caso encontradiço na sentença. Louvável, para nós, é o entendimento forjado no STJ de que "erro material é aquele reconhecido *primo ictu oculi*, consistente em equívocos materiais sem conteúdo decisório propriamente dito, como a troca de uma legislação por outra, a consideração de data inexistente no processo ou uma inexatidão numérica; e não, aquele que decorre de juízo de valor ou de aplicação de uma norma jurídica sobre o(s) fato(s) do processo.". (STJ, REsp 1.021.841/PR; STJ, AgRg no REsp 1.227.351/RS). Pensar diferente seria ressuscitar entendimento já ultrapassado e que não mais encontra compatibilidade na lei processual. Francisco de Paula Batista, comentando o CPC/1999, afirmava ao se referir aos embargos à sentença: "Embargos à sentença são uma alegação articulada perante o mesmo juiz que deu a sentença para se obter a declaração ou reforma dela: é admissível somente contra sentenças definitivas ou mistas.". (BATISTA, Francisco de Paula, *Compêndio de teoria e prática do processo civil*, Campinas, Russell, 2002, p. 249). Ademais, nem quando os embargos possibilitavam a reforma da decisão era possível sua utilização, pela mesma parte, após o insucesso da apelação. De acordo com Seabra Fagundes o "interesse em embargar é sempre de quem não apelou, pois que a apelação, ou tem como resultado manter-se a decisão apelada, ocorrendo aí a dupla conformidade excludente dos embargos, ou conduz à reforma da sentença em favor do apelante, e, assim, para este não haverá interesse no embargar o acórdão. O apelado, vencedor na primeira instância, este, sim, caso provida a apelação e, portanto, reformada a sentença que lhe foi favorável, é que tem interesse em pleitear a sua restauração.". (FAGUNDES, Miguel Seabra, *Dos recursos ordinários em matéria civil*, Rio de Janeiro, Forense, 1946, p. 393). Caso admitidos embargos de declaração para apontar a adoção, pela sentença, de premissa fática equivocada (matéria que configura erro de julgamento), estaria inviabilizado futuro recurso de apelação pelo mesmo fundamento, caso os aclaratórios fossem rejeitados? Em caso de resposta negativa, teria o recorrente, agora, dois recursos viabilizadores de correção de *error in iudicando*, um para o próprio juiz da causa e outro para o tribunal; dualidade que não se justifica.

5. Cabimento. Contradição interna. A doutrina que se debruçou sobre o recurso de embargos de declaração conquistou unanimidade num ponto crucial para essa modalidade recursal: o da necessidade de ser interna a contradição viabilizadora da sua oposição, ou seja, o vício deve referir-se tão somente à própria decisão atacada, entre seus elementos ou partes deles. A ampliação das hipóteses de cabimento desse específico recurso fomentou a equivocada ideia de que também seria permitido alegar, nos embargos, contradição externa, isto é, aquela existente entre a decisão e a prova dos autos ou entre a decisão atacada e outro pronunciamento proferido no mesmo processo ou fora dele. Para Ticiano Alves e Silva "deve-se admitir a interposição deste recurso também quando houver contradição externa, vale dizer, quando houver contradição entre decisões proferidas por um mesmo órgão julgador" (SILVA, Ticiano Alves e, "Embargos de declaração e contradição externa", in *Revista de Processo*, v. 238, São Paulo, RT, 2014, p. 199-211). É certo que nada justifica o mesmo órgão julgador proferir decisões divergentes a respeito de uma mesma questão de direito; e, se formos mais a fundo, igual repulsa devem causar respostas diferentes, ainda que concedidas por órgãos julgadores distintos, dado que a tutela jurisdicional não pode ser pessoalizada (na figura do juiz ou do juízo), de modo que estaremos diante de dois posicionamentos incompatíveis proferidos, ambos, pelo Poder Judiciário, institucionalmente considerado. Noutra oportunidade já pontuamos o seguinte: "Ao jurisdicionado resta, portanto, esperar do juiz – porque é o que se espera, no plano macro, do Poder Judiciário –, uma atuação coerente, que não malogre as suas fiéis expectativas. A proibição de comportamento contraditório do Poder Judiciário não é outra coisa que a necessidade de proteção da confiança do consumidor dos seus serviços, o tão esquecido jurisdicionado.". (BARBOSA, Rafael Vinheiro Barbosa; LIMA, Fábio Lindoso e, "A contradiçao externa e o *venire contra factum proprium* do juízo", in *Revista de Processo*, v. 245, São Paulo, RT, 2015). Repugnada estará não só a contradição do juiz (duas decisões divergentes proferidas pelo mesmo julgador), mas igualmente a contradição do juízo e do próprio Poder Judiciário (decisões divergentes proferidas por órgãos distintos a respeito de idêntica temática). Ocorre que, em respeito aos limites que o sistema impõe aos embargos de declaração, referido erro de julgamento possa ser espancado com a oposição desse recurso. Para a situação relatada, pensamos que o sistema reservou o recurso de apelação, quando a dissonância é verificada no juízo de primeiro grau, e outras figuras recursais e não recursais (inclusive preventivos, tal o incidente de assunção de competência), caso verificado noutro momento processual. Sintetizamos a *vexata questio* da seguinte maneira: "O argumento que fundamenta a vedação aos embargos de declaração para remediar a contradição externa é o de que a providência pedida traspassa o objeto das suas hipóteses de cabimento. E de fato ultrapassa: o teor da norma é claro e não dá margens a esta interpretação elastecida. Os embargos de declaração se prestam para combater apenas e tão somente a contradição interna, dentro de uma mesma decisão – e não aquela verificada do cotejo de duas decisões distintas. Nesse desiderato, à luz desta vedação e tendo em conta as considerações já feitas, pode-se dizer que a decisão prolatada em contradição externa importa necessariamente em decisão contraditória, consistindo em violação ao dever de coerência do juízo, configurando violação ao princípio do *nemo potest venire contra factum proprium.*". (BARBOSA, Rafael Vinheiro Barbosa; LIMA, Fábio Lindoso e, "A contradição externa e o *venire contra factum proprium* do juízo", in *Revista de Processo*, v. 245, São Paulo, RT, 2015). Deve, portanto, ser prestigiado o entendimento que restringe o cabimento dos embargos de declaração à presença de contradição interna, representado pelo julgado adiante colacionado: "(...) a contradição que autoriza os embargos de declaração é aquela interna do julgado, caracterizada por proposições inconciliáveis entre si, que dificultam ou impedem a sua compreensão, não interessando 'para fins de embargos de declaração, contradição entre a decisão e outros elementos constantes do processo (p. ex., provas carreadas aos autos), entre a decisão e outro ato decisório constante do mesmo processo, entre a decisão e julgamentos realizados noutros processos, entre a decisão e a lei'". (STJ, EDcl no REsp 1.273.643/PR; STJ, EDcl no REsp 1.060.210/SC; STJ, EDcl no AgRg no AgRg no REsp 1.139.725/RS). Na doutrina: "Dessa forma, não são viáveis os embargos declaratórios em decorrência de contradição da decisão judicial que se embarga com outra pronúncia decisória em rumo diverso, ainda que adotada pelo mesmo órgão julgador, pois faltará, em tal hipótese, a contradição no mesmo ato processual" (MAZZEI, Rodrigo, in WAMBIER, Teresa Arruda Alvim; DIDIER JR., Fredie; TALAMINI, Eduardo; DANTAS, Bruno (Coord.) *Breves comentários ao novo Código de Processo Civil*, São Paulo, RT, 2015, p. 2273). Buscamos a vedação à contradição externa (i) no dever de tratamento isonômico por parte do Estado-Juiz; (ii) na tutela efetiva da segurança jurídica; (iii) na inexistência do livre convencimento motivado na acepção originalmente proposta; (iv) no dever de agir o julgador com boa-fé; e (v) na proibição do *venire contra factum proprium*. Contudo, o agir sem atenção a esse dever há de ser impugnado pelo recurso de apelação, expediente concebido e estruturalmente ordenado para este fim. Vale repetir: "A não atenção ao dever de coerência – corolário da boa-fé objetiva, da segurança jurídica e da lógica da igualdade –, inaugura hipótese clara de cabimento do recurso de apelação, firme no *error in judicando* praticado pelo 'juízo', porquanto descurada a exigência de autovinculação.". (BARBOSA, Rafael Vinheiro Barbosa; LIMA, Fábio Lindoso e,

"A contradição externa e o *venire contra factum proprium* do juízo", in *Revista de Processo*, v. 245, São Paulo, RT, 2015).

6. Decisões embargáveis. O legislador põe cobro a respeito da discussão que havia se os embargos eram apenas admissíveis contra sentença e acórdão ou se poderiam ser opostos diante dos demais pronunciamentos judiciais, desde que eivados dos vícios constantes do art. 535 do CPC/1973. A substituição das últimas expressões pela nitidamente genérica "qualquer decisão judicial" sepulta qualquer dúvida ainda existente quanto à embargabilidade das decisões interlocutórias e das decisões monocráticas de relator. Rodrigo Mazzei defende, inclusive, a adoção pelo CPC/2015 do princípio da ampla embargabilidade, advogando existir, em razão dos incisos IX e X do art. 93 e do inciso XXXV do art. 5º, ambos da CF/88, um dever do Poder Judiciário de proferir atos decisórios com fundamentação hígida, isto é, clara, completa e não contraditória. (MAZZEI, Rodrigo, in WAMBIER, Teresa Arruda Alvim; DIDIER JR., Fredie; TALAMINI, Eduardo; DANTAS, Bruno (Coord.) *Breves comentários ao novo Código de Processo Civil*, São Paulo, RT, 2015, p. 2267). Deve ser revista, portanto, a jurisprudência que rejeita o cabimento dos embargos de declaração contra decisão monocrática de relator, assim como também não pode prevalecer a que preconiza a conversão dos aclaratórios em agravo interno, ainda que, *in casu*, possuam pretensão infringencial. Correta, portanto, a tese adotada pelo STJ no EDcl no AREsp 23.916/SP. Há posição doutrinária no mesmo sentido. (BUENO, Cassio Scarpinella, *Curso sistematizado de direito processual civil*, v. 5, 5.ª ed., São Paulo, Saraiva, 2014, p. 376). A utilização dos embargos sem a indicação pelo recorrente de apenas uma das "cerradas" hipóteses do art. 1.022 não pode sequer ultrapassar o juízo de admissibilidade, menos ainda a conversão deste excepcional instrumento em agravo interno. De duas uma: (i) ou a mudança surpreenderá negativamente a parte, visto que, premida pela vinculatividade da fundamentação, não se valeu de nenhum argumento infringencial, muito embora existentes; (ii) ou beneficiará o recorrente que agiu fora dos limites legais, porquanto optou por veicular nos seus embargos, contra legem, vale repetir, pretensão francamente revisional, de cariz mais consentâneo ao agravo interno. Entretanto, subsiste a dúvida quanto ao cabimento dos aclaratórios contra despachos omissos, obscuros e contraditórios. A doutrina defende que sendo a finalidade dos embargos a de esclarecer ou suprir, aperfeiçoando a manifestação judicial, nenhum obstáculo haveria na sua admissão embora ausente conteúdo decisório do ato. (BUENO, Cassio Scarpinella, *Curso sistematizado de direito processual civil*, v. 5, 5.ª ed., São Paulo, Saraiva, 2014, p. 377; DIDIER JR., Fredie; CUNHA, Leonardo Carneiro da, *Curso de direito processual civil*, v. 3, 12. ed., Salvador, JusPodivm, 2014, p. 203). Araken de Assis tem exemplo repetido por Rodrigo Mazzei de despacho embargável, como no seguinte cenário: juiz designa audiência de instrução e julgamento para determinado dia, sem fazer constar no despacho a hora do ato processual. (ASSIS, Araken de, *Manual dos recursos cíveis*, 2.ª ed., São Paulo, RT, 2008, p. 598; MAZZEI, Rodrigo, in WAMBIER, Teresa Arruda Alvim; DIDIER JR., Fredie; TALAMINI, Eduardo; DANTAS, Bruno

(Coord.) *Breves comentários ao novo Código de Processo Civil*, São Paulo, RT, 2015, p. 2269). Contudo, em recente decisão, a 2ª Turma do STJ decidiu pelo não cabimento dos aclaratórios contra despacho. Colhemos do julgado mencionado a seguinte passagem: "Logo, não há como conhecer dos presentes aclaratórios, seja porque não cabe recurso contra despacho, seja porque a primeira petição foi apresentada fora do prazo para ser recebida como embargos declaratórios.". (STJ, EDcl na PET no RMS 46.668/MG). Consideramos, tendo em consta o exemplo suscitado, uma hipertrofia desnecessária dos embargos que, como sabemos, possuem prazo peremptório para oposição. O defeito que acomete o despacho designativo da audiência (sem indicação da hora do ato) pode ser corrigido de ofício pelo próprio julgador ou, caso assim não faça, mediante a advertência por qualquer das partes por meio de simples petição, independentemente de limite temporal. Impor à parte o manuseio de um recurso para evidenciar vício tão manifesto é abrir mão do atalho para percorrer o caminho mais distante, quando os dois levam, seguramente, ao mesmo lugar.

7. Decisões embargáveis. Embargos de declaração de decisão interlocutória que não comporta agravo de instrumento. Outra questão altamente relevante diz respeito ao cabimento dos embargos de declaração contra as decisões interlocutórias não agraváveis imediatamente (agravo de instrumento). Isso acontece porque, agora, nem toda decisão interlocutória comportará agravo, já que o sistema adotou a pronta recorribilidade das interlocutórias apenas quando constarem de rol previamente estipulado pelo legislador. Ou seja, as demais interlocutórias, isto é, as que não foram incluídas no grupo do art. 1.015, não são atingidas pela preclusão, uma vez que, muito embora não admitam impugnação por agravo de instrumento, podem ser discutidas nas razões ou contrarrazões da apelação (art. 1.009, §1º). Todavia, não podemos descartar o fato de que essas decisões podem conter os vícios da obscuridade, contradição, omissão ou, ainda, erro material. Caso ocorrente uma dessas hipóteses, plenamente cabível, nos parece, os embargos de declaração, a serem opostos no prazo de 5 (cinco) dias, sem efeito suspensivo como regra, mas obtenível por decisão do próprio juiz (art. 1.026, §1º). Estamos, assim, por via transversa, diante de uma hipótese de concessão de efeito suspensivo imediato à decisão interlocutória não agravável.

Artigo 1.023.
Os embargos serão opostos, no prazo de 5 (cinco) dias, em petição dirigida ao juiz, com indicação do erro, obscuridade, contradição ou omissão, e não se sujeitam a preparo.
§ 1º Aplica-se aos embargos de declaração o art. 229.
§ 2º O juiz intimará o embargado para, querendo, manifestar-se, no prazo de 5 (cinco) dias, sobre os embargos opostos, caso seu eventual acolhimento implique a modificação da decisão embargada.
CORRESPONDÊNCIA NO CPC/1973: *ART. 536.*

1. Juízo de admissibilidade e juízo de mérito. Os embargos de declaração, como compõem o grupo dos recursos, também se submetem aos pressupostos recursais, intrínsecos e extrínsecos. Desse modo, só terão seu mérito avaliado se ultrapassarem a fase prévia, que consiste na análise quanto à existência do direito de recorrer e quanto à escorreita observância das formalidades essenciais a esse modo de impugnação. De todos os pressupostos, merecem atenção especial o interesse recursal e a regularidade formal (o cabimento foi tratado nos comentários ao artigo anterior). O interesse recursal que permite a oposição dos embargos não se assemelha àquele necessário à interposição dos demais recursos, salvo no caso dos embargos opostos com fundamento no parágrafo único, inciso I, do art. 1.022. A embargabilidade está relacionada à extirpação de vícios específicos que, em tese, não seriam suficientes para alterar o conteúdo da decisão judicial impugnada. Desse modo, deve-se afastar a ideia de sucumbência material, e entender possível a oposição dos embargos também pelo litigante que teve seu pleito totalmente acolhido pelo órgão jurisdicional. Isso importa dizer que caberá essa modalidade recursal sempre que "a decisão esteja acometida de algum dos vícios traçados no art. 1.022 do NCPC, não sendo relevante aferir se o embargante é o sucumbente, no sentido de vencedor ou perdedor da ação judicial.". (MAZZEI, Rodrigo, in WAMBIER, Teresa Arruda Alvim; DIDIER JR., Fredie; TALAMINI, Eduardo; DANTAS, Bruno (Coord.) *Breves comentários ao novo Código de Processo Civil*, São Paulo, RT, 2015, p. 2267). Porém, acreditamos que esse alargamento do interesse recursal nos embargos não pode ser estendido ao terceiro estranho à lide. Nesta específica situação, como sabemos, indispensável mostra-se a ocorrência do efetivo prejuízo para o terceiro, na esteira do que exige o art. 996, parágrafo único ("cumpre ao terceiro demonstrar a possibilidade de a decisão sobre a relação jurídica submetida à apreciação judicial atingir direito de que se afirme titular ou que possa discutir em juízo como substituto processual"). Por esse motivo, o terceiro deve, já nos embargos, demonstrar os pressupostos recursais específicos dessa modalidade impugnativa, assim como já antecipar, de igual modo, o prejuízo que a decisão judicial proferida pode causar na sua esfera jurídica, de modo a cumprir o mandamento legal. Dessa forma deve ser interpretada a seguinte passagem de acordão proferido pelo STJ: "A intervenção do terceiro prejudicado no feito somente se admite caso haja prejuízo jurídico e não econômico, como sustentado no recurso especial. Recurso especial não conhecido". Todavia, não podemos anuir com o outro entendimento colhido no mesmo aresto: o de que a oposição de embargos de declaração por terceiro prejudicado não interrompe o prazo recursal no caso de não ser conhecido. "Nao interrompe o prazo para interposição de recurso especial a oposição de embargos declaratórios por terceiro estranho ao feito, que restaram não conhecidos pelo Tribunal de origem. Recurso especial intempestivo.". (STJ, REsp 919.427/RJ). A literalidade do art. 1.026, *caput*, não faz distinção de qualquer natureza, assim como o raciocínio diverso poderia gerar enorme prejuízo para as partes do processo, até porque o aviamento do recurso subsequente estaria, com toda certeza, na dependência da apreciação dos embargos opostos pelo terceiro.

Sobre a regularidade formal, sua especificidade reside no fato de ser esse recurso de fundamentação vinculada, isto é, a admissibilidade dessa modalidade impugnativa está na dependência de o embargante apontar, na peça recursal, um, ou mais de um, dos quatro vícios elencados no art. 1.022, quais sejam, (i) obscuridade; (ii) contradição; (iii) omissão; ou (iv) erro material. Atendido estará o pressuposto da regularidade formal toda vez que o embargante indicar, na peça de interposição do recurso, algum (ou alguns) dos vícios elencados acima. A presença ou não, na decisão, da obscuridade, contradição, omissão ou erro material, constatada enfim pelo julgador, levará ao provimento ou improvimento dos embargos, porquanto já se estará no plano do mérito, indicativo seguro de que foi vencida, com sucesso, a fase da admissibilidade. Hão de ser rechaçadas expressões desse tipo: "Inexistente a obscuridade apontada, não conheço dos embargos", "uma vez que não há omissão na decisão, não devem ser admitidos os embargos de declaração.". A confusão entre admissibilidade e mérito, além de ser comum nos recursos de fundamentação vinculada, é aqui fomentada pela concentração, no mesmo juízo, da análise tanto de uma quanto de outra fase (admissibilidade e mérito), o que, aliás, é medida largamente adotada pelo CPC/2015, apartando-se do regime anterior. Entretanto, a consideração da linha tênue entre um e outro nem de longe significa superposição, devendo ser ressaltada a necessária autonomia, que facilita a aplicação do art. 932, III, permitindo que o relator, em representação ao colegiado, inadmita recurso de embargos de declaração oposto contra acórdão. Por isso a advertência contida no *caput* do art. 1.023, de que os embargos serão opostos em petição dirigida ao juiz, com indicação do erro, obscuridade, contradição ou omissão, assim agindo o recorrente, respeitado estará o pressuposto da regularidade formal, essencial para a admissibilidade da impugnação. Feriu o ponto Rodrigo Mazzei, ao ponderar que "o exame sobre a própria existência ou não dos vícios apontados nos embargos declaratórios é matéria de mérito recursal, que não pode, evidentemente, servir de condição prévia para o conhecimento do recurso" (MAZZEI, Rodrigo, in WAMBIER, Teresa Arruda Alvim; DIDIER JR., Fredie; TALAMINI, Eduardo; DANTAS, Bruno (Coord.) *Breves comentários ao novo Código de Processo Civil*, São Paulo, RT, 2015, p. 2268).

Quanto ao prazo e, por conseguinte, ao pressuposto da tempestividade, tem importância apenas a menção ao fato de que o legislador não quis unificar, por completo, os prazos recursais, como, aliás, advogava a boa doutrina. O art. 1.003, §5º, equipara o prazo de todos os recursos constantes do CPC/2015 em 15 (quinze) dias, excetuando apenas os embargos de declaração. Os aclaratórios, portanto, deverão ser opostos no prazo de 5 (cinco) dias, mantida a regra do CPC/1973, computando-se, todavia, apenas os dias úteis (art. 219). (NERY JR., Nelson; NERY, Rosa Maria de Andrade, *Comentários ao Código de Processo Civil*, São Paulo, RT, 2015, p. 2031). Ademais, importante deixar consignado, ainda, que incidem as dobras legais (Fazenda Pública, Ministério Público e Defensoria Pública) e, segundo ordena o art. 1.023, §1º, é plenamente aplicável a regra do art. 229, garantindo aos litisconsortes com advogados de escritórios de advocacia distintos o prazo em dobro para toda e qualquer manifestação, independentemente de pedido nesse sentido. A regra, todavia, se auto exclui em duas hipóteses (i) havendo apenas dois réus, apenas um contesta o pedido. Aqui, por uma questão de coerência, apenas não deve ser garantida a dobra se a situação permanecer inalterada, uma vez que o art. 346, e parágrafo único, determinam, após o ingresso do patrono do revel no processo, a sua regular intimação para os atos subsequentes (art. 229, § 1º); e (ii) aos processos em autos eletrônicos (art. 229, § 2º).

No que se refere ao preparo, pretendeu o legislador conservar sua dispensabilidade, não abrindo fresta para regramento diverso por legislação local que, na hipótese de silêncio, poderia incluir os embargos de declaração na lei de custas do respectivo Estado. É assim que deve ser interpretada a cláusula "não se sujeitam a preparo", constante do art. 1.023. Ponto assaz curioso é desvendar o porquê de o legislador fazer gratuita sua oposição. Não podemos, considerando a lógica ditada no sistema do CPC/1973 para o agravo retido, supor que o legislador pretendeu incentivar a utilização dos embargos de declaração em detrimento de outras modalidades recursais, até porque essa conduta se revelaria desnecessária ante a forte tendência, aqui já mencionada, de ampliação das respectivas hipóteses de cabimento. Acreditamos que a opção decorre muito mais da gravidade dos vícios/defeitos que esta espécie recursal se propõe a debelar, principalmente quando se tem em conta que o princípio da inafastabilidade da tutela jurisdicional, de status constitucional (art. 5º, XXXV, CF/1988) exige do Poder Judiciário uma resposta que, efetivamente, solucione os conflitos de interesses verificáveis no meio social e que ele é chamado a julgar. Proferir decisão obscura, contraditória, omissa ou com erro verificável *ictu oculi*, não é a mesma coisa que interpretar equivocadamente determinada legislação ou premissa fática (configuradores de *error in iudicando* e *error in procedendo*), é descurar minimamente da forma do ato decisório e da sua importância dentro do sistema jurídico e, por conseguinte, num plano maior, sistema social, no qual o direito atua na função de controle.

2. Embargos de declaração e contraditório. O CPC/1973, fiel ao propósito dos embargos, não supunha necessário que seu julgamento fosse precedido pelo contraditório da parte embargada (contraparte na demanda). Os motivos podem ser assim condensados: (i) no caso de obscuridade e contradição, por ser essa modalidade recursal apenas um aperfeiçoamento da decisão judicial sem, contudo, aptidão para alterá-la, desnecessária seria a manifestação da parte contrária do embargante, uma vez que até para esta seria desejável a usurpação de uma decisão não clara ou inintcligívcl. Adcmais, como já pontuamos alhures, os embargos não têm, em perspectiva funcional, vocação para alterar o conteúdo da decisão, apenas proporcionar seu aprimoramento, extirpando falhas estruturais e relativas à sua logicidade; (ii) para a hipótese da omissão a desnecessidade do contraditório é ainda mais perceptível que no primeiro caso. À medida que o ato judicial deixou de versar sobre ponto de tratamento obrigatório, a respeito dessa questão, tanto o embargante como o embargado, na fase processual adequada, já tiveram a oportunidade de argumentar, ou pelo seu acolhimento ou pela sua refutação. Do mesmo modo, não seria legítimo ao embargante, nos embargos, suscitar novos argumentos a respeito da temática omitida, bastando a indicação da omissão encerrada pelo julgador. Imaginemos a seguinte situação: em ação indenizatória com pedidos cumulados de dano moral e dano material o autor, ao deduzir sua pretensão, foi obrigado a mencionar na inicial os motivos de fato e de direito sustentadores do seu pleito. Por essa razão, caso omissa a sentença por deixar de apreciar o dano moral, não pode o embargante, na peça recursal dos embargos, repetir nem inovar na argumentação em prol do acolhimento do pedido. A flexibilidade quanto à argumentação do embargante importa na indesejada "mutação" dessa espécie recursal em apelação, visto que renova, inclusive com considerações inéditas, a rediscussão do conteúdo do ato decisório, violentando e ampliando o genuíno escopo de figura programada para ser excepcional. Pela mesma perspectiva, dispensável nos parece o contraditório pelo embargado, já que, por se tratar de questão que o juízo se omitiu, também sobre ela não lhe é dado o direito de tratá-la novamente. Na literatura estrangeira, conferir Ramiro Podetti. (PODETTI, José Ramiro, *Tratado de los recursos*, 2. ed., Buenos Aires, Ediar, 2009, p. 45). Ocorre que a prática passou a permitir que nos embargos sejam trazidos argumentos novos, assim como tornou o pedido de concessão de efeito modificativo (infringentes) "lugar comum". Natural, portanto, que se passasse a admitir, também, a manifestação da parte contrária, haja vista a possibilidade de inversão do julgado, se bem que em ofensa à missão dos aclaratórios. Separamos trecho de aresto veiculador desse entendimento: "(...). 1. Deve ser intimada a parte contrária para impugnar embargos de declaração acolhidos com efeito modificativo, sob pena de nulidade da decisão. No entanto, dispensa-se a declaração de nulidade se, em novos embargos de declaração, opostos pelo anterior embargado, este apresenta toda a fundamentação da matéria que pretendia ver discutida. Aplicação dos princípios da economia e da celeridade processuais. (...)". (STJ, EDcl nos EDcl no AgRg no REsp 1.276.096/PR). Tendo em conta as inúmeras decisões no sentido do julgado acima, o art. 1.023, §2º, impõe, caso os embargos, em perspectiva, possam ser acolhidos para modificar a decisão, deve ser assegurado ao embargado o direito de manifestar-se (apresentar contrarrazões), no prazo de 5 (cinco) dias. O posicionamento dos embargos de declaração no escaninho desenhado pelo legislador faria totalmente dispensável a abertura de prazo para o embargado contrarrazoar o recurso. Nem a regra resultante da interpretação dos arts. 9º e 10, em nosso sentir, seria razão suficiente para a abertura do contraditório nos embargos, visto que o momento adequado para a discussão a respeito da questão omitida deveria ter-se operado em momento anterior. Contudo, essa não foi a opção do legislador. Difundida a ideia de ampla possibilidade de obtenção de efeitos infringentes (modificativos) nos aclaratórios, nada mais natural que fosse respeitado o regramento constitucional, que impõe a observância ao devido processo legal, do qual são, consectários, a ampla defesa e o contraditório. Em todo caso, a inovação fulmina para sempre o despacho padrão, comum nos embargos de declaração: "diante da natureza infringente dos embargos, diga o embargado no prazo legal". A lei, claramente, só faz necessária a manifestação do recorrido nas hipóteses em que se vislumbrar, concretamente possível, a modificação da decisão embargada. Há doutrina a favor do texto. (MOREIRA, José Carlos Barbosa, *Comentários ao Código de Processo Civil*, v. V, 17. ed., Rio de Janeiro, Forense, 2013, p. 556-7). Em outro sentido, há doutrina contra o texto. (NERY JR., Nelson; NERY, Rosa Maria de Andrade, *Comentários ao Código de Processo Civil*, São Paulo, RT, 2015, p. 2031).

Artigo 1.024.
O juiz julgará os embargos em 5 (cinco) dias.

§ 1º Nos tribunais, o relator apresentará os embargos em mesa na sessão subsequente, proferindo voto, e, não havendo julgamento nessa sessão, será o recurso incluído em pauta automaticamente.

§ 2º Quando os embargos de declaração forem opostos contra decisão de relator ou outra decisão unipessoal proferida em tribunal, o órgão prolator da decisão embargada decidi-los-á monocraticamente.

§ 3º O órgão julgador conhecerá dos embargos de declaração como agravo interno se entender ser este o recurso cabível, desde que determine previamente a intimação do recorrente para, no prazo de 5 (cinco) dias, complementar as razões recursais, de modo a ajustá-las às exigências do art. 1.021, § 1º.

§ 4º Caso o acolhimento dos embargos de declaração implique modificação da decisão embargada, o embargado que já tiver interposto outro recurso contra a decisão originária tem o direito de complementar ou alterar suas razões, nos exatos limites da modificação, no prazo de 15 (quinze) dias, contado da intimação da decisão dos embargos de declaração.

§ 5º Se os embargos de declaração forem rejeitados ou não alterarem a conclusão do julgamento anterior, o recurso interposto pela outra parte antes da publicação do julgamento dos embargos de declaração será processado e julgado independentemente de ratificação.

CORRESPONDÊNCIA NO CPC/1973: *ART. 537.*

1. **Prazo para julgamento monocrático dos embargos de declaração.** Atento aos limites dessa modalidade impugnativa, tanta vezes aqui relembrados, o legislador desejou que sua apreciação não comprometesse o princípio da razoável duração dos processos. Conservou o prazo de oposição em 5 (cinco) dias, não aderindo à unificação geral estabelecida em 15 (quinze), assim como estipulou o mesmo intervalo para a apreciação dos embargos de declaração pelo juízo competente, qual seja, 5 (cinco) dias. A regra, contudo, só vale para as hipóteses em que o recurso há de ser apreciado

monocraticamente, tal e qual a proferida pelo relator ou outra decisão unipessoal ditada pelo tribunal (art. 1.024, §2º). Mesmo que o desejo do legislador conste expressamente na norma, ao tempo do CPC/1973, que continha norma idêntica, pouquíssimos eram os embargos de declaração apreciados no prazo legal, pois sempre prevaleceu o entendimento de que os prazos judiciais seriam impróprios, ou seja, não preclusivos, de sorte que o juiz não poderia ser impedido de praticar o ato já retardado. De fato, retirar do juiz o direito de apreciar os embargos quando estes não forem julgados no quinquídio não é medida apta a surtir o efeito desejado. Sendo assim, a ausência de sanção pelo descumprimento do prazo sempre funcionou como um indicativo de que poderia, justificadamente ou não, ser desrespeitado. Pouca ou nenhuma efetividade terá o dispositivo comentado se não se criar a cultura de que os prazos devem ser, obrigatoriamente, respeitados, pouco importando o sujeito processual a quem a lei atribua a prática do ato. O art. 226 dispõe que o juiz proferirá os despachos no prazo de 5 (cinco) dias, as decisões interlocutórias no prazo de 10 (dez) dias e as sentenças no prazo de 30 (trinta) dias. Como os embargos podem ser opostos para complementar ou aclarar sentença ou decisão interlocutória, a indicação de prazo específico extirpa qualquer intenção de fazer incidir, na hipótese respectiva, os prazos dos incisos II e III do art. 226. Entretanto, mal não haveria se esses prazos fossem, realmente, observados, porém a prática, escorada no art. 227, que vaza a norma do art. 226 impiedosamente, aduz que "em qualquer grau de jurisdição, havendo motivo justificado, pode o juiz exceder, por igual tempo, os prazos a que está submetido". E, desse modo, segue, assim como no CPC/1973, a "não regra" do julgamento dos embargos de declaração em 5 (cinco) dias. A mesma lei que cria a obrigação cria também a exceção, ressuscitando verso famoso que no passado desnudou incrível verdade: "A mão que afaga é a mesma que apedreja.".

2. Prazo para julgamento colegiado dos embargos de declaração. O art. 1.024, §1º, repete e aprimora regra contida na parte final do art. 537 do CPC/1973. Quando os embargos de declaração tiverem de ser apreciados por órgão colegiado, o relator os apresentará em mesa na sessão subsequente, proferindo voto. A expressão "apresentar em mesa" significa que os embargos não serão incluídos na pauta, cabendo ao relator levá-los diretamente em mesa para julgamento na sessão seguinte a sua oposição, independentemente da intimação das partes da sessão. A impossibilidade de realização de sustentação oral é, em reforço, um indicativo da desnecessidade de intimação prévia das partes, porquanto já cientes de que o recurso será julgado na sessão seguinte à sua oposição. O acréscimo reside na parte derradeira do preceito. Além de consignar que o relator deve proferir o voto na sessão seguinte, adverte que o adiamento do julgamento, fará com que o recurso seja incluído em pauta de forma automática.

3. Princípios da consumação, da complementaridade e a Súmula 418-STJ. Doutrina e jurisprudência já consagraram, na seara recursal, o princípio da consumação, segundo o qual a parte recorrente, no momento da interposição da sua impugnação, deve apresentar todos os motivos justificadores do ataque à decisão judicial. O ato de recorrer, portanto, apenas estará isento de vícios se trouxer, juntamente com a manifestação volitiva de contrastar a decisão proferida, os argumentos que escoram o pleito de reforma, cassação, esclarecimento ou integração. Reclama o princípio referido a utilização, pelo embargante, de todas as razões que entender cabíveis para atacar a decisão recorrida, pois não haverá outro momento para tanto. Assim, a interposição do recurso faz consumar o direito de recorrer, de modo a não permitir renovação ou complementação posterior. Assim se dá porque o direito processual pátrio é marcado por um forte sistema preclusivo, cabendo ao recorrente concentrar todas as suas críticas no momento em que opta por afrontar o pronunciamento judicial, sob pena de ocorrência da preclusão consumativa. (BUENO, Cassio Scarpinella, *Curso sistematizado de direito processual civil*, v. 5, São Paulo, Saraiva, 2008, p. 32). A adoção do princípio, todavia, foi opção política do legislador brasileiro, porquanto há ordenamentos outros que não o perfilham, apartando os atos de interposição e fundamentação (exposição das razões). (PODETTI, José Ramiro, *Tratado de los recursos*, 2. ed., Buenos Aires, Ediar, 2009, p. 51). Nos pretórios, tem sido comum encontrarmos decisões prestigiando o princípio da consumação, para impor aos recorrentes a elaboração de recursos "completos, perfeitos e acabados no momento de sua interposição", também em respeito aos princípios da eventualidade e da segurança jurídica. (STJ, AgRg no AREsp 233.052/SC). A exigência de argumentação completa e acabada também é verificada nos embargos de declaração, o que tem o condão de impedir o embargante, após a realização do protocolo do recurso, de realizar a complementação do recurso e de suas razões. Entretanto, situações iníquas seriam criadas caso o princípio da consumação fosse adotado "a ferro e fogo" em toda e qualquer situação. Imaginemos uma hipótese corriqueira: num processo onde litigam de um lado a Defensoria Pública representando assistido seu e, do outro, um particular, foi proferida sentença julgando parcialmente procedente o pedido inicial. Ocorre que, no que tange ao argumento principal aduzido pelo Defensor Público, existia precedente tirado de IRDR não mencionado pela decisão proferida, a ensejar a sua omissão. Contudo, o particular, antevendo algum imprevisto, age com cautela e interpõe sua apelação no nono dia do prazo. Porém, o Defensor, considerando o disposto no art. 1.022, parágrafo único, I, opõe embargos de declaração no prazo limite, ou seja, 10 (dez) dias, já que o art. 128, I, da Lei Complementar 80/1994, garante prazo em dobro. Como o juiz deve apreciar os embargos antes de remeter a apelação para o tribunal, corre-se o risco de os embargos imprimirem, ainda que excepcionalmente, modificações na sentença, prejudicando a apelação já interposta. Para obviar esse inconveniente, o sistema recursal também conta com o princípio da complementaridade, de modo que, na hipótese, poderá o apelante complementar o seu recurso, em oposição ao que determina o da consumação. Para Cassio Scarpinella Bueno, o princípio da complementaridade, verdadeira consequência do princípio da consumação, "permite que, naqueles casos em que, a despeito da apresentação do recurso, isto é, em que se tenha consumado o prazo recursal, tenha havido alteração da decisão recorrida, que as razões já apresentadas sejam complementadas, verdadeiramente aditadas, para adequá-las à nova decisão.". (BUENO, Cassio Scarpinella, *Curso sistematizado de direito processual civil*, v. 5, 5. ed., São Paulo, Saraiva, 2014, p. 60). O princípio da complementaridade, portanto, recebe no CPC/2015 a configuração de regra expressa, de modo a determinar conduta específica nos casos em que configurados os seus pressupostos e, assim, garantir ao recorrente o direito de complementar o seu recurso. Caso o acolhimento dos embargos gere alteração da decisão embargada, o embargado que já tiver interposto outro recurso contra a decisão originária tem o direito de complementar ou alterar suas razões, nos exatos limites da modificação, no prazo de 15 (quinze) dias, contado da intimação da decisão dos embargos de declaração. Vale gizar, todavia, que a regra-princípio da complementaridade não significa nova oportunidade para o recorrente aprimorar o recurso interposto, acrescendo argumentos que por desídia ou estratégia deixou de consignar na peça recursiva. A abertura de novo prazo, sempre de 15 (quinze) dias em razão da unificação legal, bom frisar, é apenas para adequar o recurso já interposto às modificações operadas pelo julgamento dos embargos de declaração, nada além disso. Os excessos deverão ser coibidos rigidamente.

O exemplo mencionado acima fez surgir, no seio do STJ, um entendimento não muito republicano. Os ministros consideraram como prematura a interposição de recurso (na situação, tratava-se de recurso especial) antes do julgamento de embargos de declaração (opostos antes ou depois da interposição do especial, mas ainda pendentes de julgamento), uma vez que ainda não esgotada a instância ordinária e enquanto interrompido o prazo recursal para o aviamento do recurso especial. (STJ, REsp 776.265/SC). Esse entendimento acabou gerando o seu consequente, o STJ passou a exigir que o recorrente/embargado, de forma impositiva, ratificasse o recurso interposto em momento anterior ao julgamento dos embargos de declaração, sob pena de extemporaneidade. (STJ, AgRg no Ag 992.922/MG; STJ, REsp 877.106/MG; STJ, REsp 1.000.710/RS). Os arestos mencionados deram suporte à confecção do Enunciado 418, da Súmula do STJ: "É inadmissível o recurso especial interposto antes da publicação do acórdão dos embargos de declaração, sem posterior ratificação". Dessume-se do verbete que não se trata do direito à complementação, até porque o enunciado sequer menciona o resultado do julgamento dos embargos, a revelar que a sua instituição teria apenas o objetivo de sanar o problema da interposição "intempestiva em razão da prematuridade" do recurso subsequente aos embargos. Assim, mesmo que os aclaratórios sejam rejeitados por problemas relativos à sua admissibilidade ou improvidos (não acolhidos no mérito), deveria o recorrente (apelante, agravante, recorrente especial ou extraordinário) reiterar a sua impugnação, sob o risco de não conhecimento do seu recurso. Qual a utilidade da conduta (reiteração) senão a de simplesmente vincar a intenção de ver o seu recurso apreciado, já que, em tese, não haveria razão para desistir da impugnação, visto que a decisão atacada permanece a mesma. Heitor Vitor Mendonça Sica, tratando da hipótese, ponderou: "Se rejeitados os embargos declaratórios, sem qualquer alteração no julgado embargado, qual seria a finalidade de reiterar um recurso anteriormente interposto, cujas razões permaneciam plena e perfeitamente atuais? Ato dessa natureza seria de todo inútil, porquanto incapaz de cumprir qualquer finalidade; exigi-lo significa atribuir à forma dos atos processuais peso muito maior do que o seu conteúdo.". (SICA, Heitor Vitor Mendonça, "Recurso intempestivo por prematuridade?", in NERY JR., Nelson; WAMBIER, Teresa Arruda Alvim (Coord.), *Aspectos polêmicos e atuais dos recursos cíveis e assuntos afins*, v. 11, São Paulo, RT, p. 134-144). No intuito de afastar a aplicação da Súmula 418 do STJ e superar, de vez, esse entendimento ultra-formalista-sem sentido, o art. 1.024, §5º, dispõe que "se os embargos de declaração forem rejeitados ou não alterarem a conclusão do julgamento anterior, o recurso interposto pela outra parte antes da publicação do julgamento dos embargos de declaração será processado e julgado independentemente de ratificação.". É o fim do Enunciado 418 do STJ; posição com a qual concordam os participantes do FPPC no Enunciado 23, FPPC: "Fica superado o enunciado 418 da Súmula do STJ após a entrada em vigor do CPC". Assim o Enunciado 22 do FPPC: "O Tribunal não poderá julgar extemporâneo ou intempestivo recurso, na instância ordinária ou na extraordinária, interposto antes da abertura do prazo". No sentido do texto, há doutrina. (NERY JR., Nelson; NERY, Rosa Maria de Andrade, *Comentários ao Código de Processo Civil*, São Paulo, RT, 2015, p. 2133).

4. Conversão dos embargos de declaração em agravo interno. Regramento legal. A utilização dos aclaratórios fora dos limites impostos pelo sistema recursal fez nascer, na jurisprudência, uma prática inusitada: embargos de declaração com propósitos infringentes passaram a ser convertidos em agravo interno e encaminhados para apreciação do colegiado: "Embargos de declaração que buscam efeitos infringentes podem ser recebidos como agravo regimental, em observância dos princípios da fungibilidade e celeridade" (STF, ARE 855.062 ED/1993; STJ, EDcl no REsp 18.612/SP; STJ, EDcl no AgRg no REsp 1.496.954/RS). A jurisprudência tem origem na época em que se concebia, com restrição, que só cabiam embargos de declaração contra sentenças ou acórdãos. Em voto proferido no ano de 1995, ponderou o Min. Milton Luiz Pereira: "Conquanto renomados comentaristas do CPC sustentem o cabimento dos embargos declaratórios contra qualquer decisão judicial, todavia, preponderando a compreensão de que estão restritos à sentença e ao acórdão, inadmitidos aqueles, para que o interessado não fique órfão da prestação jurisdicional, prevista a via regimental para impugnar a decisão improvedora do agravo de instrumento, na senda do principio da fungibilidade, no caso, preditos embargos são conhecidos como agravo regimental (§ 5º, art. 28, Lei 8.038/90, RISTJ, art. 258).". (STJ, EDcl no Ag 77.291/SP). Entendemos que, superada a concepção restritiva da embargabilidade, inviável a conversibilidade dos aclaratórios em agravo interno (substitutos do agravo regimental). Ora, ou os declaratórios preenchem os pressupostos recursais e deverão, em razão disso, serem admitidos e julgados no mérito ou, na hipótese de ausência de um desses requisitos ou de razões fundamentadoras para seu acolhimento, rejeitados ou improvidos, respectivamente. Não há espaço para outro tipo de manobra. Todavia, incapaz de contornar o problema criado pela extrapolação dos embargos, o legislador preferiu regulamentar a conversão, assim fazendo no parágrafo 3º do art. 1.024. Consta no referido preceito que o órgão julgador conhecerá dos embargos de declaração como agravo interno se entender ser este o recurso cabível. Contudo, os objetivos recursais dos embargos e do agravo interno não se confundem: naquele, busca-se o esclarecimento da obscuridade, a eliminação da contradição, a supressão da omissão, a correção do erro material ou, ainda, a manifestação sobre precedente firmado em julgamento de casos repetitivos; neste, todavia, a reapreciação pelo colegiado competente da decisão proferida, monocraticamente, pelo relator. Sem embargo do nosso inconformismo, a opção da conversão, segundo dispõe a nova regra processual, apenas terá lugar se o julgador determinar previamente a intimação do recorrente para, no prazo de 5 (cinco) dias, complementar as razões recursais, de modo a ajustá-las às exigências do agravo interno (art. 1.021, §1º). A fungibilidade sempre esteve atrelada à doutrina alemã do *Sowohl-auch-Theorie*, também denominada "teoria do recurso indiferente" ou, ainda, teoria do "tanto vale". Aplicar a fungibilidade recursal é receber um recurso no lugar de outro e a ele emprestar o regime do recurso correto. Quando a lei encera a obrigação de adequação do recurso errado ao correto, reconhece-se a própria não aplicação da fungibilidade. Nenhum prejuízo seria suportado pelo recorrente, porquanto, após a rejeição ou o improvimento dos embargos, ainda lhe seria lícito manejar o agravo interno. Entretanto, caso a opção do embargante fosse, através dos aclaratórios, procrastinar o andamento do processo, reside na estipulação da multa forma de penalizar o recorrente incauto e não a conversão noutra modalidade recursal. O afã de ser célere, quando descurada a cautela devida, pode fazer "a emenda pior que o soneto". Percebeu o ponto Rodrigo Mazzei: "A conversão indiscriminada criará prejuízo evidente à marcha célere do processo, encarecendo (no seu sentido mais amplo) de forma desnecessária a postulação recursal.". (MAZZEI, Rodrigo, in WAMBIER, Teresa Arruda Alvim; DIDIER JR., Fredie; TALAMINI, Eduardo; DANTAS, Bruno (Coord.) *Breves comentários ao novo Código de Processo Civil*, São Paulo, RT, 2015, p. 2280). O que não é permitido conceber, daí reside o único mérito do parágrafo comentado, é a conversão dos embargos de declaração em agravo interno e, via de consequência, a sua não admissão motivada pela ausência dos pressupostos recursais do cabimento, da regularidade formal e outros mais que poderiam ser invocados nesse sentido. É contra essa prática que investe o art. 1.024, § 3º, que determina a abertura de prazo para adequação dos embargos em agravo interno. "Tendo em vista que os recursos têm pressupostos e estrutura distintas, o CPC 1024 § 2º exige a adaptação dos embargos à impugnação especificada dos fatos de que trata o CPC 1021 § 1º, no prazo de cinco dias.". (NERY JR., Nelson; NERY, Rosa Maria de Andrade, *Comentários ao Código de Processo Civil*, São Paulo, RT, 2015, p. 2133). Pensamos, todavia, que melhor seria, ao invés de o tribunal proceder à conversão, inadmitir o recurso impropriamente interposto, na esteira das decisões seguintes: "EMBARGOS DE DECLARAÇÃO. Não se acolhem embargos de declaração fora das hipóteses elencadas no art. 535 do CPC. É desnecessário, como reconhece o embargante, que o acórdão se refira expressamente aos artigos mencionados pela embargante. Não prospera o pedido de efeitos infringentes formulado pela embargante, tendo em vista que a recorrente, caso quisesse alterar o julgamento, deveria utilizar-se de agravo interno (art. 557, § 1º-A, do CPC). Por trata-se de erro grosseiro, deixo de aplicar a fungibilidade recursal, não conhecendo, assim, os efeitos infringentes. EMBARGOS NÃO CONHECIDOS.". (TJRS, Embargos de Declaração 70004142543); "EMBARGOS DE DECLARAÇÃO. PROCES-SUAL CIVIL. ALEGAÇÃO DE OMISSÃO RELATIVAMENTE AO FUNDAMENTO LEGAL PELO NÃO CONHECIMENTO DO RECURSO DE AGRAVO REGIMEN-TAL. PEDIDO DE FUNGIBILIDADE RECURSAL, A FIM DE QUE O RECURSO FOSSE RECEBIDO COMO AGRAVO INTERNO. DESCABIMENTO. AUSÊNCIA DOS REQUISITOS DO ART. 535 DO CPC. Quando o recurso é inadmissível, ele é não conhecido. Lição de ARAKEN DE ASSIS. Impossibilidade de aplicação do princípio da fungibilidade, ante a verificação de erro grosseiro, pois os agravos regimentais e inter-nos têm hipóteses diversas para sua interposição. Pedido do embargante que se limita à rediscussão da causa, via para a qual não se prestam os embargos de declaração, eis são apelos de integração e não de substituição. EMBARGOS DE DECLARAÇÃO DESACO-LHIDOS.". (TJRS, Embargos de Declaração 70005494752).

Artigo 1.025.
Consideram-se incluídos no acórdão os elementos que o embargante suscitou, para fins de pré-questionamento, ainda que os embargos de decla-ração sejam inadmitidos ou rejeitados, caso o tribunal superior considere existentes erro, omissão, contradição ou obscuridade.
CORRESPONDÊNCIA NO CPC/1973: *NÃO HÁ.*

1. **Prequestionamento.** A dificuldade de se determinar o conceito de prequestiona-mento sempre foi um complicador no momento de viabilizar a interposição dos recursos excepcionais. Já na Constituição de 1891, a primeira republicana, exigia o art. 59, para o cabimento de recurso a ser julgado pelo STF, questões resolvidas pelos Juízes ou Tribu-nais Federais. Ao tempo das Constituições de 1934, 1937 e 1946, constava no art. 76 e nos arts. 101 (tanto da CF/1937 quanto da CF/1946), respectivamente, a competência do STF, sendo que, nos incisos III, era-lhe atribuída a função de julgar em recurso extraor-dinário as causas decididas em única ou última instância por outros Tribunais ou Juízes: (i) quando a decisão for contrária a dispositivo desta Constituição ou à letra de tratado ou lei federal; (ii) quando se questionar sobre a validade de lei federal em face desta Constituição, e a decisão recorrida negar aplicação à lei impugnada. Podemos perceber que àquele tempo, o STF conservava as funções recursais excepcionais hoje divididas com o STJ (criado com a CF/1988), visto que cabível Recurso Extraordinário contra vio-

lação de lei federal ou da própria Constituição. Na alínea "b", o cabimento do recurso estava condicionado ao prévio questionamento a respeito da validade de lei federal contestada em face da Constituição, e desde que a decisão recorrida negasse aplicação à lei impugnada. Sob a égide desse regramento constitucional, o STF confeccionou o Enunciado 282 da Súmula da sua jurisprudência, aprovado na sessão plenária de 13/12/1963: "É inadmissível o recurso extraordinário, quando não ventilada, na decisão recorrida, a questão federal suscitada.". Nos arestos que serviram de paradigma para a edição do verbete, o ponto central é a ausência de manifestação pelo tribunal recorrido a respeito da questão federal e/ou constitucional no acórdão impugnado, que deveria ser suprida pela oposição, por parte do recorrente e antes do recurso extraordinário, dos embargos de declaração. As duas ementas que seguem são deveras ilustrativas: "EMENTA: Não tendo sido apreciada a *questio iuris*, na decisão recorrida, por falta de embargos declaratórios, não cabe recurso extraordinário" (STF, RE 42.662/1961); "EMENTA: Retomada para uso de sociedade de que o proprietário faz parte, comprovada a necessidade. Agravo no auto do processo. Caberiam embargos declaratórios ao acórdão recorrido que não o apreciou. Somente opostos os embargos declaratórios a questão poderia ser apreciada no extraordinário, pois, exige-se o prequestionamento" (STF, RE 48.815/1961). Tanto é verdade que na mesma sessão plenária o STF aprovou também o Enunciado 356: "O ponto omisso da decisão, sobre o qual não foram opostos embargos declaratórios, não pode ser objeto de recurso extraordinário, por faltar o requisito do prequestionamento.". Prequestionamento, portanto, seria a obrigatoriedade da presença, na decisão recorrida, da questão federal ou constitucional versada no Recurso Extraordinário, cabendo ao recorrente suscitar (*questionar*) a matéria em momento anterior à interposição do recurso excepcional, e se, mesmo a despeito de tal conduta do recorrente, continuar ausente a sua discussão pelo acórdão, preenchido estaria tal requisito se a parte ingressasse com os embargos de declaração. Essa concepção retirou o foco do conteúdo do acórdão e, por conseguinte, da atuação do tribunal recorrido e do que ele efetivamente decidiu, colocando-o na atividade da parte, antes da prolação do acórdão (apelando) ou, após a sua emissão, desde que omisso (embargando), de questionar antes, isto é, prequestionar. Outro julgado daquela época pode facilitar a intelecção do problema: "EMENTA: 1) Não se conhece de recurso extraordinário para apreciar prescrição arguida na instância local, quando não houve embargos declaratórios contra o acórdão que se omitiu a esse respeito. 2) Prescrição. Não pertinente o art. 178, § 5º, IV, do Código Civil ao pedido de aplicação de multa contratual por demora na entrega da obra" (STF, RE 50.157/1963). Assim, o requisito do prequestionamento estaria preenchido com a mera oposição dos embargos de declaração, sendo que durante muito tempo assim decidiu o STF, como verificamos nos julgados transcritos: "EMENTA: I – RE: prequestionamento mediante embargos de declaração: *a oposição pertinente dos embargos declaratórios satisfaz a exigência do prequestionamento (Súmula 356), ainda que a omissão apontada pelo embargante não venha a ser suprida pelo tribunal* a quo (RE 210.638, DJ 19.6.98). II – Não sendo a função de liqüidante de empresa de economia mista equiparável a cargo em comissão, o tempo de exercício de tal função por funcionário público não podia ser computado para fins de estabilidade financeira.". (STF, RE 236.316/1998); "EMENTA: I – PRESTAÇÃO JURISDICIONAL: motivação suficiente: ausência de nulidade. O que se espera de uma decisão judicial é que seja fundamentada (CF, art. 93, IX), e não que se pronuncie sobre todas as alegações deduzidas pelas partes. II – RECURSO EXTRAORDINÁRIO: omissão não suprida em julgamento de embargos declaratórios: prequestionamento: Súmula 356. A recusa do órgão julgador em suprir omissão apontada pela parte através da oposição pertinente dos embargos declaratórios não impede que a matéria omitida seja examinada pelo STF, como decorre a fortiori da Súmula 356, que é aplicável tanto ao recurso extraordinário, quanto ao recurso especial, a despeito do que estabelece a Súmula 211 do STJ.". (STF, AI 317.281 AgR/2001).

2. Prequestionamento e os embargos de declaração. Conquanto não constasse mais, desde 1946, a necessidade de se questionar a matéria federal e/ou constitucional para viabilizar os recursos excepcionais, continuaram os pretórios, agora com as atribuições divididas – proteção da Constituição da República com o STF e proteção da lei infraconstitucional federal com o STJ, o último recentemente criado –, a exigir o prequestionamento da matéria, sob pena de inadmissibilidade da impugnação. Ocorre que, no STJ, deu-se uma interpretação diferente daquela vencedora no STF para o cumprimento da exigência constitucional, contida nos artigos 102, III, e 105, III, de que os recursos excepcionais só seriam viáveis se estivesse presente no acórdão recorrido a decisão da questão federal infraconstitucional (e constitucional), de modo a cumprir com a exigência de "causas decididas". Noutros termos, para o STJ a oposição dos embargos de declaração seria necessária para fazer constar no acórdão a "causa decidida", porém não seria suficiente para possibilitar a abertura da via excepcional, já que sobre o tema embargado o tribunal recorrido, obrigatoriamente, deveria se posicionar. A manutenção da omissão, isto é, a ausência de decisão a respeito do direito objetivo federal, apresentar-se-ia ainda como obstáculo intransponível, impedindo o conhecimento do recurso especial apresentado, dado que não teríamos, em virtude da mera oposição dos aclaratórios, causa efetivamente decidida. O entendimento acima sufragado gerou o Enunciado 211 do STJ: "Inadmissível recurso especial quanto à questão que, a despeito da oposição de embargos declaratórios, não foi apreciada pelo Tribunal *a quo*.". Segundo esse entendimento, o esforço do recorrente seria em vão, posto não possuir outra forma de exigir e obrigar o tribunal recorrido a tratar da temática suscitada, senão mediante a oposição infinita de novos e novos embargos. Para superar esse inconveniente, surgiu, também no STJ, uma saída lateral: o recorrente deveria interpor recurso especial, mas não para suscitar decisão a respeito da violação do dispositivo legal não tratado no acórdão mesmo depois da oposição dos embargos, e sim para atacar a violação perpetrada pelo tribunal contra o art. 535, II, do CPC/1973. Acórdão de 1997 dá bem essa noção, no que interessa para o aqui debatido: "(...). Os padrões legais apontados como contrariados, para reexame, não prescindem de prequestionamento. A omissão deve ser suprida pela interposição de embargos declaratórios. Caso insatisfatório a sua apreciação, como condição para o conhecimento do recurso especial, impõe-se a alegação de violação ao art. 535, I e II. (...)" (STJ, AgRg no Ag 123.760/SP).

Assim, diante do choque entre os dois entendimentos jurisprudenciais – ambos sacados de norma constitucional com redação idêntica (art. 102, III, e 105, III, CF/1988) –, o legislador pretendeu tomar partido por uma delas, optando pela contida na Súmula 356 do STF. Desse modo, dispõe o art. 1.025 que se consideram como "incluídos no acórdão os elementos que o embargante suscitou, para fins de pré-questionamento, ainda que os embargos de declaração sejam inadmitidos ou rejeitados, caso o tribunal superior considere existentes erro, omissão, contradição ou obscuridade". Contudo, e o artigo comentado deixa isso bastante claro, não é qualquer alegação nos embargos de declaração que constará como prequestionada, mas aquela que apenas deixou de constar no acórdão em razão de erro material, omissão, contradição ou obscuridade. Bom fincar, o art. 1.025 não cria uma nova espécie de embargos, os embargos de declaração prequestionadores, pois esta modalidade recursal continuará limitada às hipóteses constantes do art. 1.022 do diploma processual, e só nestes específicos casos é que será legítima sua oposição. Trecho retirado de acórdão proferido pelo STF ajuda a compreender a opção do legislador na feitura do artigo comentado: "(...). Mesmo os embargos manifestados com propósito de prequestionamento, mesmo esses, se sujeitam à presença dos requisitos do artigo 535, do Código de Processo Civil, de modo que não é apenas o propósito de prequestionamento que franqueia à parte o uso dos embargos, mas a existência de omissão, contradição ou obscuridade, a cujo propósito se houvesse de pedir declaração, àquele escopo. Recurso não provido. 5. Agravo regimental DESPROVIDO.". (STF, ARE 737.177 AgR/2014). Por essa razão, os pretórios não admitem embargos de declaração quando a violação do dispositivo constitucional foi suscitada de modo inaugural nos embargos declaratórios opostos ao acórdão impugnado, uma vez que não estará atendido o requisito do prequestionamento. (STF, ARE 779.900 ED/2014), do mesmo modo que a alegação tardia da matéria constitucional, só suscitada em sede de embargos de declaração, não supre o requisito do prequestionamento. (STF, ARE 679.150 AgR/2013). Na doutrina: "Os EDcl prequestionadores não têm cabimento quando se prestarem a agitar, pela primeira vez, matéria sobre a qual o juiz ou tribunal não tinha o dever de pronunciar-se, vale dizer, sobre a qual não tenha havido omissão" (NERY JR., Nelson; NERY, Rosa Maria de Andrade, *Comentários ao Código de Processo Civil*, São Paulo, RT, 2015, p. 2135). Convenhamos, o art. 1.025 investe contra duas práticas corriqueiras: (i) necessidade de interposição de recurso especial para alegar violação ao art. 535, I e II, do CPC/1973 e só assim viabilizar a apreciação do recurso especial que contém, efetivamente, o dispositivo federal afrontado na origem, mas omitido no acórdão; e (ii) utilização de embargos de declaração, fora dos limites legais, com o claro e único propósito de questionar a matéria federal ou constitucional (embargos de declaração prequestionadores). (BUENO, Cassio Scarpinella, *Curso sistematizado de direito processual civil*, v. 5, 5. ed., São Paulo, Saraiva, 2014, p. 260). Para a última situação, acreditamos que a aplicação irrestrita do Enunciado 98 do STJ ("Embargos de declaração manifestados com notório propósito de prequestionamento não têm caráter protelatório") não mais se justifica, de modo que embargos de declaração opostos fora dos permissivos legais, ainda que com intenção de prequestionar a matéria federal ou constitucional, deve ser prontamente rechaçado, inclusive com aplicação de multa.

Artigo 1.026.

Os embargos de declaração não possuem efeito suspensivo e interrompem o prazo para a interposição de recurso.

§ 1º A eficácia da decisão monocrática ou colegiada poderá ser suspensa pelo respectivo juiz ou relator se demonstrada a probabilidade de provimento do recurso ou, sendo relevante a fundamentação, se houver risco de dano grave ou de difícil reparação.

§ 2º Quando manifestamente protelatórios os embargos de declaração, o juiz ou o tribunal, em decisão fundamentada, condenará o embargante a pagar ao embargado multa não excedente a dois por cento sobre o valor atualizado da causa.

§ 3º Na reiteração de embargos de declaração manifestamente protelatórios, a multa será elevada a até dez por cento sobre o valor atualizado da causa, e a interposição de qualquer recurso ficará condicionada ao depósito prévio do valor da multa, à exceção da Fazenda Pública e do beneficiário de gratuidade da justiça, que a recolherão ao final.

§ 4º Não serão admitidos novos embargos de declaração se os 2 (dois) anteriores houverem sido considerados protelatórios.

CORRESPONDÊNCIA NO CPC/1973: *ART. 538.*

1. Efeito suspensivo. Na vigência do CPC/1973, o entendimento vencedor era o capitaneado por Barbosa Moreira, de que a regra, nos recursos, era a da suspensividade: "É que a regra, na matéria, é a da suspensividade, como aliás ressumbra do tratamento dado, no particular, à apelação. Por conseguinte, sempre que o texto silencie, deve entender-se que o recurso é dotado de efeito suspensivo: assim ocorre com os embargos infringentes. Esse já era, aliás, o princípio no sistema do Código de 1939" (MOREIRA, José Carlos Barbosa, *Comentários ao Código de Processo Civil*, v. V, 17. ed., Rio de Janeiro, Forense, 2013, p. 283-4; DIDIER JR., Fredie; CUNHA, Leonardo Carneiro da, *Curso de direito processual civil*, v. 3, 12. ed., Salvador, JusPodivm, 2014, p. 206). Como o CPC/1973 silenciou sobre o tema quando tratou dos embargos de declaração, também para essa modalidade recursal, valia aquele entendimento: os embargos de declaração tinham efeito suspensivo. Dizia Barbosa Moreira: "Como os recursos em geral, salvo exceção expressa, os embargos de declaração mantêm em suspenso a eficácia da decisão recorrida.". (MOREIRA, José Carlos Barbosa, *Comentários ao Código de Processo Civil*, v. V, 17. ed., Rio de Janeiro, Forense, 2013, p. 556). O art. 995, todavia, inovou na temática, invertendo a lógica da suspensividade no sistema recursal atual; agora, a regra é a da não suspensividade. O intuito do legislador foi dotar a tutela jurisdicional de maior efetividade, uma vez que a interposição dos recursos não mais retirará a eficácia do que foi decidido, salvo quando o legislador pretender que as coisas se passem de outro modo, mas aí será necessária manifestação expressa nesse sentido. Importante recuperar o que foi dito nos comentários ao art. 995: "A regra, agora, é a de que os recursos não terão efeito suspensivo, de modo que a decisão proferida encontrar-se-á, tão logo publicada, apta para produzir todos os seus efeitos (que, nem de longe, se restringem à executividade); a exceção será, justamente, a suspensividade, que pode decorrer de opção legal, como acontece com relação ao recurso de apelação (art. 1.012), ou de consideração tomada pelo órgão judicial encarregado, em observância às orientações do art. 1.012, §3º, do CPC/2015". Porém, antes mesmo do advento do CPC/2015, surgiu na doutrina corrente defendendo a não suspensividade automática dos embargos de declaração. Para essa concepção, o recurso de embargos aclaratórios apenas teria efeito suspensivo se o recurso subsequente também tivesse, porquanto a eficácia imediata da decisão estaria condicionada não à interposição do recurso com efeito suspensivo propriamente dito, mas simplesmente a pendência do prazo para seu manejo. Por exemplo: diante de sentença proferida fora das exceções do art. 520, CPC/1973, enquanto pendente o prazo de 15 (quinze) dias da apelação, a decisão não produzia eficácia alguma, situação que se prolongava no tempo, até a decisão do recurso pelo tribunal se, ainda, contra o acórdão não coubessem embargos infringentes (que tinham efeito suspensivo na sistemática anterior). Não era propriamente a apelação que suspendia a decisão recorrida, mas a simples pendência do prazo recursal, ou seja, a mera recorribilidade ou possibilidade de recurso. Natural, portanto, que no decurso do prazo de 15 (quinze), caso a parte opusesse embargos no quinquídio enxertado no prazo maior, a decisão não passaria, por si só, a ser efetiva, por isso a falsa ideia de que os embargos também possuíam efeito suspensivo; mas só mesmo um erro de perspectiva para sustentar esse raciocínio. Esse foi, aliás, o raciocínio encampado pelo Enunciado 218 do FPPC: "A inexistência de efeito suspensivo dos embargos de declaração não autoriza o cumprimento provisório da sentença nos casos em que a apelação tenha efeito suspensivo.".

O resultado não seria o mesmo, todavia, caso estivéssemos diante das situações excepcionais em que a apelação é recebida sem o efeito suspensivo. Neste caso, eventual oposição de embargos de declaração não suspenderia a eficácia da sentença, até porque, caso fosse assim, essa mesma eficácia deveria aguardar, sempre, o decurso do prazo de 5 (cinco) dias, justamente aquilo que a excepcionalidade procurou evitar. No mesmo sentido: "Ora, já se viu que o efeito suspensivo resulta da mera recorribilidade do ato, não decorrendo da interposição do recurso nem de sua aceitação ou de seu recebimento pelo juiz ou tribunal. Sendo assim, considerando que os embargos de declaração teriam efeito suspensivo, e levando em conta serem cabíveis contra todo e qualquer ato judicial, seria curial concluir que *toda* decisão, uma vez proferida, estaria com sua executoriedade suspensa, até que escoasse o prazo para a oposição de embargos declaratórios.". (DIDIER JR., Fredie; CUNHA, Leonardo Carneiro da, *Curso de direito processual civil*, v. 3, 12. ed., Salvador, JusPodivm, 2014, p. 207). Flávio Cheim Jorge, com inteligência, inaugurou a corrente que passou a defender a inexistência de efeito suspensivo nos embargos, para quem a suspensividade estaria relacionada ao recurso subsequente. (JORGE, Flávio Cheim, *Teoria geral dos recursos cíveis*, 5. ed., São Paulo, RT, 2012, p. 295). Este entendimento foi igualmente abraçado por Fredie Didier Jr. e Leonardo Cunha. (DIDIER JR., Fredie; CUNHA, Leonardo Carneiro da, *Curso de direito processual civil*, v. 3, 12. ed., Salvador, JusPodivm, 2014, p. 207) e Cassio Scarpinella Bueno (BUENO, Cassio Scarpinella, *Curso sistematizado de direito processual civil*, v. 5, 5. ed., São Paulo, Saraiva, 2014, p. 388). Muito embora não conste expressamente da norma, entendemos que essa é a mensagem passada pelo art. 1.026, ao dispor que "os embargos de declaração não possuem efeito suspensivo". Contudo, a oposição dos embargos, por certo, não vai transformar decisão ineficaz (em atenção à pendência de recurso possuidor de efeito suspensivo – *vide* apelação – art. 1.012, §1º) em eficaz, de sorte que a suspensividade do recurso pendente será mantida. Vale dizer, pois, que compreensão do problema não soluciona, satisfatoriamente, todas as hipóteses que podem se apresentar na prática forense. Dois são os pontos que merecem análise: (i) a decisão judicial, não obstante eficaz, apresenta-se eivada de vícios criadores de obstáculo intransponível ao seu entendimento (vícios de inteligência): neste caso, como bem salientado por Teresa Arruda Alvim Wambier, a suspensividade relaciona-se a uma situação de ordem material. Como cumprir uma decisão da qual não é possível extrair qualquer conteúdo compreensível? Neste caso, é a impossibilidade fática que faz suspender a eficácia do ato atacado, portanto. Diante de pedido expresso da parte, fundado "na impossibilidade real de que a decisão seja cumprida", pode o recurso de embargos suspender a decisão. (WAMBIER, Teresa Arruda Alvim, *Omissão judicial e embargos de declaração*, São Paulo, RT, 2005, p. 87; NERY JR., Nelson; NERY, Rosa Maria de Andrade, *Comentários ao Código de Processo Civil*, São Paulo, RT, 2015, p. 2136-7); (ii) a decisão judicial embargada, caso cumprida, poderá causar ao embargante lesão grave ou de difícil reparação: o próprio art. 995, parágrafo único, ao mencionar a regra da não suspensividade, garante ao recorrente a possibilidade, excepcional, é bem verdade, de obter o efeito suspensivo perante o próprio juízo competente para o seu julgamento. A despeito de o preceito mencionar apenas o relator, nada impede a incidência da regra também quando a produção de efeitos da decisão embargada for apta a causar à parte risco de dano grave, de difícil ou impossível reparação, e ficar demonstrada a probabilidade de provimento do recurso. Contudo, para a obtenção de efeito suspensivo excepcional o legislador trouxe norma específica para os embargos de declaração, comentada no item seguinte.

2. Obtenção do efeito suspensivo excepcionalmente. Nas hipóteses mencionadas anteriormente, *(i) a decisão judicial, não obstante eficaz, apresenta-se eivada de vícios criadores de obstáculo intransponível ao seu entendimento (vícios de inteligência) e (ii) a decisão judicial embargada, caso cumprida, poderá causar ao embargante lesão grave ou de difícil reparação,* o embargante, após demonstrar a probabilidade de provimento dos embargos, poderá obter, *ope iudicis,* a suspensão da sua eficácia, não excluindo, como no parágrafo único do art. 995, que essa concessão seja tomada pelo juiz responsável pela apreciação do recurso. (NERY JR., Nelson; NERY, Rosa Maria de Andrade, *Comentários ao Código de Processo Civil,* São Paulo, RT, 2015, p. 2137).

3. A interrupção do prazo para o recurso subsequente. Efeito expansivo subjetivo do recurso. Tendo em mente que o prazo de 5 (cinco) dias para a oposição do recurso de embargos de declaração é deflagrado concomitantemente ao prazo do recurso "principal" (que pode ser qualquer um: apelação, agravo de instrumento, recurso especial, recurso extraordinário, agravo nos autos, embargos de divergência, etc.), a demora na apreciação dos embargos pode comprometer a tempestividade do recurso subsequente. Ademais, como bem lembrado por Barbosa Moreira, o interesse recursal pode nascer, obviamente, apenas após a decisão proferida por ocasião do julgamento dos embargos, como consequência do então decidido. (MOREIRA, José Carlos Barbosa, *Comentários ao Código de Processo Civil,* v. V, 17. ed., Rio de Janeiro, Forense, 2013, p. 564). Para reparar esse inconveniente, o legislador manteve a regra que determina a interrupção do prazo do recurso seguinte em razão da simples oposição dos embargos aclaratórios. Interromper, como sabemos, significa dizer que após o julgamento dos embargos (admitidos ou não) a parte terá novamente, na integralidade, o prazo para interpor o recurso "principal", que, no CPC/2015, foi unificado em 15 (quinze) dias. Segundo Cassio Scarpinella Bueno, "a interrupção do prazo, comumente designada por boa parte da doutrina como 'efeito interruptivo' dos embargos de declaração, deve ser compreendida como a devolução integral do prazo para apresentar o recurso cabível da decisão embargada após a intimação do julgamento dos aclaratórios.". (BUENO, Cassio Scarpinella, *Curso sistematizado de direito processual civil,* v. 5, 5. ed., São Paulo, Saraiva, 2014, p. 381).

Importante salientar que o art. 1.026 não repete a redação do art. 538 do CPC/1973, ao advertir que a interrupção do prazo dar-se-ia para "a interposição de outros recursos, por qualquer das partes". A ausência de menção às partes não pode ser vista como limitação da eficácia interruptiva apenas ao embargante (sentido restritivo), mas como uma abertura conceptual para abarcar, além das partes do processo, eventuais terceiros prejudicados ou outros possíveis recorrentes (sentido ampliativo). Aliás, esse já era o entendimento quando ainda vigente o CPC/1973, não obstante a inexistência de menção ao terceiro. Dizia Cassio Scarpinella Bueno: "De acordo com o art. 538, *caput*, os embargos de declaração interrompem o prazo para a interposição de outros recursos por quaisquer das partes e, malgrado o texto da regra, também para terceiros.". (BUENO, Cassio Scarpinella, *Curso sistematizado de direito processual civil*, v. 5, 5. ed., São Paulo, Saraiva, 2014, p. 381; MOREIRA, José Carlos Barbosa, *Comentários ao Código de Processo Civil*, v. V, 17. ed., Rio de Janeiro, Forense, 2013, p. 564). Ademais, além da hipótese versada no art. 1.005, em que litisconsorte unitário (contida a exceção do parágrafo único da solidariedade passiva), a despeito de sua omissão em sede recursal, acaba beneficiando-se pela impugnação conduzida por seu parceiro de litígio, a doutrina inclui também nesse grupo a situação do art. 1.026, pouco importando a modalidade litisconsorcial verificada *in concreto*, se simples ou necessário. Diz o mencionado artigo que a oposição dos embargos de declaração interrompe o prazo para interposição de qualquer outro recurso, para qualquer outro litigante (litisconsorte ou contraparte), inclusive para o próprio recorrente, como seria, aliás, natural, mas também para seu adversário ou terceiros interessados. (DIDIER JR., Fredie; CUNHA, Leonardo Carneiro da, *Curso de direito processual civil*, v. 3, 12. ed., Salvador, JusPodivm, 2014, p. 85). É o que se convencionou chamar de "efeito expansivo subjetivo", que é assim denominado "porque as consequências do provimento do recurso dizem respeito às pessoas (sujeitos), e não aos atos processuais propriamente ditos.". (BUENO, Cassio Scarpinella, *Curso sistematizado de direito processual civil*, v. 5, 5. ed., São Paulo, Saraiva, 2014, p. 192).

4. Embargos de declaração protelatórios. Já foi desvendado pela prática forense que os embargos de declaração são o principal instrumento para que litigantes ímprobos possam por em execução a má-fé processual. E não são poucas as razões para tanto: (i) recurso para o próprio julgador; (ii) tentativa de obtenção pela parte, na grande maioria das vezes, efeito infringencial (modificativo); (iii) cabível de todo e qualquer pronunciamento judicial; (iv) interrupção do prazo do recurso subsequente; (v) não respeito ao prazo de 5 (cinco) dias destinado para seu julgamento pelo órgão jurisdicional. Para debelar esse intento, o CPC/1973 optou por multar o embargante que não se atenha ao disposto na lei e procura, com a utilização dos embargos, subverter sobremaneira a sua função, procrastinando a solução do feito. Assim, se os embargos forem manifestamente protelatórios o juiz ou o tribunal, em decisão fundamentada, condenará o embargante a pagar ao embargado multa não excedente a 2% (dois por cento) sobre o valor atualizado da causa (art. 1.026, §2º). Ocorreu majoração no valor da multa, que antes era de 1% (um por cento) do valor da causa. Pensamos, todavia, que de nada adianta aumentar o percentual da multa se os pretórios resistem à fustigação de condutas procrastinadoras, mormente quando praticadas pelo próprio Estado-litigante. A bem da verdade, se algum rigor houvesse na aplicação do vetusto parágrafo único do art. 538 do CPC/1973, este, com toda certeza, seria o maior condenado. O parágrafo 3º do mesmo artigo traz hipótese de acréscimo na multa para o caso de reiteração de embargos de declaração manifestamente protelatórios, elevando-a para até 10% (dez por cento) sobre o valor atualizado da causa. Não necessita que o embargante alegue no recurso o mesmo vício ou a mesma tese do primeiro embargo protelatório, bastando que sejam, os segundos, novamente reconhecidos como tais. A parte final da prescrição legal condiciona, ainda, a interposição de qualquer outro recurso ao depósito prévio do valor da multa, excepcionado a situação de multa imposta à Fazenda Pública ou ao beneficiário de gratuidade da justiça, que a deverão efetuar o pagamento da multa apenas no final do processo.

5. Limitação dos embargos. Embora o embargado seja o destinatário da multa, a parte prejudicada ficaria muito mais contente com a não oposição dos embargos protelatórios, posto que a sua utilização temerária emperra, sobremaneira, o curso regular do processo. Por isso, o legislador, ciente da insuficiência da multa como instrumento eficaz para coibir a proliferação de embargos protelatórios, limita sua utilização, retirando esse direito da parte, quando os 2 (dois) anteriores tiverem sido considerados protelatórios. O socorro da parte apenas poderá ser encontrado no manejo do recurso subsequente, de modo que os vícios do art. 1.022, se é que existentes, deverão ser corrigidos na instância superior, quando for o caso.

CAPÍTULO VI
Dos Recursos para o Supremo Tribunal Federal e para o Superior Tribunal de Justiça

SEÇÃO I – Do Recurso Ordinário

Artigo 1.027.
Serão julgados em recurso ordinário:
I – pelo Supremo Tribunal Federal, os mandados de segurança, os *habeas data* e os mandados de injunção decididos em única instância pelos tribunais superiores, quando denegatória a decisão;
II – pelo Superior Tribunal de Justiça:
a) os mandados de segurança decididos em única instância pelos tribunais regionais federais ou pelos tribunais de justiça dos Estados e do Distrito Federal e Territórios, quando denegatória a decisão;
b) os processos em que forem partes, de um lado, Estado estrangeiro ou organismo internacional e, de outro, Município ou pessoa residente ou domiciliada no País.
§ 1º Nos processos referidos no inciso II, alínea "b", contra as decisões interlocutórias caberá agravo de instrumento dirigido ao Superior Tribunal de Justiça, nas hipóteses do art. 1.015.
§ 2º Aplica-se ao recurso ordinário o disposto nos arts. 1.013, § 3º, e 1.029, § 5º.
CORRESPONDÊNCIA NO CPC/1973: *ART. 539.*

1. Considerações iniciais. O recurso ordinário constitucional é dirigido ao STF ou ao STJ nas hipóteses previstas nos arts. 102, II, e 105, II, da CF/1988. Em matéria cível, seu cabimento dá-se nas circunstâncias dispostas nos incisos I e II, alíneas "a" e "b", do art. 1.027 do CPC/20015. O recurso em exame é classificado como ordinário e de devolução plena, não se lhe aplicando as restrições legais impostas aos recursos excepcionais. Não há, portanto, limitações quanto a debate sobre questões de fato e de direito transferidas para reexame nos Tribunais Superiores.

2. Prazo. O prazo para interposição é de 15 (dias) úteis (art. 1.003, § 5º, CPC/2015), dispensando-lhe preparo. O recorrido terá prazo idêntico para contrarrazoar.

3. Devolução das questões incidentais não impugnáveis por agravo de instrumento. Das decisões interlocutórias proferidas no caso do inciso II, letra "b" do art. 1.027, caberá agravo de instrumento, obedecendo às limitações do art. 1.015, bem como às regras previstas nos regimentos internos do STF e do STJ. As demais decisões interlocutórias poderão ser discutidas em preliminar do recurso ordinário.

4. Efeito devolutivo do recurso ordinário. O recurso será recebido apenas no efeito devolutivo, aplicando-se-lhe a regra geral. Admite-se o julgamento *per salto* previsto para o julgamento do recurso de apelação nas situações discriminadas no parágrafo 3º do art. 1.013 do CPC/2015.

5. Efeito suspensivo. O recurso ordinário será recebido no duplo efeito (efeito devolutivo e suspensivo), uma vez presente a previsão legal quanto à aplicação a este recurso das regras disciplinadoras da apelação (conferir comentário ao art. 1.028 do CPC/2015).

ARTIGO 1.028.
Ao recurso mencionado no art. 1.027, inciso II, alínea "b", aplicam-se, quanto aos requisitos de admissibilidade e ao procedimento, as disposições relativas à apelação e o Regimento Interno do Superior Tribunal de Justiça.

§ 1º Na hipótese do art. 1.027, § 1º, aplicam-se as disposições relativas ao agravo de instrumento e o Regimento Interno do Superior Tribunal de Justiça.

§ 2º O recurso previsto no art. 1.027, incisos I e II, alínea "a", deve ser interposto perante o tribunal de origem, cabendo ao seu presidente ou vice-presidente determinar a intimação do recorrido para, em 15 (quinze) dias, apresentar as contrarrazões.

§ 3º Findo o prazo referido no § 2º, os autos serão remetidos ao respectivo tribunal superior, independentemente de juízo de admissibilidade.

CORRESPONDÊNCIA NO CPC/1973: *ART. 540.*

1. Considerações iniciais. O art. 1.028 do CPC/2015 dispõe que ao recurso ordinário aplicam-se as regras da apelação civil, bem como as disposições a respeito da matéria constantes do regimento do STJ. Das decisões interlocutórias proferidas nos processos em que forem partes, de um lado, Estado estrangeiro ou organismo internacional e, de outro, Município ou pessoa residente ou domiciliada no País, caberá agravo de instrumento para o STJ, observando-se, contudo, as hipóteses de cabimento previstas no art. 1.025 do CPC/2015.

2. Técnica de interposição, processamento e julgamento do recurso ordinário. O parágrafo 2º do artigo em comento trata do modo de interposição do recurso ordinário. O recurso será interposto perante o tribunal de origem mediante petição que contenha a qualificação do apelante e do apelado, a causa de pedir recursal, as razões de reforma ou invalidação da decisão e o correspondente pedido. É obrigatória a declinação do nome e endereço dos advogados das partes. Diferentemente da sistemática do CPC/1973, não haverá juízo diferido de admissibilidade. O presidente ou vice-presidente do Tribunal, ao receber o recurso, apenas providenciará a intimação do recorrente para apresentar contrarrazões. Em seguida, aviará o recurso para o respetivo Tribunal, sendo-lhes defeso, sob qualquer fundamento, inadmitir o recurso. Da decisão de inadmissibilidade, caberá reclamação para o STJ ou para o STF, conforme o caso. É possível aplicar-se o princípio da fungibilidade entre o recurso ordinário e os recursos excepcionais (recurso especial e recurso extraordinário). Esse entendimento afina-se com o princípio da primazia do exame de mérito, proporcionando o exame das questões de fundo, em detrimento das questões eminentemente de forma. Em razão do disposto na cabeça do artigo em comento, aplica-se ao recurso ordinário a técnica de julgamento *per saltum* prevista no art. 1.013, §§ 3º e 4º, que autoriza o imediato julgamento da causa sempre que esta estiver apta para exame (art. 1.027, §2º, CPC/2015).

SEÇÃO II – Do Recurso Extraordinário e do Recurso Especial

SUBSEÇÃO I – Disposições Gerais

Artigo 1.029.
O recurso extraordinário e o recurso especial, nos casos previstos na Constituição Federal, serão interpostos perante o presidente ou o vice-presidente do tribunal recorrido, em petições distintas que conterão:
I – a exposição do fato e do direito;
II – a demonstração do cabimento do recurso interposto;
III – as razões do pedido de reforma ou de invalidação da decisão recorrida.
§ 1º Quando o recurso fundar-se em dissídio jurisprudencial, o recorrente fará a prova da divergência com a certidão, cópia ou citação do repo-

sitório de jurisprudência, oficial ou credenciado, inclusive em mídia eletrônica, em que houver sido publicado o acórdão divergente, ou ainda com a reprodução do julgado disponível na rede mundial de computadores, com indicação da respectiva fonte; em qualquer caso, mencionar as circunstâncias que identifiquem ou assemelhem os casos confrontados.

§ 2º (Revogado pela Lei nº 13.256, de 4 de fevereiro de 2016).

§ 3º O Supremo Tribunal Federal ou o Superior Tribunal de Justiça poderá desconsiderar vício formal de recurso tempestivo ou determinar sua correção, desde que não o repute grave.

§ 4º Quando, por ocasião de incidente de resolução de demandas repetitivas, o presidente do Supremo Tribunal Federal ou do Superior Tribunal de Justiça receber requerimento de suspensão de processos em que se discuta questão federal constitucional ou infraconstitucional, poderá, considerando razões de segurança jurídica ou de excepcional interesse social, estender a suspensão a todo o território nacional, até ulterior decisão do recurso extraordinário ou do recurso especial a ser interposto.

§ 5º O pedido de concessão de efeito suspensivo a recurso extraordinário ou especial poderá ser formulado por requerimento dirigido:

I – ao tribunal superior respectivo, no período compreendido entre a publicação da decisão de admissão do recurso e sua distribuição, ficando o relator designado para seu exame prevento para julgá-lo (Redação dada pela Lei nº 13.256, de 4 de fevereiro de 2016);

II – ao relator, se já distribuído o recurso;

III – ao presidente ou ao vice-presidente do tribunal recorrido, no período compreendido entre a interposição do recurso e a publicação da decisão de admissão do recurso, assim como no caso de o recurso ter sido sobrestado, nos termos do art. 1.037 (Redação dada pela Lei nº 13.256, de 4 de fevereiro de 2016).

CORRESPONDÊNCIA NO CPC/1973: *ART. 541.*

1. **Considerações gerais.** Trata-se de dispositivo que estabelece os pressupostos formais a serem observados pelo recorrente na petição de interposição do recurso extraordinário e/ou especial, que não é muito diferente da versão revogada.

Assim como no CPC/2015, tanto o recurso extraordinário como o recurso especial deverão ser interpostos simultaneamente por petições autônomas, nas hipóteses de cabimento disciplinadas na CF/1988, nos arts. 102, III, "a", "b" e "c"; e 105, III, alíneas 'a', 'b' e 'c'.

Atente-se que, nas respectivas petições, deverá constar a qualificação das partes e a assinatura dos advogados, as quais serão endereçadas ao presidente do tribunal de origem onde o acórdão impugnado foi proferido.

Os recursos extraordinário e especial são classificados como excepcionais por terem como fim imediato a tutela do direito objetivo. Ou seja, os recursos excepcionais (extraordinário e especial) visam a assegurar o regime federativo mediante controle de aplicação da CF/1988 (recurso extraordinário) e da legislação federal infraconstitucional (recurso especial) ao caso concreto.

Nem o recurso extraordinário tampouco o recurso especial servem para reexame da matéria já decida no tribunal onde o acórdão impugnado foi prolatado, pois a controvérsia na decisão recorrida deve dizer respeito à aplicação ou à interpretação de dispositivo em relação à CF/1988 e/ou à lei federal. Sem que se tenha presente uma dessas hipóteses, fica o recorrente impedido de manejar referidos recursos.

Os recursos excepcionais objetivam propiciar a correta aplicação do direito objetivo. Não se discute, portanto, em recurso extraordinário e em recurso especial, matéria de fato ou apreciação feita pelo tribunal estadual ou pelo TRF a partir da prova dos autos, conforme verbetes 279 (STF) e 7 (STJ). O âmbito de discussão se limita exclusivamente à aplicação do direito sobre os fatos, sem discussão se este efetivamente existiu ou não.

A teor dos arts. 102, III, e 105, III, ambos da CF/1988, exige-se que, para fins de recurso extraordinário e especial, seja demonstrado que a questão de direito tenha sido prequestionada nas instâncias inferiores. Por "prequestionamento", pode-se dizer que o tribunal prolator da decisão que é objeto de recurso extraordinário e/ou especial tenha esgotado a análise da questão constitucional e/ou federal em discussão. Para o recurso extraordinário, o art. 321 do Regimento Interno do STF exige que o dispositivo constitucional tenha de estar expresso na decisão para respaldar a infringência no acórdão recorrido.

Em contrapartida, para fins de recurso especial, os dispositivos de lei federal apontados como violados não precisam estar expressamente transcritos na decisão impugnada. Basta haver articulação da tese jurídica acerca do dispositivo aplicado incorretamente pelo tribunal de origem, que o STJ considerará como prequestionada a matéria. Trata-se do prequestionamento implícito.

Sobre o prequestionamento, o recorrente deverá expor que a questão frontal do recurso foi exaustivamente debatida no acórdão recorrido, vulnerando a axiologia jurídica da norma apontada como violada. Nos recursos excepcionais, a simples menção de que o acórdão impugnado violou direito objetivo não é suficiente para o cabimento dos recursos previstos neste dispositivo. O recorrente, através de teses jurídicas extraídas da doutrina e jurisprudência, tem de demonstrar que a decisão impugnada seguiu caminho diverso do escopo teleológico da norma apontada como violada e/ou diverge da orientação dada pelo tribunal.

Outra exigência dos recursos excepcionais é o esgotamento das vias ordinárias. Isso significa que o recurso extraordinário e especial somente terão cabimento quando não houver mais recurso ordinário cabível contra a decisão impugnada. Fredie Didier Júnior destaca que "os recursos extraordinários e especial pressupõem um julgado contra o qual já foram esgotadas as possibilidades de impugnação nas várias instâncias ordinárias, ou na instância única. Não podem ser exercitados *per saltum*, deixando *in albis* alguma possibilidade de impugnação.". (DIDIER JR, Fredie; CUNHA, Leonardo Carneiro da, *Curso de direito processual civil: meios de impugnação às decisões judiciais e processo nos tribunais*, Salvador, JusPodivm: 2008, p. 260).

Para o recurso extraordinário exige-se ainda a repercussão geral da hipótese objeto do recurso, consoante dispõem o art. 102, § 3º da CF/1988 e o art. 1035 deste CPC/2015, ao qual remetemos.

Acerca do prequestionamento, ressaltamos o entendimento jurisprudencial: "AGRAVO REGIMENTAL. RECURSO ESPECIAL. PREQUESTIONAMENTO IMPLÍCITO. ADMISSÃO. PROVIMENTO A RECURSO ESPECIAL. DECISÃO MONOCRÁTICA. POSSIBILIDADE. ART. 557, § 1º-A DO CPC. 1.Admite-se o prequestionamento implícito, configurado quando a tese jurídica defendida pela parte é debatida no acórdão recorrido. (....).". (STJ, AgRg no REsp 1.052.586/RS); " (...). Embora o Superior Tribunal de Justiça admita o prequestionamento implícito, tornando desnecessário que o órgão julgador faça menção expressa ao dispositivo legal tido como violado, é indispensável que a questão federal nele versada tenha sido debatida no acórdão de forma clara e com profundidade suficiente que permita a imediata (...)." (STJ, AgRg no AREsp 216.883/SE).

2. Dissídio jurisprudencial. Há hipóteses nas quais a interpretação do dispositivo constitucional e/ou de infraconstitucional na decisão impugnada é divergente daquela realizada por outro tribunal, ou mesmo pelos próprios STJ e STF, sendo cabíveis os recursos aqui analisados em tais hipóteses. Não se admite, contudo, recurso excepcional para o STJ quando a divergência entre dispositivo de lei for do mesmo tribunal, conforme a Súmula 13 do STJ.

Nas hipóteses de divergência jurisprudencial, o legislador infraconstitucional buscou facilitar o acesso aos tribunais superiores mitigando o rigor formal para admissibilidade do recurso. Assim, o recorrente que fundamentar seu recurso excepcional com base em divergência jurisprudencial, tal como preconizado no artigo 105, III, alínea 'c' da CF/1988, poderá fazer prova da divergência por certidão, cópia ou citação do repositório oficial ou credenciado de jurisprudência.

Além da prova da divergência entre órgãos jurisdicionais diversos, o recorrente tem de fazer um cotejo analítico no sentido de destacar a divergência na qualificação jurídica dada por tribunais distintos da Federação acerca do mesmo dispositivo constitucional e/ou infraconstitucional, pois a função principal dos tribunais de superposição (STF e STJ) transcende o interesse subjetivo da causa para harmonizar a melhor interpretação que se deva fazer sobre o direito objetivo. O interesse subjetivo fica relegado a um segundo plano, condicionado ao provimento do recurso.

Por iniciativa da Câmara dos Deputados, nos termos da lei 13.256/2016, foi revogado antes mesmo de sua vigência o parágrafo 2º do artigo 1.029 deste CPC/2015, contrariando a linha mestra deste código, qual seja, a de rendimento do processo no julgamento de mérito, que busca afastar a denominada jurisprudência defensiva.

Na versão original, o parágrafo 2º do dispositivo aqui comentado trazia em seu bojo importante inovação que atendia as linhas mestras do CPC/2015 para melhor rendimento do processo.

Isto porque, nas hipóteses de recursos extraordinário e especial fundamentados em dissídio jurisprudencial, o Tribunal competente não poderá deixar de conhecê-los sem especificar quais circunstâncias fáticas da decisão impugnada destoam do acórdão paradigma. Visava, portanto, o parágrafo 2º, combater a jurisprudência defensiva e impor para o julgador o dever de motivar suas decisões sem emprego de conceitos jurídicos vagos e/ou indeterminados. Como bem aduziu Liebman, "as declarações de pensamento do juiz, expressa no exercício do poder (*potestá*) jurisdicional e pela forma determinada em lei, é justamente com a emissão do provimento que o juiz exerce o poder de que é investido.". (LIEBMAN, Enrico Túlio, *Manual de direito processual civil*, v. I, Rio de Janeiro, Forense, 1984, p. 238).

Sendo assim, o recorrente teria o direito de saber em que momento as circunstâncias fáticas se distinguiam, até mesmo para que ele pudesse exercer o contraditório, ou aceitar a decisão, o que lamentavelmente não mais se observará, ao menos por força expressa de lei.

3. Vícios formais. O parágrafo 3º deste artigo em comento é verdadeiro desdobramento do princípio da instrumentalidade das formas e tem por objetivo evitar que o processo se torne um fim em si mesmo. Havendo possibilidade de sanarem-se, nos recursos, os vícios processuais, o STF ou o STJ, ao invés de negarem seguimento ao recurso, determinarão a intimação da parte para suprir a falha.

Exige-se, no entanto, que o recurso seja tempestivo.

Uma vez intimada a parte para sanar o vício e esta permanecendo inerte, serão inadmitidos os recursos extraordinários e especial. Sobre a inércia da parte para sanar o vício, o III FPPC aprovou dois enunciados. Primeiramente, o Enunciado 220: "O Supremo Tribunal Federal ou o Superior Tribunal de Justiça inadmitirá o recurso extraordinário ou o recurso especial quando o recorrente não sanar o vício formal do qual foi intimado para corrigi-lo", Enunciado 83: "Fica superado o enunciado 115 da súmula do STJ após a entrada em vigor do CPC".

O processo civil contemporâneo busca eliminar a possibilidade das formas impedirem o julgamento de mérito do recurso. Trata-se do princípio da primazia pelo mérito.

Destarte, se houver possibilidade da parte sanar o vício, pelo princípio da primazia do mérito terá oportunidade de fazê-lo.

4. Demandas repetitivas. O presidente do STF ou STJ poderá determinar a suspensão de todos os processos em que se discuta questão federal constitucional ou infraconstitucional, em todo o território nacional. A suspensão dos processos nos quais se discute questão federal constitucional ou infraconstitucional em âmbito nacional não é automática, pois está condicionada à demonstração de uma das seguintes situações: segurança jurídica ou excepcional interesse social que a causa desperta.

A suspensão com base na segurança jurídica deve levar em consideração a jurisprudência dominante do tribunal superior em relação à controvérsia da questão federal constitucional ou infraconstitucional, objeto do incidente de resolução de demanda repetitiva.

Em âmbito nacional, a suspensão por interesse social alberga em seu bojo carga preponderantemente preventiva com o fim único de evitar danos potencias às demandas múltiplas, cujos fundamentos jurídicos serão alcançados com a tese firmada no incidente previsto nos arts. 976 e seguintes deste CPC/2015, por ser um tratamento adequado às demandas de massas, cuja solução servirá de fundamento a casos idênticos.

5. Efeito suspensivo. Os recursos excepcionais não são dotados de efeito suspensivo como regra. Porém, em algumas situações em que o fundamento seja relevante e houver ameaça de lesão grave ou de difícil reparação, o recorrente poderá requerer diretamente ao tribunal superior a suspensão da decisão impugnada, seja na petição de interposição do recurso excepcional ou por petição autônoma diretamente ao órgão jurisdicional, que irá apreciar o recurso.

No nosso sentir, contudo, a formulação de pedido de suspensão na própria petição de interposição, a depender do tempo de chegada do recurso ao tribunal superior, se mostrará despicienda, já que a ameaça de dano poderá concretizar-se e, portanto, de nada valerá a suspensão da decisão.

Os incisos de I a III estabelecem regras de competência para o pedido de efeito suspensivo ao recurso excepcional. A primeira hipótese prevista para obtenção do efeito suspensivo ao recurso excepcional condiciona a admissibilidade do recurso no tribunal de origem. Para obtenção de efeito suspensivo, a parte, a partir da publicação da decisão no tribunal de origem que admitir o recurso excepcional, deverá peticionar, mediante petição fundamentada, requerendo que seja atribuído referido efeito, o que será apreciado pelo relator designado para julgar o recurso. Outra hipótese é requerer-se a suspensão diretamente ao relator, caso o recurso já tenha sido distribuído. Por fim, o requerimento de suspensão poderá ser formulado diretamente ao presidente ou vice-presidente do tribunal de origem, naquelas situações em que o recurso excepcional interposto tiver sido afetado e sobrestado para julgamento de recurso extraordinário e/ou especial repetitivo.

Artigo 1.030.

Recebida a petição do recurso pela secretaria do tribunal, o recorrido será intimado para apresentar contrarrazões no prazo de 15 (quinze) dias, findo o qual os autos serão conclusos ao presidente ou ao vice-presidente

do tribunal recorrido, que deverá (Redação dada pela Lei nº 13.256, de 4 de fevereiro de 2016):

I – negar seguimento (Redação dada pela Lei nº 13.256, de 4 de fevereiro de 2016):

a) a recurso extraordinário que discuta questão constitucional à qual o Supremo Tribunal Federal não tenha reconhecido a existência de repercussão geral ou a recurso extraordinário interposto contra acórdão que esteja em conformidade com entendimento do Supremo Tribunal Federal exarado no regime de repercussão geral (Redação dada pela Lei nº 13.256, de 4 de fevereiro de 2016);

b) a recurso extraordinário ou a recurso especial interposto contra acórdão que esteja em conformidade com entendimento do Supremo Tribunal Federal ou do Superior Tribunal de Justiça, respectivamente, exarado no regime de julgamento de recursos repetitivos (Redação dada pela Lei nº 13.256, de 4 de fevereiro de 2016);

II – encaminhar o processo ao órgão julgador para realização do juízo de retratação, se o acórdão recorrido divergir do entendimento do Supremo Tribunal Federal ou do Superior Tribunal de Justiça exarado, conforme o caso, nos regimes de repercussão geral ou de recursos repetitivos (Redação dada pela Lei nº 13.256, de 4 de fevereiro de 2016);

III – sobrestar o recurso que versar sobre controvérsia de caráter repetitivo ainda não decidida pelo Supremo Tribunal Federal ou pelo Superior Tribunal de Justiça, conforme se trate de matéria constitucional ou infraconstitucional (Redação dada pela Lei nº 13.256, de 4 de fevereiro de 2016);

IV – selecionar o recurso como representativo de controvérsia constitucional ou infraconstitucional, nos termos do § 6º do art. 1.036 (Redação dada pela Lei nº 13.256, de 4 de fevereiro de 2016);

V – realizar o juízo de admissibilidade e, se positivo, remeter o feito ao Supremo Tribunal Federal ou ao Superior Tribunal de Justiça, desde que (Redação dada pela Lei nº 13.256, de 4 de fevereiro de 2016):

a) o recurso ainda não tenha sido submetido ao regime de repercussão geral ou de julgamento de recursos repetitivos (Redação dada pela Lei nº 13.256, de 4 de fevereiro de 2016);

b) o recurso tenha sido selecionado como representativo da controvérsia; ou (Redação dada pela Lei nº 13.256, de 4 de fevereiro de 2016)

c) o tribunal recorrido tenha refutado o juízo de retratação (Redação dada pela Lei nº 13.256, de 4 de fevereiro de 2016).

§ 1º Da decisão de inadmissibilidade proferida com fundamento no inciso V caberá agravo ao tribunal superior, nos termos do art. 1.042 (Redação dada pela Lei nº 13.256, de 4 de fevereiro de 2016).

§ 2º **Da decisão proferida com fundamento nos incisos I e III caberá agravo interno, nos termos do art. 1.021 (Redação dada pela Lei nº 13.256, de 4 de fevereiro de 2016).**
CORRESPONDÊNCIA NO CPC/1973: *ART. 542.*

1. Considerações gerais. À exceção de aperfeiçoamento redacional, o *caput* do artigo ora em comento em nada se distingue do que previa o CPC/2015 em seu artigo 542. Uma vez interposto o recurso, no prazo de 15 (quinze) dias, a secretaria do tribunal intimará a parte adversa para apresentar suas contrarrazões no mesmo interregno de 15 (quinze) dias.

2. Do Texto Originário. Na redação original, o legislador havia inserido o parágrafo único da norma em destaque, que eliminava o juízo de admissibilidade dos recursos excepcionais no tribunal prolator da decisão recorrida. Ou seja, decorrido o lapso temporal para resposta, os autos seriam remetidos ao tribunal competente, no qual o presidente ou o vice-presidente realizariam o juízo de admissibilidade definitivo. A supressão da admissibilidade pelo órgão *a quo* era digna de aplausos no que tange ao processamento do recurso, pois evitava a interposição de recurso contra juízo de admissibilidade negativo.

2.1. Mudança na Redação do art. 1.030. Na redação originária do art. 1.030, o legislador infraconstitucional equivocou-se em não ter inserido nos atos de disposição transitória um dispositivo que regulamentasse os recursos excepcionais que estão no tribunal de origem (estaduais e/ou TRFs). Ou seja, com a vigência deste código, todos os recursos que se encontrarem parados nos referidos tribunais seriam remetidos aos tribunais superiores sem qualquer filtro recursal. Diante de tal omissão, alguns ministros dos tribunais superiores ficaram alarmados com a quantidade de recurso que teriam que ter os pressupostos de admissibilidade analisados diretamente pelos tribunais superiores, o que agravaria o acumulo de processos parados nos referidos tribunais, vez que os tribunais origem filtram grande quantidade de recursos. Diante de tal situação, a Câmara dos Deputados, atendendo pedidos dos Ministros do STF e STJ, aprovou o Parecer nº 168/2015 (nº 2.384/2015 na casa de origem), que por meio da Mesa Diretora do Senado Federal alterou, integralmente, a redação do art. 1.030, nos termos da Lei nº 13.256, de 4 de fevereiro de 2016. O referido parecer fez retornar a admissibilidade dos recursos excepcionais nos tribunais de origem. Findo o prazo de quinze dias para a resposta, apresentada ou não, a secretaria encaminhará os autos conclusos ao presidente ou ao vice-presidente do tribunal *a quo* que tem a incumbência de: a) negar seguimento a recurso extraordinário que trate de controvérsia a que o Supremo Tribunal Federal tenha negado a repercussão geral; b) negar seguimento a recurso extraordinário ou a recurso especial interposto contra acórdão em conformidade com o precedente de repercussão geral ou de recurso especial em questão repetitiva; c) encaminhar o processo ao órgão julgador para juízo de retratação, se o acórdão recorrido divergir de precedente de repercussão geral ou de recurso especial em questão repetitiva. Aqui vale dizer que o legislador inovou pois no código revogado não havia a retratação pelo tribunal de origem em sede de recurso excepcional que contrariasse os precedentes retromencionados; d) sobrestar o recurso que versar sobre controvérsia de caráter repetitivo ainda não decidida por tribunal superior; e) selecionar o recurso como representativo de controvérsia constitucional ou infraconstitucional de caráter repetitivo, tal como previsto no art. 1.036, § 6º deste código e, por fim; f) realizar juízo de admissibilidade e, se positivo, remeter o feito ao tribunal superior correspondente, desde que, não tenha sido submetido ao regime da repercussão geral ou do recurso especial repetitivo. Tais medidas, a nosso ver, flertam com a inconstitucionalidade no sentido de criar óbices excessivos para julgamento de recursos excepcionais, bem como impedir o jurisdicionado de exercer, nos tribunais superiores, seu "dia na corte". É bem verdade que tanto o STF, como também o STJ são tribunais de superposição e visam tutelar o direito objetivo, em outras palavras, a finalidade dos recursos excepcionais é bipartida, ou seja, primeiro proporciona a segurança jurídica mediante uniformização na interpretação do direito positivo (constitucional e/ou infraconstitucional), em defesa jurídica estatal do ordenamento jurídico positivado. Num segundo momento, o recurso excepcional acaba tutelando o direito subjetivo da parte que dele se socorreu. No entanto, os filtros recursais de admissibilidade, no tribunal de origem, que estão inseridos no art. 1.030, ao que nos parece usurpam a competência do tribunal superior, pois há neles uma apreciação do mérito do próprio recurso, ao invés de realizar uma simples análise dos pressupostos objetivos de admissibilidade. Contra decisão que inadmitir o recurso excepcional, temos duas situações: a) se o juízo de admissibilidade do recurso excepcional for positivo, mas não remetido ao tribunal superior pois foi selecionado como representativo de controvérsia ou b) o tribunal recorrido refutou o juízo de retratação. Nesses casos o recorrente deverá interpor agravo para o tribunal superior, nos termos do art. 1.042 deste código. Caso o fundamento de inadmissibilidade do recurso excepcional seja calcado nos incisos I a IV do artigo em comento (1.030), o recurso a ser manejado contra aquela decisão é agravo interno, conforme dispõe o art. 1.021 deste código.

ARTIGO 1.031.
Na hipótese de interposição conjunta de recurso extraordinário e recurso especial, os autos serão remetidos ao Superior Tribunal de Justiça.
§ 1º Concluído o julgamento do recurso especial, os autos serão remetidos ao Supremo Tribunal Federal, para apreciação do recurso extraordinário, se este não estiver prejudicado.
§ 2º Se o relator do recurso especial considerar prejudicial o recurso extraordinário, em decisão irrecorrível, sobrestará o julgamento e remeterá os autos ao Supremo Tribunal Federal.

§ 3º Na hipótese do § 2º, se o relator do recurso extraordinário, em decisão irrecorrível, rejeitar a prejudicialidade, devolverá os autos ao Superior Tribunal de Justiça, para o julgamento do recurso especial.

CORRESPONDÊNCIA NO CPC/1973: *ART. 543.*

1. Considerações gerais. Embora com algumas diferenças redacionais, a norma preserva o sistema do regime anterior no tocante à interposição dos recursos excepcionais (extraordinário e especial).

Fato é que o STJ e o STF têm atribuições autônomas. O primeiro circunscreve-se à harmonização do direito objetivo infraconstitucional, ao passo que o segundo, à interpretação do direito constitucional. Em outras palavras, STF e STJ têm entre si divisão de atribuições distintas.

Todavia, em algumas, se não em muitas oportunidades, o acórdão a ser impugnado pode rechaçar dispositivo constitucional e infraconstitucional ao mesmo tempo. Nesse caso, compete ao recorrente o dever de interpor conjuntamente os recursos extraordinário e especial.

A ausência de interposição conjunta na hipótese de a mesma decisão afrontar questão de direito constitucional e infraconstitucional, a teor das Súmulas 283 e 126, respectivamente do STF e STJ, poderá acarretar o não conhecimento do recurso, caso a decisão, na parte não recorrida, for suficiente para manter-se hígida. Quer dizer, é ônus do recorrente interpor conjuntamente recurso extraordinário e especial contra decisão que contrariar dispositivo constitucional e lei federal.

2. Interposição simultânea. O *caput* do artigo supra refere-se interposição "conjunta" do recurso extraordinário e especial, o que significa dizer que ambos recursos deverão ser interpostos dentro do prazo de 15 (quinze) dias. Todavia, entendemos que o recorrente não está obrigado a interpor simultaneamente os dois recursos. Quer dizer, dentro do prazo de 15 dias se a parte, por exemplo, interpuser recurso extraordinário no 10º dia, terá ela mais 5 (cinco) dias para interpor recurso especial, não ocorrendo, portanto, preclusão consumativa.

Interposto simultaneamente, os autos serão remetidos ao STJ, ficando sobrestado o recurso extraordinário até julgamento definitivo do recurso especial. Julgado o recurso especial os autos serão remetidos ao STF para que se faça sua admissibilidade e julgamento, isso se o provimento do recurso especial não prejudicar o desenvolvimento válido do recurso extraordinário. Em outras palavras, anulado ou reformado pelo STJ o acórdão impugnado, fica prejudicado o recurso extraordinário. É o que se extrai do parágrafo 1º deste artigo.

No entanto, o julgamento do recurso extraordinário pode vir a ser antecedente ao do recurso especial, desde que aquele seja prejudicial a este, quer dizer, a decisão do recurso especial pode ser esvaziada com o julgamento do recurso extraordinário, razão pela qual o relator, em tais hipóteses, deverá determinar o sobrestamento do especial e remeter os autos ao STF.

3. Relação de prejudicialidade. Em obediência ao disposto no art. 10 deste CPC/2015, o relator, constatando relação de prejudicialidade entre o recurso especial e o extraordinário, deverá submeter ao crivo das partes essa questão antes de determinar, por meio de decisão irrecorrível, o sobrestamento e remessa dos autos para o STF.

A decisão de prejudicialidade não obriga o relator do recurso extraordinário, pois, se ele entender que não há a prejudicialidade deduzida pelo relator do recurso especial e após ouvir as partes (art. 10), por decisão irrecorrível, determinará o retorno dos autos ao STJ.

Artigo 1.032.

Se o relator, no Superior Tribunal de Justiça, entender que o recurso especial versa sobre questão constitucional, deverá conceder prazo de quinze dias para que o recorrente demonstre a existência de repercussão geral e se manifeste sobre a questão constitucional.

Parágrafo único. Cumprida a diligência de que trata o *caput*, o relator remeterá o recurso ao Supremo Tribunal Federal, que, em juízo de admissibilidade, poderá devolvê-lo ao Superior Tribunal de Justiça.

CORRESPONDÊNCIA NO CPC/1973: *NÃO HÁ.*

1. Conversão do recurso extraordinário em especial. Dispõe o artigo aqui em análise acerca da possibilidade de conversão do recurso extraordinário em recurso especial, com fito de combater a jurisprudência defensiva, nas hipóteses em que o recurso especial versar sobre matéria constitucional. Trata-se de importante inovação trazida pelo legislador infraconstitucional, como veremos a seguir.

A regra deste art. 1.032 não cuida da aplicação do princípio da fungibilidade, haja vista que esse princípio, para ser aplicado, exige a presença de alguns critérios para se configurar, sendo eles: a) presença de dúvida objetiva a respeito do recurso cabível; b) inexistência de erro grosseiro na interposição do recurso e c) prazo adequado para recurso correto.

2. Condições para a conversão. Para que haja a conversão, o recurso tem de ter aptidão, potencialidade para ser conhecido. Isso não significa que o relator fará um juízo de admissibilidade, pois não teria competência jurisdicional para tanto, mas, pelo menos, deverá identificar no recurso alguns requisitos objetivos que concluam ao menos pela sua admissibilidade, sem, no entanto, emitir qualquer juízo a esse respeito. Essa medida se justifica a fim de coibir que o recorrente utilize o tribunal superior como órgão de consulta prévia.

Na decisão de conversão, o relator terá de observar as regras do art. 489, § 1º, do CPC/2015, a fim de expor claramente, ainda que de forma sucinta, a relação da conversão com a questão constitucional por ele identificada.

As normas fundamentais previstas na parte geral deste CPC/2015 têm como corolá-rio, entre outros, o processo em contraditório. Assim, entende-se que, antes de promo-ver a conversão, deverá o relator intimar as partes para se manifestarem, nos termos do art. 10, para só depois deliberar sobre a conversão.

3. Da necessária intimação. Uma vez convertido o recurso especial para extraor-dinário, o relator intimará a parte recorrente para que, em 15 (quinze) dias, preencha os requisitos específicos do recurso extraordinário, no sentido de demonstrar a existên-cia de repercussão geral, como também, aprofundar os fundamentos acerca da questão constitucional. Apesar do CPC/2015 ser omisso, a teor do seu art. 7º entendemos que o recorrido terá igual prazo para responder à adequação do recurso ora convertido.

Preenchidas as formalidades supra, os autos serão remetidos ao STF, que fará admis-sibilidade e, conforme acima aduzido, se o relator entender que a conversão foi desca-bida, o recurso será devolvido para o STJ.

4. Recurso. Importante destacar que a decisão do relator que converte o recurso não comporta o agravo extraordinário, por ser o rol do art. 1.042 taxativo. Também não cabe mandado de segurança como sucedâneo recursal, por não se vislumbrar direito líquido e certo na decisão de conversão.

Artigo 1.033.

Se o Supremo Tribunal Federal considerar como reflexa a ofensa à Cons-tituição afirmada no recurso extraordinário, por pressupor a revisão da interpretação da lei federal ou de tratado, remetê-lo-á ao Superior Tribunal de Justiça para julgamento como recurso especial.

CORRESPONDÊNCIA NO CPC/1973: *NÃO HÁ.*

1. Enfrentamento do mérito. O dispositivo legal ora analisado busca fomentar o enfrentamento do mérito do recurso naquelas situações em que não há ofensa direta a preceito constitucional, o que, no regramento anterior, ensejaria a não admissibilidade do recurso extraordinário.

Nos casos em que a ofensa a dispositivo da CF/1988 necessita de interpretação de normas de lei federal, para fins de interposição do recurso extraordinário, a ofensa à CF/1988 tem de ser direta ou frontal, ou seja, não pode demandar interpretação de nor-mas infraconstitucionais, a rigor do previsto no art. 102, III, "a", da CF/1988.

2. Afronta indireta à CF/1988. Caso a afronta à CF/1988 seja indireta e com base no dispositivo legal aqui analisado, o STF, ao invés de inadmitir o recurso excepcional em comento, o converterá em recurso especial que será remetido para o STJ, a fim de que a matéria infraconstitucional (que reflexamente afronta a Magna Carta) seja julgada. Esta norma situa-se como desdobramento do art. 4º deste CPC/2015 e a aplica ao caso a instrumentalidade processual, princípios esses norteadores do direito processual civil.

Um ponto a ser observado é que o STF, em decisão fundamentada, deverá indicar qual a norma infraconstitucional que reflexamente afronta o dispositivo de lei constitucional que foi objeto do recurso extraordinário convertido para recurso especial. Assim rezam o do artigo 489, § 1º, I, deste CPC/2015 e o Enunciado 303 – aprovado no IV FPPC de Belo Horizonte.

Outrossim, nos termos do art. 10º do CPC/2015, antes de remeter o recurso para o STJ deve-se oportunizar às partes manifestação sobre o tema.

Artigo 1.034.

Admitido o recurso extraordinário ou especial, o Supremo Tribunal Federal ou Superior Tribunal de Justiça julgará o processo, aplicando o direito.

Parágrafo único. Tendo sido admitido o recurso extraordinário ou especial por um fundamento, devolve-se ao tribunal superior o conhecimento dos demais fundamentos para a solução do capítulo impugnado.

CORRESPONDÊNCIA NO CPC/1973: *NÃO HÁ.*

1. Ampliação da matéria. O legislador infraconstitucional positivou orientação contida no enunciado da Súmula 456 do STF, a fim de ampliar a matéria jurídica a ser enfrentada nos recursos excepcionais. Destaca-se, também, que o texto de lei se assemelha à redação do art. 257 do Regimento Interno do STJ. Diferentemente do que ocorria sob a vigência do CPC/1973, busca a norma em comento ampliar o conhecimento da matéria devolvida para o tribunal superior. Ou seja, caso seja positivo o juízo de admissibilidade dos recursos excepcionais, os tribunais de superposição se propõem conhecer da causa por inteiro, a fim de aplicar melhor o direito.

Isso não quer dizer que o órgão jurisdicional *ad quem* estará declinando de seu múnus constitucional, ou seja, deixar de tutelar o direito objetivo para atuar como terceira instância. Na verdade, o dispositivo em comento prestigia o processo em contraditório travado entre as partes, no sentido de autorizar os Tribunais Superiores, desde que a questão seja exclusivamente de direito, examinar os fundamentos trazidos pelas partes e que não foram abordados no recurso. Nesse caso, abre-se campo para que os Tribunais Superiores possam analisar questões de ordem pública passadas desapercebidas nas instâncias inferiores.

A norma não autoriza o STF tampouco o STJ, em sede de recurso excepcional, a reapreciar o caso posto ao crivo judicial. Na verdade, o que se busca é ampliar a discussão sobre a consequência jurídica decorrente dos fatos da causa, sem deles extrair novos juízos, mantendo-se incólume à analise fática realizada no tribunal de origem.

Essa ampliação da matéria dos recursos excepcionais visa também a prestigiar o efeito translativo dos recursos, para que as matérias de ordem pública, não suscitadas nas instâncias inferiores, sejam conhecidas até mesmo *ex ofício* pelo órgão *ad quem*.

O parágrafo único do art. 1.034 afastou o entendimento do STF esposado na Súmula 528.

2. Vedação de análise fático-probatória. Deve-se atentar que a expressão "questão de fato e de direito" não autoriza, por exemplo, o STJ ou STF a fazer reexame do conjunto fático/probatório, que é vedado pelas Súmulas 7 e 279 dos respectivos tribunais e que não foram superados por este CPC/2015.

A expressão "todas as questões de fato" não se confunde com "reexame fático", mas caracteriza revaloração da questão fática/probatória incontroversa nas instâncias inferiores. A função das cortes superiores com a norma em apreço é melhorar a qualificação jurídica à análise dos fatos contidas na decisão impugnada.

Ou seja, descrita no acórdão recorrido a situação fática, à guisa do art. 1.031, parágrafo único do CPC/2015, admite-se nos recursos excepcionais a revaloração jurídica daqueles fatos.

Essa prática já vinha sendo adotada no STJ antes mesmo do advento do CPC/2015: "AGRAVO REGIMENTAL NO RECURSO ESPECIAL. ADMINISTRATIVO. AUSÊNCIA DE PREQUESTIONAMENTO. NÃO VERIFICADA. SUMULA 211 STJ. NÃO INCIDÊNCIA. REVISÃO DE PROVAS. DESNECESSIDADE. SUMULA 7/STJ. NÃO APLICÁVEL AO CASO DOS AUTOS. MILITAR TEMPORÁRIO. ACIDENTE EM SERVIÇO. INCAPACIDADE PARA O SERVIÇO CATRENSE. REFORMA EX OFICIO. GRAU HIERARQUIA OCUPADO NA ATIVA.POSSIBILIDADE.

1. Os artigos 106, I108, I e IV, 109 e10, §2º, da Lei nº6.80/8 foram implicitamente prequestionados pelo Tribunal a quo. Não incidência da Súmula 21/STJ.

2. A matéria submetida à análise não encontra limite no verbete sumular nº 07/STJ, o Tribunal a quo descreveu suficientemente as particularidades da espécie dos autos. Em caso desta jaez, inexiste a reapreciação do contexto probatório da demanda, mas tão somente a revaloração jurídica dos elementos fáticos delineados pela Corte recorrida. (...) Agravo regimental não provido". (STJ, AgRg no REsp 1.199.086/RJ).

Artigo 1.035.

O Supremo Tribunal Federal, em decisão irrecorrível, não conhecerá do recurso extraordinário, quando a questão constitucional nele versada não oferecer repercussão geral, nos termos deste artigo.

§ 1º Para efeito da repercussão geral, será considerada a existência ou não de questões relevantes do ponto de vista econômico, político, social ou jurídico que ultrapassem os interesses subjetivos do processo.

§ 2º O recorrente deverá demonstrar a existência da repercussão geral para apreciação exclusiva do Supremo Tribunal Federal.

§ 3º Haverá repercussão geral sempre que o recurso impugnar acórdão que:

I – contrarie súmula ou jurisprudência dominante do Supremo Tribunal Federal;

II – (Revogado pela Lei nº 13.256, de 4 de fevereiro de 2016);

III – tenha reconhecido a inconstitucionalidade de tratado ou lei federal, nos termos do art. 97 da Constituição Federal.

§ 4º O relator poderá admitir, na análise da repercussão geral, a manifestação de terceiros, subscrita por procurador habilitado, nos termos do regimento interno do Supremo Tribunal Federal.

§ 5º Reconhecida a repercussão geral, o relator no Supremo Tribunal Federal determinará a suspensão do processamento de todos os processos pendentes, individuais ou coletivos, que versem sobre a questão e tramitem no território nacional.

§ 6º O interessado pode requerer ao presidente ou vice-presidente do tribunal de origem, que exclua da decisão de sobrestamento e inadmita o recurso extraordinário que tenha sido interposto intempestivamente, tendo o recorrente o prazo de 5 (cinco) dias para manifestar-se sobre esse requerimento.

§ 7º Da decisão que indeferir o requerimento referido no § 6º ou que aplicar entendimento firmado em regime de repercussão geral ou em julgamento de recursos repetitivos caberá agravo interno (Redação dada pela Lei nº 13.256, de 4 de fevereiro de 2016).

§ 8º Negada a repercussão geral, o presidente ou vice-presidente do tribunal de origem negará seguimento aos recursos extraordinários sobrestados na origem que versem sobre matéria idêntica.

§ 9º O recurso que tiver a repercussão geral reconhecida deverá ser julgada no prazo de 1 (um) ano e terá preferência sobre os demais feitos, ressalvados os que envolvam réu preso e o pedido de *habeas corpus*.

§ 10. (Revogado pela Lei nº 13.256, de 4 de fevereiro de 2016).

§ 11. A súmula da decisão sobre a repercussão geral constará de ata, que será publicada no diário oficial e valerá como acórdão.

CORRESPONDÊNCIA NO CPC/1973: *ART. 543-A.*

1. **Considerações gerais.** Atendendo às vigas mestras deste CPC/2015, o dispositivo em comento aprimorou o sistema da repercussão geral, dando-lhe maior organicidade e dinamismo em relação ao CPC/1973.

A repercussão geral foi introduzida no ordenamento constitucional vigente com a Emenda Constitucional 45, que acrescentou o parágrafo 3º ao art. 102 da CF/1988.

Em apertada síntese, a repercussão geral tem sua gênese no *writ of certiorari* do direito norte-americano e na arguição de relevância (que vigorou no regime militar e de uma inconstitucionalidade ímpar, na medida em que os ministros se reuniam a portas fechadas para acolher ou rejeitar a arguição de relevância sem exarar qualquer fundamentação).

2. Repercussão geral. O instituto da repercussão geral tem por escopo atuar como filtro recursal para reduzir o número de recursos destinados ao STF, para que os trabalhos da Suprema Corte fiquem restritos aos casos que efetivamente mereçam sua atenção, tal como ocorre em outros países (Argentina, Estados Unidos, etc.).

Em outras palavras, em tese, a repercussão geral estabelece que somente as questões de maior vulto sejam analisadas pela Suprema Corte, enquanto as outras ficam relegadas ao exaurimento nos tribunais de origem. Daí porque é requisito de admissibilidade do recurso extraordinário, sem afastar os demais.

Assim, tem-se a noção de repercussão geral como um meio de retenção de matérias constitucionais sem maior relevo trazida para análise pelo STF, no sentido de que a divergência que reside na aplicação do dispositivo constitucional ecoa não somente nos interesses subjetivos das partes litigantes, mas impacta na sociedade.

3. Obrigatoriedade de demonstração da repercussão. A falta de demonstração de repercussão geral torna inadmissível o recurso extraordinário, mediante decisão fundamentada. Não cabe recurso contra referida decisão a fim de firmar a natureza do Supremo de não ser meramente uma instância recursal, como também convergindo com o inciso LXXVIII do art. 5º da CF/1988, que cuida da prestação jurisdicional em tempo razoável, exceto quando se tratar de embargos de declaração que, em regra, não visam a modificar o decisório, apenas aclarar os provimentos jurisdicionais.

A propósito, seria um contrassenso a possibilidade de recurso contra análise do STF no que tange ausência de repercussão geral no recurso extraordinário, especialmente se uma das finalidades do instituto é desafogar aquela Corte.

4. Inafastabilidade do controle jurisdicional. Certo é que a repercussão geral, como filtro recursal do STF, não é um instituto rígido, até porque, se não houver um meio de flexibilizar o acesso à Corte, criar-se-ia óbice à inafastabilidade do controle jurisdicional em âmbito de tribunal superior.

O cerne da repercussão geral é identificar o que é, ou qual seria a questão constitucional que transcenda o interesse subjetivo dos litigantes para fins de admissibilidade de recurso extraordinário, já que o termo "repercussão geral" é juridicamente indeterminável, ou seja, um conceito vago, como quis o legislador constitucional quando da introdução do § 3º no art. 102 da CF.

O CPC/2015, no parágrafo 1º do art. 1.035, prescreve também com conceitos jurídicos indeterminados o conteúdo normativo do instituto ora analisado. Trata-se, portanto, de critérios que norteiam o STF a identificar uma questão de significação fundamental para fins de repercussão geral. A competência para analisar a existência ou não da repercussão geral é exclusiva do STF, ou seja, não cabe ao tribunal local (presidente ou vice-presidente) fazer referida análise, conforme preceitua o parágrafo 2º deste artigo.

5. Hipóteses objetivas. O parágrafo 3º do artigo 1.035 deste CPC/2015 cuida das hipóteses objetivas de repercussão geral, quer dizer, haverá no acórdão objeto de recurso extraordinário vetores decisivos da repercussão geral, assim configurados: (i) quando a decisão impugnada for contrária a súmula ou precedente do STF e; (ii) questionar decisão que tenha reconhecido a inconstitucionalidade de tratado ou lei federal, nos termos do art. 97 da CF/1988. Trata-se, portanto, de rol taxativo.

Nos referidos vetores, prestigiou o legislador infraconstitucional a autoridade dos precedentes judiciais do STF, e ainda fortaleceu a função uniformizadora da Corte Suprema.

6. Repercussão e *amicus*. Assim como vigorou no CPC/1973, o CPC/2015 autoriza a intervenção do *amicus curiae* mediante manifestação do relator, decisão essa irrecorrível, consoante as regras previstas no Regimento Interno do STF.

O *amicus curiae* atua como espécie de representante da sociedade civil, como também, daqueles, que não são partes da relação processual, mas que suportarão os efeitos do trabalho interpretativo realizado pela Suprema Corte em relação ao impacto da transcendência da decisão recorrida na coletividade. O *amicus curiae*, ao mesmo tempo em que fornece subsídios técnicos para que a Corte encontre a melhor solução acerca do tema sob análise, por ser profundo conhecedor da temática *sub judice*, pode atuar também em defesa de setores da sociedade que suportarão os efeitos da decisão relativa à matéria constitucional que transcende os interesses subjetivos da parte. Em suma, o *amicus curiae* acresce qualidade ao julgamento definitivo do recurso extraordinário.

7. Suspensão dos processos. Reconhecida a repercussão geral, à guisa do parágrafo 5º do art. 1.035, o relator determinará a suspensão de todos os processos pendentes, sejam eles individuais ou coletivos, que digam respeito à questão constitucional que é objeto de repercussão geral. Ou seja, a regra em questão ampliou a competência do relator; e, diante do alcance do efeito suspensivo do reconhecimento da repercussão geral, o CPC/2015 estabeleceu prazo de 1 (um) ano, contado a partir do reconhecimento da repercussão geral, para que o recurso extraordinário seja julgado, sob pena de cessar a suspensão dos processos que foram atingidos pela suspensão em todo pais.

Nesse ponto, deve-se atentar para que, cessada a suspensão em razão do decurso temporal sem julgamento do recurso extraordinário, na eventualidade de outro ministro relator reconhecer repercussão geral em outro recurso acerca da mesma matéria do extraordinário que havia suspendido, em âmbito nacional todos processos pendentes relacionados à questão constitucional sob análise, e que ainda não foi julgado, entende-se que as regras no parágrafo 5º do art. 1.035 não podem ser aplicadas novamente, sob pena de violar o princípio constitucional da duração razoável do processo, mesmo porque tal medida não atenderia ao escopo teleológico da norma fundamental do processo civil insculpida no art. 4º deste CPC/2015.

A situação ilustrada não é absurda, pois, na prática forense isso já tem reconhecimento jurisprudencial, conforme reconhecimentos da repercussão geral constitucional em expurgos inflacionários decorridos do Plano Collor. (STF, RE 59.1797/SP; STF, AI 75.1521/SP).

O CPC/2015 inova também ante a possibilidade de excluir da decisão de sobresta-mento os recursos intempestivos e, após manifestação do recorrente sobre a intempes-tividade, o relator decidirá. Do indeferimento do pedido relativo à intempestividade do recurso extraordinário sobrestado, caberá agravo interno disciplinado no art. 1.021 deste CPC/2015. É de se reparar que o parágrafo 7º do art. 1.035 se refere ao recurso de agravo na hipótese de indeferimento do requerimento de intempestividade, dando ideia de que o deferimento da decisão seria irrecorrível.

Todavia, em razão do princípio da isonomia, entende-se que cabe agravo contra a decisão que apreciar o requerimento de intempestividade do recurso, independente-mente da conclusão a que chegou o relator, a fim de possibilitar para o recorrente meios de impugnar aquela decisão e demonstrar eventual *error in judicando* do relator.

SUBSEÇÃO II – Do Julgamento dos Recursos Extraordinário e Especial Repetitivos

ARTIGO 1.036.
Sempre que houver multiplicidade de recursos extraordinários ou espe-ciais com fundamento em idêntica questão de direito, haverá afetação para julgamento de acordo com as disposições desta Subseção, observado o dis-posto no Regimento Interno do Supremo Tribunal Federal e no do Superior Tribunal de Justiça.

§ 1º O presidente ou o vice-presidente de tribunal de justiça ou de tribu-nal regional federal selecionará 2 (dois) ou mais recursos representativos da controvérsia, que serão encaminhados ao Supremo Tribunal Federal ou ao Superior Tribunal de Justiça para fins de afetação, determinando a suspen-são do trâmite de todos os processos pendentes, individuais ou coletivos, que tramitem no Estado ou na região, conforme o caso.

§ 2º O interessado pode requerer, ao presidente ou ao vice-presidente, que exclua da decisão de sobrestamento e inadmita o recurso especial ou o recurso extraordinário que tenha sido interposto intempestivamente, tendo o recorrente o prazo de 5 (cinco) dias para manifestar-se sobre esse requerimento.

§ 3º Da decisão que indeferir o requerimento referido no § 2º caberá apenas agravo interno (Redação dada pela Lei nº 13.256, de 4 de fevereiro de 2016).

§ 4º A escolha feita pelo presidente ou vice-presidente do tribunal de justiça ou do tribunal regional federal não vinculará o relator no tribunal superior, que poderá selecionar outros recursos representativos da controvérsia.

§ 5º O relator em tribunal superior também poderá selecionar 2 (dois) ou mais recursos representativos da controvérsia para julgamento da questão de direito independentemente da iniciativa do presidente ou do vice-presidente do tribunal de origem.

§ 6º Somente podem ser selecionados recursos admissíveis que contenham abrangente argumentação e discussão a respeito da questão a ser decidida.

CORRESPONDÊNCIA NO CPC/1973: *ART. 543-C*

1. Considerações gerais. A Subseção II da Seção IV do Título II do Livro III da Parte Especial do CPC/015 revigora o art. 543-C do CPC/1973, acrescentando à técnica de julgamento dos recursos repetitivos o recurso extraordinário múltiplo. É importante aludir a essa inovação, pois o art. 543-B, a despeito da praxe do STF, assentada nos artigos 328 a 328-A do respectivo Regimento Interno, não autoriza o implemento da técnica de julgamento por amostragem (julgamento repetitivo) para os recursos extraordinários, limitando-se tão somente a regular o procedimento deliberativo da repercussão geral da questão constitucional. O parágrafo 1º dispõe sobre a técnica de pinçamento do recurso representativo da controvérsia para aviamento aos Tribunais Superiores para fins de afetação. O presidente ou vice-presidente deverá selecionar os recursos com maior abrangência e diversidade de fundamentos e que obviamente apresentem todos os requisitos de admissibilidade. Embora formalmente a ampliação da amostragem dos recursos selecionados represente inovação, os tribunais de origem, em regra, selecionam mais de 2 (dois) recursos como representativos da controvérsia. Por sua vez, o parágrafo 2º autoriza o recorrido a requerer ao presidente ou vice-presidente do tribunal de origem a subtração da decisão de sobrestamento o recurso extraordinário interposto intempestivamente. De acordo com a versão originária deste CPC/2015, conforme sancionado, nos termos do parágrafo 3º da decisão de indeferimento caberia o recurso de agravo, conforme art. 1.042. Porém, ao longo da *vacatio legis*, o dispositivo em questão foi revogado, restaurando-se, com algumas particularidades, a sistemática do CPC 1973. É importante destacar que essa alteração merece críticas, pois a competência definitiva para o exame da decisão de sobrestamento é do respectivo Tribunal Superior, cabendo-lhe o exame da questão. Diante desse novo quadro legislativo, caberá agravo interno nos termos do art.1.021 para o próprio órgão recorrido. Conforme o parágrafo 4º, o relator poderá selecionar outros recursos representativos quando entender que os recursos aviados pelo tribunal recorrido sejam inadmissíveis ou não representam adequadamente a controvérsia. Portanto, não haverá vinculação. Os parágrafos 5º e 6º disciplinam, sucessivamente, a competência do relator para selecionar os recursos representativos, independentemente da iniciativa do presidente ou vice-presidente do tribunal recorrido, e o perfil dos recursos que deverão ser selecionados para afetação.

2. Enunciados do FPCC. Enunciado 363: "O procedimento dos recursos extraordinários e especiais repetitivos aplica-se por analogia às causas repetitivas de competência originária dos tribunais superiores, como a reclamação e o conflito de competência". Enunciado 364: "O sobrestamento da causa em primeira instância não ocorrerá caso se mostre necessária a produção de provas para efeito de distinção de precedentes.".

Artigo 1.037.
Selecionados os recursos, o relator, no tribunal superior, constatando a presença do pressuposto do *caput* do art. 1.036, proferirá decisão de afetação, na qual:
I – identificará com precisão a questão a ser submetida a julgamento;
II – determinará a suspensão do processamento de todos os processos pendentes, individuais ou coletivos, que versem sobre a questão e tramitem no território nacional;
III – poderá requisitar aos presidentes ou aos vice-presidentes dos tribunais de justiça ou dos tribunais regionais federais a remessa de um recurso representativo da controvérsia.
§ 1º Se, após receber os recursos selecionados pelo presidente ou pelo vice-presidente de tribunal de justiça ou de tribunal regional federal, não se proceder à afetação, o relator, no tribunal superior, comunicará o fato ao presidente ou ao vice-presidente que os houver enviado, para que seja revogada a decisão de suspensão referida no art. 1.036, § 1º.
§ 2º (Revogado pela Lei nº 13.256, de 4 de fevereiro de 2016).
§ 3º Havendo mais de uma afetação, será prevento o relator que primeiro tiver proferido a decisão a que se refere o inciso I do *caput*.
§ 4º Os recursos afetados deverão ser julgados no prazo de 1 (um) ano e terão preferência sobre os demais feitos, ressalvados os que envolvam réu preso e os pedidos de *habeas corpus*.
§ 5º (Revogado pela Lei nº 13.256, de 4 de fevereiro de 2016).
§ 6º Ocorrendo a hipótese do § 5º, é permitido a outro relator do respectivo tribunal superior afetar 2 (dois) ou mais recursos representativos da controvérsia na forma do art. 1.036.
§ 7º Quando os recursos requisitados na forma do inciso III do *caput* contiverem outras questões além daquela que é objeto da afetação, caberá ao tribunal decidir esta em primeiro lugar e depois as demais, em acórdão específico para cada processo.
§ 8º As partes deverão ser intimadas da decisão de suspensão de seu processo, a ser proferida pelo respectivo juiz ou relator quando informado da decisão a que se refere o inciso II do *caput*.

§ 9º Demonstrando distinção entre a questão a ser decidida no processo e aquela a ser julgada no recurso especial ou extraordinário afetado, a parte poderá requerer o prosseguimento do seu processo.

§ 10. O requerimento a que se refere o § 9º será dirigido:

I – ao juiz, se o processo sobrestado estiver em primeiro grau;

II – ao relator, se o processo sobrestado estiver no tribunal de origem;

III – ao relator do acórdão recorrido, se for sobrestado recurso especial ou recurso extraordinário no tribunal de origem;

IV – ao relator, no tribunal superior, de recurso especial ou de recurso extraordinário cujo processamento houver sido sobrestado.

§ 11. A outra parte deverá ser ouvida sobre o requerimento a que se refere o § 9º, no prazo de 5 (cinco) dias.

§ 12. Reconhecida a distinção no caso:

I – dos incisos I, II e IV do § 10, o próprio juiz ou relator dará prosseguimento ao processo;

II – do inciso III do § 10, o relator comunicará a decisão ao presidente ou ao vice-presidente que houver determinado o sobrestamento, para que o recurso especial ou o recurso extraordinário seja encaminhado ao respectivo tribunal superior, na forma do art. 1.030, parágrafo único.

§ 13. Da decisão que resolver o requerimento a que se refere o § 9º caberá:

I – agravo de instrumento, se o processo estiver em primeiro grau;

II – agravo interno, se a decisão for de relator.

CORRESPONDÊNCIA NO CPC/1973: *ART. 543-C, §§ 2º, 3º E 9º.*

1. **Considerações gerais.** As disposições do art. 1.037 regulam as providências a serem ultimadas pelo relator no processamento dos recursos repetitivos. Nesse sentido, o relator, ao reconhecer a presença dos requisitos do *caput* do art. 1.036 do CPC/2015, afetará o recurso, delimitando precisamente a questão a ser submetida a julgamento, suspendendo, em seguida, em todo território nacional, os processos que versem sobre controvérsia análoga. Nos termos do parágrafo 1º, o relator determinará a cessação da suspensão dos processos se não afetar o recurso selecionado pelo presidente ou vice-presidente de tribunal de justiça ou tribunal regional federal. Essa medida objetiva conferir maior racionalidade ao sistema de julgamento repetitivo, pois evitará a paralisação desnecessária dos feitos nos tribunais em que não se afetou o recurso anteriormente selecionado. O parágrafo 2º, revogado, impunha ao colegiado atenção ao objeto que delimitasse a decisão, e procurava evitar, assim, a deliberação aleatória sobre tema(s) que não motive(m) a demanda serial submetida à técnica de julgamento de recursos repetitivos. O parágrafo 3º prescreve regra de prevenção do relator para conduzir o caso-piloto. Os parágrafos 4º e 5º inovariam sobremaneira a técnica de julgamento de recursos repetiti-

vos, pois previam conjuntamente prazo de 1 (um) ano para deliberação do recurso repetitivo afetado. Não se cumprindo o prazo aludido no parágrafo 4º, cessariam, em todo o território nacional, a afetação e a suspensão dos processos sobrestados. Contudo, o parágrafo 5º. foi revogado, não se podendo mais falar na cessação automática da afetação e a suspensão dos processos, que retomarão mais, automaticamente, seu curso normal. De acordo com o parágrafo 6º, diante do transcurso do prazo de 1 (um) ano, sem julgamento do recurso originariamente afetado, poderá outro relator do respectivo tribunal superior afetar 2 (dois) ou mais recursos sobre o mesmo tema. Merece destaque o parágrafo 7º, que regulamenta a estrutura das fases do julgamento repetitivo, nas hipóteses em que os recursos requisitados na forma do inciso III do artigo examinado contiverem outras questões além daquela que é objeto da afetação, incumbindo-se ao tribunal decidir esta em primeiro lugar e depois as demais, em acórdão específico para cada processo. Em razão do dever de cooperação, dispõe o parágrafo 8º que as partes serão intimadas para manifestarem-se a respeito da decisão de suspensão dos processos. Por sua vez, o parágrafo 9º prevê a possibilidade de arguição e demonstração de distinção entre a questão a ser decidida no processo e aquela a ser julgada no recurso especial ou extraordinário afetado. O parágrafo 10º disciplina a competência para examinar o requerimento de prosseguimento do processo. Em obediência ao princípio do contraditório, o parágrafo 11 impõe que a obrigatoriedade de intimação da parte contrária será a respeito do requerimento mencionado no parágrafo 9º. Os incisos I e II tratam das providências decorrentes do reconhecimento da distinção. O parágrafo 13 dispõe sobre o recurso cabível do ato que indeferir o requerimento previsto no parágrafo 9º. O requerente interporá recurso de agravo de instrumento da decisão interlocutória do juiz (conferir comentário ao art. 1.015 e seguintes) se o processo tramitar em primeiro grau. Por sua vez, deverá interpor agravo interno (conferir comentários ao art. 1.012 e seguintes) da decisão unipessoal do relator se o processo tramitar nos tribunais.

2. **Enunciados do FPPC.** Enunciado 348: "Os interessados serão intimados da suspensão de seus processos individuais, podendo requerer o prosseguimento ao juiz ou tribunal onde tramitarem, demonstrando a distinção entre a questão a ser decidida e aquela a ser julgada no incidente de resolução de demandas repetitivas, ou nos recursos repetitivos.". Enunciado 363: "O procedimento dos recursos extraordinários e especiais repetitivos aplica-se por analogia às causas repetitivas de competência originária dos tribunais superiores, como a reclamação e o conflito de competência.".

ARTIGO 1.038.
O relator poderá:
I – solicitar ou admitir manifestação de pessoas, órgãos ou entidades com interesse na controvérsia, considerando a relevância da matéria e consoante dispuser o regimento interno;

II – fixar data para, em audiência pública, ouvir depoimentos de pessoas com experiência e conhecimento na matéria, com a finalidade de instruir o procedimento;

III – requisitar informações aos tribunais inferiores a respeito da controvérsia e, cumprida a diligência, intimará o Ministério Público para manifestar-se.

§ 1º No caso do inciso III, os prazos respectivos são de 15 (quinze) dias, e os atos serão praticados, sempre que possível, por meio eletrônico.

§ 2º Transcorrido o prazo para o Ministério Público e remetida cópia do relatório aos demais ministros, haverá inclusão em pauta, devendo ocorrer o julgamento com preferência sobre os demais feitos, ressalvados os que envolvam réu preso e os pedidos de *habeas corpus.*

§ 3º O conteúdo do acórdão abrangerá a análise dos fundamentos relevantes da tese jurídica discutida (Redação dada pela Lei nº 13.256, de 4 de fevereiro de 2016).

CORRESPONDÊNCIA NO CPC/1973: *ARTS. 543-C, §§ 3º, 4º, 5º E 6º.*

1. **Considerações gerais.** O art. 1.038 e seus parágrafos 1º e 2º correspondem, em linhas gerais, aos arts. 543-A, § 6º, e 543-C, §§ 3º e 4º, do CPC/1973. Percebe-se que o art. 1.038 concretiza o modelo constitucional de processo democrático, ao conferir abertura à participação de pessoas e entidades que manifestem interesse em municiar os tribunais superiores com argumentos que não tenham sido articulados pelas partes. O CPC/2015 consolida a experiência bem sucedida das audiências públicas nos tribunais superiores. Esta regra confere maior legitimidade às decisões proferidas no julgamento de demandas repetitivas. O inciso III fomenta o diálogo institucional entre os tribunais superiores e os tribunais de origem. Por fim, o parágrafo 3º, a despeito da alteração conferida pela lei de reforma, impõe o dever de estruturação da decisão proferida (conferir os comentários ao art. 927, §1º, e art. 489, §1º, IV) no julgamento do caso-piloto. Isso significa que o acórdão deverá contemplar todas as teses discutidas, inclusive os argumentos deduzidos pelos *amici curiae*, *experts*, e as informações que porventura tenham sido prestadas pelos tribunais, consoante se extrai da interpretação da norma fundamental prevista no art. 11 do CPC.

2. **Enunciados do FPPC.** Enunciado 305: "No julgamento de casos repetitivos, o tribunal deverá enfrentar todos os argumentos contrários e favoráveis à tese jurídica discutida.".

Enunciado 363: "O procedimento dos recursos extraordinários e especiais repetitivos aplica-se por analogia às causas repetitivas de competência originária dos tribunais superiores, como a reclamação e o conflito de competência.".

Artigo 1.039.
Decididos os recursos afetados, os órgãos colegiados declararão prejudicados os demais recursos versando sobre idêntica controvérsia ou os decidirão aplicando a tese firmada.

Parágrafo único. Negada a existência de repercussão geral no recurso extraordinário afetado, serão considerados automaticamente inadmitidos os recursos extraordinários cujo processamento tenha sido sobrestado.

CORRESPONDÊNCIA NO CPC/1973: *ARTS. 543-B, § 2º E 543-C, § 7º, INCISOS I E II.*

1. **Comentários.** Mencionou-se, ao comentar o art. 1.037 §7º, que o CPC/2015 regulamenta a estrutura das fases do julgamento repetitivo nas hipóteses em que os recursos requisitados na forma do inciso III daquele artigo contiverem outras questões além daquela que é objeto da afetação, incumbindo-se ao tribunal decidir esta em primeiro lugar e depois as demais, em acórdão específico para cada processo. Firmada a tese, os recursos sobrestados serão considerados como prejudicados. Por sua vez, o parágrafo único prescreve que, negada a existência da repercussão geral, os recursos extraordinários sobrestados serão reputados inadmitidos (eficácia expansiva da decisão de não reconhecimento da repercussão geral).

2. **Enunciado do FPPC.** Enunciado 363: "O procedimento dos recursos extraordinários e especiais repetitivos aplica-se por analogia às causas repetitivas de competência originária dos tribunais superiores, como a reclamação e o conflito de competência.".

Artigo 1.040.
Publicado o acórdão paradigma:

I – o presidente ou o vice-presidente do tribunal de origem negará seguimento aos recursos especiais ou extraordinários sobrestados na origem, se o acórdão recorrido coincidir com a orientação do tribunal superior;

II – o órgão que proferiu o acórdão recorrido, na origem, reexaminará o processo de competência originária, a remessa necessária ou o recurso anteriormente julgado, se o acórdão recorrido contrariar a orientação do tribunal superior;

III – os processos suspensos em primeiro e segundo graus de jurisdição retomarão o curso para julgamento e aplicação da tese firmada pelo tribunal superior;

IV – se os recursos versarem sobre questão relativa a prestação de serviço público objeto de concessão, permissão ou autorização, o resultado do julgamento será comunicado ao órgão, ao ente ou à agência reguladora competente para fiscalização da efetiva aplicação, por parte dos entes sujeitos a regulação, da tese adotada.

§ 1º A parte poderá desistir da ação em curso no primeiro grau de jurisdição, antes de proferida a sentença, se a questão nela discutida for idêntica à resolvida pelo recurso representativo da controvérsia.

§ 2º Se a desistência ocorrer antes de oferecida contestação, a parte ficará isenta do pagamento de custas e de honorários de sucumbência.

§ 3º A desistência apresentada nos termos do § 1º independe de consentimento do réu, ainda que apresentada contestação.

CORRESPONDÊNCIA NO CPC/1973: ARTS. 543-B, § 3º E 543-C, §7º, INCISO I E II.

1. **Considerações gerais.** O art. 1.040 do CPC/2015 conjuga as regras processuais do art. 543-B, §3º, e do art. 543-C, §7º, II e III, do CPC-1973. Essas regras explicitam os efeitos decorrentes do julgamento do caso-piloto. Assim, com a fixação da tese decorrente do julgamento formalizado nos recursos excepcionais repetitivos: (i) se o acórdão recorrido coincidir com a orientação do STF ou STJ, o presidente ou vice-presidente do tribunal de origem negará seguimento aos recursos sobrestados; (ii) se o acórdão recorrido contrariar a orientação do STF ou STJ, o órgão que proferiu a decisão na origem deverá reexaminar e aplicar a tese aos processos de competência originária, à remessa necessária ou ao recurso julgado; (iii) se a orientação firmada pelo STF ou STJ versar sobre prestação de serviço público (concessão, permissão ou autorização), o resultado do julgamento será comunicado aos órgãos e entes públicos, ou agências reguladoras, para fiscalização e aplicação da orientação. Essa prática estabelece um diálogo institucional entre o Poder Judiciário e o Poder Executivo. Os parágrafos 1º a 3º dispõem a respeito das implicações do pedido de desistência formulados nas ações propostas em 1º grau ou naquelas ajuizadas perante os tribunais (competência originária). O parágrafo 2º consubstancia regra de incentivo que permitirá ao autor da ação sopesar os custos de transação que implicarão na continuidade ou desistência da ação.

2. **Enunciado do FPPC.** Enunciado 363: "O procedimento dos recursos extraordinários e especiais repetitivos aplica-se por analogia às causas repetitivas de competência originária dos tribunais superiores, como a reclamação e o conflito de competência.".

Artigo 1.041.

Mantido o acórdão divergente pelo tribunal de origem, o recurso especial ou extraordinário será remetido ao respectivo tribunal superior, na forma do art. 1.036, § 1º.

§ 1º Realizado o juízo de retratação, com alteração do acórdão divergente, o tribunal de origem, se for o caso, decidirá as demais questões ainda não decididas cujo enfrentamento se tornou necessário em decorrência da alteração.

§ 2º Quando ocorrer a hipótese do inciso II do *caput* do art. 1.040 e o recurso versar sobre outras questões, caberá ao presidente ou ao vice-presidente do tribunal recorrido, depois do reexame pelo órgão de origem e independentemente de ratificação do recurso, sendo positivo o juízo de admissibilidade, determinar a remessa do recurso ao tribunal superior para julgamento das demais questões (Redação dada pela Lei nº 13.256, de 4 de fevereiro de 2016).

CORRESPONDÊNCIA NO CPC/1973: *ARTS. 543-B, § 4º E 543-C, § 8º.*

1. **Considerações gerais.** O art. 1.041 versa a respeito do procedimento recursal decorrente do ato de não alinhamento do órgão julgador dos recursos excepcionais que restaram sobrestados com a tese estabelecida no julgamento do recurso paradigma. Nessa situação, havendo manutenção das razões lançadas no acordão divergente, o tribunal de origem deverá aviar os recursos especial e extraordinário, respectivamente, para o STJ e para o STF. Porém, se o tribunal de origem aplicar a tese fixada no caso-piloto, examinará se a alteração imporá a apreciação de outras questões; em caso afirmativo, deverá analisá-las e julgá-las.

SEÇÃO III – Do Agravo em Recurso Especial e em Recurso Extraordinário

ARTIGO 1.042.
Cabe agravo contra decisão do presidente ou do vice-presidente do tribunal recorrido que inadmitir recurso extraordinário ou recurso especial, salvo quando fundada na aplicação de entendimento firmado em regime de repercussão geral ou em julgamento de recursos repetitivos (Redação dada pela Lei nº 13.256, de 4 de fevereiro de 2016).

I – (Revogado pela Lei nº 13.256, de 4 de fevereiro de 2016);
II – (Revogado pela Lei nº 13.256, de 4 de fevereiro de 2016);
III – (Revogado pela Lei nº 13.256, de 4 de fevereiro de 2016).
§ 1º (Revogado pela Lei nº 13.256, de 4 de fevereiro de 2016):
I   (Revogado pela Lei nº 13.256, de 4 de fevereiro de 2016);
II – (Revogado pela Lei nº 13.256, de 4 de fevereiro de 2016):
a) (Revogada pela Lei nº 13.256, de 4 de fevereiro de 2016);
b) (Revogada pela Lei nº 13.256, de 4 de fevereiro de 2016).
§ 2º A petição de agravo será dirigida ao presidente ou ao vice-presidente do tribunal de origem e independe do pagamento de custas e despesas postais, aplicando-se a ela o regime de repercussão geral e de recursos

repetitivos, inclusive quanto à possibilidade de sobrestamento e do juízo de retratação (Redação dada pela Lei nº 13.256, de 4 de fevereiro de 2016).

§ 3º O agravado será intimado, de imediato, para oferecer resposta no prazo de 15 (quinze) dias.

§ 4º Após o prazo de resposta, não havendo retratação, o agravo será remetido ao tribunal superior competente.

§ 5º O agravo poderá ser julgado, conforme o caso, conjuntamente com o recurso especial ou extraordinário, assegurada, neste caso, sustentação oral, observando-se, ainda, o disposto no regimento interno do tribunal respectivo.

§ 6º Na hipótese de interposição conjunta de recursos extraordinário e especial, o agravante deverá interpor um agravo para cada recurso não admitido.

§ 7º Havendo apenas um agravo, o recurso será remetido ao tribunal competente, e, havendo interposição conjunta, os autos serão remetidos ao Superior Tribunal de Justiça.

§ 8º Concluído o julgamento do agravo pelo Superior Tribunal de Justiça e, se for o caso, do recurso especial, independentemente de pedido, os autos serão remetidos ao Supremo Tribunal Federal para apreciação do agravo a ele dirigido, salvo se estiver prejudicado.

CORRESPONDÊNCIA NO CPC/1973: *ART. 544.*

1. Considerações gerais. A terceira e penúltima seção do Capítulo VI do Título II do Livro III da Parte Especial, a respeito dos "recursos para o Supremo Tribunal Federal e para o Superior Tribunal de Justiça" trata do "agravo em recurso especial e em recurso extraordinário".

Na versão primitiva da Lei nº 13.105 de 2015, o agravo em recurso especial e em recurso extraordinário previsto no art. 1.042 não se assemelhava ao recurso de agravo previsto no art. 544 do CPC/73, cabível à época contra ato de autoridade competente para apreciar previamente a admissibilidade dos recursos especial e extraordinário. Essa opção legislativa deu-se em razão do sistema recursal originariamente desenhado pelo CPC/2015 não contemplar juízo diferido de admissibilidade, pois, nos termos da primeira redação, embora os recursos excepcionais fossem interpostos perante o tribunal que originou o acórdão, competiria aos Tribunais Superiores a análise dos requisitos de admissibilidade (art. 1.030, parágrafo único, CPC/2015, objeto de revogação). Porém, em razão das alterações decorrentes da Lei nº 13.256, de 4 de fevereiro de 2016, pode-se afirmar que o agravo em recurso especial e em recurso extraordinário assumiu as feições do antigo agravo nos autos do processo (art. 544 do CPC/73), pois passou a ser cabível tão somente da decisão que não admitir recurso especial e recurso extraordinário (salvo quando a decisão de não admissibilidade fundar-se em aplicação de precedente de repercussão geral e de recurso especial repetitivo).

O agravo em recurso especial e em recurso extraordinário é recurso de fundamentação vinculada cabível contra decisão do presidente ou vice-presidente do tribunal recorrido que inadmitir recurso extraordinário ou recurso especial, salvo quando fundada na aplicação de precedente de repercussão geral e de recurso especial repetitivo.

O agravo deve ser interposto, nos próprios autos, mediante petição perante o presidente ou vice-presidente do tribunal de origem, não se exigindo preparo e despesas postais. O prazo de interposição é 15 (quinze) dias úteis. Incidem as regras gerais de contagem, prorrogação, suspensão e interrupção de prazo. Em relação aos litisconsortes, aplica-se o previsto no art. 1.005 do CPC/2015. É importante destacar que, em razão do princípio da dialeticidade recursal, o agravante deverá demonstrar de expressa e especificamente a hipótese de cabimento do recurso, assim como terá o ônus de impugnar precisamente os fundamentos da decisão recorrida, sob pena de não conhecimento. Recebido o recurso, intimar-se-á o agravado para responder no prazo de 15 (quinze) dias úteis, facultado ao recorrido juntar os documentos que lhe pareçam úteis. O agravo possui efeito regressivo; portanto, admite-se retratação pelo presidente ou vice-presidente do tribunal recorrido. Porém, não exercida essa faculdade, o processo será enviado para o tribunal de superposição competente. Da decisão do presidente ou vice-presidente do tribunal que inadmitir o agravo caberá reclamação, com pedido liminar, por usurpação de competência, para a respectiva instância superior (conferir os comentários aos arts. 988 a 993). Nas Cortes Supremas, o agravo será protocolado e distribuído a um relator. Nos termos do parágrafo 5º do art. 1.042 do CPC/2015, o agravo poderá ser julgado, conforme o caso, conjuntamente com o recurso especial ou com o recurso extraordinário, assegurado, neste caso, o direito de o advogado do agravante assomar a tribunal para sustentação oral, observando-se o disposto no regimento interno do tribunal respectivo. Da decisão unipessoal do relator que não conhecer ou negar provimento ao agravo em recurso especial e em recurso extraordinário caberá agravo interno (conferir a propósito os comentários ao art. 1.021 do CPC/2015. No mais, é imprescindível observar os artigos 8º, I, e 9º, III do RISTF e o artigo 13, IV, do RISTJ).

Na hipótese de interposição conjunta dos recursos especial e extraordinário, o recorrente deverá apresentar um agravo para cada recurso inadmitido. Em seguida, os agravos apresentados serão encaminhados para o STJ, que, julgando o agravo, passará ao exame do recurso especial. Não havendo prejuízo, aviar-se-á o processo para o STF, que, após os juízos de admissibilidade e mérito do agravo, analisará o recurso extraordinário.

2. Enunciados do FPPC. Enunciado 224: "O agravo extraordinário será interposto nos próprios autos [leia-se agravo em recurso especial e em recurso extraordinário].". Enunciado 228: "Fica superado o enunciado 639 da súmula do STF após a entrada em vigor do novo CPC [aplica-se a Súmula 288 quando constarem do traslado do agravo de instrumento as cópias das peças necessárias à verificação da tempestividade do recurso extraordinário não admitido pela decisão agravada].". Enunciado 229: "Fica superado o enunciado 288 da súmula do STF após a entrada em vigor do novo CPC [nega-se provimento a agravo para subida de recurso extraordinário, quando faltar no translado o despacho agravado, a decisão recorrida, a petição de recurso extraordinário ou qualquer peça essencial à compreensão da controvérsia].".

SEÇÃO IV - Dos Embargos de Divergência

ARTIGO 1.043.
É embargável o acórdão de órgão fracionário que:
I – em recurso extraordinário ou em recurso especial, divergir do julgamento de qualquer outro órgão do mesmo tribunal, sendo os acórdãos, embargado e paradigma, de mérito;
II – em recurso extraordinário ou em recurso especial, divergir do julgamento de qualquer outro órgão do mesmo tribunal, sendo os acórdãos, embargado e paradigma, relativos ao juízo de admissibilidade;
III – em recurso extraordinário ou em recurso especial, divergir do julgamento de qualquer outro órgão do mesmo tribunal, sendo um acórdão de mérito e outro que não tenha conhecido do recurso, embora tenha apreciado a controvérsia;
IV – nos processos de competência originária, divergir do julgamento de qualquer outro órgão do mesmo tribunal.
§ 1º Poderão ser confrontadas teses jurídicas contidas em julgamentos de recursos e de ações de competência originária.
§ 2º A divergência que autoriza a interposição de embargos de divergência pode verificar-se na aplicação do direito material ou do direito processual.
§ 3º Cabem embargos de divergência quando o acórdão paradigma for da mesma turma que proferiu a decisão embargada, desde que sua composição tenha sofrido alteração em mais da metade de seus membros.
§ 4º O recorrente provará a divergência com certidão, cópia ou citação de repositório oficial ou credenciado de jurisprudência, inclusive em mídia eletrônica, onde foi publicado o acórdão divergente, ou com a reprodução de julgado disponível na rede mundial de computadores, indicando a respectiva fonte, e mencionará as circunstâncias que identificam ou assemelham os casos confrontados.
§ 5º É vedado ao tribunal inadmitir o recurso com base em fundamento genérico de que as circunstâncias fáticas são diferentes, sem demonstrar a existência da distinção.
CORRESPONDÊNCIA NO CPC/1973: *ART. 546.*

1. Considerações gerais. Os embargos de divergência são recurso com a função de uniformizar a jurisprudência interna e atual do STJ e do STF.

Os Tribunais Superiores possuem a missão constitucional de uniformizar a interpretação do direito federal. Nesse sentido, não se admite divergência interna. Porém, ocorrendo o dissídio jurisprudencial a respeito de teses jurídicas no âmbito das Cortes de vértice, o recorrente poderá interpor o recurso de embargos de divergência com propósito de uniformizar a compreensão do direito federal infraconstitucional ou constitucional.

2. Hipóteses de cabimento. Os embargos de divergência são cabíveis nas hipóteses do artigo 1043, I, II, III e IV, do CPC/2015.

O inciso I repete hipótese de cabimento prevista na legislação processual revogada. Por outro lado, os incisos II, III e IV revelam novas hipóteses de cabimento. Em relação ao inciso III, pode-se afirmar que o CPC/2015 absorveu os influxos da jurisprudência do STJ e do STF, que já admitiam a possibilidade de cabimento dos embargos de divergência quando, embora não admitido o recurso, o tribunal tivesse examinado a controvérsia.

Os embargos de divergência possuem a função de afastar a dispersão jurisprudencial interna dos tribunais de vértice; portanto, não se admite, como paradigma para demonstrar a divergência, acórdão proferido por tribunal diverso daquele que proferiu a decisão contra a qual se insurge o embargante.

Não se tem admitido identicamente embargos de divergência quando se invocar como paradigma acórdão proferido por órgão que posteriormente firmou seu entendimento em sentido diverso ou que não tenha mais competência para apreciar a matéria discutida e decidida no acórdão contra o qual se pretende interpor embargos de divergência. Porém, o CPC/2015 preconiza que são cabíveis embargos de divergência contra acórdão divergente de qualquer órgão fracionário. Portanto, independentemente da mudança de competência do órgão, o recurso será cabível desde que preenchidos os demais requisitos de admissibilidade.

No termos do parágrafo 3º do art. 1043 do CPC/2015, admite-se a interposição de embargos de divergência quando o acórdão-paradigma for da mesma turma que proferiu a decisão embargada, desde que sua composição tenha sofrido alteração em mais da metade de seus membros. Essa inovação legislativa contempla jurisprudência que se aperfeiçoou sob a égide da legislação revogada, embora não se possa olvidar que esse entendimento não era unânime.

De acordo com o art. 1043, IV, são cabíveis embargos de divergência em ação originária. Essa hipótese de cabimento é uma notável inovação do CPC/2015, haja vista inexistir previsão neste sentido no texto do CPC/1973, que restringia o cabimento a acórdãos proferidos em recurso especial, extraordinário ou agravo regimental em recurso especial ou extraordinário, desde que o colegiado examinasse o mérito.

3. Prazo para interposição. O prazo para a interposição dos embargos de divergência é de 15 (quinze) dias úteis (conferir comentários ao art. 212 do CPC/2015), a contar da publicação do acórdão proferido em sede de recurso especial, extraordinário ou nas ações e incidentes da competência originária do respectivo Tribunal Superior.

Assim como o CPC/1973, o CPC/2015 não admite embargos de divergência na forma adesiva.

4. Prazo para apresentação de contrarrazões. O prazo para apresentação de contrarrazões é de 15 (quinze) dias úteis (conferir os comentários ao art. 212 do CPC/2015).

5. Preparo recursal. Os embargos de divergência exigem preparo. O preparo incompleto não implicará inadmissibilidade do recurso. Nesse caso, o relator deverá intimar o embargante para recolher o valor restante. Porém, transcorrido o prazo sem que o recorrente tenha efetuado o pagamento do valor faltante, o relator aplicará a sanção de deserção ao embargante. É importante destacar inovação relevante prevista no art. 1007, § 4º, do CPC/2015, que diz respeito à possibilidade do relator, verificando que não houve recolhimento integral das custas recursais, intimar a parte para pagar em dobro o valor, sob pena de, não o fazendo, inadmitir o recurso por manifesta deserção.

6. Efeito suspensivo. Os embargos de divergência não possuem efeito suspensivo (art. 995 do CPC/2015). Sob a égide do CPC/1973, Araken de Assis sustentava que se poderia concluir da omissão do legislador que os embargos de divergência possuíam efeito suspensivo, devendo, contudo, o recorrente requerê-lo nas razões recursais. (ASSIS, Araken de, *Manual dos recursos*, 3. ed., São Paulo, RT, 2011, p. 862-863). Por sua vez, Nelson Nery Júnior afirma que os embargos de divergência possuem efeito suspensivo se o acórdão impugnado prover o recurso especial ou recurso extraordinário (NERY JR., Nelson, *Teoria geral dos recursos*, 7. ed. São Paulo, RT, 2014, p. 432). Porém, entendemos que, demonstrados os requisitos exigidos (probabilidade do direito e o perigo na demora da prestação da tutela jurisdicional), o recorrente poderá requerer o efeito suspensivo ao órgão competente para examinar o mérito, nos termos do que dispõe o art. 995, parágrafo único, combinado com o art. 299, parágrafo único, todos do CPC/2015.

7. Efeito translativo. Admite-se, após a admissão dos embargos de divergência, o exame de questão cognoscível de ofício. "Na primeira fase do julgamento dos RE, REsp e EDIv (juízo de cassação), não se aplica o efeito translativo dos recursos, isto é, o exame *ex officio* das questões de ordem pública não suscitadas pelas partes. No entanto, esse efeito translativo se aplica à segunda fase do julgamento dos recursos excepcionais, inclusive dos EDiv, na medida em que o STF e o STJ, conhecendo e dando provimento aos recursos (juízo positivo de cassação), deverão julgar a causa e aplicar o direito à espécie (STF 456 e RISTJ 257), vale dizer, deverão proferir juízo de revisão.". (NERY JR, Nelson; NERY, Rosa Maria de Andrade, *Código de Processo Civil Comentado*, 12. ed., São Paulo, RT, 2012. p. 1131).

Em relação às questões cognoscíveis de ofício, é importante ressaltar que se aplica aos embargos de divergência o art. 933 do CPC/2015, que prevê: "se o relator constatar a ocorrência de fato superveniente à decisão recorrida, ou a existência de questão apreciável de ofício ainda não examinada, que devam ser considerados no julgamento do recurso, intimará as partes para que se manifestem no prazo de 5 (cinco) dias.". Portanto, pode-se inferir que essa inovação legislativa afasta qualquer entendimento jurisprudencial que impeça o exame, em embargos de divergência, de matéria cognoscível oficiosamente.

8. Recurso cabível da decisão monocrática que inadmitir os embargos de divergência. Caberá recurso de agravo interno contra a decisão monocrática que, com fundamento no art. 932, III, do CPC/2015, não admitir os embargos de divergência. Nesse caso, o recorrente deverá impugnar especificamente a decisão que não admitiu o recurso sob pena de não se conhecer do recurso de agravo interno. Esse é o entendimento iterativo do Superior Tribunal de Justiça. "O agravante não refutou o fundamento da decisão agravada atinente à incidência da Súmula n. 315/STJ, o que torna inviável o conhecimento do agravo regimental, a teor do disposto no enunciado n. 182 da Súmula do Superior Tribunal de Justiça, que estabelece a necessidade de específico ataque aos fundamentos da decisão agravada. 2. Agravo regimental não conhecido.". (STJ, AgRg nos EAREsp 412.159/SP)

9. Possibilidade de inovação das razões apresentadas nos embargos de divergência. O STJ não admite complementação das razões recursais com a apresentação de novas decisões paradigmas após a interposição dos embargos de divergência, em razão do princípio da complementação. "Não é possível, em sede de embargos de declaração, inovar a lide, invocando paradigmas não colacionados nos embargos de divergência. Precedentes: EDcl no REsp nº 72.204/RJ, 1ª Seção, Min. João Otávio de Noronha, DJ de 10.10.2005; EDcl no REsp nº 457.714/SP, 3ª Turma, Min. Humberto Gomes de Barros, DJ de 10.10.2005; EDcl no AgRg no REsp 650.348/SP, 6ª Turma, Min. Laurita Vaz, DJ de 01.02.2006; EDcl nos EDcl no AgRg no Ag n.º 650.348/SP, 6ª Turma, Min. Hamilton Carvalhido, DJ de 05.12.2005. 3. É nítido o intuito protelatório do recurso, dando ensejo à aplicação da penalidade prevista no art. 538, parágrafo único, do CPC, à razão de 1% do valor corrigido da causa. 4. Embargos de declaração rejeitados.". (STJ, EDcl no AgRg no EResp 645493/PE)

10. Demonstração da divergência com fundamento em enunciado sumular da jurisprudência predominante do Tribunal Superior. Não se admitem embargos de divergência com fundamento em enunciado da súmula predominante do STJ ou do STF. O recorrente deverá invocar acórdão do órgão fracionário, do órgão especial ou do plenário para demonstrar a divergência.

11. Prova da demonstração da divergência. O recorrente deverá provar a divergência mediante certidão, cópia autenticada ou pela citação do repositório de jurisprudencial autorizado, oficial ou credenciado, em que tiver publicada a decisão divergente, mencionando as circunstâncias que identifiquem ou assemelhem os julgados confrontados. Ou seja, para a demonstração da divergência, é indispensável que os paradigmas invocados digam respeito a situação jurídica idêntica à apreciada pelo acórdão embargado.

12. Embargos de divergência e sustentação oral. O CPC/2015 prevê, no art. 937, V, a sustentação oral das razões recursais nos embargos de divergência. De acordo o parágrafo 2º do mesmo artigo, o advogado do recorrente poderá requerer, até o início da sessão, que seja o feito julgado em primeiro lugar, sem prejuízo das preferências legais. O parágrafo 4º do art. 937 permite a sustentação oral mediante videoconferência ou outro recurso tecnológico de transmissão de sons e imagens em tempo real, desde que o advogado – que possua domicílio profissional fora da sede do Tribunal, requeira até o dia anterior ao da sessão.

13. Efeito da decisão de provimento proferida nos embargos de divergência. A decisão de mérito proferida no julgamento de embargos de divergência pelo órgão especial ou seção do STJ deverá ser seguida pelas respectivas seções e turmas. Por sua vez, a decisão de mérito proferida no julgamento de embargos de divergência pelo Plenário do STF deverá ser seguida pelas respectivas turmas.

O STF somente poderá sumular entendimento decorrente do julgamento dos embargos de divergência se a matéria versada for estritamente constitucional.

14. Enunciados da súmula da jurisprudência dominante do STJ.

158 – "Não se presta a justificar embargos de divergência o dissídio com acórdão de turma ou seção que não mais tenha competência para a matéria neles versada.",

168 – "Não cabem embargos de divergência, quando a jurisprudência do tribunal se firmou no mesmo sentido do acordão embargado.".

316 – "Cabem embargos de divergência contra acórdão que, em agravo regimental, decide recurso especial.".

420 – "Incabível, em embargos de divergência, discutir o valor de indenização por danos morais.".

15. Enunciados da súmula da jurisprudência dominante do STF:

247 – "O relator não admitirá os embargos da Lei 623, de 19.2.49, nem deles conhecerá o Supremo Tribunal Federal, quando houver jurisprudência firme do plenário no mesmo sentido da decisão embargada.".

401 – "Não se conhece do recurso de revista, nem dos embargos de divergência, do processo trabalhista, quando houver jurisprudência firme do Tribunal Superior do Trabalho no mesmo sentido da decisão impugnada, salvo se houver colisão com a jurisprudência do Supremo Tribunal Federal.".

16. Enunciados do –FPPC. Enunciado 230. (art. 1.056) – "Cabem embargos de divergência contra acórdão que, em agravo interno ou agravo extraordinário, decide recurso especial ou extraordinário."

Enunciado 231. (art. 1.056, II e III) – "Fica superado o enunciado 315 da súmula do STJ após a entrada em vigor do CPC ("Não cabem embargos de divergência no âmbito do agravo de instrumento que não admite recurso especial").".

Enunciado 232. (art. 1.056, § 3º) – "Fica superado o enunciado 353 da súmula do STF após a entrada em vigor do CPC ("São incabíveis os embargos da Lei 623, de

19.02.49, com fundamento em divergência entre decisões da mesma turma do Supremo Tribunal Federal").".

Artigo 1.044.

No recurso de embargos de divergência, será observado o procedimento estabelecido no regimento interno do respectivo tribunal superior.

§ 1º A interposição de embargos de divergência no Superior Tribunal de Justiça interrompe o prazo para interposição de recurso extraordinário por qualquer das partes.

§ 2º Se os embargos de divergência forem desprovidos ou não alterarem a conclusão do julgamento anterior, o recurso extraordinário interposto pela outra parte antes da publicação do julgamento dos embargos de divergência será processado e julgado independentemente de ratificação.

CORRESPONDÊNCIA NO CPC/1973: *ART. 546.*

1. Considerações iniciais. O art. 1044 do CPC/2015 remete para os Regimentos Internos do STJ e do STF o disciplinamento do procedimento dos embargos de divergência, mantendo, assim, quanto a matéria, os termos da legislação revogada.

2. Procedimento dos embargos de divergência no STF. Os embargos de divergência deverão ser interpostos no prazo de 15 (quinze) dias úteis (conferir os comentários ao art. 212 do CPC/2015), perante a secretaria do STF, e juntos aos autos, independentemente de despacho (art. 334 Regimento Interno do STF). O relator abrirá vista ao recorrido por 15 (quinze) dias úteis. Transcorrido o prazo, com ou sem contrarrazões, o relator do acórdão examinará a admissibilidade do recurso. Da decisão de inadmissibilidade caberá agravo interno no prazo de 15 (quinze) dias úteis para o órgão competente. Admitidos os embargos de divergência, o relator determinará a redistribuição do recurso, nos termos do art. 335, § 3º, do Regimento Interno do STF, com redação da emenda regimental 47/2012. Não caberá recurso da decisão que admitir os embargos de divergência. O plenário do STF é o órgão competente para julgar os embargos de divergência.

3. Procedimento dos embargos de divergência no STJ. Nos termos do art. 266 do Regimento Interno do STJ, das decisões da turma, em recurso especial, poderão, em 15 (quinze) dias, ser interpostos embargos de divergência, que serão julgados pela seção competente, quando as turmas divergirem entre si ou de decisão da mesma Seção. Se a divergência for entre turmas de seções diversas, ou entre turma e outra Seção ou com a Corte Especial, competirá a esta o julgamento dos embargos. Este dispositivo foi parcialmente revogado, visto que os embargos são cabíveis de decisões proferidas em recursos diversos do recurso especial, ações originárias e incidentes processuais suscitados no STJ. Uma vez interposto, o recurso será juntado aos autos principais, independentemente de despacho e não terá efeito suspensivo *ope legis*. De acordo com parágrafo 3º do art. 266 do

Regimento Interno do STJ, sorteado o relator, este poderá inadmitir o recurso quando inexistente qualquer dos requisitos de admissibilidade ou quando os embargos contrariarem súmula do Tribunal ou não se revelar o dissídio jurisprudencial alegado. Todavia, deve-se ressaltar que, nos termos do art. 932, parágrafo único, do CPC/2015, antes de proferir decisão de inadmissibilidade, o relator deverá oportunizar ao recorrente a possibilidade de correção do defeito.

Admitidos os embargos, o recorrido será intimado para apresentar contrarrazões. Transcorrido o prazo para impugnação, com ou sem contrarrazões, o relator incluirá o feito em pauta.

4. Interrupção do prazo para a interposição do recurso subsequente. A interposição dos embargos de divergência interrompe o prazo para o recurso extraordinário a ser formalizado contra acórdão do STJ.

Nas situações em que o recurso extraordinário for interposto antes dos embargos de divergência, não haverá a necessidade de ratificação do primeiro recurso após o julgamento dos aludidos embargos. Essa orientação se aplica às decisões de inadmissibilidade e mérito, desde que, na última hipótese, não haja alteração da conclusão do julgamento.

LIVRO COMPLEMENTAR
DISPOSIÇÕES FINAIS E TRANSITÓRIAS

Artigo 1.045.
Este Código entra em vigor após decorrido 1 (um) ano da data de sua publicação oficial.
CORRESPONDÊNCIA NO CPC/1973: *ART. 1.220.*

1. *Vacatio legis.* Referido artigo fixa o prazo de *vacatio legis* da Lei 13.105/2015 em 1 (um) ano, a partir da data de sua publicação, que ocorreu em 17/03/2015 e, desse modo, o CPC/2015 entrará em vigor em 17.03.2016, seguindo as orientações do art. 8º da Lei Complementar nº 95/1998. Diferentemente do CPC/1973, o CPC/20015 não fixou dia certo para começar a viger. Essa distinção decorre do art. 19, § 2º, inciso I, do Decreto 4.176/2002, que estabeleceu normas e diretrizes para a elaboração, a redação, a alteração, a consolidação e o encaminhamento ao Presidente da República de projetos de atos normativos de competência dos órgãos do Poder Executivo Federal, e dá outras providências. No caso de estabelecimento do prazo para vigência de projetos de atos normativos de maior repercussão, como é o caso do CPC/2015, o art. 19, § 2º, II, do decreto mencionado dispõe que deve ser utilizada a cláusula "o número de dias" para estabelecer o período de entrada em vigor da nova lei.

Artigo 1.046.
Ao entrar em vigor este Código, suas disposições se aplicarão desde logo aos processos pendentes, ficando revogada a Lei nº 5.869, de 11 de janeiro de 1973.
§ 1º As disposições da Lei nº 5.869, de 11 de janeiro de 1973, relativas ao procedimento sumário e aos procedimentos especiais que forem revogadas

aplicar-se-ão às ações propostas e não sentenciadas até o início da vigência deste Código.

§ 2º Permanecem em vigor as disposições especiais dos procedimentos regulados em outras leis, aos quais se aplicará supletivamente este Código.

§ 3º Os processos mencionados no art. 1.218 da Lei nº 5.869, de 11 de janeiro de 1973, cujo procedimento ainda não tenha sido incorporado por lei submetem-se ao procedimento comum previsto neste Código.

§ 4º As remissões a disposições do Código de Processo Civil revogado, existentes em outras leis, passam a referir-se às que lhes são correspondentes neste Código.

§ 5º A primeira lista de processos para julgamento em ordem cronológica observará a antiguidade da distribuição entre os já conclusos na data da entrada em vigor deste Código.

CORRESPONDÊNCIA NO CPC/1973: *ART. 1.211.*

1. **Direito intertemporal.** Trata-se de dispositivo que regulamenta o direito intertemporal, razão pela qual deve ser lido conjuntamente com o art. 14 do CPC/2015. Apesar de os atos processuais serem complexos, a lei nova passa a incidir imediatamente nos processos pendentes, conforme dispõe o artigo em comento.

Entretanto, a lei nova não pode soçobrar os atos já realizados, sob pena de violação do princípio insculpido no art, 5º, XXXVI, da CF/1988. Ou seja, em regra, os atos processuais realizados no período da *vacatio* (na vigência do CPC/1973) são eficazes, mesmo que contrapostos à nova lei, consoante o que dispõe o art. 14 deste CPC/2015.

O art. 14 expressa o princípio *tempus regit actum,* que assegura a incidência imediata da nova lei nos processos em curso, preservando aqueles atos processuais já praticados. Iniciada a relação jurídica processual, por ser o processo um conjunto de atos concatenados, extrai-se que, durante suas fases, surgem direitos adquiridos que devem ser albergados pelo princípio constitucional insculpido no art. 5º, XXXVI, da CF/1988 e, que mesmo com advento de nova lei processual, esta não pode revolver àqueles direitos processuais constituídos ou em vias de constituição à luz da lei antiga.

2. **Isolamento dos atos.** No Brasil, em relação à aplicação das novas normas processuais que estão em curso, adotou-se o sistema do isolamento dos atos processuais. Quer dizer, o processo é constituído por atos processuais complexos que se projetam no tempo. Assim, cada ato poderá ser isolado para fins de incidência das novas regras trazidas pela Lei 13.105/2015, consoante expressa previsão legal, respeitando os atos já realizados a fim de respeitar-se a garantia constitucional do direito adquirido.

A Lei 13.105/2015 revogou o procedimento sumário, como também, alguns procedimentos especiais. Para esses procedimentos, o parágrafo 1º do art. 1.046 estabelece que, para os casos pendentes e que ainda não foram sentenciados até o início de vigência da lei nova, o procedimento será conservado nos moldes do CPC/1973, até a prolação da sentença. Quer dizer, mesmo que ainda o processo não tenha sido sentenciado com entrada em vigor da nova lei processual, fica o juiz vedado de converter esses processos aos novos procedimentos previstos na nova lei.

Àqueles procedimentos especiais disciplinados em leis esparsas e que não foram revogados por este CPC/2015, naquilo que for compatível, será por ele complementado. Os que estão enumerados no rol do art. 1.218 do CPC/1973 e que ainda não tenham sido regulados por lei própria ficarão submetidos ao procedimento comum ordinário deste CPC/2015.

Com entrada em vigência deste CPC/2015, os processos com distribuição mais antiga e que já estejam na conclusão para serem julgados integrarão a primeira lista da ordem cronológica disciplinada pelas regras dos arts. 12 e 153 deste CPC/2015.

No IV FPPC, realizado nos dias 05 a 07 de dezembro de 2014 em Belo Horizonte – Minas Gerais, foram aprovados os seguintes enunciados a respeito do terma aqui analisado: Enunciado 267. (art. 218; art. 1.046). "Os prazos processuais iniciados antes da vigência do CPC serão integralmente regulados pelo regime revogado"; Enunciado 268. (art. 219; art. 1.046). "A regra de contagem de prazos em dias úteis só se aplica aos prazos iniciados após a vigência do Novo Código"; Enunciado 295. (art. 334, § 12; art. 357, §9º; art. 1.046). "As regras sobre intervalo mínimo entre as audiências do CPC só se aplicam aos processos em que o ato for designado após sua vigência"; Enunciado 308. (art. 489, § 1º; art. 1.046). "Aplica-se o art. 489, § 1º, a todos os processos pendentes de decisão ao tempo da entrada em vigor do CPC"; Enunciado 311. (art. 496; art. 1.046). "A regra sobre remessa necessária é aquela vigente ao tempo da prolação da sentença, de modo que a limitação de seu cabimento no CPC não prejudica os reexames estabelecidos no regime do art. 475 CPC/1973"; Enunciado 341. (art. 975, §§ 2 º e 3º; art. 1.046). "O prazo para ajuizamento de ação rescisória é estabelecido pela data do trânsito em julgado da decisão rescindenda, de modo que não se aplicam as regras dos §§ 2 º e 3º do art. 975 do CPC à coisa julgada constituída antes de sua vigência"; Enunciado 354. (art. 1.009, § 1º; art. 1.046). "O art. 1009, § 1º, não se aplica às decisões proferidas antes da entrada em vigor do CPC"; Enunciado 355. (art. 1.009, §1º; art. 1.046). "Se, no mesmo processo, houver questões resolvidas na fase de conhecimento em relação às quais foi interposto agravo retido na vigência do CPC/1973, e questões resolvidas na fase de conhecimento em relação às quais não se operou a preclusão por força do art. 1.009, §1º, do CPC, aplicar-se-á ao recurso de apelação art. 523, §1º, do CPC/1973 em relação àquelas, e o art. 1.009, §1º, do CPC em relação a estas"; Enunciado 356. (art. 1.010, § 3º; Art. 1.046). "Aplica-se a regra do art. 1.010, § 3º, às apelações pendentes de admissibilidade ao tempo da entrada em vigor do CPC, de modo que o exame da admissibilidade destes recursos competirá ao Tribunal de 2º grau"; Enunciado 365. (art. 1.046; art. 1.030, parágrafo único). "Aplica-se a regra do art. 1.030, parágrafo único, aos recursos extraordinário e especial pendentes de admissibilidade ao tempo da entrada em vigor do CPC, de modo que o exame da admissibilidade desses recursos competirá ao STF e STJ.".

Artigo 1.047.

As disposições de direito probatório adotadas neste Código aplicam-se apenas às provas requeridas ou determinadas de ofício a partir da data de início de sua vigência.

CORRESPONDÊNCIA NO CPC/1973: *NÃO HÁ.*

1. Considerações gerais. Da leitura conjunta do art. 5º, XXXVI, da CF/1988 com o art. 1.046 deste CPC/2015, nota-se que o regime adotado para o direito intertemporal no processo civil brasileiro é o sistema do isolamento dos atos. Destarte, no âmbito de direito probatório, buscou o legislador infraconstitucional dissociar questões pretéritas das questões futuras e, portanto, as regras de disposição de direito probatório deste CPC/2015 somente poderão ser aplicadas às provas que forem requeridas na vigência deste CPC/2015.

Quer dizer, as questões de direito probatório (arts. 369 a 484) às quais alude este CPC/2015 serão aplicadas somente se requeridas e determinadas à luz deste CPC/2015.

2. Momento em que são requeridas a produção das provas. Há que se observar o momento em que o requerimento da prova é feito pela parte, geralmente na fase de saneamento. Nesse caso, para fins de aplicação deste art. 1.047, deve-se atentar para a fase de saneamento do processo por ser esse o momento em que o juiz especifica os pontos controvertidos e determina às partes produzirem as provas que julgarem como pertinentes para dirimir a controvérsia fática.

A fase saneadora é o fato gerador, se assim podemos dizer, para as partes postularem provas.

3. Saneamento. Na hipótese de o saneamento ocorrer na vigência do CPC/1973 e de o requerimento pelas partes ser formulado à luz do CPC/2015, as regras deste art. 1.047 não poderão ser aplicadas a partir do requerimento, mas do saneamento, pois o ato processual perfeito surgiu na lei antiga cujos efeitos se projetaram na lei nova. O direito adquirido decorreu da fixação dos pontos controvertidos pelo juiz, razão pela qual se entende que, para a aplicação do art. 1.047 desde CPC/2015, deve-se observar o fato gerador do requerimento probatório pela parte. O direito adquirido processual para requerimento da prova surge na fase de saneamento e, portanto, deve-se aplicar a lei que vigora no tempo do saneamento.

O IV FPPC, realizado nos dias 05 a 07 de dezembro de 2014 em Belo Horizonte, concluiu pelo Enunciado 366. (art. 1.047), que assim estabelece: "o protesto genérico por provas, realizado na petição inicial ou na contestação ofertada antes da vigência do CPC, não implica requerimento de prova para fins do art. 1047.".

Artigo 1.048.

Terão prioridade de tramitação, em qualquer juízo ou tribunal, os procedimentos judiciais:

I – Em que figure como parte ou interessado pessoa com idade igual ou superior a 60 (sessenta) anos ou portadora de doença grave, assim compreendida qualquer das enumeradas no art. 6º, inciso XIV, da Lei nº 7.713, de 22 de dezembro de 1988.

II – Regulados pela Lei nº 8.069, de 13 de julho de 1990 (Estatuto da Criança e do Adolescente).

§ 1º A pessoa interessada na obtenção do benefício, juntando prova de sua condição, deverá requerê-lo à autoridade judiciária competente para decidir o feito, que determinará ao cartório do juízo as providências a serem cumpridas.

§ 2º Deferida a prioridade, os autos receberão identificação própria que evidencie o regime de tramitação prioritária.

§ 3º Concedida a prioridade, essa não cessará com a morte do beneficiado, estendendo-se em favor do cônjuge supérstite ou do companheiro em união estável.

§ 4º A tramitação prioritária independe de deferimento pelo órgão jurisdicional e deverá ser imediatamente concedida diante da prova da condição de beneficiário.

CORRESPONDÊNCIA NO CPC/1973: *ART. 1.211-A E ART. 1.211-B.*

1. Considerações gerais. O Estatuto do Idoso (Lei 10.741/2003) em seu art. 71 dispõe sobre a preferência na tramitação dos processos de pessoas (partes e terceiros) com idade igual ou superior a 60 (sessenta) anos de idade. O CPC/1973, por meio da Lei 12.008/2009, inseriu, nos atos de disposição transitória, os arts. 1.211-A e 1.211-B com a mesma previsão e ampliou o campo de incidência do benefício de prioridade àquelas pessoas portadoras de doenças graves. Essa fórmula foi repetida no CPC/2015 estendendo ainda mais o benefício da prioridade na tramitação para alcançar os procedimentos regidos pela Lei 8.069/90 (ECA).

2. Condições para pleitear a prioridade. No tocante a pessoas idosas e/ou com doença grave, o benefício é personalíssimo e se aplica em decorrência da qualidade da pessoa (idosa) e da condição da pessoa (enfermidade). Em relação à pessoa com enfermidade grave, o CPC/2015 buscou no art. 6º, XIV, da Lei 7.713/88 exemplos de moléstias consideradas como graves para obtenção da prioridade estabelecida no seu art. 1048, I, que são: tuberculose ativa, alienação mental, esclerose múltipla, neoplasia maligna, cegueira, hanseníase, paralisia irreversível e incapacitante, cardiopatia grave, doença de Parkinson, espondiloartrose anquilosante, nefropatia grave, hepatopatia grave, estados avançados da doença de Paget (osteíte deformante), contaminação por radiação, síndrome da imunodeficiência adquirida. Trata-se de rol exemplificativo, pois, para classificar como grave determinada moléstia, torna-se imperioso uma análise das condições físicas e do estado de saúde da pessoa enferma.

O parâmetro não deve ser a doença em si mesma, mas o estado de saúde em que a pessoa se encontra, mesmo porque a lei –paradigma é de 1988; e, desde aquela época, outras moléstias graves surgiram e nela não estão contempladas.

Nessa esteira, entendemos que os portadores de deficiência física ou mental, à guisa do art. 69-A, II, da Lei 9.784/1999, igualmente gozam do benefício da prioridade na tramitação dos processos, não sendo lógico que o benefício não alcance os processos judiciais, o que reforça a tese de que a norma em questão é exemplificativa.

O parágrafo 1º do artigo em comento converge com esse entendimento (de ser exemplificativo o rol mencionado), na medida em que o postulante ao benefício deverá demonstrar sua condição de enfermo, que será auferida pela autoridade judiciária.

A propósito, a prioridade disciplinada no art. 1.048, I e II, deve abranger também os procedimentos administrativos no âmbito da União, Estados, DF e Municípios, além do atendimento preferencial junto a Defensoria Pública.

O legislador infraconstitucional no CPC/2015 repetiu o que está disposto no art. 152 da Lei 8.069/1990, a fim de dar prioridade na tramitação dos processos cujos procedimentos são disciplinados pelo ECA, não estendendo essas garantia aos processos que ali não estão regidos. Ou seja, o benefício a prioridade se dá não com base na condição da criança e do adolescente, mas no procedimento judicial regulado no ECA. Nas demais demandas que envolverem crianças e adolescentes cujo procedimento não esteja disciplinado pelo ECA, o benefício previsto neste artigo não se aplica.

O art. 2º do ECA define "criança" como a pessoa até 12 (doze) anos de idade incompletos, e adolescente aquela entre doze e dezoito anos de idade. Questão a ser enfrentada é se a superveniência da maioridade da criança e/ou do adolescente ensejaria a perda do benefício de prioridade na tramitação do processo. A resposta é negativa, pois, conforme dito anteriormente, a prioridade na tramitação nesse caso não é baseada na condição da pessoa, mas no procedimento regulado pelo ECA.

3. Necessidade de requerimento expresso. A obtenção do benefício de prioridade na tramitação dos feitos é condicionada a requerimento e demonstração de que preenche os requisitos da lei (lembrando-se que o rol é exemplificativo).

Cumpridas essas exigências, o deferimento é automático. Deferido o benefício de prioridade na tramitação do processo, a serventia deverá fazer as devidas anotações destacando o processo dos demais. Trata-se de medida paliativa, haja vista que o beneficiário não tem como controlar se, ao longo da demanda, o benefício em questão é de fato observado.

O art. 12 do CPC/2015 dispõe que os magistrados deverão obedecer à ordem cronológica de conclusão para proferir sentença ou acórdão, isentando desta regra as situações elencadas no parágrafo 2º daquele artigo e, entre elas, estão as preferências disciplinadas neste artigo e na legislação esparsa.

Em relação ao parágrafo 3º do art. 1.048 deste CPC/2015 há que analisá-lo com maior vagar: em sendo o benefício concedido com base na faixa etária (idade igual ou maiores de 60 anos), caso o beneficiário venha a falecer no curso do processo, a continuidade do benefício para o cônjuge ou companheiro em união estável fica condicionada à condição pessoal do substituto – se ele tem ou não idade igual ou superior a 60 (sessenta) anos, conforme o art. 71, § 2º do Estatuto do Idoso. Se assim não fosse, referida norma restaria implicitamente revogada pelo CPC/2015.

4. Extensão do benefício. No caso de o benefício ter sido concedido à pessoa que se enquadre nas regras do ECA, caso o beneficiário venha a falecer, estende-se o benefício em favor de seu substituto processual.

Em relação ao benefício de prioridade na tramitação ter sido concedido com base na enfermidade de moléstia grave pela parte ou interessado, caso esta venha falecer, entende-se que não se estende ao cônjuge supérstite ou ao companheiro em união estável, salvo, se demonstrar algumas das situações previstas no inciso I do artigo em comento.

5. Legislação. Legislação atinente ao assunto pode ser encontrada nos seguintes dispositivos: art. 6º, XIV, Lei 7.713/1988; Lei 9.784/1999; arts. 69-A a 71, Lei 10.741/2003; e art. 152, Lei. 8069/1990.

ARTIGO 1.049.
Sempre que a lei remeter a procedimento previsto na lei processual sem especificá-lo, será observado o procedimento comum previsto neste Código.
Parágrafo único. Na hipótese de a lei remeter ao procedimento sumário, será observado o procedimento comum previsto neste Código, com as modificações previstas na própria lei especial, se houver.
CORRESPONDÊNCIA NO CPC/1973: *NÃO HÁ.*

1. Unicidade dos procedimentos. No CPC/1973, em relação aos processos cognitivos, havia uma dicotomia nos procedimentos. Tinha-se, pois, o procedimento ordinário, que era empregado em todos processos de conhecimento que não dispunha de regra procedimental própria. Já o procedimento sumário teve seu regramento tipificado no art. 275 e seguintes do CPC/1973, além de ser o rito adotado em algumas leis extravagantes como: art. 10 da Lei 6.194/74 – ação de cobrança de seguro obrigatório para fins reparação de danos pessoais causados por veículos automotores de via terrestre; art. 129, II da Lei 8.213/91 (lei de acidente); art. 16 do Decreto-Lei 58/37 (Adjudicação Compulsória), art. 20 da Lei 6.383/76 (Ação discriminatórias de terras devolutas da União); art. 68 da Lei de Locação; art. 5º, Lei 6.969/81 (de usucapião especial); art. 12 da Lei 8.374/91 (ação de indenização por danos pessoais por embarcações ou por sua carga), etc. Por fim, havia os procedimentos especiais disciplinados no livro IV do CPC/1973.

Para simplificar o processo, o legislador infraconstitucional aboliu o procedimento sumário, como também eliminou alguns procedimentos especiais do CPC/2015.

O dispositivo em análise fixa o rito comum ordinário como procedimento padrão único para os processos de conhecimento, inclusive sendo aplicado subsidiariamente em leis extravagantes que faziam referência ao rito sumário do CPC/1973. Em outras palavras, ainda que determinada lei preveja o rito sumário, pelo disposto no parágrafo único deste art. 1049, aplicar-se-á o procedimento comum ordinário com as modificações que a lei específica contiver, caso o tenha.

Há que se ter em mente, que embora o procedimento padrão do CPC/2015 seja o ordinário, esse procedimento distingue-se do rito ordinário tipificado no CPC/1973, com mudanças pontuais, tais como: eliminação da reconvenção; adoção do pedido contraposto em preliminar de contestação; eliminação da ação declaratória incidental; e conversão de exceções (incompetência relativa, suspeição e impedimento) em matéria de preliminar de contestação. Surge, ainda, a possibilidade de as partes firmarem negócio jurídico processual e da realização da audiência de conciliação ou mediação para, só então, abrir-se para o réu prazo para defesa.

Artigo 1.050.

A União, os Estados, o Distrito Federal, os Municípios, suas respectivas entidades da administração indireta, o Ministério Público, a Defensoria Pública e a Advocacia Pública, no prazo de 30 (trinta) dias a contar da data da entrada em vigor deste Código, deverão se cadastrar perante a administração do tribunal no qual atuem para cumprimento do disposto nos arts. 246, § 2º, e 270, parágrafo único.
CORRESPONDÊNCIA NO CPC/1973: *NÃO HÁ.*

A fim de otimizar os meios eletrônicos no tocante a intimações e citações, os entes públicos especificados no artigo em comento deverão se cadastrar perante a administração do tribunal que atuem, dentro do prazo ali fixado.

Artigo 1.051.

As empresas públicas e privadas devem cumprir o disposto no art. 246, § 1º, no prazo de 30 (trinta) dias, a contar da data de inscrição do ato constitutivo da pessoa jurídica, perante o juízo onde tenham sede ou filial.
Parágrafo único. O disposto no *caput* não se aplica às microempresas e às empresas de pequeno porte.
CORRESPONDÊNCIA NO CPC/1973: *NÃO HÁ.*

1. Antecedentes. Referido dispositivo foi introduzido neste livro com base nas pesquisas feita CNJ acerca dos maiores litigantes da Justiça no país (http://www.cnj.jus.

br/images/pesquisas-judi ciarias/pesquisa_100_maiores_litigantes.pdf, consultado em 31.01.2015). Conforme as referidas pesquisas, as empresas públicas e algumas empresas privadas de determinado segmento econômico respondem pela maioria dos processos que tramitam no país.

2. Via preferencial. Em outras palavras, visa o artigo aqui comentado a possibilitar que as citações e intimações dos "litigantes profissionais" sejam feitas pelo meio eletrônico, que será a via preferencial adotada para esse fim e, diante da presença constante desse tipo de demandantes, facilitar ainda mais esse mecanismo.

ARTIGO 1.052.
Até a edição de lei específica, as execuções contra devedor insolvente, em curso ou que venham a ser propostas, permanecem reguladas pelo Livro II, Título IV, da Lei nº 5.869, de 11 de janeiro de 1973.
CORRESPONDÊNCIA NO CPC/1973: *NÃO HÁ.*

A execução contra devedor insolvente constitui-se em ato complexo que destoa da linha da simplicidade adotada por este CPC/2015. Destarte, por opção legislativa, este CPC/2015 não dispõe de regramento próprio para este tipo de satisfação de direito contra devedores insolventes, razão pela qual, na ausência de norma específica para este tipo de execução, prevê este CPC/2015 que seu processamento far-se-á na forma preconizada nos artigos 748 a 786-A do CPC/1973, até que seja editada lei própria.

ARTIGO 1.053.
Os atos processuais praticados por meio eletrônico até a transição definitiva para certificação digital ficam convalidados, ainda que não tenham observado os requisitos mínimos estabelecidos por este Código, desde que tenham atingido sua finalidade e não tenha havido prejuízo à defesa de qualquer das partes.
CORRESPONDÊNCIA NO CPC/1973: *NÃO HÁ.*

A lei 11.419/2006 dispõe sobre a informatização processual, e parte de seus regramentos foram preservados na Parte Geral deste CPC/2015, como se observa dos arts. 193 a 199.

Mesmo que alguns atos processuais eletrônicos não tenham sido realizados de acordo com o regramento específico do processo eletrônico estabelecido por este CPC/2015, ainda assim eles serão convalidados caso sejam atingidos seus escopos, sem que haja prejuízo a qualquer uma das partes. Prestigia-se, portanto, a instrumentalidade das formas, para que o processo não seja um fim em si mesmo.

Artigo 1.054.

O disposto no art. 503, § 1º, somente se aplica aos processos iniciados após a vigência deste Código, aplicando-se aos anteriores o disposto nos arts. 5º, 325 e 470 da Lei nº 5.869, de 11 de janeiro de 1973.

CORRESPONDÊNCIA NO CPC/1973: *NÃO HÁ.*

1. **Busca por maior rendimento processual.** Na exposição de motivos do anteprojeto (PLS 166/2010) deste CPC/2015, adotou-se como linha mestra deste Código a busca pelo maior rendimento possível em cada processo em si mesmo considerado.

Não obstante, preferiu o legislador infraconstitucional estender a autoridade da coisa julgada às questões prejudiciais. Dispositivo típico de direito intertemporal a fim de especificar que a coisa julgada relacionada a questão prejudicial prevista no art. 503, § 1º deste CPC/2015 somente incida nos processos iniciados após a *vactio legis,* ou seja, naqueles casos começados sob a vigência deste CPC/2015.

2. **Aplicação em concreto.** Nos processos iniciados sob a égide do CPC/1973, aplicam-se, destarte, as regras dos arts. 5º, 325 e 470 do referido diploma.

O FPCC concluiu, a esse respeito, pelo Enunciado 367 (art. 1.054; art. 312; art. 503), que assim dispõe: "para fins de interpretação do art. 1.054, entende-se como início do processo a data do protocolo da petição inicial.".

Artigo 1.055.

(VETADO).

Artigo 1.056.

Considerar-se-á como termo inicial do prazo da prescrição prevista no art. 924, inciso V, inclusive para as execuções em curso, a data de vigência deste Código.

CORRESPONDÊNCIA NO CPC/1973: *NÃO HÁ.*

1. **Prescrição intercorrente.** O termo *a quo* para incidir a prescrição intercorrente nos processos que estão em curso terá início em 1 (um) ano após a publicação da Lei 13.105/2015 (art. 1.045) no Diário Oficial da União, o que ocorreu em 17/03/2015. O fato de o ano de 2016 ser bissexto em nada altera a data retromencionada, tal como comentado no art. 1.045 mais acima, ao qual ora nos reportamos.

Assim, a prescrição intercorrente começará fluir, nas execuções em curso, a partir de 18/03/2016. O fato de 2016 ser ano bissexto em nada altera a data retromencionada, pois o art. 1.045 estabelece um ano como prazo de *vacatio legis,* não estabelecendo a lei processual esse prazo em dias.

Trata-se da regulamentação da incidência da prescrição intercorrente nos processos que estão em curso. A prescrição intercorrente nunca foi disciplinada no CPC/1973, embora doutrina e jurisprudência aceitem e apliquem o instituto nas execuções cíveis.

O não exercício do direito de ação dentro do prazo estabelecido na lei enseja sua perda. A prescrição é um instituto atrelado à segurança jurídica que evita a eternização dos conflitos relativos a um direito material. Na prescrição intercorrente, a parte exerceu seu direito de ação, mas, no curso da demanda, deixa de dar prosseguimento, prejudicando, destarte, a estabilização dos conflitos relacionados ao direito material.

O art. 5º, LV e LXXVIII, da VF/1988 assegura o devido processo legal e a duração razoável do processo. Assim, a prescrição intercorrente atua no processo para evitar sua perpetuação injustificada, relacionada à inércia do titular do direito de ação a ser satisfeito.

2. Prescrição como sanção. Define-se prescrição intercorrente como sendo uma sanção àquela parte que, ao exercer seu direito de ação e após instauração do processo, age de modo displicente, prorrogando indevidamente o trâmite processual e a entrega definitiva da tutela jurisdicional.

A partir da vigência do CPC/2015, a prescrição intercorrente será causa objetiva de extinção do processo. Para tanto, deverá estar demonstrado desinteresse do credor em continuar com a satisfação de seu direito, observando-se as regras contidas no art. 921 deste CPC/2015.

A esse respeito, remetemos o leitor ao art. 132 do CC/2002, que assim dispõe: "Salvo disposição legal ou convencional em contrário, computam-se os prazos, excluído o dia do começo, e incluído o do vencimento. (...) § 3º. Os prazos de meses e anos expiram no dia de igual número do de início, ou no imediato, se faltar exata correspondência.".

Artigo 1.057.
O disposto no art. 525, §§ 14 e 15, e no art. 535, §§ 7º e 8º, aplica-se às decisões transitadas em julgado após a entrada em vigor deste Código, e, às decisões transitadas em julgado anteriormente, aplica-se o disposto no art. 475L, § 1º, e no art. 741, parágrafo único, da Lei nº 5.869, de 11 de janeiro de 1973.
CORRESPONDÊNCIA NO CPC/1973: *NÃO HÁ.*

Em relação à coisa julgada inconstitucional, este CPC/2015 dispõe de um novo regramento disciplinado em seu art. 525, § 12 (complementado com os §§ 14 e 15) e em seu art. 549, § 7º (complementado pelo § 8º).

1. Trânsito na vigência do CPC/1973. Nos termos deste art. 1.057, o novo regramento deverá ser aplicado nas decisões que transitarem em julgado a partir da vigência deste CPC/2015. Em relação às decisões que transitaram em julgado sob a égide do CPC/1973, permanecerá em vigor o regramento constante no art. 475-L, § 1º e art. 741, parágrafo único do CPC/2015, ou seja, ano que se refere à impugnação ao cumprimento de sentença e embargos contra a Fazenda Pública.

2. Trânsito na vigência do CPC/2015. No caso de o trânsito em julgado da decisão ter ocorrido antes da vigência deste CPC/2015, no que se refere ao art. 741, parágrafo único, há que se observar a Súmula 487 do STJ: "O parágrafo único do art. 741 do CPC não se aplica às sentenças transitadas em julgado em data anterior da sua vigência."

3. Enunciado. Ainda a esse respeito, o FPPC aprovou o Enunciado 58 (art. 525, §§ 12 e 13; art. 535, §§ 5º e 6º), que assim estabelece: "As decisões de inconstitucionalidade a que se referem os art. 525, §§ 12 e 13 e art. 535 §§ 5º e 6º devem ser proferidas pelo plenário do STF.".

Artigo 1.058.

Em todos os casos em que houver recolhimento de importância em dinheiro, esta será depositada em nome da parte ou do interessado, em conta especial movimentada por ordem do juiz, nos termos do art. 840, inciso I.

CORRESPONDÊNCIA NO CPC/1973: *NÃO HÁ.*

O art. 840, I, deste CPC/2015 dispõe sobre o depósito dos bens cuja penhora recai sobre quantias em dinheiro, papéis de crédito, pedras e os metais preciosos. Nessas situações, os referidos bens deverão ser depositados em banco oficial relacionado no dispositivo supra ou nas instituições designadas pelo magistrado. Ademais, à guisa deste art. 1.058, as contas serão abertas em nome das partes ou do interessado e movimentadas por meio de decisão do juiz. Embora no CPC/1973 não houvesse previsão expressa a esse procedimento, o tema já era regulamentado em alguns tribunais pelas Normas Judiciais da Corregedoria.

Artigo 1.059.

À tutela provisória requerida contra a Fazenda Pública aplica-se o disposto nos arts. 1º a 4º da Lei nº 8.437, de 30 de junho de 1992, e no art. 7º, § 2º, da Lei nº 12.016, de 7 de agosto de 2009.

CORRESPONDÊNCIA NO CPC/1973: *NÃO HÁ.*

1. Considerações gerais. A Lei 8.437/1992, mencionada no dispositivo de lei ora comentado, tem natureza de direito administrativo. Seu art. 4º disciplina matéria de natureza de direito processual civil relacionada à concessão de medidas cautelares contra atos do Poder Público e outras providências. Referido artigo alberga carga preponderantemente política, com o fim de suspender a eficácia das decisões judiciais liminares, mesmo sem discutir a legalidade delas. O fundamento da suspensão é tão somente a potencialidade de o provimento causar lesão grave ou de difícil reparação a órgãos da Administração Pública que operam no âmbito da saúde, segurança e economia públicas.

O art. 4º da Lei nº 8.437/1992 trata da concessão de medidas cautelares contra atos do Poder Público. O dispositivo legal ora em comento, que trata da suspensão de tutela contra a Fazenda, estabelece, nesse sentido, que essa suspensão deve decorrer de um interesse relevante e de extrema gravidade que justifique a medida.

2. Suspensão dos provimentos. Tanto a Lei 8.437/1992 como a Lei 9.494/1997 possuem dispositivos que autorizam os presidentes dos Tribunais Estaduais e Federais – e, eventualmente, os presidentes do STJ ou do STF – a suspenderem discricionariamente a eficácia de provimentos judiciais proferidos contra o Poder Público. Nesses casos, basta ao órgão público e/ou a outro eventual integrante do polo passivo requerer a suspensão de segurança, invocando grave lesão à ordem, à saúde, à segurança ou à economia pública.

3. Suspensão baseada em cláusula aberta. Parece-nos, todavia, inadequado que, no dispositivo ora comentado, a suspensão do cumprimento das tutelas esteja fundado em cláusulas abertas, tais como "perigo à ordem pública", o que faz que a suspensão da sentença ou da liminar seja prática comum e, certamente, restrinja o campo de atuação do *writ* e das tutelas provisórias contra a Fazenda Pública. Colide, ainda, com outras garantias constitucionais, em especial a duração razoável do processo e os próprios institutos em si (mandado de segurança e tutela provisória contra a Fazenda Pública). Estes, por estarem elevados ao patamar de garantia fundamental contra violação de direito líquido e certo decorrente de ilegalidade e/ou abuso de direito, bem como ao de controle jurisdicional contra dano ou ameaça de danos a direito material, não poderiam ter a efetivação obstruída.

4. Legislação: Lei 8.437/92.

Artigo 1.060.
O inciso II do art. 14 da Lei nº 9.289, de 4 de julho de 1996, passa a vigorar com a seguinte redação:
"Art. 14.
II aquele que recorrer da sentença adiantará a outra metade das custas, comprovando o adiantamento no ato de interposição do recurso, sob pena de deserção, observado o disposto nos §§ 1º a 7º do art. 1.007 do Código de Processo Civil." (NR)
CORRESPONDÊNCIA NO CPC/1973: *NÃO HÁ.*

1. Considerações gerais. A Lei 9.289/96 dispõe sobre as custas devidas à União, na Justiça Federal de Primeiro e Segundo Graus e dá outras providências. O art. 14, II, da referida lei possibilitava o recolhimento do preparo recursal nos cinco dias subsequentes a interposição do recurso. O CPC/2015, contudo, modifica a sistemática de recolhimento de custas em sede de recurso.

Diante da modificação promovida por este art. 1.060, as custas de preparo devem ser adiantadas no ato da interposição do recurso, ou seja, não dispõe mais o recorrente o prazo de 5 (cinco) dias para o recolhimento do preparo recursal. A regra não se aplica ao Ministério Público, União, Distrito Federal, Estados Membros, Municípios, e respectivas autarquias, bem como àqueles que gozam de isenção legal, por estarem dispensados do recolhimento de custas recursais nos termos do art. 1007, § 1º, deste CPC/2015.

2. Primazia da análise do mérito. Outrossim, consoante o princípio da primazia pelo julgamento de mérito, o recorrente que não comprovar, no ato de interposição do recurso, o recolhimento das custas recursais (entre as quais o porte de remessa e de retorno, salvo no processo em autos eletrônicos) será intimado por seu advogado para realizar o recolhimento em dobro, sob pena de deserção. A pena de deserção, nesse caso, será relevada pelo relator caso o recorrente demonstre justo impedimento e, acolhido pelo relator, este lhe abrirá prazo de 5 (cinco) dias para efetuar o preparo.

Também é sanável o vício no preenchimento equivocado da guia de custas.

3. Deserção. O art. 1.007, §§ 4º e 5º, deste CPC/2015, dispõe que a ausência de recolhimento do preparo no ato de interposição de recurso não acarreta deserção, salvo se o recorrente, depois de intimado por meio de seu advogado para cumprir com a obrigação, recolher em dobro o preparo. O não recolhimento em dobro do preparo na situação supra ensejará deserção do recurso. Uma questão que deve ser observada é que alguns tribunais estipulam teto no valor das custas recursais a serem recolhidas pelo recorrente.

Nessas situações, poderá ocorrer de a parte recolher o valor máximo de preparo, e na hipótese do art. 1.007, §§ 4º e 5º, tenha dúvida objetiva se o pagamento em dobro pode ou não ultrapassar o teto fixado no regimento interno do Tribunal.

Entende-se que essa situação deve ser levada analisada levando-se em consideração a boa-fé insculpida no art. 5º deste CPC/2015, bem como considerar a primazia pelo julgamento de mérito do art. 4º, sendo ambas as normas fundamentais desta lei.

ARTIGO 1.061.

O § 3º do art. 33 da Lei nº 9.307, de 23 de setembro de 1996 (Lei de Arbitragem), passa a vigorar com a seguinte redação:

"Art. 33.

§ 3º A decretação da nulidade da sentença arbitral também poderá ser requerida na impugnação ao cumprimento da sentença, nos termos dos arts. 525 e seguintes do Código de Processo Civil, se houver execução judicial." (NR)

CORRESPONDÊNCIA NO CPC/1973: *NÃO HÁ.*

1. Momento para suscitar a nulidade. Por meio deste dispositivo, alterou-se a Lei de Arbitragem, possibilitando-se que a eventual nulidade da sentença arbitral seja matéria suscitável em sede de impugnação ao cumprimento, deixando de ser objeto de ação autônoma e passando a ser discutida em sede de impugnação ao cumprimento da sentença. Todavia, há que se observar que a decretação de nulidade da sentença arbitral deverá ser arguida dentro do prazo decadencial de 90 (noventa) dias previsto no § 1º do art. 33 da Lei 9.307/96.

2. Demanda autônoma. A demanda autônoma para a discussão de eventual nulidade da sentença arbitral seguirá o procedimento comum, previsto neste CPC/2015, e deverá ser proposta igualmente dentro do prazo decadencial de 90 (noventa) dias após o recebimento da notificação da sentença arbitral ou de seu aditamento ou, havendo embargos declaratórios arbitrais, a fluência do prazo se iniciará a partir da intimação das partes ou de seus procuradores do teor da decisão que apreciou o pedido de esclarecimento via embargos.

3. Subsistência dos meios. Em suma, apesar da modificação promovida pelo art. 1.061 deste CPC/2015 à Lei 9.307/96 (Lei de Arbitragem), no tocante à alegação de nulidade da sentença arbitral em sede de impugnação ao cumprimento de sentença, há que se observar que o art. 33, § 1º, goza de plena aplicabilidade. Portanto, a alegação de nulidade da sentença arbitral, ainda que suscitada em impugnação ao cumprimento de sentença, poderá ser manejada pela via da ação autônoma ou no bojo de impugnação ao cumprimento da sentença, sempre se respeitando o prazo decadencial, como visto acima.

Buscou o legislador, assim, afastar meios para burlar o prazo decadencial e preservar arbitragem como eficiente meio alternativo de solução de conflitos.

4. Enunciado. Em assembleia Ordinária do Centro de Estudos Avançados de Processo Civil (CEAPRO), foi aprovado, por maioria, enunciado sobre o artigo em comento: "O pleito de decretação de nulidade de sentença arbitral em impugnação ao cumprimento de sentença está sujeito ao prazo decadencial de 90 (noventa) dias previsto no §1º do artigo 33 da Lei de Arbitragem.".

ARTIGO 1.062.
O incidente de desconsideração da personalidade jurídica aplica-se ao processo de competência dos juizados especiais.
CORRESPONDÊNCIA NO CPC/1973: *NÃO HÁ.*

1. Considerações gerais. Os Juizados Especiais Cíveis constituem um microssistema cujas linhas mestras são: oralidade, simplicidade, informalidade, economia processual e celeridade. O microssistema também está voltado, sempre, para conciliação e/ou transação (art. 1º da Lei 9.099/95).

Já o art. 10 da Lei 9.099/95 veda qualquer modalidade de intervenção de terceiros, inclusive a assistência. Admite-se, porém, o litisconsórcio, que se aplica no âmbito dos Juizados Especiais Federais e da Fazenda Pública. O incidente de desconsideração da personalidade jurídica, disciplinado nos arts. 133 a 137 deste CPC/2015, constitui espécie de intervenção de terceiros e, portanto, poderia ser incompatível com a Lei de Juizados Especiais Cíveis. No entanto, a ideia não é criar normas incompatíveis com outras normas do sistema jurídico.

2. Juizados Especiais. Em uma primeira reflexão, para que não haja antinomia, torna-se imperioso que a desconsideração da personalidade jurídica nos Juizados Especiais Cíveis deva ser requerida na inicial, tal como preconizado no art. 134, § 2º, deste CPC/2015, quando se dispensa a instauração de incidente e, nesse caso, não se trata de intervenção de terceiro, mas de litisconsórcio facultativo. Competirá à doutrina e jurisprudência aperfeiçoar a interpretação deste dispositivo.

3. Enunciado. Enunciado 248 do FPPC. (art. 134, § 2º; art. 336). "Quando a desconsideração da personalidade jurídica for requerida na petição inicial, incumbe ao sócio ou a pessoa jurídica, na contestação, impugnar não somente a própria desconsideração, mas também os demais pontos da causa.".

ARTIGO 1.063.

Até a edição de lei específica, os juizados especiais cíveis previstos na Lei nº 9.099, de 26 de setembro de 1995, continuam competentes para o processamento e julgamento das causas previstas no art. 275, inciso II, da Lei nº 5.869, de 11 de janeiro de 1973.

CORRESPONDÊNCIA NO CPC/1973: *NÃO HÁ.*

1. Considerações gerais. Sob a égide do CPC/1973 o procedimento sumário, por opção legislativa e atendendo o interesse da Justiça, era o rito a ser seguido em algumas causas, quais sejam: a) as causas cujo valor não excedesse a 60 (sessenta) salários mínimos; b) as causas de arrendamento rural e de parceria agrícola; c) as causas de cobrança de quantias devidas pelo condômino ao condomínio; d) as causas de ressarcimento por danos (indenização por ato ilícito) em prédio urbano ou rústico; e) as causas de ressarcimento por danos causados por acidente de veículos em via terrestre; f) as causas de cobrança de seguros, em caso de acidente de veículo; g) as causas cobrança de honorários de profissionais liberais e; h) as causas sobre revogação de doação.

2. Competência. Essas mesmas causas poderiam ser julgadas no âmbito dos Juizados Especiais, e a opção seria do autor pela adoção de um ou outro meio.

Em outras palavras, tanto a Justiça Comum como os Juizados Especiais detinham competência para julgar as causas retro especificadas.

O CPC/2015, contudo, extinguiu o procedimento sumário previsto na legislação processual anterior e, consequentemente, até edição de lei específica, os Juizados Especiais passam ter competência exclusiva para julgar as ações que compunham o rito sumário do CPC/1973.

Artigo 1.064.

O *caput* do art. 48 da Lei nº 9.099, de 26 de setembro de 1995, passa a vigorar com a seguinte redação:

"Art. 48. Caberão embargos de declaração contra sentença ou acórdão nos casos previstos no Código de Processo Civil. (NR)

CORRESPONDÊNCIA NO CPC/1973: *NÃO HÁ.*

O legislador infraconstitucional buscou, com este dispositivo, uniformizar o microssistema dos Juizados Especiais Cíveis e a Justiça Comum, no que tange aos prazos, às hipóteses de cabimento e ao alcance dos efeitos. Destarte, em sintonia com o sistema processual vigente, o presente dispositivo reforça as hipóteses de cabimento dos embargos de declaração nos Juizados Especiais, tal como no sistema deste CPC/2015.

Artigo 1.065.

O art. 50 da Lei nº 9.099, de 26 de setembro de 1995, passa a vigorar com a seguinte redação:

"Art. 50. Os embargos de declaração interrompem o prazo para a interposição de recurso." (NR)

CORRESPONDÊNCIA NO CPC/1973: *NÃO HÁ.*

1. Simplificação do sistema. Durante a elaboração deste CPC/2015, o legislador teve como linha principal de trabalho resolver problemas atinentes à simplificação do sistema processual, para dar coesão aos institutos e permitir ao juiz centrar sua atenção de modo mais intenso no mérito da causa.

2. Juizados. Os Juizados Especiais Cíveis não ficaram inumes à simplificação processual. O art. 50 da Lei 9.009/1990 dispunha que, opostos embargos de declaração contra sentença, o prazo para interposição de recurso ficaria suspenso, ao passo que, se a oposição dos embargos ocorresse contra acórdão da turma recursal, os efeitos seriam os mesmos previstos no art. 538 do CPC/1973; ou seja, interrompia-se o prazo para interposição de recursos, haja vista que a regra do art. 50 referia-se tão somente a sentenças, enquanto, nos acórdãos, aplicava-se a regra comum do CPC/1973.

Inegavelmente, essa situação gerava problemas de índoles processuais que afastavam o julgador da questão material controvertida. A fim de simplificar e harmonizar o sistema, o art. 1.065 do CPC/2015 alterou a redação do art. 50 da Lei 9.099/1995, no sentido de que a oposição de embargos de declaração interrompe o prazo para interpor recursos, criando-se, assim, regra única e simplificando-se o procedimento.

Artigo 1.066.

O art. 83 da Lei nº 9.099, de 26 de setembro de 1995, passam a vigorar com a seguinte redação:

"Art. 83. Cabem embargos de declaração quando, em sentença ou acórdão, houver obscuridade, contradição ou omissão.

§ 2º Os embargos de declaração interrompem o prazo para a interposição de recurso. (NR)

CORRESPONDÊNCIA NO CPC/1973: *NÃO HÁ.*

1. Considerações gerais. O dispositivo legal ora comentado constitui medida que visa a impor maior segurança jurídica, o que demonstra a harmonia na evolução da normatização dos embargos declaratórios em diferentes ramos jurídicos, mantendo-se a linha mestra de simplificação e organicidade do sistema processual civil de 2015.

Nesse lanço, o art. 1066 deste CPC/2015 promoveu duas alterações significativas no art. 83 da Lei 9.099/1995, a fim de possibilitar que os embargos declaratórios sejam opostos não somente contra as sentenças, mas também em face dos acórdãos das turmas recursais, preconizando, ainda, como já vimos, que a oposição de embargos de declaração interrompa o prazo para recurso.

Artigo 1.067.

O art. 275 da Lei nº 4.737, de 15 de julho de 1965 (Código Eleitoral), passa a vigorar com a seguinte redação:

"Art. 275. São admissíveis embargos de declaração nas hipóteses previstas no Código de Processo Civil.

§ 1º Os embargos de declaração serão opostos no prazo de 3 (três) dias, contado da data de publicação da decisão embargada, em petição dirigida ao juiz ou relator, com a indicação do ponto que lhes deu causa.

§ 2º Os embargos de declaração não estão sujeitos a preparo.

§ 3º O juiz julgará os embargos em 5 (cinco) dias.

§ 4º Nos tribunais:

I – o relator apresentará os embargos em mesa na sessão subsequente, proferindo voto;

II – não havendo julgamento na sessão referida no inciso I, será o recurso incluído em pauta;

III – vencido o relator, outro será designado para lavrar o acórdão.

§ 5º Os embargos de declaração interrompem o prazo para a interposição de recurso.

§ 6º Quando manifestamente protelatórios os embargos de declaração, o juiz ou o tribunal, em decisão fundamentada, condenará o embargante a pagar ao embargado multa não excedente a 2 (dois) salários mínimos.

§ 7º Na reiteração de embargos de declaração manifestamente protelatórios, a multa será elevada a até 10 (dez) salários mínimos." (NR)

CORRESPONDÊNCIA NO CPC/1973: *NÃO HÁ.*

1. Eleitoral. Dentro da linha mestra de organicidade e simplificação do sistema processual, o presente dispositivo promove profundas alterações no art. 275 e parágrafos da Lei 4.737/1965 (Código Eleitoral), que trata do recurso de embargos de declaração, a fim de criar ambiente especial de similitude de prazos, cabimento e manejo. Assim, da modificação promovida pelo art. 1.067 deste CPC/2015 no art. 275 do Código Eleitoral, as hipóteses de cabimento de embargos de declaração naquela Justiça especializada serão as mesmas previstas neste CPC/2015, em seu art. 1.022, que são: esclarecer obscuridade ou eliminar contradição; suprir omissão de ponto ou questão sobre o qual devia se pronunciar o juiz de ofício ou a requerimento; e corrigir erro material.

2. Embargos de declaração. É de se reparar que, a partir da vigência do CPC/2015, a "dúvida" não mais será hipótese de oponibilidade de embargos de declaração no âmbito da Justiça Eleitoral. Outra inovação é no sentido de que, no âmbito da Justiça Eleitoral, todas as decisões são passíveis de embargos de declaração desde que respeitadas as hipóteses de cabimento do art. 1.022 do CPC/2015. Por fim, não menos importante, opostos embargos de declaração na seara da Justiça Eleitoral, a teor da nova redação do art. 275, § 5º, da Lei 4.737/1965, os prazos para interposição de outros recursos serão interrompidos. Além disso, conservou-se a ideia de apenamento àqueles que manejam os embargos de declaração para fins protelatórios: em um primeiro momento, é estabelecido o pagamento de multa não excedente a 2 (dois) salários mínimos e, na reiteração de condutas protelatórias pela via do recurso supra, a multa é majorada a 10 (dez) salários mínimos.

Artigo 1.068.

O art. 274 e o *caput* do art. 2.027 da Lei nº 10.406, de 10 de janeiro de 2002 (Código Civil), passam a vigorar com a seguinte redação:

"Art. 274. O julgamento contrário a um dos credores solidários não atinge os demais, mas o julgamento favorável aproveita-lhes, sem prejuízo de exceção pessoal que o devedor tenha direito de invocar em relação a qualquer deles." (NR)

"Art. 2.027. A partilha é anulável pelos vícios e defeitos que invalidam, em geral, os negócios jurídicos. (NR)

CORRESPONDÊNCIA NO CPC/1973: *NÃO HÁ.*

1. Solidariedade Ativa. O art. 274 do CC/2002 dispõe sobre o efeito do julgamento em caso de solidariedade ativa. Estabelece, em outras palavras, que – na relação obrigacional em que há credores solidários e somente um deles figura em um dos polos da demanda relacionada à obrigação – o julgamento favorável ao credor alcança aos demais que não participaram da relação processual.

Em termos processuais, o art. 274 do CC/2002 versa sobre a extensão da coisa julgada aos credores solidários que não participaram do processo, desde que o resultado deste lhes seja favorável. Assim, caso a decisão seja contrária a um dos credores solidários, esta não alcançará os cocredores, ou os credores solidários.

Na lei material em questão, a parte final continha imperfeição redacional, no sentido de condicionar a extensão da coisa julgada material aos credores solidários, desde que não houvesse alegação pessoal por parte do devedor. Na verdade, o verdadeiro significado da parte final do art. 274 do CC/2002 era no sentido de que, proposta ação por um dos credores solidários ou pelo devedor, seu resultado aproveitaria a todos, exceto se o devedor alegasse exceção pessoal.

Em suma, trata-se de ajuste redacional da parte final do art. 274 para especificar que a exceção pessoal pode ser invocada em relação àqueles credores solidários que não participaram da demanda, pois em relação ao credor que participou não se poderá mais discutir questão em razão da imutabilidade da decisão.

2. Rescisória ou Anulatória. Também o dispositivo ora em comento promoveu alteração no art. 2.027, também do CC/2002, a fim de excluir do texto a expressão "uma vez feita e julgada" e a fim de que seja interpretado referido dispositivo com o art. 657 deste CPC/2015, que trata da partilha amigável lavrada em instrumento público, reduzida a termo nos autos do inventário ou ainda, constante de escrito particular homologada judicialmente.

Acertou o legislador infraconstitucional, haja vista que preservada a expressão "uma vez feita e julgada", o meio para desconstituí-la seria por ação rescisória, e não por anulatória. Com a supressão da expressão retromencionada, o legislador especifica que, em sendo a partilha extrajudicial e caso esta esteja eivada de vício de consentimento, caberá ação anulatória, ao passo que, se a partilha amigável tiver sido homologada pelo juiz e transitada em julgado, esta somente poderá ser desconstituída por ação rescisória, respeitado o prazo decadencial de 2 (dois) anos.

Artigo 1.069.

O Conselho Nacional de Justiça promoverá, periodicamente, pesquisas estatísticas para avaliação da efetividade das normas previstas neste Código.
CORRESPONDÊNCIA NO CPC/1973: *NÃO HÁ.*

1. **Parâmetros objetivos.** As reformas processuais promovidas no CPC/1973 foram feitas sem uma base objetiva quanto à eficiência de seus dispositivos. Ao longo de sua vigência, isso resultou em diversas alterações que não geraram os efeitos almejados pelo legislador reformador. A proposta do dispositivo é estabelecer critérios objetivos, com base em dados estatísticos, de avaliação das normas deste Código, cujo resultado servirá de parâmetro para eventual aperfeiçoamento da norma.

As avaliações estatísticas realizadas pelo CNJ acerca da efetividade das normas deste Código, em conjunto com os estudos doutrinários e da jurisprudência, servirão de base para promover eventuais reformas quanto às eventuais falhas de suas normas. Por meio de critérios objetivos, poder-se-ão auferir os resultados obtidos pelas normas processuais deste CPC/2015. Buscou o legislador infraconstitucional atender aos reclamos da comunidade jurídica, no sentido de fornecer base estatística confiável e duradoura que aufere a qualidade das normas processuais dispostas neste Código.

Artigo 1.070.

É de 15 (quinze) dias o prazo para a interposição de qualquer agravo, previsto em lei ou em regimento interno de tribunal, contra decisão de relator ou outra decisão unipessoal proferida em tribunal.
CORRESPONDÊNCIA NO CPC/1973: *NÃO HÁ.*

1. **Uniformização do prazo.** O CPC/2015 uniformizou o prazo para interpor recurso. O referido dispositivo reforça o modelo constitucional, no sentido de fazer que os regimentos internos dos tribunais observem as normas processuais direcionadas à uniformização dos prazos recursais. Destarte, a teor do art. 1003, § 5º, é de 15 (quinze) dias o prazo para recorrer de qualquer decisão, salvo nas hipóteses de embargos de declaração, cujo prazo permanece como sendo de 5 (cinco) dias, regramento esse que alcança os agravos previstos nos regimentos internos ou em leis extravagantes, naquelas hipóteses em que o relator profira alguma decisão ou em que haja qualquer outra decisão unipessoal proferida no tribunal, tudo isso com escopo de simplificar atividade jurisdicional e dar harmonia interna *corporis* ao CPC/2015.

Artigo 1.071.

O Capítulo III do Título V da Lei nº 6.015, de 31 de dezembro de 1973 (Lei de Registros Públicos), passa a vigorar acrescida do seguinte art. 216A:

"Art. 216-A. Sem prejuízo da via jurisdicional, é admitido o pedido de reconhecimento extrajudicial de usucapião, que será processado diretamente perante o cartório do registro de imóveis da comarca em que estiver situado o imóvel usucapiendo, a requerimento do interessado, representado por advogado, instruído com:

I – ata notarial lavrada pelo tabelião, atestando o tempo de posse do requerente e seus antecessores, conforme o caso e suas circunstâncias;

II – planta e memorial descritivo assinado por profissional legalmente habilitado, com prova de anotação de responsabilidade técnica no respectivo conselho de fiscalização profissional, e pelos titulares de direitos reais e de outros direitos registrados ou averbados na matrícula do imóvel usucapiendo e na matrícula dos imóveis confinantes;

III – certidões negativas dos distribuidores da comarca da situação do imóvel e do domicílio do requerente;

IV – justo título ou quaisquer outros documentos que demonstrem a origem, a continuidade, a natureza e o tempo da posse, tais como o pagamento dos impostos e das taxas que incidirem sobre o imóvel.

§ 1º O pedido será autuado pelo registrador, prorrogando-se o prazo da prenotação até o acolhimento ou a rejeição do pedido.

§ 2º Se a planta não contiver a assinatura de qualquer um dos titulares de direitos reais e de outros direitos registrados ou averbados na matrícula do imóvel usucapiendo e na matrícula dos imóveis confinantes, esse será notificado pelo registrador competente, pessoalmente ou pelo correio com aviso de recebimento, para manifestar seu consentimento expresso em 15 (quinze) dias, interpretado o seu silêncio como discordância.

§ 3º O oficial de registro de imóveis dará ciência à União, ao Estado, ao Distrito Federal e ao Município, pessoalmente, por intermédio do oficial de registro de títulos e documentos, ou pelo correio com aviso de recebimento, para que se manifestem, em 15 (quinze) dias, sobre o pedido.

§ 4º O oficial de registro de imóveis promoverá a publicação de edital em jornal de grande circulação, onde houver, para a ciência de terceiros eventualmente interessados, que poderão se manifestar em 15 (quinze) dias.

§ 5º Para a elucidação de qualquer ponto de dúvida, poderão ser solicitadas ou realizadas diligências pelo oficial de registro de imóveis.

§ 6º Transcorrido o prazo de que trata o § 4o deste artigo, sem pendência de diligências na forma do § 5o deste artigo e achando-se em ordem a documentação, com inclusão da concordância expressa dos titulares de direitos reais e de outros direitos registrados ou averbados na matrícula do imóvel usucapiendo e na matrícula dos imóveis confinantes, o oficial de registro de imóveis registrará a aquisição do imóvel com as descrições apresentadas, sendo permitida a abertura de matrícula, se for o caso.

§ 7º Em qualquer caso, é lícito ao interessado suscitar o procedimento de dúvida, nos termos desta Lei.

§ 8º Ao final das diligências, se a documentação não estiver em ordem, o oficial de registro de imóveis rejeitará o pedido.

§ 9º A rejeição do pedido extrajudicial não impede o ajuizamento de ação de usucapião.

§ 10. Em caso de impugnação do pedido de reconhecimento extrajudicial de usucapião, apresentada por qualquer um dos titulares de direito reais e de outros direitos registrados ou averbados na matrícula do imóvel usucapiendo e na matrícula dos imóveis confinantes, por algum dos entes públicos ou por algum terceiro interessado, o oficial de registro de imóveis remeterá os autos ao juízo competente da comarca da situação do imóvel, cabendo ao requerente emendar a petição inicial para adequá-la ao procedimento comum."

CORRESPONDÊNCIA NO CPC/1973: *NÃO HÁ.*

1. **Considerações gerais.** A desjudicialização de alguns procedimentos especiais, por meio dos serviços notariais, vem sendo consagrada nos últimos anos, principalmente, após edição da Lei 11.441/2007, que retirou do Poder Judiciário, nas hipóteses previstas nessa lei, a separação, o divórcio, o inventário e a partilha por meio de escrituras públicas.

Com o passar dos anos, os centros urbanos passaram a enfrentar problemas de moradia em decorrência do êxodo rural e da especulação imobiliária.

Hodiernamente, na região central das grandes cidades, é comum encontrarmos vários imóveis desocupados. Muitos dos proprietários dos imóveis abandonados nos centros das capitais urbanas não estão dando a destinação correta, no que se refere à função social, servindo unicamente à especulação imobiliária.

Em contrapartida, várias famílias estão vivendo nas ruas por não terem condições para comprar ou alugar um imóvel para residir.

Diante dessas circunstâncias, o Governo Federal editou a Lei 11.977/2009, que dispõe sobre o programa social denominado "Minha Casa, Minha Vida", como também sobre a regularização fundiária dos assentamentos localizados em áreas urbanas. Por "regularização fundiária", entende-se o conjunto de medidas jurídicas, urbanísticas, ambientais e sociais que visam à regularização de assentamentos irregulares e à titulação de seus ocupantes, de modo a garantir o direito social à moradia, o pleno desenvolvimento das funções sociais da propriedade urbana e o direito ao meio ambiente ecologicamente equilibrado.

No âmbito da política de regularização fundiária dos assentamentos localizados em áreas urbanas, o art. 60 da Lei 11.977/2009 impõe regramento que autoriza a conversão de legitimação da posse em propriedade, tendo como seu desdobramento o art. 1071 deste CPC/2015, que promove modificação considerável na Lei de Registro Público – Lei 6.015/1973 –, para introduzir a usucapião administrativa ou extrajudicial. Ou seja, para adquirir a propriedade por meio da usucapião urbana, poderá a parte se valer da via jurisdicional ou administrativa (extrajudicial).

2. **Desjudicialização da usucapião.** Trata-se, destarte, da desjudicialização da usucapião, para que o Poder Público regularize juridicamente a permanência de moradores das áreas urbanas irregulares para fins de moradia. Em outras palavras, retira-se da esfera do Poder Judiciário a regularização da posse e usucapião, mediante processamento direto no cartório de imóveis da comarca em que se situa o imóvel usucapiendo, desde que observadas as regras do art. 216-A da Lei de Registros Públicos em conjunto com o art. 60 da Lei 11.977/2009. Em suma, uma mudança de paradigma na forma de aquisição de propriedade por meio de usucapião.

A usucapião administrativa ou extrajudicial tem como pressuposto o consentimento de todos aqueles que. de certo modo, titularizem direitos de relevância jurídico-real e que sejam passíveis de sofrer algum tipo de prejuízo com aquela modalidade de aquisição de propriedade. Destarte, se não houver concordância de todos os interessados, ou seja, havendo controvérsia entre os interessados, a solução do conflito não poderá ser pela via administrativa, mas mediante intervenção do Poder Judiciário. São passíveis de serem prejudicados pela usucapião administrativa: i) o titular do direito de relevância jurídico-real sobre o imóvel usucapiendo e ii) os que mantém relação jurídico-real com os imóveis confinantes, que, em princípio, podem sofrer desfalques patrimoniais com eventual sobremensuração da área usucapienda.

No caso de haver controvérsia no trâmite procedimental da usucapião administrativa ou extrajudicial, caberá o interessado suscitar dúvida perante o Poder Judiciário, sem prejuízo de intervenção jurisidicional, consoante o art. 204 da Lei de Registros Públicos. Suscitada dúvida, a intervenção do Ministério Público é obrigatória, consoante disposto no art. 198 e seguintes da Lei 6.015/1973 (Registros Públicos).

Por fim, após a efetivação da usucapião administrativa com seu registro no cartório do registro de imóveis, diante da garantia constitucional de inafastabilidade da jurisdicional (art. 5º, XXXV, CF/1988), poderá qualquer interessado impugnar no Judiciário o procedimento regulamentado pelo art. 216-A, introduzido na Lei de Registro Público – Lei nº 6015/73 – pelo art. 1071 deste CPC/2015.

ARTIGO 1.072.
Revogam-se:
I – o art. 22 do Decreto-Lei nº 25, de 30 de novembro de 1937;
II – os arts. 227, *caput*, 229, 230, 456, 1.482, 1.483 e 1.768 a 1.773 da Lei nº 10.406, de 10 de janeiro de 2002 (Código Civil);

III – os arts. 2º, 3º, 4º, 6º, 7º, 11, 12 e 17 da Lei nº 1.060, de 5 de fevereiro de 1950;

IV – os arts. 13 a 18, 26 a 29 e 38 da Lei nº 8.038, de 28 de maio de 1990;

V – os arts. 16 a 18 da Lei nº 5.478, de 25 de julho de 1968; e VI o art. 98, § 4º, da Lei nº 12.529, de 30 de novembro de 2011.

CORRESPONDÊNCIA NO CPC/1973: *NÃO HÁ.*

1. **Considerações gerais.** Como toda legislação que entra em vigor, o CPC/2015 trouxe algumas novidades que são incompatíveis com algumas normas. O art. 1072, expressamente, indica quais são os dispositivos que não se coadunam com as novidades desta lei e, portanto, por ela foram revogados.

REFERÊNCIAS BIBLIOGRÁFICAS

ABDO, Helena Najjar, *O abuso do processo*, São Paulo, RT, 2007ABELHA, Marcelo, *Manual de execução civil*, 2. ed., Rio de Janeiro, Forense Universitária, 2007

ALVIM, Arruda; ALVIM, Eduardo Arruda; ASSIS, Araken de, *Comentários ao Código de Processo Civil*, 3. ed., São Paulo, RT, 2014

ALVIM, Arruda; ASSIS, Araken de; ALVIM, Eduardo Arruda, *Comentários ao Código de Processo Civil*, Rio de Janeiro, GZ

ALVIM, José Manoel Arruda, "Resistência injustificada ao andamento do processo", in *Revista de Processo*, São Paulo, v. 69, 1980

ALVIM, Thereza, *As questões prévias e os limites objetivos da coisa julgada*, São Paulo, RT, 1977

AMORIM FILHO, Agnelo, "Critério científico para distinguir a prescrição da decadência e para identificar as ações imprescritíveis", in *Revista de Direito Processual Civil*, v. 3, São Paulo, 1961

ANDOLINA, Italo, *"Cognición" y "ejecución forzada" en el sistema de la tutela jurisdiccional*, Communitas, 2008

ANDREWS, Neil, *O moderno processo civil: formas judiciais alternativas de resolução de conflitos na Inglaterra*, São Paulo, RT, 2009

ANDREWS, Neil, *O moderno processo civil: formas judiciais alternativas de resolução de conflitos na Inglaterra*, São Paulo, RT, 2009

ARAGÃO, Egas Dirceu Moniz de, "Recursos cíveis", in *Revista de Direito Processual Civil*, v. 5, São Paulo, Saraiva, 1062

ARAÚJO, José Henrique Mouta, "Pronunciamentos de mérito no CPC/2015 e reflexos na coisa julgada, na ação rescisória e no cumprimento de sentença", in *Portal Processual*, disponível em http://portalprocessual.com/pronunciamentos-de-merito-no-cpc2015-e-reflexos-na-coisa-julgada-na-acao-rescisoria-e-no-cumprimento-de-sentenca/, consultado em 14/07/2015

ARMELIN, Donaldo, *Embargos de terceiro*, São Paulo, Saraiva, 2015, no prelo

ASSIS, Araken de, *Cumulação de ações*, 4. ed., São Paulo, RT, 2002

ASSIS, Araken de, *Manual da execução*, 11. ed., São Paulo, RT, 2007

ASSIS, Araken de, *Manual dos recursos*, 2. ed., São Paulo, RT, 2008

ATAÍDE JR., Jaldemiro Rodrigues de, "A impugnação ao título judicial pautado em fundamento inconstitucional como parte de um sistema de precedentes", in *Execução e Processo Cautelar: estudos em* homenagem a José de Moura Rocha, Salvador, JusPodivm, 2012

ATAÍDE JR., Jaldemiro Rodrigues de, *Precedentes vinculantes e irretroatividade do direito no sistema processual brasileiro*, Curitiba, Juruá, 2012

ÁVILA, Humberto Bergman, *Teoria dos princípios*, 9. ed., São Paulo. Malheiros, 2009,

ÁVILA, Humberto. *Teoria dos princípios*. 2. ed., São Paulo, Malheiros, 2003

BARBI, Celso Agrícola, *Comentários ao Código de Processo Civil*, t. II, Rio de Janeiro, Forense, 1975

BARBOSA, Rafael Vinheiro Barbosa; LIMA, Fábio Lindoso e, "A contradição externa e o *venire contra factum proprium* do juízo", in *Revista de Processo*, v. 245, São Paulo, RT, 2015

BARBOSA, Rafael Vinheiro Monteiro, "O ônus da prova no direito processual civil e a sua inversão - A visão do STJ", in *Revista de Processo*, v. 233, São Paulo, RT, 2014

BARBOSA, Rafael Vinheiro Monteiro, "O ônus da prova no direito processual civil e a sua inversão - A visão do STJ", in *Revista de Processo*, v. 233, São Paulo, RT, 2014

BARBOSA, Rafael Vinheiro Monteiro, in FIGUEIREDO, Simone Diogo Carvalho (Coord.), *Novo CPC anotado e comparado para concursos*, São Paulo, Saraiva, 2015

BARBOSA, Rafael Vinheiro Monteiro; CAMPOS, Amanda da Silva, "A certidão de intimação no Agravo de Instrumento no NCPC: regularidade formal ou tempestividade?", no prelo, 2015

BARBOSA, Rafael Vinheiro Monteiro; LIMA, Fábio Lindoso e, "Prescrição: renunciabilidade vs. cognoscibilidade *ex officio*", in *Revista de Processo*, v. 239, São Paulo, RT, 2015

BARBOSA, Rui, *Oração aos Moços*, São Paulo, Martin Claret, 2003

BARIONI, Rodrigo, "Da ação rescisória", in WAMBIER, Teresa Arruda Alvim *et al.* (Coord.), *Breves comentários ao novo Código de Processo Civil*, São Paulo, RT, 2015

BASTOS, Antônio Adonias Aguiar, "Dos Embargos à Execução", in *Breves comentários ao novo Código de Processo Civil*, São Paulo, RT, 2015

BATISTA, Francisco de Paula, *Compêndio de teoria e prática do processo civil*, Campinas, Russell, 2002

BEDAQUE, José Roberto dos Santos, "Prorrogação legal da competência: aspectos teóricos e práticos", in *Revista do Advogado*, n. 88, São Paulo, 2005

BEDAQUE, José Roberto dos Santos, *Efetividade do processo e técnica processual*, São Paulo, Malheiros, 2007

LOPES, João Batista, *A prova no direito processual civil*, 3. ed., São Paulo, RT, 2006.

BEDAQUE, José Roberto dos Santos, in MARCATO, Antonio Carlos (Coord.), *Código de Processo Civil interpretado*, 3. ed., São Paulo, Atlas, 2008

BEDAQUE, José Roberto dos Santos, *Poderes instrutórios do juiz*, 5. ed., São Paulo, RT, 2011

BERMUDES, Sergio, *Comentários ao Código de Processo Civil*, v. VII, 2. ed., São Paulo, RT, 1977

BESSONE, Darcy, *Da posse*, São Paulo, Saraiva, 1996, p. 17 e seguintes

BOBBIO, Norberto, *Direito e poder*, São Paulo, Editora UNESP, 2008

BOBBIO, Norberto, *O positivismo jurídico: lições de filosofia do direito*, Ícone, 1995

BOBBIO, Norberto, *Teoria geral do direito*, São Paulo, Martins Fontes, 2007

BONSIGNORI, Angelo, "Impugnazioni civili in genere", in *Digesto delle Discipline Privatistiche – Sezione civile*, v. IX, Torino, UTET, 1996

BOVINO, Marcio Lamonica, *Abuso do direito de ação*, Curitiba, Juruá, 2012

BUENO, Cassio Scarpinella, "A natureza alimentar dos honorários advocatícios sucumbenciais", in ARMELIN, Donaldo (Org.), *Tutelas de urgência e cautelares*, São Paulo, Saraiva, 2010, p. 213-234

BUENO, Cassio Scarpinella, "Efeitos dos recursos", in NERY JR., Nelson; WAMBIER, Teresa Arruda Alvim (Coord.), *Aspectos polêmicos e atuais dos recursos cíveis*, v. 10, São Paulo, RT, 2006, p. 66-90

BUENO, Cassio Scarpinella, *Curso sistematizado de direito processual civil*, v. 1, 3. ed., São Paulo, Saraiva, 2009

BUENO, Cassio Scarpinella, *Curso sistematizado de direito processual civil*, v.2, t. I, 5. ed., São Paulo, Saraiva, 2012, p. 119

BUENO, Cassio Scarpinella, *Curso sistematizado de direito processual civil: tutela jurisdicional executiva*, v. 3, 3. ed., São Paulo, Saraiva, 2010

BUENO, Cassio Scarpinella, *Curso sistematizado de direito processual civil*, v. 5, 5. ed., São Paulo, Saraiva, 2014

BUENO, Cassio Scarpinella, *Curso sistematizado de direito processual civil*, v. 5, São Paulo, Saraiva, 2008

BUENO, Cassio Scarpinella, *Curso sistematizado de direito processual civil*, v. 5, 5. ed., São Paulo, Saraiva, 2014

BUENO, Cássio Scarpinella, in WAMBIER, Teresa Arruda Alvim *et al.* (Coord.), *Breves comentários ao novo Código de Processo Civil*, São Paulo, RT, 2015, p. 1.339

BUENO, Cassio Scarpinella, *Novo Código de Processo Civil anotado*, São Paulo, Saraiva

BUENO, Cassio Scarpinella, *Tutela antecipada*, São Paulo, Saraiva, 2004

BUZAID, Alfredo, *Ação declaratória no direito brasileiro*, São Paulo, Saraiva, 1943, p. 161

BUZAID, Alfredo, *Do agravo de petição no sistema do Código de Processo Civil*, 2. ed., São Paulo, Saraiva, 1956, p. 32-3

CABRAL, Antônio do Passo, "Coisa Julgada", in WAMBIER, Teresa Arruda Alvim *et al.*, *Breves Comentários ao Novo Código de Processo Civil*, São Paulo, RT, 2015, p. 1284

CABRAL, Antonio do Passo, "Contraditório", in GALDINO, Flávio; TORRES, Silvia Faber; TORRES, Ricardo Lobo Torres; KATAOKA, Eduardo Takemi, *Dicionário de princípios jurídicos*, São Paulo, Elsevier, 2011

CABRAL, Antônio do Passo, *Coisa julgada e preclusões dinâmicas*, Salvador, JusPodivm, 2013

CAHALI, Yussef Said, *Honorários advocatícios*, 4. ed., São Paulo, RT, 2012

CALAMANDREI, Piero, *Eles, os juízes, vistos por nós, advogados*, São Paulo, Martins Fontes, 2006

CALAMANDREI, Piero, *Eles, os juízes, vistos por nós, os advogados*, São Paulo, Martins Fontes, 2006

CALHAO, Antônio Ernani Pedroso, *Justiça célere e eficiente: uma questão de governança judicial*, São Paulo, LTr, 2010

CÂMARA, Alexandre Freitas, *Ação rescisória*, Rio de Janeiro, Lumen Juris, 2007

CÂMARA, Alexandre Freitas, *Lições de direito processual civil*, v. 3, 20. ed., São Paulo, Atlas, 2014

CÂMARA, Alexandre Freitas, *Lições de direito processual*, v. II, 18. ed., Rio de Janeiro, Lumen Juris, 2010

CÂMARA, Alexandre Freitas, *O novo processo civil brasileiro*, São Paulo, Atlas, 2015, p. 368

CÂMARA, Helder Moroni, *A nova adjudicação na execução civil*, 1. ed., Florianópolis, Conceito Editorial, 2014

CAMARGO, Luiz Henrique Volpe, "Os honorários de sucumbência recursal no novo CPC", in FUX, Luiz *et al.* (Org.), *Novas tendências do processo civil*, Salvador, JusPodivm, 2013

CAMARGO, Luiz Henrique Volpe, in WAMBIER, Teresa Arruda Alvim; DIDIER JR., Fredie; TALAMINI, Eduardo; DANTAS, Bruno (Coord.), *Breves comentários ao novo Código de Processo Civil*, São Paulo, RT, 2015

CANOTILHO, José Joaquim Gomes, *Direito constitucional e teoria da Constituição*, 3. ed., Coimbra, Almedina, 1999, p. 503

CANOTILHO, José Joaquim Gomes, *Direito constitucional e teoria da constituição*, 7. ed., Coimbra, Almedina, 2003, p. 665-6

CAPPELLETTI, Mauro; GARTH, Brian, *Acesso à Justiça*, Porto Alegre, Fabris, 1988

CARDOZO, José Eduardo Martins, *Da retroatividade da lei*, São Paulo, RT, 1995

CARNEIRO, Paulo Cezar Pinheiro, *Comentários ao Código de Processo Civil*, v. IX, t. I, Rio de Janeiro, Forense, 2001

CARNELUTTI, Francesco, *Diritto e processo*, Napoli, Morano, 1958

CARNELUTTI, Francesco, *Instituciones del proceso civil*, v. II, Buenos Aires, E.J.E.A., 1959

CARNELUTTI, Francesco, *Sistema de direito processual civil*, v. III, São Paulo, Classic Book, 2000

CARNELUTTI, Francesco, *Sistema di diritto processuale civile*, v. I, Padova, CEDAM, 1936

CARVALHO FILHO, José dos Santos, *Manual de direito administrativo*, 22. ed., Rio de Janeiro, Lumen Juris, 2010, p. 476

CAVALIERI FILHO, Sérgio, *Programa de responsabilidade civil*, 10. ed., São Paulo, Atlas, 2012

CHIOVENDA, Giuseppe, "Azioni sommarie. La sentenza di condanna con riserva", in *Saggi di diritto processuale civile*, v. 1, Milano, Giuffrè, 1993

CHIOVENDA, Giuseppe, *Instituições de direito processual civil*, v.1, São Paulo, Saraiva, 1942

CHIOVENDA, Giuseppe, *Instituições de direito processual civil*, v. I, São Paulo, Saraiva, 1969

CHIOVENDA, Giuseppe, *Principios del derecho procesal civil*, t. II, Madrid, Reus, 2000

CHIOVENDA, Giuseppe, *Principii di diritto processuale civile*, Napoli, Eugenio Jovene, 1965

CINTRA, Antonio Carlos de Araújo, *Comentários ao código de processo civil*, v. 4, Rio de Janeiro, Forense, 2002,

COMPARATO, Fabio Konder, "Novas funções judiciais no estado moderno", in *Revista dos Tribunais*, n. 614, São Paulo, 1986

CÔRTES, Osmar Mendes Paixão, in WAMBIER, Teresa Arruda Alvim *et. al.* (Coord.), *Breves comentários ao novo Código de Processo Civil*, São Paulo, RT, 2015

COSTA JR., Francisco José de Almeida Prado Ferraz, "As garantias reais no Direito Romano", in *Revista de Direito Imobiliário*, v. 77, São Paulo, RT, 2014

COSTA, Adriano Soares da, *Teoria da incidência da norma jurídica*, 2. ed., São Paulo, Malheiros, 2009

COSTA, Alfredo Araújo Lopes da, *Medidas preventivas: medidas preparatórias – medidas de conservação*, 2. ed., Belo Horizonte, Bernardo Álvares, 1958

COSTA, Eduardo José da Fonseca, "A 'execução negociada' de políticas públicas em juízo", in *Revista de Processo*, n. 212, 2002

CARNELUTTI, Francesco, *Sistema de derecho procesal civil*, v. 3, Buenos Aires, UTHEA, 1944

COSTA, Eduardo José da Fonseca, "Algumas considerações sobre as iniciativas judiciais probatórias", in *Revista Brasileira de Direito Processual*, n. 90, Belo Horizonte, RBDPro, 2015

COSTA, Eduardo José da Fonseca, Algumas considerações sobre as iniciativas judiciais probatórias, in *Revista Brasileira de Direito Processual RBDPRO*, v. 23, n. 90, 2015, Belo Horizonte, Fórum

COSTA, Eduardo José da Fonseca, *O direito vivo das liminares*, São Paulo, Saraiva, 2011

COSTA, Eduardo José da Fonseca. "Teoria trinária vs. teoria quinária: crônica de um diálogo de surdos", in *Teoria quinária da ação*, Salvador: JusPodivm, 2010

COSTA, Eduardo José da Fonseca; Delfino, Lúcio, "O assessor judicial", in FREIRE, Alexandre *et al.* (Org.). *Novas tendências do processo civil – estudos sobre o projeto de novo CPC*, Salvador, JusPodivm, 2013

COSTA, Eduardo, "Algumas considerações sobre as iniciativas judiciais probatórias" in *Revista Brasileira de Direito Processual*, n. 90, Belo Horizonte, RBDPro, 2015

COSTA, Eduardo, "As noções jurídico-processuais de eficácia, efetividade e eficiência", in *Revista de Processo*, n. 121, 2005

COUTURE, Eduardo, *Interpretação das leis processuais*, 4. ed., Rio de Janeiro, Forense, 2001

CRETELLA JR., José, *Administração indireta brasileira*, Rio de Janeiro, Forense, 1980

CUNHA, Alcides Alberto Munhoz, "A tutela jurisdicional de direitos e a tutela autônoma do *fumus boni iuris*", in *Revista Jurídica*, v. 49, n. 288, Porto Alegre, 2001

CUNHA, Leonardo J. Caneiro da, *A Fazenda Pública em juízo*, 8. ed., São Paulo, Dialética, 2010

CUNHA, Leonardo José Carneiro da, *Jurisdição e competência*, São Paulo, RT, 2008

CUNHA, Leonardo J. Carneiro da, "Opinião 26: notas sobre ADR, confidencialidade em face do julgador e prova inadmissível", disponível em http://www.leonardocarneirodacunha.com.br/opiniao/opiniao-26-notas-sobre-adrconfidencialidade-em-face-do-julgador-eprova-inadmissivel/, consultado em: 10/04/2015

CUNHA, Leonardo J. Carneiro da, "Opinião 49 – Princípio da primazia do julgamento de mérito", disponível em http://www.leonardocarneirodacunha.com.br/opiniao/opiniao-49-principio-da-primazia-do-julgamento-do-merito/ , consultado em 01/07/2015

CUNHA, Leonardo Carneiro da, *Princípio da primazia do julgamento do mérito*, disponível em http://www.leonardocarneirodacunha.com.br/opiniao-49-principio-da-primazia-do-julgamento-do-merito/

DALL'AGNOL JÚNIOR, Antonio Janyr, "Distribuição dinâmica dos ônus probatórios", in *Revista dos Tribunais*, v. 788, 2001

DANTAS, Marcelo Ribeiro Navarro, *Reclamação constitucional no direito brasileiro*, Porto Alegre, Sergio Antonio Fabris

DERZI, Misabel Abreu Machado, *Modificações da jurisprudência no direito tributário*, São Paulo, Noeses, 2009

DIDIER JR, Fredie; CUNHA, Leonardo Carneiro da, *Curso de direito processual civil: meios de impugnação às decisões judiciais e processo nos tribunais*, Salvador, JusPodivm, 2008, p. 260

DIDIER JR., Fredie *et al.*, *Curso de direito processual civil*, v. 2, 10. ed., Salvador, JusPodivm, 2015

DIDIER JR., Fredie *et al.*, *Curso de direito processual civil: execução*, v. 5, 2. ed., Salvador, JusPodivm, 2010

DIDIER JR., Fredie, "Princípio do respeito ao autorregramento da vontade no processo civil", in CABRAL, Antonio do Passo; NOGUEIRA, Pedro Henrique

(Coord.), *Coleção Grandes Temas do Novo CPC*, v. 1, Salvador, JusPodivm, 2015

DIDIER JR., Fredie, "Questões controvertidas sobre o agravo (após as últimas reformas processuais)", in NERY JR., Nelson; WAMBIER, Teresa Arruda Alvim (Coord.), *Aspectos polêmicos e atuais dos recursos cíveis*, v. 7, São Paulo, RT, 2003. p. 279-305

DIDIER JR., Fredie, *Curso de direito processual civil*, 17. ed., Salvador, JusPodivm, 2015

DIDIER JR., Fredie, *Curso de direito processual civil*, v. 1, 15. ed., Salvador, JusPodivm, 2013

DIDIER JR., Fredie, *Curso de direito processual civil*, v. 1, 17. ed., Salvador, JusPodivm, 2015, p. 774

DIDIER JR., Fredie, *Pressupostos processuais e condições da ação:* o juízo de admissibilidade do processo, São Paulo, Saraiva, 2005

DIDIER JR., Fredie, *Sobre a teoria geral do processo, essa desconhecida*, Salvador, JusPodivm, 2012

DIDIER JR., Fredie; BRAGA, Paula Sarna; Oliveira, Rafael, *Curso de direito processual civil*, v. 2, 10. ed., Salvador, JusPodivm

DIDIER JR., Fredie; BRAGA, Paula Sarno; OLIVEIRA, Rafael Alexandria de, *Curso de direito processual civil*, v. 2, 10. ed., Salvador, JusPodivm, 2015

DIDIER JR., Fredie; CUNHA, Leonardo Carneiro da, *Curso de direito processual civil*, v. 3, 11. ed., Salvador, JusPodivm, 2013

DIDIER JR., Fredie; CUNHA, Leonardo Carneiro da, *Curso de direito processual civil*, vol. 3, 12. ed., Salvador, JusPodivm, 2014

DIDIER JR., Fredie; CUNHA, Leonardo Carneiro da; BRAGA, Paula Sarno; OLIVEIRA, Rafael Alexandria de, *Curso de direito processual civil*, v. 5., 5. ed., Salvador, JusPodivm, 2013

DIDIER, Fredie, *Curso de direito processual civil*, v. 1, 15. ed., Salvador, JusPodivm, 2013

DINAMARCO, Cândido Rangel, "Os efeitos dos recursos", in NERY JR., Nelson; WAMBIER, Teresa Arruda Alvim (Coord.), *Aspectos polêmicos e atuais dos recursos cíveis*, v. 5 , São Paulo, RT, 2002

DINAMARCO, Cândido Rangel, *A arbitragem na teoria geral do processo*, São Paulo, Malheiros, 2013

DINAMARCO, Cândido Rangel, *Instituições de direito processual civil*, v.1, 5. ed., São Paulo, Malheiros, 2005

DINAMARCO, Cândido Rangel, *Instituições de direito processual civil*, v. II, São Paulo, Malheiros, 2002

DINAMARCO, Cândido Rangel, *Instituições de direito processual civil*, v. III, 2. ed., São Paulo, Malheiros, 2002

DINAMARCO, Cândido Rangel, *Instituições de direito processual civil*, v. IV, São Paulo, Malheiros, 2004

DINAMARCO, Cândido Rangel, *Litisconsórcio*, 5. ed., São Paulo, Malheiros, 1998

DINIZ, Maria Helena, *Lei de Introdução ao Código Civil Brasileiro interpretada*, 13. ed., São Paulo, Saraiva, 2007

ESTORNINHO, Maria João, *A fuga para o direito privado: contributo para o estudo da actividade de direito privado da Administração Pública*, Lisboa, Almedina, 2009

FABRÍCIO, Adroaldo Furtado, *Comentários ao Código de Processo Civil*, v. VIII, t. III, 8. ed., Rio de Janeiro, Forense, 2001

FAGUNDES, Miguel Seabra, *Dos recursos ordinários em matéria civil*, Rio de Janeiro, Forense

FARIAS, Cristiano Chaves de, "A legitimidade do Ministério Público para a ação de alimentos: uma conclusão constitucional", in *Temas atuais do Ministério Público*, 5. ed., Salvador, JusPodivm, 2014

FAZIO, Cesar Cipriano de, *Sucessão processual*, Dissertação de Mestrado, São Paulo, PUCSP, 2011

FAZZALARI, Elio, *Istituzioni di diritto processuale*, 8. ed., Milano, CEDAM

FERRAZ JR., Tércio Sampaio, *Introdução ao estudo do direito*, 2. ed, São Paulo, Atlas, 1994

FERRAZ JR., Tércio Sampaio; CARRAZA, Roque Antonio; NERY JR., Nelson, *Efeito* ex nunc *e as decisões do STJ*, Barueri, Minha Editora: Manole, 2008

FIGUEIREDO, Lúcia do Valle, *Empresas públicas e sociedades de economia mista*, São Paulo, RT, 1978

FISS, Owen, "Against Settlement", *The Yale Law Journal*, v. 93, n. 6, 1984, disponível em http://www.law.yale.edu/documents/pdf/againstsettlement.pdf, consultado em: 05/01/2012

FISS, Owen; BRONSTEEN, John, "The class action rule", *Yale Law School Legal Scholarship Repository*, disponível em http://digitalcommons.law.yale.edu/fss_papers/1314/, consultado em 01/09/2011

FREIRE, Rodrigo da Cunha Lima in WAMBIER, Teresa Arruda Alvim (Coord.), *Breves comentários ao novo Código de Processo Civil*, São Paulo, RT, 2015

FUX, Luiz, *Tutela de segurança e tutela de evidência: fundamentos da tutela antecipada*, São Paulo, Saraiva, 1996

FUX, Luiz, *Tutela de segurança e tutela de evidência: fundamentos da tutela antecipada*, São Paulo, Saraiva, 2006

GAJARDONI, Fernando da Fonseca, *Flexibilização procedimental: um novo enfoque para o estudo do procedimento em matéria processual*, São Paulo, Atlas, 2008

GAJARDONI, Fernando da Fonseca, "Novo CPC: vale apostar na conciliação/mediação?", *Jota*, disponível em http://jota.info/novo-cpc-vale-apostar-na-conciliacaomediacao , consultado em 05/04/2015

GARDIOL, Áriel Alvarez, *El pensamiento jurídico contemporáneo*, Rosario, Fundación para el desarrollo de las Ciencias Jurídicas, 2009

GERALDES, António Santos Abrantes, *Recursos no Novo Código de Processo Civil*, 2. ed., Coimbra, Almedina, 2014

GIDI, Antonio, *A* class action *como instrumento de tutela coletiva dos direitos: as ações coletivas em uma perspectiva comparada*, São Paulo, RT, 2007

GIDI, Antonio, *Rumo a um Código de Processo Civil coletivo: a codificação das ações coletivas no Brasil*, Rio de Janeiro, Forense, 2008

GODOY, Luciano de Souza, "Acordo e mediação na ação de improbidade administrativa", in *Jota*, disponível em http://jota.info/acordo-e-mediacao-na-acao-de-improbidade-administrativa , consultado em 05/08/2015

GOLDSCHMIDT, James, *Derecho procesal civil*, Barcelona, Editorial Labor, 1936

GOLDSHMIDT, James, *Teoría general del proceso*, Barcelona, Labor, 1936

GOMES JR., Luiz Manoel, in WAMBIER, Teresa Arruda Alvim *et al.* (Coord.), *Breves comentários ao novo Código de Processo Civil*, São Paulo, RT, 2015

GOUVEIA FILHO, Roberto Campos, "O objeto da rescindibilidade segundo Pontes de Miranda", in *Blog Pontes de Miranda*, disponível em http://blogpontesdemiranda.blogspot.com.br/2011/02/o-objeto-da-rescindibilidade-segundo.html ,consultado em 10/07/2015

GOUVEIA FILHO, Roberto Campos; ARAÚJO, Raquel Silva, "Por uma noção de execução forçada: pequenas provocações aos defensores da executividade da ´execução indireta´", in DIDIER, Fredie (Coord.), *Pontes de Miranda e o direito processual civil*, Salvador, JusPodivm, 2013

GOUVEIA FILHO, Roberto P. Campos, in WAMBIER, Teresa Arruda Alvim; DIDIER JR., Fredie; TALAMINI, Eduardo; DANTAS, Bruno (Coord.), *Breves comentários ao novo Código de Processo Civil*, São Paulo, RT, 2015

GOUVEIA FILHO, Roberto Pinheiro Campos; ALBUQUERQUE JR., Roberto Paulino de; ARAÚJO, Gabriela Expósito de, "Da noção de direito ao remédio jurídico processual à especialidade dos procedimentos das execuções fundadas em título extrajudicial: ensaio a partir do pensamento de Pontes de Miranda", in *Execução e Cautelar: estudos em homenagem a José de Moura Rocha*, Salvador, JusPodivm, 2012

GOUVEIA, Lúcio Grassi de, *Interpretação criativa e realização do direito*, Recife, Bagaço, 2000

GRAU, Eros Roberto, "Notas sobre a distinção entre obrigação, dever e ônus", in *Revista da Faculdade de Direito*, v.77, São Paulo, Universidade de São Paulo, 1982

GRAU, Eros Roberto, *Por que tenho medo dos juízes: a interpretação/aplicação do direito e os princípios*, São Paulo, Malheiros, 2013

GRAU, Eros, *Ensaio e discurso sobre a interpretação/aplicação do direito*, 3. ed., São Paulo, Malheiros, 2005

GRECO FILHO, Vicente, *Curso de direito processual civil*, v. 3, 10. ed., São Paulo, Saraiva, 1995

GRECO FILHO, Vicente, *Direito processual civil*, v. 3, 16. ed., São Paulo, Saraiva, 2003

GRECO, Leonardo, *Jurisdição voluntária moderna*, São Paulo, Dialética, 2003

GRINOVER, Ada Pellegrini et al., "Código Modelo de Cooperação Interjurisdicional para a Ibero-América", in BRANT, Leonardo Nemer Caldeira; LAGE, Délbert Andrade; CREMASCO, Suzana Santi (Coord.), *Direito internacional contemporâneo*, Curitiba, Juruá, 2011

GUASTINI, Ricardo, *Das fontes às normas*, São Paulo, Quartier Latin, 2005

GUIMARÃES, Luiz Machado, "Efeito devolutivo da apelação", *Estudos de direito processual*, Rio de Janeiro, Editora Jurídica Universitária, 1969

GUIMARÃES, Rafael de Oliveira, *Os agravos interno e regimental*, Brasília, Gazeta Jurídica, 2013

HADDAD, Carlos Henrique Borlido, "Gerenciamento processual e demandas repetitivas", *Seminário demandas repetitivas e na Justiça Federal: possíveis soluções processuais e gerenciais*, Brasília, Conselho da Justiça Federal, Centro de Estudos Judiciário, 2013

HOFFMAN, Paulo et al., *Nova execução de título extrajudicial. Lei 11.382/2006 comentada artigo por artigo*, 1. ed., São Paulo, Método, 2007

IHERING, Rudolf Von, *Teoria simplificada da posse*, Salvador, Progresso, 1957

JAPIASSU, Hilton, *O mito da neutralidade científica*, Rio de Janeiro, Imago Editora, 1975

JORGE, Flávio Cheim, in WAMBIER, Teresa Arruda Alvim; DIDIER JR., Fredie; TALAMINI, Eduardo; DANTAS, Bruno (Coord.), *Breves comentários ao novo Código de Processo Civil*, São Paulo, RT, 2015

JORGE, Flávio Cheim, *Teoria geral dos recursos cíveis*, 5. ed., São Paulo, RT, 2012

JUNOY, Joan Picó i, *Las garantias constitucionales del processo*, Barcelona, J. M. Bosch Editor, 1997

KAUFMANN, Arthur, "A problemática da filosofia do direito ao longo da história", in KAUFFMANN, Arthur; HASSEMER, Winfried, *Introdução à filosofia do direito e à teoria do direito contemporâneas*, Lisboa, Fundação Calouste Gulbenkian, 2002

KOEHLER, Frederico Augusto Leopoldino, *A razoável duração do processo*, Salvador, JusPodivm, 2009

LACERDA, Galeno, *Comentários ao Código de Processo Civil*, v. VIII, t. I, 2. ed., Rio de Janeiro, Forense, 1981

LACERDA, Galeno, *O novo direito processual civil e os efeitos pendentes*, Rio de Janeiro, Forense

LEONEL, Ricardo de Barros, *Nova execução de título extrajudicial – Lei 11.382/2006 comentada artigo por artigo*, São Paulo, Método, 2007

LIEBMAN, Enrico Tulio, "O despacho saneador e o julgamento do mérito", in LIEBMAN, Enrico Tulio. , *Estudos sobre o processo civil brasileiro*, São Paulo, Bushatsky, 1976

LIEBMAN, Enrico Túlio, *Manual de direito processual civil*, v. I, Rio de Janeiro, Forense, 1984

LIEBMAN, Enrico Tulio, *Processo de execução*, 5. ed., São Paulo, Saraiva, 1986. p. 58

LIEBMAN, Enrico Tullio, *Embargos do executado*, 1. ed., Campinas, Bookseller, 2003

LIMA, Alcides de Mendonça, *Introdução aos recursos cíveis*, 2. ed., São Paulo, RT, 1976

LIPIANI, Júlia; SIQUEIRA, Marília, "Negócios jurídicos processuais sobre a fase recursal", in CABRAL, Antonio do Passo; NOGUEIRA, Pedro Henrique (Coord.), *Coleção Grandes Temas do Novo CPC*, v. 1, Salvador, JusPodivm, 2015

LOPES, João Batista, *A prova no direito processual civil*, 3. ed., São Paulo, RT, 2006

LOSANO, Mario, *Sistema e estrutura do direito: o século XX*, v. 2, São Paulo, Martins Fontes, 2010

LUCON, Paulo Henrique dos Santos, "Abuso do exercício do direito de recorrer", in WAMBIER, Teresa Arruda Alvim (Coord.), *Aspectos polêmicos e atuais dos recursos cíveis*, São Paulo, RT, 2001

LUCON, Paulo Henrique dos Santos, *Embargos à execução*, São Paulo, Saraiva, 1996

MACÊDO, Lucas Buril de, *Precedentes judiciais e o direito processual civil*, Salvador, JusPodivm, 2014

MACÊDO, Lucas Buril de, *Precedentes judiciais e o direito processual civil*, Salvador, JusPodivm, 2015

MANCUSO, Rodolfo de Camargo, *Acesso à justiça*, São Paulo, RT

MARCATO, Antonio Carlos, *Código de Processo Civil interpretado*, São Paulo, Editora Atlas, 2004

MARINONI, Luiz Guilherme et al., *Novo curso de processo civil*, v. 2, São Paulo, RT, 2015, p. 997

MARINONI, Luiz Guilherme, *Abuso de defesa e parte incontroversa da demanda*, 2. ed., São Paulo, RT, 2011

MARINONI, Luiz Guilherme, *Precedentes obrigatórios*, São Paulo, RT, 2010

MARINONI, Luiz Guilherme, *Teoria geral do processo*, São Paulo, RT, 2007

MARINONI, Luiz Guilherme, *Tutela antecipatória e julgamento antecipado: parte incontroversa da demanda*, 5. ed., São Paulo, RT, 2002

MARINONI, Luiz Guilherme; ARENHART, Sérgio Cruz, *Manual do processo de conhecimento*, 2. ed., São Paulo, RT

MARINONI, Luiz Guilherme; ARENHART, Sérgio Cruz, *Prova*, 2 ed., São Paulo, RT, 2011

MARINONI, Luiz Guilherme; ARENHART, Sergio Cruz; MITIDIERO, Daniel Francisco, *Novo curso de processo civil: tutela dos direitos mediante procedimento comum*, v. II, São Paulo, RT, 2015

MARINONI, Luiz Guilherme; ARENHART, Sérgio Cruz; MITIDIERO, Daniel, *Novo Código de Processo Civil comentado*, São Paulo, RT, 2015

MARINONI, Luiz Guilherme; ARE-NHART, Sérgio Cruz; MITIDIERO, Daniel, *Novo Código de Processo Civil comentado*, São Paulo, RT, 2015

MARINONI, Luiz Guilherme; MITIDIERO, Daniel Francisco, *Comentários ao Código de Processo Civil*, 2. ed., São Paulo, RT, 2010

MARINONI, Luiz Guilherme; MITIDIERO, Daniel, *Código de Processo Civil comentado artigo por artigo*, 1. ed., São Paulo, RT, 2008

MARINONI, Luiz Guilherme; MITIDIERO, Daniel, *O projeto do CPC*, São Paulo, RT, 2010

MARQUES, Jose Frederico, *Instituições de direito processual civil, v. I.*, 2. ed., Rio de Janeiro, Forense, 1962

MARTINS, Francisco de Paula, *Compêndio de teoria e prática do processo civil*, Campinas, Russell

MATOS, José Igreja, *Um modelo de juiz para o processo civil actual*, Coimbra, Wolters Kluwer, 2010

MAZZEI, Rodrigo, in WAMBIER, Teresa Arruda Alvim; DIDIER JR., Fredie; TALAMINI, Eduardo; DANTAS, Bruno (Coord.), *Breves comentários ao novo Código de Processo Civil*, São Paulo, RT, 2015

MAZZILLI, Hugo Nigro, *A defesa dos interesses difusos em juízo*. 15. ed., São Paulo, Saraiva, 2002

MAZZUOLI, Valério de Oliveira, *Curso de direito internacional público*, 7. ed., São Paulo, RT, 2014

MEDINA, José Miguel Garcia, *Novo Código de Processo civil comentado*, São Paulo, RT, 2015

MEDINA, José Miguel Garcia; ARAÚJO, Fábio Caldas de; GAJARDONI, Fernando da Fonseca, *Procedimentos cautelares especiais*, v. 4, 2. ed., São Paulo, RT, 2010

MELLO, Celso Antônio Bandeira de, *Conteúdo jurídico do princípio da igualdade*, 3. ed., São Paulo, Malheiros, 2000

MELLO, Celso Antônio Bandeira de, *Curso de direito administrativo*, 29. ed., São Paulo, Malheiros, 2012

MELLO, Marcos Bernardes de, "*Da ação como objeto litigioso no processo civil*", in COSTA, José Eduardo da; MOURÃO, Luiz Eduardo Ribeiro; NOGUEIRA, Pedro Henrique Pedrosa (Org.), *Teoria quinária da ação*, Salvador, JusPodivm, 2010

MELLO, Patrícia Perrone Campos, *Precedentes*, Rio de Janeiro, Renovar, 2008

MENDES, Aluisio Gonçalves de Castro, *Ações coletivas no direito comparado e nacional*, 2. ed., São Paulo, RT, 2010

MENDES, Gilmar Ferreira; COELHO, Inocêncio Mártires; BRANCO, Paulo Gustavo Gonet, *Curso de direito constitucional*, 2. ed., São Paulo, Saraiva, 2008

MILHOMENS, Jonatas, *Da presunção de boa-fé no processo civil*, Rio de Janeiro, Forense, 1961

MIRAGEM, Bruno, "Serviços turísticos, espetáculos esportivos e culturais no mercado de consumo: a proteção do consumidor nas atividades de lazer e entretenimento", in *Revista de Direito do Consumidor*, v. 85, São Paulo, RT, 2013

MIRANDA, Francisco Cavalcanti Pontes de, *Comentários à Constituição de 1967 com a emenda nº 1 de 1969*, t. III, Rio de Janeiro, Forense, 1987

MIRANDA, Francisco Cavalcanti Pontes de, *Comentários ao Código de Processo Civil*, t. VII, 3. ed., Rio de Janeiro, Forense, 1999

MIRANDA, Francisco Cavalcanti Pontes de, *Comentários ao Código de Processo Civil*, t. I, 4. ed., Rio de Janeiro, Forense, 1996

MIRANDA, Francisco Cavalcanti Pontes de, *Comentários ao Código de Processo Civil*,

t. III, 2. ed., Rio de Janeiro, Forense, 1958

MIRANDA, Francisco Cavalcanti Pontes de, *Comentários ao Código de Processo Civil*, t. II, 2. ed., Rio de Janeiro, Forense, 1979

MIRANDA, Francisco Cavalcanti Pontes de, *Comentários ao Código de Processo Civil*, t. II, Rio de Janeiro, Forense, 1958

MIRANDA, Francisco Cavalcanti Pontes de, *Comentários ao Código de Processo Civil*, t. XIII, Rio de Janeiro, Forense, 1977

MIRANDA, Francisco Cavalcanti Pontes de, *Comentários ao Código de Processo Civil*, t. VIII, 2. ed., Rio de Janeiro, Forense, 1959

MIRANDA, Francisco Cavalcanti Pontes de, *Comentários ao Código de Processo Civil*, t. IX, 2. ed., Rio de Janeiro, Forense, 1959

MIRANDA, Francisco Cavalcanti Pontes de, *Comentários ao Código de Processo Civil*, t. XI. Rio de Janeiro, Forense, 1976

MIRANDA, Francisco Cavalcanti Pontes de, *Comentários ao Código de Processo Civil*, t. V, Rio de Janeiro, Forense, 1974

MIRANDA, Francisco Cavalcanti Pontes de, *Comentários ao Código de Processo Civil*, t. VI, Rio de Janeiro, Forense, 1975

MIRANDA, Francisco Cavalcanti Pontes de, *Comentários ao Código de Processo Civil*, t. II, Rio de Janeiro, Forense, 1973

MIRANDA, Francisco Cavalcanti Pontes de, *Comentários ao Código de Processo Civil*, t. VI, 3. ed., Rio de Janeiro, Forense, 1998

MIRANDA, Francisco Cavalcanti Pontes de, *Comentários ao Código de Processo Civil*, t. XI, 2. ed., Rio de Janeiro, Forense, 1960

MIRANDA, Francisco Cavalcanti Pontes de, *Comentários ao Código de Processo Civil*, Rio de Janeiro, Forense, 1960

MIRANDA, Francisco Cavalcanti Pontes de, *Comentários ao Código de Processo Civil*, t. II, 2. ed., Rio de Janeiro, Forense, 1979, p. 541

MIRANDA, Francisco Cavalcanti Pontes de, *Comentários ao CPC*, t. IX, Rio de Janeiro, Forense, 1976

MIRANDA, Francisco Cavalcanti Pontes de, *Tratado da ação rescisória*, 5. ed., Rio de Janeiro, Forense, 1976

MIRANDA, Francisco Cavalcanti Pontes de, *Tratado das ações*, t. I, Campinas, Bookseller, 1999

MIRANDA, Francisco Cavalcanti Pontes de, *Tratado das ações*, t. I, 2. ed., São Paulo, RT, 1972

MIRANDA, Francisco Cavalcanti Pontes de, *Tratado das ações*, t. I, 2. ed., São Paulo, RT, 1972

MIRANDA, Francisco Cavalcanti Pontes de, *Tratado das ações*, t. I, 2. ed., São Paulo, RT, 1972

MIRANDA, Francisco Cavalcanti Pontes de, *Tratado de direito privado*, t. VI, São Paulo, RT, 1983

MIRANDA, Francisco Cavalcanti Pontes de, *Tratado de direito privado*, t. XX, 3. ed., Rio de Janeiro, Borsoi, 1971

MITIDIERO, Daniel Francisco, *Comentários ao Código de Processo Civil*, v. I, São Paulo, Memória Jurídica, 2004, p. 178

MOORE, Mark. *Gestión estratégica y creación de valor en el sector público*, Barcelona, Paidós, 1998

MORAIS, Jose Luis Bolzan de, SPENGLER, Fabiana Marion, *Mediação e arbitragem*, 3. ed., Porto Alegre, Livraria do Advogado, 2012

MORATO, Leonardo Lins, "A reclamação e a sua finalidade para impor o respeito à súmula vinculante", in WAMBIER, Teresa Arruda Alvim *et al.* (Coord.), *Reforma do Judiciário: primeiras reflexões sobre a Emenda Constitucional n. 45/2004*, São Paulo, RT, 2005

MOREIRA, José Carlos Barbosa, *Comentários ao Código de Processo Civil*, v. V, 16. ed., Rio de Janeiro, Forense, 2011

MOREIRA, José Carlos Barbosa, *Comentários ao Código de Processo Civil*, v. V, 17. ed., Rio de Janeiro, Forense, 2013

MOREIRA, José Carlos Barbosa, *O novo processo civil brasileiro*, 21. ed., Rio de Janeiro, Forense, 2001

MOREIRA, José Carlos Barbosa, *O novo processo civil*, Rio de Janeiro, Forense, 2006

MOREIRA, José Carlos Barbosa, *Temas de direito processual civil* – 2ª série, São Paulo, Saraiva, 1980, p. 243

MOREIRA, José Carlos BARBOSA, *Temas de direito processual civil – 5ª série*, São Paulo, Saraiva, 1994

MOREIRA, José Carlos Barbosa, *Temas de direito processual civil – 8ª série*, São Paulo, Saraiva, 2004

MOURÃO, Luiz Eduardo Ribeiro, *Coisa julgada*, Belo Horizonte, Fórum, 2006

MOURÃO, Luiz Eduardo Ribeiro, *Coisa julgada*, Belo Horizonte, Fórum, 2008

NERY JR., Nelson, *Princípios do processo civil na Constituição* Federal 8. ed., São Paulo, RT, 2004

NERY JR., Nelson, *Teoria geral dos recursos*, 7. ed. São Paulo, RT, 2014

NERY JR., Nelson; NERY, Rosa Maria de Andrade, *Código de Processo Civil comentado*, 10. ed., São Paulo, RT, 2007

NERY JR., Nelson; NERY, Rosa Maria de Andrade, *Código de Processo Civil comentado*, 12. ed., São Paulo, RT, 2012

NERY JR., Nelson; NERY, Rosa Maria de Andrade, *Código de processo civil comentado e legislação extravagante*, 9. ed., São Paulo, RT, 2006

NERY JR., Nelson; NERY, Rosa Maria de Andrade, *Comentários ao Código de Processo Civil*, São Paulo, RT, 2015

NERY JR., Nelson; NERY, Rosa Maria de Andrade, *Comentários ao Código de Processo Civil*, São Paulo, RT, 2015

NERY JR., *Princípios do processo civil na Constituição Federal*, 8. ed., São Paulo, RT, 2004, p. 123

NEVES, António Castanheira, *O instituto dos "assentos" e a função jurídica dos Supremos Tribunais*, Coimbra, Editora Coimbra, 1983

NEVES, Daniel Amorim Assunção, *Manual de direito processual civil*, 2. ed., Rio de Janeiro, Forense; São Paulo, Método, 2010

NEVES, Daniel Amorim Assunção, *Manual de direito processual civil*, 2. ed., Rio de Janeiro, Forense; São Paulo: Método, 2010

NEVES, Daniel Amorim Assunção, *Manual de direito processual civil*, 2. ed., Rio de Janeiro, Forense; São Paulo, Método, 2010

NOGUEIRA, Pedro Henrique Pedrosa, *A Teoria da ação de direito material*, Salvador, JusPodivm, 2008, p. 146

NUNES, Dierle José Coelho, *Processo jurisdicional democrático*, Curitiba, Juruá, 2008

NUNES, Dierle José Coelho; BAHIA, Alexandre Gustavo Melo Franco, "Por um paradigma democrático de processo", in DIDIER JR., Fredie (Coord.), *Teoria do processo: panorama doutrinário mundial*, Salvador, JusPodivm, 2010

NUNES, Dierle; BAHIA; CÂMARA, Alexandre; RIBEIRO, Bernardo; SOARES, Carlos Henrique, *Curso de direito processual civil: fundamentação e aplicação*. Belo Horizonte, Fórum, 2011

NUNES, Dierle; TEIXERA, Ludmila, *Acesso à justiça democrático*, Brasília, Gazeta Jurídica, 2013

OLIVEIRA, Carlos Alberto Alvaro de, *Alienação da coisa litigiosa*, Rio de Janeiro, Forense, 1986

OLIVEIRA, Carlos Alberto Alvaro de, *Comentários ao Código de Processo Civil*, v.

VIII, t. II, 6. ed., Rio de Janeiro, Forense, 2002

OLIVEIRA, Carlos Alberto Alvaro de, *Comentários ao Código de Processo Civil*, v. VIII, t. II, 6. ed., Rio de Janeiro, Forense, 2002

OLIVEIRA, Carlos Alberto Álvaro de, *Do formalismo no processo civil*, 2. ed., São Paulo, Saraiva, 2003

OLIVEIRA, Paulo Mendes de, "Negócios processuais e o duplo grau de jurisdição", in CABRAL, Antonio do Passo; NOGUEIRA, Pedro Henrique (Coord.), *Coleção Grandes Temas do Novo CPC*, v. 1, Salvador, JusPodivm, 2015

OLIVEIRA, Pedro Miranda de, "Julgamento imediato pelos tribunais: a regra do § 3º do art. 515 do CPC", in *Ensaios sobre recursos e assuntos afins*, São Paulo, Conceito Editorial, 2011

OLIVEIRA, Pedro Miranda de, "O princípio da primazia do julgamento do mérito recursal no CPC projetado: óbice ao avanço da jurisprudência ofensiva", in *Revista dos Tribunais*, v. 950, São Paulo, RT, 2014

PANTOJA, Fernanda Medina, in WAMBIER, Teresa Arruda Alvim *et al.* (Coord.), *Breves comentários ao novo Código de Processo Civil*, São Paulo, RT, 2015

PARÁ FILHO, Tomás, "A recorribilidade das decisões interlocutórias no Novo Código de Processo Civil", in *Revista de Processo*, v. 5, São Paulo, RT, 1977

PEIXOTO, Ravi, "Ação rescisória e capítulos de sentença: a análise de uma relação conturbada a partir do CPC/2015", in *Doutrina Selecionada – Processos nos tribunais e meios de impugnação às decisões judiciais*, v. 6, Salvador, JusPodivm, 2015, no prelo

PEIXOTO, Ravi, *Superação do precedente e segurança jurídica*, Salvador JusPodivm, 2015

PELUSO, Antonio Cezar (Org.), *Código Civil comentado*, 7. ed., Barueri, Manole, 2013

PEREIRA, Mateus Costa; GOUVEIA; Lúcio Grassi de; OTÁVIO NETO, Deocleciano, "Do dogma da completude à (im)possibilidade jurídica do pedido: aportes filosóficos à reflexão do tema", *Coleção Doutrina Selecionada*, v. 1, Salvador, Juspodivm, 2015, no prelo

PERELMAN, Chaïn, *Lógica jurídica, nova retórica*, São Paulo, Martins Fontes, 2004

PEYRANO, Jorge Walter, *Procedimientos civil y comercial – conflictos procesales*, Buenos Aires, Editorial Juris Rosario, 2002

PISANI, Andrea Proto, *Lezioni di diritto processuale civile*, 4. ed., Napoli, Jovene

PODETTI, José Ramiro, *Tratado de los recursos*, 2. ed., Buenos Aires, Ediar, 2009

PRATA, Edson, *Processo de conhecimento*, v. 1, São Paulo, Leud, 1989

REALE, Miguel, *Filosofia do direito*, 20. ed., São Paulo, Saraiva, 2002

REICHELT, Luis Alberto, "Sistemática recursal, direito ao processo justo e o novo Código de Processo Civil: os desafios deixados pelo legislador ao intérprete", in *Revista de Processo*, v. 244, São Paulo, RT, 2015

RESTIFFE, Paulo Sérgio, *Dissolução de sociedades*, 1. ed., São Paulo, Saraiva, 2011, p. 48

RIGAUX, François, *A lei dos juízes*, Martins Fontes, 2003

ROCHA, José de Albuquerque, *Teoria geral do processo*, 9. ed., São Paulo, Atlas, 2007

ROSA, Eliézer, *Novo dicionário de processo civil*, Rio de Janeiro, Freitas Bastos, 1986

ROSENBERG, Leo, *Tratado de derecho procesal civil*, t. 1, Buenos Aires, EJEA, 1955

ROSSI, Júlio César. *Precedente à brasileira*, São Paulo, Atlas, 2015

ROUBIER, Paul, *Le droit transitoire (Conflicts des lois dans le temps)*, Paris, Dalloz, 1960

SALDANHA, Alexandre Henrique Tavares, "Da recorribilidade das decisões denegatórias de liminares *inaudita altera pars* no Novo Código de Processo Civil", in *O projeto do novo Código de Processo Civil: estudos em homenagem ao Prof. José Joaquim Calmon de Passos*, Salvador, JusPodivm, 2012

SALDANHA, Nelson Nogueira, "Do direito natural à teoria da argumentação", in *História do direito e do pensamento jurídico em perspectiva*, São Paulo, Atlas, 2012

SALDANHA, Nelson Nogueira, *Estado moderno e a separação dos poderes*, São Paulo, Saraiva, 1987

SALDANHA, Nelson Nogueira, *Ética e história*, 2. ed., Rio de Janeiro, Renovar, 2007

SALDANHA, Nelson Nogueira, *Filosofia do direito*, 2. ed., Rio de Janeiro, Renovar, 2005

SALDANHA, Nelson Nogueira, *Ordem e hermenêutica*. 2. ed., Rio de Janeiro, Renovar, 2003

SANTOS, Boaventura de Souza, *Um discurso sobre as ciências*. 5. ed., São Paulo, Cortez, 2008

SANTOS, Evaristo Aragão, *Breves comentários ao novo Código de Processo Civil*, in WAMBIER, Teresa Arruda Alvim; DIDIER JR., Fredie; TALAMINI, Eduardo; DANTAS, Bruno (Coord.), São Paulo, RT, 2015

SANTOS, Moacyr Amaral, *Primeiras linhas de direito processual civil* v.1, São Paulo, Max Limonad, 1962

SANTOS, Moacyr Amaral, *Primeiras linhas de direito processual civil*, São Paulo, Saraiva, 2008

SANTOS, Moacyr Amaral, *Prova judiciária no cível e comercial*, v. 5, 3. ed., São Paulo, Max Limonad, 1968

SANTOS, Nelton dos; MARCATO, Antonio Carlos (Coord.), *Código de Processo Civil Interpretado*, 3. ed., São Paulo, Atlas, 2008

SANTOS, Silas Silva, *Litisconsórcio eventual, alternativo e sucessivo*, São Paulo, Atlas, 2013

SANTOS, Welder Queiroz dos, "Direito de comunicação dos atos processuais e suas formas no sistema processual civil brasileiro: o primeiro conteúdo do princípio do contraditório", in *Revista Dialética de Direito Processual*, n. 115, Dialética, São Paulo, 2012

SANTOS, Welder Queiroz dos, *Vedação à decisão surpresa no processo civil*, Dissertação de Mestrado (Direito), Pontifícia Universidade Católica de São Paulo, São Paulo, Brasil, 2012

SCHÖNKE, Adolf, *Direito processual civil*, Campinas, Romana, 2003

SCHREIBER, Anderson, *A proibição de comportamento contraditório: tutela da confiança e venire contra factum proprium*, 2. ed., Rio de Janeiro, Renovar, 2007

SHIMURA, Sérgio Seiji, in WAMBIER, Teresa Arruda Alvim *et al.* (Coord.), *Breves comentários ao novo Código de Processo Civil*, São Paulo, RT, 2015

SHIMURA, Sérgio Seiji, *Tutela coletiva e sua efetividade*, São Paulo, Método, 2006, p. 116-7

SICA, Heitor Vitor Mendonça, "O agravo e o 'mito de prometeu': considerações sobre a Lei 11.187/2005", in NERY JR., Nelson; WAMBIER, Teresa Arruda Alvim (Coord.), *Aspectos polêmicos e atuais dos recursos cíveis e assuntos afins*, v. 9, São Paulo, RT, 2006

SICA, Heitor Vitor Mendonça, "Recorribilidade das interlocutórias e reformas processuais: novos horizontes do agravo retido", in NERY JR., Nelson; WAMBIER, Teresa Arruda Alvim (Coord.), *Aspectos polêmicos e atuais dos recursos cíveis e de outros meios de impugna-*

ção às decisões judiciais, v. 8, São Paulo, RT, 2005

SICA, Heitor Vitor Mendonça, "Recurso intempestivo por prematuridade?", in NERY JR., Nelson; WAMBIER, Teresa Arruda Alvim (Coord.), *Aspectos polêmicos e atuais dos recursos cíveis e assuntos afins,* v. 11, São Paulo, RT

SILVA, Beclaute Oliveira, "Conflito entre coisas julgadas e o PLS nº 166/2010", in DIIDER JR, Fredie; ADONIAS, Antonio (Coord.), *O Projeto do Novo Código de Processo Civil, 2ª Série: estudos em homenagem ao Professor José Joaquim Calmon de Passos,* Salvador, JusPodivm, 2012

SILVA, Oscar Joseph de Plácido e, *Comentários ao Código de Processo Civil,* v. IV, 4. ed., Rio de Janeiro, Revista Forense, 1956

SILVA, Ovídio Araújo Baptista da, *Comentários ao Código de Processo Civil,* v. 1, 2. ed., São Paulo, RT, 2005

SILVA, Ovídio Araújo Baptista da, *Curso de processo civil,* 6. ed., São Paulo, RT, 2003

SILVA, Ovídio Araújo Baptista da, *Curso de processo civil,* v. 2, 4. ed., São Paulo, RT, 2000

SILVA, Ovídio Araújo Baptista da, *Curso de processo civil,* v. 2, 5. ed., São Paulo, RT, 2002

SILVA, Ovídio Araújo Baptista da, *Da sentença liminar à nulidade da sentença,* Rio de Janeiro, Forense, 2001

SILVA, Ovídio Araújo Baptista da, *Do processo cautelar,* 3. ed., Rio de Janeiro, Forense, 2001

SILVA, Ovídio Araújo Baptista da, *Jurisdição e execução,* 2. ed., São Paulo, RT, 1997

SILVA, Ovídio Araújo Baptista da, *Jurisdição, direito material e processo,* Rio de Janeiro, Forense, 2008

SILVA, Ovídio Araújo Baptista da, *Processo cautelar,* 3. ed., Rio de Janeiro, Forense, 2001

SILVA, Ovídio Araújo Baptista da, *Processo e ideologia: o paradigma racionalista,* 2. ed., Rio de Janeiro, Forense, 2006

SILVA, Ovídio Araújo Baptista da, *Teoria geral do processo civil,* 5. ed., São Paulo, RT, 2009, p. 217

SILVA, Ricardo Alexandre da, "Do Julgamento Antecipado Parcial do Mérito", in *Breves Comentários ao Novo Código de Processo Civil,* São Paulo, RT, 2015

SILVA, Ticiano Alves e, "Embargos de declaração e contradição externa", in *Revista de Processo,* v. 238, São Paulo, RT, 2014

SODRÉ, Eduardo, in WAMBIER, Teresa Arruda Alvim; DIDIER JR., Fredie; TALAMINI, Eduardo; DANTAS, Bruno (Coord.), *Breves comentários ao novo Código de Processo Civil,* São Paulo, RT, 2015

SOUSA, José Augusto Garcia de, in WAMBIER, Teresa Arruda Alvim; DIDIER JR., Fredie; TALAMINI, Eduardo; DANTAS, Bruno (Coord.), *Breves comentários ao novo Código de Processo Civil,* São Paulo, RT, 2015

SOUSA, Miguel Teixeira de, *Estudos sobre o novo processo civil,* 2. ed., Lisboa, Lex, 1997

SOUZA, Bernardo Pimentel, *Introdução aos recursos cíveis e à ação rescisória,* 6. ed., São Paulo, Saraiva, 2009

SOUZA, Bernardo Pimentel, *Introdução aos recursos cíveis e à ação rescisória,* 10. ed., São Paulo, Saraiva, 2014

SOUZA, Bernardo Pimentel, *Introdução aos recursos cíveis e à ação rescisória,* 6. ed., São Paulo, Saraiva, 2009

SOUZA, Gelson Amaro de, "Litigância de má-fé e o direito de defesa", in *Revista Bonijuris,* n. 550, 2009

SOUZA, Marcelo Alves Dias de, *Do precedente judicial à súmula vinculante,* Curitiba, Juruá, 2006

STF, AC 3.677
STF, ADC 1/DF
STF, ADI 1.753/1998
STF, ADI 1105 MC/1994
STF, ADI 1378-MC/1997
STF, ADI 1557/2004
STF, ADI 175/1992
STF, ADI 3.569/2007
STF, ADI 3.965/2012
STF, ADI 3395 MC; pendente de julgamento definitivo
STF, ADI 4.163/2013
STF, ADI 94/2011
STF, ADI-MC 1.910-1/1999
STF, ADPF 307/2013
STF, AgR/2014
STF, AgRg em Ag 251.361-4/MG
STF, AGRG na SE 2506/2001
STF, AI 317.281 AgR/2001
STF, AI 393.992/2004
STF, AI 516.419/2010
STF, AI 697.623/2009
STF, AI 737.693/2010
STF, AI 749.496/2009
STF, AI 791.292/2010
STF, AR 1279 ED/2001
STF, AR 903/1982
STF, ARE 679.150 AgR/2013
STF, ARE 698.357-AgR/2012
STF, ARE 737.177 AgR/2014
STF, ARE 779.900 ED/2014
STF, ARE 855.062 ED/1993
STF, HC 102.147/2014
STF, HC 105.349/2011
STF, HC 95.967/2008
STF, RE 184.099/1996
STF, RE 236.316/1998
STF, RE 349.703/2008
STF, RE 42.662/1961
STF, RE 472.489/2008
STF, RE 48.815/1961
STF, RE 50.157/1963
STF, RE 590.809/2014
STF, RE 591.085-QO-RG/2009

STF, RE 607.582/2010
STF, RE 627.709/2014
STF, RE 666.589/2012
STF, RE 94.960/1982
STF, SS 3.717 AgR/ 2014
STF, SS 4.380 MC-AgR/2014;
STJ – Resp 1.193.789/SP
STJ REsp 141.592/GO
STJ, REsp 1.217.321/SC
STJ, REsp 16.153/PB
STJ, REsp 2.435/MG
STJ, REsp 400.104/CE
STJ, REsp 523.490/MA
STJ, AEDAG 870.867/SP
STJ, Ag 758.730/SP
STJ, AgRg na APn .206/RJ
STJ, AgRg na AR 1.291/SP
STJ, AgRg na AR 250/MT
STJ, AgRg na AR 3.731/PE
STJ, AgRg na AR 3.792/PR
STJ, AgRg na AR 4.082/MG
STJ, AgRg na CR 3.198/US
STJ, AgRg na ExSusp 93/RJ
STJ, AgRg no Ag 38.839/SP
STJ, AgRg no Ag 1.001.229/SP
STJ, AgRg no Ag 1.019.755/MG
STJ, AgRg no Ag 1.229.821/PR
STJ, AgRg no Ag 1.236.181/PR
STJ, AgRg no Ag 1.360.288/RS
STJ, AgRg no Ag 1.406.354/SC
STJ, AgRg no Ag 12.047/RS
STJ, AgRg no Ag 123.760/SP
STJ, AgRg no Ag 1297221/RJ
STJ, AgRg no Ag 1401455/PR
STJ, AgRg no Ag 142.408/AM
STJ, AgRg no Ag 14646/MG
STJ, AgRg no Ag 354262/RJ
STJ, AgRg no Ag 38.839/SP
STJ, AgRg no Ag 398.015/SP
STJ, AgRg no Ag 398.015/SP
STJ, AgRg no Ag 487.413/GO
STJ, AgRg no Ag 579.729/SP
STJ, AgRg no Ag 62.508/GO
STJ, AgRg no Ag 652.861/RJ

STJ, AgRg no Ag 851.750/PB
STJ, AgRg no Ag 874.919/BA
STJ, AgRg no Ag 88.563/MG
STJ, REsp 114.303/SP
STJ, AgRg no Ag 935.591/MS
STJ, AgRg no Ag 992.922/MG
STJ, AgRg no Ag n. 1.086.247/RJ
STJ, AgRg no AgRg na MC 5.149/MG
STJ, AgRg no AgRg na SLS 1.955/DF
STJ, AgRg no AgRg na SLS 1.955/DF
STJ, AgRg no AgRg no Ag 737.338/RS
STJ, AgRg no AgRg no AREsp 298.526/RJ
STJ, AgRg no AgRg no AREsp 576.647/ MG
STJ, AgRg no AgRg no REsp 1.415.781
STJ, AgRg no AREsp 137.141/SE
STJ, AgRg no AREsp 150.390/SP
STJ, AgRg no AREsp 216.883/SE
STJ, AgRg no AREsp 225.581/SP
STJ, AgRg no AREsp 233.052/SC
STJ, AgRg no AREsp 290.919/RJ
STJ, AgRg no AREsp 44.648/PR
STJ, AgRg no AResp 44.971/GO
STJ, AgRg no AREsp 475.610/RS
STJ, AgRg no AREsp 550.609/PR
STJ, AgRg no AREsp 576.926/SP
STJ, AgRg no AREsp 578.740/MS
STJ, AgRg no AREsp 612.236/RS
STJ, AgRg no AREsp 619.737/RS
STJ, AgRg no AREsp 636.334/RJ
STJ, AgRg no AREsp 701.380/DF
STJ, AgRg no AREsp 89.520/DF
STJ, AgRg no REsp 1.001.239/RN
STJ, AgRg no REsp 1.052.586/RS
STJ, AgRg no REsp 1.090.695/MS
STJ, AgRg no REsp 1.099.256/RJ
STJ, AgRg no REsp 1.106.451/SC
STJ, AgRg no REsp 1.106.451/SC
STJ, AgRg no REsp 1.158.696/SC
STJ, AgRg no REsp 1.199.086/RJ
STJ, AgRg no REsp 1.223.157/RS
STJ, AgRg no REsp 1.227.351/RS
STJ, AgRg no REsp 1.300.238/GO
STJ, AgRg no REsp 1.323.730/RJ

STJ, AgRg no REsp 1.330.920/SP
STJ, AgRg no REsp 1.337.683/SP
STJ, AgRg no REsp 1.365.627/SP
STJ, AgRg no REsp 1.381.992/MG
STJ, AgRg no REsp 1.389.193/MS
STJ, AgRg no REsp 1.422.214/PR
STJ, AgRg no REsp 1.460.312/MG
STJ, AgRg no REsp 1.495.921/RS
STJ, AgRg no REsp 1366766/RS
STJ, AgRg no REsp 1487384/CE
STJ, AgRg no REsp 382.736/SC
STJ, AgRg no REsp 4.826/SP
STJ, AgRg no REsp 583.081/PR
STJ, AgRg no REsp 650.097/SP
STJ, AgRg no REsp 697.624/RS
STJ, AgRg no REsp 746.092/RJ
STJ, AgRg no REsp 920.918/RS
STJ, AgRg no RMS 42.083/PR
STJ, AgRg nos EAREsp 412.159/SP
STJ, AgRg nos EAREsp 86.915/SP
STJ, AgRg nos EDcl no Ag 1.204.346/RJ
STJ, AgRg nos EDcl no Ag 1.340.685/MG
STJ, AgRg nos EDcl no CC 102.966/GO
STJ, AgRg nos EDcl no REsp 1.137.941/RS
STJ, AgRg nos EREsp 1.138.898/PR
STJ, AR 2.677/PI
STJ, AR 3.460/SP
STJ, AR 466/RJ
STJ, AR 729/PB
STJ, AREsp 465.067/RS
STJ, CC 90.856/MG
STJ, EAR 394/BA
STJ, EDcl na PET no RMS 46.668/MG
STJ, EDcl no Ag 77.291/SP
STJ, EDcl no AgRg no AgRg no REsp 1.139.725/RS
STJ, EDcl no AgRg no AREsp 135.104/SC
STJ, EDcl no AgRg no EResp 645493/PE
STJ, EDcl no AgRg no REsp 251.038/SP
STJ, EDcl no AgRg no REsp 1.184.763/MG
STJ, EDcl no AgRg no REsp 1.496.096/RS
STJ, EDcl no AgRg no REsp 1.496.954/RS
STJ, EDcl no AREsp 495.766/SP
STJ, EDcl no MS 11.581/DF

STJ, EDcl no REsp 1.060.210/SC
STJ, EDcl no REsp 1.273.643/PR
STJ, EDcl no REsp 1.315.464/MA
STJ, EDcl no REsp 1.359.259/SE
STJ, EDcl no REsp 18.612/SP
STJ, EDcl no REsp 635.942/SP
STJ, EDcl nos EDcl no AgRg no Ag 988.735/SP
STJ, EDcl nos EDcl no AgRg no REsp 1.276.096/PR
STJ, EDcl-AgRg 1.269.416/SP
STJ, EREsp 1.024.691/PR
STJ, EREsp 158.015/GO
STJ, EREsp 183.313/RS
STJ, EREsp 184.116/SC
STJ, EREsp 191.195/RS
STJ, EREsp 193.530/RS
STJ, EREsp 200.479/PR
STJ, EREsp 228.101/PR
STJ, EREsp 506.226/DF
STJ, EREsp 617.428/SP
STJ, REsp 69.309/SC
STJ, EREsp 960.523/DF
STJ, HC 151.054/AP
STJ, HC 191.724/RJ
STJ, HC 22.896/SP
STJ, HC 24.791/SP
STJ, HC 27.923/SP
STJ, Pet 2.128/GO
STJ, Pet 2.128/GO
STJ, Pet 3.753/SC
STJ, REsp 1.233.727/SP
STJ, REsp 924.992/PR
STJ, REsp 1.000.710/RS
STJ, REsp 1.003.691/PR
STJ, REsp 1.008.667/PR
STJ, REsp 1.016.023/DF
STJ, REsp 1.021.841/PR
STJ, REsp 1.024.691/PR
STJ, REsp 1.024.691/PR
STJ, REsp 1.032.474/PR
STJ, REsp 1.052.180/MS
STJ, REsp 1.055.633/SP
STJ, REsp 1.055.806/PA

STJ, REsp 1.055.822/RJ
STJ, REsp 1.069.810/RS
STJ, REsp 1.078.399/MA
STJ, REsp 1.085.241/RJ
STJ, REsp 1.092.592/PR
STJ, REsp 1.093.819/TO
STJ, REsp 1.097.759/BA
STJ, REsp 1.106.213/SP
STJ, REsp 1.111.092/MG
STJ, REsp 1.112.524/DF
STJ, REsp 1.112.599/TO
STJ, REsp 1.130.118/SP
STJ, REsp 1.150.089/PR
STJ, AgRg no AREsp 150.390/SP
STJ, REsp 1.152.218/RS
STJ, REsp 1.159.744/MG
STJ, REsp 1.159.744/MG
STJ, REsp 1.179.450/MG
STJ, REsp 1.190.865/MG
STJ, REsp 1.193.789/SP
STJ, REsp 1.197.136/MG
STJ, REsp 1.203.083/PE
STJ, REsp 1.203.776/SP
STJ, REsp 1.216.627/RJ
STJ, REsp 1.218.050/RO
STJ, REsp 1.218.889/PR
STJ, REsp 1.252.902/SP
STJ, REsp 1.264.272/RJ
STJ, REsp 1.291.808/SP
STJ, REsp 1.354.776/MG
STJ, REsp 1.368.249/RN
STJ, REsp 1.386.220/PB
STJ, REsp 1.389.194/SP
STJ, REsp 1.397.499/MG
STJ, REsp 1.429.322/AL
STJ, REsp 1.438.576/SP
STJ, REsp 1.444.484/RN
STJ, REsp 1.446.201/SP
STJ, REsp 1.472.370/RN
STJ, REsp 100.706/RO
STJ, REsp 100.737/SP
STJ, REsp 105.096/PR
STJ, REsp 105.805/MG
STJ, REsp 106.035/RS

STJ, REsp 110.784/SP
STJ, REsp 115.566/ES
STJ, REsp 115.566/ES
STJ, REsp 119432/PR
STJ, REsp 12.586/SP
STJ, REsp 125.670/SP
STJ, REsp 127.342/PB
STJ, REsp 127.748/CE
STJ, REsp 130.790/RS
STJ, REsp 130.790/RS
STJ, REsp 130.790/RS
STJ, REsp 1327471/MT
STJ, REsp 1354225/RS
STJ, REsp 1366676/RS
STJ, REsp 139.236/SP
STJ, REsp 1413946/SC
STJ, REsp 147.959/SP
STJ, REsp 15.311/SP
STJ, REsp 15.976/PR
STJ, REsp 158.093/SP
STJ, REsp 182.096/MS
STJ, REsp 182906 /PE
STJ, REsp 185.645/PR
STJ, REsp 19.062/SP
STJ, REsp 19.062/SP
STJ, REsp 192.139/SP
STJ, REsp 194.530/SC
STJ, REsp 198.721/MT
STJ, REsp 202.829/PI
STJ, REsp 203.929/PR
STJ, REsp 207.357/SP
STJ, REsp 209.456/MG
STJ, REsp 209.456/MG
STJ, REsp 215.170/CE
STJ, REsp 217.847/PR
STJ, REsp 22.988/SP
STJ, REsp 23.952/SP
STJ, REsp 242.031/SP
STJ, REsp 246.108/PR
STJ, REsp 248.464/SC
STJ, REsp 252.013/RS
STJ, REsp 253.635/RJ
STJ, REsp 260.228/ES
STJ, REsp 263.110/RS

STJ, REsp 267.934/MS
STJ, REsp 27.063/SC
STJ, REsp 275.686/PR
STJ, REsp 421.342/AM
STJ, REsp 275.987/SP
STJ, REsp 276.002/SP
STJ, REsp 284.935/SE
STJ, REsp 3.210/PR
STJ, REsp 300.196/SP
STJ, REsp 327.650/MS
STJ, REsp 33.530/PR
STJ, REsp 345.658/AM
STJ, REsp 35.220/RO
STJ, REsp 35.786/SP
STJ, REsp 35.786/SP
STJ, REsp 36.578/SP
STJ, REsp 363.780/RS
STJ, REsp 386.410/RS
STJ, REsp 39.887/SP
STJ, REsp 395139/RS
STJ, REsp 4.128/ES
STJ, REsp 4.378/RJ
STJ, REsp 401.307/SP
STJ, REsp 419.376/MS
STJ, REsp 420.394/GO
STJ, REsp 427.814/MG
STJ, REsp 436.813/SP
STJ, REsp 436.842/RS
STJ, REsp 440.002/SE
STJ, REsp 450.951/DF
STJ, REsp 46.770/RJ
STJ, REsp 485.962/SP
STJ, REsp 49.839/SP
STJ, REsp 5.936/PR
STJ, REsp 5.98.148/SP
STJ, REsp 515.034/RS
STJ, REsp 543.398/SP
STJ, REsp 543.398/SP
STJ, REsp 543.398/SP
STJ, REsp 556.185/RS
STJ, REsp 556.929
STJ, REsp 57.587/SP
STJ, REsp 574.697/RS
STJ, REsp 578.849/SC

STJ, REsp 582.692/SP
STJ, REsp 592.736/RJ
STJ, REsp 592.736/RJ
STJ, REsp 6.828/SP
STJ, REsp 209.456/MG
STJ, REsp 605.687/AM
STJ, REsp 61.002/GO
STJ, REsp 612.067/CE
STJ, REsp 615.699/SE
STJ, REsp 616.918/MG
STJ, REsp 618.295/DF
STJ, REsp 34.160/SP
STJ, REsp 622160/MG
STJ, REsp 636.251/SP
STJ, REsp 645.729/RJ
STJ, REsp 658.566/DF
STJ, REsp 660.655/MG
STJ, REsp 669.353/AP;
STJ, REsp 673.869/PR
STJ, REsp 687.208/RJ
STJ, REsp 69.830/PR
STJ, REsp 697.446/AM
STJ, REsp 7.782/SP
STJ, REsp 7.782/SP
STJ, REsp 716.841/SP
STJ, REsp 725.456/PR
STJ, REsp 737.758/SP
STJ, REsp 742.303/MG
STJ, REsp 754.254/RS
STJ, REsp 759.700/SP
STJ, REsp 76.153/SP
STJ, REsp 774.797/SP
STJ, REsp 776.265/SC
STJ, REsp 780.390/SP
STJ, REsp 783.516/PB
STJ, REsp 792.741/RS
STJ, REsp 7.958/SP
STJ, REsp 8.936/SP
STJ, REsp 805.252/MG
STJ, REsp 806.266/RS
STJ, REsp 81.551/TO
STJ, REsp 811.429/SP
STJ, REsp 811429/SP
STJ, REsp 820.121/ES

STJ, REsp 827.242/DF
STJ, REsp 828.616/MG
STJ, REsp 841.967/DF
STJ, REsp 842.688/SC
STJ, REsp 847.392/MT
STJ, AgRg no Ag 587.628/RS
STJ, REsp 853.349/SP
STJ, REsp 854.926/SP
STJ, REsp 866.240/RS
STJ, REsp 250.748/RJ
STJ, REsp 58.211/SP
STJ, REsp 868.404/SC
STJ, REsp 87.918/PR
STJ, Resp 877.074/RJ
STJ, REsp 877.106/MG
STJ, REsp 880.377/GO
STJ, REsp 89.390/RJ
STJ, REsp 9.584/SP
STJ, REsp 919.427/RJ
STJ, REsp 92.313/SP
STJ, REsp 6.102/AM
STJ, REsp 924.989/RJ
STJ, REsp 934.078/DF
STJ, REsp 948.117/MS
STJ, REsp 949.946/SP
STJ, REsp 95.314/SP
STJ, REsp 806.266/RS
STJ, REsp 95.861/RJ
STJ, REsp 49.839/SP
STJ, REsp. 1.254.320/SP
STJ, REsp. 859.857/PR
STJ, RHC 3.946/DF
STJ, RMS 1.636/AL
STJ, RMS 12.963/SP
STJ, RMS 16.406/SP
STJ, RMS 27.446/RS
STJ, RMS 3.625/RJ
STJ, RMS 3.891/RJ
STJ, RMS 31.585/PR
STJ, RMS 5.821/SP
STJ, SEC 4.223/CH
STJ, SEC 5.822/EX
STOCO, Rui, *Abuso do direito e má-fé processual*, São Paulo, RT, 2002

STRECK, Lênio Luiz; ABBOUD, Georges, *O que é isto – o precedente judicial e as súmulas vinculantes?*, Porto Alegre, Livraria do Advogado

STRECK, Lênio, *O que é isto – decido conforme minha consciência?*, Porto Alegre, Livraria do Advogado

TALAMINI, Eduardo, *Tutela relativa aos deveres de fazer e de não fazer e sua extensão aos deveres de entrega de coisa*, 2. ed., São Paulo, RT, 2003

TARTUCE, Fernanda, "9. Questionamento quanto à reserva de lei sobre a matéria", in WAMBIER, Teresa Arruda Alvim *et al.* (Org.), *Breves comentários ao novo Código de Processo Civil*, São Paulo, RT, 2015

TARTUCE, Fernanda, "art. 172", in WAMBIER, Teresa Arruda Alvim *et al.* (Org.), *Breves comentários ao novo Código de Processo Civil*, São Paulo, RT, 2015

TARUFFO, Michele, *A prova*, São Paulo, Marcial Pons, 2014

TARUFFO, Michele, *Processo civil comparado: ensaios*, São Paulo, Marcial Pons, 2013

TARZIA, Giuseppe, *Lineamenti del processo civile di cognizione*, 3. ed., Milano, Giuffrè, 2007

TERÁN, Juan Manuel, *Filosofía del derecho*, 7. ed., México, Porrua, 1977

THEODORO JR., Humberto *et al.*, *Novo CPC: fundamentos e sistematização*, 2. ed., Rio de Janeiro, Forense, 2015

THEODORO JR., Humberto, *A reforma da execução do título extrajudicial*, Rio de Janeiro, Forense, 2007

THEODORO JR., Humberto, *Curso de direito processual civil*, v. 1, 51. ed., Rio de Janeiro, Forense, 2010

THEODORO JR., Humberto, *Processo de execução e cumprimento de sentença*, 26. ed., São Paulo, LEUD

THEODORO JR., Humberto, *Terras particulares: demarcação, divisão, tapumes*, 5. ed., São Paulo, Saraiva, 2009

TJ, REsp 655.747/MG

TJDF, MS 2007.00.2.006388-3

TJGO, Ap. 142686-3/188

TJRJ, Apelação 2008.001.16776

TJRS - AI 71004736690

TJRS, Agravo de Instrumento 70052229580

TJRS, Agravo de Instrumento 70062324371

TJRS, Embargos de Declaração 70004142543

TJRS, Embargos de Declaração 70005494752

TJSC, Apelação 24.240

TJSP - Ap. 0003825-82.2009.8.26.0083

TJSP, Agravo de Instrumento 1075509200

TJSP, Agravo de Instrumento 2303724400

TJSP, Agravo de Instrumento 275.635.4/4

TJSP, Agravo de Instrumento 548947

TJSP, Agravo de Instrumento 962807000

TJSP, Agravo de Instrumento 7029024900

TJSP, AI 21037332620158260000

TJSP, Ap. 0005021-27.2009.8.26.0297

TJSP, Apelação 0005021-27.2009.8.26.0297

TJSP, Apelação 3.000.357-7

TJSP, Apelação 558.339-4/6

TJSP, Apelação 566.027.4/6-00

TJSP, Apelação 991.05.052111-0

TOWNSEND, Elisa Corrêa dos Santos, "Mediação no novo CPC: estudos de caso e direito comparado", in *Revista de Processo*, v. 242, São Paulo, 2015

TRF-4, AgIn 97.04.45386-8

TRF-4, AgIn 97.04.45386-8

TST, ED-ED-E-ED-RR-74200-36.2002.5.15.0043

TUCCI, José Rogério Cruz; AZEVEDO, Luiz Carlos, *Lições de história do processo civil lusitano*, São Paulo, RT, 2009

VECHIATO JR., Walter, *Manual de execução civil*, 1. ed. São Paulo, Juarez de Oliveira, 2007

VERDI, Giovanni, *Profili del processo civilie*, v. 1, 6. ed., Napoli, Jovene, 2002

VILANOVA, Lourival, *Causalidade e relação no direito*. 4. ed., São Paulo, RT, 2000

VILANOVA, Lourival. *Causalidade e relação no direito*, 4. ed., São Paulo, RT, 2000

WAMBIER, Luiz Rodrigues *et al.*, *Curso avançado de processo civil*, v. 2, 9. ed., São Paulo

WAMBIER, Luiz Rodrigues, in WAMBIER, Teresa Arruda Alvim *et al.* (Coord.), *Breves comentários ao novo Código de Processo Civil*, São Paulo, RT

WAMBIER, Luiz Rodrigues, in WAMBIER, Teresa Arruda Alvim; DIDIER JR., Fredie; TALAMINI, Eduardo; DANTAS, Bruno (Coord.), *Breves comentários ao novo Código de Processo Civil*, São Paulo, RT, 2015

WAMBIER, Luiz Rodrigues; TALAMINI, Eduardo, *Curso avançado de processo civil*, v. 1., 14. ed., São Paulo, RT, 2014

WAMBIER, Teresa Arruda Alvim; MEDEIROS, Maria Lúcia Lins Conceição de; RIBEIRO, Leonardo Feres da Silva; e MELLO, Rogério Licastro Torres de, *Primeiros comentários ao novo Código de Processo Civil artigo por artigo*, São Paulo, RT, 2015

WAMBIER, Teresa Arruda Alvim, "Anotações sobre o direito intertemporal e as mais recentes alterações do CPC", in *Revista de Processo*, v. 150, 2007

WAMBIER, Teresa Arruda Alvim, *Nulidades do processo e da sentença*, 7. ed., São Paulo, RT, 2014

WAMBIER, Teresa Arruda Alvim; MEDINA, José Miguel Garcia, *O dogma da coisa julgada: hipóteses de relativização*, São Paulo, RT, 2003, p. 36-9; ALVIM, Arruda ASSIS, Araken de; ALVIM, Eduardo Arruda, *Comentários ao Código de Processo Civil*, Rio de Janeiro, GZ, 2012

WAMBIER, Teresa Arruda Alvim; MEDINA, José Miguel Garcia, *Recursos e ações autônomas de impugnação*, v. 2, São Paulo, RT, 2008

WATANABE, Kazuo, "Cultura da Sentença e Cultura da Pacificação", in YARSHELL, Flávio Luiz; MORAES, Mauricio Zanoide de (Coord.), *Estudos em homenagem à Professora Ada Pellegrini Grinover*, São Paulo, DPJ, 2005

WATANABE, Kazuo, "Política Pública do Poder Judiciário Nacional para tratamento adequado dos conflitos de interesses", in *Tribunal de Justiça de São Paulo*, disponível em http://www.tjsp.jus.br/Download/Conciliacao/Nucleo/ParecerDesKazuoWatanabe.pdf ,consultado em: 02/07/2013.

ZAVASCKI, Teori Albino, *Título executivo e liquidação*, São Paulo, RT, 1999

SOBRE OS AUTORES

ALEXANDRE FREIRE
Doutorando em Direito Processual Civil (PUC-SP). Professor das pós-graduações em Direito Processual Civil (PUC-Rio e USP de Ribeirão Preto). Assessor das Comissões da Câmara dos Deputados e do Senado Federal responsável pela elaboração do projeto do novo Código de Processo Civil. Membro da Comissão de estudos do novo Código de Processo Civil instituída pela Presidência do Supremo Tribunal Federal. Membro do IBDP. Assessor de Ministro do Supremo Tribunal Federal.
Comentou os Artigos 976 a 987, 1027 a 1028, 1036 a 1044.

ANDRÉ DE FREITAS IGLESIAS
Doutorando e mestre em Direito Processual Civil (PUC-SP). Professor de Direito Processual Civil (Universidade Presbiteriana Mackenzie e Facamp). Membro do IBDP. Advogado.
Comentou os Artigos 21 a 69.

BECLAUTE OLIVEIRA SILVA
Doutor em Direito Processual (UFPE) em mestre em Direito Processual (UFAL). Professor Adjunto – mestrado e graduação (FDA/UFAL). Professor do Curso de Graduação em Direito (CESMAC e UNIT). Membro Fundador da ANNEP. Membro do IBDP. Membro do CEAPRO. Membro da ABDPC.
Comentou os Artigos 312 a 317, 509 a 538.

BRUNO GARCIA REDONDO
Doutorando e mestre em Direito Processual Civil (PUC-SP). Pós-graduado em Direito Processual Civil (PUC-Rio). Professor efetivo nas graduações (PUC-Rio e UFRJ). Presidente da Comissão de Processo Civil da OAB/RJ. Procurador da UERJ. Advogado.
Comentou os Artigos 335 a 353, 369 a 404, 771 a 796.

EDUARDO JOSÉ DA FONSECA COSTA

Doutorando, mestre e especialista em Direito Processual Civil (PUC-SP). Professor dos cursos de pós graduação lato sensu (USP e FAAP de Ribeirão Preto). Membro da ABDPro. Juiz Federal em Ribeirão Preto.
Comentou os Artigos 294 a 311, 189, 191, 926 a 959.

ELIAS MARQUES DE MEDEIROS NETO

Pós-doutorado em Direito Processual Civil (Faculdade de Direito da Universidade de Lisboa). Doutor e mestre em Direito Processual Civil (PUC/SP). Professor de Direito Processual Civil (Curso de Mestrado da Universidade de Marilia – Unimar). Professor colaborador de Direito Processual Civil em cursos de Pós Graduação e Atualização (PUC/SP, EPD, Mackenzie e ESA). Presidente da Comissão de Defesa da Segurança Jurídica do CFOAB e da Comissão de Direito Processual Civil da OAB/SP, Pinheiros. Membro da Comissão de Estudos do NCPC do CFOAB. Membro do IBDP. Diretor do Ceapro. Advogado.
Comentou os Artigos 442 a 484.

GLAUCO GUMERATO RAMOS

Membro dos Institutos Brasileiro (IBDP), Ibero-americano (IIDP) e Pan-americano (IPDP) de Direito Processual. Vice-Presidente para o Brasil do Instituto Panamericano de Direito Processual (IPDP). Advogado em Jundiaí-SP.
Comentou os Artigos 405 a 441, 731 a 734, 747 a 763, 910 a 913.

GLEDSON MARQUES DE CAMPOS

Doutor e mestre em Direito Processual Civil (PUC-SP), mestre em Direito Civil (PUC-SP), mestre (LL.M.) em Direito Internacional Público (London School of Economics –LSE) na Inglaterra. Advogado.
Comentou os Artigos 824 a 854.

HELDER MORONI CÂMARA

Doutor, mestre e especialista em Direito Processual Civil (PUC-SP) e especialista (MBA) em Direito Empresarial (FGV). Professor dos cursos de pós-graduação da Universidade Presbiteriana Mackenzie. Membro do CEAPRO e da ABDPro. Advogado em São Paulo.
Comentou os Artigos 193 a 199, 599 a 609, 700 a 702, 764 a 765, 855 a 909.

JALDEMIRO RODRIGUES DE ATAÍDE JR.

Doutorando em Direito Processual Civil (PUC-SP), mestre em Direito Processual Civil (UNICAP) e Membro da ABDPro. Professor (Escola Superior da Advocacia da Paraíba).
Comentou os Artigos 188, 190, 914 a 925, 966 a 975.

LÚCIO DELFINO

Pós-doutorando em Direito pela Universidade do Vale do Rio dos Sinos (UNISI-NOS), doutor em Direito Processual Civil pela Pontifícia Universidade Católica de São Paulo (PUC-SP), mestre em Direito Empresarial pela Universidade de Franca (UNIFRAN), Diretor da RBdPro. Membro do Instituto Ibero-Americano de Direito Processual, do Instituto Pan-Americano de Direito Processual, do Instituto Brasileiro de Direito Processual, da Academia Brasileira de Direito Processual Civil, do Instituto dos Advogados Brasileiros, do Instituto dos Advogados de Minas Gerais e da ABDPro. Advogado em Minas Gerais.
Comentou os Artigos 539 a 598, 674 a 681.

LUIZ EDUARDO RIBEIRO MOURÃO

Pós-doutorando em Direito Processual (UFES), doutorando, mestre e especialista em Direito Processual Civil (PUC-SP). Advogado em São Paulo.
Comentou os Artigos 119 a 132, 138, 354 a 357, 485 a 508, 682 a 686.

MATEUS COSTA PEREIRA

Doutorando e mestre em Teoria do Processo e Direito Processual (Unicap), professor assistente de Direito Processual Civil (Unicap). Vice-Presidente da Comissão de Defesa da Pessoa com Deficiência da OAB/PE. Membro da ABDPro. Advogado.
Comentou os Artigos 139 a 187.

MÔNICA JÚDICE

Mestre em Direito Marítimo (Universidade de Oslo – UIO), mestre em Direito Processual Civil na Pontifícia Universidade Católica de São Paulo (PUC-SP), pós graduada em Direito Tributário pelo Instituto Brasileiro de Estudos Tributários (IBET). Membro da Associação Brasileira de Direito Marítimo – ABDM, do Instituto Panamericano de Direito Processual Civil (IPDP). Parecerista da Revista Brasileira de Direito Processual Civil (RBDPro). Membro do Comitê Editorial de la Revista Latinoamericana de Derecho Procesal (RLDP). Advogada e Professora em Vitória/ES.
Comentou os Artigos 318 a 334, 707 a 711, 719 a 730, 735 a 746, 766 a 770.

MÔNICA MONTEIRO PORTO

Mestre em Direito Processual Civil (PUC-SP). Advogada.
Comentou os Artigos 610 a 673.

PAULO MAGALHÃES NASSER
Doutorando em Direito Processual Civil e mestre em Direito Civil (PUC-SP), mestre (LL.M.) em Direito Comercial Internacional, com ênfase em Arbitragem, (London School of Economics –LSE). Extensão em Recuperação Judicial (New York University – NYU). Advogado.
Comentou os Artigos 1 a 20, 133 a 137, 960 a 965.

RAFAEL VINHEIRO MONTEIRO BARBOSA
Doutorando e mestre em Direito Processual Civil (PUC-SP), professor assistente de Direito Processual Civil (UFAM), ex-professor assistente de Direito Processual Civil (UEA). Membro do IBDP. Pesquisador e bolsista da Fundação de Amparo à Pesquisa do Estado do Amazonas – FAPEAM. Defensor Público no Estado do Amazonas.
Comentou os Artigos 703 a 706, 712 a 718, 994 a 1026.

ROBERTO P. CAMPOS GOUVEIA FILHO
Doutorando e mestre em Direito Processual (UNICAP), professor de Direito Civil e Processual Civil (UNICAP). Membro da Associação Norte e Nordeste de Professores de Processo (ANNEP) e da ABDPro. Assessor-chefe da Presidência do Tribunal Regional Eleitoral de Pernambuco (TRE-PE). Vice-diretor da Escola Judiciária Eleitoral do TRE-PE.
Comentou os Artigos 188 a 190, 192, 200 a 235.

RODRIGO MAZZEI
Pós-doutorado em Direito Constitucional (UFES), doutor em Direito Processual Civil (FADISP), mestre em Direito Civil (PUC-SP). Professor da Graduação e Mestrado (UFES). Ex-Juiz do TRE-ES (classe dos juristas). Membro do IBDP e do CEAPRO. Advogado e Consultor Jurídico.
Comentou os Artigos 358 a 368, 687 a 699, 797 a 823.

SARAH MERÇON-VARGAS
Doutoranda em Direito Processual Civil (USP), mestre em Direito Processual Civil (USP). Membro do IBDP. Advogada e Professora.
Comentou os Artigos 687 a 692.

SÉRGIO LUIZ DE ALMEIDA RIBEIRO
Doutorando e mestre em Direito Processual Civil (PUC-SP), mestrando Direito Processual (Universidad Nacional de Rosario UNR – Argentina). Professor substituto (UFRJ), professor da Faculdade Santa Rita de Cassia, professor convidado da Corporación Universitaria Remington – Medellin/Colombia. Membro do

CEAPRO, do Centro Latinoamericano de Investigaciones de DerechoProcesal – CLIDEPRO e da ABDPro. Advogado em São Paulo.
Comentou os Artigos 1029 a 1035, 1045 a 1072.

STELLA ECONOMIDES
Mestranda em Direito Processual Civil (PUC-SP), professora de Direito Processual Civil nos cursos de especialização (EPD e ESA). Coordenadora Geral de Especialização, Aperfeiçoamento e Extensão (COGEAE – PUC-SP). Membro do CEAPRO. Assistente Jurídico de Desembargador do Tribunal de Justiça de São Paulo.
Comentou os Artigos 236 a 293, 988 a 993.

TIAGO FIGUEIREDO GONÇALVES
Doutor e mestre em Direito Processual Civil (PUC-SP), professor (UNESC e FUNCAB). Coordenador da Pós-Graduação em Direito Civil e Processual Civil (UNESC). Diretor da ESA/ES. Advogado.
Comentou os Artigos 358 a 368, 693 a 699.

WELDER QUEIROZ DOS SANTOS
Doutorando, mestre, especialista em Direito Processual Civil (PUC/SP), pós--graduado em Direito Empresarial (Universidade Presbiteriana Mackenzie). Professor efetivo (UFMT). Vice-Presidente da Comissão de Direito Civil e Processo Civil da OAB/MT. Advogado.
Comentou os Artigos 70 a 118.

ÍNDICE